Schneider · Herget
Streitwert-Kommentar

Streitwert-Kommentar

für den Zivilprozess

begründet von

Dr. Egon Schneider

fortgeführt von

Kurt Herget

bearbeitet von

Norbert Schneider
Rechtsanwalt, Neunkirchen-Seelscheid

Ralf Kurpat
Richter am Amtsgericht Siegburg

Norbert Monschau
Rechtsanwalt, Erftstadt

Dr. Julia Bettina Onderka
Richterin am Landgericht Bonn

12. neubearbeitete Auflage

2007

Verlag
Dr. Otto Schmidt
Köln

Bibliografische Information der Deutschen Nationalbibliothek

Die Deutsche Nationalbibliothek verzeichnet diese Publikation in der Deutschen Nationalbibliografie; detaillierte bibliografische Daten sind im Internet über <http://www.d-nb.de> abrufbar.

Verlag Dr. Otto Schmidt KG
Gustav-Heinemann-Ufer 58, 50968 Köln
Tel.: 02 21/9 37 38-01, Fax: 02 21/9 37 38-9 43
e-mail: info@otto-schmidt.de
www.otto-schmidt.de

ISBN 10: 3-504-47084-4
ISBN 13: 978-3-504-47084-5

Das verwendete Papier ist aus chlorfrei gebleichten Rohstoffen hergestellt, holz- und säurefrei, alterungsbeständig und umweltfreundlich.

Umschlaggestaltung: Jan P. Lichtenford, Mettmann

Gesamtherstellung: Bercker, Kevelaer

Printed in Germany

Vorwort zur 12. Auflage

Der Streitwert-Kommentar ist 1970 in erster Auflage erschienen, bearbeitet von Dr. Egon Schneider. Dieser hat ihn bis zur 10. Auflage 1992 fortgeführt. Die 11. Auflage 1996 hat Kurt Herget übernommen.

Über zehn Jahre sind zwischenzeitlich vergangen, so dass eine umfangreiche Neubearbeitung erforderlich war. Sie musste mehrfach wegen umfangreicher Gesetzesnovellen verschoben werden, um eine Fassung abliefern zu können, die sich auch bei Erscheinen noch auf aktuellem Stand befindet und Gewähr dafür bietet, weiterhin aktuell zu bleiben. So musste zunächst die Euro-Umstellung abgewartet werden in deren Rahmen alle Fest- und Höchstwerte auf Euro-Beträge umgesetzt wurden. Anschließend stand das Kostenrechtsmodernisierungsgesetz an, das zunächst verschoben wurde, dann schließlich am 1. 7. 2004 in Kraft getreten ist und nicht nur die BRAGO durch das RVG abgelöst, sondern auch das GKG völlig neu gestaltet hat. Weiter waren zahlreiche zwischenzeitliche Nachbesserungen des Kostenrechtsmodernisierungsgesetzes zu berücksichtigen.

Zudem musste umfangreiche Rechtsprechung eingearbeitet werden, wobei ein erheblicher Anstieg veröffentlichter Entscheidungen im Streitwertrecht zu verzeichnen war. Dies belegt, dass die Streitwertfestsetzung in der Praxis an Bedeutung gewonnen hat und der Einfluss der Streitwertermittlung auf eine zutreffende Berechnung der Anwaltsgebühren immer mehr erkannt wird. Von Anwälten wird nicht selten Geld „verschenkt", weil auf eine zutreffende Streitwertfestsetzung nicht genügend geachtet wird.

Während sich bei den Bewertungsvorschriften inhaltlich nur in Teilbereichen Änderungen ergeben haben, ist das Streitwertfestsetzungs- und -beschwerderecht grundlegend geändert worden.

Darüber hinaus sind mit neuen Gesetzen auch neue Wertvorschriften geschaffen worden (z.B. die Bewertung nach dem Kapitalanlegermustergesetz, § 25a RVG).

Schließlich hat auch der technische Fortschritt neue Bewertungsprobleme mit sich gebracht, an die man bei der Vorauflage im Jahr 1996 noch nicht gedacht hat (Abwehr unverlangter Telefax- oder E-Mail- oder SMS-Werbung, Verwertung einer Domain und viele andere Streitigkeiten insbesondere aus dem IT-Recht).

In Anbetracht des Umfangs der erforderlichen Neubearbeitung ist sie auf vier Autoren verteilt worden, die das Werk nunmehr im Sinne der bisherigen Autoren fortsetzen. Sie berücksichtigt Gesetzgebung, Schrifttum und Rechtsprechung bis einschließlich September 2006.

Für Anregungen und Kritik sind wir jederzeit offen und dankbar.

Köln, im Oktober 2006   Die Verfasser

Aus dem Vorwort zur 11. Auflage

Die 10. Auflage des Streitwert-Kommentars war 1992 erschienen. In der Folge traten u.a. das Gesetz zur Entlastung der Rechtspflege (am 1. 3. 1993) und das Kostenrechtsänderungsgesetz (am 1. 7. 1994) in Kraft. Das Werk war daher durch Zeitablauf und wegen der zum Teil erheblichen Gesetzesänderungen nicht mehr aktuell. Beispielhaft seien herausgegriffen das Verhältnis von § 9 ZPO zu § 17 Abs. 2 GKG bei den wiederkehrenden Leistungen, der Bemessungszeitpunkt für den Gerichtsgebührenwert (§ 15 GKG), die vorläufige Festsetzung (§ 25 Abs. 1 GKG), der Gegenstandswert für die Räumungsvollstreckung in Mietsachen (§ 57 Abs. 2 BRAGO), der Begriff der „Rückstände" in § 17 Abs. 4 GKG, der Streitwert der Rentenklage Hochbetagter, die neueste Rechtsprechung zur Obergrenze der Beschwer eines verurteilten Beklagten, die Ausdehnung der BGH-Rechtsprechung zu § 146 Abs. 3 KonkO auf die Fälle des § 146 Abs. 6 KonkO.

[...]

Herrn Dr. Egon Schneider, der den Streitwert-Kommentar begründet und über 10 Auflagen betreut hat, danke ich, dass er mir sein Werk anvertraut hat. Seine Art, Informationen zu verarbeiten, daraus Lösungen für die Praxis zu entwickeln und alles in eine Darstellung zu gießen, die leicht „konsumierbar" ist, war und ist mir Vorbild. Den Streitwert-Kommentar werde ich in seinem Sinne (s. Vorwort zur 10. Auflage Seite 7 f.) fortführen.

Offenbach, im April 1996   Kurt Herget

Inhaltsverzeichnis

Seite

Vorwort V

Abkürzungs- und Schrifttumsverzeichnis XVII

Stichwörter in alphabetischer Reihenfolge

Seite

Abänderung der Festsetzung . . 1
Abänderungsklage 15
Abfindungsvergleich
→ Vergleich
Abgabe einer Willenserklärung . 16
Abgesonderte Befriedigung 17
Abhilfe bei Beschwerde
→ Streitwertbeschwerde
Ablehnung von Richtern,
Schiedsrichtern und Sachver-
ständigen 18
Abnahme von Sachen 24
Abrechnung
→ Rechnungslegung
Abschätzung des Streitwerts
durch Sachverständige
→ Sachverständigenschätzung
Abschluss von Verträgen
→ Vertragsabschluss
Abstammungsklage
→ Kindschaftssachen
Abstandszahlung 25
Abtrennung 25
Abtrennung im Verbundverfah-
ren 26
Abtretung 28
Akkreditiv 30
Aktien
→ Wertpapiere
Allgemeine Geschäftsbedingun-
gen 30
Altenteil 35
Änderung des Streitwerts 36

Seite

Androhung von Ordnungs-
mitteln
→ Ordnungsmittel
Anerkenntnis 40
Anerkenntnisurteil 43
Anerkennung ausländischer
Titel 44
Anfechtung
→ Anfechtungs- und Nichtig-
keitsklagen
→ Gläubigeranfechtung
→ Insolvenzverfahren
→ Nichtigkeit eines Vertra-
ges
Anfechtung der Ehelichkeit
→ Kindschaftssachen
Anfechtung der Vaterschafts-
anerkennung
→ Kindschaftssachen
Anfechtungs- und Nichtigkeits-
klagen 45
Angabe des Streitwerts 53
Angebot der Gegenleistung . . . 58
Anlage U
→ Zustimmung zu steuer-
licher Veranlagung
Anmeldung zum Handels-
register 59
Anspruchshäufung 61
Anstellungsvertrag eines
Organs
→ Organ
Antrag auf Streitwertfestsetzung 62

Seite

Antragsänderung
→ Stufenstreitwert
Antragsüberschreitung
→ Verstoß gegen § 308 Abs. 1
ZPO
Anwaltsbeiordnung
→ Beiordnung eines Rechts-
anwalts
Anwaltsgebühren 68
Anwartschaftsrechte 74
Arbeitnehmer 75
Arrest 77
Aufgebotsverfahren 83
Aufhebung von Gemeinschaf-
ten 85
Auflassung 90
Auflassungsvormerkung 100
Auflösung einer GmbH 103
Aufnahme des Verfahrens
→ Verfahrensruhe

Bauhandwerkersicherungs-
hypothek 176
Baulandverfahren 177
Bearbeitungsgebühren 184
Bedingte Rechte 185
Befreiung von einer Verbind-
lichkeit 185
Befriedigung, abgesonderte
→ Abgesonderte Befriedi-
gung
BEG-Entschädigungsansprüche . 194
Begründung der Streitwertfest-
setzung
→ Streitwertbeschwerde
Beiordnung eines Rechts-
anwalts 195
Belastung
→ Auflassung
Beleidigung
→ Ehrkränkende Äußerungen
Bemessungsgrundsätze 197
Beratungshilfe 217
Bereicherungsansprüche 218

Seite

Aufnahme in den Verbund . . . 105
Aufopferung 107
Aufrechnung 107
Auseinandersetzung
→ Aufhebung von Gemein-
schaften
Ausgleichsanspruch des Han-
delsvertreters 150
Ausgleichsanspruch nach
§ 2050 BGB 151
Auskunftsanspruch 151
Ausländische Währung 164
Auslegung des Klageantrags . . 166
Ausscheiden eines Gesellschaf-
ters 167
Ausschließung 168
Ausschlussurteil 173
Aussetzung 173
Aussonderung 175
Automatenaufstellvertrag 175

Berichtigung
→ Grundbuchberichtigung
Berufsunfähigkeitsrente 219
Berufung
→ Rechtsmittel
Berufungsrücknahme 221
Beschränkte Haftung
→ Haftungsbeschränkung
Beschränkt persönliche Dienst-
barkeit
→ Dienstbarkeit (§ 1090
BGB)
Beschwerde
→ Rechtsmittel
Beseitigung 223
Besichtigung 225
Besitz 227
Besuchsrecht
→ Umgangsrecht
Beweisaufnahme 235
Beweissicherungsverfahren
→ Selbständiges Beweisver-
fahren

	Seite		Seite
Bewilligung	242	Börsenpapiere	250
Bierabnahmepflicht	242	Bruchteilsgemeinschaft	
Bilanz	243	→ Aufhebung von Gemein-	
Bild	244	schaften	
Bindung des Gerichts	245	Bürgschaft	250

Darlehen	255	Direktanspruch	
Dauerwohnrecht		→ Versicherungsschutz	
→ Wohnrecht		Dividende	259
Derselbe Streitgegenstand		Drittschuldner	
→ Mehrere Ansprüche		→ Pfändung	
Dienstbarkeit (§ 1090 BGB)	258	Drittwiderspruchsklage	260
Dingliche Sicherung	259	Duldungsklage	265
		Durchsuchungsanordnung	270

Ehesachen	271	Entschädigungsansprüche nach	
Ehewohnung	303	BEG	
Ehrkränkende Äußerungen	306	→ BEG-Entschädigungs-	
Eidesstattliche Versicherung	312	ansprüche	
Eigentum	318	Entziehung des Wohnungs-	
Eigentumsvorbehalt	320	eigentums	370
Eigentumswohnung	321	Erbauseinandersetzung	
Einrede, Einwendung	324	→ Miterbe	
Einstellung der Zwangsvoll-		Erbbaurecht	372
streckung		Erbberechtigung	374
→ Einstweilige Einstellung		Erbenhaftung	
der Zwangsvollstreckung		→ Haftungsbeschränkung	
Einstweilige Anordnungen	327	Erbschein	374
Einstweilige Einstellung der		Erbteilungsklage	
Zwangsvollstreckung	338	→ Miterbe	
Einstweilige Verfügung	339	Erbunwürdigkeit	375
Eintragungsbewilligung	356	Erbvertrag	376
Einwendung		Erledigung der Hauptsache	376
→ Einrede, Einwendung		Ermessen	413
Einwilligung wegen Hinter-		Ersatzvornahme nach § 887	
legung	357	ZPO	415
Einzelrichter	359	Erweiterung des Klageantrags	
Elterliche Sorge	360	→ Klageänderung	
E-Mail-Werbung	365	Erwerbsverbot	416
Enteignungsentschädigung	366	Erzwingung von Unterlassun-	
Entlastung	368	gen und Duldungen	
Entmündigung	369	→ Ordnungsmittel	
Entnahmerecht	369		

	Seite		Seite
Fällige Beträge	417	Finanzierungskosten	469
Fälligkeit	418	Fischereirecht	469
Fernsprechgebühren	420	Folgesachen	470
Festsetzung des Streitwerts	420	Forderung	472
Feststellung der Erbberechti-		Forderungsverzicht	474
gung	433	Freies Ermessen	
Feststellung der Vaterschafts-		→ Ermessen	
anerkennung		Freigabe	474
→ Kindschaftssachen		Freistellung	476
Feststellungsklage	434	Früchte	477
Film	468	Futterkosten	477

	Seite		Seite
Garantievertrag	478	Gesellschaft	495
Gebrauchsmuster	478	Gesetzliche Erbfolge	502
Gegendarstellung	478	Gesetzliche Unterhaltspflicht	
Gegenforderung		→ Unterhalt	
→ Aufrechnung		Gestaltungsklage	502
→ Gegenleistung		Getrenntleben	503
Gegenseitiger Vertrag	482	Gewerblicher Rechtsschutz	504
Gegenvorstellung	483	Gewerbliche Schutzrechte,	
Gehörsrüge	485	Löschung	
Gemeinschaft		→ Löschung von gewerb-	
→ Aufhebung von Gemein-		lichen Schutzrechten	
schaften		Gläubigeranfechtung	556
Gemeinsame Veranlagung		Gläubigerrangstreit	557
→ Zustimmung zu steuer-		Grenzregelung	559
licher Veranlagung		Grenzscheidungsklage	559
Genehmigung	486	Grundbuchberichtigung	559
Genossenschaft	487	Grunddienstbarkeit	561
Gesamthypothek	488	Grundpfandrecht	562
Gesamtschuldner	489	Grundschuld	563
Geschäftsgebühr	491	Grundstück	565
Geschäftsräume	491	Grundurteil	571
Geschäftsschädigende Äuße-		Gütergemeinschaft	572
rungen	494	Güteverhandlung	572
Geschmacksmuster	494	Guthaben	574

	Seite		Seite
Haftbefehl	574	Handelsvertreter	576
Haftungsbeschränkung	575	Hauptsacheerledigung	
Handelsregisteranmeldung		→ Erledigung der Hauptsache	
→ Anmeldung zum Handels-		Hausrat	577
register		Heimfallanspruch	580

Seite

Herabsetzung einer vereinbarten Vergütung 582
Herausgabe 582
Hilfsantrag 604
Hilfsbegründungen 610
Hilfswiderklage 611

Idealverein 623
Immissionen 625
Informationserzwingungsverfahren 625
Inkassokosten 626
Insolvenzsicherung 626

Jagdpachtrecht 641

Karenzentschädigung 643
Kartellsachen 643
Kassatorische Klagen 644
Kaufanwartschaftsvertrag 644
Kaufvertrag 644
Kennzeichenstreitsachen 647
Kindesherausgabe 648
Kindesunterhalt 652
Kindschaftssachen 654
Klage und Widerklage 656
Klageänderung 668
Klageerweiterung
→ Bemessungsgrundsätze
→ Klageänderung
Klagenhäufung
→ Mehrere Ansprüche
Klagerücknahme 673

Lagerkosten 700
Landvermessung 700
Landwirtschaftsgerichtliches
Verfahren 700
Leasing-Vertrag 701
Leibrente 701

Seite

Hinterlegung 616
Honorarvereinbarung
→ Vergütungsvereinbarung
Hypothek 619
Hypothekengewinnabgabe . . . 623

Insolvenzverfahren 627
Inventar
→ Pacht
Irrtumsanfechtung 639
Isolierte Verfahren 639

Konkurrenzverbot 679
Konkursanfechtung
→ Insolvenzverfahren
Kosten
→ Nebenforderungen
Kosten des Rechtsstreits 680
Kostenansatz 683
Kostenfestsetzungsverfahren . . 687
Kostenvereinbarung in Ehesachen 691
Kostenwiderspruch 693
Kraftfahrzeug 694
Kraftfahrzeugbrief 694
Kraftfahrzeugschlüssel 697
Kraftloserklärung 697
Kreditgebühren 698
Künftiger Schaden 699

Leistung an die Erbengemeinschaft 702
Leistungsklage 705
Leistungsmodalitäten 706
Leistung Zug um Zug
→ Gegenleistung
Lieferung 707

	Seite		Seite
Löschung von gewerblichen Schutzrechten	707	Löschung von Grundpfandrechten, Vormerkungslöschung	708
Mahnverfahren	719	Mietstreitigkeiten	743
Mehrere Ansprüche (Klagenhäufung)	727	Minderung (ohne Miete)	828
Mehrwertsteuer → Umsatzsteuer		Mitbenutzungsrecht	829
		Miterbe	830
		Mitverschulden	848
Nachbarrechtliche Ansprüche	849	Nichtigkeit eines Vaterschaftsanerkenntnisses → Kindschaftssachen	
Nacherbe → Vor- und Nacherbe			
Nacherbenvermerk	850	Nichtigkeit eines Vertrages	878
Nachforderungsklage	850	Nichtigkeitsklage	881
Nachlassverzeichnis → Miterbe		Nichtvermögensrechtliche Streitigkeit	882
Nachverfahren → Urkunden-, Wechsel- und Scheckprozess		Nichtzulassungsbeschwerde	889
		Nießbrauch	890
Namensrecht	851	Notwegrecht	892
Nebenforderungen	851	Novation	894
Nebenintervention	870	Nutzungen	894
Negative Feststellungsklage → Feststellungsklage		Nutzungsverhältnisse → Mietstreitigkeiten → Pacht	
Nicht rechtshängig gewordene Ansprüche	876		
Öffentliche Bekanntmachung → Veröffentlichungsbefugnis		Ordnungsmittel	896
		Organe, Organmitglieder	903
Öffentliche Zustellung	895	Örtliche Zuständigkeit → Einrede, Einwendung	
Ordnungsgeld → Ordnungsmittel			
Pacht	908	Pfandrecht → Pfändung	
Patentsachen → Gewerblicher Rechtsschutz		Pfändung	915
		Pfändungs- und Überweisungsbeschluss → Pfändung	
Personalakten	914		
Persönliche Dienstbarkeit, beschränkte → Dienstbarkeit, § 1090 BGB		Pflegekosten	923
		Pflichtteilsanspruch	924

Seite

Pflichtteilsergänzungsanspruch . 926
Pflichtteilsrestanspruch 927
Positive Beschlussfeststellungs-
 klage 927
Prätendentenstreit 927
Provision 928
Prozess- und Sachleitung 928
Prozesshindernde Einrede
 → Einrede, Einwendung

Rangverbesserung 941
Ratenzahlung 942
Räumungsfristverfahren 943
Reallast 943
Rechnungslegung 944
Recht am eigenen Bild 947
Rechtsbeschwerde 948
Rechtshängigkeit
 → Einrede, Einwendung
Rechtsmittel 948
Rechtswegverweisung 987
Regelunterhalt 988
Regressansprüche der Sozial-
 leistungsträger 989
Rente 990
Restitutionsklage 999

Sachurteilsvoraussetzung
 → Einrede, Einwendung
Sachverständigenschätzung . . . 1004
Schadensersatz 1007
Schätzung 1013
Schätzung durch Sachverstän-
 digen
 → Sachverständigenschät-
  zung
Scheckprozess
 → Urkunden-, Wechsel- und
  Scheckprozess
Schenkung 1014
Schiedsgerichtsverfahren 1015
Schiedsgutachten 1018

Seite

Prozesskostenhilfe 930
Prozesskostenvorschuss 936
Prozesstrennung 937
Prozessverbindung 938
Prozessvergleich
 → Vergleich
Prozesszinsen 941

Restkaufpreisforderung
 → Eigentumsvorbehalt
Rückerstattungsansprüche der
 Sozialleistungsträger
 → Regressansprüche der
  Sozialleistungsträger
Rückgängigmachung eines
 Kaufvertrages 1000
Rückgriffsanspruch der Sozial-
 leistungsträger
 → Regressansprüche der
  Sozialleistungsträger
Rückkaufsrecht 1001
Rückstände
 → Fällige Beträge
Rücktritt 1002
Rückübertragung 1003

Schiedsrichter
 → Schiedsgerichtsverfahren
Schiedsvertrag
 → Schiedsgerichtsverfahren
Schlichtungsverfahren 1019
Schlussurteil 1021
Schmerzensgeld
 → Unbezifferte Beträge
Schwarzpreis 1022
Selbständiges Beweisverfahren . 1023
Sequesterbestellung 1026
Sicherheitsleistung im Prozess . 1026
Sicherung 1028
Sicherungsübereignung 1031
Siedlungsverhältnis 1031

Seite

Sorgerecht
→ Elterliche Sorge
Sparkassenbuch 1032
Spesen 1033
Standgeld 1034
Sterilisation 1034
Steuersäumniszuschläge 1035

Seite

Streitgenossen 1035
Streithilfe
→ Nebenintervention
Streitwertbeschwerde 1038
Stufenklage 1060
Stufenstreitwerte 1084

Tagebuch 1087
Tankstellendienstbarkeit 1087
Tauschvertrag 1088
Teil des Hauptanspruchs 1088
Teilanerkennungsurteil
→ Anerkenntnis
→ Teilurteil
Teilklage 1093
Teilleistungen
→ Teilzahlungen
Teilungsversteigerung
→ Drittwiderspruchsklage
→ Zwangsversteigerung

Teilurteil 1096
Teilweise Abhilfe
→ Streitwertbeschwerde
Teilzahlungen 1099
Teilzahlungskredit 1100
Telefaxwerbung 1101
Testament 1101
Testamentsvollstreckung 1102
Tierarztkosten 1103
Titulierungsinteresse 1103
Trennung
→ Prozesstrennung
Treuhändereinsetzung 1105

Überbau 1105
Überweisungsbeschlüsse
→ Pfändung
Umgangsrecht 1107
Umsatzsteuer 1112
Unbezifferte Anträge 1114
Unfallfinanzierung 1126
Unterbrechung des Verfahrens
→ Verfahrensruhe
Unterhalt 1127
Unterhalt Minderjähriger,
Vereinfachtes Verfahren bei
der Festsetzung
→ Vereinfachtes Verfahren
auf Festsetzung von Unter-
halt Minderjähriger

Unterlassung 1144
Unzuständigkeit
→ Einrede, Einwendung
Urheberrecht, Verlagsrecht . . . 1155
Urkunden-, Wechsel- und
Scheckprozess 1155
Urteils- und Tatbestandsberich-
tigung 1160
Urteilsergänzung 1161

Vaterschaftsanerkennung
→ Kindschaftssachen
Veräußerungsverbot 1163

Verbindung
→ Prozessverbindung
Verbund 1163

Seite

Verbund, Aufnahme in den
→ Aufnahme in den Verbund
Verbund, Abtrennung in
→ Abtrennung im Verbund-
verfahren
Verein 1169
Vereinbarte Vergütung
→ Herabsetzung einer verein-
barten Vergütung
Vereinfachtes Verfahren auf
Festsetzung von Unterhalt
Minderjähriger 1170
Verfahrensruhe 1172
Verfahrenstrennung
→ Prozesstrennung
Vergleich 1173
Vergleichsverfahren 1194
Vergütungsfestsetzung 1194
Vergütungsvereinbarung, Herab-
setzung
→ Herabsetzung einer verein-
barten Vergütung
Vergütungsvereinbarung, höhe-
rer Gegenstandswert 1198
Vergütungsvereinbarung, Streit-
wertfestsetzung 1199
Verkehrsunfallschadenregulie-
rung 1205
Verkehrswert 1216
Vertragsrecht
→ Urheberrecht, Verlagsrecht
Verlustigerklärung 1221
Vermächtnisansprüche 1223
Vermehrte Bedürfnisse 1223
Vermittlungsverfahren nach
§ 52a FGG 1223
Vermögensrechtlicher Anspruch
→ Nichtvermögensrechtliche
Streitigkeit
Vermögensverzeichnis, Errich-
tung
→ Stufenklage
Veröffentlichungsbefugnis 1225
Versicherungsschutz 1226
Versorgungsausgleich 1235
Verstoß gegen § 308 Abs. 1 ZPO 1238

Seite

Vertagung
→ Prozess- und Sachleitung
Verteilungsverfahren 1244
Vertragsabschluss 1245
Vertragsauflösung 1246
Vertragserfüllung 1248
Verwahrung 1250
Verweisung 1250
Verwendungsersatz
→ Mietstreitigkeiten
Verzicht 1251
Verzögerungsgebühr 1253
Verzugszinsen
→ Nebenforderungen
Vollmacht 1254
Vollstreckbarerklärung eines
ausländischen Urteils 1255
Vollstreckbarerklärung eines
Urteils (§ 537 ZPO) 1255
Vollstreckungsgegenklage 1256
Vollstreckungsklausel 1263
Vollstreckungsschaden 1264
Vollstreckungsschutz 1266
Vollstreckungsurteil
→ Vollstreckbarerklärung
eines ausländischen
Urteils
Vor- und Nacherbe 1268
Vorabentscheidung, Vorwegent-
scheidung 1269
Vorbehalt 1269
Vorerbschaft
→ Miterbe
Vorkaufsrecht 1270
Vorläufige Anordnungen
→ Einstweilige Anordnungen
Vorläufige Vollstreckbarkeit . . 1272
Vormerkung 1274
Vormundschaftliche Genehmi-
gung 1274
Vornahme von Handlungen . . . 1274
Vorrangseinräumung
→ Rangverbesserung
Vorschusszahlungen 1275
Vorzugsweise Befriedigung aus
dem Erlös 1275

	Seite		Seite
Wahlschuld	1275	Widerklage	
Wahlweise Verurteilung	1277	→ Klage und Widerklage	
Währungsumrechnung	1277	→ Rechtsmittel	
Wandelung	1278	Widerruf	1293
Wechselprozess		Widerspruch gegen Grundbuch-	
→ Urkunden-, Wechsel- und		eintragung	1294
Scheckprozess		Wiederaufnahmeverfahren	1295
Wechselseitige Rechtsmittel		Wiederherstellung der ehe-	
→ Rechtsmittel		lichen Lebensgemeinschaft	1296
Wegnahme eingebauter Sachen	1280	Wiederkaufsrecht	1296
Werbung, unverlangte	1281	Wiederkehrende Leistungen	1297
Werkvertrag	1284	Willenserklärung	1305
Wert einer Sache	1286	Wohnrecht	1307
Wertbegrenzungen	1286	Wohnung	1311
Wertpapiere	1291	Wohnungsbesetzungsrecht	1311
Wertsicherungsklausel	1292	Wohnungseigentum	1312
Zeugnis		Zuschlag in der Grundstücks-	
→ Willenserklärung		versteigerung	
Zeugnisverweigerung	1313	→ Zwangsversteigerung	
Zinsen	1315	Zustimmung zu steuerlicher	
Zug-um-Zug-Leistung		Veranlagung	1322
→ Gegenleistung		Zwangsgeld nach § 888 ZPO	
Zugewinn	1318	→ Ordnungsgeld	
Zugewinngemeinschaft		Zwangsimpfung	1322
→ Zwischenstreit und -urteil		Zwangsversteigerung	1323
→ Zugewinn		Zwangsvollstreckung	1327
Zurückbehaltungsrecht		Zwischenfeststellungsklage	1331
→ Gegenleistung		Zwischenstreit und -urteil	1332
Zusammenrechnung		Zwischenvergleich	1334
→ Mehrere Ansprüche			
Stichwortregister			1335

Abkürzungs- und Schrifttumsverzeichnis

AcP	Archiv für die civilistische Praxis
AfP	Archiv für Presserecht
AG	Die Aktiengesellschaft
AGS	Anwaltsgebühren Spezial
AK-ZPO	Alternativkommentar zur ZPO, 1987
Anders/Gehle/Kunze	Streitwert-Lexikon, 4. Aufl. 2002
AnwBl.	Anwaltsblatt
AnwK-RVG/*Verfasser*	Rechtsanwaltsvergütungsgesetz. Kommentar. Von Norbert Schneider und Hans-Joachim Wolf, 3. Aufl. 2006
AP	Arbeitsrechtliche Praxis – Nachschlagewerk des Bundesarbeitsgerichts
AuR	Arbeit und Recht
BB	Der Betriebs-Berater
Baumbach/Lauterbach/*Verfasser*	Zivilprozessordnung mit Gerichtsverfassungsgesetz u. anderen Nebengesetzen. Begründet von Adolf Baumbach, fortgeführt von Wolfgang Lauterbach, bearbeitet von Jan Albers und Peter Hartmann, 64. Aufl. 2006
BauR	Baurecht
BayJMBl.	Bayerisches Justizministerialblatt
BayObLGZ	Entscheidungen des Bayerischen Obersten Landesgerichts in Zivilsachen – neue Folge
BayVGH	Bayerischer Verfassungsgerichtshof
BayZ	Zeitschrift für Rechtspflege in Bayern
BGHZ	Entscheidungen des Bundesgerichtshofes in Zivilsachen
BlGBW	Blätter für Grundstücks-, Bau- und Wohnungsrecht
BpatG	Bundespatentgericht
BRAK-Mitteilungen	Mitteilungen der Bundesrechtsanwaltskammer
BR-Drucks./BT-Drucks.	Drucksache des Deutschen Bundesrates/Bundestages
Bunte	Entscheidungssammlung zum AGB-Gesetz. Bd. 1 ff. für die Zeit ab 1977
DAVorm	Der Amtsvormund
DB	Der Betrieb
DGVZ	Deutsche Gerichtsvollzieherzeitung
DJ	Deutsche Justiz
DJZ	Deutsche Juristenzeitung
DNotZ	Deutsche Notar-Zeitschrift
DÖV	Die Öffentliche Verwaltung
DR	Deutsches Recht
DRiZ/DRZ	Deutsche Richter-Zeitung
DVBl.	Deutsches Verwaltungsblatt
DWW	Deutsche Wohnungswirtschaft
EwiR	Entscheidungen zum Wirtschaftsrecht
EzA	Entscheidungssammlung zum Arbeitsrecht. Loseblattausgabe. Herausgeber Eugen Stahlhacke

EzFamR	Entscheidungssammlung zum Familienrecht. Herausgeber Michael Lemke
FamRZ	Ehe und Familie im privaten und öffentlichen Recht
FRES	Entscheidungssammlung zum gesamten Bereich von Ehe und Familie (Band, Seite)
FuR	Familie und Recht
Gerold/Schmidt/*Verfasser*	Rechtsanwaltsvergütungsgesetz. Begründet von Wilhelm Gerold, fortgeführt von Herbert Schmidt, Kurt von Eicken, Wolfgang Madert und Steffen Müller-Rabe, 17. Aufl. 2006
GmbHR	GmbH-Rundschau. Monatsschrift für Geschäftsführer, Gesellschafter und ihre Berater
Göppinger	Vereinbarungen anlässlich der Ehescheidung. Von Horst Göppinger, 6. Aufl. 1988
Gruchot	Beiträge zur Erläuterung des Deutschen Rechts, begründet von Gruchot
Das Grundeigentum	Zeitschrift für die gesamte Grundstücks-, Haus- und Wohnungswirtschaft
GRUR	Gewerblicher Rechtsschutz und Urheberrecht
Hartmann	Kostengesetze. Begründet von Adolf Baumbach, bearbeitet von Wolfgang Lauterbach, fortgeführt von Peter Hartmann, 36. Aufl. 2006
HEZ	Höchstrichterliche Entscheidungen in Zivilsachen
Hillach/Rohs	Handbuch des Streitwertes in bürgerlichen Rechtsstreitigkeiten. Begründet von Alexander Hillach, bearbeitet von Günther Rohs und Gerhard Rohs, 9. Aufl. 1995
HRR	Höchstrichterliche Rechtsprechung
HuW	Haus und Wohnung
HVR	Handelsvertreterrecht. Entscheidungen und Gutachten
JA	Juristische Arbeitsblätter
JblBraunschweig	Justizblatt für den Oberlandesbezirk Braunschweig
JblSaar	Justizblatt des Saarlandes
JMBl.NW	Justizministerialblatt für das Land Nordrhein-Westfalen
JR	Juristische Rundschau
JurA	Juristische Analysen
JurBüro	Das Juristische Büro
Justiz	Die Justiz, Amtsblatt des Justizministeriums Baden-Württemberg
JVBl.	Justizverwaltungsblatt
JZ	Juristenzeitung
KGR	Schnelldienst zur Zivilrechtsprechung des Kammergerichts Berlin
KostRsp.	Kostenrechtsprechung. Nachschlagewerk wichtiger Kostenentscheidungen aus der Zivil-, Straf-, Arbeits- und Verwaltungsgerichtsbarkeit mit kritischen Anmer-

kungen. Bearbeitet von Friedrich Lappe, Kurt von Eicken, Norbert Schneider und Heinrich Hellstab. 5. Aufl. 2005 ff. (Alle Belege der Rechtsprechung zum GKG bzw. zur BRAGO, die vor dem Inkrafttreten des KostRMoG [2004] entschieden wurden, finden Sie im Archivordner II des Werkes).

LAGE	Entscheidungen der Landesarbeitsgerichte. Herausgegeben von Eugen Stahlhacke
Lappe	Kosten in Familiensachen. 5. Aufl. 1994
LM	Nachschlagewerk des Bundesgerichtshofs, herausgegeben von Lindenmaier und Möhring
Madert	Der Gegenstandswert in bürgerlichen Rechtsangelegenheiten, 4. Aufl. 1998
Markl	Gerichtskostengesetz. Kommentar von Hermann Markl, 2. Aufl. 1983
Mayer	Rechtsanwaltsvergütungsgesetz. Handkommentar von Hans-Jochem Mayer und Ludwig Kroiß, 2. Aufl. 2006
MDR	Monatsschrift für Deutsches Recht
Melullis	Handbuch des Wettbewerbsprozesses, 3. Aufl. 2002
MünchKomm.ZPO/ *Verfasser*	Münchener Kommentar zur Zivilprozessordnung mit Gerichtsverfassungsgesetz und Nebengesetzen, 3 Bd.
NdsRpfl.	Niedersächsische Rechtspflege
NJW	Neue Juristische Wochenschrift
NJW-RR	NJW-Rechtsprechungs-Report
NVwZ-RR	Rechtsprechungs-Report, Verwaltungsrecht
NZA	Neue Zeitschrift für Arbeitsrecht
OLGE	Die Rechtsprechung der Oberlandesgerichte auf dem Gebiete des Zivilrechts. Herausgegeben von B. Mugdan und R. Falkmann
OLGR	OLG-Report (Schnelldienst zur Zivilrechtsprechung für einzelne Oberlandesgerichtsbezirke)
OLGZ	Entscheidungen der Oberlandesgerichte in Zivilsachen einschließlich der freiwilligen Gerichtsbarkeit.
OVGE	Entscheidungen der Oberverwaltungsgerichte Münster und Lüneburg
RdL	Recht der Landwirtschaft
RGZ	Entscheidungen des Rechtsgerichts in Zivilsachen
Riedel/Sußbauer	Rechtsanwaltsvergütungsgesetz. Kommentar, 9. Aufl. 2005
Rpfleger	Der Deutsche Rechtspfleger
r + s	Recht und Schaden
Rittmann	Der Wert des Streitgegenstandes. Systematische Darstellung der für die Ermittlung des Wertes des Streitgegenstandes maßgeblichen Vorschriften und Grundsätze, 3. Aufl. 1913

SchlHA	Schleswig-Holsteinische Anzeigen, Justizministerialblatt für Schleswig-Holstein
Schneider	Die Kostenentscheidung im Zivilurteil. Von Egon Schneider, 2. Aufl. 1977
SeuffArchiv	Seufferts Archiv für Entscheidungen der Obersten Gerichte
SRZ	Saarländische Rechts- und Steuerzeitschrift
Staudinger/*Verfasser*	J. v. Staudingers, Kommentar zum Bürgerlichen Gesetzbuch mit Einführungsgesetz und Nebengesetzen, 13. Bearbeitung ab 1993
Stein/Jonas/*Verfasser*	Kommentar zur Zivilprozessordnung, 22. Aufl. 2002 ff.
Thomas/Putzo/*Verfasser*	Zivilprozessordnung mit Gerichtsverfassungsgesetz und den Einführungsgesetzen. Erläutert von Heinz Thomas u. Hans Putzo, 27. Aufl. 2005
Ufita	Archiv für Urheber-, Film-, Funk- und Theaterrecht
UWG-Großkommentar	UWG. Großkommentar. Herausgegeben von Rainer Jacobs, Walter Lindacher und Otto Teplitzky. 1991 ff.
VersR	Versicherungsrecht – Juristische Rundschau für Individualversicherung
Warneyer	mit Zusatz BGH: Rechtsprechung des Bundesgerichtshofs in Zivilsachen – mit Zusatz RG: Rechtsprechung des Reichsgerichts in Zivilsachen
Wieczorek/*Verfasser*	Zivilprozessordnung und Nebengesetze aufgrund der Rechtsprechung kommentiert, 3. Aufl. 1994 ff.
WM	Wertpapier-Mitteilungen
WRP	Wettbewerb in Recht und Praxis
WuM	Wohnungswirtschaft und Mietrecht
WuW	Wirtschaft und Wettbewerb
ZAP	Zeitschrift für die Anwaltspraxis
ZblJugR	Zentralblatt für Jugendrecht und Jugendwohlfahrt
ZfV	Zeitschrift für Versicherungswesen
ZIP	Zeitschrift für die gesamte Insolvenzpraxis
ZMR	Zeitschrift für Miet- und Raumrecht
Zöller/*Verfasser*	Zivilprozessordnung mit Gerichtsverfassungsgesetz und Nebengesetzen. Kommentar. Begründet von Richard Zöller, bearbeitet von Reinhold Geimer, Reinhard Greger, Peter Gummer, Kurt Herget, Peter Philippi, Kurt Stöber und Max Vollkommer, 25./26. Aufl. 2005/2007
ZSW	Zeitschrift für das gesamte Sachverständigenwesen
ZZP	Zeitschrift für Zivilprozess

Stichwörter in alphabetischer Reihenfolge

Abänderung der Festsetzung

Literatur: *E. Schneider* JurBüro 1969, 705 (keine Erstfestsetzung durch das höhere Gericht); *E. Schneider* NJW 1969, 1237 (Einfluss auf die Kostenentscheidung); *E. Schneider* MDR 1972, 99 (Streitwertkorrektur durch die höhere Instanz); *Speckmann* NJW 1972, 232 (Änderung und Kostenentscheidung); *E. Schneider* JurBüro 1974, 823 (Zuständigkeitswert und Gebührenwert).

Gliederungsübersicht

A. Wertfestsetzung für die Gerichtsgebühren

I. Einleitung 1
II. Änderungspflicht
  1. Amtspflicht zur Änderung . . . 8

  2. Geltungsbereich 11
  3. Änderungsfrist 45
III. Gegenvorstellung 65

B. Wertfestsetzung für die Anwaltsgebühren 72

A. Wertfestsetzung für die Gerichtsgebühren

I. Einleitung

Der Streitwert für die Gerichtgebühren wird vom Prozessgericht **ohne Anhörung der Parteien vorläufig** durch Beschluss festgesetzt, wenn Gebühren, deren Höhe sich nach dem Streitwert richtet, im Voraus zu zahlen sind, und Gegenstand des Verfahrens nicht eine bestimmte Geldsumme in Euro ist (§ 63 Abs. 1 S. 1 GKG). **1**

Sobald über den gesamten Streitgegenstand entschieden ist oder sich das Verfahren anderweitig erledigt hat, setzt das Prozessgericht, wenn eine Entscheidung nach § 62 S. 1 GKG nicht ergangen ist oder nicht bindet, den Wert **von Amts wegen** durch Beschluss **endgültig** fest (§ 63 Abs. 2 S. 1 GKG). **2**

Unterbleibt die Festsetzung irrtümlich, etwa weil sie übersehen wird oder das Gericht zu Unrecht von einer Bindung nach § 62 S. 1 GKG ausgeht, kann jeder Beteiligter die Festsetzung anregen. Das Gesetz gewährt dem Anwalt insoweit (überflüssigerweise) sogar ein eigenes Antragsrecht in § 32 Abs. 2 S. 1 RVG. **3**

Die Pflicht zur Festsetzung des Wertes, zur eventuellen Abänderung einer nach § 62 S. 1 GKG ergangenen Entscheidung oder einer anderweitigen vorläufigen Festsetzung besteht für alle Instanzen (siehe unten Rn. 11). **4**

Eine Bindung an den eigenen Beschluss tritt erst mit Ablauf von sechs Monaten ein, wenn die Entscheidung in der Hauptsache Rechtskraft erlangt oder das Verfahren sich anderweitig erledigt hat (§ 62 Abs. 3 S. 2 GKG). Das **Verbot der** **5**

reformatio in peius gilt im Streitwertverfahren nach dem GKG nicht und steht deshalb auch einer Abänderung der eigenen oder vorinstanzlichen Wertfestsetzung nicht entgegen.[1]

6 **Offenbare Unrichtigkeiten** dürfen jederzeit nach § 319 ZPO berichtigt werden, also auch noch nach Ablauf der Sechs-Monats-Frist.[2] Nach OLG Hamm[3] liegt auch dann eine berichtigungsfähige offenbare Unrichtigkeit vor, wenn das Berufungsgericht die Kostenquotierung versehentlich auf der Grundlage des überholten höheren Streitwerts der Vorinstanz berechnet hat. Zur Wechselbezüglichkeit von Streitwertfestsetzung und Kostengrundentscheidung siehe das Stichwort „Streitwertbeschwerde".

7 Erlässt das Gericht einen Streitwertfestsetzungsbeschluss, ohne eine vorhergegangene **Wertfestsetzung** zu erwähnen und abzuändern, so ist anzunehmen, dass der spätere Beschluss der maßgebende ist und eine stillschweigende Änderung des ersten Festsetzungsbeschlusses einschließt.[4]

II. Änderungspflicht

1. Amtspflicht zur Änderung

8 Das Gericht muss den zunächst festgesetzten Streitwert ändern, wenn es mit der Streitwertfestsetzung erneut befasst wird, sofern es zu dem Ergebnis kommt, dass es bei dem früheren Beschluss den Sachverhalt rechtlich unrichtig gewürdigt[5] oder anderweitig unzutreffend festgesetzt hat. Das gilt erst recht, wenn sich der Streitgegenstand verändert hat (etwa durch eine Klageerweiterung, eine Widerklage (§ 45 Abs. 1 GKG) oder eine beschiedene oder verglichene Hilfsaufrechnung (§ 45 Abs. 3, 4 GKG).

9 Das Wort „kann" in § 62 Abs. 3 S. 2 GKG stellt nicht etwa die Änderung bei unrichtigem Wertansatz in das Ermessen des Gerichts. Verstöße gegen die richtige Wertfestsetzung infolge Verletzung der Pflicht zur Korrektur des Wertansatzes können daher **Schadensersatzansprüche aus Amtshaftungsrecht** begründen.[6]

10 Ein Gericht, das einen als unrichtig erkannten Wertansatz der Vorinstanz nicht von Amts wegen berichtigt, begeht nämlich eine Amtspflichtverletzung, weil es eine falsche Rechtsanwendung stillschweigend billigt.[7]

---

1 OLG Karlsruhe Justiz 1971, 354.
2 Siehe das Stichwort „Bemessungsgrundsätze" Rn. 908.
3 OLG Hamm, KostRsp. GKG § 25 Nr. 103 = MDR 1986, 594.
4 KG Rpfleger 1962, 121.
5 OLG Nürnberg JurBüro 1968, 543; OLG Köln, KostRsp. GKG § 25 Nr. 83; *Wenzel* MDR 1980, 14.
6 BGHZ 36, 144; VersR 1964, 146; OLG Köln JurBüro 1971, 1060; OVG Münster NJW 1975, 1183; *Wenzel* MDR 1980, 14; *Lappe* NJW 1987, 1868.
7 BGHZ 36, 144 (146); VersR 1964, 146; OLG Köln BB 1972, 1480.

2. Geltungsbereich

Die Abänderungspflicht besteht in **allen Instanzen,** gilt also auch für den BGH.[1]   **11**

Die Abänderungspflicht schwächt sich auch nicht in der **Revisionsinstanz** zu   **12** einer Ermessensentscheidung ab, wie dies höchstrichterlich teilweise angenommen wird.[2] Wenn der BGH a.a.O. sich selbst von der Beachtung dieser Amtspflicht entbindet, dann ist das nichts anderes als durch Bequemlichkeit motivierte Willkür.[3]

Soweit *Ulrich*[4] aus dem Wort „kann" in § 63 Abs. 3 S. 2 GKG Ermessensfreiheit   **13** hinsichtlich der Abänderung herleitet, verkennt er den gesetzlichen Sprachgebrauch. Wenn in prozessualen Vorschriften von „soll" oder „kann" die Rede ist, erhält der Richter eine zwingende Anweisung, ohne dass aber ein Verstoß dagegen besondere rechtliche Folgen hat (lex imperfecta).[5] Grundsätzlich bedeutet „kann" daher nicht die Einräumung „freien Ermessens". Auch abgesehen vom gesetzlichen Sprachgebrauch müsste es eigentlich selbstverständlich sein, dass jedes Gericht die Pflicht hat, eine von ihm erkannte Fehlentscheidung zu berichtigen, wenn das Gesetz ihm die Möglichkeit dazu gibt; immerhin bindet sogar die Verfassung in Art. 20 Abs. 2 GG den Richter an Gesetz **und Recht.** Das räumt letztlich auch *Ulrich* ein, der hervorhebt, es sei zu bedauern, dass der BGH von der Ermächtigung des § 63 Abs. 3 S. 2 GKG praktisch keinen Gebrauch mache, so dass es nach Abschluss der Revisionsinstanz immer wieder zu völlig überflüssigen „Anpassungsverfahren" komme und die Obergerichte es nicht selten ablehnten, ihre begründeten Streitwertbeschlüsse nur deswegen abzuändern, weil der BGH für die dritte Instanz begründungslos einen höheren Wert festgesetzt hat.[6]

Die fehlende Abänderungsbereitschaft führt manchmal dazu, dass der zweit-   **14** instanzliche Prozessbevollmächtigte, der sich erfolglos beim Berufungsgericht um Abänderung des zweitinstanzlichen Streitwerts bemüht hat, nun wieder den BGH anruft, der dann – wiederum begründungslos – den Berufungsstreitwert abändert. Solche Verfahrensabläufe haben etwas von einer Farce an sich,

---

1 OLG Köln JurBüro 1971, 1060 = VersR 1972, 205 = DB 1972, 1163 = JMBl.NW 1971, 286; OVG Münster NJW 1975, 1183; *Hillach/Rohs,* § 96 D, S. 486; *Lappe,* GKG, § 25 Rn. 16; *Meyer,* GKG, § 63 Rn. 41 mit zahlreichen Nachw.
2 BGH, KostRsp. GKG § 23 a.F. Nr. 80 = JurBüro 1972, 499; KostRsp. GKG § 25 Nr. 133 mit Anm. *E. Schneider* = MDR 1989, 899 = VersR 1989, 817 = Rpfleger 1989, 385 = NJW-RR 1989, 1278 = JurBüro 1989, 1605; BVerwG KostRsp. GKG § 25 Nr. 106 mit abl. Anm. *Lappe;* AnwBl. 1989, 235 = Rpfleger 1989, 171 = JurBüro 1989, 850 = KostRsp. GKG § 25 Nr. 131; KostRsp. GKG § 25 Nr. 149 = JurBüro 1991, 1245 mit abl. Anm. *Mümmler.*
3 Siehe *E. Schneider* MDR 1989, 781.
4 *Ulrich* GRUR 1984, 182.
5 Vgl. *Behrens,* Die Nachprüfbarkeit zivilrichterlicher Ermessensentscheidungen, 1979, S. 28.
6 Siehe OLG Köln JurBüro 1971, 1060 = VersR 1972, 205; OLG Hamm MDR 1973, 147 mit Anm. *E. Schneider* S. 418; KostRsp. GKG § 14 Nr. 10 = MDR 1979, 591 = JurBüro 1979, 1546.

insbesondere, wenn beim letzten Rücklauf mittlerweile die Abänderungsbefugnis der höheren Instanz erloschen ist.[1]

15 Bei **Feststellungsklagen** stellt sich manchmal im Verlaufe des Rechtsstreits heraus, dass der ursprüngliche Wertansatz unzutreffend war; dann war bisher auch abzuändern.[2] Nach § 63 Abs. 2 S. 1 GKG wird der Wert allerdings erst nach Beendigung/Erledigung des Rechtsstreits festgesetzt, so dass eine Abänderung während des Verfahrens denknotwendig ausgeschlossen ist, da es keine abzuändernde Entscheidung gibt. Es ist lediglich die Beschwerde gegen eine vorläufige Festsetzung denkbar.

16 Der Streitwert ist, wenn ein **unbestimmter Klageantrag** gestellt und die Höhe des Betrages dem Ermessen des Gerichts überlassen ist, bereits bei Eingang der Klage vorläufig festzusetzen (§ 62 S. 1 GKG). In solchen Fällen kann bei der späteren endgültigen Festsetzung nach § 63 Abs. 1 S. 2 GKG dann von der anfänglichen Bewertung abgewichen werden, wenn nämlich im Urteil ein anderer, vor allem höherer Betrag als angemessen bezeichnet wird als seinerzeit bei der Festsetzung des Streitwerts. Wegen der Eigenständigkeit der Festsetzungen nach § 62 S. 1 GKG und § 63 Abs. 2 S. 1 GKG handelt es sich dabei aber nicht um eine Abänderung, sondern um die Erstfestsetzung nach Beendigung des Verfahrens. Siehe hierzu näher das Stichwort „Unbezifferte Anträge".

17 Bei **unverändertem Streitgegenstand** besteht in der Regel kein Anlass, eine der Klageschrift entnommene und über Jahre hin gebilligte Schätzung nur deshalb abzuändern, weil das Ergebnis einer Beweisaufnahme durch Einholung eines Sachverständigengutachtens den geschätzten Betrag erhöhen würde.[3] Solche für die Parteien bei Einleitung des Rechtsstreits unvorhersehbaren Wertänderungen (zum Zeitpunkt für die Wertberechnung siehe § 40 GKG) könnten sonst die gesamte „Kostenkalkulation" vor Erhebung der Klage und der Einlassung des Beklagten darauf entwerten.[4]

18 Beruhen die erst- und zweitinstanzlichen Wertfestsetzungen auf den unwidersprochen gebliebenen Wertangaben des Klägers, dann ist eine **rückwirkende Streitwertänderung** jedenfalls dann grundsätzlich unangebracht, wenn dadurch die kostentragende Partei im Nachhinein mit völlig unvorhersehbaren Erstattungsansprüchen und Eigenkosten belastet würde, so dass ihrer zu Beginn des Rechtsstreits angestellten Berechnung des Kostenrisikos jede Grundlage entzogen würde. Dieser Fall ist angenommen worden, als der erstinstanzlich antragsgemäß festgesetzte Streitwert von 10 000 DM nach Abschluss von zwei Instan-

---

1 Siehe den Fall BGH, KostRsp. GKG § 25 Nr. 133 mit Anm. *E. Schneider* = MDR 1989, 899 = VersR 1989, 817 = *Warneyer* 1989 Nr. 113 = Rpfleger 1989, 385 = NJW-RR 1989, 1278 = JurBüro 1989, 1605.
2 OLG Bamberg JurBüro 1977, 1422.
3 OLG Köln, KostRsp. GKG § 15 Nr. 1.
4 Siehe dazu *E. Schneider* und *Lappe*, Anm. zu KostRsp. GKG § 15 Nr. 1 sowie unten Rn. 17 ff. und ausführlich das Stichwort „Bemessungsgrundsätze" Rn. 943 ff.

zen auf Antrag des sich selbst vertretenden Prozessbevollmächtigten auf rund 183 000 DM angehoben werden sollte.[1]

Einem derartigen Antrag stattzugeben, wäre auch **verfassungsrechtlichen Be-** **19** **denken** ausgesetzt (Art. 14 GG). Verändert sich der Streitgegenstand als solcher nicht, dann besteht regelmäßig kein Anlass, eine auf die Angaben des Klägers zurückgehende und von beiden Parteien über Jahre hin gebilligte Schätzung nur deshalb abzuändern, weil das Ergebnis der späteren Beweisaufnahme im Prozess zu einem höheren Schätzungsbetrag führen könnte (Rn. 17). Die zu Beginn des Rechtsstreits im Wege der Schätzung bezifferten Vorstellungen des Klägers bleiben bestimmend.[2] Diese Rechtsauffassung wird bestätigt durch § 63 Abs. 1 S. 1 GKG Wird eine bestimmte Geldsumme in Euro eingeklagt, dürfte der Streitwert kaum jemals streitig werden. In allen übrigen Fällen erfolgt die vorläufige Festsetzung, gegen die die Beschwerde nach §§ 63 Abs. 1 S. 2, 66 GKG zulässig ist.[3] Schätzt nun das Gericht nach den Vorstellungen des Klägers, wird dies nicht angegriffen und übernimmt das Gericht bei der Erstfestsetzung die vorläufige Bewertung, dann ist schwer vorstellbar, mit welcher Begründung noch eine Abänderung erreicht werden könnte.

Das gilt um so mehr, wenn eine abweichende Streitwertfestsetzung der Kosten- **20** entscheidung des Urteils die Grundlage entziehen würde.[4] Die Bereitschaft der Beschwerdegerichte, anfängliche Nachlässigkeiten im Streitwertbeschwerde- verfahren zu korrigieren, sinkt dementsprechend sichtlich.[5] Jedenfalls ist stren- ge Prüfung geboten, wenn nach Instanzende der Sieger die Erhöhung oder der unterlegene Angreifer die Herabsetzung des Streitwerts beantragt.[6]

Eine wesentliche Änderung des Streitwerts nach **Erlass des Urteils** ist auch **21** dann noch zulässig, wenn durch sie die Kostenentscheidung unrichtig wird.[7]

Das Gericht höherer Instanz ist nur im Laufe des Verfahrens zur Abänderung **22** der Streitwertfestsetzung befugt.[8]

---

1 OLG Köln JurBüro 1979, 1554 = JMBl.NW 1979, 245 = VersR 1979, 945 = KostRsp. § 25 GKG Nr. 33 mit Anm. *E. Schneider.*
2 OLG Köln, KostRsp. GKG § 15 Nr. 1 mit Anm. *E. Schneider* u. *Lappe,* der ebenfalls auf verfassungsrechtliche Bedenken gegen derartige Streitwerterhöhungen hinweist.
3 Hierzu KG KGR 1995, 180.
4 OLG Düsseldorf WRP 1984, 609 = KostRsp. ZPO § 3 Nr. 722 mit Anm. *E. Schneider.*
5 Siehe *E. Schneider* AnwBl. 1977, 233 u. unten das Stichwort „Bemessungsgrundsätze" Rn. 947 ff.
6 OLG Köln, KostRsp. GKG § 15 Nr. 1 mit Anm. *E. Schneider* u. *Lappe* sowie § 25 Nr. 33 mit Anm. *E. Schneider* u. weiteren Nachw. dort; ausführlich *E. Schneider* MDR 1977, 177; 1980, 265.
7 *E. Schneider* NJW 1969, 1237 mit Angabe abweichender Entscheidungen, und unten bei dem Stichwort „Streitwertbeschwerde".
8 BGH Rpfleger 1959, 2; Hess. VGH, KostRsp. GKG § 25 Nr. 141 = JurBüro 1990, 1465 = DÖV 1990, 119 zur Abänderung auf Gegenvorstellung; *E. Schneider* MDR 1972, 100). Es braucht sich dabei jedoch nicht unbedingt um das Verfahren zur Hauptsache zu handeln (LG Mannheim JurBüro 1952, 43).

23 Die Änderungsbefugnis nach § 63 Abs. 3 S. 2 GKG berechtigt das **Rechtsmittel-gericht nicht zur Erstfestsetzung**. Dazu ist nur das Instanzgericht selbst zuständig. Dieses ist deshalb auch nicht gebunden, wenn die höhere Instanz erstmals nur für sich festsetzt.[1]

24 Auch der Streitwert eines **Prozessvergleichs** ist immer von dem Gericht derjenigen Instanz festzusetzen, in der der Vergleich geschlossen worden ist.

25 Hat das höherinstanzliche Gericht die vorinstanzliche Wertfeststellung geändert, dann erlischt damit für das untere Gericht die Änderungsbefugnis des § 63 Abs. 3 S. 2 GKG; diese steht nur noch dem Rechtsmittelgericht zu.[2] Nur soweit sich der Gegenstand des Verfahrens nachträglich noch verändert (etwa nach einer Zurückverweisung), steht dem erstinstanzlichen Gericht das Festsetzungs- und Abänderungsrecht zu.

26 Entgegen OLG Hamm[3] erlischt die Änderungsbefugnis der höheren Instanz – von Amts wegen oder auf Gegenvorstellung hin – nicht, weil sie als Beschwerdegericht die erstinstanzliche Festsetzung bestätigt hatte. Diese, auch vom BGH[4] in einem obiter dictum gebilligte Auffassung, widerspricht dem Wortlaut des § 63 Abs. 3 S. 2 GKG, wonach die Festsetzung des Gebührenstreitwerts „von dem Gericht, das sie getroffen hat, ... abgeändert werden" kann. Dies entspricht der Befugnis der Parteien, ihre eigenen Wertangaben jederzeit zu berichtigen (§ 61 S. 2 GKG). Die Gegenmeinung verkennt den Grundsatz der Streitwertwahrheit und ferner, dass Streitwertbeschlüsse nicht in Rechtskraft erwachsen. Innerhalb der Fristen des § 63 Abs. 3 S. 2 GKG darf deshalb auch das Beschwerdegericht die eigene oder die korrigierte vorinstanzliche Wertfestsetzung ändern, da dies die einzige Möglichkeit ist, die Festsetzung des **richtigen** Streitwerts zu gewährleisten.[5]

27 Hat das Beschwerdegericht eine Beschwerde als unzulässig verworfen, weil unter Zugrundelegung des von ihm angenommenen Streitwerts der ersten Instanz die Beschwerdesumme (§ 68 Abs. 1 S. 1 GKG) nicht erreicht und die Beschwerde auch vom erstinstanzlichen Gericht nicht zugelassen war (§ 68 Abs. 1 S. 2 GKG), so darf der Streitwert nicht nachträglich auf einen Betrag festgesetzt werden, bei dessen Zugrundelegung die Beschwerde zulässig gewesen wäre.[6]

28 In der bloßen Wertfestsetzung der höheren Instanz für sich liegt keine stillschweigende Abänderung der vorinstanzlichen Wertfestsetzung.[7]

---

1 OLG Hamm JurBüro 1959, 473; OLG Köln MDR 1973, 684; KG, KostRsp. GKG § 25 Nr. 51 mit Anm. *E. Schneider* = JurBüro 1981, 1232; BFH JurBüro 1977, 330; OVG Bremen JurBüro 1982, 1344; *E. Schneider* JurBüro 1969, 705; MDR 1972, 99.
2 OLG Frankfurt JurBüro 1982, 747 = MDR 1982, 589; *E. Schneider* MDR 1972, 100.
3 KostRsp. GKG § 25 Nr. 136 mit abl. Anm. *E. Schneider* = MDR 1990, 63 = GRUR 1989, 933.
4 BGH MDR 1986, 654 = NJW-RR 1986, 737.
5 Ebenso OLG Frankfurt MDR 1982, 589 = JurBüro 1982, 747; *Hillach/Rohs*, § 96 D, S. 486.
6 LG Münster JMBl.NW 1985, 174.
7 Verfehlt früher das OLG München OLGE 31, 2.

Eine Änderung des einmal festgesetzten Streitwerts ist auch dann noch mög- **29** lich, wenn das Gericht bei erneuter Befassung mit der Wertfestsetzung zu der Auffassung gelangt, dass in dem früheren Beschluss **wesentliche Umstände** des schon damals bekannten Sachverhaltes **unberücksichtigt geblieben sind.**[1] Jedoch ist keine Änderung mehr zulässig, wenn bereits sechs Monate nach rechtskräftiger Erledigung verstrichen sind.[2]

Die Streitwertfestsetzung für die Revisionsinstanz kann noch nach **Zurücknah-** **30** **me der Revision** beantragt werden.[3] Die Bestimmung der Urteilsbeschwer nach § 546 Abs. 2 S. 1 ZPO durch das Berufungsgericht betrifft nur die Klarstellung der Rechtsmittelfähigkeit und hindert das Revisionsgericht trotz § 546 Abs. 2 S. 2 ZPO nicht, einen abweichenden Kostenstreitwert für die Revisionsinstanz festzusetzen.[4]

Umgekehrt ist aber auch das **Berufungsgericht** nicht an eine Gebührenwertfest- **31** setzung des BGH lediglich für Revisionsinstanz gebunden und nicht gehalten, den eigenen Streitwert deswegen abzuändern (siehe nachstehend Rn. 67).

Die Zuständigkeit des Revisionsgerichts für die Abänderung von Streitwertbe- **32** schlüssen der Vorinstanzen ist unabhängig davon, ob das Rechtsmittel Erfolg hat oder aus prozessualen Gründen erfolglos bleibt, es sei denn, dass mit einer prozessual unzulässigen Revision lediglich eine Umgehung des § 567 Abs. 2 S. 1 ZPO bezweckt wird, wonach Beschlüsse der Oberlandesgerichte unanfechtbar sind.[5]

Fraglich ist, ob auf ein nicht statthaftes Rechtsmittel der Streitwert abgeändert **33** werden darf. Ebenso fraglich ist, ob der Streitwert der Hauptsache vom BGH abgeändert werden darf, wenn die Nichtzulassungsbeschwerde erfolglos ist. Für die Kostenentscheidung hat der BGH eine Abänderungsbefugnis abgelehnt, weil die Hauptsache bei Zurückweisung der Nichtzulassungsbeschwerde nicht anhängig werde.[6] Für die Streitwertfestsetzung dürfte dies nicht gelten, da der BGH den Wert des Nichtzulassungsbeschwerdeverfahrens festsetzen muss und dieser Wert im Rahmen der Anfechtung mit dem der Hauptsache identisch ist.

Hat das Revisionsgericht, das nur über den Grund eines Schmerzensgeldan- **34** spruchs zu entscheiden hatte, den Wert des Streitgegenstandes in bestimmter Höhe festgesetzt, dann rechtfertigt die hieran sich anschließende Zuerkennung eines höheren Schmerzensgeldes im Betragsverfahren nicht die nachträgliche Erhöhung des Streitwerts für die Revisionsinstanz.[7]

---

1 OLG Frankfurt MDR 1957, 174; OLG Schleswig JurBüro 1955, 234.
2 OLG Köln JMBl.NW 1973, 47.
3 BGH NJW 1952, 66.
4 BGH JurBüro 1982, 1017 = VersR 1982, 591.
5 BGH NJW 1952, 66.
6 BGH, Beschl. v. 27. 5. 2004 – VII ZR 217/02, NJW 2004, 2598 = FamRZ 2004, 1481 = BGHR 2004, 1306 = ZfBR 2004, 688 = MDR 2004, 1254 = AGS 2005, 128 = BGHR ZPO § 308 Abs. 2 Nichtzulassungsbeschwerde; Beschl. v. 28. 3. 2006 – XI ZR 388/04, FamRZ 2006, 860 = BGHR 2006, 872 = AGS 2006, 306.
7 BGH VersR 1962, 834.

35 Das mit unzulässiger Streitwertbeschwerde angerufene Gericht ist weder berechtigt noch verpflichtet, den Streitwert **von Amts wegen** abzuändern.[1]

36 Wollte man trotz **Fehlens der Beschwer** (Erhöhungsbeschwerde der Partei; Herabsetzungsbeschwerde des Anwalts) oder trotz Nichterreichens der Beschwerdesumme des § 63 Abs. 1 S. 1 GKG und fehlender Zulassung (§ 63 Abs. 1 S. 2
GKG) das Änderungsrecht der höheren Instanz annehmen, so würden damit die
Zulässigkeitsvoraussetzungen der Streitwertbeschwerde bedeutungslos. Das
Änderungsrecht des höheren Gerichts ist nämlich zugleich Änderungspflicht.[2]

37 Wird hingegen das höhere Gericht durch ein Rechtsmittel zur Hauptsache, eine
Kostenansatzbeschwerde (§ 66 GKG) oder eine Kostenfestsetzungsbeschwerde
(§ 104 ZPO) mit der Sache befasst, dann erlangt es die Änderungsbefugnis auch
dann, wenn das Rechtsmittel unzulässig ist. In diesem Fall stellt nämlich das
unzulässige Rechtsmittel keine Umgehung der Zulässigkeitsvoraussetzungen
dar. Sollte diese allerdings im Einzelfall gewollt sein, so entfällt das Änderungsrecht wegen prozessualen Rechtsmissbrauchs.

⊃ **Beispiel:**

Mit Rücksicht auf die Unanfechtbarkeit oberlandesgerichtlicher Beschlüsse (§ 567
Abs. 4 S. 1 ZPO) wird eine ersichtlich unzulässige Revision eingelegt, um auf diesem
Umweg eine Streitwertkorrektur herbeizuführen.[3]

38 „Hauptsache" i.S. des § 63 Abs. 3 S. 1 GKG ist das Verfahren, für das der Streitwert festzusetzen ist, nicht ein selbständiges Nebenverfahren, jedoch auch das
Verfahren nach sofortiger Beschwerde gegen eine Kostenentscheidung aus § 91a
ZPO.[4]

39 Zur unzulässigen Streitwertbeschwerde siehe das Stichwort „Streitwertbeschwerde".

40 Wird das höhere Gericht nur im Verfahren auf Bewilligung von Prozesskostenhilfe mit der Sache befasst, dann besteht kein Änderungsrecht, weil dieses
Verfahren nicht die in § 63 Abs. 3 S. 2 GKG festgelegten Voraussetzungen für
das Entstehen eines Abänderungsrechts erfüllt.[5]

41 Soweit das OLG Köln[6] gemeint hat, hiervon abzuweichen, ist es einem Irrtum
erlegen. Es hat das Verfahren auf Bewilligung von Prozesskostenhilfe verwech

---

1 OLG Celle JurBüro 1964, 274; OLG Nürnberg Rpfleger 1963, 179; OLG Hamm Rpfleger
1973, 106; OLG München JurBüro 1983, 890 = KostRsp. GKG § 25 Nr. 68; *E. Schneider*
MDR 1972, 99; OLG Köln, KostRsp. GKG § 25 Nr. 83; OVG Bremen JurBüro 82, 1344;
a.A. OVG Saarland, KostRsp. GKG § 25 Nr. 179; OVG Münster, KostRsp. GKG § 25
Nr. 17; VGH Baden-Württemberg, KostRsp. GKG § 25 Nr. 158 mit abl. Anm. *E. Schneider* = JurBüro 1992, 254 – alle in Verkennung der Rechtsmittelfunktion.
2 Rn. 8; siehe *E. Schneider* Anm. zu KostRsp. GKG § 25 Nr. 158.
3 BGH NJW 1952, 66.
4 OLG Karlsruhe, KostRsp. GKG § 25 Nr. 125 = Justiz 1988, 158.
5 OLG Stuttgart, KostRsp. GKG § 25 Nr. 104 mit Anm. *E. Schneider* = Justiz 1986, 413;
E. Schneider MDR 1972, 99.
6 OLG Köln JurBüro 1981, 1011 = KostRsp. GKG § 25 Nr. 53 mit Anm. *E. Schneider*.

selt mit dem Verfahren auf Festsetzung der Vergütung des Prozesskostenhilfe-Anwalts. Das Vergütungsfestsetzungsverfahren ist in § 63 Abs. 3 S. 2 GKG ausdrücklich unter denjenigen Verfahren aufgeführt, in denen das Rechtsmittelgericht zur Abänderung des Streitwerts von Amts wegen befugt ist.[1] Das Bewilligungsverfahren selbst ist jedoch kein Festsetzungsverfahren und in § 63 Abs. 2 S. 2 GKG nicht erwähnt.

Beantragt der Prozessbevollmächtigte in einer **Ehesache** nach Obsiegen seiner Partei eine Heraufsetzung des Streitwerts, obwohl er während des Prozesses um Bewilligung von Prozesskostenhilfe nachgesucht hatte, so ist trotz prozessualer Bedenken gegen die Zulässigkeit des Antrags die Streitwertfestsetzung mit Rücksicht auf das Gebühreninteresse der Staatskasse zu überprüfen.[2]   42

Hat das Amtsgericht den Streitwert „zum Zwecke der Entscheidung über die Zuständigkeit des Prozessgerichts" oberhalb der amtsgerichtlichen Zuständigkeit (§ 23 Nr. 1 GVG) festgesetzt und daraufhin den Rechtsstreit an das Landgericht verwiesen, dann ist das **Landgericht** an die Streitwertfestsetzung des Amtsgerichts insoweit gebunden, als der Streitwert den für die amtsgerichtliche Zuständigkeit maßgebenden Betrag übersteigen muss.[3] Jedoch muss eine Festsetzung nach § 62 GKG gewollt sein.[4]   43

Wird einem Gesuch um Bewilligung von **Prozesskostenhilfe** unter Verstoß gegen die Zuständigkeitsvorschrift des § 23 Nr. 1 GVG stattgegeben, dann tritt dadurch keine Bindung in der Streitwertbemessung ein.[5]   44

3. Änderungsfrist

Die Halbjahresfrist des § 63 Abs. 3 S. 2 GKG berechnet sich nicht nach der bloßen Erledigung der Instanz, sondern nach der **Erledigung des Rechtsstreits** überhaupt,[6] bei Erledigung der Hauptsache also nach der von beiden Parteien abgegebenen Erledigungserklärung oder Mitteilung über die außergerichtliche Einigung.[7]   45

Hat das Gericht ein **Teilanerkenntnisurteil** erlassen und dazu den Streitwert festgesetzt, so berechnet sich die Beschwerdefrist des § 63 Abs. 2 S. 3 GKG ab Rechtskraft der Schlussentscheidung oder eines die Rechtskraft herbeiführenden Prozessvergleichs.[8]   46

---

1 KG JurBüro 1978, 1700.
2 OLG Düsseldorf, KostRsp. § 14 A GKG a.F. Nr. 40.
3 OLG Nürnberg JVBl. 1959, 84.
4 *E. Schneider* JurBüro 1974, 823 mit Nachw. und unten das Stichwort „Bindung des Gerichts" Rn. 1122 ff.
5 OLG Köln JurBüro 1971, 86.
6 BGH NJW 1961, 1819; Rpfleger 1962, 53; BVerwG MDR 1976, 867.
7 BGH, mitgeteilt in BGHZ 70, 365, 367 f. = MDR 1978, 553 = Rpfleger 1978, 211 = NJW 1978, 1263 = JurBüro 1978, 685.
8 OLG Bamberg JurBüro 1980, 1865.

47 Die **Zustellung des Streitwertbeschlusses** ist nicht erforderlich, sondern nur der Zugang. Die Vorschrift des § 329 Abs. 2 S. 2 ZPO meint die Fristen zur Einlegung von Erinnerung und Beschwerde, nicht die zeitliche Abänderungssperre, der das Gericht unterworfen wird.

48 Eine Wiedereinsetzung in den vorigen Stand ist im Gegensatz zu der bis zum 1. 7. 2004 geltenden Gesetzeslage[1] – jetzt ausdrücklich vorgesehen (§ 68 Abs. 2 GKG).

49 Festgesetzt ist der Streitwert, damit auch abänderbar und den Fristlauf in Gang setzend, wenn der Festsetzungsbeschluss geschrieben, unterschrieben und wenigstens gegenüber einer Partei verlautbart worden ist.[2] Deshalb läuft die Frist des § 63 Abs. 3 S. 3 GKG bereits dann, wenn ein Streitwertbeschluss der Partei, nicht aber dem Streithelfer formlos mitgeteilt worden ist.[3]

50 Wenn durch Urteil ein **Parteiwechsel** auf der Beklagtenseite zugelassen worden ist und dem Kläger die dem aus dem Rechtsstreit ausscheidenden Beklagten erwachsenen außergerichtlichen Kosten auferlegt worden sind, beginnt damit der Fristlauf. Denn mit diesem Urteil ist das Verfahren zwischen Kläger und ausscheidendem Beklagten erledigt worden. Dass der Prozess infolge Klageänderung gegen einen anderen Beklagten fortgeführt wird, ist unerheblich.[4]

51 Bei **Klagerücknahme** beginnt die Frist (§ 62 Abs. 3 S. 2 GKG) mit der Kostenentscheidung zu laufen,[5] mit der Einschränkung, dass der Kostenantrag innerhalb einer üblichen Frist von bis zu zwei Wochen nach Zustellung der Klagerücknahme und vor der Streitwertfestsetzung gestellt worden ist.

52 Im Sinne des § 63 Abs. 2 S. 3 und Abs. 3 S. 3 GKG ist ein **Arrestverfahren** endgültig abgeschlossen, wenn entweder der Arrestantrag endgültig zurückgewiesen oder dem Antrag auf Aufhebung des Arrestes rechtskräftig stattgegeben oder im Falle der Aufrechterhaltung des angeordneten Arrestes der Hauptprozess endgültig abgeschlossen ist.[6]

53 **Eilverfahren** (§§ 916 ff. ZPO) erledigen sich „anderweitig" (§ 63 Abs. 2 S. 3, Abs. 3 S. 3), wenn innerhalb von sechs Monaten nach Zustellung kein Widerspruch eingelegt wird, so dass eine danach eingehende Streitwertbeschwerde unzulässig ist,[7] oder wenn der Eilantrag auf Erlass des Arrestes oder der einstweiligen Verfügung endgültig zurückgewiesen oder dem Antrag auf Aufhebung der Maßnahme rechtskräftig stattgegeben oder bei Aufrechterhaltung der Maßnahme der Hauptprozess endgültig abgeschlossen worden ist.[8] Gleiches gilt,

---

1 KG Rpfleger 1980, 443; OLG Nürnberg JurBüro 1981, 1548 = AnwBl. 1981, 499.
2 *E. Schneider*, Anm. zu KostRsp. GKG § 25 Nr. 81.
3 LG Düsseldorf JurBüro 1985, 106 = KostRsp. GKG § 25 Nr. 81 mit zust. Anm. *E. Schneider* und abl. Anm. *Lappe*.
4 OLG Neustadt MDR 1963, 937.
5 OLG Rostock MDR 1995, 212.
6 OLG Frankfurt JurBüro 1958, 130.
7 KG WRP 1982, 582; OLG Koblenz JurBüro 1988, 1727 = KostRsp. GKG § 25 Nr. 127.
8 OLG Koblenz JurBüro 1988, 1727 = KostRsp. GKG § 25 Nr. 127.

wenn erst nach Ablauf der Frist des § 63 Abs. 2 S. 3 GKG Widerspruch eingelegt und die Kostenentscheidung im Rechtfertigungs- und Berufungsverfahren nicht geändert wird.[1]

Für das Beweissicherungsverfahren nach altem Recht war zweifelhaft, welcher **54** Zeitpunkt für das Änderungsverbot anzunehmen war. Das LG München stellte auf den Beginn der beweissichernden Maßnahme ab;[2] in seinem Fall war das die Einnahme eines Augenscheins. Dafür lassen sich keine einleuchtenden Gründe finden. Mit Rücksicht darauf, dass die Feststellungen im Beweissicherungsverfahren im Rechtsstreit selbst fortwirken (§ 493 Abs. 1 ZPO), muss „die Entscheidung in der Hauptsache" i.S. des § 63 Abs. 2 S. 3 GKG zugleich als maßgebender zeitlicher Anknüpfungspunkt für ein vorangegangenes Beweissicherungsverfahren angesehen werden,[3] wenn dem Verfahren ein Hauptprozess folgt; ebenso für **das selbständige Beweisverfahren**, das an die Stelle des Beweissicherungsverfahren getreten ist.[4] Nicht übersehen werden darf, dass das selbständige Beweisverfahren enden kann, ohne dass ein Rechtsstreit nachfolgt. Abzustellen ist dann auf den Zeitpunkt der Beendigung des selbständigen Beweisverfahrens,[5] spätestens dem der Kostenentscheidung nach § 494 a Abs. 2 S. 1 ZPO.

Die Änderungssperrfrist des § 63 Abs. 2 S. 3 GKG beginnt bei einem selbstän- **55** digen Beweissicherungsverfahren – wenn kein Hauptsacheverfahren folgt – mit dessen Abschluss. Eine nach Ablauf der Sperrfrist eingelegte Streitwertbeschwerde ist auch dann unzulässig, wenn der Festsetzungsbeschluss zwar den Parteien, nicht jedoch dem Beschwerdeführer als Verfahrensbevollmächtigten zugestellt wurde.[6]

Nach OLG Koblenz beginnt die sechsmonatige Frist für eine Streitwertbe- **56** schwerde im selbständigen Beweisverfahren mit der Übersendung des Sachverständigengutachtens an die Parteien, wenn sich weder eine Anhörung des Sachverständigen noch ein Hauptsacheverfahren anschließt.[7]

Für **Scheidungssachen** läuft keine isolierte Frist, solange noch abgetrennte Fol- **57** gesachen anhängig sind. Die gegenteilige Auffassung des OLG Schleswig[8] und des OLG München[9] ist abzulehnen. Denn Scheidungssache und Folgesachen

---

1 OLG Frankfurt KostRsp. GKG § 23 a.F. Nr. 29.
2 LG München AnwBl. 1978, 231.
3 Zustimmend LG Saarbrücken KostRsp. GKG § 25 Nr. 132 mit Anm. *E. Schneider* = JurBüro 1989, 1006; ebenso *Täuber* AnwBl. 1978, 231; *E. Schneider* MDR 1979, 270.
4 OLG Celle, KostRsp. GKG § 25 Nr. 182 = MDR 1993, 1019 = Nds.Rpfl. 1993, 298.
5 Hierzu Zöller/*Herget*, § 492 Rn. 4.
6 OLG Brandenburg, Beschl. v. 17. 1. 2005 – 13 W 77/04, OLG-NL 2005, 139 = OLGR 2005, 527 = BauR 2005, 1513 = NJ 2005, 504 = ZfBR 2005, 468 = BauRB 2005, 206 = JurBüro 2005, 429.
7 OLG Koblenz, Beschl. v. 28. 2. 2005 – 5 W 131/05, AGS 2005, 216 mit Anm. *Onderka* = OLGR 2005, 513 = MDR 2005, 825 = FamRZ 2005, 1768 = RVG-Letter 2005, 46 = RVGreport 2005, 236.
8 SchlHA 1981, 119 = KostRsp. GKG § 25 Nr. 50 mit krit. Anm. *Lappe*.
9 KostRsp. GKG § 25 Nr. 114 u. 150, mit abl. Anm. *Lappe*.

haben nach § 46 GKG nur einen Streitwert. Eine wegen Zeitablaufs endgültige Teil-Wertfestsetzung für das Scheidungsverfahren könnte zu irreparablen Fehlern führen, wenn sich die Notwendigkeit seiner Wertänderung erst nach Beendigung des Rechtsstreits anlässlich der Kostenfestsetzung herausstellt. Im Grundsatz stimmt dem das OLG Bamberg[1] zu, das die Anfechtbarkeit der Streitwertfestsetzung zu einem Teilurteil noch innerhalb der ab Rechtskraft des Schlussurteils laufenden Frist bejaht.

58 Wird die Frist gewahrt, dann darf der Streitwert auch dann noch – auch vom Rechtsmittelgericht – abgeändert werden, wenn im Zeitpunkt der Entscheidung die sechs Monate des § 63 Abs. 3 S. 2 GKG abgelaufen sind.[2] Siehe auch Rn. 68.

59 Wird der Streitwert erstmals nach Ablauf der Sechsmonatsfrist des § 63 Abs. 3 S. 2 GKG festgesetzt, dann darf er noch entsprechend § 68 Abs. 3 S. 3 HS 2 GKG **innerhalb der Frist eines Monats** ab Festsetzung antragsgemäß abgeändert werden.[3]

60 Ebenso liegt es nach § 63 Abs. 2 S. 3 GKG, wenn der Wert im letzten Monat vor Rechtskraft oder anderweitiger Hauptsacheerledigung festgesetzt worden ist. Das gilt nach BGH[4] auch bei Anträgen auf Kostenschutz in Wettbewerbssachen.

61 Angesichts dieser Judikatur dürfte die unbestimmte „angemessene" Frist in BGH MDR 1964, 483 u. 1966, 607 als **Monatsfrist** zu interpretieren sein. Eine abweichende Befristung wäre im Hinblick auf die Regelung in § 63 Abs. 3 GKG wenig einleuchtend und letztlich willkürlich.[5]

62 Siehe auch BGH:[6] Ist der Streitwert für das Berufungsverfahren in einer Patentnichtigkeitssache im Monat Dezember desjenigen Kalenderjahres erstmals festgesetzt worden, das dem Kalenderjahr unmittelbar folgt, in dem die Entscheidung des Bundesgerichtshofes in der Hauptsache Rechtskraft erlangt hat, so kann die Änderung der Festsetzung im Wege der Gegenvorstellung nur verlangt werden, wenn diese innerhalb eines Monats nach dem Streitwertfestsetzungsbeschluss erhoben wird.[7]

63 Die Monatsfrist sollte auch bei **amtswegiger Abänderung** und bei **Einlegung einer Gegenvorstellung** beachtet werden.[8] Dadurch wird auch erreicht, dass die

---

1 OLG Bamberg JurBüro 1980, 1865.
2 OLG Celle Nds.Rpfl. 1981, 231; OVG Münster, KostRsp. GKG § 25 Nr. 45.
3 OLG Koblenz JurBüro 1981, 572 = KostRsp. GKG § 25 Nr. 48 mit Anm. *E. Schneider*; OLG Düsseldorf, KostRsp. GKG § 25 Nr. 142 = Rpfleger 1990, 272 = JurBüro 1990, 914.
4 BGH, KostRsp. GKG § 25 Nr. 19.
5 So richtig OLG Düsseldorf KostRsp. GKG § 25 Nr. 142 = Rpfleger 1990, 272 = JurBüro 1990, 914; OLG Koblenz KostRsp. GKG § 25 Nr. 48 mit Anm. *E. Schneider* = JurBüro 1981, 572.
6 BGH JurBüro 1966, 763.
7 Bestätigt durch BGH MDR 1979, 577 = GRUR 1979, 433.
8 *E. Schneider*, Anm. Ziff. II zu KostRsp. GKG § 25 Nr. 48.

Fristen für Einlegung der Streitwertbeschwerde, Erhebung einer Gegenvorstellung und amtswegige Wertänderungen übereinstimmen.[1]

Ebenso wie die erstmalige Streitwertfestsetzung nach Ablauf der Frist des § 63   64
Abs. 2 S. 3 GKG muss eine **Beschwerde** behandelt werden, wenn den Beteiligten ein Festsetzungsbeschluss erst nach Ablauf der Frist bekanntgegeben worden ist.[2]

III. Gegenvorstellung

Unanfechtbare Streitwertbeschlüsse des Berufungs- oder Beschwerdegerichts   65
können – vorbehaltlich der Frist des § 63 Abs. 2 S. 3 GKG[3] – auf Gegenvorstellung geändert werden,[4] insbesondere dann, wenn das Gericht bei seiner Beschlussfassung wesentliche Umstände des damals bekannten Sachverhaltes übersehen hat.

Eine Streitwertfestsetzung kann auf Gegenvorstellung eines Rechtsanwalts   66
auch noch in zweiter Instanz abgeändert werden,[5] jedoch nicht allein deshalb, weil der BGH nachträglich seine Rspr. geändert hat.[6]

Eine Änderungspflicht wird auch nicht dadurch begründet, dass der BGH den   67
Gebührenstreitwert für die Revisionsinstanz ohne Begründung abweichend vom Wertansatz für die Berufungsinstanz beziffert.[7] Allerdings hat das untere Gericht diese Divergenz zum Anlass zu nehmen, eine amtswegige Abänderung zu erwägen (siehe vorstehend Rn. 8, 9). Da aber im Zweifel nicht anzunehmen ist, dass der BGH gegen seine Rechtspflicht zur Abänderung (oben Rn. 11, 12) verstößt, wird im Zweifel aus der fehlenden Begründung seines Beschlusses zu folgern sein, dass die Voraussetzungen für eine Abänderung nicht gegeben sind.

Wird eine fristgerecht eingelegte Gegenvorstellung vom Gericht erst nach geraumer   68
Zeit beschieden, etwa wegen anderweitiger Überlastung mit Aktenarbeit, dann bleibt das Änderungsrecht, das bei Einlegen der Gegenvorstellung bestanden hat, erhalten. Der **Vertrauensschutz der Partei** hat Vorrang vor dem Fristablauf.[8]

---

1 Vgl. *E. Schneider* Anm. in KostRsp. GKG § 25 Nr. 48.
2 OLG Schleswig SchlHA 1978, 180 = KostRsp. GKG § 25 Nr. 24 mit Anm. *E. Schneider.*
3 OLG Köln JMBl.NW 1973, 47.
4 BVerwG, KostRsp. GKG § 25 Nr. 177.
5 OLG Stuttgart AnwBl. 1954, 216.
6 OLG Hamm NJW 1973, 198 = MDR 1973, 147; BGH MDR 1979, 577; *E. Schneider* MDR 1973, 418.
7 OLG Köln VersR 1972, 205; KG JurBüro 1981, 1232; OLG Koblenz, KostRsp. GKG § 19 Nr. 107 mit Anm. *E. Schneider* = JZ 1985, 1012 = r + s 1985, 281 = JurBüro, 1847 = Rpfleger 1985, 510.
8 BVerwG GKG § 25 Nr. 124 mit Anm. *E. Schneider* = JurBüro 1988, 343; siehe auch oben Rn. 50; a.A. OLG Köln, KostRsp. GKG § 25 Nr. 101 mit abl. Anm. *E. Schneider*; OVG Bremen, KostRsp. GKG § 25 Nr. 113 mit abl. Anm. *E. Schneider* = JurBüro 1987, 566.

69 Den Fehler des Gerichts auf die Partei abzuwälzen, verstößt gegen das **Verfassungsgebot fairen Verfahrens**.[1] Einfachrechtlich ist die Auffassung des OLG Köln und des OVG Bremen deshalb falsch, weil es für die Zulässigkeit immer nur auf den Beginn des Verfahrens, also auf dessen Einleitung ankommt. Das gilt auch für eine Ausschlussfrist wie die des § 63 Abs. 2 S. 3 GKG. Anderenfalls könnte ein Gericht sogar die Unzulässigkeit der Änderung herbeiführen, indem es die Entscheidung verzögern würde. Mit Recht hat das BVerwG[2] darauf hingewiesen, dass die Parteien auf den Zeitpunkt der Entscheidung des Gerichts keinen Einfluss haben und es schon deshalb unverständlich wäre, auf eine Gegenvorstellung hin dem Gericht eine Änderungsbefugnis nur innerhalb bestimmter Frist einzuräumen. So hat auch der BGH im prozessualen Bereich entschieden:[3]

70 Hat der Kläger im Mahnverfahren Klageerweiterungsschriftsätze eingereicht, die erst nach Abgabe der Mahnsache an das Streitgericht zugestellt worden sind, so kann die Zustellung nach § 270 Abs. 3 ZPO jedenfalls dann auf den Zeitpunkt des Einreichens dieser Schriftsätze verjährungsunterbrechend zurückwirken, wenn die Abgabe alsbald nach Erhebung des Widerspruchs erfolgt ist.

71 Die Abgabe der Mahnsache ist grundsätzlich selbst noch nach längerer Zeit im Sinne von § 696 Abs. 3 ZPO als „alsbald" erfolgt anzusehen, wenn der Kläger den Antrag auf Durchführung des streitigen Verfahrens rechtzeitig gestellt und die nach Erhebung des Widerspruchs zu entrichtende zweite Hälfte der Gerichtsgebühr unverzüglich eingezahlt hat.

B. Wertfestsetzung für die Anwaltsgebühren

72 Richten sich die Anwaltsgebühren nicht nach dem Wert, der für die Gerichtsgebühren festgesetzt wird, fehlt es an einem solchen Wert, setzt das Gericht den Gegenstandswert für die Anwaltsgebühren nach § 33 Abs. 1 RVG fest. Da es hier keine vorläufige Wertfestsetzung gibt, sondern der Wert erst bei Fälligkeit der jeweiligen Gebühren festgesetzt wird, kommt eine Abänderung nicht in Betracht. Möglich ist hier lediglich eine Berichtigung bei offenbarer Unrichtigkeit.

73 Im Übrigen kann nur auf die Beschwerde einer der Beteiligten (§ 33 Abs. 2 RVG) abgeändert werden. Hier gilt das Verschlechterungsverbot (reformatio in peius).[4]

74 Ist die Beschwerdefrist versäumt, kann nach § 33 Abs. 5 RVG Wiedereinsetzung beantragt werden.

---

1 Siehe BVerfGE 78, 126 u.ä.
2 BVerwG, KostRsp. GKG § 25 Nr. 124 = JurBüro 1988, 343.
3 BGH WPM 1988, 474.
4 LAG Hamm, Beschl. v. 2. 8. 2005 – 13 TaBV 17/05, AGS 2006, 301.

Abänderungsklage

Wird auf Abänderung titulierter Unterhaltszahlungen geklagt, richtet sich der **75**
Wert nach § 42 Abs. 1 S. 1, Abs. 5 S. 1 GKG. Maßgebend ist der geforderte
Abänderungsbetrag der auf die Klageeinreichung folgenden zwölf Monate (§ 42
Abs. 1 GKG), sofern der Zeitraum, für den die Abänderung verlangt wird, nicht
geringer ist.

Nur der geringere Zeitraum ist auch dann maßgebend wenn unstreitig Unter-   **76**
halt nur noch für weniger als zwölf Monte geschuldet ist.

Bei Einreichung abzuändernde **fällige Beträge** werden hinzugerechnet (§ 48   **77**
Abs. 5 S. 1 GKG).[1] Das Gesetz spricht ausdrücklich von „fälligen Beträgen" und
nicht mehr wie früher von Rückständen. Die Fälligkeit richtet sich nach § 1612
Abs. 3 S. 1 BGB: Eine Geldrente ist monatlich im Voraus zu zahlen.

➲ **Beispiel:**

Tituliert sind 500 Euro Unterhalt. Im Januar 2006 erhebt die Ehefrau Klage auf Abänderung ab Januar 2006 auf 700 Euro.

Der Wert für die folgenden zwölf Monte beläuft sich auf 12 x 200 Euro =	2400,00 Euro
Hinzu kommt der fällige Januarbetrag in Höhe von weiteren	200,00 Euro
Der Gesamtwert beläuft sich auf	**2600,00 Euro**

Wird Prozesskostenhilfe beantragt, zählt bereits der Tag der Einreichung des   **78**
Prozesskostenhilfeantrags (§ 45 Abs. 5 S. 2 GKG), wenn die Klage alsbald nach
Mitteilung der Entscheidung über den Antrag oder über eine alsbald eingelegte
Beschwerde eingereicht wird.

Wird **wechselseitig auf Abänderung** geklagt, sind die Werte der einzelnen An-   **79**
träge nach §§ 42 Abs. 1 S. 1 Abs. 5 S. 1, 45 Abs. 1 S. 1 GKG zu addieren.[2] Es liegt
keineswegs derselbe Streitgegenstand zugrunde. Das gilt auch für das verein-
fachte Festsetzungsverfahren nach §§ 645 ff. ZPO.

➲ **Beispiel:**

Tituliert sind 500 Euro Unterhalt. Im Januar 2006 erhebt die Ehefrau Klage auf Abänderung ab Februar 2006 auf 700 Euro. Im März erhebt der Ehemann Widerklage mit
dem Antrag, den Unterhalt ab April 2006 auf 400 Euro herabzusetzen.

Der Wert der Klage beläuft sich auf 12 x 200 Euro =	2400,00 Euro
Der Wert der Widerklage beläuft sich auf 12 x 100 Euro	1200,00 Euro
Der Gesamtwert beläuft sich auf	**3600,00 Euro**

---

1 OLG München, Beschl. v. 9. 11. 2004 – 12 WF 1676/04, AGS 2005, 165 = OLGR 2005,
  115 = FamRZ 2005, 1766.
2 OLG Hamm, Beschl. v. 7. 2. 2003 – 1 WF 215/02 – AGS 2004, 30 mit Anm. *N. Schneider.*

Abfindungsvergleich

Siehe das Stichwort „Vergleich".

Abgabe einer Willenserklärung

80 Der Gebührenstreitwert für eine Klage mit dem Antrag, den Beklagten zur Abgabe einer Willenserklärung zu verurteilen, ist nach § 3 ZPO zu bewerten. Es kommt dabei darauf an, wie hoch das Interesse des Klägers an der antragsgemäßen Abgabe der Willenserklärung anzusetzen ist. Für die Bewertung ist wiederum das von dem Kläger verfolgte Ziel, der angestrebte Erfolg, maßgeblich.

81 Allgemeine Bemessungsregeln lassen sich nicht aufstellen; es kommt auf die Einzelfallbetrachtung an. Führt beispielsweise die Abgabe der Willenserklärung mit Eintritt der Rechtskraft den Eigentumserwerb herbei, so wird das Interesse gleich dem Verkehrswert des Übereignungsgegenstandes sein.[1] Bei der Bewertung wird daher stets im Vordergrund stehen, welcher **Erfolg** mit der Abgabe der Willenserklärung unmittelbar verbunden ist.

82 Der negativen Feststellungsklage einer Aktiengesellschaft, dass sie nicht verpflichtet sei, den Beklagten Aktien zu einem bestimmten Nenn- und Kurswert anzubieten, entspricht als positives Gegenstück eine Leistungsklage der Beklagten gegen die Klägerin auf Abgabe einer Willenserklärung, die Aktien eben zu diesen Konditionen anzubieten. Auch hier ist nach § 3 ZPO zu bewerten; die Vorschrift des § 6 ZPO findet weder unmittelbar noch analog Anwendung. Fehlen objektive Anhaltspunkte für den wirklichen Kurswert der Aktien, so ist es gerechtfertigt, aus den gegensätzlichen Schätzungen der Parteien einen Mittelwert zu bilden. Von diesem ausgehend ist dann die in der Berühmung der Beklagten liegende Gewinnerwartung und das in der negativen Feststellungsklage ausdrückliche Abwehrinteresse der Klägerin zu berechnen und danach der Streitwert zu beziffern.[2]

83 Die Grenzziehung zu nicht zu berücksichtigenden lediglich mittelbaren Auswirkungen ist oftmals schwierig. So nimmt etwa das OLG Frankfurt[3] an, bei der Klage auf Feststellung der Nichtigkeit eines Grundstückskaufvertrages habe der Zusatzantrag auf Verurteilung zur Abgabe der Löschungsbewilligung für die Auflassungsvormerkung keinen besonderen Wert, da diese Verpflichtung eine selbstverständliche Folge der Vertragsnichtigkeit sei. Ebenso hat das OLG Mün-

---

1 Vgl. OLG Brandenburg v. 7. 6. 2002 – 9 W 5/02.
2 OLG Köln JurBüro 1971, 713 = KostRsp. § 3 ZPO Nr. 270.
3 OLG Frankfurt, AnwBl. 1982, 247.

chen entschieden.[1] Das ist jedoch unzutreffend. Die Feststellung der Nichtigkeit des Kaufvertrages hat grundbuchrechtlich noch keine Löschungsbewilligung zum Inhalt. Dazu ist vielmehr (siehe § 29 GBO) eine zusätzliche formalisierte Willenserklärung des Beklagten erforderlich, zu deren Abgabe oder Ersetzung er gegen seinen Willen nur durch gerichtliches Urteil gezwungen werden kann. Dies rechtfertigt eine nach § 3 ZPO zu schätzende Werterhöhung.

Ist das Ausscheiden eines Kommanditisten aus einer KG unstreitig und klagt der persönlich haftende Gesellschafter deshalb nur auf Verurteilung zur Mitwirkung bei der Anmeldung zum Handelsregister, dann handelt es sich um eine Leistungsklage auf Abgabe einer Willenserklärung. Sie ist nach § 3 ZPO zu bewerten. Maßgebend ist das Interesse des Klägers an der Offenlegung des wirklichen Beteiligungsverhältnisses nach außen.[2]   **84**

Abgesonderte Befriedigung

Der Wert eines Rechts auf abgesonderte Befriedigung aus §§ 49 ff. InsO bemisst sich nach der für Pfandrechte gültigen Regel des § 6 ZPO.[3] Vorgehende Pfandrechte bleiben bei der Streitwertbemessung unberücksichtigt.[4] Zinsen und Kosten sind Nebenforderungen.[5]   **85**

Ist das Recht auf abgesonderte Befriedigung als solches unstreitig, dann kann der Klageantrag darauf gerichtet werden, die Forderung zur Insolvenztabelle „für den Ausfall" festzustellen. Insoweit ist dann der voraussichtliche Ausfall zu schätzen und die nach § 182 InsO maßgebliche Quote nur von dem Teil der Forderung zu berechnen, der voraussichtlich durch das Recht auf abgesonderte Befriedigung nicht gedeckt ist.[6]   **86**

Steht die Insolvenzquote noch nicht fest, ist sie zu schätzen. Ist mit einer Quote nicht zu rechnen, ergeben sich keine Besonderheiten, da dann die geringste Gebührenstufe anzusetzen ist.   **87**

Für den Wert einer Klage auf Feststellung, dass ein Recht auf abgesonderte Befriedigung mangels Entstehung einer Grundschuld nicht begründet worden ist, kommt es darauf an, wegen welcher, wenn auch zunächst nur aufschiebend bedingt vorhandener Forderungen der Beklagte hätte gesichert werden sollen. Der Wert des gemäß der Regel des § 6 ZPO damit zu vergleichenden Pfand-   **88**

---

1 OLG München, JurBüro 1984, 1235 = KostRsp. ZPO § 3 Nr. 706 mit Anm. *E. Schneider.*
2 OLG Köln DB 1971, 1055: $^1/_{10}$ der Einlage.
3 RG JW 1936, 281; RG JW 1939, 498; OLG Karlsruhe OLGE 35, 25; OLG Hamm JurBüro 1984, 1372 = ZIP 1984, 1258 = KostRsp. KonkO § 148 Nr. 25.
4 RG JW 1939, 498; OLG Karlsruhe OLGE 35, 25.
5 RGZ 7, 327.
6 RG JW 1927, 848 Nr. 14; OLG Hamm JurBüro 1984, 1372 = KostRsp. KonkO § 148 Nr. 25.

gegenstandes ist gleich dem Verkehrswert des belasteten Grundstückes unter Nichtberücksichtigung der Vorbelastungen z.B. durch Grundpfandrechte.[1]

89 Nur auf den Wert des nach § 6 ZPO zu bemessenden höheren Anspruches ist auch abzustellen, wenn eine Insolvenzfeststellungsklage mit einer Klage auf Feststellung des Rechts auf abgesonderte Befriedigung verbunden wird.[2] Auszugehen ist also regelmäßig von dem Streitwert des Rechts auf abgesonderte Befriedigung, der nach § 6 ZPO zu bewerten ist.[3] Dagegen ist § 182 InsO anzuwenden, wenn mit der Klage nur die Feststellung des Forderungsbetrages, nicht aber die des Absonderungsrechtes begehrt wird.[4]

Abhilfe bei Beschwerde

Siehe das Stichwort „Streitwertbeschwerde".

Ablehnung von Richtern, Schiedsrichtern und Sachverständigen

Literatur: *E. Schneider* MDR 1968, 888 (Richterablehnung ist nichtvermögensrechtliche Angelegenheit); *Lange* MDR 1974, 275 (vorwiegend für den Verwaltungsprozess). *N. Schneider,* Befangenheitsablehnung – Gebühren, Streitwert und Kostenerstattung, MDR 2001, 130.

Gliederungsübersicht

A. **Richter** 90
 I. Wert der Hauptsache 91
 II. Bruchteile 94
 III. Nichtvermögensrechtliche Streitigkeit 98
 IV. Klarstellung durch den BGH 102

B. **Schiedsrichter** 103
C. **Sachverständige** 105
D. **Rechtliches Gehör** 112

A. Richter

90 Der Streitwert in Verfahren auf Ablehnung eines Richters wegen Besorgnis der Befangenheit (§ 42 ZPO) ist umstritten. Von Bedeutung ist die Bewertung nur im Beschwerdeverfahren. In der Instanz gehört das Verfahren über die Befangenheitsablehnung zur Angelegenheit und löst weder Gerichtsgebühren noch An-

---

1 OLG Frankfurt MDR 1956, 432.
2 OLG Hamm JurBüro 1984, 1372 = ZIP 1984, 1258 = KostRsp. KonkO § 148 Nr. 25.
3 OLG Hamm JurBüro 1984, 1372 = ZIP 1984, 1258 = KostRsp. KonkO § 148 Nr. 25.
4 KG OLGE 27, 14.

waltsgebühren aus (§ 19 Abs. 1 Nr. 3 RVG), es sei denn, der Anwalt ist nur im Ablehnungsverfahren beauftragt (Nr. 3403 VV RVG).[1] Daher bedarf es hier keiner Wertfestsetzung.

I. Wert der Hauptsache

Nach älterer Ansicht war der Wert des Ablehnungsverfahrens dem **Wert der** **Hauptsache** gleichzusetzen.[2] Als Grund für diese Auffassung wurde angegeben, ebenso wie bei einer **Aussetzung** des Rechtsstreits nach § 148 ZPO, handele es sich um ein Verfahren, das den ganzen Rechtsstreit und nicht nur einen quantitativ ausscheidbaren Teil davon betreffe.[3] **91**

Davon hat der BGH[4] dann eine Ausnahme gemacht, wenn die Befangenheit des Richters von der Partei in der Stellungnahme des Richters zu einem bestimmten Einzelanspruch oder zu einem bestimmbaren Teil eines Anspruchs gesehen werde. Verständlich war diese Einschränkung nicht. Ein Richter ist entweder befangen, und dann für den ganzen Rechtsstreit, oder er ist es nicht. Er kann aber nicht für teilurteilsfähige prozessuale Ansprüche wegen Befangenheit ausscheiden. **92**

In jüngerer Zeit haben diese Auffassung noch vertreten das OLG Naumburg[5] und das OLG Koblenz.[6] **93**

II. Bruchteile

Das BayObLG[7] ging vom Hauptsachewert aus, gab aber für Konkursverfahren diese Prämisse auf und stellte auf die voraussichtliche Konkursquote ab, also im Ergebnis auf § 148 KO, obwohl der Streitwert des Konkursverfahrens nach § 37 GKG a.F. zu bemessen war. **94**

---

1 Siehe AnwK-RVG/*N. Schneider* Nr. 3404 VV RVG Rn. 21.
2 BGH NJW 1968, 796 = JurBüro 1968, 525; KG DR 1940, 2032; 1943, 414; OLG Schleswig JurBüro 1956, 146 = SchlHA 1956, 20; Rpfleger 1962, 425; OLG Frankfurt MDR 1962, 226; OLG Nürnberg JurBüro 1966, 876; OLG Hamm MDR 1978, 582 = JMBl.NW 1978, 87 = JurBüro 1978, 738; so auch BayObLG KostRsp. ZPO § 3 Nr. 928 mit abl. Anm. *Schneider* und *Lappe* = JurBüro 1988, 916 = NJW 1989, 44 und das OLG München ZSW 1981, 97 mit abl. Anm. *Müller*, wenn das Gutachten „in ausschlaggebendem Maße prozeßentscheidend ist"; aus jüngerer Zeit erneut das OLG München OLGR 1994, 263; AnwBl. 1995, 572 = JurBüro 1995, 647 und auch das OLG Düsseldorf, KostRsp. ZPO § 3 Nr. 1180 = AnwBl. 1994, 425 = NJW-RR 1994, 1086 = OLGR 1994, 127.
3 Vgl. OLG Schleswig Rpfleger 1962, 425; SchlHA 1956, 20 = JurBüro 1956, 146 gegen RG JW 1897, 348.
4 BGH NJW 1968, 796 = JurBüro 1968, 525.
5 OLG Naumburg, Beschl. v. 29. 6. 1998 – 10 W 14/98, OLGR 1998, 323 = NJ 1998, 601.
6 OLG Koblenz, Beschl. v. 1. 12. 1997 – 4 W 617/97, OLGR 1998, 133 = NJW-RR 1998, 1222.
7 BayObLG, KostRsp. ZPO § 3 Nr. 928 mit abl. Anm. *Schneider* und *Lappe* = JurBüro 1988, 916 = NJW 1989, 44.

95 Auch andere Gerichte gingen von Bruchteilen aus. Diese wurden meist mit $^1/_{10}$[1] oder $^1/_3$[2] des Hauptsachewertes beziffert. Das OLG Koblenz[3] ging sogar vom einem Drittel der Hauptsache als **Regel-Wert** aus.

96 Rational zu begründen war keine dieser Quoten des Hauptsachewertes. Letztlich läuft dieses Verfahren auf eine **Schätzung** nach freiem Belieben hinaus. So mutet es geradezu willkürlich an, wenn das OLG Koblenz[4] die von ihm befürwortete $^1/_3$-Quote für Ablehnungen im Kollegialverfahren erneut aufspaltet, 10 % des Hauptsachewertes pro abgelehnten Richter![5]

97 Darüber hinaus soll eine zusätzliche Differenzierung in Betracht kommen, wenn die Befangenheitsrüge auf den Vorwurf geplanter Rechtsbeugung gestützt werde (Erhöhung des Bruchteils) oder wenn die Erfolglosigkeit der Klage oder Rechtsverteidigung auch ohne nähere Prüfung offenkundig sei (Ermäßigung des Bruchteils).

III. Nichtvermögensrechtliche Streitigkeit

98 Insbesondere *E. Schneider*[6] wollte das **Ablehnungsverfahren** ganz **vom Hauptsachewert lösen**.[7] Dieses Vorgehen sei alleine sachgerecht, denn bei der Richterablehnung handele es sich um eine unter § 48 Abs. 2 GKG (§ 12 Abs. 2 GKG a.F.) fallende nichtvermögensrechtliche Streitigkeit. Dafür sollte vor allem sprechen, dass im Richterablehnungsverfahren grundsätzlich keine Kostenerstattung nach §§ 91 ff. ZPO stattfinde.[8]

99 Diese Ausführungen von *E. Schneider* sind durch eine grundlegende Abhandlung *Kahlkes*[9] wesentlich vertieft worden. *Kahlke*[10] hatte herausgearbeitet, dass

---

1 BFH Rpfleger 1977, 250 = KostRsp. GKG § 13 Nr. 5; bestätigt KostRsp. GKG § 13 Nr. 578: 10 % je abgelehntem Richter oder $^1/_5$ (KG Rpfleger 1962, 153; so zuletzt auch OLG Dresden, Beschl. v. 6. 2. 1996 – 13 W 206/96, JurBüro 1998, 318.

2 OLG Frankfurt MDR 1980, 145; OLG Zweibrücken ZSW 1980, 260; OLG Hamburg, KostRsp. ZPO § 3 Nr. 984 = MDR 1990, 58.

3 OLG Koblenz, KostRsp. GKG § 12 Nr. 131 mit abl. Anm. *Schneider* = MDR 1989, 71 = Rpfleger 1988, 507 = JurBüro 1989, 130.

4 OLG Koblenz, KostRsp. GKG § 12 Nr. 131 mit abl. Anm. *Schneider* = Rpfleger 1988, 507 = MDR 1989, 71 = JurBüro 1989, 130; bestätigt in KostRsp. GKG § 12 Nr. 144 = JurBüro 1991, 1509.

5 Abgesehen davon dass ausgehend von einem Drittel der Hauptsache für die gesamte Kammer, also 33,33 %, nicht nur 10 % auf jeden Richter entfallen, sondern 11,11 %.

6 In der Vorauflage Rn. 80 ff.

7 Näher dazu *Schneider* MDR 1968, 888.

8 Dies entsprach der damals h.M. Seit BGH, Beschl. v. 6. 4. 2005 – V ZB 25/04, AGS 2005, 413 = Rpfleger 2005, 481 = NJW 2005, 2233 = BGHR 2005, 1150 = MDR 2005, 1016 = RVGreport 2005, 275 = RVG-Letter 2005, 86 = RVG-B 2005, 136 = FamRZ 2005, 1563 = JurBüro 2005, 482 = MittdtschPatAnw 2005, 327, dürfte eindeutig sein, dass auch hier eine Kostenerstattung erfolgt.

9 ZZP Bd. 95, 1982, S. 288 ff.

10 ZZP Bd. 95, 1982, S. 293.

dem Rechtsuchenden verfassungsrechtlich der Anspruch auf Prüfung und Entscheidung „seines Falles" durch Personen garantiert ist, die an der Sache nicht beteiligt sind und mit ihr in der Vergangenheit auch nicht befasst waren, mithin die gebotene Neutralität und Distanz besitzen. Die Parteien hätten also ein Recht auf den unbefangenen Richter, das durch das **Verfahrensgrundrecht** der Richterablehnung in einem besonderen Nebenverfahren mit eigenem Rechtszug verwirklicht werden könne. Streitgegenstand dieses Nebenverfahrens sei der Anspruch auf den gesetzlichen, hier also den unbefangenen Richter. „Dieser Streitgegenstand habe mit der zur Entscheidung anstehenden Hauptsache, einem behaupteten materiellen Anspruch, nichts zu tun. Er gehöre vielmehr dem Verfahrensrecht selbst an."

Ausgehend hievon sollte, in einfach gelagerten Fällen entsprechend den Bewertungsumständen des damalige § 12 Abs. 2 GKG a.F. von einem Ansatz zwischen 1500 DM und 4000 DM auszugehen sein. Dadurch sollte die als unangemessene angesehene Konsequenz der auf die Hauptsache abstellenden Gegenmeinung vermieden werden, in einem Prozess mit einer Hauptsache von 20 DM die Richterablehnung mit 20 DM bewerten zu müssen – was die richterliche Tätigkeit der finanziellen Lächerlichkeit preisgebe.   100

Dabei wurde aber gesehen, dass das Ablehnungsverfahren zum Rechtszug zählt (s.o.), also weder gesonderte Gerichtsgebühren auslöst noch gesonderte Anwaltsgebühren. Die Konsequenz wäre, dass in einem Prozess von 50 Euro die Ablehnung eines Richters wegen Besorgnis der Vergangenheit plötzlich zu einer Vervielfachung des Streitwertes führen würde. Auch wenn man nur im Beschwerdeverfahren den höheren Wert zugrunde legen würde, würde dies mit § 47 Abs. 2 GKG (§ 23 Abs. 3 RVG) in Widerspruch stehen, wonach das Rechtsmittelverfahren keinen höheren Wert haben kann als das Ausgangsverfahren. Zudem will nicht einleuchten, wieso eine Partei ein wertmäßig höheres Interesse an der Ablehnung eines Richters haben kann als an dem Gewinn des Rechtsstreits.   101

IV. Klarstellung durch den BGH

Seit der jüngsten Entscheidung des BGH[1] dürfte die Diskussion um die Berechnungsmethode beendet sein. Der BGH hat ausdrücklich klargestellt, dass es sich nicht um eine nicht vermögensrechtliche Streitigkeit i.S.d. § 48 Abs. 2 GKG handele und der Beschwerdewert auf einen Bruchteil des Hauptsachewertes festzusetzen sei. Im konkreten Fall war der BGH von einem Drittel ausgegangen.   102

---

1 BGH, Beschl. v. 15. 12. 2003 – II ZB 32/03, AGS 2004, 159 = RVGreport 2004, 278 (allerdings ergangen zu einer Sachverständigenablehnung).

B. Schiedsrichter

103 Beim Schiedsrichter (§ 1032 ZPO) war die Rechtslage ebenso unterschiedlich beurteilt wie bei ordentlichen Richtern. Beispielsweise: Hauptsache[1] oder § 3 ZPO[2] oder nichtvermögensrechtliche Streitigkeit.[3] Die Ausführungen zur Ablehnung eines Richters gelten entsprechend.

104 Auch hier dürfte jetzt die Rechtslage aufgrund der Entscheidung des BGH[4] klargestellt sein.

C. Sachverständige

105 Auch hier bestand die gleiche Kontroverse: Hauptsache oder freie Schätzung nach § 3 ZPO oder Bewertung nach § 48 Abs. 2 GKG (§ 12 GKG a.F.)?

106 Bei Ablehnung eines Sachverständigen war nach der einen Ansicht wiederum der **Wert der Hauptsache** maßgebend[5] oder ein Bruchteil (i.d.R. $^1/_3$) davon.[6] Beim Sachverständigen ist die Rechtsprechung aber besonders uneinheitlich.

107 Das OLG Hamburg[7] hatte den Beschwerdewert des Zwischenstreits über die Ablehnung eines Sachverständigen mit $^1/_3$ **des Hauptsachewertes** angesetzt,[8] der BFH in Anwendung des § 52 GKG (§ 13 GKG a.F.) auf $^1/_{10}$ der Hauptsache.[9]

108 Der Wert eines Ablehnungsverfahrens war nach OVG Lüneburg[10] unabhängig vom Beweisgegenstand gemäß § 3 ZPO immer **niedriger als die Hauptsache** anzusetzen, weil der Sachverständige prozessual gesehen nur Gehilfentätigkeit ausübe. Auch das OLG Bremen[11] bewertete nach § 3 ZPO, und zwar regelmä-

---

1 OLG Hamm JMBl.NW 1978, 87; OLG Düsseldorf, KostRsp. ZPO § 3 Nr. 570 mit abl. Anm. *Schneider* = ZIP 1982, 225 = JurBüro 1982, 761.
2 OLG Düsseldorf NJW 1954, 1492; OLG Neustadt Rpfleger 1967, 1; OLG Koblenz, KostRsp. GKG § 12 Nr. 131 mit abl. Anm. *Schneider* = Rpfleger 1988, 507 = MDR 1989, 71 = JurBüro 1989, 130.
3 OLG Köln, KostRsp. GKG § 12 Nr. 115 = Rpfleger 1987, 166.
4 BGH, Beschl. v. 15. 12. 2003 – II ZB 32/03, AGS 2004, 159 = RVGreport 2004, 278 (allerdings ergangen zu einer Sachverständigenablehnung).
5 OLG Nürnberg JurBüro 1966, 876; OLG München JurBüro 1980, 1055.
6 So OLG Celle OLGR 1994, 109; OLG Frankfurt JurBüro 1980, 279 = MDR 1980, 145; OLG Stuttgart KostRsp. ZPO § 3 Nr. 508; OLG Zweibrücken ZSW 1980, 281 mit zust. Anm. *Müller* [der aber in ZSW 1981, 97 seine Ansicht geändert hat und jetzt eine nichtvermögensrechtliche Streitigkeit bejaht] = KostRsp. ZPO § 3 Nr. 506 mit Anm. *Schneider*; OLG Bremen JurBüro 1976, 1356; OVG Lüneburg NJW 1967, 269; so zuletzt OLG Bamberg, Beschl. v. 2. 1. 2000 – 8 W 79/99 BauR 2000, 773.
7 OLG Hamburg NJW 1970, 1239.
8 Ebenso OLG Frankfurt JurBüro 1980, 279.
9 BFH Rpfleger 1977, 250.
10 OVG Lüneburg NJW 1967, 269.
11 OLG Bremen JurBüro 1976, 1356.

ßig geringer als die Hauptsache, hielt jedoch auch deren Wertansatz für möglich.[1]

Das OLG München[2] nahm dann den Hauptsachewert an, wenn die **Auswahl** 109
des Sachverständigen „angesichts des Umfangs der Begutachtung in ausschlaggebendem Maße **prozessentscheidend wirkt**." Es lag dort so, dass der Gutachter bei Entscheidungsreife wegen des angeblich fehlerhaften Inhaltes des Gutachtens als befangen abgelehnt worden war.

Das OLG Köln[3] bejahte auch hier eine nichtvermögensrechtliche Streitigkeit 110
und bewertete dementsprechend **unabhängig vom Wert der Hauptsache** und
dem Beweisgegenstand.[4]

Gerade hier dürfte jetzt die Rechtslage aufgrund der Entscheidung des BGH[5] 111
klargestellt sein, da diese Entscheidung in einem Verfahren auf Ablehnung
eines Sachverständigen ergangen war.

D. Rechtliches Gehör

Wie in jedem ordnungsgemäß und rechtsstaatlich ablaufenden Verfahren, sollte 112
auch im Ablehnungsverfahren selbst rechtliches Gehör gewährt werden,[6] damit
jede Partei hinreichend unterrichtet ist, wenn sie sich später zum Wertansatz
äußern soll. Das ist insbesondere deshalb erforderlich, weil im Beschwerdeverfahren wegen Ablehnung eines Richters oder Sachverständigen eine Kostenentscheidung mit nachfolgender Kostenerstattung zu ergehen hat.[7]

---

1 Insoweit abweichend von OVG Lüneburg, NJW 1967, 269.
2 OLG München JurBüro 1980, 1055 (1056) = KostRsp. ZPO § 3 Nr. 520 = ZSW 1981, 97
   mit abl. Anm. *Müller*.
3 OLG Köln, MDR 1976, 322 = Rpfleger 1976, 226 = VersR 1976, 895; ZSW 1981, 44 mit
   zust. Anm. *Müller* (Aufgabe seiner abweichenden Ansicht in ZSW 1980, 261) =
   JMBl.NW 1981, 66 = KostRsp. GKG § 12 Nr. 35; zust. *Lappe* NJW 1982, 1737.
4 Ebenso OLG Köln Rpfleger 1973, 321 für den Zwischenstreit über eine Zeugenaussage-
   verweigerung.
5 BGH, Beschl. v. 15. 12. 2003 – II ZB 32/03, AGS 2004, 159 = RVGreport 2004, 278
   (allerdings ergangen zu einer Sachverständigenablehnung).
6 Siehe BVerfGE 24, 56, 62; *Schneider* JR 1977, 270; str., vgl. *Waldner*, Der Anspruch auf
   rechtliches Gehör, 1989, Rn. 297 mit Nachw.
7 BGH, Beschl. v. 6. 4. 2005 – V ZB 25/04, AGS 2005, 413 = Rpfleger 2005, 481 = NJW
   2005, 2233 = BGHR 2005, 1150 = MDR 2005, 1016 = RVGreport 2005, 275 = RVG-Letter
   2005, 86 = RVG-B 2005, 136 = FamRZ 2005, 1563 = JurBüro 2005, 482 = MittdtschPat-
   Anw 2005, 327.

Abnahme von Sachen

113 Der Streitwert der Klage auf Abnahme von Sachen ist nach § 3 ZPO zu schätzen; § 6 ZPO gilt nicht.[1] Maßgeblich ist auf den Vorteil des Klägers an der Befreiung vom Besitz abzustellen.[2]

114 Klagt eine Brauerei auf Feststellung der Verpflichtung zur Abnahme von Bier, das sie herstellt, dann ist bei der Schätzung nach § 3 ZPO nicht von der Gewinneinbuße, sondern von der Umsatzminderung auszugehen.[3] In einem langfristigen Lieferungsvertrag über zehn Jahre mit einer jährlichen Abnahme von 63 Hektolitern hat das OLG Bamberg[4] auf Umsatz und Gewinn abgestellt. Ein Zuschlag für das Brauereiinteresse an Umsatzstetigkeit ist vertretbar.[5]

115 Bei Lieferverträgen kann der Streit um die Abnahme nach dem Gewinn des Käufers bemessen werden.[6]

116 Wird zugleich auf Zahlung des Kaufpreises geklagt, dann ist der Kaufpreis Wert bestimmend.[7] In diesem Fall lässt sich aber nicht grundsätzlich sagen, es sei nur der Zahlungsanspruch zu berücksichtigen.[8] Die Titulierung der Abnahmeverpflichtung des Käufers ist wirtschaftlich nicht identisch mit der Titulierung der Zahlungspflicht. Im Gegenteil kann der Verkäufer ein erhebliches Interesse daran haben, die Abnahme zu erzwingen, etwa um seine Lagerräume freizubekommen oder keine Vorsorge gegen Diebstahl oder Beschädigung mehr treffen zu müssen.[9]

Abrechnung

Siehe das Stichwort „Rechnungslegung".

---

1 BGH, Beschl. v. 11. 7. 1980 – VIII ZR 107/80, KostRsp. ZPO § 3 Nr. 499; KG, JurBüro 1960, 166; OLG Stuttgart, Rpfleger 1964, 162; *Anders/Gehle/Kunze*, Stichwort „Abnahme" S. 28.

2 OLG Stuttgart v. 18. 6. 1959 – 8 W 132/59, Rpfleger 1964, 162; AG Osnabrück, Beschl. v. 30. 10. 2000 – 6 C 219/00, JurBüro 2001, 144.

3 OLG Neustadt, MDR 1962, 413.

4 OLG Bamberg, Beschl. v . 14. 7. 1977 – 3 W 22/77, MDR 1977, 935.

5 OLG Braunschweig, JurBüro 1979, 436.

6 OLG Stuttgart v. 18. 6. 1959 – 8 W 132/59, Rpfleger 1964, 162.

7 KG, JurBüro 1960, 169; Rpfleger 1962, 154.

8 So Stein/Jonas/*Roth*, ZPO, 21. Aufl. 1993, § 5 Rn. 9; *Wieczorek/Gamp*, ZPO, 3. Aufl. 1994, § 5 Rn. 16; Thomas/*Putzo*, ZPO, 26. Aufl. 2004, § 5 Rn. 8; *Hillach/Rohs*, § 27 B Va, S. 144.

9 BGH, Beschl. v. 11. 7. 1980 – VIII ZR 107/80, KostRsp. ZPO § 3 Nr. 499; RG, RGZ 57, 400.

Abschätzung des Streitwerts durch Sachverständige

Siehe das Stichwort „Sachverständigenschätzung".

Abschluss von Verträgen

Siehe das Stichwort „Vertragsabschluss".

Abstammungsklage

Siehe das Stichwort „Kindschaftssachen".

Abstandszahlung

Verlangt der Vertragspartner nach Scheitern des Vertrages – z.B. aufgrund einer 117
Widerrufserklärung – die Zahlung einer Abstandssumme, dann ist diese bezifferte Forderung für den Streitwert maßgebend, nicht der Kaufpreis.[1]

Abtrennung

Wird ein Verfahren abgetrennt, so ist für das **abgetrennte Verfahren** ein eigener 118
Wert festzusetzen. Die Bewertung erfolgt nach allgemeinen Grundsätzen.

Für das **bisherige Verfahren** verringert sich mit der Abtrennung der Streitwert 119
um den Wert des abgetrennten Verfahrensgegenstandes.

Gerichtsgebühren die in dem **Ausgangsverfahren** bereits angefallen sind, rich- 120
ten sich nach dem bisherigen höheren Wert.[2] Gebühren, die im verbliebenen
Verfahren nach der Abtrennung ausgelöst werden, richten sich nur noch nach
dem Wert der verbliebenen Gegenstände (§ 36 Abs. 1 GKG).

In dem **abgetrennten Verfahren** entstehen die Gebühren aus dem Wert des ab- 121
getrennten Verfahrens erneut.

Für den **Anwalt** besteht ein **Wahlrecht**. Die Gebühren, die bereits vor der Ab- 122
trennung entstanden sind, kann er entweder aus dem Gesamtwert einmalig

---

1 Vgl. LG Münster AnwBl. 1978, 148 zum Widerruf eines Kreditvertrages.
2 *Hartmann*, GKG Anhang I § 48 (§ 3 ZPO) Rn. 114 unter dem Stichwort „Trennung".

abrechnen oder jeweils aus den Teilwerten nach Abtrennung gesondert. Hinsichtlich derjenigen Gebühren, die nur vor oder nur nach Abtrennung angefallen sind, besteht dagegen kein Wahlrecht. Diese können nur einheitlich oder getrennt abgerechnet werden.

⊃ Beispiel:

Es wird eine Klage eingereicht über 6000 Euro und anschließend eine Widerklage über 4000 Euro. Die Widerklage wird abgetrennt. Sodann wird verhandelt.

Hinsichtlich der Verfahrensgebühr der Nr. 3100 VV RVG besteht ein Wahlrecht. Der Anwalt kann entweder eine 1,3-Verfahrensgebühr aus 10 000 Euro berechnen oder jeweils eine 1,3-Verfahrensgebühr aus 6000 Euro und aus 4000 Euro. Er wird das wählen, was für ihn günstiger ist. Die Terminsgebühr (Nr. 3104 VV RVG) kann er dagegen nur getrennt berechnen.

⊃ Abwandlung:

Die Widerklage wird nach mündlicher Verhandlung abgetrennt. Sodann erledigen sich beide Verfahren ohne einen erneuten Termin oder eine erneute Besprechung i.S.d. Vorb. 3 Abs. 3 VV RVG.

Hinsichtlich der Verfahrensgebühr der Nr. 3100 VV RVG besteht wiederum ein Wahlrecht. Die Terminsgebühr kann der Anwalt dagegen nur einmal aus dem Gesamtwert berechnen, da sie nach Trennung nicht erneut entstanden ist.

Abtrennung in Verbundverfahren

123 Auch in Familiensachen einschließlich der Verbundverfahren gilt das zur Abtrennung gesagte.

124 Besonderheiten ergeben sich in **Verbundverfahren**, wenn ein FGG-Verfahren aus dem Verbund gelöst wird. Handelt es sich um eine echte Verfahrenstrennung, also in den Fällen, des

– **§ 623 Abs. 1 S. 2 ZPO**: Abtrennung wegen Drittbeteiligung in den Fällen des § 621 Abs. 1 Nr. 5 bis 9 und Abs. 2 S. 1 Nr. 4 ZPO,

– **§ 623 Abs. 2 S. 2 ZPO**: Abtrennung in den Fällen des § 621 Abs. 2 S. 1 Nr. 1 bis 3 ZPO auf Antrag eines Ehegatten,

– **§ 623 Abs. 3 S. 2 ZPO**: Abtrennung des Verfahrens der elterlichen Sorge bei Gefährdung des Kindeswohls von Amts wegen,

– **§ 626 Abs. 2 ZPO**: Vorbehalt bei Abweisung des Scheidungsantrags,

– **§ 629 Abs. 3 ZPO**: Vorbehalt bei Rücknahme des Scheidungsantrags,

dann werden ursprüngliche Folgesachen zu isolierten Verfahren. Soweit sich diese jetzt nach dem FGG richten, ist der Streitwertfestsetzung nicht mehr – wie im Verbundverfahren – das GKG zugrunde zu legen, sondern nunmehr die KostO, so dass sich jetzt ein höherer Gegenstandswert ergeben kann.[1]

---

1 OLG Karlsruhe, Beschl. v. 24. 3. 1999 – 2 UF 240/98, AGS 2000, 193 mit Anm. *Madert* = JurBüro 1999, 420 = KostRsp. BRAGO § 7 Nr. 29 mit Anm. *N. Schneider* = FuR 1999,

Auch hier hat der Anwalt – sofern die Gebühren vor und nach Abtrennung   125
angefallen sind – die Wahl, ob er die Gebühren einheitlich aus dem Wert des
Verbundverfahrens berechnet oder jeweils einzeln, also
– zum einen aus dem Wert des Verbundverfahrens ohne die abgetrennte Folgesache und
– zum anderen aus dem Wert der Folgesache.

Die getrennte Abrechnung wird hier schon deshalb günstiger sein, weil sich   126
infolge der Abtrennung in der Regel ein höherer Wert ergibt.

➲ **Beispiel:**

In einem Verbundverfahren (Ehesache 6000 Euro, Versorgungsausgleich 1000 Euro,
elterliche Sorge 900 Euro) wird nach mündlicher Verhandlung gem. § 623 Abs. 2 S. 2
und 3 ZPO die elterliche Sorge abgetrennt. Sowohl im Verbund als auch im isolierten
Verfahren wird nach der Abtrennung erneut verhandelt.

Es entstehen mit Abtrennung nicht nur neue Gebühren. Vielmehr ändert sich auch
der Gegenstandswert. Während im Verbundverfahren nach § 48 Abs. 3 S. 3 GKG ein
Wert von 900 Euro galt, ist im abgetrennten Verfahren nach §§ 94 Abs. 2, 30 Abs. 2, 3
KostO ein Regelwert von 3000 Euro vorgesehen.

I. Gemeinsame Abrechnung Verbundverfahren

1. 1,3-Verfahrensgebühr, Nr. 3100 VV RVG (Wert: 7900,00 Euro)	535,60 Euro
2. 1,2-Terminsgebühr Nr. 3104 VV RVG (Wert: 7900,00 Euro)	494,40 Euro
3. Postentgeltpauschale, Nr. 7002 VV RVG	20,00 Euro
Zwischensumme 1050,00 Euro	
4. 16 % Umsatzsteuer, Nr. 7008 VV RVG	168,00 Euro
Gesamt	**1218,00 Euro**

II. Getrennte Abrechnung

a) Verbundverfahren ohne elterliche Sorge

1. 1,3-Verfahrensgebühr, Nr. 3100 VV RVG (Wert: 7000,00 Euro)	487,50 Euro
2. 1,2-Terminsgebühr Nr. 3104 VV RVG (Wert: 7000,00 Euro)	450,00 Euro
3. Postentgeltpauschale, Nr. 7002 VV RVG	20,00 Euro
Zwischensumme 957,50 Euro	
4. 16 % Umsatzsteuer, Nr. 7008 VV RVG	153,20 Euro
Gesamt	**1110,70 Euro**

b) Isoliertes Verfahren über elterliche Sorge

1. 1,3-Verfahrensgebühr, Nr. 3100 VV RVG (Wert: 3000,00 Euro)	245,70 Euro
2. 1,2-Terminsgebühr Nr. 3104 VV RVG (Wert: 3000,00 Euro)	226,80 Euro
3. Postentgeltpauschale, Nr. 7002 VV RVG	20,00 Euro
Zwischensumme 492,50 Euro	
4. 16 % Umsatzsteuer, Nr. 7008 VV RVG	78,80 Euro
Gesamt	**571,30 Euro**

Die getrennte Abrechnung ist also günstiger.

383; OLG Koblenz, Beschl. v. 12. 5. 2002 – 13 UF 608/99, JurBüro 2000, 533 = BRAGO-
report 2000, 43 mit Anm. *N. Schneider* = OLGR 2001, 17 = AGS 2001, 204; OLG
Naumburg, Beschl. v. 27. 3. 2000 – 3 WF 35/00, OLGR 2001, 124; AG Obernburg,
Beschl. v. 9. 11. 2000 – 2 F 391/00, FamRZ 2001, 780 = KostRsp. BRAGO § 7 Nr. 3 mit
Anm. *N. Schneider*; OLG Köln, Beschl. v. 10. 4. 2003 – 26 WF 73/03, AGS 2004, 18 mit
Anm. *N. Schneider* = JMBl.NW 2003, 252 = OLGR 2003, 245 = FamRZ 2004, 285; OLG
München, Bechl. v. 27. 3. 2003 – 16 WF 1555/03, AGS 2004, 252 mit Anm. *N. Schnei-
der* = FamRB 2004, 258 = OLGR 2004, 194.

Abtretung

A. Zuständigkeitsstreitwert

127   Für den Anspruch auf Abtretung einer **Geldforderung** oder eines **(Grund-)Pfand-rechts oder anderer Forderungen und Rechte** gilt § 6 ZPO. Der Streitwert einer Klage auf Verurteilung zur Abtretung einer Forderung bestimmt sich nach dem Betrag der abzutretenden Forderung.[1]

128   Bei Ansprüchen auf wiederkehrende Leistungen oder Rechten, die zu wieder-kehrenden Leistungen berechtigen geht § 9 ZPO vor.

129   **Zinsen** bleiben gem. § 4 ZPO außer Ansatz.

130   Bei der Klage eines Erben gegen einen Miterben auf Abtretung einer **Nachlass-forderung** kann sich der Streitwert um einen Betrag der Forderung in Höhe des Miterbenanteils des Beklagten vermindern.[2]

131   Bei einem Rechtsstreit über die Abtretung einer **Hypothek** ist der Wert des Streitgegenstandes gemäß § 6 ZPO nach dem Nennwert der Hypothek zu be-stimmen und nicht nach dem Betrag der zu sichernden Forderung, deren Zah-lung zwischen den Parteien streitig ist. Denn die im Grundbuch eingetragene Hypothek hindert den Eigentümer daran, die von der Hypothek eingenommene Rangstelle zu nutzen, z.B. durch Aufnahme eines Kredits.[3]

132   Ist die Hypothek dem Kläger bereits verpfändet, dann ist ein geringerer Wert anzusetzen, der nach § 3 ZPO zu schätzen ist.[4]

133   Für eine Klage auf Abtretung eines **wertlosen Grundpfandrechts** sind bei der Streitwertbemessung vorgehende Belastungen und Vorpfändungen abzusetzen, weil anderenfalls grob unbillige Ergebnisse auftreten könnten. Das Bedenken, der Streitwert könne dann auf Null herabsinken, ist nur formaler Natur; den Streitwert „0" (nicht zu verwechseln mit fehlender [Null-]Beschwer) gibt es nämlich nicht, sondern nur die unterste Gebührenstufe. Es erscheint richtig und geboten, in solchen Fällen entsprechend der Übung im kaufmännischen Bereich nur einen sog. Erinnerungswert anzusetzen.[5]

134   Die Klage auf Übertragung des Anteils an einer GmbH richtet sich nicht nach dem Nominalwert des Geschäftsanteils, sondern nach dem Verkehrswert.[6] Die

---

1 BGH, Beschl. v. 16. 7. 1997 – IV ZR 166/97, NJW-RR 1997, 1562 (zum Rechtsmittel-streitwert).
2 Siehe näher dazu *E. Schneider* JurBüro 1977, 433 und das Stichwort „Miterben" (Rn. 3826 ff.).
3 OLG Köln, Beschl. v. 30. 10. 1968 – 9 W 83/68, JMBl.NW 1969, 274.
4 OLG Kiel OLGE 31, 5.
5 OLG Köln, Beschl. v. 20. 2. 1969 – 14 W 58/69, JurBüro 1969, 632 mit Anm. *E. Schnei-der.*
6 OLG Frankfurt, Beschl. v. 21. 12. 1979 – 17 W 35/79, JurBüro 1980, 606 = KostRsp. ZPO § 3 Nr. 469; ebenso *Riedel* JurBüro 1962, 255.

Ermittlung des Wertes ist schwieriger als bei Anteilen einer AG, da Aktien an der Börse gehandelt werden und einen Kurswert haben. Sie ist aber dadurch nicht ausgeschlossen und kann je nach der wirtschaftlichen Situation der GmbH unter oder über dem Nominalwert des Anteils liegen. Es ist jedoch kein Aufschlag wegen des Gewinnbezugsrechts zu machen, da dieses Bestandteil des Gesellschaftsanteils und damit bereits ausschlaggebender Faktor bei der Verkehrswertermittlung ist.

B. Gebührenstreitwert

Für den Gebührenstreitwert gilt über § 23 Abs. 1 RVG, § 48 Abs. 1 S. 1 GKG zunächst einmal der Zuständigkeitsstreitwert. **135**

Soweit das GKG allerdings abweichende Bewertungsvorschriften enthält und diese von ihrer Zielsetzung auch auf den Abtretungsstreit übertragbar sind, ist deren Wert zu beachten. So kann z.B. bei einem Streit über die Abtretung von zukünftigen Unterhaltsansprüchen § 42 GKG anzuwenden sein, oder bei einem Streit über die Abtretung eines Räumungsanspruchs § 41 GKG. **136**

Inkonsequent und unzutreffend ist die Entscheidung des OLG Karlsruhe,[1] wonach zwar für den Zuständigkeitsstreitwert auf § 6 ZPO abzustellen sei, für den Gebührenstreitwert nach § 48 Abs. 1 S. 1 GKG jedoch auf die Vorschrift des § 3 ZPO; der Gebührenstreitwert solle sich nach dem zu schätzenden wirtschaftlichen Interesse des Klägers richten, wenn die Werthaltigkeit der Forderung nach dem Klagevortrag zweifelhaft sei. Wenn sich die Risiken einer Durchsetzung der Forderung nicht ohne weiteres abschätzen ließen, solle im Zweifel die Streitwertangabe in der Klageschrift maßgebend sein. In dem entschiedenen Fall belief sich die abzutretende Forderung auf 400 000 DM zuzüglich Umsatzsteuer = 237 239,43 Euro. Der Kläger hätte lediglich einen Gegenstandswert von 6000 Euro angegeben, weil die Durchsetzung der Forderung zweifelhaft war. Diesen Wert hatte das OLG festgesetzt. **137**

Man kann sicherlich darüber diskutieren, ob infolge der voraussichtlichen Wertlosigkeit der Forderung ein Abschlag vorzunehmen ist. Das muss aber dann sowohl für den Zuständigkeits- als auch für den Gebührenstreitwert gelten, da § 48 Abs. 1 S. 1 GKG ausdrücklich auf die Wertvorschriften für die Zuständigkeit Bezug nimmt. Eine Differenzierung zwischen Zuständigkeits- und Gebührenstreitwert ist nur dort möglich, wo für den Gebührenstreitwert gesonderte Vorschriften enthalten sind (also z.B. in den §§ 41, 42 GKG). Soweit jedoch auf den Zuständigkeitsstreit verwiesen wird, können sich hier keine Bewertungsunterschiede ergeben. **138**

---

1 OLG Karlsruhe, Beschl. v. 1. 12. 2005 – 15 W 43/05, RVG-Letter 2006, 35.

Akkreditiv

139 Durch das Akkreditiv verpflichtet sich die Bank in eigenem Namen und für Rechnung des Auftraggebers gegenüber dessen Vertragspartner, die im Akkreditiv versprochene Leistung zu erbringen. Für die anwaltliche Tätigkeit bei der Beschaffung eines Akkreditivs ist dessen Betrag gleich dem Streitwert.[1]

Aktien

Siehe das Stichwort „Wertpapiere".

Allgemeine Geschäftsbedingungen

Literatur: *Bunte*, Entscheidungssammlung zum AGB-Gesetz, ab Band 1, 1982 ff.; *Bunte* DB 1980, 486; *Lindacher* MDR 1994, 231.

140 Im Bereich der Rechtsstreitigkeiten über Allgemeine Geschäftsbedingungen ist zwischen Klagen nach dem Unterlassungsklagegesetz (UKlaG) und sonstigen Klagen zu unterscheiden.

A. Klagen nach dem Unterlassungsklagegesetz

141 Nach § 1 UKlaG kann der Verwender bzw. Empfehler von Allgemeinen Geschäftsbedingungen, die nach §§ 307 bis 309 BGB unwirksam sind, auf Unterlassung und – im Falle des Empfehlens – auch auf Widerruf in Anspruch genommen werden. Anspruchsberechtigt sind nach § 3 UKlaG die sog. qualifizierten Einrichtungen, die rechtsfähigen Verbände zur Förderung gewerblicher Interessen sowie die Industrie-, Handels- und Handwerkskammern.

I. Grundsätze der Streitwertbestimmung

142 Die Festsetzung im Einzelfall geschieht gemäß § 48 Abs. 1 S. 1 GKG, § 3 ZPO nach freiem Ermessen, wobei zu berücksichtigen ist, dass der Kläger die Interessen seiner Mitglieder an der Aufrechterhaltung eines redlichen Geschäftsverkehrs und lauteren Wettbewerbs vertritt. Das wirkt sich auf die Höhe des Streitwertes aus. Es macht einen Unterschied, ob ein Zivilprozess zwischen

---

1 BGH WPM 1992, 927 = EWiR § 8 BRAGO 1/91, 469 mit Anm. *Schütze* = AnwBl. 1992, 452 = DB 1993, 376 = JurBüro 1992, 537 = MDR 1992, 616 = NJW 1992, 1990.

dem Käufer und Verkäufer über die Geltung einer konkreten Vertragsklausel geführt wird, oder ob einem Unternehmer schlechthin die Verwendung bestimmter AGB-Klauseln untersagt werden soll.

Entscheidend ist für die Wertfestsetzung ausschließlich das **Interesse der Allgemeinheit** an der Beseitigung der gesetzwidrigen Klausel. Das Interesse des Beklagten an der Feststellung der Wirksamkeit der Klausel und die wirtschaftliche Bedeutung des Verbotes, bestimmte Klauseln zu verwenden, müssen dagegen außer Betracht bleiben,[1] um die Verbraucherschutzverbände, die im Interesse der Allgemeinheit Prozesse führen, vor Kostenrisiken möglichst zu schützen.   **143**

Der Streitwert darf **250 000 Euro** nicht übersteigen (§ 48 Abs. 1 S. 2 GKG). Da mit der Streitwertbegrenzung in § 48 Abs. 1 S. 2 GKG die früheren Vorschriften (§ 22 AGBG bzw. § 12 Abs. 1 S. 2 GKG a.F.) inhaltsgleich übernommen wurden, kann auch auf die Rechtsprechung zum AGBG noch zurückgegriffen werden.   **144**

Eine dem § 12 Abs. 4 UWG entsprechende Vorschrift zur **Streitwertbegünstigung**[2] ist im UKlaG nicht enthalten. Entgegen *Bunte*[3] kann diese Vorschrift auch nicht analog angewandt werden.   **145**

Da § 48 Abs. 1 S. 2 GKG eine Streitwert-Höchstgrenze ansetzt, muss der Streitwert im Einzelfall in Relation zum möglichen Höchststreitwert beziffert werden. Dies ist deshalb so wichtig, weil die Streitwertgrundsätze anwendbar sind, die für Wettbewerbsstreitigkeiten entwickelt worden sind, diese Werte aber oft außerordentlich hoch sind. Fällt also beispielsweise ein wettbewerbsrechtlicher Streit, der im gewöhnlichen Verfahren mit 400 000 Euro zu bewerten wäre, unter die Regel des § 48 Abs. 1 S. 2 GKG, dann darf er nicht mit 250 000 Euro bewertet werden, weil im gewerblichen Rechtsschutz der Ansatz von 400 000 Euro nicht in der höchsten Wertstufe liegt.   **146**

Die Rechtsprechung bemüht sich, schon der besseren Handhabung der Fälle in der täglichen Praxis wegen, um **Regelstreitwerte**.[4] Vorbehaltlich der jeweiligen Umstände des Einzelfalls wird man von einem Ausgangswert von 1500 Euro bis 2500 Euro pro angegriffener Klausel ausgehen können.   **147**

Das OLG Stuttgart[5] hat sich für einen Regelstreitwert von 2000 DM bis 3000 DM für jede beanstandete Klausel ausgesprochen. Die Oberlandesgerichte   **148**

---

1 BGH, Beschl. v. 17. 9. 2003 – IV ZR 83/03, NJW-RR 2003, 1694; BGH, Beschl. v. 18. 7. 2000 – VIII ZR 12/00, NJW-RR 2001, 352; BGH, Beschl. v. 15. 4. 1998 – VIII ZR 317/97, NJW-RR 1998, 1465; BGH, Beschl. v. 26. 3. 1997 – III ZR 296/96, BGHR ZPO § 3 Unterlassungsklage 3; BGH, KostRsp. AGBG § 22 Nr. 2 = NJW-RR 1991, 179.
2 Vgl. dazu das Stichwort „Gewerblicher Rechtsschutz".
3 *Bunte* DB 1980, 486; *Bunte* AcP Bd. 181, 1981, S. 31, 59 (zur Verbandsklage nach §§ 13 ff. AGBG).
4 Kritisch gegen die Annahme von Regelstreitwerten: OLG Hamm, KostRsp. AGBG § 22 Nr. 1 mit Anm. *Schneider* = JurBüro 1986, 1558.
5 OLG Stuttgart, Beschl. v. 25. 2. 1997 – 2 W 6/97, NJW-RR 1997, 891.

Frankfurt,[1] Oldenburg,[2] München[3] und Naumburg[4] nehmen 3000 DM bis 5000 DM an.[5] Ein höherer Wert komme nur in Betracht, wenn die beanstandete Klausel für ganze Wirtschaftszweige von grundlegender Bedeutung oder ein Großunternehmen betroffen sei. Der BGH[6] legt einen Regelwert von 3000 DM pro Klausel zugrunde – ist jedoch im Beschluss vom 18. 7. 2000 der ebenfalls vertretenen Einschätzung von regelmäßig 10 000 DM je Klausel auch nicht nachhaltig entgegengetreten.[7]

II. Beispielsfälle

149   Nachstehend ein Überblick, der Anhaltspunkte für die Bestimmung im Einzelfall geben soll, wobei das jeweilige Alter der Entscheidung zu berücksichtigen ist:

2000 DM

– Gerichtsstandsklausel eines Handwerksbetriebes, dessen Auftraggeber überwiegend in der Nähe wohnen, so dass ein anderer als der in der Klausel vorgesehene Gerichtsstand ohnehin nur in seltenen Ausnahmefällen in Betracht kommt[8];

– Regelwert pro Klausel bei einem mittelständischem Betrieb durchschnittlicher Größe[9];

– Beschwer im Berufungsverfahren für zwei vorinstanzlich auf ihren zulässigen Inhalt reduzierte Klauseln[10].

3000 DM

– Bauvertragsklausel im Berufungsverfahren[11];

– Wert pro beanstandeter Klausel für eine Unterlassungsklage eines Verbraucherschutzverbandes gegen einen Verwender[12];

– Wert pro beanstandeter Klausel, wenn lediglich die etwa mittlere Größe des Betriebes des Beklagten und der Umstand zu berücksichtigen sind, dass als

---

1 OLG Frankfurt, Beschl. v. 17. 5. 1993 – 6 W 46/93, OLGR 1993, 256.
2 OLG Oldenburg, Beschl. v. 10. 12. 1998 – 1 U 126/98, Nds.Rpfl. 1999, 128.
3 OLG München, Beschl. v. 26. 9. 1997 – 29 W 2633/97, KostRsp. § 12 GKG Nr. 183 = WuM 1997, 613.
4 OLG Naumburg, Beschl. v. 7. 12. 1994 – 4 W 150/94, WuM 1995, 547.
5 Ablehnend OLG Celle, Beschl. v. 14. 10. 1994 – 13 U 78/94, NJW 1995, 890 = OLGR 1995, 107.
6 BGH, Beschl. v. 18. 7. 2000 – VIII ZR 12/00, NJW-RR 2001, 352.
7 Ebenso der 8. Zivilsenat des BGH in seinem Beschluss v. 15. 4. 1998 – VIII ZR 317/97, NJW-RR 1998, 1465.
8 OLG Stuttgart, KostRsp. ZPO § 3 Nr. 665 = WRP 1984, 112.
9 OLG Karlsruhe, *Bunte* Bd. 1 § 22 Nr. 8.
10 OLG Karlsruhe, *Bunte* Bd. 3 § 22 Nr. 2.
11 OLG Karlsruhe, *Bunte* Bd. 3 § 22 Nr. 1, 2.
12 OLG Hamm, KostRsp. AGBG § 22 Nr. 1 mit Anm. *Schneider* = JurBüro 1986, 1558.

Käufer und Betroffene nur Motorradfahrer und damit ein verhältnismäßig kleiner Teil der Allgemeinheit in Betracht kommen[1];

– Klausel im Formularmietvertrag, die Pflichten des Mieters von nur untergeordneter Bedeutung betraf[2].

5000 DM

– Regelbewertung für jede beanstandete Klausel[3];

– Regelbewertung im einstweiligen Verfügungsverfahren gegen Betriebe mittlerer Größe[4];

– Klausel in einem Formularmietvertrag über Wohnraum[5];

– Verwendungsverbot einer beanstandeten Bauvertragsklausel auch im nichtkaufmännischen Geschäftsverkehr[6];

– Lieferfristklausel, Abnahmeverzugsklausel und Gewährleistungsklausel in den AGB eines Möbelhändlers für jede Klausel[7];

– Regelbewertung bei Verbandsklage mit regionaler Auswirkung oder bei mittelständischem Unternehmen[8].

10 000 DM

– Beschwer eines Versicherers, eine Klausel zu verwenden, welche die Erstattung der Aufwendungen für ambulante psychotherapeutische Behandlungen beschränkt[9].

15 000 DM

– Beschwer eines Mobilfunkunternehmens, eine Klausel zum Verfall des Restguthabens in einem bestimmten „Zeitfenster" nicht mehr zu verwenden[10].

20 000 DM

– Gewährleistungsausschluss einer Handelsgesellschaft, die zwar kein Großbetrieb ist, deren wirtschaftliche Bedeutung jedoch nicht als gering eingeschätzt werden kann[11].

---

1 OLG Düsseldorf, *Bunte* Bd. 1 § 22 Nr. 4.
2 BGH, Beschl. v. 15. 4. 1998 – VIII ZR 317/97, NJW-RR 1998, 1465.
3 OLG Stuttgart, KostRsp. ZPO § 3 Nr. 665 = WRP 1984, 112.
4 LG Rottweil, *Bunte* Bd. 1 § 22 Nr. 9.
5 OLG München, Beschl. v. 26. 9. 1997 – 29 W 2633/97, KostRsp. GKG § 12 Nr. 183 = WuM 1997, 613; LG München, Beschl. v. 8. 9. 1997 – 7 O 18843/96, NJW-RR 1998, 417.
6 OLG Karlsruhe, *Bunte* Bd. 3 § 22 Nr. 1, 2.
7 OLG Stuttgart, *Bunte* Bd. 1 § 22 Nr. 7.
8 OLG Oldenburg, Beschl. v. 10. 12. 1998 – 1 U 126/98, KostRsp. GKG § 12 Nr. 190 = OLGR 1999, 96.
9 BGH, Beschl. v. 17. 9. 2003 – IV ZR 83/03, NJW-RR 2003, 1694.
10 BGH, Beschl. v. 18. 7. 2000 – VIII ZR 12/00, NJW-RR 2001, 352 – den Gründen lässt sich entnehmen, dass der Senat selbst den Wert wohl deutlich niedriger angesetzt hätte.
11 OLG Karlsruhe, *Bunte* Bd. 1 § 22 Nr. 5.

50 000 DM

– Streit über die Empfehlung der Klausel „Änderungen des Umsatzsteuergesetzes berechtigen beide Teile zur entsprechenden Preisanpassung"[1];

– Klauselverbot, das beim Verwender zu Zinsverlusten in siebenstelliger Höhe führen kann, da dem Verwender nicht durch eine Wertfestsetzung unterhalb der Revisionssumme die Möglichkeit der dritten Instanz genommen werden darf[2].

100 000 DM

– Streit über die Empfehlung der Klausel „Änderungen des Umsatzsteuergesetzes berechtigen beide Teile zur entsprechenden Preisanpassung"[3].

300 000 DM

– Streit über die erfolgsunabhängigen Zahlungsverpflichtungen in Ehemäklerverträgen.[4]

B. Individualklagen

150 Individualprozesse oder Streitigkeiten eines Verwenders gegen einen Dritten, der die Geltung einer Klausel öffentlich anzweifelt, unterliegen ohne die Beschränkung des § 48 Abs. 1 S. 2 GKG den allgemeinen Bewertungsgrundsätzen. Entscheidend für die Schätzung nach § 3 ZPO ist das Interesse des Klägers an der Wirksamkeit bzw. Unwirksamkeit der betreffenden Klausel.

C. Rechtsmittelstreitwert

151 Während es bei der Bestimmung der Beschwer üblicherweise auf die Person des Rechtsmittelführers und die Frage ankommt, in welchem Umfang er durch das angegriffene Urteil beschwert ist, wird dies bei den Verbandsklagen abweichend gehandhabt. Im Hinblick darauf, dass die Anspruchsberechtigten nach dem UKlaG bei ihren Klagen die Interessen der Allgemeinheit wahrnehmen und sie damit vor Kostenrisiken möglichst geschützt werden sollen, räumt der BGH[5] der wirtschaftlichen Bedeutung des Klauselverbotes für den verurteilten Beklagten keine ausschlaggebende Bedeutung ein. Ebenso wie bei der Wertfestsetzung in erster Instanz kann daher im Rahmen der Rechtsmittel von Anspruchsberechtigten nach dem UKlaG von einem Regelstreitwert von 1500 Euro bis 2500 Euro pro Klausel ausgegangen werden.

---

1 OLG Köln, *Bunte* Bd. 1 § 11 Nr. 1 AGBG Nr. 5; OLG Frankfurt BB 1979, 703 = NJW 1979, 985 = DB 1979, 689 = WPM 1979, 318 hat dafür 100 000 DM festgesetzt.
2 BGH, Beschl. v. 30. 4. 1991 – XI ZR 298/90, NJW-RR 1991, 1074 = KostRsp. AGBG § 22 Nr. 3.
3 OLG Frankfurt BB 1979, 703 = NJW 1979, 985 = DB 1979, 689 = WPM 1979, 318; OLG Köln, *Bunte* Bd. 1 § 11 Nr. 1 AGBG Nr. 5, hat dafür 50 000 DM angesetzt.
4 OLG Hamburg WPM 1978, 1358 = MDR 1979, 314.
5 BGH, Beschl. v. 18. 7. 2000 – VIII ZR 12/00, NJW-RR 2001, 352.

Altenteil

Literatur: *Bink* JurBüro 1962, 654; *Schneider* MDR 1977, 270 (Bewertung bei hochbetagten Personen).

Wohnrechte sind nach § 3 ZPO zu bemessen.   152

Wiederkehrende Leistungen, die keinen gesetzlichen Unterhalt darstellen oder   153
darüber hinausgehen, beurteilen sich nach § 9 ZPO. Das gilt auch für die Leibrente, die keinen Anspruch auf gesetzlichen Unterhalt darstellt.[1]

Dagegen ist nach § 42 Abs. 1 GKG zu bemessen, soweit vertraglich vereinbarter   154
Unterhalt in der Form einer Leibrente zu zahlen ist.[2]

Der Streitwert der Sicherung eines Altenteilsrechts ist nach § 6 ZPO gleich   155
dem Betrag (Wert) der zu sichernden Forderung. Soweit für die Gebührenerhebung der Wert einer vertraglich vereinbarten Altenteilsforderung nicht nach § 9
ZPO, sondern nach § 42 Abs. 1 GKG zu berechnen ist, weil sie sich im Rahmen
der gesetzlichen Unterhaltspflicht hält, ist dieser Wert auch für die Sicherung
maßgebend.[3]

Der Streitwert einer Klage aus Art. 15 § 9 Preußisches Ausführungsgesetz zum   156
BGB ist nach § 3 ZPO zu schätzen, wobei das Interesse an der Änderung maßgebend ist.[4]

Werden Altenteilleistungen nicht ordnungsgemäß erbracht und verlangt der   157
Berechtigte Entschädigung durch Zahlung einer Unterhaltsrente, so bemisst
sich der Streitwert nicht mehr nach § 3 ZPO, sondern nach § 9 ZPO.[5]

Für die Frage, ob wegen des hohen Alters der Altenteilers eine Ermäßigung   158
statthaft ist, ist entscheidend, ob die verlangten Leistungen noch eine dem
§ 9 ZPO entsprechende Dauer haben können oder ob eine an Sicherheit grenzende Wahrscheinlichkeit dagegen spricht.[6] Die Tatsache, dass die Berechtigte 79 Jahre alt ist, soll es beispielsweise noch nicht rechtfertigen, an Stelle
des $12^{1}/_{2}$-fachen Betrages des Jahreswertes gemäß § 9 ZPO als Gegenstandswert
einen geringeren Wert festzusetzen.[7] Die Entscheidung erging zu § 9 ZPO a.F.
Nach § 9 ZPO i.d.F. des RpflegeEntlG 1993 gilt nur noch der $3^{1}/_{2}$-fache Jahreswert. Damit wird sich die Rechtsprechung zur Abweichung von § 9 ZPO bei
Hochbetagten völlig neu orientieren müssen. Nach der Sterbetafel leben 89-jäh-

---

1 LG Freiburg, Beschl. v. 9. 4. 1973 – 3 T 14/73, AnwBl. 1973, 169.
2 Noch zu § 17 Abs. 1 GKG a.F.: LG Braunschweig, Besch. v. 16. 1. 1959 – 7 T 194/58,
  Nds.Rpfl. 1959, 64.
3 LG Braunschweig, Beschl. v. 16. 1. 1959 – 7 T 194/58, Nds.Rpfl. 1959, 64.
4 LG Lübeck, SchlHA 1958, 84
5 LG Itzehoe, Beschl. v. 27. 12. 1960 – 1 T 95/60, KostRsp. § 9 ZPO Nr. 2.
6 OLG Celle, Beschl v. 18. 4. 1961 –7 W 7/61, MDR 1961, 778; LG Freiburg, Beschl. v.
  9. 4. 1973 – 3 T 14/73, AnwBl. 1973, 169.
7 OLG Nürnberg, Beschl. v. 13. 2. 1959 – 2 W 261/58, JurBüro 1959, 247.

rige Männer noch 3,45 Jahre und 91-jährige Frauen noch 3,49 Jahre; beides liegt noch im Rahmen des § 9 ZPO. Näheres zu dieser von der Rechtsprechung teilweise noch nicht bewältigten Problematik siehe unter dem Stichwort „Rente" Rn. 4725 ff.

159 Der Tod des Berechtigten während des Rechtsstreits vermindert den Streitwert nicht rückwirkend.

Änderung des Streitwerts

Literatur: *E. Schneider* JurBüro 1964, 769; 1965, 592.

A. Grundsätze

160 Für die Wertberechnung maßgebend ist der **Zeitpunkt der Antragstellung**, die den Rechtszug einleitet (§ 40 GKG).

161 Betrifft ein Verfahren **mehrere Gegenstände**, so ist für jeden Gegenstand der Zeitpunkt der ihn betreffenden Antragstellung maßgebend, (§ 40 GKG).

⊃ **Beispiel:**

Die Klage wird am 11. 9. 2006 eingereicht, die Widerklage am 21. 10. 2006.

Für die Klage ist der Wert zum 11. 9. 2006 maßgebend; für die Widerklage der zum 21. 10. 2006.

162 **Wertänderungen** innerhalb der Instanz **ohne Änderung des Streitgegenstandes** sind unbeachtlich.

163 Wird nach Klageerhebung ersichtlich, dass der Beklagte sich gegen das Klagebegehren nicht verteidigen will, oder ergeht eine gerichtliche Entscheidung, die die Erfolgsaussichten der Klage günstiger erscheinen lässt, so ist das nicht gleichbedeutend mit einer Änderung des Streitwertes.[1] Selbst wenn man dies annähme, wäre es nach § 40 GKG unbeachtlich, da damit keine Veränderung des Streitgegenstandes verbunden ist.

164 Überholt ist die Entscheidung des BGH[2] zu § 15 GKG i.d.F. vor Inkrafttreten des KostRÄndG 1994, in der er für den Rechtsmittelgebührenwert den Wechselkurs vom Tag der Revisionsrücknahme zugrunde gelegt hatte, weil dieser höher war als der Kurs bei Revisionseinlegung. Das ist mit § 40 GKG nicht mehr vereinbar.

165 Bei **unverändertem Streitgegenstand** besteht regelmäßig kein Anlass, einen auf die Angaben des Klägers zurückgehenden und von beiden Parteien über Jahre

---

1 OLG München NJW 1970, 1688.
2 BGH JurBüro 1982, 49 = MDR 1982, 299 = NJW 1982, 341 = Rpfleger 1982, 82.

gebilligten Wertansatz nur deshalb abzuändern, weil ein später eingeholtes Sachverständigengutachten zu einem höheren Schätzungsbetrag führen könnte.[1]

Etwas anderes gilt in **selbständigen Beweisverfahren**. Der vom Antragsteller **166** eines selbständigen Beweisverfahrens bei Verfahrenseinleitung geschätzte Wert ist für die Streitwertbemessung weder bindend noch maßgeblich. Der Streitwert richtet sich vielmehr nach den sich aus dem Sachverständigengutachten ergebenden Kosten, bezogen auf den Zeitpunkt der Verfahrenseinleitung und dem Interesse des Antragstellers.[2] Eine niedrigere Schätzung der Kosten im Antrag hat allein wegen der Änderungsmöglichkeit nach § 61 S. 1 GKG keine Bindungswirkung.[3]

Bei besseren Erkenntnissen kann der angegebene Wert im selbständigen Be- **167** weisverfahren jederzeit berichtigt werden. Diese Möglichkeit hat auch das Gericht. Wegen des im Streitwert geltenden Grundsatzes der materiellen Wahrheit ist es sogar verpflichtet, den der Parteidisposition entzogenen wirklichen Wert unter Abänderung einer unrichtigen früheren Entscheidung neu festzusetzen.[4]

Siehe hierzu auch die Stichwörter „Selbständiges Beweisverfahren" und „Anga- **168** be des Streitwerts".

Bei einer Änderung des Streitgegenstandes und damit des Streitwerts im Ver- **169** laufe des Verfahrens kann ein **unterschiedlicher Wertansatz** für die einzelnen Gebühren notwendig werden. Die gerichtliche Verfahrensgebühr und die Verfahrensgebühr des Anwalts ist, da sie ständig neu erfüllt, zwar immer nach dem höchsten Streitwert zu berechnen. Bei den übrigen Gebühren des RVG und z.B. der 3,0-Gebühr in Arrest- und einstweiligen Verfügungsverfahren verhält es sich jedoch anders. Sie sind auf den Streitwert der jeweiligen kostenpflichtigen Handlungen zu beziehen. So kann eine Terminsgebühr nach Nr. 3104 VV RVG aus einem geringeren Wert entstehen als die Verfahrensgebühr. Ebenso erhöht sich in Arrest- und einstweiligen Verfügungsverfahren die Gebühr der Nr. 1410 KV GKG nur nach dem Wert des Streitgegenstands, auf den sich die Entscheidung bezieht und nicht nach dem gesamten Verfahrenswert.

◐ **Beispiel:**

Es wird der Erlass einer einstweiligen Verfügung wegen Unterlassung zweier Wettbewerbsverstöße beantragt (Streitwert jeweils 20 000 Euro). Das Gericht ordnet mündliche Verhandlung an. Vor der Verhandlung wird der eine Antrag zurückgenommen. Über den anderen wird verhandelt und entschieden.

---

1 OLG Köln, KostRsp. GKG § 15 Nr. 1 mit Anm. *E. Schneider* u. *Lappe;* siehe dazu auch das Stichwort „Bemessungsgrundsätze" Rn. 957 ff.
2 LG Deggendorf, Beschl. v. 25. 11. 2004 – 1 T 150/04, BauR 2005, 901 im Anschluss an BGH, Beschl. v. 16. 9. 2004 – III ZB 33/04, NJW 2004, 3488.
3 OLG Dresden, Beschl. v. 8. 4. 2002 – 11 W 358/02, zitiert nach juris.
4 OLG Frankfurt/M., Beschl. v. 25. 1. 1999 – 21 W 1/99, OLGR 1999, 140.

Sowohl die 1,5-Gerichtsgebühr nach Nr. 1410 KV GKG als auch die 1,3-Verfahrensgebühr der Anwälte (Nr. 3100 VV RVG) bemisst sich nach dem Gesamtwert i.H.v. 40 000 Euro).

Die weitere 3,0-Gerichtsgebühr sowie die Terminsgebühr der Anwälte (Nr. 3104 VV RVG) bemisst sich dagegen nur nach 20 000 Euro.

170 Anders als bei einer Änderung des Streitgegenstandes sind Wertänderungen durch **Kursschwankungen** aber unbeachtlich.

171 Ist die anwaltliche Terminsgebühr erfallen, spielt es keine Rolle mehr, ob sich im Anschluss daran der Streitgegenstand verändert, wenn aus dem weiteren Streitgegenstand die Gebühr nicht auch noch ausgelöst wird.

172 Zu beachten ist, dass eine Änderung des Streitgegenstands auch dann zu einer Werterhöhung führt, wenn sich der Wert der zeitgleich anhängigen Gegenstände dabei nicht verändert.

173 Bei der nach § 39 Abs. 1 GKG oder § 22 RVG durchzuführenden Zusammenrechnung einzelner Werte sind sämtliche Gegenstände zu berücksichtigen, auf die sich der betreffende Gebührentatbestand im Laufe des Verfahrens erstreckt hat. Es ist – anders als bei der Festsetzung des Zuständigkeitsstreitwerts – nicht erforderlich, dass alle Gegenstände gleichzeitig anhängig waren oder der Anwalt hinsichtlich aller verschiedenen Gegenstände gleichzeitig tätig war. Dies ist insbesondere der Fall bei Klagen auf Unterhalt, Mietzahlung oder sonstigen wiederkehrenden Leistungen, bei denen sich durch übereinstimmende Erledigungserklärung, Teilurteil oder Antragsrücknahme einzelne Gegenstände erledigen, während aufgrund des Zeitablaufs wieder neue hinzukommen.[1]

⤳ **Beispiel:**

Der Anwalt erhält den Auftrag, rückständige Mieten (Gewerbemiete) in Höhe von jeweils 1500 Euro für die Monate Januar, Februar und März geltend zu machen. Im Prozess stellt sich heraus, dass die Mieten für Januar und Februar bereits gezahlt waren, so dass insoweit die Klage zurückgenommen wird. Wegen zwischenzeitlich weiterer Rückstände für April und Mai wird die Klage erweitert.

Der Gebührenstreitwert beläuft sich auf 7500 Euro, da im Verlaufe des Rechtsstreites insgesamt fünf Mieten zu jeweils 1500 Euro anhängig waren. Darauf, dass nie mehr als drei Mieten in Höhe von insgesamt 4500 Euro zeitgleich anhängig waren, kommt es für den Gebührenstreitwert nicht an.

Anders verhält es sich beim Zuständigkeitsstreitwert. Dieser beläuft sich durchweg auf 4500 Euro, weil nie ein höherer Betrag anhängig war, so dass die Zuständigkeit des Amtsgerichts unverändert geblieben ist.

B. Einzelheiten

174 Zu beachten ist immer, dass ältere Rechtsprechung, die auf Wertschwankungen in der Instanz bei unverändertem Streitgegenstand abstellt,[2] überholt ist. Wird

---

1 Siehe hierzu AnwK-RVG/N. *Schneider* § 22 RVG Rn. 10.
2 Z.B. BGH MDR 1961, 926.

also eine Sache herausverlangt, dann spielt es für den Gebührenwert keine Rolle, ob die Sache während der Instanz repariert und damit wertvoller wird[1] oder beschädigt und damit im Wert gemindert wird.[2]

Problematisch ist die Aussage des § 40 GKG bei **Wertkriterien**, die bei Einlei- 175 tung der Instanz noch nicht feststehen können, sondern **sich erst in der Instanz „entwickeln"**. Dabei handelt es sich nicht um eine Änderung des Streitwerts im engeren Sinne, sondern um ein „Heranwachsen" des Wertes. Typisches Beispiel hierfür ist der „Umfang einer Ehesache" (§ 48 Abs. 2 GKG). Bei die Instanz einleitender Antragstellung ist der Umfang noch Null, der zu erwartende Umfang lässt sich allenfalls ungefähr schätzen. Hier sollte entgegen des Wortlauts von § 40 GKG auf das Instanzende abgestellt werden, denn es ist anzunehmen, dass dieser Fall bei der Neufassung von § 40 GKG übersehen wurde, keinesfalls ein Wertkriterium des § 48 Abs. 2 GKG auf diese Weise abgeschafft werden sollte (siehe auch ausführlich das Stichwort „Ehesachen" Rn. 1395).

Gleiches gilt für sonstige Verfahren, in denen der Umfang bei der Wertfestset- 176 zung eine Rolle spielt, wie z.B. Umgangsrechtsverfahren. Faktisch muss man diese Fälle des steigenden Umfangs wie Klageerweiterungen behandeln.

Wird der Klageanspruch ganz oder teilweise erfüllt oder anerkannt, tritt eine 177 Veränderung des Streitgegenstandes erst dadurch ein, dass der Kläger seinen **Klageantrag anpasst,** ihn etwa um die Teilzahlung ermäßigt[3] oder der Streitgegenstand durch ein Teilurteil oder einen Teilvergleich teilweise wegfällt.

Ebenso liegt es, wenn sich ohne Veränderung des Gegenstandes lediglich dessen 178 **rechtliche Zuordnung** verändert, etwa wenn der Kläger im Verlaufe des Rechtsstreits Eigentum am streitbefangenen Gegenstand erwirbt.[4] Auf die Bemessung des Streitwerts wirkt sich das erst ab Änderung des Klageantrags aus, beispielsweise wenn die Klage auf mietweise Überlassung einer Sache nunmehr in Herausgabe nach § 985 BGB geändert wird.

Diese Grundsätze gelten auch für die höhere Instanz. Bei **uneingeschränktem** 179 **Antrag des Berufungsklägers** auf Abänderung des erstinstanzlichen Urteils ist der Verurteilungsbetrag maßgebend, auch wenn in der Berufungsbegründung vorgetragen wird, die Verurteilungssumme sei zwischenzeitlich im Wesentlichen bezahlt worden. Um einen solchen Tatbestand streitwertbestimmend zu machen, müssen entsprechende prozessuale Antragsbeschränkungen vorgenommen werden.[5]

Wird Berufung lediglich wegen der **Zinsverurteilung** eingelegt, dann bemisst 180 sich nach OLG Köln[6] der Gebührenstreitwert nach der Summe der Zinsen bei

---

1 So noch zum alten Recht OLG Köln JurBüro 1971, 86.
2 OLG Köln JurBüro 1971, 86.
3 Siehe *E. Schneider*, Anm. zu OLG Frankfurt, KostRsp. ZPO § 3 Nr. 530; OLG Düsseldorf, KostRsp. ZPO § 3 Nr. 867 mit Anm. *E. Schneider* = JurBüro 1987, 396.
4 OLG Hamburg OLGE 27, 10.
5 OLG Köln, KostRsp. GKG § 11 a.F. Nr. 21 = MDR 1972, 791.
6 OLG Köln, Beschl. v. 19. 1. 1972 – 2 U 191/71, JurBüro 1972, 244.

Abschluss der zweiten Instanz. Das ist – jedenfalls nach dem derzeitigen GKG – unzutreffend. Maßgebend ist auch hier § 40 GKG i.V.m. § 47 Abs. 1 GKG. Der Wert bestimmt sich nach Wert der bis zur Einlegung des Rechtsmittels aufgelaufenen Zinsen. Er darf allerdings nicht höher liegen als der Wert der Hauptsache in ersten Instanz (§ 47 Abs. 2 S. 1 GKG). Zu denken wäre auch daran, in entsprechender Anwendung des § 47 Abs. 2 S. 1 GKG lediglich den Wert der Zinsen zu Beginn der ersten Instanz anzunehmen.

181 Eine Streitwertänderung durch das **Beschwerdegericht** kann einer bereits rechtskräftigen Kostenentscheidung eines Urteils die Berechnungsgrundlage entziehen. Dadurch wird keine Änderungssperre begründet, da ein Fehler des Gerichts im Erkenntnisverfahren kein prozessuales Hindernis dafür ist, im Streitwertbeschwerdeverfahren gesetzmäßig zu entscheiden (siehe bei dem Stichwort „Streitwertbeschwerde").

182 Nach Abschluss eines Gebührenrechtsstreits aufgrund geschätzten Streitwerts ist die nachfolgende Wertfestsetzung in einem anderen Verfahren eine **neue Tatsache,** die einen Bereicherungsanspruch begründen kann.[1]

Androhung von Ordnungsmitteln

Siehe das Stichwort „Ordnungsmittel".

Anerkenntnis

183 Hier ist zunächst zwischen dem prozessualen Anerkenntnis (§ 307 ZPO) und dem materiell-rechtlichen Anerkenntnis (§§ 780, 781 BGB) zu unterscheiden. Nach heute überwiegender Ansicht ist das prozessuale Anerkenntnis reine Prozesshandlung und enthält keine materiell-rechtliche Komponente.[2]

A. Prozessuales Anerkenntnis

184 Auf dem prozessualen Weg zum Anerkenntnisurteil sind **drei Stadien** zu unterscheiden: der Eingang des Anerkenntnisschriftsatzes, die Abgabe der Anerkenntniserklärung in der mündlichen Verhandlung und die Verkündung des Anerkenntnisurteils. Keine dieser prozessualen Situationen verändert den Streitwert.

---

1 LG Nürnberg-Fürth, KostRsp. GKG § 25 Nr. 95 mit Anm. *E. Schneider.*
2 Zöller/*Vollkommer,* vor § 306 Rn. 5; MünchKomm. ZPO/*Musielak,* § 307 Rn. 4 m.w.N.

Die schriftliche **Ankündigung des Anerkenntnisses** ist eine bloße Absichtser- 185
klärung.[1] Zur Wirksamkeit des Anerkenntnisses bedarf es der Abgabe der Erklärung „bei der mündlichen Verhandlung" (§ 307 Abs. 1 ZPO), soweit die Erklärung nicht bereits auf eine Aufforderung nach § 276 Abs. 1 S. 1 ZPO im schriftlichen Vorverfahren erfolgt (§ 307 Abs. 2 ZPO). Zweifel, ob in der Erklärung des
Beklagten, anerkennen zu wollen, nicht vielmehr eine Zustimmung zu einer
Klagerücknahme (§ 269 Abs. 2 ZPO) oder eine Erledigungserklärung (§ 91a
Abs. 1 ZPO) verbunden mit einem Anerkenntnis der Kostentragungspflicht[2]
liegt, sind durch Nachfrage (§ 139 ZPO) aufzuklären. Denn sie könnten beim
Kläger zu einer Antragsermäßigung oder zu Einverständniserklärung führen,
was den Streitwert ändern würde.

Die **Abgabe der Anerkenntniserklärung** entbindet das Gericht zwar von der 186
Prüfung, ob die Klage schlüssig oder begründet gewesen ist,[3] hat aber keinen
Einfluss auf den Streitgegenstand selbst. Dies wird schon daran ersichtlich, dass
der Beklagte durch die Verkündung des Anerkenntnisurteils im Umfang der
Verurteilung materiell beschwert wird.[4] Der Streitwert verändert sich folglich
bis zur Verkündung grundsätzlich nicht.[5]

Die Abgabe einer **Teilanerkenntniserklärung** vermag hingegen den Streitwert 187
für das weitere Verfahren ändern, soweit von diesem nur noch Teile des prozessualen Anspruch betroffen werden. So liegt es, wenn der Beklagte einen Teil der
Klageforderung anerkennt, ohne dass eine Teilanerkenntnisurteil verkündet
wird, das Gericht aber deswegen die Beweisaufnahme auf den streitig gebliebenen Teil der Klageforderung beschränkt. Hier ist der Gegenstandswert der
Beweisaufnahme entsprechend zu reduzieren.[6]

Wird der anerkannte Teilanspruch, ohne dass ein Teilanerkenntnisurteil erlas- 188
sen wurde, jedoch in einem sich anschließenden **Vergleich** abschließend mit-
geregelt, soll er in den Vergleichswert in voller Höhe mit einzubeziehen sein.[7]
Dies begegnet Bedenken. Denn hat der Beklagte von Beginn an keinerlei
Einwendungen gegen den anerkannten Teil der Klageforderung erhoben, liegt

---

1 Weitergehend bei beabsichtigtem sofortigen Anerkenntnis OLG Stuttgart, Urt. v. 29. 9.
  2005 – 13 U 99/05, OLGR 2005, 894.
2 BGH, Beschl. v. 3. 6. 1985 – II ZR 248/84, MDR 1985, 914.
3 Zöller/*Vollkommer*, § 307 Rn. 4.
4 Zöller/*Vollkommer*, § 307 Rn. 11; Zöller/*Gummer*, vor § 511 Rn. 19a.
5 OLG Düsseldorf, Beschl. v. 11. 11. 1986 – 2 W 136/86, KostRsp. ZPO § 3 Nr. 867 mit
  Anm. *E. Schneider* = JurBüro 1987, 396; OLG Köln, Beschl. v. 2. 8 1978 – 17 W 276/78,
  KostRsp GKG § 22 Nr. 4; OLG Nürnberg, Beschl. v. 16. 7 2004 – 10 WF 2332/04, OLGR
  2005, 41 = MDR 2005, 120.
6 OLG Köln, Beschl. v. 6. 2. 1984 – 25 WF 246/83, KostRsp. ZPO § 3 Nr. 692 mit Anm.
  E. Schneider = JurBüro 1984, 877; unklar OLG Frankfurt, Beschl. v. 11. 2. 1980 – 20 WF
  772/80, KostRsp. ZPO § 3 Nr. 530 mit Anm. *E. Schneider* = JurBüro 1981, 554 = AnwBl.
  1981, 155 – siehe auch Stichwort „Beweisaufnahme".
7 OLG Bamberg, Beschl. v. 28. 8. 1990 – 3 W 27/90, KostRsp. ZPO § 3 Nr. 1011 =
  KostRsp. BRAGO § 23 Nr. 58 mit Anm. *Herget* = JurBüro 1990, 1619; OLG Nürnberg,
  Beschl. v. 16. 7. 2004 – 10 WF 2332/04, OLGR 2005, 41 = MDR 2005, 120.

im Anerkenntnis kein gegenseitiges Nachgeben, durch das ein Streit oder eine Ungewissheit der Parteien über ein Rechtsverhältnis behoben worden wäre.[1] So behält das (Teil-)Anerkenntnis auch ohne Erlass eines (Teil-)Anerkenntnisurteils seine Wirkung regelmäßig für den ganzen Prozess unabhängig davon, ob nachfolgend streitig verhandelt worden ist.[2] Bei der Bestimmung des Vergleichswerts ist jedoch ein etwaiges Titulierungsinteresse zu berücksichtigen (siehe das Stichwort „Vergleich" Rn. 5691 ff.).

189 Ab **Verkündung des Anerkenntnisurteils** kann sich der Streitwert ändern, etwa bei Erlass eines Teilanerkenntnisurteils und weiterer Verhandlung wegen des Restanspruchs.[3] Die mit dem Anerkenntnisurteil für den Beklagten verbundene **Rechtsmittelbeschwer** bestimmt sich allein nach dem Inhalt der Entscheidung. Unerheblich ist, dass der Beklagte die Klageforderung anerkannt und in welcher Weise er sonst zum Klagevorbringen Stellung genommen hat.[4]

Zur Berechnung der Änderungsfrist des § 63 Abs. 3 S. 2 GKG (§ 25 Abs. 2 S. 3 GKG a.F.) bei Erlass eines Teilanerkenntnisurteils siehe das Stichwort „Abänderung der Festsetzung" Rn. 46.

B. Schuldanerkenntnis

190 Wird aus einem **abstrakten** Schuldanerkenntnis (§ 781 BGB) oder Schuldversprechen (§ 780 BGB) geklagt, dann ist der Forderungsbetrag maßgebend. Da das abstrakte Schuldversprechen oder Anerkenntnis eine neue Verpflichtung konstitutiv begründen, verlieren darin eingerechnete **Zinsen** (und Kosten) ihre Eigenschaft als Nebenforderung und werden in den Streitwert mit einbezogen.[5]

191 Ebenso ist zu bewerten, wenn derjenige, der das Schuldanerkenntnis oder das Schuldversprechen abgegeben hat, mit **negativer Feststellungsklage** dessen Bestand angreift.

192 Die Klage auf **Feststellung der Wirksamkeit** eines abstrakten Schuldanerkenntnisses oder Schuldversprechens schafft keinen vollstreckungsfähigen Titel. Der Streitwert ist deshalb entsprechend den Bewertungsregeln für positive Feststellungsklagen regelmäßig um 20 % zu ermäßigen (siehe das Stichwort „Feststellungsklage" Rn. 2024 ff.).

---

1 *Herget* Anm. zu OLG Bamberg, KostRsp. BRAGO § 23 Nr. 58.
2 BGH, Urteil v. 17. 3. 1993 – XII ZR 256/91, MDR 1993, 1238 = NJW 1993, 1717.
3 OLG Bamberg, Beschl. v. 11. 9. 1985 – 2 WF 211/85, KostRsp. ZPO § 3 Nr. 803 mit Anm. *E. Schneider* = JurBüro 1986, 267; Beschl. v. 29. 1. 1990 – 7 WF 4/90, KostRsp. ZPO § 3 ZPO Nr. 994 = JurBüro 1990, 771.
4 BGH, Beschl. v. 1. 10. 2003 – XII ZB 202/02, FamRZ 2003, 1922 = FuR 2004, 35; Beschl. v. 15. 1. 1992 – XII ZB 135/91, NJW 1992, 1513; Musielak/*Musielak*, § 307 Rn. 18; Zöller/*Vollkommer*, § 307 Rn. 11.
5 OLG Koblenz, Beschl. v. 16. 12. 1997 – 5 W 797/97 = AGS 1999, 43 = KostRsp. ZPO § 4 Nr. 82 = JurBüro 1999, 197; Zöller/*Herget*, § 4 Rn. 11; *E. Schneider* Anm. zu OLG Köln, KostRsp. GKG § 22 Nr. 8.

Ein **deklaratorisches** Schuldanerkenntnis soll eine bereits bestehende Schuld 193
lediglich bestätigen und die vertraglichen Beziehungen der Parteien beweis-
rechtlich klarstellen sowie die bei Abgabe bekannten Einwendungen ausschließen.[1] Daneben gibt es Schuldanerkenntnisse, die nur Erfüllungsbereitschaft anzeigen und die Last der Beweisführung verändern.[2] In derartigen Fällen ist der
Streit um die Wirksamkeit nach § 3 ZPO zu schätzen. Für die Bewertung ist
dabei darauf abzustellen, in welchem Maß das konkrete Anerkenntnis dem
Gläubiger die Rechtsverfolgung erleichtert.

Hierbei bleiben **Zinsen**, auch wenn sie in einem deklaratorischen Anerkenntnis 194
mit der Hauptforderung zu einer einzigen Summe zusammengefasst werden, gemäß § 43 Abs. 1 GKG (§ 22 Abs. 1 GKG a.F.), § 4 Abs. 1 ZPO unberücksichtigt.[3]

Anerkenntnisurteil

Zwar fallen im Prozessverfahren und in den Eilverfahren erster Instanz keine 195
Urteilsgebühren an, so dass insoweit unerheblich ist, ob der Rechtsstreit durch
Streit-, durch Anerkenntnis- oder durch Anerkenntnis-Teil- und Schlussurteil
entschieden wurde. Hingegen ermäßigt das Anerkenntnisurteil die Verfahrensgebühr vom dreifachen auf den einfachen Tabellensatz (Nr. 1211 Nr. 2 KV
GKG). Erforderlich ist hierfür jedoch die vollständige Beendigung des Rechtsstreits durch das Anerkenntnisurteil allein[4] oder zusammen mit anderen Ermä-
ßigungstatbeständen.[5]

Dass trotz Anerkenntnis in der Hauptsache über die Kosten streitig entschieden 196
werden muss (§ 93 ZPO), steht der Gebührenermäßigung nicht entgegen.[6] Denn
auch das Anerkenntnisurteil mit Begründung seiner Kostentscheidung beendet

---

1 BGH Urteil v. 23. 3. 1983 – VIII ZR 335/81, NJW 1983, 1903 = MDR 1983, 1017; *Palandt/Sprau*, § 781 Rn. 3, 4.
2 BGHZ 66, 250; BGH WPM 1974, 411.
3 OLG Köln, Beschl. v. 30. 1. 1980 – 2 W 6/80, KostRsp. GKG § 22 Nr. 8 mit Anm. *E. Schneider* = JurBüro 1980, 578.
4 OLG Dresden, Beschl. v. 15. 7. 1997 – 15 W 944/97, KostRsp. GKG-Kostverz. Nr. 71 (ArchivO) = JurBüro 1998, 429.
5 KG, Beschl. v. 28. 5. 1996 – 1 W 4275/95, KostRsp. GKG-KostVerz. Nr. 30 (ArchivO) = KGR 1996, 214 = JurBüro 1997, 93.
6 OLG Karlsruhe, Beschl. v. 24. 1. 1997 – 13 W 4/97, KostRsp. GKG-KostVerz. Nr. 55 (ArchivO) = JurBüro 1997, 539 = MDR 1997, 399; KG, Beschl. v. 28. 5. 1996 – 1 W 4275/95, KostRsp. GKG-KostVerz. Nr. 30 (ArchivO) = KGR 1996, 214 = JurBüro 1997, 93; OLG Frankfurt, Beschl. v. 19. 7. 1995 – 6 W 61/95. KostRsp. GKG-KostVerz Nr. 20 (ArchivO) = WRP 1996, 769; a.A. Vorauflage Rn. 160; *Herget* MDR 1996, 1097; OLG Hamburg, Beschl. v. 3. 11. 1999 – 8 W 337/99, KostRsp. GKG-KostVerz. Nr. 111 (ArchivO) = OLGR 2000, 225 = MDR 2000, 111 mit Anm. *N. Schneider*; Beschl. v. 23. 12. 1999 – 8 W 395/99, KostRsp. GKG-KostVerz. Nr. 112 (ArchivO) = OLGR 2000, 265 mit Anm. *N. Schneider*.

das Verfahren als Ganzes. Zudem ergeht die Kostenentscheidung von Amts wegen und hat unabhängig von einem Kostenwiderspruch die Voraussetzungen des § 93 ZPO zu berücksichtigen. Schließlich soll die Gebührenermäßigung nur dann ausgeschlossen sein, wenn das Gericht in eine Sachprüfung eintreten muss. Hieran ist das Gericht jedoch schon aufgrund des Anerkenntnisses gehindert. Es hat allein zu prüfen, ob das Anerkenntnis ein sofortiges war und Anlass zur Klageerhebung bestanden hat.[1]

Anerkennung ausländischer Titel

197 Im Verfahren auf Anerkennung ausländischer Titel (vgl. § 328 ZPO) fallen für das Gericht sowohl im Antragsverfahren (Nr. 1510 – 1512 KV GKG) als auch im Beschwerdeverfahren (Nr. 1520 KV GKG) Festgebühren an. Maßgeblich für den Gegenstandswert für die anwaltlichen Gebühren ist der Inhalt des ausländischen Titels. Dabei gelten § 4 Abs. 1 ZPO und § 40 GKG:[2] Zinsen sind nicht zu berücksichtigen, wenn sie nach dem ausländischen Titel nur Nebenforderungen sind.[3]

Anfechtung

Siehe die Stichwörter „Anfechtungs- und Nichtigkeitsklagen", „Gläubigeranfechtung", „Insolvenzverfahren", „Nichtigkeit eines Vertrages".

Anfechtung der Ehelichkeit

Siehe das Stichwort „Kindschaftssachen".

Anfechtung der Vaterschaftsanerkennung

Siehe das Stichwort „Kindschaftssachen".

---

1 *N. Schneider* Anm. zu OLG Hamburg KostRsp. GKG-KostVerz. Nr. 111 (ArchivO).
2 BGH, KostRsp. ZPO § 4 Nr. 75.
3 So auch OLG Frankfurt, Beschl. v. 11. 2. 1993 – 20 W 29/93, JurBüro 1994, 117 hinsichtlich des Verfahrens auf Erteilung der Vollstreckungsklausel für einen ausländischen Titel.

Anfechtungs- und Nichtigkeitsklagen

Literatur: *Fechner* JZ 1969, 349; *Rebb* BB 1970, 865; *Happ/Pfeifer*, Der Streitwert gesellschaftsrechtlicher Klagen und Gerichtsverfahren, ZGR 1991, 103; *Günther*, Zur Bestimmung des Streitwerts und des für die Zulässigkeit der Revision maßgeblichen Beschwer bei aktienrechtlichen Nichtigkeitsklagen und Anfechtungsklagen, EwiR 1995, 103; *Brandes*, Die Rechtsprechung des BGH zur Aktiengesellschaft, WM 2000, 53; *Saenger*, Aktienrechtliche Anfechtungsklagen – Verfahrenseffizienz und Kosten, AG 2002, 536.

Gliederungsübersicht

A. Aktiengesellschaft

  I. Rechtsanwendungsgrundsätze . . . 198
  II. Einzelfälle in der Rechtsprechung . 213
  III. Streitwertspaltung 219

B. GmbH 224

C. Genossenschaft 230

D. Gewerk 234

E. OHG und KG 235

Stichwortübersicht

Abberufung eines Geschäftsführers . . 228
Aktienbesitz des Klägers 207
Aufsichtsratsmitglied, Rücktritt, Wahl 214
Auswirkungen der Nichtigerklärung . 208
Bilanzsumme 205, 213
Einsatz des Vermögens 222
Entlastung des Vorstandes 213
Genossenschaft 230
Genossenschaftsanteil 232
Geschäftsanteil des Beklagten, Einziehung 219
Geschäftsanteil des Klägers . . . 226, 232
Geschäftsführer, Abberufung 228
Gewerk 234
Gewinnverwendung 215
GmbH 224
Größe der Gesellschaft 208
Grundkapital 208, 216
Hauptversammlung, Kosten einer
  neuen ~ 208
Hilfsbedürftigkeit 221
Interesse der Gesellschaft . . . 204, 208
Interesse des Klägers 204, 207
Interessengegensatz 206

Jahresabschluss, Nichtigkeit 213
Kapital
– ~herabsetzung 216
– ~erhöhung 216
Kurswert des Aktiengesetzes 213
Mehrzahl von
– Anfechtungsgründen 209
– Beschlüssen 210
– Anfechtungsklagen 211
Mittelwert 205
Prozesskostenhilfe 221
Regelbewertung 200
Stimmrecht 227
Streitwertermäßigung 223
Streitwertspaltung 219
Vermögen, Einsatz 220
Vermögensrechtliche Ansprüche . . . 203
Verpflichtungsantrag 233
Vorläufige Streitwertfestsetzung . . . 212
Vorstand, Entlastung 213
Wahl neuer Aufsichtsratsmitglieder . 214
Wirtschaftliche Bedeutung 205
Zustimmung zur Klageerhebung . . . 218

A. Aktiengesellschaft

I. Rechtsanwendungsgrundsätze

Mit **§ 247 AktG** steht eine besondere Regelung zur Streitwertbemessung bei 198
Anfechtungsklagen eines Aktionärs gegen Beschlüsse der Hauptversammlung
einer Aktiengesellschaft zur Verfügung. Diese gilt auch für die Anfechtung der

Wahl von Aufsichtsratsmitgliedern (§ 251 Abs. 3 AktG), des Beschlusses über die Verwendung des Bilanzgewinns (§ 254 Abs. 2 AktG), der Kapitalerhöhung gegen Einlagen (§ 255 Abs. 3 AktG) sowie der Feststellung des Jahresabschlusses (§ 257 Abs. 2 AktG).

199 Gemäß § 247 Abs. 1 S. 1 AktG bestimmt das Prozessgericht den Streitwert von Streitigkeiten zwischen Aktionären und der Aktiengesellschaft, mithin auch für Anfechtungs- und Nichtigkeitsklagen, unter Berücksichtigung aller Umstände des einzelnen Falles, insbesondere der Bedeutung der Sache für die Parteien, nach billigem Ermessen.

200 Dieser sog. **Regelstreitwert**[1] darf nach § 247 Abs. 1 S. 2 AktG ein Zehntel des Grundkapitals oder, wenn dieses Zehntel mehr als 500 000 Euro beträgt, 500 000 Euro nur überschreiten, wenn und soweit die Bedeutung der Sache für den Anfechtungskläger eine höhere Bewertung rechtfertigt.

201 **Sinngemäß Anwendung** findet diese Regelung auf Klagen, mit der die Nichtigkeit von Hauptversammlungsbeschlüssen (§ 249 Abs. 1 AktG), der Wahl von Aufsichtsratsmitgliedern (§ 250 Abs. 3 AktG), des Beschlusses über die Verwendung des Bilanzgewinns (§ 253 Abs. 2 AktG) sowie des festgestellten Jahresabschlusses (§ 256 Abs. 7 AktG) festgestellt werden.

202 Anfechtungsklagen (§ 246 AktG) und Nichtigkeitsklagen (§ 249 AktG), nach zutreffender Ansicht beides **Gestaltungsklagen**,[2] unterscheiden sich im Wesentlichen durch die Fassung des Antrags und der berücksichtigungsfähigen Beschlussmängel (Anfechtungs- oder Nichtigkeitsgründe):

„... wird für nichtig erklärt" oder

„... wird festgestellt, dass ... nichtig ist ..."

Unabhängig von dem Antrag der Gestaltungsklage bleibt der Streitgegenstand auch bei einem Wechsel von der Anfechtungs- zur Nichtigkeitsklage und umgekehrt unverändert.[3]

203 Aktienrechtliche Anfechtungsklagen betreffen ebenso wie die Nichtigkeitsklagen immer dann **vermögensrechtliche Ansprüche**, wenn der Unternehmensgegenstand geschäftlicher Art ist.[4]

204 Bei der Streitwertbemessung ist im Einzelfall unter Berücksichtigung der widerstreitenden Interessen des klagenden Aktionärs und der beklagten Gesellschaft und einer Fülle von einzelnen Bewertungsumständen[5] ein konkreter Wert zu ermitteln. Bisherige Bemühungen der Rechtsprechung, die Streitwertbestimmung auf eine allgemein gültige Berechnungsmethode zurückzuführen, sind nicht überzeugend.

---

1 *Hüffer*, § 247 Rn. 4.
2 *Karsten Schmidt*, Gesellschaftsrecht, § 15 II 2.
3 S. *Karsten Schmidt* JZ 1977, 669 ff.
4 BGH WPM 1982, 359.
5 Höhe des Aktienbesitzes des Klägers, Grundkapital der Gesellschaft, Bedeutung des Rechtsstreits für beide Parteien, wirtschaftliche Auswirkungen einer Nichtigerklärung u.s.w., vgl. *E. Schneider*, AG 1976, 20.

Weder der Ansatz eines „**Mittelwertes**", wonach der Wert des höheren Interes- 205
ses der Gesellschaft durch die Zahl zu teilen ist, mit der der Wert des geringeren Interesses des Klägers multipliziert werden muss, um zu demselben Ergebnis zu gelangen,[1] noch eine generelle Bemessung nach **1/1000 der Bilanzsumme
der beklagten Aktengesellschaft**[2] erfassen hinreichend die Unterschiedlichkeit
der Fallgestaltungen. Dies insbesondere dann, wenn – wie häufig – mehrere
Beschlüsse in einer Anfechtungsklage angegriffen werden, die dann jeweils
selbständig zu beurteilen sind.[3] Auch der Vorschlag, den Streitwert des Anfechtungsanspruchs auf **50 % des Leistungs- oder Schadensersatzanspruches** zu reduzieren, weil die Anfechtungsklage lediglich der erleichterten Durchführung
der Leistungsklage diene,[4] trägt nicht. Denn mit der Orientierung am Streitgegenstand der Leistungsklage wird in Einzelfällen das Interesse der Gesellschaft nicht erfasst. Bei der Bewertung ist aber stets die wirtschaftliche Bedeutung des Ausgangs des Rechtsstreits für beide Parteien zu berücksichtigen.[5]

Erforderlich ist vielmehr ein **Interessenausgleich**. Dazu sind die Interessen bei- 206
der Parteien gegeneinander abzuwägen.[6]

Hierbei ist das **Interesse des Klägers**[7] grundsätzlich begrenzt durch den **Wert** 207
seines Aktienbesitzes.[8]

Neben dem Klägerinteresse ist sodann das **Interesse der beklagten Gesellschaft** 208
an der Aufrechterhaltung des angefochtenen Beschlusses zu berücksichtigen.[9]
Es ist in der Regel deutlich höher als das Klägerinteresse und auch maßgebend
für die Rechtsmittelbeschwer.[10] Wesentlich für die Interessenbezifferung sind
die **Größe der Gesellschaft** und ihr **Grundkapital**,[11] desgleichen die **Auswirkun-**

---

1 OLG Hamm, AG 1976, 19; LG Berlin, Beschl. v. 6. 11. 2000 – 99 O 83/99, AG 2001,
  543 = DB 2001, 913.
2 OLG München BB 1962, 690.
3 OLG Frankfurt AktG § 247 Nr. 9 u. Nr. 11 mit Anm. *E. Schneider* = WPM 1984, 655 u.
  1470; Schneider MDR 1985, 355.
4 So OLG Frankfurt, KostRsp. AktG § 247 Nr. 9 = WPM 1984, 655.
5 OLG Hamburg AG 1973, 279.
6 OLG Frankfurt, Beschl. v. 24. 1. 1984 – 5 U 110/83, KostRsp. AktG § 247 Nr. 9 = WPM
  1984, 655; OLG Frankfurt, Beschl. v. 24. 1. 1984 – 5 U 18/83, KostRsp. AktG § 247
  Nr. 11 mit Anm. *E. Schneider* = WPM 1984, 1470.
7 S. dazu LG Bayreuth; Beschl. v. 22. 12. 1984 – KH O 67/84, JurBüro 1985, 786 =
  KostRsp. AktG § 247 Nr. 12 mit Anm. *E. Schneider.*
8 OLG München BB 1962, 690; OLG Frankfurt, Beschl. v. 24. 1. 1984 – 5 U 18/83,
  KostRsp. AktG § 247 Nr. 11 mit Anm. *E. Schneider* = WPM 1984, 1470; a.A. OLG
  Frankfurt, Beschl. v. 24. 1. 1984 – 5 U 110/83, KostRsp. AktG § 247 Nr. 9 = WPM
  1984, 655, jedoch mit der Einschränkung „zumindest im vorliegenden Fall".
9 OLG Neustadt JurBüro 1960, 401; BGH, Beschl. v. 28. 9. 1981 – II ZR 88/81, KostRsp.
  AktG § 247 Nr. 8 mit Anm. *E. Schneider* = ZIP 1981, 1335 = WPM 1981, 1344 =
  JurBüro 1982, 66, erneut abgedruckt Sp. 218; NJW-RR 1992, 1122 = WM 1992, 1370.
10 BGH, Beschl. v. 28. 9. 1981 – II ZR 88/81, WPM 1981, 1344 = ZIP 1981, 1335 =
  KostRsp. AktG § 247 Nr. 8 mit Anm. *E. Schneider* = JurBüro 1982, 66, erneut abgedruckt Sp. 218.
11 OLG Hamburg AG 1973, 279; LG Dortmund AG 1968, 390, 392.

gen der Nichtigerklärung auf die finanzielle Situation der Gesellschaft, hierzu zählen die Kosten der Vorbereitung einer neuen Hauptversammlung.[1]

209 Für die Bewertung kommt es aber nur auf den Inhalt und den Gegenstand des angegriffenen Hauptversammlungsbeschlusses an, nicht auf die Art oder eine **Mehrzahl von Anfechtungsgründen**.[2]

210 Werden **mehrere Beschlüsse der Hauptversammlung** angegriffen, ist jeder Beschluss stets gesondert zu bewerten.[3]

211 Bei **mehreren Anfechtungsklagen gegen denselben Hauptversammlungsbeschluss** von Aktionären mit unterschiedlichem Aktienbesitz sind die Streitwerte der einzelnen Klage regelmäßig nicht identisch. Der Gesamtstreitwert für die Gerichtskosten richtet sich nach dem höchsten Einzelstreitwert, für die außergerichtlichen Kosten nach der Höhe des jeweiligen Aktienbesitzes.[4]

212 Die demnach zu Beginn des Rechtsstreits nur **vorläufige Wertfestsetzung** wird durch während des Verfahrens gewonnene Erkenntnisse beeinflusst, soweit sich diese auf Umstände beziehen, die bereits bei Klageeinreichung (§ 40 GKG) vorlagen.

II. Einzelfälle in der Rechtsprechung

213 Richtet sich die Anfechtungs- oder Nichtigkeitsklage gegen Hauptversammlungsbeschlüsse über **die Entlastung des Vorstandes** und die **Feststellung des Jahresabschlusses**, ist der Streitwert nach den gesamten im einzelnen Fall gegebenen Verhältnissen unter Berücksichtigung des Interesses der Gesellschaft an der Aufrechterhaltung der angefochtenen Beschlüsse festzusetzen.[5] Auszugehen ist gemäß § 3 ZPO vom Interesse des Aktionärs am Wegfall der Entlastung und des festgestellten Jahresabschlusses, begrenzt durch den Kurswert seines Aktienbesitzes. Weil dieser Wert mit Rücksicht auf die Urteilswirkung für und gegen alle Aktionäre sowie Vorstand und Aufsichtsrat der Bedeutung der Sache nicht gerecht würde, gebietet § 247 AktG neben dem Umfang des klägerischen Aktienbesitzes die Berücksichtigung des Interesses der Aktiengesellschaft.[6] In

---

1 OLG Hamburg AG 1964, 160; OLG Frankfurt, Beschl. v. 24. 1. 1984 – 5 U 18/83, KostRsp. AktG § 247 Nr. 11 = WPM 1984, 1470; LG Bonn AG 1968, 25.

2 BGH, Beschl. v. 11. 7. 1994 – II ZR 58/94, KostRsp. AktG § 247 Nr. 20 = AG 1994, 469 = DB 1994, 2126 = ZIP 1994, 1355 = NJW-RR 1995, 225 = EWiR § 546 ZPO 1/95, 103; Günther, Musielak/*Heinrich*, § 3 Rn. 22 unter „Anfechtungsklagen".

3 BGH, Beschl. v. 6. 4 1992 – II ZR 249/90, NJW-RR 1992, 1122 = WM 1992, 1370; OLG Frankfurt, Beschl. v. 24. 1. 1984 – 5 U 110/83 KostRsp. AktG § 247 Nr. 9 = WPM 1984, 655; OLG Stuttgart, Urteil v. 23. 1. 2002 – 20 U 45/01, OLGR 2003, 4 = AG 2003, 165 = NZG 2003, 1170; *Schneider* MDR 1985, 355; Zöller/*Herget*, § 3 Rn. 16, unter „Anfechtungsklage".

4 OLG Stuttgart, Beschl. v. 14. 2. 2001 – 20 W 1/01, OLGR 2001, 270 = AGS 2001, 251 = AG 2002, 296 = NZG 2001, 522 = DB 2001, 1549.

5 BGH NJW-RR 1992, 1122 = WM 1992, 1370 – Entlastung von Vorstand und Aufsichtsrat.

6 OLG München BB 1962, 690; KG Rpfleger 1962, 154.

die Bewertung einzubeziehen sind daher das Grundkapital, die Bilanzsumme und die mit dem Wegfall der Entlastung verbundene Schmälerung des Ansehens.[1] Kommt dem Entlastungsbeschluss nur eine geringe Bedeutung zu, kann der Streitwert für Anfechtung des Beschlusses auf 5000 Euro beziffert werden.[2]

Der Streitwert bei einer Anfechtungsklage gegen Beschlüsse der Hauptver- 214 sammlung einer AG betreffend den **Rücktritt eines Aufsichtsratsmitgliedes** ist unter Berücksichtigung der Jahresvergütung mit 2000 DM und betreffend die **Wahl eines neuen Aufsichtsratsmitglieds** mit 10 000 DM bewertet worden.[3]

Bei einer Anfechtungsklage gegen einen Hauptversammlungsbeschluss über die 215 **Zuführung des ausgewiesenen Gewinns in eine Rücklage** anstelle der Ausschüttung ist der Streitwert mit einem Betrag anzusetzen, der zwischen der erstrebten Dividendenausschüttung und dem Reingewinn liegt.[4]

Die Bewertung einer Nichtigkeitsklage, deren Erfolg zugunsten der klagenden 216 Kleinaktionäre keine unmittelbaren positiven wirtschaftlichen Auswirkungen hat, sollte nicht über 100 000 DM (51 129,19 Euro) liegen – hier Angriff gegen **Kapitalherabsetzung und anschließende Barkapitalerhöhung** zwecks Sanierung einer Gesellschaft unter Bezugsrechtsausschluss.[5]

Bei einer Anfechtungsklage gegen die Zustimmung der Hauptversammlung 217 einer AG zum **Verkauf von Anteilen an einer anderen Gesellschaft** ist gemäß § 247 AktG nicht grundsätzlich das höhere Interesse der beklagten Gesellschaft, sondern eine wertende Ermittlung einer Zwischengröße für die Bewertung maßgeblich. Ausgangspunkt ist nach Ansicht des OLG Frankfurt das geringwertigere, unter Berücksichtigung des Aspekts der Rechtssicherheit anzuhebende Interesse des Aktionärs.[6]

Der Streitwert einer Klage auf **Zustimmung des Ehegatten zur Erhebung der** 218 **Anfechtungsklage** bei gemeinschaftlicher Verwaltung von zum Gesamtgut gehörenden GmbH-Anteilen entspricht dem Bruchteil ($^1/_5$) des Verkehrswertes des Geschäftsanteils des Klägers.[7]

III. Streitwertspaltung

Ist nach dem glaubhaften Vorbringen einer Partei zu besorgen, dass die Belas- 219 tung mit den nach dem Regelstreitwert (§ 247 Abs. 1 AktG) berechneten Kosten

---

1 BGH, Beschl. v. 15. 3. 1999 – II ZR 94/98, AG 1999, 376 = NZG 1999, 551 = ZIP 1999, 840 = WM 1999, 853 = NJW-RR 1999, 910; OLG Stuttgart, Beschl. v. 11. 1. 1995 – 3 W 47/94, AG 1995, 237 = WM 1995, 620 = BB 995, 2442.
2 OLG Stuttgart, Urteil v. 23. 1. 2002 – 20 U 45/01, OLGR 2003, 4 = AG 2003, 165 = NZG 2003, 1170; vgl. auch KG JurBüro 1967, 686.
3 OLG Koblenz JurBüro 1955, 75.
4 LG Mannheim BB 1954, 755.
5 OLG Frankfurt, Beschl. v. 8. 10. 2004 – 25 W 44/02, AG 2005, 122.
6 OLG Frankfurt, Beschl. v. 21. 6. 2001 – 5 W 4/01, AG 2002, 562 = DB 2001, 2139.
7 OLG Saarbrücken, Beschl. v. 25. 1. 2002 – 5 W 362/01 – 113, OLGR 2002, 129 = NZG 2002, 325 = FamRZ 2002, 1034 = FuR 2002, 572 = FÜR 2002, 189.

des Rechtsstreits ihre wirtschaftliche Lage erheblich gefährdet, so kann das Prozessgericht gemäß § 247 Abs. 2 u. 3 AktG auf Antrag der Partei anordnen, dass ihre Verpflichtung zur Zahlung oder Erstattung von Gerichtskosten und außergerichtlicher Kosten (auch des Gegners) sich nach einem ihrer Wirtschaftslage angepassten Teil des Streitwerts bemisst. **§ 247 Abs. 2 AktG** ermöglicht dem Gericht damit die Festsetzung eines bezogen auf die Parteien gespaltenen und für eine Seite ermäßigten Streitwertes.[1]

220 Zur Prüfung, ob die gebührenrechtlichen Folgen des Regelstreitwertes zu einer erheblichen **Gefährdung der wirtschaftlichen Lage einer Partei** – in der Regel des Anfechtungsklägers – führen, ist zunächst der Regelstreitwert gemäß § 247 Abs. 1 S. 1 AktG zu bestimmen. Danach sind auf Grundlage des festzusetzenden Regelstreitwertes die Prozesskosten zu ermitteln,[2] die dem Anfechtungskläger im Falle des vollständigen Unterliegens (§ 91 ZPO) aufzuerlegen wären.[3] Von einer ernstlichen Vermögensgefährdung ist auszugehen, wenn ein „vernünftiger Aktionär" ohne eine Streitwertspaltung von einer gerichtlichen Rechtsverfolgung Abstand nehmen würde, weil die Beeinträchtigung seiner Einkünfte und seines Vermögens aus seiner Sicht in keinem vertretbaren Verhältnis zu dem verfolgten Klageziel steht. Erst dann ist der Regelstreitwert so weit herabzusetzen, dass der Kläger nicht ruiniert wird. Der teilweise **Einsatz seines Vermögens** wird ihm allerdings zugemutet.[4]

221 Es geht dabei auch nicht um die Berücksichtigung einer „Hilfsbedürftigkeit" im Sinne der §§ 114, 115 ZPO, da die Festsetzung eines ermäßigten Streitwertes zugunsten des Anfechtungsklägers nicht den Zweck hat, die Gewährung von **Prozesskostenhilfe** zu ersetzen.[5]

222 Der Antrag auf Ermäßigung kann zurückgewiesen werden, wenn ohne weiteres, d.h. ohne Verzögerung des Rechtsstreits, festgestellt werden kann, dass die **Klage rechtsmissbräuchlich, völlig mutwillig oder aussichtslos** ist.[6]

223 Wird dem – auch noch in der Berufungsinstanz möglichen[7] – Antrag dagegen stattgegeben, besteht die Ermäßigung in einem Bruchteil des wirklichen Streit-

---

1 S. dazu ausführlich bei dem Stichwort „Gewerblicher Rechtsschutz".
2 OLG Frankfurt JurBüro 1976, 347.
3 *Hüffer*, AktG, § 247 Rn. 12.
4 OLG Frankfurt, Beschl. v. 28. 8. 1984 – 5 U 110/93 u. Beschl. v. 24. 1. 1984 – 5 U 18/83 u. KostRsp. AktG § 247 Nr. 10 u. Nr. 11 mit Anm. *Schneider* = WPM 1984, 1470 = BB 1985, 1360: Kostenbelastung in Höhe der Hälfte (!) des Vermögens des Anfechtungsklägers.
5 OLG Frankfurt, Beschl. v. 24. 1. 1984 – 5 U 18/83, KostRsp. AktG § 247 Nr. 11 = WPM 1984, 1470.
6 BGH, Beschl. v. 4. 7. 1991 – II ZR 249/90, KostRsp. AktG § 247 Nr. 15 = AG 1992, 59 = BB 1991, 1656 = DStR 1992, 151 = WPM 1991, 2065 = ZIP 1991, 1581 = NJW-RR 1992, 484; OLG Düsseldorf, WM 1994, 337; OLG Frankfurt, OLGZ 90, 351; OLG Hamm, Beschl. v. 29. 7. 1992 – 8 W 28/92, KostRsp. AktG § 247 Nr. 19 = AG 1993, 470 = WPM 1993, 1283; *Hüffer*, AktG, § 247 Rn. 15.
7 OLG Frankfurt, BB 1985, 1360.

werts.[1] Hierbei wirkt die **Streitwertermäßigung** – den allgemeinen Regeln folgend – **nur innerhalb der Instanz**.[2]

B. GmbH

Für das Recht der GmbH sollte ausweislich des § 197 RegE 1971 eine dem § 247 AktG entsprechende Vorschrift geschaffen werden. Nachdem eine Aufnahme in das GmbHG ausblieb, ist die aktienrechtliche Regelung nach allgemeiner Auffassung für die GmbH-rechtliche Anfechtungs- und Nichtigkeitsklage analog anzuwenden.[3]   **224**

Umstritten ist dagegen, ob auch die **Streitwertbegrenzung in § 247 Abs. 1 S. 2 AktG** entsprechende Anwendung findet, wonach der Regelstreitwert des § 247 Abs. 1 S. 1 AktG auf ein $^1/_{10}$ des Grundkapitals, höchstens aber 500 000 Euro begrenzt ist, wenn nicht eine höher zu bewertende Bedeutung für den Anfechtungskläger gegeben ist. Von der überwiegenden Ansicht wird dies mit Hinweis darauf verneint, dass der Ansatz, kleine Aktionäre großer Gesellschaften vor unverhältnismäßig hohen Streitwerten zu schützen, sich nicht auf die GmbH übertragen lasse.[4]   **225**

Der Geschäftsanteil des Klägers begrenzt auch hier den Streitwert der Anfechtungs- oder Nichtigkeitsklage nicht.[5]   **226**

Geht es bei der Nichtigkeitsklage gegen einen GmbH-Beschluss wirtschaftlich nur um das **Stimmrecht**, dann ist der Streitwert geringer als der volle Anteil des Gesellschafters am Stammkapital anzusetzen.[6]   **227**

Für schlechthin unanwendbar hat das OLG Frankfurt[7] die Vorschrift des § 247 AktG in dem Fall erklärt, dass die Anfechtungsklage sich gegen einen Gesellschafterbeschluss richtet, durch den ein **Geschäftsführer abberufen wird**. Der   **228**

---

1 OLG Frankfurt, Beschl. v. 24. 1. 1984 – 5 U 18/83, KostRsp. AktG § 247 Nr. 11 mit Anm. *Schneider* = WPM 1984, 1470.
2 BGH, Beschl. v. 12. 10. 1992 – II ZR 213/91, KostRsp. AktG § 247 Nr. 18 = AG 1993, 85 = MDR 1993, 184 = NJW-RR 1993, 222 = JurBüro 1993, 551; zustimmend *Lappe* NJW 1994, 1189; *Anders/Gehle/Kunze*, Stichwort „Anfechtungsklagen" Rn. 7; *Hüffer*, AktG, § 247 Rn. 18; a.A. noch OLG Frankfurt, BB 1985, 1360; OLG Hamburg, AG 1973, 279.
3 BGH, Beschl. v. 5. 7. 1999 – II ZR 3131/97, NZG 1999, 999 = NJW-RR 1999, 1485; NJW-RR 2002, 823; OLG Frankfurt JurBüro 1968, 829; *Anders/Gehle/Kunze*, Stichwort „Anfechtungsklagen" Rn. 10; *Scholz/Karsten Schmidt*, GmbHG, § 45 Rn. 153; Musielak/*Heinrich*, § 13 Rn. 22 Stichwort „Anfechtungsklagen".
4 BGH, Beschl. v. 5. 7. 1999 – II ZR 3131/97, NZG 1999, 999 = NJW-RR 1999, 1485; OLG Frankfurt, GmbHR 1995, 300; JurBüro 1968, 829; *Anders/Gehle/Kunze*, Stichwort „Anfechtungsklagen" Rn. 10; Musielak/*Heinrich*, § 3 Rn. 22 unter „Anfechtungsklagen"; *Scholz/Karsten Schmidt*, GmbHG, § 45 Rn. 153; a.A. *Happ/Pfeifer*, ZGR 1991, 103 (120).
5 KG Rpfleger 1962, 154.
6 OLG Frankfurt GmbHR 1956, 92.
7 OLG Frankfurt NJW 1968, 2112 = JurBüro 1968, 829.

Wert dieser Klage ist für die Beschwer nach § 9 ZPO und für die Gebühren nach § 42 Abs. 3 GKG (§ 17 Abs. 3 GKG a.F.) zu bemessen. S. näher dazu das Stichwort „Organe" Rn. 4283.

229 Die Beschwer des Beklagten bei Stattgabe einer Anfechtungsklage gegen Beschluss über die **Einziehung eines Geschäftsanteils** richtet sich nach dem Interesse an der Wirksamkeit des Einziehungsbeschlusses und damit grundsätzlich nach dem betroffenen Geschäftsanteil. Eine streitgenössische Nebenintervention unterstützender Gesellschafter rechtfertigt aufgrund wirtschaftlicher Identität der Streitgegenstände keine Wertaddition.[1]

C. Genossenschaft

230 Über die entsprechende Anwendung des § 247 Abs. 1 AktG auf die Anfechtung genossenschaftlicher Beschlüsse besteht kein Streit. Auch hier ist nicht nur das Interesse des Klägers streitwertbestimmend, sondern es ist die Bedeutung der Sache für beide Parteien zu berücksichtigen.[2]

231 Insgesamt ist der Streitwert nach freiem Ermessen gemäß § 3 ZPO zu schätzen. Dabei sind die gesamten Verhältnisse des Einzelfalles unter Berücksichtigung des Interesses der Genossenschaft an der Aufrechterhaltung des angefochtenen Beschlusses zu berücksichtigen.[3]

232 Die **Höhe des Geschäftsanteils** eines anfechtenden Genossen begrenzt den Streitwert der gemäß § 51 GenG erhobenen Anfechtungsklage nicht.[4]

233 Der mit der Anfechtungsklage verbundene zusätzliche **Antrag auf Feststellung**, dass der jeweilige Leiter der Generalversammlung verpflichtet sei, einen näher bezeichneten Antrag zur Abstimmung vorzulegen, ist vom OLG Bamberg[5] als nichtvermögensrechtliche Angelegenheit angesehen worden.

D. Gewerk

234 Die Anfechtungsklage eines Gewerken gegen den Beschluss einer Gewerkenversammlung ist ebenfalls analog § 247 Abs. 1 AktG zu bewerten.[6]

---

1 BGH, Urteil v. 30. 4. 2001 – II ZR 328/00, BGHReport 2001, 553 = GmbHR 2001, 576 = MDR 2001, 798 = WM 2001, 1271 = DB 2001, 2438 = BB 2001, 1269 = DStR 2001, 1086 = NJW 2001, 2638.
2 OLG Naumburg, Beschl. v. 14. 9. 1998 – 12 W 25/98, JurBüro 1999, 310; OLG Bamberg, Beschl. v. 18. 2. 1980 – 3 W 70/79, JurBüro 1980, 759; *Hüffer*, AktG, § 247 Rn. 3; Musielak/*Heinrich*, § 3 Rn. 22 unter „Anfechtungsklagen".
3 OLG Naumburg, Beschl. v. 14. 9. 1998 – 12 W 25/98, JurBüro 1999, 310; OLG Oldenburg NJW 1953, 1716.
4 OLG Naumburg, Beschl. v. 14. 9. 1998 – 12 W 25/98, JurBüro 1999, 310; OLG Düsseldorf, Beschl. v. 21. 4. 1951 – 6 W 22/51, JurBüro 1951, 303.
5 OLG Bamberg JurBüro 1980, 759.
6 BGH *Warneyer* 1969 Nr. 277 = MDR 1970, 218 = Rpfleger 1970, 18 = BB 1969, 1453.

E. OHG und KG

Auf die OHG und die KG ist § 247 AktG nicht anzuwenden, da es an einer zur   235
GmbH, der Genossenschaft und der bergrechtlichen Gewerkschaft gleicharti-
gen Ausgangslage fehlt. Dort lässt sich die Analogie damit begründen, dass von
Anfechtungs- und Nichtigkeitsklagen eines einzelnen Klägers auch ein höher
zu bewertendes Interesse der juristischen Person an der Aufrechterhaltung des
Beschlusses betroffen wird. Diese Voraussetzungen sind bei der OHG und der
KG nicht gegeben.[1]

Angabe des Streitwerts

Nach § 61 S. 1 GKG ist bei jedem Antrag der Wert des Streitgegenstandes   236
schriftlich oder zu Protokoll der Geschäftsstelle anzugeben, sofern der Antrag
sich nicht über eine bestimmte Geldsumme verhält, ohnehin ein fester Wert
vorgeschrieben ist oder sich der Wert aus früheren Anträgen ergibt.

Die Pflicht zur Wertangabe besteht nicht nur für den Gesamtwert, sondern   237
auch für den Wert eines Teiles des Streitgegenstandes, sofern das Gericht hierzu auffordert.

Eine **Bindung** an die Angabe besteht weder für das Gericht noch für den Antrag-   238
steller. Dieser darf seine Angaben jederzeit berichtigen (§ 61 S. 2 GKG). Das
Gericht darf seine Wertfestsetzung innerhalb der Frist des § 63 Abs. 3 GKG
ändern (siehe dazu das Stichwort „Abänderung der Festsetzung", Rn. 1 ff.).

Insbesondere in **selbständigen Beweisverfahren** stellt sich die Frage der Bindung   239
an den vom Antragsteller angegebenen Wert.

Lediglich das OLG Hamm nimmt hier eine Bindung an. Danach bemisst sich   240
der Streitwert im selbständigen Beweisverfahren nach der Wertangabe des Antragstellers. Dieser Streitwert werde durch die spätere höhere Kostenschätzung
des Sachverständigen nicht mehr berührt.[2] Dies ist unzutreffend. Eine Bindung
an die Vorstellungen des Antragstellers wird daher zu Recht ganz überwiegend
abgelehnt.[3]

Die Angabe des Werts des Streitgegenstandes im selbständigen Beweisverfah-   241
ren, der vom Antragsteller bei der Einleitung des Verfahrens gem. § 61 S. 1
GKG in der Antragsschrift anzugeben ist, beinhaltet keine endgültige Wertfest-

---

1 BGH, Beschl. v. 21. 2. 2002 – II ZR 91/00, AG 2003, 318 = NZG 2002, 518 = NJW-RR
2002, 823 – betr. Streit zwischen den Gesellschaftern einer zweigliedrigen KG; *Hüffer*,
AktG, § 247 Rn. 3; Musielak/*Heinrich*, § 3 Rn. 22 unter „Anfechtungsklagen".
2 OLG Hamm, Beschl. v. 13. 3. 1996 – 12 W 3/96, OLGR 1996, 203.
3 OLG Dresden, Beschl. v. 5. 2. 2002 – 8 W 1179/01, OLGR 2002, 326 = OLG-NL 2003, 71
= BauR 2003, 1268.

setzung, sondern stellt lediglich den Ausgangspunkt für eine vorläufige subjektive Schätzung dar. Die Angaben des Antragstellers kann das Gericht daher anhand eigenen Erfahrungswissens gem. § 61 S. 2 GKG jederzeit berichtigen.[1]

242 Der vom Antragsteller eines selbständigen Beweisverfahrens wegen Baumängeln bei Verfahrenseinleitung geschätzte Wert (Mängelbeseitigungsaufwand) ist für die Streitwertbemessung weder bindend noch maßgeblich. Der Streitwert richtet sich vielmehr nach den sich aus dem Sachverständigengutachten ergebenden Mängelbeseitigungskosten, bezogen auf den Zeitpunkt der Verfahrenseinleitung und dem Interesse des Antragstellers.[2]

243 Der Streitwert eines selbständigen Beweisverfahrens zur Klärung des Umfangs von Mangelbeseitigungskosten ist aus den tatsächlich ermittelten Mangelbeseitigungskosten abzuleiten. Eine niedrigere Schätzung der Mangelbeseitigungskosten im Klageantrag hat allein wegen der Änderungsmöglichkeit nach § 61 S. 1 GKG keine Bindungswirkung.[3]

244 Die Vorstellungen des Antragstellers bleiben allerdings nicht schlechthin außer Betracht. Geht er von Mängeln aus, die sich aber nicht bewahrheiten, sind diese dennoch zu bewerten. Wenn vom Sachverständigen nicht alle vom Antragsteller behaupteten Mängel bestätigt werden, sind die Kosten für die Streitwertfestsetzung zu schätzen, die sich ergeben hätten, wenn die Mängel festgestellt worden wären.[4]

245 Der Streitwert eines selbständigen Beweisverfahrens richtet sich einerseits nach dem vollen Hauptsachewert, andererseits aber nicht nach dem von den Antragstellern vorläufig bezifferten Streitwert, da dieser nur die subjektive Einschätzung wiedergibt, jederzeit geändert werden kann und letztlich auf die objektive Bewertung der mitgeteilten Tatsachen und besser fundierte Erkenntnisquellen durch den Sachverständigen entscheidend abzustellen ist.[5]

246 Für das selbständige Beweisverfahren ist wegen seiner Funktion als vorgezogene Beweisaufnahme stets der Wert der Hauptsache maßgebend. Die Partei, die diesen Wert zunächst mangels eigener Sachkenntnis unrichtig zu hoch geschätzt hat, kann diese Wertangabe nach Vorliegen des Sachverständigengutachtens nach unten korrigieren. Die nämliche Befugnis hat das Gericht von Amts wegen.[6]

247 Bei besseren Erkenntnissen kann der angegebene Wert im selbständigen Beweisverfahren jederzeit berichtigt werden. Diese Möglichkeit hat auch das Gericht. Wegen des im Streitwert geltenden Grundsatzes der materiellen Wahrheit

---

1 OLG Köln, Beschl. v. 4. 1. 2002 – 11 W 59/01, OLGR 2002, 385.
2 LG Deggendorf, Beschl. v. 25. 11. 2004 – 1 T 150/04 – BauR 2005, 901 im Anschluss an BGH, Beschl. v. 16. 9. 2004 – III ZB 33/04, NJW 2004, 3488.
3 OLG Dresden, Beschl. v. 8. 4. 2002 – 11 W 358/02, zitiert nach juris.
4 LG Deggendorf, Beschl. v. 25. 11. 2004 – 1 T 150/04, BauR 2005, 901.
5 KG, Beschl. v. 19. 4. 2000 – 24 W 2147/00, BauR 2000, 1905 = KGR 2001, 404.
6 OLG Köln, Beschl. v. 13. 12. 1996 – 16 W 79/96, OLGR 1997, 135 = NJW-RR 1997, 1292.

ist es sogar verpflichtet, den der Parteidisposition entzogenen wirklichen Wert unter Abänderung einer unrichtigen früheren Entscheidung neu festzusetzen.[1]

Durch konkrete Angaben zum Streitwert in der Klageschrift oder einer anderen Antragsschrift wird eine **spätere Streitwertbeschwerde** mit dem Ziel der Werterhöhung nicht ausgeschlossen.[2] **248**

Auch bei der Streitwertangabe des Klägers in der Klageschrift für eine Feststellungsklage handelt es sich in der Regel um eine **unverbindliche Schätzung**, an der der Kläger nicht festgehalten werden kann.[3] **249**

Das Gericht muss stets **von Amts wegen** prüfen, ob der Wertangabe gefolgt werden kann. Es ist an die Bewertung des Antragstellers nicht gebunden. Hält es die Angaben für unzutreffend, setzt es den Streitwert abweichend fest. **250**

Bedenklich ist es, wenn das OLG München[4] dem Kläger verwehren will, eine ursprüngliche Wertangabe zu korrigieren.[5] **251**

Richtig ist lediglich, der Streitwertangabe eine **indizielle Bedeutung** für die Bewertung des im Streit stehenden Interesses beizumessen, da die Wertangabe einer Partei zu den Umständen des Streitfalles gehört, die bei der Bewertung mit abzuwägen sind.[6] Die Wertangabe darf sogar als Auslegungsumstand berücksichtigt werden, wenn festgestellt werden muss, was mit einem textlich unklaren Klageantrag bezweckt ist.[7] Auch bei der Bestimmung des Verkehrswerts von herausverlangten Sachen sind die Wertangaben des Klägers für die Schätzung erheblich, meist sogar ausschlaggebend.[8] Ebenso hat der BGH entschieden, dass die auf der Wertangabe der Parteien beruhende Streitwertfestsetzung zwar nicht bindet, jedoch Indizwert hat, wenn sie nachträglich als fehlerhaft angegriffen wird, um die hinreichende Rechtsmittelbeschwer zu begründen.[9] **252**

Hinsichtlich der **Rechtsmittelbeschwer** ist es ohne Rechtsfolge, wenn das Berufungsgericht die Wertangaben einer Partei übernimmt und falsch festsetzt, es sei denn, dass dem Rechtsmittelführer treuwidriges Verhalten vorzuhalten ist.[10] **253**

---

1 OLG Frankfurt, Beschl. v. 25. 1. 1999 – 21 W 1/99, OLGR 1999, 140.
2 OLG Koblenz WRP 1981, 333 = KostRsp. ZPO § 3 Nr. 531; siehe näher das Stichwort „Streitwertbeschwerde".
3 OLG Köln JMBl.NW 1961, 60.
4 OLG München WRP 1972, 397.
5 Siehe dazu *E. Schneider* MDR 1974, 180 und das Stichwort „Bemessungsgrundsätze" Rn. 944 ff.
6 OLG Frankfurt JurBüro 1975, 367; OLG München WRP 1977, 277; OLG Düsseldorf WRP 1984, 609 = KostRsp. ZPO § 3 Nr. 722 mit Anm. *E. Schneider*; KG KostRsp. ZPO § 3 Nr. 977 mit Anm. *E. Schneider* = WRP 1989, 725; OLG Bamberg KostRsp. ZPO § 3 Nr. 978 = JurBüro 1989, 1307.
7 OLG Köln, KostRsp. GKG § 23 Nr. 2; siehe ferner BGH GRUR 1986, 93.
8 OLG Köln, KostRsp. GKG § 23 Nr. 4.
9 BGH, KostRsp. ZPO § 6 Nr. 132 mit Anm. *E. Schneider* = NJW-RR 1991, 1210 = WPM 1991, 1690 = WuM 1991, 562 = MDR 1992, 196.
10 BGH WPM 1983, 944; siehe aber BGH, KostRsp. ZPO § 3 Nr. 767 mit Anm. *E. Schneider*.

Manchmal sind Wertangaben bedeutungslos, wenn sie nämlich ersichtlich unrichtig sind, etwa wenn feststehende **Bemessungsgrundsätze** übersehen worden sind.[1]

254 Allerdings ist nicht zu verkennen, dass sich die Rechtsprechung zunehmend dagegen wehrt, nach Jahr und Tag, wenn nämlich feststeht, welche Partei obsiegt hat, die bis dahin nicht beanstandete Wertfestsetzung in einem Umfang abzuändern, so dass der anfänglichen Kostenberechnung der Parteien jede Grundlage entzogen wird.[2] Es entspricht nach OLG Koblenz[3] „einer allgemeinen Erfahrung, dass Parteien und Parteivertreter nach rechtskräftigem Abschluss eines Verfahrens häufig versuchen, durch eine Streitwertbeschwerde eine Herabsetzung bzw. eine Heraufsetzung des Streitwerts im Widerspruch zu früheren eigenen Angaben zu erreichen". Der Senat fügt hinzu, dass ein derartiges nachträgliches Vorbringen besonders kritisch zu prüfen sei.[4]

255 Im Hinblick auf die Erfahrungstatsache wird den Streitwertangaben der Parteien in der Praxis zunehmend **bewertungserhebliche Beachtung** geschenkt mit der Folge, dass eigene Wertangaben, die vom Gericht übernommen worden sind, nur noch schwierig korrigiert werden können.[5]

256 Teilweise wird sogar bereits die Beschwerde gegen eine Streitwertfestsetzung als unzulässig behandelt, wenn sich die Parteien oder deren Prozessbevollmächtigte mit einem bestimmten Wertansatz einverstanden erklärt haben[6] oder das Gericht einer als „realistisch" bezeichneten Wertschätzung durch die Partei gefolgt ist.[7]

257 Das OLG Köln[8] setzt dem den Fall gleich, dass der Wertansatz auf eigenen Angaben des Antragstellers beruht und während mehrjähriger Dauer des Verfahrens nicht beanstandet worden ist. Siehe Näheres dazu bei dem Stichwort „Bemessungsgrundsätze" Rn. 944 ff.

258 Die Wertangabe kann auch durch **konkludentes Handeln** erfolgen, z.B. durch unaufgeforderte Vorauszahlung der Verfahrensgebühr bei Einreichung der Klage (§ 12 Abs. 1 S. 1 GKG).

---

1 OLG Koblenz WRP 1981, 333 = KostRsp. ZPO § 3 Nr. 531; OLG Hamm, KostRsp. ZPO § 3 Nr. 1046 mit Anm. *E. Schneider* = Rpfleger 1991, 387 = JurBüro 1991, 1237.
2 Siehe dazu OLG Köln JurBüro 1979, 1554 = JMBl.NW 1979, 245 = VersR 1979, 945 = KostRsp. GKG § 25 Nr. 33 mit Anm. *E. Schneider*; OLG Köln, KostRsp. GKG § 15 Nr. 1 mit Anm. *E. Schneider* u. *Lappe*; OLG Düsseldorf, KostRsp. ZPO § 3 Nr. 722 mit Anm. *E. Schneider* = WRP 1984, 609; ferner das Stichwort „Bemessungsgrundsätze" Rn. 947 ff.
3 OLG Koblenz WRP 1981, 333 = KostRsp. ZPO § 3 Nr. 531.
4 Ebenso KG, KostRsp. ZPO § 3 Nr. 977 = WRP 1989, 725.
5 BGH, KostRsp. ZPO § 3 Nr. 1012 mit Anm. *Schneider* = WPM 1990, 2058; siehe auch bei dem Stichwort „Gewerblicher Rechtsschutz" Rn. 2347 ff.; ausführlich dazu *E. Schneider* AnwBl. 1977, 233 ff. mit praktischen Fällen und Nachweisen.
6 Siehe OLG Hamburg MDR 1977, 407.
7 OLG Köln OLGR 1993, 248.
8 OLG Köln Rpfleger 1977, 187 = DWW 1977, 41.

Fordert man bei **unbestimmten Klageanträgen,** insbesondere also bei der unbe- 259
zifferten Schmerzensgeldklage, als Bestimmtheitserfordernis gemäß § 253
Abs. 2 Nr. 2 ZPO, dass neben der Sachdarstellung vom Kläger auch seine Betragsvorstellung ziffernmäßig angegeben wird,[1] dann liegt darin zugleich die
nach § 61 S. 1 GKG gebotene Angabe des Streitwertes. Wegen der wieder kontrovers gewordenen Frage, welche Bedeutung einer Zahlenangabe des Klägers
außerhalb des Schmerzensgeldantrages zukommt, siehe die ausführliche Darstellung bei dem Stichwort „Unbezifferte Anträge" Rn. 4347 ff., ferner die kurze
Übersicht bei E. *Schneider,* Anm. zu KostRsp. § 3 ZPO Nr. 462.

Bei der Schmerzensgeldklage wird eine Wertangabe auch in der Form für mög- 260
lich gehalten, dass der Kläger einen vom Gericht angenommenen Wert stillschweigend übernimmt.[2]

Prozessbevollmächtigte behandeln die Wertangabe manchmal als unwichtige 261
Nebensache. Wie sehr sie darin irren, erkennen sie unter Umständen erst,
wenn sie für die Kostenberechnung an einem zu geringen Streitwert festgehal-
ten werden. Es kann daher nicht dringlich genug angeraten werden, schon bei
Beginn des Rechtsstreits den Streitwert sorgfältig zu berechnen, den Wert an-
zugeben (§ 61 S. 1 GKG) und eine vorläufige Wertfestsetzung (§ 63 Abs. 1 S. 1
GKG), mit der kein Einverständnis besteht, sogleich gemäß §§ 63 Abs. 1 S. 2, 66
Abs. 1 GKG anzugreifen. Keinesfalls sollte erst die Festsetzung gemäß § 68
Abs. 1 GKG abgewartet werden. Beide Parteien können dann zu Beginn des
Rechtsstreits ihr Kostenrisiko zuverlässig berechnen.

Wird die Wertangabe in der Klage- oder Antragsschrift vergessen, dann sollte 262
das Gericht sofort darauf hinweisen. Anderenfalls ist, jedenfalls in zweifelhaften Bewertungsfällen, den Parteien anzukündigen, dass beabsichtigt sei, den
Streitwert in einer bestimmten Höhe festzusetzen. In diesem Fall muss innerhalb einer gesetzten **Äußerungsfrist** Stellung genommen werden; sonst wird
ohne Berücksichtigung von Parteivorbringen auf der Grundlage der Klageschrift
geschätzt.[3] § 63 Abs. 1 S. 1 GKG erlaubt die vorläufige Festsetzung aber auch
ohne Anhörung, also auch ohne vorhergehenden Hinweis an die Partei.

Zwar kann ein solcher Wertansatz mit der Beschwerde angegriffen werden 263
(§§ 63 Abs. 1 S. 2, 66 GKG); bei der darauf hin folgenden Entscheidung kann
dann auch ein abweichender Wert angesetzt werden; diese Festsetzung kann
vom Gericht aber jederzeit wieder geändert werden (§ 66 Abs. 3 GKG) und letztlich kann Streitwertbeschwerde (§ 68 GKG) eingelegt werden. Aber abgesehen
davon, dass dies gewiss kein praktikabler Weg ist, geht der Prozessbevollmächtigte damit ein Risiko ein, weil nie vorherzusagen ist, ob es zu einer Abänderung kommt. Frühe Mitwirkung bei der Streitwertbemessung ist immer besser
und sicherer als das unerfreuliche, Zeit und Arbeitskraft raubende „Nachkar-
ten".

---

1 So BGH VersR 1979, 472; jetzt st. Rspr. des BGH.
2 BGH VersR 1979, 472; siehe unten das Stichwort „Unbezifferte Anträge" Rn. 4347 ff.
3 OLG Karlsruhe WRP 1974, 501.

264 Da im Streitwertrecht das Prinzip der **materiellen Wahrheit** gilt, muss das Gericht den wirklichen Wert festsetzen; dieser ist der Parteidisposition entzogen (§§ 61 S. 2, 63 Abs. 3 GKG; oben Rn. 250).

265 Die Vorschrift des § 32 Abs. 1 RVG sieht zusätzlich eine Bindung an diesen Wert für die Anwaltsgebühren vor. Indessen bleibt es dem Prozessbevollmächtigten unbenommen, mit seinem Auftraggeber eine Vereinbarung zu treffen, wonach seine Gebühren aus einem höheren als dem wirklichen Streitwert abzurechnen sind (siehe hierzu das Stichwort „Vergütungsvereinbarung, höherer Gegenstandswert" Rn. 5763 ff.).

266 Von der Abschätzung nach § 64 GKG ist diejenige in der Hauptsache zu unterscheiden. Hierzu hat das OLG Köln[1] ausgeführt, wenn sich der Streitgegenstand als solcher nicht verändere, dann bestehe regelmäßig kein Anlass, eine auf die Angaben des Klägers zurückgehende und von beiden Parteien über Jahre hin gebilligte Schätzung nur deshalb abzuändern, weil das Ergebnis einer Beweisaufnahme durch Einholung eines Sachverständigengutachtens zu einem höheren Schätzungsbetrag führe. Siehe zu dem damit angesprochenen Problem das Stichwort „Bemessungsgrundsätze" Rn. 944 ff.

267 Zu beachten ist, dass Streitwertvereinbarungen als **Vergütungsvereinbarungen** i.S. des § 4 RVG zulässig sind[2] (siehe auch bei dem Stichwort „Festsetzung des Streitwerts" Rn. 1992). Sie binden aber nur die Parteien der Vereinbarung, nicht auch das Gericht, so dass dies den Antragsteller nicht von der Angabe des Streitwerts nach § 61 GKG enthebt.

Angebot der Gegenleistung

268 Der Streitwert der Klageforderung wird nicht dadurch gemindert, dass der Kläger im Klageantrag die dem Beklagten geschuldete Gegenleistung anbietet. Etwas anderes gilt nur, wenn der Kläger selbst die Gegenforderung, etwa durch Aufrechnung, von der Klageforderung absetzt.[3] Siehe auch das Stichwort „Gegenleistung".

Anlage U

Siehe das Stichwort „Zustimmung zu steuerlicher Veranlagung".

---

1 OLG Köln, KostRsp. GKG § 15 Nr. 1.
2 *N. Schneider*, Die Vergütungsvereinbarung Rn. 897 ff.
3 LG Münster JMBl.NW 1951, 10.

Anmeldung zum Handelsregister

A. Bewertungsgrundsätze

Bei der Klage auf Mitwirkung der Anmeldung zum Handelsregister, beispiels-   269
weise auf Verurteilung des Beklagten, eine Eintragung im Handelsregister anzumelden, handelt es sich um eine **Leistungsklage** auf Abgabe einer Willenserklärung. Der Streitwert ist nach § 3 ZPO zu schätzen.[1] In der Regel wird dabei ein
Bruchteil in Höhe von $^1/_{10}$ bis $^1/_4$ des Anteils des klagenden Gesellschafters
angesetzt.[2]

Immer kommt es aber auf die Umstände des Einzelfalles an, etwa darauf, ob die   270
anzumeldende Tatsache zwischen den Parteien streitig ist oder nicht, ob es sich
lediglich um eine förmliche Registerbereinigung handelt oder um eine gewichtige, die Rechtsstellung eines Gesellschafters grundsätzlich betreffende Eintragung.[3] Deshalb darf nie unter Übergehen der Einzelheiten mit einem „Regel-
Bruchteil" bewertet werden.[4]

B. Rechtsprechungs-Übersicht

Der Streitwert einer Klage gegen einen ausgeschiedenen Kommanditisten einer   271
KG, die zu seiner Löschung im Handelsregister erforderlichen Erklärungen abzu-
geben, ist nicht gleichzusetzen der Höhe der eingetragenen Kommanditeinlage.[5]

Ebenso liegt es, wenn nur deklaratorisch bedeutsame Eintragung (als persönlich   272
haftender Gesellschafter) erstrebt wird.

Für den Antrag, den Beklagten zur Mitwirkung bei der Löschung seiner Ein-   273
tragung als Gesellschafter im Handelsregister zu verurteilen, ist neben dem
Streitwert der Klage auf Feststellung des Ausgeschiedenseins kein gesonderter
Wert festzusetzen, weil dieser Antrag neben dem Feststellungsantrag keine
selbständige Bedeutung hat.[6]

Die Klage auf Verurteilung, die Änderung einer gemeinsamen Firma zum Han-   274
delsregister anzumelden, ist vom OLG Bamberg[7] mit $^1/_{10}$ des Wertes des Gesellschaftsanteils des Klägers beziffert worden.

---

1 Allg. Meinung; vgl. etwa BGH, Beschl. v. 14. 10. 1987 – IVa ZR 84/87, KostRsp. ZPO
  § 3 Nr. 892.
2 Siehe OLG Bamberg, Beschl. v. 30. 1. 1884 – 4 W 73/83, KostRsp. ZPO § 3 Nr. 691 =
  JurBüro 1984, 856.
3 BGH, Beschl. v. 19. 2. 1979 – II ZR 71/78, JurBüro 1979, 977 = Rpfleger 1979, 194 = DB
  1979, 832 = BB 1979, 647 = WM 1979, 560.
4 BGH, Beschl. v. 14. 10. 1987 – IVa ZR 84/87, KostRsp. ZPO § 3 Nr. 892.
5 OLG Koblenz, Beschl. v. 21. 9. 1953 – 5 W 478/53, Rpfleger 1956, 147.
6 LG Nürnberg-Fürth, Beschl. v. 7. 8. 1964 – 11 S 110/63, JurBüro 1964, 829.
7 OLG Bamberg, Beschl. v. 30. 1. 1884 – 4 W 73/83, JurBüro 1984, 756 = KostRsp. ZPO § 3
  Nr. 691.

275 Geht es um die Eintragung als Kommanditist, dann ist nicht vom Buchwert oder steuerlichen Wert des Anteils auszugehen, sondern von dem wirklichen Wert des Kommanditanteils unter Berücksichtigung stiller Reserven. Der so gefundene Wert ist jedoch nur mit einem Bruchteil anzunehmen, weil mit der Klage auf Anmeldung zum Handelsregister keine rechtskräftige Entscheidung über die Zugehörigkeit zur Gesellschaft herbeigeführt werden kann.[1]

276 Ist das Ausscheiden eines Kommanditisten aus einer KG unstreitig und klagt der persönlich haftende Gesellschafter deshalb nur auf Verurteilung zur Mitwirkung der Anmeldung zum Handelsregister, dann ist das Interesse des Klägers an der Offenlegung des wirklichen Beteiligungsverhältnisses nach außen wertbestimmend. Diese Interesse ist gering zu bewerten; im Regelfall ist ein Ansatz in Höhe von $^1/_{10}$ der Einlage angemessen.[2] Es ist höher anzusetzen, wenn der Gegner auf seiner Gesellschafterstellung beharrt (Rn. 279).

277 Der Antrag auf Verurteilung des Beklagten, im Handelsregister die Eintragung einer bestimmten Person als Gesamtprokurist neben einem persönlich haftenden Gesellschafter zu beantragen, ist vom OLG Köln[3] mit $^1/_{10}$ des Wertes des Gesellschaftsanteils des Klägers bemessen worden.

278 Hat ein Kommanditist sich mit einer Einlage von 40 000 DM an einer zum Betrieb einer Apotheke errichteten Kommanditgesellschaft beteiligt und außerdem der Gesellschaft ein Darlehen von 80 000 DM gewährt und hat die Gesellschaft bereits vor Eintragung in das Handelsregister ihre Geschäfte begonnen, so ist für eine Klage des Kommanditisten gegen den persönlich haftenden Gesellschafter auf Mitwirkung bei der Anmeldung der Kommanditgesellschaft zum Handelsregister der Betrag von 10 000 DM als angemessener Streitwert angenommen worden.[4]

279 Auch bei einem Streit darüber, ob ein Kommanditist ausgeschieden ist, kann dessen Einlage nicht als maßgebend angesehen werden. Die Verurteilung, das Ausscheiden eines Gesellschafters zum Handelsregister anzumelden, enthält nämlich keine rechtskräftige Entscheidung darüber, ob der Beklagte der Gesellschaft noch angehört oder nicht (Rn. 275). Das Eintragungsinteresse ist deshalb zwangsläufig geringer als dasjenige an einer Ausschließungs- oder Feststellungsklage. Die Höhe des Anmeldungsinteresses bestimmt sich wiederum danach, ob der Beklagte die Registeranmeldung verweigert und aus welchen Gründen, insbesondere ob er sich nach wie vor als Gesellschafter ansieht oder nicht. Das Beharren auf der Gesellschafterstellung muss sich in einem höheren Streitwert niederschlagen.[5]

---

1 BGH, Beschl. v. 14. 10. 1987 – IVa ZR 84/87, KostRsp. ZPO § 3 Nr. 892.
2 OLG Köln DB 1971, 1055.
3 OLG Köln, Beschl. v. 19. 9. 1973 – 2 W 113/73, MDR 1974, 53 = VersR 1974, 151.
4 OLG Frankfurt NJW 1959, 945.
5 BGH, Beschl. v. 19. 2. 1979 – II ZR 71/78, JurBüro 1979, 977 = Rpfleger 1979, 194 = DB 1979, 832 = BB 1979, 647 = WM 1979, 560.

Der BGH hat in der in Rn. 279 angeführten Entscheidung den Streitwert von   280
zweitinstanzlich 25 000 DM auf drittinstanzlich 350 000 DM angehoben – ein
verfassungsrechtlich allerdings schon bedenklicher Sprung in der Gebührenta-
belle, da damit der ursprünglichen Prozesskostenberechnung völlig die Grundlage entzogen wird.[1]

Bei der Berufung eines Kommanditisten, der ein Urteil auf Wiedereintragung   281
der Klägerin als persönlich haftende Gesellschafterin angreift, ist wertbestimmend sein Interesse daran, diese Wiedereintragung zu verhindern. Dabei sind
die Machtbefugnisse zu berücksichtigen, die nach außen hin mit einer solchen
Eintragung verbunden sind, und die vermögensrechtlichen Auswirkungen ge-
sellschaftlicher Entscheidungen auf die Rechtsstellung der anderen Gesellschafter. Der Streitwert ist nach § 3 ZPO zu schätzen.[2]

Anspruchshäufung

Mehrere Ansprüche gegen denselben Beklagten, die in einer Klage geltend ge-   282
macht werden (§ 260 ZPO), sind zusammenzurechnen (§ 5 ZPO). Hinsichtlich
der Zuständigkeit gilt das nicht für den Gegenstand der Klage und Widerklage.
Für die Gebühren gilt § 45 GKG (§ 19 GKG a.F.).

Anspruchshäufung kann zu unterschiedlichen Prozesslagen führen. Siehe dazu   283
das Stichwort „Mehrere Ansprüche".

Anstellungsvertrag eines Organs

Siehe das Stichwort „Organ".

---

1 Siehe dazu das Stichwort „Abänderung der Festsetzung" Rn. 19.
2 BGH, Beschl. v. 9. 2. 1978 – II ZB 1/78, KostRsp. § 3 ZPO Nr. 410.

Antrag auf Streitwertfestsetzung

Gliederungsübersicht

A. Zuständigkeitstreitwert 284

B. Streitwert für die Gerichtskosten

  I. Überblick 285

  II. Vorläufige Festsetzung 287

  III. Endgültige Festsetzung 290

  IV. Abänderungsbefugnis 294

  V. Kein Antragserfordernis 295

  VI. Unterbliebene Festsetzung 297

C. Rechtsanwaltsvergütung

  I. Festsetzung auf Antrag 298

  II. Antragsberechtigung 300

  III. Inhalt des Antrags 302

  IV. Rechtsschutzbedürfnis 303

  V. Zuständigkeit 304

  VI. Fälligkeit der Vergütung 307

  VII. Kein Anwaltszwang 312

  VIII. Frist 313

  IX. Rechtliches Gehör 314

  X. Entscheidung 317

  XI. Reichweite der Entscheidung . . 320

  XII. Beschwerde 321

A. Zuständigkeitstreitwert

284 Ein Antrag auf Streitwertfestsetzung für die Zuständigkeit des Gerichts ist nicht erforderlich, da die Gerichte, soweit sich die Zuständigkeit nach dem Streitwert richtet, diesen von Amts wegen prüfen und festsetzen müssen. (§ 3 S. 1 ZPO).

B. Streitwert für die Gerichtskosten

I. Überblick

285 Ein Antrag auf Festsetzung des Streitwertes für die Gerichtskosten ist ebenfalls nicht erforderlich. Die Wertfestsetzung hat **von Amts wegen** zu erfolgen. Das gilt sowohl für die vorläufige als auch für die endgültige Wertfestsetzung.

286 Gleichwohl soll bei jedem Antrag der Streitwert angegeben werden. Entbehrlich ist die Angabe, wenn der Wert in einer bestimmten Geldsumme besteht, ein fester Wert gesetzlich bestimmt ist oder er sich nicht aus früheren Anträgen ergibt. Siehe auch Angabe des Streitwerts.

II. Vorläufige Festsetzung

287 Eine vorläufige Festsetzung erfolgt nur, wenn die Gebühren mit der Einreichung der Klage-, Antrags-, Einspruchs- oder Rechtsmittelschrift oder mit der Abgabe der entsprechenden Erklärung zu Protokoll fällig werden. Ansonsten ist eine vorläufige Festsetzung nicht geboten.

288 Die Festsetzung erfolgt ohne Anhörung der Parteien durch Beschluss.

289 Eine vorläufige Festsetzung ist ausnahmsweise trotz vorzeitiger Fälligkeit der Gebühren nicht erforderlich, wenn

– Gegenstand des Verfahrens eine bestimmte Geldsumme in Euro ist (§ 63 Abs. 1 S. 1 GKG),

– gesetzlich ein fester Wert bestimmt ist (§ 63 Abs. 1 S. 1 GKG) oder

– der Streitwert für die Entscheidung über die Zuständigkeit des Prozessgerichts oder die Zulässigkeit des Rechtsmittels festgesetzt ist und die Festsetzung auch für die Berechnung der Gebühren maßgebend ist (§ 62 GKG).

III. Endgültige Festsetzung

Die endgültige Wertfestsetzung erfolgt, sobald eine Entscheidung über den gesamten Streitgegenstand ergeht oder sich das Verfahren anderweitig erledigt (§ 63 Abs. 3 S. 1 GKG).   290

Entbehrlich ist die endgültige Wertfestsetzung, soweit eine Entscheidung nach § 62 S. 1 GKG ergangen ist und diese auch für den Wert der Gerichtsgebühren bindend ist.   291

Die Festsetzung erfolgt durch Beschluss.   292

Allen Beteiligten ist rechtliches Gehör zu gewähren.   293

IV. Abänderungsbefugnis

Das Gericht kann seine Entscheidung jederzeit ändern (§ 63 Abs. 3 S. 1 GKG), solange die Hauptsache nicht länger als sechs Monate Rechtskraft erlangt oder sich das Verfahren anderweitig erledigt hat (§ 63 Abs. 3 S. 2 GKG). Auch das Rechtsmittelgericht kann abändern.   294

V. Kein Antragserfordernis

Ein Antrag auf Streitwertfestsetzung ist nach alledem wegen der Amtspflicht zu Festsetzung nicht erforderlich. Daher ist der Wortlaut des § 32 Abs. 1 RVG, wonach der Anwalt die Festsetzung aus eigenem Recht beantragen könne, falsch, da es kein Antragsrecht im eigentlichen Sinne gibt.   295

Ein dennoch gestellter „Antrag" ist zwar nicht unzulässig; ihm kommt jedoch nicht die Funktion eines förmlichen Antrags zu. Es handelt sich vielmehr um eine Anregung, der das Gericht selbstverständlich nachkommen muss, soweit die Voraussetzungen für eine amtswegige Festsetzung vorliegen. Liegen diese Voraussetzungen nicht vor, braucht das Gericht den Antrag sachlich nicht zu bescheiden.   296

VI. Unterbliebene Festsetzung

Unterbleibt die Wertfestsetzung, obwohl sie von Amts wegen hätte vorgenommen werden müssen, sind hiergegen Rechtsbehelfe (Untätigkeitsbeschwerde o.Ä.) gegeben, die der Anwalt auch aus eigenem Recht einlegen kann (§ 32 Abs. 2 S. 1 RVG).   297

C. Rechtsanwaltsvergütung

I. Festsetzung auf Antrag

298   Soweit sich die Gebühren des Rechtsanwalts nicht nach dem für die Gerichtsgebühren maßgebenden Wert richten oder es an einem solchen Wert fehlt, hat
das Gericht nach § 33 Abs. 1 RVG den Wert des Gegenstands der anwaltlichen
Tätigkeit auf Antrag durch Beschluss selbständig festzusetzen. Hier ist also ein
Antrag erforderlich. Ohne Antrag braucht das Gericht nicht festzusetzen.

299   In der Praxis wird allerdings häufig auch ohne Antrag der Wert für die Anwaltsgebühren festgesetzt. Das Gericht kommt dann den zu erwartenden Antrag der
Anwälte zuvor. Zum Teil geschieht dies auch in der Auffassung, es würden
Gerichtsgebühren anfallen, so dass eine Festsetzung des Wertes für die Gerichtsgebühren erforderlich sei.

II. Antragsberechtigung

300   Antragsberechtigt ist
– jeder **Anwalt**, der im gerichtlichen Verfahren tätig war, also auch ein Verkehrsanwalt oder Terminsvertreter,[1]
– der **Auftraggeber**,
– ein **erstattungspflichtiger Gegner** und
– in den Fällen § 45 RVG auch die **Staatskasse**.

301   Ein **Rechtsschutzversicherer** hat kein eigenes Antragsrecht. Er kann jedoch von
seinem Versicherungsnehmer verlangen, dass dieser den Festsetzungsantrag
stellt. Unterlässt er dies, liegt darin eine Obliegenheitsverletzung.

III. Inhalt des Antrags

302   Der Antragsteller muss seine Wertvorstellung zwar nicht beziffern und deshalb
auch keinen bestimmten Antrag stellen.[2] Da es bei dem Festsetzungsantrag
nach § 33 RVG jedoch nicht um die Anregung einer amtswegigen Tätigkeit
geht, wie bei den Gerichtsgebühren, gilt der allgemeine **prozessuale Beibrin-
gungsgrundsatz**. Der Antrag auf Wertfestsetzung muss **begründet** werden, wenn
sich die Umstände – was in der Regel der Fall sein wird – nicht aus Akten
ergeben.

---

1 AnwK-RVG/*E. Schneider*, § 33 Rn. 35 f.
2 AnwK-RVG/*E. Schneider*, § 33 Rn. 24.

IV. Rechtsschutzbedürfnis

Ein Rechtsschutzbedürfnis kann auch noch nach Zahlung oder Kostenerstattung bestehen, wenn sich im Falle einer von der Abrechnung abweichenden Wertes Rückforderungsansprüche ergeben können.[1] 303

V. Zuständigkeit

Sachlich und örtlich zuständig ist das **Gericht des jeweiligen Rechtszugs.** Jede 304
Instanz setzt also den Gegenstandswert für sich selbst fest.

Eine dem § 63 Abs. 3 S. 1 GKG entsprechende Befugnis des höherinstanzlichen 305
Gerichts zur **Änderung** der vorinstanzlichen Wertfestsetzung ist **nicht vorgesehen.**[2]

Soweit der **Rechtspfleger** ihm übertragene Geschäfte bearbeitet, ist er nach § 33 306
Abs. 1 RVG zuständig. Die Festsetzung durch ihn ist eine „Maßnahme" i.S.d.
§ 4 RPflG.[3]

VI. Fälligkeit der Vergütung

Der Antrag ist erst zulässig, wenn die Vergütung des Anwalts fällig ist. Das 307
richtet sich wiederum nach § 8 Abs. 1 RVG.

Das wiederum ist immer der Fall, wenn 308

– der Auftrag erledigt oder

– die Angelegenheit beendet ist (etwa wegen Mandatsniederlegung).

Ist der Rechtsanwalt in einem gerichtlichen Verfahren tätig, wird die Vergütung 309
auch dann fällig, wenn

– eine Kostenentscheidung ergangen,

– der Rechtszug beendet ist oder

– das Verfahren länger als drei Monate ruht.

Die Wertfestsetzung zur Berechnung eines **Vorschusses** nach § 9 RVG ist nicht 310
möglich.[4]

Wird der Antrag **verfrüht eingereicht,** hat das Gericht darauf hinzuweisen (§ 139 311
ZPO). Der Antrag kann dann zurückgenommen und später neu gestellt oder das
Wertfestsetzungsverfahren bis zum Eintritt der Fälligkeit zum Ruhen gebracht
werden.

---

1 AnwK-RVG/E. *Schneider,* § 33 Rn. 33 f.
2 AnwK-RVG/E. *Schneider,* § 33 Rn. 29.
3 *Arnold/Meyer-Stolte,* Rechtspflegergesetz, 6. Aufl. 2002, § 4 Rn. 21; *Bassenge/Herbst,*
  FGG/RPflG, Kommentar, 9. Aufl. 2001, § 4 RPflG Rn. 9.
4 AnwK-RVG/E. *Schneider,* § 33 Rn. 31.

VII. Kein Anwaltszwang

312 Ein Anwaltszwang für den Antrag auf Streitwertfestsetzung besteht nicht, auch dann nicht, wenn für das Verfahren selbst nach § 78 ZPO Anwaltszwang besteht.

VIII. Frist

313 Eine Frist für den Wertfestsetzungsantrag nach § 33 RVG ist – im Gegensatz Beschwerde, § 33 Abs. 3 RVG – nicht vorgesehen.

IX. Rechtliches Gehör

314 Den Beteiligten ist rechtliches Gehör zu gewähren. Eine ausdrückliche Regelung – wie noch in § 10 Abs. 2 S. 3 BRAGO – fehlt zwar; ergibt sich aber aus **Art. 103 Abs. 1 GG**.

315 Zum Umfang des rechtlichen Gehörs im Verfahren nach § 33 RVG siehe ausführlich AnwK-RVG/*E. Schneider*, § 33 Rn. 39 ff.

316 Unterbleibt die Gewährung rechtlichen Gehörs kommt die **Gehörsrüge** nach § 12a RVG Betracht, sofern die Entscheidung nicht mit der Beschwerde anfechtbar ist.

X. Entscheidung

317 Über den Festsetzungsantrag des Anwalts ist durch **Beschluss** zu entscheiden. Er muss **begründet** werden.[1] Nur dann kann das übergeordnete Gericht feststellen, ob die wesentlichen Tatsachenbehauptungen und Rechtsausführungen des Antragstellers berücksichtigt worden sind.[2] Geht das Gericht auf entscheidungserhebliches Vorbringen einer Partei in den Beschlussgründen nicht ein, so lässt dies auf die Nichtberücksichtigung ihres Vorbringens schließen.[3]

318 Da gegen die Festsetzung die Beschwerde vorgesehen ist (§ 33 Abs. 3 S. 1), muss der Beschluss den Beteiligten **förmlich zugestellt** werden (§§ 329 Abs. 2 S. 2, 569 Abs. 1 S. 2 ZPO), also auch den Parteien persönlich.[4] Eine formlose Mitteilung setzt die Einlegungsfrist nicht in Lauf.

319 In arbeitsgerichtlichen Verfahren muss der Beschluss darüber hinaus auch eine Rechtsmittelbelehrung enthalten. Anderenfalls wird die Beschwerdefrist nicht ausgelöst.

---

1 MünchKomm.ZPO/*Musielak*, § 329 Rn. 5.
2 BVerfGE 47, 189; 58, 357.
3 BVerfGE 86, 146.
4 LAG Köln JurBüro 1991, 1678.

XI. Reichweite der Entscheidung

Im Gegensatz zu den Fällen des § 32 Abs. 1 RVG hat der Festsetzungsbeschluss   320
nach § 33 RVG **keine Reflexwirkung** für andere Beteiligte, insbesondere nicht
für den Gegenanwalt. Die Entscheidung wirkt nur für oder gegen den antragstellenden Anwalt. Der Verkehrsanwalt (Nr. 3400 VV RVG) kann sich beispielsweise nicht darauf berufen, wenn der Hauptbevollmächtigte die Festsetzung
beantragt hatte. Will er die Abrechnung nach einem vom Mandanten bestrittenen Gegenstandswert durchsetzen, muss er einen eigenen Festsetzungsantrag
nach § 33 Abs. 1 RVG stellen.

XII. Beschwerde

Gegen die Festsetzung des Gerichts ist die Beschwerde gegeben, sofern der Wert   321
des Beschwerdegegenstands 200 Euro übersteigt oder die Beschwerde zugelassen
ist (§ 33 Abs. 3 RVG).

Die Beschwerde ist befristet und muss innerhalb von zwei Wochen seit Zu-   322
stellung erhoben werden (§ 33 Abs. 3 RVG).

Antragsänderung

Siehe das Stichwort „Stufenstreitwert".

Antragsüberschreitung

Siehe das Stichwort „Verstoß gegen § 308 Abs. 1 ZPO".

Anwaltsbeiordnung

Siehe das Stichwort „Beiordnung eines Rechtsanwalts".

Anwaltsgebühren

Gliederungsübersicht

A. Überblick 323

B. Die Bewertung

I. Gerichtliche Tätigkeiten
   1. Verfahren, in denen Gerichts-
      gebühren nach dem Streitwert
      erhoben werden 324
   2. Verfahren, in denen Gerichts-
      gebühren nicht nach dem Streit-
      wert erhoben werden 328
II. Außergerichtliche Tätigkeiten
   1. Die Tätigkeit des Anwalts kann
      Gegenstand eines gerichtlichen
      Verfahrens sein 332

   2. Die Tätigkeit des Anwalts kann
      nicht Gegenstand eines gericht-
      lichen Verfahrens sein 334
      a) Bestimmte Vorschriften der
         KostO 335
      b) Billiges Ermessen 341
      c) Regelwert 343

**C. Die Bindung an die gerichtliche
   Wertfestsetzung** 345

D. Beschwerde 351

A. Überblick

323 Die Gebühren des Anwalts werden, soweit das RVG nichts anderes bestimmt, gem. § 2 Abs. 1 RVG nach dem Wert berechnet, den der Gegenstand der anwaltlichen Tätigkeit hat (**Gegenstandswert**). Die Bestimmung des Gegenstandswertes für die Anwaltsgebühren folgt nach den §§ 22 ff. RVG.

B. Die Bewertung

I. Gerichtliche Tätigkeiten

1. Verfahren, in denen Gerichtsgebühren nach dem Streitwert erhoben werden

324 Zunächst einmal gilt **§ 23 Abs. 1 S. 1 RVG**: Maßgebend sind die Vorschriften des GKG, der KostO oder eines anderen Gesetzes, soweit ein gerichtliches Verfahren stattfindet und sich die Gerichtsgebühren nach dessen Wert richten.

325 Die Wertfestsetzung folgt nach § 32 Abs. 1 RVG i.V.m. den Wertvorschriften des jeweiligen Verfahrens (z.B. § 63 ff. GKG; § 31 KostO).

326 Der für den Anwalt maßgebende Gegenstandswert – auch wenn er sich nach dem Wert des gerichtlichen Verfahrens richtet – muss allerdings nicht mit dem des gerichtlichen Verfahrens übereinstimmen. In diesem Fall ist der Wert nach § 33 Abs. 1 RVG festzusetzen.

⊃ **Beispiel:**

Der Kläger klagt auf Unterlassung mehrerer rufschädigender Äußerungen. Er nimmt anschließend die Klage hinsichtlich einiger Äußerungen zurück. Jetzt erst beauftragt der Beklagte einen Anwalt.

Es gilt zwar § 23 Abs. 1 S. 1 RVG. Maßgebend ist aber nur der Wert nach Klagerücknahme. Da dieser Wert für die Gerichtsgebühren irrelevant ist, muss das Gericht den Wert für den Beklagtenanwalt auf Antrag nach § 33 RVG gesondert festsetzen.

Zu beachten sind auch hier Wertbegrenzungen: 327

– Soweit sich die Gegenstandswerte **nach dem GKG** richten, ist die Wertbegrenzung der § 23 Abs. 1 S. 1 RVG i.V.m. § 39 Abs. 2 GKG zu beachten: Der Streitwert beträgt höchstens 30 Mio. Euro. Vertritt der Anwalt **mehrere Auftraggeber**, greift § 23 Abs. 1 S. 4 i.V.m. § 22 Abs. 2 S. 2 RVG. Siehe hierzu das Stichwort „Streitwertbegrenzung".

– Soweit sich die Gegenstandswerte nicht **nach dem GKG** richten, gilt § 22 Abs. 2 S. 1 RVG unmittelbar: Der Streitwert beträgt höchstens 30 Mio. Euro, und zwar auch dann, wenn das in Bezug genommene Gesetz einen höheren Höchstwert vorsieht, wie z.B. § 18 Abs. 1 S. 2 KostO.

Vertritt der Anwalt **mehrere Auftraggeber**, gilt § 22 Abs. 2 S. 2 RVG unmittelbar.

Siehe hierzu das Stichwort „Streitwertbegrenzung".

2. Verfahren, in denen Gerichtsgebühren nicht nach dem Streitwert erhoben werden

Sind im gerichtlichen Verfahren Festgebühren (Zwangsvollstreckung, bestimmte Beschwerdeverfahren) oder gar keine Gebühren vorgesehen (z.B. bei einem Vergleich im arbeitsgerichtlichen Verfahren, bestimmten einstweiligen Anordnungen in Familiensachen etc.), so sind zunächst die vorrangigen Vorschriften der §§ 23 Abs. 2, 24 ff. RVG zu beachten, nämlich   328

§ 23 Abs. 2 S. 1, 2 RVG	Beschwerdeverfahren
§ 23 Abs. 2 S. 3 RVG	Erinnerungsverfahren
§ 24 RVG	bestimmte einstweilige Anordnungen in Familiensachen und Lebenspartnerschaftssachen
§ 25 RVG	Zwangsvollstreckung
§ 26 RVG	Zwangsversteigerung
§ 27 RVG	Zwangsverwaltung
§ 28 RVG	Insolvenzverfahren
§ 29 RVG	Verteilungsverfahren nach der Schifffahrtsrechtlichen Verteilungsordnung

Greifen die vorrangigen Vorschriften der §§ 23 Abs. 2, 24 ff. RVG nicht, sind   329 nach **§ 23 Abs. 1 S. 2 RVG**, die Vorschriften des gerichtlichen Verfahrens entsprechend anzuwenden.

Die Wertfestsetzung folgt jetzt nach § 33 Abs. 1 RVG.   330

Zu beachten sind auch hier Wertbegrenzungen: 331

– Soweit sich die Gegenstandswerte **nach dem GKG** richten, gilt § 23 Abs. 1 S. 2 RVG i.V.m. § 39 Abs. 2 GKG: Der Streitwert beträgt höchstens 30 Mio. Euro.

69

Vertritt der Anwalt **mehrere Auftraggeber**, greift § 23 Abs., 1 S. 4 i.V.m. § 22 Abs. 2 S. 2 RVG.

Siehe hierzu das Stichwort „Streitwertbegrenzung".

– Soweit sich die Gegenstandswerte nicht **nach dem GKG** richten, gilt § 22 Abs. 2 S. 1 RVG unmittelbar: Der Streitwert beträgt höchstens 30 Mio. Euro, und zwar auch dann, wenn das in Bezug genommene Gesetz einen höheren Höchstwert vorsieht, wie z.B. § 18 Abs. 1 S. 2 KostO.

Vertritt der Anwalt **mehrere Auftraggeber**, gilt § 22 Abs. 2 S. 2 RVG unmittelbar.

Siehe hierzu das Stichwort „Streitwertbegrenzung".

II. Außergerichtliche Tätigkeiten

Außerhalb gerichtlicher Verfahren ist zu differenzieren:

1. Die Tätigkeit des Anwalts kann Gegenstand eines gerichtlichen Verfahrens sein

332 Kann die Tätigkeit des Anwalts Gegenstand eines gerichtlichen Verfahrens sein, gilt **§ 23 Abs. 1 S. 3 RVG**. Danach sind die Vorschriften des GKG sinngemäß anzuwenden, wenn die Tätigkeit außerhalb eines gerichtlichen Verfahrens einen Gegenstand betrifft, der auch Gegenstand eines gerichtlichen Verfahrens sein könnte. Meist ist dies der Fall.

⮑ **Beispiel:**
Der Anwalt ist beauftragt, eine Forderung anzumahnen.
Es gilt § 23 Abs. 1 S. 3 RVG i.V.m. § 48 Abs. 1 S. 1 GKG, § 3 ZPO. Maßgebend ist der Wert der Forderung.

⮑ **Beispiel:**
Der Anwalt ist beauftragt, die Räumung einer Wohnung zu verlangen.
Es gilt § 23 Abs. 1 S. 3 RVG i.V.m. § 41 Abs. 2 GKG. Maßgebend ist der Jahresmietwert, soweit die streitige Mietzeit nicht geringer ist.

⮑ **Beispiel:**
Der Anwalt ist beauftragt, Unterhalt geltend zu machen.
Es gilt § 23 Abs. 1 S. 3 RVG i.V.m. § 42 Abs. 1, Abs. 5 GKG. Maßgebend ist der Wert aller fälligen Beträge zuzüglich der nächsten auf die Beendigung der Angelegenheit folgenden zwölf Monate, sofern der geforderte Betrag nicht geringer ist.

333 Zu beachten sind wiederum Wertbegrenzungen:

– Soweit sich die Gegenstandswerte **nach dem GKG** richten, gilt § 23 Abs. 1 S. 3 RVG i.V.m. § 39 Abs. 2 GKG: Der Streitwert beträgt höchstens 30 Mio. Euro, und zwar auch dann, wenn das in Bezug genommene Gesetz einen höheren Höchstwert vorsieht, wie z.B. § 18 Abs. 1 S. 2 KostO.

Vertritt der Anwalt **mehrere Auftraggeber**, greift § 23 Abs., 1 S. 3, 4 i.V.m. § 22 Abs. 2 S. 2 RVG.

Siehe hierzu das Stichwort „Streitwertbegrenzung".

– Soweit sich die Gegenstandswerte nicht **nach dem GKG** richten, gilt § 22 Abs. 2 S. 1 RVG unmittelbar: Der Streitwert beträgt höchstens 30 Mio. Euro. Vertritt der Anwalt **mehrere Auftraggeber**, gilt § 22 Abs. 2 S. 2 RVG unmittelbar.

Siehe hierzu das Stichwort „Streitwertbegrenzung".

2. Die Tätigkeit des Anwalts kann nicht Gegenstand eines gerichtlichen Verfahrens sein

Kann die Tätigkeit des Anwalts nicht Gegenstand eines gerichtlichen Verfah- 334
rens sein, kann auf § 23 Abs. 1 S. 3 RVG und die Wertvorschriften eines gerichtlichen Verfahrens nicht zurückgegriffen werden; es gilt jetzt § 23 Abs. 3 GKG
mit folgender Prüfungsreihenfolge:

a) Bestimmte Vorschriften der KostO

Zunächst gelten bestimmte Vorschriften der KostO sinngemäß, nämlich 335

§ 18 Abs. 2 KostO	Geschäftswert
§ 19 KostO	Sachen
§ 20 KostO	Kauf-, Vorkaufs- und Wiederkaufsrecht
§ 21 KostO	Erbbaurecht, Wohnungseigentum, Wohnungserbbaurecht
§ 22 KostO	Grunddienstbarkeiten
§ 23 KostO	Pfandrechte und sonstige Sicherheiten, Rangänderungen
§ 24 KostO	Wiederkehrende Nutzungen oder Leistungen
§ 25 KostO	Miet- und Pachtrechte, Dienstverträge
§ 39 Abs. 2 KostO	Austauschverträge
§ 39 Abs. 3 KostO	Eheverträge
§ 46 Abs. 4 KostO	Verfügungen über den Nachlass

Auf die Vorschrift des **§ 18 Abs. 3 KostO** wird nicht verwiesen. Ob diese Vor- 336
schrift auch für den Anwalt gilt, hängt davon ab, ob er auch mit den Verbindlichkeiten befasst ist, dann wird nicht abgezogen oder ob er von den Verbindlichkeiten als feststehend auszugehen hat, dann wird abgezogen.[1]

Ein solcher Fall des § 23 Abs. 3 RVG liegt z.B. vor bei Mitwirkung am Ab- 337
schluss eines Vertrages einschließlich der Vertragsverhandlungen, Entwurf eines Vertrages, eines Aufhebungsvertrages.

So richtet sich der Gegenstandswert eines **Mietaufhebungsvertrages** nach § 23 338
Abs. 3 RVG i.V.m. § 25 KostO,[2] also nach dem Wert der Miete der restlichen

---

1 *Hartmann*, KostG, § 23 RVG Rn. 15.
2 AG Charlottenburg, Urteil v. 7. 7. 1999 – 21a C 6/99, JurBüro 2001, 86; LG Köln, Urteil
   v. 7. 8. 2002 – 12 S 56/01, AGS 2002, 64 u. 2002, 210 = JurBüro 2001, 643.

Laufzeit, bei unbestimmter Dauer nach dem Wert dreier Jahre und wenn eine Kündigung erst später möglich ist, höchstens nach dem 25fachen Jahreswert.

339 Auch der **Ausspruch der Kündigung eines Mietverhältnisses** kann nicht Gegenstand eines gerichtlichen Verfahrens sein. Gegenstand kann nur der Räumungsanspruch oder die Feststellung des Fortbestands des Mietverhältnisses selbst sein. Es gilt daher nicht der Jahreswert des § 41 GKG, sondern der Dreijahreswert des § 25 KostO.[1]

340 Obwohl die KostO einen Höchstwert i.H.v. 60 Mio. Euro vorsieht, gilt für den Anwalt die vorrangige Wertbegrenzung aus § 22 Abs. 2 S. 1 RVG: Der Streitwert beträgt höchstens 30 Mio. Euro. Vertritt der Anwalt **mehrere Auftraggeber**, gilt § 22 Abs. 2 S. 2 RVG. Siehe hierzu das Stichwort „Streitwertbegrenzung".

b) Billiges Ermessen

341 Sind auch die in § 23 Abs. 3 S. 1 RVG genannten Vorschriften der KostO nicht einschlägig, dann ist der Gegenstandswert nach billigem Ermessen zu bestimmen (**§ 23 Abs. 3 S. 2, 1. Hs. RVG**).

342 Zu beachten ist auch hier die Wertbegrenzung nach § 22 Abs. 2 S. 1 RVG: Der Streitwert beträgt höchstens 30 Mio. Euro. Vertritt der Anwalt **mehrere Auftraggeber**, gilt § 22 Abs. 2 S. 2 RVG. Siehe hierzu das Stichwort „Streitwertbegrenzung".

c) Regelwert

343 Sind keine Anhaltspunkte für ein billiges Ermessen vorhanden, ist der Gegenstandswert ausgehend vom Regelwert (4000 Euro) je nach Lage des Falles niedriger oder höher zu bestimmen (**§ 23 Abs. 3 S. 2, 2. Hs. RVG**).

344 Der Wert darf in diesen Fällen jedoch nicht mehr als 500 000 Euro betragen (§ 23 Abs. 3 S. 2, 2. Hs. RVG a.E.). Eine Erhöhung der Wertgrenze bei mehreren Auftraggebern ist hier nicht vorgesehen.

C. Die Bindung an die gerichtliche Wertfestsetzung

345 Wird der für die Gerichtgebühren maßgebende Streitwert **vom Gericht festgesetzt**, so gilt er grundsätzlich auch für die Rechtsanwaltsgebühren (§ 32 Abs. 1 RVG). Der Anwalt ist daran gebunden, es sei denn, er hat mit seinem Auftraggeber eine abweichende Vergütungsvereinbarung geschlossen.[2]

346 Dem Rechtsanwalt steht insoweit auch ein eigenes Antrags- und Beschwerderecht zu (§ 32 Abs. 2 S. 1 RVG).

---

1 LG Karlsruhe, Urteil v. 14. 10. 2005 – 9 S 107/05, AGS 2006, 112 mit Anm. *N. Schneider* = NZM 2006, 259 = NJW 2006, 1526.

2 Zur Zulässigkeit siehe *N. Schneider*, Die Vergütungsvereinbarung Rn. 897 ff.

Ihm stehen auch die entsprechenden Rechtsbehelfe zu, wenn die Wertfestsetzung unterblieben ist (§ 32 Abs. 2 S. 2 RVG).   347

Die Bindung besteht für **alle Anwälte**, die im gerichtlichen Verfahren tätig sind, also auch für den Verkehrsanwalt[1] (Nr. 3400 VV RVG) oder einen Terminsvertreter (Nrn. 3401, 3402 VV RVG).   348

Fehlt es an einer gerichtlichen Festsetzung oder richten sich die Rechtsanwaltsgebühren nicht nach dem für die Gerichtsgebühren maßgebenden Wert, so hat das Gericht gem. § 33 Abs. 1 RVG auf Antrag den Wert für die Rechtsanwaltsgebühren festzusetzen. Das Antragsrecht steht sowohl dem Auftraggeber als auch dem Rechtsanwalt oder einem erstattungspflichtigen Dritten zu. Auch hier ist der Anwalt an die Wertfestsetzung gebunden.   349

Der Rechtsanwalt ist auch hier berechtigt, in eigenem Namen Beschwerde einzulegen (§ 33 Abs. 3 RVG). Die Beschwerde ist befristet (zwei Wochen ab Zustellung).   350

D. Beschwerde

Zulässig ist bei einer Beschwerde des Rechtsanwalts nach § 32 RVG i.V.m. § 68 GKG; § 33 RVG in eigenem Namen allerdings nur eine **Heraufsetzungsbeschwerde**. Der Rechtsanwalt kann also nur geltend machen, der festgesetzte Streitwert sei zu niedrig. Anderenfalls fehlt es für ihn an einer Beschwer.[2]   351

Erforderlich ist auch hier eine **Beschwer von mehr als 200 Euro** (§ 32 Abs. 2 S. 1 RVG i.V.m. § 68 Abs. 2 GKG; § 33 Abs. 3 S. 1 RVG), es sei denn, die Beschwerde ist vom Ausgangsgericht zugelassen worden (§ 32 Abs. 2 S. 1 RVG i.V.m. § 68 Abs. 2 GKG; § 33 Abs. 3 S. 2 RVG). Die Abänderung des Streitwerts muss also für den Anwalt zu einer um mehr als 200 Euro höheren Vergütung führen.[3] Fehlt es an der erforderlichen Beschwer und ist die Beschwerde auch nicht zugelassen, kommt lediglich eine Gegenvorstellung in Betracht.[4]   352

Wird einer **Anwaltssozietät** Prozessvollmacht erteilt, dann ist jeder Sozietätsanwalt berechtigt, Beschwerde einzulegen, auch wenn er selbst in der Sache nicht tätig geworden ist, etwa weil er zur Zeit der Mandatserteilung oder der Ausführung des Mandats noch nicht zur Sozietät gehörte.[5]   353

Eine Beschwerde an ein oberstes Bundesgericht ist nie möglich (§ 32 Abs. 2 S. 1 i.V.m. §§ 68 Abs. 1 S. 5, 66 Abs. 3 GKG; § 33 Abs. 5 S. 3 RVG).   354

Eine **weitere Beschwerde** ist nur gegen Entscheidungen des Landgerichts als Beschwerdegericht möglich, wenn dieses die weitere Beschwerde wegen der   355

---

1 OLG Frankfurt JurBüro 1969, 962.
2 AnwKom-RVG/*E. Schneider*, § 33 Rn. 57.
3 OVG Hamburg AnwBl. 1981, 501.
4 AnwKom-RVG/*E. Schneider*, § 33 Rn. 71.
5 VGH Kassel AnwBl. 1982, 309.

besonderen Bedeutung zugelassen hat (§ 33 Abs. 6 RVG). Ansonsten ist eine weitere Beschwerde nicht gegeben.

356 Das Verschlechterungsverbot **(reformatio in peius)** gilt im Beschwerdeverfahren nach § 32 Abs. 2 S. 1 i.V.m. § 68 GKG nicht, da hier das Gericht auch jederzeit von Amts wegen abändern darf.[1]

357 Im Verfahren nach § 33 Abs. 3 RVG gilt das Verschlechterungsverbot dagegen, weil hier keine Abhilfemöglichkeit von Amts wegen besteht.[2]

Anwartschaftsrechte

358 Eine Anwartschaft ist die Vorstufe zum Erwerb eines Rechts. Dabei werden solche Rechtspositionen als Anwartschaftsrechte bezeichnet, bei denen vom mehraktigen Entstehungstatbestand eines Rechts schon so viele Erfordernisse erfüllt sind, dass der Veräußerer die Rechtsposition des Erwerbs nicht mehr durch einseitige Erklärung zerstören kann. Die wichtigsten Fallgestaltungen sind der **Eigentumsvorbehalt** bei Erwerb einer Sache unter einer aufschiebenden Bedingung (§ 449 BGB), die **Sicherungsübereignung** sowie die Stellung des **Grundstückserwerbers** zwischen Eintragungsantrag und Grundbucheintragung.

359 Wie Ansprüche zu bewerten sind, die aus einem Anwartschaftsrecht abgeleitet werden, hängt vom konkreten Klageantrag ab. Wird ein unter Eigentumsvorbehalt gelieferter oder zur Sicherheit übereigneter Gegenstand **herausverlangt**, dann ist § 6 ZPO anzuwenden. Maßgeblich ist entweder der Wert der herausverlangten Sache oder der geringere Wert der Forderung, wegen derer ein Pfandrecht begründet ist.[3]

360 Verlangt der Sicherungsgeber vom Sicherungsnehmer die **Rückübertragung** des Sicherungseigentums mit der Behauptung, dass die zu sichernde Forderung erfüllt sei, so richtet sich der Wert des Anspruchs nach dem Wert der streitigen Forderung, wenn dieser geringer ist als der Wert der Sache. § 6 ZPO ist auf diese Fälle entsprechend anzuwenden, da das Sicherungseigentum dem Pfandrecht näher steht als dem Volleigentum.[4]

361 In der Regel werden aber aus Anwartschaftsrechten nur **Sicherungsansprüche** oder bedingte Ansprüche hergeleitet. In diesen Fällen ist der Wert nach § 3 ZPO zu schätzen, wobei die Wahrscheinlichkeit eines Erwerbs des Vollrechts und die Gefahr einer Vereitelung dieses Erwerbs zu berücksichtigen sind. Das Siche-

---

1 AnwKom-RVG/*E. Schneider*, § 32 Rn. 95.
2 LAG Hamm, Beschl. v. 2. 8. 2005 – 13 Ta BV 17/05, AGS 2006, 301. *Gerold/Schmidt/ Madert* § 33 Rn. 15; a.A. zu § 10 BRAGO; BayObLG JurBüro 1982, 1024; JurBüro 1993, 309; LAG Hamm, KostRsp. GKG § 25 Nr. 144.
3 OLG Frankfurt, Beschl. v. 29. 10. 2003 – 24 U 158/01, MDR 2003, 356.
4 BGH NJW 1959, 939; vgl. auch das Stichwort „Sicherungsübereignung".

rungsinteresse als solches wird in der Regel mit einem Bruchteil des Wertes des zu sichernden Anspruchs angesetzt. Ausnahmsweise kann der volle Wert erreicht werden, wenn dem Kläger oder Gläubiger ohne die verlangte Sicherheit der völlige Ausfall seines Rechts droht. Anhaltspunkte für die Schätzung werden in erster Linie diejenigen Leistungen sein, die der Anwartschaftsberechtigte bereits erbracht hat, beispielsweise eine Kaufpreiszahlung.

Lässt der Käufer, um seinen Erfüllungsanspruch zu sichern, dem Verkäufer **362** verbieten, den Pkw anderweit zu veräußern, stellt das OLG Koblenz[1] auf den Wagenwert ab, den es im Verfahren auf Erlass einer einstweiligen Verfügung auf $^1/_3$ reduziert.

Arbeitnehmer

Literatur: *Schumann* NJW 1961, 2297; *E. Schneider* JurBüro 1969, 803.

A. Anzuwendende Vorschriften

Ansprüche von Arbeitnehmern auf **wiederkehrende Leistungen** sind gemäß § 42 **363** Abs. 3 GKG nach dem dreifachen Betrag des einjährigen Bezuges zu bewerten, sofern nicht der Gesamtbetrag der geforderten Leistungen geringer ist. Letzterenfalls ist der geringere Betrag wertbestimmend.

Der Streitwert für arbeitsrechtliche Streitigkeiten aus **Arbeitsverhältnissen** ein- **364** schließlich der **Änderungsschutzklage**[2] ist in § 42 Abs. 4 GKG (vormals § 12 Abs. 7 ArbGG) selbstständig geregelt.

Der 3fache Betrag der jährlichen Bezüge ist, entsprechend § 42 Abs. 3 GKG, bei **365** Rechtsstreitigkeiten über wiederkehrende Leistungen maßgebend. Im Übrigen gelten andere Wertgrundsätze. Insbesondere sind die sog. **Bestandsstreitigkeiten** höchstens mit dem Betrag des vierteljährlichen Arbeitsentgelts zu bewerten. Insoweit ist auf die ausführliche Kommentierung von *Wenzel* im GKG-ArbGG, zu § 12 ArbGG zu verweisen.

Wird vor den allgemeinen Zivilgerichten eine negative Feststellungsklage er- **366** hoben wegen des Bestehens eines freien, fristlos gekündigten Mitarbeiterverhältnisses, dann ist der Streitwert nach § 3 ZPO zu schätzen.[3] Jedoch ist § 42

---

1 OLG Koblenz, Beschl. v. 30. 8. 1993 – 2 W 161/93, KostRsp. ZPO § 3 Nr. 1165 = JurBüro 1994, 738.

2 A.A. BAG EzA § 12 ArbGG Nr. 64 mit abl. Anm. *E. Schneider* = KostRsp. ArbGG § 12 Nr. 199 mit abl. Anm. *E. Schneider* = DB 1989, 1880.

3 BGH, KostRsp. ZPO § 3 Nr. 813 = GKG § 17 Nr. 78 = Rpfleger 1986, 239 = JurBüro 1986, 713 = MDR 1986, 669 = NJW-RR 1986, 676; OLG München, KostRsp. ZPO § 3 Nr. 900 = GKG § 17 Nr. 100 mit Anm. *Lappe* = NJW-RR 1988, 190; OLG Köln, KostRsp. ZPO § 3 Nr. 1191 = NJW-RR 1995, 318 = OLGR 1994, 268 = AnwBl. 1995, 317 = JurBüro 1995, 255 = JMBl.NW 1995, 82; OLG Celle OLGR 1994, 298.

Abs. 3 GKG Richtlinie, wobei auf die Bruttovergütung, nicht auf die Nettovergütung abzustellen ist.[1]

367 Auf Feststellungsklagen, mit denen ein ziffernmäßig genau bestimmbarer Zahlungsanspruch geltend gemacht wird, ist § 42 Abs. 3 GKG unanwendbar.[2]

368 Auf den Unterhaltsbetrag, den die schuldlos geschiedene Ehefrau eines Verstorbenen von der Anstellungsbehörde verlangen kann, ist § 42 Abs. 3 GKG und nicht Abs. 1 anzuwenden. Der Streitwert einer hierauf gerichteten Klage auf künftige Leistung ist somit der 3fache Jahresbetrag.[3]

B. Begriff

369 Arbeitnehmer i.S. des § 42 Abs. 3 GKG ist **jeder unselbständig Beschäftigte,** der auch freier Mitarbeiter sein kann.[4]

370 Auch **Beamte** und **Richter** sind „Arbeitnehmer" im Sinne des § 42 Abs. 3 GKG.[5]

371 Arbeitnehmer ist auch der **Geschäftsführer einer GmbH,** dessen Beschäftigungsverhältnis auf einem Dienstvertrag beruht.[6]

372 Leitende Stellung und hohe Vergütung stehen der Bejahung der Arbeitnehmereigenschaft nicht entgegen.[7] Ausschlaggebend ist nur die arbeitnehmerähnliche Stellung. Dementsprechend hat das LG Bayreuth[8] den Streitwert einer Klage auf Feststellung der Unwirksamkeit der Kündigung eines Geschäftsführeranstellungsvertrages mit dem 3fachen Jahresbezug bewertet. Ist allerdings der Anstellungsvertrag nach Ablauf einer bestimmten Zeit ordentlich kündbar, dann ist der Gesamtbetrag der Bezüge bis zur Vertragsbeendigung infolge der nächsten ordentlichen Kündigung maßgebend, wenn er geringer als der dreifache Jahresbezug ist.

373 Nicht zu den Arbeitnehmern rechnen **selbständige Unternehmer** oder **Handwerker**, die aufgrund eines Arbeitsvertrages tätig werden; desgleichen nicht die **selbständigen Handelsvertreter,**[9] weil auch ihr Beschäftigungsverhältnis sich nicht nach Dienstvertragsrecht bestimmt.[10]

---

1 OLG München, KostRsp. ZPO § 3 Nr. 900 = NJW-RR 1988, 190.
2 LAG Mainz AP GKG 1957 § 22 Nr. 1.
3 LAG Frankfurt, KostRsp. GKG a.F. § 13 Nr. 34.
4 BGH, KostRsp. GKG § 17 Nr. 78 = MDR 1986, 669 = Rpfleger 1986, 239 = *Warneyer* 1986 Nr. 49 = NJW-RR 1986, 676.
5 VG Köln AnwBl. 1964, 321; a.A. OVG Münster NJW 1965, 1498.
6 OLG Bamberg JurBüro 1975, 65.
7 OLG Koblenz JurBüro 1976, 648: betrifft Gesellschafter einer KG.
8 LG Bayreuth, KostRsp. ZPO § 3 Nr. 995 = JurBüro 1990, 772.
9 OLG Frankfurt MDR 1974, 1208 = Rpfleger 1974, 363.
10 Siehe auch E. *Schneider* BB 1976, 1298, 1300.

Arrest

Literatur: *Schneider*, Der Streitwert des Aufhebungsverfahrens bei Arrest und einstweiliger Verfügung, JurBüro 1977, 1516; *Schneider* MDR 1990, 200.

Gliederungsübersicht

A. Einleitung 374	III. Vollziehungsverfahren 383
B. Bewertungsgrundsätze	IV. Widerspruchs- und Aufhebungs-
I. Bruchteilsbewertung 375	verfahren 384
II. Erhöhung des Regelstreitwerts . . 379	C. Einzelheiten 389

Stichwortübersicht

Ablehnung der Fristsetzung 386	Insolvenzverfahren 381
Abwehrinteresse 374	Interesse des Antragstellers an Siche-
Anordnung 374	rung . . . . 375 f.
Arrest und einstweilige Verfügung . . 396	Kostenpauschquantum 394
Aufhebungsverfahren 385, 387	Lasten des Sicherungsobjektes 367
Auslandswohnsitz des Antragsgegners 379	Mehrere Anträge . . . . 395 ff.
Besitzeinweisung, vorläufige 390	Persönlicher Arrest 395
Dinglicher Arrest 395	Regelbewertung 378
Drittwiderspruchsklage gegen Arrest-	Seeschiff 393
vollziehung 398	Unterhaltssachen 391
Hauptsacheklage zusammen mit	Vollziehung 383
~antrag . . . . 396 f.	Vorläufige Besitzeinweisung 390
Hauptsachewert 378	Vorläufige Einstellung der Vollstre-
Hinterlegung der Lösungssumme . . . 388	ckung 399

A. Einleitung

Im Verfahren über einen Antrag auf Anordnung, Abänderung oder Aufhebung des Arrestes ist der Streitwert nach § 3 ZPO zu schätzen (vgl. § 53 Abs. 1 Nr. 1 GKG). Maßgeblich ist das Interesse des Antragstellers an der Sicherung seiner Forderung, nicht das Abwehrinteresse des Gegners. Ausgangspunkt ist der Wert der Hauptsache. **374**

B. Bewertungsgrundsätze

I. Bruchteilsbewertung

Um das Interesse des Antragstellers bewerten·zu können, ist zunächst vom Wert der zu sichernden Hauptsacheforderung im Zeitpunkt des Eingangs des Antrags oder des Rechtsmittels (§ 40 GKG) auszugehen. Maßgebend ist das **Interesse des Antragstellers** an der Sicherung,[1] wobei grundsätzlich kein Bewer- **375**

---

1 OLG Braunschweig, Beschl. v. 23. 3. 1995 – 2 UF 39/95, JurBüro 1996, 148; OLG Koblenz MDR 1994, 738.

tungsunterschied zwischen dem dinglichen und dem persönlichen Arrest zu machen ist.[1] Soweit mit dem Arrest auch Nebenforderungen gesichert werden sollen, werden diese bei der Berechnung nicht berücksichtigt (§ 4 ZPO, § 43 GKG).

376 Das zu bewertende Interesse an der Sicherung der Forderung ist allein an wirtschaftlichen Gesichtspunkten zu messen, also an der Bedeutung der Sicherstellung für den Antragsteller. Eventuelle Vollziehungsschwierigkeiten oder zu befürchtende Probleme bei der Ermittlung pfändbaren Vermögens sind dagegen nicht zu berücksichtigen, da sie keinen Bezug zum Antragsverfahren haben.[2] Das Abwehrinteresse des Gegners bleibt bei der Bewertung unberücksichtigt. Jedoch sind Lasten zu berücksichtigen, die dem Sicherungsobjekt – Grundstück – anhaften.[3]

377 Der Wert der Hauptsacheforderung ist aber lediglich **Ausgangspunkt** für die Bewertung. Der Streitwert des Arrestverfahrens ist dem Streitwert des Hauptprozesses nicht gleichzustellen, sondern grundsätzlich niedriger zu bewerten, da das Arrestverfahren nur der vorläufigen Sicherung des Anspruchs und nicht der Befriedigung des Antragstellers dient.[4] Da jeweils die Umstände des Einzelfalls darüber entscheiden, wie hoch das Interesse des Antragstellers an der Sicherung seiner Forderung einzuschätzen ist, kann ein fester Bruchteil für die Bewertung des Arrestverfahrens nicht angegeben werden. In der Rechtsprechung werden Bruchteile von

- $1/4$ bis $1/3$,[5]
- $1/3$,[6]
- $1/3$ bis $1/2$[7]
- sowie vom halben Wert der zu sichernden Forderung angesetzt.[8]

378 Es dürfte sich anbieten und insoweit auch der herrschenden Meinung entsprechen, von einer Regelbewertung von $1/3$ **der zu sichernden Hauptsacheforderung** auszugehen und diesen Wert nach den konkreten Umständen des Einzelfalls zu erhöhen oder zu verringern.

---

1 OLG Koblenz JurBüro 1992, 191 mit zust. Anm. *Mümmler*; KG KGR 1993, 144.
2 LG Darmstadt JurBüro 1976, 1090.
3 OLG Köln MDR 1963, 510; RGZ 151, 167; RGZ 151, 319.
4 OLG Brandenburg, Beschl. v. 3. 2. 2000 – 10 WF 7/00, JurBüro 2001, 93; OLG Oldenburg, Beschl. v. 6. 6. 1995 – 1 W 45/95, NJW-RR 1996, 946; OLG Karlsruhe Justiz 1973, 281; OLG Braunschweig JurBüro 1973, 360.
5 OLG Frankfurt AnwBl. 1984, 94; OLG Koblenz JurBüro 1992, 191.
6 OLG Karlsruhe, Beschl. v. 22. 10. 1997 – 18 WF 71/97, OLGR 1998, 386; KG KGR 1993, 144; OLG Bamberg JurBüro 1980, 278; OLG Bamberg JurBüro 1989, 1605; s.a. OLG Neustadt JurBüro 1964, 350; OLG Köln VersR 1973, 1032.
7 OLG Brandenburg, Beschl. v. 3. 2. 2000 – 10 WF 7/00, JurBüro 2001, 94; OLG Oldenburg, Beschl. v. 6. 6. 1995 – 1 W 45/95, NJW-RR 1996, 946.
8 OLG Frankfurt JurBüro 1960, 221; OLG Neustadt JurBüro 1964, 350; BFH BB 1982, 1353.

II. Erhöhung des Regelstreitwerts

Eine Erhöhung des Arrestwertes über den Regelstreitwert bis hin zum halben **379** Wert der entsprechenden Hauptsacheforderung kann in Betracht kommen, wenn der Antragsgegner im Ausland wohnt und die durch den Arrest gesicherte Forderung das **einzige inländische Vermögen** ist, das dem Antragsteller noch eine Befriedigungsmöglichkeit bietet.[1] Diese Voraussetzung fehlt allerdings, wenn weiteres pfändbares Vermögen vorhanden ist. In einem solchen Fall darf der Streitwert nicht wegen Wohnsitzes im Ausland erhöht werden.[2]

Ist das Vermögensobjekt, das zur Sicherung herangezogen werden soll, gering- **380** wertiger als der anzusetzende Bruchteil des Forderungswertes, dann ist für die Streitwertberechnung in entsprechender Anwendung von § 6 S. 2 ZPO nur von dem geringeren Wert des Sicherungsobjekts auszugehen.[3]

Falsch ist es, den Streitwert zu erhöhen oder gar auf den vollen Betrag der **381** Forderung festzusetzen, weil nach Arrestanordnung das **Insolvenzverfahren** über das Vermögen des Schuldners eröffnet wird.[4] Maßgebend ist gemäß § 40 GKG nur der Zeitpunkt, in dem der Arrestantrag gestellt wird. Insofern kann ein im Laufe des Verfahrens erhöhtes Sicherungsbedürfnis des Antragstellers keine Auswirkungen auf den Streitwert haben.

Nur ausnahmsweise kann der Streitwert den Wert der Hauptsache erreichen,[5] **382** etwa wenn anderenfalls die Vollstreckung ganz **vereitelt** würde[6] oder der Arrest praktisch zur **Befriedigung** führt,[7] so dass mit einem nachfolgenden Hauptverfahren nicht mehr zu rechnen ist. Dies gilt ebenso für die Fälle, in denen das Gericht im Arrestverfahren faktisch schon über die Hauptsache entscheiden muss.[8]

III. Vollziehungsverfahren

Auch wenn der Arrest nicht nur angeordnet, sondern zugleich in dessen **Voll-** **383** **ziehung** die Pfändung einer Forderung ausgesprochen worden ist, ist der Streitwert für das Arrestverfahren gemäß § 53 Abs. 1 Nr. 1 GKG i.V.m. § 3 ZPO nach den oben dargestellten Bewertungsgrundsätzen zu schätzen.[9] Der Streitwert für

---

1 KG JurBüro 1969, 982; OLG Karlsruhe, KostRsp. GKG a.F. § 18 Nr. 50; OLG Köln VersR 1973, 1032; OLG Koblenz JurBüro 1992, 191 mit zust. Anm. *Mümmler*.
2 OLG Celle JurBüro 1970, 167.
3 OLG Frankfurt JurBüro 1974, 1437.
4 LG Detmold JurBüro 1974, 1590.
5 OLG Frankfurt JurBüro 1960, 220; OLG Köln JurBüro 1961, 621; OLG Köln JurBüro 1965, 390.
6 LG Weiden JurBüro 1973, 1084.
7 KG, Beschl. v. 20. 12. 1996 – 14 W 8213/96, KGR 1997, 240; OLG Frankfurt, Beschl. v. 9. 2. 2004 – 2 W 8/04, RVGreport 2004, 278.
8 OLG Brandenburg, Beschl. v. 3. 2. 2000 – 10 WF 7/00, JurBüro 2001, 93.
9 LG Darmstadt JurBüro 1976, 1090.

das Arrestverfahren selbst wird durch die Vollziehung nicht erhöht. Neben dem Streitwert für das Arrestverfahren hat aber dann die Vollziehung zusätzlich ihren eigenen Wert (vgl. § 25 RVG), der allerdings den Wert der Anordnung nicht übersteigen kann.[1]

IV. Widerspruchs- und Aufhebungsverfahren

384 Das **Widerspruchsverfahren** (§ 924 ZPO) ist im Regelfall zu bewerten wie das Anordnungsverfahren. Bei einem auf die Kostenfrage beschränkten Widerspruch ist allerdings nur das Kosteninteresse maßgeblich.[2]

385 Auch nach Erlass oder Bestätigung eines Arrestes kann wegen veränderter Umstände, insbesondere wegen Erledigung des Arrestgrundes, die Aufhebung der im Eilverfahren getroffenen Entscheidung verlangt werden (**§ 927 ZPO**). Der Streitwert des Aufhebungsverfahrens bemisst sich nach dem Interesse des Gläubigers an der Aufrechterhaltung der Arrestanordnung, weil es sich nicht um ein Rechtsmittelverfahren handelt, in welchem das Interesse des Schuldners an der Aufhebung maßgeblich wäre. Er entspricht im Regelfall dem Wert des Anordnungsverfahrens,[3] sofern der Wert des angefochtenen Titels sich nicht zwischen Erlass des Arrestes und Erhebung der Aufhebungsklage verringert hat.[4] Eine Verringerung des zu bewertenden Interesses kann beispielsweise eintreten, wenn ein Unterlassungsgebot durch Zeitablauf gegenstandslos geworden ist oder die Parteien sich mittlerweile außergerichtlich geeinigt haben und deshalb nur noch der formale Bestand der gerichtlichen Anordnung beseitigt werden muss.[5]

386 Der Wert einer Beschwerde gegen die **Ablehnung einer Fristsetzung** gemäß § 926 Abs. 1 ZPO entspricht dem Verfahrenswert.[6]

387 Bei einem Aufhebungsantrag nach **§ 926 Abs. 2 ZPO** (Versäumung der Frist zur Klageerhebung in der Hauptsache) ist das Aufhebungsverfahren jedenfalls dann geringer als das Anordnungsverfahren zu bewerten, wenn der Arrest inzwischen gegenstandslos geworden ist.[7]

388 Bei **Hinterlegung der Lösungssumme** (§ 923 ZPO) ist der vollzogene Arrest aufzuheben (**§ 934 ZPO**). Wertbestimmend für dieses Aufhebungsverfahren ist dann das Beseitigungsinteresse des Antragsgegners, das selbständig zu bemessen ist.[8] Die Lösungssumme ist nicht ausschlaggebend.

---

1 OLG Köln JurBüro 1994, 113; KG, Beschl. v. 14. 12. 1999 – 1 W 574/98, KGR 2000, 182; OLG Karlsruhe, Beschl. v. 17. 5. 1999 – 3 W 47/99, OLGR 1999, 330.
2 OLG Frankfurt JurBüro 1990, 1210; OLG Frankfurt JurBüro 1990, 1331; OLG Hamburg, Beschl. v. 2. 8. 1995 – 8 W 180/95, MDR 1996, 102; OLG München AnwBl. 1987, 289.
3 OLG Köln VersR 1973, 1032; OLG Braunschweig OLGE 41, 240 – für Widerspruch.
4 OLG Celle AnwBl. 1969, 130.
5 KG, Beschl. v. 21. 9. 2001 – 5 W 40/01, JurBüro 2002, 479.
6 OLG Frankfurt ZIP 1980, 1144.
7 OLG Hamburg WRP 1977, 814.
8 *Schneider* JurBüro 1977, 1518.

C. Einzelheiten

Siehe auch das Stichwort „Einstweilige Verfügung". Die dort aufgeführten **389**
Entscheidungen sind weitgehend auch auf die Bemessung des Arrestes anwendbar.

Auf das Verfahren der vorläufigen **Besitzeinweisung in Baulandsachen** ist § 53 **390**
Abs. 1 Nr. 1 GKG (i.V.m. § 3 ZPO) entsprechend anzuwenden.[1]

Bei **Unterhaltsklagen** ist nach § 42 Abs. 1 S. 1 GKG für den Streitwert der **391**
Hauptsache der Jahresbetrag bzw. der darunter liegende Gesamtbetrag der geforderten Leistung maßgeblich. Aus dieser Regelung für das Hauptsacheverfahren
folgert die herrschende Meinung, dass auch der Streitwert eines Arrestverfahrens in Unterhaltssachen ungeachtet der Höhe der zu sichernden Forderung
durch den Jahresbetrag gemäß § 42 Abs. 1 S. 1 GKG begrenzt ist.[2] Er darf nicht
höher sein als die in § 42 Abs. 1 S. 1 GKG vorgeschriebene Bemessung, weil
sonst der Streitwert für die Sicherstellung der Forderung höher wäre als der für
die Forderung selbst.[3] Insofern ist bei einem Arrestverfahren in Unterhaltssachen vom Jahresbetrag bzw. dem darunter liegenden Gesamtbetrag der Forderung auszugehen und von diesem der Bruchteil entsprechend dem Sicherungsinteresse des Antragstellers zu berechnen.[4]

Soweit allerdings der Arrest ein Mehrfaches des vollen Jahresbetrages sichern **392**
soll, ist neben der Streitwertbegrenzung durch § 42 Abs. 1 S. 1 GKG keine Verminderung auf einen Bruchteil wegen der Vorläufigkeit des Arrestverfahrens
mehr vorzunehmen. Vielmehr ist in diesen Fällen der Jahresbetrag ungekürzt
als Streitwert des Arrestverfahrens anzusetzen.[5]

Der Streitwert für den Arrest in ein **Seeschiff** bestimmt sich ebenfalls nach § 53 **393**
Abs. 1 Nr. 1 GKG i.V.m. § 3 ZPO. Der Hauptsachewert ist auch dann nicht
anzusetzen, wenn ohne den Arrest die Befriedigung des Antragstellers vereitelt
würde. Denn die Gefahr der Vollstreckungsvereitelung ist in den meisten Arrestverfahren bereits gesetzliche Voraussetzung für den Erlass des Arrestes und
kann daher nicht das besondere Interesse an der vorläufigen Sicherung des Anspruchs begründen. Bei der Arrestierung eines Schiffs ist die Beschlagnahme für

---

1 OLG Hamburg NJW 1965, 2404.
2 OLG Düsseldorf FamRZ 1985, 1155; OLG Bamberg Rpfleger 1983, 127; OLG Bamberg
  JurBüro 1989, 1605; OLG Braunschweig, Beschl. v. 23. 2. 1995 – 2 UF 39/95, NJW-RR
  1996, 256; OLG Karlsruhe, Beschl. v. 22. 10. 1997 – 18 WF 71/97, OLGR 1998, 386.
3 OLG Hamm MDR 1955, 429; OLG Bamberg JurBüro 1989, 1605.
4 OLG Köln (Beschl. v. 16. 10. 2000 – 14 WF 119/00, FamRZ 2001, 432) und OLG Braunschweig (Beschl. v. 23. 2. 1995 – 2 UF 39/95, NJW-RR 1996, 256) bewerten das Arrestverfahren mit 50 % des Jahresbetrages.
5 OLG Karlsruhe, Beschl. v. 22. 10. 1997 – 18 WF 71/97, OLGR 1998, 386; OLG Düsseldorf FamRZ 1985, 1155; a.A. OLG Köln, Beschl. v. 16. 10. 2000 – 14 WF 119/00, FamRZ
  2001, 432, das auch bei Sicherung mehrjähriger Forderung einen Abschlag von 50 %
  vom Jahresbetrag vornimmt.

den Antragsteller allerdings meist besonders wirksam. Dies rechtfertigt die Bemessung des Streitwertes mit $^3/_4$ der Hauptsache.[1]

394 Die Streitfrage, ob bei Arresten das begehrte **Kostenpauschquantum** den Streitwert erhöht, kann nicht deshalb dahinstehen, weil das Gericht nach § 53 Abs. 1 Nr. 1 GKG i.V.m. § 3 ZPO den Streitwert nach freiem Ermessen bestimmen kann. Denn auch bei Ausübung dieses Ermessens gilt nach § 4 Abs. 1 ZPO, dass Nebenforderungen unberücksichtigt bleiben. Da es sich bei dem Kostenpauschquantum um eine solche Nebenforderung handelt, ergibt sich keine Erhöhung des Streitwertes.[2]

395 Soweit der Antragsteller zugleich die Anordnung des **persönlichen** und des **dinglichen** Arrestes beantragt, ist dies nur einmal zu bewerten, weil es sich gebührenrechtlich um dieselbe Angelegenheit handelt.[3]

396 Werden **Arrest** und **einstweilige Verfügung** zugleich beantragt, dann sind beide Anträge isoliert zu bewerten und dann zu addieren.[4] Wird einer der beiden Anträge hilfsweise gestellt, berechnet sich der Streitwert unter Berücksichtigung der in § 45 Abs. 1 S. 2 und 3 GKG enthaltenen Grundsätze. Der Wert des hilfsweise geltend gemachten Anspruchs wird mit dem Wert des Hauptanspruchs zusammengerechnet, soweit eine Entscheidung über ihn ergeht. Betreffen Arrest und einstweilige Verfügung allerdings denselben Gegenstand – dies ist der Fall, wenn nur der Arrest oder die einstweilige Verfügung in Betracht kommen kann – richtet sich der Streitwert nur nach dem höheren der beiden Werte.

397 Dagegen erfolgt keine Zusammenrechnung, wenn ein Arrestantrag mit der Hauptsacheklage **verbunden** wird, weil es sich dann nicht um eine einheitliche Verfahrensart handelt. Es muss eine getrennte Gebührenberechnung durchgeführt werden.

398 Eine **Drittwiderspruchsklage** (§ 771 ZPO) gegen Maßnahmen aus dem Arrest ist nach § 6 S. 2 ZPO zu bewerten, wenn der Pfandgegenstand weniger wert ist als die Arrestforderung.[5]

399 Der Streitwert eines Verfahrens auf **vorläufige Einstellung der Zwangsvollstreckung** in einem Arrestprozess findet seine oberste Grenze in dem nach § 53

---

1 OLG Hamburg MDR 1991, 1196 = KostRsp. ZPO § 3 Nr. 1059 mit Anm. *Schneider* – in diesem Fall handelte es sich allerdings bei dem Schiff um den einzigen Vermögensgegenstand des Schuldners.

2 KG Rpfleger 1962, 121; KG JurBüro 1965, 224; a.A. OLG Köln MDR 1962, 60; OLG Düsseldorf FamRZ 1985, 1156; OLG Frankfurt, Beschl. v. 9. 2. 2004 – 2 W 8/04, RVGreport 2004, 278.

3 OLG Dresden HRR 1940, 316; a.A. KG JVBl. 1932, 235: jeder Antrag ist gesondert zu bewerten und dann zusammenzurechnen.

4 KG JW 1937, 99; OLG München Bay.JMBl. 1952, 164; a.A. KG JW 1937, 263: getrennte Berechnung der Gebühren.

5 RG *Warneyer* 1925 Nr. 43.

Abs. 1 S. 1 GKG, § 3 ZPO zu ermittelnden Streitwert des Arrestverfahrens.[1] Einstellungsanträge sind in der Regel nur mit $^1/_5$ des Wertes des bekämpften Anspruchs zu bemessen.[2] Handelt es sich um die Einstellung der Zwangsvollstreckung aus dem einen Arrestbeschluss aufhebenden Urteil, dann ist auf die Höhe des Kostenerstattungsanspruchs des Schuldners abzustellen.[3] Das Sicherungsinteresse des Gläubigers ist dagegen bestimmend, wenn dieser Gefahr läuft, ohne einstweilige Einstellung seine bereits erworbenen Pfändungspfandrechte endgültig zu verlieren.[4]

Aufgebotsverfahren

Literatur: *Wagner*, JR 1952, 234.

A. Allgemeines

Das Aufgebotsverfahren ist in den §§ 946 ff. ZPO geregelt. Es handelt sich dabei um die **öffentliche gerichtliche Aufforderung zur Anmeldung von Ansprüchen oder Rechten** (§ 946 Abs. 1 ZPO). Die Unterlassung der Anmeldung führt zu Rechtsnachteilen in Form des Verlustes oder der Minderung nicht angemeldeter Rechte.   **400**

Folgende Aufgebotsfälle sind in der ZPO geregelt: **401**

1. Ausschluss des Grundstückseigentümers (§ 977 ZPO),

2. Ausschluss von Hypotheken-, Grundschuld- und Rentenschuldgläubigern (§ 982 ZPO),

3. Ausschluss von Vormerkungs-, Vorkaufs- und Reallastberechtigten (§ 988 ZPO),

4. Ausschluss von Nachlassgläubigern (§ 989 ZPO),

5. Ausschluss des Schiffseigentümers, Schiffshypothekengläubigers und Schiffsgläubigers (§§ 981a, 987a, 1002 ZPO),

6. Kraftloserklärung von Urkunden (§ 1003 ZPO).

---

1 OLG Frankfurt JurBüro 1965, 388; vgl. auch OLG Hamm JurBüro 1969, 163 zum Wert des Vollziehungsverfahrens.
2 Vgl. das Stichwort „Einstweilige Einstellung der Zwangsvollstreckung".
3 OLG Köln VersR 1973, 1032.
4 OLG Köln VersR 1973, 1032.

B. Zuständigkeitsstreitwert

402 Nach §§ 946 Abs. 2 ZPO, 23 Nr. 2h ZPO sind die Aufgebotsverfahren vom Streitwert unabhängig den Amtsgerichten zugewiesen.

C. Gebührenstreitwert

I. Antrag auf Erlass eines Ausschlussurteils

403 Mangels besonderer Bewertungsvorschriften ist der Streitwert in allen Fällen nach § 3 ZPO zu schätzen. Die Vorschriften der KostO finden keine Anwendung.[1] Abzustellen ist auf das Interesse des Antragstellers.[2]

404 Daher ist bei dem **Ausschluss des Grundstückseigentümers** (§ 977 ZPO) der Grundgedanke des § 6 ZPO zu berücksichtigen und auf den vollen Verkehrswert des Grundstücks bzw. des betroffenen Miteigentumsanteils abzustellen.[3]

405 Hingegen ist bei dem Aufgebotsverfahren zur **Kraftloserklärung eines Hypotheken-, Grundschuld- oder Rentenschuldbriefes** (§ 988 ZPO) oder bei Sparkassenbüchern, Schuldscheinen und anderen **Beweisurkunden oder Legitimationspapieren** (§ 1003 ZPO) ein Bruchteil des Nennbetrages anzusetzen,[4] sofern nicht der Wert des Grundstückes noch niedriger ist. Insoweit entspricht es weitgehender Praxis, als Streitwert 10–20 % des Nennbetrages anzusetzen.[5]

406 Bei dem **Ausschluss dinglich Berechtigter** (§ 988 ZPO) ist der Wert der Forderung maßgeblich, soweit nicht der Verkehrswert des Grundstücks bzw. Miteigentumsanteils niedriger ist.[6]

II. Anmeldung entgegenstehender Rechte (§ 951 ZPO)

407 Der Gebührenstreitwert für die anwaltliche Tätigkeit, die auf die Anmeldung von Rechten eines Dritten (§ 953 ZPO) gerichtet ist, bestimmt sich entspre-

---

1 Zöller/*Geimer*, vor § 946 Rn. 8.
2 Baumbach/Lauterbach/*Hartmann*, § 3 Rn. 14 unter „Aufgebot"; *Meyer*, Anh. 148 (§ 3 ZPO) Rn. 10 Stichwort „Aufgebotsverfahren"; Musielak/*Heinrich*, § 3 Rn. 22 unter „Aufgebotsverfahren".
3 LG Hildesheim, Nds RPfl 1967, 131; *Anders/Gehle/Kunze*, Stichwort „Aufgebotsverfahren", Rn. 6; Musielak/*Heinrich*, § 13 Rn. 22 unter „Aufgebotsverfahren"; *Stein/Jonas/Roth*, § 3 Rn. 47; Zöller/*Herget*, § 3 Rn. 16.
4 LG Hildesheim, Beschl. v. 12. 3 1964 – 5 T 120/64, NJW 1964, 1232 = Rpfleger 1965, 241; *Wagner* JR 1952, 234.
5 LG Berlin, Beschl. v. 27. 5. 1988 – 82 T 176/88, JurBüro 1988, 1367 = Rpfleger 1988, 548; Zöller/*Herget*, § 3 Rn. 16 unter „Aufgebotsverfahren"; *Anders/Gehle/Kunze*, Stichwort „Aufgebotsverfahren", Rn. 4, 5; Musielak/*Heinrich*, § 3 Rn. 22 unter „Aufgebotsverfahren".
6 Zöller/*Herget*, § 3 Rn. 16 unter „Aufgebotsverfahren"; *Anders/Gehle/Kunze*, Stichwort „Aufgebotsverfahren", Rn. 7.

chend § 6 ZPO regelmäßig nach dem Wert des angemeldeten Rechts, sofern nicht der Wert des Rechts des Antragstellers geringer ist.[1] Dies folgt aus der Gestaltungswirkung des Ausschlussurteils gegenüber den nicht angemeldeten Ansprüchen und Rechten.

D. Rechtsmittel und Anfechtung

Gegen einen den Aufgebotsantrag zurückweisenden Beschluss sowie gegen in das Ausschlussurteil aufgenommene Beschränkungen und Vorbehalte steht dem Antragsteller die **sofortige Beschwerde** zu (§ 952 Abs. 4 ZPO). Die Beschwer entspricht bei vollständiger Zurückweisung dem Gebührenstreitwert für das Verfahren, ansonsten dem wertmäßigen Interesse an einem unbeschränkten Ausschluss. Im Übrigen findet ein Rechtsmittel nicht statt (§ 957 Abs. 1 ZPO).   408

Vielmehr wird das Ausschlussurteil mit seiner Verkündung rechtskräftig und kann nur unter besonderen Voraussetzungen mit der **Anfechtungsklage** (§ 957 ZPO) angegriffen werden. Hierfür ist das Landgericht, in dessen Bezirk das Aufgebotsgericht seinen Sitz hat, vom Streitwert unabhängig örtlich und sachlich ausschließlich zuständig, § 957 Abs. 2 ZPO.[2] Der Gebührenstreitwert richtet sich hier nach dem Interesse des Anfechtungsklägers und damit in der Regel nach dem Wert des ausgeschlossenen Rechts bzw. Anspruchs, ggfs. begrenzt auf den Wert des Rechts des Antragstellers, §§ 3, 6 S. 1, 2 ZPO.[3]   409

Aufhebung von Gemeinschaften

A. Bruchteilsgemeinschaft

Eine Bruchteilsgemeinschaft liegt vor, wenn **mehreren Personen ein Recht zu ideellen Bruchteilen zusteht**. Die Rechtszuständigkeit ist aufgeteilt, nicht aber der gemeinschaftliche Gegenstand. Es gibt auch kein Sondervermögen wie bei der Gesamthand.   410

Durch eine **Lebensgemeinschaft** wird keine Bruchteilsgemeinschaft begründet. Das schließt aber nicht aus, dass die Partner an einzelnen Gegenständen Teilhaber werden. Eine Auseinandersetzung nach Gemeinschaftsrecht soll nach der Rspr. des BGH in Betracht kommen, falls die Partner einen – möglicherweise nur wirtschaftlich – gemeinschaftlichen Wert schaffen wollten.[4]   411

---

1 *Anders/Gehle/Kunze*, Stichwort „Aufgebotsverfahren" Rn. 10.
2 *Zöller/Geimer*, § 957 Rn. 2.
3 Vgl. auch OLG Stuttgart, Urteil v. 28. 4. 1955 – 3 U 3/54, juris-KORE 400782004: Ausschluss betr. 3 Wechsel je 100 000 Reichsmark = 20 000 DM.
4 Siehe z.B. BGHZ 77, 55; 84, 388.

412 Der Wert von Klagen auf Aufhebung der Gemeinschaft oder auf Ausschluss daraus ist nach § 3 ZPO zu schätzen.[1]

413 Das Interesse des Klägers ist ausschlaggebend. Abzustellen ist auf sein Interesse an der Verteilung und damit auf den von ihm begehrten Anteil,[2] beispielsweise bei der Klage auf Aufhebung einer Bruchteilsgemeinschaft an einem Grundstück durch Teilung in Natur entsprechend einer amtlichen Vermessung.[3]

414 Wenn bei der Auseinandersetzung einer Gemeinschaft lediglich über die Art der Teilung gestritten wird, dann bestimmt sich der Streitwert auch nach dem herausverlangten Teil, so dass ein geringerwertiger Auskunftsanspruch bedeutungslos ist.[4]

415 Betreibt ein Miteigentümer die Zwangsversteigerung zum Zweck einer Aufhebung der Eigentümergemeinschaft, dann kann sich ein Miteigentümer dagegen unter Umständen in entsprechender Anwendung des § 771 ZPO mit einer Klage auf Unzulässigerklärung der Teilungsversteigerung wehren.[5] Man spricht dann von einer **sog. unechten Drittwidersruchsklage**. Der Streitwert bestimmt sich dann nicht nach § 6 ZPO, sondern nach dem Interesse des Klägers an der Aufrechterhaltung der Miteigentumsgemeinschaft durch Verhinderung der Versteigerung. Dieses Interesse ist gemäß § 3 ZPO zu schätzen.[6] Der Wert entspricht jedoch weder dem Gesamtwert noch seinem Miteigentumsanteil, denn um diese geht es nicht. Wertbestimmend ist vielmehr nur der Zweck der Klage, eine Verschleuderung des Grundstücks durch wertunangemessene Gebote im Versteigerungstermin zu verhindern.[7] Siehe auch das Stichwort „Drittwiderspruchsklage".

416 Bewertungserheblich ist nur das mit der unechten Drittwidersruchsklage verfolgte **unmittelbare Interesse**. Daraus folgt, dass der Grundstückswert nicht maßgebend ist, sondern dass vom Anteilswert des Klägers auszugehen ist. Die weitergehende nachrangige wirtschaftliche Zielsetzung des Klägers ist bewertungsunerheblich, etwa das Bestreben, in der Ausübung eines auf dem Grundstück oder den Grundstücken eingerichteten Gewerbebetriebes nicht behindert zu werden. Derartige Fernwirkungen müssen unberücksichtigt bleiben, weil sie nicht dem Bewertungsobjekt anhaften und zu Streitwerten führen könnten, die

---

1 OLG Zweibrücken Rpfleger 1969, 247; OLG Frankfurt JurBüro 1979, 1195.
2 OLG Frankfurt JurBüro 1979, 1195.
3 OLG Zweibrücken Rpfleger 1969, 247.
4 OLG Schleswig SchlHA 1979, 57.
5 BGH FamRZ 1972, 364; 1984, 564.
6 BGH Beschl. v. 16. 1. 1991 – XII ZR 244/90, KostRsp. ZPO § 3 Nr. 1032 mit Anm. *Schneider* = FamRZ 1991, 547 = EzFamR § 3 ZPO Nr. 13.
7 BGH, KostRsp. ZPO § 3 Nr. 1032 mit Anm. *Schneider* = FamRZ 1991, 547 = EzFamR § 3 ZPO Nr. 13; OLG Saarbrücken, KostRsp. ZPO § 3 Nr. 387; OLG Hamm KostRsp. ZPO § 3 Nr. 402 = JurBüro 1977, 1616; OLG Karlsruhe, KostRsp. ZPO § 3 Nr. 586; OLG Saarbrücken, KostRsp. ZPO § 6 Nr. 124 mit Anm. *Schneider* = JurBüro 1989, 1598 mit Anm. *Mümmler*; LG Frankfurt Rpfleger 1975, 322.

erheblich über dem Verkehrswert nicht nur des Anteils des Klägers, sondern sogar des Grundstückes selbst liegen könnten.

Entgegen der Auffassung des OLG Saarbrücken[1] ist das Interesse des Klägers nicht gleich dem Wert seines Anteils, weil ihm durch die Teilungsversteigerung nicht der ersatzlose Verlust seines Anteils droht. Er befürchtet vielmehr einen Zuschlag an den Meistbietenden, der nicht mehr dem wirklichen wirtschaftlichen Anteilswert entspricht. Der Streitwert der unechten Drittwiderspruchsklage muss deshalb unterhalb des Anteilswertes des Miteigentümers angesetzt werden.[2] Da das Interesse des Widersprechenden wirtschaftlich lediglich dahin geht, die Versteigerung zu verhindern, um einem Verlust des Grundstücks und damit seines Anteils am Miteigentum unter Wert vorzubeugen, ist der Streitwert in Beziehung zu setzen zu der Differenz zwischen dem Verkehrswert des Grundstücks und dem vom Widersprechenden befürchteten Mindererlös bei einem Zuschlag in der Zwangsversteigerung. Dieser Wert ist dann zu reduzieren auf den befürchteten anteiligen Verlust, der den Widersprechenden treffen kann. Ein ideelles Interesse am Fortbestand der Gemeinschaft, etwa um sich das soziale Umfeld zu erhalten, darf nicht berücksichtigt werden, weil dadurch weder der Verkehrswert noch der mögliche Versteigerungserlös beeinflusst werden kann.[3]

Die Teilungsversteigerung nach § 180 ZVG ist auch zulässig zur **Verwirklichung des Übernahmerechts** aus § 1477 Abs. 2 BGB. In diesem Fall ist das Interesse des Klägers darauf gerichtet, den Hälfteanteil des geschiedenen Ehepartners gegen Wertersatz zu übernehmen. Deshalb ist in solchen Fällen auf den Verkehrswert des zu übernehmenden Hälfteanteils oder auf die Höhe der Abstandszahlung abzustellen. Entgegen OLG Bamberg[4] kommt es nicht auf den Wert des dem Kläger schon gehörenden Anteils an.

Nach Aufhebung einer Bruchteilsgemeinschaft (§§ 741 ff. BGB) verläuft die Abwicklung in Stufen.[5] Wird dementsprechend geklagt auf

1. Zustimmung zur Aufhebung der Miteigentümergemeinschaft an bestimmten Gegenständen,

2. Zustimmung zum Verkauf dieser Gegenstände und

3. Zahlung der Hälfte des voraussichtlichen Erlöses,

dann sind die Anspruchswerte nicht zu addieren, weil sämtliche Anträge – der Stufenklage vergleichbar – wirtschaftlich eine Einheit bilden. Der Streitwert bemisst sich nach dem Anspruch, der den höchsten Wert hat, und das ist

417

418

419

---

1 OLG Saarbrücken, KostRsp. ZPO § 6 Nr. 124 mit Anm. *Schneider* = JurBüro 1989, 1598 mit Anm. *Mümmler.*

2 Zust. *Mümmler* JurBüro 1989, 1599; das OLG Hamm, KostRsp. ZPO § 3 Nr. 402 = JurBüro 1977, 1616, hat rund $^1/_6$ des Anteilswertes angesetzt.

3 *Schneider*, Anm. zu BGH KostRsp. ZPO § 3 Nr. 1032 = FamRZ 1991, 547 = EzFamR § 3 ZPO Nr. 13.

4 OLG Bamberg, KostRsp. ZPO § 3 Nr. 1065 mit Anm. *Schneider* = JurBüro 1991, 1694.

5 Siehe dazu ausführlich mit Nachweisen *H. Schneider* DGVZ 1985, 51 ff.

immer der **Leistungsanspruch**. Der Anteil des klagenden Miteigentümers ist – ebenso wie bei Miterbenstreitigkeiten (siehe das Stichwort „Miterbe" Rn. 3826 ff.) – abzuziehen.[1]

B. Gesamthandsgemeinschaft

420 Im Gegensatz zur Bruchteilsgemeinschaft ist bei der Gesamthandsgemeinschaft die Rechtszuständigkeit ungeteilt. Es ist **gesamthänderisch gebundenes Vermögen** geschaffen worden, das vom Vermögen des einzelnen Teilhabers zu unterscheiden ist. Der Gesamthandsanteil bezieht sich auf das Gesamthandsvermögen, nicht auf einzelne Gegenstände oder Rechte an diesen.

421 Dem BGB sind die folgenden Gesamthandsgemeinschaften zu entnehmen: Gesellschaft bürgerlichen Rechts, Erbengemeinschaft, Gütergemeinschaft, fortgesetzte Gütergemeinschaft.

422 Bei **Aufhebung einer Gemeinschaft** mit gemeinsamer Berechtigung – z.B. gemeinschaftlicher Bausparvertrag – richtet sich der Streitwert nach dem Interesse des Klägers an der Verteilung und damit nach dem von ihm begehrten Anteil.[2] Das gesamte Guthaben ist deshalb nicht wertbestimmend, weil dem die wirtschaftliche Betrachtungsweise entgegensteht, die sich insbesondere bei Miterbenstreitigkeiten zwischenzeitlich auch in höchstrichterlicher Rechtsprechung durchgesetzt hat.[3]

423 Bei der **Erbengemeinschaft** werden mehrere Personen kraft Gesetzes durch einen Erbfall gesamthänderisch verbunden. Diese Verbindung ist von vornherein auf Auflösung angelegt. Die zu beachtenden Grundsätze für die Ermittlung des Streitwertes, wenn eine solche Auseinandersetzung mit Hilfe des Gerichts erstrebt wird, sind bei dem Stichwort „Miterbe" (Rn. 3826 ff.) ausführlich dargestellt. Dort sind insbesondere die zu berücksichtigenden wirtschaftlichen Gesichtspunkte – vornehmlich der Anteil eines mitberechtigten Klägers – herausgearbeitet. Die für Miterbenstreitigkeiten geltenden, von der höchstrichterlichen Rechtsprechung bestätigten Bemessungsregeln sind entsprechend auf alle Auseinandersetzungen gemeinschaftlicher Berechtigung anzuwenden.[4] Das gilt auch, wenn die Parteien sich vergleichen und im Vergleich die Auflassung von Grundstücken erklären.[5]

424 Hat das Berufungsgericht in einem Verfahren auf Auseinandersetzung einer ungeteilten Erbengemeinschaft in Abweichung von der Teilungsanordnung des Erblassers im Teilungsplan dem Beklagten das Alleineigentum an einer Eigentumswohnung zugesprochen und ansonsten den Parteien die Erträge und Kosten von anderen Eigentumswohnungen hälftig zugewiesen, so bemisst sich die

---

1 OLG Köln, KostRsp. ZPO § 5 Nr. 55.
2 OLG Frankfurt JurBüro 1979, 1195 = KostRsp. ZPO § 3 Nr. 444 mit Anm. *E. Schneider*.
3 Siehe dazu *E. Schneider* JurBüro 1977, 433.
4 OLG Frankfurt, KostRsp. ZPO § 3 Nr. 445.
5 OLG Frankfurt, KostRsp. ZPO § 3 Nr. 445.

Beschwer des Klägers nach dem Wert des von ihm geltend gemachten Miteigentumsanteils an der Eigentumswohnung sowie dem 3,5fachen Wert des einjährigen Bezuges der Nutzungen aus den anderen Eigentumswohnungen. Demgegenüber ist der Nutzungsvorteil des Beklagten, der eine Eigentumswohnung trotz eines nur anteiligen Gebrauchsrechts allein nutzt, nicht streitwerterhöhend zu berücksichtigen, wenn der Kläger sein eigenes Mitgebrauchsrecht nicht geltend gemacht hat.[1]

Der Streitwert einer Klage auf Aufhebung der Gütergemeinschaft ist nach § 3 ZPO zu bewerten. Er bemisst sich nicht nach dem Aktivvermögen, sondern nach dem Interesse des Klägers an der Aufhebung.[2]   **425**

Nach § 6 ZPO ist zu bewerten, wenn zwischen den an der **Gütergemeinschaft** Beteiligten um Besitz oder Eigentum gestritten wird.   **426**

Nach BGH[3] bestimmt sich der Streitwert der Klage eines Abkömmlings auf **Aufhebung der fortgesetzten Gütergemeinschaft** nach dem Anteil des Klägers am Gesamtgut, der etwa auf die Hälfte seines Wertes zu ermäßigen ist, weil die Klage nur der Vorbereitung der Auseinandersetzung dient. Das OLG München[4] hat den Streitwert auf $^1/_{10}$ des Wertes des Gesamtgutes angesetzt.   **427**

Zum **vorzeitigen Ausgleich einer Zugewinngemeinschaft** siehe das Stichwort „Zugewinngemeinschaft" (Rn. 6380 ff.).   **428**

Wird eine **Grundstücksgemeinschaft durch Prozessvergleich auseinandergesetzt**, so bemisst sich der Vergleichswert nach dem wirtschaftlichen Interesse der die Auseinandersetzung betreibenden Partei. Dies gilt entsprechend für den Vergleichsmehrwert, der festzusetzen ist, weil der Auseinandersetzungsanspruch nicht Klagegegenstand war.[5]   **429**

---

1 BGH, Urteil v. 17. 3. 1998 – IV ZR 205/98, ZEV 1999, 233 = EzFamR ZPO § 9 Nr. 3.
2 OLG Koblenz, KostRsp. ZPO § 3 Nr. 327; siehe weiter BGH NJW 1973, 51 = JurBüro 1973, 121: $^1/_2$ des Anteilswertes.
3 BGH JurBüro 1973, 121 = NJW 1973, 51 = Rpfleger 1973, 14.
4 OLG München, KostRsp. ZPO § 3 Nr. 72.
5 OLG Stuttgart, Urteil v. 10. 10. 2003 – 13 W 39/03, OLGR 2004, 19.

Auflassung

Literatur: *Creutzig* NJW 1969, 1334; *Waltinger* Rpfleger 1972, 85; *Schalhorn* JurBüro 1974, 1365 (Grundstückskauf).

Gliederungsübersicht

A. Bewertungsgrundsätze 430
B. Auflassungsgründe – weitergehende
   Zweckverfolgung 437

C. Grundstücksbelastungen 454
D. Gegenleistungen – Zurückbehaltungsrecht 458

Stichwortübersicht

Aufhebungsinteresse 450
Entgegennahme der Auflassung . . . 439
Erbauseinandersetzung 464
Gegenforderung 473
– geringfügige 459
Gegenleistungen . . . . 458 ff.
Grundbucheintragung 445
– als Miterbe 448
Grundschulden 455
Grundstücksbelastungen . . . . . 454 ff.
Grundstückstauschvertrag 437
Heimfallklage 456
Hypotheken 455
Hypothekenlöschung 452
Interesse des Klägers 440
Inventar 434
Lastenfreie Auflassung und Löschung
– Umschreibung 438
Miterbe 431, 446, 448

Mitwirkung bei Auflassung Nachlass-
   grundstück 446
Nachlassgläubiger 449
Negative Feststellungsklage . . . . 470 f.
Notarieller Vertrag 443
Restriktive Auslegung des § 6 ZPO . . 465
Rückauflassung 431, 435
Schadensersatzansprüche 453
Verkehrswert 432
Vermessungsergebnis für Teilgrund-
   stück 441
Vorerbe, nicht befreiter 443
Werterhöhung vor Urteilserlass . . . 436
Wirtschaftliche Betrachtungsweise bei
   Gegenforderungen 472
Wohnrecht 455
Zurückbehaltungsrecht 475
Zustimmung zur Auflassung 442

A. Bewertungsgrundsätze

430 Der Streitwert des Anspruchs auf Auflassung eines Grundstücks bemisst sich gemäß § 6 ZPO nach dem Verkehrswert.[1]

431 Das gilt auch für den Anspruch auf **Rückauflassung** (unten Rn. 435). Wird aber die Rückauflassung nur wegen eines ideellen Grundstücksanteils verlangt, dann ist nur vom anteiligen Verkehrswert auszugehen.[2]

---

1 Allg.M.; siehe z.B. OLG Celle Nds.Rpfl. 1962, 111; OLG Neustadt Rpfleger 1963, 66; JurBüro 1961, 508; OLG Bremen JurBüro 1973, 1087; OLG Frankfurt/M. JurBüro 1973, 51 = Rpfleger 1973, 62; OLG München JurBüro 1981, 892 mit Anm. *Mümmler* = MDR 1981, 501 (dazu *E. Schneider* MDR 1982, 267 zu Ziff. 4); OLG Düsseldorf JurBüro 1987, 395; LG Bayreuth JurBüro 1977, 1116; 1978, 553; OLG München OLGR 1994, 264, das der Gegenmeinung, die auf eine wirtschaftliche Betrachtung abstellt (so *Lappe* Anm. zu KostRsp. ZPO § 3 Nr. 1109), „beachtliche Argumente" zugesteht.
2 OLG Schleswig Rpfleger 1980, 293 = AnwBl. 1980, 255; ebenso OLG Karlsruhe Rpfleger 1980, 308, bei Entziehung von Wohnungseigentum, und OLG Bamberg, Beschl. v. 11. 3.

Auch bei der Auflassungsklage eines **Miterben** ist der Anteil des klagenden Erben abzuziehen. Siehe dazu das Stichwort „Miterbe" (Rn. 3826 ff.).

Mit „Wert" ist in § 6 ZPO nicht der Einheitswert, sondern der **Verkehrswert** 432 gemeint.[1] Dieser ist der gemeine Wert, also der Betrag, der sich bei einer Veräußerung zur Zeit der Klageerhebung erzielen lässt (siehe das Stichwort „Verkehrswert" Rn. 5858 ff.). Er ist nach § 3 ZPO zu schätzen.[2]

Wird auf lastenfreie Auflassung eines Grundstücks und zusätzlich auf Lö- 433 schung einer bereits eingetragenen Eigentümergrundschuld geklagt, dann ist der **Grundstückswert Höchstgrenze**, da der Kläger nicht mehr als die lastenfreie Übertragung des Grundstückseigentums erreichen kann und will.[3] Anderenfalls wäre bei Belastung des Grundstücks mit einer gegenüber dem Verkehrswert wesentlich übersetzten Eigentümerschuld deren Nennbetrag maßgebend, obwohl es nur um das Grundstück und damit um dessen realen Verkehrswert geht (argumentum ad absurdum).

Inventar ist hinzuzurechnen, wenn das Eigentum daran erst mit dem Grund- 434 stückseigentum übergeht.[4]

Aus welchem Rechtsgrund die Auflassung verlangt wird, ist belanglos.[5] Auch 435 bei einem **Rückauflassungsanspruch** ist deshalb der Verkehrswert des Grundstücks gleich dem Streitwert.[6] Bei dem Verlangen der Rückauflassung eines ideellen Grundstücksteils ist jedoch nur der entsprechende Teil des Verkehrswerts des gesamten Grundstücks maßgebend (Rn. 431).

Macht der Kläger einen Anspruch auf Auflassung eines Grundstücks geltend, 436 das inzwischen von dem Beklagten bebaut worden ist, so ist für die Streitwertbemessung der Verkehrswert des Grundstücks einschließlich des Gebäudes maßgebend.[7]

B. Auflassungsgründe – weitergehende Zweckverfolgung

Wird zwecks Vollzugs eines Grundstücks-Tauschvertrages auf Auflassung und 437 Entgegennahme der Auflassung geklagt, dann soll damit der **Leistungsaus-**

1987 – 2 WF 18/87, KostRsp. ZPO § 3 Nr. 865 mit Anm. *E. Schneider* = JurBüro 1987, 748, für die Klage auf Zustimmung zur Auflassung eines Grundstücks, das in die frühere eheliche Gütergemeinschaft eingebracht worden war.

1 RG JW 1930, 1083.
2 OLG Nürnberg JurBüro 1961, 508.
3 OLG Köln KostRsp. ZPO § 6 Nr. 118 = JurBüro 1988, 1388; OLG Düsseldorf, Beschl. v. 2. 7. 1993 – 9 W 53/93, KostRsp. ZPO § 6 Nr. 140 = JurBüro 1994, 496 = OLGR 1993, 266.
4 OLG Karlsruhe OLGE 33, 16; OLG Breslau OLGE 20, 294.
5 OLG Frankfurt/M. Rpfleger 1952, 512.
6 OLG Bamberg, Beschl. v. 30. 1. 1990 – 1 W 130 89, KostRsp. ZPO § 6 Nr. 128 mit Anm. *E. Schneider* = JurBüro 1990, 773.
7 OLG Frankfurt/M. NJW 1961, 2264.

tausch bewirkt werden. Der Streitwert bemisst sich deshalb nach dem, was der Kläger zu bekommen hat.[1] Das OLG Karlsruhe[2] hat den Wert des höherwertigen Grundstücks angesetzt, gleichviel ob der Kläger es bekommen oder leisten soll. Ebenso hat das RG[3] ohne nähere Begründung für die **Wandelungsklage** entschieden (siehe das Stichwort „Wandelung" Rn. 6180). Das widerspricht jedoch wirtschaftlicher Betrachtungsweise und den Bewertungsregeln für den „Tauschvertrag" und im Grundsatz auch der Bewertung von Wandelungsklagen (siehe das Stichwort „Wandelung" Rn. 6173).

438 Bezweckt die Klage die Verurteilung des Beklagten zur **lastenfreien Umschreibung** eines verkauften Grundstücks, dann bemisst sich der Streitwert nach der Höhe der Belastung des Grundstücks. Dabei kommt es nicht auf die nominelle, sondern auf die valutierte Belastung des Grundstücks an.[4] Im Einzelfall kann es jedoch auch anders liegen. Geht es nicht nur um die Beseitigung der Lasten, sondern auch um das Grundstück selbst, dann ist dessen Verkehrswert maßgebend (Rn. 433).

439 Wird nur auf **Entgegennahme der Auflassung** durch den Beklagten geklagt, dann ist wertbestimmend das Interesse des Klägers, nicht der Grundstückswert. Es ist nach § 3 ZPO zu schätzen; ein Fall des § 6 ZPO ist nicht gegeben.[5]

440 Das Interesse des Klägers ergibt sich aus den jeweiligen Umständen, z.B. will er von den steuerlichen Lasten, Versicherungsprämien usw. loskommen. Das OLG Bamberg[6] nimmt $^1/_{10}$ des Kaufpreises als Regelwert an.

441 Geht es nicht um die Auflassung als solche, sondern wird nur ein **Vermessungsergebnis** für ein neu gegründetes Teilgrundstück angegriffen, dann ist lediglich das Interesse des Klägers an der Beseitigung seiner Verschlechterung durch ein unrichtiges Messergebnis zu bewerten, und zwar durch Schätzung nach § 3 ZPO.[7]

442 Der gegen weitere Beklagte gerichtete **Anspruch auf Zustimmung** zu der begehrten Auflassung hat neben dem Auflassungsanspruch einen eigenen Streitwert. Jedoch sind die Einzelwerte nicht zusammenzurechnen; abzustellen ist nur auf den Verkehrswert des Grundstücks, da der Kläger mit seinem Begehren nicht mehr als das Eigentum am Grundstück erlangen kann.[8]

443 Klagt der Kläger auf Verurteilung des Beklagten zur Auflassung und **Bewilligung der Eigentumsumschreibung** entsprechend einem zwischen den Parteien abgeschlossenen notariellen Vertrag und wird der Beklagte auch antragsgemäß

---

1 RG 1900, 747.
2 OLGE 33, 16.
3 RGZ 46, 423.
4 OLG Köln AnwBl. 1969, 53.
5 RGZ 57, 400; KG OLGE 21, 60; OLG Kiel OLGE 19, 48 u. DRZ 1932 Nr. 102; OLG München OLGE 21, 60.
6 OLG Bamberg JurBüro 1994, 361.
7 OLG Bamberg JurBüro 1982, 1720.
8 OLG Nürnberg JurBüro 1963, 170.

verurteilt, so steht dies nicht entgegen, den Streitwert lediglich nach dem wirtschaftlichen Interesse des Klägers zu bemessen, etwa wenn es tatsächlich nur darum geht, den Beklagten zu zwingen, den Notar zur Stellung des Umschreibungsantrages zu veranlassen,[1] oder wenn der Kläger nur vermeiden will, dass der Beklagte den Notar zum Vollzug des Eigentumserwerbs veranlasst/ermächtigt.[2] Diese im Ergebnis zu billigenden Entscheidungen erklären sich durch das Bestreben, grobe Fehler der Prozessbevollmächtigten bei der Antragsfassung gebührenrechtlich unschädlich zu machen (siehe auch unten Rn. 464 ff.).

Das Verlangen, der Beklagte möge dem Notar erklären, der Kaufpreis sei vom Kläger bezahlt, ist keine Auflassungsklage, so dass nicht § 6 ZPO, sondern § 3 ZPO anzuwenden ist.[3] In diesem Fall wird auf den eigentlichen Streit der Parteien abzustellen sein, etwa auf den Betrag, von dessen Zahlung der Beklagte die Abgabe der Erklärung an den Notar abhängig macht. **444**

So hat auch das OLG Bamberg[4] entschieden und die Klage auf Anweisung des Notars, dem Grundbuchamt die Auflassung zum Vollzug vorzulegen, nach dem streitigen Kaufpreisrest beziffert. Das OLG Bamberg hat es dabei allerdings vermieden, sich mit dem Problem der geringwertigen Gegenleistung (siehe unten Rn. 458) auseinanderzusetzen, und sein Ergebnis mit dem wenig überzeugenden Argument begründet, die für den Eigentumserwerb unerlässliche Eintragung im Grundbuch sei nur eine „Förmlichkeit", die nicht „das Gewicht" einer Auflassung habe. **445**

Verklagt ein Miterbe einen anderen Miterben auf **Mitwirkung bei der Auflassung eines Nachlassgrundstückes** an einen Dritten, so ist der Streitwert gleich dem Wert des Grundstückes.[5] Soll an den klagenden Miterben selbst aufgelassen werden, dann mindert sich der Streitwert um dessen Anteil (oben Rn. 431). **446**

Klagt der nicht befreite Vorerbe gegen den Nacherben auf **Zustimmung zu einem Verkauf eines** aus dem Nachlass **durch Erbfall erworbenen Grundstücks** und zur Auflassung an den Käufer, so ist der Streitwert zu schätzen, § 3 ZPO. Der Wert der Zustimmung zum Verkauf und zur Auflassung kann dem Verkehrswert des Grundstücks entsprechen. Zugunsten des Vorerben eingetragene Belastungen des Grundstücks sind vom Verkehrswert abzusetzen, wenn sie durch den Eintritt der Erbfolge unberührt bleiben.[6] **447**

---

1 OLG Düsseldorf, Beschl. v. 27. 4. 1987 – 9 W 33787, KostRsp. ZPO § 6 Nr. 114 mit Anm. *E. Schneider* = JurBüro 1987, 1380; OLG Düsseldorf, Beschl. v. 27. 10. 1989 – 9 W 89/89, KostRsp. ZPO § 3 Nr. 990 = NJW 1990, 844 = JurBüro 1990, 388.
2 OLG Düsseldorf OLGR 1992, 215.
3 OLG Karlsruhe, Beschl. v. 1. 3. 1984 – 10 W 5/84, KostRsp. ZPO § 3 Nr. 699 mit Anm. *E. Schneider* = JurBüro 1984, 1235.
4 OLG Bamberg, Beschl. v. 26. 4. 1983 – 4 W 7/83, KostRsp. GKG § 3 Nr. 633 mit Anm. *E. Schneider* = JurBüro 1983, 1071.
5 BGH NJW 1956, 1071.
6 OLG Schleswig JurBüro 1968, 735.

448 Bezieht sich der Auflassungsanspruch des Klägers zwar auf das ganze Grundstück, führt er aber nicht zu einer Löschung des Beklagten im Grundbuch, sondern zu einer **Eintragung als Miterbe** neben den übrigen Erben, so muss der unbestrittene Anteil des Beklagten für die Streitwertbemessung außer Betracht bleiben.[1]

449 Der Wert des Streitgegenstandes bei Klagen eines **Nachlassgläubigers gegen einen einzelnen Miterben** auf Auflassung und Herausgabe eines Grundstückes ist gleich dem Wert des Grundstückes, nicht nur gleich dem Wert des Anteils des beklagten Miterben.[2]

450 Wenn auf Auflassung eines Grundstückes und zugleich auf Aufhebung desjenigen Vertrages geklagt wird, der dem Eigentumswechsel zugrunde liegt, kann das **Aufhebungsinteresse** wertmäßig das Auflassungsinteresse des Klägers übersteigen.[3]

451 Meist wird aber die Aufhebung wegen wirtschaftlicher Identität wertmäßig belanglos sein, auch wenn sie durch einen eigenen Klageantrag verfolgt wird. So liegt es insbesondere bei Verbindung einer Rückauflassungsklage[4] mit einer Feststellungsklage auf Bestehen der Auflassungspflicht oder einer Widerklage auf Feststellung ihres Nichtbestehens.[5]

452 Wird mit der Auflassung gleichzeitig die **Löschung von Hypotheken** verlangt, ist ebenfalls nur der Grundstückswert bestimmend.[6] Wenn der Auflassungskläger jedoch verlangt, dass der Beklagte auch noch ein auflastendes Grundpfandrecht durch Zahlung an den Inhaber ablöst, ist nach OLG Braunschweig[7] der Wert des Grundpfandrechts mit dem Grundstückswert zusammenzurechnen.

453 Schadensersatzansprüche, z.B. wegen verkauften Inventars, sind werterhöhend zu berücksichtigen.

C. Grundstücksbelastungen

454 Nach h.M. sind Ansprüche auf Herausgabe oder Auflassung von Grundstücken nach deren Wert **ohne Rücksicht auf** die auflastenden **Grundpfandrechte** zu bewerten.[8]

---

1 RG JW 1937, 228; KG Rpfleger 1962, 155; Einzelheiten bei dem Stichwort „Miterbe" (Rn. 3826 ff.).

2 OLG Hessen-Kassel SJZ 1949, 418; OLG Hamburg Rpfleger 1951, 570; OLG Karlsruhe OLGE 15, 52; OLG Breslau OLGE 15, 46.

3 RGZ 73, 273.

4 LG Bayreuth JurBüro 1977, 1116.

5 RG JW 1902, 253.

6 RGZ 46, 423; OLG Karlsruhe OLGE 13, 69; oben Rn. 318.

7 OLG Braunschweig AnwBl. 1972, 319.

8 BGH NJW 1954, 955; KG Rpfleger 1962, 155; JR 1951, 349; OLG Braunschweig AnwBl. 1972, 319; OLG Frankfurt/M. JurBüro 1973, 1086; 1974, 1441; 1979, 1889; KG Rpfleger 1974, 439 (ausführliche Erörterung); OLG Schleswig, Beschl. v. 9. 1. 1980 – 7 W 11/79,

Dafür spricht, dass bei der Veräußerung von belasteten Grundstücken immer der volle Kaufpreis anfällt. Er wird lediglich – vom Verkäufer selbst oder vom dazu beauftragten Notar – ganz oder teilweise verwendet, um das Grundstück vertragsgemäß lastenfrei zu machen. Das kann so weit gehen, dass der Verkäufer beispielsweise das bebaute Grundstück vor Veräußerung mit dem vollen Kaufpreis zugunsten seiner Bank belastet und der Kaufpreis nur noch in der Ablösung dieser Belastung besteht. Für den Verkäufer hat das den Vorteil, dass er seinem Geld nicht hinterherzulaufen braucht; Zahlungsverzögerungen für den Erwerber sind wiederum wirtschaftlich uninteressant, da er ab Vertragsschluss die (hohen) Kreditzinsen an die Bank bezahlen muss. Wollte man in solchen Fällen die Belastung abziehen, käme selbst bei wertvollen Grundstücken als Streitwert nur die unterste Gebührenstufe in Betracht – ein sich selbst widerlegendes Ergebnis.

Kritisch und mit beachtlichen Gegengründen OLG Karlsruhe[1] und LG Köln.[2]

Der Grundsatz, dass dingliche Belastungen – in der Regel eingetragene Grundschulden und Hypotheken – den Verkehrswert nicht mindern, muss jedoch eingeschränkt werden. Es gibt nämlich daneben Belastungen, die den Wert des Grundstücks erheblich beeinträchtigen, aber vom Käufer übernommen werden müssen. Hierher rechnen beispielsweise **Wohnrechte**, die die wirtschaftliche Nutzung sehr beeinträchtigen, manchmal sogar die größten Schwierigkeiten bei einer vorgesehenen Veräußerung auslösen. Derartige Belastungen dürfen nicht außer acht gelassen werden, weil sonst der wirkliche Verkehrswert nicht ermittelt würde.[3]   **455**

Geht es um die **Rückübertragung eines belasteten Erbbaurechts** (sog. Heimfallklage), dann ist ebenfalls umstritten, ob die Grundpfandrechte abzuziehen sind.   **456**

Auszugehen ist von § 6 ZPO. Da es jedoch nicht um den Grundbesitz als solchen, sondern nur um das Erbbaurecht geht, ist dieses allein wertbestimmend mit der Folge, dass die zur Gebäudefinanzierung aufgenommenen Grundpfandrechte abgezogen werden müssen.[4]   **457**

Rpfleger 1980, 239 = AnwBl. 1980, 255 = SchlHA 1981, 192 = KostRsp. ZPO § 6 Nr. 80 mit krit. Anm. *E. Schneider*; OLG München JurBüro 1981, 892 mit Anm. *Mümmler* = MDR 1981, 501; OLG Karlsruhe JurBüro 1982, 1402 = AnwBl. 1982, 375; OLG Düsseldorf, Beschl. v. 12. 11. 1986 – 9 W 127/86, JurBüro 1987, 395 = KostRsp. ZPO § 6 Nr. 111; einschränkend für Klagen gegen einen Störer OLG Frankfurt/M. JurBüro 1981, 759 = MDR 1981, 589; siehe auch bei den Stichwörtern „Grundstück" Rn. 2615 und „Verkehrswert" Rn. 4728.

1 OLG Karlsruhe Justiz 1967, 240.
2 LG Köln NJW 1977, 255 m. abl. Anm. *Schömbach* S. 856; ablehnend auch OLG Schleswig AnwBl. 1980, 255.
3 Ebenso OLG Karlsruhe JurBüro 1955, 446 – betreffend den Streit um einen Miteigentumsanteil; OLG Bamberg JurBüro 1976, 1094 (1095) – betreffend die Klage auf Eintragung einer Auflassungsvormerkung; OLG Bamberg JurBüro 1992, 629 – betreffend die Auflassung eines bebauten, mit einem Erbbaurecht belasteten Grundstücks.
4 Vgl. LG Hannover JurBüro 1974, 878 gegen OLG Celle JurBüro 1974, 880; siehe auch das Stichwort „Heimfallrecht" Rn. 2681 ff.

D. Gegenleistungen – Zurückbehaltungsrecht

458 Gegenleistungen und Zurückbehaltungsrechte bleiben nach h.M. außer Ansatz.[1]

459 Hierbei muss jedoch beachtet werden, dass es sich nur um einen Grundsatz handelt. Er ist ausnahmsweise dann zu durchbrechen, wenn bei hohem Sachwert der Streit lediglich um eine **minimale Gegenforderung** geführt wird.

460 Wenn das OLG Nürnberg,[2] OLG Frankfurt/M.,[3] OLG Bremen,[4] OLG Celle,[5] OLG Bamberg[6] und OLG München[7] auch in diesem Fall uneingeschränkt den Verkehrswert des aufzulassenden Grundbesitzes ansetzen, so ist das abzulehnen.[8]

461 Das OLG Karlsruhe[9] lässt die Frage grundsätzlich offen, berücksichtigt aber die Gegenleistung nicht, soweit sie $1/4$ des Verkehrswertes oder mehr ausmacht. Auch das ist abzulehnen, da es nur zu neuen Kontroversen und Abgrenzungsschwierigkeiten führen würde, den Streitwert danach zu berechnen, ob die Gegenleistung im Verhältnis zum Verkehrswert mehr oder weniger geringfügig ist.

462 Wie *Lappe*[10] mit Recht hervorgehoben hat, kann die Vorschrift des § 6 ZPO im Einzelfall zu untragbaren Ergebnissen führen und zwingt deshalb nicht selten

---

1 RG JW 1937, 228; OLG Celle Nds.Rpfl. 1952, 512 u. JurBüro 1977, 1137 = MDR 1977, 672; OLG Bremen JurBüro 1973, 1087; OLG Frankfurt/M. JurBüro 1973, 51 = Rpfleger 1973, 62; JurBüro 1974, 1441; OLGR 1995, 238; OLG Stuttgart NJW 1975, 394; OLG Bamberg JurBüro 1978, 427 mit Anm. *Mümmler*; KostRsp. ZPO § 6 Nr. 123 = JurBüro 1989, 1598; OLG München JurBüro 1981, 892 mit Anm. *Mümmler* = MDR 1981, 501 (siehe dazu *E. Schneider* MDR 1982, 267 zu Ziff. 4); KostRsp. ZPO § 3 Nr. 919 = JurBüro 1988, 775; OLG Karlsruhe AnwBl. 1982, 375; OLG Nürnberg MDR 1995, 966 = JurBüro 1995, 646.
2 OLG Nürnberg MDR 1995, 966 = JurBüro 1995, 646.
3 OLG Frankfurt/M. OLGR 1995, 238; Rpfleger 1970, 354; JurBüro 1973, 51 = Rpfleger 1973, 62.
4 OLG Bremen JurBüro 1973, 1087.
5 OLG Celle JurBüro 1977, 1137 = MDR 1977, 672.
6 OLG Bamberg JurBüro 1971, 456; 1975, 650; JurBüro 1982, 886 mit zust. Anm. *Mümmler* m.w.N.; OLG Bamberg, Beschl. v. 25. 4. 1989 – 1 W 12/89, KostRsp. ZPO § 6 Nr. 123 = JurBüro 1989, 1598.
7 OLG München JurBüro 1981, 892 mit Anm. *Mümmler* = MDR 1981, 501 (siehe dazu *E. Schneider* MDR 1982, 267 zu Ziff. 4); OLG München, Beschl. v. 3. 2. 1988 – 8 W 796/88, KostRsp. ZPO § 3 Nr. 919 = JurBüro 1988, 775.
8 Siehe die Kritik bei *Vollkommer*, Rpfleger 1970, 354 und 1973, 62; *E. Schneider* JurA 1971, 57 (95 f.); Anm. *Lappe* zu KostRsp. § 6 ZPO Nr. 39 und 42; ferner OLG Celle Nds.Rpfl. 1968, 231; OLG Braunschweig NJW 1973, 1982; OLG Frankfurt/M. JurBüro 1979, 1885; OLG Köln (2. ZS) ZIP 1981, 781 = KostRsp. ZPO § 6 Nr. 78 mit zust. Anm. *Lappe*; OLG Köln (17. ZS) KostRsp. ZPO § 6 Nr. 83 mit zust. Anm. *E. Schneider*; OLG Düsseldorf OLGR 1993, 348.
9 OLG Karlsruhe, Beschl. v. 8. 8. 1988 – 10 W 34/88, KostRsp. ZPO § 6 Nr. 119 mit Anm. *E. Schneider* = MDR 1988, 1067 = JurBüro 1988, 1551.
10 Anm. *Lappe* zu KostRsp. ZPO § 6 Nr. 39.

zu einer einschränkenden Auslegung. Der vom OLG Frankfurt/M.[1] entschiedene Fall zeigt das deutlich:

Der Kläger hatte gegen den Beklagten auf Herausgabe eines Grundstücks geklagt, dessen Verkehrswert 184 000 DM ausmachte. Der Beklagte verteidigte sich mit einem Zurückbehaltungsrecht wegen einer streitigen Forderung in Höhe von 84 DM. Wenn das OLG Frankfurt/M. dessen ungeachtet den Streitwert mit 184 000 DM ansetzt, so zwingt es dabei in der wirtschaftlichen Konsequenz den Kläger, bei geringfügigen Gegenforderungen auch ungerechtfertigte Ansprüche anzuerkennen, nur um einen Rechtsstreit mit ruinösem Streitwert zu vermeiden. Wird der Grundsatz des § 6 ZPO in derartigen Sachverhalten bis zur sinnlosen und grob unbilligen Konsequenz befolgt, dann wird der eigentliche Streit um die Berechtigung zur Leistungsverweigerung mit einem derart unverhältnismäßigen Kostenrisiko belastet, dass man schon von einem enteignenden Eingriff in materielle Rechtslagen sprechen kann.[2] **463**

Ähnliche Fälle können auch bei **Erbauseinandersetzungen** oder Miterben auftreten.[3] Der entscheidende Fehler in der Argumentation der h.M. ist die Verkennung, dass § 6 ZPO über § 48 Abs. 1 GKG für den Gebührenstreitwert nur **entsprechend** anwendbar ist. **464**

Das ist vom OLG Köln[4] in einer grundsätzlichen Entscheidung aufgezeigt worden. Immer wieder wird übersehen, dass § 6 ZPO unmittelbar nur der Berechnung der **sachlichen Zuständigkeit** und der **Rechtsmittelbeschwer** dient. Es ist verfehlt, den Gebührenstreitwert unbesehen damit zu identifizieren. Im Gegenteil zeigt § 62 GKG, dass dies nur bei ausdrücklicher Entscheidung über die Zuständigkeit des Prozessgerichts oder die Zulässigkeit des Rechtsmittels gelten soll. Hohe Werte für Zulässigkeit und Beschwer können sinnvoll sein, um bestimmte Eingangsgerichte zuständig zu machen und Instanzenzüge zu eröffnen. Werden sie jedoch unbesehen auf den Gebührenstreitwert übertragen, dann kann sich dies für die Parteien wirtschaftlich erschwerend, unerträglich oder gar ruinös auswirken. Damit die Verfassungsgrundsätze der Verhältnismäßigkeit und des Übermaßverbotes[5] nicht verletzt werden, muss § 6 ZPO für den Gebührenstreitwert restriktiv interpretiert werden. **465**

In diese Richtung geht auch eine Entscheidung des OLG Frankfurt/M.,[6] wonach der Streitwert der Klage auf Herausgabe eines Grundstücks nicht nach einem starren Schema (= § 6 ZPO!) bewertet werden darf, sondern alle **Umstände des Einzelfalles** berücksichtigt werden müssen. Das OLG Frankfurt/M. hat in dieser Entscheidung das Herausgabeverlangen des Eigentümers gegen einen Störer **466**

---

1 Rpfleger 1970, 354.
2 So *Vollkommer* Rpfleger 1970, 354 und *Lappe* Anm. zu KostRsp. § 6 ZPO Nr. 65.
3 Siehe dazu *Speckmann* NJW 1970, 1906 ff. und unten das Stichwort „Miterbe" (Rn. 3826 ff.).
4 OLG Köln, Beschl. v. 29. 4. 1981 – 2 W 17/81, ZIP 1981, 781 = KostRsp. ZPO § 6 Nr. 78.
5 Vgl. etwa BVerfGE 23, 133 f.; 43, 106; 76, 50 f.
6 OLG Frankfurt/M. JurBüro 1981, 759 = MDR 1981, 589.

bei unbestrittener Eigentümerstellung unter Abzug der auf dem Grundstück ruhenden Lasten bewertet und damit im Prinzip die formale Anwendung des § 6 ZPO gegeben.

467 In diesem Sinne hat letztlich auch das OLG Bremen[1] entschieden, das den Streitwert einer Klage auf Herausgabe eines Grundschuldbriefes nach den **finanziellen Aufwendungen** bewertet hat, die der Kläger hätte machen müssen, um das Zurückbehaltungsrecht des Beklagten abzuwenden.

468 Auch die oben in Rn. 443 angeführte Entscheidung des OLG Düsseldorf tendiert zur einschränkenden Auslegung des § 6 ZPO, wie in der Anm. von *E. Schneider* zu KostRsp. ZPO § 6 Nr. 114 herausgestellt worden ist.

469 Für die restriktive Interpretation spricht ferner die materiellrechtliche Vorschrift des **§ 273 Abs. 3 BGB**. Überträgt man ihren Gedanken auf die unter § 6 ZPO fallenden Klagen, dann führt dies dazu, den Streitwert immer nach der Gegenleistung zu bestimmen, wenn nur diese zwischen den Parteien streitig ist und allein über das darauf gestützte Zurückbehaltungsrecht gestritten wird.

470 Keine akzeptable Lösung dürfte es sein, wenn OLG Frankfurt/M.[2] den Kläger auf die **negative Feststellungsklage** verweist.[3]

471 Dass dadurch nur neue Schwierigkeiten ausgelöst würden, zeigt OLG Karlsruhe,[4] wonach der Streitwert einer Feststellungsklage auf Berechtigung zur Einbehaltung eines Restkaufpreises für ein Grundstück und Nichtberechtigung der Beklagten, wegen dieses Betrages die Auflassung und Bewilligung der Eintragung in das Grundbuch zu verweigern, gleich dem Verkehrswert des Grundstücks unter Berücksichtigung eines Abzuges von 20 % wegen bloßer Feststellung ist.

472 Daher ist es begrüßenswert, dass sich das OLG Frankfurt/M.[5] der Mindermeinung angeschlossen hat, die eine **wirtschaftliche Betrachtungsweise** verlangt. Der Sachverhalt dieser Entscheidung ist eigentlich der beste Beweis für die Richtigkeit der Auffassung des OLG Frankfurt/M. Es ging um die Eigentumsverschaffung an einem bebauten Grundstück, dessen Kaufpreis von 215 000 DM unstreitig war. Der Beklagte lehnte die Mitwirkung an der Umschreibung nur deshalb ab, weil er meinte, ihm stünden noch 500 DM für Sonderwünsche und 1000 DM als Disagio für ein Darlehen zu. Diese allein streitigen Positionen wurden dann durch einen Prozessvergleich erledigt, in dem der Kläger sich verpflichtete, noch 300 DM an den Beklagten zu zahlen. Das Landgericht hatte den Streitwert auf 217 500 DM festgesetzt! Das OLG Frankfurt/M. hat bei der Abänderung darauf hingewiesen, auch bei einer Auflassungsklage müsse berücksichtigt werden, aus welchem Grunde und wegen welcher Forderung die

---

1 OLG Bremen, Beschl. v. 31. 10. 1984 – 2 W 125/84, KostRsp. ZPO § 6 Nr. 107 mit Anm. *E. Schneider* = Rpfleger 1985, 77 = JurBüro 1985, 444.
2 OLG Frankfurt/M. JurBüro 1973, 51.
3 Dagegen *Vollkommer* Rpfleger 1973, 62; *E. Schneider* MDR 1974, 182.
4 OLG Karlsruhe AnwBl. 1980, 502.
5 OLG Frankfurt/M. JurBüro 1979, 1885.

Auflassung verweigert werde. Hervorzuheben ist aus der Begründung der überzeugende Hinweis auf eine entsprechende Anwendung des § 6 ZPO, wonach der geringere Wert des Gegenstandes eines Pfandrechts maßgebend ist und deshalb auch auf die gegenüber dem Grundstückswert geringfügige Gegenforderung abzustellen sei.

In diesem Sinne hat jetzt auch das OLG Karlsruhe entschieden. Das Gericht will **473** zwar grundsätzlich für eine auf Auflassung und Eintragungsbewilligung gerichtete Klage von dem vollen Streitwert ausgehen, jedoch dann, wenn die Kläger lediglich die Zustimmung der Beklagten zum Vollzug einer bereits erklärten Auflassung verlagen, die wegen einer umstrittenen Restgegenforderung verweigert wird, den Streitwert nicht nach § 6 ZPO bestimmen, sondern gemäß § 3 ZPO unter Berücksichtigung des Wertes der streitigen Gegenforderung schätzen.[1]

Jedenfalls von der wirtschaftlichen Basis her ist diese Analogie tragfähig. Damit **474** wird durchaus nicht der Grundsatz in Frage gestellt, dass die Streitwertbemessung sich am Antrag des Klägers und nicht an den Einwendungen des Beklagten auszurichten hat. Es darf nur nicht übersehen werden, dass Rechtsgrundsätze keine Naturgesetze sind und wegen ihres Wertgehaltes immer die Möglichkeit von Ausnahmen einschließen. Das ist eine Grundvoraussetzung jeder anpassungsfähigen und am Gerechtigkeitsgedanken orientierten Methode, die auch im Streitwertrecht nicht aufgegeben werden darf. Es wäre im Ausgangsfall einfach absurd, rein formal auf den Verkehrswert des Grundstückes abzustellen und ohne sachlichen Anlass Prozesskosten anfallen zu lassen, die um mehr als das Zehnfache höher wären als die allein streitige Zusatzforderung des Beklagten.

Bemerkenswert ist auch, dass die wirtschaftliche Betrachtungsweise nach all- **475** gemeiner Ansicht im zweiten Rechtszug akzeptiert wird. Denn wenn der Beklagte als Berufungskläger nur sein **Zurückbehaltungsrecht** weiter verfolgt, bestimmt allein dieses den Streitwert.[2]

Gegen einen unangemessen weiten Anwendungsbereich des § 6 ZPO sind **476** schließlich in zwei Entscheidungen das OLG München und das OLG Celle vorgegangen, indem sie diese Vorschrift auf ihren Wortlaut zurückgeführt haben und sie nur anwenden, wenn auch der **Besitz herausverlangt wird**, also dann nicht, wenn es um das Eigentum ohne Rücksicht auf die Besitzlage geht.[3]

Im Fall des OLG München[4] ging der Streit um das Eigentum an Kultgegenständen, die im Jahre 1853 zur sakralen Nutzung überlassen worden waren und

---

1 OLG Karlsruhe, Beschl. v. 27. 7. 2005 – 1 W 33/05, OLGR 2006, 32 = JurBüro 2006, 145.
2 Siehe z.B. OLG Saarbrücken, Beschl. v. 6. 12. 1978 – 4 U 233/75, AnwBl. 1979, 153 = KostRsp. ZPO § 6 Nr. 66 mit Anm. *E. Schneider*; BGH, Beschl. v. 18. 1. 1995 – XII ZB 204/94, KostRsp. ZPO § 3 Nr. 1200 = NJW-RR 1995, 706; ausführlich dazu das Stichwort „Rechtsmittel" Rn. 4598 ff.
3 OLG München, Beschl. v. 18. 1. 1983 – 24 W 232/82, KostRsp. ZPO § 6 Nr. 96 mit Anm. *E. Schneider* = JurBüro 1983, 1393; OLG Celle, Beschl. v. 29. 4. 1983 – 14 U 15/83, KostRsp. ZPO § 6 Nr. 97 = Nds.Rpfl. 1983, 184 = JurBüro 1983, 1391.
4 OLG München, Beschl. v. 18. 1. 1983 – 24 W 232/82, KostRsp. ZPO § 6 Nr. 96 mit Anm. *E. Schneider* = JurBüro 1983, 1393.

unstreitig weiterhin bei dem derzeitigen Besitzer verbleiben sollten. Der Kläger wollte lediglich sein Eigentum tituliert haben. Der Wert der Kultgegenstände belief sich auf 1,3 Mio. DM, und darauf hatte die Vorinstanz in Anwendung des § 6 ZPO den Streitwert festgesetzt. Das OLG München hat ihn wegen der unstreitigen Besitzlage auf 40 % des Verkehrswertes reduziert.

477 Im Fall des OLG Celle[1] hatte die Klägerin den Beklagten ein noch zu bebauendes Grundstück für 239 680 DM verkauft und eine Auflassungsvormerkung bewilligt. Die Beklagten zahlten bis auf einen Restbetrag von 11 329 DM, der wegen Mängelrügen streitig und von der Klägerin eingeklagt wurde. Widerklagend begehrten die Beklagten Auflassung. Das LG hatte den Streitwert auf 11 329 DM + 239 680 DM = 251 009 DM festgesetzt. Das OLG Celle hat den Gesamtstreitwert auf 11 329 DM reduziert, ebenfalls deshalb, weil nicht um den Besitz gestritten wurde.

478 Beide Entscheidungen, insbesondere diejenige des OLG Celle, stehen in deutlichem Gegensatz zur h.M., die auch derartige Fälle rein formal nach § 6 ZPO bewerten würde.

Auflassungsvormerkung

Literatur: *E. Schneider*, Der Streitwert der Klage auf Löschung einer Auflassungsvormerkung, MDR 1983, 638.

A. Eintragung einer Vormerkung

479 Der Streitwert ist zu ermitteln durch freie Schätzung (§ 3 ZPO) des Interesses, das der Kläger an der Sicherung seines Eigentumserwerbs hat.[2]

480 Beim Anspruch auf Eintragung einer Auflassungsvormerkung ist auszugehen von dem Verkehrswert des Grundstücks unter Berücksichtigung von Belastungen, die die wirtschaftliche Nutzung wesentlich beeinträchtigen (**Dienstbarkeiten**), nicht aber von Hypotheken und Grundschulden.[3] Siehe zu den Belastungen das Stichwort „Auflassung" Rn. 455 ff.

481 Das Interesse am Erwerb der Auflassungsvormerkung kann im Einzelfall den Wert des Grundstücks, auf das sich der Auflassungsanspruch bezieht, erreichen (dieser ist aber obere Grenze).[4]

---

1 OLG Celle, Beschl. v. 29. 4. 1983 – 14 U 15/83, KostRsp. ZPO § 6 Nr. 97 = Nds.Rpfl. 1983, 184 = JurBüro 1983, 1391.
2 OLG Kiel HRR 1941 Nr. 550; OLG Oldenburg Nds.Rpfl. 1955, 135; OLG Koblenz Rpfleger 1956, 147; 1957, 316; OLG Schleswig Rpfleger 1957, 1; OLG Neustadt Rpfleger 1957, 238.
3 OLG Zweibrücken Rpfleger 1967, 2; OLG Bamberg JurBüro 1976, 1094.
4 OLG Schleswig SchlHA 1966, 85.

Der Ansatz des Grundstückswertes kommt aber nur dann in Betracht, wenn **482**
durch die Vormerkung ein **unmittelbar drohender völliger Rechtsverlust** abgewendet werden soll.[1]

Soweit solche Umstände nicht vorliegen, ist das Interesse wesentlich geringer **483**
und nur mit einem Bruchteil des Grundstückswertes anzusetzen. Wird eine
besonders akute Gefährdung des Auflassungsanspruchs nicht dargelegt (§ 885
Abs. 1 S. 2 BGB), so kann das Interesse nach OLG Frankfurt/M.[2] nur mit **etwa**
$^1/_{10}$ des Grundstückswertes angenommen werden. Ebenso hat das OLG Celle[3]
entschieden, weil der durch Vormerkung gesicherte Anspruch unstreitig nicht
mehr bestand. Das OLG Bamberg[4] hat mit $^1/_4$ bewertet, LG Bayreuth[5] mit $^1/_5$. Es
kommt eben stets auf den einzelnen Fall an. Unter $^1/_{10}$ zu gehen, dürfte jedoch
immer unangemessen sein.

Bei all diesen Bruchteilsschätzungen, die sich zwischen 5 %[6] und 68 %[7] des
Verkehrswertes bewegen, bleibt letztlich unklar, wie diese Prozentzahlen gewonnen werden.

So gut wie alle Entscheidungen stellen darauf ab, es gehe nicht darum, dem **484**
Verlust des Grundstückes vorzubeugen, sondern zu ermöglichen, über das
Grundstück frei zu verfügen und sich dessen wirtschaftlichen Wert durch Veräußerung nutzbar zu machen. Das aber setzt **Verwertungswillen und Verwertungsmöglichkeit** voraus. Soweit der Berechtigte darin behindert wird, ist sein
wirtschaftliches Interesse im Wesentlichen deckungsgleich entweder mit der
Vermeidung unnötigen Zinsdienstes oder mit entgangenem Veräußerungsgewinn.[8] Das aber lässt sich mit Zahlen belegen. Und deshalb sollte, was in der
Praxis eigentlich nie geschieht, dem Kläger vor der Wertfestsetzung aufgegeben
werden, solche Zahlen wenigstens annäherungsweise mitzuteilen.[9] Da jetzt
eine vorläufige Festsetzung zwingend ist (§ 25 Abs. 1 S. 1 GKG), wenn auch
ohne Anhörung der Partei, sollte ein Kläger seine Betragsvorstellung vorab mitteilen (vgl. § 61 GKG) und notfalls im Verfahren nach § 66 GKG weiter verfolgen.

Zur Rechtslage, wenn der Beklagte als **Berufungskläger** die Abänderung des ihn **485**
zur Einwilligung in die Löschung einer Auflassungsvormerkung verurteilenden
Urteils in eine Verurteilung Zug um Zug gegen Zahlungen des Klägers an ihn
begehrt, siehe das Stichwort „Rechtsmittel" Rn. 4601 f.

---

1 Zustimmend OLG Bamberg JurBüro 1976, 1094.
2 OLG Frankfurt/M., JurBüro 1958, 253.
3 OLG Celle JurBüro 1970, 434 = Rpfleger 1970, 248 = Nds.Rpfl. 1970, 167.
4 OLG Bamberg JurBüro 1976, 1094.
5 LG Bayreuth JurBüro 1981, 758.
6 BGH LM § 3 ZPO Nr. 47.
7 OLG Nürnberg, Beschl. v. 28. 10. 1969, KostRsp. ZPO § 3 Nr. 240; hier ging es um die
   Löschung einer Vormerkung.
8 OLG Köln, Beschl. v. 14. 3. 1983 – 2 W 15/83, MDR 1983, 495.
9 Siehe dazu E. *Schneider* MDR 1983, 638 u. Anm. zu OLG Frankfurt/M., Beschl. v. 18. 1.
   1983 – 1 W 53/82, KostRsp. ZPO § 3 Nr. 628 = AnwBl. 1983, 174.

B. Löschung einer Vormerkung

486 Siehe dazu auch bei dem Stichwort „Löschung von Grundpfandrechten" Rn. 3353 ff.

487 Der Streitwert einer Klage auf Löschung einer Vormerkung zur Sicherung des Anspruchs auf Übertragung des Eigentums an einem Grundstück ist vom Gericht gemäß § 3 ZPO nach freiem Ermessen zu schätzen.[1] Richtungsweisend ist dabei das Interesse des Klägers an der Möglichkeit zur freien Verfügung über sein Grundstück. Demzufolge ist es nicht ermessensfehlerhaft, wenn das Gericht $^1/_4$ des Grundstücksverkehrswertes als Streitwert festsetzt.[2]

488 Dabei fällt vor allem die derzeitige **Wertminderung** durch die „praktische Unveräußerbarkeit und Unbelastbarkeit" des Grundstücks[3] ins Gewicht.[4]

489 Als Anhaltspunkt für die Schätzung nach § 3 ZPO ist vom Grundstückswert nach Abzug der die wirtschaftliche Benutzbarkeit wesentlich beeinträchtigenden Belastungen auszugehen.[5]

490 Der Verkehrswert wird daher so gut wie nie erreicht werden, weil er fast immer höher liegen wird als die zahlenmäßig bewertete Behinderung des Klägers, über das Grundstück frei verfügen zu können.[6]

491 Das OLG Saarbrücken[7] hat mit Recht darauf hingewiesen, dass gerade bei Wohnhäusern ein hoher Streitwert unangemessen sei, da der Gebrauchswert bewohnter (vermieteter) Häuser regelmäßig von einer Auflassungsvormerkung nicht berührt wird.

492 Das OLG Köln[8] hält es im allgemeinen für angemessen, den Streitwert auf etwa $^1/_{10}$ **des Grundstückswertes** festzusetzen. Das OLG Bamberg[9] hält $^1/_{10}$ ausnahmsweise für vertretbar, zugleich aber auch für die unterste Grenze. In einer weiteren Entscheidung[10] hat das OLG Bamberg ebenfalls mit $^1/_{10}$ des Grundstückswertes bemessen und als Bewertungsumstände angeführt: Wertangabe in der Klageschrift; geringe Einschränkung der Verfügungsfreiheit und deren wirt-

---

1 OLG Oldenburg Nds.Rpfl. 1955, 135; OLG Koblenz Rpfleger 1957, 316; OLG Schleswig SchlHA 1958, 7; 1966, 85.
2 BGH, Beschl. 16. 10. 1997 – IV ZR 114/97, BGHR ZPO § 3 Auflassungsvormerkung 1 = BGHR ZPO vor § 511 Beschwer 16 = EzFamR ZPO § 3 Nr. 53; Festhaltung an BGH, Beschl. v. 14. 2. 1973 – V ZR 179/72, NJW 1973, 654.
3 OLG Nürnberg JurBüro 1977, 717 = NJW 1977, 857 = AnwBl. 1977, 251.
4 OLG Bamberg JurBüro 1976, 1247; OLG München BB 1976, 1295; OLG Köln JurBüro 1978, 1054.
5 OLG Zweibrücken Rpfleger 1967, 2; OLG Bamberg JurBüro 1976, 1094; OLG Neustadt Rpfleger 1957, 238.
6 OLG Saarbrücken JurBüro 1979, 264 = AnwBl. 1979, 114.
7 OLG Saarbrücken JurBüro 1979, 264 = AnwBl. 1979, 114.
8 OLG Köln, KostRsp. ZPO § 3 Nr. 622 = MDR 1983, 495.
9 OLG Bamberg JurBüro 1976, 1247.
10 OLG Bamberg, Beschl. v. 26. 3. 2006 – 1 W 24/90, KostRsp. ZPO § 3 Nr. 1007 mit Anm. *E. Schneider* = JurBüro 1990, 1511.

schaftliche Folgen für den Kläger; nur formaler Charakter des Löschungsstreits; Verwertungshindernisse nicht vorgetragen.

Das OLG Frankfurt/M.[1] geht für den Wert des Anspruchs auf Löschung einer 493
Auflassungsvormerkung von der Höhe derjenigen Nachteile aus, die durch die Löschung wirtschaftlich verursacht werden. Regelmäßig wird in diesem Fall von einem Bruchteil des gesicherten Rechts auszugehen sein, der zwischen $1/2$ und $1/10$ des Verkehrswertes schwankt. Ist die Eigentumsfrage ebenfalls Gegenstand des Prozesses, ist der Wert mit $1/10$ des vereinbarten Kaufpreises anzusetzen.

Das OLG Schleswig[2] hat $1/6$ als Höchstwert bezeichnet. Das OLG Frankfurt/M.[3] 494
geht bis zu $1/4$; dieser Bruchteil scheint bevorzugt zu werden.[4] Ebenso hat entschieden das OLG Celle[5] für den Streitwert einer Klage auf Löschung einer im Grundbuch eingetretenen Abtretung der Rechte aus einer Auflassungsvormerkung.

Das OLG Nürnberg[6] nimmt für Klagen auf Löschung einer Auflassungsvormer- 495
kung den halben Grundstückswert an.

Liegt der Klage die Anfechtung eines Erbvertrages zugrunde, rechtfertigt dies 496
keine höhere Streitwertfestsetzung.[7]

Auflösung einer GmbH

Die Auflösung einer GmbH ist in §§ 60 ff. GmbHG geregelt. Es muss ein Auf- 497
lösungsgrund bestehen (§ 60 GmbHG). Der Auflösung folgt grundsätzlich ein Liquidationsstadium. Nach Begleichung der Schulden (§ 70 GmbHG) wird das Vermögen nach dem Verhältnis der Geschäftsanteile verteilt (§ 72 GmbHG). Mit Abschluss der Liquidation (kein Aktivvermögen mehr vorhanden) ist die GmbH beendet und verliert die Rechtsfähigkeit. Die Beendigung ist zum Handelsregister anzumelden (§ 65 GmbHG). Die Eintragung hat allerdings nur deklaratorische Wirkung.

Der Wert einer Klage auf Auflösung einer GmbH (§ 61 GmbHG), auf Feststel- 498
lung des Bestehens oder auf Feststellung des Nichtbestehens wegen bereits erfolgter Auflösung ist nach § 3 ZPO zu schätzen.

---

1 OLG Frankfurt/M., Beschl. 23. 4. 1997 – 9 W 7/97, OLGR 1997, 177.
2 OLG Schleswig, SchlHA 1966, 85.
3 OLG Frankfurt/M. JurBüro 1962, 526.
4 Ebenso OLG Nürnberg JurBüro 1977, 717; München BB 1976, 1295; JurBüro 1978, 1564; OLG Saarbrücken JurBüro 1979, 264 = AnwBl. 1979, 114; OLG Frankfurt KostRsp. ZPO § 3 Nr. 628 mit Anm. *E. Schneider* = AnwBl. 1983, 174; LG Bayreuth JurBüro 1977, 1764.
5 OLG Celle, Beschl. v. 14. 7. 1986 – 4 W 100/86, KostRsp. ZPO § 3 Nr. 835 = JurBüro 1987, 1866.
6 OLG Nürnberg AnwBl. 1970, 55.
7 BGH, Beschl. 16. 10. 1997 – IV ZR 114/97, BGHR ZPO § 3 Auflassungsvormerkung 1 = BGHR ZPO vor § 511 Beschwer 16 = EzFamR ZPO § 3 Nr. 53.

499　Der Wert einer Klage auf Auflösung einer GmbH richtet sich nach dem **Interesse des Klägers an der Auflösung**.[1] Da die Auflösung letztlich darauf gerichtet ist, das vorhandene Vermögen der Gesellschaft nach dem Verhältnis der Geschäftsanteile zu verteilen, ist bei der Schätzung nach § 3 ZPO zunächst vom Verkehrswert des Geschäftsanteils des klagenden Gesellschafters auszugehen.[2] Dieser Wert begrenzt den Wert der Auflösungsklage nach oben.

500　Weiter ist zu berücksichtigen, dass ein Urteil, durch welches die Gesellschaft aufgelöst wird, noch keinen vollstreckbaren Titel für den Zugriff auf ein eventuelles Auseinandersetzungsguthaben gibt. Daher gibt für das Interesse des Klägers die Höhe seiner gesellschaftlichen Beteiligung zwar einen Anhaltspunkt, ist aber nicht ohne weiteres mit ihm gleichzusetzen,[3] sondern nur ein Bemessungsumstand neben anderen.

501　Es ist eine Zusammenschau aller konkret in Betracht kommenden Bemessungsfaktoren geboten, z.B. Beteiligungswert, Verlustgefahr, drohende Haftungserweiterung, Höhe des Auseinandersetzungsguthabens, nicht jedoch mögliche Folgewirkungen.[4] Zu berücksichtigen ist gegebenenfalls auch der Wert des Gesellschaftsanteils, den sich der Beklagte durch Nichtanerkennen der Kündigung zu Unrecht beilegt.[5]

502　Eine Wertfestsetzung auf den vollen Betrag der Stammeinlage kommt in Betracht, wenn die Auflösung der Gesellschaft erstrebt wird, um dem vollen Verlust der bisher ungeschmälerten Einlage vorzubeugen.[6] Ansonsten ist regelmäßig nur ein Bruchteil des Wertes der gesellschaftlichen Beteiligung des Klägers anzusetzen.[7] Das Gleiche (Bruchteilsbewertung) gilt, wenn nicht die Auflösung an sich, sondern nur ihr Zeitpunkt streitig ist.

Aufnahme des Verfahrens

Siehe das Stichwort „Verfahrensruhe".

---

1 OLG Hamm GmbHR 1955, 225.
2 OLG Köln, Beschl. v. 14. 12. 1987 – 2 W 181/87, BB 1988, 365 = EWiR § 3 ZPO 1/88, 407 mit Anm. *Lappe*; OLG München GmbH-Rdsch 1957, 43.
3 RG JW 1901, 395 Nr. 2.
4 Vgl. OLG Köln, Beschl. v. 22. 6. 1982 – 2 W 79/82, BB 1982, 1384 = EWiR § 3 ZPO 1/88, 407 mit Anm. *Lappe*.
5 OLG München OLGE 25, 124.
6 RG JW 1901, 395; OLG Dresden OLGE 31, 5.
7 OLG Köln Beschl. v. 14. 12. 1987 – 2 W 181/87, BB 1988, 365.

Aufnahme in den Verbund

Literatur: *N. Schneider*, Abrechnung bei Übernahme eines isolierten Umgangsrechtsverfahrens in das nachträglich eingeleitete Verbundverfahren, AGS 2006, 4 ff.

Wird ein Verfahren auf elterliche Sorge, Umgangsrecht oder Kindesherausgabe   **503**
mangels Anhängigkeit der Ehesache zunächst als isoliertes Verfahren eingeleitet und wird dann später nach Anhängigkeit des Scheidungsantrags in den Verbund aufgenommen (§ 623 Abs. 1 i.V.m. § 621 Abs. 1 Nr. 2 ZPO), gelten die gleichen Grundsätze wie bei einer Trennung. Bis zur Verbindung richtet sich der Wert für das isolierte Verfahren nach den §§ 94 Abs. 2, 30 Abs. 2, 3 KostO. Ab Verbindung gilt dagegen der Festwert von 900 Euro (§ 48 Abs. 3 S. 3, 2. Hs. GKG).[1]

Der Anwalt kann also die vor der Aufnahme in den Verbund angefallenen   **504**
Gebühren getrennt nach dem höheren Wert der §§ 94 Abs. 2, 30 Abs. 2, 3 KostO berechnen. Im Verbundverfahren darf dann allerdings hinsichtlich der getrennt abzurechnenden Gebühren der Wert der elterlichen Sorge nicht nochmals berücksichtigt werden.

➲ **Beispiel:**

Der Anwalt war zunächst vom Mandanten in einem isolierten Umgangsrechtsverfahren beauftragt worden. Später wurde dann die Scheidung eingereicht (Werte: Ehesache 6000 Euro – § 48 Abs. 2, Abs. 3 GKG; Versorgungsausgleich 1000 Euro – § 49 Nr. 1 GKG). Das isolierte Umgangsrechtsverfahren wurde als Folgesache Umgangsrecht in das Verbundverfahren übernommen. Anschließend wurde erstmals in der Hauptsache verhandelt.

1. Isoliertes Verfahren Umgangsrecht

Das isolierte Umgangsrechtsverfahren ist ein selbständiges FGG-Verfahren, in dem sich die Gebühren nach den Nr. 3100 ff. VV RVG richten. Der Gegenstandswert beläuft sich auf 3000 Euro als Regelwert und kann gegebenenfalls herauf- oder herabgesetzt werden (§§ 94 Abs. 2, 30 Abs. 2, 3 KostO).

Durch die Einreichung des Antrags auf Umgangsrecht ist dem Anwalt zunächst die 1,3-Verfahrensgebühr nach Nr. 3100 VV RVG entstanden.

2. Verbundverfahren nach Aufnahme der Folgesache Umgangsrecht

Mit der Aufnahme das isolierten Umgangsrechtsverfahren in den Verbund verlor es seine Selbständigkeit und war fortan **Teil des Verbundverfahrens** (§ 16 Nr. 2 RVG), so dass weitere Gebühren aus dem isolierten Verfahren nicht anfallen konnten. Der Anwalt konnte fortan die Gebühren also nur noch im Verbundverfahren und zwar aus

---

1 OLG Frankfurt/M., Beschl. v. 23. 11. 2005 – 5 W 201/05, AGS 2006, 193 mit Anm. *N. Schneider* = NJW-RR 2006, 655 = FamRZ 2006, 1057 = RVG professionell 2006, 48 = RVGreport 2006, 159 = NJW-Spezial 2006, 203 = OLGR 2006, 548; OLG Zweibrücken, Beschl. v. 27. 3. 2006 – 2 WF 242/05, AGS 2006, 303 = OLGR 2006, 686 (Abänderung von AG Neustadt, Beschl. v. 31. 11. 2005 – 2 F 298/04, AGS 2006, 194 m. abl. Anm. *N. Schneider*). *N. Schneider*, Abrechnung bei Übernahme eines isolierten Umgangsrechtsverfahren in das nachträglich eingeleitete Verbundverfahren, AGS 2006, 4 ff.

den zusammengerechneten Werten (§ 23 Abs. 1 S. 1 RVG, § 46 Abs. 1 S. 1 GKG) verdienen.

Mit der Aufnahme in den Verbund hat sich gleichzeitig auch der **Gegenstandswert** geändert. Im Verbundverfahren gilt § 48 Abs. 3 S. 3 GKG, wonach von einem Gegenstandswert in Höhe von 900 Euro auszugehen ist. Hierbei handelt es sich um einen Festwert, der unabänderlich ist.

3. Gesamtabrechnung

Für die Abrechnung im Ausgangsfall bedeutet dies, dass die Verfahrensgebühr für das Umgangsrechtsverfahren sowohl im isolierten als auch im Verbundverfahren angefallen ist. Dem Anwalt steht daher ein Wahlrecht zu, ob er gesondert abrechnet oder verbunden.

Hier ist die getrennte Abrechnung günstiger, zumal er bei der getrennten Abrechnung die Verfahrensgebühr aus dem Wert von 3000 Euro erhält und nicht wie im Verbundverfahren aus dem geringeren Wert von 900 Euro. Dies hat dann allerdings zur Folge, dass bei der Verfahrensgebühr der Wert des Umgangsrechtsverfahren nichts mit in Ansatz gebracht werden darf.

Die Terminsgebühr kann dagegen nicht getrennt abgerechnet werden. Sie ist nur im Verbundverfahren angefallen.

Abzurechnen ist daher wie folgt:

I. Isoliertes Verfahren Umgangsrecht

1. 1,3-Verfahrensgebühr, Nr. 3100 VV RVG (Wert: 3000 Euro)		245,70 Euro
2. Auslagenpauschale, Nr. 7002 VV RVG		20,00 Euro
Zwischensumme	265,70 Euro	
3. 16 % Umsatzsteuer, Nr. 7008 VV RVG		42,51 Euro
Gesamt		**308,21 Euro**

II. Verbundverfahren

1. 1,3-Verfahrensgebühr, Nr. 3100 VV RVG (Wert: 7000,00 Euro – ohne elterliche Sorge)		487,50 Euro
2. 1,2-Terminsgebühr Nr. 3104 VV RVG (Wert: 7900,00 Euro – mit elterlicher Sorge)		494,40 Euro
3. Auslagenpauschale, Nr. 7002 VV RVG		20,00 Euro
Zwischensumme	1001,90 Euro	
4. 16 % Umsatzsteuer, Nr. 7008 VV RVG		160,30 Euro
Gesamt		**1.162,20 Euro**

Gesamt I. + II.	**1470,41 Euro**

Im Falle einer gemeinsamen Abrechnung würde der Anwalt dagegen lediglich erhalten:

Gemeinsame Abrechnung Verbundverfahren

1. 1,3-Verfahrensgebühr, Nr. 3100 VV RVG (Wert: 7900 Euro)		535,60 Euro
2. 1,2-Terminsgebühr Nr. 3104 VV RVG (Wert: 7900 Euro)		494,40 Euro
3. Auslagenpauschale, Nr. 7002 VV RVG		20,00 Euro
Zwischensumme	1050,00 Euro	
4. 16 % Umsatzsteuer, Nr. 7008 VV RVG		168,00 Euro
Gesamt		**1218,00 Euro**

Aufopferung

Den Streitwert eines auf § 75 Einl. ALR gestützten Rentenanspruchs wegen   505
einer auf eine Zwangsimpfung zurückzuführenden Körperbeschädigung hat der
BGH[1] nicht nach § 10 Abs. 3 GKG a.F. (jetzt § 42 Abs. GKG), sondern nach § 9
ZPO bewertet. Das hing damit zusammen, dass § 10 Abs. 3 GKG a.F. die privilegierten Ansprüche aufzählte und nur eine analoge Anwendung auf Aufopfe-
rungsansprüche in Betracht kam. Diese scheiterte daran, dass § 10 Abs. 3 GKG
a.F. in der höchstrichterlichen Rechtsprechung stets eng ausgelegt worden war.

Der gesetzliche Katalog bevorzugter Ansprüche ist inzwischen aufgegeben wor-   506
den. Die Streitwertvergünstigung erstreckt sich daher auf alle Rentenansprüche
„wegen der Tötung eines Menschen oder wegen der Verletzung des Körpers
oder der Gesundheit". Entsprechend ist auch der Aufopferungsanspruch streitwertmäßig durch § 42 Abs. 2 GKG privilegiert[2] und auf den fünffachen Jahresbetrag des Rentenanspruchs begrenzt, wenn nicht der Gesamtbetrag geringer
ist.

Aufrechnung

Literatur: *Markl* JVBl. 1969, 153; *Schumann* NJW 1969, 24; *Mattern* NJW 1969, 1087;
Rödding NJW 1968, 1918; *Schneider* JurBüro 1965, 689; 1969, 785 u. 1068; DB 1970, 477;
MDR 1970, 277; MDR 1970, 371 (zur Kostenentscheidung); MDR 1971, 87; *Chemnitz*
AnwBl. 1970, 128; *Engelhardt* MDR 1970, 649; *Diehl* NJW 1970, 2092; *Schulz* MDR
1971, 364; *Speckmann* MDR 1971, 529; JZ 1971, 51; *Merle* MDR 1971, 976; *Bettermann*
NJW 1972, 2285; *Schlicht* BB 1972, 1388; *Schmidt* Rpfleger 1972, 164; *Frößler* NJW 1973,
337; *Mittenzwei* JR 1975, 94; *Pfennig* NJW 1976, 1074; *Mümmler* JurBüro 1978, 1; *Madert*,
Festschrift für H. Schmidt, 1981, S. 67 ff.; *Peters*, Unselbständige Rechnungsposten und
selbständige Forderungen, Aufrechnung und Verrechnung, JZ 1986, 669; *Mümmler* Jur-
Büro 1987, 1615; *Schneider*, Der Streitwert bei vermeintlicher Primäraufrechnung des
Klägers mit Beweisaufnahme über die Aufrechnung, ZAP Fach 24, Seite 142; *Schulte*, Die
Kostenentscheidung bei der Aufrechnung durch den Beklagten im Zivilprozeß, Europäische Hochschulschriften, Reihe 2 Band 940; *Sonnenfeld/Steder*, Streitwertermittlung bei
Aufrechnung, Rpfleger 1995, 60; hiergegen *Lappe*, Eine der Rechtskraft fähige Entscheidung, Rpfleger 1995, 401; *Kanzlsperger*, Probleme der streitwerterhöhenden Eventualaufrechnung, MDR 1995, 883; *Madert*, Streitwert der Hilfsaufrechnung, AGS 2002, 170 und
218; *N. Schneider*, Streitwert und Gebühren bei Vergleichsabschluss unter Einbeziehung
einer Hilfsaufrechnung, AGS 2003, 150; *E. Schneider*, Anwaltsvergütung bei nichtbe-
schiedener Hilfsantrag oder Hilfsaufrechnung, AGS 2004, 274; *N. Schneider*, Streitwert
bei Hilfsaufrechnung, AGS 2006, 34.

---

1 BGHZ 7, 335.
2 BGHZ 53, 172 = JurBüro 1970, 389; *Hartmann*, § 42 GKG Rn. 21; Zöller/*Herget*, § 3
Rn. 16 unter „Aufopferung".

Gliederungsübersicht

A. Allgemeines 507

  I. Aufrechnung 508

  II. Anrechnung und Verrechnung . . . 510

  III. Geltendmachung im Prozess 514

  IV. Haupt- und Hilfsaufrechnung . . . 517

  V. Anzuwendende Vorschriften 519

B. Zuständigkeitsstreitwert 520

C. Gebührenstreitwert 521

  I. Geltendmachung der Aufrechnung

   1. Erfüllungseinwand/Prozessauf-
     rechnung 524

   2. Verteidigung mit Gewährleis-
     tungsrechten 528

    a) Rücktritt 531

    b) Minderung/Freistellung von
      Vergütung 532

    c) Vorschuss- und Ersatzan-
      sprüche 535

    d) Vertragsstrafeversprechen . 543

  II. Hauptaufrechnung 544

  III. Hilfsaufrechnung 547

   1. Eventualverhältnis

    a) Prozessuale Rügen 548

    b) Mehrfache Hauptaufrech-
      nungen 550

   2. Bestrittene Gegenforderung . . . 552

   3. Rechtskraftfähige Entscheidung . 553

    a) Entscheidung über Aufrech-
      nungseinwand 557

    b) Entscheidung über Gegen-
      forderung 566

     aa) Unzulässigkeit der (Hilfs-)
       Aufrechnung 568

     bb) Fehlende Aufrechnungs-
       lage 574

   4. Umfang der Rechtskrafterstre-
     ckung

    a) Allgemeines 579

    b) Reduktion der Klageforderung 581

    c) Mehrfache Aufrechnung . . . 582

  IV. Wechsel zwischen Haupt- und
    Hilfsaufrechnung 588

  V. Instanzunterschiede 594

  VI. Besondere Verfahren

   1. Negative Feststellungsklage . . 600

   2. Klage und Widerklage 601

   3. Insolvenzverfahren 604

   4. Vollstreckungsabwehrklage . . . 605

   5. Wiederaufnahmeklage 607

D. Rechtsmittel und Beschwer 608

  I. Unterliegen des Klägers 610

  II. Unterliegen des Beklagten 612

  III. Verwerfung des Rechtsmittels . . . 619

  IV. Rücknahme des Rechtsmittels . . 621

E. Vergleich 625

  I. Gerichtsgebühren 627

  II. Anwaltliche Gebühren 632

Stichwortübersicht

Abgrenzung 529

Abrechnung, Rechnungsposten 527

Abrechnungssaldo 513

Anerkenntnisurteil 561

Anrechnung 510, 617, 634

– hilfsweise erklärte 614

Anwaltliche Gebühren 632

Aufrechnung

– des Klägers mit der Klageforderung . 526

– eines Dritten 555

– mehrfache 582

– mit mehreren Gegenforderungen . . 616

– verspätet zurückgewiesen 571

Aufrechnungseinwand 557, 559

Aufrechnungserklärung

– außerprozessuale 554

– wirksame 562

Aufrechnungsforderung, ungenügend
   individualisiert 570

Aufrechnungslage, fehlende 575

Aufrechnungsverbote 573

Aufrechnungswille 508

Bedingungsfeindlichkeit 517

Berechnungsposten, unselbständige . . 611

Bürge 525, 555

Darlehensrückzahlung 541

Dienstvertragliche Rechtsverhältnisse 534

Differenztheorie 512

Einigungsgebühr 633

Einspruch 564

Einzelforderung 513

Empfangsbedürftige Erklärung 508

Erfüllungseinwand 513, 515, 524

Erklärung von Dritten 525

Ersatzvornahmekosten 536

Eventualforderung eines anderen
   Rechtsstreits 626

Eventualverhältnis 548
– Missachtung 550, 566
Fälligkeitsprüfung 577
Fehlerhafte anwaltliche Beratung . . . 534
Freistellung von Vergütung 532
Gebührenstreitwert 521
Gegenforderung 615
– bestritten 521, 552
– Inhaber der 524
– mehrere 546, 586
– wertmäßig übersteigende 545
Gegenseitigkeit 578
Gerichtsgebühren 627
Geschäftsbesorgung, entgeltliche . . . 534
Gewährleistungsrechte
– Verteidigung mit 528
– Gegenansprüche 512
– Streitigkeiten 603
Gleichartigkeit 572
Haupt- und Hilfsaufrech-
nung 517, 544, 547, 613
Hauptaufrechnung 544, 613
– mehrfache 550
Hilfsaufrechnung 547
Hilfserwägungen 568
Hilfswiderklage 522
Insolvenzverfahren 604
Instanzbezogene Wertfestsetzung . . . 630
Instanzunterschiede 594
Kauf- und Werkvertragsrecht 532
Klage und Widerklage 601
Klageforderung bestritten 583
Klageforderung mit Aufrechnung . . 526
Mangelschäden und Mangelfolge-
schäden 540
Mietrechtliche Streitigkeit 533
Minderung 532
Negative Feststellungsklage 600
Nichterfüllung des Vertrages 535
Prozessaufrechnung 516
Prozessuale Rügen 548
Qualifizierung, fehlerhaft 530
Rechnungsposten, unselbständig . . . 510
Rechtliche Würdigung 509
Rechtskraft 521
Rechtskrafterstreckung, Umfang . . . 579
Rechtskraftfähige Entscheidung . 553, 598
Reduktion der Klageforderung 581

Rücknahme der Aufrechnungser-
klärung 562
Rücknahme des Rechtsmittels 621
Rücktritt 531
– Rückabwicklung 512
Sachvortrag, verspätet zurückgewiesen 576
Saldoforderung 527
Saldotheorie 512
Schadenersatz 540
– wegen Verzug 542
– wegen Verletzung leistungsbezo-
gener Nebenpflichten 541
– wegen einzelner Mängel 536
– wegen Nichterfüllung 535
Sperrgrenze, § 322 Abs. 2 ZPO . . . 628
Streitwert
– bis zum Übergang der Hilfs- zur
Hauptaufrechnung 588
– nach dem Übergang der Hilfs- zur
Hauptaufrechnung 591
Substantiierung, unzureichende . . . 575
Überzahlung auf Abschlagrechnung . 512
Unzuständigkeit 569
Verfahrensgebühr 632
Verfahrensstreitwert 629
Vergebliche Aufwendungen 536
Vergleich 625
Vergleich im Rechtsmittelverfahren . 630
Verrechnung 512
Versäumnisurteil 563
Verstoß gegen § 308 ZPO 560
Verteidigungsmittel 514
Vertragsstrafeversprechen 543
Verwerfung des Rechtsmittels 619
Vollstreckungsabwehrklage 605
Vollstreckungsgegenklage 618
Vorbehaltsurteil 565
Vorgreifliche Entscheidung 559
Vorschuss 536
Vorschusspflicht 523
Vorschusszahlung 512
Vorteilsausgleich 512
Wertfestsetzung, getrennt 595
Widerklage 522
Wiederaufnahmeklage 607
wirtschaftliche Betrachtungsweise . . 635
Zurückbehaltungsrecht 556, 558
Zuständigkeitsstreitwert 520

A. Allgemeines

507 Im Prozess kann sich der Beklagte mit Einreden und Einwendungen gegen die Klageforderung verteidigen. Beruft er sich erfolgreich darauf, dass die Klageforderung durch eine wirksame Aufrechnung gemäß § 389 BGB erloschen ist, wird die Klage als unbegründet abgewiesen. Dabei ist zwischen der Erklärung der Aufrechnung als materiell-rechtliche Gestaltungserklärung (§ 388 BGB) und der Geltendmachung der erklärten Aufrechnung im Prozess zu unterscheiden.

I. Aufrechnung

508 Aufrechnung ist die wechselseitige Tilgung zweier sich gegenüberstehender gleichartiger Forderungen. Sie stellt ein einseitiges Rechtsgeschäft dar, dessen Vornahme durch empfangsbedürftige Erklärung gegenüber dem anderen Teil erfolgt. Diese muss für die Herbeiführung materiell-rechtlicher Folgen nicht ausdrücklich abgegeben werden, hinreichend ist eine klare Erkennbarkeit des Aufrechnungswillens. Daher kann in dem Verweis auf eine bereits zu einem früheren Zeitpunkt angeblich erklärte Aufrechnung im Einzelfall deren Wiederholung liegen.[1] Aufgrund ihrer endgültigen Wirkung (§ 389 BGB) kann jedoch eine einmal wirksam erklärte Aufrechnung weder wiederholt werden noch kann ihr mit einer weiteren Aufrechnung (sog. Replik der Aufrechnung) entgegnet werden.

509 Nicht selten wird vorprozessual wie auch innerhalb des Prozesses eine Verteidigung vom Beklagten als „Aufrechnung" bezeichnet, obwohl sie es nicht ist. Deshalb ist diese Vorfrage stets aufgrund **rechtlicher Würdigung** zu klären. So reicht es für die Streitwertbestimmung und eine danach im Einzelfall gebotene Wertaddition nicht aus, dass der Beklagte seine Verteidigung irrig als Aufrechnung bezeichnet. Verlangt er beispielsweise Herabsetzung des Kaufpreises wegen Wegfalls der Geschäftsgrundlage (§ 313 BGB) oder positiver Vertragsverletzung (§ 280 Abs. 1 BGB), etwa aufgrund unterlassener Aufklärung über die Ertragsumstände einer Praxis, dann leugnet er, dass die Klageforderung in der geltend gemachten Höhe entstanden ist. Der Streitwert ist dann einfach zu berechnen, auch wenn der Beklagte „nachdrücklich die Aufrechnung erklärt".[2]

II. Anrechnung und Verrechnung

510 Abzugrenzen ist die Aufrechnung daher von der – für die Streitwertbestimmung unbedeutenden – Anrechnung und der (vertraglich vereinbarten) Verrechnung. Im Gegensatz zur Aufrechnung, bei der sich zwei selbständige Forderungen gegenüberstehen, sind bei der **Anrechnung** von einem Anspruch unselbständige Rechnungsposten in Abzug zu bringen.[3] Sie ist von Amts wegen zu berücksich-

---

1 BGH, Urteil v. 14. 6. 1994 – XI ZR 127/93, MDR 1994, 1144 = VersR 1994, 1444 = NJW-RR 1994, 1203; Palandt/*Grüneberg*, § 388 Rn. 9; zust. nur für die außerprozessuale Aufrechnung Zöller/*Vollkommer*, § 145 Rn. 11.
2 OLG Köln, Beschl. v. 9. 5. 1984 – 16 W 36/84, KostRsp. GKG § 19 Nr. 81.
3 MünchKomm.BGB/*Schlüter*, § 387 Rn. 50.

tigen, ohne dass es einer dahingehenden Erklärung einer Partei bedarf. Eine nach dieser Maßgabe fehlerhaft erklärte Aufrechnung bleibt wirkungslos. Auch gelangen hier weder Aufrechnungsverbote zur Anwendung noch erwächst die Entscheidung über den Bestand der Einzelposten in Rechtskraft.[1]

Zur Berechnung der Beschwer bei irrtümlicher Bescheidung als Aufrechnung siehe unten Rn. 530.   **511**

Fälle der Anrechnung sind die Kürzung einer Auszahlung aufgrund von **Vorschusszahlungen**,[2] die Verteidigung mit **Überzahlungen auf Abschlagsrechnungen**,[3] die Anwendung der **Saldotheorie bei der ungerechtfertigten Bereicherung** gemäß § 818 BGB[4] die **Schadensermittlung nach der Differenztheorie**,[5] die **Vorteilsausgleichung**[6] und nach überwiegender Ansicht auch die **Rückabwicklung beim Rücktritt** vom Vertrag gemäß § 346 BGB.[7] Zur Verteidigung mit **gewährleistungsrechtlichen Gegenansprüchen** siehe auch nachfolgend Rn. 528 ff.   **512**

Anders als bei der Aufrechnung erfolgt die Tilgung einander gegenüberstehender Forderungen bei der **Verrechnung** nicht durch einseitige Erklärung, sondern im Wege des Vertrages (Aufrechnungsvertrag), beispielsweise im Fall der Kontokorrentabrede. Stützt der Kläger seine Klage auf einen sich daraus ergebenden **Abrechnungssaldo**, dann bleiben die verrechneten Einzelforderungen unselbständige Bestandteile. Beruft sich der Beklagte gegenüber der (prozessualen) Geltendmachung einer **Einzelforderung** auf eine entsprechende Verrechnung, handelt es sich um einen bloßen Erfüllungseinwand.   **513**

III. Geltendmachung im Prozess

Im Prozess werden die Rechtsfolgen der Aufrechnung als Verteidigungsmittel (§ 296 ZPO) durch Prozesshandlung geltend gemacht, deren Zulässigkeit und   **514**

---

1 BGH, Urteil v. 20. 1. 2004 – XI ZR 69/02, BGHReport 2004, 688 = MDR 2004, 702 = NJW-RR 2004, 1715 = WM 2004, 466; Beschl. v. 10. 4. 1997 – VII ZR 266/96, NJW-RR 1997, 1157; Urteil. v. 13. 1. 1993 – XII ZR 212/90, MDR 1993, 543 = WM 1993, 849; KG, Beschl. v. 21. 1. 2000 – 4 W 1071/99, JurBüro 2000, 419; *Anders/Gehle/Kunze*, Stichwort „Aufrechnung" Rn. 3; Zöller/*Greger*, § 145 Rn. 11.

2 RGZ 141, 259; MünchKomm.BGB/*Schlüter*, BGB, § 387 Rn. 50.

3 KG, Beschl. v. 21. 1. 2000 – 4 W 1071/99, JurBüro 2000, 419 – ungenau als Verrechnung bezeichnet; wohl auch OLG Düsseldorf, Beschl. v. 24. 5. 2005 – 5 W 37/04, OLGR 2005, 528 = BauR 2005, 1520 = IBR 2005, 525; *Meyer*, § 145 Rn. 29.

4 BGH, Urteil v. 16. 3. 1998 – II ZR 303/96, NJW 1998, 1951; BGH, Urteil v. 24. 6. 1963 – VII ZR 229/62, NJW 1963, 1870; Palandt/*Sprau*, BGB, § 818 Rn. 50.

5 BGH, Urteil v. 17. 7. 2001 – X ZR 71/99, NJW 2001, 3535 = BauR 2001, 1903 = ZIP 2001, 2053 = WM 2001, 2309 = DB 2002, 475; BGH, Urteil v. 25. 9. 1958 – VII ZR 181/57, MDR 1958, 1915 = NJW 1958, 1915 = BB 1958, 1109 = DB 1958, 1215 = WM 1958, 1338; Palandt/*Heinrichs*, BGB § 281 Rn. 19.

6 BGH, Urteil v. 6. 6. 1997 – V ZR 115/96, BGHZ 136, 52 = MDR 1997, 1671 = NJW 1997, 1378; Palandt/*Heinrichs*, Vorb v. § 249 Rn. 128.

7 BGH, Urteil v. 17. 5. 1994 – IX ZR 232/93, MDR 1994, 907 = NJW 1994, 1790 = WM 1994, 1163 = ZIP 1994, 938 = DM 1994, 1924; MünchKomm.BGB/*Schlüter*, § 387 Rn. 50; a.A. Palandt/*Grüneberg*, BGB, § 387 Rn. 2 unter Verweis auf § 348 BGB.

Wirksamkeit sich nach dem Verfahrensrecht bestimmt. Insoweit ist aufgrund des verfahrensgestaltenden Charakters eine ausdrückliche Erklärung erforderlich, da schlüssiges Verhalten nur in den vom Gesetz ausnahmsweise vorgesehenen, hier nicht einschlägigen Fällen (z.B. §§ 39, 138 Abs. 3, 295 ZPO) ausreicht.[1]

515 Dabei kann sich die Geltendmachung auf die Bezugnahme einer bereits außerprozessual erklärten Aufrechnung beschränken. Es handelt sich dann um einen bloßen **Erfüllungseinwand** nach § 389 BGB, der ohne weitere Anhaltspunkte keine Wiederholung der Aufrechnungserklärung darstellt.[2]

516 Fallen hingegen Aufrechnungserklärung und prozessuale Geltendmachung in einer Handlung zusammen (sog. **Prozessaufrechnung**), ist deren materiell- und prozessrechtliche Doppelnatur[3] zu beachten.

IV. Haupt- und Hilfsaufrechnung

517 Gemäß § 388 S. 2 BGB ist die Aufrechnungserklärung als Gestaltungsgeschäft unwiderruflich und bedingungsfeindlich. Dennoch kann die Aufrechnung im Rechtsstreit hilfsweise für den Fall erklärt werden, dass anderweitig geltend gemachte Einreden nicht durchgreifen oder die Hauptforderung vom Gericht für begründet erachtet wird. Diese sog. Rechtsbedingung beschreibt lediglich ein Erkenntnisproblem hinsichtlich des Bestandes der Hauptforderung zum Zeitpunkt der Erklärung und nicht die Abhängigkeit von einem künftigen ungewissen Ereignis.[4]

518 Ob mit der Rechtsverteidigung eine Haupt- oder Hilfsaufrechnung gewollt ist, ist durch Auslegung zu ermitteln. Hierbei ist nicht die Wahl des Ausdrucks, sondern der **sachliche Gehalt der Rechtsverteidigung** ausschlaggebend.[5] Ob Hauptvorbringen und Hilfsvorbringen im Prozess in einem Eventualverhältnis stehen, richtet sich ganz allein nach dem – gemäß §§ 139, 278 Abs. 2 ZPO zu erfragenden – Willen der erklärenden Partei.[6] Im Zweifel ist von einer nur hilfsweise erklärten Prozessaufrechnung auszugehen.[7] Siehe auch unten Rn. 547 ff.

---

1 Zöller/*Greger*, vor § 128 Rn. 19.
2 BGH, Beschl. v. 1. 2. 1995 – XII ZR 219/94, MDR 1995, 407; Zöller/*Greger*, ZPO, § 145 Rn. 11; weitergehend BGH, Urteil v. 14. 6. 1994 – XI ZR 127/93, MDR 1994, 1144 = VersR 1994, 1444 = NJW-RR 1994, 1203; Palandt/*Grüneberg*, § 388 Rn. 9; *Schneider*, JurBüro 1969, 785 und Vorauflage.
3 Vgl. BGH NJW 1957, 591; Palandt/*Grüneberg*, § 388 Rn. 2.
4 MünchKomm.BGB/*Schlüter*, § 388 Rn. 4; Zöller/*Greger*, § 145 Rn. 13 m.w.N.
5 OLG Koblenz, Beschl. v. 24. 6. 1985 – 14 W 322/85, KostRsp. GKG § 19 Nr. 107 mit Anm. *Schneider* = JurBüro 1985, 147 = JZ 1985, 1012 = r + s 1985, 281 = Rpfleger 1985, 510; OLG Köln, Beschl. v. 11. 1. 1995 – 19 W 15/94, OLGR 1995, 79 = JurBüro 1995, 645; Beschl. v. 30. 4. 1993 – 19 W 15/93, KostRsp. GKG § 19 Nr. 178 = OLGR 1993, 157 = JurBüro 1994, 495.
6 *Kion*, Eventualverhältnisse im Zivilprozess, 1971, § 3 I; *Frank*, Anspruchsmehrheiten im Streitwertrecht, 1986, § 18 II; *Merle* ZZP Bd. 83, 1970, 437.
7 Palandt/*Grüneberg*, § 388 Rn. 3.

V. Anzuwendende Vorschriften

Ebenso wie bei der Widerklage ist auch bei der Aufrechnung zwischen Zuständigkeits- und Gebührenstreitwert sowie Rechtsmittelstreitwert und Beschwer zu unterscheiden. Gesetzlich normiert ist mit § 45 GKG (§ 19 GKG a.F.) nur der Gebührenstreitwert der Hilfsaufrechnung, und zwar in Abs. 3 für den Rechtsstreit und in Abs. 4 für den Vergleich. Dessen Auslegung hat zu zahlreichen Streit- und Zweifelsfragen geführt. Hinzu kam bis zum 30. 6. 1994 die widersprüchliche Regelung von **Haupt- und Hilfsantrag** in § 19 Abs. 4 GKG a.F.,[1] die von Gerichten zur Auslegung herangezogen wurde. Der Hilfsanspruch ist nunmehr durch das KostRÄndG 1994 der Regelung von Klage und Widerklage angeglichen (§ 19 Abs. 1 S. 2 GKG a.F.). Dies ist anlässlich der Neufassung in § 45 GKG beibehalten worden. Bei der Heranziehung älterer Rechtsprechung darf die Neuregelung durch das KostRÄndG 1994 nicht unbeachtet bleiben.

519

B. Zuständigkeitsstreitwert

Auf den Zuständigkeitsstreitwert hat die Geltendmachung der Aufrechnung keinen Einfluss, denn dieser wird durch den Streitgegenstand bestimmt und setzt Rechtshängigkeit des Anspruchs (§ 261 Abs. 1 ZPO) voraus. Da die Gegenforderung mit der Geltendmachung der Aufrechnung nicht rechtshängig wird,[2] ist insbesondere für eine Addition von Forderung und Gegenforderung gemäß § 5 S. 1 ZPO kein Raum.[3]

520

C. Gebührenstreitwert

Die Bestimmung des Gebührenstreitwertes ist zunächst davon abhängig, ob die **Geltendmachung der Aufrechnung** primär, also ohne Bestreiten der Klageforderung, oder nur **hilfsweise** (sekundär) erfolgt. Sodann ist zu unterscheiden, ob die hilfsweise zur Aufrechnung gestellte **Gegenforderung bestritten** oder unbestritten ist. Denn eine Addition von Klage- und Gegenforderung erfolgt nur, wenn und soweit über die hilfsweise zur Aufrechnung gestellte und bestrittene Gegenforderung eine **der Rechtskraft fähige Entscheidung** ergeht, § 45 Abs. 3 GKG (§ 19 Abs. 3 GKG a.F.), § 322 Abs. 2 ZPO. Die nachfolgenden Ausführungen orientieren sich an dieser Prüfungsreihenfolge.

521

Geht der Beklagte von der Rechtsverteidigung zum Angriff über und verfolgt seine zur Aufrechnung gestellten Ansprüche (zugleich) mit der **Widerklage**, sind die Einzelwerte von Klage und Widerklage – jetzt nach § 45 Abs. 1 S. 1

522

---

1 Vgl. hierzu *E. Schneider* NJW 1975, 2107.
2 BGH, Urteil v. 11. 11. 1971 – VII ZR 57/70, BGHZ 57, 422 = MDR 1972, 318 = NJW 1972, 450 = WM 1972, 196 = JZ 1972, 170 = DB 1972, 236; Zöller/*Greger*, § 145 Rn. 18.
3 OLG Karlsruhe, Beschl. v. 13. 8. 1998 – 28 AR 63/98, MDR 1999, 438; *Baumbach/ Lauterbach/Hartmann*, § 3 Rn. 17; *Mattern* NJW 1969, 1087 ff.; Musielak/*Heinrich*, § 3 Rn. 22 unter „Aufrechnung"; Zöller/*Herget*, § 5 Rn. 9.

GKG (§ 19 Abs. 1 S. 1 GKG .a.F.) – zusammenzurechnen, soweit nicht derselbe Gegenstand betroffen ist.[1] Ferner ist zu addieren, wenn eine – für den Fall der Unzulässigkeit der Aufrechnung erhobene – Hilfswiderklage vom Gericht beschieden wird (siehe hierzu ausführlich unten Rn. 547 ff.).

523   Die Geltendmachung der Aufrechnung löst ebenso wenig wie die Erhebung der Widerklage eine **Vorschusspflicht** gemäß § 12 GKG (§ 65 GKG a.F.) aus. Da erst bei Abschluss der Instanz feststeht, ob über die Gegenforderung rechtskräftig entschieden oder sie durch Prozessvergleich verbraucht wird, kann der Streitwert erst bei Instanzbeendigung endgültig festgesetzt werden, § 63 Abs. 2 S. 1 GKG (§ 25 Abs. 2 S. 1 GKG a.F.).

I. Geltendmachung der Aufrechnung

1. Erfüllungseinwand/Prozessaufrechnung

524   Wie bereits dargelegt, kann sich der (Wider-)Beklagte im Prozess in unterschiedlicher Weise auf die Folgen der Aufrechnung berufen. Für die Streitwertbemessung bedarf es jedoch keiner Differenzierung danach, ob die Aufrechnung vom **Inhaber der Gegenforderung** über den Erfüllungseinwand oder als Prozessaufrechnung in den Rechtsstreit eingeführt wird, da die § 45 Abs. 3 GKG (19 Abs. 1 GKG), § 322 ZPO nicht auf die Erklärung der Aufrechnung, sondern nur auf die „Geltendmachung" von deren Folgen abstellen. Folgerichtig erwächst auch die Bescheidung des bloßen Erfüllungseinwandes bezüglich des Bestehens bzw. Nichtbestehens der außergerichtlich zur Aufrechnung gestellten Gegenforderung in Rechtskraft.[2]

525   Beruft sich der Beklagte auf die Folgen der **von einem Dritten erklärten Aufrechnung**, etwa der verklagte Bürge auf die des Hauptschuldners, ändert dies nichts am rechtsvernichtenden Charakter der Einwendung (Tilgungseinwand). Die Uneinigkeit darüber, ob in diesem Fall der Gebührenstreitwert entsprechend § 45 Abs. 3 GKG (§ 19 Abs. 3 GKG a.F.) zu bestimmen ist, wird streitwertrechtlich daher nicht an dieser Stelle entschieden. Denn problematisch ist nicht Geltendmachung der Aufrechnung, sondern ob darüber eine der Rechtskraft fähige Entscheidung ergeht, was nicht der Fall ist, da diese nur zwischen den Parteien wirkt (siehe hierzu unten Rn. 533 ff.).

526   An einer Rechtskrafterstreckung gemäß § 322 Abs. 2 ZPO fehlt es auch, wenn sich der Beklagte auf eine (außerprozessuale) **Aufrechnung des Klägers mit der Klageforderung** beruft. Denn § 322 Abs. 2 ZPO dient dem Schutz des Klägers vor einer erneuten Inanspruchnahme aufgrund der bereits beschiedenen Gegenforderung. Daher fehlt es an einer der Rechtskraft fähigen Entscheidung über

---

1 OLG Schleswig, Beschl. v. 17. 3. 1986 – 14 W 9/86, KostRsp. GKG § 19 Nr. 119 mit Anm. *E. Schneider* = JurBüro 1987, 255.

2 BGH, Urteil v. 4. 12. 1991 – VIII ZR 32/91 = MDR 1992, 611 = WM 1992, 627 = NJW 1992, 982; OLG Stuttgart, Beschl. v. 24. 1. 1989 – 8 W 248/98, OLGZ 1989, 179 = ZMR 1989, 191 = NJW-RR 1989, 841; *Anders/Gehle/Kunze*, Stichwort „Aufrechnung" Rn. 5; *Meyer*, § 45 Rn. 28; *Zöller/Vollkommer*, § 322 Rn. 15.

eine Aufrechnungsforderung, wenn die Klage nur deshalb abgewiesen wird, weil der Kläger während des Rechtsstreits außerprozessual die **Aufrechnung mit der Klageforderung** gegenüber einer (nicht streitgegenständlichen) Forderung des Beklagten erklärt und Letzterer dies im Rechtsstreit geltend gemacht hat.[1] Auf diesen Fall ist § 322 Abs. 2 ZPO weder unmittelbar noch analog anzuwenden, weil der aufrechnende Kläger hier – anders als bei Aufrechnung im Rahmen der Vollstreckungsgegenklage[2] – nicht Schuldner derjenigen Forderung ist, die den Gegenstand des Rechtsstreits bildet.

Ebenso fehlt es an der Geltendmachung, wenn der Kläger mit seiner Zahlungs- 527 klage eine **Saldoforderung** zum Gegenstand macht und hierbei entgegen einer – vorprozessualen – Berechnung des Beklagten eine von diesem eingestellte Gegenforderung nicht berücksichtigt, d.h. in Abzug gebracht hat. Bei der Gegenforderung handelt es sich dann lediglich um einen **Rechnungsposten im Rahmen der Abrechnung**, hinsichtlich deren Berechtigung die Entscheidung nicht gemäß § 322 Abs. 2 ZPO in Rechtskraft erwächst.[3]

2. Verteidigung mit Gewährleistungsrechten

Auch bei der **Anrechnung** stehen sich nicht zwei selbständige Forderungen 528 gegenüber. Vielmehr sind hier von einem Anspruch unselbständige Rechnungsposten in Abzug zu bringen. So werden bei vertraglichen Schuldverhältnissen Gewährleistungsrechte häufig nicht über eigenständige und damit im Wege der Aufrechnung verfolgbare Ansprüche, sondern durch eine Saldierung bei der Berechnung des Hauptanspruches berücksichtigt.

So liegt beispielsweise beim Schadensersatzanspruch wegen Nichterfüllung der 529 **Abgrenzung zwischen Aufrechnung und Anrechnung** die Frage zugrunde, ob für den Inhalt des Schadensersatzanspruches unabhängig von der Gegenleistung allein auf das Leistungsinteresse des Gläubigers (sog. Austausch- oder Surrogationstheorie) oder auf die Einheit von vertraglich geschuldeter Leistung und Gegenleistung abgestellt und damit der Ersatzanspruch des Gläubigers auf die Nichterfüllung des ganzen Vertrages, d.h. auf die Differenz zwischen Erfüllung und Nichterfüllung der beiderseitigen Verpflichtungen, zurückgeführt wird (sog. Differenztheorie).[4] Hat er – wie in der hier zu bewertenden Fallkonstellation (Verteidigung mit Gewährleistungsrechten) – seine Gegenleistung (Vergütung) noch nicht erbracht, kann er seinen aus der Nichterfüllung resultierenden Schaden nach der Differenztheorie berechnen. Das Vertragsverhältnis wandelt sich dann zu einem Abrechnungsverhältnis, in dem die Einzelleistungen und -auf-

---

1 BGH, Urteil v. 4. 12. 1991 – VIII ZR 32/91 = MDR 1992, 611 = WM 1992, 627 = NJW 1992, 982.
2 OLG Düsseldorf, Beschl. v. 19. 4. 1999 – 9 W 27/99, OLGR 1999, 477 = MDR 1999, 1092 = JurBüro 1999, 496; OLG Karlsruhe, Beschl. v. 3. 11. 1994 – 4 U 85/94, MDR 1995, 643.
3 BGH, Urteil v. 20. 1. 2004 – XI ZR 69/02, BGHReport 2004, 688 = MDR 2004, 702 = NJW-RR 2004, 1715 = WM 2004, 466.
4 MünchKomm.BGB/*Emmerich*, vor § 281 Rn. 28; Palandt/*Heinrichs*, § 281 Rn. 20 m.w.N.

wendungen, u.a. die ersparte Gegenleistung (Vergütung), nur noch bloße Rechnungsposten darstellen. Ihre Berücksichtigung bei der Ermittlung eines etwaigen Differenzbetrages ist ein Fall der Anrechnung und nicht der Aufrechnung.[1] Hieran hat sich durch die Reform des Schuldrechts nichts geändert.[2]

530 Ob eine eigenständige Forderung zur Aufrechnung gestellt oder nur ein Fall der Anrechnung vorliegt, bedarf im jeweiligen Einzelfall daher einer genauen **juristischen Prüfung**, ohne dass es dabei auf die von dem Beklagten vorgenommene sprachliche Einordnung ankommt.[3] Für die Bestimmung der Beschwer ist weiter zu klären, ob eine **fehlerhafte Qualifizierung und Bescheidung** des Verteidigungsvorbringens **als Aufrechnung** in Rechtskraft erwächst und allein deshalb den Beklagten beschwert.[4] Ungeachtet dieser Vorfragen darf nicht übersehen werden, dass sich die Bewertungsproblematik bei nur teilweiser Nichterfüllung der dem Kläger obliegenden Leistung oder dem Verlangen des Beklagten nach Aufwendungsersatz oft nicht stellt. Regelmäßig wird hier die Klageforderung als solche nicht in Abrede gestellt, sodass selbst bei einer Qualifizierung als Aufrechnung eine Wertaddition schon aufgrund der bloßen Primärverteidigung ausscheidet.[5] Im Einzelnen ist wie folgt zu unterscheiden:

a) Rücktritt

531 Erklärt der Beklagte, etwa gemäß §§ 437 Nr. 2, 440 bzw. 634 Nr. 3, 636 BGB, den **Rücktritt vom Vertrag**, ist der Vertrag rückabzuwickeln, § 346 Abs. 1 BGB. Dies stellt keine Aufrechnung dar, sodass eine Wertaddition ausscheidet.[6] Beruft sich der Beklagte gegenüber der auf Rückzahlung der vertraglich vereinbarten Vergütung gerichteten Klage auf die Verpflichtung des Klägers zur **Nutzungsentschädigung** (§ 346 Abs. 1 S. 2, Abs. 2 Nr. 1 BGB), handelt es sich nach Auffassung des BGH[7] um einen Fall der Anrechnung. § 348 BGB, wonach die sich aus dem Rücktritt ergebenden Verpflichtungen Zug um Zug zu erfüllen sind, steht dem nicht entgegen.[8]

---

1 BGH, Urteil v. 17. 7. 2001 – X ZR 71/99, NJW 2001, 3535 = BauR 2001, 1903 = ZIP 2001, 2053 = WM 2001, 2309 = DB 2002, 475; Urteil v. 25. 9. 1958 – VII ZR 181/57, MDR 1958, 1915 = NJW 1958, 1915 = BB 1958, 1109 = DB 1958, 1215 = WM 1958, 1338.
2 Palandt/*Heinrichs*, § 281 Rn. 20.
3 Zöller/*Herget*, § 3 Rn. 16 unter „Aufrechnung".
4 Bejahend BGH, Urteil v. 13. 12. 2001 – VII ZR 148/01, MDR 2002, 601; BGH, Beschl. v. 30. 9. 1999 – VII ZR 457/98, NJW-RR 2000, 285 = NZBau 2000, 26. Siehe hierzu auch unten Rn. 569.
5 *E. Schneider*, Anm. zu OLG Düsseldorf, KostRsp. GKG § 19 Nr. 87, 88.
6 BGH, Urteil v. 17. 5. 1994 – IX ZR 232/93, MDR 1994, 907 = NJW 1994, 1790 = WM 1994, 1163 = ZIP 1994, 938 = DM 1994, 1924; MünchKomm.BGB/*Schlüter*, § 387 Rn. 50.
7 BGH, Urteil v. 17. 5. 1994 – IX ZR 232/93, MDR 1994, 907 = NJW 1994, 1790 = WM 1994, 1163 = ZIP 1994, 938 = DM 1994, 1924.
8 So aber Palandt/*Grüneberg*, § 387 Rn. 2.

b) Minderung/Freistellung von Vergütung

Mit der **Minderung** (§§ 437 Nr. 2, 634 Nr. 3 BGB) macht der Beklagte geltend, 532
dass der mit der Klage geltend gemachte Vergütungsanspruch von vornherein
nicht in der Höhe entstanden ist, die der Kläger ansetzt. Auch hier wird also
nicht aufgerechnet, sondern die Klageforderung anders und geringer berechnet.
Greift der Minderungseinwand durch, dann wird im **Kauf- und Werkvertragsrecht** der Erfüllungsanspruch mit Zugang der Erklärung auf den nach § 441
Abs. 3 BGB bzw. § 638 Abs. 3 BGB zu berechnenden Betrag herabgesetzt. Eine
Wertaddition ist ausgeschlossen, da nicht zwei selbständige Forderungen gegen-
übergestellt und miteinander verrechnet werden, so dass auch nicht über den
Bestand einer Gegenforderung (§ 322 Abs. 2 ZPO) rechtskräftig entschieden
worden ist.[1]

In **mietrechtlichen Streitigkeiten** ist zu unterscheiden: Verteidigt sich der Be- 533
klagte gegenüber der auf Zahlung von Miete gerichteten Klage mit dem Einwand der Mietminderung, scheidet die Annahme einer Aufrechnung aus den
vorstehenden Erwägungen aus. Für eine abweichende Ansicht ist auch schon
deswegen kein Raum, weil sich die Miete bei Sach- und Rechtsmängeln kraft
Gesetzes mindert. § 536 Abs. 1 u. 3 BGB begründen keinen Anspruch, sondern
eine rechtvernichtende Einwendung des Mieters.[2] Anders liegt es dagegen,
wenn der Beklagte sich gegenüber dem Zahlungsanspruch auf minderungsbe-
dingte Überzahlungen nicht streitgegenständlicher Zeiträume beruft. Hier rechnet der Beklagte (werterhöhend) mit einem eigenständigen Bereicherungsanspruch (§ 812 Abs. 1 S. 1 BGB) auf.

Für **dienstvertragliche Rechtsverhältnisse** und die **entgeltliche Geschäftsbesor-** 534
gung fehlt es an speziellen gewährleistungsrechtlichen Regelungen. Wendet der
Beklagte gegenüber der Vergütungsklage ein, die Dienstleistung oder Geschäftsbesorgung sei aufgrund ihrer mangelhaften Ausführung für ihn ohne oder nur
von geringem Wert gewesen, liegt darin keine Aufrechnungserklärung. Hier ist,
etwa bei einem auf einer **fehlerhaften anwaltlichen Beratung** beruhenden Ge-
bührenanspruch, für die Annahme einer Aufrechnung kein Raum. Mit dem
Einwand, etwa gegenüber einem auf einer (fehlerhaften) anwaltlichen Beratung
beruhenden Honoraranspruch, stellt der Beklagte dem Zahlungsverlangen keinen eigenständigen Anspruch gegenüber, sondern beruft sich auf eine unzulässige Rechtsausübung des Klägers. Denn der Vergütungsanspruch ist nur in dem
Umfang durchsetzbar, in dem er – beispielsweise – ohne die fehlerhafte Bera-

---

1 Nur im Ergebnis zutreffend OLG Schleswig, Urteil v. 11. 4. 2000 – 3 U 56/98, OLGR
  2000, 411 = AGS 2001, 228, das jedoch zu Unrecht auf die mit der Gegenforderung
  verbundene gerichtliche und anwaltliche „Mehrarbeit" abstellt; LG Bayreuth, Beschl.
  v. 14. 7. 1989 – 2 O 227/89, KostRsp. GKG § 19 Nr. 151 mit Anm. *E. Schneider* = Jur-
  Büro 1989, 1601: auch zum Wert eines den Minderungseinwand berücksichtigenden
  Prozessvergleichs.
2 BGH, Urteil v. 29. 10. 1986 – VIII ZR 144/85, NJW 1987, 432; Palandt/*Weidenkaff*,
  § 536 Rn. 2.

tung entstanden wäre. Damit handelt es sich um einen Fall der Anrechnung, der den durch die Klageforderung bestimmten Streitwert nicht verändert.[1]

Anders liegt es jedoch, wenn der Beklagte einen über die fehlerhafte und damit wertlose Beratungsleistung hinausgehenden Schaden geltend macht.

c) Vorschuss- und Ersatzansprüche

535 Verteidigt sich der Beklagte mit dem Anspruch auf Schadensersatz statt der Leistung (§§ 634 Nr. 4, 281, 283, 311a BGB), ist auf Grundlage der Differenztheorie nach herrschender Ansicht von einer Anrechnung auszugehen. Dies zumindest dann, wenn der Beklagte die Werkleistung wegen völliger Wertlosigkeit zurückweist und **Schadensersatz wegen Nichterfüllung des ganzen Vertrages** beansprucht.[2]

536 Umstritten ist dagegen, ob eine Saldierung der Aktiv- und Passivposten auch vorzunehmen ist, wenn der Besteller das Werk behält und nur **Schadensersatz wegen einzelner Mängel**, mithin Gewährleistungsrechte aus teilweiser Nichterfüllung des Vertrages, beansprucht. Von Bedeutung ist dies für die Einordnung der Verteidigung mit einem Anspruch auf Erstattung der **Ersatzvornahmekosten** (§ 637 Abs. 1 BGB), auf Zahlung eines **Vorschusses** darauf (§ 637 Abs. 3 BGB) und auf Ersatz **vergeblicher Aufwendungen** (§§ 634 Nr. 4, 284 BGB).

537 Die ganz überwiegende Ansicht geht auch hier nur von einer Anrechnung aus und verneint eine nach § 45 Abs. 3 GKG (§ 19 Abs. 3 GKG a.F.) zur Streitwerterhöhung führende (Hilfs-)Aufrechnung im Sinne des § 387 BGB. Der Unterschied zu dem Schaden, der für den Auftraggeber mit der völligen Wertlosigkeit der Werkleistung verbunden ist, sei nur quantitativ und nicht qualitativ. Dementsprechend könne der Werkunternehmer auch nur eine reduzierte Vergütung für seine Leistung beanspruchen, so dass auch in diesen Fällen von

---

1 BGH, Urteil v. 24. 3. 1988 – IX ZR 114/87, MDR 1988, 770 = NJW 1988, 3013; OLG Düsseldorf, Beschl. v. 18. 9. 2000 – 24 W 53/00, OLGR 2001 171 = MDR 2001, 113 = AGS 2001, 130; *Anders/Gehle/Kunze*, Stichwort „Aufrechnung" Rn. 6; *Meyer*, § 45 Rn. 29.

2 BGH, Beschl. v. 5. 4. 2001 – VII ZR 161/00, BauR 2001, 1928; Beschl. v. 10. 11. 1983 – VII ZR 282/83, KostRsp. GKG § 19 Nr. 71; Beschl. v. 19. 1. 1978 – VII ZR 175/75, BGHZ 70, 240 = NJW 1978, 815; Beschl. v. 10. 11. 1983 – VII ZR 282/83, KostRsp. GKG § 19 Nr. 71; OLG Celle, Beschl. v. 23. 7. 2001 – 7 W 42/01, AGS 2001, 277; OLG Düsseldorf, Beschl. v. 24. 5. 2005 – 5 W 37/04, OLGR 2005, 528 = BauR 2005, 1520 = IBR 2005, 525 = BauRB 2005, 323; Beschl. v. 16. 9. 1996 – 23 W 26/96, OLGR 1997, 118 = BauR 1997, 888; OLG Hamm, Beschl. v. 7. 6. 2005 – 19 U 17/04, OLGR Hamm, 2005, 560 = JurBüro 2005, 542 = MDR 2005, 1223 = BauR 1803 = NZBau 2005, 642; OLG Koblenz, Urteil v. 10. 1. 2002 – 2 U 825/01, MDR 2002, 71; OLG Naumburg, Urteil v. 1. 3. 2000 – 12 U 63/98, BauR 2001, 1615; OLG Nürnberg, Beschl. v. 12. 4. 1999 – 4 W 1167/99, OLGR 1999, 201 = JurBüro 2000, 80 = MDR 1999, 957 = NJW-RR 1999, 1671 = BauR 2000, 608 = RenoR 2000, 121; OLG Schleswig, Urteil v. 11. 4. 2000 – 3 U 56/98, OLGR 2000, 411 = AGS 2001, 228; *Anders/Gehle/Kunze*, Stichwort „Aufrechnung Rn. 6; *Werner/Pastor*, Bauprozess, Rn. 2576; *Zöller/Herget*, § 3 Rn. 16 unter „Aufrechnung".

einem Abrechnungsverhältnis auszugehen sei.[1] Dies gelte zumindest für alle baurechtlichen Streitigkeiten. Auch die mit dem Gesetz zur Beschleunigung fälliger Zahlungen vom 30. 3. 2000 (BGBl. I, S. 330) verbundene Änderung des § 302 ZPO zwinge nicht zu einer Neubewertung der Problematik. Zwar habe der Gesetzgeber die Möglichkeit einer schnellen Titulierung durch Erlass eines Vorbehaltsurteils erweitern wollen, hierbei aber die sich aus der Anrechnung ergebenden Einschränkungen übersehen.[2]

Demgegenüber bejaht ein Teil der Rechtsprechung eine grundsätzlich werter- **538** höhende (Hilfs-)Aufrechnung unter Hinweis darauf, dass der Besteller in diesen Fällen dem aufgrund des Einbehalts der Werkleistung (auch nach der Differenztheorie) verbleibenden vollen Werklohnanspruch mit einem eigenen Anspruch entgegentrete. Denn diese gehe in ihrer Grundlage davon aus, dass das streitige Abrechnungsverhältnis vorrangig der Klärung und Ermittlung des Schadens dient. Daher komme der Vergütungsanspruch nur dann als bloßer Verrechnungsposten in Betracht, wenn das gesamte Schuldverhältnis sich durch die Leistungsstörung in ein auf Schadensersatz gerichtetes Schuldverhältnis umgewandelt habe. Ausgehend von der Rechtskraftwirkung des § 322 Abs. 2 ZPO sei die Annahme einer Aufrechnung mit eigenständigen gewährleistungsrechtlichen Forderungen auch deswegen geboten, weil den Parteien an einer endgültigen Entscheidung über die von dem Besteller erhobenen Ansprüche gelegen sei, die aber bei einer bloßen Anrechnung – unstreitig – ausbleibe.[3]

---

1 BGH, Beschl. v. 5. 4. 2001 – VIII ZR 161/00, BauR 2001, 1928; Urteil v. 26. 4. 1991 – V ZR 213/89, MDR 1991, 1197; OLG Bamberg, Beschl. v. 3. 7. 1987 – 5 W 44/87, KostRsp. GKG § 19 Nr. 128 = JurBüro 1987, 1696; offenlassend Beschl. v. 10. 4. 1997 – VII ZR 266/96, NJW-RR 1997, 1157 = BauR 1997, 1077; KG, Beschl. v. 21. 1. 2000 – 4 W 10711/99, JurBüro 2000, 419; OLG Celle, Beschl. v. 23. 7. 2001 – 7 W 42/01, AGS 2001, 277; OLG Düsseldorf, Beschl. v. 9. 1. 1992 – 5 W 60/91, KostRsp. GKG § 19 Nr. 173 = OLG Düsseldorf OLGR 1992, 94; Beschl. v. 15. 5. 1983 – 5 W 9/83, KostRsp. GKG § 19 Nr. 87 mit Anm. *Schneider* = BauR 1984, 308; OLG Hamm, Beschl. v. 7. 6. 2005 – 19 U 100/04, JurBüro 2005, 541; Beschl. v. 14. 10. 1997 – 17 U 15/90, NJW-RR 1992, 448; OLG Koblenz, Urteil v. 10. 1. 2002 – 2 U 825/01, MDR 2002, 715; OLG Köln, Beschl. v. 18. 3. 1992 – 19 W 7/92, JurBüro 1992, 683 = VersR 1993, 460; Beschl. v. 25. 10. 1978 – 2 U 33/78, KostRsp. GKG § 19 Nr. 17 mit Anm. *Schneider* = JMBl.NW 1979, 71; OLG München, Urteil v. 16. 7. 2002 – 9 U 1813/02, BauR 2003, 421; Beschl. v. 26. 1. 1987 – 28 W 3010/86, KostRsp. GKG § 19 Nr. 122 mit Anm. *Schneider* = MDR 1987, 620 = JurBüro 1987, 1199; OLG Naumburg, Urteil v. 1. 3. 2000 – 12 U 63/98, BauR 2001, 831; OLG Oldenburg, Urteil v. 25. 2. 2003 – 2 U 232/02, NJW-RR 2003, 879 = BauR 2003, 1079 = IBR 2003, 515; OLG Schleswig, Urteil v. 11. 4. 2000 – 3 U 56/98, OLGR 2000, 411 = AGS 2001, 228.
2 OLG Koblenz, Urteil v. 10. 1. 2002 – 2 U 825/01, MDR 2002, 715; *Schmeel* MDR 2003, 601.
3 OLG Düsseldorf, Beschl. v. 24. 5. 2005 – 5 W 37/04, OLGR 2005, 528 = BauR 2005, 1520 = IBR 2005, 525 = BauRB 2005, 323 – betr. den Anspruch auf Erstattung von Ersatzvornahmekosten; Beschl. v. 16. 9. 1996 – 23 W 26/96, OLGR 1997, 118 = BauR 1997, 888; Beschl. v. 3. 7. 1984 – 23 W 28/84, KostRsp. GKG § 19 Nr. 88 mit Anm. *Schneider* = JurBüro 1984, 1869 = AnwBl. 1984, 612 – Vorschuss Mangelbeseitigungskosten; OLG Hamm, Urteil v. 5. 9. 1997 – 12 U 113/96, OLGR 1998, 58; Urteil v. 21. 4. 1995 – 12 U 25/94, OLGR 1995, 196 = BauR 1996, 437; OLG Oldenburg, Urteil v. 23. 2. 2000 – 2 U

539   Für die erstgenannte Ansicht spricht, dass eine Wertaddition nach der Ratio des § 45 Abs. 3 GKG (§ 19 Abs. 3 GKG a.F.) nicht gerechtfertigt ist. Danach sollen Gericht und Anwälte für die auf die Gegenforderung verwandte Mehrarbeit eine zusätzliche Vergütung erhalten. Bei der werkvertraglichen Abrechnung macht es jedoch keinen Unterschied, mit welchen Rechten sich der Besteller gegenüber einem mangelhaften Werk verteidigt, da die bautechnischen Probleme, die zu klären sind, dieselben bleiben.[1]

540   Eine Anrechnung scheidet aber aus, wenn sich der Beklagte gegenüber der Vergütungsklage mit **anderweitigen Schadensersatzansprüchen** verteidigt, die nicht in unmittelbarem Zusammenhang mit der mangelhaften Hauptleistung stehen und über die gesetzlichen Gewährleistungsfolgen hinausgehen.[2] Hiervon ist beispielsweise auszugehen, wenn bei Erstellung eines Bauwerks eine Mauer nicht lotrecht gemauert worden ist, sodass sich die Anschlussarbeiten erheblich verteuern. Neben der streitwertrechtlich unerheblichen Minderung des Werklohnanspruchs (siehe oben Rn. 532) kann der Bauherr gegenüber dem verbleibenden Vergütungsanspruch die Aufrechnung mit Schadensersatzansprüchen wegen seiner zusätzlichen Aufwendungen bei den Anschlussarbeiten erklären. Insoweit ist eine Wertaddition geboten, denn es handelt sich um Schadensersatz neben der Leistung (§ 280 Abs. 1 BGB). Eine geeignete Abgrenzung zwischen diesen eigenständigen Ersatzansprüchen und den der Anrechnung unterliegenden Abrechnungspositionen kann dadurch erreicht werden, dass zwischen den **sog. Mangelschäden und Mangelfolgeschäden** unterschieden wird. Letztere stehen mit den Hauptleistungspflichten in keinem unmittelbaren Zusammenhang.

541   Daher ist von einer bloßen Anrechnung auszugehen, wenn sich der Beklagte mit **Schadensersatzansprüchen aufgrund einer Verletzung leistungsbezogener Nebenpflichten** verteidigt, die für den Abschluss des Vertrages ursächlich waren. Erklärt der Beklagte beispielsweise gegenüber einer auf Darlehen (§ 607 BGB) gestützten Klage (hilfsweise) die Aufrechnung mit einem Schadensersatzanspruch wegen Verletzung vorvertraglicher oder vertraglicher Aufklärungspflichten des Klägers und macht geltend, bei gebotener Aufklärung hätte er den Vertrag nicht geschlossen, scheidet eine Wertaddition aus.[3] Ist eine haftungsbegründende Pflichtverletzung zu bejahen, besteht der Schaden des Beklagten in seiner Belastung mit den Darlehensrückzahlungen. Ausgeräumt wird dieser

---

295/99, OLGR 2000, 252 = BauR 2001, 831 = ZfBR 2001, 269; OLG Schleswig, Urteil v. 31. 3. 2000 – 1 U 148/98, BauR 2001, 1615.

1 So auch OLG Schleswig, Urteil v. 11. 4. 2000 – 3 U 56/98, OLGR 2000, 411 = AGS 2001, 228.

2 OLG Karlsruhe AnwBl. 1982, 198; OLG Koblenz, Beschl. v. 22. 5. 2001 – 5 W 347/01, JurBüro 2002, 197 = AGS 2002, 126 = BauR 2003, 584: Aufrechnung mit Aufwendungen über Gewährleistungsfolgen oder Schadensersatz gemäß § 280 Abs. 1 BGB (pVv), ohne Zusammenhang mit Mängeln; OLG Köln, Beschl. v. 18. 3. 1992 – 19 W 7/92, JurBüro 1992, 683 = VersR 1993, 460.

3 BGH, Beschl. v. 26. 9. 1985 – III ZR 26/84, KostRsp. GKG § 19 Nr. 109 = JurBüro 1985, 1813 = MDR 1986, 131 = Rpfleger 1985, 510.

Schaden durch Befreiung von der Darlehensrückzahlung, so dass sich der Kläger bereits dem Einwand der unzulässigen Rechtsausübung ausgesetzt sieht (siehe auch oben Rn. 534).

Keine Anrechnung, sondern (streitwerterhöhende) Aufrechnung liegt vor, wenn **542** der Beklagte sich gegenüber dem Vergütungsanspruch (hilfsweise) mit **Schadensersatzansprüchen aufgrund Verzuges** (§§ 280 Abs. 2, 286 BGB – § 636 BGB a.F.) verteidigt. Aufgrund der vollständigen, wenngleich verzögerten Leistungserbringung gelangt die Differenztheorie nicht zur Anwendung.[1] Ebenso liegt es, wenn Schadensersatzansprüche aus **positiver Vertragsverletzung** (§ 280 Abs. 1 BGB) geltend gemacht werden, die nur gelegentlich bei der Werkleistung erfolgte (zB. Diebstahl durch Mitarbeiter des Werkunternehmers zum Nachteil des Bestellers).

d) Vertragsstrafeversprechen

Verteidigt sich der Beklagte gegenüber der Werklohnklage (hilfsweise) mit der **543** Aufrechnung einer Gegenforderung aus einem Vertragsstrafeversprechen, liegt kein Fall der Anrechnung vor. Die Vertragsstrafe tritt als eigenständige Verpflichtung neben die synallagmatischen Pflichten und ist daher kein bloßer Rechnungsposten bei der Ermittlung des Vergütungsanspruchs.[2]

II. Hauptaufrechnung

Von Haupt- oder Primäraufrechnung spricht man, wenn der Beklagte die Klage- **544** forderung nicht bestreitet, gleichwohl aber Klageabweisung beantragt, weil der Klageanspruch durch eine von ihm erklärte Aufrechnung mit einer Gegenforderung erloschen sei. Der Beklagte setzt seine Gegenforderung nicht nur hilfsweise, sondern „primär" ein. Da in diesem Fall nur über den Bestand der Gegenforderung gestritten wird, **unterbleibt eine Wertaddition**.[3]

Das gilt auch soweit die Aufrechnung mit einer die **Klageforderung wertmäßig** **545** **übersteigenden Gegenforderung** erklärt wird. Eine Werterhöhung im Umfang des weitergehenden Forderungsteils scheidet aus, da hierüber nicht rechtskräftig entschieden wird, selbst wenn die Gegenforderung in den Entscheidungs-

---

1 OLG Dresden, Beschl. v. 29. 3. 1999 – 17 W 349/99, juris-Nr: KORE405849900; OLG Hamm, Beschl. v. 7. 6. 2005 – 19 U 17/04, OLGR Hamm, 2005, 560 = JurBüro 2005, 542 = MDR 2005, 1223 = BauR 1803 = NZBau 2005, 642.
2 OLG Nürnberg, Beschl. 12. 4. 1999 – 4 W 1167/99, OLGR 1999, 201 = JurBüro 2000, 80 = MDR 1999, 957 = NJW-RR 1999, 1671 = BauR 2000, 608; *Meyer*, § 45 Rn. 28; a.A. OLG Düsseldorf, BauR 1975, 57; *Zöller/Herget*, § 3 Rn. 16 unter „Aufrechnung".
3 BGH, Beschl. v. 14. 7. 1999 – VIII ZR 70/99, NJW-RR 1999, 1736; OLG Bamberg JurBüro 1970, 788; OLG Celle JurBüro 1970, 1002 = Nds.Rpfl. 1970, 280; OLG Düsseldorf MDR 1971, 934; OLG Frankfurt, Beschl. 18. 11. 2003 – 2 W 72/03, OLGR 2004, 162; OLG Köln MDR 1971, 311 = JurBüro 1971, 165 = Rpfleger 1971, 185; JMBl.NW 1971, 166; OLG München JurBüro 1970, 264; NJW 1970, 2219; OLG Nürnberg KostRsp. GKG a.F. § 22 Nr. 8; OLG Stuttgart Justiz 1970, 184.

gründen in vollem Umfang verneint wird, § 322 Abs. 2 BGB.[1] Insbesondere wäre es verfehlt, den überschießenden Teil der Gegenforderung als Hilfsaufrechnung zu bewerten (siehe dazu unten Rn. 585).

546 Verteidigt sich der Beklagte gegenüber der unstreitigen Klageforderung durch Aufrechnung mit **mehreren Gegenforderungen**, ist zu unterscheiden. Liegt die Summe aller Gegenforderungen unter dem Wert der Klageforderung oder überschreitet sie diesen nur in einem Umfang, der unter dem Wert der geringsten Gegenforderung liegt, handelt es sich insgesamt um eine Primäraufrechnung. Folglich verbleibt es für die Wertfestsetzung beim Wert der Klageforderung. Erklärt der Beklagte hingegen die Aufrechnung mit mehreren, die Klageforderung jeweils übersteigenden Gegenforderungen, ist nur bezüglich der ersten von einer Primäraufrechnung und im Übrigen von Hilfsaufrechnungen auszugehen.

III. Hilfsaufrechnung

547 Zur Abgrenzung der Hilfsaufrechnung von der wertneutralen Hauptaufrechnung ist die Prozesserklärung der aufrechnenden Partei auszulegen. Hierbei ist nicht die Wahl des Ausdrucks, sondern der **sachliche Gehalt der Rechtsverteidigung** ausschlaggebend (siehe ausführlich oben Rn. 518). Entscheidend ist, ob der Beklagte neben der Aufrechnung auch den Bestand der Klageforderung in Abrede stellt. Für die Ermittlung des Gebührenstreitwertes ist maßgebend, welche Parteierklärung das Gericht zur **Entscheidungsgrundlage** gemacht hat. Ist es beispielsweise davon ausgegangen, die Klageforderung sei unstreitig, dann steht damit für diese Instanz fest, dass eine den Streitwert nicht erhöhende Primäraufrechnung vorliegt.[2]

1. Eventualverhältnis

a) Prozessuale Rügen

548 Die zur Aufrechnung gestellte Gegenforderung steht nicht schon dann in einem Eventualverhältnis zur Klageforderung, wenn der Beklagte allein das **Fehlen von Prozessvoraussetzungen**, beispielsweise die internationale Zuständigkeit rügt, aber die materielle Berechtigung der Klageforderung nicht bestreitet.[3] Nach den Motiven zur Gesetzesfassung sollte eine Wertaddition ausscheiden,

---

1 Allg. Meinung; BGH, Beschl. v. 24. 11. 1971 – VIII ZR 80/71, BGHZ 57, 301 = MDR 1972, 234 = NJW 1972, 257; OLG Frankfurt, Beschl. v. 18. 11. 2003 – 2 W 72/03, OLGR 2004, 162; *Baumbach/Lauterbach/Hartmann*, § 322 Rn. 22.

2 KG, Beschl. v. 18. 10. 1985 – 21 W 5063, KostRsp. GKG § 19 Nr. 110 = JurBüro 1986, 416.

3 OLG Karlsruhe, Beschl. v. 27. 7. 1998 – 3 W 42/98, KostRsp. Nr. 208 = MDR 1998, 1249 = NJW-RR 1999, 223; *Hartmann*, GKG § 45 Rn. 43; *Thomas/Putzo/Hüßtege*, ZPO, § 3 Rn. 19; Zöller/*Herget*, § 3 Rn. 16 unter „Aufrechnung"; a.A. OLG Frankfurt, Beschl. v. 27. 8. 1985 – 21 W 36/85, KostRsp. GKG § 19 Nr. 106 mit abl. Anm. *E. Schneider* = JurBüro 1985, 1677 mit zust. Anm. *Mümmler*.

wenn der „Streit in seinem Kern nur um eine Forderung geht". Da mit der „bestrittenen Gegenforderung" in § 45 Abs. 3 GKG (§ 19 Abs. 3 S. 1 GKG a.F.) der materiell-rechtliche Anspruch gemeint ist – denn die Aufrechnung führt nicht zur Rechtshängigkeit[1] –, ist zu folgern, dass von einer Eventualaufrechnung nur auszugehen ist, wenn die Klageforderung auf derselben, nämlich der materiell-rechtlichen Ebene im Streit steht. Für diesen Ansatz spricht auch der Gleichlauf der Rechtskrafterstreckung, denn scheitern Klage oder Aufrechnung bereits an Zulässigkeitserwägungen, fehlt es an einer materiellen Rechtskrafterstreckung, was bei der Hilfsaufrechnung eine Wertaddition ausschließt (siehe dazu unten Rn. 568 ff.).

Anderenfalls müsste selbst dann eine (werterhöhende) Eventualaufrechnung bejaht werden, wenn nur über das Vorliegen von Prozessvoraussetzungen gestritten wird, die von Amts wegen zu prüfen sind.[2] Die Rüge der Wahrung einer Klage- oder Rechtsmittelfrist oder der fehlenden Vollmacht oder der Erkennbarkeit einer Unterschrift usw. würde folglich genügen, um den Streitwert zu verdoppeln.[3]   549

b) Mehrfache Hauptaufrechnungen

Eine Hilfsaufrechnung liegt jedoch dann vor, wenn der Beklagte die Klageforderung zwar nicht bestreitet, sich dagegen aber mit **mehreren** im Eventualverhältnis stehenden **Gegenforderungen** verteidigt. Dies ist etwa der Fall, wenn der Beklagte gegenüber einem auf Zahlung von 5000 Euro gerichteten unstreitigen Klageanspruch die Aufrechnung mit drei, untereinander hilfsweise gestaffelten (streitigen) Gegenforderungen über jeweils 5000 Euro erklärt. Hier handelt es sich nur bei der ersten Aufrechnung um eine Primäraufrechnung, während die nachfolgenden (bei einer der Rechtskraft fähigen Entscheidung) streitwerterhöhend zu berücksichtigen sind.[4] Siehe auch unten bei Rn. 586.   550

Bestreitet der Beklagte die Klageforderung nur teilweise und rechnet **mit einer Gegenforderung primär** gegen den unstreitigen Teil **und zugleich hilfsweise** gegen den streitigen Teil der Klageforderung auf, so ist die auf das Doppelte der Klageforderung gesetzte Obergrenze (§ 322 Abs. 2 ZPO, § 45 Abs. 3 GKG) derart zu ermitteln, dass zunächst die Klageforderung um den Betrag der Primäraufrechnung reduziert und nur der verbleibende Betrag verdoppelt wird.[5] Davon ist   551

---

1 BGH, Urteil v. 11. 11. 1971 – VII ZR 57/70, BGHZ 57, 422 = MDR 1957, 318 = NJW 1972, 450 = WM 1972, 196 = JZ 1972, 170 = DB 1972, 236.
2 So in der Tat *Mümmler* JurBüro 1985, 1678, 1679.
3 Insofern zweifelnd auch OLG Frankfurt, Beschl. v. 27. 8. 1985 – 21 W 36/85, KostRsp. GKG § 19 Nr. 106 = JurBüro 1985, 1677.
4 BGH, Beschl. v. 6. 11. 1991 – VIII ZR 294/90, KostRsp. GKG § 19 Nr. 168 = MDR 1992, 307 = Rpfleger 1992, 225; OLG Hamm, Beschl. v. 13. 5. 1985 – 19 W 24/85, KostRsp. GKG § 19 Nr. 112 mit Anm. *E. Schneider* = AnwBl. 1986, 204; OLG Karlsruhe MDR 1989, 921; *Hartmann*, § 45 Rn. 44.
5 OLG Köln, Beschl. 30. 4. 1993 – 19 W 15/93, KostRsp. GKG § 19 Nr. 178 = OLGR 1993, 157 = JurBüro 1994, 495.

die Fallgestaltung zu unterscheiden, dass in unzulässiger Weise mit verschiedenen Teilen eines Anspruchs (Gegenforderung) gegen denselben Teil der Klageforderung aufgerechnet wird (siehe unten Rn. 583).

2. Bestrittene Gegenforderung

552 Eine Werterhöhung kommt nach § 45 Abs. 3 GKG (§ 19 Abs. 3 GKG a.F.) nur in Betracht, wenn neben der Klageforderung auch die Aufrechnungsforderung im Streit steht. Erklärt der Beklagte daher hilfsweise die Aufrechnung mit einer **unbestrittenen Gegenforderung**, bleibt diese wertmäßig unberücksichtigt.[1]

3. Rechtskraftfähige Entscheidung

553 Gemäß § 45 Abs. 3 ZPO (§ 19 Abs. 3 GKG a.F.) erhöht sich der Streitwert bei einer Hilfsaufrechnung mit einer bestrittenen Gegenforderung nur, soweit über diese rechtskräftig entschieden wird. Erforderlich ist eine der materiellen und nicht nur formellen Rechtskraft fähige positive oder negative Entscheidung über die Aufrechnungsforderung.[2] Für die Streitwertberechnung ist daher zu unterscheiden, ob das Gericht bei seiner Entscheidung den **Aufrechnungseinwand** berücksichtigt und – bejahendenfalls – in einer der Rechtskraft fähigen Weise über den **Bestand der Gegenforderung** entschieden hat.

554 Hierbei ist die Rechtskraftwirkung der Entscheidung nicht davon abhängig, ob die geltend gemachte Aufrechnung im oder außerhalb des Prozesses erklärt worden ist. Daher wirkt auch die über den Erfüllungseinwand mitbeschiedene **außerprozessuale Aufrechnungserklärung** streitwerterhöhend.[3]

555 Da jedoch die Rechtskraft nur zwischen den Parteien des Rechtsstreits wirkt, bleibt der Einwand des Beklagten, die Klageforderung sei aufgrund der außerprozessualen **Aufrechnung eines Dritten** erloschen, streitwertrechtlich ohne Folgen. Denn ist der Forderungsinhaber nicht Partei, kann über den Bestand der Gegenforderung nicht endgültig entschieden werden. So beispielsweise, wenn der in Anspruch genommene Bürge gegenüber der Klageforderung einwendet, diese sei bereits aufgrund einer Aufrechnung des Hauptschuldners erloschen.[4] Hier besteht auch für eine **analoge Anwendung von § 45 Abs. 3 GKG** (§ 19 Abs. 3 GKG a.F.) kein Raum.

---

1 OLG Hamm, Beschl. v. 6. 12. 1999 – 22 U 81/99, OLGR 2000, 128 = MDR 2000, 296.
2 BGH, Beschl. v. 30. 9. 1999 – VII ZR 457/98, NJW-RR 2000, 285 = NZBau 2000, 26; *Meyer*, § 45 Rn. 32.
3 BGH, Urteil v. 4. 12. 1991 – VIII ZR 32/91 = MDR 1992, 611 = WM 1992, 627 = NJW 1992, 982 – zur Rechtskraft; OLG Stuttgart, Beschl. v. 24. 1. 1989 – 8 W 248/98, OLGZ 1989, 179 = ZMR 1989, 191 = NJW-RR 1989, 841; *Anders/Gehle/Kunze*, Stichwort „Aufrechnung" Rn. 5; Zöller/*Vollkommer*, § 322 Rn. 15.
4 BGH, Beschl. v. 29. 11. 1972 – VIII ZR 202/71, BGHZ 59, 17 = NJW 1973, 146: Beschwer.

Soweit diesse mit Blick darauf befürwortet wird, dass der Prüfungsumfang der 556
gerichtlichen Tätigkeit dem bei einer (hilfsweisen) Aufrechnung durch den verklagten Hauptschuldner entspreche,[1] ist dies nicht überzeugend. Einer Werterhöhung für die Gerichtsgebühren stünde schon das gebührenrechtliche Analo-
gieverbot entgegen. Der für die anwaltlichen Gebühren maßgebliche Gegenstandswert wiederum hat der Wertfestsetzung für das gerichtliche Verfahren zu
folgen, § 23 RVG (§ 8 BRAGO). Zudem ist die fehlende Berücksichtigung des
Arbeitsaufwandes, unabhängig von der grundsätzlichen Eignung dieses An-
knüpfungspunktes,[2] kein eigenständiges Phänomen der Hilfsaufrechnung. Beruft sich der Beklagte gegenüber der Klageforderung beispielsweise auf ein **Zurückbehaltungsrecht** gemäß § 273 Abs. 3 ZPO, welches unstreitig nicht unter
§ 45 Abs. 3 GKG (§ 19 Abs. 3 GKG a.F.) fällt, bleibt der damit verbundene Klä-
rungsaufwand ebenfalls gebührenrechtlich unberücksichtigt. Stellt man bei diesen Konstellationen hingegen die fehlende Entscheidung über die Gegenforderung in den Vordergrund,[3] lässt sich deren gebührenrechtliche Bedeutungslosigkeit widerspruchsfrei erklären.

a) Entscheidung über Aufrechnungseinwand

Fehlt es bereits an einer Auseinandersetzung mit dem Aufrechnungseinwand, 557
weil schon die **Klage unzulässig oder** auch ohne Berücksicht der Aufrechnung in vollem Umfang **unbegründet** ist,[4] bleibt für eine Wertaddition kein
Raum.

Macht der Beklagte in erster Linie Gegenansprüche auf Herausgabe von Sachen 558
geltend, aus denen er ein **Zurückbehaltungsrecht** ableitet, so ist die zusätzlich
erklärte Hilfsaufrechnung streitwertmäßig ebenfalls unbeachtlich, wenn bereits
das Zurückbehaltungsrecht bejaht wird.[5]

An einer (rechtskräftigen) Entscheidung über den **Aufrechnungseinwand** man- 559
gelt es ferner, wenn das Ergebnis seiner Prüfung für die Entscheidung der Klage
nur vorgreiflich ist. Dies ist etwa der Fall, wenn der Beklagte gegen eine allein
auf Zahlung von Zinsen gerichtete Klage geltend macht, gegenüber der dem
Zinsanspruch zugrunde liegenden Hauptforderung die Aufrechnung erklärt zu
haben. Hier ist für eine Wertaddition kein Raum.[6] Rechtlich entspricht dieser
Sachverhalt demjenigen, bei dem im Rechtsstreit allein die Zinszahlungspflicht
im Streit steht. Auch dort erfasst die Rechtskraft der Verurteilung zur Zinszah-

---

1 Zöller/*Herget*, § 3 Rn. 16 unter „Aufrechnung"; ebenso Vorauflage.
2 Vgl. hierzu etwa *Lappe*, Anm. zu OLG Frankfurt, KostRsp. GKG § 19 Nr. 106; *Rödding*,
   NJW 1968, 1917.
3 Vgl. für das Zurückbehaltungsrecht BGH, Beschl. v. 16. 4. 1996 – XI ZR 302/95, MDR
   1996, 960; Zöller/*Vollkommer*, § 322 Rn. 14.
4 Zöller/*Greger*, § 145 Rn. 13.
5 LG Bayreuth JurBüro 1980, 1865; Zöller/*Herget*, § 3 Rn. 16 unter „Aufrechnung".
6 Anders aber KG, Beschl. v. 18. 10. 1985 – 21 W 5063/85, KostRsp. GKG § 19 Nr. 110
   mit abl. Anm. *Lappe* = JurBüro 1986, 416.

lung oder die Abweisung der Zinsklage nicht die vorgreifliche Entscheidung hinsichtlich des Bestandes der Hauptforderung.

560 Das gilt – trotz Auseinandersetzung mit dem Aufrechnungseinwand – auch, wenn das Gericht die Klage aufgrund der Hilfsaufrechnung abweist und hierbei ausdrücklich offen lässt, ob die Klage zulässig und die Klageforderung zunächst entstanden ist. Darin liegt eine **Missachtung des Eventualverhältnisses** und damit ein Verstoß gegen § 308 ZPO.[1] Die (positive) Bescheidung der Gegenforderung wird von der Rechtskraft nicht erfasst.[2]

561 Verteidigt sich der Beklagte schriftsätzlich mit einer Hilfsaufrechnung, lässt diese dann aber in der mündlichen Verhandlung fallen und erkennt die Klage an, dann verhält sich das daraufhin ergehende **Anerkenntnisurteil** nicht zu dem (schriftsätzlich) hilfsweise zur Aufrechnung gestellten Anspruch. Eine Werterhöhung nach § 45 Abs. 3 GKG (§ 19 Abs. 3 GKG a.F.) scheidet aus.[3] Das OLG Hamm begründet dies damit, dass aufgrund „unbestrittener Klageforderung" über die Hilfsaufrechnung nicht mehr entschieden werden könne und es zudem an einer der Rechtskraft fähigen Entscheidung fehle, da wegen fehlender Entscheidungsgründe nicht erkennbar sei, dass „neben der Klageforderung über weitere – hilfsweise zur Aufrechnung gestellte – Ansprüche entschieden worden" ist. Die Entscheidung ist im Ergebnis richtig, in der Begründung unzutreffend.

562 Ob die in einem vorbereitenden Schriftsatz (§ 129 ZPO) erklärte (Hilfs-)Aufrechnung bereits mit Zugang des Schriftsatzes oder erst mit Geltendmachung in der mündlichen Verhandlung wirksam wird, ist eine Frage der Auslegung. Nach wohl herrschender Ansicht ist bei einer Prozessaufrechnung regelmäßig von einer bloßen Ankündigung auszugehen.[4] Teilt man diese Ansicht, fehlt es schon an einer **wirksamen Aufrechnungserklärung**, die zur Entscheidung hätte anstehen können. Anderenfalls wäre zu prüfen, ob der Beklagte von der hilfsweise erklärten Prozessaufrechnung Abstand nehmen konnte.[5] Wird dies bejaht, stand der zur Aufrechnung gestellte Anspruch zum Schluss der mündlichen Verhandlung ebenfalls nicht mehr zur Entscheidung und Ausführungen zur Rechtskraft des Anerkenntnisurteils wären dann überflüssig. Hält man dagegen eine **Rücknahme der Aufrechnungserklärung** wegen ihrer Gestaltungswirkung für ausgeschlossen, läge nach dem (materiell-rechtlichen) Anerkenntnis des Beklagten notwendigerweise eine Hauptaufrechnung vor und eine Werterhöhung schiede schon aus diesem Grunde aus. Im Übrigen ist der rechtskräf-

---

1 OLG Oldenburg, Beschl. v. 11. 7. 1997 – 2 W 88/97, OLGR 1998, 268.
2 BGH, Beschl. v. 14. 4. 1999 – IV ZR 253/98, NJW-RR 1999,1157; Urteil v. 25. 6. 1956 – II ZR 78/55, LM § 322 Nr. 21; OLG Oldenburg, Beschl. v. 11. 7. 1997 – 2 W 88/97, OLGR 1998, 268; Musielak/*Musielak*, § 322 Rn. 83; Zöller/*Vollkommer*, § 322 Rn. 21.
3 OLG Hamm, Beschl. v. 17. 11. 2000 – 34 W 29/00, AGS 2001, 111 mit Anm. *Madert*.
4 Zöller/*Greger*, § 129 Rn. 6 m.w.N.
5 Ablehnend Zöller/*Greger*, § 145 Rn. 11; a.A. BGH, Urteil v. 11. 11. 1971 – VII ZR 57/70, BGHZ 57, 422 = MDR 1972, 318 = NJW 1972, 450 = WM 1972, 196 = JZ 1972, 170 = DB 1972, 236; *Baumbach/Lauterbach/Hartmann*, § 145 Rn. 12.

tige Inhalt von Urteilen ohne Tatbestand und Entscheidungsgründe über das Parteivorbringen zu ermitteln.[1]

Wird über die Klage durch **Versäumnisurteil** entschieden, bleibt eine zuvor (schriftsätzlich) erklärte Hilfsaufrechnung gleichfalls unberücksichtigt.[2] Denn aufgrund der Säumnis des Beklagten in der mündlichen Verhandlung fehlt es an der Geltendmachung des mit dem Schriftsatz nur angekündigten Aufrechnungseinwandes.[3] Die bei ausbleibendem Einspruch (§ 338 ZPO) eintretende (materielle) Rechtskraft der Entscheidung erfasst daher nicht die Gegenforderung des Beklagten. Wollte man dies anders sehen, müsste (bei schlüssiger Klage) aufgrund der Geständnisfiktion (§ 331 Abs. 1 S. 1 ZPO) eine unstreitige Klageforderung und damit eine wertneutrale Hauptaufrechnung angenommen werden.

Legt der Beklagte **Einspruch** ein, kommt eine Wertaddition nur in Betracht, wenn auch über die Gegenforderung verhandelt und entschieden wird.

Soweit ein Urteil der materiellen Rechtskraft (§ 322 ZPO) nicht fähig ist, wie beispielsweise ein **Vorbehaltsurteil** im Urkunden- und Wechselprozess (§ 599 ZPO) oder ein Vorbehaltsurteil zur Aufrechnung (§ 302 ZPO), scheidet auch bei einer vom Beklagten zuvor hilfsweise erklärten Aufrechnung eine Streitwerterhöhung aus.[4]

b) Entscheidung über Gegenforderung

Enthält das Urteil eine Auseinandersetzung mit dem Aufrechnungseinwand, ist damit für die Werterhöhung nach § 45 Abs. 3 GKG (§ 19 Abs. 3 GKG a.F.) noch nichts entschieden. Denn hierfür bedarf es einer inhaltlichen Entscheidung „über die Gegenforderung". Unproblematisch ist das in den Fällen, in denen das Gericht die Klage aufgrund der Hilfsaufrechnung ganz oder teilweise abweist, soweit nicht eine Missachtung des Eventualverhältnisses (§ 308 ZPO) vorliegt (siehe oben Rn. 560).

Schwieriger stellt sich die Situation dar, wenn der Aufrechnungseinwand bei der Urteilsfindung ohne Folgen bleibt, weil die Klage trotz Aufrechnung in vollem Umfang zugesprochen wird. Hier ist für die Annahme einer der Rechts-

563

564

565

566

567

---

1 Zöller/*Vollkommer*, vor § 322 Rn. 31 m.w.N.
2 OLG Köln MDR 1971, 311 = JurBüro 1971, 165; LAG Rheinland, Beschl. v. 15. 11. 1977 – 1 Ta 104/77, KostRsp. GKG § 19 Nr. 10; *Meyer*, § 45 Rn. 33; Zöller/*Herget*, § 3 Rn. 16 unter „Aufrechnung"; a.A. *Hartmann*, § 45 Rn. 46.
3 Zöller/*Greger*, § 129 Rn. 6 m.w.N.
4 OLG Frankfurt, Beschl. 17. 7. 1985 – 22 W 24/85, KostRsp. GKG § 19 Nr. 105 = JurBüro 1985, 1676; OLG Hamburg, Beschl. v. 12. 5. 2000 – 14 U 65/99, OLGR 2001, 20 = BRAGOreport 2001, 139; OLG München, Beschl. v. 11. 1. 1988 – 28 W 2952/87, KostRsp. GKG § 19 Nr. 140 mit zust. Anm. *E. Schneider* = JurBüro 1989, 137 = AnwBl. 1989, 106; *Meyer*, § 45 Rn. 33; Zöller/*Herget*, § 3 Rn. 16 unter „Aufrechnung"; a.A. ohne Begründung *Hartmann*, § 45 Rn. 47 und in Widerspruch zu *Baumbach/Lauterbach/Hartmann*, § 322 Rn. 71 unter „Vorbehaltsurteil".

kraft fähigen Entscheidung und damit für die Wertaddition maßgeblich darauf abzustellen, ob sich das Urteil in den Entscheidungsgründen zur **Aufrechnungslage** verhält. Folgende Fallgestaltungen sind zu unterscheiden:

aa) Unzulässigkeit der (Hilfs-)Aufrechnung

568 Wird die (Hilfs-)Aufrechnung vom Gericht für unzulässig erachtet, fehlt es an einer Entscheidung über die Aufrechnungslage (§ 387 BGB). Der Streitwert erhöht sich nicht.[1] Auch dann nicht, wenn das Gericht fehlerhaft eine Unzulässigkeit bejaht[2] oder prozessordnungswidrig die Zulässigkeit einer Hilfsaufrechnung offen lässt, weil die Gegenforderung „jedenfalls unbegründet" sei.[3] Ebenso verhält es sich – also keine Werterhöhung –, wenn das Gericht im Urteil in **Hilfserwägungen auf die Begründetheit** eingeht.[4]

569 Die Unzulässigkeit der Aufrechnung kann auf verfahrensrechtlichen und auf materiell-rechtlichen Gründen beruhen. Unterbleibt eine Auseinandersetzung mit der Gegenforderung, weil das Gericht die (Hilfs-)Aufrechnung bereits aus **verfahrensrechtlichen Gründen** für **unzulässig** erachtet, fehlt es bezüglich der zur Aufrechnung gestellten Forderung an einer der materiellen Rechtskraft fähigen Entscheidung. So beispielsweise, wenn das Gericht aufgrund einer kaufmännischen Prorogation (§ 29 Abs. 2 ZPO) – zu Recht oder zu Unrecht[5] – von einer örtlichen **Unzuständigkeit** für eine Entscheidung über die Gegenforderung ausgeht,[6] oder eine Auseinandersetzung mit der Gegenforderung aufgrund der **Nichtzulassung** der (Hilfs-)Aufrechnung **im Rechtsmittelverfahren** nach § 533 ZPO ausbleibt.[7]

570 Hiervon zu unterscheiden ist jedoch die Verfahrenslage, bei der die **Aufrechnungsforderung ungenügend individualisiert** worden ist. Insoweit ist die Vor-

---

1 BGH, Beschl. v. 26. 9. 1990 – VIII ZA 5/90, KostRsp. GKG § 19 Nr. 164 = NJW-RR 1991, 127; Beschl. v. 25. 5. 1988 – VIII ZR 18/88, KostRsp. ZPO § 3 Nr. 936 mit Anm. *E. Schneider* = LM ZPO § 546 Nr. 121 = MDR 1988, 956 = NJW 1988, 3210 = AnwBl. 1988, 588 = WPM 1988, 1322; OLG Düsseldorf, Beschl. v. 17. 12. 1981 – 6 U 10/81, KostRsp. GKG § 19 Nr. 52 mit Anm. *E. Schneider* = JurBüro 1982, 265 mit Anm. *Mümmler;* OLG Frankfurt JurBüro 1971, 311; OLG Köln, Beschl. v. 21. 9. 1987 – 2 U 113/86, KostRsp. GKG § 19 Nr. 129; *Madert,* Festschrift für H. Schmidt S. 77; Zöller/ *Herget,* § 3 Rn. 16 unter „Aufrechnung".
2 BGH, Beschl. v. 26. 9. 1990 – VIII ZA 5/90, KostRsp. GKG § 19 Nr. 164 = NJW-RR 1991, 127.
3 BGH, Beschl. v. 25. 5. 1988 – VIII ZR 18/88, KostRsp. ZPO § 3 Nr. 936 mit Anm. *E. Schneider* = LM ZPO § 546 Nr. 121 = MDR 1988, 956 = NJW 1988, 3210 = AnwBl. 1988, 588 = WM 1988, 1322.
4 BGH, Beschl. v. 31. 7. 2001 – XI ZR 217/01, BGHReport 2002, 42 = MDR 2001, 1256 = AGS 2002, 27 = NJW2001, 3616 = BGHR ZPO § 322 Abs. 2 Hilfsaufrechnung 9; OLG Köln, Beschl. v. 21. 9. 1987 – 2 U 113/86, KostRsp. GKG § 19 Nr. 129.
5 Zöller/*Greger,* § 145 Rn. 19 m.w.N.
6 BGH, Beschl. v. 28. 6. 1984 – IX ZR 117/83, KostRsp GKG § 19 Nr. 82.
7 BGH, Beschl. v. 11. 7. 1984 – VIa ZR 95/84, KostRsp. GKG § 19 Nr. 85 – zu § 530 Abs. 2 ZPO a.F.; Zöller/*Greger,* § 145 Rn. 15.

schrift des **§ 253 Abs. 2 Nr. 2 ZPO** entsprechend anzuwenden. Eine Klage, die den Gegenstand nicht genügend bestimmt und deshalb als unzulässig zurückgewiesen wird, kann erneut erhoben werden. Deshalb erwächst auch die Nichtberücksichtigung der Aufrechnung wegen fehlender Individualisierung (im Gegensatz zur fehlenden Substantiierung, siehe unten Rn. 575) nicht in Rechtskraft und steht damit einer Wertaddition entgegen.[1]

Ebenso verhält es sich, wenn die Geltendmachung der **Aufrechnung gemäß §§ 296, 296a ZPO** als **verspätet** zurückgewiesen wird. Als Verteidigungsmittel unterliegt der Einwand der Aufrechnung den Verspätungsvorschriften.[2] Wird dieser vom Gericht für prozessual unzulässig erachtet, ist für eine Wertaddition gemäß § 45 Abs. 3 GKG (§ 19 Abs. 3 GKG a.F.) kein Raum.[3] Denn mangels Befassung mit der Gegenforderung fehlt es an einer rechtskräftigen Entscheidung.[4] Diese Konstellation ist nicht zu verwechseln mit der Zurückweisung tatsächlichen Vorbringens zur Aufrechnungsforderung als verspätet (vgl. unten Rn. 576). 571

Wird die **Gleichartigkeit** von Klageforderung und Aufrechnungsforderung verneint, ist damit eine rechtskräftige Aberkennung der Gegenforderung nicht verbunden. Die Prozesslage entspricht vielmehr derjenigen bei unzulässiger Aufrechnung. Das Gericht lehnt es ab, sich mit der Aufrechnungsforderung zu befassen, weil es an einer Aufrechnungslage fehle. Eine Wertaddition nach § 45 Abs. 3 GKG (§ 19 Abs. 3 GKG a.F.) entfällt.[5] 572

Schließlich können **materiell-rechtliche Gründe** der Zulässigkeit einer Aufrechnung widerstreiten. Im Vordergrund stehen hier **Aufrechnungsverbote**, sei es **vertraglicher oder gesetzlicher Art**.[6] So scheidet eine Werterhöhung aus, wenn der (Hilfs-)Aufrechnung ein mietvertraglich vereinbarter Aufrechnungsausschluss entgegensteht,[7] weil die Gegenforderung gemäß § 390 BGB einredebehaftet ist[8] oder die Klageforderung aus einer unerlaubten Handlung herrührt, § 393 BGB.[9] Gleichgelagert ist der Fall, in dem der (Hilfs-)Aufrechnung gegen- 573

---

1 BGH, Beschl. v. 25. 9. 1996 – VI ZR 102/96, BGHR ZPO § 546 Abs. 2 Beschwer 15; OLG Köln, Beschl. v. 11. 1. 1995 – 19 W 15/94, KostRsp. GKG § 19 Nr. 187 mit Anm. *Herget* = OLGR 1995, 79 = JurBüro 1995, 645; *E. Schneider*, Anm. zu BGH KostRsp. GKG § 19 Nr. 92; *Wenzel*, GK-ArbGG § 12 Rn. 89; Zöller/*Greger*, § 145 Rn. 16a.
2 BGH, Urteil v. 28. 5. 1990 – II ZR 248/89, MDR 1991, 227; Urteil v. 30. 5. 1984 – VIII ZR 20/83, MDR 1984, 837 = NJW 1984, 1964; Zöller/*Greger*, § 145 Rn. 15 m.w.N.
3 OLG Hamm, Beschl. v. 25. 3. 1999 – 19 W 13/99, OLGR 1999, 178.
4 OLG Frankfurt, Beschl. v. 24. 10. 1983 – 17 W 57/83, MDR 1984, 239.
5 OLG Dresden, Beschl. v. 7. 1. 2003 – 6 W 240/99, JurBüro 2003, 475; *Meyer* JurBüro 2004, 300; a.A. Zöller/*Vollkommer*, ZPO, § 322 Rn. 18.
6 BGH, Beschl. v. 26. 9. 1990 – VIII ZA 5/90, MDR 1991, 240 = NJW-RR 1990, 127.
7 OLG Düsseldorf, Urteil v. 30. 4. 1997 – 10 U 73/96, OLGR 1997, 266 = WuM 1997, 428 = ZMR 1997, 466.
8 BGH, Beschl. v. 31. 7. 2001 – XI ZR 217/01, BGHReport 2002, 42 = MDR 2001, 1256 = AGS 2002, 27 = NJW2001, 3616 = BGHR ZPO § 322 Abs. 2 Hilfaufrechnung 9.
9 OLG Düsseldorf, Beschl. v. 17. 12. 1981 – 6 U 10/81, KostRsp. GKG § 19 Nr. 52 mit Anm. *E. Schneider* = JurBüro 1982, 265 mit Anm. *Mümmler*.

über einer vom Insolvenzverwalter klageweise geltend gemachten Forderung das **Aufrechnungsverbot gemäß § 96 Abs. 1 Nr. 1 InsO** (§ 55 Abs. 1 Nr. 1 KO) entgegensteht.[1]

bb) Fehlende Aufrechnungslage

574 Gelangt das Gericht im Urteil zu dem Ergebnis, dass die Klageforderung mangels Aufrechnungslage nicht erloschen ist, ergeht eine den Streitwert erhöhende Entscheidung über die Gegenforderung. Dies gilt nicht nur in dem unproblematischen Fall, dass dem Beklagten der **Nachweis der tatbestandlichen Anspruchsvoraussetzungen** der Gegenforderung nicht gelungen ist, sondern auch, wenn die Aufrechnung nicht durchgreift, weil es bereits an einem **schlüssigen Sachvortrag** fehlt.

575 Verneint das Gericht die Wirksamkeit der Aufrechnung wegen **unzureichender Substantiierung** des die Gegenforderung betreffenden Sachvortrages, wird die Gegenforderung wegen fehlender Schlüssigkeit rechtskräftig aberkannt.[2]

576 Ebenso liegt es, wenn der für die Schlüssigkeit erforderliche **Sachvortrag** zur Gegenforderung nach § 296 ZPO **als verspätet zurückgewiesen** wird.[3]

577 Wird die Wirksamkeit der Aufrechnung mit der Begründung verneint, die Forderung des Beklagten sei noch nicht fällig, dann erwächst nur die **Fälligkeitsprüfung** in Rechtskraft. Der Beklagte kann seinen Anspruch später noch geltend machen. Rechtskräftig steht fest, dass die Gegenforderung der Klage „zur Zeit" nicht entgegensteht.[4] Der Klageforderung darf deshalb auch nur ein nach § 3 ZPO zu schätzender Betrag hinzugerechnet werden (siehe das Stichwort „Fälligkeit").

578 Verneint das Urteil die **Gegenseitigkeit** der (hilfsweise) zur Aufrechnung gestellten Gegenforderung, erwächst in Rechtskraft, dass die Gegenforderung der beklagten Partei jedenfalls nicht im Verhältnis zu der klagenden Partei zusteht, mag sie ihm auch gegen einen Dritten zustehen. Dieser Sachverhalt fällt unter § 45 Abs. 3 GKG (§ 19 Abs. 3 GKG a.F.), weil die Rechtskraftwirkung sich auf

---

1 OLG Oldenburg, Beschl. 18. 11. 1983 – 8 W 123 783, KostRsp. GKG § 19 Nr. 73 = Jur-Büro 1984, 258 = MDR 1984, 239.
2 BGH, Beschl. v. 24. 2. 1994 – VII ZR 209/93, KostRsp. ZPO § 3 Nr. 1184 = MDR 1994, 612 = NJW 1994, 1538; OLG Koblenz, Beschl. v. 22. 5. 2001 – 5 W 347/01, JurBüro 2002, 197 = AGS 2002, 126 = BauR 2003, 584; OLG Köln, Beschl. v. 11. 1. 1995 – 19 W 15/94, KostRsp. GKG § 19 Nr. 187 mit Anm. *Herget* = OLGR 1995, 79 = JurBüro 1995, 645; OLG München, Beschl. v. 11. 1. 1988 – 28 W 2952/87, KostRsp. GKG § 19 Nr. 140 mit Anm. *Schneider* = AnwBl. 1989, 106 = JurBüro 1989, 137; OLG Stuttgart, Urteil v. 5. 7. 2000 – 9 U 61/00, OLGR 2001, 267; a.A. LG Hannover, Beschl. v. 15. 7. 1993 – 3 T 96/ 93, KostRsp. GKG § 19 Nr. 179.
3 OLG Frankfurt, KostRsp. GKG § 19 Nr. 70 = JurBüro 1984, 88 = MDR 1984, 239; OLG Koblenz JurBüro 2002, 197; *Baumbach/Lauterbach/Hartmann*, § 3 Rn. 20.
4 Zöller/*Vollkommer*, § 322 Rn. 18.

den gesamten Gegenanspruch erstreckt. Es ist also volle Wertaddition geboten,[1] beispielsweise weil die Voraussetzungen für eine Aufrechnung gegenüber dem nach Abtretung neuen Gläubiger der Hauptforderung (§ 406 BGB) nicht vorliegen.[2] Rechtskräftig aberkannt werden Gegenansprüche umgekehrt auch dann, wenn sie deshalb als unbegründet bewertet werden, weil sie nicht dem Aufrechnenden allein, sondern nur gesamthänderisch mit einem Dritten zustehen.[3]

4. Umfang der Rechtskrafterstreckung

a) Allgemeines

Nach **§ 322 Abs. 2 ZPO** ist die Entscheidung, dass die Gegenforderung nicht   579
oder aufgrund der vom Beklagten erklärten Aufrechung gemäß § 389 BGB nicht mehr besteht, nur bis zur Höhe des Betrages, für den die Aufrechnung geltend gemacht worden ist, der Rechtskraft fähig. Höher als die Klageforderung kann die – einzelne – Aufrechnungsforderung für die Streitwertbemessung also nicht in Ansatz gebracht werden, § 45 Abs. 3 GKG (§ 19 Abs. 3 GKG a.F.).[4]

Übersteigt die hilfsweise zur Aufrechnung gestellte Gegenforderung den Betrag   580
des Klageanspruchs, der für begründet erkannt wird, kommt daher auch nur in dieser Höhe eine Aufrechnungswirkung in Betracht. Nur um den verbrauchten Teil der Gegenforderung erhöht sich folglich der Streitwert.[5]

b) Reduktion der Klageforderung

Die durch § 45 Abs. 3 GKG (§ 19 Abs. 3 GKG a.F.) geschaffene Verknüpfung   581
zwischen Klageforderung und Aufrechnungsforderung bleibt auch dann erhalten, wenn sie streitwertmindernd wirkt, insbesondere wenn die **Klage teilweise für erledigt erklärt oder teilweise zurückgenommen wird** (§§ 91a, 269 Abs. 1 ZPO), bevor eine Entscheidung unter Berücksichtigung der Hilfsaufrechnung getroffen wird. Die Aufrechnungsforderung darf dann nur bis zur Höhe des verminderten Klagewertes berücksichtigt werden.[6]

---

1 KG, Beschl. v. 18. 10. 1985 – 21 W 5063/85, KostRsp. GKG § 19 Nr. 110 = JurBüro 1986, 416; OLG Celle, Beschl. v. 1. 11. 1983 – 5 W 28/83, KostRsp. GKG § 19 Nr. 79 mit Anm. *E. Schneider* = AnwBl. 1984, 31; OLG Düsseldorf, Beschl. v. 12. 8. 1996 – 6 U 8/95, MDR 1996, 1299; OLG Frankfurt MDR 1971, 311 = JurBüro 1971, 169.
2 OLG Nürnberg, Urteil v. 29. 11. 2000 – 4 U 2053/99, OLGR 2001, 93 = BauR 2001, 961.
3 Insoweit zutreffend KG, Beschl. v. 18. 10. 1985 – 21 W 5063/85, KostRsp. GKG § 19 Nr. 110 = JurBüro 1986, 416.
4 OLG Bamberg, Beschl. v. 20. 3. 1984 – 5 W 30/84, KostRsp. GKG § 19 Nr. 78 mit Anm. *Schneider* = JurBüro 1984, 903; OLG Schleswig JurBüro 1984, 257 mit Anm. *Mümmler* = KostRsp. GKG § 19 Nr. 69 = SchlHA 1983, 198.
5 OLG Bamberg JurBüro 1977, 380; OLG Düsseldorf, Beschl. v. 4. 6. 1993 – 10 W 67/93, KostRsp. GKG § 19 Nr. 181 = Rpfleger 1994, 129 = NJW-RR 1994, 1279.
6 ArbG Würzburg AnwBl. 1978, 180; *Madert*, Festschrift für H. Schmidt S. 70.

c) Mehrfache Aufrechnung

582 Stellt der Beklagte mehrere (bestrittene) Gegenforderungen zur Aufrechnung, ist für den Gebührenstreitwert zunächst danach zu unterscheiden, ob die Klageforderung unabhängig von der Aufrechnungserklärung oder einem darauf beruhenden Erfüllungseinwand in ihrem Entstehungsgrund bestritten oder unbestritten ist.

583 Bei **bestrittener Klageforderung** erfolgt die Aufrechnungserklärung ungeachtet der Anzahl der zur Aufrechnung gestellten Gegenforderungen notwendigerweise nur hilfsweise, da von dem Beklagten zunächst eine von der Aufrechnung unabhängige gerichtliche Entscheidung über den Bestand der Klageforderung angestrebt wird. Der Umfang der Werterhöhung entspricht daher der **Summe der in rechtskraftfähiger Weise entschiedenen Gegenforderungen**, berücksichtigt wird also der Wert jeder Gegenforderung bis zur Höhe der (nach der vorherigen Aufrechnung) noch verbliebenen Klageforderung.[1]

584 Der gegenteiligen Ansicht, wonach bei mehrfach gestaffelter Hilfsaufrechnung und Entscheidung über alle Gegenforderungen in analoger Anwendung von § 19 Abs. 4 GKG in der bis zum 30. 6. 1994 geltenden Fassung zur Klageforderung allein der Wert der höchsten Gegenforderung zu addieren sei,[2] begrenzt auf die Höhe der Klageforderung,[3] ist spätestens durch die mit dem KostRÄndG 1994 verbundene Änderung des § 19 Abs. 4 GKG a.F. der Boden entzogen worden, war jedoch bereits nach vorheriger Gesetzeslage verfehlt.[4]

585 Will der Beklagte bei **unbestrittener Klageforderung** diese mit dem Aufrechnungseinwand zu Fall bringen und erklärt die Aufrechnung nur mit **einer Gegenforderung**, handelt es sich um den Standardfall der Hauptaufrechnung. Eine Werterhöhung gemäß § 45 Abs. 3 GKG (§ 19 Abs. 3 GKG a.F.) scheidet schon nach dem Wortlaut aus, maßgeblich ist immer der Wert der Klageforderung. Dies gilt auch dann, wenn die zur Aufrechnung gestellte Forderung die Klageforderung im Wert übersteigt und vom Gericht in vollem Umfang für unbegründet erachtet wird. Hier kann eine Werterhöhung nicht mit dem Argument begründet werden, dass **der die Klageforderung übersteigende Teil** der Gegenforderung hilfsweise zur Aufrechnung gestellt werde. Dem steht entgegen, dass Teilbeträge aus einer auf einem einheitlichen Lebenssachverhalt gestützten An-

---

1 BGH, Urteil v. 30. 1. 1979 – VI ZR 154/78, BGHZ 73, 249; OLG Köln, Beschl. v. 18. 3. 1992 – 19 W 7/92, JurBüro 1992, 683; *Anders/Gehle/Kunze*, Stichwort „Aufrechnung" Rn. 9; *Zöller/Herget*, § 3 Rn. 16 unter „Aufrechnung".

2 So OLG Köln, Beschl. v. 1. 9. 1978 – 11 U 9/78, KostRsp. GKG § 19 Nr. 23 = JMBl.NW 1979, 70.

3 So OLG Frankfurt MDR 1980, 567 mit abl. Anm. *E. Schneider* = JurBüro 1980, 1544 mit abl. Anm. *Mümmler*.

4 Vgl. hierzu ausführlich *E. Schneider*, Anm. zu OLG Köln, Beschl. v. 1. 9. 1978 – 11 U 9/78, KostRsp. GKG § 19 Nr. 23; *ders.*, MDR 1980, 587; *Schneider/Herget*, Streitwert-Kommentar, 10. Aufl. Rn. 460 f.

spruch nicht, auch nicht durch gestaffelte Hilfsaufrechnungserklärungen, verselbständigt werden können.[1]

Stellt der Beklagte hingegen **mehrere** (rechtlich selbständige) **Gegenforderungen** 586
zur Aufrechnung, handelt es sich nur bei der ersten um eine Hauptaufrechnung.
Denn die weiteren Gegenforderungen werden nur für den Fall zur Aufrechnung
gestellt, dass die Klageforderung – entgegen der Erwartung des Beklagten – nicht
bereits durch die erste, die Hauptaufrechnung, erloschen (§ 389 BGB) ist. Damit
ist die Klageforderung zum Zeitpunkt der Entscheidung über die zweite Gegenforderung nicht mehr unbestritten, da sie dem auf der Hauptaufrechnung beruhenden Tilgungseinwand ausgesetzt ist.[2] Folglich handelt es auch nicht um eine
analoge Anwendung des § 45 Abs. 3 GKG (§ 19 Abs. 3 GKG a.F.).[3]

Anders liegt es nur, wenn die Summe der Gegenforderungen in ihrem Wert die 587
Klageforderung nicht übersteigt, da hier die Gegenforderungen notwendigerweise sämtlich primär eingesetzt werden.[4]

IV. Wechsel zwischen Haupt- und Hilfsaufrechnung

Geht der Beklagte im Verlaufe des Rechtsstreits von der Hilfsaufrechnung zur 588
Primäraufrechnung über, dann sind ab diesem Zeitpunkt die Voraussetzungen
für eine Wertaddition nach § 45 Abs. 3 GKG (§ 19 Abs. 3 GKG a.F.) nach einhelliger Auffassung nicht mehr gegeben.[5]

---

1 BGH, Beschl. v. 1. 2. 1995 – XII ZR 218/94, KostRsp. GKG § 19 Nr. 188 = MDR 1995,
   407 = WuM 1995, 273 = ZMR 1995, 199.
2 BGH, Beschl. v. 12. 7. 2000 – VIII ZR 2/99, EwiR 2000, 1043; Beschl. v. 1. 2. 1995 – XII
   ZR 218/94, KostRsp. GKG § 19 Nr. 188 = MDR 1995, 407 = WuM 1995, 273 = ZMR
   1995, 199; Beschl. v. 6. 11. 1991 – VIII ZR 294/90, KostRsp. GKG § 19 Nr. 168 mit Anm.
   Schneider = NJW-RR 1992, 316 = JurBüro 1992, 563 = AnwBl. 1993, 291 = MDR 1992,
   307 = Rpfleger 1992, 225; OLG Bremen KostRsp. GKG § 19 Nr. 113 = JurBüro 1986, 747;
   OLG Celle, KostRsp. GKG § 19 Nr. 108 mit Anm. *Schneider* = Nds.Rpfl. 1985, 278;
   OLG Frankfurt KostRsp. GKG § 19 Nr. 117 = Rpfleger 1986, 409 = JurBüro 1986, 1388 =
   NJW-RR 1986, 1063 = AnwBl. 1987, 96; KostRsp. GKG § 19 Nr. 65 mit Anm. *Schneider*
   = JurBüro 1983, 257 mit abl. Anm. *Mümmler* = AnwBl. 1982, 487; OLG Hamm,
   KostRsp. GKG § 19 Nr. 112 mit Anm. *Schneider* = AnwBl. 1986, 204; OLG Karlsruhe,
   KostRsp. GKG § 19 Nr. 148 = MDR 1989, 921 = JurBüro 1989, 1408; OLG Köln, Beschl.
   v. 27. 9. 1991 – 19 W 44/91, KostRsp. GKG § 19 Nr. 172 = OLGR 1992, 12 = JMBl.NW
   1992, 70 = FamRZ 1992, 1195 = JurBüro 1993, 163; OLG Saarbrücken, KostRsp. GKG
   § 19 Nr. 125 mit Anm. *Schneider*; OLG Schleswig, Beschl v. 14. 11. 1986 – 14 W 5/86,
   KostRsp. GKG § 19 Nr. 121 mit Anm. *Schneider* = SchlHA 1987, 131 = JurBüro 1987,
   737; *Anders/Gehle/Kunze*, Stichwort „Aufrechnung" Rn. 8, 9.
3 So aber und deshalb ablehnend *Lappe* NJW 1983, 1468.
4 *Anders/Gehle/Kunze*, Stichwort „Aufrechnung" Rn. 7.
5 OLG Dresden, Beschl. v. 17. 8. 1998 – 6 W 1072/98, OLGR 1998, 423 = MDR 1999, 119;
   OLG Hamm, Beschl. v. 28. 11. 2001 – 12 W 28/01, OLGR 2002, 243 = JurBüro 2002, 316
   = AGS 2003, 127, OLG München, Beschl. v. 26. 3. 1987 – 23 W 125/87, KostRsp. GKG
   § 19 Nr. 126 mit Anm. *Schneider* = JurBüro 1987, 1055 mit Anm. *Mümmler* = AnwBl.
   1988, 646; LAG Hamm, Beschl. v. 19. 8. 1982 – 8 Ta 193/82, KostRsp. GKG § 19 Nr. 57.

589 Uneinigkeit besteht darüber, ob der **Streitwert bis zum Übergang** zur Primäraufrechnung der Wertaddition unterliegt, also beispielsweise die vor dem Übergang angefallene Terminsgebühr nach dem erhöhten Wert zu berechnen ist.

590 Während dies nach einer Auffassung unter Hinweis auf den Normzweck des § 45 Abs. 3 GKG (§ 19 Abs. 3 GKG a.F.) bejaht wird,[1] scheidet nach anderer Ansicht eine Wertaddition ausgehend vom Wortlaut des § 45 Abs. 3 GKG (§ 19 Abs. 3 GKG a.F.) aus.[2]

591 Dem letztgenannten Ansatz ist zuzustimmen. § 45 Abs. 3 GKG (§ 19 Abs. 3 GKG a.F.) setzt tatbestandlich die Entscheidung über eine – zu diesem Zeitpunkt – hilfsweise zur Aufrechnung gestellte Gegenforderung voraus.[3] Die Geltendmachung des Anspruchs allein rechtfertigt – anders als bei Klage und Widerklage (§ 45 Abs. 1 GKG bzw. § 19 Abs. 1 GKG a.F.) – noch keine Addition der Streitwerte. Der gegenteilige Ansatz läuft darauf hinaus, dass die Tatbestandsvoraussetzungen einer Norm nicht mehr zum Zeitpunkt ihrer Anwendung, sondern nur unabhängig voneinander zu einem beliebigen Zeitpunkt im Laufe des Rechtsstreits vorgelegen haben müssen. Offen bleibt auch, warum dann **nach dem Übergang** von der Hilfs- zur Hauptaufrechnung die Voraussetzungen für eine Wertaddition gemäß § 45 Abs. 3 GKG (§ 19 Abs. 3 GKG a.F.) nicht mehr gegeben sein sollen. Zudem müssten die Gerichtskosten immer nach der Wertaddition berechnet werden, da gemäß § 40 GKG (§ 15 GKG a.F.) zumindest zeitweilig ein höherer Streitwert vorlag und die Verfahrensgebühr (Nr. 1210 KV GKG) sich nicht nachträglich vermindert.[4]

592 Der deshalb vereinzelt unternommene Versuch, in der Entscheidung über die Gegenforderung eine „zurückwirkende Bedingung"[5] zu erkennen, ist ebenfalls nicht überzeugend. Im Gesetzeswortlaut findet dieser Ansatz keine Stütze, da § 45 Abs. 3 GKG (§ 19 Abs. 3 GKG a.F.) mit „soweit" nicht auf ein (zeitlich relatives) „Ob", sondern auf den der Rechtskraft fähigen Umfang der Werterhöhung abstellt. Dies erhellt auch der Umstand, dass der Gesetzgeber ausweislich § 19 GKG in der Fassung vor dem KostRÄndG 1994 durchaus danach zu unterscheiden wusste, ob sich der Streitwert erhöht, „soweit" eine Entscheidung

---

1 So OLG Dresden, Beschl. v. 17. 8. 1998 – 6 W 1072/98, KostRsp. GKG § 19 Nr. 209 = OLGR 1998, 423 MDR 1999, 119; LAG Hamm, Beschl. v. 19. 8. 1982 – 8 Ta 193/82, KostRsp. GKG § 19 Nr. 57; LG Bayreuth, Beschl. v. 24. 2. 1992 – 1 T 7/92, JurBüro 1992, 761 mit zust. Anm. *Mümmler; Baumbach/Lauterbach/Hartmann,* ZPO, § 3 Rn. 18; *Schneider* JurBüro 1969, 787; 1970, 264; *Thomas/Putzo/Hüßtege,* ZPO, § 3 Rn. 19; *Zöller/Herget,* § 3 Rn. 16 unter „Aufrechnung"; Vorauflage Rn. 401.
2 So OLG Hamm, Beschl. v. 28. 11. 2001 – 12 W 28/01, OLGR 2002, 243 = JurBüro 2002, 316 = AGS 2003, 127; OLG Karlsruhe, Beschl. v. 27. 7. 1998 – 3 W 42/98, OLGR 1998, 444 = MDR 1998, 1249 = NJW-RR 1999, 223; *Lappe* NJW 1983, 1468; *Anders/Gehle/Kunze,* Stichwort „Aufrechnung" Rn. 5; *Meyer,* § 45 Rn. 30.
3 *E. Schneider* MDR 1989, 300 (302); *Anders/Gehle/Kunze,* Stichwort „Aufrechnung" Rn. 5.
4 *Hartmann,* KV 1210 Rn. 26.
5 LG Bayreuth, Beschl. v. 24. 2. 1992 – 1 T 7/92, JurBüro 1992, 761.

über einen Anspruch (§ 19 Abs. 3 S. 1 GKG) ergeht oder der Wert eines (Hilfs-) Anspruchs bereits maßgebend ist, „wenn" über ihn entschieden wird (§ 19 Abs. 4 GKG).

Schließlich zwingt auch der Normzweck des § 45 Abs. 3 GKG (§ 19 Abs. 3 GKG   **593**
a.F.) zu keiner abweichenden Beurteilung, denn der gerichtliche Arbeitsaufwand wird maßgeblich davon beeinflusst, ob im Urteil über Klage- und Gegenforderung oder – nach einem Wechsel zur Primäraufrechnung – nur noch über die Gegenforderung streitig zu entscheiden ist. Soweit das für die anwaltliche Tätigkeit nur eingeschränkt gilt, handelt es sich nicht um ein auf die Bewertung der Hilfsaufrechnung beschränktes Phänomen. Denn der Verweisung (§ 23 RVG) auf die für die Gerichtsgebühren geltenden Vorschriften ist immanent, dass damit der anwaltliche Arbeitsaufwand nicht für alle prozessualen Konstellationen vollständig abgebildet wird. Zudem sind vorliegend mit Rücknahme oder Abweisung der Klage (ohne Berücksichtigung der Aufrechnung) Fallgestaltungen denkbar, in denen die anwaltliche Auseinandersetzung mit der Gegenforderung mangels Anwendbarkeit des § 45 Abs. 3 GKG (§ 19 Abs. 3 GKG a.F.) – nach allen vertretenen Ansichten – unberücksichtigt bleibt.[1]

V. Instanzunterschiede

Nicht selten wird die Rechtslage bei einer Aufrechnung im Prozess in erster   **594**
Instanz anders beurteilt als in zweiter Instanz. Hier kommen zwei Sachverhalte in Betracht:

– So ist denkbar, dass die Klage **erstinstanzlich ohne Berücksichtigung der hilfsweise zur Aufrechnung gestellten Gegenforderung** abgewiesen, vom Rechtsmittelgericht dagegen erst nach materiell-rechtlicher Auseinandersetzung mit der Gegenforderung für begründet oder unbegründet erachtet wird.

– Schließlich kommt in Betracht, dass in **erster Instanz** die Klage erst **nach sachlicher Entscheidung der Gegenforderung** abgewiesen oder zugesprochen wird, während das Rechtsmittelgericht bereits die Klageforderung für unschlüssig erachtet.

Über die Wertfestsetzung besteht in beiden Fällen Uneinigkeit.

Im erstgenannten Fall bestimmt sich der Streitwert nach den bereits dargestell-   **595**
ten Regeln, d.h. für die 1. Instanz allein nach dem Wert der Klageforderung und für die 2. Instanz unter Berücksichtigung der Werterhöhung gemäß § 45 Abs. 3 GKG (§ 19 Abs. 3 GKG a.F.). Insbesondere scheidet nach ganz überwiegender Ansicht eine **nachträgliche Erhöhung des erstinstanzlichen Streitwerts** aufgrund der zweitinstanzlichen Entscheidung über die Gegenforderung aus.[2] Viel-

---

1 OLG Hamm, Beschl. v. 28. 11. 2001 – 12 W 28/01, OLGR 2002, 243 = JurBüro 2002, 316 = AGS 2003, 127; *Meyer*, § 45 Rn. 33.
2 BGH, Beschl. v. 10. 7. 1986 – I ZR 102/84, KostRsp. GKG § 19 Nr. 118 = JurBüro 1987, 853 = MDR 1987, 117 = Rpfleger 1987, 37 mit abl. Anm. *Lappe*; KG, Beschl. v. 6. 4. 1981 – 12 W 740/81, KostRsp. GKG § 19 Nr. 49 = JurBüro 1981, 1232 mit zust. Anm. *Mümm-*

mehr müssen die tatbestandlichen Voraussetzungen der Wertvorschrift ausgehend vom **„Grundsatz der nach Instanzen getrennten Wertfestsetzung"**[1] innerhalb der Instanz erfüllt werden.[2]

596 In der zweiten Fallgestaltung, also bei einer zweitinstanzlich abändernden Entscheidung ohne sachliche Berücksichtigung der Gegenforderung, ist der **Streitwert der Vorinstanz** nach (der nicht näher begründeten) Auffassung des BGH[3] **nachträglich** auf den Wert der Rechtsmittelinstanz **herabzusetzen**, wenn das Rechtsmittelgericht das zur Überprüfung stehende Urteil in der Weise (bestandskräftig) abgeändert hat, dass damit über die zur Aufrechnung gestellte Gegenforderung nicht mehr sachlich entschieden wird.[4] Der Entscheidung, die im Widerspruch zu der vom BGH postulierten instanzbezogenen Wertfestsetzung steht,[5] hat sich das OLG Düsseldorf[6] unter Hinweis darauf angeschlossen, dass anderenfalls der Kläger mit den Kosten der Hilfsaufrechnung belastet werde, obwohl er nach der Rechtsmittelentscheidung insoweit nicht unterlegen sei.

597 Dagegen vertritt der überwiegende Teil der obergerichtlichen Rechtsprechung die Ansicht, dass eine zweitinstanzlich ausbleibende Entscheidung über die Gegenforderung auf die Wertberechnung der Vorinstanz ohne Auswirkungen bleibe.[7] Dem ist zuzustimmen.

---

ler; insoweit zutr. OLG Frankfurt, Beschl. v. 7. 1. 1999 – 25 U 40/98, OLGR 1999, 121; OLG München, Beschl. v. 18. 8. 1989 – 25 U 5725/88, KostRsp. GKG § 19 Nr. 160 = JurBüro 1990, 1337 = MDR 1990, 934; *Anders/Gehle/Kunze*, Stichwort „Aufrechnung" Rn. 11, *Hartmann*, § 45 Rn. 47; *Madert*, Festschrift für H. Schmidt, S. 78 f.; *Meyer*, § 45 Rn. 37; a.A. OLG Frankfurt, Beschl. v. 21. 7. 1980 – 17 W 18/80, KostRsp. GKG § 19 Nr. 43 mit abl. Anm. *E. Schneider* = JurBüro 1981, 248 mit abl. Anm. *Mümmler* = AnwBl. 1980, 503.

1 BGH, Urteil v. 10. 7. 1986 – I ZR 102/84, KostRsp. GKG § 19 Nr. 118 mit abl. Anm. *Lappe* = JurBüro 1987, 853 = MDR 1987, 117 = Rpfleger 1987, 37.

2 OLG Jena, Beschl. v. 5. 11. 2001 – 5 U 667/00, OLGR 2002, 53 = MDR 2002, 480 = AGS 2002, 159O LG Köln JurBüro 1995, 485; OLG München, Beschl. v. 18. 9. 1990 – 25 U 5725/88, KostRsp. GKG § 19 Nr. 160 mit Anm. *E. Schneider* = JurBüro 1990, 1337 = MDR 1990, 934.

3 BGH, Urteil v. 26. 11. 1984 – VIII ZR 217/83, KostRsp. GKG § 19 Nr. 92 = MDR 1985, 487 = WM 1985, 264.

4 So schon OLG Frankfurt, Beschl. v. 21. 7. 1980 – 17 W 18/80, KostRsp. GKG § 19 Nr. 43 mit abl. Anm. *E. Schneider* = JurBüro 1981, 248 mit abl. Anm. *Mümmler* = AnwBl. 1980, 503; ebenso *Lappe*, Anm. zu OLG Saarbrücken KostRsp. GKG § 19 Nr. 31.

5 BGH, Urteil v. 10. 7. 1986 – I ZR 102/84, KostRsp. GKG § 19 Nr. 118 mit abl. Anm. *Lappe* = JurBüro 1987, 853 = MDR 1987, 117 = Rpfleger 1987, 37.

6 OLG Düsseldorf, Beschl. v. 1. 9. 2000 – 9 W 69/00, OLGR 2000, 477 = MDR 2000, 1457.

7 OLG Celle, Beschl. v. 9. 2. 1987 – 9 U 154/84, KostRsp. GKG § 19 Nr. 124 mit Anm. *Schneider* = JurBüro 1987, 1053 mit Anm. *Mümmler*; OLG Düsseldorf MDR 1969, 936 = NJW 1970, 57 = JurBüro 1969, 1066 = JVBl. 1969, 276 = Rpfleger 1970, 140; OLG Frankfurt, Beschl. v. 2. 4. 2001 – 23 W 50/00, JurBüro 2001, 417 = MDR 2001, 776 = AGS 2002, 40 = NJW-RR 2001, 1653; OLG Jena, Beschl. v. 5. 11. 2001 – 5 U 667/00, MDR 2002, 480; OLG Köln MDR 1971, 311 = JurBüro 1971, 165; OLG Saarbrücken, Beschl. v. 20. 12. 1979 – 4 W 16/79, KostRsp. GKG § 19 Nr. 31 mit abl. Anm. *Lappe* = JurBüro 1980, 897 = MDR 1980, 411 = AnwBl. 1980, 155; OLG Schleswig, Urteil

Für die Streitentscheidung ist maßgeblich, dass die Wertberechnung gemäß § 45 **598** Abs. 3 GKG (§ 19 Abs. 3 GKG a.F.) nicht instanzübergreifend, sondern für jede Instanz selbständig zu erfolgen hat. Daher bleibt es auf den erstinstanzlichen Streitwert ohne Einfluss, dass es mit der Abänderung des erstinstanzlichen Urteils durch das Rechtsmittelgericht an einer rechtskräftigen Entscheidung über die Gegenforderung (§ 322 Abs. 2 ZPO) fehlt. Der Streitwert der jeweiligen Instanz richtet sich danach, was in dieser Instanz geschehen ist, nicht danach, wie die vorausgegangene oder nachfolgende Instanz die streitentscheidenden Fragen beurteilt. Für die Werterhöhung bedarf es keiner rechtskräftigen, sondern nur einer **der Rechtskraft fähigen Entscheidung**.[1] Nur dies trägt dem Wortlaut als auch dem Sinn und Zweck des § 45 Abs. 3 GKG (§ 19 Abs. 1 GKG) Rechnung, die durch eine gerichtliche Entscheidung dokumentierte Tätigkeit zur Gegenforderung gebührenrechtlich zu erfassen und zu honorieren. Eine abändernde Entscheidung im Rechtsmittelzug kann nichts daran ändern, dass die Prozessbevollmächtigten in der der vorangegangenen Instanz streitig über die zur Hilfsaufrechnung gestellte Forderung verhandelt haben und das Gericht darüber entschieden hat. Schon aus diesem Grund trägt auch der Einwand von *Lappe*[2] nicht, wonach es im Hinblick auf § 30 GKG (§ 57 GKG a.F.) nach Abänderung des erstinstanzlichen Urteils an einem Entscheidungsschuldner fehlen soll.[3]

Zu gleichgelagerten Bewertungsproblemen kommt es, wenn die fehlende sach- **599** liche Bescheidung der zur Aufrechnung gestellten Gegenforderung nicht auf einer abweichenden rechtlichen Bewertung der Klageforderung, sondern auf einer Rücknahme des Rechtsmittels oder vergleichsweisen Regelung des Rechtsstreits beruht (siehe hierzu unten Rn. 622 ff. und 630).

VI. Besondere Verfahren

1. Negative Feststellungsklage

Stützt der Kläger seine negative Feststellungsklage neben anspruchsleugnenden **600** Einwendungen hilfsweise auch darauf, dass die vom Beklagten behauptete Forderung durch Aufrechnung getilgt sei (§ 389 BGB), sind die Werte von Feststellungsklage und Gegenforderung, Letztere begrenzt auf den Wert des Klagewertes, zu addieren.[4]

---

v. 12. 2. 1986 – 9 U 74/85, KostRsp. GKG § 19 Nr. 115 mit Anm. *E. Schneider* = JurBüro 1986, 1064 = SchlHA 1986, 143; ebenso *Mümmler* JurBüro 1978, 6; *Madert*, Festschrift für H. Schmidt S. 73 ff.; *Meyer*, § 45 Rn. 37; *Schumann* NJW 1982, 1261.

1 OLG Düsseldorf, Beschl. v. 4. 9. 1996 – 16 U 181/93, OLGR 1996, 236; OLG Köln, Beschl. v. 8. 8. 1994 – 18 U 243/93 = OLGR 1994, 296 = MDR 1994, 1152 = JurBüro 1995, 144 = NJW-RR 1995, 827.

2 *Lappe* Rpfleger 1995, 401.

3 OLG Saarbrücken, Beschl. v. 20. 12. 1979 – 4 W 16/79, KostRsp. GKG § 19 Nr. 31 mit abl. Anm. *Lappe* = JurBüro 1980, 897 = MDR 1980, 411 = AnwBl. 1980, 155; *Hartmann*, § 30 GKG Rn. 1.

4 BGH, Urteil v. 4. 12. 1991 – VIII ZR 32/91, MDR 1992, 611 = WM 1992, 627 = NJW 1992, 982.

2. Klage und Widerklage

601   Der Rechtskraft fähig und damit werterhöhend zu berücksichtigen ist ferner die Entscheidung über die **Aufrechnung des Klägers gegen** eine vom Beklagten erhobene **Widerklage.** Es ist dann ein Gesamtstreitwert zu bilden aus der Summe der Werte von Klage, Widerklage und Aufrechnungsforderung (bis zur Höhe der Widerklage), wenn die Aufrechnung hilfsweise erfolgt. Der Wert einer außerdem noch erhobenen Feststellungswiderklage ist dem Streitwert hinzuzurechnen, soweit er durch die Wertsumme der Forderungen noch nicht erfasst ist. Er ist nach § 3 ZPO zu schätzen und richtet sich nach dem Interesse des Widerklägers.[1]

602   Erhebt der Beklagte, der sich gegenüber der unstreitigen Klageforderung mit einer Aufrechnung verteidigt, zugleich **Hilfswiderklage** für den Fall, dass das Gericht die Aufrechnung für unzulässig halten sollte, ist zu differenzieren.

Eine Entscheidung über die zur Aufrechnung gestellte Gegenforderung rechtfertigt keine Werterhöhung nach § 45 Abs. 3 GKG (§ 19 Ab. 3 GKG a.F.), da diese primär geltend gemacht wird, woran sich durch die Hilfswiderklage nichts ändert. Auch die Beschwer errechnet sich allein nach dem Wert der Klageforderung.[2] Der Wert der Hilfswiderklage bleibt, da über sie nicht entschieden worden ist, nach zutreffender Ansicht unberücksichtigt.[3] Siehe hierzu auch unter dem Stichwort „Hilfswiderklage".

603   Erachtet das Gericht die Primäraufrechnung demgegenüber für unzulässig und entscheidet über die Hilfswiderklage, sind die Werte von Klage und Widerklage – nunmehr jedoch nach § 45 Abs. 1 S. 1 GKG (§ 19 Abs. 1 S. 1 GKG a.F.) – zusammenzurechnen, es sei denn, sie betreffen **denselben Gegenstand** (§ 45 Abs. 1 S. 3 GKG entspricht § 19 Abs. 3 S. 3 GKG a.F.). Danach scheidet eine Wertaddition dort aus, wo sich das beiderseitige Interesse – wirtschaftlich betrachtet – auf denselben Gegenstand richtet, während eine Zusammenrechnung geboten ist, wo „durch das Nebeneinander von Klage und Widerklage eine wirtschaftliche Werthäufung entsteht".[4] Siehe ausführlich unter dem Stichwort „Klage und Widerklage".

Von einer Identität der Gegenstände ist bei **gewährleistungsrechtlichen Streitigkeiten** immer dann auszugehen, wenn die mit der Hilfswiderklage geltend gemachte Forderung nicht der Aufrechnung, sondern der **Anrechnung** unterliegen würde, beispielsweise wenn die Klage auf Zahlung von Werklohnzahlung und die Widerklage auf Zahlung von Schadensersatz wegen Mängeln der Werkleistung (§ 634 Nr. 4 BGB) gerichtet ist. Insoweit macht es keinen Unterschied, ob

---

1 OLG Düsseldorf AnwBl. 1969, 403.
2 BGH, Beschl. v. 14. 7. 1999 – VIII ZR 70/99, NJW-RR 1999, 1736.
3 BGH Rpfleger 1973, 432; 1972, 363 = MDR 1972, 357; *E. Schneider*, Anm. zu OLG Düsseldorf, Beschl. v. 2. 9. 1986 – 23 W 32/86, KostRsp. GKG § 19 Nr. 120.
4 BGH, Beschl. v. 6. 10. 2004 – IV ZR 297/03, BGHReport 2005, 130 = NJW-RR 2005, 506; Urteil v. 28. 9. 2004 – XII ZR 50/94, MDR 1995, 198 = ZMR 1995, 17 = WuM 1994, 705.

die Gegenforderung einredeweise oder im Wege der Widerklage erhoben wird. In beiden Fällen ist sie nach der Differenztheorie materiell-rechtlich nur ein Rechnungsposten desselben Anspruchs.[1] Siehe hierzu auch oben Rn. 528 ff. und unter dem Stichwort „Klage und Widerklage".

3. Insolvenzverfahren

Verteidigt sich der Beklagte mit einer Hilfsaufrechnung, nachdem der Kläger wegen der Eröffnung des Insolvenzverfahrens über das Vermögen des Beklagten gemäß § 179 InsO (§ 146 KO) vom **Leistungsantrag zum Feststellungsantrag übergegangen** ist, dann ist für die Additionsgrenze des § 45 Abs. 3 GKG (§ 19 Abs. 3 GKG a.F.) der Wert des Leistungsantrages, nicht derjenige des Feststellungsantrages maßgebend, weil der Wert nach § 182 InsO (§ 148 KO) als reiner Gebührenstreitwert nicht die Rechtskraftgrenze des § 322 Abs. 2 ZPO bei Aberkennung der Gegenforderung bestimmt.[2]   604

4. Vollstreckungsabwehrklage

Der **Primäraufrechnung** gleich steht die Vollstreckungsabwehrklage (§ 767 ZPO), die der Kläger allein auf eine zwischenzeitlich von ihm erklärte Aufrechnung gegenüber der titulierten Forderung des Beklagten (Vollstreckungsgläubigers) stützt. Zwar erfasst die Rechtskraft gemäß § 322 Abs. 2 ZPO auch die Entscheidung über die Gegenforderung, soweit über sie entschieden worden ist.[3] Für die Geltendmachung der Aufrechnung ist nämlich – bezogen auf die Beteiligten des Rechtsstreits – nur Voraussetzung, dass die Aufrechnung vom Schuldner derjenigen Forderung erklärt wird, die den Gegenstand des Rechtsstreits bildet. Dies ist bei der Vollstreckungsgegenklage aufgrund der „vertauschten Parteirollen" der Kläger.[4] Für eine Werterhöhung fehlt es jedoch an einem – neben dem Aufrechnungseinwand bestehenden – Streit auch über die titulierte Hauptforderung.[5]   605

Anders verhält es sich folgerichtig, wenn der Kläger bei der Vollstreckungsabwehrklage (§ 767 ZPO) neben weiteren Einwendungen geltend macht, dass die titulierte Forderung zumindest aufgrund einer von ihm **hilfsweise erklärten Aufrechnung** erloschen sei. Hier erfasst die Rechtskraft gemäß § 322 Abs. 2   606

---

1 OLG Hamm, Beschl. 7. 6. 2005 – 19 U 100/04, JurBüro 2005, 541; a.A. OLG Schleswig, Beschl. v. 17. 3. 1986 – 14 W 9/86, KostRsp. GKG § 19 Nr. 119 = JurBüro 1987, 255 mit Anm. *E. Schneider*, das jedoch die Identitätsformel des RG fehlerhaft anwendet.

2 OLG Schleswig SchlHA 1981, 189.

3 Zöller/*Vollkommer*, ZPO, § 322 Rn. 24.

4 BGH, Urteil v. 4. 12. 1991 – VIII ZR 32/91, MDR 1992, 611 = WM 1992, 627 = NJW 1992, 982; OLG Düsseldorf, Beschl. v. 19. 4. 1999 – 9 W 27/99, OLGR 1999, 477 = MDR 1999, 1092 = JurBüro 1999, 496; OLG Karlsruhe, Beschl. v. 3. 11. 1994 – 4 U 85/94, MDR 1995, 643.

5 OLG Köln, Beschl. v. 12. 6. 1992 – 13 W 32/92, OLGR 1992, 305 = FamRZ 1992, 1461; *Anders/Gehle/Kunze*, Stichwort „Aufrechnung" Rn. 4.

ZPO analog auch die Entscheidung über die Gegenforderung und führt zu einer Werterhöhung (auch der Beschwer), soweit über sie entschieden wird.[1]

5. Wiederaufnahmeklage

607 Hat im Verfahren über die Zulässigkeit einer **Wiederaufnahmeklage** der Gegner hilfsweise mit einer Gegenforderung aufgerechnet, so sind nach BGH[2] die Werte nicht zusammenzurechnen. Das Urteil nach § 589 ZPO entscheidet nur über die Zulässigkeit der Wiederaufnahmeklage. In diesem Verfahrensabschnitt und im „aufhebenden Verfahren" ist weder für eine Hilfsaufrechnung noch für eine Hilfswiderklage Raum. Darüber wird daher auch nicht entschieden.

D. Rechtsmittel und Beschwer

608 Die Rechtsmittelbeschwer bei der Eventualaufrechnung bestimmt sich maßgeblich danach, welche Partei das Rechtsmittel einlegt. Bei der Ermittlung der Beschwer einer für den (aufrechnenden) Beklagten nachteiligen Entscheidung ist wiederum eine zwischen Haupt- und Hilfsaufrechnung differenzierende Betrachtung geboten.

609 Der Gebührenstreitwert des Rechtsmittelverfahrens bestimmt sich richtigerweise zunächst nach der formellen Beschwer des Rechtsmittelführers und erst im Falle einer sachlichen Bescheidung der (hilfsweise) zur Aufrechnung gestellten Gegenforderung nach deren Wert, soweit in einer der Rechtskraft fähigen Weise (§ 322 Abs. ZPO) entschieden worden ist.

I. Unterliegen des Klägers

610 Für den Kläger ist dessen sog. formelle Beschwer maßgebend. Wertbestimmend ist folglich die Differenz zwischen dem Klageantrag und der Urteilssumme. Ob die Klageabweisung auf fehlender Schlüssigkeit, dem Erfolg einer Hauptaufrechnung oder erst durch eine hilfsweise erklärte Aufrechnung zurückgeht, ist ohne Bedeutung. Er ist in allen Fällen nur in Höhe der Klageforderung beschwert, weil sein Klagebegehren als solches bejaht worden ist; es findet deshalb keine Addition statt.[3]

611 Eine **weitergehende Beschwer** kann sich jedoch ergeben, wenn das Berufungsgericht einer auf Teilzahlung eines Abrechnungssaldos gerichteten Klage in vollem

---

1 BGH, Beschl. v. 1. 2. 1995 – XII ZR 218/94, MDR 1995, 407 = ZMR 1995, 199 = WuM 1995, 273; OLG Düsseldorf, Beschl. v. 19. 4. 1999 – 9 W 27/99, OLGR 1999, 477 = MDR 1999, 1092 = NJW-RR 2000, 368; OLG Karlsruhe, Beschl. v. 3. 11. 1994 – 4 U 85/94, MDR 1995, 643; OLG Köln, Beschl. 17. 10. 2003 – 13 W 54/03, OLGR Köln 2004, 14; Beschl. v. 12. 6. 1992 – 13 W 32/92, OLGR 1992, 305 = FamRZ 1992, 1461; *Anders/Gehle/Kunze*, Stichwort „Aufrechnung" Rn. 5; *Meyer*, § 45 Rn. 28.
2 BGH *Warneyer* 1970 Nr. 24.
3 BGH, Beschl. v. 7. 2. 1980 – III ZR 172/79, KostRsp. GKG § 19 Nr. 33.

Umfang stattgibt, die Klage aber unter Verkennung des Streitgegenstandes teilweise abweist und damit den Anschein erweckt, unter Missachtung von § 322 Abs. 2 BGB rechtskräftig über eine nur als **unselbständigen Berechnungsposten** eingestellte Gegenforderung des Beklagten (zum Nachteil des Klägers) entschieden zu haben.[1]

II. Unterliegen des (aufrechnenden) Beklagten

Für die aufrechnende Partei ist auf deren materielle Beschwer abzustellen, so dass im Ergebnis die Regelung des § 45 Abs. 3 GKG (§ 19 Abs. 3 GKG a.F.) zur Anwendung gelangt.[2] Da der Beklagte wegen § 322 Abs. 1 ZPO zur Hilfsaufrechnung keinen Sachantrag stellen muss, fehlt für ihn als Rechtsmittelführer zwangsläufig ein Klageantrag als Bewertungsobjekt. Es kann folglich nur darauf abgestellt werden, welchen nachteiligen rechtskräftigen Inhalt die angefochtene Entscheidung für den Beklagten hat. | 612

Hat der Beklagte sich allein mit einer **Hauptaufrechnung** verteidigt, entspricht seine Beschwer bei einer der Klage stattgebenden Entscheidung dem Verurteilungsbetrag. Dass im Urteil mit Klage- und Gegenforderung über zwei Forderungen entschieden worden ist, ändert nichts an der materiellen Belastung des Beklagten, der das Entstehen der Klageforderung nicht in Abrede stellt.[3] Dringt der Beklagte mit der Hauptaufrechnung durch, ist allein der Kläger durch die klageabweisende Entscheidung beschwert. | 613

Demgegenüber erhöht sich die Beschwer des Beklagten, wenn das Gericht der Klage trotz einer **hilfsweise erklärten Aufrechnung** stattgibt oder die Klage nur aufgrund der Hilfsaufrechnung abweist. Hier ist der Beklagte, der den Bestand der Klageforderung bestritten hat, einmal um den Wert der Klageforderung und um den Verlust seiner Gegenforderung beschwert. Hierbei macht es keinen Unterschied, ob der Verlust der (bestrittenen) Gegenforderung auf die mit der Aufrechnung verbundene Tilgungswirkung (§ 389 BGB) zurückgeht oder darauf beruht, dass im Urteil eine Gegenforderung verneint wird.[4] | 614

Soweit das Rechtsmittel des Beklagten sich allein dagegen richtet, dass ihm seine Aufrechnungsforderung aberkannt worden ist, bestimmt sich die Be- | 615

---

1 BGH, Urteil v. 20. 1. 2004 – XI ZR 69/02, MDR 2004, 702.
2 Zöller/*Herget*, § 5 Rn. 9.
3 BGH, Beschl. v. 30. 6. 2004 – XII ZB 21/03, WuM 2004, 492 = FamRZ 2004, 1714; Beschl. v. 14. 7. 1999 – VIII ZR 70/99, NJW-RR 1999, 173; Beschl. v. 24. 11. 1971 – VIII ZR 80/71, BGHZ 57, 301 = NJW 1972, 257; Zöller/*Herget*, ZPO, unklar *Anders/Gehle/ Kunze*, Stichwort „Aufrechnung" Rn. 3.
4 BGH, Beschl. v. 25. 9. 1996 – VI ZR 102/96, BGHR ZPO § 546 Abs. 2 Beschwer 15: zusätzlich zur Klageforderung jeweils in gleicher Höhe beschwert; BGHZ 48, 212 = NJW 1967, 2162; Beschl. v. 29. 11. 1972 – VIII ZR 202/71, BGHZ 59, 17 = NJW 1973, 148; siehe auch MünchKomm.ZPO/*Lappe*, § 5 Rn. 35 ff. mit Übersicht zur jeweiligen Beschwer je nach Entscheidung über die Aufrechnung.

schwer nur nach der **Gegenforderung**. Dementsprechend ist auch der Gebührenwert danach zu bemessen.[1]

616 Verteidigt sich der Beklagte primär durch **Aufrechnung mit mehreren**, die Klageforderung jedoch im Wert jeweils übersteigenden **Gegenforderungen**, sind die
der ersten nachfolgenden Gegenforderungen werterhöhend in Ansatz zu bringen, wenn über diese der Rechtskraft fähig entschieden wird. Denn soweit der
Beklagte, der mit der ersten, primär zur Aufrechnung gestellten Forderung nicht
durchdringt, verteidigt er sich mit den weiteren Forderungen – wie bereits dargestellt (siehe oben Rn. 586) – nur hilfsweise und damit werterhöhend.[2]

617 Zuweilen wird vom Ausgangsgericht nicht beachtet, dass die von dem Beklagten (hilfsweise) zur „Aufrechnung" gestellte Gegenforderung, beispielsweise bei
gewährleistungsrechtlichen Einwendungen (siehe oben Rn. 528 ff.), nur einen
unselbständigen Rechnungsposten einer materiell-rechtlich gebotenen **Anrechnung** darstellt. Bei zutreffender Sachbehandlung bliebe die bloße Verrechnung
etwaiger Gegenansprüche für die Beschwer ohne Auswirkungen, da die Entscheidung insoweit nicht gemäß § 322 Abs. 2 ZPO in Rechtskraft erwächst.
Werden etwaige Gegenansprüche vom Gericht dennoch unter dem Gesichtspunkt der Aufrechnung gewürdigt und umfassend beschieden, nimmt diese
Entscheidung gemäß § 322 Abs. 2 ZPO an der Rechtskraft des Urteils teil.
Ebenso liegt es, wenn den Entscheidungsgründen nicht mit hinreichender
Deutlichkeit zu entnehmen ist, dass aus materiell-rechtlichen Gründen nur
eine Verrechnung gewollt ist. In beiden Fällen ist daher (unter Beachtung der
weiteren Voraussetzungen) eine Erhöhung der Beschwer des Beklagten aufgrund
des rechtskräftigen Verbrauchs der Gegenansprüche möglich.[3]

618 Wird eine **Vollstreckungsgegenklage** neben anderen Einwendungen gegen den
titulierten Anspruch vorsorglich auch mit einer Aufrechnung begründet, so ist
der Kläger im Fall der Klageabweisung in Höhe sowohl der titulierten Forderung
als auch der aberkannten Aufrechnungsforderung beschwert.[4] Dringt der Vollstreckungskläger mit dem hilfsweise erhobenen Aufrechnungseinwand durch,
ist er einfach beschwert. Es ist das Spiegelbild zur Klageabweisung aufgrund
erfolgreicher Hilfsaufrechnung des Beklagten.

---

1 BGH, Beschl. v. 7. 2. 1980 – III ZR 172/79, KostRsp. GKG § 19 Nr. 33; *Meyer*, § 45
Rn. 37.
2 BGH, Beschl. v. 12. 7. 2000 – VIII ZR 2/99, EWiR 2000, 1043; Beschl. v. 16. 4. 1996 – XI
ZR 302/95, LM GKG 1985 § 19 Nr. 8 = MDR 1996, 960 = JZ 1996, 636 = VersR 1997,
381 = NJW-RR 1996, 828 = WM 1996, 1602.
3 BGH, Urteil v. 13. 12. 2001 – VII ZR 148/01, MDR 2002, 601; Beschl. v. 30. 9. 1999 – VII
ZR 457/98, NJW-RR 2000, 285 = NZBau 2000, 26.
4 BGH, Beschl. v. 1. 2. 1995 – XII ZR 218/94, MDR 1995, 407 = WuM 1995, 273 = ZMR
1995, 199.

III. Verwerfung des Rechtsmittels

Nach vorstehender Maßgabe scheidet eine Erhöhung des zweitinstanzlichen **619** Gebührenstreitwerts nach § 45 Abs. 3 GKG (§ 19 Abs. 3 GKG a.F.) ferner aus, wenn das Rechtsmittel gemäß §§ 522 Abs. 1, 552 Abs. 1 ZPO verworfen wird.[1] Hier wird nur über die Zulässigkeit des Rechtsmittels, nicht über den Bestand der zur Aufrechnung gestellten Gegenforderung („sie") entschieden. Es geht allein darum, ob die Rechtsmitteleinlegung Anlass zu einer erneuten Sachprüfung gibt.

Die mit der hilfsweisen Geltendmachung von Ansprüchen nach § 45 Abs. 1 u. 3 **620** GKG (§ 19 Abs. 1 u. 3 GKG a.F.) verbundene Werterhöhung setzt jedoch eine materiell-rechtliche und damit der Rechtskraft zugängliche Auseinandersetzung über Hilfsanspruch und Gegenforderung voraus.[2] Anderenfalls müsste eine Werterhöhung selbst dann bejaht werden, wenn die Möglichkeit eines Rechtsmittels unzweifelhaft nicht eröffnet ist. Demgegenüber erfasst die aus der Verwerfung resultierende Rechtskraft nur die – erstinstanzliche – Entscheidung über die Gegenforderung.[3] Ebenso rechtfertigt der Umstand keine Addition, dass der Berufungsanwalt sich in der Berufungsbegründung mit der aberkannten Gegenforderung befasst hat und hat befassen müssen, um dem gesetzlichen Begründungszwang des § 520 Abs. 3 Nr. 2 ZPO zu genügen. Konstruktiv entspricht die Rechtsmittelverwerfung der vom Gericht erkannten Unzulässigkeit einer Klageänderung, mit welcher der Kläger einen Hilfsantrag in den Prozess einführen will. Auch hier wird nicht im Sinne von § 45 Abs. 1 S. 2 GKG (§ 19 Abs. 1 S. 2 GKG a.F.) über die Forderung, genauer den Hilfsanspruch („ihn"), entschieden. Eine Werterhöhung scheidet aus.

IV. Rücknahme des Rechtsmittels

Im Rechtsmittelverfahren bestimmt sich der Streitwert nach den Anträgen des **621** Rechtsmittelführers. Findet das Verfahren vor (fristgerechter) Einreichung solcher Anträge sein Ende, ist die Beschwer des Rechtsmittelführers maßgebend, § 47 Abs. 1 GKG (§ 14 Abs. 1 GKG a.F.). Ist der Beklagte erstinstanzlich mit der von ihm hilfsweise erklärten Aufrechnung nicht durchgedrungen, weil das Gericht eine Aufrechnungslage verneint hat, bestimmt sich seine Beschwer nach dem Wert von Klageforderung und Gegenforderung, soweit über Letztere gemäß § 322 Abs. 2 ZPO entschieden worden ist (siehe oben Rn. 614). Fraglich ist, ob

---

1 KG, Beschl. v. 31. 10. 1989 – 1 W 3230/89, KostRsp. GKG § 19 Nr. 156 mit abl. Anm. *E. Schneider* = JurBüro 1990, 387 = MDR 1990, 259; OLG Düsseldorf, Beschl. v. 4. 9. 1996 – 16 U 181/93, OLGR 1996, 236; *Hartmann*, § 45 Rn. 49; *Lappe*, Komm. zum GKG, § 19 Anm. 13; *Madert*, Festschrift für H. Schmidt S. 77; a.A. Vorauflage; *Schneider* Anm. zu KostRsp. GKG § 19 Nr. 16; *Zöller/Herget*, § 3 Rn. 16, Stichwort „Aufrechnung".
2 OLG Düsseldorf, Beschl. v. 4. 9. 1996 – 16 U 181/93, OLGR 1996, 236.
3 KG, Beschl. v. 31. 10. 1989 – 1 W 3230/89, KostRsp. GKG § 19 Nr. 156 mit abl. Anm. *E. Schneider* = JurBüro 1990, 387 = MDR 1990, 259; *Meyer*, § 45 Rn. 37.

dies auch gilt, wenn der Beklagte sein Rechtsmittel gegen die Entscheidung zurücknimmt.

622 Nach Ansicht des BGH[1] und – in neuerer Zeit ihm folgend – des OLG Frankfurt[2] bestimmt sich der Gebührenstreitwert auf das Rechtsmittel des Beklagten, der die Klage erneut mit der Hilfsaufrechnung angreift, von Beginn an nach der Addition von Klage- und Gegenforderung, ohne dass es hierfür einer zweitinstanzlichen Entscheidung über die Gegenforderung bedürfe, also auch bei einer Rücknahme der Berufung oder Revision noch vor Antragstellung. § 45 Abs. 3 GKG (§ 19 Abs. 3 GKG a.F.) sei „im Lichte" von § 47 GKG (§ 14 GKG a.F.) zu „interpretieren",[3] da dem Beklagten abweichend zur ersten Instanz von Beginn an nicht nur an einem Erfolg seiner primären Einwendungen, sondern auch an der Wiederherstellung seiner erstinstanzlich aberkannten Hilfsaufrechnungsforderung gelegen sei. Darüber hinaus könne § 45 Abs. 3 GKG (§ 19 Abs. 3 GKG a.F.) nicht entnommen werden, dass die danach notwendige Entscheidung über die Gegenforderung in der Rechtsmittelinstanz ergangen sein müsse, um eine Werterhöhung zu rechtfertigen. Hierfür sei vielmehr ausreichend, dass bereits erstinstanzlich eine Entscheidung ergangen sei.

623 Der Ansatz ist nicht überzeugend. Mit der in der obergerichtlichen Rechtsprechung nahezu einhellig vertretenen Auffassung bleibt der Wert der erstinstanzlich beschiedenen Gegenforderung bei der Rechtsmittelrücknahme unberücksichtigt. Für eine Werterhöhung gemäß § 45 Abs. 3 GKG (§ 19 Abs. 3 GKG a.F.) fehlt es an einer Bescheidung der Gegenforderung durch das Rechtsmittelgericht.[4] Unzutreffend ist auch die Annahme, dem Rechtsmittel des Beklagten liege ein – über das erstinstanzlich auf Klageabweisung gerichtetes – hinausgehendes Interesse zugrunde. Hierbei wird verkannt, dass der Beklagte bereits mit einem Erfolg seiner primären Einwendungen eine „Wiederherstellung" seiner Gegenforderung erreicht, da es ohne Hauptforderung an einer Aufrechnungslage und der damit verbundenen Tilgungswirkung (§ 389 BGB) fehlt. Einer Entschei-

---

1 Beschl. v. 28. 9. 1978 – VII ZR 52/78, JurBüro 1979, 41 = MDR 1979, 133 = Rpfleger 1978, 440 = NJW 1979, 388; JurBüro 1979, 358.
2 OLG Frankfurt, Beschl. v. 7. 1. 1999 – 25 U 40/98, OLGR 1999, 121.
3 OLG Frankfurt, Beschl. v. 7. 1. 1999 – 25 U 40/98, OLGR 1999, 121.
4 KG JurBüro 1985, 913 mit zust. Anm. *Mümmler* = KostRsp. GKG § 19 Nr. 95; OLG Celle, Beschl. v. 9. 2. 1987 – 9 U 154/84, KostRsp. GKG § 19 Nr. 124 mit Anm. Schneider = JurBüro 1987, 1053 mit Anm. *Mümmler*; Beschl. v. 29. 11. 1984 – 9 U 127/84, KostRsp. GKG § 19 Nr. 93 = JurBüro 1985, 911; OLG Düsseldorf, Beschl. v. 1. 9. 2000 – 9 W 69/00. OGR 2000, 477 = MDR 2000, 1457; OLG Jena, Beschl. v. 5. 11. 2001 – 5 U 667/00, OLGR 2002, 53 = MDR 2002, 480 = AGS 2002, 159; OLG Köln, Beschl. v. 22. 8. 1994 – 13 U 32/94, OLGR 1995, 176 = JurBüro 1995, 485 = VersR 1996, 125; Beschl. v. 8. 8. 1994 – 18 U 234/93, OLGR 1994, 296 = JurBüro 1995, 144 mit zust. Anm. *Mümmler* = MDR 1994, 1152 = NJW-RR 1995, 827; OLG München, Beschl. v. 18. 9. 1989 – 25 U 5725/88, KostRsp. GKG § 19 Nr. 160 mit zust. Anm. *Schneider* = MDR 1990, 934 = JurBüro 1990, 1337; OLG Schleswig, Beschl. v. 10. 8. 1982 – 9 U 21/82, KostRsp. GKG § 19 Nr. 61 = SchlHA 1983, 61 = JurBüro 1982, 1863 mit Anm. *Mümmler*; OLG Stuttgart, Beschl. v. 4. 11. 2004 – 13 U 93/04, OLGR 2005, 45 = NJW-RR 2005, 507; *Meyer*, § 45 Rn. 37; *Mümmler* JurBüro 1979, 843; a.A. *Diehl* NJW 1970, 1092.

dung über die Gegenforderung bedarf es für diese Feststellung gerade nicht. Die fehlende zweitinstanzliche Entscheidung kann auch nicht durch einen Rückgriff auf die Entscheidung des Ausgangsgerichts ersetzt werden. Wegen des „Grundsatzes der nach Instanzen getrennten Wertfestsetzung"[1] müssen die tatbestandlichen Voraussetzungen einer Wertvorschrift innerhalb der Instanz erfüllt werden.[2] Anderenfalls wären unvermeidbare Wertungswidersprüche die Folge, da eine Werterhöhung auch dann bejaht werden müsste, wenn das Rechtsmittelgericht zwar in der Sache entscheidet, aber hierbei auf die Gegenforderung nicht eingeht.[3]

§ 47 Abs. 1 S. 2 GKG (§ 14 Abs. 1 S. 2 GKG a.F.) rechtfertigt keine abweichende Bewertung. Dieser bezweckt allein, die Ungewissheit über die Reichweite des vom Rechtsmittelführer beabsichtigten Angriffs zu beheben, indem bei ausbleibender Antragstellung unterstellt wird, dass sich der Beklagte in vollem Umfang gegen die ihn beschwerende Entscheidung gewandt hätte. Dem liegt die – (nur) für den Regelfall zutreffende – Annahme zugrunde, dass Beschwer und unbeschränkter Rechtsmittelantrag wertmäßig einander entsprechen. Eine Werterhöhung im Umfang der zur Aufrechnung gestellten Gegenforderung folgt daraus gerade nicht. Denn gemäß § 47 Abs. 2 S. 1 GKG (§ 14 Abs. 2 S. 1 GKG a.F.) wird der Streitwert – unabhängig vom Umfang der materiellen Beschwer – durch den Wert des Streitgegenstands der ersten Instanz, also „durch das Interesse des Klägers an der Durchsetzung des geltend gemachten Anspruch" begrenzt.[4] Dem widerspricht auch nicht der Vorbehalt des § 47 Abs. 2 S. 2 GKG (§ 14 Abs. 2 S. 2 GKG), wonach die Wertbegrenzung auf die formelle Beschwer nicht gilt, wenn der Streitgegenstand erweitert wird. Denn zum Streitgegenstand wird die zur Aufrechnung gestellte Gegenforderung erst mit der (wider-)klageweisen Geltendmachung.[5] Es kann daher dahinstehen, ob § 45 Abs. 3 GKG (§ 19 Abs. 3 GKG a.F.) dem § 47 Abs. 1 GKG (§ 14 Abs. 1 GKG a.F.) als lex speciales vorgeht[6] oder einen davon grundverschiedenen Sachverhalt betrifft.[7]

624

---

1 BGH, Urteil v. 10. 7. 1986 – I ZR 102/84, KostRsp. GKG § 19 Nr. 118 mit abl. Anm. *Lappe* = JurBüro 1987, 853 = MDR 1987, 117 = Rpfleger 1987, 37.

2 OLG Jena, Beschl. v. 5. 11. 2001 – 5 U 667/00, OLGR 2002, 53 = MDR 2002, 480 = AGS 2002, 159; OLG Köln, Beschl. v. 22. 8. 1994 – 13 U 32/94, OLGR 1995, 176 = JurBüro 1995, 485 = VersR 1996, 125; OLG München, Beschl. v. 18. 9. 1990 – 25 U 5725/88, KostRsp. GKG § 19 Nr. 160 mit Anm. *Schneider* = JurBüro 1990, 1337 = MDR 1990, 934.

3 OLG München, Beschl. v. 18. 9. 1990 – 25 U 5725/88, KostRsp. GKG § 19 Nr. 160 mit Anm. *Schneider* = JurBüro 1990, 1337 = MDR 1990, 934; OLG Jena, Beschl. v. 5. 11. 2001 – 5 U 667/00, OLGR 2002, 53 = MDR 2002, 480 = AGS 2002, 159.

4 BGH, Urteil v. 10. 12. 1993 – V ZR 168/92, MDR 1994, 840; BGHZ 59, 17 = MDR 1972, 678; OLG Jena, Beschl. v. 5. 11. 2001 – 5 U 667/00, OLGR 2002, 53 = MDR 2002, 480 = AGS 2002, 159.

5 OLG Rostock, Beschl. v. 3. 3. 2004 – 3 U 267/03, OLGR 2004, 262.

6 So OLG Celle, Beschl. v. 29. 11. 1984 – 9 U 127/84, KostRsp. GKG § 19 Nr. 93 = JurBüro 1985, 911; OLG Jena, Beschl. v. 5. 11. 2001 – 5 U 667/00, OLGR 2002, 53 = MDR 2002, 480 = AGS 2002, 159.

7 So E. *Schneider*, Anm. zu OLG München, Beschl. v. 18. 9. 1989 – 25 U 5725/88, KostRsp. GKG § 19 Nr. 160.

E. Vergleich

625 Während der Prozessvergleich im Fall der Identität von Vergleichs- und Streit- gegenstand streitwertrechtlich keine Besonderheiten aufweist, bedarf der Wert des Vergleichsgegenstandes einer gesonderten Prüfung, wenn mit dem Ver- gleich auch eine Regelung nicht anhängiger Ansprüche erfolgt.[1] Dies ist insbe- sondere der Fall, wenn der Beklagte sich vor der vergleichsweisen Erledigung gegenüber der Klageforderung primär oder hilfsweise mit einer Aufrechnung verteidigt hat. Hier ist häufig eine für die Gerichtsgebühren und die anwaltli- chen Gebühren gesonderte Wertfestsetzung notwendig.

626 Unerheblich ist, in welchem Rechtsstreit der Vergleichsabschluss erfolgt. Es genügt die Erledigung der Eventualforderung in einem **anderen Rechtsstreit**.[2] Das gilt auch dann, wenn für die Prüfung der Gegenforderung ein anderes Gericht ausschließlich zuständig wäre.[3]

I. Gerichtsgebühren

627 Während bis zum KostRÄndG 1994 die vergleichsweise Beendigung auf den Verfahrenswert ohne Einfluss blieb, d.h. dieser sich mangels Entscheidung über die Gegenforderung gemäß § 12 Abs. 1 GKG a.F. (§ 48 Abs. 1 GKG) weiterhin nach dem Wert der Klageforderung richtete, wurde mit der Änderung des GKG die vergleichsweise Beendigung der streitigen Entscheidung (weitgehend) gleichgestellt. Diese Regelung wurde vom KostRMoG 2004 in § 45 Abs. 4 GKG (§ 19 Abs. 4 GKG a.F.) übernommen, wonach § 45 Abs. 3 GKG (§ 19 Abs. 3 GKG a.F.) bei einer vergleichsweisen Erledigung des Rechtsstreits entsprechend anzuwenden ist. Eine Erhöhung des Verfahrenswerts kommt also nur in Be- tracht, wenn und soweit eine hilfsweise zur Aufrechnung gestellte und bestrit- tene **Gegenforderung** durch den Prozessvergleich **endgültig erledigt**, d.h. über ihr Bestehen oder Nichtbestehen zwischen den Parteien eine abschließende Einigung getroffenen worden ist.[4]

628 Hierbei ist die Werterhöhung (für den Verfahrenswert) bei vergleichsweiser Re- gelung einer die Klageforderung übersteigenden, hilfsweise zur Aufrechnung gestellten Gegenforderung – wie im Falle der streitigen Entscheidung – auf den Umfang der Klageforderung beschränkt. Die **Sperrgrenze des § 322 Abs. 2 ZPO** gilt gemäß § 45 Abs. 4 GKG (§ 19 Abs. 4 GKG a.F.) entsprechend, so dass für den Verfahrenswert (und die anwaltliche Verfahrensgebühr) die Werte der Ge- genforderungen jeweils nur bis zur Höhe des Werts der Klageforderung addiert

---

1 OLG Zweibrücken, Beschl. v. 20. 1. 1984 – 6 WF 12/84, JurBüro 1984, 736 mit Anm. *Mümmler.*
2 Insoweit zutr. OLG Hamm, Beschl. v. 29. 7. 1983 – 26 W 10/83, KostRsp. GKG § 19 Nr. 67 = JurBüro 1983, 1680 = 1984, 256 = Rpfleger 1983, 504.
3 KG, Beschl. v. 8. 8. 1983 – 12 W 3119/83, KostRsp. GKG § 19 Nr. 68 = Rpfleger 1983, 505 = VersR 1983, 1163.
4 LG Bayreuth JurBüro 1980, 1219 = KostRsp. GKG § 19 Nr. 38; *Madert,* Festschrift für H. Schmidt, S. 79.

werden dürfen. Denn die Bezugnahme auf § 45 Abs. 3 GKG (§ 19 Abs. 3 GKG a.F.) setzt den Abschluss eines Vergleichs voraus und stellt die Wertbegrenzung damit gerade nicht (mehr) unter den Vorbehalt einer der Rechtskraft fähigen Entscheidung. Anderenfalls bliebe auch unverständlich, warum die mit dem Verfahren anfallenden Gebühren sich wegen eines Forderungsteils erhöhen sollen, der selbst bei streitiger Erledigung niemals Verfahrensgegenstand wäre. Verfahrenswert und Vergleichswert müssen daher gesondert berechnet werden.[1]

Die – soweit ersichtlich – allein vom OLG München[2] vertretene Ansicht, wonach sich bei Abschluss eines Vergleichs auch der **Verfahrensstreitwert** ohne die Begrenzung des § 45 Abs. 3 GKG (§ 19 Abs. 3 GKG a.F.) erhöhe, vermag nicht zu überzeugen. Der ohne Auseinandersetzung mit der herrschenden Meinung vertretene Ansatz übersieht, dass § 45 Abs. 4 GKG (§ 19 Abs. 4 GKG a.F.) eine Ausnahmevorschrift gegenüber § 45 Abs. 3 GKG (§ 19 Abs. 3 GKG a.F.) darstellt, bedingt dadurch, dass bei Prozessvergleichen keine Rechtskraftbeschränkung gemäß § 322 Abs. 2 ZPO eintreten kann. Vielmehr wird mit der gesetzgeberischen Vorgabe, die § 45 Abs. 1 bis 3 GKG (§ 19 Abs. 1 bis 3 GKG a.F.) „entsprechend" anzuwenden, allein die vergleichsweise Regelung dem nach § 45 Abs. 3 GKG (§ 19 Abs. 3 GKG a.F.) notwendigen Bedingungseintritt, d.h. keine Bescheidung der Hilfsaufrechnung erst nach einer positiven Entscheidung über die Klageforderung (§ 308 ZPO), gleichgestellt.

629

Wird der **Vergleich** nach einer abschlägigen Bescheidung der Hilfsaufrechnung **erst im Rechtsmittelverfahren** geschlossen, so bemisst sich dessen Gebührenstreitwert mangels zweitinstanzlicher Entscheidung über die Gegenforderung allein nach dem Wert der Klageforderung.[3] Für die erste Instanz verbleibt es ausgehend vom Grundsatz der **instanzbezogenen Wertfestsetzung** bei der Werterhöhung gemäß § 45 Abs. 3 GKG (§ 19 Abs. 3 GKG a.F.). Dass die erstinstanzliche Entscheidung nicht rechtskräftig wird, ist unerheblich, da es für die Werterhöhung allein einer der Rechtskraft fähigen Entscheidung bedarf.[4]

630

---

1 OLG Bamberg, Beschl. v. 10. 8. 1982 – 3 W 90/82, KostRsp. GKG § 19 Nr. 66 = JurBüro 1983, 105 mit zust. Anm. *Mümmler*; OLG Düsseldorf, Beschl. v. 27. 4. 1987 – 9 W 29/87, KostRsp. GKG § 19 Nr. 127 = JurBüro 1987, 1383; OLG Hamm, Beschl. 29. 7. 1983 – 26 W 10/83, KostRsp. GKG § 19 Nr. 67 = JurBüro 1983, 1680 = 1984, 256 = Rpfleger 1983, 504; OLG Köln, Beschl. v. 20. 12. 1978 – 7 W 67/78, MDR 1979, 412; OLG München, Beschl. v. 12. 1. 1998 – 7 W 3384/97, KostRsp. GKG § 19 Nr. 205 = OLGR 1998, 103 = JurBüro 1998, 260 = MDR 1998, 680; Beschl. v. 11. 7. 1997 – 21 W 1688/97, OLGR 1998, 15 = AGS 2000, 10, AnwBl. 1999, 132; *Lappe* Anm. zu OLG München, KostRsp. GKG § 19 Nr. 14; *Madert*, Festschrift für Schmidt, S. 80 u. AnwBl. 1988, 247; *Meyer*, § 45 Rn. 41; *Mümmler* JurBüro 1978, 1227; *E. Schneider* NJW 1979, 853; wohl auch KG Rpfleger 1983, 505.
2 OLG München, Beschl. v. 20. 3. 1987 – 15 W 1132/87, KostRsp. GKG § 19 Nr. 132 mit abl. Anm. *E. Schneider* = AnwBl. 1988, 247 mit abl. Anm. *Madert*; Beschl. v. 7. 6. 1978 – 5 W 1412/78, KostRsp. GKG § 19 Nr. 20 mit abl. Anm. *E. Schneider* = JurBüro 1978, 1226 mit abl. Anm. *Mümmler*.
3 OLG Stuttgart, Beschl. v. 4. 11. 2004 – 13 U 93/04, OLGR 2005, 45 = NJW-RR 2005, 507.
4 OLG Frankfurt, Beschl. v. 2. 4. 2001 – 23 W 50/00, JurBüro 2001, 417 = MDR 2001, 776 = AGS 2002, 40 = NJW-RR 2001, 1653 – siehe auch oben Rn. 594 ff.

631 Zu beachten bleibt, dass sich die Gerichtsgebühren bei einer vergleichsweisen Regelung nicht anhängiger Ansprüche um eine 0,25 Gebühr gemäß **Nr. 1900 KV GKG** (entspricht inhaltlich weitgehend KV 1653 GKG a.F.) erhöhen, berechnet nach dem Unterschied der Streitwerte.[1]

II. Anwaltliche Gebühren

632 Die Wertbestimmung für die **Verfahrensgebühr (Nr. 3100 KV RVG)**, sie entspricht weitgehend der früheren Prozessgebühr nach § 31 Nr. 1 BRAGO, folgt gemäß § 23 RVG (§ 8 BRAGO) dem Verfahrenswert. Insoweit kann für die Auswirkungen der vergleichsweisen Beendigung des Rechtsstreits auf die vorstehenden Ausführungen verwiesen werden.

633 Ferner löst die anwaltliche Mitwirkung beim Abschluss eines Prozessvergleichs oder an den diesem vorausgehenden Verhandlungen eine **Einigungsgebühr gemäß Nr. 1000, 1003 VV RVG** (entspricht nur teilweise der Vergleichgebühr nach § 23 Abs. 1 BRAGO) aus. Da sich der Gegenstand des Vergleichs und damit die Grundlage der Bewertung grundsätzlich danach bestimmt, worüber der Vergleich geschlossen, d.h. welcher Streit durch den Vergleich beigelegt wird,[2] kommt eine Werterhöhung regelmäßig in Betracht, wenn sich die Parteien vergleichen, nachdem der Beklagte gegenüber der Klageforderung die Aufrechnung erklärt hat und der Vergleich auch die Gegenforderung erfasst.

634 Gewährleistungsrechtliche Einwendungen, die nur zur **Anrechnung** führen und keine Aufrechnung ermöglichen (siehe oben Rn. 528 ff.), erhöhen – wenn ihr Wert den der Klageforderung nicht übersteigt – auch den Vergleichswert nicht.[3] Die abweichende Entscheidung des OLG Celle,[4] dass sich der Vergleichswert „grundsätzlich nach allen streitigen Ansprüchen bestimme", übersieht, dass es im Fall der Anrechnung zumindest bis zur Höhe der Klageforderung an einer Gegenforderung fehlt. Diese ergibt sich erst bei einem zugunsten des Beklagten über die Höhe des verlangten Werklohnes hinausgehenden schadensersatzrechtlichen Nichterfüllungsanspruch. Unabhängig davon lägen bei abweichender Betrachtung bezüglich des Werklohnanspruchs und des zur „Aufrechnung" gestellten Vorschussanspruchs (§ 637 BGB) wirtschaftlich identische Gegenstände vor, so dass eine Werterhöhung dann aus diesem Grunde ausgeschlossen wäre.

---

1 *Hartmann*, GKG, KV 1900 Rn. 7.
2 BGH NJW 1964, 1523; OLG Bamberg JurBüro1984, 254 = AnwBl. 1984, 94; OLG Frankfurt JurBüro 1984, 423; OLG Hamburg, Beschl. v. 29. 8. 1986 – 2 WF 138/86, KostRsp. GKG § 17 Nr. 89 = FamRZ 1987, 184; KG KGR 2004, 310; OLG Köln JurBüro 1996, 476; OLG München KostRsp. BRAGO § 23 Nr. 137 = JurBüro 2001, 141; *Anders/Gehle/Kunze*, Stichwort „Vergleich" Rn. 4; *E. Schneider* Rpfleger 1986, 81; *Zöller/Herget*, § 3 Rn. 16 unter „Vergleich" – siehe auch bei dem Stichwort „Vergleich".
3 LG Bayreuth, Beschl. v. 14. 7. 1989 – 2 O 227/89, KostRsp. GKG § 19 Rn. 151 mit zust. Anm. *E. Schneider* = JurBüro 1989, 1601.
4 OLG Celle, Beschl. v. 23. 7. 2001 – 7 W 42/01, AGS 2001, 278.

Zu beachten ist, dass auch bei der Bewertung einer vergleichsweisen Regelung über eine zur Aufrechnung gestellte Gegenforderung eine **wirtschaftliche Betrachtungsweise** geboten ist. Ist die mitverglichene Gegenforderung nicht oder voraussichtlich nicht realisierbar, dann kann das zu Abstrichen beim Vergleichswert führen. Anzusetzen ist dann der Teilbetrag, der nach den Umständen des Falles für realisierbar gehalten werden konnte.[1] Siehe zu den Einzelheiten unter dem Stichwort „Vergleich". 635

Im Übrigen ist wie folgt zu unterscheiden: 636

– Im Falle der **Primäraufrechnung** ist die Klageforderung unstreitig, so dass eine Wertaddition ausscheidet.[2] Vielmehr ist für den **Vergleichswert** auf die höherwertige Forderung abzustellen. Die Sperrwirkung des § 322 Abs. 2 ZPO findet hier keine Anwendung, da es mit dem Vergleich an einer der Rechtskraft fähigen Entscheidung mangelt.

– Demgegenüber ist eine Zusammenrechnung von Forderung und Gegenforderung geboten, wenn der Beklagte primär die Aufrechnung erklärt und sich nur **hilfsweise mit anderweitigen Einwendungen** verteidigt.[3] Denn für den Vergleich und damit für den Vergleichswert ist das Eventualverhältnis bedeutungslos, so dass sich die Klageforderung trotz der nur hilfsweise erhobenen anderweitigen Einwendungen als streitig darstellt.

– Hat der Beklagte die **Aufrechnung** mit einer bestrittenen Gegenforderung **nur hilfsweise** erklärt, ist der Vergleichswert immer aus der Summe der verglichenen Ansprüche zu bilden. Hier stehen Klageforderung und Gegenforderung im Streit, der durch die vergleichsweise Einigung beendet wird. Der Vergleichswert wird auch hier durch die **Sperrwirkung des § 322 Abs. 2 ZPO** nicht begrenzt, da § 45 Abs. 3 GKG (§ 19 Abs. 3 GKG a.F.) nach einhelliger Ansicht nur für den Verfahrenswert gilt.[4]

---

1 OLG Frankfurt, Beschl. v. 2. 10. 1980 – 5 U 124/79, MDR 1981, 57; OLG Karlsruhe, Beschl. v. 10. 9. 1984 – 15 W 52/84, KostRsp. GKG § 19 Nr. 94 = Justiz 1985, 139, 140; OLG München, Beschl. v. 11. 7. 1997 – 21 W 1688/97, OLGR 1998, 15 = AGS 2000, 10, AnwBl. 1999, 132; LAG Hamm MDR 1980, 613.
2 A.A. *Meyer*, § 45 Rn. 42.
3 KG, Beschl. v. 21. 12. 1976 – 5 W 1061/76, KostRsp. GKG § 19 Nr. 6.
4 OLG Bamberg JurBüro 1983, 106; OLG Frankfurt JurBüro 1980, 413 = MDR 1980, 64; OLG Hamm, KostRsp. GKG § 19 Nr. 67 = JurBüro 1983, 1680 = 1984, 256 = Rpfleger 1983, 504; OLG Köln JurBüro 1994, 496; 1979, 566; OLG München, Beschl. v. 12. 1. 1998 – 7 W 3384/97, OLGR 1998, 103 = JurBüro 1998, 260 = MDR 1998, 680; Beschl. v. 11. 7. 1997 – 21 W 1688/97, OLGR 1998, 15 = AGS 2000, 10, AnwBl. 1999, 132; OLG Nürnberg JurBüro 1982, 1380; OLG Saarbrücken, KostRsp. GKG § 19 Nr. 31; *Anders/ Gehle/Kunze*, Stichwort „Vergleich" Rn. 15; *Meyer*, § 45 Rn. 42; *N. Schneider*, AGS 2003, 150 (152); *Zöller/Herget*, § 3 Rn. 16 unter „Vergleich".

Auseinandersetzung

Siehe das Stichwort „Aufhebung von Gemeinschaften".

Ausgleichsanspruch des Handelsvertreters

Literatur: *Schneider* DB 1976, 1298.

637 Ein Handelsvertreter kann nach Beendigung seines Vertragsverhältnisses unter bestimmten Umständen einen Ausgleich vom Unternehmer nach § 89b HGB verlangen. Für die Bestimmung des Streitwertes ist entscheidend, auf welchem Wege er seinen Anspruch geltend macht:

638 Erhebt der Handelsvertreter gegen den Unternehmer eine **bezifferte Zahlungsklage**, so entspricht der Streitwert dem geforderten Betrag.

639 Berühmt sich der Handelsvertreter eines bezifferten Anspruchs, dann bestimmt dessen Höhe auch den Streitwert einer negativen Feststellungsklage des Unternehmers. Denn bei einer leugnenden Feststellungsklage gegen einen bezifferten Anspruch ist im Gegensatz zur positiven Feststellungsklage der volle Wert des aus dem Rechtsverhältnis abgeleiteten Interesses zugrunde zu legen.[1]

640 Bei einem **unbezifferten** Klageantrag ist der Streitwert unter Berücksichtigung von § 89b Abs. 2 HGB und der generellen Grundsätze für unbezifferte Leistungsanträge nach § 3 ZPO zu schätzen.

641 Hat der Kläger eines Ausgleichsanspruches seinen unbezifferten Antrag in der Klagebegründung mit 6000 DM bewertet, verfolgt er aber im Laufe des Rechtsstreites die Aufrechterhaltung eines zu seinen Gunsten erstrittenen Versäumnisurteils über 10 000 DM, so ist der Rechtsstreit jedenfalls dann mit 10 000 DM zu bewerten, wenn das Versäumnisurteil auf der Grundlage des klagebegründenden Sachvortrages ergangen ist.[2]

642 Gleiches gilt für die negative Feststellungsklage des Unternehmers, dass dem ausgeschiedenen Handelsvertreter kein Anspruch mehr zusteht.

643 Nach einer Entscheidung des OLG Nürnberg kann, wenn sich ein Vertreter, der bisher jährlich mehr als 30 000 DM verdient hat, nach Auflösung des mehrjährigen Vertretungsverhältnisses eines nicht bezifferten Ausgleichsanspruches nach § 89b HGB berühmt, der Streitwert für eine negative Feststellungsklage auf 10 000 DM festgesetzt werden.[3]

---

1 OLG Düsseldorf, Beschl. v. 18. 9. 1997 – 10 W 121/97, OLGR 1998, 39.
2 OLG Köln, Urteil v. 28. 3. 1973 – 2 U 131/72, VersR 1973, 1065.
3 OLG Nürnberg JurBüro 1958, 515.

Wird ein **Auskunftsanspruch** geltend gemacht oder innerhalb einer Stufenklage 644
vorgeschaltet, dann kann er im Allgemeinen mit etwa 1/5 bis 1/4 des Wertes
der Ausgleichsansprüche angenommen werden, die er vorbereiten soll.[1] Die Bewertungsregeln für Auskunftsklagen sind anwendbar.[2]

Ausgleichsanspruch nach § 2050 BGB

Bei einer Klage auf Feststellung der Ausgleichspflicht gemäß § 2050 BGB ist der 645
Streitwert nach dem Interesse zu bemessen, das der Kläger an der Ausgleichung
hat. Es ist also § 3 ZPO und nicht § 6 ZPO anzuwenden.[3]

Die Festsetzung des Wertes nach freiem Ermessen rechtfertigt sich deshalb, 646
weil die Verurteilung für die Beklagten nicht dieselben Folgen hat wie eine
Verurteilung zur Leistung nach § 2039 BGB.

Auskunftsanspruch

Gliederungsübersicht

A. Anzuwendende Vorschriften . . . 647
B. Bewertungsgrundsätze 650

C. Rechtsprechung zu Einzelfragen . 663
D. Bewertung in der Rechtsmittelinstanz 690

Stichwortübersicht

Aktienrechtlicher ~ 683
Ausgleichsanspruch des Handelsver-
treters 686
Auslegungsregel der Rspr. 659
Benennung eines Lieferanten 680
Bestehen eines Anspruchs 667
Bewertungsskala für Angriffs-
interesse 660
Bezifferung des Leistungsbegehrens . 666
Bruchteil, Bewertung nach festen Sät-
zen 651
– des Leistungsanspruchs 650
Eidesstattliche Bekräftigung einer
Auskunft 707

Einsicht in
– Geschäftsbücher 689
– Personalakten 648
Erbschaftssachen 672
Erfüllungsinteresse und Auskunfts-
interesse . . . . 653 ff.
Fehlende Vollstreckungsfähigkeit des
Auskunftsurteils 712
Freiwillige Zahlungen des Beklagten . 658
Gebührenwert abweichend von der
Beschwer 715
Geheimhaltungsinteresse 705
Gewerblicher Rechtsschutz 682
GmbH-Gesellschafter 689

---

1 BGH, Beschl. v. 10. 3. 1960 – VII ZR 246/59, BB 1960, 796.
2 Vgl. dazu das Stichwort „Auskunftsanspruch".
3 BGH, Beschl. v. 3. 10. 1956 – IV ZR 208/56, 1957, Rpfleger 1957, 247.

Grundbesitz, ~ über Wert 714
Handelsvertreter 685
Höhe des Leistungsinteresses 654
Interesse des Beklagten in der Rechts-
mittelinstanz 705, 706
Kostenaufwand für Auskunftsertei-
lung . . . . 697 f.
Miterbe 672
Nachlasswert und Sachverständigen-
gutachten 677
Nichtvermögensrechtlicher An-
spruch 648
Offenbarungsversicherung
– bei Stufenklage 687
– materiellrechtliche 688
Pflichtteilsanspruch 675
Rechtsmittel gegen Verurteilung zur
Auskunft 694
Rechtsmittelkläger, Auskunftsinter-
esse 693
Revisionsrechtliche Überprüfung der
Schätzung . . . . 692, 696 ff.
Sachverständigengutachten über
Nachlasswert 677
Schadensersatzklage, Übergang . . . 671
Schadensfeststellungsklage verbun-
den mit Auskunft 670

Selbständiger, Anspruch auf ~ gegen
ihn 661
Stufenklage auf Auskunft und Pflicht-
teil 678
Teilung einer Gemeinschaft 674
Unstreitiger Teil des Leistungsbegeh-
rens 662
Unterhaltsansprüche 668
Unterhaltskläger 663
Unterhaltspflicht
– gegenüber ehelichem Kind 649
– unter Ehegatten 649
Unterhaltsprozess 711
Vermögensverzeichnis 687
Vermögenswerte Leistung 647
Vorlage einer Bilanz 701
– eines Einkommensteuerbe-
scheides 701, 710
Warenzeichenstreitigkeit 681
Wertangaben der Parteien 658
Wettbewerblicher ~ 679
Zahlungsantrag, Bemessung 655
Zeitaufwand für Auskunft 696
Zeitpunkt der Bewertung . . . 655, 694
Zugewinnausgleichsprozess 664

A. Anzuwendende Vorschriften

647 Mangels spezieller Bewertungsvorschriften für das Gebührenrecht ist die Auskunftsklage nach § 3 ZPO zu beurteilen, wenn sie auf eine **vermögenswerte**
Leistung gerichtet ist (§ 48 Abs. 1 S. 1 GKG). Das ist ausgetragen.

648 **Nichtvermögensrechtliche** Auskunftsansprüche sind nach § 48 Abs. 2 GKG zu
bewerten. Einen solchen Fall hat das OLG Köln[1] bejaht, als ein Kläger Einsicht
in Personalakten verlangte, die bei einer privatrechtlich organisierten Begabtenförderungsstelle für ihn als Stipendiaten geführt wurden.

649 Nicht entscheidend ist, aus welchen Rechtsverhältnissen konkrete Ansprüche
entstanden sind. Beispielsweise beruht die **Unterhaltspflicht** gegenüber einem
ehelichen Kind oder unter Ehegatten (§ 621 Abs. 1 Nr. 4, 5 ZPO) auf einem
nichtvermögensrechtlichen Verhältnis, hat aber gleichwohl vermögenswerte
Leistungen zum Gegenstand und ist deshalb als vermögensrechtliche Angelegenheit einzuordnen. Das gilt auch dann für die entsprechenden Auskunftsansprüche nach §§ 1605, 1361 Abs. 4 S. 4 BGB.[2]

---

1 OLG Köln JurBüro 1980, 577.
2 BGH JZ 1982, 512.

B. Bewertungsgrundsätze

Der Anspruch auf Auskunftserteilung gewährt im Falle der Verurteilung keine   650
volle Befriedigung, sondern bereitet die Zahlungsklage nur vor. Infolgedessen
stellt sich sein Wert auch nur als Bruchteil des Anspruches dar, dessen Geltendmachung er erleichtern soll.[1] Das ist der **Leistungsanspruch**.

Der Wert des Auskunftsanspruchs lässt sich nicht ein für allemal auf einen   651
bestimmten Teil des Leistungsanspruchs festlegen. Es kommt immer auf die
Umstände des Einzelfalles an.[2] Die Praxis ist indessen bemüht, das Interesse
des Klägers an der erstrebten Vorbereitung und Klarstellung seines Leistungsanspruches mit möglichst festen Sätzen zu bewerten.

In der Rechtsprechung finden sich verschiedene Angaben: 652

- $^1/_{10}$[3]
- $^1/_{10}$ bis $^1/_5$;[4]
- $^1/_{10}$ bis $^1/_4$;[5]
- $^1/_{10}$ bis $^1/_5$;[6]
- $^1/_{10}$ bis $^1/_2$;[7]
- $^1/_5$ bis $^1/_4$;[8]
- $^1/_5$.[9]

Das Auskunftsinteresse darf jedoch nicht dem **Erfüllungsinteresse** gleichgesetzt   653
werden.[10]

Maßgebend für das zu bewertende Interesse des Klägers an der Erteilung der   654
Auskunft ist die Höhe des Leistungsanspruchs, dessen er sich berühmt. Das ist
allgemeine Meinung.[11]

Der Streitwert des gleichzeitig mit dem Antrag auf Auskunftserteilung geltend   655
gemachten, ziffernmäßig noch nicht bestimmten Zahlungsantrages ist dabei
nicht nach der Höhe des Betrages zu bewerten, der später, nach erfolgter Auskunftserteilung – wenn diese überhaupt vorgenommen wird – gerechtfertigt
erscheint, sondern er ist danach zu bemessen, welche Vorstellung sich der

---

1 BGH FamRZ 1993, 1189.
2 BGH NJW 1960, 1252 und öfter, z.B. KostRsp. ZPO § 3 Nr. 668 = WPM 1984, 180.
3 OLG Köln JMBl.NW 1953, 163; OLG Celle Nds.Rpfl. 1960, 177.
4 OLG Nürnberg MDR 1960, 507.
5 OLG Bamberg, KostRsp. GKG § 17 Nr. 86 = FamRZ 1986, 1144 = JurBüro 1987, 266;
   KG KGR 1995, 251.
6 OLG Celle Nds.Rpfl. 1961, 221.
7 OLG Frankfurt JurBüro 1973, 766; LG Bayreuth JurBüro 1979, 1869.
8 KG Rpfleger 1962, 120; OLG München MDR 1972, 247; OLG Düsseldorf, KostRsp
   ZPO § 3 Nr. 942 = FamRZ 1988, 1188.
9 OLG Bamberg, KostRsp. ZPO § 3 Nr. 978 = JurBüro 1989, 1307; KG KostRsp. ZPO § 3
   Nr. 1197 = KGR 1994, 251.
10 OLG München MDR 1972, 247, unter Berufung auf BGH MDR 1962, 564.
11 Siehe z.B. OLG Köln JMBl.NW 1953, 163; KG Rpfleger 1962, 120; KGR 1995, 251.

Kläger zum Zeitpunkt der Klageerhebung (§ 4 Abs. 1, 1. Hs. ZPO; § 40 GKG) von dem Wert des Zahlungsantrages gemacht hat, was sich aus seinem **Klagevortrag** ergeben wird.[1] Auf subjektive Erwartungen kommt es nicht an, sondern darauf, was nach den vom Antragsteller vorgetragenen Tatsachen objektiv zu erwarten ist. Fehlen entsprechende Darlegungen, sind diese anzufordern (§ 139 ZPO). Kann der Antragsteller mangels entsprechender Kenntnisse und Informationen keine Darlegungen bringen, ist zu schätzen.

656 Abzustellen ist nicht auf rein subjektive Erwartungen des Klägers, sondern es ist aufgrund rechtlicher Subsumtion **nach objektiven Anhaltspunkten für die Zeit der Klageerhebung zu schätzen.**[2]

657 Das Interesse der Parteien daran, schon mit Hilfe des Auskunftsanspruchs eine rechtliche Prognose über den Ausgang der Hauptsache zu erlangen, ist unbeachtlich, weil die Auskunftsstufe insoweit nicht zu einer rechtskräftigen Klärung führen kann.[3]

658 Wertangaben der Parteien und wirklicher Wert der Gegenstände, über die Auskunft verlangt wird, haben indizielle Bedeutung.[4]

659 Als generelle Auslegungsregel zur Bewertung lässt sich mit der Rechtsprechung[5] formulieren:

Das Auskunftsinteresse des Klägers ist um so höher zu bewerten, je geringer seine Kenntnisse und sein Wissen über die zur Begründung des Leistungsanspruchs maßgeblichen Tatsachen sind (siehe auch das Stichwort „Rechnungslegung" Rn. 4466 ff.).

660 Hinsichtlich der dabei zu berücksichtigenden Umstände lässt sich im Anschluss an BGH[6] folgende **Bewertungsskala** für das Angriffsinteresse des Klägers aufstellen:

    I. Hohe Bewertung, wenn der Kläger seinen Anspruch ohne Auskunft voraussichtlich nicht durchsetzen kann.

    II. Mittlerer Wertansatz, wenn die Auskunft dem Kläger die Begründung des Zahlungsanspruchs erleichtert.

    III. Geringer Wertansatz, wenn die tatsächlichen Voraussetzungen für die Bezifferung des Zahlungsanspruchs weitgehend geklärt sind.

    IV. Geringste Bewertung, wenn dem Kläger die maßgeblichen Unterlagen bereits zur Verfügung stehen und die Auskunft nur noch Kontrollfunktion oder Erhöhung der Übersichtlichkeit bezweckt.

---

1 KG Rpfleger 1962, 120; OLG Celle JurBüro 1968, 734.
2 OLG Köln NJW 1960, 2295; OLG Celle Nds.Rpfl. 1961, 221.
3 BGH, KostRsp. ZPO § 3 Nr. 1086 = WPM 1992, 289.
4 OLG Celle Nds.Rpfl. 1961, 221; OLG Bamberg, KostRsp. ZPO § 3 Nr. 978 = JurBüro 1989, 1307; desgleichen freiwillige Zahlungen des Beklagten (OLG Celle JurBüro 1968, 734; 1969, 174).
5 Vgl. z.B. OLG Schleswig SchlHA 1978, 22; OLG Celle, KostRsp. ZPO § 3 Nr. 861; OLG Bamberg, KostRsp. GKG § 17 Nr. 86.
6 BGH KostRsp. ZPO § 3 Nr. 613 mit Anm. *E. Schneider.*

So ist beispielsweise der Auskunftsanspruch gegen einen Selbständigen hoch zu bewerten, weil der Auskunftsberechtigte über keine eigenen Erkenntnisquellen verfügt.[1] Ebenso liegt es, wenn der Berechtigte ohne die Auskunft nicht einmal weiß, **welche Rechte** ihm zustehen.

661

○ **Beispiel:**

A hat eine Wohnung an B vermietet. Als Mietdauer sind fünf Jahre vereinbart. B ist zur Untervermietung berechtigt. Nach Ablauf der fünf Jahre hat B, wenn er nicht untervermietet hat, die Wohnung geräumt und renoviert an A zurückzugeben. Bei Untervermietung soll A nach Ablauf der Frist in das Mietverhältnis eintreten; B hat ihm dann die notwendigen Auskünfte zu erteilen und die Unterlagen dazu – Untermietvertrag usw. – auszuhändigen. Nach Beendigung des Mietverhältnisses geschieht nichts.

A weiß nicht, ob B die Wohnung selbst nutzt oder untervermietet hat. Er weiß also auch nicht, ob er einen Anspruch auf Räumung gegen B hat oder einen Anspruch auf Mietzinszahlung gegen einen ihm noch unbekannten Mieter. Folglich muss er auf Auskunft klagen, um überhaupt zu erfahren, welche Rechte ihm zustehen. Ohne diese Auskunft ist er faktisch rechtlos gestellt. Das rechtfertigt es, den Auskunftsanspruch sehr hoch anzusetzen.

Umgekehrt sinkt der Auskunftsstreitwert bis auf das bloße Titulierungsinteresse, soweit er einen zwischen den Parteien unstreitigen Teil des Leistungsbegehrens einbezieht.[2]

662

C. Rechtsprechung zu Einzelfragen

Klagt der Unterhaltskläger zunächst nur auf Auskunftserteilung und geht er nach Auskunftserteilung im Wege der **Klageänderung** zum Leistungsanspruch über, dann ist der Streitwert einheitlich nach dem Leistungsanspruch zu bewerten; der Wert des Auskunftsanspruches ist nicht hinzuzurechnen.[3]

663

Im Prozess über den **Zugewinnausgleich** soll das Auskunftsverlangen eines Ehegatten keinen eigenen Wert haben, wenn es dem Anspruch auf Ausgleichszahlung als Widerklagebegehren entgegengesetzt wird.[4] Das ist falsch. Wie so häufig wird nicht unterschieden zwischen der Frage, welchen Wert ein Gegenstand hat, und der Frage, ob dieser Wert mit dem Wert eines anderen (höheren) Antrags zusammengerechnet wird. Dass ein Auskunftsantrag immer einen Wert hat, dürfte keiner Diskussion bedürfen, und zwar auch dann, wenn er nur mit einer Widerklage geltend gemacht wird. Das zeigt sich schon daran, dass aus der Auskunfts-Widerklage gesonderte Gebühren anfallen können, etwa wenn der Anwalt sich nur für die Widerklage bestellt oder über die Widerklage eine Einigung getroffen wird. Der Fehler des Gerichts liegt darin, dass es mit der älteren Rechtsprechung davon ausgegangen ist, die Werte wechselseitiger Zuge-

664

---

1 OLG Bamberg, KostRsp. ZPO § 3 Nr. 850 = FamRZ 1986, 1144 = JurBüro 1987, 266: $^1/_4$.
2 OLG Bamberg, KostRsp. ZPO § 3 Nr. 850 = FamRZ 1986, 1144 = JurBüro 1987, 266: $^1/_{10}$.
3 OLG Hamm, KostRsp. GKG § 18 Nr. 24 = JurBüro 1986, 745; siehe auch Rn. 671.
4 OLG Zweibrücken JurBüro 1985, 1360 = KostRsp. GKG § 19 Nr. 104 mit zust. Anm. *E. Schneider* und abl. Anm. *Lappe*.

winnausgleichsklagen würden nicht addiert, weil der Gegenstand derselbe sei. Das ist falsch und wird heute auch nicht mehr vertreten (siehe das Stichwort „Zugewinn" Rn. 6389). Daher ist ein widerklagend erhobener Auskunftsanspruch nicht nur gesondert zu bewerten, sondern auch dem Wert der Klage hinzuzurechnen.

665 Gleiches gilt auch dann, wenn einer Unterhalts-Zahlungsklage widerklagend auf Auskunft geklagt wird.

666 Unerheblich ist für die Bewertung des Auskunftsanspruchs, ob es im weiteren Verlauf des Verfahrens noch zu einer **Bezifferung des Leistungsbegehrens** kommt.[1]

667 Auch wenn mit einer Auskunftsklage *inzidenter* eine Entscheidung darüber erreicht werden soll, ob der zugrunde liegende Anspruch überhaupt besteht, bemisst sich der Streitwert nur nach dem Interesse des Klägers an der Erleichterung der Geltendmachung seines Leistungsanspruchs durch die begehrte Auskunft.[2]

668 Das gilt auch für Auskunftsklagen, mit denen die Geltendmachung **gesetzlicher Unterhaltsansprüche** vorbereitet werden soll.[3]

669 Jedoch kann, wenn die Auskunft die Geltendmachung eines Zahlungsanspruches erst ermöglicht, eine erhebliche Wertanhebung gerechtfertigt sein.[4]

670 Für den Anspruch auf Auskunftserteilung ist ein besonderer Streitwert festzusetzen, wenn der Auskunftsanspruch mit einer positiven **Schadensfeststellungsklage** verbunden ist.[5]

671 Begehrt der Kläger zunächst nur Auskunftserteilung und geht er erst nach der im Prozess erteilten Auskunft zur Schadensersatzklage über, so bildet der (höhere) Wert der Schadensersatzklage den Streitwert; ein gesonderter Wert für die zunächst allein erhobene Auskunftsklage ist nicht hinzuzurechnen.[6] Auch das OLG Köln[7] stellt – im Rahmen einer Stufenklage – auf den Wert des Leistungsanspruchs ab, meint dabei, ein zuvor geltend gemachter, dann aber anderweitig befriedigter Auskunftsanspruch sei „obsolet" geworden.

672 Bei **Erbschaftssachen** ist von dem Wert des Nachlasses auszugehen und sodann die Miterbenquote zu bestimmen. Von dem sich hieraus ergebenden Betrag ist der Streitwert für die Auskunftserteilung wiederum mit einem Bruchteil zu bemessen.[8] Über die unterschiedlichen Prozesssituationen siehe das Stichwort „Miterbe" (Rn. 3826 ff.).

---

1 OLG Karlsruhe Justiz 1985, 353 = KostRsp. GKG § 18 Nr. 22; siehe auch das Stichwort „Stufenklage" Rn. 5111 ff.
2 OLG Stuttgart, KostRsp. ZPO § 3 Nr. 266.
3 OLG Schleswig SchlHA 1978, 22.
4 OLG München MDR 1972, 247; siehe oben Rn. 659.
5 OLG Stuttgart NJW 1959, 890.
6 OLG Celle WRP 1971, 233; siehe oben Rn. 663.
7 OLG Köln, KostRsp. GKG § 18 Nr. 41 mit Anm. *Herget* = OLGR 1993, 255.
8 OLG Schleswig JurBüro 1960, 263.

Bei der Bewertung des Interesses des Klägers sind Schwierigkeiten bei der Er- 673
mittlung des Bestandes der Erbschaft, die ohne die verlangte Auskunft auftreten
würden, zu berücksichtigen.[1]

Umgekehrt kann ein Auskunftsanspruch streitwertmäßig auch bedeutungslos 674
werden, wenn er nur eine **unerhebliche Funktion neben dem Hauptanspruch**
hat. Wird beispielsweise bei der Teilung einer Gemeinschaft lediglich über die
Art und Weise der Teilung gestritten, dann ist wertbestimmend der vom Kläger
herausverlangte Teil, und ein geringerwertiger Auskunftsanspruch wird davon
absorbiert.[2]

Diese Grundsätze gelten auch für den **Pflichtteilsanspruch.** 675

⊃ **Beispiel:**

Geklagt wird zunächst auf Zahlung des Pflichtteils mit beziffertem Antrag. Nachträglich beantragt der Kläger, die Beklagten zu verurteilen, über den Gesamtnachlass Auskunft zu erteilen und die Richtigkeit der Auskunft zu versichern.

Dann liegt keine Stufenklage vor. Die Wertfestsetzung ist nach § 3 ZPO vorzunehmen.

Bei der Festsetzung des Wertes der Ansprüche auf Auskunftserteilung und auf 676
Leistung der Offenbarungsversicherung ist zu berücksichtigen, dass diese Ansprüche der Zahlungsklage nicht gleichgesetzt werden können, da sie im Falle
der Verurteilung nicht volle Befriedigung sichern. Sie bereiten eine Zahlungsklage nur vor. Ihr Wert stellt deshalb nur einen Bruchteil des Anspruches dar,
dessen Geltendmachung er erleichtern soll.[3]

Nach § 2314 Abs. 1 S. 2 BGB hat der Pflichtteilsberechtigte auch einen An- 677
spruch, den Nachlasswert durch Sachverständigengutachten bestimmen zu lassen. Dies wird insbesondere bei Kostbarkeiten, Kunstwerken und vor allem bei
Grundstücken in Betracht kommen. Die Begutachtungskosten gehen zu Lasten
des Nachlasses (§ 2314 Abs. 2 BGB). Das ändert aber nichts daran, dass auch in
diesem Fall das Auskunftsinteresse Bewertungsgegenstand ist und nicht der
Betrag der Gutachterkosten, wie OLG München meint.[4]

Werden der Auskunftsanspruch nach § 2314 BGB und der Pflichtteilsanspruch 678
durch **Stufenklage** geltend gemacht, dann ist ebenfalls nur der höchste der verbundenen Ansprüche für den Streitwert bestimmend. Das gilt auch für den
Anspruch nach § 2314 Abs. 1 S. 2 BGB auf Ermittlung des Wertes der Nachlassgegenstände.[5]

Auch der Streitwert eines **wettbewerblichen** Auskunftsanspruches ist gem. § 3 679
ZPO nach freiem Ermessen des Gerichts festzusetzen. Das Interesse des Klägers

---

1 OLG Köln MDR 1959, 223; KG JurBüro 1973, 151; siehe oben Rn. 659.
2 OLG Schleswig SchlHA 1979, 57.
3 OLG Schleswig JurBüro 1959, 169; RG JW 1933, 2769.
4 OLG München, KostRsp. ZPO § 3 Nr. 641 mit abl. Anm. *E. Schneider* = JurBüro 1983,
1249.
5 OLG Hamm JurBüro 1981, 247 = AnwBl. 1981, 69.

an der begehrten Auskunft ist maßgebend, da die Auskunftserteilung nur der Erleichterung der Geltendmachung des Leistungsanspruches dient.[1]

680 Der Streitwert des Auskunftsanspruchs auf **Benennung eines Lieferanten** zur Beseitigung einer Lücke im Vertriebsbindungssystem ist höher anzusetzen als in den Fällen, in denen durch den Auskunftsanspruch nur die Bemessungsgrundlage für einen Schadensersatzanspruch geschaffen werden soll.[2]

681 Bei **Warenzeichenstreitigkeiten** (seit 1. 1. 1995: Kennzeichenstreitsachen) war maßgebend für die Bewertung das Interesse des Klägers daran, dass der Beklagte den Gebrauch des beanstandeten Zeichens unterlässt. Bisher geringerer Umsatz auf Seiten des Beklagten vermag dieses Interesse des Klägers nicht zu vermindern.[3]

682 Siehe näher dazu bei dem Stichwort „Gewerblicher Rechtsschutz".

683 **Aktienrechtliche** Auskunftsansprüche sind nach dem Interesse des klagenden Aktionärs an der Erteilung der Auskünfte durch den Vorstand der Aktiengesellschaft zu bewerten.[4]

684 Siehe im Übrigen das Stichwort „Anfechtungs- und Nichtigkeitsklagen".

685 Der Wert des Auskunftsanspruchs eines **Handelsvertreters** kann im Allgemeinen mit $1/5$ des Wertes der Ausgleichsansprüche angenommen werden, die er vorbereiten soll.[5]

686 Siehe auch das Stichwort „Ausgleichsanspruch des Handelsvertreters".

687 Wird auf Auskunft und auf Vorlage eines **Vermögensverzeichnisses** geklagt und später, nach Erfüllung dieses Anspruchs, im Rahmen des § 254 ZPO auch noch auf Leistung der Offenbarungsversicherung, so ist dieser Antrag besonders zu bewerten.[6]

688 Der Streitwert einer Klage auf Auskunftserteilung und Ableistung der materiellrechtlichen **Offenbarungsversicherung** bemisst sich ebenfalls nach dem Interesse, das der Kläger daran hat, mit einem solchen Anspruch die Begründung des Herausgabeanspruchs zu erleichtern.[7] Es ist um so höher zu bemessen, je geringere Kenntnisse der Kläger über die maßgeblichen Tatsachen zur Begründung seines Leistungsanspruches hat.[8]

---

1 OLG Celle BB 1962, 1565.
2 OLG Köln WuW 1969, 185.
3 OLG Düsseldorf GRUR 1952, 24.
4 OLG München BB 1962, 690.
5 BGH BB 1960, 796.
6 OLG Neustadt JurBüro 1963, 685.
7 OLG Celle Rpfleger 1956, 347.
8 OLG Schleswig SchlHA 1978, 22; siehe oben Rn. 659.

Für die Bewertung von Klagen auf Durchsetzung von **Informationsrechten** gibt   689
es keine speziellen Vorschriften; daher ist nach § 3 ZPO zu schätzen. Abzustellen ist darauf, welches Interesse mit der Erzwingung der Einsichtnahme
verfolgt wird.[1] Geht es um eine Gewinnerwartung, dann ist der Streitwert einer
Klage eines GmbH-Gesellschafters gegen die GmbH auf Offenlegung der Verhältnisse (Einsicht in die Geschäftsbücher, Geschäftspapiere und Bilanzen zur
Feststellung der Umsätze, Auskunft über die Vergünstigung des Aufsichtsrats
und der Unternehmensleitung) mindestens nach dem Gewinn zu bemessen,
den der Kläger als Folge der Offenlegung erwarten kann, begrenzt nach oben
durch den Kurswert der Anteile des Klägers.[2]

D. Bewertung in der Rechtsmittelinstanz

Literatur: *E. Schneider* MDR 1988, 197.

In der Rechtsmittelinstanz kommt es bei der Festsetzung des Wertes für eine   690
Klage auf Auskunft oder Rechenschaftsablegung darauf an, von **welcher Partei
das Rechtsmittel eingelegt worden ist.**[3]

In der Revisionsinstanz wird die Verwerfungsentscheidung aus § 547 ZPO nur   691
daraufhin überprüft, ob die vorinstanzliche Wertfestsetzung **nicht ermessensfehlerhaft** getroffen worden ist.[4] Lässt das Berufungsgericht bei seiner Schätzung
wesentliche tatsächliche Umstände außer Betracht, dann entspricht die Ausübung des Schätzungsermessens[5] nicht dem Gesetz.[6]

Je nach Fallgestaltung sind jedoch die Anforderungen an die **Konkretisierung**   692
tatrichterlicher Feststellungen verschärft, etwa wenn ein Unternehmen verurteilt wird, einem Handelsvertreter für einen Zeitraum von viereinhalb Jahren
Auskunft durch Vorlage von Provisionsabrechnungen und Buchauszügen zu erteilen und das Berufungsgericht ohne nähere Begründung die Auffassung vertritt, die erforderlichen Aufwendungen an Arbeitszeit und Kosten würden die
Erwachsenheitssumme nicht übersteigen.[7] Andererseits muss auch eine beim
Rechtsmittelführer vorhandene **Geschäftsgewandtheit** berücksichtigt werden,
wenn sie es ihm möglich macht, eine verlangte Auskunft an Hand seiner Unterlagen ohne fremde Hilfe zu erteilen.[8]

---

1 OLG Frankfurt, KostRsp. ZPO § 3 Nr. 1024 mit Anm. *E. Schneider* = JurBüro 1991, 579
  = MDR 1991, 354.
2 OLG Frankfurt, KostRsp. ZPO § 3 Nr. 31.
3 BGH, KostRsp. ZPO § 3 Nr. 403.
4 Ständige Rspr., vgl. z.B. BGH, KostRsp. ZPO § 3 Nr. 966 mit Anm. *E. Schneider* =
  FamRZ 1989, 730 = NJW-RR 1989, 580; weitere Nachweise bei dem Stichwort „Rechtsmittel".
5 Kritisch zum Begriff: *Lappe* NJW 1993, 1750.
6 BGH, KostRsp. ZPO § 3 Nr. 929 mit Anm. *E. Schneider* u. *Lappe* = MDR 1988, 568 =
  NJW-RR 1988, 693 = FamRZ 1988, 495 = *Warneyer* 1988 Nr. 34 = LM ZPO § 2 Nr. 2.
7 BGH, KostRsp. ZPO § 3 Nr. 970 mit Anm. *E. Schneider* = WPM 1989, 1073 = NJW-RR
  1989, 738 = *Warneyer* 1989 Nr. 57 = MDR 1989, 796.
8 BGH, KostRsp. ZPO § 3 Nr. 1061 = EzFamR ZPO § 3 Nr. 21.

693 Das Interesse des **Klägers** als Rechtsmittelführer an der Erteilung einer Auskunft oder Abrechnung ist, wenn er ohne diese voraussichtlich seinen Zahlungsanspruch nicht weiter verfolgen kann, hoch zu bewerten, unter Umständen nicht erheblich geringer als der Zahlungsanspruch selbst.[1] Ist in der Rechtsmittelinstanz nicht mehr das Auskunftsbegehren des Klägers im Streit, sondern nur noch das vom Beklagten geltend gemachte Zurückbehaltungsrecht, dann bestimmt dessen Wert den Streitwert (siehe die Stichwörter „Gegenleistung" Rn. 2234 und „Rechtsmittel" Rn. 4601 f.).

694 Bei einem Rechtsmittel des **Beklagten** gegen eine Verurteilung zur Auskunftserteilung ist der Wert nach dem Interesse zu bemessen, das der Beklagte daran hat, die Auskunft nicht erteilen zu müssen.[2] Das gilt auch für die Stufenklage des nichtehelichen Kindes auf vorzeitigen Erbausgleich.[3] Unberücksichtigt bleibt das Interesse der Parteien, schon im Verfahren über den Auskunftsanspruch eine ihnen günstige Entscheidung über den Hauptanspruch zu erzielen;[4] auch Interessen Dritter am Ausgang des Rechtsstreits sind unbeachtlich.[5] Für die Berechnung der Beschwer ist auf den Zeitpunkt der Berufungseinlegung abzustellen. Soweit etwa Belege zu dieser Zeit schon vorhanden sind, dürfen die dafür aufgewandten Beschaffungskosten bei der Ermittlung der Beschwer nicht berücksichtigt werden, sowie umgekehrt später anfallende Kosten nicht als bereits im Zeitpunkt der Berufungseinlegung erfallen fingiert werden dürfen.[6]

695 Ebenso ist zu bewerten, wenn der Berufungsbeklagte sich gegen die Verurteilung zur Abgabe der **eidesstattlichen Versicherung** wendet.[7] Ungewöhnlich und erstaunlich ist, dass trotz dieser einhelligen höchstrichterlichen Rechtsprechung von den Berufungsgerichten ständig gegen diese einfachen Bewertungsgrundsätze verstoßen wird, wie die zahlreichen einschlägigen Entscheidungen des BGH zeigen.

696 Bemessungswesentlich ist, welchen konkreten Aufwand an **Zeit und Kosten** die Erteilung der Auskunft erfordert.[8] Die Rechtsprechung wurde bestätigt vom

1 BGH MDR 1952, 564.
2 BGH, KostRsp. ZPO § 3 Nr. 526; KostRsp. ZPO § 3 Nr. 917 = FamRZ 1988, 494; FamRZ 1988, 495 = NJW-RR 1988, 693; KostRsp. ZPO § 3 Nr. 929 mit Anm. *E. Schneider* u. *Lappe* MDR 1988, 568 = NJW-RR 1988, 693 = FamRZ 1988, 495 = LM ZPO § 2 Nr. 2; KostRsp. ZPO § 3 Nr. 1019 = FamRZ 1991, 315 = NJW-RR 1991, 324 = EzFamR ZPO § 3 Nr. 12; KostRsp. ZPO § 3 Nr. 1020 = EzFamR ZPO § 3 Nr. 13; KostRsp. ZPO § 3 Nr. 1021 = FamRZ 1991, 317 = EzFamR ZPO § 3 Nr. 14; OLG Zweibrücken JurBüro 1981, 435; OLG Celle OLGR 1994, 57; OLG Düsseldorf OLGR 1994, 70; OLG Köln JurBüro 1993, 165 = OLGR 1992, 325.
3 BGH, KostRsp. ZPO § 3 Nr. 1078 = NJW-RR 1991, 1532.
4 BGH, KostRsp. ZPO § 3 Nr. 1086 = WPM 1992, 289.
5 BGH, KostRsp. ZPO § 3 Nr. 1131 = WPM 1994, 1007.
6 BGH, KostRsp. ZPO § 3 Nr. 1097 mit Anm. *E. Schneider* = NJW-RR 1992, 322 = EzFamR ZPO § 3 Nr. 24; KostRsp. ZPO § 3 Nr. 1091 = EzFamR ZPO § 3 Nr. 22.
7 BGH, KostRsp. ZPO § 3 Nr. 1030 mit Anm. *E. Schneider*; NJW-RR 1991, 956 = EzFamR ZPO § 3 Nr. 20 = KostRsp. ZPO § 3 Nr. 1047; MDR 1992, 1007.
8 BGH, KostRsp. ZPO § 3 Nr. 526; Nr. 754 mit Anm. *E. Schneider* = JurBüro 1985, 1180; Nr. 758 mit Anm. *E. Schneider* = WPM 1984, 180 = JurBüro 1984, 382 u. erneut abge-

Großen Senat des BGH[1] auf den Vorlagebeschluss vom 11. 7. 1994;[2] siehe auch die vorausgegangene Anfrage nach § 132 Abs. 3 GVG.[3]

Zugleich hat der Große Senat der Auffassung widersprochen, die Beschwer des   697
verurteilten Beklagten dürfe sein Interesse an der Vermeidung einer ihm nachteiligen Kostenentscheidung nicht unterschreiten.[4] Die Errechnung der Rechtsmittelbeschwer, die auf den Zeit- und Arbeitsaufwand abstellt, verstößt nicht
gegen das GG.[5]

Es ist nicht zulässig, den Aufwand nach einem Prozentsatz des voraussicht-   698
lichen Leistungsanspruchs zu berechnen.[6]

Lässt das Berufungsgericht bei der betragsmäßigen Schätzung dieses Aufwandes   699
wesentliche tatsächliche Umstände außer Betracht, dann entspricht die Ausübung seines Schätzungsermessens nicht dem Gesetz.[7]

Einzelheiten: 700
Die Erstellung eines **Bestandsverzeichnisses über** den **Rückkaufwert** und die
Gewinnanteile einer Lebensversicherung sowie den Verkehrswert von Betriebs-
obligationen erfordert keine finanziellen Aufwendungen, die die Berufungssumme übersteigen.[8]

---

druckt auf Sp. 698; FamRZ 1986, 796; EzFamR ZPO § 3 Nr. 2 mit Anm. *E. Schneider*;
KostRsp. ZPO § 3 Nr. 917 = FamRZ 1988, 494; MDR 1988, 568 = FamRZ 1988, 495 =
NJW-RR 1988, 693 = LM ZPO § 2 Nr. 2; KostRsp. ZPO § 3 Nr. 946 mit Anm. *E. Schnei-
der* = FamRZ 1988, 1152; KostRsp. ZPO § 3 Nr. 954 = FamRZ 1989, 157; KostRsp. ZPO
§ 3 Nr. 1019 = FamRZ 1991, 315 = NJW-RR 1991, 324 = EzFamR ZPO § 3 Nr. 12; NJW-
RR 1993, 1468 = WPM 1993, 1572; NJW-RR 1992, 697; NJW-RR 1992, 698; FamRZ
1994, 1519; NJW-RR 1994, 1092; NJW-RR 1994, 1271 – in st. Rspr.; OLG Hamburg,
KostRsp. ZPO § 3 Nr. 971 mit Anm. *E. Schneider* = FamRZ 1989, 770; OLG Köln
OLGR 1993, 300; KG OLGR 1995, 189.
1 BGH, KostRsp. ZPO § 3 Nr. 1192 = NJW 1995, 664 = AnwBl. 1995, 205 = WRP 1995,
297 = JZ 1995, 681 mit Anm. *Roth* = LM ZPO § 3 Nr. 88 mit Anm. *E. Schneider* = EWiR
§ 511a ZPO 1/95, 311 mit Anm. *Pfeiffer* = FamRZ 1995, 349 = VersR 1995, 314 = ZIP
1995, 506; siehe auch das Stichwort „Rechtsmittel" Rn. 4520 f.
2 BGH, KostRsp. ZPO § 3 Nr. 1189 = DB 1994, 2133 = LM ZPO § 511a Nr. 35 mit Anm.
Lappe = MDR 1994, 1035 = NJW 1994, 2176 = NJW-RR 1994, 1145 = EWiR § 511a ZPO
1/94, 1249 mit Anm. *Vollkommer* und *Gleußner* = ZIP 1994, 1305.
3 BGH NJW 1994, 1222.
4 So noch BGH, KostRsp. ZPO § 3 Nr. 1179 = MDR 1994, 518 = NJW 1994, 1740 = VersR
1994, 1005.
5 BGH EzA § 64 ArbGG 1979 Nr. 31 = LM ZPO § 3 Nr. 84 = MDR 1994, 510 = VersR
1994, 377 = WPM 1994, 127 = DB 1993, 2481.
6 BGH, KostRsp. ZPO § 3 Nr. 925 = EzFamR ZPO § 3 Nr. 4, Bl. 2; BGH KostRsp. ZPO § 3
Nr. 970 mit Anm. *E. Schneider* = WMP 1989, 1073 = NJW-RR 1989, 738 = *Warneyer*
1989 Nr. 57 = MDR 1989, 796) oder Entscheidungsgründe bei der Bemessung der Beschwer zu berücksichtigen (BGH, KostRsp. ZPO § 3 Nr. 1204).
7 BGH, KostRsp. ZPO § 3 Nr. 929 mit Anm. *E. Schneider* u. *Lappe* = MDR 1988, 568 =
NJW-RR 1988, 693 = FamRZ 1988, 495 = *Warneyer* 1988 Nr. 34 = LM ZPO § 2 Nr. 2;
zum revisionsrechtlichen Prüfungsumfang siehe oben Rn. 690.
8 BGH, KostRsp. ZPO § 3 Nr. 968 = EzFamR ZPO § 3 Nr. 8.

701 Ist der Beklagte zur Vorlage einer **Bilanz nebst Gewinn- und Verlustrechnung** sowie einer **Einkommensteuererklärung** verurteilt worden, dann sind Zeit und Kosten für deren Erstellung und Beschaffung wertmäßig zu erfassen.[1]

702 Ein Zeitaufwand von nicht mehr als acht Stunden kann bei nicht außergewöhnlichen Einkommensverhältnissen ohne Rechtsfehler mit 300 DM geschätzt werden.[2]

703 Muss der Beklagte seiner Auskunftspflicht persönlich nachkommen, dann kommt es auch nur auf den Aufwand an Zeit und Arbeit für sein eigenes Tätigwerden an, nicht auf die Vergütung, die ein damit beauftragter Dritter verlangen könnte. Kosten für die Zuziehung sachkundiger Hilfspersonen sind in diesem Fall nur zu berücksichtigen, wenn der Auskunftspflichtige ohne sie die geforderte Auskunft nicht sachgerecht zu erteilen vermag.[3]

704 Es ist nicht ermessensfehlerhaft, wenn das Berufungsgericht die für eine **Gehaltsauskunft eines Polizeibeamten** erforderlichen Kosten auf bis zu 300 DM schätzt.[4] Tatsächlich sind die Kosten der Gehaltsauskunft eines Beamten kaum messbar, weil er Gehaltsnachweise erhält, insbesondere auch bei jeder Besoldungsänderung.

705 Daneben kommt in Ausnahmefällen noch ein **Geheimhaltungsinteresse** in Betracht,[5] beispielsweise bei konkurrierenden Unternehmen, nie jedoch in Unterhaltsprozessen (unten Rn. 711). Das Beklagteninteresse in der Rechtsmittelinstanz ist eigenständig zu bewerten, es ist nicht lediglich die spiegelbildliche Beschwer des Leistungsinteresses des Klägers.[6]

706 Die abweichende Entscheidung des OLG Saarbrücken,[7] die bei der **Verurteilung zur eidesstattlichen Versicherung** der Richtigkeit einer erteilten Auskunft oder

---

1 BGH, KostRsp. ZPO § 3 Nr. 1097 mit Anm. *E. Schneider* = NJW-RR 1992, 322 = EzFamR ZPO § 3 Nr. 24.
2 BGH EzFamR ZPO § 3 Nr. 2 mit Anm. *E. Schneider*.
3 BGH, KostRsp. ZPO § 3 Nr. 969 mit Anm. *E. Schneider* = FamRZ 1989, 731 = EzFamR ZPO § 3 Nr. 9; KostRsp. ZPO § 3 Nr. 1021 = FamRZ 1991, 317 = EzFamR ZPO § 3 Nr. 14; KostRsp. ZPO § 3 Nr. 1177 = MDR 1994, 507 = BauR 1994, 404 = NJW-RR 1994, 660 – Kosten einer Hilfskraft des verurteilten Architekten; KostRsp. ZPO § 3 Nr. 1118 = FamRZ 1993, 306 = NJW-RR 1992, 1474 – Kosten für Steuerberater, obwohl sie später ohnehin angefallen wären; FamRZ 1993, 1423 = NJW-RR 1993, 1026 – Kosten berücksichtigt, weil das Urteil teilweise nicht vollstreckungsfähig war; NJW-RR 1993, 1027 – keine Berücksichtigung, weil die Zuziehung eines Steuerberaters nur teilweise erforderlich war; NJW-RR 1993, 1028 – Tätigkeit des Steuerberaters war für die Auskunft unerheblich.
4 BGH, KostRsp. ZPO § 3 Nr. 1020 = EzFamR ZPO § 3 Nr. 13.
5 BGH, KostRsp. ZPO § 3 Nr. 668 mit Anm. *E. Schneider* = WPM 1984, 180; KostRsp. ZPO § 3 Nr 929 mit Anm. *E. Schneider* u. *Lappe* = MDR 1988, 568 = NJW-RR 1988, 693 = FamRZ 1988, 495 = *Warneyer* 1988 Nr. 34 = LM ZPO § 2 Nr. 2; NJW-RR 1993, 1313 = FamRZ 1994, 27; FamRZ 1993, 45; NJW-RR 1995, 764.
6 BGH, KostRsp. ZPO § 3 Nr. 668 mit Anm. *E. Schneider* = WPM 1984, 180.
7 OLG Saarbrücken JurBüro 1985, 1238 = KostRsp. ZPO § 3 Nr. 768 mit abl. Anm. *E. Schneider*.

Rechnungslegung das zu bewertende Interesse des Beklagten als Berufungskläger dem Interesse des Klägers gleichsetzt, ist mit der Rspr. des BGH nicht zu vereinbaren.

Auch bei der Verurteilung des Beklagten, die Richtigkeit einer bereits erteilten Auskunft an Eides Statt zu versichern, bemisst sich der Streitwert für die Berufung gegen diese Verurteilung nicht nach dem Interesse der klagenden Partei, sondern nach dem Interesse des Beklagten und Berufungsklägers, den Aufwand an Zeit und Kosten abzuwenden, der mit der eidesstattlichen Bekräftigung der bereits erteilten Auskunft verbunden ist.[1]   707

Der BGH hat allerdings einmal in einer früheren Entscheidung[2] ausgeführt, das Interesse des Beklagten sei in der Regel ebenso zu bewerten, wie das entgegengesetzte Interesse des Klägers, sich durch Erlangung der Auskunft die nachfolgende Geltendmachung eines Zahlungs- oder Herausgabeanspruchs zu erleichtern. Davon ist der BGH in seiner neueren Rechtsprechung abgewichen.[3]   708

Genauere Analyse der früheren Entscheidung in WPM 1970, 1276 zeigt jedoch, dass es sich bei der älteren abweichenden Auffassung um ein *obiter dictum* gehandelt hat; die Entscheidung beruhte nicht auf der Gleichsetzung der Interessen des Klägers und des Beklagten.[4]   709

Auch dann, wenn die Auskunftsklage auf Vorlage eines **Einkommensteuerbescheides** gerichtet ist, richtet sich die Beschwer des verurteilten Beklagten nach dem Aufwand an Zeit und Kosten für die Auskunftserteilung.[5]   710

Im **Unterhaltsprozess** sind die Bewertungsfaktoren für das Rechtsmittel des zur Auskunft verurteilten Beklagten ebenfalls sein Zeit- und Arbeitsaufwand für die Erteilung der Auskunft, jedoch nicht ein Geheimhaltungsinteresse.[6]   711

Ohne Belang ist es, ob die Parteien auch über den Grund des Leistungsanspruchs streiten. Die Verurteilung zur Auskunftserteilung schafft hinsichtlich des Leistungsbegehrens keine Rechtskraft und hindert den Beklagten nicht, sein Abwehrinteresse im weiteren Verfahren geltend zu machen.[7]   712

Ist das Auskunftsurteil teilweise prozessordnungswidrig tenoriert und hat es deshalb insoweit keinen vollstreckungsfähigen Inhalt, dann ist auch derjenige   713

---

1 BGH, KostRsp. ZPO § 3 Nr. 1030; BGH, KostRsp. ZPO § 3 Nr. 1062 mit Anm. *E. Schneider* = NJW-RR 1991, 1467 = WRP 1991, 777 = GRUR 1991, 873 = MDR 1992, 302; MDR 1992, 1007.
2 BGH WPM 1970, 1226.
3 Siehe JurBüro 1985, 1180 = WPM 1985, 764 = KostRsp. ZPO § 3 Nr. 754 mit Anm. *E. Schneider.*
4 Siehe ausführlich dazu *E. Schneider* Anm. zu KostRsp. ZPO § 3 Nr. 754; ebenso BGH, KostRsp. ZPO § 3 Nr. 1086 = WPM 1992, 289, 290.
5 BGH, KostRsp. ZPO § 3 Nr. 855 = NJW-RR 1987, 198.
6 BGH, KostRsp. ZPO § 3 Nr. 1041 mit Anm. *E. Schneider* = FamRZ 1991, 791 = EzFamR § 3 ZPO Nr. 19 = FuR 1991, 166; KostRsp. ZPO § 3 Nr. 823 = FamRZ 1986, 796.
7 BGH, KostRsp. ZPO § 3 Nr. 823 = FamRZ 1986, 796.

Aufwand betragsmäßig zu berücksichtigen, der mit der Geltendmachung der **fehlenden Vollstreckungsfähigkeit** verbunden ist.[1] Das werden in erster Linie die vorzustreckenden Gerichts- und Anwaltskosten sein, die durch die Vollstreckungsabwehr ausgelöst werden.

714 Legt der Beklagte Berufung ein gegen seine Verurteilung, dem pflichtteilsergänzungsberechtigten Kläger Auskunft über den Wert von Grundbesitz durch **Vorlage des Wertgutachtens** eines vereidigten Sachverständigen zu erteilen, dann kann sein Abwehrinteresse betragsmäßig nicht geringer sein als die voraussichtlichen Kosten des Wertgutachtens.[2] Ist der Beklagte verurteilt worden, den Wert des dem Kläger zustehenden Auseinandersetzungsguthabens durch einen Wirtschaftsprüfer ermitteln zu lassen, dann ist der Streitwert des Abwehrinteresses seiner Berufung gleich dem voraussichtlichen Vergütungsanspruch des Wirtschaftsprüfers.[3]

715 Eine Sondermeinung vertritt das OLG Hamm.[4] Es errechnet die Beschwer des verurteilten Beklagten zwar wie die h.M., den Gebührenwert für die Rechtsmittelinstanz aber nach dem Wert des Interesses des Klägers an der Auskunft. Die Auffassung dürfte vereinzelt bleiben.[5]

Ausländische Währung

A. Allgemeines

716 Bildet den Streitgegenstand eine in ausländischer Währung ausgedrückte Geldschuld – z.B. bei einer echten Fremdwährungsschuld[6] oder bei der Vollstreckbarerklärung eines ausländischen Urteils oder eines Schiedsspruches –, dann sind diese Geldbeträge in Euro umzurechnen, um den jeweiligen Streitwert bestimmen zu können.

717 Entsprechend ist zu verfahren, wenn dem Streitgegenstand eine in Reichsmark bezeichnete Geldschuld zugrunde liegt, wie dies etwa bei dem Aufgebot eines

---

1 BGH, KostRsp. ZPO § 3 Nr. 969 mit Anm. *E. Schneider* = FamRZ 1989, 731 = EzFamR ZPO § 3 Nr. 9; BGH, KostRsp. ZPO § 3 Nr. 1097 mit Anm. *E. Schneider* = NJW-RR 1992, 322 = EzFamR ZPO § 3 Nr. 24; BGH, KostRsp. ZPO § 3 Nr. 1099 = NJW-RR 1992, 450 = FamRZ 1992, 535; KostRsp. ZPO § 3 Nr. 1142 = NJW-RR 1993, 1154 = FamRZ 1993, 1189 – Abwehr einer zweifelhaften extensiven Auslegung von Inhalt und Umfang des Titels.
2 BGH, KostRsp. ZPO § 3 Nr. 866 mit Anm. *E. Schneider*.
3 BGH, KostRsp. ZPO § 3 Nr. 1042.
4 OLG Hamm, KostRsp. ZPO § 3 Nr. 1157 mit abl. Anm. *Lappe* = OLGR 1993, 262 = JurBüro 1994, 494.
5 Bislang unkritisch übernommen von *Anders/Gehle/Kunze*, Stichwort „Auskunft" Rn. 4.
6 RGZ 109, 61; BGH, LM § 116 BEG 1956 Nr. 18.

Sparbuches aus der Zeit vor 1945 der Fall ist. Hier ist der Streitwert in Euro unter Berücksichtigung der zwischenzeitlich eingetretenen Geldentwertung zu bestimmen.

B. Zuständigkeitsstreitwert

Maßgeblich für den Zuständigkeitsstreitwert ist der **Umrechnungsbetrag** in Euro **zum Zeitpunkt der Klage- bzw. Antragseinreichung** (Anhängigkeit), § 4 Abs. 1 ZPO. Folglich bleiben nach Anhängigkeit eintretende Veränderungen durch **Kursschwankungen**, gleich in welche Richtung, unberücksichtigt.[1] Für den Zuständigkeitsstreitwert folgt dies für die Zeit nach Rechtshängigkeit zudem aus § 261 Abs. 3 Nr. 2 ZPO. 718

C. Gebührenstreitwert

Im Grundsatz folgt der Gebührenstreitwert dem Zuständigkeitsstreit, d.h. maßgebend ist gemäß § 40 GKG (§ 15 GKG a.F.) der **Umrechnungsbetrag bei Anhängigkeit**.[2] Kursschwankungen bleiben auf die Wertbestimmung ohne Einfluss.[3] 719

Bei der Berücksichtigung älterer Rechtsprechung ist zu beachten, dass nach § 15 Abs. 1 GKG in der **vor dem 1. 7. 1994** geltenden Fassung für der Wertbestimmung der höchste Wert zwischen Klageeinreichung und Beendigung der Instanz maßgebend war.[4] 720

Hingegen war auch nach altem Recht eine im Laufe der Instanz eingetretene **Wertminderung** auf den Streitwert stets ohne Einfluss, d.h. der höhere Wert bei Beginn der Instanz blieb maßgebend. Dies gilt auch für den Berufungsrechtszug.[5] Hieran hat sich durch Neufassung des GKG zum 1. 7. 2004 nichts geändert.[6] 721

Für die Kursänderungen nach Anhängigkeit siehe auch bei dem Stichwort „Änderung des Streitwerts" Rn. 170. 722

---

1 OLG Frankfurt, Beschl. v. 15. 10. 1990 – 1 U 248/88, KostRsp. GKG § 15 Nr. 8 = JurBüro 1991, 208 = MDR 1991, 164 = NJW 1991, 643; *Anders/Gehle/Kunze*, Stichwort „Ausländische Währung" Rn. 2; *Zöller/Herget*, § 3 Rn. 16 unter „Ausländische Währung".
2 OLG Düsseldorf NJW-RR 2000, 1594; a.A. KG NJW-RR 2000, 215: Rechtshängigkeit.
3 *Anders/Gehle/Kunze*, Stichwort „Ausländische Währung" Rn. 3.
4 Vgl. beispielhaft OLG Hamm, Beschl. v. 7. 9. 1981 – 23 W 442/81, KostRsp. GKG § 15 Nr. 2 = JurBüro 1981, 1860 mit Anm. *Mümmler*.
5 BGH VersR 1982, 591; KG Rpfleger 1973, 36; OLG München FamRZ 1997, 34; OLG Oldenburg NJW-RR 1999, 942; a.A. OLG Frankfurt, Beschl. v. 15. 10. 1990 – 1 U 284/88, KostRsp. GKG § 15 Nr. 8 mit abl. Anm. *E. Schneider* = JurBüro 1991, 208 mit abl. Anm. *Mümmler* = MDR 1991, 164 = Rpfleger 1991, 176 = NJW 1991, 643; Thomas/Putzo/ *Hüßtege*, § 3 Rn. 22.
6 *Hartmann*, § 40 GKG Rn. 3.

D. Rechtsmittel und Beschwer

723 Für den Rechtsmittelstreitwert ist ebenfalls gemäß §§ 4 Abs. 1, 40 GKG (§ 15 GKG a.F.) auf den die Instanz einleitenden Antrag, folglich auf den Tag des Eingangs der Rechtsmittelschrift abzustellen. Davon abweichend ist als Zeitpunkt der Einlegung der Berufung der Tag des Eingangs der Berufungsbegründung anzusehen, wenn erst darin die Berufungsanträge enthalten sind.[1]

Zu beachten ist, dass gemäß **§ 47 Abs. 2 GKG** (§ 14 Abs. 2 S. 1 GKG a.F.) der Rechtsmittelstreitwert bei unverändertem Streitgegenstand durch den Wert des Streitgegenstandes in 1. Instanz begrenzt wird.[2] Kurssteigerungen nach Klageeinreichung bleiben daher auch für die Rechtsmittelinstanz streitwertrechtlich ohne Bedeutung. Die gegenteilige Entscheidung des BGH[3] ist mit dem Wortlaut des § 47 Abs. 2 GKG (§ 14 Abs. 2 GKG a.F.) nicht in Einklang zu bringen.[4]

Auslegung des Klageantrags

724 Klageanträge sind – wie alle Erklärungshandlungen im Prozess (z.B. bei der **Aufrechnung**) – der Auslegung fähig und bei Unklarheiten auch bedürftig.[5] Vorrangig vor der Auslegung ist jedoch immer die **Ausübung des Fragerechts** (§ 139 Abs. 1 S. 1 ZPO) und die **Hinweispflicht** nach § 139 Abs. 2 S. 1, Abs. 3 ZPO.

725 **Angaben zum Gebührenstreitwert** nach § 61 GKG (§ 23 GKG a.F.) oder für die Zuständigkeit nach § 253 Abs. 3 ZPO oder für die Rechtsmittelbeschwer nach § 511 Abs. 4 Nr. 2 ZPO dürfen bei der Prüfung, was mit einem textlich unklaren Klageantrag bezweckt ist, als Auslegungsumstand berücksichtigt werden.[6]

726 Ergibt die Auslegung eines Antrags, der auf Verurteilung zur Zahlung eines bestimmten Klagebetrages gerichtet ist, dass der Kläger in Wahrheit nur den **Unterschiedsbetrag** zwischen dieser Summe und einem ihm bereits in einem anderen Verfahren (z.B. Entschädigungsverfahren) zugeteilten Betrag fordert, so ist nur der Unterschiedsbetrag der für die Streitwertfestsetzung maßgebende Streitgegenstand.[7]

---

1 OLG Düsseldorf NJW 1971, 147; Zöller/*Herget*, § 4 Rn. 4.
2 OLG Hamburg, Beschl. v. 15. 1. 1981 – 6 U 85/80, JurBüro 1981, 1546; *Anders/Gehle/ Kunze*, Stichwort „Rechtsmittel" Rn. 30.
3 BGH, Urteil v. 4. 2 1999 – III ZR 56/98, MDR 1999, 689 = NJW-RR 1998, 1452; BGH, Beschl. v. 5. 10. 1981 – II ZR 49/81; MDR 1982, 299 = JurBüro 1982, 49 = WM 1982, 137 = NJW 1982, 341 = Rpfleger 1982, 82 – hier noch auf zwischenzeitlich aufgehobenen § 14 Abs. 2 S. 3 GKG i.d.F. bis zum 30. 6. 1994 abstellend.
4 Ebenso *Hartmann*, § 47 Rn. 8.
5 Siehe dazu Zöller/*Vollkommer*, vor § 128 Rn. 25.
6 OLG Köln, KostRsp. GKG § 23 Nr. 2.
7 OLG Frankfurt MDR 1962, 992.

Wird nach **Teilleistungen** in der mündlichen Verhandlung ein Klageantrag auf 727
Zahlung (nebst Zinsen) „abzüglich am … geleisteter …, – Euro" gestellt, bedarf
es – auch für die Streitwertbestimmung – zunächst der Klärung, was damit
prozessual ausgedrückt werden soll: teilweise Klagerücknahme oder teilweise
Hauptsacheerledigung. Regelmäßig wird davon auszugehen sein, dass der Kläger den Rechtsstreit in der Hauptsache teilweise für erledigt erklären will.[1]
Dann ist der Antrag, soweit eine abweichende **Leistungsbestimmung** des
Schuldners nicht ersichtlich ist, weiter dahin zu verstehen, dass die Zahlung
zunächst auf die bis zum Zahlungszeitpunkt aufgelaufenen Zinsen und erst
dann auf die Hauptforderung (§ 367 Abs. 1 BGB) verrechnet werden soll.

Ergibt sich aus der Klagebegründung, dass die Bezifferung eines Antrages auf 728
Verurteilung zur Zahlung auf einem **Berechnungsfehler** beruht, dann ist der
Streitwert nach dem wirklich gewollten Antrag (Betrag) zu beziffern, der sich
bei richtiger Berechnung ergibt.[2] Ob die nach § 319 ZPO, § 133 BGB vorzunehmende Auslegung den Streitwert erhöht oder ermäßigt, ist in diesem Fall unerheblich. Die Berichtigung kann auch vom Rechtsmittelgericht vorgenommen
werden.[3]

Wird auf eine zeitlich unbefristete Auskunft über die Einkommensverhältnisse 729
geklagt, soll der Klageantrag (zur Vermeidung einer Verurteilung zu einer un-
möglichen Leistung) auf Auskunft für den Zeitraum bis zur Klageeinreichung
ausgelegt und der Streitwert entsprechend (niedriger) beziffert werden.[4]

Ausscheiden eines Gesellschafters

Der Streitwert einer Klage auf Feststellung, dass ein Gesellschafter aus der 730
Gesellschaft infolge Kündigung ausgeschieden ist, bemisst sich nach § 3 ZPO.
Maßgebend ist das Interesse des Klägers an der gerichtlichen Feststellung, dass
der Beklagte nicht mehr Gesellschafter sei. Bei der Schätzung ist insbesondere
zu berücksichtigen, mit welchem Anteil der Kläger an der Gesellschaft beteiligt
ist und inwiefern er daher an dem (geschätzten) Interesse der Gesellschaft an
dem Ausscheiden partizipiert.[5]

Würde der Kläger mit seinem Kapitalanteil auch bei Ausscheiden des Beklagten 731
weiterhin in einer gesellschaftsrechtlichen Bindung bleiben, weil der Kapitalanteil des Beklagten lediglich gegen einen neu zu bildenden Kapitalanteil eines
neuen Gesellschafters ausgetauscht würde, dann kann für den Streitwert weder
die Höhe des Kapitalanteils des Klägers noch die Höhe des Kapitalanteils des

---

1 OLG Frankfurt MDR 1977, 56.
2 OLG Oldenburg Rpfleger 1968, 313.
3 BGH NJW 1964, 1858.
4 OLG Dresden, Beschl. v. 7. 8. 2001 – 22 WF 803/00, FamRZ 2002, 681.
5 BVerfG, Beschl. v. 31. 10. 1996 – 1 BvR 1074/93, NJW 1997, 311.

Beklagten maßgebend sein. Das Interesse des Klägers muss vielmehr nach der **Veränderung des Ertragswertes** seines Kapitalanteils bemessen werden, die bei der vorgesehenen neuen gesellschaftsrechtlichen Verbindung eintreten würde.[1]

732 Der Streitwert eines Verfahrens, in dem festgestellt werden soll, dass der Austritt eines Gesellschafters unwirksam ist, bemisst sich gemäß § 3 ZPO nach dem Interesse des Klägers am **Verbleib des Beklagten** in der Gesellschaft. Das Bundesverfassungsgericht[2] hat in diesem Zusammenhang darauf hingewiesen, dass es für den Streitwert in den Fällen des Ausscheidens eines Gesellschafters zwar auf das wirtschaftliche Interesse des Klägers ankomme. Allerdings dürfe der Streitwert nicht außer Verhältnis zu dem vom Kläger erstrebten persönlichen wirtschaftlichen Vorteil stehen. Denn dies bedeute eine unzumutbare Erschwerung des Zugangs zu den Gerichten.

733 Ebenfalls nach § 3 ZPO zu schätzen ist der Streitwert eines Verfahrens über die Wirksamkeit der **Einziehung** eines Geschäftsanteils.[3]

734 Siehe auch die Stichwörter: „Anfechtungs- und Nichtigkeitsklagen", „Anmeldung zum Handelsregister" und „Ausschließung".

Ausschließung

Gliederungsübersicht

A. Gesetzliche Regelung 735
B. OHG, KG 739
C. GmbH 743
D. Stille Gesellschaft 744
E. Genossenschaft 745
F. Idealverein 747
G. Erbengemeinschaft 751
H. Gemeinschaft 756

A. Gesetzliche Regelung

735 Praktische Bedeutung hat vor allem die Ausschließung eines Gesellschafters aus einer Kapitalgesellschaft oder aus einer Personengesellschaft. Es handelt sich dabei um eine eigenständige Form des Ausscheidens aus der Gesellschaft neben dem Austritt des Gesellschafters. Sie zieht ebenso wie diese eine vermögensrechtliche Auseinandersetzung nach sich.

736 Der wesentliche Unterschied zwischen den beiden Formen des Ausscheidens besteht darin, dass die Ausschließung gegen den Willen des betroffenen Gesellschafters stattfindet. Durchgeführt wird die Ausschließung aus einer Kapital- oder Personengesellschaft mangels abweichender Satzungsregelung mit einer Ausschlussklage und einem ihr entsprechenden gerichtlichen Gestaltungsurteil. Bei der Entscheidung ist eine Gesamtabwägung aller durch das Urteil

---

1 OLG Nürnberg JurBüro 1964, 829.
2 BVerfG, Beschl. v. 31. 10. 1996 – 1 BvR 1074/93, NJW 1997, 311.
3 BGH, Urteil v. 30. 4. 2001 – II ZR 328/00, MDR 2001, 1006.

betroffenen Interessen erforderlich. Dies ist bei der Streitwertberechnung zu berücksichtigen.

Der Streitwert ist mangels spezieller Bewertungsvorschrift nach § 3 ZPO zu schätzen.[1] Dies gilt auch für den Streitwert der Feststellungsklage, die auf die Unwirksamkeit eines auf Ausschließung von Gesellschaftern gerichteten Beschlusses abzielt.[2] **737**

Für die Bewertung maßgebend ist in erster Linie das subjektive Interesse des Klägers am wirtschaftlichen Ergebnis der sich anschließenden vermögensrechtlichen Auseinandersetzung.[3] Soweit der Kläger allerdings Rechte der Gesellschaft geltend macht, können bei der Schätzung auch die damit verbundenen höheren objektiven Interessen berücksichtigt werden.[4] **738**

B. OHG, KG

Der Streitwert der Ausschließungsklage nach § 140 Abs. 1 (i.V.m. § 161 Abs. 2) HGB ist gemäß § 3 ZPO zu schätzen. Für die Höhe ist das Interesse der Kläger an der von ihnen erstrebten Ausschließung des Gesellschafters maßgebend. Es bemisst sich regelmäßig nach dem Wert der Gesellschaftsanteile der Kläger, da es das Ziel der Klage ist, diesen Wert sicherzustellen und zu erhalten.[5] Nur bei Vorliegen besonderer Umstände kann es angezeigt sein, den Wert des Streitgegenstandes niedriger als den Wert der Geschäftsanteile anzusetzen,[6] z.B. bei Wertminderung des Geschäftsanteils durch Verluste.[7] **739**

Nach anderer Auffassung richtet sich das Interesse der Kläger einer Ausschlussklage (§ 140 Abs. 1 HGB) nicht nach dem Verkehrswert der Anteile, sondern nach dem wirtschaftlichen Wert, den das Ausscheiden nach dem Vorbringen der übrigen Gesellschafter für diese hat. Der Streitwert richtet sich demgemäß nach dem Schaden, der durch das weitere Verbleiben des Beklagten in der Gesellschaft eintritt oder nach den Möglichkeiten, die sich durch das Ausscheiden für die erfolgreiche Arbeit der Gesellschaft ergeben. Erst für die wirtschaftliche Bewertung dieser Umstände sind dann das Gesellschaftsvermögen, die Gewinne der letzten Zeit und der Verkehrswert mit heranzuziehen.[8] **740**

Geht das Interesse des Klägers dahin, nach dem Ausschluss der anderen Gesellschafter das Geschäft allein fortzuführen und sich damit mindestens den Geschäftsgewinn zu erhalten, den er in den vorangegangenen Jahren durchschnittlich jährlich erzielt hat, so ist der Streitwert nach einer Entscheidung des OLG **741**

---

1 OLG Zweibrücken Rpfleger 1969, 247; OLG Frankfurt JurBüro 1979, 1195.
2 OLG Frankfurt, Beschl. v. 21. 12. 1984 – 12 W 254/84, JurBüro 1985, 1083.
3 OLG Frankfurt JurBüro 1979, 1195.
4 BVerfG, Beschl. v. 31. 10. 1996 – 1 BvR 1074/93, NJW 1997, 311.
5 OLG Frankfurt MDR 1957, 138; OLG Frankfurt JurBüro 1985, 1083.
6 BGHZ 19, 173; OLG Frankfurt JurBüro 1966, 1068.
7 OLG Hamburg OLGE 31, 4.
8 OLG Hamm Rpfleger 1962, 222.

Frankfurt[1] auf etwa das Fünffache dieses Jahresbetrages festzusetzen. Dem hat sich das OLG München[2] jedenfalls für den Fall angeschlossen, dass die Gesellschaft bei geringem Eigenkapital hohe Gewinne erzielt.

742 Die Klage auf Eintragung des Ausscheidens eines Gesellschafters aus der Gesellschaft in das Handelsregister (§ 143 Abs. 2 HGB) ist mit $1/4$ des Wertes des Anteils des Klägers anzusetzen.[3]

C. GmbH

743 Soll der Gesellschafter einer GmbH unter Auszahlung seines Geschäftsanteils ausgeschlossen werden, so ist der Wert des auszuzahlenden Anteils bei der Festsetzung des Streitwerts nicht zu berücksichtigen. Bestimmend ist vielmehr der Wert der Anteile der in der Gesellschaft verbleibenden Gesellschafter, weil es diesen darum geht, sich den Wert ihrer Geschäftsanteile durch Ausschließung des ungeeigneten Gesellschafters zu erhalten und sicherzustellen.[4] Der Streitwert wird durch einen Streit um die Ausschließungsbedingungen nicht erhöht.[5] Die Anteile der verbleibenden Gesellschafter sind mit ihrem wirtschaftlichen Wert, nicht mit ihrem Nennwert anzusetzen.[6]

D. Stille Gesellschaft

744 Die Ausschließung aus einer atypischen stillen Gesellschaft ist ebenfalls nach § 3 ZPO zu bewerten.[7] Den Streitwert hat das OLG Köln entsprechend der Einlage des stillen Gesellschafters bemessen. Dagegen sollen der Verkehrswert des Unternehmens, das Betriebsvermögen und die Gewinnerwartungen für die Zukunft keine Berücksichtigung finden, wenn der Antrag darauf gerichtet ist, die Nichtigkeit des Beteiligungsvertrages festzustellen.

E. Genossenschaft

745 Der Streit über die Wirksamkeit des Ausschlusses eines Genossen betrifft einen nichtvermögensrechtlichen Gegenstand, wenn der Ausschluss auf die Behauptung ehrenrührigen Verhaltens gestützt wird. Dies gilt auch dann, wenn (weitere) vermögenswerte Interessen der Genossen mit im Spiele sind. Der Streitwert ist dann nach § 48 Abs. 2 GKG unter Berücksichtigung aller Umstände des Einzelfalls, insbesondere des Umfangs und der Bedeutung der Sache und der Ver-

---

1 OLG Frankfurt BB 1953, 426.
2 OLG München MDR 1962, 63 unter Ablehnung von BGHZ 19, 173.
3 BGH Rpfleger 1979, 194.
4 BGHZ 19, 175; OLG Frankfurt MDR 1967, 138; OLG Neustadt Rpfleger 1967, 1.
5 OLG Neustadt MDR 1964, 605.
6 OLG Bamberg JurBüro 1963, 556.
7 OLG Köln JurBüro 1970, 427.

mögens- und Einkommensverhältnisse der Parteien zu bestimmen.[1] Ansonsten ist der Streitwert nach § 3 ZPO zu schätzen.

Für die Bemessung des Streitwerts einer Klage auf Feststellung der Unwirksamkeit der Ausschließung eines Genossen ist, wenn in einer solchen Klage die Geltendmachung eines vermögensrechtlichen Anspruches erblickt wird, lediglich der wirtschaftliche Wert maßgebend, den ein Anteil an der Genossenschaft für jeden Genossen hat, also der Vorteil, den die Mitgliedschaft als solche für den einzelnen mit sich bringt.[2] Hält ein Genosse mehrere Anteile, dann erhöht sich der Streitwert entsprechend.   746

F. Idealverein

Der Streit um die Wirksamkeit des Ausschlusses eines Mitgliedes aus einem Idealverein wird zumeist im Wege der Feststellungsklage des Mitglieds oder des Vereins vor Gericht ausgetragen.   747

Der Streitwert einer solchen Klage ist nach § 48 Abs. 2 GKG nach den gesamten Umständen des Falles festzusetzen.[3] Dies mag im Einzelfall einen nicht unerheblichen Begründungaufwand erfordern, ist aber der pauschalen Festsetzung[4] auf jeden Fall vorzuziehen. Zu berücksichtigen sind bei der Festsetzung nicht nur das Affektionsinteresse des Mitglieds, sondern auch mögliche wirtschaftliche Vor- und Nachteile der Mitgliedschaft, beispielsweise eine persönliche Haftung als nicht entlastetes Vorstandsmitglied, die Mitgliedschaft als (im Ausnahmefall gegebene) Voraussetzung für die Teilnahme am Wirtschaftsleben etc.[5]   748

Das OLG Koblenz hat die Klage auf Feststellung der Unwirksamkeit des Ausschlusses aus einem Idealverein („Porsche-Club") mit 4000 DM bewertet.[6] Im einstweiligen Verfügungsverfahren hat das OLG Köln[7] die Wirksamkeit des Ausschlusses aus einem Verein mit 1000 DM bewertet.   749

Wenn allerdings hinreichende Anhaltspunkte für eine Schätzung fehlen, sollten die Gerichte nicht mit Begründungshülsen scheinbar genaue Werte festsetzen, sondern sich am Regelwert des § 52 Abs. 2 GKG (derzeit 5000 Euro) orientieren.   750

G. Erbengemeinschaft

Innerhalb einer Erbengemeinschaft kommt der Ausschluss eines Miterben wegen Erbunwürdigkeit (§ 2339 BGB) in Betracht. Die Erbunwürdigkeit wird gemäß §§ 2340 Abs. 1, 2342 BGB durch Erhebung einer Anfechtungsklage mit dem Ziel geltend gemacht, dass der Anfall der Erbschaft als nicht erfolgt gilt.   751

---

1 RGZ 163, 202; OLG Celle JurBüro 1961, 455.
2 OGH Rpfleger 1948/49, 469; *Hartmann*, Kostengesetze, GKG, Anh. I § 48 Rn. 60.
3 OLG Frankfurt Rpfleger 1966, 25.
4 Vgl. KG, KostRsp. GKG a.F. § 14 C Nr. 10: in aller Regel unter 3000 DM.
5 OLG Frankfurt, Beschl. v. 15. 7. 2003 – 9 W 13/03, JurBüro 2003, 644.
6 OLG Koblenz, Beschl. v. 9. 6. 1989 – 5 W 374/89, JurBüro 1990, 1034.
7 OLG Köln, Beschl. v. 5. 10. 1983 – 2 W 87/83, MDR 1984, 153.

752 Hat eine solche Ausschlussklage das Ziel, ein Nachlassgrundstück vom Beklagten herauszuverlangen, wurde der Streitwert früher gemäß § 6 ZPO nach dem vollen Wert des Nachlasses[1] bzw. nach dem vom Kläger durch erbrechtliche Besserstellung erstrebten Vorteil bemessen.[2]

753 Seit der Entscheidung des BGH vom 20. 10. 1996[3] bemisst die Rechtsprechung den Streitwert gemäß § 3 ZPO nach der Beteiligung des Beklagten am Nachlass und der ihm drohenden finanziellen Einbuße durch die Erbunwürdigkeitserklärung.[4] Dies wird damit begründet, dass ein solcher Bewertungsmodus dem Beklagten unter Umständen einen Rechtsmittelweg eröffnet, der nicht gegeben wäre, wenn lediglich auf den Vorteil des Klägers abgestellt würde, der bei einer mehr als zwei Personen umfassenden Erbengemeinschaft geringer als der umstrittene Anteil des Beklagten sein kann.[5] Nach anderer Ansicht[6] ist für die Bestimmung des Streitwertes nur der vom Kläger erstrebte Vorteil maßgeblich, der sich aus der beantragten Ausschließung des Beklagten aus der Erbengemeinschaft ergibt.

754 Der zweiten Meinung ist der Vorzug zu geben: Auch wenn es sich bei der Erbunwürdigkeitsklage um eine Gestaltungsklage handelt, die nicht nur die wirtschaftliche Position des Klägers, sondern auch die Stellung des Beklagten als Erbe bzw. Mitglied der Erbengemeinschaft unmittelbar zum Gegenstand hat, so ist für die Streitwertfestsetzung das Interesse des Klägers maßgeblich. Für die Wertfestsetzung ist daher entscheidend, welchen erbrechtlichen Vorteil er mit dem Wegfall des Beklagten als Erbe bzw. aus der Erbengemeinschaft anstrebt. Dieser Bewertung versperrt dem Beklagten auch kein sonst gegebenes Rechtsmittel. Denn dafür ist die Beschwer des Beklagten aus der angefochtenen Entscheidung maßgeblich (vgl. das Stichwort „Rechtsmittel").

755 Der Streitwert in einem auf Auseinandersetzung einer zweigliedrigen Erbengemeinschaft gerichteten Rechtsstreit ist bei wirtschaftlicher Betrachtungsweise auf die Punkte zu beschränken, die zwischen den Parteien streitig sind.[7]

---

1 Vgl. OLG Hamburg Rpfleger 1951, 570; OLG Nürnberg Rpfleger 1963, 219.
2 BGH LM § 3 Nr. 16; *Speckmann* MDR 1972, 908.
3 BGH, Beschl. v. 20. 10. 1969 – III ZR 208/67, MDR 1970, 124.
4 OLG Frankfurt JurBüro 1971, 540; OLG Koblenz, Beschl. v. 11. 12. 1996 – 14 W 739/96, MDR 1997, 693.
5 Vgl. dazu *Schneider* MDR 1972, 278.
6 *Hartmann*, GKG, Anh. I § 48 Rn. 42; so auch für den Fall der Erbauseinandersetzung OLG Celle, Beschl. v. 23. 3. 2001 – 22 W 21/01, KostRsp. ZPO § 3 Nr. 1362 = OLGR 2001, 142.
7 BGH, Beschl. v. 24. 4. 1975 – III ZR 173/72, MDR 1975, 741; OLG Bremen, Beschl. v. 16. 9. 2003 – 2 U 27/03, RVG-Berater 2004, 126; zu den Einzelheiten vgl. das Stichwort „Miterbe".

H. Gemeinschaft

Siehe dazu die Stichwörter „Aufhebung von Gemeinschaften" und „Entziehung   756
des Wohnungseigentums".

Ausschlussurteil

Mit der Aufnahme von Beschränkungen und Vorbehalten im Ausschlussurteil   757
wird nicht entschieden, ob die geltend gemachten bzw. behaupteten materiellen Rechte des Anmeldenden gegenüber dem Antragsteller bestehen. Dies ist
vielmehr dem ordentlichen Zivilverfahren vorbehalten.

Der Streitwert der Klage auf Beseitigung des im Ausschlussurteil nach § 927   758
BGB enthaltenen Vorbehalts der Rechte für einzelne Mitglieder einer Erbengemeinschaft entspricht dem vollen Wert des Grundstücks.[1] Ein Widerspruch zur
neueren Rechtsprechung in Miterbenstreitigkeiten, die den Anteil des Klägers
berücksichtigt (siehe das Stichwort „Miterbe"), besteht nicht. Denn die Entscheidung des OLG Koblenz beruhte auf der Erwägung, dass die vom Kläger
erstrebte Rechtsfolge dahin zielte, sich allein das streitbefangene Grundstück
voll anzueignen; es ging also nicht um Grundstücksanteile.

Siehe auch das Stichwort „Aufgebotsverfahren".   759

Aussetzung

Literatur: *E. Schneider* MDR 1973, 542; *N. Schneider*, AGS 2003, 82.

Die Aussetzung eines Rechtsstreits dient der Entscheidungsharmonie und der   760
sachlich gebotenen Berücksichtigung außerprozessualer Vorgänge bei der Urteilsfindung.[2] Anordnung und Ablehnung der Aussetzung unterliegen der sofortigen Beschwerde, § 252 ZPO. Einer Streitwertfestsetzung steht die Aussetzung
nicht entgegen.[3]

Der Streitwert für ein **Verfahren über einen Aussetzungsantrages** entspricht   761
nicht dem Streitwert des Hauptverfahrens.[4] Gegen eine Heranziehung des
Streitwerts der Hauptsache spricht bereits, dass mit der Aussetzung keine inhaltliche Ausgestaltung der Sachentscheidung, sondern nur deren Aufschub
begehrt wird. Maßgeblich ist vielmehr das nach § 3 ZPO zu schätzende Interesse der antragstellenden Partei an einer Aussetzung, das gilt sowohl für eine

---

1 OLG Koblenz NJW 1962, 1162.
2 Zöller/*Greger*, §148 Rn. 1.
3 BGH, Beschl. v. 8. 11. 1999 – II ZB 1/99, MDR 2000, 168; OLG Hamm MDR 1971, 495.
4 So noch OLG Düsseldorf JMBl.NW 1956, 187; OLG Hamm NJW 1971, 273.

Aussetzung nach § 148 ZPO,[1] **nach § 149 ZPO,**[2] nach § 614 ZPO[3] als auch nach § 2 Abs. 1 S. 2 VAÜG.[4]

762 Dieser Maßstab gilt auch für die Bestimmung des **Beschwerdewertes**.[5]

763 Nach ganz überwiegender Ansicht ist eine **Bruchteilsbewertung von** ¹/₅ in Ansatz zu bringen.[6] Dem ist als Regelbewertung zuzustimmen, die Bewertung entspricht derjenigen für den Streit über eine einstweilige Einstellung der Zwangsvollstreckung (siehe das Stichwort „Einstweilige Einstellung") und über die Aufnahme eines ruhenden Verfahrens (siehe Stichwort „Verfahrensruhe").

Besondere Umstände eines Einzelfalles können jedoch zu einer Bruchteilserhöhung oder -ermäßigung Anlass geben.[7] Hierzu dürfte jedoch nicht ausreichen, dass der Beklagte einer Aussetzung unter Hinweis auf eine Entscheidungsreife des Rechtsstreit widerspricht.[8] Anders kann es liegen, wenn der Kläger die Glaubwürdigkeit der prozessentscheidenden Aussage des Beklagten durch ein Strafverfahren erschüttern will und den Rechtsstreit bis zu dessen Beendigung ausgesetzt haben will.[9]

764 Auch für einen Antrag auf **zeitweilige Aussetzung der Zwangsvollstreckung** bemisst sich der Streitwert nicht gemäß § 6 ZPO nach dem Betrag der Vollstreckungsforderung, wie vom OLG München[10] angenommen wird, sondern

---

1 BGHZ 22, 283; OLG Nürnberg JurBüro 1963, 56.

2 OLG Schleswig Rpfleger 1962, 425; OLG Koblenz; Beschl. v. 23. 2. 1973 – 6a W 78/73, KostRsp. ZPO § 3 Nr. 317.

3 OLG Düsseldorf FamRZ 1974, 311; OLG Bamberg JurBüro 1978, 1243.

4 OLG Dresden, Beschl. v. 22. 4. 2003 – 10 UF 660/01, OLGR 2004, 30 = FamRZ 2004, 34 = OLG-NL 2003, 161.

5 BGHZ 22, 283; KG, Beschl. v. 23. 2. 2001 – 21 W 1336/00, AGS 2003, 81 mit Anm. *N. Schneider*; OLG Düsseldorf FamRZ 1974, 311; OLG Frankfurt JurBüro 1979, 1073 a.E.; OLG Hamburg OLGR 2002, 180 = MDR 2002, 479; OLG Köln MDR 1973, 683 = JMBl.NW 1973, 118; WRP 1982, 236; *Anders/Gehle/Kunze*, Stichwort „Aussetzung" Rn. 2.

6 OLG Brandenburg FamRZ 1996, 496; OLG Düsseldorf, Beschl. v. 2. 12. 1992 – 18 W 58/92, KostRsp. ZPO § 3 Nr. 1124 mit Anm. *Herget* = OLGR 1993, 110; OLG Frankfurt JurBüro 1979, 1073 a.E.; OLGR 1994, 34; OLG Hamburg, Beschl. v. 30. 11. 2001 – 12 W 23/91; OLGR 2002, 180 = MDR 2002, 479; OLG Köln MDR 1973, 683 = JMBl.NW 1973, 118; WRP 1982, 236; OLG Nürnberg, Beschl. v. 12. 11. 1970 – 3 W 94/70, KostRsp. ZPO § 3 Nr. 265; BayVGH AGS 2002, 58 = NVwZ-RR 2002, 156; VGH Baden-Württemberg, Beschl. v. 12. 2. 2004 – 11 S 46/04, juris MWRE103470700; *Anders/Gehle/Kunze*, Stichwort „Aussetzung" Rn. 1 Thomas/Putzo/*Hüßtege*, § 3 Rn. 24; Musielak/*Heinrich*, § 3 Rn. 22 unter „Aussetzung"; Zöller/*Herget*, § 3 Rn. 16 unter „Aussetzungsbeschluss"; abweichend OLG Koblenz, Beschl. v. 23. 2. 1973 – 6a W 78/73, KostRsp. ZPO § 3 Nr. 317: ¹/₁₀; OLG Nürnberg, Beschl. v. 3. 7. 1970 – 3 W 18/70, KostRsp. ZPO § 3 Nr. 254: ¹/₃; einschränkend Thomas/Putzo/*Hüßtege*, § 3 Rn. 24: höchstens ¹/₃.

7 OLG Köln JMBl.NW 1973, 118 = MDR 1973, 683; OLG Nürnberg, Beschl. v. 16. 3. 1965 – 2 W 87/64, KostRsp. ZPO § 3 Nr. 129.

8 So aber OLG Hamm OLGR 1997, 354 und Zöller/*Herget*, § 3 Rn. 16 unter „Aussetzungsbeschluss": dann ¹/₂.

9 OLG Nürnberg, Beschl. v. 16. 3. 1965 – 2 W 87/64, KostRsp. ZPO, § 3 Nr. 129.

10 OLG München NJW 1953, 1716.

nach § 3 ZPO. Er ist also frei zu schätzen, ohne dass hierbei von der Höhe der Gebühren auf die Höhe des Streitwertes geschlossen werden kann.[1]

Aussonderung

Die Streitwertbestimmung bei Klagen von Aussonderungsberechtigten (§§ 47 ff.   765
InsO) und Massegläubigern (§ 53 InsO) hinsichtlich eines dem Schuldner nicht gehörenden Gegenstands aus der Insolvenzmasse aufgrund eines dinglichen oder persönlichen Rechts richtet sich nicht nach § 182 InsO, sondern nach § 6 ZPO.[2] Maßgeblich ist die Höhe der Forderung oder der geringere Wert des Gegenstandes, an dem das persönliche oder dingliche Recht geltend gemacht wird.

Die Bewertung der Aussonderungsansprüche ist demgemäß so vorzunehmen,   766
dass die konkret verfolgten Rechte entsprechend dem Klageantrag nach den jeweils einschlägigen Bewertungsregeln zu bemessen sind, wobei es sich meist um materiellrechtliche Ansprüche nach § 985 BGB handelt.

Für die Klagen der Massegläubiger gilt dies selbst dann, wenn unsicher ist, ob   767
die Masse zur Deckung ausreicht.[3] Jedoch ist der Nominalbetrag der Forderung eines Massegläubigers dann nicht anzusetzen, wenn der Insolvenzverwalter sich ausdrücklich auf Masseunzulänglichkeit beruft und der Kläger zum Feststellungsantrag auf Bestehen einer bezifferten Masseforderung übergeht.[4]

Automatenaufstellvertrag

Das Rechtsverhältnis, aufgrund dessen Automaten in einen Gaststättenbetrieb   768
eingegliedert werden (Automatenaufstellvertrag), ist kein der Miete oder der Pacht ähnliches Nutzungsverhältnis im Sinne des § 41 GKG. Denn dem Aufsteller geht es nicht um Rechte an einer Fläche oder an einem Raum, sondern um den Einsatz seines Automaten; der Gastwirt wiederum will nicht Fläche oder Raum vermieten, sondern sich am Einspielgewinn beteiligten.[5]

Beim üblichen Automatenaufstellvertrag handelt es sich um ein Rechtsverhält-   769
nis, bei dem für beide Vertragspartner die Gewinnzuteilung im Vordergrund steht. Der Automat wird damit dem Gastwirt nicht etwa zur Nutzung im Sinne

---

1 OLG Köln Rpfleger 1976, 138.
2 BGH, KostRsp. KonkO § 148 Nr. 28 = NJW-RR 1988, 690; *Schneider* MDR 1974, 101.
3 OLG Frankfurt OLGE 31, 6.
4 Siehe BGH, KostRsp. KonkO § 148 Nr. 28 = NJW-RR 1988, 690 zur Revisionsbeschwer.
5 Siehe dazu BGH, Urteil v. 22. 3. 1967 – VIII ZR 10/65; BGHZ 47, 202 ff. = WM 1967, 754.

von § 41 GKG überlassen, so dass eine Beschränkung des Streitwerts auf höchstens einen Jahresbetrag nicht stattfindet.[1]

770 Deshalb ist der Streitwert mangels einer speziellen Vorschrift nach § 3 ZPO zu schätzen.

771 Bewertungsschwierigkeiten ergeben sich selten, weil der Automatenaufsteller in der Regel bezifferte Leistungsklage wegen Schadensersatzes oder entgangenen Gewinns erhebt, so dass der Streitwert gleich der Höhe der Forderung ist.

772 Wird auf Feststellung des Rechts zur Aufstellung von Automaten oder auf Unterlassung, dieses Recht zu beeinträchtigen, geklagt, dann ist von den voraussichtlichen Gewinnen des Automatenaufstellers auszugehen. Dieser hat, um seiner Pflicht zur Wertangabe nach den § 253 Abs. 3 ZPO, § 613 GKG nachzukommen, eine Berechnung darzulegen. Diese muss wenigstens so substantiiert sein, dass eine nachvollziehbare Schätzung nach § 3 ZPO, § 64 GKG möglich ist.

Bauhandwerkersicherungshypothek

773 Die Bewertung der Klage auf Eintragung einer Bauhandwerkersicherungshypothek (§ 648 BGB) richtet sich nach der Vorschrift des § 3 ZPO.[2] Auszugehen ist bei dieser Schätzung vom Wert der zu sichernden Forderung.[3] Kosten bleiben gemäß § 4 ZPO, § 43 Abs. 1 GKG unberücksichtigt.[4] Maßgebend ist das Interesse des Gläubigers im Zeitpunkt der Antragstellung.[5]

774 Wird die Eintragung einer **Vormerkung** verlangt, sind die wichtigsten Bemessungsfaktoren neben der Höhe der zu sichernden Forderung die Dringlichkeit des Sicherungsinteresses und die Rangwahrung einer Vormerkung. Als Bruchteil wird hier meist ein Bruchteil von $1/4$ bis $1/3$ der erstrebten Sicherungshypothek angesetzt.[6]

775 Zur Eintragung einer Vormerkung aufgrund einer einstweiligen Verfügung gemäß §§ 648, 885 BGB siehe das Stichwort „Einstweilige Verfügung". Zur Lö-

---

1 OLG Koblenz, Beschl. v. 18. 6. 1980 – 14 W 212/80, JurBüro 1980, 1861 = Rpfleger 1980, 487 = VersR 1980, 1123.

2 Soweit das LG Saarbrücken in einer früheren Entscheidung (AnwBl. 1981, 70 = KostRsp. ZPO § 3 Nr. 514 mit ablehnender Anmerkung *Schneider*) den Streitwert nicht nach § 3 ZPO geschätzt, sondern nach Maßgabe des § 6 ZPO bewertet hat, ist diese unzutreffende Auffassung vereinzelt geblieben. Das OLG Bremen hat seine früher (AnwBl. 1976, 441) vertretene Auffassung mittlerweile aufgegeben und folgt nunmehr der herrschenden Ansicht (OLG Bremen, Beschl. v. 22. 12. 1980 – 2 W 101/80, JurBüro 1982, 1052).

3 KG Rpfleger 1962, 156; OLG Frankfurt JurBüro 1977, 1136.

4 LG Tübingen BauR 1984, 309.

5 LG Frankfurt AnwBl. 1983, 556.

6 OLG Bamberg JurBüro 1975, 940; OLG Frankfurt JurBüro 1977, 719; OLG Bremen, Beschl. v. 22. 12. 1980 – 2 W 101/80, JurBüro 1982, 1052; OLG Celle, KostRsp. ZPO § 3 Nr. 781; OLG Düsseldorf JurBüro 1975, 649; LG Leipzig JurBüro 1995, 26; vgl. auch OLG Saarbrücken JurBüro 1987, 1218: 1/2 der Forderung einschl. der Kostenpauschale.

schung einer bereits eingetragenen Vormerkung vgl. unter dem Stichwort „Löschung von Grundpfandrechten".

Wird die Klage auf Zahlung des **Werklohns** mit einer Klage auf Einräumung einer Bauhandwerkersicherungshypothek verbunden, dann erhöht dies den Streitwert nicht. Es ist lediglich auf die Höhe der Werklohnforderung abzustellen. Da der Sicherungsanspruch nur aus dem Leistungsanspruch folgt, sind beide auf dasselbe Interesse ausgerichtet und verfolgen beide den Zweck, die Befriedigung des Gläubigers zu bewirken. Es handelt sich um einen Anwendungsfall des Additionsverbotes wegen wirtschaftlicher Identität.[1]   776

Die Gegenmeinung[2] stellt darauf ab, dass die wirtschaftliche und rechtliche Abhängigkeit des Sicherungs- vom Forderungsanspruch keine Identität der beiden Ansprüche bedeutet, da durchaus unterschiedliche Entscheidungen über sie ergehen könnten. Bereits dies mache deutlich, dass für beide Ansprüche eigenständige Streitwerte anzusetzen und diese nach § 5 ZPO zusammenzurechnen seien, wobei allerdings das OLG München[3] den Wert für die Sicherungshypothek auf den vollen Forderungsbetrag festgesetzt, während das OLG Düsseldorf[4] diese nur mit $1/5$ des Forderungsbetrages berücksichtigt.   777

Baulandverfahren

Gliederungsübersicht

A. Einleitung 778

B. Geldentschädigung 779

C. Enteignung 783

D. Umlegung 787

  I. Enteignungsähnlicher Eingriff . . . 788

 II. Anfechtung des Umlegungsplans . 789

III. Beteiligung mehrerer Grundstückseigentümer 796

E. Grenzregelung 799

F. Vorzeitige Besitzeinweisung . . . 800

G. Aufschiebende Wirkung 803

Stichwortübersicht

Antrag
– mehrerer Eigentümer auf gerichtliche Entscheidung 796
Aufhebung
– des Enteignungsbeschlusses 784

– des gemeindlichen Umlegungsplans
Aufschiebende Wirkung . . . . . . 803 ff.
Beschwerde gegen Umlegungsplan
Besitzeinweisung, vorzeitige . . . . 800 f.
Einbeziehung in Umlegungsverfahren

---

1 OLG Köln VersR 1964, 673; OLG Frankfurt JurBüro 1977, 1136; KG, Beschl. v. 12. 9. 1997 – 4 W 1583/97, BauR 1998, 829; OLG Stuttgart, Beschl. v. 10. 9. 2002 – 12 W 42/02, BauR 2003, 131; OLG Nürnberg, Beschl. v. 2. 7. 2003 – 6 W 2019/03, JurBüro 2003, 594.
2 OLG München, Beschl. v. 27. 9. 1999 – 28 W 2150/99, BauR 2000, 927; OLG Düsseldorf, Beschl. v. 30. 4. 1996 – 23 W 19/96, OLGR 1997, 136; OLG Hamburg, Beschl. v. 15. 1. 2001 – 9 W 101/00, OLGR 2001, 217.
3 OLG München, Beschl. v. 27. 9. 1999 – 28 W 2150/99, BauR 2000, 927.
4 OLG Düsseldorf, Beschl. v. 30. 4. 1996 – 23 W 19/96, OLGR 1997, 136.

Enteignungsbeschluss, Aufhebung . . . 784
Entschädigung 784
Entschädigungsanträge, unbezifferte . . 779
Höchstbetrag im Klageantrag 781
Leistungsantrag, unbezifferter 780
Mehrere Grundstückseigentümer . 796 ff.
Mindestbetrag im Klageantrag 781
Rechtmäßigkeit eines Verwaltungs-
aktes 789
Teilfläche 799
Überprüfung durch das Beschwerde-
gericht . . . . 793 f.

Umlegungsplan . . . . 787 ff.
– Tauschverfahren 790, 793
Umlegungsverfahren . . . . 787 ff.
Verkehrswert 788
Vorläufiger Rechtsschutz . . . . . 803 ff.
Vorzeitige Besitzeinweisung . . . 800 ff.
Widerspruch 804
Zufahrt 791
Zwangsmaßnahmen zur Besitzver-
schaffung 806

A. Einleitung

778　Das Verfahren in Baulandsachen fällt in den Aufgabenbereich der ordentlichen Gerichtsbarkeit. Bei den Landgerichten und den Oberlandesgerichten werden besondere Baulandkammern und Baulandsenate gebildet, denen zwei Richter der ordentlichen Gerichtsbarkeit und ein Verwaltungsrichter angehören. Im Revisionsverfahren gibt es keine besondere Besetzung (vgl. §§ 220, 229, 230 BauGB[1]). Nach § 221 Abs. 1 BauGB gelten für Streitigkeiten in Baulandsachen die Vorschriften für Klagen in Bürgerlichen Rechtsstreitigkeiten entsprechend.

B. Geldentschädigung

779　Wird eine **bezifferte Geldentschädigung** verlangt, dann ist für den Streitwert der geforderte Betrag oder Mehrbetrag maßgebend (§ 6 S. 1 ZPO). Bei unbezifferten Anträgen auf Zahlung einer Entschädigung gelten auch in Baulandsachen die allgemeinen Bemessungsregeln.[2]

780　Der Streitwert einer **unbezifferten Leistungsklage** bemisst sich nach dem Betrag, der sich als angemessene Entschädigung des Klägers ergibt, wenn von dessen Tatsachenbehauptungen über das den Entschädigungsanspruch auslösende Geschehen und über den Umfang des entstandenen und zu ersetzenden Schadens ausgegangen wird.[3]

781　Etwa im Klageantrag bezifferte Mindest- oder Höchstbeträge stellen in jedem Fall die äußerste untere oder obere Grenze für den Streitwert dar. Ausnahmsweise ist der unbezifferte Leistungsantrag in Baulandsachen dann nicht nach den in der Antragsbegründung genannten Höchstbeträgen anzusetzen, wenn sich aus einer vom Antragsteller beigefügten Wirtschaftlichkeitsberechnung eines Architekten ergibt, dass der Zahlenvorschlag nicht als Entschädigungssumme angestrebt sein kann, sondern die Bezifferung lediglich von einem

---

1 Früher §§ 160, 169, 170 BBauG.
2 Vgl. OLG Köln JurBüro 1970, 606; OLG München Rpfleger 1968, 361.
3 Vgl. zu den Einzelheiten das Stichwort „Unbezifferte Anträge".

Höchstschaden ausgeht, um an dessen Hand die angemessene und erstrebte Entschädigung zu berechnen.[1]

Erledigt sich ein unbezifferter Leistungsantrag ohne gerichtliche Entscheidung, dann ist der Streitwert ebenfalls nur nach den Tatsachenbehauptungen des Antragstellers zu bemessen.[2]   **782**

C. Enteignung

Bei gerichtlichem Vorgehen im Zuge eines Enteignungsverfahrens (§§ 85 ff. BauGB) richtet sich der Streitwert nach dem objektiven **Verkehrswert** des von der Enteignung betroffenen Grundstücks (§ 6 ZPO).[3] Der Streitwert eines Antrags auf gerichtliche Entscheidung, der die Behörde zur Einleitung eines Enteignungsverfahrens verpflichten soll, wird durch den Wert des Grundstücks bestimmt, das enteignet werden soll.[4] Denn der Streit, ob der Eigentümer sein Eigentum im Wege der Enteignung hergeben muss, steht einem Streit, der eine Klage auf Auflassung zum Gegenstand hat, so nahe, dass hier nach § 6 ZPO bemessen werden muss.   **783**

Nach dem OLG Bremen[5] richtet sich der Streitwert eines Antrages auf Aufhebung des Enteignungsbeschlusses auch dann nach dem objektiven Verkehrswert des betreffenden Grundstückes, wenn der Eigentümer vorträgt, die Entschädigung sei zu niedrig. Ein höherer Wert komme nur in Betracht, wenn der Kläger hilfsweise eine höhere Entschädigung beantrage.   **784**

Die Entscheidung ist bedenklich.[6] Wenn der Kläger in der Klagebegründung ausführt, die Entschädigung sei zu niedrig berechnet, weil der Verkehrswert des Grundstückes zu gering angesetzt werde, dann kann nicht einfach von dem Betrag ausgegangen werden, den die Enteignungsbehörde festgesetzt hat. Vielmehr muss für den Gebührenstreitwert den Angaben des Klägers gefolgt oder über § 64 GKG ein Wertgutachten eingeholt werden.   **785**

Bei der enteignenden Belastung eines Grundstückes mit einer beschränkt persönlichen Leitungsdienstbarkeit ist die Beschwer gleich der Differenz der Verkehrswerte des Grundstücks ohne Belastung und mit Belastung.[7]   **786**

D. Umlegung

In Umlegungssachen (§§ 45 ff. BauGB) ist hinsichtlich der Streitwertbestimmung zu differenzieren: **787**

---

1 OLG Köln JurBüro 1971, 85.
2 OLG Köln JurBüro 1970, 606.
3 BGHZ 50, 291.
4 BGH, Beschl. v. 28. 9. 1967 – III ZR 164/66, NJW 1968, 153.
5 OLG Bremen, Beschl. v. 7. 12. 1984 – W (B) 1/84 (a), JurBüro 1985, 764.
6 Vgl. Anm. *Schneider* zu OLG Bremen, KostRsp. ZPO § 3 Nr. 750.
7 BGH, KostRsp. ZPO § 3 Nr. 821.

I. Enteignungsähnlicher Eingriff

788 Geht es dem Antragsteller nicht in erster Linie um die Zuweisung von Ersatzland im Tauschverfahren oder um eine höhere Geldentschädigung, sondern
steht der Verlust einer Grundstücksfläche im Vordergrund, so dass der Streitfall
enteignungsähnliche Züge trägt, ist der Streitwert entsprechend § 6 ZPO nach
dem **objektiven Verkehrswert** des eingebrachten Grundstücks zu bemessen.[1]
Diese Ansicht ist insofern zutreffend, als es hier um den totalen Eigentumsverlust geht. Dieselbe Bewertung ist natürlich auch (erst recht) geboten, wenn die
Rechtsverfolgung vom Eigentümer betrieben wird.

II. Anfechtung des Umlegungsplans

789 Geht es dagegen um die Rechtmäßigkeit eines Verwaltungsaktes dem Grunde
nach, also etwa darum, ob und auf welche Weise ein Grundstück in die Umlegung einbezogen werden darf oder nicht, dann ist der Streitwert gemäß § 3 ZPO
nach freiem Ermessen zu schätzen.[2] Der Tendenz der Verwaltungsgerichte,
solche Sachverhalte als nichtvermögensrechtliche Streitigkeiten einzuordnen,
um den Streitwert möglichst niedrig halten zu können,[3] ist von den Zivilgerichten mit Recht nicht nachgegeben worden.

790 Auch die Schätzung nach § 3 ZPO kann zunächst vom objektiven[4] Verkehrswert des von der Umlegung betroffenen Grundstücks ausgehen. Sinn der
Umlegung ist es aber nicht, das Eigentum an den in das Verfahren einbezogenen Grundstücken zu nehmen, sondern nur zu verändern und das Eigentum in veränderter Form fortsetzen zu lassen.[5] Angestrebt wird im Regelfall
eine Neuordnung wie im Tauschverfahren. Insofern wird bei Verfahren, mit
welchen beispielsweise die Einbeziehung von Grundstücken in den Umlegungsplan angefochten oder die Zuweisung einer anderen Ersatzfläche angestrebt wird, nur ein Bruchteil des Grundstückswertes als Streitwert angesetzt.

791 Geht es dem Antragsteller beispielsweise nur darum, Erschwernisse bei der
Zufahrt zu seinem Grundstück zu vermeiden, dann kann der Wert mit 10 % der
in die Umlegung einbezogenen Fläche angesetzt werden.[6]

792 Wird die **Herausnahme** eines Grundstücks aus der Umlegung angestrebt, so
wird überwiegend ein Bruchteil von 20 % des objektiven Grundstückswertes

---

1 BGH NJW 1985, 3073; OLG Bamberg, Beschl. v. 29. 5. 1998 – 9 BAU W 6/98, JurBüro
1998, 542; OLG Düsseldorf, KostRsp. BauG §§ 161, 168 Nr. 6.
2 BGHZ 49, 319; OLG Hamburg NJW 1965, 2404.
3 Vgl. *Gelzer* DVBl. 1962, 888, 890.
4 BGH, KostRsp. BBauG §§ 161, 168 Nr. 4.
5 BGH, Beschl. v. 1. 12. 1977 – III ZR 139/77, MDR 1978, 648.
6 OLG Karlsruhe AnwBl. 1974, 353.

angesetzt.[1] Das OLG Celle[2] setzt 20 % bis 33 % des Verkehrswertes an. Die Entscheidungen des OLG Nürnberg[3] und des OLG München[4] die in solchen Fällen beide vom halben Verkehrswert ausgegangen sind, hat der BGH[5] ausdrücklich abgelehnt.

Die Beanstandung des Umlegungsplanes mit dem Ziel, das zugewiesene Grundstück gegen ein anderes zu **tauschen**, damit eine nachteilige Bebauung verhindert werde, ist ebenfalls nach § 3 ZPO zu bewerten. Maßgebend ist das Interesse daran, weiterhin ohne Nachbarn zu wohnen. Das OLG Bamberg[6] hat den Wert in einer früheren Entscheidung mit mehr als 20 % des Grundstücksverkehrswertes bemessen. Diese Bewertung erscheint zu hoch und ist auch kaum mit der Rechtsprechung zu vereinbaren, wonach sogar die Abwehr des Umlegungsplanes mit dem Ziel, das eigene Grundstück ganz aus der Umlegung herauszuhalten, lediglich mit 20 % des Verkehrswertes beziffert wird.   793

Der Wert des Beschwerdegegenstandes einer Berufung oder Revision, mit der ein Grundstückseigentümer die Regelung in einem **Umlegungsplan** aufgehoben sehen will, wonach hinsichtlich der von dem betreffenden Eigentümer eingeworfenen Grundstücksfläche zum Teil eine Landabgabe für Verkehrszwecke, zum Teil die Zuweisung einer anderen Grundstücksfläche sowie die Entrichtung von Ausgleichszahlungen stattfinden soll, ist mit 20 % des Wertes von Grund und Boden der eingeworfenen Fläche einschließlich vorhandener baulicher Anlagen, Anpflanzungen und sonstiger Einrichtungen zu bemessen.[7] In gleicher Höhe wurde ein Verfahren bewertet, mit welchem die Eigentümer mit ihrem Klagebegehren den beschleunigten Abschluss eines seit über elf Jahre andauernden Umlegungsverfahrens erstrebten.[8]   794

Der Streitwert im Umlegungsverfahren beträgt 20 % der vom Umlegungsplan erfassten dinglichen Rechte des Antragstellers, wenn dieser sich nicht gegen die Umlegung als solche wendet, sondern lediglich ein für sich günstigeres **Ergebnis der Umlegung** erreichen will.[9] Der Streitwert ist allerdings geringer als mit 20 % des objektiven Grundstückwertes festzulegen, wenn das Begehren des   795

---

1 BGH, Urteil v. 22. 2. 1968 – III ZR 140/66, BGHZ 49, 317; BGH, Beschl. v. 13. 2. 1969 – III ZR 123/68, BGHZ 51, 341; OLG Karlsruhe, Beschl. v. 19. 9. 1983 – W 2/83, AnwBl. 1984, 202; OLG München, Beschl. v. 18. 2. 1993 – W 2/93 Bau, OLGR 1993, 240; OLG München, Beschl. v. 12. 2. 1993 – W 1/93 Bau, OLGR 1993, 187; OLG Bamberg, Beschl. v. 1. 7. 1983 – 5 W 33/83, JurBüro 1983, 1538; OLG Bamberg, Beschl. v. 29. 5. 1998 – 9 BAU W 6/98, JurBüro 1998, 542.
2 OLG Celle, Beschl. v. 12. 10. 1994 – 4 W (Baul) 175/94, OLGR 1995, 23.
3 OLG Nürnberg JurBüro 1965, 154.
4 OLG München NJW 1967, 1666.
5 BGHZ 49, 320.
6 OLG Bamberg, KostRsp. ZPO § 3 Nr. 610 mit krit. Anm. *Schneider*; ebenfalls – allerdings eher am Rande – erfolgt der Ansatz von 20 % in der Entscheidung des OLG Bamberg vom 29. 5. 1998 – 9 BAU W 6/98, JurBüro 1998, 542.
7 BGHZ 49, 317; BGH, Beschl. v. 13. 2. 1969 – III ZR 123/68, BGHZ 51, 341.
8 BGH, Beschl. v. 1. 12. 1977 – III ZR 139/77, MDR 1978, 648.
9 OLG München JurBüro 1971, 881; siehe auch BGH NJW 1973, 2202 zur Besitzeinweisung.

Antragstellers wertmäßig noch unter 20 % seiner von der Umlegung betroffenen Rechte liegt.[1]

III. Beteiligung mehrerer Grundstückseigentümer

796   Das **OLG Köln**[2] hat in Anlehnung an die Rechtsprechung des BGH bei Beteiligung mehrerer Grundstückseigentümer, die Antrag auf gerichtliche Entscheidung gestellt hatten, den Streitwert wie folgt bemessen: Die Werte der Grundstücke der beteiligten Antragsteller sind zunächst zusammengerechnet worden. Von der so ermittelten Wertsumme ist ein Betrag in Höhe von 20 % als Streitwert festgesetzt worden.

797   Gegen die Streitwertbemessung in Umlegungsverfahren durch Wertaddition gemäß § 5 ZPO bei mehreren Antragstellern hat sich das **OLG München**[3] mit der Begründung gewandt, dass überhöhte Streitwerte gegen das Gebot der Chancengleichheit der Parteien verstießen. Der Verfassungsgrundsatz der Zumutbarkeit und Verhältnismäßigkeit gelte auch im Kostenrecht. Deshalb dürfe die Kostenbelastung des Staatsbürgers nicht außer Verhältnis zu seinem Interesse am Ausgang des Verfahrens stehen. Das OLG München hat dann folgende Grundsätze der Bemessung ausgesprochen:

– Im Umlegungsverfahren ist der Streitwert für jeden der beteiligten Grundstückseigentümer oder Rechtsinhaber gesondert festzusetzen.

– Er bemisst sich für den einzelnen Grundstückseigentümer oder Rechtsinhaber nach dem Verkehrswert der von ihm nach dem Umlegungsplan abzugebenden oder von ihm zu empfangenden Grundstückteile oder Grundstücke sowie nach dem Wert etwaiger von ihm zu leistender oder zu empfangender Entschädigungszahlungen.

– Die durch die Zusammenrechnung aller genannten Posten gewonnene Summe ist zu halbieren.

– Für die Gemeinde, die den Umlegungsplan aufgestellt hat, ist als Streitwert die Summe der Streitwerte aller am gerichtlichen Verfahren beteiligten Antragsteller festzusetzen.

798   Die Ansicht, dass für jeden der beteiligten Grundstückseigentümer oder Rechtsinhaber der Streitwert gesondert festzusetzen ist, hat der **BGH**[4] allerdings verworfen. Er hält dem entgegen, das OLG München habe bei seiner abweichenden Auffassung nicht bedacht, dass der einzelne Eigentümer nicht zur Tragung des sich aus einer Zusammenrechnung der Werte ergebenden Streitwerts herangezogen werden könne (§§ 100 Abs. 1, 2 ZPO; §§ 22 Abs. 1, 29 Nr. 1 GKG).

---

1 OLG München JurBüro 1971, 888.
2 OLG Köln JurBüro 1969, 1090.
3 OLG München NJW 1967, 1666.
4 BGHZ 49, 320.

E. Grenzregelung

Der Wert des Beschwerdegegenstandes einer Berufung oder Revision, die sich **799**
gegen die Zulässigkeit einer Grenzregelung (§§ 80 ff. BauGB) richtet, ist in entsprechender Anwendung von § 6 ZPO nach dem **Wert der Teilfläche** zu bestimmten, die der Rechtsmittelführer im Wege des Flächenaustausches oder
einer einseitigen Zuteilung an einen anderen Eigentümer verlieren soll.[1] Denn
bei diesen Streitigkeiten geht es darum, ob der Eigentümer eine Teilfläche
seines Grundstücks verlieren soll oder nicht.

F. Vorzeitige Besitzeinweisung

Der Streitwert für ein gerichtliches Verfahren über eine vorzeitige Besitzeinwei- **800**
sung (§§ 77, 116, 224 BauGB) ist in entsprechender Anwendung des § 53 Abs. 1
Nr. 1 GKG nach dem Interesse des Antragstellers zu bemessen, das gemäß § 3
ZPO frei zu schätzen ist.[2]

Den Streitwert des Verfahrens über die Rechtmäßigkeit einer vorzeitigen Be- **801**
sitzeinweisung hat das LG Bayreuth[3] mit $^1/_3$ des Verkehrswerts der Fläche bewertet. Das OLG Hamburg[4] bestimmt den Wert dieses Interesses in der Regel
mit $^1/_3$ des Wertes der Fläche, auf die sich die Besitzeinweisung bezieht. Das
OLG Nürnberg[5] geht ebenfalls vom Verkehrswert der am Verfahren beteiligten
Grundstücke aus und hat hiervon $^1/_4$ angesetzt.

Mit Rücksicht auf die Rechtsprechung des BGH zum Streitwert in Umlegungs- **802**
verfahren ist zweifelhaft, ob diese Bruchteilsbewertung noch angewandt werden
kann. Wenn schon das Umlegungsverfahren als solches nur mit 20 % des
Grundstückswertes einschließlich vorhandener baulicher Anlagen bemessen
werden darf, dann muss der Streitwert der Besitzeinweisung geringer liegen,
jedenfalls dann, wenn es sich um eine vorzeitige Besitzeinweisung handelt. Der
BGH[6] hat sich jetzt auch in den Fällen der vorzeitigen Besitzeinweisung auf
20 % des Wertes des Gegenstandes, um dessen Besitz es geht, festgelegt.

G. Aufschiebende Wirkung

Nach § 80 Abs. 1 VwGO haben Widerspruch und Anfechtung aufschiebende **803**
Wirkung. Sie entfällt in den gesetzlich vorgesehenen Ausnahmen. Dann besteht
jedoch nach § 80 Abs. 5 Abs. 5 VwGO die Möglichkeit, bereits vor Einleitung des
Hauptverfahrens beim Gericht zu beantragen, die aufschiebende Wirkung ganz

1 BGH, Urteil v. 1. 7. 1968 – III ZR 88/67, BGHZ 50, 291.
2 OLG Hamburg NJW 1965, 2404.
3 LG Bayreuth, Beschl. v. 12. 11. 1985 – O 10/85, KostRsp. BBauG §§ 161, 168 Nr. 25 mit
   Anm. *Schneider* = JurBüro 1986, 586.
4 OLG Hamburg NJW 1965, 2404.
5 OLG Nürnberg JurBüro 1965, 155.
6 BGH NJW 1973, 2202; so auch OLG Köln Rpfleger 1976, 140.

oder teilweise anzuordnen. Für Baulandsachen gilt diese Regelung entsprechend und wird bei der vorzeitigen Besitzeinweisung gemäß § 224 BauGB praktisch.

804 Diese Maßnahme vorläufigen Rechtsschutzes muss nach besonderen Grundsätzen bewertet werden. Das OLG München[1] hat den Antrag eines Mieters an die Kammer für Baulandsachen auf Anordnung der aufschiebenden Wirkung des Widerspruchs gegen eine vorzeitige Besitzeinweisung mit dem Wert der Nutzungen eines Jahres angesetzt. Der Senat hat die Bewertung mit dem einjährigen Mietzinsbetrag für solche Fälle als Regel erklärt. Er begründet dies mit entsprechender Anwendung des (jetzigen) § 41 Abs. 1 GKG.

805 Nach dem LG Bayreuth[2] ist der Antrag, die aufschiebende Wirkung des Antrags auf gerichtliche Entscheidung gegen die vorzeitige Besitzeinweisung anzuordnen, in der Regel mit $^1/_3$ des Streitwertes für das Verfahren der vorzeitigen Besitzeinweisung zu beziffern, der Rechtmäßigkeitsstreits wiederum mit $^1/_3$ des Verkehrswertes der Fläche.

806 Hat ein Beteiligter gegen eine vorzeitige Besitzeinweisung Antrag auf gerichtliche Entscheidung gestellt, so sind **Zwangsmaßnahmen** zur Verschaffung des tatsächlichen Besitzes nur mit Zustimmung des Gerichts zulässig, bei dem die Sache anhängig ist. Der Streitwert einer sofortigen Beschwerde gegen eine Entscheidung auf Erteilung oder Verweigerung der gerichtlichen Zustimmung zu Zwangsmaßnahmen ist nach OLG Stuttgart[3] in der Regel dem einer Beschwerde gegen die vorzeitige Besitzeinweisung selbst gleichzusetzen.

Bearbeitungsgebühren

807 Nach einem Verkehrsunfall ist der Geschädigte oft mangels eigener Mittel genötigt, einen Kredit aufzunehmen, um die Unfallfolgen beheben zu lassen. Die dadurch anfallenden Finanzierungskosten sind bei der Streitwertbemessung zu berücksichtigen, da es sich um eigenständige Gegenstände handelt. Es handelt sich nicht um „Kosten" im Sinne des Streitwertrechts[4] (siehe zu diesem Begriff unten das Stichwort „Nebenforderungen" Rn. 4041 ff.).

808 Anderer Ansicht ist das OLG Köln,[5] das diese Kosten als Nebenforderung nach den § 4 ZPO, § 43 Abs. 1 GKG nicht berücksichtigen will.

809 Siehe auch das Stichwort „Inkassokosten".

---

1 OLG München JurBüro 1972, 52.
2 LG Bayreuth, Beschl. v. 12. 11. 1985 – O 10/85, KostRsp. BBauG §§ 161, 168 Nr. 25 mit Anm. *Schneider* = JurBüro 1986, 586.
3 OLG Stuttgart NJW 1970, 1693 = KostRsp. BBauG §§ 161, 168 Nr. 14; die Entscheidung ist an beiden Fundstellen nur mit Leitsatz wiedergegeben, so dass nicht ersichtlich ist, wie das OLG Stuttgart die Beschwerde bewertet.
4 So aber noch die Vorauflage.
5 OLG Köln, JMBl.NW 1974, 46.

Bedingte Rechte

A. Aufschiebende Bedingung

Bei bedingten Rechten ist nicht § 9 ZPO, sondern § 3 ZPO Bemessungsgrundlage.[1]   810

Bei der Schätzung nach § 3 ZPO ist die Wahrscheinlichkeit des Eintritts der Voraussetzungen für die Entstehung des künftigen Anspruchs zu berücksichtigen.[2]   811

Entgegen des RG[3] ist § 3 ZPO (und nicht § 6 ZPO) auch dann anzuwenden, wenn eine noch nicht fällige Forderung eingeklagt wird.[4] Der volle Betrag kommt in diesem Fall als Streitwert nur in Betracht, wenn davon ausgegangen werden kann, dass die zu titulierende Forderung demnächst auch realisiert werden kann (siehe auch das Stichwort „Fälligkeitsstreit").   812

Anwartschaftsrechte sind entweder nach § 6 ZPO oder nach § 3 ZPO zu bewerten, je nachdem wie das Klagebegehren lautet (siehe dazu das Stichwort „Anwartschaft").   813

B. Auflösende Bedingung

Steht ein Recht unter einer auflösenden Bedingung, dann ist der Streitwert nach allgemeinen Grundsätzen (in erster Linie nach § 6 ZPO) zu bestimmen, da das Recht hier und jetzt voll besteht. Allerdings kann die konkrete Gefahr des Eintritts der auflösenden Bedingung das Recht (teilweise) entwerten und zu einem Abschlag vom Hauptsachewert führen.   814

Befreiung von einer Verbindlichkeit

Literatur: *Weisbrodt*, Die Berücksichtigung von Nebenforderungen beim Wert des Freistellungsanspruchs, JurBüro 1995, 115.

Gliederungsübersicht

A. Bemessungsgrundsätze
  I. Leistungsanträge 815
  II. Feststellungsanträge 824

B. Rechtsprechung zu Einzelfragen
  I. Mehrere Schuldner 831
  II. Persönliche und dingliche Haftung 836

---

1 BGH MDR 1982, 36; OLG Saarbrücken, Beschl. v. 25. 11. 1960 – 5 W 61/60, KostRsp. ZPO § 9 Nr. 5.
2 RG JW 1908, 13 Nr. 15.
3 RGZ 118, 321.
4 So mit Recht OLG Nürnberg, Beschl. v. 4. 7. 1961 – 1 W 39/61, Rpfleger 1963, 178.

III. Unterhaltsansprüche 841
IV. Haftpflichtversicherung 843
 V. Vermögensabgabe 847
VI. Lastenausgleich 848
VII. Kosten eines Vorprozesses 849

VIII. Einrede des Befreiungsanspruchs,
  „Aufrechnung" mit Befreiungsanspruch 850
 IX. Befreiung von einer Nebenforderung 851

Stichwortübersicht

Darlehensvertrag 831
Dingliche und persönliche Haftung 836 ff.
Feststellung 824, 835, 848
Feststellungsantrag als Freistellungs-
 antrag 830
Freistellungsantrag . . . . 824 ff.
Gesamtschuldner, Ansprüche unter-
 einander 832, 834, 839
Gesellschaftsschulden 819
Haftpflichtversicherer, Ansprüche
 gegen ihn 843
Haftung
– aus Darlehensvertrag 831
– eines Gesellschafters 819
– persönliche für Hypothek 836

Lastenausgleich, Freistellung davon . 848
Miterbenstreitigkeiten 835
Regressforderung 826
Schätzung
– nach § 3 ZPO 815
– und Streitgegenstand 822
Scheidungsvereinbarung 831
Streithelfer 826
Unterhaltspflichten 841
Vermögensabgabe 847
Versicherungsgesellschaft, ihr
 Befreiungsanspruch 845
Zinsen . . . . 816 ff.

A. Bemessungsgrundsätze

I. Leistungsanträge

815 Der Anspruch auf Befreiung von einer Verbindlichkeit wird, wenn er beziffert ist, nach § 887 ZPO vollstreckt. Der Wert ist nach **§ 3 ZPO** zu schätzen;[1] eine sinngemäße Anwendung privilegierender Vorschriften, z.B. § 42 GKG, scheidet grundsätzlich aus, es sei denn, dass die privilegierenden Tatbestandsmerkmale bei beiden Parteien gegeben sind. Anderenfalls ist in Ausrichtung auf die §§ 8, 9 ZPO die voraussichtliche Dauer der Leistungen maßgebend, deren Freistellung begehrt wird.[2]

816 **Zinsen und Kosten des Anspruchs,** von dem Befreiung begehrt wird, sind keine Nebenforderung des Befreiungsanspruchs und deshalb bei der Wertfestsetzung zu berücksichtigen, sofern auch insoweit Befreiung geschuldet ist.[3] Es zählt der Gesamtbetrag, den der Befreiungsschuldner ablösen muss. Zum Sonderfall des Anspruchs auf Befreiung von einer Nebenforderung s.u. Rn. 4019 ff.

---

1 BGH JurBüro 1975, 325 = NJW 1974, 2128 = Rpfleger 1974, 428.
2 Siehe BGH Rpfleger 1974, 428 = NJW 1974, 2128 = JurBüro 1975, 325; OLG Stuttgart Rpfleger 1964, 162 zu k; KG Rpfleger 1964, 321; ungenügende Differenzierung bei OLG Oldenburg FamRZ 1991, 966 = KostRsp. GKG § 17 Nr. 131 mit Anm. *Schneider*; ausführlich dazu *Schneider* ZAP Fach 13, S. 369.
3 RG DR 1940, 2009; siehe ausführlich bei dem Stichwort „Nebenforderungen", Rn. 4019 ff.

Die frühere gegenteilige Auffassung ist vom BGH aufgegeben worden, der die 817
Zinsen als Nebenforderungen angesehen und nicht berücksichtigt hatte.[1] Dies
war unzutreffend, da die Zinsen nur Berechnungsfaktor des einheitlichen Befreiungsanspruchs sind. Der BGH widersprach sich zudem, da nach seiner eigenen Definition unter „Zinsen" das vom Schuldner zu entrichtende Entgelt für
die Überlassung von Kapital zu verstehen ist.[2] Der Befreiungsschuldner hat dem
Hauptschuldner aber kein Kapital überlassen; die anfallenden Zinsen sind auch
kein Entgelt im Verhältnis des Befreiungsschuldners zum Hauptschuldner. Siehe ausführlich das Stichwort „Nebenforderungen", Rn. 4019.

Zinsen werden nur dann Nebenforderungen, wenn der Gläubiger gezahlt hat 818
und der Befreiungsanspruch sich in einen Zahlungsanspruch umgewandelt hat
und darauf nunmehr Zinsen verlangt werden.

Der Befreiungsanspruch ist in der Regel[3] dem Betrag der Schuld gleichzusetzen;[4] 819
z.B. bei der Klage eines ausgeschiedenen Gesellschafters gegen die OHG auf
Befreiung von den betragsmäßig feststehenden Gesellschaftsschulden,[5] bei der
Klage eines Mitgesellschafters gegen einen geschäftsführenden Gesellschafter,
dass dieser für einen bezifferten Schaden alleine haften müsse[6] oder bei der
Klage des Bürgen gegen den Hauptschuldner.[7]

Unerheblich für die Bewertung ist, ob der Freistellungsberechtigte seinerseits 820
von einem Dritten einen Ausgleich erlangen kann.[8]

Eine geringere Bewertung wird in Betracht zu ziehen sein, wenn der Beklagte in 821
Vermögensverfall geraten ist oder der Bürge mit großer Wahrscheinlichkeit
nicht auf die volle Hauptsumme in Anspruch genommen werden wird.

Jedoch wird dann zu verlangen sein, dass der Kläger sich auf solche Ausnahmen 822
beruft, um sein gemindertes Interesse darzulegen. Dass lediglich der Beklagte
dies vorträgt, genügt nicht, weil es für die Schätzung nach § 3 ZPO nur auf den
prozessualen Anspruch (Streitgegenstand) ankommt, nicht auf das Verteidigungsvorbringen des Beklagten (siehe das Stichwort „Bemessungsgrundsätze"
Rn. 863 ff.).

Maßgebender Zeitpunkt für die Wertfestsetzung ist die Einreichung der Klage 823
auf Befreiung (§ 4 Abs. 1 ZPO, § 40 GKG). Bis dahin angefallene Zinsen und auch
Kosten des Gläubigers, für die Befreiung geschuldet ist, sind mitzurechnen.

---

1 MDR 1961, 48 = NJW 1960, 2336 = LM § 4 ZPO Nr. 14 = VersR 1960, 1049 = JurBüro
  1961, 91.
2 BGH NJW 1998, 2060.
3 Nach BAG MDR 1960, 616, sogar zwingend.
4 BGH, KostRsp. ZPO § 3 Nr. 992 mit Anm. *Schneider* = WPM 1990, 659; OLG Köln,
  Beschl. v. 15. 4. 1985 – 2 U 37/85, MDR 1985, 769 = KostRsp. ZPO § 3 Nr. 757 mit
  Anm. *Lappe* = ZIP 1985, 1163; OLG Bremen, KostRsp. ZPO § 3 Nr. 241.
5 RG JW 1898, 2.
6 RGZ 171, 51.
7 OLG Kiel OLGE 33, 73; OLG München Rpfleger 1956, 58; OLG Karlsruhe AnwBl. 1973,
  168.
8 BGH, KostRsp. ZPO § 3 Nr. 992 mit Anm. *Schneider* = WPM 1990, 659.

II. Feststellungsanträge

824 Diese Bewertungsgrundsätze gelten erst recht, wenn der Kläger die Höhe des Befreiungsanspruchs noch nicht kennt und ihn deshalb – oder aus anderen Gründen, z.B. weil er die Höhe der gegen ihn gerichteten Ansprüche selbst für übersetzt hält – nicht beziffert. Dann muss er auf Feststellung klagen, dass ihm gegen den Beklagten ein (höhenmäßig noch offener) Befreiungsanspruch zusteht.

825 Der Klageantrag auf Verurteilung des Beklagten zur unbezifferten Freistellung ist der Sache nach ein bloßes Feststellungsbegehren. Der Streitwert richtet sich wiederum gemäß § 3 ZPO nur nach dem Interesse des Klägers.

826 Das gilt auch dann, wenn der Dritte, dessen Ansprüche der Kläger auf den Beklagten abwälzen will, seinerseits seine Regressforderung beziffert. Er kann damit keinen Einfluss auf die Höhe des Streitwertes nehmen, solange der Kläger diese Bezifferung nicht übernimmt oder konkrete Wertangaben daraus herleitet.[1] Dass der Dritte sich als Streithelfer des Klägers am Verfahren beteiligt, ändert daran ebenfalls nichts. Denn auch als Streithelfer ist er nicht befugt, durch Erklärungen, die der Kläger nicht übernimmt oder die er nicht gelten lässt, die Höhe des Streitwertes zu steuern. Anderenfalls hätte er es in der Hand, beispielsweise über die Rechtsmittelfähigkeit eines Befreiungsanspruches durch seine Berühmungen zu entscheiden.

827 Ein Feststellungsabschlag ist nicht vorzunehmen, wenn der Freistellungsantrag beziffert ist.[2]

828 Anders kann es liegen, wenn der Freistellungserfolg zweifelhaft ist.[3]

829 Bei unbezifferten Freistellungsansprüchen ist ein Feststellungsabschlag zu machen, weil eine entsprechende Verurteilung nicht vollstreckbar ist.[4] Wie bei der positiven Feststellungsklage (siehe das Stichwort „Feststellungsklage" Rn. 2024 ff.) ist ein Abschlag von 20 % angebracht.[5] Dabei ist von der voraussichtlichen Höhe der Inanspruchnahme auszugehen, die ggf. nach §§ 3, 287 ZPO zu schätzen ist.

830 Manchmal wird der sprachlichen Form nach ein Freistellungsantrag gestellt, bei dem es sich in Wirklichkeit um einen schlecht formulierten echten Feststellungsantrag handelt. Er ist nicht vollstreckbar, so dass der Feststellungsabschlag gerechtfertigt ist.

---

1 Siehe OLG Köln JurBüro 1978, 1062.
2 OLG Köln MDR 1980, 769.
3 *Lappe* Anm. zu KostRsp. ZPO § 3 Nr. 757; *Schneider* MDR 1986, 182.
4 BGH 21. 12. 1989 – VII ZR 152/88, KostRsp. ZPO § 3 Nr. 992 mit Anm. *Schneider* = WPM 1990, 659 = NJW-RR 1990, 958; OLG Frankfurt KostRsp. ZPO § 3 Nr. 654 mit Anm. *Schneider* = JurBüro 1983, 1561.
5 BGH, KostRsp. ZPO § 3 Nr. 992 mit Anm. *Schneider* = WPM 1990, 659 = NJW-RR 1990, 958.

B. Rechtsprechung zu Einzelfragen

I. Mehrere Schuldner

Der Wert einer Scheidungsvereinbarung, durch die der Beklagte sich verpflichtet, die Klägerin von ihrer Mithaftung aus einem Darlehensvertrag zu befreien und der Klägerin eine entsprechende Freistellungserklärung der Darlehensgläubigerin zu verschaffen, entspricht nach OLG Karlsruhe[1] dem Betrag der Darlehensschuld im Zeitpunkt der Vereinbarung.

831

Diese generelle Bewertung ist übersetzt. Das OLG Karlsruhe übersieht, dass derjenige Gesamtschuldner, der einen anderen Gesamtschuldner freistellt, nur dessen Anteil zusätzlich übernimmt. Für seinen eigenen Anteil hatte er vor und nach der Übernahme der Verbindlichkeit einzustehen. Der volle Betrag kann daher auf keinen Fall angesetzt werden, wenn unstreitig ist, dass der Freistellungsverpflichtete zum einem bestimmten Teil ohnehin freistellungsverpflichtet ist und die Parteien sich nur über den Anteil des Freizustellenden streiten. Ist dagegen die Freistellung insgesamt streitig, etwa weil der in Anspruch genommene Gesamtschuldner meint, ihm stehe selbst ein Freistellungsanspruch zu, dann ist der Gesamtwert anzusetzen.

832

⮑ **Beispiel:**

Die Parteien haften als Gesamtschuldner auf Zahlung von 100 000 Euro. Die Ehefrau ist der Auffassung, sie sei freizustellen.

a) Die hälftige Freistellung ist von vornherein unstreitig.

Der Streitwert beläuft sich auf 50 000 Euro.

b) Der Ehemann ist der Auffassung, die Ehefrau hafte für die Schulden insgesamt, also er selbst habe einen Freistellungsanspruch.

Der Streitwert beläuft sich jetzt auf 100 000 Euro.

c) Der Ehemann ist zunächst der Auffassung, die Ehefrau hafte für die Schulden insgesamt; später stellt er die hälftige Freistellungsverpflichtung von unstreitig.

Der Streitwert beläuft sich auf 100 000 Euro, da es nach § 40 GKG auf den Zeitpunkt der Einreichung der Klage ankommt. Sofern ein Teilanerkenntnisurteil über die Hälfte ergeht, berechnen sich allerdings weitere Kosten (etwa eine Einigungsgebühr) nur noch nach dem verbliebenen Teil.

Zu berücksichtigen ist weiter, wen denn der Gläubiger voraussichtlich in Anspruch genommen hätte (§ 421 BGB). Bei Eheleuten spricht die Lebenserfahrung dafür, dass er den berufstätigen und damit verdienenden Ehegatten zur Schuldentilgung heranziehen würde (siehe unten Rn. 840). Angesichts dessen kann nur eine Schätzung nach § 3 ZPO dem jeweiligen Fall gerecht werden. Das OLG Düsseldorf[2] bemisst die Freistellung mit dem Wert der Forderung, von der freigestellt wurde, aber nur, wenn keine Umstände vorliegen, wegen deren das Interesse geringer bewertet werden muss. Im Ergebnis läuft dies doch auf eine Schätzung nach § 3 ZPO hinaus.

833

---

1 OLG Karlsruhe JurBüro 1974, 1592 = AnwBl. 1974, 394.
2 OLG Düsseldorf OLGR 1994, 28 = FamRZ 1994, 57.

834   Die anzusetzende Quote des Streitwerts kann bei der Hälfte des noch valutierten Gesamtschuldbetrages liegen, ohne dass dies aber zwingend wäre. Der Streitwert kann auch höher oder niedriger sein. Demgegenüber nimmt das OLG Hamburg[1] an, im Hinblick auf die Innenhaftung zu gleichen Teilen (§ 426 Abs. 1 S. 1 BGB) sei lediglich die Hälfte des noch valutierten Darlehens als Streitwert anzusetzen. Auch dieser Entscheidung kann in ihrer Einseitigkeit nicht gefolgt werden. Das OLG Hamburg stützt seine gegenteilige Auffassung auf die Vorschrift des § 426 Abs. 1 S. 1 BGB, wonach Gesamtschuldner im Innenverhältnis zu gleichen Anteilen verpflichtet sind, zwei Gesamtschuldner also zu je 50%. Dabei bleibt jedoch außer Betracht, dass der Gläubiger „die Leistung nach seinem Belieben von jedem der Schuldner ganz oder zu einem Teil fordern" darf (§ 421 S. 1 BGB – siehe allerdings abweichend § 7 Abs. 2 RVG). Wenn daher einer der Gesamtschuldner im Innenverhältnis die gesamte Schuld auf sich nimmt, befreit er zugleich im Innenverhältnis den anderen von der Gefahr, seinerseits auf das Ganze in Anspruch genommen zu werden. Angesichts dessen ist es nicht vertretbar, ausschließlich auf das Innenverhältnis abzustellen.

835   Die Situation bei Miterbenstreitigkeiten (siehe das Stichwort „Miterbe" Rn. 3842 ff.) ist nicht vergleichbar, weil es dort ausschließlich um das Innenverhältnis geht und kein Drittgläubiger beteiligt ist. Klagt ein Miterbe auf Feststellung der Nichtigkeit eines Vertrages der Erbengemeinschaft, der den Beklagten zum Ankauf eines Nachlassgrundstückes berechtigt, so bestimmt sich der Streitwert nach dem Interesse des Klägers an der Befreiung von den Verpflichtungen aus dem Vertrag, nicht nach dem entsprechenden Interesse der ganzen Erbengemeinschaft.[2]

II. Persönliche und dingliche Haftung

836   Die Befreiung von der persönlichen Haftung für eine Hypothek bemisst sich nach dem Nennbetrag der Forderung,[3] nicht nach der wahrscheinlichen Inanspruchnahme.[4]

837   Anderenfalls müsste zur Bezifferung des Befreiungsinteresses, also im Rahmen der Streitwertschätzung (!), geklärt werden, ob und inwieweit das Grundstück Sicherheit für den Gläubiger bietet und mit welchem Ausfall zu rechnen ist[5] – Bewertungsumstände, die sich im Schätzungsverfahren praktisch gar nicht ermitteln lassen.

838   Wird auf Befreiung von der persönlichen und der dinglichen Haftung geklagt, dann ist die Forderung nur einmal anzusetzen; es wird nicht zusammengerechnet.[6]

---

1 OLG Hamburg JurBüro 1980, 278 mit abl. Anm. *Mümmler*.
2 BGH Rpfleger 1955, 101.
3 RG Gruchot 34, 1137.
4 OLG Karlsruhe AnwBl. 1973, 168.
5 So in der Tat RG DJZ 1912, 1470; 1926, 450; LG Berlin JVBl. 1938, 110.
6 RG Recht 1906 Nr. 1955; KG JurBüro 1968, 466.

Der Wert des Anspruchs eines Gesamtschuldners gegen den anderen auf Frei-   839
stellung von der Inanspruchnahme aus einem Baudarlehen und der dafür gestellten Hypothek ist nach dem Nennbetrag der Forderung zu berechnen
(Rn. 837). Eine doppelte Berücksichtigung wegen der persönlichen und der dinglichen Haftung kommt nicht in Betracht (Rn. 838). Weder die Unwahrscheinlichkeit noch der Umfang einer etwaigen Inanspruchnahme noch der Umstand,
dass Gesamtschuldner im Innenverhältnis grundsätzlich zu gleichen Anteilen
verpflichtet sind, rechtfertigt einen Abzug vom Streitwert.[1]

Dass andererseits nicht zwingend der volle Wert der valutierten Gesamtschuld   840
maßgebend sein muss,[2] ist bereits dargelegt worden (oben Rn. 834). Damit würden Ermessensregeln aufgestellt, die nicht mehr fallbezogen wären. Wenn etwa
die Inanspruchnahme eines Gesamtschuldners völlig unwahrscheinlich ist, widerspräche es billigem Ermessen (§ 3 ZPO), so zu bewerten, als drohe die Gefahr voller Inanspruchnahme. Insbesondere bei Scheidungsvereinbarungen kann
Anlass bestehen, den Streitwert im Bereich zwischen vollem Gesamtschuldbe-
trag und Innenverhältnis-Anteil anzusetzen. Nicht einmal der Anteil des Innenverhältnisses wird gerechtfertigt sein, wenn – wie es häufig der Fall ist – die
Ehefrau nur „mitunterschrieben" hat, der Ehemann dagegen der alleinige Ver-
diener ist; denn dann hätte sich der Darlehensgläubiger im Zweifel ohnehin nur
an den Ehemann gehalten und praktisch auch nur halten können. Die Gefahr
einer vollen Inanspruchnahme ist daher in solchen Fällen für die Ehefrau immer geringer als für den Ehemann. Das muss bei der Streitwertbemessung berücksichtigt werden können, was wiederum zur Voraussetzung hat, dass keine
starren Bewertungsregeln (die Hälfte – das Ganze) festgeschrieben werden.

III. Unterhaltsansprüche

Auch bei Freistellung von gesetzlichen Unterhaltspflichten ist nach § 3 ZPO zu   841
schätzen.[3] Im Rahmen der Schätzung ist die Bemessungsvorschrift des § 42
Abs. 1 oder Abs. 2 GKG (§ 17 Abs. 1 oder 2 GKG a.F.) ebenso wenig wie die des
§ 8 ZPO oder des § 9 ZPO anwendbar; denn es wird in diesem Fall nicht um die
Unterhaltsverpflichtung selbst gestritten, sondern um einen selbständigen und
anders gearteten Leistungsanspruch.[4] Eine analoge Anwendung privilegierender
Vorschriften, etwa des § 42 GKG, kommt nur dann in Betracht, wenn die Tatbestandsmerkmale der Sondervorschrift bei beiden Parteien gegeben sind, beispielsweise wenn ein kraft Gesetzes Unterhaltspflichtiger von einem anderen
gesetzlich Unterhaltspflichtigen Befreiung verlangt. Wird der andere jedoch aus
einem anderen Rechtsgrund in Anspruch genommen, etwa aus vertraglicher

---

1 KG JurBüro 1968, 466; im Ergebnis ebenso OLG Karlsruhe AnwBl. 1974, 394.
2 So OLG Karlsruhe AnwBl. 1974, 394 = JurBüro 1974, 1592 und KG JurBüro 1968, 466
(467).
3 BGH JurBüro 1975, 325 = NJW 1974, 2138; OLG Naumburg JW 1937, 1658.
4 KG JurBüro 1963, 682; Rpfleger 1964, 321.

Übernahme oder aus Delikt, dann scheidet eine analoge Anwendung der privilegierenden Vorschrift aus.[1]

842   Bei der nach § 3 ZPO vorzunehmenden Schätzung wird im Blick auf die §§ 8, 9 ZPO auf die voraussichtliche Dauer der Zahlungsverpflichtung des Beklagten abgestellt.[2] Dadurch kam es in der Vergangenheit regelmäßig zu recht hohen Streitwerten.[3] § 9 S. 1 ZPO i.d.F. des RpflegeEntlG 1993 sieht nur noch den 3,5fachen Jahresbetrag vor, womit er sogar noch unter dem „privilegierenden" Wert des § 42 Abs. 2 S. 1 GKG (fünffacher Jahreswert) liegt und das Verhältnis von Prozesswert und Gebührenwert „auf den Kopf" gestellt ist.[4] Der Rechtsprechung,[5] die § 9 ZPO a.F. wegen der daraus resultierenden hohen Streitwerte nicht anwandte, ist jedenfalls das Argument genommen.

IV. Haftpflichtversicherung

843   Klagt ein rechtskräftig zum Schadenersatz verurteilter Versicherungsnehmer gegen seinen Haftpflichtversicherer auf Befreiung von der Urteilssumme und den zugunsten des Geschädigten festgesetzten Kosten, dann sind die festgesetzten Kosten dem Streitwert hinzuzurechnen. Dieser Grundsatz gilt auch dann, wenn der Geschädigte den Deckungsanspruch aufgrund eines Pfändungsbeschlusses und Überweisungsbeschlusses einklagt.[6]

844   Auch bei Ansprüchen gegen einen Haftpflichtversicherer auf Befreiung von Forderungen, die der Geschädigte stellt, wird nicht die begünstigende Vorschrift des § 42 Abs. 1 GKG (§ 17 Abs. 1 GKG a.F.) angewandt,[7] sondern in Anlehnung an § 9 ZPO geschätzt (siehe auch Rn. 841 f.).

845   Bei einem Befreiungsanspruch der Versicherungsgesellschaft (also nicht des Versicherers; siehe dazu vorstehend Rn. 843) sollte sich nach OLG Saarbrücken[8] der gemäß § 3 ZPO zu schätzende Streitwert nicht nach § 9 ZPO, sondern bei den Sachverhalten der Vorschrift des § 42 Abs. 2 GKG nach dieser richten, also mit dem 5fachen Jahresbetrag festzusetzen sein.

---

1 BGH Rpfleger 1974, 428 = NJW 1974, 2128 = JurBüro 1975, 325; OLG Stuttgart Rpfleger 1964, 162 zu k; KG JurBüro 1963, 628 = Rpfleger 1964, 321; ausführlich *Schneider* ZAP Fach 13, S. 369.

2 BGH Rpfleger 1974, 428 = NJW 1974, 2128 = JurBüro 1975, 325; OLG Stuttgart Rpfleger 1964, 162 zu k; KG JurBüro 1963, 628 = Rpfleger 1964, 321; *Schneider* ZAP Fach 13, S. 369.

3 BGH JurBüro 1975, 325 = Rpfleger 1974, 428 = NJW 1974, 2128: 12,5facher Unterhalts-Jahresbetrag für ein fünfjähriges Kind.

4 *Lappe* NJW 1994, 1189, äußert verfassungsrechtliche Bedenken.

5 Z.B. OLG Saarbrücken Rn. 684 f.

6 BGH, Beschl. v. 21. 1. 1776 – IV ZR 123/74, MDR 1976, 649 = LM Nr. 2 zu § 5 VVG = VersR 1976, 477.

7 BGH VersR 1952, 64; RGZ 141, 313.

8 OLG Saarbrücken JBlSaar 1967, 107.

Diese Auffassung steht allerdings schwerlich in Einklang mit der Rechtsprechung des BGH (siehe vorstehend Rn. 841). Sie vermied damals den hohen Wert, der sich bei mittelbarer Berücksichtigung des § 9 ZPO ergab, würde aber jetzt genau das Gegenteil bewirken (siehe Rn. 842). 846

V. Vermögensabgabe

Wird darüber gestritten, ob und in welchem Umfang eine Partei die andere von ihrer Pflicht zur Entrichtung der Vermögensabgabe gegenüber dem Finanzamt freizustellen habe, so bestimmt sich der Wert des Streitgegenstandes nicht gemäß § 9 ZPO, sondern es ist von dem **Zeitwert** der Vermögensabgabe auszugehen.[1] 847

VI. Lastenausgleich

Das Klagebegehren auf Freistellung vom Lastenausgleich stellt sich als ein Anspruch auf Feststellung dahin dar, dass der Beklagte verpflichtet sein soll, den Kläger von dessen Verbindlichkeit zu befreien, so dass der Streitwert nach § 3 ZPO und nicht nach § 9 ZPO zu bestimmen ist.[2] 848

VII. Kosten eines Vorprozesses

Der Streitwert eines Freihalteanspruchs bemisst sich neben der Hauptanforderung, von welcher Freihaltung erstrebt wird, auch nach den Kosten eines wegen dieser Hauptforderung geführten Vorprozesses.[3] 849

VIII. Einrede des Befreiungsanspruchs, „Aufrechnung" mit Befreiungsanspruch

Wendet ein Schuldner ein, ihm stehe gegen die vom Gläubiger geltend gemachte Forderung ein Schadensersatzanspruch zu, der auf Freistellung dieser Verbindlichkeit gehe, so erhöht dies nicht den Wert. Das gilt auch dann, wenn die Freistellung nur hilfsweise neben anderem Bestreiten geltend gemacht wird. Maßgebend ist der Wert des geltend gemachten Anspruchs. Dies ist z.B. der Fall, wenn sich der Mandant im Gebührenprozess des Anwalts hilfsweise auf die Schlechterfüllung des abgerechneten Mandats beruft. Bei dem vom Mandanten geltend gemachten Ersatzanspruch handelt es sich dann nicht um eine (hilfsweise erklärte) Aufrechnung, sondern um einen Fall, der der „Anrech- 850

---

1 BGH JurBüro 1959, 116 = MDR 1958, 914.
2 OLG Neustadt Rpfleger 1955, 138.
3 BGH, Beschl. v. 21. 1. 1776 – IV ZR 123/74 – MDR 1976, 649 = LM Nr. 2 zu § 5 VVG = VersR 1976, 477; OLG Bremen Beschl. v. 23. 10. 2002 – 3 U 94/01 = AGS 2003, 214 mit Anm. *N. Schneider* = JurBüro 2003, 82 = OLGR 2003, 176.

nung" von Gegenpositionen vergleichbar ist, und der die Rechtsfolgen des § 45 Abs. 3 GKG nicht auslöst.[1]

IX. Befreiung von einer Nebenforderung

851 Verlangt der Gläubiger neben der Hauptforderung (etwa Zahlung) die Freistellung von Zinsen oder Kosten, weil er diese noch nicht gezahlt hat und er daher insoweit nicht Zahlung verlangen kann, handelt es sich auch bei dem Befreiungsanspruch um eine Nebenforderung, wenn der entsprechende Zahlungsanspruch als Nebenforderung anzusehen wäre.

➲ **Beispiel:**

Der Beklagte schuldet dem Kläger 10 000 Euro aus einem Kaufvertrag hat. Nach Verzugseintritt finanziert der Kläger diesen Betrag und klagt auf Zahlung der 10 000 Euro sowie Befreiung der an den Darlehnsgeber noch zu zahlenden Zinsen, die er noch entrichtet hat, so dass er nicht auf Zahlung klagen kann.

Der Anspruch auf Freistellung von den Zinsen ist jetzt Nebenforderung.

852 Strittig ist dies, wenn die Freistellung vorgerichtlicher Anwaltskosten geltend gemacht wird.

➲ **Beispiel:**

Der Kläger klagt seinen Schaden aus einem Verkehrsunfall ein und verlangt daneben, Freistellung der an seinen Anwalt für die Regulierung noch zu zahlenden Geschäftsgebühr.

Ob man den Freistellungsanspruch als Nebenforderung ansieht, hängt davon ab, ob man den Anspruch auf Ersatz der vorgerichtlich angefallenen Anwaltskosten als Nebenforderung ansieht. Siehe hierzu das Stichwort „Geschäftsgebühr".

Befriedigung, abgesonderte

Siehe das Stichwort „Abgesonderte Befriedigung".

BEG-Entschädigungsansprüche

853 Für die Verfahren vor den Entschädigungsgerichten werden keine Gerichtsgebühren oder Auslagen erhoben (§ 225 Abs. 1 BEG), soweit es sich nicht um eine offensichtlich unbegründete Klage oder eine offenbar mutwillige Rechtsverfol-

---

1 OLG Düsseldorf, Beschl. v. 18. 9. 2000 – 24 W 53/00 AGS 2001, 130 = MDR 2001, 113 = OLGR 2001, 171; im Anschluss an BGH, Beschl. v. 24. 3. 1988 – IX ZR 114/87, NJW 1988, 3013.

gung handelt (§ 225 Abs. 2 BEG). Die Gebührenfreiheit gilt nicht für Entschädigungsklagen, die vor anderen Gerichten erhoben werden. Dies verstößt nicht gegen den Anspruch auf wirkungsvollen Rechtsschutz, da die Beantragung von Prozesskostenhilfe offen steht.[1]

Für die Gebühren und Auslagen der Rechtsanwälte ist daher § 33 RVG anzuwenden, da § 227 Abs. 3 BEG nur die Frage der Erstattungsfähigkeit regelt.[2]   **854**

Der Gegenstandswert einer Klage, mit welcher eine **Kapitalentschädigung** (z.B. §§ 16 Nr. 3, 29 Nr. 3, 45 BEG) geltend gemacht wird, bemisst sich nach der beantragten Summe.   **855**

Wird mit der Klage Entschädigung in Form der **Rente** geltend gemacht, so ist der Gegenstandswert nach § 42 Abs. 2 GKG zu berechnen (vgl. § 225 Abs. 3 BEG). Maßgeblich ist damit der fünffache Betrag des einjährigen Bezuges,[3] soweit nicht der Gesamtbetrag geringer ist. Der Wert berechnet sich nach dem Betrag der Rente in der Höhe, wie sie für den Beginn des Rechts auf Rentenbezug beantragt ist. Soweit sich die Rente später erhöht, ist dies für die Streitwertberechnung nicht von Belang.[4] Ebenso sind Rückstände aus der Zeit vor der Rechtshängigkeit nicht zu berücksichtigen.[5]   **856**

Begründung der Streitwertfestsetzung

Siehe das Stichwort „Streitwertbeschwerde".

Beiordnung eines Rechtsanwalts

Es kommt vor, dass eine Partei keinen Anwalt findet, der sie zu vertreten bereit ist. Dann muss das Gericht ihr auf Antrag unter den Voraussetzungen des § 78b ZPO einen sog. **Notanwalt** beiordnen. Geschieht das nicht, so hat die Partei die Beschwerde nach § 78b Abs. 2 ZPO. Wertabhängige Gerichtsgebühren fallen nicht an, so dass es nur für die Anwaltsgebühren auf den Wert ankommen kann.   **857**

---

1 BVerfG, Beschl. v. 20. 3. 2000 – 1 BvR 69/00, NJW-RR 2000, 1738.
2 BGH, Urteil v. 9. 1. 1969 – VII ZR 133/66, BGHZ 51, 290; BGH, Beschl. v. 25. 1. 1979 – IX ZB 304/78, MDR 1979, 668.
3 BGH LM § 87 BEG Nr. 1; BGH § 14 BEG Nr. 2; OLG Oldenburg JurBüro 1954, 464; OLG Oldenburg JurBüro 1955, 325.
4 BGH, Beschl. v. 15. 7. 1997 – IX ZR 263/96, BGHR BEG § 225 Abs. 3 Streitwert 1; BGH, Beschl. v. 25. 1. 1979 – IX ZB 304/78, MDR 1979, 668.
5 BGH, Beschl. v. 15. 7. 1997 – IX ZR 263/96, BGHR BEG § 225 Abs. 3 Streitwert 1.

858   Ein Teil der Rechtsprechung bewertet den Streitwert dafür mit dem vollen **Wert der Hauptsache**.[1] Begründet wird dies damit, ohne Anwalt sei die Partei im Anwaltsprozess überhaupt nicht in der Lage, ihr Begehren durchzusetzen; es sei deshalb entsprechend den Grundsätzen über die Ablehnung von Sachverständigen[2] und Richtern[3] der Wert der Hauptsache anzusetzen.

859   Diese hohe Bewertung ist verfehlt. Parallelen zur Ablehnung von Richtern und Sachverständigen haben schon deshalb keinen Aussagewert, weil die Bemessungsgrundsätze dafür ihrerseits durchaus nicht unstreitig sind und richtiger Ansicht nach eine Orientierung am Wert der Hauptsache verfehlt ist (siehe das Stichwort „Ablehnung von Richtern, Schiedsrichtern und Sachverständigen" Rn. 98 ff.).

860   Gewiss geht das Interesse der Partei im Fall des § 78b ZPO dahin, ihren Prozess führen zu können. Aber das ist ihr Endziel, nicht der unmittelbare Gegenstand des Beiordnungsverfahrens. Nur auf diesen (siehe § 2 RVG) kommt es aber an. Damit wird die Eigenständigkeit des Verfahrens nach § 78b ZPO verkannt und letztlich das Beiordnungsverfahren mit der Hauptsache des erst zu führenden Rechtsstreits identifiziert. Es handelt sich dabei jedoch um einen Akt der gerichtlichen Fürsorge gegenüber einer Partei, der als solcher mit dem eigentlichen Prozess nichts zu tun hat. Er darf deshalb weder seiner Rechtsnatur noch seiner Bezifferung nach mit der Hauptsache gekoppelt werden, sondern ist als eine **nichtvermögensrechtliche Streitigkeit** zu bewerten, so dass der Streitwert nach § 23 Abs. 1 S. 2 RVG, § 48 Abs. 2 GKG festzusetzen ist.

861   Die Anm. Abs. 1 Nr. 1 zu Nr. 3335 VV RVG ist nicht anwendbar und mit der hier gegebenen Interessenlage nicht vergleichbar.

862   Folgt man dieser Auffassung nicht, dann kommt nur eine Schätzung gemäß auf einen geringen **Bruchteil des Hauptsachewertes** in Betracht.[4]

Belastung

Siehe das Stichwort „Auflassung" Rz. 454 ff.

---

1 OLG Bremen, Beschl. v. 18. 11. 1976 – 5 W 15/76, KostRsp. ZPO § 3 Nr. 390 = JurBüro 1977, 91; OLG Zweibrücken, Beschl. v. 4. 4. 1977 – 12 W 164/77, KostRsp. ZPO § 3 Nr. 397 = JurBüro 1977, 1001.

2 OLG Bremen, Beschl. v. 18. 11. 1976 – W 15/76, KostRsp. ZPO § 3 Nr. 390 = JurBüro 1977, 91.

3 OLG Zweibrücken, Beschl. v. 4. 4. 1977 – 1 W 8/77, KostRsp. ZPO § 3 Nr. 397 = JurBüro 1977, 1001.

4 So OLG München, Beschl. v. 20. 8. 2001 – 1 W 2066/01, KostRsp. § 3 ZPO Nr. 1388 = MDR 2002, 724 mit Anm. *N. Schneider*: $^{1}/_{3}$ des Hauptsachewertes.

Beleidigung

Siehe das Stichwort „Ehrkränkende Äußerungen".

Bemessungsgrundsätze

Literatur: *Kraemer* JZ 1951, 434 (Streitgegenstand als Bemessungsgrundlage); *Lappe* Rpfleger 1957, 183 (System und Relation des Streitwertes); *Koebel* NJW 1967, 535 (Streitwertfestsetzung in Verfahren gegen ein Presseorgan); *E. Schneider* MDR 1968, 106 (Streitwert und Vorschuss); *Fechner* JZ 1969, 349 (Faktische Rechtlosigkeit durch hohe Streitwerte und damit hohes Kostenrisiko); *Schmidt* AnwBl. 1976, 122 (unterschiedliche Interessenlage der Parteien); *E. Schneider* MDR 1970, 107 (Wirtschaftliche Tendenzen); *E. Schneider* MDR 1972, 277 und 369; 1974, 180 und 271 (Allgemeine Tendenzen); *Schumann* NJW 1982, 1257 (Grundsätze des Streitwertrechts).

Gliederungsübersicht

A. Antrag und Interesse 863
B. Allgemeine Bemessungsgesichtspunkte 924

C. Wertangaben und Amtsprüfung . . 943
D. Ausgewählte Einzelfälle 963

Stichwortübersicht

Angebot der Gegenleistung 939
Antrag, angekündigter 901
Anwaltsgebühren 931
Arbeitsumfang des Anwalts 936
Auflassungsklage 918
Außergerichtliche Tätigkeit des
Anwalts 934
Auskunft 912
Auslegung des Klageantrags . . . 863, 921
Berichtigung 923
– des Klageantrags 908
Beseitigung, Beschwer bei Verurtei-
lung zur – 966
Bruttobetrag, eingeklagter 864
Darlehens-Ablösungsvertrag 920
Deflorationsanspruch 967
Ehesachen 935
Eingang der Anträge bei Gericht . . . 874
Einheitliche Festsetzung für beide
Parteien 930
Einstweilige Verfügung 887
Einwendungen des Beklagten 937
Erfolgsaussichten der Klage 895
Erklärungsirrtum 909
Erledigung bei Klageerweiterung . . . 878
Ermessen des Gerichts 962
Eventualaufrechnung 909

Feststellungsklage . . . . 968 f.
Gegenleistung 920
Gerichtskosten . . . . 931 f.
Gesetzesänderungen 927
Handelsbücher, Einsicht 884
Herausgabe . . . . 971 f.
Importeurvertrag 974
Interesse
– des Beklagten 913
– des Klägers, wirtschaftliches 915
– der Partei, rechtliches 907
– der Partei und Wille der Partei . . . 906
Klage und Antrag auf PKH 905
Klageänderung 907
Klageantrag 863
– Ernsthaftigkeit 896
Klagebegründung 869
Klageerweiterung . . . . 876 ff.
Klageschrift 907
Materielle Rechtslage 894
Mehrheit
– von Beklagten 886
– von Gegenständen 890
Nettolohn, eingeklagter 864
Nichtvermögensrechtliche Angelegen-
heit 903
Offenbare Unrichtigkeiten 908

Persönliche Verhältnisse einer Partei . 928
PKH-Antrag 905
Postulationsfähigkeit des Anwalts . . . 893
Prostituierten-Verdienst 954
Prozessbevollmächtigter Anwalt,
   seine Anträge 891
Ratenzahlungen auf Forderung . . . 941
Rechtsschutzversicherte Partei 875
Rechtsmittel 899
Rechtsschutzbedürfnis 897
Rentenanspruch . . . . 975 f.
Sachverständiger . . . . 957 f.
Schätzungskosten . . . . 958 f.
Schlüssigkeit der Klage 895
Tilgung der Klageforderung 894
– behauptete 942
Überschreitung des Antrags im Urteil . 899
Übersetzter Antrag . . . . 896 f.
Unbestimmter Antrag . . . . . . 978 ff.
Unbezifferte Zahlungsanträge 953
Unterhaltsverfahren 904
Unterlassungsanspruch . . . . . . 982 ff.
Veränderte Umstände nach Klage-
   erhebung 871

Veränderung des Streitwerts nach
   Klageeinreichung 913
Verfassungsgrundsatz der Zumutbar-
   keit/Verhältnismäßigkeit 925
Vergleich . . . . 986 f.
– im Scheidungsrechtsstreit 933
Vermögenslage des Beklagten 895
Vermögensrechtlicher Anspruch . . . 932
Verteidigung des Beklagten 869
Vertrauliche Angaben 929
Verwaltungsgerichtsbarkeit 917
Vollstreckungsklausel 989
Wertangaben . . . . 943 ff.
– und Berichtigung . . . . 946 f.
– irrtümliche 946
– des Klägers 868, 952
– bei objektiver Klagenhäufung 949
– übereinstimmende 946
Wertfestsetzung, vorläufige 955
Wertminderung während des Prozesses 872
Wertpapiere 890
Wettbewerbssache 926
Wille/Interesse des Antragstellers . . . 906
Zukunftsschaden 990

A. Antrag und Interesse

863 Der Streitwert wird durch den **Klageantrag** bestimmt,[1] der ggf. auszulegen ist[2] und durch den konkret gewählten prozessualen Weg.[3] Ein etwaiges höheres Abwehrinteresse des Beklagten muss unberücksichtigt bleiben (Rn. 913).

864 Wird der bezifferte **Bruttobetrag** eingeklagt, dann darf der Streitwert nicht nach dem Nettobetrag berechnet werden.[4] Klagt der Arbeitnehmer hingegen nur den **Nettolohn** ein, dann bemisst sich der Streitwert nur nach seinem Antrag, selbst wenn der Bruttolohn zugesprochen wird, da Verstöße gegen § 308 Abs. 1 ZPO den Streitwert nicht erhöhen können.[5] Ist der Bruttolohn-Antrag nicht klar genug beziffert worden und endet das Verfahren, ohne dass dieser Mangel behoben worden ist, dann richtet sich der Streitwert danach, wie über die Klage mit dem unzulänglichen Antrag entschieden worden wäre. Nachträgliche

---

1 BGH, Beschl. v. 26. 1. 1994 – XII ZR 237/93, KostRsp. ZPO § 3 Nr. 1174; OLG München OLGE 27, 12; KG JW 1929, 134; JW 1937, 3054.
2 RGZ 112, 209; 133, 288; OLG Bamberg Rpfleger 1950, 283.
3 OLG München, Beschl. v. 20. 8. 1993, KostRsp. ZPO § 3 Nr. 1163 = OLGR 1993, 312.
4 LAG Baden-Württemberg, Beschl. v. 4. 4. 1983 – 1 Ta 11/83, KostRsp. ZPO § 3 Nr. 686 mit Anm. *E. Schneider* = AP § 25 GKG 1975 Nr. 1 mit Anm. *Satzky* = AnwBl. 1984, 152 = AuR 1983, 348.
5 LAG Düsseldorf, Beschl. v. 7. 1. 1988 – 7 Ta 433/87, KostRsp. ZPO § 3 Nr. 933 = Jur-Büro 1988, 1079; siehe das Stichwort „Verstoß gegen § 308 Abs. 1 ZPO".

„Klarstellungen" können nicht dazu führen, dass dem Antrag im Nachhinein eine streitwertrelevante Fassung gegeben wird.[1]

Unerheblich ist auch, ob die Klage der der Antrag statthaft und zulässig ist. Auch unzulässige Anträge sind zu bewerten.   865

Das Gleiche gilt für offensichtlich unbegründete Anträge. Werden z.B. un-   866
zulässigerweise Unterhaltsrückstände in einstweiligen Anordnungsverfahren geltend gemacht, ist ihr Wert dennoch nach § 42 Abs. 5 GKG dem laufenden Wert hinzuzurechnen,[2] auch wenn dem Antrag nicht stattgegeben werden kann.

Das Streitwertrecht fragt weder nach Statthaftigkeit, Zulässigkeit noch nach   867
der Begründetheit.

Den **Wertangaben** zum Streitwert nach § 61 GKG kann dabei klärende Bedeu-   868
tung zukommen.[3]

Auch die **Klagebegründung** ist ggf. zur Auslegung des Antrages heranzuziehen,[4]   869
während die **Verteidigung des Beklagten** für die Wertbemessung nur insofern bedeutsam sein kann, als sie erhellt, worauf der wirkliche Wille (§ 133 BGB) des Klägers gerichtet ist.[5] Darüber hinaus darf Gegenvorbringen für die Streitwertbemessung nicht berücksichtigt werden. Ausnahmen sind bei privilegierten Streitwerten möglich.

⊃ **Beipiel:**

Der Kläger verlangt aufgrund seines Eigentums die Herausgabe eines Hausgrundstücks. Der Beklagte wendet einen Mietvertrag ein.

Für den Gebührenstreitwert gilt jetzt nicht § 48 Abs. 1 S. 1 GKG i.V.m. § 6 ZPO, sondern § 42 Abs. 2 GKG.

Auch ein höherwertiges Interesse des Beklagten am Ausgang des Rechtsstreits   870
ist für den Streitwert erster Instanz[6] völlig irrelevant. Das ist ganz allgemeine Auffassung. Die vom BezG Dresden[7] – soweit ersichtlich erstmals – vertretene

---

1 LAG Hamm, Beschl. v. 7. 5. 1981 – 8 Ta 82/81 – KostRsp. ArbGG § 12 Nr. 34 mit Anm. *E. Schneider; Wenzel,* GK-ArbGG, § 12 Rn. 67.
2 OLG Köln, Beschl. v. 28. 1. 2004 – VIII ZB 72/03, AGS 2004, 164 mit Anm. *N. Schneider.*
3 Siehe OLG Köln, Beschl. v. 28. 11. 1979 – 2 U 57/78, KostRsp. GKG § 23 Nr. 2 und das Stichwort „Angabe des Streitwerts" Rn. 252.
4 KG JW 1922, 1403.
5 OLG Neustadt Rpfleger 1957, 237; LAG Köln, Beschl. v. 22. 7. 1991 – 10 Ta 102/91, KostRsp. ArbGG § 12 Nr. 234 mit Anm. *E. Schneider* = MDR 1992, 60.
6 Anders für die Beschwer des verurteilten Beklagten BGH, Beschl. v. 10. 12. 1993 – V ZR 168/92, KostRsp. ZPO § 3 Nr. 1170 = NJW 1994, 735 = MDR 1994, 839 = LM ZPO § 2 Nr. 8 mit Anm. *Grunsky* unter Aufgabe der früheren Rechtsprechung.
7 BezG Dresden, Beschl. v. 29. 9. 1991 – 3 W 18/91, KostRsp. ZPO § 3 Nr. 1056 mit abl. Anm. *E. Schneider* = ZIP 1991, 1388 = EWiR § 3 ZPO 1/91 S. 1241 – Gloy = WRP 1991, 726 = DB 1991, 2283.

gegenteilige Ansicht, bei unterschiedlichen Streitinteressen der klagenden und der beklagten Partei sei der Streitwert immer nach dem höheren Interesse, nicht nach dem Klägerinteresse zu berechnen, ist mit § 2 ZPO unvereinbar und in ihren Konsequenzen unannehmbar, wie in der Anm. zu KostRsp. ZPO § 3 Nr. 1056 näher ausgeführt worden ist.

871 Bei der Streitwertfestsetzung sind auch solche Umstände zu berücksichtigen, die sich erst im Verlaufe des Verfahrens herausstellen.[1]

872 Eine Herabsetzung des Streitwertes wegen einer während des Prozesses eingetretenen **Wertminderung** des Streitgegenstandes ist nicht zulässig.[2] Das ergibt sich aus den § 40 GKG; § 4 Abs. 1 ZPO.

873 Erst recht ist die Herabsetzung des Streitwertes nicht deshalb gerechtfertigt, weil sich nach Klageerhebung herausstellt, dass der Beklagte den Anspruch bestreiten oder nicht bestreiten will[3] oder weil sich die Prozessaussichten des Klägers zufolge einer zwischenzeitlich ergangenen höchstrichterlichen Entscheidung als besonders günstig erweisen[4] oder weil eine einstweilige Maßnahme folgenlos zurückgenommen werden kann.[5]

874 Für die Streitwertfestsetzung sind die bei Gericht eingegangenen Anträge maßgebend. Es ist nicht erforderlich, dass die Anträge im Prozess gestellt worden sind.[6] Kostenrechtlich gilt eine Klage nämlich mit **Eingang der Klageschrift** als erhoben,[7] auch wenn dies auf einem nicht erkennbaren Willensmangel des Prozessbevollmächtigten beruht.[8]

875 Völlig unerheblich ist es, ob eine Klage zulässig oder begründet war oder nicht,[9] oder dass eine Partei rechtschutzversichert ist.[10]

876 Bei einer **Erweiterung des Klageanspruchs** ist die Berechnung der erhöhten Gerichtsgebühren ebenfalls nach dem Zeitpunkt der Einreichung dieses Antrages vorzunehmen, soweit ausnahmsweise noch gestufte Gebühren anfallen.[11]

877 Dementsprechend wirkt auch eine Klageerweiterung in zweiter Instanz nicht automatisch auf den Wertansatz erster Instanz zurück. Der höhere Streitwert

---

1 *Lappe* ZAP Fach 24 S. 251 V; streitig, siehe das Stichwort „Feststellungsklage" Rn. 2128.
2 OLG Köln HEZ 2, 277.
3 *Wenzel*, GK-ArbGG, § 12 Rn. 67.
4 OLG München NJW 1970, 1688.
5 OLG München JurBüro 1973, 1191.
6 OLG Neustadt AnwBl. 1954, 32.
7 OLG Bamberg JurBüro 1973, 856.
8 OLG Karlsruhe NJW 1975, 1933.
9 OLG Düsseldorf JurBüro 1981, 1048 mit Anm. *Mümmler*; OLG Bamberg, Beschl. v. 30. 3. 1988 – 2 WF 49/88, KostRsp. GKG § 17 Nr. 108 mit Anm. *E. Schneider* = JurBüro 1988, 1504; OLG München, Beschl. v. 10. 1. 1089 – 15 W 693/89, KostRsp. GKG § 17 Nr. 124 = FamRZ 1990, 778.
10 LAG München JurBüro 1984, 1399.
11 LG Koblenz JurBüro 1967, 1015; § 15 GKG.

gilt für den ersten Rechtszug erst dann, wenn der erweiterte Antrag in der fortgesetzten ersten Instanz gestellt wird.[1]

Die gerichtliche Gebühr für das Verfahren bemisst sich bei einer Klageerweiterung nach dem Wert des alten Streitgegenstandes zuzüglich des Erweiterungswertes, auch wenn der ursprüngliche Streitgegenstand im Zeitpunkt der Klageerweiterung bereits ganz oder teilweise erledigt war.[2] 878

Hat der Streitgegenstand einen objektiven Verkehrswert, so ist dieser der Streitwert. Nur wenn es an einem solchen fehlt, muss auf das **Parteiinteresse** an der begehrten Leistung abgestellt werden.[3] 879

Ist dieses Interesse mangels hinreichender Anhaltspunkte nicht – auch nicht über § 3 ZPO – ziffernmäßig erfassbar, so darf sich die Bewertung an dem Regelwert für nichtvermögensrechtliche Streitigkeiten orientieren.[4] Da § 48 GKG keinen Regelwert nennt, ist auf § 23 Abs. 2 S. 2 RVG (derzeit 4000 Euro) zurückzugreifen. 880

Wird nur um Modalitäten wie Art, Ort oder Zeit der **Erfüllung** gestritten, dann ist das Interesse des Klägers an der beanspruchten Erfüllungsweise maßgebend.[5] 881

Diese ältere Rechtsprechung ist vom BGH für eine Zinsforderung mit ungewissem Erfüllungszeitpunkt bestätigt worden.[6] 882

Siehe dazu auch das Stichwort „Fälligkeitsstreit". 883

Bei Streit darüber, an welchem Ort **Handelsbücher** einzusehen sind, geht es wirtschaftlich nur um die Frage, ob der Kläger höhere Kosten – Fahrt- und Transportkosten, Dienstleistungsvergütungen usw. – aufzuwenden hat.[7] 884

Zu beachten ist aber in diesen Fällen, dass sich die Beschränkung des Streites auf bloße Modalitäten gerade aus dem Klagevorbringen ergeben muss. Dass es sich (lediglich) aus dem Verteidigungsvorbringen des Beklagten ergibt, rechtfertigt noch keine Verringerung des Streitwertes.[8] 885

Das im Klageantrag zum Ausdruck gekommene Interesse bleibt auch dann einziger Bewertungsmaßstab, wenn auf der Passivseite eine **Mehrheit** unterschiedlich **beteiligter Beklagter** steht.[9] Deren Interessen am Ausgang des Rechtsstreits sind nicht wertbestimmend, so dass auch nicht mehrere Streitwerte jeweils im 886

---

1 OLG Schleswig JurBüro 1976, 1680.
2 OLG Celle JurBüro 1986, 741.
3 OLG Köln JMBl.NW 1967, 93.
4 OLG Köln JurBüro 1971, 719.
5 RG JW 1927, 2129; RGZ 118, 324; OLG Rostock OLGE 35, 26.
6 Siehe BGH JurBüro 1981, 1490 = ZIP 1981, 1137 = Rpfleger 1981, 396 = WPM 1981, 1091 = BB 1981, 1491 = NJW 1981, 2360.
7 RGZ 2, 403.
8 OLG Stuttgart OLGE 2, 430 zu d).
9 LG Saarbrücken, Beschl. v. 9. 9. 1979 – 4 O 281/76, KostRsp. ZPO § 3 Nr. 464.

Verhältnis zwischen Kläger und einem Streitgenossen wegen dessen höher-
oder geringerwertigen Interesses festgesetzt werden dürfen.

887   Da der Antragsteller eines Verfahrens auf Erlass einer **einstweiligen Verfügung**
lediglich sein Rechtsschutzziel zu konkretisieren hat, aber keinen bestimmten
Antrag stellen muss und das Gericht dementsprechend auch keiner Antragsbindung unterliegt,[1] dürfen konkret formulierte Verfügungsanträge nicht unbesehen als der zu bewertende Streitgegenstand angenommen werden. Vielmehr ist
unter Berücksichtigung der gesamten Darlegungen des Antragstellers dessen
wirkliches Begehren klarzustellen und in freier Schätzung zu beziffern.[2]

888   Auch wenn sich der Streitwert zwischen Einreichung und Zustellung der Klage
verändert, ist für die Festsetzung der Zeitpunkt der die Instanz einleitenden
Antragstellung maßgebend (§ 40 GKG). Zu Kursveränderungen nach Klageerhebung siehe das Stichwort „Änderung des Streitwerts" Rn. 170, 171.

889   Verändert sich der Streitgegenstand als solcher dagegen nicht, dann besteht
regelmäßig kein Anlass, eine auf die Angaben des Klägers zurückgehende und
von beiden Parteien über Jahre gebilligte Schätzung nur deshalb abzuändern,
weil das Ergebnis einer Beweisaufnahme durch Einholung eines Sachverständigengutachtens zu einem höheren Schätzungsbetrag führen könnte.[3] Siehe dazu
auch unten Rn. 943 ff.

890   Bezieht sich der einheitliche Klageantrag auf eine **Mehrheit von Gegenständen**,
deren Wert sich zwischen Beginn und Ende der Instanz zum Teil erhöht, zum
Teil erniedrigt hat (Wertpapiere verschiedener Sorten), so ist für die Ermittlung
des Streitgegenstandswertes allein auf die die Instanz einleitende Antragstellung abzustellen.[4]

891   Da der Streitwert sich nach den **tatsächlich gestellten Anträgen** zu richten hat,
sind dafür maßgebend diejenigen Anträge, die der prozessbevollmächtigte
Rechtsanwalt für die Partei gestellt hat.

892   Ob der Anwalt sich hierbei an die Aufträge und Weisungen der Partei gehalten
hat oder nicht, ist für die Frage der Bemessung des Streitwertes unerheblich.[5]

893   Unerheblich ist auch, ob die Klageschrift von einem **postulationsfähigen
Rechtsanwalt** unterschrieben ist.[6]

894   Auch die **materielle Rechtslage** ist unerheblich. Wird daher der Streitwert für
die Prozessgebühr durch den vom Kläger in der zugestellten Klageschrift angekündigten Antrag bestimmt, so ist es gleichgültig, wenn sich später herausstellt, dass die Klageforderung zur Zeit der Ankündigung des Klageantrages vom

---

1   § 938 Abs. 1 ZPO; ausführlich dazu *Baur*, Studien zum einstweiligen Rechtsschutz,
     1969, S. 68 ff.
2   OLG Köln, Beschl. v. 6. 2. 1980 – 2 W 3/80, KostRsp. GKG § 20 Nr. 38.
3   OLG Köln, Beschl. v. 21. 3. 1979 – 2 W 33/79, KostRsp. GKG § 15 Nr. 1 mit Anm.
     E. Schneider u. *Lappe*.
4   BGH Rpfleger 1962, 53 ist überholt durch § 15 GKG i.d.F. des KostRÄndG 1994.
5   KG Rpfleger 1962, 154.
6   OLG Köln JMBl.NW 1974, 45.

Beklagten bereits getilgt war Der Streitwert wird, soweit danach bereits Gebühren entstanden waren, nicht davon berührt.[1]

Gänzlich unerheblich ist es auch, ob eine **Klage schlüssig begründet** worden ist oder nicht (oben Rn. 875). Die **Erfolgs- oder Vollstreckungsaussichten** des Klagebegehrens sind für den Streitwert unbeachtlich. Deshalb ist auch die schlechte Vermögenslage des Beklagten ohne Einfluss auf die Wertberechnung..   895

Allerdings muss der Klageantrag ernstlich gewollt sein und verfolgt werden. Daran kann es fehlen, wenn er mit dem eigenen Vorbringen des Klägers in Widerspruch steht oder offensichtlich überhöhte Begehren lediglich aus schikanösen Gründen geltend gemacht werden.[2]   896

In derartigen Fällen wird regelmäßig auch das **Rechtsschutzbedürfnis** fehlen. In der Praxis kommen sie am ehesten vor, wenn mit einem **übersetzten Antrag** die Rechtsmittelfähigkeit erreicht werden soll.   897

Zu nicht ernstlich gemeinten Anträgen nach **Rechtsmittelrücknahme** siehe das Stichwort „Rechtsmittel" Rn. 4539.   898

Hat das Gericht mehr zugesprochen als beantragt war – Verstoß gegen § 308 Abs. 1 ZPO –, dann richten sich die Kosten erster Instanz bis zur Schlussverhandlung nach dem gestellten Antrag. Die Überschreitung des Antrags im Urteil kann sich richtiger Ansicht nach nicht auswirken, da es an einer vorgängigen Verhandlung über den unverlangt beschiedenen Mehrbetrag fehlt.   899

Einzelheiten und Nachweise aus der Rechtsprechung finden sich unten bei dem Stichwort „Verstoß gegen § 308 Abs. 1 ZPO" (Rn. 5984 ff.) und in dem Aufsatz E. Schneider MDR 1971, 437 ff.; wegen der Berechnung des Streitwerts für die Berufung siehe das Stichwort „Rechtsmittel" Rn. 4515 ff.   900

Wird in einem Schriftsatz, der während der Aussetzung des Verfahrens (§ 148 ZPO) eingeht, ein **Antrag angekündigt,** aber später nicht gestellt, dann bleibt er bei der Streitwertbemessung außer Betracht.[3] Die bloße Ankündigung, es werde ein Antrag eingehen, darf nicht dem Eingang selbst gleichgestellt werden. Siehe dazu auch das Stichwort „Anerkenntnis" Rn. 184.   901

Eine Abweichung von dem Grundsatz, dass für die Beurteilung des Streitwertes der Zeitpunkt der Antragstellung maßgebend sei, gilt für nichtvermögensrechtliche Angelegenheiten, insbesondere für **Ehesachen und Kindessachen.** Die Frage, ob der Umfang und die Bedeutung der Sache eine Korrektur des nach § 48 Abs. 2 GKG zu ermittelnden Wertansatzes rechtfertigen könne, ist nämlich nach den Verhältnissen bei Beendigung der Instanz zu beurteilen.[4] Dass die hier   902

---

1 KG Rpfleger 1968, 78.
2 *Rittmann,* Streitgegenstand, § 3 Nr. 5.
3 OLG Oldenburg Rpfleger 1968, 314.
4 OLG Celle MDR 1964, 65; OLG Nürnberg KostRsp. GKG a.F. § 14 A Nr. 39; OLG Bremen KostRsp. GKG a.F. § 14 A Nr. 45; a.A. OLG Schleswig NJW 1958, 1733; vgl. näher das Stichwort „Ehesachen" Rn. 1395 ff.

vertretene Auffassung in Widerspruch zum Wortlaut des § 40 GKG steht, wird nicht verkannt (siehe hierzu Rn. 175, 1262, 1395).

903 Ebenso wie in nichtvermögensrechtlichen Sachen verhält es sich in vermögens-rechtlichen Angelegenheiten, wenn der Beklagte sich mit einer **Eventualauf-rechnung** verteidigt, weil dann erst bei Abschluss der Instanz feststeht, ob über die Gegenforderung eine der Rechtskraft fähige Entscheidung ergeht (siehe das Stichwort „Aufrechnung").

904 Das Ende der Instanz ist jedoch dann nicht maßgebend, wenn Sondervorschrif-ten mit festen Bemessungsmaßstäben eingreifen. Der Streitwert des Verfahrens gemäß § 620 Nr. 6 ZPO auf Regelung des laufenden Unterhalts beträgt deshalb nach § 53 Abs. 2 GKG auch dann den 6fachen monatlichen Bezug, wenn der Ehestreit vor Ablauf dieser sechs Monate beendet wird. Hier ist für die Wertbe-rechnung auf den Eingang des Antrages und die Einlegung des Rechtsmittels abzustellen, nicht auf die Beendigung des Scheidungsverfahrens (Nachweise bei dem Stichwort „Einstweilige Anordnung" Rn. 1547 ff.). Auch beim Trennungs-unterhalt gilt grundsätzlich der Betrag der nächsten zwölf Monate, auch wenn die Ehe vorher geschieden wird. Siehe das Stichwort „Unterhalt".

905 Bei einer bedingungslos eingereichten Klage mit dem Antrag auf **Bewilligung von Prozesskostenhilfe** richtet sich der Streitwert für die Prozessgebühr nach dem in der Klageschrift enthaltenen Antrag, selbst wenn später nur über einen geringerwertigen Antrag gemäß der bewilligten Prozesskostenhilfe verhandelt wird.[1]

906 Für das zu bewertende Interesse ist entscheidend nur der in der Form des Antrages zum Ausdruck gelangte **Wille des Antragstellers**.[2]

907 Dieser Wille ist regelmäßig gleichbedeutend mit dem in der Klage zum Aus-druck gebrachten rechtlichen Interesse, wobei den in der Klageschrift nieder-gelegten Vorstellungen der Partei natürlich besondere Bedeutung zukommt.[3] **Unerkennbare Willensmängel** sind unbeachtlich.[4]

908 **Rechenfehler** und andere **offenbare Unrichtigkeiten** sind ohne weiteres zu be-richtigen.[5]

909 Unter diesen Voraussetzungen darf der Klageantrag von der Partei selbstver-ständlich auch berichtigt werden, nach KG[6] sogar dann, wenn ein **Erklärungs-irrtum** (§ 119 BGB) unterlaufen ist, sofern der Berichtigung nicht der Fortgang des Verfahrens und das schutzwürdige Interesse des Beklagten entgegensteht.

---

1 LG Essen JurBüro 1959, 32.
2 Siehe oben Rn. 863 sowie OLG Celle JurBüro 1961, 140, 141; OLG Köln JMBl.NW 1974, 45.
3 OLG Karlsruhe WRP 1974, 501.
4 OLG Karlsruhe NJW 1975, 1933.
5 OLG Darmstadt Recht 1906, 380; DJZ 1906, 324; OLG Frankfurt OLGE 17, 74; OLG Oldenburg Rpfleger 1968, 313.
6 JW 1937, 246.

Anders dagegen, wenn in der Begründung ausgeführt wird, ein Teilbetrag sei 910
gezahlt, gleichwohl aber der ganze Antrag verlesen wird.[1] Darauf muss das
Gericht natürlich vorher hinweisen (§§ 139, 278 Abs. 3 ZPO).

Ein sich hinter dem Klageinteresse möglicherweise verbergendes wirtschaftli- 911
ches Interesse des Klägers ist bedeutungslos,[2] desgleichen der Wunsch, eine
rechtsmittelfähige Entscheidung zu erlangen,[3] oder ein „generalpräventives"
Interesse des Klägers.[4]

Auch wenn mit einer Klage auf **Auskunftserteilung** inzidenter eine Entschei- 912
dung darüber erreicht werden sollte, ob der zugrunde liegende Anspruch überhaupt besteht, bemisst sich der Streitwert nur nach dem Interesse des Klägers
an der Erleichterung der Geltendmachung seines Leistungsanspruchs durch die
begehrte Auskunft.[5]

Unmaßgeblich ist das Interesse des Beklagten[6] oder gar eines Dritten.[7] Allen- 913
falls kann die Einlassung des Beklagten für die Auslegung des Klagebegehrens herangezogen werden, z.B. bei Feststellungsklagen (siehe aber auch bei
dem Stichwort „Organe" Rn. 4279 ff. zur Berücksichtigung des Beklagten-
interesses bei Abberufung eines Organs). Bei Streitwertprivilegierungen kann
die Erwiderung des Beklagten ebenfalls von Bedeutung sein, etwa wenn er
gegenüber einer Herausgabeklage den Bestand eines Mietverhältnisses einwendet.

Auch dann, wenn auf der Passivseite eine Mehrheit von Beklagten steht, die 914
vom Kläger mit unterschiedlichen Anträgen in Anspruch genommen werden,
richtet sich die Streitwertbemessung nur nach dem Klageantrag.[8] Die unterschiedliche Beteiligung wirkt sich nur bei der Kostenquotierung aus (§§ 92, 100
ZPO).

Jedoch ist unverkennbar, dass im Streitwertrecht eine Tendenz besteht, wirt- 915
schaftliche Gesichtspunkte stärker als früher zu beachten.

Es ist deshalb davon auszugehen, dass die wirtschaftlichen Belange der Parteien 916
bei der Entscheidung einer konkreten Streitwertfrage nach Möglichkeit zu be-
rücksichtigen sind.

---

1 Vgl. die Berufungsentscheidung OLG Köln MDR 1972, 791.
2 LG Köln JMBl.NW 1967, 93.
3 LG Köln JurBüro 1971, 719.
4 LG Bonn WuM 1993, 468: Musterprozess wegen einer vom Mieter angebrachten Parabolantenne.
5 LG Stuttgart, Beschl. v. 14. 12. 1970 – 8 W 413/70, KostRsp. ZPO § 3 Nr. 266.
6 Irrig und völlig abwegig BezG Dresden, Beschl. v. 29. 9. 1991 – 3 W 18/91, KostRsp.
  ZPO § 3 Nr. 1056 mit abl. Anm. *E. Schneider* = WRP 1991, 726 = ZIP 1991, 1388 =
  EWiR § 3 ZPO 1/91 S. 1241 – Gloy = DB 1991, 2283; siehe oben Rn. 870.
7 BGH WPM 1994, 1007.
8 LG Saarbrücken, Beschl. v. 9. 9. 1979 – 4 O 281/76, KostRsp. ZPO § 3 Nr. 464.

917 In der **Verwaltungsgerichtsbarkeit** ist dieses Bestreben so ausgeprägt, dass dem wirtschaftlichen Interesse sogar Vorrang vor dem durch den Antrag bestimmten Streitgegenstand beigemessen wird.[1]

918 In der Zivilgerichtsbarkeit hat sich dieser Gedanke noch nicht genügend durchgesetzt. Insbesondere bei **Auflassungsklagen** wird nach immer noch herrschender Auffassung keine Rücksicht darauf genommen, ob der Streit in Wahrheit nur um eine geringfügige Gegenforderung geht, mit der der Beklagte den an sich unbestrittenen Klageanspruch einredeweise bekämpft (siehe dazu Näheres bei dem Stichwort „Auflassung" Rn. 458 ff.).

919 Vereinzelt wird dieser Grundsatz auch verkannt, so von *Schumann*,[2] der unterstellt, das wirtschaftliche Interesse sei eine Art richterrechtliche Bewertungsvorschrift. Tatsächlich verhält es sich nur so, dass es sich um ein Auslegungs- und Korrekturprinzip bei der Anwendung gesetzlicher Vorschriften zum Streitwertrecht handelt. Das ist sehr deutlich in einer Entscheidung des OLG Köln[3] ausgeführt worden. Das OLG Köln und ihm zustimmend *Lappe* gehen im Ansatz davon aus, dass allen Streitwertvorschriften – einschließlich des § 6 ZPO! – eine wirtschaftliche Bewertung als Gesetzeszweck zugrunde liegt.

920 In einer weitgehend unbeachtet gebliebenen Entscheidung hat der BGH die wirtschaftliche Betrachtungsweise durch streitwertmindernden **Abzug der Gegenleistung** bei der Klage auf Wiederherstellung des alten Rechtszustandes wegen Nichtigkeit eines Darlehens-Ablösungsvertrages praktiziert.[4]

921 Ergibt die Auslegung eines auf Verurteilung zur Zahlung eines bestimmten Geldbetrages gerichteten Antrages, dass der Kläger in Wahrheit nur den Unterschiedsbetrag zwischen dieser Summe und einem in einem anderen Verfahren (z.B. Entschädigungsverfahren) ihm bereits zugeteilten Betrag fordert, dann ist nur der **Unterschiedsbetrag** für die Streitwertfestsetzung maßgebend.[5]

922 Siehe dazu ausführlicher das Stichwort „Auslegung des Klageantrags" (Rn. 724 ff.).

923 Ist ein Rechtsmittelantrag wegen offenbarer Unrichtigkeit entsprechend § 319 ZPO[6] berichtigt worden, dann bestimmt der **berichtigte Antrag** den Streitwert, nicht der versehentlich auf einen höheren Betrag lautende ursprüngliche Rechtsmittelantrag.[7]

---

1 Siehe OVG Münster, Beschl. v. 29. 11. 1984 – 10 B 1953/84, KostRsp. GKG § 13 Nr. 119 mit Anm. *Lappe.*
2 *Schumann* NJW 1982, 1258.
3 OLG Köln, Beschl. v. 29. 4. 1981 – 2 W 17/81, ZIP 1981, 781 = KostRsp. ZPO § 6 Nr. 78 mit Anm. *Lappe.*
4 BGH, Beschl. v. 7. 3. 1985 – III ZR 155/84, KostRsp. ZPO § 3 Nr. 745; siehe dazu das Stichwort „Darlehen" Rn. 1172.
5 OLG Frankfurt MDR 1962, 992.
6 KG JW 1937, 246.
7 KG KostRsp. GKG a.F. § 11 Nr. 5 – siehe auch oben Rn. 908 und das Stichwort „Abänderung der Festsetzung" Rn. 7.

B. Allgemeine Bemessungsgesichtspunkte

Die gesetzliche Regelung des Streitwertrechts ist kasuistisch. Es fehlt deshalb 924
vielfach an leicht handhabbaren Bewertungsregeln. Hinzu kommt, dass jede
Streitwertberechnung die Umstände des Einzelfalles berücksichtigen muss.
Diese Ausgangslage hat geradezu zwangsläufig zu einer weit ins Einzelne ge-
henden Rechtsprechung geführt, die sich kaum oder nur sehr schwierig auf
allgemeinere Grundsätze zurückführen lässt. Auch Grundbegriffe wie „Antragsinteresse" oder „wirtschaftliche Betrachtungsweise" können nur eine Prü-
fungseinrichtung angeben, dagegen nicht die Funktion subsumtionsfähiger
Obersätze übernehmen. Auf diesem Hintergrund muss der Versuch gesehen
werden, aus der Masse der möglichen Bewertungsumstände einige allgemeinere
herauszufiltern.

Der **Verfassungsgrundsatz der Zumutbarkeit und Verhältnismäßigkeit** gilt auch 925
im Kostenrecht.[1] Er besagt, dass die Kostenbelastung des Staatsbürgers nicht
außer Verhältnis zu seinem Interesse am Ausgang des Verfahrens stehen darf.[2]
So hat beispielsweise das KG[3] entschieden, bei Anfechtung von Beschlüssen
großer Wohnungseigentümergemeinschaften erfordere der verfassungsrechtlich
verbürgte Grundsatz des gleichen Zugangs zu den Gerichten, dass der Geschäftswert für das gerichtliche Verfahren das 5fache des wirtschaftlichen Ei-
geninteresses des Antragstellers nicht überschreite.

Demgegenüber hat sich das OLG Celle[4] in einer **Wettbewerbssache** auf den 926
Standpunkt gestellt, es liege nicht in der Macht des Gerichts, aus Rücksicht auf
eine wirtschaftlich schwache Partei den Wert des Rechtsstreits niedriger festzusetzen, als er wirklich sei. Ähnlich argumentiert der BGH,[5] wenn er ausführt,
ein Wettbewerbsverein müsse finanziell in der Lage sein, seine Aufgaben zu
erfüllen; deshalb könne das Kostenrisiko des Vereins nicht ohne Rücksicht auf
die wirtschaftliche Bedeutung der Angelegenheit begrenzt werden. Siehe auch
unten Rn. 930.

Gesetzesänderungen, die die Wertberechnung beeinflussen können, wirken 927
nicht zurück; sie sind nur zu berücksichtigen, soweit sie vor Klageeinreichung
in Kraft getreten sind.[6]

Schwierige **persönliche**, familiäre oder wirtschaftliche **Verhältnisse einer Partei** 928
sind für die Bemessung des Streitwerts von Klageansprüchen grundsätzlich unerheblich.[7]

---

1 Siehe dazu OLG Köln, Beschl. v. 29. 4. 1981 – 2 W 17/81, ZIP 1981, 781 = KostRsp. ZPO
  § 6 Nr. 78 mit Anm. *Lappe.*
2 OLG München NJW 1967, 1666: betrifft Baulandumlegung – siehe Rn. 797; grundsätzlich dazu *Fechner* JZ 1969, 349.
3 KG MDR 1988, 56 = OLGZ 1987, 435.
4 OLG Celle NJW 1964, 1257.
5 BGH, Beschl. v. 27. 1. 1994 – I ZR 279/91, KostRsp. UWG § 23a Nr. 19 = GRUR 1994,
  385 = MDR 1994, 902 = WRP 1994, 305.
6 BGH *Warneyer* 1977 Nr. 37.
7 KG Rpfleger 1962, 154; *Wenzel*, GK-ArbGG, § 12 Rn. 70.

929 **Vertrauliche Angaben**, z.B. zum Umsatz, dürfen bei der Streitwertfestsetzung auch dann nicht berücksichtigt werden, wenn beide Parteien mit ihrer Verwertung einverstanden sind.[1] Im gesamten Zivilprozess und damit auch bei der Streitwertfestsetzung darf nur Tatsachenstoff verwertet werden, der den Parteien zugänglich ist.[2]

930 Mit Rücksicht darauf, dass sich der Streitwert nach dem Interesse des Antragstellers bemisst, darf er in vermögensrechtlichen und nichtvermögensrechtlichen Angelegenheiten für beide Parteien nur einheitlich festgesetzt werden; es ist nicht statthaft, ihn wegen der sozialen und wirtschaftlichen Verhältnisse lediglich einer Partei abzuändern.[3] Beim Zahlungsantrag ist auch dessen Realisierungsmöglichkeit für die Streitwertbemessung belanglos.[4] Anders kann es liegen, wenn wertlose nicht miteingeklagte Forderungen mitverglichen werden oder wenn prozessualer Missbrauch vorliegt, etwa bei willkürlich hoher Berühmung.[5]

931 Der Streitwert für die Berechnung der **Gerichtskosten** und für die Gebühren des Rechtsanwalts ist voneinander abweichend festzusetzen, wenn Gericht und Anwalt nach verschiedenen Werten abrechnen müssen.[6]

932 Die Kostenvorschriften des GKG geben auch nicht die Möglichkeit, den Streitwert eines vermögensrechtlichen Anspruchs auf den geringerwertig zu veranschlagenden Streitwert der nichtvermögensrechtlichen Grundbeziehung zurückzuführen.[7]

933 Es ist ferner unstatthaft, den Gegenstandswert von **Vergleichen**, die im **Scheidungsrechtsstreit** zur Regelung der Angelegenheiten der Eheleute für die Zeit nach der Scheidung abgeschlossen werden, künstlich niedrig festzusetzen.[8]

934 Die außergerichtlich von dem Anwalt entfaltete Tätigkeit, die nicht im Zusammenhang mit dem gerichtlichen Verfahren steht, darf bei der Streitwertfestsetzung für die Gerichtskosten nicht berücksichtigt werden.[9]

935 Nach OLG München[10] ist jedoch bei der Bewertung in **Ehesachen** auch darauf Bedacht zu nehmen, dass die Arbeit der Anwälte und des Gerichts angemessen vergütet wird.

---

1 OLG Düsseldorf GRUR 1956, 386.
2 Siehe dazu auch OLG Frankfurt NJW 1962, 1921.
3 OVG Münster DÖV 1957, 483; *Wenzel*, GK-ArbGG, § 12 Rn. 70.
4 LAG Hamm, Beschl. v. 8. 8. 1991 – 8 Ta 252/91, KostRsp. ZPO § 3 Nr. 1055 = MDR 1991, 1203 = BB 1991, 2227 = LAGE ZPO § 3 Nr. 7 = JurBüro 1992, 116.
5 *E. Schneider* MDR 1990, 682 und beiläufig auch vorstehend LAG Hamm.
6 OLG Schleswig MDR 1960, 484.
7 OVG Lüneburg MDR 1957, 318.
8 OLG Köln JurBüro 1961, 292.
9 OLG Nürnberg NJW 1966, 1522; OLG Schleswig SchlHA 1976, 132; siehe zu dieser Problematik *E. Schneider* NJW 1974, 1691.
10 OLG München AnwBl. 1973, 400.

Ich halte das grundsätzlich für richtig.[1] Leider wird insoweit meist die Bewertung des Einzelfalles und die allgemeine Interpretation der Gebührentatbestände verwechselt. Natürlich darf im Einzelfall der Streitwert nicht mit der Begründung erhöht oder erniedrigt werden, der Anwalt habe viel oder wenig Arbeit gehabt. Wohl ist es durchaus legitim, bei der Auslegung einer Bemessungsvorschrift auch zu berücksichtigen, ob eine Interpretation im Ergebnis den berechtigten Belangen der Anwälte entspricht. Denn die Streitwertvorschriften sollen grundsätzlich Wertregeln für Regelwerte darstellen, mit denen die Arbeit der Anwälte, aufs Ganze gesehen, angemessen vergütet wird. Eine Gesetzesinterpretation, die diesen gesetzgeberischen Zweck verfehlt, ist von der ratio legis her falsch. Im Rahmen der teleologischen Auslegung ist daher die Berücksichtigung der generellen Arbeitsmenge in typischen Prozesslagen nicht nur statthaft, sondern einfach unvermeidbar und notwendig. Wer daran zweifelt, wird schnell eines Besseren belehrt werden, wenn er sich einmal die Begründungen der verschiedenen Kostenrechts-Änderungsgesetze und die Stellungnahmen des Deutschen Anwaltsvereines dazu anschaut!   **936**

Einwendungen des Beklagten sind bei der Streitwertbemessung grundsätzlich außer acht zu lassen (oben Rn. 913 f.), es sein denn, sie führen zu einer Wertprivilegierung, wie etwa beim Einwand eines Mietverhältnisses gegenüber der Herausgabeklage. Nur der im Klageantrag enthaltene Anspruch des Klägers ist wertbestimmend.[2]   **937**

Wohl ist die jeweilige Prozessrolle von Bedeutung. So ist es möglich, dass das Interesse des Klägers bei unverändertem Gegenstand weit höher zu bewerten ist als das des Beklagten als Berufungsklägers;[3] umgekehrt kann das Interesse des Beklagten als Berufungsklägers, seine Beschwer, höher sein als das Interesse des Klägers, als der Streitgegenstand erster Instanz (siehe Rn. 966 „Beseitigung"). **938**

Der Streitwert der Klage wird auch nicht dadurch gemindert, dass der Kläger im Klageantrag die dem Beklagten geschuldete Gegenleistung anbietet, solange er sie nicht – etwa durch Aufrechnung – von der Klageforderung abgesetzt hat.[4] **939**

Für den Wert des Streitgegenstandes, der sich bei der Klage auf Herausgabe einer Sache gemäß § 6 ZPO nach dem Wert der Sache bemisst, sind die Einwendungen des Beklagten ebenfalls ohne Bedeutung. Die Höhe der Gegenforderung, wegen deren ein Zurückbehaltungsrecht geltend gemacht wird, bleibt nach herrschender Meinung selbst dann außer Betracht, wenn der Streit der Parteien nur um das Zurückbehaltungsrecht geht.[5] Siehe zu den Bedenken dagegen das Stichwort „Gegenleistung" Rn. 2235 ff. **940**

---

1 Siehe dazu *E. Schneider* NJW 1974, 1691.
2 OLG München ZfV 1952, 415; oben Rn. 870.
3 OLG Nürnberg MDR 1969, 1020: Streit um einen Kfz-Brief; Hauptanwendungsfälle finden sich im Rechtsmittelrecht beim „Auskunftsanspruch" Rn. 690 ff. und bei der Geltendmachung eines Zurückbehaltungsrechts, „Rechtsmittel" Rn. 4598 ff.
4 LG Münster JMBl.NW 1951, 10.
5 KG MDR 1954, 488.

941 **Ratenzahlungen auf eine Forderung** verringern die Höhe des Streitwerts nicht, wenn die Forderung dem Grunde nach bestritten wird.[1]

942 Rechtsfolgen, die sich ergeben, wenn eine **behauptete Tilgung** nicht festgestellt wird (Verfall späterer Raten), sind bei der Bemessung des Streitwerts als mittelbare Folgen außer Betracht zu lassen.[2]

C. Wertangaben und Amtsprüfung

943 Siehe auch die Stichwörter „Abänderung der Festsetzung" Rn. 17 ff. und „Angabe des Streitwerts" Rn. 236 ff.

944 Das Gericht ist bei der Festsetzung des Streitwerts an die Wertangaben der Verfahrensbeteiligten, auch wenn diese übereinstimmen, nicht gebunden.[3] Jedoch wird die Wertangabe des Klägers praktisch als Indiz berücksichtigt.[4]

945 Nach OLG Neustadt[5] bleibt sie sogar für die Wertfestsetzung mangels anderer Anhaltspunkte solange maßgebend, bis dargetan wird, dass die Wertangabe von Irrtum beeinflusst war.

946 Keinesfalls ist der Kläger aber schlechthin gehindert, eine ursprünglich **falsche Wertangabe** zu korrigieren, wie OLG München[6] angenommen hat. Siehe dazu das Stichwort „Angabe des Streitwerts" Rn. 250.

947 Wie in AnwBl. 1977, 233 ff. dargelegt worden ist, tendiert die Rechtsprechung zum Streitwertrecht dahin, die Parteien und Prozessbevollmächtigten dann an ihren ursprünglichen Wertangaben festzuhalten, wenn nachträgliche Abänderungen zu unvorhersehbaren Kostenbelastungen führen würden. Regelrechte Missbräuche zwingen mehr oder weniger dazu. Vgl. beispielsweise OLG Köln DB 1976, 1765 = Rpfleger 1976, 138: Beziffert der Kläger den Streitwert seiner Vollstreckungsgegenklage, zahlt er nach dieser Wertangabe den Prozesskostenvorschuss ein, terminiert das Gericht ohne Beanstandung der Streitwertangabe und rügt auch der Beklagte den Wertansatz bis zur Erledigung des Rechtsstreits durch Klagerücknahme nicht, dann ist es in der Regel mit den schutzwürdigen Interessen des Klägers nicht vereinbar, nach Abschluss des Verfahrens den Streitwert entsprechend dem Antrag eines Prozessbevollmächtigten auf den dreiundvierzigfachen (!!) Betrag zu erhöhen.

948 Ähnlich OLG München:[7] Als wichtiger Anhaltspunkt für die Streitwertbestimmung ist anzusehen, wie der Kläger selbst bei Anrufung des Gerichts sein Interesse beziffert. Nur dann, wenn sich die Interessenangabe als objektiv un-

---

1 OVG Münster ZMR 1960, 122.
2 OLG Nürnberg, KostRsp. GKG a.F. § 13 Nr. 1575.
3 KG Rpfleger 1962, 121 *Wenzel*, GK-ArbGG § 12 Rn. 71.
4 Vgl. OLG Karlsruhe WPM 1974, 501.
5 JurBüro 1961, 457.
6 WRP 1972, 397.
7 WRP 1977, 277.

vertretbar erweist, kann sie der Wertfestsetzung des Gerichts nicht als Grundlage dienen. Folgt das Gericht hingegen einer von der Partei als „realistisch" bezeichneten Wertschätzung, ist eine dann hiergegen gerichtete Beschwerde nach OLG Köln[1] mangels Beschwer unzulässig.

Gleichlautend wieder OLG Köln:[2] Hat das Landgericht bei **objektiver Klagenhäufung** einen bezifferten Streitwert zur Grundlage seiner Kostenentscheidung gemacht, dann ist im Interesse der Rechtssicherheit nur bei deutlichen Fehlbewertungen eine Änderung vorzunehmen.   949

Davon ist abzusehen, wenn die Wertfestsetzung auf den **eigenen Angaben des Antragstellers** beruht, die Bezifferung während der mehrjährigen Dauer des Verfahrens nicht beanstandet worden ist und die Wertfestsetzung erst nach Abschluss der Instanz von den Prozessbevollmächtigten mit dem Ziel der Streitwerterhöhung angegriffen wird.[3]   950

In einer weiteren Entscheidung hat das OLG Köln[4] entschieden, wenn sich der Streitgegenstand als solcher nicht verändere, bestehe regelmäßig kein Anlass, eine auf die Angaben des Klägers zurückgehende und von beiden Parteien über Jahre gebilligte Schätzung nur deshalb abzuändern, weil das Ergebnis einer Beweisaufnahme durch Einholung eines Sachverständigengutachtens zu einem höheren Schätzungsbetrag führe.   951

Ebenso liegt es bei der Bestimmung des Verkehrswerts von Sachen, die klageweise herausverlangt werden. Die **Wertangaben des Klägers** bei Klageerhebung sind der wichtigste Schätzungsumstand, insbesondere wenn davon die Zuständigkeit des Eingangsgerichts abhängt (§§ 2, 253 Abs. 3 ZPO), dem Beklagten die Gegenstände bekannt sind und er die Wertangaben des Klägers erst als übersetzt rügt, wenn er im Rechtsstreit unterlegen ist.[5]   952

In einer ebenfalls einschlägigen Entscheidung des OLG Celle[6] finden sich folgende Ausführungen, die nachdenklich stimmen sollten: 953

„Es gehört zu den – leider vielfach vernachlässigten – Pflichten des Gerichts, den Kläger beizeiten wissen zu lassen, in welchem Rahmen sich seine Ermessensausübung bewegen wird und welchen ungefähren Betrag es nach dem als richtig unterstellten Klagevorbringen (für einen Schmerzensgeldanspruch) für angemessen hält. In aller Regel ist es zweckmäßig, bei unbezifferten Zahlungsanträgen den Streitwert so rechtzeitig vor Schluss der mündlichen Verhandlung festzusetzen, dass sich die Parteien hierauf noch mit ihren Anträgen einstellen können und spätere Diskrepanzen zwischen Streitwert und Urteil vermieden werden."

---

1 OLGR 1993, 248.
2 Rpfleger 1977, 187 = DWW 1977, 41.
3 OLG Köln, Beschl. v. 27. 6. 1979 – 2 U 7/79, JurBüro 1979, 1544 = JMBl.NW 1979, 245 = VersR 1979, 945 = KostRsp. GKG § 25 Nr. 33 mit Anm. *E. Schneider* – Antrag und Streitwertbeschwerde des sich selbst vertretenden Prozessbevollmächtigten nach Obsiegen, den Wert von 10 000 DM auf 183 000 DM anzuheben.
4 OLG Köln, Beschl. v. 21. 3. 1979 – 2 W 33/79, KostRsp. GKG § 15 Nr. 1 mit Anm. *E. Schneider* und *Lappe*.
5 OLG Köln, Beschl. v. 18. 4. 1988 – 2 W 75/88, KostRsp. GKG § 23 Nr. 4.
6 OLG Celle NJW 1977, 343.

954 Die Behauptung einer Partei, die in einer Ehescheidungssache zur Frage des Streitwerts ihren Verdienst als Prostituierte mit einem monatlich festen Betrag angegeben hatte, sie sei dabei einem Irrtum erlegen, genügt nicht, um von der Unrichtigkeit der früheren Angaben zu überzeugen, zumal wenn sie der Auflage, ihre Einnahmen in glaubhafter Weise darzulegen, nicht nachkommt.[1]

955 Gericht und Anwälte sollten daher gleichermaßen schon bei der **vorläufigen Wertfestsetzung** (§ 63 Abs. 1 S. 1 GKG) und spätestens bei der Festsetzung bei Abschluss der Instanz (§ 62 Abs. 2 S. 1 GKG) um eine solche bemüht sein, die der Begründung nach ausdiskutiert ist, so dass kein Anlass besteht, später mit der Streitwertbeschwerde Korrekturen anzustreben. Wird das versäumt, dann droht den Anwälten, dass sie an den ursprünglichen Wertangaben festgehalten werden und keine wertangemessene Vergütung erhalten (siehe dazu auch oben das Stichwort „Angabe des Streitwerts" Rn. 261 ff.).

956 In vermögensrechtlichen Streitigkeiten vor dem Landgericht ist die Nichtrüge der Zuständigkeit des Gerichts nach KG[2] ein Indiz dafür, dass der Wert des Streitgegenstandes mindestens die Erwachsenheitssumme erreicht. Jedoch ist diese Auffassung willkürlich und abzulehnen. Es besteht kein Anhalt für die Vermutung, eine Partei sei deshalb zur Führung des Rechtsstreits vor dem Landgericht bereit, weil der Streitwert dessen Zuständigkeitsgrenze erreiche.

957 Der Streitwert darf, wenn das Gericht ihn nicht anders zu ermitteln können meint, auch unter Heranziehung eines **Sachverständigen** beziffert werden (§ 64 GKG; siehe das Stichwort „Sachverständigenschätzung").

958 Wird eine **Abschätzung** durch Sachverständige erforderlich, so ist in dem Streitwertbeschluss auch über die Kosten der Abschätzung zu entscheiden. Sie können ganz oder teilweise der Partei auferlegt werden, die die Abschätzung durch Unterlassen der ihr obliegenden Wertangabe, durch unrichtige Angabe des Wertes, durch unbegründetes Bestreiten des angegebenen Wertes oder durch eine unbegründete Beschwerde veranlasst hat.

959 Auch der Rechtsanwalt als Führer einer Streitwertbeschwerde kann auf diese Weise mit Kosten belastet werden. Die Abwälzung der Kosten ist jedoch Ausnahme. Grundsätzlich fallen die Schätzungskosten der Staatskasse zur Last, da die richtige Ermittlung des Streitwertes von Amts wegen geboten ist.[3]

960 Das OLG Neustadt[4] meint, die Kosten für eine vom Gericht zur Streitwertfestsetzung angeordnete Abschätzung des Streitobjektes seien zwischen der Staatskasse und derjenigen Partei zu teilen, die einen unrichtigen Wert angegeben habe. Ebenso OLG München.[5]

---

1 KG Rpfleger 1962, 121.
2 KG Rpfleger 1962, 153.
3 Zu Einzelheiten vgl. *Markl* GKG § 26 Anm. 4 ff.
4 OLG Neustadt JurBüro 1954, 465.
5 OLG München, Beschl. v. 17. 8. 1993 – 3 W 2181/93, KostRsp. GKG § 26 Nr. 8 mit Anm. *Herget* = OLGR 1994, 96 (je ein Drittel für Kläger, Beklagtenvertreter und Staatskasse).

Ein solcher Grundsatz dürfte jedoch zu schematisch sein. Darüber hinaus ist es 961
erfahrungsgemäß so, dass man in so gut wie jeder Sache ohne eine Abschätzung
nach § 26 GKG auskommen kann. Ein derartiges finanziell aufwendiges Verfahren lässt sich durch Anwendung des Schätzungsermessens aus § 3 ZPO vermeiden.

Ist der Streitwert nach **freiem Ermessen** des Gerichts festzusetzen und festge- 962
setzt worden, so bedeutet das nicht, dass der von der Vorinstanz festgesetzte
Streitwert im Beschwerdeverfahren nur daraufhin zu prüfen ist, ob ein Ermessensmissbrauch oder eine Ermessensüberschreitung vorliegt. Vielmehr hat das
Beschwerdegericht die Entscheidung des Prozessgerichts in vollem Umfang
nachzuprüfen, wobei an die Stelle des Ermessens der ersten Instanz das Ermessen des Beschwerdegerichts tritt.

D. Ausgewählte Einzelfälle

Die nachfolgende Zusammenstellung hat nur informativen Charakter. Sie soll 963
einen Überblick über die Vielfalt der Bemessungsgesichtspunkte geben, wobei
an aufschlussreiche Sachverhalte angeknüpft wird. Für die Fallbearbeitung ist
zusätzlich auf die speziellen Hauptstichwörter dieses Buches und auf das Sachregister zurückzugreifen.

Auskunft

Bei Auskunftsklagen ist der Wert nach dem Interesse des Klägers an Auskunft 964
und Rechnungslegung zu bestimmen. Dieser Wert ist nicht nach den subjektiven Vorstellungen des Klägers und nicht nach dem Ergebnis des Streites zu
bemessen, sondern nach objektiven Anhaltspunkten für die Zeit der Klageerhebung. Wertangaben der Parteien und wirklicher Wert der Gegenstände, über die
Auskunft verlangt wird, sind gewichtige Bewertungsumstände. Sie haben aber
nur die Bedeutung von Indizien.[1]

Siehe näher das Stichwort „Auskunftsanspruch", Rn. 647 ff. 965

Beseitigung

Verlangt der Kläger Beseitigung einer Eigentumsstörung, dann bemessen sich 966
erstinstanzlicher Zuständigkeits- und Gebührenwert nach seinem Interesse an
der Beseitigung. Wird der Beklagte verurteilt, dann ermittelt der BGH dessen
Beschwer nicht anhand des Klägerinteresses, das auch nicht die Obergrenze der
Beschwer bildet,[2] sondern nach dem Interesse des Beklagten, sich gegen die

---

1 OLG Celle Nds.Rpfl. 1961, 221.
2 Anders z.B. BGH, Beschl. v. 14. 10. 1993 – LwZB 6/93, KostRsp. ZPO § 8 Nr. 11 = MDR
   1994, 100.

Kosten einer Ersatzvornahme zu wehren. Die Beschwer kann deshalb höher sein als der Wert des Streitgegenstandes.[1]

Deflorationsanspruch – § 1300 BGB

967 Beim Deflorationsanspruch ist bei der Wertfestsetzung ohne Rücksicht auf einen Vorschlag des Klägers von dem Betrag auszugehen, den das Gericht als angemessen erachtet, sofern nicht der Kläger einen Mindestbetrag oder einen Höchstbetrag nennt.[2] Dies entspricht der damaligen Judikatur zur Bewertung von Schmerzensgeldansprüchen. Heute wird eine Bindung an die Wertangabe angenommen (siehe näher dazu das Stichwort „Unbezifferte Anträge"). Irgendwelche praktische Bedeutung haben diese Fälle heute nicht mehr.

Feststellungsklage

968 Erhebt der Kläger die negative Feststellungsklage bereits in einem Zeitpunkt, in dem ihm Schadensersatzansprüche nur allgemein angedroht sind, dann kommt es für den Streitwert nicht auf die Vorstellung des Klägers von der Höhe der Rechtsberühmung des Beklagten bei Klageerhebung an, sondern ausschließlich darauf, welcher Forderungen der Beklagte sich im Verlaufe des Rechtsstreits tatsächlich ernsthaft berühmt.[3] Unberücksichtigt bleiben Beträge, die durch objektive Klagenhäufung (§ 260 ZPO) schon beziffert miteingeklagt worden sind.[4]

969 Bei der Wertfestsetzung dürfen zudem nur solche Umstände herangezogen werden, von denen das Gericht vor der letzten mündlichen Verhandlung Kenntnis erlangen konnte.[5]

Der Streitwert eines Antrages auf Feststellung, dass der Beklagte verpflichtet ist, einem Dritten bestimmte Räume zur Verfügung zu stellen, bemisst sich nach dem Interesse, das der Kläger daran hat, aus den streitigen Räumen auszuziehen, damit er eine andere Wohnung beziehen kann.[6]

970 Zu Einzelheiten siehe das Stichwort „Feststellungsklage".

---

1 BGH, Beschl. v. 10. 12. 1993 – V ZR 168/92, KostRsp. ZPO § 3 Nr. 1170 = MDR 1994, 839 = EBE/BGH 1994, 39 = Grundeigentum 1994, 273 = LM ZPO § 2 Nr. 8 mit Anm. *Grunsky* = NJ 1994, 191 = NJW 1994, 735 = WPM 1994, 810; Aufgabe der bisherigen Rechtsprechung, Beschl. v. 23. 1. 1986 – V ZR 119/85, KostRsp. ZPO § 3 Nr. 812 = JurBüro 1986, 910 = MDR 1986, 663 = NJW-RR 1986, 737; KostRsp. ZPO § 3 Nr. 1134; siehe auch das Stichwort „Rechtsmittel" Rn. 4520 ff.
2 OLG Nürnberg JurBüro 1962, 224.
3 OLG Frankfurt JurBüro 1960, 264.
4 OLG Bamberg, KostRsp. ZPO § 3 Nr. 825 mit Anm. *E. Schneider* = JurBüro 1986, 1079.
5 OLG Bamberg JurBüro 1980, 1865.
6 LG Köln WuM 1957, 40.

Herausgabe

Verlangt der Kläger einen Kraftfahrzeug-Brief heraus, weil er das Fahrzeug ver- 971
äußern will und dazu den Brief benötigt, so ist das für die Wertfestsetzung nach
§ 3 ZPO zu schätzende Interesse groß.[1]

Das Interesse des Beklagten, der im Fall Rn. 971 gegen seine Verurteilung Be- 972
rufung einlegt, weil er an dem Brief ein Zurückbehaltungsrecht habe, kann
wesentlich geringer zu bewerten sein. Entsprechend § 6 ZPO richtet es sich
nämlich nur nach seinem Interesse an der Berechtigung der Forderung, derentwegen er zurückbehält.[2]

Zu Einzelheiten siehe die Stichwörter „Herausgabe" und „Rechtsmittel" 973
Rn. 4701 f.

Importeurvertrag

Der Gegenstandswert eines Importeurvertrages mit langjähriger Restlaufzeit ist 974
frei zu schätzen, wobei als maßgebende Umstände in Betracht kommen: der
Inhalt des Auftrags an den Rechtsanwalt; das Interesse der Partei am Bestand
des Vertrages; die wirtschaftliche Bedeutung der Vertragsausführung und die
Gewinnerwartungen, mögliche Verluste, die Laufzeit des Vertrages sowie wirtschaftliche Risiken.[3]

Rentenanspruch

Bereits bei Klageeinreichung angesammelte Rückstände („fällige Beträge") eines 975
Rentenanspruchs sind dem Streitwert für die Rente hinzuzusetzen, § 42 Abs. 5
GKG.[4]

Eine Erhöhung des Streitwerts um die nach Erhebung der Klage aufgelaufenen 976
Unterhaltsraten ist auch dann nicht angängig, wenn nach mehrjähriger Dauer
des Rechtsstreits der gesamte Rückstand in der letzten mündlichen Verhandlung in einem Antrag ziffernmäßig besonders geltend gemacht wird.[5]

Zu Einzelheiten siehe die Stichwörter „Rente", „Rückstände" und „Unter- 977
halt".

Unbestimmter Klageantrag

Bei der Bemessung des Streitwertes für einen unbestimmten Klageantrag ist 978
von den tatsächlichen Behauptungen des Klägers und den an diese Behauptungen geknüpften Erwartungen auszugehen.[6]

---

1 OLG Nürnberg MDR 1969, 1020: mit $1/2$ bewertet.
2 OLG Nürnberg MDR 1969, 1020: die Forderung betrug 20 DM.
3 BGH JurBüro 1980, 1809 = MDR 1980, 828 = NJW 1980, 2128 = WPM 1980, 1044).
4 OLG Düsseldorf NJW 1957, 1638).
5 OLG Hamm JMBl.NW 1956, 106.
6 OLG Köln JurBüro 1969, 265.

979 Bei mehrfacher Klagebegründung ist von derjenigen Begründung auszugehen, die zur höchsten richterlichen Schätzung und damit zum höchsten Streitwert führt.[1] Bleiben die beweismäßig getroffenen Feststellungen dahinter zurück, so ist das bei der Kostenverteilung gemäß § 92 ZPO zu berücksichtigen, nicht aber bei der Streitwertbemessung.

980 Der Streitwert bei unbeziffertem Antrag deckt sich also nicht mit dem zugesprochenen Betrag, sondern richtet sich – wie stets – nach dem Begehren des Klägers.[2]

981 Einzelheiten zu der mittlerweile umstrittenen und unklaren Fallgruppe finden sich bei dem Stichwort „Unbezifferte Anträge".

Unterlassungsanspruch

982 Für den Streitwert ist grundsätzlich auf den Zeitpunkt der Klageerhebung abzustellen. Deshalb ist der Umstand, dass das Interesse des Klägers an einem geltend gemachten Unterlassungsanspruch gegen Ende des Rechtsstreits geringer geworden ist, nach OLG Nürnberg[3] auf die Wertfestsetzung ohne Einfluss.

983 Demgegenüber nimmt das OLG Neustadt[4] an, dass der Wert einer Klage auf Unterlassung ehrkränkender Äußerungen oder auch auf Unterlassung bestimmter Handlungen des unlauteren Wettbewerbs in den verschiedenen Instanzen nicht gleichzubleiben brauche. Es sei möglich, dass der Kläger der Sache später nicht mehr die ursprüngliche Bedeutung beimesse, und dies sei zu beachten. Dem ist zuzustimmen, soweit auf die verschiedenen Instanzen abgestellt wird. In der Instanz sind „Interesseschwankungen" unbeachtlich (§ 40 GKG).

984 Das KG[5] verlangt für die Anträge auf Verurteilung zur Unterlassung und zum Widerruf einer ehrkränkenden Behauptung gesonderte Streitwertfestsetzungen. Bei der Bewertung solcher Ansprüche soll auch die Stellung der Parteien im öffentlichen Leben berücksichtigt werden.

985 Siehe dazu auch die Stichwörter „Ehrkränkende Äußerungen" und „Gewerblicher Rechtsschutz".

Vergleich

986 Wenn die Parteien für einen Prozessvergleich einen höheren Streitwert vereinbaren, ist dieser und nicht die spätere geringere gerichtliche Wertfestsetzung maßgebend, soweit es um die Gebühren der Prozessbevollmächtigten geht.[6]

---

1 LG Berlin JVBl. 1937, 68.
2 OLG Bremen JurBüro 1956, 229.
3 OLG Nürnberg, Beschl. v. 12. 6. 1963 – 2 W 87/63, KostRsp. ZPO § 4 Nr. 60 MDR 1963, 127 = NJW 1963, 300.
4 OLG Neustadt JurBüro 1964, 599.
5 KG JurBüro 1969, 320.
6 OLG Hamm JurBüro 1975, 938.

Ohne eine solche Vereinbarung ist der Gegenstand des Vergleichs Bewertungs- 987
objekt, nicht etwa die (höhere oder niedrigere) vereinbarte Leistung, auch nicht,
wenn sie als Kapitalbetrag geschuldet wird.

Näheres findet sich bei dem Stichwort „Vergleich". 988

Vollstreckungsklausel

Der Bemessungszeitpunkt bei einem Antrag auf Erteilung der Vollstreckungs- 989
klausel ist nach § 40 GKG zu bestimmen, wonach in der Zwangsvollstreckung
– wie im Erkenntnisverfahren – für die Wertberechnung der Zeitpunkt der die
Zwangsvollstreckung einleitenden Prozesshandlung entscheidend ist.

Zukunftsschaden

Bei der Bewertung eines Feststellungsinteresses hinsichtlich eines zukünftigen 990
Schadens ist nach dem Grundsatz des § 4 ZPO von den Erkenntnismöglichkeiten auszugehen, wie sie z.Z. der Klageerhebung bereits vorhanden waren.
Bestand die Möglichkeit, zu einer bestimmten, für die Beurteilung des Streitwerts wichtigen Erkenntnis zu gelangen, bereits im Zeitpunkt der Klageerhebung, wurde sie nur nicht genutzt und wird dies nachträglich erkannt, so dürfen diese Erkenntnisquellen nachträglich für die Streitwertfestsetzung nutzbar
gemacht werden. Aufgrund nachträglich entstandener Erkenntnismöglichkeiten kann aber eine Änderung des Streitwertes nicht begehrt werden. Das zu
Beginn des Rechtsstreits ermittelte Feststellungsinteresse bleibt für die gesamte
Dauer des Prozesses maßgebend.[1]

Beratungshilfe

Die Anwaltsgebühren in Beratungshilfesachen sind **streitwertunabhängig**. In 991
den Nrn. 2500 VV RVG ff. (Nrn. 2600 VV RVG ff. a.F.) sind ausschließlich Festbeträge vorgesehen. Die Vereinbarung eines Honorars oder der gesetzlichen Gebühren ist unzulässig (§ 8 BerHG).

Wird der Anwalt damit beauftragt, den Beratungshilfeantrag zu stellen, insbe- 992
sondere im Falle des § 4 Abs. 2 S. 3 BerHG, ist die Tätigkeit durch die Bera-
tungshilfegebühren mit abgegolten. Streitwertfragen stellen sich daher nicht.
Sie treten erst auf ab Beginn des Prozesskostenhilfeprüfungsverfahrens
(Nr. 3335 VV RVG; § 16 Nr. 2 RVG i.V.m. den Gebührentatbeständen der
Hauptsache).

---

1 OLG Schleswig Rpfleger 1962, 425.

993 Legt der Anwalt gegen die Ablehnung der Beratungshilfe Erinnerung ein, löst dies keine Gerichtsgebühren aus, wohl aber eine Anwaltsvergütung (§ 18 Nr. 5 RVG i.V.m. Nr. 3500 VV RVG).

994 Die Anm. Abs. 1 Nr. 1 zu Nr. 3335 VV RVG ist nicht anwendbar und mit der hier gegebenen Interessenlage nicht vergleichbar.

995 Der Gegenstandswert richtet sich nach § 23 Abs. 3 S. 3 i.V.m. S. 1 RVG und dürfte sich auf das Kosteninteresse belaufen, also auf die von der Staatskasse voraussichtlich zu übernehmenden Kosten. Dabei wird es sich angesichts der geringen Beratungshilfegebühren wohl stets um die unterste Streitwertstufe handeln.

Bereicherungsansprüche

996 Wird eine Klage auf Bereicherungsrecht gestützt, dann richtet sich der Streitwert danach, was begehrt wird. Die in Betracht kommenden Ansprüche sind zahlreich, z.B. Einräumung einer Mitberechtigung,[1] Wiedereinräumung des Besitzes, Befreiung von einer Verbindlichkeit[2] oder von der persönlichen Haftung,[3] Wiedereinräumung einer Rangstelle im Grundbuch, Verzicht auf ein Recht bzw. eine Rechtsposition usw. Der Streitwert ist dann anhand des Klageantrages zu ermitteln. Im Regelfall wird er nach § 3 ZPO zu schätzen sein.

997 Bei Klagen auf **Zahlung** oder **Abtretung**[4] ist gemäß § 6 S. 1 ZPO der verlangte Betrag bzw. der Wert der abzutretenden Forderung maßgebend. Geht der Bereicherungsanspruch auf **Herausgabe** einer Sache, ist gemäß § 6 S. 1 ZPO deren Wert bestimmend.[5]

998 **Zinsen** und **Nutzungen** sind nur dann Teil der Hauptforderung, wenn sie Gegenstand eines einheitlichen bereicherungsrechtlichen Gesamtanspruchs sind. Dies ist etwa der Fall beim Anspruch auf Herausgabe des zur Bezahlung einer Nichtschuld nebst Zinsen aufgewandten Betrags oder beim Anspruch auf Zustimmung zur Auszahlung einer aus hinterlegtem Betrag und aufgelaufenen Zinsen bestehenden Hinterlegungsmasse.[6]

999 Bei der Bemessung des Wertes eines **Freistellungsanspruchs** sind neben der Forderung, von der Freistellung begehrt wird, auch die Kosten eines wegen

---

1 OLG Hamburg MDR 1959, 753.
2 BGH WM 1990, 616; BGH WM 1990, 1324; BGH NJW 1974, 2128; KG, Beschl. v. 7. 7. 1998 – 4 U 9420/97, 4 W 1378/98, JurBüro 1998, 648; OLG Bremen, Beschl. v. 23. 10. 2002 – 3 U 94/01, AGS 2003, 214 mit Anm. *N. Schneider*.
3 RG JW 1927, 1931.
4 BGH WM 1990, 799.
5 RG JW 1897, 541; OLG Breslau OLGE 35, 24.
6 BGH, Beschl. v. 15. 2. 2000 – XI ZR 273/99, NJW-RR 2000, 1015; RG JW 1909, 691; RG HRR 1931 Nr. 252.

dieser Hauptforderung geführten Vorprozesses zu berücksichtigen. Denn diese stellen Schadensersatzansprüche dar, die als Haupt- und nicht als Nebenforderungen zu qualifizieren sind.[1] Erheben mehrere Gesamtschuldner Klage auf Freistellung von einer Forderung, für die jeder von ihnen gesamtschuldnerisch haftet, findet keine Wertaddition statt.[2]

Ist Geld Gegenstand des Bereicherungsanspruchs, so sind die erlangten Zinsen ebenfalls herauszugeben.[3] Gleiches gilt für ersparte Zinsen, wenn das Geld zur Schuldentilgung verwendet wurde.[4] Ansonsten beeinflussen sie als Nebenforderungen gemäß § 4 Abs. 1 ZPO, § 43 GKG den Streitwert nicht.   1000

Berichtigung

Siehe das Stichwort „Grundbuchberichtigung".

Berufsunfähigkeitsrente

Bei Leistungen aus einer Berufsunfähigkeitsrente handelt es um wiederkehrende Ansprüche, die nach § 9 ZPO zu bewerten sind.[5]   1001

Die Regelung des § 42 Abs. 1 S. 1 GKG (§ 17 Abs. 2 S 1 GKG a.F.) findet im Deckungsprozess des Versicherungsnehmers gegen den Versicherer keine Anwendung.[6]   1002

Ausgehend von der früheren Fassung des § 9 ZPO nahm die Rechtsprechung den $12^1/_2$-fachen Jahresbetrag der beanspruchten Leistung an.[7] Dem Grunde   1003

---

1 OLG Bremen, Beschl. v. 23. 10. 2002 – 3 U 94/01, AGS 2003, 214 mit Anm. *N. Schneider.*
2 BGH, Beschl. v. 1. 12. 2004 – IV ZR 1/04, RVG-Berater 2005, 36.
3 BGH, Urteil v. 15. 2. 2000 – XI ZR 76/99, NJW 2000, 1637.
4 BGH, Urteil v. 6. 3. 1998 – V ZR 244/96, BGHZ 138, 160; BGH, Urteil v. 16. 7. 1999 – V ZR 56/98, NJW 1999, 2890.
5 OLG Hamm, Beschl. v. 19. 5. 1985 – 20 W 45/82, juris; OLG Hamm, Urteil v. 1. 7. 1981 – 20 U 264/80; OLG Hamm, Beschl. v 21. 7. 1986 – 20 U 229/85, JurBüro 1986, 1543; OLG Karlsruhe, Beschl. v. 6. 4. 1992 – 12 W 14/92, AGS 1994, 5 (Anschluss an BGH, Beschl. v. 11. 11. 1981 – IVa ZR 56/80, NJW 1982, 1399); OLG Köln, Beschl. v. 12. 12. 1988 – 5 W 101/88, VersR 1989, 378.
6 OLG Karlsruhe 6. 4. 1992 – 12 W 14/92, AGS 1994, 5 (Anschluss an BGH, Beschl. v. 11. 11. 1981 – IVa ZR 56/80, NJW 1982, 1399; OLG Köln, Beschl. v. 12. 12. 1988 – 5 W 101/88, VersR 1989, 378.
7 OLG Hamm, Beschl. v. 19. 5. 1985 – 20 W 45/82, n.v. zitiert nach juris; OLG Hamm, Urteil v. 1. 7. 1981 – 20 U 264/80 , n.v. zitiert nach juris.

nach kann diese Rechtsprechung übernommen werden; nach der Neufassung des § 9 ZPO ist insoweit jetzt vom $3^1/_2$-fachen Jahresbetrag auszugehen.

1004 Die bis zur Klageerhebung angefallenen **fälligen Leistungen** sind hinzuzusetzen.[1]

1005 Ein niedriger Streitwert kann gemäß § 3 ZPO festgesetzt werden, wenn ein **kürzerer Bezugszeitraum** absehbar ist.[2]

1006 Wird lediglich auf **Feststellung** geklagt, ist ein Abzug von 20 % vorzunehmen.[3]

1007 Wird neben einer Klage auf Leistungen aus einer Berufsunfähigkeits-Zusatzversicherung zugleich die Feststellung begehrt, dass der Versicherungsvertrag trotz einer Anfechtung wegen arglistiger Täuschung fortbestehe, so bemisst sich der Streitwert der Feststellungsklage nach dem 3 fachen Jahresbetrag der Rentenleistung abzüglich 20 % sowie dem Wert der damit verbundenen Beitragsfreistellung ($3^1/_2$-facher Jahresbetrag abzüglich 20 %).[4]

1008 Besteht **Streit über die Wirksamkeit eines Rücktritts** des Versicherers von einer Berufsunfähigkeitszusatzversicherung, so ist der Streitwert – sofern der Versicherungsnehmer zwischenzeitlich den Eintritt des Versicherungsfalles angezeigt hat – nicht mit der fünffachen Jahresprämie, sondern mit der Hälfte der bis zum vereinbarten Versicherungsende anfallenden Versicherungsleistung (hier: Rente plus Prämienfreiheit) festzusetzen.[5]

1009 Für eine Feststellungsklage auf Fortbestand einer Berufsunfähigkeits-Zusatzversicherung, bezüglich derer nicht geklärt ist, ob der Versicherungsfall bereits eingetreten ist, kann die **Beschwer** mit 50 % des für eine Klage auf Leistung aus dieser Zusatzversicherung maßgeblichen Wertes angesetzt werden.[6]

Berufung

Siehe das Stichwort „Rechtsmittel".

---

1 OLG Karlsruhe, Beschl. v. 6. 4. 1992 – 12 W 14/92, AGS 1994, 5 (Anschluss an BGH, Beschl. v. 11. 11. 1981 – IVa ZR 56/80, NJW 1982, 1399).

2 OLG Köln, Beschl. v. 12. 12. 1988 – 5 W 101/88, VersR 1989, 378; BGH, Beschl. v. 11. 11. 1981 – IVa ZR 56/80, NJW 1982, 1399.

3 OLG Köln, Beschl. v. 12. 12. 1988 – 5 W 101/88, VersR 1989, 378.

4 BGH, Beschl. v. 17. 5. 2000 – IV ZR 294/99, NJW-RR 2000, 1266 = NVersZ 2000, 425 = VersR 2001, 600.

5 BGH, Beschl. v. 11. 7. 1990 – IV ZR 100/90, NJW-RR 1990, 1361 = RuS 1990, 360.

6 BGH, Beschl. v. 12. 2. 1992 – IV ZR 241/91, NJW-RR 1992, 608 = EzFamR ZPO § 9 Nr. (3).

Berufungsrücknahme

Literatur: *Enders* JurBüro 2003, 562.

Nach Rücknahme der Berufung ergeht von Amts wegen ein Beschluss, in dem **1010** der Berufungsführer des Rechtsmittels der Berufung für verlustig erklärt wird und ihm die Kosten des Berufungsverfahrens auferlegt werden (§ 516 Abs. 3 ZPO). **Gerichtsgebühren** fallen für diesen Beschluss nach § 516 Abs. 3 ZPO nicht an. Die Frage, welcher Gegenstandswert für die Verlustigerklärung im Hinblick auf die **Anwaltsgebühren** festzusetzen ist, ist umstritten. Dabei muss bei der Lektüre älterer Entscheidungen allerdings beachtet werden, dass früher der Beschluss nach § 515 Abs. 3 ZPO a.F. nur auf Antrag erging und daher eine entsprechende Tätigkeit des Anwalts voraussetzte, die aufgrund des nunmehr von Amts wegen ergehenden Beschlusses nicht mehr erforderlich ist.

Nach einer Ansicht[1] ist der Wert des Hauptsacheverfahrens für den Streitwert **1011** maßgeblich. Nach anderer Ansicht[2] richtet sich der Streitwert nach dem Betrag derjenigen Kosten, die bis zur Rücknahme des Rechtsmittels angefallen sind. Darüber hinaus sei ggf. für die Verlustigerklärung ein eigener, nach § 3 ZPO zu schätzender Wert zu addieren.[3]

Da sowohl die Verlustigerklärung als auch die Kostentragungspflicht des Beru- **1012** fungsführers von Amts wegen in demselben Beschluss ausgesprochen werden, kommt nur ein gemeinsamer Gegenstandswert in Betracht. Richtigerweise muss für die Berechnung dieses Wertes nach dem Zeitpunkt der Berufungsrücknahme differenziert werden:

Ist – was in der Praxis allerdings selten sein dürfte – die Berufungsfrist noch **1013** nicht abgelaufen, kann dem Beschluss über Verlustigerklärung und Kosten nur der Wert der bisher entstandenen Kosten beigemessen werden. Denn die Verlustigerklärung hat für den Berufungsbeklagten in diesem Fall kein zusätzlich messbares Interesse, da sie sich nur auf das konkrete Rechtsmittel bezieht und eine erneute Berufung innerhalb der laufenden Frist eingelegt werden kann.[4]

Ist jedoch die Berufungsfrist im Zeitpunkt der Rücknahme bereits abgelaufen, **1014** so bedeutet die Verlustigerklärung, dass der Berufungsbeklagte vor einem erneuten Angriff gegen das erstinstanzliche Urteil geschützt und der Rechtsstreit

---

1 RGZ 155, 382; RG JW 1883, 269; RG JW 1894, 85; OLG München, Beschl. v. 27. 2. 2004 – 19 U 1540/04, MDR 2004, 966.
2 BGH, Beschl. v. 14. 12. 1954 – V ZR 8/53, BGHZ 15, 394; OLG Hamm, KostRsp. ZPO § 3 Nr. 23; OLG Koblenz, Beschl. v. 3. 12. 1982 – 14 W 651/82, MDR 1983, 414; OLG Koblenz, Beschl. v. 13. 7. 1995 – 13 UF 375/95, JurBüro 1996, 307; Zöller/*Gummer/ Heßler* § 516 ZPO Rn. 27.
3 Vgl. BGHZ 15, 394; *Herget* Anm. zu KostRsp. BRAGO § 31 Ziff. 1 Nr. 81; *Schneider* JurBüro 1970, 899 f.; vgl. auch die Stichwörter „Verlustigerklärung" und „Klagerücknahme".
4 BGHZ 27, 60; BGH NJW 1994, 737.

abgeschlossen ist. Insofern ist es hier gerechtfertigt, den Wert des Beschlusses nach § 516 Abs. 3 ZPO gemäß § 3 ZPO auf den vollen Wert des Berufungsverfahrens zu schätzen.

1015 Der praktische Anwendungsbereich für diesen Streitwert ist allerdings gering: Ist der Anwalt Prozessbevollmächtigter des vorhergehenden Rechtszugs, so erhält er für die Tätigkeit im Rahmen des Beschlusses nach § 516 Abs. 3 ZPO keine Gebühr (§ 19 Abs. 1 Nr. 9 RVG).[1] Für den Prozessbevollmächtigten des Berufungsverfahrens ist die Tätigkeit mit der Verfahrensgebühr (Nr. 3200 VV RVG) bzw. – wenn die Rücknahme im Termin erklärt wird – mit der Terminsgebühr (Nr. 3202 VV RVG) abgegolten. Es verbleibt damit nur der Anwalt, für den die Entgegennahme der Rücknahmeerklärung und des Beschlusses nach § 516 Abs. 3 ZPO eine Einzeltätigkeit darstellt.

1016 Ein spezielles, bei allen Rechtsmitteln auftretendes Problem ist, inwieweit der Berufungsstreitwert künstlich herabgesetzt werden darf, um Kosten zu ersparen, indem vor der Rücknahmeerklärung ein ganz niedrig gehaltener fingierter Sachantrag gestellt wird. Diese Frage wird bei dem Stichwort „Rechtsmittel" erörtert. Dort finden sich auch Ausführungen zu der Prozesslage, dass eine nur versehentlich eingelegte Berufung zurückgenommen wird. Bewertungskontroversen wie bei der Zurücknahme einer Berufung können auch bei der Klagerücknahme auftreten.[2]

Beschränkte Haftung

Siehe das Stichwort „Haftungsbeschränkung".

Beschränkt persönliche Dienstbarkeit

Siehe das Stichwort „Dienstbarkeit (§ 1090 BGB)".

Beschwerde

Siehe das Stichwort „Rechtsmittel".

---

1 OLG Hamburg, Beschl. v. 14. 7. 2003 – 8 W 152/03, MDR 2003, 1261.
2 Vgl. das Stichwort „Klagerücknahme".

Beseitigung

Literatur: *Gerold* JurBüro 1959, 364 (Beseitigung eines auf einem zu räumenden Pacht-grundstück errichteten Bauwerks); *Schmidt* JurBüro 1961, 379 (Beseitigung von Bau-schutt).

A. Zuständigkeits- und Gebührenstreitwert

Gemäß § 3 ZPO, § 48 Abs. 1 GKG (§ 12 Abs. 1 GKG a.F.) ist der Wert des Besei-tigungsverlangens nach freiem Ermessen zu schätzen. Wertbestimmend ist hierbei das Interesse des Klägers an der Beseitigung, d.h. an der Wiederherstel-lung des rechtmäßigen Zustandes. Dabei sind insbesondere die wirtschaftlichen Nachteile zu berücksichtigen, die dem Kläger durch den unrechtmäßigen Zu-stand erwachsen.[1] Dieses Interesse ist wertmäßig in der Regel nicht identisch mit dem zur Wiederherstellung erforderlichen Aufwand. Der Beseitigungsauf-wand ist auch nicht neben dem Wiederherstellungsinteresse zu berücksichti-gen.[2] Ebenfalls ohne Bedeutung ist – an dieser Stelle – das Abwehrinteresse des Beklagten.

1017

B. Rechtsmittel und Beschwer

Die Beschwer ist für den Kläger und den Beklagten in der Regel unterschiedlich zu bemessen. Während die Beschwer des vollständig unterliegenden Klägers dem Gebührenstreitwert entspricht, kann die Beschwer des unterliegenden Be-klagten diesen Betrag übersteigen.[3] Denn die Beschwer des Beklagten bestimmt sich nach dessen Interesse, nicht mit dem mit der Beseitigung verbundenen Aufwand belastet zu werden. Diese entspricht daher regelmäßig dem zur Wie-derherstellung des nach dem Urteil geschuldeten Zustand erforderlichen Auf-wand, den sog. Beseitigungskosten.[4]

1018

Zur Beschwer bei der Verurteilung zur Beseitigung einer **Eigentumsstörung** siehe auch Rn. 966, 4520 f.

1019

C. Einzelfälle in der Rechtsprechung

Wird **Beseitigung von Leuchtreklame** verlangt, dann ist nach OLG Saarbrücken[5] auf die Höhe der monatlichen Nutzungsentschädigung abzustellen, die der Klä-

1020

1 KG JurBüro 1956, 348: Entfernung von Reklameanlage auf Hausdach; OLG Koblenz, Urteil v. 7. 1. 1998 – 7 U 349/97, KostRsp. ZPO § 3 Nr. 1287 = OLGR 1999, 114.
2 So aber OLG Düsseldorf NJW-RR 2001, 160; LG Frankfurt/M JurBüro 2002, 532 mit abl. Anm. *N. Schneider*; wohl auch Musielak/*Heinrich*, § 3 Rn. 23 unter „Beseitigung".
3 BGH, Beschl. v. 26. 6. 1997 – IX ZR 59/97, KostRsp ZPO § 3 Nr. 1263 = WM 1997, 2049.
4 BGH, Beschl. v. 20. 4. 2005 – XII ZR 92/02, BGHR 2005, 1135 = MDR 2005, 1194 = NJW-RR 2005, 1011 = GuT 2005, 180; NJW 1994, 735; *Anders/Gehle/Kunze*, Stichwort „Beseitigung" Rn. 2.
5 OLG Saarbrücken JurBüro 1980, 280.

ger durch die Vermietung der Reklamewand erzielen könnte; dieser Betrag war nach § 9 ZPO a.F. auf die 25fache Jahresmiete (heute: 3,5fache Jahresmiete) hochzurechnen.

Den Streitwert einer Klage auf Beseitigung eines (18 m langen) Jägerzaunes hat das AG Königstein[1] mit 600 Euro bemessen.

1021 Den Streitwert des Anspruchs auf **Beseitigung einer Funkantenne** hat das LG Hamburg mit 1000 DM bewertet und dabei u.a. auf die Beeinträchtigung des optischen Gesamteindrucks des Gebäudes abgestellt.[2]

1022 Bei der Bewertung der Klage auf **Beseitigung einer Parabolantenne** werden alle denkbaren Ansätze vertreten. Zutreffend allein auf die Wertminderung des betroffenen Gebäudes abstellend, das LG Bonn[3] Allein den Beseitigungsaufwand legt das LG Wuppertal zugrunde.[4] Hingegen berücksichtigen das LG Frankfurt/M.[5] und LG Karlsruhe[6] neben den wirtschaftlichen Nachteilen zugleich den Beseitigungsaufwand. Siehe auch das Stichwort „Mietstreitigkeiten" Rn. 3759 ff.

1023 Zum Streitwert einer Klage auf Räumung eines **Grundstücks** und **Beseitigung** darauf befindlicher beweglicher und unbeweglicher Sachen siehe ausführlich unter dem Stichwort „Mietstreitigkeiten" Rn. 3638.

1024 Zur **Beseitigung eines Überbaus** siehe das Stichwort „Überbau".

1025 Zur **Beseitigung von gegenwärtigen Besitzstörungen** (§ 862 BGB) siehe auch unter dem Stichwort „Besitz".

1026 Auch bei einer Klage des Mieters auf **Beseitigung von Schäden der Mietwohnung** oder – gleichbedeutend – auf Wiederherstellung des ordnungsmäßigen Zustandes ist auf das Interesse des Mieters am vertragsgerechten Zustand der Wohnung abzustellen. Dieses Interesse ist nicht ohne weiteres identisch mit den vom Vermieter zur Beseitigung des Mangels aufzuwendenden Kosten.[7] Allerdings wird wertmäßig zwischen dem Wiederherstellungsinteresse des Mieters und dem entsprechenden Kostenaufwand des Vermieters wirtschaftlich vielfach kein Unterschied bestehen (siehe § 538 Abs. 2 BGB).

1027 Soweit das jedoch der Fall ist, kommt es nur auf das Interesse des Mieters an der vertragsmäßigen Nutzung an. Insoweit greifen jedoch die Sperrbeträge des § 41 Abs. 1, 2 und 5 GKG (§ 16 Abs. 1, 2 und § 5 GKG a.F.) ein. Der Streitwert darf nicht höher als eine Jahresmiete angesetzt werden, da es in sich widersprüchlich wäre, den Bestandsschutz an einer Wohnung geringer zu bewerten als den Anspruch auf Beseitigung von Mängeln und auf Wiederherstellung des

---

1 Urteil v. 12. 11. 2000 – 21 C 365/99, NZG 2001, 112.
2 LG Hamburg KostRsp. ZPO § 3 Nr. 1036 mit Anm. *Schneider* = WuM 1991, 359; zum Anspruch selbst siehe auch OLG aktuell 1/92 S. 2.
3 LG Bonn, KostRsp. ZPO § 3 Nr. 1137: 1200 DM mit Anm. *Herget* = WuM 1993, 468.
4 LG Wuppertal, KostRsp. ZPO § 3 Nr. 1258.
5 LG Frankfurt JurBüro 2002, 532.
6 LG Karlsruhe, KostRsp. ZPO § 3 Nr. 1344 mit Anm. *N. Schneider.*
7 OLG Schleswig, KostRsp. GKG § 16 Nr. 75 = SchlHA 1991, 202; LG Hamburg, KostRsp. ZPO § 3 Nr. 779 = ZMR 1985, 1032 = JurBüro 1985, 1701.

vertragsmäßigen Zustandes.[1] Insoweit ist auch der Ansatz abzulehnen, wonach das Mieterinteresse auf den Mietminderungsbetrag für 36 bzw. 42 Monate zu schätzen sei.[2] Dafür findet sich im Gesetz kein Anhalt. Siehe auch unter dem Stichwort „Mietstreitigkeiten" Rn. 3737 f.

Bei einer auf **Beseitigung** eines auf dem Grundstück des Klägers verlegten **Energieversorgungskabels** gerichtete Klage ist das klägerische Interesse an dieser Beseitigung, hilfsweise an der Unterlassung der Benutzung des Kabels, wertbestimmend. Die Bewertung hat sich vorrangig auch an der Wertminderung des betroffenen Grundstücks zu orientieren.[3]   1028

Besichtigung

I. Allgemeines

Zuweilen entsteht im Rahmen vertraglicher Nutzungs- oder Leistungsverhältnisse das Bedürfnis einer Vertragspartei, den Vertragsgegenstand zu besichtigen. Dem Wesen nach handelt es sich um einen **auf Duldung gerichteten Anspruch**, da den zur Ermöglichung der Besichtigung erforderlichen Leistungshandlungen, etwa der Gewährung des Zutritts, nur untergeordnete Bedeutung zukommt. Dies gilt unabhängig davon, ob die Besichtigung durch den Kläger selbst oder durch Dritte, etwa einen Sachverständigen, erfolgen soll.   1029

II. Zuständigkeits- und Gebührenstreitwert

Bei der auf Duldung einer Besichtigung gerichteten Klage bestimmen sich Zuständigkeits- und Gebührenstreitwert nach § 3 ZPO, § 48 Abs. 1 GKG (§ 12 Abs. 1 GKG a.F.). Dies gilt auch im Zusammenhang mit einem **Miet-, Pacht- oder sonstigen Nutzungsverhältnis**, wenn beispielsweise der Vermieter vom Mieter verlangt, die Mietsache selbst oder über einen Dritten besichtigen zu können. Da es sich um einen Streit über die aus einem Nutzungsverhältnis erwachsenden Verpflichtungen handelt, ist § 41 GKG (§ 16 GKG a.F.) nicht anwendbar.   1030

Das in allen Fällen für den Streitwert maßgebliche klägerische Interesse ist ausgehend vom **Zweck der Besichtigung** zu ermitteln.   1031

---

1 OLG Schleswig, KostRsp. GKG § 16 Nr. 75 = SchlHA 1991, 202.
2 LG Hamburg, Beschl. v. 11. 5. 1984 – 16 T 16/84, KostRsp. ZPO § 3 Nr. 779 = ZMR 1985, 1032 = JurBüro 1985, 1701; ZMR 1998, 294 = NZM 1998, 305; LG Berlin ZMR 1999, 556.
3 BGH, Urteil v. 6. 11. 1998 – V ZR 48/98, ZfIR 1998, 749; OLG Koblenz, Urteil v. 7. 1. 1998 – 7 U 349/97, OLGR 1998, 114: 20 %ige Minderung bei Wald- und Wiesengrundstücken.

1032 Geht es um eine **Besichtigung durch Mietinteressenten,** dient sie der Ermöglichung einer Weitervermietung, also dem Abschluss eines Mietvertrages. Hier ist eine Bruchteilsbewertung geboten, bezogen auf die für den Vertragsabschluss geltenden Bewertungsmaßstäbe (siehe unter dem Stichwort „Vertragsabschluss"). Entsprechend der Bewertung des Auskunftsanspruchs liegt der Bruchteil zwischen $^1/_{10}$ und $^1/_5$, da die Besichtigung Auskunft über den Zustand der Mietsache gibt und nur der Vorbereitung weitergehender Ansprüche bzw. Rechtsänderungen dient.[1]

1033 Ähnlich liegt es, wenn es um eine **Besichtigung durch Kaufinteressenten** und damit um das Verwertungsinteresse des Vermieters geht. Für den Streitwert ist daher auf einen Bruchteil des beabsichtigten Kaufpreises abzustellen.[2]

1034 Dient die **Besichtigung durch den Vermieter** der Klärung, ob die Mietsache mit Mängeln behaftet oder sonst in ihrer Substanz gefährdet ist, ist Ausgangspunkt das Interesse des Vermieters am Substanzerhalt. Da es sich hierbei um notwendige Vorbereitungen zu etwaig geschuldeten **Instandsetzungs- oder** zu duldenden **Erhaltungsmaßnahmen** handelt, ist – zumindest im Bereich des Wohnungsmietrechts – ein Bruchteil des für den Anspruch auf Mängelbeseitigung nach § 41 Abs. 5 GKG (ohne Entsprechung in § 16 GKG a.F.) maßgeblichen Wertes geboten.

1035 Ist die Klage auf Duldung der **Besichtigung eines Hausgrundstücks durch einen Sachverständigen** zum Zwecke der Wertschätzung gerichtet, ist nach den Grundsätzen für die Bewertung eines Auskunftsanspruchs zu beziffern; maßgebend ist daher das Bewertungsinteresse des Klägers, nicht das Duldungsinteresse des Beklagten.[3]

III. Rechtsmittel und Beschwer

1036 Während sich die Beschwer des Klägers nach dem Wert des Klageantrages und damit nach dem Gebührenstreitwert bestimmt, ist für die Beschwer des Beklagten auf den mit der Besichtigung verbundenen **Zeit- und Kostenaufwand** abzustellen. Hier kann auch **Verdienstausfall** berücksichtigt werden, der dem Beklagten entsteht, weil er bei der Besichtigung anwesend sein will.[4]

1037 Ist der Beklagte zur Duldung der Wertermittlung seines Grundstücks durch einen Sachverständigen verurteilt worden, bleiben die **Kosten der zu duldenden Maßnahme** bei der Ermittlung der Beschwer außer Ansatz, da diese dem Kläger als Auftraggeber und Beweisführer obliegen. Zu berücksichtigen ist jedoch auch hier der Verdienstausfall des Beklagten, wenn er wegen der Begutachtung unbezahlten Urlaub nehmen muss. Dagegen bleiben die **Kosten für die Zuziehung**

---

1 Vgl. auch *Hartmann,* Anh. I § 48 GKG (§ 3 ZPO) Rn. 83: 1 Monatsmiete.
2 AG Dorsten, WuM 1979, 15.
3 OLG Bamberg, Beschl. v. 30. 9. 1986 – 7 WF 50/86, KostRsp. ZPO § 3 Nr. 854 = JurBüro 1987, 427.
4 BGH, Beschl. v. 22. 4 1999 – IX ZR 292/98, FamRZ 1999, 647 = NJWE-FER 1999, 65; OLG Koblenz, Beschl. v. 24. 9. 1999 – 5 U 545/99, OLGR 2000, 248 = AnwBl. 2000, 264.

eines Rechtsanwalts unberücksichtigt, da sich die Auskunftsverurteilung nicht darauf erstreckt, sondern sich in der Pflicht erschöpft, den Zutritt zum Grundstück zu dulden.[1]

Im Einzelfall können auch die mit einer Besichtigung verbundenen **Eingriffe in die Bausubstanz**, etwa bei einer Ortsbesichtigung durch einen Sachverständigen, (zusätzlich) wertbestimmend sein.[2]   1038

Besitz

Gliederungsübersicht

A. Einleitung 1039

B. Zuständigkeitsstreitwert

  I. Allgemeines 1040
  II. Wert der Sache 1044
  III. Besitzeinräumung 1048
  IV. Besitzstörung 1056
  V. Besitzeinweisung 1060

C. Gebührenstreitwert

  I. Allgemeines 1062
  II. Wert der Sache 1064
  III. Besitzeinräumung 1065
  IV. Besitzstörung 1070

D. Rechtsmittel und Beschwer . . . 1073

Stichwortübersicht

Affektionsinteresse 1045
Abnahme, Kaufgegenstand 1042
Baulandverfahren 1061
Befahren von Grundstücken 1058
Begriff 1039
Dingliche Belastungen 1046
Eigenbesitz 1039
Einräumung von
– Bauträger 1068
– Mitbesitz 1054
– an Wohnhaus 1066, 1068
Einstweilige Verfügung 1063
Einweisung in Grundstücksbesitz . 1060 f.
Entziehung von Wohnraumbesitz . . 1066
Fremdbesitz 1039
Gegenleistung 1045
Grundstücksübergabe, Verzögerung . 1053
Hauskauf 1069
Herausgabe von Eigentum und ~ . . 1048
Kfz-Fahrwege 1058
Leihvertrag 1040

Miet- oder Pachtver-
  hältnis . . . . 1051, 1065, 1071 f.
Mitbenutzungsrecht 1043
Mittelbarer ~ 1039
Parkplätze, Besitzstörung 1058
Störung 1074
– des Eigentums 1059
Streitgegenstand 1040, 1063
Ungerechtfertigte Bereicherung . . . 1050
Unterlassung der Besitzstörung . . . 1056
Urkunde 1055
Verkehrswert eines
  Wohnhauses 1044, 1052, 1064
Verletzung von Strafgesetzen 1057
Verwahrungsvertrag 1040
Vorläufige Besitzübertragung 1069
Vorlegung einer Sache 1042
Wert der Sache 1040
Wohnhaus 1069
Verkehrswert 1062, 1064

---

1 BGH, Beschl. v. 30. 10. 1991 – XII ZB 127/91, KostRsp. ZPO § 3 Nr. 1083 = NJW-RR 1992, 188.
2 BGH, Beschl. v. 4. 11. 1998 – XII ZB III/98, FamRZ 1999, 647 = NJWE-FER 1999, 65; OLG Koblenz, Beschl. v. 24. 9. 1999 – 5 U 545/99, OLGR 2000, 248 = AnwBl. 2000, 264.

A. Einleitung

1039 Unter Besitz ist die vom Verkehr anerkannte tatsächliche Sachherrschaft einer Person über eine Sache zu verstehen, § 854 BGB. Der Besitzbegriff der §§ 854 ff. BGB schließt den **unmittelbaren** und **mittelbaren** Besitz, **Eigenbesitz** und **Fremdbesitz** ein.[1]

B. Zuständigkeitsstreitwert

I. Allgemeines

1040 Gemäß § 6 ZPO wird der Zuständigkeitsstreitwert durch den Wert der Sache bestimmt, wenn es auf deren Besitz ankommt. **Streitgegenstand** ist der Sachbesitz immer, wenn der Klageantrag darauf abzielt, den Besitz zu erlangen oder wiederzuerlangen, selbst wenn der Beklagte nicht Besitzer ist, sondern er dem Kläger den Besitz anderweitig verschaffen soll. Dies gilt auch dann, wenn der **Kläger selbst Eigentümer** ist,[2] beispielsweise bei dem Verlangen der Herausgabe von Sachen aufgrund eines Leihvertrages oder eines Verwahrungsvertrages.[3]

1041 Ob der Wert der Sache ebenso maßgeblich ist, wenn allein die Eigentumsübertragung nicht aber die Besitzeinräumung im Streit steht, ist umstritten.[4] Siehe hierzu unter den Stichwörtern „Auflassung" und „Eigentum".

1042 Die Erlangung des Besitzes steht nicht im Streit, wenn der Kläger gemäß § 809 BGB die **Vorlegung einer Sache** zum Zwecke der Besichtigung oder Einsicht[5] oder nach § 433 Abs. 1 BGB die **Abnahme des Kaufgegenstandes** verlangt. Hier ist der Wert gemäß § 3 ZPO nach dem klägerischen Interesse zu bestimmen.[6] Siehe auch das Stichwort „Abnahme".

1043 Auch der Streit um ein **Mitbenutzungsrecht** wird nicht nach § 6 ZPO bewertet, da dieses nicht dem (Mit-)Besitz entspricht. Wertbestimmend ist gemäß § 3 ZPO das klägerische Interesse.[7]

---

1 RGZ 61, 92.
2 OLG Hamburg Rpfleger 1948/49, 419 Nr. 98.
3 Siehe dazu RGZ 61, 92; OLG Hamburg OLGE 25, 46.
4 Bejahend KG, JurBüro 1970, 174; OLG Frankfurt, JurBüro 1985, 238, OLG München, Beschl. v. 10. 3. 1997 – 28 W 2542/96, MDR 1997, 599 = NJW-RR 1998, 142; verneinend OLG Celle, Beschl. v. 29. 4. 1983 – 14 U 15/83, KostRsp. ZPO § 6 Nr. 97 mit Anm. *E. Schneider* = Nds.Rpfl. 1983, 184 = JurBüro 1983, 1691; OLG München, Beschl. v. 18. 1. 1983 – 24 W 232/82, KostRsp. ZPO § 6 Nr. 96 mit Anm. *E. Schneider* = JurBüro 1983, 1393; Zöller/*Herget*, ZPO, § 6 Rn. 1 m.w.N.
5 *Anders/Gehle/Kunze*, Stichwort „Besitz" Rn. 6.
6 BGH, Beschl. v. 11. 7. 1980 – VIII ZR 107/80, KostRsp. ZPO § 3 Nr. 499; KG JurBüro 1960, 166; OLG Stuttgart, Rpfleger 1964, 162.
7 OLG Nürnberg Rpfleger 1956, 298; *Anders/Gehle/Kunze*, Stichwort „Besitz" Rn. 9.

II. Wert der Sache

Der Wert der Sache bemisst sich nach ihrem **objektiven Verkehrswert**, also dem Betrag, der sich bei einer Veräußerung erzielen lässt.[1] Dieser Wert ist nach § 3 ZPO zu schätzen,[2] wobei der maßgebliche Zeitpunkt derjenige der Einreichung der Klage oder des Rechtsmittels ist, § 4 ZPO. Der Verkehrswert bestimmt sich nicht ohne weiteres nach einem etwaig vereinbarten Kaufpreis, obschon dieser einen Anscheinsbeweis für die Höhe des Verkehrwerts begründet.[3] Ein etwaig vorhandenes **Affektionsinteresse** bleibt unberücksichtigt.[4]

1044

Bei der Wertmittlung bleiben **Gegenleistungen** außer Ansatz, selbst wenn nur über sie gestritten wird.[5] Siehe aber auch nachfolgend Rn. 1064. Dies gilt auch für von den Beklagten in Bezug auf die Sache erhobene Einwendungen, beispielsweise Zurückbehaltungsrechte.[6]

1045

Die auf Immobiliareigentum ruhenden **dinglichen Lasten** (Grundschulden, Hypotheken) werden nicht wertmindernd berücksichtig, da bei der Veräußerung das Eigentum entweder lastenfrei übertragen oder nur unter Anrechnung auf den Kaufpreis übernommen werde.[7] Anders liegt es jedoch, wenn auf dem Eigentum liegende Rechte Dritter die wirtschaftliche Nutzung des Gründstücks beeinträchtigen, wie dies etwa bei Nießbrauchs- und Wegerechten der Fall ist.[8]

1046

Siehe zu den Einzelheiten der Berechnung auch unter dem Stichwort „Verkehrswert".

1047

III. Besitzeinräumung

Das Begehren nach Besitzeinräumung umfasst den Anspruch auf **Herausgabe** des gegnerischen Besitzes sowie auf **Verschaffung** des von einem Dritten gehaltenen Besitzes.

1048

Der Klage auf Herausgabe einer Sache steht wiederum das Begehren nach **Duldung der Wegnahme** gleich.[9] Siehe auch unter dem Stichwort „Duldungsklage".

1049

---

1 BGH NJW-RR 2001, 518; Beschl. v. 12. 6. 1991 – II ZR 65/91, KostRsp. ZPO § 6 Nr. 131 mit Anm. *E. Schneider* = MDR 1992, 83 = NJW-RR 1991, 1210.
2 OLG Nürnberg JurBüro 1961, 508; Zöller/*Herget*, ZPO, § 6 Rn. 2.
3 OLG Bamberg, Beschl. v. 30. 1. 1990 – 1 W 130/89, KostRsp. ZPO § 6 Nr. 128 = JurBüro 1990, 773; *Hartmann*, Anh. I § 48 GKG (§ 6 ZPO) Rn. 4.
4 *Anders/Gehle/Kunze*, Stichwort „Besitz" Rn. 11; *Stein/Jonas/Roth*, § 6 Rn. 16.
5 OLG Nürnberg, MDR 1995, 966; Zöller/*Herget*, § 6 Rn. 2.
6 OLG Frankfurt, Beschl. v. 9. 11. 1983 – 8 W 46/83, AnwBl. 1984, 94.
7 BGH, NJW-RR 2001, 518; OLG Bamberg, Beschl. v. 30. 1. 1990 – 1 W 130/89, KostRsp. ZPO § 6 Nr. 128 = JurBüro 1990, 773; KG MDR 2001, 56.
8 BGH, JurBüro 1958, 387; OLG Bamberg, JurBüro 1992, 629; OLG Schleswig, Beschl. v. 9. 1. 1980 – 7 W 11/79, KostRsp. ZPO § 6 Nr. 80 mit Anm. *E. Schneider*; Zöller/*Herget*, § 6 Rn. 2; a.A. OLG Karlsruhe, Justiz 1967, 240: maßgeblich ist der wirtschaftliche Erfolg.
9 BGH NJW 1991, 3221; KG Rpfleger 1971, 227, *Anders/Gehle/Kunze*, Stichwort „Besitz" Rn. 10; Thomas/Putzo/*Hüßtege*, § 6 Rn. 3.

1050 Unerheblich ist, auf welcher **materiell-rechtlichen Grundlage** der Besitzeinräumungsanspruch beruht. Daher fallen Besitzansprüche aufgrund ungerechtfertigter Bereicherung (§§ 812 ff. BGB) ebenso unter § 6 ZPO,[1] wie dingliche (§§ 861, 985 BGB) oder obligatorische (z.B. § 433 Abs. 1 BGB) Herausgabeansprüche.[2]

1051 Davon ausgenommen sind jedoch Besitzeinräumungsansprüche aus **Miet- oder Pachtverhältnissen.** Hier bestimmt sich der Wert gemäß § 8 ZPO nach dem auf die streitige Zeit entfallenden Nutzungsentgelt, soweit nicht der 3,5fache Jahresbetrag geringer ist. Dies gilt auch, wenn sich der Beklagte gegenüber dem Herausgabeverlangen mit (angeblichen) Rechten aus einem Miet- oder Pachtverhältnis verteidigt. Wegen der Einzelheiten siehe insoweit unter dem Stichwort „Mietstreitigkeiten".

1052 Die Umstände des Einzelfalls können eine vom Verkehrswert abweichende Bewertung rechtfertigen. So ist etwa beim Verlangen nach Wiedereinräumen des Besitzes eine **unbestrittene Eigentümerstellung** wertmindernd zu berücksichtigen, die auf dem Grundstück ruhenden Lasten vom Verkehrswert sind abzuziehen.[3]

1053 Für den Streitwert einer Räumungs- und Herausgabeklage des Käufers ist nicht der Verkehrswert, sondern nur das (geringwertigere) Interesse des Käufers an der alsbaldigen Besitzverschaffung maßgeblich, wenn ein an sich erfüllungsbereiter Grundstücksverkäufer kurzfristig die **Übergabe des Grundstücks verzögert.**[4]

1054 Begehrt der Kläger nur die **Einräumung von Mitbesitz,** bestimmt sich der Wert nach einem Bruchteil des Verkehrswertes. Die Sachherrschaft des Mitbesitzers erfasst zwar die ganze Sache, sie ist jedoch durch gleichen Besitz anderer Personen beschränkt.[5] Die infolge der Beschränkung gebotene Bruchteilsbewertung richtet sich beim qualifizierten Mitbesitz nach der Anzahl der Mitbesitzer und beim schlichten Mitbesitz nach den Umständen des Einzelfalles. Im Falle des **Teilbesitzes** ist auf den Wert des betroffenen Sachteils abzustellen.[6]

1055 Verlangt der Kläger die Herausgabe einer **Urkunde,** ist § 6 ZPO nur anwendbar, wenn der Wert des Rechts, wie etwa bei echten Inhaberpapieren, unmittelbar durch den Besitz der Urkunde verkörpert wird. Anderenfalls ist das Interesse an der Innehabung nach § 3 ZPO zu bemessen.[7]

---

1 RG JW 1897, 541.
2 Zöller/*Herget*, ZPO, § 6 Rn. 3.
3 Insoweit zutr. OLG Frankfurt, Beschl. v. 23. 2. 1981 – 22 W 30/80, JurBüro 1981, 759 = MDR 1981, 589.
4 KG JurBüro 1968, 740.
5 *Anders/Gehle/Kunze*, Stichwort „Besitz" Rn. 4; *Hillach/Rohs*, S. 187; Thomas/Putzo/*Hüßtege*, § 6 Rn. 3.
6 Thomas/Putzo/*Hüßtege*, § 6 Rn. 3.
7 BGH, Beschl. v. 10. 10. 2001 – VI ZR 120/01, BGHReport 2002, 155 = AGS 2002, 230 = NJW-RR 2002, 573; OLG Köln, Beschl. v. 11. 9. 1996 – 19 W 46/96, OLGR 1997, 245 = MDR 1997, 203 = NJW-RR 381: Schuldschein.

IV. Besitzstörung

Gemäß § 862 Abs. 1 BGB kann derjenige, dessen Besitz rechtswidrig gestört wird, die Beseitigung der Störung und Unterlassung künftiger Störungen verlangen. Das Interesse des Klägers an der Beseitigung einer Besitzstörung ist nach § 3 ZPO zu schätzen.[1] Hier gilt also nicht § 6 ZPO, der nur dann anzuwenden ist, wenn vom Störer Wiedereinräumung verlorenen Besitzes verlangt wird.[2]

1056

Beruht das Unterlassungsbegehren auf Besitzstörungen, die unter **Verletzung der Strafgesetze** begangen und in besonders aggressiver Weise ausgeführt worden sind, ist regelmäßig ein erhöhter Streitwert gerechtfertigt.[3] Setzt sich der Beeinträchtigte mit einer einstweiligen Verfügung zur Wehr und wird dadurch (faktisch) ein endgültiger Rechtsschutz erreicht, ist der Streitwert des Verfügungsverfahrens mit einem höheren Bruchteil als gewöhnlich zu bemessen.[4]

1057

Der Streitwert einer Unterlassungsklage, mit der das **Verbot** begehrt wird, **Grundstücke mit Kraftfahrzeugen zu befahren** und sie dort abzustellen, ist ebenfalls gemäß § 3 ZPO zu bewerten. Maßgebend ist das Interesse des Klägers an ungestörter Benutzung der Parkplätze, wobei nach Ansicht des OLG Bamberg[5] als Bewertungshilfe § 41 Abs. 1 GKG (§ 16 Abs. 1 GKG a.F.) herangezogen werden könne.[6]

1058

Richtet sich die Klage gegen die **Störung des Eigentums** (Geräusche, Behinderungen, unbefugte Inanspruchnahme des Grundstücks usw.), dann ist ebenfalls nicht der Wert der dem Kläger gehörenden Sache (§ 6 ZPO) maßgebend. Vielmehr ist der Streitwert nach § 3 ZPO zu schätzen, wobei darauf abzustellen ist, wie hoch das Interesse des Klägers an der Beseitigung der Störung seines Eigentums anzusetzen ist.[7]

1059

V. Besitzeinweisung

Streiten die Parteien über eine Besitzeinweisung der klagenden Ersteherin in den Besitz des erstandenen Grundstücks, bemisst sich der Wert gemäß § 6 ZPO nach dem Wert des Grundstücks, nicht nach dem des behaupteten Pachtrechts des Schuldners.[8]

1060

---

1 RGZ 3, 394.
2 OLG Zweibrücken, Beschl. v. 9. 12. 1983 – 2 W 21/83, KostRsp. ZPO § 6 Nr. 100 = JurBüro 1984, 284; OLG Hamburg OLGE 23, 72; Musielak/*Heinrich*, § 23 unter „Besitzstörungsklage"; *Schneider* MDR 1985, 272.
3 OLG Köln, Beschl. v. 25. 11. 1975 – 2 W 133/75, ZMR 1977, 62 = JMBl. NW 1976, 71.
4 OLG Köln JMBl. NW 1976, 71: Hälfte des Hauptsachewertes.
5 OLG Bamberg, Beschl. v. 27. 1. 1971 – 4 U 17/70, KostRsp. ZPO § 3 Nr. 262.
6 Ebenso OLG Zweibrücken, KostRsp. ZPO § 6 Nr. 100 = JurBüro 1984, 284; a.A. *Lappe*, Anm. zu KostRsp. ZPO § 3 Nr. 262: § 16 GKG a.F. verfolge den sozialen Zweck, Mietprozesse kostenmäßig niedrig zu halten, und gelte daher nicht für Streitigkeiten über Kfz-Fahrwege.
7 RGZ 3, 394.
8 LG Bayreuth AnwBl. 1966, 403, *Anders/Gehle/Kunze*, Stichwort „Besitz" Rn. 28.

1061 Bestreitet der Kläger dagegen in **Baulandsachen** nur die Rechtmäßigkeit einer vorzeitigen Einweisung (§ 116 BauGB), ist sein Aufhebungsinteresse gemäß § 3 ZPO zu bewerten. Angesichts des vorläufigen Charakters der Verwaltungsmaßnahme ist entsprechend § 53 GKG (entspricht nur teilweise § 20 GKG a.F.) eine auf den Grundstückwert bezogene Bruchteilsbewertung geboten, die sich im Hinblick auf die Bewertung des Umlegungsverfahrens[1] auf $^1/_5$ beläuft.[2] Siehe auch unter dem Stichwort „Baulandsachen".

C. Gebührenstreitwert

I. Allgemeines

1062 Für den Gebührenstreitwert findet sich keine allein auf besitzrechtliche Streitigkeiten zugeschnittene Bewertungsvorschrift. Daher gelangen über § 48 Abs. 1 GKG (§ 12 GKG Abs. 1GKG a.F.) die §§ 3 ff. ZPO entsprechend zur Anwendung, soweit nicht Sonderregelungen des GKG, etwa § 41 GKG (§16 GKG a.F.), vorgehen. Daher wird zunächst auf die Ausführungen zum Zuständigkeitswert verwiesen, hier insbesondere zum Anwendungsbereich des § 6 ZPO.

1063 Ist der Besitz Streitgegenstand eines **einstweiligen Rechtschutzverfahrens** (Arrest und einstweilige Verfügung), bestimmt sich (nur) der Gebührenstreitwert gemäß § 53 Abs. 1 GKG (§ 20 Abs. 1 GKG a.F.) nach § 3 ZPO. Der Hauptsachewert nach § 6 ZPO, § 48 Abs. 1 GKG (12 Abs. 1 GKG a.F.) ist nur Ausgangspunkt des zu bewertenden Sicherungsinteresses des Antragstellers. Die demnach grundsätzlich gebotene Bruchteilsbewertung richtet sich nach dem Umfang der ohne vorläufigen Rechtsschutz drohenden Rechtsgutsgefährdung und der (faktischen) Vorwegnahme der Hauptsacheentscheidung.[3]

II. Wert der Sache

1064 Der für die Zuständigkeit nach § 6 ZPO maßgebliche **objektive Verkehrswert** der Sache[4] kann für den Gebührenstreitwert nur eingeschränkt herangezogen werden. Hier ist bei besitzrechtlichen Klagen auf das vom Kläger angestrebte Rechtsschutzziel und das zugrunde liegende Rechtsverhältnis abzustellen. Denn mit einer rein formalen Anknüpfung an § 6 ZPO besteht insbesondere bei Immobiliarstreitigkeiten die Gefahr, den Zugang zu den Gerichten mit Streitwerten zu erschweren, die in keinem Verhältnis zum „wirklichen wirt-

---

1 BGH MDR 1978, 648; Zöller/*Herget*, § 3 Rn. 16 unter „Baulandsachen" m.w.N.
2 BGH, JurBüro 1974, 186 = MDR 1974, 30 = NJW 1973, 2202 = DB 1973, 2181 = WM 1973, 1299; OLG München, Beschl. v. 1. 12. 2003 – W 8/03 Bau, OLGR 2004, 262 = NVwZ-RR 2004, 711 = BauR 2004, 1044; *Hartmann*, Anh. I § 48 GKG (§ 3 ZPO) Rn. 26.
3 OLG Braunschweig, Beschl. v. 29. 12. 1999 – 7 W 45/99, OLGR 2000, 290; OLG Hamm, Beschl. v. 1. 3. 2000 – 12 W 2/00, AGS 2000, 134.
4 BGH NJW-RR 2001, 518; BGH, Beschl. v. 12. 6. 1991 – II ZR 65/91, KostRsp. ZPO § 6 Nr. 131 mit Anm. *E. Schneider* = MDR 1992, 83 = NJW-RR 1991, 1210.

schaftlichen Streit der Parteien" stehen.[1] Probleme zeigen sich insbesondere dann, wenn der Besitz an einer Sache nur deswegen zurückbehalten wird, weil die Parteien über den Bestand oder die Erfüllung einer wertmäßig unterhalb des Verkehrswertes der Sache liegenden Forderung streiten.

III. Besitzeinräumung

Neben den bereits beim Zuständigkeitsstreitwert erörterten Fragestellungen ist bei besitzrechtlichen Streitigkeiten aufgrund eines (behaupteten) **Miet- oder Pachtverhältnisses** die Sondervorschrift des § 41 GKG (§ 16 GKG a.F.) zu beachten. Hiernach ist bei einem Streit über den Bestand oder die Dauer eines Mietverhältnisses sowie über die Verpflichtung zur Räumung regelmäßig nur der Jahresbetrag des vereinbarten Nutzungsentgelts wertbestimmend.   **1065**

Bei Klagen, die auf **Besitzentziehung von Wohnraum** gestützt sind (§§ 861, 823 BGB), ist der Streitwert nach § 3 ZPO, jedoch unter Berücksichtigung der Berechnungsweise des § 41 Abs. 1 GKG (§ 16 Abs. 1 GKG a.F.) zu schätzen. In der Regel wird hiernach für die Wertberechnung der Betrag des einjährigen Nutzungsentgelts in Betracht kommen[2] mit entsprechenden Abschlägen, wenn nur Mitbesitz eingeräumt werden soll und/oder es sich um ein Verfahren auf Erlass einer einstweiligen Verfügung handelt.[3]   **1066**

Siehe zu den Einzelheiten das Stichwort „Mietstreitigkeiten".   **1067**

Verlangt der Käufer eines schlüsselfertigen Eigenheims die **Einräumung vom Bauträger**, dann ist darauf § 6 ZPO, § 48 Abs. 1 GKG (§ 12 Abs. 1 GKG) und nicht § 41 GKG (§ 16 GKG a.F.) anzuwenden, weil die sozialen Erwägungen, die dieser Ausnahmevorschrift zugrunde liegen, hier nicht gegeben sind.[4]   **1068**

Der Streitwert einer einstweiligen Verfügung auf **vorläufige Besitzübertragung** nach dem Kauf eines Wohnhauses kann entsprechend § 41 GKG (§ 16 GKG a.F.) mit dem fiktiven Jahresnutzungsentgelt beziffert werden. Das OLG Düsseldorf[5] hat stattdessen ²/₅ des Kaufpreises angenommen, was wesentlich übersetzt erscheint.   **1069**

---

1 BVerfG NJW-RR 2000, 946; KG NJW-RR 2003, 787; OLG Braunschweig, Beschl. v. 29. 12. 1999 – 7 W 45/99, OLGR 2000, 290; OLG Frankfurt, Beschl. 29. 10. 2002 – 24 U 158/01, OLGR 2002, 376 = MDR 2003, 356 = BRAGOreport 2003, 121: Herausgabe entgegenstehendes Werkunternehmerpfandrecht; OLG Köln, Beschl. v. 8. 10. 2003 – 19 W 52/03, OLGR 2004, 28; Beschl. v. 29. 4. 1981 – 2 W 17/81, KostRsp. ZPO § 6 Nr. 78 mit zust. Anm. *Lappe*; *Schneider* MDR 1984, 142; OLG Stuttgart, Beschl. v. 21. 1. 2004 – 12 W 14/04, RVG-Letter 2004, 83; Zöller/*Herget*, § 6 Rn. 1; a.A. OLG Hamm, Beschl. v. 16. 7. 2002 – 21 W 1/02, OLGR 2002, 427 = MDR 2002, 1458 = BauR 2003, 132.
2 LG Braunschweig JBl. Braunschweig 1947, 282.
3 LG Bielefeld, Beschl. v. 3. 2. 1992 – 3 T 89/92, KostRsp. GKG § 20 Nr. 129 mit Anm. *Herget* = FamRZ 1992, 1095.
4 LG Bayreuth JurBüro 1978, 553.
5 OLG Düsseldorf, Beschl. v. 15. 7. 1985 – 9 W 58/85, KostRsp. GKG § 20 Nr. 75 mit Anm. *Schneider* = AnwBl. 1986, 36 = JurBüro 1985, 1848.

IV. Besitzstörung

1070 Die Bewertung der Besitzstörung erfolgt auch für den Gebührenstreitwert über § 48 Abs. 1 GKG (§ 12 Abs. 1 GKG a.f.) nach den Vorschriften zum Zuständigkeitsstreitwert (§ 3 ff. ZPO).

1071 Dies gilt auch dann, wenn der mit der Nutzung einer **Miet- oder Pachtsache** verbundene Besitz durch Dritte oder von der anderen Mietvertragspartei ausgeht und das Unterlassungsbegehren mietvertraglich begründet wird. Denn für eine unmittelbare Anwendung von § 41 GKG (§ 16 GKG a.f.) besteht nur Raum, wenn aufgrund der Störung der Bestand des Nutzungsverhältnisses selbst in Frage gestellt wird. Wertbestimmend ist in beiden Fällen das Interesse des Klägers an der Beseitigung bestehender oder Verhinderung weiterer Störungen.

1072 Handelt es sich um eine Streitigkeit zwischen den Mietvertragsparteien, soll im Rahmen der Schätzung nach § 3 ZPO die Bemessungsregel des § 41 Abs. 1 GKG (§ 16 Abs. 1 GKG a.f.) nicht überschritten werden.[1] Sinnvoll ist eine Orientierung am Jahresbetrag der aufgrund der Störung möglichen Minderung.[2]

D. Rechtsmittel und Beschwer

1073 Es gelten die allgemeinen Regeln, der Wert der Beschwer entspricht dem Wert der herauszugebenden Sache.

1074 Zu beachten bleibt, dass bei der auf Beseitigung oder Unterlassung von Besitzstörungen gerichteten Klage die Beschwer von Kläger und Beklagten regelmäßig unterschiedlich zu bewerten sind. Während die Beschwer des Klägers notwendigerweise dem Zuständigkeitsstreitwert (§ 3 ZPO) folgt, ist für den Beklagten maßgeblich darauf abzustellen, mit welchem Aufwand die ihm auferlegte Störungsbeseitigung bzw. -unterlassung verbunden ist.

Besuchsrecht

Siehe das Stichwort „Umgangsrecht".

---

1 BGH, Beschl. v. 7. 4. 1993 – XII ZR 244/92, KostRsp. ZPO § 3 Nr. 1133; OLG Neustadt Rpfleger 1967, 2; siehe auch OLG Bamberg, KostRsp. ZPO § 3 Nr. 262 u. OLG Zweibrücken, Beschl. v. 9. 12. 1983 – 2 W 21/83, KostRsp. ZPO § 6 Nr. 100 = JurBüro 1984, 284; ähnlich LG Braunschweig JBl. Braunschweig 1947, 282 bei Besitzentziehung.
2 OLG Frankfurt, Beschl. v. 26. 9. 1985 – 8 W 25/85, WuM 1986, 15.

Beweisaufnahme

Gliederungsübersicht

A. Anzuwendende Vorschriften . . 1075

B. Allgemeines 1080

C. Gegenstandswert

I. Umfang der Beweisaufnahme . . 1084

II. Einzelfälle aus der Rechtsprechung 1088

III. Veränderungen des Streitgegenstandes 1095

D. Beschwerdewert 1104

Stichwortübersicht

Ankündigung der Ermäßigung des
Antrags 1100

Aufhebung eines Beweisbeschlusses 1104

Aufrechnung 1092

Beschränkung der ~ bei ermäßigtem
Antrag 1100

Beweiserhebungswille des Gerichts . 1086

Beweis(aufnahme)gebühr . . . 1075, 1081

Beweisverfahren, selbständiges . . . 1093

Ehesachen 1090

Erledigung der Hauptsache, teilweise 1100

Ermäßigter Antrag 1096, 1100

Erweiterung der Klage nach . . . . .

Folgesachen 1090

Klageerweiterung 1097

Klagenhäufung, eventuelle 1091

Klagerücknahme, teilweise 1099

Klärungsbedürftigkeit, Beurteilung
durch Beteiligte 1087

Kurswertänderung 1102

Nichtvermögensrechtlicher und
vermögensrechtlicher Anspruch . 1089

Sachverständigengutachten 1101

– mündliche Erläuterung 1098

Schätzung 1011

Stufenklage 1088

Teilweise Betroffenheit des Streitgegenstandes 1085

Übergangsregelung 1076

Umfang der ~ 1086

Umfang der Klärung durch Prozessgericht 1086

Unterhalt, Zahlungsklage 1089

Vaterschaftsfeststellungsklage . . . 1089

Veränderungen innerhalb des
Rechtsstreits 1095

Versäumnisurteil, teilweise 1094

Vorbereitung eines Vergleichs . . . 1082

Werterhöhung zwischen Beweiserhebung und -anordnung 1094

Widerklage nach ~ 1097

A. Anzuwendende Vorschriften

Mit der Ablösung der BRAGO durch das RVG sind sowohl die **Beweisaufnah-** 1075
megebühr (§ 118 Abs. 1 Nr. 3 BRAGO) als auch die **Beweisgebühr** (§ 31 Abs. 1
Nr. 3 BRAGO) weggefallen. Die Teilnahme des Anwalts an einer Beweisaufnahme innerhalb eines gerichtlichen Verfahrens wird nunmehr mit der Terminsgebühr (Nr. 3104 VV RVG und Vorb. 3 Abs. 3) abgegolten. Bei der außergerichtlichen Tätigkeit löst die Teilnahme an einer angeordneten Beweisaufnahme ebenfalls keine eigenständige Gebühr mehr aus, kann aber bei der Gebüh-
renbemessung nach § 14 RVG berücksichtigt werden.[1]

---

1 Gebauer/Schneider/*Hembach/Wahlen*, RVG, Vorb. 2.4. Rn. 5.

1076 Nach der **Übergangsregelung des § 61 RVG** gelangen die Regelungen der BRA-GO jedoch noch zur Anwendung, wenn die der unbedingte Auftrag zur Erledigung einer Angelegenheit dem Anwalt vor dem 1. 7. 2004 erteilt worden ist.

1077 Beschränkt sich die anwaltliche Tätigkeit, etwa aufgrund einer Unterbevollmächtigung, auf die **Teilnahme an einer Beweisaufnahme**, ist für die Vergütung dieser Einzeltätigkeit (Nr. 3400–3402 VV RVG) auch nach dem RVG der Gegenstand der Beweisaufnahme und damit die Bestimmung des Gegenstandswertes weiterhin von Bedeutung.

1078 Für den Anfall von **Gerichtsgebühren** war die Durchführung einer Beweisaufnahme bereits seit der Neufassung des GKG durch das Kostenrechtsänderungsgesetz von 1974 ohne Bedeutung; zuvor löste die Beweisaufnahme eine Gerichtsgebühr aus. Die bis zur Geltung des RVG einschlägige Verweisungsvorschrift des § 8 Abs. 1 S. 1 BRAGO auf die „für die Gerichtsgebühren geltenden Wertvorschriften" passt daher nicht mehr, gilt aber sinngemäß weiter.[1] Der **Gegenstandswert** der anwaltlichen Beweisgebühr gemäß § 31 Abs. 1 Nr. 3 BRAGO richtet sich daher nach dem Wert für die im jeweiligen Verfahren anfallenden Gerichtsgebühren, im Übrigen nach § 8 Abs. 2 BRAGO. Er kann den Wert des Streitgegenstandes unterschreiten, nicht aber übersteigen.[2]

1079 In der Praxis ist es üblich, bei der **Streitwertfestsetzung** auch ohne ausdrücklichen **Antrag nach § 10 Abs. 1 BRAGO** zugleich den Gegenstandswert der anwaltlichen Beweisgebühr festzusetzen, wenn er nicht mit dem Streitwert des gerichtlichen Verfahrens übereinstimmt. Dies ist nicht unproblematisch, da das Verfahren der Wertfestsetzung nach § 10 BRAGO förmlicher ausgestaltet ist als die Wertfestsetzung nach § 63 GKG (§ 25 GKG a.F.) und die Bindungswirkung der Festsetzung bei fehlender Identität von Beweisgegenstand und Streitgegenstand fraglich ist.[3] Zur Vermeidung von zusätzlichem Zeit- und Arbeitsaufwand erscheint es dennoch vertretbar, von einem entsprechenden mutmaßlichen Willen der Prozessbevollmächtigten auszugehen, wobei jedoch zu beachten ist, dass sich ein etwaiges Beschwerdeverfahren nicht nach § 68 GKG (§ 25 Abs. 3 und 4 GKG a.F.), sondern nach § 10 Abs. 3 und 4 BRAGO richtet.[4]

B. Allgemeines

1080 Für das Entstehen einer Beweis(aufnahme)gebühr bedarf es eines Beweisaufnahmeverfahrens und einer darauf gerichteten anwaltlichen Tätigkeit.[5]

---

1 *Lappe* ZAP Fach 24 S. 53 Ziff. 2.
2 *Hartmann*, § 31 BRAGO Rn. 217.
3 Siehe hierzu *Lappe* Anm. zu OLG Koblenz, KostRsp. BRAGO § 10 Nr. 30.
4 Siehe dazu *Lappe* ZAP Fach 24, S. 53 Ziff. 3, 4.
5 *Gebauer/Schneider/Gebauer*, § 31 BRAGO Rn. 132.

Hierbei liegt eine **Beweisaufnahme im gebührenrechtlichen Sinne** dann vor, wenn ein gerichtliches Verfahren unter Benutzung zulässiger Beweismittel eingeleitet wird, um streitige und für die gerichtliche Feststellung wesentliche Tatsachen zu klären. Hat das Gericht objektiv Beweis erhoben, entsteht die Beweisgebühr unabhängig davon, ob das Gericht subjektiv eine Beweisaufnahme beabsichtigte oder sich bewusst war, dass es Beweis erhebt. Ebenso steht dem Anfall einer Beweisgebühr nicht entgegen, dass die Beweisaufnahme prozessordnungswidrig durchgeführt worden ist.[1]

1081

So löst auch eine formlose Beweiserhebung, die der **Vorbereitung eines Vergleichs** dient, jedenfalls dann eine Beweisgebühr aus, wenn sie nicht lediglich eine Informations- und Beratungshilfe zur besseren Aufbereitung des Prozessstoffes, sondern zugleich eine Vorabklärung streitiger Parteibehauptungen darstellt. Auch hier muss sich der Anwalt mit dem Ergebnis der Beweiserhebung kritisch auseinandersetzen, um die weiteren Erfolgsaussichten der Rechtsverfolgung einschätzen zu können.[2]

1082

Dagegen fällt durch die **sitzungsvorbereitende Ladung von Zeugen** nach § 273 Abs. 2 Nr. 4 ZPO keine Beweisgebühr an, auch nicht im Fall der Belehrung vorbereitend geladener und erschienener Zeugen.[3]

1083

C. Gegenstandswert

I. Umfang der Beweisaufnahme

Maßgebend für die Wertbestimmung ist der **Gegenstand des Beweises**. Sie richtet sich danach, in welchem Umfang die Beweisaufnahme den Klageanspruch erfasst.[4] Sofern das Beweisaufnahmeverfahren nicht auf einen Teil des Streitgegenstandes beschränkt wird, ist der Berechnung der Beweisgebühr der volle Streitwert zugrunde zu legen.[5]

1084

Ein dem gegenüber geringerer Gegenstandswert ist anzusetzen, wenn sich aus der Beweisanordnung oder dem Gesamtzusammenhang der Beweisaufnahme eindeutig entnehmen lässt, dass sich diese nur auf einen **Teil des Streitgegen-**

1085

---

1 OLG Köln JurBüro 1968, 806; AnwBl. 1987, 44; JurBüro 1995, 471; OLG Frankfurt, KostRsp. BRAGO § 31 Ziff. 3 = JurBüro 1974, 1142; JurBüro 1980, 1839; OLG Koblenz, KostRspr. BRAGO § 31 Ziff. 3 = JurBüro 175, 1226 mit Anm. *E. Schneider*; JurBüro 1981, 549; OLG Nürnberg AnwBl. 1972, 132; OLG Hamm, KostRsp. BRAGO § 31 Ziff. 3 Nr. 205 = AGS 1998, 38.
2 OLG Köln JurBüro 1995, 471: Informatorische Vernehmung eines Zeugen; OLG Frankfurt, KostRsp. BRAGO § 31 Ziff. 3 Nr. 1 = JurBüro 1963, 161: informatorische Anhörung eines Sachverständigen; JurBüro 1979, 375; Gebauer/Schneider/*Gebauer*, BRAGO, § 31 Rn. 184; OLG Frankfurt JurBüro 1963, 161; JurBüro 1979, 375.
3 OLG Frankfurt, Beschl. v. 4. 9. 2003 – 25 W 50/03, OLGR 2004, 31 = RVGreport 2004, 80.
4 OLG Hamburg JurBüro 1979, 1658.
5 OLG Düsseldorf JurBüro 1983, 1042; LAG Hamm, KostRsp. GKG § 21 Nr. 3; OLG München JurBüro 1991, 544; JurBüro 1991, 1087.

standes bezieht.[1] Dies folgt aus § 36 Abs. 1 GKG (§ 21 Abs. 1 GKG a.F.), wonach für Handlungen, die nur einen Teil des Streitgegenstandes betreffen, auch die Gebühren nur nach diesem Teil zu berechnen sind. Eine entsprechende Regelung enthält § 13 Abs. 3, 5 BRAGO (§ 15 Abs. 3, 5 RVG).

1086 Entscheidend ist, in welchem Umfang das Prozessgericht im Zeitpunkt der Beweisanordnung den Tatsachenkomplex klären wollte.[2] Insoweit genügt, dass sich der **Wille des Gerichts** über den Umfang der Beweisaufnahme aus der Sachlage ergibt.[3]

1087 In welchem Umfang durch andere Prozessbeteiligte oder in der Kostenfestsetzung eine **Klärungsbedürftigkeit** angenommen wird, ist in der Regel unerheblich.[4] Kann der Anwalt der Beweisanordnung jedoch nicht entnehmen, dass sich die Beweisaufnahme nur auf einen Teil des Streitgegenstandes erstrecken soll und ergibt sich dies auch nicht aus dem Gesamtzusammenhang, soll auch für die Beweisgebühr der volle Streitwert des Rechtsstreits anzusetzen sein.[5] Dem ist zuzustimmen, weil sich der Prozessbevollmächtigte in derartigen Fällen auf eine umfassende Beweisaufnahme vorbereiten muss.

II. Einzelfälle aus der Rechtsprechung

1088 Bei einer **Stufenklage** richtet sich der Gegenstandwert für die Beweisgebühr nur nach dem Wert derjenigen Verfahrensstufe, in der Beweis erhoben wird.[6] Dies gilt selbst dann, wenn in der ersten Stufe mit dem Auskunftsantrag auch der Antrag auf Abgabe der eidesstattlichen Versicherung und der Antrag auf unbezifferte Zahlung gestellt worden ist.[7] Denn die unbeschränkte Bezugnahme auf die schriftsätzlich angekündigten Anträge ist im Regelfall dahingehend aufzulegen, dass von mehreren Anträgen nur derjenige gestellt werden soll, über den allein nach der Verfahrenslage entschieden werden kann.[8]

1089 Bei einer **einheitlicher Beweiserhebung über mehrere Ansprüche** ist § 48 Abs. 3 GKG (§ 12 Abs. 3 GKG) zu beachten. Danach ist, wenn mit einem nichtvermögensrechtlichen Anspruch ein aus ihm hergeleiteter vermögensrechtlicher An-

---

1 OLG Düsseldorf, KostRsp. ZPO § 3 Nr. 630 = JurBüro 1983, 1042; 1986, 1833; OLG Frankfurt KostRsp. BRAGO § 31 Ziff. 3 Nr. 116 = JurBüro 1983, 1822 = AnwBl. 1984, 9; LAG Hamm, KostRsp. GKG § 21 Nr. 3 = BB 1985, 667; OLG Hamm AnwBl. 1985, 209; OLG Koblenz JurBüro 1994, 670 mit Anm. *Mümmler*; OLG Köln JurBüro 1984, 877; OLG München JurBüro 1991, 544; 1991, 1087.
2 OLG Düsseldorf JurBüro 1983, 1042 = KostRsp. ZPO § 3 Nr. 630.
3 OLG Frankfurt, KostRsp. BRAGO § 31 Ziff. 3 Nr. 116 = JurBüro 1983, 1822 = MDR 1984, 154; LAG Hamm, KostRsp. GKG § 21 Nr. 3 = BB 1985, 667.
4 KG JurBüro 1979, 1157.
5 OLG Hamburg JurBüro 1984, 1360 = KostRsp. ZPO § 3 Nr. 711.
6 OLG Bamberg, KostRsp. GKG § 18 Nr. 25 = JurBüro 1986, 1062; a.A. KG JurBüro 1973, 754 bei Abweisung einer Stufenklage.
7 OLG Hamm, KostRsp. BRAGO § 31 Ziff. 3 Nr. 194 = JurBüro 1997, 139 = OLGR 1997, 98.
8 OLG Düsseldorf JurBüro 1973, 843.

spruch verbunden wird, nur der höherwertige Anspruch zu berücksichtigen. Davon ist beispielsweise für den Fall der Verbindung von **Vaterschaftsfeststellungsklage** mit der Klage auf **Zahlung von Regelunterhalt** auszugehen.[1] Siehe näher dazu unter dem Stichwort „Kindschaftssachen" Rn. 3076, 3077.

Bei einer Beweisaufnahme in **Ehesachen** sind die im Verbund stehenden Folgesachen hingegen nicht miterfasst. Der Wert für die Beweisgebühr richtet dann allein nach der Ehesache.[2]   **1090**

Bei einer **Eventualklagehäufung** gemäß § 45 Abs. 1 S. 2 GKG (§ 19 Abs. 1 S. 2 GKG a.F.) ergibt sich der für die Beweisgebühr maßgebende Gegenstandswert aus einer Addition der Werte aller Ansprüche, über die Beweis erhoben wurde.   **1091**

Wird nur über eine zur **Aufrechnung** gestellte Gegenforderung Beweis erhoben, dann ist auch nur deren Höhe für den Gegenstandswert maßgebend.[3] Allerdings muss in diesem Fall bei der Berechnung des Wertes für die Beweiserhebung die Begrenzungsvorschrift des § 45 Abs. 3 GKG (§ 19 Abs. 3 S. 1 GKG a.F.) berücksichtigt werden (siehe auch Stichwort „Aufrechnung" Rn. 553 ff.).   **1092**

Schließt sich an ein **selbständiges Beweisverfahren** ein Rechtsstreit an, der jedoch mit geringerem Streitwert geführt wird, dann hat das Sicherungsverfahren einen höheren Wert mit der Folge, dass es nur zu einer entsprechend anteiligen Kostenerstattung kommen kann.[4]   **1093**

Schließt sich auf ein **Versäumnis-Teilurteil** eine Beweisaufnahme über den streitig gebliebenen Teil der Klageforderung an, bemisst sich Wert der Beweisgebühr nur nach diesem Forderungsteil.[5] Bei diesem Gegenstandwert verbleibt es auch, wenn später **Einspruch** eingelegt und der Rechtsstreit damit nach § 342 ZPO in die Lage zurückversetzt wird, in der er sich vor Eintritt der Säumnis befunden hat. Denn eine **Werterhöhung zwischen Beweisanordnung und Beweiserhebung** ist nur dann von Bedeutung ist, wenn sich die Beweisaufnahme auch auf den erweiterten Gegenstand erstreckt und sie erst nach der Eintritt der Erhöhung abgeschlossen wird. Siehe auch nachfolgend Rn. 1095.   **1094**

---

1 OLG Bamberg JurBüro 1990, 95; OLG Hamm, KostRsp. GKG § 12 Nr. 93 mit Anm. *Schneider* = JurBüro 1985, 572; OLG Karlsruhe JurBüro 1994, 736; a.A. OLG Oldenburg JurBüro 1992, 190 mit abl. Anm. *Mümmler*.

2 OLG Düsseldorf FamRZ 2000, 1519; OLG Karlsruhe 2000, 200 mit Anm. *Enders*; OLG Koblenz JurBüro 2000, 639; OLG Oldenburg JurBüro 2001, 362; *Mümmler* JurBüro 1978, 1674; *E. Schneider* MDR 1979, 183 f.; a.A. OLG Braunschweig JurBüro 1978, 1670; OLG Koblenz JurBüro 1999, 469.

3 OLG München, KostRsp. GKG § 19 Nr. 140 mit Anm. *Schneider* = AnwBl. 1989, 106 = JurBüro 1989, 137; OLG Schleswig, KostRsp. GKG § 19 Nr. 142 mit Anm. *Schneider* = SchlHA 1989, 112 = JurBüro 1989, 528.

4 Zöller/*Herget*, § 91 Rn. 13 „Selbständiges Beweisverfahren" mit ausf. Nachweisen.

5 OLG Bamberg JurBüro 1978, 1662; 1974, 1262; OLG Köln Rpfleger 1967, 68.

III. Veränderungen des Streitgegenstandes

1095 Der Gegenstandswert richtet sich nach dem Streitgegenstand, der während der Dauer der Beweisaufnahme maßgebend war. Veränderungen innerhalb des Rechtsstreits sind für den Gegenstandswert der Beweisgebühr daher nur beachtlich, wenn dadurch auch der Gegenstand der Beweiserhebung verändert wird.[1]

1096 Dabei kommt es nur auf das Beweisverfahren als solches an. Der Gegenstandswert für die Beweisgebühr erhöht sich nicht deshalb, weil das Beweisergebnis später bei der Entscheidung über den gesamten, nunmehr erweiterten Klageanspruch verwertet wird.[2]

1097 Demgemäß vermag eine **Klageerweiterung** oder eine **Widerklage** die Wertbestimmung nur zu beeinflussen, wenn sie vor Abschluss der Beweisaufnahme rechtsanhängig wird und sich die Beweisaufnahme auch auf deren Streitgegenstand bezieht.[3]

1098 Hat das Prozessgericht dem Sachverständigen die **mündliche Erläuterung** seines schriftlichen Gutachtens erst nach Verlesung eines erweiterten Klageantrages aufgegeben (§ 411 Abs. 3 ZPO), so hat es die Beweisaufnahme erkennbar auf den ganzen nunmehrigen Streitgegenstand erstreckt. Dann ist die Beweisgebühr in der Regel nach dem höheren Streitwert zu berechnen.[4]

1099 Eine **teilweise Rücknahme der Klage** vor der Beweisanordnung beeinflusst den Gegenstandswert der Beweisgebühr, denn der Umfang der Beweisaufnahme wird durch den im (verbleibenden) Klageantrag festgelegten prozessualen Anspruch begrenzt.

1100 Dies gilt ferner für die schriftsätzliche **Ankündigung eines ermäßigten Klageantrages**, wenn versehentlich nicht mit diesem ermäßigten Antrag verhandelt, aber die Beweisaufnahme erkennbar darauf beschränkt worden ist.[5] Im Zweifelsfall ist jedoch durch das Gericht vorab zu klären (§ 139 ZPO), ob es sich der Sache nach um eine **teilweise Klagerücknahme** oder eine **teilweise Erklärung der Hauptsache für erledigt** handelt. Auch hier ist jedoch immer zu beachten, dass es entscheidend auf den **Beweiserhebungswillen** des Gerichts ankommt.

---

1 OLG Frankfurt, KostRsp. GKG § 21 Nr. 3; OLG Frankfurt, KostRsp. ZPO § 3 Rn. 620 = JurBüro 1983, 234; KG JurBüro 1961, 608.
2 OLG Schleswig JurBüro 1969, 521 mit zust. Anm. *E. Schneider*; OLG Celle JurBüro 1975, 378; OLG Stuttgart JurBüro 1973, 424; OLG Hamburg JurBüro 1975, 1212; OLG Koblenz, KostRsp. BRAGO § 31 Ziff. 3 Nr. 183 = JurBüro 1994, 670 mit zust. Anm. *Mümmler* = MDR 1994, 629.
3 OLG Bamberg JurBüro 1974, 1262; JurBüro 1977, 960; JurBüro 1978, 1662; OLG Celle JurBüro 1965, 378; OLG Frankfurt, KostRsp. GKG § 21 Nr. 3; KG JurBüro 1961, 608; JurBüro 1970, 246 mit zust. Anm. *E. Schneider*; OLG Koblenz, KostRsp. BRAGO § 31 Ziff. 3 Nr. 183 = JurBüro 1994, 670 = MDR 1994, 629; OLG Stuttgart JurBüro 1973, 453 = Rpfleger 1973, 255.
4 KG JurBüro 1961, 608, Rn. 859 ff.
5 OLG Hamm JurBüro 1973, 1068.

Verändert sich der Streitgegenstand als solcher nicht, dann besteht regelmäßig 1101
kein Anlass, eine auf die Angaben des Klägers zurückgehende und von beiden
Parteien über Jahre gebilligte Schätzung des klägerischen Interesses (§ 3 ZPO)
nur deshalb abzuändern, weil das Ergebnis einer Beweisaufnahme durch Einholung eines **Sachverständigengutachtens** zu einem höheren Schätzungsbetrag
führt.[1]

Kursschwankungen in einem auf Zahlung in ausländischer Währung gerichteten 1102
Rechtsstreit während des Rechtsstreits bleiben auf den Gegenstandswert der
Beweisgebühr ohne Einfluss. Die Entscheidung des OLG Hamm,[2] wonach Kurssteigerungen während der Beweisaufnahme den Wert der Beweisgebühr erhöhen,
beruhte auf der bis zum 1. 7. 1994 geltenden Fassung des § 15 Abs. 1 GKG (siehe
auch ausführlich das Stichwort „Ausländische Währung" Rn. 719 ff.).

Zum Einfluss von **Wertänderungen bei Gegenständen von schwankendem Wert** 1103
während des Verfahrens siehe auch das Stichwort „Änderung des Streitwerts"
(Rn. 162).

D. Beschwerdewert

Wird mit einer Beschwerde versucht, die **Aufhebung eines Beweisbeschlusses** 1104
zu erreichen, damit die Klage ohne Beweisaufnahme aus Rechtsgründen abgewiesen werde, so soll der Wert des Beschwerdeverfahrens gleich dem Wert der
Hauptsache sein.[3] Dieser Wertansatz ist wesentlich übersetzt. Beweis-
schlüsse sind zwar aufgrund besserer Einsicht des Gerichts abänderbar und
aufhebbar, nicht jedoch anfechtbar (§ 355 Abs. 2 ZPO). Daher ist eine „Beschwerde" gegen eine bestimmte Beweisanordnung sachlich nur eine Gegenvorstellung und sollte auch als solche behandelt werden. Wird darauf Beschwerderecht angewandt, etwa weil der Beschwerdeführer darauf trotz gerichtlichen
Hinweises besteht, dann ist die Beschwerde als unzulässig zu verwerfen. Verfahrensrechtlich ist es völlig ausgeschlossen, dass mit dieser unzulässigen Beschwerde eine Entscheidung über die Klage ohne Beweiserhebung erreicht werden kann. Dann aber kann auch die Hauptsache nicht den Streitwert bilden.
Dieser ist vielmehr gemäß § 3 ZPO nach freiem Ermessen zu schätzen, wobei –
etwa in Anlehnung an Einstellungsbeschlüsse – mit $^1/_5$ der Hauptsache beziffert
werden kann (siehe das Stichwort „Einstweilige Einstellung der Zwangsvollstreckung" Rn. 1578).

Hingegen wird überwiegend die **Anfechtbarkeit einer Beweisanordnung analog** 1105
§ 252 ZPO für zulässig erachtet, wenn die Anordnung auf einen Verfahrensstill-
stand hinausläuft, weil die Beweisaufnahme langfristig herausgeschoben wird.[4]
Dem ist zuzustimmen, denn im Vordergrund steht hier nicht die Herbeifüh-

---

1 OLG Köln, KostRsp. GKG § 15 Nr. 1.
2 OLG Hamm, KostRsp. GKG § 15 Nr. 2 = JurBüro 1981, 1860 mit Anm. *Mümmler*.
3 OLG Nürnberg KostRsp. GKG a.F. § 46 Nr. 9.
4 Zöller/*Greger*, § 252 Rn. 1a m.w.N.; a.A. OLG Frankfurt NJW 1963, 912.

rung einer inhaltlich bestimmten als vielmehr einer zeitnahen Entscheidung der Hauptsache. Dies rechtfertigt im Regelfall eine Bruchteilsbewertung von $^1/_5$ des Hauptsachestreitwerts (siehe auch Stichwort „Aussetzung" Rn. 763).

Beweissicherungsverfahren

Siehe das Stichwort „Selbständiges Beweisverfahren".

Bewilligung

1106 Siehe die Nachweise bei dem jeweiligen Gegenstand der Bewilligung zum Beispiel bei den Stichwörtern „Auflassung" oder „Auflassungsvormerkung" oder „Löschung".

Bierabnahmepflicht

1107 Der sog. Bierlieferungsvertrag ist ein wichtiger Anwendungsfall der Bezugsverpflichtung. Mangels einer speziellen Bewertungsvorschrift ist nur § 3 ZPO anzuwenden.

1108 Klagt eine Brauerei auf Feststellung der Verpflichtung zur Abnahme von Bier, das sie herstellt, dann ist bei der Schätzung nach § 3 ZPO nicht von der Gewinneinbuße, sondern von der Umsatzminderung auszugehen.[1]

1109 Überwiegend dürfte jedoch auf den Gewinn abgestellt werden, den der Lieferant bei Einhaltung der Bierbezugsverpflichtung zu erwarten hat.[2]

1110 Im Ergebnis weichen beide Ansichten nicht oder nur gering voneinander ab. Berechnungsgrundlage ist in jedem Fall die voraussichtliche jährliche Bierbezugsmenge. Der Gewinn wiederum muss immer mitberücksichtigt werden. Beide Bewertungsumstände sind daher zu berücksichtigen und der Schätzung nach § 3 ZPO zugrunde zu legen.

---

1 OLG Neustadt, MDR 1962, 413.
2 KG, Beschl. v. 8. 9. 1969 – 1 W 6749/69, Rpfleger 1969, 443 = JurBüro 1969, 1195; OLG Bamberg, Beschl. v. 5. 7. 1984 – 1 W 47/84, KostRsp. ZPO § 3 Nr. 737 = JurBüro 1985, 441; LG Bayreuth, Beschl. v. 27. 11. 1978 – 3 O 89/78, KostRsp. GKG § 20 Nr. 23 mit Anm. *Schneider* = JurBüro 1979, 253.

Vertretbar ist ein Aufschlag auf den Streitwert zur Abgeltung eines Interesses der Brauerei an der Stetigkeit des Umsatzes,[1] etwa wenn es um eine Bezugsbindung von noch langer Dauer geht.[2] **1111**

Den Streitwert einer Klage auf Nichtigkeit eines Getränkebezugsvertrages hat das OLG Saarbrücken[3] nach dem vollen Wert der Leistungen bemessen, von denen der Nichtigkeitskläger freigestellt werden wollte. **1112**

Diese Auffassung ist insofern abzulehnen, als sie von einem starren Grundsatz ausgeht und im Einzelfall dazu führen kann, dass wesentliche streitwertmindernde Umstände entgegen wirtschaftlicher Betrachtungsweise unbeachtet bleiben. Insbesondere sind alle Faktoren zu berücksichtigen, die das Interesse beeinflussen, etwa der Wert der Gegenleistung oder sonstige mitlaufende Vergünstigungen.[4] **1113**

Bei Bestellung einer beschränkt persönlichen Dienstbarkeit betreffend eine Abnahmeverpflichtung aus Getränkelieferungen ist maßgebender Bewertungsausgangspunkt der vom Kläger zu erwartende Gewinn, der auf der Grundlage des Umsatzes zu ermitteln ist. **1114**

Die im Eilverfahren erstrebte Vormerkung zur Sicherung der Bestellung einer beschränkten persönlichen Dienstbarkeit betreffend die Abnahmeverpflichtung von Getränkelieferungen ist nach § 3 ZPO zu schätzen, wobei der für die Hauptsache maßgebende § 9 ZPO die Richtschnur bildet. Wichtigster Bewertungsumstand ist der vom Antragsteller erwartete Gewinn.[5] Siehe auch das Stichwort „Auflassungsvormerkung" Rn. 479 ff. **1115**

Bilanz

Literatur: *Stötter* DB 1972, 271.

Bei Ausscheiden eines Gesellschafters aus einer Handelsgesellschaft ist er abzufinden. Die Berechnung seines Guthabens wird anhand der sog. Abschichtungs- oder Auseinandersetzungsbilanz vorgenommen. Für den Anspruch auf deren Erteilung ist nicht der Aktivsaldo maßgebend, sondern das Interesse des Klägers nach § 3 ZPO zu schätzen.[6] Maßgeblich ist dafür das Interesse des Klägers an der Bilanz. Wie dieses Interesse zu bewerten ist, hängt davon ab, welchen Zweck der Kläger mit der Bilanz verfolgt. **1116**

---

1 OLG Braunschweig, Beschl. v. 25. 10. 1978 – 2 O 69/74, JurBüro 1979, 436.
2 Siehe dazu auch OLG Bamberg, MDR 1977, 935.
3 OLG Saarbrücken, Beschl. v. 25. 9. 1978 – 1 W 20/78 JurBüro 1978, 1718 = AnwBl. 1978, 467 = KostRsp. ZPO § 3 Nr. 427 mit krit. Anm. *Schneider*.
4 Vgl. *E. Schneider* JurBüro 1978, 1608.
5 Siehe OLG Bamberg, Beschl. v. 26. 1. 1978 – 5 W 20/78, JurBüro 1978, 1061.
6 RG *Warneyer* 1940 Nr. 173; OLG München, Beschl. v. 14. 3. 1996 – 15 W 888/96, OLGR 1996, 106.

1117 Ist die Vorlage der Bilanz beispielsweise erforderlich, um einen Anspruch berechnen bzw. in einem späteren Prozess darlegen zu können, können die
Grundsätze für die Bewertung eines Auskunftsanspruchs bzw. eines Anspruchs
auf Rechnungslegung entsprechend angewandt werden.[1]

1118 Ist die Bilanz zur Vorlage bei Behörden oder öffentlichen Stellen erforderlich
bzw. entspricht ihre Erstellung einer gesetzlichen Pflicht, so ist für den Wert
nach § 3 ZPO der Aufwand zu schätzen, den die Erstellung der Bilanz erfordert.

1119 Die Höhe der Beschwer eines zur Rechnungslegung verurteilten Beklagten ist
jedenfalls dann nach den Kosten für eine Fremdleistung zu bemessen, wenn er
glaubhaft macht, aus Alters- oder Krankheitsgründen zur Eigenleistung nicht in
der Lage zu sein.[2] Insofern ergibt sich bei der Klage auf Erstellung einer Bilanz
ein unterschiedlicher Streitwert für die Klage und für die Berufung des zur Auskunft verurteilten Beklagten.[3]

Bild

1120 Eine Klage auf Unterlassung wegen Verletzung des Rechts am eigenen Bild oder
auf Herausgabe der betreffenden Bilder/Negative ist eine nach § 48 Abs. 2 GKG
zu bewertende nichtvermögensrechtliche Streitigkeit.[4] Der Wert ist unter Berücksichtigung aller Umstände des Einzelfalls nach Ermessen zu bestimmen
und darf 1 000 000 Euro nicht überschreiten.

1121 Das Recht am eigenen Bild soll als Teil des allgemeinen Persönlichkeitsrechts
die Selbstbestimmung des Betroffenen sichern. Die entsprechenden Klagen sind
nur dann als vermögensrechtliche Streitigkeit anzusehen, wenn sich aus der
Klage oder offenkundigen Umständen ergibt, dass es dem Kläger in wesentlicher Weise auch um die Wahrung wirtschaftlicher Interessen geht.[5] Dabei müssen allerdings bloße vermögensrechtliche Reflexwirkungen außer Betracht bleiben.[6] Eine vermögensrechtliche Streitigkeit liegt beispielsweise vor, wenn der
Kläger Ersatz von Vermögensschäden oder Schadensersatz wegen Beeinträchtigung eigener Vermarktungschancen fordert.

---

1 Vgl. dazu die Stichwörter „Auskunftsanspruch" und „Rechnungslegung".
2 BGH, Beschl. v. 5. 2. 2001 – II ZB 7/00, NJW 2001, 1284.
3 BGH, Beschl. v. 24. 11. 1994 – GSZ 1/94, BGHZ 128, 85; OLG München, Beschl. v.
   14. 3. 1996 – 15 W 888/96, OLGR 1996, 106.
4 BGH, Urteil v. 17. 10. 1995 – VI ZR 352/94, NJW 1996, 999; KG JurBüro 1969, 1190.
5 BGH, Urteil v. 28. 6. 1994 – VI ZR 252/93, VersR 1994, 1120.
6 BGH, Urteil v. 27. 5. 1986 – VI ZR 169/85, VersR 1986, 1075.

Bindung des Gerichts

Literatur: *E. Schneider* JurBüro 1974, 823; MDR 1992, 218.

Gliederungsübersicht

A. Zuständigkeitsfestsetzung 1122
B. Kostenrecht 1130
C. Vorläufige Wertfestsetzung . . . 1135
D. Höhere Instanz 1140
E. Wertangaben der Parteien 1142

Stichwortübersicht

Abweichende Wertfestsetzung durch
  Urkundsbeamten 1130
Amtswegige Wertfestsetzung 1142
Anwaltsgebühren 1131
Berichtigung der Wertangabe durch
  Partei 1144
Beschluss über Zuständigkeit 1128
Gebührenvereinbarung, anwalt-
  liche 1131
Höhere Instanz weicht von Vor-
  instanz ab 1139
Kostenentscheidung
– gequotelte 1132
– und Beschwerdesumme 1141
– von ~ betroffene 1132
Parteivereinbarung über Wertvor-
  schlag 1145
PKH-Bewilligung bei Verstoß gegen
  Zuständigkeitsvorschrift 1129
Schmerzensgeldklage, unbezifferte . 1125
Übereinstimmende Wertangaben
  der Parteien 1146
Unzulässige Anträge 1147
Vorläufige Wertfestsetzung
– Anfechtung 1132
– durch Kläger 1131
– durch Gericht 1136
Wertänderung, Zulässigkeit 1132
Wertangaben der Parteien . . . . 1142 ff.
Zuständigkeit, Entscheidung
  darüber . . . . 1122 f.
Zuständigkeitsbeschluss, fehler-
  hafter 1128
Zuständigkeitsstreitwert 1122

A. Zuständigkeitsfestsetzung

Durch die Vorschrift des § 62 S. 1 GKG ist eine Koppelung des **Zuständigkeits- oder Zulässigkeitsstreitwerts** mit dem Gebührenstreitwert festgelegt worden. Die Festsetzung des Streitwertes für die Entscheidung über die Zuständigkeit des Prozessgerichts oder über die Zulässigkeit des Rechtsmittels bindet das Gericht bei der Festsetzung des Streitwertes für die Gebührenberechnung nur, soweit die Erreichung der Zuständigkeitsgrenze bejaht oder verneint worden ist.[1] — 1122

Es muss aber eine Entscheidung getroffen worden sein.[2] Es genügt also nicht der Erlass einer Sachentscheidung mit (unterstellter) stillschweigender Zuständigkeitsprüfung.[3] Das ist vom LG Göttingen[4] verkannt worden. — 1123

---

1 OLG Celle NJW 1957, 1640; OLG Nürnberg JVBl. 1959, 84 = JurBüro 1960, 168; OLG Frankfurt MDR 1964, 246.
2 OLG Köln JurBüro 1975, 1354.
3 Siehe ausführlich *E. Schneider* MDR 1992, 218.
4 LG Göttingen, KostRsp. GKG § 24 Nr. 6 mit abl. Anm. *E. Schneider* = ZIP 1990, 61 und von *Pape*, EWiR § 148 KO 1/90, 85, 86 zu Ziff. 3.

1124 Die Vorschrift des § 66 Abs. 1 S. 1 GKG setzt voraus, dass der Streitwert für die Zuständigkeit des Prozessgerichts oder die Zulässigkeit des Rechtsmittels **festgesetzt,** also eine **gewollte** gerichtliche Entscheidung getroffen worden ist. Es genügt nicht, dass das Gericht seine Zuständigkeit ungeprüft oder lediglich stillschweigend bejaht hat; in diesem Fall fehlt es an einer bindenden Vorentscheidung. Das LG Göttingen hat diese Rechtslage verkannt und ist von einer Bindungswirkung bis zur Höhe des ungeprüft und irrig angenommenen Zuständigkeitswertes ausgegangen.

1125 Wird eine **unbezifferte Schmerzensgeldklage** abgewiesen, dann schließt auch dies keine stillschweigende Zuständigkeitsentscheidung ein; der Gebührenstreitwert darf deshalb später noch unterhalb der Zuständigkeitsgrenze der §§ 71 Abs. 1, 23 Nr. 1 GVG festgesetzt werden, wenn dies nach dem Vorbringen des Klägers geboten ist.[1]

1126 Muss mit Rücksicht auf die Erklärungen der Prozessparteien in Verbindung mit dem Wortlaut der Entscheidung davon ausgegangen werden, dass das Amtsgericht sich deshalb für sachlich unzuständig erklärt und die Verweisung an das Landgericht ausgesprochen hat, weil die wertmäßige Zuständigkeitsgrenze überschritten sei, dann tritt bereits die Bindungswirkung ein.[2]

1127 Das angewiesene Gericht darf den Streitwert höher setzen als das verweisende Gericht, auch niedriger, sofern nicht die Wertgrenze der sachlichen Zuständigkeit unterschritten wird.[3]

1128 Zweifelhaft ist, ob § 62 S. 1 GKG auch dann gilt, wenn der Zuständigkeitswert durch Beschluss festgesetzt wird. Im Erkenntnisverfahren dürfen Entscheidungen über die Zuständigkeit des Gerichts nur durch Urteil ergehen. Dagegen gibt es dann die Berufung (§§ 280 Abs. 2 S. 1, 511 ZPO). Die Wahl der Beschlussform ist fehlerhaft, wird aber manchmal als eine Art Hinweis an die Parteien gewählt, um diese über die Rechtsauffassung des Gerichts zu informieren und Verweisungsanträge anzuregen. Eine Bindung nach § 62 S. 1 GKG tritt dann nicht ein, so dass ein solcher Beschluss auch nach § 68 GKG beschwerdefähig ist.[4] Unanfechtbar ist hingegen der formfehlerhafte Zuständigkeitsbeschluss, wenn es nur um die **Zuständigkeit** geht, weil es sich insoweit lediglich um einen prozessleitenden Hinweis handelt.[5] Deshalb tritt auch entgegen OLG München[6] keine Bindungswirkung nach § 62 S. 1 GKG für die Gebührenwertfestsetzung ein.

---

1 KG JurBüro 1980, 1220 = MDR 1980, 853 = KostRsp. GKG § 24 Nr. 2 = Rpfleger 1980, 398 = VersR 1980, 873.
2 OLG Saarbrücken JurBüro 1965, 644; zweifelhaft, siehe die abl. Anm. von *Tschischgale.*
3 OLG Nürnberg JMBl. 1959, 84 = JurBüro 1960, 168, siehe im Übrigen vorstehend Rn. 1122.
4 Siehe dazu OLG Bremen KostRsp. GKG § 24 Nr. 3 = AnwBl. 1988, 71 = JurBüro 1988, 70; *Markl,* GKG, § 24 Rn. 2.
5 OLG Düsseldorf OLGR 1994, 275; Übersicht zu den Beschwerden bei Verfahrensbeginn: *Herget* Anm. zu KostRsp. GKG § 25 Nr. 190.
6 OLG München, KostRsp. GKG § 24 Nr. 4 mit abl. Anm. *E. Schneider* = MDR 1988, 973 = JurBüro 1988, 1553.

Wird einem Gesuch um **Bewilligung von Prozesskostenhilfe** unter Verstoß gegen die Zuständigkeitsvorschrift des § 25 Abs. 1 GVG stattgegeben, dann tritt dadurch ebenfalls keine Bindung in der Streitwertbemessung ein.[1]   **1129**

B. Kostenrecht

Der Urkundsbeamte der Geschäftsstelle darf seiner Kostenberechnung keinen **von der Wertbestimmung des Gerichts abweichenden Vergleichswert** zugrunde legen.[2]   **1130**

Eine dem § 62 GKG entsprechende Bindung findet sich für die **Anwaltsgebühren** in § 23 Abs. 1 RVG. Sie unterliegt indessen der Vertragsfreiheit. Es steht dem Prozessbevollmächtigten frei, mit dem Mandanten eine Vergütungsvereinbarung (siehe § 4 RVG) des Inhaltes abzuschließen, dass für die Berechnung der Anwaltsgebühren ein höherer Streitwert als der gerichtlich festgesetzte zugrunde zu legen ist.[3] Eine solche Vergütungsvereinbarung gilt aber nur für denjenigen Prozessbevollmächtigten, mit dem sie getroffen worden ist, nicht für Rechtsanwälte, die früher in demselben Verfahren tätig gewesen sind oder später darin tätig werden. Ebenso belastet eine solche Vereinbarung den erstattungspflichtigen Gegner nicht.   **1131**

Schwierige Fragen ergeben sich hinsichtlich der Bindung, wenn die Kostenentscheidung davon betroffen werden kann.   **1132**

⟳ **Beispiel:**

Die **gequotelte Kostenentscheidung** aus § 92 ZPO richtet sich nach dem Anteil des Obsiegens und Unterliegens der Parteien, bezogen auf den Streitwert.

Wenn der Streitwert nach Ermessen (§ 3 ZPO) ermittelt worden ist, fließt die Ermessensentscheidung in die Kostenentscheidung des Urteils ein.   **1133**

⟳ **Beispiel:**

Geklagt wird beispielsweise

1. auf Zahlung von 500 Euro Sachschaden,

2. auf Feststellung der Ersatzpflicht für zukünftigen Schaden.

Der Antrag zu 2 wird vom Gericht mit 1000 Euro bemessen, so dass der Streitwert sich insgesamt auf 1500 Euro beläuft.

Der Kläger dringt mit dem Antrag zu 1 durch, mit dem Antrag zu 2 wird er abgewiesen. Die Kosten werden so verteilt, dass der Kläger $^2/_3$, der Beklagte $^1/_3$ trägt.

Ändert dann das Beschwerdegericht den Streitwert ab, so wird die Kostenentscheidung falsch, etwa wenn der Antrag zu 2 nur mit 500 Euro bemessen wird.

---

1 OLG Köln JurBüro 1971, 86.
2 OLG Düsseldorf Rpfleger 1969, 195; Zöller/*Herget*, §§ 103, 104 Rn. 21 unter „Bindung".
3 OLG Frankfurt JurBüro 1980, 579.

1134 Es ist deshalb streitig geworden, ob wegen des unlösbaren Zusammenhanges zwischen Kostenentscheidung und erstinstanzlicher Streitwertbemessung überhaupt eine Wertänderung zulässig ist. Das ist jedoch zu bejahen.[1]

C. Vorläufige Wertfestsetzung

1135 Gibt der Kläger einer Feststellungsklage einen „vorläufigen" Streitwert an und steht bei Erlass des Urteils der tatsächliche höhere Streitwert fest (bemessungserheblich ist aber der Zeitpunkt des die Instanz einleitenden Antrags, nicht das Instanzende: § 40 GKG), so ist für die Wertberechnung der höhere Streitwert maßgebend.[2]

1136 In der Vergangenheit hatten **Gerichte** nicht selten von sich aus einen Streitwert zunächst einmal „vorläufig" festgesetzt, damit das Verfahren kostenrechtlich weiterlaufen kann. Im Gesetz ist eine solche vorläufige Streitwertfestsetzung jetzt in § 63 Abs. 1 S. 1 GKG vorgesehen.

1137 Von der Pflicht zur vorläufigen Festsetzung erfasst werden alle Fälle, bei denen es Bewertungsschwierigkeiten geben kann, denn ausgenommen hat das Gesetz nur Verfahren, deren Gegenstand eine bestimmte Geldsumme in Euro ist, also die **bezifferten Zahlungsklagen**; hier dürften kaum einmal Festsetzungsprobleme entstehen.

1138 Die vorläufige Wertfestsetzung kann von der Partei nur mit der **Beschwerde gegen den Kostenansatz (§ 66 GKG)** nicht mit einer Streitwertbeschwerde nach § 68 GKG angegriffen werden (§ 63 Abs. 1 S. 2, 66 GKG). Der Wert des Beschwerdegegenstandes muss 200 Euro übersteigen (§ 66 Abs. 2 S. 1 GKG), es sei denn das Gericht hat die Beschwere zugelassen (§ 63 Abs. 2 S. 2 GKG).

1139 Ob der Anwalt nach § 33 Abs. 2 RVG die vorläufige Festsetzung mit der Beschwerde angreifen kann, hängt davon ab, ob man hier eine Bindungswirkung annimmt. Siehe das Stichwort „Streitwertbeschwerde".

D. Höhere Instanz

1140 Dass die höhere Instanz ihren eigenen Streitwert abweichend von der **Vorinstanz** festgesetzt hat, nötigt diese nicht zur entsprechenden Anpassung, da keine Bindung besteht, wohl aber zur amtswegigen Überprüfung.[3]

1141 Hat das Beschwerdegericht die Beschwerde wegen einer Kostenentscheidung als unzulässig verworfen, weil unter Zugrundelegung des von ihm angenommenen Streitwerts der ersten Instanz die **Beschwerdesumme** nicht erreicht war, so darf

---

1 Vgl. näher dazu E. *Schneider* NJW 1969, 1237 und hier bei dem Stichwort „Streitwertbeschwerde".
2 LG Bochum VersR 1969, 165.
3 Siehe dazu das Stichwort „Abänderung der Festsetzung" Rn. 8 ff.

der Streitwert nicht nachträglich auf einen Betrag festgesetzt werden, bei dessen Zugrundelegen die Beschwerde zulässig gewesen wäre.[1]

E. Wertangaben der Parteien

Auch an die Wertangabe der Partei, die dieser gemäß § 61 GKG als Antragsteller obliegt, ist das Gericht nicht gebunden, weil der Streitwert **von Amts wegen** richtig festzusetzen ist (§ 63 Abs. 2 GKG). Daher ist es folgerichtig, dass auch die Partei selbst an ihre Angabe nicht gebunden ist und diese jederzeit berichtigen darf (§ 61 S. 2 GKG).   1142

Siehe dazu das Stichwort „Angabe des Streitwerts" Rn. 236 ff.   1143

Das bedeutet jedoch nicht, dass der Wertansatz in das Belieben der Parteien gestellt ist. Ergibt sich beispielsweise ohne Änderung des Sachverhalts im Verlauf des Rechtsstreites, dass der Beklagte den Klageanspruch gar nicht bestreiten will oder ergeht eine höchstrichterliche Entscheidung, die die Erfolgsaussichten der Klage wesentlich günstiger gestaltet, so ist das kein rechtfertigender Anlass für eine **Berichtigung der Wertangabe** nach oben oder unten.[2]   1144

Haben die Parteien vereinbart, dem Gericht einen bestimmten Streitwertvorschlag zu unterbreiten, so wird in der Rechtsprechung häufig angenommen, dass sie an diesen Wertvorschlag gebunden seien. Die Parteien hätten sich damit des Rechts begeben, im Beschwerdeweg eine Abänderung des festgesetzten Streitwerts zu erreichen.[3]   1145

Diese Auffassung ist indessen bedenklich, weil sie mit § 66 Abs. 2 GKG in Widerspruch steht. Mit Rücksicht auf den für die Wertfestsetzung geltenden **Amtsermittlungsgrundsatz** besteht selbst dann keine Bindung des Gerichts, wenn die Wertangaben der Parteien übereinstimmen.[4] Allerdings besteht eine gewisse Indizwirkung solcher Wertangaben.[5] Die „Vereinbarung" eines Streitwertes kann aber u.U. für die Kotenerstattung zwischen den Parteien von Bedeutung sein.   1146

Werden **unzulässige Anträge** gestellt, gehen die Prozessbevollmächtigten mit den Anträgen über ihren Auftrag hinaus oder spricht das Gericht einer Partei etwas zu, was sie nicht beantragt hat, so ist der Wertansatz gleichwohl an Anträge oder Urteilsspruch gebunden. Siehe dazu das Stichwort „Rechtsmittel" Rn. 4501 ff.   1147

---

1 LG Münster JMBl.NW 1951, 174.
2 OLG München NJW 1970, 1688.
3 So z.B. OLG Neustadt JurBüro 1960, 307; 1963, 774; LG Koblenz JurBüro 1967, 1081, OLG Hamburg MDR 1977, 407.
4 KG Rpfleger 1962, 121.
5 Siehe das Stichwort „Angabe des Streitwerts" Rn. 251.

Börsenpapiere

1148 Der Streitwert einer Klage auf Herausgabe von Börsenpapieren bestimmt sich gemäß § 6 S. 1 ZPO nach deren Wert im Zeitpunkt der Klageerhebung oder der sonst die Instanz einleitenden Antragstellung (§ 40 GKG). Maßgebend ist dabei der Börsenkurswert. Ein im Laufe des Verfahrens schwankender Kurs hat auf diesen Streitwert keinen Einfluss. Das Abstellen auf einen bei Klageerhebung zu berechnenden Durchschnittswert bei stark schwankenden Kursen ist abzulehnen, da mehr oder minder willkürlich.[1]

Bruchteilsgemeinschaft

Siehe das Stichwort „Aufhebung von Gemeinschaften".

Bürgschaft

Gliederungsübersicht

A. Einleitung 1149
B. Verpflichtung zur Geldzahlung . 1151
C. Klagen auf Bestellung, Frei-
  stellung, Feststellung 1157
D. Regressklagen 1161
E. Herausgabe der Bürgschafts-
  urkunde 1162

Stichwortübersicht

Aufrechnung des Bürgen 1156
Feststellung 1160, 1164
Geldforderung 1151
Herausgabe einer Bürgschaftsurkunde 1162
Inanspruchnahme des Bürgen 1162
Klage gegen Hauptschuldner und
  Bürgen 1155
Klageforderung geringer als – 1168
Kreditsicherungsgeschäft 1151
Mietzins 1153
Missbräuchliche Verwertung der
  Bürgschaftsurkunde 1163
Pachtzins 1153
Pauschalierung der Ermäßigung bei
  Herausgabe der Urkunde 1164
Regressklage des Bürgen gegen
  Hauptschuldner 1161
Sicherstellung einer Forderung . . . 1157
Unterhaltungsanspruch 1154
Unwirksamkeit einer Höchstbetrags-
  bürgschaft 1160
Verbindlichkeit, Inhalt maßgebend . 1149
Wirtschaftliche Identität 1167
Zahlungsklage und Herausgabe-
  widerklage des Bürgen 1168
Zinsen und Kosten
– der Hauptschuld 1152
Zurückbehaltungsrecht an Bürg-
  schaftsurkunde 1166

---

1 BGH, Beschl. v. 25. 4. 1989 – XI ZR 18/89, MDR 1989, 909.

A. Einleitung

Nach § 765 Abs. 1 BGB verpflichtet sich der Bürge durch den Bürgschaftsvertrag 1149
gegenüber dem Gläubiger eines Dritten, für die Erfüllung der Verbindlichkeit
des Dritten einzustehen. Der Streitwert eines Bürgschaftsstreits bestimmt sich
nach dem Inhalt der Verpflichtung, für die der Bürge gegenüber dem Hauptschuldner einzustehen hat.

Gegenstand eines Bürgschaftsvertrages kann jedes beliebige Tun oder Unter- 1150
lassen (§ 194 Abs. 1 BGB) sein, beispielsweise die Verpflichtung zur Geldzahlung, zur Übereignung eines Grundstücks[1] oder die Verpflichtung, ein Bauwerk
fristgerecht fertig zu stellen.[2]

B. Verpflichtung zur Geldzahlung

Von praktischer Bedeutung ist im Bürgschaftsrecht in erster Linie die Verpflich- 1151
tung zur Geldzahlung, also „die Bürgschaft für eine Geldforderung" (§ 772
Abs. 1 BGB). Hier wiederum liegt das Schwergewicht bei der Bürgschaft als
Kreditsicherungsgeschäft im rechtsgeschäftlichen Kontakt mit Banken. Grundsätzlich ist in all diesen Fällen die Höhe der Forderung für eine Zahlungsklage
gegen den Bürgen maßgebend (§ 6 S. 1 ZPO).

Die neben der Hauptschuld zu entrichtenden **Zinsen** und **Kosten** bleiben bei der 1152
Wertberechnung nach § 43 Abs. 1 GKG unberücksichtigt, wenn der Bürge
durch Klage in Anspruch genommen wird.[3] Aus der Sicht des Gläubigers handelt es sich um Nebenforderungen zu seiner Hauptforderung.

Liegt der Klage gegen den Bürgen ein Anspruch auf Zahlung von **Miete** zugrun- 1153
de oder ein solcher auf Zahlung von Pacht, so ist entsprechend nach § 41 GKG
zu bewerten.[4] Dies gilt auch dann, wenn die Nichtigerklärung der Mietzins-
bürgschaft erstrebt wird.[5] Für die Klage auf Feststellung, dass der Bürge ab
einem bestimmten Zeitpunkt nicht mehr für die Miete haftet, hat das KG[6]
dagegen die Summe des auf die streitige Zeit entfallenden Mietzinses angesetzt.[7]

Ist die Hauptforderung ein gesetzlicher **Unterhaltsanspruch**, dann gilt auch 1154
für die Zahlungsklage gegen den Bürgen § 42 Abs. 1 GKG, denn die Klage ist
auf Bezahlung von Unterhalt gerichtet.[8] Nach einer früher vertretenen An-

---

1 RGZ 140, 216.
2 BGH NJW 1980, 1459 – sog. Fertigstellungsbürgschaft.
3 BGH MDR 1958, 765.
4 OLG Hamburg OLGE 15, 53; LG Berlin JVBl. 1937, 67.
5 KG OLGE 13, 71.
6 OLGE 25, 46.
7 Für Bemessung nach § 16 Abs. 1 GKG a.F. auch in diesem Fall mit Recht LG Berlin
  JVBl. 1937, 67.
8 So OLG Königsberg JW 1926, 2477; OLG Königsberg JW 1929, 139.

sicht[1] sollte (der jetzige) § 42 Abs. 1 GKG nur bei einer Klage des Unterhaltsberechtigten gegen den Unterhaltsverpflichteten anwendbar sein. Dagegen sollte es nicht genügen, dass die Unterhaltsverpflichtung die Grundlage des Anspruchs gegen den Bürgen bilde. Diese Ansicht hat sich jedoch nicht durchgesetzt.[2]

1155 Nimmt der Gläubiger neben dem Bürgen mit der Klage **zusätzlich** auch den Hauptschuldner in Anspruch, dann werden die Ansprüche nicht zusammengerechnet, da der Gläubiger nur einmal Leistung beanspruchen kann.[3] § 5 ZPO ist unanwendbar.

1156 Erklärt der Bürge die **hilfsweise Aufrechnung** mit Gegenforderungen des Hauptschuldners, führt das nicht zu einer Erhöhung des Streitwerts.[4] In derartigen Fällen kann es sich nur darum handeln, dass der Bürge im Prozess vorträgt, der Hauptschuldner habe wirksam aufgerechnet, denn der Bürge selbst kann mit einem für ihn fremden Anspruch nicht aufrechnen. Infolgedessen tritt keine Rechtskraftwirkung nach § 322 Abs. 2 ZPO ein. Dass das Gericht sich mit der Forderung des Hauptschuldners befassen muss, reicht nicht aus, die Voraussetzungen des § 45 Abs. 3 GKG zu erfüllen.[5]

C. Klagen auf Bestellung, Freistellung, Feststellung

1157 Klagen auf Bestellung, Freistellung von bzw. auf Feststellung des Bestehens oder Nichtbestehens einer Bürgschaft dienen der Sicherung einer Forderung und bemessen sich nach § 6 S. 1 ZPO.[6] Grundsätzlich maßgebend ist dabei die Hauptforderung. Nach OLG München[7] gilt das auch in den Fällen, in denen der Bürge wahrscheinlich nur wegen eines geringeren Betrages in Anspruch genommen wird. In diesem Fall erscheint es jedoch vorzugswürdig, den Streitwert nach § 3 ZPO zu schätzen und dabei auf den Betrag abzustellen, bis zu dem eine Inanspruchnahme des Bürgen nach dem Klagevortrag droht.[8]

1158 Ist die Hauptforderung zwischen den Parteien **streitig**, dann ist allerdings deren vom Kläger behauptete Höhe maßgebend.[9]

---

1 *Friedlaender* JW 1926, 2477; ähnlich auch OLG Düsseldorf, Beschl. v. 12. 9. 2002 – 24 W 36/02, AGS 2004, 75 mit Anm. *Schneider*: Der Senat will den Streitwert der Regressklage gegen den Anwalt, der die Undurchsetzbarkeit von Unterhaltsansprüchen verschuldet hat, nicht nach § 42 Abs. 1 GKG, sondern nach § 9 ZPO bewerten.
2 Dagegen auch RG DR 1940, 2267; KG JVBl. 1934, 170.
3 LG Kaiserlautern Rpfleger 1966, 347.
4 BGH, Beschl. v. 29. 11. 1972 – VIII ZR 202/71, NJW 1973, 146.
5 Hinsichtlich des Gegenstandswertes für die Anwaltsgebühren kann allerdings etwas anderes gelten, weil hier in erster Linie der Auftrag des Mandanten entscheidend ist. Ggf. muss der Anwalt eine Wertfestsetzung nach § 33 Abs. 1 RVG beantragen.
6 RG JW 1898, 3; KG OLGE 25, 46; KG JW 1933, 2402; OLG Stuttgart Rpfleger 1957, 97; OLG Karlsruhe AnwBl. 1973, 168.
7 OLG München Rpfleger 1956, 58.
8 So OLG Naumburg JW 1936, 2574; OLG Frankfurt AnwBl. 1980, 460; OLG Stuttgart MDR 1980, 678.
9 OLG Stuttgart Rpfleger 1957, 97.

Lautet die Bürgschaftsurkunde über einen **höheren Betrag** als die Klageforderung, dann ist nach dem Prinzip des § 6 S. 2 ZPO für die Höhe des Streitwerts nur die Klageforderung maßgebend.[1]   1159

Bei der **negativen Feststellungsklage** auf Unwirksamkeit einer Höchstbetragsbürgschaft ist von der noch valutierten Hauptschuld auszugehen und für den nicht valutierten Teil der Bürgschaft eine nach § 3 ZPO zu schätzende Quote anzusetzen, weil sich die Forderung wieder erhöhen kann, beispielsweise wegen der Zinsen.[2] Der Senat hat den Wert des nicht valutierten Teiles der Hauptforderung mit 30 % angesetzt.   1160

D. Regressklagen

Bei der Regressklage des Bürgen gegen den Hauptschuldner werden – anders als bei der Zahlungsklage gegen den Bürgen – Zinsen und Kosten mitgerechnet. Sie sind keine Nebenforderungen des Regressanspruches. Dieser stellt vielmehr einen einheitlichen Anspruch dar, der sich nur aus verschiedenen Berechnungspositionen zusammensetzt.[3] Auch § 4 Abs. 2 ZPO ist nicht anwendbar, da er nur für wechselmäßige Ansprüche gilt.[4]   1161

E. Herausgabe der Bürgschaftsurkunde

Wird auf Herausgabe einer Bürgschaftsurkunde geklagt, dann bestimmt sich der Streitwert nicht nach der Höhe der gesicherten Forderung, sondern nur nach dem **Herausgabeinteresse** des Klägers, das nach § 3 ZPO zu schätzen ist.[5] Ausgangspunkt für die Schätzung ist die Höhe der Hauptschuld. Entscheidend ist, ob und inwieweit zum Zeitpunkt der Erhebung der Herausgabeklage noch eine Inanspruchnahme des Bürgen in Betracht kommen kann.[6]   1162

Das Interesse kann beispielsweise gleich der Höhe der Hauptschuld sein, wenn es darum geht, mit der Herausgabe den Bürgschaftsvertrag zu beseitigen[7] oder   1163

---

1 OLG Stuttgart MDR 1980, 678.
2 OLG Karlsruhe, Beschl. v. 10. 5. 1991 – 17 W 10/91, KostRsp. ZPO § 3 Nr. 1058 mit Anm. *Schneider* = MDR 1991, 1197.
3 RG Recht 1917 Nr. 1663 und 1664.
4 KG OLGE 21, 63.
5 BGH, Beschl. v. 14. 10. 1993 – IX ZR 104/93, KostRsp. ZPO § 3 Nr. 1149 = BauR 1994, 541; OLG Stuttgart, Beschl. v. 25. 6. 1998 – 12 W 36/98, OLGR 1998, 427; OLG Hamm JurBüro 1981, 434; OLG Düsseldorf JurBüro 1981, 1893; KG, Beschl. v. 7. 6. 2001 – 8 W 164/01, KGR 2002, 28. Die Regelung des § 6 ZPO ist für den Besitzstreit nur dann maßgeblich, wenn der Besitz der Urkunde unmittelbar den Wert eines Rechts verkörpert (vgl. BGH, Beschl. v. 10. 10. 2001 – VI ZR 120/01, KostRsp. ZPO § 3 Nr. 1371 = BGHR 2002, 155).
6 KG, Beschl. v. 7. 6. 2001 – 8 W 164/01, KGR 2002, 28.
7 BGH, Beschl. v. 14. 10. 1993 – IX ZR 104/93, KostRsp. ZPO § 3 Nr. 1149 = BauR 1994, 541; OLG Frankfurt, Beschl. v. 23. 7. 1980 – 1 W 23/80, AnwBl. 1980, 460; LG Hamburg JurBüro 1992, 81; LG Hamburg, Beschl. v. 23. 10. 2001 – 308 O 117/01, KostRsp. ZPO

bei einer Bürgschaft auf erstes Anfordern,[1] weil diese dem Gläubiger innerhalb kürzester Zeit liquide Mittel zur Verfügung stellt, wenn er die Bürgenleistung vertragsgemäß anfordert. Auf der anderen Seite ist das Interesse besonders gering zu bewerten, wenn die gesicherte Forderung unstreitig erloschen ist oder die Bürgschaft nicht mehr besteht und nur eine mögliche missbräuchliche Benutzung der Bürgschaftsurkunde verhindert werden soll.[2]

1164 Da das Interesse nach § 3 ZPO geschätzt werden muss, liegt es im Sinne der Rechtssicherheit, hier – ähnlich etwa wie bei der Bewertung einstweiliger Verfügungen oder positiver Feststellungsklagen – in den übrigen Fällen die Wertermäßigung zu pauschalieren.

1165 Das LG Köln[3] hat sich unter Berufung auf das OLG Stuttgart[4] dafür entschieden, im Regelfall den Wert der Herausgabeklage mit 20 bis 30 % der Bürgschaftsforderung zu beziffern. Auch das OLG Bamberg[5] hat das Interesse des Klägers am Besitz der Bürgschaftsurkunde mit 30 % des Wertes der durch die Bürgschaft gesicherten Forderung geschätzt. Gegen eine Pauschalierung hat sich das OLG Köln[6] ausgesprochen, welches jeweils eine Einzelfallbewertung für erforderlich hält. Soweit das OLG Düsseldorf[7] das Interesse dem „Beweiswert der Bürgschaftsurkunde" gleichsetzt, ist das unlogisch, denn die Bürgschaftsurkunde hat keinen Beweiswert für das Bestehen der gesicherten Forderung, so dass dieser Gesichtspunkt als Bewertungskriterium ausscheiden muss.

1166 Wehrt sich der Beklagte gegen das Herausgabeverlangen mit einem **Zurückbehaltungsrecht** aufgrund angeblicher Gegenansprüche, so hat das keinen Einfluss auf die Streitwertberechnung.[8]

1167 Beim Zusammentreffen der Klage des Hauptschuldners gegen den Bürgen auf Zahlung und der Widerklage des Bürgen auf Herausgabe der Urkunde sind die Streitwerte nicht nach § 5 ZPO zusammenzurechnen, da **wirtschaftliche Identität** gegeben ist.[9] Es erfolgt keine Zusammenrechnung nach § 45 Abs. 1 S. 3

---

§ 3 Nr. 1376 = JurBüro 2002, 81; LG Berlin, Beschl. v. 13. 5. 2002 – 67 T 29/02, JurBüro 2002, 478; OLG Dresden, Beschl. v. 21. 10. 2002 – 9 U 774/02, BauR 2003, 931.

1 KG, Beschl. v. 6. 3. 2000 – 26 W 599/00, KGR 2001, 220 = AGS 2001, 253 = BauR 2000, 1380; OLG München, Beschl. v. 29. 12. 1999 – 15 W 3367/99, BauR 2000, 607.

2 BGH, Beschl. v. 14. 10. 1993 – IX ZR 104/93, KostRsp. ZPO § 3 Nr. 1149 = BauR 1994, 541; OLG Hamm, Beschl. v. 19. 1. 1981 – 4 U 6/81, JurBüro 1981, 434.

3 OLG Köln AnwBl. 1982, 437.

4 OLG Stuttgart JurBüro 1980, 896; ebenso für die Klage auf Herausgabe eines Schuldscheins: OLG Köln, Beschl. v. 11. 9. 1996 – 19 W 46/96, KostRsp. ZPO § 3 Nr. 1242, wenn eine erneute Inanspruchnahme aus dem Schuldschein nicht droht.

5 OLG Bamberg, KostRsp. ZPO § 3 Nr. 1008 mit Anm. *Schneider* = JurBüro 1990, 1512.

6 OLG Köln, KostRsp. ZPO § 3 Nr. 116 = MDR 1994, 101.

7 OLG Düsseldorf, Beschl. v. 6. 10. 1981 – 21 W 45/81, JurBüro 1981, 1893.

8 OLG Bamberg, Beschl. v. 16. 5. 1990 – 5 W 42/90, KostRsp. ZPO § 3 Nr. 1008 mit Anm. *Schneider* = JurBüro 1990, 1512; OLG Hamm JurBüro 1981, 434; OLG Frankfurt, Beschl. v. 23. 7. 1980 – 1 W 23/80, AnwBl. 1980, 460.

9 OLG Stuttgart MDR 1980, 678; OLG Bamberg JurBüro 1974, 1437; OLG Stuttgart, Beschl. v. 30. 8. 1999 – 13 W 35/99, OLGR 2000, 42; a.A. LG Hamburg, Beschl. v. 7. 9. 2001 – 308 O 117/01, JurBüro 2002, 81 (Zusammenrechnung).

GKG, da Klage und Widerklage denselben Gegenstand haben. Gleiches gilt für den umgekehrten Fall, dass der Kläger die Herausgabe der Bürgschaftsurkunde verlangt und der Beklagte Widerklage auf Erfüllung der durch die Bürgschaft gesicherten Ansprüche erhebt.[1]

Ist beim Zusammentreffen von Zahlungsklage des Hauptschuldners und Wider-   1168
klage des Bürgen auf Herausgabe der Bürgschaftsurkunde der Zahlungsantrag geringwertiger als die verbürgte Verpflichtung, dann liegt wirtschaftliche Identität nur vor, soweit sich die Werte decken. Wegen des in der Bürgschaftsurkunde ausgewiesenen Mehrbetrages kann, wenn weitere Inanspruchnahme nicht auszuschließen ist, ein Aufschlag geboten sein, der nach § 3 ZPO zu schätzen ist.[2]

Klagt der Hauptschuldner dagegen nach Beendigung des Vertragsverhältnisses   1169
auf Herausgabe der Bankbürgschaft und macht der Gläubiger im Wege der Widerklage Schadensersatzansprüche aus dem Vertragsverhältnis geltend, so ist nur der höhere der beiden Werte maßgeblich.[3]

Darlehen

Literatur: *H. Schmidt* JurBüro 1964, 332; *Schneider* MDR 1983, 274.

Für den Streitwert einer Klage auf **Abschluss** eines Darlehensvertrags oder auf   1170
Auszahlung des Darlehens ist der gewünschte Darlehensbetrag maßgebend.[4]
Zinsen bleiben nach § 4 Abs. 1 ZPO, § 43 GKG unberücksichtigt.

Nach früherer Auffassung[5] wurde der Wert einer Klage auf Abschluss eines   1171
Darlehensvertrages aufgrund der römisch-rechtliche Unterscheidung der Rechtsnatur des Darlehensvertrages[6] auf einen Betrag unterhalb der Darlehenssumme geschätzt. Zwischen dem Anspruch auf Abschluss eines Darlehensvertrages und dem auf Gewährung eines vertraglich schon zugesicherten Darlehens besteht jedoch kein Unterschied, da auch das Interesse desjenigen Klägers, der den Vertragsabschluß verlangt, wirtschaftlich und rechtlich darauf geht, den Beklagten zur Hingabe des Geldes zu zwingen. Auch hier ist also der betreffende Geldbetrag maßgeblich.

Hat der Darlehensgeber der vorzeitigen **Ablösung** des Darlehens in Verbindung   1172
mit einem Schuldnachlass zugestimmt und auch seine Sicherheiten aufgege-

---

1 OLG Stuttgart, Beschl. v. 25. 6. 1998 – 12 W 36/98, KostRsp. GKG § 19 Nr. 207 = OLGR 1998, 427.
2 OLG Stuttgart MDR 1980, 678; OLG Stuttgart OLGR 1998, 427.
3 OLG Stuttgart, Beschl. v. 30. 8. 1999 – 13 W 35/99, KostRsp. GKG § 19 Nr. 217 = OLGR 2000, 42.
4 BGH NJW 1959, 1493 mit Anm. *Geißler;* OLG Köln JurBüro 1960, 305.
5 *Gerold,* Streitwert, S. 300 m.w.N.
6 Konsensual- oder Realvertrag, siehe MünchKomm.BGB/*Berger,* vor § 488 Rn. 15.

ben, so ist die Klage auf Wiederherstellung des alten Rechtszustandes wegen Nichtigkeit des Darlehens-Ablösungsvertrages zwar nach dem Wert der alten Rechtsstellung einschließlich der Sicherungsrechte zu bestimmen, jedoch abzüglich der vom Darlehensgeber zurückzuerstattenden Ablösungssumme.[1] Damit hat der BGH im Ergebnis die Gegenleistung streitwertmindernd berücksichtigt und den durch die Klageanträge bestimmten Streitgegenstand nicht mehr als allein maßgeblich angesehen.

1173 Der Wert einer Vereinbarung, in der sich die eine Partei verpflichtet, die andere von ihrer Mithaftung aus einem Darlehensvertrag zu befreien und ihr eine entsprechende **Freistellungserklärung** des Gläubigers zu verschaffen, entspricht nicht dem Betrag der Darlehensschuld, sondern ist nach § 3 ZPO zu schätzen.[2] Maßgebend für diese Schätzung ist der Anteil, auf den der freizustellende Gesamtschuldner im Innenverhältnis haftet.[3]

1174 Bei Klagen des Darlehensgebers auf **Rückzahlung** des Darlehens ist grundsätzlich der geltend gemachte Betrag maßgeblich (§ 6 S. 1 ZPO). Haben die Parteien vereinbart, dass der gemeinsame Kredit je zur Hälfte zurückgezahlt werden soll, so ist der Streitwert in Höhe der Hälfte der Verbindlichkeiten festzusetzen.[4]

1175 Die Klage auf sofortige Rückzahlung eines Darlehens entgegen vereinbarter monatlicher **Ratenzahlungen** ist dagegen nach § 3 ZPO zu bewerten. Maßgebend ist nicht der volle Darlehensbetrag, sondern das wirtschaftliche Interesse an der sofortigen Rückzahlung statt ratenweiser Tilgung.

1176 Der BGH[5] setzt dagegen in solchen Fällen den Streitwert mit dem vollen Betrag der Rückzahlungsforderung an. Diese Entscheidung verkennt allerdings, dass die Verpflichtung zur Rückzahlung als solche zwischen den Parteien unstreitig ist und der Rechtsstreit – und damit das Interesse des Klägers – letztlich nur darauf gerichtet ist zu entscheiden, ob die betreffende Summe schon zum jetzigen Zeitpunkt oder erst später (im Rahmen der vertraglich vereinbarten Ratenzahlung) verlangt werden kann.

1177 Bei Finanzierungsdarlehen werden **Kosten** und **Kreditgebühren** häufig durch Vereinbarung zu einem einheitlichen „Gesamtkreditbetrag" zusammengefasst. Dadurch verlieren die Kreditgebühren jedoch nicht ihre Eigenschaft als Nebenforderung, so dass sie auch dann bei der Streitwertberechnung außer Betracht bleiben müssen.[6] Diese Auffassung deckt sich mit der Rechtsprechung des

---

1 BGH, KostRsp. ZPO § 3 Nr. 745.
2 OLG Frankfurt, Beschl. v. 24. 1. 2002 – 5 WF 62/01, OLGR 2002, 96; OLG Karlsruhe, Beschl. v. 6. 10. 1997 – 2 WF 130/97, JurBüro 1998, 472.
3 OLG Frankfurt, Beschl. v. 24. 1. 2002 – 5 WF 62/01, OLGR 2002, 96.
4 OLG Frankfurt, Beschl. v. 24. 1. 2002 – 5 WF 62/01, OLGR 2002, 96.
5 BGH, Beschl. v. 25. 2. 1997 – XI ZB 3/97, MDR 1997, 591: Gleiches gelte für eine Feststellungsklage des Darlehensnehmers auf Unwirksamkeit der Kündigung.
6 OLG Köln, Beschl. v. 14. 5. 1999 – 11 W 3/99, KostRsp. ZPO § 4 Nr. 85 = OLGR 1999, 404; OLG Schleswig, Beschl. v. 16. 11. 1998 – 9 W 198/98, KostRsp. ZPO § 4 Nr. 83 = OLGR 1999, 79; OLG Bamberg JurBüro 1976, 343; KG BB 1974, 1505; OLG Hamm NJW 1973, 1002; OLG Hamm NJW 1974, 1951.

BGH,[1] wonach kapitalisierte Zinsen bei der Bemessung des Streitwerts einer Darlehensrückzahlungsklage nur anzusetzen sind, soweit sie sich auf bereits zurückgezahlte und deshalb nicht streitige Teile der Darlehensforderung beziehen.

Demgegenüber nimmt das OLG München[2] an, die Kreditgebühren verlören ihre Eigenschaft als Nebenforderungen (Zinsen), weil sie aufgrund einer besonderen Vereinbarung zum Kapital geschlagen würden. Dazu reicht es jedoch entgegen OLG München nicht aus, dass der Kläger aus Vereinfachungsgründen die einzelnen Zahlungspositionen in einem einzigen Betrag zusammenfasst.[3] Denn Buchungsvorgänge können nicht darüber bestimmen, ob eine Forderung Haupt- oder Nebenforderung ist. Lediglich dann, wenn dies die rechtliche Folge einer Vereinbarung ist – etwa beim Kontokorrentverhältnis –, kann eine auch streitwertmäßig beachtliche Novation eintreten.[4] 1178

Dem OLG München ist zwar darin zuzustimmen, dass die Nichtberücksichtigung der Kreditgebühren bei der Streitwertbemessung zu rechnerischen Schwierigkeiten führen kann. Indessen ist es Sache des Klägers, der aus Vereinfachungsgründen die Zusammenfassung vorgenommen hat, nachträglich die zur Wertbestimmung notwendige Rückrechnung darzulegen (§ 61 GKG). Darauf muss ungeachtet des Bestrebens, im Streitwertrecht einfache und leicht handhabbare Maßstäbe zu entwickeln, bestanden werden, weil Finanzierungsdarlehen in der Regel an einkommensmäßig schwächer gestellte Personen gewährt werden, die schon aus sozialstaatlichen Gründen vor übersetzten Prozesskosten geschützt werden müssen. Rechnerische Schwierigkeiten, die nicht behoben werden können oder deren Behebung einen unverhältnismäßig großen Aufwand fordert, können im Übrigen durch Anwendung des § 3 ZPO ausgeräumt werden. 1179

Bei teilweiser Klageabweisung ist für das weitere Verfahren und für die **Rechtsmittelbeschwer** der aberkannte Differenzbetrag maßgebend.[5] Hat der Kläger nur insoweit Erfolg, als statt voller Rückzahlung des Darlehens auf Erhöhung der monatlichen Raten erkannt wird, dann berechnet sich der Streitwert für ein Rechtsmittel des insoweit unterlegenen Beklagten nach dem ihm auferlegten Rückzahlungs-Mehrbetrag.[6] Das gilt nach dem BGH[7] auch dann, wenn die vertraglich vereinbarten und unstreitig freiwillig gezahlten Tilgungsbeträge mittituliert werden.[8] 1180

1 BGH, Beschl. v. 15. 2. 2000 – XI ZR 273/99, KostRsp. ZPO § 4 Nr. 86 = NJW-RR 2000, 1015; BGH WM 1981, 1092.
2 OLG München JurBüro 1976, 237; so auch Zöller/*Herget*, § 4 Rn. 11.
3 Vgl. BGH, KostRsp. ZPO § 4 Nr. 2: Verzugszinsen.
4 Vgl. OLG Koblenz, Beschl. v. 16. 12. 1997 – 5 W 797/97, KostRsp. ZPO § 4 Nr. 82 = JurBüro 1999, 197.
5 BGH, Beschl. v. 29. 11. 1984 – III ZR 151/84, WM 1985, 279.
6 BGH, Beschl. v. 29. 11. 1984 – III ZR 151/84, WM 1985, 279.
7 BGH, KostRsp. ZPO § 3 Nr. 736 mit Anm. *Schneider* = WPM 1985, 279.
8 Siehe zu der Problematik des sog. Titulierungsinteresses das Stichwort „Vergleich".

Dauerwohnrecht

Siehe das Stichwort „Wohnrecht".

Derselbe Streitgegenstand

Siehe das Stichwort „Mehrere Ansprüche".

Dienstbarkeit (§ 1090 BGB)

1181 Nach § 1090 BGB kann ein Grundstück in der Weise belastet werden, dass derjenige, zu dessen Gunsten die Belastung erfolgt, berechtigt ist, das Grundstück in einzelnen Beziehungen zu benutzen, oder dass ihm eine sonstige Befugnis zusteht, die den Inhalt einer Grunddienstbarkeit bilden kann. Das ist die Legaldefinition der **beschränkt persönlichen Dienstbarkeit**. Der Streitwert der beschränkt persönlichen Dienstbarkeit (§ 1090 BGB) ist nach § 3 ZPO zu schätzen.

1182 Bei einem **Wohnungsrecht** (§ 1093 BGB) als beschränkt persönliche Dienstbarkeit kann sich die Schätzung nach § 3 ZPO an der Wertstaffel des § 24 KostO orientieren.[1]

1183 Wird zunächst nur die Eintragung einer **Vormerkung** beantragt, ist der Streitwert entsprechend dem nur vorläufigen Sicherungscharakter der Maßnahme geringer zu schätzen (§ 53 Abs. 1 GKG, § 3 ZPO).

1184 Bei Bestellung einer beschränkt persönlichen Dienstbarkeit betreffend eine **Abnahmeverpflichtung** aus Getränkelieferung ist maßgebender Bewertungsausgangspunkt der vom Kläger zu erwartende Gewinn, der auf der Grundlage des Umsatzes zu ermitteln ist.[2]

1185 Der Streitwert für einen **Tankstellenvertrag**, durch den ein Grundstückseigentümer einem Betriebsstoffkonzern seine Grundfläche zum Bau und Betrieb einer Tankstelle gegen Umsatzbeteiligung überlässt, wurde vom OLG Celle[3] nach dem 20fachen Jahresbetrag der zu zahlenden Mindestvergütung berechnet, wenn dieses Nutzungsverhältnis durch eine beschränkt persönliche Dienstbarkeit dinglich gesichert ist, ferner der Grundstückseigentümer dem Konzern ein

---

1 BGH, Beschl. v. 20. 2. 1986 – IX ZR 146/85, KostRspr. ZPO § 3 Nr. 814 mit Anm. *Schneider*; siehe dazu auch das Stichwort „Wohnrecht".
2 Siehe das Stichwort „Bierabnahmepflicht" sowie das Stichwort „Abnahme von Sachen".
3 OLG Celle JurBüro 1955, 443.

Vorkaufsrecht für die überlassene Grundfläche einräumen soll und ihm ein Konkurrenzverbot auferlegt wird. Es handelt sich um ein Abkommen gemischter Natur, das streitwertmäßig nach § 9 ZPO, nicht nach § 41 Abs. 1 GKG zu beurteilen ist. Somit ist nach der aktuellen Rechtslage nur noch der 3,5fache Jahresbetrag anzusetzen.

Die beschränkt persönliche Dienstbarkeit ist im Rahmen der Streitwertbestimmung abzugrenzen von der **Grunddienstbarkeit** (§ 1018 BGB), wonach ein (dienendes) Grundstück zu Gunsten des jeweiligen Eigentümers eines (herrschenden) Grundstücks in bestimmter Weise belastet werden kann. Der Wert einer Grunddienstbarkeit richtet sich nach § 7 ZPO.[1]   1186

Dingliche Sicherung

Der Wert eines Anspruchs auf dingliche Sicherung berechet sich nach dem Betrag der zu sichernden Forderung (§ 48 Abs. 1 GKG, § 6 ZPO). Dabei kommt es weder darauf an, aus welchem Grund eine Sicherheit verlangt wird – in Betracht kommen Ansprüche aus Vertrag oder Gesetz – noch darauf, auf welche Art und Weise die Sicherstellung durchgeführt werden soll – in Betracht kommen z.B. Sicherungsabtretung, Eintragung einer Vormerkung, Stellen einer Bürgschaft etc.   1187

Für die Gebührenerhebung ist der Wert einer vertraglich vereinbarten Altenteilsforderung nicht nach § 9 ZPO, sondern nach § 42 Abs. 1 GKG zu berechnen, soweit sie sich im Rahmen der gesetzlichen Unterhaltspflicht hält. Dieser Wert ist dann auch für die Sicherung maßgebend.[2]   1188

Direktanspruch

Siehe das Stichwort „Versicherungsschutz".

Dividende

Dividenden (Gewinnanteile) sind Anteile am Jahresgewinn einer Handelsgesellschaft, einer Genossenschaft u. a., die unter den Mitgliedern der betreffenden Vereinigung zu verteilen sind (siehe z.B. §§ 58 Abs. 4, 60 AktG, § 29 GmbHG).   1189

---

1 RG *Warneyer* 1910, 293; BGH, Beschl. v. 20. 2. 1986 – IX ZR 146/85, KostRsp. ZPO § 3 Nr. 814 mit Anm. *E. Schneider.*
2 LG Braunschweig Nds.Rpfl. 1959, 64.

Im Aktienrecht sind Dividenden rechtlich Früchte der Aktie (§ 99 BGB),[1] so dass sie bei Streit über das Aktionärsrecht gemäß den §§ 43 GKG, 4 Abs. 1 ZPO bei der Berechnung des Streitwerts außer Ansatz bleiben.[2]

1190 Von den Dividenden zu unterscheiden ist das Bezugsrecht (Gewinnrecht) des Aktionärs. Es ist ein gesetzliches Recht auf Bezug neuer Aktien bei einer Kapitalerhöhung (§ 186 Abs. 1 S. 1 AktG). Dieses Bezugsrecht ist streitwertmäßig selbständig, erhöht also den Wert und ist nicht als wertmäßig unerhebliche „Frucht" im Sinne der §§ 43 GKG, 4 Abs. 1 ZPO anzusehen.[3]

Drittschuldner

Siehe das Stichwort „Pfändung".

Drittwiderspruchsklage

Literatur: *Breuer*, Der Streitwert der Widerspruchsklage, JW 1937, 1038; *Mümmler* Jur-Büro 1989, 1599.

Gliederungsübersicht

A. Einleitung	1191	E. Einstweilige Einstellung der	
B. Wert der Forderung	1192	Zwangsvollstreckung	1209
C. Wert des Pfandgegenstands	1199	F. Unechte Drittwiderspruchsklage	1210
D. Mehrere Gläubiger	1203		

Stichwortübersicht

Anwaltsgebühren bei mehreren Gläubigern	1204	Mehrfache Pfändungen desselben Gläubigers	1198
Aufhebung der Gemeinschaft an Grundstück	1210	Mietvertrag	1196
		Pachtvertrag	1196
Einrede der Anfechtung nach dem AnfG	1202	Pfand	1194
Forderung	1191 ff.	Pfändung	
Gemeinsamer Anwalt mehrerer Beklagter	1204	– im Anschluss an andere Gläubiger	1200
		– von Hausratsgegenständen	1201
Gerichtskosten bei mehreren Gläubigern	1203, 1205	– für verschiedene Gläubiger	1203
Klageerhebung, Zeitpunkt maßgebend	1201	– wegen verschiedener Forderungen in verschiedene Gegenstände	1205
		Räumungsvollstreckung	1196
Mehrere Gläubiger	1203 f.	Sicherungseigentum	1193

---

1 OLG Bremen DB 1970, 1436.
2 RG *Gruchot* Bd. 52, 1095; OLG München SeuffArch Bd. 72, 189.
3 OLG München OLGE 35, 22; KG OLGE 24, 140.

Verkaufswert des Pfandgegenstandes
– Grundstück 1197
– Pfandgegenstand 1199
Verkehrswert 1199
Versteigerung des Pfandgegenstandes 1199
– über Wert 1201
– unter Wert 1200

Wert des die Veräußerung hindern-
den Rechts 1191
Zahlungen auf die Forderungen . . . 1195
Zinsen und Kosten 1192, 1199
Zwangsversteigerung 1210

A. Einleitung

Bei der Drittwiderspruchsklage aus § 771 ZPO ist der Streitwert nach § 6 ZPO **1191**
zu berechnen.[1] Maßgeblich ist also die Höhe der Forderung, für die gepfändet
wurde, es sei denn, dass der Wert der gepfändeten Sache geringer ist.[2] Dagegen
spielt der Wert des die Veräußerung hindernden Rechts keine Rolle.[3]

B. Wert der Forderung

Maßgebend ist die Höhe der Forderung – ohne Zinsen und Kosten[4] – im Zeit- **1192**
punkt der Klageerhebung.[5]

Diese Bemessungsgrundlage gilt auch dann, wenn der Drittwiderspruchskläger **1193**
nur **Sicherungseigentümer** ist. Auch die Abrede, die übereignete Sache nur in
bestimmter Höhe in Anspruch zu nehmen, vermindert den Streitwert nicht.
Durch eine solche Vereinbarung wird der Sicherungseigentümer nur schuld-
rechtlich gebunden. Seine Stellung als Volleigentümer bleibt davon unberührt.
Deshalb ist es nicht gerechtfertigt, wegen einer solchen Abrede den Streitwert
lediglich nach der Höhe der Forderung des Widerspruchsklägers zu berechnen,
denn diese ist nicht in Streit.[6]

Geben die Parteien den Betrag der Forderung **verschieden** an, dann ist auf den **1194**
Betrag abzustellen, wegen dessen das Pfandrecht beansprucht wird. Auf den
Betrag, den der Widerspruchskläger als richtig zugibt oder der sich später objek-
tiv als richtig herausstellt, kommt es dann nicht an.[7]

---

1 BGH, Beschl. v. 16. 1. 1991 – XII ZR 244/90, FamRZ 1991, 547; BGH, Beschl. v. 19. 1.
   1983 – VIII ZR 277/82, WM 1983, 246; KG Rpfleger 1962, 155; KG Rpfleger 1962, 426;
   OLG Schleswig JurBüro 1957, 179.
2 BGH, Beschl. v. 19. 1. 1983 – VIII ZR 277/82, WM 1983, 246; BGH, KostRsp. ZPO § 6
   Nr. 105; RG, Beschl. v. 26. 11. 1940 – VII 71/40, DR 1941 Nr. 597; RG, Beschl. v. 30. 10.
   1883 – Rep II 234/83, RGZ 10, 393 f.; OLG Düsseldorf OLGR 1991, 14.
3 OLG Düsseldorf OLGR 1991, 14.
4 BGH, Beschl. v. 19. 1. 1983 – VIII ZR 277/82, WM 1983, 246.
5 KG Rpfleger 1962, 426; OLG Schleswig JurBüro 1957, 179.
6 KG Rpfleger 1962, 155; vgl. aber zum Herausgabeanspruch des Sicherungsgebers gegen
   den Sicherungsnehmer das Stichwort „Sicherungsübereignung" (die geringwertigere
   Forderung ist maßgebend).
7 OLG Kiel JW 1932, 2901 Nr. 18.

1195   Soweit in der Zeit zwischen Zwangsvollstreckung und Erhebung der Drittwiderspruchsklage **Zahlungen** auf die Forderung erfolgen, verringern diese den Streitwert und sind vom ursprünglichen Wertansatz abzuziehen.[1] Wird der Anspruch des Gläubigers zwischen Zwangsvollstreckung und Erhebung der Drittwiderspruchsklage des Berechtigten auf andere Weise als durch Zahlungen des Schuldners teilweise getilgt, z.B. durch Zufließen von Verwertungserlösen, dann vermindert auch dies den Streitwert.[2] Soweit bei Zustellung der Klage die Forderung bereits teilweise getilgt war, ist daher nur der Restbetrag wertbestimmend.[3] Gemäß § 40 GKG beeinflussen dagegen Zahlungen nach Klageerhebung den Streitwert nicht mehr.

1196   Die Drittwiderspruchsklage gegen die **Räumungsvollstreckung** aus einem Zuschlagsbeschluss in der Grundstücks-Zwangsversteigerung (§ 93 ZVG) ist nach § 41 GKG und nicht nach § 6 ZPO zu bewerten, wenn der Drittwiderspruchskläger sich auf einen Pachtvertrag oder einen Mietvertrag als „ein die Veräußerung hinderndes Recht" beruft.[4] Das erklärt sich daraus, dass nach § 57 ZVG der Grundsatz des § 566 BGB („Kauf bricht nicht Miete") gilt, wenn das ersteigerte Grundstück einem Mieter oder Pächter überlassen war. Dies ist vom LG Bayreuth[5] verkannt worden.

1197   Jedoch ist die Drittwiderspruchsklage auch in diesem Fall nach dem Verkehrswert des Grundstücks zu bemessen, wenn es lediglich um dessen Besitz geht, also der Nutzende sich nicht auf einen Mietvertrag oder einen Pachtvertrag als Besitzrecht beruft.[6]

1198   Richtet sich die Drittwiderspruchsklage gegen **mehrfache Pfändungen** desselben Gläubigers, dann ist der Wert der Forderung, derentwegen gepfändet wurde, nur einmal anzusetzen.[7]

C. Wert des Pfandgegenstandes

1199   Bei gepfändeten Sachen ist der **Verkehrswert** (gewöhnlicher Verkaufswert) maßgebend, nicht der voraussichtliche Versteigerungserlös.[8] Titulierte Nebenforderungen, insbesondere also Zinsen und Kosten, gegen die der Widerspruchskläger angeht, bleiben nach §§ 4 ZPO, 43 GKG unberücksichtigt.[9] Soweit die ältere

---

1 KG Rpfleger 1962, 426; OLG Schleswig JurBüro 1957, 179.
2 OLG Schleswig JurBüro 1957, 179.
3 OLG München OLGE 23, 65.
4 OLG Celle, KostRsp. GKG § 16 Nr. 52 mit Anm. *Schneider.*
5 LG Bayreuth AnwBl. 1966, 403.
6 LG Kassel Rpfleger 1987, 425.
7 LG Ellwangen JW 1929, 886.
8 KG JW 1932, 1155; KG Rpfleger 1956, 90; OLG Dresden JW 1932, 2894; OLG Breslau JW 1933, 1781.
9 BGH WM 1983, 246; BGH, KostRsp. ZPO § 6 Nr. 105 mit Anm. *Schneider;* RG DR 1941, Nr. 597; RG JW 1934, 1174; Breuer JW 1937, 1038 zu Ziff. III 1.

Rechtsprechung teilweise Zinsen und Kosten berücksichtigt hat,[1] hat dies keine Zustimmung gefunden.

Bei der Widerspruchsklage gegen einen Gläubiger, der im Anschluss an andere Gläubiger gepfändet hat, sind bei der Bewertung des Pfandgegenstandes die vorhergehenden Pfandrechte nicht abzuziehen.[2] Auch die Versteigerung des Pfandgegenstandes unter Wert verändert den Streitwert nicht.[3]   1200

Das gilt umgekehrt aber auch bei einem höheren Erwerbspreis: Hat das Gericht bei der Streitwertbemessung einer Drittwiderspruchsklage hinsichtlich der in einer Wohnung gepfändeten Hausratsgegenstände auf den Wert der Pfandstücke abzustellen, so kommt es selbst dann nicht auf den Erwerbspreis der Gegenstände an, wenn diese vor ganz kurzer Zeit erworben und bisher noch nicht benutzt worden sind. Entscheidend ist vielmehr stets der für den Zeitpunkt der Klageerhebung zu ermittelnde gewöhnliche Verkaufswert.[4]   1201

Wertmäßig nicht zu beachten ist weiter die Einrede der Anfechtung nach dem AnfG, die der Beklagte gegenüber dem als Widerspruchskläger auftretenden Abtretungsempfänger einer Forderung geltend macht[5] (vgl. auch das Stichwort „Einreden, Einwendungen").   1202

D. Mehrere Gläubiger

Haben mehrere Gläubiger wegen je selbständiger Forderungen **denselben Gegenstand** oder dieselben Gegenstände gepfändet, dann berechnen sich die Gerichtskosten für die Drittwiderspruchsklage nach der Summe der Forderungen (§ 5 ZPO), sofern nicht der Wert des Pfandes oder der Pfänder geringer ist (§ 6 ZPO).[6]   1203

Der Wert für die **Anwaltsgebühren** entspricht dem Wert für die Gerichtskosten, soweit mehrere Beteiligte einer Parteiseite durch denselben Anwalt vertreten werden. Bei Beauftragung mehrerer Anwälte hat jeder so abzurechnen, wie es seinem Auftragsverhältnis entspricht.[7] Hat jeder Beklagte einen **eigenen Anwalt**, so müssen diese ihre Gebühren nach dem Wert der jeweiligen Beteiligung des Auftraggebers abrechnen. Der Streitwert bemisst sich gemäß § 6 ZPO nach dem Wert der Forderung oder des geringerwertigen Pfandes.[8] Haben einzelne   1204

---

1 Vgl. OLG Hamm JW 1935, 2911; OLG Rostock JW 1935, 3242; LG Altona JW 1933, 2230; LG Essen JW 1937, 3040.
2 BGH NJW 1952, 1335; LG Essen NJW 1956, 1033 Nr. 13.
3 OLG Schleswig, KostRsp. ZPO § 6 Nr. 25.
4 OLG Celle, KostRsp. ZPO § 6 Nr. 35.
5 RG JW 1934, 1174; a.A. LG Essen JW 1937, 3040 Nr. 32.
6 BGH NJW 1952, 1335; OLG Hamm JW 1933, 539; OLG Schleswig, KostRsp. ZPO § 6 Nr. 25; OLG München, Beschl. v. 29. 7. 1988 – 21 W 2168/88, JurBüro 1989, 848; LG Itzehoe JurBüro 1951, 436; LG Essen NJW 1956, 1033 mit Anm. *Tschischgale*.
7 OLG München, KostRsp. ZPO § 6 Nr. 120 mit Anm. *Schneider* = JurBüro 1989, 848.
8 OLG München JurBüro 1973, 737; OLG München JurBüro 1977, 1421; OLG Frankfurt JurBüro 1973, 152.

Beklagte **denselben Anwalt**, so sind die nach § 6 ZPO zu ermittelnden Einzel-werte bezüglich des gemeinsamen Anwaltes für dessen Gebührenberechnung nach §§ 5 ZPO, 22 Abs. 1 RVG zu addieren.

1205 Haben mehrere Gläubiger wegen je selbständiger Forderungen **verschiedene Ge-genstände** gepfändet, dann darf der Wert der Drittwiderspruchsklage wegen § 6 S. 2 ZPO nicht höher sein als der Gesamtwert der gepfändeten Sachen. Deshalb sind zur Ermittlung des Gerichtskostenwertes zunächst bei jedem Gläubiger Forderung und Pfand zu vergleichen und der geringere Wert ist anzusetzen. Danach sind die so ermittelten Werte zu summieren. Bei dieser Berechnungs-weise kann der Gesamtwert unterhalb der Pfandobjekte liegen, deren Wert auch erreichen, niemals aber ihn übersteigen.[1]

1206 Haben mehrere Gläubiger wegen je selbständiger Forderungen **teils dieselben**, im übrigen aber verschiedene Gegenstände gepfändet, dann sind zunächst bei jedem Gläubiger dessen Forderung und die von ihm gepfändeten Gegenstände zu vergleichen, um den geringeren Wert als Streitwert zu ermitteln; die so ermittelten Einzelwerte sind dann zusammenzurechnen und machen den Ge-samtstreitwert aus.[2]

1207 Dabei werden jedoch Pfandgegenstände, in die mehrere Gläubiger vollstreckt haben, nur einmal angesetzt. Die Wertaddition kommt also nur hinsichtlich solcher Gegenstände in Betracht, in die von verschiedenen Gläubigern nur jeweils einmal vollstreckt worden ist. Bei der Drittwiderspruchsklage mehrerer Kläger gegen mehrere Beklagte ist entsprechend zu berechnen.[3]

1208 Die Berufungsbeschwer entfällt, wenn der Gläubiger nach Urteilserlass und vor Einlegung der Berufung die Freigabe der gepfändeten Sachen erklärt und den Schuldner zur Entfernung der Pfandzeichen ermächtigt.[4]

E. Einstweilige Einstellung der Zwangsvollstreckung

1209 Siehe das Stichwort „Einstweilige Einstellung der Zwangsvollstreckung".

F. Unechte Drittwiderspruchsklage

1210 Die Regelung des § 771 ZPO wird entsprechend auf die Klagen angewandt, mit denen geltend gemacht wird, es fehle an einem Recht, die Aufhebung der Ge-meinschaft an einem Grundstück durch Zwangsversteigerung gemäß § 180 Abs. 1 ZVG zu bewirken (sog. unechte Drittwiderspruchsklage[5]).

---

1 OLG Hamm JW 1933, 539; OLG Hamm JW 1934, 168.
2 RG JW 1909, 730 Nr. 29; OLG Hamm JW 1933, 539 Nr. 19.
3 LG Berlin JVBl. 1934, 168; Breuer JW 1937, 1038, 1039 zu VI.
4 OLG Hamm, Urteil v. 5. 3. 1991 – 19 U 234/90, NJW-RR 1991, 1343.
5 Siehe OLG Saarbrücken, Beschl. v. 4. 7. 1989 – 5 W 42/89, KostRsp. ZPO § 6 Nr. 124 mit Anm. *Schneider* = JurBüro 1989, 1598 mit Anm. *Mümmler*; vgl. das Stichwort „Aufhebung von Gemeinschaften".

In diesen Fällen liegt der Vollstreckung weder ein Pfandrecht noch eine Forderung zugrunde, derentwegen gepfändet worden ist, so dass für den Streitwert nicht gemäß § 6 ZPO der Gesamtwert des Grundstücks entscheidend ist. Vielmehr ist nach § 3 ZPO auf das Interesse des Klägers daran abzustellen, zu verhindern, dass das Grundstück verschleudert wird.[1] 1211

Das Klägerinteresse ist in diesen Fällen in der Regel in Höhe eines Bruchteils des Grundstückswertes anzusetzen, wobei Werte zwischen 10 %[2] und 20 %[3] vom Verkehrswert des auf den Kläger entfallenden Miteigentumsanteils vertreten werden. Ausnahmsweise kann der volle Wert angesetzt werden, wenn der Kläger sich Besitz und wirtschaftliche Nutzung des Grundstücks sichern wollte.[4] 1212

Auch ein mögliches affektives oder ideelles Interesse des Klägers kann berücksichtigt werden, jedoch nicht durch Erhöhung des Bruchteils vom Grundstückswert.[5] Das OLG Karlsruhe[6] hat dieses Affektionsinteresse mit einem Viertel des berechneten Bruchteils vom Grundstückswert, also mit 5 % zusätzlich angesetzt. 1213

Duldungsklage

Gliederungsübersicht

A. Anzuwendende Vorschriften . . 1214

B. Zuständigkeits- und Gebührenstreitwert 1216

I. Duldung einer Handlung 1218
II. Duldung der Wegnahme von
Sachen 1219

III. Duldung der Zwangsvollstreckung 1220

C. Rechtsmittel und Beschwer . . . 1226

D. Einzelfälle in der Rechtsprechung 1227

A. Anzuwendende Vorschriften

Ein Anspruch ist das **Recht**, von einem anderen **ein Tun oder ein Unterlassen zu verlangen** (§ 194 Abs. 1 BGB). Hierbei rechnet zum Unterlassen auch das Dulden als ein Nichttun gegenüber dem Eingriff eines anderen in die eigene 1214

---

1 BGH, Beschl. v. 16. 1. 1991 – XII ZR 244/90, FamRZ 1991, 547; OLG Saarbrücken, Beschl. v. 4. 7. 1989 – 5 W 42/89, JurBüro 1989, 1598 mit Anm. *Mümmler.*
2 BGH, Beschl. v. 16. 1. 1991 – XII ZR 244/90, FamRZ 1991, 547.
3 OLG Saarbrücken, KostRsp. ZPO § 3 Nr. 387; OLG Karlsruhe, Beschl. v. 5. 11. 2003 – 2 WF 136/03, FamRZ 2004, 1221; OLG Hamm, KostRsp. ZPO § 3 Nr. 402 = JurBüro 1977, 1616; LG Frankfurt Rpfleger 1975, 322; OLG Celle OLGR 1994, 96.
4 OLG Karlsruhe, KostRsp. ZPO § 3 Nr. 586; OLG Bamberg JurBüro 1991, 1694; OLG Saarbrücken JurBüro 1989, 1598.
5 BGH, Beschl. v. 16. 1. 1991 – XII ZR 244/90, FamRZ 1991, 547.
6 OLG Karlsruhe, Beschl. v. 5. 11. 2003 – 2 WF 136/03, FamRZ 2004, 1221.

Rechts- und Machtsphäre.[1] Die auf Erzwingung der Duldung gerichtete Klage ist eine Leistungsklage.[2]

1215 Gegenstand gesetzlicher Duldungspflichten sind beispielsweise das Gestatten, ein Grundstück zu betreten (§ 867 BGB), oder die Hinnahme der Zwangsvollstreckung in einen der Verwaltung des Testamentsvollstreckers unterliegenden Nachlassgegenstand (§ 2213 Abs. 3 BGB) oder die Vollstreckung wegen Vermögensübernahme nach § 419 BGB zu dulden,[3] und dergleichen. Selbstverständlich kann die Duldungspflicht auch durch individuellen Vertrag begründet werden (§ 305 BGB).

B. Zuständigkeits- und Gebührenstreitwert

1216 Für die Streitwertbestimmung im Einzelfall ist maßgebend, welche konkrete Duldung erzwungen werden soll.

1217 Wird in demselben Rechtsstreit im Wege der objektiven Klagehäufung auf Leistung und zugleich auf Duldung der Leistung geklagt, so bestimmt sich der Streitwert nur nach dem Wert des Leistungsanspruches; es liegt eine wirtschaftliche Identität der Ansprüche vor,[4] die eine Wertaddition ausschließt.[5]

I. Duldung einer Handlung

1218 Wird darauf geklagt, dass der Beklagte eine **Handlung** zu dulden habe, dann bestimmt sich der Streitwert nach dem Interesse des Klägers an der Vornahme der Handlung und ist in der Regel gemäß § 3 ZPO frei zu schätzen.[6]

II. Duldung der Wegnahme von Sachen

1219 Besteht die vom Beklagten zu duldende Handlung hingegen in der **Wegnahme eingebauter Sachen**, richtet sich der Streitwert – wie bei der Klage auf Herausgabe des Besitzes – in der Regel nach § 6 ZPO. Zu berücksichtigen jedoch, Maßgebend ist der Verkehrswert, den die Sachen nach ihrer Trennung vom Gebäude oder vom Grundstück haben, nicht der Betrag der Kosten, der nach

---

1 Staudinger/*J. Schmidt*, 1995, § 241 Rn. 61.
2 Zöller/*Greger*, vor § 253 Rn. 3.
3 BGH NJW 1984, 794.
4 Siehe dazu *Anders/Gehle/Kunze*, Stichwort „Duldungsklagen" Rn. 4; Musielak/*Heinrich*, § 3 Rn. 24 unter „Duldungsklage"; Zöller/*Herget*, § 5 Rn. 8.
5 OLG Celle, Beschl. v. 15. 11. 2002 – 4 AR 79/01, OLGR 2002, 11; *Anders/Gehle/Kunze*, Stichwort „Duldungsklage" Rn. 4; *Meyer*, § 3 Rn. 24 unter „Duldungsklage"; Zöller/*Herget*, § 3 Rn. 16 unter „Duldung"; OLG Frankfurt JurBüro 1957, 316; KG JW 1933, 2074; AnwBl. 1979, 229; OLG Dresden OLGE 42, 33.
6 OLG Koblenz, Beschl. v. 24. 9. 1999 – 5 U 545/99, OLGR 2000, 248 = AnwBl. 2000, 264; *Anders/Gehle/Kunze*, Stichwort „Duldungsklagen" Rn. 1; Musielak/*Heinrich*, § 3 Rn. 24 Stichwort „Duldungsklage"; Zöller/*Herget*, § 3 Rn. 16 Stichwort „Duldung".

Wegnahme zur Wiederherstellung des ursprünglichen Zustandes aufzubringen ist.[1] Hierbei ist zu beachten, dass der ansonsten übliche Wert dieser Sachen schon aufgrund Trennung gemindert sein dürfte.

III. Duldung der Zwangsvollstreckung

Ist die Klage auf Duldung der **Zwangsvollstreckung** (§ 7 AnfG, §§ 737, 1134, 2213 BGB) geduldet, dann findet § 6 ZPO entsprechende Anwendung. Der Streitwert der Vollstreckungs-Duldungsklage bestimmt sich nach der Höhe der Forderung, zu deren Realisierung vollstreckt wird.[2] **1220**

Abweichend hiervon hat das OLG Celle[3] den Wert auf $^1/_{10}$ des Forderungsbetrages festgesetzt, dessentwegen Duldung eingeklagt war. Die Besonderheit war hier jedoch, dass mit der Klage nicht Befriedigung begehrt wurde, sondern der Beklagte für den Fall nicht vertragsgerechter Rückzahlung einer Darlehensschuld unter den Druck sofortiger Vollstreckbarkeit gestellt werden sollte. **1221**

Nur dann, wenn der **Wert der Forderung**, wegen der vollstreckt werden soll, höher ist als der Wert des Vollstreckungsobjekts, ist gemäß § 6 S. 2 ZPO der geringere Wert bestimmend.[4] **1222**

Da **dingliche Belastungen** auch bei Erfolg der Duldungsklage die Zugriffsmöglichkeit des Gläubigers schmälern, müssen sie vom Verkehrswert abgezogen werden.[5] Mit wirtschaftlicher Betrachtungsweise ist es unvereinbar, dabei zwischen dauernden und nur vorübergehenden Belastungen zu unterscheiden. Auch ablösbare, aber nicht abgelöste **Grundpfandrechte** schmälern das Verwertungsrecht des Duldungsklägers, so dass § 6 S. 2 ZPO eingreift. Das OLG Bamberg hat in einer späteren Entscheidung[6] seine zutreffende Auffassung aufgegeben und die Abzugsfähigkeit von Grundschuldbeträgen verneint. Dabei ging es um die Bemessung des Streitwerts einer Rückauflassungsklage (siehe dazu unten bei „Grundstück"). **1223**

Bei der Bemessung des Streitwertes sind **Zinsen und Kosten** der Forderung mit in Ansatz zu bringen.[7] § 43 Abs. 1 GKG (§ 22 Abs. 1 GKG), § 4 ZPO stehen dem **1224**

---

1 BGH, Beschl. v. 12. 6 1991 – XII ZR 30/91, KostRsp. ZPO § 6 Nr. 132 mit Anm. *Schneider* = NJW-RR 1991, 1210 = WPM 1991, 1690 = WuM 1991, 562 = MDR 1992, 196 = ZMR 1991, 426.
2 BGH, Beschl. v. 22. 4. 1999 – IX ZR 292/98, NJW-RR 1999, 1080; *Anders/Gehle/Kunze*, Stichwort „Duldungsklagen" Rn. 3.
3 OLG Celle, Beschl. v. 16. 4. 1992 – 4 W 14/92, KostRsp. ZPO § 6 Nr. 135 = Nds.Rpfl. 1992, 142.
4 KG OLGE 39, 30; OLG Frankfurt OLGE 31, 4; OLG Bamberg JurBüro 1977, 1277; OLG Stuttgart, Urteil v. 1. 4 1998 – 9 U 246/97, OLGR 1998, 227.
5 OLG Bamberg JurBüro 1977, 1277.
6 OLG Bamberg, Beschl. v. 30. 1. 1990 – I W 130/89, KostRsp. ZPO § 6 Nr. 128 mit Anm. *E. Schneider* = JurBüro 1990, 773.
7 BGH, Beschl. v. 22. 4. 1999 – IX ZR 292/98, NJW-RR 1999, 1080; a.A. Vorauflage; OLG Bamberg, JurBüro 1977, 1277; OLG Stuttgart, Urteil v. 1. 4. 1998 – 9 U 246/97, OLGR 1998, 227.

nicht entgegen, da „Hauptanspruch" (§ 43 Abs. 1 GKG) nicht die Forderung, deretwegen vollstreckt wird, sondern der Duldungsanspruch ist.

1225 Demgegenüber bleiben die **Kosten der Befriedigung** der aus dem Grundstück bezweckenden Rechtsverfolgung bei der Festsetzung des Streitwertes außer Betracht.[1]

C. Rechtsmittel und Beschwer

1226 Während für die Beschwer des **unterliegenden Klägers** auf dessen Interesse an der Vornahme der Handlung und damit auf den Gebührenstreit (formelle Beschwer) abzustellen ist, ist für die Beschwer des **unterliegenden Beklagten** dessen wirtschaftliches Interesse an der Abwehr des geltend gemachten Duldungsanspruchs in die mit der Vornahme der Handlung verbundene wirtschaftliche Einbuße maßgebend.[2]

D. Einzelfälle in der Rechtsprechung

1227 Klagt ein Gläubiger nach dem **Anfechtungsgesetz** gegen denjenigen, der von seinem Schuldner einen Gegenstand anfechtbar erworben, aber wieder veräußert hat, gegen dessen Rechtsnachfolger auf Duldung der Zwangsvollstreckung auf Wertersatz und zugleich gegen dessen Rechtsnachfolger auf Duldung der Zwangsvollstreckung wegen der Forderung des Gläubigers gegen seinen Schuldner in den Gegenstand, dann werden die Ansprüche nicht zusammengerechnet.[3] Hingegen sind hier **Zinsen und Kosten** bei der Streitwertbemessung zu berücksichtigen.[4]

1228 Der Streitwert der auf Duldung einer **Besichtigung** gerichteten Klage bemisst sich nach dem Interesse des Klägers, der Streitwert ist ausgehend vom Zweck der Besichtigung zu ermitteln. Für die Beschwer des verurteilten Beklagten sind die ihm mit der Besichtigung entstehenden Kosten maßgeblich. In Betracht kommen der Verdienstausfall, der dem Beklagten entsteht, weil er bei der Besichtigung anwesend sein will, oder etwaige mit Begutachtung verbundene Eingriffe in die Bausubstanz.[5] Siehe auch unter dem Stichwort „Besichtigung".

1229 Eine auf **Duldung der Unterbrechung** der Energieversorgung bzw. **Wegnahme erforderlicher Mess- und Regeleinrichtungen** gerichtete Klage des Versorgungs-

---

1 BGH LM § 3 ZPO Nr. 6.
2 BGH, Beschl. v. 22. 4. 1999 – IX ZR 292/98, FamRZ 1999, 647 = NJWE-FER 1999, 65; Beschl. v. 22. 5. 2002 – VIII ZR 217/01; ZfIR 2003, 265: Duldung der Verlegung von Versorgungsleitungen; OLG Koblenz, Beschl. v. 24. 9. 1999 – 5 U 549/99, OLGR 2000, 248 = AnwBl. 2000, 264.
3 OLG Frankfurt MDR 1955, 496.
4 BGH WM 1982, 435.
5 BGH, Beschl. v. 22. 4. 1999 – IX ZR 292/98, FamRZ 1999, 647 = NJWE-FER 1999, 65; OLG Koblenz, Beschl. v. 24. 9. 1999 – 5 U 545/99, OLGR 2000, 248 = AnwBl. 2000, 264.

trägers ist keine mietrechtliche Streitigkeit und daher gemäß §§ 3 ff. ZPO zu bewerten. Zutreffend dürfte sein, auf das Interesse des Versorgers an der Verhinderung einer weiteren Inanspruchnahme von Versorgungsleistungen und damit auf den Jahresbetrag einer künftigen Nutzung abzustellen, der auf Grundlage der zu leistenden Vorauszahlungen berechnet werden kann. Dies auch dann, wenn die Unterbrechung der Versorgung – aus technischen Gründen – mit einer Wegnahme von Mess- und Regeleinrichtungen verbunden ist.[1] Dies gilt jedoch nur, wenn die Klage allein auf die Unterbrechung der Versorgung abzielt. Will sich das Versorgungsunternehmen zum Zwecke der **Erneuerung oder Reparatur** in den Besitz der Mess- und Regeleinrichtungen bringen, ist auf deren Verkehrswert abzustellen

Wird mit der **Leistungsklage gegen Erben** zugleich die Klage auf Duldung der Zwangsvollstreckung gegen deren **Testamentsvollstrecker** erhoben wird, dann ist wegen wirtschaftlicher Identität nur der Streitwert der Leistungsklage in Anwendung des § 5 ZPO anzusetzen, der Duldungsantrag dagegen streitwertmäßig nicht zu berücksichtigen.[2]   1230

Werden im **Streitgenossenprozess** Leistungsbeklagter und Duldungsbeklagter durch denselben Anwalt vertreten, dann schuldet, da der Streitwert für Leistungs- und Duldungsbegehren deckungsgleich ist, jeder Streitgenosse gesamtschuldnerisch mit dem anderen dem gemeinsamen Anwalt die Gebühren nach dem nämlichen Wert.[3] Ein besonderer Streitwert für die abgewiesene Duldungsklage braucht deshalb nicht festgesetzt zu werden.[4]   1231

Für eine Klage auf Einräumung einer Grunddienstbarkeit, hier eines **Wege- und Überfahrrechtes**, ist der Streitwert danach zu bemessen, welchen Wert die begehrte Nutzung für das begünstigte Grundstück hat. Ist die Wertminderung durch die Belastung für das betroffene Grundstück größer, ist auf diesen Wert abzustellen.[5] Die besonderen Verhältnisse in den Bundesländern des Beitrittsgebietes rechtfertigen keinen abweichenden Bewertungsmaßstab.[6] Siehe auch Stichwort „Grunddienstbarkeit".   1232

Der Klageanspruch auf Duldung der **Wertschätzung eines Hausgrundstücks durch einen Sachverständigen** ist nach den Grundsätzen für die Bewertung   1233

---

1 Zutr. LG Hamburg, Beschl. v. 16. 4. 2004 – 309 T 39/04, ZMR 2004, 586; LG Koblenz, Beschl. v. 10. 11. 2006 – 14 T 7/06, n.v: bei einstw. Verfügung $^1/_2$ Jahresvorauszahlungsbetrag; AG Hamburg-Bergedorf, Beschl. v. 30. 12. 2003 – 409 C 550/03, ZMR 2004, 273; AG Neuruppin, Beschl. v. 28. 7. 2005 – 42 C 109/05, WuM 2005, 596; a.A. AG Königstein, Beschl. v. 25. 4. 2003 – 21 C 261/03, NZM 2003, 616 = NJW-RR 2003, 949: Verkehrswert der Messeinrichtung; AG Nürnberg, Urteil v. 22. 2. 2001 – 20 C 567/01, NZM 2002, 144 = NJW-RR 2002, 430.
2 KG AnwBl. 1979, 229.
3 OLG Frankfurt JurBüro 1957, 316.
4 KG JW 1933, 2074; OLG Stettin JW 1926, 868.
5 BGH, Beschl. v. 2. 10. 2003 – V ZB 18/03, MDR 2004, 296.
6 BGH, Beschl. v. 2. 10. 2003 – V ZB 18/03, MDR 2004, 296; a.A. OLG Thüringen OLG-NL 2001, 263.

eines Auskunftsanspruchs zu beziffern; maßgebend ist daher das Bewertungs-interesse des Klägers, nicht das Duldungsinteresse des Beklagten.[1] Für die Be-rechnung der Beschwer des Beklagten sind die Kosten der zu duldenden Maß-nahme unerheblich, weil der Gegner sie als Auftraggeber und Beweisführer zu tragen hat. Zu berücksichtigen ist jedoch der Verdienstausfall des Beklagten, wenn er wegen der Begutachtung unbezahlten Urlaub nehmen muss. Hingegen bleiben die Kosten für die Zuziehung eines Rechtsanwalts unberücksichtigt, da sich die Auskunftsverurteilung nicht darauf erstreckt, sondern sich in der Pflicht erschöpft, den Zutritt zum Grundstück zu dulden.[2]

1234 Da die **Zwangsverwaltung** sich nicht auf einen Forderungsbetrag beschränkt, sondern das zu verwaltende Objekt allgemein erfasst, ist bei einer Klage auf Duldung der Zwangsverwaltung und auf Herausgabe des Grundstücks an den Zwangsverwalter der Grundstückswert maßgebend, nicht der niedrigere Wert der Forderung des klagenden Gläubigers.[3]

1235 Zur Duldung von Modernisierungsarbeiten durch den Mieter siehe das Stich-wort „Mietrecht" Rn. 3580.

1236 Rechtsstreitigkeiten, bei denen sich erst in der Zwangsvollstreckung eine **Haf-tungsbeschränkung** ergeben kann (vgl. §§ 781, 786 ZPO), sind nicht wie Dul-dungsklagen zu bewerten. Bei ihnen ist ohne Rücksicht auf den Wert der Haf-tungsmasse lediglich der Zahlungsanspruch wertbestimmend, der durchgesetzt werden soll.[4]

Durchsuchungsanordnung

1237 Der Gerichtsvollzieher darf die Wohnung des Schuldners gegen dessen Willen gemäß § 758a ZPO nur betreten und durchsuchen, wenn ihm dies durch eine richterliche Durchsuchungsanordnung gestattet wird.[5] Für das Verfahren auf Erlass einer Durchsuchungsanordnung fallen keine Gerichtsgebühren an.

1238 Der Gegenstandswert für die Anwaltsgebühren bestimmt sich nicht nach dem Wert der zu vollstreckenden Forderung oder dem Wert des beabsichtigten Pfän-dungsgegenstandes (§ 25 RVG), denn die Anordnung verschafft dem Gläubiger kein Pfändungspfandrecht, sondern nur die Möglichkeit, sich gegen den Willen des Schuldners über pfändbare Gegenstände in dessen Wohnung zu informie-

---

1 OLG Bamberg, Beschl. v. 30. 9. 1986 – 7 WF 50/86, KostRsp. ZPO § 3 Nr. 854 = JurBüro 1987, 427.
2 BGH, Beschl. v. 30. 10. 1991 – XII ZB 127/91, KostRsp. ZPO § 3 Nr. 1083 = NJW-RR 1992, 188.
3 LG Hamburg JW 1935, 878 Nr. 7.
4 RGZ 54, 411; 137, 50.
5 BVerfGE 51, 97; BVerfGE 57, 346.

ren. Maßgeblich ist daher nur ein nach § 3 ZPO zu schätzender Bruchteil dieses Wertes,[1] den das OLG Köln mit 50 % des Wertes der zu vollstreckenden Forderung angesetzt hat.

Ehesachen

Literatur: *Schramm* AnwBl. 1952/53, 69; *Lauterbach* MDR 1954, 129 u. 216; *Pohlmann* MDR 1954, 341; *Tschischgale* JurBüro 1954, 339 u. NJW 1954, 1505; *Lauterbach* NJW 1954, 1915, *Tschischgale* JR 1955, 459; *Lappe* Rpfleger 1957, 37; *Pohlmann* JurBüro 1957, 1; *Glosse* in NJW 1957, 575; *Gatscha* NJW 1957, 1752 (Übergangszeit 1. 10. 1957); *Lappe* Rpfleger 1958, 247; *Schumann* MDR 1958, 736; *Tschischgale* JR 1958, 201 u. 245; *Lappe* Rpfleger 1959, 151 u. 1962, 89; *Tschischgale* JR 1964, 165; *Meyer* FamRZ 1965, 256; *H. Schmidt* AnwBl. 1966, 1; 1977, 442; JurBüro 1979, 1249; ohne Verfasserangabe AnwBl. 1966, 187; *Scheld* DRiZ 1966, 264; *Mümmler* JurBüro 1970, 109; 1987, 1129; *Schlemmer* SchlHA 1973, 22; *Nierhaus* AnwBl. 1975, 35; 1976, 375; *E. Schneider* JurBüro 1975, 1158; *Mümmler* JurBüro 1975, 863; 1976, 1 u. 305; 1978, 10; 1979, 1445; *Göppinger* AnwBl. 1977, 436; *Rohs*, Festschrift für H. Schmidt, 1981, S. 183 ff.; *E. Schneider* MDR 1991, 401.

Gliederungsübersicht

A. Gesetzliche Bewertungsanweisungen 1239
B. Einkommen der Parteien 1265
C. Abzugsfähige Belastungen 1277
D. Unterhalts-Freibeträge 1281
E. Schulden 1290
F. Vermögen 1299
G. Vermögens-Freibeträge 1330
H. Lebensgestaltung der Parteien . . 1335

I. Bedeutung der Sache 1347
J. Umfang der Sache 1352
K. Einverständliche Scheidung . . . 1374
L. Scheidungsverfahren mit Prozesskostenhilfe 1382
M. Vorprozessuale Arbeit der Anwälte 1386
N. Vorläufige Wertfestsetzung; Zeitpunkt der Wertberechnung . 1395

Stichwortübersicht

Abzug für unterhaltsberechtigtes Kind
– 300 DM monatlich 1282
– 500 DM monatlich 1285
– 600 DM monatlich 1285
– konkrete Berechnung nach Unterhaltstabellen 1288
– variabel in Relation zum Einkommen 1287
Anwaltliche Arbeit
– Einfluss auf Streitwert 1388, 1391
– vorprozessuale 1387, 1390
Arbeitsentgelt in Naturalleistungen 1266
Arbeitslosenhilfe 1270

Arbeitsverhältnis, fingiertes 1259
Ausgangswert . . . . 1245 f.
Ausnahmecharakter bei Abweichung vom Regelwert 1249, 1251
Aussöhnung vor mündlicher Verhandlung 1263
Bedeutung der Sache, Begriff 1348
Beruf des Ehemannes und Bedeutung der Sache 1351
Berufstätigkeit der Eheleute 1248
Betreuungsleistungen 1283
Betriebsvermögen
– Bewertung 1343
– als Grundlage des Einkommens . 1314

---

1 OLG Köln, Beschl. v. 16. 11. 1987 – 2 W 185/87, KostRsp. ZPO § 3 Nr. 893 = MDR 1988, 329.

Beweislast 1256
Blindenhilfe 1260
Dauer der Ehe und Bedeutung der
 Sache 1349, 1350
Ehefrau, geschiedene unterhalts-
 berechtigte 1283
Einfamilienhaus, selbstbewohntes 1320 ff.
Einheitswert eines Hausgrund-
 stücks 1303
– der Eheleute . . . . 1247 ff., 1262
– und Sozialhilfeleistungen 1263
– Verhältnis zum Vermögen 1275
Einkommensverhältnisse der Ehe-
 leute, Stellenwert . . . . . . 1248 ff.
Einverständliche Scheidung
– Beispiele für Wertermäßigung . . . 1378
– als „ideelle Ausnahme" 1278
– als Regelfall 1374
– und Wertermäßigung 1376
Erhöhung des Wertes bei Ausnah-
 mecharakter der Umstände . . . 1249 f.
Ermessen bei Wertfestsetzung 1255
Ermittlungspflicht des Gerichts . . . 1256
Freiberufler 1274
Freibetrag bei Vermögen
– für Ehegatten 1332
– für unterhaltsberechtigtes Kind . . 1332
Geldzuwendungen Dritter 1346
Gesamtheit der Umstände gem. § 48
 Abs. 2 S. 1 GKG maßgebend 1244
Gesellschaftliche Stellung der Par-
 teien 1340
Gewerbebetrieb
– Einnahmen für darin entstehende
 Aufwendungen 1280
– Entnahmen aus ihm 1311
Grundstücksbelastungen 1306
Hausgrundstück 1305
Hausrat 1306
Hausratsteilungsverfahren 1360
Hilfe zum Lebensunterhalt 1270
Kind, unterhaltsberechtigtes . . 1281–1289
– und Ausbildungsbeihilfe 1289
Kinderzuschlag 1281
Kleidung 1306
Kommanditanteil 1303
Kompensation zwischen Bemes-
 sungsfaktoren 1253
Kraftwagen 1306
Krankenversicherung als abzugs-
 fähige Belastung 1277
Kündigung des Arbeitsverhältnisses
 vor Antragstellung 1262

Lebensgestaltung
– Freiberuflicher 1342
– der Parteien 1340
– der Parteien, Beispiele 1344–1346
– der Parteien, nur vermögensrecht-
 liche Auswirkungen bedeutsam . 1341
Mindestwert 1239
– und geringer Umfang der Sache . . 1367
Mittlere Einkommens- und Vermö-
 gensverhältnisse 1335
Nettoeinkommen 1240
– Schätzung bei fingierten Arbeits-
 verhältnissen 1265
– Begriff 1265
Nettoeinkommen der Eheleute
– Zeitpunkt für Berechnung . . . 1262
Prozesskostenhilfe 1382
Regelfall 1336, 1338
– Beispiele 1245
Regelwert 1335, 1361
Schulden 1290
– 10 % Abschlag für Differenz zum
 doppelten Monatseinkommen . . 1291
– 10 % Abschlag für sie 1291
– Berücksichtigung unabhängig von
 Entstehungsgrund 1298
– die Wirtschaftskraft wesentlich
 beeinträchtigende 1292
– pauschale Abzüge für sie 1291
– und Kreditbedingungen 1296
– für langfristige Ratenverbindlich-
 keiten 1294
– streitwertmindernd 1290
– und Vermögensbildung 1295
Selbständige 1274
Sonderausgaben 1279
Sozialhilfeleistungen 1268
Sparguthaben, geringfügiges 1308
Umfang der Sache
– Begriff 1352
– Beispiele für Werterhöhung . 1362–1364
– Beispiele für Wertminde-
 rung 1365, 1365–1372
– geringer bei mehr als fünfjähriger
 Trennung 1371
– und ausländisches Recht 1360
– und Beschränkung des Vorbringens 1356
– und Folgesachen 1354
– und harte Prozessführung . . . 1357
– und rechtsfehlerhafte Behandlung 1359
– und Schriftsatzlänge 1355

Veränderungen der Einkommens-
verhältnisse 1400
Vergleich, vermögensrechtlicher . . 1252
Verkehrswert eines Grund-
stücks 1305, 1325
Vermögen
– Berücksichtigung mit 10 % 1315
– Berücksichtigung mit 5 % 1316
– Berücksichtigung mit 6 % 1318
– Berücksichtigung nach Ermessen
aufgrund Einkommen 1328
– betriebliches mit 5 % zu berücksichtigen 1319
– ertragsloses 1304
– Freibeträge 1330
– mittelbar beim Einkommen
berücksichtigtes 1299
– nicht verwertbares 1303
– Nichtberücksichtigung von Freibeträgen 1334
– privates mit 10 % zu berücksichtigen 1319
– und Gewerbebetrieb 1311–1314
Vermögensrechtliche Gesichtspunkte, Eliminierung aus Streitwertbemessung 1300

Vermögensteuerfreier Betrag und
Berücksichtigung des Vermö-
gens 1330
Vermögensteuerliche Gesichts-
punkte, Nichtberücksichti-
gung 1331
Verschlechterung wirtschaftlicher
Verhältnisse, gravierende 1262
Wechselseitige Scheidungsanträge . 1263
Weihnachtsgeld 1266
Werbungskosten als notwendige
Aufwendungen 1278
Werterhöhung 1250
Wertfestsetzung
– unterschiedliche in den Instan-
zen 1300
– vor Beendigung der Instanz 1395
Wertminderung 1250
Wiederherstellung der ehelichen
Lebensgemeinschaft 1259
Zeitpunkt 1262
– für Wertberechnung maßgeben-
der 1395, 1262
Zulagen zum Gehalt 1345
Zurücknahme des Scheidungs-
antrags vor Terminbestimmung . 1368

A. Gesetzliche Bewertungsanweisungen

Die Streitwertbemessung in Ehesachen bestimmt sich nach **§ 48 Abs. 2, 3 GKG**.   1239
Der **Mindestwert** beträgt 2000 Euro (§ 48 Abs. 3 S. 2 GKG).

Abzustellen ist auf die Umstände des Einzelfalles. Bei den dabei zu berücksich-   1240
tigenden Einkommensverhältnissen der Eheleute ist von dem **3fachen monatlichen Nettoeinkommen** auszugehen.

Zu beachten ist, dass Ehe- und Folgesachen nach § 46 Abs. 1 S. 1 GKG als eine   1241
Angelegenheit gelten (ebenso § 16 Nr. 4 RVG) und die Werte von Ehe- und
Folgesachen daher zusammenzurechnen sind.

Die prinzipiellen Schwierigkeiten der Bewertung von Ehesachen liegen gar   1242
nicht in der Auslegung des § 48 Abs. 2, 3 GKG, sondern **sie beruhen darauf,
dass eine nichtvermögensrechtliche Angelegenheit weitgehend nach vermögensrechtlichen Gesichtspunkten bewertet werden muss.** Das ist ein Widerspruch in sich selbst, der nur durch den Gesetzgeber aufgehoben werden kann.[1]
Das AG Altona[2] hat wegen der auftretenden Ungereimtheiten gemäß Art. 100
GG das Bundesverfassungsgericht angerufen. Dieses hat jedoch in der Berück-

---

1 Kritisch *Lappe* u. *E. Schneider*, Anm. zu KostRsp. GKG § 12 Nr. 23.
2 AG Altona, KostRsp. GKG § 12 Nr. 124.

sichtigung der Einkommens- und Vermögensverhältnisse keinen Verstoß gegen die Verfassung (Art. 3 Abs. 1, 20 Abs. 3 GG) gesehen und § 48 GKG (damals noch § 12 GKG a.F.) als verfassungsmäßig bestätigt.[1]

1243 Deshalb hat *Lappe* einen anderen Weg vorgeschlagen.[2] Er regt an, dass von Gesetzes wegen jede Ehe gleich bewertet wird, etwa mit einem Streitwert von 5000 DM. Zu erwägen wäre dann nur noch, ob zwischen einverständlicher und streitiger Scheidung sowie der Härteklausel-Scheidung zu differenzieren wäre. Dieser Vorschlag wird jedoch mangels anwaltlicher Unterstützung gewiss erfolglos bleiben. Es dürfte zudem zuviel „Gleichheit" sein, den Millionär und den Sozialhilfeempfänger einer gebührenrechtlichen Identität zu unterwerfen.

1244 Keiner der nach § 48 Abs. 2 S. 1 GKG zu berücksichtigenden Umstände ist allein für die Bemessung des Streitwerts ausschlaggebend. Dieser ergibt sich vielmehr erst aus der Zusammenschau der Umstände.[3]

1245 Der Wert von 2000 Euro soll ein **„Ausgangswert"** sein,[4] eine Formulierung, die schon früher vom OLG Düsseldorf gebraucht worden ist[5] und auch heute noch berechtigt ist.[6] Aus Gründen der Rechtssicherheit und auch der Kostengerechtigkeit ist es angebracht, sich für Durchschnittsfälle auf einen bestimmten Betrag zu einigen. Es muss berücksichtigt werden, dass der oberste Wert immerhin 1 Million Euro beträgt und das Gesetz Werte wie 5000 Euro (§ 52 Abs. 2 GKG) oder 4000 Euro (§ 23 Abs. 3 S. 2 RVG) für durchaus normal hält. Daher bietet es sich an, auch im statistischen Normalfall von 4000 Euro auszugehen.

1246 Ist das gemeinsame dreimonatige Nettoeinkommen der Eheleute höher, dann ist dieser Wert maßgebend. Er kann nach Maßgabe des § 48 Abs. 2 S. 1 GKG heraufgesetzt werden.

1247 Die **Einkommensverhältnisse** stehen im Vordergrund, sind jedoch gegen den Umfang der Sache abzuwägen.[7]

1248 Sie haben nach der im Gesetz getroffenen Reihenfolge keinen Vorrang.[8] Es sind auch keine sachlogischen oder rechtspolitischen Gründe ersichtlich, ihnen entgegen dem Gesetzeswortlaut einen Vorrang zu verleihen. Beispielsweise kann

---

1 BVerfGE 80, 103 = KostRsp. GKG § 12 Nr. 132 = Rpfleger 1989, 482 = FamRZ 1989, 944 = JZ 1989, 740 = NJW 1989, 1985 = JurBüro 1990, 248.
2 *Lappe* Anm. zu KostRsp. GKG § 12 Nr. 27.
3 OLG Celle MDR 1963, 145; OLG Bamberg JurBüro 1976, 54 u. 798; OLG Celle JurBüro 1976, 796, OLG Karlsruhe Justiz 1976, 430; OLG Hamm KostRsp. GKG § 12 Nr. 133 = Rpfleger 1989, 104 = JurBüro 1989, 1303; OLG München, KostRsp. GKG § 12 Nr. 153 = JurBüro 1992, 349.
4 Siehe Begründung in der Bundestags-Drucks. 7/2016 v. 22. 4. 1979, S. 70.
5 OLG Düsseldorf JMBl.NW 1968, 46.
6 LAG Hamm KostRsp. GKG § 12 Nr. 31 mit Anm. *E. Schneider* = AnwBl. 1981, 38; a.A. OLG München KostRsp. GKG § 12 Nr. 127 mit Anm. *E. Schneider* = MDR 1989, 360 = JurBüro 1988, 1231 – ehrkränkende Äußerung.
7 OLG Köln JurBüro 1970, 421; OLG Düsseldorf AnwBl. 1977, 412.
8 OLG München JurBüro 1992, 349.

auch die beiderseitige **Berufstätigkeit der Eheleute** ein wertmindernder Umstand sein.[1]

Die Umstände des Einzelfalles, insbesondere der Umfang der Sache und die Vermögens- und Einkommensverhältnisse der Parteien müssen bei einer Erhöhung einen deutlich ins Auge springenden Ausnahmecharakter aufweisen.[2]   1249

Ist das der Fall, so sind sie entweder **wertmindernd oder werterhöhend** zu berücksichtigen.[3]   1250

Immer sollten aber nur solche Umstände berücksichtigt werden, die deutlich vom Normalfall abweichen, weil sonst kaum noch die Möglichkeit eines wenigstens annähernd im voraus berechenbaren Wertes gegeben ist.[4]   1251

Die Kostenregelung in einem in Ehesachen geschlossenen **vermögensrechtlichen Vergleich** wirkt, auch wenn sie die Kosten des Scheidungsstreits mitumfasst, nicht streitwerterhöhend.[5]   1252

Zwischen den einzelnen Bemessungsfaktoren darf eine **Kompensation** vorgenommen werden.[6]   1253

Ein über den **steuerlichen Freibeträgen liegendes Vermögen** (s. hierzu Rn. 1299) – jedenfalls im unteren versteuerbaren Bereich – rechtfertigt dann keinen Zuschlag, wenn es sich um eine Sache geringsten Umfanges und Schwierigkeitsgrades handelt.[7] OLG Frankfurt[8] hat wegen geringen Umfangs einen Abschlag von $1/3$ des Streitwerts gemacht.   1254

Kleinliche Rechenexempel sind zu vermeiden. Denn es entspricht einem allgemeinen Grundsatz und einem praktischen Bedürfnis, den für die Gebührenberechnung maßgeblichen Wert weitgehend nach **freiem Ermessen** in einem möglichst einfachen Verfahren ohne unverhältnismäßig umfangreiche Ermittlungen zu bestimmen.[9]   1255

Nach OLG München[10] gilt auch bei der Streitwertfestsetzung in Ehesachen das **Beweislastprinzip.** Dem ist insofern zuzustimmen, als das Gericht Parteiangaben nicht einfach beiseite schieben und einen damit unvereinbaren Streitwert festsetzen darf. In Ehesachen besteht im Gegenteil nur eine sehr beschränkte Ermittlungspflicht des Gerichts; dieses ist in erster Linie auf die Parteiangaben angewiesen.[11]   1256

---

1 KG JurBüro 1976, 340 = AnwBl. 1976, 164 = NJW 1976, 899 = KostRsp. GKG § 12 Nr. 2.
2 OLG Düsseldorf AnwBl. 1958, 137.
3 OLG Karlsruhe NJW 1956, 108; OLG Koblenz JurBüro 1975, 1092.
4 Siehe OLG Düsseldorf AnwBl. 1977, 412.
5 KG Rpfleger 1962, 155.
6 *E. Schneider* MDR 1977, 265; OLG Koblenz JurBüro 1979, 1676.
7 OLG Oldenburg Rpfleger 1968, 314; OLG Köln JurBüro 1975, 503.
8 OLG Frankfurt JurBüro 1978, 1851.
9 OLG Oldenburg Rpfleger 1968, 314; OLG Köln JurBüro 1970, 421; OLG Düsseldorf AnwBl. 1977, 412.
10 OLG München JurBüro 1979, 1543.
11 OLG München JurBüro 1979, 1543.

1257 Umfangreiche Erörterungen der materiellen Lage **Freiberuflicher** sind durch § 48 GKG auch heute nicht geboten.[1]

1258 Selbst bei nicht übereinstimmenden Wertangaben verbietet sich wegen der Feststellungsschwierigkeiten und der damit verbundenen Kosten die **Durchführung einer Beweisaufnahme** über die Vermögensverhältnisse der Parteien; es muss vielmehr aufgrund der bekannten Umstände geschätzt werden.[2]

1259 Zu den „Ehesachen" gehört nach § 606 Abs. 1 ZPO auch die **Klage auf Wiederherstellung der ehelichen Lebensgemeinschaft.** Der Streitwert von 2000 Euro darf deshalb bei ihr nicht unterschritten werden.

1260 Das OLG Karlsruhe[3] hält sich zwar an diesen unteren Wert, ist aber bei höheren Werten der Auffassung, dass der Streitwert um etwa $^1/_3$ niedriger als in Scheidungsverfahren anzusetzen sei: Die Klage auf Wiederherstellung der ehelichen Lebensgemeinschaft habe für die Parteien eine weit geringere Bedeutung als ein Scheidungsprozess. Mit dieser Klage werde nur ein gewisser moralischer Zwang auf die beklagte Partei ausgeübt.

1261 Dieser bereits vom KG[4] vertretenen Auffassung ist mit Rücksicht auf die unterschiedlichen Rechtsfolgen einer Scheidung und der Wiederherstellungs-Verurteilung beizupflichten.[5]

1262 Umstritten war, auf welchen **Zeitpunkt bei der Berechnung des Nettoeinkommens** der Eheleute abzustellen ist.[6] Bis zum Inkrafttreten des KostRÄndG 1994 wurden folgende Meinungen vertreten:

– Ein Teil der Rspr. sah den **Zeitpunkt der Klageerhebung** als maßgeblich an. Spätere Veränderungen während der Dauer des Rechtsstreits, insbesondere eine Erhöhung oder Verschlechterung des Einkommens, mussten dann außer Betracht bleiben.[7]

Auch innerhalb dieser Auffassungen gab es weitere Differenzierungen. So berücksichtigte das OLG Bremen[8] keine Vermögensverbesserungen nach Beginn der Instanz, hielt es aber für geboten, „gravierenden Verschlechterungen der wirtschaftlichen Verhältnisse der Parteien Rechnung zu tragen".[9]

---

1 Vgl. LG Gießen NJW 1957, 549; OLG München KostRsp. GKG § 12 Nr. 156 = OLGR 1993, 41: Schätzung auf der Grundlage des Lebenszuschnitts.
2 OLG Koblenz JurBüro 1979, 1677.
3 OLG Karlsruhe AnwBl. 1970, 233 = Justiz 1970, 187.
4 KG NJW 1969, 1357.
5 Ebenso jetzt KG JurBüro 1974, 1412.
6 Siehe dazu E. *Schneider* MDR 1991, 401.
7 KG, KostRsp. GKG § 14 a.F. A Nr. 19; OLG Hamm Rpfleger 1963, 61; OLG Düsseldorf JurBüro 1980, 409; OLG Bremen JurBüro 1984, 731 mit Anm. *Mümmler* = KostRsp. GKG § 12 Nr. 71; OLG Karlsruhe, KostRsp. GKG § 12 Nr. 135 = JurBüro 1989, 1161 = Justiz 1989, 327.
8 OLG Bremen JurBüro 1984, 731.
9 Ähnlich *Mümmler* JurBüro 1984, 1 m.w.N.

– Das OLG Düsseldorf[1] berücksichtigte streitwertmindernd, dass das bei Einreichung des Scheidungsantrags bestehende Arbeitsverhältnis des Scheidungsklägers bereits vor Antragstellung wirksam gekündigt worden ist, so dass er demnächst nur mit Arbeitslosengeld zu rechnen hat; darauf sollte dann abgestellt werden.[2]

Auch dann, wenn bei Einreichung des Scheidungsantrages bereits feststand, dass ein Ehegatte, der Arbeitslosengeld bezieht, demnächst nur noch Arbeitslosenhilfe erhalten wird, war die bereits feststehende zukünftige Verschlechterung der Einkommensverhältnisse streitwertmindernd zu berücksichtigen;[3] ebenso OLG München,[4] wenn Einkommen nur bis kurz vor Einreichung des Scheidungsantrags bezogen wurde. Die drohende Vermögensverschlechterung ist ein Umstand des Einzelfalles, der die Vermögens- und Einkommensverhältnisse der Parteien betrifft.

– Demgegenüber stellten andere Gerichte auf den **Zeitpunkt der letzten mündlichen Verhandlung** ab.[5] Einkommens- und Vermögensverbesserungen mussten dann streitwerterhöhend berücksichtigt werden,[6] beispielsweise der Wegfall eines Unterhaltsberechtigten im Verlaufe des Scheidungsverfahrens.[7]

– Einen recht eigenwilligen Mittelweg wollte das OLG Düsseldorf[8] beschreiten: Abzustellen sei auf die **durchschnittlichen Einkünfte der Ehegatten während des Scheidungsverfahrens.** Das würde dazu zwingen, die monatlichen Einkünfte beider Ehegatten für die Dauer des Verfahrens zu ermitteln und zu addieren, die Summe der Einkünfte sodann durch die Zahl der zu berücksichtigenden Monate zu dividieren und das rechnerische Ergebnis mit 3 zu multiplizieren. Dass dergleichen Puzzlespiele, die im Gesetz nicht vorgesehen sind, „dem Zweck der gesetzlichen Regelung sachgerecht Rechnung tragen",[9] leuchtet schwerlich ein.

Der erforderliche einheitliche Zeitpunkt konnte nur in der **Instanzbeendigung** – letzte mündliche Verhandlung – gefunden werden, nur eine Erhöhung,

---

1 OLG Düsseldorf JurBüro 1983, 254 = KostRsp. GKG § 12 Nr. 55.

2 Einschränkend OLG Düsseldorf JurBüro 1985, 419 = KostRsp. GKG § 12 Nr. 91 mit krit. Anm. *E. Schneider.*

3 OLG Düsseldorf, KostRsp. GKG § 12 Nr. 125 mit Anm. *E. Schneider* = MDR 1988, 507.

4 OLG München OLGR 1993, 199.

5 OLG Düsseldorf, KostRsp. GKG a.F. § 14 A Nr. 7; OLG Nürnberg, KostRsp. GKG a.F. § 14 a Nr. 32; OLG Bremen, KostRsp. GKG a.F. § 14 Nr. 45; OLG Zweibrücken AnwBl. 1983, 174; OLG Celle, KostRsp. GKG § 12 Nr. 114 mit Anm. *E. Schneider* = AnwBl. 1987, 45 mit Anm. *Madert.*

6 OLG Saarbrücken JurBüro 1985, 1673 = KostRsp. GKG § 12 Nr. 102; OLG Düsseldorf, KostRsp. GKG § 12 Nr. 108 = AnwBl. 1986, 159; OLG Nürnberg, KostRsp. GKG § 12 Nr. 138 mit abl. Anm. *E. Schneider* = FamRZ 1989, 1212 = JurBüro 1989, 1603 mit abl. Anm. *Mümmler.*

7 OLG Hamm JurBüro 1985, 1360 mit zust. Anm. *Mümmler* = AnwBl. 1985, 385 = KostRsp. GKG § 12 Nr. 97.

8 OLG Düsseldorf, KostRsp. GKG § 15 Nr. 7 mit Anm. *E. Schneider* = JurBüro 1987, 1693.

9 So das OLG Düsseldorf, KostRsp. GKG § 15 Nr. 7 mit Anm. *E. Schneider* = JurBüro 1987, 1693.

nicht eine Verminderung des Streitwertes kam aber in Betracht; insoweit banden § 15 Abs. 1 GKG a.F. und § 4 Abs. 1 ZPO.[1] Ausführlich zu dieser Streitfrage *E. Schneider*, Das Dreimonats-Nettoeinkommen – aber welches?.[2]

– Unrichtig war die Auffassung des OLG Nürnberg,[3] wonach die Verweisung in § 48 Abs. 1 GKG auf § 4 ZPO – Zeitpunkt der Klage**einreichung** maßgebend – für das Scheidungsverfahren nicht gelte. Das solle sich aus § 1 Abs. 2 GKG ergeben, weil dort gesagt ist, dass das GKG auch für Scheidungsfolgesachen gilt. Der Senat hat dabei jedoch verkannt, dass die Scheidungsfolgesachen nur deshalb in § 1 Abs. 2 GKG besonders erwähnt worden sind, weil dazu auch Verfahren zählen, die der freiwilligen Gerichtsbarkeit zugeordnet sind.[4] Unzutreffend war (und ist noch) die Behauptung des OLG Nürnberg, es sei der Normzweck des § 48 Abs. 2 GKG, die Wertberechnung in Ehesachen auf den Zeitpunkt abzustellen, in dem die Gebühren bezahlt werden müssten (damals regelmäßig auf die Beendigung der Instanz). Das ist deshalb falsch, weil nach § 65 Abs. 1 S. 1 GKG a.F. auch für den Scheidungsantrag Vorauszahlungspflicht bestand und eine Vorauszahlungspflicht für eine nicht fällige Kostenschuld ein Widerspruch in sich wäre. Davon abgesehen ist ein solcher Normzweck auch nicht nachweisbar. Im Gegenteil ist in § 48 Abs. 2 S. 4 GKG festgeschrieben, dass der Mindeststreitwert in Ehesachen **ohne Rücksicht auf die Leistungsfähigkeit der Parteien** 2000 Euro beträgt. Im Ergebnis war bis zum Inkrafttreten des KostRÄndG 1994 daher derjenigen Auffassung zuzustimmen, die entsprechend § 15 Abs. 1 GKG a.F. auf den Zeitpunkt der letzten mündlichen Verhandlung abstellt, jedoch mit der Einschränkung, dass nur Verbesserungen der Einkommensverhältnisse im Zeitpunkt der Instanzbeendigung berücksichtigt werden, nicht Vermögensverschlechterungen.

Insbesondere geht es nicht an, für einen **Teil der Ermessensumstände** – Einkommen und Vermögen – auf den Beginn der Instanz, im Übrigen auf den Abschluss der Instanz abzustellen.[5]

Dies rechtfertigt sich aus der Überlegung, dass in Ehesachen mit Rücksicht auf die besonderen Bemessungsumstände des § 48 Abs. 2 GKG (Berücksichtigung aller Umstände des Einzelfalles, insbesondere des Umfangs und der Bedeutung der Sache) eine endgültige Wertfestsetzung erst bei Abschluss der Instanz möglich ist.[6] Zur Frage, wie sich diese Besonderheit von Ehesachen mit § 40 GKG vereinbaren lässt, siehe Rn. 1262 und Rn. 1395.

---

1 So z.B. OLG Koblenz, KostRsp. GKG § 12 Nr. 26 u. 143; OLG Hamm JurBüro 1979, 249; OLG Bamberg JurBüro 1981, 1704 mit Anm. *Mümmler*; OLG Düsseldorf KostRsp. GKG § 12 Nr. 108 = AnwBl. 1986, 159, OLG Karlruhe, KostRsp. GKG § 12 Nr. 135 = JurBüro 1989, 1161 = Justiz 1989, 327.
2 MDR 1991, 401.
3 OLG Nürnberg, KostRsp. GKG § 12 Nr. 138 mit abl. Anm. *E. Schneider* = JurBüro 1989, 1603 mit abl. Anm. *Mümmler*.
4 *Mümmler* JurBüro 1989, 1604.
5 So aber *Mümmler* JurBüro 1984, 1.
6 OLG Nürnberg, KostRsp. GKG a.F. § 14 A Nr. 39; OLG Celle MDR 1964, 65.

– *Lappe*[1] hat dagegen rechtsstaatliche Bedenken vorgebracht, die insofern Beachtung verdienen, als unter Umständen das **Prozesskostenrisiko** nicht mehr berechenbar ist, etwa wenn ein allein verdienender Ehemann anfänglich arbeitslos ist, in den letzten Monaten vor dem Urteil dagegen wieder gut verdient. Die unterliegende Klägerin wird dann nach dem hohen Streitwert kostenerstattungspflichtig, obwohl sie zu Beginn des Rechtsstreits einen Anspruch auf Bewilligung von Prozesskostenhilfe gehabt hätte. Nach geltendem Recht muss aber, wie schon früher und wie im Grunde bei allen nichtvermögensrechtlichen Streitigkeiten, auf die Beendigung der Instanz abgestellt werden.[2] Es gibt im Streitwertrecht keinen Grundsatz, dass bei der Streitwertbemessung die wirtschaftlichen Verhältnisse der Parteien des Zeitpunkts zugrunde zu legen sind, in dem sie die Kosten aufbringen sollen.

– Gegenteiliger Auffassung als hier war auch das KG,[3] das § 4 ZPO anwenden will, dabei aber übersah, dass § 40 GKG (§ 15 Abs. GKG a.F.) gebührenrechtliche lex specialis war. Das KG konnte seine Auffassung letztlich auch nicht durchhalten. Es räumte selbst ein, „in denjenigen Fällen, in denen sich das Nettoeinkommen der Parteien während des Prozesses nachhaltig" erhöhte, sei das höhere Nettoeinkommen der letzten drei Monate vor Beendigung der Instanz anzusetzen. Damit wird aber der ursprüngliche Lösungssatz (Anwendung des § 4 ZPO) prinzipiell aufgegeben.

Die hier vertretene Auffassung konnte sich auf § 15 Abs. 1 GKG a.F. berufen. Dort hieß es: „Ist der Wert des Streitgegenstandes bei Beendigung der Instanz höher als zu Beginn der Instanz, so ist den in der Instanz entstandenen Gebühren der höhere Wert zugrunde zu legen." § 15 GKG wurde neu gefasst durch das KostRÄndG 1994 und ist in Kraft seit dem 1. 7. 1994 (§ 40 GKG). Er lautet jetzt: „Für die Wertberechnung ist der Zeitpunkt der die Instanz einleitenden Antragstellung entscheidend." *Lappe*[4] gibt der Gegenmeinung (also der, die auf das Instanzende abstellt) jetzt keine „Chance" mehr. Siehe hierzu näher Rn. 1395.

Reichen Ehegatten wechselseitig Anträge auf Scheidung der Ehe **ein**, so werden die Gebühren nach dem Wert der Ehesache nur einmal ausgelöst.[5] Der Streitwert ist auch für die Zeit vor der Verbindung der einzelnen eingeleiteten Verfahren nur einfach festzusetzen; eine Zusammenrechnung ist ausgeschlossen, da es sich um denselben Streitgegenstand handelt (§ 45 Abs. 1 S. 3 GKG).

1263

Dementsprechend bildet auch eine ursprünglich erhobene Ehescheidungsklage mit einem späteren Antrag auf Aufhebung der Ehe **ein einheitliches Verfahren** und lässt Gebühren nur einmal erfallen.

1264

---

1 *Lappe* Anm. in KostRsp. GKG § 12 Nr. 26.
2 Zustimmend OLG Karlsruhe Justiz 1979, 267 = KostRsp. GKG § 12 Nr. 27.
3 KG NJW 1976, 899.
4 *Lappe*, Kosten in Familiensachen, 5. Aufl. 1994, S. 16, Rn. 16.
5 KG JurBüro 1978, 1959 (unter Aufgabe der gegenteiligen Ansicht in JurBüro 1963, 415); OLG Nürnberg JurBüro 1975, 211.

B. Einkommen der Parteien

1265 Unter dem **Nettoeinkommen** sind bei Lohn- und Gehaltsempfängern die Bezüge zu verstehen, die die Parteien nach Abzug der einzubehaltenden Steuern und des Arbeitnehmeranteils der Sozialversicherungsbeiträge ausgezahlt erhalten.[1] Bei **fingierten Arbeitsverhältnissen** ist zu schätzen.[2]

1266 Soweit das Arbeitsentgelt in **Naturalleistungen** gewährt wird (mietfreies Wohnen, Stellung eines Pkw zur privaten Benutzung), sind diese zum Gehalt in ihrem Geldeswert zuzuschlagen.[3]

1267 Auch **Weihnachts- und Urlaubsgeld** sind anteilig zu berücksichtigen.[4] Blindenhilfe wird ebenfalls zum Einkommen gerechnet (Unten Rn. 1270). Allerdings lassen derart minuziöse Nachforschungen nach dem Gesamteinkommen bereits einen zwiespältigen, wenn nicht schon peinlichen Eindruck zurück.

1268 **Sozialhilfeleistungen** sind Einkommen i.S. des § 48 Abs. 2 GKG.[5] Das gilt auch für Arbeitslosengeld I oder II.[6]

1269 Leistungen nach dem **Unterhaltsvorschussgesetz**, sollen ebenfalls nicht als Einkommen der Parteien im Sinne des § 48 GKG zu berücksichtigen sein.[7]

1270 Daher bleibt auch eine nach **§ 11 BSHG gewährte Hilfe** zum Lebensunterhalt streitwertmäßig außer Betracht,[8] nach überwiegender Auffassung auch die Arbeitslosenhilfe.[9]

---

1 KG, KostRsp. GKG § 12 Nr. 2.

2 OLG Bamberg JurBüro 1977, 1117.

3 OLG Köln JurBüro 1969, 1191.

4 OLG Hamm JurBüro 1979, 249 mit Anm. *Mümmler;* OLG Frankfurt JurBüro 1979, 1680.

5 OLG Hamm, Beschl. v. 13. 1. 2006 – 11 WF 317/05, FamRZ 2006, 632 = OLGR Hamm 2006, 359; OLG Düsseldorf, Beschl. v. 24. 2. 1993 – 3 WF 25/93, FamRZ 1994, 250 = AGS 1994, 46; a.A. OLG Hamburg, Beschl. v. 16. 2. 2006 – 10 WF 99/05, OLGR 2006, 269; OLG München JurBüro 1979, 1539; OLG Bremen KostRsp. GKG § 12 Nr. 149 mit Anm. *E. Schneider* = JurBüro 1992, 113; OLG Dresden, Beschl. v. 20. 11. 2003 – 10 WF 745/03, FamRZ 2004, 1225; OLG Brandenburg, Beschl. v. 24. 3. 2003 – 9 WF 21/03, AGS 2004, 56 = OLGR 2003, 352 = NJ 2003, 438 = FamRZ 2003, 1676 = JurBüro 2003, 592 = AGS 2004, 163; OLG Dresden, Beschl. v. 13. 2. 2003 – 22 UF 0562/01, 22 UF 562/01, FamRZ 2002, 1640 = AGS 2003, 215 = EzFamR aktuell 2002, 221; OLG Karlsruhe, Beschl. v. 14. 12. 2001 – 5 WF 190/01, FamRZ 2002, 1135 = AGS 2002, 254 = OLGR Karlsruhe 2002, 223.

6 OLG Dresden, Beschl. v. 13. 2. 2003 – 22 UF 0562/01, 22 UF 562/01, FamRZ 2002, 1640 = AGS 2003, 215 = EzFamR aktuell 2002, 221; a.A. OLG Celle, Beschl. v. 19. 5. 2006 – 10 WF 466/05; OLG Düsseldorf, Beschl. v. 13. 1. 2006 – II-3 WF 298/05, 3 WF 298/05, FamRZ 2006, 807 = OLGR 2006, 358.

7 OLG Düsseldorf, Beschl. v. 13. 1. 2006 – II-3 WF 298/05, 3 WF 298/05, FamRZ 2006, 807 = OLGR 2006, 358.

8 OLG Düsseldorf JurBüro 1985, 1521 = KostRsp. GKG § 12 Nr. 99.

9 OLG Bremen, KostRsp. GKG § 12 Nr. 149 mit Anm. *E. Schneider* = JurBüro 1992, 113; *Lappe,* Kosten in Familiensachen, 5. Aufl. 1994, S. 15 Rn. 15 – weil der Begriff „Einkommen" dem Steuerrecht folgt; *Anders/Gehle/Kunze,* Stichwort „Ehesachen", Rn. 4;

Blindenhilfe gehört hingegen nach OLG Saarbrücken[1] zum Einkommen, soweit sie nicht durch besonders nachzuweisende Aufwendungen verbraucht wird. 1271

Wohngeld wiederum ist ebenfalls als Einkommen gem. § 48 Abs. 3 S. 1 GKG anzusehen und daher bei der Streitwertberechnung einer Ehesache als Nettoeinkommen zu berücksichtigen.[2] 1272

Kindergeld ist ebenfalls als Einkommen zu berücksichtigen.[3] 1273

Der Ansatz des dreifachen Monats-Nettoeinkommens gilt auch für **selbständige und freiberuflich Tätige**.[4] Deren tatsächliche Einkünfte festzustellen, ist allerdings nicht immer einfach, so dass Schätzungen auch aufgrund von Indizien oft nicht zu vermeiden sind.[5] Das OLG München[6] hält Steuerbescheide und Auskünfte von Steuerberatern für nicht ausreichend und schätzt auf der Grundlage des Lebenszuschnitts. 1274

Verhältnis von Einkommen und **Vermögen**: Da das Vermögen einen selbständigen Streitwerterhöhungsfaktor darstellt, kommt es für die Streitwertberechnung nicht nur in Betracht, soweit es Einkommen abwirft. Wenn der Gesetzgeber auf die „Einkommens- und Vermögensverhältnisse" abstellt, so heißt das, dass gute wirtschaftliche Verhältnisse im Zweifel zu einer Heraufsetzung des Streitwertes führen sollen. Die zu beurteilende wirtschaftliche Gesamtlage wird, von Ausnahmefällen abgesehen, allerdings erfahrungsgemäß in erster Linie vom Einkommen bestimmt. 1275

Grundsätzlich muss deshalb in fast allen Fällen zunächst ermittelt werden, welches Einkommen vorhanden ist. Dann wird festzustellen sein, ob durch etwaiges Vermögen eine Besserstellung gegenüber einer Partei besteht, welcher mit Rücksicht auf das Einkommen an sich noch die Regelbewertung zugute kommt. Entsprechendes gilt, wenn bereits wegen des Einkommens der Mindestwert erhöht werden muss.[7] 1276

Schulden der Parteien können in Höhe der geleisteten Raten auch beim Einkommen abzusetzen sein, soweit diese tatsächlich ratenweise zurückgezahlt werden.[8]

---

a.A. KG, KostRsp. GKG § 12 Nr. 160 = OLGR 1993, 130; OLG Düsseldorf FamRZ 1994, 250; Zöller/*Herget*, § 3 Rn. 16 unter „Ehesachen".

1 OLG Saarbrücken, KostRsp. GKG § 12 Nr. 142 = JurBüro 1991, 983.

2 OLG Hamm, Beschl. v. 27. 6. 2006 – 11 WF 333/05, FamRZ 2006, 718.

3 OLG Hamm, Beschl. v. 27. 6. 2006 – 11 WF 333/05, FamRZ 2006, 718; a.A. OLG Düsseldorf, Beschl. v. 13. 1. 2006 – II-3 WF 298/05, 3 WF 298/05, FamRZ 2006, 807 = OLGR 2006, 358.

4 OLG Frankfurt JurBüro 1977, 701.

5 Siehe einen lehrreichen Fall in OLG Bamberg JurBüro 1977, 1425.

6 OLG München OLGR 1993, 41.

7 KG Rpfleger 1962, 119.

8 OLG Hamm, Beschl. v. 27. 6. 2006 – 11 WF 333/05, FamRZ 2006, 718.

C. Abzugsfähige Belastungen

1277 Bei der Berechnung des Einkommens sind **angemessene Aufwendungen** der Eheleute für ihre Sicherung abzusetzen, insbesondere solche für eine private oder freiwillige öffentliche Krankenversicherung.[1]

1278 Bei der Berücksichtigung der Einkommensverhältnisse der Parteien sind auch **erhöhte Werbungskosten** als notwendige Aufwendungen abzusetzen.

1279 **Sonderausgaben** stehen hingegen im Belieben des Steuerpflichtigen. Sie können daher trotz steuerlicher Begünstigung für die Bemessung des Ehestreitwertes nicht als einkommensmindernd angesehen werden.[2] Wohl können die dadurch bedingten Schuldverpflichtungen wertmindernd zu berücksichtigen sein (siehe unten Rn. 1290 ff.).

1280 **Einnahmen**, die **zur Abdeckung der im Gewerbebetrieb einer Partei entstehenden Aufwendungen**, insbesondere steuerlicher Art, eine zweckbestimmte Verwendung finden, dürfen nicht streitwerterhöhend berücksichtigt werden. Wenn sie auch der Partei in gewissem Sinne zugute kommen, so geschieht das doch nur im Rahmen der Ausübung des Gewerbebetriebes und bedeutet keine Erhöhung des persönlichen Einkommens.[3]

D. Unterhalts-Freibeträge

1281 Während der Geltung des § 14 GKG a.F. – Regelstreitwert 3000 DM – wurde das zugrunde zu legende Einkommen nicht mehr wegen des Vorhandenseins unterhaltsberechtigter Kinder gekürzt, wohl aber der zum Gehalt hinzutretende **Kinderzuschlag** wegen seiner Zweckgebundenheit außer Ansatz gelassen.[4]

1282 Nach der Anhebung des Mindeststreitwertes auf zwischenzeitlich 4000 DM hatte sich die Rechtsprechung dazu geändert und überwiegend für **jedes unterhaltsberechtigte Kind ein Abschlag** gemacht, wobei in der Rspr. nach anfänglichem Schwanken zuletzt überwiegend ein Betrag von monatlich 300 DM angenommen wurde.[5]

1283 Ebenso wie unterhaltsberechtigte eheliche Kinder sind unterhaltsberechtigte **ersteheliche Kinder** sowie eine unterhaltsberechtigte **geschiedene Ehefrau** zu behandeln; auch für diese Personen ist die Monatspauschale abzuziehen.[6] **Be-**

---

1 OLG Bamberg JurBüro 1978, 1056.
2 KG, KostRsp. GKG a.F. § 14 A.
3 KG JurBüro 1962, 32.
4 Siehe z.B. KG JR 1962, 426; Rpfleger 1962, 119.
5 Vgl. OLG Schleswig JurBüro 1976, 1091; OLG Nürnberg JurBüro 1976, 800; OLG Frankfurt JurBüro 1977, 379 u. 701; 1979, 1680; OLG Bamberg JurBüro 1978, 1358; 1979, 246; OLG Düsseldorf JurBüro 1979, 1333 = AnwBl. 1983, 147; KostRsp. GKG § 12 Nr. 109 = FamRZ 1986, 706; OLG München JurBüro 1979, 1541 u. 1542; 1979, 1964; OLG Saarbrücken JurBüro 1982, 286 mit Anm. *Mümmler*.
6 OLG München JurBüro 1979, 1542.

treuungsleistungen für ein **nicht gemeinschaftliches Kind** sind nicht einkommensmindernd und damit auch nicht streitwertmindernd zu berücksichtigen.[1]

Die **anhaltende Geldentwertung** zwingt die Gerichte dazu, die Freibeträge zu überdenken. Das OLG Düsseldorf[2] hatte die Monatspauschale auf 350 DM angehoben. Das OLG Saarbrücken[3] zog 400 DM für jedes gemeinschaftliche Kind ab.   1284

Die Rechtsprechung tendierte mittlerweile dahin, den Abschlag für jedes unterhaltsberechtigte Kind mit 500 DM anzusetzen.[4] Mit anhaltender Steigerung der Lebenshaltungskosten wird auch dieser Betrag zur gegebenen Zeit erhöht werden müssen. Das OLG Koblenz[5] setzte bereits Ende 1992 die Unterhaltspauschale pro Monat und Kind mit 600 DM fest.   1285

Das OLG Hamm hat zuletzt 300 Euro je Kind angenommen,[6] das OLG Dresden[7] 250 Euro.   1286

Demgegenüber hat das OLG Köln[8] einen variablen Ansetzungsbetrag vorgeschlagen, der in eine Relation zum Nettoeinkommen zu setzen sei, wobei die Unterhaltsschlüssel als Maßstab dienen könnten. Ebenso OLG Düsseldorf, das den bei der Berechnung des Streitwerts vom Familieneinkommen vorzunehmenden Abschlag wegen der Unterhaltspflicht gegenüber minderjährigen Kindern in Höhe des sich jeweils aus den einschlägigen Tabellen ergebenden Barunterhaltsbetrages entnehmen will.[9] Diese Ansicht hat sich jedoch nicht durchgesetzt.   1287

Eine **Ersetzung der festen Monatspauschale** für jedes unterhaltsberechtigte Kind durch eine konkrete Berechnung nach den gängigen Unterhaltstabellen (Rn. 1287) hält das OLG Düsseldorf[10] für nicht sachgerecht, weil der damit verbundene Ermittlungsaufwand und die Berechnungsmethoden außer Verhältnis zum Zweck der nach freiem Ermessen vorzunehmenden Streitwertfestsetzung stünden.   1288

Rechtsgründe stehen selbstverständlich nicht im Wege, die Unterhaltsverpflichtung gegenüber Kindern aufgrund konkreter Berechnung zu ermitteln.[11]   1289

---

1 OLG Saarbrücken, KostRsp. GKG § 12 Nr. 142 = JurBüro 1991, 983.
2 OLG Düsseldorf, KostRsp. GKG § 12 Nr. 112 = JurBüro 1986, 1681.
3 OLG Saarbrücken, KostRsp. GKG § 12 Nr. 142 = JurBüro 1991, 983.
4 OLG Bamberg JurBüro 1981, 1543; 1982, 286 mit Anm. *Mümmler*; OLG Hamm JurBüro 1984, 733 mit Anm. *Mümmler* = KostRsp. GKG § 12 Nr. 72; JurBüro 1985, 255 = AnwBl. 1984, 504 = KostRsp. GKG § 12 Nr. 86; OLG Nürnberg, KostRsp. GKG § 12 Nr. 104 = FamRZ 1986, 194 = JurBüro 1986, 414; OLG Düsseldorf JurBüro 1986, 1681.
5 OLG Koblenz, KostRsp. GKG § 12 Nr. 159 = FamRZ 1993, 827 LS.
6 OLG Hamm, Beschl. v. 27. 6. 2006 – 11 WF 333/05, FamRZ 2006, 718.
7 OLG Dresden, Beschl. v. 29. 7. 2005 – 20 WF 99/05, 20 WF 99/05, OLG-NL 2005, 234 = FamRZ 2006, 1053 = NJ 2005, 467.
8 OLG Köln JurBüro 1976, 217 = MDR 1976, 587.
9 OLG Düsseldorf, Beschl. v. 24. 2. 1993 – 3 WF 25/93, FamRZ 1994, 250 = AGS 1994, 46.
10 OLG Düsseldorf JurBüro 1979, 1334.
11 OLG Hamm JurBüro 1980, 237.

Dazu kann beispielsweise Anlass bestehen, wenn **neben Barunterhalt auch Naturalunterhalt** gewährt wird oder wenn das Kind eine Ausbildungsbeihilfe erhält, die seine Unterhaltsbedürftigkeit herabsetzt.

E. Schulden

1290 Nachgewiesene Schulden und Verbindlichkeiten der Parteien sollten sich grundsätzlich streitwertmindernd auswirken.[1] Denn um deren Höhe vermindert sich das Realeinkommen der Parteien.

1291 Wie sie sich allerdings im einzelnen auswirken, das ist in der Rechtsprechung hoffnungslos **kontrovers**. Alle denkbaren Ansichten und Berechnungsweisen werden vertreten. Einmal werden **pauschale Abzüge** praktiziert, etwa indem höheren Belastungen dadurch Rechnung getragen wird, dass ein prozentualer Abschlag vom vorher errechneten Streitwert gemacht wird, beispielsweise 15 %[2] oder 10 %, soweit die monatlichen Tilgungsbeträge nicht feststehen[3] oder es werden **10 % des Schuldenbetrages** abgesetzt, der das doppelte Monatseinkommen übersteigt.[4]

1292 Daneben finden sich Absetzungsregeln, die bewusst **unbestimmt** gehalten werden, etwa Abzug der Schulden, die „beträchtlich" sind,[5] oder die die Wirtschaftskraft der Parteien **nicht unwesentlich beeinträchtigen**.[6]

1293 Soweit die Schulden verhältnismäßig gering sind, bleiben sie dann außer Betracht.[7]

1294 Eine andere Variante hat das OLG Düsseldorf erfunden.[8] Danach sind Schulden vom Einkommen abzuziehen, wenn es sich um **hohe und langfristige Ratenverbindlichkeiten** handelt, denen keine entsprechenden Werte gegenüberstehen. Würde man dem folgen, dann müsste beispielsweise die Anschaffung einer Wohnungseinrichtung auf Kredit (um die es im Fall des OLG Düsseldorf ging) entlasten, weil gebrauchter Hausrat praktisch unverwertbar ist. Der Kauf eines Personenkraftwagens dagegen würde sich streitwertmindernd auswirken, weil ein Pkw sich jederzeit einigermaßen wertgerecht veräußern lässt.

---

1 KG Rpfleger 1968, 78; OLG Schleswig JurBüro 1976, 1091; OLG Düsseldorf JurBüro 1982, 1375; 1983, 1070; OLG Bamberg JurBüro 1983, 1539; OLG Hamm AnwBl. 1984, 504 = JurBüro 1985, 255 = KostRsp. GKG § 12 Nr. 86; a.A. OLG Karlsruhe, KostRsp. GKG § 12 Nr. 151 = FamRZ 1992, 707: Darlehensschulden.
2 OLG Bamberg JurBüro 1983, 1539.
3 OLG Düsseldorf, KostRsp. GKG § 12 Nr. 107 mit Anm. *E. Schneider* = JurBüro 1986, 740.
4 OLG Düsseldorf, KostRsp. GKG § 12 Nr. 111 = JurBüro 1986, 1682; KostRsp. GKG § 12 Nr. 112 = JurBüro 1986, 1681; KostRsp. GKG § 12 Nr. 117 = JurBüro 1987, 732.
5 OLG Düsseldorf, KostRsp. GKG § 12 Nr. 106 = AnwBl. 1986, 250.
6 OLG Zweibrücken, KostRsp. GKG § 12 Nr. 105 mit Anm. *E. Schneider* = JurBüro 1986, 78.
7 OLG Bamberg JurBüro 1983, 1539; OLG Saarbrücken, KostRsp. GKG § 12 Nr. 102 = JurBüro 1985, 1673.
8 OLG Düsseldorf, KostRsp. GKG § 12 Nr. 121 mit Anm. *E. Schneider* = JurBüro 1987, 1693.

Dies entspricht der ebenfalls in der Rechtsprechung vertretenen Auffassung,[1]   1295
Schulden nicht mehr zu berücksichtigen, weil sie der **Vermögensbildung** dienen; ebenso für Darlehensschulden das OLG Karlsruhe.[2]

In einer anderen Entscheidung hat das OLG Düsseldorf[3] wieder einen **prozen-**   1296
tualen Abschlag praktiziert, und zwar mit dem Hinweis, da die Höhe der Raten
von den Kreditbedingungen abhänge, die der Kreditschuldner mit beeinflussen
könne, hätten es anderenfalls „unter Umständen auch gut verdienende Parteien
in der Hand, durch entsprechende Manipulationen im Kreditbereich den Streitwert für das Scheidungsverfahren nach unten zu drücken". Dabei dürfte es sich
allerdings um eine recht theoretische Möglichkeit handeln, der praktische Bedeutung abzusprechen ist.

Auch insoweit schlagen letztlich wieder die grundsätzlichen Schwierigkeiten   1297
des § 48 Abs. 2 GKG durch, der den Rechtsanwender vor die unlösbare Aufgabe
stellt, nichtvermögensrechtliche Streitigkeiten in Geld zu messen. *Lappe*[4] hat
daher prinzipielle Bedenken gegen den „Schuldabzug" vorgebracht.

Die prozentuale oder sonstwie relativierte Berücksichtigung von Schulden und   1298
Verbindlichkeiten ist aber auch sehr unpraktikabel. Mit der gesetzgeberischen
Tendenz, das Streitwertfestsetzungsverfahren möglichst unkompliziert und zü-
gig ablaufen zu lassen, ist sie nicht zu vereinbaren. Es sollte deshalb dabei
bleiben, dass Schulden ohne Rücksicht auf ihre Höhe, ihren Entstehungsgrund
oder auf einen vorhandenen Gegenwert und drgl. immer streitwertmindernd
berücksichtigt werden. Dafür spricht letztlich auch der Sperrbetrag von 2000
Euro (§ 48 Abs. 3 S. 2 GKG), der verhindert, dass der Gebührenstreitwert wegen
hoher Schuldenbelastung auf die niedrigste Gebührenstufe absinkt.

F. Vermögen

Neben dem Einkommen darf Vermögen einer Partei für die Streitwertbemes-   1299
sung nur insoweit berücksichtigt werden, als es nicht schon bei dem Einkommen mittelbar seine Berücksichtigung gefunden hat.[5]

Das gilt auch dann, wenn sich die Parteien bereits außergerichtlich über Fragen   1300
der vermögensrechtlichen Auseinandersetzung geeinigt haben.[6]

In der Rechtsprechung war zu altem Recht auch eine schwache Tendenz er-   1301
kennbar, die vermögensrechtlichen Gesichtspunkte aus der Streitwertbemessung ganz oder teilweise zu eliminieren. Es handelt sich hier um Entscheidungen des OLG Nürnberg[7] und des LG Gießen.[8] Für die Praxis haben sie keine

---

1 Siehe OLG Schleswig, KostRsp. GKG § 12 Nr. 101 = JurBüro 1985, 1674.
2 OLG Karlsruhe FamRZ 1992, 707.
3 OLG Düsseldorf JurBüro 1983, 1072.
4 *Lappe* NJW 1983, 1468.
5 KG JR 1963, 388.
6 OLG Frankfurt/M., Beschl. v. 25. 9. 2001 – 3 WF 145/99, EzFamR aktuell 2002, 141.
7 OLG Nürnberg MDR 1966, 245 mit Anm. *E. Schneider*.
8 LG Gießen JurBüro 1966, 603.

Bedeutung erlangt. Der Vollständigkeit halber sei jedoch darüber berichtet, da sie für das Dilemma der Bewertung in Ehesachen aufschlussreich sind.

1302 Die zunehmende Komplizierung und die in den Einzelentscheidungen immer verwirrender werdende Rechtsprechung macht die Berücksichtigung des Vermögens zunehmend problematischer.[1]

1303 Bei nichtverwertbarem Vermögen (**Kommanditanteil**) sind nur dessen Erträgnisse als Einkommen zu berücksichtigen.[2]

1304 Vermögen **ohne Ertrag** ist nach OLG Düsseldorf[3] nicht zu berücksichtigen, was insofern zutreffend ist, als nicht nutzbares Landeigentum den Lebensstandard, auf den es ankommt, nicht verbessert: dieser Grundsatz muss für sämtliches ertragloses Vermögen gelten, das lediglich „totes Kapital" ist.[4]

1305 **Hausgrundstücke** sind mit dem Verkehrswert, nicht nur mit dem Einheitswert anzusetzen.[5]

1306 **Grundstücksbelastungen** sind abzuziehen und mindern den anzusetzenden Verkehrswert.[6]

1307 Ganz außer Ansatz zu lassen ist ein Grundstück, das mit einem lebenslangen **Nießbrauch** zugunsten eines Dritten belastet ist.[7]

1308 **Hausrat, Kleidung** und ein **Kraftwagen** rechnen nicht zum Vermögen;[8] desgleichen nicht **geringfügige Sparguthaben** oder ähnliche übliche Rücklagen.[9]

1309 Einigkeit dürfte lediglich darüber bestehen, dass Gegenstände, die nach dem **Bewertungsgesetz vermögenssteuerlich nicht zu erfassen sind**, auch bei der Schätzung nach § 48 Abs. 2 S. 1 GKG unberücksichtigt bleiben.[10]

1310 Auf jeden Fall dürfen immer nur die **geringeren Verkehrswerte,** nicht die Wiederbeschaffungswerte angesetzt werden, was allerdings vornehmlich nur in Hausratsteilungsverfahren von Bedeutung sein dürfte.[11]

---

1 Vgl. *Lappe,* Kosten in Familiensachen, 5. Aufl. 1994, S. 15, Rn. 14 ff.; *derselbe,* Anm. zu KostRsp. GKG § 12 Nr. 23; *E. Schneider,* Anm. zu KostRsp. GKG § 12 Nr. 23 u. NJW 1979, 846 (853).
2 OLG Celle, KostRsp. GKG a.F. § 14 A Nr. 16, JurBüro 1969, 1189.
3 OLG Düsseldorf JurBüro 1974, 1409.
4 Siehe *E. Schneider* MDR 1967, 265; OLG Koblenz JurBüro 1979, 1677; vgl. dazu auch unten Rn. 1315 ff.
5 OLG Nürnberg, KostRsp. GKG § 12 Nr. 137 = JurBüro, 1723.
6 OLG Düsseldorf JurBüro 1975, 504; OLG Nürnberg, KostRsp. GKG § 12 Nr. 137 = JurBüro 1989, 1723.
7 OLG Düsseldorf JurBüro 1975, 505.
8 KG JurBüro 1975, 297.
9 OLG Köln JurBüro 1975, 503; OLG Frankfurt JurBüro 1977, 703; OLG Oldenburg Nds.Rpfl. 1979, 272; LG Bayreuth JurBüro 1978, 1548.
10 OLG Oldenburg Nds.Rpfl. 1979, 272.
11 OLG München JurBüro 1979, 1542.

Auch **Entnahmen aus einem Gewerbebetrieb**, die im Rahmen der Möglichkei- 1311
ten des Betriebes liegen, sind bei der Streitwertfestsetzung als Einkommen zu
bewerten. Mag auch der Betrieb nach steuerlichen Gesichtspunkten mit Verlust
arbeiten, so rechnet er doch zum Vermögen.[1] Die Gerichte müssen hier – das
sei deutlich gesagt – gebührend berücksichtigen, dass der unselbständige Arbeitnehmer schon wegen seiner Lohnsteuerpflicht sein Einkommen praktisch
nicht verschleiern kann, während das jedem (kleinen oder großen) Gewerbetrei-
benden und Unternehmer sehr viel leichter fällt und insbesondere eine Aufklärung über größere Vermögen und Einkünfte nicht in den Rahmen eines Scheidungsprozesses passt. Hier muss deshalb bei der Bewertung auf die Lebenserfahrung und die Regel zurückgegriffen und geschätzt[2] werden.

Ein angemessener Anteil am vorhandenen Vermögen ist daher als Streitwert 1312
unter Umständen auch dann anzunehmen, wenn regelmäßige Einkünfte aus
einer Erwerbstätigkeit nicht feststellbar sind.[3]

Vermögen ist auch die **Beteiligung an einer Anwaltssozietät**, an der Sozietät 1313
eines **Arztes** oder eines **Wirtschaftsprüfers**.[4]

Betriebsvermögen, das die Grundlage des Einkommens bildet, ist nicht nur mit 1314
seinem Ertrag, sondern auch mit seinem Bestand anzusetzen.[5] Jedoch darf es
nicht in voller Höhe berücksichtigt werden.[6] Es ist in geringerem Maße zu
berücksichtigen als sonstiges Vermögen,[7] denn es bildet die Grundlage des
ebenfalls zu berücksichtigenden Einkommens und kann ohne den gleichzeitigen Verlust dieses Einkommens nicht für die persönlichen Bedürfnisse verwertet werden.[8] Dem wird dadurch Rechnung getragen, dass dieser Vermögenswert
nur mit einem geringen Prozentsatz bei der Berechnung des Streitwerts angesetzt wird.[9]

Wie Vermögen im einzelnen streitwerterhöhend zu berücksichtigen ist, lässt 1315
sich nicht eindeutig beantworten. Die Judikatur bewertet unterschiedlich. In
vielen Entscheidungen wird der Grundsatz ausgesprochen, dass das Vermögen
mit 10 % streitwerterhöhend zu berücksichtigen sei.[10]

---

1 KG JurBüro 1970, 680 = MDR 1970, 854 = NJW 1970, 1930.
2 OLG München OLGR 1993, 41: anhand des Lebenszuschnitts.
3 OLG Frankfurt JurBüro 1966, 147.
4 OLG Düsseldorf NJW 1972, 773: Wertansatz 2facher Jahresverdienst.
5 OLG Nürnberg, KostRsp. GKG § 12 Nr. 137 = JurBüro 1989, 1723; OLG Düsseldorf
  NJW 1972, 773.
6 OLG München JurBüro 1965, 749.
7 KG, KostRsp. GKG a.F. § 14 A Nr. 41 = NJW 1967, 1430.
8 KG Rpfleger 1962, 119.
9 OLG Nürnberg JurBüro 1989, 1723.
10 OLG München JurBüro 1971, 698 = AnwBl. 1971, 287; JurBüro 1971, 701 = AnwBl.
   1971, 289; AnwBl. 1971, 144; OLG Düsseldorf MDR 1967, 1020; NJW 1972, 773;
   KostRsp. GKG § 12 Nr. 158 = FamRZ 1994, 249 = OLGR 1993, 184; OLG München,
   KostRsp. GKG § 12 Nr. 153 = JurBüro 1992, 349.

1316 Insbesondere jederzeit **verwertbares** Vermögen (Wertpapiere) ist mit etwa 10 % beim Streitwert anzusetzen.[1] Andere Gerichte bewerten durchgehend nur mit 5 %.[2]

1317 Nach OLG Koblenz sind von dem in Ansatz zu bringenden Vermögen in Anlehnung an § 6 des mittlerweile außer Kraft getretenen Vermögenssteuergesetzes Freibeträge von jeweils 60 000 Euro für jeden Ehegatten abzuziehen und 5 % des Differenzbetrages in die Streitwertberechnung einzustellen.[3]

1318 Zwischenstufen kommen in der Rechtsprechung, die veröffentlicht worden ist, nicht vor. Soweit im Leitsatz zu OLG Saarbrücken[4] ausgeführt ist, das OLG Saarbrücken a.a.O. berücksichtige bei der Ermittlung des Streitwertes Barvermögen und Fahrnisvermögen mit 6 %, wird diese Aussage nicht durch die Beschlussgründe getragen.[5]

1319 Bei hohem **Privatvermögen** und hohem **Betriebsvermögen** ist das Privatvermögen mit 10 %, das Betriebsvermögen mit 5 % streitwerterhöhend zu berücksichtigen.[6]

1320 Von den Parteien **selbst bewohnte Einfamilienhäuser** werden gar nicht[7] oder nur mit dem geringeren Satz von 5 % bewertet.[8]

1321 Das OLG Dresden bewertet selbstgenutztes Immobilienvermögen der Parteien streitwerterhöhend in der Weise, dass der Verkehrswert nach Abzug von dinglichen Belastungen um Freibeträge von 30 000 Euro je Ehegatten und 10 000 Euro je Kind vermindert und der danach verbleibende Restbetrag mit 5 % in den Streitwert einzubeziehen ist.[9]

1322 Eine sehr praktikable und wirtschaftlich einleuchtende Bewertungsregel hat das OLG Köln[10] aufgestellt:

---

1 OLG Celle, KostRsp. GKG a.F. § 14 A Nr. 28.
2 OLG Koblenz JurBüro 1979, 1675; OLG Zweibrücken JurBüro 79, 1864; OLG Nürnberg JurBüro 1977, 376; OLG Nürnberg KostRsp. GKG § 12 Nr. 137 = JurBüro 1989, 1723; OLG Frankfurt JurBüro 1977, 703; AnwBl. 1972, 52; JurBüro 1970, 788; NJW 1967, 888; KostRsp. GKG § 12 Nr. 163 = FamRZ 1994, 250 LS; ebenso OLG Bremen, KostRsp. GKG a.F. § 14 A Nr. 80.
3 OLG Koblenz, Beschl. v. 28. 1. 2003 – 9 WF 860/02, OLGR 2003, 234 = AGS 2003, 409 = JurBüro 2003, 474 = FamRZ 2003, 1681 = AnwBl. 2003, 596 = EzFamR aktuell 2003, 106 = FamRB 2003, 353.
4 OLG Saarbrücken AnwBl. 1984, 372.
5 Siehe *E. Schneider* Anm. zu KostRsp. GKG § 12 Nr. 77.
6 KG NJW 1967, 1430.
7 OLG Bamberg JurBüro 1974, 217; AG Groß-Gerau, KostRsp. GKG § 12 Nr. 150 mit Anm. *E. Schneider* = JurBüro 1992, 113 mit Anm. *Mümmler* = FamRZ 1992, 709.
8 OLG München AnwBl. 1973, 400; OLG Düsseldorf JurBüro 1975, 504; KostRsp. GKG § 12 Nr. 89 = JurBüro 1985, 256.
9 OLG Dresden, Beschl. v. 29. 7. 2005 – 20 WF 0099/05, 20 WF 99/05, OLG-NL 2005, 234 = FamRZ 2006, 1053 = NJ 2005, 467.
10 OLG Köln, KostRsp. GKG § 12 Nr. 110 mit Anm. *E. Schneider* = FamRZ 1987, 183.

Bei der Festsetzung des Streitwertes der Ehesache ist ein durchschnittliches **Einfamilienhaus**, das als Ehewohnung gedient hat, mit dem Betrag der für drei Monate ersparten Kaltmiete (Nutzungswert abzüglich Kapitaldienst) zu berücksichtigen. 1323

Diese Entscheidung ist uneingeschränkt zu befürworten. Alle Schwierigkeiten lassen sich dadurch umgehen, dass nur die mit dem Bewohnen des Einfamilienhauses verbundene Mietersparnis streitwertmäßig berücksichtigt wird. Ein durchschnittliches Einfamilienhaus bietet heute kaum mehr Komfort als eine moderne Mietwohnung. Auch vom „Statuswert" abgesehen, ist die Lebenshaltung (s. Rn. 1340 ff.) desjenigen, der ein Familienheim bewohnt, schwerlich besser als diejenige des Mieters mit gleichem Einkommen. Dazu sind die laufenden Belastungen zu unterschiedlich. 1324

Das OLG München[1] hat folgende Regel aufgestellt, die derjenigen des OLG Köln[2] ersichtlich unterlegen ist und gerade dadurch die Kölner Entscheidung bestätigt: Auszugehen ist vom Verkehrswert des Grundstücks. Davon sind für jede Partei und jedes Kind 20 000 DM (jetzt 10 000 Euro) abzuziehen. Der verbleibende Betrag ist bei eigengenutzten Eigenheimen und Wohnungen mit 5 %, bei ertragbringendem Grundvermögen mit 10 % anzusetzen. Mit dieser komplizierten Regelung will das OLG München die Freibeträge des VermögStG für die Streitwertberechnung in Ehesachen ausschalten (siehe dazu Rn. 1119). Das führt dann im Ergebnis dazu, dass Einzelpositionen der Streitwertberechnung in Ehesachen wie eine Hauptsache aufgebauscht werden. Wenn eigengenutzter und vermieteter Wohnraum oder Boden zusammentreffen, sind sogar „Mischquoten" zu bilden, die zwischen 5 % und 10 % liegen. 1325

Das OLG Schleswig[3] berücksichtigt beim Vermögen der Parteien ein durchschnittliches, den üblichen Wohnbedarf deckendes Eigenheim nicht – wie bei Luxusobjekten – mit 5 % des bereinigten Wertes, sondern mit der ersparten Kaltmiete. 1326

Ähnlich das OLG Dresden,[4] dass dann, wenn sich der Verkehrswert eines selbstgenutzten Hausgrundstückes der Ehegatten nicht feststellen lässt, auf die mit dem Bewohnen des Eigenheimes verbundene Mietersparnis für die Bemessung des Streitwertes heranzieht. Eine Abschätzung nach § 63 GKG sei in diesem Fall nicht erforderlich. 1327

Vermögen ist nur **ein Berechnungsfaktor unter anderen**. Mit Rücksicht darauf will das OLG Düsseldorf[5] von der oft komplizierten Ermittlung des Verkehrswertes und den abzugsfähigen Belastungen des Vermögens ganz absehen. Insbesondere bei **Hausgrundstücken** sollen ohne Bindung an bestimmte Berech- 1328

---

1 OLG München, AnwBl. 1985, 203 = KostRsp. GKG § 12 Nr. 96 mit Anm. *E. Schneider.*
2 OLG Köln, KostRsp. GKG § 12 Nr. 110, s. Rn. 1322.
3 OLG Schleswig, Beschl. v. 23. 9. 2002 – 13 WF 120/02 – SchlHA 2003, 103 = OLGR 2003, 14 = AGS 2003, 319.
4 OLG Dresden, Beschl. v. 8. 8. 2002 – 10 WF 0321/02, 10 WF 321/02, OLGR 2003, 35 = JurBüro 2003, 140 = MDR 2003, 535 = FamRZ 2003, 1679.
5 OLG Düsseldorf JurBüro 1979, 1333.

nungsmethoden und an das steuerliche Bewertungsgesetz oder das Vermögensteuergesetz die Vermögensverhältnisse nach Maßgabe der Umstände des Einzelfalles und nach Ermessen durch Erhöhung des allein hinreichend bestimmten Bemessungsfaktors „Einkommensverhältnisse" berücksichtigt werden.

1329 Das ist ein möglicher Weg, um der in die Privatsphäre der Parteien eingreifenden exakten Wertermittlung auszuweichen. Allerdings lässt sich nicht verkennen, dass die **Bewertungswillkür** dabei noch größer wird. Das zeigt gerade der Düsseldorfer Fall, in dem das Amtsgericht den Scheidungsstreitwert auf 39 200 DM, das Oberlandesgericht dagegen auf 12 000 DM festgesetzt hat, ohne dass eigentlich erkennbar wäre, welche Überlegungen hinter dem einen oder dem anderen Wertansatz gestanden haben. Eine wirklich allseits annehmbare Regelung kann unter den derzeitigen Verhältnissen wohl nur vom Gesetzgeber geschaffen werden.[1]

G. Vermögens-Freibeträge

1330 Nach überwiegender Auffassung ist Vermögen streitwerterhöhend erst zu berücksichtigen, wenn es den vermögenssteuerfreien Betrag[2] für jeden Ehegatten und jedes unterhaltsberechtigte Kind übersteigt.[3]

1331 Verschiedentlich wird allerdings die Berücksichtigung vermögenssteuerlicher Gesichtspunkte abgelehnt.[4] So hält das OLG München[5] nach wie vor nur Freibeträge von 20 000 DM je Partei und Kind für abzugsfähig. Das OLG Köln[6] lässt Vermögen je Ehegatte bis 30 000 DM bei der Wertberechnung unberücksichtigt, gibt jedoch keine Erklärung dafür, warum gerade dieser Betrag als Grenzwert anzusetzen sei. Auch das OLG Frankfurt setzt in einer nur mit Leitsatz veröffentlichten Entscheidung[7] den Freibetrag mit 30 000 DM an.

1332 OLG Düsseldorf[8] und OLG Nürnberg[9] setzen ab: 30 000 DM je Ehegatte und 15 000 DM je Kind. Den verbleibenden Rest setzt das OLG Düsseldorf mit 10 %

---

1 Ebenso *Mümmler* JurBüro 1979, 1335.
2 Vgl. § 6 VermögStG a.F.
3 KG JurBüro 1965, 297; OLG Düsseldorf JurBüro 1975, 504; OLG Oldenburg Nds.Rpfl. 1979, 242; OLG Bamberg JurBüro 1982, 286; OLG Nürnberg, KostRsp. GKG § 12 Nr. 104 mit Anm. *E. Schneider* = FamRZ 1986, 194 = JurBüro 1986, 414; KostRsp. GKG § 12 Nr. 137 = JurBüro 1989, 1723; OLG Köln JurBüro 1975, 503; OLG Hamm, KostRsp. GKG § 12 Nr. 79 mit Anm. *E. Schneider* = MDR 1984, 765 = JurBüro 1984, 1543; OLG Düsseldorf, KostRsp. GKG § 12 Nr. 158 = FamRZ 1994, 249 = OLGR 1993, 184; OLG München JurBüro 1992, 349.
4 Vgl. z.B. OLG Frankfurt JurBüro 1977, 703; 1978, 1852.
5 OLG München, KostRsp. § 12 Nr. 96 mit Anm. *E. Schneider* = AnwBl. 1985, 203.
6 OLG Köln, KostRsp. GKG § 12 Nr. 129 mit Anm. *E. Schneider* = JurBüro 1988, 1255.
7 OLG Frankfurt FamRZ 1994, 250.
8 OLG Düsseldorf, KostRsp. GKG § 12 Nr. 109 = FamRZ 1986, 706.
9 OLG Nürnberg, KostRsp. GKG § 12 Nr. 116 = JurBüro 1987, 398 mit abl. Anm. *Mümmler*.

streitwerterhöhend an, das OLG Nürnberg nur mit 5 % (s. dazu oben Rn. 1315 ff.).

Begründet wird dies damit, Vermögenssteuerpflicht und zivilprozessuale Streitwertfestsetzung hätten grundsätzlich **verschiedene gesetzliche Zielsetzungen**. Das ist richtig. Indessen soll der Streitwert auch in Ehesachen möglichst einfach und einheitlich berechnet werden. Besser als durch Berücksichtigung der Vermögenssteuerfreibeträge ist das nicht zu erreichen. | 1333

Isoliert geblieben ist die Auffassung des OLG Saarbrücken,[1] das bei der Berücksichtigung der Vermögensverhältnisse der Ehegatten Freibeträge ganz außer acht lassen will. Diese Entscheidung ist ersichtlich unrichtig, da sie entgegen § 48 Abs. 2 S. 1 GKG auf das Vermögen und nicht, wie das Gesetz es vorsieht, auf die Vermögensverhältnisse abstellt. | 1334

H. Lebensgestaltung der Parteien

Weicht eine Ehesache auch in ihrem Umfang und ihrer Bedeutung für die Parteien nicht vom Normalen ab und entsprechen die Vermögens- und Einkommensverhältnisse denen der Masse der Bevölkerung, so ist der Regelwert von dreimal monatlichem Nettoeinkommen anzunehmen.[2] Er ist auf die breite Masse der Bevölkerung zugeschnitten.[3] Es hat sich inzwischen dafür der Begriff der „mittleren Einkommens- und Vermögensverhältnisse" eingebürgert.[4] | 1335

Solche Regelfälle sind Ehestreitigkeiten bei **durchschnittlichen Verhältnissen ohne besonderes Hervorragen aus der Masse der Prozesse**.[5] | 1336

Es handelt sich dabei regelmäßig um Verfahren, in denen die Parteien dem **gehobenen Arbeiterstand** oder dem Stand der **kleinen Gewerbetreibenden** angehören oder **Angestellte**, untere oder mittlere **Beamte** sind. Die Steigerung des durchschnittlichen Einkommens dieser Personen gegenüber den früheren Verhältnissen bietet keinen Anlass, diese Ehestreitigkeiten nicht mehr als Regelfälle anzusehen.[6] | 1337

Der **Regelfall** erfasst, wirtschaftlich gesehen, diejenigen Ehen, in denen der kostentragende Ehegatte bei höherer Bewertung über seine wirtschaftliche Tragfähigkeit hinaus belastet würde.[7] | 1338

Werden die durchschnittlichen (Rn. 1335) Lebensverhältnisse überschritten, so ist der Streitwert je nach der **sozialen Stufe der Parteien**, ihren **Wirtschafts- und** | 1339

---

1 OLG Saarbrücken JurBüro 1982, 421 mit Anm. *Mümmler* = KostRsp. GKG § 12 Nr. 43 mit Anm. *E. Schneider.*
2 OLG Schleswig NJW 1960, 105.
3 OLG Frankfurt AnwBl. 1972, 52.
4 Siehe z.B. OLG Koblenz JurBüro 1977, 69; OLG Bamberg JurBüro 1977, 832.
5 OLG Düsseldorf, KostRsp. GKG a.F. § 14 A Nr. 10; OLG Stuttgart, KostRsp. GKG a.F. § 14 A Nr. 38; OLG Frankfurt AnwBl. 1972, 52; OLG Bamberg JurBüro 1974, 1031.
6 OLG Hamm NJW 1953, 632.
7 OLG Schleswig JurBüro 1956, 465.

Vermögensverhältnissen sowie der **Lebensstellung** des (verdienenden) Ehemanns zu erhöhen.[1]

1340 Aus diesem Grund ist auch die spezielle Lebensgestaltung der Parteien bei der Festsetzung des Streitwertes angemessen zu berücksichtigen.[2] Das **Gesamtbild der gesellschaftlichen Stellung der Parteien** ist maßgebend.[3] Der gesamte Lebenszuschnitt wird oft wichtige Aufschlüsse geben.[4]

1341 Jedoch sind nach OLG Hamm[5] familiäre und soziale Gegebenheiten nur zu berücksichtigen, soweit sie sich vermögensrechtlich auswirken. Dem ist zuzustimmen, da die geistigen Interessen und Kontakte der Eheleute, die gewiss ihre Lebensgestaltung nachhaltig bestimmen, für den Richter als Außenstehenden nicht in einem Geldbetrag ausdrückbar sind.

1342 Wegen der Maßgeblichkeit des allgemeinen Lebenszuschnitts kommt es auch bei **Freiberuflichen** nicht so sehr auf den Jahresabschluss oder den im Steuerbescheid ausgewiesenen Gewinn an. Aufschlussreicher können manchmal Indiztatsachen sein wie der Lebensstil und der Lebensstandard der Parteien, der sich am zuverlässigsten aus den Entnahmen ablesen lässt, vor allem, wenn (ihretwegen!) mit Verlust gearbeitet worden ist.[6]

1343 Lebensnah ist der Hinweis des OLG Frankfurt,[7] dass die **Bewertung eines Betriebsvermögens** durch seinen Inhaber selbst in Verbindung mit der Vorlage von Steuerbescheinigungen kein sehr zuverlässiger Anhaltspunkt für die Einkommens- und Vermögensverhältnisse ist; ebenso OLG München.[8]

1344 Bei der **Lebenshaltung** als Bemessungsumstand hat das KG[9] berücksichtigt, dass der Kläger eine 8-Zimmer-Villa bewohnte, sich darin ein ganzes Magazin von Haushaltsartikeln befand, er für seine Kinder das Beste und Modernste angeschafft hatte, seine Ehefrau von ihm geradezu mit echtem Schmuck und eleganten Kleidern überhäuft worden war.

1345 Bezieht der Ehemann neben seinem Gehalt besondere Zulagen als **Aufwandsentschädigung**, Auslandszulagen, Ortzuschlag u.s.w., so ist bei der Ermittlung des Streitwerts nicht nur das monatliche Nettogehalt zugrunde zu legen; vielmehr ist der Streitwert unter angemessener Berücksichtigung der Zuschläge entsprechend dem sozialen Lebensstandard der Parteien festzusetzen.[10]

---

1 OLG Neustadt JurBüro 1954, 105.
2 OLG Düsseldorf JMBl.NW 1954, 153.
3 OLG Hamm MDR 1957, 47.
4 OLG Bamberg JurBüro 1976, 1231; 1977, 241.
5 OLG Hamm JMBl.NW 1956, 20.
6 OLG Koblenz JurBüro 1979, 1676.
7 OLG Frankfurt JurBüro 1970, 681.
8 OLG München, KostRsp. GKG § 12 Nr. 156 = OLGR 1993, 41.
9 KG, KostRsp. GKG a.F. § 14 A Nr. 12.
10 OLG Frankfurt NJW 1956, 997.

Werden einem Ehepartner **von dritter Seite regelmäßig Geldzuwendungen** ge-   1346
macht, so kann dieser Umstand nur dann zur Festsetzung eines höheren Streitwerts führen, wenn dadurch ein großzügigerer Zuschnitt der Lebenshaltung
erreicht wird, als er dem nachgewiesenen tatsächlichen Einkommen entsprechen würde. Das gleiche gilt, wenn den Parteien von dritter Seite unentgeltlich
eine Wohnung überlassen wird.[1]

I. Bedeutung der Sache

In § 48 Abs. 2 S. 1 GKG ist als Bewertungsfaktor ausdrücklich herausgestellt   1347
die „Bedeutung der Sache", bezogen auf einen Vergleich nur von Ehesachen
untereinander, also unter Außerachtlassung des Gesamtkomplexes des Verbundverfahrens.[2] Eine große Bedeutung kann sich daher werterhöhend, eine
geringe wertmindernd auswirken. Dunkel ist jedoch der Sinn dieses Bemes-
sungsumstandes.

Nach OLG Köln[3] ist unter „Bedeutung der Sache" diejenige zu verstehen, die   1348
der Rechtsstreit ausweislich des **Klageantrages für den Kläger** hat; das Interesse
des Beklagten oder der Allgemeinheit ist nicht wertbestimmend, da anderenfalls der Kläger durch eine Erhöhung des Streitwertes kostenrechtlich belastet
würde, wenn der von ihm eingeleitete Rechtsstreit für andere Personen eine
gesteigerte Bedeutung hätte. Diese Entscheidung ist allerdings nicht in einer
Ehesache ergangen. Bezogen auf Scheidungssachen besagt sie, dass nicht zu
berücksichtigen ist, welche Reflexwirkungen eine Scheidung bei anderen Personen als den Ehegatten auslösen kann.

Bedeutsam wird immer die **Dauer der Ehe** sein. Je länger zwei Eheleute mitein-   1349
ander gelebt haben, um so einschneidender ist für sie die Scheidung. Deshalb
erhöht die lange Dauer der Ehe stets die Bedeutung des Prozesses für die Parteien.[4]

Das wird insbesondere dann gelten, wenn beide Ehegatten gemeinsam etwas   1350
geschaffen haben, etwa ein Geschäft oder einen Betrieb aufgebaut, mehrere
Kinder großgezogen haben und ihnen eine herausragende Ausbildung haben
zukommen lassen usw.

Als werterheblicher ideeller Gesichtspunkt kommt auch in Betracht eine her-   1351
vorragende **Stellung im öffentlichen Leben**.[5] Der Beruf des Ehemannes oder der
Ehefrau ist also unter Umständen Bemessungsfaktor.

---

1 KG JurBüro 1969, 537.
2 AG Langenfeld, KostRsp. GKG § 12 Nr. 134 = AnwBl. 1989, 398.
3 OLG Köln JurBüro 1980, 577.
4 OLG Hamm JurBüro 1973, 452: 30-jährige Bindung.
5 OLG Braunschweig Nds.Rpfl. 1953, 203.

J. Umfang der Sache

1352 Als wichtiger Bewertungsumstand ist in § 48 Abs. 2 S. 1 GKG hervorgehoben der **Umfang** der Sache. Damit ist nur derjenige des gerichtlichen Verfahrens gemeint.[1] Zum Bewertungszeitpunkt siehe Rn. 1395.

1353 Die Bedeutung des „Umfangs der Sache" ist nur bestimmbar durch einen **Vergleich mit anderen Ehesachen,** wobei nur die Ehesachen zu berücksichtigen sind, nicht der Gesamtkomplex des Verbundverfahrens.[2]

1354 Dieser Umfang erhöht sich nicht durch Anzahl und Umfang von **Folgesachen** (siehe dort), da diese einen eigenen Streitwert haben.[3]

1355 Die Tatsache allein, dass die von den Parteien gewechselten Schriftsätze ungewöhnlich lang waren, dass die Parteien „verbissen" kämpften und sich ihre Anhörung schwierig gestaltete, reicht jedoch allein noch nicht aus, um einen außergewöhnlichen Umfang der Ehesache anzunehmen.[4]

1356 Umgekehrt wird der ungewöhnliche Umfang einer Sache nicht dadurch beseitigt, dass die Parteien nach einer langwierigen und zeitraubenden Beweisaufnahme ihr Vorbringen dergestalt beschränken, dass das Gericht sich im Urteil nur mit einem Bruchteil des ursprünglichen Streitstoffes befassen muss. Die überdurchschnittliche Inanspruchnahme von Gericht und Prozessbevollmächtigten ist vielmehr auch in einem solchen Falle bei der Streitwertbemessung zu berücksichtigen.[5]

1357 Eine **ungewöhnliche Härte in der Prozessführung** kann sich auf den Umfang der Sache auswirken und ist dann zu berücksichtigen.[6]

1358 Voraussetzung ist aber, dass diese Härte das Verfahren spürbar beeinflusst, erweitert, verzögert und erschwert.[7]

1359 Immer muss auf den Streitstoff abgestellt werden, der bei richtiger rechtlicher Beurteilung anfällt. Wird die Sache nur durch eine ungeschickte oder gar **rechtsfehlerhafte Behandlung** umfangreich und schwierig, dann ist das kein Gesichtspunkt, für den die Parteien auf dem Umweg über eine Streitwerterhöhung einzustehen hätten.[8]

---

1 OLG Zweibrücken JurBüro 1979, 1864 mit zust. Anm. *Mümmler*; a.A. OLG Düsseldorf GKG § 12 Nr. 145 mit abl. Anm. *E. Schneider* = JurBüro 1991, 1238 = FamRZ 1992, 708; JurBüro 1995, 252, das die Bedeutung der Ehesache auch nach Art und Umfang der mitzuentscheidenden Folgesachen bestimmen will.
2 AG Langenfeld, KostRsp. GKG § 12 Nr. 134 = AnwBl. 1989, 398.
3 OLG Zweibrücken JurBüro 1979, 1865; a.A. OLG Düsseldorf GKG § 12 Nr. 145 mit abl. Anm. *E. Schneider* = JurBüro 1991, 1238.
4 OLG Nürnberg JurBüro 1963, 553.
5 OLG Neustadt, KostRsp. GKG a.F. § 14 A Nr. 3.
6 OLG Hamm JurBüro 1976, 799.
7 Siehe OLG Hamm JurBüro 1976, 799.
8 *E. Schneider* JurBüro 1975, 1558.

Ist im Scheidungsverfahren **ausländisches Recht** anzuwenden, so rechtfertigt dies regelmäßig einen Zuschlag wegen besonderen Umfanges und besonderer Schwierigkeiten. Das OLG Zweibrücken[1] hat bei Anwendung italienischen Rechts den Streitwert um 20 % angehoben. **1360**

Ein erheblicher Umfang der Sache kann auch dann eine Erhöhung des Streitwertes nach sich ziehen, wenn die **übrigen Umstände** (Bedeutung der Sache, wirtschaftliche Verhältnisse der Parteien) **für den Regelwert** sprechen.[2] **1361**

OLG Neustadt[3] hat bei einer sonst durchschnittlichen Ehesache wegen des außergewöhnlichen Umfanges den Wert um 60 % erhöht. **1362**

Langwierige Beweisaufnahme und **außergewöhnliche Arbeitsaufwand** hat das OLG Nürnberg bei einem Einkommen des Klägers von 5000 DM monatlich zum Anlass genommen, den Streitwert auf 20 000 DM anzusetzen.[4] In JurBüro 1975, 1620 hat der Senat deswegen von 3000 DM auf 8000 DM erhöht. **1363**

In einer anderen Sache hat das OLG Nürnberg[5] den Streitwert allein wegen des Umfanges der Sache um $^1/_3$ erhöht. Die Gerichtsakten umfassten 500 Blatt, es lagen zwei Urteile von etwa 50 Schreibmaschinenseiten vor; 17 Zeugen waren im ersten, 6 Zeugen im zweiten Rechtszug vernommen worden. Mehrfache und umfangreiche Parteivernehmungen kamen hinzu. Bei den vorstehend mitgeteilten Entscheidungen handelt es sich um solche nach altem Scheidungsrecht. Damals wurde – wegen der Unterhaltsansprüche – oft erbittert über die Schuldfrage gestritten. Derart intensive Auseinandersetzungen wegen der *Scheidung* kommen heute kaum noch vor. **1364**

Bei **geringem Umfang** der Sache sind **Abschläge vom Richtwert** des § 48 Abs. 2 S. 2 GKG angebracht.[6] **1365**

Dementsprechend werden Abschläge von 25 %–30 % gemacht.[7] Das OLG Koblenz[8] bemisst den Abschlag mit $^2/_7$ bis $^3/_7$. Allerdings sollten solche Abschläge nicht nach einer starren Quote vorgenommen werden, da es immer auf den Einzelfall ankommt.[9] Jedoch steht natürlich nichts im Wege, den konkreten Abschlag der Kürze halber in Bruch- oder Prozentzahlen auszudrücken.[10] **1366**

---

1 OLG Zweibrücken JurBüro 1984, 899 = KostRsp. GKG § 12 Nr. 74.
2 OLG Nürnberg JurBüro 1963, 171.
3 OLG Neustadt JurBüro 1961, 85.
4 OLG Nürnberg, KostRsp. GKG a.F. § 14 A Nr. 36.
5 OLG Nürnberg, KostRsp. GKG a.F. § 14 A Nr. 22.
6 OLG Zweibrücken JurBüro 1983, 1537; OLG Schleswig JurBüro 1985, 1675 = KostRsp. GKG § 12 Nr. 100; SchlHA 1985, 180 mit Anm. *Baldauf* S. 194; OLG Saarbrücken, KostRsp. GKG § 12 Nr. 103 mit Anm. *E. Schneider* = AnwBl. 1985, 587; JurBüro 1991, 983.
7 KG JurBüro 1966, 601; OLG München JurBüro 1972, 1091; OLG Saarbrücken, KostRsp. GKG § 12 Nr. 142 = JurBüro 1991, 983.
8 OLG Koblenz FamRZ 1993, 827 LS.
9 OLG Bamberg JurBüro 1976, 458.
10 So z.B. OLG Frankfurt JurBüro 1977, 379.

1367 Unter Umständen kann ein geringer Umfang der Ehesache trotz Überschreitens der Einkommensgrenze des § 48 Abs. 2 S. 2 GKG, etwa wegen Vermögens, zur Annahme des Mindestwertes führen.[1]

1368 Eine niedrigere Streitwertbemessung ist bei an sich höherem Wert als 2000 Euro oder dreifachem Monatseinkommen angebracht, wenn der Streitfall noch vor mündlicher Verhandlung durch Aussöhnung seine Erledigung gefunden hat[2] oder wenn ein nur kurz begründeter Ehescheidungsantrag vor der Terminbestimmung[3] oder alsbald nach seiner Einreichung[4] wieder zurückgenommen wird.

1369 Ebenso verhält es sich dann, wenn die **Begründung des Scheidungsantrages** lediglich eine halbe Seite umfasst, eine schriftsätzliche Erwiderung nicht abgegeben wird und im Termin gleichlautende Anträge gestellt werden oder wenn der Scheidungsantrag nach Einreichung einer Antragsschrift zurückgenommen wird. Dann ist allein deswegen eindeutig, dass keine besonderen tatsächlichen oder rechtlichen Schwierigkeiten bestehen.[5]

1370 Bei sehr geringem Umfang der Scheidungssache (Antragsschrift zwei Schreibmaschinenseiten; nur ein Termin mit übereinstimmenden Anträgen; Verzicht auf Rechtsmittel und auf Abfassung von Tatbestand und Entscheidungsgründen) hat das OLG Düsseldorf[6] den Ansatzbetrag der Einkommensverhältnisse um $1/4$ ermäßigt.

1371 Ein Fall geringen Umfangs liegt auch vor, wenn die Scheidungsvoraussetzungen aufgrund **kurzen Sachvortrags** der Parteien und einfacher Prüfung bei länger als fünf Jahre währender Trennung festgestellt werden können; das rechtfertigt eine Verminderung des Streitwertes.[7]

1372 Es ist eben arbeitserleichternd und verfahrensverkürzend, wenn das Gericht, um dem Scheidungsantrag stattgeben zu können, **die Zerrüttung der Ehe nicht feststellen muss,** weil diese nach materiellem Scheidungsrecht vermutet wird, sich das gerichtliche Verfahren also in der Feststellung erschöpft, dass zwischen den Eheleuten seit einem bestimmten Zeitpunkt keine häusliche Gemeinschaft mehr besteht.[8]

1373 Endet das Rechtsmittelverfahren durch frühzeitige Rücknahme der Berufung gegen den Scheidungsausspruch, kommt nach OLG Dresden[9] wegen geringen

---

1 KG JR 1963, 263; OLG Bamberg JurBüro 1976, 1233; OLG Frankfurt AnwBl. 1977, 71; OLG München AnwBl. 1977, 251; OLG Oldenburg JurBüro 1977, 833; OLG Zweibrücken JurBüro 1979, 1333; OLG Düsseldorf AnwBl. 1983, 174; LG Bayreuth JurBüro 1976, 1235; 1977, 702.
2 OLG Nürnberg JurBüro 1959, 376.
3 OLG Nürnberg KostRsp. GKG § 12 Nr. 14; siehe dazu aber *Lappe,* Komm. z. GKG § 12 Anm. 21.
4 OLG Hamburg JurBüro 1994, 492.
5 OLG Oldenburg, KostRsp. GKG § 12 Nr. 84 = Nds.Rpfl. 1984, 215.
6 OLG Düsseldorf, KostRsp. GKG § 12 Nr. 117 = JurBüro 1987, 732.
7 OLG Düsseldorf FamRZ 1979, 170.
8 OLG Zweibrücken JurBüro 1979, 1864.
9 OLG Dresden, Beschl. v. 13. 2. 2003 – 22 UF 562/01, FamRZ 2002, 1640 = AGS 2003, 215 = EzFamR aktuell 2002, 221.

Umfangs bei der Streitwertbemessung nach GKG § 48 Abs. 2 S. 1 ein Abschlag von dem dreifachen monatlichen Nettoeinkommen (GKG § 48 Abs. 2 S. 2) in Betracht. Erfolgt die Rücknahme nach Terminsbestimmung aber geraume Zeit vor dem vorgesehenen Termin, soll ein Abzug von 20 % angemessen sein.

K. Einverständliche Scheidung

Vom Umfang her sind heute einverständliche Scheidungen die – statistische – Regel. Mit dem OLG Düsseldorf[1] sollte dieser „statistische Normalfall" auch streitwertmäßig als Regelfall angesehen werden, so dass in derartigen Fällen das dreimonatige Einkommen der Ehegatten ohne Abschlag anzusetzen ist.[2] Das schließt aber nicht aus, dass Abschläge im Hinblick auf den geringen Umfang der Sache gemacht werden (oben Rn. 1365 ff. u. nachstehend Rn. 1378, 1379). 　1374

Ein besseres Kriterium für die Bestimmung des „Normalfalles" lässt sich nicht finden. Der dahingehende Versuch *Mümmlers*[3] führt nicht weiter. Er meint, der Umfang des Ehescheidungsverfahrens müsste „absolut" festgestellt werden, und darunter versteht er die Überlegung, „ob durch den Umfang des spezifischen Verfahrens die gerichtliche Tätigkeit von durchschnittlicher, unterdurchschnittlicher oder überdurchschnittlicher Dauer war." Genau damit ist aber schon der Ansatz wieder relativiert. Es gibt kein Ehescheidungsverfahren „an sich", das als „absoluter Maßstab" für alle „spezifischen Verfahren" genommen werden könnte. Es gibt vielmehr nur den am häufigsten vorkommenden Verfahrensablauf, nämlich die einverständliche Scheidung. Sie ist der Normalfall und zwangsläufig mit Arbeitserleichterung verbunden. 　1375

Das OLG Düsseldorf[4] will den Streitwert bei einverständlichen Scheidungen nur ermäßigen, wenn die Voraussetzungen der **§§ 1565 BGB, 630 ZPO** oder des **§ 1566 Abs. 2 BGB** vorliegen, nicht jedoch bei anderen „einverständlichen Ehescheidungen", also solchen, die schnell und problemlos abgewickelt werden, weil beide Ehegatten dasselbe Ziel verfolgen. Diese Differenzierung ist abzulehnen, weil es nicht auf die §§ 1565, 1566 BGB, 630 ZPO ankommt, sondern allein darauf, ob Ermäßigungsgründe nach § 48 Abs. 2 S. 1 GKG gegeben sind. 　1376

Ein Abschlag wegen geringen Umfangs und/oder geringer Bedeutung eines Scheidungsverfahrens kann nur dann erfolgen, wenn das Verfahren vom Nor- 　1377

1　OLG Düsseldorf, KostRsp. GKG § 12 Nr. 57 mit Anm. *E. Schneider* = JurBüro 1983, 407 mit Anm. *Mümmler*.
2　Ebenso OLG München JurBüro 1992, 349; OLG Karlsruhe, KostRsp. GKG § 12 Nr. 37; JurBüro 1981, 891 = AnwBl. 1981, 404 = Justiz 1981, 237; OLG Schleswig JurBüro 1985, 1675 = KostRsp. GKG § 12 Nr. 100; OLG Düsseldorf, KostRsp. GKG § 12 Nr. 107 mit Anm. *E. Schneider* = Jurbüro 1986, 740 (mit irreführendem Leitsatz; siehe Anm. *E. Schneider* a.a.O.); KostRsp. GKG § 12 Nr. 106 = AnwBl. 1986, 250; AG Langenfeld KostRsp. GKG § 12 Nr. 134 mit Anm. *E. Schneider* = AnwBl. 1989, 398.
3　*Mümmler* JurBüro 1983, 408.
4　OLG Düsseldorf, KostRsp. GKG § 12 Nr. 121 mit Anm. *E. Schneider* JurBüro 1987, 1693.

malfall eines Scheidungsverfahrens deutlich abweicht, wobei Vergleichsmaßstab der Bewertung im Rahmen des 48 Abs. 2 S. 1 GKG die „einverständlichen" Scheidungen sind, die den „statistischen Normalfall" darstellen. Die bloße Tatsache, dass eine Ehesache ohne einander widersprechende Anträge durchgeführt wird, rechtfertigt also für sich allein noch keinen Abschlag von dem Dreifachen der Nettoeinkünfte.[1]

1378 Bei einvernehmlichen Ehescheidungen ist **der Umfang der Sache gering**.

1379 Die **Höhe des Abschlags** lässt sich nicht ausnahmslos für alle Fälle bestimmen. Hier kommt nur ein Richtwert in Betracht, wie dies beispielsweise auch bei der Schätzung des Streitwerts einstweiliger Verfügungen praktiziert wird. Mit *Mümmler*[2] erscheint es angezeigt, den Streitwert dann in der Regel um 25 % zu senken. Das dürfte der in der Rspr. vorherrschenden Tendenz entsprechen.[3]

1380 *Lappe*[4] lehnt die **„statistische Häufigkeit"** als Anknüpfungspunkt ab und stimmt derjenigen Rspr. zu, die sich – meist stillschweigend – am „gesetzlichen Bild" der Scheidung orientiert. Dann ist die einverständliche Scheidung trotz ihrer statistischen Häufigkeit die „ideelle Ausnahme", was dann – in sich schlüssig – zu einem Wertabschlag führen muss.[5]

1381 Art, Anzahl und Umfang der Folgesachen beeinflussen den Wert der Ehesache nicht, da diese gesondert bewertet werden (§ 46 Abs. 1 S. 1 GKG).[6]

L. Scheidungsverfahren mit Prozesskostenhilfe

1382 Wird Prozesskostenhilfe bewilligt, dann war nach älterer Auffassung grundsätzlich der Mindeststreitwert anzusetzen; denn wenn die Einkommensverhältnisse der Eheleute derart schlecht seien, dass ihnen die Vergünstigungen des § 115 ZPO gewährt werden müssen, dürfe dies beim Wertansatz nicht unberücksichtigt bleiben.[7]

---

1 Dresden, Beschl. v. 27. 9. 2002 – 22 WF 306/02, FamRZ 2003, 465 = AGS 2003, 361 = EzFamR aktuell 2003, 59; Beschl. v. 2. 9. 2002 – 22 WF 115/02, 22 WF 115/02, OLG-NL 2003, 114 = OLGR Dresden 2003, 211 = FamRZ 2003, 1677 = FamRB 2003, 323.
2 *Mümmler* JurBüro 1985, 1358, 1359.
3 Siehe z.B. OLG Düsseldorf, KostRsp. GKG § 12 Nr. 128 = JurBüro 1988, 1076; OLG Köln, KostRsp. GKG § 12 Nr. 129 = JurBüro 1988, 1355; sowie die Nachweise bei *Mümmler*, JurBüro 1985, 1359, 1360; a.A. OLG München KostRsp. GKG § 12 Nr. 153 = JurBüro 1992, 349.
4 *Lappe* NJW 1984, 1213.
5 *Lappe* NJW 1984, 1213; OLG Zweibrücken JurBüro 1983, 1537; OLG Hamm JurBüro 1984, 1373 = KostRsp. GKG § 12 Nr. 80.
6 Dresden, Beschl. v. 27. 9. 2002 – 22 WF 306/02, FamRZ 2003, 465 = AGS 2003, 361 = EzFamR aktuell 2003, 59; Beschl. v. 2. 9. 2002 – 22 WF 115/02, 22 WF 115/02, OLG-NL 2003, 114 = OLGR Dresden 2003, 211 = FamRZ 2003, 1677 = FamRB 2003, 323.
7 So OLG Koblenz, KostRsp. GKG § 12 Nr. 90 und Nr. 168; OLG Hamm JurBüro 1979, 1665; 1980, 237; KostRsp. GKG § 12 Nr. 85 mit Anm. *E. Schneider* = AnwBl. 1984, 505; OLG München, KostRsp. GKG § 12 Nr. 141 = JurBüro 1990, 1332; KG, KostRsp. GKG § 12 Nr. 160 = KGR 1993, 130; AG Oberhausen JurBüro 1982, 1225.

Dieser Auffassung hat das BVerfG in zwei Entscheidungen[1] eine klare Absage   1383
erteilt und ausgeführt, dass eine Auslegung der gesetzlichen Vorschriften zur
Bestimmung des Streitwerts gegen die Verfassung verstößt, wenn sie dazu
führt, dass der Streitwert in Ehesachen wegen der beiderseitigen Bewilligung
ratenfreier Prozesskostenhilfe "stets" oder „im Regelfall" lediglich auf den
Mindeststreitwert von 2000 Euro festgesetzt wird. Da der Streitwert auch für
die Bemessung der Anwaltsvergütung maßgeblich ist, wird in solchen Fällen
die Berufsfreiheit der beigeordneten Rechtsanwälte berührt. Dieser Eingriff in
die Berufsfreiheit ist unverhältnismäßig, weil dem legitimen Ziel der Schonung
öffentlicher Kassen bereits durch die Reduzierung der Vergütungssätze der im
Wege der Prozesskostenhilfe beigeordneten Rechtsanwälte in § 45 Abs. 1 RVG
umfassend Rechnung getragen worden ist.

Rechtsprechung aus der Zeit vor den Entscheidungen des BVerfG kann daher   1384
nicht mehr verwertet werden. Zum Teil haben die Gerichte ihre früherer gegenteilige Auffassung auch ausdrücklich aufgegeben.

Die Wertfestsetzung mit dem Mindestwert gem. § 48 Abs. 3 S. 2 GKG ist durch   1385
die Rechtsprechung des BVerfG (Rn. 1383). jedenfalls dann nicht ausgeschlossen, wenn sich im konkreten Fall das in drei Monaten erzielte Nettoeinkommen der Eheleute auf weniger als 2000 Euro beläuft.[2]

M. Vorprozessuale Arbeit der Anwälte

Grundsätzliche Ausführungen zum Einfluss der anwaltlichen Tätigkeit auf die   1386
Streitwertfestsetzung finden sich bei *E. Schneider* NJW 1974, 1691.

Vorprozessual aufgewandte Arbeitszeit der Prozessbevollmächtigten kann nach   1387
herrschender Auffassung die Höhe des Streitwerts nicht beeinflussen.[3]

Demgegenüber hat das OLG Frankfurt[4] bei einer durch Aussöhnung erledigten   1388
Scheidungssache nicht nur den verminderten Arbeitsaufwand des Gerichts berücksichtigt, sondern auch den **Umfang der anwaltlichen Tätigkeit für die Vorbereitung der Klage und der Klageerwiderung**. Der durch die Aussöhnung verminderte Arbeitsanfall des Gerichts war letztlich mit zurückzuführen auf die
besonderen Anstrengungen der Anwälte.

---

1 BVerfGE, Beschl. v. 23. 8. 2005 – 1 BvR 46/05, AGS 2005, 424 = NJW 2005, 2980 = MDR
2005, 1373 = FF 2005, 313 = FamRZ 2006, 24 = Streit 2005, 155 = AnwBl. 2005, 651 =
RVGreport 2005, 397 = NJW-Spezial 2005, 526 = FamRB 2005, 295 = RVG professionell
2005, 181 = RVG-B 2005, 167 = Familienrecht kompakt 2005, 209 = JurBüro 2005, 653;
bestätigt durch Beschl. v. 22. 2. 2006 – 1 BvR 2139/05, AGS 2006, 352 mit Anm. *Madert.*
2 OLG Celle, Beschl. v. 19. 5. 2006 – 10 WF 466/05.
3 OLG Koblenz AnwBl. 1950/1951, 55; OLG Celle JurBüro 1964, 433; 1970, 860; OLG
Düsseldorf JurBüro 1974, 1589; OLG Bamberg JurBüro 1976, 217.
4 OLG Frankfurt JurBüro 1970, 862.

1389 Es scheint richtig, darauf Bedacht zu nehmen. Zumindest geht es nicht an, bei der Beurteilung des Umfanges einer Sache die Arbeit der Prozessbevollmächtigen zu übergehen. Das widerspricht bereits dem **Anwaltszwang des § 78 ZPO.** Wenn der Gesetzgeber die Mitwirkung von Rechtsanwälten verlangt, wird er sie bei der Streitwertbemessung im Rahmen des § 48 Abs. 2 GKG nicht völlig ignoriert wissen wollen.

1390 *Baldauf*[1] hat mit Recht darauf hingewiesen, dass eine Ehesache gerade dann besonders einfach und geringen Umfangs ist, wenn sie besonders gut vorbereitet worden ist: „Je besser und gründlicher die beteiligten Anwälte eine Angelegenheit außergerichtlich bzw. vorgerichtlich vorbereiten, desto einfacher erscheint die Sache anschließend im gerichtlichen Verfahren. Dies bedeutet im Ergebnis, dass die Bezahlung des Anwalts sinkt, je gründlicher und besser er arbeitet, oder – was das Problem vielleicht noch mehr verdeutlicht –, dass die Bezahlung steigt, je liederlicher gearbeitet wird. Dass dieses Ergebnis nicht befriedigen kann, ja dass es dazu provoziert, selbst dann, wenn Einigungen längst gefunden sind, dem Gericht gleichsam einen „Theaterdonner" aufzuführen, nur um einen erheblichen Umfang der Sache zu demonstrieren, kann zumindest nicht ausgeschlossen werden. So hat auch das AG Langenfeld[2] argumentiert:

„Will man aus naheliegenden praktischen Gründen daran festhalten, dass streitwertentscheidend allein der Umfang der Sache für das Gericht ist, so ist es ein Gebot der Klugheit, den Streitwert nicht allzu sehr unter den Druck des vermeintlich geringen Umfangs der Sache zu setzen; denn nichts ist leichter als den Umfang der Sache für das Gericht ohne allzu großen Arbeitsaufwand ungeahnt anschwellen zu lassen. Den Blick allein auf die Gerichtsakten zu beschränkten und den Hintergrund der anwaltlichen Vorbereitungstätigkeit völlig außer acht zu lassen, hieße gerade die Anwälte zu bestrafen, die durch Mäßigkeit im Ton, durch vorgerichtliche Klärung strittiger Fragen, durch Beschränkung auf das Wesentliche und durch Kooperation in Verfahrensfragen dem Gericht die Arbeit einfach machen, während die Anwälte, die mit einem unfertigen Fall zu Gericht kommen, durch unnötige Schärfen einen ständigen Austausch von Schriftsätzen provozieren, mittelst Schreibautomat und Textbausteinen leeres Stroh dreschen und auf peinlicher Befolgung der ZPO bestehen, ohne großen zusätzlichen Arbeitsaufwand gebührenrechtlich belohnt würden."

1391 Dementsprechend hat das OLG München[3] sogar die Auffassung vertreten, bei der Festsetzung des Streitwertes in Ehesachen seien **im Rahmen des billigen Ermessens** in erster Linie das Interesse an einer angemessenen Vergütung der Arbeit des Gerichts und der Anwälte sowie die Tragbarkeit der Kostenbelastung der Parteien zu berücksichtigen.

1392 Problematisch bleibt aber die Frage, wie das Gericht feststellen soll, in welchem Ausmaß die beteiligten Anwälte vorprozessual „Vereinfachungsarbeit" geleistet haben. Und würde dies nicht wiederum manchen Anwalt dazu „provozieren" über seine vorprozessuale Arbeit dem Gericht einen „Theaterdonner" aufzuführen?

---

1 *Baldauf* SchlHA 1985, 194.
2 AG Langenfeld AnwBl. 1989, 398.
3 OLG München AnwBl. 1973, 400.

Zu verlangen ist jedenfalls, dass zwischen der Arbeit des Prozessbevollmächtig- 1393
ten und dem Umfang des Rechtsstreites ein klarer Zusammenhang besteht. So
kann beispielsweise die **Tätigkeit im Verfahren auf Erlass einer einstweiligen
Anordnung** nicht bei der Streitwertbemessung im Eheprozess berücksichtigt
werden, da der Anwalt für die Tätigkeit im Anordnungsverfahren gesondert
vergütet wird.[1]

Hinzu kommen muss ferner, dass das Gericht die Möglichkeit hat, den nicht 1394
unmittelbar im Prozess geleisteten Arbeitsaufwand zu beurteilen, insbesondere
auch daraufhin, ob er den Streitgegenstand „Ehescheidung" überhaupt betrifft.[2]

N. Vorläufige Wertfestsetzung; Zeitpunkt der Wertberechnung

Früher wurde aufgrund des § 15 GKG a.F. die Auffassung vertreten, dass der 1395
Streitwert in Ehesachen erst bei Beendigung der Instanz endgültig festgesetzt
werden kann, weil sich erst am Ende des Rechtszuges der Umfang der Sache
übersehen lasse; dabei kam im Vergleich zum Instanzbeginn **nur eine Erhöhung
in Betracht.**[3] Das KostRÄndG 1994 hatte eine Neuregelung gebracht, insbesondere ist die Aussage in § 15 Abs. 1 GKG a.F. entfallen. Es erfolgt jetzt bei Eingang einer Klage oder eines Antrags eine beschwerdefähige (§§ 63 Abs. 1 S. 2, 66
GKG) vorläufige Festsetzung (§ 63 Abs. 1 S. 1 GKG); sobald eine Entscheidung
über den gesamten Streitgegenstand ergeht oder sich das Verfahren anderweitig
erledigt, wird der Wert – von Amts wegen – endgültig festgesetzt, wobei für die
Wertberechnung nicht auf das Instanzende, sondern auf den **Zeitpunkt der die
Instanz einleitenden Antragstellung** abzustellen ist (§ 40 GKG).

Daher geht das OLG Koblenz davon aus, dass für die Streitwertfestsetzung 1396
allein auf die Verhältnisse im Zeitpunkt der die Instanz einleitenden Antragstellung abzustellen ist. Nach der aktuellen Gesetzesfassung komme es weder
auf eine Werterhöhung noch auf eine Wertminderung während der Instanz an.
Der Zeitpunkt der Antragstellung sei nicht nur maßgebend für die Einkom-
mens- sondern auch für die Vermögensverhältnisse. Daher könne z.B. ein
Hausgrundstück, das der Antragsteller erst nach Rechtshängigkeit des Scheidungsantrages erworben habe, ebenso wenig bei der Wertfestsetzung berücksichtigt werden, wie eine anlässlich seiner Frühpensionierung erhaltene Abfindung.[4]

Tatsache ist aber, dass der Umfang eines Verfahrens erst am Ende – im Wege 1397
der Rückschau – genau feststellbar ist. Am Anfang lässt er sich nur – mehr oder
weniger genau – prognostizieren; gleiches gilt, wenn man zwar am Ende, aber

---

1 OLG Schleswig SchlHA 1976, 132.
2 Vgl. OLG Köln JurBüro 1976, 1538.
3 § 15 Abs. 1 GKG a.F.; siehe Rn. 1262.
4 OLG Koblenz, Beschl. v. 28. 1. 2003 – 9 WF 860/02, OLGR 2003, 234 = AGS 2003, 409 =
JurBüro 2003, 474 = FamRZ 2003, 1681 = AnwBl. 2003, 596 = EzFamR aktuell 2003, 106
= FamRB 2003, 353.

nur mit dem Wissensstand der Instanzeinleitung bewerten darf. Dies lässt sich nicht leugnen. Die Rechtsprechung muss sich entscheiden:

– **Entweder** ist § 40 GKG strikt anwenden; dann muss das Wertkriterium „Umfang der Sache", mit dem nur das gerichtliche Verfahren gemeint ist (Rn. 1352), regelmäßig mit Null bewertet werden oder mit einem Wert, den eine Prognose bei Verfahrensbeginn zulässt. Dabei ist noch zweifelhaft, ob § 40 GKG überhaupt einen solchen Prognosewert erlaubt oder nicht streng auf den Umfang im Zeitpunkt des Instanzbeginns abgestellt werden muss, weshalb der Wert immer Null wäre, denn selbst wenn man am Ende der Instanz den Umfang „vor Augen" hat, hilft diese Kenntnis nicht daran vorbei, dass er erst nach dem Bewertungszeitpunkt herangewachsen ist.

– **Oder** alle Wertkriterien des § 48 Abs. 2 GKG beachten und sich über den Wortlaut des § 40 GKG hinwegsetzen. Dafür spricht, dass die oben aufgezeigte Konsequenz für nichtvermögensrechtliche Streitigkeiten vom Gesetzgeber wohl schlicht nicht bedacht worden war. Im Gesetzentwurf der Bundesregierung (Bundestags-Drs. 12/6962 vom 4. 3. 1994) heißt es, Neuberechnungen des Wertes bei Beendigung der Instanz sollten weitgehend überflüssig gemacht werden. Der Fall, dass dann eine Berechnung erstmals überhaupt möglich ist, wird von der Begründung nicht erfasst. Auch fehlt jeder Hinweis, dass der Gesetzgeber mit § 40 GKG n.F. Einfluss nehmen wollte auf die Anwendung von § 48 Abs. 2 GKG. Letztlich ist anerkannt, dass die Gerichte den „richtigen" Wert festsetzen sollen, denn sie sind an die Angaben der Parteien nicht gebunden und können die Festsetzung von Amts wegen abändern. Dies spricht dafür, hier und ausnahmsweise weiterhin auf das Instanzende abzustellen. Insofern kann § 48 Abs. 2 GKG durchaus auch als Ausnahmevorschrift zu § 40 GKG angesehen werden.

1398 Einen Mittelweg geht das OLG Zweibrücken.[1] Es geht auch davon aus, dass maßgebend für die Bewertung der Einkommensverhältnisse der Eheleute nach § 40 GKG der Zeitpunkt der die Instanz einleitenden Antragstellung sei; jedoch seien Verbesserungen der Einkommensverhältnisse zum Zeitpunkt der Instanzbeendigung, nicht aber Verschlechterungen zu berücksichtigen.

1399 Mit Rücksicht auf den Umfang der Sache kann der Streitwert auch für die erste Instanz und für das Berufungsverfahren **verschieden hoch** festgesetzt werden.[2]

1400 **Veränderungen der Einkommensverhältnisse** können sich streitwerterhöhend auswirken. Praktische Bedeutung haben dabei vor allem Beförderungen, Höherstufungen, Berufswechsel, Lohnerhöhungen u. dgl.

---

1 OLG Zweibrücken, Beschl. v. 27. 6. 2001 – 5 WF 40/01, OLGR 2001, 492 = EzFamR aktuell 2002, 43 = AGS 2002, 156 = AGS 2002, 38 = FamRZ 2002, 255.
2 OLG Nürnberg JurBüro 1963, 345.

Ehewohnung

A. Überblick

Da es sich bei Verfahren auf Zuweisung der Ehewohnung um Familiensachen handelt, stellt sich die Frage des Zuständigkeitsstreitwerts nicht. Hier stellen sich nur Fragen des Gebührenstreitwerts. 1401

Zu unterscheiden ist zwischen der **Folgesache im Verbund** und dem **isolierten Verfahren**. Für **einstweilige Anordnungen** gelten darüber hinaus wiederum besondere Vorschriften. 1402

B. Isolierte Verfahren

I. Hauptsache

Für Verfahren auf Zuweisung der Ehewohnung ist § 100 Abs. 3 S. 1 KostO anzuwenden. 1403

Der Geschäftswert richtet sich seit der Neufassung der Wertvorschrift in § 100 KostO (vormals § 21 HauratsVO) nach dem **einjährigen Mietwert** (§ 100 Abs. 3 S. 1, 1. Hs. KostO).[1] 1404

Wird während der Trennungszeit die Wohnungszuweisung nach § 1361b BGB verlangt, so wird zum Teil die Auffassung vertreten, nur der Halbjahreswert sei anzusetzen.[2] Diese Auffassung gründet sich weitgehend auf die früher zu dem Vorgänger des § 100 Abs. 3 S. 1 KostO, dem § 21 HausratVO, ergangenen Rechtsprechung. Spätestens seitdem der Gesetzgeber die frühere Vorschrift des § 21 HausratsVO in § 100 Abs. 3 S. 1 KostO neu gefasst hat und dabei in Kenntnis des Problems für die Trennungszeit keine gesonderte Regelung getroffen hat, dürfte eindeutig sein, dass der Jahreswert auch für die Zeit des Getrenntlebens gilt. Die Vorschrift des § 100 Abs. 3 S. 1 KostO differenziert nicht danach, ob es sich bei dem Verfahren auf Zuweisung der Ehewohnung um ein Verfahren für die Dauer des Getrenntlebens oder um eine endgültige Zuweisung handelt. 1405

---

1 OLG Bamberg, Beschl. v. 11. 9. 2002 – 2 UF 153/02, OLGR 2002, 484 = AGS 2003, 81 = FamRZ 2003, 467; OLG Frankfurt, Beschl. v. 28. 1. 2004 – 5 WF 230/03, FamRB 2004, 326 = OLGR 2004, 148 = FamRZ 2005, 230; OLG Nürnberg, Beschl. v. 18. 6. 2003 – 10 WF 1658/03, AGS 2004, 77 = FamRB 2004, 8 = FamRZ 2004, 393 = MDR 2003, 1319 = FuR 2004, 41 = ZFE 2003, 315 mit Anm. *Viefhues* = OLGR 2003, 322; OLG München, Beschl. v. 15. 11. 2004 – 12 WF 1709/04, AGS 2005, 166 mit Anm. *N. Schneider* = OLGR München 2005, 80 = FamRZ 2005, 1002; OLG Zweibrücken, Beschl. v. 13. 7. 2001 – 6 WF 73/01, AGS 2002, 113 mit Anm. *Madert* = OLGR 2002, 105 = KostRsp. KostO § 100 Nr. 1 m. abl. Anm. *Lappe.*
2 OLG Köln, Beschl. v. 1. 7. 2005 – 4 WF 96/05, AGS 2006, 36 mit Anm. *N. Schneider*; OLG Karlsruhe, Beschl. v. 18. 2. 2003 – 20 WF 117/02 AGS 2003, 553 = NJW-RR 2003, 1302 = FamRZ 2003, 1767 = OLGR 2003, 506 = EzFamR aktuell 2003, 206; AG Bremen, Beschl. v. 5. 6. 2002 – 60 F 2194/01, FamRZ 2003, 244.

1406 In diesem Zusammenhang ist zu berücksichtigen, dass der Jahreswert ohnehin schon ein privilegierter Wert ist und daher für eine weitere Reduzierung kein Anlass besteht.

1407 Abgesehen davon führt die vorläufige Zuweisung in der Regel auch einen endgültigen Zustand herbei.[1] Es wird daher in der Sache selbst faktisch damit auch das theoretisch noch mögliche Hauptsacheverfahren erspart.[2]

1408 Lediglich dann, wenn eine Regelung für einen geringeren Zeitraum als ein Jahr begehrt wird, ist der Mietwert dieses kürzeren Zeitraums anzusetzen (analog § 41 GKG).

1409 Soweit eine Regelung nur hinsichtlich eines **Teils der Ehewohnung** begehrt wird, ist nur der entsprechende Anteil des Mietwertes zu berücksichtigen.

1410 Da auf ein Vielfaches des Miet- oder Nutzungswertes abgestellt wird, unabhängig davon, welcher Auffassung man im Einzelnen folgt, stellt sich die weitere Frage, ob die Nettomiete (Kaltmiete), die Bruttomiete (also inklusiv sämtlicher Nebenkosten oder Vorauszahlungen) oder die Nettokaltmiete zuzüglich bestimmter Nebenkosten bzw. Nebenkostenvorauszahlungen heranzuziehen ist.

1411 Im Gegensatz zu Mietrechtsstreitigkeiten, in denen diese Frage vor dem 1. 7. 2004 heftig umstritten war, wurde in Familiensachen grundsätzlich immer von der Nettokaltmiete ausgegangen. Hiervon abzuweichen dürfte insbesondere im Hinblick auf die zum 1. 7. 2004 eingeführte Vorschrift des § 41 Abs. 1 S. 2 GKG kein Anlass bestehen.

1412 Zu denken wäre lediglich daran, Nebenkostenpauschalen mit anzusetzen, wie dies in Mietverhältnissen der Fall ist (§ 41 Abs. 1 S. 2 GKG). Andererseits ist die Interessenlage in Wohnungszuweisungsverfahren eine andere. Hier geht es nicht um wirtschaftliche Vermieter- oder Mieterinteressen, sondern lediglich um die Zuweisung des Nutzungsrechts, was dafür spricht, auch weiterhin stets bei der Nettokaltmiete zu verbleiben.

II. Gleichzeitige Anträge zu Hausrat und Ehewohnung

1413 Werden zugleich Anträge auf Zuweisung von Hausrat und Ehewohnung gestellt, so sind deren Werte zu addieren (§ 22 Abs. 1 RVG), da es sich um verschiedene Gegenstände handelt.[3]

III. Einstweilige Anordnung

1414 Betrifft eine einstweilige Anordnung die Benutzung der Ehewohnung, stellt § 53 Abs. 2 S. 2 GKG einen Festwert auf. Der Wert ist – unabhängig vom Mietwert der Wohnung – mit einem Festbetrag in Höhe von 2000 Euro anzusetzen.

---

1 *Kindermann*, Rn. 277.
2 *Kindermann*, Rn. 277.
3 *Hansens*, § 63 Rn. 10.

Das gilt auch dann, wenn der Mietwert des betreffenden Zeitraums geringer sein sollte.

Werden im Verlaufe der Hauptsache **mehrere einstweilige** Anordnungsverfahren eingeleitet, gilt § 18 Nr. 1, 1. Hs. RVG. Es liegt nur eine Angelegenheit vor. Die Werte der einzelnen Verfahren werden allerdings addiert (§ 18 Nr. 1 2. Hs. RVG). 1415

C. Verbund

I. Hauptsache

Für das Verbundverfahren fehlt es an einer gesonderten Regelung; die Vorschrift des § 100 Abs. 3 KostO ist hier nicht unmittelbar anwendbar. Das GKG enthält keine speziellen Wertvorschriften, so dass über § 48 Abs. 1 S. 1 GKG die Vorschrift des § 3 ZPO anzuwenden ist Insoweit dürfte jedoch sowohl die für das isolierte Verfahren in der Hauptsache anzuwendende Vorschrift des § 100 Abs. 3 S. 1 KostO als Schätzungsgrundlage heranzuziehen sein,[1] zumal auch das GKG in vergleichbaren Fällen (Mietsachen) in § 41 GKG auf den Jahresmietwert abstellt. Daher ist zutreffenderweise für die Folgesache „Ehewohnung" nach § 623 Abs. 1 S. 1 ZPO i.V.m. § 621 Abs. 1 Nr. 1 ZPO ebenfalls vom Jahresmietwert auszugehen.[2] 1416

II. Gleichzeitige Anträge zu Hausrat und Ehewohnung

Werden im Verbundverfahren zugleich Anträge auf Zuweisung von Hausrat und Ehewohnung gestellt, so sind deren Werte zu addieren (§§ 46 Abs. 1 S. 1 GKG), da es sich um verschiedene Gegenstände handelt. 1417

III. Einstweilige Anordnungen

Für einstweilige Anordnungen gilt wiederum § 24 Abs. 2 RVG i.V.m. § 53 Abs. 2 S. 2 GKG. Es ist ein Wert in Höhe von 2000 Euro anzusetzen, der unabänderlich ist. 1418

Werden mehrere einstweilige Anordnungsverfahren zur Ehewohnung während desselben Verbundverfahrens geführt, gilt das zu Rn. 1415 Gesagte. 1419

Trifft eine einstweilige Anordnung zur Ehewohnung mit anderen einstweiligen Anordnungen desselben Buchstabens des § 18 Nr. 1, 1. Hs. RVG zusammen, so ist auch hier nur eine einzige Angelegenheit gegeben, so dass die Gebühren nur einmal entstehen und zwar nach dem Gesamtwert (§ 22 Abs. 1 RVG). Hier sind die Werte der einzelnen Anordnungsverfahren ebenfalls zu addieren (§ 18 Nr. 1, 2. Hs. RVG). 1420

---

1 *Kindermann*, Rn. 279.
2 *Kindermann*, Rn. 279; OLG Karlsruhe AnwBl. 1981, 404.

Ehrkränkende Äußerungen

Literatur: *Schneider* JurBüro 1965, 589.

Gliederungsübersicht

A. Anzuwendende Vorschriften . . . 1421
B. Abgrenzung und Zusammentref-
   fen mit vermögensrechtlichen
   Ansprüchen 1430

C. Mehrere prozessuale Ansprüche . 1439
D. Politische Äußerungen und Pres-
   severöffentlichungen 1444
E. Instanzunterschiede 1450

Stichwortübersicht

Ansehen, soziales 1423
Anwalt 1426
– Klage auf Widerruf einer Eingabe
  an Anwaltskammer 1435
Anwaltliche Pflichtverletzung 1427
Einstweilige Verfügung im Wahl-
  kampf 1448
Geldforderung wegen ~ 1431
Instanzen
– Bewertung bei gleichbleibendem
  Interesse 1450
– Bewertung bei verändertem Inter-
  esse 1451
Kenntnisnahme Dritter 1423
Kommunalpolitiker, sein Verfü-
  gungsantrag 1449

Kreditgefährdung 1435
Mehrere ~ 1440
Politiker, Unterlassung von ~ 1446
Presseäußerungen 1452
Regelwert für nichtvermögensrecht-
  liche Streitigkeiten 1422
Religionsunterricht, Behauptung
  über Grund der Verkürzung 1447
Rücknahme von ~ 1421, 1426
Unterlassungsanspruch
– und Widerrufsanspruch . . . 1425, 1432
– gegen Gemeinderäte 1445
Vermögensrechtliche und nichtver-
  mögensrechtliche Interessen . . . 1436
Wahlkampf 1448
Wirtschaftliches Interesse an ~ . . . 1423

A. Anzuwendende Vorschriften

1421 Klagen wegen Ehrverletzungen (z.B. auf Rücknahme, Widerruf, Unterlassung) sind als nichtvermögensrechtliche Streitigkeiten nach § 48 Abs. 2 GKG, also unter Berücksichtigung aller Umstände des Einzelfalls, insbesondere des Umfangs und der Bedeutung der Sache und der Vermögens- und Einkommensverhältnisse der Parteien zu bewerten,[1] wobei der Streitwert 1 000 000 Euro nicht überschreiten darf.

1422 Da § 48 Abs. 2 GKG keinen Regelwert kennt, dürfte es ebenfalls zulässig sein, sich als Ausgangspunkt an den Werten des § 52 Abs. 2 GKG (derzeit 5000 Euro) bzw. § 23 Abs. 3 S. 2 RVG (derzeit 4000 Euro) zu orientieren. Entscheidend sind jedoch immer die Umstände des Einzelfalls.

1423 Die Höhe des Streitwertes wird unter anderem davon beeinflusst, unter welchen Umständen die Behauptung aufgestellt worden, in welchem Umfang sie

---

1 BAG, Beschl. v. 2. 3. 1998 – 9 AZR 61/96(A), JurBüro 1998, 647; BGH MDR 1974, 926; OLG Koblenz JurBüro 1967, 1015; OLG Karlsruhe AnwBl. 1972, 25.

Dritten zur Kenntnis gelangt und mit welchen wirtschaftlichen Interessen sie verknüpft ist.[1] Dabei sollte allerdings – auch wenn die Parteien sich subjektiv schwer getroffen fühlen – eine objektive Sichtweise stets beibehalten werden. Über den Grundstreitwert ist deutlich hinauszugehen, wenn die Ehrkränkung stark den Bereich des sozialen Ansehens berührt,[2] beispielsweise bei einem Spitzenrepräsentanten einer berufsständischen Vereinigung mit bundesweiter Tätigkeit.[3]

Ältere Entscheidungen gingen grundsätzlich mangels Besonderheiten des Einzelfalles vom Ausgangswert von 4000 DM aus.[4] Eine einheitliche Rechtsprechung hat sich jedoch nicht herausgebildet: **1424**

Das LG Oldenburg setzte für Unterlassungsansprüche in der Regel 6000 DM fest und für Widerrufsklagen einen im Vergleich zu Unterlassungsklagen um 50 % erhöhten Streitwert.[5]   **1425**

Der Streitwert einer Klage auf Rücknahme von Beleidigungen gegenüber einem Anwalt, bei der besondere Bemessungsfaktoren nicht gegeben waren, ist vom KG mit 2000 DM bemessen worden.[6] Der Wert einer Klage auf Unterlassung der Behauptung, der Anwalt habe Mandantengelder in Höhe von 12 000 DM veruntreut, ist vom OLG Schleswig mit 20 000 DM festgesetzt worden.[7]   **1426**

Überzogen erscheint allerdings eine Entscheidung des OLG Hamm:[8] Der Senat hat ein Verfahren gegen eine Zeitung, die über einen Anwalt die Behauptung verbreitet hatte, er habe seinen Mandanten unter Verletzung anwaltlicher Pflichten bloßgestellt, mit 300 000 DM bewertet.   **1427**

Ein Eilverfahren auf künftige Unterlassung der in einer Fernsehsendung ausgestrahlten Behauptung, der Antragsteller sei wegen Vergewaltigung vorbestraft, hat das OLG Frankfurt[9] mit 30 000 DM bewertet.   **1428**

In einem vom OLG München[10] entschiedenen Fall hatte der Kläger mit dem Antrag geklagt, dem Beklagten zu untersagen, den Kläger dadurch „grundlos zu   **1429**

---

1 OLG Köln MDR 1963, 510.
2 OLG Koblenz JurBüro 1967, 1015; OLG Karlsruhe AnwBl. 1972, 25.
3 BAG JurBüro 1998, 647.
4 OLG Bamberg, JurBüro 1973, 459; OLG Frankfurt AnwBl. 1983, 89; OLG Köln VersR 1974, 151; OLG Köln BB 1974, 1184; vgl. aber auch LG Oldenburg JurBüro 1995, 369 (6000 DM für Unterlassungsklage).
5 LG Oldenburg, KostRspr. GKG § 12 Nr. 161 = Nds.Rpfl. 1993, 299; LG Oldenburg, Beschl. v. 6. 3. 1995 – 5 T 131/94, JurBüro 1995, 369
6 KG AnwBl. 1956, 141; heute wäre der Fall wohl mit ca. 4000 Euro zu bemessen.
7 OLG Schleswig, Beschl. v. 25. 1. 2002 – 1 W 3/02, JurBüro 2002, 316.
8 OLG Hamm AnwBl. 1972, 319.
9 OLG Frankfurt, Beschl. v. 28. 4. 1997 – 16 W 18/97, KostRspr. GKG § 20 Nr. 157 = OLGR 1998, 156.
10 OLG München, KostRspr. GKG § 12 Nr. 127 mit Anm. *Schneider* = MDR 1989, 360 = JurBüro 1988, 1231.

beleidigen, dass er ihn fragt, ob er ein Dampferl habe oder betrunken sei". Das Landgericht hatte den Streitwert dafür mit 1000 DM beziffert. Der Prozessbevollmächtigte legte – erfolglos – Streitwert-Erhöhungsbeschwerde auf 8000 DM ein! Der Streitwert war mit 1000 DM noch reichlich bemessen. Wegen der völligen Bedeutungslosigkeit der Sache hätte er ohne Ermessensfehler auch an der unteren Grenze von (jetzt) 300 Euro angesiedelt werden können.

B. Abgrenzung und Zusammentreffen mit vermögensrechtlichen Ansprüchen

1430 Die Bestimmung des Streitwertes hängt, wie stets, davon ab, welche Ansprüche aus der ehrkränkenden Äußerung hergeleitet werden.

1431 Verlangt der Kläger beispielsweise analog § 253 Abs. 2 BGB eine **Geldentschädigung**,[1] dann ist für den Streitwert nach § 6 ZPO der geforderte Betrag maßgebend, denn in diesem Fall ist nur das Grundverhältnis nichtvermögensrechtlicher Art. Der daraus hergeleitete Geldanspruch ist vermögensrechtlicher Natur.[2]

1432 Steht der Betroffene im Wirtschafts- und Berufsleben, dann können hinsichtlich der Klagen auf **Widerruf** bzw. **Rücknahme** und **Unterlassung** Abgrenzungsschwierigkeiten dahingehend auftreten, ob der Anspruch vermögensrechtlicher oder nichtvermögensrechtlicher Natur ist:[3]

1433 Auch soweit es um den Teil der öffentlichen Wertschätzung einer Person geht, der ihre Berufsausübung betrifft, ist der Anspruch auf Unterlassung der die Berufsehre tangierenden Äußerungen nicht von vornherein vermögensrechtlicher Natur. Das ist nur dann der Fall, wenn der Anspruch in wesentlicher Weise auch der Wahrung wirtschaftlicher Belange (z.B. Verlust von Kunden, Einschränkung der Kreditwürdigkeit etc.) dienen soll.[4]

1434 Die Klage auf Unterlassung einer ehrverletzenden Behauptung (§§ 12, 862, 1004 BGB analog) ist nichtvermögensrechtlicher Natur, wenn sie auf §§ 823 Abs. 2 BGB i.V.m. 185, 186 StGB gestützt wird, und zwar auch dann, wenn eine nicht eingeklagte Vermögensschädigung durch die Äußerung eingetreten ist.[5] Denn sie soll den sozialen Geltungsanspruch des Verletzten in der Öffentlichkeit schützen. Anderes gilt nur, wenn sich aus dem Klagevorbringen ergibt, dass das Rechtsschutzbegehren in wesentlicher Weise auch der Wahrung wirtschaftlicher Belange dienen soll.[6]

---

1 BGHZ 26, 349; BGHZ 66, 182; BGH, Beschl. v. 3. 4. 1985 – VI ZR 80/83, MDR 1985, 43.
2 Vgl. das Stichwort „Nichtvermögensrechtliche Streitigkeit".
3 Vgl. dazu BGH VersR 1969, 1094.
4 BGH NJW-RR 1990, 1270; OLG Schleswig, Beschl. v. 25. 1. 2002 – 1 W 3/02, JurBüro 2002, 316.
5 OLG Bremen Rpfleger 1957, 271 zu GKG § 11 Abs. 1; OLG Koblenz JurBüro 1967, 1015; OLG Köln MDR 1957, 238 Nr. 43 mit Nachw. aus der älteren Rechtsprechung des RG.
6 BGH, Beschl. v. 3. 4. 1985 – VI ZR 80/83, MDR 1985, 43.

Klagt ein Rechtsanwalt auf Widerruf einer Eingabe an die Anwaltskammer, die 1435
ihn in seiner **Berufsehre** verletzt, so liegt eine nichtvermögensrechtliche Streitigkeit vor, so dass der Wert nach § 48 Abs. 2 GKG zu bemessen ist.[1] Wird
dagegen die Unterlassungsklage auf § 824 BGB gestützt (**Kreditgefährdung**),
dann liegt eine vermögensrechtliche Streitigkeit vor.[2] Ihr Streitwert ist gemäß
§ 3 ZPO nach freiem Ermessen zu schätzen.[3]

Bei **Zusammentreffen** nichtvermögensrechtlicher (ehrverletzender) und vermö- 1436
gensrechtlicher (wirtschaftlicher) Interessen in einer Widerrufsklage können die
Bemessungsvorschriften des § 48 Abs. 2 GKG und des § 3 ZPO miteinander
konkurrieren.[4] So kann beim Zusammentreffen nicht vermögensrechtlicher
und vermögensrechtlicher Interessen nach § 48 Abs. 4 GKG der sich aus der
Bemessungsvorschrift des § 3 ZPO ergebene höhere Wert festgesetzt werden.[5]
Dazu muss sich jedoch aus dem Klagevorbringen ergeben, dass das Rechtsschutzbegehren des Klägers der Wahrung höher zu bewertender wirtschaftlicher
Interessen dienen soll.[6]

Dieser Sachverhalt darf jedoch nicht verwechselt werden mit dem Zusammen- 1437
treffen von Widerrufsansprüchen und Unterlassungsansprüchen. Hier geht es
nur um die Frage, wie ein einzelner Anspruch – mag er auf Widerruf oder auf
Unterlassung gerichtet sein – zu bewerten ist, wenn damit zugleich dieselben
kreditschädigenden und ehrverletzenden Behauptungen bekämpft werden. In
diesem Fall ist nur ein Wert anzusetzen, und zwar der höhere.[7] Wird neben
einem Anspruch auf Unterlassung ehrenrühriger Behauptungen ein aus diesem
hergeleiteter vermögensrechtlicher Anspruch (Schmerzensgeld) geltend gemacht, so bestimmt sich der Streitwert gemäß § 48 Abs. 4 GKG allein nach
dem Wert des höheren Anspruchs.[8]

Wenn demgegenüber das OLG Stuttgart[9] meint, der Streitwert sei nur nach dem 1438
wirtschaftlichen Interesse gemäß § 3 ZPO zu schätzen, so verstößt das gegen
allgemeine Bewertungsgrundsätze. Für die Gebührenberechnung ist stets der
höchste Wert maßgebend. Das folgt für das Verhältnis vermögensrechtlicher zu
nichtvermögensrechtlichen Ansprüchen aus § 48 Abs. 4 GKG.[10]

---

1 OLG Frankfurt JurBüro 1969, 872.
2 OLG Bremen Rpfleger 1957, 271 zu GKG § 11 Abs. 2; OLG Köln MDR 1957, 238
   Nr. 43.
3 RG Recht 1912, 634; JW 1914, 208; OLG Köln MDR 1957, 238 Nr. 43; LG Bayreuth
   JurBüro 1975, 1356.
4 Vgl. *Schneider* JurBüro 1965, 589.
5 OLG Köln, Beschl. v. 18. 8. 1993 – 19 W 37/93, JurBüro 1994, 491.
6 BAG, Beschl. v. 2. 3. 1998 – 9 AZR 61/96(A), JurBüro 1998, 647; BGHZ 35, 302; BGH
   NJW-RR 1990, 1270.
7 OLG München JurBüro 1972, 534; OLG München JurBüro 1977, 852; *Schneider* Jur-
   Büro 1965, 589.
8 OLG Köln, Beschl. v. 18. 8. 1993 – 19 W 37/93, JurBüro 1994, 491.
9 OLG Stuttgart Rpfleger 1957, 97 zu ZPO § 3, h.
10 OLG Köln MDR 1963, 510; OLG Köln, KostRsp. GKG § 12 Nr. 162 = JurBüro 1994,
   491: Unterlassung ehrenrühriger Behauptungen und ein daraus hergeleiteter Schmerzensgeldanspruch.

C. Mehrere prozessuale Ansprüche

1439 Der Streitwert des Antrages auf Widerruf einer ehrverletzenden Äußerung ist in der Regel nicht geringer anzusetzen als der Wert des auf Unterlassung dieser Äußerung gerichteten Antrages.[1]

1440 Sind **mehrere ehrkränkende Äußerungen**, deren Unterlassung mit der Klage begehrt wird, beispielsweise in einem Buch oder im Rahmen eines Rechtsstreits aufgestellt worden, so ist der gesamte Komplex mit einem einheitlichen Streitwert zu bewerten. Eine getrennte Bewertung unterbleibt auch dann, wenn die beanstandeten Äußerungen in einzelnen Unterlassungsanträgen ihren Niederschlag gefunden haben.[2]

1441 Wird mit dem Antrag auf Unterlassung ehrverletzender Äußerungen **zugleich** der Antrag auf Verurteilung zum Widerruf gestellt, soll nach einer älteren Entscheidung des OLG Frankfurt[3] der Unterlassungsantrag in der Regel von dem weitergehenden Widerrufsantrag streitwertmäßig konsumiert werden. Demgegenüber ist nach dem KG[4] für die Anträge auf Verurteilung zur Unterlassung und zum Widerruf einer ehrkränkenden Behauptung jeweils ein gesonderter Streitwert festzusetzen und die Summe beider Werte Bemessungsgrundlage.[5] Dem ist zuzustimmen.[6] Das OLG Frankfurt[7] hat seine frühere Auffassung nunmehr aufgegeben.

1442 Der Streitwert des Antrags auf Widerruf ist grundsätzlich nicht geringer zu bewerten als der Antrag auf Unterlassung derselben Äußerung. Eine Ausnahme gilt dann, wenn schon im Zeitpunkt der Klageerhebung feststeht, dass die Äußerung für den Kläger ohne nachteilige Folgen geblieben ist.[8]

1443 Die Anträge auf Widerruf einer Äußerung gegenüber **verschiedenen Adressaten** haben dagegen getrennte Streitwerte, die zusammenzurechnen sind.[9]

---

1 OLG Celle Nds.Rpfl. 1970, 207; LG Oldenburg Nds.Rpfl. 1993, 299; LG Oldenburg JurBüro 1995, 369: Unterlassungsklage in der Regel 6000 DM, Widerruf in der Regel 50 % über dem Wert des Unterlassungsanspruchs.
2 OLG Frankfurt JurBüro 1963, 38; OLG Frankfurt, Beschl. v. 21. 9. 1999 – 16 W 39/98, OLGR 1999, 296.
3 OLG Frankfurt JurBüro 1963, 38.
4 KG JurBüro 1969, 320.
5 Vgl. auch KG JurBüro 1960, 350; KG Rpfleger 1962, 119; OLG Düsseldorf AnwBl. 1980, 358.
6 Vgl. auch das Stichwort „Widerruf".
7 OLG Frankfurt JurBüro 1974, 1413.
8 OLG Köln, Beschl. v. 26. 2. 1999 – 19 W 8/99, KostRsp. ZPO § 3 Nr. 1305 = OLGR 1999, 220.
9 OLG Celle Nds.Rpfl. 1970, 207; OLG München, Beschl. v. 10. 11. 1992 – 21 W 2023/92, MDR 1993, 286.

D. Politische Äußerungen und Presseveröffentlichungen

Dieser nichtvermögensrechtliche Bewertungsbereich ist erfahrungsgemäß stark   1444
von Emotionen geprägt, die auf den Streitwert keinen Einfluss haben dürfen.

Das OLG Köln[1] hat in einem Verfügungsverfahren den Streitwert wegen einer   1445
anonymen Sammelbeleidigung unter Abänderung der erstinstanzlichen Wertfestsetzung von 100 000 DM auf 3000 DM heruntergesetzt. Das OLG Karlsruhe[2] hat eine Unterlassungsklage gegen elf Gemeinderäte einer Kleinstadt mit
10 000 DM bewertet.

Es gibt allerdings teilweise auch eine Gegentendenz in der Bewertung. Der   1446
Streitwert eines Verfahrens auf Erlass einer einstweiligen Verfügung, in dem
ein auf Landesebene tätiger Politiker Unterlassung kränkender, in einer Partei-
zeitung aufgestellter Behauptungen begehrte, ist vom OLG Neustadt[3] mit
10 000 DM angesetzt worden, während das Landgericht nur 1500 DM angenommen hatte.

Ein Streitwert von 15 000 DM wurde bei der Behauptung des Verfügungsbeklag-   1447
ten angesetzt, dass die Verkürzung des Religionsunterrichtes an der städtischen
Berufsschule mit der Zugehörigkeit des Direktors der Berufsschule zur X-Partei
und zur X-Religionsgemeinde in Verbindung stehe.[4]

Wird eine ehrenrührige Behauptung im Wahlkampf mit einer einstweiligen Ver-   1448
fügung abgewehrt, so kann der Ansatz des vollen Hauptsachewertes gerechtfertigt sein, wenn und weil die vorläufige Maßnahme im Ergebnis einer Verwirklichung des Hauptsacheanspruches gleichkommt, da das einstweilige Verfügungsverfahren zu einer endgültigen Klärung der Zulässigkeit der beanstandeten Äußerungen führt und sich ein Hauptsacheverfahren nicht mehr anschließt.[5]

Das LG Bayreuth[6] hat einen vom Antragsteller mit 20 000 DM bewerteten   1449
Verfügungsantrag eines SPD-Kommunalpolitikers auf 5000 DM herabgesetzt,
wobei es davon ausgegangen ist, dass dies nahezu dem Hauptsachwert entspreche, der weitgehend maßgebend sei, da das Verfügungsverfahren unter den
gegebenen Umständen eine endgültige Regelung schaffe.

E. Instanzunterschiede

Bei gleich bleibendem Interesse, wenn also nach wie vor eine klärende Ent-   1450
scheidung erstrebt wird, ist für beide Instanzen gleich zu bewerten und dann

---

1 OLG Köln, KostRsp. GKG a.F. § 14 C Nr. 69 = VersR 1974, 151.
2 OLG Karlsruhe AnwBl. 1982, 25.
3 OLG Neustadt JurBüro 1961, 86.
4 OLG Neustadt JurBüro 1961, 136.
5 Vgl. OLG Bamberg, KostRsp. GKG a.F. § 18 Nr. 48 = JurBüro 1973, 459; OLG Frankfurt
   OLGR 1999, 296 für Äußerungen in einem Flugblatt.
6 LG Bayreuth JurBüro 1977, 1269.

auch unter Umständen gemäß § 63 Abs. 3 GKG der erstinstanzliche Wertansatz zu korrigieren.[1]

1451 Wegen des Zeitablaufs kann sich das zu bewertende Interesse zwischen erster und zweiter Instanz verändert haben. Dann ist im zweiten Rechtszug ein geringerer Wert anzusetzen.[2]

1452 Bei Klagen auf Unterlassung ehrkränkender Äußerungen in der Presse ist der Streitwert für das Berufungsverfahren nicht notwendigerweise gleich dem Streitwert für den ersten Rechtszug. Häufig wird infolge der Länge der vergangenen Zeit das Interesse der Parteien an der Aufhebung des Verbots oder an dessen Bestand erheblich geringer sein als bei Erhebung der Klage oder bei Stellung des Antrags auf Erlass einer einstweiligen Verfügung.[3]

Eidesstattliche Versicherung

Literatur: *Martini* JurBüro 1956, 205; *Enders* JurBüro 1999, 3.

Gliederungsübersicht

A. Allgemeines 1453
B. Die vollstreckungsrechtliche eidesstattliche Versicherung . . . 1454

I. Gerichtsgebühren 1455
II. Anwaltsgebühren 1459
C. Die materiellrechtliche eidesstattliche Versicherung 1470

Stichwortübersicht

Anwaltsgebühren . . . . 1459 ff.
Auskunfts- und Zahlungsanspruch . 1475
Beklagteninteresse . . . . 1478 f.
Berufung gegen Auskunftsverurteilung 1474
Beschwerde, Teilerfolg der 1457
Differenz zwischen Auskunfts- und Zahlungsanspruch . . . . 1475 f.
Erzwingung der Versicherung, Antrag Gerichtskosten 1455
Herausgabe beweglicher Sachen . . . 1468
Materiellrechtliche ~ . . . . 1455, 1470 ff.
Rechtsmittelverfahren 1474
Schätzungsgrundlage 1472

Schuldnerinteresse 1463
Stufenklage . . . . 1482 f.
– Höherbewertung des zweiten Teils 1470, 1482
Umfang
– der Titulierung 1464
– des Vollstreckungszugriffs 1465
Vollstreckungsrechtliche ~ . . . . 1454 ff.
Wertgrenze gem. § 25 Abs. 1 Nr. 4 RVG 1464
Zahlungsanspruch, Höhe als Bewertungsgrundlage 1474
Zinsen und Kosten 1463
Zwangsvollstreckung wegen Kosten 1467

---

1 OLG Köln BB 1974, 1184.
2 Vgl. BAG, Beschl. v. 2. 3. 1998 – 9 AZR 61/96(A), JurBüro 1998, 647 für einen Fall, in dem der Kläger zwischenzeitlich aus seinen hervorgehobenen Ehrenämtern ausgeschieden war.
3 OLG Neustadt JurBüro 1964, 599.

A. Allgemeines

Die vollstreckungsrechtliche Offenbarungspflicht ist in den §§ 807, 836, 883, 899 ff. ZPO geregelt. Daneben gibt es die materiellrechtliche Offenbarungspflicht, die ebenfalls durch Abgabe der eidesstattlichen Versicherung zu erfüllen ist (vgl. z.B. §§ 259, 260, 2006, 2028, 2057, 2130, 2218 BGB).   **1453**

B. Die vollstreckungsrechtliche eidesstattliche Versicherung

Durch die Neufassung des Gerichtskostengesetzes und des Rechtsanwaltsvergütungsgesetzes zum 1. 7. 2004 stellt sich die gebührenrechtliche Situation wie folgt dar: **1454**

I. Gerichtsgebühren

Für das Verfahren über die Abnahme der eidesstattlichen Versicherung, das nach § 899 ZPO dem Gerichtsvollzieher übertragen ist, werden keine **Gerichtsgebühren** mehr erhoben. Die Festgebühr nach Nr. 2113 KV GKG bezieht sich ausschließlich auf das Verfahren nach § 889 ZPO (materiellrechtlich eidesstattliche Versicherung). Der Gerichtsvollzieher erhält die Gebühr nach Nr. 260 KV GV.   **1455**

Für das Verfahren über den Antrag eines Drittgläubigers auf Erteilung der Ablichtung eines mit eidesstattlicher Versicherung abgegebenen Vermögensverzeichnisses fällt eine Festgebühr von 15 Euro an (Nr. 2114 KV GKG). Dieselbe Festgebühr fällt für ein Verfahren über den Antrag eines Drittgläubigers auf Gewährung der Einsicht in das mit eidesstattlicher Versicherung abgegebene Vermögensverzeichnis an (Nr. 2115 KV GKG).   **1456**

Das Beschwerdeverfahren ist gerichtsgebührenfrei, es sei denn, die Beschwerde wird verworfen oder zurückgewiesen. Dann fällt eine Festgebühr in Höhe von 25 Euro an (Nr. 2121 KV GKG). Bei einem Teilerfolg der Beschwerde kann die Festgebühr nach billigem Ermessen auf die Hälfte ermäßigt oder ganz erlassen werden.   **1457**

Gleiches gilt für das Verfahren über die Rechtsbeschwerde, für das bei Verwerfung oder Zurückverweisung eine Festgebühr von 50 Euro gemäß Nr. 2124 KV GKG erhoben wird.   **1458**

II. Anwaltsgebühren

Von Bedeutung ist der Wert jedoch für die **Anwaltsgebühren**. Terminologisch korrekt ist das nicht der Streitwert (des GKG), sondern der Gegenstandswert (§ 2 Abs. 1 RVG).   **1459**

Der Gegenstandswert für die Anwaltsgebühr bestimmt sich gemäß § 25 Abs. 1 Nr. 4 RVG im Verfahren über den Antrag auf Abnahme der eidesstattlichen   **1460**

Versicherung nach dem Betrag, der einschließlich der Nebenforderungen aus dem Vollstreckungstitel noch geschuldet wird. Der Wert ist auf höchstens 1500 Euro begrenzt.

1461 Der gesetzgeberische Gedanke hinter dieser mit der Vorgängerregelung (§ 57 Abs. 2 S. 5 BRAGO) identischen pauschalen Begrenzung des Streitwerts geht dahin, dass das Verfahren auf Abgabe der eidesstattlichen Versicherung zwar auf der einen Seite dem ganzen Anspruch des Gläubigers nutzt, andererseits aber durch die Eidesleistung nur in seltenen Fällen erhebliche Vermögenswerte des Schuldners für die weitere Vollstreckung zu Tage gefördert werden.

1462 Mit anderen Worten: Die wirtschaftliche Betrachtungsweise des Verfahrens hat Vorrang. Es wäre formalistisch, einen hohen Streitwert wegen einer hohen titulierten Forderung anzunehmen, obwohl mit großer Wahrscheinlichkeit nichts oder nur wenig beim Schuldner zu holen ist. Eine vergleichbare Problematik ergibt sich, wenn in einen Prozessvergleich nicht rechtshängige „faule" Forderungen einbezogen werden.[1]

1463 Auch die Berücksichtigung von **Zinsen** und **Kosten**[2] bei der Wertberechnung ist gerechtfertigt, denn in nicht wenigen Fällen übersteigt der Zinsanspruch den restlichen Hauptanspruch, so dass die Arbeit des Anwaltes, die er mit der Beitreibung hat, auch honoriert werden muss. Schuldnerinteressen gebieten hier nichts Gegenteiliges. Der Schuldner kann den höheren Streitwert verhindern, indem er rechtzeitig bezahlt. Zu begrüßen ist auch die Gleichstellung mit dem Gegenstandswert in § 25 Abs. 1 Nr. 1 RVG.[3]

1464 Der Umfang der **Titulierung** ist für die Wertberechnung ohne Belang. Ist beispielsweise der titulierte Forderungsbetrag durch teilweise Zahlung vermindert worden, dann ist nur der verminderte Betrag für den Streitwert maßgebend, da es nicht auf die Titulierung, sondern auf die tatsächliche Höhe der Schuld ankommt. Nur wenn der tatsächlich geschuldete Betrag inkl. Nebenforderungen noch über 1500 Euro liegt, ist die Wertgrenze des § 25 Abs. 1 Nr. 4 RVG zu beachten und die Gebührenberechnung nach 1500 Euro vorzunehmen.

1465 Ebenfalls ohne Belang ist der Umfang des **Vollstreckungszugriffs**. Der Wert des Verfahrens auf Abgabe der eidesstattlichen Versicherung ist auch dann mit 1500 Euro festzusetzen, wenn der Gläubiger, der einen Vollstreckungsbescheid auf einen 1500 Euro übersteigenden Betrag erwirkt hat, das Verfahren nur wegen der titulierten Kosten betreibt, die unter 1500 Euro liegen.

1466 In dem vom AG München[4] entschiedenen Fall hatte der Gläubiger einen Vollstreckungstitel in Höhe von 16 354,34 DM, trat aber nach fruchtlosem Pfän-

---

1 Siehe dazu das Stichwort „Vergleich".
2 A.A. für die Rechtslage nach §§ 57, 58 Abs. 3 Nr. 11 BRAGO: AG Hamburg, Beschl. v. 8. 1. 1990 – 26e M 5331/89, Rpfleger 1990, 314 (es ist nur die Hauptforderung zugrunde zu legen).
3 Die Regelung stimmt mit ihrem Vorgänger, § 57 Abs. 2 Nr. 1 BRAGO, überein.
4 AG München JurBüro 1964, 741.

dungsversuch nur wegen der Kosten des Zahlungs- und Vollstreckungsbefehls in Höhe von 571,38 DM in das (damalige) Verfahren auf Abgabe der Offenbarungsversicherung ein. Die Entscheidung des AG München ist richtig, da (der jetzige) § 25 Abs. 1 Nr. 4 RVG weder auf den Titel, noch auf den Vollstreckungszugriff, sondern allein auf die tatsächlich bestehende Schuld abstellt, diese dann allerdings einer Bewertungssperre von 1500 Euro unterwirft.

Bei einer Zwangsvollstreckung nur wegen der **Kosten** kommt eine Bewertung lediglich nach der Kostenschuld nur dann in Betracht, wenn es sich prozessual um einen selbständigen Titel handelt, wenn also etwa eine materielle Kostenschuld isoliert eingeklagt worden ist.   1467

Hat der Schuldner eine **bewegliche Sache** oder eine Menge beweglicher Sachen herauszugeben, die bei ihm nicht vorgefunden werden, so wird ebenfalls durch Abgabe der eidesstattlichen Versicherung vollstreckt (§ 883 Abs. 2 ZPO). Der Streitwert für die Gebühr nach Nr. 3309 bzw. Nr. 3310 VV RVG wird in diesen Fällen durch den Wert der Sache oder der Sachen bestimmt, die der Herausgabepflicht unterliegen, wobei die Wertbegrenzung des § 25 Abs. 1 Nr. 4 RVG (1500 Euro) nicht anwendbar[1] ist.   1468

Allerdings darf der für die Berechnung der Gerichtskosten maßgebliche Wert des Herausgabe- oder Räumungsanspruchs nicht überschritten werden. Erfolgt also das Verfahren auf Abgabe der eidesstattlichen Versicherung im Hinblick auf die Herausgabe aufgrund der Beendigung eines Miet-, Pacht- oder sonstigen Nutzungsverhältnisses, darf der Gegenstandswert den Wert des Jahresentgeltbetrages (§ 41 Abs. 2 S. 1 GKG) nicht überschreiten; macht die streitige Zeit weniger als ein Jahr aus, ist dieser geringere Betrag maßgebend. Hatte der Gläubiger den Herausgabeanspruch aus einem anderen Rechtsgrund verlangt, ist der Wert für die Nutzung eines Jahres maßgebend (§ 41 Abs. 2 S. 2 GKG).   1469

C. Die materiellrechtliche eidesstattliche Versicherung

Der Anspruch auf Abgabe einer eidesstattlichen Versicherung wird regelmäßig im Rahmen einer Stufenklage geltend gemacht. Die Bewertung der sog. materiellrechtlichen eidesstattlichen Versicherung auf der zweiten Stufe einer solchen Klage richtet sich gemäß § 3 ZPO nach dem Interesse des Klägers an der Ableistung der Versicherung.[2] Auf die Streitwertberechnung werden die Bewertungsgrundsätze hinsichtlich Auskunftsklagen angewandt.[3]   1470

---

1 So LG Köln JurBüro 1977, 404 zur alten Rechtslage nach § 57 Abs. 2 BRAGO.
2 OLG Bamberg JurBüro 1972, 1091; OLG Nürnberg JurBüro 1964, 829; KG Rpfleger 1962, 120; LG Düsseldorf MDR 1956, 559; LG Hamburg NJW 1962, 1182; OLG Saarbrücken, Beschl. v. 2. 5. 1985 – 1 U 74/83, JurBüro 1985, 1238.
3 BGH, Urteil v. 20. 6. 1991 – I ZR 13/90, KostRsp. ZPO § 3 Nr. 1062 mit Anm. *Schneider* = MDR 1992, 302; BGH, KostRsp. ZPO § 3 Nr. 1187 = NJW-RR 1994, 898 zur Beschwer; BGH, Beschl. v. 24. 11. 1994 – GSZ 1/94, KostRsp. ZPO § 3 Nr. 1192 = NJW 1995, 664 = JZ 1995, 681 mit Anm. *Roth*.

1471 Die Wertgrenze des § 25 Abs. 2 Nr. 4 RVG ist nicht anwendbar, da sie sich nach ihrem eindeutigen Wortlaut auf die Fälle der vollstreckungsrechtlichen eidesstattlichen Versicherung beschränkt.

1472 Das Interesse des Klägers an der Ableistung der Versicherung an Eides Statt richtet sich nach dem Mehrbetrag, den er durch den sanktionierten Zwang zur wahrheitsgemäßen Auskunft und Rechnungslegung zu erlangen hofft.[1] Beim Herausgabeanspruch ist dementsprechend maßgebend das Interesse daran, dessen Durchsetzung zu erleichtern.[2] Der mit der Leistung der eidesstattlichen Versicherung angestrebte Erfolg ist aber nur Schätzungsgrundlage, nicht schon gleich Streitwert. Es muss ein Abstrich gemacht werden, dessen Höhe sich nach den Umständen richtet.[3]

1473 Das OLG Hamburg[4] und das OLG Bremen[5] bemessen das Interesse des Auskunftsgläubigers an der Abgabe der Versicherung an Eides Statt nach § 260 Abs. 2 BGB im Regelfall mit $^{1}/_{10}$ des Wertes, der sich aus dem Verlangen in der Hauptsache ergibt.

1474 Für das Rechtsmittelverfahren hat das OLG Celle[6] die Auffassung vertreten, der Wert des Streitgegenstandes für die Berufungsinstanz sei in Höhe des Zahlungsanspruches festzusetzen, wenn im Wege der Stufenklage auf Zahlung, Rechnungslegung und Leistung der Offenbarungsversicherung geklagt, die Berufung aber nur wegen der Offenbarungsversicherung eingelegt werde. Diese Bewertung sei deshalb gerechtfertigt, weil der Kläger beabsichtige, mit Hilfe der Offenbarungsversicherung Werte in Höhe seines Zahlungsanspruches für sich verfügbar zu machen. Diese Rechtsansicht ist unzutreffend, weil die Offenbarungsversicherung nur die Durchsetzung des Zahlungsanspruches erleichtern soll, aber nicht mit dessen Realisierung selbst gleichgesetzt werden kann.

1475 Das OLG Köln[7] hat in einem solchen Fall als Streitwert den Differenzbetrag zwischen dem Wert des Auskunftsanspruches und dem des Zahlungsanspruches angesetzt, weil der Kläger mit der materiellen Offenbarungsversicherung erreichen wolle, dass ihm die in der Auskunft nicht erfassten Werte offen gelegt würden.

1476 Auch diese „Differenzbewertung" erscheint noch zu schematisch und deshalb bedenklich. Sie nimmt immer noch den vollen (restlichen) Zahlungsanspruch als Bewertungsmaßstab, während es doch nur um das Interesse des Klägers geht, diesen Anspruch durchsetzen zu können.

---

1 BGH, KostRsp. ZPO § 3 Nr. 113; KG Rpfleger 1962, 120; OLG Bamberg FamRZ 1997, 40.
2 OLG Celle Rpfleger 1956, 347.
3 OLG Nürnberg JurBüro 1964, 598; Beispiele für die Höhe der Abzüge: BGH, KostRsp. ZPO § 3 Nr. 113: 25 %; OLG Bamberg JurBüro 1972, 1091: 25–50 %; OLG Braunschweig OLGE 4, 266 und OLG Nürnberg JurBüro 1964, 598: 50 %.
4 OLG Hamburg, Beschl. v. 17. 2. 2000 – 2 U 101/99, OLGR 2000, 162.
5 OLG Bremen, Urteil v. 17. 2. 2000 – 2 U 101/99, OLGR 2000, 162.
6 OLG Celle NJW 1954, 1493.
7 OLG Köln MDR 1963, 144 Nr. 76.

Richtig hat das OLG Düsseldorf[1] dazu ausgeführt: „Anhaltspunkt für die Bewertung kann sein, von welchen Vorstellungen über die Höhe des zu erwartenden Zahlungsanspruchs der Kläger bei dem vorgetragenen Sachverhalt ausgegangen ist, wobei jedoch zu berücksichtigen ist, dass diese Ansprüche lediglich der Vorbereitung des Zahlungsanspruchs dienen sollen."

1477

Das OLG Karlsruhe[2] bewertet das Abwehrinteresse des Schuldners mit den Kosten für die Inanspruchnahme anwaltlicher Hilfe.

1478

Ist der Beklagte zur Auskunft oder zur eidesstattlichen Versicherung der Richtigkeit einer bereits erteilten Auskunft oder Rechnungslegung verurteilt worden, dann bemisst sich der Gebührenstreitwert seiner dagegen eingelegten Berufung nach seinem Interesse daran, die Auskunft oder Abgabe der eidesstattlichen Versicherung zu vermeiden.[3] Der Beschwerdewert richtet sich nach dem Aufwand, den die Abgabe der eidesstattlichen Versicherung kostet.[4] Insofern ist als bewertungserhebliches Interesse dann nur abzustellen auf den Aufwand an Arbeitszeit und Kosten und auf das Geheimhaltungsinteresse des Beklagten.[5] Es ist nicht deckungsgleich mit dem Interesse des Klägers, als Rechtsmittelführer die eidesstattliche Versicherung des Beklagten zu erzwingen.[6] Die Gefahr strafrechtlicher Verfolgung im Falle der Abgabe einer falschen eidesstattlichen Versicherung kann die Wertfestsetzung nicht beeinflussen.[7]

1479

Das OLG Saarbrücken[8] setzt das Beklagteninteresse gleich dem Interesse des Klägers an der Erteilung der Auskunft oder der Abgabe der eidesstattlichen Versicherung. Das entspricht jedoch nicht der Rechtsprechung des BGH[9] und überzeugt auch in der Sache nicht: Die Beschwer ist für die jeweils rechtsmittelführende Partei gesondert zu bestimmen.

1480

1 OLG Düsseldorf MDR 1963, Nr. 72.
2 OLG Karlsruhe NJW-RR 1997, 577.
3 Siehe das Stichwort „Auskunftsanspruch".
4 BGH, Beschl. v. 13. 4. 1994 – XII ZB 33/94, NJW-RR 1994, 898; BGH WM 1996, 466; BGH FamRZ 1999, 649; BGH, Beschl. v. 30. 3. 2000 – III ZB 2/00, MDR 2000, 907; BGH, Beschl. v. 21. 6. 2000 – XII ZB 12/97, NJW 2000, 3073; OLG Zweibrücken, Beschl. v. 2. 2. 1987 – 2 UF 181/86, JurBüro 1987, 594 (Aufwand ist im Allgemeinen als gering – 300 DM – zu bewerten).
5 BGH, Beschl. v. 21. 6. 2000 – XII ZB 12/97, NJW 2000, 3073; BGH, Beschl. v. 24. 11. 1994 – GSZ 1/94, KostRsp. ZPO § 3 Nr. 1192 = NJW 1995, 664; BGH, Beschl. v. 30. 1. 1991 XII ZB 156/90, KostRsp. ZPO § 3 Nr. 1030 mit Anm. *Schneider* = MDR 1991, 679; BGH, Urteil v. 20. 6. 1991 – I ZR 13/90, KostRsp. ZPO § 3 Nr. 1062 mit Anm. *Schneider* = MDR 1992, 302; OLG Zweibrücken, Beschl. v. 2. 2. 1987 – 2 UF 181/86, KostRsp. ZPO § 3 Nr. 864 = JurBüro 1987, 594; OLG Köln, Beschl. v. 11. 6. 1990 – 2 U 246/89, KostRsp. ZPO § 3 Nr. 1006 = FamRZ 1990, 1128; OLG Düsseldorf, Beschl. v. 5. 11. 1986 – 7 UF 141/86, FamRZ 1987, 172.
6 So aber OLG Saarbrücken, Beschl. v. 2. 5. 1985 – 1 U 74/83, JurBüro 1985, 1238.
7 OLG Düsseldorf, Beschl. v. 5. 11. 1986 – 7 UF 141/86, FamRZ 1987, 172.
8 OLG Saarbrücken Beschl. v. 2. 5. 1985 – 1 U 74/83, JurBüro 1985, 1238 = KostRsp. ZPO § 3 Nr. 768 mit Anm. *Schneider*.
9 BGH, Beschl. v. 13. 4. 1994 – XII ZB 33/94, NJW-RR 1994, 898; BGH WM 1996, 466; BGH FamRZ 1999, 649; BGH, Beschl. v. 30. 3. 2000 – III ZB 2/00, MDR 2000, 907; BGH, Beschl. v. 21. 6. 2000 – XII ZB 12/97, NJW 2000, 3073.

1481 Hat das Urteil keinen vollstreckungsfähigen Inhalt, weil ihm die notwendige bestimmte Bezeichnung der Auskünfte, deren Richtigkeit eidesstattlich versichert werden soll, fehlt, so ist, wenn der Antragsteller sich gegen die Zwangsvollstreckung – ggf. mit anwaltlicher Hilfe – zur Wehr setzen will, der dadurch entstehende Aufwand zu berücksichtigen.[1]

1482 Wird auf Auskunft, Vorlage eines Vermögensverzeichnisses und weiter auf Versicherung an Eides Statt geklagt, so ist der zweite Teil der (teilweisen) Stufenklage höher zu bewerten als der erste Antrag.[2]

1483 Nach § 44 GKG ist im Rahmen einer **Stufenklage**, mit der zum einen Rechnungslegung bzw. Vorlage eines Vermögensverzeichnisses bzw. Abgabe der eidesstattlichen Versicherung und zum anderen Herausgabe des Geschuldeten verlangt wird, nur der höhere der verbundenen Ansprüche maßgeblich, denn der Kläger hat in diesen Fällen nur an der Herausgabe ein wirkliches Interesse.[3]

Eigentum

1484 Der Wert einer Sache ist nach bisher herrschender Meinung auch dann für die Gebührenbestimmung maßgeblich, wenn es nicht (nur) um den Besitz, sondern (auch) um das Eigentum geht. Die Vorschrift des § 6 ZPO wird also auch auf den Gebührenstreitwert von Eigentumsstreitigkeiten angewandt, obwohl das Gesetz nur Besitzstreitigkeiten erwähnt.[4]

1485 Nach einer im Vordringen befindlichen Ansicht in der Rechtsprechung ist die Vorschrift des § 6 ZPO dagegen auf den Gebührenstreitwert nur analog anzuwenden. Der Grundsatz der Verhältnismäßigkeit müsse in solchen Fällen dazu führen, dass auf den wirklichen wirtschaftlichen Wert des Streits der Parteien abgestellt werde.[5] Teilweise sprechen sich die Gerichte für eine Anwendung von § 3 ZPO aus, wenn die Parteien nicht zugleich um den Besitz streiten.[6]

---

1 BGH, Beschl. v. 21. 6. 2000 – XII ZB 12/97, NJW 2000, 3073; BGH, Urteil v. 18. 12. 1991 – XII ZR 79/91, NJW-RR 1992, 450.
2 OLG Neustadt Rpfleger 1967, 2.
3 OLG Bamberg FamRZ 1997, 40; OLG Koblenz AnwBl. 1989, 397.
4 OLG Nürnberg, Beschl. v. 22. 3. 1995 – 13 W 605/95, MDR 1995, 966; OLG München, Beschl. v. 12. 9. 1994 – 15 W 2006/94, OLGR 1994, 239; OLG München, Beschl. v. 28. 3. 1994 – 27 W 40/94, OLGR 1994, 264; OLG München NJW-RR 1998, 142; OLG Frankfurt, Beschl. v. 10. 8. 1995 – 19 W 23/95, OLGR 1995, 238.
5 BVerfG NJW-RR 2000, 946; KG NJW-RR 2003, 787; OLG Köln, Beschl. v. 29. 4. 1981 – 2 W 17/81, KostRsp. ZPO § 6 Nr. 78 mit Anm. *Lappe*; *Schneider* MDR 1984, 266.
6 OLG Celle Nds.Rpfl 1983, 184 = Beschl. v. 29. 4. 1983 – 14 U 15/83, KostRsp. ZPO § 6 Nr. 97 mit Anm. *Schneider*; OLG München, Beschl. v. 18. 1. 1983 – 24 W 232/82, KostRsp. ZPO § 6 Nr. 96 mit Anm. *Schneider*; LG Hamburg, Beschl. v. 20. 1. 1998 – 309 T 14/96, MDR 1998, 372.

Richtet sich die Klage auf die Eigentums- und Besitzverschaffung an einem **1486** Grundstück, so bemisst sich der Streitwert nach dem Verkehrswert des Grundstücks ohne Abzug der dinglichen Belastungen.[1] Das gilt nach KG[2] auch für den Streitwert einer Eigentumsfeststellungsklage. Danach darf von dem Wert der Sache kein Abschlag gemacht werden, selbst wenn das Interesse des Klägers an der begehrten Feststellung geringer ist als an einem Leistungsurteil.[3] Ausnahmen gelten lediglich bei Vorliegen solcher Belastungen, die die wirtschaftliche Nutzung des Grundstücks selbst mindern.[4] Diese können bei der Wertberechnung in Abzug gebracht werden – z.B. Wegerechte oder ein Nießbrauch.

Eine derartig strenge Anwendung der Zuständigkeitsvorschrift des § 6 ZPO auf **1487** die Ermittlung des Gebührenstreitwerts ist erheblichen Bedenken ausgesetzt.

Sie zwingt vor allem dazu, die Erfüllung von Verträgen über die Veräußerung **1488** eines noch zu bebauenden Grundstücks nach dem vollen Verkehrswert des bebauten Grundstücks zu beziffern, auch wenn es in der Abwicklung nur noch um verhältnismäßig geringfügige Restforderungen geht und der Käufer schon längst im Haus wohnt. Der Streitwert solcher Klagen, in denen sich der Veräußerer und Bauunternehmer gegen den Vollzug der Auflassung mit einem Zurückbehaltungsrecht zu wehren pflegt, geht bei strikter Anwendung des § 6 ZPO am eigentlichen Streitpunkt und dessen wirtschaftlicher Bedeutung völlig vorbei. Siehe dazu das Stichwort „Auflassung".

Dieser strengen Anwendung des § 6 ZPO sind das OLG München[5] und das **1489** OLG Celle[6] entgegengetreten. Beide Gerichte beschränken den Anwendungsbereich des § 6 ZPO auf seinen Wortlaut und wenden die Vorschrift nicht an, wenn über die Eigentumsverhältnisse gestritten wird, ohne dass auch der Besitz herausverlangt wird. Das führt dann zu Streitwertschätzungen nach § 3 ZPO und ermöglicht es, die Bewertung auf den wirklichen Streit der Parteien und dessen wirtschaftliche Bedeutung abzustellen.

Lappe[7] hält diese einschränkende Auslegung für verfehlt, da § 6 ZPO bei syste- **1490** matischer Auslegung den vollen Eigentumswert voraussetze. Sinn dieser Vor-

---

1 BGH NJW-RR 2001, 518; BGH ZIP 1982, 221; OLG Köln, Beschl. v. 20. 9. 2004 – 19 U 214/02 MDR 2005, 298; OLG Stuttgart JurBüro 2002, 424; KG, Beschl. v. 11. 9. 2000 – 3 W 3881/00, MDR 2001, 56; OLG Karlsruhe FamRZ 2004, 43; a.A. BGH NJW 2002, 684; OLG Frankfurt NJW-RR 1996, 636: Es ist nach § 3 ZPO zu schätzen.
2 KG MDR 1970, 152 = JurBüro 1970, 174; so auch *Hartmann*, GKG Anh I § 48 (§ 6 ZPO) Rn. 2.
3 Ebenso OLG Frankfurt, Beschl. v. 17. 10. 1983 – 1 W 39/83, JurBüro 1985, 278 = KostRsp. ZPO § 6 Nr. 106 mit Anm. *Schneider* und *Lappe*.
4 BGH JurBüro 1958, 387; OLG Zweibrücken OLGR 1997, 324; OLG Schleswig, Beschl. v. 9. 1. 1980 – 7 W 11/79, KostRsp. ZPO § 6 Nr. 80 mit Anm. *Schneider*; OLG Bamberg JurBüro 1992, 629.
5 OLG München, Beschl. v. 18. 1. 1983 – 24 W 232/82, JurBüro 1983, 1393 = KostRsp. ZPO § 6 Nr. 96 mit Anm. *Schneider*.
6 OLG Celle, Beschl. v. 29. 4. 1983 – 14 U 15/83, JurBüro 1983, 1391 = KostRsp. ZPO § 6 Nr. 97.
7 *Lappe* NJW 1984, 1212.

schrift sei es, Klarheit für Zuständigkeit und Rechtsmittelzuständigkeit zu schaffen, auch wenn es nicht um das Eigentum, sondern nur um den Besitz gehe. Ohne die Regelung des § 6 ZPO müsse der Besitzstreit geringer als der Eigentumsstreit bewertet werden.

1491 Daran ist gewiss richtig, dass es kaum angeht, den Besitzstreit höher als den Eigentumsstreit zu bewerten. Nach dem Auslegungsgrundsatz *a minore ad maius* muss § 6 ZPO dahingehend ausgelegt werden, dass er die Anpassung der Besitzbewertung an die Eigentumsbewertung vorsieht, ebenso wie bei der Verstärkung eines Anspruchs zur Sicherstellung oder Pfandrecht. Die Bedeutung der Entscheidungen des OLG München und des OLG Celle liegt daher in ihrer Tendenz, die aus einer undifferenzierten Anwendung des § 6 ZPO sich ergebende Übermaßbewertung auf ein vernünftiges wirtschaftliches Maß zu reduzieren. Und darin muss ihnen gefolgt werden.[1]

1492 Entscheidend ist bei der Wertbestimmung der objektive Verkehrswert der Sache[2] – nicht also bei einem Grundstück der Einheitswert. Dabei kann der Kaufpreis der betreffenden Sache, wenn er auch nicht den Verkehrswert an sich darstellen muss, einen wichtigen Anhaltspunkt für die Bestimmung bieten.

1493 Siehe auch die Stichwörter „Eigentumsvorbehalt" und „Sicherungsübereignung" sowie zur Unterlassung von Besitz und Eigentumsstörungen das Stichwort „Unterlassung".

Eigentumsvorbehalt

1494 Die materiellrechtliche Regelung des Eigentumsvorbehalts finden sich in § 449 BGB. Die maßgebliche Bemessungsvorschrift für den Streitwert ist § 6 ZPO.

1495 Klagt der Verkäufer einer unter Eigentumsvorbehalt verkauften Sache auf **Herausgabe**, so bestimmt sich der Streitwert immer nach dem Wert der herausverlangten Sache im Zeitpunkt der Klageerhebung, nicht nach dem Wert der Restkaufpreisforderung.[3] Raten, die der Käufer auf den Kaufpreis gezahlt hat, bleiben unberücksichtigt. Eine Gleichstellung mit der Bewertung des Pfandrechts (§ 6 S. 2 ZPO) findet – anders als bei der Sicherungsübereignung[4] – nicht statt.

---

1 *Schneider*, Anm. zu OLG Köln, Beschl. v. 12. 2. 1982 – 17 W 454/81, KostRsp. ZPO § 6 Nr. 83.

2 BGH NJW-RR 2001, 518; OLG Köln, Beschl. v. 20. 9. 2004 – 19 U 214/02, MDR 2005, 299; OLG Oldenburg, Urteil v. 14. 1. 1998 – 2 U 259/97, MDR 1998, 1406; AG Königstein NJW-RR 2003, 949.

3 OLG Stuttgart AnwBl. 1959, 41; OLG Bamberg JurBüro 1964, 32 Nr. 7; OLG Frankfurt JurBüro 1970, 173 = NJW 1970, 334; Zöller/*Herget*, § 3 Rn. 16 unter „Eigentumsvorbehalt".

4 BGH NJW 1959, 939.

Maßgebend ist der Verkehrswert der Sache im Zeitpunkt der Erhebung der Herausgabeklage. Eine etwa eingetretene **Wertminderung** durch Verschleiß, Abnutzung oder Beschädigung der Sache ist streitwertermäßigend zu berücksichtigen.[1] Wird beispielsweise eine herauszugebende Baracke durch den Abriss in ihrem Wert nachhaltig vermindert, dann ist nicht der Wert der gelieferten Sache maßgeblich, sondern der Wert der Sache nach ihrem Abriss und ihre Herausgabe an den Vorbehaltsverkäufer.[2] **1496**

Wird auf **Feststellung** geklagt, dass der Eigentumsvorbehalt an einer Sache wirksam sei, so ist nach OLG Hamm[3] der Streitwert ebenfalls gleich dem Wert der Sache. **1497**

Hat der Antragsteller einer einstweiligen Verfügung einen Eigentumsvorbehalt an von ihm gelieferten Waren und will er mit einer **Unterlassungsverfügung** verhindern, dass der Antragsgegner durch Verfügung darüber den Herausgabeanspruch des Antragstellers vereitelt, dann ist bei der Streitwertschätzung darauf abzustellen, wie groß im konkreten Fall die dargelegte Verlustgefahr ist. Ferner kann berücksichtigt werden, dass Aussicht besteht, schon im Verfügungsverfahren zu einer abschließenden Regelung zu gelangen.[4] **1498**

Zur Klagehäufung bei Eigentumsvorbehalt siehe das Stichwort „Mehrere Ansprüche".

Eigentumswohnung

Wird auf **lastenfreie Auflassung** einer Eigentumswohnung geklagt, so ist § 6 ZPO anzuwenden und deren Verkehrswert maßgebend, nach herrschender Meinung selbst dann, wenn die dinglichen Lasten höher als der Verkehrswert sind.[5] Ob und in welchem Umfang bei der Ermittlung des Grundstückswertes (§ 6 ZPO) **dingliche Belastungen** wertmindernd zu berücksichtigen sind, ist sehr umstritten. Siehe zu dieser Problematik die Ausführungen unter den Stichwörtern „Auflassung" und „Grundstück". **1499**

Verlangt der Kläger jedoch lediglich die Zustimmung zum **Vollzug einer bereits erklärten Auflassung**, die der Beklagte allein wegen einer strittigen Gegenforde- **1500**

---

1 KG Rpfleger 1962, 156 zu ZPO § 6 q; Zöller/*Herget*, § 3 Rn. 16 unter „Eigentumsvorbehalt".

2 OLG Frankfurt JurBüro 1970, 173 = NJW 1970, 334.

3 OLG Hamm MDR 1958, 250.

4 Vgl. LG Bayreuth JurBüro 1979, 1885, das in einem solchen Fall die Hälfte des Hauptsachewertes angesetzt hat.

5 OLG Karlsruhe, Beschl. v. 27. 7. 2005 – 1 W 33/05, OLGR 2006, 32 = JurBüro 2006, 145; JurBüro 1982, 1402 = AnwBl. 1982, 375; OLG Frankfurt JurBüro 1983, 919 = AnwBl. 1984, 203 = KostRsp. ZPO § 6 Nr. 95; JurBüro 1979, 1888; siehe auch BGHZ 48, 177, 180.

rung verweigert, ist der Gebührenstreitwert nicht nach § 6 ZPO, sondern gemäß § 3 ZPO dem Wert der Gegenforderung zu bemessen.[1]

1501 Vereinbaren Eheleute, dass der eine **Ehegatte seinen Anteil** an einer beiden gehörenden Eigentumswohnung auf den anderen Ehegatten überträgt, dann ist der Streitwert nicht der Betrag, den der Ehegatte für die Übertragung seines Eigentumsanteils fordert.[2] Denn Gegenstand des Vergleichs ist der **Miteigentumsanteil**, nicht die dafür zu zahlende Leistung. Deshalb ist der Verkehrswert des Anteils bestimmend, für dessen Höhe der vereinbarte Betrag jedoch ein Schätzungsindiz sein kann. Werden neben einer Geldzahlung sonstige Leistungen versprochen, dann sind diese bei der Abschätzung des Verkehrswertes mit zu berücksichtigen.

1502 Die Klage auf **Löschung einer Auflassungsvormerkung** ist gemäß § 3 ZPO nach dem Interesse des Klägers an der Beseitigung der Vormerkung zu schätzen, meist mit einem Bruchteil des Grundstückswertes, der $^1/_4$ nicht übersteigt.[3] S. das Stichwort „Löschung von Grundpfandrechten, Vormerkungslöschung".

1503 Eine Klage auf **Zustimmung der Miteigentümer zur Veräußerung** einer Eigentumswohnung bemisst sich nach einem Bruchteil des in Aussicht genommenen Kaufpreises.[4]

1504 Richtet sich die Klage auf **Zustimmung des Verwalters**, soll sich der Streitwert auf 10–20 % des Kaufpreises belaufen.[5]

1505 Verweigert der Miteigentümer die **Zustimmung zum Abschluss eines Mietvertrages** über die gemeinsame Wohnung, dann bestimmt sich der Gebührenstreitwert der Klage eines Wohnungseigentümers gegen den Miteigentümer auf Ersatz des Mietausfalls nicht entsprechend § 41 GKG (§ 16 GKG *a.F.*).[6] Das Verhältnis der Beteiligten ist hier in der Regel gesellschafts- oder gemeinschaftsrechtlich geprägt, so dass für eine Gebührenprivilegierung in der Regel kein Anlass besteht.[7]

---

1 BGH, Beschl. v. 6. 12. 2001 – VII ZR 420/00, BGHReport 2002, 306 = MDR 2002, 295 = AGS 2002, 155 = BauR 2002, 520 = NJW 2002, 684 = DNotZ 2002, 216; OLG Karlsruhe, Beschl. v. 27. 7. 2005 – 1 W 33/05, OLGR 2006, 32 = JurBüro 2006, 145.
2 So aber OLG Stuttgart, JurBüro 1975, 370.
3 OLG Bamberg, Beschl. v. 26. 3. 1990 – I W 24/90, KostRsp. ZPO § 3 Nr. 1007 mit Anm. *E. Schneider* = JurBüro 1990, 1511: $^1/_{10}$; OLG Celle, Beschl. v. 26. 1 1994 – 16 W 48/93, KostRsp. ZPO § 6 Nr. 144 = OLGR 1994, 111: $^1/_4$; OLG Frankfurt, JurBüro 1975, 512: $^1/_4$.
4 OLG Frankfurt, Beschl. v. 19. 11. 1993 – 20 W 376/92, OLGR 1994, 2 = ZMR 1994, 124 = WE 1994, 37; LG Köln, Beschl. v. 21. 8. 1989 – 30 T 114/89, WuM 1990, 128: 1/10; *Anders/Gehle/Kunze*, Stichwort „Wohnungseigentum" Rn. 20.
5 KG, Beschl. v. 11. 10. 1989 – 24 W 4478/89, ZMR 1990, 68; OLG Hamm, Beschl. v. 3. 2. 1992 – 15 W 63/91, OLGR 1992, 209 = NJW-RR 1992, 785 = DWE 1992, 159 = WE 1992, 288; *Anders/Gehle/Kunze*, Stichwort „Wohnungseigentum" Rn. 20.
6 So auch OLG Frankfurt, Beschl. v. 27. 3. 2003 – 1 W 11/03, AGS 2004, 162 mit Anm. *N. Schneider* = NZM 2004, 159 = NJW-RR 2004, 299.
7 So auch KG, Beschl. v. 30. 3. 1992 – 2 W 1331/92, WuM 1992, 323 = NJW-RR 1992, 1490; *Anders/Gehle/Kunze*, Stichwort „Miete und Pacht" Rn. 7.

Auch die Klage eines Wohnungseigentümers gegen einen Miteigentümer auf **1506** **Zustimmung zur Kündigung** eines mit einem Dritten geschlossenen Mietvertrages bemisst sich gemäß § 3 ZPO nach dem klägerischen Interesse an der wirtschaftlichen Nutzung des gemeinschaftlichen Eigentums.[1]

Wird gemäß § 18 WEG auf **Entziehung des Wohnungseigentums** geklagt, be- **1507** stimmt sich der Streitwert nicht nach dem Interesse der Beteiligten am Ausscheiden bzw. Verbleib in der Eigentümergemeinschaft,[2] sondern nach dem Verkehrswert der Wohnung.[3]

Verlangt der Kläger **Herausgabe oder Räumung einer Eigentumswohnung**, ist **1508** nach § 6 ZPO der Verkehrswert für den Streitwert maßgeblich. Entscheidend ist, welcher Betrag sich bei der Veräußerung erzielen lässt, wobei damit verbundene Nebenkosten (z.B. Maklerprovision) unberücksichtigt bleiben.[4]

Wird eine Eigentumswohnung dem in Aussicht genommenen Käufer aufgrund **1509** eines privatrechtlichen Vorvertrages überlassen, der nur eine Verpflichtung zum Erwerb der Wohnung und die dafür geltenden Bedingungen enthält, so bestimmt im Falle einer **Herausgabeklage des Veräußerers** nur die Frage den Streitgegenstand, ob der spätere Käufer die Wohnung bis zur endgültigen Klärung der Rechtsbeziehungen der Parteien nutzen darf. Den Streitwert für diesen Streit bildet der einjährige Nutzungswert der Wohnung.[5]

Das **Herausgabeverlangen des Erwerbers** nach Ablauf der vereinbarten Nut- **1510** zungsfrist für den Veräußerer richtet sich gemäß § 41 Abs. 2 S. 2 GKG (§ 16 Abs. 2 S. 2 GKG a.F.) nach dem Jahresbetrag der Nutzungsentschädigung, auch wenn die Klage zusätzlich auf Eigentum gestützt ist.[6]

Ein einstweiliges Verfügungsverfahren auf **vorläufige Besitzverschaffung und** **1511** **Übergabe eines Schlüssels** bemisst sich ebenfalls nicht nach dem Kaufpreis der Eigentumswohnung, sondern entsprechend § 53 Abs. 2 GKG (§ 20 Abs. 2 GKG a.F.) bzw. § 41 GKG (§ 16 GKG a.F.) auf ein $^1/_4$ der Jahresmiete.[7]

---

1 OLG Hamburg, Urteil v. 1. 6. 2001 – 11 U 47/01, NZM 2002, 521 = NZG 2002, 955 = NJW-RR 2002, 1165.
2 So aber BayObLG, Beschl. v. 16. 8. 1991 – 2 Z 106/91, WuM 1991, 633 = WE 1991, 164 – Interessenbewertung mit 20 % des Verkehrswertes.
3 OLG Frankfurt DWE 84, 62; OLG Karlsruhe, AnwBl. 1980, 255; LG Köln, Beschl. v. 22. 10. 1997 – 29 T 264/97, WuM 1998, 120; *Anders/Gehle/Kunze*, Stichwort „Wohnungseigentum" Rn. 3.
4 BGH NJW 1967, 2463; OLG Frankfurt AnwBl. 1984, 203; *Anders/Gehle/Kunze*, Stichwort „Wohnungseigentum" Rn. 1.
5 KG JurBüro 1969, 166, OLG Köln, Beschl. v. 14. 9. 1995 – 19 W 34/95, OLGR 1995, 312 = JurBüro 1996, 194 = WuM 1995, 719 = ZMR 1995, 549.
6 OLG Frankfurt JurBüro 1983, 255 = KostRsp. GKG § 16 Nr. 22; OLG Köln, Beschl. v. 14. 9. 1995 – 19 W 34/95, JurBüro 1996, 194 = WuM 1995, 719 = ZMR 1995, 549 = OLGR 1995, 312.
7 OLG Hamm, Beschl. v. 1. 3. 2000 – 12 W 2/2000, AGS 2000, 134.

Einrede, Einwendung

Stichwortübersicht

Aussetzung	1522	Parteifähigkeit	1520
Begriff der Einrede	1512	Prozessfähigkeit	1520
– im materiellen Recht	1513	Prozessführungsbefugnis	1520
– im Prozessrecht	1514	Prozesshindernde Einrede	1515
Begriff der Einwendung	1512	Prozessualer Anspruch	1517
– im materiellen Recht	1513	Prozessvoraussetzungen	1520
– im Prozessrecht	1514	Rechtshängigkeit, anderweitige	1520
Berufung gegen Zwischenurteil über		Sachurteilsvoraussetzungen	1520
Einrede der Unzuständigkeit	1524	Unzuständigkeit des Gerichts	1515
Endurteil	1520	Zulässigkeit des Rechtsweges	1523
Grundstücksprozess	1519	Zuständigkeitsbestimmung nach	
Hilfsaufrechnung	1518	§ 36 ZPO	1521
Klageleugnen	1517	Zwischenurteil	1524
Kostenerstattung	1520		

A. Terminologie

1512 Die Begriffe Einrede und Einwendung werden im materiellen Recht mit anderem Inhalt als im Prozessrecht verwendet. Folgende Bedeutungen sind zu unterscheiden:

1513 Einrede im **materiellen Recht** ist das durch Erklärung geltend zu machende Recht, die geschuldete Leistung zu verweigern (Leistungsverweigerungsrecht). Einwendung im materiellen Recht ist jedes Vorbringen, das sich gegen den geltend gemachten Anspruch wendet, die materiell-rechtlichen Einreden eingeschlossen.

1514 Einrede im **Prozessrecht** ist jedes Vorbringen, das die Voraussetzungen einer Gegennorm erfüllt, etwa die Behauptung der Geschäftsunfähigkeit, § 105 BGB (= Einwendung im materiell-rechtlichen Sinne) oder die Berufung auf Verjährung, § 214 BGB (= Einrede im materiell-rechtlichen Sinne). Unter Einwendung im Prozessrecht versteht man – weitergehend als den Begriff der Einrede – nach herrschender Meinung jedes Verteidigungsvorbringen des Beklagten, mit dem er die Abweisung der Klage erreichen will. Darunter fällt auch das bloße Bestreiten der klagebegründenden Tatsachen (sog. Klageleugnen). Teilweise wird unter Einwendung im Sinne des Prozessrecht nur dasjenige Vorbringen gefasst, das sich nicht gegen die klagebegründenden Tatsachen als solche wendet, aber gleichwohl zur Abweisung der Klage als unbegründet führt, weil eine Gegennorm eingreift, beispielsweise beim Einwand der Erfüllung, § 362 BGB (= materiell-rechtliche Einwendung) oder bei Berufung auf Verjährung, § 214 BGB (= materiell-rechtliche Einrede).

1515 Daneben gibt es noch den speziellen Begriff der prozesshindernden Einrede. Dabei handelt es sich um prozessuale Gegenrechte, auf die sich der Beklagte im Prozess berufen muss, da sie nicht von Amts wegen geprüft und berücksichtigt werden. Beispiele für solche prozesshindernden Einreden sind die Unzuständigkeit des Gerichts (§ 39 ZPO), das Verlangen der Ausländersicherheit (§ 110 Abs. 1 ZPO) oder die Verweigerung der Einlassung auf eine neue Klage bis zur Kostenerstattung (§ 269 Abs. 6 ZPO).

Im Folgenden geht es nur um Einreden und Einwendungen, die im Prozess zur Rechtsverteidigung vorgebracht werden. Darauf, wie sie materiell-rechtlich zu qualifizieren sind, kommt es für die Streitwertbemessung nicht an.   **1516**

B. Bemessungsregeln

Bestreitet der Beklagte die klagebegründenden Tatsachen (**Klageleugnen**), hat   **1517** dies auf die Bemessung des Streitwerts keinen Einfluss. Bewertet wird nur der prozessuale Anspruch, also das Begehren des Klägers. Aus diesem Grund ist auch die Geltendmachung von Einwendungen (im Sinne des Prozessrechts) für die Streitwertbemessung unerheblich. Entschieden wird nur über die Stattgabe bzw. die Abweisung des Klageantrags. Ob die Klage aufgrund einer Einrede oder Einwendung abgewiesen wird, ist für die Höhe des Streitwertes unerheblich.[1]

Eine Ausnahme besteht wegen § 322 Abs. 2 ZPO für die **Hilfsaufrechnung**.[2] Der   **1518** Wert der Aufrechnungsforderung wird nach § 45 Abs. 3 GKG dem Klagewert hinzugerechnet, wenn und soweit über die Forderung entschieden wurde oder die Parteien sich hierüber vergleichen.[3] Ein außergerichtlich erzielter Vergleich der Parteien reicht für die Anwendung des § 45 Abs. 4 GKG nicht aus.[4]

Darüber hinaus ist teilweise eine Tendenz erkennbar, die Rechtsverteidigung   **1519** des Beklagten dann als streitwertbestimmend anzusehen, wenn die Parteien lediglich über die Begründetheit eines **Gegenrechts** streiten. Gebührenrechtlich schlägt das insbesondere in Grundstücksprozessen durch, beispielsweise wenn der Kläger Auflassung verlangt, der Beklagte diesen Anspruch als solchen auch nicht bestreitet, jedoch Zug um Zug die Erstattung irgendwelcher Auslagen oder Aufwendungen verlangt.[5]

Damit eine Sachentscheidung ergehen kann, müssen die **Sachurteilsvoraussetzungen** (auch Prozessvoraussetzungen oder Verfahrensvoraussetzungen genannt) vorliegen. Beispiele dafür sind die Parteifähigkeit, die Prozessfähigkeit,   **1520**

---

1 BGH, Beschl. v. 20. 1. 2004 – X ZR 167/02, MDR 2004, 829; BGH, Beschl. v. 1. 12. 2004 – IV ZR 1/04, RVG-Berater 2005, 36; BGH, Beschl. v. 16. 4. 1996 – XI ZR 302/95, MDR 1996, 960.
2 OLG Hamm, Beschl. v. 28. 11. 2001 – 12 W 28/01, AGS 2003, 127; vgl. dazu das Stichwort „Aufrechnung".
3 Fehlt es an einer gerichtlichen Entscheidung über die Aufrechnungsforderung, so unterbleibt eine Addition für den Gerichtskostenwert. Für den Gegenstandswert der Anwaltsgebühren gilt aber § 33 Abs. 1 RVG; vgl. *E. Schneider* AGS 2004, 274.
4 OLG Hamm, Beschl. v. 12. 8. 2003 – 23 W 120/03, AGS 2004, 27 mit Anm. *N. Schneider*.
5 Vgl. dazu näher das Stichwort „Auflassung".

die Prozessführungsbefugnis usw. Wird über solche Voraussetzungen gestritten, ist der Streitwert der Hauptsache maßgebend.[1] Diese hohe Bewertung rechtfertigt sich aus dem Umstand, dass bei Durchgreifen der Einrede der gesamte Klageanspruch durch Endurteil abgewiesen wird.[2]

1521 Soll hingegen die **Zuständigkeit** des Gerichts nach § 36 ZPO bestimmt werden, dann geht es nur um eine vorverfahrensrechtliche Klärung, so dass der Streitwert für dieses Verfahren nach § 3 ZPO nur mit einem Bruchteil des Hauptsachewertes anzusetzen ist.[3] Maßgeblich ist das Interesse des Klägers, den beabsichtigten Rechtsstreit an einem bestimmten Gericht führen zu können.

1522 Der Wert einer gegen die **Aussetzung** des Rechtsstreits gerichteten Beschwerde ist auf $1/5$ des Hauptsachewertes festzusetzen.[4]

1523 Zum Wert, wenn über die Zulässigkeit des **Rechtswegs** gestritten wird, siehe das Stichwort „Rechtswegverweisung".

1524 Nach herrschender Meinung ist der Streitwert über prozesshindernde Einreden für sämtliche Instanzen gleich dem Wert der Hauptsache.[5] Dementsprechend wird auch der Streitwert für die Berufung gegen ein **Zwischenurteil**, das die Zuständigkeit des angerufenen Gerichts bejaht (und damit die Einrede der Unzuständigkeit verwirft), mit dem Wert des erhobenen Anspruchs angesetzt, weil mit der Berufung auch der Klageanspruch selbst bekämpft werde.[6] Nach anderer Auffassung[7] ist der Streitwert der Berufung gegen ein solches Zwischenurteil selbständig nach § 3 ZPO festzusetzen, und zwar mit $1/3$ des Hauptsachewertes. Teilweise wird dahingehend differenziert, ob der Kläger hilfsweise einen Verweisungsantrag gestellt hatte.[8]

---

1 Vgl. OLG München Rpfleger 1956, 30; KG MDR 1957, 366; KG JurBüro 1965, 486; OLG Düsseldorf JurBüro 1972, 1022; **anderweitige Rechtshängigkeit:** RG Recht 1925, 2279; **örtliche Unzuständigkeit:** OLG Düsseldorf Rpfleger 1972, 463; OLG Hamburg MDR 1957, 367; **Kostensicherheit nach § 110 ZPO:** RGZ 40, 416; BGH, Urteil v. 20. 6. 1962 – VIII ZR 65/61, BGHZ 37, 264; BGH, Beschl. v. 21. 6. 1990 – IX ZR 227/89, VersR 1991, 122; BGH, Beschl. v. 20. 3. 2002 – VI ZR 3/01, BGHReport 2002, 951; OLG Hamburg MDR 1974, 53; OLG Hamburg, Beschl. v. 28. 1. 2002 – 14 U 98/01, AGS 2003, 82.

2 *Lappe* NJW 1994, 1189, 1190 I 1b.

3 BayObLG, KostRsp. ZPO § 3 Nr. 952 = JurBüro 1989, 132: in der Regel mit $1/4$ anzusetzen; OLG Stuttgart, Beschl. v. 27. 10. 1992 – 9 AR 3/92, WM 1993, 17: regelmäßig im unteren Bereich der Gebührentabellen anzusetzen.

4 KG, Beschl. v. 23. 2. 2001 – 21 W 10336/00, AGS 2003, 81; OLG Hamburg, Beschl. v. 30. 11. 2001 – 12 W 23/01, KostRsp. ZPO § 3 Nr. 1378 = OLGR 2002, 180.

5 OLG Hamm JurBüro 1968, 991; OLG Düsseldorf JurBüro 1973, 1021; OLG Celle, KostRsp. ZPO § 3 Nr. 208; KG MDR 1957, 366; KG JurBüro 1965, 486.

6 So OLG München JurBüro 1954, 181; OLG Hamm JurBüro 1968, 991; OLG Celle, KostRsp. ZPO § 3 Nr. 208; vgl. auch BayObLG, Beschl. v. 21. 3. 2002 – 2 Z BR 170701, NJW-RR 2002, 882 für den Wert einer Beschwerde gegen einen Verweisungsbeschluss.

7 OLG Frankfurt, Beschl. v. 11. 3. 1999 – 5 U 189/98, OLGR 1999, 153; LG Braunschweig NJW 1973, 1846; eine Bruchteilsbewertung nimmt der BGH für das Rechtswegbeschwerdeverfahren nach § 17a GVG an (Beschl. v. 19. 12. 1996 – III ZB 105/96, MDR 1997, 386).

8 MünchKomm.ZPO/*Lappe*, § 3 Rn. 154.

Diese zweite Auffassung erscheint entgegen der herrschenden Meinung zutref- **1525**
fend. Das Zwischenurteil entscheidet nur über die Zuständigkeit. Die materielle Rechtslage dagegen wird nicht rechtskräftig geklärt. Das Interesse des
Klägers im Rechtsmittelverfahren liegt deshalb unterhalb des Wertes der
Hauptsache. Hierin liegt auch kein Widerspruch zur erstinstanzlichen Bewertung. Im ersten Rechtszug streiten die Parteien über das Klagebegehren insgesamt, also auch über dessen sachliche Berechtigung. Spätestens aber ab Erlass
des angefochtenen Zwischenurteils streiten sie – worauf das LG Braunschweig
zu Recht hinweist – zunächst nur noch über die Frage der sachlichen Zuständigkeit. Nur damit befassen sich das Zwischenurteil und auch die höhere Instanz.

Wird im ersten Rechtszug eine abgesonderte Verhandlung über die Zulässigkeit **1526**
der Klage angeordnet (§ 280 ZPO), dann sind allerdings unter Zugrundelegung
der zweiten Auffassung entsprechende Konsequenzen für die Streitwertbemessung zu ziehen. In diesem Fall ist daher der Streitwert nach § 3 ZPO auf einen
Betrag unterhalb des Hauptsachewertes zu schätzen.

Einstellung der Zwangsvollstreckung

Siehe das Stichwort „Einstweilige Einstellung der Zwangsvollstreckung".

Einstweilige Anordnungen

Literatur: *N. Schneider*, Berechnung des Gegenstandswertes bei Unterhaltsrückständen
im Verfahren über eine einstweilige Anordnung, AGS 2003, 435.

Gliederungsübersicht

A. Überblick
  I. Eigene Angelegenheiten 1527
 II. Verhältnis zur Hauptsache . . . 1528
III. Verhältnis der einstweiligen
     Anordnungen untereinander
     (§ 18 Nr. 1 RVG) 1531

B. Gegenstandswert
  I. Überblick 1539
 II. Einzelfälle
     1. Einstweilige Anordnungsver-
        fahren nach §§ 620, 621f und
        127a ZPO
        a) Elterliche Sorge (§ 620 Nr. 1
           ZPO) 1540

        b) Umgangsrecht (§ 620 Nr. 2
           ZPO) 1541
        c) Kindesherausgabe (§ 620
           Nr. 3 ZPO) 1542
        d) Kindesunterhalt (§ 620
           Nr. 4 ZPO) 1543
        e) Getrenntleben (§ 620 Nr. 5
           ZPO) 1546
        f) Ehegattenunterhalt (§ 620
           Nr. 6 ZPO) 1547
        g) Benutzung der Ehewoh-
           nung (§ 620 Nr. 7 ZPO) . . 1551
        h) Benutzung des Hausrats
           (§ 620 Nr. 7 ZPO) 1552

i) Herausgabe von Sachen (§ 620 Nr. 8 ZPO) 1553
j) Nutzung von Sachen (§ 620 Nr. 8 ZPO) 1554
k) Maßnahmen nach §§ 1, 2 GewSchG (§ 620 Nr. 9 ZPO) . 1555
l) Kostenvorschuss für Ehe- und Folgesache nach § 620 Nr. 10 ZPO 1558
m) Prozesskostenvorschuss in Unterhaltssachen nach § 127a ZPO 1559
n) Kostenvorschuss für Familiensachen nach §§ 621 f. ZPO . . 1560
2. Einstweilige Anordnungsverfahren nach §§ 621g, 641d, 644 ZPO, 64b FGG
a) Elterliche Sorge nach § 621g ZPO 1561

b) Umgangsrecht nach § 621g ZPO 1562
c) Kindesherausgabe nach § 621g ZPO 1563
d) Benutzung der Ehewohnung nach § 621g ZPO 1564
e) Benutzung des Hausrats nach § 621g ZPO 1565
f) Unterhalt bei Vaterschaftsfeststellung nach § 641d ZPO . . 1566
g) Unterhalt bei Klagen nach § 621 Abs. 1 Nr. 4, 5 oder 11 ZPO (§ 644 ZPO) 1569
h) Maßnahmen nach §§ 1, 2 GewSchG, 64b FGG 1572

A. Überblick

I. Eigene Angelegenheiten

1527 In Familiensachen kann das Gericht bei Anhängigkeit der Hauptsache einstweilige oder auch vorläufige Anordnungen erlassen. Es handelt sich stets gegenüber der Hauptsache um eigene Angelegenheiten (§ 17 Nr. 4b RVG), so dass diese auch gesondert zu bewerten sind.

II. Verhältnis zur Hauptsache

1528 Einstweilige Anordnungen sowie vorläufige Anordnungen stellen gegenüber der Hauptsache nach § 17 Nr. 4b RVG stets eigene Angelegenheiten dar. Bis zum 31. 12. 2001 galten solche Verfahren als Teil der Hauptsache und konnten nur gebührenerhöhend im Rahmen des damals geltenden § 118 BRAGO berücksichtigt werden; in Verfahren nach der HausratsVO sogar gar nicht. Seit dem 1. 1. 2002 waren in § 41 BRAGO bereits die jetzt in § 18 Nr. 1 RVG aufgeführten einstweiligen Anordnungen zu eigenen Angelegenheiten erhoben worden, auch soweit es sich um FGG-Verfahren handelte. Mit dem RVG hat der Gesetzgeber nochmals nachgelegt und angeordnet, dass in FGG-Sachen sämtliche einstweiligen und vorläufigen Anordnungen gesonderte Angelegenheiten darstellen. Der Anwalt erhält die Vergütung also sowohl für die Hauptsache als auch für das Anordnungsverfahren. Ältere Rechtsprechung kann daher nicht verwendet werden.

➲ **Beispiel:**

Die Ehefrau beantragt, ihr die elterliche Sorge über das gemeinsame Kind zu übertragen. Gleichzeitig beantragt sie den Erlass einer einstweiligen Anordnung. Die Werte werden wie folgt festgesetzt: Hauptsacheverfahren 3000 Euro; einstweiliges Anordnungsverfahren 750 Euro. In beiden Verfahren wird verhandelt.

Zu rechnen ist wie folgt:

I. Hauptsacheverfahren (Wert: 3000 Euro)

1. 1,3-Verfahrensgebühr, Nr. 3100 VV RVG	245,70 Euro
2. 1,2-Terminsgebühr, Nr. 3104 VV RVG	222,80 Euro
3. Postentgeltpauschale, Nr. 7002 VV RVG	20,00 Euro
4. 16 % Umsatzsteuer, Nr. 7008 VV RVG	78,16 Euro
Gesamt	**566,66 Euro**

II. Einstweiliges Anordnungsverfahren (Wert: 750 Euro)

1. 1,3-Verfahrensgebühr, Nr. 3100 VV RVG	84,50 Euro
2. 1,2-Terminsgebühr, Nr. 3104 VV RVG	78,00 Euro
3. Postentgeltpauschale, Nr. 7002 VV RVG	20,00 Euro
4. 16 % Umsatzsteuer, Nr. 7008 VV RVG	29,20 Euro
Gesamt	**211,70 Euro**

Schließen die Parteien eine **Einigung**, so kommt es darauf an, in welchem der Verfahren die Einigung geschlossen wird. Denkbar ist, dass in beiden Verfahren eine gesonderte Einigung geschlossen wird. Dann fällt die Einigungsgebühr in beiden Verfahren gesondert an. Wird in einem der Verfahren eine Gesamteinigung geschlossen, so fällt nur in dem Verfahren, in dem die Einigung geschlossen worden ist, eine Einigungsgebühr an, allerdings aus den addierten Werten (§ 22 Abs. 1 RVG). Ebenso wie bei sonstigen einstweiligen Rechtsschutzverfahren ist eine Addition der Werte bei einem Gesamtvergleich vorzunehmen.[1]   1529

In dem Verfahren, in dem die Einigung geschlossen wird, erhöht sich dadurch zunächst der Gegenstandswert der Einigungsgebühr. Daneben erhöht sich auch der Wert der Verfahrensgebühr oder es entsteht eine weitere Verfahrensdifferenzgebühr nach Nr. 3101 Nr. 2 VV RVG aus dem Mehrwert unter Beachtung des § 15 Abs. 3 RVG.   1530

➲ **Beispiel:**

Die Ehefrau beantragt, ihr die elterliche Sorge über das gemeinsame Kind zu übertragen. Gleichzeitig beantragt sie den Erlass einer einstweiligen Anordnung. Im Anordnungsverfahren wird Termin anberaumt und nach Verhandlung ein Vergleich auch über die Hauptsache geschlossen. Die Werte werden wiederum wie folgt festgesetzt: Hauptsacheverfahren 3000 Euro; einstweiliges Anordnungsverfahren 750 Euro.

Zu rechnen ist wie folgt:

I. Hauptsacheverfahren (Wert: 3000 Euro)

1. 1,3-Verfahrensgebühr, Nr. 3100 VV RVG	245,70 Euro
2. Postentgeltpauschale, Nr. 7002 VV RVG	20,00 Euro
3. 16 % Umsatzsteuer, Nr. 7008 VV RVG	37,71 Euro
Gesamt	**273,41 Euro**

II. Einstweiliges Anordnungsverfahren

1. 1,3-Verfahrensgebühr, Nr. 3100 VV RVG (Wert: 3750 Euro)	318,50 Euro
3. 1,2-Terminsgebühr, Nr. 3104 V R (Wert: 3750,00 Euro)	294,00 Euro
4. 1,0-Einigungsgebühr, Nr. 1000, 1003 VV RVG (Wert: 3750 Euro)	245,00 Euro

---

1 OLG Düsseldorf, Beschl. v. 8. 3. 2005 – II 10 WF 39/04, AGS 2006, 37.

5. Postentgeltpauschale, Nr. 7002 VV RVG	20,00 Euro
Zwischensumme	877,50 Euro
6. 16 % Umsatzsteuer, Nr. 7008 VV RVG	140,40 Euro
Gesamt	**1017,90 Euro**
Gesamt I + II	**1195,21 Euro**

⮑ **Beispiel:**

Wie vor, jedoch wird nach Vergleich im einstweiligen Anordnungsverfahren die Hauptsache aufgerufen und dort jetzt ein Vergleich über die Hauptsache protokolliert.

I. Hauptsacheverfahren (Wert: 3000 Euro)

1. 1,3-Verfahrensgebühr, Nr. 3100 VV RVG	245,70 Euro
2. 1,2-Terminsgebühr, Nr. 3104 VV RVG	222,80 Euro
3. 1,0-Einigungsgebühr, Nr. 1000, 1003 VV RVG	189,00 Euro
4. Postentgeltpauschale, Nr. 7002 VV RVG	20,00 Euro
5. 16 % Umsatzsteuer, Nr. 7008 VV RVG	108,40 Euro
Gesamt	**758,90 Euro**

II. Einstweiliges Anordnungsverfahren (Wert: 750 Euro)

1. 1,3-Verfahrensgebühr, Nr. 3100 VV RVG	84,50 Euro
2. 1,2-Terminsgebühr, Nr. 3104 VV RVG	78,00 Euro
3. 1,0-Einigungsgebühr, Nr. 1000, 1003 VV RVG	65,00 Euro
4. Postentgeltpauschale, Nr. 7002 VV RVG	20,00 Euro
5. 16 % Umsatzsteuer, Nr. 7008 VV RVG	39,60 Euro
Gesamt	**287,10 Euro**
Gesamt I + II	**1046,00 Euro**

III. Verhältnis der einstweiligen Anordnungen untereinander (§ 18 Nr. 1 RVG)

1531 Für das Verhältnis der einstweiligen Anordnungen untereinander gilt § 18 Nr. 1 RVG. Mehrere Anordnungsverfahren zählen danach zusammen nur als eine Angelegenheit i.S.d. § 15 RVG, soweit sie in § 18 Nr. 1 RVG unter demselben Buchstaben genannt sind. Der Anwalt erhält die Gebühren insoweit nur einmal. Die Werte der einstweiligen Anordnungen werden allerdings addiert (§ 18 Nr. 1 RVG a.E.), und zwar auch dann, wenn derselbe Gegenstand betroffen ist.

⮑ **Beispiel:**

In einem isolierten Umgangsrechtsverfahren erlässt das Gericht eine befristete einstweilige Anordnung zu vorläufigen Besuchskontakten. Nach Auslauf dieser einstweiligen Anordnung ergeht später eine weitere einstweilige Anordnung zum Besuchsrecht. Über Hauptsache und einstweilige Anordnungen wird verhandelt.

Beide einstweiligen Anordnungen ergehen nach § 621g ZPO. Insgesamt liegt daher nach § 18 Nr. 1d) RVG nur ein einziges Anordnungsverfahren vor, so dass der Anwalt die Gebühren nur einmal erhält. Allerdings sind die Werte der beiden Verfahren zu addieren. Das gilt auch hier, obwohl wirtschaftliche Identität vorliegt und derselbe Gegenstand zugrunde liegt. Maßgebend ist somit nach § 24 RVG ein Wert von (2 x 750 Euro =) 1500 Euro.

I. Hauptsacheverfahren (Wert: 3000 Euro)
1. 1,3-Verfahrensgebühr, Nr. 3100 VV RVG   245,70 Euro
2. 1,2-Terminsgebühr, Nr. 3104 VV RVG   226,80 Euro
3. Auslagenpauschale, Nr. 7002 VV RVG   20,00 Euro
    Zwischensumme   492,50 Euro
4. 16 % Umsatzsteuer, Nr. 7008 VV RVG   78,80 Euro
    Gesamt   **571,30 Euro**

II. Einstweiliges Anordnungsverfahren (Wert: 1500 Euro)
1. 1,3-Verfahrensgebühr, Nr. 3100 VV RVG   136,50 Euro
2. 1,2-Terminsgebühr, Nr. 3104 VV RVG   126,00 Euro
3. Auslagenpauschale, Nr. 7002 VV RVG   20,00 Euro
    Zwischensumme   282,50 Euro
4. 16 % Umsatzsteuer, Nr. 7008 VV RVG   45,20 Euro
    Gesamt   **327,70 Euro**

⤷ **Beispiel:**

In einem Unterhaltsverfahren (Wert: 12 x 300 Euro = 3600 Euro) erlässt das Gericht nach § 127a ZPO eine einstweilige Anordnung auf Zahlung eines Prozesskostenvorschusses in Höhe von 1000 Euro ohne mündliche Verhandlung. Später ergeht nach mündlicher Verhandlung eine einstweilige Anordnung auf Zahlung (Wert: 1800 Euro).

Jetzt sind zwei Anordnungsverfahren gegeben, da beide Verfahren unter verschiedene Buchstaben des § 18 Nr. 1 RVG fallen. Die einstweilige Anordnung auf Prozesskostenvorschuss folgt aus § 127a ZPO und fällt daher unter § 18 Nr. 1a) RVG. Die einstweilige Anordnung auf Unterhaltszahlung folgt dagegen aus § 644 ZPO und fällt daher unter § 18 Nr. 1 f) RVG.

I. Hauptsacheverfahren (Wert: 3600 Euro)
1. 1,3-Verfahrensgebühr, Nr. 3100 VV RVG   318,50 Euro
2. 1,2-Terminsgebühr, Nr. 3104 VV RVG   294,00 Euro
3. Auslagenpauschale, Nr. 7002 VV RVG   20,00 Euro
    Zwischensumme   632,50 Euro
4. 16 % Umsatzsteuer, Nr. 7008 VV RVG   101,20 Euro
    Gesamt   **733,70 Euro**

II. Einstweiliges Anordnungsverfahren Prozesskostenvorschuss (Wert: 1000 Euro)
1. 1,3-Verfahrensgebühr, Nr. 3100 VV RVG   110,50 Euro
2. Auslagenpauschale, Nr. 7002 VV RVG   20,00 Euro
    Zwischensumme   130,50 Euro
3. 16 % Umsatzsteuer, Nr. 7008 VV RVG   20,88 Euro
    Gesamt   **151,38 Euro**

III. Einstweiliges Anordnungsverfahren Unterhalt (Wert: 1800 Euro)
1. 1,3-Verfahrensgebühr, Nr. 3100 VV RVG   172,90 Euro
2. 1,2-Terminsgebühr, Nr. 3104 VV RVG   159,60 Euro
3. Auslagenpauschale, Nr. 7002 VV RVG   20,00 Euro
    Zwischensumme   352,50 Euro
4. 16 % Umsatzsteuer, Nr. 7008 VV RVG   56,40 Euro
    Gesamt   **408,90 Euro**

Zusammengefasst werden nach § 18 Nr. 1 RVG Verfahren nach: 1532
a) § 127a ZPO,
b) den §§ 620, 620b Abs. 1, 2 der ZPO, auch i.V.m. § 661 Abs. 2 ZPO,

    c) § 621f der ZPO, auch i.V.m. § 661 Abs. 2 ZPO,

    d) § 621g der ZPO, auch i.V.m. § 661 Abs. 2 ZPO,

    e) § 641d der ZPO,

    f) § 644 der ZPO, auch i.V.m. § 661 Abs. 2 ZPO,

    g) § 64b Abs. 3 FGG.

1533 Sind neben der Hauptsache **mehrere** von den unter § 18 Nr. 1 Buchst. a) bis g) RVG genannten **einstweiligen Anordnungen** anhängig, bilden diese jeweils für sich gesehen wiederum jeweils eine gebührenrechtlich besondere Angelegenheit. Werden dagegen in derselben Hauptsache, das kann auch das Verbundverfahren sein (§ 16 Nr. 4 RVG) mehrere einstweilige Anordnungen anhängig, die unter einem Buchstaben genannt sind (z.B. in § 18 Nr. 1 Buchst. b RVG) die §§ 620, 620b Abs. 1 oder 2 ZPO), bilden diese zusammen eine besondere Angelegenheit; es entsteht nur eine Gebühr aus den zusammengerechneten Einzelwerten.

1534 Sofern nach § 18 Nr. 1 RVG mehrere Verfahren als eine Angelegenheit gelten, werden die Werte der einzelnen Verfahren addiert (§ 18 Nr. 1 RVG a.E.). Die Addition findet auch dann statt, wenn die Angelegenheiten denselben Gegenstand betreffen. Hier kam früher eine Zusammenrechnung wegen des Additionsverbots bei wirtschaftlicher Identität nicht in Betracht.

1535 Bei den Verfahren nach § 620 Nr. 1 ZPO (Elterliche Sorge) und § 620 Nr. 2 ZPO (Umgangsrechtsregelung) handelt es sich um selbständige Elternrechtsangelegenheiten, die getrennt zu bewerten sind.[1]

1536 Findet nachträglich ein Verfahren auf **Abänderung oder Aufhebung** einer einstweiligen Anordnung statt, so kann dies den Gegenstandswert erhöhen. Zu beachten ist, dass das Verfahren auf Abänderung und Aufhebung **zur Instanz** gehört (§ 16 Nr. 6 RVG) und daher keine neuen Gebühren auslöst.

1537 Da die **Aufhebung** immer den Gegenstand der Anordnung betrifft, kann sich hier der Wert nicht erhöhen.

1538 Bei der **Abänderung** verhält es sich dagegen anders. Soweit eine Herabsetzung begehrt wird, erhöht sie den Streitwert nicht, da sie den bisherigen Streitgegenstand betrifft.[2] Wird eine Heraufsetzung beantragt, so ist der Heraufsetzungsbetrag (bewertet nach den §§ 53 Abs. 2 S. 2, 42 Abs. 5 GKG) hinzuzurechnen.

---

1 OLG Zweibrücken, Beschl. v. 25. 2. 1998 – 5 WF 6/98, JurBüro 1998, 365 = FamRZ 1998, 1311 = OLGR 1997, 375 = KostRsp. BRAGO § 41 Nr. 30.
2 OLG Düsseldorf, Beschl. v. 15. 1. 1981 – 6 WF 201/80, JurBüro 1981, 728 = KostRsp. BRAGO § 41 Nr. 11; OLG Stuttgart, Beschl. v. 16. 4. 1982 – 8 WF 10/82, JurBüro 1982, 1358; a.A. KG, Beschl. v. 14. 12. 1979 – 1 WF 3979/79, JurBüro 1980, 880 m. abl. Anm. *Mümmler* = Rpfleger 1980, 163 = MDR 1980, 589 = AnwBl. 1980, 294.

B. Gegenstandswert

I. Überblick

Besondere Regelungen zum Gegenstandswert in einstweiligen Anordnungen   **1539**
finden sich in § 24 RVG, § 53 Abs. 2 GKG. Zum Teil fehlen aber auch Wertvorschriften für einstweilige Anordnungen. In diesen Fällen ist nach § 23 Abs. 3
S. 2 RVG der Wert nach billigem Ermessen zu bestimmen. Auszugehen ist
dabei vom Wert der Hauptsache, wobei wegen der Vorläufigkeit ein entsprechender Abschlag vorzunehmen ist, je nach Bedeutung und Dringlichkeit der
Sache.

II. Einzelfälle

Im Einzelnen gilt Folgendes:

1. Einstweilige Anordnungsverfahren nach §§ 620, 621f und 127a ZPO

a) Elterliche Sorge (§ 620 Nr. 1 ZPO)

Es gilt § 24 S. 1 RVG. Der Ausgangswert beläuft sich auf 500 Euro; im Regelfall   **1540**
dürften 750 Euro angemessen sein.[1]

b) Umgangsrecht (§ 620 Nr. 2 ZPO)

Es gilt § 24 S. 1 RVG. Der Ausgangswert beläuft sich auf 500 Euro; im Regelfall   **1541**
dürften 750 Euro angemessen sein.[2]

c) Kindesherausgabe (§ 620 Nr. 3 ZPO)

Es gilt § 24 S. 1 RVG. Der Ausgangswert beläuft sich auf 500 Euro; im Regelfall   **1542**
dürften 750 Euro angemessen sein.[3]

d) Kindesunterhalt (§ 620 Nr. 4 ZPO)

Auszugehen ist von §§ 53 Abs. 2 S. 1, 42 Abs. 5 S. 1 GKG. Maßgebend ist der   **1543**
verlangte Betrag der auf die Einreichung folgenden sechs Monate, sofern nicht
für einen geringeren Zeitraum beantragt wird.

Bei Einreichung des Antrags fällige Beträge werden hinzugerechnet (§ 42 Abs. 5   **1544**
S. 1 GKG gilt entsprechend).[4] Die Fälligkeit richtet sich nach § 1612 Abs. 3 S. 1

---

1 AnwK-RVG/*N. Schneider* § 24 Rn. 10 m.w.N.
2 AnwK-RVG/*N. Schneider* § 24 Rn. 10 m.w.N.
3 AnwK-RVG/*N. Schneider* § 24 Rn. 10 m.w.N.
4 OLG Köln, Beschl. v. 28. 1. 2004 – VIII ZB 72/03, AGS 2004, 164 mit Anm. *N. Schneider.*

BGB: Eine Geldrente ist monatlich im Voraus zu zahlen. Daher ist auch der Betrag des laufenden Monats hinzuzurechnen, in dem die einstweilige Anordnung beantragt wird.[1]

1545 Wird Prozesskostenhilfe beantragt, zählt bereits der Tag der Einreichung des Prozesskostenhilfeantrags (§ 45 Abs. 5 S. 2 GKG), wenn der Antrag alsbald nach Mitteilung der Entscheidung über den Prozesskostenhilfeantrag oder über eine alsbald eingelegte Beschwerde eingereicht wird.

e) Getrenntleben (§ 620 Nr. 5 ZPO)

1546 Es gilt nach § 23 Abs. 3 S. 2, 2. Hs. RVG ein Auffangwert von 4000 Euro; der Höchstwert beträgt 500 000 Euro.

f) Ehegattenunterhalt (§ 620 Nr. 6 ZPO)

1547 Es gelten die §§ 53 Abs. 2, 42 Abs. 5 S. 1 GKG. Maßgebend ist der verlangte Betrag der auf die Einreichung folgenden sechs Monate, sofern nicht für einen geringeren Zeitraum beantragt wird.

1548 Bei Einreichung des Antrags fällige Beträge werden hinzugerechnet (§ 42 Abs. 5 S. 1 GKG gilt entsprechend).[2]

1549 Die Fälligkeit richtet sich nach § 1612 Abs. 3 S. 1 BGB: Eine Geldrente ist monatlich im Voraus zu zahlen. Daher ist auch der Betrag des laufenden Monats hinzuzurechnen, in dem die einstweilige Anordnung beantragt wird.[3]

1550 Wird Prozesskostenhilfe beantragt, zählt bereits der Tag der Einreichung des Prozesskostenhilfeantrags (§ 45 Abs. 5 S. 2 GKG), wenn der Antrag alsbald nach Mitteilung der Entscheidung über den Prozesskostenhilfeantrag oder über eine alsbald eingelegte Beschwerde eingereicht wird.

g) Benutzung der Ehewohnung (§ 620 Nr. 7 ZPO)

1551 Nach § 53 Abs. 2 S. 2 GKG ist ein unabänderlichen Festwert in Höhe von 2000 Euro vorgesehen.

h) Benutzung des Hausrats (§ 620 Nr. 7 ZPO)

1552 Nach § 53 Abs. 2 S. 2 GKG ist ein unabänderlicher Festwert in Höhe von 1200 Euro vorgesehen.

---

1 AG Siegburg, Beschl. v. 6. 11. 2003 – 32 F 65/03, BRAGOreport 2003, 245; *N. Schneider* AGS 203, 435.
2 OLG Köln, Beschl. v. 28. 1. 2004 – VIII ZB 72/03, AGS 2004, 164 mit Anm. *N. Schneider.*
3 AG Siegburg, Beschl. v. 6. 11. 2003 – 32 F 65/03, BRAGOreport 2003, 245; *N. Schneider* AGS 203, 435.

i) Herausgabe von Sachen (§ 620 Nr. 8 ZPO)

Es gilt nach § 48 Abs. 1 S. 1 GKG, §§ 3, 6 ZPO der Wert der verlangten Gegen- 1553
stände mit Abschlag wegen Vorläufigkeit.

j) Nutzung von Sachen (§ 620 Nr. 8 ZPO)

Es gilt § 48 Abs. 1 S. 1 GKG, § 3 ZPO. Maßgebend ist das Interesse an der 1554
vorläufigen Benutzung.

k) Maßnahmen nach §§ 1, 2 GewSchG (§ 620 Nr. 9 ZPO)

aa) Benutzung der Wohnung

Es gilt § 53 Abs. 2 S. 2 GKG. Vorgesehen ist ein unabänderlicher Festwert in 1555
Höhe von 2000 Euro.

bb) Benutzung des Hausrats

Es gilt § 53 Abs. 2 S. 2 GKG. Vorgesehen ist ein unabänderlicher Festwert in 1556
Höhe von 1200 Euro.

cc) Sonstige Regelungen

Abzustellen ist nach § 53 Abs. 1 S. 1 GKG i.V.m. § 3 ZPO auf das Interesse an 1557
der Regelung (gegebenenfalls kann an eine analoge Anwendung des § 24 S. 3
i.V.m. S. 1 RVG gedacht werden: Ausgangswert 500 Euro).

l) Kostenvorschuss für Ehe- und Folgesache nach § 620 Nr. 10 ZPO

Es gilt § 48 Abs. 1 S. 1 GKG, § 3 ZPO. Maßgebend ist der Wert des verlangten 1558
Vorschusses (Rechtsanwaltsgebühren und Gerichtskosten).

m) Prozesskostenvorschuss in Unterhaltssachen nach § 127a ZPO

Es gilt § 48 Abs. 1 S. 1 GKG, § 3 ZPO. Maßgebend ist der Wert des verlangten 1559
Vorschusses (Rechtsanwaltsgebühren und Gerichtskosten).

n) Kostenvorschuss für Familiensachen nach §§ 621 f. ZPO

Es gilt § 48 Abs. 1 S. 1 GKG, § 3 ZPO. Maßgebend ist der Wert des verlangten 1560
Vorschusses (Rechtsanwaltsgebühren und Gerichtskosten).

2. Einstweilige Anordnungsverfahren nach §§ 621g, 641d, 644 ZPO, 64b FGG

a) Elterliche Sorge nach § 621g ZPO

1561 Es gilt § 24 S. 1 RVG. Der Ausgangswert beläuft sich auf 500 Euro; im Regelfall dürften 750 Euro angemessen sein.[1]

b) Umgangsrecht nach § 621g ZPO

1562 Es gilt § 24 S. 1 RVG. Der Ausgangswert beläuft sich auf 500 Euro; im Regelfall dürften 750 Euro angemessen sein.[2]

c) Kindesherausgabe nach § 621g ZPO

1563 Es gilt § 24 S. 1 RVG. Der Ausgangswert beläuft sich auf 500 Euro; im Regelfall dürften 750 Euro angemessen sein.[3]

d) Benutzung der Ehewohnung nach § 621g ZPO

1564 Es gilt § 53 Abs. 2 S. 2 GKG. Danach ist ein unabänderlicher Festwert in Höhe von 2000 Euro festgeschrieben.

e) Benutzung des Hausrats nach § 621g ZPO

1565 Es gilt § 53 Abs. 2 S. 2 GKG. Danach ist ein unabänderlicher Festwert in Höhe von 1200 Euro festgeschrieben.

f) Unterhalt bei Vaterschaftsfeststellung nach § 641d ZPO

1566 Es gelten die §§ § 53 Abs. 2 S. 1, 42 Abs. 5 S. 1 GKG. Maßgebend ist der verlangte Betrag der auf die Einreichung folgenden sechs Monate, sofern nicht für einen geringeren Zeitraum beantragt wird.

1567 Bei Einreichung des Antrags fällige Beträge werden hinzugerechnet (§ 42 Abs. 5 S. 1 GKG gilt entsprechend)[4] Die Fälligkeit richtet sich nach § 1612 Abs. 3 S. 1 BGB: Eine Geldrente ist monatlich im Voraus zu zahlen. Daher ist auch der Betrag des laufenden Monats hinzuzurechnen, in dem die einstweilige Anordnung beantragt wird.[5]

1568 Wird Prozesskostenhilfe beantragt, zählt bereits der Tag der Einreichung des Prozesskostenhilfeantrags (§ 45 Abs. 5 S. 2 GKG), wenn der Antrag alsbald nach

---

1 AnwK-RVG/*N. Schneider* § 24 Rn. 10 m.w.N.
2 AnwK-RVG/*N. Schneider* § 24 Rn. 10 m.w.N.
3 AnwK-RVG/*N. Schneider* § 24 Rn. 10 m.w.N.
4 OLG Köln, Beschl. v. 28. 1. 2004 – VIII ZB 72/03, AGS 2004, 164 mit Anm. *N. Schneider.*
5 AG Siegburg Beschl. v. 6. 11. 2003 – 32 F 65/03, BRAGOreport 2003, 245; *N. Schneider* AGS 203, , 435.

Mitteilung der Entscheidung über den Prozesskostenhilfeantrag oder über eine alsbald eingelegte Beschwerde eingereicht wird.

g) Unterhalt bei Klagen nach § 621 Abs. 1 Nr. 4, 5 oder 11 ZPO (§ 644 ZPO)

Es gilt § 53 Abs. 2 S. 1, 42 Abs. 5 S. 1 GKG. Maßgebend ist der verlangte Betrag der auf die Einreichung folgenden sechs Monate, sofern nicht für einen geringeren Zeitraum beantragt wird.   1569

Bei Einreichung des Antrags fällige Beträge werden hinzugerechnet (§ 42 Abs. 5 S. 1 GKG gilt entsprechend).[1] Die Fälligkeit richtet sich nach § 1612 Abs. 3 S. 1 BGB: Eine Geldrente ist monatlich im Voraus zu zahlen. Daher ist auch der Betrag des laufenden Monats hinzuzurechnen, in dem die einstweilige Anordnung beantragt wird.[2]   1570

Wird Prozesskostenhilfe beantragt, zählt bereits der Tag der Einreichung des Prozesskostenhilfeantrags (§ 45 Abs. 5 S. 2 GKG), wenn der Antrag alsbald nach Mitteilung der Entscheidung über den Prozesskostenhilfeantrag oder über eine alsbald eingelegte Beschwerde eingereicht wird.   1571

h) Maßnahmen nach §§ 1, 2 GewSchG, 64b FGG

Es gilt § 24 S. 1 RVG. Der Ausgangswert beläuft sich auf 500 Euro; im Regelfall dürften 750 Euro angemessen sein.[3]   1572

aa) Benutzung der Wohnung

Es gilt nach § 24 S. 3, S. 2 RVG, § 53 Abs. 2 S. 2 GKG ein unabänderlicher Festwert in Höhe von 2000 Euro.[4]   1573

bb) Benutzung des Hausrats

Es gilt nach § 24 S. 3, S. 2 RVG, § 53 Abs. 2 S. 2 GKG ein unabänderlicher Festwert in Höhe von 1200 Euro.[5]   1574

---

1 OLG Köln, Beschl. v. 28. 1. 2004 – VIII ZB 72/03, AGS 2004, 164 mit Anm. *N. Schneider*.
2 AG Siegburg, Beschl. v. 6. 11. 2003 – 32 F 65/03, BRAGOreport 2003, 245; *N. Schneider* AGS 203, 435.
3 AnwK-RVG/*N. Schneider* § 24 Rn. 10 m.w.N.
4 OLG Koblenz, Beschl. v. 23. 5. 2005 – 7 WF 123/05, AGS 2005, 561 = FGPrax 2005, 180 = JurBüro 2005, 427 = OLGR 2005, 730 = FamRZ 2005, 1849.
5 OLG Koblenz, Beschl. v. 23. 5. 2005 – 7 WF 123/05, AGS 2005, 561 = FGPrax 2005, 180 = JurBüro 2005, 427 = OLGR 2005, 730 = FamRZ 2005, 1849.

cc) Sonstige Regelungen

1575 Es gilt über § 24 S. 3 RVG die Regelung des § 24 S. 1 RVG. Der Ausgangswert beläuft sich auf 500 Euro; im Regelfall dürften 750 Euro angemessen sein.[1]

Einstweilige Einstellung der Zwangsvollstreckung

Literatur: *Lappe* Rpfleger 1955, 6.

1576 Bei einstweiliger Einstellung der Zwangsvollstreckung gemäß §§ 707, 719, 769, 785, 786 ZPO ist der Streitwert nach § 3 ZPO anhand des Interesses des Schuldners am **zeitweiligen Aufschub der Vollstreckung** zu schätzen.

1577 § 6 ZPO ist nicht unmittelbar anwendbar, weil der Streit nicht die konkrete Sicherstellung einer Forderung, sondern deren Vollstreckbarkeit als Voraussetzung für die Maßnahme der Zwangsvollstreckung betrifft. Eine entsprechende Anwendung von § 6 ZPO entfällt wegen der zeitlich eng begrenzten Wirkung einer einstweiligen Einstellung, da § 6 ZPO auf den vollen Wert der Forderung oder des Pfandes abstellt und damit eine endgültige Maßnahme voraussetzt. Dies wäre beispielsweise die Aufhebung der Zwangsvollstreckung, nicht aber deren nur einstweilige Einstellung.

1578 Während nach früherer Ansicht[2] für den Wert des Einstellungsverfahrens auf den vollstreckungsfähigen Teil des Urteils – ohne Zinsen und Kosten – abgestellt wurde, dessen Vollstreckung verhindert werden sollte, schätzt die heute herrschende Meinung[3] das Interesse regelmäßig auf $^1/_5$ **des Hauptsachewertes.** Grund für diese geringere Bewertung ist der Umstand, dass die Einstellung der Zwangsvollstreckung nur zu einem vorübergehenden Aufschub führen kann. Der Titel selbst wird nicht angegriffen. Das Interesse des Antragstellers an der einstweiligen Einstellung kann daher nicht identisch sein mit der entsprechenden Hauptklage, die Zwangsvollstreckung schlechthin, also zeitlich unbegrenzt auszuschließen. Die zu bewertenden Streitgegenstände decken sich nicht.

1579 Der Streitwert eines Verfahrens auf vorläufige Einstellung der Zwangsvollstreckung in einem **Arrestprozess** findet seine oberste Grenze in dem nach

---

1 AnwK-RVG/*N. Schneider* § 24 Rn. 10 m.w.N.
2 Siehe *Gerold*, Streitwert, S. 354 Rn. 14 m.w.N.
3 BGH, KostRsp. ZPO § 3 Nr. 642 = WM 1983, 968; BGH, KostRsp. ZPO § 3 Nr. 1052 = NJW 1991, 2280; KG, Beschl. v. 30. 3. 1982 – 1 W 326/82, JurBüro 1982, 1243; OLG Köln, Beschl. v. 10. 12. 1975 – 2 W 137/75, Rpfleger 1976, 138; OLG Köln, Beschl. v. 12. 8. 2002 – 8 W 15/02, BRAGOreport 2002, 143; OLG Hamm FamRZ 1980, 476; OLG Hamm JurBüro 1982, 1243; OLG München MDR 1981, 1029; OLG Bamberg JurBüro 1981, 919; OLG Stuttgart, Beschl. v. 26. 5. 1986 – 8 W 16486, KostRsp. ZPO § 3 Nr. 844 = Justiz 1986, 413; OLG Karlsruhe, KostRsp. ZPO § 3 Nr. 914 = FamRZ 1988, 634; OLG Bremen, Beschl. v. 25. 10. 1993 – 2 W 97/93, n.v.; LG Passau, KostRsp. ZPO § 3 Nr. 798; LG Koblenz, Beschl. v. 8. 8. 1990 – 4 T 508/90, JurBüro 1991, 109.

§§ 53 Abs. 1 Nr. 1 GKG, 3 ZPO zu ermittelnden Streitwert des Arrestverfahrens.[1]

Bei einer einstweiligen Einstellung der Zwangsvollstreckung aus einem **klageabweisenden Urteil** ist der Streitwert nicht auf den Betrag der vom Kläger zu erstattenden Kosten zu beziffern,[2] sondern nur mit einem Bruchteil dieses Betrages anzusetzen.[3] 1580

Wird zugleich mit der Erhebung einer **Drittwiderspruchsklage** ein Antrag auf einstweilige Einstellung der Zwangsvollstreckung gestellt, dann hat das Einstellungsverfahren entgegen OLG Celle[4] einen eigenen Streitwert. Es besteht keine Teilidentität mit der Hauptsache. Das zeigt sich schon daran, dass dem Einstellungsantrag stattgegeben, die Drittwiderspruchsklage aber abgewiesen werden kann. Eine andere Frage ist es, ob und welche Anwaltsgebühren für das Einstellungsverfahren dann anfallen. Das richtet sich nur nach dem RVG – insofern hat das OLG Celle offenbar nicht zwischen Gebührenstreitwert und Gebührenanfall unterschieden. 1581

Eine Beschwerde gegen die einstweilige Einstellung der Zwangsvollstreckung ist nach § 707 Abs. 2 ZPO ausgeschlossen. Wird die Rüge nach § 321a ZPO oder eine Gegenvorstellung mit dem Ziel eingelegt, den Wegfall der Sicherheitsleistung zu erreichen, so ist der nach § 3 ZPO zu schätzende Beschwerdewert an den Kosten der Avalprovision auszurichten.[5] 1582

Einstweilige Verfügung

Siehe auch das Stichwort „Arrest".

Literatur: *Tschischgale* JVBl. 1960, 218; *Schmidt* JurBüro 1961, 531; *Schneider* JurBüro 1967, 462; *derselbe* JurBüro 1968, 665; *derselbe* JurBüro 1977, 1516.

Gliederungsübersicht

A. Anzuwendende Vorschriften . . 1584	III. Verhältnis zum Hauptsacheverfahren 1600	
B. Bewertungsgrundsätze 1587	IV. Widerspruchs- und Aufhebungsverfahren 1606	
I. Bruchteilsbewertung 1588	V. Vollziehungsverfahren 1611	
II. Nichtvermögensrechtliche Ansprüche 1594	**C. Streitwertschlüssel** 1614	

---

1 OLG Frankfurt JurBüro 1965, 388.
2 So noch BGH, Beschl. v. 13. 7. 1953 – VI ZR 117/53, BGHZ 10, 249; aufgegeben im Urteil v. 28. 5. 1991 – IX ZR 181/90, NJW 1991, 2280.
3 So Zöller/*Herget*, § 3 Rn. 16 Stichwort „Zwangsvollstreckung".
4 OLG Celle, KostRsp. GKG § 16 Nr. 52 mit Anm. *Schneider*.
5 OLG Köln, KostRsp. ZPO § 3 Nr. 456.

1583 Die möglichen Verfahrensgegenstände einstweiliger Verfügungen sind theoretisch und praktisch unbegrenzt. Eine umfassende Zusammenstellung, sofern sie überhaupt möglich ist, hat aufgrund ihres Umfangs für den Benutzer wenig Wert. Es sollen daher im Anschluss an die Übersicht über grundsätzliche Fragen der Bewertung in einem alphabetisch geordneten Streitwert-Schlüssel die für die Praxis wichtigsten Fälle dargestellt werden (ab Rn. 1614).

A. Anzuwendende Vorschriften

1584 Der Streitwert für das Verfahren auf Erlass einer einstweiligen Verfügung ist gemäß § 53 Abs. 1 Nr. 1 GKG i.V.m. § 3 ZPO nach freiem Ermessen zu schätzen.

1585 Maßgebend für die Bemessung ist gemäß § 4 Abs. 1 ZPO, § 40 GKG das Interesse des Antragstellers im Zeitpunkt der Antragstellung.[1] Bei der Berechnung der Gebühr für das Verfahren nach Nr. 1412 KV GKG sind jedoch Wertänderungen nach Antragstellung zu berücksichtigen, denn die Verfahrensgebühr von 1,5 (Nr. 1410 KV GKG) erhöht sich nur nach dem Wert desjenigen Streitgegenstands auf 3,0 (Nr. 1412 KV GKG), auf den sich die Entscheidung bezieht.[2]

1586 Da im Verfahren auf Erlass einer einstweiligen Verfügung keine strenge Antragsbindung besteht, muss das wirkliche Begehren des Antragstellers genau klargestellt werden.[3]

B. Bewertungsgrundsätze

1587 Für die Bemessung bildet zunächst der Wert des zu sichernden Anspruchs einen Anhaltspunkt. Darüber hinaus gibt er auch die Höchstgrenze vor, die im Regelfall wertmäßig nicht erreicht werden kann.[4]

I. Bruchteilsbewertung

1588 Der Streitwert ist grundsätzlich niedriger anzunehmen als der Wert für ein entsprechendes Klageverfahren.[5] Anzusetzen ist ein **Bruchteil der zu sichernden Forderung**,[6] der erheblich unter ihrem Nennwert liegt.[7] Eine allgemeine feste Übung hinsichtlich des anzusetzenden Bruchteils hat sich nicht herausgebildet.

---

1 OLG Frankfurt AnwBl. 1983, 89 = KostRsp. GKG § 20 Nr. 55; OLG Bamberg JurBüro 1979, 438; OLG Köln JurBüro 1980, 244; OLG Hamburg BlGBW 1966, 18; OLG Nürnberg JurBüro 1962, 160.
2 OLG München, Beschl. v. 25. 1. 1996 – 11 W 3187/95, MDR 1996, 423.
3 OLG Köln JurBüro 1980, 741.
4 OLG Frankfurt, KostRsp. GKG a.F. § 18 Nr. 5.
5 KG JurBüro 1967, 806.
6 OLG Düsseldorf NJW 1953, 424.
7 OLG Nürnberg JurBüro 1962, 161.

Meist wird wohl $^1/_3$ des Wertes der zu sichernden Forderung angenommen.[1] Eine andere Meinung nimmt in der Regel $^1/_2$ des Forderungswertes an.[2] Mit dem Auspendeln der Bewertung zwischen $^1/_3$ und $^1/_2$ – je nach den Besonderheiten des Einzelfalls – dürfte die große Mehrzahl aller Fälle abgedeckt sein.

Der Streitwert darf allerdings nie rein schematisch auf einen solchen Bruchteil des Wertes der Hauptsache festgesetzt werden.   **1589**

Nach Abwägung der Umstände des Einzelfalls kann er – je nach der Bedeutung des Verfahrens für das gesamte Streitverhältnis – auch einmal den Streitwert der **Hauptsache** erreichen.[3] Das ist insbesondere dann möglich, wenn der Antragsteller mit dem Antrag auf Erlass einer einstweiligen Verfügung keine vorläufige, sondern eine endgültige Regelung anstrebt,[4] also dem Antragsteller volle Befriedigung verschafft wird,[5] oder wenn die unmittelbar drohende Gefahr eines Rechtsverlustes beseitigt werden soll.[6]   **1590**

Eine Bemessung auf die volle Höhe der zu sichernden Forderung muss aber die Ausnahme sein, denn im Verfahren auf Erlass einer einstweiligen Verfügung ist Streitgegenstand eben nicht der im Hauptsacheprozess zu klärende materielle Anspruch, sondern lediglich der auf dem Prozessrecht beruhende Anspruch auf einstweilige Regelung oder Sicherung. Maßgebend für den Streitwert ist deshalb nur das Interesse der Partei an einer Sicherung und die sachliche Bedeutung des Verfahrens.[7]   **1591**

Auch wenn durch einstweilige Verfügung für den Fall der Zuwiderhandlung eine hohe **Geldstrafe** angedroht wird, kann der Streitwert der erstrebten Maßnahme geringer sein als der Betrag der angedrohten Geldstrafe.[8]   **1592**

---

1 Vgl. z.B. OLG Brandenburg, Beschl. v. 26. 3. 2001 – 9 WF 47/01, BRAGOreport 2002, 27; OLG Rostock OLGR 1995, 11; KG Rpfleger 1962, 120; OLG Hamm JurBüro 1964, 272; OLG Koblenz, Beschl. v. 30. 8. 1993 – 5 W 550/93, JurBüro 1994, 738; KG Rpfleger 1970, 97 (Bruchteil von $^1/_3$ bis $^1/_4$); OLG Bamberg, KostRsp. ZPO § 3 Nr. 1066 = JurBüro 1991, 1690; LG Hildesheim JurBüro 1964, 593; LG Braunschweig Nds.Rpfl. 1965; 106; OLG Frankfurt JurBüro 1977, 719: $^1/_4$ für Bauhandwerkersicherungshypothek.
2 Vgl. OLG Nürnberg, JurBüro 1962, 160; OLG Nürnberg JurBüro 1962, 239; OLG Nürnberg JurBüro 1963, 554; OLG Saarbrücken, KostRsp. GKG § 20 Nr. 18; LG Siegen JurBüro 1963, 475.
3 OLG Celle Nds.Rpfl. 1959, 20; OLG Karlsruhe NJW 1952, 546.
4 LG Hildesheim JurBüro 1964, 593.
5 OLG Saarbrücken, KostRsp. GKG § 20 Nr. 8; OLG Schleswig SchlHA 1978, 22; OLG Frankfurt, KostRsp. ZPO § 3 Nr. 1024 mit Anm. *Schneider* = MDR 1991, 354; LG Bochum AnwBl. 1969, 132; OLG Köln, Beschl. v. 27. 1. 1999 – 16 W 3/99, OLGR 1999, 336; OLG München FamRZ 1997, 691.
6 OLG Brandenburg, Beschl. v. 26. 3. 2001 – 9 WF 47/01, BRAGOreport 2002, 27; OLG Karlsruhe Justiz 1971, 354; OLG Bamberg JurBüro 1978, 1552 (Eintragung eines Widerspruchs gegen die Richtigkeit des Grundbuchs).
7 OLG München Rpfleger 1967, 135; OLG Frankfurt, KostRsp. GKG a.F. § 18 Nr. 5.
8 OLG Neustadt JurBüro 1961, 457.

1593 Ebenso darf der Streitwert eines **vorangegangenen** Verfügungsverfahrens nicht auch dem Bestrafungsverfahren zugrunde gelegt werden.[1] Dieses ist verfahrensrechtlich selbständig und muss deshalb auch selbständig bewertet werden.[2]

II. Nichtvermögensrechtliche Ansprüche

1594 Bei der Bemessung des Streitwertes für eine einstweilige Verfügung hinsichtlich eines nichtvermögensrechtlichen Anspruches ist ebenfalls nach § 3 ZPO zu schätzen,[3] da § 53 Abs. 1 Nr. 1 GKG der Regelung in § 48 Abs. 2 GKG grundsätzlich vorgeht.

1595 Im Rahmen dieser Schätzung nach § 3 ZPO muss die Vorschrift des **§ 48 Abs. 2 GKG** allerdings als Richtschnur des richterlichen Ermessens herangezogen werden, denn § 48 Abs. 2 GKG ist angesichts der schwierigen wertmäßigen Erfassbarkeit nichtvermögensrechtlicher Streitigkeiten seinem Sinne nach die Rechtsgrundlage aller Ermessensentscheidungen in diesem Bereich.[4] Soweit das OLG Köln[5] allerdings eine **Bindung** an die Grundsätze des § 48 Abs. 2 GKG annimmt, ist dem zu widersprechen, weil das mit dem klaren Verweis des § 53 Abs. 1 GKG auf § 3 ZPO unvereinbar ist. Der Wert nach § 48 Abs. 2 GKG dient nur als Vergleichsmaßstab, um sicherzustellen, dass der nach §§ 3 ZPO, 53 Abs. 1 GKG festgesetzte Wert in einem angemessenen Verhältnis zum Wert der Hauptsache steht.[6]

1596 Auch in nichtvermögensrechtlichen Eilverfahren ist der Wert nur mit einem **Bruchteil** des Hauptverfahrens anzusetzen.[7]

1597 In der Praxis muss demnach zunächst einmal der Streitwert der nichtvermögensrechtlichen Hauptsache beziffert werden. Davon hängt auch die sachliche Zuständigkeit ab. Zuständig für den Erlass einer einstweiligen Verfügung ist das Gericht der Hauptsache (§ 937 Abs. 1 ZPO), und das ist das Gericht des ersten Rechtzuges (§ 943 Abs. 1 ZPO).

1598 Daher ist es fehlerhaft, den beim Landgericht eingereichten Antrag auf Erlass einer einstweiligen Verfügung mit der Begründung zurückzuweisen, das Amtsgericht sei zuständig, weil der Verfügungsstreitwert 5000 Euro nicht übersteige (§ 23 Nr. 1 GVG). Darauf kommt es nicht an. Wenn die Hauptsache höherwertig als 5000 Euro ist, dann ist das Landgericht zuständig, auch wenn das Verfügungsverfahren nur mit 1000 Euro zu bewerten ist.

---

1 LG München WRP 1960, 290.
2 Vgl. das Stichwort „Ordnungsmittel".
3 OLG Köln JMBl.NW 1961, 286; KG JurBüro 1967, 806.
4 OLG Köln JMBl.NW 1961, 286; OLG Frankfurt JurBüro 1972, 706.
5 OLG Köln JMBl.NW 1961, 286 (die Entscheidung bezog sich noch auf § 12 GKG a.F.).
6 KG JurBüro 1967, 807.
7 OLG Frankfurt AnwBl. 1983, 89 = KostRsp. GKG § 20 Nr. 55.

Bei gleichzeitiger Geltendmachung **mehrerer nichtvermögensrechtlicher Ansprüche** ist nach OLG Köln[1] der Streitwert für jeden Anspruch gesondert zu berechnen, wenn ein „Fall echter Anspruchshäufung" vorliegt. Wenn jeder der Ansprüche nur einen Teil, nicht aber den vollen Wert des Anspruchs auf Ehrschutz umfasse, führe diese Einzelberechnung nicht zu einer unzulässigen mehrfachen Bewertung desselben Streitgegenstandes. Folgt man dem, dann sind die Gebühren nach der Summe der einzelnen (für jeden Antrag) ermittelten Werte zu berechnen.[2]

1599

III. Verhältnis zum Hauptsacheverfahren

Wird in einem Verfahren der einstweiligen Verfügung zugleich die noch nicht anhängige Hauptsache **mit verglichen**, so ist Streitwert der zusammengerechnete Wert der einstweiligen Verfügung und der Hauptsache.[3] Es handelt sich um zwei selbständige rechtliche Begehren (Streitgegenstände) aus je selbständigen Verfahren.

1600

Demgegenüber ist das OLG Frankfurt[4] der Meinung, wenn – im umgekehrten Fall – im Hauptprozess ein anhängiges Eilverfahren mit verglichen werde, sei der Streitwert für den Prozessvergleich nicht durch Addition zu bilden, sondern der Vergleichswert werde lediglich durch den Betrag der mit verglichenen Kosten des Eilverfahrens erhöht.

1601

Diese Auffassung ist in sich widersprüchlich und abzulehnen. Die Streitgegenstände von Hauptprozess und Eilverfahren sind verschieden und daher zu addieren.[5] Für die anwaltlichen Gebühren ergibt sich schon aus § 17 Nr. 4 RVG, dass es sich um verschiedene gebührenrechtliche Angelegenheiten handelt.

1602

Diese Verschiedenheit beruht in erster Linie auf der „Vorläufigkeit" des Verfügungsschutzes und auf dem Fehlen der Antragsbindung (§ 928 ZPO bzw. § 308 Abs. 1 ZPO). Wird nun die Eilsache als solche mit verglichen, dann können deren Kosten nicht den Streitwert erhöhen. Einem solchen Vorgehen stünde § 43 GKG entgegen. Da aber das Eilverfahren kraft Gesetzes (§§ 53 Abs. 1 GKG, 3 ZPO) einen eigenen Streitwert hat, der auf das Sicherungsinteresse beschränkt ist, und da weiter Hauptverfahren und Eilverfahren zu unterschiedlichen Entscheidungen und Kostenentscheidungen führen können, ist es geboten, das Sicherungsinteresse des Gläubigers bei der Bildung des Gesamtstreitwerts voll anzusetzen, also die Werte von Hauptverfahren und Eilverfahren zu addieren.

1603

---

1 OLG Köln JMBl.NW 1961, 286.
2 Vgl. dazu das Stichwort „Ehrkränkende Äußerungen".
3 OLG Hamburg MDR 1959, 401; LG Hildesheim JurBüro 1963, 772.
4 OLG Frankfurt JurBüro 1981, 918; zust. *Lappe* NJW 1982, 1737.
5 OLG München, KostRsp. BRAGO § 23 Nr. 70 mit abl. Anm. von *Lappe* = JurBüro 1993, 673 – Unterhaltshauptsacheverfahren/einstweilige Verfügung und einstweilige Anordnung; OLG Hamburg, KostRsp. BRAGO § 23 Nr. 65 mit abl. Anm. *Lappe* = MDR 1991, 904.

1604 Erklärt der Antragsgegner nach Erlass der einstweiligen Verfügung die Haupt-sache **für erledigt**, so bleibt der Streitgegenstand unverändert, wenn der Antrag-steller der Erledigungserklärung widerspricht und auf seinen Anträgen beharrt, die einstweilige Verfügung aufzuheben und den Antrag auf Erlass der einstwei-ligen Verfügung zurückzuweisen.[1]

1605 Siehe zu dieser Streitfrage (Hauptsachewert oder Kostenwert?) das Stichwort „Erledigung der Hauptsache".

IV. Widerspruchs- und Aufhebungsverfahren

1606 Wie im Verfahren über einen Antrag auf Anordnung ist auch im Verfahren auf Widerspruch gegen, Abänderung oder Aufhebung einer einstweiligen Verfügung (§§ 924, 927, 936 ZPO) der Streitwert nach § 3 ZPO zu schätzen.[2] Das ist in § 53 Abs. 1 Nr. 1 GKG ausdrücklich vorgesehen.

1607 Für den Prozessbevollmächtigten des einstweiligen Verfügungsverfahrens ist das Abänderungs- oder Aufhebungsverfahren nach § 16 Nr. 6 RVG dieselbe ge-bührenrechtliche Angelegenheit. In der Regel ist der Streitwert des Verfahrens, das die **Aufhebung** einer einstweiligen Verfügung zum Gegenstand hat, dem des Anordnungsverfahrens gleich. Er richtet sich nach dem Interesse des Verfü-gungsklägers, das dem Wert entspricht, den der aufzuhebende Titel bei Erhe-bung der Aufhebungsklage noch hat.[3] Voraussetzung dafür ist jedoch, dass über den Fortbestand der einstweiligen Verfügung, also über die Fortdauer ihrer Rechtmäßigkeit noch wirklich gestritten wird und nicht lediglich über die formelle Aufhebung einer einstweiligen Verfügung, die nach der übereinstim-menden Auffassung der Parteien durch die Entwicklung der Dinge gegenstands-los geworden ist.[4] In diesem Fall ist nur ein geringer Betrag festzusetzen.[5]

1608 Ist das Interesse wegen Zeitablaufs in zweiter Instanz geringer, ermäßigt sich auch der Streitwert.[6] Meist wird dies darauf zurückzuführen sein, dass sich das **Sicherungsbedürfnis** abgeschwächt hat.[7] Ebenso liegt es, wenn der aufzuheben-de Titel bei Erhebung der Aufhebungsklagen nur noch einen **geringeren Wert** hat. Dann ist dieser maßgebend.[8]

1609 Nach Einlegung eines sog. **Kostenwiderspruchs** im Verfügungsverfahren ent-steht die Terminsgebühr (Nr. 3104 VV RVG) nur aus dem Kostenstreitwert, da

---

1 OLG München Rpfleger 1967, 135.
2 OLG München JurBüro 1973, 357; OLG Frankfurt JurBüro 1969, 343; OLG Celle Rpfleger 1969, 96; OLG Bamberg JurBüro 1974, 1150; näher dazu *Schneider* JurBüro 1977, 1516.
3 OLG Celle AnwBl. 1969, 130.
4 OLG München JurBüro 1963, 357; OLG Bamberg JurBüro 1974, 1150; OLG Hamburg WRP 1977, 814.
5 OLG Frankfurt JurBüro 1969, 343; KG, Beschl. v. 21. 9. 2001 – 5 W 40/01, JurBüro 2002, 479 ($^{1}/_{3}$ des Wertes des Verfügungsantrags).
6 OLG Köln BB 1974, 1184.
7 OLG Köln JurBüro 1980, 244 = KostRsp. GKG § 20 Nr. 38.
8 OLG Celle Rpfleger 1969, 96.

der Kostenwiderspruch den Streit der Parteien auf den Kostenpunkt reduziert.[1] Die Verfahrensgebühr (Nr. 3100 VV RVG) ist bereits im Anordnungsverfahren nach dem vollen Streitwert entstanden, welches mit dem Widerspruchsverfahren nach § 16 Nr. 6 RVG gebührenrechtlich dieselbe Angelegenheit bildet.

Wird die Anordnung einer Frist zur Erhebung der Klage nach **§ 926 Abs. 1 ZPO** abgelehnt, so ist der Beschwerdewert für die hiergegen eingelegte Beschwerde gleich dem des Eilverfahrens.[2]   1610

V. Vollziehungsverfahren

Nicht geregelt ist, wie die Vollziehung der Anordnungen aus dem einstweiligen Verfügungsverfahren, also die Durchführung entsprechender Vollstreckungsmaßnahmen zu bewerten ist. Für die Gerichtskosten kommt es dabei auf den Streitwert nicht an, weil insoweit Festgebühren anfallen. Anders verhält es sich bei den Anwaltsgebühren (§§ 25, 26 RVG). Der Streitwert für Vollstreckungsmaßnahmen, die nach § 18 Nr. 4 RVG eine besondere Angelegenheit darstellen, soweit sie sich nicht auf die Zustellung beschränken, bestimmt sich nach §§ 25 RVG, 6 ZPO. Im Hinblick auf die Vollziehung eines Arrestes oder einer einstweiligen Verfügung werden zwei Ansichten vertreten: 1611

Möglich ist es, die §§ 53 Abs. 1 Nr. 1 GKG, 3 ZPO über den Wortlaut des § 53 Abs. 1 GKG hinaus auch auf die Vollziehung anzuwenden. Pfändungen zum Zweck der Arrestvollziehung haben dann wegen ihres Sicherungscharakters keinen höheren Streitwert als das Anordnungsverfahren.[3] Alternativ kann auch darauf abgestellt werden, dass die Arrestvollziehung einschließlich der Vollstreckung ein vom Anordnungsverfahren getrenntes, selbständiges Verfahren darstellt, auf das nur §§ 25 RVG, 6 ZPO anzuwenden ist. Dann bestimmt und begrenzt immer die Höhe der Forderung des Gläubigers den Streitwert.[4]   1612

Die beiden Ansichten zugrunde liegenden Erwägungen lassen sich in folgendem Grundsatz zusammenfassen: Der Streitwert des Vollziehungsverfahrens entspricht grundsätzlich demjenigen des Anordnungsverfahrens. Darüber hinaus ist aber, wie es auch in § 25 Nr. 1 RVG vorgesehen ist, die Begrenzungsregel des § 6 S. 2 ZPO anzuwenden, so dass ein im Vergleich zum Anordnungswert geringerer Vollziehungswert vorrangig ist.[5] Dafür spricht, dass dem Antragsteller die Vollziehung nicht mehr wert sein kann als die bereits auf Vollziehung   1613

---

1 OLG Hamburg, Beschl. v. 2. 8. 1995 – 8 W 180/95, MDR 1996, 102; OLG Frankfurt JurBüro 1982, 283; KG WRP 1982, 530; KostRsp. ZPO § 3 Nr. 1005 = JurBüro 1990, 1332.

2 OLG Frankfurt JurBüro 1981, 626 = KostRsp. GKG § 20 Nr. 41.

3 OLG Bremen, Beschl. v. 14. 7. 1997 – 2 W 46/97, OLGR 1997, 362; OLG Frankfurt, KostRsp. GKG § 20 Nr. 61 mit Anm. *Schneider*; OLG Koblenz, KostRsp. GKG § 25 Nr. 48 mit Anm. *Schneider*; OLG Hamm Rpfleger 1969, 21; OLG Köln, KostRsp. GKG § 20 Nr. 79; KG JurBüro 1991, 230; *Schalhorn* JurBüro 1969, 432.

4 KG Rpfleger 1962, 120 zu § 18 e; LG Darmstadt, KostRsp. GKG a.F. § 18 Nr. 33; LG Hannover JurBüro 1969, 432; Gebauer/Schneider/*Wolf*, RVG, § 25 Rn. 1.

5 *Schneider* JurBüro 1977, 1517; *Mümmler* JurBüro 1984, 818.

abzielende Anordnung einer Eilmaßnahme. Dies ist dann auch für das Vollziehungsverfahren bei der Streitwertbemessung zu berücksichtigen.

C. Streitwertschlüssel

1614 Die nachfolgende alphabetische Ordnung gibt einen Überblick über die wichtigsten Lebenssachverhalte und die von der Rechtsprechung dazu entwickelten Bewertungskriterien. Eine vollständige Darstellung ist nicht bezweckt und angesichts der immer zu berücksichtigenden Umstände des Einzelfalles auch nicht möglich.

Stichwortübersicht

Abberufung eines Vorstandsmitgliedes	1615	Unterhalt	1644
Auflassungsvormerkung	1616	Unterlassung von Immissionen	1653
Bauhandwerkerhypothek	1619	Verbotene Eigenmacht	1655
Besitzübertragung	1625	Verfügungsverbot	1658
Ehrkränkende Äußerungen	1627	Versorgung der Wohnung	1663
Filmaufführung	1634	Vormerkung	1664
Gestattung	1635	Wettbewerbsrecht	1669
Herausgabe	1636	Widerspruch gegen Richtigkeit des Grundbuchs	1671
Hypothek	1639	Zugangsgestattung	1672
Übernahme, feindliche	1643		

Abberufung eines Vorstandsmitgliedes

1615 Der Streitwert einer einstweiligen Verfügung auf Nichtvollzug der Abberufung eines Vorstandsmitgliedes durch den Aufsichtsrat, wenn der die Abberufung aussprechende Aufsichtsrat zuvor durch Beschluss der Hauptversammlung umgebildet worden war und deren Verfahren angegriffen wird, bemisst sich nach dem Interesse des Antragstellers an der ungehinderten Weiterausübung seiner Vorstandstätigkeit. Als rechnerischer Maßstab ist von seinen Vorstandsbezügen auszugehen.[1]

Auflassungsvormerkung

1616 Der Streitwert eines Verfahrens auf Erlass einer einstweiligen Verfügung auf Eintragung einer Auflassungsvormerkung wird durch das Sicherungsinteresse des Antragstellers bestimmt. Es kann nach LG Düsseldorf[2] im Regelfall mit $^1/_5$ des Verkehrswertes des Grundstückes angenommen werden.

1617 Das Interesse am Erlass der Auflassungsvormerkung kann aber auch im Einzelfall den Wert des Grundstücks erreichen, auf das sich der Auflassungsanspruch bezieht, wenn durch die Vormerkung ein unmittelbar drohender, totaler

---

1 OLG Celle JurBüro 1963, 297 – mit detaillierter Berechnung des Streitwertes, der auf 25 000 DM festgesetzt wurde.
2 LG Düsseldorf, KostRsp. GKG a.F. § 18 Nr. 12.

Rechtsverlust abgewendet werden soll.[1] Soweit solche Umstände nicht vorliegen, ist das Interesse wesentlich geringer und nur mit einem Bruchteil des Grundstückswertes anzusetzen.

Wird eine besonders akute Gefährdung des Auflassungsanspruches nicht dargelegt (§ 885 Abs. 1 S. 2 BGB), so kann das Interesse nur mit etwa $^1/_{10}$ des Grundstückswertes angenommen werden.[2]

1618

Bauhandwerkersicherungshypothek

Der Streitwert einer einstweiligen Verfügung auf Eintragung einer Vormerkung zur Sicherung des Anspruchs auf Eintragung einer Bauhandwerkersicherungshypothek (§ 648 BGB) ist geringer anzusetzen als die zu sichernde Forderung. Der mit einem Bruchteil des Wertes des zu sichernden Rechts (= Hauptsache) zu beziffernde Streitwert muss erheblich niedriger liegen.

1619

Es kommt immer auf das Interesse des Antragstellers im Einzelfall an, für dessen Bewertung der Grad der Rechtsgefährdung wesentlich ist. Ein genereller Bruchteil kann daher nicht angegeben werden. Welcher Wert in Betracht kommt, hängt davon ab, ob im einzelnen Fall die Gefahr besteht, dass der Grundstückseigentümer bis zur Eintragung der Sicherungshypothek das Grundstück veräußert, so dass die Sicherungshypothek nicht mehr eingetragen werden könnte.

1620

Die Rechtsprechung geht selten über $^1/_2$ hinaus,[3] da die Vormerkung dem Vollrecht nicht gleichgesetzt werden kann. Der Bruchteil von $^1/_3$ ist weitgehend als Regelwert angenommen worden.[4] Es kommt aber immer auf das Interesse des Antragstellers im Einzelfall an, für dessen Bewertung der Grad der Rechtsgefährdung natürlich ganz wesentlich ist.

1621

Das OLG Koblenz[5] hat das Interesse an der Sicherung mit rund $^2/_5$ angesetzt,[6] OLG Hamm[7] und Rostock[8] sehen als Regelsatz $^1/_3$ der zu sichernden Forderung an.[9] Das OLG Frankfurt hält $^1/_4$ für vertretbar,[10] das LG Bayreuth[11] $^1/_5$.

1622

---

1 OLG Karlsruhe Justiz 1971, 354.
2 OLG Frankfurt JurBüro 1958, 253; vgl. auch das Stichwort „Auflassungsvormerkung".
3 OLG Schleswig JurBüro 1971, 438; OLG Frankfurt JurBüro 1975, 512; OLG Celle JurBüro 1982, 1227 mit Anm. *Mümmler*; OLG Saarbrücken, KostRsp. ZPO § 3 Nr. 869 = JurBüro 1987, 1218; OLG Köln, KostRsp. ZPO § 3 Nr. 1079 = OLGR 1991, 71.
4 OLG Celle, KostRsp. GKG § 20 Nr. 74 = JurBüro 1985, 1680; OLG Düsseldorf JurBüro 1975, 649; OLG Koblenz Rpfleger 1973, 368 = AnwBl. 1974, 27; OLG Hamm JurBüro 1964, 272; LG Frankenthal, KostRsp. ZPO § 3 Nr. 656 = AnwBl. 1983, 556; OLG Rostock, Beschl. v. 10. 10. 1994 – 2 U 39/94, OLGR 1995, 11.
5 OLG Koblenz JurBüro 1963, 109.
6 So jetzt auch OLG Bremen JurBüro 1982, 1952.
7 OLG Hamm JurBüro 1964, 272.
8 OLG Rostock, Beschl. v. 10. 10. 1994 – 2 U 39/94, OLGR 1995, 11.
9 Ebenso OLG Celle JurBüro 1985, 1680 = KostRsp. ZPO § 3 Nr. 781; LG Frankenthal, KostRsp. ZPO § 3 Nr. 656 = AnwBl. 1983, 556.
10 OLG Frankfurt JurBüro 1977, 719; ebenso OLG Bamberg JurBüro 1975, 940.
11 LG Bayreuth JurBüro 1981, 758.

1623 Nicht mehr vertretbar erscheint es jedoch, wenn das OLG Bremen[1] das Interesse mit $^9/_{10}$ bewertet. Damit wird dem Umstand nicht genügend Rechnung getragen, dass die Maßnahmen lediglich Sicherungscharakter haben. Für die Sicherungshypothek kann sich der Gläubiger – bildlich gesprochen – „noch lange nichts kaufen". Der Auffassung des OLG Bremen[2] hat sich das LG Saarbrücken[3] angeschlossen, wobei es auf § 6 ZPO zurückgegriffen hat. Zur gleichen Zeit hat das OLG Bremen seine präjudizierende Auffassung aufgegeben und folgt nunmehr der herrschenden Ansicht, die nach § 3 ZPO schätzt.[4] Damit dürfte wohl auch die Entscheidung des LG Saarbrücken[5] unmaßgeblich geworden sein, da sie sich ausdrücklich auf die ältere, aufgehobene Rechtsprechung des OLG Bremen berufen hat.

1624 Die Kostenpauschale wegen des Anspruchs auf Kostenerstattung im Rechtsstreit ist nach OLG Saarbrücken[6] hinzuzurechnen (vgl. aber auch das Stichwort „Arrest" Rn. 394).

Besitzübertragung

1625 Der Streitwert einer auf nur vorläufige Besitzübertragung der gekauften Sache gerichteten einstweiligen Verfügung bestimmt sich nach dem Interesse des Antragstellers an der vorläufigen Regelung, das erheblich niedriger als der Kaufpreis anzunehmen ist.[7]

1626 Der Streitwert einer einstweiligen Verfügung auf vorläufige Besitzverschaffung und Übergabe des Schlüssels einer Eigentumswohnung bemisst sich nicht nach dem vollen Kaufpreis der Wohnung, sondern beläuft sich entsprechend dem Interesse des Antragstellers gemäß §§ 53 Abs. 1 Nr. 1, 41 Abs. 1 GKG auf drei Monatsmieten.[8]

Ehrkränkende Äußerungen

1627 Der Gegenstandswert für ein einstweiliges Verfügungsverfahren auf Unterlassung ehrenrühriger Äußerungen geringen Umfanges und ohne große Bedeutung ist vom OLG Hamm[9] trotz günstiger wirtschaftlicher Verhältnisse der Parteien nur mit dem Mindestbetrag von 600 DM (jetzt 300 Euro) bemessen worden.

---

1 OLG Bremen AnwBl. 1976, 411.
2 OLG Bremen AnwBl. 1976, 411.
3 LG Saarbrücken AnwBl. 1981, 70 = KostRsp. ZPO § 3 Nr. 514 mit abl. Anm. *Schneider.*
4 OLG Bremen JurBüro 1982, 1052: $^2/_5$ der Werklohnforderung.
5 LG Saarbrücken AnwBl. 1981, 70.
6 OLG Saarbrücken, KostRsp. ZPO § 3 Nr. 869 = JurBüro 1987, 1218 im Anschluss an OLG Köln MDR 62, 60.
7 OLG Düsseldorf, KostRsp. GKG § 20 Nr. 75 mit Anm. *Schneider* = AnwBl. 1986, 36 = JurBüro 1985, 1848.
8 OLG Hamm, Beschl. v. 1. 3. 2000 – 12 W 2/00, KostRsp. ZPO § 3 Nr. 1343 = AGS 2000, 134.
9 OLG Hamm NJW 1963, 1017.

Allerdings muss auch in summarischen Verfahren der Umstand berücksichtigt werden, dass unwahre Behauptungen oft nur schwer auszulöschen sind und daher die berufliche Entwicklung allgemein hemmen können.[1] Dies spricht gegen eine allzu niedrige Bewertung.   **1628**

Der Antrag auf ein Verbot von öffentlichen Behauptungen ist nicht schon deshalb gering zu bewerten, weil die in Frage stehenden Vorwürfe finanziell nur geringwertig sind. Steht der Betroffene beispielsweise im öffentlichen Leben und muss er befürchten, dass sich die Behauptungen auf seine Laufbahn als Politiker und Verwaltungsbeamter ungünstig auswirken, so kann durchaus eine höhere Bewertung angezeigt sein.[2]   **1629**

Das OLG Bamberg[3] hat eine einstweilige Verfügung zur Abwehr ehrenrühriger Behauptungen im Wahlkampf zutreffend nach dem vollen Hauptsachewert bemessen, weil die vorläufige Maßnahme im Ergebnis einer Verwirklichung des Hauptsacheanspruchs gleichkam.   **1630**

Geht es um die Behauptung des Verfügungsbeklagten, dass die Verkürzung des Religionsunterrichts an der Städtischen Berufsschule mit der Zugehörigkeit des Direktors der Berufsschule zur X-Partei und zur X-Religionsgemeinde Deutschlands in Verbindung stehe, so weicht die Bedeutung der Sache so erheblich vom Normalfall ab, dass eine Wertfestsetzung auf 15 000 DM gerechtfertigt ist.[4]   **1631**

Ein Eilverfahren auf künftige Unterlassung der in einer Fernsehsendung ausgestrahlten Behauptung, der Antragsteller sei wegen Vergewaltigung vorbestraft, hat das OLG Frankfurt[5] mit 30 000 DM bewertet.   **1632**

Zu weiteren Einzelheiten vgl. die Ausführungen unter dem Stichwort „Ehrkränkende Äußerungen".   **1633**

Filmaufführung

Der Streitwert eines auf den Einsatz eines Films gerichteten Eilverfahrens bestimmt sich nach dem Interesse des Antragstellers (Verleihers). Für das Interesse sind außer den zu erwartenden Einspielgeldern auch die sonstigen nachteiligen Folgen zu berücksichtigen, die das Verhalten des Antragsgegners (Filmtheaterbesitzer) für den Antragsteller unmittelbar mit sich bringt. Dazu rechnet vor allem der Wertverlust für den Film durch die Verzögerung seiner Aufführung und die Verringerung der Möglichkeiten seiner Unterbringung bei Nach-   **1634**

---

1 OLG Frankfurt, KostRsp. GKG a.F. § 18 Nr. 5.
2 Vgl. OLG Neustadt, KostRsp. GKG a.F. § 18 Nr. 1: Vorwurf der Inanspruchnahme einer öffentlichen Portokasse für Privatkorrespondenz und der teilweisen Unterschlagung von Kilometergeldern; normale Schwierigkeiten bei der Bearbeitung des Prozessstoffes; geordnete bis gute Einkommens- und Vermögensverhältnisse: 10 000 DM.
3 OLG Bamberg, KostRsp. GKG a.F. § 18 Nr. 48.
4 OLG Neustadt JurBüro 1961, 136.
5 OLG Frankfurt, Beschl. v. 28. 4. 1997 – 16 W 18/97, KostRsp. GKG § 20 Nr. 157 = OLGR 1998, 156.

spieltheatern. Diese sonstigen Schadensfolgen entziehen sich einer konkreten Errechnung, sind jedoch nach allgemeiner Erfahrung mit dem Mehrfachen des zu erwartenden Einspielergebnisses zu bewerten.[1]

Gestattung

1635 Der Streitwert eines Verfügungsverfahrens mit dem Antrag, dem Antragsgegner aufzugeben, zu gestatten, dass Handwerker eines Energielieferungsunternehmens einen Wasseranschluss für die Wohnung der Antragsteller einschließlich Wasseruhr anbringen und zu diesem Zweck das Hausgrundstück betreten, hat das AG Kerpen mit 1000 DM bewertet.[2]

Herausgabe

1636 Bei Herausgabeansprüchen kommt der vorläufige Charakter der im Wege einer einstweiligen Verfügung beantragten und getroffenen Maßnahme dadurch besonders zum Ausdruck, dass die Herausgabe nur an einen Gerichtsvollzieher oder Sequester angeordnet wird. Eine solche Maßnahme nimmt den Erfolg einer Entscheidung in der Hauptsache nicht vorweg. Der Streitwert ist daher nur auf einen Bruchteil des Verkehrswertes der umstrittenen Sache festzusetzen, und zwar auf $^1/_4$ bis $^1/_2$.[3]

1637 Verfehlt ist es, den Streitwert bei Herausgabe eines Gegenstandes an einen Sequester in Höhe der Hauptsache festzusetzen.[4] Der volle Wert der Sache kann nur dann angesetzt werden, wenn die dauerhafte Herausgabe an den Antragsteller selbst verlangt wird.[5]

1638 Wird im Rahmen einer Geschäftsverbindung ein Grundschuldbrief zur Sicherung eines Kredites überlassen und entsteht dann Streit, ob das Darlehen völlig zurückgezahlt sei, ist der Wert des Verfahrens auf Hinterlegung des Grundschuldbriefes mit einem Bruchteil von 15–20 % des Kreditbetrages festzusetzen.[6]

Hypothek

1639 Bei Streit über die Inhaberschaft an einer Hypothek, die nach ihrem Rang und nach dem Wert des belasteten Grundstücks werthaltig ist, kann das Sicherungsinteresse für die Erwirkung einer einstweiligen Verfügung auf Eintragung eines Widerspruchs mit $^1/_3$ des Nennbetrages angenommen werden.[7]

---

1 OLG Frankfurt JurBüro 1962, 689: 100 000 DM.
2 AG Kerpen, KostRsp. ZPO § 3 Nr. 998 = MDR 1990, 928 Nr. 62 – infolge eines redaktionellen Versehens mit Gründen von Nr. 63.
3 KG Rpfleger 1962, 120.
4 So aber OLG Bamberg JurBüro 1975, 793; OLG Bamberg JurBüro 1979, 438; dagegen *Schneider* MDR 1977, 268.
5 OLG Köln, Beschl. v. 27. 1. 1999 – 16 W 3/99, OLGR 1999, 336.
6 OLG Nürnberg JurBüro 1962, 416 – die Vorinstanz hatte auf 20 000 DM festgesetzt.
7 OLG Köln JurBüro 1961, 458.

Der Streitwert für den Widerspruch im Eilverfahren ist am Einheitswert und am Verkehrswert auszurichten. Beträgt der Einheitswert 7600 DM und der Verkehrswert rund 20 000 DM, so ist nach OLG Frankfurt[1] ein Streitwert von 10 000 DM angemessen. **1640**

Wenn lediglich die Gefahr besteht, dass der Eigentümer das Grundstück vorher noch anderweitig belastet, kommt es darauf an, ob der Wert des Grundstückes die Sicherungshypothek noch deckt bzw. in welchem Umfang er sie noch deckt. Der Wert der Vormerkung für den Unternehmer kann daher der zu sichernden Forderung gleichkommen, wenn er ohne die Vormerkung nicht mehr zu seinem Geld käme, weil der Eigentümer das Grundstück veräußert hat und andere pfändbare Habe nicht vorhanden ist. **1641**

Der Wert kann aber auch sehr gering sein, wenn keine Gefahr besteht, dass der Eigentümer sein Grundstück veräußern wird und weitere Belastungen nicht zu befürchten sind.[2] **1642**

Übernahme, feindliche

Begehrt ein Aktionär im Wege der einstweiligen Verfügung, dass der Vorstand der Aktiengesellschaft Abwehrmaßnahmen gegen ein feindliches Übernahmeangebot unterlässt und kurzfristig eine Hauptversammlung einberuft, in der über Zustimmung oder Ablehnung des Angebotes entschieden werden soll, ist der Streitwert in analoger Anwendung von § 247 AktG festzusetzen.[3] **1643**

Unterhalt

Der Wert des Streitgegenstandes einer einstweiligen Verfügung auf Unterhalt bestimmt sich nach §§ 53 GKG, 3 ZPO und ist regelmäßig auf einen Bruchteil des Hauptsachewertes festzusetzen.[4] Häufig wird unter Heranziehung des (jetzigen) § 42 Abs. 1 GKG vom Betrag des einjährigen Bezuges ausgegangen,[5] insbesondere wenn das Hauptverfahren über den Unterhaltsanspruch noch nicht anhängig ist.[6] **1644**

---

1 OLG Frankfurt MDR 1958, 175.
2 OLG Nürnberg JurBüro 1962; 160: Da es mit der Zahlungsfähigkeit des Antragsgegners nicht zum besten stand und Belastungen drohten, wurde der Wert auf die Hälfte der zu sichernden Forderung festgesetzt.
3 OLG Düsseldorf, Beschl. v. 31. 8. 2000 – 6 W 33/00, KostRsp. AktG Nr. 22 = OLGR 2000, 472.
4 LG Essen Rpfleger 1966, 25; LG Hof, KostRsp. GKG a.F. § 18 Nr. 17.
5 OLG Köln, Beschl. v. 29. 1. 1996 – 26 WF 201/95, FamRZ 1997, 39; OLG Düsseldorf, KostRsp. GKG § 20 Nr. 138 mit abl. Anm. *Lappe* = OLGR 1994, 125; OLG Hamm, KostRsp. GKG § 20 Nr. 80 mit Anm. *Schneider* = JurBüro 1986, 1547; LG Münster JurBüro 1951, 439; LG Krefeld, KostRsp. GKG a.F. § 18 Nr. 26.
6 LG Hildesheim Nds.Rpfl. 1965, 65.

1645 Das OLG Köln[1] hat in einer älteren Entscheidung sogar eine zweijährige Dauer für angemessen erklärt. Diese langen Bewertungszeiträume werden damit begründet, dass es sich um eine Leistungsverfügung handele, die endgültige Befriedigung gewähre.[2] Verkannt wird jedoch dabei, dass auch in diesem Fall nur eine einstweilige Regelung möglich ist und der Antragsteller jederzeit zur Hauptklage gezwungen werden kann.[3] Daher erscheinen die bereits früher von *Lappe*[4] vorgebrachten Bedenken gegen eine Bewertung nach der Hauptsache begründet.[5]

1646 Durch die einstweilige Verfügung darf keinesfalls ein längerer Zeitraum abgedeckt werden als die voraussichtliche Dauer des Unterhaltsprozesses. Dementsprechend sieht § 53 Abs. 2 S. 1 GKG für einstweilige Anordnungen auf Unterhalt nur den sechsmonatigen Betrag als Streitwert an. Von der Zielsetzung her sind aber einstweilige Anordnungen und Leistungsverfügungen auf Unterhalt gleichwertig, so dass auch aus diesem Grunde der Ansatz des Jahresbetrages als übersetzt angesehen werden muss.

1647 Richtiger Ansicht nach ist § 53 Abs. 2 S. 1 GKG analog auf einstweilige Verfügungen bzgl. Unterhaltsforderungen außerhalb des Anwendungsbereich der §§ 620, 641d ZPO anzuwenden.[6]

1648 Es ist auch dann analog § 53 Abs. 2 S. 1 GKG mit dem auf sechs Monate entfallenden Betrag zu bewerten, wenn eine solche Begrenzung nicht in den Verfügungstenor oder die Beschlussgründe aufgenommen worden ist.[7]

1649 Erst recht gilt diese Zeit oder eine geringere, wenn die Unterhaltsverfügung ausdrücklich zeitlich begrenzt wird, selbst wenn der Verfügungsantrag keine zeitliche Begrenzung enthält.[8] Wird Unterhalt für weniger als ein Jahr zugespro-

---

1 OLG Köln FamRZ 1980, 349.
2 OLG Hamm JurBüro 1979, 875 mit zust. Anm. *Mümmler*.
3 OLG Frankfurt JurBüro 1970, 1080.
4 *Lappe* Anm. zu KostRsp. GKG § 20 Nr. 19.
5 Ebenso OLG Zweibrücken, KostRsp. GKG § 17 Nr. 42 mit Anm. *Schneider* = JurBüro 1982, 1379 mit Anm. *Mümmler*.
6 Vgl. *Lappe* (Anm. zu KostRsp. GKG § 20 Nr. 138), der allerdings nicht von Analogie, sondern von Gleichbewertung gleicher Gegenstände spricht; OLG Hamburg MDR 1979, 854; OLG Frankfurt, KostRsp. GKG § 20 Nr. 40, OLG Hamm JurBüro 1982, 105; OLG Hamm, KostRsp. GKG § 20 Nr. 119 = JurBüro 1991, 1535; OLG Düsseldorf JurBüro 1982, 285; OLG Düsseldorf, KostRsp. GKG § 20 Nr. 78 = JurBüro 1986, 253; OLG München JurBüro 1985, 917 mit zust. Anm. *Mümmler* = KostRsp. ZPO § 3 Nr. 755; OLG Nürnberg JurBüro 1985, 1235 mit zust. Anm. *Mümmler* = KostRsp. ZPO § 3 Nr. 766; OLG Nürnberg, Beschl. v. 17. 7. 1996 – 7 WF 2168/96, JurBüro 1997, 196; OLG Köln KostRsp. GKG § 20 Nr. 90; OLG Saarbrücken KostRsp. GKG § 20 Nr. 89 = JurBüro 1987, 394; KG, KostRsp. GKG § 20 Nr. 77 mit Anm. *Schneider* = JurBüro 1985, 1846 mit Anm. *Mümmler*; KostRsp. GKG § 20 Nr. 102 = MDR 1988, 154; OLG Brandenburg, Beschl. v. 2. 3. 2000 – 10 WF 7/00, JurBüro 2001, 93.
7 OLG Saarbrücken, KostRsp. § 20 Nr. 89 = JurBüro 1987, 394; OLG Brandenburg, Beschl. v. 2. 3. 2000 – 10 WF 7/00, JurBüro 2001, 93.
8 OLG Hamburg MDR 1979, 854; OLG Hamm KostRsp. GKG § 20 Nr. 119 = JurBüro 1991, 1535; so schon früher OLG Nürnberg JurBüro 1965, 552; a.A. OLG Köln, Beschl.

chen, setzt das OLG Zweibrücken[1] die Beschwer mit 50 % des Gesamtbetrages fest, bleibt also immer unter dem Betrag für sechs Monate. Überschreitet das Verfügungsbegehren den sechsmonatigen Betrag nicht, dann macht die Rechtsprechung keinen weiteren Abschlag wegen der Vorläufigkeit des Sicherungsverfahrens, weil der Gläubiger jedenfalls zunächst einmal Befriedigung erlangt.[2]

Im Grundsatz ebenso hat auch das OLG München[3] entschieden. Danach ist bei einstweiligen Verfügungen auf Zahlung einer Unterhaltsrente gemäß § 940 ZPO der Streitwert immer dann nach dem zu zahlenden Gesamtbetrag zu berechnen, wenn dieser unter dem nach § 42 GKG maßgebenden Wert liegt. Eine Ermäßigung nach § 53 GKG soll danach allerdings nicht stattfinden.   1650

Für den Wert einer Leistungsverfügung auf Sonderbedarf stellt das OLG München[4] auf den geforderten Betrag ab.   1651

Rückständige Leistungen sind wie bei § 42 Abs. 5 GKG zu berücksichtigen.[5]   1652

Unterlassung von Immissionen

Der Streitwert eines Verfügungsverfahrens auf Unterlassung von Immissionen ist in Anlehnung an die für Grunddienstbarkeiten getroffene Regelung des § 7 ZPO zu schätzen. Es ist zunächst die Wertminderung zu ermitteln, die für das beeinträchtigte Grundstück entsteht, wenn die umstrittenen Einwirkungen fortdauern. Von diesem Wert ist wiederum ein Bruchteil als Streitwert anzusetzen.[6]   1653

Kann der Kläger die Immission durch eigene Vorkehrungen abwehren, so können ihre Kosten der Wertminderung gleichgesetzt werden.[7] Die dem Beklagten aus der Unterlassung erwachsenden Nachteile sind dagegen bei der Bestimmung des Streitwertes unbeachtlich.   1654

Verbotene Eigenmacht

Bei Abwehr künftiger verbotener Eigenmacht im Sinne der §§ 858 ff. BGB ist ein besonders geringer Bruchteil des Streitwerts der Hauptsache anzunehmen.[8]   1655

---

v. 29. 1. 1996 – 26 WF 201/95, FamRZ 1997, 39, das in einem solchen Fall als Wert die einjährige Unterhaltsleistung festsetzt.
1 OLG Zweibrücken, KostRsp. ZPO § 3 Nr. 1158 = FamRZ 1993, 1336.
2 Siehe OLG Düsseldorf JurBüro 1982, 285; KG, KostRsp. GKG § 20 Nr. 102 mit abl. Anm. *Lappe*.
3 OLG München JurBüro 1965, 552.
4 OLG München, Beschl. v. 1. 4. 1996 – 12 UF 1457/95, FamRZ 1997, 691; so auch OLG Frankfurt, Beschl. v. 19. 11. 1990 – 5 W 25/90, MDR 1991, 354.
5 OLG Köln, KostRsp. GKG § 20 Nr. 90; LG Hildesheim Nds.Rpfl. 1965, 65; OLG Brandenburg, Beschl. v. 2. 3. 2000 – 10 WF 7/00, JurBüro 2001, 93.
6 OLG Nürnberg JurBüro 1967, 827; OLG Saarbrücken, KostRsp. GKG a.F. § 18 Nr. 21.
7 OLG Saarbrücken, KostRsp. a.F. § 18 Nr. 21.
8 LG Gießen Rpfleger 1952, 501 setzt 10 % an.

1656 Die Abwehr rechtswidriger und vorsätzlicher Besitz- und Eigentumsstörungen hat das OLG Köln[1] allerdings mit der Hälfte des Hauptsachewertes festgesetzt, weil in einem solchen Verfügungsverfahren weitergehend als in der Regel endgültiger Interessenschutz gewährt werde. Besitz- und Eigentumsstörungen, die unter Verletzung der Strafgesetze begangen und in besonders aggressiver Weise ausgeführt werden, sind nach Ansicht des Senats auch aus diesem Grunde höher zu bewerten.

1657 Wird Herausgabe wegen Besitzentziehung durch verbotene Eigenmacht verlangt,[2] dann steht dies einer endgültigen Regelung gleich, da der alte Zustand wiederhergestellt wird. Es geht um den Besitz mit der Folge, dass der Streitwert entsprechend § 6 S. 1 ZPO auf den Verkehrswert der Sache anzusetzen ist.

Verfügungsverbot

1658 Erstrebt der Antragsteller eine Sicherung vor etwaigen rechtsgeschäftlichen Verfügungen des Antragsgegners über die in Streit befangene Sache, so kann sein Interesse nicht so hoch bemessen werden, als wenn er einen Anspruch auf Herausgabe der Sache geltend macht.[3]

1659 Soll beispielsweise dem Verkäufer im Wege der einstweiligen Verfügung verboten werden, die Sache an einen Dritten zu übereignen, so bemisst sich der Streitwert nicht nach dem möglichen Veräußerungsgewinn des Käufers, sondern nach dem Wert der Sache (Bruchteilsbewertung).[4]

1660 Hat der Antragsteller einen Eigentumsvorbehalt an von ihm gelieferten Waren und will er verhindern, dass der Antragsgegner durch Verfügung über die Ware den Herausgabeanspruch vereitelt, so ist die im Einzelfall drohende Gefahr des Rechtsverlusts und die Erwartung, schon im Verfügungsverfahren zu einer endgültigen Regelung zu kommen, abzuschätzen.[5]

1661 Wird im Eilverfahren die Sicherung eines im Miteigentum des Antragstellers stehenden Kraftfahrzeuges begehrt, dann bestimmt sich der Streitwert danach, in welchem Maße der in Geld zu veranschlagende Eigentumsanteil durch das Verhalten des Antragsgegners tatsächlich gefährdet erscheint.[6]

1662 Der Antrag, einem Grundstückseigentümer die Verfügung über sein Eigentum zu verbieten, weil der Antragsteller ein Optionsrecht auf Abschluss eines Kaufvertrages über dieses Grundstück habe, muss vom Grundstückswert ausgehen (§ 6 S. 1 ZPO). Dass wirtschaftlich mit dem Veräußerungsverbot nur die Siche-

---

1 OLG Köln JMBl.NW 1976, 71 = VersR 1976, 740.
2 Siehe dazu OLG Saarbrücken NJW 1967, 1813; OLG Düsseldorf MDR 1971, 1011.
3 LG Paderborn JurBüro 1950, 166; OLG Koblenz, Beschl. v. 30. 8. 1993 – 5 W 550/93, JurBüro 1994, 738 ($^{1}/_{3}$ des Wertes der Sache).
4 OLG Koblenz, Beschl. v. 30. 8. 1993 – 5 W 550/93, JurBüro 1994, 738.
5 LG Bayreuth JurBüro 1979, 1885: $^{1}/_{2}$ des Hauptsachewertes.
6 OLG Frankfurt JurBüro 1964, 206.

rung des Gewinns einer Weiterveräußerung nach Ausübung des Optionsrecht erstrebt wird, ist, weil nicht Streitgegenstand, für die Bewertung unbeachtlich.[1]

Versorgung der Wohnung

Der Streitwert eines Verfügungsverfahrens mit dem Antrag, dem Antragsgegner aufzugeben, eine Wohnung mit Wasser und über die Heizungsanlage mit Heizenergie und Warmwasser zu versorgen, ist vom Amtsgericht Kerpen[2] mit der Hälfte des jährlichen Nutzungsentgelts bewertet worden. Dies überzeugt in der Begründung nicht, da sich der Streitwert nach dem Interesse des Antragstellers richtet. Dessen Interesse ist darauf gerichtet, mit Wasser und Energie versorgt zu werden, während die Zahlung des Nutzungsentgeltes das Interesse des Antragsgegners betrifft. **1663**

Vormerkung

Für den Streitwert eines Verfügungsverfahrens auf Eintragung einer Vormerkung im Grundbuch ist maßgebend das Interesse des Gläubigers an der Sicherung seiner Geldforderung. Der Streitwert kann sich bis zum Betrag der zu sichernden Forderung erhöhen, wenn der Schuldner das Grundstück veräußern will und der Gläubiger seinen Sicherungsgegenstand dadurch verlieren könnte.[3] **1664**

Er ermäßigt sich, wenn der Gläubiger nur mit einer teilweisen Befriedigung wegen vorhandener Belastungen rechnen kann.[4] **1665**

Demgegenüber nimmt das LG Hildesheim[5] stets einen Bruchteil des Wertes der Hauptsache an, also auch dann, wenn die Zwangsversteigerung des betreffenden Grundstückes droht.[6] Die Abwendung eines drohenden Rechtsverlustes wird also vom LG Hildesheim nicht als Umstand gewertet, der zu einer Erhöhung des Streitwertes führen kann. **1666**

Die im Eilverfahren erstrebte Vormerkung zur Sicherung der Bestellung einer beschränkten persönlichen Dienstbarkeit betreffend die Abnahmeverpflichtung von Getränkelieferungen ist nach § 3 ZPO zu schätzen, wobei der für die Hauptsache maßgebende § 9 ZPO die Richtschnur bildet. Wichtigster Bewertungsumstand ist der vom Antragsteller erwartete Gewinn.[7] **1667**

Vgl. auch die Ausführungen zu den Stichwörtern „Auflassungsvormerkung" und „Bauhandwerkersicherungshypothek". **1668**

---

1 OLG Köln JurBüro 1980, 244.
2 AG Kerpen, KostRsp. ZPO § 3 Nr. 999 = MDR 1990, 929 Nr. 63 – infolge eines redaktionellen Versehens mit Gründen von Nr. 62.
3 OLG Nürnberg Rpfleger 1963, 179.
4 OLG Celle Nds.Rpfl. 1965, 203; LG Bayreuth JurBüro 1981, 758: $^1/_5$.
5 LG Hildesheim JVBl. 1965, 163.
6 Gegen OLG Nürnberg Rpfleger 1963, 179.
7 OLG Bamberg JurBüro 1978, 1061.

Wettbewerbsrecht

1669 Auch für Verfügungsverfahren, in denen ein wettbewerbsrechtlicher Unterlassungsanspruch geltend gemacht wird, kann als Regelwert ein Bruchteil des Hauptsachewertes angesetzt werden. Dieser liegt im Regelfall bei $^1/_3$ bis $^1/_2$ des Hauptsachewertes.[1]

1670 Siehe näher dazu das Stichwort „Gewerblicher Rechtsschutz".

Widerspruch gegen Richtigkeit des Grundbuchs

1671 Der Wert einer einstweiligen Verfügung auf Eintragung eines Widerspruchs gegen die Richtigkeit des Grundbuchs ist dem Wert des Hauptanspruchs auf Herausgabe des Grundstückes dann gleichzusetzen, wenn die unmittelbar bevorstehende Gefahr einer Weiterveräußerung des Grundstücks besteht.[2] Ansonsten kann nur ein Bruchteil des Hauptsachewertes angesetzt werden, der sich nach dem Interesse des Antragstellers an der einstweiligen Verhinderung des Rechtsverlustes richtet.[3]

Zugangsgestattung

1672 Die einstweilige Verfügung auf Gestattung des Zuganges zu einem Hausteil, der ausgebaut werden sollte, ist vom OLG München[4] mit $^1/_{10}$ des Verkehrswertes des Hausteiles vor Durchführung der Baumaßnahmen bewertet worden.

Eintragungsbewilligung

1673 Wird auf Bewilligung einer Grundbucheintragung geklagt, so besteht Streit über den darauf gerichteten materiellen Anspruch. Dieser ist für die Wertbestimmung maßgebend; z.B. richtet sich der Wert bei einem Streit

– um die Eintragung eines unentgeltlichen lebenslänglichen **Wohnungs- und Mitbenutzungsrechts** nach § 3 ZPO,[5]

– um die Bewilligung der **Umschreibung des Eigentums** an einem Grundstück in der Regel nach § 6 ZPO,[6] – siehe hierzu das Stichwort „Auflassung",

---

1 OLG Oldenburg, Beschl. v. 6. 6. 1995 – 1 W 45/95, NJW-RR 1996, 946: Hälfte des Klagewertes.
2 OLG Neustadt Rpfleger 1967, 1: Hälfte des Verkehrswertes bei Nichtberücksichtigung der Belastungen.
3 OLG Bamberg JurBüro 1978, 1552.
4 OLG München JurBüro 1973, 1191.
5 OLG Saarbrücken, Beschl. v. 25. 7. 2005 – 4 W 209/05, juris-Nr. KORE 401092005.
6 OLG Celle, Beschl. v. 7. 9. 1998 – 16 W 58/98, OLGR 1999, 200; OLG Karlsruhe, Beschl. v. 27. 7. 2005 – 1 W 33/05, OLGR 2006, 32 = JurBüro 2006, 145.

– um die **Eintragung einer Grunddienstbarkeit** nach § 7 ZPO; für die Grundschuld- oder Hypothekeneintragung ist der Wert der Forderung maßgebend,[1] § 6 ZPO,

– um die **Löschung einer Sicherungshypothek** gemäß § 6 ZPO nach der Wert der zu sichernden Forderung, soweit die noch besteht, ansonsten gemäß § 3 ZPO nach dem Löschungsinteresse des Klägers.[2]

Diese wenigen Beispiele sollen zeigen, dass es immer darauf ankommt, auf welchen materiellen Anspruch sich das Bewilligungsbegehren richtet. Dieser Anspruch ist dann streitwertbestimmend. | 1674

Siehe im Übrigen auch unter den Stichwörtern „Abgabe einer Willenserklärung" und „Willenserklärung" sowie „Grundbuchberichtigung". | 1675

Einwendung

Siehe das Stichwort „Einrede, Einwendung".

Einwilligung wegen Hinterlegung

Wird Einwilligung in die Herausgabe einer hinterlegten Sache oder eines hinterlegten Geldbetrages verlangt, so gilt § 3 ZPO (für die Gerichtsgebühren über § 48 Abs. 1 S. 1 GKG),[3] da die Abgabe einer Willenserklärung verlangt wird und nicht Herausgabe. Allerdings ist im Rahmen des **§ 3 ZPO** die Vorschrift des § 6 Abs. 1 ZPO entsprechend heranzuziehen und auf den Wert der Gegenstände oder Beträge abzustellen, deren Herausgabe begehrt wird. | 1676

Bei Klagen auf Einwilligung in die **Auszahlung eines hinterlegten Geldbetrages** sind die bis zur Klageerhebung aufgelaufenen Hinterlegungszinsen keine Nebenforderungen im Sinne der § 4 ZPO, § 43 Abs. 1 GKG; sie sind vielmehr bei der Berechnung des Streitwerts mit zu berücksichtigen.[4] Siehe auch die Stichwörter „Hinterlegung" und „Zinsen". | 1677

Wird nur die Einwilligung betreffend eines Teil der Gegenstände oder eines Teilbetrages begehrt, so ist auch nur dieser **Teilwert** maßgebend. | 1678

---

1 OLG Koblenz, Beschl. v. 14. 3. 2003 – 8 W 147/03, OLGR 2003, 256.
2 OLG Hamburg MDR 1975, 846; OLG Köln MDR 1980, 1025.
3 A.A. § 6 ZPO KG, Beschl. v. 17. 11. 1977 – 22 W 3656/77, JurBüro 1978, 427 = AnwBl. 1978, 107.
4 BGH, Beschl. v. 11. 1. 1967 – Ib ZA 8/66, MDR 1967, 280 = Bestätigung von RG HRR 1931, 252.

1679 Bei **Klagehäufung** im Bewilligungsstreit muss das Prozessziel klar erfasst werden. Sind beispielsweise 10 000 Euro bei der Hinterlegungsstelle eingezahlt worden, dann zahlt diese aus, wenn die Beteiligten die Herausgabe bewilligen oder die Berechtigung des Fordernden durch rechtskräftiges Urteil nachgewiesen wird (§ 13 Abs. 2 Nr. 1, 21 HinterlO). Angesichts dessen kann der Kläger klagen auf

– Leistung, nämlich Abgabe der Bewilligungserklärung, oder
– positive Feststellung seiner Berechtigung.

1680 Beide Anträge können auch über § 256 Abs. 2 ZPO verbunden werden. Soweit wirtschaftliche Identität der Begehren besteht, entfällt eine Zusammenrechnung. Soweit ein Anspruch höherwertig ist, bestimmt dieser den Streitwert.

1681 Ist der Feststellungsantrag höherwertig oder wird nur auf positive Feststellung der Berechtigung geklagt, dann ist der übliche Abschlag für Feststellungsklagen nicht gerechtfertigt, weil das Feststellungsurteil nach § 13 Abs. 2 Nr. 2 HinterlO zur Auszahlung und damit zur Erfüllung führt.

1682 Hat der Verkäufer eines aufgelassenen Grundstücks die vereinbarte Hinterlegung des Kaufpreises beim Notar nur teilweise erfüllt und klagt der Verkäufer bei Abgabe der Einwilligungserklärung des Käufers zur Umschreibung, weil er seiner Meinung nach den Restbetrag nicht mehr schuldet, dann ist der Streitwert weder gleich dem Verkehrswert des Grundstücks noch gleich dem hinterlegten Betrag, sondern nach freiem Ermessen zu bestimmen.[1]

1683 Werden **mehrere Streitgenossen** auf Einwilligung in die Auszahlung eines hinterlegten Betrages verklagt, dann beschränkt sich der Streitwert gegenüber den einzelnen beklagten Streitgenossen auf jeweils den Betrag, in dessen Höhe sie sich eines Anspruchs auf die hinterlegte Summe berühmt haben, sofern sie im Übrigen der Freigabe nicht widersprechen.[2]

1684 Bei der Einwilligungsklage gegen einen von **mehreren Gesamthändern** ist nicht streitwertmindernd zu berücksichtigen, dass die übrigen Gesamthänder zur Erfüllung des Klagebegehrens bereit sind, da Verweigerung auch nur eines vom mehreren Gesamthändern die Auszahlung des gesamten Betrages verhindert.

1685 Wird wechselseitig Klage und Widerklage erhoben, so findet eine Addition nicht statt, sofern die Freigabe desselben Gegenstand oder Betrages verlangt wird (§ 45 Abs. 1 S. 3 GKG). Soweit dagegen verschiedene Beträge oder Gegenstände verlangt werden, ist zu addieren (§ 45 Abs. 1 S. 1 GKG).

⊃ **Beispiel:**

Hinterlegt sind 100 000 Euro.

a) Kläger und Beklagter verlangen jeweils die Einwilligung in die Freigabe der gesamten 100 000 Euro.

---

1 OLG Düsseldorf, Beschl. v. 22. 1. 1979 – 9 W 3/79, KostRsp. ZPO § 3 Nr. 431 mit Anm. *E. Schneider.*
2 OLG Frankfurt, Beschl. v. 14. 5. 1970 – 6 W 146/70, JurBüro 1970, 770 = Rpfleger 1970, 353 = NJW 1970, 2119.

b) Kläger und Beklagter verlangen jeweils die Einwilligung in die Freigabe eines Betrages von 50 000 Euro.

c) Kläger und Beklagter verlangen jeweils die Einwilligung in die Freigabe eines Betrages von 75 000 Euro.

Im Fall a) liegt derselbe Gegenstand zugrunde; der Wert beläuft sich nach § 45 Abs. 1 S. 3 GKG auf 100 000 Euro.

Im Fall b) liegen verschieden Gegenstände zugrunde; der Wert beläuft sich nach § 45 Abs. 1 S. 1 GKG ebenfalls auf 100 000 Euro (50 000 Euro + 50 000 Euro).

Im Fall c) liegen zum Teil verschiedene Gegenstände zugrunde (jeweils 25 000 Euro) und zum Teil derselbe Gegenstand (jeweils 50 000 Euro); der Wert beläuft sich nach § 45 Abs. 1 S. 1, 3 GKG wiederum auf 100 000 Euro (75 000 Euro + 25 000 Euro).

Einzelrichter

Das Kollegialprinzip wurde mit der Neufassung der §§ 348 ff. ZPO durch das ZPO-RG für das **landgerichtliche Verfahren in 1. Instanz** aufgegeben. Die Zivilkammer entscheidet nunmehr danach grundsätzlich durch den Einzelrichter, soweit ihr nicht durch den Geschäftsverteilungsplan besondere Sachgebiete zugewiesen sind, § 348 ZPO. Unter bestimmten Voraussetzungen ist wiederum die Übertragung vom Einzelrichter auf die Kammer und umgekehrt von Amts wegen geboten (§§ 348 Abs. 3; 348a Abs. 2 ZPO). **1686**

Der Einzelrichter erster Instanz (§ 348 ZPO) stellt das erkennende Prozessgericht dar. Seine Zuständigkeit endet nicht mit der **Entscheidung der Hauptsache**, sondern er bleibt für alle vom Richter in dieser Instanz zu treffenden Entscheidungen zuständig. Seine Entscheidungen, etwa bezüglich der Abhilfe in einem Erinnerungsverfahren, können auch dann nicht durch die Kammer ersetzt werden, wenn dieser als Kammermitglied an der Kammerentscheidung beteiligt ist.[1] **1687**

In der **Berufungsinstanz** verbleibt es bei der originären Zuständigkeit des Kollegiums, eine Übertragung auf den Einzelrichter steht gemäß § 526 ZPO im Ermessen des Gerichts. Kommt es zu einer Übertragung, dann obliegt dem Einzelrichter auch dann die Streitwertfestsetzung, wenn sich der Rechtsstreit vor ihm durch Vergleich erledigt hat.[2] **1688**

Im Übrigen kann das Berufungsgericht einem seiner Mitglieder den Rechtsstreit zur Vorbereitung überweisen (§ 527 ZPO), in diesem Fall entscheidet der **vorbereitende Einzelrichter** u.a. über den Wert des Streitgegenstandes sowie Kosten, Gebühren und Auslagen, § 527 Abs. 3 Nr. 4, 5 ZPO. Hat der vorbereitende Einzelrichter eine in seine Zuständigkeit fallende Entscheidung getroffen, dann ist er auch zu einer hierauf bezogenen Streitwertfestsetzung befugt.[3] **1689**

---

1 OLG Hamm; Beschl. v. 7. 9. 1992 – 23 W 430/92, JurBüro 1993, 300.
2 OLG Bamberg JurBüro 1971, 166.
3 Zöller/*Gummer/Heßler*, § 527 Rn. 12.

1690 **Anträge auf Übertragung** der Sache an den Einzelrichter oder Rückübertragung vom Einzelrichter an das Kollegium (§§ 348 Abs. 3 Nr. 3, 348a Abs. 2 Nr. 2, 526 Abs. 2 Nr. 2, 527 Abs. 4 ZPO) sind Anträge zur Prozess- und Sachleitung gemäß Nr. 3105 VV RVG (entspricht teilweise § 33 Abs. 2 BRAGO).[1] Dass dies auch für „Anregungen" auf Übertragung nach §§ 348a Abs. 1 ZPO gilt, muss bezweifelt werden, da die Prüfung hier von Amts wegen zu erfolgen hat und dem Gericht bei der Entscheidung kein Ermessensspielraum zusteht.

1691 Beschränkt sich die anwaltliche Tätigkeit in der mündlichen Verhandlung auf einen Antrag zur Prozess- und Sachleitung, dann bestimmt sich der **Gegenstandwert** nach dem nach § 3 ZPO zu schätzenden Interesse des Antragstellers.[2]

Elterliche Sorge

Gliederungsübersicht

A. Überblick 1692

B. Verbund

I. Hauptsache
  1. Erstinstanzliches Verfahren . . 1694
  2. Berufung oder Revision 1698
  3. Beschwerde 1699
II. Einstweilige Anordnung
  1. Bewertung 1702

  2. Mehrere einstweilige Anordnungen 1705

C. Isoliertes Verfahren
I. Regelung der elterlichen Sorge . 1708
II. Einstweilige Anordnung 1713

D. Abtrennung aus dem Verbund . 1717

E. Nachträgliche Aufnahme in den Verbund 1720

A. Überblick

1692 Da es sich um eine Familiensache handelt, stellt sich die Frage des Zuständigkeitsstreitwerts nicht.

1693 Zu unterscheiden ist zwischen der Regelung der elterlichen Sorge als Folgesache im Verbund und als isoliertes Verfahren. Für einstweilige Anordnungen gelten darüber hinaus wiederum besondere Vorschriften.

---

1 Zur alten Rechtslage Hartmann, § 33 BRAGO Rn. 36; a.A. für die Einverständnungserklärung nach § 527 Abs. 4 ZPO; Zöller/*Gummer/Heßler*, § 527 Rn. 15.
2 BGH, Beschl. v. 29. 11. 1959 – III ZR 4/56, BGHZ 22, 283 = NJW 1957, 242 – Aussetzung; OLG Düsseldorf, Beschl. v. 23. 1. 1991 – 7 WF 55/90, JurBüro 1991, 343; a.A. OLG Hamm NJW 1971, 2317 = KostRsp. BRAGO § 33 Nr. 6; LAG Düsseldorf, Beschl. v. 18. 7. 1991 – 7 Ta 157/91, JurBüro 1991, 749; Gebauer/Schneider/*Gebauer*, W 3105 Rn. 26 – Wert der Hauptsache.

B. Verbund

I. Hauptsache

1. Erstinstanzliches Verfahren

Im Verbund gilt für die Regelung der elterlichen Sorge § 48 Abs. 3 S. 3 GKG. Es   1694
ist ein **Festwert** in Höhe von 900 Euro vorgeschrieben. Dieser Wert ist im
Gegensatz zum isolierten Verfahren (s.u. Rn. 1708 ff.) unabänderlich und zwar
unabhängig von dem Umfang, der Schwierigkeit und der Bedeutung des Verfahrens.

Der Festwert gilt auch, wenn die elterliche Sorge für **mehrere Kinder** zu regeln   1695
ist (§ 46 Abs. 1 S. 2 GKG).

Wird im Verfahren über die elterliche Sorge auch das Umgangsrecht – etwa im   1696
Wege einer Einigung – geregelt oder die Herausgabe, dann sind die Werte zu
addieren, da es sich jeweils um eigene selbständige Gegenstände handelt.[1]

Das gilt auch dann, wenn nur die elterliche Sorge anhängig ist und sich die   1697
Parteien auch über das Umgangsrecht einigen.[2]

2. Berufung oder Revision

Wird gegen das Verbundurteil Berufung eingelegt und im Rahmen der Berufung   1698
auch die Folgesache elterliche Sorge mit angegriffen, bleibt es beim Gegenstandswert von 900 Euro.

3. Beschwerde

Wird im Verbundverfahren auch über die elterliche Sorge entschieden und wird   1699
nur diese Entscheidung isoliert angefochten, so ist hiergegen die befristete Beschwerde nach § 621e ZPO gegeben, nicht die Berufung. Das Beschwerdeverfahren befasst sich dann nur noch mit der elterlichen Sorge. Ungeachtet dessen
richtet sich der Gegenstandswert nach § 48 Abs. 3 S. 3, 2. Hs. GKG und nicht
nach §§ 94 Abs. 2, 30 Abs. 2, 3 KostO, da die isolierte Anfechtung der Folgesache nicht dazu führt, dass nunmehr – wie im Falle der echten Abtrennung –
ein isoliertes Verfahren über das Umgangsrecht oder die elterliche Sorge eingeleitet wird.[3]

Das OLG München[4] will allerdings mit beachtenswerten Gründen auch in   1700
diesem Fall in verfassungskonformer Gesetzesauslegung den Gegenstandswert

---

1 OLG Zweibrücken, Beschl. v. 28. 1. 1998 – 5 WF 9/98, EzFamR aktuell 1998, 205 =
   FamRZ 1998, 1031 = FuR 1998, 286 = OLGR 1998, 355; *Kindermann* Rn. 220.
2 Zuletzt OLG Düsseldorf, Beschl. v. 8. 3. 2006 – II-10 WF 39/04, AGS 2006, 37.
3 OLG Karlsruhe, Beschl. v. 29. 11. 2005 – 2 UF 176/02, JurBüro 2006, 143.
4 OLG München, Beschl. v. 2. 12. 2005 – 12 UF 1847/00, AGS 2006 mit Anm. *N. Schnei-*
   der = JurBüro 143 = OLGR 2006, 138.

des §§ 94 Abs. 2, 30 Abs. 2, 3 KostO heranziehen und einen Regelwert von 3000 Euro annehmen.[1] Das Gericht hält nämlich die bestehende Regelung nach Art. 3 Abs. 1, 12 Abs. 1 GG für verfassungswidrig. Sie stelle einen unzulässigen Eingriff in die Berufsfreiheit dar. Es sei kein Grund dafür ersichtlich, ein isoliertes Umgangsrechtsverfahren streitwertmäßig anders zu behandeln als ein isoliertes Beschwerdeverfahren.

1701 Das Gericht sieht auch keinen Verstoß gegen § 47 Abs. 2 S. 1 GKG, wonach der Gegenstandswert eines Rechtsmittelverfahrens auf den Wert der ersten Instanz beschränkt ist. Insoweit ergebe sich nämlich bereits nach § 47 Abs. 2 S. 2 GKG eine Ausnahme bei Erweiterung des Streitgegenstandes. Analog dieser Regelung müsse auch dann vorgegangen werden, wenn zwar nicht der Gegenstand erweitert werde, aber infolge einer Teilanfechtung nur noch die isoliert angefochtene Folgesache Gegenstand des Beschwerdeverfahrens sei und hierfür die Wertvorschrift, die auf der Verbundbewertung fuße, nicht mehr angemessen sei.

II. Einstweilige Anordnung

1. Grundsatz

1702 Für einstweilige Anordnungen werden auch im Verbund keine **Gerichtsgebühren** erhoben, Daher enthält das GKG insoweit keine Vorschriften.

1703 Da es sich für den Anwalt jedoch um eigene selbständige Gebührenangelegenheiten handelt (§ 17 Nr. 4b RVG), muss insoweit auch ein eigener Gegenstandswert festgesetzt werden (§ 33 RVG). Für die Anwaltsgebühren enthält § 24 S. 1 RVG insoweit eine spezielle Regelung. Es gilt ein Ausgangswert 500 Euro, also ein Mindestwert,[2] der nach den Umständen des Einzelfalls zu erhöhen ist.[3] Da es sich um einen Ausgangswert handelt, ist dieser Wert nur in einfachen unterdurchschnittlichen Verfahren anzusetzen. I.d.R. ist von einem Wert i.H.v. 750 Euro auszugehen.[4]

1704 Insbesondere bei Regelung der Sorge für mehrere Kinder dürfte von einem höheren Wert auszugehen sein. Allerdings ist nicht mit einem nach Kinderzahl gestaffelten Betrag zu bewerten. Bei mehreren Kindern kommt eine Erhöhung des Gegenstandswertes nur dann in Betracht, wenn dadurch Umfang oder Schwierigkeit der Bearbeitung beeinflusst worden sind.[5]

2. Mehrere einstweilige Anordnungen

1705 Werden mehrere einstweilige Anordnungsverfahren zu elterlichen Sorge geführt, regelt § 18 S. 1 RVG, dass sämtliche Anordnungsverfahren als eine Ange-

---

1 Wobei es im konkreten Fall sogar einen Wert in Höhe von 5000 Euro angenommen hat.
2 OLG Zweibrücken, FamRZ 1998, 1031.
3 Madert/Müller/*Rabe*, B Rn. 101.
4 OLG Koblenz FamRZ 1999, 386; AnwK-RVG/*N. Schneider* § 24 Rn. 10 m.w.N.
5 OLG Schleswig SchlHA 1978, 148; Zur Hauptsache: OLG Köln JurBüro 1981, 588.

legenheit gelten. Der Anwalt erhält die Gebühren daher nur einmal. Im Gegenzug ordnet § 18 S. 1 RVG allerdings an, dass dann die Gegenstandswerte der einzelnen Anordnungsverfahren zu addieren sind, und zwar auch dann, wenn den einzelnen Anordnungsverfahren derselbe Gegenstand zugrunde liegt.

Das Gleiche gilt, wenn ein Verfahren ein einstweiliges Anordnungsverfahren **1706** auf Regelung der elterlichen Sorge mit einem anderen einstweiligen Anordnungsverfahren des selben Buchstabens des § 18 S. 1 RVG zusammentrifft. Auch dann ist für den Anwalt nur eine Angelegenheit gegeben, wobei allerdings die Werte zu addieren sind.

Siehe im Einzelnen das Stichwort „Einstweilige Anordnungen". **1707**

C. Isoliertes Verfahren

I. Regelung der elterlichen Sorge

Als isoliertes Verfahren richtet sich das Verfahren auf Regelung der elterlichen **1708** Sorge nach dem FGG. Der Geschäftswert ist somit §§ 94 Abs. 2, 30 Abs. 2, 3 KostO zu entnehmen. Es gilt ein Regelwert i.H.v. 3000 Euro. Höchstens darf ein Wert von 500 000 Euro angenommen werden.

Betrifft das Verfahren **mehrere Kinder**, so bleibt es ein Gegenstand; der Regel- **1709** wert wird daher nicht vervielfacht. Allerdings kann dies ein Grund sein, den Regelwert anzuheben, insbesondere, wenn hierdurch Mehraufwand entsteht, also wenn das Verfahren hinsichtlich der einzelnen Kinder unterschiedlich verläuft.

Soweit insgesamt überdurchschnittliche Kriterien gegeben sind, kann durchaus **1710** auch ein erheblicher Gegenstandswert anzusetzen sein.[1]

Auch im **Beschwerdeverfahren** gelten dieselbe Bewertungsgrundsätze.[2] **1711**

Wird im Verfahren über die elterliche Sorge auch eine Einigung über das Um- **1712** gangsrecht erzielt, sind die Werte von Umgangsrecht und Sorgerecht zu addieren (s.o. Rn. 1696), da es sich um verschiedene Gegenstände handelt.

II. Einstweilige Anordnung

Für einstweilige Anordnungen werden auch in FGG-Verfahren keine **Gerichts-** **1713** **gebühren** erhoben. Daher enthält auch die KostO insoweit keine Vorschriften.

---

1 Siehe hierzu OLG Frankfurt/M., Beschl. v. 4. 2. 1999 – 1 UF 77/97, OLGR 1999, 164 = JurBüro 1999, 371 = EzFamR aktuell 1999, 184 = FuR 1999, 437 = NJW-RR 2000, 952; das Gericht hat einen Wert von 16 000 DM festgesetzt, u.a. wegen mehrfachen Anhörungen der Beteiligten und sachverständigen Zeugen sowie einem umfangreichen Schriftwechsel.
2 Siehe hierzu OLG Frankfurt/M., Beschl. v. 4. 2. 1999 – 1 UF 77/97, OLGR 1999, 164 = JurBüro 1999, 371 = EzFamR aktuell 1999, 184 = FuR 1999, 437 = NJW-RR 2000, 952.

1714 Für die Anwaltsgebühren gilt wiederum die spezielle Regelung des § 24 S. 1 RVG. Es gilt ein Ausgangswert 500 Euro, der nach den Umständen zu erhöhen ist (s.o. Rn. 1703). I.d.R. ist auch hier von einem Wert i.H.v. 750 Euro auszugehen.

1715 Werden mehrere einstweilige Anordnungen geführt, gilt das gleiche wie im Verbundverfahren (s.o. Rn. 1705). Die Vorschrift des § 18 Nr. 1 RVG gilt auch hier.

1716 Siehe im Einzelnen das Stichwort „Einstweilige Anordnungen".

D. Abtrennung aus dem Verbund

1717 Kommt es zu einer Lösung des Verfahrens auf Übertragung der elterlichen Sorge aus dem Verbund, also nach

– **§ 623 Abs. 2 S. 2 ZPO:** Abtrennung in den Fällen des § 621 Abs. 2 S. 1 Nr. 1 ZPO auf Antrag eines Ehegatten,

– **§ 623 Abs. 3 S. 2 ZPO:** Abtrennung des Verfahrens der elterlichen Sorge bei Gefährdung des Kindeswohls von Amts wegen,

– **§ 626 Abs. 2 ZPO:** Vorbehalt bei Abweisung des Scheidungsantrags,

– **§ 629 Abs. 3 ZPO:** Vorbehalt bei Rücknahme des Scheidungsantrags,

dann handelt es sich um eine echte Verfahrenstrennung. Dies wiederum bedeutet, dass mit der Abtrennung des Verfahrens über die elterliche Sorge als isolierte selbständige FGG-Familiensache fortgeführt wird und daher nicht mehr der Festwert von 900 Euro (§ 48 Abs. 3 S. 3, 2. Hs. GKG) gilt, sondern der Wert des §§ 94 Abs. 2, 30 Abs. 2, 3 KostO.[1]

1718 Wird dagegen nach § 628 S. 1 ZPO über die Ehesache vorab oder nach § 627 Abs. 2 ZPO über die elterliche Sorge vorweg entschieden, bleibt der Verbund erhalten. Der Wert ändert sich nicht.

1719 Siehe im Einzelnen die Stichworte „Abtrennung aus dem Verbund" und „Vorabentscheidung, Vorwegentscheidung".

E. Nachträgliche Aufnahme in den Verbund

1720 Wird ein Verfahren auf elterliche Sorge mangels Anhängigkeit der Ehesache zunächst als isoliertes Verfahren eingeleitet und wird dann später nach Anhängigkeit des Scheidungsantrags in den Verbund aufgenommen (§ 623 Abs. 1

---

1 OLG Düsseldorf, Beschl. v. 23. 9. 1999 – 10 WF 27/99, JMBl.NW 2000, 131 = Rpfleger 2000, 84 = OLGR 2000, 74 = AGS 2000, 84= JurBüro 2001, 136; OLG Köln Beschl. v. 10. 4. 2003 – 26 WF 73/03, AGS 2004, 18 mit Anm. *N. Schneider* = OLGR 2003, 245 = FamRZ 2004, 285 = JMBl NW 2003, 252; OLG Koblenz, Beschl. v. 12. 5. 2000 – 13 UF 608/99, JurBüro 2000, 533 = OLGR 2001, 17 = AGS 2001, 204 = FamRZ 2001, 112; *Kindermann* Rn. 428.

i.V.m. § 621 Abs. 1 Nr. 2 ZPO), gelten die gleichen Grundsätze wie bei einer Trennung. Bis zur Verbindung richtet sich der Wert für das isolierte Verfahren nach den §§ 94 Abs. 2, 30 Abs. 2, 3 KostO. Ab Verbindung gilt dagegen der Festwert von 900 Euro (§ 48 Abs. 3 S. 3, 2. Hs. GKG).[1]

Der Anwalt kann also die vor der Aufnahme in den Verbund angefallenen Gebühren getrennt nach dem höheren Wert der §§ 94 Abs. 2, 30 Abs. 2, 3 KostO berechnen. Im Verbundverfahren darf dann allerdings hinsichtlich der getrennt abzurechnenden Gebühren der Wert der elterlichen Sorge nicht nochmals berücksichtigt werden. 1721

Siehe im Einzelnen das Stichwort „Aufnahme in den Verbund". 1722

E-Mail-Werbung

Die Bewertung von Streitigkeiten, die sich mit E-Mails beschäftigen, hängt von Art und Inhalt der übermittelten Nachricht ab. Soweit es sich um **Werbung** oder sonstige gewerblich bzw. geschäftlich geprägte Mitteilungen handelt, ist der Unterlassungsanspruch des Empfängers vermögensrechtlicher Natur, denn hier erfolgt das Verfahren allein bzw. maßgeblich auch aus wirtschaftlichen Gründen. Sein Wert ist dann nach § 48 Abs. 1 S. 1 GKG, § 3 ZPO zu schätzen. 1723

Hinsichtlich der Einzelheiten kann auf das Stichwort „Unverlangte Werbung" verwiesen werden. 1724

Soweit der Empfänger dagegen durch **private Mitteilungen** beleidigt, belästigt oder in sonstiger Weise in seiner Privatsphäre gestört wird, handelt es sich – vergleichbar mit einem belästigenden Telefonanruf[2] – um einen nichtvermögensrechtlichen Anspruch, dessen Wert nach § 48 Abs. 2 GKG zu bestimmen ist. In solchen Fällen geht es nämlich um Rechtsbeziehungen, die den sozialen Geltungsanspruch des Klägers in der Öffentlichkeit vor drohenden Beeinträchtigungen schützen sollen.[3] Der Wert des Streitgegenstandes ist unter Berücksichtigung aller Umstände des Einzelfalles, insbesondere des Umfangs und der Bedeutung der Sache sowie der Vermögens- und Einkommensverhältnisse der Parteien zu bestimmen. Jedoch darf der Wert nicht über 1 000 000 Euro angenommen werden. Man wird in Anlehnung an § 23 Abs. 3 RVG von einem Regelstreitwert von 4000 Euro für das Hauptsacheverfahren und 1000 Euro bis 2000 Euro für das einstweilige Verfügungsverfahren ausgehen können.[4] 1725

---

1 OLG Frankfurt/M., Beschl. v. 23. 11. 2005 – 5 W 201/05, AGS 2006, 191 mit Anm. *N. Schneider*; OLG Zweibrücken, Beschl. v. 27. 3. 2006 – 2 WF 242/05, AGS 2006, 303; *N. Schneider*, Abrechnung bei Übernahme eines isolierten Umgangsrechtsverfahrens in das nachträglich eingeleitete Verbundverfahren, AGS 2006, 4 ff.
2 Vgl. BGH VersR 1985, 185.
3 Vgl. BGH, Urteil v. 17. 10. 1995 – VI ZR 352/94, NJW 1996, 999 m.w.N.; BGH, Beschl. v. 3. 4. 1984 – VI ZR 80/83, MDR 1985, 43.
4 Vgl. Zöller/*Herget*, § 3 Rn. 16 unter „Belästigung".

1726 Will eine Antragstellerin in einem einstweiligen Verfügungsverfahren erreichen, dass dem Antragsgegner ein trennungsbedingtes Verfolgungsverhalten
(Zusendung von SMS und E-Mails, belästigende Anrufe) untersagt wird, so
übersteigt der Wert in der Hauptsache in der Regel nicht 5000 Euro.[1]

1727 Hinsichtlich der Einzelheiten der Wertbestimmung kann auf das Stichwort
„Nichtvermögensrechtliche Streitigkeit" verwiesen werden.

Enteignungsentschädigung

Literatur: *Schneider* JurBüro 1969, 597.

1728 Für den Wert der Klagen auf Leistung von **Enteignungsentschädigung**, die nach
Art. 14 Abs. 3 S. 4 GG vor den ordentlichen Gerichten zu erheben sind, ist der
verlangte Betrag abzüglich des ggf. von der Enteignungsbehörde festgesetzten
Betrages anzusetzen.[2]

1729 Wird die festgesetzte Enteignungsentschädigung vom Kläger als zu gering, von
der Beklagten (Behörde) als zu hoch angegriffen, dann handelt es sich nicht um
denselben Streitgegenstand, da jeweils andere Entschädigungsbeträge zur Entscheidung gestellt und über beide Anträge sowohl positiv wie negativ oder auch
unterschiedlich erkannt werden kann.[3] Die Werte sind daher zu addieren.

1730 Macht der Kläger darüber hinaus einen im Entschädigungsbetrag nicht enthaltenen **Folgeschaden** geltend, also einen Schaden, der nicht durch die Substanz-
entschädigung abgegolten ist, dann ist dieser zusätzlich zu bewerten.

1731 Bei den **Zinsen** ist zu unterscheiden:

– Soweit die Entschädigung für entgangene Nutzung in der Form einer Verzinsung des Substanzwertes bemessen wird, handelt es sich nicht um Nebenforderungen i.S.d. § 43 GKG, § 4 Abs. 1 ZPO, sondern um die Hauptentschä-
digung.[4] Die Zuerkennung von Zinsen stellt hier nur einen Berechnungsmo-
dus dar, weshalb diese Zinsen entgegen § 248 BGB ihrerseits bei Verzug zu
verzinsen sind.

– Zinsen auf die zu zahlende Entschädigung (unter Einschluss der Verzinsung
als Form des Nutzungsentganges) fallen jedoch unter § 43 GKG, § 4 ZPO.

⊃ **Berechnungsbeispiel einer Enteignungsentschädigung:**

Substanzverlust	30 000 Euro
Zinsen für Nutzungsentgang durch Besitzeinweisung für 2 Jahre	4 200 Euro

---

1 OLG Köln, Beschl. v. 8. 4. 2002 – 11 W 25/02, OLGR 2002, 306 = NJW-RR 2002, 1723.
2 OLG Neustadt Rpfleger 1963, 65; *Hartmann*, GKG, Anh I § 48 (§ 3 ZPO) Rn. 40.
3 Unrichtig daher OLG München (JurBüro 1976, 1358), das allerdings entgegen seiner
Begründung im Ergebnis zutreffend addiert hat.
4 BGH NJW 1964, 294.

Folgeschäden	6 000 Euro
Gesamtentschädigung	40 200 Euro

Verzinslich ist der Betrag von 40 200 Euro. Nur die Zinsen hiervon sind Nebenforderung i.S.d. § 4 ZPO.[1]

Der BGH[2] hat demgegenüber die Auffassung vertreten, Enteignungszinsen seien beim Streitwert auch dann nicht zu berücksichtigen, wenn sie die Entschädigung für entgangene Nutzung darstellen. Dem hat sich das OLG Zweibrücken[3] für die Veräußerung eines Grundstücks zur Abwendung der Enteignung angeschlossen.   1732

Mit dieser Auffassung setzt sich der BGH allerdings in Widerspruch zu einer älteren Entscheidung. Im Beschluss vom 14. 11. 1963[4] wurde nämlich ausgeführt, dass es sich dann nicht um Zinsen im Rechtssinne handele, soweit der Entschädigungsbetrag wegen Entziehung der abstrakten Nutzungsmöglichkeit eines Grundstücks in Form einer „Verzinsung" des Wertes des Entschädigungsobjekts berechnet werde.   1733

In der Entscheidung vom 16. 2. 1970[5] hat der BGH es unterlassen, sich mit den Argumenten der Gegenmeinung und mit seiner eigenen abweichenden Rechtsprechung auseinanderzusetzen. Er hat allerdings in einer nachfolgenden Entscheidung[6] den Beschluss vom 14. 11. 1963 so wiedergegeben, dass es dort nicht um einen echten Zinsanspruch, sondern um eine in die Form des Zinses gekleidete Rente ging, die als Entschädigung für den durch die entzogene Nutzungsmöglichkeit entstandenen Minderwert des betroffenen Grundstücks zu zahlen war. Dabei ist aber wohl nicht genau genug unterschieden worden zwischen Zinsen als Bewertungsmaßstab für zuzusprechende Nutzung und Zinsen für zuerkannte bezifferte Nutzung, die noch nicht gezahlt worden ist. Folgende Bewertungssituationen sind auseinander zu halten: 1734

– Die Entschädigung wird berechnet, indem ein Prozentwert einer bestimmten Einbuße angesetzt wird, beispielsweise 5 % des Verkehrswertes des entzogenen Grundstücks. Dann ist der „Zinsbetrag" unstreitig keine Nebenforderung.

– Es ist von der Behörde ein konkreter Geldbetrag in Euro festgesetzt, zahlbar ab einem bestimmten Tag. Dann handelt es sich um Zinsen einer Geldforderung. Darauf sind die §§ 43 GKG, 4 ZPO anzuwenden. Auch das dürfte außer Streit sein.

---

1 Vgl. *Schneider* JurBüro 1969, 597; OLG Köln MDR 1969, 771 = JurBüro 1969, 634.
2 BGH, Beschl. v. 16. 2. 1970 – III ZR 73/69, MDR 1970, 994 = MDR 1971, 116 mit abl. Anm. *Schneider* = LM ZPO § 4 Nr. 17 = *Warneyer* 1970 Nr. 55.
3 OLG Zweibrücken, Beschl. v. 7. 11. 1986 – 3 W 180/86, KostRsp. ZPO § 4 Nr. 58 mit abl. Anm. *Schneider* = MDR 1987, 334 = Rpfleger 1987, 156 = JurBüro 1987, 583.
4 BGH, Beschl. v. 14. 11. 1963 – III ZR 141/62, MDR 1964, 121 = NJW 1964, 294 = WPM 1964, 122 = LM Art. 14 Ea GrundG Nr. 36.
5 BGH, Beschl. v. 16. 2. 1970 – III ZR 73/69, MDR 1970, 994 = MDR 1971, 116 mit abl. Anm. *Schneider* = LM ZPO § 4 Nr. 17 = *Warneyer* 1970 Nr. 55.
6 BGH MDR 1974, 30 = NJW 1973, 2284 = *Warneyer* 1973 Nr. 206 = WPM 1973, 1362 = ZMR 1974, 12 = LM LandbeschG Nr. 17/18.

– Die Enteignungsentschädigung wird fällig, etwa weil der Besitzübergang auf den schon Begünstigten stattgefunden hat. Dann sind dem Enteigneten die Nutzung seines Grundstücks entzogen worden. Einen Geldersatz dafür hat er noch nicht bekommen; über dessen Höhe besteht noch keine Einigkeit.

1735 Nur dieser letzte Fall ist vom Streitwert her problematisch. Er ist dahin zu lösen, dass die Verzinsung der Entschädigung bis zur verbindlichen Festsetzung des Entschädigungsbetrages und der Festlegung des Zahltages nicht die Erfüllung eines offenen Geldanspruchs ausgleicht, sondern immer noch die Einbuße der entzogenen Nutzung abgilt und deshalb kein Zins im Sinne der § 43 GKG, § 4 ZPO ist. Es geht nicht an, dem Enteigneten über einen möglicherweise sehr langen Zeitraum hin die Grundstücksnutzung zu entziehen und ihn mit einem wirtschaftlich geringfügigen Zinsanspruch für diese Zeit abzufinden. Der Streitwert erhöht sich folglich um diesen, rechnerisch in Form von Zinsen ausgedrückten Nutzungsentgang. Das bedeutet, dass der um die „Nutzungszinsen" erhöhte Enteignungsbetrag ab verbindlicher Festsetzung des Entschädigungsbetrages und der Festlegung des Zahlungstermins gesetzmäßig zu verzinsen ist.[1] Es handelt sich dann nicht um Zinseszinsen, sondern um die Verzinsung eines einheitlichen Geldanspruchs.[2]

1736 In der Praxis wird es allerdings schwer sein, den so berechneten Anspruch durchzusetzen, da die Enteignungsbehörden sich gegen eine solche Bewertung unter Hinweis auf die Entscheidung des BGH vom 16. 2. 1970[3] wehren. Sie verlegen den Zinsbeginn auf einen möglichst frühen Zeitpunkt vor, etwa auf den Zeitpunkt des Besitzübergangs, weil dann in der Regel der (abstrakte, der Höhe nach vielleicht unbestimmte) Entschädigungsanspruch schon fällig geworden sei.

Entlastung

1737 Der Wert für Streitigkeiten betreffend die Entlastung von Organen und Organmitgliedern einer Gesellschaft ist nach den Grundsätzen zu bestimmen, die für die Bemessung des Streitwerts einer negativen Feststellungsklage gelten. Nach überwiegender Auffassung ist die Klage auf Entlastungserteilung keine Leistungs-, sondern eine negative Feststellungsklage, da die Entlastung wie ein Verzicht auf Ersatzansprüche oder wie das Anerkenntnis des Nichtbestehens derartiger Ansprüche gegen das Organ bzw. Organmitglied wirkt.

1738 Hiernach kommt als Streitwert des Anspruchs auf Entlastungserteilung gemäß § 3 ZPO derjenige Wert in Betracht, der dem Interesse des Klägers an der Fest-

---

1 OLG Köln MDR 1969, 771 = JurBüro 1969, 634; *Schneider* JurBüro 1969, 597.
2 BGH *Warneyer* 1963 Nr. 244 = MDR 1964, 121 = NJW 1964, 294 = WPM 1964, 122 = LM Art. 14 Ea GrundG Nr. 36.
3 BGH MDR 1970, 994 = *Warneyer* 1970 Nr. 5 = LM ZPO § 4 Nr. 17.

stellung entspricht, dass er aus Anlass seiner Geschäftsführertätigkeit von der Beklagten nicht auf Schadensersatz in Anspruch genommen werden kann. Maßgebend ist deshalb der bezifferte Betrag der **drohenden Inanspruchnahme**.[1]

Werden von der Gesellschaft unbezifferte Ersatzansprüche gegen das Organ oder Organmitglied geltend gemacht, dann ist auf deren voraussichtliche Höhe abzustellen, also auf die Berühmung. Notfalls ist gemäß § 3 ZPO zu schätzen, welche Ansprüche sich auf der Grundlage des Vorbringens der Gesellschaft, das der Kläger der negativen Feststellungsklage darzulegen hat, ergeben können. Insoweit entspricht die Bewertungssituation derjenigen der Bestimmung des Leistungsantrages in der Auskunftsstufe der Stufenklage.[2]   1739

Wird der Hauptversammlungsbeschluss über die Entlastung des Aufsichtsrats- vorsitzenden angefochten, sind u.a. der Umfang des Aktienbesitzes des Klägers, die Größe und wirtschaftliche Bedeutung der Gesellschaft sowie die Beeinträch- tigung des geschäftlichen Ansehens mit Wegfall der Entlastung zu berücksich- tigen.[3]   1740

Entmündigung

Das Entmündigungsrecht des Bürgerlichen Gesetzbuches ist durch das Gesetz zur Reform des Rechts der Vormundschaft und Pflegschaft für Volljährige (Be- treuungsgesetz – BtG) vom 12. 9. 1990 – BGBl. I S. 2002 ff. – ersetzt worden. Zugleich ist der vierte Abschnitt der Zivilprozessordnung über das „Verfahren in Entmündigungssachen" (§§ 645–686 ZPO) aufgehoben worden.[4]   1741

Betreuungsverfahren sind Verfahren der freiwilligen Gerichtsbarkeit, so dass sich der Geschäftswert nach der KostO richtet.   1742

Entnahmerecht

Das Recht zu Entnahmen aus der Gesellschaftskasse ist in § 122 Abs. 1 HGB geregelt. Diese Vorschrift gilt jedoch nicht für den Kommanditisten (§ 169 Abs. 2 S. 1 HGB). Abweichende vertragliche Regelungen sind zulässig. Für Kla- gen auf Feststellung eines gesetzlichen oder vertraglichen Entnahmerechts ist das Interesse des Klägers zu schätzen.   1743

---

1 KG JurBüro 1962, 281.
2 Vgl. dazu das Stichwort „Stufenklage".
3 OLG Stuttgart, Beschl. v. 11. 1. 1995 – 3 W 47/94, WM 1995, 620.
4 Wegen der Altverfahren in Entmündigungssachen wird auf die 9. Auflage 1991 dieses Streitwert-Kommentars verwiesen.

1744 Beansprucht der Kläger als Kommanditist ein Entnahmerecht während der Dauer des Gesellschaftsvertrages, dann berechnet sich der Streitwert des Feststellungsverfahrens nach § 9 ZPO auf den 3,5fachen Jahresbetrag.[1]

Entschädigungsansprüche nach BEG

Siehe das Stichwort „BEG-Entschädigungsansprüche".

Entziehung des Wohnungseigentums

Literatur: *H. Schmidt* JurBüro 1964, 863.

1745 Der Streitwert einer Klage auf Entziehung des Wohnungseigentums (§ 18 WEG) bemisst sich gemäß § 6 ZPO nach dem **Verkehrswert der Anteile des betroffenen Wohnungseigentümers**, also nach dem Verkehrswert seiner Eigentumswohnung.[2]

1746 Belastungen bleiben nach herrschender Meinung außer Ansatz.[3]

1747 Demgegenüber will das OLG Celle[4] die sog. **Abmeierungsklage** des § 18 WEG nicht nach dem Verkehrswert der Eigentumswohnung, sondern nach dem geringeren Interesse der übrigen Miteigentümer daran bemessen, den Querelen eines Miteigentümers zu entgehen.

1748 Ebenso bemisst das OLG Köln[5] den Streitwert wiederum nicht nach dem vollen Verkehrswert des Sonder- bzw. Teileigentums, sondern nach dem Interesse der Beteiligen am Behaltendürfen der Wohnung bzw. dem Ausschluss aus der Gemeinschaft.

---

1 OLG Bamberg, Beschl. v. 21. 12. 1981 – 3 W 115/81, JurBüro 1982, 284; das Gericht hat, da noch § 9 ZPO a.F. einschlägig war, im konkreten Fall auf den 12,5fachen Jahresbetrag festgesetzt.
2 OLG Karlsruhe Beschl. v. 25. 3. 1980 – 15 W 54/79, AnwBl. 1980, 255 = Rpfleger 1980, 308; LG Nürnberg-Fürth JurBüro, Beschl. v. 7. 8. 1964 – 11 S 110/63, 1964, 830; LG München I, Beschl. v. 1. 8. 1969 – 13 T 328/69, Rpfleger 1970, 93 mit Anm. *Rohs*; LG Stuttgart, Beschl. v. 21. 3. 1972 – 2 T 99/72, AnwBl. 1972, 232: LG Hamburg, Beschl. v. 25. 4. 1995 – 318 T 44/95, WuM 1998, 374; LG Köln, Beschl. v. 22. 10. 1997 – 29 T 264/97, WuM 1998, 120; LG Köln, Beschl. v. 14. 4. 1998 – 29 T 143/98, ZMR 1998, 522.
3 Vgl. OLG Karlsruhe, Beschl. v. 25. 3. 1980 – 15 W 54/79, AnwBl. 1980, 255 = Rpfleger 1980, 303 sowie die weiteren Nachweise bei dem Stichwort „Auflassung" Rn. 454 ff.
4 OLG Celle, Beschl. v. 15. 9. 1983 – 4 W 151/83, KostRsp. WEG § 18 Nr. 1 mit Anm. *E. Schneider.*
5 OLG Köln, Beschl. v. 15. 1. 1999 – 16 Wx 193/98, ZMR 1999, 284.

Das LG Hamburg[1] stellt auf die Höhe des **geschuldeten Wohngeldbetrages** ab, 1749
wenn die Einziehung wegen rückständiger Wohngelder erfolgt.

Lappe[2] will die Grundsätze für die Bewertung der Ausschließung aus einer 1750
Gesellschaft anwenden und stellt auf das Interesse des Klägers ab.

Das LG Köln[3] wiederum differenziert: 1751

– Wenn die Einziehung des Wohnungseigentums ausschließlich wegen Wohn-
geldrückständen verlangt wird, bestimmt sich der Streitwert des Einzie-
hungsverfahrens nach der Höhe der Rückstände.

– Wenn auch oder nur Pflichtverletzungen zum Anlass für die Einziehungs-
klage genommen werden, hat sich der Streitwert an dem Verkehrswert des
Sondereigentums zu orientieren.

Die Kommentare zum WEG zu dieser Frage sind wenig klar und oft sogar 1752
widersprüchlich.[4]

Gegen die Nichtberücksichtigung des Verkehrswertes spricht vor allem, dass 1753
Entziehungsklagen nach § 18 WEG sachgerecht nur bewertet werden können,
wenn das Interesse des Beklagten berücksichtigt wird, ähnlich wie bei Mietstreitigkeiten. Die erfolgreiche Abmeierungsklage zwingt den Beklagten zur
Veräußerung seines Wohneigentums; für ihn geht es also um Besitz und Eigentum, so dass aus seiner Sicht die Voraussetzungen des § 6 ZPO gegeben sind.
Dem entspricht die prozessuale Lage der klagenden Wohnungseigentümer. Sie
können ihr Interesse an der Störungsabwehr wegen der zwingenden Vorschrift
des § 18 WEG nur mit dem Antrag durchsetzen, den Beklagten zu verurteilen,
sein Wohnungseigentum zu veräußern.[5] Die Interessenlage wird wertmäßig nur
erfasst, wenn auf den Verkehrswert der Eigentumswohnung abgestellt wird.[6] Es
verhält sich ebenso wie bei der Erbunwürdigkeitsklage (siehe das Stichwort
„Erbunwürdigkeit" Rn. 1771).

---

1 LG Hamburg, Beschl. v. 31. 7. 1990 – 20 S 66/87, KostRsp. WEG § 18 Nr. 2 mit abl.
 Anm. *E. Schneider* = WuM 1991, 55; LG Hamburg, Beschl. v. 21. 7. 1990 – 20 S 66/87 =
 Wohnungseigentümer 1991, 83.
2 Anm. zu KostRsp. WEG § 18 Nr. 2.
3 LG Köln, Beschl. v. 29. 10. 2001 – 29 T 195/01, ZMR 2002, 230.
4 Siehe die Übersicht bei *Schneider* Anm. zu KostRsp. WEG § 18 Nr. 1.
5 Für Verkehrswert: *Weitnauer*, WEG, § 18 Rn. 15; *Bärmann/Pick/Merle*, WEG, § 51
 Rn. 5; geringerer Betrag, gegebenenfalls Wohngeldrückstände: *Niederführ/Schulze*,
 WEG, § 51 Rn. 3; *Staudinger/Kreuzer*, § 18 WEG Rn. 40 a.E., der allerdings die Einzie-
 hungsklage mit der Anfechtung des Einziehungsbeschlusses verwechselt.
6 Ebenso z.B. *Meyer*, GKG, Anhang nach § 48 GKG, § 3 ZPO unter „Wohnungseigentum".

Erbauseinandersetzung

Siehe das Stichwort „Miterbe".

Erbbaurecht

1754 Der Wert einer Klage auf Feststellung der Wirksamkeit des Erbbaurechtsvertrags bestimmt sich nach § 3 ZPO; § 6 ZPO ist nicht einschlägig, weil nicht der Besitz der Sache im Streit ist.[1] Der Wert einer Klage auf Übertragung oder Bestellung eines Erbbaurechts bemisst sich nach dem Wert des Grundstücks (§ 6 ZPO). Das gilt auch für die Klage auf Rückübertragung.[2]

1755 Der **Grundstückswert** wiederum entspricht dem gem. § 3 ZPO nach freiem Ermessen zu schätzenden Verkehrswert.[3]

1756 Ist das Grundstück bebaut, dann erhöht sich der Verkehrswert um den Wert, des darauf errichteten Gebäudes.[4]

1757 Ob auflastende **Grundpfandrechte** abzuziehen sind, ist umstritten. Der BGH[5] verneint dies.

1758 Eine Mindermeinung nimmt demgegenüber an, dass auflastende Grundpfandrechte abzuziehen sind.[6]

1759 Dafür, Grundpfandrechte wertmindernd zu berücksichtigen, spricht, dass es nicht um den Grundbesitz als solchen, sondern lediglich um das Erbbaurecht geht; ist dieses allein wertbestimmend, dann liegt es nahe, die zur Gebäudefinanzierung aufgenommenen Grundpfandrechte abzuziehen.

1760 Der Streitwert einer Klage auf **Erhöhung des Erbbauzinses** bemisst sich nach dem Unterschiedsbetrag zwischen gezahlter und erstrebter Zinshöhe. Die Berechnung folgt nach § 9 ZPO.[7]

1761 Fällige Beträge sind hinzuzurechen. die Gegenauffassung,[8] die § 45 Abs. 5 GKG (§ 17 Abs. 4 GKG) nicht für entsprechend anwendbar hält, dürfte nicht mehr

---

1 OLG München OLGR 1995, 60 = WuM 1995, 193.
2 OLG Bamberg, KostRsp. ZPO § 6 Nr. 110 = JurBüro 1985, 1705.
3 OLG Frankfurt JurBüro 1961, 139.
4 OLG Saarbrücken AnwBl. 1978, 106.
5 BGH JurBüro 1982, 697 = ZIP 1982, 221 (für den Heimfallanspruch); OLG Frankfurt JurBüro 1961, 139; OLG Celle JurBüro 1974, 878.
6 Siehe LG Hannover JurBüro 1974, 878; LG Köln NJW 1977, 255.
7 OLG Celle JurBüro 1972, 517; OLG München JurBüro 1977, 1002; OLG Frankfurt/M. JurBüro 1977, 1132; OLG Braunschweig, KostRsp. ZPO § 9 Nr. 24.
8 OLG Celle JurBüro 1972, 517; OLG München JurBüro 1977, 1002; OLG Frankfurt/M. JurBüro 1977, 1132; OLG Braunschweig KostRsp. ZPO § 9 Nr. 24.

haltbar sein, nachdem der BGH die analoge Anwendung z.B. in Mietsachen befürwortet hat.[1] Siehe hierzu auch das Stichwort „Fällige Beträge".

Wird die Klage auf Zahlung eines erhöhten Erbbauzinses mit derjenigen auf **Bewilligung der Eintragung einer entsprechend erhöhten Reallast im Grundbuch verbunden**, dann liegt der Klagenhäufung dasselbe wirtschaftliche Interesse zugrunde. Die Eintragung im Grundbuch erhöht den Zahlungsanspruch des Klägers nicht, sondern vermindert lediglich das Risiko der Beitreibbarkeit. Der Wert des zusätzlichen „Sicherungsantrages" ist deshalb dem Streitwert der Zahlungsklage nicht hinzuzurechnen.[2]   **1762**

Wird auf **Übertragung einer Siedlerstelle** im Erbbaurecht nach dem Reichsheimstättengesetz geklagt, dann bestimmt sich der Wert des Streitgegenstandes nicht nach dem Wert, den ein gleich beschaffenes, frei veräußerliches Grundstück hat. Zu berücksichtigen ist in erster Linie die Tatsache, dass ein Siedlergrundstück zugunsten des Trägers der Siedlung mit bestimmten Rechten belastet ist, die einer Zweckentfremdung vorbeugen sollen.[3]   **1763**

Der Streitwert für die Verpflichtung, auf einem **städtischen Erbbaugrundstück ein Wohnhaus zu errichten,** ist nach § 3 ZPO frei zu schätzen. Für die Klagen der Stadtgemeinde steht dabei das kommunalpolitische Interesse, dass zur Bebauung freigegebenes Gelände auch tatsächlich bebaut und durch Bereitstellung von Wohnungen der Wohnungsnot gesteuert wird, im Vordergrund.[4] Der Streitwert muss erheblich unter den Baukosten liegen.[5]   **1764**

Bei einem **Wegerecht** bemisst sich nach OLG Frankfurt/M.[6] das Interesse der klagenden Partei im Wesentlichen nach dem Bodenwert der Grundstücksfläche, die für das Wegerecht in Anspruch genommen wird. Für den Fall, dass nur ein Erbbaurecht dienen soll, sind nach Ansicht des Senats geringfügige Abstriche von dem Bodenwert zu machen.   **1765**

Diese Auffassung ist grundsätzlich abzulehnen. Das Wegerecht darf nicht nach dem Verkehrswert der zur Benutzung beanspruchten Fläche bemessen werden, da es niemals volles Eigentumsrecht gewährt. Umgekehrt wird auch der Eigentümer des dienenden Grundstückes von keiner Benutzung ausgeschlossen, die mit dem Wegerecht vereinbar ist. Es kommt daher nur eine Schätzung nach § 3 ZPO in Betracht, die wesentlich niedriger liegt als der Bodenwert. **Bewertungs-**   **1766**

---

1 BGH, Beschl. v. 17. 3. 2004 – XII ZR 162/00, AGS 2004, 249 mit Anm. *N. Schneider* = NZM 2004, 423 = JurBüro 2004, 378 = ZMR 2004, 494 = BGHR 2004, 1055 = BGHR ZPO § 3 Gebührenstreitwert 1 = BGHR ZPO § 5 Gebührenstreitwert 1 = BGHR GKG § 12 Abs. 1 Mietrecht 1 = EBE/BGH 2004, BGH-Ls 455/04 = WuM 2004, 368 = DWW 2004, 162 = GuT 2004, 133 = MietRB 2004, 234 = RVG-B 2004, 104 = MDR 2004, 1437 = DWW 2004, 162.
2 OLG Celle, KostRsp. ZPO § 5 Nr. 52 mit Anm. *Schneider* = Nds.Rpfl. 1983, 159.
3 OLG Neustadt Rpfleger 1957, 238.
4 OLG Frankfurt/M. MDR 1957, 560.
5 OLG Frankfurt/M. MDR 1957, 560.
6 OLG Frankfurt/M. JurBüro 1970, 437.

objekt ist in erster Linie nicht das dienende, sondern **das herrschende Grundstück** (siehe den entsprechend anzuwendenden § 7 ZPO). Deshalb ist für den Wertansatz zu fragen, welche wirtschaftliche Bedeutung die Einräumung des begehrten Notwegrechts für das herrschende Grundstück hat. Die dadurch eintretende Wertsteigerung ist gleich dem Interesse des Klägers und damit Bewertungsobjekt. Die Möglichkeit, die in § 7 ZPO erwähnt ist, dass die Wertminderung des dienenden Grundstückes größer ist als die Wertsteigerung des herrschenden, ist für die Wegerechte praktisch bedeutungslos. Ein Grundstück ohne Zugang ist in seinem Wert stets mehr gemindert als ein Grundstück mit Zugang, über das auch ein Nachbar gehen oder fahren darf.

Erbberechtigung

1767 Die Frage der Erbberechtigung stellt sich in Zusammenhang mit der Anfechtungsklage zur Feststellung der Erbunwürdigkeit. Der Streitwert bemisst sich nach der Höhe des Nachlassanteils des potentiell Erbunwürdigen.[1]

Erbenhaftung

Siehe das Stichwort „Haftungsbeschränkung".

Erbschein

1768 Der Streitwert einer Klage auf Herausgabe eines Erbscheins bemisst sich allein nach dem rechtlichen Interesse gerade an der Herausgabe des Erbscheins. Dieses Interesse geht aber nur dahin, dass die Nachteile nicht eintreten, die dem wirklichen Erben infolge der rechtlichen Bedeutung des Erbscheins mit Rücksicht auf die §§ 2365, 2367 BGB drohen.[2]

1769 Weder der Nachlasswert noch das Interesse des Klägers, mittelbar die Ungültigkeit der letztwilligen Verfügung des Erblassers feststellen zu lassen, sind von Bedeutung.

---

1 BGH, Beschl. v. 20. 10. 1969 – III ZR 206/67, NJW 1970, 197.
2 RG, JW 1911, 813 Nr. 22; BGH, Beschl. v. 8. 5. 1967 – II ZR 191/66, KostRsp. ZPO § 3 Nr. 176.

Erbteilungsklage

Siehe das Stichwort „Miterbe".

Erbunwürdigkeit

Literatur: *Speckmann* MDR 1972, 905; *E. Schneider* JurBüro 1977, 433 (442).

Der Streitwert einer Erbunwürdigkeitsklage bestimmte sich nach älterer Recht- **1770** sprechung allein nach dem Interesse des Klägers an der sich für ihn aus der Erbunwürdigkeit ergebenden Besserstellung.[1] Dieses Interesse setzt das OLG Stuttgart[2] bei der Klage des Miterben dem Wert von dessen Anteil am Nachlass gleich. OLG Hamburg[3] formulierte es so, dass das Interesse des Klägers sich nach der Höhe des Erbteiles bestimme, der ihm mit der Rechtskraft eines obsiegenden Urteils zufallen würde.

Diese Auffassung ist heute überholt und die ältere Rechtsprechung nicht mehr **1771** einschlägig. Denn der BGH hat in einer späteren Entscheidung[4] unter Aufgabe der Entscheidung in JurBüro 1960, 205 die Auffassung vertreten, das Interesse des Beklagten an der Erbunwürdigkeitsklage sei maßgebend. Danach ist der Streitwert gleich dem Wert des Anteils am Nachlass, den der Beklagte bei erfolgreicher Erbunwürdigkeitsklage verliert. Erklärlich ist diese Rechtsprechung nur aus dem Bestreben, den wirtschaftlichen Auswirkungen einer Erbunwürdigkeitsklage Rechnung zu tragen: Klagt nämlich jemand, der bei Erbunwürdigkeit des Beklagten nur Miterbe zu einem Bruchteil wäre, so würde sich das zugunsten aller übrigen nachrückenden Erben auswirken. Bei Bewertung des Streitgegenstandes nur gemäß dem Interesse des Klägers kommt der Beklagte dann unter Umständen nicht in die Rechtsmittelinstanz, obwohl wirtschaftlich ein revisibler Wert auf dem Spiele steht.[5] Siehe dazu auch das Stichwort „Miterbe" (Rn. 3826 ff.) m.w.N. zur einschlägigen Rechtsprechung des BGH.

Zu bedenken ist allerdings, dass die Rückwirkung der Erbunwürdigkeitserklä- **1772** rung dazu führt, dass die erbrechtliche Übertragung auf den Beklagten entfällt. Gleichwohl darf daraus mit OLG Frankfurt[6] nicht der Schluss gezogen werden,

---

1 BGH, Beschl. v. 10. 7. 1959 – V ZR 30/59, JurBüro 1960, 205.
2 OLG Stuttgart, Beschl. v. 10. 4. 1956 – 5/2 U 123/55, Rpfleger 1956, 168.
3 OLG Hamburg MDR 1959, 585.
4 BGH, Urteil v. 20. 10. 1969 – II ZR 208/67, JurBüro 1969, 1168 = NJW 1970, 197 = Rpfleger 1970, 17 = *Warneyer* 1969 Nr. 285 = MDR 1970, 124 = FamRZ 1970, 17; OLG Koblenz, Beschl. v. 11. 12. 1996 – 14 W 739/96, AGS 1997, 69 = ZEV 1997, 252 = MDR 1997, 693 = JurBüro 1997, 419.
5 Siehe auch die entsprechende Situation bei der Abmeierungsklage nach § 18 WEG, Stichwort „Entziehung des Wohnungseigentums" Rn. 1747.
6 OLG Frankfurt, Beschl. v. 2. 2. 1971 – 6 W 557/70, JurBüro 1971, 540.

dass sich der Streitwert nach dem Gesamtwert des Nachlasses im Zeitpunkt des Erbfalles bemisst. Eine solche Schlussfolgerung ist nur dann zulässig, wenn eine einzige Person gegen eine einzige andere Person das Erbrecht für sich in Anspruch nimmt, ohne pflichtteilsberechtigt zu sein. Denn lediglich in diesem Fall ist der ganze Nachlass im Streit und der Streitwert deshalb nicht um erbrechtliche Beteiligungen des Klägers zu kürzen.

Erbvertrag

1773 Der Streitwert für die Klage auf Feststellung der Unwirksamkeit des Rücktritts von einem Erbvertrag bemisst sich nach dem gemäß § 3 ZPO zu schätzenden Interesse des Klägers an dem Weiterbestehen des Erbvertrages. Enthält dieser die Einsetzung des Klägers als Alleinerbe, dann ist gleichwohl nicht der Wert der gesamten Erbmasse maßgebend, weil der Erblasser nicht gehindert ist, über sein Vermögen zu verfügen und die Erbmasse zu schmälern.

1774 Das OLG Celle[1] hat aus diesen Erwägungen heraus die Feststellungsklage nur mit $^1/_4$ des Wertes der Erbmasse im Zeitpunkt der Klage bewertet.

1775 Enthält der Erbvertrag eine letztwillige Verfügung, die den Kläger begünstigt, ohne ihn als Alleinerben einzusetzen, dann ist deren wirtschaftlicher Wert maßgebend.

1776 Wird eine Klage auf Rücktritt vom Vertrag gestützt, dann richtet sich der Streitwert danach, welche im Klageantrag konkretisierte Rechtsfolge aus dem Rücktritt hergeleitet wird. Das kann beispielsweise ein Rückzahlungsanspruch sein; dann ist der Nennbetrag der Forderung maßgebend. Handelt es sich hingegen etwa um den Antrag auf Feststellung der Wirksamkeit des Rücktritts vom Vertrag, dann muss der Streitwert nach § 3 ZPO geschätzt werden, wobei nicht einfach auf Leistung oder Gegenleistung abzustellen ist, sondern auf das Interesse an der Bindungsfreiheit, das im Wesentlichen in dem Vermögensunterschied vor und nach Rückgängigmachung des Vertrages besteht (siehe bei dem Stichwort „Vertragsauflösung").

Erledigung der Hauptsache

Literatur: *Schneider* JurBüro 1965, 181 u. 967; MDR 1973, 625; JurBüro 1979, 1589 (Zinsen und Kosten nach teilweiser Hauptsachenerledigung); *Schmidt* MDR 1984, 372; *Pape/ Notthoff* JuS 1995, 1016; *Seutemann* MDR 1995, 122 + 1996, 555; *Liebheit* NJW 2000, 2235 (Erledigung der Hauptsache im Mahnverfahren); *E. Schneider* JurBüro 2002, 511; *Wolff* NJW 2003, 553; *Derenbrock* JurBüro 2003, 287.

---

1 OLG Celle Nds.Rpfl. 1962, 57 = NJW 1957, 540.

Gliederungsübersicht

A. Allgemeines 1777
  I. Erledigendes Ereignis 1778
  II. Übereinstimmende Erledigungs-
    erklärung 1780
  III. Einseitige Erledigungserklärung . 1783
  IV. Zeitpunkt des erledigenden
    Ereignisses 1792

B. Zuständigkeitsstreitwert
  I. Erkenntnisverfahren 1797
  II. Mahnverfahren
    1. Allgemeines 1799
    2. Zeitpunkt der Wertberechnung 1800
    3. Antragsänderung 1804
    4. Antragsänderung vor Abgabe . 1807
    5. Fehlende Antragsänderung
      oder Erklärung nach Abgabe . 1812

C. Gebührenstreitwert 1813
  I. Übereinstimmende Erledigungs-
    erklärungen 1814
  II. Einseitige Erledigungserklärung
    1. Allgemeines 1825
    2. Meinungsstand 1827
    3. Stellungnahme 1834
    4. Zeitpunkt der Wertänderung . 1844

  III. Teilweise Erledigung
    1. Übereinstimmende Erledi-
      gungserklärung 1845
    2. Einseitige Teilerledigungs-
      erklärung 1849

D. Besondere Verfahren
  I. Mahnverfahren 1855
    1. Gerichtsgebühren 1856
    2. Anwaltliche Gebühren 1858
  II. Säumnisverfahren 1863
  III. Stufenklage 1866
  IV. Klage und Widerklage 1868
  V. Einstweiliger Rechtschutz . . . 1869
  VI. Zwangsvollstreckung 1870

E. Rechtsmittel und Beschwer
  I. Anfechtbarkeit der Entscheidung 1871
  II. Übereinstimmende Erledigung
    1. Vollständige Erledigung . . . 1876
    2. Teilerledigung 1877
  III. Einseitige Erledigungserklärung
    1. Vollständige Erledigung . . . 1880
    2. Teilweise Erledigung 1883

F. Vergleich 1884

Stichwortübersicht

Akteneingang nach Mahnverfahren . 1800
Antrag auf Durchführung des strei-
  tigen Verfahrens 1861
Beschwer
– bei einseitiger – 1880, 1883
– bei übereinstimmender – 1876
Differenzmethode 1852
Ehrverletzende Behauptungen 1840
Eilverfahren 1869
Einseitige Erledigungs-
  erklärung 1783, 1793, 1798
– als Klageänderung 1783
– Wert gleich Kosteninteresse . . . 1828
– Wert gleich Hauptsache 1831
– Wert gleich 50% der Hauptsache . 1833
Erklärung
– in der mündlichen Verhandlung . 1780
– stillschweigende 1780
– nach Teilzahlung durch Beklagten 1795
Erledigendes Ereignis 1778
– Zeitpunkt des 1792
Erfüllungshandlungen des Beklag-
ten 1795

Klageänderung 1783
Feststellung
– der Hauptsacheerledigung 1825
Feststellungsinteresse 1784, 1835
Fortsetzungsfeststellungsklage . . . 1842
Gefahr gleichartiger Rechtsverlet-
  zungen 1841
Gerichtskostenbefreiung 1821
Geständnisfiktion 1883
Klagerücknahme
– Abgrenzung zur – 1823
– privilegierte . . . 1785, 1793, 1806, 1826
Kosten 1819
– Befreiung von Gerichtskosten . . 1812
– Bezifferung, genaue 1822
– der Vorinstanzen 1819
– des Mahnverfahrens 1809
– vermeidbare 1812
Kostenentscheidung
– Anfechtbarkeit 1871
Kosteninteresse 1829, 1835
– Bewertung des 1852
– Überschreitung des 1839

Mahnverfahren 1799
– Gerichtsgebühren 1856
– anwaltliche Gebühren 1858
Mehrwertsteuer 1819
– Änderung des bisherigen Mahn-
  antrages 1804, 1807
– Aufgabe des bisherigen Mahn-
  antrages 1805
– materielle Erledigung 1804, 1808
Nichtvermögensrechtliche Streitig-
  keit 1789
Prozesshandlung 1780
Prozessualer Gesamtakt 1781, 1817
Quotenmethode 1852
Rechtsbeschwerde 1874
Rechtshängigkeit
  der Hauptsache . 1782, 1786, 1802, 1844
Rechtskraft, Umfang der 1787, 1838
Rechtsmittelinstanz 1819
Rechtsnatur des prozessualen
  Anspruchs 1789
Säumnisverfahren 1863
Streitwertfestsetzung, gestaffelte . . 1815
Streitgegenstand
– Änderung des 1786, 1828, 1834
– unverändert bei einseitiger Erledi-
  gungserklärung 1831

Schadensersatz 1842
Stillschweigende Erledigungserklärung 1780
Stufenklage 1866
Teilzahlung 1791
Übereinstimmende Erledigungs-
  erklärung 1780
– in der Rechtsmittelinstanz 1819
– nach Erörterung der Hauptsache . 1818
Vergleich
– Gegenstandwert 1886
– mit übereinstimmender Erledi-
  gungserklärung 1884
– negativer Kostenregelung 1884
– zur Vermeidung eines neuen
  Rechtsstreits 1888
Versäumnisverfahren 1863
Widerklage 1866
Wirksamwerden der Erledigungs-
  erklärung(en) 1780, 1794, 1817
Zeitpunkt
– des erledigenden Ereignisses . . . 1792
– der Wertänderung 1816, 1844
– der Wertberechnung 1800
Zinsen 1845
Zwangsvollstreckung 1870
Zuständigkeit, Fortdauer der 1801

A. Allgemeines

1777 Ohne Kenntnis von den mit der Erledigung des Rechtsstreits verbundenen materiell-rechtlichen und prozessualen Fragenstellungen sowie den hierzu vertretenen Lösungsansätzen, ist eine im Einzelfall zutreffende Streitwertbestimmung kaum möglich. Daher werden vorab die wesentlichen Tatbestandsmerkmale und prozessualen Folgen der Erledigung erörtert.

I. Erledigendes Ereignis

1778 Unter Erledigung der Hauptsache versteht man das **Eintreten einer Tatsache**,
die eine ursprünglich zulässige und begründete Klage nachträglich unzulässig
oder unbegründet macht,[1] etwa die Erfüllung der eingeklagten Geldforderung,
der Untergang des vom Kläger beanspruchten Gegenstandes oder der Wegfall
einer Wiederholungsgefahr wettbewerbswidriger Werbung aufgrund Geschäfts-
aufgabe und dergleichen.

1779 Hierbei hat allein das erledigende Ereignis (Tatsache) auf den prozessualen Anspruch (Streitgegenstand) und damit auf den Streitwert keinen Einfluss. Dieser

---

1 BGH, Urteil v. 6. 12. 1984 – VII ZR 64/84, MDR 1985, 570 = NJW 1985, 588 = BauR
  1985, 353 = ZIP 1985, 833.

bleibt solange unverändert, bis entsprechende die Erledigung der Hauptsache betreffende Erklärungen gegenüber dem Gericht abgegeben werden.[1]

II. Übereinstimmende Erledigungserklärung

Die Erledigungserklärung unterliegt als **Prozesshandlung** den allgemeinen Voraussetzungen. Hinsichtlich der Form ist nach der Neufassung des § 91a Abs. 1 S. 1 ZPO („oder") davon auszugehen, dass die Erledigung auch im Falle obligatorischer mündlicher Verhandlung außerhalb dieser **durch Einreichung eines Schriftsatzes** wirksam erklärt werden kann. Ihre Wiederholung in der mündlichen Verhandlung hat dann nur noch deklaratorische Bedeutung.[2] Eine wörtliche oder ausdrückliche Erklärung der Erledigung ist nicht erforderlich, es genügt, dass sich bei entsprechender Bitte konkludent ermitteln lässt.[3]   1780

Hierbei stellt die Erledigungserklärung des Beklagten keine nachträgliche Zustimmung zur vorausgegangenen Erklärung des Klägers dar, für die man eine Rückwirkung nach § 184 Abs. 1 BGB annehmen könnte.[4] Vielmehr sind die nach § 91a ZPO erforderlichen gleichgerichteten prozessualen Einverständniserklärungen als **prozessualer Gesamtakt**[5] anzusehen. Zeitlich ist eine übereinstimmende Erledigung bis zum Eintritt der Rechtskraft möglich.   1781

Wird die Hauptsache von den Parteien übereinstimmend für erledigt erklärt, dann endet mit diesem Zeitpunkt die **Rechtshängigkeit der Hauptsache**.[6] Über die Kosten des Rechtsstreits entscheidet das Gericht nach überwiegender Auffassung von Amts wegen[7] gemäß § 91a ZPO nach dem „bisherigen Sach- und Streitstand", d.h. ohne weitere Beweiserhebung.[8]   1782

III. Einseitige Erledigungserklärung

Schließt sich der Beklagte der Erledigungserklärung des Klägers nicht an, scheidet eine Anwendung des § 91a ZPO aus. Der Kläger muss entscheiden, ob er die ursprüngliche Klage (hilfsweise) aufrechterhält, zurücknimmt oder die von ihm angenommene Erledigung selbst zum Gegenstand seines Klagebegehrens macht. Nach heute ganz überwiegender Auffassung ist die einseitige Erledigungserklärung als **Antrag auf Feststellung** des Inhalts anzusehen, dass der   1783

1 BGH, Beschl. v. 19. 7. 2004 – II ZR 41/02, BGHReport 2005, 738; Urteil v. 8. 2. 1989 – IVa ZR 98/87, BGHZ 106, 359 = MDR 1989, 523 = NJW 1989, 2885 = FamRZ 1989, 496.
2 OLG Hamm, Beschl. v. 15. 5. 1996 – 23 W 1/95, OLGR 1996, 48 = JurBüro 1996, 85; ausführlich Zöller/*Vollkommer*, § 91a Rn. 10.
3 BGH, Urteil v. 12. 3 1991 – XI ZR 148/90, NJW-RR 1991, 1211.
4 Zutr. OLG München JurBüro 1969, 434.
5 MünchKomm.ZPO/*Lindacher*, § 91a Rn. 23.
6 BGH, Urteil v. 8. 2. 1989 – Va ZR 98/87, BGHZ 106, 359 = MDR 1989, 523 = NJW 1989, 2885 = FamRZ 1989, 496.
7 BGH, Beschl. v. 27. 11. 1996 – XII ZR 249/95, NJW-RR 1997, 510 = LM § 91a Nr. 67a; Zöller/*Vollkommer*, § 91a Rn. 22 m.w.N.
8 Str.; ausführlich Zöller/*Vollkommer*, § 91a Rn. 26.

Rechtsstreit in der Hauptsache erledigt ist.[1] Hierbei ist der Übergang vom bisherigen Klagebegehren auf die Feststellungsklage als privilegierte **Klageänderung (§ 264 Nr. 2 ZPO)** zu qualifizieren, die nicht der Zustimmung des Prozessgegners bedarf.[2]

1784 Der **Zulässigkeit des Feststellungsbegehrens** steht nicht entgegen, dass es sich – nach Darstellung des Klägers – um ein vergangenes Rechtsverhältnis handelt. Denn auch **erloschene Rechtsverhältnisse** können Gegenstand einer gerichtlichen Feststellung sein, wenn – und hier scheint bereits die Lösung der mit der einseitigen Erledigungserklärung verbundenen Streitwertprobleme auf – sie wenigstens die Grundlage weiterer Ansprüche bilden können,[3] also trotz Erledigung **rechtliche Folgen** im Raum stehen. Dies ist bei der auf Feststellung der Hauptsacherledigung gerichteten Klage schon deswegen der Fall, weil der Kläger auf die Begründetheit des bisherigen Klagebegehrens (und der damit verbundenen Verursachung der Klageerhebung) seinen Anspruch auf Erstattung ihm entstandener Kosten der Rechtsverfolgung stützt.

1785 Der Annahme, dass es sich bei der einseitigen Erledigungserklärung um einen Wirksamkeitsstreit über eine kostenmäßig **privilegierte Klagerücknahme** handelt,[4] dürfte mit der Neufassung des § 269 Abs. 3 ZPO der Boden entzogen sein. Denn hier hat der Gesetzgeber bei Eintritt eines erledigenden Ereignisses nur für einen zeitlich eng begrenzten Bereich die Möglichkeit der Klagerücknahme mit summarischer Kostenentscheidung eröffnet.[5]

1786 Mit der einseitigen Erledigungserklärung ist – notwendigerweise – eine **Änderung des Streitgegenstandes** verbunden, da der Kläger mit dem Übergang zur Feststellungsklage nicht mehr Verurteilung gemäß der bisherigen Hauptsache, sondern nur noch die Feststellung eines bis zum Eintritt der Erledigung bestehenden Rechtsverhältnisses begehrt. Zur Entscheidung steht nicht mehr, ob der (bisherige) Anspruch des Klägers (noch) besteht, sondern nur noch, ob der Anspruch bis zu einem bestimmten Zeitpunkt, dem der angenommenen Erledigung, bestanden hat.[6]

---

1 BGH, Urteil v. 7. 6. 2001 – I ZR 157/98, MDR 2002, 413 = NJW 2002, 442, Beschl. v. 26. 5. 1994 – I ZB 4/94, MDR 1995, 92 = NJW 1994, 2364 = VersR 1994, 1447 = WRP 1994, 763; BGH, Urteil v. 8. 3. 1990 – I ZR 116/88, NJW 1990, 3147 = ZIP 1990, 1431 = BB 1990 1161 = GRUR 1990, 530; *Musielak/Wolst*, § 91a Rn. 28; *Zöller/Vollkommer*, § 91a Rn. 34 m.w.N.; a.A. MünchKomm.ZPO/*Lindacher*, § 91a Rn. 87 m.w.N.: Zwischenstreit über den Fortgang des Verfahrens.

2 BGH, Urteil v. 7. 6. 2001 s.o. *Musielak/Wolst*, § 91a Rn. 29; *Zöller/Vollkommer*, § 91a Rn. 34 m.w.N.

3 BGH, Urteil v. 29. 4. 1958 – VIII ZR 198/57, BGHZ 27, 190 = MDR 1958, 511 = NJW 1958, 1293; BAG, Urteil v. 23. 4. 1997 – 5 AZR 727/95, MDR 1997, 1150 = NJW 1997, 3396 = DB 1997, 2032; MünchKomm.ZPO/*Lüke*, § 256 Rn. 29; *Zöller/Greger*, § 256 Rn. 3a.

4 Ablehnend schon BGH, Urteil v. 6. 12. 1984 – VII ZR 64/84, LM ZPO § 91a Nr. 49 = NJW 1984, 588.

5 Siehe auch Zöller/*Herget*, § 91a Rn. 47: ein Fall der Angleichung.

6 BGH, Beschl. v. 26. 5. 1994 – I ZB 4/94, NJW 1994, 2363 = LM § 91a Nr. 64; BGH, Urteil v. 27. 2. 1992 – I ZR 35/90, NJW 1992, 2235; BGH, Urteil v. 8. 3. 1990 – I ZR 116/88, NJW 1990, 3147 = LM UWG § 1 Nr. 550; a.A. noch BGH, Urteil v. 11. 7. 1990 – XII ZR

Daher ist auch die Annahme falsch, mit der Abweisung der Feststellungsklage **1787** werde zugleich die ursprüngliche Leistungsklage abgewiesen.[1] Da der Übergang von der Leistungs- zur Feststellungsklage keiner Zustimmung bedarf (§ 264 Nr. 2 ZPO), kann sich der Klageabweisungsantrag des Beklagten – zu Vermeidung von Säumnisfolgen (§ 333 ZPO) – nur auf den Feststellungsantrag beziehen. Im Übrigen liegt der vorbezeichneten Annahme eine unzutreffende Bestimmung von **Streitgegenstand und Umfang der Rechtskraft** der Leistungs- und Feststellungsklage zugrunde.

Denn während bei Aufrechterhaltung der Hauptsacheklage über ein zum **1788** Schluss der mündlichen Verhandlung bestehendes Rechtsverhältnis entschieden worden wäre, wird bei der Feststellungsklage über den Bestand eines **vergangenen Rechtsverhältnisses** entschieden. Dabei sind trotz desselben materiell-rechtlichen Anspruchs unterschiedliche Bewertungen möglich. So kann einer auf den Feststellungsantrag ergehenden Entscheidung, dass der Leistungsanspruch zum Zeitpunkt des (angeblich) erledigenden Ereignisses nicht bestanden hat, zwar regelmäßig entnommen werden, dass der Anspruch auch zum Schluss der mündlichen Verhandlung nicht bestanden hat. Zwingend ist jedoch nicht, wie schon die Beispiele zeigen, dass auf einen noch nicht fälligen Anspruch gezahlt wird oder einem Ereignis nicht die vom Kläger angenommene erledigende Wirkung zukommt. Hier folgt aus der Abweisung der Feststellungsklage keineswegs, dass ohne Zahlung die Leistungsklage ebenfalls abgewiesen worden wäre, da die fehlende Fälligkeit noch zwischen Zahlung (angeblich erledigendes Ereignis) und Schluss der mündlichen Verhandlung hätte eintreten können. Fehlt es allein an einem erledigenden Ereignis, müsste dem ursprünglichen Klageantrag sogar stattgegeben werden. Folgerichtig erfasst die Rechtskraft einer den Feststellungsantrag abweisenden Entscheidung nicht den Bestand des Leistungsantrages zum Schluss der mündlichen Verhandlung. Sie ist allenfalls negativ präjudiziell für eine erneute Leistungsklage, deren Erhebung nicht der Einwand einer bereits ergangenen rechtskräftigen Entscheidung entgegensteht.[2]

Die **Rechtsnatur des Klagebegehrens** verändert sich weder durch übereinstim- **1789** mende noch durch einseitige Erledigungserklärungen; eine nichtvermögens- rechtliche Streitigkeit kann sich also dadurch nicht in eine vermögensrechtliche verwandeln.[3] Die Qualifizierung war früher für Berufungen und Revisionen von Bedeutung, weil in nichtvermögensrechtlichen Sachen, anders als in ver-

---

10/90, KostRsp. ZPO § 3 Nr. 1009 mit Anm. *E. Schneider* = FamRZ 1990, 1225; widersprüchlich Urteil v. 1. 6. 1990 – V ZR 48/89, NJW 1990, 2682; Urteil v. 8. 12. 1981 – VI ZR 161/80 = KostRsp. ZPO § 3 Nr. 568 mit Anm. *E. Schneider* = JurBüro 1982, 596 = NJW 1982, 767 = VersR 1982, 295.

1 So aber noch BGH, Urteil v. 8. 2. 1989 – IVa ZR 98/87, BGHZ 106, 359 = MDR 1989, 523 = NJW 1989, 2885 = FamRZ 1989, 496; ebenso die Vorauflage; unklar BGH, Urteil v. 27. 2. 1992 – I ZR 35/90, NJW 1992, 2236.

2 MünchKomm.ZPO/*Lindacher*, § 91a Rn. 78, 79 m.w.N.; Zöller/*Vollkommer*, § 91a Rn. 46.

3 BGH, Urteil v. 8. 12. 1981 – VI ZR 161/80, JurBüro 1982, 596 = NJW 1982, 767 = VersR 1982, 295 = KostRsp. ZPO § 3 Nr. 568 mit Anm. *E. Schneider*.

mögensrechtlichen, die Rechtsmittel keine Mindestbeschwer erforderten. Diese Unterscheidung ist für die Berufung durch das RpflegeEntlG 1993 und für die Revision durch das ZPO-ReformG 2001 hinfällig geworden.

1790 Die Hauptsache kann – übereinstimmend oder einseitig – auch **teilweise für erledigt erklärt** werden. Dann gelten die Rechtsgrundsätze zur Hauptsacheerledigung hinsichtlich des von der Erledigungserklärung betroffenen (Teils des) Streitgegenstandes.

1791 Zur rechtlichen Einordnung der „Erledigungserklärung" im Mahnverfahren siehe nachfolgend Rn. 1799 ff.

IV. Zeitpunkt des erledigenden Ereignisses

1792 Erklären die Parteien den Rechtsstreit in der Hauptsache **übereinstimmend für erledigt**, kommt der Frage, ob und zu welchem Zeitpunkt ein erledigendes Ereignis eingetreten ist, keine Bedeutung zu. Aufgrund der Dispositionsmaxime der Parteien, die sie zu einer jederzeitigen Beendigung des Rechtsstreits berechtigt, tritt die übereinstimmende Erledigungserklärung an die Stelle des erledigenden Ereignisses. Sie „erledigt" den Rechtsstreit in der Hauptsache. Dies unabhängig davon, ob das die Erledigungserklärungen auslösende Ereignis vor oder nach Rechtshängigkeit liegt.[1]

1793 Bleibt die **Erledigungserklärung** des Klägers hingegen **einseitig**, ist das Vorliegen eines erledigenden Ereignisses nur für die Begründetheit der nunmehr auf Feststellung der Hauptsacheerledigung gerichteten Klage von Bedeutung. Liegt der Zeitpunkt des vom Kläger behaupteten erledigenden Ereignisses hingegen zwischen Anhängigkeit und Rechtshängigkeit, ist die einseitige Erledigungserklärung mangels abweichender Angaben als privilegierte Klagerücknahme gemäß § 269 Abs. 3 S. 3 ZPO auszulegen.[2] Für eine Auslegung in eine auf Kostenersatz gerichtete Feststellungsklage[3] besteht nach der Neufassung des § 269 ZPO kein Bedürfnis mehr.

1794 In beiden Fällen hat das erledigende Ereignis allein keinen Einfluss auf die Streitwertbestimmung, weder vorgerichtlich noch während des Rechtsstreits. Vielmehr wird der Streitwert – wie auch sonst – erst durch die **Vornahme von Prozesshandlungen** beeinflusst, die der (ggfs. streitigen) Erledigung Rechnung tragen.[4] Soweit darüber hinausgehend streitwertrechtliche Auswirkungen unabhängig von der „prozessualen Wirksamkeit der Erledigungserklärung(en)" bejaht werden,[5] ist dem nicht zu folgen. Denn für die zur Begründung herange-

---

1 Zöller/*Vollkommer*, § 91a Rn. 6, 16 m.w.N.
2 Zöller/*Vollkommer*, § 91a Rn. 42.
3 Vgl. etwa OLG Düsseldorf, Urteil v. 20. 12. 2001 – 23 U 59/01, OLGR 2002, 296.
4 BGH, Beschl. v. 19. 7. 2004 – II ZR 41/02, BGHReport 2005, 738; Urteil v. 8. 2. 1989 – IVa ZR 98/87, BGHZ 106, 359 = MDR 1989, 523 = NJW 1989, 2885 = FamRZ 1989, 496.
5 So OLG Hamm, Beschl. 15. 5. 1995 – 23 W 1/95, OLGR 1996, 48 = JurBüro 1996, 85; OLG Koblenz, Beschl. v. 17. 10. 1991 – 14 W 572/91, JurBüro 1992, 465.

zogene wirtschaftliche Betrachtungsweise fehlt es ohne wirksame Prozesshandlung an einem Bezugspunkt.

Da allein die **Erfüllungshandlungen des Beklagten** den prozessualen Anspruch (Streitgegenstand) nicht verändern, erhält der Prozessbevollmächtigte die Verfahrensgebühr nach dem Hauptsachewert folglich auch dann, wenn der Beklagte **vor Mandatserteilung** oder **vor mündlicher Erörterung** Teilzahlungen an den Kläger erbringt, die Erledigungserklärungen zur Hauptsache aber erst danach gegenüber dem Gericht abgegeben werden.[1] Ebenso liegt es, wenn der Anwalt dem Mandanten rät, einen Teilbetrag zu zahlen, dieser dem Rat folgt und dann die Hauptsache teilweise für erledigt erklärt wird.[2]

1795

Die gegenteilige Auffassung[3] setzt zu Unrecht das außerprozessuale Verhalten einer Partei (Teilzahlungen) mit den (ggfs.) dem Anwaltszwang unterliegenden Prozesshandlungen (Abgabe der Erledigungserklärung) gleich.

1796

B. Zuständigkeitsstreitwert

I. Erkenntnisverfahren

Die **übereinstimmende Erledigungserklärung** setzt nach zutreffender Ansicht ein Prozessrechtsverhältnis (§ 91a Abs. 1 ZPO: „den Rechtsstreit") und damit eine rechtshängige Klageforderung voraus.[4] Folglich bleibt die übereinstimmende Erledigungserklärung schon wegen § 261 Abs. 3 Nr. 2 ZPO (sog. perpetuatio fori) auf eine einmal begründete Zuständigkeit ohne Einfluss.

1797

Dies gilt im Ergebnis auch für die **einseitig gebliebene Erledigungserklärung**, die als Antrag auf Feststellung des Inhalts anzusehen ist, dass der Rechtsstreit in der Hauptsache erledigt ist[5] (siehe im Einzelnen oben Rn. 1783 ff.). Zwar erfordert der klageändernde Charakter einer Prozesshandlung eine streitwertrechtliche Neubewertung und ermöglich damit im Fall der die Streitwertgrenze überschreitenden Klageerweiterung (§ 264 Nr. 2 ZPO), bei einer Klagebeschränkung gilt § 261 Abs. 3 Nr. 2 ZPO, grundsätzlich eine Verweisung.[6] Es besteht jedoch trotz der Differenzen über die Bewertung der einseitigen Erledigungser-

1798

---

1 OLG Dresden, Beschl. v. 16. 7. 2001 – 19 W 934/01 – JurBüro 2001, 589; OLG Stuttgart JurBüro 1981, 860 = Justiz 1981, 316.
2 OLG Düsseldorf, Beschl. v. 11. 5. 1993 – 10 W 14/93, OLGR 1993, 235 = JurBüro 1994, 241 mit zust. Anm. *Mümmler* = AnwBl. 1993, 578 = JR 1993, 327.
3 OLG Hamburg, Beschl. v. 28. 8. 1981 – 8 W 252/89, JurBüro 1981, 1518 = MDR 1982, 63 – Zahlung vor Erörterung und nachfolgender Erledigungserklärung; OLG Schleswig, Beschl. v. 10. 3. 1981 – 9 W 30/81, JurBüro 1981, 921 = SchlHA 1981, 120 = KostRsp. BRAGO § 31 Ziff. 1 Nr. 56 mit abl. Anm. *Schneider*.
4 Vgl. Zöller/*Vollkommer*, § 91a Rn. 17 m.w.N.
5 BGH, Beschl. v. 26. 5. 1994 – I ZB 4/94, MDR 1995, 92 = NJW 1994, 2364 = VersR 1994, 1447 = WRP 1994, 763; Urteil v. 8. 3. 1990 – I ZR 116/88, NJW 1990, 3147 = ZIP 1990, 1431 = BB 1990 1161 = GRUR 1990, 530; *Musielak/Wolst*, § 91a Rn. 28; Zöller/*Vollkommer*, § 91a Rn. 34 m.w.N.
6 BGH, Beschl. v. 17. 5. 1989 – I ARZ 254/89, NJW 1990, 53; Zöller/*Greger*, § 261 Rn. 12.

klärung Einigkeit darüber, dass der Streitwert des Feststellungsbegehrens nicht über dem Wert der bisherigen Hauptsache liegen kann (siehe nachfolgend Rn. 1828, 1839). Eine Verweisung des Rechtsstreits vom AG zum LG gemäß § 506 ZPO scheidet daher aus.

II. Mahnverfahren

1. Allgemeines

1799   Für die **Durchführung des Mahnverfahrens** ist das Amtsgericht ohne Rücksicht auf den Wert des geltend gemachten Zahlungsanspruchs sachlich ausschließlich zuständig, § 689 Abs. 1 S. 1 ZPO. Bewertungsprobleme stellen sich hier nicht. Anders liegt es beim **Übergang in das Streitverfahren**, wenn während des Mahnverfahrens auf die im Mahnbescheid geltend gemachte Forderung Zahlungen erbracht worden sind. Hier kann es zu Wertunterschieden zwischen Mahn- und Streitverfahren kommen. Insoweit ist zu prüfen, ob die mit dem Mahnbescheid geltend gemachten (Haupt- und Neben-)Forderungen in vollem Umfang oder nur teilweise erfüllt wurden und die hierdurch veranlasste **„Erledigungserklärung"** vor oder nach Abgabe des Verfahrens an das Prozessgericht erfolgte.

2. Zeitpunkt der Wertberechnung

1800   Maßgeblicher Zeitpunkt für die Wertberechnung ist gemäß § 4 Abs. 1 ZPO derjenige der Klageeinreichung (Anhängigkeit). Diesem Zeitpunkt entspricht bei der Überleitung der Mahnsache in das streitige Verfahren gemäß § 696 Abs. 1 S. 4 ZPO der **Eingang der Akten beim Prozessgericht**, nicht die Einreichung des Mahnantrages oder des Antrages auf Durchführung des streitigen Verfahrens.[1]

1801   Der vorgenannte Bewertungszeitpunkt wird durch die Regelung über die **Fortdauer einer einmal begründeten Zuständigkeit** in § 261 Abs. 3 Nr. 2 ZPO nicht in Frage gestellt. Zwar gilt nach § 696 Abs. 3 ZPO die Streitsache mit Zustellung des Mahnbescheides als rechtshängig geworden, jedoch findet § 261 Abs. 3 Nr. 2 ZPO auf diese zurückbezogene Rechtshängigkeit nach ganz überwiegender Ansicht wegen der Besonderheiten des Mahnverfahrens keine Anwendung.[2]

---

1 KG, Beschl. v. 21. 2. 2002 – 2 AR 19/02, MDR 2002, 1147; OLG Frankfurt, Beschl. v. 21. 2. 1996 – 21 AR 10/96, NJW-RR 1996, 1403; Beschl. v. 28. 7. 1992 – 20 AR 10/92, OLGR 1993, 15 = JurBüro 1993, 557 = NJW-RR 1992, 1341; OLG Hamm, Beschl. v. 26. 4. 2001 – 23 W 594/00, JurBüro 2002, 89; OLG München, Beschl. v. 16. 11. 1998 – 11 W 2823/98, MDR 1999, 508 = NJW-RR 1999, 944; OLG Rostock, Beschl. v. 18. 2. 2002 – 8 W 64/01, MDR 2002, 665; OLG Stuttgart, Beschl. v. 24. 2. 1999 – 8 W 527/98, MDR 1999, 634; *Musielak/Smid*, § 4 Rn. 4; *Zöller/Herget*, § 4 Rn. 3; a.A. für Gebührenstreitwert OLG Düsseldorf NJW-RR 1997, 704; 98, 1077: hier zu Unrecht auf den Streitantrag abstellend.

2 BayObLG, Beschl. v. 29. 6. 1994 – 1 Z AR 31/94, BayObLGR 1994, 64 = MDR 1995, 312 = NJW-RR 1995, 636; KG, Beschl. v. 21. 2. 2002 – 2 AR 19/02, MDR 2002, 1147; Beschl. v. 27. 11. 1997 – 28 AR 55/97, MDR 1998, 35; OLG Frankfurt, Beschl. v. 16. 9. 1994 – AR 15/94, NJW-RR 1995, 831; OLG Hamburg, Beschl. v. 9. 6. 1998 – 8 W 139/98. OLGR

Es handelt sich um eine Rückwirkungsfiktion für materiell-rechtliche Normen, die an den Eintritt der Rechtshängigkeit anknüpfen, beispielsweise für den Anfall von Prozesszinsen (§ 291 BGB) oder den Ersatz von Nutzungen im Eigentümer-Besitzer-Verhältnis (§ 987 BGB).

Die mit dem Erlass des Vollstreckungsbescheids verbundene fiktive **Rechtshängigkeit nach § 700 Abs. 2 ZPO** rechtfertigt keine andere Bewertung, was bereits aus der Verweisung in § 700 Abs. 3 S. 2 ZPO folgt. Danach gilt bei Einlegung eines Einspruchs § 696 Abs. 1 S. 4 ZPO, wonach der Rechtsstreit (erst) mit Akteneingang als anhängig anzusehen ist, entsprechend. Maßgeblicher Zeitpunkt für § 261 Abs. 3 Nr. 2 ZPO ist auch hier der Akteneingang, so dass bei Wertdifferenzen zwischen Mahn- und Vollstreckungsbescheid immer auf Letzteren abzustellen ist.[1]   **1802**

Die vorstehenden Ausführungen gelten auch dann, wenn die **Abgabe nach Widerspruchseinlegung nicht alsbald** erfolgt. Da ein Eintritt der Rechtshängigkeit vor Anhängigkeit ausscheidet, kommt alternativ zum Akteneingang nur die nach außen erkennbare Aufnahme der gerichtlichen Tätigkeit[2] oder die Zustellung der Anspruchsbegründung in Betracht.[3] Beides trägt den Besonderheiten des Mahnverfahrens nur unzureichend Rechnung.[4] Streitwertrechtlich gewinnt die Frage an Bedeutung, wenn eine Antragsbeschränkung auf einen Wert unterhalb der Zuständigkeitsgrenze erstmals in der nach Abgabe eingereichten Anspruchsbegründung erfolgt. § 261 Abs. 3 Nr. 2 ZPO stünde dann einer Verweisung vom LG an das AG nicht entgegen.[5]   **1803**

3. Antragsänderung

Entscheidend für die sachliche Zuständigkeit ist mithin, in welchem Umfang das Mahnverfahren an das Streitgericht abgegeben worden ist. Dies wird bei Zahlungen des Beklagten maßgeblich davon beeinflusst, ob sich der Kläger   **1804**

1998, 407 = JurBüro 1998, 652 = MDR 1998, 1121; OLG München, Beschl. v. 16. 5. 1997 – 11 W 1392/97, JurBüro 1997, 602; OLG Stuttgart , Beschl. v. 12. 4. 1984 – 8 W 324/83, MDR 1984, 673 = JurBüro 1984, 1220; MünchKomm.ZPO/*Holch*, § 696 Rn. 21; *Musielak/Voit*, § 696 Rn. 6; Zöller/*Vollkommer*, § 696 Rn. 7.

1 OLG Braunschweig, OLGR 1999, 310; OLG Koblenz, Rpfleger 1982, 292; Münch-Komm.ZPO/*Holch*, § 700 Rn. 7; *Musielak/Voit*, § 700 Rn. 3; Zöller/*Vollkommer*, § 686 Rn. 6; ohne Begründung a.A. *Fischer* MDR 2000, 301 (303); *Thomas/Putzo/Hüßtege*, § 700 Rn. 3.

2 So OLG Köln, Urteil v. 22. 2. 1985 – 6 U 191/84, MDR 1985, 680.

3 So *Baumbach/Lauterbach/Hartmann*, § 696 Rn. 11; MünchKomm.ZPO/*Holch*, § 696 Rn. 21; *Musielak/Voit*, § 696 Rn. 4.

4 KG, Beschl. v. 13. 2. 1998 – 28 AR 61/97, MDR 1998, 618; Beschl. v. 27. 11. 1997 – 28 AR 55/97, MDR 1998, 735; Zöller/*Vollkommer*, § 696 Rn. 5 m.w.N.; offenlassend KG, Beschl. v. 21. 1. 2002 – 2 AR 19/02, MDR 2002, 1147; offenlassend für Einhaltung materiell-rechtlicher Fristen BGH, Urteil v. 14. 11. 1991 – IX ZR 250/90, MDR 1992, 180 = NJW 1993, 1070: spätestens mit Zustellung der Anspruchsbegründung; Urteil v. 18. 10. 1990 – IX ZR 43/90, BGHZ 112, 325 = NJW 1991, 171: nicht vor Abgabe.

5 Vgl. etwa KG, Beschl. v. 21. 2. 2002 – 2 AR 19/02, MDR 2002, 147.

bereits im Mahnverfahren, d.h. vor Abgabe der Akten an das Prozessgericht, auf eine vollständige oder nur teilweise **materielle Erledigung der Mahnantragsforderung** berufen und diese insoweit nicht mehr zur Entscheidung des Prozessgerichts gestellt hat. In der Praxis geschieht dies oft dadurch, dass „der Rechtsstreit" in der Hauptsache (teilweise) für erledigt erklärt wird. Hierin ist weder eine Rücknahme des Streitantrages[1] noch ein Antrag auf Feststellung einer dahingehenden Erledigung zu sehen.[2]

1805 Vielmehr ist diese Erklärung sachgerecht dahingehend auszulegen, dass der Kläger – unter **Aufgabe des bisherigen Mahnantrages** – die Feststellung der (materiell-rechtlichen) Verpflichtung des Beklagten zur Kostentragung begehrt. Denn gegen eine Wertung als Rücknahme des Streitantrages spricht, dass dann der „erledigte" Teil des Mahnverfahrens nicht in das Streitverfahren übergeleitet und damit eine Entscheidung über die durch diesen verursachten Kosten verhindert wird,[3] obwohl dem Kläger an einer Sachentscheidung gelegen ist.[4] Der Annahme eines auf Erledigung gerichteten Feststellungsantrages widerstreitet, dass mangels Rechtshängigkeit des zuvor geltend gemachten Anspruchs eine Erledigung der Hauptsache nicht festgestellt werden kann, die geänderte Klage daher in jeden Fall unbegründet wäre. Dem Kosteninteresse des Klägers kann (und muss daher) dahingehend Rechnung getragen werden, dass die **materiell-rechtliche Kostentragungspflicht des Beklagten** Streitgegenstand wird.[5]

1806 Die Annahme einer **privilegierten Klagerücknahme** (§ 269 Abs. 3 S. 3 ZPO) vor Abgabe des Verfahrens dürfte angesichts fehlender Anhängigkeit des Zahlungsanspruchs nicht in Betracht kommen, arg. § 696 Abs. 1 S. 4 ZPO.[6] Dass auch eine **übereinstimmende Erledigungserklärung** der Parteien nach Abgabe an das Prozessgericht ausscheidet,[7] erscheint angesichts der Dispositionsmaxime der Parteien dagegen zweifelhaft.

---

1 So aber KG, Beschl. v. 8. 12. 1997 – 18 W 8917/97, KGR 1998, 54; OLG Karlsruhe, Beschl. v. 25. 2. 1988 – 13 W 10/88, MDR 1988, 1066; OLG Stuttgart; Beschl. v. 12. 4. 1984 – 8 W 324/83, MDR 1984, 673 = JurBüro 1984, 1220.

2 So aber OLG Bamberg JurBüro 1992, 762; OLG München, Beschl. v. 28. 2. 1996 – 28 W 676/96, OLGR 1996, 107 = JurBüro 1996, 368 = NJW-RR 1996, 956; OLG Naumburg, Beschl. v. 21. 7. 1998 – 12 W 17/98, OLGR 1999, 94.

3 OLG Düsseldorf, Urteil v. 20. 12. 2001 – 23 U 59/01, OLGR 2002, 296; OLG Hamm, Beschl. v. 12. 6. 2001 – 21 W 29/00 + 21 W 7/01, OLGR 2001, 297; OLG München, Beschl. v. 28. 2. 1996 – 28 W 676/96, OLGR 1996, 107 = JurBüro 1996, 368 = NJW-RR 1996, 956; *Liebheit* NJW 2000, 2235 (2236).

4 Insoweit zutr. OLG Naumburg, Beschl. 21. 7. 1998 – 12 W 17/98, OLGR 1999, 94.

5 OLG Düsseldorf OLGR 2002, 296; OLG München, Beschl. v. 1. 12. 1999 – 1 W 3034/99, OLGR 2000, 229 – allerdings eine ausdrückliche Klageänderung voraussetzend; ausführlich *Liebheit*, NJW 2000, 2235 (2236); vgl. zum gleichartigen Ansatz im Fall der „Erledigung" vor Rechtshängigkeit bei der Stufenklage BGH, Urteil v. 5. 5. 1994 – III ZR 98/93, MDR 1994, 717 = FamRZ 1995, 348 = NJW 1994, 2895.

6 A.A. Zöller/*Vollkommer*, § 91a Rn. 58 „Mahnverfahren".

7 So *Liebheit* NJW 2000, 2235 (2236); a.A. OLG Naumburg, Beschl. 21. 7. 1998 – 12 W 17/ 98, OLGR 1999, 94.

4. Antragsänderung vor Abgabe

Hat der Beklagte die mit dem Mahnbescheid geltend gemachte **Forderung durch Zahlung vollständig beglichen** und sich der Kläger vor Abgabe darauf berufen, dann bemisst sich der Streitwert des mit Akteneingang rechtshängigen Feststellungsantrages nach dem **Kosteninteresse des Klägers**, mithin nach den Kosten des Mahnverfahrens.[1]

1807

Umstritten ist hingegen, ob bei nur **teilweiser materieller Erledigung** und entsprechender Antragsbeschränkung vor Abgabe sich der Zuständigkeitsstreitwert unverändert nach dem bisherigen Wert,[2] nach der Restforderung,[3] der Restforderung zuzüglich eines prozentual nach dem erledigten Teil zu bemessenden Aufschlages[4] oder der Restforderung zuzüglich der auf den materiell erledigten Teil anfallenden Kosten des Mahnverfahrens bemisst.[5]

1808

Hier wiederholt sich letztlich die Auseinandersetzung um die Bewertung der einseitigen Teilerledigungserklärung, so dass auf die dortigen Bewertungsregeln verwiesen werden kann (siehe nachfolgend Rn. 1851). Dies gilt auch dann, wenn die „Erledigungserklärung" – wie diesseits für richtig erachtet – als Antrag auf Feststellung der Kostentragungspflicht angesehen wird. Denn unabhängig vom Auslegungsergebnis steht hier bewertungsrechtlich weiter die Frage zur Entscheidung, ob es sich bei den **Kosten des Mahnverfahrens** um Nebenforderungen im Sinne von § 4 Abs. 1 Hs. 2 ZPO handelt.

1809

Dies ist nach der hier vertretenen Ansicht schon aufgrund der mit der Antragsänderung verbundenen Einführung eines eigenen Streitgegenstandes zu verneinen.[6] Dass *Anders/Gehle/Kunze*[7] vorliegend eine der übereinstimmenden Teilerledigungserklärung vergleichbare Situation erkennen, weil das streitige Verfahren bei vorausgegangenem Mahnverfahren von einem Antrag des Antragstellers und der Abgabe abhängig sei, überzeugt nicht. Denn erfolgt die Zahlung bei

1810

1 OLG Karlsruhe JurBüro 1981, 1231; *Anders/Gehle/Kunze*, Stichwort „Erledigung der Hauptsache" Rn. 15; *Liebheit* NJW 2000, 2235 (2237); Zöller/*Herget*, § 3 Rn. 16 unter „Mahnverfahren".
2 So nur OLG München, Beschl. 28. 2. 1996 – 28 W 676/96, KostRsp. ZPO § 3 Nr. 1229 = OLGR 1996, 107 = JurBüro 1996, 368 = NJW-RR 1996, 956.
3 So OLG Bamberg, Beschl. 6. 3. 1992 – 3 W 105/91, KostRsp. ZPO § 3 Nr. 1111 = JurBüro 1992, 762; KG, Beschl. v. 8. 12. 1997 – 18 W 8917/97, KostRsp. ZPO § 3 Nr. 1269 = KGR 1998, 54; OLG Frankfurt, Beschl. v. 28. 7. 1992 – 20 AR 109/92, KostRsp. ZPO § 4 Nr. 73 mit abl. Anm. *Herget* = JurBüro 1993, 537 = OLGR 1993, 15 = NJW-RR 1992, 1341; NJW-RR 1995, 831; OLG Köln JurBüro 1982, 1070 = AnwBl. 1982, 198; OLG München NJW-RR 1998, 504; OLG Zweibrücken KostRsp. ZPO § 3 Nr. 791 mit Anm. *Schneider* = JurBüro 1985, 1889; JurBüro 1982, 1070; *Anders/Gehle/Kunze*, Stichwort „Erledigung der Hauptsache" Rn. 20.
4 OLG München, Beschl. 30. 9. 1997 – 11 W 2456/97 = MDR 1998, 62 = NJW-RR 1996, 1998, 504: Aufschlag in Höhe von 50 %.
5 So OLG Düsseldorf OLGR 2002, 296; OLG Karlsruhe, KostRsp. ZPO § 4 Nr. 63 = MDR 1988, 1066; *Liebheit* NJW 2000, 2235 (2237).
6 *Liebheit* NJW 2000, 2235 (2237).
7 *Anders/Gehle/Kunze*, Stichwort „Erledigung der Hauptsache" Rn. 20.

gleichzeitigem (Kosten)Widerspruch, kann auch der Beklagte die Durchführung des streitigen Verfahrens erzwingen.

1811 Abweichend ist jedoch zu bewerten, wenn die erledigende Zahlung des Beklagten, die dieser, ohne Widerspruch einzulegen, erbracht hat, aufgrund Angabe der Klägers (§ 699 Abs. 1 ZPO) bereits bei Erlass des Vollstreckungsbescheides berücksichtigt worden ist. Wird hier das Verfahren auf den Einspruch des Beklagten an das Prozessgericht abgegeben (und vom Kläger die **Aufrechterhaltung des Vollstreckungsbescheides** beantragt), dann bleiben die bereits im Vollstreckungsbescheid titulierten Kosten des „erledigten" Teils des Mahnverfahrens bei der Wertfestsetzung gemäß § 4 Abs. 1 Hs. 2 ZPO unberücksichtigt. Denn die Kosten sind weder unmittelbar noch mittelbar Streitgegenstand, sondern gemäß § 696 Abs. 1 S. 5, 281 Abs. 3 S. 1 ZPO Bestandteil der Kosten des Rechtsstreits.

5. Fehlende Antragsänderung oder Erklärung nach Abgabe

1812 Erfolgt dagegen eine **Abgabe ohne einschränkende Antragstellung** des Klägers, dann wird das aus dem Mahn- oder Vollstreckungsbescheid ersichtliche Klagebegehren in vollem Umfang rechtshängig.[1] Der Streitwert bestimmt sich nach der Höhe des im Mahn- bzw. Vollstreckungsbescheid aufgeführten Zahlungsanspruchs. Allein der Eintritt eines (materiell) erledigenden Ereignisses hat bekanntlich auf die Streitwertberechnung keine Auswirkung (siehe oben Rn. 1779, 1794).

Erklärt der Kläger den Rechtsstreit nach Abgabe in der Hauptsache einseitig oder mit dem Beklagten übereinstimmend für erledigt, gelten für die Streitwertermittlung ab diesem Zeitpunkt die allgemeinen Bewertungsregeln.

Nicht entschieden ist damit, ob es sich bei den durch eine verspätete Antragsbeschränkung ausgelösten Kosten um notwendige Kosten im Sinne des § 91 ZPO handelt[2] oder ob diese **„vermeidbaren Kosten"** bei einer Entscheidung nach § 91a ZPO unabhängig vom weiteren Sach- und Streitstand dem Kläger aufzuerlegen sind.[3]

C. Gebührenstreitwert

1813 Hier ist für die Wertbestimmung zunächst danach zu unterscheiden, ob die Erledigungserklärung des Klägers einseitig geblieben ist oder sich der Beklagte ihr angeschlossen hat und ob von der bzw. den Erledigungserklärungen der Rechtsstreit insgesamt oder nur ein Teil davon betroffen ist.

---

1 OLG Hamm, Beschl. v. 12. 6. 2001 – 21 W 7/01, OLGR 2001, 297.
2 Verneinend *Liebheit* NJW 2000, 2235 (2236).
3 Bejahend OLG Hamm, Beschl. v. 12. 6. 2001 – 21 W 29/00 + 21 W 7/01, OLGR 2001, 297.

I. Übereinstimmende Erledigungserklärungen

Bei übereinstimmender Erledigungserklärung der Parteien (§ 91a ZPO) be-   **1814**
stimmt sich der Streitwert im Anschluss an die Erledigungserklärungen nach
der Summe der bis dahin angefallenen **gerichtlichen und außergerichtlichen
Kosten der Parteien**, soweit der Betrag den Wert der Hauptsache nicht übersteigt. Nur diese sind fortan Gegenstand der Verhandlung und Entscheidung.[1]

Es bedarf folglich einer **zeitlich gestaffelten Streitwertfestsetzung**.[2] Hiervon zu   **1815**
unterscheiden ist die Frage, ob mit der Streitwertermäßigung auch eine Ermäßigung der Gerichtskosten verbunden ist. Dies ist mit Blick auf § 40 GKG (§ 15
GKG a.F.) zu verneinen, da die Gerichtskosten gemäß § 6 Abs. 1 Nr. 1 GKG
(entspricht weitgehend § 61 GKG a.F.) Nr. 1210 KV GKG (Nr. 1210 KV GKG
a.F.) in vollem Umfang bereits mit Einreichung des Klageantrages anfallen und
spätere Wertminderungen folglich unberücksichtigt bleiben.[3]

Hierbei wird der **Zeitpunkt der Streitwertänderung** durch die Abgabe der letzten   **1816**
Erledigungserklärung gegenüber dem Gericht bestimmt,[4] sei es in der mündlichen Verhandlung[5] oder bei Entscheidung ohne mündliche Verhandlung
(§ 91a Abs. 1 S. 2 ZPO) im Schriftverkehr (siehe oben Rn. 1780).

Demgegenüber stellt das OLG Celle[6] zu Unrecht auf den Zeitpunkt der ersten   **1817**
Erklärung ab, sofern die Erledigungserklärung des Gegners nachfolgt. Die Erledigungserklärung des Beklagten stellt eben keine nachträgliche Zustimmung
zur vorausgegangenen Erklärung des Klägers dar, für die man eine Rückwirkung
nach § 184 Abs. 1 BGB annehmen könnte.[7] Als **prozessualer Gesamtakt**[8] be-

---

1 BGH, Urteil v. 8. 2. 1989 – IVa ZR 98/87, BGHZ 106, 359 = MDR 1989, 523 = FamRZ
1989, 496 = NJW 1989, 2885; OLG Brandenburg, Beschl. v. 11. 10. 1995 – 3 W 23/95,
JurBüro 1996, 193 = NJW-RR 1996, 844 = MM 1995, 440; OLG Düsseldorf, Beschl. v.
11. 5. 1993 – 10 W 14/93, OLGR 1993, 235 = JurBüro 1994, 241 mit zust. Anm. *Mümmler* = AnwBl. 1993, 578 = JR 1993, 327; OLG Hamburg, Beschl. v. 21. 5. 1997 – 8 W 88/
97, MDR 1997, 890; OLG Rostock, Beschl. v. 16. 10. 1998 – 6 U 98/97, OLGR 1999, 60;
OLG Saarbrücken, Beschl. v. 26. 4. 2001 – 8 U 500/00, AGS 2001, 276; Musielak/*Heinrich*, § 3 Rn. 25 unter „Erledigung"; Zöller/*Herget*, § 3 Rn. 16 unter „Erledigung".
2 OLG Düsseldorf, Beschl. v. 11. 5. 1993 – 10 W 14/93, OLGR 1993, 235 = JurBüro 1994,
241 mit zust. Anm. *Mümmler* = AnwBl. 1993, 578 = JR 1993, 327; OLG Hamm, Beschl.
v. 15. 5. 1995 – 23 W 1/95, JurBüro 1996, 85.
3 Nur in diesem Sinne zutreffend OLG Oldenburg, Beschl. v. 15. 3. 1999 – 1 W 18/99,
JurBüro 1999, 374.
4 OLG Köln, KostRsp. ZPO § 3 Nr. 922.
5 OLG Düsseldorf, Beschl. v. 11. 5. 1983 – 10 W 14/93, OLGR 1993, 235 = JurBüro 1994,
241 = AnwBl. 1993, 578 = JR 1993, 327; Beschl. v. 20. 11. 1990 – 16 W 57/90, KostRsp.
ZPO § 3 Nr. 1025 mit Anm. *E. Schneider* = JurBüro 1991, 408; OLG Hamburg, Beschl.
v. 1. 7. 1992 – 8 W 152/92, JurBüro 1993, 363: bei Abgabe nach Erörterung Gegenstandwert dennoch nur Kosteninteresse.
6 OLG Celle JurBüro 1968, 633.
7 Zutr. OLG München JurBüro 1969, 434.
8 MünchKomm.ZPO/*Lindacher*, § 91a Rn. 23; OLG München JurBüro 1969, 434; OLG
Bamberg JurBüro 78, 1719.

wirkt erst das Zusammentreffen beider Erklärungen vielmehr die prozessuale Erledigung der Hauptsache, so dass auch erst ab Eingang der zweiten Erklärung die Streitwertminderung eintreten kann.

1818 Damit ist nicht entschieden, ob bei einem erledigenden Ereignis vor mündlicher Verhandlung und einer übereinstimmenden Erledigungserklärung erst **nach Erörterung der Hauptsache** sich die Terminsgebühr (Nr. 3104 VV RVG) nach dem bisherigen Hauptsachewert oder nur nach dem Kosteninteresse bemisst. Hier wird maßgeblich auf den Umfang der Erörterung abzustellen sein, also ob das erledigende Ereignis selbst im Streit stand oder nur als bloßer Rechnungsposten berücksichtigt worden ist.[1]

1819 Der Streitwert bestimmt sich nach der Summe der bis zur übereinstimmenden Erledigungserklärungen angefallenen gerichtlichen und außergerichtlichen Kosten der Parteien einschließlich der **Mehrwertsteuer**.[2] Hierzu zählen bei einer Erledigungserklärung in der Rechtsmittelinstanz alle **Kosten der Vorinstanzen**.[3] Nach Abgabe der Erklärungen anfallende Kosten bleiben wegen § 4 Abs. 1 Hs. 2 ZPO, § 43 GKG (§ 22 GKG a.F.) außer Ansatz.[4]

1820 **Außergerichtliche Kosten**, deren Erstattungsfähigkeit und Anmeldung im Falle des Obsiegens zum Zeitpunkt der Wertfestsetzung nicht zweifelsfrei feststehen, bleiben dabei unberücksichtigt. Andernfalls würde die Wertermittlung in Konkurrenz zum Kostenfestsetzungsverfahren treten und bei widersprüchlicher Bewertung die Notwendigkeit erneuter Wert- und Kostenfestsetzung auslösen.[5] Angesichts der Unkenntnis vom späteren Gegenstand des Kostenfestsetzungsverfahrens ist eine betragsgenaue Wertermittlung ohnehin nicht möglich. Vertretbar ist auch, **zweifelhafte und ungewisse Kostenpositionen** zu schätzen, § 3 ZPO.[6]

1821 Zu den angefallenen Kosten gehören die Gerichtskosten auch dann, wenn eine Partei von der Zahlung der **Gerichtskosten befreit** ist (§ 2 GKG). Folge der Gerichtskostenbefreiung ist allein, dass die mit Antragstellung bereits entstandenen Gerichtskosten aus verwaltungstechnischen Gründen tatsächlich nicht erhoben werden.[7]

1822 Bei der Wertfestsetzung bedarf es für den Zeitraum nach Hauptsacheerledigung keiner genauen **Bezifferung der bis dahin angefallenen Kosten**. Ausreichend ist

---

1 OLG Hamburg, Beschl. v. 1. 7. 1992 – 8 W 152/92, JurBüro 1993, 363 mit abl. Anm. *Mümmler*; OLG Köln, Beschl. v. 25. 5. 2001 – 11 W 11/01, OLGR 2002, 103; unzutreffend daher OLG Koblenz, Beschl. v. 17. 10. 1991 – 14 W 572/91, JurBüro 1992, 465.
2 OLG Saarbrücken, Beschl. v. 26. 4. 2001 – 8 U 500/00, AGS 2001, 276.
3 BGH, Beschl. v. 30. 9. 2004 – I ZR 30/04, WRO 2005, 126.
4 So schon RGZ 50, 368.
5 KG, Beschl. v. 27. 7. 1987 – 1 W 3534/87, MDR 1988, 236; *Anders/Gehle/Kunze*, Stichwort „Erledigung der Hauptsache" Rn. 2; *Baumbach/Lauterbach/Hartmann*, § 3 Rn. 47.
6 So MünchKomm.ZPO/*Lappe*, § 4 Rn. 54.
7 OLG Hamburg, Beschl. v. 14. 8. 1992 – 8 W 177/92, JurBüro 1993, 171 = MDR 1993, 183.

es, die Kosten bis zur Grenze des folgenden Gebührensprungs anzugeben. Die Wertangabe: „Summe der bis zum ... angefallenen gerichtlichen und außergerichtlichen Kosten" ist jedoch wegen § 63 Abs. 1, 2 GKG (§ 25 Abs. 1, 2 GKG a.F.) nicht ausreichend,[1] da die Entscheidung über die hierfür ansatzfähigen Kosten nicht dem Rechtspfleger überlassen werden darf.

Ist streitig, ob die Erklärung des Klägers als Hauptsacheerledigung oder als **Klagerücknahme** zu deuten ist, dann sind die Kosten schon dann streitwertbestimmend, wenn feststeht, dass das Gericht nicht mehr zur Hauptsache zu entscheiden hat, der Grund dafür aber streitig ist, weil der Kläger seine entsprechende Erklärung als Erledigungserklärung, der Beklagte sie als (nicht zustimmungsbedürftige) Klagerücknahme deutet.[2]   **1823**

Die Beantwortung der Frage, ob Klagerücknahme oder Hauptsacheerledigung anzunehmen ist, kann jedoch für den Zeitpunkt der Bewertung erheblich sein. Die Klagerücknahme wird durch Eingang eines Schriftsatzes bei Gericht wirksam (§ 269 Abs. 2 ZPO), die übereinstimmende Erledigungserklärung tritt hingegen erst mit Zustimmung des Gegners ein (oben Rn. 1781). Diese kann frühestens zu dem Zeitpunkt angenommen werden, in dem der Gegner sich schriftlich mit der Erledigungserklärung einverstanden oder diese in mündlicher Verhandlung widerspruchslos entgegengenommen hat (sog. stillschweigende Erledigungserklärung).   **1824**

II. Einseitige Erledigungserklärung

1. Allgemeines

Hat der Kläger die Hauptsache für erledigt erklärt, während der Beklagte weiterhin Klageabweisung beantragt, dann ist die einseitige Erledigungserklärung als Antrag auf **Feststellung der Hauptsacheerledigung** auszulegen, soweit nicht ausnahmsweise ein Fall der privilegierten Klagerücknahme nach § 269 Abs. 3 S. 3 ZPO vorliegt.[3] Hierbei ist der Übergang vom bisherigen Klagebegehren zur Feststellungsklage als nicht zustimmungsbedürftige Klageänderung (§ 264 Nr. 2 ZPO) zu qualifizieren.[4] Zu den Einzelheiten siehe oben Rn. 1783 ff.).   **1825**

Während sich im Fall der **privilegierten Klagerücknahme** der Streitwert mit Eingang der schriftlichen oder Abgabe der mündlichen Erklärung (§ 269 Abs. 2 S. 2 ZPO) wegen des Wegfalls der Rechtshängigkeit auf die bis dahin angefallenen Kosten reduziert,[5] ist der Einfluss der einseitigen Erledigungserklärung auf   **1826**

---

1 *Anders/Gehle/Kunze*, Stichwort „Erledigung der Hauptsache" Rn. 1; a.A. noch Vorauflage.
2 OLG Nürnberg JurBüro 1962, 695; OLG Düsseldorf JurBüro 1972, 816.
3 BGH, Beschl. v. 26. 5. 1994 – I ZB 4/94, MDR 1995, 92 = NJW 1994, 2364 = VersR 1994, 1447 = WRP 1994, 763; Urteil v. 8. 3. 1990 – I ZR 116/88, NJW 1990, 3147 = ZIP 1990, 1431 = BB 1990 1161 = GRUR 1990, 530; *Musielak/Wolst*, § 91a Rn. 28; *Zöller/Vollkommer*, § 91a Rn. 34 m.w.N.
4 *Musielak/Wolst*, § 91a Rn. 29; *Zöller/Vollkommer*, § 91a Rn. 34 m.w.N.
5 *Zöllcr/Herget*, § 3 Rn. 16 unter „Klagerücknahme".

den Streitwert umstritten. Uneinigkeit besteht sowohl darüber, ob sich der Streitwert gegenüber dem bisherigen Hauptsachewert überhaupt verringert, und wenn, zu welchem Zeitpunkt und in welchem Ausmaß eine Reduzierung eintritt.

2. Meinungsstand

1827 In Rechtsprechung und Literatur finden sich im Wesentlichen drei Bewertungsansätze. Angesichts der mittlerweile kaum noch überschaubaren Anzahl der Judikate sowie von einander abweichender und wechselnder Rechtsprechung auch innerhalb der Oberlandesgerichte wird hier weitgehend auf die jüngere, d.h. ab 1980 ergangene Rechtsprechung abgestellt.

1828 Hat der Kläger einseitig die Hauptsache für erledigt erklärt, so besteht nach Ansicht des BGH der Streitwert derjenigen Instanz, in der die Hauptsache für erledigt erklärt worden ist, von der Erledigungserklärung ab in der Regel nur noch **in der Summe der** bis zur Erledigungserklärung **entstandenen Kosten**, soweit nicht der Hauptsachewert geringer ist.[1] Die dogmatische Begründung für diesen Ansatz hat im Laufe der Zeit gewechselt. Während der BGH zunächst bei Annahme eines trotz Erledigungserklärung gleichbleibendem Streitgegenstandes[2] von einer streitgegenstandsunabhängigen „Schrumpfung" des Streitwerts[3] bzw. eines allein hinsichtlich der Kosten „rechtlich beachtliches Interesses" des Klägers an der Fortsetzung des Rechtsstreits ausgegangen ist,[4] stellt er mittlerweile auf die mit der Erledigungserklärung und der damit einhergehenden Klageänderung verbundene Änderung des Streitgegenstandes ab.[5]

---

1 BGH, Beschl. v. 17. 6. 2003 – XI ZR 242/02, BGHR ZPO § 3 Hauptsacherledigung 2; Beschl. v. 9. 5. 1996 – VII ZR 143/94, NJW-RR 1996, 1210; Urteil v. 11. 7. 1990 – XII ZR 10/90, KostRsp. ZPO § 3 Nr. 1009 mit Anm. *Schneider* = FamRZ 1990, 1225; Urteil v. 8. 2. 1989 – IVa ZR 98/87, BGHZ 106, 359 = MDR 1989, 523 = NJW 1989, 2885; Urteil v. 6. 12. 1984 – VII ZR 64/84, LM ZPO § 91a Nr. 49 = NJW 1986, 588.

2 BGH Urteil v. 15. 1. 1982 – V ZR 50/81, NJW 1982, 1598; Beschl. v. 8. 12. 1981 – VI ZR 161/80, NJW 1982, 767; Beschl. v, 21. 4. 1961 – V ZR 155/60, KostRsp. ZPO § 3 Nr. 14 = JurBüro 1961, 289.

3 BGH, Urteil v. 11. 7. 1990 – XII ZR 10/90, KostRsp. ZPO § 3 Nr. 1009 mit abl. Anm. *E. Schneider* = FamRZ 1990, 1225; Beschl. v, 21. 4. 1961 – V ZR 155/60, KostRsp. ZPO § 3 Nr. 14 = JurBüro 1961, 289.

4 BGH, Beschl. v. 19. 2. 1982 – V ZR 234/81, KostRsp. ZPO § 3 Nr. 583 mit Anm. *Schneider* = JurBüro 1982, 1242 mit Anm. *Mümmler* = ZIP 1982, 745; offenlassend Beschl. v. 8. 12. 1981 – VI ZR 161/80, KostRsp. ZPO § 3 Nr. 566 = JurBüro 1982, 596 = NJW 1982, 768.

5 BGH, Beschl. v. 17. 6. 2003 – XI ZR 242/02, BGHR ZPO § 3 Hauptsacherledigung 2; Urteil v. 27. 2. 1992 – I ZR 35/90, MDR 1992, 707 = NJW 1992, 2235 = VersR 1993, 627; Beschl. v. 26. 5. 1994 – I ZB 4/94, MDR 1995, 91 = NJW 1994, 2363 = LM § 91a Nr. 64 = VersR 1994, 1447; BGH, Urteil v. 8. 3. 1990 – I ZR 116/88, NJW 1990, 3147 = BB 1990, 1161 = ZIP 1990, 1431 = GRUR 1990, 530; bereits andeutend im Urteil v. 15. 1. 1982 – V ZR 50/81, NJW 1982, 1598.

Mit dem Übergang zum Feststellungsantrag sei eine Verurteilung des Beklagten **1829**
gemäß dem bisherigen Klageanspruch nicht mehr möglich. Dies sei der eigentliche Grund für die Streitwertreduzierung,[1] die sich am Kosteninteresse zu
orientieren habe, da dem Kläger regelmäßig nur noch an einer Abwendung einer
wegen der von ihm angenommenen Erledigung ansonsten drohenden negativen
Kostenentscheidung gelegen sei. Eine abweichende, über das Kosteninteresse
hinausgehende Bewertung sei dagegen geboten, wenn ausnahmsweise ein wei-
tergehendes Interesse des Klägers an einer Entscheidung über den früheren
Bestand seines bisherigen Klageanspruchs besteht.[2] Ein derartiges Interesse folge jedoch nicht bereits aus dem Umstand, dass bei Abweisung der auf Feststellung der Erledigung gerichteten Klage u.a. in Rechtskraft erwachsen könne,
dass die bisherige Hauptsacheklage unbegründet war.[3]

Eine deutliche Mehrheit der Oberlandesgerichte hat sich diesem Ansatz mitt- **1830**
lerweile angeschlossen und hierbei meist auf die mit dem Übergang zum Feststellungsbegehren verbundene Änderung des Streitgegenstandes verwiesen, in
deren Folge Zulässigkeit und Begründetheit des ursprünglichen Klageantrages
nur noch als Vorfrage zu prüfen seien,[4] wobei jedoch vereinzelt unabhängig von

---

1 BGH, Urteil v. 8. 2. 1989 – IVa ZR 98/87, BGHZ 106, 359 = MDR 1989, 523 = NJW
   1989, 2885 = FamRZ 1989, 496; Urteil v. 6. 12. 1984 – VII ZR 64/84, LM ZPO § 91a
   Nr. 49 = NJW 1986, 588.
2 BGH, Beschl. v. 17. 6. 2003 – XI ZR 242/02, BGHR ZPO § 3 Hauptsacherledigung 2.
3 BGH, Beschl. v. 9. 5. 1996 – VII ZR 143/94, WM 1996, 1653 = NJW-RR 1996, 1210.
4 KG, Beschl. v. 29. 1. 2001 – 8 W 9/01, KGR 2001, 390 = AGS 2002, 40; Beschl. v. 5. 1.
   1999 – 4 W 8985/98, KostRsp. ZPO § 3 Nr. 1299 = MDR 1999, 380 = AGS 1999, 93 mit
   Anm. *Madert*; OLG Bremen, Beschl. v. 2. 1. 2001 – 2 W 135/00, OLGR 2001, 218 = AGS
   2001, 185; OLG Celle, Beschl. v. 10. 12. 1987 – 16 U 169/86, MDR 1988, 414; OLG
   Dresden, Beschl. v. 14. 10. 1999 – 8 W 714/99, KostRsp. ZPO § 3 Nr. 1323 = OLGR
   2000, 161 = AGS 2000, 156 = NJW-RR 2001, 428 = NJ 2000, 262; OLG Düsseldorf,
   Beschl. v. 31. 1. 2002 – 24 W 68/01, WuM 2002, 501; Urteil v. 20. 12. 2001 – 23 U 59/
   01, OLGR 2002, 296; OLG Frankfurt, Beschl. v. 30. 6. 2000 – 9 W 19/00, KostRsp. ZPO
   § 3 1347 = OLGR 2001, 12 = AGS 2001, 84; OLG Hamburg, Beschl. v. 2. 9. 1996 – 8 W
   168/96, OLGR 1996, 368; OLG Hamm, Beschl. v. 12. 5. 2005 – 24 U 7/05, OLGR 2005,
   556 = JurBüro 2005, 598; Beschl. v. 31. 7. 2002 – 30 W 30/02, OLGR 2002, 376; Beschl.
   v. 26. 3. 1999 – 23 W 573/98, MDR 2000, 175 (Aufgabe bish. Rspr.); OLG Karlsruhe,
   Beschl. v. 11. 10. 2002 – 1 U 29/02, juris-Nr. KORE 428542002; Beschl. v. 13. 8. 1993 –
   6 W 38/93, KostRsp. ZPO § 3 Nr. 1162 = MDR 1994, 217 = NJW-RR 1994, 761 = Justiz
   1994, 243 (Aufgabe der bisherigen Rechtsprechung); OLG Koblenz, v. 10. 9. 1998 =
   KostRsp. ZPO § 3 Nr. 1302; OLG Köln, Beschl. v. 11. 10. 2004 – 8 W 24/04, OLGR
   2005, 19 = JMBl.NW 2005, 79; Beschl. v. 17. 12. 1991 – 12 U 80/91, KostRsp. ZPO § 3
   Nr. 1100 = OLGR 1992, 112; OLG München, Beschl. v. 10. 12. 2001 – 27 W 303/01,
   juris-Nr. KORE 427392002; Beschl. v. 22. 12. 1994 – 29 W 2321/94, KostRsp. ZPO § 3
   Nr. 1208 = OLGR 1995, 216 = NJW-RR 1995, 1086; OLG Naumburg, Beschl. v. 30. 7.
   2001 – 14 WF 128/01, FamRZ 2002, 680; Beschl. v. 21. 7. 1997 – 7 W 8/97, OLGR 1998,
   32; OLG Nürnberg, Beschl. v. 15. 1. 2002 – 4 W 3825/01; OLG Rostock, v. 16. 3. 1993 –
   3 U 19/92, MDR 1993, 1019; OLG Saarbrücken, Beschl. v. 28. 4. 1998 – 3 W 113/98-2,
   KostRsp. ZPO § 3 Nr. 1281 = OLGR 1998, 396; OLG Schleswig, Beschl. v. 16. 11. 1998 –
   9 W 198/98, OLGR 1999, 79 = AGS 1999, 43 = SchlHA 1999, 134; Beschl. v. 31. 5. 1985
   – 9 W 29/85, JurBüro 1985, 1398 = SchlHA 1985, 162; OLG Stuttgart, Beschl. v. 15. 11.

der Interessenlage des Klägers allein das Kosteninteresse des Klägers berücksichtigt wird.[1]

1831 Demgegenüber ist ein Teil, insbesondere der älteren obergerichtlichen Rechtsprechung, der Auffassung, die einseitige Erledigungserklärung lasse den **Streitwert unberührt**. Mit der Erledigungserklärung sei eine Änderung des Streitgegenstandes nicht verbunden, so dass der Wert der bisherigen Hauptsache weiterhin wertbestimmend sei. Denn verneine das Gericht die für die Annahme einer Erledigung erforderlichen Voraussetzungen, dann werde die bisherige, noch rechtshängige Klage auf Kosten des Klägers abgewiesen. Dabei erwachse die negative Entscheidung über den Bestand des noch rechtshängigen Hauptsacheanspruchs in Rechtskraft und hindere den Kläger an einer erneuten Geltendmachung.[2]

1832 Hierbei wird der Ansatz des Hauptsachwertes auch mit dem Arbeitsaufwand gerechtfertigt, der mit der Entscheidung über die Erledigung verbunden sei, die eine vollständige Prüfung des bisherigen Klageanspruchs erfordere,[3] oder einschränkend („zumindest") für die Fälle bejaht, in denen Erfüllung als erledigen-

---

1998 – 8 W 514/88, MDR 1989, 266; OLG Thüringen, Urteil v. 28. 11. 2001 – 2 U 615/01, OLG-NL 2002, 18; ebenso u.a. *Anders/Gehle/Kunze*, Stichwort „Erledigung der Hauptsache" Rn. 10; Musielak/*Wolst*, § 91a Rn. 47; Musielak/*Heinrich*, § 3 Rn. 25; MünchKomm.ZPO/*Schwerdtfeger*, § 3 Rn. 68; Zöller/*Vollkommer*, § 91a Rn. 48.

1 So OLG München, Beschl. v. 10. 12. 2001 – 27 W 303/01, juris-Nr.: KORE427392002.

2 OLG Bamberg, Beschl. v. 13. 7. 1984 – 5 W 59/84, KostRsp. ZPO § 3 Nr. 769 = JurBüro 1985, 1359; Beschl. v. 17. 2. 1984 – 7 WF 91/83, KostRsp. ZPO § 3 Nr. 693 = JurBüro 1984, 916; KG Beschl. v. 3. 10. 1986 – 5 W 4470/86, KostRsp. ZPO § 3 Nr. 884 = WRP 1987, 111; Beschl. v. 13. 12. 1983 – 1 W 2895/83, KostRsp. ZPO § 3 Nr. 687 = MDR 1984, 408 = NJW JurBüro 1984, 755; OLG Brandenburg, Beschl. v. 10. 10. 1996 – 6 W 19/95, NJW-RR 1996, 1472; OLG Celle, Beschl. v. 14. 2. 1984 – 13 W 7/84, KostRsp. ZPO § 3 Nr. 670; OLG Düsseldorf, Beschl. v. 17. 11. 1992 – 10 W 61/92, JurBüro 1994, 114 = AGS 1993, 81 = NJW-RR 1993, 510; Beschl. v. 23. 9. 1987 – 2 W 95/87, KostRsp. ZPO § 3 Nr. 902 = JurBüro 1988, 371; OLG Frankfurt, Beschl. v. 5. 12. 1993 – 1 W 38/83, KostRsp. ZPO § 3 Nr. 683 = JurBüro 1984, 431 = MDR 1984, 320; OLG Karlsruhe, Beschl. v. 26. 11. 1987 – 13 W 166/87, KostRsp. ZPO § 3 Nr. 940 = JurBüro 1988, 1723; OLG Koblenz, Beschl. v. 30. 6. 1983 – 15 WF 649/83, KostRsp. ZPO § 3 Nr. 659 = MDR 1984, 282 = AnwBl. 1983, 517; OLG Köln, Beschl. v. 16. 12. 1996 – 27 W 21/96, OLGR 1997, 120; Beschl. v. 14. 7. 1994 – 17 W 145/93, OLGR 1994, 298 = MDR 1995, 113; Beschl. v. 6. 5. 1985 – 16 W 22/85, KostRsp. ZPO § 3 Nr. 792 = JurBüro 1985, 1397; OLG München, Beschl. v. 28. 2. 1996 – 28 W 676/96, OLGR 1996, 107 = JurBüro 1996, 368 = NJW-RR 1996, 956; Beschl. v. 26. 7. 1988 – 28 W 622/88, KostRsp. ZPO § 3 Nr. 951 = MDR 1989, 73 = JurBüro 1989, 134; OLG Schleswig, Beschl. v. 9. 5. 2005 – 9 U 123/04, OLGR 2005, 527: Aufgabe SchlHA 1999, 134 (Kosten); Beschl. v. 2. 2. 2004 – 4 U 47/03, OLGR 2004, 342 = SchlHA 2005, 92; OLG Stuttgart, Beschl. v. 12. 4. 1984 – 8 W 324/83, KostRsp. ZPO § 3 Nr. 703 mit zust. Anm. *E. Schneider* = JurBüro 1984, 1220 = MDR 1984, 673 = Justiz 1984, 344; OLG Zweibrücken, Beschl. v. 4. 2. 2003 – 4 W 3/03, OLGR 2003, 256; ebenso u.a. *Baumbach/Lauterbach/Hartmann*, § 3 Rn. 3; *Röckle* AnwBl. 1993, 317 (320); Zöller/*Herget*, § 3 Rn. 16 unter „Erledigung" sowie die Vorauflage.

3 OLG Brandenburg, Beschl. v. 10. 10. 1996 – 6 W 19/95, NJW-RR 1996, 1472; OLG Schleswig, Beschl. v. 2. 2. 2004 – 4 U 47/03, OLGR 2004, 342 = SchlHA 2005, 92.

des Ereignis behauptet wird.[1] Teilweise wird – als Ausnahme – vom vollen Wertansatz abgewichen, wenn die Berechtigung des bisherigen Hauptsacheanspruchs zwischen den Parteien außer Frage steht.[2]

Ebenfalls ausgehend von einer Änderung des Streitgegenstandes stellt ein anderer Teil der Rechtsprechung für die Bewertung vorrangig darauf ab, dass die Abwehr der Kosten nicht den eigentlichen Inhalt der gerichtlichen Entscheidung darstelle, sondern lediglich die als Nebenentscheidung gemäß § 91 ZPO eintretende Folge eines erfolgreichen Feststellungsbegehrens. Daher müsse sich die Wertfestsetzung ausgehend vom bisherigen Hauptsachewert an der Bewertung der positiven Feststellungsklage orientieren, jedoch mit einem weitergehenden **prozentualen Abschlag**. Dieser wird regelmäßig bei 50 %, jedoch nicht unterhalb der bis zur Erledigungserklärung entstandenen Kosten[3] verortet, da das Interesse an der Feststellung eines bestehenden Anspruchs deutlich über demjenigen liege, das auf Feststellung eines in der Vergangenheit bestehenden Anspruchs gerichtet sei.[4] Zudem vermeide eine Bewertung nach dem Umfang der Rechtskraftwirkung anstelle des tatsächlichen klägerischen Interesses Unsicherheiten bei der Streitwertfestsetzung.[5] 1833

3. Stellungnahme

Stellt sich der Antrag auf Feststellung der Hauptsacheerledigung als privilegierte Klageänderung (§ 264 ZPO) dar, und hierüber besteht mittlerweile weitgehend Einigkeit, kann dies auf die Streitwertbestimmung nicht ohne Einfluss bleiben.[6] Denn der Streitwert bestimmt sich nach dem klägerischen Interesse, wie es in dem Klageantrag seinen Ausdruck findet. Mit dem Wechsel von einer 1834

---

1 OLG München, Beschl. v. 28. 2. 1996 – 28 W 676/96, OLGR 1996, 107 = JurBüro 1996, 368 = NJW-RR 1996, 956.
2 OLG Düsseldorf, Beschl. v. 2. 4. 1992 – 2 W 11/92, OLGR 1992, 228: Unterwerfungserklärung gegenüber dem Unterlassungskläger.
3 OLG Köln, Beschl. v. 18. 12. 1990 – 22 W 45/90, KostRsp. § 3 Nr. 1040 mit Anm. *Schneider* = JurBüro 1991, 832 mit Anm. *Mümmler*.
4 OLG Brandenburg, Beschl. v. 10. 7. 2000 – 4 W 4/00, OLGR 2000, 490 = AGS 2001, 205; OLG Celle, NJW 1970, 2113; OLG Frankfurt, Beschl. v. 2. 12. 1996 – 16 W 59/96, OLGR 1996, 14; OLG Frankfurt, Beschl. v. 2. 12. 1996 – 16 W 56/92, OLGR 1998, 14; Beschl. v. 29. 11. 1994 – 22 W 41/94, OLGR 1994, 263 = MDR 1995, 207; OLG Köln Beschl. v. 12. 1. 1994 – 22 W 44/93, OLGR 1994, 114 = VersR 1994, 954; Beschl. v. 18. 12. 1990 – 22 W 45/90, KostRsp. § 3 Nr. 1040 mit abl. Anm. *E. Schneider* = JurBüro 1991, 832 mit Anm. *Mümmler*; OLG München 30. 9. 1997 – 11 W 2456/97, OLGR 1998, 121 = MDR 1998, 62; MDR 1995, 642 = JurBüro 1995 – 644 = OLGR 1995, 141; OLG München, Beschl. v. 11. 4. 1995 – 11 W 1022/95, OLGR 1995, 141 = MDR 1995, 642 = JurBüro 1995, 644; Beschl. v. 14. 5. 1993 – 12 UF 630/95, KostRsp. ZPO § 3 Nr. 1141 mit Anm. *Herget* = OLGR 1993, 264: Abschlag von 33 %; Beschl. v. 24. 3. 1993 – 23 U 1700/92, KostRsp. ZPO § 3 Nr. 1132 = OLGR 1993, 171: flexibler Abschlag); OLG Naumburg, Beschl. v. 8. 7. 1998 – 9 W 10/98, juris-Nr. KORE 440309800; OLG Nürnberg, NJW-RR 1987, 1278; ebenso u.a. *Stein/Jonas/Bork*, § 91a Rn. 47.
5 OLG Brandenburg, Beschl. v. 10. 7. 2000 – 4 W 4/00, OLGR 2000, 490 = AGS 2001, 205.
6 Zutr. Zöller/*Vollkommer*, § 91a Rn. 48.

Verurteilung in der Hauptsache auf die bloße Feststellung von deren Erledigung ist notwendigerweise auch eine **Änderung des** zugrunde liegenden **klägerischen Interesses** verbunden. Notwendigerweise deshalb, weil mit der Klageänderung der bis dahin angestrebte Klageerfolg nicht mehr erreichbar ist und auch nicht mehr angestrebt wird (siehe ausführlich oben Rn. 1786).

1835   Entgegen einer verbreiteten, zum Teil auf einer undifferenzierten Rezeption der BGH-Rechtsprechung beruhenden Annahme rechtfertigt die Klageänderung weder eine schematische Gleichsetzung mit dem Kosteninteresse[1] noch eine fortdauernde, sei es auch nur verhältnismäßige Bezugnahme auf den Wert des bisherigen Streitgegenstands (Hauptsache). Ausgangspunkt der Streitwertberechnung bleibt vielmehr das klägerische Interesse. Dieses bemisst sich bei einer auf Feststellung gerichteten Klage regelmäßig nach dem Wert eines dem festzustellenden Rechtsverhältnis entsprechenden Leistungsbegehrens. Das Leistungsbegehren ist hier jedoch wegen des erledigenden Ereignisses nicht mehr mit dem bisherigen Klageantrag identisch, sondern bezieht sich auf die **trotz Erledigung fortdauernde Rechtsbeeinträchtigung.** Wertbestimmend ist daher das hierauf bezogene **Fortsetzungsfeststellungsinteresse des Klägers.** Dieses Interesse beschränkt sich zwar häufig, aber keineswegs grundsätzlich auf die Abwendung der (drohenden) Belastung mit Aufwendungen, die mit der eigenen und der gegnerischen Rechtsverfolgung verbunden waren.[2]

1836   Konstruktiv entspricht die Prozesslage der Fortsetzungsfeststellungsklage im öffentlichen Recht. Dort ist über die Rechtmäßigkeit einer durch Zeitablauf oder sonstige Umstände erledigten behördlichen Maßnahme zu entscheiden, wenn der Betroffene trotz Erledigung ein schutzwürdiges Interesse an der Feststellung eines klärungsbedürftigen Rechtsverhältnisses geltend machen kann.[3] Die mit dem Übergang von der Anfechtungs- oder Verpflichtungsklage zur Fortsetzungsfeststellungsklage verbundene Änderung des Streitwertes wird auch dort ausgehend vom Hauptsachewert verhältnismäßig oder frei nach dem Feststellungsinteresse des Betroffenen in der Regel beschränkt durch den Wert der Hauptsache bemessen.[4]

---

1 Zutr. OLG Thüringen, Urteil v. 28. 11. 2001 – 2 U 615/01, OLG-NL 2002, 18.
2 So aber OLG München, Beschl. v. 10. 12. 2001 – 27 W 303/01, juris-Nr.: KORE 427392002.
3 BVerwG, Urteil v. 28. 4. 1999 – 4 C 4/98, BVerwGE 109, 74 = NVwZ 1999, 1105 = BauR 1999, 1153 = NJW 1999, 3505.
4 Vgl. BVerwG, Urteil v. 28. 4. 1999 – 4 C 4/98, BVerwGE 109, 74 = NVwZ 1999, 1105 = BauR 1999, 1153 = NJW 1999, 3505; Beschl. v. 4. 9. 1989 – 7 B 132/89, NVwZ 1990, 59; Hess.VGH, Beschl. v. 12. 6. 1991 – 1 UE 2797/86, NVwZ-RR 1992, 218 = DÖV 1993, 281: Rehabilitationsinteresse; OVG Münster, Beschl. v. 30. 10. 2003 – 21 A 2606/02, NVWBl 2004, 157 = NVwZ 2004, 508: Rehalilitationsinteresse; OVG Saarland, Beschl. v. 7. 5. 1998 – 2 Y 3/98, juris-Nr.: MWRE109809800: Schadensersatzinteresse; BFH, Beschl. v. 26. 1. 1998 – VII B 180/96, BFH/NV 1998, 879: Schadensersatzinteresse; Hess.FG, Beschl. v. 29. 2. 1986 – 6 K 1642/90, EFG 1996, 725; *Hartmann,* Kostengesetze, § 52 Rn. 12.

Klagt der Kläger beispielsweise auf Zahlung von Anwaltshonorar und begleicht   1837
der Beklagte die Forderung erst während des Rechtsstreits, dann ist der Vergütungsanspruch gemäß § 362 BGB erloschen und der Rechtsstreit in der Hauptsache für erledigt zu erklären. Mit der Zahlung ist hingegen die der Hauptsache
zugrunde liegende Rechtsbeeinträchtigung des Klägers noch nicht vollständig
behoben. So sind dem Kläger durch die Rechtsverfolgung eigene Kosten entstanden, zudem droht bei Aufrechterhaltung der Zahlungsklage die Belastung mit
den Kosten des Prozessgegners (§ 91 Abs. 1 ZPO). Für die **Erstattung eigener und
Abwendung fremder Kosten** bedarf es daher – unter Fortsetzung des Rechtsstreits
– der Feststellung, dass der Kläger gegenüber dem Beklagten einen vor Eintritt
des erledigenden Ereignisses (in diesem Sinne „ursprünglich") bestehenden Anspruch verfolgt und der Beklagte deshalb die Rechtsverfolgung verursacht hat.
Das Fortsetzungsfeststellungsinteresse entspricht (wertmäßig) daher nur dann
dem Kosteninteresse, wenn die Fortsetzung allein wegen des kostenrechtlichen
Verursacherprinzips (Klageveranlassung durch Rechtsverletzung) erfolgt.

Aus der **Rechtskraft einer** die Feststellungsklage **abweisenden Entscheidung** im   1838
Hinblick auf die Begründetheit des ursprüngliche Klageanspruchs folgt nichts
anderes. Denn dieses Klageziel wird von dem Kläger, dem nur an einer positiven Kostenentscheidung gelegen ist, nicht mehr verfolgt. Dass der Beklagte
noch an einer Abweisung der ursprünglichen Klage interessiert ist, ist für die
Wertbestimmung unerheblich, da es hierfür auf das – inhaltlich bereits bestimmte – klägerische Interesse ankommt.[1] Ebenso wenig ist für die Bewertung
der mit der Bescheidung des Feststellungsbegehrens verbundene **Arbeitsaufwand** von Bedeutung.[2] Zumal beim Verweis hierauf übersehen wird, dass den
unterschiedlichen Arten der Prozessbeendigung (und dem damit vorausgegangenen Bearbeitungsaufwand) bereits im GKG durch differenzierte Regelungen der
Gebührenerstattung Rechnung getragen wird.

Vielmehr ist für die Wertbestimmung im Übrigen danach zu unterscheiden, ob   1839
der fortdauernden Rechtsbeeinträchtigung bereits mit der Erledigungsfeststellung hinreichend Rechnung getragen wird (Kompensation) oder diese nur
Grundlage für die Verfolgung oder Abwehr weitergehender Ansprüche ist. Davon hängt im Einzelfall ab, ob und in welchem Umfang eine Bruchteilsbewertung oder der volle Wertansatz geboten ist. Dem entspricht, dass auch in der
Rechtsprechung, soweit diese ausgehend von einer Klageänderung auf das geänderte klägerische Interesse abstellt, Fälle einer **Überschreitung des bloßen Kosteninteresses** anerkannt sind. Hier erfolgt die Bewertung jeweils unter Einschluss, d.h. Zusammenrechnung mit dem Kosteninteresse, begrenzt durch den
Wert der bisherigen Hauptsache.[3] Ein über das Kosteninteresse hinausgehender

---

1 BGH, Beschl. v. 9. 5. 1996 – VII ZR 143/94, WM 1996, 1653 = NJW-RR 1996, 1210; OLG
   Hamm, Beschl. v. 12. 5. 2005 – 24 U 7/05, OLGR 2005, 556 = JurBüro 2005, 598; OLG
   Köln, Beschl. v. 11. 10. 2004 – 8 W 24/04, OLGR 2005, 19 = JMBl.NW 2005, 79.
2 Zutr. OLG Köln, Beschl. v. 11. 10. 2004 – 8 W 24/04, OLGR 2005, 19 = JMBl.NW 2005,
   79.
3 OLG Thüringen, Urteil v. 28. 11. 2001 – 2 U 615/01, OLG-NL 2002, 18.

Ansatz setzt jedoch eine entsprechende Aufklärung und Erörterung durch das Gericht voraus.[1]

1840 So liegt es, wenn dem Kläger an einer Feststellung des vor Eintritt des erledigendes Ereignisses bestehenden Anspruch (vorrangig) deswegen gelegen ist, weil die dem anfänglichen Klagebegehren zugrunde liegende Rechtsverletzung, etwa die **Verbreitung ehrverletzender Behauptungen**, trotz des erledigenden Ereignisses, beispielsweise dem Wegfall der Wiederholungsgefahr, in Form materieller oder immaterieller Einbußen fortwirkt. Dann strebt der Kläger häufig mit seinem Feststellungsantrag eine gerichtliche Bewertung zum Ausgleich der ursprünglichen Rechtsverletzung an. Es geht ihm um eine mittelbare Rechtfertigung seines bisherigen Standpunktes. War die immaterielle Einbuße bereits Gegenstand des bisherigen Klageantrages, dann ist es gerechtfertigt, den Wert nach einem Bruchteil, im Einzelfall nach dem vollen Hauptsachewert zu beziffern.[2] Die Bruchteilsbewertung hat sich dann an der Intensität der – ohne Erledigungsfeststellung – fortdauernden Rechtsbeeinträchtigung zu orientieren.

1841 Eine ähnliche Bewertung ist geboten, wenn dem Kläger (vorrangig) deswegen an einer Fortsetzung des Rechtsstreits gelegen ist, weil die **Gefahr zukünftig gleichartiger Rechtsverletzungen** des Beklagten besteht, etwa weil das erledigende Ereignis nicht die Wiederholungsgefahr als Voraussetzung des ursprünglichen Unterlassungsanspruchs beseitigt. Hierbei handelt es sich um eine Fallgestaltung, die insbesondere bei **wettbewerbsrechtlichen Klagen** anzutreffen ist.[3]

1842 Zuweilen erfasst der Rechtsstreit nur einen Teilbereich der zwischen den Parteien bestehenden Streitigkeiten, etwa wenn der Kläger auf Räumung eines Mietobjektes klagt und außerhalb des Prozesses bereits über die Verpflichtung zur Zahlung einer über dem vereinbarten Mietzins liegenden Nutzungsentschädigung gestritten wird oder das vom prozessualen Unterlassungsbegehren erfasste Verhalten des Beklagten bereits Schäden an den Rechtsgütern des Klägers verursacht hat. Maßstab für die Bewertung des Feststellungsinteresses bei einer **beabsichtigten** weitergehenden, beispielsweise **auf Schadensersatz gerichteten Rechtsverfolgung**, ist hier – wie auch sonst – der Wert dieser Ansprüche.[4] Die

---

1 OLG Hamm, Beschl. v. 12. 5. 2005 – 24 U 7/05, OLGR 2005, 556 = JurBüro 2005, 598.
2 BGH, Beschl. v. 9. 5. 1996 – VII ZR 143/94, NJW-RR 1996, 1210; Beschl. v. 8. 12. 1981 – VI ZR 161/80, KostRspr. ZPO § 3 Nr. 566 = JurBüro 1982, 596 = MDR 1982, 571 = NJW 1982, 768; OLG Hamm, Beschl. v. 31. 7. 2002 – 30 W 30/02, OLGR 2002, 376; OLG Naumburg, Beschl. v. 21. 2. 1997 – 7 W 8/97, OLGR 1998, 32; OLG Nürnberg, Beschl. v. 15. 1. 2002 – 4 W 3825/01, JurBüro 2002, 368; OLG Thüringen, Urteil v. 28. 11. 2001 – 2 U 615/01, OLG-NL 2002, 18.
3 OLG Koblenz WM 1982, 352; OLG Thüringen, Urteil v. 28. 11. 2001 – 2 U 615/01, OLG-NL 2002, 18; ebenso *Anders/Gehle/Kunze*, Stichwort „Erledigung der Hauptsache" Rn. 11.
4 KG Beschl. v. 3. 7. 2003 – 12 W 128/03, MDR 2004, 116 = JurBüro 2003, 644. nicht bei vorbehaltloser Räumung; OLG Nürnberg, Beschl. v. 15. 1. 2002 – 4 W 3825/01, OLGR 2002, 245: erledigte Räumungsklage wegen rechtswidriger Besitzentziehung; OLG Thü-

angesichts des nur vorbereitenden Charakters des Feststellungsbegehrens gebotene Bruchteilsbewertung folgt dabei jedoch nicht der allgemeinen Bewertung positiver Feststellungsklagen und dem dort üblichen 20 %igen Abschlag. Denn die Rechtskraft der Erledigungsfeststellung entspricht ihrem Umfang nach nicht derjenigen Entscheidung, die auf Feststellung der Leistungsverpflichtung lautet, deren Verfolgung der Kläger noch beabsichtigt. Angemessen dürfte hier im Regelfall eine Halbierung des möglichen Hauptsachewertes der beabsichtigten Rechtsverfolgung bzw. -verteidigung sein. Diese Annahme folgt der überwiegenden Rechtsprechung zum Streitwert der **öffentlich-rechtlichen Fortsetzungsfeststellungsklage**.[1]

Wiederum anders liegt es, wenn das klägerische Interesse an der Erledigungsfeststellung (auch) darauf beruht, dass die Erledigung der Hauptsache auf einer zwischen den Parteien streitigen **außerprozessualen Aufrechnung des Klägers** beruht. Denn hier umfasst die Rechtskraft der Entscheidung über die Hauptsacheerledigung zugleich die Ausführungen des Gerichts zum Erlöschen der Gegenforderung des Beklagten. Das Interesse des Klägers an der Fortsetzung des Rechtsstreits trotz Erledigung der Hauptsache entspringt der ansonsten drohenden erneuten Geltendmachung des gegnerischen Anspruchs. Hier ist – entsprechend der Bewertung der negativen Feststellungsklage – der volle Wertansatz der bisherigen Hauptsache trotz Klageänderung geboten.[2]

1843

4. Zeitpunkt der Wertänderung

Gemäß § 40 GKG (entspricht weitgehend § 15 GKG a.F.) ist für die Wertberechnung der Zeitpunkt der Antragstellung maßgebend. Sieht man mit der ganz überwiegenden Ansicht in der einseitig gebliebenen Erledigungserklärung eine Klageänderung, ändert sich der Streitwert daher entweder mit Eingang der schriftlichen Erledigungserklärung, soweit es daran fehlt, mit Abgabe der Erklärung in der mündlichen Verhandlung.[3] Mit der Klageänderung endet zugleich

1844

---

ringen, Urteil v. 28. 11. 2001 – 2 U 615/01, OLG-NL 2002, 18: Unterlassung wettbewerbswidrigen Verhaltens.

1 Vgl. BFH, Beschl. v. 20. 10. 2005 – III S 20/05, BFHReport 2005, 1142 = FamRZ 2006, 122 = NJW 2006, 256 = DB 2005, 2730: 50 %; Beschl. v. 26. 1. 1998 – VII B 180/96, BFH/NV 1998, 879: 50 %; BVerwG, Beschl. v. 4. 9. 1989 – 7 B 132/89, NVwZ 1990, 59; im Einzelfall abweichend: Hess.VGH, Beschl. v. 12. 6. 1991 – 1 UE 2797/86, NVwZ-RR 1992, 218 = DÖV 1993, 281: 75 %; OVG Lüneburg, Beschl. v. 17. 4. 1986 – 6 B 40/86, JurBüro 1986, 1851 = AnwBl. 1987, 95: 80 %; OVG Saarland, Beschl. v. 7. 5. 1998 – 2 Y 3/98, juris-Nr.: MWRE109809800: 100 % angesichts behaupteter weitergehender Schadensersatzansprüche; Hess.FG, Beschl. v. 29. 2. 1986 – 6 K 1642/90, EFG 1996, 725: Wert nach nunmehr geltend gemachten wirtschaftlichem Interesse; *Hartmann*, § 52 Rn. 12.

2 BGH WM 1978, 737; OLG Hamm, Beschl. v. 31. 7. 2002 – 30 W 30/02, OLGR 2002, 376; OLG Naumburg, Beschl. 21. 2. 1997 – 7 W 8/97, OLGR 1998, 32; OLG Schleswig SchlHA 1983, 58; OLG Thüringen, Urteil v. 28. 11. 2001 – 2 U 615/01, OLG-NL 2002, 18.

3 OLG Dresden, Beschl. v. 14. 10. 1999 – 8 W 714/99, KostRsp. ZPO § 3 Nr. 1323 = OLGR 2000, 161 = AGS 2000, 156 = NJW-RR 2001, 428 = NJ 2000, 262; OLG Karlsruhe,

die Rechtshängigkeit des ursprünglichen Antrages, soweit dieser nicht hilfsweise neben dem neuen Antrag aufrechterhalten wird.[1]

III. Teilweise Erledigung

1. Übereinstimmende Erledigungserklärung

1845   Erklären die Parteien die **Hauptsache teilweise** übereinstimmend für erledigt, dann ist der erledigte Teil der Hauptforderung nicht mehr streitwertbestimmend; der streitige Teil der Hauptforderung bleibt für die Wertberechnung weiterhin maßgebend. Hinsichtlich der Nebenforderungen, hierzu zählen insbesondere Zinsen und vorgerichtliche Kosten, § 43 Abs. 1 S. 1 GKG (§ 22 Abs. 1 GKG a.F.), und der auf den erledigten Teil entfallenden Kosten des Rechtsstreits, ist zu unterscheiden:

– Erfasst die Erledigung die **Hauptforderung in vollem Umfang**, nicht aber die Zinsen und vorgerichtlichen Kosten, liegt ebenfalls eine Teilerledigung vor. Denn die nicht erledigten Nebenforderungen werden nun nach § 43 Abs. 2 GKG (§ 22 Abs. 2 GKG a.F.) ihrerseits zur Hauptforderung, denn mit der übereinstimmenden Erledigung entfällt die Rechtshängigkeit des ursprünglichen Hauptanspruches. Hierüber besteht, soweit ersichtlich, kein Streit.[2]

– Haben die Parteien die Hauptsache nur hinsichtlich der **Hauptforderung teilweise** für erledigt erklärt, ist fraglich, ob die auf den erledigten Teil entfallenden (nicht erledigten) Nebenforderungen nunmehr – neben dem verbleibenden streitigen Teil der Hauptforderung – eigenständig zu berücksichtigen sind. Dies wird vom BGH mittlerweile[3] in ständiger Rechtsprechung bejaht.[4]

Demgegenüber lässt das OLG Köln[5] aus Gründen einer „einfachen und übersichtlicheren Handhabung" die Nebenforderungen unberücksichtigt. Dies überzeugt nicht, da schon ein mit der Bewertung verbundener erheblicher

---

Beschl. v. 11. 10. 2002 – 1 U 29/02, juris-Nr. KORE 428542002; OLG München, Beschl. v. 4. 8. 2003 OLGR 2003, 395.

1 OLG Hamm, Beschl. v. 12. 5. 2005 – 24 U 7/05, OLGR 2005, 556 = JurBüro 2005, 598; wohl auch BGH, Urteil v. 7. 6 2001 – I ZR 157/98, MDR 2002, 493 = NJW 2002, 442, der die Rückkehr zum ursprünglichen Klageantrag (Hauptsache) nach „Widerruf" der einseitig gebliebenen Erledigungserklärung „ebenfalls als eine nach § 264 Nr. 2 ZPO zulässige Klageänderung" behandelt.

2 BGH, Urteil v. 12. 3. 1991 – XI ZR 148/90, NJW-RR 1991, 1211; OLG Zweibrücken, Beschl. v. 13. 2. 1985 – 7 W 3/85, KostRsp. ZPO § 4 Nr. 55 = JurBüro 1985, 1889; *Anders/Gehle/Kunze*, Stichwort „Erledigung der Hauptsache" Rn. 5.

3 Anders noch BGH LM ZPO § 4 Nr. 1.

4 BGH, Urteil v. 24. 3. 1994 – VII ZR 146/93, KostRsp. ZPO § 4 Nr. 76 = MDR 1994, 720 = BauR 1994, 539 = WM 1994, 1214 = AnwBl. 1994, 424 = NJW 1994, 1869; Beschl. v. 31. 10. 1991 – IX ZR 171/91, KostRsp. ZPO § 3 Nr. 1074; Beschl. v. 12. 12. 1957 – VII ZR 135/57, BGHZ 26, 174 = Rpfleger 1958, 83 = DB 1958, 193 = NJW 1958, 342.

5 OLG Köln, Beschl. v. 6. 11. 1991 – 19 W 43/91, KostRsp. ZPO § 3 Nr. 1085 = OLGR 1992, 11 = JurBüro 1992, 115; ebenso die Vorauflage.

Aufwand nicht erkennbar ist. Zudem ist die Berücksichtigung gemäß § 43 Abs. 2 GKG (§ 22 Abs. 2 GKG a.F.) geboten.

– Unproblematisch ist auch der Fall, in dem die übereinstimmende Erledigung einen **Teil der Hauptforderung einschließlich der dazugehörigen Nebenforderungen** erfasst. Hier ist allein der noch nicht erledigte, verbleibende Teil der Hauptforderung wertbestimmend; die sich auf diese beziehenden Nebenforderungen bleiben – wie auch sonst – gemäß § 43 Abs. 1 GKG (§ 22 Abs. 1 GKG a.F.) außer Ansatz.

Klärungsbedürftig ist für alle Fallgestaltungen damit allein noch, ob die **auf den 1846 erledigten Teil der Hauptsache entfallenden Kosten des Rechtsstreits** zu dem Wert der verbleibenden Hauptsache hinzuzurechnen sind. Einer Addition steht jedoch entgegen, dass nach §§ 4 Abs. 1 ZPO, 43 Abs. 3 GKG (§ 22 Abs. 3 GKG a.F.) die Kosten des Rechtsstreits erst wertbestimmend werden, wenn es an einer Hauptsache fehlt.[1] Folgerichtig bleibt nach Ansicht des BGH[2] sowie der ganz überwiegenden Mehrheit der Oberlandesgerichte[3] dieser Teil der Kosten unberücksichtigt, wenn nur der „geringste Teil" der Hauptsache nach der übereinstimmenden Teilerledigungserklärung noch als Streitgegenstand verbleibt.

Hierbei wird der Begriff der Hauptsache prozessbezogen verstanden und daher 1847 nicht nach Prozessrechtsverhältnissen differenziert, so dass die Kosten auch dann unberücksichtigt bleiben, wenn der Rechtsstreit in vollem Umfang nur hinsichtlich eines **Streitgenossen** übereinstimmend für erledigt erklärt worden ist.[4]

---

1 *Hartmann*, § 43 Rn. 8; OLG München, Beschl. v. 20. 4. 1994 – 11 W 1195/94, OLGR 1994, 251 = JurBüro 1994, 745 = AnwBl. 1995, 315; *Anders/Gehle/Kunze*, Stichwort „Erledigung der Hauptsache" Rn. 4.
2 BGH, Beschl. v. 15. 3. 1995 – XII ZB 29/95, KostRsp. ZPO § 3 Nr. 1210 = FamRZ 1995, 1137 = NJW-RR 1995, 1089; Beschl. v. 31. 10. 1991 – IX ZR 171/91, KostRsp. ZPO § 3 Nr. 1074; Beschl. v. 23. 7. 1981 – III ZR 28/81, KostRsp. ZPO § 3 Nr. 549 = JurBüro 1981, 1489.
3 KG, Beschl. v. 20. 5. 1977 – 1 W 1292/77, MDR 1977, 940 = Rpfleger 1977, 378; OLG Bremen, Beschl. v. 5. 7. 2001 – 2 W 67/01, KostRsp. ZPO § 3 Nr. 1365 = OLGR 2001, 461; OLG Düsseldorf, Beschl. v. 8. 2. 1994 – 5 W 52/83, JurBüro 1984, 1219 mit zust. Anm. *Mümmler*; OLG Frankfurt, Beschl. v. 12. 7. 1983 – 20 W 281/83, JurBüro 1983, 1713 = MDR 1983, 1033 = Rpfleger 1983, 504; OLG Hamburg, Urteil v. 12. 12. 1996 – 3 U 226/95, OLGR 1997, 88 = NJWE-WettbR 1997, 202; OLG Hamm, Beschl. v. 8. 2. 2001 – 23 W 375/00, OLGR 2002, 363 = AGS 2002, 13; OLG Karlsruhe, Beschl. v. 16. 9. 1996 – 3 W 96/96, MDR 1996, 1298; Beschl. v. 26. 11. 1987 – 13 W 166/87, KostRsp. ZPO § 3 Nr. 940 = JurBüro 1988, 1723; OLG Köln, Beschl. v. 25. 5. 2001 – 11 W 11/01, OLGR 2002, 103; OLG München, Beschl. v. 20. 4. 1994 – 11 W 1195/94, OLGR 1994, 251 = JurBüro 1994, 745; OLG Zweibrücken, Beschl. v. 13. 2. 1985 – 7 W 3/85, KostRsp. ZPO § 4 Nr. 55 = JurBüro 1985, 1889; a.A. OLG Hamm, Beschl. v. 15. 2. 1991 – 12 W 1/91, JurBüro 1991, 1122; Beschl. v. 26. 10. 1972 – 23 W 472/72, Rpfleger 1973, 101; OLG Koblenz, Beschl. v. 19. 11. 1996 – 14 W 695/96, AGS 1997, 118; Beschl. v. 6. 2. 1992 – 14 W 713/91, JurBüro 1992, 626 mit abl. Anm. *Mümmler* = MDR 1992, 717 = AGS 1993, 2 = Rpfleger 1992, 363.
4 So auch BGH, Beschl. v. 19. 10. 2000 – I ZR 176/00, BGHReport 2001, 89 = MDR 2001, 648 = NJW 2001, 230: für die Beschwer, wenngleich unter Hinweis auf fehlende An-

1848 Hinsichtlich der Notwendigkeit einer gestaffelten Streitwertfestsetzung und des Zeitpunkts der Wertänderung kann auf die bisherigen Ausführungen (siehe oben Rn. 1815 ff.) Bezug genommen werden.

2. Einseitige Teilerledigungserklärung

1849 Erfasst die einseitig gebliebene Erledigungserklärung nur einen Teil der Hauptsache, dann wird die Wertfestsetzung durch deren dogmatische Einordnung beeinflusst. Neben dem weiterhin wertbestimmenden rechtshängig gebliebenen Teil tritt der Wert des bezüglich des erledigten Teils erhobenen Feststellungsbegehrens. Hier wiederholt sich folglich die **Auseinandersetzung um die Bewertung der einseitigen Erledigungserklärung**, so dass insoweit auf die vorangegangenen Ausführungen verwiesen werden kann (siehe oben Rn. 1827 ff.).

1850 Wird der Ansicht gefolgt, dass die einseitige Erledigungserklärung den Streitgegenstand und damit den Streitwert nicht verändere, muss dies notwendigerweise auch für die Teilerleidungserklärung gelten.[1] Sieht man hingegen im Übergang zum Feststellungsbegehren eine Klageänderung, dann bedarf diese Streitgegenstandsänderung auch dann der Neubewertung, wenn sie nur einen Teil der Hauptsache betrifft. Da an die Stelle des ursprünglichen Hauptsacheanspruchs das Feststellungsbegehren tritt, gelangt § 43 Abs. 3 GKG (§ 22 Abs. 3 GKG a.F.) schon wegen der fortdauernden Rechtshängigkeit der (geänderten) Hauptsache nicht zur Anwendung. Dies unabhängig davon, ob sich das Feststellungsinteresse, wovon bei dieser Konstellation regelmäßig auszugehen ist, auf die Erstattung eigener und Abwendung fremder Kosten (**Kosteninteresse**) beschränkt.

1851 Denn bleibt die bisherige Hauptsacheklage trotz einseitiger Erledigungserklärung zumindest teilweise im Streit, besteht kein Anlass, bei der Bewertung des Fortsetzungsfeststellungsinteresses von einem über das Kosteninteresse hinausgehenden Wert auszugehen. Mit der Entscheidung über den noch rechtshängigen, weil von der einseitigen Erledigungserklärung nicht betroffenen Teil der bisherigen Hauptsache wird bereits ein etwaig über die Erstattung eigener und Abwendung fremder Kosten hinausgehendes Feststellungsinteresse hinreichend abgedeckt. Mit dem BGH[2] und dem überwiegenden Teil der oberlandesgerichtlichen Rechtsprechung[3] ist der Streitwert daher nach dem **Wert der Restforderung zuzüglich des Kosteninteresses** zu bemessen.

---

fechtbarkeit der Kostengrundentscheidung; *Anders/Gehle/Kunze*, Stichwort „Erledigung der Hauptsache" Rn. 4.
1 So OLG Zweibrücken, Beschl. v. 4. 2. 2003 – 4 W 3/03, OLGR 2003, 256.
2 Beschl. 9. 5. 1996 – VII ZR 143/94, KostRsp. ZPO § 3 Nr. 1233 = NJW-RR 1996, 1210 = WM 1996, 1563; Beschl. v. 15. 3. 1995 – XII ZB 29/95, KostRsp. ZPO § 3 Nr. 1210 = FamRZ 1995, 1137 = NJW-RR 1995, 1089; Beschl. v. 31. 10. 1991 – IX ZR 171/91, KostRsp. ZPO § 3 Nr. 1074; Beschl. v. 11. 7. 1990 – XII ZR 10/90, KostRsp. ZPO § 3 Nr. 1009 = FamRZ 1990, 1225; Beschl. v. 25. 9. 1991 – VIII ZR 157/91, KostRsp. ZPO § 3 Nr. 1071 = WM 1991, 2009.
3 OLG Bremen, Beschl. 7. 4. 1997 – 2 W 28/97, OLGR 1997, 183; OLG Düsseldorf, Beschl. v. 11. 1. 1993 – 18 W 65/92, KostRsp. ZPO § 3 Nr. 1127; OLG Frankfurt, Beschl. v. 30. 6.

Für die **Bewertung des Kosteninteresses** sind notwendigerweise die auf den 1852
von der einseitigen Erledigungserklärung erfassten Teil der Hauptsache entfallenden Kosten zu berechnen. Hier werden zwei Berechnungsmethoden vertreten:

- Die Mehrheit der Rechtsprechung berechnet das Kosteninteresse **nach der
  Differenz der Kosten**, die zwischen den durch die tatsächliche Rechtsverfolgung verursachten und den bei einer auf den nicht erledigten Teil beschränkten Rechtsverfolgung entstehenden Kosten besteht (sog. Differenzmethode).[1]

- Demgegenüber bemisst ein Teil der Oberlandesgerichte das Kosteninteresse
  nach dem Verhältnis der von dem durch Erledigungserklärung erfassten Teil
  der Hauptsache verursachten Kosten **zu den Gesamtkosten** der Rechtsverfolgung (sog. Quotenmethode).[2]

Der letztgenannten Auffassung ist der Vorzug zu geben, da nur diese der de- 1853
gressiven Gebührenentwicklung in GKG und RVG Rechnung trägt und nicht
erkennbar ist, warum der mit der Degression verbundene Vorteil allein dem
Kläger zugute kommen soll (damit erledigen sich auch weitgehend die in der
Vorauflage noch erhobenen Bedenken gegen die Praktikabilität der Berücksichtigung des Kosteninteresses im Fall der einseitigen Teilerledigung).

2000 – 9 W 19/00, OLGR 2001,12 = AGS 2001, 84; OLG Hamburg, Beschl. v. 22. 11.
1988 – 8 W 322/88, KostRsp. ZPO § 3 Nr. 964 mit abl. Anm. *Schneider* = JurBüro 1989,
847 mit abl. Anm. *Mümmler*; OLG Hamm, Beschl. v. 28. 8. 2003 – 23 W 197/03, OLGR
2004, 32; Beschl. v. 12. 6. 2001 – 21 W 29/00, OLGR 2001, 297; OLG Koblenz, Beschl. v.
10. 9. 1998 – 14 W 627/98, KostRsp. ZPO § 3 Nr. 1302 = AGS 2000, 12 = NJW-RR 2000,
71 = RenoR 2000, 74; OLG Köln, Beschl. v. 29. 5. 1991 – 19 W 11/91, KostRsp. ZPO § 3
Nr. 1051 = VersR 1992, 518 = FamRZ 1991, 1207 = JurBüro 1991, 1385 = OLGR 1991,
71; OLG München, Beschl. v. 4. 8. 2003 – 7 W 1804/03, OLGR 2003, 395; OLG Saarbrücken, Beschl. v. 28. 4. 1998 – 3 W 113/98, OLGR 1998, 396; OLG Stuttgart, Beschl.
v. 8. 3. 1989 – 5 W 4/89, KostRsp. ZPO § 3 Nr. 972 = Justiz 1989, 157 = JurBüro 1989,
1166; a.A. OLG Celle, Urteil v. 8. 12. 1981 – 16 U 37/81, Nds.Rpfl 1982, 64; OLG Zweibrücken, Beschl. v. 4. 2. 2003 – 4 W 3/03, OLGR 2003, 256: auch hier weiterhin Hauptsachewert.
1 BGH, Beschl. v. 9. 5. 1996 – VII ZR 143/94, KostRsp. ZPO § 3 Nr. 1233 = NJW-RR 1996,
1210 = WM 1996, 1563; Beschl. v. 25. 9. 1991 – VIII ZR 157/91, KostRsp. ZPO § 3
Nr. 1071 = WPM 1991, 2009; Beschl. v. 13. 7. 1988 – VIII ZR 289/87, KostRsp. ZPO § 3
Nr. 947 = WM 1988, 1682 = NJW-RR 1988, 1465 = MDR 1989, 58; OLG Düsseldorf,
Beschl. v. 11. 1. 1993 – 18 W 65/92, KostRsp. ZPO § 3 Nr. 1127; OLG Frankfurt, Beschl.
v. 30. 6. 2000 – 9 W 19/00, OLGR 2001, 12 = AGS 2001, 84; OLG Koblenz, Beschl. v.
6. 2. 1992 – 14 W 713/91, JurBüro 1992, 490 = MDR 1992, 717 – für die übereinstimmende Teilerledigung.
2 OLG Bremen, Beschl. v. 7. 4. 1997 – 2 W 28/97, OLGR 1997, 183; OLG Düsseldorf,
Beschl. v. 30. 5. 1996 – 23 W 19/96, BauR 1997, 356; OLG Hamm, Beschl. v. 12. 5. 2005
– 24 U 7/05, OLGR 2005, 556 = JurBüro 2005, 598, Beschl. v. 12. 6. 2001 – 21 W 29/00,
OLGR 2001, 297; OLG Köln, Beschl. v. 29. 5. 1991 – 19 W 11/91, KostRsp. ZPO § 3
Nr. 1051 = VersR 1992, 518 = FamRZ 1991, 1207 = JurBüro 1991, 1385 = OLGR 1991,
71; OLG Saarbrücken, Beschl. v. 28. 4. 1998 – 3 W 113/98, OLGR 1998, 396; eingehend
Liebheit AnwBl. 2000, 73 (74 f.).

1854   Hinsichtlich der Notwendigkeit einer gestaffelten Streitwertfestsetzung und des Zeitpunkts der Wertänderung kann auf die bisherigen Ausführungen (siehe oben Rn. 1815 ff.) verwiesen werden.

D. Besondere Verfahren

I. Mahnverfahren

1855   Werden vom Antragsgegner (Beklagten) während des Mahnverfahrens Zahlungen auf die mit dem Mahnbescheid geltend gemachten Forderungen geleistet, können Wertunterschiede zwischen dem Mahn- und Streitverfahren die Folge sein. Da der Eintritt materiell erledigender Umstände allein die Wertberechnung nicht beeinflusst, kommt es maßgeblich auf das nachfolgende prozessuale Verhalten des Antragstellers (Klägers) an. Hier ist zwischen gerichtlichen und anwaltlichen Gebühren zu unterscheiden:

1. Gerichtsgebühren

1856   Mit dem Antrag auf Erlass eines Mahnbescheids entsteht eine 0,5-Gebühr (Nr. 1110 KV GKG) nach dem Wert des im **Mahnverfahren** verfolgten Anspruch.[1] Die Bewertung des Anspruchs folgt den allgemeinen Regeln, mahnverfahrensrechtliche Besonderheiten bestehen insoweit nicht.

1857   Wird das Verfahren nach Erhebung des Widerspruchs oder Einlegung des Einspruchs an das Streitgericht abgegeben (§§ 696 Abs. 1, 700 Abs. 3 ZPO), entsteht mit Eingang der Akten die allgemeine Verfahrensgebühr (Nr. 1120 KV GKG) unter Anrechnung Gebühr nach Nr. 1110 KV GKG soweit Mahn- und Streitverfahren denselben Streitgegenstand betreffen. Entscheidend für die Wertbestimmung ist daher der Umfang, in dem das Mahnverfahren in das **streitige Verfahren** übergeleitet wird. Der bislang bestehende Streit, ob sich die Verfahrensgebühr – bei einer (bedingten) Streitantragstellung bereits im Mahnbescheidsantrag (§ 696 Abs. 1 ZPO) – nach dem Wert des mit dem Mahnbescheid geltend gemachten Anspruch unabhängig davon bestimmt, ob der Anspruch vom Antragsteller (Kläger) noch vor Abgabe teilweise für „erledigt" erklärt worden ist (so die sog. Vorverlegungstheorie[2]), ist mit dem KostRMoG 2004 überholt.[3] Ausweislich der amtlichen Anmerkungen zu Nr. 1210 KV GKG ist kostenrechtlich – wie auch beim Zuständigkeitsstreitwert (siehe oben Rn. 1800 ff.) – der Eingang der Akten beim Prozessgericht der für die Wertbestimmung maßgebende Zeitpunkt.

---

1   *Hartmann*, KV 1110 Rn. 4.
2   OLG Bamberg FamRZ 1999 1292; OLG Düsseldorf NJW-RR 1998, 1077; OLG Hamburg, Beschl. v. 9. 6. 1998 – 8 W 139/98, OLGR 1998, 407 = MDR 1998, 1121 = JurBüro 1998, 652; dagegen mit Recht *Liebheit*, NJW 2000, 2235; OLG Hamburg MDR 2001, 294.
3   Ebenso *Hartmann*, KV 1210 Rn. 5.

2. Anwaltliche Gebühren

Für die **Vertretung des Antragstellers im Mahnverfahren** erwächst spätestens mit Mahnantragstellung eine 1,0-Verfahrensgebühr (Nr. 3305 VV RVG), die gemäß der amtlichen Anmerkung der Anrechnung auf die Verfahrensgebühr für das Streitverfahren (Nr. 3100 VV RVG) unterliegt. Der Streitwert richtet sich nach dem Wert für die gerichtlichen Gebühren und damit nach dem Wert des im Mahnverfahren verfolgten Anspruchs, § 23 Abs. 1 RVG (entspricht weitgehend § 8 Abs. 1 BRAGO).   **1858**

Soweit nicht eine eingeschränkte Mandatserteilung vorliegt, ist dieser Wert auch für die mit der **Vertretung des Antragsgegners** anfallende Verfahrensgebühr (Nr. 3308 VV RVG) maßgeblich,[1] die ebenfalls der Anrechnung unterliegt.   **1859**

Bleibt ein Widerspruch des Antragsgegners innerhalb der Widerspruchsfrist aus und wird infolgedessen **Antrag auf Erlass eines Vollstreckungsbescheides** gestellt, dann entsteht eine halbe Verfahrensgebühr (nur) für die Vertretung des Antragstellers (Nr. 3308 VV RVG).[2] Die Regelung entspricht inhaltlich § 43 Abs. 1 Nr. 3 BRAGO. Der Gegenstandswert dieser nicht der Anrechnung unterliegenden Verfahrensgebühr bemisst sich nach der Höhe des mit dem Vollstreckungsbescheid verfolgten Anspruchs.[3] **Zahlungen des Antragsgegners**, die bei der Antragstellung gemäß § 699 Abs. 1 ZPO zu berücksichtigen sind, führen folglich zu einer Wertminderung. Die auf den „erledigten" Teil des Mahnverfahrens anfallenden Kosten bleiben bei der Wertbestimmung gemäß § 4 ZPO, § 43 Abs. 3 GKG (§ 22 Abs. 3 GKG a.F.) unberücksichtigt (siehe oben Rn. 1809, 1810).   **1860**

Mit dem **Antrag auf Durchführung des streitigen Verfahrens** erwächst den Prozessbevollmächtigten die allgemeine Verfahrensgebühr nach Nr. 3100 VV RVG.[4] Der Gegenstandswert berechnet sich gemäß § 23 Abs. 1 RVG (entspricht weitgehend § 8 Abs. 1 BRAGO) nach dem in der Instanz erreichten höchsten Wert für das streitige Verfahren, soweit keine weitergehende Mandatierung erfolgt, nachträgliche Wertminderungen bleiben unberücksichtigt.[5] Maßgebend ist daher auch hier der Umfang, in dem das Mahnverfahren in das **streitige Verfahren** übergeleitet wird, mithin der Wert zum Zeitpunkt des Eingangs der Akten beim Prozessgericht (§ 694 Abs. 1 S. 3 ZPO).   **1861**

---

1 OLG Hamm JurBüro 1963, 100 – Kostenwiderspruch: OLG Saarbrücken JurBüro 1973, 132 – Teilwiderspruch; *Gebauer/Schneider/Gebauer*, RVG, VV 3307 Rn. 25.
2 OLG Bamberg, KostRsp. BRAGO § 43 Nr. 30 = JurBüro 1980, 721; a.A. *Gebauer/Schneider-Gebauer*, RVG, VV 3308 Rn. 6, der jede, also auch eine vor Antragstellung liegende Tätigkeit ausreichen lassen will.
3 *Hartmann*, VV 3308 Rn. 16.
4 OLG Hamburg, Beschl. v. 15. 12. 1993 – 8 W 235/93, JurBüro 1994, 608 = MDR 1994, 520; OLG Jena, Beschl. v. 22. 11. 1999 – 5 W 594/99, KostRsp. BRAGO § 31 Ziff. 1 Nr. 127 = JurBüro 2000, 472; OLG Oldenburg, Beschl. v. 25. 5. 1990 – 1 W 60/90, JurBüro 1990, 613.
5 *Gebauer/Schneider/N. Schneider*, RVG, VV Vorb. 3 Rn. 45.

1862 Zu den Einzelheiten der Wertberechnung wird auf die Ausführungen zum Zuständigkeitsstreitwert verwiesen (siehe oben Rn. 1799 ff.).

II. Säumnisverfahren

1863 Die Kontroverse, ob sich der Streitwert nach einseitiger Erledigungserklärung weiterhin nach dem Hauptsachewert richtet oder nur noch das Feststellungsinteresse und damit regelmäßig der Kostenpunkt maßgebend ist (oben Rn. 1827 ff.), setzt sich im Säumnisverfahren fort. Da die **Geständnisfiktion** des § 331 Abs. 1 S. 1 ZPO sich nur auf tatsächliche Erklärungen, nicht auf Prozesshandlungen bezieht, kommt im Säumnisverfahren nur eine Entscheidung auf einseitige Erledigungserklärung hin in Betracht.[1]

1864 Folglich entsprechen die **Bewertungsdifferenzen** dem ausdrücklichen Widerspruch des Beklagten auf die Erledigungserklärung des Klägers,[2] sodass auf die vorstehenden Ausführungen (siehe oben Rn. 1834) Bezug genommen werden kann.

1865 Beantragt der Kläger daher, die Hauptsache durch Versäumnisurteil für erledigt zu erklären, so ist die **Terminsgebühr** gemäß Nr. 3104 VV RVG (entspricht nur teilweise der Verhandlungsgebühr gemäß § 33 Abs. 1 S. 1 BRAGO) **nach dem Wert des Feststellungsinteresses** und damit in Regel nach dem Wert der bis zur Erledigungserklärung angefallenen Kosten zu berechnen.

III. Stufenklage

1866 Die Stufenklage ermöglicht es demjenigen, der eine Leistung begehrt, die er noch nicht genügend konkretisieren kann, sich das dazu erforderliche Wissen zu verschaffen, indem durch entsprechende vorbereitende Anträge Auskunfts- und Offenbarungszwang auf den Beklagten ausgeübt wird. Da es sich bei den einzelnen Ansprüchen um prozessual selbständige Streitgegenstände eines einheitlichen Verfahrens handelt,[3] stellt die Stufenklage einen Fall der objektiven Klagehäufung (§ 260 ZPO) dar, deren einzelne Klagebegehren stufenweise entschieden werden. Hierbei kann sich ergeben, dass nach dem – unbestrittenen – Inhalt der nach Verurteilung auf der ersten Stufe erfolgten Auskunft **von**

---

1 KG, Urteil v. 11. 9. 1998 – 18 U 786/98, KGR 1998, 380; OLG Celle, Urteil v. 24. 5. 1995 – 13 U 27/95, OGR 1995, 239; Zöller/*Vollkommer*, § 91a Rn. 58 unter „Versäumnisverfahren".

2 Vgl. zum Säumnisverfahren OLG Bamberg, Beschl. v. 22. 7. 1988 – 3 W 85/88, KostRsp. ZPO § 3 Nr. 961 = JurBüro 1989, 524; OLG Köln, Beschl. v. 16. 12. 1996 – 27 W 21/96, OLGR 1997, 120: Streitwert gleich Hauptsachewert; OLG München, Beschl. v. 11. 4. 1995 – 11 W 1022/95, OLGR 1995, 141 = JurBüro 1995, 644 = MDR 1995, 642: Streitwert gleich 50 % des Hauptsachewertes; OLG Bremen, Beschl. v. 2. 1. 2001 – 2 W 135/00, OLGR 2001, 218 = AGS 185: Streitwert gleich angefallene Kosten.

3 BGH, Urteil v. 5. 5. 1994 – III ZR 98/93, MDR 1994, 717 = FamRZ 1995, 348 = NJW 1994, 2895; NJW 1980, 1106.

Anfang an kein Leistungsanspruch (3. Stufe) bestand. In dieser Situation bietet die einseitige Erledigungserklärung keine befriedigende Lösung, da das Feststellungsbegehren notwendigerweise erfolglos bleiben würde. Denn die Auskunft führt nicht zur Unbegründetheit des Leistungsbegehrens, sondern offenbart nur die von Anfang an bestehende Unbegründetheit (siehe ausführlich unter dem Stichwort „Stufenklage").

Da es dem Kläger nur um die Erstattung eigener und Abwendung fremder Kosten geht (Kosteninteresse), ein etwaig weitergehendes Interesse wird bereits mit der Verurteilung zur Auskunftserteilung kompensiert, ist die Erledigungserklärung – gegebenenfalls nach Hinweis (§ 139 ZPO) – als **Antrag auf Feststellung der materiellen Kostentragungspflicht** wegen verzögerter Auskunftserteilung auszulegen.[1] Hierbei handelt es sich (ebenfalls) um eine privilegierte Klageänderung (§ 264 Nr. 2 ZPO), die – hier nach wohl einhelliger Ansicht – schon wegen der Streitgegenstandsänderung eine gestaffelte Streitwertfestsetzung erfordert. Die nach Klageänderung entstehenden Gebühren berechnen sich daher nach der Höhe der bis dahin angefallenen gerichtlichen und außergerichtlichen Kosten (Wegen der Einzelheiten der Berechnung siehe oben Rn. 1819 ff.). | 1867

IV. Klage und Widerklage

Hat der Beklagte Widerklage erhoben und erklärt eine der Parteien oder beide übereinstimmend eines der Klagebegehren für erledigt, dann handelt es sich um einen Fall der einseitigen oder übereinstimmenden Teilerledigung. Die Bewertung richtet sich nach den allgemeinen Regelungen.[2] | 1868

V. Einstweiliger Rechtsschutz

Auch in Verfahren auf Erlass einer einstweiligen Verfügung ist mit der **einseitigen Erledigungserklärung** des Verfügungsklägers eine Klagebeschränkung des Inhalts verbunden, dass der Kläger nunmehr Feststellung der Verfahrenserledigung in der Hauptsache begehrt. Für die damit erforderliche gestaffelte Wertfestsetzung ist ab Erledigungserklärung nunmehr das Feststellungsinteresse des Verfügungsklägers maßgeblich. Dieses wird mangels entgegenstehender Anhaltspunkte dem Kosteninteresse entsprechen.[3] | 1869

---

1 So BGH, Urteil v. 5. 5. 1994 – III ZR 98/93, MDR 1994, 717 = FamRZ 1995, 348 = NJW 1994, 2895.
2 OLG Bamberg JurBüro 1963, 488; *Anders/Gehle/Kunze*, Stichwort „Erledigung der Hauptsache" Rn. 17.
3 OLG Düsseldorf, Urteil v. 2. 12. 1992 – 3 U 34/92, KostRsp. ZPO § 3 Nr. 1125 = OLGR 1993, 62; OLG Köln, Beschl. v. 16. 8. 1985 – 6 W 53/85, KostRsp. ZPO § 3 Nr. 840 = WRP 1986, 117; a.A. OLG München Rpfleger 1967, 135; KG, Beschl. v. 3. 10. 1986 – 5 W 4470/86, KostRsp. ZPO § 3 Nr. 884 = WRP 1987, 111: Hauptsachewert.

VI. Zwangsvollstreckung

1870 Erklären im Ordnungsgeldverfahren (§ 890 ZPO) Vollstreckungsgläubiger und -schuldner die Hauptsache (des Zwangsvollstreckungsverfahrens) übereinstimmend für erledigt, dann richten sich Kostenentscheidung und Rechtsmittel nach § 91a ZPO. Der Beschwerdewert bestimmt sich nach den bis zur Erledigungserklärung angefallenen gerichtlichen und außergerichtlichen Kosten.[1]

E. Rechtsmittel und Beschwer

I. Anfechtbarkeit der Entscheidung

1871 Erklären die Parteien **erstinstanzlich** den Rechtsstreit in der Hauptsache in **vollem Umfang übereinstimmend** für erledigt, ist nach § 91a ZPO über die Kosten des Rechtsstreits durch Beschluss zu entscheiden. Hiergegen ist gemäß §§ 91a Abs. 2 S. 1, 567 Abs. 1 Nr. 1 ZPO die Möglichkeit der **sofortigen Beschwerde** eröffnet, wenn der Streitwert der Hauptsache die Berufungssumme (§ 511 Abs. 2 Nr. 1 ZPO: 600 Euro) und der Wert des Beschwerdegegenstands 100 Euro übersteigt, §§ 91a Abs. 2 S. 2, 567 Abs. 2 S. 1 ZPO.

1872 Erfasst die übereinstimmende Erledigungserklärung der Parteien nur einen **Teil der Hauptsache**, dann entscheidet das Gericht über den noch verbliebenen Teil der Hauptsache und insgesamt über die Kosten des Rechtsstreits. Die **Kostenmischentscheidung** erfolgt für die auf den streitigen Teil entfallenden Kosten nach §§ 91 ff. ZPO und für den auf die Erledigung entfallenden Teil nach Maßgabe von § 91a ZPO.[2] Hinsichtlich des erledigten Teils ist die Kostenentscheidung entweder mit der gegen die Verurteilung in der Hauptsache eröffneten Berufung[3] oder selbständig nach § 91a Abs. 2 ZPO anfechtbar, wenn die bereits genannten weiteren Erfordernisse für diesen Teil vorliegen.[4]

1873 In allen Fällen bestimmt sich der **Streitwert der Hauptsache im Sinne von § 511 Abs. 2 Nr. 1 ZPO** nicht nach dem gesamten für erledigt erklärten Teil, sondern nach dem für die Kostenentscheidung gemäß § 91a ZPO maßgeblichen voraus-

---

1 OLG Braunschweig, Beschl. v. 20. 5. 1997 – 1 W 19/97, OLGR 1997, 195 = InVo 1998, 55.

2 BGH, Beschl. v. 29. 7. 2003 – VIII ZB 55/03, BGHReport 2003, 1228 = MDR 2004, 45 = JurBüro 2003, 603 = NJW-RR 2003, 798 = AGS 2003, 437 mit Anm. *N. Schneider* = NZM 2004, 45 = WuM 2003, 576; LM ZPO § 99 Nr. 10 = NJW 1963, 583.

3 KG, Urteil v. 20. 5. 1985 – 12 U 19/84, MDR 1986, 241; OLG Rostock, Urteil v. 26. 3. 2003 – 3 U 85/02, OLGR 2003, 388 = GuT 2003, 212; OLG Sachsen-Anhalt, Beschl. v. 12. 4. 1999 – 9 U 336/98, RenoR 2000, 21; *E. Schneider* MDR 1997, 705; Zöller/*Vollkommer*, § 91a Rn. 56.

4 BGH, Urteil v. 21. 2. 1991 – I ZR 92/90, BGHZ 113, 362 = MDR 1991, 793 = Rpfleger 1991, 339 = VersR 1991, 1034 = NJW 1991, 2020; Urteil v. 18. 9. 1963 – VII ZR 182/62, MDR 1964, 227 = NJW 1964, 660 = WM 1964, 155; Zöller/*Vollkommer*, § 91a Rn. 56 m.w.N.

sichtlichen Unterliegen einer Partei, mithin der Höhe der hypothetischen Beschwer in der Hauptsache.[1]

Bei übereinstimmender (Teil-)Erledigungserklärung im **Berufungs- und Beschwerdeverfahren** ist gegen den Kostenbeschluss bzw. Kostenmischentscheidung nur die (zugelassene) **Rechtsbeschwerde** eröffnet, § 574 Abs. 1 Nr. 2 ZPO. Insbesondere kann die Berufungsentscheidung bezüglich der den erledigten Teil betreffenden Kostenmischentscheidung nicht mit der Revision angefochten werden. Dementsprechend ist auch bei der Berechnung der aus dem Berufungsurteil erwachsenen Beschwer zu beachten, dass die mit der Entscheidung über die Kosten des erledigten Teils verbundene Beschwer außer Ansatz bleibt.[2]

Hat das Gericht im Falle der **einseitigen (Teil-)Erledigungserklärung** streitig über den Antrag auf Feststellung der (Teil-)Erledigung durch Urteil entschieden, folgt dessen Kostenentscheidung und Anfechtbarkeit den allgemeinen Regeln. § 91a ZPO gelangt weder unmittelbar noch analog zur Anwendung.[3] Hierbei richtet sich die Beschwer nach dem Streitwert des Feststellungsantrages.[4] Wird dieser allein durch das Kosteninteresse des Klägers bestimmt, steht § 99 Abs. 1 ZPO der Zulässigkeit des Rechtsmittels nicht entgegen.[5] Eine isolierte Anfechtung der Kostenentscheidung bei einseitiger Teilerledigungserklärung ist jedoch gemäß § 99 Abs. 1 ZPO ausgeschlossen.[6]

II. Übereinstimmende Erledigung

1. Vollständige Erledigung

Hier bemisst sich die mit der Kostenentscheidung verbundene **Beschwer** immer nach dem Umfang der dem Beschwerdeführer **auferlegten Kosten** (Tragung eigener Kosten und Erstattung fremder Kosten).

1874

1875

1876

---

1 BGH, Beschl. v. 29. 7. 2003 – VIII ZB 55/03, BGHReport 2003, 1228 = MDR 2004, 45 = JurBüro 2003, 603 = NJW-RR 2003, 798 = AGS 2003, 437 mit Anm. *N. Schneider* = NZM 2004, 45 = WuM 2003, 576; LM ZPO § 99 Nr. 10 = NJW 1963, 583; *Anders/ Gehle/Kunze*, Stichwort „Erledigung der Hauptsache" Rn. 3.

2 BGH, Beschl. v. 19. 10. 2000 – I ZR 176/00, BGHReport 2001, 98 = MDR 2001, 648 = NJW 2001, 230 = LM ZPO § 546 Nr. 11 (10/2001).

3 BGH, Urteil v. 5. 5. 1994 – III ZR 98/93, MDR 1994, 717 = NJW 1994, 2895 = VersR 1994, 1205 = FamRZ 1995, 348 = GRUR 1994, 666; OLG Düsseldorf, Urteil v. 16. 6. 1997 – 9 U 289/96, OLGR 1997, 262 = JurBüro 1998, 97 = NJW-RR 1997, 1566; OLG Stuttgart, Urteil v. 5. 6. 2002 – 14 U 6/02, OLGR 2003, 137 = Justiz 2003, 151 = NZG 2002, 1105; Zöller/*Vollkommer*, § 91a Rn. 47 m.w.N.; a.A. OLG München, Urteil v. 8. 7. 1992 – 27 U 822/91, NJW-RR 1993, 571.

4 Zöller/*Vollkommer*, § 91a Rn. 49.

5 BGH LM ZPO § 91a Nr. 31 = BGHZ 57, 224.

6 Zöller/*Vollkommer*, § 91a Rn. 57.

2. Teilerledigung

1877 Diese errechnet sich bei der Teilerledigung und damit verbundenen Kostenmischentscheidung nach der Höhe der auf den erledigten Teil entfallenden Kosten. Deren Anteil ist auch hier nach ihrem Verhältnis zu den Gesamtkosten (Quote) und nicht nach den infolge der Geltendmachung des jetzt erledigten Teils ausgelösten Mehrkosten zu bestimmen.[1] Dies schon deshalb, weil anderenfalls die degressive Entwicklung der Gebührenhöhe unberücksichtigt bliebe.

1878 Für die **Rechtsmittelfähigkeit** der Entscheidung über den von der Erledigung nicht erfassten Teil, d.h. der Hauptsache im Sinne von § 511 ZPO, ist allein der Wert des noch im Streit befindlichen Klageanspruchs maßgeblich. Die Kosten des erledigten Teils bleiben gemäß § 4 ZPO unberücksichtigt.[2]

1879 Demgegenüber erhöhen sich Beschwer und Gebührenstreitwert des Rechtsmittelverfahrens um den Wert der auferlegten Kosten (Kosteninteresse), wenn mit der Berufung in der Hauptsache auch eine Überprüfung der Kostenentscheidung des erledigten Teils eröffnet wird.[3] Abweichend davon bleibt für Revisionsbeschwer und -streitwert die Kostenlast unberücksichtigt, da diesbezüglich eine Überprüfung der Kostenmischentscheidung des Berufungsurteils nicht mehr stattfindet.[4]

III. Einseitige Erledigungserklärung

1. Vollständige Erledigung

1880 Die Kontroverse, ob die einseitige Erledigungserklärung den Streitwert auf die bis dahin angefallenen Kosten reduziert, setzt sich bei der Bestimmung von Beschwer und Rechtsmittelstreitwert notwendigerweise fort. Wegen der Einzelheiten wird auf die vorangegangenen Ausführungen Bezug genommen (siehe oben Rn. 1827 ff.).

1881 Im Falle der **vollumfänglichen Stattgabe oder Abweisung** beschränkt sich die Beschwer regelmäßig auf die mit der Entscheidung verbundene Kostenlast, d.h. Beschwer und Rechtsmittelstreitwert bestehen in der Summe der Kosten der Vorinstanzen, soweit nicht der Hauptsachewert geringer ist.[5] Eine darüber

---

1 Ebenso *Musielak/Wolst*, § 91a Rn. 52.
2 BGH, Urteil v. 12. 3. 1991 – XI ZR 148/90, NJW-RR 1991, 1211; Beschl. v. 20. 9. 1962 – VII ZB 2/62, LM ZPO § 91a Nr. 15; *Anders/Gehle/Kunze*, Stichwort „Erledigung der Hauptsache" Rn. 8.
3 OLG Hamm, OLGZ 87, 375; KG MDR 1986, 241; OLG Rostock, Urteil v. 26. 5. 2003 – 3 U 85/02, OLGR 2003, 388 = GuT 2003, 212; *E. Schneider* MDR 1997, 705; Zöller/ *Vollkommer*, § 91a Rn. 56; OLG München NJW 1970, 761.
4 BGH, Beschl. v. 28. 11. 1990 – VIII ZB 27/90, KostRsp. ZPO § 3 Nr. 1017 mit zust. Anm. *Lappe* = WPM 1991, 657 = NJW-RR 1991, 509 = AnwBl. 1992, 451 = MDR 1991, 526.
5 Siehe BGH, Urteil v. 11. 7. 1990 – XII ZR 10/90, KostRsp. ZPO § 3 Nr. 1009 mit abl. Anm. *E. Schneider* = FamRZ 1990, 1225.

hinausgehende Beschwer kommt bei einem im Einzelfall weitergehenden Feststellungsinteresse des Klägers in Betracht.[1] Dies gilt auch bei der Ermittlung der Beschwer des Beklagten, wenn ihm – korrespondierend zum Fortsetzungsfeststellungsinteresse des Klägers – an einer Klageabweisung, beispielsweise zur Abwehr etwaiger Schadensersatzansprüche, gelegen ist.[2]

Wird dem Feststellungsantrag nur **teilweise stattgegeben**, ist die Beschwer wiederum anteilig bezogen auf den bisherigen Hauptsachewert oder – nach der hier vertretenen Ansicht – auf den Wert des Feststellungsbegehrens und damit regelmäßig nach einem dem Unterliegen entsprechenden Anteil an der Gesamtkosten zu ermitteln.   1882

2. Teilweise Erledigung

Erklärt der Kläger den Rechtsstreit in der Hauptsache nur teilweise für erledigt und bleibt im Übrigen bei seinem bisherigen Klageantrag, ist zu unterscheiden: 1883

– **Bei vollumfänglicher Stattgabe von** (verbleibender) **Hauptsacheklage und** dem (in der einseitigen Teilerledungserklärung liegenden) **Feststellungsantrag** bestimmt sich die Beschwer des Beklagten nach dem Wert der verbliebenen Hauptsache zuzüglich dem Wert des Feststellungsbegehrens. Dessen Wert wird davon beeinflusst, welche Ansicht im Streit um die Bewertung der einseitigen Erledigungserklärung vertreten wird. Wird diese nach dem Kosteninteresse bestimmt, bedarf es einer Herausrechnung (Differenzrechnung) der auf die Verurteilung in der verbleibenden Hauptsache entfallenden Kosten wegen § 4 ZPO.[3] Dies sollte – wie bereits dargestellt (siehe oben Rn. 1852) – nach der Quotenmethode erfolgen. Ebenso verhält es sich bei der **Abweisung von Hauptsacheantrag und Feststellungsbegehren**.

– Kommt es hinsichtlich der Klageanträge zu **unterschiedlichen Verfahrensteilergebnissen**, bestimmt sich die Beschwer – wie auch sonst bei der objektiven Klagehäufung – nach dem Umfang der stattgebenden Entscheidung. Weist das Gericht die verbleibende Hauptsacheklage ab und gibt dem Feststellungsbegehren statt, entspricht die Beschwer des Beklagten dem vollen Betrag der ihm auferlegten Kosten[4] und die Beschwer des Klägers dem verbleibenden Hauptsachewert. Wird dem verbleibenden Hauptsacheantrag stattgegeben und unterliegt der Kläger allein beim Streit um die Teilerledigung, berechnet sich die Beschwer des Beklagten allein nach dem verbleibenden Hauptsache-

---

1 BGH WM 1978, 736: Erledigung durch Aufrechnung des Klägers.

2 OLG Thüringen, Urteil v. 28. 11. 2001 – 2 U 615/01, OLG-NL 2002, 18 *E. Schneider* MDR 1973, 625; offenlassend BGH NJW 1969, 1173; *Anders/Gehle/Kunze*, Stichwort „Erledigung der Hauptsache" Rn. 14.

3 BGH, Beschl. v. 9. 3. 1993 – VI ZR 249/92, KostRsp. ZPO § 3 Nr. 1139 mit Anm. *Herget* = MDR 1994, 317 = BB 1993, 1246 = DAR 1993, 225 = NJW-RR 1993, 765; Beschl. v. 25. 9. 1991 – VIII ZR 157/91, WM 1991, 2009, allerdings mit Berechnung nach der Differenzmethode.

4 BGH, Beschl. v. 9. 3. 1993 – VI ZR 249/92, KostRsp. ZPO § 3 Nr. 1139 mit Anm. *Herget* = MDR 1994, 317 = BB 1993, 1246 = DAR 1993, 225 = NJW-RR 1993, 765.

wert und die Beschwer des Klägers nach dem – im Wege einer Differenzbe-
rechnung – zu ermittelnden Kosteninteresse.

F. Vergleich

1884 Aufgrund der unmittelbar prozessbeendigenden Wirkung des Prozessvergleichs
besteht für eine Verbindung von Vergleich und Erledigungserklärung keine
Notwendigkeit. Der im Vergleich enthaltenen Formulierung, wonach der
„Rechtsstreit in der Hauptsache erledigt ist", kommt eine eigenständige Bedeutung allenfalls dann zu, wenn die Parteien daneben **keine oder nur eine negative Kostenregelung** getroffen haben. Dann beschränkt sich der Vergleich auf die
Hauptsache, so dass das Gericht in Abweichung von § 98 ZPO nach Maßgabe
der allgemeinen Kostenregelungen, insbesondere von § 91a ZPO, über die Kosten zu entscheiden hat.[1]

1885 Nach Abschluss des Vergleichs ist aufgrund des damit verbundenen Wegfalls
der Rechtshängigkeit für eine übereinstimmende Erledigungserklärung kein
Raum mehr.[2]

1886 Erfasst die Einigung sämtliche streitgegenständlichen Ansprüche, dann entspricht der **Gegenstandswert des Vergleichs** dem Wert der Hauptsache. Die
nach Maßgabe von § 91a ZPO zu verteilenden Kosten des Rechtsstreits bleiben
demgegenüber unberücksichtigt. Denn für die Bewertung ist allein maßgeblich,
worüber der Vergleich geschlossen, d.h. welcher Streit durch den Vergleich beigelegt wird. Unerheblich ist, worauf sich die Parteien verglichen haben, selbst
wenn die nach dem Vergleich zu erbringende Leistung wertmäßig über dem
verglichenen Anspruch liegt.[3]

1887 Ist dem Vergleich jedoch eine **übereinstimmende Teilerledigung** vorausgegangen und erfasst die Einigung auch die Verteilung der auf den erledigten Teil
entfallenden Kosten, dann sind diese Kosten bei der Bemessung des Gegen-
standwertes werterhöhend zu berücksichtigen.[4]

1888 Erklären die Parteien die Hauptsache **übereinstimmend für erledigt,** beruhen
aber diese Erklärungen auf Irrtümern über die tatsächlich erfolgten Zahlungen
im Laufe des Rechtsstreites, so ist das für die Streitwertbemessung unbeachtlich, da die übereinstimmenden Erklärungen mangels Widerrufbarkeit und Anfechtbarkeit das Hauptverfahren endgültig erledigt haben. Schließen die Par-

---

1 BGH MDR 1965, 25 = NJW 1965, 103; OLG Brandenburg, Beschl. v. 17. 10. 2002 – 9 WF
169/02, JurBüro 2003, 323; OLG Koblenz JurBüro 1991, 120; OLG München MDR 1990,
344; OLG Saarbrücken, Beschl. v. 24. 5. 2004 – 5 W 38/04, juris-Nr. KORE 426332004;
Zöller/*Herget*, § 98 Rn. 3.
2 OLG Brandenburg, Beschl. v. 17. 10. 2002 – 9 WF 169/02, JurBüro 2003, 323.
3 BGH NJW 1964, 1523; KGR 2004, 310; OLG Köln JurBüro 1996, 476; OLG München
KostRsp. BRAGO § 23 Nr. 137 = JurBüro 2001, 141; Zöller/*Herget*, § 3 Rn. 16 unter
„Vergleich" m.w.N.
4 OLG Bamberg, JurBüro 1974, 1440.

teien daraufhin noch im selben Verfahren einen Vergleich, um **einen neuen Rechtsstreit zu vermeiden**, so sind beim Wertansatz für den Vergleich alle bisher angefallenen Kosten und alle in Wirklichkeit nicht erledigten Forderungen einschließlich restlicher Zinsansprüche zu berücksichtigen.[1]

Ermessen

Die Wertfestsetzung nach freiem Ermessen ist in § 3 ZPO vorgesehen. Es handelt sich dabei um die Generalklausel des Streitwertrechts.   1889

Daneben finden sich auch vergleichbare speziellere Regelungen für die Gebührenstreitwerte, so in   1890

§ 48 Abs. 2 GKG	– Wert der **Ehesache**
§ 50 Abs. 1 S. 3 GKG	– **Beschwerden eines Beigeladenen** nach § 54 Abs. 2 Nr. 3 GWB und § 79 Abs. 1 Nr. 3 des EnWG
§ 23 Abs. 3 S. 2 RVG	– **Tätigkeiten außerhalb gerichtlicher Verfahren**, in denen nicht nach § 23 Abs. 1 S. 1 die KostO anzuwenden ist
§ 25 Abs. 2 RVG	– **Schuldneranträge** in der Zwangsvollstreckung
Anm. Abs. 1 zu Nr. 3335 VV RVG	– andere Verfahren über die **Bewilligung der Prozesskostenhilfe** oder die Aufhebung der Bewilligung als die nach § 124 Nr. 1 ZPO
§ 30 Abs. 1 KostO	– Angelegenheiten **ohne bestimmten Geschäftswert, nichtvermögensrechtliche Angelegenheiten**

Der Begriff des freien Ermessens steht zwar im Gegensatz zur rechtlichen Gebundenheit, bedeutet aber nicht ein Handelndürfen nach freiem Belieben. Vielmehr ist auch das freieste Ermessen **pflichtmäßiges** Ermessen, in dessen Grenzen sich jede amtliche Tätigkeit zu bewegen hat.[2]   1891

Das Gericht muss sich deshalb darum bemühen, den wirklichen Wert unter Berücksichtigung der in den speziellen Vorschriften der §§ 3–9 ZPO und §§ 39 ff. GKG zum Ausdruck gekommenen Wertungen zu ermitteln. In Anlehnung an § 48 Abs. 2 GKG kommen dabei als Einzelfaktoren ebenfalls in Betracht der Umfang und die Bedeutung der Sache.[3]   1892

---

1 OLG Köln JMBl.NW 1974, 46.
2 LAG Düsseldorf BB 1966, 782; *E. Schneider*, Anm. zu EzA ArbGG 1979 § 12 Streitwert Nr. 36, S. 169 ff.; *Rittmann*, Der Wert des Streitgegenstandes, 3. Aufl. 1913, § 10 Nr. 2.
3 LAG Bremen AnwBl. 1984, 155.

1893 Insbesondere sind bei der Streitwertbemessung auch verfassungsrechtliche Grundsätze zu berücksichtigen. So hat die 3. Kammer des Ersten Senats des BVerfG mehrfach ausgeführt,[1] dass eine Auslegung der gesetzlichen Vorschriften zur Bestimmung des Streitwerts gegen die Verfassung verstößt, wenn sie dazu führt, dass der Streitwert in Ehesachen wegen der beiderseitigen Bewilligung ratenfreier Prozesskostenhilfe „stets" oder „im Regelfall" lediglich auf den Mindeststreitwert von 2000 Euro festgesetzt wird. Da der Streitwert auch für die Bemessung der Anwaltsvergütung maßgeblich ist, wird in solchen Fällen die Berufsfreiheit der beigeordneten Rechtsanwälte berührt. Dieser Eingriff in die Berufsfreiheit ist unverhältnismäßig, weil dem legitimen Ziel der Schonung öffentlicher Kassen bereits durch die Reduzierung der Vergütungssätze der im Wege der Prozesskostenhilfe beigeordneten Rechtsanwälte in § 45 Abs. 1 RVG umfassend Rechnung getragen worden ist.

1894 Fehlen für eine Schätzung nach § 3 ZPO jegliche oder genügende Anhaltspunkte, so darf sich die Streitwertbemessung an dem Regelwert für **nichtvermögensrechtliche Streitigkeiten** (§ 13 Abs. 1 S. 2 GKG; § 8 Abs. 2 S. 2 BRAGO) orientieren.[2]

1895 Obwohl es bei nichtvermögensrechtlichen Streitigkeiten nach § 18 Abs. 2 GKG keinen Regelwert mehr gibt, ist es ein **Gebot der Rechtssicherheit**, in Anlehnung an eine Reihe von Vorschriften (§ 53 Abs. 2 GKG – 5000 Euro; § 22 Abs. 3 S. 2 RVG – 4000 Euro; § 30 Abs. 2 KostO – 3000 Euro) bei Durchschnittsfällen den Betrag von 4000 Euro nicht zu unterschreiten.[3]

1896 Hinsichtlich der Ermessensausübung hat das **Beschwerdegericht** keine Sonderstellung. Da es nach § 570 ZPO ebenfalls Tatsacheninstanz ist, hat es eigenes Ermessen auszuüben und nicht etwa – wie das Rechtsbeschwerdegericht – nur zu prüfen, ob die Vorinstanz die Grenzen ihres Ermessens eingehalten hat. Dies ist besonders ausführlich begründet worden von *Wenzel*.[4] Die von *Wenzel* mit Recht kritisierte gegenteilige Ansicht des LAG Niedersachsen ist zwischenzeitlich aufgegeben worden.[5] Festgehalten wird an der verfehlten Auffassung wohl nur noch von LAG Nürnberg[6] und von LAG Rheinland-Pfalz.[7] Es handelt sich

---

1 BverfG, Beschl. v. 23. 8. 2005 – 1 BvR 46/05, AGS 2005, 424 = NJW 2005, 2980 = MDR 2005, 1373 = FF 2005, 313 = FamRZ 2006, 24 = Streit 2005, 155 = AnwBl. 2005, 651 = RVGreport 2005, 397 = NJW-Spezial 2005, 526 = FamRB 2005, 295 = RVG professionell 2005, 181 = RVG-B 2005, 167 = Familienrecht kompakt 2005, 209 = JurBüro 2005, 653; bestätigt durch Beschl. v. 22. 2. 2006 – 1 BvR 2139/05, AGS 2006, 352 mit Anm. *Madert*.
2 BGH, KostRsp. GKG § 12 Nr. 148; OLG Köln JurBüro 1971, 719; OLG Braunschweig JurBüro 1977, 403; OLG Frankfurt Rpfleger 1957, 124.
3 LAG Hamm MDR 1980, 613 = AnwBl. 1981, 38 = KostRsp. GKG § 12 Nr. 31 mit Anm. *E. Schneider*.
4 Anm. zu EzA ArbGG 1979 § 12 Nr. 6; siehe auch *Wenzel*, GK-ArbGG § 12 Rn. 204.
5 Vgl. LAG Niedersachsen Nds.Rpfl. 1983, 77 = KostRsp. ArbGG § 12 Nr. 75 mit Anm. *E. Schneider*.
6 LAG Nürnberg, KostRsp. ArbGG § 12 Nr. 153 mit abl. Anm. *E. Schneider* = LAGE ArbGG 1979 § 12 Nr. 53; KostRsp. ArbGG § 12 Nr. 186 = LAGE ArbGG 1979 § 12 Nr. 74 = JurBüro 1989, 59.

dabei um vereinzelt gebliebene Fehlentscheidungen, in denen die Tatsachenbeschwerde und die Rechtsbeschwerde miteinander verwechselt worden sind; die Auffassung dieser beiden Gerichte ist auf die allgemeine Bewertungspraxis ohne jeden Einfluss geblieben.

Selbstverständlich ist, dass das Gericht die Beteiligten in seine Ermessensausübung einbezieht, insbesondere rechtliches Gehör gewährt, soweit dies ausnahmsweise nicht vorgesehen ist, wie bei einer vorläufigen Wertfestsetzung, die nach § 62 GKG ohne Anhörungen der Partei ergeht; gleichwohl es auch in diesen Verfahren sinnvoll ist , rechtliches Gehör zu gewähren, schon alleine, um die vorausleistungspflichtige Partei nicht in eine Beschwerde nach § 66 Abs. 1 GKG zu treiben. 1897

Wird bei der Ermessensausübung rechtliches Gehör nicht gewährt, so kommt die Gehörsrüge in Betracht (§ 321a ZPO; § 69a GKG; § 12a RVG), wenn ein Rechtsmittel oder Rechtsbehelf nicht besteht. 1898

Ersatzvornahme nach § 887 ZPO

Ist der Schuldner zur Vornahme einer vertretbaren Handlung verurteilt, so kann der Gläubiger, wenn die Handlung nicht vorgenommen wird, auf Antrag vom Gericht ermächtigt werden, die betreffende Handlung auf Kosten des Schuldners selbst vorzunehmen (§ 887 Abs. 1 ZPO). Auf entsprechenden Antrag kann der Schuldner auch verurteilt werden, einen Vorschuss auf die zu erwartenden Kosten der Ersatzvornahme zu zahlen (§ 887 Abs. 2 ZPO), über den dann später abgerechnet wird. 1899

Der Streitwert für das Verfahren nach § 887 ZPO ist nach § 3 ZPO zu schätzen. **Gerichtsgebühren** fallen in erster Instanz nicht und in der Beschwerdeinstanz nach Nr. 2121 KV GKG als Festgebühr an. Die **Anwaltsgebühren** richten sich nach dem gemäß § 25 Abs. 1 RVG bestimmten Gegenstandswert. 1900

Bei dem Verfahren auf Erteilung der Ermächtigung und Verurteilung zur Vorauszahlung ist maßgebend der Wert der zu erzwingenden Handlung. Das ist in der Regel die Hauptsache, weil es dem Gläubiger darum geht, dass die Handlung vorgenommen wird.[1] Sein Interesse am Hauptverfahren entspricht daher regelmäßig demjenigen am Vollstreckungsverfahren.[2] 1901

Der verlangte Vorschuss bildet einen Anhalt für die Schätzung des maßgeblichen Wertes der zu erzwingenden Handlung. 1902

---

7 LAG Rheinland-Pfalz, KostRsp. ArbGG § 12 Nr. 126 mit abl. Anm. *E. Schneider* = LAGE ArbGG 1979 § 12 Nr. 40.
1 Zöller/*Herget*, § 3 Rn. 16 unter „Ersatzvornahme".
2 OLG Karlsruhe, KostRsp. ZPO § 3 Nr. 171 = Justiz 1967, 171; OLG Celle Nds.Rpfl. 1962, 111.

1903 Wird wegen im Voraus zu zahlender Kosten vollstreckt, dann entspricht der Streitwert dem Betrag dieser Kosten.

Erweiterung des Klageantrags

Siehe das Stichwort „Klageänderung".

Erwerbsverbot

Literatur: *Schneider* JurBüro 1978, 1603.

1904 Soll bei Vorliegen eines nichtigen oder unwirksamen Grundstückskaufvertrages der Erwerber an der Eintragung gehindert werden, damit er nicht die dingliche Rechtsstellung erlangt und an einen Gutgläubigen weiter veräußern kann, kann der Verkäufer ein gerichtliches Erwerbsverbot erwirken. Dies geschieht in der Regel im Rahmen einer einstweiligen Verfügung (§§ 935, 938 Abs. 2 ZPO).[1]

1905 Der Streitwert des Antrags auf Erlass eines Erwerbsverbots[2] im Wege einer einstweiligen Verfügung ist nach § 53 Abs. 1 Nr. 1 GKG, § 3 ZPO zu schätzen und hat sich am Wert der Hauptsache zu orientieren.

1906 Maßgebend ist das Interesse des Antragstellers an der Sicherung seiner Rechtsposition im Zeitpunkt der Antragstellung. Dabei wird vom Streitwert der Hauptsache ausgegangen und das Verfügungsverfahren mit einem entsprechenden Bruchteil bewertet.[3]

1907 In den einschlägigen Fällen können die Bemessungsgrundsätze für nichtige Rechtsgeschäfte Anwendung finden.[4] Wird nur **Feststellung der Nichtigkeit** eines Vertrages verlangt, dann ist auf das Interesse des Klägers am Nichtbestehen oder an der Wiederaufhebung des Vertrages abzustellen. Das Interesse ist dann gleichbedeutend mit dem Ziel, vom Vertrag befreit zu werden.[5]

1908 Maßgebend ist also der objektive wirtschaftliche Nachteil, der dem Kläger bei Aufrechterhaltung des Vertrages entstünde und den er durch Hauptsacheklage abwenden will.[6] Das kann die eigene Leistung oder auch der Verkehrswert des Grundstückes sein. Die abweichende Entscheidung des OLG Koblenz,[7] wonach

---

1 Vgl. RGZ 120, 118; KG Rpfleger 192, 177; OLG Hamm DNotZ 1970, 661.
2 Vgl. zum Gegenstück „Veräußerungsverbot" das entsprechende Stichwort.
3 Vgl. das Stichwort „Einstweilige Verfügung".
4 Vgl. das Stichwort „Nichtigkeitsklage".
5 OLG Stuttgart Rpfleger 1964, 162.
6 OLG Stuttgart Rpfleger 1962, 162.
7 OLG Koblenz NJW 1953, 1918.

immer der volle Wert der Leistung anzusetzen sei, von der bei Nichtigkeit freigestellt wird, ist unbeachtet geblieben, weil dadurch das zu bewertende Klägerinteresse unabhängig vom Einzelfall bestimmt würde.

Wird geklagt auf **Unterlassung** der Vorlage eines Wechsels zur Zahlung, dann ist   1909
das nach § 3 ZPO zu schätzende Unterlassungsinteresse (= Interesse am Erwerbsverbot) regelmäßig mit dem bekämpften Wechselanspruch gleichzusetzen.[1]

Wird bei Vertragsnichtigkeit im Hauptverfahren auch die **Rückgewähr** der be-   1910
reits erbrachten Leistung verlangt, dann ist § 6 ZPO anzuwenden.

Erzwingung von Unterlassungen und Duldungen

Siehe das Stichwort „Ordnungsmittel".

Fällige Beträge

A. Überblick

Das Problem der zusätzlichen Bewertung fälliger Beträge stellt sich bei allen   1911
Klagen, die auf zukünftige Leistung gerichtet sind.

B. Familiensachen

In Familiensachen ist in § 42 Abs. 5 GKG ausdrücklich geregelt, dass bei Ein-   1912
reichung der Klage fällige Beträge dem Wert des Antrags auf zukünftige Leistung hinzuzurechnen sind. Fällig sind Unterhaltsbeträge am Ersten eines Monats (§ 1612 Abs. 3 BGB), so dass nicht nur der Unterhalt der vorangegangenen
Monate hinzuzurechnen ist, sondern auch der des laufenden Monats.

⊃ **Beispiel:**

Im September 2006 wird Klage auf Unterhalt ab September 2006 erhoben.

Der Wert bemisst sich auf den Betrag des Unterhalts der auf die Klageeinreichung
folgenden zwölf Monate (Oktober 2006 bis September 2007) zuzüglich des fälligen
Monats September 2006, also auf den 13fachen Wert.

Wird Prozesskostenhilfe beantragt, zählt bereits der Tag der Einreichung des   1913
Prozesskostenhilfeantrags (§ 45 Abs. 5 S. 2 GKG), wenn die Klage alsbald nach
Mitteilung der Entscheidung über den Antrag oder über eine alsbald eingelegte
Beschwerde eingereicht wird.

---

1 BGH, KostRsp. ZPO § 3 Nr. 907.

1914 Auch bei Abänderungsklagen oder vereinfachten Verfahren zur Festsetzung des Unterhalts Minderjähriger sind fällige Beträge hinzuzurechnen.[1]

1915 Dies gilt ebenfalls für einstweilige Anordnungen. Soweit § 53 Abs. 2 S. 1 GKG von dem sechsmonatigen Bezug ausgeht, gilt dies (entsprechend § 42 Abs. 1 GKG) nur für den laufenden Unterhalt. Fällige Beträge sind auch hier hinzuzurechnen.[2]

C. Mietsachen

1916 Für Miet- und Pachtsachen fehlt zwar eine vergleichbare Regelung. Der BGH wendet hier § 42 Abs. 5 GKG (damals noch § 17 Abs. 5 GKG a.F.) analog an und rechnet bei einer Klage auf Zahlung zukünftiger Mieten, Pachtzinsen oder Nutzungsentschädigungen (§ 259 ZPO) die rückständigen Beträge analog § 42 Abs. 5 GKG (§ 17 Abs. 5 GKG a.F.) hinzu.[3]

D. Sonstige Dauerschuldverhältnisse

1917 Für sonstige Dauerschuldverhältnisse liegen zwar noch keine vergleichbaren Entscheidungen vor. Hier dürfte jedoch nichts anderes gelten, so dass auch hier § 42 Abs. 5 GKG analog anzuwenden ist.

➲ **Beispiel:**

Im Oktober 2006 wird Klage auf laufendes Arbeitsentgelt sowie rückständiges Arbeitseinkommen für August und September 2006 erhoben.

Der Streitwert bemisst sich auf den Wert der zukünftigen Beträge zuzüglich der zwei Monate Rückstände.

Fälligkeit

1918 Wird auf Zahlung eines Betrages geklagt und verteidigt sich der Beklagte lediglich damit, der Betrag sei noch nicht fällig, so wird häufig trotzdem der eingeklagte Betrag in vollem Umfang als maßgebend angesehen, weil der Kläger darüber einen vollstreckungsfähigen Titel erstrebt.[4]

---

1 OLG München, Beschl. v. 9. 11. 2004 – 12 WF 1676/04, AGS 2005, 165 = OLGR 2005, 115 = FamRZ 2005, 1766.
2 OLG Köln, Beschl. v. 28. 1. 2004 – 27 WF 242/03, AGS 2004, 164 mit Anm. *N. Schneider.*
3 BGH, Beschl. v. 17. 3. 2004 – XII ZR 162/00, AGS 2004, 249 mit Anm. *N. Schneider* = NZM 2004, 423 = JurBüro 2004, 378 = ZMR 2004, 494 = BGHR 2004, 1055 = BGHR ZPO § 3 Gebührenstreitwert 1 = BGHR ZPO § 5 Gebührenstreitwert 1 = BGHR GKG § 12 Abs. 1 Mietrecht 1 = EBE/BGH 2004, BGH-Ls 455/04 = WuM 2004, 368 = DWW 2004, 162 = GuT 2004, 133 = MietRB 2004, 234 = RVG-B 2004, 104 = MDR 2004, 1437 = DWW 2004, 162.
4 OLG Hamburg, Beschl. v. 9. 12. 1971 – 6 W 76/71, MDR 1972, 335; ebenso Münch-Komm.ZPO/*Lappe*, § 3 Rn. 118; BLAH, ZPO, Anh. § 3 Rn. 5 „Fälligkeit"; *Stein/Jonas/ Roth*, 21. Aufl. 1993, § 2 Rn. 14.

Es lässt sich jedoch nicht verkennen, dass diese Bewertung am wirtschaftlichen Streit der Parteien vorbeigeht. Denn die Forderung als solche ist unstreitig, es geht nur darum, wann sie zu erfüllen ist. Deshalb ist der Ansatz des Forderungsnennbetrages bedenklich.[1] So wird z.B. bei einem Rechtsstreit auf Herausgabe eines Mietobjekts, bei dem die Parteien nur über den Zeitpunkt der Räumung streiten, nur der Bezug der streitigen Zeit berücksichtigt (§ 9 ZPO; § 41 Abs. 2 GKG). Hier wird also das Fälligkeitsinteresse berücksichtigt. **1919**

Indessen muss sich der Kläger auf die unter Rn. 1926 genannte Rechtsprechung einstellen (siehe auch unten Rn. 1927). **1920**

Wird nicht der Betrag eingeklagt, sondern vom Schuldner **negative Feststellungsklage** erhoben mit dem Ziel der Feststellung, dass der Betrag noch nicht fällig sei, dann ist auch nach dem Klageantrag nur die Leistungszeit Streitgegenstand. Zu einem vollstreckungsfähigen Titel über den Betrag kommt es nicht. **1921**

Hier ist nach § 3 ZPO zu schätzen, was die **Verzögerung** für den klagenden Schuldner **wirtschaftlich wert ist**.[2] Der Streitwert (= Zwischenzins) lässt sich über den **höchstmöglichen Zinssatz** oder die höchstmögliche ersparte Zinsbelastung errechnen. **1922**

Ebenso ist in der **Zwangsvollstreckung** zu bewerten. Wendet sich der Schuldner mit Erinnerung oder Beschwerde lediglich dagegen, dass der zugunsten des Gläubigers titulierte Anspruch noch nicht fällig sei, dann bemisst sich der Streitwert nicht nach der Höhe der Forderung, sondern nach dem Interesse des Schuldners an der Hinauszögerung des Vollstreckungsbeginns. Dieses Interesse kann anhand des **Zwischenzinses** zwischen den streitigen Fälligkeitszeitpunkten geschätzt werden.[3] **1923**

Auch bei einem Antrag auf Stundung der Zugewinnausgleichsforderung, richtet sich der Wert nur nach dem Interesse des Aufschubs (siehe das Stichwort „Zugewinn"). **1924**

Diese Bewertungsregeln gelten auch bei **außergerichtlichem** Fälligkeitsstreit. Wird ein Anwalt damit beauftragt, gegenüber dem Gläubiger die noch nicht eingetretene Fälligkeit geltend zu machen, dann ist das Interesse des Schuldners an der Hinauszögerung des Fälligkeitstermins maßgebend.[4] Es muss nach § 3 ZPO geschätzt werden. **1925**

---

1 So jetzt auch der BGH jedenfalls für die Urteilsbeschwer, WPM 1995, 2060.
2 BGH, Beschl. v. 21. 4. 1961 – V ZR 58/60, KostRsp. ZPO § 3 Nr. 13; OLG Schleswig, Beschl. v. 13. 1. 1983 – 8 WF 156/82, SchlHA 1983, 142 = KostRsp. ZPO § 3 Nr. 636; OLG Hamburg, Beschl. v. 9. 12. 1971 – 6 W 76/71, MDR 1972, 335; OLG Bamberg, Beschl. v. 26. 5. 1982 – 3 W 33/82, JurBüro 1982, 1245; LAG Düsseldorf, Beschl. v. 8. 7. 1985 – 7 TA 179/85, KostRsp. ZPO § 3 Nr. 782 = JurBüro 1985, 1704.
3 OLG Köln, Beschl. v. 11. 9. 1985 – 2 W 107/85, KostRsp. ZPO § 3 Nr. 778.
4 LG Bielefeld, Urteil v. 20. 2. 1980 – 1 S 505/79, AnwBl. 1980, 256 mit abl. Anm. *Schmidt* = KostRsp. ZPO § 3 Nr. 484 zust. Anm. *Schneider*.

1926 Der Streitwert einer Klage auf **zukünftig fällig werdende Geldansprüche** (§§ 257, 259 ZPO) ist gleich dem vollen Nominalwert der Forderung.[1]

1927 Wird eine Klage auf **künftige Leistung von wiederkehrenden Leistungen** (z.B. laufende monatliche Mieten) nur deshalb erhoben, weil der Schuldner nicht pünktlich zahlt, ist dagegen nur das Fälligkeitsinteresse zu berücksichtigen, das mit einem Bruchteil der Hauptforderung zu bewerten ist.[2]

Fernsprechgebühren

1928 Bei Ansprüchen von Zahlung von Fernsprechgebühren handelt es sich um Ansprüche auf **wiederkehrende Leistungen.** Der Fernsprechanschlußvertrag ist auch trotz der Vereinbarung einer Mindestüberlassungsdauer nicht auf bestimmte Zeit geschlossen. Dennoch ist der Wert des Streitgegenstandes nicht nach § 9 ZPO zu bemessen, sondern nach § 3 ZPO frei zu schätzen. Der Streitwert ist mit dem Wert der Gebührendifferenz für die durchschnittliche Dauer eines solchen Vertrages zu bemessen, wobei nach KG[3] von einer fünfjähriger Vertragsdauer auszugehen ist. Jetzt dürfte entsprechend § 9 ZPO von dem 3,5fachen Jahresbetrag auszugehen sein.

Festsetzung des Streitwerts

Literatur: *Tschischgale* JR 1950, 138; E. Schneider JurBüro 1969, 705 (Befugnis des Rechtsmittelgerichts zur Erstfestsetzung?); MDR 1970, 657 (Begründungszwang?); JurBüro 1977, 1509 (Rechtliches Gehör).

Gliederungsübersicht

A. Festsetzungsantrag	1929		G. Vorläufige Wertfestsetzung	1964
B. Erstfestsetzung	1937		H. Änderungsbefugnis	1966
C. Streitgegenstands-Anhängigkeit	1942		I. Begründungszwang	1977
D. Zeitpunkt der Festsetzung	1945		J. Bindung an den Wertansatz	1990
E. Rechtsschutzbedürfnis	1950		K. Verfahrensfragen	2001
F. Festsetzungsbeschluss	1953			

---

1 RGZ 118, 323; BGH, Beschl. v. 2. 3. 1994 – IV ZR 270/93, KostRsp. ZPO § 3 Nr. 1178; weitere Nachw. zur Rspr. bei *Hirte* MDR 1987, 170; *Voormann* MDR 1987, 722.
2 AG Kerpen, Urteil v. 5. 4. 1991 – 22 C 32/92, WuM 1991, 439 mit Anm. *N. Schneider:* $^1/_5$.
3 KG NJW 1956, 1206.

Stichwortübersicht

Änderung der Wertfestsetzung . . . 1956
- auf Antrag des Prozessbevollmächtigten 1954
Änderungsbefugnis . . . . 1966 ff.
- und Formerfordernisse für Festsetzungsbeschluss 1967
- nach Fristablauf 1973
Änderungsverbot und Beweissiche-
rungsverfahren . . . . 1974 f.
Amtswegige Änderung des Beschlus-
ses . . . . 1971 f.
Anhängigkeit 1942
Anregungen zur Wertfestsetzung . 1932 ff.
Antrag 1929
- Ermäßigung vor Rechtsmittelrück-
nahme 1933
- maßgebend im Rahmen des § 25
GKG 1931
Anwaltsgebühren und Anhängigkeit 1944
Aufhebung
- Richtlinien zur Vermeidung . . . 1988
- und Zurückverweisung des
Beschlusses . . . . 1984 ff.
Aussetzung des Verfahrens 2002
Begründung nach Einlegung der
Beschwerde 1980
Begründungszwang . . . . 1977 ff.
- Grundsätze 1978
Berichtigung 1966
Beschluss 1929
Beweiserhebung über Teilstreitwert 1959
Bezifferter Antrag und Rechtsschutz-
bedürfnis 1952
Bindung . . . . 1990 ff.
- anwaltliche an gerichtliche Wert-
festsetzung 1992
- des Gerichts an Beschluss . . 1971, 1972
Einstweilige Anordnung 1930
Einstweilige Verfügung auf Unterlas-
sung 1949
Erinnerung 1970
- gegen Höhe des Streitwerts 1969
- Zurückweisung durch Kostenfest-
setzungsgericht 1957
Erstfestsetzung 1937
- nur durch Instanzgericht 1938
Familiensachen 1930
Festsetzungsbeschluss . . . . . . 1937 f.

Form
- des Antrags 1932
- des Beschlusses 1955
Gebührenerstattungsanspruch und
Rechtsschutzbedürfnis 1950
Gerichtsgebühren nicht entstanden 1936
Gesonderte Festsetzung nach Ver-
fahrensabschnitten 1959
Insolvenzverfahren 1949
Instanzgericht entscheidet über ~ . . 1937
Mehrwert des Vergleichsgegenstan-
des 1962
Nachprüfbarkeit durch Beschwerde-
gericht 1981
Nachträgliche Änderung der 1965
Parteianträge aus ~ 1935
Prozesskostenhilfegesuch 1996
Prozessvergleich der Vorinstanz . . 1941
Rechtliches Gehör 1953
Rechtmittelgericht, Festsetzung für
eigene Instanz 1995
Rechtsschutzbedürfnis . . . . . 1950 ff.
Schätzung im Gebührenprozess . . 2000
Scheidungssachen und Folge-
sachen 1960
Selbstentscheidung des Beschwerde-
gerichts 1986
Streitwertvereinbarungen 1997
- und Gerichtskosten 1998
Stufenstreitwerte 1960
Teilanerkenntnis 1959
Teilerledigung 1959
Terminsgebühr 1959
Unbezifferte Anträge 1948
Vergleich 1961
Verschiedene Streitwerte in den
Verfahrensabschnitten 1959
Vorlage der Kostenbeamten 1934
Vorläufige Wertfestsetzung . . . . 1964 f.
Wesentlicher Mangel unbegründeter
Beschlüsse 1981, 1982
Wiedereinsetzung 2001
Wirkung des Beschlusses über ~ . . 1958
Zeitpunkt der - . . . . 1945 ff.
- und unbezifferte Klageanträge . . 1948
Zuständigkeitswert . . . . 1993 f.
- und Gebührenwert . . . . 1990 f.
Zwangsvollstreckung, Einstellung . 2003

A. Festsetzungsantrag

1929 Der Streitwert für die Gebühren wird vom Prozessgericht, soweit eine Entscheidung nach § 62 S. 1 GKG nicht ergeht oder nicht bindet, von Amts wegen durch Beschluss festgesetzt, sobald eine Entscheidung über den gesamten Streitgegenstand ergeht oder sich das Verfahren anderweitig erledigt (§ 66 Abs. 2 S. 1 GKG). In den Fällen des § 32 Abs. 1 RVG hat der Prozessbevollmächtigte das Recht, die Festsetzung zu beantragen.

1930 Im Verfahren der einstweiligen Anordnung nach §§ 127a, 620 ff. ZPO kann in erster Instanz von Amts wegen ein Wert nur bezüglich der in §§ 127a, 620 Nr. 4, 6–10, 621f, 641d und 644 ZPO aufgeführten **Familiensachen** festgesetzt werden, weil nur insoweit Gerichtskosten entstehen können (Nr. 1420-1424 KV GKG). Eine Wertfestsetzung für andere Gegenstände des Verfahrens der **einstweiligen Anordnung** setzt einen Antrag nach § 33 RVG voraus.[1]

1931 Für die Streitwertfestsetzung nach § 63 Abs. 2 GKG sind die beim Gericht eingegangenen **Klageanträge** maßgebend; es ist nicht erforderlich, dass die Anträge im Prozess gestellt worden sind.[2]

1932 Die Parteien konnten früher den Antrag auf Festsetzung durch Erklärung zu Protokoll der Geschäftsstelle oder schriftlich ohne Mitwirkung eines Rechtsanwalts einlegen. Jetzt wird von Amts wegen festgesetzt. Die Parteien sind nur noch zu Anregungen befugt. Die dabei geäußerten Betragsvorstellungen haben aber Indizwert, wobei nicht aus den Augen verloren gehen darf, welchen Wert die Partei bei **Verfahrensbeginn** (§§ 61, 63 Abs. 1 GKG) – damals noch unbefangen – als angemessen annahm, denn erfahrungsgemäß hat das Prozessergebnis nicht unerheblichen Einfluss auf die Wertvorstellungen der Beteiligten.

1933 **Hauptsache-Antragsermäßigungen** vor Rechtsmittelrücknahme nur zum Schein sind jedoch beim Wertansatz nicht zu berücksichtigen. Siehe dazu ausführlich das Stichwort „Rechtsmittel" Rn. 4540 ff.

1934 Die Festsetzungsvorlage des Kostenbeamten ist ebenfalls nur noch Anregung. Nach § 63 Abs. 2 S. 1 GKG muss dann auch festgesetzt werden, wenn ein **bezifferter Antrag in Euro** gestellt worden ist.

1935 **Parteianträge** auf Streitwertfestsetzung müssen dagegen beschieden werden,[3] wobei sie, wenn man sie nicht als bloße Anregungen auffassen kann, nach § 62 GKG als unzulässig zu behandeln sind.

1936 Dem Antrag auf Wertfestsetzung nach § 33 RVG ist zu entsprechen, wenn **keine Gerichts-**, sondern **nur Anwaltsgebühren** entstanden sind, z.B. im Bewilligungsverfahren wegen Prozesskostenhilfe oder bei Gebührenfreiheit.

---

1 KG JurBüro 1978, 1700 = Rpfleger 1978, 392.
2 OLG Neustadt AnwBl. 1954, 32.
3 OLG Frankfurt JurBüro 1982, 1701 = Rpfleger 1982, 487.

B. Erstfestsetzung

Streitwerte und Vergleichswerte sind immer von dem Gericht der Instanz fest- **1937**
zusetzen, in der die zu bewertende Handlung vorgenommen worden ist. Für die
Erstfestsetzung gibt es keine zeitliche Sperre, sie ist also auch nach Ablauf der
in § 63 Abs. 2 S. 3 GKG bestimmten Frist zulässig.[1]

Die erstmalige Festsetzung des Streitwertes ist nur dem **Instanzgericht** erlaubt, **1938**
nicht auch dem Rechtsmittelgericht. Auch die Änderungsbefugnis nach § 63
Abs. 2 S. 2 GKG gibt nicht die Befugnis zur Erstfestsetzung.[2]

Nach **Verweisung** des Rechtsstreits ist das übernehmende Gericht für die **1939**
Streitwertfestsetzung zuständig.[3]

Das gilt auch dann, wenn die vom Beschwerdegericht zu treffende Entscheidung **1940**
inzidenter den erstinstanzlichen Wert mitregelt. Auch dann ist es Sache des
Erstgerichts, darüber zu befinden, ob es sich dieser Auffassung anschließen will.

Ebenso darf das Rechtsmittelgericht nicht den Gegenstandswert für einen in **1941**
der Vorinstanz abgeschlossenen **Prozessvergleich** erstmals festsetzen.[4]

C. Streitgegenstands-Anhängigkeit

Die Festsetzung des Streitwerts durch das Gericht kommt nur in Betracht, so- **1942**
weit ein Streitgegenstand besteht, also ein Begehren anhängig geworden ist.[5]

Mit der Streitwertfestsetzung wird das Gericht der Hauptsache erst befasst, **1943**
wenn die Sache als solche bei ihm anhängig ist. Es genügt also nicht, wenn
etwa das Amtsgericht, das nach § 942 ZPO als Eilgericht entschieden hat, die
Akten dem örtlich und sachlich zuständigen Gericht übersendet „mit der Bitte
um Streitwertfestsetzung".[6]

Nur dann kommt auch eine Bindung für die **Anwaltsgebühren** nach §§ 23 **1944**
Abs. 1, 32 RVG oder eine gesonderte Festsetzung für die Anwaltsgebühren nach
§ 33 RVG in Betracht. Wird eine Sache überhaupt nicht anhängig, bleibt es
beispielsweise bei einer Beratung der Partei ohne die Inanspruchnahme des
Gerichts, dann hat das Gericht keine Handhabe, einen Streitwert festzusetzen.
Der Anwalt muss seine Kosten nach einem von ihm angesetzten Wert berechnen und notfalls seine Rechtsauffassung durch Vergütungsklage durchsetzen.[7]

---

1 OLG Nürnberg JurBüro 1963, 43.
2 OLG Hamm JurBüro 1959, 473; OLG Köln VersR 1973, 1032 = MDR 1973, 684; KG
  KostRsp. GKG § 25 Nr. 5; OLG Bamberg JurBüro 1984, 1398 = KostRsp. GKG § 25
  Nr. 77; BFH JurBüro 1977, 330; E. *Schneider* JurBüro 1969, 705; a.A. OLG Hamburg
  MDR 1958, 699.
3 Siehe BVerwG Rpfleger 1992, 132 mit ausführlicher Anm. *Hellstab.*
4 OLG Bamberg JurBüro 1984, 1398 = KostRsp. GKG § 25 Nr. 77.
5 OLG Hamm JurBüro 1980, 238 = KostRsp. GKG § 25 Nr. 38 mit Anm. *Lappe.*
6 OLG Bremen JurBüro 1979, 1395.
7 OLG Hamm JurBüro 1980, 238.

D. Zeitpunkt der Festsetzung

1945 Einen Zeitpunkt für die Wertfestsetzung sah das Gesetz früher nicht vor. Darauf ist es zurückzuführen, dass in der Praxis der alsbaldigen Wertfestsetzung viel zu wenig Beachtung geschenkt wurde. Jetzt muss sie erfolgen in den Fällen des § 62 Abs. 1 S. 1 GKG bei **Verfahrenseinleitung** und in jedem Fall nach **Abschluss der Instanz** (§ 63 Abs. 2 S. 1 GKG).

1946 Es bleibt abzuwarten, ob die gerichtliche Praxis dem regelmäßig folgt. Ansonsten müssen die Beteiligten durch Anregungen darauf hinwirken. Unterbleibt auch dies, kann es dazu führen, dass nach Abschluss der Instanz ein jahrelang hingenommener Streitwert angegriffen wird. Die Erfolgsaussichten eines solchen Vorgehens sind nach der neueren Rechtsprechung zunehmend geringer einzuschätzen.[1]

1947 In Zweifelsfällen sollte vor der Festsetzung nach § 62 Abs. 1 GKG **rechtliches Gehör** gewährt werden.[2] Vom Gesetz vorgeschrieben ist dies allerdings nicht (§ 62 Abs. 1 S. 1 GKG ausdrücklich: „ohne Anhörung der Parteien").

1948 Der Erfahrungssatz, dass die Anhörung streitvermeidend sachdienlich ist, gilt insbesondere für die Wertfestsetzung bei **unbezifferten Klageanträgen**, weil anderenfalls die Gefahr heraufbeschworen wird, dass die Kostenentscheidung des Urteils auf Wertansätzen beruht, die später korrigiert werden und die Kostenentscheidung falsch wird.[3]

1949 Der Streitwert einer **einstweiligen Verfügung auf Unterlassung** einer bestimmten Handlung kann auch nach Eröffnung des **Insolvenzverfahrens** über das Vermögen einer Partei festgesetzt werden.[4]

E. Rechtsschutzbedürfnis

1950 Ein besonderes Rechtsschutzbedürfnis für einen Antrag auf Streitwertfestsetzung ist nicht erforderlich. Unzutreffend ist insbesondere die Auffassung des BVerfG,[5] wonach demjenigen das Rechtsschutzbedürfnis für den Antrag auf Streitwertfestsetzung fehlen soll, der keinen Anspruch auf **Gebührenerstattung** hat. Schon die Verpflichtung, den eigenen Anwalt nach dem Streitwert bezahlen zu müssen, reicht für das Rechtsschutzbedürfnis aus.

1951 Kein Rechtschutzbedürfnis besteht entgegen OLG Karlsruhe[6] für einen Prozessbevollmächtigten, wenn er nach seinem eigenen Vorbringen gegenüber sei-

---

1 Siehe dazu *E. Schneider* AnwBl. 1977, 233 mit Übersicht über einschlägige Judikatur; näher dazu das Stichwort „Abänderung" Rn. 943 ff.
2 So zum alten Recht KG KostRsp. GKG § 12 Nr. 88 mit Anm. *E. Schneider.*
3 OLG Celle Rpfleger 1976, 158 = NJW 1977, 334.
4 OLG Neustadt NJW 1965, 591.
5 BVerfG NJW 1986, 422.
6 OLG Karlsruhe Justiz 1985, 139 = AnwBl. 1985, 41 = KostRsp. GKG § 25 Nr. 87 mit krit. Anm. *E. Schneider.*

nem Mandanten nicht nach dem erstrebten Wert abrechnen, sondern nur erreichen will, dass der Gegner den Gegenanwalt höher honoriert. Ebenso fehlt das
Rechtsschutzbedürfnis für den Anwalt, wenn er mit dem Auftraggeber eine
wertunabhängige Gebührenvereinbarung getroffen hat. Für den Auftraggeber
besteht in diesem Falle allerdings ein Rechtsschutzbedürfnis, wenn er dem
Gegner zur Kostenerstattung verpflichtet ist oder ihm ein Kostenerstattungsanspruch gegen den Gegner zusteht.

In einfachen Fällen könnte zwar ein Rechtsschutzbedürfnis an der Festsetzung   1952
verneint werden, weil der Wert eines bezifferten Antrages aus sich heraus klar
ist; indessen wäre es völlig unpraktisch, bei dieser Sachlage einen näher begründeten Ablehnungsbeschluss zu erlassen, anstatt kurz zu beschließen:
„Streitwert: x Euro."

F. Festsetzungsbeschluss

Entschieden wird im Beschlussverfahren. Dabei ist (anders als bei der vorläufi-   1953
gen Festsetzung) stets **rechtliches Gehör** zu gewähren.[1] Die Verletzung führt
zur Gehörsrüge nach § 69a GKG, § 12a RVG, wenn ansonsten kein Rechtsmittel in Betracht kommt.

Immer wieder wird im Festsetzungsverfahren versäumt und verkannt, dass bei   1954
ihm die Interessen von Anwalt und Mandant entgegengesetzt sind. Deshalb
geht es auch nicht an, einen **Abänderungsantrag des Prozessbevollmächtigten**
als Antrag des durch ihn vertretenen Mandanten zu behandeln. Siehe dazu ausführlich die *Schneider*,[2] wonach Mitteilungen und Zustellungen der Streitwertfestsetzung grundsätzlich an die Partei auszuführen sind, also unter Ausschluss
der Prozessbevollmächtigten, die gesondert zu informieren sind.

Die Angabe des Streitwertes am Ende der Urteilsgründe ist ein **Beschluss**,[3]   1955
nicht dagegen ein nicht unterschriebener Vermerk auf der ersten Seite der Ur-
teilsniederschrift.

Hat das Gericht den Streitwert festgesetzt, lehnt es aber auf Anregung durch   1956
weiteren Beschluss ab, die Wertfestsetzung zu ändern, so ist der **zweite Beschluss** kein Streitwertfestsetzungsbeschluss.[4]

Weist das **Kostenfestsetzungsgericht die Erinnerung zurück**, so liegt darin keine   1957
Entscheidung über die Wertfestsetzung.

---

1 KG Rpfleger 1975, 109 = NJW 1975, 743; OLG Karlsruhe, KostRsp. GKG § 25 Nr. 31;
  KG, KostRsp. GKG § 12 Nr. 88 mit Anm. *E. Schneider*; *E. Schneider* JurBüro 1977,
  1509.
2 *Schneider* Anm. zu KostRsp. GKG § 12 Nr. 88 zu Ziff. I und die grundlegende, leider
  kaum bekannte Entscheidung des LG Gießen in Rpfleger 1952, 501.
3 OLG Koblenz, KostRsp. GKG § 25 Nr. 78 mit Anm. *E. Schneider* = WPM 1984, 1581 =
  WRP 1984, 637; LG München JurBüro 1950, 46.
4 OLG Koblenz JurBüro 1967, 807.

1958 Der Streitwertfestsetzungsbeschluss, der für die Kostenrechnung ergeht, wirkt nur für und gegen diejenigen, die nach dem GKG, dem Kostenfestsetzungsverfahren gemäß § 103 ZPO oder einer Gebührenordnung unmittelbar Ansprüche haben oder unmittelbar zur Kostentragung verpflichtet sind.[1]

1959 Bei der Festsetzung ist so genau zu arbeiten, dass später keine Zweifel darüber auftreten können, welche Gebühren nach welchem Streitwert zu berechnen sind. Werden einzelne Rechtsstreitigkeiten gemäß § 147 ZPO verbunden, dann sind die Streitwerte bis zur Verbindung getrennt festzusetzen;[2] erst ab Verbindung gibt es einen einheitlichen Streitwert.[3] In der Regel wird es genügen, darauf zu achten, ob sich der Streitwert in den **einzelnen Verfahrensabschnitten verändert** hat oder nicht.[4] Das reicht aber nicht immer aus. Ist etwa nur wegen eines Teiles des Gesamtstreitwertes verhandelt worden, dann muss dies im Festsetzungsbeschluss klargestellt werden, weil sonst die Terminsgebühr übersetzt berechnet wird.[5] Für **verschiedene Verfahrensabschnitte** ist der Streitwert besonders festzulegen, wenn die Gerichts- oder Anwaltsgebühren nicht nach demselben Streitwert zu berechnen sind.[6]

1960 Die Beachtung des Gebots der Festsetzung von **„Stufenstreitwerten"** ist besonders wichtig im Familienrecht wegen des prozessualen Verbundes von Scheidungssachen und Folgesachen (§ 623 ZPO).[7]

1961 Die Festsetzung des Wertes für einen gerichtlich protokollierten **Vergleich** darf nur dann unterbleiben, wenn der Vergleich ersichtlich unwirksam oder nichtig ist. Ein solcher Vergleich kann nämlich keine Gebühren, seien es gerichtliche oder außergerichtliche, auslösen.[8]

1962 Übersteigt der Wert des Vergleichsgegenstandes den Wert des Streitgegenstandes, dann empfiehlt es sich nach Ansicht des OLG Nürnberg, im Streitwertbeschluss den Wert des Streitgegenstandes und davon gesondert den Wert des ihn überschreitenden Vergleichsgegenstandes (**Mehrwert**), also nicht den gesamten Vergleichswert, festzusetzen.[9] Die Praxis verfährt mit Recht anders. Sie setzt den Streitwert fest für den Rechtsstreit und für den Vergleich. Die Differenz beider Werte ist i.d.R. der Mehrwert, der Gerichtskosten auslöst (Nr. 1900 KV GKG).

1963 Die vollständige Festsetzung des Vergleichswertes ist deshalb geboten, weil ein Vergleich (eine Einigung) nicht zwingend den gesamten Verfahrensstoff erfassen muss, etwa bei zwischenzeitlichen Teilerledigungen oder Teilklage-

---

1 OLG Hamm Rpfleger 956, 77.
2 OLG Köln VersR 1992, 518.
3 Siehe das Stichwort „Prozessverbindung".
4 *Wenzel*, GK-ArbGG § 12 Rn. 201.
5 Siehe dazu das Stichwort „Beweisaufnahme" und *Lappe* ZAP Fach 24 S. 53.
6 OLG Celle Nds.Rpfl. 1962, 257.
7 Siehe dazu das Stichwort „Folgesachen".
8 KG Rpfleger 1962, 121.
9 OLG Nürnberg JurBüro 1964, 207.

rücknahmen. Zweckmäßig ist es allerdings im Hinblick auf die unterschiedliche Höhe der Einigungsgebühren (Nrn. 1000, 1003, 1004 VV RVG) zugleich mit der Festsetzung des Vergleichswertes auszusprechen, inwieweit darin ein „Mehrwert" enthalten ist. Dies erspart spätere zusätzliche Festsetzungsverfahren nach § 33 RVG um die Einigungsgebühr(en) richtig berechnen zu können.

G. Vorläufige Wertfestsetzung

Der Streitwert konnte schon früher, z.B. wenn ein unbestimmter Klageantrag gestellt, die Höhe des Betrages also dem Ermessen des Gerichts überlassen ist, bereits während des Rechtsstreits festgesetzt werden.[1] Jetzt ist die vorläufige Festsetzung in den Fällen des § 63 Abs. 1 S. 1 GKG Pflicht; die Entscheidung kann angefochten werden nach §§ 63 Abs. 1 S. 2, 66 GKG, wenn davon die Höhe vorauszuzahlender Kosten abhängt.   **1964**

In solchen Fällen kann allerdings eine **nachträgliche Änderung** der Streitwertfestsetzung gem. § 63 Abs. 2 S. 2 GKG erforderlich werden, wenn nämlich im Urteil ein anderer Betrag als angemessen bezeichnet wird als seinerzeit bei der Festsetzung des Streitwertes.[2] Anderenfalls kann nach der vorläufigen Wertfestsetzung abgerechnet werden, die dann zur endgültigen wird.   **1965**

H. Änderungsbefugnis

Eine Änderung ist nur im Verfahren nach § 63 GKG, eine **Berichtigung** nur nach § 319 ZPO zulässig.[3]   **1966**

Voraussetzung für eine Änderungsbefugnis ist, dass ein Streitwert festgesetzt worden ist. Dazu ist erforderlich die schriftliche Absetzung des Beschlusses, dessen Unterschrift und die Verlautbarung zumindest gegenüber einer Partei, da damit der Beschluss existent geworden ist.[4] Zustellung ist nicht erforderlich. Es genügt formlose Mitteilung (§ 329 Abs. 2 S. 1 ZPO; vgl. § 63 Abs. 3 S. 3 GKG).   **1967**

Erlässt das Gericht einen Streitwertfestsetzungsbeschluss, ohne eine vorangegangene Wertfestsetzung zu erwähnen oder abzuändern, so ist anzunehmen, dass der spätere Beschluss der maßgebende ist und eine Änderung des ersten Festsetzungsbeschlusses einschließt.[5]   **1968**

---

1 So die allgemeine Praxis; siehe das Stichwort „Bindung des Gerichts" Rn. 1136; a.A. zu Unrecht OLG Bamberg JurBüro 1981, 1549 = KostRsp. GKG § 25 Nr. 55 mit abl. Anm. *E. Schneider*; siehe zur Problematik ferner die Anmerkungen von Lappe, *Luetgebrune* und *E. Schneider* in KostRsp. BRAGO § 9 Nr. 11.
2 OLG Nürnberg KostRsp. GKG a.F. § 23 Nr. 10.
3 KG JurBüro 1984, 578 mit Anm. *Mümmler* = KostRsp. GKG § 25 Nr. 73.
4 Siehe Zöller/*Vollkommer*, § 329 Rn. 5 ff.
5 KG Rpfleger 1962, 121.

1969 Im Kostenfestsetzungsverfahren kann ein unrichtiger Streitwert nicht korrigiert werden. Jedoch sind **Erinnerungen** im Kostenfestsetzungsverfahren, die sich gegen die Höhe des Streitwertes wenden, als Anregung auf Streitwertfestsetzung anzusehen.[1]

1970 Ist der Streitwert bereits festgesetzt worden, kann in einer solchen Erinnerung eine Streitwertbeschwerde liegen.[2]

1971 Das Gericht, das mit der Sache befasst ist, darf den Streitwertbeschluss **von Amts wegen** abändern, wenn es ihn für unrichtig ansieht. Eine **Bindung an den eigenen Beschluss** tritt erst mit Ablauf von sechs Monaten ein, nachdem die Entscheidung in der Hauptsache Rechtskraft erlangt oder das Verfahren sich anderweitig erledigt hat, § 63 Abs. 3 S. 2 GKG.[3]

1972 Die Befugnis des erstinstanzlichen Gerichts, seine Streitwertfestsetzung von Amts wegen zu ändern, endet auch dann, wenn das Rechtsmittelgericht den Streitwert des ersten Rechtszuges festgesetzt hat; für dieses selbst tritt natürlich keine Bindung ein (Rn. 1995).

1973 Wird der Streitwert erstmals nach Ablauf der Sechsmonatsfrist des § 63 Abs. 3 S. 2 GKG festgesetzt, was wegen § 63 Abs. 2 S. 1 GKG eigentlich nicht mehr vorkommen dürfte, dann ist ausnahmsweise eine **Abänderung auf Antrag** noch zulässig, wenn der Antrag noch innerhalb der Monatsfrist gestellt wird (§ 68 Abs. 1 S. 3 GKG).

1974 Zweifelhaft ist, welcher Zeitpunkt für das **Änderungsverbot** des § 62 Abs. 3 S. 2 GKG in einem Beweissicherungsverfahren anzunehmen ist. Das LG München stellt auf den Beginn der beweissichernden Maßnahme ab;[4] in seinem Fall war das die Einnahme eines Augenscheins.

1975 Dagegen hat *Täuber*[5] beachtliche Bedenken vorgebracht.

1976 Nach der neueren Rspr. beginnt die sechsmonatige Frist für eine Streitwertbeschwerde im selbständigen Beweisverfahren – wenn kein Hauptsacheverfahren folgt – mit dessen Abschluss.[6] Das ist z.B. die Übersendung des Sachverständigengutachtens an die Parteien, wenn sich weder eine Anhörung des Sachverständigen noch ein Hauptsacheverfahren anschließt.[7]

---

1 OLG Bamberg, KostRsp. GKG § 25 Nr. 93 = JurBüro 1985, 1848 zum alten Recht: als Antrag.
2 OLG Frankfurt JurBüro 1979, 601 und 1873; OLG Bamberg JurBüro 1976, 185; KostRsp. GKG § 25 Nr. 93 = JurBüro 1985, 1848.
3 Siehe dazu ausführlich *E. Schneider*, Anm. zu KostRsp. GKG § 25 Nr. 81.
4 LG München AnwBl. 1978, 231.
5 *Täuber* AnwBl. 1978, 231.
6 OLG Brandenburg, Beschl. v. 17. 1. 2005 – 13 W 77/04, OLG-NL 2005, 139 = OLGR 2005, 527 = BauR 2005, 1513 = NJ 2005, 504 = ZfBR 2005, 468 = BauRB 2005, 206 = JurBüro 2005, 429.
7 OLG Koblenz, Beschl. v. 28. 2. 2005 – 5 W 131/05, AGS 2005, 216 mit Anm. *Onderka* = OLGR 2005, 513 = MDR 2005, 825 = FamRZ 2005, 1768 = RVG-Letter 2005, 46 = RVGreport 2005, 236.

I. Begründungszwang

Die Frage, ob und gegebenenfalls wann ein beschwerdefähiger Streitwertbeschluss mit Gründen zu versehen ist, wird in der Rechtsprechung nicht einheitlich beantwortet. So haben sich beispielsweise OLG Nürnberg[1] und OLG München[2] für den Begründungszwang bei Streitwertfestsetzung ausgesprochen.   1977

Dagegen hat das OLG Düsseldorf[3] – wohl in Übereinstimmung mit der überwiegenden Praxis – im Anschluss an das OLG Köln,[4] das BayObLG[5] und *E. Schneider*[6] folgende praktikable Grundsätze zum Thema aufgestellt: 1978

– Im Verfahren der ordentlichen Gerichtsbarkeit besteht kein Grundsatz, dass beschwerdefähige Beschlüsse zu begründen sind. Nur im Einzelfall kann sich aus dem Prinzip der Rechtsstaatlichkeit ein Begründungszwang ergeben.

– Ist im Einzelfall ein Begründungszwang zu bejahen, so brauchen die Gründe nicht in dem angefochtenen Beschluss mitgeteilt zu werden. Es genügt, wenn die Begründung nachgeholt wird.

Diese Auffassung setzt sich immer stärker durch und dürfte heute überwiegend Praxis sein.[7]   1979

Eine Begründung der Festsetzung des Streitwerts sollte aber **nach Einlegung der Beschwerde** mit der Vorlage der Akten an das Beschwerdegericht **nachgeholt werden**. Hierin stimmen alle Beschwerdegerichte überein.[8]   1980

Nach Ansicht mancher Gerichte leidet ein unbegründeter Wertfestsetzungsbeschluss an einem **wesentlichen Mangel**.[9]   1981

Diese Auffassung ist zu eng. Ein Streitwertbeschluss, der nicht mit Gründen versehen ist, leidet nicht schon deswegen an einem wesentlichen Mangel des Verfahrens, der zur Aufhebung des Beschlusses und zur Zurückverweisung nötigt.[10]   1982

---

1 OLG Nürnberg MDR 1970, 517.
2 OLG München MDR 1970, 246.
3 OLG Düsseldorf MDR 1971, 495.
4 OLG Köln Rpfleger 1971, 20.
5 BayObLG Rpfleger 1968, 27.
6 *E. Schneider* NJW 1966, 1367.
7 Vgl. in diesem Sinne z.B. OLG Düsseldorf JurBüro 1974, 1589; KG AnwBl. 1974, 394 = Rpfleger 1975, 109; OLG Bamberg JurBüro 1978, 1360; 1981, 1863.
8 Siehe etwa OLG Frankfurt JurBüro 1982, 887; KostRsp. GKG § 25 Nr. 29 mit Anm. *E. Schneider*; OLG Karlsruhe KostRsp. GKG § 25 Nr. 31; OLG Oldenburg Nds.Rpfl. 1980, 200; OLG Bamberg JurBüro 1981, 1863.
9 Siehe z.B. OVG Münster AnwBl. 1957, 81; OLG Frankfurt NJW 1968, 409; OLG München MDR 1970, 246; OLG Nürnberg MDR 1970, 517; LG Koblenz JurBüro 1967, 893; OLG Koblenz JurBüro 1975; 937; KG NJW 1975, 743.
10 OLG Köln JurBüro 1969, 265; OLG Bamberg JurBüro 1977, 380.

1983 Es ist vielmehr darauf abzustellen, ob die **leitenden Erwägungen** des beschlie-
ßenden Gerichts überhaupt **erkennbar sind**, etwa aus den Darlegungen im
Nichtabhilfebeschluss, die auch nachgeholt werden können (siehe Rn. 1980),
aus dem Inhalt der anwaltlichen Schriftsätze oder aus dem übrigen Akteninhalt.[1] Ist das der Fall, dann kann das Beschwerdegericht nachprüfen, ob die
angefochtene Entscheidung auf zutreffenden Erwägungen beruht, und der Beschwerdeführer kann sich darüber Klarheit verschaffen, ob er die Beschwerde
aufrechterhalten und wie er sie ggf. begründen will.

1984 Fehlt allerdings mangels einer Begründung dem Beschwerdegericht jede tatsächliche Grundlage für eine sachliche Überprüfung, dann wird Aufhebung und Zurückverweisung angebracht sein.[2]

1985 Dies gilt insbesondere, wenn den Akten **keine ausreichenden Anhaltspunkte**
dafür entnommen werden können, welche Überlegungen in tatsächlicher und
rechtlicher Hinsicht für die Streitwertfestsetzung maßgeblich waren, oder
wenn zwei Ansprüche erhoben worden sind und aus dem Beschluss nicht hervorgeht, wie jeder einzelne Anspruch bewertet worden ist.[3]

1986 Von diesen Ausnahmefällen abgesehen, erübrigt sich eine Zurückverweisung
jedenfalls dann, wenn trotz fehlender Begründung dem Akteninhalt zu entnehmen ist, auf welchen Erwägungen die angefochtene Entscheidung beruht, oder
wenn ein besonderes Bedürfnis nach Beschleunigung eine Selbstentscheidung
des Beschwerdegerichts verlangt.[4]

1987 Bei Beschwerden gegen nicht mit einer Begründung versehene erstinstanzliche
Wertfestsetzungen zeigt sich häufig, dass **mehrere Fehler** zusammentreffen: Der
Anwalt versäumt es, bei der nach § 61 GKG gebotenen Wertangabe die Bewertungsumstände darzulegen, begründet also seinen Ansatz nicht. Das Gericht
unterlässt es, vor der Festsetzung den Streitwert mit den Parteien zu erörtern.
Der Beschwerdeführer übersieht die naheliegende Möglichkeit, vor Einlegung
der (nicht fristgebundenen) Streitwertbeschwerde beim Erstgericht zu beantragen, eine schriftliche Begründung nachzuholen. Das vorlegende Gericht scheut
die geringe Mühe, die Begründung im Nichtabhilfebeschluss nachzuschieben.

1988 Zur **Vermeidung zeitraubender Rechtsmittel** oder im Ergebnis wenig förderli-
cher Verfahrensaufhebungen sind folgende Richtlinien gedacht:[5]

(1) Die Prozessbevollmächtigten sollten das Gebot der Wertangabe (§ 61 GKG)
stets beachten, und, soweit angebracht, ihren Wertvorschlag begründen.
Wird das versäumt, dann sollte das Gericht bereits bei Eingang der Klageschrift oder des Antrages darauf hinweisen.

---

1 Ebenso jetzt auch KG AnwBl. 1974, 394.
2 OLG Bamberg JurBüro 1980, 1865.
3 OLG Stuttgart, KostRsp. GKG a.F. § 23 Nr. 26; OLG Celle, KostRsp GKG a.F. § 23
Nr. 13; OLG Schleswig SchlHA 1958, 46.
4 OLG Frankfurt, KostRsp. GKG § 25 Nr. 29 mit Anm. *E. Schneider*.
5 Siehe *E. Schneider* MDR 1970, 647 u. AnwBl. 1977, 233.

(2) Das Gericht sollte in Verfahren mit mündlicher Verhandlung und in schriftlichen Verfahren die Parteien und Anwälte **vor** der Wertfestsetzung anhören.

(3) Das Gericht sollte jeder Wertfestsetzung die einschlägigen Bemessungsvorschriften beifügen und – soweit erforderlich – die Begründungsfakten mitteilen. Die Prozessbevollmächtigten wiederum sollten ein Versäumnis des Gerichts in dieser Hinsicht sofort beanstanden und um Nachholung bitten.

(4) Wird gleichwohl gegen einen nicht begründeten Festsetzungsbeschluss Beschwerde eingelegt und hilft das Erstgericht nicht ab, so sollte es die fehlende Begründung im Nichtabhilfebeschluss nachholen. Diese Begründung ist dann selbstverständlich (Art. 103 Abs. 1 GG) den Parteien zugänglich zu machen.

(5) Wird die fehlende Begründung auch nicht im Nichtabhilfebeschluss nachgeschoben, so sollte das Beschwerdegericht die Akten dem Erstgericht formlos zuleiten mit der Anregung, die fehlende Begründung nachzuholen.

Wird so verfahren, dann bleibt für die Zurückverweisung an das Erstgericht wegen fehlender Begründung nur noch wenig Raum. Ausgeschlossen ist sie allerdings auch dann nicht. OLG Köln[1] hat das in einem bewertungsmäßig sehr schwierig gelagerten Rechtsstreit getan, der durch Gesamtvergleich beendet worden war. Die Streitwertfestsetzung des Landgerichts war offensichtlich rechtsfehlerhaft, nicht mit Gründen versehen und unverständlich. Ferner war das Vorbringen der Parteien zur Wertfestsetzung unbeachtet geblieben und den Beteiligten kein rechtliches Gehör gewährt worden. In einem derart krassen Fall fordert der Instanzenzug, dass die Aufklärung nicht „zwischen den Instanzen", sondern in einem für die Beteiligten genau überschaubaren, korrekten Verfahren vorgenommen wird.

1989

J. Bindung an den Wertansatz

Ist der Streitwert für die Entscheidung über die **Zuständigkeit des Prozessgerichts** oder über die **Zulässigkeit des Rechtsmittels** festgesetzt worden, dann gilt diese Festsetzung auch für die Berechnung der Gebühren. Soweit jedoch das GKG abweichende Vorschriften über die Gebührenberechnung enthält (§§ 48 Abs. 1; 41 ff. GKG), sind diese maßgebend. Dann ist der Zuständigkeitswert ein anderer als der Gebührenwert.

1990

Die Koppelungsvorschrift des § 62 GKG zwischen Zuständigkeits-/Zulässigkeitswert der ZPO und **Gebührenwert** des GKG ist allerdings auch außerhalb des GKG häufig durchbrochen. Man kann daher eigentlich nur noch von einer Richtschnur sprechen, die obendrein nicht einmal den wirklichen Gegebenheiten entspricht. Denn praktisch führt nicht der Zuständigkeitswert, sondern der

1991

---

1 OLG Köln DB 1971, 2474.

Gebührenwert; in der ganz überwiegenden Zahl der Prozesse kommt es überhaupt nicht zu einer Zuständigkeitswertfestsetzung (die durch Urteil getroffen werden muss!).

1992 Für den **Rechtsanwalt** folgt die Bindung an die gerichtliche Wertfestsetzung aus § 23 Abs. 1 S. 1 RVG. Diese Bindung muss beachtet werden, insbesondere im Kostenfestsetzungsverfahren.[1]

1993 Die Festsetzung des Streitwertes für die Entscheidung über die Zuständigkeit des Prozessgerichts oder die Zulässigkeit des Rechtsmittels bindet das **Gericht** bei der Festsetzung des Streitwertes für die Gebührenberechnung nur insoweit, als die Erreichung der Zuständigkeitsgrenze bejaht oder verneint worden ist.[2]

1994 Es muss aber eine Entscheidung getroffen worden sein.[3] Hat das Amtsgericht nach § 281 ZPO den Rechtsstreit an das Landgericht verwiesen, so ist dieses nach § 62 GKG bei der Gebührenberechnung an die Streitwertfestsetzung als Teil der Entscheidung aus § 281 ZPO auch ohne gesonderten Festsetzungsbeschluss insoweit gebunden, als der Zuständigkeitswert des Landgerichts (§§ 23 Nr. 1, 71 Abs. 1 GVG) nicht unterschritten werden darf.[4]

1995 Soweit das Rechtsmittelgericht den Streitwert lediglich für die **eigene Instanz** festsetzt, tritt keine Bindung der nachgeordneten Instanz ein.[5]

1996 Wird einem Gesuch um Bewilligung von Prozesskostenhilfe unter Verstoß gegen die Zuständigkeitsvorschrift des § 23 Nr. 1 GVG stattgegeben, dann tritt dadurch keine Bindung in der Streitwertbemessung ein.[6]

1997 Streitwertvereinbarungen sind zulässig und wirken sich innerhalb des **Mandatsverhältnisses** als Gebührenvereinbarung oder Gebührennachlass aus.[7] Der Prozessgegner wird dadurch weder berechtigt noch verpflichtet.[8] Wird allerdings die Streitwertvereinbarung in einen gerichtlichen Vergleich aufgenommen, dann sind die beteiligten Anwälte daran gebunden.[9]

1998 Eine solche Absprache ist jedoch für die Berechnung der Gerichtskosten unverbindlich, weil die Höhe der Gerichtsgebühren nach § 63 Abs. 1, Abs. 2 GKG jeder **Parteidisposition entzogen** ist (allenfalls kann eine solche Abrede für die Höhe der Kostenerstattung von Bedeutung sein). Unverbindlich ist eine solche

---

1 Siehe dazu Zöller/*Herget*, §§ 103, 104 Rn. 21 unter „Bindung".
2 Siehe oben Rn. 1122; *E. Schneider* MDR 1992, 218.
3 OLG Köln JurBüro 1975, 1354.
4 OLG Saarbrücken JurBüro 1965, 644, ablehnend aber *Tschischgale* in der Anm. dazu.
5 OLG Köln VersR 1972, 205; KG JurBüro 1981, 1332 mit Anm. *Mümmler* = KostRsp. GKG § 25 Nr. 51 mit Anm. *E. Schneider*.
6 OLG Köln JurBüro 1971, 86.
7 OLG Frankfurt JurBüro 1980, 579; OLG Hamm JurBüro 1975, 938.
8 *Wenzel*, GK-ArbGG § 12 Rn. 69.
9 LAG Hamm, KostRsp. GKG § 25 Nr. 144.

Vereinbarung weiterhin für diejenigen Prozessbevollmächtigten anderer Verfahren, die an der Abrede nicht beteiligt waren.

In OLG Frankfurt[1] hatten die Parteien sich dahin geeinigt, dass der Streitwert eines Musterprozesses und 15 weitere davon abhängenden Verfahren mit je 5000 DM anzusetzen sei. Der Streitwert des Musterprozesses ist gleichwohl mit 30 000 DM festgesetzt worden. **1999**

Schätzt das erkennende Gericht im Gebührenprozess den Streitwert des abzurechnenden anderen Verfahrens, weil dort noch kein Streitwert festgesetzt worden ist, und entscheidet es auf dieser Grundlage rechtskräftig über die Anwaltsgebühren, dann ist die spätere niedrigere Streitwertfestsetzung durch das andere Gericht eine neue Tatsache, die den Gebührenschuldner berechtigt, die ihm günstige Gebührendifferenz aus Bereicherungsrecht zurückzufordern.[2] **2000**

K. Verfahrensfragen

Wird die Frist des § 63 Abs. 3 S. 2 GKG versäumt, kann **Wiedereinsetzung in den vorigen Stand** beantragt werden (§ 68 Abs. 2 GKG). **2001**

Die **Aussetzung** des Verfahrens hindert ebenfalls nicht eine Streitwertfestsetzung.[3] **2002**

Im Streitwertfestsetzungsverfahren ist dementsprechend auch kein Raum für eine einstweilige **Einstellung der Zwangsvollstreckung**.[4] **2003**

Der Streitwertfestsetzungsbeschluss, der für die Kostenrechnung ergeht, wirkt nur für und gegen diejenigen, die nach dem GKG, dem Kostenfestsetzungsverfahren gemäß § 103 ZPO oder einer Gebührenordnung unmittelbar Ansprüche haben oder unmittelbar zur Kostentragung verpflichtet sind.[5] **2004**

Feststellung der Erbberechtigung

Die Frage der Erbberechtigung stellt sich in Zusammenhang mit der Anfechtungsklage zur Feststellung der Erbunwürdigkeit. Der Streitwert bemisst sich nach der Höhe des Nachlassanteils des potentiell Erbunwürdigen.[6] **2005**

---

1 OLG Frankfurt JurBüro 1980, 579.
2 LG Nürnberg-Fürth, KostRsp. GKG § 25 Nr. 95 mit Anm. *E. Schneider* = AnwBl. 1986, 38 mit Anm. *Schmidt*, die aber offenbar verdruckt ist und zu einer anderen Entscheidung gehört.
3 OLG Hamm MDR 1971, 495.
4 KG Rpfleger 1962, 121.
5 OLG Hamm Rpfleger 1956, 77.
6 BGH, Beschl. v. 20. 10. 1969 – III ZR 206/67, NJW 1970, 197.

2006 Bei einer Klage auf Feststellung, dass die gesetzliche Erbfolge eingetreten sei, bestimmt sich der Wert des Streitgegenstandes nach dem **Anteil** des klagenden Erben **am Nachlass,** nicht aber nach dem Wert des Gesamtnachlasses.[1]

Feststellung der Vaterschaftsanerkennung

Siehe das Stichwort „Kindschaftssachen".

Feststellungsklage

Gliederungsübersicht

A. Bewertungsgrundsätze

I. Allgemeines 2007
II. Wertfestsetzung 2011
III. Verhältnis zum Leistungsantrag . 2014
IV. Grundurteil 2018

B. Die positive Feststellungsklage

I. Abschlag vom Leistungsinteresse 2020
II. Höhe des Abschlags 2024

C. Die negative Feststellungsklage . 2031

I. Kein Abschlag 2032
II. Berühmung des Beklagten 2036
III. Gewerblicher Rechtsschutz . . . 2044
IV. Streitwertüberprüfung 2045

**D. Alphabetischer Bewertungs-
schlüssel** 2046

Stichwortübersicht

Abzug
– bei ~ auf berechenbare Leistung . . 2027
– bei ~ zur Verjährungshemmung . . 2025
Berühmung des Beklagten
– Ermäßigung durch ihn 2037
– überhöhte 2038
– wertbestimmend 2036
Feststellungs-Teilklage 2043
Gerichtliche
– Kenntnis der maßgebenden Um-
stände 2012
– Schätzung 2012
Gewerblicher Rechtsschutz 2044
Grundurteil . . . . 2018 f.
Hauptinterventionsklage 2022
Interesse, wirtschaftliches des Klä-
gers maßgebend 2010

Klageänderung (Feststellung/
Leistung) 2014
Klagenhäufung 2010
Leistung der Versicherung auf Fest-
stellungsurteil 2028
Leistungsantrag umfasst Feststel-
lungsantrag 2015
Leistungsklage als Maßstab 2007
Miterben-Feststellungsklage 2022
Negative Feststellungsklage . . . . 2031 ff.
– Abzug gegenüber Leistungsklage . 2032
– Interesse des Klägers maßgebend . 2031
– Wert der gegnerischen Ansprüche
maßgebend 2032
Positive Feststellungsklage und
Leistungsklage . . . . 2020 ff.
– Abzug bei Feststellungsantrag des
Nebenintervenienten 2023

---

1 OLG Schleswig SchlHA 1958, 83; OLG Bamberg JurBüro 1975, 1367.

– Abzug von 20 % bei Feststellungsantrag 2024
Rechtsmittelinstanz und Teilurteil . 2017
Rechtsschutzinteresse 2165
Schätzung
– des Klägers 2011, 2040
– nach § 3 ZPO 2007
Teilleistungsantrag neben Feststellungsantrag 2016

Teilurteil
– über Feststellungsanspruch 2017
– über Leistungsanspruch 2017
Titel, Umfang bei Feststellungs-
urteil 2020
Vorläufiger Streitwert 2011
Wertangabe des Klägers 2011
Zeitpunkt, maßgebender für Wert-
berechnung 2067
Zinsansprüche 2013

A. Bewertungsgrundsätze

I. Allgemeines

Der Streitwert aller Feststellungsklagen ist nach § 48 Abs. 1 S. 1 GKG, § 3 ZPO   **2007**
zu schätzen. Damit ist indessen wenig gesagt. Feststellungsklagen sind nur
Vorstufen der Leistungsklage. Beide Klagen gehen auf dasselbe wirtschaftliche
Ziel. Gegenstand einer Leistungsklage kann aber jedes Tun oder Unterlassen
sein (§ 194 BGB). Daher gibt es für die Bewertung von Feststellungsklagen nur
wenige Grundsätze, die nur für sie gelten.

Vornehmlich geht es bei der Streitwertbestimmung um die Frage, ob und wann   **2008**
Feststellungsklagen geringer als die entsprechenden Leistungsklagen zu beziffern sind. Davon behandeln die folgenden Abschnitte die positive (Abschnitt B)
und die negative Feststellungsklage (Abschnitt C).

Da sich aber die Bewertung jeder Feststellungsklage an der entsprechenden   **2009**
Leistungsklage ausrichten muss, ist deren Wert immer vorab zu bestimmen.
Im Hinblick auf häufig auftretende Einzelfälle ist in Abschnitt D ein alphabetischer Bewertungsschlüssel zusammengestellt, der eine Orientierungshilfe bietet.

Der Streitwert für den Feststellungsantrag bemisst sich nach dem wirtschaft-   **2010**
lichen Interesse, das der Kläger nach seinem Sachvortrag an der begehrten Feststellung hat.[1] Dieses Interesse richtet sich nach den Umständen des Einzelfalles[2] und ist in drei verschiedenen Schritten zu bestimmen:

1. Zunächst sind in Fällen der **Klagehäufung** – insbesondere bei umfassenden
   Feststellungsanträgen für Vergangenheit und Zukunft – solche Ansprüche
   rauszurechnen, die schon beziffert mit eingeklagt worden sind.[3]

   Ergibt sich aus der Klagebegründung beispielsweise, dass ein seinem Umfang
   nach nicht eingeschränkter Feststellungsantrag nur auf einen bestimmten

---

1 OLG Köln AnwBl. 1962, 103; JurBüro 1965, 408; OLG Saarbrücken SRZ 1954, 30; BGH
  AnwBl. 1976, 339 spricht vom „wahren Interesse des Klägers".
2 OLG Celle Nds.Rpfl. 1962, 257.
3 OLG Bamberg, KostRsp. ZPO § 3 Nr. 825 mit Anm. *Schneider* = JurBüro 1986, 1079.

Betrag gerichtet ist, dann ist der Feststellungsantrag entsprechend diesem engeren Begehren auszulegen.[1]

2. Sodann ist der Streitwert für eine dem Feststellungsbegehren **entsprechende Leistungsklage** zu bestimmen.

Der Wert einer Feststellungsklage darf nie höher angenommen werden als der Streitwert einer Leistungsklage über denselben Gegenstand. Hat das Gesetz den Streitwert einer Leistungsklage – z.B. für Ansprüche nach §§ 41, 42 GKG – besonders bemessen, dann gilt diese Höchstgrenze auch für die entsprechende Feststellungsklage.

3. Schließlich ist zu prüfen, ob aufgrund des Umstandes, dass nur eine Feststellungsklage erhoben wurde, noch ein **prozentualer Abschlag** von dem ermittelten Wert vorzunehmen ist.

Nach herrschender und zutreffender Meinung wird bei negativen Feststellungsklagen ein solcher Abschlag nicht vorgenommen,[2] sondern nur bei der positiven Feststellungsklage. Ob er in denjenigen Fällen angebracht ist, in denen der Wert einer positiven Feststellungsklage bereits nach einer Vorschrift ermittelt wurde, die Streitwertgrenzen vorsieht (z.B. §§ 41, 42 GKG), ist umstritten. Entgegen der früher überwiegend vertretenen Meinung[3] ist dies abzulehnen:[4] Der Abzug eines prozentualen Abschlags beruht auf der Erwägung, dass das Feststellungsurteil bei einer positiven Feststellungsklage hinter den Wirkungen eines entsprechenden Leistungsurteils zurückbleibt.[5] Dagegen beruht die Streitwertprivilegierung z.B. der Regelungen in §§ 41, 42 GKG auf sozialen Aspekten im Anwendungsbereich der Leistungsklagen. Die Zweckrichtungen der jeweiligen Abschläge sind also verschieden, so dass sie nebeneinander Anwendung finden können.

II. Wertfestsetzung

2011 Erhebt der Kläger eine Feststellungsklage, so ist eine vorläufige Wertfestsetzung nach § 63 Abs. 1 S. 1 GKG erforderlich, da Gegenstand des Verfahrens nicht eine bestimmte Geldsumme ist. Bei der **Streitwertangabe des Klägers** in der Klageschrift handelt es sich in der Regel um eine unverbindliche Schätzung, an die der Kläger nicht festgehalten werden kann, § 61 GKG.[6] Gibt daher der Kläger einer Feststellungsklage einen „vorläufigen" Streitwert an, kann das Gericht vorläufig (§ 63 Abs. 1 GKG), und wenn dabei Erkenntnismöglichkeiten

---

1 OLG Hamm, KostRsp. ZPO § 3 Nr. 871 mit Anm. *Schneider* = JurBüro 1987, 1201.
2 Vgl. die Ausführungen unter C.
3 BGH Rpfleger 1958, 215, 216; OLG Hamburg Rpfleger 1958, 36; KG Rpfleger 1962, 118; OLG Nürnberg JurBüro 1964, 517; OLG Bamberg JurBüro 1985, 1359; OLG Düsseldorf, KostRsp. GKG § 16 Nr. 53 = JurBüro 1988, 227 m.w.N.; LAG Baden-Württemberg JurBüro 1991, 665; ausführlich *Schneider* ZAP Fach 13, S. 181.
4 So auch OLG München, Beschl. v. 12. 3. 1998 – 20 W 1073/98, OLGR 1998, 162.
5 Vgl. die Ausführungen unter B.
6 OLG Köln JMBl.NW 1961, 60.

nicht genutzt wurden, nach Abschluss der Instanz erneut (§ 63 Abs. 2 S. 1 GKG) anders festsetzen.

Bei der Bewertung des Feststellungsantrags durch das Gericht ist nach dem Grundsatz des § 4 Abs. 1 ZPO, § 40 GKG von den **Erkenntnismöglichkeiten** auszugehen, wie sie zur Zeit der Klageerhebung bereits vorhanden waren.[1] Bestand die Möglichkeit, zu einer bestimmten, für die Beurteilung des Streitwerts wichtigen Erkenntnis zu gelangen, bereits zur Zeit der Klageerhebung, wurde sie nur nicht genutzt und wird dies nachträglich erkannt, so können diese Erkenntnisquellen nachträglich für die Streitwertfestsetzung nutzbar gemacht werden.[2] Aufgrund nachträglich entstandener Erkenntnismöglichkeiten kann aber eine Änderung des Streitwerts nicht begehrt werden. Das zu Beginn des Rechtsstreits ermittelte Feststellungsinteresse bleibt für die ganze Prozessdauer maßgebend (§ 4 Abs. 1 1. HS ZPO, § 40 GKG).[3]

2012

Auch für Feststellungsklagen ist § 4 ZPO zu beachten. Die in der Berühmung des Klägers oder des Beklagten enthaltenen **Zinsansprüche** bleiben unberücksichtigt.[4]

2013

III. Verhältnis zum Leistungsantrag

Der Übergang von der positiven Feststellungsklage zur **Leistungsklage** wirkt sich auf den Streitwert dahingehend aus, dass ab Klageänderung der Wert der bezifferten Forderung maßgebend ist, es sei denn, dass der geforderte Betrag bereits vom Wert der Feststellungsklage erfasst wird.[5]

2014

Soweit ein Feststellungsantrag im Leistungsantrag mit enthalten ist, kommt ihm keine kostenrechtliche Bedeutung zu.[6]

2015

Wird auf Feststellung des gesamten Rechtsverhältnisses und zugleich auf Leistungen eines **Teiles** geklagt, so sind die Werte beider Ansprüche nicht zusammenzurechnen.[7] Vielmehr ist hier zu differenzieren:

2016

– Bleibt der Wert der Teilleistungsklage hinter dem Wert der Feststellungsklage zurück oder deckt er sich damit, so ist nur der Feststellungswert anzusetzen.

– Übersteigt der Wert der Teilleistungsklage den Feststellungswert, dann ist der Wert der Leistungsklage anzusetzen und der durch sie nicht erfasste, mit der Feststellungsklage rechtshängig gemachte überschießende Teil des An-

---

1 *Lappe* ZAP Fach 24 S. 251 V.
2 *Lappe* ZAP Fach 24 S. 251 V.
3 OLG Schleswig Rpfleger 1962, 425.
4 BGH, KostRsp. ZPO § 4 Nr. 61.
5 OLG Frankfurt AnwBl. 1982, 436.
6 OLG Bamberg, KostRsp. GKG a.F. § 12 Nr. 47.
7 BGH JurBüro 1969, 833; OLG Schleswig JurBüro 1952, 339.

spruches hinzuzurechnen, wobei dieser nach den Bewertungsregeln für Feststellungsklagen zu bemessen ist.

2017 Entsprechende Berechnungen sind für die Bestimmung des **Rechtsmittelstreitwerts** anzusetzen:

– Wird geklagt auf Feststellung des gesamten Rechtsverhältnisses, verbunden mit einem Teilzahlungsanspruch, dann aber lediglich über den Feststellungsanspruch durch Teilurteil entschieden und dieses angefochten, so ist dem Streitwert in den Rechtsmittelinstanzen der Wert des gesamten Rechtsverhältnisses zugrunde zu legen.[1]

– Wird nur über den Leistungsanspruch durch Teilurteil entschieden, dann ist dessen Wert für die Rechtsmittelinstanzen anzusetzen, weil der Wert einer Instanz sich immer nach dem für sie maßgebenden Streitgegenstand bestimmt.

IV. Grundurteil

2018 Bis auf den Ausnahmefall der bezifferten negativen Feststellungsklage[2] gibt es kein **Grundurteil** im Rahmen einer Feststellungsklage. Denn ein Urteil, das den Klageanspruch dem Grunde nach für gerechtfertigt erklärt, ist das Endurteil einer unbezifferten Feststellungsklage.[3]

2019 Dies ist deshalb wichtig, weil das Grundurteil stets mit dem vollen Wert des geltend gemachten Anspruchs, die positive Feststellungsklage dagegen mit einem Abschlag von meist 20 % zu bewerten ist.

B. Die positive Feststellungsklage

I. Abschlag vom Leistungsinteresse

2020 Mit dem Feststellungsurteil erlangt der Kläger keinen so weitreichenden Titel wie mit einem entsprechenden Leistungsurteil, weil das Feststellungsurteil in der Hauptsache nicht vollstreckungsfähig ist. Darüber hinaus hat sich das Beweisrisiko der Klagepartei insofern nur zum Teil erledigt, als die Höhe des behaupteten Anspruchs noch nachgewiesen werden muss.[4]

2021 Der Umstand, dass der Kläger vom Gericht einen Rechtsschutz verlangt, dessen Wirkungen hinter denen einer entsprechenden Leistungsklage zurückbleiben, muss in der Höhe des Streitwertes einen entsprechenden Ausdruck finden.[5]

---

1 BGH MDR 1970, 127 = Rpfleger 1969, 384 = JurBüro 1969, 833.
2 Vgl. *Schneider* MDR 1978, 706.
3 OLG Neustadt ZZP 69, 64; vgl. dazu *Schneider* MDR 1978, 706.
4 OLG Frankfurt MDR 1957, 734.
5 BGH Rpfleger 1966, 46.

Der Wert des positiven Feststellungsanspruchs ist daher regelmäßig geringer zu bewerten als der einer entsprechenden Leistungsklage.[1] Gleiches gilt auch für die Miterben-Feststellungsklage[2] und für die Hauptinterventionsklage.[3]   **2022**

Schließt sich der Nebenintervenient einer Leistungsklage an, weil ihm Regress droht, dann hat das Urteil zu seinen Lasten nur feststellende Wirkung. Deshalb ist für ihn der Streitwert wie bei einer Feststellungsklage zu ermäßigen.[4]   **2023**

II. Höhe des Abschlags

In der Regel ist der positive Feststellungsantrag um **20 %** niedriger zu bemessen als der entsprechende Leistungsanspruch.[5] Dieser Abschlag von 20 % des Wertes der entsprechenden Leistungsklage ist jedoch nicht starr.[6]   **2024**

Streitwertmindernd kann sich beispielsweise auswirken, wenn eine aussichtsreiche Feststellungsklage lediglich zur Hemmung der Verjährung erhoben wird. Das OLG Frankfurt[7] hat in einem solchen Fall einen Abschlag von **60 %** vom Leistungswert für angemessen gehalten.   **2025**

Das OLG Celle[8] hat in einem besonders gelagerten Fall den Feststellungsantrag nur mit **50 %** des Wertes des Zahlungsanspruches bemessen. Hintergrund war, dass die Klage auf Feststellung des Weiterbestands eines Dauerschuldverhältnisses für den Kläger nur einen geringen prozessualen Vorteil für die spätere Leistungsklage geboten hätte. Denn es wären noch umfangreiche und schwierige Darlegungen bzw. Beweisführungen im Hinblick auf den konkreten Schaden erforderlich gewesen.   **2026**

Der Streitwert eines Feststellungsanspruchs, der auf genau zu errechnende Leistungen gerichtet ist und dessen Erfolg den Wirkungen eines Leistungsurteils **nahezu gleichkommen** würde, ist dagegen mit einem geringeren Abschlag als 20 % zu bemessen. Das OLG Schleswig hat in einem entsprechenden Fall nur einen Abschlag von **10 %** vom Wert des Leistungsanspruches vorgenommen.[9]   **2027**

---

1 OLG München VersR 1956, 596.
2 OLG Köln JurBüro 1979, 1704 = JMBl.NW 1979, 245.
3 BGH, KostRsp. ZPO § 4 Nr. 61.
4 A.A. OLG Stuttgart Justiz 1981, 46 = JurBüro 1981, 273.
5 BGH VersR 1961, 1094; JurBüro 1975, 1598; OLG Karlsruhe VersR 1959, 58; KG Rpfleger 1962, 153; OLG Schleswig Rpfleger 1962, 425; OLG Bamberg JurBüro 1974, 1433; 1985, 1359; OLG Hamm KostRsp. ZPO § 3 Nr. 818 mit Anm. *Schneider* = JurBüro 1986, 752 – dort mit falschem Leitsatz; LAG Hamm, KostRsp. ZPO § 3 Nr. 831 = AnwBl. 1986, 544 = JurBüro 1986, 1559.
6 BGH, Beschl. v. 28. 11. 1990 – VIII ZB 27/90, MDR 1991, 526.
7 OLG Frankfurt AnwBl. 1982, 436.
8 OLG Celle, Beschl. v. 25. 6. 1969 – 11 W 104/68, JurBüro 1969, 978 mit zust. Anm. *Schneider.*
9 OLG Schleswig Rpfleger 1962, 425.

2028 Kann der Kläger damit rechnen, dass der hinter dem Beklagten stehende Versicherer dem Feststellungsurteil nachkommen wird, ohne dass der Kläger noch auf Zahlung zu klagen braucht, so soll nach dem OLG Köln[1] und dem OLG Nürnberg[2] der Streitwert der Feststellungsklage **ohne einen Abschlag** gleichzusetzen sein mit dem Streitwert der entsprechenden Zahlungsklage.

2029 Diese Auffassung ist vom BGH[3] mit Recht abgelehnt worden. Das Übereinkommen der Parteien, ein rechtskräftiges Feststellungsurteil als Leistungsurteil zu akzeptieren, ist als interne Absprache nicht Streitgegenstand des Prozesses. Das gilt erst recht für die berechtigte Erwartung, der Schuldner werde sich der Feststellungsverurteilung beugen.[4] Das erstrebte Feststellungsurteil schafft keine Rechtskraft zur Höhe. Der Kläger bleibt insoweit auf die Bereitschaft des Gegners angewiesen, seine Zusage zu erfüllen. Zwingen kann er ihn dazu nur mit einer neuen Klage. Der Streitwert darf deshalb nur an demjenigen prozessualen Streitgegenstand gemessen werden, über den eine gerichtliche Entscheidung zu ergehen hat. Das ist aber eine Feststellung, keine Leistung, so dass ein Abschlag (von regelmäßig 20 %) geboten ist.[5]

2030 Eine ganz andere Frage ist es, ob eine Partei, die auf bezifferte Leistung klagen könnte, gleichwohl ein Rechtsschutzinteresse für die Feststellungsklage haben kann. Das wird dann bejaht, wenn der Kläger mit der Feststellungsklage voraussichtlich schneller zum Ziel kommt, weil er davon ausgehen kann, dass der Beklagte bereits auf das Feststellungsurteil hin leistet.[6] Dabei geht es jedoch nur um die zivilprozessuale Zulässigkeit der Feststellungsklage, nicht um die Höhe des Streitwerts.

C. Die negative Feststellungsklage

2031 Auch bei der negativen Feststellungsklage bemisst sich der Streitwert gemäß § 48 Abs. 1 S. 1 GKG, § 3 ZPO nach dem Interesse des Klägers an der Feststellung, wobei insbesondere von Bedeutung ist, wie groß die bekämpfte Gefahr der Inanspruchnahme durch den Beklagten ist.[7]

I. Kein Abschlag

2032 Nach **herrschender Ansicht** ist bei der negativen Feststellungsklage kein Abschlag zu machen, sondern der Wert entsprechend dem Wert der Ansprüche

---

1 OLG Köln JurBüro 1960, 537.
2 OLG Nürnberg JurBüro 1962, 648.
3 BGH Rpfleger 1966, 46; BGH, Beschl. v. 3. 2. 1988 – VIII ZR 276/87, NJW-RR 1988, 689; BGH, Beschl. v. 29. 10. 1998 – III ZR 137/98, NJW-RR 1999, 362.
4 BGH, KostRsp. ZPO § 3 Nr. 918 = NJW-RR 1988, 689, 690.
5 OLG Frankfurt, KostRsp. ZPO § 3 Nr. 1120 = OLGR 1992, 228.
6 Siehe Zöller/*Greger*, § 256 Rn. 8 m.w.N.; so auch BGH, Beschl. v. 29. 10. 1998 – III ZR 137/98, NJW-RR 1999, 362.
7 OLG Karlsruhe MDR 1955, 367; OLG Schleswig SchlHA 1955, 299; OLG Brandenburg, Beschl. v. 20. 6. 2002 – 10 W 16/01, JurBüro 2003, 85.

festzusetzen, derer sich der Gegner berühmt und die mit der Klage bekämpft werden.[1]

Nach einer **Mindermeinung** ist auch der Streitwert der negativen Feststellungsklage regelmäßig auf einen geringeren Betrag als den der Berühmung festzusetzen.[2] Das KG[3] hält im Regelfall einen Abschlag von 20 % für geboten, weil bei der negativen Feststellungsklage die spätere Inanspruchnahme des Klägers durch den Beklagten fast immer ungewiss sei. Das KG[4] geht weitergehend von einem Abschlag von 30 % aus, wenn der sich Berühmende auf eine Anfrage des Klägers nicht antwortet, aber bereits ein dem Kläger günstiges Teilurteil wegen der angeblichen Ansprüche vorliegt.　　2033

Der **BGH** hat auch unter Berücksichtigung der Gegenargumente an seiner Ansicht festgehalten, dass die negative Feststellungsklage nach dem vollen Wert des geleugneten Anspruches zu bemessen ist.[5]　　2034

Dem ist zuzustimmen. Ein Abschlag verbietet sich deshalb, weil ein Urteil, das der leugnenden Feststellungsklage stattgibt, nicht nur die Erhebung einer behaupteten Feststellungsklage umgekehrten Inhalts, sondern auch die Erhebung einer entsprechenden Leistungsklage durch den vermeintlich Anspruchsberechtigten ausschließt. Die leugnende Feststellungsklage stellt also nicht nur das Gegenstück zu einer behaupteten Feststellungsklage dar, sondern auch zu einer Leistungsklage, die auf solche Ansprüche gerichtet ist, deren Nichtbestehen aufgrund des auf die leugnende Feststellungsklage ergangenen Urteils feststeht.　　2035

II. Berühmung des Beklagten

Bestimmend für die Höhe des Streitwerts ist die **Berühmung** des Beklagten, weil das Nichtbestehen des Anspruchs in Höhe der Berühmung festgestellt werden soll.[6]　　2036

---

1 BGHZ 2, 276; BAG JZ 1961, 666; OLG Schleswig JurBüro 1956, 231; Rpfleger 1962, 425; OLG Hamm MDR 1956, 48; OLG Celle Nds.Rpfl. 1963, 107; KG NJW 1963, 2031; OLG München MDR 1963, 144; OLG Neustadt NJW 1963, 1069; Rpfleger 1967, 2; OLG Oldenburg Rpfleger 1968, 314; OLG Braunschweig, MDR 1975, 848; LG Saarbrücken JurBüro 1991, 583; AG Uetersen SchlHA 1955, 359.
2 KG NJW 1955, 797; Rpfleger 1962, 153 zu ZPO § 3, i; KostRsp. ZPO § 3 Nr. 70; OLG Schleswig SchlHA 1957, 307; OLG Stuttgart MDR 1959, 401; OLG Celle NJW 1962, 1065; OLG Karlsruhe MDR 1959, 401; KostRsp. ZPO § 3 Nr. 217.
3 KG, Beschl. v. 23. 5. 1955 – 1 W 1409/55, NJW 1956, 1206; KG Rpfleger 1962, 153.
4 KG, KostRsp. ZPO § 3 Nr. 70.
5 BGH, Beschl. v. 29. 4. 2004 – III ZB 72/03, WuM 2004, 352; BGH Rpfleger 1970, 388 = JurBüro 1970, 949 = NJW 1970, 2025; ebenso OLG Düsseldorf, Beschl. v. 14. 11. 2002 – 4 WF 121/02, MDR 2003, 236; OLG Brandenburg, Beschl. v. 20. 6. 2002 – 10 W 16/01, JurBüro 2003, 85; OLG Bamberg JurBüro 1971, 536.
6 BGH NJW 1997, 1787; OLG Düsseldorf, Beschl. v. 14. 11. 2002 – 4 WF 121/02, MDR 2003, 236; OLG Dresden, Beschl. v. 30. 6. 2003 – 18 W 690/03, JurBüro 2004, 141; OLG Koblenz, Beschl. v. 6. 3. 2002 – 5 W 100/02, JurBüro 2002, 310; OLG Brandenburg, Beschl. v. 20. 6. 2002 – 10 W 16/01, JurBüro 2003, 85; OLG Stuttgart Rpfleger 1957, 97.

2037 Das OLG Stuttgart[1] hält es für zulässig, den Streitwert auch niedriger als die bezifferte Berühmung des Beklagten festzusetzen, wenn dieser eindeutig erklärt, dass er nicht den vollen von ihm errechneten Betrag, sondern einen geringeren verlange. Dem kann nur dann gefolgt werden, wenn eine solche Erklärung vor Klageerhebung abgegeben worden ist und sie so verstanden werden muss, dass der Beklagte sich fortan nur noch des geringeren Anspruchs berühmen will.[2] Der Kläger muss also der Gefahr enthoben sein, dass er irgendwann einmal vom Beklagten wegen der ursprünglich höheren Berühmung in Anspruch genommen wird.

2038 Da auch das Prozessrecht von dem Grundsatz über Treu und Glauben beherrscht wird, ist die Berühmung des Beklagten jedoch in den Fällen nicht maßgebend, wenn die Gefahr einer Inanspruchnahme des Klägers außerordentlich gering ist und der Beklagte sich Ansprüche in solcher Höhe anmaßt, dass sie „aus der Luft gegriffen" erscheinen.[3] Ansonsten bestünde die Gefahr, dass ein Querulant, bei dem nichts zu holen ist, den Kläger durch Berühmung von Phantasieforderungen auf erhebliche, nicht wieder hereinzuholende Kosten treibt.

2039 Doch ist hier Zurückhaltung geboten. Wenn der Beklagte sich einer bezifferten Forderung gegen den Kläger berühmt, muss er in aller Regel die streitwertmäßigen Konsequenzen daraus auf sich nehmen. Die Herabsetzung wegen offenbarer Unrichtigkeit wird sich deshalb fast immer auf erkennbar falsche Schätzungen beschränken.[4]

2040 Die **Schätzung des Klägers** vom Umfang seiner möglichen Inanspruchnahme ist gegenüber der Berühmung des Beklagten unerheblich.[5] Beruht die Berühmung des Beklagten allerdings selbst wiederum auf der Schätzung des Klägers, so ist auch diese nicht bindend, sondern es ist auf die objektive Schätzung des Gerichts abzustellen.[6] Dadurch wird verhindert, dass der Beklagte durch offensichtlich falsche Bewertungen den Streitwert in die Höhe treibt.[7]

2041 Für den Streitwert ist es nicht von Belang, wenn der Beklagte eine zunächst hohe Berühmung im Verlaufe des Prozesses **ermäßigt**. Dadurch kann er nicht rückwirkend den Streitwert herabsetzen.[8] Umgekehrt hat es aber auch keinen

---

1 OLG Stuttgart Rpfleger 1957, 97 zu ZPO § 3, e.
2 So auch OLG Brandenburg, Beschl. v. 20. 6. 2002 – 10 W 16/01, JurBüro 2003, 85.
3 LAG Frankfurt KostRsp. § 3 Nr. 284; OLG Koblenz KostRsp. ZPO § 3 Nr. 1211 = MDR 1996, 103; OLG Düsseldorf, Beschl. v. 14. 11. 2002 – 4 WF 121/02, MDR 2003, 236; OLG Dresden, Beschl. v. 30. 6. 2003 – 18 W 690/03, JurBüro 2004, 141; OLG Koblenz, Beschl. v. 6. 4. 1995 – 5 W 159/95, MDR 1996, 103.
4 So auch OLG Brandenburg, Beschl. v. 20. 6. 2002 – 10 W 16/01, JurBüro 2003, 85.
5 OLG Stuttgart Rpfleger 1957, 97.
6 OLG Stuttgart JW 1933, 2228.
7 OLG Königsberg JW 1931, 1831.
8 BGH, KostRsp. ZPO § 3 Nr. 1064; KG JW 1938, 2617; OLG Brandenburg, Beschl. v. 20. 6. 2002 – 10 W 16/01, JurBüro 2003, 85.

Einfluss auf den Streitwert, wenn der Beklagte lediglich für den Fall eines günstigen Ergebnisses der Beweisaufnahme die Geltendmachung weiterer Forderungen in Aussicht stellt. Dies **erhöht** den Streitwert nicht.[1]

Das gilt sogar dann, wenn der Beklagte nach Rechtshängigkeit erklärt, auf einen Teil der Ansprüche, derer er sich berühmt hat, zu **verzichten**. Eine solche Einschränkung wird nur dadurch wertmäßig beachtlich, dass entweder die Hauptsache teilweise für erledigt erklärt oder die Klage teilweise zurückgenommen wird.[2]   2042

Das Ziel einer negativen Feststellungsklage ist regelmäßig, den gesamten Anspruch zu verneinen, dessen sich der Gegner berühmt. Streitgegenstand kann aber – ebenso wie bei der Leistungsklage – auch ein **Teil einer Forderung** sein.[3] Der Streitwert einer solchen Feststellungs-Teilklage ist dann gleich dem Wert des geltend gemachten Teilbetrages.[4] Dass das mittelbare (wirtschaftliche) Interesse des Klägers sich auf den Gesamtbetrag der Forderung erstreckt und die Entscheidung des Gerichts (zwar nicht förmlich prozessual, wohl aber praktisch) den Rest mitklärt, wirkt sich streitwertmäßig nicht aus.   2043

III. Gewerblicher Rechtsschutz

Eine Sonderstellung nimmt die negative Feststellungsklage im Bereich des gewerblichen Rechtsschutzes ein. Sie muss nicht immer denselben Streitwert haben wie die umgekehrte Leistungsklage.[5] Dies erklärt sich dadurch, dass Parteien von wirtschaftlich ganz erheblich unterschiedlicher Größenordnung einander gegenüberstehen können und ihnen dementsprechend auch je nach Parteistellung unterschiedliche wirtschaftliche Einbußen drohen, die bei der Streitwertbemessung berücksichtig werden müssen. Ob etwa ein kleiner Einzelhändler gegen ein weltbekanntes Unternehmen auf Feststellung fehlender Berechtigung zur Führung eines bestimmten Namens klagt oder ob das Unternehmen gegen den Einzelhändler auf Unterlassung klagt, ist streitwertmäßig nicht dasselbe, da ganz unterschiedliche wirtschaftliche Interessen betroffen sind.   2044

IV. Streitwertüberprüfung

Die Rechtsmittelinstanz kann die Festsetzung der Tatsacheninstanz im Rahmen des § 63 Abs. 3 GKG nur daraufhin überprüfen, ob die Ermessensentscheidung nach § 3 ZPO gesetzmäßig ausgeübt worden ist. So hat der BGH beispiels-   2045

---

1 OLG Düsseldorf, Beschl. v. 14. 11. 2002 – 4 WF 121/02, MDR 2003, 236.
2 BGH, KostRsp. ZPO § 3 Nr. 1064; OLG Stuttgart Rpfleger 1957, 97.
3 OLG Koblenz NJW 1956, 1483; OLG Frankfurt Rpfleger 1955, 210 zu ZPO § 3, c.
4 OLG München AnwBl. 1964, 320; OLG Frankfurt Rpfleger 1955, 210 zu ZPO § 3, c.
5 OLG München, KostRsp. ZPO § 3 Nr. 851 mit Anm. *Schneider* = NJW-RR 1987, 128 = GRUR 1986, 840.

weise gebilligt, dass die Feststellungsklage betreffend die Verpflichtung zur Abnahme von Heizungswärme mit dem 26fachen Betrag der erstrebten jährlichen Kostenersparnis berechnet worden ist.[1]

D. Alphabetischer Bewertungsschlüssel

Stichwortübersicht

Aktien	2046	Künftiger Schaden	2095
Anfechtung	2048	Lastenausgleich	2097
Annahmeverzug	2049	Mieterhöhung	2098
Auflassung	2054	Mietvertrag	2099
Ausgleichsanspruch des Handelsvertreters	2055	Mietzins	2101
		Nichtigkeit	2105
Ausgleichspflicht	2057	Pacht	2112
Ausscheiden eines Gesellschafters	2058	Pflegekosten	2113
Ausschließung eines Genossen	2059	Rente	2114
Außergerichtlicher Vergleich	2060	Rentenerhöhung	2118
Befreiung von Verbindlichkeiten	2061	Rückstände	2119
Besitzeinräumung	2063	Rücktritt	2122
Bürgschaft	2064	Schadensersatzpflicht	2124
Dauerschaden	2068	Teilbetrag	2132
Dauerschuldverhältnisse	2069	Testamentsvollstreckung	2134
Dritter	2070	Unterhalt	2135
Eigentum/Eigentumsvorbehalt	2071	Vaterschaft	2138
Erbengemeinschaft	2074	Vereinsmitgliedschaft	2139
Erbunwürdigkeit	2075	Veröffentlichungsbefugnis	2140
Erbvertrag	2078	Versicherungsschutz	2142
Fälligkeit	2079	Vollstreckung	2152
Fernsprechanschluss	2080	Vorerbe	2153
Filmvorführung	2081	Vorkaufsrecht	2155
Gesetzliche Erbfolge	2082	Werbefilm	2156
Getrenntleben	2083	Widerklage	2157
Grundschuld	2084	Wiederkehrende Leistungen	2163
Grundstückskaufvertrag	2085	Wirksamkeit eines Vertrages	2167
Grundstücksnutzung	2088	Wohnrecht	2169
Idealverein	2089	Wohnungsnutzungsrecht	2171
Insolvenztabelle	2090	Zurückbehaltungsrecht	2172
Kündigung	2091		

Aktien

2046 Der negativen Feststellungsklage einer Aktiengesellschaft, dass sie nicht verpflichtet ist, den Beklagten 57 Aktien im Nennwert von 1000 DM zum Kurswert von 413 % anzubieten, entspricht als positives Gegenstück eine Leistungsklage der Beklagten gegen die Klägerin auf Abgabe der Willenserklärung (Angebot der 57 Aktien zum Kurswert von 413 %). Eine solche negative Feststellungsklage ist nach § 3 ZPO zu bewerten. Die Vorschrift des § 6 ZPO ist weder

---

1 BGH, KostRsp. ZPO § 3 Nr. 963 = NJW-RR 1989, 381.

unmittelbar noch analog anwendbar. Behaupten die Beklagten, der wirkliche Kurswert der Aktien belaufe sich auf 1100 %, so ist ihre Berühmung gleichbedeutend mit dem Ausdruck einer Gewinnerwartung in Höhe von (1100 % – 413 % =) 687 % Kurswert-Differenz. Das in der negativen Feststellungsklage der Klägerin zum Ausdruck kommende Interesse geht deshalb auf Abwehr dieser Gewinnerwartung, die im Falle einer Abgabe der Aktien zu Lasten der Klägerin ginge.

Beruhen die gegensätzlichen Angaben der Parteien über den Kurswert der Aktien auf nicht glaubhaft gemachten Schätzungen, dann darf das Gericht nicht ohne weiteres die eine oder andere Schätzung als Berechnungsgrundlage für den Streitwert übernehmen. Fehlen objektive Anhaltspunkte für den wirklichen Kurswert der Aktien, so ist gerechtfertigt, in Anwendung des § 3 ZPO aus den gegensätzlichen Schätzungen der Parteien einen Mittelwert zu bilden. Von diesem ausgehend, ist dann die in der Berühmung der Beklagten liegende Gewinnerwartung und das in der negativen Feststellungsklage ausgedrückte Abwehrinteresse der Klägerin zu berechnen und danach der Streitwert zu beziffern.[1] **2047**

Anfechtung

Der Streitwert für eine negative Feststellungswiderklage, dass die vom Kläger erklärte Anfechtung einen von ihm abgeschlossenen Lebensversicherungsvertrag nicht aufgelöst habe, ist nach § 3 ZPO zu schätzen. Das OLG Köln[2] hat in einem solchen Fall die Grundsätze des § 9 ZPO a.F. berücksichtigt und den Wert der Widerklage auf den 25fachen Jahresbetrag der Versicherungsprämien festgesetzt. Nach der aktuellen Fassung von § 9 GKG müsste der 3,5fache Jahresbetrag angesetzt werden. **2048**

Annahmeverzug

Ob der Antrag auf Feststellung, dass der Beklagte sich in Annahmeverzug befindet, neben dem Zug-um-Zug gestellten Leistungsantrag des Klägers noch einen eigenen Wert hat, ist umstritten. **2049**

Nach einer Meinung liegt in solchen Fällen wirtschaftliche Identität mit dem Zahlungsantrag vor.[3] Die ersparten Vollstreckungskosten betreffen nicht den eingeklagten Anspruch, sondern sind Folgekosten aus der Durchsetzung des Zahlungstitels. Die Gegenmeinung setzt einen eigenen Wert für den Feststellungsantrag an, wobei teilweise ein Betrag von 1 % des zu vollstreckenden **2050**

---

1 OLG Köln JurBüro 1971, 713 = KostRsp. ZPO § 3 Nr. 270 = JMBl.NW 1972, 68.
2 OLG Köln, Urteil v. 18. 7. 1956 – 4 W 89/56, VersR 1958, 241.
3 OLG Karlsruhe, Beschl. v. 30. 6. 2004 – 1 U 10/04; OLG Hamburg, Beschl. v. 10. 5. 2000 – 11 U 108/00, OLGR 2000, 455; LG Mönchengladbach, KostRsp. ZPO § 5 Nr. 57 mit Anm. *Schneider*.

Anspruchs[1] und teilweise der Wert der ersparten Kosten für das Angebot in der Vollstreckung[2] zugrunde gelegt werden.

2051 Der BGH hat es als Revisionsgericht gebilligt, dass der Wert eines Antrages, mit dem neben der Klage auf Rückerstattung des Kaufpreises die Feststellung begehrt wurde, der Beklagte befinde sich mit der Rücknahme der Kaufsache in Annahmeverzug, vom Berufungsgericht auf 300 DM geschätzt wurde.[3] Er hat jedoch in dieser Entscheidung ausdrücklich offen gelassen, ob einem solchen Antrag ein eigener Wert zuzumessen sei, denn als Revisionsgericht konnte er nur prüfen, ob das Berufungsgericht die Ermessensgrenze des § 3 ZPO überschritten hat.

2052 Die Bedeutung des Feststellungsurteils geht dahin, dass mit ihm die für § 756 ZPO erforderliche öffentliche Urkunde über den Annahmeverzug des Beklagten geschaffen wird. Das Feststellungsinteresse ist nur gering zu bewerten, da der Kläger den Beweis des Annahmeverzugs auch durch das Leistungsurteil erbringen kann, aus dessen Tatbestand sich der Zug-um-Zug-Antrag des Klägers und der Abweisungsantrag des Beklagten ergibt.[4]

2053 Richtigerweise liegt der Wert eines **isolierten** Feststellungsantrages in dem Vorteil, die Kosten nicht aufwenden zu müssen, die sonst dadurch entstehen, dass der Gläubiger dem Schuldner die diesem zustehende Leistung anbieten muss. Ist der Feststellungsantrag mit dem Leistungsantrag **verbunden**, so kommt ihm dagegen aufgrund wirtschaftlicher Identität kein eigener Wert zu. Denn aus dem Urteil kann der Kläger nicht mehr erlangen, als den auf den Leistungsantrag zu gesprochenen Geldbetrag.

Auflassung

2054 Der Streitwert einer Feststellungsklage auf Berechtigung zur Einbehaltung eines Restkaufpreises für ein Grundstück und Nichtberechtigung des Beklagten, wegen dieses Betrages die Auflassung und die Bewilligung der Eintragungen in das Grundbuch zu verweigern, ist vom OLG Karlsruhe auf den Verkehrswert des Grundstückes abzüglich eines Abschlages von 20 % wegen positiver Feststellung festgesetzt worden.[5]

---

1 OLG Düsseldorf, Beschl. v. 2. 7. 1993 – 9 W 53/93, JurBüro 1994, 496 = KostRsp. ZPO § 3 Nr. 1161 mit abl. Anm. *Herget*; LG Magdeburg, Beschl. v. 11. 10. 1993 – 8 O 913/93.
2 LG Essen, Beschl. v. 28. 6. 1999 – 10 S 268/99, MDR 1999, 1226; in diesem Sinne wohl auch OLG Frankfurt, KostRsp. ZPO § 3 Nr. 1013 = JurBüro 1991, 410 = MDR 1991, 159, das den Wert des Feststellungsantrags hinsichtlich des Annahmeverzuges über die Abholung eines Pkw mit 100 DM festgesetzt hat.
3 BGH, Beschl. v. 15. 3. 1989 – VIII ZR 300/88, KostRsp. ZPO § 5 Nr. 83 mit Anm. *Schneider* = MDR 1989, 732 = NJW-RR 1989, 826 = WM 1989, 802.
4 Siehe *Schneider* JurBüro 1966, 914, 916; BGH, Beschl. v. 15. 3. 1989 – VIII ZR 300/88, WM 1989, 802.
5 OLG Karlsruhe AnwBl. 1980, 502; vgl. auch OLG Düsseldorf, Beschl. v. 17. 2. 2003 – 5 W 2/03, BauR 2003, 1760 – der Senat hat nur den Restkaufpreis als Streitwert angesetzt, da dies der wirtschaftliche Hintergrund für die Feststellungsklage sei.

Ausgleichsanspruch des Handelsvertreters

Berühmt sich ein Vertreter nach Auflösung des mehrjährigen Vertretungsver- **2055** hältnisses eines nichtbezifferten Ausgleichsanspruches nach § 89b HGB, dann kann der Streitwert für eine negative Feststellungsklage auf ¹/₃ des Jahresverdienstes festgesetzt werden.[1] Bei einer bezifferten negativen Feststellungsklage beläuft sich der Streitwert auf den Betrag der Forderung, deren sich der Handelsvertreter berühmt.

Bei der Klage auf Feststellung, dass die Kündigung des Handelsvertreters ge- **2056** rechtfertigt gewesen sei, ist auf das wirtschaftliche Interesse des Klägers an der Vertragsauflösung abzustellen. Maßgebend sind also die objektiv zu ermittelnden Vorteile und Nachteile, die sich bei Aufrechterhaltung und Auflösung des Vertrages ergeben.[2]

Ausgleichpflicht

Bei einer Klage auf Feststellung der erbrechtlichen Ausgleichspflicht im Sinne **2057** des § 2050 BGB ist der Streitwert nach dem Interesse zu bemessen, das der Kläger an dem Ausgleich hat.[3]

Ausscheiden eines Gesellschafters

Maßgebend ist das Interesse des Klägers an der gerichtlichen Feststellung, dass **2058** der Beklagte nicht mehr Gesellschafter ist. Der Streitwert bestimmt sich weder nach der Höhe des Kapitalanteils des Klägers noch nach der Höhe des Kapitalanteils des Beklagten, sondern lediglich nach der Veränderung des Ertragswertes des Kapitalanteils des Klägers, die bei einer gesellschaftsrechtlichen Veränderung eintreten würde. Die Höhe dieser Veränderung ist nach § 3 ZPO zu schätzen.[4]

Ausschließung eines Genossen

Für den Streitwert einer Klage auf Feststellung der Unwirksamkeit der Aus- **2059** schließung eines Genossen ist lediglich der wirtschaftliche Wert maßgebend, den ein Anteil an der Genossenschaft für jeden Genossen hat. Es ist also weder auf den Mietwert der Genossenschaftswohnung noch auf den Wert des dem Genossen als Vorstandsmitglied zustehenden Gehaltsanspruchs abzustellen.[5]

---

1 OLG Nürnberg JurBüro 1958, 515.
2 OLG München AnwBl. 1977, 468.
3 BGH Rpfleger 1957, 247.
4 OLG Nürnberg JurBüro 1964, 829.
5 OGH Rpfleger 1949, 469.

Außergerichtlicher Vergleich

2060 Soll gerichtlich festgestellt werden, dass ein außergerichtlich abgeschlossener Vergleich wirksam zustande gekommen ist und fortbesteht, dann ist der Streitwert nach § 3 ZPO zu bestimmen. Abzustellen ist dabei auf das Interesse des Klägers an der Rechtsstellung und den Ansprüchen, die ihm aus dem Vergleichsvertrag zukommen, da er diese sonst gerichtlich geltend machen müsste. Die Differenz zwischen Leistung und Gegenleistung ist nicht maßgebend, da sonst der Streitwert bei Wertgleichheit auf Null sinken würde.

Befreiung von Verbindlichkeiten

2061 Maßgebend ist der bezifferte Schuldbetrag mit einem Abschlag von 20 %, und zwar ohne Rücksicht darauf, ob der Freistellungsberechtigte seinerseits von einem Dritten einen Ausgleich verlangen kann.[1] Zu prüfen ist in solchen Fällen zunächst aber immer, ob es sich wirklich um eine Feststellungsklage handelt. Das ist nicht der Fall, wenn „Feststellung" begehrt wird, dass der Beklagte verpflichtet sei, den Kläger in Höhe eines bezifferten Betrages freizustellen. In diesem Fall handelt es sich um einen sprachlich falsch formulierten Leistungsantrag.[2]

2062 Klagt ein Miterbe auf Feststellung der Nichtigkeit eines Vertrages der Erbengemeinschaft, der den Beklagten zum Ankauf eines Nachlassgrundstücks berechtigt, so bestimmt sich der Streitwert nach dem Interesse des Klägers an der Befreiung von den Verpflichtungen aus dem Vertrag, nicht nach dem entsprechenden Interesse der ganzen Erbengemeinschaft.[3]

Besitzeinräumung

2063 Der Streitwert eines Antrages auf Feststellung, dass der Beklagte verpflichtet ist, einem Dritten bestimmte Räume zur Verfügung zu stellen, bemisst sich nach dem Interesse, das der Kläger daran hat, aus den streitigen Räumen auszuziehen, damit er eine andere Wohnung beziehen kann.[4]

Bürgschaft

2064 Bei der Klage auf Feststellung einer Bürgschaftsverpflichtung richtet sich der Streitwert gemäß § 6 ZPO nach der Höhe der Hauptforderung, soweit der Bürge haftet. Die unter anderem durch die Solvenz des Hauptschuldners bedingte Wahrscheinlichkeit der Inanspruchnahme bleibt außer Betracht.[5]

---

1 BGH, KostRsp. ZPO § 3 Nr. 992 mit Anm. *Schneider* = NJW-RR 1990, 958 = WPM 1990, 659.
2 Siehe *Schneider* Anm. KostRsp. ZPO § 3 Nr. 992.
3 BGH Rpfleger 1955, 101.
4 LG Köln WuM 1957, 40.
5 RG JW 1898, 3; KG OLGE 25, 46; KG JW 1933, 2402; OLG Karlsruhe AnwBl. 1973, 168; OLG Stuttgart Rpfleger 1957, 97 zu ZPO §§ 3, 6.

Grundsätzlich maßgebend ist die Hauptforderung. Nach OLG München[1] gilt **2065** das auch in den Fällen, in denen der Bürge wahrscheinlich nur wegen eines geringeren Betrages in Anspruch genommen wird. In diesem Fall erscheint es jedoch vorzugswürdig, den Streitwert nach § 3 ZPO zu schätzen und dabei auf den Betrag abzustellen, bis zu dem eine Inanspruchnahme des Bürgen droht.[2] Ist die Hauptforderung zwischen den Parteien streitig, dann ist allerdings die vom Kläger behauptete Höhe maßgebend.[3]

Lautet die Bürgschaftsurkunde über einen höheren Betrag als die Klageforde- **2066** rung, dann ist nach dem Prinzip des § 6 S. 2 ZPO für die Höhe des Streitwerts nur die Klageforderung maßgebend.[4]

Bei der negativen Feststellungsklage auf Unwirksamkeit einer Höchstbetrags- **2067** bürgschaft ist von der noch valutierten Hauptschuld auszugehen und für den nicht valutierten Teil der Bürgschaft eine nach § 3 ZPO zu schätzende Quote anzusetzen, weil sich die Forderung – beispielsweise wegen der Zinsen – wieder erhöhen kann.[5] In dem vom OLG Karlsruhe[6] entschiedenen Fall belief sich der Höchstbetrag der Bürgschaft auf rund 38 000 DM. Der Bürge erhob negative Feststellungsklage gegen die Gläubigerin, eine Bank, mit dem Antrag, die Unwirksamkeit des Bürgschaftsvertrages festzustellen. Im Zeitpunkt der Klageerhebung war die Hauptschuld nur noch mit rund 19 000 DM valutiert. Das änderte indessen nichts daran, dass der Bürge gegenüber der Bank nach wie vor bis zur vollen Höhe der Bürgschaftsforderung einzustehen hatte und nicht ausgeschlossen werden konnte, dass sich der Haftungsbetrag wieder erhöhen werde. Das OLG Karlsruhe hat deshalb den Streitwert berechnet nach der noch offenen Schuldsumme zuzüglich einer frei geschätzten Quote bezüglich des Haftungsrisikos des derzeit nicht valutierten Teils der Bürgschaft. Diese Quote ist mit 30 % angesetzt worden.

Dauerschaden

Bei der Feststellungsklage auf Rentenzahlungsverpflichtung wegen Körper- oder **2068** Gesundheitsverletzung kann § 42 Abs. 2 GKG angewandt werden, wenn der Dauerschaden feststeht und seine Auswirkungen überschaubar sind. Die positive Feststellungsklage ist dann mit dem fünffachen Jahresbetrag abzüglich 20 % wegen bloßer Feststellung zu bewerten.[7]

---

1 OLG München Rpfleger 1956, 58.
2 So OLG Naumburg JW 1936, 2574; OLG Frankfurt AnwBl. 1980, 460; OLG Stuttgart MDR 1980, 678.
3 OLG Stuttgart Rpfleger 1957, 97.
4 OLG Stuttgart MDR 1980, 678.
5 OLG Karlsruhe, Beschl. v. 10. 5. 1991 – 17 W 10/91, KostRsp. ZPO § 3 Nr. 1058 mit Anm. *Schneider* = MDR 1991, 1197.
6 OLG Karlsruhe, KostRsp. ZPO § 3 Nr. 1058 = MDR 1991, 1197.
7 LG Essen JurBüro 1972, 898.

Dauerschuldverhältnisse

2069   Der Streitwert für Feststellungsklagen, die Dauerverträge betreffen, ist nach § 3 ZPO zu schätzen. Fehlt an Bewertungsanhaltspunkten im Einzelfall, so sollte unter Anwendung des Rechtsgedankens des § 9 ZPO im Zweifel nach dem 3,5fachen Jahresbetrag berechnet und bei positiven Feststellungsklagen um 20 % gekürzt werden.[1] Zu berechnen ist nur die Zeit ab Klageeinreichung (§ 4 Abs. 1 ZPO), nicht der zurückliegende Zeitraum, in dem erfüllt worden ist, es sei denn, er wird von der Antragstellung miterfasst.

Dritter

2070   Klagt ein Dritter auf Feststellung der Nichtigkeit eines zwischen anderen Personen geschlossenen Vertrages, so bestimmt sich der Streitwert nach dem Interesse des Dritten. Der dafür angemessene Wert ist nach § 3 ZPO zu schätzen. Das gilt auch dann, wenn zwischen den eigentlichen Vertragsparteien der Streitwert nach einer Sondervorschrift (z.B. § 8 ZPO für eine Jagdpacht) zu bewerten wäre.[2] Jedoch kann der für das Vertragsverhältnis als solches maßgebende Streitwert als Anhaltspunkt der freien Schätzung nach § 3 ZPO herangezogen werden.[3]

Eigentum/Eigentumsvorbehalt

2071   Wird auf Feststellung geklagt, dass der Eigentumsvorbehalt an einer Sache wirksam sei, so ist der Streitwert gleich dem Wert der Sache (§ 6 ZPO).[4]

2072   Wenn auch diese Entscheidung im Grundsatz richtig ist, so muss doch darauf hingewiesen werden, dass § 6 ZPO in Einzelfällen zu absurden Konsequenzen führen kann und deshalb nicht selten restriktiver Auslegung bedarf.[5]

2073   Bedenklich ist auch, dass die herrschende Auffassung Klagen auf Feststellung des Eigentums ebenso hoch bewertet wie Eigentums-Leistungsklagen, also keinen Feststellungsabzug macht.[6]

Erbengemeinschaft

2074   Bei der Klage auf positive Feststellung der Erben- oder Miterbeneigenschaft ist ein Abzug von 20 % wegen bloßer Feststellung zu machen.[7]

---

1 Vgl. KG NJW 1956, 1206 noch zu § 9 ZPO a.F. – der Senat hat im Hinblick auf die Umstände des Einzelfalls für einen Telefonanschlussvertrag einen 5-Jahres-Zeitraum zugrunde gelegt. Dies dürfte in der heutigen Zeit nicht mehr angemessen sein.
2 BGH Rpfleger 1955, 101.
3 RG *Warneyer* 1910, 381.
4 KG JurBüro 1970, 174; OLG Hamm MDR 1958, 250.
5 Siehe dazu die Ausführungen bei dem Stichwort „Auflassung".
6 Siehe dazu *Schneider* Anm. zu KostRsp. ZPO § 6 Nr. 106 und das Stichwort „Eigentum".
7 OLG Köln JurBüro 1979, 1704 = JMBl.NW 1979, 245.

Erbunwürdigkeit

Der Streitwert einer Klage auf Feststellung der Erbunwürdigkeit bestimmt sich allein nach dem Interesse des Klägers an der sich für ihn aus der Erbunwürdigkeit des Beklagten ergebenden Besserstellung.[1]

2075

Seit der Entscheidung des BGH vom 20. 10. 1996[2] bemisst die Rechtsprechung den Streitwert gemäß § 3 ZPO nach der Beteiligung des Beklagten am Nachlass und der ihm drohenden finanziellen Einbuße durch die Erbunwürdigkeitserklärung.[3] Dies wird damit begründet, dass ein solcher Bewertungsmodus dem Beklagten unter Umständen einen Rechtsmittelweg eröffne, der nicht gegeben wäre, wenn lediglich auf den Vorteil des Klägers abgestellt würde, der bei einer mehr als zwei Personen umfassenden Erbengemeinschaft geringer als der umstrittene Anteil des Beklagten sein kann.[4] Nach anderer Ansicht[5] ist für die Bestimmung des Streitwertes nur der vom Kläger erstrebte Vorteil maßgeblich, der sich aus der Ausschließung des Beklagten aus der Erbengemeinschaft ergibt. Der zweiten Meinung ist der Vorzug zu geben: Für die Wertfestsetzung ist daher entscheidend, welchen erbrechtlichen Vorteil der Kläger mit dem Wegfall des Beklagten als Erbe bzw. aus der Erbengemeinschaft anstrebt.[6]

2076

Ist der Beklagte Alleinerbe und will der nicht pflichtteilsberechtigte Kläger an seiner Stelle Alleinerbe werden, dann bestimmt sich das Interesse des Klägers nach der Höhe des Erbteils, der ihm mit der Rechtskraft eines obsiegenden Urteils zufallen würde.[7] Ein Abschlag wegen bloßer Feststellung ist nicht angängig, da die positive Feststellung zugunsten des Klägers gleichzeitig negative und endgültige Feststellung zu Lasten des Beklagten (dessen Ausschluss als Erbberechtigter) ist.

2077

Erbvertrag

Der Streitwert für eine Klage auf Feststellung der Unwirksamkeit des Rücktritts von einem Erbvertrag ist vom OLG Celle[8] auf 25 % des derzeitigen reinen Vermögens bemessen worden.

2078

Fälligkeit

Wird negativ auf Feststellung geklagt, dass der Betrag einer an sich unstreitigen Forderung noch nicht fällig sei, dann ist der Streitwert nach § 3 ZPO zu schät-

2079

---

1 BGH MDR 1959, 922.
2 BGH, Beschl. v. 20. 10. 1969 – III ZR 208/67, MDR 1970, 124.
3 OLG Frankfurt JurBüro 1971, 540; OLG Koblenz, Beschl. v. 11. 12. 1996 – 14 W 739/96, MDR 1997, 693.
4 Vgl. dazu *Schneider* MDR 1972, 278.
5 *Hartmann*, GKG, Anh. I § 48 Rn. 42.
6 Vgl. auch das Stichwort „Ausschließung".
7 OLG Hamburg MDR 1959, 585.
8 OLG Celle NJW 1962, 540.

zen.[1] Für die Bewertung ist maßgebend das Interesse des Klägers, zur Zeit noch nicht leisten zu müssen und damit beispielsweise einen günstigen Kredit noch länger nutzen zu können.

Fernsprechanschluss

2080 Der Streitwert einer Feststellungsklage, die die Wirksamkeit einer Preiserhöhung hinsichtlich eines Fernsprechanschlusses betrifft, ist vom KG[2] nach dem fünffachen Jahresbetrag der Gebührendifferenz bemessen worden, da dies die durchschnittliche Dauer eines derartigen Vertrages sei. Angesichts der Vielzahl der auf dem Markt tätigen Telefonanbieter, der unproblematischen Wechselmöglichkeit und der kurzen Kündigungsfristen dürfte heute in einem solchen Fall nur noch vom einfachen Jahresbetrag der Gebührendifferenz ausgegangen werden, der bei positiven Feststellungsklagen um 20 % zu kürzen ist.

Filmvorführung

2081 Bei einer Feststellungsklage dahin, dass ein Werbeverwaltungsvertrag über die Vorführung von Diapositiven, Werbefilmen und Film-Diapositiven in einem Filmtheater durch die Kündigung des Beklagten nicht aufgelöst sei, sondern noch bis zum Ablauf der vereinbarten Vertragszeit fortbestehe, berechnet sich der Streitwert nicht nach dem mutmaßlichen Reingewinn des Klägers für die restliche Vertragsdauer, sondern nach seinen voraussichtlichen Umsätzen für diese Zeit.[3]

Gesetzliche Erbfolge

2082 Bei einer Klage auf Feststellung, dass die gesetzliche Erbfolge eingetreten ist, bestimmt sich der Wert des Streitgegenstandes nach dem Anteil des klagenden Erben am Nachlass, nicht aber nach dem Wert des Gesamtnachlasses.[4]

Getrenntleben

2083 Die Grundsätze für die Bemessung des Streitwerts in Ehesachen[5] sind auch auf die Klage auf Feststellung des Rechts zum Getrenntleben anzuwenden. Wegen der geringeren Bedeutung einer solchen Klage ist jedoch der Streitwert regelmäßig niedriger anzusetzen, als derjenige des Rechtsstreits um den Bestand der Ehe.[6] Daran hat sich auch für das neue Familienrecht nichts geändert. Die Klage auf Feststellung des Rechts zum Getrenntleben ist nach wie vor zulässig.

---

1 OLG Bamberg JurBüro 1982, 1245.
2 KG NJW 1956, 1206.
3 OLG Celle, Beschl. v. 25. 6. 1969 – 11 W 104/68, JurBüro 1969, 978 mit Anm. *Schneider*.
4 BGH JurBüro 1975, 1197; OLG Schleswig SchlHA 1958, 83.
5 Vgl. die Ausführungen bei dem Stichwort „Ehesachen".
6 KG JurBüro 1969, 368.

Grundschuld

Begehrt der Kläger die Feststellung, dass dem Beklagten die durch eine Grund-   2084
schuld gesicherte Forderung nicht zusteht, dann ist der Nennbetrag dieser Forderung auch dann in voller Höhe für den Wert der negativen Feststellungsklage
ausschlaggebend, wenn zwischen den Parteien streitig ist, ob und in welchem
Umfang die Grundschuld valutiert. Denn entscheidend ist das Berühmen des
Beklagten und nicht der tatsächliche Bestand der Forderung.[1]

Grundstückskaufvertrag

Der Streitwert der Klage auf Feststellung der Rechtswirksamkeit eines Grund-   2085
stückskaufvertrages und auf Verurteilung zur Vornahme von Erfüllungsleistungen kann insgesamt den Betrag des vereinbarten Kaufpreises nicht übersteigen.[2]

Geht es um die Feststellung der Nichtigkeit eines Grundstückskaufvertrages,   2086
dann ist auf das Interesse des Klägers abzustellen, das allerdings nicht immer
einfach zu bestimmen ist.[3]

Bei einer Klage auf Feststellung der Wirksamkeit einer Rücktrittserklärung von   2087
einem Grundstückskaufvertrag und dem zusätzlichen Antrag auf Abgabe der
Löschungsbewilligung für eine Auflassungsvormerkung werden die Streitwerte
nicht zusammengerechnet.[4]

Grundstücksnutzung

Der Streitwert des Anspruches eines Grundstückseigentümers auf Feststellung,   2088
dass ein Kfz-Besitzer für jeden Tag der unbefugten Benutzung des Grundstücks
ein Standgeld von x,– Euro zu entrichten habe, ist gemäß § 3 ZPO zu schätzen
und nicht gemäß § 9 ZPO mit dem 3,5fachen Jahresbetrag zu bewerten.[5]

Idealverein

Die gegen einen Idealverein gerichtete Klage auf Feststellung, dass sein Vor-   2089
stand nicht rechtmäßig gewählt worden sei, ist als nichtvermögensrechtliche
Streitigkeit nach § 48 Abs. 2 GKG zu bewerten. Wegen der besonderen Bedeu-

---

1 OLG Koblenz, Beschl. v. 6. 3. 2002 – 5 W 100/02, JurBüro 2002, 310.
2 KG Rpfleger 1962, 154.
3 Siehe OLG Oldenburg, Beschl. v. 15. 9. 1995 – 5 W 150/95, OLGR 1995, 312 = MDR
  1996, 101 (vereinbarter Kaufpreis); OLG Saarbrücken JurBüro 1978, 1718 = AnwBl.
  1978, 467 und die Darstellung mit Nachweisen bei *Schneider* Anm. zu OLG Saarbrücken, KostRsp. ZPO § 3 Nr. 427 und OLG Bremen JurBüro 1979, 1705 = KostRsp. ZPO
  § 3 Nr. 450.
4 OLG München KostRsp. ZPO § 3 Nr. 706 mit Anm. *Schneider* = JurBüro 1984, 1235.
5 OLG Nürnberg JurBüro 1965, 920 zum alten § 9 ZPO, der noch den 12,5fachen Jahresbetrag vorsah.

tung eines solchen Streits für einen Verein ist auch bei sonst durchschnittlichen Verhältnissen regelmäßig die Festsetzung eines über dem Regelstreitwert liegenden Streitwerts gerechtfertigt.[1]

Insolvenztabelle

2090 Bei einer Insolvenzfeststellungsklage ist der Streitwert dann, wenn eine Quote nicht zu erwarten ist, in Höhe der niedrigsten Wertstufe festzusetzen.[2] Die Gegenmeinung[3] setzt 10 % der angemeldeten Forderung an.

Kündigung

2091 Wird auf Feststellung geklagt, dass die gegenüber einem Handelsvertreter ausgesprochene Kündigung zu Recht erfolgt sei, so ist der Streitwert nach § 3 ZPO, § 48 Abs. 1 S. 1 GKG zu schätzen.[4] Ausschlaggebend ist das wirtschaftliche Interesse an der Auflösung des Vertrages, also die gegeneinander abzuwägenden Vorteile und Nachteile, die sich bei Aufrechterhaltung bzw. Auflösung des Vertrages ergeben.[5]

2092 Für eine Klage auf Feststellung, dass bei einem Miet- oder Pachtverhältnis ein einzelner Kündigungsakt wirksam ist, bestimmt sich der Streitwert nicht nach § 3 ZPO, sondern nach § 41 Abs. 1 GKG.[6]

2093 Dagegen richtet sich der Streitwert für die Feststellung der Kündigungsmöglichkeit eines Miet- oder Pachtverhältnisses nach § 3 ZPO ohne Berücksichtigung der in § 41 GKG bestimmten Höchstgrenzen.[7]

2094 Der Streitwert einer Klage auf Feststellung, dass ein Mietverhältnis infolge fristloser Kündigung seit einem bestimmten Tage nicht mehr bestehe, ist nach § 41 GKG zu bemessen. Dies gilt auch dann, wenn feststeht, dass es inzwischen auch ohne diese Kündigung an einem späteren Tage beendet gewesen wäre.[8]

---

1 KG JurBüro 1969, 1193 hat unter Berücksichtigung des früheren Regelstreitwertes des § 12 Abs. 2 GKG a.F. einen Betrag von 5000 DM angesetzt.
2 Vgl. die Ausführungen bei der Stichwort „Insolvenzverfahren"; zur alten Rechtslage nach der Konkursordnung: OLG Celle KTS 1970, 227; OLG Stuttgart Justiz 1969, 252; OLG Saarbrücken, KostRsp. KonkO § 148 Nr. 3; OLG Bamberg JurBüro 1978, 723; OLG Düsseldorf ZIP 1994, 638.
3 OLG Frankfurt JurBüro 1970, 426 = NJW 1970, 868 = KTS 1970, 230 = Rpfleger 1970, 211 = WM 1970, 567; OLG Frankfurt, KostRspr. KonkO § 148 Nr. 26 = ZIP 1986, 1063 = JurBüro 1986, 1848 = AnwBl. 1987, 46 = Rpfleger 1987, 78.
4 OLG Zweibrücken Rpfleger 1967, 1.
5 OLG München AnwBl. 1977, 468.
6 OLG Celle MDR 1958, 167; OLG Frankfurt MDR 1967, 313.
7 OLG Frankfurt MDR 1967, 313.
8 BGH MDR 1958, 601.

Künftiger Schaden

Der Streitwert einer Klage auf Feststellung der Pflicht zum Ersatz künftigen Schadens orientiert sich in erster Linie an der Höhe des drohenden Schadens. Daneben ist aber auch zu berücksichtigen, wie wahrscheinlich oder unwahrscheinlich das Risiko eines Schadenseintritts oder einer tatsächlichen Inanspruchnahme des Gegners ist.[1]

2095

Bei der Bewertung eines künftigen Schadens ist nach dem Grundsatz des § 4 Abs. 1 ZPO von den Erkenntnismöglichkeiten auszugehen, wie sie zur Zeit der Klageerhebung bereits vorhanden waren. Bestand die Möglichkeit, zu einer bestimmten, für die Beurteilung des Streitwerts wichtigen Erkenntnis zu gelangen, bereits zur Zeit der Klageerhebung, wurde sie nur nicht genutzt und wird dies nachträglich erkannt, so können diese Erkenntnisquellen nachträglich für die Streitwertfestsetzung nutzbar gemacht werden.[2] Aufgrund nachträglich entstandener Erkenntnismöglichkeiten kann aber eine Änderung des Streitwerts nicht begehrt werden. Das zu Beginn des Rechtsstreits ermittelte Feststellungsinteresse bleibt dann für die ganze Prozessdauer maßgebend.[3]

2096

Lastenausgleich

Das Begehren auf Freistellung vom Lastenausgleich stellt sich als ein Anspruch auf Feststellung dahin dar, dass der Beklagte verpflichtet sein soll, den Kläger von dessen Verbindlichkeiten zu befreien, so dass der Streitwert nach § 3 ZPO und nicht nach § 9 ZPO zu bestimmen ist.[4]

2097

Mieterhöhung

Der Streitwert für eine Feststellungsklage des Vermieters dahin, dass der Mieter von einem bestimmten Zeitpunkt an zur Zahlung einer höheren Miete für die restliche Dauer des Mietverhältnisses verpflichtet sei, ist nach § 41 Abs. 5 GKG höchstens auf den Jahresbetrag des zusätzlich geforderten Mietzinses festzusetzen.

2098

Mietvertrag

Wird neben dem Antrag auf Feststellung des Bestehens eines Mietvertrages hilfsweise der Antrag auf Abschluss eines Mietvertrages mit gleichem Inhalt gestellt, so gelten § 45 Abs. 1 S. 2 und S. 3 GKG, denn es handelt sich gebührenrechtlich um denselben Gegenstand.

2099

---

1 BGH, Beschl. v. 28. 11. 1990 – VIII ZB 27/90, KostRsp. ZPO § 3 Nr. 1017 = WPM 1991, 657 = AnwBl. 1992, 451 = MDR 1991, 526 = NJW-RR 1991, 509 = RG *Warneyer* 1990 Nr. 367.
2 OLG Brandenburg, Beschl. v. 20. 6. 2002 – 10 W 16/01, JurBüro 2003, 85; OLG Saarbrücken, Beschl. v. 16. 10. 1997 – 5 W 336/97, JurBüro 1998, 363; *Lappe* ZAP Fach 24 S. 251 V.
3 OLG Schleswig Rpfleger 1962, 425.
4 OLG Neustadt Rpfleger 1955, 138.

2100   Bei der Verbindung einer Feststellungsklage über das Bestehen eines Mietverhältnisses mit einer Leistungsklage auf rückständigen Mietzins ist für die Festsetzung des Gebührenstreitwerts der nach § 41 Abs. 1 GKG ermittelte Wert der
Feststellungsklage nicht mit dem Wert der Leistungsklage zusammenzurechnen, wenn nur das Mietverhältnis streitig ist, nicht aber die Höhe des Mietzinses.[1]

Miete/Pacht

2101   Miete oder Pacht sind die vom Mieter bzw. Pächter in Geld zu zahlenden oder
in Naturalien zu erbringenden vertraglichen Gegenleistungen. Maßgebend ist
der erzielbare und damit objektive Nutzungswert. Macht der Kläger dazu andere Angaben als der Beklagte und stellt gar das Gericht wieder einen anderen
Betrag fest, dann muss auf die Angaben des Klägers abgestellt werden.[2]

2102   Fordert der Mieter als Kläger oder Widerkläger Feststellung, dass er ab einem
bestimmten Datum berechtigt sei, wegen vorhandener Mängel die Miete auf
einen bestimmten Betrag zu mindern, dann lautet der begehrte Urteilstenor auf
positive Feststellung. In der Sache ist es aber eine Verneinung der vollen Miet-
zinsforderung, so dass es sich in Wirklichkeit um eine negative Feststellungsklage handelt, also von der Bewertung nach § 41 GKG schon deshalb kein Abschlag zu machen ist.[3]

2103   Klagt der Vermieter auf Feststellung, dass der Beklagte Mitmieter der betreffenden Wohnung ist, entspricht der Streitwert der Jahresmiete (§ 41 Abs. 1 GKG)
abzüglich 20%, da es um den Bestand des Mietverhältnisses geht.[4]

2104   Stellt das Gericht auf Antrag des Vermieters fest, dass der Mieter zur Zahlung
einer erhöhten Nebenkostenpauschale verpflichtet ist, bemisst sich die Beschwer gemäß § 9 ZPO nach dem 3,5fachen Jahresbetrag der streitigen Differenz abzüglich 20%.[5]

Nichtigkeit

2105   Als Streitwert der Klage auf Feststellung der Nichtigkeit eines Vertrages ist der
ungeschmälerte Wert der Leistung maßgebend, von der der Kläger bei Nichtigkeit freigestellt wird[6] oder die im Falle der schon erbrachten Leistung zurück-

---

1 OLG Karlsruhe Justiz 1980, 272.
2 Anders das LG Köln WuM 1994, 624 bei der Räumung, wenn der Mietzins nur für den
  Streitwert zu ermitteln ist.
3 Vgl. auch das Stichwort „Mietstreitigkeiten".
4 LG Berlin, Beschl. v. 7. 7. 2000 – 65 T 62/00, JurBüro 2001, 96.
5 BGH, Beschl. v. 21. 5. 2003 – VIII ZB 10/03, JurBüro 2004, 207.
6 LG Bückeburg, KostRsp. ZPO § 3 Nr. 932 = JurBüro 1988, 1233 mit Anm. *Mümmler;*
  OLG Oldenburg, KostRsp. ZPO § 3 Nr. 1218: Feststellung der Nichtigkeit eines Grund-
  stückskaufvertrags.

zugewähren ist.[1] Darüber hinausgehende wirtschaftliche oder ideelle Interessen sowie die Gegenleistung sind nicht zu berücksichtigen.[2]

Ob bei einer positiven Feststellungsklage einer Vertragspartei auf Feststellung der Nichtigkeit ein Abzug von 20 % vorzunehmen ist, ist streitig.[3] Richtigerweise muss in solchen Fällen danach differenziert werden, ob der Kläger seine vertragliche Leistung schon erbracht hat: Ist dies nicht der Fall, so hat er prozessual die Wahl, negative Feststellungsklage über das Nichtbestehen seiner vertraglichen Verpflichtung oder positive Feststellungsklage auf Feststellung der Nichtigkeit zu erheben. Der Wert ist dann in beiden Fällen ohne einen Abschlag vom Wert einer Leistungsklage zu bestimmen.[4] Hat der Kläger dagegen seine vertragliche Leistung schon erbracht, dann ist hinsichtlich der Klage auf Feststellung der Nichtigkeit des Vertrages ein solcher Abschlag vorzunehmen, denn das eigentliche wirtschaftliche Ziel des Klägers (Rückgewähr der bereits erbrachten Leistung) kann mit dem Feststellungsurteil nicht erreicht werden. 2106

Wird neben der Feststellung der Unwirksamkeit eines Vertrages die Verurteilung des Beklagten zur Rückgewähr der empfangenen Leistungen begehrt, so kommt dem Feststellungsantrag dann keine selbständige Bedeutung zu, wenn aus der Unwirksamkeit des Vertrages keine weiteren Ansprüche hergeleitet werden.[5] 2107

Der Wert des Streitgegenstandes für die Klage auf Feststellung der Unwirksamkeit eines langjährig abgeschlossenen Pachtvertrages richtet sich gemäß § 41 GKG nach dem Wert des einjährigen Pachtzinses.[6] Klagt ein Dritter auf Feststellung der Nichtigkeit eines Pachtvertrages, so bestimmt sich der Streitwert nach dem Interesse dieses Dritten.[7] 2108

Bei einer Klage auf Feststellung der Nichtigkeit eines Testaments oder einer sich aus der behaupteten Testamentsauslegung ergebenden Rechtsfolge ist der Streitwert nicht nach dem Wert des ganzen Nachlasses, sondern nach dem Interesse des Klägers an der begehrten Feststellung zu bemessen.[8] 2109

---

1 OLG Koblenz NJW 1953, 1918; OLG München JurBüro 1984, 1235 = KostRsp. ZPO § 3 Nr. 706 mit Anm. *Schneider*; OLG Bamberg JurBüro 1985, 1703 = KostRsp. ZPO § 3 Nr. 786: Feststellung des Nichtbestehens eines Versicherungsvertrages richtet sich nach dem Interesse am Nichtzahlen der Versicherungssumme.

2 OLG Frankfurt, Beschl. v. 15. 6. 1999 – 21 W 24/99, OLGR 1999, 206 = NJW-RR 2000, 587; OLG Hamm, Beschl. v. 9. 11. 2002 – 21 U 115/02, AnwBl. 2003, 597.

3 Vgl. OLG Frankfurt, Beschl. v. 15. 6. 1999 – 21 W 24/99, OLGR 1999, 206 = NJW-RR 2000, 587 einerseits und OLG München JurBüro 1984, 1235 andererseits.

4 Vgl. OLG Hamm, Beschl. v. 9. 11. 2002 – 21 U 115/02, AnwBl. 2003, 597: Die Klage der Erwerber auf Feststellung, dass ihre Erwerbspflicht nicht besteht, bemisst sich nach dem vereinbarten Kaufpreis ohne Berücksichtigung der Gegenleistung.

5 KG Rpfleger 1962, 120.

6 OLG Düsseldorf JMBl.NW 1956, 176.

7 BGH Rpfleger 1955, 101.

8 BGH NJW 1956, 1877.

2110 Klagt ein Miterbe auf Feststellung der Nichtigkeit eines Vertrages der Erbengemeinschaft, der den Beklagten zum Ankauf eines Nachlassgrundstückes berechtigt, so bestimmt sich der Streitwert nach dem Interesse des Klägers an der Befreiung von den Verpflichtungen aus dem Vertrag, nicht nach dem entsprechenden Interesse der ganzen Erbengemeinschaft.[1]

2111 Der Streitwert einer Klage auf Feststellung der Nichtigkeit eines Vaterschaftsanerkenntnisses ist gleich dem Wert der mit dem Anerkenntnis verbundenen Unterhaltsverpflichtung.[2] Die Feststellung hat vermögensrechtlichen Charakter, so dass der Streitwert nach § 3 ZPO unter Berücksichtigung der Grundsätze des § 42 Abs. 1 GKG festzusetzen ist.[3]

Pacht

2112 Der Wert einer Klage auf Feststellung, dass der Kläger nach dem Ende des Pachtverhältnisses nicht verpflichtet ist, auf dem Pachtgrundstück errichtete Bauten zu entfernen, ist nach den vom Kläger aufzubringenden Beseitigungskosten ohne weiteren Abschlag zu ermitteln.[4] Der Senat hat in diesem Fall eine Anwendung von § 8 ZPO richtigerweise abgelehnt, da der Bestand des Pachtvertrages zwischen den Parteien nicht streitig war, sondern nur die Beseitigungspflicht des Beklagten.

Pflegekosten

2113 Werden Pflegekosten wegen der Verletzung aus einem Verkehrsunfall geltend gemacht, dann ist für die Bewertung von den jährlichen Aufwendungen für die Pflege auszugehen, die gemäß § 42 Abs. 2 GKG auf den fünffachen Betrag zu erhöhen sind.[5] Hiervon ist dann bei der positiven Feststellungsklage ein Abzug von 20 % zu machen. Das gilt auch dann, wenn der Haftpflichtversicherer mitverklagt wird.

Rente

2114 Der Streitwert einer nicht unter § 42 GKG fallenden negativen Feststellungsklage ist auf den 3,5fachen Jahresbetrag der Rente ohne Rückstände und ohne Abschlag festzusetzen (§ 9 ZPO). Das gilt auch dann, wenn die Berühmung in Form einer Schadensersatzforderung erfolgt.[6]

2115 Soweit nicht die Umstände eines Einzelfalles Anlass zu einer anderen Festsetzung des Streitwertes geben, kann bei einem Feststellungsantrag, der eine

---

1 BGH JurBüro 1954, 231.
2 OLG Frankfurt MDR 1955, 304.
3 OLG München NJW 1953, 631.
4 BGH, Beschl. v. 29. 4. 2004 – III ZB 72/03, WuM 2004, 352.
5 OLG Schleswig JurBüro 1971, 539.
6 OLG München MDR 1962, 223.

auf einem Unfall beruhende Jahresrente zum Inhalt hat (§ 42 Abs. 2 GKG), in der Regel das Fünffache des Jahresbetrages abzüglich 20 % zugrunde gelegt werden.[1]

Nach dem OLG Köln[2] hat unter Umständen eine weitere Kürzung des bereits durch § 42 Abs. 2 GKG auf den fünffachen Jahresbetrag verkürzten Wertansatzes wegen des bloßen Feststellungsantrages auszuscheiden, wenn nämlich der Feststellungsantrag bestimmte Leistungen betrifft und die Erfüllung aufgrund der Feststellung sicher ist.[3] Dies kann jedoch das Erfordernis des Abzugs nicht entfallen lassen, da auch bei Erfüllungsbereitschaft des Beklagten der Feststellungstitel in seinen Wirkungen hinter dem Leistungstitel zurückbleibt. 2116

Bei der Abgrenzung von § 9 ZPO und § 42 Abs. 2 GKG ist zu beachten, dass die privilegierende Vorschrift § 42 Abs. 2 GKG immer noch den fünffachen Jahresbetrag vorsieht, während § 9 ZPO, der früher zu hohen Werten führte und deshalb oftmals als nicht passend bewertet wurde, jetzt nur noch den 3,5fachen Jahreswert vorsieht, damit also unterhalb des „sozialen" Gebührenwerts liegt.[4] 2117

Rentenerhöhung

Der Antrag auf Feststellung der Verpflichtung zum Ersatz künftiger Rentenerhöhungen hat einen eigenen Streitwert gegenüber demjenigen nach § 42 Abs. 2 GKG. Dieser zusätzliche Streitwert kann mit 20 % des Wertes aus § 42 Abs. 2 GKG geschätzt werden,[5] mindestens ist er mit 10 % der geltend gemachten Forderung anzusetzen.[6] 2118

Rückstände

Rückstände, die zur Zeit der Einreichung der Feststellungsklage bestehen, werden dem Streitwert nicht hinzugesetzt.[7] Dies hat den Grund, dass Feststellungsklagen wesensmäßig nur auf die Zukunft ausgerichtet sind. Andernfalls müssten sie im Hinblick auf die Prozessvoraussetzung des § 256 ZPO beziffert werden.[8] 2119

Hat jedoch der Kläger auf Feststellung der Verpflichtung des Beklagten zum Schadensersatz geklagt und geht er alsdann im Laufe des Verfahrens zur Leistungsklage auf Entrichtung von Rente über, so sind die bis zu dem Übergang 2120

---

1 BGHZ 1, 43; OLG Schleswig SchlHA 1960, 24; OLG Köln OLGR 1992, 167 = JurBüro 1992, 624.
2 NJW 1960, 2248.
3 Siehe auch OLG Schleswig SchlHA 1960, 24.
4 Hierzu *Lappe* NJW 1994, 1189.
5 OLG Köln JurBüro 1961, 562.
6 OLG Frankfurt JurBüro 1968, 634.
7 BGHZ 2, 74, 77; OLG München MDR 1962, 223 Nr. 74; OLG Hamm, KostRsp. ZPO § 3 Nr. 910 = JurBüro 1988, 788 mit abl. Anm. *Lappe*; a.A. OLG Schleswig SchlHA 1981, 119.
8 Siehe BGH, KostRsp. ZPO § 3 Nr. 293; BGHZ 2, 74.

zur Leistungsklage fällig gewordenen Rentenbeiträge bei der Streitwertfestsetzung hinzuzurechnen.[1]

2121 Werden bei einer von Anfang an erhobenen Leistungsklage auf Rentenzahlung solche Rückstände, die während des Prozesses entstehen, aus dem Rentenanspruch herausgenommen und selbständig kapitalisiert geltend gemacht, so sind diese bei der Streitwertfestsetzung nicht zu berücksichtigen.[2]

Rücktritt

2122 Maßgebend für den Wert einer Klage auf Feststellung der Wirksamkeit des Rücktritts ist das nach § 3 ZPO zu bewertende Interesse des Klägers an der Befreiung von seinen vertraglich übernommenen Verpflichtungen.[3]

2123 Der Streitwert für eine Klage auf Feststellung der Unwirksamkeit des Rücktritts von einem Erbvertrag bemisst sich auf 25 % des derzeitigen reinen Vermögens des Erblassers.[4]

Schadensersatzpflicht

2124 Für das Interesse des Geschädigten an der Feststellung der Schadensersatzpflicht ist entscheidend die Höhe des durch die behauptete Rechtsverletzung voraussichtlich erwachsenden künftigen Schadens. Hiervon ist jedoch ein Abschlag von 20 % zu machen, weil in aller Regel das Gegenwartsinteresse an einer Feststellung, die erst in der Zukunft Wirkungen auslöst, geringer ist.[5]

2125 Der nach der Klagebegründung voraussichtlich zu erwartende Schaden muss nach § 3 ZPO geschätzt werden.[6] Dabei ist nach dem Grundsatz des § 4 Abs. 1 ZPO, § 40 GKG von den Erkenntnismöglichkeiten auszugehen, wie sie zur Zeit der Klageerhebung bereits vorhanden waren.

2126 Ist bei Klageerhebung oder im Zeitpunkt der Urteilsfällung die Höhe des zukünftigen Schadens in keiner Weise abzusehen, dann ist der Streitwert der Feststellungsklage unter Heranziehung der Grundsätze für nichtvermögensrechtliche Angelegenheiten zu bewerten.[7]

2127 Bei einem zwar möglichen, aber nahezu unwahrscheinlichen Schadenseintritt kann auch der Streitwert so niedrig bemessen werden, dass er nur noch die Funktion eines „Erinnerungswertes" hat.[8]

---

1 RGZ 77, 324; BGHZ 2, 74, 77; OLG Düsseldorf MDR 1957, 686.
2 OLG Düsseldorf MDR 1957, 686.
3 OLG München JurBüro 1984, 1235.
4 OLG Celle NJW 1962, 540.
5 OLG Stuttgart BB 1959, 460.
6 OLG Köln MDR 1971, 226.
7 OLG Frankfurt Rpfleger 1957, 124.
8 OLG Düsseldorf JurBüro 1975, 232.

Aufgrund nachträglich entstandener Erkenntnismöglichkeiten kann eine Änderung des Streitwerts dagegen nicht begehrt werden. Das zu Beginn des Rechtsstreits ermittelte Feststellungsinteresse bleibt für die ganze Prozessdauer maßgebend.[1] Das schließt die Korrektur von Irrtümern nicht aus: Bestand schon bei Klageerhebung die Möglichkeit, zu einer bestimmten, für die Beurteilung des Streitwerts richtigen Erkenntnis zu gelangen, die jedoch nicht genutzt wurde und wird dies nachträglich erkannt, so müssen diese Erkenntnisquellen nachträglich für die Streitwertfestsetzung herangezogen werden.[2]

2128

Geht der Kläger im Laufe des Rechtsstreits mit dem zunehmenden Fälligwerden der Schadensersatzansprüche von der Feststellungsklage zur Leistungsklage über, so ist eine Summierung der Werte des Leistungsantrages und des Feststellungsanspruchs in voller Höhe nur dann zulässig, wenn der Kläger zu erkennen gibt, dass er neben dem Leistungsantrag den Feststellungsantrag in der ursprünglichen Höhe für die Zukunft aufrechterhalten will, dass also der Übergang von der Leistungs- zur Feststellungsklage den Wert des Feststellungsinteresses nicht gemindert hat. Ob dieses Vorgehen zulässig ist, kann im Einzelfall zweifelhaft sein, hat aber keinen Einfluss auf die Streitwertberechnung, wenn der Kläger so vorgehen will.

2129

Liegt es dagegen so, dass der Kläger den Feststellungsantrag in der letzten mündlichen Verhandlung nicht mehr stellt, weil dieser durch die laufende Erhöhung des Leistungsantrages aufgezehrt worden ist, dann ist nur das Leistungsbegehren für den Streitwert bestimmend.[3] Bei teilweisem Abbau der Feststellungsklage ist der verbleibende Zukunftsantrag zu berücksichtigen.

2130

Bei Übergang von der Feststellungsklage zur Leistungsklage aus § 116 SGB X sind die bis zum Übergang angefallenen Rückstände der übergegangenen Schadensersatzansprüche dem Streitwert der Hauptklage hinzuzurechnen, wenn sie zusätzlich gefordert werden.[4]

2131

Teilbetrag

Ist nur wegen eines Teilbetrages einer größeren Forderung Feststellungsklage erhoben worden, soll aber die darüber ergehende gerichtliche Entscheidung nach der Vereinbarung der Partei für den nicht rechtshängig gemachten Restanspruch verbindlich sein, dann ist das auf den Streitwert ohne Einfluss. Er bemisst sich nur nach dem prozessualen Streitgegenstand.[5]

2132

Handelt es sich um eine positive Feststellungsklage, so ist auch trotz der Bereitschaft des Beklagten, auf ein Feststellungsurteil hin zu leisten, ein Abschlag

2133

---

1 So OLG Schleswig Rpfleger 1962, 425.
2 OLG Bamberg JurBüro 1977, 1422; LG Bochum VersR 1969, 165.
3 OLG Frankfurt JurBüro 1960, 302.
4 OLG Bamberg JurBüro 1971, 778 noch zu § 1542 RVO.
5 BGH Rpfleger 1966, 46.

vom entsprechenden Wert einer Leistungsklage zu machen.[1] Denn an diese im Wege des privatschriftlichen Vereinbarung erklärten Bereitschaft ist der Beklagte nicht in gleichem Maße gebunden wie an ein Leistungsurteil.

Testamentsvollstreckung

2134 Klagt ein Miterbe, dessen Erbteil den Beschränkungen der Vorerbschaft und der Testamentsvollstreckung unterliegt, auf Feststellung, dass die Testamentsvollstreckung beendet sei, so kommt im Hinblick auf die Wirkungen der Testamentsvollstreckung als Streitwert nicht der Wert des Erbteils, sondern nur ein deutlich hinter diesem zurückbleibender Betrag in Betracht.[2]

Unterhalt

2135 Der Wert einer Klage auf Feststellung der Unterhaltsberechtigung ist nach den Grundsätzen des § 42 Abs. 1 und 2 GKG zu ermitteln.

2136 Bei der Festsetzung des Streitwertes einer Feststellungsklage wegen des dem Unterhaltsberechtigten entgangenen künftigen Unterhaltsanspruchs gegenüber seiner durch Unfall getöteten sechsjährigen Tochter ist die Unterhaltsverpflichtung der dem Kläger verbliebenen weiteren sechs Kinder zu berücksichtigen.[3]

2137 Wehrt sich der Schuldner gegen eine ihm durch einstweilige Anordnung nach § 620 Nr. 4, 6 ZPO auferlegte Unterhaltspflicht durch Erhebung einer negativen Feststellungsklage, dann bemisst sich der Streitwert nicht nach § 53 Abs. 2 GKG, sondern nach § 42 GKG.[4] Abweichend hiervon nimmt das OLG Düsseldorf[5] für die Wertberechnung den Zeitraum zwischen Klageerhebung und Eintritt der Rechtskraft der Scheidung an, wenn dieser weniger als ein Jahr beträgt. Bei Einreichung der Klage fällige Beträge können dem Streitwert nach § 42 Abs. 5 GKG hinzuzurechnen sein. Siehe auch Rn. 2119.

Vaterschaft

2138 Bei der Klage eines nichtehelichen Kindes auf Zahlung von Unterhalt und Feststellung der Vaterschaft begründet der Feststellungsanspruch nur dann einen über den Wert des Zahlungsanspruchs hinausgehenden Streitwert, wenn mit der Klage besondere Umstände vorgetragen sind, die auf vermögensrechtliche

---

1 BGH Rpfleger 1966, 46; a.A. OLG Köln JurBüro 1960, 537; OLG Nürnberg JurBüro 1962, 648: kein Abschlag.
2 OLG Frankfurt JurBüro 1961, 90; OLG Zweibrücken Rpfleger 1967, 2.
3 OLG Nürnberg VersR 1955, 173.
4 OLG Hamm, KostRsp. GKG § 17 Nr. 104 = JurBüro 1988, 656; OLG Schleswig, KostRsp. GKG § 17 Nr. 104 = FamRZ 1988, 536; KostRsp. GKG § 17 Nr. 135 = JurBüro 1992, 488.
5 OLG Düsseldorf, KostRsp. GKG § 17 Nr. 133 mit abl. Anm. *Schneider* und zust. Anm. *Lappe* = JurBüro 1992, 51.

Ansprüche über den bereits geltend gemachten Zahlungsanspruch hinaus hindeuten.[1]

Vereinsmitgliedschaft

Die Klage auf Feststellung der Zugehörigkeit zu einem Idealverein betrifft einen nichtvermögensrechtlichen Anspruch,[2] so dass ihr Wert nach § 48 Abs. 2 GKG zu bestimmen ist. Wirtschaftliche Auswirkungen der Mitgliedschaft stehen dem im Allgemeinen nicht entgegen.[3]

Veröffentlichungsbefugnis

Neben dem Antrag auf Feststellung der Schadensersatzverpflichtung kommt dem Antrag auf Auskunftserteilung oder Rechnungslegung streitwertmäßig eine eigenständige Bedeutung zu. Auch bezüglich des Antrags auf Zuerkennung der Veröffentlichungsbefugnis ist in jedem Fall ein besonderer Einzelstreitwert festzusetzen.[4]

2140

Dagegen kommt nach dem OLG Stuttgart[5] dem Klageantrag auf Bewilligung einer Veröffentlichungsbefugnis kein eigner Streitwert zu, wenn er mit einer Unterlassungs- oder Schadensfeststellungsklage verbunden ist.

2141

Versicherungsschutz

Der Streitwert einer Klage auf positive Feststellung, dass der beklagte Versicherer bis zur Höhe eines bestimmten Betrages Haftpflichtversicherungsschutz gewähren müsse, beläuft sich auf den geforderten Betrag abzüglich 20 %.[6] Zinsen bleiben außer Ansatz.[7]

2142

Den Wert einer Klage auf Feststellung einer in 46 Jahren fällig werdenden Ablaufleistung einer **Kapitallebensversicherung** hat das OLG Frankfurt[8] nach dem gegenwärtigen wirtschaftlichen Interesse des Klägers unter Abzinsung des Gesamtbetrages ermittelt und davon noch einen Abschlag von 20 % vorgenommen.

2143

Klagt die Versicherungsgesellschaft auf Feststellung des Nichtbestehens des Versicherungsvertrages, dann ist wertmäßig von ihrem Interesse an der Nichtzahlung der Versicherungssumme auszugehen.[9]

2144

---

1 OLG Schleswig JurBüro 1954, 230.
2 LG Lübeck JurBüro 1959, 376.
3 KG Rpfleger 1962, 118.
4 OLG Frankfurt GRUR 1955, 459; vgl. das Stichwort „Veröffentlichungsbefugnis".
5 NJW 1959, 890.
6 BGH NJW 1965, 1198; OLG Düsseldorf VersR 1974, 1034; OLG Hamm AnwBl. 1984, 95 = VersR 1984, 257 = KostRsp. ZPO § 3 Nr. 684 mit Anm. *Schneider.*
7 OLG Nürnberg VersR 1978, 854.
8 OLG Frankfurt, Beschl. v. 20. 10. 2000 – 7 U 20/00, OLGR 2001, 59.
9 OLG Bamberg JurBüro 1985, 1703 = KostRsp. ZPO § 3 Nr. 786.

2145 Wird mit der Klage der Fortbestand eines Versicherungsvertrages trotz einer Anfechtung/eines Rücktritts des Versicherers geltend gemacht, beläuft sich der Wert auf die 3,5fachen Jahresprämie abzüglich 20 %.[1]

2146 Handelt es sich um eine **Berufsunfähigkeitszusatzversicherung**, dann ist das Interesse des Klägers nur mit 50 % des Wertes einer entsprechenden Leistungsklage bemessen worden, wenn der Eintritt des Versicherungsfalls zwar behauptet wird, tatsächlich aber bislang ungeklärt geblieben ist, ob der Kläger tatsächlich berufsunfähig ist.[2]

2147 Bei einer Klage auf Feststellung des Fortbestehens einer **Risikolebensversicherung** hat der BGH[3] das Interesse lediglich auf 20 % der versprochenen Versicherungssumme bemessen.

2148 Der Streitwert der Klage einer **Haftpflichtversicherungsgesellschaft** gegen ihren Versicherungsnehmer, der aus einem Unfall als Schädiger in Anspruch genommen wird, auf Feststellung, dass ein Anspruch gegen sie nicht besteht, bewertet sich gemäß § 3 ZPO nach der Höhe der gegen den Schädiger erhobenen Ansprüche.[4]

2149 Der **Rechtsschutzversicherer** gewährt Deckungsschutz immer nur für eine Instanz. Für die höhere Instanz ist eine erneute Erfolgsprüfung vorgeschaltet. Das ist schon deshalb erforderlich, weil sich nach Abschluss einer Instanz die Sach- und Rechtslage wesentlich anders als zu Beginn des Rechtsstreits darstellen kann. Beispielsweise kann der Gegner eine Urkunde vorgelegt haben, die alle bisherigen tatsächlichen Zweifel beseitigt hat. Deshalb ist der Streitwert der Deckungsklage gegen einen Rechtsschutzversicherer auf die Kosten der Instanz zu beschränken, für die zunächst Deckungsschutz verlangt wird.

2150 Soweit ein Verfahren auf Erlass einer einstweiligen Verfügung vorzuschalten ist, sind dessen voraussichtliche Kosten hinzuzurechnen.[5]

2151 Der Anspruch auf Feststellung, dass die Versicherungsgesellschaft Versicherungsschutz zu gewähren habe, hat nicht denselben Gegenstand wie der **Widerklageantrag** der Versicherung auf Zahlung eines ihr von der Finanzierungsgesellschaft abgetretenen Anspruchs aus dem Finanzierungsvertrag.[6] Insofern ist § 45 Abs. 1 S. 3 GKG nicht anzuwenden.

---

1 OLG Köln, Beschl. v. 26. 2. 1993 – 20 W 15/93, MDR 1996, 1194; LG Magdeburg, Urteil v. 1. 2. 2002 – 1 S 583/01, VersR 2003, 263.
2 BGH, Beschl. v. 13. 12. 2000 – IV ZR 279/99, NJW-RR 2001, 316.
3 BGH, Beschl. v. 23. 7. 1997 – IV ZR 38/97, NJW-RR 1997, 1562.
4 OLG Frankfurt JurBüro 1962, 423.
5 OLG Hamm AnwBl. 1984, 95 = VersR 1984, 257 = KostRsp. ZPO § 3 Nr. 684 mit Anm. *Schneider*.
6 OLG Frankfurt JurBüro 1964, 900.

Vollstreckung

Behauptet der Vollstreckungsschuldner, der Gläubiger habe zugesagt, er werde von einem Vollstreckungstitel keinen Gebrauch machen, und begehrt er ein Feststellungsurteil darüber, dass aus diesem Grunde eine Vollstreckung des Titels und der aufgrund des Titels festgesetzten Kosten nicht erfolgen darf, so sind die Kosten Nebenforderung und daher dem Streitwert nicht hinzuzurechnen.[1]

2152

Vorerbe

Die Klage auf Feststellung, dass der Kläger Vorerbe ist, ist nach seinem Interesse an der (späteren) Beteiligung am Nachlass zu bemessen. Die entsprechende Schätzung nach § 3 ZPO hat insbesondere die dem Kläger zustehende Quote und den vermutlichen Bestand des Nachlasses im Zeitpunkt des Nacherbfalls unter Berücksichtigung der Art der Vorerbschaft (befreiter oder nicht befreiter Vorerbe) einzubeziehen.

2153

Wird festgestellt, dass der Kläger – Schwiegersohn der Beklagten – neben seinen Kindern Nacherbe an der Nachlasshälfte des verstorbenen Ehemannes der Beklagten sei, dann bemisst sich die Rechtsmittelbeschwer der Beklagten, die diese Feststellung bekämpft, an dem Interesse, das sie als Vorerbin an dem Wegfall dieser Nacherben-Feststellung hat. Für die Rechtsmittelinstanz kommt es also nicht mehr auf das Interesse des (siegreichen) Klägers an. Die Beschwer ist nur danach zu bestimmen, ob und was die angegriffene Entscheidung dem Rechtsmittelkläger versagt oder auferlegt hat. Das Interesse des Vorerben am Wegfall der Feststellung, wer nun Nacherbe sei, ist regelmäßig gering zu bewerten. Der BGH[2] hat bei einem Nachlasswert von 100 000 bis 130 000 DM den Streitwert für die Revision mit 5000 DM angesetzt.

2154

Vorkaufsrecht

Bei einer Klage auf Feststellung des Bestehens oder Nichtbestehens eines Vorkaufsrechts nach Ausübung dieses Rechts durch den Vorkaufsberechtigten bestimmt sich der Streitwert nach dem Interesse des Klägers an der begehrten Feststellung, das – unter Ausschluss des § 6 ZPO – nach § 3 ZPO zu schätzen ist.[3] Einen Anhaltspunkt für die Bewertung bietet der Grundstückswert, der jedoch in der Regel wertmäßig nicht erreicht wird.

2155

Werbefilm

Bei einer Feststellungsklage dahin, dass ein Werbeverwaltungsvertrag über die Vorführung von Diapositiven, Werbefilmen und Film-Diapositiven in einem

2156

---

1 BGH ZZP 69, 1956, 276.
2 BGH, KostRsp. ZPO § 3 Nr. 263.
3 BGH JurBüro 1957, 224.

Filmtheater durch die Kündigung des Beklagten nicht aufgelöst sei, sondern noch bis zum Ablauf der vereinbarten Vertragszeit fortbestehe, berechnet sich deren Streitwert nicht nach dem mutmaßlichen Reingewinn des Klägers für die restliche Vertragsdauer, sondern nach seinen voraussichtlichen Umsätzen für diese Zeit.[1]

Widerklage

2157 Gegenstand einer negativen Feststellungswiderklage sind Ansprüche des Klägers, die, ohne Gegenstand der Klage zu sein, zwischen den Parteien streitig sind, deren sich der Kläger also in irgendeiner Form berühmt haben muss. Der Wert richtet sich dabei nach dem Umfang dieser Berühmung.

2158 Bezieht sich die negative Feststellungsklage auf die Klageforderung, ist gemäß § 45 Abs. 1 GKG zu differenzieren: Betreffen Klage und Widerklage denselben Gegenstand, so ist nur der höhere Wert maßgeblich. Ein solcher gleicher Gegenstand im Sinne des § 45 Abs. 1 S. 3 GKG liegt vor, wenn dem einen Antrag nur unter Zurückweisung des anderen stattgegeben werden kann. Ansonsten sind die Werte von Klage und Widerklage zu addieren.

2159 Vor diesem Hintergrund ist die Entscheidung des OLG Düsseldorf[2] zumindest missverständlich: Gegen die Klage des Verkäufers auf den Restkaufpreis erhob der Käufer negative Feststellungswiderklage darauf, dass der Kaufpreis vollständig gezahlt und daher kein Restbetrag mehr geschuldet sei. Der Senat hat ausgeführt, dass sich der Wert der Feststellungswiderklage aufgrund einer wirtschaftlichen Betrachtungsweise nur auf den Wert der noch im Streit stehenden Forderung beziehe. Wenn aber der Verkäufer sich nur noch des Restkaufpreises berühmt, dann zielt die negative Feststellungswiderklage genau auf diese Forderung ab und betrifft – da ihr nur bei Zurückweisung des Klageantrags stattgegeben werden kann – denselben Gegenstand. Folglich beläuft sich nicht der Streitwert der Feststellungswiderklage, sondern der Wert von Klage **und** Widerklage auf den Restkaufpreis.

2160 Für die Beantwortung der Frage, ob und in welchem Umfang der Kläger sich weitergehender Forderungen berühmt hat, ist grundsätzlich von der Darstellung des Beklagten (Widerklägers) auszugehen, da der Streitwertberechnung der Vortrag des jeweiligen Klägers (Widerklägers) zugrunde zu legen ist.[3] Anderenfalls würde der beklagte Gegner mit seinen Wertangaben den Streitwert und damit die Kosten des Klage(Widerklage)angriffs bestimmen.

2161 Ist Gegenstand der Feststellungswiderklage von Anfang an nur ein Teil einer Forderung, dann ist nur dieser Anspruchsteil beim Streitwert zu berücksichtigen. Lässt der Widerkläger im Verlaufe des Prozesses einzelne Schadensposten

---

1 OLG Celle JurBüro 1969, 978 mit Anm. *Schneider.*
2 OLG Düsseldorf, Beschl. v. 17. 2. 2003 – 5 W 2/03, BauR 2003, 1760.
3 KG Rpfleger 1962, 153; OLG Düsseldorf, Beschl. v. 14. 11. 2002 – 4 WF 121/02, MDR 2003, 236; OLG Düsseldorf AnwBl. 1969, 403.

fallen, dann vermindert sich zwar der Streitwert, jedoch nur für die Zukunft, so dass bereits erwachsene Gebühren unberührt bleiben.[1]

Es ist unerheblich, dass sich für den unterlegenen Beklagten aus der Abweisung der begrenzten Feststellungswiderklage mittelbar ergibt, dass auch eine nicht eingeschränkte Feststellungswiderklage erfolglos geblieben wäre.[2]   2162

Wiederkehrende Leistung

Der Wert einer **positiven** Feststellungsklage, die wiederkehrende Leistungen zum Gegenstand hat, ist regelmäßig mit 80 % des Wertes der entsprechenden Leistungsklage anzusetzen, auch wenn die Leistungen von Gegenleistungen abhängig sind.[3]   2163

Handelt es sich um eine **negative** Feststellungsklage, die wiederkehrende Leistungen zum Gegenstand hat, dann ist der Streitwert nicht geringer als bei der entsprechenden Leistungsklage anzusetzen, in den Fällen des § 42 Abs. 2 GKG also regelmäßig auf den fünffachen Jahresbetrag,[4] in den Fällen des § 42 Abs. 3 GKG auf den dreifachen Jahresbetrag[5] oder bei Anwendung des § 9 ZPO auf den 3,5fachen Jahresbetrag.   2164

Die Vorschrift des § 42 Abs. 5 GKG ist auf Feststellungsklagen nicht anwendbar, weil die Feststellungsklage sich ihrem Wesen nach nur auf zukünftige Leistungen bezieht. Soweit bei Klageerhebung Rückstände bestehen, die beziffert werden können, müssen diese mit einem Leistungsantrag geltend gemacht werden. Einer Feststellungsklage fehlt insoweit das nach § 256 ZPO erforderliche Rechtsschutzinteresse.[6]   2165

Das LAG Frankfurt[7] berechnet den Wert einer Feststellungsklage auf wiederkehrende Leistungen so, dass die Rückstände bis zur Klageeinreichung dem Wert des Zukunftsbegehrens hinzugerechnet und davon 20 % abgezogen werden. Das soll auch dann gelten, wenn wegen der Rückstände keine besondere Leistungsklage erhoben worden ist. Diese Bewertung ist falsch, da die Rückstände nicht eingeklagt worden sind und dementsprechend auch nicht tituliert werden.   2166

Wirksamkeit eines Vertrages

Klagen mehrere Miterben gegen einen anderen Miterben auf Feststellung der Wirksamkeit eines von der Erbengemeinschaft mit einem Dritten abgeschlos-   2167

---

1 OLG Düsseldorf AnwBl. 1969, 403.
2 OLG Neustadt Rpfleger 1967, 2.
3 BAG NJW 1961, 1788 unter Aufgabe von BAG AP § 3 ZPO Nr. 1.
4 BAG JZ 1961, 666, unter Berufung auf BGHZ 2, 726 und unter Aufgabe von BAG AP § 3 ZPO Nr. 2.
5 BAG AP § 3 ZPO Nr. 7.
6 Vgl. BGH, KostRsp. ZPO § 3 Nr. 293.
7 LAG Frankfurt NJW 1966, 691.

senen Pachtvertrages, so bestimmt sich der Streitwert nicht nach der Höhe der Pacht, sondern nach dem Interesse des Klägers am Bestand des Pachtvertrages.[1]

2168 Wollen Käufer festgestellt wissen, dass ihre Erwerbspflicht nicht besteht, richtet sich der Wert der negativen Feststellungsklage nach dem vereinbarten Kaufpreis ohne Berücksichtigung der Gegenleistung.[2]

Wohnrecht

2169 Der Streitwert einer Klage auf Feststellung des Nichtbestehens eines dinglichen Wohnrechts entspricht für die Gebührenerhebung gemäß § 41 GKG dem einjährigen Mietwert.[3]

2170 Für die sachliche Zuständigkeit ist der Wert dagegen nach § 3 ZPO festzusetzen.[4]

Wohnungsnutzungsrecht

2171 Der Streitwert einer negativen Feststellungsklage dahin, dass der Mieter zur unentgeltlichen Nutzung der Wohnung auf Lebenszeit nicht berechtigt sei, bemisst sich nach § 3 ZPO und damit nach dem Interesse des klagenden Vermieters am Obsiegen. Bei der Bemessung des Streitwerts kann § 9 ZPO als Richtschnur herangezogen werden. Dabei ist jedoch zu berücksichtigen, dass auch ein auf Lebenszeit des Mieters abgeschlossener Mietvertrag vorzeitig beendet werden kann.[5]

Zurückbehaltungsrecht

2172 Zug-um-Zug-Leistungen mindern den Wert der Leistungsklage nicht und deshalb auch nicht den Wert der negativen Feststellungsklage.[6]

Film

2173 Verlangt der Kläger die **Herausgabe von Filmmaterial**, das zum Zwecke gewerblicher Nutzung hergestellt worden ist (z.B. Kinofilme, Videofilme etc.), bestimmt sich der gemäß § 6 ZPO für den Streitwert maßgebliche Verkehrswert nach den Verwertungsmöglichkeiten. Diese sind mit einem Bruchteil des zu

---

1 BGH ZMR 1956, 55.
2 OLG Hamm, Beschl. v. 9. 11. 2002 – 21 U 115/02, AnwBl. 2003, 597.
3 OLG Frankfurt NJW 1963, 1930; OLG Celle Nds.Rpfl. 1964, 106; LG Hildesheim JVBl. 1964, 127.
4 OLG Celle Nds.Rpfl. 1964, 106; LG Hildesheim JVBl. 1964, 127.
5 OLG Celle JurBüro 1966, 427.
6 OLG Nürnberg JurBüro 1966, 876.

erwartenden Netto-Verwertungserlöses zu beziffern. Der Materialwert oder die Kosten der Filmerstellung bleiben unberücksichtigt.[1]

Bei einer auf Feststellung gerichteten Klage, dass ein **Werbeverwaltungsvertrag** **über die Vorführung von Werbefilmen** durch eine Kündigung des Beklagten nicht aufgelöst werde, sondern für die Dauer der vereinbarten Vertragszeit fortbestehe, ist der Streitwert nach § 3 ZPO zu schätzen. Abzustellen ist dabei auf die voraussichtliche Umsatzminderung,[2] wobei jedoch bei längerfristigen Verträgen der mutmaßliche Gewinn nicht außer Ansatz bleiben sollte. **2174**

Demgegenüber richtet sich die Bewertung nach §§ 8 ZPO, 41 Abs. 1 GKG (16 Abs.1 GKG a.F.) bei Streitigkeiten über **Bestand oder Dauer eines Filmverleihvertrages**, da hier die entgeltliche Gebrauchsüberlassung des Filmmaterials im Vordergrund steht.[3] **2175**

Bei der Streitwertbemessung des Anspruchs auf Unterlassung der **Störung der Vorführung eines Filmes** durch Filmhersteller oder Filmverleiher ist gemäß § 3 ZPO deren Interesse an der ungestörten Auswertung maßgeblich.[4] **2176**

Finanzierungskosten

Für die Schätzung des Verkehrswertes einer finanzierten Kaufsache sind die Finanzierungskosten außer Betracht zu lassen.[5] Im Rahmen des Schadensersatzanspruches sind Finanzierungskosten – beispielsweise für einen Unfallkredit – aber mit ihrem Wert anzusetzen. Es handelt sich dann nicht um Nebenforderungen i.S.d. § 43 Abs. 1 GKG.[6] **2177**

Fischereirecht

Bei einem Streit über das Bestehen einer selbständigen Fischereigerechtigkeit ist § 7 ZPO unanwendbar.[7] Maßgebend ist vielmehr § 3 ZPO (ebenso bei dem vergleichbaren Streit über das Recht, Ton zu entnehmen oder Bausteine zu brechen).[8] **2178**

---

1 OLG Frankfurt MDR 1957, 48; *Anders/Gehle/Kunze*, Stichwort „Besitz" Rn. 18; *Hillach/Rohs*, S. 192.
2 OLG Celle JurBüro 1969, 978.
3 *Anders/Gehle/Kunze*, Stichwort „Miete und Pacht" Rn. 7.
4 OLG Hamburg GRUR 1959, 492.
5 OLG Köln JurBüro 1971, 86.
6 *Schneider* AGS 2005, 323 (324).
7 OLG München DJZ 1911, 1123.
8 OLG Oldenburg OLGE 4, 263.

2179 Der Wert des Streitgegenstandes ist bei einer Klage auf Verbot des Fischens mit der Begründung, das Fischereirecht stehe dem Kläger und nicht dem Beklagten zu, nach § 3 ZPO zu schätzen.[1]

2180 Anhaltspunkte für diese Schätzung bieten der im gewöhnlichen Geschäftsverkehr erzielbare Kaufpreis für das Fischereirecht, ferner die bei einer Trennung des Fischereirechts vom Grundeigentum etwa eintretende Wertminderung des Grundstücks sowie schließlich – für die Ermittlung der Rechtsmittelbeschwer – der Betrag, der dem 20fachen Jahresbetrag entspricht, der sich durch eine Verpachtung des Fischereibetriebes nachhaltig erzielen lässt.[2]

2181 Ist ständige Verpachtung beabsichtigt, setzt OLG Celle[3] den 25fachen Jahresbetrag an, insoweit vom BGH abweichend. Wird bei der Schätzung im Rahmen des § 3 ZPO der § 9 ZPO herangezogen, ist bei der älteren Rechtsprechung zu berücksichtigen, dass § 9 ZPO i.d.F. des RpflegeEntlG 1993 nur noch den 3,5fachen Jahresbetrag vorsieht.

Folgesachen

2182 Nach § 623 Abs. 1 S. 1 ist in Familiensachen des § 621 Abs. 1 Nr. 5 bis 9 und Abs. 2 S. 1 Nr. 4 ZPO, soweit eine Entscheidung für den Fall der Scheidung zu treffen ist und von einem Ehegatten rechtzeitig begehrt wird, ist hierüber gleichzeitig und zusammen mit der Scheidungssache zu verhandeln und, sofern dem Scheidungsantrag stattgegeben wird, zu entscheiden (**Folgesachen**).

2183 Hierzu zählen also Familiensachen betreffend
– die durch Ehe begründete gesetzliche Unterhaltspflicht (§ 621 Abs. 1 Nr. 5 ZPO),
– den Versorgungsausgleich (§ 621 Abs. 1 Nr. 6 ZPO),
– Regelungen nach der Verordnung über die Behandlung der Ehewohnung und des Hausrats (§ 621 Abs. 1 Nr. 7 ZPO),
– Ansprüche aus dem ehelichen Güterrecht, auch wenn Dritte am Verfahren beteiligt sind (§ 621 Abs. 1 Nr. 8 ZPO),
– Verfahren nach den §§ 1382 und 1383 BGB (§ 621 Abs. 1 Nr. 9 ZPO),
– in den Fällen des § 621 Abs. 1 Nr. 4 ZPO (die durch Verwandtschaft begründete gesetzliche Unterhaltspflicht) die Unterhaltspflicht gegenüber einem gemeinschaftlichen Kind mit Ausnahme von Vereinfachten Verfahren zur Abänderung von Unterhaltstiteln (§ 621 Abs. 2 S. 1 ZPO).

2184 Folgesachen sind nach § 623 Abs. 2 S. 1 ZPO auch rechtzeitig von einem Ehegatten anhängig gemachte Familiensachen nach

---

1 BGH, Urteil v. 9. 6. 1969 – III ZR 231/65, JurBüro 1969, 835 = LM Nr. 40 zu § 3 ZPO.
2 BGH, Urteil v. 9. 6. 1969 – III ZR 231/65, JurBüro 1969, 835 = LM Nr 40 zu § 3 ZPO.
3 OLG Celle, Beschl. v. 21. 7. 1972 – 7 U 16/72, JurBüro 1972, 917.

– § 621 Abs. 2 S. 1 Nr. 1 ZPO im Fall eines Antrags nach § 1671 Abs. 1 des Bürgerlichen Gesetzbuchs,

– § 621 Abs. 2 S. 1 Nr. 2 ZPO, soweit deren Gegenstand der Umgang eines Ehegatten mit einem gemeinschaftlichen Kind oder einem Kind des anderen Ehegatten ist, und

– § 621 Abs. 2 S. 1 Nr. 3 ZPO,

also Verfahren über

– die elterliche Sorge für ein Kind, soweit nach den Vorschriften des Bürgerlichen Gesetzbuchs hierfür das Familiengericht zuständig ist, (§ 621 Abs. 2 S. 1 Nr. 1 ZPO),

– die Regelung des Umgangs mit einem Kind, soweit nach den Vorschriften des Bürgerlichen Gesetzbuchs hierfür das Familiengericht zuständig ist, (§ 621 Abs. 2 S. 1 Nr. 2 ZPO),

– die Herausgabe eines Kindes, für das die elterliche Sorge besteht, (§ 621 Abs. 2 S. 1 Nr. 3 ZPO).

Scheidung und Folgesachen gelten nach § 46 Abs. 1 S. 1 GKG als **eine einzige Angelegenheit**. Das gilt nach § 16 Nr. 4 RVG auf für die Anwaltsgebühren. Die Werte der Ehesache und der einzelnen Folgesachen sind zunächst gesondert zu festzusetzen und sodann nach § 46 Abs. 1 S. 1 zu addieren. Auch dies gilt für die Anwaltsgebühren (§ 23 Abs. 1 S. 1 RVG). 2185

Nur soweit aus der Ehesache oder einzelnen Folgesachen gesonderte Gebühren anfallen, richtet sich die Gebühren nach den einzelnen Gegenstandswerten. 2186

⊃ **Beispiel:**

Im Scheidungsverfahren (Werte: Ehesache 6000 Euro, Versorgungsausgleich 1000 Euro; Zugewinn 20 000 Euro) wird nur über den Zugewinn eine Einigung getroffen.

Die Gerichtsgebühren sowie Verfahrens- und Terminsgebühren der Anwälte richten sich nach dem Gesamtwert (§ 46 Abs. 1 S. 1 GKG) in Höhe von 27 000 Euro. Die Einigungsgebühr fällt dagegen nur aus 20 000 Euro an.

Wird über die Ehesache **vorab** (§ 628 ZPO) oder über die elterliche Sorge **vorweg** (§ 627 Abs. 2 ZPO) entschieden, bleibt der Verbund erhalten. Die Werte ändern sich nicht. Sie hierzu das Stichwort „Vorabentscheidung". 2187

Wird eine Folgesache aus dem Verbund **abgetrennt**, so entsteht dann eine gesonderte eine Angelegenheit, so dass der Gegenstandswert gesondert zu berechnen ist. Im Verfahren der elterlichen Sorge, der Kinderherausgabe und des Umgangsrechts ändert sich jetzt der Streitwert, da dann eine FGG-Sache gegeben ist. Siehe dazu das Stichwort „Abtrennung": 2188

War zunächst ein Verfahren auf elterliche Sorge, Umgangsrecht oder Kindesherausgabe isoliert betrieben worden und ist es dann nach Anhängigkeit der Ehescheidung hierzu **verbunden** worden, also in dem Verbund aufgenommen worden, ändert sich ebenfalls der Streitwert. Bereits verdiente Gebühren bleiben allerdings erhalten. Siehe hierzu das Stichwort „Aufnahme in den Verbund". 2189

2190　Werden Folgesachen **isoliert angefochtenen**, ist nur deren Wert maßgebend (§ 47 GKG).

2191　Im Falle der isolierten Anfechtung einer Folgesache Umgangsrecht, elterliche Sorge oder die der Herausgabe wird allerdings auch zum Teil jetzt der höhere Wert nach der KostO angenommen. Siehe hierzu die Stichwörter „Elterliche Sorge", „Umgangsrecht" und „Kindesherausgabe".

Forderung

2192　Der Streitwert einer **bezifferten Geldforderung** bestimmt sich nach der Summenangabe.[1]

2193　Bei **unbezifferten Zahlungsanträgen**, wie etwa bei Schmerzensgeldklagen, ist nach zutreffender Ansicht auf den Betrag abzustellen, der auf Grundlage des klägerischen Tatsachenvortrages angemessen wäre. Beantragt der Kläger die Zuerkennung eines Mindestbetrages, so bestimmt dieser die untere Grenze des Streitwertes.

Geht es um die **Sicherstellung der Forderung**, dann ist ebenfalls deren Betrag maßgebend (§ 6 ZPO), sofern nicht das Sicherungsgut geringerwertig ist.

2194　Bildet den Streitgegenstand ein **in ausländischer Währung ausgedrückte Geldschuld**, z.B. bei einer echten Fremdwährungsschuld[2] oder bei der Vollstreckbarerklärung eines ausländischen Urteils oder eines Schiedsspruches, dann ist für den Zuständigkeitsstreitwert auf den Umrechnungsbetrag in Euro zum Zeitpunkt der Klage- bzw. Antragseinreichung (Anhängigkeit) abzustellen, § 4 Abs. 1 ZPO. Nach Anhängigkeit eintretende Veränderungen durch Kursschwankungen, gleich in welche Richtung, bleiben unberücksichtigt.[3]

2195　Dies gilt im Grundsatz auch für den Gebührenstreitwert, d.h. maßgebend ist gemäß § 40 GKG (§ 15 GKG a.F.) der **Umrechnungsbetrag bei Anhängigkeit**.[4] Siehe auch das Stichwort „Ausländische Währung".

2196　Unerheblich für die Bewertung ist das **Verteidigungsverhalten des Beklagten**. Bestreitet er nur die Fälligkeit, dann ist gleichwohl der volle Betrag maßgebend, weil der Kläger darüber einen Titel erstrebt.[5] Dies gilt ebenso, wenn der Beklagte sich gegenüber der Klageforderung auf ein Zurückbehaltungsrecht

---

1 RG *Warneyer* 1912, 251.
2 RGZ 109, 61; LM § 116 BEG 1956 Nr. 18.
3 OLG Frankfurt KostRsp. GKG § 15 Nr. 8 = JurBüro 1991, 208 = MDR 1991, 164 = NJW 1991, 643; *Anders/Gehle/Kunze*, Stichwort „Ausländische Währung" Rn. 2.
4 OLG Düsseldorf, Beschl. v. 23. 11. 1999 – 10 W 124/99, OLGR 2000, 149 = JurBüro 2001, 316 = NJW-RR 2000, 1594; KG, Beschl. v. 31. 5. 1999 – 8 W 3707/99, KGR 1999, 279 = NJW-RR 2000, 215.
5 OLG Kiel SchlHA 1947, 205.

(§§ 273, 322 BGB) beruft. Demgegenüber ist von der Forderungssumme abweichende Bewertung geboten, wenn der vom Kläger bestimmte Streitgegenstand nur die Fälligkeit betrifft. Zu streitigen Einzelfragen siehe das Stichwort „Fälligkeit".

Ohne Bedeutung für die Wertbemessung sind die **Aussichten des Klägers auf Durchsetzung der eingeklagten Forderung** nach ihrer Titulierung.[1] Indessen werden auch insoweit schon Abstriche aufgrund wirtschaftlicher Betrachtungsweise gemacht.[2]

Verbindet der Kläger in seiner Klage Ansprüche auf Leistung mit **Ansprüchen auf Sicherung seines Leistungsinteresses**, kommt regelmäßig eine Wertaddition nicht in Betracht. Dies ist etwa der Fall, wenn bei einer Klage auf Zahlung zugleich auf Sicherstellung des geforderten Betrages,[3] Einwilligung zur Eintragung einer Bauhandwerkersicherungshypothek[4] oder einer Reallast geklagt wird.[5] Hier bestimmt sich der Streitwert nach dem Wert des Zahlungsanspruchs, da beide Anträge denselben Gegenstand betreffen.

Ist die Klage neben dem Leistungsantrag auf **Feststellung eines Rechtsverhältnisses** gerichtet, scheidet eine Wertaddition regelmäßig aus, wenn der Leistungsanspruch aus demselben Rechtsverhältnis resultiert.[6]

Werden neben dem Leistungsanspruch **vorbereitende, unterstützende oder nachbereitende Zusatzanträge** gestellt, ist zu prüfen, ob diesen ein vom Leistungsanspruch abweichendes wirtschaftliches Interesse zugrunde liegt. Ist das zu verneinen, sind die Einzelwerte zu addieren; anderenfalls ist der höchste Einzelwert maßgeblich. So liegt etwa bei einer Klage auf Darlehensrückzahlung und Herausgabe des damit in Zusammenhang stehenden Grundschuldbriefs wirtschaftliche Gleichheit vor, so dass nur ein Streitwert anzunehmen ist.[7]

Siehe zu den Einzelheiten unter dem Stichwort „Mehrere Ansprüche".

2197
2198
2199
2200
2201

---

1 RGZ 25, 367; LAG Hamm, Beschl. v. 8. 8. 1991 – 8 Ta 252/91, KostRsp. ZPO § 3 Nr. 1055 = MDR 1991, 1203 = BB 1991, 2227 = JurBüro 1992, 116 = LAGE ZPO § 3 Nr. 7.
2 S. *Schneider* Anm. zu KostRsp. ZPO § 3 Nr. 890 sowie die Stichwörter „Pfändung", „Vergleich" und „Vollstreckungsgegenklage".
3 OLG Nürnberg JurBüro 1967, 74; OLG Köln JMBl.NW 1968, 201.
4 KG, Beschl. v. 12. 9. 1997 – 4 W 1583/87, KostRsp. ZPO § 5 Nr. 95 = KGR 1997, 283 = BauR 1998 = 829; OLG Frankfurt JurBüro 1977, 1136; OLG Koblenz, Beschl. v. 14. 3. 2003 – 8 W 147/03, OLGR 2003, 256; OLG Köln DB 1974, 429; OLG Nürnberg JurBüro 1968, 543; *Anders/Gehle/Kunze*, Stichwort „Klagenhäufung" Rn. 15.
5 OLG Nürnberg JurBüro 1964, 684; OLG Celle, Beschl. v. 21. 4. 1983 – 4 W 68/83, KostRsp. ZPO § 5 Nr. 52 mit Anm. *Schneider* = Nds.Rpfl. 1983, 159.
6 OLG München, Beschl. v. 20. 3. 1984 – 24 W 48/84, KostRsp. ZPO § 3 Nr. 706 mit Anm. *Schneider* = JurBüro 1984, 1235; *Anders/Gehle/Kunze*, Stichwort „Klagenhäufung" Rn. 14.
7 OLG München MDR 1968, 769.

Forderungsverzicht

2202 Wird in einem Vergleich oder in einer Einigung auf Forderungen verzichtet, die im Prozess verteidigungshalber zur **Aufrechnung** gestellt worden sind, so ist zu differenzieren:

2203 Sind die Beträge primär zur Aufrechnung gestellt, erhöhen sie den Streitwert nicht, weil dies ein einfaches Bestreiten der Klageforderung darstellt.

2204 Sind die Beträge hilfsweise zur Aufrechnung gestellt worden, dann sind sie nach § 45 Abs. 4, 3 GKG dem Wert der Klageforderung hinzuzurechnen. Die gegenteilige Auffassung des OLG Celle[1] ist durch die Neufassung des Gesetzes längst überholt.

2205 Zu beachten ist aber wiederum, dass sich der **Streitwert des Verfahrens** nur insoweit erhöht, als eine der Rechtskraft fähige Entscheidung über die Gegenforderung möglich gewesen wäre, also nur bis zur Höhe der Klageforderung. Für den Wert des Vergleichs ist dagegen die volle Gegenforderung zu berücksichtigen. Soweit sie über den Wert der Klage hinausgeht, handelt es sich um einen Mehrwert des Vergleichs.

⊃ **Beispiel:**

Eingeklagt sind 10 000 Euro. Der Beklagte bestreitet die Klageforderung und verteidigt sich mit einer Gegenforderung in Höhe von 15 000 Euro, die der Kläger wiederum bestreitet. Später schließen die Parteien einen Vergleich, wonach der Beklagte zum Ausgleich der Klageforderung 5000 Euro zahle und auf seine weitergehende Forderung verzichte.

Der Wert der Verfahrens beläuft sich auf 20 000 Euro (§ 45 Abs. 3, 4 GKG); der Wert des Vergleichs auf 25 000 Euro. Er hat also einen Mehrwert von 5000 Euro.

Freies Ermessen

Siehe das Stichwort „Ermessen".

Freigabe

Literatur: *Gerold*, Freigabeaufforderung gegenüber mehreren Pfändungsgläubigern, Jur-Büro 1955, 425.

2206 Bei der Klage auf Freigabe handelt es sich um eine Klage auf **Abgabe einer Willenserklärung**, nämlich der Zustimmung zur Auszahlung eines Geldbetra-

---

1 OLG Celle, Beschl. v. 7. 1. 1959 – 11 W 70/58, JurBüro 1959, 377.

ges oder zur Herausgabe eines Gegenstandes durch einen Dritten.[1] Dem entsprechend ist für die Bewertung darauf abzustellen, welcher vermögensrechtliche Erfolg mit der erzwungenen Erklärung angestrebt wird.

Erstrebt der Kläger die **Freigabe eines Gegenstandes** bestimmt sich der Streitwert gemäß § 6 ZPO, § 48 Abs. 1 GKG (§ 12 Abs. 1 GKG a.F.) nach dem Wert der Sache, mithin nach deren Verkehrswert. Für die Einzelheiten wird auf das Stichwort „Verkehrswert" verwiesen.   2207

Fordert der Kläger die **Freigabe eines Geldbetrages oder Guthabens**, das der Beklagte gesperrt hält, so bestimmt sich der Streitwert nach dem vollen Betrag der Klageforderung[2] bzw. dem streitigen Betrag einschließlich aufgelaufener Zinsen.[3]   2208

In beiden Fällen ist eine **wirtschaftliche Betrachtungsweise** geboten und zu beachten, dass dem Kläger nicht an einer Freigabe schlechthin, sondern gerade durch den Beklagten gelegen ist. Der Beklagte wiederum stellt sich dem Freigabeverlangen nur insoweit entgegen, als er eigene Rechte an dem hinterlegten Gegenstand bzw. Betrag geltend macht. Unterschreiten seine Ansprüche den Wert des Gegenstandes bzw. den freizugebenden Geldbetrag, ist der nur dieser Teilbetrag für die Bewertung maßgeblich.[4]   2209

Besteht daher nur über die **Fälligkeit** einer ansonsten unstreitigen Freigabeverpflichtung Streit, ist dementsprechend auf das Interesse des Klägers an der sofortigen Verfügungsmöglichkeit abgestellt[5] – siehe auch unter dem Stichwort „Fälligkeit".   2210

Ist der Kläger nur **gemeinsam** mit einem oder mehreren Dritten **berechtigt**, die Freigabe zu verlangen, richtet sich der Streitwert nach der Höhe seines Anteils.[6]   2211

Verlangt der Kläger Freigabe eines hinterlegten Betrages, der im **zugleich gestellten Zahlungsantrag** mitenthalten ist, besteht wirtschaftlicher Zusammenhang, so dass die Antragswerte nicht addiert werden.[7]   2212

Klagen beide Parteien wechselseitig auf Freigabe eines hinterlegten Betrages, betreffen **Klage und Widerklage** denselben Gegenstand i.S. des § 45 Abs. 1 S. 3   2213

---

1 Zöller/*Herget*, § 3 Rn. 16 unter „Hinterlegung".
2 OLG Kiel SchlHA 1947, 205.
3 BGH MDR 1967, 280 = NJW 1967, 930; OLG Frankfurt, Beschl. v. 17. 3. 1994 – 22 W 18/94, KostRsp. ZPO § 5 Nr. 93 = OLGR 1993, 4, 96; OLG Nürnberg, Beschl. v. 1. 7. 2002 – 4 W 1675/02, OLGR 2003, 79 = KostRsp. § 3 ZPO Nr. 1408; Zöller/*Herget*, § 3 Rn. 16 unter „Hinterlegung".
4 OLG Nürnberg, Beschl. v. 1. 7. 2002 – 4 W 1675/02, KostRsp. ZPO § 3 Nr. 1408 = OLGR 2003, 79; Zöller/*Herget*, § 3 Rn. 16 unter „Hinterlegung".
5 Unklar Baumbach/Lauterbach/*Hartmann*, Anhang zu § 3 Rn. 57, dort unter „Freigabe".
6 KG AnwBl. 1978, 107; *Hartmann*, GKG, Anh. § 48 (§ 3 ZPO) Rn. 71, dort unter „Hinterlegung".
7 OLG Frankfurt, Beschl. v. 17. 3. 1994 – 22 W 18/94, KostRsp. ZPO § 5 Nr. 93 = OLGR 1994, 96.

GKG (§ 19 Abs. 1 S. 3 GKG a.F.). Eine Zusammenrechnung der Einzelwerte scheidet aus.[1]

2214 Siehe näher bei den Stichwörtern „Hinterlegung" und „Forderung".

Freistellung

Literatur: *Weisbrodt,* Die Berücksichtigung von Nebenforderungen beim Wert des Freistellungsanspruchs, JurBüro 1995, 115 ff.; *Görmer,* Berücksichtigung von Zinsen und Kosten beim Wert der Befreiungsklage, NJW 1999, 1309 ff.

2215 Verlangt der Kläger Freistellung von einer **unbezifferten Leistungsverpflichtung,** handelt es sich um eine Feststellungsklage. Für die Wertberechnung ist auf den Wert des fiktiven Leistungsantrags abzüglich eines 20 %igen Abschlages abzustellen.[2]

2216 Wird auf **Freistellung in bezifferter Höhe** geklagt, bemisst sich der Wert gemäß § 3 ZPO, § 48 Abs. 1 GKG (§ 12 Abs. 1 GKG a.F.) nach dem Betrag der Hauptforderung, auf die Kläger in Anspruch genommen wird, soweit nicht ausnahmsweise aufgrund besonderer Umstände das Freistellungsinteresse geringer zu bewerten ist.[3] Für einen prozentualen Abschlag besteht kein Anlass, da auch der Anspruch auf Befreiung von einer Geldschuld vollstreckbar ist, wenngleich abweichend zur Verurteilung zur Zahlung nach § 887 ZPO.[4]

2217 Aufgelaufene **Zinsen** sind nicht werterhöhend zu berücksichtigen, da sie bezogen auf die Leistungsverpflichtung ihren Charakter als Nebenforderung nicht verlieren.[5] Geht es hingegen um die Freistellung von der Verpfändung eines Sparkontos, ist das jeweilige Kontoguthaben einschließlich Zinsen wertbestimmend.[6]

2218 Verlangt der Kläger die Freistellung auch wegen der **Kosten eines** wegen der Hauptforderung geführten **Vorprozesses,** sind diese werterhöhend zu berück-

---

1 KG Rpfleger 1962, 120.
2 BGH NJW-RR 1990, 985; KG, Beschl. v. 7. 7. 1998 – 4 U 9420/97, MDR 1998, 1310; OLG Frankfurt, Beschl. v. 22. 7. 1983 – 17 W 47/82, KostRsp. ZPO § 3 Nr. 655 mit Anm. *E. Schneider* = JurBüro 1983, 1561; Zöller/*Herget,* § 3 Rn. 16 unter „Befreiung".
3 BGH, Beschl. v. 15. 11. 1994 – XI ZR 174/94, KostRsp. ZPO § 6 Nr. 148 = BB 1995, 644 = LM ZPO § 6 Nr. 18 = MDR 1995, 196 = NJW-RR 1995, 362 = VersR 1995, 319 = WM 1995, 84 = ZIP 1994, 1977; WM 1990, 616; OLG Düsseldorf, FamRZ 1994, 57; OLG Köln, Beschl. v. 15. 5. 1985 – 2 U 37/85, MDR 1985, 769; *Anders/Gehle/Kunze,* Stichwort „Befreiung von einer Verbindlichkeit" Rn. 1.
4 OLG Köln, Beschl. v. 15. 5. 1985 – 2 U 37/85, MDR 1985, 769.
5 BGH, Beschl. v. 6. 10. 1960 – VII ZR 42/59, MDR 1961, 48 = WM 1960, 1254 = VersR 1960, 1049 = NJW 1960, 2336.
6 BGH, Beschl. v. 15. 11. 1994 – XI ZR 174/94, KostRsp. ZPO § 6 Nr. 148 = BB 1995, 644 = LM ZPO § 6 Nr. 18 = MDR 1995, 196 = NJW-RR 1995, 362 = VersR 1995, 319 = WM 1995, 84 = ZIP 1994, 1977.

sichtigen. Es handelt sich insoweit nicht um Nebenforderungen i.S. des § 4 Abs. 1 ZPO, § 43 Abs. 1 GKG (§ 22 Abs. 1 GKG a.F.), da deren Bestand nicht von der Durchsetzung des Freistellungsanspruch (materiell-rechtlich) abhängig ist.[1]

Bei einer Klage auf Befreiung von **persönlicher und dinglicher Schuld** sind Werte der Einzelansprüche nicht zusammenzurechnen, da insoweit wirtschaftliche Identität vorliegt.[2]   2219

Siehe weiter unter dem Stichwort „Befreiung von einer Verbindlichkeit".   2220

Früchte

Der Begriff der Früchte ist in § 99 BGB definiert. Sie bleiben bei der Wertberechnung als Nebenforderung unberücksichtigt (§ 43 Abs. 1 GKG, § 4 Abs. 1 ZPO). Werden sie als Hauptforderung geltend gemacht, ist ihr Wert maßgebend (§ 43 Abs. 2, § 3 GKG).   2221

Einzelheiten bei dem Stichwort „Nebenforderungen".   2222

Futterkosten

Futterkosten sind **Nebenforderungen** i.S. der § 4 Abs. 1 ZPO, § 43 GKG. Sie bleiben neben der Hauptforderung unberücksichtigt. Soweit Gebühren nur aus den Futterkosten als Nebenforderungen anfallen, ist deren Wert maßgebend, höchstens jedoch der Wert der Hauptsache (§ 43 Abs. 2 GKG).   2223

Werden sie **isoliert als Hauptforderung** geltend gemacht, ist der Wert des verlangten Betrages maßgebend (§ 3 ZPO; § 43 Abs. 3 GKG).   2224

Wird Klage auf **zukünftige Leistungen** erhoben, so ist zu schätzen, für welchen Zeitraum Futterkosten anfallen werden. Fehlen jegliche Anhaltspunkte, kann auf § 9 ZPO (3,5facher Jahreswert) zurückgegriffen werden.   2225

Werden sowohl Rückstände als auch laufende Leistungen geltend gemacht, so sind die Werte beider Anträge zu addieren (§ 5 ZPO; § 39 Abs. 1 GKG; § 22 RVG).   2226

---

1 OLG Bremen, Beschl. v. 23. 10. 2002 – 3 U 94/01, OLGR 2003, 176 = JurBüro 2003, 82 = AGS 2003, 214 mit zust. Anm. *N. Schneider*; diff. BGH, Urteil v. 21. 1. 1976 – IV ZR 123/74, MDR 1976, 649 = VersR 1976, 477; *Anders/Gehle/Kunze*, Stichwort „Befreiung von einer Verbindlichkeit, Rn. 1; *Görmer* NJW 1999, 1309 f.; *Hartmann*, Anh. § 48 GKG (§ 3 ZPO) Rn. 27 Stichwort „Befreiung".
2 KG JurBüro 1968, 466; *Hartmann*, Anh. § 48 GKG (§ 3 ZPO) Rn. 27 Stichwort „Befreiung"; *Zöller/Herget*, § 3 Rn. 16 unter „Befreiung".

Garantievertrag

2227　Für die Bewertung ist maßgebend, welche materiellen Rechte aus dem Garantievertrag hergeleitet werden und welche Anträge in welcher Klageform (Leistung, Feststellung) im Rechtsstreit verfolgt werden. Danach ist dann zu prüfen, welche Streitwertvorschriften einschlägig sind.

Gebrauchsmuster

2228　Wegen der Bewertung von Unterlassungsklagen aufgrund einer Gebrauchsmusterverletzung siehe Erläuterungen unter dem Stichwort „Gewerblicher Rechtsschutz".

Gegendarstellung

2229　Unter einer Gegendarstellung versteht man den Abdruck einer auf Tatsachen beschränkten Erwiderung zu einer Veröffentlichung in einem periodischen Druckwerk. Geregelt ist ein entsprechender Anspruch in den Landespressegesetzen. Der Anspruch auf Abdruck einer Gegendarstellung nach den Pressegesetzen ist ein nichtvermögensrechtlicher Anspruch.[1] Der Streitwert richtet sich folglich nach § 48 Abs. 2 GKG.[2]

Gegenforderung

Siehe die Stichwörter „Aufrechnung" und „Gegenleistung".

Gegenleistung

2230　Beim gegenseitigen Vertrag stehen sich Leistung und Gegenleistung gegenüber. Jeder der Vertragspartner ist zugleich Gläubiger hinsichtlich der vom Gegner geschuldeten Leistung und Schuldner hinsichtlich der von ihm selbst geschuldeten Leistung. Der Leistungsaustausch findet grundsätzlich Zug-um-Zug statt (§ 298 BGB). Im Streitwertrecht führt das zu der Frage, wie zu bewerten ist,

---

1 BGH MDR 1963, 42.
2 Vgl. zu den Einzelheiten das Stichwort „Nichtvermögensrechtliche Streitigkeit".

wenn einer der Vertragsparteien die ihm geschuldete Leistung einklagt, und der Beklagte sich (auch) auf die Gegenleistung beruft.

A. Nichtberücksichtigung der Gegenleistung

Die herrschende Ansicht wendet einschränkungslos den Grundsatz des Streit-   2231
wertrechts an, wonach immer nur das im Klageantrag erfasst Interesse, also nur der prozessuale Anspruch Bewertungsobjekt ist und die Gegenleistung keine Berücksichtigung findet.[1] Dieses Verbot des Abzuges der Gegenleistung von der Klageforderung gilt nicht nur für gegenseitige Verträge, sondern auch für alle anderen Fälle.[2] Daraus ergeben sich folgende Konsequenzen:
- Der Streitwert der Klageforderung wird nicht dadurch gemindert, dass der Kläger im Klageantrag die dem Beklagten geschuldete Gegenleistung – z.B. im Rahmen einer Zug-um-Zug-Verurteilung – anbietet.[3]
- Der Wert einer positiven Feststellungsklage auf wiederkehrende Leistungen ist regelmäßig mit 80 % des Wertes der entsprechenden Leistungsklage anzusetzen, auch wenn die Leistungen von Gegenleistungen des Klägers abhängig sind.[4]
- Der Streitwert der negativen Feststellungsklage entspricht dem der Leistungsklage. Da Zug-um-Zug zu erbringende Leistungen den Wert der Leistungsklage nicht mindern, können sie auch den Wert der negativen Feststellungsklage nicht verringern.[5]

Eine andere Berechnung ist nur dann statthaft, wenn der Kläger die Gegenforde-   2232
rung – etwa durch Aufrechnung – bereits von der Klageforderung abgesetzt hat, also nur ein ermäßigtes Begehren zur Entscheidung stellt.[6] Gleiches gilt, wenn der Beklagte die Aufrechnung mit einer Gegenforderung geltend gemacht hat und darüber entschieden wird (§§ 45 Abs. 3 GKG, 322 Abs. 2 ZPO).

Einzelne Entscheidungen[7] haben den Grundsatz der Nichtberücksichtigung der   2233
Gegenleistungen allerdings abgeschwächt und sprechen sich für eine restriktive

---

1 BGH FamRZ 2005, 265; BGH, Beschl. v. 15. 4. 1999 – V ZR 391/98, MDR 1999, 1022; OLG Hamm, Beschl. v. 16. 7. 2002 – 21 W 1/02, MDR 2002, 1458; OLG Stuttgart Jur-Büro 2002, 424; KG KGR 1997, 57; *Müller* MDR 2003, 248.
2 RGZ 140, 359.
3 RG HRR 1934 Nr. 41; KG OLGE 15, 49; BGH FamRZ 2005, 265; OLG Celle OLGR 1994, 111 = Beschl. v. 26. 1. 1995 – 16 W 48/93, KostRsp. ZPO § 3 Nr. 1175; *Müller* MDR 2003, 248.
4 BAG NJW 1961, 1788 unter Aufgabe von AP § 3 ZPO Nr. 1.
5 OLG Nürnberg JurBüro 1966, 876.
6 LG Münster JMBl.NW 1951, 10.
7 OLG Köln, Beschl. v. 29. 4. 1981 – 2 W 17/81, KostRsp. ZPO § 6 Nr. 78 mit Anm. *Lappe*; OLG Köln, Beschl. v. 12. 2. 1982 – 17 W 454/81, KostRsp. ZPO § 6 Nr. 83 mit Anm. *Schneider*; OLG München, Beschl. v. 18. 1. 1983 – 24 W 232/82, KostRsp. ZPO § 6 Nr. 96 mit Anm. *Schneider*; OLG Celle, Beschl. v. 29. 4. 1983 – 14 U 15/83, KostRsp. ZPO § 6 Nr. 97 mit Anm. *Schneider*.

Interpretation des § 6 ZPO in diesem Zusammenhang aus, um den tatsächlichen wirtschaftlichen Streitpunkt der Parteien zutreffender zu erfassen.

– Bei der Klage auf Wiedereinräumung des früheren Rechtszustandes wegen Nichtigkeit eines Darlehensvertrages hat der BGH[1] die vom Kläger zurückzuzahlende Ablösungssumme streitwertmindernd berücksichtigt. Darin liegt im Ergebnis die Verminderung des Streitwertes um den Betrag der geschuldeten Gegenleistung.

– Nach OLG Köln[2] kommt die Berücksichtigung von Gegenrechten dann in Betracht, wenn sie offenkundig sind und keinem rechtlichen Zweifel unterliegen.

– Beim Streitwert eines Vergleichs wird der geringe wirtschaftliche Wert einer in den Vergleich einbezogenen Gegenforderung wertmindernd berücksichtigt. Siehe dazu das Stichwort „Vergleich".

2234 Ausgetragen ist, dass der Wert eines Rechtsmittels, mit dem sich der Beklagte lediglich dagegen wendet, dass das von ihm geltend gemachte Zurückbehaltungsrecht nicht bejaht worden ist, sich nur nach dem Wert der Gegenleistung richtet.[3] Der Wert des Zurückbehaltungsrechts wurde jedoch lange Zeit begrenzt durch den Wert des Klageanspruchs.[4] Diese Wertobergrenze hat der BGH aufgegeben in einem Fall der Klage auf Beseitigung von Eigentumsstörungen und ausgeführt, für den verurteilten Beklagten könne der Wert des Beschwerdegegenstandes durchaus den Wert des Streitgegenstandes überschreiten.[5] Ist aber allein auf das wirtschaftliche Interesse des Beklagten abzustellen, müsste auch hier der Wert des Zurückbehaltungsrechts unbegrenzt die Beschwer bestimmen. Insofern kommt es zu einer Abkopplung des Streitwerts vom Beschwerdewert: Wird nur wegen der Gegenleistung ein Rechtsmittel eingelegt, bestimmt sich der Rechtsmittelstreitwert allein nach dieser.[6]

B. Geltendmachung eines Zurückbehaltungsrechts

2235 Problematisch wird die Bewertung lediglich nach dem Klageantrag, wenn der Streit zwischen den Parteien wirtschaftlich nur um die Gegenleistung geht,

---

1 BGH, Beschl. v. 7. 3. 1985 – III ZR 155/84, KostRsp. ZPO § 3 Nr. 745.
2 OLG Köln JurBüro 1977, 250.
3 Vgl. BGH MDR 1973, 398 = NJW 1973, 654; BGH, Urteil v. 9. 12. 1981 – VIII ZR 280/80, NJW 1982, 1048 = MDR 1982, 488; BGH, Beschl. v. 21. 2. 1985 – IX ZR 99/84, MDR 1985, 1022; BGH, Urteil v. 17. 12. 1990 – II ZR 89/90, MDR 1991, 794; BGH, Urteil v. 28. 6. 1995 – VIII ZR 1/95, MDR 1995, 1162; KG OLGZ 1979, 348; OLG Hamm JurBüro 1981, 1545; ausführlich dazu das Stichwort „Rechtsmittel".
4 BGH MDR 1991, 794; OLG Celle OLGR 1995, 227 – auch kein „Druckzuschlag" auf die im Wege der Einrede geltend gemachten Mängelbeseitigungskosten.
5 BGH, Urteil v. 17. 12. 1990 – II ZR 89/90, MDR 1994, 839 = NJW 1994, 735 = LM ZPO § 2 Nr. 8 mit Anm. *Grunsky*.
6 BGH, Urteil v. 28. 6. 1995 – VIII ZR 1/95, MDR 1995, 1162; BGH NJW-RR 1995, 706; BGH NJW-RR 2004, 714; OLG Düsseldorf, Urteil v. 28. 5. 1998 – 5 U 159/97, MDR 1999, 628.

derentwegen der Beklagte die eigene Leistung verweigert (zurückbehält). Vor allem bei Herausgabeklage, bei denen der Beklagte seine Herausgabepflicht überhaupt nicht in Frage stellt, sondern sich lediglich auf eine Gegenforderung und ein entsprechendes Zurückbehaltungsrecht beruft, kann das zu Ergebnissen führen, die dem tatsächlichen wirtschaftlichen Streit der Parteien nicht entsprechen. Siehe dazu auch das Stichwort „Auflassung".

Verlangt der Kläger die Übereignung eines bebauten Grundstücks aufgrund eines notariellen Kauf- und Übereignungsvertrages und verweigert der Beklagte die Herausgabe nur deshalb, weil ihm der Kläger noch 200 Euro für eine geschäftsbezogene Aufwendung schuldet, so ist kaum zu erklären, warum der Streitwert nach dem objektiven Verkehrswert des bebauten Grundstücks bemessen werden soll. Der Streit geht nämlich nur noch darüber, ob der Kläger dem Beklagten 200 Euro schuldet. Für die Sachentscheidung wäre diese Frage obendrein noch unerheblich, da die Zurückbehaltung bei solch minimalen Beträgen mit § 242 BGB unvereinbar wäre. Gleichwohl müsste der Streitwert nach § 6 ZPO auf den Verkehrswert des Grundstücks festgesetzt werden. 2236

Die noch herrschende Auffassung hält auch bei solchen Fällen an der Bewertung nach § 6 ZPO fest. Sie bemisst den Streitwert der Klage auf Herausgabe einer beweglichen Sache oder eines Grundstücks auch dann nach dem Verkehrswert der Sache, wenn der Streit nur um die Höhe einer Gegenforderung geht, wegen der ein Zurückbehaltungsrecht geltend gemacht wird.[1] 2237

Entsprechend der im Streitwertrecht immer mehr vorrückenden wirtschaftlichen Betrachtungsweisen ist gegen die bisherige Rechtsprechung in Analogie zu § 6 S. 2 ZPO lediglich auf das (geringerwertige) Zurückbehaltungsrecht abzustellen, wenn sich bereits aus der Klageschrift ergibt und von vornherein unstreitig ist, dass der Klageanspruch besteht, der Streit also ersichtlich nur um die Berechtigung des Zurückbehaltungsrechtes geführt wird.[2] 2238

Ist die Gegenleistung allerdings höher als die Klageforderung, dann darf deren Wert nicht überschritten werden. Wenig praktikabel ist die Auffassung des OLG Karlsruhe,[3] das die Frage, ob der Klagewert oder der Wert der Gegenleis- 2239

---

1 Vgl. OLG Bamberg JurBüro 1982, 886; OLG Bamberg JurBüro 1978, 427; OLG Bamberg JurBüro 1975, 650; OLG Bamberg JurBüro 1971, 456; OLG Bremen JurBüro 1972, 1987; OLG Celle MDR 1977, 672 und 935; OLG Frankfurt MDR 1970, 772; OLG Frankfurt MDR 1974, 1441; OLG München JurBüro 1981, 892 mit Anm. *Mümmler*; OLG Koblenz JurBüro 1983, 916; OLG Nürnberg JurBüro 1956, 227; OLG Stuttgart MDR 1959, 401; OLG Stuttgart NJW 1975, 394.

2 OLG Celle DR 1940, 1436; OLG Celle Nds.Rpfl. 1968, 231; OLG Hamburg OLGE 39, 27; OLG Rostock OLGE 41, 241; OLG Braunschweig NJW 1973, 1982; OLG Frankfurt JurBüro 1979, 1885; OLG Köln ZIP 1981, 781; OLG Köln, Beschl. v. 12. 2. 1982 – 17 W 454/81, KostRsp. ZPO § 6 Nr. 83 mit Anm. *Schneider*; OLG Nürnberg Rpfleger 1956, 298; LG Köln, Beschl. v. 22. 2. 1980 – 73 O 131/79, KostRsp. ZPO § 3 Nr. 476; KG NJW-RR 2003, 787.

3 OLG Karlsruhe, Beschl. v. 8. 8. 1988 – 10 W 34/88, KostRsp. ZPO § 6 Nr. 119 mit Anm. *Schneider* = MDR 1988, 1067.

tung maßgebend ist, davon abhängig macht, wie hoch die Gegenleistung zu beziffern ist. Beträgt sie $^1/_4$ des Wertes der Auflassungsklage, soll der Klagewert maßgebend sein. Die Unterscheidung, ob die Gegenleistung im Verhältnis zum Verkehrswert des Grundstücks mehr oder weniger geringfügig ist, würde aber nur neue Abgrenzungsschwierigkeiten mit sich bringen.

Gegenseitiger Vertrag

2240   Wird aus einem gegenseitigen Vertrag auf Erfüllung geklagt, dann bestimmt sich der Streitwert gemäß § 6 ZPO nach dem Wert der **geforderten Sach- oder Geldleistung**.[1] Die Gegenleistung, die der Kläger zu erbringen hat, bleibt unberücksichtigt, weil sie nicht Streitgegenstand ist.[2] Gleiches gilt für eventuelle, über die geforderte Leistung hinausgehende wirtschaftliche oder ideelle Interessen.[3]

2241   Geht der Anspruch auf Leistung einer Sache und macht der Beklagte ein **Zurückbehaltungsrecht** daran geltend, weil ihm eine noch unbeglichene Forderung gegen den Kläger zustehe, dann bestimmt ebenfalls allein der Wert der herausverlangten Sache den Streitwert.[4] Von diesen Grundsätzen macht die herrschende Auffassung auch dann keine Ausnahme, wenn der Streit der Parteien wirtschaftlich ausschließlich um die Gegenleistung geht.[5]

2242   Bei einer Klage auf Feststellung der **Nichtigkeit** eines Vertrages ist Streitwert regelmäßig der Wert der Leistung, von der der Kläger bei Nichtigkeit frei wird.[6] Eine Ausnahme gilt dann, wenn nur ein geringwertigerer, konkreter Streit Gegenstand des Verfahrens ist. Nach der Gegenmeinung richtet sich der Wert nicht nach der vom Kläger zu erbringenden Leistung, sondern nach dem Vermögensunterschied, der sich für den Kläger zwischen den Alternativen Ungültigkeit oder Gültigkeit des Vertrages ergibt.[7]

2243   Wird auf Feststellung geklagte, dass ein Austauschvertrag **beendet** ist, so bestimmt sich der Streitwert nicht nach dem wirtschaftlichen Schaden, der dem Kläger bei Aufrechterhaltung des Vertrages entsteht, sondern nach dem Wert des Anspruchs, dessen sich der Gegner berühmt.[8]

---

1 KG JW 1931, 1047.
2 OLG Koblenz, Beschl. v. 30. 8. 1993 – 5 W 550/93, JurBüro 1994, 738; OLG Frankfurt, Beschl. v. 15. 6. 1999 – 21 W 24/99, NJW-RR 2000, 587.
3 OLG Oldenburg, Beschl. v. 15. 9. 1995 – 5 W 150/95, MDR 1996, 101.
4 OLG Koblenz, Beschl. v. 30. 8. 1993 – 5 W 550/93, JurBüro 1994, 738.
5 Vgl. die Ausführungen unter dem Stichwort „Gegenleistung".
6 OLG Oldenburg, Beschl. v. 15. 9. 1995 – 5 W 150/95, MDR 1996, 101; OLG Celle, Beschl. v. 18. 10. 1983 – 4 W 29/83, Nds.Rpfl. 1984, 14.
7 OLG Braunschweig, Beschl. v. 2. 11. 1982 – 2 W 113/82, JurBüro 1983, 434; OLG Frankfurt, Beschl. v. 3. 2. 1982 – 22 W 12/82, AnwBl. 1982, 247.
8 OLG Rostock, Beschl. v. 9. 4. 2003 – 6 W 77/02, AGS 2004, 161 mit Anm. *Schneider*.

Für die **Beschwer** des Beklagten bei unbedingter Verurteilung zur Zahlung des 2244
Kaufpreises kommt es nur auf den Wert der allein noch streitigen Einrede des
nicht erfüllten Vertrages an. Dieser Wert entspricht dann dem vollen Wert der
Kaufpreisforderung, wenn der Beklagte glaubhaft macht, dass die Kaufsache
insgesamt unbrauchbar ist.[1]

Gegenvorstellung

Literatur: *Schneider* MDR 1972, 567; *Bauer* NJW 1991, 1711.

Mit der Gegenvorstellung, die von der sofortigen Beschwerde abgegrenzt wer- 2245
den muss,[2] hat die Rechtsprechung einen besonderen Rechtsbehelf geschaffen,
um Fehler unanfechtbarer Entscheidungen in der Instanz selbst korrigieren zu
können.[3] Die Gegenvorstellung kann auch im Hinblick auf eine Streitwertfestsetzung erhoben werden.

Soweit dieser Rechtsbehelf, der vom BGH aus einer entsprechende Anwendung 2246
von § 321a ZPO a.F. hergeleitet wurde,[4] auf eine Verletzung rechtlichen Gehörs
gestützt wird, ist für ihn neben der **Anhörungsrüge** nach § 312a ZPO in der
Fassung gemäß Art. 1 Nr. 1 AnhRügG mit Geltung ab dem 1. 1. 2005 kein
Raum mehr.[5] In den Fällen, in denen sich der Antragsteller auf andere Umstände als auf die Verletzung seines Anspruchs auf rechtliches Gehör beruft, ist
die **Gegenvorstellung** gegen eine Streitwertfestsetzung aber weiterhin möglich.[6]

Voraussetzung für eine Gegenvorstellung, mit welcher die Überprüfung der 2247
Entscheidung durch dieselbe Instanz angestrebt wird, ist zunächst, dass die
angegriffene Entscheidung nach Maßgabe des § 68 Abs. 1 bis 3 GKG beschwerdefähig sein muss.[7] Dies ist insbesondere nicht der Fall bei einer nur vorläufigen Wertfestsetzung nach § 63 Abs. 1 S. 1 GKG. Die Gegenvorstellung kommt
beispielsweise dann in Betracht, wenn ein Beschwerdegericht fehlt oder die
Beschwerdesumme nicht erreicht ist[8] bzw. das Erstgericht die Beschwerde nicht
zugelassen hat.

Problematisch ist, ob eine Gegenvorstellung dann ausgeschlossen ist, wenn die 2248
Wertfestsetzung auf übereinstimmenden Angaben der Parteien beruht.[9] Einen

1 BGH, Urteil v. 28. 6. 1995 – VIII ZR 1/95, MDR 1995, 1162.
2 Vgl. BGH VersR 1982, 598.
3 Einzelheiten bei Zöller/*Gummer*, § 567 Rn. 22 ff.
4 BGH NJW 2002, 1577.
5 Zöller/*Vollkommer*, § 312a Rn. 4.
6 Im Einzelnen streitig; Zöller/*Gummer*, § 567 Rn. 25 spricht sich dafür aus, dass die
  Gegenvorstellung nur noch im Bereich der nicht rechtskraftfähigen Entscheidungen
  Anwendung finden soll.
7 BGH NJW-RR 1986, 737.
8 BVerfG NJW 2002, 3387; BGH NJW-RR 1986, 737.
9 OLG Nürnberg (Rpfleger 1959, 269) und OLG Braunschweig (Rpfleger 1964, 66 zu GKG
  § 23, c) lassen die Gegenvorstellung in diesen Fällen zu.

stillschweigenden Rechtsmittelverzicht wird man aus den Angaben der Parteien nur selten ableiten können,[1] so dass auch das Recht auf eine Gegenvorstellung im Regelfall nicht ausgeschlossen wird. Selbst wenn man einen solchen Verzicht bejaht, kann die Gegenvorstellung der Partei immer noch als Anregung im Hinblick auf eine Änderung von Amts wegen (§ 63 Abs. 3 GKG) ausgelegt werden.

2249   Die Frage, ob unanfechtbare Streitwertbeschlüsse des Berufungs- oder Beschwerdegerichts auf Gegenvorstellungen nur ausnahmsweise geändert werden dürfen, nämlich nur dann, wenn das Gericht bei seiner Beschlussfassung wesentliche Umstände des damals bekannten Sachverhalts übersehen hat oder solche Umstände erst nachträglich neu aufgetreten sind,[2] hat sich mit Neufassung des GKG zum 1. 7. 2004 erledigt: Die Einschränkung des § 25 Abs. 3 S. 2 GKG a.F., wonach die Beschwerde ausgeschlossen war, wenn das **Rechtsmittelgericht** den Beschluss erlassen hatte, ist in die §§ 63, 68 GKG nicht übernommen worden. Nach dem Willen des Gesetzgebers sollen nunmehr auch die Streitwertfestsetzungen des Berufungs- und Beschwerdegerichts anfechtbar sein.

2250   Die Gegenvorstellung ist nicht deshalb unzulässig, weil das Gericht noch eine **Abänderungsbefugnis** nach § 63 Abs. 3 S. 1 GKG hat.[3] Gegenvorstellung und Abänderungsbefugnis stehen nicht in einem Ausschlussverhältnis. Die Gegenvorstellung will vielmehr gerade erreichen, dass von dem Abänderungsrecht Gebrauch gemacht wird.[4]

2251   In jedem Fall ist aber eine Abänderung auf Gegenvorstellung hin unzulässig, wenn die **Frist** des § 68 Abs. 1 S. 3 GKG verstrichen ist.[5] Möglich ist jedoch ein neuer Fristlauf in einem Nebenverfahren, wenn der Hauptsachestreitwert verändert wird. So lag es im Fall des OLG Koblenz:[6] Das Landgericht hatte nach übereinstimmender Erledigungserklärung der Parteien eine Kostenentscheidung gemäß § 91a ZPO getroffen. In dem sich anschließenden Beschwerdeverfahren wurde der Beschwerdewert festgesetzt. Nach Ablauf von mehr als sechs Monaten ermäßigte nunmehr das Landgericht den Streitwert für die Hauptsache. Damit war der Festsetzung des Beschwerdewertes die Grundlage entzogen. Deshalb hat das OLG Koblenz[7] zutreffend die Gegenvorstellung gegen die Festset-

---

1   Vgl. dazu OLG Köln, Beschl. v. 18. 11. 1999 – 12 W 56/99, KostRsp. GKG § 25 Nr. 224 = OLGR 2000, 119; OLG München, Beschl. v. 22. 2. 2000 – 14 W 333/99, KostRsp. GKG § 25 Nr. 229 = JurBüro 2001, 141; a.A. OLG Neustadt JurBüro 1960, 307; OLG Neustadt JurBüro 1963, 774; LG Koblenz JurBüro 1967, 1018.
2   So OLG Frankfurt NJW 1962, 1921.
3   So aber OVG Münster, KostRsp. GKG § 25 Nr. 17.
4   Vgl. die abl. Anm. *Schneider* zu OVG Münster, KostRsp. GKG § 25 Nr. 17.
5   OLG Köln JMBl.NW 1973, 47; OLG Koblenz, KostRsp. GKG § 25 Nr. 135 = MDR 1990, 63; OLG Nürnberg NJW-RR 1999, 654; vgl. ausführlich zur Abänderungsfrist unter dem Stichwort „Abänderung der Festsetzung".
6   OLG Koblenz, KostRsp. GKG § 5 Nr. 135.
7   OLG Koblenz, KostRsp. GKG § 5 Nr. 135.

zung des Beschwerdewertes analog § 25 Abs. 3 S. 3 GKG a.F. binnen einem Monat ab Zugang des Streitwertänderungsbeschlusses zur Hauptsache zugelassen.

Gehörsrüge

Mit dem ZPO-ReformG 2002 hat der Gesetzgeber in § 321a ZPO die sog. Anhörungsrüge in die ZPO aufgenommen. Danach kann eine Partei eine nicht rechtsmittelfähige Entscheidung unter Hinweis auf eine (erhebliche) Verletzung rechtliches Gehörs zur erneuten Prüfung des erkennenden Gerichts stellen. Bei dem hierdurch eingeleiteten Prüfungsverfahren handelt es sich um ein (auch) kostenrechtlich unselbständiges, zweiseitiges Annexverfahren, an dem neben dem Rügeführer auch die gegnerische Partei zu beteiligen ist.[1]   **2252**

Hierbei bleibt dem Rügeführer nachgelassen, die Anhörungsrüge wie den Einspruch (§ 342 ZPO) auf einen **abgrenzbaren Teil des Streitgegenstandes** oder die Kostenentscheidung (sog. Kostenrüge) zu beschränken, § 321a Abs. 5 S. 1 ZPO.[2] Soweit die Rüge begründet ist, wird der Prozess in die Lage vor Schluss der mündlichen Verhandlung zurückversetzt, § 321 Abs. 5 ZPO. Anderenfalls endet das Verfahren mit einer unanfechtbaren Verwerfung (Unzulässigkeit) bzw. Zurückweisung (Unbegründetheit) der Rüge, § 321 Abs. 4 ZPO.[3] Nur bei vollständiger Erfolglosigkeit ist dem Rügeführer gemäß Nr. 1700 KV GKG (Nr. 1960 KV GKG a.F.) eine **Unterliegensgebühr** von 50 Euro aufzuerlegen.[4]   **2253**

Die (isolierte) **anwaltliche Vertretung** der am Rügeverfahren beteiligten Parteien wird nach Nr. 3330 VV RVG (§ 55 S. 1, 3. Alt. BRAGO), die Terminsvertretung nach Nr. 3332 VV RVG mit einer 0,5 Gebühr nach § 13 RVG (§ 11 BRAGO) abgegolten. Deren Wert bestimmt sich gemäß § 23 Abs. 2 S. 3 RVG (ohne Entsprechung in § 8 BRAGO) nach dem für Beschwerdeverfahren geltenden Vorschriften und damit nach dem Gegenstandswert, der anzusetzen wäre, wenn es sich um ein Beschwerdeverfahren handeln würde.[5]   **2254**

Da die Anhörungsrüge eine Beschwer des Rügeführers erfordert, bestimmt sich der **Gegenstandswert des Rügeverfahrens** nach dem Umfang, in dem die Entscheidung angegriffen wird, und kann daher den Wert der Hauptsache nicht   **2255**

---

1 Zöller/*Vollkommer*, § 321a Rn. 15.
2 Ebenso für den Rechtszustand vor dem 1. JuMoG Zöller/*Vollkomer*, § 312a Rn. 15 m.w.N.
3 Vgl. auch BGH, Beschl. v. 6. 10. 2004 – XII ZB 137/03, BGHReport 2005, 127 = MDR 2005, 229 = NJW 2005, 73 = FamRZ 2004, 1962 = BB 2004, 2489; Beschl. v. 10. 12. 2003 – VI ZB 35/03, BGHReport 2004, 475 = FamRZ 2004, 437 – beide zur Unanfechtbarkeit der Verwerfung einer gegen die Berufungszurückweisung nach § 522 Abs. 2 ZPO erhobenen Anhörungsrüge.
4 *Hartmann*, KV 1700.
5 *Gebauer/Schneider/E. Schneider* RVG § 23 RVG Rn. 31.

überschreiten.[1] Beschränkt sich die Rüge auf die Kostenentscheidung, ist der Wert der dem Rügeführer auferlegten Kosten maßgebend.[2] Erheben beide Parteien eine (notwendigerweise) auf einen Teil des Streitgegenstandes beschränkte Gehörsrüge, sind deren Werte analog § 45 Abs. 1 GKG (§ 19 Abs. 1 GKG a.F.) zusammenzurechnen.[3]

Gemeinschaft

Siehe das Stichwort „Aufhebung von Gemeinschaften".

Gemeinsame Veranlagung

Siehe das Stichwort „Zustimmung zu steuerlicher Veranlagung".

Genehmigung

2256 Für den Streitwert kommt es darauf an, wozu die Genehmigung erteilt werden soll, beispielsweise zur Annahme eines Vertragsangebots oder zur Führung eines Namens und dgl.

2257 Der Streitwert ist dann nach § 3 ZPO zu schätzen[4] und ist nicht gleich dem Streitwert desjenigen Vorganges oder Gegenstandes, auf den sich die Genehmigung bezieht. Denn die Genehmigung ist gegenüber dem, was genehmigt wird, ein aliud und zudem nur eine von mehreren Voraussetzungen für das gewollte Ergebnis.

2258 Bedenklich ist daher die Entscheidung des OLG Frankfurt,[5] wonach die Klage auf Einholung vormundschaftlicher Genehmigung nach dem Gegenstandswert des genehmigungsbedürftigen Geschäfts zu beziffern sei. Der Wert richtet sich vielmehr nach dem Interesse, dass an der Durchführung des Geschäfts besteht.

2259 Der volle Wert ist allenfalls dann gerechtfertigt, wenn das Geschäft mit der Genehmigung „steht und fällt", wenn also alle sonstigen Voraussetzungen vor-

---

1 *Hartmann*, VV 3330 Rn. 7.
2 OLG Naumburg, Beschl. v. 26. 5. 2005 – 14 WF 6/05, OLGR 2005, 929 – für die an Stelle der Anhörungsrüge unzulässigerweise erhobenen sofortigen Beschwerde.
3 *Gebauer/Schneider/N. Schneider*, RVG, VV 3330 Rn. 14.
4 *Lappe* Rpfleger 1959, 138.
5 OLG Frankfurt NJW 1959, 680.

liegen und die Durchführung des Geschäfts im Falle der Erteilung der Genehmigung feststeht.

Klagen mehrere Erben gegen einen anderen Miterben auf Genehmigung eines Erbauseinandersetzungsvertrages, so ist der Streitwert gleich dem Interesse, das die Kläger an der Aufhebung ihrer Bindung an die Erbengemeinschaft und an der Erlangung der unbeschränkten Verfügungsbefugnis an den ihnen entsprechend ihren Erbanteilen zukommenden Grundstücken haben. Dieses Interesse ist regelmäßig geringer als der Gesamtwert ihrer Erbanteile am Nachlass.[1]   **2260**

Genossenschaft

Der Streit über die Wirksamkeit des **Ausschlusses** eines Genossen aus einer Genossenschaft betrifft einen nichtvermögensrechtlichen Gegenstand, wenn der Ausschluss auf die Behauptung ehrenrührigen Verhaltens gestützt wird. Das gilt auch dann, wenn daneben auch vermögenswerte Interessen der Genossen mit im Spiele sind. Als Bewertungsvorschrift ist deshalb § 48 Abs. 2 GKG anzuwenden.[2] Soweit es dagegen um einen vermögensrechtlichen Anspruch geht, ist für die Streitwertbestimmung nach § 48 Abs. 1 GKG, § 3 ZPO lediglich der wirtschaftliche Wert maßgebend, den ein Anteil an der Genossenschaft für den Genossen hat.[3]   **2261**

Der Streitwert für eine gemäß § 51 GenG erhobene **Anfechtungsklage** wird nicht durch den Betrag des Geschäftsanteils des anfechtenden Genossen begrenzt.[4] Den Wert bestimmt das Gericht vielmehr nach § 3 ZPO unter Berücksichtigung des Interesses der Genossenschaft an der Aufrechterhaltung des angefochtenen Beschlusses nach freiem Ermessen.[5]   **2262**

Die Berücksichtigung auch des Interesses der Genossenschaft lässt sich aus dem Grundgedanken rechtfertigen, der in § 247 Abs. 1 AktG enthalten ist: Grundsätzlich ist zwar im Bewertungsrecht nur das im Klageantrag zum Ausdruck kommende Interesse des Klägers zu berücksichtigen. § 247 Abs. 1 AktG weist den Richter jedoch ausdrücklich an, die Bedeutung der Sache für beide Parteien zu berücksichtigen. Ist dies aber für aktienrechtliche Anfechtungsklagen geltendes Recht, dann muss das Gesetz wegen der Gleichheit der Interessenlage auf genossenschaftliche Anfechtungsklagen analog angewendet werden.[6]   **2263**

---

1 OLG Frankfurt JurBüro 1956, 467.
2 RGZ 163, 202; OLG Celle JurBüro 1961, 455.
3 OGH Rpfleger 1948/49, 469; *Hartmann*, Anh. I § 48 GKG (§ 3 ZPO) Rn. 60.
4 OLG Düsseldorf JurBüro 1951, 303.
5 OLG Oldenburg NJW 1953, 1716.
6 Vgl. OLG Bamberg, Beschl. v. 18. 2. 1980 – 3 W 70/79, JurBüro 1980, 759; OLG Naumburg, Beschl. v. 14. 9. 1998 – 12 W 25/98, JurBüro 1999, 310; BGH NJW-RR 1999, 1485.

2264 Der im Rahmen einer genossenschaftsrechtlichen Anfechtungs- und Nichtigkeitsklage zusätzlich gestellte Antrag auf Feststellung, dass der jeweilige Leiter der Generalversammlung verpflichtet sei, einen näher bezeichneten Antrag zur Abstimmung vorzulegen, ist nichtvermögensrechtlich.[1]

Gesamthypothek

2265 Bezweckt die Klage, der eine Vereinbarung über die Eintragung einer Gesamthypothek an bestimmter Rangstelle auf mehreren Grundstücken zugrunde liegt, nicht nur die **Rangverbesserung** der auf einem der Grundstücke bereits eingetragenen Sicherungshypothek, sondern **zugleich ihre Eintragung** als Gesamthypothek mit der bereits eingetragenen Hypothek auf den anderen Grundstücken, so bestimmt sich der Streitwert auch dann nach § 6 ZPO, wenn die wirtschaftliche Sicherung der Forderung schon durch die Rangverbesserung der bereits eingetragenen Hypothek allein mit Gewissheit erreicht würde.

2266 Als Streitwert ist daher der **Forderungsbetrag** anzunehmen, nicht nur gemäß § 3 ZPO der geringere Wert des wirtschaftlichen Interesses des Klägers an der Rangverbesserung der bereits vorhandenen Hypothek.[2]

2267 Betrifft ein **landwirtschaftsgerichtliches Verfahren** die Genehmigung der Eintragung einer Gesamthypothek auf einem landwirtschaftlichen Grundstück zur Mithaftung neben anderen nichtlandwirtschaftlichen Grundstücken oder aber die Feststellung, dass mangels eines landwirtschaftlichen Grundstücks eine solche Genehmigung nicht erforderlich ist (Negativattest), so ist als Geschäftswert nicht der volle Nennwert der Hypothek, sondern der geringere Wert des fraglichen Grundstücks zugrunde zu legen.[3]

2268 Reine Rangstreitigkeiten wegen der Stelle eines Grundpfandrechtes sind nach § 3 ZPO zu bewerten.

2269 Jedoch ist § 6 ZPO dann anwendbar, wenn nicht nur die Rangverbesserung eines bereits eingetragenen Pfandrechts, sondern zugleich Neueintragung einer Gesamthypothek auf anderen Grundstücken gefordert wird.

---

1 OLG Bamberg JurBüro 1980, 759.
2 OLG Frankfurt Rpfleger 1956, 318.
3 OLG Frankfurt JurBüro 1959, 426.

Gesamtschuldner

Literatur: *E. Schneider* NJW 1992, 2680; *Foerste*, Zur Rechtskraft in Ausgleichungszusammenhängen, ZZP 108, 167 ff. (1995).

A. Allgemeines

Gesamtschuldner schulden eine Leistung in der Weise, dass der Gläubiger die Leistung von jedem Schuldner nach seinen Belieben ganz oder teilweise, insgesamt jedoch nur einmal verlangen kann, § 421 BGB. Nimmt der Kläger mehrere Gesamtschuldner klageweise in Anspruch, handelt es sich um **einfache Streitgenossen**, § 59 ZPO.[1]   **2270**

Befriedigt einer der Gesamtschuldner den Gläubiger ganz oder teilweise, ist bezüglich der **Ausgleichungspflicht** der Schuldner untereinander gemäß § 426 BGB zu differenzieren. Der zahlende Schuldner kann von dem anderen gemäß § 426 Abs. 1 BGB eine Ausgleichung im Umfang des auf diesen entfallenden, im Zweifel gleichen Anteils verlangen. Er kann hingegen auch gemäß § 426 Abs. 2 BGB im Umfang der geschuldeten Ausgleichung aus der auf ihn **übergegangenen Forderung** des Gläubigers vorgehen.   **2271**

B. Zuständigkeits- und Gebührenstreitwert

Werden mehrere als Gesamtschuldner verklagt, liegt ein Fall der subjektiven Klagehäufung vor. Die Werte der einzelnen Ansprüche werden nicht gemäß § 5 ZPO, § 39 GKG (ohne Entsprechung im GKG a.F.) zusammengerechnet, da ein Fall wirtschaftlicher Identität vorliegt. Wertbestimmend ist vielmehr die **Klagesumme**.[2]   **2272**

Dies gilt ebenso, wenn der Kläger die Beklagten aufgrund gesamtschuldnerischer Verbindung zwar gemeinsam, aber in **unterschiedlicher Höhe** in Anspruch nimmt. Auch hier muss der Streitwert einheitlich nach der vollen Höhe des Klageantrages festgesetzt werden, also auch gegenüber demjenigen Beklagten, von dem ein geringerer Betrag gefordert wird.[3] Die Beteiligungsunterschiede sind erst bei der Kostengrundentscheidung (§§ 92, 100 ZPO) auszugleichen.   **2273**

Die Klagesumme ohne Zinsen und Kosten ist ferner maßgeblich, wenn mehrere Gesamtschuldner Feststellung begehren, dass der gegen sie ergangene Titel   **2274**

---

1 Vgl. Zöller/*Vollkommer*, §§ 59, 60 Rn. 5.
2 BGH, Beschl. v. 25. 11. 2003 – VI ZR 418/02, BGHReport 2004, 638 = MDR 2004, 406 = VersR 2004, 882 = NJW-RR 2004, 638; BGHZ 23, 339; RGZ 116, 309; *Anders/Gehle/Kunze*, Stichwort „Gesamtschuldner" Rn. 1; Thomas/Putzo/*Hüßtege*, § 5 Rn. 8; Zöller/*Herget*, § 5 Rn. 8.
3 RG HRR 1940 Nr. 1304; *Warneyer* 1940, 345.

nichtig ist, und dessen Herausgabe begehren.[1] Für eine von zwei Gesamtschuldnern erhobene Vollstreckungsgegenklage (§ 767 ZPO) hat Gleiches zu gelten.

2275 Verlangt ein Gesamtschuldner vom anderen unter Berufung auf das Innenverhältnis **Ausgleich oder Freistellung**, dann ist sein Begehren nach § 3 ZPO zu bewerten. Ist der Klageantrag auf Zahlung oder Freistellung in bestimmter Höhe gerichtet, bestimmt sich der Streitwert nach dem Klagebetrag.

2276 Ansonsten muss bei der Bewertung berücksichtigt werden, dass der Gläubiger berechtigt ist, einen Gesamtschuldner nach seiner Wahl voll in Anspruch zu nehmen (§ 421 BGB), ihn das Innenverhältnis (§ 426 Abs. 1 BGB) also nicht bindet, tatsächlich aber in aller Regel einer der Gesamtschuldner – meist sind es Eheleute – der vermögendere Schuldner ist, dessen Inanspruchnahme durch den Gläubiger wahrscheinlich ist. Daher sollte weder grundsätzlich der volle Schuldbetrag[2] noch stets der halbe Valutabetrag[3] festgesetzt werden.

2277 Es ist vielmehr anhand der Umstände des konkreten Falles zu klären, welche tatsächliche wirtschaftliche und rechtliche Bedeutung die Freistellung eines Gesamtschuldners durch den anderen hat. Dabei können sich durchaus Bruchteilswerte der insgesamt noch geschuldeten Valuta ergeben, die bei gleicher Innenhaftung unterhalb der Hälfte oder oberhalb der Hälfte liegen. Siehe auch das Stichwort „Befreiung von einer Verbindlichkeit" Rn. 839 f.

C. Rechtsmittel und Beschwer

2278 Unterliegen der Kläger oder alle Gesamtschuldner im vollem Umfang, bestimmt sich die Beschwer nach dem Klagebetrag.

2279 Dringt der Kläger mit der Klage gegen einen von mehreren Gesamtschuldnern durch und wird zugleich seine Klage gegen den anderen Gesamtschuldner abgewiesen, dann werden der erste Gesamtschuldner (wegen seiner Verurteilung) und der Kläger (wegen der Klageabweisung im Verhältnis zum anderen Gesamtschuldner) beschwert. Legen beide Beschwerten **Berufung** ein, dann betreffen die wechselseitig eingelegten Rechtsmittel denselben Gegenstand. Weder für die Berechnung der Beschwer noch für die Streitwerte der beiden Rechtsmittel ist gemäß §§ 5 ZPO, 45 Abs. 2 GKG (19 Abs. 2 GKG a.F.) zu addieren[4] – siehe auch unter Stichwort „Rechtsmittel".

---

1 OLG Karlsruhe, Beschl. v. 7. 11. 1990 – 1 W 53/90, MDR 1991, 353; *Anders/Gehle/Kunze*, Stichwort „Gesamtschuldner" Rn. 5.
2 So OLG Karlsruhe AnwBl. 1974, 394; KG JurBüro 1968, 466.
3 OLG Hamburg JurBüro 1980, 279.
4 BGH, Urteil v. 28. 9. 1994 – XII ZR 50/94, NJW 1994, 3292; BGH, Beschl. v. 22. 9. 1952 – III ZR 367/51, BGHZ 7, 152; *Anders/Gehle/Kunze*, Stichwort „Gesamtschuldner" Rn. 3; a.A. noch RG, Beschl. v. 25. 9. 1934 – III B 11/34, RGZ 145, 164.

Geschäftsgebühr

Wird die vorgerichtlich entstandene Geschäftsgebühr der Nr. 2300 VV RVG   2280
(Nr. 2400 VV RVG a.F.) als Schadensersatz isoliert eingeklagt, ist sie immer
Hauptforderung. Strittig ist die Berechnung, wenn die Geschäftsgebühr ganz
oder hälftig neben dem Schaden eingeklagt wird.

Ein Teil der Rspr. geht von einer Nebenforderung aus.[1] Nach zutreffender An-   2281
sicht handelt es sich jedoch um eine Hauptforderung, die den Streitwert erhöht.[2]

⟳ **Beispiel:**

Der Anwalt erhält den Auftrag, außergerichtlich 10 000 Euro Schadensersatz einzufordern. Der Versicherer zahlt nicht. Der Anwalt erhebt anschließend auftraggemäß Klage auf Schadensersatz einschließlich der nach Vorbem. 3 Abs. 4 VV RVG nicht anzurechnenden hälftigen Geschäftsgebühr.

Entgegen einer vielfach anzutreffenden Ansicht kommt es insoweit nicht auf   2282
den Klageantrag an, also darauf, ob die Anwaltskosten „als Haupt- oder Nebenforderung" geltend gemacht werden. Der Klageantrag ist insoweit völlig unerheblich. Es kommt immer auf den Gegenstand an.

Erst Recht handelt es sich nicht um eine Nebenforderung, wenn der Beklagte   2283
seinerseits die ihm vorgerichtlich entstandene Geschäftsgebühr widerklagend
geltend macht.[3] Der Wert der Widerklage wird nach § 45 Abs. 1 S. 1 GKG dem
Wert der Klage hinzugerechnet. Um eine Nebenforderung kann es sich hier
auf keinen Fall handeln, weil es für den Beklagten an einer Hauptforderung
fehlt.

Geschäftsräume

Geschäftsräume fallen nicht unter den Begriff des Wohnraums. § 41 GKG (§ 16   2284
GKG a.F.) ist daher bereits nach seinem Wortlaut unmittelbar nur auf Streitigkeiten über Bestand und Dauer des gewerblichen Mietverhältnisses (Abs. 1)
sowie auf das Verlangen nach Räumung von Geschäftsräumen (Abs. 2) anwendbar. Insoweit ist auf die Ausführungen bei dem Stichwort „Mietstreitigkeiten"
zu verweisen.

---

1 LG Berlin, Beschl. v. 9. 5. 2005 – 5 O 162/05, AGS 2006, 86 = JurBüro 2005, 427 = RuS
  2005, 444 = MDR 2005, 1318; OLG Frankfurt/M., Beschl. v. 16. 3. 2005 – 3 W 20/05,
  AGS 2006, 251 = RVGreport 2006, 156; OLG Karlsruhe, Beschl. v. 6. 3. 2006 – 12 W 18/
  06, AGS 2006, 453.
2 LG Braunschweig, Beschl. v. 28. 12. 2004 – 1 O 3125/04, AGS 2005, 75; AnwK-RVG/
  Mock Anh. II Rn. 66.
3 Siehe hierzu *Stöber* AGS 2006, 261 ff.

2285 Der Gebührenstreitwert einer Klage auf **Feststellung einer wucherischen** (Staffel-)**Mietpreisvereinbarung** ist nach § 41 Abs. 1 GKG (§ 16 Abs. 1 GKG a.F.) nach dem Jahresbetrag der gesamten Miete zu bemessen, soweit nicht der auf die streitige Zeit entfallende Betrag geringer ist. Der Einwand einer wucherischen Miete ist gemäß § 138 Abs. 1 BGB geeignet, den rechtlichen Bestand des Mietvertrages in Zweifel zu ziehen, da bei der Geschäftsraummiete keine sozialstaatlichen Erwägungen greifen, die eine Aufrechterhaltung des Mietverhältnisses gebieten.[1]

2286 Streitigkeiten über den **Inhalt des Mietvertrages** und der sich daraus ergebenden Verpflichtungen fallen nicht unter § 41 Abs. 1 GKG (§ 16 Abs. 1 GKG a.F.). Daher bemisst sich der Wert einer Klage des Vermieters auf Zahlung rückständiger Gewerbemiete oder des Mieters auf Feststellung, dass nur ein geringerer Mietzins geschuldet wird, oder auf **Durchsetzung eines mietvertraglich vereinbarten Konkurrentenschutzes** nach § 3 ZPO. Dies gilt auch für die Ermittlung der Beschwer des Vermieters bei einer der Klage stattgebenden Entscheidung. Die Beschwer entspricht im letztgenannten Fall den zu erwartenden Kosten der Rechtsverfolgung, die der Vermieter aufwenden müsste, um eine Unterlassung gewerblicher Tätigkeit gegenüber dem Konkurrenten durchzusetzen.[2]

2287 Streitigkeiten betreffend die Durchführung von **Instandhaltungsmaßnahmen** und Duldung von **Modernisierungs- oder Erhaltungsmaßnahmen** bemessen sich auch bei der Geschäftsraummiete gemäß § 41 Abs. 5 GKG (ohne Entsprechung in § 16 Abs. 5 GKG a.F.) nach dem Jahresbetrag einer angemessenen Mietminderung bzw. möglichen Mieterhöhung.[3]

2288 Klagt der Vermieter auf **Zustimmung zur Mietzinserhöhung**, gelangt § 41 Abs. 5 GKG (§ 16 Abs. 5 GKG a.F.) nicht zur Anwendung, da diese Vorschrift nur für die Wohnraummiete gilt. Zuständigkeits- und Gebührenstreitwert bestimmen sich gemäß § 9 ZPO, § 48 GKG (§ 12 GKG a.F.) nach dem 3,5fachen Jahresentgelt, soweit die verbleibende Dauer des Mietverhältnisses nicht geringer ist.[4] Der Gesetzgeber hat die Neufassung des GKG durch das KostRMoG 2004

---

1 BGH, Beschl. v. 21. 9. 2005 – XII ZR 256/03, BGHReport 2006, 75 = NZM 2005, 944 = NJW-RR 2006, 16.
2 BGH, Beschl. 13. 12. 1995 – XII ZR 161/95, NJW-RR 1996, 460 = BGHR ZPO § 546 Abs. 2 Beschwer 9.
3 BGH, Beschl. v. 2. 11. 2005 – XII ZR 137/05 – juris-Nr. KORE 314542005.
4 OLG Bamberg JurBüro 1984, 254 mit zust. Anm. *Mümmler* = AnwBl. 1984, 94 = KostRsp. GKG § 16 Nr. 26 mit abl. Anm. *Schneider*; KG, Beschl. v. 7. 4. 2004 – 8 W 23/04, KGR 2004, 499 = AGS 2005, 354; OLG Brandenburg, Beschl. v. 11. 10. 1995 – 3 W 23/95, JurBüro 1996, 193 = NJW-RR 1996, 844 = NJWE-MietR 1996, 179 = MM 1995, 440; OLG Frankfurt, Beschl. v. 30. 10. 1992 – 24 W 47/92, KostRsp. ZPO § 9 Nr. 45 = JurBüro 1994, 117 = MDR 1993, 697 = OLGR 1992, 227; OLG Hamburg, Beschl. v. 6. 7. 1990 – 31. 10. 1991, KostRsp. GKG § 16 Nr. 67 mit abl. Anm. *E. Schneider* = MDR 1990, 1024; OLG Köln, Beschl. v. 21. 2. 1991 – 18 U 78/90, MDR 1991, 545; KostRsp. ZPO § 9 Nr. 41 mit abl. Anm. *E. Schneider* = MDR 1991, 545; ebenso für die Klage auf Pachtzinserhöhung OLG Braunschweig, Beschl. v. 13. 8. 1982 – 4 W 14/82, KostRsp.

nicht zum Anlass genommen, die in § 16 Abs. 5 GKG a.F. (jetzt § 41 Abs. 5 GKG) enthaltene Beschränkung auf Wohnraummietverhältnisse aufzuheben. Für eine analoge Anwendung fehlt es an einer planwidrigen Lücke.[1] Dass dessen sozialer Schutzzweck auch eine Erstreckung auf kleine Gewerbetreibende und Unternehmen rechtfertigen könnte, vermag über den klaren Wortlaut nicht hinweg zu helfen.

Einer Bemessung nach § 3 ZPO steht entgegen, dass § 9 ZPO als speziellere Norm vorgeht.[2] Denn mit dem Streit über die Zustimmung zur Erhöhung der Miete sind wiederkehrende Leistungen aus einem in seinem Umfang streitigen Stammrecht betroffen. Dass mit § 9 ZPO nicht die Rechtslage bei Mieterhöhungsklagen geregelt werden sollte und dieser zudem nur über § 48 Abs. 1 GKG (§ 12 Abs. 1 GKG a.F.) zur Anwendung gelangt, rechtfertigt (spätestens) seit dem KostRMoG 2004 keine abweichende Beurteilung mehr. Die gegen eine Anwendung des § 9 ZPO im Hinblick auf die erhebliche Wertdifferenz zu § 41 GKG (§ 16 GKG a.F.) erhobenen Bedenken sind bereits mit der Neufassung und Beschränkung auf den 3,5fachen Jahresbetrag durch das RpflEntlG 1993 überholt.[3]   **2289**

Ebenso nach § 9 ZPO, § 48 GKG (§ 12 GKG a.F.) ist zu bewerten, wenn etwa wegen fortlaufend unpünktlicher Entgeltzahlungen gemäß § 259 ZPO eine Klage auf **künftige Leistung wegen Besorgnis der Nichterfüllung** erhoben wird. Vor Klageerhebung aufgelaufene Mietrückstände sind auch hier hinzuzurechnen, arg. § 42 Abs. 5 GKG (§ 17 Abs. 4 GKG a.F.).[4]   **2290**

Klagt der Vermieter dagegen **rückständigen oder zukünftigen Mietzins beziffert** ein[5] oder auf **Feststellung über die Höhe der Miete,**[6] bestimmt sich der Wert, da   **2291**

ZPO § 9 Nr. 33 = AnwBl. 1982, 486; *Anders/Gehle/Kunze*, Stichwort „Miete und Pacht" Rn. 35; Baumbach/Lauterbach/*Hartmann*, § 3 Rn. 79; Bub/Treier/*Fischer*, Handbuch der Wohn- und Geschäftsraummiete, VIII Rn. 235, S. 1651: § 9 ZPO; Thomas/Putzo/*Hüßtege*, § 3 Rn. 101: § 9 ZPO; a.A. Vorauflage; Zöller/*Herget*, § 3 Rn. 16 unter „Mietstreitigkeiten".

1 KG, Beschl. v. 7. 4. 2004 – 8 W 23/04, KGR 2004, 499 = AGS 2005, 354.

2 OLG Frankfurt, Beschl. 30. 10. 1992 – 24 W 47/92, MDR 1993, 697; OLG Köln, Beschl. v. 21. 2. 1991 – 18 U 78/90, MDR 1991, 545.

3 *Anders/Gehle/Kunze*, Stichwort „Miete und Pacht" Rn. 35; Bub/Treier/*Fischer*, Handbuch der Wohn- und Geschäftsraummiete, VIII Rn. 235, S. 1651.

4 BGH – XII ZR 162/00 = BGHReport 2004, 1055 = JurBüro 2004, 378 = MDR 2004, 1437 = WuM 2004, 368 = ZMR 2004, 494 = NZM 2004, 423 = AGS 2004, 249 = BGHR ZPO § 3 Gebührenstreitwert Nr. 1; a.A. OLG Bamberg, Beschl. v. 19. 11. 1984 – 3 W 100/84, JurBüro 1985, 589; OLG Frankfurt, Beschl. v. 14. 3. 1980 – 22 W 1/80, JurBüro 1980, 929 = MDR 1980, 761 = Rpfleger 1980, 299 – nach § 3 ZPO.

5 BGH, Beschl. v. 16. 1. 1985 – VIII ZR 112/84, KostRsp. GKG § 16 Nr. 39 mit Anm. *E. Schneider*; OLG Bamberg, KostRsp. ZPO § 3 Nr. 741 mit Anm. *Schneider* = JurBüro 1985, 589.

6 BGH – XII ZR 162/00 = BGHReport 2004, 1055 = JurBüro 2004, 378 = MDR 2004, 1437 = WuM 2004, 368 = ZMR 2004, 494 = NZM 2004, 423 = AGS 2004, 249 = BGHR ZPO § 3 Gebührenstreitwert Nr. 1.

nur einzelne Leistungen und nicht das Stammrecht Gegenstand der Klage sind, nach § 3 ZPO. Bei der Feststellungsklage ist zu beachten, dass deren Wert durch den Wert einer entsprechenden Leistungsklage auf künftige Miete (§ 9 ZPO) begrenzt wird.[1]

Geschäftsschädigende Äußerungen

2292 Wird der Anspruch auf Widerruf geschäftsschädigender Äußerungen, der einem Unterlassungsanspruch gleichzustellen ist, ausdrücklich auf § 824 BGB gestützt, dann handelt es sich um einen vermögensrechtlichen Anspruch, dessen Streitwert nicht nach § 48 Abs. 2 GKG zu bemessen, sondern nach § 48 Abs. 1 GKG, § 3 ZPO zu schätzen ist.[2]

2293 Für die Schätzung sind, anders als bei Klagen auf Unterlassung unlauteren Wettbewerbs, weniger die Größe des Unternehmens des Klägers und die Höhe seines Umsatzes als vielmehr der Umfang sowie Art und Weise, in welcher der Beklagte Dritten gegenüber seine geschäftsschädigenden Behauptungen aufgestellt hat, zu berücksichtigen.[3]

2294 Wird der Anspruch auf Widerruf neben einem Anspruch auf Unterlassung geltend gemacht, sind die Ansprüche getrennt zu bewerten und die Werte zu addieren.[4]

Geschmacksmuster

2295 Wegen der Bewertung von Unterlassungsklagen aufgrund einer Geschmacksmusterverletzung siehe die zusammenhängenden Erläuterungen unter dem Stichwort „Gewerblicher Rechtsschutz".

---

1 BGH – XII ZR 162/00 = BGHReport 2004, 1055 = JurBüro 2004, 378 = MDR 2004, 1437 = WuM 2004, 368 = ZMR 2004, 494 = NZM 2004, 423 = AGS 2004, 249 = BGHR ZPO § 3 Gebührenstreitwert Nr. 1.
2 OLG Köln MDR 1957, 238; LG Bayreuth JurBüro 1975, 1356.
3 OLG Nürnberg (JurBüro 1967, 72) hat den Wert auf 5000 DM festgesetzt, wenn in einem kleineren Ort, in dem die Verbreitung unwahrer Behauptungen schnell vonstatten geht, die Äußerungen in der Öffentlichkeit vor einer Reihe von Zeugen gemacht worden sind.
4 OLG Düsseldorf, Beschl. v. 16. 5. 1980 – 15 W 34/80, AnwBl. 1980, 358.

Gesellschaft

Stichwortübersicht

Abberufung	2297	Informationserzwingungsverfahren	2311
Anfechtungs- und Nichtigkeitsklagen	2298	Leistungsklage	2314
Auflösung	2303	Offenlegung der Verhältnisse	2316
Ausschluss	2304	Organstellung	2318
Befreiung von Gesellschaftsschulden	2305	Teilhaberschaft	2323
Eintragung im Handelsregister	2306	Übernahme, feindliche	2324
Entnahmerecht	2307	Übertragung	2325
Gesellschaftsvertrag	2308	Unwirksame Kündigung	2326
Herausgabe	2310	Vergütungsklage	2327

Die Klagemöglichkeiten im Zusammenhang mit einer Gesellschaft sind vielfältig. Im Folgenden sollen die in der Praxis häufigsten Fälle nach Stichworten geordnet aufgeführt werden. Soweit keine speziellen gesellschaftsrechtlichen Bewertungsvorschriften einschlägig sind (vgl. §§ 247, 249 AktG), bestimmt sich der Streitwert zumeist nach § 3 ZPO.   **2296**

Abberufung

Der Streit um die Wirksamkeit der Abberufung eines Organmitglieds einer Kapitalgesellschaft ist gemäß § 3 ZPO nach dem Interesse der Gesellschaft zu bewerten, dass der Abberufene von der Leitung der Gesellschaft ferngehalten wird bzw. nach dem gegenteiligen Interesse des Organs, weiterhin Leitungstätigkeit auszuüben.[1] Die Gehaltsinteressen des Organs und die möglichen Folgeansprüche der Gesellschaft aus einer wirksamen Abberufung spielen dagegen keine Rolle,[2] denn der Streitgegenstand betrifft nur die organrechtliche Stellung, nicht den zugrunde liegenden Dienstvertrag.[3]   **2297**

Anfechtungs- und Nichtigkeitsklagen

Die Anfechtungsklagen gegen aktienrechtliche Beschlüsse werden – ebenso wie die Nichtigkeitsklagen – nach den Umständen des Einzelfalls, insbesondere der Bedeutung der Sache für die Parteien, nach billigem Ermessen bewertet (§§ 247, 249 AktG).[4] Dabei darf der Streitwert 10 % des Grundkapitals bzw. 500 000 Euro nur dann übersteigen, wenn das Interesse des Klägers höher zu bewerten ist.[5]   **2298**

---

1 BGH, Beschl. v. 22. 5. 1995 – II ZR 247/94, NJW-RR 1995, 1502.
2 Vgl. auch BGH, Beschl. v. 28. 5. 1990 – II ZR 245/89, NJW-RR 1990, 1123.
3 Vgl. zu den Einzelheiten das Stichwort „Organe".
4 Vgl. BGH, Beschl. v. 15. 3. 1999 – II ZR 94/98, KostRsp AktG § 247 Nr. 21 = NJW-RR 1999, 910.
5 Vgl. OLG Stuttgart, Beschl. v. 11. 1. 1995 – 3 W 47/94, WM 1995, 620 zur Anfechtung des Beschlusses über die Entlastung des Aufsichtsratsvorsitzenden; BGH, Beschl. v. 28. 5. 1990 – II ZR 245/89, NJW-RR 1990, 1123 zur Anfechtung des Beschlusses über die Abberufung des GmbH-Geschäftsführers.

2299 Die Bemessung des Streitwerts hängt in entscheidendem Maße von Inhalt und Gegenstand des Hauptversammlungsbeschlusses ab, dessen Nichtigkeit geklärt werden soll. Nach ihnen bemessen sich im Wesentlichen die wirtschaftlichen und gesellschaftsrechtlichen Auswirkungen, die eine Nichtigkeit des Beschlusses für den anfechtenden Aktionär, die verklagte Gesellschaft und die übrigen Aktionäre hat. Art und Zahl der geltend gemachten Anfechtungsgründe sind dagegen nicht geeignet, den Streitwert zu beeinflussen.[1]

2300 § 247 Abs. 2 AktG gibt die Möglichkeit der Streitwertbegünstigung, deren Wirkung sich allerdings auf die Instanz beschränkt.[2]

2301 Auf die genossenschaftsrechtliche Anfechtungsklage ist § 247 AktG entsprechend anzuwenden,[3] weil es sich bei der Frage der Anfechtbarkeit von Beschlüssen der Generalversammlung ebenfalls um schwierige Probleme handelt und die Begrenzung des Streitwertes durch den meist niedrigen Geschäftsanteil und gegebenenfalls die Haftungssumme des klagenden Genossen im allgemeinen als nicht angemessen erscheint. Gleiches gilt für die Rechtsstreitigkeiten um Beschlüsse einer GmbH.[4] Auf den Streit zwischen Gesellschaftern einer zweigliedrigen Kommanditgesellschaft[5] sowie auf den Anfechtungs- oder Nichtigkeitsprozess eines Vereinsmitglieds gegen einen Beschluss der Mitgliederversammlung[6] findet § 247 Abs. 1 AktG dagegen keine Anwendung.

2302 Führen mehrere Aktionäre Anfechtungsklagen gegen denselben Hauptversammlungsbeschluss, sind sie notwendige Streitgenossen im Sinne des § 62 Abs. 1 ZPO. Sind die Streitwerte für die einzelnen Klagen wegen unterschiedlichen Aktienbesitzes der Kläger nicht identisch, bestimmt sich der Gesamtstreitwert für das Verfahren nach dem höchsten Einzelstreitwert (§ 45 Abs. 1 S. 3 GKG).[7]

Auflösung

2303 Der Streitwert der Auflösungsklage ist nach § 3 ZPO zu schätzen. Er entspricht grundsätzlich nicht der vollen Höhe der Beteiligung der Gesellschafter, da das Auflösungsurteil noch keinen vollstreckbaren Titel mit Zugriffsmöglichkeit auf das Auseinandersetzungsguthaben bildet. Zu berücksichtigen sind weitere Umstände wie eine Verlustgefahr oder Haftungserweiterung.[8]

---

1 BGH, Beschl. v. 11. 7. 1994 – II ZR 58/94, NJW-RR 1995, 225 = ZIP 1994, 1355.
2 BGH, Beschl. v. 12. 10. 1992 – II ZR 213/91, MDR 1993, 184; OLG Karlsruhe, Beschl. v. 1. 2. 1991 – 15 U 127/90, KostRsp § 247 AktG Nr. 14 m. abl. Anm. *E. Schneider*; a.A. OLG Frankfurt, KostRsp. AktG § 247 Nr. 10.
3 OLG Naumburg, Beschl. v. 14. 9. 1998 – 12 W 25/98, JurBüro 1999, 310.
4 BGH, Beschl. v. 5. 7. 1999 – II ZR 313/97, NJW-RR 1999, 1485.
5 BGH, Beschl. v. 21. 2. 2002 – II ZR 91/00, NJW-RR 2002, 823.
6 BGH, Beschl. v. 25. 5. 1992 – II ZR 23/92, MDR 1993, 183.
7 OLG Stuttgart, Beschl. v. 14. 2. 2001 – 20 W 1/01, KostRsp. AktG § 247 Nr. 23 = OLGR 2001, 270.
8 OLG Köln, Beschl. v. 14. 12. 1987 – 2 W 181/87, DB 1988, 281.

Ausschluss

Der Wert der Klage auf Ausschluss eines Gesellschafters ist nach § 3 ZPO zu schätzen und bemisst sich nach dem Wert der Gesellschaftsanteile des Klägers.[1] **2304**

Befreiung von Gesellschaftsschulden

Der Wert der Klage eines Gesellschafters gegen den anderen auf Befreiung von Gesellschaftsschulden wegen seines Ausscheidens richtet sich gemäß § 6 ZPO nach dem Gesamtwert der Schulden. **2305**

Eintragung im Handelsregister

Der Wert einer Klage, die das Ziel verfolgt, eine bestimmte Eintragung im Handelsregister zu erreichen, ist nach § 3 ZPO zu schätzen. Es kann ein Bruchteil des klägerischen Anteils an der Gesellschaft – je nach Umständen des Einzelfalls – in Höhe von $^1/_{10}$ bis $^1/_4$ angesetzt werden. **2306**

Entnahmerecht

Nimmt der Kläger als Kommanditist ein vertraglich vereinbartes Entnahmerecht für sich während der Dauer des Gesellschaftsvertrages in Anspruch, dann ist der Streitwert nach § 9 ZPO auf den 3,5fachen Jahresbetrag festzusetzen, bei positiver Feststellung mit einem Abschlag von 20 %.[2] **2307**

Gesellschaftsvertrag

Der Wert der Klage auf Feststellung des Bestehens, der Fortdauer oder Auflösung des Gesellschaftsvertrages bemisst sich nach § 3 ZPO. Hier ist eine Zusammenschau aller in Betracht kommenden Bemessungsfaktoren geboten.[3] Streiten sich die Parteien nicht um die Auflösung der Gesellschaft als solche, sondern nur um die Frage des genauen Zeitpunktes, so ist nur ein Bruchteil des nach § 3 ZPO ermittelten Wertes anzusetzen. **2308**

Der gebührenrechtliche Wert (§ 2 Abs. 1 RVG) für die Änderung eines Gesellschaftsvertrages ist mangels anderer Anhaltspunkte gemäß § 23 Abs. 3 RVG nach billigem Ermessen zu bestimmen. Der BGH hat in der Entscheidung vom 24. 11. 1994[4] maßgeblich darauf abgestellt, welche Bestimmungen des bereits bestehenden Gesellschaftsvertrages geändert wurden und was diese Änderungen (steuerrechtlich, erbrechtlich, haftungsrechtlich etc.) für die Gesellschaft bedeuteten. **2309**

---

1 BGH, Beschl. v. 28. 11. 1955 – II ZR 19/55, BGHZ 19, 173; vgl. zu den Einzelheiten das Stichwort „Ausschließung".
2 OLG Bamberg JurBüro 1982, 284.
3 OLG Köln, Beschl. v. 22. 6. 1982 – 2 W 79/82, JurBüro 1982, 1719; OLG Köln, Beschl. v. 14. 12. 1987 – 2 W 181/87, DB 1988, 281.
4 BGH, Urteil v. 24. 11. 1994 – IX ZR 222/93, MDR 1995, 319.

Herausgabe

2310 Die Klage auf Herausgabe von Aktien, Interimsscheinen, Gewinnanteilsscheinen oder Bezugsrechten ist nach § 6 ZPO zu bewerten. Maßgeblich ist der Verkehrswert der jeweiligen Urkunde.

Informationserzwingungsverfahren

2311 Nach § 51b GmbHG bzw. § 132 Abs. 5 AktG gilt für die Festsetzung des Geschäftswertes die Regelung in § 30 Abs. 2 KostO mit der Maßgabe, dass der Wert regelmäßig auf 5000 Euro anzunehmen ist.

2312 Der Geschäftswert ist auch dann einheitlich festzusetzen, wenn mehrere Beteiligte Informationsanträge gestellt haben.[1] Der Zahl der Antragsteller ist nicht durch bloße schematische Multiplikation des Regelgeschäftswertes mit der Zahl der Anträge Rechnung zu tragen, sondern durch angemessene Erhöhung des Geschäftswertes bis zur Obergrenze von 500 000 Euro (§ 30 Abs. 2 KostO). Maßgeblich ist für die Erhöhung, ob es sich um mehrere selbständige Informationsbegehren handelt, oder ob und in welchem Umfang die Auskünfte zusammenhängen[2] bzw. ob die Antragsteller dem Verfahren eine über den Verfahrensgegenstand hinausgehende grundsätzliche Bedeutung beimessen.[3]

2313 Das OLG Frankfurt[4] vertritt die Ansicht, dass der Regelwert mit der Zahl der gestellten Fragen zu multiplizieren ist, wenn das Verfahren mehrere Fragen mit jeweils einem eigenständigen Inhalt zum Gegenstand hat. Dagegen spricht schon, dass § 30 Abs. 2 KostO nicht auf die einzelne Frage, sondern auf das Verfahren als solches abstellt und für dieses – zusammen mit § 132 Abs. 5 AktG – einen Regelstreitwert vorgibt. Dieser kann nach den Umständen des Einzelfalls dann niedriger oder höher angenommen werden.

Leistungsklage

2314 Für die Klage eines Gesellschafters gegen einen Mitgesellschafter mit dem Ziel einer Leistung an die Gesellschaft (actio pro socio) ist nicht nur der Anteil des Klägers am Gesellschaftsvermögen,[5] sondern der volle Betrag der Forderung ohne Abzug des klägerischen Anteils anzusetzen. Nach anderer Ansicht[6] ist vom Betrag der Forderung der Anteil des Beklagten abzuziehen.

2315 Das Verlangen eines Gesellschafters, ein Mitgesellschafter möge Geldbeträge zum Gesellschaftsvermögen zurückführen, die er unter Überschreitung seiner

---

1 BayObLG GmbHR 1991, 576; BayObLG, Beschl. v. 27. 5. 1993 – 3 Z BR 55/93, JurBüro 1994, 756; BayObLG, Beschl. v. 14. 11. 2000 – 3 Z BR 321/00, JurBüro 2001, 254.
2 BayObLG NJW-RR 2000, 1201.
3 BayObLG, Beschl. v. 27. 5. 1993 – 3 Z BR 55/93, JurBüro 1994, 756; ähnlich auch OLG Stuttgart, Beschl. v. 8. 5. 1992 – 8 W 244/91, DB 1992, 1179.
4 OLG Frankfurt, Beschl. v. 21. 8. 1992 – 20 W 300/92, DB 1992, 1920.
5 RGZ 171, 52.
6 Zöller/*Herget*, § 3 Rn. 16 unter „Gesellschaft".

Befugnisse für die Errichtung von betrieblichen Erweiterungsbauten verwendet habe, bemisst sich nach dem vollen Wert des zurückzuführenden Geldbetrages, nicht nur nach dem Anteil des klagenden Gesellschafters. Dieser nimmt nämlich nicht nur seine Belange als Gesellschafter wahr, sondern jedenfalls auch die der Gesellschaft. Dieser aber steht gegebenenfalls der volle zu Unrecht (weil außerhalb der Vertretungsmacht) verwendete Geldbetrag zu.[1]

Offenlegung der Verhältnisse

Begehrt ein Vorstandsmitglied gegen die Aktiengesellschaft Einsicht in Geschäftsunterlagen, so richtet sich der Streitwert nach der Art des verfolgten Interesses. Soweit der Antragsteller lediglich persönliche oder gesellschaftsfremde Ziele verfolgt, sind die wirtschaftlichen Belange der Gesellschaft unbeachtlich. Soll dagegen die Organtätigkeit als Vorstandsmitglied durchgesetzt werden, ist deren Bedeutung für die Gesellschaft maßgeblich.[2]   **2316**

Der Streitwert des Antrags eines Gesellschafters gegen die GmbH auf Offenlegung der Verhältnisse (Einsicht in die Geschäftsbücher, Geschäftspapiere und Bilanzen zur Feststellung der Umsätze, Auskunft über die Vergütung des Aufsichtsrats und der Unternehmensleistung) ist mindestens nach dem Gewinn zu bemessen, den der Kläger als Folge der Offenlegung erwarten kann. Der Streitwert darf jedoch nicht höher als der Kurswert der Anteile des Klägers festgesetzt werden.[3] Wird ein solcher Anspruch im Wege der einstweiligen Verfügung geltend gemacht, so führt dies dann nicht zu einer Ermäßigung des Streitwertes auf einen Bruchteil,[4] wenn die begehrte Maßnahme volle Befriedigung verschaffen würde.[5]   **2317**

Organstellung

Bei Klagen im Zusammenhang mit der Beendigung der Organstellung ist danach zu unterscheiden, worauf die Beendigung beruht.[6]   **2318**

Bei Klagen gegen die Abberufung als Geschäftsführer erfolgt die Streitwertbestimmung nach § 48 Abs. 1 GKG, § 3 ZPO, wobei das Interesse beider Parteien berücksichtigt wird.[7] Kämpft der Kläger also nur um seine Organstellung und   **2319**

---

1 OLG München NJW 1965, 258.
2 OLG Frankfurt, Beschl. v. 19. 11. 1990 – 5 W 25/90, KostRsp. ZPO § 3 Nr. 31 = MDR 1991, 354.
3 OLG Frankfurt, Beschl. v. 19. 11. 1990 – 5 W 25/90, KostRsp. ZPO § 3 Nr. 31 = MDR 1991, 354.
4 Vgl. zur grundsätzlichen Bruchteilsbewertung das Stichwort „Einstweilige Verfügung".
5 Zur Durchsetzung von Informationsrechten siehe auch das Stichwort „Auskunftsanspruch".
6 Siehe dazu BGH, Beschl. v. 28. 5. 1990 – II ZR 245/89, KostRsp. ZPO § 9 Nr. 39 mit Anm. *Schneider* = NJW-RR 1990, 1123; zu den Einzelheiten vgl. das Stichwort „Organe".
7 BGH, Beschl. v. 28. 5. 1990 – II ZR 245/89, KostRsp. ZPO § 9 Nr. 39 mit Anm. *Schneider* = NJW-RR 1990, 1123; BGH, Beschl. v. 22. 5. 1995 – II ZR 247/94, KostRsp. ZPO § 3 Nr. 1206 = NJW-RR 1995, 1502.

will er weiterhin als Geschäftsführer die Lenkungs- und Leitungsmacht des beklagten Unternehmens behalten oder wieder in die Hand bekommen, dann berücksichtigt der BGH auch das gegenteilige Interesse des Beklagten, den Kläger von der Geschäftsführung fernzuhalten.[1] Dies gilt gleichermaßen, wenn der Streit darum geht, ob das abberufene Organmitglied überhaupt wirksam bestellt worden ist.[2]

2320   Das Gehaltsinteresse des Abberufenen und etwaige Ansprüche der Gesellschaft aus der Abberufung sind dagegen unbeachtlich, weil sie nicht die organschaftliche Stellung, sondern den Dienstvertrag aus dem Innenverhältnis betreffen.

2321   Nur dann, wenn auch die **Beendigung** des Anstellungsverhältnisses (Dienstvertrag) und damit der Verlust der daraus abgeleiteten Gehaltsansprüche angegriffen wird, ist § 9 ZPO für die Beschwer anwendbar[3] und § 42 Abs. 3 GKG für die Gebührenberechnung. Auch bei einem Antrag auf Feststellung des **Fortbestehens** des Dienstverhältnisses wendet der BGH die Regelung des § 42 Abs. 3 GKG für die Bestimmung des Gebührenstreitwerts (Vergütungsinteresse des Klägers) und die Regelung des § 9 ZPO für die Beschwer an.[4] Nach anderer Ansicht ist der Gebührenstreitwert einer Feststellungsklage über das Bestehen eines Dienstverhältnisses des Geschäftsführers nach § 3 ZPO zu schätzen.

2322   Werden die Klage auf Feststellung der Gesellschaftereigenschaft und die Klage auf Duldung der Einsicht in die Geschäftsbücher verbunden, dann ist jede Klage nach § 3 ZPO zu bemessen und sind sodann die beiden Werte gemäß § 5 ZPO zusammenzurechnen.[5]

Teilhaberschaft

2323   Der Wert der Klage auf Feststellung der Teilhaberschaft bemisst sich gemäß § 3 ZPO an dem Interesse des Klägers am Gewinn.

Übernahme, feindliche

2324   Begehrt ein Aktionär im Wege der einstweiligen Verfügung, dass der Vorstand der Aktiengesellschaft Abwehrmaßnahmen gegen ein feindliches Übernahmeangebot unterlässt und kurzfristig eine Hauptversammlung einberuft, in der

---

1 BGH, Beschl. v. 22. 5. 1995 – II ZR 247/94, KostRsp. ZPO § 3 Nr. 1206 = NJW-RR 1995, 1502.
2 BGH, Beschl. v. 22. 5. 1995 – II ZR 247/94, KostRsp. ZPO § 3 Nr. 1206 = NJW-RR 1995, 1502.
3 BGH, 17. 1. 1994 – II ZR 219/93, KostRsp. ZPO § 9 Nr. 49 = GmbHR 1994, 244 – Beschwer richtet sich nach dem Vergütungsinteresse.
4 BGH, Beschl. v. 17. 1. 1994 – II ZR 219/93, KostRsp. ZPO § 9 Nr. 49 = GmbHR 1994, 244; KG, Beschl. v. 21. 6. 1996 – 5 W 2444/96, NJW-RR 1997, 543.
5 OLG Karlsruhe HRR 1930 Nr. 746.

über Zustimmung oder Ablehnung des Angebotes entschieden werden soll, ist der Streitwert in analoger Anwendung von § 247 AktG festzusetzen.[1]

Übertragung

Die Klage auf Übertragung des Anteils an einer GmbH richtet sich nicht nach dem Nominalwert des Geschäftsanteils, sondern nach dem Verkehrswert.[2] Die Ermittlung des Wertes ist schwieriger als bei Anteilen einer AG, da Aktien an der Börse gehandelt werden und einen Kurswert haben. Sie ist aber dadurch nicht ausgeschlossen und kann je nach der wirtschaftlichen Situation der GmbH unter oder über dem Nominalwert des Anteils liegen. Es ist jedoch kein Aufschlag wegen des Gewinnbezugsrechts zu machen, da dieses Bestandteil des Gesellschaftsanteils und damit bereits ausschlaggebender Faktor bei der Verkehrswertermittlung ist. **2325**

Unwirksame Kündigung

Klagt der persönlich haftende Gesellschafter einer KG auf Feststellung, dass die Kündigung des Kommanditisten unwirksam sei, dann ist dessen Einlage in Streit, gleichgültig ob sie schon voll eingezahlt ist oder nicht.[3] **2326**

Vergütungsklage

Der Streitwert für die Klage eines Organmitgliedes einer juristischen Person oder seiner Hinterbliebenen auf Zahlung von Gehalt oder Versorgungsbezügen ist jedenfalls dann nicht nach § 9 ZPO, sondern nach § 42 Abs. 3 GKG festzusetzen, wenn das Organmitglied sich in einer ähnlichen beruflichen und wirtschaftlichen Abhängigkeit von seinem Unternehmen befunden hat wie ein Arbeitnehmer. Zu prüfen ist also, ob hinsichtlich der sozialen Abhängigkeit eine „arbeitnehmerähnliche" Stellung vorliegt.[4] **2327**

Das OLG Schleswig[5] hat mit Recht darauf abgestellt, dass (der jetzige) § 42 Abs. 3 GKG eine soziale Schutzvorschrift ist und das Organ, etwa der Geschäftsführer einer GmbH, aus den wiederkehrenden Leistungen seinen Lebensunterhalt erzielt. Dabei ist auch zu berücksichtigen, dass seine Alters- und Hinterbliebenenversorgung nicht aus seiner Organstellung erwächst, die lediglich das Außenverhältnis betrifft, sondern auf dem Anstellungsvertrag, also dem Innenverhältnis beruht. **2328**

---

1 OLG Düsseldorf, Beschl. v. 31. 8. 2000 – 6 W 33/00, KostRsp. AktG Nr. 22 = OLGR 2000, 472.
2 OLG Frankfurt JurBüro 1980, 606 = KostRsp. ZPO § 3 Nr. 469; ebenso *Riedel* JurBüro 1962, 255.
3 OLG München OLGE 29, 7.
4 OLG Stuttgart Justiz 1968, 306; OLG Köln MDR 1968, 593; OLG Koblenz MDR 1980, 319; OLG Schleswig JurBüro 1980, 480; *Schneider* JurBüro 1969, 803; Zöller/*Herget*, § 3 Rn. 16 unter „Arbeitnehmer".
5 OLG Schleswig JurBüro 1980, 480.

2329   Die Abgrenzung von § 9 S. 1 ZPO zu § 42 Abs. 3 GKG hat allerdings durch die Neufassung des § 9 ZPO erheblich an praktischer Bedeutung verloren, denn § 9 ZPO sieht jetzt nur noch den 3,5fachen Jahresbetrag gegenüber dem 3fachen Jahresbetrag in § 42 Abs. 3 GKG vor.

Gesetzliche Erbfolge

2330   Bei einer **Klage auf Feststellung**, dass die gesetzliche Erbfolge eingetreten sei, bestimmt sich der Wert des Streitgegenstandes nach dem **Anteil des klagenden Erben** am Nachlass, nicht aber nach dem Wert des Gesamtnachlasses.[1]

2331   Ist ein **Pflichtteilsanspruch unstreitig**, die Beteiligung als Miterben am Nachlass aber streitig, so bestimmt sich der Streitwert nur nach dem Wert des halben Erbteils;[2] der Wert des unstreitigen Pflichtteilsanspruchs des Klägers ist also von dem Wert des von ihm beanspruchten Nachlassvermögens abzuziehen.

2332   Zum **Feststellungsabschlag** siehe oben Rn. 3801. Siehe näher zu den einschlägigen Fragen das Stichwort „Miterbe" Rn. 3826 ff.

Gesetzliche Unterhaltspflicht

Siehe das Stichwort „Unterhalt".

Gestaltungsklage

2333   Leistungsklagen und Feststellungsklagen zielen auf ein Urteil ab, durch das eine bereits bestehende Rechtsfolge, etwa die Verpflichtung zur Zahlung oder die Haftung für alle aus einem Unfallereignis entstanden Schäden, rechtskräftig festgestellt wird. Leistungsklagen und Feststellungsklagen wirken daher nur deklaratorisch. Gestaltungsklagen und die ihnen entsprechenden Gestaltungsurteile wirken demgegenüber konstitutiv. Sie sprechen nicht aus, was bereits geschehen ist, sondern sie schaffen (erstmals) eine Rechtsfolge, die es bisher nicht gegeben hat, die ohne das Urteil auch nicht eintreten kann.

2334   Neben den **nichtvermögensrechtlichen** Gestaltungsklagen und Gestaltungsurteilen, beispielsweise auf Scheidung einer Ehe (§ 1564 BGB) oder deren Auf-

---

1 BGH, Urteil. 24. 4. 1975 – III ZR 173/72, JurBüro 1975, 1197; OLG Schleswig, SchlHA 1958, 83; OLG Bamberg, Beschl. v. 13. 6. 1975 – 4 W 30/75, JurBüro 1975, 1367.
2 BGH, Beschl. v. 15. 1. 1975 – IV ZR 124/73, JurBüro 1975, 460 = MDR 1975, 389 = Rpfleger 1975, 127 = *Warneyer* 1975, Nr. 7.

hebung (§ 29 EheG), gibt es auch **vermögensrechtliche** Gestaltungsklagen und Gestaltungsurteile, beispielsweise auf Bestimmung einer Leistung (§§ 315, 319 BGB), auf Auflösung einer GmbH (§ 61 GmbHG), auf Erbunwürdigkeitserklärung (§ 2342 BGB) oder auf Erklärung der Unzulässigkeit der Zwangsvollstreckung (§§ 767, 771 ZPO).

Für die Bezifferung des Streitwerts kommt es darauf an, welche konstitutive   2335
Wirkung begehrt wird. Spezielle Bewertungsvorschriften für Gestaltungsklagen als solche gibt es nicht. Für nichtvermögensrechtliche Streitigkeiten gilt § 48 Abs. 2 GKG (§ 12 Abs. 2 GKG a.F.). Für vermögensrechtliche Streitigkeiten ist auf das Interesse des Klägers abzustellen. Die in Betracht kommenden Bewertungsmaßstäbe sind den im Einzelfall einschlägigen Stichwörtern zu entnehmen, beispielsweise „Auflösung einer GmbH" oder „Ehesachen" u. dergleichen.

Getrenntleben

Unter den in § 606 Abs. 1 ZPO aufgeführten Ehesachen ist zwar die Klage auf   2336
Herstellung des ehelichen Lebens erwähnt, nicht aber die sog. negative Herstellungsklage, die auf Feststellung des Rechts zum Getrenntleben geht und auf § 1353 Abs. 2 BGB zu stützen ist. Auch sie ist eine Ehesache.[1]

Schon nach altem Recht hatte sie nur geringe Bedeutung. Nachdem nunmehr   2337
einziger Scheidungsgrund das Scheitern der Ehe ist und es keine Verschuldensscheidung mehr gibt, hat die Klage auf Berechtigung zum Getrenntleben keine praktische Bedeutung mehr.

Soweit sie vorkommt, ist ihr Streitwert nach § 48 Abs. 2 GKG zu bewerten,   2338
wobei die Bemessungsgrundsätze für die Ehescheidung weitgehend übernommen werden können.

Wegen der geringeren Bedeutung solcher Klagen kommt allerdings eine Ver-   2339
minderung des Wertes in Betracht.[2] Der Mindeststreitwert für Ehesachen (2000,00 Euro) muss jedoch beachtet werden.

Im Scheidungsprozess ist nach § 620 S. 1 Nr. 5 ZPO auf Antrag eine einstweili-   2340
ge Anordnung möglich. Gerichtsgebühren fallen dafür nicht an (§ 620 S. 1 Nr. 5 ZPO ist in Nr. 1420 ff. KV GKG nicht aufgeführt). Deshalb ist im GKG keine besondere Streitwertvorschrift enthalten. Für den Anwalt gilt § 24 RVG, also ein Ausgangswert von 500 Euro, der je nach den Umständen höher anzusetzen sein kann.

---

1 Zöller/*Philippi*, ZPO, § 606 Rn. 10 mit Nachweisen.
2 Vgl. KG JurBüro 1969, 868.

Gewerblicher Rechtsschutz

Literatur: *Schramm* GRUR 1953, 104; *Lappe* WRP 1955, 268; *Schwab/Mosheim* BB 1955, 882; *Spieß* GRUR 1955, 227; *Ballhaus* GRUR 1957, 64 (Patentnichtigkeitsverfahren); *Schmidt* JurBüro 1963, 524; *Burmann* WRP 1973, 508; *Radandt* WRP 1975, 137; *Borck* WRP 1978, 435; *Traub* WRP 1982, 557 (Streitwert der Verbandsklage); *Lambsdorff/Kanz* BB 1983, 2215 (Verfassungswidrigkeit der Streitwertherabsetzung); *Thesen/Schneider* MDR 1984, 544; *Herr* MDR 1985, 187 (zur Höhe der Wettbewerbsstreitwerte); *Ulrich* GRUR 1984, 177 (kritische Darstellung zum Streitwert in Wettbewerbssachen); *Ulrich* GRUR 89, 401 (Streitwert in Wettbewerbssachen nach der UWG-Reform 1986); *Ulrich* WRP 1995, 362 (UWG-Novelle 1994); *Weiß* WRP 1995, 151 (UWG-Novelle 1994; Klagebefugnis der Verbände); *Goldmann* WRP 2001, 240.

Gliederungsübersicht

A. Allgemeines 2341

B. Gesetzliche Regelungen 2342

C. Bemessungsgrundsätze 2347

I. Interesse des Klägers 2353

II. Ermittlung der Umstände . . . 2360

III. Relevante Umstände
1. Umsatz des Klägers 2366
2. Gefährlichkeit des Angriffs . 2369
3. Wirtschaftliche Stellung des Beklagten 2377

IV. Klägerinteresse bei Verbandsklagen 2379

V. Einstweilige Verfügung 2381

VI. Klagehäufung 2390

VII. Mehrere Anträge 2392

VIII. Wiederholte Anträge 2396

D. Streitwertbegünstigung

I. Allgemeines 2398

II. Abgrenzung zur Prozesskostenhilfe 2402

III. Streitwertbemessung nach § 12 Abs. 4 UWG 2405
1. Anwendungsbereich 2406

2. Tatbestandsvoraussetzungen
a) Einfach gelagerte Sache . . 2407
b) Untragbare Belastung 2414
c) Keine doppelte Ermäßigung 2417
d) Streitwertermäßigung für Verbände 2418
3. Rechtsfolgen 2420

IV. Streitwertbemessung nach § 51 Abs. 2 GKG 2427
1. Anwendungsbereich 2429
2. Tatbestand
a) Erhebliche Gefährdung der wirtschaftlichen Lage . . . 2430
b) Art der Rechtsverfolgung . . 2435
c) Rechtsmissbrauch 2438
3. Der Antrag
a) Antragsbefugnis 2445
b) Zeitpunkt der Antragstellung 2449
c) Ausnahmsweise späterer Antrag möglich 2455
4. Rechtsfolgen 2460
5. Beschwerde 2464

E. Einzelfälle aus der Rechtsprechung 2466

Stichwortübersicht
(s.a. Einzelfälle aus der Rechtsprechung, Rn. 2466 ff.)

Addition der Einzelwerte 2391

Angaben des Klägers 2360

– bei Verfahrensbeginn 2363

Angemessene Frist 2458

Angriffsfaktor 2369

Antrag auf Veröffentlichung 2394

Antragstellung, Zeitpunkt . . . . 2449 ff.

Beeinträchtigung 2354

– der Mitbewerber 2377

Beschwerde . . . . 2464 ff.

Beweisaufnahme 2411

Billiges Ermessen 2342

Bindungswirkung 2446

Doppelte Ermäßigung 2417

Ehrkränkende Äußerungen 2359

Einstweilige Verfügung . . . . . 2381 ff.

– wiederholte 2375, 2396

Erhöhung des Streitwertes 2455

Ermäßigung des Streitwertes 2457
Ermäßigungsstaffel 2423
Festbeträge 2388
Feststellungsklage, negative 2356
Feststellungswirkung 2355
Freies Ermessen 2343
Gefährlichkeit 2369
Geschäftszahlen 2365
Gewinn 2367
Hauptsacheverfahren, voller Wert . . 2384
Hinweispflicht 2453
Interesse der Allgemeinheit 2353
Interesse eines Dritten 2353
Interesse, wirtschaftliches 2344
Jahresumsatz 2368
Klageantrag 2360
Klageanträge, unabhängig/selbstän-
    dig 2393
Klagehäufung . . . . 2390 ff.
Klagerücknahme 2437
Konkurrenztätigkeit, HGB 2357
Kostenschutzvorschriften, soziale . . 2398
Mehrere Anträge . . . . 2392 ff.
Mehrumsatz 2367
Nachahmungsgefahr 2370
Patentanwalt 2432
Prozesskostenhilfe . . . . . 2402 ff., 2441
– aussichtsreich 2403
– hilfsbedürftig 2404
Quoten 2388
Rechtsmissbrauch . . . . 2438 ff.
Regelstreitwerte 2348
Schaden 2354
Schadenersatz 2392
Schätzung, § 3 ZPO 2344
Streitwert, niedrig 2384
Streitwertbegünstigungen 2346
Streitwertbemessung nach § 51
    Abs. 2 GKG . . . . 2427 ff.
– Gefährdung der wirtschaftlichen
    Lage . . . . 2430 ff.

– konkreter Rechtsstreit 2431
– Verband, Gesamttätigkeit 2431
Streitwertbestimmung, Unbe-
    rechenbarkeit 2351
Subjektive Einschätzungen 2362
Umsatz 2366, 2378
Ungestörter Fortgang der Produk-
    tion 2372
Unterlassungsanspruch 2347
Unterlassungsklagegesetz 2345
Unterlassungsprozess, wiederholt . 2397
Verband,
– Ermäßigungsstaffel 2430
– klagebefugt 2424
– Streitwertermäßigung 2418
– ~sgründung 2439
– ~sklagen . . . . 2379 ff.
Verhinderung der Wettbewerbs-
    handlung 2376
Verjährung 2436
– Eilverfahren negativ 2442
– Insolvenzverfahren 2443
Verletzungshandlung aufgegeben . . 2374
Verminderter Streitwert . . . . . 2405 ff.
– Anwendungsbereich 2406
– Art der Sache 2408
– einfach gelagerte Sache 2407
– Umfang der Sache 2409
– untragbare Belastung 2414
Verschuldensmaßstab 2371
Vertrauliche Angaben 2365
Verzicht auf Widerspruch 2451
Vorgerichtliches Abmahnschreiben 2364
Wertstaffelung 2463
Wettbewerbsverbot 2357
Wiederholungsgefahr 2376
Wirtschaftliche Bedeutung 2377
Zuerkennung der Veröffentlichungs-
    befugnis 2395
Zurücknahme 2451
Zuschlag 2391

A. Allgemeines

Das schlagwortartig als „gewerblicher Rechtsschutz" bezeichnete Rechtsgebiet   2341
umfasst im Wesentlichen das Wettbewerbsrecht, das Patentrecht, das Ge-
schmacks- und Gebrauchsmusterrecht sowie das Markenrecht. Die Streitwertbestimmung in diesem Bereich – überwiegend handelt es sich um Unterlassungsansprüche wegen wettbewerbswidrigen Verhaltens bzw. der Verletzung
eines Schutzrechtes – wird maßgeblich von zwei Faktoren bestimmt. Zum
einen von der Schwierigkeit der Bewertung der einzelnen Bemessungsumstände

(Rn. 2347 ff.), die gerade in der Praxis den Ruf nach Regelstreitwerten nicht verstummen lässt und zum anderen von den spezialgesetzlich geregelten Möglichkeiten der Streitwertbegünstigungen (Rn. 2398 ff.). Aufgrund der Vielzahl der zu bewertenden Sachverhalte sind die Bemessungsumstände notwendigerweise allgemein gehalten. Eine alphabetische Übersicht von Einzelfällen (Rn. 2466 ff.) soll daher bei der Eingruppierung helfen.

B. Gesetzliche Regelungen

2342 In Verfahren nach dem Patentgesetz, dem Gebrauchsmustergesetz, dem Markengesetz, dem Geschmacksmustergesetz, dem Halbleiterschutzgesetz und dem Sortenschutzgesetz ist der Wert gemäß § 51 Abs. 1 GKG nach billigem Ermessen zu bestimmen.

2343 Im Übrigen richtet sich der Gebührenstreitwert gemäß § 48 Abs. 1 S. 1 GKG, § 3 ZPO nach freiem Ermessen, wonach im Kern dasselbe gemeint ist, nämlich die Ausübung pflichtgemäßen Ermessens durch das Gericht unter Berücksichtigung der Umstände des Einzelfalls.

2344 Im Bereich des gewerblichen Rechtsschutzes sind Leistungsklagen mit bezifferten Forderungen eher selten. Überwiegend werden Unterlassungs-, Auskunfts- und Feststellungsklagen erhoben, bei denen der Streitwert nur durch Schätzung (§ 3 ZPO) ermittelt werden kann. Maßgeblich ist das wirtschaftliche Interesse des Klägers an der Durchsetzung des geltend gemachten Anspruchs, welches u.a. von Umsatz, Größe und Wirtschaftskraft des Klägers, Marktstellung des Beklagten und Gefährlichkeit des Angriffs abhängt.

2345 In Rechtsstreitigkeiten aufgrund des **Unterlassungsklagegesetzes** darf der Streitwert 250 000 Euro nicht übersteigen (§ 48 Abs. 1 S. 2 GKG).

2346 Nach § 51 Abs. 2 GKG bzw. § 12 Abs. 4 UWG sind in Verfahren des gewerblichen Rechtsschutzes darüber hinaus bestimmte **Streitwertbegünstigungen** zu berücksichtigen, um die Parteien auch bei wirtschaftlich hochrangigen Streitigkeiten nicht mit zu hohen Kosten zu belasten.[1]

C. Bemessungsgrundsätze

2347 Wird Zahlung einer bestimmten **Geldsumme** verlangt, ist diese wertbestimmend.[2] Ganz überwiegend geht es bei Streitigkeiten des gewerblichen Rechtsschutzes aber um **Unterlassungsansprüche**, deren Wert als vermögensrechtliche Angelegenheiten[3] nach dem Interesse des Klägers an der Unterlassung zu schätzen ist. Abzustellen ist bei der Bewertung auf die konkreten Umstände des Einzelfalles.[4]

---

1 Vgl. dazu die Ausführungen unter D.
2 OLG Karlsruhe NJW 1953, 512.
3 BGH, KostRsp. GKG § 12 Nr. 94; OLG Bremen WRP 1979, 792.
4 OLG Bamberg JurBüro 1983, 269 = KostRsp. GKG § 20 Nr. 56.

Die Unterschiedlichkeit der Sachverhalte, die im gewerblichen Rechtsschutz   2348
zu beurteilen sind, ist ursächlich dafür, dass die Streitwertfestsetzungen der
verschiedenen Gerichte oft auffällig divergieren. Insbesondere das OLG Koblenz
hat sich deshalb bemüht, vereinheitlichende Bewertungsgrundsätze zu erarbei-
ten[1] und will in Wettbewerbssachen von folgenden **Regelstreitwerten** für Verfahren von mittlerer Bedeutung ausgehen:
- Eilverfahren: 10 000 DM bei Wettbewerbern, 15 000 DM bei Verbänden
- Hauptsacheverfahren: 15 000 DM bei Wettbewerbern, 20 000 DM bei Verbänden.

Das OLG Oldenburg[2] befürwortet zwar, dass auch in Wettbewerbssachen   2349
grundsätzlich auf den Einzelfall abzustellen ist, hält jedoch folgende Regelstreitwerte für zulässig und angebracht, wenn die nicht näher erläuterten Wertangaben der Parteien ohne Aussagekraft sind:
- Eilverfahren: 12 500 DM bei Mitbewerbern, 25 000 DM bei Verbänden
- Hauptsacheverfahren: 25 000 DM bei Mitbewerbern, 50 000 DM bei Verbänden.

Das OLG Schleswig[3] bewertet Unterlassungsansprüche eines Wettbewerbers   2350
mit 30 000 DM im Hauptsacheverfahren und mit 15 000 DM im Eilverfahren.
Das OLG Saarbrücken[4] schließlich setzt für die einstweilige Verfügung eines
Mitbewerbers 10 000 bis 20 000 Euro an, wenn kein substantiierter Vortrag als
Grundlage der Streitwertschätzung vorhanden ist.

Dogmatisch dürfte die Annahme von Regelstreitwerten zwar mit § 3 ZPO nicht   2351
in Einklang zu bringen sein.[5] Andererseits sollte man nicht die Augen davor
verschließen, dass das Dogma einer am Einzelfall orientierten Schätzung des
Gerichtes auch kein Garant für eine zutreffende Streitwertbestimmung ist und
dazu führen kann, dass die Streitwertpraxis mit einem Moment der Unbere-
chenbarkeit behaftet ist.[6] Insofern scheint überlegenswert, ob ein Teil der er-

---

1 OLG Koblenz WRP 1981, 159; OLG Koblenz WRP 1981, 333; OLG Koblenz WRP 1985,
   45 = JurBüro 1985, 257; OLG Koblenz GRUR 1988, 474; OLG Koblenz GRUR 1989,
   764; OLG Koblenz WRP 1990, 57; OLG Koblenz, Beschl. v. 9. 6. 1998 – 4 W 33/798,
   OLGR 1998, 434 – gerade in diesem Fall lässt die umfassende Würdigung der Umstände
   des Einzelfalls erkennen, dass die Verwendung von Regelstreitwerten als Ausgangspunkt keinen Verstoß gegen die Grundsätze des § 3 ZPO darstellen muss.
2 OLG Oldenburg, KostRsp. ZPO § 3 Nr. 1212 = WRP 1995, 878; OLG Oldenburg, KostRsp.
   ZPO § 3 Nr. 1128 mit Anm. *Herget* = WRP 1993, 351; OLG Oldenburg, KostRsp. ZPO § 3
   Nr. 1035 – falscher LS a – mit Anm. *Schneider* = WRP 1991, 602 = MDR 1991, 955.
3 OLG Schleswig, Beschl. v. 9. 12. 1997 – 6 W 31/97, OLGR 1998, 176; OLG Schleswig,
   Beschl. v. 8. 11. 1993 – 6 W 15/93, SchlHA 1994, 22.
4 OLG Saarbrücken, Beschl. v. 22. 7. 2002 – 1 W 154/02, OLGR 2002, 417; OLG Saarbrücken WRP 1996, 145 (Regelstreitwert von 10 000 bis 15 000 Euro bei einfachen Fällen von
   durchschnittlicher Bedeutung, wenn keine sonstigen Anhaltspunkte vorhanden sind).
5 Ebenso OLG Köln, Beschl. v. 20. 7. 1999 – 6 W 34/99, OLGR 2000, 101; KG, Beschl. v.
   21. 10. 1997 – 5 W 5834/97, KGR 1998, 170 = NJW-WettbR 1998, 139; OLG Stuttgart,
   KostRsp. GKG § 20 Nr. 57 = WRP 1983, 368; OLG Frankfurt, KostRsp. GKG § 20
   Nr. 131 mit Anm. *Herget* = OLGR 1992, 162 – für das Einstweilige Verfügungsverfahren.
6 So zutreffend *Ulrich* GRUR 1984, 185.

strebten Einzelfallgerechtigkeit nicht zugunsten einer höheren Berechenbarkeit der Verfahren aufgegeben werden sollte und die Parteien damit – unabhängig vom angerufenen Gericht – in die Lage versetzt werden, das finanzielle Risiko eines Prozesses schon frühzeitig zu beurteilen.

2352 Unter Berücksichtigung des Alters der vorgenannten Entscheidungen kann daher als **Ausgangspunkt für die Schätzung** des Streitwerts von folgenden Summen ausgegangen werden:
- Ansprüche eines Wettbewerbers: 10 000 Euro im Eilverfahren, 15 000 Euro im Hauptsacheverfahren
- Ansprüche eines Verbandes: 20 000 Euro im Eilverfahren, 30 000 Euro im Hauptsacheverfahren.

I. Interesse des Klägers

2353 Maßgeblich für den zu schätzenden Streitwert ist das Interesse des Klägers an der Unterlassung.[1] Das **Interesse der Allgemeinheit** an der Reinhaltung des Wettbewerbs sowie das Interesse eines **Dritten** sind bei der Bestimmung des Streitwertes außer Acht zu lassen.[2]

2354 Bei der Bewertung eines Unterlassungsanspruchs geht es um die **Beeinträchtigung**, die von dem beanstandeten Verhalten des Gegners verständlicherweise zu besorgen ist und die mit den jeweils begehrten Maßregeln beseitigt werden soll.[3] Dementsprechend kommt es auch nur auf den **Schaden** an, der dem Kläger durch den konkreten Beklagten droht, so dass behauptete Wettbewerbsverstöße anderer Firmen unberücksichtigt bleiben müssen.[4]

2355 Bei der befristeten Unterlassungsklage ist für die Bewertung des Rechtsmittelstreits auch das Interesse zu berücksichtigen, das der Beklagte als Rechtsmittelführer daran hat, die „**Feststellungswirkung**" zu beseitigen, die ein Urteil auf Unterlassung im allgemeinen von Rechtshängigkeit ab hat.[5]

---

1 BGH GRUR 1990, 1052; OLG Neustadt WRP 1958, 384; OLG Celle JurBüro 1974, 1434; OLG Bamberg, KostRsp. ZPO § 3 Nr. 888 = JurBüro 1987, 1831; OLG Zweibrücken, Beschl. v. 7. 5. 2001 – 4 W 21/01, JurBüro 2001, 418; KG, Beschl. v. 21. 10. 1997 – 5 W 5834/97, KGR 1998, 170 = NJW-WettbR 1998, 139; OLG Bremen, Beschl. v. 30. 6. 1997 – 2 W 37/97, OLGR 1997, 363; OLG Frankfurt, Beschl. v. 9. 1. 2004 – 25 W 77/03, GRUR-RR 2004, 344.

2 OLG Koblenz, Beschl. v. 9. 6. 1998 – 4 W 337/98, OLGR 1998, 434; OLG Karlsruhe, KostRsp. ZPO § 3 Nr. 192; OLG München WRP 1974, 170; BGH JurBüro 1977, 1357 = MDR 1978, 28. Soweit solche Drittinteressen bei Verbandsklagen Berücksichtigung finden, ist dies kein Widerspruch. Denn die Drittinteressen sind kraft Satzung und Funktion eigene Interessen des Verbandes.

3 OLG München JurBüro 1963, 298; OLG Bremen, Beschl. v. 30. 6. 1997 – 2 W 37/97, OLGR 1997, 363; OLG Zweibrücken, Beschl. v. 7. 5. 2001 – 4 W 21/01, JurBüro 2001, 418.

4 LG Mosbach, KostRsp. ZPO § 3 Nr. 657 mit Anm. *Schneider* = BB 1983, 2073.

5 Vgl. BGHZ 52, 2.

Auf dem Gebiet des gewerblichen Rechtsschutzes gilt der Grundsatz nicht aus- 2356
nahmslos, dass die **negative Feststellungsklage** wertmäßig gleich der Leistungsklage ist.[1]

Bei Unterlassungsansprüchen wegen Verstoßes gegen ein vertragliches **Wettbe-** 2357
werbsverbot richtet sich der Streitwert nach dem Interesse des Klägers, durch
das beantragte Unterlassungsgebot künftige Umsatzeinbußen zu verhindern.[2]
Für die Bemessung des Streitwerts unterscheiden sich die Klagen auf Unterlassung z.B. nach § 1 UWG und die Klagen auf Unterlassung einer nach dem
Vertrag verbotenen HGB-Konkurrenztätigkeit dadurch grundlegend, dass die
Unterlassungspflicht des Beklagten in den letzteren Fällen nach §§ 74a Abs. 1,
90a Abs. 1 HGB auf längstens zwei Jahre beschränkt ist. Das hat zur Folge, dass
bei Prozessen um das Bestehen der streitigen Unterlassungspflicht der Kläger
regelmäßig von der zunächst erhobenen Unterlassungsklage auf eine – nach
§ 254 ZPO zunächst unbezifferte – Schadensersatzklage übergehen muss, weil
eine Verurteilung zur Unterlassung des Wettbewerbs nur in die Zukunft wirkt
und der dem Kläger durch den verbotenen Wettbewerb erwachsende Schaden
sich während des Prozesses laufend vergrößert.

In vielen Prozessen wird vor Ablauf der Zweijahresfrist noch kein Urteil er- 2358
gangen sein, so dass der Kläger für keinen auch noch so kurzen Zeitraum mehr
eine Verurteilung des Beklagten zur Unterlassung des verbotenen Wettbewerbs
fordern und allein auf Schadensersatz für die gesamte Dauer des verbotenen
Wettbewerbs klagen kann (Klageänderung i.S. des § 263 ZPO). Die vor und nach
der Klageänderung geltend gemachten Ansprüche sind dann nicht zusammenzurechnen, weil die Ansprüche nicht nebeneinander, sondern nacheinander geltend gemacht werden.[3]

Der Wert einer Klage auf Unterlassung **ehrkränkender Äußerungen** oder auch 2359
auf Unterlassung bestimmter Handlungen des unlauteren Wettbewerbs braucht
in den verschiedenen Instanzen nicht gleich zu bleiben. Es ist möglich, dass der
Kläger der Sache später nicht mehr die ursprüngliche Bedeutung beimisst.[4]

II. Ermittlung der Umstände

Grundlegender Anhaltspunkt für die Schätzung des Gerichts sind der Klagean- 2360
trag und die Angaben des Klägers, der seinen drohenden Schaden und die sonstigen Umstände darzulegen hat.

Die eigenen **Wertangaben des Klägers** bei Verfahrensbeginn binden das Gericht 2361
nicht.[5] Sie haben aber indizielle Bedeutung für das wirklich in Streit stehende

---

1 OLG München, KostRsp. ZPO § 3 Nr. 851 mit Anm. *Schneider* = NJW-RR 1987, 128;
  vgl. dazu das Stichwort „Feststellungsklage".
2 BGH, KostRsp. ZPO § 3 Nr. 1012 = WPM 1990, 2058; LAG Thüringen, Beschl. v. 8. 9.
  1998 – 8 Ta 89/98, JurBüro 1999, 286 mit Anm. *Worzalla*.
3 KG Rpfleger 1968, 289.
4 OLG Neustadt JurBüro 1964, 599.
5 OLG Bamberg, KostRsp. ZPO § 3 Nr. 888 = JurBüro 1987, 1831.

Interesse.[1] Aufgrund dessen darf das Gericht sie aber auch nicht unbesehen übernehmen, sondern hat sie – nicht nur in Fällen der Unvertretbarkeit – in vollem Umfang selbständig nachzuprüfen. Maßstab sind dabei die objektiven Gegebenheiten, die Erfahrung des Gerichts und die Wertfestsetzung in gleichartigen oder ähnlichen Fällen.[2]

2362　Nach Ansicht des OLG Brandenburg[3] zeigen die Angaben des Klägers dagegen allenfalls, bis zu welchem Punkt der Klage er ein Kostenrisiko eingehen will. Ansonsten handele es sich nur um rein **subjektive Einschätzungen.** Diese Entscheidung ist bedenklich – nicht primär deshalb, weil das OLG Brandenburg den Angaben des Klägers keine Indizwirkung beimisst, sondern weil es in Fällen, in denen es an einer nachvollziehbaren Wertangabe des Klägers fehlt, den Streitwert auf einen Betrag festsetzen will, der zu einer angemessenen Honorierung von Gericht und Anwälten führt. Dieser Bewertungsmaßstab hat mit dem klägerischen Interesse, welches Grundlage der Streitwertschätzung ist, nun gar nichts zu tun.

2363　Den eigenen Angaben des Klägers bei Verfahrensbeginn wird gerade in Wettbewerbssachen zu Recht hohe Bedeutung beigemessen.[4] Insbesondere wird er an seinen Angaben festgehalten, wenn er – nach Obsiegen oder Unterliegen – mit der Streitwertbeschwerde von einer ihnen entsprechenden Wertfestsetzung herunterkommen will.[5] Auch der Beklagte wird mit nachträglichen Einwendungen (wenn er aufgrund Unterliegens kostenerstattungspflichtig wird) vielfach nicht mehr gehört, falls er im Verfahren selbst keine Bedenken gegen die Wertangabe des Klägers und die entsprechende Festsetzung geltend gemacht hat.[6]

2364　Das OLG Köln[7] hat allerdings zutreffend darauf hingewiesen, dass den Angaben des Klägers in einem **vorgerichtlichen Abmahnschreiben** regelmäßig nur geringe Bedeutung zukommt, da die Wertangaben in diesem Stadium der Auseinandersetzung vielfach von dem Bestreben (mit-)bestimmt sind, durch einen

---

1 BGH GRUR 1986, 93; KG, Beschl. v. 26. 11. 2004 – 5 W 146/04, KGR 2005, 208; OLG Saarbrücken, Beschl. v. 22. 7. 2002 – 1 W 154/02, OLGR 2002, 417; OLG Köln, Beschl. v. 9. 3. 2000 – 6 W 23/00, JurBüro 2000, 648; OLG Bamberg, Beschl. v. 11. 8. 1998 – 3 W 86/98, OLGR 1999, 246; KG, Beschl. v. 21. 10. 1997 – 5 W 5834/97, KGR 1998, 170 = NJW-WettbR 1998, 139; OLG Koblenz, Beschl. v. 9. 6. 1998 – 4 W 337/98, OLGR 1998, 434; OLG Frankfurt WRP 1981, 221; OLG Köln MDR 1994, 267 = JurBüro 1994, 241; OLG Hamburg WRP 1982, 592; OLG Stuttgart WRP 1980, 582; OLG Frankfurt, Beschl. v. 9. 1. 2004 – 25 W 77/03, GRUR-RR 2004, 344.
2 BGH GRUR 1997, 748; BGH GRUR 1992, 562; OLG Koblenz, Beschl. v. 9. 6. 1998 – 4 W 337/98, OLGR 1998, 434; KG, Beschl. v. 26. 11. 2004 – 5 W 146/04, KGR 2005, 208; KG, Beschl. v. 21. 10. 1997 – 5 W 5834/97, KGR 1998, 170 = NJW-WettbR 1998, 139; OLG Frankfurt, Beschl. v. 9. 1. 2004 – 25 W 77/03, GRUR-RR 2004, 344.
3 OLG Brandenburg, Beschl. v. 8. 7. 1997 – 6 W 1/97, JurBüro 1997, 594.
4 BGH, KostRsp. ZPO § 3 Nr. 1012 = WPM 1990, 2058; OLG Stuttgart WRP 1980, 582; OLG Koblenz, KostRsp. UWG § 23a Nr. 16 = WRP 1990, 844.
5 Vgl. z.B. OLG München WRP 1977, 277; 595; OLG Köln WRP 1977, 49; grundsätzlich zustimmend, aber doch abschwächend BGH JurBüro 1977, 1357.
6 OLG München WRP 1977, 278.
7 OLG Köln, Beschl. v. 20. 7. 1999 – 6 W 34/99, OLGR 2000, 101.

moderaten Betrag die Bereitschaft zu einer außergerichtlichen Regelung zu fördern.

Vertrauliche Angaben der Parteien, beispielsweise zum Umsatz, dürfen bei der Streitwertfestsetzung auch dann nicht berücksichtigt werden, wenn beide Parteien mit ihrer Verwertung einverstanden sind.[1] Sind sie gleichwohl verwendet worden, dann ist die Wertfestsetzung alsbald zu korrigieren, wenn eine Partei ihre Geschäftszahlen offen legt oder Streitwertbeschwerde eingelegt wird.[2]

2365

III. Relevante Umstände

1. Umsatz des Klägers

Bei der Bestimmung des klägerischen Interesses kommt dem vom Kläger erzielten **Umsatz** erhebliche Bedeutung zu.[3] Das ergibt sich schon daraus, dass aus der Größe eines Unternehmens seine wirtschaftliche Bedeutung erkennbar wird.[4]

2366

Im Vordergrund steht dabei der Umsatz,[5] also weder der dem Kläger entgangene **Gewinn**[6] noch der möglicherweise vom Beklagten durch dessen Verletzungshandlung erzielte **Mehrumsatz**.[7] Denn in einer Wettbewerbssache bemisst sich der Streitwert nach der Beeinträchtigung, die der Kläger von einer Fortdauer des beanstandeten Verhaltens zu besorgen hat.

2367

Ausgangspunkt der Berechnung ist der **Jahresumsatz** des Klägers, der durch die wettbewerbswidrige Handlung beeinträchtigt werden kann.[8] Das Interesse des Beklagten und dessen Umsatz sind grundsätzlich unbeachtlich.[9] Es kommt jedoch als Bemessungskriterium in Betracht, soweit sich aus seinem Umsatz Rückschlüsse auf die Umsatzschmälerung beim Kläger ziehen lassen.[10]

2368

---

1 OLG Düsseldorf GRUR 1956, 386.
2 OLG Frankfurt NJW 1962, 1921.
3 OLG Zweibrücken, Beschl. v. 7. 5. 2001 – 4 W 21/01, JurBüro 2001, 418; OLG Koblenz, Beschl. v. 9. 6. 1998 – 4 W 337/98, OLGR 1998, 434; OLG Nürnberg JurBüro 1957, 507; OLG Stuttgart WRP 1980, 582.
4 OLG Stuttgart WRP 1977, 135; OLG Stuttgart WRP 1980, 582.
5 OLG Stuttgart WRP 1980, 582; OLG München AnwBl. 1963, 55; OLG Nürnberg, KostRsp. ZPO § 3 Nr. 158; OLG Karlsruhe, KostRsp. ZPO § 3 Nr. 441.
6 OLG Koblenz, Beschl. v. 9. 6. 1998 – 4 W 337/98, OLGR 1998, 434; OLG Karlsruhe KostRsp. ZPO § 3 Nr. 441.
7 OLG Nürnberg WRP 1982, 551.
8 OLG Koblenz, Beschl. v. 9. 6. 1998 – 4 W 337/98, OLGR 1998, 434; OLG Bamberg, Beschl. v. 11. 8. 1998 – 3 W 86/98, OLGR 1999, 246; OLG Koblenz, Beschl. v. 9. 6. 1998 – 4 W 337/98, OLGR 1998, 434; OLG Bremen, Beschl. v. 30. 6. 1997 – 2 W 37/97, OLGR 1997, 363; OLG Karlsruhe MDR 1968, 933.
9 OLG Koblenz, Beschl. v. 9. 6. 1998 – 4 W 337/98, OLGR 1998, 434.
10 OLG Karlsruhe MDR 1968, 933; OLG Karlsruhe MDR 1966, 769; OLG Karlsruhe, KostRsp. ZPO § 3 Nr. 543 = WRP 1981, 407 mit inhaltlich ungenauem Leitsatz, siehe Anm. *Schneider* zu KostRsp. ZPO § 3 Nr. 543.

2. Gefährlichkeit des Angriffs

2369 Die Gefährlichkeit des Wettbewerbsverstoßes, die nach dem Tatsachenvortrag des Klägers zu beurteilen ist,[1] ist ebenfalls von erheblicher Bedeutung.[2] Man spricht hier vom **„Angriffsfaktor"**, der bei geringem Umsatz des Beklagten entsprechend gering ist, aber andererseits dadurch erhöht werden kann, dass ein soeben auf dem Markt in Erscheinung tretendes Unternehmen potentiell in der Lage ist, sich zu einem erheblichen Angriffsfaktor zu entwickeln.[3]

2370 Neben dem Umsatz und der Unternehmensgröße des Beklagten[4] sind als **weitere Faktoren** für die Gefährlichkeit zu nennen: Die Intensität bzw. Dauer des Angriffs, die Zielrichtung des Angriffs, die erkennbaren oder zu erwartenden Auswirkungen, die räumliche Nähe zwischen den Konkurrenten sowie die Wahrnehmungsmöglichkeit des Angriffs für die Öffentlichkeit, da diese die Nachahmungsgefahr beeinflusst. Bei der Bestimmung der Gefährlichkeit des Wettbewerbsverstoßes kann auch von Bedeutung sein, dass der Beklagte mit anderen Unternehmen am Markt in einem Verbund auftritt, der u.a. durch eine gemeinsame Absatzstrategie gekennzeichnet ist.[5]

2371 Für die Beurteilung der Stärke des Angriffsfaktors und damit für die drohende Umsatzeinbuße bei der verletzten Partei ist auch das **Verschuldensmaß** des Verletzers zu berücksichtigen.[6] Das OLG Bremen[7] lehnt die Berücksichtigung der subjektiven Umstände ab, weil die Streitwertfestsetzung keinen Sanktionscharakter habe. Dagegen spricht jedoch, dass die Streitwerthöhe zwar keine Bestrafung des Beklagten bewirken, jedoch das Interesse des Klägers an der beantragten Unterlassung abbilden soll. Da vorsätzliche Verstöße eine größere Angriffsstärke und Gefährlichkeit indizieren als fahrlässige Verstöße, müssen diese subjektiven Momente auch berücksichtigt werden.[8]

2372 Da der Unterlassungsanspruch der Abwehr von Störungen dienen soll, richtet sich das zu bewertende Interesse des Antragstellers auch auf den **ungestörten Fortgang** der Produktion und auf die Klarheit der bevorstehenden Entwicklung.

---

1 OLG Stuttgart WRP 1985, 366.
2 KG, Beschl. v. 26. 11. 2004 – 5 W 146/04, KGR 2005, 208; OLG Zweibrücken, Beschl. v. 7. 5. 2001 – 4 W 21/01, JurBüro 2001, 418; OLG Koblenz, Beschl. v. 9. 6. 1998 – 4 W 337/ 98, OLGR 1998, 434; OLG Bremen, Beschl. v. 30. 6. 1997 – 2 W 37/97, OLGR 1997, 363; OLG Stuttgart WRP 1977, 135; OLG Stuttgart WRP 1980, 582.
3 OLG Frankfurt JurBüro 1976, 1249 = WRP 1976, 482 – sog. „Aufstiegsbetriebe".
4 Vgl. OLG Koblenz, Beschl. v. 9. 6. 1998 – 4 W 337/98, OLGR 1998, 434; OLG Bremen, Beschl. v. 30. 6. 1997 – 2 W 37/97, OLGR 1997, 363.
5 OLG Celle, Beschl. v. 24. 7. 2001 – 13 W 55/01, OLGR 2001, 291.
6 OLG Stuttgart WRP 1980, 105; OLG Frankfurt JurBüro 1983, 1249 = KostRsp. ZPO § 3 Nr. 638.
7 OLG Bremen, Beschl. v. 30. 6. 1997 – 2 W 37/97, OLGR 1997, 363.
8 Zu diesem Ergebnis kommt letztlich auch das OLG Bremen (Beschl. v. 30. 6. 1997 – 2 W 37/97, OLGR 1997, 363), da es das Ausmaß des Verschuldens beim Umfang des zu befürchtenden Schadens berücksichtigt und damit ebenfalls in die Streitwertbemessung einfließen lässt.

Die Tragweite der Störungs- bzw. Verletzungshandlungen ist nicht nur objektiv nach voraussichtlicher Dauer und Intensität, sondern auch nach den begründeten Besorgnissen gerade des verletzten Antragstellers zu bestimmen.[1]   2373

Umgekehrt schwächt sich die Angriffsstärke und damit auch das Interesse an einem Unterlassungstitel ab, wenn der Unterlassungsschuldner schon wegen bereits vorliegender Titel anderer Gläubiger seine Verletzungshandlungen **voraussichtlich aufgeben** wird. Der Streitwert ist dann weniger hoch anzusetzen.[2]   2374

Dem Vorliegen eines Verbots aufgrund einer einstweiligen Verfügung hat das OLG Frankfurt[3] für die Streitwertbemessung einer **wiederholten einstweiligen Verfügung** keine wertmindernde Bedeutung beigemessen. Demgegenüber geht das OLG Hamm[4] davon aus, dass gleichzeitig anhängig gemachte Abwehrverfahren streitwertmindernd wirken. Ein Widerspruch zwischen beiden Entscheidungen dürfte nicht bestehen, denn es macht in der Tat einen Unterschied, ob ein wettbewerbswidrig Handelnder zur gleichen Zeit mit mehreren Verfügungsverfahren oder Klagen überzogen wird, oder ob er ungeachtet eines bereits durchgeführten Verfahrens sein Verhalten fortsetzt. In diesem zweiten Fall besteht sogar eher Anlass dafür, den Streitwert höher anzusetzen.[5]   2375

Das Interesse des Klägers ist gering, wenn die unzulässige Wettbewerbshandlung **verhindert** werden konnte und daher kein Schaden eingetreten ist.[6] Ist die **Wiederholungsgefahr** und damit die zu erwartende wirtschaftliche Einbuße oder die Beeinträchtigung eines Schutzrechts gering, dann ist das bei der Streitwertfestsetzung ermäßigend zu berücksichtigen.[7]   2376

3. Wirtschaftliche Stellung des Beklagten

Bestimmend sind für den Streitwert weiter die **wirtschaftliche Bedeutung** des Beklagten,[8] der Umfang der Streuung seiner Werbung (z.B. mittels E-Mail oder Postwurfsendungen, die nicht rückgängig gemacht werden kann und weiterwirkt) sowie die Gefahr der **Beeinträchtigung der Mitbewerber** durch diese Wettbewerbshandlung.[9]   2377

Teilweise wird vertreten, dass es sich stets mindernd auf den Streitwert auswirkt, wenn der **Umsatz des Beklagten** besonders gering ist, weil dann der   2378

---

1 OLG München GRUR 1955, 260.
2 OLG Frankfurt KostRsp. ZPO § 3 Nr. 640 = JurBüro 1983, 1561 = WRP 1983, 523; OLG München WRP 1975, 46; zustimmend: *Teplitzky*, Wettbewerbsrecht, Kap. 49 Rn. 14.
3 OLG Frankfurt JurBüro 1969, 342.
4 OLG Hamm WRP 1976, 489; später auch OLG Frankfurt WRP 1974, 630.
5 Wie hier wohl auch OLG Karlsruhe, KostRsp. ZPO § 3 Nr. 543 und OLG Frankfurt JurBüro 1982, 911.
6 OLG Stuttgart WRP 1978, 481.
7 OLG Bamberg, KostRsp. ZPO § 3 Nr. 888 = JurBüro 1987, 1831.
8 OLG Koblenz, Beschl. v. 9. 6. 1998 – 4 W 337/98, OLGR 1998, 434; OLG Bremen, Beschl. v. 30. 6. 1997 – 2 W 37/97, OLGR 1997, 363.
9 OLG Nürnberg WRP 1967, 412.

Angriffsfaktor als entsprechend weniger gefährlich anzusetzen sei.[1] Der Streitwert ist nach dieser Meinung selbst dann nicht hoch festzusetzen, wenn der Verletzte erhebliche Umsätze erzielt hat.[2] Diese Auffassung ist indessen bedenklich, weil sie dem Interesse des Beklagten entgegen allgemeinen Bewertungsgrundsätzen zu große Bedeutung beimisst. Entschieden wird nur über den Antrag des Klägers, der dessen Interesse an der Rechtsverfolgung konkretisiert. Ist das Interesse des Klägers an Schadensabwehr und Schadensverhinderung wegen des beträchtlichen eigenen Umsatzes groß, dann kann es sich nicht deshalb vermindern, weil der Beklagte mit seinem unerlaubten Verhalten nur geringere Umsätze erzielt. Die mehr oder minder große Geschäftstüchtigkeit des Beklagten lässt zwar einen Rückschluss auf die Verletzungsintensität und die Gefährdung des Klägers zu, kann aber nicht feststehende Nachteile beim Kläger aufheben.

IV. Klägerinteresse bei Verbandsklagen

2379   In seiner früheren Rechtsprechung hat der BGH bei der Ermittlung des für die Streitwertbemessung maßgeblichen Klägerinteresses zwischen Interessenverbänden (Fachverbänden) und solchen Verbänden unterschieden, die als Vereine zur Bekämpfung unlauteren Wettbewerbs die Interessen der Allgemeinheit verfolgten.[3] Bei letzteren wurde ein – im Regelfall gering bewertetes – Interesse der Allgemeinheit angenommen, während bei Fachverbänden auf die Summe aller Interessen seiner Mitglieder abgestellt und dieser Wert bei gleichzeitig betroffenen Belangen von Nichtmitgliedern ggf. noch erhöht wurde. Mit seinem Beschluss vom 5. 3. 1998[4] hat der BGH im Hinblick auf die damalige Neufassung des § 13 Abs. 2 Nr. 2 UWG durch das UWG-Änderungsgesetz vom 25. 7. 1998[5] diese Ansicht aufgegeben und ausgeführt, es erscheine gerechtfertigt, für den Regelfall das Interesse eines Verbandes nach § 13 Abs. 2 Nr. 2 UWG ebenso zu bewerten wie das Interesse eines gewichtigen Mitbewerbers.

2380   Dieser Bewertungsmaßstab behält auch nach der weiteren Änderung des UWG zum 3. 7. 2004[6] Geltung. Unterschieden wird nach § 8 Abs. 3 UWG zwischen Klagen eines Mitbewerbers (§ 8 Abs. 3 Nr. 1 UWG), eines rechtsfähigen Verbandes zur Forderung gewerblicher oder selbständiger beruflicher Interessen (§ 8 Abs. 3 Nr. 2 UWG), einer qualifizierten Einrichtung (§ 8 Abs. 3 Nr. 3 UWG) sowie der Industrie- und Handelskammern bzw. Handwerkskammern. Bei Verbänden nach **§ 8 Abs. 3 Nr. 2 UWG** ist das Interesse des Verbandes regelmäßig

---

1 KG BB 1968, 266.
2 OLG Nürnberg JurBüro 1957, 507.
3 BGH, Beschl. v. 5. 7. 1967 – Ib ZR 20/66, GRUR 1968, 106; BGH, Beschl. v. 20. 5. 1977 – I ZR 17/76, GRUR 1977, 748; BGH, Beschl. v. 24. 6. 1990 – I ZR 58/89, GRUR 1990, 1052; ebenso OLG Frankfurt WRP 1974, 630; OLG Köln WRP 1977, 49.
4 BGH, Beschl. v. 5. 3. 1998 – I ZR 185/95, MDR 1998, 1237.
5 BGBl. 1998 I S. 1738.
6 BGBl. 2004 I S. 1414.

so zu bewerten wie das Interesse eines gewichtigen Mitbewerbers. Bei den Verbänden nach **§ 8 Abs. 3 Nr. 3 UWG** ist das mit der Klage verfolgte, der Satzung entsprechende Interesse der Verbraucher zu schätzen.

V. Einstweilige Verfügung

Der Streitwert einer einstweiligen Verfügung ist vom Gericht gemäß § 53 Abs. 1 Nr. 1 GKG, § 3 ZPO nach freiem Ermessen festzusetzen. Maßgebend ist dabei das Interesse des Antragstellers an dem erstrebten Unterlassungsgebot. Dieses Interesse wiederum wird vor allem bestimmt durch die Gefahr, die dem **Umsatz** des Antragstellers ohne den Erlass der einstweiligen Verfügung drohen würde.[1] **2381**

Zu berücksichtigen ist auch die **subjektive Seite** des Verstoßes. Die Bereitschaft des Verletzers, sich auf eine Verwarnung hin rechtstreu zu verhalten, indiziert die geringere Gefährlichkeit des Wettbewerbsverstoßes.[2] Das Abwehrinteresse des Wettbewerbers an der Unterlassung ist streitwertmäßig geringer zu bewerten, wenn bereits ein Verfügungsurteil gegen den Verletzer erstritten worden ist.[3] **2382**

Während ansonsten Einigkeit darüber herrscht, dass der Wert eines einstweiligen Verfügungsverfahrens geringer anzusetzen ist als der Wert des entsprechenden Hauptsacheverfahrens, ist dies auf dem Gebiet des gewerblichen Rechtsschutzes umstritten. Da Wettbewerbsstreitigkeiten in mehr als 90 % Unterlassungsansprüche zum Gegenstand haben und davon wiederum mehr als 80 % im Verfahren auf Erlass einer einstweiligen Verfügung verfolgt werden,[4] kommt der Streitwertbemessung in wettbewerbsrechtlichen Eilsachen besondere Bedeutung zu. **2383**

Eine Meinung legt den **vollen Wert des Hauptsacheverfahrens** generell[5] oder jedenfalls dann zugrunde, wenn das Verfügungsverfahren mit hoher Wahrscheinlichkeit zur Erledigung der Streitigkeit der Parteien führt.[6] Die Gegenmeinung spricht sich zutreffend dafür aus, beim Verfügungsverfahren regelmäßig einen **niedrigeren Streitwert** anzusetzen, indem vom Hauptsachewert ein genereller Abzug vorgenommen wird.[7] Denn für eine wertmäßige Gleichstel- **2384**

---

1 OLG Frankfurt, Beschl. v. 9. 1. 2004 – 25 W 77/03, GRUR-RR 2004, 344; OLG Celle NJW 1964, 1527.
2 OLG Frankfurt JurBüro 1976, 368 = WRP 1976, 109.
3 OLG Frankfurt JurBüro 1982, 911.
4 So Ulrich GRUR 1984, 177.
5 OLG Hamburg WRP 1981, 470; OLG München WRP 1985, 661; *Goldmann* WRP 2001, 240.
6 KG, Beschl. v. 26. 11. 2004 – 5 W 146/04, KGR 2005, 208; OLG Köln, Beschl. v. 9. 3. 2000 – 6 W 23/00, JurBüro 2000, 648; OLG Bamberg, Beschl. v. 11. 8. 1998 – 3 W 86/98, OLGR 1999, 246; OLG Köln JurBüro 1977, 1117 = JMBl.NW 1978, 45; OLG Celle, Beschl. v. 16. 1. 1980 – 13 W 100/79; OLG Frankfurt WRP 1981, 221.
7 KG, Beschl. v. 6. 4. 1999 – 5 W 12/99, NJW-RR 2000, 285; OLG Bremen, Beschl. v. 30. 6. 1997 – 2 W 37/97, OLGR 1997, 363; OLG Koblenz DB 1969, 614; OLG Köln, KostRsp.

lung sind die Unterschiede im Hinblick auf die prozessualen Wirkungen von Eilverfahren und Hauptverfahren zu groß.[1] § 926 ZPO gibt die Möglichkeit, die Hauptsacheklage zu erzwingen. § 927 ZPO ermöglicht die Aufhebung einer einstweiligen Verfügung wegen veränderter Umstände. Nach § 938 Abs. 1 ZPO muss sich das Gericht nur im Rahmen des gestellten Antrags halten. Es geht nicht an, diese gravierenden Unterschiede der Verfahrensarten deshalb außer Betracht zu lassen, weil Wettbewerbsstreitigkeiten in der Praxis überwiegend schon im Eilverfahren erledigt werden.

2385 Der Titel im einstweiligen Verfügungsverfahren bringt zudem nur eine vorläufige Regelung. Auch wenn diese in der Praxis häufig von Parteien als endgültig akzeptiert und ein Hauptsacheverfahren nicht mehr durchgeführt wird, bleibt es dabei, dass der Verfügungskläger im „Ernstfall" auf das Hauptsacheverfahren angewiesen ist.[2] Die Prämisse, dass das wettbewerbsrechtliche Verfügungsverfahren meist zur Befriedigung des Anspruchs des Verfügungsklägers führt, bedeutet ja nicht, dass es sich immer so verhält. Dann aber kann es auch nicht richtig sein, den Streitwert immer an dem der Hauptsache auszurichten. Insofern muss diese Meinung bei der Streitwertbemessung an denjenigen Fällen scheitern, in denen es doch noch zur Durchführung des Hauptverfahrens kommt. Konsequenterweise müsste hier entweder der Verfügungswert herabgesetzt oder der Hauptsachewert höher angesetzt werden, was jedoch abgelehnt wird.[3]

2386 Die generelle Annahme des Hauptsachestreitwertes für ein Verfügungsverfahren ist auch aus dem Grund abzulehnen, dass diese Ansicht die Vorschrift des § 40 GKG nicht berücksichtigt. Für die Bestimmung des Gebührenstreitwerts ist der Zeitpunkt der Antragstellung entscheidend.[4] Ob die Parteien sich im Laufe eines Verfahrens einigen und deshalb das Verfahren für sie trotz seines einstweiligen Charakters eine endgültige Regelung herbeigeführt hat, lässt sich in diesem frühen Stadium zumeist noch nicht feststellen.

2387 Lediglich in Ausnahmefällen, in denen eine solche Feststellung schon im Zeitpunkt des instanzeinleitenden Antrags möglich ist, erscheint es vertretbar, den

---

GKG § 25 Nr. 126 mit zust. Anm. *Schneider* = GRUR 1988, 725 mit abl. Anm. *Ahrens;* OLG Oldenburg WRP 1991, 602; OLG Frankfurt WRP 1981, 221; *Teplitzky,* Wettbewerbsrecht, Kap. 49 Rn. 29.

1 Das früher gängige Argument, das Verfügungsverfahren sei auch deshalb anders zu bewerten als das Hauptsachverfahren, weil nur letzteres nach § 209 BGB a.F. die Verjährung unterbrach (vgl. nur OLG Bremen, Beschl. v. 30. 6. 1997 – 2 W 37/97, OLGR 1997, 363), kann infolge des Schulrechtsmodernisierungsgesetzes allerdings nicht mehr angeführt werden. Denn nach § 204 Nr. 1 und 9 BGB wirken Klage- und Verfügungsverfahren gleichermaßen verjährungshemmend.

2 Vgl. KG, Beschl. v. 26. 11. 2004 – 5 W 146/04, KGR 2005, 208.

3 OLG Köln WRP 1983, 118.

4 Vgl. auch OLG Frankfurt, Beschl. v. 9. 1. 2004 – 25 W 77/03, GRUR-RR 2004, 344; KG, Beschl. v. 26. 11. 2004 – 5 W 146/04, KGR 2005, 208 mit dem zutreffenden Hinweis, dass eine Schätzung über den voraussichtlichen Verfahrensausgang in den meisten Fällen spekulativ ist.

Streitwert auf den vollen Hauptsachewert festzusetzen.[1] Dies ist beispielsweise der Fall, wenn bei Antragstellung kein Gesichtspunkt erkennbar ist, der ein besonderes Interesse an einer urteilsmäßigen Wiederholung des in der einstweiligen Verfügung ausgesprochenen Verbots erkennen lässt,[2] insbesondere, wenn die rechtlichen Beziehungen der Parteien im Verfügungsverfahren erschöpfend geklärt und gewürdigt werden, so dass kein Interesse des Verfügungsklägers an einem nachfolgenden Hauptprozess mehr besteht.[3] Dann tritt die Sicherungsfunktion einer einstweiligen Verfügung so stark zurück, dass eine übereinstimmende Bezifferung der Streitwerte für Eilverfahren und Hauptverfahren angebracht ist.[4]

In den sonstigen Fällen hat es bei einer Bruchteilsbewertung[5] zu verbleiben, wobei auch diese in der Rechtsprechung nicht einheitlich gehandhabt wird. Soweit die Gerichte mit einer **Quote** arbeiten, werden diese in einem Rahmen von $^1/_3$ des Hauptsachewertes,[6] über $^2/_5$[7] und $^1/_2$[8] bis zum $^2/_3$[9] des Hauptsachewertes angesetzt. Soweit die Gerichte **Festbeträge** annehmen, reichen diese bei Verfahren eines Wettbewerbers von 10 000 DM[10] über 12 500 DM[11]/15 000 DM[12] bis zu

2388

---

1 Insofern zutreffend OLG Köln, Beschl. v. 9. 3. 2000 – 6 W 23/00, JurBüro 2000, 648 – der Senat stellt ausdrücklich darauf ab, dass bei Antragstellung zu erkennen ist, dass das Verfügungsverfahren zu einer endgültigen Klärung führen wird.

2 OLG Düsseldorf WRP 1969, 163; OLG Frankfurt JurBüro 1981, 605 = WRP 1981, 221.

3 Vgl. OLG Köln, Beschl. v. 9. 3. 2000 – 6 W 23/00, JurBüro 2000, 648.

4 OLG Köln JurBüro 1977, 117 = JMBl.NW 1978, 45; OLG Düsseldorf WRP 1969, 163.

5 Generell gegen eine regelmäßige Bruchteilsbewertung aufgrundlage des Hauptsachewertes hat sich das OLG Köln (OLGR 1995, 232 = JurBüro 1995, 486 = MDR 1995, 1140) ausgesprochen.

6 OLG Koblenz DB 1969, 614; ebenso KG KostRsp. ZPO § 3 Nr. 959 = WRP 1989, 166; KG WRP 1977, 793 mit Anm. *Burchert*: Hauptsachewert in dreifacher Höhe des Verfügungsverfahrens; KG, KostRsp. ZPO § 3 Nr. 563; vgl. auch BGH MDR 1979, 116 = NJW 1979, 217 = GRUR 1979, 121 mit Anm. *Horn*; KG KostRsp. ZPO § 3 Nr. 868 = WRP 1987, 469.

7 OLG Bremen, Beschl. v. 30. 6. 1997 – 2 W 37/97, OLGR 1997, 363.

8 OLG Oldenburg, KostRsp. ZPO § 3 Nr. 1035 mit Anm. *Schneider* = WRP 1991, 602 = MDR 1991, 955; OLG Oldenburg KostRsp. ZPO § 3 Nr. 1128 = WRP 1993, 351.

9 KG, Beschl. v. 26. 11. 2004 – 5 W 146/04, KGR 2005, 208 – unter Aufgabe der bisherigen Rechtsprechung des Senats, wonach für das einstweilige Verfügungsverfahren $^1/_3$ des Hauptsachewertes angesetzt wurde (vgl. nur KG, Beschl. v. 6. 4. 1999 – 5 W 12/99, NJW-RR 2000, 285).

10 OLG Koblenz WRP 1981, 159; OLG Koblenz WRP 1981, 333; OLG Koblenz WRP 1985, 45 = JurBüro 1985, 257; OLG Koblenz GRUR 1988, 474; OLG Koblenz GRUR 1989, 764; OLG Koblenz WRP 1990, 57; OLG Koblenz, Beschl. v. 9. 6. 1998 – 4 W 33/ 798, OLGR 1998, 434 – gerade in diesem Fall lässt die umfassende Würdigung der Umstände des Einzelfalls erkennen, dass die Verwendung von Regelstreitwerten als Ausgangspunkt keinen Verstoß gegen die Grundsätze des § 3 ZPO darstellen muss.

11 OLG Oldenburg, KostRsp. ZPO § 3 Nr. 1212 = WRP 1995, 878; OLG Oldenburg, KostRsp. ZPO § 3 Nr. 1128 mit Anm. *Herget* = WRP 1993, 351; KostRsp. ZPO § 3 Nr. 1035 – falscher LS a – mit Anm. *Schneider* = WRP 1991, 602 = MDR 1991, 955.

12 OLG Schleswig, Beschl. v. 9. 12. 1997 – 6 W 31/97, OLGR 1998, 176; OLG Schleswig, Beschl. v. 8. 11. 1993 – 6 W 15/93, SchlHA 1994, 22.

aktuell 10 000 bis 20 000 Euro[1] und bei Verfahren eines Verbandes von 15 000 DM[2] bis 25 000 DM.[3]

2389 Hat der Mitbewerber bereits eine Untersagung im Wege der einstweiligen Verfügung erstritten, so kann dennoch das Rechtsschutzbedürfnis für einen weiteren Antrag auf Erlass einer einstweiligen Verfügung durch einen Verband im Sinne des § 8 Abs. 3 Nr. 2 UWG vorliegen. Der Streitwert für das **wiederholte Eilverfahren** ist aber dann geringer zu bewerten, weil bereits ein Verbot vorliegt.[4]

VI. Klagehäufung

2390 Klagen mehrere durch unlauteren Wettbewerb Geschädigte gegen einen Verletzer oder klagt ein Geschädigter gegen mehrere Verletzer oder klagen gar mehrere Geschädigte gegen mehrere Verletzer auf Unterlassung, dann werden dadurch entsprechend viele Streitgegenstände geschaffen. Weder sind mehrere Kläger Gesamtgläubiger noch mehrere Unterlassungsschuldner Gesamtschuldner. Denn jeder Gläubiger eines Unterlassungsanspruchs kann von jedem Verletzer eigenständig Unterlassung verlangen, auch wenn die materiellen Ansprüche inhaltsgleich sind, also dieselbe Verletzungshandlung betreffen.

2391 Hiervon ausgehend ist für die Streitwertberechnung eigentlich **Addition der Einzelwerte** geboten (§ 5 ZPO). Das kann allerdings zu außerordentlich hohen Streitwerten führen, die der wirtschaftlichen Bedeutung der Unterlassungsverfügung oder des Unterlassungsprozesses nicht mehr entsprechen. Der BGH[5] hat daher für solche Fälle entschieden, dass vom **höchsten Interesse eines der Kläger** auszugehen und für jeden weiteren Kläger ein **Zuschlag** in der Höhe zu machen ist, die seinem Interesse daran entspricht, den titulierten Anspruch ggf. selbständig geltend machen zu können. Die früher vertretenen Lösungsmöglichkeiten (Abstellen nur auf das gemeinsame Interesse der Antragsteller,[6]

---

1 OLG Saarbrücken, Beschl. v. 22. 7. 2002 – 1 W 154/02, OLGR 2002, 417; vgl. auch OLG Saarbrücken WRP 1996, 145 – Streitwert von 10 000 bis 15 000 Euro bei einfachen Fällen von durchschnittlicher Bedeutung, wenn keine sonstigen Anhaltspunkte vorhanden sind.
2 OLG Koblenz WRP 1981, 159; OLG Koblenz WRP 1981, 333; OLG Koblenz WRP 1985, 45 = JurBüro 1985, 257; OLG Koblenz GRUR 1988, 474; OLG Koblenz GRUR 1989, 764; OLG Koblenz WRP 1990, 57; OLG Koblenz, Beschl. v. 9. 6. 1998 – 4 W 33/798, OLGR 1998, 434 – gerade in diesem Fall lässt die umfassende Würdigung der Umstände des Einzelfalls erkennen, dass die Verwendung von Regelstreitwerten als Ausgangspunkt keinen Verstoß gegen die Grundsätze des § 3 ZPO darstellen muss.
3 OLG Oldenburg, KostRsp. ZPO § 3 Nr. 1212 = WRP 1995, 878; OLG Oldenburg, KostRsp. ZPO § 3 Nr. 1128 mit Anm. *Herget* = WRP 1993, 351; OLG Oldenburg, KostRsp. ZPO § 3 Nr. 1035 – falscher LS a – mit Anm. *Schneider* = WRP 1991, 602 = MDR 1991, 955.
4 OLG Frankfurt WRP 1974, 630; a.A. früher OLG Frankfurt JurBüro 1969, 342.
5 BGH, Beschl. v. 5. 3. 1998 – I ZR 185/95, MDR 1998, 1421; ebenso: KG, Beschl. v. 6. 4. 1999 – 5 W 12/99, NJW-RR 2000, 285 und schon OLG Stuttgart WRP 1988, 632.
6 OLG Hamburg JurBüro 1979, 50 unter Berufung auf *Schneider* MDR 1972, 523; zweites Beschwerdeverfahren in derselben Sache: OLG Hamburg JurBüro 1979, 732.

nachträgliche Ermäßigung des durch Addition gewonnenen Gesamtstreitwerts, weil durch die verbundene Inanspruchnahme die Wiederholungsgefahr vermindert wird,[1] Ansetzen von geringen Einzelstreitwerten, weil dem Unterlassungsbeklagten bei der gleichzeitigen Inanspruchnahme mehrere Kläger höhere Kosten entstehen[2]) werden sich angesichts der zum gleichen Ergebnis führenden Ansicht des BGH langfristig nicht mehr halten können.

VII. Mehrere Anträge

Wird die Klage auf **Schadensersatz** wegen einer Wettbewerbsverletzung verbunden mit einer Klage auf künftige Unterlassung desselben schädigenden Verhaltens, so ist der Unterlassungsanspruch grundsätzlich höher zu bewerten als der Schadensersatzanspruch, weil der in die zeitlich nicht begrenzte Zukunft gerichtete Unterlassungsanspruch umfassender ist.[3]   2392

Sind Werbebehauptungen, deren Unterlassung begehrt wird, inhaltlich **nicht selbständig abgrenzbar**, sondern nur Variationen und Modifikationen, Einschränkungen und Erweiterungen des gleichen Gedankens, so kommt, auch wenn der Klageantrag diese Behauptungen in verschiedene Teile zerlegt und unter verschiedenen Ziffern anführt, nur ein Streitwert in Betracht. Sind dagegen die mit den einzelnen Klageanträgen bekämpften Werbebehauptungen **voneinander unabhängig und selbständig**, so sind für die Anträge gesonderte Streitwerte festzusetzen,[4] und zwar auch dann, wenn die verschiedenen Behauptungen in einem Rundschreiben enthalten waren oder bei derselben Gelegenheit gefallen sind.[5]   2393

Neben dem Antrag auf Unterlassung soll nach Ansicht einiger Gerichte der Antrag auf **Veröffentlichung** (vgl. z.B. § 7 UKlaG, § 12 Abs. 3 UWG, § 103 UrhG) grundsätzlich keine selbständige Bedeutung haben, weshalb auch kein besonderer Streitwert festgesetzt werden könne.[6] Diese Auffassung dürfte kaum richtig sein. Sie widerstreitet dem Grundsatz, dass das Interesse des Klägers für den Streitwert maßgebend ist. Wer aber zur Unterlassung zusätzlich die Befugnis zur Veröffentlichung begehrt, verlangt eben mehr als nur Unterlassung. Das muss in der Streitwertbemessung zum Ausdruck kommen.[7]   2394

Für den Antrag auf Zuerkennung der Veröffentlichungsbefugnis ist deshalb in jedem Fall ein besonderer, nach § 3 ZPO zu schätzender Einzelstreitwert festzusetzen,[8] der sich nicht auf die Höhe der voraussichtlichen Druckkosten be-   2395

---

1 OLG Koblenz, KostRsp. ZPO § 5 Nr. 61 = JurBüro 1985, 257 = WRP 1985, 45.
2 so OLG Celle, KostRsp. ZPO § 5 Nr. 66 = JurBüro 1987, 109.
3 OLG München JurBüro 1954, 188.
4 LG Osnabrück, KostRsp. ZPO § 3 Nr. 735 = AnwBl. 1985, 106.
5 OLG Frankfurt GRUR 1955, 309.
6 OLG Karlsruhe WRP 1958, 190; OLG Stuttgart NJW 1959, 890; OLG Nürnberg JurBüro 1967, 72.
7 Zutreffend OLG Frankfurt GRUR 1955, 450.
8 So auch OLG Frankfurt GRUR 1955, 450; OLG Frankfurt JurBüro 1972, 706; OLG Hamburg MDR 1977, 142.

schränkt.[1] Überwiegend werden 10 % des Wertes des Unterlassungsanspruchs angesetzt.[2]

VIII. Wiederholte Anträge

2396 Ist das Rechtsschutzbedürfnis für eine **wiederholte einstweilige Verfügung** in Wettbewerbssachen zu bejahen (z.B. für den Verfügungsantrag eines gemeinnützigen Verbandes, nach dem der Hauptwettbewerber bereits selbst eine Untersagung erstritten hatte), so ist der Streitwert für das wiederholte Eilverfahren nicht deshalb geringer zu bewerten, weil bereits ein Verbot vorliegt. Dies gilt jedenfalls dann, wenn der Beklagte sein Verhalten fortsetzt.

2397 Der Streitwert eines **wiederholten Unterlassungsprozesses** ist allerdings dann geringer zu bewerten, wenn bereits eine andere Partei einen Unterlassungstitel erstritten hat,[3] zumal angenommen werden muss, dass sie diesen Titel auch vollstrecken wird.[4] Anders kann es sich allerdings verhalten, wenn die Notwendigkeit wiederholter Anrufung des Gerichts nur durch die Hartnäckigkeit des Verletzers zu erklären ist.

D. Streitwertbegünstigung

I. Allgemeines

2398 Um Rechtssuchende durch übersetzte Streitwerte und den damit verbundenen finanziellen Aufwand für den Zugang zu den Gerichten nicht rechtlos zu stellen,[5] sind in den § 12 Abs. 4 UWG, § 144 PatG, § 26 GebrMG, § 142 MarkenG, § 54 GeschmMG **soziale Kostenschutzvorschriften** eingefügt worden.[6] Eine entsprechende gesetzliche Vorschrift findet sich auch in § 247 AktG. Alle diese Bestimmungen stehen mit der Verfassung in Einklang.[7]

2399 Die Streitwertbegünstigung bezieht sich nur auf den **Gebührenstreitwert**, nicht dagegen auf den Zuständigkeits- oder den Rechtsmittelstreitwert. Insofern spricht man von einem „gespaltenen" Streitwert.

---

1 OLG Hamm JMBl.NW 1954, 177.
2 OLG Köln, Urteil v. 14. 4. 2000 – 6 U 135/99, ZIP 2000, 2017; OLG Celle, Urteil v. 2. 3. 2000 – 13 U 280/98, GRUR-RR 2001, 125; OLG Nürnberg, Urteil v. 20. 7. 1999 – 3 U 1559/99, JurBüro 2000, 275.
3 OLG Stuttgart, KostRsp. ZPO § 3 Nr. 824 = NJW-RR 1986, 432.
4 OLG Frankfurt WRP 1974, 630.
5 Vgl. BVerfG NJW 1997, 312 (allgemeiner Justizgewährungsanspruch).
6 Keine analoge Anwendung auf das UrhG (OLG Saarbrücken, KostRsp. UWG § 23b Nr. 26 = CR 1991, 549), oder bei reinen Markenrechtssachen, bei denen die Klage nicht zusätzlich auf das UWG gestützt wird (OLG Frankfurt, KostRsp. WZG § 31a Nr. 4 = JurBüro 1990, 247).
7 BVerfG KostRsp. UWG § 23b Nr. 25 = MDR 1991, 610; KG WRP 1978, 300 = AnwBl. 1978, 142 mit Nachw.; a.A. *Lambsdorff/Kanz* BB 1983, 2215.

Die früher in § 23a UWG a.F. enthaltene Vorschrift zur Bemessung des Streit-   **2400**
werts findet sich nach der Neufassung des UWG zum 3. 7. 2004[1] jetzt in § 12
Abs. 4 UWG. Die Regelung ist anwendbar auf alle Verfahren, in denen Ansprüche nach § 8 Abs. 1 UWG, also Beseitigungs- und Unterlassungsansprüchen bei
unlauteren Wettbewerbshandlungen im Sinne des § 3 UWG geltend gemacht
werden. Insofern sind die Anwendungsbereiche von § 12 Abs. 4 UWG und
§ 23a UWG a.F. deckungsgleich.

Der frühere § 23b UWG a.F., der auf Antrag einer Partei eine Streitwertbegün-   **2401**
stigung vorsah, ist im UWG nicht mehr enthalten. Mangels eines eigenständigen Anwendungsbereichs im UWG neben § 23a UWG hat der Gesetzgeber bei
der Neuregelung von einer Nachfolgevorschrift abgesehen.[2] Entsprechende Vorschriften finden sich allerdings weiterhin in den übrigen Gesetzen des gewerblichen Rechtsschutzes (vgl. § 144 PatG, § 26 GebrMG, § 142 MarkenG, § 54
GeschmMG).

II. Abgrenzung zur Prozesskostenhilfe

Die Vorschriften zur Streitwertbegünstigung bezwecken einen Kostenausgleich,   **2402**
um wegen der oft hohen Streitwerte in wettbewerbsrechtlichen Prozessen eine
faktische Rechtswegsperre abzubauen. Diese Regelungen stehen **selbständig
neben** der Bewilligung von Prozesskostenhilfe und weichen in ihren gesetzlichen Voraussetzungen von denen des § 115 ZPO ab. Maßgebend ist für die
Streitwertbegünstigung allein, ob die Kostenbelastung des konkreten Rechtsstreits den Antragsteller nach dem Stand seines realen Einkommens und Vermögens wirtschaftlich untragbar belasten würde (vgl. § 144 PatG, § 26
GebrMG, § 142 MarkenG, § 54 GeschmMG) bzw. ob die Sache nach Art und
Umfang einfache gelagert ist oder die Belastung mit den vollen Kosten nicht
tragbar erscheint (§ 12 Abs. 4 UWG).

Ob dagegen die Rechtsverfolgung der die Streitwertbegünstigung beantragenden   **2403**
Partei **aussichtsreich** erscheint, ist unerheblich.[3] Lediglich wenn die Klage völ-
lig aussichtslos[4] oder mutwillig bzw. rechtsmissbräuchlich[5] ist, kann daran die
Festsetzung eines verminderten Gebührenstreitwertes scheitern.[6]

Die Vorschriften über die Streitwertbegünstigung setzen auch – anders als die   **2404**
Bewilligung von Prozesskostenhilfe – nicht voraus, dass der Antragsteller **hilfsbedürftig** im Sinne des Prozesskostenhilferechts ist.[7] Bestehende Hilfsbedürftig-

---

1 BGBl. I S. 1414.
2 Vgl. Begr RegE zu UWG § 12 Abs. 4 Nr. 5c S. 26.
3 BGH GRUR 1990, 1052; OLG Koblenz, KostRsp. UWG § 23b Nr. 14 = JurBüro 1985,
   279.
4 OLG Hamm AG 1993, 407 = WPM 1993, 1283.
5 BGH NJW-RR 1992, 484 = ZIP 1991, 1581.
6 OLG Hamm WPM 1993, 1283; BGH NJW-RR 1992, 484 = ZIP 1991, 1581 beide zu der
   vergleichbaren Regelung des § 247 AktG.
7 BGH LM PatG § 53 Nr. 1.

keit hindert aber umgekehrt nicht die Streitwertbegünstigung. Welche Bedeutung sie auch für eine hilfsbedürftige Partei hat, ergibt sich aus § 123 ZPO.
Denn trotz bewilligter Prozesskostenhilfe muss auch sie bei Unterliegen dem
Gegner dessen Kosten voll erstatten. Dagegen wirken die Streitwertbegünstigungen nach § 144 PatG, § 26 GebrMG, § 142 MarkenG und § 54 GeschmMG
endgültig und auch gegenüber dem obsiegenden Gegner. Das ist vom OLG
Frankfurt[1] verkannt worden, das in der Bewilligung von Prozesskostenhilfe
einen wesentlichen Umstand für die Entscheidung auf Herabsetzung des Streitwertes nach § 247 Abs. 2 AktG gesehen hat.[2]

III. Streitwertbemessung nach § 12 Abs. 4 UWG

2405 Die Vorschrift des § 12 Abs. 4 UWG, deren gleich lautende Vorgängervorschrift
(§ 23a UWG a.F.) als verfassungsgemäß angesehen wurde,[3] lautet:

„Bei der Bemessung des Streitwerts für Ansprüche nach § 8 Abs. 1 ist es wertmindernd zu
berücksichtigten, wenn die Sache nach Art und Umfang einfach gelagert ist oder wenn die
Belastung einer der Parteien mit den Prozesskosten nach dem vollen Streitwert angesichts
ihrer Vermögens- und Einkommensverhältnisse nicht tragbar erscheint.

1. Anwendungsbereich

2406 § 12 Abs. 4 UWG gilt neben den Leistungsklagen auch für negative Feststellungsklagen[4] und für Verfahren auf Erlass einer einstweiligen Verfügung. Sie
gilt für alle Instanzen, jedoch nicht für das Vollstreckungsverfahren. Die Vorschrift ist auch dann anwendbar, wenn ein Unterlassungsanspruch nicht ausschließlich auf § 8 Abs. 1 UWG, sondern daneben zusätzlich auf Anspruchsgrundlagen aus einem anderen Gesetz gestützt wird.[5] Bei einer reinen Kennzeichenstreitigkeit, bei der die Klage nicht zusätzlich auf Vorschriften des
UWG gestützt wird oder bei einer Klage auf Schadensersatz nach § 9 UWG, ist
§ 12 Abs. 4 UWG dagegen unanwendbar.[6]

---

1 OLG Frankfurt KostRsp. AktG § 247 Nr. 13 mit abl. Anm. *Lappe* = ZIP 1990, 268 =
JurBüro 1990, 647.
2 Im Ergebnis aber zust. *Hüffer* EWiR § 247 AktG 1/90, 427.
3 H.M., vgl. OLG Koblenz, KostRsp. UWG § 23a Nr. 11 = WRP 1989, 815 = JurBüro 1989,
1728 = NJW-RR 1989, 1441 = GRUR 1989, 764; abzuleiten auch daraus, dass das Bundesverfassungsgericht (NJW-RR 1991, 1134 = MDR 1991, 610) die noch weitergehende
Vorschrift des § 23b UWG a.F. als verfassungsgemäß eingestuft hat.
4 KG, KostRsp. UWG § 23a Nr. 5 = WRP 1988, 373.
5 OLG Stuttgart, KostRsp. UWG § 23a Nr. 4 mit Anm. *Schneider* = NJW-RR 1988, 304;
OLG Köln, KostRsp. UWG § 23a Nr. 6 mit Anm. *Schneider* = WRP 1988, 623; ebenso
für § 23b UWG der BGH MDR 1968, 300 = *Warneyer* 1967 Nr. 268 = NJW 1968, 593 =
WRP 1968, 183 = GRUR 1968, 333 mit zust. Anm. *Droste*; OLG Köln OLGR 1995, 169
= WRP 1995, 421.
6 OLG Frankfurt, KostRsp. § 23a Nr. 13 = JurBüro 1990, 247 = GRUR 1989, 932.

2. Tatbestandsvoraussetzungen

a) Einfach gelagerte Sache

Streitwertmindernd ist zu berücksichtigen, wenn die Sache nach Art und Umfang einfach gelagert ist. Dies ist der Fall, wenn sie nach Art und Umfang ohne größeren Arbeitsaufwand von den Parteien bzw. ihren Anwälten und dem Gericht zu bearbeiten ist und damit „tägliche Routinearbeit" darstellt.[1]   2407

Maßgeblich für die Beurteilung der **Art der Sache** ist die Frage, ob der Sachverhalt ohne umfangreiche oder schwierige Beweisaufnahme zu klären ist und ob die anfallenden Rechtsfragen ohne Auseinandersetzung mit Rechtsprechung und Literatur geklärt werden können.[2] Beispiele für eine der Sache nach einfach gelagerte Streitigkeit sind serienweise wiederkehrende Wettbewerbsverletzungen und rechtlich eindeutige Verstöße.   2408

Der **Umfang der Sache** kann dann als einfach gelagert bezeichnet werden, wenn die Verletzungshandlung unstreitig oder vom Gericht visuell wahrnehmbar[3] ist und ein einziger, maximal zwei Schriftsätze von wenigen Seiten genügen, um eine den Rechtsstreit abschließende einstweilige Verfügung zu erwirken.[4] Nicht einfach gelagert ist eine Sache, wenn der Anspruchsgegner verschiedene Einwendungen erhoben und umfangreiche Unterlagen vorgelegt hat, mit denen sich der Antragsteller zur Vorbereitung des Termins befassen muss.[5]   2409

Als nach Art und Umfang einfach gelagerte Sache hat es das OLG Köln[6] angesehen, wenn sich der Wettbewerbsverstoß aus der beanstandeten Zeitungsanzeige ergibt. Die gleiche Bewertung traf das OLG Zweibrücken[7] für einen Unterlassungsanspruch, bei dem sich das wettbewerbswidrige Verhalten des Beklagten, nämlich die Bezeichnung als Architekt ohne Mitglied der Architektenkammer zu sein, aus dem vorgelegten Schriftwechsel ergab.   2410

Muss eine Beweisaufnahme durchgeführt werden, spricht dies nicht generell gegen den einfachen Umfang der Sache. Hier kommt es auf die Zahl der Zeugen, den Umfang der Beweisthemen und ggf. auf den Umfang des Sachverständigengutachtens an.   2411

---

1 OLG Köln, KostRsp. UWG § 23a Nr. 2 = WRP 1987, 690 = NJW-RR 1988, 304.

2 OLG Köln GRUR 1995, 446; OLG Köln GRUR 1993, 597; OLG Köln NJWE-WettbR 2000, 247; OLG Koblenz GRUR 1990, 58.

3 KG GRUR 1987, 453; OLG Köln GRUR 1993, 597.

4 Vgl. OLG Köln KostRsp. UWG § 23a Nr. 2 = WRP 1987, 690 = NJW-RR 1988, 304: Ein Schriftsatz von fünf Seiten nebst beigefügtem Abmahnschreiben; OLG Bamberg, Beschl. v. 11. 8. 1998 – 3 W 86/98, OLGR 1999, 246: Der gesamte Streitstoff konnte in einem Schriftsatz dargestellt werden und der Wettbewerbsverstoß ergab sich aus einer Werbeanzeige.

5 OLG Koblenz, KostRsp. UWG § 23a Nr. 12 = WRP 1990, 57 = GRUR 1989, 58; OLG Koblenz GRUR 1990, 58.

6 OLG Köln, KostRsp. UWG § 23a Nr. 18 mit Anm. *Herget* = MDR 1994, 267 = JurBüro 1994, 241: Der Wert wurde auf 60 000 DM festgesetzt.

7 OLG Zweibrücken, Beschl. v. 10. 3. 2003 – 4 W 19/03, OLGR 2003, 268.

2412   Keine nach Art und Umfang einfach gelagerte Sache liegt vor, wenn die Kammer den Erlass der einstweiligen Verfügung im Beschlusswege ablehnt und erst nach Widerspruch im Urteilsverfahren erlässt.[1]

2413   Maßgebend für die Beurteilung des Umfangs der Sache ist der **Zeitpunkt** der letzten mündlichen Verhandlung, da regelmäßig erst dann eine abschließende Beantwortung dieser Frage möglich ist.[2] Dementsprechend ist es auch belanglos, ob wertmindernde Umstände bereits bei Klageerhebung oder Einreichung des Verfügungsantrages bestanden haben oder erkennbar gewesen sind.[3] Den Umfang einer Sache kann man tatsächlich erst im Zeitpunkt der letzten mündlichen Verhandlung feststellen, weil er mit dem Verfahren und in ihm wächst.

b) Untragbare Belastung

2414   Der Streitwert ist auch dann zu vermindern, wenn eine Belastung einer der Parteien mit den Prozesskosten nach dem vollen Streitwert angesichts ihrer Einkommens- und Vermögensverhältnisse **nicht tragbar** erscheint. Es ist abzuwägen zwischen der wirtschaftlichen Lage der Partei einerseits und der Höhe der Kostenbelastung andererseits.[4] Dagegen ist es für eine Ermäßigung des Streitwerts nicht erforderlich, dass die Partei überhaupt nicht in der Lage ist, die betreffenden Kosten aufzubringen.[5]

2415   Die Partei muss, obwohl die Streitwertbegünstigung von Amts wegen zu veranlassen ist, ihre finanziellen Verhältnisse darlegen und ggf. beweisen, wenn diese nicht ausnahmsweise gerichtsbekannt sind.[6] Das Gericht hat zwar alle Umstände, die zur Herabsetzung des Streitwertes führen können, von Amts wegen zu berücksichtigen, es bedarf also keines Antrages.[7] Ohne einen solchen Antrag wird das Gericht allerdings mangels einer dahingehenden Anregung und hinreichender Darlegung der Einkommens- und Vermögensverhältnisse keinen Anlass haben, eine Herabsetzung zu erwägen.[8]

2416   Die Begünstigung greift auch ein, wenn die einkommensschwache Partei obsiegt und daher gar nicht zur Kostentragung verpflichtet ist.[9]

---

1 OLG Köln, Beschl. v. 9. 3. 2000 – 6 W 23/00, JurBüro 2000, 648.
2 OLG Köln, KostRsp. UWG § 23a Nr. 6 mit Anm. *Schneider* = WRP 1988, 623; OLG Koblenz, KostRsp. UWG § 23a Nr. 7 mit Anm. *Schneider* = WRP 1988, 763.
3 OLG Koblenz, KostRsp. UWG § 23a Nr. 7 mit Anm. *Schneider* = WRP 1988, 763.
4 BGH, Beschl. v. 5. 3. 1998 – I ZR 185/95, MDR 1998, 1237; BGH, Beschl. v. 27. 1. 1994 – I ZR 276/91, GRUR 1994, 385.
5 BGH, Beschl. v. 5. 3. 1998 – I ZR 185/95, MDR 1998, 1237.
6 BGH GRUR 1990, 1052.
7 OLG Koblenz, KostRsp. UWG § 23a Nr. 7 mit Anm. *Schneider* = WRP 1988, 763; OLG Koblenz, KostRsp. UWG § 23a Nr. 12 = WRP 1990, 57 = GRUR 1989, 58; KG, KostRsp. UWG § 23a § 9 = WRP 1989, 97.
8 Siehe OLG Koblenz, KostRsp. UWG § 23a Nr. 16 = WRP 1990, 844.
9 BGH, Beschl. v. 27. 1. 1994 – I ZR 276/91, GRUR 1994, 385.

c) Keine doppelte Ermäßigung

Für die Wertermäßigung reicht es aus, dass **eine der beiden wertmindernden** 2417
Alternativen (einfach gelagert – untragbare Kostenbelastung) gegeben ist. Sind
jedoch beide erfüllt, dann führt das nicht zu einer zusätzlichen Streitwertverminderung, da der Wortlaut insofern eindeutig ist („oder").[1] Liegen die Voraussetzungen für eine Wertermäßigung nach beiden Alternativen des § 12 Abs. 4
UWG vor, dann ist bei der Bewertung von derjenigen Alternative auszugehen,
die im Einzelfall zu der größtmöglichen Minderung führt.[2]

d) Streitwertermäßigung für Verbände

Die Regelung des § 12 Abs. 4 UWG gilt nicht nur für Mitbewerber des Beklag- 2418
ten, sondern auch für klagebefugte Verbände. Hier ist allerdings eine Besonderheit bei Klagen von Verbänden im Sinne des § 8 Abs. 3 Nr. 2 UWG (Verbände
zur Förderung gewerblicher Interessen) zu beachten. Solche Verbände müssen
nämlich – um überhaupt als klagebefugt anerkannt zu werden – über eine
angemessene finanzielle Ausstattung verfügen. Sie müssen sich also über ihre
Verbandsmitglieder ausreichend finanzieren, um auch höhere Streitwerte ohne
Herabsetzung führen zu können. Im Hinblick darauf ist die Anwendung des
§ 12 Abs. 4 UWG zwar nicht ausgeschlossen, weil das Erfordernis der finanziellen Ausstattung nicht dahingehend ausgelegt wird, dass die Verbände aus eigenen Mitteln jegliches (Groß-)Verfahren finanzieren können. Es wird aber eine
Grenze gezogen, bis zu deren Erreichen eine Streitwertherabsetzung nicht in
Betracht kommt.

Nach einer Entscheidung des BGH[3] können sich Verbände nach § 8 Abs. 3 2419
Nr. 2 UWG nur dann auf die Streitwertbegünstigung berufen, wenn der volle
Streitwert **deutlich über der Revisionssumme** liegt. Denn ohne eine Anwendung des § 12 Abs. 4 UWG würde in solchen Fällen die vom UWG gewollte
Verfolgung von Wettbewerbsverstößen durch Verbände gerade in Fällen mit
besonderem wirtschaftlichen Gewicht erheblich erschwert oder unmöglich
gemacht.[4] Verbände nach § 8 Abs. 3 Nr. 2 UWG müssen daher über eine
finanzielle Ausstattung verfügen, die es ihnen ermöglicht, Prozesse mit
Streitwerten bis zu 30 000 Euro ohne Streitwertminderung zu führen. Bei
darüber hinausgehenden Streitwerten kommt eine Streitwertbegünstigung in
Betracht.[5]

---

1 OLG Koblenz, KostRsp. UWG § 23a Nr. 7 = WRP 1988, 763; KG KostRsp. UWG § 23a
  Nr. 8 = WRP 1989, 166; OLG Köln GRUR 1995, 446.
2 OLG Köln, KostRsp. UWG § 23a Nr. 20 = OLGR 1995, 169 = WRP 1995, 421; OLG
  Koblenz, KostRsp. UWG § 23a Nr. 16 = WRP 1990, 844.
3 BGH, Beschl. v. 5. 3. 1998 – I ZR 185/95, MDR 1998, 1237.
4 BGH, Beschl. v. 27. 1. 1994 – I ZR 276/91, GRUR 1994, 385.
5 BGH GRUR 1998, 958; BGH, Beschl. v. 27. 1. 1994 – I ZR 276/91, GRUR 1994, 385.

3. Rechtsfolgen

2420 Das Gericht hat im Wege der Schätzung zunächst den „vollen" Streitwert nach § 48 Abs. 1 GKG, § 3 ZPO zu bestimmen und danach von Amts wegen über eine Verringerung dieses Wertes aufgrund der Streitwertbegünstigung zu entscheiden.[1]

2421 Bei Festsetzung eines verminderten Streitwerts nach § 12 Abs. 4 UWG ist gleichzeitig der volle, sich aus § 3 ZPO ergebende Wert festzusetzen, da er weiterhin für die sachliche Zuständigkeit und die Höhe der Beschwer maßgebend bleibt.[2] Nach Widerspruch gegen eine Beschlussverfügung ist jedoch nach Abschluss der Instanz zu prüfen, ob es bei der Streitwertherabsetzung verbleiben kann, weil auch bei § 12 Abs. 4 UWG der Grundsatz der Streitwertwahrheit gilt.[3]

2422 Welche **Minderung** des Streitwerts das Gericht vorzunehmen hat, ist nicht gesetzlich vorschrieben. Es bietet sich an, bei der ersten Alternative Schwierigkeitsgrad und Umfang zu berücksichtigen. Je einfacher die Sache nach Art und Umfang ist, desto höher wird der Minderungsabschlag ausfallen können.[4] Bei der zweiten Alternative hat das Gericht eine Abwägung zwischen der Kostenbelastung einerseits und der wirtschaftlichen Lage der Partei andererseits vorzunehmen.

2423 Die im Rahmen von § 23a UWG a.F. entwickelte **Ermäßigungsstaffel** des KG[5] kann auf § 12 Abs. 4 UWG übertragen werden. Bei der finanziellen Entlastung einer Partei durch Streitwertermäßigung setzt das KG[6] regelmäßig die Hälfte des vollen Streitwerts an. Eine solche Ermäßigung um 50 % vertreten auch das OLG Zweibrücken[7] und das OLG Bamberg.[8] Das OLG Koblenz[9] ermäßigt den Streitwert auf $^1/_2$ bis $^1/_4$.

2424 Soweit das Verfahren von einem gemäß § 8 Abs. 3 Nr. 2 UWG **klagebefugten Verband** geführt wird, hat das OLG Koblenz[10] die Ansicht vertreten, es sei von einem Sockelbetrag von 10 000 DM auszugehen und $^1/_{10}$ des darüber hinausgehenden Betrages des vollen Streitwertes hinzuzurechnen. Das entspricht der Rechtsprechung des KG.[11] Dieser Sockelbetrag soll aber angehoben werden,

1 BGH, Beschl. v. 27. 1. 1994 – I ZR 276/91, GRUR 1994, 385.
2 KG, KostRsp. UWG § 23a Nr. 1 = WRP 1987, 469; KG, KostRsp. UWG § 23a Nr. 9 = WRP 1989, 97; OLG Koblenz, KostRsp. UWG § 23a Nr. 16 = WRP 1990, 844.
3 OLG Koblenz, KostRsp. UWG § 23a Nr. 12 = WRP 1990, 57 = GRUR 1989, 58.
4 *Teplitzky*, Wettbewerbsrecht, Kap. 49 Rn. 64.
5 KG WRP 1987, 469, 470; KG, KostRsp. UWG § 23a Nr. = WRP 1989, 97.
6 KG, KostRsp. UWG § 23a Nr. 9 = WRP 1989, 97.
7 OLG Zweibrücken, Beschl. v. 10. 3. 2003 – 4 W 19/03, OLGR 2003, 268.
8 OLG Bamberg, Beschl. v. 11. 8. 1998 – 3 W 86/98, OLGR 1999, 246.
9 OLG Koblenz, KostRsp. UWG § 23a Nr. 7 = WRP 1988, 763.
10 OLG Koblenz, KostRsp. UWG § 23a Nr. 11 = WRP 1989, 815 = JurBüro 1989, 1728 = NJW-RR 1989, 1441 = GRUR 1989, 764.
11 KG, KostRsp. UWG § 23b Nr. 1 = AnwBl. 1978, 142 = WRP 1977, 717.

wenn sich die wirtschaftliche Lage des Verbandes später wesentlich verbessert.[1]

Der BGH hat sich in seinem Beschluss vom 5. 3. 1998[2] mit der Streitwertermäßigung bei Verbandsklagen beschäftigt. Danach kommt bei Verbänden im Sinne des § 8 Abs. 3 Nr. 3 UWG bis zu einer Streitwerthöhe von 30 000 Euro eine Begünstigung – vorbehaltlich besonderer Umstände des Einzelfalls – nicht in Betracht, weil die Mittel eines Verbandes für solche Prozesse auszureichen haben. Der BGH hat hierzu ausgeführt, dass eine Streitwertbegünstigung bei Werten, die 30 000 Euro nicht übersteigen, nur dann in Betracht kommt, wenn der Verband außergewöhnliche Umstände darlege, nach denen die Belastung mit den vollen Kosten als eine besondere Härte erscheine. Solche außergewöhnlichen Umstände könnten etwa in einer Häufung von Verfahren mit besonders hohem Kostenrisiko oder in einer ungewöhnlichen Anzahl von Passivprozessen liegen, die den eigentlich für die Führung von Verfahren ausreichenden Prozesskostenfonds ausgeschöpft hätten.

2425

Insgesamt ist eine zurückhaltende Anwendung des § 12 Abs. 4 UWG zu beobachten, die auf der einen Seite geprägt ist von dem Bestreben, das Kostenbewusstsein der Parteien zu erhalten – auch eine wirtschaftlich schwache Partei soll kein leichtfertiges Prozessieren ermöglicht werden[3] – und auf der anderen Seite schematische Abschläge vermeiden will.[4]

2426

IV. Streitwertbemessung nach § 51 Abs. 2 GKG

Nach § 51 Abs. 2 GKG sind bei der Bestimmung des Streitwertes die Vorschriften über die Anordnung der Streitwertbegünstigung nach § 144 PatG, § 26 GebrMG, § 142 MarkenG und § 54 GeschmMG zu beachten. Sämtliche Regelungen lauten wie folgt:

2427

„Macht in einer (Patent-, Gebrauchsmuster-, Marken-, Geschmacksmusterstreitsache) eine Partei glaubhaft, dass die Belastung mit den Prozesskosten nach dem vollen Streitwert ihre wirtschaftliche Lage erheblich gefährden würde, so kann das Gericht auf ihren Antrag anordnen, dass die Verpflichtung dieser Partei zur Zahlung von Gerichtskosten sich nach einem ihrer Wirtschaftslage angepassten Teil des Streitwertes bemisst. Die Anordnung hat zur Folge, dass die begünstigte Partei die Gebühren ihres Rechtsanwalts ebenfalls nur nach diesem Teil des Streitwerts zu entrichten hat. Soweit ihr die Kosten des Rechtsstreits auferlegt werden oder soweit sie diese übernimmt, hat sie die von dem Gegner entrichteten Gerichtsgebühren und die Gebühren seines Rechtsanwalts nur nach dem Teil des Streitwerts zu erstatten. Soweit die außergerichtlichen Kosten dem Gegner auferlegt oder von ihm übernommen werden, kann der Rechtsanwalt der begünstigten Partei seine Gebühren von dem Gegner nach dem für diesen geltenden Streitwert bei-

---

1 OLG Koblenz, KostRsp. UWG § 23a Nr. 1 = WRP 1990, 851 = JurBüro 1989, 1728 = NJW-RR 1989, 1441 = GRUR 1989, 764.
2 BGH, Beschl. v. 5. 3. 1998 – I ZR 185/95, MDR 1998, 1237 = GRUR 1998, 958.
3 OLG Koblenz GRUR 1988, 474.
4 BGH, Beschl. v. 27. 1. 1994 – I ZR 276/91, GRUR 1994, 385; OLG Stuttgart WRP 1993, 536.

treiben. Der Antrag nach Absatz 1 kann vor der Geschäftsstelle des Gerichts zur Nieder-schrift erklärt werden. Er ist vor der Verhandlung zur Hauptsache anzubringen. Danach ist er nur zulässig, wenn der angenommene oder festgesetzte Streitwert später durch das Gericht heraufgesetzt wird. Vor der Entscheidung über den Antrag ist der Gegner zu hören."

2428   Die gebührenrechtlichen Folgen dieser Vorschriften sind beachtlich: Da der Gegner nicht von der Ermäßigung profitiert, muss er sowohl dem Gericht als auch seinem Anwalt gegenüber Gebühren nach dem vollen Streitwert zahlen. Selbst bei vollem Obsiegen bleibt er also mit der Differenz belastet. Das Bundesverfassungsgericht hat die gleich lautende Vorschrift des § 23b UWG a.F. allerdings nicht beanstandet.[1]

1. Anwendungsbereich

2429   Es muss sich um ein Verfahren handeln, in dem Ansprüche aus einem in dem jeweiligen Spezialgesetz geregelten Rechtsverhältnis geltend gemacht werden. Erfasst werden sowohl die Eilverfahren als auch die Hauptsacheverfahren, jeweils in allen Instanzen. Die Herabsetzung des Streitwerts in Rechtsstreitigkeiten wegen Verletzung gewerblicher Schutzrechte ist auch dann zulässig, wenn der Klageantrag zugleich auf Bestimmungen des UWG oder auch des BGB gestützt wird.[2]

2. Tatbestand

a) Erhebliche Gefährdung der wirtschaftlichen Lage

2430   So gut wie alle einschlägigen Fälle befassen sich mit **Herabsetzungsanträgen von Verbänden**, die nach § 8 Abs. 3 UWG klagebefugt sind.[3]

2431   Dabei wurde die wirtschaftliche Gefährdung eines Verbandes durch Prozesskostenbelastung früher auf den **konkreten Rechtsstreit** bezogen, nicht dagegen zusätzlich auf den Einfluss weiterer Verfahren.[4] Nach der Gegenmeinung[5] sollte berücksichtigt werden, dass der Verband auch nach Verlust eines Prozesses weiterhin im Stande sein müsse, seine Aufgaben zu erfüllen. Insofern sei nicht

---

1 BVerfG NJW-RR 1991, 1134; BVerfG, Beschl. v. 28. 6. 1993 – 1 BvR 1321/90, n.v.
2 BGH MDR 1968, 300 = *Warneyer* 1967 Nr. 268 = NJW 1968, 593 = WRP 1968, 183 = GRUR 1968, 333 mit zust. Anm. *Droste.*
3 Soweit die nachfolgenden Entscheidungen aus der Zeit vor der Neufassung des UWG am 3. 7. 2004 (BGBl. I S. 1414) stammen, beziehen sie sich überwiegend auf die Regelung des § 23b UWG a.F., die aber inhaltlich mit § 144 PatG, § 26 GebrMG, § 142 MarkenG und § 54 GeschmMG übereinstimmt.
4 OLG Frankfurt, KostRsp. UWG § 23b Nr. 4 = JurBüro 1980, 904; OLG Frankfurt, KostRsp. UWG § 23a Nr. 10 mit Anm. *Schneider* = WRP 1989, 173 = JurBüro 1989, 530 = DB 1989, 41; OLG Stuttgart WRP 1983, 709; OLG Stuttgart, KostRsp. UWG § 23b Nr. 17 = NJW-RR 1986, 1164; OLG Hamburg WRP 1977, 498.
5 OLG Koblenz, KostRsp. UWG § 23b Nr. 14 mit Anm. *Schneider* = WRP 1984, 637 = WPM 1984, 1581 = JurBüro 1985, 279.

auf die Belastung durch den konkreten Prozess, sondern auf die **Gesamttätigkeit des Verbandes** abzustellen.[1] In Übereinstimmung mit der Entscheidung des BGH vom 5. 3. 1998[2] stellt die herrschende Meinung[3] auch auf die sonstige Prozesstätigkeit und daraus resultierende Kostenbelastung des Verbands ab, der also nicht andere Verfahren aufgeben muss, um dasjenige Verfahren führen zu können, in dem er eine Streitwertbegünstigung beantragt hat.

Die Ausfüllung des Begriffes der erheblichen Gefährdung der wirtschaftlichen Lage hat der Gesetzgeber der Rechtsprechung überlassen. Das KG[4] fordert als Voraussetzung der Vergünstigung eine bilanzkritische Würdigung der zur Glaubhaftmachung (§ 294 ZPO) vorgelegten Unterlagen. Bei der Bestimmung der Kostenbelastung der Partei sind nicht nur die Gerichtskosten und die Kosten der Prozessbevollmächtigten zu beachten. In bestimmten Fällen (vgl. § 140 Abs. 5 MarkenG) können außerdem Kosten für den mitwirkenden **Patentanwalt** zu berücksichtigen sein. 2432

Eine erhebliche Gefährdung der wirtschaftlichen Lage kann auch bei einem großen Unternehmen mit erheblichem Umsatz gegeben sein, wenn es in Schwierigkeiten geraten ist und kaum noch seine Schulden bezahlen kann.[5] 2433

Bei welchen Prozesskosten von einer erheblichen Gefährdung der wirtschaftlichen Lage auszugehen ist, ist eine Frage des Einzelfalls. Es ist nicht entscheidend, ob die Partei fähig ist, die Kosten für den Rechtsstreit nach dem gemäß § 51 Abs. 1 GKG bestimmten Streitwert zunächst aufzubringen. Vielmehr ist zu prüfen, wie sich diese Kostenbelastung auf ihre wirtschaftliche Lage im Falle des Unterliegens im Prozess auswirken würde.[6] Insofern ist diese Prüfung für jede Instanz gesondert anzustellen, denn es ist durchaus möglich, dass die Partei die Kosten für eine Instanz ohne erhebliche Gefährdung der wirtschaftlichen Lage tragen kann, nicht aber die Kosten der Rechtsmittelinstanz. 2434

b) Art der Rechtsverfolgung

Die Rechtsprechung hat zudem das ungeschriebene Tatbestandsmerkmal geschaffen, die wirtschaftlich schwache Partei habe alles zu tun, um ihrer Klage oder Rechtsverteidigung zum Erfolg zu verhelfen. Daran fehlt es beispielsweise, wenn die Berufungsbegründungsfrist **versäumt** wird oder prozessuale Nachteile dadurch entstehen, dass Schriftsätze falsch abgelegt werden, sei es auch vom Prozessbevollmächtigten (§ 85 Abs. 2 ZPO). 2435

---

1 OLG Koblenz, KostRsp. UWG § 23a Nr. 11 = WRP 1989, 815 = JurBüro 1989, 1728 = NJW-RR 1989, 1441 = GRUR 1989, 764; OLG Köln, KostRsp. UWG § 23b Nr. 24 mit Anm. *Schneider* = NJW-RR 1991, 186.
2 BGH, Beschl. v. 5. 3. 1998 – I ZR 185/95, MDR 1998, 1237 = GRUR 1998, 985.
3 KG WRP 1977, 717; KG WRP 1982, 468; KG WRP 1983, 561; KG WRP 1984, 20; OLG Koblenz GRUR 1984, 746; OLG Koblenz GRUR 1989, 764; OLG Köln GRUR 1991, 248.
4 KG, KostRsp. UWG § 23b Nr. 12 = WRP 1983, 20.
5 OLG Stuttgart, KostRsp. UWG § 23b Nr. 7 = WRP 1982, 489.
6 BGH, Beschl. v. 5. 3. 1998 – I ZR 185/95, MDR 1998, 1237 = GRUR 1998, 958.

2436 Lässt ein klagender Verband zur Förderung gewerblicher Interessen seinen Unterlassungsanspruch **verjähren**, so dass er auf Einrede des Beklagten hin die Klage zurücknehmen muss, dann begibt er sich durch dieses Verhalten der Streitwertbegünstigung.[1] Die Entscheidung ist allerdings bedenklich, da sie mittelbar die Frage der Erfolgsaussichten in das Verfahren der Streitwertbegünstigung einbezieht, was nach dem Gesetzeswortlaut nicht vorgesehen ist.

2437 Die Klagerücknahme führt aber nicht in jedem Fall zur Versagung der Streitwertbegünstigung. Dem Streitwertbegünstigungsantrag ist bei einer Klagerücknahme vielmehr stattzugeben, wenn die Klage nicht mutwillig erhoben wurde und ihre Rücknahme auch für eine Partei, die den Antrag nicht stellt oder stellen kann, die prozessökonomisch gebotene Prozesshandlung ist.[2]

c) Rechtsmissbrauch

2438 In bestimmten Fällen lehnt die Rechtsprechung eine Streitwertherabsetzung ab, obwohl die Antragsvoraussetzungen der § 144 PatG, § 26 GebrMG, § 142 MarkenG oder § 54 GeschmMG gegeben sind. Begründet wird dies mit dem Gedanken des Rechtsmissbrauchs.[3]

2439 Rechtsmissbrauch wurde beispielsweise bejaht, wenn Gewerbetreibende einen **Verband** gründen, der sie vor Wettbewerbsverstößen schützen soll, den Verband aber nicht mit den dazu erforderlichen Geldmitteln ausstatten, die notwendig sind, um die im Interesse der Mitglieder liegende Verfolgung von Wettbewerbsverstößen finanzieren zu können.[4] Eine solche Konstellation ist allerdings nach der aktuellen Rechtslage nur noch eingeschränkt möglich, da die Anerkennung eines klagebefugten Verbandes nach § 8 Abs. 3 Nr. 2 UWG voraussetzt, dass dieser nach seiner personellen, sachlichen und finanziellen Ausstattung imstande ist, seine Aufgaben wahrzunehmen. Insofern wird man Rechtsmissbrauch allenfalls noch in den Fällen annehmen können, wenn der Verband nicht in der Lage ist, ein Verfahren mit einem Streitwert unterhalb der (alten) Revisionssumme von 30 000 Euro zu führen.[5]

2440 Das OLG Stuttgart[6] hat den Antrag eines Verbandes auf Streitwertbegünstigung[7] zu Recht als rechtsmissbräuchlich abgelehnt, weil dem Verband für die

---

1 KG, KostRsp. UWG § 23b Nr. 16 = WRP 1986, 680.
2 LG Berlin, KostRsp. UWG § 23b Nr. 6 = WRP 1982, 53.
3 BGH, KostRsp. AktG § 247 Nr. 15 = ZIP 1991, 1581 = MDR 1992, 355; OLG Hamm, KostRsp. AktG § 247 Nr. 19 = AG 1993, 470 = WPM 1993, 1283.
4 KostRsp. UWG § 23b Nr. 2 = WRP 1979, 308.
5 In diese Richtung gehen auch die Entscheidungen des BGH (Beschl. v. 5. 3. 1998 – I ZR 185/95, MDR 1998, 1237 und BGH GRUR 1994, 385), wonach ein Verband, der sich die Bekämpfung unlauteren Wettbewerbs zum Ziel gesetzt hat und fast ausschließlich dieser Tätigkeit nachgeht, sich dann auf die Streitwertbegünstigung nach § 12 Abs. 4 UWG berufen kann , wenn der volle Streitwert deutlich über der Revisionssumme liegt.
6 OLG Stuttgart, Beschl. v. 10. 9. 1997 – 2 W 89/96, WRP 1998, 229.
7 Die Entscheidung erging zu § 23b UWG a.F.

Klage die Kostendeckung durch einen Dritten zugesagt worden war und der Verband auf Veranlassung und im überwiegenden Interesse dieses Mitbewerbers klagte. Unter diesen Umständen konnte der Senat davon ausgehen, dass der Verband nur aus Gründen der Kostenersparnis bzw. Risikominderung vorgeschoben wurde.

Rechtsmissbrauch kommt ebenfalls in Betracht, wenn dem Antragsteller bereits **Prozesskostenhilfe** wegen Fehlens hinreichender Erfolgsaussicht versagt worden ist und er dann den Rechtsstreit auf eigene Kosten, aber streitwertbegünstigt führen will.[1] Insofern bestehen Überschneidungen zwischen den Regelungen zur Streitwertbegünstigung und dem Recht der Prozesskostenhilfe. Anders als in der Prozesskostenhilfe ist zwar für § 144 PatG, § 26 GebrMG, § 142 MarkenG und § 54 GeschmMG keine Prüfung vorgesehen, ob die beabsichtigte Rechtsverfolgung oder Rechtsverteidigung hinreichende Aussicht auf Erfolg bietet.[2] Entsprechend der ausdrücklichen Regelung in § 114 ZPO weicht die Rechtsprechung aber dann von einer Streitwertbegünstigung ab, wenn das prozessuale Vorgehen der wirtschaftlich schwachen Partei völlig aussichtslos oder mutwillig ist. Dann wird Rechtsmissbrauch bejaht mit der Folge, dass eine Herabsetzung ausscheidet,[3] denn es ist eben Missbrauch stattlichen Rechtsschutzes, Prozesse auf Kosten der Allgemeinheit zu führen, die von vornherein aussichtslos sind. In dieser Weise wurde auch die frühere Regelung des § 23b Abs. 2 UWG nicht selten interpretiert.[4]

2441

Dieselbe Tendenz wird deutlich, wenn das Antragsrecht auf Streitwertbegünstigung im **Eilverfahren** verneint wird, weil der Antragsteller eine durch Beschluss erlassene einstweilige Verfügung als endgültige Regelung anerkannt und auf die Einlegung eines Widerspruchs verzichtet hat.[5]

2442

Ebenso verhält es sich, wenn der Antragsteller sich bereits in Liquidation befindet, nachdem ein Antrag auf Eröffnung des **Insolvenzverfahrens** mangels Masse abgelehnt worden ist, denn dann kann die Prozessführung seine wirtschaftliche Existenz nicht weiter verschlechtern. Dass möglicherweise eine bessere Befriedigung der Gläubiger im Insolvenzverfahren erzielt wird, rechtfertigt keine Streitwertherabsetzung.[6]

2443

Rechtsmissbräuchlich ist es weiter, wenn ein Verband unbeschadet einer Auskunft des Abgemahnten, er habe den Verstoß nicht begangen, ohne weitere

2444

---

1 OLG Hamburg, KostRsp. UWG § 23 b Nr. 3 = WRP 1979, 382 mit Anm. *Borck*; siehe auch LG Berlin, KostRsp. UWG § 23b Nr. 5 = WRP 1981, 292,
2 RGZ 155, 132; OLG Koblenz, KostRsp. UWG § 23b Nr. 14 = JurBüro 1985, 279.
3 Siehe z.B. OLG Hamburg KostRsp. UWG § 23b Nr. 3 mit Anm. *Schneider* = WRP 1979, 382 mit Anm. *Borck*; LG Berlin, KostRsp. UWG § 23b Nr. 5 = WRP 1981, 292; OLG Hamm, KostRsp. AktG § 247 Nr. 19 = AG 1993, 470 = WPM 1993, 1283.
4 Siehe BGH, KostRsp. AktG § 247 Nr. 15 = BB 1991, 1656 = ZIP 1991, 1581 = MDR 1992, 355 = NJW-RR 1992, 484.
5 OLG München, KostRsp. WZG § 31a Nr. 3 = WRP 1982, 430.
6 LG Frankenthal WRP 1983, 239.

tatsächliche Feststellung Klage erhebt.[1] Ebenso liegt es umgekehrt, wenn der Antragsgegner bei eindeutiger Rechtslage auf eine Abmahnung nicht reagiert hat und erst durch sein unmotiviertes Schweigen Anlass dazu gegeben hat, dass der Unterlassungsgläubiger ein Verfügungsverfahren eingeleitet hat.[2]

3. Der Antrag

a) Antragsbefugnis

2445 Antragsberechtigt sind beide Parteien, der Kläger ebenso wie der Beklagte. Die Antragsbefugnis besteht unabhängig davon, ob die Rechtsverfolgung der wirtschaftlich schwachen Partei hinreichende Aussicht auf Erfolg hat.[3] Zuständig ist das jeweilige erkennende Gericht, so dass der Antrag für jeden Rechtszug neu gestellt werden muss.[4]

2446 Daraus folgt auch, dass die Streitwertbegünstigung einer Partei im ersten Rechtszug für die Berufungsinstanz bedeutungslos ist und keine **Bindungswirkung** für das Berufungsgericht entfaltet.[5] Auch der BGH hat sich inzwischen dieser Auffassung angeschlossen und seine frühere Rechtsprechung, auf die sich das OLG Frankfurt stützte, ausdrücklich aufgegeben.[6]

2447 Setzt aber das Instanzgericht einen bereits beschlossenen Streitwert abändernd höher an und wird daraufhin **erstmals** ein Antrag auf Streitwertherabsetzung gestellt, dann treten insoweit Bindungswirkungen ein. Die Erstfestsetzung ist die untere Grenze für eine Herabsetzung, weil sie von der wirtschaftlich schwachen Partei nicht angefochten worden ist.

2448 Das gilt auch dann, wenn das Beschwerdegericht den Streitwert auf den ursprünglich angenommenen Wert **ermäßigt**.[7] Die Entscheidung beruht auf der zutreffenden Überlegung, dass die Herabsetzung des Streitwerts den obsiegenden Prozessgegner benachteiligen kann, weil sich dessen Kostenerstattungsanspruch vermindert. Den eigenen Anwalt muss er nach dem nicht ermäßigten Streitwert bezahlen, also im Ergebnis aus eigener Tasche. Deshalb wird er durch die Antragsfristen geschützt. Er soll davor bewahrt werden, während des laufenden Rechtsstreits mit einer Streitwertherabsetzung überrascht zu werden, die seine eigene Kostenprognose umstößt.

---

1 KG, KostRsp. UWG § 23b Nr. 10 mit Anm. *Schneider* = WRP 1983, 561.

2 OLG Hamburg WRP 1985, 281.

3 OLG Frankfurt, KostRsp. UWG § 23b Nr. 21 = WRP 1989, 26 = JurBüro 1989, 531 – der Senat hat einen Fall der offensichtlichen Aussichtslosigkeit verneint.

4 OLG Frankfurt JurBüro 1976, 347; OLG Karlsruhe WRP 1973, 49; a.A. OLG Düsseldorf DR 1941, 793, jedoch gegen RG HRR 1941 Nr. 344.

5 OLG Karlsruhe, KostRsp. AktG § 247 Nr. 14 mit abl. Anm. *Schneider* = ZIP 1991, 930 = EWiR § 247 AktG 1/91 S. 633 – *Hirte*; a.A. OLG Frankfurt, KostRsp. AktG § 247 Nr. 10 unter Hinweis auf BGH, Beschl. v. 19. 4. 1982 – II ZR 88/81; *Hirte* in EWiR § 247 AktG 1/91 S. 633.

6 OLG Frankfurt, KostRsp. AktG § 247 Nr. 18 = MDR 1993, 184 = AG 1993, 85 = NJW-RR 1993, 222; zustimmend *Lappe* NJW 1994, 1198.

7 OLG Hamm, KostRsp. UWG § 23b Nr. 13 mit Anm. *Schneider* = WRP 1984, 158.

b) Zeitpunkt der Antragstellung

Der Antrag auf Herabsetzung des Streitwertes muss grundsätzlich **vor der Verhandlung zur Hauptsache** gestellt werden (vgl. § 144 Abs. 2 S. 2 PatG, § 26 Abs. 2 S. 2 GebrMG, § 142 Abs. 3 S. 2 MarkenG und § 54 Abs. 3 S. 2 GeschmMG).   2449

Damit ist nur gefordert, dass er überhaupt rechtzeitig gestellt wird, nicht etwa, dass er bereits in der Klageschrift oder zusammen mit dem Klageantrag angebracht wird. Insbesondere im Verfahren auf Erlass einer einstweiligen Verfügung genügt es, wenn er **bis zur Verhandlung über den Widerspruch** angebracht wird.[1] Zulässig ist er selbst dann, wenn ein Widerspruch überhaupt nicht eingelegt werden soll, wobei jedoch in einem solchen Fall die Frage des Rechtsmissbrauchs zu prüfen ist.[2]   2450

Grundsätzlich kann der Begünstigungsantrag sogar noch nach **Zurücknahme** des Verfügungsantrages gestellt werden.[3] Der Antrag kann jedoch in einem Verfahren auf Erlass einer einstweiligen Verfügung von dem Antragsgegner nicht mehr gestellt werden, wenn dieser die ohne mündliche Verhandlung erlassene einstweilige Verfügung als endgültige Regelung anerkannt und ausdrücklich auf das Recht zur Einlegung des Widerspruchs **verzichtet** hat.[4] Das OLG München[5] begründet diese zutreffende Entscheidung damit, Sinn der Streitwertbegünstigung sei es, der Partei bei der Geltendmachung oder Verteidigung ihrer Rechte zu helfen, nicht hingegen, sie bei der Abstandnahme davon zu unterstützen. Richtiger dürfte es wohl sein, entsprechend dem Gedanken des § 114 ZPO die Streitwertvergünstigung einfach deshalb zu versagen, weil und wenn die Rechtsverfolgung aussichtslos erscheint.[6]   2451

Ebenso liegt es, wenn feststeht, dass die Partei den begonnenen Rechtsstreit nicht weiterführen wird und mit dem Antrag lediglich bezweckt, die ihr durch Klagerücknahme oder Säumnisentscheidung entstehenden Kosten zu verringern.[7]   2452

Es besteht **keine Hinweispflicht** des Gerichts auf die zeitliche Begrenzung des Antrags.[8] Das entspricht der Regelung im Prozesskostenhilferecht (§§ 114 ff. ZPO). Allerdings kann der Rechtsanwalt hinweispflichtig sein.[9]   2453

Solange ohne mündliche Verhandlung entschieden wird, kann der Antrag nicht verfristen. Er darf insbesondere bei Erlass einer einstweiligen Verfügung durch Beschluss noch bis zur Verhandlung über den Widerspruch gestellt werden. Nach der ersten mündlichen Verhandlung ist ein Antrag auf Herabsetzung des   2454

---

1 KG, KostRsp. UWG § 23b Nr. 11 = WRP 1983, 367.
2 OLG Hamburg, KostRsp. UWG § 23b Nr. 15 = WRP 85, 281.
3 KG, KostRsp. UWG § 23b Nr. 8 = WRP 1982, 530.
4 OLG München WRP 1982, 430.
5 OLG München WRP 1982, 430.
6 LG Berlin WRP 1981, 292; oben Rn. 1987; siehe auch OLG Hamburg WRP 1979, 382 mit Anm. *Borck.*
7 LG Berlin WRP 1981, 292.
8 OLG Düsseldorf, KostRsp. PatG § 144 Nr. 2 = JurBüro 1985, 1860.
9 Siehe dazu *Schneider* MDR 1988, 282.

vom Kläger in der Klageschrift angegebenen Streitwerts allenfalls dann noch zulässig, wenn nachträglich eine ganz entscheidende Verschlechterung der wirtschaftlichen Lage des Klägers eintritt. Eine Kreditverweigerung der Hausbank des Klägers mit Rücksicht auf das Ergebnis der mündlichen Verhandlung reicht dazu nicht aus.[1]

c) Ausnahmsweise späterer Antrag möglich

2455   Da das Gericht den Grundsatz der Streitwertwahrheit befolgen muss, kann es zu einer nachträglichen **Erhöhung** des Streitwertes von Amts wegen (§ 63 Abs. 3 GKG) oder auf Antrag eines Prozessbevollmächtigten (§ 32 Abs. 2 RVG) kommen. Der neue Streitwert kann dann die in § 144 PatG, § 26 GebrMG, § 142 MarkenG und § 54 GeschmMG vorausgesetzte erhebliche Gefährdung der wirtschaftlichen Lage einer Partei auslösen. Nach der mündlichen Verhandlung ist ein Antrag auf Streitwertbegünstigung daher ausnahmsweise zulässig, wenn der angenommene oder festgesetzte Streitwert später durch das Gericht heraufgesetzt wird.

2456   Der Streitwert ist im Sinne dieser Vorschrift **„angenommen"**, wenn er Grundlage einer Maßnahme des Gerichts geworden ist.[2] Es macht dabei keinen Unterschied, ob der Streitwert bereits vom Gericht festgesetzt worden oder nur vom Kostenbeamten seiner Kostenberechnung zugrunde gelegt („angenommen") worden war. Eine Streitwertangabe der Parteien in der Klage- oder Antragsschrift genügt dagegen nicht.[3]

2457   Kommt es dagegen zu einer **Ermäßigung** des Streitwerts, dann bleibt es bei der Regelung, dass ein Herabsetzungsantrag vor der Verhandlung zur Hauptsache anzubringen ist. Versäumt eine Partei diesen Zeitpunkt, so besteht kein Anlass zur Erweiterung ihres Antragsrechts, da sie durch eine spätere Streitwertermäßigung nur begünstigt werden kann. Die Ausnahme der späteren Antragstellung soll nur die Möglichkeit schaffen, neu auftretenden zusätzlichen Kostenbelastungen zu begegnen, nicht aber, Antragsversäumnisse unschädlich machen.

2458   Findet **keine Verhandlung zur Hauptsache** statt, weil beispielsweise der Sachantrag vor Terminsbeginn oder nach Erörterung der Sache, aber vor Antragstellung zurückgenommen wird, dann versagt die zeitliche Sperre der § 144 Abs. 2 S. 2 PatG, § 26 Abs. 2 S. 2 GebrMG, § 142 Abs. 3 S. 2 MarkenG und § 54 Abs. 3 S. 2 GeschmMG. Nach dem Gesetzeswortlaut kann der Antrag daher zeitlich unbegrenzt gestellt werden, also noch nach der Zurücknahme eines Verfügungsantrages.[4] Dies gilt auch für die zurücknehmende Partei selbst, wenn sie

---

1 OLG Düsseldorf, KostRsp. PatG § 144 Nr. 2 = JurBüro 1985, 1860.
2 BGH GRUR 1953, 284 [z § 53 PatG]; OLG Nürnberg WRP 1982, 489 = KostRsp. UWG § 23b Nr. 7.
3 OLG Nürnberg, KostRsp. UWG § 23b Nr. 7 = WRP 1982, 489.
4 KG WRP 1982, 530.

damit die prozessökonomisch richtige Maßnahme getroffen hat.[1] Die fehlende zeitliche Begrenzung würde jedoch zu Unzuträglichkeiten führen. Irgendwann muss jedes Verfahren einmal ein (endgültiges) Ende nehmen. Deshalb hat die Rechtsprechung das Antragsrecht bei Fehlen einer Verhandlung zur Hauptsache verkürzt und verlangt, dass der Herabsetzungsantrag **innerhalb angemessener Frist** gestellt wird.[2]

Was im Einzelfall „angemessen" ist, bestimmt sich letztlich nach richterlicher   2459
Wertung. Derartige „Gummifristen" lassen sich lediglich mit anderen Worten umschreiben („eng zu bemessen", „gebührende Berücksichtigung der Interessen des Gegners" usw.). Eine zuverlässige kalendermäßige Bestimmung ist nicht möglich. Deshalb ist es stets angebracht, den Herabsetzungsantrag umgehend zu stellen, wenn sich die Prozesslage so verändert, dass eine Verhandlung zur Hauptsache nicht mehr stattfinden kann.[3]

4. Rechtsfolgen

Liegen die Tatbestandsvoraussetzungen vor, ist der nach § 51 Abs. 1 GKG be-   2460
stimmte Streitwert zugunsten der Partei zu vermindern. Das Gericht trifft diese Entscheidung durch einen Beschluss gemäß § 63 GKG.

Über die konkrete Höhe der Minderung macht das Gesetz keine Angaben. Sie   2461
richtet sich nach den Umständen des Einzelfalls. Nach der **Berechnungsmethode des KG**[4] findet für Streitwerte bis 10 000 DM keine Begünstigung statt. Bei einem höheren Streitwert ist von einem Sockelbetrag von 10 000 DM auszugehen und $1/_{10}$ des darüber hinausgehenden Betrages hinzuzurechnen. Diese Rechtsprechung ist vom OLG Koblenz[5] übernommen worden. Auch das OLG Schleswig[6] hat sich angeschlossen und seine bisherige schematische Streitwertherabsetzung auf 5000 DM aufgegeben.

Nach Ansicht des OLG Frankfurt[7] muss ein gemeinnütziger Verband in jedem   2462
Fall die Kosten nach einem Streitwert bezahlen, der der **Revisionssumme** entspricht. Dies gelte jedenfalls dann, wenn die Durchführung von Rechtsstreitigkeiten zu seinen satzungsgemäßen Aufgaben gehört. Ein Verband zur Bekämpfung unlauteren Wettbewerbs müsse selbst oder über seine finanziellen oder

---

1 LG Berlin, KostRsp. UWG § 23b Nr. 6 = WRP 1982, 53.
2 BGH MDR 1965, 522 = GRUR 1965, 562 mit Anm. *von Utscher*; KG WRP 1982, 468; KG, KostRsp. UWB § 23b Nr. 10 = WRP 1983, 561.
3 OLG Köln, KostRsp. UWG § 23b Nr. 27 = OLGR 1995, 169 = WRP 1995, 421: sechs Wochen nach übereinstimmenden Erledigungserklärungen ist zu spät.
4 KG, KostRsp. UWG § 23b Nr. 1 = AnwBl. 1978, 142 = WRP 1977, 717.
5 OLG Koblenz, KostRsp. UWG § 23b Nr. 14 mit Anm. *Schneider* = WRP 1984, 637 = WPM 1984, 1581 = JurBüro 1985, 279; OLG Koblenz, KostRsp. UWG § 23a Nr. 11 = WRP 1989, 815 = JurBüro 1989, 1728 = NJW-RR 1989, 1441 = GRUR 1989, 764.
6 OLG Schleswig, KostRsp. UWG § 23b Nr. 8 = SchlHA 1987, 60 = JurBüro 1987, 750.
7 OLG Frankfurt JurBüro 1983, 267 = KostRsp. UWG § 23b Nr. 9; OLG Frankfurt, KostRsp. UWG § 23a Nr. 10 mit Anm. *Schneider* = WRP 1989, 173 = JurBüro 1989, 530 = DB 1989, 41.

ideellen Träger alles Erforderliche und Zumutbare tun, um seine Aufgabe im Regelfall wahrnehmen zu können, ohne zur sachgerechten Prozessführung auf eine Streitwertherabsetzung angewiesen zu sein.[1] So weit will das OLG Koblenz[2] dagegen nicht gehen. Der Senat akzeptiert keinen Grundsatz, wonach jeder Verband einen revisionsfähigen Streitwert durchhalten können müsse, betont aber, dass eine völlig unzureichende finanzielle Ausstattung eines Verbandes die Versagung der Streitwertherabsetzung rechtfertigen könne.

2463 Auch im Bereich der in § 51 Abs. 2 GKG vorgesehenen Streitwertbegünstigungen erscheint es sachgerecht, bei Verbänden die **Wertstaffelung** zu übernehmen, die der BGH im Rahmen des § 12 Abs. 4 UWG vertritt und die der oben dargestellten Ansicht des OLG Frankfurt entspricht. Danach kommt bis zu einer Streitwerthöhe von 30 000 Euro eine Begünstigung – vorbehaltlich besonderer Umstände des Einzelfalls – nicht in Betracht, weil die Mittel eines Verbandes für solche Prozesse auszureichen haben.[3] Der BGH[4] hat hierzu ausgeführt, dass eine Streitwertbegünstigung bei Werten, die 30 000 Euro nicht übersteigen, nur dann in Betracht kommt, wenn der Verband außergewöhnliche Umstände darlege, wonach die Belastung mit den vollen Kosten als eine besondere Härte erscheine. Solche außergewöhnlichen Umstände könnten etwa in einer Häufung von Verfahren mit besonders hohem Kostenrisiko oder in einer ungewöhnlichen Anzahl von Passivprozessen liegen, die den eigentlich für die Führung von Verfahren ausreichenden Prozesskostenfonds ausgeschöpft haben.

5. Beschwerde

2464 Ein Streitwertbegünstigungsbeschluss ist mit der Beschwerde nach § 68 Abs. 1 GKG anfechtbar. Beschwerdeberechtigt ist je nach Inhalt des Beschlusses der Antragsteller oder dessen Gegner, der bei Prozessgewinn keinen vollen Erstattungsanspruch erlangt. Ist der Streitwert jedoch gemäß § 144 PatG, § 26 GebrMG, § 142 MarkenG und § 54 GeschmMG herabgesetzt worden, dann darf dieser Begünstigungsbeschluss nachträglich nur erhöhend abgeändert werden, wenn sich die wirtschaftliche Lage der begünstigten Partei erheblich verbessert hat.[5] Auch die Prozessbevollmächtigten können aus eigenem Recht gegen den Beschluss vorgehen, wenn sie den Wertansatz als zu niedrig ansehen (§ 32 Abs. 2 RVG).[6]

2465 Wird die Entscheidung nach § 144 PatG, § 26 GebrMG, § 142 MarkenG und § 54 GeschmMG in den Gründen eines Urteils getroffen, so handelt es sich

---

1 BGH, KostRsp. UWG § 23a Nr. 19 mit Anm. *Herget* = GRUR 1994, 385 = WRP 1994, 305 = MDR 1994, 902.
2 OLG Koblenz, KostRsp. UWG § 23a Nr. 11 = WRP 1989, 815 = JurBüro 1989, 1728 = NJW-RR 1989, 1441 = GRUR 1989, 764.
3 Vgl. BGH GRUR 1998, 958.
4 BGH, Beschl. v. 5. 3. 1998 – I ZR 185/95, MDR 1998, 1237 = GRUR 1998, 958 – die Entscheidung erging zu § 23b UWG a.F., der mit § 144 PatG, § 26 GebrMG, § 142 MarkenG und § 54 GeschmMG inhaltsgleich war.
5 OLG Koblenz, KostRsp. UWG § 23b Nr. 22 = JurBüro 1990, 1037.
6 KG WRP 1978, 300 = AnwBl. 1978, 142.

gleichwohl nicht um einen Teil des Urteils, sondern um einen selbständigen Beschluss, der nach § 68 Abs. 1 anfechtbar ist.[1] In jedem Fall besteht, wenn Streitwertbeschwerde eingelegt wird, Begründungszwang, wobei eine Begründung auch im Nichtabhilfebeschluss nachgeholt werden darf.[2] Insoweit gilt für die Verfahren des gewerblichen Rechtsschutzes nichts Besonderes.[3]

E. Einzelfälle aus der Rechtsprechung

Die nachfolgende Zusammenstellung gibt einen Überblick über wettbewerbs- 2466 rechtlich erhebliche Sachverhalte. Die nachgewiesene Rechtsprechung kann die Bestimmung des im Einzelfall maßgebenden Streitwerts erleichtern. Bei den Wertansätzen ist wegen des Währungsverfalls auch auf das Datum der Veröffentlichung zu achten.

Stichwortübersicht

Abmahnung	2467	Makler	2510
Auskunftsanspruch	2468	Marke	2513
Besichtigungsflüge	2470	Mieter	2524
Boykottaufruf	2471	Mitgliederwerbung	2525
Briefe	2472	Musterprozess	2526
Einstweilige Verfügung	2473	Optiker	2527
Ehrkränkende Äußerungen	2474	Ordnungsgeld	2528
Film	2481	Patent	2535
Firma	2483	Patenterteilungs-Beschwerdeverfahren	2542
Gebrauchsmuster; Geschmacksmuster	2486	Patentnichtigkeitsverfahren	2543
Geschäftsschädigende Äußerungen	2491	Preisbindung	2544
Großhändler/Einzelhändler	2496	Schutzrechtsverwarnung	2547
Kaffee-Fahrten	2497	Störung	2548
Karenzzeit	2498	Unterwerfung	2549
Kartellsachen	2500	Urheberrecht/Verlagsrecht	2551
Konkurrenztätigkeit	2504	Verbandsklagen	2552
Kostenwiderspruch	2505	Veröffentlichungsbefugnis	2555
Kraftfahrzeug	2507	Vertragsstrafe	2557
Kundenausweise	2508	Werbeaktion	2558
Löschung	2509		

Abmahnung

Der Streitwert der Abmahnung entspricht dem vollen Wert einer eventuellen 2467 Hauptsacheklage.[4] Es ist nicht – wie im Verfügungsverfahren – ein prozentualer Abschlag vorzunehmen. Denn das gemäß § 3 ZPO zu bewertende Interesse des

---

1 OLG Koblenz, KostRsp. UWG § 23b Nr. 14 = WRP 1984, 637 = AnwBl. 1984, 627 = JurBüro 1985, 279.
2 OLG Frankfurt, KostRsp. UWG § 23a Nr. 14 = AnwBl. 1990, 99.
3 Siehe ausführlicher dazu unter dem Stichwort „Streitwertbeschwerde".
4 Vgl. KG WRP 1977, 793 mit Anm. *Burchert*.

Klägers geht dahin, den Beklagten zur Unterlassung der beanstandeten Handlung anzuhalten. Ob dies außergerichtlich durch eine Abmahnung oder durch eine Unterlassungsklage erfolgt, macht im Hinblick auf den Streitwert keinen Unterschied.

Auskunftsanspruch

2468 Der Streitwert eines wettbewerblichen Auskunftsanspruchs ist gemäß § 3 ZPO nach freiem Ermessen des Gerichts festzusetzen. Für ihn ist das Interesse des Klägers an der begehrten Auskunft maßgebend. Die Klage auf Auskunftserteilung dient im Regelfall nur der Erleichterung der Geltendmachung eines Leistungsanspruchs. Der Streitwert der Auskunftsklage ist daher geringer als der Streitwert der Leistungsklage, deren Vorbereitung sie dient und – je nach den Umständen des Falles – auf 10 bis 40 % des Hauptanspruchs festzusetzen.[1]

2469 Der Streitwert des Auskunftsanspruchs auf Benennung des Lieferanten zur Beseitigung einer Lücke eines Vertriebsbindungssystems ist höher anzusetzen als in den Fällen, in denen durch den Auskunftsanspruch nur die Bemessungsgrundlage für einen Schadensersatzanspruch geschaffen werden soll.[2]

Besichtigungsflüge

2470 Das OLG Stuttgart[3] hat einen Wert von 300 000 DM angesetzt, weil es nicht um die Unzulässigkeit von Besichtigungsflügen schlechthin ging, sondern nur darum, diese als für die Käufer kostenlos zu bezeichnen. Darüber hinaus war die Beklagte nur als Werbeagentur mit dem Vorgang befasst, so dass sie am Erfolg der Werbung nur mittelbar interessiert war.

Boykottaufruf

2471 Den Wert einer einstweiligen Verfügung, mit welcher dem Antragsgegner Boykottaufrufe untersagt werden sollte, hat das OLG Frankfurt[4] angesichts zweier in der Antragsschrift konkret bezeichneter Boykottaufrufe, dem planvollen und umfassenden Vorgehen des Antragsgegners und der Gefahr erheblicher Umsatzverluste mit 50 000 Euro festgesetzt.

Briefe

2472 Eine durch die Deutsche Post AG erwirkte einstweilige Verfügung wegen unerlaubter Briefbeförderung des Antragsgegners wurde angesichts ihrer bundesweiten Tätigkeit und des Risikos, dass der Antragsgegner seine unzulässige Tätig-

---

1 OLG Celle BB 1962, 1565.
2 OLG Köln WuW 1969, 185.
3 OLG Stuttgart WRP 1974, 423.
4 OLG Frankfurt, Beschl. v. 9. 1. 2004 – 25 W 77/03, GRUR-RR 2004, 344.

keit jederzeit über eine bestimmte Region auszudehnen droht, mit 50 000 DM bewertet.[1]

Ehrkränkende Äußerungen

Der Wert einer Klage auf Unterlassung ehrkränkender Äußerungen oder auch auf Unterlassung bestimmter Handlungen des unlauteren Wettbewerbs braucht in den verschiedenen Instanzen nicht gleich zu bleiben. Es ist möglich, dass der Kläger der Sache später nicht mehr die ursprüngliche Bedeutung beimisst.[2] Nach § 40 GKG ist der Wert bei Einleitung der jeweiligen Instanz maßgebend. 2473

Einstweilige Verfügung

Das OLG Saarbrücken[3] vertritt einen Regelstreitwert von 10 000 bis 20 000 Euro für einstweilige Verfügungen, in denen ein wettbewerbsrechtlicher oder markenrechtliche Unterlassungsanspruch verfolgt wird. 2474

Nach dem OLG Frankfurt[4] ist im Eilverfahren auf dem Gebiet des gewerblichen Rechtsschutzes als Streitwert der Betrag anzunehmen, der nach den begründeten Befürchtungen des Antragstellers diesem in einem Zeitraum von 1 bis 1 $1/2$ Jahren durch die Handlungen des Verletzers entgangen sein würde, falls die einstweilige Verfügung nicht erlassen worden wäre. 2475

Den Wert eines einstweiligen Verfügungsverfahrens gerichtet auf Unterlassung der falschen Behauptung, die Stromtarife des Antragstellers seien teurer als die des Antragsgegners, hat das KG[5] auf 50 000 Euro festgesetzt.[6] Grundlage dafür war, dass die Parteien als marktstarke Unternehmen der Strombelieferung in einem unmittelbaren, scharfen Wettbewerb standen und die falsche Behauptung günstigerer Tarife den Kunden einen unbedenklichen und vorteilhaften Wechsel zum Antragsgegner suggerierte. 2476

Das einstweilige Verfügungsverfahren eines bundesweiten Parfumanbieters gegen einen Konkurrenten, der unter einer marktgängigen und ohne weiteres auffindbaren Internetdomain auftritt, hat das OLG Celle[7] mit 100 000 DM be- 2477

1 OLG Köln, Beschl. v. 9. 3. 2000 – 6 W 23/00, JurBüro 2000, 648.
2 OLG Neustadt Rpfleger 1967, 2.
3 OLG Saarbrücken, Beschl. v. 22. 7. 2002 – 1 W 154/02, OLGR 2002, 417 – dies soll aber nur gelten, wenn die Parteien keinen substantiierten Vortrag dazu unterbreiten, wie das Interesse des Verfügungsklägers an der Unterlassung zu bewerten ist. Ansonsten vertritt auch das OLG Saarbrücken eine Bewertung nach einem Bruchteil des Hauptsachewertes.
4 OLG Frankfurt Rpfleger 1957, 422.
5 KG, Beschl. v. 26. 11. 2004 – 5 W 146/04, KGR 2005, 208.
6 Das KG hat in dieser Entscheidung zudem – unter Aufgabe seiner bisherigen Rechtsprechung – ausgeführt, dass das einstweilige Verfügungverfahren mit $2/3$ des Hauptsachewertes anzusetzen sei.
7 OLG Celle, Beschl. v. 11. 4. 2001 – 13 W 24/01, CR 2002, 458.

wertet, da der Beklagte über das Internet in der Lage sei, bundesweit Kunden zu erreichen und für sich zu gewinnen.

2478 Eine durch die Deutsche Post AG erwirkte einstweilige Verfügung wegen unerlaubter Briefbeförderung wurde angesichts ihrer bundesweiten Tätigkeit und des Risikos, dass der Antragsgegner seine unzulässige Tätigkeit jederzeit über eine bestimmte Region auszudehnen droht, mit 50 000 DM bewertet.[1]

2479 Nach dem OLG Koblenz[2] beträgt der Streitwert einer einstweiligen Verfügung zur Abwehr unlauteren Wettbewerbs zwischen kaufmännischen Betrieben mittleren Umfangs mindestens 5000 DM. Diese Entscheidung ist jedoch mit Blick auf ihr Alter zu lesen. Im Jahre 1998 hat sich das OLG Koblenz[3] für einen Regelstreitwert der einstweiligen Verfügung eines Wettbewerbers von 10 000 DM ausgesprochen und im konkreten Fall den Streitwert auf 100 000 DM festgesetzt: Der Verfügungskläger erwirtschaftete einen Jahresumsatz von 5 Mio. DM und befürchtete, durch den Verfügungsbeklagten aus dem regionalen Markt gedrängt zu werden, weshalb er einen Antrag auf Einschränkung der Lieferbeziehungen zu 16 Lieferanten und die Unterlassung des Vertriebs von 165 Produkten verlangte.

2480 Das OLG Stuttgart[4] hat einen Antrag auf Unterlassung des Angebots von Computer-Software-Programmen ohne Hinweis auf den gewerblichen Charakter mit 5500 DM bewertet, wenn sich der Antragsgegner nur nebenberuflich mit dem Vertrieb seines Programms befasst.

Film

2481 Bei der Streitwertbemessung des Anspruchs auf Unterlassung der Störung der Vorführung eines Filmes durch Filmhersteller oder Filmverleiher ist deren Interesse an der ungestörten Auswertung maßgeblich, § 3 ZPO.[5]

2482 Bei einer Feststellungsklage dahin, dass ein Werbeverwaltungsvertrag über die Vorführung von Diapositiven, Werbefilmen und Film-Diapositiven in einem Filmtheater durch die Kündigung des Beklagten nicht aufgelöst sei, sondern noch bis zum Ablauf der vereinbarten Vertragszeit fortbestehe, berechnet sich der Streitwert nicht nach dem mutmaßlichen Reingewinn des Klägers für die rechtliche Vertragsdauer, sondern nach seinen voraussichtlichen Umsätzen für diese Zeit.[6]

---

1 OLG Köln, Beschl. v. 9. 3. 2000 – 6 W 23/00, JurBüro 2000, 648.
2 OLG Koblenz AnwBl. 1956, 47 mit ablehnender Anm. *Harmsen.*
3 OLG Koblenz, Beschl. v. 9. 6. 1998 – 4 W 337/98, OLGR 1998, 434.
4 OLG Stuttgart, KostRsp. ZPO § 3 Nr. 816 = WRP 1986, 358 – auch hier ist das Alter der Entscheidung bei der Bewertung aktueller Fälle zu berücksichtigen.
5 OLG Hamburg GRUR 1959, 492.
6 OLG Celle JurBüro 1969, 978 mit Anm. *Schneider.*

Firma

Ansprüche auf Unterlassung des Gebrauchs einer Firma betreffen eine vermögensrechtliche Streitigkeit, so dass § 3 ZPO anzuwenden ist. Maßgebende Bemessungsgesichtspunkte sind vor allem Intensität und Umfang der Verletzung, regionale Ausbreitung, Umsatz und entgangener Gewinn des Klägers.[1]   2483

Der Streitwert des Antrags eines großen Bankunternehmens gegen eine Teilzahlungsbank mit geringer Kapitalausstattung auf Unterlassung des Gebrauchs des verwechslungsfähigen Firmennamens ist gem. § 3 ZPO zu schätzen.[2]   2484

Bei einem Jahresumsatz der beteiligten Unternehmen von jeweils drei Millionen DM kommt bei Unterlassungsklagen wegen des firmenmäßigen Gebrauchs eines Kennzeichnungsmittels ein Streitwert von einer Million in Betracht. Hat die klagende Partei jedoch den Streitwert selbst sehr niedrig angegeben, dann kann dieser Wertvorschlag Indiz für das wirkliche Klägerinteresse sein, auf das allein es ankommt. In diesem Fall ist eine Herabsetzung des Streitwertes auf ein Viertel des regelmäßig in Betracht kommenden Streitwertes nicht ausgeschlossen.[3]   2485

Ist das Interesse des Klägers am Unterbleiben aller ihre Zwecke gefährdender Maßnahmen besonders groß, so ist ein Streitwert von 10 000 DM nicht zu hoch.[4]

Gebrauchsmuster, Geschmacksmuster

Das Gebrauchsmusterrecht gibt das Recht zur ausschließlichen Nutzung der geschützten Erfindung; das Geschmacksmusterrecht berechtigt zur ausschließlichen Nutzung von ästhetisch wirkenden, gewerblich nutzbaren Mustern und Modellen, sofern sie eine schöpferische Leistung verkörpern. Die Dauer des Schutzes ist jedoch begrenzt (§§23 GebrMG, 27 Abs. 2 GeschmMG), womit Unterlassungsansprüche nur für die **Schutzdauer** bestehen.   2486

Der Streitwert einer geschmacks- oder gebrauchsmusterrechtlichen Unterlassungsklage bemisst sich nach dem Interesse des Klägers an der ungestörten Ausübung seines Rechts. Anhaltspunkte sind in erster Linie die befürchtete **Umsatzeinbuße** während der voraussichtlichen Laufzeit des Schutzrechts und weiter der Umfang und die Intensität der Verletzungshandlung.[5]   2487

Daneben ist die örtliche Ausdehnung, also das Absatzgebiet des Angreifers wesentlich.[6]   2488

---

1 OLG Frankfurt JurBüro 1974, 224 = Rpfleger 1974, 117 = WRP 1974, 100.
2 OLG Frankfurt JurBüro 1964, 277: auf 100 000 DM unter Berücksichtigung des Jahresumsatzes der Antragstellerin von rd. 1 700 000 DM.
3 OLG Frankfurt JurBüro 1974, 224 = Rpfleger 1974, 117.
4 OLG Koblenz WRP 1957, 124 (Volkswagenwerk).
5 OLG Bamberg JurBüro 1981, 919.
6 OLG Nürnberg JurBüro 1967, 162.

2489 Das OLG Nürnberg hat den Streitwert für eine Klage wegen Gebrauchsmusterverletzung im Hinblick auf den Umsatz von 30 Mio. DM in der verbleibenden Schutzzeit von 3 $^1/_2$ Jahren auf 100 000 DM festgesetzt,[1] da auf diese Summe die zu erwartende Umsatzeinbuße zu schätzen sei.

2490 Für die Klage auf Feststellung der Unwirksamkeit eines Gebrauchsmusters hat der BGH[2] den Wert nach der Höhe der Schadensersatzansprüche ausgerichtet, derer der Beklagte sich aufgrund der vermeintlich ungerechtfertigten Nutzung des Gebrauchsmusters gerühmt hat. Dies entspricht der grundsätzlichen Bewertung negativer Feststellungsklagen nach der Höhe des Anspruchs, dessen der Beklagte sich rühmt.[3]

Geschäftsschädigende Äußerungen

2491 Der Streitwert einer Klage auf Unterlassung einer kreditschädigenden Behauptung bemisst sich nicht nach § 48 Abs. 2 GKG, sondern – da es sich um eine vermögensrechtliche Streitigkeit handelt – nach § 48 Abs. 1 S. 1 GKG, § 3 ZPO.[4] Der Wert kann in verschiedenen Instanzen verschieden hoch sein, wenn der Kläger der Sache später nicht mehr die ursprüngliche Bedeutung für sich und sein Unternehmen beimisst.[5]

2492 Wird der Anspruch auf Widerruf geschäftsschädigender Äußerungen, der einem entsprechenden Unterlassungsanspruch gleichzustellen ist, ausdrücklich auf § 824 BGB gestützt, dann ist der Streitwert ebenfalls nach § 48 Abs. 1 S. 1 GKG, § 3 ZPO zu schätzen.[6] Für die Schätzung ist, anders als bei Klagen auf Unterlassung unlauteren Wettbewerbs, weniger die Größe des Unternehmens des Klägers und die Höhe seines Umsatzes als vielmehr der Umfang sowie die Art und Weise, in der der Beklagte Dritten gegenüber seine erwerbsschädigenden Behauptungen aufgestellt hat, zu berücksichtigen.[7]

2493 Hat die Beklagte den Geschäftsbetrieb der Klägerin dadurch geschädigt, dass sie sich zu Unrecht als Generalvertreterin der von der Klägerin vertretenen Erzeugnisse ausgegeben hat, so hält sich die im Unterlassungsrechtsstreit getroffene Wertfestsetzung, die als Streitwert etwa 25 % des Reingewinns der Klägerin zweier Jahre angenommen hat, im Rahmen des zulässigen Ermessens.[8]

2494 Für einen Antrag auf Erlass einer einstweiligen Verfügung gegen einen Verbandsgeschäftsführer, der von einer nicht verbandsangehörigen Firma behauptet hatte, sie bediene sich unsolider Verkaufspraktiken, verkaufe unter Preis, um den Mitkonkurrenten vom Markt zu verdrängen, und mache sich des unlaute-

---

1 OLG Nürnberg, KostRsp. ZPO § 3 Nr. 158 = JurBüro 1967, 162.
2 BGH, KostRsp. GebrMG § 18 Nr. 1.
3 Vgl. das Stichwort „Feststellungsklage".
4 OLG Köln MDR 1957, 238.
5 OLG Neustadt Rpfleger 1967, 2.
6 RG JW 1914, 208 Nr. 24, S. 209.
7 OLG Köln MDR 1957, 238; OLG Nürnberg JurBüro 1967, 72 – in beiden Fällen wurden 5000 DM angenommen.
8 OLG Frankfurt JurBüro 1954, 413.

ren Wettbewerbs schuldig, wurde ein Wert von 5000 DM festgesetzt.[1] Unter Berücksichtigung des Alters dieser Entscheidung dürfte aktuell für eine solche Streitigkeit durchaus ein Wert von 10 000 Euro angesetzt werden.

Für einen Prozess zwischen zwei Tabakgroßhändlern mit dem Antrag, bestimmte für unlauter erachtete Geschäftspraktiken zu unterlassen und eine diskriminierende Äußerung nicht mehr zu gebrauchen, wurde ein Streitwert von 30 000 DM festgesetzt. Berücksichtigt wurden als Bemessungsumstände Kundenstamm und Jahresumsatz der Klägerin, Dauer, Intensität und Wirkungsbreite der beanstandeten Handlung, Zahl der versuchten Anwerbungen.[2]   2495

Großhändler/Einzelhändler

Für den Unterlassungsantrag eines Großhändlers gegen einen Einzelhändler mit kleinem Einzugsgebiet gegen die Verwendung der Bezeichnung „Kachelofen" für einen nicht mit Tonkacheln verkleideten Ofen hat das OLG Stuttgart einen Streitwert von 150 000 DM angesetzt.[3] Dabei ist abgewogen worden, dass der Kläger zwar einen Jahresumsatz von 50 Mio. DM hatte, aber bereits ein Unterlassungstitel erwirkt worden war.   2496

Kaffee-Fahrten

Die Antragsgegnerin hatte recht aufwendige Ausflugsfahrten mit Werbeveranstaltungen arrangiert. Infolgedessen hatte sie erhebliche Umsätze machen können. Das OLG Karlsruhe hat den Streitwert mit 100 000 DM angesetzt.[4]   2497

Karenzzeit

Bei Karenzzeitverstößen richtet sich der Wert gemäß § 3 ZPO nach dem Interesse des Klägers an der Unterlassung der verbotenen Wettbewerbstätigkeit und bemisst sich in erster Linie nach dem Umsatz- oder Gewinnrückgang, der infolge des vertragwidrigen Verhaltens des Beklagten zu befürchten ist. Es kann in solchen Fällen bei Fehlen von Bewertungsumständen in der Regel ein Streitwert von 10 000 Euro angesetzt werden.[5]   2498

Das LAG Thüringen[6] hat auf der Basis konkreter Umsatzzahlen einen Betrag in Höhe von 50 % der erwarteten Gewinneinbuße (32 500 DM) angesetzt.   2499

Kartellsachen

Die Festsetzung des Streitwertes in Kartellsachen (Beschwerde zum Oberlandesgericht bzw. Rechtsbeschwerde zum BGH) richtet sich nach § 50 Abs. 1 S. 1   2500

---

1 OLG Neustadt JurBüro 1959, 431.
2 OLG Neustadt JurBüro 1965, 496.
3 OLG Stuttgart WRP 1983, 596.
4 OLG Karlsruhe WRP 1973, 284.
5 Vgl. auch OLG Hamburg WRP 1974, 283.
6 LAG Thüringen, Beschl. v. 8. 9. 1998 – 8 Ta 89/98, Bibliothek BAG = JurBüro 1999, 286.

GKG, § 3 ZPO. Der Streitwert ist also nach freiem Ermessen zu bestimmen. Maßgebend ist das Interesse des Beschwerdeführers an der Änderung der Entscheidung der Kartellbehörde und die wirtschaftliche Bedeutung, die das streitige Rechtsverhältnis für ihn hat.[1]

2501 Der Umstand, dass § 50 GKG für Kartellsachen keine dem § 12 Abs. 4 UWG vergleichbare Regelung zur Streitwertbegünstigung zugunsten der bedürftigen Partei enthält, ist bei der Schätzung gemäß § 3 ZPO zu berücksichtigen.[2]

2502 Dem Interesse an dem Fortbestand eines Kartells nach seinen Rationalisierungserfolgen wird in der Regel 10 % des Jahresumsatzes zugrunde gelegt werden können. Für einen Beteiligten kann aber der Streitwert seinem Interesse entsprechend niedriger festgesetzt werden.[3]

2503 Im Verfahren über die Beschwerde eines Beigeladenen (§ 54 Abs. 2 Nr. 3 GWB) ist der Streitwert nach der Bedeutung der Sache für den Beigeladenen zu bestimmen und darf 250 000 Euro nicht übersteigen (§ 50 Abs. 1 S. 2 GKG). In Verfahren nach § 116 GWB – Beschwerden gegen die Entscheidungen der Vergabekammern – beträgt der Streitwert 5 % der Bruttoauftragssumme (§ 50 Abs. 2 GKG).[4]

Konkurrenztätigkeit

2504 Wird eine Klage auf Unterlassung einer vertraglich verbotenen Konkurrenztätigkeit, die zeitlich beschränkt ist, nach Ablauf der Verbotsfrist dahin geändert, dass im weiteren Verlauf des Verfahrens nur noch Schadensersatz begehrt wird, dann sind die Streitwerte vor und nach Klageänderung nicht zusammenzurechnen.[5] Ursprüngliches Unterlassungsbegehren wegen Wettbewerbs nach Vertragsende und späteres Verlangen von Schadensersatz sind nur antragsmäßige Konkretisierungen desselben Interesses, enthalten also nicht zwei kumulierbare Ansprüche.

Kostenwiderspruch

2505 Nach allgemeiner Meinung kann der Widerspruch im Eilverfahren auf die Kosten beschränkt werden.[6] Erklärt der Antragsgegner bei Einlegung des Widerspruchs, dass er ihn auf die Kosten beschränke und bereit sei, den Verfügungsanspruch strafbewehrt anzuerkennen, dann wirkt sich das auf den Streitwert insofern aus, als nunmehr lediglich über den Kostenpunkt gestritten wird. Der

---

1 BGH, Beschl. v. 7. 8. 1978 – KVR 4/77, WuW 1981, 652; OLG Stuttgart BB 1960, 576.
2 Vgl. BayObLG JurBüro 2003, 307.
3 So KG WuW 1968, 400.
4 Vgl. OLG Naumburg, Beschl. v. 6. 4. 2005 – 1 Verg 2/05, NZBau 2005, 486; OLG Naumburg, Beschl. v. 30. 12. 2002 – 1 Verg 11/02, NZBau 2003, 464; OLG Düsseldorf, Beschl. v. 17. 5. 2004 – VII-Verg 72/03 (juris); OLG Brandenburg, Beschl. v. 30. 8. 2004 – Verg W 2/04, JurBüro 2005, 37.
5 Siehe KG Rpfleger 1968, 289.
6 Siehe z.B. KG GRUR 1973, 86; OLG Köln WPR 1975, 173; OLG Frankfurt WRP 1982, 226; OLG Hamm JurBüro 1982, 267; Zöller/Herget, § 93 Rn. 6 „Kostenwiderspruch".

Kostenstreitwert ist deshalb auch den nachträglich anfallenden Gebühren zugrunde zu legen.[1]

Eine bloße Absichtserklärung des Antragsgegners genügt jedoch nicht, da sie keinen Kostenwiderspruch darstellt.[2]   2506

Kraftfahrzeug

Bei einem Streit über die Berechtigung zur Herstellung eines Kraftfahrzeugs,   2507
welches hohe Entwicklungs- und Investitionskosten bedingt, bleibt häufig nur
der Umsatz als Ausgangspunkt für die Streitwertbemessung übrig.[3]

Kundenausweise

In einer umfangreichen Aktion hatte die Antragsgegnerin Hunderte unzulässi-   2508
ger Kundenausweise an ihre Kundschaft verteilt und die dadurch angelockte
Kundschaft angewiesen, sich bei den örtlichen Möbelhändlern Möbelstücke
auszusuchen, um sie unter Einschaltung der Antragsgegnerin – über den Kundenausweis – bei der Firma X zu beziehen. Diesen Wettbewerbsverstoß, der als
schwer und gefährlich bewertet worden ist, hat das OLG Hamburg[4] bereits im
Jahre 1973 mit 20 000 DM beziffert.

Löschung

Verfolgt der Kläger neben einem Unterlassungsanspruch auch Ansprüche auf   2509
Vernichtung beanstandeter Werbeschriften und auf Löschung des beanstandeten Firmenteils im Handelsregister, dann sind diese zusätzlichen Ansprüche
gesondert zu bewerten, weil sich der Kläger damit die Möglichkeit zum sofortigen Eingreifen (Vernichtung und Löschung) verschaffen will.[5]

Makler

Der Streitwert für den Verfügungsantrag eines Verbraucherverbandes, durch den   2510
einer Immobiliengesellschaft, die sich als Maklerin betätigte, verboten werden
sollte, beim Angebot einer Eigentumswohnung mit Autoabstellplätzen Einzel-
preise für Eigentumswohnung und Abstellplatz ohne Endpreis anzugeben, ist
vom OLG Stuttgart mit 10 000 DM bewertet worden.[6] Der Senat hat dabei den
Verstoß der Antragsgegnerin gegen die Preisangabeverordnung bei Immobilien-

---

1 OLG München, Beschl. v. 3. 9. 2001 – 29 W 2377/01, OLGR 2002, 428; OLG Braunschweig, Beschl. v. 29. 3. 1999 – 2 W 16/99, OLGR 1999, 290; OLG Köln OLGR 1998,
  134; OLG Hamburg MDR 1997, 890; OLG München MDR 1996, 423; OLG Frankfurt
  JurBüro 1982, 283; OLG Hamm JurBüro 1982, 267.
2 KG JurBüro 1982, 1400.
3 OLG München GRUR 1957, 148.
4 OLG Hamburg WRP 1973, 106.
5 OLG Nürnberg JurBüro 1981, 1380 = WRP 1981, 602.
6 OLG Stuttgart WRP 1983, 237 = KostRsp. ZPO § 3 Nr. 624.

anzeigen als nicht besonders folgenschwer angesehen und ihm keine besonderen Wettbewerbsvorteile beigemessen.

2511 Den Streitwert eines Unterlassungsbegehrens wegen unerlaubter Immobilienwerbung für noch nicht fertig gestellte Objekte hat das KG[1] mit 10 % des Kaufpreises der angebotenen Objekte beziffert, das Verfügungsverfahren mit $1/3$ davon. Diese Bruchteilsbewertung hat das KG zwischenzeitlich aufgegeben und bestimmt den Streitwert nunmehr dadurch, dass zu einem ein einheitliches Grundinteresse ausdrückenden Sockelbetrag ein niedrigerer Anteil des Objektwertes hinzugerechnet wird.[2] Wurde die Wettbewerbsverletzung durch eine Kleinanzeige begangen, dann mindert dies nicht ohne weiteres den Streitwert.[3] Der Kaufpreis der angebotenen Immobilie, nicht die Höhe der Maklerprovision, ist auch dann maßgebend, wenn der Wettbewerbsverstoß im fehlenden Hinweis auf die Betätigung als Makler liegt.[4]

2512 Die Klage auf Unterlassung einer Immobilienwerbung, aus der nicht ersichtlich ist, dass die angebotenen Objekte noch nicht fertig gestellt sind, hat der BGH[5] als mit 50 000 DM hinreichend bewertet angesehen, wenn es sich dabei um eine Kleinanzeige in einer überwiegend regional verbreiteten Zeitung gehandelt hat und die Gefahr einer Irreführung gering gewesen ist. Es handelt sich bei dieser Entscheidung um einen der wenigen Streitwertbeschlüsse des BGH in Wettbewerbssachen, der ausführlicher begründet worden ist. Der Beschluss lässt eine restriktive Bewertungstendenz erkennen. Für alle drei Instanzen ist der Streitwert der von den Vorinstanzen kritiklos übernommenen Wertangabe des Klägers (240 000 DM) auf rund $1/5$ ermäßigt worden.

Marke

2513 Der Streitwert eines Unterlassungsanspruchs wegen Verletzung einer Marke (bis 1. 1. 1995: Warenzeichen) ist vom Gericht gemäß § 3 ZPO nach freiem Ermessen festzusetzen. Maßgebend für die Höhe des Streitwerts ist nicht der von der Beklagten erzielte oder erstrebte Nutzen, sondern allein das Interesse des Klägers an der begehrten Unterlassung.

2514 Wird die Klage auch auf Ansprüche nach § 8 Abs. 1 UWG gestützt, ist eine Streitwertermäßigung nach § 12 Abs. 4 UWG möglich. Handelt es sich dagegen um eine reine Markenrechtsstreitigkeit, kommt nur die Streitwertermäßigung nach § 51 Abs. 2 GKG, § 142 MarkenG in Betracht.[6]

2515 Das Interesse des Klägers richtet sich nach dem Ausmaß des bei Fortsetzung des beanstandeten Verhaltens der Beklagten dem Kläger drohenden Scha-

---

1 KG, KostRsp. ZPO § 3 Nr. 870 = NJW-RR 1987, 878.
2 KG, KostRsp. ZPO § 3 Nr. 977 mit Anm. *Schneider* = WRP 1989, 725.
3 KG, KostRsp. ZPO § 3 Nr. 959 = WRP 1989, 166.
4 KG, KostRsp. ZPO § 3 Nr. 959 = WRP 1989, 166.
5 BGH, KostRsp. UWG § 23a Nr. 15 = MDR 1990, 986 = NJW-RR 1990, 1322.
6 OLG Frankfurt, KostRsp. WZG § 31a Nr. 13 = JurBüro 1990, 247.

dens[1] sowie nach Art und Umfang der Verletzungshandlung.[2] Es ist also nicht nach einem Prozentsatz seiner Umsätze oder der Umsätze des Beklagten zu bemessen,[3] sondern hängt ab von der Größe und der Wirtschaftskraft des klägerischen Unternehmens sowie der Gefährlichkeit der beanstandeten Markenrechtsverletzung für den weiteren Vertrieb der betroffenen Markenartikel.[4]

Ein bisher geringerer Umsatz auf Seiten des Beklagten vermag das Interesse des Klägers nicht zu vermindern.[5] Es kann daher das maßgebende Interesse des Klägers höher sein als der Umsatz des Verletzers auf dem betreffenden Gebiet.[6] Es kommt auch nicht darauf an, welchen Nutzen der Beklagte aus Handlungen gehabt hat, deren Verbot die Klage bezweckt hat. Das Interesse des Klägers an den mit der Klage verfolgten Anträgen beschränkt sich nicht einmal auf den Umfang der ihm durch die beanstandeten Handlungen des Beklagten etwa entgehenden Geschäfte, sondern erstreckt sich, weit darüber hinausgreifend, auf die Gefahr, die für Markenrechte des Klägers entsteht, wenn die Marke unbefugt von Dritten benutzt wird.[7]   2516

Für den Streitwert einer negativen Feststellungsklage eines Markeninhabers ist dessen Interesse maßgebend, an der Benutzung seines Zeichens nicht gehindert zu werden.[8]   2517

Obwohl es sich bei dem Beseitigungsanspruch (§ 18 MarkenG) nur um einen Nebenanspruch zum Unterlassungsbegehren (§§ 14, 15, 17 MarkenG) handelt, hat das Beseitigungsbegehren einen eigenen, dem Unterlassungsanspruch hinzuzurechnenden Streitwert, weil es sich dabei nicht um Nebenforderungen i.S.d. § 4 ZPO handelt.[9]   2518

Ist das Interesse des Klägers am Unterbleiben aller seine Zwecke gefährdenden Maßnahmen besonders groß (Volkswagenwerk), so ist ein Streitwert von 10 000 DM nicht zu hoch.[10]   2519

1 KG, Beschl. v. 21. 10. 1997 – 5 W 5834/97, KGR 1998, 170 = NJWE-WettbR 1998, 139; OLG Celle DB 1962, 1565; KG GRUR 1952, 262.

2 OLG Zweibrücken, Beschl. v. 7. 5. 2001 – 4 W 21/01, JurBüro 2001, 418; OLG Karlsruhe JurBüro 1972, 503.

3 OLG Frankfurt JurBüro 1969, 1081 gegen KG GRUR 1953, 406, das $1/8$ des Umsatzes der betreffenden Waren angenommen hat.

4 OLG Zweibrücken, Beschl. v. 7. 5. 2001 – 4 W 21/01, JurBüro 2001, 418; OLG Stuttgart WRP 1977, 135; OLG Koblenz GRUR 1996, 139; BGH GRUR 1990, 1052. Unter Berücksichtigung des Alters der Entscheidung sowie der Marken- und Wirtschaftsentwicklun wird man heute einen solchen Unterlassungsanspruch mit mindestens 100 000 Euro bewerten können.

5 OLG Düsseldorf GRUR 1952, 54.

6 OLG Hamburg GRUR 1952, 262.

7 OLG Celle JurBüro 1960, 404.

8 OLG Düsseldorf GRUR 1955, 449.

9 OLG Bamberg, KostRsp. ZPO § 3 Nr. 888 mit Anm. *Schneider* = JurBüro 1987, 1831 zum WZG.

10 OLG Koblenz WRP 1957, 124. Unter Berücksichtigung des Alters der Entscheidung sowie der Marken- und Wirtschaftsentwicklung wird man heute einen solchen Unterlassungsanspruch mit mindestens 100 000 Euro bewerten können.

2520 Der Wert eines markenrechtlichen Unterlassungsanspruchs ist bei einem Unternehmen von weltweiter Bedeutung auch dann unter besonderer Berücksichtigung der mit der Marke erzielten hohen Umsatzzahlen zu bemessen, wenn die konkret beanstandete Verletzungshandlung nur eine geringe Menge der Markenartikel erfasst. Das OLG Zweibrücken[1] hat, obwohl Anlass für den Unterlassungsanspruch nur 50 gefälschte Armbanduhren waren, den Streitwert auf 500 000 DM festgesetzt, weil die Klägerin einen Inlandsumsatz in Millionenhöhe erzielt und mit ihren Produkten ständigen Versuchen des Imports und Vertriebs von Plagiaten ausgesetzt ist.

2521 Das OLG Schleswig[2] setzt bei markenrechtlichen Streitigkeiten im einstweiligen Verfügungsverfahren einen Regelstreitwert von 15 000 DM fest. Dies gelte jedenfalls dann, wenn der markenrechtliche Angriff weder von besonderer Qualität oder Gefährlichkeit ist bzw. keine sonstigen objektiven Gründe vorliegen, die eine höhere Wertfestsetzung rechtfertigten.

2522 Das KG[3] hat die Klage eines Verbandes auf Unterlassung der Benutzung des Verbandszeichens („blau-rot-gelb-schwarzer Eckring") auf 30 000 DM festgesetzt, wobei maßgeblich auf die Angaben des Klägers in der Klageschrift abgestellt wurde.

2523 In Markenrechtsstreitigkeiten hat der mitwirkende Patentanwalt ein eigenes Beschwerderecht gegen die Streitwertfestsetzung.[4]

Mieter

2524 Der Streitwert der Klage eines Geschäftsraummieters gegen den Vermieter mit dem Ziel, dass dieser Wettbewerbshandlungen (Verkauf gleicher Waren) eines anderen Mieters verhindert, ist nach folgenden Gesichtspunkten festzusetzen: Maßgebend ist das Interesse des Klägers an der begehrten Verurteilung des Beklagten. Dieses Interesse geht dahin, dass der Beklagte den Schaden, der dem Kläger durch das Verhalten des anderen Mieters droht, von ihm abwehrt. Der hiernach abzuwehrende Schaden entspricht grundsätzlich dem Reingewinn, der dem Kläger infolge des Verkaufs der beanstandeten Waren durch den anderen Mieter entgeht. Dieser Verlust kann allerdings nicht in vollem Umfange dem Gewinn gleichgesetzt werden, den der andere Mieter aus dem Verkauf der Waren gezogen hat und weiterhin zieht. Es ist vielmehr davon auszugehen, dass zwar ein erheblicher Teil des von ihm erzielten Umsatzes, nicht aber der gesamte Umsatz an diesen Waren dem Kläger zugute gekommen wäre, wenn der

---

1 OLG Zweibrücken, Beschl. v. 7. 5. 2001 – 4 W 21/01, JurBüro 2001, 418.
2 OLG Schleswig, Beschl. v. 9. 12. 1997 – 6 W 31/97, OLGR 1998, 176; OLG Schleswig, Beschl. v. 8. 11. 1993 – 6 W 15/93, SchlHA 1994, 22; gegen hohe Regelstreitwerte für Markensachen: KG, Beschl. v. 21. 10. 1997 – 5 W 5834/97, KGR 1998, 170 = NJWE-WettbR 1998, 139 – die Vorinstanz (LG Berlin, Beschl. v. 5. 8. 1997 – 16 O 78/97) hatte einen Regelstreitwert von 100 000 DM angenommen.
3 KG, Beschl. v. 21. 10. 1997 – 5 W 5834/97, KGR 1998, 170 = NJWE-WettbR 1998, 139.
4 OLG Karlsruhe JurBüro 1982, 503.

andere Mieter den Handel mit den beanstandeten Erzeugnissen nicht aufgenommen hätte. Dabei ist nicht nur der in der Vergangenheit eingetretene Verlust entscheidend. Es muss vielmehr auch derjenige Schaden berücksichtigt werden, der in Zukunft eintreten wird. Insgesamt ist bei durchschnittlichen Verhältnissen in der Regel auf die Dauer von drei Jahren abzustellen.[1]

Mitgliederwerbung

Stehen zwei wirtschaftliche Interessenverbände im Wettbewerb um Mitglieder, dann ist nach dem OLG Karlsruhe[2] der Streitwert einer Unterlassungsklage nach der Höhe der jährlichen Mitgliederbeiträge des Verletzten zu beziffern, soweit deren Aufkommen durch die beanstandete Abwerbungsaktion betroffen werden kann. Der Senat hat damit die Streitwertregelung derjenigen bei der allgemeinen wettbewerbsrechtlichen Unterlassungsklage angeglichen. Sie richtet sich dort vornehmlich nach dem Umsatz des Verletzten, soweit er durch die beanstandete Wettbewerbswidrigkeit gefährdet werden könnte.[3]

2525

Musterprozess

Der Umstand, dass ein Musterprozess (auch) im Interesse Dritter geführt wird, ist nicht streitwertbildend. Abzustellen ist allein auf die Angaben des Klägers zu seinem Interesse.[4]

2526

Optiker

Der Streitwert eines einstweiligen Verfügungsverfahrens auf Unterlassung eines wettbewerbsrechtlich zu beanstandenden Aushangs eines Optikers in einer Behörde, aus dessen Inhalt auf besondere Beziehungen dieses Optikers zu Fachärzten geschlossen werden konnte, wurde mit 10 000 DM festgesetzt, wobei der Wert des Eilverfahrens mit dem der Hauptsache angesetzt wurde.[5]

2527

Ordnungsgeld

Das Interesse des Gläubigers geht dahin, dass der Schuldner durch Ordnungsgeld oder Ordnungshaft zur Befolgung des Unterlassungsgebotes angehalten wird. Folglich ist darauf abzustellen, wie ernst der Gläubiger bei objektiver Würdigung der Zuwiderhandlung des Schuldners die Bedrohung seines Unterlassungsanspruches einschätzen muss.[6] Das Interesse beurteilt sich nicht da-

2528

---

1 KG Rpfleger 1962, 154.
2 OLG Karlsruhe MDR 1980, 59.
3 Siehe OLG Karlsruhe MDR 1968, 933.
4 OLG München WRP 1974, 170.
5 OLG Zweibrücken JurBüro 1965, 495; vgl. auch OLG Neustadt Rpfleger 1967, 12.
6 OLG Bremen JurBüro 1979, 1394; OLG Karlsruhe Justiz 1966, 213; OLG München MDR 1983, 1029 = KostRsp. § 3 Nr. 644; OLG Nürnberg MDR 1984, 762 = KostRsp. § 3

nach, welches Ordnungsgeld für den Zuwiderhandlungsfall zur Festsetzung beantragt oder festgesetzt ist.[1] Es kommt vielmehr auf die Umstände des Einzelfalles an, insbesondere auf die Art und Weise des Verstoßes sowie das Ausmaß der konkreten Verletzung.[2]

2529 Für den Streitwert des Ordnungsgeldverfahrens ist der Streitwert der Hauptsache, etwa des Unterlassungsanspruchs, der wichtigste Orientierungsumstand.[3] Das Interesse geht jedoch in der Regel nicht so weit wie das Interesse an der Hauptsache,[4] sondern kann nur auf einen Bruchteil[5] festgesetzt werden. Die Rechtsprechung zur Höhe dieses Bruchteils ist äußerst uneinheitlich.[6]

2530 Das KG[7] hat eine Bruchteilsbewertung von $^1/_3$ bis $^1/_4$ des Hauptsachewertes für angemessen angesehen und in einer späteren Entscheidung[8] folgende Regelwerte für den Beschwerdewert eines Ordnungsmittelverfahrens nach § 890 ZPO aufgestellt:

– $^1/_2$ des Verfahrenswertes, der für eine einstweilige Verfügung festgesetzt worden ist,

– $^1/_6$ des Wertes des Hauptsacheverfahrens, in dem der Unterlassungsanspruch tituliert worden ist,

– wobei in beiden Fällen ein nach § 12 Abs. 4 UWG herabgesetzter Streitwert als Bezugsgröße außer Betracht bleibt.

2531 Der Wert eines Antrages auf Festsetzung von Ordnungsgeld bei Verstößen gegen eine einstweilige Verfügung, die vom Antragsgegner für eine voraussicht-

---

Nr. 710 mit Anm. *Schneider*; OLG Celle, KostRsp. ZPO § 3 Nr. 207 u. KostRsp. ZPO § 3 Nr. 1029 mit Anm. *Schneider* = Nds.Rpfl. 1991, 54; OLG Karlsruhe, KostRsp. ZPO § 3 Nr. 1084 = WRP 1992, 198; OLG Hamburg WRP 1982, 592; KG Rpfleger 1970, 97.

1 OLG Karlsruhe MDR 2000, 229; OLG Hamburg InVo 1998, 264; LAG Bremen AnwBl. 1988, 173; noch zu den früher anfallenden Wertgebühren des Gerichts: OLG München, Beschl. v. 17. 8. 1983 – 25 W 1621/83, MDR 1983, 1029; OLG Bamberg GRUR 1953, 255; OLG Karlsruhe, KostRsp. ZPO § 3 Nr. 1084 = WRP 1992, 198; LG Bonn JR 1960, 225.

2 OLG Nürnberg JurBüro 1979, 872.

3 OLG Köln WRP 1982, 288; OLG Karlsruhe, KostRsp. ZPO § 3 Nr. 1084 = WRP 1992, 198; OLG Hamburg WRP 1981, 222 = KostRsp. ZPO § 3 Nr. 522.

4 OLG Nürnberg, Beschl. v. 8. 3. 1984 – 3 W 662/84, MDR 1984, 762 = KostRsp. ZPO § 3 Nr. 710 mit Anm. *Schneider*; OLG Nürnberg JurBüro 1979, 872; OLG Bremen JurBüro 1979, 1394 (unter Aufgabe der in Rpfleger 1965, 130 vertretenen Ansicht, es sei immer der Hauptsachewert maßgebend); KG WRP 1975, 444; KG Rpfleger 1970, 97; OLG Celle, KostRsp. ZPO § 3 Nr. 207; OLG Celle, KostRsp. ZPO § 3 Nr. 1029 mit Anm. *Schneider* = Nds.Rpfl. 1991, 54.

5 Vgl. OLG Stuttgart OLGR 2000, 430; OLG Hamburg WRP 1994, 42; a.A. OLG Frankfurt Beschl. v. 30. 9. 2003 – 25 W 54/03, OLGR 2004, 121 unter Bezugnahme auf BGH NJW 1994, 45; ebenso: OLG München NJWE-WettbR 2000, 147; OLG Dresden, Beschl. v. 25. 6. 1999 – 14 W 1190/98, WRP 1999, 1204; OLG Hamburg, Beschl. v. 21. 10. 1997 – 3 W 122/97, OLGR 1998, 89.

6 Vgl. dazu das Stichwort „Ordnungsmittel".

7 KG JurBüro 1969, 1204 = Rpfleger 1970, 97.

8 KG, KostRsp. ZPO § 3 Nr. 1082 = WRP 1992, 176.

lich längere Zeit ein bestimmtes Verhalten verlangt, richtet sich nach dem Interesse des Antragstellers an der Abwehr weiterer Verstöße. Dieses Interesse ist niedriger zu bewerten als der Hauptantrag, wobei im Allgemeinen ein Bruchteil von $^1/_3$ bis $^1/_4$ als angemessen angesehen werden kann.[1]

In einem Fall, in dem preisgebundene Waren in Höhe von jährlich 1000 DM bezogen worden waren, wurde vom OLG Frankfurt[2] der Streitwert mit 1000 DM angesetzt. Die Übung, grundsätzlich einen Streitwert von 3000 DM und im Wiederholungsfall von 6000 DM festzusetzen, sei nicht zu billigen.   2532

Eine Übersicht über die Bewertungskontroversen – Werte zwischen 3000 und 10 000 DM[3] – erstellte das OLG Koblenz.[4] Das OLG Koblenz selbst setzt im Regelfall den Streitwert mit 5000 DM fest.   2533

Der Klageantrag, den Beklagten aufgrund einer Bezugsverpflichtung unter Androhung eines Ordnungsgeldes für jeden Fall der Zuwiderhandlung zu verurteilen, seinen gesamten Bedarf an einer Ware nur beim Kläger zu decken, und der Antrag, den Beklagten unter Androhung von Ordnungsgeld zur Unterlassung des anderweitigen Bezuges dieser Ware zu verurteilen, haben denselben Gegenstand. Das für die Streitwertfestsetzung maßgebende Interesse des Klägers an einer solchen Klage ergibt sich aus dem Gewinnverlust, der durch die Klage verhindert werden soll.[5]   2534

Patent

Macht in einer Patentstreitsache eine Partei glaubhaft, dass die Belastung mit Prozesskosten nach dem vollen Streitwert ihre wirtschaftliche Lage erheblich gefährden würde, so kann das Gericht auf ihren Antrag anordnen, dass die Verpflichtung dieser Partei zur Zahlung von Gerichtskosten sich nach einem ihrer wirtschaftlichen Lage angepassten Teil des Streitwertes bemisst (§ 144 PatG). Auch die Zahlung der eigenen und fremder Anwaltskosten bemisst sich für diese Partei dann nach dem herabgesetzten Wert.   2535

Der Streitwert von Unterlassungsklagen bei Patentrechtsverletzungen ist je nach den Umständen des Falles aus einem Zeitraum von etwa 2 bis 5 Jahren, soweit die Schutzdauer nicht kürzer ist, im Wege freier Schätzung zu ermitteln (§ 3 ZPO). Für die Höhe des Streitwertes ist entscheidend, welchen Umsatz der Verletzer im Falle weiterer Patentverletzungen erzielt und welchen Reingewinn er damit dem Verletzten entzogen hätte.[6]   2536

---

1 KG JurBüro 1969, 1204 = Rpfleger 1970, 97.
2 OLG Frankfurt MDR 1961, 1020.
3 OLG Frankfurt NJW 1966, 1324; 1969, 281; OLG Stuttgart Rpfleger 1960, 349; KG BB 1968, 266; OLG Hamburg BB 1967, 105; OLG München NJW 1966, 2221; OLG Köln GRUR 1961, 493; OLG Celle DB 1969, 614.
4 OLG Koblenz DB 1969, 1193.
5 KG JurBüro 1969, 1195.
6 OLG Karlsruhe Rpfleger 1964, 33.

2537 Dabei ist der Zeitraum, innerhalb dessen in Zukunft ohne die Klageerhebung mit weiteren Patentverletzungen zu rechnen wäre, nicht ohne weiteres der Dauer des Patentschutzes gleichzusetzen. Es muss vielmehr auf die Möglichkeit Rücksicht genommen werden, dass infolge neuer Erfindungen oder aus anderen Gründen der Gegner die Patentverletzung nach kürzerer oder längerer Zeit von selbst einstellen würde. Da die Vielzahl der hier in Betracht kommenden Möglichkeiten nicht übersehbar ist, ist im Wege freier Schätzung nach § 287 ZPO je nach den Umständen des Falles von einem Zeitraum von etwa 2 bis 5 Jahren auszugehen, soweit nicht die Schutzdauer kürzer ist.[1]

2538 Wesentlich ist weiter – wie allgemein bei der Bewertung von Streitigkeiten des gewerblichen Rechtsschutzes – die Art der Verletzungshandlung und die Marktstellung des Verletzten.[2]

2539 Wird auf Übertragung eines Patents geklagt, dann ist maßgeblich, in welchem geographischen Ausmaß der Kläger das Patent auswerten will, insbesondere, ob dies auch im Ausland geschehen soll.[3]

2540 Bei einem Streit nur um die Abtretung des Anspruchs auf Erteilung des Patents ist wertmindernd zu berücksichtigen, wenn die Patenterteilung als solche noch ungewiss ist. Nahezu ohne Wert ist ein solcher Anspruch dann, wenn die Erteilung des Patents bereits vorläufig abgelehnt worden ist.[4]

2541 Für den Wert des Antrages, die Beklagte zu verurteilen, den Anspruch auf Erteilung des Patents an den Kläger abzutreten, kommt es entscheidend darauf an, dass es sich dabei nur um eine Erwartung handelt, der ausschließlich im Falle der Erteilung des nachgesuchten Patents ein effektiver Wert zukommen kann. Dessen Höhe hängt wiederum von dem Umfang der zu erwartenden wirtschaftlichen Verwertbarkeit des Patents ab. Der Wert ist nach § 3 ZPO zu schätzen.[5]

Patenterteilungs-Beschwerdeverfahren

2542 Die Festsetzung des Gegenstandswertes der anwaltlichen Tätigkeit im Patenterteilungs-Beschwerdeverfahren erfolgt nach den gleichen Grundsätzen wie in Patentnichtigkeitsverfahren oder Gebrauchsmusterlöschungs-Beschwerdeverfahren.[6]

Patentnichtigkeitsverfahren

2543 Der Streitwert in Patentnichtigkeitsverfahren ist gemäß § 3 ZPO zu bewerten und nach dem Interesse der Allgemeinheit an der Vernichtung des angegriffe-

---

1 OLG Frankfurt JurBüro 1954, 373.
2 OLG Karlsruhe BB 1975, 109.
3 OLG Nürnberg Rpfleger 1963, 217.
4 OLG Frankfurt JurBüro 1960, 127.
5 OLG Frankfurt JurBüro 1960, 127.
6 BPatG NJW 1964, 2371.

nen Patents zu bestimmen. Er entspricht in der Regel dem gemeinen Wert des Patents bei Erhebung der Klage oder – in der Berufungsinstanz – bei Einlegung der Berufung zuzüglich des Betrages der bis dahin entstandenen Schadensersatz-ansprüche.[1]

Preisbindung

Für das Interesse des preisbindenden Unternehmens an der Unterlassung der Verstöße kommt es nicht darauf an, ob ein Verletzer schuldhaft gehandelt hat. Die Intensität des konkreten Angriffs auf die Preisbindung ist nicht davon abhängig.[2] Bei einem Verstoß gegen die Preisbindung richtet sich das Interesse des Verletzten zwar nach der Intensität und Gefährlichkeit des Angriffs. Für die Bemessung dieses Interesses ist aber nur das Verhältnis zwischen Verletzer und Verletztem maßgebend.[3]   2544

Der Streitwert der Unterlassungsklage wegen Verstoßes gegen Absatzbindungen wird auch nicht dadurch beeinflusst, dass der Beklagte, der zunächst nur die tatsächlichen Zuwiderhandlungen bestritten hatte, im Laufe des Rechtsstreits dazu übergeht, auch die rechtliche Gültigkeit der Absatzbindung anzugreifen.[4]   2545

Der Streitwert des Auskunftsanspruchs auf Benennung des Lieferanten zur Beseitigung einer Lücke eines Vertriebsbindungssystems ist höher anzusetzen als in den Fällen, in denen durch den Auskunftsanspruch nur die Bemessungsgrundlage für einen Schadensersatzanspruch geschaffen werden soll.[5]   2546

Schutzrechtsverwarnung

Bei einer Klage auf Unterlassung von Schutzrechtsverwarnungen richtet sich der Streitwert danach, wie stark Produktion und Vertrieb des Klägers während der Laufzeit des Schutzrechts durch die Verwarnung gefährdet erscheinen.[6]   2547

Störung

Da der Unterlassungsanspruch der Abwehr von Störungen dienen soll, ist für die Streitwertbemessung das Interesse der Antragstellerin an der Durchsetzung der Unterlassung maßgebend. Es umfasst auch das Interesse an einem ungestörten Fortgang der Produktion und an der Klarheit der bevorstehenden Entwicklung. Die Tragweite der Störungs- bzw. Verletzungshandlungen ist nicht nur objektiv nach voraussichtlicher Dauer und Intensität, sondern auch nach   2548

---

1 BGH NJW 1975, 144 in Abweichung von RG GRUR 1940, 55.
2 KG BB 1968, 266.
3 OLG Stuttgart Rpfleger 1960, 349.
4 OLG Köln WRP 1956, 14.
5 OLG Köln WuW 1969, 185.
6 OLG Düsseldorf WRP 1973, 525.

den begründeten Besorgnissen gerade der verletzten Antragstellerin zu bestimmen.[1]

Unterwerfung

2549   Das Interesse an der Unterlassung eines wettbewerbswidrigen Verhaltens im Sinne des § 3 ZPO ist geringer zu bewerten, wenn der mit einem Verfahren auf Erlass einer einstweiligen Verfügung überzogene Verletzte bereits vor Einreichung des Verfügungsgesuches eine Unterwerfungserklärung gegenüber einem anderen Unterlassungsgläubiger abgegeben hat.[2]

2550   Die vorprozessuale Vereinbarung einer Vertragsstrafe zur Absicherung einer Unterlassungserklärung ist zwar für die Beurteilung der Wiederholungsgefahr von Bedeutung, hat aber keinen Einfluss auf den Streitwert des Unterlassungsanspruchs, wenn dieser trotz Unterlassungserklärung gerichtlich geltend gemacht wird.[3]

Urheberrecht/Verlagsrecht

2551   Der Streitwert der Klage auf Unterlassung der Verletzung des Urheberrechts und Verlagsrechts an Schulbüchern bemisst sich nach dem gemäß § 3 ZPO frei zu schätzenden Interesse des Klägers.[4] Maßgeblich sind insbesondere die befürchteten Umsatzeinbußen des Verlegers.

Verbandsklagen

2552   Der Zweck von Verbänden zur Förderung gewerblicher Interessen (§ 8 Abs. 3 Nr. 2 UWG) besteht darin, die Interessen ihrer gewerblichen oder selbständigen Mitglieder zu fördern. Da die von ihnen bekämpften Zuwiderhandlungen die Interessen ihrer auf demselben Markt wie der Verletzer tätigen Mitglieder berühren müssen, ist das Interesse der Allgemeinheit für die Bestimmung des Streitwertes nicht maßgebend. Nach insofern geänderter Rechtsprechung des BGH sind aber auch nicht die Interessen sämtlicher betroffener Vereinsmitglieder zu addieren. Das Interesse des Verbandes ist vielmehr so zu bewerten wie das Interesse eines gewichtigen Mitbewerbers.[5]

2553   Für die Ermittlung des Streitwertes von Klagen durch Verbraucherverbände (§ 8 Abs. 3 Nr. 3 UWG) kommt es auf das satzungsgemäß wahrgenommene Interesse der Verbraucher an. Dieses Interesse wird durch die Nachteile geprägt, die den Verbrauchern durch die beanstandeten Wettbewerbsverstöße drohen.

---

1 OLG München GRUR 1955, 260.
2 OLG München WRP 1975, 46.
3 OLG München WRP 1982, 49.
4 OLG Frankfurt GRUR 1954, 228.
5 BGH, Beschl. v. 5. 3. 1998 – I ZR 185/95, MDR 1998, 1237 = GRUR 1998, 985.

Für die Verfahren, die durch Industrie- und Handelskammern sowie Hand- 2554
werkskammern geführt werden (§ 8 Abs. 3 Nr. 4 UWG), ist grundsätzlich auf
das Interesse der von ihnen repräsentierten und von der angegriffenen Wettbewerbshandlung betroffenen Unternehmen abzustellen. In entsprechender Anwendung der Grundsätze, die der BGH zur Streitwertbestimmung bei Verbänden im Sinne des § 8 Abs. 3 Nr. 2 UWG aufgestellt hat, ist auch hier keine
Addition sämtlicher Einzelinteressen vorzunehmen, sondern das Interesse eines
gewichtigen Mitbewerbers zugrunde zu legen.[1]

Veröffentlichungsbefugnis

Neben dem Antrag auf Feststellung der Schadensersatzverpflichtung kommt 2555
dem Antrag auf Auskunftserteilung oder Rechnungslegung streitwertmäßig
eine besondere Bedeutung zu. Ebenso ist für den Antrag auf Zuerkennung der
Veröffentlichungsbefugnis (vgl. z.B. § 12 Abs. 3 UWG) ein besonderer Einzelstreitwert festzusetzen.[2]

Entsprechend hat das OLG Nürnberg[3] entschieden, wenn neben dem Unterlas- 2556
sungsanspruch Ansprüche auf Vernichtung beanstandeter Werbeschriften und
auf Löschung eines beanstandeten Firmenteils im Handelsregister geltend gemacht werden. Demgegenüber nehmen andere Gerichte an, eine Veröffentlichungsbefugnis habe, wenn sie mit einer Unterlassungs- oder Schadensfeststellungsklage verbunden sei, keinen eigenen Streitwert[4] (vgl. zu den Einzelheiten
das Stichwort „Veröffentlichungsbefugnis").

Vertragsstrafe

Die vorprozessuale Vereinbarung einer Vertragsstrafe zur Absicherung einer 2557
Unterlassungserklärung ist zwar für die Beurteilung der Wiederholungsgefahr,
nicht aber für die Höhe des Streitwerts des Unterlassungsanspruchs von Bedeutung.[5]

Werbeaktion

Maßgebend für den Wert des Unterlassungsanspruchs gegen eine Werbeaktion 2558
ist der Umsatz der Parteien in dem betroffenen Warenbereich. Hält die klagende Partei bei Klageerhebung einen bestimmten Betrag für angemessen, dann ist
auf diesen abzustellen, auch wenn das von ihr befürchtete Ausmaß der Beeinträchtigung nicht eintritt.[6]

---

1 So auch Baumbach/Hefermehl/*Köhler*, Wettbewerbsrecht, 23. Aufl., § 12 UWG
  Rn. 5.10.
2 OLG Frankfurt GRUR 1955, 450.
3 OLG Nürnberg JurBüro 1981, 1380 = WRP 1981, 602.
4 OLG Karlsruhe WRP 1958, 190; OLG Stuttgart NJW 1959, 890.
5 OLG München WRP 1982, 49.
6 OLG Karlsruhe WRP 1974, 501.

2559 Stehen zwei wirtschaftliche Interessenverbände im Wettbewerb um Mitglieder, dann ist der Streitwert einer Unterlassungsklage nach der Höhe der jährlichen Mitgliedsbeiträge des Verletzten zu beziffern, soweit deren Aufkommen durch die beanstandete Abwerbungsaktion betroffen werden kann.[1]

Gewerbliche Schutzrechte, Löschung

Siehe das Stichwort „Löschung von gewerblichen Schutzrechten".

Gläubigeranfechtung

2560 Bei der Anfechtung außerhalb des Insolvenzverfahrens ist entsprechend § 6 ZPO zu bewerten,[2] weil die Klagen auf die Zurückgabe des durch eine anfechtbare Rechtshandlung erlangten Gegenstandes gerichtet sind (§§ 11, 13 AnfG). Abzustellen ist auf die Forderung des Anfechtenden einschließlich Zinsen und Kosten oder auf den geringeren Wert des Gegenstandes.[3]

2561 **Zinsen und Kosten** werden im Rahmen der Streitwertbestimmung dem Betrag der Forderung hinzugerechnet,[4] denn es handelt sich nicht um einen Fall des § 43 Abs. 1 GKG. Nachdem der BGH[5] dieser reichsgerichtlichen Rechtsprechung gefolgt ist, hat die früher vereinzelt abweichende Judikatur[6] keine Bedeutung mehr.

2562 Wird wegen eines Anspruches auf **wiederkehrende Leistungen** angefochten, ist § 9 ZPO auch bei Unterhaltsansprüchen entsprechend heranzuziehen. Für diese ist also nicht § 42 Abs. 1 GKG maßgebend,[7] da es bei der Klage nach § 7 AnfG nicht um einen Unterhaltsanspruch geht. Dementsprechend bestimmt sich der

---

1 OLG Karlsruhe MDR 1980, 59 = KostRsp. § 3 Nr. 459 mit Anm. *Schneider.*
2 Kritisch OLG Köln (Beschl. v. 29. 4. 1981 – 2 W 17/81, ZIP 1981, 781), das § 6 ZPO auf den Gebührenstreitwert nur für analog anwendbar hält und bei der Bewertung den wirklichen Streitpunkt der Parteien und dessen wirtschaftliche Bedeutung ausschlaggebend sein lassen will (zustimmend: KG NJW-RR 2003, 787).
3 BGH NJW-RR 1999, 1080; BGH, Beschl. v. 10. 2. 1982 – VIII ZR 339/81, WM 1982, 435; BGH, Beschl. v. 10. 11. 1982 – VIII ZR 293/81, WM 1982, 1443; KG JurBüro 1957, 181; OLG Schleswig JurBüro 1969, 1209; BGH, Beschl. v. 27. 10. 1994 – IX ZR 81/94, BGHR ZPO § 6 Anfechtungsanspruch 1 (zu der in gleicher Weise erfolgenden Berechnung der Beschwer bei Zurückweisung des Anfechtungsantrages).
4 BGH, Beschl. v. 10. 2. 1982 – VIII ZR 339/81, WM 1982, 435; BGH, KostRsp. ZPO § 6 Nr. 147; RGZ 139; 238; RGZ 151, 167; RG JW 1934, 899.
5 BGH, Beschl. v. 10. 2. 1982 – VIII ZR 339/81, WM 1982, 435.
6 OlG Kiel JW 1934, 1741; LG Berlin JVBl. 1933, 309.
7 RGZ 139, 239.

Wert einer Forderung auf laufenden Unterhalt, deretwegen die Veräußerung eines Grundstücksmiteigentumsanteils außerhalb des Insolvenzverfahrens angefochten worden ist, nach der Summe der fälligen Beträge (Rückstände) und nicht nach dem Jahresbetrag des § 42 Abs. 1 GKG.[1]

Ist der Wert des zurück zu gewährenden Gegenstandes nach Abzug der auf ihm ruhenden Belastungen geringer als die Forderung, deretwegen die Anfechtung durchgeführt wird, dann gilt gemäß § 6 S. 2 ZPO der geringere Wert.[2] Das ist beispielsweise wichtig bei Grundstücksveräußerungen, wenn das Grundstück hoch belastet ist.[3] § 6 S. 2 ZPO begrenzt den Streitwert auch dann auf den Wert des betreffenden Gegenstandes, wenn mehrere Gläubiger wegen mehrerer Forderungen anfechten.[4]   2563

Klagt ein Gläubiger nach dem Anfechtungsgesetz gegen denjenigen auf Wertersatz, der von seinem Schuldner einen Gegenstand anfechtbar erworben aber wieder veräußert hat, und zugleich gegen dessen Rechtsnachfolger auf **Duldung der Zwangsvollstreckung** wegen der Forderung des Gläubigers gegen seinen Schuldner in den Gegenstand, so werden die beiden Ansprüche wegen wirtschaftlicher Identität nicht nach § 5 ZPO zusammengerechnet.[5] Es kommt bei der Wertberechnung darauf an, inwieweit der Kläger mit einer Befriedigung rechnen kann (Versteigerungswert).   2564

Der Streitwert eines Verfügungsverfahrens zur Sicherung des auf Duldung der Zwangsvollstreckung gerichteten Anfechtungsanspruchs ist vom LG Bayreuth[6] unter Beachtung des Zugriffswertes für den Gläubiger mit $^1/_4$ der Hauptsache geschätzt worden.   2565

Bezieht sich die Anfechtungsklage auf ein Mietgrundstück, ist auf den wahrscheinlichen Verkaufserlös (Verkehrswert) abzustellen.[7]   2566

Gläubigerrangstreit

Literatur: *Schmidt* JurBüro 1965, 889.

Bei Streit mehrerer Gläubiger um den Vorrang ihrer Forderungen, insbesondere im Zwangsvollstreckungsverfahren, oder um vorzugsweise Befriedigung aus dem Erlös gemäß § 805 ZPO ist der Streitwert nach § 6 ZPO zu bemessen. Der   2567

1 OLG Schleswig SchlHA 1970, 18.
2 BGH, Beschl. v. 10. 11. 1982 – VIII ZR 293/81, WM 1982, 1443; BGH, Beschl. v. 10. 2. 1982 – VIII ZR 339/81, WM 1982, 435; RGZ 151, 167; RGZ 151, 319.
3 RGZ 151, 167; RG JW 1936, 2091; ebenso für die konkursmäßige Anfechtung RG JW 1936, 2798.
4 OLG Kassel OLGE 11, 43.
5 OLG Frankfurt MDR 1955, 496.
6 LG Bayreuth JurBüro 1980, 1724.
7 OLG Frankfurt MDR 1960, 507; OLG Nürnberg JurBüro 1967, 163.

niedrigste Wert der Forderungen oder der noch niedrigere Wert des Pfandgegenstandes ist maßgebend, wobei Zinsen und Kosten unberücksichtigt bleiben.[1] Ein Anspruch auf Sicherstellung der zugrunde liegenden Forderung ist auch das Begehren der Vorrangseinräumung – Rangverbesserung – an einem Grundstück, so dass nach § 6 ZPO die geringere Forderung wertbestimmend ist.[2]

2568 Bezweckt die Klage, der eine Vereinbarung über die Eintragung einer Gesamthypothek an bestimmter Rangstelle auf mehreren Grundstücken zugrunde liegt, nicht nur die Rangverbesserung der auf einem der Grundstücke bereits eingetragenen Sicherungshypothek, sondern zugleich ihre Eintragung als Gesamthypothek mit der bereits eingetragenen Hypothek auf den anderen Grundstücken, so bestimmt sich der Streitwert auch dann nach § 6 ZPO, wenn die wirtschaftliche Sicherstellung der Forderung schon durch die Rangverbesserung der bereits eingetragenen Hypothek allein mit Sicherheit erreicht würde. Als Streitwert ist daher der Forderungsbetrag anzunehmen, nicht aber gemäß § 3 ZPO nur der geringere Wert des wirtschaftlichen Interesses des Klägers an der Rangverbesserung der bereits vorhandenen Hypothek.[3]

2569 Klagt der Kläger auf Feststellung, dass seine Hypothek den Vorrang vor der Hypothek des Beklagten habe, dann ist der Streitwert nach § 3 ZPO zu schätzen, wobei die Gefährdung und die voraussichtliche Höhe eines zu befürchtenden Ausfalles des Klägers maßgebend sind.[4]

2570 Geht der Streit nur um den Vorrang der Befriedigung an hinterlegten Beträgen, also darum, wer sich mit dem Rest zufrieden geben muss, dann ist nur der vom Vorrang erfasste Betrag wertbestimmend.[5]

2571 Wird geklagt auf Einwilligung in die Auszahlung eines Versteigerungserlöses „bis zur Höhe der Forderung des Klägers", dann ist gleichwohl der Streitwert nur nach dem Versteigerungserlös zu bemessen, wenn dieser unter der Forderung liegt.[6]

---

1 RG *Warneyer* 1933 Nr. 83; OLG Breslau JW 1931, 2143; OLG Stettin HRR 1937 Nr. 341; OLG München OLGE 23, 74.
2 OLG Stettin HRR 1937 Nr. 341; LG Darmstadt JW 1932, 3662.
3 OLG Frankfurt Rpfleger 1956, 318.
4 OLG Kiel JW 1933, 2471
5 OLG Celle Nds.Rpfl. 1964, 107: Der Kläger hatte einen Titel über 2032 DM, der Beklagte über 137,02 DM. Der Beklagte hatte den hinterlegten Betrag über 137,02 DM hinaus freigegeben. Dann belief sich der Streitwert nur auf 137,02 DM, weil das Interesse des Klägers nur auf diesen Betrag gerichtet sein konnte.
6 OLG Breslau JW 1931, 2143.

Grenzregelung

Der Wert des Beschwerdegegenstandes eines Rechtsmittels, das sich gegen die   2572
Zulässigkeit einer Grenzregelung richtet, ist nach dem Wert der Teilfläche zu
bestimmen, die der Rechtsmittelführer im Wege des Flächenaustausches oder
einer Zuteilung an einen anderen Eigentümer verlieren soll.[1]

Grenzscheidungsklage

Der Anspruch aus § 920 BGB ist vermögensrechtlicher Art. Der Streitwert ist   2573
nach dem Interesse des Klägers gemäß § 3 ZPO zu schätzen.[2] Die Einlassung
und Rechtsverteidigung des Beklagten ist unerheblich, es sei denn, dass sich aus
ihr (erst oder deutlicher) ergibt, auf welches Begehren die Klage gerichtet ist.

Grundbuchberichtigung

Die Klage auf Zustimmung zur Grundbuchberichtigung ist eine Klage auf **Ab-**   2574
gabe einer Willenserklärung. Ihre Bewertung richtet sich daher nach § 3 ZPO.[3]
Maßgebend ist das vermögensrechtliche Interesse des Klägers, nicht der Grundstückswert. Das Interesse wird sich regelmäßig mit dem Recht decken, das sich
für den Kläger aus der Berichtigung ergibt[4] bzw. dessen Beseitigung er mit der
Berichtigung anstrebt.[5]

Anders verhält es sich, wenn die Berichtigungsklage vornehmlich der Klärung   2575
und **Feststellung umstrittener Eigentumsverhältnisse** dient. Dann geht es um
das gesamte Grundstück, so dass gemäß § 6 ZPO auch dessen voller Verkehrswert für die Wertbezifferung maßgebend ist.[6] Ob und in welchem Umfang bei

---

1 BGH, Urteil v. 1. 7. 1968 – III ZR 88/67, JurBüro 1968, 797; OLG München, Beschl. v.
   28. 4. 1992 – W 1/92 Bau, KostRsp. ZPO § 6 Nr. 136 = OLGR 1992, 91 = NVwZ-RR
   1993, 109.
2 LG Hildesheim JVBl. 1966, 261.
3 OLG Saarbrücken AnwBl. 1978, 106; OLG Köln, Beschl. v. 23. 3. 1988 – 2 W 56/88,
   KostRsp. ZPO § 3 Nr. 921.
4 Vgl. *Gerold*, Streitwert, S. 47 zu Ziffer 3; Thomas/Putzo/*Hüßtege*, § 3 Rn. 78 unter
   „Grundbuch".
5 LG Dresden, Beschl. v. 10. 8. 1999 – 13 O 5360/98, JurBüro 2000, 83; *Meyer*, GKG, § 3
   ZPO, dort unter „Grundbuchberichtigung"; Musielak/*Heinrich*, § 3 Rn. 23 Stichwort
   „Besichtigung des Grundstücks".
6 BGH, MDR 1958, 676; KG, Beschl. v. 11. 9. 2000 – 3 W 3881/00, MDR 2001, 56 = AGS
   2001, 63; OLG Karlsruhe OLGE 13, 69; OLG Köln KostRsp. ZPO § 3 Nr. 1203 = OLGR
   1995, 204 = JurBüro 1995, 368 = ZMR 1995, 258; Musielak/*Heinrich*, s. Fn. 4.

der Ermittlung des Grundstückswertes (§ 6 ZPO) **dingliche Belastungen** wertmindernd zu berücksichtigen sind, ist sehr umstritten. Siehe zu dieser Problematik die Ausführungen unter den Stichwörtern „Auflassung" und „Grundstück".

2576 Zielt die Klage nur auf die berichtigende Eintragung eines **Miteigentumsanteils**, ist auch nur dieser wertbestimmend.[1] Dies gilt auch für eine Klage, mit der ein Erbe gegen einen Miterben einen zum Nachlass gehörenden Anspruch auf Berichtigung des Grundbuchs dahin geltend macht, dass an Stelle des Miterben die Erben in **Erbengemeinschaft als Grundstückseigentümer** eingetragen werden. Hier berechnet sich der Streitwert nach dem Wert des Grundstücks abzüglich des dem Erbteil des Beklagten entsprechenden Anteils.[2]

2577 Für eine zutreffende Interessenbewertung ist folglich danach zu unterscheiden, ob das Eigentum als materiell-rechtliche Vorfrage im Streit steht oder die Berichtigung nur der Herbeiführung einer **formal zutreffenden Buchposition** bei unstreitigen Eigentumsverhältnissen dient. In letzterem Fall liegt der dann nach § 3 ZPO zu bestimmende Wert immer unterhalb des Verkehrswertes.[3] So etwa, wenn Gegenstand der Grundbuchberichtigungsklage nicht die Verpflichtung zur Eigentumsverschaffung, sondern nur deren **dinglicher Vollzug** ist. Hier bemisst sich der Streitwert gemäß § 3 ZPO nach dem Interesse des Klägers an dem Vollzug der Eigentumsübertragung.

2578 Droht dem Kläger etwa bei ausbleibender Berichtigung eine **schadensersatzrechtliche Inanspruchnahme durch Dritte**, entspricht der Streitwert dem Umfang der drohenden Inanspruchnahme. Dies kann im Einzelfall der volle Grundstückswert sein, hier jedoch immer abzüglich bestehender dinglicher Belastungen. Denn wertbestimmend ist nicht der Verkehrswert, sondern der mögliche Schaden.[4] Das gilt auch, wenn die berichtigende Zuordnung der Eigentumsverhältnisse eine notwendige **Voraussetzung für eine Vollstreckung** in das Grundstück darstellt.

2579 Zielt die Grundbuchberichtigung auf die **Löschung einer Grunddienstbarkeit**, ist eine Bewertung nach dem Betrag vorzunehmen, um den sich der Wert des Grundstücks durch die Belastung (Grunddienstbarkeit) mindert.[5]

2580 Eine Grundbuchberichtigung zum Zwecke der **Beseitigung einer Eigentumsvormerkung** ist regelmäßig mit einem Bruchteil des Grundstücksverkehrswert zu bewerten.[6]

---

1 Insoweit zutr. OLG Naumburg, Urteil v. 8. 6. 2004 – 11 U 41/00, OLGR 2005, 1 = OLG-NL 2004, 247 = VIZ 2004, 540.
2 BGH MDR 1956, 676; RGZ 156, 263.
3 KG, Beschl. v. 11. 9. 2000 – 3 W 3881/00, MDR 2001, 56 = AGS 2001, 63; OLG Köln, Beschl. v. 23. 3. 1988 – 2 W 56/88, KostRsp. ZPO § 3 Nr. 921; OLG Zweibrücken, Beschl. v. 29. 7. 1986 – 7 W 40/86, KostRsp. ZPO § 3 Nr. 852 = JurBüro 1987, 265.
4 OLG Koblenz, Beschl. v. 25. 10. 2001 – 5 W 642/01, AGS 2002, 65 = ZMR 2002, 346 = NJW-RR 2002, 379.
5 OLG Rostock, Urteil v. 5. 4. 2001 – 7 U 99/00, OLGR 2001, 527.
6 Ebenso BayObLG, Beschl. v. 9. 2. 2005 – 2 Z BR 211/04, BayObLGR 2005, 347 – für Beschwerde im Grundbuchberichtigungsverfahren.

Der Grundberichtigungsanspruch nach **zustimmungsloser Verfügung eines** 2581
Ehegatten über ein Grundstück **gemäß § 1368 BGB** dient (zugleich) der Klärung
der Eigentumsverhältnisse, so dass der volle Grundstückswert anzusetzen ist.[1]
Ein mittelbares Interesse des Klägers an der Sicherung seines Anspruchs auf
Zugewinnausgleich bleibt demgegenüber außer Ansatz.[2]

Der Wert einer **einstweiligen Verfügung** auf Eintragung eines Widerspruchs 2582
gegen die Richtigkeit des Grundbuchs ist dem Wert des Hauptanspruchs auf
Herausgabe des Grundstücks nur dann gleichzusetzen, wenn die unmittelbar
bevorstehende Gefahr einer Weiterveräußerung des Grundstücks besteht.[3]

Grunddienstbarkeit

Literatur: *Kaemmerer* JurBüro 1952, 44; *Schneider* ZMR 1976, 193 (Notweg).

Grunddienstbarkeiten sind Rechte, die dem jeweiligen Eigentümer eines (herr- 2583
schenden) Grundstücks an einem anderen (dienenden) Grundstück zustehen
(§§ 1018 ff. BGB). Sie gehen dahin, dass entweder der Berechtigte das dienende
Grundstück in einzelnen Beziehungen benutzen darf oder dahin, dass er die
Vornahme bestimmter Handlungen auf dem Grundstück verbieten kann oder
schließlich dahin, dass die Ausübung gesetzlicher Rechte ausgeschlossen wird,
die sich aus dem Eigentum des dienenden Grundstücks gegenüber dem herrschenden Grundstück ergeben.

Der **Wert** einer Grunddienstbarkeit wird durch den Wert bestimmt, den sie für 2584
das herrschende Grundstück hat, wenn nicht der Betrag, um den sich der Wert
des dienenden Grundstücks durch die Dienstbarkeit mindert, größer ist (§ 48
Abs. 1 GKG, § 7 ZPO). Dann ist der höhere Betrag maßgebend. Es müssen also
der Wert für das herrschende Grundstück und die Wertminderung beim dienenden Grundstück nach § 3 ZPO geschätzt und sodann miteinander verglichen
werden.[4]

Die Vorschrift des § 7 ZPO gilt nicht für **beschränkt persönliche Dienstbarkei-** 2585
ten nach § 1090 BGB, für rein schuldrechtliche Verpflichtungen oder für Reallasten nach § 1105 BGB, da es sich bei diesen nicht um Beziehungen zwischen
Grundstücken handelt. Für diese ist der Wert nach § 3 ZPO zu schätzen (vgl.
dazu das Stichwort „Dienstbarkeit").

Dasselbe gilt auch für eine Klage auf Bewilligung der Eintragung einer be- 2586
schränkt persönlichen Dienstbarkeit im Grundbuch, z.B. für die Berechtigung,

---

1 OLG Köln, Beschl. v. 20. 2. 1995 – 27 WF 5/95, OLGR 1995, 204 = JurBüro 1995, 368 =
ZMR 1995, 258.
2 OLG Düsseldorf, Beschl. v. 19. 5. 1995 – 5 UF 96/94, AGS 1998, 139.
3 OLG Neustadt Rpfleger 1967, 1; festgesetzt wurde die Hälfte des Verkehrswertes ohne
Berücksichtigung der Belastungen.
4 BGH MDR 2004, 296; OLG Jena JurBüro 1999, 196.

eine Tankstelle zu betreiben. Dabei ist nur das nach § 3 ZPO zu schätzende Interesse des Klägers an der Sicherung seines Rechts durch Eintragung im Grundbuch wertbestimmend. Ob und welcher Vermögensschaden dem Kläger dadurch entsteht, dass sich der Beklagte etwa in Verzug befindet, ist belanglos.[1]

2587   Die Bewertungsvorschrift des § 7 ZPO findet **Anwendung** auf Klagen auf Bestellung einer Grunddienstbarkeit, auf Feststellung des Bestehens oder Nichtbestehens, auf Feststellung des Umfangs,[2] sowie auf Unterlassung der Beeinträchtigung nach § 1027 BGB sowie bei nachbarrechtlichen Eigentumsbeschränkungen, wenn diese ähnlich wie eine Dienstbarkeit wirken (z.B. bei Licht- oder Fensterrecht bzw. Notwegsrecht).[3]

2588   Das Interesse eines Grundstückseigentümers, dass bei der **Trennung** des Grundstücks eine lediglich den anderen Grundstücksteil belastende Dienstbarkeit nicht auf das Grundbuchblatt des Trennungsgrundstücks mit übertragen wird, ist dann sehr gering zu bewerten, wenn bei materiell-rechtlich klarer Rechtslage nur formale Bedenken ausgeräumt werden sollen.[4]

2589   Das **Entgelt** für eine Dienstbarkeit ist eine Nutzung i.S. des § 100 BGB und der Streitwert dafür nach § 48 Abs. 1 GKG, § 9 ZPO zu berechnen.[5] Die gleiche Berechnung ist vorzunehmen, wenn das Bestehen einer Dienstbarkeit außer Streit steht und nur streitig ist, ob dafür ein Entgelt zu gewähren ist. Auch dann ist der 3,5-fache Jahresbetrag maßgebend.

Grundpfandrecht

Literatur: *Kramer* NJW 1972, 2117.

2590   Zu den Grundpfandrechten zählen Hypothek, Grundschuld und Rentenschuld. Auf die jeweiligen Stichworte wird zunächst verwiesen.

2591   Die maßgebliche Bewertungsvorschrift für Klagen auf Bestellung von Grundpfandrechten ist § 6 ZPO i.V.m. § 48 Abs. 1 GKG. Dabei kommt es nicht darauf an, in welcher Form von Klage das Grundpfandrecht geltend gemacht wird oder ob es durch Vertrag oder Gesetz entstanden ist.

---

1 OLG Nürnberg JurBüro 1967, 829.
2 KG OLGE 33, 73.
3 BGH Rpfleger 1959, 112; OLG Schleswig Rpfleger 1957, 2; OLG Jena MDR 1999, 196; *Schneider*, ZMR 1976, 193; differenzierend: Zöller/*Herget*, § 3 Rn. 16 unter „Notweg", der für die Bewertung eines Anspruchs auf einen Notweg die Regelungen der §§ 3, 7 und 9 ZPO analog anwendet und zu den Herstellungs- und Unterhaltungskosten des Weges noch die 3,5fache jährliche Notwegrente addiert (ebenso OLG Köln JurBüro 1991, 1386).
4 OLG Zweibrücken JurBüro 1982, 760.
5 OLG Neustadt JurBüro 1954, 107.

Entscheidend für die Wertbestimmung ist der Betrag der Forderung, für die das 2592
Pfandrecht bestellt worden ist oder bestellt werden soll, wenn nicht der Gegenstand des Pfandrechts einen geringeren Betrag hat. Dann nämlich ist dieser
geringere Betrag maßgeblich.[1]

Bei der Bewertung des Anspruchs auf Einräumung eines Vorranges für ein 2593
Grundpfandrecht ist nach § 3 ZPO zu schätzen; dabei kann § 23 Abs. 3 S. 1
KostO (nicht auch § 24 KostO) als Richtlinie beachtet werden, wonach bei Ein-
räumung des Vorrangs der Wert des vortretenden Rechts, höchstens jedoch der
Wert des zurücktretenden Rechts maßgebend ist.[2]

Mittelbare Bedeutung kommt den Grundpfandrechten darüber hinaus bei der 2594
Streitwertberechnung insofern zu, als zweifelhaft ist, inwieweit sie bei einem
Streit um das Grundstück selbst verkehrswertmindernd zu berücksichtigen
sind. Siehe dazu bei dem Stichwort „Grundstück".

Grundschuld

Welche Bewertungsvorschrift auf eine Streitigkeit um eine Grundschuld anzu- 2595
wenden ist, hängt davon ab, was der Kläger begehrt.

Klagt er auf **Eintragung** (Bestellung) einer Grundschuld, dann ist § 6 ZPO i.V.m. 2596
§ 48 Abs. 1 GKG anwendbar. Maßgebend ist in diesen Fällen der Nennbetrag
der Forderung oder der Grundstückswert, wenn Letzterer geringer ist.

Auch für den Wert der Klage auf **Löschung** einer Grundschuld gilt zunächst die 2597
Bewertungsregel des § 6 ZPO. Der Streitwert wird durch den Nennbetrag der
Grundschuld bestimmt. Das gilt auch dann, wenn geltend gemacht wird, es
seien Kosten entstanden und Zinsen rückständig, für die die Grundschuld haftet.[3]

Umstritten ist allerdings, ob und ggf. in welchem Umfang die **Valutierung** der 2598
Grundschuld bei der Wertbemessung der Löschungsklage Berücksichtigung finden kann.

Nach einer Meinung bleibt die Valutierung der Grundschuld unberücksichtigt, 2599
so dass allein auf den Nominalwert der zu löschenden Grundschuld abzustellen
ist.[4] Nach anderer Ansicht müssen die Höhe der Valutierung und das Lö-

---

1 OLG Frankfurt MDR 2003, 356.
2 OLG Frankfurt MDR 1982, 411 = AnwBl. 1982, 111.
3 OLG Nürnberg JurBüro 1964, 685.
4 OLG Koblenz, Beschl. v. 26. 3. 2004 – 14 W 135/04, AGS 2004, 300; OLG Saarbrücken,
  Beschl. v. 18. 1. 2001 – 7 W 11/01, MDR 2001, 897; KG, Beschl. v. 17. 4. 2000 – 23 W
  1888/00 – AGS 2002, 177; OLG Düsseldorf, Beschl. v. 18. 12. 1998 – 9 W 92/98, MDR
  1999, 506; OLG Frankfurt, Beschl. v. 21. 9. 1992 – 27 W 49/92, OLGR 1992, 193; OLG
  Düsseldorf MDR 1999, 506; OLG Frankfurt OLGR 1992, 193.

schungsinteresse des Klägers bei der Streitwertbestimmung beachtet werden.[1] Der Streitwert soll sich nach dem Valutenstand, zuzüglich 20 % des Nominalwertes, bestimmen, um dem Charakter eines abstrakten Sicherungsmittels Rechnung zu tragen, nach oben begrenzt durch den Nominalwert.

2600 Diese Ansicht begegnet jedoch Bedenken: Zum einen ist der pauschale Aufschlag von 20 % auf den Restbetrag der Forderung nicht nachvollziehbar. Hier würde es – wenn man sich schon am rein wirtschaftlichen Interesse des Klägers orientiert – näher liegen, die Kosten der Löschung in die Berechnung mit einzubeziehen. Darüber hinaus wird das Abstellen auf den Valutenstand dem Umstand nicht gerecht, dass das Grundstück auch bei fortschreitender Valutierung aufgrund der fehlenden Akzessorietät der Grundschuld weiterhin mit dem Nominalbetrag haftet. Die diesbezüglich aus dem Grundbuch ersichtliche Belastung, welche die Verkehrsfähigkeit und die Kreditwürdigkeit beeinträchtigt, sowie die Gefahr eines gutgläubigen Erwerbs durch Dritte, prägen maßgeblich das Interesse des Klägers an der Löschung des Grundpfandrechts. Darüber hinaus hatte das BVerfG in seiner von der zweiten Ansicht in Bezug genommenen Entscheidung vom 16. 11. 1999[2] diese Frage ausdrücklich offen gelassen und darüber hinaus den Fall einer nicht-valutierten Sicherungshypothek zu entscheiden.

2601 Ist die Forderung jedoch **ganz getilgt** und geht der Streit der Parteien nur darüber, wer die Kosten der Löschung zu tragen hat, kann nicht auf den Nominalbetrag der Grundschuld abgestellt werden.[3] Diese Entscheidung ist zu formalistisch. Es ist offensichtlich, dass das Interesse des Klägers nicht dem Nennbetrag des eingetragenen Rechts entspricht. Deshalb muss in einem solchen Fall nach § 3 ZPO geschätzt werden, wobei der in Streit befindliche Kostenbetrag einen Anhalt bietet. Diese Bewertung entspricht der auch im Streitwertrecht nicht ausgeschlossenen wirtschaftlichen Betrachtungsweise,[4] wonach die Wertfestsetzung nicht weit über dem wirtschaftlichen Wert liegen darf.[5]

2602 Siehe auch das Stichwort „Löschung von Grundbuchpfandrechten, Vormerkungslöschung".

2603 Streitigkeiten im Zusammenhang mit der **Abtretung** einer Grundschuld bemessen sich nach deren Wert, wenn die Wirksamkeit der Abtretung bestritten ist;[6] anderenfalls ist der Wert nach § 3 ZPO zu schätzen.[7]

---

1 OLG Hamburg MDR 1975, 876 (Restbetrag der Hypothek); OLG Köln OLGR 1995, 216; OLG Celle, Beschl. v. 5. 9. 2000 – 4 W 165/00, MDR 2000, 1456; OLG Frankfurt, Beschl. v. 15. 12. 2003 – 13 W 48/03, OLGR 2004, 348.
2 BVerfG NJW-RR 2000, 946.
3 So aber: OLG Neustadt Rpfleger 1967, 2.
4 Vgl. auch KG Pfleger 1956, 89 und OLG Köln, Beschl. v. 2. 3. 1995 – 16 W 16/95, KostRsp. ZPO § 3 Nr. 1205 = JMBl.NW 1995, 118.
5 BVerfG NJW-RR 2000, 946; KG MDR 2003, 1383; OLG Saarbrücken MDR 2001, 897.
6 OLG Kiel JW 1934, 1192; Zöller/Herget, § 3 Rn. 16 unter „Abtretung".
7 OLG München BayZ 1926, 360.

Ebenfalls nach § 3 ZPO ist zu bewerten, wenn auf **Genehmigung** einer in Stell-   2604
vertretung vorgenommenen wirksamen Abtretung geklagt wird, um so dem
Grundbuchamt den erforderlichen Nachweis erbringen zu können.[1]

Der Streitwert für eine **Zustimmung** zur Belastung eines Grundstücks mit einer   2605
Grundschuld ist vom Gericht nach § 3 ZPO zu schätzen.[2]

Für den Wert einer Klage auf **Feststellung**, dass eine Grundschuld nicht ent-   2606
standen und daher ein Recht auf abgesonderte Befriedigung nicht begründet
worden ist, kommt es darauf an, wegen welcher, wenn auch zunächst aufschiebend bedingt vorhandener Forderung der Beklagte durch die Grundschuld hatte
gesichert werden sollen. Der Wert des Pfandgegenstandes ist gleich dem Verkehrswert des belastenden Grundstückes unter Nichtberücksichtigung der bestehenden Vorbelastungen wie beispielsweise Grundpfandrechte, Mieterdarle-
hen.[3]

Das für die Festsetzung des Streitwertes maßgebende Interesse an der erstrebten   2607
Regelung kann in keinem Fall höher bewertet werden als der Verkehrswert des
mit der Grundschuld belasteten Grundstücks.[4]

Grundstück

Literatur: *Just/Brückner* NJW 1958 1756; *Kramer* 1972, 2117.

A. Bewertungsgrundsätze

Grundstücke sind „Sachen" i.S. des § 6 ZPO, so dass für eine Streitigkeit um   2608
ein Grundstück dessen Wert entscheidend ist. Unter „Wert" i.S. des § 6 ZPO
ist nach ganz herrschender Meinung der **Verkehrswert** und nicht der Einheitswert zu verstehen, der nur steuerliche Bedeutung hat.[5]

Nur das OLG Frankfurt[6] hat einmal in einer Entscheidung angenommen, bei   2609
der Bewertung von Grundbesitz komme es entsprechend § 19 KostO a.F. auf
den letzten Einheitswert an. Soweit das Interesse des Klägers ausnahmsweise
hinter dem Einheitswert zurückbleibe, sei dieser zu unterschreiten. Der Beschluss des OLG Frankfurt ist vereinzelt geblieben und erklärt sich aus dem
Bestreben, eine sozial schwache Partei vor den Kosten eines verlorenen Prozes-

---

1 OLG Kiel HRR 1935 Nr. 204, 376.
2 OLG Schleswig JurBüro 1956, 230.
3 OLG Frankfurt MDR 1956, 432.
4 KG NJW 1961, 1122.
5 OLG Nürnberg JurBüro 1961, 508; OLG Köln JurBüro 1962, 350; OLG Hamm Rpfleger
  1964, 23 Nr. 9.
6 Rpfleger 1952, 512.

ses nach Möglichkeit zu schützen – der Beklagte hatte von einer Stadtgemeinde eine Grundstück zur Bebauung mit einem Geschäfts- oder Wohnhaus erworben, aber lediglich ein Behelfsheim errichtet.

2610 Unter dem Verkehrswert ist der gemeine Wert zu verstehen. Das ist der Betrag, der sich bei einer Veräußerung zur Zeit der Erhebung der Klage erzielen lässt.[1] Ist der Verkehrswert bei Urteilserlass höher als bei Klageerhebung, gilt nach § 40 GKG nur der Wert im Zeitpunkt der Instanzeinleitung.[2]

2611 Dieser Wert ist nach § 3 ZPO anhand der objektiven Umstände des Einzelfalls zu schätzen.[3] Da in den meisten Fällen eine Veräußerung des Grundstücks gerade nicht gewollt ist, muss der objektive Verkehrswert anhand anderer Angaben und Kriterien festgestellt werden.

2612 Der **Kaufpreis** des Grundstücks ist dabei nicht allein maßgeblich.[4] Er kann jedoch einen wichtigen Anhaltspunkt für die Ermittlung des Verkehrswertes im Sinne eines Anscheinsbeweises bieten. Für die Ermittlung des Verkehrswertes eines Grundstücks ist jedoch nicht vom konjunkturbedingten Höchst- und Überpreis auszugehen, sondern von einem der Erfahrung nach normalen und dauerhaften Wert.[5]

2613 Die **Angaben des Klägers** zum Wert des Grundstücks sind ein weiterer wichtiger Anhaltspunkt, müssen jedoch, da es sich um seine subjektive Einschätzung handelt,[6] vom Gericht im Rahmen der Streitwertfestsetzung überprüft werden. Bei Rechtsstreitigkeiten um Grundstücke kommt es vor, dass die Parteien Wertangaben machen, die miteinander völlig unvereinbar sind.[7] Dann kann eine Schätzung nach § 3 ZPO rechtsfehlerhaft sein, sofern nämlich dafür jegliche Schätzungsgrundlage fehlt. Notfalls muss ein Gutachten nach § 64 GKG eingeholt werden.[8] Siehe dazu auch das Stichwort „Schätzung".

2614 Zur Bestimmung des objektiven Verkehrswertes eines Grundstücks existieren verschiedene Berechnungsmethoden. Vgl. dazu das Stichwort „Verkehrswert". Hinsichtlich der Einzelheiten gilt Folgendes:

– Der Verkehrswert eines bebauten Grundstücks ist der Mittelwert zwischen dem Gebäudewert und dem Boden- und Ertragswert.[9]

---

1 BGH NJW-RR 2001, 518; OLG Köln MDR 2005, 299; OLG Oldenburg MDR 1998, 1406.
2 Vgl. zur früheren Rechtslage, wonach auch der höhere Wert zu berücksichtigen war: OLG Nürnberg JurBüro 1963, 170.
3 OLG Nürnberg JurBüro 1961, 508; OLG Hamm Rpfleger 1964, 23 Nr. 9.
4 A.A. OLG Köln MDR 2005, 299.
5 OLG Köln JurBüro 1962, 350.
6 OLG Frankfurt OLGR 1998, 156.
7 So z.B. im Fall des OLG München, Beschl. v. 17. 8. 1993 – 3 W 2181/93, KostRsp. GKG § 26 Nr. 8 mit Anm. *Herget*: 850 000 DM nach Klägervortrag, 13 Mio. DM nach Angaben des Beklagtenvertreters.
8 OLG Saarbrücken, Beschl. v. 15. 4. 1980 – 5 W 37/80, KostRsp. GKG § 26 Nr. 2; OLG München OLGR 1994, 96.
9 OLG Köln MDR 1959, 223.

– Der Verkehrswert eines in einer Großstadt gelegenen Mietwohnhauses ist im Allgemeinen überschlägig dahin zu berechnen, dass man den Einheitswert mit 4 oder die jährlichen Roherträgnisse mit 10 multipliziert.[1]

– Macht der Kläger einen Anspruch auf Auflassung eines Grundstücks geltend, das inzwischen von dem Beklagten bebaut worden ist, so ist für die Streitwertbemessung der Verkehrswert des Grundstücks einschließlich des Gebäudes maßgebend.[2]

– Zur Ermittlung des Betrages, um den sich der Grundstückswert durch den Ausbau eines Gebäudes erhöht hat, ist in der Regel auf den Ertrag abzustellen. Eine Bewertung allein nach dem Bauwert wird dem gesetzlichen Wertbegriff nicht gerecht. Es kommt deshalb darauf an, ob der Ertragswert, also der Mietwert, durch die baulichen Veränderungen gestiegen ist. Dieser Gesichtspunkt gilt auch für ein nur teilweise fertig gestelltes Bauwerk.[3]

B. Belastungen

Die auf dem Grundstück ruhenden Belastungen – Hypotheken, Grundschulden u.s.w. – sind nach herrschender Meinung bei der Streitwertfestsetzung unberücksichtigt zu lassen, mindern also den Wert nicht.[4] **2615**

Dies gilt jedoch nicht für alle Belastungen des Grundstücks. Als Abgrenzungskriterium wird allgemein[5] die Formel verwandt, dass eine Berücksichtigung der eingetragenen Belastungen nur stattfindet, wenn die wirtschaftliche Nutzung des Grundstücks durch das eingetragene Recht beeinträchtigt und damit der Wert des Grundstücks selbst beeinflusst wird. Solche Rechte werden nämlich im Verkehr als eine dauernde wertmindernde Eigenschaft des Grundstücks empfunden.[6] **2616**

---

1 OLG Nürnberg JurBüro 1967, 163.
2 OLG Frankfurt NJW 1961, 2264.
3 OLG Köln BlGBW 1962, 368.
4 BGH, Beschl. v. 12. 9. 2000 – X ZR 89/00, NJW-RR 2001, 518; OLG Bamberg, Beschl. v. 2. 6. 1992 – 3 W 399/92, JurBüro 1992, 629; KG MDR 2001, 56; OLG Saarbrücken, Beschl. v. 4. 9. 2003 – 7 W 167/03-24, juris Nr. KORE 419512003; BGH JurBüro 1958, 387; BGH Rpfleger 1959, 112; OLG Köln MDR 1959, 223; KG JR 1961, 349; KG Rpfleger 1962, 155; OLG Celle Rpfleger 1960, 413 Nr. 214; OLG Celle JurBüro 1974, 880; OLG Hamm Rpfleger 1964, 23 Nr. 9; OLG Karlsruhe Rpfleger 1957, 44; OLG Karlsruhe Justiz 1971, 354 (unter Aufgabe der abweichenden Entscheidungen in Justiz 1967, 240 und NJW 1968, 110); OLG Neustadt Rpfleger 1957, 239; OLG Braunschweig Rpfleger 1956, 115; OLG Braunschweig AnwBl. 1972, 319; OLG Zweibrücken Rpfleger 1967, 2; OLG Frankfurt JurBüro 1973, 1086; OLG Schleswig AnwBl. 1980, 255 = Rpfleger 1980, 239.
5 Vgl. BGH JurBüro 1958, 387.
6 BGH JurBüro 1958, 387; OLG Zweibrücken OLGR 1997, 324; OLG Bamberg JurBüro 1992, 629; OLG Schleswig, Beschl. v. 9. 1. 1980 – 7 W 11/79, KostRsp. ZPO § 6 Nr. 80 mit Anm. *Schneider*; OLG Bamberg JurBüro 1992, 629; OLG Neustadt Rpfleger 1963, 66; KG JW 1939, 498 Nr. 25.

2617 Diese Belastungen können bei der Wertberechnung in Abzug gebracht werden – z.B. Wegerechte, Baubeschränkungen, lebenslängliche Nießbrauchsrechte, Erbbaurechte, Wohnrechte[1] oder Dienstbarkeiten.[2]

C. Einzelfälle

Berichtigung

2618 Werden Ansprüche auf Bewilligung der Berichtigung des Grundbuches geltend gemacht, so ist hinsichtlich der Bewertung zu unterscheiden:

2619 Erstrebt der Kläger nur die Berichtigung des Grundbuchs, während die wahren Rechts- und Eigentumsverhältnisse unstreitig bzw. bereits festgestellt sind, ist sein Interesse nach § 3 ZPO zu schätzen. Dabei ist ein geringerer Wert als der Grundstückswert anzusetzen, weil es lediglich noch um die formelle Rechtslage geht.[3]

2620 Wird dagegen zugleich mit der Klage auf Berichtigung die Feststellung des Eigentums bezweckt, so ist nach § 6 ZPO der Grundstückswert ohne Abzug der dinglichen Belastungen entscheidend.[4]

Gegenansprüche

2621 Gegenansprüche, Zurückbehaltungsrechte, Zug-um-Zug-Verurteilungen und dergleichen lassen den Grundstückswert als solchen unberührt und bleiben deshalb nach herrschender Auffassung unberücksichtigt.[5] Vgl. zu dieser umstrittenen Frage auch das Stichwort „Auflassung".

Herausgabe

2622 Wird nach Beendigung eines Miet- oder Pachtverhältnisses auf Herausgabe des überlassenen Grundstückes und auf Beseitigung der darauf errichteten Bauten geklagt, dann bemisst sich der Streitwert nach der Jahresmiete des Grund-

---

1 OLG Karlsruhe JurBüro 1955, 446.
2 OLG Zweibrücken Rpfleger 1967, 2.
3 OLG Karlsruhe Justiz 1999, 446; OLG Zweibrücken JurBüro 1987, 265; OLG Saarbrücken AnwBl 1978, 106; OLG Köln, Beschl. v. 23. 3. 1988 – 2 W 56/88, KostRsp. ZPO § 3 Nr. 921; LG Dresden JurBüro 2000, 83; LG Bayreuth JurBüro 1979, 1884.
4 BGH NJW-RR 2001, 518; BGH ZIP 1982, 221; OLG Köln MDR 2005, 298; OLG Stuttgart JurBüro 2002, 424; KG MDR 2001, 56; OLG Karlsruhe FamRZ 2004, 43; a.A. BGH NJW 2002, 684; OLG Frankfurt NJW-RR 1996, 636: Es ist nach § 3 ZPO zu schätzen.
5 BGH NJW-RR 2001, 518; BGH ZIP 1982, 221; OLG Köln MDR 2005, 298; OLG Stuttgart JurBüro 2002, 424; KG MDR 2001, 56; OLG Karlsruhe FamRZ 2004, 43; OLG Nürnberg JurBüro 1963, 170; 1961, 508; KG JurBüro 1955, 273; OLG Stuttgart MDR 1959, 401 Nr. 109; OLG Braunschweig Rpfleger 1956, 116; OLG Koblenz Rpfleger 1956, 147; OLG Celle JurBüro 1977, 1137 = MDR 1977, 672; a.A. LG Köln NJW 1977, 255 mit Anm. *Schömbach* NJW 1977, 856.

stücks (§ 41 Abs. 2 GKG) zuzüglich der voraussichtlichen Abbruchkosten.[1] Der BGH berücksichtigt beim Wert von Räumung und Herausgabe die mittelbaren Belastungen (Entfernung von Bäumen oder zurückgelassener Einrichtungen) nicht.

Der Herausgabeanspruch auf ein preisgebundenes unbebautes Grundstück darf nur nach dem an den Preisstopp gebundenen Verkehrswert bemessen werden.[2] 2623

Lastenfreie Umschreibung

Bezweckt die Klage die Verurteilung des Beklagten zur lastenfreien Umschreibung eines verkauften Grundstückes, so bemisst sich der Streitwert nach der Höhe der Belastung des Grundstücks. Dabei kommt es nach Ansicht des OLG Köln nicht auf die nominelle, sondern auf die valutierte Belastung des Grundstücks an.[3] 2624

Miterben

Für den Wert einer Erbauseinandersetzungsklage ist das gemäß § 3 ZPO zu schätzende Interesse des Klägers maßgebend. Erstrebt der Kläger die Übernahme eines Grundstücks gegen Abfindung der übrigen Miterben, dann bildet der Unterschied zwischen dem Verkehrswert des Grundstücks und der Summe der Abfindungsbeträge den Streitwert.[4] 2625

Bei der Klage zweier Miterben gegen den dritten Miterben auf Auflassung eines zum Nachlass gehörenden Grundstücks auf einen der Kläger, ist der Wert des Streitgegenstandes der Anteil des beklagten Miterben.[5] 2626

Verklagt ein Miterbe einen anderen Miterben auf Mitwirkung bei der Auflassung eines Nachlassgrundstückes an einen Dritten, so ist nach BGH[6] der Streitwert gleich dem Wert des Grundstücks. Diese Auffassung ist jedoch nicht mehr vertretbar, nachdem der BGH[7] grundsätzlich dazu übergegangen ist, den Anteil des klagenden Miterben von dem den Streitwert bestimmenden Nachlasswert abzuziehen. Die Auflassungsklage unter zwei Erben muss deshalb nach dem Anteil des Beklagten bewertet werden, dessen Übertragung auf einen Dritten erzwungen werden soll. 2627

Vgl. zu den Einzelheiten das Stichwort „Miterbe".

---

1 OLG Köln AnwBl. 1968, 396.
2 OLG Neustadt JR 1958, 384 mit zust. Anm. *Tschischgale*.
3 OLG Köln AnwBl. 1969, 53.
4 OLG Nürnberg JurBüro 1957, 553.
5 OLG Hamburg JurBüro 1994, 364; KG HuW 1950, 454.
6 BGH NJW 1956, 1072.
7 BGH JurBüro 1975, 1197; vgl. auch BayObLG JurBüro 1993, 228; OLG Köln JurBüro 1975, 939.

Rückübereignung

2628   Der Wert des Antrags auf Rückübereignung eines Grundstücks bestimmt sich nach dem Verkehrswert des Grundstücks, der auf der Grundlage des Sach- oder Ertragswertes nach der jeweiligen Marktlage unter Heranziehung von Vergleichspreisen zu schätzen ist. Belastungen des Grundstücks sind nicht abzuziehen.[1]

2629   Geht es dabei nur um einen ideellen Grundstücksanteil, dann entspricht der Streitwert dem zugehörigen Teil des Verkehrswertes des gesamten Grundstücks.[2]

Teilgrundstück

2630   Hat sich der Beklagte notariell verpflichtet, auf jederzeit statthaftes Verlangen des Klägers ein noch zu vermessendes Teilstück eines Grundstücks herauszugeben und begehrt der Kläger zunächst nur Verurteilung des Beklagten zur Vermessung, so ist der Streitwert mangels einer Sondervorschrift im GKG oder in der ZPO nach § 3 ZPO zu schätzen. Fehlen für eine Schätzung jegliche oder hinreichende Anhaltspunkte, dann darf sich die Streitwertbemessung an den Regelwerten orientieren (§ 52 Abs. 2 GKG: 5000 Euro; § 23 Abs. 3 RVG: 4000 Euro).[3]

Vermessung

2631   Ist nur die Richtigkeit eines Vermessungsergebnisses zwischen den Parteien streitig, dann richtet sich der Streitwert nach § 3 ZPO.[4] Abzustellen ist dabei darauf, inwieweit das Messungsergebnis nach dem Vorbringen des Klägers unrichtig ist und welcher Nachteil ihm dadurch nach seiner Meinung droht. Ist der Kläger als Miterbe am neu vermessenen Grundstück beteiligt, so ist seine Erbquote abzuziehen. Das verbleibende Interesse ist mit dem entsprechenden Bruchteil des Verkehrswertes der tatsächlich herausgemessenen Fläche zu beziffern.

---

1 OLG Hamm Rpfleger 1964, 23; OLG Schleswig Rpfleger 1980, 239 = AnwBl. 1980, 255; OLG Bamberg, Beschl. v. 30. 1. 1990 – 1 W 130/89, KostRsp. ZPO § 6 Nr. 128 mit Anm. *Schneider* = JurBüro 1990, 773, Aufgabe von JurBüro 1977, 1277, wobei aber nicht berücksichtigt worden ist, dass es sich im ersten Fall um eine Rückauflassungsklage gehandelt hat; vgl. dazu das Stichwort „Duldungsklage".
2 OLG Schleswig Rpfleger 1980, 239 = AnwBl. 1980, 255.
3 OLG Köln JurBüro 1971, 719 zu § 14 Abs. 1 GKG a.F.
4 OLG Bamberg JurBüro 1982, 1720.

Grundurteil

A. Allgemeines

Ist der prozessuale Anspruch dem Grund und der Höhe nach streitig, kann das 2632 Gericht gemäß § 304 ZPO über den Anspruchsgrund vorab durch Grundurteil entscheiden. Beendet wird der Rechtsstreit erst durch ein Endurteil im sog. Betragsverfahren. Grundurteile gibt es daher nur bei **Leistungsklagen,** denen ein Zahlungsantrag zugrunde liegt. Bei einer nicht bezifferten **Feststellungsklage** kommt ein Grundurteil bereits seinem Wesen nach nicht in Betracht.[1]

B. Gebührenstreitwert

Für das Grundurteil gemäß § 304 ZPO gibt es keine besondere Bewertungsvor- 2633 schrift. Der Streitwert entspricht demjenigen, der für den Anspruch anzusetzen ist, der den Streitgegenstand des Verfahrens ausmacht. Dass nur über den Grund dieses Anspruches entschieden wird, mindert also den Gebührenwert nicht.[2]

Ist der Streitwert im Grundverfahren nicht richtig festgesetzt worden und wer- 2634 den erst im Betragsverfahren maßgebliche Bewertungsumstände bekannt, dann wirkt die dadurch notwendig werdende Erhöhung des Streitwertes zurück; auch die Rechtsmittelinstanzen im Grundverfahren sind höher zu bewerten.[3]

C. Rechtsmittel und Beschwer

Die mit Erlass eines Grundurteils verbundene Beschwer richtet sich für beide 2635 Parteien nach dem Umfang der negativen Bindungswirkung für die Entscheidung im Betragsverfahren.[4] Sie entspricht damit bei **vollumfänglicher Stattgabe oder Abweisung** dem Grunde nach dem Wert der bezifferten Klage.[5] Dies gilt auch für den Streitwert des Rechtsmittelverfahrens. Wird Rechtsmittel gegen das Grundurteil nur hinsichtlich einer **Quote** eingelegt, dann bestimmt diese Quote den Wert für das Rechtsmittelverfahren.

Ergeht erstmals in der Berufungsinstanz ein Grundurteil, verbunden mit der 2636 **Zurückverweisung wegen der Betragshöhe,** ist damit eine Beschwer für den

---

1 BGH, Urteil v. 13. 5. 1997 – VI ZR 145/96, MDR 1997, 774 = NJW 1997, 3177; Zöller/ *Vollkommer*, § 304 Rn. 3 m.w.N.
2 OLG Braunschweig Rpfleger 1956, 115.
3 So OLG Bremen JurBüro 1976, 483; siehe dazu *Schneider* MDR 1977, 177.
4 BGH WM 1986, 331; Zöller/*Vollkommer*, § 304 Rn. 23.
5 BGH, Beschl. v. 30. 10. 1997 – VII ZR 299/95 – für das Teil-Grundurteil; Beschl. v. 26. 9. 1991 – VII ZR 125/91, MDR 1992, 73; OLG Braunschweig, Urteil v. 21. 4. 1995 – 4 U 11/94, OLGR 1995, 207; OLG Stuttgart, Urteil v. 20. 6. 2002 – 2 U 209/01, OLGR 2003, 398 = BauR 2003, 1062 = NZBau 2003, 446.

Kläger nicht verbunden. Denn eine im (erstinstanzlich zu führenden) Betragsverfahren für den Kläger etwaig nachteilige Entscheidung kann dieser erneut zur vollen Überprüfung durch das Rechtsmittelgericht stellen.[1]

2637 Ergeht nach Einlegung der Berufung gegen das Grundurteil in der ersten Instanz ein Schlussurteil und greift der Kläger auch dieses Schlussurteil an, dann beeinflusst diese zweite Berufung unter Umständen den Streitwert der Berufung gegen das Grundurteil. Dies ist beispielsweise der Fall, wenn im Grundurteil der Schaden des Klägers zu $^1/_2$ für gerechtfertigt erklärt worden ist, ihm im Schlussurteil jedoch mehrere Schadenspositionen wegen Beweisfälligkeit nicht zugesprochen und von dem verbleibenden Rest die Hälfte zuerkannt werden. Will der Kläger nun die Abzüge wegen Beweisfälligkeit hinnehmen, sich aber dagegen wehren, dass auch das Schlussurteil auf der Quote des Grundurteils aufbaut, muss er um der rechtskräftigen Entscheidung zu entgehen, Berufung auch gegen das Schlussurteil einlegen. Obgleich dann **zwei selbständige Berufungen** in der Welt sind, ist dem inneren Zusammenhang der Verfahren dahingehend Rechnung zu tragen, dass der niedrigere Wert der Berufung gegen das Schlussurteil maßgebend ist.[2]

Gütergemeinschaft

2638 Der Streitwert der **Aufhebung einer Gütergemeinschaft** nach §§ 1447 ff., 1449 ff. BGB ist gem. § 48 Abs. 3 S. 1 GKG, § 3 ZPO zu schätzen. Maßgebend ist das Interesse an der Aufhebung.[3]

2639 Der **Streitwert einer Auseinandersetzung der Gütergemeinschaft** nach §§ 1471 ff. BGB ist ebenfalls nach § 48 Abs. 3 S. 1 GKG, § 3 ZPO zu schätzen. Maßgebend ist das Interesse an der Auseinandersetzung.[4]

Güteverhandlung

A. Allgemeines

2640 Die mit dem ZPO-ReformG in § 278 Abs. 2 ZPO eingeführte Güteverhandlung geht der mündlichen Verhandlung voran, ist also nicht Bestandteil derselben, arg. § 279 Abs. 1 ZPO.[5] Sie dient der Herbeiführung einer einvernehmlichen

---

1 OLG Braunschweig, Urteil v. 21. 4. 1995 – 4 U 11/94, OLGR 1995, 207.
2 OLG Schleswig JurBüro 1957, 273.
3 *Kindermann*, Die Abrechnung in Ehe- und Familiensachen, Rn. 274.
4 *Kindermann*, Die Abrechnung in Ehe- und Familiensachen, Rn. 274.
5 Zöller/*Greger*, § 278 Rn. 8.

Regelung des Rechtsstreits, die nicht notwendigerweise mit dem Abschluss eines Vergleichs einhergehen muss.

B. Gebührenstreitwert

I. Gerichtskosten

Die Gerichtskosten werden durch die Anberaumung einer Güteverhandlung 2641 und deren Durchführung nicht beeinflusst, da der Anfall der Verfahrensgebühr nach Nr. 1210 KV GKG nicht tätigkeitsbezogen ausgestaltet ist und die Gebührenreduzierung nach Nr. 1211 KV GKG auf die fehlende Notwendigkeit einer Sachentscheidung abstellt.

II. Anwaltliche Gebühren

Demgegenüber löst die Teilnahme des Anwalts an der Güteverhandlung ge- 2642 mäß Nr. 3104 VV RVG eine Terminsgebühr aus. Denn nach Vorb. 3 Abs. 3 VV RVG entsteht die Terminsgebühr für die Vertretung in einem Erörterungstermin. Insoweit ist mit der Einführung des RVG keine gebührenrechtliche Neubewertung verbunden, da die (aktive) Teilnahme an der Güteverhandlung bereits nach altem Recht über den Anfall der Erörterungsgebühr nach § 31 Abs. 1 Nr. 4 BRAGO abgegolten wurde.[1] Etwaige Bedenken im Hinblick auf die Notwendigkeit einer mündlichen Verhandlung[2] sind spätestens mit der Einführung des RVG obsolet geworden. Da nunmehr selbst die Mitwirkung an einer auf Erledigung des Verfahrens gerichteten Besprechung mit dem Gegner ohne gerichtliche Beteiligung eine Terminsgebühr auslöst, kann an deren Anfall bei Wahrnehmung einer gerichtlichen, auf Herbeiführung einer gütlichen Einigung gerichteten Güteverhandlung kein Zweifel (mehr) bestehen.

Der **Gegenstandswert** der Terminsgebühr (Erörterungsgebühr nach BRAGO) be- 2643 stimmt sich nach dem Wert des Gegenstandes, über den verhandelt worden ist, § 2 RVG (§ 7 Abs. 1 BRAGO). Kommt es nachfolgend zu einer Erhöhung des Streitwertes, etwa aufgrund einer **Klageerweiterung**, ist diese bei erneuter Terminswahrnehmung zu berücksichtigen.[3]

Erfolgt im Rahmen einer **Stufenklage** die Erörterung des gesamten Klagebegeh- 2644 rens in der Güteverhandlung, bemisst sich die Terminsgebühr nach dem höheren Gegenstandswert des noch unbezifferten Leistungsantrages, auch wenn in

---

1 Zutr. KG, Beschl. v. 19. 5. 2003 – 1 W 136/03, KGR 2004, 421 = BRAGOreport 2003, 153; OLG Hamburg, Beschl. v. 14. 10. 2003 – 8 W 224/03, OLGR 2004, 189 = MDR 2004, 417; OLG Nürnberg, Beschl. v. 18. 11. 2003 – 7 WF 3303/03, OLGR 2004, 69 = MDR 2004, 416 = Rpfleger 2004, 251 = NJW-RR 2004, 718.
2 Vgl. hierzu *Gerold/Schmidt/von Eicken/Madert*, BRAGO, § 31 Rn. 152 m.w.N.
3 Gebauer/Schneider/*N. Schneider*, RVG, VV Vorb. 3 Rn. 104 m.w.N.

der nachfolgenden mündlichen Verhandlung nur die Rechtslage innerhalb der ersten Stufe (Auskunftserteilung) erörtert worden ist.[1]

Guthaben

2645 Der Streitwert einer Klage auf **Freigabe eines hinterlegten Betrages** bestimmt sich gemäß § 3 ZPO nach dem klägerischen Interesse. Dieses ist jedoch nicht auf eine Freigabe schlechthin, sondern gerade durch den Beklagten gerichtet. Der Wert bestimmt sich daher nach dem Umfang, in dem der Beklagte dem Kläger die Herausgabe streitig macht, einschließlich aufgelaufener Nebenforderungen.[2] Zu Einzelheiten siehe das Stichwort „Hinterlegung".

2646 Ist die Freigabe eines Guthabens Gegenstand von Klage und Widerklage, betreffen beide denselben Gegenstand gemäß § 45 Abs. 1 S. 3 GKG (§ 19 Abs. 1 S. 3 GKG a.F.). So etwa, wenn die Parteien wechselseitig die Verurteilung des Gegners zur **Einwilligung in die Auszahlung desselben Bausparguthabens**[3] oder Zustimmung zur Auszahlung eines **hinterlegten Betrages**[4] beantragen. Der Gebührenstreitwert bestimmt sich allein nach dem höheren Einzelanspruch.

2647 Ist das Guthaben Gegenstand eines Freigabeverlangens im **Verfahren nach § 850k ZPO**, dann beschränkt sich das Interesse des Schuldners nicht auf eine einmalige Freigabe eines bestimmten Guthabenbetrages, sondern erstreckt sich auf die gesamte Zeit, in der die Pfändungsmaßnahme voraussichtlich fortdauert und das den laufenden Einkünften entsprechende Guthaben erfassen würde.[5]

Haftbefehl

2648 Der Erlass eines Haftbefehls (§ 908 ZPO) wird zum Verfahren auf Abnahme der eidesstattlichen Versicherung (§ 807 ZPO) und zum Haftverfahren (§§ 909 ff. ZPO) gerechnet.

2649 Für den ersten Rechtszug fallen keine **Gerichtsgebühren** nach einem Streitwert an. Vielmehr wird für das Verfahren über den Antrag auf Abnahme der eidesstattlichen Versicherung eine Festgebühr angesetzt (Nr. 2113 KV GKG). Anträ-

---

1 OLG Hamburg, Beschl. v. 14. 10. 2003 – 8 W 224/03, OLGR 2004, 189 = MDR 2004, 417; Gebauer/Schneider/*N. Schneider*, RVG, VV Vorb. 3 Rn. 165.
2 OLG Nürnberg, Beschl. v. 1. 7. 2002 – 4 W 1675/02, OLGR 2003, 79; OLG Kiel SchlHA 1947, 105.
3 OLG Düsseldorf JurBüro 1984, 1868 = KostRsp. GKG § 19 Nr. 86.
4 KG Rpfleger 1962, 120.
5 OLG Frankfurt, Beschl. v. 12. 2. 2004 – 26 W 67/03, OLGR 2004, 241.

ge auf Erzwingung der Abgabe – und die dabei ergehenden gerichtlichen Entscheidungen – sind mit dieser Festgebühr abgegolten (§ 1 GKG). Auch für das Beschwerdeverfahren muss kein Streitwert mehr festgesetzt werden, da auch hier eine Festgebühr (Nr. 2121 KV GKG) anfällt.

Der Gegenstandswert für die **Anwaltsgebühren** bestimmt sich nach § 25 Abs. 1 Nr. 4 RVG. Maßgeblich ist der Betrag, der einschließlich der Nebenforderungen aus dem Vollstreckungstitel noch geschuldet wird, höchstens jedoch 1500 Euro.   **2650**

Haftungsbeschränkung

A. Haftungsbeschränkung des Erben

Die Beschränkung der Haftung des Erben auf den Nachlass (§§ 780, 781 ZPO,   **2651** §§ 1975 ff. BGB) vermindert den Streitwert nicht, weil es für die Bewertung eines bezifferten Anspruchs nicht darauf ankommt, ob und inwieweit er mit Rücksicht auf die Vermögensverhältnisse des Schuldners oder andere Umstände zu verwirklichen ist. Der geringere „wirtschaftliche Wert" einer Forderung stellt sich möglicherweise erst in der Zwangsvollstreckung heraus. Unter Umständen erweisen sich aber auch die Befürchtung des (teilweisen) Ausfalles mit der Forderung als unbegründet. Alle diese Überlegungen sind unerheblich, weil bei bezifferter Forderung nur der Forderungsbetrag wertbestimmend ist.[1]

Der Streitwert eines lediglich den Vorbehalt der beschränkten Erbenhaftung   **2652** betreffenden Rechtsmittels bestimmt sich nach dem Betrag, den der Rechtsmittelkläger bei Erfolg seines Rechtsmittels weniger zu zahlen hat.[2]

B. Sonstige Haftungsbeschränkungen

Bei sachlich beschränkter Haftung, beispielsweise derjenigen des **Reeders**, ist   **2653** umstritten, ob die einschränkende Vorschrift des § 6 S. 2 ZPO anzuwenden ist.

Wird das verneint,[3] dann bleibt der Wert der Forderung maßgebend, selbst wenn   **2654** das haftende Gut geringeren Wert hat oder gar in Verlust geraten ist.

Diese Auffassung ist jedoch abzulehnen; der geringere Wert des Haftungsobjekts muss streitwertmäßig berücksichtigt werden.[4]   **2655**

---

1 RG, RGZ 54, 412.
2 OLG Bamberg, Beschl. v. 29. 10. 1965 – 3 U 42/65, KostRsp. ZPO § 3 Nr. 140.
3 So KG, JW 1934, 3005; OLG Marienwerder, OLGE 27, 165.
4 Ebenso KG, JW 1933, 2074; 1937, 246; OLG Kiel, HRR 1936 Nr. 1145; OLG Stettin, JW 1926, 868.

Handelsregisteranmeldung

Siehe das Stichwort „Anmeldung zum Handelsregister".

Handelsvertreter

Literatur: *Schneider*, Der Streitwert für Klagen des Handelsvertreters, BB 1976, 1298.

2656 Ein Handelsvertreter ist – außer in den in § 5 Abs. 3 ArbGG genannten Fällen – nicht „Arbeitnehmer" i.S.d. § 42 Abs. 3 GKG.[1] Daher ist der Streitwert gemäß § 48 Abs. 1 S. 1 GKG i.V.m. § 3 ZPO zu schätzen.

2657 Der Wert einer Klage auf Feststellung, dass der zwischen Handelsvertreter und Unternehmer bestehende **Vertrag aufgelöst ist**, bemisst sich nach dem wirtschaftlichen Interesse des Klägers an der Auflösung des Vertrages.[2] Abzustellen ist auf den Vergleich der Vorteile und Nachteile, die sich aus der Beendigung des Handelsvertretervertrages für den Kläger ergeben. Die Bewertung muss hinter dem Wert einer entsprechenden Leistungsklage zurückbleiben. Dabei ist vor den ordentlichen Gerichten § 42 Abs. 3 GKG (max. dreifacher Jahresbetrag des Entgelts) nicht anwendbar, weil es sich bei der Klage auf Feststellung der Unwirksamkeit einer Kündigung nicht um „Ansprüche auf wiederkehrende Leistungen" handelt.[3]

2658 Der Wert einer Klage auf Feststellung, dass die gegenüber einem Handelsvertreter ausgesprochene fristlose **Kündigung unwirksam ist**, bestimmt sich danach, welches Interesse der Handelsvertreter an der Fortgeltung des Vertrages hat.[4] Dieses Interesse berechnet sich aus der Provisionsdifferenz bezogen auf den Fall der ordentlichen Kündigung, also aus dem Provisionsausfall in dem Zeitraum zwischen dem Ausspruch der fristlosen Kündigung und dem Zeitpunkt der Vertragsbeendigung bei ordentlicher Kündigung.[5] Aufgrund des Feststellungsantrages ist ein Abschlag von 20 % gerechtfertigt.[6]

---

1 LAG Nürnberg, Beschl. v. 26. 7. 2000 – 6 Ta 180/00, NZA-RR 2001, 53; OLG Frankfurt MDR 1974, 1028; OLG München, Beschl. v. 8. 1. 1985 – 23 W 601/85, KostRsp. GKG § 17 Nr. 65 = JurBüro 1985, 574; OLG Bamberg, Beschl. v. 10. 7. 1991 – 1 W 24/91, JurBüro 1991, 1693.

2 OLG München, Beschl. v. 27. 7. 1977 – 23 W 1857/77, AnwBl. 1977, 468.

3 OLG München, Beschl. v. 8. 1. 1985 – 23 W 601/85, KostRsp. GKG § 17 Nr. 65 = JurBüro 1985, 547.

4 OLG Bamberg, Beschl. v. 10. 7. 1991 – 1 W 24/91, JurBüro 1991, 1693.

5 OLG Köln, Beschl. v. 23. 1. 1996 – 3 W 41/95, OLGR 1996, 128; OLG Frankfurt, Beschl. v. 8. 2. 1999 – 24 U 5/97, KostRsp. ZPO § 3 Nr. 1304 = OLGR 1999, 139; OLG Köln, Urteil v. 12. 7. 2001 – 19 U 219/00, OLGReport 2001, 373.

6 BGH, Beschl.v. 13. 2. 1986 – IX ZR 114/85, MDR 1986, 669; OLG München, Beschl.v. 8. 1. 1985 – 23 W 601/85, JurBüro 1985, 574.

Bildet auch ein eventueller **Ausgleichsanspruch** des Klägers nach § 89b HGB 2659
den Hintergrund der Feststellungsklage, kann auch dieser – allerdings nur mit
einem geringen Bruchteil[1] – bei der Wertfestsetzung berücksichtigt werden.

Werden im Rahmen der Feststellungsklage des Handelsvertreters mehrere, zeit- 2660
lich auseinander liegende außerordentliche Kündigungen angegriffen, so muss
der Provisionsausfall für jede Kündigung gesondert ermittelt und die Werte
dann addiert werden.[2]

Der Streitwert der Klage des Handelsvertreters auf **Gestattung der Befriedigung** 2661
aus zurückbehaltenen Sachen ist nach dem Wert der Sachen zu bemessen, wenn
dieser niedriger ist als der Betrag der in Rede stehenden Forderung (§ 6 ZPO).[3]

Der Wert des **Auskunftsanspruchs** eines Handelsvertreters kann im Allgemei- 2662
nen mit etwa 20 % des Wertes des Ausgleichsanspruchs angenommen werden,
den er vorbereiten soll.[4] Vgl. dazu das Stichwort „Ausgleichsanspruch des Handelsvertreters".

Erhebt der Handelsvertreter **Stufenklage** nach § 254 ZPO auf Zahlung offener 2663
Provisionsbeträge nach Gesamtabrechnung und verlangt er gleichzeitig einen
angemessenen, aber noch nicht bezifferten Ausgleich nach § 89b HGB, dann
sind die Werte von Stufenklage und Ausgleichsanspruch zu addieren. Denn
auch dann, wenn die Höhe des Ausgleichsanspruchs in das Ermessen des Gerichts gestellt wird, ist dieser Anspruch nicht von der Stufenklage auf Provisionszahlung gedeckt.[5]

Hauptsacheerledigung

Siehe das Stichwort „Erledigung der Hauptsache".

Hausrat

A. Überblick

Da es sich bei Hausratsverfahren um Familiensachen handelt, stellt sich die 2664
Frage eines Zuständigkeitsstreitwerts nicht. Hier stellen sich nur Fragen des
Gebührenstreitwerts.

---

1 Das OLG Köln (Urteil v. 20. 7. 2001 – 19 U 219/00, OLGReport 2001, 373) hat 20 % des
  behaupteten Ausgleichanspruchs in die Wertfestsetzung mit einbezogen.
2 OLG Köln, Beschl. v. 23. 1. 1996 – 3 W 41/95, OLGR 1996, 128.
3 OLG Hamburg HVR Nr. 221.
4 BGH BB 1960, 796.
5 LG Bayreuth JurBüro 1977, 1747.

2665 Zu unterscheiden ist zwischen der **Folgesache im Verbund** und dem **isolierten Verfahren**. Für **einstweilige Anordnungen** gelten darüber hinaus wiederum besondere Vorschriften.

B. Isolierte Verfahren

I. Hauptsacheverfahren

1. Gesetzliche Grundlage

2666 Als isolierte Hausratssache richtet sich das Verfahren nach dem FGG. Der Geschäftswert ergibt sich somit aus § 100 Abs. 3 KostO.

2. Zuweisung des Hausrats

2667 Für die Zuweisung des Hausrats gilt § 100 Abs. 3 Satz 1, 2. Hs. KostO, der durch § 100 Abs. 3 S. 2 KostO ergänzt wird. Maßgebend ist der Verkehrswert (§ 6 ZPO) der gesamten vorhandenen Hausratsgegenstände, nicht der Neuwert oder der Wiederbeschaffungswert.

2668 Die Werte derjenigen Gegenstände, die bereits zwischen den Parteien verteilt sind, dürfen nicht berücksichtigt werden, da insoweit keine Regelung des Gerichts beantragt wird und auch nicht ergeht.[1] Dass im Rahmen der Billigkeitsabwägung die bereits verteilten Gegenstände mitberücksichtigt werden, ist dabei unerheblich.

2669 Stehen die Gegenstände im gemeinsamen Eigentum, so soll nach einer Auffassung nur der hälftige Verkehrswert anzusetzen sein.[2] Dies ist jedoch unzutreffend. Abgesehen davon, dass die Vorschrift des § 100 Abs. 3 S. 1 KostO keine dahingehende Einschränkung enthält, ist dies auch nicht sachgerecht. Der Streit der Parteien geht um die Zuweisung, nicht um das Eigentum. Aus dem hälftigen Eigentum folgt nicht schon die hälftige Zuweisung, so dass etwa nur noch die Zuweisung der anderen Hälfte begehrt würde. Maßgebend ist daher der volle Wert der im Streit befindlichen Verteilungsmasse.[3]

2670 Beantragen beide Parteien die Zuweisung an sich, hat dies auf den Gegenstandswert keinen Einfluss (Gedanke des § 45 Abs. 1 S. 3 GKG).

3. Nutzung des Hausrats

2671 Wird nicht über die Zuweisung der Hausratsgegenstände gestritten, sondern nur über deren Benutzung, so ist das Interesse der Beteiligten nach § 100 Abs. 3 Satz 2 KostO i.V.m. § 3 ZPO zu schätzen.

---

1 OLG Frankfurt, Beschl. v. 17. 7. 1989 – 3 WF 101/89, JurBüro 1989, 1563.
2 OLG Saarbrücken, Beschl. v. 26. 3. 1981 – 6 WF 72/81, AnwBl. 1981, 405; OLG Nürnberg, Beschl. v. 13. 12. 1996 – 7 WF 3784/96, MDR 1997, 510 = NJW-RR 1998, 420.
3 OLG Oldenburg, Beschl. v. 25. 8. 2003 – 3 WF 123/03, AGS 2004, 77.

4. Gleichzeitige Anträge zu Hausrat und Ehewohnung

Werden zugleich Anträge auf Zuweisung von Hausrat und Ehewohnung ge-   **2672**
stellt, so sind deren Werte zu addieren (§ 22 Abs. 1 RVG), da es sich um verschiedene Gegenstände handelt.[1]

5. Einstweilige Anordnungen

Für einstweilige Anordnungsverfahren im Rahmen eines Hausratsverfahren fal-   **2673**
len keine Gerichtsgebühren an, da es insoweit an einer Wertvorschrift in der
KostO fehlt. Für die Anwaltsgebühren ordnet daher § 24 S. 2 RVG i.V.m. § 53
Abs. 2 S. 2 RVG einen **Festwert** in Höhe von 1200 Euro an. Dieser Wert ist
unabänderlich. Er ist unabhängig davon festzusetzen, welchen Wert die betreffenden Hausratsgegenstände haben. Selbst wenn der Wert der Hausratsgegenstände geringer ist, bleibt es bei dem Festwert.

Werden im Verlaufe der Hauptsache **mehrere einstweilige** Anordnungsverfah-   **2674**
ren eingeleitet, gilt § 18 Nr. 1, 1. Hs. RVG. Es liegt nur eine Angelegenheit vor.
Die Werte der einzelnen Verfahren werden allerdings addiert, und zwar auch
dann, wenn sie denselben Gegenstand betreffen (§ 18 Nr. 1 2. Hs. RVG).

C. Verbundverfahren

I. Hauptsache

Im Verbundverfahren richtet sich der Wert der Hausratssache nach § 48 Abs. 1   **2675**
S. 1 GVG i.V.m. § 3 ZPO. Hier ist in aller Regel vom Verkehrswert der betreffenden Hausratsgegenstände auszugehen.

Strittig ist, ob nur der Wert der herausverlangten Hausratsgegenstände anzuset-   **2676**
zen ist.[2] Da das Hausratsverfahren nicht nur die Herausgabe oder Zuweisung
einzelner Gegenstände erfasst, sondern mit der Forderung des gesamten Hausrates und die Zuweisung einzelner Gegenstände nur vor dem Hintergrund der
Verteilung des Hausrats geprüft werden kann[3] erscheint es gerechtfertigt, den
Wert des gesamten Hausrates anzusetzen.

II. Gleichzeitige Anträge zu Hausrat und Ehewohnung

Werden zugleich Anträge auf Zuweisung von Hausrat und Ehewohnung ge-   **2677**
stellt, so sind deren Werte zu addieren (§ 46 Abs. 1 S. 1 GKG).

---

1 *Hansens*, § 63 Rn. 10.
2 Siehe OLG Nürnberg, Beschl. v. 13. 12. 1996 – 7 WF 3784/96, FamRZ 1998, 310 = MDR
  1997, 510 = NJW-RR 1998, 420.
3 *Kindermann*, Rn. 284.

III. Einstweilige Anordnungen

2678 Für einstweilige Anordnungen gilt wiederum in § 24 Abs. 2 RVG i.V.m. § 53 Abs. 2 S. 2 GKG. Es ist ein Wert in Höhe von 1200 Euro anzusetzen, der unabänderlich ist.

2679 Werden mehrere einstweilige Anordnungsverfahren während desselben Verbundverfahrens geführt, gilt das zu Rn. 2674 Gesagte.

2680 Trifft eine einstweilige Anordnung zu Hausrat mit anderen einstweiligen Anordnungen desselben Buchstabens des § 18 Nr. 1, 1. Hs. RVG zusammen, so ist auch hier nur eine einzige Angelegenheit gegeben, so dass die Gebühren nur einmal entstehen und zwar nach dem Gesamtwert (§ 22 Abs. 1 RVG). Hier sind die Werte der einzelnen Anordnungsverfahren ebenfalls zu addieren (§ 18 Nr. 1, 2. Hs. RVG).

Heimfallanspruch

2681 Heimfall war im Lehnsrecht der Rückfall eines erledigten Lehnsgutes an den Lehnsherren. Dergleichen gibt es heute nicht mehr. Eine namensgleiche Regelung findet sich jedoch in § 2 Nr. 4 der ErbbauVO. Danach gehört zum Inhalt des Erbbaurechts eine Vereinbarung des Grundstückseigentümers und des Erbbauberechtigten über „eine Verpflichtung des Erbbauberechtigten, das Erbbaurecht beim Eintreten bestimmter Voraussetzungen auf den Grundstückseigentümer zu übertragen" (Legaldefinition des Begriffs „Heimfall").

2682 Der Heimfallanspruch des Grundstückseigentümers kann nicht von dem Eigentum an dem Grundstück getrennt werden (§ 3 ErbbauVO). Er ist **unübertragbar, unpfändbar und unverpfändbar**.[1]

2683 Eine abgeschwächte entsprechende Regelung ist in § 36 Abs. 1 WEG enthalten. Danach kann als Inhalt eines **Dauerwohnrechts** vereinbart werden, dass der Berechtigte verpflichtet ist, das Dauerwohnrecht beim Eintritt bestimmter Voraussetzungen auf den Grundstückseigentümer oder einen von diesem zu bezeichnenden Dritten zu übertragen. Auch dieser Heimfallanspruch kann nicht vom Eigentum an dem Grundstück getrennt werden.

2684 Der **Wert** des Heimfallanspruchs nach der ErbbauVO ist gleich dem Wert des Erbbaurechts. Er bestimmt sich nicht nach § 41 Abs. 2 GKG, weil es sich bei dem Erbbaurecht nicht um ein miet- oder pachtähnliches Nutzungsverhältnis handelt.[2]

2685 Der Wert des Erbbaurechts ist nicht gleich dem Verkehrswert des Grundstücks.[3] Er setzt sich vielmehr zusammen aus dem Wert der errichteten **Ge-**

---

1 OLG Düsseldorf DNotZ 1974, 177.
2 OLG Schleswig SchlHA 1968, 144.
3 A.A. OLG Bamberg JurBüro 1985, 1705 = KostRsp. ZPO § 3 Nr. 785.

bäude und dem kapitalisierten Wert des **Nutzungsrechts am Grundstück,** das nach § 9 ZPO a.F. dem 25fachen Betrag des Jahreserbbauzinses entsprach.[1] Nach der derzeitigen Fassung des § 9 ZPO ist der 3,5fache Jahresbetrag maßgebend.

Umstritten ist, ob der Wert **auflastender Grundpfandrechte** abzuziehen ist, die zur Gebäudefinanzierung aufgenommen worden sind. Die herrschende Meinung verneint das, weil die Belastungen den Verkehrswert unberührt lassen und bei Veräußerung auf den Kaufpreis angerechnet werden.[2]   2686

Zweifelhaft ist, ob bei der **Klage auf Feststellung** eines Heimfallrechts der übliche **Abschlag** von 20 % wegen bloß positiver Feststellung zu machen ist.   2687

Das wird mit der Begründung verneint, die Vorschrift des § 6 ZPO sei anwendbar, sehe aber keinen Abschlag für Feststellungsklagen gegenüber Leistungsklagen vor.[3]   2688

Dabei wird jedoch übersehen, dass § 6 ZPO nur den Streitwert für Zuständigkeit und Rechtsmittelinstanz regelt (§ 2 ZPO). Im Gebührenrecht ist er über § 48 Abs. 1 S. 1 GKG nur durch Bezugnahme, also entsprechend anwendbar. Die Versagung des Abschlags bei Eigentums- und damit auch Heimfalls-Feststellungsklagen ist vom Ergebnis her wenig einleuchtend. Sie führt zu Ungleichbehandlungen, die des zureichenden Grundes entbehren.   2689

Klagt beispielsweise der Kläger auf Feststellung, dass der Beklagte vertraglich verpflichtet sei, dem Kläger einen Personenkraftwagen mit einem Verkehrswert von 20 000 Euro zu liefern, dann beläuft sich der Streitwert dieser positiven Feststellungsklage auf 20 000 Euro abzüglich 20 % = 16 000 Euro. Klagt er mit der Begründung, er habe Vertrag und Übereignung angefochten, auf Feststellung der Rückgabepflicht, dann würde sich der Streitwert auf 20 000 Euro belaufen. In beiden Fällen würde der Kläger aber keinen Titel erlangen, der ihn berechtigen würde, die Herausgabevollstreckung zu betreiben. Es erscheint deshalb richtig, auch Klagen auf Feststellung einer dinglichen Berechtigung geringer als entsprechende Leistungsklagen zu bewerten.[4]   2690

Ein **Dauerwohnrecht** nach §§ 31 ff. WEG, bei dem der Berechtigte vertraglich wie ein dinglicher Rechtsinhaber gestellt wird und bei Geltendmachung eines Heimfallanspruchs eine Entschädigung entsprechend dem Anteil des Wohnobjekts am Marktpreis des Grundstücks erhalten soll, liegt nach seiner Funk-   2691

---

1 OLG Frankfurt JurBüro 1985, 278 = KostRsp. ZPO § 6 Nr. 106 mit Anm. *Schneider* und *Lappe*; OLG Nürnberg, KostRsp. GKG § 19 Nr. 171 = JurBüro 1992, 52.
2 OLG Celle JurBüro 1974, 880 mit Anm. *Schneider*; OLG Frankfurt JurBüro 1985, 278 = KostRsp. ZPO § 6 Nr. 106 mit Anm. *Schneider*; OLG Bamberg JurBüro 1985, 1705 = KostRsp. ZPO § 3 Nr. 785; a. A. LG Hannover JurBüro 1974, 879 unter Berufung auf *Kramer* NJW 1972, 2117; *Anders/Gehle/Kunze,* Stichwort „Erbbaurecht" Rn. 2; siehe auch oben Rn. 1758 f.
3 KG Rpfleger 1970, 69; OLG Frankfurt JurBüro 1985, 278 = KostRsp. ZPO § 6 Nr. 106 mit krit. Anm. *Schneider*.
4 *E. Schneider* MDR 1986, 184.

tion nahe beim Eigentum. Der Streitwert eines solchen Dauerwohnrechts entspricht deshalb dem Verkehrswert einer vergleichbaren Eigentumswohnung.[1]

Herabsetzung einer vereinbarten Vergütung

2692 Nach § 4 Abs. 4 RVG kann das Gericht im Rechtsstreit eine unangemessen hohe Vergütung auf das angemessene Maß, höchstens bis auf die Höhe der gesetzlichen Vergütung herabsetzen. Dieser Anspruch ist selbständig einklagbar.

2693 Im Falle einer bezifferten Klage auf Herabsetzung der angemessenen Vergütung ist der begehrte Herabsetzungsbetrag maßgebend.[2]

2694 Soweit dieser in das Ermessen des Gerichts gestellt ist, ist – vergleichbar einer unbezifferten Schmerzensgeldklage – darauf abzustellen, in welcher Größenordnung sich der Kläger die Herabsetzung vorstellt.[3]

Herausgabe

Literatur: *Tschischgale* AnwBl. 1962, 198 (Bedenkliche Bewertung von Herausgabeklagen; maßgebend ist nicht der Verkehrswert der betroffenen Sache in ihrem tatsächlichen Zustand, sofern in der vom Kläger im Klageantrag und seiner Begründung angegebenen Ausgestaltung); *Danschke* JurBüro 1953, 276 (Streit bei Herausgabeklagen aufgrund von Sicherungsübereignung); *Schalhorn* JurBüro 1972, 1002 (gebrauchte Sachen).

A. Anzuwendende Vorschriften

2695 Bemessungsvorschrift ist § 6 ZPO, der auch für den Gebührenstreitwert gilt (§ 48 Abs. 1 S. 1 GKG), sofern keine Sonderregeln greifen, wie z.B.

- § 42 Abs. 2 GKG   Herausgabe von Miet- und Pachtobjekten,
- § 46 GKG   Kindesherausgabe im Verbund,
- § 30 Abs. 2 KostO   Kindesherausgabe als isoliertes Verfahren,
- § 24 RVG   Einstweilige Anordnungen auf Kindesherausgabe,
- § 100 Abs. 3 KostO   Zuweisung der Ehewohnung,
- § 53 Abs. 2 S. 2 GKG   Einstweilige Anordnung auf Zuweisung der Ehewohnung.

---

1 AG Frankfurt AnwBl. 1984, 449 = KostRsp. ZPO § 6 Nr. 102 mit Anm. *Schneider*.
2 *N. Schneider*, Die Vergütungsvereinbarung Rn. 1738.
3 *N. Schneider*, Die Vergütungsvereinbarung Rn. 1739.

Der Wert der herauszugebenden Sache als solcher ist dagegen nach § 3 ZPO zu **2696**
schätzen. Auch bei der Herausgabe von **Urkunden,** deren Besitz unmittelbar
den Wert eines Rechts verkörpert (Inhaber- und Wertpapiere), ist § 6 ZPO anzuwenden; bei anderen Urkunden ist nach § 3 ZPO zu schätzen.[1]

Stets ist genau zu prüfen, ob auch ein Herausgabesachverhalt gegeben ist. So **2697**
gilt beispielsweise § 6 ZPO nicht bei Klagen wegen **Besitzstörung,**[2] desgleichen
nicht bei Klagen auf **Vorlegung von Sachen** oder Urkunden gemäß § 908 BGB
oder auf Herausgabe nur zur vorläufigen Verwahrung.[3] Solche Sachverhalte
sind nach § 3 ZPO zu bewerten. Anders liegt es jedoch entgegen OLG Hamm[4]
bei der Klage auf Herausgabe eines Computers, den der Verkäufer dem Käufer
für die Dauer eines Rechtsstreits über Mängel des verkauften und gelieferten
Computers überlassen hatte. In diesem Fall geht es dem Kläger um den endgültigen Besitz, so dass § 6 ZPO und nicht § 3 ZPO anzuwenden ist. Maßgebend ist der Verkehrswert im Zeitpunkt der Erhebung der Herausgabeklage (§ 4
Abs. 1 ZPO, § 40 GKG). Dass das herausverlangte Gerät einem raschen Wert-
verfall unterliegt, kann diesen Streitwert entgegen OLG Hamm nicht mehr
verringern.

Der Gebührenstreitwert der Klage auf Herausgabe einer Sache bemisst sich **2698**
nach dem objektiven Verkehrswert derselben bei Einreichung der Klage, nicht
nach der subjektiven Einschätzung der Parteien. Maßgebend ist dabei der Betrag, der sich erzielen ließe, wenn die Sache veräußert würde.[5]

Der Streitwert einer Herausgabeklage bestimmt sich, wenn sachlich allein um **2699**
ein einredeweise geltend gemachtes **Pfandrecht** gestritten wird, nach dem Wert
der gesicherten Forderung, sofern nicht der Wert der Sache geringer ist.[6]

Bei der Klage auf Herausgabe **mehrerer Sachen** sind die Werte der einzelnen **2700**
Herausgabeansprüche zusammenzuzählen. Wird hilfsweise Wertersatz verlangt,
so ist ein Hilfsantrag nur zu berücksichtigen, wenn das Gericht über ihn entschieden hat (§ 45 Abs. 1 S. 2 GKG; zu beachten: § 45 Abs. 1 S. 3 GKG).

Schwierig wird es, wenn herauszugebende **Gegenstände** praktisch **keinen Ver-** **2701**
kehrswert haben, weil sie nicht veräußerlich sind. Das OLG Köln[7] hat sich in
einem derartigen Fall, in dem es um die Herausgabe der beim Architekten
befindlichen Originalzeichnungen eines längst fertiggestellten Bauvorhabens
ging, mangels schätzbaren Verkehrswertes der Zeichnungen an § 12 Abs. 2
GKG a.F. (jetzt § 48 Abs. 2 GKG) orientiert und den (damals) untersten Wertansatz – bis 600 DM – angenommen.

---

1 BGH, KostRsp. ZPO § 3 Nr. 1070 = EzFamR ZPO § 3 Nr. 23 = FamRZ 1992, 169.
2 RGZ 3, 394; OLG Hamburg OLGE 23, 72.
3 RG JW 1903, 125.
4 OLG Hamm, KostRsp. ZPO § 6 Nr. 127 mit Anm. *E. Schneider* = MDR 1990, 449 =
  JurBüro 1990, 649.
5 OLG Frankfurt, Beschl. v. 28. 7. 1994 – 16 W 13/97, OLGR 1998, 156.
6 OLG Celle NJW 1957, 1649.
7 OLG Köln ZMR 1974, 143.

2702 Bei Wertminderung durch Rücknahme (Abriss von Hallen) ist der geringere Wert maßgebend.[1]

2703 **Parteiangaben** sind für die Ermittlung des Wertes ein Anhalt, für die Parteien und das Gericht nicht bindend,[2] aber gleichwohl der wichtigste und oft sogar der einzige Schätzungsanhalt.

2704 Der Wert ist nach **wirtschaftlichen Gesichtspunkten** zu ermitteln,[3] so dass praktisch auf den Veräußerungswert abzustellen ist.[4] Es gilt dabei der Verkehrswert im Zeitpunkt der die Instanz einleitenden Antragstellung für den Gebührenwert (§ 40 GKG), im Zeitpunkt der letzten mündlichen Verhandlung vor dem Berufungsgericht für die (Revisions-)Beschwer.[5]

2705 Ist ein **Kaufpreis** vereinbart, so wird dieser regelmäßig dem Wert der Sache gleichzusetzen sein.[6]

2706 Umgekehrt ist der Streitwert eines Herausgabeantrages im Zweifel auch nicht geringer als der für den „Unvermögensfall" begehrte Geldbetrag.[7]

2707 Verbindet der Kläger den Antrag auf Verurteilung zur Vornahme einer Handlung mit dem Antrag, für den Fall, dass die Handlung nicht binnen einer zu bestimmenden Frist vorgenommen werde, den Beklagten zur **Zahlung einer Entschädigung** zu verurteilen (§§ 510b ZPO, § 61 Abs. 2 S. 1 ArbGG) oder geht er vor dem Landgericht ebenso nach §§ 255, 259 ZPO, 283 BGB vor, dann sind beide Anträge wirtschaftlich identisch, so dass § 5 ZPO unanwendbar und folglich nicht zusammenzurechnen ist. Zu bewerten ist allein der Leistungsantrag.[8] Siehe auch „Fristsetzung".

2708 Das LG Köln[9] will auf diesen Sachverhalt die Vorschrift des § 45 Abs. 4 GKG (§ 19 Abs. 4 GKG a.F.) **analog** anwenden.

2709 Dem steht jedoch schon entgegen, dass dafür eine Analogiebasis fehlt und unüberwindbare Schwierigkeiten bei der Kostenentscheidung auftreten würden.[10] Die Entscheidung ist jedenfalls überholt, da durch das KostRÄndG 1994 der Hilfsanspruch in § 45 Abs. 1 S. 2 GKG geregelt ist, dabei § 45 Abs. 4 GKG (§ 19

---

1 OLG Frankfurt JurBüro 1970, 173.
2 OLG Hamburg OLGE 40, 342.
3 KG JW 1930, 1083.
4 BGH, KostRsp. ZPO § 6 Nr. 131 mit Anm. *E. Schneider* = WPM 1991, 1690 = WuB VII A § 546 ZPO 1.91 – *Peterhoff* = NJW-RR 1991, 1210 = MDR 1992, 83; KG JurBüro 1955, 273.
5 BGH, a.a.O.
6 KG JW 1931, 1047; OLG Bamberg, KostRsp. ZPO § 6 Nr. 128 = JurBüro 1990, 773.
7 KG Rpfleger 1962, 155.
8 Allgemeine Auffassung; vgl. z.B. *Thomas/Putzo*, ZPO, 27. Aufl. 2005, § 510b Rn. 5; a.A. *Hillach/Rohs*, § 14 III d, S. 64, anscheinend ohne die Abweichung von der herrschenden Meinung zu bemerken.
9 MDR 1984, 501 mit abl. Anm. *E. Schneider* MDR 1984, 853 = KostRsp. GKG § 19 Nr. 77 mit abl. Anm. *E. Schneider*.
10 *E. Schneider* MDR 1984, 853.

Abs. 4 GKG a.F.) nicht übernommen wurde, so dass eine Analogie nicht (mehr) in Frage kommt.

B. Alphabetischer Bewertungs-Schlüssel

Herausgabeklagen können sich auf beliebige, zahlenmäßig unbegrenzte Gegenstände beziehen. Von ihrer Bewertung hängt dann auch der Streitwert der Herausgabeklage ab. Die nachfolgende alphabetische Zusammenstellung einschlägiger Entscheidungen zu Sachverhalten, die zum Teil häufiger vorkommen, soll die richtige Bewertung im Einzelfall erleichtern. Zu Detailfragen siehe jeweils auch bei dem betreffenden Hauptstichwort.   **2710**

Stichwortübersicht

Arbeitsbescheinigung	2711	Lieferung	2786
Bereicherungsansprüche	2712	Nachlass	2787
Beweisurkunden	2713	Nießbrauch	2788
Bürgschaftsurkunde	2715	Notarurkunden	2790
Eigenheim	2723	Originalzeichnungen	2791
Eigentumsvorbehalt	2725	Pacht	2792
Eigentumswohnung	2726	Pfandrecht	2794
Einstweilige Verfügung	2731	Raumüberlassung	2795
Einwilligung	2733	Schadensersatz, Schenkung	2796
Erbschein	2735	Sequester	2798
Filmmaterial	2736	Sicherungsübereignung	2800
Fotografie	2737	Sparbuch	2803
Fristsetzung	2738	Teilung einer Gemeinschaft	2808
Gegenforderung/Gegenleistung	2739	Urkunden	2809
Goldbarren	2743	Urteil	2810
Grundschuldbrief/Hypothekenbrief	2744	Versicherungsschein	2811
Grundstücke	2749	Verwahrungsschein	2812
Haus	2758	Vollmachtsurkunde	2813
Hilfsantrag	2760	Vollstreckungstitel	2814
Hinterlegung	2762	Wertminderung	2815
Kaufanwartschaftsverträge	2763	Wertpapiere	2816
Kind	2764	Zurückbehaltungsrecht	2824
Kraftfahrzeug/Kraftfahrzeugbrief	2770		

Arbeitsbescheinigung

Den Anspruch auf Herausgabe einer Arbeitsbescheinigung hat das LAG Baden-Württemberg nicht mit dem Betrag der zu erwartenden Arbeitslosenhilfe bewertet, sondern gem. § 3 ZPO mit 500 DM geschätzt.[1]   **2711**

Bereicherungsansprüche

Bewertung nach § 6 ZPO, da ausschlaggebend das Herausgabeverlangen ist.   **2712**

---

1 LAG Baden-Württemberg, KostRsp. ZPO § 3 Nr. 698 = BB 1984, 1234.

Beweisurkunden

2713 Wenn auf Herausgabe von Beweisurkunden geklagt wird, die nicht Wertpapiere sind, bestimmt sich der Streitwert nach dem Interesse des Klägers an der Beweisführung gemäß § 3 ZPO, z.B. wenn Pelzverwahrungsscheine herausverlangt werden[1] oder der Kläger eine Bürgschaftsurkunde zurückhaben will.[2]

2714 Besteht Streit über den Besitz an einer Urkunde (hier: Versicherungsschein für eine Lebensversicherung) ist für die Berechnung des Streitwerts einer Klage auf Herausgabe der Urkunde § 6 ZPO nur dann anzuwenden, wenn der Besitz der Urkunde unmittelbar den Wert eines Rechts verkörpert, wie es z.B. bei Inhaberpapieren der Fall ist. Handelt es sich bei der herauszugebenden Urkunde aber (wie hier) um ein qualifiziertes Legitimationspapier ist für die Wertfestsetzung auf § 3 ZPO abzustellen.[3]

Bürgschaftsurkunde

2715 Die Klage auf Herausgabe einer Bürgschaftsurkunde richtet sich nach dem vollen Wert der **gesicherten Forderung,** wenn mit Hilfe des Herausgabeverlangens eine Inanspruchnahme des Bürgen verhindert werden soll.[4]

2716 Im Regelfall bemisst sich der Wert des Anspruchs auf Herausgabe einer Bürgschaftsurkunde nach einem Bruchteil des Wertes der Bürgschaftsforderung.

2717 Wenn aber der Kläger mit dem Herausgabeanspruch verhindern will, das der Beklagte den Schuldner der Bürgschaft wegen umstrittener Forderungen in Anspruch nimmt, so ist der Streitwert mit dem vollen Wert der Forderungen anzusetzen, deren sich der Beklagte gegenüber dem Kläger berühmt.[5]

2718 Der Streitwert für eine Klage auf Herausgabe einer **Bürgschaft auf erstes Anfordern** ist entsprechend des Bürgschaftsbetrages in **voller Höhe** festzusetzen, wenn der Kläger mit der Herausgabeklage eine Inanspruchnahme des Bürgen verhindern will und nach dem Bürgschaftsvertrag die Verpflichtungen aus der Bürgschaft bei Rückgabe der Bürgschaftsurkunde an den Bürgen erlöschen.[6]

2719 Lautet die Bürgschaftsurkunde über einen **höheren Betrag** als die Klageforderung, dann ist nur von dieser auszugehen; wegen des Mehrbetrages kann jedoch ein Aufschlag entsprechend dem Herausgabeinteresse des Klägers angebracht sein.[7]

---

1 LG Flensburg JurBüro 1950, 146.
2 OLG Stuttgart JurBüro 1980, 896 = MDR 1980, 658; Rn. 2715.
3 BGH, Beschl. v. 10. 10. 2001 – IV ZR 120/01, NJW-RR 2002, 573 = AGS 2002, 230 = BGHR 2002, 155.
4 OLG Frankfurt AnwBl. 1980, 460.
5 LG Berlin, Beschl. v. 13. 5. 2002 – 67 T 29/02,JurBüro 2002, 478; ebenso LG Hamburg, Beschl. v. 7. 9. 2001 – 308 O 117/01, JurBüro 2002, 81; KG, Beschl. v. 7. 6. 2001 – 8 W 164/01, KGR 2002, 28 = AGS 2002, 126.
6 KG, Beschl. v. 6. 3. 2000 – 26 W 599/00, BauR 2000, 1380 = AGS 2001, 253; OLG München, Beschl. v. 29. 12. 1999 – 15 W 3367/99, BauR 2000, 607.
7 OLG Stuttgart JurBüro 1980, 896 = MDR 1980, 678.

Das Verlangen auf Herausgabe einer **schriftlichen Bürgschaftserklärung** ist ne-   2720
ben dem Anspruch auf Zahlung nicht zusätzlich zu bewerten;[1] desgleichen
nicht, wenn der Klage auf Gewährleistung die **Widerklage** auf Herausgabe der
Bürgschaftsurkunde entgegengesetzt wird.[2]

Wird lediglich Herausgabe der Bürgschaftsurkunde verlangt, geht es also nicht   2721
um die Abwehr einer drohenden Inanspruchnahme, dann ist das Interesse des
Klägers am **Besitz der Urkunde** maßgebend, nicht die Höhe der Hauptschuld.[3]

Soweit das OLG Düsseldorf[4] das Interesse des Klägers gleichgesetzt hat „dem   2722
Beweiswert der Urkunde in Händen des Gläubigers", handelt es sich um ein
sehr unklares Bewertungskriterium, das abzulehnen ist. Die Bürgschaftsurkunde hat keinen Beweiswert für das Bestehen der gesicherten Forderung.

Eigenheim

Klagt eine staatliche Treuhandgesellschaft für Wohnungsbau auf Räumung und   2723
Herausgabe eines Eigenheims wegen **Rücktritt vom Bewerbervertrag,** dann bemisst sich der Gebührenstreitwert gemäß § 42 Abs. 2 S. 1 GKG nach dem einjährigen Nutzungsbetrag, nicht gemäß § 6 ZPO nach dem Verkehrswert des
Eigenheims.[5]

Klagt der Verkäufer einer unter **Eigentumsvorbehalt** verkauften Sache auf Her-   2724
ausgabe aufgrund seines Eigentums, dann bestimmt sich der Streitwert nach
dem Wert der herausverlangten Sache und nicht nach dem Wert der Restkaufpreisforderung.[6]

Eigentumsvorbehalt

Wird auf Herausgabe der unter Eigentumsvorbehalt gelieferten Ware und   2725
gleichzeitig auf **Bezahlung des Kaufpreises** geklagt, so werden diese Streitgegenstände nicht zusammengerechnet.[7]

Eigentumswohnung

Wird eine Eigentumswohnung dem in Aussicht genommenen Käufer aufgrund   2726
eines **privatwirtschaftlichen Vorvertrages** überlassen, der nur eine Verpflichtung zum Erwerb der Wohnung und die dafür geltenden Bedingungen enthält,

1 OLG Bamberg JurBüro 1974, 1437.
2 OLG Stuttgart JurBüro 1980, 896.
3 OLG Hamm JurBüro 1981, 43; OLG Düsseldorf JurBüro 1981, 1893; OLG Stuttgart
  JurBüro 1980, 896; 20–30 % als angemessener Bruchteil der gesicherten Forderung; zustimmend LG Köln AnwBl. 1982, 437.
4 OLG Düsseldorf JurBüro 1981, 1893.
5 OLG Köln MDR 1974, 323 = JMBl.NW 1974, 69 = BlGBW 1974, 115.
6 OLG Stuttgart AnwBl. 1959, 41; OLG Frankfurt JurBüro 1970, 173 mit Nachw.; a.A.
  OLG Koblenz MDR 1968, 334.
7 OLG Hamburg MDR 1965, 394.

so ist im Falle einer Herausgabeklage des Eigentümers nur die Frage Streitgegenstand, ob der spätere Käufer die Wohnung bis zu endgültigen Klärung der Rechtsbeziehungen der Parteien nutzen darf. Den Streitwert für diesen Streit bildet gem. § 42 Abs. 2 GKG der einjährige Nutzungswert der Wohnung.[1]

2727   Ebenso hat das OLG Frankfurt entschieden für die nach Ablauf einer vertraglichen Nutzungsfrist erhobene Herausgabeklage, auch wenn die Klage zusätzlich auf Eigentum gestützt wird.[2]

2728   Wird auf Herausgabe einer Eigentumswohnung geklagt mit der Begründung, der **Kaufvertrag** sei **nichtig**, dann richtet sich der Streitwert nach § 6 ZPO, also nach dem Verkehrswert, nicht gem. § 42 GKG nach dem einjährigen Nutzungswert.[3]

2729   Dem steht nicht die Rechtsprechung zur Bewertung von Kaufanwartschaftsverträgen siehe Rn. 2763) entgegen, weil es bei der auf Vertragsnichtigkeit gestützten Herausgabeklage an einer Nutzungsvereinbarung fehlt.

2730   Allerdings wird diese Unterscheidung dann bedeutungslos, wenn mit OLG Köln[4] die Anwendung des § 42 Abs. 2 GKG nicht davon abhängig gemacht wird, dass ein Nutzungsentgelt vereinbart und gezahlt wird. Indessen war auch in jenem Fall ein Bewerbervertrag geschlossen worden, der durch Rücktritt beseitigt worden war.

Einstweilige Verfügung

2731   Wenn eine Herausgabe-Verfügung – ganz ausnahmsweise – praktisch zur **Befriedigung des Gläubigers** führt, kann es angebracht sein, den Streitwert gemäß §§ 53 Abs. 1 GKG, 3 ZPO auf den vollen Wert der Hauptsache zu schätzen.[5]

2732   Wird im Wege der einstweiligen Verfügung Herausgabe einer Sache an den Antragsteller selbst und nicht nur an einen Sequester verlangt, so ist für den Streitwert der volle Wert der Sache ohne den sonst im Verfügungsverfahren üblichen Abschlag maßgebend, da das Herausgabeverlangen wirtschaftlich dem Hauptsacheverfahren gleichkommt.[6]

Einwilligung

2733   Auch die Klage auf Einwilligung in die Herausgabe einer **hinterlegten Sache** ist nach § 6 ZPO zu bewerten.[7]

---

1 KG JurBüro 1969, 166.
2 OLG Frankfurt JurBüro 1983, 255 = KostRsp. GKG § 16 Nr. 22.
3 OLG Frankfurt JurBüro 1979, 1888; 1983, 919 = AnwBl. 1984, 203 = KostRsp. ZPO § 6 Nr. 95.
4 OLG Köln JurBüro 1978, 1054.
5 OLG Saarbrücken, KostRsp. GKG § 20 Nr. 8.
6 OLG Köln, Beschl. v. 27. 1. 1999 – 16 W 3/99, OLGR 1999, 336.
7 KG JurBüro 1978, 427 = AnwBl. 1978, 107.

Sind **mehrere Personen** nur gemeinsam berechtigt, eine hinterlegte Sache in 2734
Empfang zu nehmen, dann ist auf ihre Beteiligungsrechte abzustellen. Sind beispielsweise Kläger und Beklagter je zur Hälfte Eigentümer der hinterlegten
Sache, dann ist der Wert der Klage nur mit der Hälfte des Verkehrswertes
anzusetzen.

Erbschein

Wird auf Herausgabe eines Erbscheins geklagt, dann ist abzustellen auf das 2735
Interesse des Klägers, dass die **Nachteile** nicht eintreten, die dem wirklichen
Erben infolge der rechtlichen Bedeutung des Erbscheins mit Rücksicht auf die
§§ 2365, 2367 BGB drohen.[1] Der Nachlasswert oder das Bestreben des Klägers,
mittelbar die Ungültigkeit der letztwilligen Verfügung des Erblassers feststellen
zu lassen, sind belanglos.

Filmmaterial

Obwohl sich der Streitwert einer Klage auf Herausgabe einer bestimmten Sache 2736
grundsätzlich nach dem allgemeinen Verkehrswert richtet, bemisst sich der
Streitwert bei einer Klage auf Herausgabe von Filmmaterial regelmäßig weder
nach dem bloßen Materialwert noch nach den Neuherstellungskosten. Er ist
vielmehr unter Berücksichtigung der Aussichten einer **erfolgreichen Auswertung** des Filmmaterials im Zeitpunkt der Klageerhebung zu schätzen mit der
Maßgabe, dass nur ein Bruchteil des aus der Verwertung etwa zu erwartenden
Reingewinnes anzusetzen ist.[2]

Fotografie

Obgleich mit der Klage auf Herausgabe einer belastenden Fotografie die Her- 2737
ausgabe einer Sache begehrt wird, bestimmt sich der Wert des Streitgegenstandes nicht gemäß § 6 ZPO nach dem gewöhnlichen Verkehrswert der Fotografie.
§ 6 ZPO ist nämlich nur dann anwendbar, wenn die Sache einen selbständigen
Vermögenswert hat und wenigstens auch mit Rücksicht auf diesen herausverlangt wird. Der Kläger fordert aber die Herausgabe der Fotografie nicht um ihres
Sachwertes willen, der nur geringfügig ist, auch keine selbständige Bedeutung
hat, sondern sein Interesse geht dahin, die **Schäden abzuwenden**, die sich daraus ergeben, dass der Beklagte die Fotografie in seinem Besitz hat. Der Wert des
Streitgegenstandes ist deshalb nach dem Wert des Interesses des Klägers frei zu
schätzen.[3]

---

1 RG JW 1911, 813 Nr. 22; BGH, KostRsp. ZPO § 3 Nr. 176.
2 OLG Frankfurt MDR 1957, 48.
3 KG Rpfleger 1956, 89 zu ZPO § 3, g.

Fristsetzung

2738 Bei einer Klage auf Herausgabe, Fristsetzung hierfür und eventuellen Schadensersatz richtet sich der Streitwert nach dem höheren der Werte der beiden Leistungsanträge. Eine Zusammenrechnung findet nicht statt.[1]

Gegenforderung/Gegenleistung

2739 Wird auf Herausgabe einer Sache geklagt, und macht der Beklagte ein **Zurückbehaltungsrecht** wegen einer Gegenforderung geltend, so bestimmt sich auch
bei unstreitigem Herausgabeanspruch, aber (lediglich) streitiger Gegenforderung
der Streitwert nach herrschender Meinung nur nach dem Wert der herauszugebenden Sache.

2740 So wird der Streitwert einer Klage auf Herausgabe einer Sache mit deren Wert,
nicht nur mit dem des noch offenen Restkaufpreises angenommen.[2]

2741 Das OLG Frankfurt lässt allerdings dahingestellt, ob das auch dann gilt, wenn
nur ein Gegenrecht von im Verhältnis zur Klageforderung außerordentlich geringem Wert streitig ist.[3]

2742 Wegen der Bedenken gegen diese formale Betrachtungsweise siehe auch das
Stichwort „Gegenleistung" Rn. 2235 ff.

Goldbarren

2743 Der Wert einer auf die Herausgabe von Goldbarren gerichteten Klage wird
durch den an der Börse geltenden Ankaufskurs für Goldbarren bestimmt.[4]

Grundschuldbrief/Hypothekenbrief

2744 Bei Hypotheken- oder Grundschuldbriefen folgt aus dem Besitz am Brief nicht
die Inhaberschaft am verbrieften Recht. Da der Brief lediglich eine **Beweisurkunde** und kein Wertpapier ist, bemisst sich der Streitwert für ein auf Herausgabe eines Grundschuldbriefes gerichtete Klage nicht nach § 6 ZPO. Der Streitwert ist also nicht stets gleich dem Nennbetrag der Grundschuld. Er ist vielmehr nach § 3 ZPO frei zu schätzen.

2745 Da aber die **Zuerkennung** des Briefes **durch Urteil** regelmäßig deshalb geschieht, weil dem Obsiegenden auch das materielle Recht zusteht, kann ihm

---

1 OLG Jena, Beschl. v. 24. 8. 1998 – 5 W 513/98, OLGR 1999, 100.
2 OLG Frankfurt, Beschl. v. 13. 12. 1969 – 6 W 387/69, NJW 1970, 334; OLG Bamberg,
  Beschl. v. 11. 2. 1971 – 1 W 5/71, JurBüro 1971, 456; OLG Frankfurt, Beschl. v. 9. 11.
  1983 – 8 W 46/83, AnwBl. 1984, 94.
3 OLG Frankfurt, Beschl. v. 9. 11. 1983 – 8 W 46/83, AnwBl. 1984, 94.
4 BGH, Beschl. v. 12. 6. 1991 – XII ZR 65/91, WM 1991, 1656 = NJW-RR 1991, 1210 =
  WuB VII A § 546 ZPO 1.91 = MDR 1992, 83 = ZAP Fach 24, 106 = BGHR ZPO § 6
  Herausgabeklage 1 = LM ZPO § 3 Nr. 77 (4/1992) = BGH *Warneyer* 1991, Nr. 213.

der Besitz am Brief vom Gegner kaum noch wegen eines behaupteten Mangels im Recht streitig gemacht werden. Daher kann der Streitwert bis zum Wert des verbrieften Rechts geschätzt werden.[1]

Maßgebend ist dabei das Interesse, das die klagende Partei daran hat, den **Besitz** an dem Grundschuldbrief zu erlangen.[2]

2746

Von Bedeutung ist auch, ob die Grundschuld ihrem **Rang** nach durch den Grundstückswert gedeckt ist.[3] Der Wert des verbrieften Rechts ist jedoch stets obere Grenze.[4]

2747

Scheitert die Herausgabe nur an einem vom Beklagten geltend gemachten **Zurückbehaltungsrecht,** dann entspricht das Herausgabeinteresse des Klägers wirtschaftlich dem Betrag, den er aufwenden müsste, um das Zurückbehaltungsrecht auszuräumen.[5] Müsste der Kläger den aufzuwendenden Betrag finanzieren, dann sind Kreditkosten hinzuzurechnen.

2748

Grundstücke

Ansprüche auf Herausgabe oder Auflassung von Grundstücken sind nach dem Grundstückswert ohne Rücksicht auf die auflastenden **Grundpfandrechte** zu bewerten.[6]

2749

Die Begründung dafür ist die, dass solche Belastungen den Grundstückswert als solchen nicht mindern und deshalb auch bei der Veräußerung lediglich durch Zahlungsmodalitäten (Übernahme oder Ablösung) berücksichtigt werden. Eine andere Bewertung ist schwerlich möglich, weil sonst beispielsweise bei der Vollfinanzierung eines veräußerten Grundstücks der Streitwert in der untersten Gebührenstufe läge. Diese Bewertungsfrage ist aber sehr kontrovers; vgl. das Stichwort „Auflassung" Rn. 458 ff.

2750

Die Vorschrift des § 42 GKG ist anwendbar, wenn die Klage auf Räumung und Herausgabe eines **vermieteten** Grundstücks gerichtet ist.[7] Dabei reicht es aus, dass sich der Beklagte bei seiner Verteidigung auf ein Miet-, Pacht- oder ähnliches Nutzungsverhältnis beruft.[8] Ebenso ist zu bewerten, wenn ein zwischen den Parteien abgeschlossener Kaufvertrag scheitert, der Kaufinteressent das Haus aber bereits bezogen hatte und ein monatliches, auf den Kaufpreis anzurechnendes Nutzungsentgelt vereinbart war.[9] Der Streit der Parteien geht dann

2751

1 RG HRR 1933 Nr. 1694; OLG Rostock OLGE 37, 82; OLG Hamm OLGE 35, 23.
2 OLG Nürnberg JurBüro 1962, 431.
3 KG Rpfleger 1955, 89.
4 OLG Kiel Rpfleger 1938 Nr. 117.
5 OLG Bremen KostRsp. ZPO § 6 Nr. 107 mit Anm. *E. Schneider* = JurBüro 1985, 444 = Rpfleger 1985, 77.
6 BGH NJW 1954, 955; OLG Braunschweig JurBüro 1968, 483; OLG Frankfurt JurBüro 1979, 1889.
7 Siehe das Stichwort „Mietstreitigkeiten" Rn. 3609 f.
8 OLG Bamberg KostRsp. GKG § 16 Nr. 86 = JurBüro 1992, 625.
9 OLG Düsseldorf KostRsp. GKG § 16 Nr. 54 mit Anm. E. Schneider = JurBüro 1988, 373.

nicht um das Eigentum am Grundstück, sondern um die **Vergütung des Nutzungsrechts**. Die Vorschriften der §§ 42 GKG und 6 ZPO können allerdings auch zusammentreffen, wie ein vom OLG Bamberg entschiedener Fall zeigt:[1] Wird die Klage auf Räumung eines vermieteten oder verpachteten Grundstücks verbunden mit der Klage auf Herausgabe eines weiteren Grundstücks, über das kein Miet- oder Pachtverhältnis besteht, dann ist der Streitwert der Räumungsklage nach § 42 GKG, derjenige der Herausgabeklage nach § 6 ZPO zu berechnen.

2752 **Nur** nach **§ 6 ZPO** ist zu bewerten, wenn dem Räumungsanspruch lediglich ein Eigentümer-Besitzer-Verhältnis zugrunde liegt, die Klage also nur auf **§ 985 BGB** oder auf eine andere, nicht mietrechtliche Vorschrift gestützt wird. In diesem Fall ist nach herrschender Rechtsprechung auch nicht die ausschließliche Zuständigkeit nach § 29a ZPO gegeben, weil es an einem Mietverhältnis fehlt.[2] Maßgebend ist dann nur der Verkehrswert des Herausgabeobjektes. Handelt es sich um eine Wohnhaus oder ein anderes Gebäude, dann ist der Verkehrswert des bebauten Grundstücks gleich dem Streitwert. Handelt es sich um die Räumung einer ohne Vertrag, also rechtswidrig besetzten und genutzten Wohnung, dann ist der entsprechende Anteil des Verkehrswertes anzusetzen. Die privilegierende Streitwertvorschrift des § 42 GKG ist unanwendbar.[3] Der Streitwert der Herausgabeklage ist dann auch maßgebend für die Zwangsvollstreckung (s. das Stichwort „Zwangsvollstreckung").

2753 Eine Räumungs- und Herausgabeklage des Grundstücksverkäufers gegen den Käufer nach Rücktritt vom Vertrag fällt nicht unter § 42 Abs. 2 GKG. Zu bewerten ist vielmehr nach § 6 ZPO.[4]

2754 Anders verhält es sich jedoch bei gescheitertem Kauf einer Eigentumswohnung mit bereits vor der Eigentumsübertragung gestatteter Nutzung; dann ist für die Berechnung des Streitwerts des Herausgabeanspruchs des Eigentümers das analog § 42 Abs. 2 GKG zu berechnende Nutzungsentgelt auch dann maßgeblich, wenn der Eigentümer den Herausgabeanspruch auf BGB § 985 stützt.[5]

2755 Bei der Klage auf Herausgabe eines Gastwirtschaftsgrundstücks ist auch der Geschäftswert der **Gastwirtschaft** angemessen zu berücksichtigen.[6]

2756 Der Wert des Streitgegenstandes bei Klagen eines **Nachlassgläubigers gegen einzelne Miterben** auf Auflassung und Herausgabe eines Grundstücks ist nicht

---

1 OLG Bamberg, KostRsp. ZPO § 6 Nr. 116 = JurBüro 1988, 516.
2 Siehe OLG Braunschweig Nds.Rpfl. 1983, 225; OLG München MDR 1977, 497; LG Ravensburg ZMR 1986, 169; LG Duisburg WuM 1981, 213; AG Berlin-Charlottenburg WuM 1983, 210; die Gegenmeinung wird zwar weitgehend im Schrifttum, kaum jedoch in der Judikatur vertreten.
3 OLG München AnwBl. 1966, 231.
4 OLG Nürnberg, Beschl. v. 30. 3. 2004 – 9 W 1014/04, OLGR 2004, 261 = JurBüro 2004, 377 = MDR 2004, 966 = AGS 2004, 344 = NJW-RR 2004, 1224 = NZM 2005, 359; OLG Frankfurt, Beschl. v. 21. 2. 1983 – 17 W 6/83, JurBüro 1983, 919 = AnwBl. 1984, 203.
5 OLG Köln, Beschl. v. 14. 9. 1995 – 19 W 34/95, ZMR 1995, 549 = OLGR 1995, 312 = WuM 1995, 719 = WuM 1996, 105 = JurBüro 1996, 194 = EzFamR aktuell 1995, 415.
6 OLG Nürnberg JurBüro 1968, 242.

stets, wie das OLG Hessen[1] angenommen hat, gleich dem Wert des Grundstücks; es kommt vielmehr darauf an, ob der Kläger mit einem obsiegenden Urteil sein Interesse am Erlangen des Grundstückes gegenüber sämtlichen Erben durchsetzen kann.

Verzögert ein an sich erfüllungsbereiter Grundstücksverkäufer kurzfristig die 2757 Übergabe des Grundstücks, so bestimmt sich der Streitwert für die Herausgabeklage des Käufers nicht nach dem Verkehrswert des Grundstücks (§ 6 ZPO), sondern er ist gemäß § 3 ZPO nach dem Interesse des Käufers an der alsbaldigen Besitzverschaffung zu bemessen.[2]

Haus

Der Wert einer Klage gegen den Ehegatten auf Räumung und Herausgabe des 2758 Hauses der **in Scheidung lebenden** Klägerin ist nicht gemäß § 6 ZPO nach dem Sachwert, sondern in entsprechender Anwendung der §§ 42 GKG, 100 KostO nach dem einjährigen Nutzungswert zu bestimmen.[3]

Der Streitwert einer Klage gegen den **rechtskräftig geschiedenen** Ehegatten auf 2759 Herausgabe des Hausgrundstücks, in dem sich früher die Ehewohnung befand, soll sich nicht nach dem Verkehrswert, sondern ebenfalls analog § 42 GKG, § 100 KostO (§ 16 GKG a.F.; § 21 Abs. 3 HausratsVO) nach dem Jahresnutzungswert berechnen.[4] Das ist unzutreffend. Es gilt § 6 ZPO.[5]

Hilfsantrag

§ 45 Abs. 4 GKG a.F. wurde vom KostRÄndG 1994 nicht übernommen. Es gilt 2760 jetzt § 45 Abs. 1 S. 2 GKG: Wertaddition, soweit eine Entscheidung über den hilfsweise geltend gemachten Anspruch ergeht, es sei denn, die Ansprüche betreffen **denselben Gegenstand**; dann ist (nur) der Wert des höheren Anspruchs maßgebend (§ 45 Abs. 1 S. 3 GKG).

Damit dürfen jedoch nicht die Fälle der §§ 225, 259, 510b ZPO, 61 Abs. 2 S. 1 2761 ArbGG verwechselt werden, in denen Schadensersatz nur für den Fall verlangt wird, dass der Beklagte innerhalb einer vom Gericht zu setzenden Frist die Leistung nicht erbringt. Bei solchen **Antragshäufungen** ist der Streitwert nur nach dem (ersten) Leistungsantrag zu bewerten (oben Rn. 2707).

---

1 OLG Hessen SJZ 1949, 418.
2 KG JurBüro 1968, 740; LG Stuttgart MDR 1993, 915 hat sich ohne eigene Begründung dem KG angeschlossen.
3 LG Frankenthal Rpfleger 1970, 363.
4 OLG Köln, Beschl. v. 25. 1. 1999 – 22 W 52/98, MDR 1999, 637 mit Anm. *N. Schneider*.
5 Siehe *N. Schneider* in Anm. zu OLG Köln, Beschl. v. 25. 1. 1999 – 22 W 52/98, MDR 1999, 637.

Hinterlegung

2762 Der Wert der hinterlegten Sache, die herausverlangt wird, ist maßgebend.[1] Sind die Parteien gemeinsam am Gegenstand berechtigt, so ist der Anteil des Klägers vom Streitwert abzuziehen.

Kaufanwartschaftsverträge

2763 Die Bewertung eines Räumungs- und Herausgabeanspruches aufgrund eines Kaufanwartschafts- und Bewerbervertrages richtet sich nicht nach § 6 ZPO, sondern nach § 42 GKG, weil es nicht um das Eigentum am Eigenheim, sondern um die **Beendigung** von dessen **erlaubter Nutzung** geht.[2]

Kind

2764 Die Herausgabe eines Kindes an einen Elternteil ist eine Familiensache (§ 621 Abs. 1 Nr. 3 ZPO), so dass sich die Frage des Zuständigkeitsstreitwerts nicht stellt.

2765 Zu unterscheiden ist zwischen der Regelung der Kindesherausgabe als **Folgesache im Verbund** und als **isoliertes Verfahren**.

2766 Im Verbund gilt für Verfahren auf Kindesherausgabe § 48 Abs. 3 S. 3 GKG. Es ist ein **Festwert** in Höhe von 900 Euro vorgeschrieben. Der Festwert gilt auch, wenn die Herausgabe **mehrerer Kinder** verlangt wird (§ 46 Abs. 1 S. 2 GKG).

2767 Als isolierte Folgesache richtet sich das Verfahren auf Kindesherausgabe nach dem FGG. Der Geschäftswert ist somit §§ 94 Abs. 2, 30 Abs. 2, 3 KostO zu entnehmen. Es gilt ein Regelwert i.H.v. 3000 Euro; höchstens darf ein Wert von 500 000 Euro angenommen werden.

2768 Für **einstweilige Anordnungen** richtet sich der Wert nach § 24 RVG.

2769 Siehe ausführlich das Stichwort „Kindesherausgabe".

Kraftfahrzeug/Kraftfahrzeugbrief/Kraftfahrzeugschlüssel

2770 Der Streitwert einer Klage auf Herausgabe eines Kraftwagens bestimmt sich gemäß § 6 ZPO nach dem Wert des Wagens, und zwar nach dessen Wert im Zeitpunkt der Instanzeinleitung.

2771 Die unter Umständen höheren **Instandsetzungskosten** müssen jedoch unberücksichtigt bleiben.[3]

2772 Der Anspruch auf Herausgabe eines Kraftfahrzeuges und der **Widerklageantrag** auf Auslieferung des zu diesem Kraftfahrzeug gehörenden Kraftfahrzeugbriefes

---

1 KG JurBüro 1978, 427 = AnwBl. 1978, 107.
2 OLG Köln JMBl.NW 1974, 69 = MDR 1974, 323 = WM 1974, 63 = BlGBW 1974, 115; OLG Saarbrücken, KostRsp. GKG a.F. § 12 Nr. 64.
3 OLG Neustadt Rpfleger 1957, 238 zu ZPO § 3, c.

haben denselben Gegenstand;[1] denn es liegt nur ein Streit über den Eigentums-übergang an der Kaufsache vor.[2]

Demgegenüber nimmt das OLG Nürnberg[3] verschiedene Werte und Gegenstän-de an, so dass zusammenzurechnen ist. Das OLG Nürnberg hat bei einem Wert des Personenkraftwagens von 6000 DM das Interesse des widerklagenden Be-klagten an der Verfügungsgewalt über den Brief mit 1000 DM geschätzt. 2773

Klagt der Käufer auf Herausgabe des Kraftfahrzeugbriefes und verlangt der Ver-käufer mit der Widerklage Zahlung des Restkaufpreises, so liegt ebenfalls nur ein Streit über den Eigentümsübergang vor; Klage und Widerklage betreffen denselben Streitgegenstand; es ist mithin ein einheitlicher Streitwert festzuset-zen, wobei der höhere Wert von Klage oder Widerklage anzusetzen ist. 2774

Klagt der Eigentümer eines PKW auf Herausgabe und erhebt der Beklagte, der Arbeiten an dem PKW ausgeführt hat, Widerklage auf Zahlung von Werklohn, so betreffen sie nicht denselben Streitgegenstand, sondern die Gegenstände sind zusammenzurechnen (GKG § 45 Abs. 1 S. 2). Denn das Gericht könnte u.U. beiden Anträgen nebeneinander stattgeben, wenn beispielsweise das das recht-liche Schicksal von Klage und Widerklage verknüpfende Werkunternehmer-pfandrecht nicht entstanden – der Kläger hat nach der Herstellung des Werks Eigentum erworben –, erloschen oder der Werkvertrag nichtig ist.[4] 2775

Der Streitwert der Klage, die lediglich auf Herausgabe des Kraftfahrzeugbriefes gerichtet ist, bestimmt sich nach dem Interesse an der Herausgabe des Briefes; dessen Sachwert ist unerheblich.[5] Das OLG Saarbrücken[6] hat die Klage auf Her-ausgabe von Brief und Zweitschlüssel mit der Hälfte des Fahrzeugwertes be-messen, weil der Kläger das Fahrzeug veräußern wollte, aber durch die Heraus-gabeverweigerung daran gehindert wurde. Werden nur die Schlüssel herausver-langt, orientiert sich das OLG Düsseldorf[7] an den fiktiven Kosten der Beschaf-fung von Zweitschlüsseln oder der Erneuerung der Schließanlage. 2776

Der Streitwert für die Herausgabe von Fahrzeugschlüsseln orientiert sich am Wert der Schlüssel (nicht des Fahrzeugs), allerdings unter Berücksichtigung des Umstandes, dass das Fahrzeug bei deren Vorenthaltung nicht genutzt werden kann. Zur Wertermittlung kann auf die fiktiven Kosten der Beschaffung von Zweitschlüsseln oder der Erneuerung der Schließanlage abgestellt werden. 2777

Das Interesse an der **Verfügungsgewalt**[8] ist durch freie Schätzung zu ermitteln.[9] 2778

---

1 OLG Frankfurt JurBüro 1961, 87.
2 KG Rpfleger 1962, 120.
3 OLG Nürnberg JurBüro 1958, 513.
4 OLG Hamm v. 12. 9. 1989 – 26 W 25/89, Rpfleger 1990, 40.
5 KG JurBüro 1956, 387.
6 OLG Saarbrücken, KostRsp. GKG § 20 Nr. 113 = JurBüro 1990, 1661.
7 OLG Düsseldorf, KostRsp. ZPO § 6 Nr. 139 = OLGR 1993, 79.
8 LAG Berlin BB 1982, 1428.
9 OLG Stuttgart BB 1959, 460.

2779 Maßgebend ist, ob durch die Zurückhaltung des Briefes eine erhebliche **Gefährdung der Vermögensinteressen** des Klägers eingetreten ist.[1]

2780 Das Interesse des Klägers an der Herausgabe des Briefes ist höher zu bewerten als die Kosten der Beschaffung eines neuen Briefes und eines etwaigen Aufgebotes des alten Briefes.[2]

2781 Neben dem Interesse an der Erlangung der Verfügungsgewalt über den Brief ist an sich der Wert des Kraftfahrzeuges unmaßgeblich.[3] Jedoch wird sich das Schätzungsermessen aus § 3 ZPO zwangsläufig am Wert des Kraftfahrzeugs orientieren müssen, weil ein anderer Bemessungsanhalt für den Wert der begehrten Verfügungsgewalt nicht gegeben ist.

2782 Das KG beispielsweise hält im Regelfall einen Bruchteil des Kaufpreises des Wagen von $^1/_{10}$ für angemessen.[4]

2783 Demgegenüber schätzt das OLG Hamburg[5] das Interesse an der Verfügungsgewalt über den Brief auf die Hälfte des Wertes des Kraftfahrzeuges im Zeitpunkt der Klageerhebung.[6] Das OLG Nürnberg[7] bewertet mit $^1/_3$ des Neuwertes.

2784 Auf den hälftigen Wert hat das OLG Köln[8] für den Fall entschieden, dass das Verlangen auf Herausgabe des Kraftfahrzeugbriefes auf dem Streit über das Eigentum am Fahrzeug beruht.

2785 Trotz gleichbleibenden Streitobjektes kann das Interesse der Parteien gemäß § 3 ZPO je nach ihren verschiedenen Parteirollen in den **Instanzen** auch verschieden hoch bewertet werden. Klagt der Kläger auf Herausgabe des Briefes, weil er ihn zur Veräußerung des Fahrzeuges dringend benötigt, und macht der Beklagte wegen einer geringfügigen Forderung ein Zurückbehaltungsrecht am Brief geltend, das er nach seiner Verurteilung mit der Berufung verfolgt, so ist eine gleiche Wertfestsetzung für die Instanzen ausgeschlossen.[9]

Lieferung

2786 Ansprüche auf Lieferung und Übergabe von Sachen fallen unter § 6 ZPO.[10]

---

1 OLG Neustadt Rpfleger 1967, 1 – mit dem Hinweis, der Fall liege ähnlich wie der, dass ein Wechselschuldner nach Zahlung der Schuld auf Herausgabe des Wechsels gegen den Gläubiger klage.
2 AG Schenefeld SchlHA 1952, 154: Es wurde ein Wert von 200 DM angesetzt.
3 OLG Neustadt JurBüro 1963, 764.
4 KG Rpfleger 1962, 154.
5 OLG Hamburg MDR 1957, 495.
6 Ebenso LG Bochum KostRsp. ZPO § 3 Nr. 671 = AnwBl. 1984, 202; AG Stuttgart AnwBl. 1967, 454.
7 OLG Nürnberg, KostRsp. ZPO § 3 Nr. 196.
8 OLG Köln JurBüro 1962, 168.
9 OLG Nürnberg MDR 1969, 1020: für die Klage $^1/_2$ des Wertes des Kraftfahrzeugs, für die Berufung 20 DM, weil der Beklagte (= Berufungskläger) nur wegen dieser Forderung das Zurückbehaltungsrecht ausübte und § 6 S. 2 ZPO entsprechend anzuwenden sei.
10 OLG Nürnberg JW 1924, 1271; OLG München JW 1920, 1043; OLG Königsberg OLGE 41, 240.

Nachlass

Wenn in einem Rechtsstreit unter Miterben die Herausgabe des **Nachlasses an**   2787
einen Dritten zum Zweck der Auseinandersetzung verlangt wird, richtet sich
der Streitwert nach dem Interesse des klagenden Miterben, dessen unstreitiger
Erbanteil daher immer streitwertmindernd zu berücksichtigen ist. Dies ist
heute nach Änderung der Rechtsprechung des BGH[1] wohl ausgetragen. Im einzelnen hängt die Bewertung von der jeweiligen Prozesssituation ab. Insoweit sei
auf die ausführliche Darstellung unter dem Stichwort „Miterbe" (Rn. 2826 ff.)
verwiesen.

Nießbrauch

Der Streitwert einer Klage auf Einräumung eines Nießbrauchs an einem **Nach-**   2788
lassgrundstück ist nach § 3 ZPO zu schätzen. Hierbei ist vom jährlichen Rohertrag auszugehen. Davon sind die öffentlichen Lasten und die Erhaltungskosten abzusetzen, nicht dagegen auch die Hypothekenzinsen. Der verbleibende
Reinertrag ist in Anlehnung an die Tabelle in § 24 Abs. 2 KostO zu vervielfachen.[2]

Der Streitwert für die Klage auf **Herausgabe eines Grundstücks** an den Nieß-   2789
braucher bemisst sich nach § 6 ZPO. Er entspricht dem Verkehrswert des
Grundstücks, da es – auch – um den Besitz geht. Belastungen des Grundstücks
sind nicht abzuziehen.[3]

Notarurkunden

Der Wert des Beschwerdegegenstandes nach der Verurteilung eines Notars zur   2790
Herausgabe von Urkundenausfertigungen richtet sich, wenn der Besitz der Ur-
kunden nicht unmittelbar den Wert eines Rechts verkörpert, nicht nach § 6
ZPO, sondern nach § 3 ZPO. Danach hat das Berufungsgericht das Interesse des
verurteilten Notars, die Urkunden nicht herausgeben zu müssen, nach freiem
Ermessen festzusetzen.[4]

Originalzeichnungen

Die nach Fertigstellung eines Bauvorhabens beim **Architekten** befindlichen   2791
Originalzeichnungen sind nach ihrem Verkehrswert kaum zu schätzen, da sie
praktisch unveräußerlich sind. Deshalb darf sich der Wertansatz an den Richtlinien für nichtvermögensrechtliche Ansprüche orientieren. Dementsprechend

---

1 Siehe BGH JurBüro 1975, 1197 = MDR 1975, 741 = Rpfleger 1975, 353 = NJW 1975,
  1415.
2 OLG Celle JW 1938, 390 Nr. 24; Rpfleger 1960, 413.
3 OLG Celle Rpfleger 1960, 413.
4 BGH, Beschl. v. 13. 7. 1993 – III ZB 26/93, EzFamR ZPO § 3 Nr. (50) = BGHR ZPO
  § 511a Wertberechnung 11.

hat das OLG Köln[1] den Streitwert für den Anspruch des Bauherrn auf Herausgabe der Originalzeichnungen auf 500 DM angesetzt. Die Entscheidung ist von 1972. Heute muss der Wertansatz entsprechend höher liegen, zumal auch die Regelwerte angehoben worden sind.

Pacht

2792 Der Streitwert eines Prozesses auf Herausgabe eine Pachtgrundstückes mit **Ablauf der Pachtzeit** ist gleich dem einjährigen Pachtzins (§ 42 Abs. 2 GKG). Dabei treten zu dem vereinbarten Pachtzins und der vereinbarten Inventarverzinsung hinzu die etwa übernommenen, sonst den Verpächter treffenden Lasten und Abgaben (z.B. Landesrentenbankschulden, Grundsteuern, dingliche Kirchensteuer, Rentenbankgrundschuldzinsen), Versicherungsbeiträge (für Gebäude und vom Verpächter gestelltes Inventar), die halben Landwirtschaftskammerbeiträge, nicht aber die Berufsgenossenschaftsbeiträge.[2] Im Zusammenhang mit der Herausgabe entstehende mittelbare Belastungen (Kosten für die Entfernung von Bäumen/zurückgelassenen Einrichtungen) berücksichtigt der BGH nicht.[3]

2793 Klagt ein Grundstückseigentümer wegen behaupteter Beendigung des Pachtverhältnisses auf Herausgabe von Land, das eine Gemeindebehörde zugunsten eines Kleingartenvereins beschlagnahmt hatte, so ist der Streitwert zum Zwecke der Gebührenberechnung sowohl gegenüber dem verklagten Kleingartenverein als auch gegenüber der ebenfalls auf Herausgabe verklagten Gemeindebehörde einheitlich nach § 42 Abs. 1 GKG festzusetzen.[4]

Pfandrecht

2794 Der Streitwert einer Herausgabeklage bestimmt sich, wenn sachlich allein um ein einredeweise geltend gemachtes Pfandrecht gestritten wird, nach dem Wert der gesicherten Forderung, wenn nicht der Wert der Sache geringer ist, § 6 ZPO.[5]

Raumüberlassung

2795 Der Streitwert der Klage eines Eigentümers auf Herausgabe eines zunächst zur unentgeltlichen Nutzung überlassenen Raumes bemisst sich nach dem Wert des Raumes (§ 6 ZPO), nicht nach dessen Mietwert.[6]

---

1 OLG Köln, KostRsp. ZPO § 3 Nr. 302.
2 OLG Schleswig JurBüro 1958, 512.
3 BGH, KostRsp. ZPO § 8 Nr. 11.
4 OLG Braunschweig Nds.Rpfl. 1956, 86.
5 OLG Celle NJW 1957, 1640.
6 OLG München AnwBl. 1966, 231; siehe näher oben Rn. 2749.

Schadensersatz, Schenkung

Ansprüche aus diesen Rechtsgrundlagen, die auf Herausgabe gehen, sind nach § 6 ZPO zu bemessen.[1] 2796

Ein auf **§ 992 BGB** gestützter Schadensersatzanspruch, der in Abhängigkeit vom Hauptanspruch auf Herausgabe der Sache erhoben wird, bleibt bei der Wertberechnung unberücksichtigt, auch wenn er den sich aus § 987 BGB ergebenden Nutzungsanspruch übersteigt.[2] Die Entscheidung ist wenig überzeugend. Der Beklagte hatte sich rechtswidrig in den Besitz einer Wohnung gesetzt. Die Klägerin verlangte Herausgabe und Nutzungsentgang. Der Senat hat das Nutzungsentgelt als streitwertmäßig unbeachtliche „Nutzung" i.S. des § 4 Abs. 1 ZPO behandelt. 2797

Sequester

Die Herausgabe eines Gegenstandes an einen Sequester oder den zuständigen Gerichtsvollzieher aufgrund **einstweiliger Verfügung** kommt nach OLG Bamberg[3] einer endgültigen Regelung nahe, so dass in diesen Fällen der Streitwert nur wenig unterhalb des Wertes des Hauptanspruches anzusetzen sei. 2798

Zuzustimmen ist dem nur unter der Voraussetzung, dass auch im jeweiligen Einzelfall die Sequestrierung der Sache tatsächlich einer endgültigen Regelung nahekommt. Muss erst noch ein gerichtlicher Streit darüber durchgeführt werden, wem nun die Sache endgültig gehört, dann ist es nicht gerechtfertig, den vom OLG Bamberg[4] angenommenen hohen Wert anzusetzen. 2799

Sicherungsübereignung

Bei Klagen auf Herausgabe einer zur Sicherung übereigneten Sache bestimmt sich der Streitwert nach dem Verkehrswert der übereigneten Sache.[5] 2800

Der Betrag der noch offenen **Kaufpreisforderung** soll unbeachtlich sein, weil das Sicherungseigentum nicht als Pfandrecht im Sinne des § 6 ZPO zu behandeln sei.[6] 2801

Demgegenüber stellt die wohl überwiegende und zutreffende Ansicht darauf ab, dass das Sicherungseigentum wirtschaftlich dem **Pfandrecht näher** steht **als dem Vollrecht**. Sie bewertet deshalb nach § 6 ZPO und lässt den Wert der Forderung maßgebend sein, sofern nicht die übereignete Sache geringerwertig als die Forderung oder der Forderungsrest ist.[7] 2802

---

1 OLG Koblenz DRZ 1950, 135.
2 OLG Karlsruhe ZZP 68, 1955, 463.
3 OLG Bamberg JurBüro 1979, 438.
4 Ebenso *Mümmler* in der Anm. JurBüro 1979, 439.
5 OLG Hamm JMBl.NW 1951, 226; JurBüro 1956, 231.
6 So OLG Bamberg JurBüro 1964, 32; OLG Stuttgart AnwBl. 1959, 41.
7 BGH MDR 1959, 385; OLG München NJW 1953, 1870; OLG Celle NJW 1957, 593; OLG Koblenz MDR 1968, 334.

Sparbuch

2803 Bei Sparkassenbüchern bestimmt sich der Herausgabeanspruch nicht ohne weiteres nach dem eingetragenen Guthaben; denn das Sparkassenbuch ist kein Wertpapier und kein Inhaberpapier; auch hier ist daher das Interesse des Herausgabeklägers maßgebend, das allerdings dem Guthaben entsprechen kann.[1]

2804 Das wird beispielsweise dann anzunehmen sein, wenn die Parteien mit der Herausgabeklage das streitige Recht an der **Spareinlage** entscheiden lassen wollen oder durch Herausverlangen auch der Sicherungskarte die Verfügungsgewalt beansprucht wird[2] oder Gefahr besteht, dass der Beklagte über die Einlage verfügt.[3]

2805 Das KG[4] will das nach § 3 ZPO zu schätzende Interesse des Klägers durchgehend nach dem Betrag des eingetragenen Sparkassenguthabens bemessen. Dies soll nach OLG Düsseldorf[5] auch dann gelten, wenn sich der Beklagte nur mit einem Zurückbehaltungsrecht verteidigt.

2806 Wird der Herausgabeanspruch mit dem **Feststellungsantrag** verbunden, der Kläger sei Berechtigter hinsichtlich des Guthabens, dann liegen zwei selbständig zu bewertende Anträge vor. Indessen besteht hinsichtlich des eigentlichen Streitgegenstandes teilweise Deckungsgleichheit, so dass aus diesem Grunde eine Wertaddition ausscheidet. Es ist deshalb nur der höherwertige Anspruch zu berücksichtigen. Das wird dann, wenn keine Gefahr besteht, dass der Beklagte das Sparguthaben abhebt und dem Kläger deshalb voller Verlust droht, nur der Feststellungsanspruchs sein. Denn in der Regel hat bei einer solchen Klagehäufung der Herausgabeanspruch lediglich das Ziel, die Geltendmachung der Forderung gegenüber der Bank zu erleichtern.[6]

2807 Der Streitwert einer Klage auf Herausgabe eines Sparbuchs bestimmt sich gemäß § 6 ZPO auch dann nach dem Wert der verbrieften Forderung, wenn der Beklagte seine Verteidigung auf die Geltendmachung eines Zurückbehaltungsrechts beschränkt.[7]

Teilung einer Gemeinschaft

2808 Wenn bei Teilung einer Gemeinschaft lediglich über die Art der Teilung gestritten wird, bestimmt sich der Streitwert nach dem herausverlangten Teil, so dass der geringerwertige Auskunftsanspruch bedeutungslos ist.[8]

---

1 OLG Hamburg JVBl. 1937, 247; OLG München JurBüro 1974, 1169; LG Berlin JVBl. 1937, 65.
2 KG Rpfleger 1970, 96 = JurBüro 1970, 262.
3 OLG München JurBüro 1974, 1169: aber konkrete Gefährdung nötig!
4 KG JurBüro 1970, 262 mit krit. Anm. *E. Schneider.*
5 OLG Düsseldorf, KostRsp. ZPO § 6 Nr. 141 = OLGR 1993, 266.
6 OLG Frankfurt JurBüro 1975, 373.
7 OLG Düsseldorf, Beschl. v. 12. 7. 1993 – 11 W 29/93, OLGR 1993, 266.
8 OLG Schleswig SchlHA 1979, 58.

Urkunden

Bei der Bewertung einer Klage auf Herausgabe von Urkunden muss unterschieden werden: Soweit der Besitz der Urkunden unmittelbar den Wert eines Rechts verkörpert – wie bei Inhaber- und weiteren Wertpapieren – ist nach § 6 ZPO dieser Wert maßgeblich. Bei einem Streit um die Herausgabe anderer Urkunden, wird der Wert von dem Gericht gem. § 3 ZPO nach freiem Ermessen bestimmt.[1] Siehe hierzu auch die spezielleren Stichwörter „Wertpapiere", „Bürgschaftsurkunde", „Notarurkunde", „Urteil", Versicherungsschein" etc.

2809

Urteil

Bei einem Streit um die Herausgabe gerichtlicher Urteile wird der Wert gem. § 3 ZPO nach freiem Ermessen bestimmt.[2]

2810

Versicherungsschein

Besteht Streit über den Besitz an einem Versicherungsschein für eine Lebensversicherung, ist für die Berechnung des Streitwerts einer Klage auf Herausgabe der Urkunde § 6 ZPO nur dann anzuwenden, wenn der Besitz der Urkunde unmittelbar den Wert eines Rechts verkörpert, wie es z.B. bei Inhaberpapieren der Fall ist. Handelt es sich bei der herauszugebenden Urkunde aber – wie hier – um ein qualifiziertes Legitimationspapier, ist für die Wertfestsetzung auf § 3 ZPO abzustellen.[3]

2811

Verwahrungsschein

Der Verwahrungsschein stellt als **Legitimationspapier** nicht den Wert des verwahrten Gegenstandes dar; er erspart lediglich Beweisschwierigkeiten; wird seine Herausgabe verlangt, so richtet sich der Streitwert nicht gemäß § 6 ZPO nach dem Wert des verwahrten Gegenstandes, sondern ist gemäß § 3 ZPO zu schätzen.[4]

2812

Vollmachtsurkunde

Wird eine Vollmachtsurkunde herausverlangt, so ist nach § 3 ZPO zu bewerten. Die herausverlangte Urkunde verkörpert selbst keinen Wert, so dass § 6 ZPO als Grundlage für die Streitwertfestsetzung ausscheidet. Das Interesse des Klägers liegt darin, sich gegen Schäden durch Missbrauch der Urkunde zu schüt-

2813

---

1 BGH, Beschl. v. 25. 9. 1992 – XII ZB 61/91, EzFamR ZPO § 3 Nr. 23 = FamRZ 1992, 169 = BGH aktuell 1991, Nr. 40 = EzFamR ZPO § 3 Nr. 23.
2 BGH, Beschl. v. 25. 9. 1992 – XII ZB 61/91, EzFamR ZPO § 3 Nr. 23 = FamRZ 1992, 169 = BGH aktuell 1991, Nr. 40 = EzFamR ZPO § 3 Nr. 23.
3 BGH, Beschl. v. 10. 10. 2001 – IV ZR 120/01, NJW-RR 2002, 573 = AGS 2002, 230 = BGHR 2002, 155.
4 LG Flensburg JurBüro 1950, 146.

zen. Deshalb ist für die Wertbemessung von Bedeutung, ob und in welchem Umfang überhaupt Schäden durch einen Missbrauch der Vollmacht möglich und zu befürchten waren.[1]

Vollstreckungstitel

2814 Hat der Beklagte nach Titelschaffung gegen die titulierte Forderung wirksam aufgerechnet, so kann er **Vollstreckungsgegenklage** nach § 767 ZPO oder analog § 371 BGB die Klage auf Herausgabe des Titels erheben. Das Antragsinteresse ist in beiden Fällen gleich. Der Streitwert ist nach § 3 ZPO zu bemessen, wobei auf das Interesse des Schuldners abzustellen ist, eine missbräuchliche Benutzung des Titels zu verhindern, sowie auf die Größe der Gefahr, dass dies geschehe.[2]

Wertminderung

2815 Bei auf **Abzahlung verkauften Gegenständen,** deren Rückgabe oder Herausgabe verlangt wird, ist von einer Wertminderung innerhalb des ersten Jahres nach dem Verkauf von etwa 25 % des regulären Verkaufspreises auszugehen[3] – ein wohl zu geringer Abzug.

Wertpapiere

2816 Der Streitwert einer Klage, die auf Herausgabe von Wertpapieren gerichtet ist, bestimmt sich gemäß §§ 4, 6 ZPO nach deren **Kurswert** im Zeitpunkt der Klageerhebung.

2817 Steigt der Kurswert im Verlaufe der Instanz, so ist dies nach § 15 GKG i.d.F. des KostRÄndG 1994 unbeachtlich.

2818 Bei den echten **Order- und Inhaberpapieren** (Wertpapiere mit sog. öffentlichem Glauben) ist stets das verbriefte Recht Streitgegenstand und deshalb auch sein Wert bestimmend.[4]

2819 Der Streitwert einer Klage auf Herausgabe von **Börsenpapieren** ist nicht gleich dem Steuerkurswert; maßgebend ist vielmehr der Börsenkurswert, und zwar unter Berücksichtigung des § 15 GKG.

2820 Bei der Ermittlung des Streitwertes bleiben jedoch **Dividende** und **Bezugsrechte** auf junge Aktien außer Betracht.[5]

---

1 KG JurBüro 1970, 794 = Rpfleger 1970, 353 = WM 1970, 1305.
2 OLG Köln JurBüro 1979, 1701 = KostRsp. ZPO § 3 Nr. 453 mit Anm. *E. Schneider;* zustimmend BGH, KostRsp. ZPO § 3 Nr. 1070 = FamRZ 1992, 169 = EzFamR ZPO § 3 Nr. 23.
3 KG Rpfleger 1962, 156.
4 LG Kiel JurBüro 1964, 212.
5 OLG Frankfurt JurBüro 1962, 159.

Der Streitwert für die Herausgabe von **Wechseln** bemisst sich nach dem Inter-   2821
esse an der Herausgabe; er ist nach § 3 ZPO zu schätzen.[1]

Voraussetzung ist aber, dass die Wechsel noch realisierbar sind. In einem Fall,   2822
in dem das nach den übereinstimmenden Darlegungen der Parteien zu verneinen war, hat sich das OLG Köln an dem Richtwert für nichtvermögensrechtliche Streitigkeiten orientiert und das Herausgabe-Interesse des Klägers mit $^1/_{10}$
des Nominalwertes bemessen. Selbst das kann unter Umständen noch zu hoch
gegriffen sein.

Wird ein bereits bezahltes Wertpapier herausverlangt, um der Möglichkeit des   2823
Missbrauchs vorzubeugen, dann ist nur darauf abzustellen, dass der Kläger sich
vor erneuter Inanspruchnahme aus dem Papier schützen will.[2] Es kommt dann
darauf an, wie groß diese Gefahr aus der Sicht des Klägers ist; dieser muss dazu
substantiiert darlegen.

Zurückbehaltungsrecht

Macht der Beklagte in erster Linie Gegenansprüche auf Herausgabe von Sachen   2824
geltend, aus denen er ein Zurückbehaltungsrecht ableitet, so ist eine hilfsweise
darauf hergeleitete **Aufrechnung** für den Streitwert bedeutungslos, wenn bereits
das Zurückbehaltungsrecht zuerkannt wird.[3]

Bei Klagen auf Herausgabe von Sachen ist nach § 6 ZPO als Streitwert der   2825
Verkehrswert der herausverlangten Sache maßgebend. Dies gilt nach herrschender Meinung (siehe aber Rn. 2827), auch dann, wenn nicht der geltend
gemachte Herausgabeanspruch, sondern nur ein vom Beklagten geltend gemachtes Zurückbehaltungsrecht streitig und die Höhe der Forderung, für die
das Zurückbehaltungsrecht ausgeübt wird, geringer ist als der Verkehrswert
der Sache.

Wenn der Beklagte aber ein Urteil auf Herausgabe der Sache nur deshalb an-   2826
ficht, weil das von ihm geltend gemachte Zurückbehaltungsrecht nicht oder
nicht in voller Höhe anerkannt worden ist, so ist in der **Berufungsinstanz** für
den Wert des Beschwerdegegenstandes nicht der Streitwert der Klage, sondern
das Interesse maßgebend, das der Rechtsmittelkläger an der Abänderung der
angegriffenen Entscheidung hat (siehe Rn. 2234 mit Nachweisen, Rn. 4701 f.
mit Nachweisen).

Die Nichtberücksichtigung des Zurückbehaltungsrechts (Rn. 2825) kann aller-   2827
dings im Einzelfall zu höchst unbilligen Ergebnissen führen. Es gibt Prozesslagen, in denen deshalb der Wert des Herausgabeanspruches, der als solcher unstreitig ist, am Wert des Gegenrechts gemessen werden sollte, mit dem der

---

1 LG Kiel JurBüro 1964, 212: Wechselsumme 8200 DM; Streitwert 1500 DM; OLG Düsseldorf, KostRsp. ZPO § 3 Nr. 1140 = OLGR 1993, 267 = AnwBl. 1994, 47 = JurBüro
   1994, 494: volle Wechselsumme, wenn ein fälliger Wechsel noch nicht bezahlt ist.
2 LG Kiel JurBüro 1964, 212.
3 LG Bayreuth JurBüro 1980, 1865.

unstreitige Anspruch abgewehrt wird. Zu dieser Streitfrage siehe näher bei dem Stichwort „Gegenleistung" Rn. 2235.

2828 Die **Räumungs- und Herausgabeklage** des Wohnungseigentumsverkäufers gegen den Käufer ist nicht nach § 42 GKG zu bewerten, sondern nach § 6 ZPO.[1]

Hilfsantrag

Literatur: *Zoller* VersR 1963, 1009; *Tschischgale* NJW 1962, 2134 (Hilfbegehren und Eventualbegründung); *Schneider*, Kostenentscheidung im Zivilurteil; § 11; *Rödding* NJW 1968, 2091; *Mattern* NJW 1969, 1087; *Merle* ZZP 1970 (Bd. 83), 436 (457 ff.) und MDR 1970, 976; *Lange* NJW 1970, 1173; *Schneider* MDR 1988, 462; *Brox*, Recht im Wandel, Festschrift 150 Jahre Carl Heymanns Verlag Köln–Berlin–Bonn–München, 1965, S. 124–126; *Merle* MDR 1971, 976 und *Speckmann* MDR 1972, 480; *Kion*, Eventualverhältnisse im Zivilprozeß, Berlin 1971, § 14; *Rütter* VersR 1989, 1241; *Fleischmann*, Sachliche Zuständigkeit bei Haupt- und Hilfsantrag, NJW 1993, 506; *Sänger*, Klagenhäufung und alternative Klagebegründung, MDR 1994, 860; *Emde*, Kostenentscheidungen bei Haupt- und Hilfsantrag, MDR 1995, 990.

Gliederungsübersicht

A. Allgemeines	2829	2. Bescheidung des Hilfsantrages	2840
B. Zuständigkeitsstreitwert	2833	II. Verschiedenheit der Gegenstände	2845
C. Gebührenstreitwert	2835	**D. Rechtsmittel und Beschwer** . . .	2848
I. Entscheidung über den Hilfsantrag	2837	**E. Vergleich**	2850
1. Stattgabe des Hauptantrages . .	2838		

A. Allgemeines

2829 Die **Zulässigkeit** der bedingten Stellung eines von mehreren Klageanträgen ist, soweit sie unter dem Vorbehalt des Eintritts einer **innerprozessualen Bedingung** steht, allgemein anerkannt[2] und wird auch von § 45 Abs. 1 S. 2 GKG (§ 19 Abs. S. 2 GKG a.F.) vorausgesetzt.

2830 Vom Eventualantrag zu unterscheiden ist die **bedingte Klagerhebung**, also dass der Kläger die Erhebung seiner ganzen Klage von dem Eintritt einer Bedingung abhängig macht, was nur im Wege bei der Hilfswiderklage zulässig ist und unter diesem Stichwort streitwertrechtlich behandelt wird. Unzulässig ist daher die für den Fall der Abweisung des Hauptantrages gegen einen Dritten erhobene

---

1 BGH *Warneyer* 1967 Nr. 122.
2 BGH, Urteil v. 14. 11. 1994 – II ZR 160/93, MDR 1995, 704 = NJW 1995, 1353 = WM 1995, 701 = ZIP 1995, 1353 = DB 1995, 1116 = BB 1995, 2180; Zöller/*Greger* § 260 Rn. 4 m.w.N.

Klage (**eventuelle subjektive Klagehäufung**), da es hier an der Möglichkeit einer innerprozessualen Bedingung im Verhältnis des Klägers zum Dritten fehlt.[1]

Auch ist zwischen echtem und **unechtem Hilfsantrag** zu unterscheiden. Während der echte Hilfsantrag (auch Eventualklagehäufung) für den Fall der Abweisung des Hauptantrages gestellt wird, baut der unechte Hilfsantrag auf dem Hauptantrag auf, steht zu diesem folglich nicht in einem Eventualverhältnis, sondern teilt mit diesem nur den Erfolg bzw. Misserfolg.[2]   2831

Schließlich ist der Hilfsantrag von der – streitwertrechtlich – unerheblichen **Hilfsbegründung** abzugrenzen. Während mit dem echten Eventualantrag ein eigenständiger Streitgegenstand in den Prozess eingeführt wird, betreffen Hilfsbegründungen nur unterschiedliche rechtliche Herleitungen des Klageantrages aus demselben Lebenssachverhalt. Sie bleiben daher wertmäßig immer unberücksichtigt.[3] Siehe dazu im Einzelnen unter dem Stichwort „Hilfsbegründungen".   2832

B. Zuständigkeitsstreitwert

Da es sich nicht um eine kumulative Anspruchshäufung handelt, ist § 5 Hs. 1 ZPO nach allgemeiner Ansicht nicht anwendbar. Für den Wert maßgebend ist vielmehr nur der höherwertige Klageantrag.[4]   2833

Daher ist das Landgericht auch dann sachlich zuständig, wenn nur der **höherwertige Hilfsantrag** gemäß §§ 23, 71 GVG in dessen Zuständigkeit fällt. Unerheblich ist insoweit, ob es später zu einer Entscheidung des höherwertigen Hilfsantrages kommt oder bereits dem Hauptantrag stattgegeben wird. Denn der Hilfsantrag wird unabhängig vom Bedingungseintritt mit seiner Zustellung – auflösend bedingt – rechtshängig.[5] Da für den Zuständigkeitsstreitwert der Zeitpunkt der Einreichung der Klage entscheidend ist (§ 4 Abs. 1 ZPO), bleibt eine Veränderung der die Zuständigkeit tragenden Umstände auf die einmal begründete Zuständigkeit ohne Einfluss, § 261 Abs. 3 Nr. 2 ZPO. Die Verweisung (§ 281 ZPO) der mit einem in die Zuständigkeit des Landgerichts fallenden Hilfsantrag vor dem Amtsgericht erhobenen Klage ist daher bereits vor Bedingungseintritt geboten.[6]   2834

---

1 Zöller/*Greger*, § 253 Rn. 1.
2 *Anders/Gehle/Kunze*, Stichwort „Unechter Hilfsantrag" Rn. 1; *Lappe*, Anm. zu BGH, KostRsp. § 5 Nr. 92.
3 BGH, Beschl. v. 27. 2. 2003 – III ZR 115/02, BGHReport 2003, 576 = MDR 2003, 716 = NJW-RR 2003, 713 = AnwBl. 2003, 596; OLG Bremen JurBüro 1979, 731; OLG Celle, Beschl. v. 25. 2. 2000 – 13 W 14/00, OLGR 2001, 47.
4 KG OLGZ 79, 348; *Anders/Gehle/Kunze*, Stichwort „Echte Hilfsanträge" Rn. 1; *Hartmann*, GKG, (§ 5 ZPO) Anh. I § 48 GKG Rn. 6; *Lappe*, Anm. zu BGH KostRsp. § 5 Nr. 92; Musielak/*Heinrich*, § 3 Rn. 25 unter „Eventualantrag"; Zöller/*Greger*, § 260 Rn. 7; a.A. *Fleischmann*, NJW 1993, 506: maßgebend allein der Wert des Hauptantrages.
5 Zöller/*Greger*, § 260 Rn. 4
6 *Frank*, Anspruchsmehrheiten im Streitwertrecht, 1986, § 20 III; *Lappe*, Anm. zu BGH KostRsp. § 5 Nr. 92; Stein/Jonas/*Roth*, ZPO, § 5 Rn. 37; a.A. *Fleischmann*, NJW 1993, 506 (507).

C. Gebührenstreitwert

2835 Erstmals mit dem KostRÄndG 1994 hat der Gesetzgeber in § 19 Abs. 1 S. 2 GKG a.F. die Wertaddition von Haupt- und mitbeschiedenem Eventualantrag eingeführt und damit den Hilfsantrag der Hilfsaufrechnung gleichgestellt. Diese Regelung ist mit der Neufassung des GKG durch das KostRMoG 2004 in § 45 Abs. 1 S. 2 GKG unverändert übernommen worden.

2836 Voraussetzung für eine Addition der Werte von Haupt- und Hilfsantrag ist, dass „eine Entscheidung über ihn ergeht" und Haupt- und Hilfsantrag nicht „denselben Gegenstand" (§ 45 Abs. 1 S. 3 GKG entspricht § 19 Abs. 1 S. 3 GKG a.F.) betreffen. Zusätzlich bedarf es einer **getrennten Wertfestsetzung**, wenn für die verschiedenen Anträge verschiedene Gebühren entstehen, z.B. weil in einem noch nach der BRAGO abzurechnenden Verfahren nur über einen von ihnen Beweis erhoben wurde.

I. Entscheidung über den Hilfsantrag

2837 Gemäß § 45 Abs. 1 S. 2 ZPO (§ 19 Abs. 1 S. 2 GKG a.F.) erhöht sich der Streitwert bei der Eventualklagehäufung nur, soweit über den Hilfsantrag entschieden wird. Für die Streitwertbemessung ist maßgeblich, ob das Gericht bei seiner Entscheidung den Hilfsantrag berücksichtigt und – bejahendenfalls – über den Bestand der mit ihm geltend gemachten Forderung entschieden hat. Folgende Fallgestaltungen kommen in Betracht:

1. Stattgabe des Hauptantrages

2838 Erfolgt bereits eine Stattgabe des Hauptantrages, dann fehlt es am einem Bedingungseintritt für die Erhebung des Hilfsantrages. Die Rechtshängigkeit des Hilfsantrages entfällt rückwirkend, sodass eine Entscheidung insoweit nicht mehr möglich ist. Für eine Wertaddition ist kein Raum.

2839 Dies gilt – entgegen der Ansicht des OLG Köln – nicht, wenn noch vor der Entscheidung über den Hilfsantrag die Klage hinsichtlich des **Hauptantrages zurückgenommen** und allein noch der bisherige Hilfsantrag weiterverfolgt wird. Hier wird der bisherige Hilfsantrag nunmehr als allein verbleibender Hauptantrag beschieden,[1] sodass zwar kein Fall des § 45 Abs. 1 S. 2 GKG (§ 19 Abs. 1 S. 2 GKG a.F.) vorliegt. Jedoch handelt es sich um eine Klageänderung in Form eines Klagewechsels, der zumindest für einzelne Gebühren eine Wertaddition erfordert. Siehe hierzu unter dem Stichwort „Klageänderung" Rn. 3107 ff.

---

1 OLG Köln, Beschl. v. 7. 10. 1996 – 26 W 13/96, OLGR 1997, 56 = JurBüro 1997, 435; ebenso *Hartmann*, § 45 GKG Rn. 31.

2. Bescheidung des Hilfsantrages

Nach überwiegender Ansicht bedarf es für eine Wertaddition einer **der materiel-** **len Rechtskraft fähigen Entscheidung** über den hilfsweise geltend gemachten Anspruch.[1] Dabei ist zu beachten, dass – abweichend von der Regelung zur Hilfsaufrechnung – hier die sachliche Bescheidung des Anspruchs immer in vollem Umfang seiner Geltendmachung in Rechtskraft erwächst (§ 322 Abs. 1 ZPO).

2840

An einer wirksamen Entscheidung über den Hilfsantrages fehlt es, wenn das Gericht die **Zulässigkeit des Hauptantrages** prozessordnungswidrig offen lässt und sich damit über das nach § 308 ZPO verbindliche Eventualverhältnis hinwegsetzt.[2]

2841

Wird über den Hilfsantrag deshalb sachlich nicht entschieden, weil er über eine nicht zugelassene **Klageänderung** in den Prozess eingeführt worden ist, ist für eine Wertaddition folgerichtig kein Raum.[3]

2842

Eine Zusammenrechnung kommt nach richtiger Auffassung ebenfalls nicht in Betracht, wenn bereits die **Zulässigkeit des Hilfsantrags** verneint wird und deshalb eine Sachentscheidung über den damit geltend gemachten Anspruch ausbleibt. Beruht die Abweisung des Hilfsantrages auf dem Fehlen von Sachurteilsvoraussetzungen, beispielsweise auf mangelnder Zuständigkeit, ist für eine Wertaddition kein Raum.[4]

2843

Denn mit der seinerzeit durch das KostRÄndG 1994 für den Hilfsantrag aufgenommenen Regelung in § 19 Abs. 1 S. 2 GKG a.F. (jetzt § 45 Abs. 1 S. 2 GKG) wollte der Gesetzgeber einen bewertungsrechtlichen Gleichlauf von Hilfsanspruch und -aufrechnung erreichen.[5] Dem steht der in § 45 Abs. 1 S. 2 GKG (§ 19 Abs. 1 S. 2 GKG a.F.) fehlende Zusatz einer „der Rechtskraft fähigen" Entscheidung nicht entgegen.[6] Die wörtliche Bezugnahme auf die Rechtskraft dient bei Hilfsaufrechnung allein dazu, die Bindung der Werterhöhung an den

2844

---

1 OLG Brandenburg, Beschl. v. 15. 7. 1997 – 7 W 21/97, OLGR 1998, 70; OLG Frankfurt, NJW-RR 1996, 1063; OLG Nürnberg, Beschl. v. 26. 6. 1979 – 5 U 183/78, MDR 1980, 238 = JurBüro 1980, 739; *Anders/Gehle/Kunze*, Stichwort> „Echte Hilfsanträge" Rn. 6; *Baumbach/Lauterbach/Hartmann*, § 3 Rn. 71 unter „Hilfsantrag"; *Emde* MDR 1995, 990 (991); *Sänger* MDR 1994, 860 (861); *Meyer*, § 45 Rn. 10; *Zöller/Greger*, § 260 Rn. 7.

2 BGH, Beschl. v. 14. 4. 1999 – IV ZR 253/98, NJW-RR 1999, 1157 – zur Beschwer; *Thomas/Putzo/Hüßtege*, ZPO, § 5 Rn. 6.

3 OLG Düsseldorf Rpfleger 1982, 161; OLG Nürnberg, Beschl. v. 26. 6. 1979 – 5 U 183/78, JurBüro 1980, 739 mit zust. Anm. *Mümmler* = MDR 1980, 238; hier zustimmend OLG München, Beschl. v. 29. 1. 1997 – 15 W 3507/96, OLGR 1997, 153; *Anders/Gehle/Kunze*, Stichwort „Echte Hilfsanträge" Rn. 6; *Meyer*, § 45 Rn. 17.

4 OLG Brandenburg, Beschl. v. 15. 7. 1997 – 7 W 21/97, OLGR 1998, 70; *Anders/Gehle/Kunze*, Stichwort „Echte Hilfsanträge" Rn. 6; a.A. OLG München, Beschl. v. 29. 1. 1997 – 15 W 3507/96, OLGR 1997, 153; *Frank*, Anspruchsmehrheiten im Streitwertrecht, 1986, S. 251; *Hillach/Rohs*, Handbuch des Streitwerts, S. 64.

5 OLG Brandenburg, Beschl. v. 15. 7. 1997 – 7 W 21/97, OLGR 1998, 70.

6 So aber *Frank*, Anspruchsmehrheiten im Streitwertrecht, 1986, S. 251; *Hillach/Rohs*, Handbuch des Streitwerts, S. 64.

Umfang der Rechtskraft („soweit") zu verdeutlichen. Denn § 45 Abs. 1 GKG (§ 19 Abs. 1 GKG a.F.) stellt ebenso wie die für die Hilfsaufrechnung geltende Regelung (§ 45 Abs. 3 GKG entspricht § 19 Abs. 3 GKG a.F.) auf eine Entscheidung über „den Anspruch" bzw. „die Gegenforderung" ab. Eine auf Zulässigkeitserwägungen beruhende Bescheidung allein der Prozesshandlung, d.h., des Antrages bzw. des Aufrechnungseinwandes (die „Geltendmachung") reicht. In diesem Fall fehlt es an einem Ausspruch über die Begründetheit des hilfsweise geltend gemachten Anspruchs.

II. Verschiedenheit der Gegenstände

2845   Sind Haupt- und Hilfsantrag auf „denselben Gegenstand" gerichtet, entfällt auch bei einer sachlichen Bescheidung des Hilfsantrages eine Wertaddition. Maßgebend ist dann nur der höhere Wert, § 45 Abs. 1 S. 3 GKG (§ 19 Abs. 1 S. 3 GKG a.F.). Hierbei besteht Einigkeit, dass der Gegenstand des § 45 Abs. 1 S. 3 GKG (§ 19 Abs. 1 S. 3 GKG a.F.) mit dem des (zweigliedrigen) **Streitgegenstands des Prozessrechts** nicht identisch ist.[1] Insoweit unterscheidet sich die Wertbestimmung nicht von der Beurteilung bei Klage und Widerklage.

2846   Maßgebend für die Streitwertberechnung ist allein das im jeweiligen Klagebegehren zum Ausdruck kommende Interesse. Nur wenn sich das dem Haupt- und Hilfsantrag zugrunde liegende **klägerische Interesse** – wirtschaftlich betrachtet – auf denselben Gegenstand richtet, scheidet eine Zusammenrechnung aus.[2] Dies ist nach Ansicht des BGH der Fall, wenn Haupt- und Hilfsansprüche einander ausschließen und damit notwendigerweise die Zuerkennung des einen Anspruchs mit der Aberkennung des anderen verbunden ist.[3] Eine Wertaddition ist demgegenüber grundsätzlich dort vorzunehmen, wo durch das Nebeneinander von Haupt- und Hilfsanspruch eine „**wirtschaftliche Werthäufung** entsteht".[4] Zu den Einzelheiten betreffend die „wirtschaftliche Identität" siehe unter dem Stichwort „Klage- und Widerklage" Rn. 3094 ff.

---

1 BGH, Beschl. v. 6. 10. 2004 – IV ZR 287/03, NJW-RR 2005, 506 = BGHReport 2005, 130; Urteil v. 28. 9. 1994 – XII ZR 50/94, MDR 1995, 198 = NJW 1994, 3292 = WuM 1994, 705 = ZMR 1995, 117; *Anders/Gehle/Kunze*, Stichwort „Echter Hilfsantrag" Rn. 7; *Lappe*, Anm. zu OLG Karlsruhe KostRsp. § 19 GKG Nr. 139.
2 BGH, Beschl. v. 6. 10. 2004 – IV ZR 287/03, NJW-RR 2005, 506 = BGHReport 2005, 130; LAG Brandenburg, Beschl. v. 1. 9. 2000 – 6 Ta 70/00, JurBüro 2001, 95; OLG Karlsruhe, Beschl. v. 8. 8. 1988 – 10 W 34/88, JurBüro 1988, 1551 = MDR 1988, 1067; NJW 1976, 247; OLG Köln, Beschl. v. 11. 9. 1989 – 24 W 26/89, KostRsp § 19 GKG Nr. 153 mit zust. Anm. E. *Schneider* = JurBüro 1990, 121; LAG Stuttgart JurBüro 1992, 626; *Hartmann*, Kostengesetze, § 45 Rn. 11; *Lappe*, Anm. zu KostRsp § 19 GKG Nr. 86 und 98; *Musielak/Smid*, ZPO, § 5 Rn. 13; N. *Schneider* MDR 2003, 237 = Anm. zu OLG Düsseldorf MDR 2003, 236.
3 BGH, Beschl. v. 27. 2. 2003 – III ZR 115/02, MDR 2003, 716; BGHZ 43, 31 = MDR 1965, 291.
4 BGH Beschl. v. 6. 10. 2004 – IV ZR 287/03, NJW-RR 2005, 506 = BGHReport 2005, 130 – zu Klage und Widerklage, dabei jedoch für die Feststellung der Werthäufung auf die Identitätsformel des RG abstellend.

Regelmäßig wird bei einem **verdeckten Hilfsantrag** von einem vom Hauptan-   2847
trag verschiedenen Gegenstand auszugehen sein, da der Kläger nur äußerlich
einen Antrag stellt, diesen jedoch auf zwei (wirtschaftlich) eigenständige Lebenssachverhalte stützt.[1]

D. Rechtsmittel und Beschwer

Hinsichtlich der Beschwer und Beschwerdegegenstand sind die Streitwerte von   2848
Hauptantrag und ggfs. mehreren Hilfsanträgen zusammenzurechnen, wenn der
Kläger, der mehrere voneinander unabhängige Forderungen aus selbständigen
Rechtsverhältnissen in einem mehrfach gestaffelten Hilfsverhältnis geltend ge-
macht hat, mit seiner Klage abgewiesen worden ist und sein Begehren im
höheren Rechtszug uneingeschränkt weiter verfolgt.[2]

Hilfsanträge, die wegen fehlenden Bedingungseintritts unentschieden bleiben   2849
oder deren Gegenstand mit dem des Hauptantrages identisch ist, bleiben der
Berechnung der Beschwer des Klägers unberücksichtigt.

E. Vergleich

Die Beendigung des Rechtsstreits durch einen **Vergleich allein über den Haupt-**   2850
antrag führt nicht zu einer Streitwertaddition. Darüber, ob die Forderung des
Hilfsantrages in den Vergleich einbezogen worden ist, entscheidet der sachliche
Gehalt der Vereinbarung, nicht der bloße Wortlaut.[3]

Wird die mit dem Hilfsantrag geltend gemachte Forderung in den Vergleich   2851
einbezogen, dann erhöht sich der **Gegenstandswert des Vergleichs** um den Wert
des Hilfsantrages, soweit der Hilfsantrag nicht mit dem Hauptantrag wirtschaftlich identisch ist, § 45 Abs. 1 S. 3 u. Abs. 4 GKG (§ 19 Abs. 1 S. 3 und
Abs. 4 GKG a.F.). Hierüber besteht kein Streit.[4]

Erledigen sich **Hauptantrag und Hilfsantrag** dadurch, dass die Parteien einen   2852
umfassenden Prozessvergleich darüber abschließen, dann steht das einer gerichtlichen Entscheidung gleich, so dass sich auch der **Verfahrenswert** erhöht,
§ 45 Abs. 1 S. 2 u. Abs. 4 GKG (§ 19 Abs. 1 S. 2 u. Abs. 4 GKG a.F.). Dabei ist

---

1 OLG Celle, Beschl. v. 25. 2. 2000 – 13 W 14/00, OLGR 2001, 47; *Anders/Gehle/Kunze*,
  Stichwort „Hilfsantrag" Rn. 7.
2 BGH, Beschl. v. 24. 2. 1994 – VII ZR 131/93, KostRsp. ZPO § 5 Nr. 92 mit Anm. *Lappe*
  und *Herget*; Beschl. v. 14. 10. 1993 – VII ZR 122/93, KostRsp. ZPO § 3 Nr. 1148 = WPM
  1994, 181 = NJW-RR 1994, 701; KostRsp. ZPO § 5 Nr. 92 mit Anm. *Lappe* und *Herget*;
  Beschl. v. 10. 10. 1983 – III ZR 87/83, KostRsp. ZPO § 5 Nr. 54 mit Anm. *E. Schneider* =
  JurBüro 1984, 50 = MDR 1984, 208 = NJW 1984, 371 = WPM 1983, 1320 = BB 1984, 639
  = LM ZPO § 546 Nr. 113.
3 OLG Köln JurBüro 1975, 506 = JMBl.NW 1975, 143 – zur Hilfswiderklage.
4 OLG Köln, Beschl. v. 22. 2. 1996 – 18 W 57/94, OLGR 1996, 158 = JurBüro 1996, 476 =
  NJW-RR 1996, 1278 = VersR 1997, 471.

die Werterhöhung auch nicht davon abhängig, dass zum Zeitpunkt des Vergleichsschluss die innerprozessuale Bedingung des Hilfsantrages, nämlich die negative Bescheidung des Hauptantrages, bereits eingetreten war.[1]

2853 Die Gegenansicht verkennt die Reichweite von § 45 Abs. 4 GKG (§ 19 Abs. 4 GKG a.F.). Käme es auf den **Bedingungseintritt** an, würde (auch) eine Erhöhung des Verfahrenswertes im Fall der mitverglichenen Hilfsaufrechnungsforderung ausscheiden. Denn auch hier ist das Gericht gemäß § 308 ZPO erst dann zu einer Entscheidung über die Gegenforderung berechtigt, wenn es zuvor (positiv) über den Bestand der Klageforderung entschieden hat. Wäre daher eine tatsächliche Entscheidung für die Werterhöhung Voraussetzung, liefe die – nur für die Gerichtsgebühren, mithin für den Verfahrenswert aufgestellte – Verweisung des § 45 Abs. 4 GKG (§ 19 Abs. 4 GKG a.F.) ins Leere, eine dem Wortlaut widersprechende, damit unzulässige und – soweit ersichtlich – von niemandem vertretene Gesetzesauslegung. Stellt aber § 45 Abs. 4 GKG (§ 19 Abs. 4 GKG a.F.) bei der mitverglichenen Hilfsaufrechnungsforderung für den Verfahrenswert gerade nicht auf den Bedingungseintritt ab, ist dieser auch bei einem Vergleich über Ansprüche entbehrlich, die Gegenstand eines Hilfsantrages oder einer Hilfswiderklage sind. Denn eine Unterscheidung zwischen diesen prozessualen Fallgestaltungen ist § 45 Abs. 4 GKG nicht zu entnehmen. Vielmehr wird mit der gesetzgeberischen Vorgabe, die § 45 Abs. 1 bis 3 GKG (§ 19 Abs. 1 bis 3 GKG a.F.) „entsprechend" anzuwenden, die vergleichsweise Regelung dem Bedingungseintritt gleichgestellt.

2854 Bei der Prüfung der Wertaddition ist zu beachten, dass Haupt- und Hilfsanspruch häufig zumindest teilweise wirtschaftlich identische Klagebegehren zugrunde liegen.

Hilfsbegründungen

2855 Echte Hilfsbegründungen (Alternativbegründungen), die ein und denselben gebührenrechtlichen Gegenstand betreffen, sind für die Wertfestsetzung unbeachtlich.[2] Denn anders als bei der (objektiven) Klagehäufung, der eine Mehrheit von Streitgegenständen zugrunde liegt, wird hier das Klagebegehren bei gleich bleibendem Klagegrund nur auf mehrfache rechtliche Begründungen gestützt.[3]

---

1 *Anders/Gehle/Kunze*, Stichwort „Vergleich" Rn. 18; offenlassend KG, Beschl. v. 3. 6. 2003 – 1 W 495/02, KGR 2004, 143 = MDR 2004, 56; a.A. OLG Köln, Beschl. v. 22. 2. 1996 – 18 W 57/94, OLGR 1996, 158 = JurBüro 1996, 476 = NJW-RR 1996, 1278 = VersR 1997, 471.

2 BGH, Beschl. v. 27. 2. 2003 – III ZR 115/02, BGHReport 2003, 576 = MDR 2003, 716 = NJW-RR 2003, 713 = AnwBl. 2003, 596; OLG Bremen JurBüro 1979, 731.

3 OLG Celle, Beschl. v. 25. 2. 2000 – 13 W 14/00, OLGR 2001, 47; Zöller/*Greger*, § 260 Rn. 1.

So ändert sich der Streitwert beispielsweise nicht dadurch, dass der Kläger sein 2856
Zahlungsbegehren auf vertragliche Ansprüche und (für deren Fehlen) hilfsweise
auf Ansprüche aus ungerechtfertigter Bereicherung stützt. An solche **Rangfolgen der Anspruchsgrundlagen** ist das Gericht nicht gebunden.[1]

Verbirgt sich hingegen hinter der Hilfsbegründung ein **(verdeckter) Hilfsantrag**, 2857
gelten die Bewertungsregeln für Haupt- und Hilfsantrag. Dies ist dann zu bejahen, wenn durch eine rechtliche und tatsächliche Hilfsbegründung ein eigenständiger Lebenssachverhalt in den Prozess eingeführt wird.[2] Eine formale Antragstellung ist dafür nicht erforderlich.[3] Zur streitwertrechtlichen Behandlung
des (verdeckten) Hilfsantrages siehe das Stichwort „Hilfsantrag".

Hilfswiderklage

Literatur: *Frank*, Anspruchsmehrheiten im Streitwertrecht, 1986, § 20 III; *Schneider* MDR
1988, 462; *Sänger*, Klagenhäufung und alternative Klagebegründung, MDR 1994, 860.

A. Allgemeines

Die Hilfswiderklage (auch Eventualwiderklage) wird heute allgemein als zuläs- 2858
sig angesehen.[4] Neben der eigentlichen Hilfswiderklage, die an den Erfolg der
Klage anknüpft, gibt es die uneigentliche Hilfswiderklage, die für den Fall des
Misserfolges der Klage erhoben wird. Der Primärantrag des Beklagten geht in
beiden Fällen auf Klageabweisung.

Wichtigster Anwendungsfall ist die Prozesslage, bei der sich der Beklagte mit 2859
einer **Primäraufrechnung** verteidigt, aber z.B. wegen eines vertraglich vereinbarten Aufrechnungsverbots ungewiss ist, ob diese Aufrechnung zugelassen
wird. Hier kann der Beklagte seinen Gegenanspruch zugleich hilfsweise widerklagend verfolgen.[5]

---

1 *Rosenberg/Schwab*, ZPR, § 65 IV 4; *Nikisch*, Streitgegenstand im Zivilprozess, 1935,
S. 145; *Schwab*, Streitgegenstand im Zivilprozess, 1954; S. 91 ff.; *Habscheid*, Streitgegenstand im Zivilprozess, 1956, S. 251 f.; *Baumgärtel*, Wesen und Begriff der Prozesshandlung einer Partei im Zivilprozess, 1957, S. 135; RGZ 55, 244.
2 BGH, Urteil v. 13. 2. 1992 – III ZR 28/90, MDR 1992, 708 = NJW 1992, 2080 = WM
1992, 1031 = DM 1992, 1572 = VersR 1992, 964; *Anders/Gehle/Kunze*, Stichwort
„Echte Hilfsanträge" Rn. 7; Zöller/*Vollkommer*, Einl. Rn. 74.
3 So auch OLG Celle, Beschl. v. 25. 2. 2000 – 13 W 14/00, OLGR 2001, 47; a.A. *Meyer*,
GKG, § 45 Rn. 18.
4 Vgl. BGHZ 21, 13 = NJW 1956, 1478; Zöller/*Greger*, § 253 Rn. 1 m.w.N.
5 BGH, Beschl. v. 14. 7. 1999 – VIII ZR 70/99, NJW-RR 1999, 1736; Urteil v. 10. 7. 1961 –
VIII ZR 64/80, NJW 1961, 1862; Beschl. v. 14. 7. 1999 – VIII ZR 70/99, NJW-RR 1999,
1736; Urteil v. 10. 7. 1961 – VIII ZR 64/80, NJW 1961, 1862.

B. Zuständigkeitsstreitwert

2860 Wie auch bei der unbedingt erhobenen Widerklage hat eine Wertaddition gemäß § 5 Hs. 2 ZPO zu unterbleiben.[1] Fällt die Hilfswiderklage aufgrund ihres Wertes in die sachliche Zuständigkeit des Landgerichts (§ 71 GVG), dann ist bis dahin ein vor dem Amtsgericht geführter Rechtsstreit auf Antrag gemäß § 506 ZPO insgesamt an das zuständige Landgericht zu verweisen.

2861 Hierbei ist eine Verweisung gemäß § 506 ZPO bereits mit der Erhebung der Hilfswiderklage und nicht erst bei Bedingungseintritt geboten.[2] Denn der vom Beklagten mit der Hilfswiderklage geltend gemachte Anspruch wird mit deren Zustellung rechtshängig und ist damit wertbestimmend. Insoweit unterscheidet sich die Situation nicht von der des gegenüber dem Hauptantrag in die Zuständigkeit des Landgerichts fallenden Hilfsantrages (siehe hierzu unter dem Stichwort „Hilfsantrag").

C. Gebührenstreitwert

I. Anwendbare Vorschriften

2862 Auf die Hilfswiderklage ist die Vorschrift des § 45 Abs. 1 S. 1 GKG (§ 19 Abs. 1 S. 1 GKG a.F.) unmittelbar anzuwenden, da auch sie eine echte Klage ist.[3]

2863 Die Streitwerte von Klage und Hilfswiderklage sind danach zusammenzurechnen, wenn über die Hilfswiderklage entschieden wird[4] und beide Klagebegehren nicht „denselben Gegenstand" betreffen, § 45 Abs. 1 S. 2 und 3 GKG (§ 19 Abs. 1 S. 2 und 3 GKG a.F.). Fehlt eine dieser Voraussetzungen, dann darf nicht addiert werden.[5]

II. Entscheidung über Hilfswiderklage

2864 Erfolgt bereits eine **Abweisung der Klage**, dann fehlt es am Bedingungseintritt für die Erhebung der Widerklage. Die Rechtshängigkeit der Hilfswiderklage entfällt rückwirkend, sodass eine Entscheidung der Widerklage nicht mehr möglich ist.[6] Für eine Wertaddition ist kein Raum.[7]

---

1 *Schneider* MDR 1988, 462.
2 *Frank*, Anspruchsmehrheiten im Streitwertrecht, 1986, § 20 III; a.A. Stein/Jonas/*Schumann*, § 5 Rn. 39.
3 OLG Brandenburg, Beschl. v. 20. 6. 2002 – 10 W 16/01, JurBüro 2003, 85; OLG Düsseldorf, Beschl. v. 2. 9. 1986 – 23 W 32/86, JurBüro 1987, 401; *Meyer*, GKG, § 45 Rn. 6; *Schneider* MDR 1988, 462.
4 BGH JurBüro 1972, 777; ausführlich *Schneider* MDR 1988, 462.
5 OLG Brandenburg, Beschl. v. 20. 6. 2002 – 10 W 16/01, JurBüro 2003, 85; *Meyer*, § 45 Rn. 10.
6 Siehe dazu *Schneider* MDR 1988, 462, 464.
7 BGH, Beschl. v. 27. 9. 1973 – VII ZR 10/72, MDR 1974, 36 = NJW 1973, 2206 = Rpfleger 1973, 423; Beschl. v. 12. 7. 1972 – VIII ZR 259/69, MDR 1972, 1028 = NJW 1973, 98 =

Das Verbot der Wertaddition bei nicht beschiedener Hilfswiderklage folgt aus 2865
dem Grundgedanken des § 45 Abs. 1 S. 2 und Abs. 3 GKG (§ 19 Abs. 1 S. 2 und
Abs. 3 GKG a.F.), wonach hilfsweise geltend gemachte Ansprüche den Streitwert erst dann erhöhen, wenn die ihnen zugrunde liegende Bedingung eingetreten ist. Die in § 45 Abs. 1 S. 1 GKG (§ 19 Abs. 1 S. 1 GKG a.F.) mitgeregelte
Eventualwiderklage ist insoweit der nicht beschiedenen Aufrechnung (§ 45
Abs. 3 GKG entspricht § 19 Abs. 3 GKG a.F.) und der nicht beschiedenen Even-
tualklage (§ 45 Abs. 1 S. 2 GKG entspricht § 19 Abs. 1 S. 2 GKG a.F.) gleichzusetzen.[1]

Wird der Klage stattgegeben und die Hilfswiderklage als unzulässig abgewiesen, 2866
z.B. im Berufungsrechtszug nach § 533 ZPO, sind die Werte von Klage und
Hilfswiderklage zusammenzurechnen, soweit sie nicht denselben Gegenstand
betreffen.[2] Denn mit **Eintritt des Eventualverhältnisses** liegt eine unbedingte
(Wider-)Klageerhebung vor, die – entsprechend der einfachen Klage – unabhän-
gig von ihrem prozessualen Schicksal streitwertrechtlich in Ansatz zu bringen
ist. Anders als in § 45 Abs. 3 GKG (§ 19 Abs. 3 GKG a.F.) ist nämlich in § 45
Abs. 1 S. 1 GKG (§ 19 Abs. 1 S. 1 GKG a.F.) das Ergehen einer der materiellen
Rechtskraft fähigen Entscheidung über den geltend gemachten Anspruch nicht
Tatbestandsmerkmal, so dass nicht maßgeblich ist, ob über den Anspruch zur
Widerklage im prozessualen Bereich der Zulässigkeit oder der Begründetheit
entschieden wird. Für die Wertaddition der Hilfswiderklage ist es daher uner-
heblich, ob die Geltendmachung zulässig, unzulässig, begründet oder mangels
Anspruchs unbegründet ist. Auch für eine analoge Anwendung von § 45 Abs. 1
S. 2 GKG (§ 19 Abs. 1 S. 2 GKG a.F.) ist schon mangels „Hauptantrages" kein
Raum, wenn sich die Rechtsverteidigung im Übrigen auf die Stellung eines
Klageabweisungsantrages beschränkt.

An einer wirksamen Entscheidung über die Hilfswiderklage fehlt es jedoch, 2867
wenn das Gericht die Zulässigkeit oder Begründetheit der Klage unter **Verstoß**
gegen das Eventualverhältnis und damit entgegen § 308 ZPO prozessordnungswidrig offen lässt.[3] Verstöße gegen § 308 Abs. 1 ZPO dürfen nicht dazu führen,
dass die Parteien gewissermaßen „von Amts wegen" mit höheren Kosten belastet werden.[4]

Rpfleger 1972, 363 = WM 1972, 1253; OLG Bamberg, Beschl. v. 4. 3. 1993 – 8 W 9/93,
JurBüro 1994, 112; OLG Hamm, Beschl. v. 23. 1. 1989 – 31 U 56/88, KostRsp. GKG § 19
Nr. 146 = JurBüro 1989, 1005; OLG Koblenz, Beschl. v. 7. 6. 1996 – 14 W 318/96,
KostRsp. GKG § 19 Nr. 194 = MDR 1997, 404; OLG Köln, Beschl. v. 20. 10. 1989 – 2 W
181/89, KostRsp. GKG § 19 Nr. 155 = JurBüro 1990, 123; 1996, 476; OLG München
Rpfleger 1973, 327.
1 OLG Köln, Beschl. v. 20. 10. 1989 – 2 W 181/89, KostRsp. GKG § 19 Nr. 155 = JurBüro
1990, 123.
2 OLG Düsseldorf AGS 1999, 92; OLG Suttgart JurBüro 1980, 1354 = Rpfleger 1980, 487 =
Justiz 1980, 354.
3 BGH JurBüro 1974, 185 = MDR 1974, 36 = NJW 1973, 2206 = Rpfleger 1973, 423;
Beschl. v. 14. 4. 1999 – IV ZR 253/98, NJW-RR 1999, 1157 – Hilfsantrag.
4 Siehe dazu *Schneider* MDR 1971, 437 ff.

III. Verschiedenheit der Gegenstände

2868 Betreffen Klage und beschiedene Hilfswiderklage verschiedene Gegenstände, dann sind die Streitwerte beider Klagen zusammenzurechnen.[1] Das folgt aus § 45 Abs. 3 GKG (§ 19 Abs. 3 GKG a.f.) (argumentum a minore ad maius): Wenn schon die beschiedene Eventualaufrechnung zur Wertaddition führt, dann erst recht die beschiedene Eventualwiderklage.[2]

2869 Sind die Klagebegehren auf „denselben Gegenstand" gerichtet, dann entfällt auch bei einer Bescheidung der Hilfswiderklage eine Wertaddition, § 45 Abs. 1 S. 3 GKG (§ 19 Abs. 1 S. 3 GKG a.F.). Maßgebend ist dann der höhere Wert.[3] Insoweit unterscheidet sich die Wertbestimmung nicht von Beurteilung von Klage und unbedingter Widerklage.

2870 Dies gilt auch für den Fall der zusätzlich **gegen einen Dritten gerichteten (Hilfs-) Widerklage**; denn die Streitgenossenschaft erhöht nicht den Streitwert.[4]

2871 Zu den Einzelheiten siehe unter dem Stichwort „Klage- und Widerklage" Rn. 3094 ff.

IV. Feststellung-Hilfswiderklage

2872 Handelt es sich um eine **positive Feststellungs-Widerklage,** dann ist die Höhe der (von der Klageforderung nicht erfassten) Berühmung durch den Beklagten und Widerkläger wertbestimmend. Der Abschlag für positive Feststellungsklage ist aber auch hier zu beachten.[5] (Siehe dazu auch unter dem Stichwort „Feststellungsklage").

2873 Hingegen sind für die Wertberechnung nicht die Erfolgsaussichten des Feststellungsanspruches zu berücksichtigen.[6] Wenn der Beklagte sich des Bestehens von Ansprüchen berühmt, die er voraussichtlich nicht durchsetzen kann, so ist das seine Sache; für die Streitwertbemessung kommt es immer nur auf das Begehren selbst an, nicht auf dessen Begründetheit (siehe aber zu gegenläufigen Tendenzen das Stichwort „Forderung").

---

1 BGH, Beschl. v. 13. 10. 2004 – XII ZR 110/02, MDR 2005, 228 = NJW-RR 2005, 224; OLG Brandenburg, Beschl. v. 20. 6. 2002 – 10 W 16/01, JurBüro 2003, 85.

2 BGH, Beschl. v. 30. 1. 1992 – IX ZR 222/91, NJW-RR 1992, 1404 = WM 1992, 1129; Urteil v. 16. 12. 1964 – VIII ZR 47/63, BGHZ 43, 31 = MDR 1965, 291 = NJW 1965, 440; *Frank,* Anspruchsmehrheiten im Streitwertrecht, 1986, § 20 III 4a; *Schneider* MDR 1988, 462 u. Anm. zu LG Bayreuth, KostRsp. GKG § 19 Nr. 37).

3 OLG Brandenburg, Beschl. v. 20. 10. 2002 – 10 W 16/01, JurBüro 2003, 85; OLG Celle, Beschl. v. 18. 4. 2000 – 4 W 94/00, OLGR 2000, 247; OLG Nürnberg, Urteil v. 10. 3. 2004 – 12 U 3873/03, OLGR 2004, 395 = NJW 2004, 2838.

4 OLG Brandenburg, Beschl. v. 20. 10. 2002 – 10 W 16/01, JurBüro 2003, 85; OLG Düsseldorf, Beschl. v. 2. 9. 1986 – 23 W 32/86, JurBüro 1987, 401 mit Anm. *Mümmler;* OLG München, Rpfleger 1968, 232; Zöller/*Herget,* § 3 Rn. 16 unter „Streitgenossen"; a.A. wohl OLG Celle, AGS 1999, 92, dass unzutreffend allein auf eine fehlende Streitgegenstandsidentität abstellt.

5 OLG Frankfurt JurBüro 1971, 459.

6 A.A. OLG Frankfurt JurBüro 1971, 459.

Wegen der streitwertrechtlichen Besonderheiten bei einer auf negative Feststellung gerichteten Widerklage wird auf die Ausführungen unter dem Stichwort „Feststellungsklage" verwiesen.

2874

D. Rechtsmittel und Beschwer

Soweit über die Hilfswiderklage entschieden wird, gelten gegenüber der Bescheidung der Widerklage keine streitwertrechtlichen Besonderheiten. Für jede Partei ist die Beschwer gesondert zu berechnen.[1]

2875

Bei wirtschaftlicher Identität der Streitgegenstände von Klage und Hilfswiderklage scheidet eine Zusammenrechnung der Beschwer aus.[2] Wegen der Einzelheiten kann auf die Ausführungen unter dem Stichwort „Klage- und Widerklage" Rn. 3094 ff. verwiesen werden.

2876

Kommt es aufgrund der Abweisung der Klage zu keiner Bescheidung der Hilfswiderklage, beschränkt sich die Beschwer des Klägers auf sein Unterliegen hinsichtlich des Klageantrages.[3]

2877

E. Vergleich

Die Beendigung des Rechtsstreits durch einen **Vergleich allein über die Klageforderung** führt nicht zu einer Streitwertaddition. Darüber, ob die Forderung der Hilfswiderklage in den Vergleich einbezogen worden ist, entscheidet der sachliche Gehalt der Vereinbarung, nicht der bloße Wortlaut.[4]

2878

Wird die mit der Hilfswiderklage geltend gemachte Forderung in den Vergleich einbezogen, dann erhöht sich der **Gegenstandswert des Vergleichs** um den Wert der Widerklageforderung, soweit diese nicht denselben Gegenstand (§ 45 Abs. 1 S. 3 GKG entspricht § 19 Abs. 1 S. 3 GKG a.F.) betrifft.[5]

2879

Erledigen sich **Klage und Hilfswiderklage** dadurch, dass die Parteien einen umfassenden Prozessvergleich darüber abschließen, dann steht das einer gerichtlichen Entscheidung gleich. Der **Verfahrenswert** erhöht sich um den Wert des mit der Hilfswiderklage geltend gemachten Anspruchs, soweit er nicht mit der Klageforderung wirtschaftlich identisch ist, § 45 Abs. 1 S. 2 u. Abs. 4 GKG (§ 19 Abs. 1 S. 2 u. Abs. 4 GKG a.F.). Dabei ist die Werterhöhung auch nicht davon abhängig, dass zum Zeitpunkt des Vergleichsschlusses die innerprozessuale Be-

2880

---

1 *Schneider* MDR 1988, 462.
2 BGH, Beschl. v. 13. 10. 2004 – XII ZR 110/02, MDR 2005, 228 = NJW-RR 2005, 224.
3 BGH NJW-RR 1999, 1736.
4 OLG Köln JurBüro 1975, 506 = JMBl.NW 1975, 143.
5 OLG Bamberg, Beschl. v. 4. 3. 1993 – 8 W 9/93, KostRsp. GKG § 19 Nr. 180 = JurBüro 1994, 112; OLG Braunschweig, Beschl. v. 23. 1. 1990 – 2 W 203/89, KostRsp. GKG § 19 Nr. 161 mit zust. Anm. *Schneider* = JurBüro 1990, 456; OLG Köln, Beschl. v. 22. 2. 1996 – 18 W 57/94, OLGR 1996, 158 = JurBüro 1996, 476 = NJW-RR 1996, 1278 = VersR 1997, 471.

dingung des Widerklageantrages, nämlich die (positive) Bescheidung der Klageforderung, bereits eingetreten war.[1]

2881 Die Gegenansicht[2] verkennt die Reichweite von § 45 Abs. 4 GKG (§ 19 Abs. 4 GKG a.F.). Käme es auf den **Bedingungseintritt** an, würde (auch) eine Erhöhung des Verfahrenswertes im Fall der mitverglichenen Hilfsaufrechnungsforderung ausscheiden. Denn auch hier ist das Gericht gemäß § 308 ZPO erst dann zu einer Entscheidung über die Gegenforderung berechtigt, wenn es zuvor (positiv) über den Bestand der Klageforderung entschieden hat. Wäre daher eine tatsächliche Entscheidung für die Werterhöhung Voraussetzung, liefe die – nur für die Gerichtsgebühren, mithin für den Verfahrenswert aufgestellte – Verweisung des § 45 Abs. 4 GKG (§ 19 Abs. 4 GKG a.F.) ins Leere, eine dem Wortlaut widersprechende, damit unzulässige und – soweit ersichtlich – von niemandem vertretene Gesetzesauslegung. Stellt aber § 45 Abs. 4 GKG (§ 19 Abs. 4 GKG a.F.) bei der mitverglichenen Hilfsaufrechnungsforderung für den Verfahrenswert gerade nicht auf den Bedingungseintritt ab, ist dieser auch bei einem Vergleich über Ansprüche entbehrlich, die Gegenstand eines Hilfsantrages oder einer Hilfswiderklage sind. Denn eine Unterscheidung zwischen diesen prozessualen Fallgestaltungen ist § 45 Abs. 4 GKG nicht zu entnehmen. Vielmehr wird mit der gesetzgeberischen Vorgabe, die § 45 Abs. 1 bis 3 GKG (§ 19 Abs. 1 bis 3 GKG a.F.) „entsprechend" anzuwenden, die vergleichsweise Regelung dem Bedingungseintritt gleichgestellt.[3]

Hinterlegung

A. Vornahme der Hinterlegung

2882 Wird auf Vornahme der Hinterlegung geklagt, so ist der Streitwert gemäß dem Interesse des Klägers daran nach § 3 ZPO zu schätzen.

---

1 So auch OLG Braunschweig, Beschl. v. 23. 1. 1990 – 2 W 203/89, KostRsp. GKG § 19 Nr. 161 = JurBüro 1990, 912; OLG Düsseldorf, Beschl. v. 16. 6. 2005 – 5 W 13/05, OLGR 2005, 586; OLG Köln, Beschl. v. 10. 9. 1990 – 17 U 31/89, KostRsp. GKG § 19 Nr. 163; *Anders/Gehle/Kunze*, Stichwort „Vergleich" Rn. 18; unklar KG Beschl. v. 13. 12. 2001 – 8 W 372/01, KGR 2002, 119 = AGS 2002, 158.
2 OLG Bamberg, Beschl. v. 4. 3. 1993 – 8 W 9/93, JurBüro 1994, 112; OLG Koblenz, Beschl. v. 7. 6. 1996 – 5 W 318/96, MDR 1997, 404 = VersR 1997, 897; OLG Köln, Beschl. v. 22. 2. 1996 – 18 W 57/95, OLGR 1996, 158 = JurBüro 1996, 476 = NJW-RR 1996, 1278 = VersR 1997, 471; wohl auch OLG Koblenz, Beschl. v. 7. 6. 1996 – 5 W 318/ 96, MDR 1997, 404 = VersR 1997, 897; *Meyer*, § 45 Rn. 43.
3 Wie hier OLG Braunschweig KostRsp. GKG § 19 Nr. 161 mit zust. Anm. *E. Schneider* = JurBüro 1990, 456; OLG Köln, Beschl. v. 10. 9. 1990 – 17 U 31/89, KostRsp. GKG § 19 Nr. 163; *Anders/Gehle/Kunze*, Stichwort „Vergleich" Rn. 19; *Frank*, Anspruchsmehrheiten im Streitwertrecht, 1986, S. 321; *Lappe*, Kommentar zum GKG, 1975, § 19 Rn. 21.

B. Einwilligung in die Auszahlung

Wird auf Einwilligung in die Auszahlung einer hinterlegten Geldsumme oder Sache geklagt, dann handelt es sich um eine Klage auf **Abgabe einer Willenserklärung** (§ 894 ZPO). Gleichwohl ist das Interesse des Klägers auf das Erlangen des hinterlegten Betrages gerichtet. Dessen Wert ist daher gleich dem Streitwert.[1] 2883

Voraussetzung ist jedoch, dass keine unstreitige Mitberechtigung des Klägers gegeben ist. Deren Wert muss außer Ansatz bleiben. 2884

Die Klage auf Zustimmung zur Auszahlung eines hinterlegten Geldbetrages richtet sich nur dann nach der Höhe des Betrages, wenn der Kläger ihn voll in Anspruch nehmen will. Das gilt auch, wenn ihm eine höhere Forderung zusteht, deren Befriedigung er realisieren will. 2885

Will er sich nur aus einem Teil der Hinterlegungsmasse befriedigen, dann ist nur dieser Teilbetrag wertbestimmend. 2886

Ob das eine oder das andere der Fall ist, muss dem Klageantrag entnommen werden, der gegebenenfalls aus den Gründen auszulegen ist. 2887

Wird neben Freigabe auch Zahlung verlangt, dann werden die Werte wegen wirtschaftlicher Identität nicht addiert, wenn der freizugebende Betrag im Zahlungsantrag enthalten ist.[2] Wird allerdings neben der Feigabe eine weiter gehende Zahlung geltend gemacht, dann ist zu addieren (§ 5 ZPO; § 39 Abs. 1 GKG; § 22 Abs. 1 RVG). 2888

Einwendungen des Beklagten sind nicht zu berücksichtigen. Ergibt sich jedoch aus seinem Vorbringen, dass er nur einen Teil der Hinterlegungsmasse für sich in Anspruch nimmt, dann geht auch der Kläger – zumindest stillschweigend – davon aus und will nur diesen Anspruch durch die Zustimmungsklage ausräumen; deshalb ist auch nur dieser Teilbetrag wertbestimmend; denn nur um ihn wird gestritten.[3] Dies muss sich aber zumindest aus der Klagebegründung ergeben. Ein nachträgliches Unstreitigstellen einer Teilberechtigung des Klägers ist unbeachtlich (§ 4 Abs. 1 S. 1 ZPO; § 40 GKG). 2889

Der Kläger muss bei konkretem Vorgehen sein Verlangen nach **Freigabe** auf denjenigen Betrag beschränken, den der einzelne Hinterlegungsberechtigte als Gegner aus der hinterlegten Gesamtsumme für sich in Anspruch nimmt. Nur insoweit kann eine Freigabeverpflichtung bestehen. Versäumt es der Kläger, sein Begehren zu konkretisieren und verlangt er Freigabe schlechthin, dann gerät der zur Freigabe-Erklärung Verpflichtete in Verzug, wenn er überhaupt keine Erklärung abgibt, also auch keine Freigabe in Höhe seiner Forderung erklärt. Die Forderung bestimmt dann den Streitwert. 2890

---

1 OLG Kiel SchlHA 1947, 105.
2 OLG Frankfurt, Beschl. v. 17. 3. 1994 – 22 W 18/94, OLGR 1994, 96.
3 OLG Schleswig, Beschl. v. 13. 2. 1975 – 9 W 17/75, JurBüro 1976, 239.

2891 Anders kann es jedoch liegen, wenn der die Freigabe verlangende Gläubiger uneingeschränkte Freigabe fordert, beispielsweise weil er die **Teilberechtigung des Gegners** nicht kennt. Dann ist der Streitwert nach der gesamten Hinterlegungsmasse zu berechnen. Damit darf aber nicht die ganz andere Frage verwechselt werden, wie unter den Parteien die Anwaltskosten – prozessual oder materiellrechtlich – zu erstatten sind, die nach dem Streitwert der gesamten Hinterlegungssumme berechnet werden. Für die Streitwertermittlung kommt es auf die Kostenquotierung oder auf die materiellrechtliche Beurteilung nicht an.

2892 Hat der Käufer eines aufgelassenen Grundstücks die vereinbarte Hinterlegung des **Kaufpreises** beim Notar **nur teilweise erfüllt** und klagt er auf Abgabe der Einwilligungserklärung des Verkäufers zur Umschreibung, dann ist der Streitwert nicht nach dem Verkehrswert, sondern nach freiem Ermessen zu bestimmen.[1] Das OLG Düsseldorf hat auf den Differenzbetrag abgestellt und im Ergebnis entgegen der herrschenden Meinung nach der Gegenleistung bewertet (siehe dazu das Stichwort „Gegenleistung" Rn. 2235 ff.).

2893 Werden **mehrere Streitgenossen** auf Einwilligung in die Auszahlung eines hinterlegten Betrages verklagt, so beschränkt sich der Streitwert gegenüber den beklagten Streitgenossen auf den Betrag, in dessen Höhe sie sich eines Anspruchs auf den hinterlegten Betrag berühmt haben.[2]

2894 Bei den mit Klage und Widerklage geltend gemachten Ansprüchen auf Zustimmung zur Auszahlung eines hinterlegten Betrages handelt es sich um eine wirtschaftliche Einheit des Streitgegenstandes.[3] Eine Wertaddition findet daher nicht statt (§ 45 Abs. 1 S. 3 GKG).

C. Zinsen der Hinterlegungssumme

2895 Die Zinsen der Hinterlegungssumme, die der Kläger für sich fordert, sind nicht Nebenansprüche i.S.d. § 4 Abs. 1 ZPO oder des § 43 Abs. 1 GKG. Zinsen und Hauptsumme bilden vielmehr einen einheitlichen, unzerlegbaren Anspruch, der für den Streitwert maßgebend ist.[4] Die Hinterlegungsmasse darf so nicht in einen Hauptanspruch und in einen Nebenanspruch zerlegt werden; es fehlt an dem in § 43 Abs. 1 GKG vorausgesetzten objektiven Abhängigkeitsverhältnis, da nicht der Beklagte, sondern die Hinterlegungsstelle der Zinsschuldner ist.

2896 Bei der Klage auf Zustimmung in die Auszahlung eines beim Notar hinterlegten Betrages ist die Summe maßgebend, die das Hinterlegungskonto im **Zeit-**

---

1 OLG Düsseldorf, Beschl. v. 22. 1. 1979 – 9 W 3/79, KostRsp. ZPO § 3 Nr. 431 mit Anm. *E. Schneider.*

2 OLG Frankfurt, Beschl. v. 14. 5. 1970 – 6 W 146/70, JurBüro 1970, 770 = Rpfleger 1970, 353 = NJW 1970, 2119.

3 KG, Beschl. v. 8. 4. 1959 – 15 W 456/59, Rpfleger 1962, 120.

4 RG HRR 1931 Nr. 252; BGH, Beschl. v. 11. 1. 1967 – Ib ZA 8/66 MDR 1967, 280 = LM Nr. 15 zu § 4 ZPO = WM 1967, 279 = NJW 1967, 930 = BB 1969, 552.

punkt der Instanzeinleitung (§ 4 Abs. 1 S. 1 ZPO; § 40 GKG) ausweist. Nachträgliche Veränderung sind unbeachtlich.[1] Auch im Rechtsmittelverfahren kann sich der Wert nicht mehr erhöhen (§ 47 Abs. 2 S. 1 GKG).

Nur für die außergerichtlichen Anwaltsgebühren (§ 23 Abs. 1 RVG) sind die Hinterlegungszinsen, die den Hinterlegungsbetrag ständig erhöhen, zu berücksichtigen, da eine dem § 40 GKG vergleichbare Vorschrift fehlt. 2897

D. Herausgabe hinterlegter Sachen

Der Streitwert der Klage auf Einwilligung in die Herausgabe einer hinterlegten Sache bestimmt sich gemäß § 6 ZPO nach deren Wert, allerdings nur dann, wenn voller Besitz oder volles Eigentum in Streit befangen sind. 2898

Sind dagegen **mehrere Personen** nur gemeinsam berechtigt, eine verwahrte Sache wieder in Empfang zu nehmen, dann ist auf die Anteile abzustellen, die ihnen zustehen. Liegt der Regelfall des § 426 Abs. 1 S. 1 BGB vor, dann kann die Klage des einen Mitberechtigten gegen den anderen Mitberechtigten mit dem Ziel, dessen Weigerung auszuräumen, nur mit der Hälfte des Sachwertes angesetzt werden.[2] 2899

Honorarvereinbarung

Siehe unter dem Stichwort „Vergütungsvereinbarung".

Hypothek

Gliederungsübersicht

A. Anzuwendende Vorschriften	2900	D. Gesamthypothek, Gesamtschuldner	2913
B. Kosten, Zinsen	2907		
C. Gegenleistung	2910	E. Sicherungshypothek	2917

A. Anzuwendende Vorschriften

Bemessungsvorschrift ist § 6 ZPO. 2900

⮞ **Beispiele:**

> **Forderungen** sollen durch Eintragung von Hypotheken gesichert werden; es gilt der Wert der Forderung; der geringere Grundstückswert käme nur dann in Betracht, wenn

---

1 A.A. OLG Köln, Beschl. v. 14. 11. 1979 – 2 U 39/79, JurBüro 1980, 281.
2 KG, Beschl. v. 17. 11. 1977 – 22 W 3656/77, JurBüro 1978, 427 = AnwBl. 1978, 107.

es sich um bereits genau bezeichnete, betragsmäßig geringerwertige Hypotheken handelte[1] – Klage auf Abtretung einer Forderung[2] – Verpfändung einer Hypothek[3] – Löschung einer Hypothek.[4]

2901 Dass die Klägerin in einer **Erbengemeinschaft** bereits Mitgläubigerin der Hypothek ist, mindert den Streitwert nach Auffassung des OLG Köln[5] nicht.

2902 Der Senat begründet dies damit, solange die Hypothek im Grundbuch eingetragen sei, hindere sie die Ausnutzung des von ihr blockierten Ranges in voller Höhe des Nennbetrages. Darauf kann aber schwerlich abgestellt werden. Nachdem der BGH[6] in grundlegender Änderung seiner bisherigen Rechtsprechung im Miterbenstreit stets den Erbanteil des Klägers vom Streitwert abzieht, kann hiervon bei der Klage eines Miterben auf Abtretung einer Hypothek keine Ausnahme gemacht werden.

2903 Bei einem Rechtsstreit über die **Abtretung** einer Hypothek ist der Wert des Streitgegenstandes gemäß § 6 ZPO nach dem Nennwert der Hypothek zu bestimmen und nicht nach dem Betrag der zu sichernden Forderung, deren Zahlung zwischen den Parteien streitig ist.

2904 Dagegen ist nach § 3 ZPO zu schätzen, wenn eine Briefhypothek bereits verpfändet ist und mit der Klage nur die Abgabe der zur Eintragung notwendigen formgerechten Erklärung erzwungen werden soll.[7]

2905 Ebenfalls nach § 3 ZPO zu bewerten ist der Fall, dass die **Unzulässigkeit der Kündigung** einer Hypothek geltend gemacht wird; für die Schätzung kommt es darauf an, an welcher Rangstelle die Hypothek steht.[8]

2906 Im Verfahren zwecks **Kraftloserklärung eines Hypothekenbriefes** bemisst sich der Streitwert nach dem Interesse des Antragstellers daran, dass für den verlorengegangenen Hypothekenbrief Ersatz beschafft wird; es ist nach § 3 ZPO und nicht nach § 6 ZPO zu bewerten.[9] Siehe das Stichwort „Aufgebotsverfahren" Rn. 400 ff.

B. Kosten, Zinsen

2907 Die Kosten der Kreditbeschaffung, die nach der Behauptung des Klägers durch eine **unzulässige Kündigung** notwendig geworden sind, müssen beim Schätzwert in Ansatz gebracht werden.[10]

---

1 OLG Köln DRZ 1929 Nr. 512.
2 OLG Braunschweig OLGE 6, 373; OLG Kiel JVBl. 1934, 82.
3 RG JW 1897, 446 Nr. 2.
4 OLG Celle MDR 1977, 935.
5 OLG Köln, Beschl. v. 30. 8. 1968 – 9 W 83/68, KostRsp. ZPO § 6 Nr. 24.
6 BGH JurBüro 1975, 1197.
7 OLG Stettin JW 1932, 669; OLG Kiel OLGE 31, 5.
8 RG JW 1906, 169 Nr. 14.
9 LG Hildesheim NJW 1964, 1232.
10 OLG Hamburg OLGE 23, 70; OLG München OLGE 23, 70.

Ist eine Hypothek abgetreten und wird darum gestritten, ob das **Zinsbezugs-** 2908
recht beim Zedenten verblieben ist, dann bemisst sich der Streitwert gemäß § 9
ZPO nach dem 3,5fachen Jahresbetrag der Zinsen.[1]

Bei Streit über die Befugnis **vorzeitiger Rückzahlung** des Kapitals ist der Streit- 2909
wert gleich dem Unterschied der Zinsbeträge.[2]

C. Gegenleistung

Nach OLG Celle[3] bestimmt sich der Streitwert für eine **Klage auf Löschung** 2910
einer Hypothek auch dann nach dem Nennbetrag der Hypothek, wenn diese
unstreitig getilgt ist und der Beklagte die Löschungsbewilligung nur unter Berufung auf eine Forderung von geringer Höhe verweigert. Damit ist die Problematik angesprochen, inwieweit die an sich unerhebliche Gegenleistung dann für
die Streitwertbemessung beachtlich wird, wenn der Hauptanspruch unstreitig
ist und wirtschaftlich nur über die Berechtigung der Einwendung gestritten
wird.

Die Auffassung des OLG Celle erscheint zu formal. Dass der **Nennbetrag** der 2911
Hypothek das Grundstück in voller Höhe der Eintragung rangmäßig blockiert,
sollte nicht als ausschlaggebend angesehen werden. Denn zu entscheiden ist
nur über den Streit zwischen diesen konkreten Prozessparteien; und zwischen
diesen geht es eben nur um die Frage, ob dem Beklagten ein Leistungsverweigerungsrecht zusteht.

Siehe dazu die Ausführungen bei den Stichwörtern „Auflassung" Rn. 458 und 2912
„Gegenleistung".

D. Gesamthypothek, Gesamtschuldner

Bezweckt die Klage, der eine Vereinbarung über die Eintragung einer Gesamt- 2913
hypothek an bestimmter Rangstelle auf mehreren Grundstücken zugrunde
liegt, nicht nur die **Rangverbesserung** der auf einem der Grundstücke bereits
eingetragenen Sicherungshypothek, sondern zugleich ihre Eintragung als Gesamthypothek mit der bereits eingetragenen Hypothek auf den anderen Grundstücken, so bestimmt sich der Streitwert auch dann nach § 6 ZPO, wenn die
wirtschaftliche Sicherung der Forderung schon durch die Rangverbesserung der
bereits eingetragenen Hypothek allein mit Gewissheit erreicht würde.

Als Streitwert ist daher der Forderungsbetrag anzunehmen, nicht nur – gemäß 2914
§ 3 ZPO – der geringere Wert des wirtschaftlichen Interesses des Klägers an der
Rangverbesserung der bereits vorhandenen Hypothek.[4]

---

1 KG OLGE 23, 77: 12,5facher Jahresbetrag nach § 9 ZPO a.F.
2 RG Recht 1909 Nr. 3386.
3 OLG Celle MDR 1977, 935.
4 OLG Frankfurt Rpfleger 1956, 318.

2915 Betrifft ein landwirtschaftsgerichtliches Verfahren die Genehmigung der Eintragung einer Gesamthypothek auf einem **landwirtschaftlichen Grundstück** zur Mithaftung neben anderen nichtlandwirtschaftlichen Grundstücken oder aber die Feststellung, dass mangels eines landwirtschaftlichen Grundstücks eine solche Genehmigung nicht erforderlich ist (Negativattest), so ist als Geschäftswert nicht der volle Nennwert der Hypothek, sondern der geringere Wert des fraglichen Grundstücks zugrunde zu legen.[1]

2916 Der Wert des Anspruches eines Gesamtschuldners gegen den anderen auf **Freistellung** von der Inanspruchnahme **aus einem Baudarlehen** und der dafür bestellten Hypothek ist nach dem Nennbetrag der Forderung zu berechnen. Eine doppelte Berücksichtigung wegen der persönlichen und der dinglichen Haftung kommt nicht in Betracht. Weder die Unwahrscheinlichkeit oder der Umfang einer etwaigen Inanspruchnahme noch der Umstand, dass Gesamtschuldner im Innenverhältnis grundsätzlich zu gleichen Anteilen verpflichtet sind, rechtfertigen einen Abzug vom Streitwert.[2]

E. Sicherungshypothek

2917 Der Streitwert auf Eintragung einer Sicherungshypothek ist gemäß § 3 ZPO nach freiem Ermessen festzusetzen. Er ist mit Rücksicht auf die Vorläufigkeit einer einstweiligen Verfügung regelmäßig in Höhe von $^1/_4$ bis $^2/_3$ des zu sichernden Anspruches angemessen.[3]

2918 Dabei ist auf das Interesse des Antragstellers abzustellen, das sich wiederum nach dem Grad der Gefährdung seines Anspruches richtet.

2919 Bei Streit um die **Rechtsinhaberschaft** an einer Hypothek, die nach dem Wert des belasteten Grundstücks und nach ihrem Range gut ist, kann das Sicherungsinteresse für die Erwirkung einer einstweiligen Verfügung auf Eintragung eines Widerspruchs mit $^1/_3$ des Nennbetrages angenommen werden.[4]

2920 Der Streitwert der Klage eines **Miterben** auf Zustimmung zur Löschung einer zugunsten einer Erbengemeinschaft eingetragenen Sicherungshypothek ist nicht nach dem vollen Betrag der Hypothek, sondern nach dem hälftigen Anteil des löschungsunwilligen Miterben zu bemessen.[5] Diese Bewertung entspricht der neueren Judikatur, die den Anteil des klagenden Erben aus wirtschaftlichen Erwägungen nicht streitwerterhöhend berücksichtigt.[6]

2921 Wird auf Abgabe einer **Löschungsbewilligung** hinsichtlich einer Sicherungshypothek geklagt, dann ist ebenfalls auf das Interesse des Klägers an der Bereinigung des Grundbuches abzustellen.

---

1 OLG Frankfurt JurBüro 1959, 426.
2 KG JurBüro 1968, 466.
3 OLG Frankfurt JurBüro 1977, 719; LG Siegen JurBüro 1963, 475.
4 OLG Köln JurBüro 1961, 458.
5 OLG Frankfurt JurBüro 1981, 757.
6 Siehe dazu *Schneider* JurBüro 1977, 433 und das Stichwort „Miterbe" (Rn. 3826 ff.).

Das OLG Frankfurt/M.[1] bestimmt es grundsätzlich nach dem **Nennwert des** 2922
dinglichen Rechts, gleichgültig, ob die Forderung besteht oder nicht und in
welcher Höhe.

Mit Recht hat demgegenüber das OLG Hamburg[2] die Vorschrift des § 6 ZPO 2923
nur mit der Maßgabe angewandt, dass der Streitwert lediglich durch die Höhe
der gesicherten und noch valutierten Forderung bestimmt werde.

Allein bei dieser Betrachtungsweise ist es möglich, die Streitwertbezifferung 2924
am wirklichen wirtschaftlichen Interesse der Parteien auszurichten. Dem hat
sich das OLG Köln[3] angeschlossen.

Hypothekengewinnabgabe

Es handelt sich dabei um die Umstellung der Reichsmark auf die Deutsche 2925
Mark im Verhältnis 10:1. Die dadurch freigewordenen Pfandstellen wurden
zum Lastenausgleich herangezogen, und zwar durch Einführung der Hypothe-
kengewinnausgabe.[4] Das muss für die Berechnung des Streitwerts bei Grund-
buchklagen berücksichtigt werden. Meist ging es dabei um die Löschung von
RM-Grundpfandrechten. Siehe dazu das Stichwort „Löschung von Grundpfandrechten, Vormerkungslöschung" Rn. 3334 ff.

Idealverein

Das BGB unterscheidet zwischen wirtschaftlichen Vereinen (§ 22 BGB) und 2926
Idealvereinen (§ 21 BGB). Diese materiellrechtliche Einordnung ist streitwertmäßig bedeutungslos, denn Idealvereine können gleichermaßen vermögensrechtliche Ansprüche geltend machen wie wirtschaftliche Vereine nichtvermögensrechtliche Ansprüche. Es kommt daher für die Bemessung des Streitwerts
(§ 48 Abs. 2 GKG oder § 3 ZPO) nur darauf an, welche konkreten Anträge vom
Verein bzw. gegen diesen im Rechtsstreit verfolgt werden.

Eine nichtvermögensrechtliche Streitigkeit liegt beispielsweise vor, wenn gegen 2927
einen Idealverein auf Feststellung geklagt wird, dass die **Wahl des Vorstands**

---

1 OLG Frankfurt/M., Beschl. v. 21. 9. 1992 – 27 W 49/92 JurBüro 1977, 720; KostRsp.
ZPO § 6 Nr. 138 = OLGR 1992, 193; ebenso z.B. OLG Nürnberg, Beschl. v. 10. 4. 1970 –
5 W 17/79, KostRsp. ZPO § 6 Nr. 38; OLG Bamberg JurBüro 1082, 1721; zustimmend
Stein/Jonas/*Roth*, ZPO, 22. Aufl. 2003, § 6 Nr. 29; differenziert MünchKomm.ZPO/*Lappe*, § 3 Rn. 137.
2 OLG Hamburg MDR 1975, 846.
3 OLG Köln MDR 1980, 1025.
4 Siehe näher dazu *Wolff/Raiser*, Sachenrecht, 10. Bearbeitung 1957, § 157c.

nicht rechtmäßig erfolgt sei. Wegen der besonderen Bedeutung eines solchen Streits für einen Verein, der ohne einen rechtmäßig gewählten Vorstand nicht handlungsfähig ist, ist auch bei sonst durchschnittlichen Verhältnissen regelmäßig die Festsetzung eines über dem Grundwert liegenden Streitwerts gerechtfertigt.[1] Das OLG Düsseldorf[2] hat den Wert einer negativen Feststellungsklage über die Unwirksamkeit der Wahl des Vereinsvorstands und der Ausschussmitglieder eines Idealvereins auf (umgerechnet) 10 000 Euro festgesetzt.

2928   Nichtvermögensrechtlich sind daneben auch die Streitigkeiten um **Zugehörigkeit** zu einem Idealverein oder um den **Vereinsnamen**.

2929   Vermögensrechtlich ist der Streit um Höhe oder Berechtigung der Mitgliedsbeiträge sowie über **Aufnahme** von neuen Mitgliedern. Das LG Saarbrücken[3] hat zur Bewertung des Streits über die Aufnahme von 200 neuen Mitgliedern auf die jährlichen Mitgliedsbeiträge abgestellt.

2930   Zur **Ausschließung** aus einem Idealverein siehe das Stichwort „Ausschließung". Das OLG Köln[4] hat den im Eilverfahren ausgetragenen Streit über den Ausschluss als nichtvermögensrechtliche Streitigkeit mit 1000 DM bewertet. Das OLG Frankfurt[5] will auch bei Ausschluss aus einem Idealverein wirtschaftliche Interessen des ehemaligen Mitgliedes bei der Streitwertbestimmung mit berücksichtigen.[6]

2931   Werden mit einer Klage im Wege der **Anspruchshäufung** sowohl vermögensrechtliche als auch nichtvermögensrechtliche Ansprüche geltend gemacht, so erfolgt eine getrennte Bewertung und sodann die Addition nach § 5 ZPO.[7]

2932   Eine Ausnahme gilt nach § 48 Abs. 4 GKG nur dann, wenn der vermögensrechtliche Anspruch aus dem nichtvermögensrechtlichen folgt. Dann ist nur der höhere Anspruch maßgeblich.

2933   **§ 247 Abs. 1 AktG** ist auf das Vereinsrecht nicht entsprechend anwendbar.[8] Denn es fehlt an dem für die aktienrechtliche Regelung mitbestimmenden Gedanken, wirtschaftlich gering beteiligte Mitglieder durch die Berücksichtigung des Verbandsinteresses von willkürlichen Klagen abzuhalten.

---

1 KG Jurbüro 1969, 1193 zu § 12 Abs. 2 GKG a.F.
2 OLG Düsseldorf, Beschl. v. 18. 9. 1997 – 10 W 121/97, OLGR 1998, 39.
3 LG Saarbrücken, Beschl. v. 18. 4. 1994 – 5 T 235/94, JurBüro 1995, 26.
4 OLG Köln, Beschl. v. 5. 10. 1983 – 2 W 87/83, MDR 1984, 153.
5 OLG Frankfurt, Beschl. v. 15. 7. 2003 – 9 W 13/03, JurBüro 2003, 644.
6 Im konkreten Fall ging es um die Mitgliedschaft als Voraussetzung für den Verkauf selbst gezüchteter Rassehunde sowie eine eventuelle persönliche Haftung als nicht entlastetes Vorstandsmitglied.
7 OLG Frankfurt, Beschl .v 21. 12. 1984 – 12 W 254/84, JurBüro 1985, 1083.
8 BGH, Beschl. v. 25. 5. 1992 – II ZR 23/92, MDR 1993, 183.

Immissionen

Für den nach § 3 ZPO zu schätzenden Streitwert einer Immissionsklage
(§§ 903, 904, 907, 1004 BGB) ist die Wertminderung entscheidend, die das
Grundstück des Klägers nach voraussichtlicher Dauer der Immissionen, hilfsweise bei Zulassung auf unbestimmte Zeit, erleiden würde.[1]   2934

Auf die Höhe der **Aufwendungen**, die der Beklagte zur Abwendung der Immissionen anwenden müsste, kommt es für den Zuständigkeits- und Gebührenstreitwert nicht an. Allein die Beschwer des Beklagten wird hierdurch bestimmt.[2]   2935

Soweit die Abwehr von Immissionen durch **einstweilige Verfügung** eingeleitet
wird, sind auch die Bewertungsgrundsätze dafür heranzuziehen. Vgl. das Stichwort „Einstweilige Verfügung".   2936

Klagen **Miteigentümer eines Grundstücks** auf Unterlassung einer Lärmimmission, so ist der Wert ihrer Klagen nicht nach § 5 ZPO zusammenzurechnen, da
aufgrund desselben betroffenen Grundstücks „wirtschaftliche Identität" vorliegt.[3]   2937

Informationserzwingungsverfahren

Das Informationszwingungsverfahren nach § 51b GmbHG, § 132 AktG dient
der Durchsetzung des mitgliedschaftlichen Individualrechts eines Gesellschafters bzw. Aktionärs auf Information. Der Anspruch richtet sich gegen die
GmbH bzw. gegen den Vorstand.   2938

Das Erzwingungsverfahren ist Streitverfahren der freiwilligen Gerichtsbarkeit.
Nach § 51b GmbHG bzw. § 132 Abs. 5 AktG gilt für die Festsetzung des Ge-
schäftswertes die Regelung in § 30 Abs. 2 KostO mit der Maßgabe, dass der
Wert regelmäßig mit 5000 Euro festzusetzen ist.   2939

---

1 OLG Koblenz, Beschl. v. 25. 2. 1994 – 5 W 119/94, JurBüro 1995, 27 = VRS 88, 421;
  Anders/Gehle/Kunze, Stichwort „Immissionen"; *Meyer*, – Geräuschimmissionen durch
  LKW-Parkplatz Anh. § 48 (§ 3 ZPO) Rn. 17, dort unter Immissionen"; Baumbach/Lau-
  terbach/*Hartmann*, § 3 Rn. 72, dort unter „Immission": Musielak/*Heinrich*, § 3 Rn. 28
  unter „Immissionen"; Thomas/Putzo/*Hüßtege*, ZPO, § 3 Rn. 89, unter „Immissionen".
2 OLG Frankfurt Rpfleger 1955, 210; OLG Schleswig JurBüro 1973, 637 = SchlHA 1973,
  88; *Anders/Gehle/Kunze*, Stichwort „Immissionen"; Thomas/Putzo/*Hüßtege*, § 3
  Rn. 89 unter „Immissionen".
3 BGH, Beschl. v. 29. 1. 1987 – V ZR 136/86, KostRsp. ZPO § 5 Nr. 68 mit Anm. *Schneider* = MDR 1987, 570 = Rpfleger 1987, 205 = JZ 1987, 631 = BB 1987, 641 = NJW-RR
  1987, 1148, Baumbach/Lauterbach/*Hartmann*, § 3 Rn. 72 unter „Immission"; Zöller/
  Herget, § 3 Rn. 16 unter „Immissionen".

2940 Der Geschäftswert ist auch dann einheitlich festzusetzen, wenn **mehrere Beteiligte** Informationsanträge gestellt haben.[1] Der Zahl der Antragsteller ist nicht durch bloße schematische Multiplikation des Regelgeschäftswertes mit der Zahl der Anträge Rechnung zu tragen, sondern durch angemessene Erhöhung des Geschäftswertes bis zur Obergrenze von 500 000 Euro (§ 30 Abs. 2 KostO). Maßgeblich ist für die Erhöhung, ob es sich um mehrere selbständige Informationsbegehren handelt, oder ob und in welchem Umfang die Auskünfte zusammenhängen[2] bzw. ob die Antragsteller dem Verfahren eine über den Verfahrensgegenstand hinausgehende grundsätzliche Bedeutung beimessen.[3]

2941 Das OLG Frankfurt[4] vertritt die Ansicht, dass der Regelwert mit der Zahl der gestellten Fragen zu multiplizieren ist, wenn das Verfahren mehrere Fragen mit jeweils einem eigenständigen Inhalt zum Gegenstand hat. Dagegen spricht schon, dass § 30 Abs. 2 KostO nicht auf die einzelne Frage, sondern auf das Verfahren als solches abstellt und für dieses – zusammen mit § 132 Abs. 5 AktG – einen Regelstreitwert vorgibt. Dieser kann nach den Umständen des Einzelfalls zwar niedriger oder höher angenommen werden. Allein die Anzahl der gestellten Fragen bestimmt nicht das Interesse der Antragsteller.

Inkassokosten

2942 Neben einem Hauptanspruch auf Geldzahlung sind Inkassokosten bei der Wertbemessung außer Ansatz zu lassen, und zwar auch dann, wenn sie auf einen nicht mehr im Streit befindlichen Teil des Hauptanspruchs bezogen sind. Es handelt sich um **Kosten** i.S. der §§ 4 Abs. 1 ZPO, 43 Abs. 1 GKG (§ 22 Abs. 1 GKG a.F.).[5]

Insolvenzsicherung

2943 Zwischen dem Versorgungsempfänger oder -anwärter einer betrieblichen Altersversorgung und dem Pensions-Sicherungs-Verein als Träger der Insolvenzsicherung besteht bereits vor Eintritt des Sicherungsfalls (§ 7 Abs. 1 BetrAVG) ein feststellungsfähiges (bedingtes) Rechtsverhältnis im Sinne von § 256 ZPO.[6]

---

1 BayObLG GmbHR 1991, 576; BayObLG, Beschl. v. 27. 5. 1993 – 3 Z BR 55/93, JurBüro 1994, 756; BayObLG, Beschl. v. 14. 11. 2000 – 3 Z BR 321/00, JurBüro 2001, 254.
2 BayObLG NJW-RR 2000, 1201.
3 BayObLG, Beschl. v. 27. 5. 1993 – 3 Z BR 55/93, JurBüro 1994, 756; ähnlich auch OLG Stuttgart, Beschl. v. 8. 5. 1992 – 8 W 244/91, DB 1992, 1179.
4 OLG Frankfurt, Beschl. v. 21. 8. 1992 – 20 W 300/92, DB 1992, 1920.
5 OLG Köln JurBüro 1974, 1594 = BB 1974, 1414 = DB 1974, 2203.
6 BGH, Urteil v. 25. 10. 2004 – II ZR 413/02, MDR 2005, 292 = NJW-RR 2005, 637.

Der Streitwert für eine auf künftige Rentenleistung gerichtete Insolvenz-Sicherungsklage ist auf den dreifachen Jahresbetrag festzusetzen (§ 42 Abs. 3 GKG analog). Dies gilt auch dann, wenn die Klage von einem früheren Mitglied des Vertretungsorgans einer juristischen Person erhobenen wird.[1]   **2944**

Insolvenzverfahren

Literatur: *Schneider* MDR 1974, 101 ff.; *Uhlenbruck* ZAP Fach 24 S. 291; *Enders* JurBüro 1999, 113; *Enders* JurBüro 1999, 169.

Gliederungsübersicht

A. Anzuwendende Vorschriften . . 2945

B. Insolvenzverfahren
  I. Erste Instanz
     1. Gerichtsgebühren 2947
     2. Anwaltsgebühren 2951
  II. Beschwerdeverfahren
     1. Gerichtsgebühren 2956
     2. Anwaltsgebühren 2959

C. Feststellungsklage
  I. Anwendungsbereich 2962
  II. Bemessungsgrundsätze 2968

D. Einfluss auf laufende Verfahren . 2977

E. Aussonderung 2984

F. Abgesonderte Befriedigung . . . 2986

G. Anfechtung 2990

Stichwortübersicht

Abgesonderte Befriedigung 2948
Anfechtungsklage . . . . 2990 ff.
– Beseitigung eines Pfandrechts . . . 2991
– Rückgewähr 2990
Anwaltsgebühren . . . . 2951 ff.
– Beschwerde . . . . 2959 ff.
– Durchführung des Insolvenzverfahrens 2951
– Eröffnungsverfahren 2951
– Restschuldbefreiung 2961
– Teilbetrag des Gläubigers 2954
– Vertreten des Insolvenzgläubigers 2953
– Vertreten des Schuldners 2952
Aufnahme eines Rechtsstreites . . . 2975
Aussonderung 2948
Befangenheit 2948
Bemessungsgrundsätze . . . . . . 2968 ff.
– besondere Umstände 2974
Beschwerde gegen Eröffnungsantrag 2956 ff.
Eventual-Aufrechnung 2982
Falsche Schätzung 2976
Feststellungsklage 2962

– gegen bestreitenden Schuldner . . 2967
– Umstellen von Zahlungsklage . . 2964
Gegenforderungen, aufrechenbar . . 2970
Gläubiger, vermögenslos 2950
Hilfsaufrechnungen gegenüber
  Insolvenzverwalter 2983
Insolvenzmasse 2948
Kündigungsschutzklage 2966
Laufendes Verfahren . . . . 2977 ff.
Quote, gering 2972
Rechtsstreit,
– nicht weitergeführt 2978
– wieder aufgenommen 2979
Rückwirkung 2980
Selbständiges Beweisverfahren . . . 2965
Teilbetrag 2964
Verteilungsquote 2969
– Insolvenzverwaltungsbericht . . . 2969
– Prozentwert 2972
– Verhältnis der Masse 2970
Widerspruch 2963
Zinsen und Kosten 2971

---

1 BGH JurBüro 1980, 1822 = MDR 1980, 1001 = Rpfleger 1980, 427 = ZIP 1980, 780 = BB 1980, 1271 = WPM 1980, 1068 = DB 1980, 2089.

A. Anzuwendende Vorschriften

2945 Der Streitwert für die Gerichtsgebühren im Insolvenzverfahren – soweit keine Festgebühren anfallen – richtet sich nach **§ 58 GKG**. Danach ist der Wert der Insolvenzmasse zur Zeit der Beendigung des Verfahrens maßgeblich. Der Gegenstandswert für die Anwaltsgebühren bestimmt sich nach **§ 28 RVG**.

2946 Bei der Klage auf Feststellung bestrittener Forderungen (§ 179 InsO) ist derjenige Betrag anzusetzen, der bei Verteilung der Insolvenzmasse zu erwarten ist (**§ 182 InsO**). Da diese Regelung keine maßgebliche sachliche Änderung gegenüber der früheren Vorschrift des § 148 KO enthält,[1] kann auch auf Rechtsprechung zur Konkursordnung zurückgegriffen werden.

B. Insolvenzverfahren

I. Erste Instanz

1. Gerichtsgebühren

2947 Der Streitwert für das Insolvenzverfahren selbst, also für die Eröffnung des Insolvenzverfahrens und die Durchführung, richtet sich für die **Gerichtsgebühren** nach § 58 GKG. Die Gebühren für den Antrag auf Eröffnung des Insolvenzverfahrens (Nr. 2310 KV GKG) und für die Durchführung des Insolvenzverfahrens (Nr. 2320, 2330 KV GKG) werden nach dem Wert der Insolvenzmasse zur Zeit der Beendigung des Verfahrens erhoben (§ 58 Abs. 1 S. 1 GKG).

2948 Die **Insolvenzmasse** umfasst nach §§ 35, 36 InsO das gesamte dem Schuldner zur Zeit der Eröffnung gehörende und während des Verfahrens von ihm erlangte, einer Zwangsvollstreckung unterliegende Vermögen. Nicht zur Insolvenzmasse zählen diejenigen Gegenstände, die aufgrund dinglicher oder persönlicher Rechte einem **Aussonderungsrecht** unterliegen (§ 47 InsO). Der Wert von Gegenständen, die zur **abgesonderten Befriedigung** dienen (§§ 49 ff. InsO), wird nur in Höhe des für diese nicht erforderlichen Betrages angesetzt (§ 58 Abs. 1 S. 2 GKG).[2] Masseverbindlichkeiten (§§ 53–55 InsO) werden nicht abgezogen.

2949 Ist der Antrag auf Eröffnung des Insolvenzverfahrens von einem Gläubiger gestellt worden (Nr. 2311 KV GKG für das Eröffnungsverfahren), dann wird die Gebühr für das Verfahren entweder nach dem Betrag seiner Forderung oder nach dem geringeren Wert der Insolvenzmasse erhoben (§ 58 Abs. 2 GKG).

---

1 BGH, Urteil v. 9. 9. 1999 – IX ZR 80/99, MDR 1999, 1463 = ZIP 1999, 1811 = NZI 1999, 447; BGH NJW-RR 2000, 354.
2 LG Kassel, Beschl. v. 17. 2. 1999 – 3 T 42/99, Rpfleger 1999, 288 = KTS 2000, 468.

Nimmt der Gläubiger seinen Eröffnungsantrag zurück, weil die Anhörung des   2950
Schuldners ergeben hat, dass dieser praktisch **vermögenslos** ist oder weil der
Gläubiger erfahren hat, dass bereits aufgrund eines anderen Antrages die Ein-
stellung des Verfahrens mangels Masse beschlossen worden war, dann ist der
Wert nicht etwa nach dem Betrag der Forderung des Gläubigers, sondern auf die
geringste Gebührenstufe festzusetzen.[1]

2. Anwaltsgebühren

Im **Eröffnungsverfahren** erhält der Anwalt für die Vertretung des Schuldners   2951
eine 1,0-Verfahrensgebühr nach Nr. 3313 VV RVG. Für die Vertretung des Gläubigers erhält der Anwalt eine 0,5-Verfahrensgebühr nach Nr. 3314 VV RVG. Für
die **Durchführungen** des Insolvenzverfahrens entsteht unabhängig von der Person des Mandanten eine einheitliche 1,0-Verfahrensgebühr nach Nr. 3317 VV
RVG. Der Wert für die Anwaltsgebühren richtet sich nach § 28 RVG. Dieser
bestimmt unterschiedliche Werte für die verschiedenen Verfahrensabschnitte
und unterscheidet zudem, ob der Gläubiger oder der Schuldner vom Anwalt im
Insolvenzverfahren vertreten wird.

Soweit der Anwalt den **Schuldner** im Eröffnungsverfahren, im Verfahren über   2952
einen Schuldenbereinigungsplan oder im Insolvenzverfahren vertritt, berechnen
sich seine Gebühren nach dem Wert der Insolvenzmasse. Dieser Wert wiederum bestimmt sich nach § 58 GKG (§ 28 Abs. 1 S. 1 RVG). Die Insolvenzmasse
umfasst nach §§ 35, 36 InsO das gesamte dem Schuldner zur Zeit der Eröffnung
gehörende und während des Verfahrens von ihm erlangte, einer Zwangsvollstreckung unterliegende Vermögen. Nicht zur Insolvenzmasse zählen diejenigen Gegenstände, die aufgrund dinglicher oder persönlicher Rechte einem Aussonderungsrecht unterliegen (§ 47 InsO). Ebenfalls müssen diejenigen Gegenstände vom Wert der Masse abgezogen werden, die und soweit sie einer abgesonderten Befriedigung (§§ 49 ff. InsO) unterliegen.[2] Für die Vertretung des
Schuldners im Eröffnungsverfahren beträgt der Gegenstandswert mindestens
4000 Euro (§ 28 Abs. 1 S. 2 RVG).

Vertritt der Anwalt den **Insolvenzgläubiger** im Eröffnungsverfahren, im Verfah-   2953
ren über einen Schuldenbereinigungsplan oder im Insolvenzverfahren, ist der
Nennwert der Forderung entscheidend. Dies gilt auch dann, wenn der Wert der
Insolvenzmasse geringer ist, weil § 28 Abs. 2 RVG nicht auf § 58 GKG verweist. Dabei sind Nebenforderungen mitzurechnen (§ 28 Abs. 2 RVG). Entscheidend ist also der tatsächliche Betrag der Forderung einschließlich der

---

1 AG Göttingen, Beschl. v. 3. 3. 1992 – 71 N 48/90, KostRsp. GKG § 37 Nr. 3 = ZIP 1992,
  790; unrichtig LG Krefeld, Beschl. v. 4. 5. 1983 – 6a T 14/83, Rpfleger 1983, 332 mit abl.
  Anm. *Meyer-Stolte* = ZIP 1984, 92 mit abl. Anm. *Eickmann* = KostRsp. GKG § 37 Nr. 1
  mit abl. Anm. *Schneider*; LG Mainz, Beschl. v. 27. 11. 1985 – 8 T 201/85, KostRsp.
  GKG § 37 Nr. 2 mit abl. Anm. *Schneider* = Rpfleger 1986, 110 mit abl. Anm. *Meyer-
  Stolte*.
2 LG Kassel, Beschl. v. 17. 2. 1999 – 3 T 42/99, Rpfleger 1999, 288 = KTS 2000, 468.

Zinsen und der etwa erstattungsfähigen Kosten bis zur Eröffnung des Insolvenzverfahrens.[1]

2954 Macht der Gläubiger nur einen Teilbetrag seiner Forderung im Insolvenzverfahren geltend, so ist nur dieser für den Gegenstandswert maßgeblich. Ob dies auch hinsichtlich der Gebühr für das Eröffnungsverfahren (Nr. 3314 VV RVG) gilt, ist umstritten. Nach einer Meinung wird diese Gebühr – anders als die sonstigen Gebühren – immer nach der gesamten Forderung berechnet.[2] Die Gegenmeinung sieht nur den Teilbetrag als maßgeblich an.[3] Der zweiten Meinung ist zuzugeben, dass der Wortlaut des § 28 Abs. 2 RVG keinen Anhaltspunkt dafür bietet, dass der Gegenstandswert einmal in Höhe der gesamten Forderung und einmal in Höhe nur des Teilbetrages angenommen wird. Auch Sinn und Zweck der Vorschrift gebieten eine solche Differenzierung zwischen dem Eröffnungsverfahren und dem weiteren Verfahren nicht. Bei Geltendmachung nur eines Teilbetrages ist also für alle Gebühren nur dieser Wert maßgeblich.

2955 In allen **sonstigen Fällen** ist der Gegenstandswert unter Berücksichtigung des wirtschaftlichen Interesses, das der Auftraggeber im Verfahren verfolgt, nach § 23 Abs. 3 S. 2 RVG zu bestimmen (§ 28 Abs. 3 RVG). Beispielsweise ist bei der Vertretung des Schuldners wegen des Insolvenzplans der zu erhaltene Vermögensteil maßgeblich.[4] Bei Vertretung des Gläubigers wegen des Insolvenzplans kommt es auf die Differenz zwischen Plan und geforderter Quote an.[5] Bei Vertretung im Rahmen der Restschuldbefreiung ist das wirtschaftliche Interesse des Antragstellers maßgeblich.[6] Dies kann die Summe der Forderungen sein, von denen der Schuldner Befreiung begehrt.

II. Beschwerdeverfahren

1. Gerichtsgebühren

2956 Bei der Beschwerde gegen die Entscheidung über den Eröffnungsantrag richtet sich der Wert für die **Gerichtsgebühren** nach § 58 Abs. 3 GKG, der nach der Person des Beschwerdeführers differenziert.

2957 Erfolgt die Beschwerde durch den Schuldner oder den ausländischen Insolvenzverwalter gegen die Eröffnungen des Insolvenzverfahrens oder gegen die Abweisung des Antrags mangels Masse, so ist für den Streitwert der Wert der Insol-

---

1 *Enders* JurBüro 1999, 171.
2 OLG Dresden, Beschl. v. 14. 9. 1994 – 3 W 315/93, MDR 1994, 1253; *Enders* JurBüro 1999, 171; *Hartmann*, § 28 RVG Rn. 13.
3 LG Freiburg, Beschl. v. 4. 11. 1991 – 2 T 44/91, Rpfleger 1992, 312 = KTS 1992, 565; Gebauer/Schneider/*Wolf*, RVG, § 28 Rn. 9.
4 *Hartmann*, § 28 RVG Rn. 18; *Enders* JurBüro 1999, 171.
5 *Enders* JurBüro 1999, 171.
6 BGH JurBüro 2003, 253; OLG Celle, Beschl. v. 29. 10. 2001 – 2 W 71/01, ZInsO 2002, 32 = InVo 2002, 277.

venzmasse zur Zeit der Beendigung des Verfahrens maßgeblich (§ 58 Abs. 3 S. 1 i.V.m. § 58 Abs. 1 GKG).

Ist dagegen ein sonstiger Antragsteller Beschwerdeführer, so richtet sich der Wert nach dem Betrag seiner Forderung bzw. nach dem geringeren Wert der Insolvenzmasse (§ 58 Abs. 3 S. 2 i.V.m. § 58 Abs. 2 GKG). Für sonstige Beschwerdeverfahren stellt sich die Frage nach einem Wert für die Gerichtsgebühren nicht, weil hier Festgebühren anfallen (Nr. 2361, 2364 KV GKG). **2958**

2. Anwaltsgebühren

Der Wert für die **Anwaltsgebühren** im Beschwerdeverfahren (Nr. 3500, 3513 VV RVG) richtet sich ebenfalls nach § 28 RVG. Vertritt der Anwalt den Schuldner in einem Beschwerdeverfahren gegen den Beschluss über die Eröffnung des Insolvenzverfahrens, so ist nach § 28 Abs. 1 S. 1 RVG der Wert der Insolvenzmasse entscheidend. Gleiches gilt, wenn der Anwalt den Schuldner als Beschwerdegegner im Beschwerdeverfahren gegen die Zurückweisung des Eröffnungsbeschlusses vertritt.[1] In sonstigen Beschwerdeverfahren richtet sich der Wert nach § 28 Abs. 3 RVG. **2959**

Der Gegenstandswert des Beschwerdeverfahrens gegen die Anordnung einer Postsperre gemäß § 99 InsO bestimmt sich nach dem Interesse des Schuldners. Das OLG Köln hat ihn auf 40 000 DM festgesetzt.[2] **2960**

Die Entscheidung des BGH[3] zur Bestimmung des Gegenstandswerts für das einen Antrag auf Versagung der **Restschuldbefreiung** betreffende Verfahren ist inzwischen für die Gerichtsgebühren überholt. Denn im gesamten Verfahren der Restschuldbefreiung (§§ 286 ff. InsO) sind nur die in Nr. 2350 KV GKG abschließend genannten Entscheidungen besonders gebührenpflichtig. Soweit überhaupt eine gerichtliche Gebühr in diesem Bereich anfällt – sei es in erster Instanz oder im Beschwerdeverfahren –, ist sie als Festgebühr ausgestaltet, so dass es der Festsetzung eines Gegenstandswertes nicht bedarf. Für die Bestimmung des Gegenstandswertes für die Anwaltsgebühren (Nr. 3500, 3513 VV RVG) hat der BGH[4] ausgeführt, dass in den Fällen, in denen eine greifbare Schätzungsgrundlage nicht existiert, hilfsweise ein Wert von 4000 Euro herangezogen werden könne. **2961**

---

1 OLG Köln JurBüro 1994, 101.
2 OLG Köln, Beschl. v. 14. 6. 2000 – 2 W 86/00, ZIP 2000, 1900 = InVo 2001, 95 – die näheren Bewertungsumstände lassen sich der Entscheidung leider nicht entnehmen.
3 BGH, Beschl. v. 23. 1. 2003 – IX ZB 227/02, JurBüro 2003, 410: Nach dem objektiven wirtschaftlichen Interesse desjenigen zu bemessen, der den jeweiligen Antrag stellt oder das entsprechende Rechtsmittel verfolgt. Maßgeblich ist dabei nicht der Nennbetrag der dem verfahrensbeteiligten Gläubiger verbleibenden Forderung, sondern deren wirtschaftlicher Wert, bei dem auch die Erfolgsaussichten einer künftigen Beitreibung zu berücksichtigen sind; a.A. AG Duisburg ZInsO 2002, 844.
4 So auch OLG Celle, Beschl. v. 29. 10. 2001 – 2 W 71/01, ZInsO 2002, 32 = InVo 2002, 277.

C. Feststellungsklage

I. Anwendungsbereich

2962 Wird die Forderung eines Gläubigers vom Insolvenzverwalter oder von einem Insolvenzgläubiger bestritten, so gilt diese Forderung nicht als festgestellt. Es bleibt dann dem Gläubiger überlassen, die Feststellungen gegen den Bestreitenden zu betreiben (§ 179 InsO). Dies erfolgt mit der **Insolvenzfeststellungsklage** (§ 180 InsO) außerhalb des Insolvenzverfahrens im ordentlichen Verfahren. Hierbei handelt es sich um eine echte Feststellungsklage, deren Ziel die Beseitigung des im Prüfungstermin erhobenen Widerspruchs ist, damit die Forderung zur Insolvenztabelle festgestellt werden kann.

2963 Der Streitwert einer solchen Klage bestimmt sich nach § 182 InsO. Dieser findet Anwendung, wenn die Feststellungsklage durch Neuklage (§ 180 Abs. 1 InsO), durch Prozessaufnahme (§ 180 Abs. 2 InsO), durch positive Feststellungsklage des Gläubigers (§ 179 Abs. 1 InsO) oder durch negative Feststellungsklage des bestreitenden Insolvenzverwalters (§ 179 Abs. 2 InsO) betrieben wird. Ausgenommen vom Anwendungsbereich ist lediglich der Fall, dass ein widersprechender Gläubiger seinen **Widerspruch** gemäß §§ 179 Abs. 2, 180 InsO verfolgt. In diesem Fall bestimmt sich der Streitwert nach dem Betrag, um den sich im Erfolgsfall der Anteil des bestreitenden Gläubigers erhöhen würde.

2964 Die Regelung zur Wertbestimmung in § 182 InsO findet dann entsprechende Anwendung, wenn lediglich ein **Teilbetrag** oder der **Rang der Forderung** bestritten wurde. In diesen Fällen richtet sich der Streitwert nach dem Unterschied zwischen den Beträgen, die der Gläubiger bei einem Obsiegen oder bei einem Unterliegen gegenüber dem Bestreitenden erhalten würde.[1] Entsprechend anwendbar ist § 182 InsO auch, wenn der Insolvenzverwalter in einem Rechtsstreit Massearmut einwendet und der klagende Massegläubiger daraufhin seinen Zahlungsantrag auf Feststellung der Forderung **umstellt**.[2] Maßgebender Zeitpunkt für die Festsetzung des Streitwerts ist die Aufnahme des Verfahrens gegen den Insolvenzverwalter.[3]

2965 Für das **selbständige Beweisverfahren** gelten keine Besonderheiten. Ist der Insolvenzverwalter von Anfang an daran beteiligt, wird es nur nach § 182 InsO bewertet.[4] Die Regelung des § 182 InsO gilt gemäß § 185 InsO auch dann, wenn

---

1 Begründung zu § 210 RegE, BR-Drucks. 1/92 S. 185.
2 BGH NJW-RR 1988, 444; LAG Bremen, Beschl. v. 26. 2. 1988 – 4 Sa 235/87, KostRsp. KonkO § 148 Nr. 29 = MDR 1988, 699; OLG Düsseldorf, Beschl. v. 18. 4. 1994 – 18 W 9/94, KostRsp. KonkO Nr. 35 = OLGR 1994, 306; vgl. auch BGH, Beschl. v. 29. 6. 1994 – VIII ZR 28/94, MDR 1995, 320 = NJW-RR 1994, 1251.
3 BGH ZIP 1980, 429; BGH, Beschl. v. 12. 11. 1992 – VII ZB 13/92, KostRsp. KonkO § 148 Nr. 32 = JurBüro 1993, 554 = KTS 1993, 239 = MDR 1993, 287; LG Göttingen, Beschl. v. 4. 12. 1989 – 2 O 370/89, KostRsp. KonkO § 148 Nr. 31 = ZIP 1990, 61 = EWiR § 148 KO 1/90, 85 Pape.
4 LG Hamburg, Beschl. v. 11. 2. 1983 – 2 T 15/83, KostRsp. KonkO § 148 Nr. 22.

die Feststellungsklage bei einer anderen Gerichtsbarkeit erhoben wird. So gilt sie für Verwaltungsstreitverfahren über die Richtigkeit einer im Insolvenzverfahren angemeldeten Abgabenforderung[1] und für Sozialansprüche.[2]

Unanwendbar ist hingegen § 182 InsO, wenn ein Arbeitnehmer sich gegen die Kündigung des Insolvenzverwalters mit der **Kündigungsschutzklage** wehrt. Dann gilt nur § 42 Abs. 4 S. 1 GKG.[3] Erst recht ist § 182 InsO unanwendbar, wenn der Insolvenzrichter wegen **Befangenheit** abgelehnt wird.[4]   2966

Richtet sich die Feststellungsklage nicht gegen den Insolvenzverwalter, sondern nach **§ 184 InsO** gegen den bestreitenden Schuldner, dann ist nicht § 182 InsO, sondern § 6 ZPO anzuwenden. Der Nennbetrag der Forderung ist gleich dem Streitwert.[5]   2967

II. Bemessungsgrundsätze

Der Wert einer Insolvenzfeststellungsklage bemisst sich gemäß § 182 InsO nach dem Betrag, der bei der Verteilung der Insolvenzmasse für die Forderung zu erwarten ist. Damit hat der Gesetzgeber die frühere Form der Wertbestimmung nach freiem Ermessen gemäß § 148 KO, § 3 ZPO aufgegeben. Eine inhaltliche Änderung ist damit allerdings nicht verbunden, weil sich auch die freie Wertschätzung nach § 148 KO auf die Schätzung der zu erwartenden Konkursquote beschränkte.[6]   2968

Der Streitwert bestimmt sich nach der Höhe der für die Forderung zu erwartenden **Verteilungsquote**. Da die Höhe der Quote bei Klageerhebung aber in der Regel noch nicht feststeht, muss sie durch das Gericht auf der Grundlage des Insolvenzverwalterberichtes (§ 156 InsO) prognostiziert werden. Hierfür hat das Gericht sämtliche Erkenntnismöglichkeiten auszuschöpfen und gegebenenfalls auch eine erneute Auskunft des Insolvenzverwalters einzuholen.[7] Ist der Insolvenzverwalter selbst Partei, so kommt es entscheidend auf den Inhalt der Insolvenzakten an.[8]   2969

---

1 OVG Münster ZIP 1982, 1341; *Kuhn/Uhlenbruck*, a.a.O., § 148, Rn. 2c.
2 LAG Düsseldorf, Beschl. v. 12. 3. 1987 – 7 Ta 390/86, KostRsp. KonkO § 148 Nr. 27 = JurBüro 1987, 1586.
3 LAG Düsseldorf, Beschl. v. 12. 10. 1988 – 7 Ta 300/88, KostRsp. ArbGG § 12 Nr. 195 = JurBüro 1989, 955.
4 Verfehlt daher BayObLG, Beschl. v. 19. 1. 1988 – AR 1 Z 104/87, KostRsp. ZPO § 3 Nr. 928 mit Anm. *Schneider* u. *Lappe* = NJW 1989, 44 = JurBüro 1988, 916.
5 BGH *Warneyer* 1966 Nr. 172; RG *Seuff*Archiv 46 Nr. 235; OLG Karlsruhe OLGE 15, 50; OLG München, Beschl. v. 27. 8. 1993 – 1 W 2260/93, KostRsp. ZPO § 3 Nr. 1164 = OLGR 1994, 11; OLG Frankfurt KTS 1980, 66.
6 BGH, Beschl. v. 12. 11. 1992 – VII ZB 13/92, ZIP 1993, 50; OLG Hamm JurBüro 1984, 1372 = ZIP 1984, 1258 = KostRsp. KonkO § 148 Nr. 25.
7 BGH, Urteil v. 9. 9. 1999 – IX ZR 80/99, MDR 1999, 1463 = ZIP 1999, 1811 = NZI 1999, 447.
8 OLG Köln JurBüro 1973, 1024 = KTS 1974, 239.

2970 Die Quote bestimmt sich nach dem Verhältnis der Teilungsmasse zur Schuldenmasse. Es kommt also darauf an, welcher Betrag voraussichtlich auf die vom Kläger geltend gemachte Forderung entfallen wird.[1] Steht der Masse eine **aufrechenbare Gegenforderungen** gegen den Kläger zu, so ist dies bei der Wertfestsetzung zu berücksichtigen. Der Wert der Feststellungsklage ist nach dem Betrag festzusetzen, der bei einer Verteilung der um die Gegenforderung erhöhten Masse für die Forderung zu erwarten ist.[2]

2971 **Zinsen** sind bei der Streitwertfestsetzung nach § 182 InsO ebenso wie die **Kosten** hinzuzurechnen, da dies – folgend aus einem Umkehrschluss zu § 39 InsO – abweichend von § 43 GKG, § 4 ZPO vorgesehen ist.[3]

2972 Kann hinsichtlich der Quote ein Mindestsatz – Prozentwert – geschätzt werden, ist dieser maßgebend.[4] Ist **keine Quote** zu Gunsten des Gläubigers zu erwarten, so ist der Streitwert in Höhe der niedrigsten Wertstufe festzusetzen.[5] Ein Null-Wert, der überhaupt keine Gebühren auslösen würde, ist also ausgeschlossen. Vielmehr ist die Gebührenstufe „bis zu 300 Euro" zu wählen, auch im Anwaltsprozess.[6] Demgegenüber will das OLG Frankfurt[7] den Streitwert in Höhe von 10 % der festzustellenden Forderung ansetzen. Diese Wertbemessung erscheint jedoch angesichts der Aussichtslosigkeit, die Forderung zu realisieren, willkürlich.[8]

---

1 BGH, Urteil v. 9. 9. 1999 – IX ZR 80/99, MDR 1999, 1463 = ZIP 1999, 1811 = NZI 1999, 447; BGH, Urteil v. 16. 12. 1999 – IX ZR 197/99, MDR 2000, 351 = ZIP 2000, 237.

2 BGH, Urteil v. 16. 12. 1999 – IX ZR 197/99, MDR 2000, 351 = ZIP 2000, 237.

3 Vgl. *Schneider* MDR 1974, 104 m. Nachw. in Fn. 36; OLG Naumburg OLGR 1995, 135 = ZIP 1995, 575; offen gelassen von BGH, Beschl. v. 12. 11. 1992 – VII ZB 13/92, ZIP 1993, 50.

4 LAG Köln AnwBl. 1995, 380 = ZIP 1994, 639.

5 BGH MDR 2000, 351; BGH ZIP 1999, 1811; OLG Düsseldorf ZIP 1994, 638; LAG Köln ZIP 1994, 639; OLG München OLGR 1992, 224; RG KTS 1931, 9; BGH, Beschl. v. 12. 11. 1992 – VII ZB 13/92, KostRsp. KonkO § 148 Nr. 32 = JurBüro 1993, 554 = KTS 1993, 239; OLG Düsseldorf ZIP 1994, 638; LAG Köln, Beschl. v. 5. 1. 1994 – 10 Ta 192/93, KostRsp. KonkO § 148 Nr. 34 = ZIP 1994, 639; OLG München OLGR 1992, 224; OLG Frankfurt, KostRsp. KonkO § 148 Nr. 8; OLG Celle KTS 1970, 227; OLG Saarbrücken KostRsp. KonkO § 148 Nr. 3; OLG Stuttgart Justiz 1969, 252; OLG Frankfurt NJW 1973, 1888; OLG Köln Rpfleger 1974, 22; OLG Köln JurBüro 1974, 1024; OLG Bamberg JurBüro 1978, 723; OLG Hamm, Urteil v. 4. 4. 1984 – 2 W 5/84, JurBüro 1984, 1372 = KostRsp. KonkO § 148 Nr. 25; LG Osnabrück, Urteil v. 23. 11. 1983 – 1 S 344/83, ZIP 1984, 91 = KostRsp. KonkO § 148 Nr. 245; LG Göttingen, Beschl. v. 4. 12. 1989 – 2 O 370/89, KostRsp. KonkO § 148 Nr. 31 = ZIP 1990, 61.

6 OLG Köln Rpfleger 1974, 22; OLG Köln JurBüro 1974, 1024.

7 OLG Frankfurt JurBüro 1970, 426 = KTS 1970, 230 = Rpfleger 1970, 211; OLG Frankfurt, Beschl. v. 14. 5. 1986 – 8 U 240/85, KostRsp. KonkO § 148 Nr. 26 = ZIP 1986, 1063 = EWiR § 148 KO 1/86, *Schneider* = JurBüro 1986, 1848; ebenso jetzt LAG Rheinland-Pfalz, Urteil v. 28. 1. 1983 – 6 Sa 840/82, ZIP 1983, 595 = KostRsp. KonkO § 148 Nr. 23; LAG Frankfurt BB 1990, 928.

8 Ablehnend mit Recht daher LG Göttingen KostRsp. KonkO § 148 Nr. 31 = ZIP 1990, 61 = EWiR § 148 KO 1/90, 85 Pape.

Abzulehnen ist jedoch die Auffassung des LG Göttingen,[1] der Streitwert müsse oberhalb der amtsgerichtlichen Zuständigkeit festgesetzt werden, wenn trotz mangelnder Aussicht auf eine Quote der beklagte Insolvenzverwalter dem vom Kläger angegebenen vorläufigen Gegenstandswert oberhalb der Zuständigkeitsgrenze des Landgerichts nicht widersprochen und die sachliche Zuständigkeit des Landgerichts nicht gerügt hat.[2] Denn das Gericht darf sich in seiner besseren Erkenntnis über die wirkliche Höhe des Streitwerts nicht aufgrund von Angaben der Parteien verschließen. **2973**

Maßstab für die Streitwertbestimmung ist allein die zu erwartende Quote.[3] Der Streitwert darf nicht aufgrund **besonderer Umstände** oberhalb oder unterhalb der Quote angesetzt werden.[4] Beispielsweise ist ein für die Forderung bestehendes Absonderungsrecht an Gegenständen des Schuldners,[5] ein vor dem Rechtsstreit wegen derselben Forderung erwirkter dinglicher Arrest,[6] die Möglichkeit zur Aufrechnung[7] oder die Haftung weiterer Personen für den Streitwert[8] unerheblich. Die Prognose über die Möglichkeit, erfolgreich vollstrecken zu können, beeinflusst den Wert dagegen nicht. Dagegen folgt jedoch auch kein Abschlag wegen des Feststellungscharakters der Klage. **2974**

Wird ein Rechtsstreit, der zur Zeit der Eröffnung des Insolvenzverfahrens über die Forderung anhängig ist, gemäß § 180 Abs. 2 InsO **aufgenommen**, so bestimmt sich der Streitwert für das weitere Verfahren nach § 182 InsO.[9] Für die bis zur Aufnahme entstandenen Gebühren ist der ursprüngliche Wert maßgebend.[10] In der Regel wird der Streitwert durch Aufnahme eines nach § 240 ZPO unterbrochenen Rechtsstreits sinken, da die Befriedigungsaussicht in der Insolvenz wohl immer hinter dem vollen Wert der Forderung zurückfällt. **2975**

---

1 LG Göttingen, Beschl. v. 4. 12. 1989 – 2 O 370/89, KostRsp. GKG § 24 Nr. 6 mit abl. Anm. *Schneider* = ZIP 1990, 61.

2 Siehe *E. Schneider* Anm. zu LG Göttingen, Beschl. v. 4. 12. 1989, KostRsp. GKG § 24 Nr. 6.

3 BGH, Beschl. v. 12. 11. 1992 – VII ZB 13/92, KostRsp. KonkO § 148 Nr. 32= ZIP 1993, 50 – Sicherung durch Bürgschaft und Handwerkersicherungshypothek; OLG Hamburg, Beschl. v. 20. 9. 1989 – 1 W 23/89, KostRsp. KonkO § 148 Nr. 30 = ZIP 1989, 1345; OLG Hamm JurBüro 1984, 1372 = KostRsp. KonkO § 148 Nr. 25; OLG Köln Rpfleger 1974, 22; OLG Celle JurBüro 1974, 1025; BayObLG Rpfleger 1974, 112 = JurBüro 1974, 198 = MDR 1974, 323; a.A. OLG Karlsruhe MDR 1958, 251; OLG Köln KTS 1971, 286.

4 Siehe näher *Schneider* MDR 1974, 101.

5 BGH, Beschl. v. 12. 11. 1992 – VII ZB 13/92, ZIP 1993, 50; OLG Hamm ZIP 1984, 1258.

6 BGH MDR 1964, 428.

7 BGH NZI 2000, 115.

8 BGH, Beschl. v. 12. 11. 1992 – VII ZB 13/92, ZIP 1993, 50; OLG Hamburg ZIP 1989, 1345; OLG Celle JurBüro 1974, 1026.

9 BGH, Beschl. v. 12. 11. 1992 – VII ZB 13/92, ZIP 1993, 50; BGH NJW-RR 1994, 1251; OLG Düsseldorf OLGR 1994, 306.

10 OLG Düsseldorf OLGR 1994, 306; OLG Jena OLGR 1997, 284; OLG Köln JurBüro 1986, 1244.

2976 Zeigt sich nach Abschluss des Insolvenzverfahrens, dass der gemäß § 182 InsO angesetzte Streitwert **falsch geschätzt** worden ist, weil das wirkliche Verhältnis von Teilungsmasse und Schuldenmasse verkannt worden ist, dann ist der Wert von Amts wegen abzuändern. Dies gilt jedoch nur, wenn Umstände unberücksichtigt geblieben sind, die zu dem für die Berechnung maßgeblichen Zeitpunkt (instanzeinleitender Antrag, § 40 GKG) bekannt oder erkennbar waren.

D. Einfluss der Insolvenz auf laufende Verfahren

2977 Aus § 40 GKG ergibt sich, dass der Gebührenstreitwert durch diejenigen Minderungen nicht rückwirkend streitwertermäßigend betroffen wird, die erst im Laufe einer Instanz eintreten. Das gilt grundsätzlich auch dann, wenn während der Instanz das Insolvenzverfahren mit der Folge des § 240 ZPO[1] eröffnet wird oder der Rechtsstreit nach § 180 Abs. 2 InsO aufgenommen werden könnte.[2]

2978 Wird der Rechtsstreit während des Insolvenzverfahrens überhaupt **nicht weitergeführt**, sondern erst nach Insolvenzbeendigung gegen den Schuldner fortgesetzt,[3] richtet sich der Streitwert unverändert nach dem Klagebegehren (§§ 3–9 ZPO, § 48 GKG). Ob und inwieweit der Schuldner nach durchgeführten Insolvenzverfahren noch leistungsfähig ist, ist für die Wertberechnung unerheblich.

2979 Wird ein bereits begonnener Rechtsstreit nach Insolvenzeröffnung wieder aufgenommen (§ 180 Abs. 2 InsO), dann unterliegt das **spätere Verfahren ab der Aufnahme** dem geringeren Wert aus § 182 InsO.[4] Teilweise wird jedoch auch die Ansicht vertreten, dass sich das spätere Verfahren nach dem ursprünglichen, höheren Wert berechnet, der für die Dauer des Prozesses trotz zwischenzeitlicher Unterbrechung durch die Insolvenzeröffnung maßgebend bleibe.[5] Zuzustimmen ist hier der Ansicht, die § 182 InsO anwendet. Da sich der Rechtsstreit gegen den Insolvenzverwalter fortsetzt und der Klageantrag auf Feststellung zur Insolvenztabelle gerichtet ist, liegt Parteiwechsel und Klageänderung vor. Damit verändert sich der Streitgegenstand als Bewertungsobjekt.

---

1 Dagegen wird das selbständige Beweisverfahren nicht durch die Eröffnung des Insolvenzverfahrens unterbrochen; vgl. BGH, Beschl. v. 11. 12. 2003 – VII ZB 14/03, ProzR-Berater 2004, 129; OLG Hamburg, Beschl. v. 22. 3. 2000 – 11 W 11/00, OLGR 2000, 436; OLG München, Beschl. v. 21. 12. 2001 – 13 W 2641/01, OLGR 2002, 222.
2 OLG Celle Nds.Rpfl. 1963, 280.
3 OLG Marienwerder OLGE 25, 79.
4 BGH, Beschl. v. 12. 11. 1992 – VII ZB 13/92, ZIP 1993, 50; BGH ZIP 1980, 429 = WPM 1980, 504; OLG Schleswig ZIP 1981, 1358 = SchlHA 1981, 119; OLG Düsseldorf KTS 1963, 180; OLG Düsseldorf KTS 1971, 284; OLG Düsseldorf KTS 1978, 41; OLG Düsseldorf OLGR 1994, 306; OLG Frankfurt NJW 1967, 210; OLG Köln JurBüro 1974, 1024 = KTS 1974, 239; OLG Köln AnwBl. 1975, 63; OLG Hamm NJW 1975, 742 = KTS 1975, 131; OLG Koblenz, Beschl. v. 25. 11. 1993 – 14 W 702/93, KostRsp. KonkO § 148 Nr. 33; vgl. auch BGH, Beschl. v. 29. 6. 1994 – VIII ZR 28/94, KostRsp. KonkO § 148 Nr. 36 = NJW-RR 1994, 1251 = ZIP 1994, 1193 = MDR 1995, 320.
5 RGZ 76, 292; RGZ 109, 152; OLG Nürnberg JurBüro 1962, 425; OLG Stuttgart Rpfleger 1957, 68 zu KO § 148; OLG Stettin JW 1933, 1137.

Eine **Rückwirkung** der niedrigeren Wertfestsetzung nach § 182 InsO auf die   2980
Zeit vor Aufnahme scheidet auf jeden Fall aus.[1] Daher richtet sich die Verfahrensgebühr einer vor Insolvenzeröffnung gegen den Gemeinschuldner eingereichten Leistungsklage nach dem höheren Wert, nicht nach dem des § 182
InsO.[2]

Werden dem Insolvenzverwalter die **Kosten des Rechtsstreits** auferlegt, dann   2981
erfasst diese Verurteilung nicht nur die ab Aufnahme des Rechtsstreits entstandenen Kosten, sondern auch die davor angefallenen.[3] Diese Kosten sind insgesamt als Masseverbindlichkeiten gemäß § 55 Abs. 1 Nr. 1 InsO zu berichtigen.[4]

Verteidigt sich der Beklagte mit einer **Eventualaufrechnung**, nachdem der Klä-   2982
ger vom Leistungsantrag wegen Insolvenzeröffnung über das Vermögen des Beklagten nach § 180 Abs. 2 InsO zum Feststellungsantrag übergegangen ist, dann
richtet sich der Grenzwert des § 45 Abs. 3 GKG nach dem Streitwert des ursprünglichen Leistungsantrages, nicht nach demjenigen des Feststellungsantrages.[5] Der Grund dafür ist, dass § 182 InsO einen reinen Gebührenstreitwert
betrifft und nicht etwa auch die Rechtskraftgrenze des § 322 Abs. 2 ZPO bei
Aberkennung der Gegenforderung bestimmt.

Soweit das Gericht eine Hilfsaufrechnung gegenüber einer vom Insolvenzver-   2983
walter geltend gemachten Forderung nach § 96 InsO für unzulässig erklärt,
scheidet eine Wertaddition nach § 45 Abs. 3 GKG aus, weil es mangels einer
Entscheidung über die Gegenforderung auch nicht zu einer Rechtskraftwirkung
darüber kommen kann.[6]

E. Aussonderung

Die Streitwertbestimmung bei Klagen von Aussonderungsberechtigten (§§ 47 ff.   2984
InsO) und Massegläubigern (§ 53 InsO) richtet sich nicht nach § 182 InsO, sondern nach § 6 ZPO.[7] Maßgeblich ist die Höhe der Forderung oder der geringere
Wert des Gegenstandes, an dem das persönliche oder dingliche Recht geltend
gemacht wird.

Für die Klagen der Massegläubiger gilt dies selbst dann, wenn unsicher ist, ob   2985
die Masse zur Deckung ausreicht.[8] Jedoch ist der Nominalbetrag der Forderung

---

1 OLG Düsseldorf KTS 1978, 41; OLG Düsseldorf, Beschl. v. 18. 4. 1994 – 18 W 9/94,
  KostRsp. KonkO § 148 Nr. 35 = OLGR 1994, 306.
2 OLG Frankfurt ZIP 1981, 638.
3 OLG Schleswig ZIP 1981, 1358 = SchlHA 1981, 119.
4 OLG Hamm JurBüro 1990, 1482; OLG Köln JurBüro 1986, 1244; OLG Schleswig ZIP
  1981, 1359.
5 OLG Schleswig SchlHA 1981, 189.
6 OLG Oldenburg, Beschl. v. 18. 11. 1983 – 8 W 123/83, JurBüro 1984, 258 = MDR 1984,
  239 = KostRsp. GKG § 19 Nr. 73.
7 BGH, Beschl. v. 3. 2. 1988 – VIII ZR 276/87, KostRsp. KonkO § 148 Nr. 28 = NJW-RR
  1988, 690; *Schneider* MDR 1974, 101.
8 OLG Frankfurt OLGE 31, 6.

eines Massegläubigers dann nicht anzusetzen, wenn der Insolvenzverwalter sich ausdrücklich auf Masseunzulänglichkeit beruft und der Kläger zum Feststellungsantrag auf Bestehen einer bezifferten Masseforderung übergeht.[1]

F. Abgesonderte Befriedigung

2986 Der Wert eines Rechts auf abgesonderte Befriedigung aus §§ 49 ff. InsO bemisst sich nach der für Pfandrechte gültigen Regel des § 6 ZPO.[2] Vorgehende Pfandrechte bleiben bei der Streitwertbemessung unberücksichtigt.[3]

2987 Nur auf den Wert des nach § 6 ZPO zu bemessenden höheren Anspruches ist auch abzustellen, wenn eine Insolvenzfeststellungsklage mit einer Klage auf Feststellung des Rechts auf abgesonderte Befriedigung **verbunden** wird.[4] Auszugehen ist also regelmäßig von dem Wert des Rechts auf abgesonderte Befriedigung, der nach § 6 ZPO zu bewerten ist.[5] Dagegen ist § 182 InsO anzuwenden, wenn mit der Klage nur die Feststellung des Forderungsbetrages, nicht aber die des Absonderungsrechtes begehrt wird.[6]

2988 Ist das Recht auf abgesonderte Befriedigung als solches unstreitig, dann kann der Klageantrag darauf gerichtet werden, die Forderung zur Insolvenztabelle „für den Ausfall" festzustellen. Insoweit ist dann der voraussichtliche Ausfall zu schätzen und die nach § 182 InsO maßgebliche Quote nur von dem Teil der Forderung zu berechnen, der voraussichtlich durch das Recht auf abgesonderte Befriedigung nicht gedeckt ist.[7]

2989 Steht die Insolvenzquote noch nicht fest, ist sie zu schätzen. Ist mit einer Quote nicht zu rechnen, ergeben sich keine Besonderheiten, da dann die geringste Gebührenstufe anzusetzen ist.

G. Anfechtung

2990 Der Wert einer Anfechtungsklage (§ 129 InsO) ist nach den allgemeinen Vorschriften zu bestimmen. Richtet sich die Klage auf Rückgewähr des Gegenstandes zur Masse (§ 143 InsO), bestimmt sich der Streitwert nach dem Wert des Zurückverlangten (§ 3 ZPO),[8] den dieses bei Zurückgewährung für die Insol-

---

1 Siehe BGH KostRsp. KonkO § 148 Nr. 28 = NJW-RR 1988, 690: betrifft die Revisionsbeschwer.
2 RG JW 1936, 281; 1939, 498; OLG Karlsruhe OLGE 35, 25; OLG Hamm, Beschl. v. 12. 4. 1984 – 2 W 5/84, JurBüro 1984, 1372 = ZIP 1984, 1258 = KostRsp. KonkO § 148 Nr. 25.
3 RG JW 1939, 498; OLG Karlsruhe OLGE 35, 25.
4 OLG Hamm JurBüro 1984, 1372 = ZIP 1984, 1258 = KostRsp. KonkO § 148 Nr. 25.
5 OLG Hamm JurBüro 1984, 1372 = ZIP 1984, 1258 = KostRsp. KonkO § 148 Nr. 25.
6 KG OLGE 27, 14.
7 RG JW 1927, 848 Nr. 14; OLG Hamm JurBüro 1984, 1372 = KostRsp. KonkO § 148 Nr. 25.
8 RGZ 151, 319.

venzmasse hat. Belastungen, die auf der anfechtbar übertragenen Sache (Grundstücke!) ruhen, sind wertmindernd zu berücksichtigen, wenn sie die wirtschaftliche Nutzung des Grundstücks selbst mindern.[1]

Richtet sich die Klage auf Beseitigung eines Pfandrechts, dann entspricht dies einer Klage aus § 771 ZPO. Das Klageinteresse ist entsprechend § 6 ZPO nach dem Wert der Forderung oder dem geringeren Wert des belasteten Gegenstandes zu bewerten.[2]   2991

Inventar

Siehe das Stichwort „Pacht".

Irrtumsanfechtung

Die Geltendmachung des Anfechtungsrechts ist als solche bewertungsneutral. Maßgebend ist lediglich, welche Rechte aufgrund der erklärten Anfechtung geltend gemacht werden, etwa Rückgabe einer Sache, Erstattung einer Zahlung, Befreiung von einer Schuld, Ersatz des Vertrauensschadens (§ 122 Abs. 1 BGB) etc.   2992

Wird ein Grundstückskaufvertrag wegen Irrtums über das Anfallen von Grunderwerbsteuer angefochten, dann ist der Gegenstandswert nicht gleich dem Grundstückswert, sondern nach § 3 ZPO zu schätzen. Bestimmend ist das Interesse des Anfechtenden an der Unverbindlichkeit des Vertrages. Auch hier kommt es darauf an, was der Anfechtungskläger beantragt. Da die Anfechtung die rückwirkende Nichtigkeit des betroffenen Vertrages zur Folge hat, wird es in den meisten Fällen auf eine Rückabwicklung der gewährten Leistungen hinauslaufen.   2993

Isolierte Verfahren

Isolierte Verfahren in Familiensachen sind gesondert nach dem jeweils für sie geltenden Wert zu berechnen. Insoweit sei auf die entsprechenden Verfahren verwiesen.   2994

---

1 RGZ 151, 319 = JW 1936, 2798; Recht 1920 Nr. 695; KG JurBüro 1957, 181; BGH JurBüro 1958, 387; OLG Bamberg JurBüro 1992, 629.
2 RG JW 1910, 114; vgl. zu den Einzelheiten das Stichwort „Drittwiderspruchsklage".

2995 Besonderheiten ergeben sich, wenn aus einem **Verbundverfahren**, eine Folge-sache abgetrennt wird und nunmehr als eigene Angelegenheit gilt. Es handelt es sich um die Fälle, des

– **§ 623 Abs. 1 S. 2 ZPO**: Abtrennung wegen Drittbeteiligung in den Fällen des § 621 Abs. 1 Nr. 5–9 und Abs. 2 S. 1 Nr. 4 ZPO,

– **§ 623 Abs. 2 S. 2 ZPO**: Abtrennung in den Fällen des § 621 Abs. 2 S. 1 Nr. 1 bis 3 ZPO auf Antrag eines Ehegatten,

– **§ 623 Abs. 3 S. 2 ZPO**: Abtrennung des Verfahrens der elterlichen Sorge bei Gefährdung des Kindeswohls von Amts wegen,

– **§ 626 Abs. 2 ZPO**: Vorbehalt bei Abweisung des Scheidungsantrags,

– **§ 629 Abs. 3 ZPO**: Vorbehalt bei Rücknahme des Scheidungsantrags.

2996 Die ursprünglichen Folgesachen werden jetzt zu isolierten Verfahren. Soweit sich diese jetzt nach dem FGG richten, ist der Streitwertfestsetzung nicht mehr – wie im Verbundverfahren – das GKG zugrunde zu legen, sondern nunmehr die KostO, so dass sich jetzt ein höherer Gegenstandswert ergeben kann.[1] Siehe im Einzelnen unter dem Stichwort „Abtrennung".

2997 Auch der umgekehrte Fall ist möglich. Wird ein Verfahren mangels Anhängig-keit der Ehesache zunächst als isoliertes Verfahren eingeleitet und wird dann später nach Anhängigkeit des Scheidungsantrags in den Verbund aufgenommen (§ 623 Abs. 1 i.V.m. § 621 Abs. 1 Nr. 2 ZPO), gelten die umgekehrten Grund-sätze wie bei einer Trennung. Bis zur Verbindung richtet sich der Wert für das isolierte Verfahren nach den §§ 94 Abs. 2, 30 Abs. 2, 3 KostO. Ab Verbindung gilt dagegen der Festwert von 900 Euro (§ 48 Abs. 3 S. 3, 2. Hs. GKG).[2] Siehe im Einzelnen unter dem Stichwort „Aufnahme in den Verbund".

---

1 OLG Karlsruhe, Beschl. v. 24. 3. 1999 – 2 UF 240/98, AGS 2000, 193 mit Anm. *Madert* = JurBüro 1999, 420 = KostRsp. BRAGO § 7 Nr. 29 mit Anm. *N. Schneider* = FuR 1999, 383; OLG Koblenz, Beschl. v. 12. 5. 2002 – 13 UF 608/99, JurBüro 2000, 533 = BRAGO-report 2000, 43 mit Anm. *N. Schneider* = OLGR 2001, 17 = AGS 2001, 204; OLG Naumburg, Beschl. v. 27. 3. 2000 – 3 WF 35/00, OLGR 2001, 124; AG Obernburg, Beschl. v. 9. 11. 2000 – 2 F 391/00, FamRZ 2001, 780 = KostRsp. BRAGO § 7 Nr. 3 mit Anm. *N. Schneider*; OLG Köln, Beschl. v. 10. 4. 2003 – 26 WF 73/03, AGS 2004, 18 mit Anm. *N. Schneider* = JMBl.NW 2003, 252 = OLGR 2003, 245 = FamRZ 2004, 285; OLG München, Bechl. v. 27. 3. 2003 – 16 WF 1555/03, AGS 2004, 252 mit Anm. *N. Schnei-der* = FamRB 2004, 258 = OLGR 2004, 194.

2 OLG Frankfurt/M., Beschl. v. 23. 11. 2005 – 5 W 201/05, AGS 2006, 193 mit Anm. *N. Schneider*; OLG Zweibrücken, Beschl. v. 27. 3. 2006 – 2 WF 242/05, AGS 2006, 303; *N. Schneider*, Abrechnung bei Übernahme eines isolierten Umgangsrechtsverfahrens in das nachträglich eingeleitete Verbundverfahren, AGS 2006, 4 ff.

Jagdpachtrecht

Bei Streitigkeiten betreffend Jagdpachtverhältnisse ist hinsichtlich der Bewertung zu unterscheiden, ob es um das **Jagdausübungsrecht** oder um den **Bestand des Jagdpachtvertrages** geht.   2998

Beeinträchtigungen des **Ausübungsrechts** sind nach § 3 ZPO zu bewerten. Ein solcher Streit – etwa über die Grenzen des Jagdbezirks oder über die Störung der Jagdausübung – ist nicht etwa durch Vervielfältigung des Jahresertrages gemäß § 9 ZPO zu bestimmen, sondern nach freiem Ermessen zu schätzen.[1]   2999

Bei **Unterlassungsklagen wegen Störung des Besitzrechts** hat sich die Schätzung an § 41 GKG zu orientieren, so dass die Jahrespacht Höchstgrenze ist.[2] Denn der Streitwert wegen der Berechtigung einzelner Störungen kann nicht höher liegen als der Wert eines Rechtsstreits über das Bestehen eines Pachtvertrages.[3] Das Ausmaß und die Intensität der Störungen sind zu berücksichtigen. Wegen lediglich vorübergehender Störungen hat das LG Saarbrücken mit zwei Dritteln des jährlichen Pachtzinses bewertet.   3000

Wird über den **Bestand** des Jagdpachtvertrages gestritten, dann ist für die **Gerichts- und Anwaltsgebühren** § 41 Abs. 1 GKG unmittelbar einschlägig und der Jahresbetrag des Pachtzinses anzusetzen.[4] Für die **sachliche Zuständigkeit** der Gerichte bleibt hingegen § 8 ZPO maßgebend;[5] ebenso für die **Beschwer**.[6]   3001

Das gilt auch dann, wenn streitig ist, wer von den Parteien aus dem Pachtverhältnis berechtigt ist.[7] Vorausgesetzt ist allerdings stets, dass der Kläger auch Vertragspartei ist.   3002

Klagt ein Dritter mit dem Antrag, die **Nichtigkeit** des Jagdpachtvertrages im Verhältnis zu einem Jagdpächter und dem Jagdverpächter festzustellen, dann ist § 41 GKG unanwendbar.[8] In diesem Fall ist das Interesse des Klägers nach § 3 ZPO zu schätzen, wobei vor allem sein Interesse daran maßgebend ist, bei Nichtigerklärung des Jagdpachtvertrages selbst Jagdpächter werden zu können.   3003

---

1 RG JW 1938, 1841 Nr. 50.
2 LG Saarbrücken, Beschl. v. 18. 12. 1990 – 15 O 2359/90, KostRsp. ZPO § 3 Nr. 1028 mit Anm. *Schneider* = JurBüro 1991, 582.
3 LG Saarbrücken, Beschl. v. 18. 12. 1990 – 15 O 2359/90, KostRsp. ZPO § 3 Nr. 1028 mit Anm. *Schneider* = JurBüro 1991, 582.
4 OLG Bamberg, NJW 1953, 230; OLG Celle, Beschl. v. 29. 9. 1972 – 7 W 43/72, JurBüro 1972, 1080; LG Saarbrücken, Beschl. v. 18. 12. 1990 – 15 O 2359/90, KostRsp. GKG § 16 Nr. 70 mit Anm. *E. Schneider* = JurBüro 1991, 582.
5 RG JW 1938, 1047 Nr. 45
6 BGH, Beschl. v. 27. 2. 1992 – III ZR 142/91, KostRsp. ZPO § 8 Nr. 7 – Wirksamkeit einer fristlosen Kündigung.
7 OLG Hamburg NJW 1965, 2406.
8 BGH, Beschl. v. 10. 2. 1983 – III ZR 64/82, KostRsp. GKG § 16 Nr. 23.

3004 Zum **Pachtzins** zählen auch vertragliche Gegenleistungen, wenn sie im Verkehr als Entgelt für die Gebrauchsüberlassung angesehen werden,[1] etwa die vom Pächter zu tragende Jagdsteuer.

3005 Umstritten ist, ob auch der Beitrag zur Berufsgenossenschaft zu berücksichtigen ist. Das LG Saarbrücken[2] bejaht dies. Das OLG Schleswig[3] berücksichtigt die Berufsgenossenschaftsbeiträge nicht, wenn der Pächter nach der einschlägigen berufsgenossenschaftlichen Satzung ohne Rücksicht auf die Vereinbarungen im Pachtvertrag verpflichtet ist, diese Beträge zu leisten.

3006 Richtiger Ansicht nach sind **Jagdsteuer** und **Beiträge zur Berufsgenossenschaft** gleichzubewertende Nebenleistungen zum Pachtzins. Die Jagdpacht rechnet zu den landwirtschaftlichen Unternehmen des § 658 Abs. 2 Nr. 1 RVO. Der Jagdpächter ist derjenige, für dessen Rechnung das Unternehmen geht. Er hat deshalb auch nach § 723 RVO die Unternehmerbeiträge aufzubringen. Satzungsgemäß ist es zwar möglich, dass primär der Eigentümer in Anspruch genommen wird, wenn er keine Angaben zum Pächter macht. Das ändert aber nichts daran, dass der Jagdpächter als Unternehmer der gesetzlich Belastete ist. Deshalb werden ihm in solchen Ausnahmefällen im Pachtvertrags-Innenverhältnis die Beträge zur Berufsgenossenschaft auferlegt. Der Pächter muss den Betrag immer zahlen, weil er die Jagdpacht vertraglich übernommen und schon dadurch die Unternehmereigenschaft erworben hat. Der Abschluss des Pachtvertrages ist faktische Voraussetzung für die Beitragspflicht; und deren Übernahme wiederum ist wirtschaftlich Voraussetzung für das Zustandekommen des Pachtvertrages, weil der Verpächter sonst nicht abschließt. Somit ist die Zahlungspflicht letztlich ungeachtet der gesetzlichen Regelung durch das Bestehen des Jagdpachtvertrages bedingt.

3007 Hinzu kommen muss als Voraussetzung einer Streitwerterhöhung natürlich, dass diese Positionen auch grundsätzlich dem Pachtzins zugerechnet werden. Insoweit handelt es sich um das Problem der Nebenleistungen (siehe dazu das Stichwort „Mietstreitigkeiten" Rn. 3751 ff.). Werden Nebenkosten als Teil des Pachtzins angesehen, dann erhöhen sie den Streitwert. Werden sie streitwertmäßig nicht als Teil des Pachtzinses angesehen, weil es sich dabei um durchlaufende Beträge handele, denen keine Gegenleistungen des Verpächters gegenüberstehe, dann bleiben sie unberücksichtigt.[4]

3008 Ausgehend von diesen Bemessungsgrundsätzen hat der BGH[5] ausgeführt, dass die Verpflichtung, den **Wildschaden** zu tragen, bei der Bestimmung des Pachtzinses außer Betracht zu bleiben hat, weil nicht gewiss sei, ob Ersatz für Wildschaden geleistet werden müsse.

---

1 BGH, Beschl. v. 27. 2. 1992 – III ZR 142/91, KostRsp. ZPO § 8 Nr. 7.
2 Beschl. v. 18. 12. 1990 – 15 O 2359/90, KostRsp. GKG § 16 Nr. 70 = JurBüro 1991, 582.
3 LG Saarbrücken, Beschl. v. 6. 1. 1958 – 3 W 103/57, JurBüro 1958, 512.
4 So OLG Oldenburg, Beschl. v. 19. 11. 1990 – 1 W 120/90, KostRsp. GKG § 16 Nr. 69 mit Anm. *Schneider* = JurBüro 1991, 416 = WuM 1991, 286 = ZMR 1991, 142.
5 BGH, Beschl. v. 17. 11. 1961 – V ZR 15/61, MDR 1962, 293 = NJW 1962, 446 = Rpfleger 1962, 166 = JurBüro 1962, 87 = LM § 8 ZPO Nr. 10.

Ist aber beim Wegfall des Wildschadens ein Mindestbetrag als „weiterer Pacht- 3009
zins" zu zahlen, so gilt auch die Ersatzleistung für Wildschaden insoweit als
Pachtzins, als der Pächter diese ungeachtet des Eintritts von Wildschaden jährlich mindestens für die Überlassung der Jagd aufzubringen hat.

Karenzentschädigung

Der Streit über die Gültigkeit eines nachvertraglichen Wettbewerbsverbots ist 3010
gemäß § 3 ZPO regelmäßig mit dem Betrag der insgesamt nach §§ 74 Abs. 2,
74a Abs. 1 HGB höchstens geschuldeten Karenzentschädigung zu bewerten.[1]
Dabei ist zu berücksichtigen, dass die Karenzentschädigung nach § 74 Abs. 2
HGB für jedes Jahr des Verbots mindestens die Hälfte der zuletzt bezogenen
vertragsmäßigen Leistungen erreichen muss.

Dieser Wert kann auch im Eilverfahren erreicht werden, wenn dieses im prakti- 3011
schen Ergebnis den Streit entschieden hat.[2]

Bei einem Streit der Parteien über die Gültigkeit eines nachvertraglichen Wett- 3012
bewerbsverbotes kann nach Auffassung des LAG Nürnberg[3] nicht stets der Betrag der höchstens geschuldeten Karenzentschädigung als Streitwert zugrunde
gelegt werden, weil der vom Wettbewerbsverletzer verursachte Schaden größer
sein kann. Maßgebliche Bezugsgröße sei in diesen Fällen der Umfang des zu
besorgenden Schadens.[4]

Kartellsachen

Der Streitwert ist nach § 50 Abs. 1 GKG, § 3 ZPO zu schätzen. Abzustellen ist 3013
auf das Interesse, das der Beschwerdeführer daran hat, dass die Entscheidung
der Kartellbehörde geändert wird. Die wirtschaftliche Bedeutung des Rechtsverhältnisses für ihn ist wesentlich.[5]

Vgl. im Übrigen das Stichwort „Gewerblicher Rechtsschutz".

---

1 LAG Hamm AnwBl. 1981, 106; LAG Hamm, KostRsp. ZPO § 3 Nr. 663; LAG Düsseldorf JurBüro 1985, 764 = KostRsp. ZPO § 3 Nr. 749; LG Bayreuth, Beschl. v. 14. 3. 1990
  – 2 O 287/90, JurBüro 1990, 772, 773.
2 LAG Hamm AnwBl. 1981, 106.
3 LAG Nürnberg, Beschl. v. 25. 6. 1999 – 2 TA 56/99, JurBüro 1999, 640.
4 Allerdings greift das LAG Nürnberg in dieser Entscheidung bei der Festsetzung des
  Streitwerts wieder auf den Wert der gesetzlich vorgesehenen Karenzentschädigung als
  „Hilfswert" zurück.
5 OLG Stuttgart WuW 1981, 873.

Kassatorische Klagen

3014 Im Gesellschaftsrecht wird der Begriff „kassatorische Klagen" als Oberbegriff für Anfechtungs- und Nichtigkeitsklagen verwendet. Vgl. deshalb die Ausführungen unter dem Stichwort „Anfechtungs- und Nichtigkeitsklagen".

Kaufanwartschaftsvertrag

3015 Unter einem Kaufanwartschaftsvertrag versteht man die Vereinbarung einer Privatperson mit einer staatlichen Treuhandgesellschaft für Wohnungsbau, wonach der Käufer ein Eigenheim schon vor Eigentumserwerb nutzen darf (auch Träger-Bewerber-Vertrag genannt).

3016 Der Wert eines Streites, ob aufgrund der Bestimmungen eines Kaufanwartschaftsvertrages die Beklagten zur Räumung des Grundstücks verpflichtet sind, ist unter Berücksichtigung des in § 41 GKG enthaltenen und weit auszulegenden sozialen Grundgedankens nach dieser Vorschrift mit dem einjährigen Nutzungsbetrag zu bemessen.[1]

Kaufvertrag

Literatur: *Riedel* JurBüro 1961, 521 (Streitwert bei Rückgängigmachung eines Kaufvertrages).

Gliederungsübersicht

A. Leistungsklagen 3018
B. Feststellungsklagen 3025
C. Einzelfälle 3029

3017 Für die Bestimmung des Streitwertes kommt es auf den konkreten Anspruch an, den die Parteien im Hinblick auf den Kaufvertrag geltend machen.

A. Leistungsklagen

3018 Soweit der **Kaufpreis** eingeklagt wird, bestimmt sich der Streitwert nach der Höhe der Forderung (§ 6 ZPO). Die Mehrwertsteuer ist Teil des Kaufpreises, auch wenn sie im Kaufvertrag besonders ausgewiesen (vgl. § 14 UStG) und der Käufer zum Vorsteuerabzug berechtigt ist.[2] Damit ist sie der Hauptforderung

---

1 OLG Köln JMBl.NW 1974, 68 = MDR 1974, 323; OLG Köln JurBüro 1978, 1054; LG Braunschweig BlGBW 1968, 34.
2 OLG Zweibrücken DNotZ 1970, 121; BayObLG JurBüro 1971, 342.

hinzuzurechnen,[1] nicht jedoch die Nebenforderungen des Verkäufers (§ 4 ZPO, § 43 GKG).

Die Kaufpreissumme ist bei solchen Leistungsklagen auch dann maßgebend, wenn die Vertragsparteien im Hinblick auf den Kaufpreis **Ratenzahlung** vereinbart haben. Der Streitwert wird durch diesen Umstand weder vermindert noch erhöht. § 9 ZPO findet keine entsprechende Anwendung, denn es handelt sich nicht um eine wiederkehrende Leistung, sondern um eine Zahlungsmodalität im Hinblick auf einen vereinbarten Gesamtbetrag.   3019

Der Streitwert einer Leistungsklage auf **Übergabe und Übereignung** der Kaufsache entspricht dem Wert der Sache (§ 6 ZPO) und zwar dem objektiven Verkehrswert.[2] Das gilt nach herrschender Meinung[3] ausnahmslos, also auch dann, wenn der Streit nur über die Höhe einer Gegenforderung geht. Diese rigorose Auffassung ist abzulehnen, weil sie in Ausnahmefällen am Streitgegenstand und am Klägerinteresse völlig vorbeijudiziert. Siehe dazu die grundsätzlichen Ausführungen unter dem Stichwort „Gegenleistung".   3020

Ob sich der Käufer aus der Sache einen (späteren) **Veräußerungsgewinn** erhofft, ist für die Streitwertberechnung ohne Belang.[4] Gleiches gilt für den Fall, dass sich der Käufer seinen Übereignungsanspruch durch ein Veräußerungsverbot sichern lassen will. Auch hier bemisst sich der Streitwert nach dem Verkehrswert der Sache und nicht nach dem möglichen Veräußerungsgewinn.[5]   3021

Über Ansprüche gemäß § 433 Abs. 2 BGB auf **Abnahme** siehe das Stichwort „Abnahme von Sachen".   3022

Hat der Käufer den Kaufpreis bereits vollständig gezahlt, bevor er Minderung geltend macht, so bestimmt sich der Wert der Klage auf Zahlung des **Minderungsbetrages** gemäß § 6 ZPO nach der geforderten Summe.   3023

Wird Klage auf **Wandelung** eines Grundstückskaufvertrages erhoben, dann ist – je nach Klageantrag – vom Kaufpreis oder vom Grundstückswert auszugehen. Ist das Grundstück bereits umgeschrieben, so ist immer auch das Eigentum streitbefangen und deshalb der Verkehrswert des Grundstücks maßgebend.[6] Für die Klage auf Zustimmung zur Wandlung (§ 465 BGB a.F.) ist der Streitwert nach § 3 ZPO zu schätzen.   3024

---

1 LG Hannover Nds.Rpfl. 1974, 157.
2 OLG Frankfurt, Beschl. v. 28. 4. 1997 – 16 W 13/97, OLGR 1998, 156.
3 OLG Nürnberg Rpfleger 1970, 249; OLG Koblenz, Beschl. v. 30. 8. 1993 – 5 W 550/93, JurBüro 1994, 738; KG, Beschl. v. 28. 1. 1997 – 19 W 421/97, KostRsp. ZPO § 6 Nr. 154 = KGR 1997, 57; OLG München, Beschl. v. 10. 3. 1997 – 28 W 2542/96, JurBüro 1997, 419 = MDR 1997, 599.
4 OLG Koblenz, Beschl. v. 30. 8. 1993 – 5 W 550/93, JurBüro 1994, 738.
5 OLG Koblenz, Beschl. v. 30. 8. 1993 – 5 W 550/93, JurBüro 1994, 738; LG Bochum, Beschl. v. 10. 3. 1994 – 7 T 12/94, AnwBl. 1994, 368.
6 LG Frankfurt AnwBl. 1977, 252.

B. Feststellungsklagen

3025 Für Feststellungsbegehren im Hinblick auf einen Kaufvertrag gelten die allgemeinen Bewertungsgrundsätze von Feststellungsklagen. Der Streitwert wird nach § 3 ZPO geschätzt, wobei bei positiver Feststellung ein Abschlag (im Regelfall 20 %) vom Wert einer entsprechenden Leistungsklage vorgenommen wird.[1]

3026 Bei einer Klage auf Feststellung der **Nichtigkeit** eines Kaufvertrages ist Gegenstand des Streits der Bestand oder Nichtbestand des Vertrages, der als solcher auf Eigentums- bzw. Besitzverschaffung gerichtet ist. Grundlage für die Streitwertfestsetzung ist daher gemäß § 6 ZPO der Preis der verkauften Sache[2] oder des Verkehrswertes, je nachdem mit welchem Antrag geklagt wird.

3027 Der Streitwert einer Klage auf Feststellung der **Wirksamkeit** eines Grundstückskaufvertrages und auf Verurteilung zur Vornahme von Erfüllungsleistungen kann insgesamt den Betrag des vereinbarten Kaufpreises nicht übersteigen.[3]

3028 Bei der Klage umgekehrten Ziels – **negative Feststellung der Unwirksamkeit** – kann es um den Kaufpreis oder um das Grundstück gehen. Insoweit kommt es auf Klageantrag und Stellung der Vertragspartei an. Je nachdem ist der Streitwert entsprechend dem Kaufpreis oder dem Verkehrswert des Grundstücks festzusetzen.

C. Einzelfälle

3029 Wird eine Leistungsklage auf Rückzahlung des Kaufpreises mit der Feststellungsklage auf Nichtigkeit des Vertrages **verbunden**, dann ist der Feststellungsantrag regelmäßig ohne besonderen Wert. Im Regelfall können außer der Kaufpreiszahlung nämlich keine weiteren Ansprüche gegen den Käufer aus dem Vertrag geltend gemacht werden, deren Nichtbestehen Gegenstand des Feststellungsantrags sein könnten. Einzelheiten zu dieser nicht immer einfach zu beantwortenden Bewertungsfrage finden sich unter dem Stichwort „Nichtigkeitsklage".

3030 Die Streitwerte der Klage auf Zahlung des **Restkaufpreises** und der Widerklage auf Rückzahlung des bereits geleisteten Teilkaufpreises oder der Anzahlung sind zusammenzurechnen, weil damit die Kaufpreiszahlung insgesamt im Streit steht.[4]

3031 Enthält ein Kaufvertrag **Klauseln**, die gegen §§ 305 ff. BGB verstoßen, und lehnt der Käufer es deshalb ab, die Sache abzunehmen, verlangt andererseits der Ver-

---

1 Vgl. die Ausführungen unter dem Stichwort „Feststellungsklage".
2 KG Rpfleger 1962, 153.
3 KG Rpfleger 1962, 154 zu ZPO § 3, s.
4 OLG Schleswig AnwBl. 1984, 205 = KostRsp. GKG § 19 Nr. 76.

käufer deshalb pauschalierten Schadensersatz, dann ist der Streit über die Aufhebung des Kaufvertrages nach dem Interesse des Anfechtenden an der Aufhebung zu bewerten. Es ist also nicht der Kaufpreis maßgebend. Das AG Bremen-Blumenthal[1] hat in einem solchen Fall den Streitwert danach bemessen, was gefordert und verweigert wurde, nämlich nach dem pauschalierten Schadensersatz in Höhe von 15 % des Kaufpreises.

Der Wert für die Eintragung einer **Auflassungsvormerkung** (vgl. § 66 KostO) zur Sicherung des Übereignungsanspruchs aus einem Kaufvertrag über ein Grundstück richtet sich gemäß § 20 Abs. 1 KostO nach dem vollen Kaufpreis[2] bzw. nach dem Wert des Grundstücks, wenn dieser geringer ist. Ist der Abschluss des Kaufvertrages noch ungewiss, wird entsprechend der Regelung des § 20 Abs. 2 KostO für Vor- und Wiederkaufsrechte nur der halbe Wert angesetzt.[3]   **3032**

Kennzeichenstreitsachen

Um Rechtssuchende in Kennzeichenstreitsachen durch übersetzte Streitwerte und den damit verbundenen finanziellen Aufwand für den Zugang zu den Gerichten nicht rechtlos zu stellen,[4] ist in § 142 MarkenG eine **soziale Kostenschutzvorschrift** eingefügt worden. Diese Bestimmung steht mit der Verfassung in Einklang.[5]   **3033**

Die Streitwertbegünstigung bezieht sich nur auf den **Gebührenstreitwert**, nicht dagegen auf den Zuständigkeits- oder den Rechtsmittelstreitwert. Insofern spricht man von einem „gespaltenen" Streitwert.   **3034**

Vgl. zu den Einzelheiten das Stichwort „Gewerblicher Rechtsschutz".   **3035**

---

1 Noch unter Geltung des AGBG: AG Bremen-Blumenthal JurBüro 1984, 392 = KostRsp. ZPO § 3 Nr. 675 mit Anm. *Schneider*.
2 BayObLG, Beschl. v. 29. 2. 1996 – 3 Z BR 340/95, Rpfleger 1996, 378.
3 OLG Düsseldorf, Beschl. v. 19. 10. 1993 – 10 W 99/93, Rpfleger 1994, 182.
4 Vgl. BVerfG NJW 1997, 312 (allgemeiner Justizgewährungsanspruch).
5 BVerfG, Beschl. v. 16. 1. 1991 – 1 BvR 933/90, KostRsp. UWG § 23b Nr. 25 = MDR 1991, 610; KG WRP 1978, 300 = AnwBl. 1978, 142 m.w.N.; a.A. *Lambsdorff/Kanz* BB 1983, 2215.

Kindesherausgabe

Gliederungsübersicht

A. Überblick 3036

B. Verbund

I. Hauptsache
  1. Erstinstanzliches Verfahren . . 3038
  2. Berufung oder Revision 3042
  3. Beschwerde 3043
II. Einstweilige Anordnung
  1. Grundsatz 3045

2. Mehrere einstweilige Anordnungen 3048

C. Isoliertes Verfahren

I. Hauptsache 3050
II. Einstweilige Anordnung 3055

D. Abtrennung aus dem Verbund . 3058

E. Nachträgliche Aufnahme in den
Verbund 3059

A. Überblick

3036   Da es sich um eine Familiensache handelt, stellt sich die Frage des Zuständig-keitsstreitwerts nicht.

3037   Zu unterscheiden ist zwischen der Regelung der Kindesherausgabe als Folge-sache im Verbund und als isoliertes Verfahren. Für einstweilige Anordnungen gelten darüber hinaus wiederum besondere Vorschriften.

B. Verbund

I. Hauptsache

1. Erstinstanzliches Verfahren

3038   Im Verbund gilt für Verfahren auf Kindesherausgabe § 48 Abs. 3 S. 3 GKG. Es ist ein **Festwert** in Höhe von 900 Euro vorgeschrieben. Dieser Wert ist im Gegensatz zum isolierten Verfahren (s.u. Rn. 3050 ff.) unabänderlich, und zwar unabhängig von dem Umfang, der Schwierigkeit und der Bedeutung des Verfah-rens.

3039   Der Festwert gilt auch, wenn die Herausgabe **mehrerer Kinder** verlangt wird (§ 46 Abs. 1 S. 2 GKG).

3040   Wird im Verfahren auf Kindesherausgabe auch die die elterliche Sorge oder das das Umgangsrecht – etwa im Wege einer Einigung – geregelt, dann sind die Werte zu addieren, da es sich jeweils um eigene selbständige Gegenstände handelt.[1]

3041   Das gilt auch dann, wenn nur die elterliche Sorge oder das Umgangsrecht anhängig ist und sich die Parteien auch über die Kindesherausgabe einigen.[2]

---

1 OLG Zweibrücken, Beschl. v. 28. 1. 1998 – 5 WF 9/98, EzFamR aktuell 1998, 205 = FamRZ 1998, 1031 = FuR 1998, 286 = OLGR 1998, 355; *Kindermann* Rn. 220.
2 Zuletzt OLG Düsseldorf, Beschl. v. 8. 3. 2006 – II-10 WF 39/04, AGS 2006, 37.

2. Berufung oder Revision

Wird gegen das Verbundurteil Berufung eingelegt und im Rahmen der Berufung auch die Folgesache Kindesherausgabe mit angegriffen, bleibt es beim Gegenstandswert von 900 Euro.   **3042**

3. Beschwerde

Wird im Verbundverfahren auch über die Kindesherausgabe entschieden und wird nur diese Entscheidung isoliert angefochten, so ist hiergegen die befristete Beschwerde nach § 621e ZPO gegeben, nicht die Berufung. Das Beschwerdeverfahren befasst sich dann nur noch mit der Kindesherausgabe. Ungeachtet dessen richtet sich der Gegenstandswert nach § 48 Abs. 3 S. 3, 2. Hs. GKG und nicht nach §§ 94 Abs. 2, 30 Abs. 2, 3 KostO, da die isolierte Anfechtung der Folgesache nicht dazu führt, dass nunmehr – wie im Falle der echten Abtrennung – ein isoliertes Verfahren über die Kindesherausgabe eingeleitet wird.[1]   **3043**

Das OLG München[2] will allerdings mit beachtenswerten Gründen im vergleichbaren Fall des Umgangsrecht in verfassungskonformer Gesetzesauslegung den Gegenstandswert des §§ 94 Abs. 2, 30 Abs. 2, 3 KostO heranziehen und einen Regelwert von 3000 Euro annehmen.[3]   **3044**

II. Einstweilige Anordnung

1. Grundsatz

Für einstweilige Anordnungen werden auch im Verbund keine **Gerichtsgebühren** erhoben. Daher enthält das GKG insoweit keine Vorschriften.   **3045**

Da es sich für den Anwalt jedoch um eigene selbständige Gebührenangelegenheiten handelt (§ 17 Nr. 4b RVG), muss insoweit auch ein eigener Gegenstandswert festgesetzt werden (§ 33 RVG). Für die Anwaltsgebühren enthält § 24 S. 1 RVG insoweit eine spezielle Regelung. Es gilt ein Ausgangswert 500 Euro, also ein Mindestwert,[4] der nach den Umständen des Einzelfalls zu erhöhen ist.[5] Da es sich um einen Ausgangswert handelt, ist dieser Wert nur in einfachen unterdurchschnittlichen Verfahren anzusetzen. In der Regel ist von einem Wert i.H.v. 750 Euro auszugehen.[6]   **3046**

Insbesondere bei Herausgabe für mehrere Kinder dürfte von einem höheren Wert auszugehen sein. Allerdings ist nicht mit einem nach Kinderzahl gestaf-   **3047**

---

1 OLG Karlsruhe, Beschl. v. 29. 11. 2005 – 2 UF 176/02, JurBüro 2006, 143.
2 OLG München, Beschl. v. 2. 12. 2005 – 12 UF 1847/00, AGS 2006 mit Anm. *N. Schneider* = JurBüro 143 = OLGR 2006, 138.
3 Wobei es im konkreten Fall sogar einen Wert in Höhe von 5000 Euro angenommen hat.
4 OLG Zweibrücken, FamRZ 1998, 1031.
5 Madert/Müller/*Rabe*, B Rn. 101
6 OLG Koblenz FamRZ 1999, 386; AnwK-RVG/*N. Schneider* § 24 Rn. 10 m.w.N.

felten Betrag zu bewerten. Bei mehreren Kindern kommt eine Erhöhung des Gegenstandswertes nur dann in Betracht, wenn dadurch Umfang oder Schwierigkeit der Bearbeitung beeinflusst worden sind.[1]

2. Mehrere einstweilige Anordnungen

3048 Werden mehrere einstweilige Anordnungsverfahren zur Kindesherausgabe geführt, regelt § 18 Satz 1 RVG, dass sämtliche Anordnungsverfahren als eine Angelegenheit gelten. Der Anwalt erhält die Gebühren daher nur einmal. Im Gegenzug ordnet 18 Satz 1 RVG allerdings an, dass dann die Gegenstandswerte der einzelnen Anordnungsverfahren zu addieren sind, und zwar auch dann, wenn den einzelnen Anordnungsverfahren derselbe Gegenstand zugrunde liegt.

3049 Das Gleiche gilt, wenn ein einstweiliges Anordnungsverfahren auf Kindesherausgabe mit einem anderen einstweiligen Anordnungsverfahren des selben Buchstabens des §§ 18 S. 1 RVG zusammentrifft. Auch dann ist für den Anwalt nur eine Angelegenheit gegeben, wobei allerdings die Werte zu addieren sind.

C. Isoliertes Verfahren

I. Hauptsache

3050 Als isolierte Folgesache richtet sich das Verfahren auf Kindesherausgabe nach dem FGG. Der Geschäftswert ist somit §§ 94 Abs. 2, 30 Abs. 2, 3 KostO zu entnehmen. Es gilt ein Regelwert i.H.v. 3000 Euro. Höchstens darf ein Wert von 500 000 Euro angenommen werden.

3051 Betrifft das Verfahren **mehrere Kinder**, so bleibt es ein Gegenstand; der Regelwert wird daher nicht vervielfacht. Allerdings kann dies ein Grund sein, den Regelwert anzuheben, insbesondere, wenn hierdurch Mehraufwand entsteht, also wenn das Verfahren hinsichtlich der einzelnen Kinder unterschiedlich verläuft.

3052 Soweit insgesamt überdurchschnittliche Kriterien gegeben sind, kann durchaus auch ein erheblicher Gegenstandswert anzusetzen sein.[2]

3053 Auch im **Beschwerdeverfahren** gelten dieselben Bewertungsgrundsätze.[3]

3054 Wird im Verfahren über die Kindesherausgabe auch eine Einigung über das Umgangsrecht oder zur elterlichen Sorge erzielt, sind die Werte von Kindesherausgabe und Umgangsrecht oder Sorgerecht zu addieren (s.o. Rn. 3040 f.).

---

1 OLG Schleswig SchlHA 1978, 148; Zur Hauptsache: OLG Köln JurBüro 1981, 588.
2 Siehe hierzu OLG Frankfurt/M., Beschl. v. 4. 2. 1999 – 1 UF 77/97, OLGR 1999, 164 = JurBüro 1999, 371 = EzFamR aktuell 1999, 184 = FuR 1999, 437 = NJW-RR 2000, 952; das Gericht hat eine Wert von 16 000 DM festgesetzt, u.a. wegen mehrfachen Anhörungen der Beteiligten und sachverständigen Zeugen sowie einem umfangreichen Schriftwechsel.
3 Siehe hierzu OLG Frankfurt/M., Beschl. v. 4. 2. 1999 – 1 UF 77/97, OLGR 1999, 164 = JurBüro 1999, 371 = EzFamR aktuell 1999, 184 = FuR 1999, 437 = NJW-RR 2000, 952.

II. Einstweilige Anordnung

Für einstweilige Anordnungen werden auch in FGG-Verfahren keine **Gerichts-** **gebühren** erhoben, Daher enthält auch die KostO insoweit keine Vorschriften. **3055**

Für die Anwaltsgebühren gilt wiederum die spezielle Regelung des § 24 S. 1 RVG. Es gilt ein Ausgangswert 500 Euro, der nach den Umständen zu erhöhen ist (s.o. Rn. 3046). In der Regel ist auch hier von einem Wert i.H.v. 750 Euro auszugehen. **3056**

Werden mehrere einstweilige Anordnungen geführt, gilt das gleiche wie im Verbundverfahren (s.o. Rn. 3048 f.). Die Vorschrift des § 18 Nr. 1 RVG gilt auch hier. **3057**

D. Abtrennung aus dem Verbund

Kommt es nach **§ 623 Abs. 2 S. 2 ZPO** (Abtrennung in den Fällen des § 621 Abs. 2 S. 1 Nr. 1 bis 3 ZPO auf Antrag eines Ehegatten) zu einer Lösung des Verfahrens auf Kindesherausgabe aus dem Verbund, dann handelt es sich um eine echte Verfahrenstrennung. Dies wiederum bedeutet, dass mit der Abtrennung die Kindessache als isolierte selbständige FGG-Familiensache fortgeführt wird und daher nicht mehr der Festwert von 900 Euro (§ 48 Abs. 3 S. 3, 2. Hs. GKG) gilt, sondern der Wert des §§ 94 Abs. 2, 30 Abs. 2, 3 KostO.[1] **3058**

E. Nachträgliche Aufnahme in den Verbund

Wird ein Verfahren auf Kindesherausgabe mangels Anhängigkeit der Ehesache zunächst als isoliertes Verfahren eingeleitet und wird dann später nach Anhängigkeit des Scheidungsantrags in den Verbund aufgenommen (§ 623 Abs. 1 i.V.m. § 621 Abs. 1 Nr. 2 ZPO), gelten die gleichen Grundsätze wie bei einer Trennung. Bis zur Verbindung richtet sich der Wert für das isolierte Verfahren nach den §§ 94 Abs. 2, 30 Abs. 2, 3 KostO. Ab Verbindung gilt dagegen der Festwert von 900 Euro (§ 48 Abs. 3 S. 3, 2. Hs. GKG).[2] **3059**

Der Anwalt kann also die vor der Aufnahme in den Verbund angefallenen Gebühren getrennt nach dem höheren Wert der §§ 94 Abs. 2, 30 Abs. 2, 3 KostO berechnen. Im Verbundverfahren darf dann allerdings hinsichtlich der getrennt **3060**

---

1 OLG Düsseldorf, Beschl. v. 23. 9. 1999 – 10 WF 27/99, JMBl.NW 2000, 131 = Rpfleger 2000, 84 = OLGR 2000, 74 = AGS 2000, 84= JurBüro 2001, 136; OLG Köln Beschl. v. 10. 4. 2003 – 26 WF 73/03, AGS 2004, 18 mit Anm. *N. Schneider* = OLGR 2003, 245 = FamRZ 2004, 285 = JMBl.NW 2003, 252; OLG Koblenz, Beschl. v. 12. 5. 2000 – 13 UF 608/99, JurBüro 2000, 533 = OLGR 2001, 17 = AGS 2001, 204 = FamRZ 2001, 112; *Kindermann* Rn. 428.
2 OLG Frankfurt/M., Beschl. v. 23. 11. 2005 – 5 W 201/05, AGS 2006, 194 mit Anm. *N. Schneider*; *N. Schneider*, Abrechnung bei Übernahme eines isolierten Umgangs- rechtsverfahren in das nachträglich eingeleitete Verbundverfahren, AGS 2006, 4 ff.

abzurechnenden Gebühren der Wert der Kindesherausgabe nicht nochmals berücksichtigt werden.

Kindesunterhalt

A. Überblick

3061 Auch beim Kindesunterhalt gelten zunächst die allgemeinen Regeln zur Bewertung von Unterhaltsverfahren:

– Wird laufender zukünftiger, also noch nicht fälliger Unterhalt geltend gemacht, gilt § 42 Abs. 1 GKG, ist der Wert der für die ersten **12 Monate** nach Einreichung der Klage oder des Antrags geforderte Betrag maßgebend, höchstens jedoch der Gesamtbetrag der geforderten Leistung.

Wird Prozesskostenhilfe beantragt, zählt bereits der Tag der Einreichung des Prozesskostenhilfeantrags (§ 45 Abs. 5 S. 2 GKG), wenn der Antrag alsbald nach Mitteilung der Entscheidung über den Prozesskostenhilfeantrag oder über eine alsbald eingelegte Beschwerde eingereicht wird. Es kommt dann auf die dem Prozesskostenhilfeantrag folgenden 12 Monate an, höchstens jedoch auf den Gesamtbetrag der geforderten Leistung.

– Werden neben dem laufenden zukünftigen Unterhalt auch fällige Beträge geltend gemacht, gilt § 42 Abs. 5 GKG. Die fälligen Beträge werden dem laufenden Unterhalt hinzugerechnet.

3062 Siehe hierzu die Stichwörter „Unterhalt" und auch „Einstweilige Anordnungen".

B. Besonderheiten

I. Unterhalt für mehrere Kinder

3063 Wird Unterhalt für mehrere Kinder geltend gemacht, so liegen jeweils verschiedene Gegenstände vor. Die Werte der einzelnen Unterhaltsansprüche sind nach § 42 Abs. 1, Abs. 5 GKG gesondert zu ermitteln und sodann nach § 39 Abs. 1 GKG – bzw. im Verbund § 46 Abs. 1 S. 1 GKG – zu addieren.

3064 Das gilt auch dann, wenn für mehrere Kinder lediglich Auskunft verlangt wird. Auch dann sind verschiedene Gegenstände gegeben, deren Werte gesondert festzusetzen und anschließend zu addieren sind.

II. Regelbeträge

3065 Wird die Höhe des Unterhalts nicht beziffert, sondern wird gem. §§ 1612a–1612c BGB der **jeweilige Regelbetrag** geltend gemacht, so ist von demjenigen Betrag auszugehen, der dem geforderten Prozentsatz des Regelbetrages entspricht.

Der Streitwert richtet sich nach dem für die ersten 12 Monate nach Einrei- **3066**
chung des Antrages oder der Klage maßgebenden Betrag.[1] **Anzurechnendes Kindergeld** ist allerdings abzuziehen.[2]

Wird Berufung eingelegt mit dem Ziel, ohne Veränderung des Prozentsatzes **3067**
eine Abänderung von § 2 auf § 1 RegelbetragVO zu erreichen, bestimmt sich
die Beschwer aus der Differenz der unterschiedlichen Regelbeträge.[3]

III. Vereinfachtes Verfahren auf Festsetzung Unterhalt Minderjähriger

Nach §§ 645 ff. ZPO kann der Unterhalt Minderjähriger im vereinfachten Ver- **3068**
fahren festgesetzt werden. Das Festsetzungsverfahren ist gegenüber dem nachfolgenden streitigen Verfahren eine eigene Angelegenheit (§ 17 Nr. 3 RVG).
Siehe hierzu ausführlich das Stichwort „Vereinfachtes Verfahren auf Festsetzung Unterhalt Minderjähriger".

IV. Unterhalt neben Vaterschaftsfeststellungsklage

Wenn die Vaterschaftsfeststellungsklage gem. § 653 ZPO mit einem Antrag auf **3069**
Verurteilung zur Zahlung des Regelbetrags als Unterhalt verbunden wird, gilt
für die Streitwertfestsetzung § 48 Abs. 4 GKG (§ 12 Abs. 3 GKG a.F.), wonach
bei Verbindung eines nichtvermögensrechtlichen Anspruchs mit einem aus
ihm hergeleiteten vermögensrechtlichen Anspruch der höhere Wert maßgebend
ist.[4]

Für die Bewertung des Unterhaltsantrags kommt es gemäß § 42 Abs. 1 GKG auf **3070**
den Jahresbetrag für die Regelbetragsverurteilung nach der ersten Altersstufe
an.[5]

---

1 OLG Köln, Beschl. v. 6. 11. 2000 – 14 WF 135/00 – EzFamR aktuell 2001, 121 = FamRZ
  2001, 778 = OLGR 2001, 224 = AGS 2002, 178.
2 OLG München, Beschl. v. 9. 11. 2004 – 12 WF 1676/04, OLGR 2005, 115 = AGS 2005,
  165 mit Anm. *N. Schneider* = FamRZ 2005, 1766 mit Anm. *N. Schneider*; OLG Köln,
  Beschl. v. 26. 11. 2001 – 14 WF 136/01, FamRZ 2002, 684 = JAmt 2002, 27 (unter
  Aufgabe von Beschl. v. 6. 11. 2000 – 14 WF 135/00, EzFamR aktuell 2001, 121 = FamRZ
  2001, 778 = OLGR 2001, 224 = AGS 2002, 178).
3 OLG Naumburg, Beschl. v. 26. 1. 2006 – 8 UF 171/05, AGS 2006, 398.
4 OLG Köln, Beschl. v. 16. 11. 2000 – 14 WF 146/00, EzFamR aktuell 2001, 39 = FamRZ
  2001, 779 = EzFamR aktuell 2001, 127; AG Hainichen, Beschl. v. 28. 6. 2001 – 2 F 638/
  00, FamRZ 2002, 256.
5 OLG Köln, Beschl. v. 16. 11. 2000 – 14 WF 146/00, EzFamR aktuell 2001, 39 = FamRZ
  2001, 779 = EzFamR aktuell 2001, 127.

Kindschaftssachen

3071 Kindschaftssachen sind nach **§ 640 Abs. 2 ZPO** Verfahren, welche zum Gegenstand haben

- die Feststellung des Bestehens oder Nichtbestehens eines Eltern-Kindes-Verhältnisses; hierunter fällt auch die Feststellung der Wirksamkeit oder Unwirksamkeit einer Anerkennung der Vaterschaft,
- die Anfechtung der Vaterschaft oder
- die Feststellung des Bestehens oder Nichtbestehens der elterlichen Sorge der einen Partei für die andere.

3072 Zuständig für Kindschaftssachen sind in erster Instanz die Amtsgerichte (§ 23a Nr. 1 GVG), in zweiter Instanz die Oberlandesgerichte (§ 119 Abs. 1 Nr. 1, 2 GVG). Zuständigkeitsfragen ergeben sich daher im Zusammenhang mit der Streitwertfestsetzung nicht.

3073 Die Bewertung folgt aus **§ 48 Abs. 3 S. 3 GKG**. Es gilt ein **Festwert** in Höhe von 2000 Euro. Die frühere Regelung des § 12 Abs. 2 S. 1, 3 GKG a.F., wonach der Streitwert unter Berücksichtigung aller Umstände des Einzelfalles, insbesondere des Umfangs und der Bedeutung der Sache und der Vermögens- und Einkommensverhältnisse der Parteien, nach Ermessen zu bestimmen war, ist damit überholt. Auf die ältere Rechtsprechung kann daher auch nicht mehr zurückgegriffen werden.

3074 Wohl gilt die bisherige Regelung des § 12 Abs. 3 GKG a.F. in § 48 Abs. 3 GKG weiter, so dass bei einem Zusammentreffen von einem Feststellungsbegehren mit einem Antrag auf Zahlung des Regelunterhaltes (§§ 1600a, 1600n, 1615 f. BGB, §§ 640, 643 ZPO) der geringerwertige außer Ansatz bleibt.[1]

3075 Sind **mehrere Kinder** betroffen, so liegen mehrere Streitgegenstände zugrunde. Es ist für jedes Kind ein Wert festzusetzen und dann nach § 39 Abs. 1 GKG zu addieren.[2] Es gilt weder unmittelbar noch analog die Sondervorschrift des § 46 Abs. 1 S. 1, 2 GKG, die lediglich auf den zwingenden Verbund von Ehesache und Folgesachen zugeschnitten und deshalb nicht auf Kindschaftssachen zu übertragen ist. Daher ist auch, wenn in einem Verfahren die **Ehelichkeit mehrerer Kinder** angefochten wird, jeder Anspruch getrennt zu bewerten und gemäß § 39 Abs. 1 GKG zu addieren.

---

1 Vgl. OLG Hamburg DAVorm. 1972, 34; OLG Köln JurBüro 1972, 1093; KG Rpfleger 1973, 226 = Jurbüro 1973, 456 = NJW 1973, 1050; OLG Oldenburg, KostRsp. GKG a.F. § 14 B Nr. 25; OLG Bamberg JurBüro 1973, 143; OLG München JurBüro 1981, 1376 = DAVorm. 1981, 681; OLG Hamm KostRsp. GKG § 17 Nr. 54 = JurBüro 1984, 1214 = Rpfleger 1984, 333 = FamRZ 1984, 820 = JMBl.NW 1984, 154; OLG Celle OLGR 1995, 284.

2 Zur Neufassung des § 48 Abs. 2 GKG: OLG Köln, Beschl. v. 15. 3. 2005 – 14 WF 40/05, AGS 2005, 456 mit Anm. *N. Schneider*; noch zu § 12 GKG a.F.: OLG Köln JurBüro 1951, 308; JMBl.NW 1964, 9; KG AnwBl. 1952/53, 334; JurBüro 1960, 220; Rpfleger 1965, 280; OLG Zweibrücken JurBüro 1984, 1541 = KostRsp. ZPO § 5 Nr. 60.

Trifft eine **Kindschaftssache mit einem Unterhaltsantrag** zusammen, sind ebenfalls mehrere Streitgegenstände gegeben. 3076

– Der Wert der **Kindschaftssache** richtet sich wiederum nach § 48 Abs. 3 S. 3 GKG.

– Der Wert des **Unterhalts** richtet sich nach § 42 Abs. 1, Abs. 5 GKG.

– Eine **Addition findet jedoch nicht statt** (§ 48 Abs. 4 GKG). Maßgebend ist nur der höhere Wert.

Wird die Klage auf Vaterschaftsfeststellung mit der auf **Zahlung des Regelunterhaltes** verbunden, dann ist § 48 Abs. 4 GKG anzuwenden und nur der höhere Anspruch für die Streitwertbemessung maßgebend.[1] 3077

Fällige Beträge sind nach § 42 Abs. 5 GKG hinzuzurechnen.[2] 3078

Dass wegen der Höhe des Regelunterhalts der Streitwert für die Unterhaltsklage durchgehend höher ist als derjenige der Kindschaftssache, ist unerheblich.[3] 3079

Der Streitwert einer Klage auf Nichtigkeit eines Vaterschaftsanerkenntnisses und auf Unzulässigkeit der Zwangsvollstreckung aus der im Zusammenhang mit dem Anerkenntnis erklärten **Unterhaltsverpflichtung** bestimmt sich ausschließlich nach § 42 Abs. 1 GKG, wenn der Streit ersichtlich nur um die Unterhaltsverpflichtung geht und familienrechtliche Erwägungen ausscheiden.[4] 3080

Auch die bloße Feststellung der **Nichtigkeit eines Vaterschaftsanerkenntnisses** soll gleich dem Wert der mit dem Anerkenntnis verbundenen Unterhaltsverpflichtung[5] und unter Berücksichtigung der Grundsätze des § 42 Abs. 1 GKG nach § 3 ZPO festzusetzen sein.[6] 3081

Siehe dazu auch die Stichwörter „Elterliche Sorge", „Kindesherausgabe" und „Umgangsrecht". 3082

---

1 Vgl. OLG Oldenburg AnwBl. 1072, 160 = KostRsp. GKG a.F. § 14 B Nr. 25; OLG Köln JurBüro 1972, 1093; OLG Hamburg DAVorm. 1972, 34; KG JurBüro 1973, 456 = NJW 1973, 1050 = Rpfleger 1973, 226; OLG Koblenz, KostRsp. GKG § 12 Nr. 119 = JurBüro 1987, 1197; KostRsp. GKG § 17 Nr. 123 = FamRZ 1990, 900; OLG München JurBüro 1981, 1376 = DAVorm 1981, 681; OLG Hamm, KostRsp. GKG § 17 Nr. 54 = JurBüro 1984, 1214 = Rpfleger 1984, 333 = FamRZ 1984, 820 = JMBl.NW 1984, 154; OLG Bamberg, KostRsp. GKG § 17 Nr. 110 = JurBüro 1988, 1726; OLG Celle OLGR 1995, 284.
2 OLG Bamberg, KostRsp. GKG § 17 Nr. 110 = JurBüro 1988, 1726.
3 OLG Koblenz, KostRsp. GKG § 17 Nr. 123 = FamRZ 1990, 900.
4 LG Braunschweig, KostRsp. GKG a.F. § 14 B Nr. 3.
5 OLG Frankfurt MDR 1955, 304.
6 OLG München NJW 1953, 631.

Klage und Widerklage

Literatur: *Schneider* JurBüro 1965, 947; 1966, 700; *Schneider* NJW 1992, 2680; *Mümmler* JurBüro 1976, 1017 (Widerklage gegen Dritte); *E. Schneider*, Prozesstaktischer Einsatz der Widerklage, MDR 1998, 21; *N. Schneider*, Gegenstandswert bei Klage und Widerklage auf Zugewinnausgleich, FamRB 2002, 379.

Gliederungsübersicht

A. Einleitung 3083

B. Zuständigkeitsstreitwert 3088

C. Gebührenstreitwert 3092

   I. Gegenstand im Sinne des § 45
     Abs. 1 GKG 3094

II. Identität des Gegenstandes . . . 3100

III. Verschiedenheit der Gegenstände 3101

D. Rechtsmittel und Beschwer . . . 3103

E. Vergleich 3106

Stichwortübersicht

Additionsverbot und wirtschaftliche
   Identität 3099
Beschwer 3103
Bürgschaftsurkunde 3100
Feststellung
– wechselseitige Anträge 3100
– und Leistung 3100
Gegenseitigkeitsverhältnis 3102
Gegenstandsbegriff 3094
– gebührenrechtlich und prozessual . 3093
Herausgabeansprüche
– und Besitzschutzansprüche 3100
– Pkw und Fahrzeugbrief 3100
Hinterlegung
– Zustimmung zur Auszahlung . . . 3100
Identität des Gegenstandes
– Beispiele 3100
Kostenpflicht der Parteien für
   Anträge 3085
Klagenhäufung
– objektive 3089
– subjektive 3089
Leistung
– und Auflassung 3101

– und Herausgabe 3100, 3101, 3102
– und Schadensersatz 3100, 3102
– und Sicherheit 3100
– und Rückabwicklung 3100
Räumung und Fortsetzung 3100
Schadensersatz 3100
Sicherungsrechte
– Eintragung und Löschung 3100
Teilansprüche 3098
Unterhalt 3101
Vergleich 3106
Verkehrsunfall 3101
Vermögenspositionen
– unterschiedliche 3101
Verschiedenheit der Gegenstände . . 3101
– Beispiele 3101
Versicherungsschutz 3100
Widerklagerhebung ohne Antragstel-
   lung 3087
Wirtschaftliche Identität und Addi-
   tionsverbot 3099
Zwangsvollstreckung 3100
Zugewinnausgleich, wechselseitiger 3101
Zuständigkeit, gerichtliche . . 3090, 3091

A. Einleitung

Die Widerklage ist die während der Rechtshängigkeit der Klage von dem Be- klagten (zumindest auch) gegen den Kläger vor dem Gericht des Klageverfah- rens erhobene Gegenklage, mit der ein von der Klage verschiedener Anspruch geltend gemacht wird. Wie jede Klage unterliegt sie den allgemeinen Sachur- teilsvoraussetzungen und einer **eigenständigen streitwertrechtlichen Beurtei- lung**. Dies gilt zunächst einmal dahingehend, dass mit einer Widerklage meh- rere (prozessuale) Ansprüche verfolgt werden. Hier ist entsprechend den allge- meinen Bewertungsregeln zwischen der objektiven und der subjektiven Klage- häufung innerhalb der Widerklage zu unterscheiden. Insoweit kann auf die Ausführungen zum Stichwort „Mehrere Ansprüche" verwiesen werden.

3083

Streitwertrechtliche Wirkung begründet die Widerklage bereits mit **Einreichung des Schriftsatzes**, § 4 ZPO, § 40 GKG (§ 15 GKG a.F.). Ob sie in der prozessual gebotenen Form eingereicht wird, zugestellt werden kann oder sonst den Sach- urteilsvoraussetzungen genügt, ist für die Gerichtsgebühren unerheblich.[1]

3084

Auch kostenrechtlich sind Klage und Widerklage zwei Verfahren, so dass jede Partei für ihre Anträge kostenpflichtig ist.[2] Hierbei wird die mit Widerklageein- reichung fällige **Kostenpflicht nach § 6 GKG** (§ 61 GKG a.F.) nicht davon be- rührt, dass das Gericht die Bearbeitung der Widerklage gemäß § 12 Abs. 2 Nr. 1 GKG (§ 65 Abs. 1 S. 4 GKG a.F.) nicht von Zahlung eines Kostenvorschusses abhängig machen darf.[3] Daher bleibt die **Kostenpflicht der widerklagenden Par- tei** über die Zweitschuldnerhaftung auch dann bestehen, wenn dem im Prozess unterlegenen Widerbeklagten zuvor Prozesskostenhilfe bewilligt worden ist oder er sich als zahlungsunfähig erweist.[4]

3085

Als allgemein zulässig wird erachtet, dass der Beklagte die Erhebung der Wider- klage unter eine innerprozessuale Bedingung stellt, sog. **Hilfswiderklage**.[5] We- gen der damit aufgeworfenen Fragen der Streitwertberechnung wird auf die Ausführungen unter dem Stichwort „Hilfswiderklage" verwiesen.

3086

Davon zu unterscheiden ist die nur angekündigte Widerklage, die auf den Streitwert des Gerichtsverfahrens keinen Einfluss hat.[6] Erhebt der Beklagte da- gegen eine Widerklage, **ohne** im weiteren Verlauf des Rechtsstreits den **Wider- klageantrag zu verlesen**, so dass – mangels Antrag auf Erlass eines (Teil)Ver- säumnisurteils – nur über die Klage ein (Teil-)Urteil ergeht, dann hat er den Mehrbetrag der gerichtlichen Verfahrensgebühr zu zahlen, der sich durch die

3087

---

1 OLG Hamburg, Beschl. v. 5. 9. 2000 – 14 W 29/2000, OLGR 2001, 49.
2 RGZ 135, 19; OLG Frankfurt JurBüro 1966, 237.
3 OLG München, Beschl. v. 26. 6. 2003 – 11 W 1560/03, MDR 2003, 1078.
4 *Hartmann*, § 18 GKG Rn. 4; OLG Hamburg, Beschl. v. 23. 11. 1998 – 8 W 320/88, Jur- Büro 1989, 384 = MDR 1989, 272; LG Hamburg, Beschl. v. 24. 6. 1999 – 331 O 109/95, JurBüro 2000, 89.
5 BGH, Urteil v. 13. 5. 1996 – II ZR 275/94, MDR 1996, 1135; *E. Schneider* MDR 1998, 21 (23); Zöller/*Greger*, § 253 Rn. 1.
6 OLG Dresden, Beschl. v. 29. 3. 1999, juris-Nr. KORE 405849900.

Erhöhung des Gesamtstreitwertes infolge Zusammenrechnung der Streitwerte von Klage und Widerklage ergibt.

B. Zuständigkeitsstreitwert

3088 Gemäß § 5 Hs. 2 ZPO hat für die Bestimmung des Zuständigkeitsstreitwertes eine Addition von Klage und Widerklage zu unterbleiben. Eine Missachtung dieser Vorschrift ist (objektiv) willkürlich und nimmt einem darauf beruhenden Verweisungsbeschluss die Bindungswirkung.[1]

3089 Soweit mit einer Widerklage mehrere Ansprüche verfolgt werden – **objektive Klagehäufung** (§ 260 ZPO) –, ist innerhalb der Widerklage der Streitwert gem. § 5 Hs. 1 ZPO durch Addition zu ermitteln. Demgegenüber führt die **subjektive Klagehäufung** (Streitgenossenschaft) innerhalb der Widerklage im Falle wirtschaftlicher Identität der Streitgegenstände, etwa bei gesamtschuldnerischer Inanspruchnahme im Wege der Drittwiderklage, nicht zur Werterhöhung.[2]

3090 Fällt die Widerklage aufgrund ihres Wertes in die sachliche Zuständigkeit des Landgerichts (§ 71 GVG), dann ist ein bis dahin vor dem Amtsgericht geführter Rechtsstreit auf Antrag gemäß § 506 ZPO insgesamt an das zuständige Landgericht zu verweisen. Andernfalls ist die Widerklage wegen Unzuständigkeit abzuweisen.

3091 Wird in einem vor dem Landgericht geführten Klageverfahren eine in die (nicht ausschließliche) sachliche Zuständigkeit des Amtsgerichts gehörende Widerklage erhoben, ist das Landgericht nach allgemeiner Ansicht auch zur sachlichen Bescheidung der Widerklage befugt, da es an einer dem § 506 ZPO entsprechenden Regelung fehlt.[3]

C. Gebührenstreitwert

3092 Die Werte der in Klage und Widerklage geltend gemachten Ansprüche sind, soweit sie nicht in getrennten Prozessen verhandelt werden, gemäß § 45 Abs. 1 S. 1 GKG (§ 19 Abs. 1 S. 1 GKG a.F.) zu addieren. Hingegen bemisst sich der Gebührenstreitwert nach dem höchsten „einfachen Wert", wenn Klage und Widerklage „**denselben Gegenstand**" betreffen, § 45 Abs. 1 S. 1GKG (§ 19 Abs. 1 S. 3 GKG a.F.).

3093 Hierbei besteht Einigkeit, dass der Gegenstand im Sinne des § 45 Abs. 1 S. 3 GKG (§ 19 Abs. 1 S. 3 GKG a.F.) mit dem des (zweigliedrigen) Streitgegenstands des Prozessrechts nicht identisch ist.[4]

---

1 KG, Beschl. v. 13. 8. 1998 – 28 AR 63/98, MDR 1999, 438.
2 OLG Brandenburg, Beschl. v. 20. 6. 2002 – 10 W 16/01, JurBüro 2003, 85; OLG München, Rpfleger 1968, 232; Zöller/*Herget*, § 3 Rn. 16 unter „Streitgenossen".
3 Zöller/*Vollkommer*, § 33 Rn. 12; siehe auch KG, Beschl. v. 17. 2. 1999 – 28 AR 6/99, MDR 1999, 563: Widerklageerhebung im Berufungsverfahren.
4 BGH, Beschl. v. 6. 10. 2004 – IV ZR 287/03, NJW-RR 2005, 506 = BGHReport 2005, 130; Urteil v. 28. 9. 1994 – XII ZR 50/94, MDR 1995, 198 = NJW 1994, 3292 = WuM 1994, 705 = ZMR 1995, 117; OLG Hamm, Urteil v. 5. 11. 1993 – 12 U 183/92, OLGR Hamm

I. Gegenstand im Sinne des § 45 Abs. 1 GKG

Ganz überwiegend wird zur Unterscheidung identischer und nicht identischer   **3094**
Gegenstände auf die **Abgrenzungsformel des RG**[1] zurückgegriffen, wonach von
demselben Gegenstand auszugehen ist, wenn die beiderseitigen Klagebegehren
dergestalt einander ausschließen, dass „die Anerkennung des einen Anspruchs
notwendig die Aberkennung des anderen bedingt".[2] Voneinander verschiedene
Gegenstände liegen demnach vor, „wenn die mehreren Ansprüche nebeneinander bestehen können, so dass das Gericht unter Umständen beiden Ansprüchen stattgeben kann".[3] Unerheblich ist demgegenüber, ob sie beide verneint
werden können.[4]

Die Formel ist von der **nachfolgenden Rechtsprechung** weitgehend übernom-   **3095**
men worden.[5] Danach rechtfertige die mit der Entscheidung des einen Klagebegehrens verbundene materiell-rechtliche Klärung des anderen eine Reduzierung
des Streitwerts und der danach zu berechnenden Gebühren.[6]

Die Tragfähigkeit dieses Ansatzes ist zweifelhaft. Unklar bleibt bereits, warum   **3096**
die Häufung von Ansprüchen durch wechselseitige Klageerhebung gebührenrechtlich anders beurteilt werden soll als bei der objektiven und subjektiven
Klagehäufung. So wird bei der Klagehäufung der Wert der Streitgegenstände
unabhängig davon zusammengerechnet, ob die Entscheidung des einen Anspruchs inhaltlich zugleich die des anderen bestimmt, § 39 Abs. 1 GKG (ohne
Entsprechung in GKG a.F.).[7] Eine Addition scheidet hier nach allgemeiner Meinung allein dann aus, wenn die **Ansprüche „wirtschaftlich identisch"** sind,
wovon beispielsweise bei subjektiver Klagehäufung im Fall der gesamtschuldnerischen Inanspruchnahme auszugehen ist.[8]

1994, 194; *Anders/Gehle/Kunze*, Stichwort „Echter Hilfsantrag" Rn. 7; *Lappe*, Anm. zu
OLG Karlsruhe, KostRsp. § 19 GKG Nr. 139.

1 RGZ 154, 164.
2 So auch BGH, Beschl. v. 27. 2. 2003 – III ZR 115/02, MDR 2003, 716.
3 So BGH, Beschl. v. 6. 10. 2004 – IV ZR 287/03, NJW-RR 2005, 506 = BGHR 2005, 130;
  OLG Celle, Beschl. v. 14. 11. 1984 – 2 W 82/84, Nds.Rpfl. 1985, 18 = KostRsp. GKG
  § 19 Nr. 190.
4 OLG Koblenz, Beschl. v. 22. 3. 1985 – 13 WF 1424/84, KostRsp. GKG § 19 Nr. 98 mit
  Anm. *Lappe* = JurBüro 1985, 917.
5 BGH, Beschl. v. 6. 10. 2004 – IV ZR 287/03, NJW-RR 2005, 506 = BGHR 2005, 130;
  Beschl. v. 27. 2. 2003 – III ZR 115/02, MDR 2003, 716; KostRsp. ZPO § 5 Nr. 18 = MDR
  1995, 198 = NJW 1994, 3292 = ZMR 1995, 17; BGHZ 43, 31; OLG Dresden, Beschl. v.
  29. 3. 2999 – juris-Nr. KORE 405849900; OLG Köln, Beschl. v. 22. 3. 1996 – 2 W 2/96,
  OLGR 1996, 184 = JurBüro 1997, 316; OLG München JurBüro 1956, 1358; OLG Saarbrücken, Beschl. v. 4. 1. 1978 – 5 W 151/77, AnwBl. 1978, 106.
6 *Nieder* NJW 1976, 901.
7 A.A. wohl nur OLG Zweibrücken, Beschl. v. 20. 11. 1987 – 6 UF 146/86, KostRsp. ZPO
  § 5 Nr. 76 mit abl. Anm. *E. Schneider* = JurBüro 1988, 232: Verbindung unterhaltsrecht-
  licher Abänderungs- mit Bereicherungsklage.
8 OLG Brandenburg, Beschl. v. 20. 10. 2002 – 10 W 16/01, JurBüro 2003, 85; OLG Düsseldorf, Beschl. v. 2. 9. 1986 – 23 W 32/86, JurBüro 1987, 401 mit Anm. *Mümmler*; OLG
  München, Rpfleger 1968, 232; Zöller/Herget, § 3 Rn. 16 unter „Streitgenossen".

3097 Auch wird die Abgrenzungsformel des RG von ihren Vertretern in einer Vielzahl von Fällen nicht angewandt und trotz materiell-rechtlicher Abhängigkeit der mit Klage und Widerklage verfolgten Ansprüche eine Wertaddition vorgenommen. Sie führt nämlich dann nicht zu überzeugenden Ergebnissen, wenn Klage und Widerklage trotz gleichgelagerter Rechtsfragen **zeit-, inhaber- oder gesamtbetragsbezogen unterschiedliche Vermögenspositionen** betreffen. Eine Wertaddition wird trotz materiell-rechtlichem Gleichlauf beispielsweise bejaht, wenn sich der Beklagte gegen eine auf Mietzahlung gerichtete Klage mit dem Einwand der Minderung (§ 536 Abs. 1 BGB) verteidigt und wegen desselben Mangels widerklagend die Rückzahlung für vorhergehende Zeiträume überzahlter Miete verlangt.[1] Ebenso soll zusammengerechnet werden, wenn mit der Klage restliche Vergütung und mit der Widerklage die Rückzahlung bereits erbrachter Anzahlungen begehrt wird[2] oder wenn in der Annahme der Vertragsnichtigkeit auf Rückzahlung des Kaufpreises geklagt und Widerklage auf Vornahme der zur Eigentumsübertragung erforderlichen Handlungen erhoben wird,[3] ferner wenn gegenüber einer Klage auf Herausgabe widerklagend Zahlung des Werklohnes Zug um Zug gegen Herausgabe erhoben wird.[4]

3098 Ungeeignet erscheint es auch, die Identitätsformel des RG nur dann nicht anzuwenden, wenn „**Teilansprüche aus demselben Rechtsverhältnis**" geltend gemacht werden.[5] Zwar ist zutreffend, dass in den damit bezeichneten Sachverhalten eine Addition trotz materiell-rechtlicher Abhängigkeit zu bejahen ist. Hingegen bleiben additionsfähige Sachverhalte nicht erfasst. Die gegenteilige Ansicht der **Vorauflage** wird daher aufgegeben. Denn wird gegenüber der Abänderungsklage auf Zahlung erhöhten Unterhalts widerklagend die Herabsetzung der titulierten Unterhaltsverpflichtung verlangt[6] oder sind Klage und Widerklage auf Zahlung von Zugewinnausgleich gerichtet,[7] kann von „Teilansprüchen" nicht ausgegangen werden. Vielmehr repräsentieren beide Klagebegehren – aus Sicht der jeweiligen Partei – das gesamte Rechtsverhältnis. Hier ist jeweils eine Addition geboten.[8]

---

1 LG Hamburg, Beschl. v. 7. 1. 1991 – 307 T 179/90, WM 1993, 477.
2 OLG Bamberg, Beschl. v. 10. 1. 1979 – 4 W 78/78, KostRsp. GKG § 19 Nr. 21 mit Anm. *E. Schneider* = JurBüro 1979, 252; OLG Dresden, Beschl. v. 29. 3. 1999, juris-Nr. KORE 405849900; OLG Nürnberg, Beschl. v. 26. 10. 1982 – 5 W 3202/82, KostRsp. GKG § 19 Nr. 64 = JurBüro 1983, 105 = AnwBl. 1983, 89; OLG Schleswig, Beschl. 20. 12. 1983 – 1 W 50/83, KostRsp. GKG § 19 Nr. 76 = AnwBl. 1984, 205.
3 OLG Karlsruhe, Beschl. v. 2. 10. 1975 – 2 U 212/74, NJW 1976, 247.
4 OLG Hamburg, Beschl. v. 17. 2. 2000 – 14 W 88/99, OLGR 2000, 306 = AGS 2000, 230.
5 So aber *E. Schneider*, Anm. zu OLG Bamberg, KostRsp. GKG Nr. 21.
6 OLG Hamm, Beschl. v. 29. 1. 1978 – 4 WF 437/80, KostRsp. GKG § 19 Nr. 48 mit Anm. *E. Schneider* = JurBüro 1981, 737 mit Anm. *Mümmler* = FamRZ 1981, 809; OLG Karlsruhe, Beschl. v. 3. 3. 1983 – 5 WF 1/83, KostRsp. GKG § 19 Nr. 75 = AnwBl. 1984, 203 – beide Wertaddition.
7 OLG Koblenz, Beschl. 22. 3. 1985 – 13 WF 1424/84, KostRsp. GKG § 19 Nr. 98: keine Wertaddition – mit abl. Anm. *Lappe*.
8 *N. Schneider* FamRB 2002, 379.

Maßgebend für die Streitwertberechnung ist daher ebenso wie bei der Bewer-   3099
tung der Klagehäufung allein das im jeweiligen Klagebegehren zum Ausdruck
kommende Interesse. Nur wenn sich das beiderseitige Interesse – wirtschaftlich
betrachtet – auf denselben Gegenstand richtet, scheidet eine Zusammenrechnung aus.[1] Eine Wertaddition ist demgegenüber grundsätzlich dort vorzunehmen, wo „durch das Nebeneinander von Klage und Widerklage eine wirtschaftliche Werthäufung entsteht".[2]

II. Identität des Gegenstandes

Betreffen Klage und Widerklage denselben Gegenstand, kommt eine Zusam-   3100
menrechnung ihrer Werte nicht in Betracht, maßgeblich ist vielmehr der Wert
des höheren Anspruchs. Von wirtschaftlich identischen Ansprüchen ist unproblematisch in den Fällen auszugehen, in denen der Gegenstand von Klage und
Widerklage eine körperliche Ausprägung findet bzw. auf dessen Wert gerichtet
ist oder die Erfüllung bzw. den Bestand ein und derselben vertraglichen Leistungspflicht zum Inhalt hat. In folgenden Konstellationen **scheidet** daher **eine
Wertaddition aus**:

– Der auf Besitzschutzansprüche gestützten **Herausgabeklage** wird mit einer
  petitorischen auf Rückgabe gerichteten **Widerklage** begegnet, hier ist das Interesse der Parteien auf Herausgabe derselben Sache gerichtet.

– Beide Parteien beantragen mit Klage und Widerklage wechselseitig die Verurteilung des Gegners zur **Einwilligung in die Auszahlung desselben Bausparguthabens**[3] oder Zustimmung zur Auszahlung eines **hinterlegten Betrages**.[4]

– Zahlungsklage sowie nachfolgende vorläufige Vollstreckung aus einem stattgebenden Urteil und Widerklage auf (natürlich nur wertmäßige) **Erstattung
  des vorläufig vollstreckten Klagebetrages** gemäß § 717 Abs. 2 ZPO. Hier geht
  es wirtschaftlich um denselben Betrag. Anders liegt es hingegen, wenn im

---

1 OLG Karlsruhe, Beschl. v. 2. 10. 1975 – 2 U 212/74, NJW 1976, 247; Beschl. v. 8. 8. 1988
  – 10 W 34/88, MDR 1988, 1067; OLG Köln, Beschl. v. 11. 9. 1989 – 24 W 26/89, KostRsp
  § 19 GKG Nr. 153 mit zust. Anm. *E. Schneider* = JurBüro 1990, 241; LAG Stuttgart,
  Beschl. v. 3. 2. 1992 – 8 Ta 120/91, JurBüro 1992, 626 mit Anm. *Mümmler*; offen lassend noch in Beschl. v. 12. 2. 1991 – 8 Ta 10/91, JurBüro 1991, 1506; *Frank*, Anspruchsmehrheiten im Streitwertrecht, S. 288; *Lappe*, Anm zu KostRsp. § 19 GKG Nr. 86, 98
  und 139; *Musielak/Smid*, § 5 Rn. 13; *N. Schneider*, MDR 2003, 237, Anm. zu OLG
  Düsseldorf MDR 2003, 236. Zumindest auch auf wirtschaftliche Identität abstellend:
  LAG Brandenburg, Beschl. v. 1. 9. 2000 – 6 Ta 70/00, JurBüro 2001, 95; *Hartmann*, § 45
  Rn. 11; wohl auch BGH, Beschl. v. 6. 10. 2004 – IV ZR 287/03, NJW-RR 2005, 506 =
  BGHR 2005, 130; a.A. Vorauflage; OLG Köln, Beschl. v. 9. 9. 1993 – 14 WF 73/93, MDR
  1994, 316.
2 Insoweit zutr. BGH, Beschl. v. 6. 10. 2004 – IV ZR 287/03, NJW-RR 2005, 506 = BGHR
  2005, 130, der jedoch für die Feststellung der Werthäufung wiederum auf die Identitätsformel abstellt.
3 OLG Düsseldorf, Beschl. v. 14. 5. 1984 – 21 W 19/84, JurBüro 1984, 1868 = KostRsp.
  GKG § 19 Nr. 86.
4 KG Rpfleger 1962, 120.

Nachverfahren Widerklage auf **Ersatz des weitergehenden Schadens** erhoben wird. Dann sind die Werte von Klage und Widerklage zusammenzurechnen.[1]

– Klagt der Vermieter auf **Räumung einer Mietwohnung** und erhebt der Mieter Widerklage mit dem Ziel der Verurteilung des Klägers zur **Fortsetzung des Mietverhältnisses** über dieselbe Wohnung[2] oder auf Feststellung des Bestehens eines Mietverhältnisses.[3] Hier haben Klage und Widerklage die Berechtigung zur künftigen Nutzung (tatsächlichen Sachherrschaft) derselben Wohnung zum Gegenstand.

– Ebenso liegt es, wenn der Mieter auf die Räumungsklage des Vermieters im Wege der Widerklage gemäß § 556a BGB die Fortsetzung des Mietverhältnisses für eine angemessene Dauer verlangt.[4]

– Dies gilt auch für die Klage des Verkäufers auf **Herausgabe eines** nicht bezahlten **Pkw** und Widerklage des Käufers auf **Herausgabe des dazugehörigen Fahrzeugbriefes.** Denn die Parteien streiten wirtschaftlich über das Eigentum an demselben Fahrzeug, so dass eine Wertaddition ausscheidet.[5]

– Auch bei der Klage auf **Feststellung der unbefristeten Fortdauer eines Arbeitsverhältnisses** und Widerklage auf **Feststellung der Beendigung** des Arbeitsverhältnisses zu einem bestimmten (Kündigungs-)Zeitpunkt geht es in beiden Klagen um den Fortbestand desselben Arbeitsverhältnisses.[6]

– Klage auf **Eintragung einer Höchstbetragshypothek** zur Sicherung einer Werklohnforderung und die Widerklage auf **Löschung der Vormerkung** für diese Sicherungshypothek betreffen denselben Gegenstand, da sie der Sicherung derselben Forderung dienen.[7]

– Klage auf **Unzulässigkeitserklärung der Zwangsvollstreckung** (§ 767 ZPO) aus einer notariellen Urkunde, in der sich der Kläger der sofortigen Zwangsvollstreckung hinsichtlich der Zahlung von 90 000 DM unterworfen hat, unter Hinweis auf fehlende Geschäftsfähigkeit zum Zeitpunkt der Errichtung und Widerklage auf **Rückzahlung** der darlehensweise hingegebenen 90 000 DM **aus ungerechtfertigter Bereicherung.**[8] Hier sind beide Klagebegehren auf die Durchsetzung bzw. Abwendung derselben Zahlungsverpflichtung gerichtet.

– Ebenso ist zu bewerten, wenn gegenüber einer **Drittwiderspruchsklage** mit dem Ziel, die Zwangsvollstreckung in ein Fahrzeug für unzulässig zu erklären, eine **Widerklage auf Herausgabe** des Fahrzeuges **an den Gerichtsvollzie-**

---

1 LG Gießen AnwBl. 1954, 89.
2 OLG München, Beschl. v. 22. 7. 1988 – 21 W 3002/88, KostRsp. GKG § 19 Nr. 141 mit Anm. *Schneider* = JurBüro 1989, 852.
3 *Meyer* JurBüro 1999, 74.
4 LG Dortmund ZMR 1964, 320 = WM 1964, 111; siehe § 16 Abs. 3 GKG.
5 KG Rpfleger 1962, 120; OLG Jena, Beschl. v. 24. 8. 1998 – 5 W 513/98, OLGR 1999, 100; LG Frankfurt JurBüro 1961, 87; a.A. OLG Nürnberg JurBüro 1958, 513.
6 LAG Baden-Württemberg, KostRsp. GKG § 19 Nr. 170 = JurBüro 1991, 753.
7 OLG Nürnberg JurBüro 1968, 543.
8 OLG Celle JurBüro 1990, 518; Beschl. v. 18. 4. 2000 – 4 W 94/80, OLGR 2000, 247.

her erhoben wird. Hier betreffen beide Klagen die Sachherrschaft an demselben Gegenstand der Zwangsvollstreckung.[1]

– Klage auf **Duldung der Zwangsvollstreckung** aus einer Sicherheitshypothek und Widerklage auf **Löschung der Hypothek** betreffen wirtschaftlich betrachtet denselben Gegenstand. Dem steht entgegen der Ansicht des OLG Celle[2] nicht entgegen, dass der Beklagte ein über die Abweisung der Klage hinausgehendes Interesse hat. Denn diesem Umstand wird bereits dadurch Rechnung getragen, dass sich der Streitwert nach dem aus diesem Grunde höheren Wert der Widerklage bestimmt.

– Die von dem Kläger begehrte Feststellung der Unwirksamkeit der Anfechtung eines Kaufvertrages – die richtigerweise die Feststellung der **Gültigkeit dieses Vertrages** bedeutet – schließt den von dem Beklagten mit der Widerklage geltend gemachten Leistungsanspruch auf **Rückgabe des Kaufgegenstandes** aus; es liegt eine wirtschaftliche Identität der Streitgegenstände vor.[3]

– Klage auf **Gewährung von Versicherungsschutz** und der Widerklage auf **Rückzahlung** des für den Versicherungsnehmer in Ansehung des Dritten Geleisteten sind nach dem einfachen Wert zu berechnen,[4] denn Gegenstand beider Klagebegehren ist der Bestand derselben vertraglichen Leistungspflicht (nur) einer Vertragspartei (hier: Deckungsschutz).

– Ebenso liegt es, wenn die Klage auf **Zahlung eines Kaufpreisrestes** mit der Widerklage auf **Herausgabe** der vollstreckbaren Ausfertigung einer sich über den Kaufpreisanspruch verhaltenden **notariellen Urkunde** zusammentrifft.[5] Auch hier steht allein der Bestand einer vertraglichen Hauptleistungspflicht im Streit, so dass keine Zusammenrechnung erfolgt.

– Dies gilt auch für eine Klage auf **Gewährleistung** und Widerklage auf **Herausgabe der dafür ausgestellten Bürgschaftsurkunde**,[6] einheitlicher Gegenstand ist hier die Verpflichtung einer Vertragspartei zur Gewährleistung.

– Dem entspricht die Fallgestaltung, in der auf **Herausgabe der Bürgschaftsurkunde** geklagt und Widerklage auf **Schadensersatz** aus Pachtverhältnis erhoben wird.[7]

– Klage auf **Werklohnzahlung** und Widerklage auf **Zahlung von Schadensersatz wegen einzelner Mängel** des Gewerks gemäß § 13 Nr. 7 VOB/B bzw. § 635 BGB a.F.[8] oder auf **Zahlung eines Vorschusses zur Mängelbeseitigung** gemäß

---

1 A.A. LG Saarbrücken, Beschl. v. 8. 10. 1988 – 5 T 588/98, JurBüro 1999, 309.
2 A.A. OLG Celle, Beschl. v. 17. 5. 2000 – 4 W 101/00, OLGR 2000, 271.
3 KG Rpfleger 1962, 120.
4 OLG Köln VersR 1966, 769.
5 KG JurBüro 1981, 261.
6 OLG Stuttgart, Beschl. v. 25. 6. 1998 – 12 W 36/98, OLGR 1988, 427; MDR 1980, 678 = JurBüro 1980, 896.
7 OLG Stuttgart, Beschl. v. 30. 8. 1999 – 13 W 35/99, OLGR 2000, 42.
8 OLG Hamm, Beschl. v. 7. 6. 2005 – 19 U 17/04, OLGR Hamm, 2005, 560 = JurBüro 2005, 542 = MDR 2005, 1223 = BauR 1803 = NZBau 2005, 642.

§ 637 Abs. 3 BGB,[1] da nach der Differenztheorie letztlich nur der Umfang des Vergütungsanspruchs betroffen ist.

Eine Zusammenrechnung ist jedoch geboten, wenn widerklagend **Schadens-ersatz wegen Verzuges mit der Fertigstellung** (§ 286 BGB) geltend gemacht wird[2] (siehe hierzu auch bei den Stichwörtern „Aufrechnung" und „Mehrere Ansprüche").

– wirtschaftliche Identität der Streitgegenstände, wenn gegenüber der **negativen Feststellungsklage** eine Widerklage erhoben wird, mit der nur Teile des Anspruchs geltend gemacht werden, dessen Inhaberschaft sich der Beklagte vorgerichtlich berühmt hat.[3]

III. Verschiedenheit der Gegenstände

3101 Betreffen Klage und Widerklage unterschiedliche Gegenstände, bleibt es bei der Zusammenrechnung der Werte gemäß § 45 Abs. 1 S. 1 GKG (§ 19 Abs. 1 S. 1 GKG a.F.).

Wirtschaftlich betrachtet, ist von verschiedenen Gegenständen und damit von der **Notwendigkeit einer Wertaddition** in den Fällen auszugehen, in denen Klage und Widerklage trotz gleichem zugrunde liegendem Rechtsverhältnis zeitlich, inhaber- oder gesamtbetragsbezogen unterschiedliche Vermögenspositionen bzw. Ansprüche betreffen:

– Verlangt nach einem **Verkehrsunfall** jeder Beteiligte seinen eigenen Schaden mit Klage und Widerklage, sind die Einzelwerte zu addieren.[4] Dass materiell-rechtlich gleichgelagerte Fragestellungen, etwa Unabwendbarkeit (§ 17 Abs. 3 StVG), dazu führen können, dass die Zuerkennung des eines Klagebegehrens zur Abweisung des anderen führen muss, ändert nichts an der Notwendigkeit der Wertaddition. Denn im Streit steht nicht der Verkehrsunfall, sondern die – inhaberbezogen – unterschiedlichen Vermögenseinbußen.

– Der Klage auf erhöhende **Abänderung eines Unterhaltstitels** wird eine Widerklage auf Herabsetzung des titulierten Betrages entgegengesetzt; beide Klagen betreffen verschiedene Teile des materiell-rechtlichen Unterhaltsanspruchs, so dass die Werte zu addieren sind.[5] Beide Klagen betreffen voneinander ver-

---

1 OLG Hamm, Urteil v. 5. 11. 1993 – 12 U 183/92, OLGR 1994, 194 – zu § 633 Abs. 3BGB a.F.; a.A. OLG Celle, Beschl. v. 21. 12. 1994 – 16 W 66/94 OLGR 1995, 274; OLG Schleswig, Beschl. v. 17. 3. 1986 – 14 W 9/86, KostRsp. GKG § 19 Nr. 119 = JurBüro 1987, 255 mit Anm. *E. Schneider*.

2 OLG Hamm, Beschl. v. 7. 6. 2005 – 19 U 17/04, OLGR Hamm, 2005, 560 = JurBüro 2005, 542 = MDR 2005, 1223 = BauR 1803 = NZBau 2005, 642.

3 OLG Brandenburg, Beschl. v. 20. 6. 2002 – 10 W 16/01, JurBüro 2003, 859.

4 OLG Köln, Beschl. v. 11. 9. 1989 – 24 W 26/89, KostRsp. GKG § 19 Nr. 153 mit Anm. *Schneider* = JurBüro 1990, 241 = VersR 1991, 1429.

5 OLG Bamberg, Beschl. v. 18. 8. 1994 – 2 UF 140/93, KostRsp. GKG § 19 Nr. 185 = FamRZ 1995, 492; OLG Hamm, Beschl. v. 29. 1. 1981 – 4 WF 437/80, KostRsp. GKG § 19 Nr. 48 mit Anm. *Schneider* = JurBüro 1981, 737 mit Anm. *Mümmler* = FamRZ

schiedene Teile eines (monatlich zu zahlenden) streitigen Gesamtbetrages. Dies als „verschiedene Teile eines materiell-rechtlichen Unterhaltsanspruchs" zu bewerten, übersieht, dass materiell-rechtlich der Unterhaltsanspruch nur in einer bestimmten Höhe besteht, die darüber hinausgehende Klageforderung also nicht mehr dessen „Teil" sein kann.[1]

– Ebenso liegt es, wenn beide Ehegatten mit Klage und Widerklage wechselseitig einen **Zugewinnausgleichsanspruch** geltend machen.[2]

– Eine Wertaddition erfolgt ebenfalls bei einer Klage auf **Auflassung von Grundeigentum** und Widerklage auf **Zahlung des restlichen Kaufpreises**,[3] denn die Parteien streiten hier über den Bestand wechselseitiger vertraglicher Verpflichtungen. Auf deren Erfüllung ist das jeweilige Klagebegehren (Interesse) gerichtet. Dass der Geldwert dieser Verpflichtungen bei einer Saldierung den höheren Wert der Einzelverpflichtung nicht übersteigen kann, ist – wie auch sonst, etwa bei Zurückbehaltungsrecht (siehe unter dem Stichwort „Gegenleistung") – unerheblich.[4]

– Dies gilt auch bei einer Klage auf **Kaufpreiszahlung** Zug um Zug gegen Lieferung der Kaufsache mit der Eigenschaft x und Widerklage auf **Lieferung der Kaufsache** mit der Eigenschaft y[5] oder wenn der Kläger die **Auflassung** verkauften Wohneigentums verlangt und der Beklagte Widerklage auf **Restkaufpreiszahlung** erhebt. In beiden Fällen betreffen Klage und Widerklage nicht denselben Gegenstand.[6]

– Daher ist auch bei einem Klagebegehren auf **Herausgabe einer Sache** und einer auf **Zahlung von Werklohn** Zug um Zug gegen Herausgabe der selben Sache gerichteten Widerklage eine Zusammenrechnung der Einzelwerte geboten.[7]

1981, 809; OLG Karlsruhe, Beschl. v. 3. 3. 1983 – 5 WF 1/83, KostRsp. GKG § 19 Nr. 75 = AnwBl. 1984, 203; OLG Köln, Beschl. v. 18. 11. 1993 – 21 WF 86/92, OLGR 1994, 102; OLG Naumburg, Beschl. v. 26. 1. 2004 – 14 UF 258/03, JurBüro 20054, 379; vgl. auch OLG Dresden, Beschl. v. 15. 7. 1997 – 10 WF 198/97, OLGR 1997, 364: Stufenklage betr. höheren Unterhalts und Widerklage auf Herabsetzung bereits titulierten Unterhalts.

1 So auch OLG Köln, Beschl. v. 11. 9. 1989 – 24 W 26/89, KostRsp § 19 GKG Nr. 153 mit zust. Anm. *E. Schneider* = JurBüro 1990, 241.

2 OLG Bamberg, Beschl. v. 18. 8. 1994 – 2 UF 140/93, KostRsp. GKG § 19 Nr. 185 = FamRZ 1995, 492; OLG Köln, Beschl. v. 5. 3. 2001 – 14 WF 24/01, KostRsp. GKG § 19 Nr. 229 mit Anm. *N. Schneider* = MDR 2001, 941 = OLGR 2001, 203; Beschl. v. 27. 6. 2000 – 25 WF 108/00, OLGR 2001, 9; Beschl. v. 18. 11. 1993 – 21 W 86/92, OLGR 1994, 102; *N. Schneider*, MDR 2003, 237 – Anm. zu OLG Düsseldorf MDR 2003, 236; *N. Schneider*, Gegenstandswert bei Klage und Widerklage auf Zugewinnausgleich, FamRZ 2002, 379 m.w.N.; a.A. OLG Koblenz, Beschl. v. 22. 3. 1985 – 13 WF 1424/84, KostRsp. GKG § 19 Nr. 98 mit abl. Anm. *Lappe* = JurBüro 1985, 917; OLG Köln, Beschl. v. 9. 9. 1993 – 14 WF 73/93, OLGR 1994, 12 = MDR 1994, 316 = FamRZ 1994, 641.

3 OLG Karlsruhe, Beschl. v. 8. 8. 1988, KostRsp. GKG § 19 Nr. 139 mit abl. Anm. *Lappe* = MDR 1988, 1067 = JurBüro 1988, 1551.

4 OLG Hamburg, Beschl. v. 17. 2. 2000 – 14 W 88/99, OLGR 2000, 306.

5 A.A. OLG Köln, Beschl. v. 22. 3. 1996 – 2 W 2/96, OLGR 1996, 184 = JurBüro 1997, 316.

6 OLG Hamm, Beschl. v. 17. 7. 2002 – 2 W 1/02, OLGR 2002, 427.

7 OLG Hamburg, Beschl. v. 17. 2. 2000 – 14 W 88/99, OLGR 2000, 306.

– Dies gilt auch, wenn mit der **Klage Zahlung der restlichen Vergütung** und mit der Widerklage, etwa aufgrund einer Anfechtung, bereits erbrachte vertragliche Leistungen, beispielsweise eine **Anzahlung, zurückverlangt** werden.[1] Zwar wird auch hier (wie oben unter Rn. 3100) allein über den Bestand einer vertraglichen Leistungsverpflichtung gestritten, deren Geldeswert wird jedoch erst durch die Addition von Klage und Widerklage vollständig erfasst, da diese nur auf nicht identische Teilbeträge derselben Leistungsverpflichtung gerichtet sind.

– Diese Fallgestaltung kann auch bei einer schadensersatzrechtlichen Auseinandersetzung auftreten, etwa wenn der Kläger **restlichen Schadensersatz** aus einem Verkehrsunfall verlangt und der Beklagte Widerklage auf **Rückzahlung** vorprozessual **bereits geleisteter Beträge** erhebt.[2]

3102 Ferner ist von verschiedenen Gegenständen auszugehen und eine Wertaddition vorzunehmen, wenn der **Bestand wechselseitiger, nicht in einem Gegenseitigkeitsverhältnis stehender vertraglicher Leistungspflichten** im Streit stehen:

– So ist zusammenzurechnen, wenn auf Feststellung geklagt wird, dass kein Recht zur **Mietminderung** bestehe, und der Beklagte Widerklage auf **Schadensersatz wegen desselben** (streitigen) **Mangels** der Mietsache erhebt.[3] Auch wenn den Ansprüchen derselbe Mangel zugrunde liegt, sind doch unterschiedliche Vermögenspositionen betroffen.

– Ebenso liegt es, wenn der Eigentümer gegen den Inhaber einer Reparaturwerkstatt auf **Herausgabe seines Fahrzeuges** klagt und dieser Widerklage auf **Werklohnzahlung** wegen Arbeiten an diesem Fahrzeug erhebt.[4] Denn das Nutzungsinteresse des Klägers ist nicht identisch mit dem Vergütungsinteresse des Beklagten, daher erfolgt eine Zusammenrechnung der Werte.

– Dies gilt auch bei einer Klage auf **Zahlung des Restkaufpreises** und Widerklage auf Zahlung von **Schadensersatz**.[5]

– Die Klage auf **Auflösung einer GmbH** und die Widerklage auf **Ausschluss eines Gesellschafters** aus der GmbH betreffen nicht denselben Streitgegenstand; ihre Streitwerte müssen daher bei der Kostenberechnung zusammengerechnet werden.[6]

---

1 OLG Bamberg, Beschl. v. 25. 4. 1985 – 3 W 46/85, KostRsp. GKG § 19 Nr. 103 = JurBüro 1985, 1212; OLG Celle, Beschl. v. 14. 11. 1984 – 2 W 82/84, KostRsp. GKG § 19 Nr. 90 = Nds.Rpfl. 1985, 18; OLG Nürnberg, Beschl. v. 26. 10. 1982 – 5 W 3202/82, KostRsp. GKG § 19 Nr. 64 = JurBüro 1983, 105 = AnwBl. 1983, 89; LG Frankfurt JurBüro 1968, 133.
2 LG Berlin, Beschl. v. 10. 6. 1988 – 82 T 316/88, KostRsp. GKG § 19 Nr. 134.
3 So auch *Anders/Gehle/Kunze*, Stichwort „Widerklage" Rn. 6; a.A. BGH, Beschl. v. 17. 3. 2004 – XII ZR 162/00, JurBüro 2004, 378.
4 OLG Hamm, Beschl. v. 12. 9. 1989 – 26 W 25/89, KostRsp. GKG § 19 Nr. 154 mit Anm. *Schneider* = Rpfleger 1990, 40.
5 BGHZ 43, 33; LG München JurBüro 1950, 46.
6 OLG Düsseldorf NJW 1966, 1569.

D. Rechtsmittel und Beschwer

Die Beschwer der gerichtlichen Entscheidung ist für jede Partei getrennt zu   3103
bestimmen. Werden Klage und Widerklage zuerkannt oder abgewiesen, ist jede
Partei nur einfach beschwert. Wird der Klage unter Abweisung der Widerklage
stattgegeben oder die Klage unter Stattgabe der Widerklage abgewiesen, sind –
verschiedene Gegenstände der Klagebegehren vorausgesetzt – deren Werte zusammenzurechnen.

§ 5 Hs. 2 ZPO steht dem nicht entgegen, da er nach allgemeiner Meinung auf   3104
die Berechnung der Beschwer keine Anwendung findet. Vielmehr will § 5 Hs. 2
ZPO verhindern, dass der Beklagte mit der Erhebung der Widerklage die Zuständigkeit eines anderen Gerichts erzwingen kann, während die Beschwer sich
nach dem Umfang des Unterliegens bemisst und daher an den Ausgang von
Klage und Widerklage anknüpfen muss.[1]

Das Additionsgebot ergibt sich aus und nach Maßgabe des § 45 Abs. 1 S. 1 GKG   3105
(§ 19 Abs. 1 S. 1 GKG a.F.). Obwohl diese Vorschrift formal nur für den Gebührenwert gilt, handelt es sich doch tatsächlich um die Grundregel für die Ermittlung der materiellen Beschwer. Gebührenstreitwert und Beschwer unterliegen
hier denselben Bewertungsgrundsätzen.[2] Siehe hierzu unter Stichwort „Aufrechnung" Rn. 608, 609).

E. Vergleich

Wird der Rechtsstreit durch **Vergleich** beendet, so ist zu addieren, wenn die   3106
streitwertmäßig selbständige Widerklageforderung in den Vergleich einbezogen
wird.[3]

---

1 BGH, Urteil v. 28. 9. 1994 – XII ZR 50/94, KostRsp. ZPO § 5 Nr. 94 = MDR 1995, 198 =
  NJW 1994, 3292 = ZMR 1995, 17; BGHR ZPO § 546 Abs. 2 S. 2 Klage und Widerklage
  Nr. 1; OLG Oldenburg NJW-RR 1993, 827; *Anders/Gehle/Kunze*, Stichwort „Widerklage" Rn. 4; *E. Schneider*, NJW 1992, 2680; *Zöller/Herget*, § 5 Rn. 2; a.A. OLG Düsseldorf,
  KostRsp. § 5 ZPO Nr. 90 = OLGR 1992, 1992 = NJW 1992, 3246 – zu Unrecht allein auf
  den Wortlaut von § 2 ZPO abstellend.
2 *Zöller/Gummer*, § 511 Rn. 22.
3 OLG Frankfurt JurBüro 1971, 459 – das aber zu Unrecht die Widerklageforderung nicht
  nach der Höhe der Berühmung beziffert, sondern nach § 3 ZPO frei schätzt; OLG Köln,
  Beschl. v. 22. 2. 1996 – 18 W 57/95 – Hilfswiderklage.

Klageänderung

Literatur: *E. Schneider,* Die neuere Rechtsprechung zum Streitwertrecht, MDR 1989, 389 ff.; *Liebheit,* Streitwert nach einer Klageänderung, JuS 2001, 687 ff.

A. Allgemeines

3107 Der klägerische Angriff wird bestimmt durch den (zweigliedrigen) Streitgegenstand, der nach zutr. Ansicht zugleich die Beteiligten des Prozessrechtverhältnisses (Parteien) definiert. **Änderungen des Streitgegenstandes** sind in dreifacher Hinsicht möglich:

– unter Beibehaltung des bisherigen Sachverhalts wird ein **neuer Antrag** gestellt,

– der bisherige Antrag wird mit einem (völlig) **neuen Sachverhalt** begründet,

– ein **neuer Antrag** wird mit einem (völlig) **neuen Sachverhalt** begründet.

3108 Bezüglich des Verhältnisses der Änderung zum bisherigen Streitgegenstand gilt Folgendes:

– Wird der bisherige Streitgegenstand vollständig ausgetauscht, handelt es sich um einen (objektiven oder subjektiven) **Klagewechsel**, die eigentliche Klageänderung. Hierzu zählt nach überwiegender Ansicht auch der Parteiwechsel.[1]

– Wird hingegen der bisherige Streitgegenstand (nur) um einen weiteren Streitgegenstand ergänzt, reden wir von einer (objektiven oder subjektiven) **nachträglichen Klagehäufung,** auf welche die Vorschriften der Klageänderung entsprechend anzuwenden sind.[2]

– Wird schließlich der bisherige Streitgegenstand nur hinsichtlich der Antragstellung reduziert oder erweitert (sog. **Antragsänderung**), liegt zwar eine objektive Klageänderung vor, die jedoch gemäß §§ 264 Nr. 2 und 3 ZPO nicht den Zulässigkeitsvoraussetzungen der Klägeränderung (§ 263 ZPO) unterliegt.

3109 Von alldem zu unterscheiden ist die **bloße Klageberichtigung,** d.h. die Beseitigung von Unklarheiten betreffend den Antrag, den Sachverhalt oder die Parteien (Klage- bzw. Parteiberichtigung). Diese unterliegt keinen Zulässigkeitsvoraussetzungen, arg. § 264 Nr. 1 ZPO, und hat keine Auswirkungen auf den Streitwert.

3110 Eine wirksame und damit streitwertrelevante Vornahme der Klageänderung ist nur bis zum **Schluss der mündlichen Verhandlung** möglich, arg. §§ 297, 308 Abs. 1 ZPO.[3]

---

1 Offenlassend OLG Karlsruhe, Beschl. v. 6. 4. 1998 – 2 WF 169/97, OLGR 1999, 124, dass jedoch bei einem Parteiwechsel rechtsfehlerhaft eine Streitgegenstandsänderung verneint.

2 BGH NJW-RR 1987, 59; NJW 1985, 1841; Zöller/*Greger* § 260 Rn. 3.

3 BGH, Beschl. v. 9. 7. 1997 – IV ZB 11/97, NJW-RR 1997, 1486 = RuS 1998, 42; OLG Düsseldorf, Beschl. v. 1. 9. 2000 – 9 W 69/00, OLGR 2000, 477 = MDR 2000, 1457.

Ebenso scheidet eine Beeinflussung des bisherigen Streitwertes aus, wenn eine 3111
zweitinstanzlich vorgenommene **Klageerweiterung nicht zugelassen** wird.[1]

B. Zuständigkeitsstreitwert

Auf eine einmal begründete Zuständigkeit des Landgerichts bleiben Verände- 3112
rungen des Streitgegenstandes ohne Einfluss, § 261 Abs. 3 Nr. 2 ZPO. Dies gilt
nach einhelliger Ansicht auch dann, wenn – hier infolge einer Klageänderung –
der neue oder verbleibende prozessuale Anspruch in die sachliche Zuständigkeit des Amtsgerichts fiele.

Führt die Änderung einer vor dem Amtsgericht erhobenen Klage, sei es durch 3113
Klageerweiterung, (echte) Klageänderung oder eine nachträgliche Klagehäufung,
zu einem die sachliche Zuständigkeit des Landgerichts begründenden Streitwert, gelten die §§ 504, 506 ZPO. Der Rechtsstreit ist auf Antrag einer der
Parteien an das zuständige Landgericht zu verweisen.

C. Gebührenstreitwert

Die Klageänderung führt zu einer Änderung des zu bewertenden Streitgegen- 3114
standes. Unstreitig ist der Streitwert daher gesondert festzusetzen für den Zeitraum bis zur Klageänderung und danach.[2] Nur so kann sichergestellt werden,
dass die nach Klageänderung anfallenden Gebühren nach dem zutreffenden,
d.h. an dem neuen prozessualen Anspruch zu bestimmenden Wert berechnet
werden. Mit der zeitlichen Staffelung des Gebührenstreitwertes sind jedoch
nicht alle Fragen beantwortet.

Zwar entspricht der Streitwert für den Zeitraum nach Klageänderung nach ein- 3115
helliger Auffassung dem Wert des neuen prozessualen Anspruchs. Damit ist
aber nichts dafür gewonnen, wie sich der Streitwert für die Gebührentatbestände bemisst, welche die gerichtliche bzw. anwaltliche Tätigkeit in den Zeiträumen **vor und nach** Klageänderung einheitlich erfassen. Hierzu zählen namentlich die gerichtlichen und anwaltlichen Verfahrensgebühren. Richtigerweise
dürfen deshalb der Wert der vor und nach Klageänderung geltend gemachten
Ansprüche weder undifferenziert zusammengerechnet werden, noch ist zutreffend, einfach den höheren Wert zugrunde zu legen.[3]

Von den unter Ziffer A. dargestellten Fallgruppen bereiten die nachträgliche 3116
(objektive und subjektive) Klagehäufung und die Antragsänderung jedoch insoweit streitwertrechtlich keine Bewertungsprobleme.

---

1 OLG Schleswig, Beschl. 22. 6. 2001 – 5 U 87/91, OLGR 2001, 442 = AGS 2002, 64 =
   SchlHA 2002, 26 = WM 2002, 859.
2 OLG Düsseldorf, Beschl. v. 18. 4. 1994 – 18 W 9/94, OLGR 1994, 306 – für Wechsel von
   Zahlungsklage auf Feststellung zur Insolvenztabelle; OLG Frankfurt, Beschl. v. 7. 2.
   1994 – 5 W 33/93, KostRsp. ZPO § 5 Nr. 91 = OLGR 1994, 72 – für die Klageerweiterung
   bei gleichzeitiger Teilerledigung; *Schneider* JurBüro 1965, 592.
3 So aber OLG Bamberg JurBüro 1985, 740.

– Die **Antragsänderung**, also die Klageerhöhung oder -reduzierung, führt zu einem erhöhten bzw. verringerten Streitwert ab Eingang des antragsändernden Schriftsatzes. So liegt es etwa, wenn der Kläger bei einer Vorschussklage gemäß § 637 BGB die Kosten der Ersatzvornahme erst mit 5000 Euro, nach Einholung eines Kostenvoranschlages dann mit 7500 Euro beziffert und seinen Klageantrag entsprechend erweitert. Hier ist der Streitwert für den Zeitraum vor und nach Klageerweiterung festzusetzen, wenn in den Zeitabschnitten voneinander verschiedene Gebühren (z.B. Verfahrens- und Terminsgebühr gemäß Nr. 3100, 3104 VV RVG) angefallen sind. Wird die Klageerhöhung indes nicht zugelassen, weitet sie sich nicht auf die Höhe des Streitwerts aus.[1]

– Dies gilt auch bei einer **nachträglichen Klagehäufung**, wenn beispielsweise der Kläger neben der rückständigen Miete für Januar in Höhe von 1000 Euro nunmehr auch Zahlung der Miete für Februar und damit nunmehr 2000 Euro verlangt. Eine Addition hat jedoch zu unterbleiben, wenn die Ansprüche wirtschaftlich (teil-)identisch sind. arg. § 45 Abs. 1 S. 3 GKG (§ 19 Abs. 1 S. 3 GKG a.F.). Zu den Einzelheiten siehe unter dem Stichwort „Mehrere Ansprüche".

3117 Schwieriger ist die Bewertung des **Klagewechsels**, also des vollständigen Austauschs der Streitgegenstände. Nach ganz überwiegender Ansicht können die Werte der prozessualen Ansprüche schon deswegen nicht zusammengerechnet werden, weil sie nicht nebeneinander, sondern nur nacheinander geltend gemacht werden. Erforderlich sei allenfalls eine nach Zeiträumen gestaffelte Wertfestsetzung, wenn die Streitgegenstände unterschiedliche Einzelwerte aufwiesen.[2]

3118 Dem ist in dieser Allgemeinheit nicht zuzustimmen. Richtigerweise ist zu unterscheiden:

– Handelt es sich um einen **Austausch wirtschaftlich identischer Ansprüche** (Streitgegenstand), verbleibt es beim bisherigen Streitwert. So liegt es etwa, wenn der Kläger zunächst auf Zahlung von 1000 Euro aus eigenem Recht klagt und nach einer Rüge der Aktivlegitimation das Zahlungsverlangen auf eine Abtretung stützt. Hier liegt zwar eine Klageänderung vor,[3] einer Zusammenrechnung der Einzelwerte steht jedoch schon entgegen, dass beide Gegenstände (wirtschaftlich) denselben Gegenstand betreffen. Ebenso ist zu bewerten, wenn der Kläger von Auskunfts- zur Zahlungsklage oder von der Zahlungs- zur Freistellungsklage übergeht.

---

1 OLG Schleswig, Beschl. v. 22. 6. 2001 – 5 U 87/01, OLGR 2001, 442 = AGB 2002, 64 = SchlHA 2002, 26 = WM 2002, 859.
2 KG Rpfleger 1968, 289; OLG Frankfurt, Beschl. v. 7. 2. 1994 – 5 W 33/93, KostRsp. ZPO § 5 Nr. 91 = OLGR 1994, 72; OLG Hamburg JurBüro 1978, 1807; OLG München, Beschl. v. 29. 6. 1994 – 11 WF 797/94, OLGR 1994, 15; LAG Düsseldorf NJW 1969, 1983; Baumbach/Lauterbach/*Hartmann*, § 3 Rn. 74 Stichwort „Klageänderung/Klageerweiterung"; *Hillach/Rohs*, § 14 II, S. 51; Zöller/*Herget*, § 3 Rn. 16 unter „Klageänderung".
3 Zöller/Greger, § 263 Rn. 7.

– Der **Austausch wirtschaftlich nicht identischer Streitgegenstände** erfordert demgegenüber für bestimmte Gebühren eine Zusammenrechnung der Einzelwerte. Eine derartige Konstellation ist beispielsweise gegeben, wenn der Kläger den prozessualen Anspruch austauscht (Zahlung von 10 000 Euro Schmerzensgeld statt 10 000 Euro Reparaturkosten) oder seine **Klage (teilweise) zurücknimmt** und zugleich erweitert bzw. einen neuen Streitgegenstand in den Prozess einführt. Ebenso liegt es bei einer Klageerweiterung oder -häufung nach einer **übereinstimmenden Teilerledigungserklärung** der Parteien.[1] Hiervon ist beispielsweise bei einer zunächst auf Zahlung von Schadensersatz (10 000 Euro Reparaturkosten) gerichteten Klage auszugehen, die aufgrund der außergerichtlichen Begleichung einer Schadensposition (2000 Euro) zurückgenommen oder (übereinstimmend) für erledigt erklärt und um die in dieser Höhe neue Schadensposition (4000 Euro Schmerzensgeld) erweitert wird. In allen Fällen sind für die Verfahrensgebühren (Nr. 1210 KV GKG, Nr. 3100 VV RVG) die Werte des bisherigen und des neuen Anspruchs zu addieren (10 000 + 10 000 bzw. 10 000 + 4000 Euro). Für die anwaltliche Terminsgebühr (Nr. 3104 VV RVG) gilt das ebenso, wenn über den bisherigen und den neuen Anspruch in vollem Umfang mündlich verhandelt worden ist.

Ausgangspunkt der Bewertung ist § 39 Abs. 1 GKG (entspricht inhaltlich § 12 Abs. 1 GKG a.F. i.V.m. § 5 ZPO). Hiernach werden die in einem Verfahren geltend gemachten (wirtschaftlich nicht identischen) Streitgegenstände zusammengerechnet, soweit nicht etwas Abweichendes bestimmt ist.   **3119**

Dass es für eine Addition der zeitgleichen Anhängigkeit der Streitgegenstände bedarf, ist weder den §§ 39 ff. GKG zu entnehmen, noch würde dies zu tragfähigen Ergebnissen führen. Vielmehr berechnen sich die gerichtliche und anwaltliche Verfahrensgebühr nach der Summe der Werte des bisherigen und künftigen Streitgegenstandes. Voraussetzung für die Wertaddition ist nicht, dass die zu bewertenden Ansprüche „nebeneinander geltend gemacht werden",[2] sondern dass sie „nebeneinander bestehen können".[3] Denn allein bei hilfsweise erhobenen (bzw. zur Aufrechnung gestellten) Ansprüchen bedarf es nach § 45 Abs. 1 S. 2 und Abs. 3 GKG (§ 19 Abs. 1 S. 2 und Abs. 3 GKG a.F.) für eine Zusammenrechnung, dass über diese entschieden worden ist, sie also zeitgleich mit dem primär geltend gemachten Anspruch anhängig gewesen sind.   **3120**

Zudem bleibt der mit der Klageänderung hier verbundene Wegfall des bisherigen (Teils des) Streitgegenstandes auf die bislang entstandenen gerichtlichen   **3121**

---

1 OLG Celle JurBüro 1986, 741; OLG Bamberg JurBüro 1978, 1655; OLG Hamm, Beschl. v. 12. 5. 2005 – 24 U 7/05, OLGR 2005, 556 = JurBüro 2005, 598; *Liebheit*, JuS 2001, 687 (688 f.); *Hartmann*, KV 1210 Rn. 26; *Meyer*, KV 1210 Rn. 11; Gebauer/Schneider/ *N. Schneider*, § 22 Rn. 10; siehe auch OLG Düsseldorf, Beschl. v. 1. 8. 2000 – 10 W 53/00, OLGR 2000, 458 = JurBüro 2001, 313 – Teilvergleich nach Erlass eines Versäumnisurteils und späterer Klageerweiterung.
2 So aber OLG München, Beschl. v. 29. 6. 1994 – 11 WF 797/94, OLGR 1994, 15.
3 Instruktiv *Liebheit*, JuS 2001, 688 (690 f.).

und anwaltlichen Gebühren – wie bei der Teilklagerücknahme[1] – ohne Auswirkung.[2] Daher gebietet es auch eine prozessadäquate Kostenverteilung, die durch die Geltendmachung des bisherigen Anspruchs ausgelösten Kosten demjenigen aufzuerlegen, der die Auseinandersetzung veranlasst hat und (autonom) von der weiteren Rechtsverfolgung Abstand nimmt.[3] Für die Annahme, dass bei der Klageänderung „kostenrechtlich die Anhängigkeit des neuen Anspruchs – als von Anfang an bestehend – fingiert" werde, wodurch „der bisherige Anspruch gebührenrechtlich seine Bedeutung verliere",[4] fehlt es im GKG an einer gesetzlichen Grundlage.

3122 Zudem vermag die Gegenansicht die unterschiedliche Behandlung des Parteiwechsels, der nach überwiegender Ansicht der Klageänderung gleichgestellt wird und dennoch ergebnisunabhängig zu einer Kostenlast des Klägers führt,[5] nicht plausibel zu erklären.

3123 Stichtag für die Wertänderung ist nicht die erste mündliche Verhandlung über den geänderten Antrag, sondern der **Eingang des Antrages** bei Gericht.[6] Deshalb ist für die Berechnung der erhöhten Gerichtsgebühren auf den Zeitpunkt der Einreichung dieses Antrages abzustellen.[7]

3124 Die Streitwerterhöhung ab Einreichung des Antrags wirkt nur für die danach erfüllten Gebührentatbestände. Es findet insbesondere **keine Erhöhung** der (nach der BRAGO noch anfallenden) **Beweisgebühr** nach einer bereits abgeschlossenen Beweisaufnahme statt, wenn der Kläger mit Rücksicht auf das Beweisergebnis den Klageantrag erweitert.[8] – siehe auch das Stichwort „Änderung des Streitwerts" Rn. 115 f.

3125 Auch darf die jeweilige Gebühr nur einmal berechnet werden, wenn auch nach dem höchsten Wert (§§ 21 Abs. 3 GKG, § 13 Abs. 2 S. 1 BRAGO).

D. Rechtsmittel und Beschwer

3126 Wird die Klageerweiterung zweitinstanzlich nicht zugelassen, scheidet für diese Instanz eine Werterhöhung aus.[9]

---

1 KG, Beschl. v. 31. 5. 1999 – 8 W 3707/99, KGR 1999, 279 = NJW-RR 2000, 215.
2 OLG Bamberg JurBüro 1978, 1655; OLG Celle JurBüro 1986, 741; *Hartmann*, KV 1210 Rn. 26; *Meyer*, KV 1210 Rn. 11.
3 Ausführlich *Liebheit*, JuS 2001, 688 (691).
4 So Zöller/*Greger*, ZPO, § 263 Rn. 32.
5 Vgl. etwa Zöller/*Greger*, § 269 Rn. 5.
6 OLG Düsseldorf, Beschl. v. 1. 8. 2000 – 10 W 53/00, OLGR 2000, 458 = JurBüro 2001, 313; *Schneider* JurBüro 1965, 592 ff.; § 15 GKG.
7 OLG Düsseldorf, Beschl. v. 1. 8. 2000 – 10 W 53/00, OLGR 2000, 458 = JurBüro 2001, 313; LG Koblenz JurBüro 1967, 1015.
8 OLG Bamberg JurBüro 1977, 960; KG JurBüro 1970, 246 mit Anm. *Schneider*; OLG Schleswig JurBüro 1969, 521 mit Anm. *Schneider*; OLG Koblenz JurBüro 1994, 670 = MDR 1994, 629.
9 OLG Schleswig, Beschl. v. 22. 6. 2001 – 5 U 87/91, OLGR 2001, 442.

Im Falle der Zulassung erhöht sich nur der zweitinstanzliche Streitwert. Die 3127
Erhöhung wirkt jedoch auf den Streitwert der ersten Instanz zurück, wenn der
neue Antrag nach Zurückverweisung in erster Instanz weiterverfolgt wird.[1]

Für die Berechnung der Beschwer dürfen die vor und nach Klageänderung gel- 3128
tend gemachten Ansprüche in keinem Fall zusammengerechnet werden.[2]

Der für die Zulässigkeit der **Revision** maßgebende Betrag kann nicht höher sein 3129
als der Wert der Beschwer. Daran kann auch eine unzulässige Klageerweiterung
nichts ändern.

Klageerweiterung

Siehe die Stichwörter „Bemessungsgrundsätze" Rn. 876 ff. und „Klageänderung".

Klagenhäufung

Siehe das Stichwort „Mehrere Ansprüche".

Klagerücknahme

Literatur: *Wagner* NJW 1953, 972; *Schneider* MDR 1961, 545, 643; JurBüro 1970, 897;
1985, 265.

Gliederungsübersicht

A. Einleitung
 I. Erklärung der Klagerücknahme . 3130
 II. Abgrenzung zur Erledigungs-
 erklärung 3133
**B. Wirksamkeit der Klagerück-
 nahme**
 I. Unstreitige Wirksamkeit 3136
 II. Streitige Wirksamkeit 3138

**C. Feststellung der fehlenden
 Anhängigkeit** 3140
**D. Verpflichtung zur Klagerück-
 nahme**
 I. Klagerücknahmeversprechen . . 3145
 II. Prozessvergleich 3146
E. Teilklagerücknahme 3150

---

1 OLG Schleswig JurBüro 1976, 1680.
2 KG Rpfleger 1968, 289.

Stichwortübersicht

Ankündigung eines verminderten
  Antrags 3131
Antrag nach § 269 Abs. 3 S. 3
  ZPO 3136, 3150
Berufungsrücknahme 3132
Erledigungserklärung und ~ 3133
Kostenerstattungsanspruch . . 3136, 3152
Kostenregelung abweichend von
  § 269 Abs. 3 S. 2 ZPO 3147
Nichtanhängigkeitsfeststellung,
  Antrag des Beklagten 3140
Nichtvermögensrechtliche Streitig-
  keit 3137
Prozessvergleich über Verpflichtung
  zur ~
– Erledigung des Rechtsstreits 3146
– Kosten des Prozessvergleichs . . . 3148
– kostenmäßige Mitbereinigung
  einer Teilklage 3149

– Kostenregelung abweichend von
  § 269 Abs. 3 S. 2 ZPO 3147
– Wertvereinbarung für selbständige
  Verfahren 3149
Schätzung
– bei Nichtanhängigkeitserklärung . 3144
– bei Verlustigerklärung 3144
Streit über ~ 3138
Teilweise ~ 3136, 3150
– und Hauptsacheerledigung 3151
– Wirksamwerden 3150
– und Klageerweiterung 3151
Unstreitige ~ . . . . 3136 ff.
Verlustigerklärung 3141
Vorliegen einer ~
– vom Gericht bejaht 3139
– vom Gericht verneint 3139
Wegfall des Klageanlasses vor
  Rechtshängigkeit 3136

A. Einleitung

I. Erklärung der Klagerücknahme

3130 Die Klagerücknahme ist eine einseitige bedingungsfeindliche und grundsätzlich unwiderrufliche Prozesshandlung. Zu ihrer Wirksamkeit bedarf es der Einwilligung des Beklagten, wenn dieser, und sei es nur erstinstanzlich, zur Hauptsache mündlich verhandelt hat, § 269 Abs. 1 ZPO.[1]

3131 Verfahrensrechtlich ist zu beachten, dass die bloße **Ankündigung eines verminderten Antrages** – außerhalb des schriftlichen (Vor)Verfahrens – noch keine Klagerücknahme darstellt, auch wenn sie in einem an das Gericht gerichteten Schriftsatz enthalten ist.[2]

3132 Gleichliegende Fragen wie bei Klagerücknahme ergeben sich bei der **Berufungsrücknahme** (siehe dazu das Stichwort „Berufungsrücknahme" Rn. 1010).

II. Abgrenzung zur Erledigungserklärung

3133 Ermäßigt der Kläger seinen Klageantrag oder erklärt er, an der Fortsetzung des Rechtsstreits kein Interesse mehr zu haben, bedarf es der Klärung, ob darin eine Klagerücknahme oder eine – bis zur Zustimmung des Beklagten – **einseitige Erledigungserklärung** liegt. Hier ist eine Nachfrage gemäß § 139 ZPO geboten. Wegen der mit § 269 Abs. 3 ZPO verbundenen Kostenfolge ist zu Gunsten des

---

1 BGH, Beschl. v. 20. 8. 1998 – I ZB 38/98, MDR 1999, 626.
2 *Schneider* MDR 1985, 265.

Klägers bei verbleibenden Zweifeln von einer bloßen Erledigungserklärung aus-zugehen.[1]

Wenn beiden Parteien an einer Entscheidung der Hauptsache nicht mehr gele-gen und nur streitig ist, ob die Erklärung des Klägers an das Gericht als Klage-rücknahme (§ 269 ZPO) oder als (übereinstimmende) Erledigungserklärung (§ 91a ZPO) zu deuten ist, bestimmt sich der Streitwert nach der Summe der bis dahin angelaufenen Kosten.[2] Hier geht es nämlich nicht mehr darum, ob zur Sache entschieden werden muss, sondern zweifelhaft ist allein, auf welchem prozessualen Weg und mit welcher Kostenfolge die Entscheidung zur Haupt-sache entbehrlich geworden ist.   **3134**

Zu beachten bleibt, dass eine **Klagerücknahme nach übereinstimmender Erledi-gungserklärung** aufgrund des damit verbundenen Wegfalls der Rechtshängigkeit nicht mehr möglich ist.[3]   **3135**

B. Wirksamkeit der Klagerücknahme

I. Unstreitige Klagerücknahme

Mit der wirksamen Klagerücknahme entfällt die Rechtshängigkeit ex tunc, § 269 Abs. 3 S. 1 ZPO. Eine Entscheidung über die Kosten des Rechtsstreits ergeht – soweit nicht bloß eine teilweise Klagerücknahme vorliegt (§ 308 Abs. 2 ZPO) – gemäß § 269 Abs. 3 ZPO nur auf Antrag. Dessen Wert ist nach dem Interesse der antragstellenden Partei zu bemessen, das auf Erstattung eigener und Abwendung fremder Kosten gerichtet ist. Maßgeblich sind daher die bis zur Erklärung angefallenen **gerichtlichen und außergerichtlichen Kosten.**[4] Dies gilt auch, wenn der Kläger nach Klagerücknahme wegen Wegfalls des Klageanlasses vor Rechtshängigkeit eine Entscheidung über die Kostentragungspflicht nach § 269 Abs. 3 S. 3 ZPO beantragt.   **3136**

Bei **nichtvermögensrechtlichen Streitigkeiten** ist für den der Kostenermittlung zugrunde zu legenden Hauptsachestreitwert auf den Umfang der Sache abzu-stellen, den sie im Fall ihrer Durchführung nach dem im Zeitpunkt der Rück-nahme gegebenen Sach- und Streitstand angenommen hätte.[5]   **3137**

---

1 Vgl. auch BGH, Beschl. v. 27. 10. 2003 – II ZB 38/02, BGHReport, 2004, 274 = NJW 2004, 223 = AGS 2004, 34 = GE 2004, 106 = MDR 2004, 408.
2 OLG Düsseldorf JurBüro 1972, 816; OLG Nürnberg JurBüro 1962, 695.
3 OLG Jena, Beschl. v. 5. 9. 2001 – 5 W 174/011, OLGR 2002, 51.
4 Ebenso *Anders/Gehle/Kunze,* Stichwort „Klagerücknahme" Rn. 2; Thomas/Putzo/*Hüß-tege,* § 3 Rn. 95 „Klagerücknahme"; unklar Baumbach/Lauterbach/*Hartmann,* Anh. § 3 Rn. 74 „Klagerücknahme".
5 KG JurBüro 1973, 53 = Rpfleger 1973, 36.

II. Streit über die Wirksamkeit

3138 Ist streitig, ob eine zulässige oder wirksame Klagerücknahme vorliegt, bestimmt sich der Streitwert nach dem **vollen Wert der Hauptsache**. Denn den Parteien ist – je nach Standpunkt zur Wirksamkeit – an der Entscheidung des Klagebegehrens bzw. an der Vermeidung einer Sachentscheidung gelegen.[1]

3139 Verneint das Gericht die Wirksamkeit der Klagerücknahme, so entscheidet es hierüber zusammen mit der Hauptsache in den Gründen des Endurteils oder durch selbständig anfechtbares Zwischenurteil (§ 303 ZPO) und nachfolgend über die Hauptsache durch Endurteil. Bejaht das Gericht die Wirksamkeit der Klagerücknahme, entscheidet es gemäß § 269 Abs. 3 ZPO durch Beschluss. In beiden Fällen ist der Hauptsachestreitwert maßgebend, da der richterliche Spruch feststellt, ob die Hauptsache infolge wirksamer Zurücknahmeerklärung noch zur Entscheidung steht.[2] Auch im Hinblick auf die streitwertrechtliche Bewertung der einseitigen Erledigungserklärung besteht kein Anlass, den Streitwert auf die bis zur Rücknahme angefallenen Kosten festzusetzen, da sich die Prozesshandlungen in Inhalt und Wirkung nicht entsprechen (siehe hierzu unter dem Stichwort „Erledigung der Hauptsache").

C. Feststellung der fehlenden Anhängigkeit

3140 Nach wirksamer Klagerücknahme ist auf Antrag (des Beklagten) gemäß § 269 Abs. 3, 4 ZPO festzustellen, dass der Rechtsstreit als nicht anhängig geworden und ein bereits ergangenes Urteil als wirkungslos anzusehen ist. Über die wertmäßige Erfassung dieses Antrages herrscht Streit. Während *Wagner*[3], *Göppinger*[4] und *Gerold*[5] hier den Streitwert der Hauptsache absetzen, stellt das LG Osnabrück[6] für die Bemessung auf die Kosten des Rechtsstreits ab.

3141 Für die letztgenannte Auffassung spricht, dass der BGH in Abwendung von der Rechtsprechung des RG seit BGHZ 15, 394 die Kosten für das Verfahren über Anträge auf **Verlustigerklärung des Rechtsmittels** und auf Kostenentscheidung nach Zurücknahme des Rechtsmittels nicht mehr nach dem Wert der Hauptsache, sondern nur nach dem Betrag der Kosten berechnet, die in der Rechtsmittelinstanz bis zu dem Antrag auf Verlustigerklärung und auf Kostenentscheidung erwachsen sind. Schließt man sich dem an, dann wird man für die entsprechenden Anträge nach Klagerücknahme keine andere Bewertung vornehmen dürfen. Lediglich wenn man gegen den BGH der älteren Rechtsprechung[7] folgt, ist nicht der Kostenwert, sondern der Hauptsachewert maßgebend.

---

1 So auch *Hartmann*, GKG Anh. I § 48 (§ 3 ZPO) Rn. 73 Stichwort „Klagerücknahme".
2 *Gerold*, Streitwert, S. 297; *Göppinger* Rpfleger 1958, 81.
3 *Wagner* NJW 1953, 972.
4 *Göppinger* Rpfleger 1958, 81, 82.
5 *Gerold*, Streitwert III Rn. 2.
6 Mitgeteilt von *Wagner* in NJW 1953, 973.
7 RGZ 155, 382; OLG Bamberg NJW 1949, 513; OLG Frankfurt MDR 1957, 49.

Dennoch ist beiden Ansätzen nicht zu folgen. Der sachliche Gehalt der Nicht- **3142** anhängigkeits- und Wirkungslosigkeitserklärung entspricht weder der Hauptsache noch dem Kosteninteresse der Beklagten. Insbesondere vermag dem BGH[1] nicht gefolgt werden, wenn dieser davon ausgeht, „dass der Verlustigerklärung eine sachliche Bedeutung überhaupt abzusprechen ist und sie nur eine Grundlage einerseits für die Erteilung des Rechtskraftzeugnisses, andererseits für die Kostenentscheidung bildet" (siehe auch das Stichwort „Berufungsrücknahme" Rn. 1010 ff.).

Die Nichtanhängigkeitserklärung ist – ebenso wie die Verlustigkeitserklärung – **3143** gegenüber der bloßen Kostenentscheidung ein Mehr.[2] Wie auch sonst richtet sich seine Bewertung nach dem **Interesse des Antragstellers**, das hier darauf gerichtet ist, eine amtliche Beurkundung darüber zu erhalten, dass der Rechtsstreit abgeschlossen und ein (etwaig) vorangegangenes Urteil wirkungslos ist.

Mangels besonderer Bewertungsvorschrift kommt nur eine **Schätzung** nach § 3 **3144** ZPO in Betracht.[3] In der Regel dürfte es angemessen sein, $1/_{10}$ des Hauptsachewertes anzusetzen.

D. Verpflichtung zur Klagerücknahme

I. Klagerücknahmeversprechen

Anerkannt ist die Möglichkeit, sich durch schuldrechtlichen Vertrag (mit dem **3145** Prozessgegner) zu verpflichten, gegenüber dem Gericht die Klagerücknahme zu erklären. Die Abrede, die auch Bestandteil eines außergerichtlichen Vergleichs sein kann, führt im Falle der Nichterfüllung über die Arglisteinrede des Beklagten zur Abweisung der Klage als unzulässig.[4] Auf den Hauptsachestreitwert hat dies keinen Einfluss.

II. Prozessvergleich

Da der Prozessvergleich den Rechtsstreit unmittelbar beendet,[5] besteht für eine **3146** Verbindung von Vergleich und Klagerücknahme kein praktisches Bedürfnis. Vielmehr ist in diesen Fällen durch Auslegung zu ermitteln, ob die Parteien eine Beendigung des Rechtsstreits durch Klagerücknahme oder Vergleich gewollt haben. Maßgebend ist in beiden Fällen der Streitwert der Hauptsache.[6]

---

1 BGHZ 15, 399.
2 Worauf *Wagner* in NJW 1953, 973 mit Recht hingewiesen hat.
3 So früher bereits KG JW 1933, 1078; OLG Jena JW 1937, 142; OLG Dresden HRR 1937 Nr. 1126; OLG Frankfurt HRR 1938 Nr. 1249; OLG Breslau DR 1939, 333; OLG Naumburg JW 1937, 822.
4 BGH, Urteil v. 7. 3. 2002 – III ZR 73/01, MDR 2002, 839; NJW-RR 1987, 307; NJW 1956, 990; BAG MDR 1982, 258.
5 BGH, Urteil v. 7. 3. 2002 – III ZR 73/01, MDR 2002, 839.
6 OLG Köln JurBüro 1970, 803; OLG Oldenburg JurBüro 1957, 33; OLG Stuttgart MDR 1955, 368.

3147 Enthält der Prozessvergleich über die Klagerücknahmeverpflichtung hinaus noch eine von § 269 Abs. 3 S. 2 ZPO **abweichende Kostenregelung,** ist das für den Streitwert unerheblich, wie sich aus § 43 Abs. 3 GKG (§ 22 Abs. 3 GKG a.F.) ergibt.[1] Der Prozessvergleich als kostenverursachende Handlung betrifft nämlich die Kosten des Rechtsstreits und den Hauptanspruch. Der Kostenbetrag ist aber lediglich dann maßgebend, wenn Handlungen den Kostenpunkt ohne den Hauptanspruch betreffen.

3148 Die **Kosten des Prozessvergleichs** selbst bleiben nach § 4 Abs. 1 ZPO, § 43 Abs. 1 GKG (§ 22 Abs. 1 GKG a.F.) außer Ansatz.[2]

3149 Werden in einem Klagerücknahmevergleich noch Vereinbarungen über die Kosten **selbständiger Verfahren** getroffen, insbesondere Eilsachen, sind diese hinzuzurechnen. Dies beispielsweise, wenn eine Forderung in **zwei Teilklagen** geltend gemacht worden ist und in einem Prozess ein Rücknahmevergleich geschlossen wird, wobei das andere Verfahren kostenmäßig mit bereinigt wird.[3]

E. Teilklagerücknahme

3150 Eine teilweise Rücknahme der Klage vermindert den Streitwert im **Umfang der Rücknahme,** soweit sie sich nicht allein auf Nebenforderungen (§ 43 Abs. 1 GKG entspricht § 22 Abs. 1 GKG a.F.) bezieht. Verfahrensrechtlich beachtlich ist die Prozesshandlung jedoch erst, wenn sie wirksam geworden ist: vor Beginn der mündlichen Verhandlung durch Erklärung gegenüber dem Gericht, nach mündlicher Verhandlung ab Einwilligung des Beklagten. Sie führt gemäß § 308 Abs. 2 ZPO unabhängig von einer Antragstellung nach § 269 Abs. 3 ZPO zu einer sog. gemischten Kostenentscheidung, die hinsichtlich der mit der teilweisen Rücknahme verbundenen Kosten gesondert anfechtbar ist.[4] Es sei denn, dem Beklagten sind in entsprechender Anwendung von § 92 Abs. 2 ZPO die gesamten Prozesskosten auferlegt worden.[5]

3151 Erforderlich ist daher eine Streitwertfestsetzung nach Zeitabschnitten, da alle bis zur Teilklagerücknahme entstandenen Gebühren nach dem ursprünglichen und alle nachfolgenden nach dem verminderten Streitwert zu berechnen sind.[6] Die auf den zurückgenommenen oder erledigten Teil entfallenden Kosten des Rechtsstreits bleiben dabei unberücksichtigt, arg. § 43 Abs. 3 GKG (§ 22 Abs. 3 GKG a.F.).[7] Zu den Bewertungsregeln, wenn zusammen mit einer Teilklagerücknahme eine Klageerweiterung erfolgt, siehe das Stichwort „Klageänderung".

---

1 OLG Neustadt JurBüro 1964, 195; OLG Köln JurBüro 1970, 803.
2 OLG Köln JurBüro 1970, 803; OLG Nürnberg BayJMBl. 1959, 170.
3 OLG Köln JurBüro 1970, 803.
4 BGH, NJW-RR 1996, 256; OLG Köln, Beschl. v. 9.1. 1998 – 3 W 66/97, OLGR 1998, 170.
5 BGH, Beschl. v. 19. 10. 1995 – III ZR 208/94, NJW-RR 1996, 256.
6 OLG Koblenz, Beschl. v. 21. 3. 2001 – 13 WF 31/01, OLGR 2001, 393.
7 BGH Rpfleger 1955, 12 = LM § 15 GKG Nr. 1; OLG Düsseldorf JurBüro 1972, 816 = VersR 1972, 1171; *Anders/Gehle/Kunze,* Stichwort „Klagerücknahme" Rn. 3.

Der Übergang vom Hauptanspruch zum materiellen **Kostenerstattungsanspruch** 3152
beschränkt den Streitwert auf den (bezifferten)[1] Kostenpunkt.[2]

Konkurrenzverbot

Der Streitwert für einen auf ein Konkurrenzverbot gerichteten Unterlassungs- 3153
anspruch wird nach § 3 ZPO bestimmt.

Maßgebend ist das Interesse des Klägers auf Abwehr des durch die Konkurrenz 3154
drohenden Schadens. Dieses entspricht dem Reingewinn, der dem Kläger durch
den anderweitigen Verkauf entgeht, wobei der Verlust des Klägers nicht vollumfänglich identisch ist mit dem Gewinn des Konkurrenten. Es ist nämlich
davon auszugehen, dass zwar ein erheblicher Teil des vom Konkurrenten erzielten Umsatzes, nicht aber der gesamte Umsatz an den Waren dem Kläger zugute
gekommen wäre, wenn der Konkurrent den Handel nicht aufgenommen hätte.

Unter diesen Voraussetzungen hat das OLG Düsseldorf den Unterlassungsan- 3155
spruch im Falle eines „Konkurrenzkiosks" mit einem Jahresnettoumsatz von
ca. 18 500 DM mit 30 000 DM bewertet, wobei es für die Bemessung des Streitwertes einen Zeitraum von drei Jahren zugrunde gelegt hat.[3]

Der Streitwert über die Gültigkeit eines nachvertraglichen Wettbewerbsverbots 3156
ist regelmäßig mit dem Betrag der insgesamt höchstens geschuldeten Karenzentschädigung zu bewerten.[4]

Wird der Anspruch im Eilverfahren verfolgt und führt dieses praktisch zu ei- 3157
nem endgültigen Ergebnis, dann kann es angebracht sein, bereits dort den
Hauptsachewert anzusetzen.[5]

Konkursanfechtung

Siehe das Stichwort „Insolvenzverfahren".

---

1 Siehe *Schneider* MDR 1981, 353 ff.
2 LG Bayreuth, Beschl. v. 27. 8. 1982 – 2 O 205/82, KostRsp. ZPO § 3 Nr. 615 mit Anm.
   Schneider = JurBüro 1983, 258, dort mit irreführendem 3. Leitsatz.
3 OLG Düsseldorf, Beschl. v. 30. 3. 1993 – 10 W 36/93, ZMR 1993, 377 = OLGR 1993,
   299.
4 LAG Hamm AnwBl. 1981, 106; vgl. das Stichwort „Karenzentschädigung".
5 LAG Hamm AnwBl. 1981, 106.

Kosten

Siehe das Stichwort „Nebenforderungen".

Kosten des Rechtsstreits

A. Gebührenstreitwert

3158 Soweit Kosten betroffen sind, so stellt § 43 GKG (§ 22 GKG a.F.) drei Grundsätze auf:

(1) Sind **außer dem Hauptanspruch auch Kosten als Nebenforderungen** betroffen, wird der Wert der Nebenforderungen nicht berücksichtigt (§ 43 Abs. 1 GKG).

(2) Sind **Kosten als Nebenforderungen ohne den Hauptanspruch** betroffen, ist ihr Wert maßgebend, soweit ihr Wert den des Hauptanspruchs nicht übersteigt (§ 43 Abs. 2 GKG).

(3) Sind die **Kosten des Rechtsstreits ohne den Hauptanspruch** betroffen, ist der Betrag der Kosten als Streitwert anzusetzen, soweit der Wert den des Hauptanspruchs nicht übersteigt (§ 43 Abs. 3 GKG).

3159 Die Grundsätze (1) und (2), also § 43 Abs. 1 u. 2 GKG, gelten nur für Kosten als Nebenforderungen, also für solche Kosten, die neben dem Hauptanspruch mit eingeklagt oder anderweitig (Widerklage, Aufrechnung o.ä.) neben dem Hauptanspruch geltend gemacht werden und damit Streitgegenstand sind. Die Kosten des Rechtsstreits gehören nicht hierzu.

3160 Für die Kosten des Rechtsstreits, also die Kosten, die im Verfahren über den Hauptanspruch anfallen, gilt vielmehr Folgendes:

(1) Soweit **die Hauptsache betroffen** ist, gilt § 3 GKG. Maßgebend ist nur der Wert des Streitgegenstands. Dazu gehören aber nicht die Kosten,[1] so dass sie nicht zu bewerten sind.

(2) Soweit **die Kosten ohne den Hauptanspruch betroffen** sind, werden die Kosten zum Streitgegenstand und damit zur Hauptsache. Maßgebend ist dann der Wert aller betroffenen Kosten, also Anwalts- und Gerichtskosten sowie Parteiauslagen, soweit diese den Hauptanspruch nicht übersteigen.

⊃ **Beispiel:**

Vor der mündlichen Verhandlung wird die Klage zurückgenommen. Das Gericht verhandelt anschließend mündlich über die Kosten.

Für die Terminsgebühr der Anwälte maßgebend ist der Wert aller bis zur Klagerücknahme angefallenen Kosten (Gerichts- und Anwaltskosten sowie Parteiauslagen), soweit diese die Klageforderung nicht übersteigen.

---

1 *Hartmann*, KostG, § 43 GKG Rn. 12.

⊃ **Beispiel:**

Gegen eine Kostenentscheidung nach §§ 91a, 93 oder 99 ZPO wird Beschwerde eingelegt.

Maßgebend ist der Wert der Kostendifferenz zwischen dem Erstattungsanspruch nach der ergangenen und der beantragten Kostenentscheidung. Der Wert kann nicht höher sein, als der Wert der Hauptsache (§§ 43 Abs. 3, 47 Abs. 2 GKG).

⊃ **Beispiel:**

Gegen den Mahnbescheid über 250 Euro wird Kostenwiderspruch eingelegt. Die Kosten belaufen sich auf 320 Euro.

Maßgebend ist der Wert der Kosten, begrenzt auf den Wert der Hauptsache, also 250,00 Euro.

Damit § 43 Abs. 3 GKG greift, müssten die Kosten ausschließlich betroffen **3161** sein. Solange auch nur ein Teil der Hauptsache anhängig ist, bleiben die Kosten unberücksichtigt.[1]

⊃ **Beispiel:**

Die Klage über 10 000 Euro wird in Höhe von 8000 Euro zurückgenommen und hiernach verhandelt.

Der Gegenstandswert der Terminsgebühr beläuft sich auf 2000 Euro. Die anteiligen Kosten aus den zurückgenommenen 8000 Euro bleiben unberücksichtigt.

⊃ **Beispiel:**

Eine Widerklage wird zurückgenommen.

Solange die Klage anhängig bleibt, werden die Kosten der Widerklage nicht berücksichtigt.[2]

Zu der Streitfrage, ob bei teilweiser Erledigungserklärung die anteiligen Kosten **3162** zu berücksichtigen sind, siehe das Stichwort „Erledigung der Hauptsache" Rn. 1845 ff.

Bei den Anwaltsgebühren kann es vorkommen, dass eine Gebühr zu unter- **3163** schiedlichen Sätzen aus der Hauptsache und aus den Kosten anfällt. Es gilt dann § 15 Abs. 3 RVG mit der Maßgabe, dass kein höherer Wert als die Hauptsache angenommen werden darf.

⊃ **Beispiel:**

Im ersten Termin ist der Beklagte säumig. Das Gericht erlässt einen Vertagungsbeschluss. Vor dem zweiten Termin wird die Klageforderung bezahlt. Es wird dann im Termin nur noch über die Kosten (§ 91a ZPO) verhandelt.

Die 0,5-Terminsgebühr nach Nrn. 3104, 3105 VV RVG ist aus dem Wert der Klageforderung angefallen, die 1,2-Terminsgebühr nach Nr. 3104 VV RVG aus dem Wert der Kosten (§ 23 Abs. 1 S. 1 RVG i.V.m. § 43 Abs. 3 GKG). Insgesamt erhält der Anwalt jedoch nicht mehr als eine 1,2-Gebühr aus dem Wert der Hauptsache, da bei der Ermittlung des Gesamtbetrages i.S.d. § 15 Abs. 3 RVG zu berücksichtigen ist, dass die Kosten neben der Hauptsache nicht berücksichtigt werden.

---

1 *Hartmann*, KostG, § 43 GKG Rn. 12.
2 *Hartmann*, KostG, § 43 GKG Rn. 12.

B. Zuständigkeitsstreitwert

3164 Für den Zuständigkeitsstreitwert kann sich die Frage der Kosten nie stellen, da zu Beginn des Verfahrens die Kosten nicht Streitgegenstand sein können.

C. Rechtsmittelstreitwert

3165 Für die Beschwer eines Kostenrechtsmittels oder –rechtsbehelfs gilt § 3 ZPO. Maßgebend ist der Wert aller angefallenen Kosten, die das Rechtsmittel oder der Rechtsbehelf betrifft. Deshalb errechnet sich der Streitwert von Beschwerden gegen Beschlüsse nach § 91a ZPO oder gegen Entscheidungen aus § 99 Abs. 2 ZPO aus der Summe aller bis zu Erledigung oder Entscheidung entstandenen gerichtlichen und außergerichtlichen Kosten, aber wiederum ohne die Kosten des Beschwerdeverfahrens selbst.[1]

➲ **Beispiel:**

Das Gericht entscheidet nach § 91a ZPO über die Kosten des Rechtsstreits. Hiergegen wird Beschwerde eingelegt.

Maßgebend ist der Wert der Kostendifferenz zwischen dem Erstattungsanspruch nach der ergangenen und der beantragten Kostenentscheidung.

3166 Allerdings führt bei einer Beschwerde gegen eine Kostengrundentscheidung ein höherer Wert als der der Hauptsache nicht zur Zulässigkeit eines Rechtsmittels, wenn in der Hauptsache kein Rechtsmittel gegeben wäre (sog. fiktive Rechtsmittelfähigkeit), §§ 91a Abs. 2 S. 2, 99 Abs. 2 S. 2, 269 Abs. 5 S. 1 ZPO.

➲ **Beispiel:**

Nach Anerkenntnis der Klageforderung (500 Euro) wird gegen die Kostenentscheidung gem. § 99 Abs. 1 ZPO sofortige Beschwerde eingelegt (Wert der Kosten 700 Euro).

Die Beschwerde ist unzulässig (§ 99 Abs. 2 S. 1 ZPO).

D. Erforderliche Beschwer für Kostenbeschwerden

3167 Beschwerden in Kostensachen sind grundsätzlich nur zulässig, wenn der Wert des Beschwerdegegenstands 200 Euro übersteigt, sofern die Beschwerde nicht zugelassen ist.

§ 567 Abs. 2 ZPO	Beschwerden gegen die Entscheidung über die Verpflichtung, die Prozesskosten zu tragen
§ 63 Abs. 2 GKG	Beschwerde gegen den Kostenansatz
§ 68 Abs. 1 GKG	Streitwertbeschwerde
§ 33 Abs. 3 S. 1 RVG	Beschwerde gegen die Festsetzung des Gegenstandswerts
§ 56 Abs. 2 i.V.m.	
§ 33 Abs. 3 RVG	Beschwerde gegen die Festsetzung der Prozesskostenhilfevergütung

---

1 RGZ 50, 368; OLG Braunschweig HRR 1940 Nr. 1470; OLG Königsberg JW 1929, 883; LG Stuttgart JW 1932, 2923.

§ 4 Abs. 3 JVEG Beschwerde gegen die Festsetzung

§ 31 Abs. 3 KostO Beschwerde gegen die Festsetzung des Geschäftswerts

Die Rechtsbeschwerde bedarf keiner Mindestbeschwer.[1]   3168

Ist der Beschwerdewert nicht erreicht, kommen nur Erinnerung, Gehörsrüge 3169
oder Gegenvorstellung in Betracht.

Wird der Beschwerde teilweise abgeholfen, ist der Wert nach Abhilfe maßge- 3170
bend. Nach dem ausdrücklichen Wortlaut der jeweiligen Vorschriften kommt
es nicht auf die ursprüngliche Beschwer an, sondern auf den Wert des Beschwerdegegenstand, also den Wert, der noch in die Beschwerdeinstanz übergeht.

⊃ **Beispiel:**

> Gegen den Kostenfestsetzungsbeschluss legt der Beklagte sofortige Beschwerde ein, da
> nach seiner Ansicht 250 Euro zuviel festgesetzt worden sind. Der Rechtspfleger hilft
> in Höhe von 100 Euro teilweise ab.
>
> Der Wert des Beschwerdegegenstands beläuft sich nur noch auf 150 Euro. Die Be-
> schwerde ist damit unzulässig. Der Rechtspfleger entscheidet abschließend.[2]

Kostenansatz

A. Verfahren

I. Kostenansatzverfahren

Die Kosten, insbesondere also die Gerichtsgebühren, die sich nach dem jewei- 3171
ligen Wert ergeben, werden im Verfahren nach § 19 GKG vom **Gericht des
ersten Rechtszuges** festgesetzt (§ 19 Abs. 1 S. 1 Nr. 1 GKG).

Die Kosten des Rechtsmittelverfahrens werden von dem **Rechtsmittelgericht** 3172
festgesetzt (§ 19 Abs. 1 S. 1 Nr. 2 GKG).

Beides gilt auch dann, wenn Kosten vor einem **ersuchten Gericht** entstanden
sind (§ 19 Abs. 1 S. 2 GKG).

II. Erinnerung

Gegen den Kostenansatz ist nach § 66 Abs. 1 GKG die Erinnerung gegeben. Sie 3173
hat keine aufschiebende Wirkung (§ 66 Abs. 7 GKG).

---

1 BGH, Beschl. v. 28. 10. 2004 – III ZB 41/04, AGS 2005, 26 = Rpfleger 2005, 114 = MDR
 2005, 237 = JurBüro 2005, 142 = NJW-RR 2005, 939 = BGHR 2005, 261.
2 Zuletzt OLG Köln, Beschl. v. 24. 8. 2005 – 17 W 79/05, AGS 2006, 358 mit Anm.
 N. Schneider = OLGR 2006, 134.

3174 Erinnerungsberechtigt ist sowohl der Kostenschuldner als auch die Staatskasse, nicht dagegen der Erstattungsberechtigte. Er kann Einwände nur im Kostenfestsetzungsverfahren erheben.

3175 Eine **Frist** für die Erinnerung ist nicht vorgesehen, ebenso wenig eine **Beschwer**.

III. Beschwerde

3176 Gegen die Entscheidung über die Erinnerung findet nach § 66 Abs. 2 S. 1 GKG die Beschwerde statt. Auch sie hat keine aufschiebende Wirkung (§ 66 Abs. 7 GKG).

3177 Die Beschwerde ist nur zulässig, wenn der **Wert des Beschwerdegegenstandes** (nicht zu verwechseln mit der Beschwer) 200 Euro übersteigt (§ 66 Abs. 2 S. 1 GKG). Darüber hinaus ist die Beschwerde zulässig, wenn das Gericht, dass die angefochtene Entscheidung hat, sie wegen der grundsätzlichen Bedeutung der zu entscheidenden Frage in dem Erinnerungsbeschluss **zugelassen** hat (§ 66 Abs. 2 S. 2 GKG). Das Beschwerdegericht ist an die Zulassung gebunden; eine Nichtzulassung ist unanfechtbar (§ 66 Abs. 6 S. 4 GKG).

3178 Wird gegen die Entscheidung über die Erinnerung Beschwerde eingelegt, so ist das Gericht, das über die Erinnerung entschieden hat, zunächst berechtigt, der Beschwerde abzuhelfen (§ 66 Abs. 3 S. 1 GKG). Gegen diese Abhilfeentscheidung kann dann seinerseits wiederum Beschwerde eingelegt werden.

3179 Hält das Ausgangsgericht die Beschwerde für unzulässig oder unbegründet, hat es sie unverzüglich dem Beschwerdegericht vorzulegen. Beschwerdegericht ist das nächsthöhere Gericht (§ 66 Abs. 3 S. 2 GKG). Eine Beschwerde an einen obersten Gerichtshof des Bundes findet allerdings nicht statt (§ 66 Abs. 3 S. 4 GKG).

3180 Dagegen ist die Beschwerde – entgegen dem bis zum 30. 6. 2004 geltenden Recht – zulässig, wenn das Landgericht in einem Berufungs- oder Beschwerdeverfahren die Kosten angesetzt hat. Unzulässig ist dagegen die Beschwerde gegen den Kostenansatz beim OLG, weil die Beschwerde zum BGH nicht statthaft ist (§ 66 Abs. 3 S. 4 GKG).

IV. Weitere Beschwerde

3181 Gegen die Beschwerdeentscheidung ist unter den Voraussetzungen des § 66 Abs. 4 GKG die weitere Beschwerde zulässig, nämlich dann, wenn das Landgericht als Beschwerdegericht entschieden und es wegen grundsätzlicher Bedeutung der zur Entscheidung stehenden Frage die weitere Beschwerde in seinem Beschluss zugelassen hat. Über die weitere Beschwerde entscheidet das Oberlandesgericht.

V. Rechtsbeschwerde

Eine Rechtsbeschwerde ist im Kostenansatzverfahren nicht statthaft, da hierzu **3182**
der BGH berufen wäre und nach § 66 Abs. 3 S. 4 GKG die Beschwerde an einen
obersten Gerichtshof des Bundes nicht stattfindet.[1]

B. Gerichtsgebühren

Im **Verfahren über den Kostenansatz** fallen keine Gerichtsgebühren an, (§ 68 **3183**
Abs. 8 S. 1 GKG). Ein Wert für die Gerichtsgebühren ist daher nicht festzusetzen.

Auch das **Erinnerungsverfahren**, das **Beschwerdeverfahren** und das Verfahren **3184**
über die **weitere Beschwerde** sind gebührenfrei. Die Vorschrift des § 68 Abs. 8
S. 1 GKG spricht davon, dass „die Verfahren" gebührenfrei sind, womit auch
die Erinnerungs- und Beschwerdeverfahren erfasst werden.

C. Anwaltsgebühren

I. Erstattung/Vergütung

Auch wenn hinsichtlich der Anwaltsgebühren eine Kostenerstattung ausge- **3185**
schlossen ist (§ 68 Abs. 8 S. 2 GKG), ist die Tätigkeit vom Auftraggeber dennoch zu vergüten.

Da sich die Gebühren nach dem Gegenstandswert richten, ist insoweit auch **3186**
Antrag eines Beteiligten die Festsetzung nach § 33 Abs. 1 RVG vorzunehmen.

II. Kostenansatzverfahren

Für den im Ausgangsverfahren beauftragten Anwalt zählt die Tätigkeit im Kos- **3187**
tenansatzverfahren zur Instanz (§ 19 Abs. 1 S. 1 RVG), so dass es hier einer
gesonderten Wertfestsetzung nicht bedarf.

Ist der Anwalt dagegen mit dem Kostenansatzverfahren als Einzeltätigkeit be- **3188**
auftragt, erhält er eine 0,8-Verfahrensgebühr nach Nr. 3403 VV RVG.

Der Gegenstandswert richtet sich dann gem. § 23 Abs. 1 S. 2 RVG entsprechend **3189**
§ 48 Abs. 1 S. 1 GKG, § 3 ZPO. Maßgebend ist der Wert der anzusetzenden
Kosten.

---

1 BGH, Beschl. v. 27. 11. 2002 – IV AR(VZ) 3/02, BRAGOreport 2003, 79; Zur vergleichbaren Regelung des § 14 Abs. 3 S. 4 KostO; BGH, Beschl. v. 30. 4. 2003 – V ZB 19/03 =
BRAGOreport 2003, 163.

III. Erinnerungsverfahren

3190   Wird der Anwalt im Verfahren über die Erinnerung gegen den Kostenansatz beauftragt, löst dies nach § 18 Nr. 5 RVG eine gesonderte Angelegenheit aus, wenn der Rechtspfleger die Kosten angesetzt hat. Der Anwalt erhält eine 0,5-Verfahrensgebühr nach Nr. 3500 VV RVG. Maßgebender Gegenstandswert ist in diesem Fall der Betrag der strittigen Kostenpositionen (§§ 23 Abs. 2 S. 3 i.V.m. Abs. 2 S. 1 RVG). Der Wert kann nicht höher liegen als der Wert des zugrunde liegenden Verfahrens (§ 23 Abs. 2 S. 3 i.V.m. Abs. 2 S. 2 RVG).

3191   Werden gegen denselben Kostenansatz mehrere Erinnerungen – auch von verschiedenen Beteiligten – geführt, liegt nur eine Angelegenheit vor (§ 16 Nr. 12a RVG). Die einzelnen Werte werden dann nach § 22 Abs. 1 RVG addiert.

IV. Beschwerdeverfahren

3192   Wird gegen die Entscheidung über eine Erinnerung Beschwerde eingelegt, so ist dies eine weitere Angelegenheit (§ 18 Nr. 5 RVG). Der Anwalt erhält wiederum eine 0,5-Verfahrensgebühr nach Nr. 3500 VV RVG. Der Gegenstandswert richtet sich nach dem angegriffenen Betrag (§ 23 Abs. 1 S. 1 RVG). Er kann nicht höher liegen als der Wert des zugrunde liegenden Verfahrens (§ 23 Abs. 1 S. 2 RVG).

3193   Werden gegen dieselbe Erinnerungsentscheidung mehrere Beschwerden – auch von verschiedenen Beteiligten – geführt, liegt nur eine Angelegenheit vor (§ 16 Nr. 12 b RVG). Die einzelnen Werte werden dann nach § 23 Abs. 2 S. 1 RVG i.V.m. § 45 Abs. 1 GKG addiert.

V. Weitere Beschwerde

3194   Wird gegen die Beschwerdeentscheidung weitere Beschwerde eingelegt, so ist dies wiederum eine neue Angelegenheit (§ 18 Nr. 5 RVG). Der Anwalt erhält erneut eine 0,5-Verfahrensgebühr nach Nr. 3500 VV RVG. Der Gegenstandswert richtet sich wiederum nach dem angegriffenen Betrag (§ 23 Abs. 1 S. 1 RVG) und kann nicht höher liegen als der Wert des zugrunde liegenden Verfahrens (§ 23 Abs. 1 S. 2 RVG).

3195   Werden gegen dieselbe Beschwerdeentscheidung mehrere weitere Beschwerden – auch von verschiedenen Beteiligten – geführt, liegt nur eine Angelegenheit vor (§ 16 Nr. 12 b RVG). Die einzelnen Werte werden dann nach § 23 Abs. 2 S. 1 RVG i.V.m. § 45 Abs. 1 GKG addiert.

Kostenfestsetzungsverfahren

Gliederungsübersicht

A. Überblick

I. Gerichtsgebühren 3196

II. Anwaltsgebühren 3198

**B. Gegenstandswert im Festset-
zungsverfahren (§ 103 ff. ZPO)**

I. Kostenfestsetzungsverfahren . . 3201

II. Kostenausgleichungsverfahren . 3202

C. Wert des Beschwerdegegenstands

I. Erreichen des Beschwerdewertes
als Zulässigkeitsvoraussetzung . 3204

II. Wertberechnung 3206

**D. Gegenstandswerte im Erinne-
rungs- und Beschwerde- und
Rechtsbeschwerdeverfahren** . . . 3215

**E. Bindung an die Streitwertfest-
setzung im Ausgangsverfahren** . 3220

A. Überblick

I. Gerichtsgebühren

Gerichtsgebühren fallen im Festsetzungsverfahren nicht an; das Gleiche gilt für   3196
das Erinnerungsverfahren, so dass in beiden Fällen eine Wertfestsetzung nach
§ 32 Abs. 1 GKG ausscheidet.

Im Beschwerdeverfahren entsteht, sofern die Beschwerde verworfen oder zu-   3197
rückgewiesen wird, eine wertunabhängige Gebühr in Höhe von 50 Euro
(Nr. 1811 GKG-KostVerz.) und im Rechtsbeschwerdeverfahren in Höhe von
100 Euro (Nr. 1824 GKG-KostVerz.). Eine Wertfestsetzung nach § 32 Abs. 1
GKG ist daher auch hier nicht erforderlich.

II. Anwaltsgebühren

Für den jeweiligen **Verfahrensbevollmächtigten** zählt die Tätigkeit im Kosten-   3198
festsetzungsverfahren zur Instanz (§ 19 Abs. 1 S. 2 Nr. 13 RVG), so dass es auch
hier grundsätzlich keiner Wertfestsetzung bedarf.

Lediglich für den nur mit der Festsetzung als **Einzeltätigkeit** beauftragten An-   3199
walt fallen gesonderte Gebühren nach Nr. 3404 VV RVG an.[1] Hier ist der Gegenstandswert gegebenenfalls auf Antrag eines Beteiligten nach § 33 Abs. 1
RVG festzusetzen.

Unabhängig davon, ob der Anwalt im Ausgangsverfahren als Verfahrensbevoll-   3200
mächtigter beauftragt war oder nicht, fallen sowohl im **Erinnerungs-**[2] als auch

---

1 OLG Düsseldorf, Beschl. v. 18. 11. 1963 – 10 W 204/63, NJW 1964, 1233 = JurBüro 1964,
   367 = JMBlNW 1964, 33; AnwK-RVG/*N. Schneider* Nr. 3403 VV RVG Rn. 21.

2 Str., wenn – wie vor dem Verwaltungsgericht – die Festsetzung durch den Urkundsbe-
   amten der Geschäftsstelle erfolgte. Siehe hierzu VG Regensburg, Beschl. v. 1. 7. 2005 –
   RN 11 S03.2905, AGS 2005, 549 m. abl. Anm. *N. Schneider* = RVGreport 2005, 384 mit
   Anm. *Hansens*.

im **Beschwerdeverfahren** die 0,5-Gebühren nach Nr. 3500 ff. VV RVG an und im Rechtsbeschwerdeverfahren die 1-0-Verfahrensgebühr nach Nr. 3502 VV RVG. Diese Gebühren sind wertabhängig (§ 2 Abs. 1 RVG), so dass auf Antrag eines Beteiligten nach § 33 Abs. 1 RVG ein Gegenstandswert festzusetzen ist.

B. Gegenstandswert im Festsetzungsverfahren (§ 103 ff. ZPO)

I. Kostenfestsetzungsverfahren

3201   Im Kostenfestsetzungsverfahren nach den **§§ 103, 104 ZPO** richtet sich der Gegenstandswert nach dem Betrag der zur Festsetzung angemeldeten Kosten. Ob diese bestritten werden oder nicht, ist unerheblich.

II. Kostenausgleichungsverfahren

3202   Ist ein Kostenausgleichungsverfahren nach **§ 106 ZPO** durchzuführen, so richtet sich der Wert nach dem vom Erstattungsgläubiger begehrten Saldobetrag, wenn die einzelnen Positionen unstreitig bleiben.

3203   Im Übrigen gilt § 23 Abs. 1 S. 2 RVG i.V.m. § 45 Abs. 3 GKG. Soweit einzelne Positionen des Erstattungsberechtigten streitig sind, und ihnen streitige Positionen des Erstattungspflichten gegenüber stehen, die ebenfalls streitig sind, ist der Wert der streitigen Forderungen des Erstattungspflichten bis zur Höhe der streitigen Forderungen des Erstattungsberechtigten hinzuzurechnen.

⮑ **Beispiel:**

Die Kosten sind zu 25 % dem Kläger auferlegt worden und zu 75 % dem Beklagten. Der Kläger meldet 1500 Euro an, der Beklagte 1860 Euro,

a) Beide Forderungen sind unstreitig.

b) Die Forderung des Klägers ist in Höhe von 300 Euro streitig; die des Beklagten ist unstreitig.

c) Die Forderung des Klägers ist unstreitig, die des Beklagten ist in Höhe von 360 Euro streitig.

d) Die Forderung des Klägers ist in Höhe von 300 Euro streitig; die des Beklagten ist in Höhe von 360 Euro streitig.

Der Gegenstandswert bemisst sich immer nach dem Interesse des Erstattungsberechtigten, also nach der Forderung, die sich nach seiner Auffassung ergibt:

Im Fall a) beläuft sich der Gegenstandswert auf 1500 Euro – (1500 Euro + 1860 Euro) x 25 % = 660 Euro, da dieser Betrag nach dem Antrag des Kläger zu seinen Gunsten festzusetzen wäre.

Im Fall b) ist unerheblich, dass die Forderung des Klägers streitig ist. Der Gegenstandswert beläuft sich wiederum auf 1500 Euro – (1500 Euro + 1860 Euro) x 25 % = 660 Euro, da dieser Betrag nach dem Antrag des Kläger zu seinen Gunsten festzusetzen wäre.

Im Fall c) beläuft sich der Gegenstandswert auf 1500 Euro – (1500 Euro + 1500 Euro) x 25 % = 750 Euro. Blieben die streitigen 360 Euro auf Seiten des Beklagten unberücksichtigt, wären jetzt 750 Euro zu Gunsten des Klägers festzusetzen.

Im Fall d) beläuft sich der Gegenstandswert auf 1500 Euro – (1500 Euro + 1500 Euro – 360 Euro) x 25 % = 840 Euro. Neben dem nach dem Vortrag des Klägers festzusetzenden 750 Euro sind die vom Beklagten streitig zur Ausgleichung gestellten (25 % aus 360 Euro) mit zu berücksichtigen.

C. Wert des Beschwerdegegenstands

I. Erreichen des Beschwerdewertes als Zulässigkeitsvoraussetzung

Die **Beschwerde** gegen einen Kostenfestsetzungsbeschluss oder die Ablehnung der Kostenfestsetzung ist nur zulässig, wenn der Wert des Beschwerdegegenstands den Betrag von 200 Euro überschreitet (§ 104 Abs. 3 i.V.m. § 567 Abs. 2 ZPO). Die Möglichkeit einer wertunabhängigen Zulassung besteht hier nicht.   3204

Die **Rechtsbeschwerde** ist dagegen wertunabhängig zulässig. Eine Mindestbeschwer ist nicht erforderlich.[1] Die Rechtsbeschwerde muss allerdings zugelassen sein (§ 574 Abs. 1 Nr. 2 ZPO).   3205

II. Wertberechnung

Der Wert des Beschwerdegegenstands berechnet sich, da es um den Rechtsmittelstreitwert geht, nach den §§ 3 ff. ZPO.   3206

Maßgebend ist der Betrag, der nach Ansicht des Beschwerdeführers oder der Beschwerdeführer zu Unrecht zugebilligt oder aberkannt worden ist **und** der weiterverfolgt wird. Die Beschwer ist also nicht (mehr) entscheidend. Es kommt auf den tatsächlichen Umfang der Anfechtung an.   3207

So ist eine Beschwerde unzulässig, wenn der Beschwerdeführer durch die Kostenfestsetzung zwar mit über 200 Euro beschwert ist, aber nur wegen einer Position im Wert von bis zu 200 Euro Beschwerde einlegt.   3208

Es sind zu vergleichen die festgesetzten Kosten mit den darüber hinaus im Beschwerdeverfahren verlangten oder den bestrittenen Positionen, je nachdem welche Partei die Festsetzung beanstandet. Der Differenzbetrag ist gleich dem Wert des Beschwerdegegenstands.   3209

Mehrere Positionen sind zu addieren (§ 5 ZPO), wobei unerheblich ist, ob es sich um eigene abgesetzte Positionen handelt oder um Positionen die zu Gunsten der Gegenseite festgesetzt worden sind oder um beides.   3210

Zu beachten ist, dass im Falle einer Kostenquote nur auf die entsprechende Quote ankommt.   3211

---

1 BGH, Beschl. v. 28. 10. 2004 – III ZB 41/04 = AGS 2005, 26 mit Anm. *N. Schneider* = Rpfleger 2005, 114 = AP Nr. 8 zu § 567 ZPO = MDR 2005, 237 = JurBüro 2005, 142 = NJW-RR 2005, 939 = BGHReport 2005, 261= BGHR ZPO § 574 Rechtsbeschwerde 2 = BGHR BRAGO § 26 Auslagenpauschale 1 = BB 2004, 2602 = RVGreport 2004, 470 = FA 2005, 24 = FamRZ 2005, 196 = RVG-B 2005, 33 mit Anm. *Mock.*

○ **Beispiel:**

Die Kosten sind zu 40 % dem Kläger auferlegt worden und zu 60 % dem Beklagten. Das Gericht hat Reisekosten des Klägers in Höhe von 300 Euro als nicht erstattungsfähig angesehen.

Wenn der Kläger die Absetzung der Reisekosten angreift ergibt sich ein Wert des Beschwerdegegenstands in Höhe von 60 % x 300 Euro, also in Höhe von 180 Euro. Die Beschwerde ist unzulässig.

3212 Zu beachten ist auch eine Reduzierung infolge einer Kostenausgleichung.

○ **Beispiel:**

Die Kosten sind zu 30 % dem Kläger auferlegt worden und zu 70 % dem Beklagten. Das Gericht hat auf beiden Seiten eine Einigungsgebühr (jeweils 338 Euro) abgesetzt.

Wenn der Kläger die Absetzung der Einigungsgebühr angreift ergibt sich vermeintlich ein Wert des Beschwerdegegenstands in Höhe von 70 % x 338 Euro, also in Höhe von 236,60 Euro, so dass die Beschwerde zulässig erscheint. Zu beachten ist aber, dass das Gericht einheitlich entscheiden muss. Auch auf Seiten des Beklagten müsste dann die Einigungsgebühr berücksichtigt werden, so dass 30 % aus 338 Euro = abzuziehen sind, die im Wege der Kostenausgleichung den festzusetzenden Betrag wieder verringern. Der Wert des Beschwerdegegenstands beträgt daher im Ergebnis nur (236,60 Euro – 101,40 Euro =) 135,20 Euro. Die Beschwerde ist unzulässig.

3213 Soweit der Wert des Beschwerdegegenstands nicht erreicht ist, bleibt allerdings befristete die Erinnerung (§ 11 Abs. 2 S. 1 RpflG).

3214 Zum Wert des Beschwerdegegenstands bei übersehenem Vorbehalt der beschränkten Erbenhaftung s. das Stichwort „Haftungsbeschränkung".

D. Gegenstandswerte im Erinnerungs- und Beschwerde- und Rechtsbeschwerdeverfahren

3215 Der Gegenstandswert richtet sich in der **Beschwerde** nach § 23 Abs. 2 S. 1 RVG und im **Erinnerungsverfahren** nach § 23 Abs. 2 S. 3 i.V.m. S. 1 RVG. Maßgebend ist der mit der Beschwerde oder Erinnerung per Saldo geltend gemachte Betrag.

3216 Zu beachten ist, dass **mehrere Erinnerungen und Beschwerden**, die sich gegen **denselben Festsetzungsbeschluss** richten, eine Angelegenheit sind (§ 16 Nr. 12 RVG).[1] Daher sind die einzelnen Werte nach (§ 22 Abs. 1, gegebenenfalls nach § 23 Abs. 2 S. 1 RVG i.V.m. §§ 39 Abs. 1, 45 Abs. 1 GKG) zu addieren.

3217 Das gilt sowohl bei mehreren Erinnerungen oder Beschwerden derselben Partei (§ 22 Abs. 1 RVG) als auch bei wechselseitigen Erinnerungen oder Beschwerden (§ 23 Abs. 2 S. 1 RVG i.V.m. §§ 39 Abs. 1, 45 Abs. 1 GKG). Das gilt sogar dann, wenn eine Partei Erinnerung einlegt und die andere Beschwerde. Die Erinnerung wird dann als Anschlussbeschwerde behandelt.[2]

3218 Entsprechendes gilt für **mehrere Rechtsbeschwerden** (§ 16 Nr. 12 RVG).

---

1 AnwK-RVG/*N. Schneider* § 16 Rn. 113 ff.
2 Ausführlich AnwK-RVG/*N. Schneider* § 16 Rn. 113 ff.

Ausreichend dürfte es grundsätzlich sein, wenn das Gericht den Gesamtwert   3219
festsetzt. Eine gesonderte Wertfestsetzung der nach § 16 Nr. 12 RVG zusam-
mengefassten Erinnerungen, Beschwerden oder Rechtsbeschwerden ist allerdings dann erforderlich, wenn Gebühren aus Teilwerten anfallen.

⊃ **Beispiel:**

Der Kläger legt gegen die Absetzung der Reisekosten Beschwerde ein, der Beklagte
gegen die Absetzung seiner Verkehrsanwaltskosten. Der Kläger tritt der Beschwerde
des Beklagten entgegen, während sich der Beklagte an der Beschwerde des Klägers
nicht beteiligt.

Für den Kläger gilt der Gesamtwert (§§ 16 Nr. 12, 23 Abs. 2 S. 1 RVG i.V.m. § 45
Abs. 1 GKG); für den Beklagten gilt dagegen nur der Wert seiner Beschwerde.

E. Bindung an die Streitwertfestsetzung im Ausgangsverfahren

Der Streitwertfestsetzungsbeschluss, der im Ausgangsverfahren für die Kosten-   3220
rechnung ergeht, wirkt für und gegen die am Kostenfestsetzungsverfahren Beteiligten.[1]

Ergeht nach der Kostenfestsetzung eine abweichende Streitwertfestsetzung für   3221
das Ausgangsverfahren, so ist auf Antrag die Kostenfestsetzung abzuändern
(§ 107 Abs. 1 ZPO). Der Antrag muss innerhalb einer Frist von einem Monat
gestellt werden (§ 107 Abs. 2 ZPO).

Wird bereits während des Kostenfestsetzungsverfahrens die Streitwertfestset-   3222
zung oder -abänderung beantragt oder Streitwertbeschwerde erhoben, so ist das
Festsetzungsverfahren zweckmäßigerweise bis zur Entscheidung über den Fest-
setzungs- oder Abänderungsantrag oder die Beschwerde oder gegebenenfalls sogar über die weitere Beschwerde auszusetzen.

Kostenvereinbarung in Ehesachen

Streitig ist, ob der Vereinbarung, dass die Kosten des Scheidungsprozesses und   3223
eines Verfahrens wegen einer einstweiligen Anordnung im Innenverhältnis abweichend von der gerichtlichen Kostenentscheidung verteilt werden sollen,
wertmäßig Bedeutung zukommt.

Man muss hier unterscheiden: 3224

– Betrifft die Vereinbarung nur die Kosten der Ehesache, die selbst **bereits erledigt** ist (Tod, Klagerücknahme), dann ist die Ehesache nicht mehr Gegenstand des Verfahrens. Die Kosten werden jetzt zur Hauptsache und sind wert-

---

1 OLG Hamm, Beschl. v. 13. 12. 1955 – 8 W 219/55, Rpfleger, 1956, 77; Zöller/*Herget*
§ 104 Rn. 21 Terminsgebühr; von Eicken/Hellstab/Lappe/Madert/*Mathias*, Die Kostenfestsetzung, 19. Aufl. 2005, Rn. B 79 ff.

mäßig zu berücksichtigten (§ 43 Abs. 3 GKG), etwa für eine jetzt noch entstehende Terminsgebühr nach Vorbem. 3 Abs. 3, 3104 VV RVG oder auch eine Einigungsgebühr nach Nrn. 1000 VV RVG ff.[1] Der Wert der Kosten darf allerdings den Wert der Hauptsache nicht übersteigen (§ 43 Abs. 3 GKG).

– Betrifft die Vereinbarung die Kosten, obwohl die Ehesache entschieden werden muss, dann ist nach einer Ansicht der Wert nicht zu erhöhen, weil die Kosten des Rechtsstreits gar **nicht Streitgegenstand** sind und daher unberücksichtigt bleiben müssen.[2] Siehe auch unter dem Stichwort „Kosten des Rechtsstreits" Rn. 3158 ff.

3225 Die Gegenmeinung berücksichtigt dagegen beim Streitwert diese Vereinbarung **in Höhe des Differenzbetrages**, der sich aus dem Vergleich der zu erwartenden Kostentragungspflicht nach dem Urteil und der internen Vereinbarung ergibt; sie geht also davon aus, dass in einem solchen Fall der Kostenanspruch nach dem Grundgedanken des § 43 Abs. 2 u. 3 GKG an die Stelle des (nicht vergleichbaren) Hauptanspruchs (auf Scheidung der Ehe) tritt.[3]

3226 Nach dieser Meinung scheidet eine Erhöhung des Vergleichswertes nur dann aus, wenn die vergleichsweise Kostenvereinbarung sich im Ergebnis mit der gerichtlichen Kostenentscheidung im Urteil deckt, weil dann nichts verglichen worden ist.

3227 Dieser Auffassung ist zuzustimmen. Wenn die Parteien eine Einigung über die Kosten treffen, dann werden die Kosten hinsichtlich der Einigung zur Hauptsache – eine Einigung in der Ehesache ist ja nicht möglich (s. auch Anm. Abs. 5 zu Nr. 1000 VV RVG); folglich bestimmen die Kosten dann den Gegenstandswert dieser Einigung. Der Wert der Hauptsache darf dabei allerdings nicht überschritten werden.

3228 Verzichtet der beklagte Ehemann in einer im Scheidungsprozess abgeschlossenen Vereinbarung der Klägerin gegenüber auf die Erstattung von Zahlungen, die er an ein in einem Ehelichkeitsanfechtungsprozess für ehelich erklärtes Kind geleistet hat, so kommt dieser Vereinbarung nach OLG Karlsruhe[4] ein bei der Streitwertfestsetzung zu berücksichtigender Wert nicht zu.

3229 Diese Entscheidung ist unrichtig. Das OLG Karlsruhe hat darauf abgestellt, ob dem Ehemann materiellrechtliche Erstattungsansprüche zustehen und diese umstrittene Rechtsfrage verneint. Das ändert aber nichts daran, dass die Parteien die geltend gemachten Ansprüche vergleichsweise erledigt und damit

---

1 OLG Düsseldorf Rpfleger 1964, 358; OLG München NJW 1960, 1958; OLG Nürnberg JurBüro 1958, 505.
2 Vgl. OLG Bremen NJW 1962, 1163; OLG Celle NJW 1961, 885; OLG Stuttgart Justiz 1967, 118; OLG Hamm MDR 1962, 913 Nr. 73; OLG Braunschweig Nds.Rpfl. 1962, 138; OLG Bremen, KostRsp. ZPO § 4 Nr. 25.
3 OLG München NJW 1960, 1959; OLG Stuttgart AnwBl. 1968, 62; *Schmidt* JurBüro 1965, 12.
4 OLG Karlsruhe Justiz 1967, 118.

einen weiteren Rechtsstreit darüber verhindert haben. Die Erstattungsansprüche, deren sich der Ehemann berühmte, hätten bei der Festsetzung des Vergleichswerts berücksichtigt werden müssen.

Kostenwiderspruch

In Verfahren auf Erlass einer einstweiligen Verfügung, insbesondere solche in Wettbewerbssachen, kann ein Widerspruch auf den Kostenpunkt beschränkt werden (sog. **Kostenwiderspruch**).[1]   3230

Geschieht das, dann fällt die **Terminsgebühr** der nachfolgenden mündlichen Verhandlung (Nr. 3104 VV RVG) und die erstattungsfähige Verfahrensgebühr (Nr. 3100 VV RVG) für den Prozessbevollmächtigten des Antragsgegners nur aus dem Streitwert der Kosten an.[2] Das KG[3] billigte dem Prozessbevollmächtigten des Antragsgegners zusätzlich eine $^5/_{10}$-Prozessgebühr aus dem Streitwert des Verfügungsverfahrens zu. Übertragen auf die aktuelle Rechtslage nach dem RVG würde das bedeuten, dass der Prozessbevollmächtigte zusätzlich eine verminderte **Verfahrensgebühr** von 0,8 aus dem vollen Streitwert des Verfügungsverfahrens nach Nr. 3101 VV RVG erhält.   3231

Die herrschende Meinung[4] lehnt dies jedoch zu Recht ab, da für die Höhe der Verfahrensgebühr (früher: Prozessgebühr) der dem Anwalt erteilte Prozessauftrag entscheidend ist. Der Auftrag an den Anwalt, gegen eine einstweilige Verfügung im Kostenpunkt Widerspruch zu erheben, zielt ausschließlich auf die Abänderung der Kostenentscheidung.   3232

Dass lediglich ein Kostenwiderspruch eingelegt werden soll, muss sich jedoch aus dem Antrag ergeben. Legt der Antragsgegner „Widerspruch" gegen eine einstweilige Verfügung ein und kündigt er an, im Termin werde er den Anspruch unter Protest gegen die Kostenlast anerkennen, dann handelt es sich   3233

---

1 OLG Frankfurt, Beschl. v. 5. 10. 1981 – 6 W 60/81, WRP 1982, 226; KG, Beschl. v. 25. 5. 1982 – 1 W 1971/82, JurBüro 1982, 853.
2 OLG Frankfurt, Beschl. v. 22. 5. 1990 – 6 W 83/90, JurBüro 1990, 1332; OLG Frankfurt JurBüro 1982, 283; OLG Düsseldorf, Beschl. v. 21. 3. 1985 – 10 W 30/85, JurBüro 1985, 1501 = KostRsp. ZPO § 3 Nr. 772; KG, Beschl. v. 19. 3. 1985 – 1 W 4870/84, MDR 1985, 770.
3 KG Beschl. v. 19. 3. 1985 – 1 W 4870/84, MDR 1985, 770.
4 BGH, Beschl. v. 22. 5. 2003 – I ZB 38/02, MDR 2003, 955; OLG Köln, Beschl. v. 15. 7. 1998 – 17 W 135/98, JurBüro 1999, 244; OLG Celle, Beschl. v. 8. 6. 1988 – 8 W 237/88, JurBüro 1988, 1499; OLG Koblenz, Beschl. v. 12. 3. 1986 – 14 W 178/86, Rpfleger 1986, 407; OLG München, Beschl. v. 3. 9. 2001 – 29 W 2377/01, ZUM-RD 2002, 244; OLG Hamburg, Beschl. v. 8. 8. 1984 – 8 W 163/84, JurBüro 1985, 283; OLG Düsseldorf, Beschl. v. 21. 3. 1985 – 10 W 30/85, JurBüro 1985, 1501; OLG Frankfurt, Beschl. v. 22. 5. 1990 – 6 W 60/81, JurBüro 1990, 1332.

nicht um einen Kostenwiderspruch,[1] mit der Folge, dass der Wert der Hauptsache entscheidend ist.

3234 Dem Ansatz des vollen Gebührenstreitwerts kann der Widerspruchsführer daher nur entgehen, wenn er den Widerspruch bereits im Antrag auf die Kosten beschränkt oder zumindest in der Widerspruchsbegründung eine Klarstellung seines uneingeschränkten Antrages bringt.

3235 Bei der Ermittlung des Kostenstreitwerts bleibt die Gerichtskostenfreiheit einer Partei außer Betracht.[2]

3236 Legt der Beklagte gegen ein Versäumnisurteil Einspruch ein und will er damit nur eine Abänderung des Kostentenors erreichen (sog. **Kosteneinspruch**), dann bestimmt sich der Streitwert für das Verfahren über den Einspruch nur nach denjenigen Kosten, mit denen sich der Beklagte zu Unrecht belastet fühlt, höchstens allerdings nach dem Wert der Hauptsache (§ 43 Abs. 3 GKG).

3237 Gleiches gilt nach Einspruch gegen einen Vollstreckungsbescheid oder Widerspruch gegen einen Mahnbescheid.

Kraftfahrzeug

3238 Der Streitwert einer Klage auf Herausgabe eines Kraftwagens bestimmt sich gemäß § 6 ZPO nach dem Wert des Wagens, und zwar nach dessen Verkehrswert im Zeitpunkt der Instanzeinleitung (§ 4 ZPO Abs. 1, 1. Hs.; § 40 GKG).

Kraftfahrzeugbrief

Gliederungsübersicht

A. Streitwert 3239
B. Beschwer 3245
C. Einstweilige Verfügung 3246
D. Widerklage auf Herausgabe des Fahrzeugs 3247

A. Streitwert

3239 Der Streitwert einer Klage auf Herausgabe eines Kfz-Briefes bestimmt sich weder nach dem Sachwert des Briefes noch nach dem vollen Wert des Fahrzeugs, sondern nach dem **Interesse des Klägers an der Verfügungsgewalt über das**

---

1 KG, Beschl. v. 25. 5. 1982 – 1 W 1971/82, JurBüro 1982, 853; Zöller/*Herget*, § 93 Rn. 6 unter „Kostenwiderspruch" m.w.N.
2 OLG Hamburg, Beschl. v. 14. 8. 1992 – 8 W 177/92, MDR 1993, 183.

Dokument.[1] Dieses Interesse ist nach § 3 ZPO zu schätzen. Es ist auf jeden Fall höher zu bewerten als die Kosten der Beschaffung eines neuen Briefes[2] oder die Kosten der Kraftloserklärung.[3]

Geht es lediglich um die **Herausgabe** des Briefes und ist das Fahrzeug durch den fehlenden Brief **nicht in seiner Nutzung beeinträchtigt**, so ist nach OLG Düsseldorf[4] lediglich ein Bruchteil in Höhe von $^1/_{10}$ des Verkehrswertes anzunehmen.   3240

Verweigert der Besitzer des Briefes die Herausgabe unter **Berufung auf sein Eigentum** am Fahrzeug, so ist ein höherer Wert als $^1/_{10}$ anzusetzen. Sofern keine Gefährdung der Vermögensinteressen vorliegt, ist nach OLG Düsseldorf[5] in diesem Fall ein Wert in Höhe von $^1/_3$ des Verkehrswertes maßgebend.   3241

Dagegen nehmen OLG Köln,[6] OLG Nürnberg[7] und LG Augsburg[8] grundsätzlich einen Betrag in Höhe des hälftigen Fahrzeugwertes an.[9]   3242

Die Bewertung im Ergebnis offen gelassen hat das LG Bochum,[10] das den Streitwert mindestens mit $^1/_{10}$ des Fahrzeugwertes, höchstens jedoch mit der Hälfte bewerten will.   3243

Als Bewertungsgrundlage für den Bruchteil ist der Verkehrswert zugrunde zu legen. Bei Neufahrzeugen kommt es also auf den Listenpreis an;[11] bei gebrauch-   3244

---

1 OLG Düsseldorf, Beschl. v. 12. 5. 1999 – 11 W 23/99, MDR 1999, 891 = AnwBl. 2000, 140 = OLGR 1999, 456 = DB 1999, 1489 = NZG 1999, 941; OLG Saarbrücken, Beschl. v. 7. 8. 1990 – 5 W 145/90 JurBüro 1990, 1661; OLG Nürnberg, Beschl. v. 8. 5. 1969 – 6 W 33/68, MDR 1969, 1020; OLG Neustadt, Beschl. v. 11. 4. 1963 – 2 W 27/63, JurBüro 1963, 764; OLG Köln, Beschl. v. 21. 11. 1961 – 4 W 89/61, JurBüro 1962, 168 = JMBl.NW 1962, 168; KG, Beschl. v. 16. 4. 1958 – 15 W 564/58, Rpfleger 1962, 154; LG Bochum, Beschl. v. 6. 7. 1983 – 11 T 44/83, AnwBl. 1984, 202; LG Augsburg, Beschl. v. 3. 11. 2000 – 10 T 4495/00, JurBüro 2001, 143 = KostRsp. ZPO § 6 Nr. 172 mit Anm. *N. Schneider* = BRAGOreport 2002, 75, mit Anm. *N. Schneider* = JurBüro 2001. 143 mit Anm. *Hock.*

2 OLG Düsseldorf, Beschl. v. 12. 5. 1999 – 11 W 23/99, MDR 1999, 891 = AnwBl. 2000, 140 = OLGR 1999, 456 = DB 1999, 1489 = NZG 1999, 941.

3 OLG Neustadt, Beschl. v. 11. 4. 1963 – 2 W 27/63, JurBüro 1963, 764.

4 OLG Düsseldorf, Beschl. v. 12. 5. 1999 – 11 W 23/99, MDR 1999, 891 = AnwBl. 2000, 140 = OLGR 1999, 456 = DB 1999, 1489 = NZG 1999, 941 und KG, Beschl. v. 16. 4. 1958 – 15 W 564/58, Rpfleger 1962, 154.

5 DB 1999, 1489 = NZG 1999, 941.

6 OLG Köln, Beschl. v. 21. 11. 1961 – 4 W 89/61, JurBüro 1962, 168 = JMBl.NW 1962, 168.

7 OLG Nürnberg MDR 1969, 1020.

8 LG Augsburg, Beschl. v. 3. 11. 2000 – 10 T 4495/00 = JurBüro 2001, 143 = KostRsp. ZPO § 6 Nr. 172 mit Anm. *N. Schneider* = BR_ OLG Düsseldorf, Beschl. v. 12. 5. 1999 – 11 W 23/99, MDR 1999, 891 = AnwBl. 2000, 140 = OLGR 1999, 456 = AGOreport 2002, 75, mit Anm. *N. Schneider* = JurBüro 2001. 143 mit Anm. *Hock.*

9 Ebenso AG Stuttgart, Beschl. v. 2./4. 11. 1966 – 16 C 9396/66, AnwBl. 1967, 454 = KostRsp. ZPO § 3 Nr. 180 (Hälfte des Verkehrswertes).

10 LG Bochum, Beschl. v. 6. 7. 1983 – 11 T 44/83, AnwBl. 1984, 202.

11 OLG Köln, Beschl. v. 21. 11. 1961 – 4 W 89/61, JurBüro 1962, 168 = JMBl.NW 1962, 168.

ten Fahrzeugen ist auf der Zeitwert abzustellen.[1] Dieser Wert kann gegebenenfalls anhand der Schwacke-Liste ermittelt werden.[2]

B. Beschwer

3245 Hinsichtlich der **Beschwer** des verurteilten Besitzers ist anders zu bewerten. Hier kommt es nach OLG Nürnberg[3] nur auf den Wert des Briefes (hier 20 DM) an; höherwertige Pfand- oder Zurückbehaltungsrechte bleiben gem. § 6 S. 2 ZPO außer Betracht.

C. Einstweilige Verfügung

3246 Wird die Herausgabe des Briefes im Wege der einstweiligen Verfügung verlangt, um das Fahrzeug veräußern zu können, richtet sich der Wert nach § 53 Abs. 1 GKG i.V.m. § 3 ZPO. Das OLG Saarbrücken[4] nimmt auch hier den hälftigen Wert des Fahrzeugs an.

D. Widerklage auf Herausgabe des Fahrzeugs

3247 Wird auf Herausgabe des Briefes geklagt und widerklagend auf Herausgabe des Fahrzeugs, so findet nach § 45 Abs. 1 S. 3 GKG keine Wertaddition statt, da beiden Klagen derselbe Streitgegenstand im Sinne dieser Vorschrift zugrunde liegt. Maßgebend ist der höhere Wert der Widerklage auf Herausgabe des Fahrzeugs.[5]

3248 Unzutreffend ist es jedoch, für den Klageantrag auf Herausgabe des Briefes keinen Streitwert festzusetzen.[6] Dieser Antrag hat durchaus einen eigenen Wert, der z.B. dann zum Tragen kommt, wenn danach gesonderte Gebühren anfallen (§ 36 Abs. 1 GKG).

---

1 LG Augsburg, Beschl. v. 3. 11. 2000 – 10 T 4495/00 = JurBüro 2001, 143 = KostRsp. ZPO § 6 Nr. 172 mit Anm. *N. Schneider* = BRAGOreport 2002, 75, mit Anm. *N. Schneider* =JurBüro 2001. 143 mit Anm. *Hock.*
2 OLG Saarbrücken, Beschl. v. 7. 8. 1990 – 5 W 145/90, JurBüro 1990, 1661.
3 OLG Nürnberg, Beschl. v. 29. 4. 1968 – 6 W 33/68, MDR 1969, 1020.
4 OLG Saarbrücken, Beschl. v. 7. 8. 1990 – 5 W 145/90, JurBüro 1990, 1661.
5 OLG Frankfurt MDR 1961, 87; a.A. *Göttlich/Mümmler/Rehberg/Xanke*, Kraftfahrzeug 1. 2., die sich allerdings zu Unrecht auf OLG Frankfurt a.a.O. und KG, Beschl. v. 16. 4. 1958 – 15 W 564/58, Rpfleger 1962, 154 berufen.
6 So aber OLG Frankfurt MDR 1961, 87.

Kraftfahrzeugschlüssel

Nach OLG Düsseldorf[1] orientiert sich der Streitwert für die Herausgabe von   3249
Fahrzeugschlüsseln am Wert der Schlüssel (nicht des Fahrzeugs), allerdings unter Berücksichtigung des Umstandes, dass das Fahrzeug bei deren Vorenthaltung nicht genutzt werden kann. Zur Wertermittlung kann auf die fiktiven
Kosten der Beschaffung von Zweitschlüsseln oder der Erneuerung der Schließanlage abgestellt werden.

Nach anderer Auffassung bestimmt sich der Streitwert einer Klage auf Heraus-   3250
gabe der Schlüssel eines Kraftwagens gemäß § 6 ZPO nach einem Bruchteil
dem Wert des Wagens. Maßgebend ist, wie sehr der Verlangende auf den
Schlüssel angewiesen ist. Kann das Fahrzeug ohne Schlüssel nicht benutzt
werden, ist von einem hohen Bruchteil, gegebenenfalls dem vollen Wert auszugehen. Ist das Interesse gering (Not-, Zweit- oder Drittschlüssel), kann von
einem geringen Bruchteil ausgegangen werden.

Wird die Herausgabe der Schlüssel im Wege der einstweiligen Verfügung ver-   3251
langt, um das Fahrzeug veräußern zu können, richtet sich der Wert nach § 53
Abs. 1 GKG i.V.m. § 3 ZPO. Wegen der Dringlichkeit kann ein höherer Wert
anzusetzen sein. Das OLG Saarbrücken[2] nimmt hier den hälftigen Wert des
Fahrzeugs an.

Kraftloserklärung

Im Verfahren zwecks Kraftloserklärung eines Hypotheken-, Grundschuld- oder   3252
Rentenbriefes bemisst sich der Streitwert nach dem Interesse des Antragstellers
daran, dass für den verloren gegangenen Hypothekenbrief Ersatz beschafft wird.

Der Wert ist nach § 3 ZPO am Interesse der Ersatzbeschaffung und nicht nach   3253
§ 6 ZPO am Betrag der Forderung zu bewerten.[3] Maßgeblich sind im Regelfall
10–20 % des Nennwertes des Rechts, soweit nicht der Grundstückswert geringer ist.[4]

Siehe dazu auch das Stichwort „Aufgebotsverfahren".   3254

---

1 OLG Düsseldorf, Beschl. v. 30. 12. 1992, OLGR 1993, 79.
2 OLG Saarbrücken, Beschl. v. 7. 8. 1990 – 5 W 145/90, JurBüro 1990, 1661; ebenso OLG
  Nürnberg, Beschl. v. 8. 5. 1969 – 6 W 33/68, MDR 1969, 1020.
3 LG Hildesheim NJW 1964, 1232.
4 LG Berlin Rpfleger 1988, 549.

Kreditgebühren

3255 Kreditgebühren, die im Rahmen eines Teilzahlungskredits vereinbart werden, werden als **Zinsen** und damit als Nebenforderungen angesehen.[1]

3256 Umstritten ist, ob die **Zusammenfassung des Darlehens** und der Kreditgebühren **in einem Betrag** daran etwas ändert oder ob auch in diesem Fall die Kreditgebühren als Nebenforderung bei der Streitwertbemessung außer Ansatz zu bleiben haben. Das OLG Bamberg[2] lässt auch dann die Kreditgebühren unberücksichtigt, während das OLG München[3] die Zinsen dem Streitwert hinzurechnet.

3257 Das OLG München geht davon aus, eine Zinsforderung verliere die Eigenschaft als Nebenforderung und werde zum **Bestandteil des Hauptanspruchs,** wenn der Zins aufgrund einer besonderen Vereinbarung dem Kapitel zugeschlagen werde. Das aber geschehe durch Kreditverträge, in denen Kapital und Kreditgebühren zu einem „Gesamtkreditbetrag" zusammengefasst würden. Leitend für den Senat war bei dieser Rechtsauffassung die Überlegung, dass die gegenüber dem Hauptanspruch in der Regel nicht ins Gewicht fallenden Zinsen im Interesse einer möglichst einfachen und raschen Streitwertermittlung außer Ansatz bleiben sollen. Dieser Zweck werde nicht erreicht, sondern in sein Gegenteil verkehrt, wenn der Gesamtkreditbetrag zur Streitwertermittlung auseinandergerechnet werden müsse. „Gerade die Frage, wie sich die Restschuld aus einem Finanzierungsdarlehen zusammensetzt und welcher Zinsanteil in ihr steckt, ist oft überaus streitig und nicht ohne weiteres zu beantworten."[4]

3258 Dieser Auffassung ist zuzustimmen, da kraft Vereinbarung eine neue einheitliche Hauptforderung geschaffen wird nur dies auch dem Praktikabilitätsgebot im Streitwertrecht entspricht. In der Grundtendenz gleichlautend dürfte die Entscheidung des BGH,[5] die bei einem Befreiungsanspruch des Versicherungsnehmers gegen den Versicherer wegen einer rechtskräftigen Verurteilung des Versicherungsnehmers die im Vorurteil mit zuerkannten Kosten und Zinsen ebenfalls dem Streitwert zugeschlagen hat.

---

1 OLG Düsseldorf MDR 1976, 663.
2 OLG Bamberg, Beschl. v. 18. 11. 1975 – 2 W 69/75, JurBüro 1976, 343.
3 OLG München, Beschl. v. 10. 11. 1975 – 2 W 1976/75, JurBüro 1976, 237.
4 OLG München, Beschl. v. 10. 11. 1975 – 2 W 1976/75, JurBüro 1976, 237.
5 BGH, Warneyer 1976 Nr. 14.

Künftiger Schaden

Für den Wert einer Klage auf Ersatz künftigen Schadens ist auf die Höhe des **3259** drohenden Schadens abzustellen, jedoch unter Berücksichtigung der Wahrscheinlichkeit oder Unwahrscheinlichkeit des Schadenseintritts oder der Inanspruchnahme des Gegners.[1]

Bei **beziffertem Antrag** ist kein Abschlag gegenüber sonstigen Leistungsklagen **3260** vorzunehmen, nur weil die Leistung nicht sofort, sondern erst zu einem späteren Zeitpunkt verlangt wird. Entscheidend ist also in diesen Fällen der Nennbetrag ohne Zinsen und Kosten.

Bei der Bewertung eines **Feststellungsantrags** hinsichtlich eines zukünftigen **3261** Schadens ist nach dem Grundsatz des § 4 Abs. 1 ZPO von den Erkenntnismöglichkeiten auszugehen, wie sie zur Zeit der Klageerhebung bereits vorhanden waren. Das konkrete wirtschaftliche Interesse der Partei bemisst sich nicht allein nach der Höhe des drohenden Schadens, sondern auch danach, wie hoch oder wie gering das Risiko eines Schadenseintritts und einer tatsächlichen Inanspruchnahme ist.[2]

Bestand bereits **bei Klageerhebung** die Möglichkeit, zu einer bestimmten, für **3262** die Beurteilung des Streitwerts wichtigen Erkenntnis zu gelangen, wurde sie nur nicht genutzt und wird dies nachträglich erkannt, so können diese Erkenntnisquellen nachträglich für die Streitwertfestsetzung nutzbar gemacht werden.[3]

Auf Grund **nachträglich** entstandener Erkenntnismöglichkeiten kann eine Änderung des Streitwerts nicht begehrt werden. Das zu Beginn des Rechtsstreits **3263** ermittelte Feststellungsinteresse bleibt für die ganze Prozessdauer maßgebend,[4] sofern sich der Streitwert nicht erhöht (§ 40 GKG). Erkenntnisse des Gerichts nach der letzten mündlichen Verhandlung müssen außer Betracht bleiben.[5] Das ergibt sich auch aus § 296a ZPO.

Zur Bewertung der Prozesslage, in der ein Leistungsantrag über §§ 255, 259, **3264** 510b ZPO, 61 Abs. 2 S. 1 ArbGG **verbunden** wird mit dem Antrag auf Entschädigung für den Fall der Nichterfüllung innerhalb einer bestimmten Frist, vgl. das Stichwort „Herausgabe".

---

1 BGH, Beschl. v. 28. 11. 1990 – VIII ZB 27/90, MDR 1991, 526.
2 BGH, Beschl. v. 28. 11. 1990 – VIII ZB 27/90, MDR 1991, 526; OLG Düsseldorf, Beschl. v. 8. 11. 1974, JurBüro 1975, 232.
3 *Lappe* ZAP Fach 24 S. 251 V 2.
4 OLG Schleswig Rpfleger 1962, 425.
5 OLG Schleswig Rpfleger 1962, 425.

Lagerkosten

3265 Bei ihnen handelt es sich **nicht um Nebenkostenforderungen** i.S. der § 43 GKG, § 4 Abs. 1 ZPO, so dass sie dem Hauptanspruch zuzurechnen sind.[1]

Landvermessung

3266 Hat sich der Beklagte notariell verpflichtet, auf jederzeit statthaftes Verlangen des Klägers ein noch zu vermessendes Teilstück eines Grundstücks herauszugeben und begehrt der Kläger zunächst nur Verurteilung des Beklagten zur Landvermessung, so ist der Streitwert nach § 3 ZPO zu schätzen.

3267 Fehlen für eine Schätzung nach § 3 ZPO jegliche oder hinreichende Anhaltspunkte, so darf sich die Streitwertbemessung an dem Regelwert für nichtvermögensrechtliche Streitigkeiten (§ 48 Abs. 2 GKG) orientieren.[2]

3268 Für die Beschwer eines Beklagten, der zur Zustimmung zur amtlichen Landvermessung verurteilt wurde, ist wiederum auf die Höhe der ihm voraussichtlich entstehenden Kosten abzustellen.[3]

Landwirtschaftsgerichtliches Verfahren

3269 Betrifft das landwirtschaftsgerichtliche Verfahren die **Genehmigung der Eintragung einer Gesamthypothek** auf einem landwirtschaftlichen Grundstück zur Mithaftung neben anderen nicht landwirtschaftlichen Grundstücken oder aber die Feststellung, dass mangels eines landwirtschaftlichen Grundstück eine solche Genehmigung nicht erforderlich ist (Negativattest), so ist als Wert nicht der volle Nennbetrag der Hypothek, sondern der geringere Wert des Grundstücks zugrunde zu legen.[4]

---

1 KG JVBl. 1933, 250.
2 OLG Köln, Beschl. v. 7. 4. 1971 – 2 U 111/70, JurBüro 1971, 719, = OLG Braunschweig, Beschl. v. 28. 12. 1976 – 2 U 70/76, JurBüro 1977, 403.
3 OLG Zweibrücken, Beschl. v. 5. 11. 1993 – 7 U 101/93, KostRsp. ZPO § 3 Nr. 1193 = MDR 1994, 1247.
4 OLG Frankfurt JurBüro 1959, 426.

Leasing-Vertrag

Der Leasingvertrag ist im BGB nicht geregelt. Es handelt sich dabei um die 3270
mietähnliche Ausgestaltung der Gebrauchsüberlassung einer Sache, die jedoch
der Zielsetzung nach auf eine kaufrechtliche Regelung hinausläuft. Der „Kaufpreis" des Abzahlungsgeschäfts entspricht den Leasingraten. Wie bei der Miete
geht kein Eigentum über, kann aber nach Ablauf der Leasingzeit erworben
werden. Es gelten folgende Bewertungsregeln:

Bei einem als **Mietvertrag** zu wertenden Leasingvertrag richtet sich der Streit- 3271
wert nach § 41 Abs. 1 GKG (§ 16 Abs. 1 GKG a.F.) und nicht nach § 3 ZPO,
wenn der Bestand des Mietvertrages in Frage steht.[1]

Leitet der Leasinggeber seinen Anspruch auf den Besitz der Mietsache zugleich 3272
aus einem zuvor mit dem Leasingnehmer geschlossenen und nunmehr rück-
abzuwickelnden **Kaufvertrag** ab, dann erhöht sich der Streitwert im Falle des
Streites auch um den Bestand des Kaufvertrages entsprechend dem Wert der
Sache, § 6 ZPO.[2]

Klagt der Leasinggeber auf **Feststellung der Unwirksamkeit** einer Rücktrittser- 3273
klärung des Leasingnehmers vom Kaufvertrag und einer Kündigung des Mietvertrages, dann ist ein Abschlag von 20 % des sich nach §§ 48 Abs. 1, 42 Abs. 1
GKG (§§ 12 Abs. 1, 16 Abs. 1 GKG a.F.), 6 ZPO ergebenden vollen Wertes vorzunehmen.[3] Abzustellen ist bei der Streitwertermittlung auf die Verhältnisse
des Leasing**gebers,** so dass Mehrwertsteuer unberücksichtigt bleibt, wenn dieser
vorsteuerabzugsberechtigt ist.[4]

Leibrente

Leibrentenansprüche aufgrund eines Vertrages, der die Unterhaltspflicht end- 3274
gültig in **gleichbleibender Höhe** und ohne Rücksicht auf das Fortbestehen des
Unterhaltsbedürfnisses festlegt, sind nach § 9 ZPO zu bewerten.[5]

---

1 BGH, Beschl. v. 14. 12. 1988 – VIII ZR 222/88, KostRsp. GKG § 16 Nr. 57; OLG Celle,
Beschl. v. 17. 3. 1993 – 2 U 131/91, JurBüro 1994, 113 = MDR 1993, 1020: fristlose
Kündigung; OLG Frankfurt JurBüro 1977, 1748 = MDR 1978, 145: Anmietung einer
Computeranlage; *Meyer,* Anh. § 48 (§ 3 ZPO) Rn. 20; Thomas/Putzo/*Hüßtege,* § 3
Rn. 20.
2 OLG Frankfurt JurBüro 1977, 1748 = MDR 1978, 145.
3 BGH, Beschl. v. 30. 4. 1991 – IV ZR 243/90, KostRsp. ZPO § 3 Nr. 1050 mit Anm.
Schneider = NJW-RR 1991, 1149.
4 BGH, Beschl. v. 30. 4. 1991 – IV ZR 243/90, KostRsp. ZPO § 3 Nr. 1050 mit Anm.
Schneider = NJW-RR 1991, 1149.
5 RG JW 1937, 1433 Nr. 39.

3275 Dies konnte früher zu sozial unerträglich hohen Streitwerten führen; nachdem aber § 9 ZPO durch das RpflegeEntlG 1993 neu gefaßt wurde (Reduzierung auf den 3,5fachen Jahresbetrag), besteht diese Gefahr praktisch nicht mehr.

3276 Die einschlägigen Fragen sind unter dem Stichwort „Altenteil" (Rn. 153 ff.) behandelt.

3277 In erster Linie geht es darum, wie laufende Leibrentenzahlungen zugunsten eines **hochbetagten Bezugsberechtigten** zu bewerten sind. Der BGH[1] will grundsätzlich die Bestimmung des § 9 ZPO anwenden, während andere Gerichte in solchen Fällen nach § 3 ZPO – anlehnend an § 24 Abs. 2 KostO – bewerten wollen.

3278 Siehe zur Thematik *E. Schneider*:[2] Die Bewertung der Ansprüche hochbetagter Personen auf wiederkehrende Leistungen, sowie das Stichwort „Rente" Rn. 4725 ff.

3279 Viele Gerichte gingen einen Mittelweg, um den Bewertungsschwierigkeiten auszuweichen. So beispielsweise das LG Bayreuth[3] zu § 9 ZPO a.F.:

„Bei Leibrentenansprüchen ist der Streitwert auch für Hochbetagte grundsätzlich nach § 9 ZPO zu bemessen. Eine geringere Bewertung kommt nur bei Personen mit besonders hohem Alter in Betracht, wenn mit an Sicherheit grenzender Wahrscheinlichkeit feststeht, dass das Bezugsrecht keine 12,5 Jahre mehr dauern kann."

3280 Nach der Sterbetafel liegt die Lebenserwartung bei 89jährigen Männern und 91jährigen Frauen noch im Zeitrahmen des § 9 ZPO,[4] so dass die Bewertungsproblematik bei Hochbetagten wohl der Vergangenheit angehört.

Leistung an die Erbengemeinschaft

A. Klagen gegen Dritte

3281 Der Streitwert einer Klage gegen einen Dritten auf Leistung an die Erbengemeinschaft bemisst sich mit dem vollen Wert. Ein Abschlag, weil der klagende Miterbe „nur" mit einer Quote am Nachlass beteiligt ist, ist unzulässig.

3282 Klagt ein Miterbe aufgrund des § 2039 BGB gegen einen Nachlassschuldner auf Leistung an die noch ungeteilte Erbengemeinschaft, dann ist die volle Leistung im Streit und gemäß § 6 ZPO zu bewerten.[5]

---

1 BGH BGHZ 7, 335.
2 *E. Schneider* MDR 1976, 270.
3 LG Bayreuth, KostRsp. ZPO § 3 Nr. 828 = JurBüro 1986, 1059.
4 Siehe *Herget* Anm. zu KostRsp. ZPO § 9 Nr. 47.
5 RGZ 149, 193; OLG Düsseldorf MDR 1962, 912; OLG Bremen Rpfleger 1957, 274; OLG Saarbrücken SRZ 1954, 30; beiläufig OLG Schleswig JurBüro 1994, 26 = SchlHA 1993, 155.

Das Interesse des auf Leistung an die Erbengemeinschaft Klagenden geht auf das volle Interesse. Nur wenn der volle Betrag an die Erbengemeinschaft fließt, erhält er daraus auch seinen Anteil. Sein Interesse geht daher auf die volle Leistung. Er hat also auch ein Interesse daran, dass die Miterben an der Leistung partizipieren und ihren „Anteil" erhalten, weil nur dann auch der „Anteil" des Klägers gesichert ist. Würde man nur den Anteil des Klägers berechnen, würde dies zudem zu untragbaren Konsequenzen führen. 3283

⊃ **Beispiel:**

Der Kläger ist zu $^1/_{16}$ Miterbe. Er klagt auf Zahlung einer Forderung in Höhe von 1 Mio. Euro an die Erbengemeinschaft. Würde man jetzt auf die Quote abstellen, wäre nur ein Streitwert in Höhe von 62 500 Euro gegeben. Die Beschwer des Beklagten beliefe sich jedoch auf 1 Mio. Euro. Zudem müsste der Anwalt des Beklagten aufgrund der Streitwertbindung (§ 23 Abs. 1 S. 1, 32 Abs. 1 GKG) auch nach dem geringen Wert abrechnen, obwohl es für den Beklagten um die volle Zahlung der 1 Mio. Euro geht.

B. Klagen gegen Miterben

I. Zahlungsklagen

Bei der Zahlungsklage eines Miterben gegen die anderen Miterben auf Zahlung einer Geldsumme an die lediglich aus den Parteien bestehende Erbengemeinschaft ist eine wirtschaftliche Betrachtung geboten, so dass der auf den Anteil des beklagten Miterben entfallende Geldbetrag streitwertmäßig grundsätzlich nicht zu berücksichtigen ist.[1] 3284

Ist der **beklagte Nachlassschuldner zugleich Miterbe**, dann ist zu beachten, dass ihm ein seinem Erbteil entsprechender Anteil an der geforderten Leistung zukommen und verbleiben kann. Dieser Anteil müsse als außer Streit befindlich angesehen und daher von dem an sich maßgebenden Wert der gesamten Leistung abgesetzt werden.[2] 3285

Dasselbe soll gilt , wenn der klagende Miterbe auf Leistung an sich allein klagt, weil er von den übrigen Miterben zur Einziehung der Forderung oder des Anspruches ermächtigt worden ist.[3] 3286

Diese Betrachtungsweise darf jedoch nicht schematisiert und unreflektiert übernommen werden, weil dem beklagten Miterben vor der Auseinandersetzung gar kein fester Anteil an der Forderung zusteht und im Übrigen gar nicht feststeht, ob der Beklagte an der beigetriebenen Forderung partizipiert 3287

---

1 BGH, Beschl. v. 24. 4. 1975 – III ZR 7/73, JZ 1975, 448 = BGHWarn 1975, 227 = LM Nr. 54 zu § 253 ZPO = MDR 1975, 741 = WM 1975, 599; Beschl. v. 7. 11. 1966 – III ZR 48/66, LM Nr. 31 zu § 3 ZPO = NJW 1967, 443 = MDR 1967, 202 = WM 1967, 29; so auch OLG Karlsruhe, Bechl. v. 25. 2. 1992 – 10 W 3/92 = Rpfleger 1992, 254 = JurBüro 1992, 418 = Justiz 1992, 358; OLG Köln JurBüro 1969, 344; OLGR 1995, 246.
2 RG JW 1937, 228 Nr. 11; RGZ 156, 264.
3 Zöller/*Herget*, ZPO, § 3 Rn. 16 unter „Erbrechtliche Ansprüche".

⊃ **Beispiel:**

Der Kläger (zu $1/4$ erbberechtigt) klagt gegen den Beklagten (ebenfalls zu $1/4$ erbberechtigt) auf Zahlung eines Betrages in Höhe von 100 000 Euro an die Erbengemeinschaft. Nach Zahlung der Forderung ergibt sich ein Nachlassbestand von 0 Euro.

In diesem Fall muss es bei den vollem 100 000 Euro verbleiben. Es wäre nicht sachgerecht, den Streitwert in diesem Fall auf lediglich 75 000 Euro zu reduzieren.

Wäre die Forderung gegen den Beklagten unbegründet gewesen und der Nachlass damit überschuldet, hätte er das Erbe ausschlagen, zumindest die Dürftigkeitseinrede erheben können, so dass er durch den Eingang der 100 000 Euro bei der Erbengemeinschaft überhaupt keinen Nutzen hat.

Daher darf in einem solchen Fall nichts abgezogen werden.

3288   Es ist daher immer zu fragen, welcher Vorteil auf den Beklagten wider zurückfällt oder besser aus Sicht des Klägers ausgedrückt, welcher Anteil ihm wieder verloren geht und daher für ihn wirtschaftlich kein Interesse hat.

3289   Der Nachteil dieser Berechnung liegt sicherlich darin, dass die Frage der Streitwertbemessung zusätzlich mit der Ermittlung der Erbquote belastet wird, die zum Zeitpunkt der Klage noch gar nicht feststehen muss.

3290   Steht der Erbteil des Miterben nicht fest, so muss dieser geschätzt werden. Dabei dürfte es ausschließlich auf die Sicht des Klägers ankommen.

3291   Behauptet der Kläger, der in Anspruch genommene Miterbe sei erbunwürdig, dürfte ein Abzug nicht gerechtfertigt sein, da aus Sicht des Klägers dem Beklagten kein Vorteil zukommen kann. Gegebenenfalls ist auch hier nach § 3 ZPO zu schätzen.

II. Klage auf Löschungsbewilligung

3292   Der Streitwert der Klage des Eigentümers gegen einen Miterben auf Erteilung der Löschungsbewilligung ist nach einhelliger Auffassung wiederum nach dem Betrag der ganzen Forderung, nicht nur nach dem Erbanteil des beklagten Miterben zu bemessen.[1]

3293   Auch bei der Klage gegen einen Miterben auf Löschung einer **Hypothek** bestimmt sich der Streitwert nach dem eingetragenen Betrag ohne Rücksicht darauf, dass der Miterbe nur zu einem Teil berechtigt ist.[2]

3294   Soweit jedoch nur die Zustimmung anderer Miterben notwendig (oder freiwillig erteilt) ist, ist dies streitwertermäßigend zu berücksichtigen. Denn dann kann die Klage lediglich gegen einen Miterben nicht den vom Kläger bezweckten rechtlichen Erfolg herbeiführen.

---

1 KG NJW 1956, 472.
2 OLG Naumburg JW 1936, 2169; OLG Zweibrücken Rpfleger 1967, 2.

III. Klage auf Grundbuchberichtigung

Den Streitwert einer Klage, mit der ein Erbe gegen einen Miterben einen zum   3295
Nachlass gehörenden Anspruch auf Berichtigung des Grundbuchs dahin geltend
macht, dass an Stelle des Miterben die Erben in Erbengemeinschaft als Eigentümer eines Grundstücks eingetragen werden, ist nach dem Wert des Grundstücks, abzüglich des dem Erbteil des Beklagten entsprechenden Anteils zu bemessen.[1]

Leistungsklage

Für die Wertberechnung ist grundsätzlich der bezifferte Leistungsantrag maß-   3296
gebend. Macht der Kläger sein Zahlungsverlangen nicht als Einmalzahlung,
sondern den Zahlungsbetrag als **Ratenzahlung** geltend, bleibt der Gesamtbetrag
wertbestimmend. § 9 ZPO ist insoweit nicht einschlägig.[2]

Spricht das Gericht dem Kläger unter **Verstoß gegen § 308 Abs. 1 ZPO** mehr zu,   3297
als er beantragt hat, berechnet sich der Gebührenstreitwert dennoch nach dem
Klageantrag.[3] Allein die Beschwer erhöht sich, soweit der Kläger nicht erklärt,
aus dem Urteil keine über den Klageantrag hinausgehenden Rechte herleiten zu
wollen (siehe im Einzelnen unter dem Stichwort „Verstoß gegen § 308 ZPO").

Zinsen und Kosten bleiben gemäß § 4 Abs. 1 ZPO, § 43 Abs. 1 GKG (§ 22 Abs. 1   3298
GKG a.F.) unberücksichtigt, auch wenn Kapital und Zinsen in einem einheitlichen Betrag geltend gemacht werden. Das ist immer dann der Fall, wenn sie
neben der Hauptforderung für einen Zeitraum beansprucht werden, in dem
auch die Hauptforderung bestand oder besteht. Dabei ist unerheblich, ob sie
durch einen festen Betrag oder nur einen Prozentsatz bezeichnet werden[4] –
siehe auch unter dem Stichwort „Nebenforderung".

Bei der Leistungsklage eines **Miterben** auf Leistung an die Erbengemeinschaft   3299
bestimmt sich der Streitwert nach dem Anteil, mit dem der klagende Miterbe
am Nachlass beteiligt ist.[5] Dies gilt auch, wenn ein Erbe von den Miterben die
Rückgewähr zuvor aufgeteilter Vermögensgegenstände zum Nachlass verlangt.
Hier ist für den Streitwert und die Beschwer nicht der Vollwert des Gegen-

---

1 BGH, Beschl. 13. 6. 1958 – V ZR 268/56, LM Nr. 5 zu § 6 ZPO = MDR 1958, 676;
  Bestätigung von RGZ 156, 263.
2 OLG Köln, Beschl. v. 14. 5. 1999 – 11 W 3/99, OLGR 1999, 404.
3 BGH MDR 1974, 36; *Schneider* MDR 1971, 437.
4 BGH, Beschl. v. 18. 1. 1995 – XII ZB 204/94, KostRsp. ZPO § 3 Nr. 1200 = NJW-RR
  1995, 706; OLG Köln, Beschl. v. 14. 5. 1999 – 11 W 3/99, OLGR 1999, 404.
5 BGH, Urteil v. 24. 4. 1975 – III ZR 7/73, MDR 1975, 741 = NJW 1975, 1415 = Rpfleger
  1975, 353 = JurBüro 1975, 1197; OLG Karlsruhe, Beschl. v. 25. 2. 1992 – 10 W 3/92,
  JurBüro 1992, 418 = Justiz 1992, 358 = Rpfleger 1992, 254.

standes maßgebend, sondern der Wert nur mit der jeweiligen Erbquote des klagenden Miterben anzusetzen[1] – siehe auch unter dem Stichwort „Miterbe".

3300 Werden bei einer von Anfang an erhobenen Leistungsklage auf **Rentenzahlung** solche Rückstände, die *während* des Prozesses (siehe § 42 Abs. 1 GKG bzw. § 17 Abs. 1 GKG a.f.) entstehen, aus dem Rentenanspruch herausgenommen und selbständig kapitalisiert geltend gemacht, so sind diese bei der Streitwertfestsetzung nicht zu berücksichtigen.[2]

3301 Wird auf **Feststellung des gesamten Rechtsverhältnisses und** zugleich auf **Leistung eines Teils** geklagt, so sind die Werte beider Ansprüche nicht zusammenzurechnen, da dies zu einer unzulässigen Mehrfach-Bewertung des Streitgegenstandes führen würde. Der höchste Wert ist maßgebend.[3] Siehe im Einzelnen unter dem Stichwort „Mehrere Ansprüche".

3302 Wird auf Feststellung der Verpflichtung zur Rentenzahlung geklagt und macht der Kläger gleichzeitig bereits fällig gewordene Beträge zusätzlich durch einen Leistungsantrag geltend, dann erhöht sich der Streitwert des Feststellungsantrages um den Streitwert der **Rückstände**, § 42 Abs. 5 S. 1 GKG (§ 17 Abs. 4 GKG a.F.).[4]

Leistungsmodalitäten

3303 Klagt eine Vertragspartei gegen die andere auf **Erfüllung des Vertrages**, ist für die Bewertung des klägerischen Interesses gemäß § 6 ZPO grundsätzlich der Wert des geforderten Leistung ohne Abzug der Gegenleistung maßgebend.[5]

3304 Wird nur um Modalitäten wie **Art, Ort oder Zeit der Erfüllung** gestritten, dann ist das Interesse des Klägers an der beanspruchten Erfüllungsweise maßgebend.[6]

3305 Dazu rechnet auch der Streit über die **Verschiebung des Fälligkeitszeitpunktes**;[7] siehe näher das Stichwort „Fälligkeit". Zu beachten ist aber in diesen Fällen, dass sich die Beschränkung des Streites auf bloße Modalitäten aus dem Klage-

---

1 OLG Frankfurt, Urteil v. 3. 12. 1993 – 2 U 80/93, OLGR 1994, 67 = ZEV 1994, 247.
2 OLG Düsseldorf MDR 1957, 686.
3 BGH JurBüro 1969, 833; OLG München, Beschl. v. 20. 3. 1984 – 24 W 48/84, KostRsp. ZPO § 3 Nr. 706 mit Anm. *Schneider* = JurBüro 1984, 1235; *Anders/Gehle/Kunze*, Stichwort „Klagenhäufung" Rn. 14.
4 BGHZ 2, 74; Rpfleger 1953, 575; OLG Bamberg Rpfleger 1953, 47.
5 OLG Koblenz, Beschl. v. 30. 8. 1993 – 5 W 550/93, MDR 1984, 738; *Hartmann*, Anh. I § 48 GKG (§ 3 ZPO) Rn. 58 „Gegenseitiger Vertrag"; *Zöller/Herget*, § 3 Rn. 16 unter „Vertragserfüllung".
6 BGH, Urteil v. 25. 6. 1981 – III ZR 96/80, MDR 1982, 36; RG JW 1927, 2129; RGZ 118, 324; OLG Rostock OLGE 35, 26; *Baumbach/Lauterbach/Hartmann*, § 3 Rn. 58, dort unter „Gegenseitiger Vertrag"; *Zöller/Herget*, § 3 Rn. 16 unter „Vertragserfüllung".
7 LAG Düsseldorf, Beschl. v. 8. 7. 1985 – 7 Ta 179/85, KostRsp. ZPO § 3 Nr. 782 = JurBüro 1985, 1704.

vorbringen ergeben muss. Einwendungen allein des Beklagten rechtfertigen keine Streitwertverringerung.[1]

Der Streitwert einer **Zinsforderung** mit ungewissem Erfüllungszeitpunkt ist gemäß § 3 ZPO frei zu schätzen.[2]   3306

Bei Streit über den **Ort der Einsichtnahme in Handelsbücher** geht es wirtschaftlich nur um die Frage, ob der Kläger höhere Kosten – Fahrt- und Transportkosten, Dienstleistungsvergütungen usw. – aufzuwenden hat.[3] Diese Kosten sind zu schätzen.   3307

Für die **Leistung Zug um Zug** siehe das Stichwort „Gegenleistung".   3308

Leistung Zug um Zug

Siehe das Stichwort „Gegenleistung".

Lieferung

Der Streitwert der Klage auf Erfüllung der Lieferpflicht (Fertigstellung der bereits begonnenen Montage einer Maschine) kann nicht höher sein als der Wert der Kaufsache im Zeitpunkt der Klageerhebung abzüglich des Wertes des etwa bereits Gelieferten (Gesamtpreis abzüglich Wert der Maschinenteile und der Teilmontage).   3309

Der Umstand, dass der Beklagte es zur **Vollstreckung des** gegen ihn ergangenen **Urteils** kommen lässt und durch die Ersatzvornahme gemäß § 887 ZPO unverhältnismäßig hohe Kosten entstehen, rechtfertigt keinen höheren Streitwert.[4]   3310

Löschung von gewerblichen Schutzrechten

Der Streitwert eines Verfahrens auf Löschung einer Marke (§ 55 MarkenG), eines Geschmacksmusters (§ 10c GeschmMG), eines Gebrauchsmusters (§ 17 GebrMG) oder auf Erklärung der Nichtigkeit eines Patents (§ 81 PatG) ist gemäß § 51 Abs. 1 GKG nach billigem Ermessen zu bestimmen.   3311

---

1 OLG Stuttgart OLGE 2, 430 zu d).
2 BGH JurBüro 1981, 1490 = Rpfleger 1981, 396 = WPM 1981, 1091 = ZIP 1980, 1137 = BB 1981, 1491 = NJW 1981, 2360.
3 RGZ 2, 403.
4 OLG Celle Nds.Rpfl. 1962, 111.

3312 Entscheidend ist – vergleichbar mit den Fällen der Unterlassungsklage – das wirtschaftliche Interesse[1] des Klägers an der Löschung.[2] Die Gegenmeinung berechnet in entsprechender Anwendung von § 9 ZPO das Interesse des Klägers nach dem 3,5fachen des jährlichen Bezuges aus dem Schutzrecht.[3]

3313 Bei der Popularklage (vgl. § 55 Abs. 2 MarkenG) ist im Rahmen der Schätzung nach § 3 ZPO von dem Interesse der Allgemeinheit an der Vernichtung des Schutzrechts auszugehen.

3314 Die Regelung in § 51 Abs. 2 GKG gibt die Möglichkeit der Streitwertbegünstigung. Zu den Einzelheiten vgl. das Stichwort „Gewerblicher Rechtsschutz".

Löschung von Grundpfandrechten, Vormerkungslöschung

Literatur: *Gerold* JurBüro 1956, 438 (Nachlasshypothek); *Tschischgale* JurBüro 1967, 23 (Sicherungshypothek); *Schumann* NJW 1967, 2046 (Dienstbarkeit).

Gliederungsübersicht

A. Grundschuld 3316
B. Hypothek 3335
C. Miterbe 3341
D. Nießbrauch 3345
E. Reallast 3350
F. Vorkaufsrecht 3351
G. Widerspruch 3353
H. Wohnrecht 3354
I. Vormerkungslöschung 3357

Stichwortübersicht

Arresthypothek 3373
Auflassung und Löschung 3333
Auflassungsvormerkung . . 3363 ff., 3368
Dauerwohnrecht 3354
Feststellung der Nichtigkeit eines
  Grundstückskaufvertrages 3374
Grundschuld
– Forderung getilgt 3316
– Höhe der gesicherten Forderung
  maßgebend 3320
– Kosten und Zinsen, rückständige . 3319
Höchstbetragshypothek 3337
Hypothek . . . . 3335 ff.
– unstreitig nicht bestehende Forde-
  rung 3335
– Valutierung und Löschungsinter-
  esse maßgebend 3336
Löschung und Auflassung 3333
Miterbe . . . . 3341 ff.
– Eigentümer klagt gegen ihn 3341
– Miterbe klagt gegen ihn 3343
Nießbrauch . . . . 3345 ff.
– Jahresreingewinn bei Nießbrauch
  an Grundstück 3346
– Schätzung nach § 3 ZPO 3345
Reallast 3350
Reichsmark-Grundschuld 3339
Reichsmark-Hypothek 3338
– Schuldtilgung streitig 3340
Sicherungshypothek 3331, 3359

---

1 OLG Zweibrücken, Beschl. v. 7. 5. 2001 – 4 W 21/01, JurBüro 2001, 418.
2 Vgl. BGH NJW 1957, 144 Nr. 6; BPatG GRUR 1978, 535 (zum Patentnichtigkeitsverfahren).
3 Vgl. OLG Nürnberg Rpfleger 1963, 217 (noch zu § 11 WZG).

Sicherungsnießbrauch 3348
Verurteilung Zug um Zug gegen
  Zahlung 3368
Vorkaufsrecht . . . . 3351 f.
Voremerkungslöschung . . . . . 3357 ff.
– Bruchteil des Grundstücks-Ver-
  kehrswerts 3360, 3363

– Grundstückswert maßgebend . . 3357
– konkrete Wertermittlung 3363
– wirtschaftliches Interesse des Klägers 3366
Widerspruch 3353
Wohnrecht . . . . 3354 ff

Falsche Eintragungen im Grundbuch sind wegen der dadurch begründeten ge- **3315**
setzlichen Vermutung des § 891 BGB und des den gutgläubigen Erwerb ermög-
lichenden öffentlichen Glaubens des Grundbuchs (§ 892 BGB) für den wirklich
Berechtigten eine große Gefahr. Der Richtigstellung des Grundbuches und damit der Übereinstimmung von formeller und materieller Rechtslage dient der
gesetzliche (z.B. §§ 1179a, 1179b BGB; 41 Abs. 2 WEG) oder schuldrechtliche
(nach §§ 305 oder 779 BGB begründete) Löschungsanspruch. Er wird durch Klage auf Löschung im Grundbuch geltend gemacht. Mit ihr wird die Löschungsbewilligung des eingetragenen Nichtberechtigten erzwungen, sei es auch nur
hinsichtlich der Rangfolge der Eintragungen.

A. Grundschuld

Der Wert einer Klage auf Löschung einer Grundschuld entspricht nach früher **3316**
herrschender Auffassung dem eingetragenen Betrag, selbst wenn die **Forderung**
ganz **getilgt** ist und der Streit der Parteien nur darüber geht, wer die Löschungs-
kosten zu tragen hat.[1]

Dieser Auffassung ist zuletzt auch noch das KG (23. Senat) gefolgt, der bei der **3317**
Bemessung des Streitwerts einer Klage auf Bewilligung der Löschung einer
Grundschuld nur den Nennbetrag und nicht den tatsächlichen Valutastand des
Grundpfandrechts als maßgeblich ansieht.[2]

Ebenso auch das OLG Saarbrücken,[3] das den Streitwert einer Klage auf Einwilli- **3318**
gung in die Löschung eines Grundpfandrechts grundsätzlich nach dem im
Grundbuch eingetragenen Nennwert der Belastung bemisst, begrenzt durch den
geringeren Wert des belasteten Grundstücks, selbst wenn das Grundpfandrecht
ganz oder teilweise nicht mehr valutiert.

Das soll auch dann gelten, wenn geltend gemacht wird, es seien **Kosten** ent- **3319**
standen und **Zinsen rückständig**, für die die Grundschuld hafte.[4]

---

1 OLG Bremen Rpfleger 1957, 275; OLG Nürnberg, KostRsp. ZPO § 6 Nr. 38; OLG Frankfurt JurBüro 1977, 720; OLG Celle MDR 1977, 935; OLGR 1994, 111.
2 KG, Beschl. v. 17. 4. 2000 – 23 W 1888/00, KGR 2000, 378 = ZfIR 2001, 78 = AGS 2002,
  177 = BauR 2001, 686.
3 OLG Saarbrücken, Beschl. v. 18. 1. 2001 – 7 W 11/01 – 2 u. 7 W 11/01, OLGR 2001, 236
  = MDR 2001, 897 = AGS 2002, 12–13 (im Anschluss an OLG München, Beschl. v. 10. 3.
  1997 – 28 W 2542/96, NJW-RR 1998, 142; OLG Nürnberg, Beschl. v. 22. 3. 1995 – 13 W
  605/95, MDR 1995, 966).
4 OLG Nürnberg JurBüro 1964, 685.

3320 Demgegenüber hat das OLG Hamburg[1] in einer ausführlich begründeten Entscheidung die Auffassung vertreten, es sei § 6 ZPO anzuwenden mit der Maßgabe, dass der Streitwert durch die **Höhe der gesicherten,** (noch) valutierten **Forderung** bestimmt werde. Dem hat sich das OLG Köln[2] angeschlossen und nach dem wirtschaftlichen Interesse des Klägers bewertet in einem Fall, in dem der Sicherungszweck mit dem Ende der Valutierung der gesicherten Forderung ganz entfallen war.

3321 Dies erscheint zutreffend, weil nur auf der Grundlage dieser Bewertung die wirtschaftlichen Interessen der Parteien, um die es doch letztlich geht, erfasst werden können.

3322 Jedoch ist folgende Einschränkung zu machen: Es muss schon zu Beginn des Rechtsstreits oder bei Erteilung des Auftrags an den Anwalt feststehen, ob und in welcher Höhe die zu löschende Forderung valutiert ist. Darüber darf auch kein Streit bestehen. Sind diese einschränkenden Voraussetzungen nicht gegeben, dann muss auf den eingetragenen Nennbetrag abgestellt werden (§ 4 Abs. 1 ZPO).

3323 Soweit auf den Wert der noch valutierten Forderung abgestellt wird, müsste aber für den darüber hinausgehenden Betrag noch eine gewisse Quote angesetzt werden. Auch die Löschung einer unstreitig nicht mehr valutierten Grundschuld hat einen Wert. Anderenfalls müsste man im Falle der Löschungsverweigerung bei einer unstreitig vollständig getilgten Forderung immer einen Wert „0" annehmen.

3324 Der Wert für die „getilgte" Grundschuld sollte sich an dem Interesse des Klägers orientieren, das er an der Beseitigung der nicht mehr bestehenden Belastung hat sowie an dem Missbrauchsrisiko.

3325 Das OLG Celle nimmt den Streitwert einer Klage auf Erteilung einer Löschungsbewilligung (Sicherungsgrundschuld) nach Wegfall des Sicherungszwecks mit 20 % des restlichen Nominalwertes an, sofern der Kläger nicht konkrete weitere Nachteile für ihn vorträgt.[3]

3326 In Fortführung dieser Rechtsprechung hat das OLG Celle[4] im Rahmen einer Klage auf Erteilung einer Löschungsbewilligung für eine Grundschuld und vor allem in Anbetracht der Entscheidung des BVerfG (s.u. Rn. 3330) als gerechtfertigt angesehen, den Streitwert dergestalt zu berechnen, dass jedenfalls im Regelfall zunächst die noch streitige Restforderung und von dem dann verblei-

---

1 OLG Hamburg MDR 1975, 846; ebenso OLG Köln MDR 1980, 1025.
2 OLG Köln, Beschl. v. 2. 3. 1995 – 16 W 16/95, KostRsp. ZPO § 3 Nr. 1205 = JMBl.NW 1995, 118.
3 OLG Celle, Beschl. v. 23. 2. 2005 – 16 W 11/05, OLGR 2005, 295 = Nds.Rpfl 2005, 227 = MDR 2005, 1196 (im Anschluss Beschl. des 4. Zivilsenats des OLG Celle v. 5. 9. 2000 – 4 W 165/00, NJW-RR 2001, 712).
4 OLG Celle, Beschl. v. 5. 9. 2000 – 4 W 165/00 u. 4 U 141/00, OLGR 2000, 319 = JurBüro 2000, 645 = Nds.Rpfl 2000, 364 = MDR 2000, 1456 = NJW-RR 2001, 712 = AGS 2001, 205 = BauR 2001, 458.

benden Nominalbetrag 20 % zugrunde gelegt werden. So gelangt es bei einer Grundschuld über 500 000 DM, zu der der Grundschuldinhaber eine Restforderung von 100 000 DM behauptet, zu einem Streitwert von 180 000 DM. Eine solche Streitwertfestsetzung berücksichtigte angemessen die wirtschaftlichen Interessen beider Parteien.

Ebenso auch OLG Frankfurt/M.,[1] das den Streitwert bei begehrter Löschung einer Grundschuld nach dem Valutenstand zuzüglich 20 % des restlichen Nominalwertes des Grundpfandrechts, nach oben begrenzt durch den Nominalwert annimmt.   3327

Anders wiederum das LG Bonn,[2] das bei einer Klage auf Einwilligung in die Löschung eines Grundpfandrechts den Streitwert nicht nach dem Nennwert des im Grundbuch eingetragenen Pfandrechts bemisst, sondern nach dem Betrag, mit dem das Grundpfandrecht noch valutiert ist. Einen Zuschlag für den übersteigenden Nennwert nimmt das Gericht nicht an.   3328

Völlig anders wiederum das OLG Koblenz,[3] das für eine Klage auf Löschung eines nicht valutierenden Grundpfandrechts grundsätzlich vom Nennwert ausgeht und dann für die Frage, ob ein Abschlag vorzunehmen ist aufgrund der Umstände des jeweiligen Einzelfalls entscheiden will.   3329

In diesem Zusammenhang wird die Entscheidung des BVerfG[4] zu wenig beachtet, in dem es sich mit dem Anspruch auf Löschung einer unstreitig nicht mehr valutierten Grundschuld zu befassen hatte. Es führt dort aus, dass der Zugang zu den Gerichten nicht in unzumutbarer, aus Sachgründen nicht mehr zu rechtfertigender Weise erschwert werden darf.[5] Zwar sei es zur Gewährleistung eines wirkungsvollen Rechtsschutzes aus Art. 2 Abs. 1 GG i.V.m. dem Rechtsstaatsprinzip in bürgerlich-rechtlichen Streitigkeiten für den Gesetzgeber erforderlich, für die Inanspruchnahme der Gerichte Gebühren zu erheben. Die Grundsätze über eine rechtsstaatlich nicht mehr zu vertretende Beeinträchtigung durch die Kosten einer Gerichtsinstanz sei aber zu berücksichtigen. Das gelte nicht nur für eine klagende Partei, sondern auch für eine durch den Kläger in einen Prozess gezogene Partei.   3330

Ausgehend hiervon lässt das BVerfG offen, ob es von Verfassungs wegen stets unzulässig ist, den Streitwert eines Anspruchs auf Löschung einer Grundschuld oder Sicherungshypothek auch dann in wortgenauer Anwendung von § 6 S. 1 ZPO nach dem Nennwert der zugrunde liegenden Forderung zu bestimmen,   3331

---

1 LG Frankfurt/M., Beschl. v. 15. 12. 2003 – 13 W 48/03, OLGR 2004, 348 = RVG-B 2005, 116 mit Anm. *Onderka.*
2 LG Bonn, Beschl. v. 24. 9. 2001 – 15 O 125/01, BRAGOreport 2001, 172 mit Anm. *N. Schneider.*
3 OLG Koblenz, Beschl. v. 6. 3. 2002 – 5 W 100/02, JurBüro 2002, 310 = AGS 2002, 156 = BRAGOreport 2002, 112.
4 BVerfG, Beschl. v. 16. 11. 1999 – 1 BvR 1821/94, NJW-RR 2000, 946 = AGS 2001, 33.
5 Unter Berufung auf BVerfG, Beschl. v. 11. 2. 1987 – 1 BvR 475/85, BVerfGE 74, 228, 234).

wenn die Forderung nicht mehr (voll) valutiert ist. Im konkreten Fall hat es jedoch einen Verfassungsverstoß angenommen. Es sei dort aufgrund der konkreten Umstände eindeutig zu erkennen gewesen, dass der wirtschaftliche Wert des Verfahrens für die Beschwerdeführer weit unter dem festgesetzten Streitwert lag, weshalb die Gerichte die tatsächliche wirtschaftliche Bedeutung des Rechtsstreits für die Beschwerdeführer bei der Streitwertfestsetzung hätten berücksichtigen müssen. Dies wiederum sei mittels verfassungskonformer Auslegung des § 6 ZPO oder durch eine Schätzung nach § 3 ZPO zu korrigieren.

3332 Dieser Rechtsprechung gefolgt ist das KG (24. Senat)[1] – ausdrücklich gegen den 23. Senat (Rn. 3317).[2] Bei der Bemessung des Streitwertes für die Löschung einer Grundschuld ist danach nicht in jedem Fall auf den Nominalbetrag der Grundschuld abzustellen. Vielmehr sei auf die tatsächlich wirtschaftliche Bedeutung des Rechtsstreits für die Parteien abzustellen.

3333 Verbindet der Kläger den **Auflassungsantrag** mit dem Antrag auf Löschung einer bereits eingetragenen Eigentümergrundschuld, dann kann der Streitwert insgesamt nicht höher sein als der Verkehrswert des Grundstücks.[3] Mehr als lastenfreie Übertragung des Grundstückseigentums kann der Kläger nicht erreichen; der Verkehrswert des Grundstücks kann deshalb bei wirtschaftlicher Betrachtungsweise nicht überschritten werden. Anderenfalls könnte es zu dem in sich widersprüchlichen Ergebnis kommen, dass der Streitwert den Wert des Objekts wesentlich übersteigen würde, nur weil das Grundstück mit einer wertmäßig um ein Vielfaches übersetzten Eigentümergrundschuld belastet wäre, deren Löschung mit beantragt würde.

3334 Anders soll es sich wiederum in einem **Verfahren auf Zwangsgeldfestsetzung** nach § 888 ZPO zur Erwirkung der Löschung einer Grundschuld verhalten. Danach bemisst sich der Gegenstandswert nach dem Wert, den die zu erwirkende Handlung für den Gläubiger hat, also nach dem Interesse, das er an der Vornahme der Handlung hat. Maßgeblich ist insoweit das Erfüllungsinteresse an der titulierten Verpflichtung. Bei der Zwangsvollstreckung aus einem Titel über die Verpflichtung des Schuldners zur Übertragung lastenfreien Grundstückseigentums bemisst sich der Wert des Verfahrens auf Zwangsgeldfestsetzung zur Erwirkung der Löschung einer Grundschuld nach deren Nominalwert, und zwar unabhängig davon, ob das zugrunde liegende Darlehen bereits getilgt ist.[4]

---

1 KG, Beschl. v. 21. 5. 2003 – 24 W 101/03, KGR Berlin 2003, 257.
2 Siehe auch OLG Celle Beschl. v. 5. 9. 2000 – 4 W 165/00 u. 4 U 141/00, OLGR 2000, 319 = JurBüro 2000, 645 = Nds.Rpfl 2000, 364 = MDR 2000, 1456 = NJW-RR 2001, 712 = AGS 2001, 205 = BauR 2001, 458.
3 OLG Köln, Beschl. v. 8. 6. 1988 – 11 W 25/88, KostRsp. ZPO § 6 Nr. 118 = JurBüro 1988, 1388.
4 OLG Köln, Beschl. v. 24. 3. 2005 – 25 WF 45/05, OLGR 2005, 259 = AGS 2005, 262 = RVG-Letter 2005, 58 = RVGreport 2005, 237.

B. Hypothek

Wird auf Löschung einer Hypothek geklagt, dann ist der eingetragene Betrag nach h.M. für die Bemessung des Streitwerts bestimmend, auch wenn zwischen den Parteien unstreitig ist, dass die **Forderung** ganz oder teilweise **getilgt oder** überhaupt **nicht entstanden ist**.[1]   **3335**

Diese Auffassung ist indessen mit dem OLG Hamburg[2] und dem OLG Köln[3] abzulehnen und abzustellen auf die Höhe der Valutierung sowie das Löschungsinteresse des Klägers.   **3336**

Bei der Klage auf Löschung einer **Höchstbetragshypothek** ist ebenfalls die wirklich zur Entstehung gelangte Forderung und nicht die in das Grundbuch eingetragene Forderung, bis zu deren Höchstbetrag das Grundstück belastet ist, für den Wert bestimmend.[4]   **3337**

Der Streitwert für die Klage auf Löschung einer bereits vor der Währungsreform zurückgezahlten unstreitigen **Reichsmark-Hypothek** ist auf $1/10$ des Nennbetrages der Reichsmarkforderung festzusetzen; denn es kann nur davon ausgegangen werden, dass der Kläger in einer derartigen Angelegenheit mit der Klage die Zustimmung fordert, soweit er sie zur Rechtsänderung im Grundbuch benötigt. Dies ist aber lediglich der Fall, soweit der Beklagte noch formell die Rechtsstellung eines Hypothekengläubigers hat. Das wiederum hat er nur bezüglich der im Verhältnis 1:10 abgewerteten Forderung, nicht aber hinsichtlich der 1:1 umgewerteten Eigentümergrundschuld.[5]   **3338**

Demgegenüber will das OLG Frankfurt[6] den Streitwert für eine Klage auf Erteilung einer Löschungsbewilligung hinsichtlich einer **Reichsmark-Grundschuld** regelmäßig mit dem vollen Wert des Nennbetrages annehmen. Ein geringerer Streitwert rechtfertige sich ausnahmsweise nur insoweit, als die Hypothekengewinnabgabe aufgrund der Vorschriften des LAG weniger als 90 % des RM-Nennbetrages ausmache.   **3339**

Streiten die Parteien in der Klagesache auf Löschung einer vor der Währungsreform angeblich voll zurückgezahlten Reichsmarkhypothek über deren Charakter und damit über die Höhe der Umstellung (10:1 oder 1:1) und damit wiederum über die **Höhe der erfolgten Schuldtilgung,** so kann nur der volle Nennbetrag der eingetragenen Forderungen in Euro als Streitwert zugrunde gelegt werden.[7]   **3340**

---

1 RG *Warneyer* 1941 Nr. 27; KG JW 1923, 1039; 1925, 1799; OLG Hamburg OLGE 23, 74; OLG Koblenz Rpfleger 1956, 147; OLG Celle MDR 1977, 935; OLG Frankfurt JurBüro 1977, 720; Bamberg JurBüro 1982, 1721; siehe auch vorstehend Rn. 3316 ff.
2 OLG Hamburg MDR 1975, 846.
3 OLG Köln MDR 1980, 1025.
4 OLG Hamburg MDR 1975, 846; OLG Köln MDR 1980, 1025; anders die h.M., z.B. OLG Hamburg Rpfleger 1951, 570; OLG Schleswig SchlHA 1964, 262.
5 KG Rpfleger 1962, 155.
6 OLG Frankfurt Rpfleger 1955, 108.
7 KG Rpfleger 1962, 155.

C. Miterbe

3341 Der Streitwert der **Klage des Eigentümers** gegen einen Miterben auf Erteilung der Löschungsbewilligung ist nicht ohne weiteres nach dem Betrag der ganzen Forderung ohne Rücksicht auf den Erbanteil des klagenden oder beklagten Miterben zu bemessen.[1]

3342 Durch die Änderung der Rechtsprechung des BGH[2] ist die Bewertung von Miterben-Streitigkeiten auf eine neue Grundlage gestellt worden. Grundsätzlich ist ein Miterbenanteil, der außer Streit ist, streitwertmindernd zu berücksichtigen. Auch die Klage eines Dritten gegen einen Miterben auf Abgabe grundbuchrechtlicher Erklärungen wird nur dann mit dem vollen Streitwert angesetzt werden können, wenn eine antragsgemäße Verurteilung zum vollen Eigentumsübergang führt.

3343 Klagte ein Miterbe gegen einen anderen auf Erteilung der Löschungsbewilligung für eine zugunsten der Erbengemeinschaft eingetragene Sicherungshypothek, so wurde früher ebenfalls der volle Betrag der Hypothek angesetzt.

3344 Entsprechend der neueren Judikatur, die den Anteil des klagenden Erben aus wirtschaftlichen Erwägungen nicht berücksichtigt[3] hat das OLG Frankfurt[4] zutreffend lediglich den Hälfteanteil des die Löschung verweigernden Miterben angesetzt.

D. Nießbrauch

3345 Der Wert des Antrags auf Löschung eines Nießbrauchsrechts ist gleich dem Wert dieses Nießbrauchsrechts. Die Wertfestsetzung erfolgt nicht nach § 9 ZPO, sondern ist nach § 3 ZPO zu schätzen.[5] Maßgeblich für die Wertfestsetzung ist das Interesse des Klägers.[6]

3346 Bei der **Schätzung** des Nießbrauchs an einem Grundstück ist von dem Jahresreingewinn auszugehen, von dem keine Hypothekenzinsen abzuziehen sind,[7] und auch kein Betrag für Eigenleistungen des Bewirtschafters abzusetzen ist.

3347 Fehlen andere Schätzungsgesichtspunkte, dann ist es statthaft, die Höhe des Wertes in entsprechender Anwendung des § 9 ZPO zu ermitteln.[8]

---

1 So aber noch KG NJW 1956, 472; OLG Zweibrücken Rpfleger 1962, 2.
2 Siehe BGH JurBüro 1975, 1197.
3 Siehe *E. Schneider* JurBüro 1977, 433 und die Einzelheiten bei dem Stichwort „Miterbe" (Rn. 3826 ff.).
4 OLG Frankfurt JurBüro 1981, 757.
5 OLG Schleswig, Beschl. v. 29. 3. 1984– 7 W 29/84, KostRsp. GKG § 16 Nr. 44 = SchlHA 1986, 46.
6 OLG Celle, Beschl. v. 8. 6. 1999 – 4 W 184/99, OLGR 1999, 330.
7 KG OLGE 29, 78.
8 OLG Frankfurt JurBüro 1962, 422 = MDR 1962, 742.

Die Klage auf Einwilligung in die Löschung eines sog. **Sicherungsnießbrauchs** 3348
ist nach § 3 ZPO zu schätzen, auch wenn er auf Lebenszeit des Berechtigten
bestellt ist.[1]

Dabei darf die Vorschrift des § 24 Abs. 2 KostO nicht als Schätzungsrichtlinie 3349
berücksichtigt werden, weil der Nießbrauch nur Sicherungscharakter hat und
außerdem die hohen Werte der KostO mit den geringeren Gebühren der KostO
korrespondieren.[2]

E. Reallast

Bei der Klage auf Löschung einer Reallast begrenzt der Verkehrswert des Grund- 3350
stücks nach § 6 ZPO den Höchstbetrag der gemäß § 1105 Abs. 1 BGB geschuldeten wiederkehrenden Leistungen.[3] Der Streitwert ist – unter Beachtung der
Obergrenze – nach § 9 ZPO zu ermitteln, da es sich um wiederkehrende Leistungen handelt.[4] Allein das Interesse des Klägers an der Löschung der Belastung
(= wirtschaftliche Betrachtungsweise) ist maßgebend, wenn das Bezugsrecht im
Zeitpunkt der Klageerhebung nicht mehr besteht.[5]

F. Vorkaufsrecht

Der Streitwert für den Anspruch auf Löschung eines eingetragenen Vorkaufs- 3351
rechts ist nach § 3 ZPO festzusetzen.[6]

Das OLG Nürnberg[7] will grundsätzlich den halben Wert des belasteten Grund- 3352
stücks annehmen, und das auch bei einer Klage auf Löschung einer Vormerkung zur Sicherung des Anspruchs auf Eintragung eines Vorkaufsrechts. Im
Einzelfall könne das Interesse des Klägers eine höhere Wertfestsetzung rechtfertigen.

G. Widerspruch

Die Klage auf Löschung eines Widerspruchs gegen den eingetragenen Grund- 3353
stückseigentümer ist nur gering zu bewerten, wenn der Grundbucheintragung
lediglich formale Bedeutung zukommt.[8]

---

1 OLG Frankfurt, Beschl. v. 12. 4. 1984 – 22 W 15/84, KostRsp. ZPO § 3 Nr. 702 mit
Anm. *E. Schneider* = JurBüro 1984, 1236.
2 OLG Frankfurt, Beschl. v. 12. 4. 1984 – 22 W 15/84, JurBüro 1984, 1236 = KostRsp. ZPO
§ 3 Nr. 702: Der Senat hat $^1/_{15}$ des Grundstückswertes angesetzt.
3 OLG Bremen Rpfleger 1957, 275.
4 OLG Frankfurt, Beschl. v. 19. 11. 1992 – 2 W 40/92, KostRsp. ZPO § 9 Nr. 46 = OLGR
1993, 4.
5 OLG Frankfurt, Beschl. v. 19. 11. 1992 – 2 W 40/92, KostRsp. ZPO § 9 Nr. 46 = OLGR
1993, 47; vergleichbar Rn. 3320.
6 OLG Schleswig SchlHA 1953, 299.
7 OLG Nürnberg JurBüro 1963, 43.
8 LG Bayreuth JurBüro 1979, 1884: $^1/_{10}$ des Verkehrswertes.

H. Wohnrecht

3354 Der Wert des Streitgegenstandes für eine Klage auf Bewilligung der Löschung eines Dauerwohnrechtes ist nach OLG Düsseldorf und OLG Frankfurt[1] gemäß § 41 Abs. 1 GKG zu bestimmen, wenn der Fortbestand des Wohnrechts unter den Parteien streitig ist. Das LG Lübeck[2] will § 24 Abs. 2 KostO heranziehen.

3355 Zutreffend ist die Anwendung des § 3 ZPO.[3]

3356 Bei der Schätzung ist von dem Rohbetrag auszugehen, der dem Eigentümer mit der Wiedererlangung der freien Verfügung über den Nießbrauchsgegenstand zufließt.[4]

I. Vormerkungslöschung

3357 Der Streitwert einer Klage auf Löschung einer Vormerkung zur Sicherung des Anspruchs auf Übertragung des Eigentums an einem Grundstück ist nicht nach dem Wert des Grundstücks, sondern gemäß dem Interesse des Klägers an der Beseitigung der Vormerkung nach freiem Ermessen (§ 3 ZPO) zu bestimmen.[5]

3358 Das Interesse der Löschungsklage wird sich dabei oft nur aus den vertraglichen Beziehungen erkennen lassen. So kann es erheblich sein, ob ein Kaufvertrag bestimmten Inhalts vorliegt, ob dieser als verbindlich angesehen wird oder nicht und dergleichen.

3359 Bei Kaufanwartschaftsverträgen mit Wohnungsbaugesellschaften ist jedoch in Räumungsklagen und Herausgabeklagen die Sondervorschrifte des § 41 GKG (§ 16 GKG a.F.) zu beachten,[6] und zwar auch dann, wenn die Vormerkung die Eintragung einer Sicherungshypothek betrifft.[7]

3360 Maßgebend ist die Behinderung des Klägers, über das Grundstück frei verfügen zu können.[8] Auszugehen ist dabei vom Grundstückswert,[9] der mit einem Bruchteil zu bewerten ist und unter der Hälfte liegen muss.[10]

---

1 OLG Düsseldorf JurBüro 1965, 550 u. OLG Frankfurt MDR 1963, 937.
2 LG Lübeck JurBüro 1959, 430.
3 OLG Schleswig, Beschl. v. 29. 3. 1984 – 7 W 29/84, Kostrspr. GKG § 16 Nr. 44 = SchlHA 1986, 46; so auch OLG Frankfurt JurBüro 1967, 506.
4 OLG Schleswig, Beschl. v. 29. 3. 1984 – 7 W 29/84, KostRsp. GKG § 16 Nr. 44 = SchlHA 1986, 46.
5 Vgl. OLG Oldenburg Nds.Rpfl. 1955, 135; OLG Koblenz Rpfleger 1957, 316; OLG Schleswig SchlHA 1958, 7 und 1966, 85; OLG Celle AnwBl. 1968, 229; OLG Frankfurt JurBüro 1968, 634; KG JurBüro 1969, 555; OLG Nürnberg, Beschl. v. 28. 10. 1969 – 4 U 52/69, KostRsp. ZPO § 3 Nr. 240; OLG Saarbrücken JurBüro 1979, 264 = AnwBl. 1979, 114; OLG Bamberg, KostRsp. ZPO § 3 Nr. 1007 mit Anm. *E. Schneider* = JurBüro 1990, 1511; LG Bayreuth JurBüro 1979, 1884.
6 OLG Köln JurBüro 1974, 69; 1978, 1054; LG Braunschweig BlGWG 1968, 34.
7 OLG München MDR 1965, 145.
8 OLG Saarbrücken JurBüro 1979, 264 = AnwBl. 1979, 114.
9 OLG München JurBüro 1978, 1564 m.w.N.
10 KG JurBüro 1969, 555.

Im Allgemeinen erscheint es angemessen, den Streitwert auf etwa $^1/_{10}{}^1$ und nicht über $^1/_4$ des Verkehrswertes des Grundstückes anzusetzen.[2]   3361

Das OLG Schleswig[3] hat mit (höchstens!) $^1/_6$ bewertet.   3362

Das OLG Frankfurt[4] hat als Regelwert $^1/_4$ des Wertes des vorgemerkten Rechts angenommen.[5]

Das OLG Bamberg[6] hat mit $^1/_4$ bis $^1/_3$ angesetzt.

OLG Nürnberg[7] nimmt $^1/_2$ des Grundstückswertes an.

Häufig wird dabei zwar der Zusatz gemacht, es sei nicht angängig, von vornher-   3363
ein einen bestimmten Bruchteil des Verkehrswertes anzusetzen, sondern es müsse jeweils der konkrete Wert des Einzelfalles ermittelt werden, wobei wichtig sei, ob und inwieweit sich ein möglicher Kaufinteressent durch die formell noch vorhandene Auflassungsvormerkung vom Kauf hätte abhalten lassen.[8] Meist sind solche Zusätze jedoch nur Lippenbekenntnisse.

Demgegenüber erscheint es gleichwohl durchaus begrüßenswert, wenn die   3364
Rechtsprechung sich bemüht, berechenbare Streitwertfestsetzungen durch grundsätzliche Bruchteils-Bewertungen zu entwickeln.

Wichtiger sind dabei die sachlichen Gesichtspunkte, beispielsweise dass gerade   3365
bei Wohnhäusern ein hoher Prozentsatz unangemessen ist, da deren Gebrauchswert von der Auflassungsvormerkung überhaupt nicht berührt wird.[9]

Bei allem anerkennenswerten Bemühen, die in Einzelfällen weit auseinander-   3366
klaffende Rechtsprechung zur Bewertung der Klagen auf Löschung einer Auflassungsvormerkung durch Regel-Bruchteilsbewertungen berechenbarer zu machen, bleibt doch ein recht großer Spielraum der Unsicherheit. Er geht darauf zurück, dass zwar auf das wirtschaftliche Interesse des Klägers abgestellt wird, durch die Vormerkung nicht in der Belastungs- oder Veräußerungsmöglichkeit des Grundstücks behindert zu werden.

---

1 OLG Oldenburg Nds.Rpfl. 1955, 135; OLG Bamberg JurBüro 1976, 1247; OLG Bamberg, Beschl. v. 26. 3. 1990 – 1 W 24/90, KostRsp. ZPO § 3 Nr. 1007 mit Anm. *E. Schneider* = JurBüro 1990, 1511; OLG Köln, Beschl. v. 14. 3. 1983 – 2 W 15/83, MDR 1983, 495 = KostRsp. ZPO § 3 Nr. 622.
2 OLG Frankfurt JurBüro 1962, 256.
3 OLG Schleswig SchlHA 1966, 85.
4 OLG Frankfurt JurBüro 1968, 634 sowie 1975, 512.
5 Ebenso OLG Nürnberg NJW 1977, 857 = AnwBl. 1977, 251; OLG Saarbrücken JurBüro 1979, 264 = AnwBl. 1979, 114; OLG München JurBüro 1978, 1564; OLG München, Beschl. v. 20. 3. 1984 – 24 W 48/84, JurBüro 1984, 1235 = KostRsp. ZPO § 3 Nr. 706 mit Anm. *E. Schneider*; OLG Celle, Beschl. v. Beschl. v 14. 7. 1986 – 4 W 100/86, KostRsp. ZPO § 3 Nr. 835 = JurBüro 1986, 1866; OLG Celle, Beschl. v. 26. 1. 1994 – 16 W 48/93, KostRsp. ZPO § 6 Nr. 144 = OLGR 1994, 111; LG Bayreuth JurBüro 1977, 1764.
6 OLG Bamberg JurBüro 1975, 940.
7 OLG Nürnberg AnwBl. 1970, 55.
8 Siehe OLG Nürnberg JurBüro 1977, 717 = AnwBl. 1977, 251 = NJW 1977, 857.
9 OLG Saarbrücken JurBüro 1979, 264 = AnwBl. 1979, 114.

3367 Jedoch wird durchgehend versäumt, vom Kläger konkrete Zahlenangaben darüber zu verlangen, worin sein wirtschaftlicher Nachteil besteht und wie er sich berechnet. Diese Aufklärung sollte einer abrundenden prozentualen Schätzung vorausgehen.[1]

3368 Begehrt der Beklagte als **Berufungskläger** die Abänderung des ihn zur Einwilligung in die Löschung einer Auflassungsvormerkung verurteilenden Urteils in eine Verurteilung Zug um Zug gegen Zahlung des Klägers an ihn, so ist sein Interesse durch den Wert der Auflassungsvormerkung begrenzt, solange er nicht Widerklage erhoben hat.[2]

3369 Sind sich die Parteien darüber einig, dass der zwischen ihnen geschlossene Grundstückskaufvertrag aufgehoben ist, besteht also kein Streit darüber, dass der durch die Auflassungsvormerkung gesicherte Anspruch nicht mehr besteht, so ist nach OLG Celle[3] die auf Löschung der Auflassungsvormerkung gerichtete Klage mit etwa $1/10$ des Kaufpreises zu bewerten.

3370 Dieser überzeugenden Auffassung ist auch das LG Bayreuth[4] gefolgt, weil in solchen Fällen der Grundbucheintragung nur noch formale Bedeutung zukommt.

3371 Damit dürfte es jedoch kaum zu vereinbaren sein, wenn das OLG Celle in einer anderen Entscheidung[5] ausgeführt hat, der Streitwert für eine Klage auf Löschung einer Hypothek richte sich auch dann nach dem Nennbetrag der Hypothek, wenn diese unstreitig getilgt sei und der Beklagte die Löschungsbewilligung nur unter Berufung auf eine Forderung von geringerer Höhe verweigere.

3372 Insoweit sind die generellen Bedenken gegen die Nichtberücksichtigung einer Gegenleistung bei unstreitigem Hauptanspruch vorzubringen (siehe dazu das Stichwort „Auflassung" Rn. 458 ff.).

3373 Zutreffend hat demgegenüber das OLG Köln[6] den Streitwert einer Klage auf Löschung von Arresthypotheken nur auf $1/4$ des Betrages der Restforderungen angesetzt, weil die Löschungsverpflichtung des Arrestgläubigers aufgrund eines Prozessvergleiches feststand und lediglich noch darüber gestritten wurde, wann die unstreitige Verpflichtung zur Abgabe der Löschungsbewilligungen zu erfüllen sei.

3374 Nach OLG Frankfurt[7] hat bei einer Klage auf Feststellung der Nichtigkeit eines Grundstückskaufvertrages der Zusatzantrag auf Verurteilung zur Abgabe der Löschungsbewilligung wegen der Auflassungsvormerkung keinen besonderen Wert, da diese Verpflichtung eine selbstverständliche Folge der Vertragsnichtigkeit sei.

---

1 Siehe dazu E. *Schneider* MDR 1983, 638.
2 OLG Celle Rpfleger 1970, 248.
3 OLG Celle JurBüro 1970, 434 = Nds.Rpfl. 1970, 167 = Rpfleger 1970, 248.
4 LG Bayreuth JurBüro 1979, 1884.
5 OLG Celle MDR 1977, 935.
6 OLG Köln MDR 1977, 495.
7 OLG Frankfurt AnwBl. 1982, 247.

Dem kann nicht zugestimmt werden. Das Urteil auf Feststellung der Vertrags- **3375** nichtigkeit ersetzt noch keine Löschungsbewilligung. Dazu ist eine zusätzliche Willenserklärung des Beklagten erforderlich, zu der er nur durch Urteil gezwungen werden kann.

Deshalb ist der Streitwert gemäß § 5 ZPO um einen nach § 3 ZPO zu schätzen- **3376** den interessengemäßen Aufschlag zu erhöhen.

Mahnverfahren

Gliederungsübersicht

A. Einleitung 3377

B. Zuständigkeitsstreitwert

I. Allgemeines 3378
II. Zeitpunkt der Wertberechnung . 3380
III. Teilwiderspruch und -einspruch . 3384
IV. Widerspruch bzw. Einspruch
   gegen die Kosten 3386
V. „Erledigung" im Mahnverfahren 3387

C. Gebührenstreitwert

I. Allgemeines 3391

II. Teilwiderspruch und -einspruch   3397
III. Widerspruch bzw. Einspruch
    gegen die Kosten 3400
IV. „Erledigung" im Mahnverfahren   3402

D. Rechtsmittel und Beschwer

I. Zurückweisung Mahnbescheids-
   antrag 3404
II. Zurückweisung Vollstreckungs-
    bescheidantrag 3405
III. Abgabe an das Prozessgericht . . 3406

A. Einleitung

Das Mahnverfahren dient der beschleunigten Durchsetzung von Geldforderun- **3377** gen, die der Schuldner nicht erfüllen kann oder will. Ob der mit dem Mahnantrag verfolgte Anspruch besteht, wird im Mahnverfahren nicht überprüft. Im Hinblick auf einen damit möglichen Missbrauch des Verfahrens ist sein Anwendungsbereich durch § 688 Abs. 2 ZPO eingeschränkt worden. Soweit sie nicht der schriftlichen und schematischen Ausgestaltung des Verfahren zuwiderlaufen, gelangen die allgemeinen Verfahrensvorschriften der ZPO zur Anwendung.

B. Zuständigkeitsstreitwert

I. Allgemeines

Für Durchführung des Mahnverfahrens ist das Amtsgericht ohne Rücksicht auf **3378** den Wert der geltend gemachten Forderung sachlich ausschließlich zuständig, § 689 Abs. 1 S. 1 ZPO. Bewertungsprobleme stellen sich insoweit nicht.

Anders liegt es beim **Übergang in das streitige Verfahren**. Hier kann es zu **3379** Wertunterschieden zwischen Mahn- und Streitverfahren kommen, etwa weil der Antragsgegner den Mahn- bzw. Vollstreckungsbescheid nicht in vollem

Umfang angegriffen, während des Mahnverfahrens Zahlungen auf die im Mahnbescheid geltend gemachte Forderung erbracht hat und/oder der Antragsteller
die Forderung im streitigen Verfahren nicht mehr unverändert weiterverfolgt.

II. Zeitpunkt der Wertberechnung

3380 Maßgeblicher Zeitpunkt für die Wertberechnung ist gemäß § 4 Abs. 1 ZPO
derjenige der Klageeinreichung (Anhängigkeit). Diesem Zeitpunkt entspricht
bei der Überleitung der Mahnsache in das streitige Verfahren gemäß § 696
Abs. 1 S. 4 ZPO der **Eingang der Akten beim Prozessgericht**, nicht die Einreichung des Mahnantrages oder des Antrages auf Durchführung des streitigen
Verfahrens.[1]

3381 Der vorgenannte Bewertungszeitpunkt wird durch die Regelung über die **Fortdauer einer einmal begründeten Zuständigkeit** in § 261 Abs. 3 Nr. 2 ZPO nicht
in Frage gestellt. Zwar gilt nach § 696 Abs. 3 ZPO die Streitsache mit Zustellung des Mahnbescheides als rechtshängig geworden, jedoch findet § 261 Abs. 3
Nr. 2 ZPO auf diese zurückbezogene Rechtshängigkeit nach ganz überwiegender Ansicht wegen der Besonderheiten des Mahnverfahrens keine Anwendung.[2]
Es handelt sich um eine Rückwirkungsfiktion für materiell-rechtliche Normen,
die an den Eintritt der Rechtshängigkeit anknüpfen, beispielsweise für den Anfall von Prozesszinsen (§ 291 BGB) oder den Ersatz von Nutzungen im Eigentümer-Besitzer-Verhältnis (§ 987 BGB).

3382 Die mit dem Erlass des Vollstreckungsbescheids verbundene fiktive Rechtshängigkeit nach § 700 Abs. 2 ZPO rechtfertigt keine andere Bewertung, was bereits
aus der Verweisung in § 700 Abs. 3 S. 2 ZPO folgt. Danach gilt bei Einlegung
eines Einspruchs § 696 Abs. 1 S. 4 ZPO, wonach der Rechtsstreit (erst) mit
Akteneingang als anhängig anzusehen ist, entsprechend. Maßgeblicher Zeit-

---

1 KG, Beschl. v. 21. 2. 2002 – 2 AR 19/02, MDR 2002, 1147; OLG Frankfurt, Beschl. v.
21. 2. 1996 – 21 AR 10/96, NJW-RR 1996, 1403; Beschl. v. 28. 7. 1992 – 20 AR 109/92,
OLGR 1993, 15 = JurBüro 1993, 557 = NJW-RR 1992, 1341; OLG Hamm, Beschl. v.
26. 4. 2001 – 23 W 594/00, JurBüro 2002, 89; OLG München, Beschl. v. 16. 11. 1998 –
11 W 2823/98 MDR 1999, 508 = NJW-RR 1999, 944; OLG Rostock, Beschl. v. 18. 2.
2002 – 8 W 64/01, MDR 2002, 665; OLG Stuttgart, Beschl. v. 24. 2. 1999 – 8 W 527/98,
MDR 1999, 634; Musielak/*Smid*, § 4 Rn. 4; Zöller/*Herget*, § 4 Rn. 3; a.A. für Gebührenstreitwert OLG Düsseldorf, Beschl. 25. 6. 1996 – 10 W 50/96, JurBüro 1997, 145 =
NJW-RR 1997, 704 = JMBl.NW 1996, 250; Beschl. 26. 2. 1998 – 10 W 18/98, OLGR
1998, 251 = AGS 1998, 107 = NJW 1999, 2000 = NJW-RR 1998, 1077: jeweils zu Unrecht
auf den Streitantrag abstellend.
2 BayObLG, Beschl. v. 29. 6. 1994 – 1 Z AR 31/94, MDR 1995, 312 = NJW-RR 1995, 636;
KG, Beschl. v. 21. 2. 2002 – 2 AR 19/02, MDR 2002, 1147; Beschl. v. 27. 11. 197 – 28 AR
55/97, MDR 1998, 35; OLG Frankfurt, Beschl. v. 16. 9. 1994 – AR 15/94, NJW-RR 1995,
831; OLG Hamburg, Beschl. v. 9. 6. 1998 – 8 W 139/98, OLGR 1998, 407 = JurBüro
1998,652 = MDR 1998,1121; OLG München, Beschl. v. 16. 5. 1997 – 11 W 1392/97,
JurBüro 1997, 602; OLG Stuttgart , Beschl. v. 12. 4. 1984 – 8 W 324/83, MDR 1984, 673
= JurBüro 1984, 1220; MünchKomm.ZPO/*Holch*, § 696 Rn. 21; Musielak/*Voit*, § 696
Rn. 6; Zöller/*Vollkommer*, § 696 Rn. 7.

punkt für § 261 Abs. 3 Nr. 2 ZPO ist auch hier der Akteneingang, sodass bei Wertdifferenzen zwischen Mahn- und Vollstreckungsbescheid immer auf Letzteren abzustellen ist.[1]

Die vorstehenden Ausführungen gelten auch dann, wenn die **Abgabe nach Widerspruchseinlegung nicht alsbald** erfolgt. Da ein Eintritt der Rechtshängigkeit vor Anhängigkeit ausscheidet, kommt alternativ zum Akteneingang nur die nach außen erkennbare Aufnahme der gerichtlichen Tätigkeit[2] oder die Zustellung der Anspruchsbegründung in Betracht.[3] Beides trägt den Besonderheiten des Mahnverfahrens nur unzureichend Rechnung.[4] Streitwertrechtlich gewinnt die Frage an Bedeutung, wenn eine Antragsbeschränkung auf einen Wert unterhalb der Zuständigkeitsgrenze erstmals in der nach Abgabe eingereichten Anspruchsbegründung erfolgt. § 261 Abs. 3 Nr. 2 ZPO stünde dann einer Verweisung vom LG an das AG nicht entgegen.[5]   3383

III. Teilwiderspruch und -einspruch

Legt der Antragsgegner gegen den Mahnbescheid nur teilweise Widerspruch ein, erfolgt eine Abgabe nur im Umfang des widersprochen Teils, §§ 694 Abs. 1, 696 Abs. 1 ZPO. Allein der von der Abgabe betroffene Teil des Mahnantrages (Streitgegenstandes) wird beim Prozessgericht an- und rechtshängig, während hinsichtlich des beim Mahngericht verbliebenen Teils Vollstreckungsbescheid beantragt werden kann.[6] Beschränkt der Antragsgegner (in zulässiger Weise) seinen Einspruch, wird der nicht angegriffene Teil des Vollstreckungsbescheides rechtskräftig, § 700 Abs. 1 ZPO. Auch hier gelangt das Mahnverfahren nicht in vollem Umfang an das Prozessgericht.   3384

Der Streitwert des Erkenntnisverfahrens richtet sich in beiden Fällen nach dem Umfang der Abgabe, d.h. dem Wert des streitigen Anspruchs, wobei entsprechend den allgemeinen Regeln Zinsen und Kosten unberücksichtigt bleiben, § 4 Abs. 1 ZPO, § 43 GKG (§ 22 GKG a.F.).   3385

---

1 OLG Braunschweig, Beschl. v. 16. 2. 1999 – 1 W 5/99, OLGR 1999, 310; OLG Koblenz, Rpfleger 1982, 292; MünchKomm.ZPO/*Holch*, § 700 Rn. 7; Musielak/*Voit*, ZPO, § 700 Rn. 3; Zöller/*Vollkommer*, § 686 Rn. 6; ohne Begründung a.A. *Fischer* MDR 2000, 301 (303); *Thomas/Putzo*, § 700 Rn. 3.
2 So OLG Köln, Urteil v. 22. 2. 1985 – 6 U 191/84, MDR 1985, 680.
3 So Baumbach/Lauterbach/*Hartmann*, § 696 Rn. 11; MünchKomm.ZPO/*Holch*, § 696 Rn. 21; Musielak/*Voit*, § 696 Rn. 4.
4 KG, Beschl. v. 13. 2. 1998 – 28 AR 61/97, MDR 1998, 618; Beschl. v. 27. 11. 1997 – 28 AR 55/97, MDR 1998, 735; Zöller/*Vollkommer*, ZPO, § 696 Rn. 5 m.w.N.; offen lassend KG, Beschl. v. 21. 1. 2002 – 2 AR 19/02, MDR 2002, 1147; offen lassend für Einhaltung materiell-rechtlicher Fristen BGH, Urteil v. 14. 11. 1991 – IX ZR 250/90, MDR 1992, 180 = NJW 1993, 1070: spätestens mit Zustellung der Anspruchsbegründung; BGH, Urteil v. 18. 10. 1990 – IX ZR 43/90, BGHZ 112, 325 = NJW 1991, 171: nicht vor Abgabe.
5 Vgl. etwa KG, Beschl. v. 21. 2. 2002 – 2 AR 19/02, MDR 2002, 147.
6 Zöller/*Vollkommer*, § 699 Rn. 9.

IV. Widerspruch bzw. Einspruch gegen die Kosten

3386 Der Antragsgegner kann seinen Widerspruch bzw. Einspruch auf die im Mahnbescheid bzw. Vollstreckungsbescheid enthaltene Kostenentscheidung beschränken. Bewertungsrechtlich entspricht dies dem bereits erörterten Teilwiderspruch, da eine Abgabe des Mahnverfahrens an das Prozessgericht nur hinsichtlich der noch streitigen Kosten erfolgt, die damit nach § 4 Abs. 1 ZPO, § 43 Abs. 3 GKG (§ 22 Abs. 3 GKG a.F.) zur Hauptsache werden.[1] Der Zuständigkeitswert bemisst sich folglich nach der Summe der durch das Mahnverfahren verursachten gerichtlichen und außergerichtlichen Kosten, soweit der Wert der Hauptsache nicht überschritten wird.

V. „Erledigung" im Mahnverfahren

3387 Wie bereits dargelegt, bestimmt sich der Zuständigkeitsstreitwert danach, in welchem Umfang das Mahnverfahren an das Streitgericht abgegeben worden ist. Dies wird bei Zahlungen des Beklagten während des Mahnverfahrens maßgeblich davon beeinflusst, ob sich der Kläger bereits im Mahnverfahren, d.h. vor Abgabe der Akten an das Prozessgericht, auf eine vollständige oder nur teilweise materielle Erledigung der Mahnantragsforderung berufen und diese insoweit nicht mehr zur Entscheidung des Prozessgerichts gestellt hat.

3388 In der Praxis geschieht dies oft dadurch, dass vom Kläger „der Rechtsstreit" in der Hauptsache (teilweise) für erledigt erklärt wird. Darin ist weder eine **Rücknahme des Streitantrages** noch ein **Antrag auf Feststellung einer dahingehenden „Erledigung"** zu sehen. Die Erklärung ist vielmehr sachgerecht dahingehend auszulegen, dass der Kläger – unter Aufgabe des bisherigen Mahnantrages – die **Feststellung der** (materiell-rechtlichen) **Verpflichtung des Beklagten zur Kostentragung** begehrt. Denn gegen eine Wertung als Rücknahme des Streitantrages spricht, dass der „erledigte" Teil des Mahnverfahrens nicht in das Streitverfahren übergeleitet und damit eine Entscheidung über die durch diesen verursachten Kosten verhindert wird, obwohl dem Kläger an einer Sachentscheidung gelegen ist.[2]

3389 Erfolgt dagegen eine **Abgabe ohne einschränkende Antragstellung** des Klägers, dann wird das aus dem Mahn- oder Vollstreckungsbescheid ersichtliche Klagebegehren in vollem Umfang rechtshängig.[3] Der Streitwert bestimmt sich nach

---

1 OLG Frankfurt, Beschl. v. 16. 9. 1983 – 5 W 9/83, MDR 1984, 149 = ZIP 1983, 328; OLG Koblenz, Beschl. v. 25. 3. 1994 – 5 W 117/94, JurBüro 1995, 323; OLG Zweibrücken, OLGZ 1971, 380; MünchKomm.ZPO/*Holch*, § 694 Rn. 18; Zöller/*Vollkommer*, § 694 Rn. 1.

2 OLG Düsseldorf, Urteil v. 20. 12. 2001 – 23 U 59/01, OLGR 2002, 296; OLG Hamm, Beschl. v. 12. 6. 2001 – 21 W 29/00 + 21 W 7/01, OLGR 2001, 297; OLG München, Beschl. v. 28. 2. 1996 – 28 W 676/96, OLGR 1996, 107 = JurBüro 1996, 368 = NJW-RR 1996, 956; *Liebheit* NJW 2000, 2235 (2236).

3 OLG Hamm, Beschl. v. 12. 6. 2001 – 21 W 7/01, OLGR 2001, 297.

der Höhe des im Mahn- bzw. Vollstreckungsbescheid aufgeführten Zahlungsanspruchs.

Zu den Einzelheiten siehe unter dem Stichwort „Erledigung" Rn. 1799 ff., 1855 ff.   3390

C. Gebührenstreitwert

I. Allgemeines

Im **Mahnverfahren** richten sich die Gerichtskosten (Nr. 1110 KV GKG) und   3391
Gebühren für die anwaltliche **Vertretung des Antragstellers** (Nr. 3305 VV
RVG) gemäß §§ 3, 39 GKG (entspricht weitgehend §§ 11, 12 GKG a.F.) und
§ 23 RVG (§ 8 BRAGO) nach dem Wert des im Mahnantrag geltend gemachten Zahlungsanspruchs.[1] Insoweit gelten die allgemeinen Regeln, Zinsen und
Kosten bleiben als Nebenforderung unberücksichtigt, § 4 Abs. 1 ZPO, § 43
GKG (§ 22 GKG a.F.). Probleme des Gebührenstreitwertes ergeben sich regelmäßig erst im Zusammenhang mit der Abgabe des Verfahrens an das Prozessgericht.

Wird das Verfahren nach Erhebung des Widerspruchs oder Einlegung des Ein-   3392
spruchs an das Streitgericht abgegeben (§§ 696 Abs. 1, 700 Abs. 3 ZPO), entsteht
mit Eingang der Akten die **allgemeine Verfahrensgebühr (Nr. 1210 KV GKG)**
unter Anrechnung der Gebühr nach Nr. 1110 KV GKG, soweit Mahn- und
Streitverfahren denselben Streitgegenstand betreffen. Entscheidend für die
Wertbestimmung ist daher der Umfang, in dem das Mahnverfahren in das streitige Verfahren übergeleitet wird. Der bislang bestehende Streit, ob sich die Verfahrensgebühr – bei einer (bedingten) Streitantragstellung bereits im Mahnbescheidsantrag (§ 696 Abs. 1 S. 2 ZPO) – nach dem Wert des mit dem Mahnbescheid geltend gemachten Anspruchs unabhängig davon bestimmt, ob der Anspruch vom Antragsteller (Kläger) noch vor Abgabe teilweise für „erledigt"
erklärt worden ist,[2] ist mit dem Kostenrechtsmodernisierungsgesetz 2004 überholt.[3] Ausweislich der amtlichen Anmerkungen zu Nr. 1210 KV GKG ist
kostenrechtlich – wie auch beim Zuständigkeitsstreitwert (siehe oben
Rn. 3380 ff.) – der Eingang der Akten beim Prozessgericht der für die Wertbestimmung maßgebende Zeitpunkt.

Bleibt ein Widerspruch des Antragsgegners innerhalb der Widerspruchsfrist aus   3393
und wird infolgedessen **Antrag auf Erlass eines Vollstreckungsbescheides** gestellt, dann entsteht eine halbe Verfahrensgebühr (nur) für die Vertretung des

---

1 *Hartmann*, KV 1110 Rn. 4; *Anders/Gehle/Kunze*, Stichwort „Mahnverfahren".
2 So die sog. Vorverlegungstheorie – OLG Bamberg FamRZ 1999 1292; OLG Düsseldorf
   NJW-RR 1998, 1077; OLG Hamburg, Beschl. v. 9. 6. 1998 – 8 W 139/98, OLGR 1998,
   407 = MDR 1998, 1121 = JurBüro 1998, 652; dagegen mit Recht *Liebheit* NJW 2000,
   2235; OLG Hamburg, Beschl. v. 30. 11. 2000 – 8 W 294/00, MDR 2001, 294 mit zust.
   Anm. *Schütt*.
3 Ebenso *Hartmann*, KV 1210 Rn. 5.

Antragstellers (Nr. 3308 VV RVG).[1] Die Regelung entspricht inhaltlich § 43 Abs. 1 Nr. 3 BRAGO. Der Gegenstandswert dieser nicht der Anrechnung unterliegenden Verfahrensgebühr bemisst nach der Höhe des mit dem Vollstreckungsbescheid verfolgten Anspruchs.[2] Zahlungen des Antragsgegners, die bei der Antragstellung gemäß § 699 Abs. 1 ZPO zu berücksichtigen sind, führen folglich zu einer Wertminderung. Die auf den „erledigten" Teil des Mahnverfahrens anfallenden Kosten bleiben bei der Wertbestimmung gemäß § 4 Abs. 1 ZPO, § 43 Abs. 3 GKG (§ 22 Abs. 3 GKG a.F.) unberücksichtigt, da es sich ausweislich §§ 696 Abs. 1 S. 5, 281 Abs. 3 S. 1 ZPO um Kosten des Rechtsstreits handelt.

3394 Wird der Anwalt nach Erlass des Mahnbescheids mit der Widerspruchseinlegung oder nach Erlass des Vollstreckungsbescheids mit der Erhebung des Einspruchs beauftragt, richtet sich der Gegenstandswert für die anwaltliche **Vertretung des Antragsgegners** (Nr. 3307 VV RVG) über § 23 RVG (§ 8 BRAGO) nach dem Wert des Mahnanspruchs, soweit nicht der Rechtsbehelf seinem Umfang nach bereits nach dem Inhalt der Mandatierung beschränkt werden soll.[3]

3395 Mit dem **Antrag auf Durchführung des streitigen Verfahrens** erwächst dem Prozessbevollmächtigten die allgemeine Verfahrensgebühr nach Nr. 3100 VV RVG.[4] Der Gegenstandswert berechnet sich gemäß § 23 Abs. 1 RVG (entspricht weitgehend § 8 Abs. 1 BRAGO) nach dem in der Instanz erreichten höchsten Wert für das streitige Verfahren, soweit keine weitergehende Mandatierung erfolgt; nachträgliche Wertminderungen bleiben unberücksichtigt.[5] Maßgebend ist daher auch hier der Umfang, in dem das Mahnverfahren in das **streitige Verfahren** übergeleitet wird, mithin der Wert zum Zeitpunkt des Eingangs der Akten beim Prozessgericht (§ 694 Abs. 1 S. 3 ZPO).

3396 Mit der **Abgabe des Rechtsstreits an das Prozessgericht** (§§ 696 Abs. 1 bzw. 700 Abs. 3 ZPO) endet das Mahnverfahren.[6] Die nunmehr nach Nr. 1210 KV GKG und Nr. 3100 VV RVG entstehende gerichtliche und anwaltliche Verfahrensgebühr bestimmt sich vorbehaltlich von Beschränkungen oder Erweiterung des Streitgegenstandes nach dem Umfang der Abgabe. Insoweit und bezüglich des **Zeitpunktes der Wertberechnung** kann auf die Ausführungen zum Zuständigkeitsstreitwert Bezug genommen werden.

---

1 OLG Bamberg, Beschl. v. 3. 12. 1979 – 1 W 59/79, KostRsp. BRAGO § 43 Nr. 30 = JurBüro 1980, 721; a.A. Schneider/Wolf/*Mock*, RVG, VV 3308 Rn. 8, der jede, also auch eine vor Antragstellung liegende Tätigkeit ausreichen lassen will.
2 *Hartmann*, VV 3308 Rn. 16.
3 OLG Saarbrücken, KostRsp. BRAGO, § 43 Nr. 14 = JurBüro 19973, 132 mit Anm. *Schmidt*; Gebauer/Schneider/*Gebauer*, VV 3307 Rn. 25; wohl auch Schneider/Wolf/ *Mock*, VV 3307 Rn. 7, 32.
4 OLG Hamburg, Beschl. 15. 12. 1993 – 8 W 235/93, JurBüro 1994, 608 = MDR 1994, 520; OLG Jena, Beschl. 22. 11. 1999 – 5 W 594/99, KostRsp. BRAGO § 31 Ziff. 1 Nr. 127 = JurBüro 2000, 472; OLG Oldenburg, Beschl. v. 25. 5. 1990 – 1 W 60/90, JurBüro 1990, 613.
5 Schneider/Wolf/*Duderka/N. Schneider*, VV Vorb. 3 Rn. 80, 81.
6 OLG München, Beschl. v. 30. 9. 1997 – 11 W 2456/97, MDR 1998, 62 = NJW-RR 1998, 504; Zöller/*Vollkommer*, § 696 Rn. 5.

II. Teilwiderspruch und -einspruch

Bei einem (zulässigen) **Teilwiderspruch** wird nur der vom Widerspruch betroffene Teil des Mahnbescheids an das Prozessgericht abgegeben, hinsichtlich des verbliebenen Teils kann beim Mahngericht Vollstreckungsbescheid beantragt werden. Wird dies vom Kläger übersehen und vor dem Prozessgericht „der Antrag aus dem Mahnbescheid" gestellt, bedarf es eines gerichtlichen Hinweises (§ 139 ZPO).

3397

Streitig ist insoweit, ob der Kläger, anstatt die Durchführung des streitigen Verfahrens zu beantragen, den Anspruch auch **unmittelbar im Wege der Klageerhebung** geltend machen kann.[1] Zwar steht dem nicht eine anderweitige Rechtshängigkeit der Forderung (§ 261 Abs. 3 Nr. 1 ZPO) entgegen, da das Mahnverfahren keine Rechtshängigkeit begründet. Jedoch fehlt es für die Klageerhebung am allgemeinen Rechtsschutzbedürfnis, da dem Kläger mit der Fortsetzung des Mahnverfahrens ein einfacherer und kostengünstigerer Weg zur Erlangung eines Titels (Vollstreckungsbescheid) zur Verfügung steht. Bei verständiger Würdigung ist der Klageantrag daher dahingehend auszulegen, dass der Antrag aus dem Mahnbescheid nur im Umfang der Abgabe gestellt werden soll. Dementsprechend kommt es für das streitige Verfahren auch zu keiner Erhöhung des bereits durch den Umfang der Abgabe bestimmten Streitwertes.

3398

Legt der Antragsgegner (in zulässiger Weise) gegen den Vollstreckungsbescheid nur **teilweise Einspruch** ein, gelangt das Mahnverfahren nur in diesem Umfang an das Prozessgericht, im Übrigen wird der Vollstreckungsbescheid rechtskräftig, § 700 Abs. 1 ZPO. Ein – ohne entsprechende Beschränkung – auf Aufrechterhaltung des Vollstreckungsbescheides gerichteter Klageantrag ist daher sprachlich ungenau und berichtigend auszulegen.

3399

III. Widerspruch bzw. Einspruch gegen die Kosten

Wie bereits beim Zuständigkeitsstreitwert dargestellt, kann der Antragsgegner seinen Widerspruch bzw. Einspruch auf die im Mahnbescheid bzw. Vollstreckungsbescheid enthaltene Kostenentscheidung beschränken. Da in diesem Fall das Mahnverfahren nur hinsichtlich der noch streitigen Kosten abgegeben wird, werden diese gemäß § 4 Abs. 1 ZPO, § 43 Abs. 3 GKG (§ 22 Abs. 3 GKG a.F.) zur Hauptsache.[2] Wertbestimmend ist auch hier die Summe der durch das Mahnverfahren verursachten gerichtlichen und außergerichtlichen Kosten, soweit nicht der Wert der bisherigen Hauptsache geringer ist.

3400

---

1 Siehe MünchKomm.ZPO/*Holch*, § 696 Rn. 17 m.w.N.
2 OLG Frankfurt, Beschl. v. 16. 9. 1983 – 5 W 9/83, MDR 1984, 149 = ZIP 1983, 328; OLG Koblenz, Beschl. v. 25. 3. 1994 – 5 W 117/94, JurBüro 1995, 323; OLG Zweibrücken, OLGZ 1971, 380; MünchKomm.ZPO/*Holch*, § 694 Rn. 18; Zöller/*Vollkommer*, § 694 Rn. 1, § 700 Rn. 7.

3401   Teilt der Antragsteller mit Einreichung des Antrages auf Erlass eines Vollstreckungsbescheides dem Mahngericht gemäß § 699 Abs. 1 S. 2 ZPO mit, die
Hauptforderung sei bezahlt worden, dann „erledigt" sich dadurch allein die
Hauptsache nicht; ein auf dem Vollstreckungsbescheid angebrachter Vermerk
„abzüglich gezahlter ... Euro" stellt auch nicht die Erledigung der Hauptsache
fest. Er besagt aber, dass ein auf die Kosten beschränkter Vollstreckungsbescheid ergeht. Der Wert des nach einem **allein gegen die Kostenlast eingelegten
Einspruch** abgegebenen Mahnverfahrens ist folglich nur nach dem Wert der bis
zur Einlegung des Einspruchs erwachsenen Kosten zu berechnen.[1]

IV. „Erledigung" im Mahnverfahren

3402   Beim Zuständigkeitsstreitwert wurde bereits ausgeführt, dass Zahlungen mit
materiell-rechtlich erledigender Wirkung auf den Wert des streitigen Verfahrens
nur dann Einfluss nehmen, wenn ihnen der Antragsteller vor Abgabe durch
eine entsprechende eingeschränkte Antragstellung Rechnung getragen hat. Damit ist noch nicht entschieden, welche streitwertrechtlichen Auswirkungen
Antragsänderung nach Abgabe haben.

3403   Wegen der Einzelheiten wird auch insoweit auf das Stichwort „Erledigung"
Rn. 1799 ff., 1855 ff. verwiesen.

D. Rechtsmittel und Beschwer

I. Zurückweisung des Mahnantrages

3404   Die Zurückweisung des Mahnantrages ist mit der sofortigen Beschwerde nur
angreifbar, wenn die Zurückweisung auf eine zur maschinellen Verarbeitung
ungenügende Form des Mahnantrages gestützt wird, § 691 Abs. 3 S. 1 ZPO. Im
Übrigen ist die Zurückweisung nach ganz überwiegender Ansicht nicht mit der
Beschwerde (arg. § 691 Abs. 3 S. 2 ZPO), aber mit der Erinnerung nach § 11
Abs. 2 RpflG angreifbar. Der Beschwerdewert richtet sich nach dem Umfang
der Zurückweisung des geltend gemachten Anspruchs.

II. Zurückweisung des Antrags auf Erlass eines Vollstreckungsbeschei-
des

3405   Weist der Rechtspfleger (§ 20 Nr. RpflG) den Vollstreckungsbescheidsantrag zurück, steht dem Antragsteller die sofortige Beschwerde nach §§ 11 Abs. 1 RpflG
i.V.m. 567 ZPO zu. Auch hier entspricht der Beschwerdewert dem Umfang der
Zurückweisung.

---

1 KG, Beschl. v. 10. 9. 1982 – 1 W 2507/82, KostRsp. ZPO § 3 Nr. 616 = JurBüro 1983, 281
= MDR 1983, 323.

III. Abgabe an das Prozessgericht

Wird rechtzeitig Widerspruch erhoben und beantragt eine Partei die Durchfüh- 3406
rung des streitigen Verfahrens oder wird nach Erlass des Vollstreckungsbescheides verspätet Widerspruch oder Einspruch erhoben, dann gibt das Mahngericht
den Rechtsstreit von Amts wegen an das Prozessgericht ab. Diese Entscheidung
ist gemäß § 696 Abs. 1 S. 3 ZPO nicht anfechtbar, auch nicht mit der Erinnerung nach § 11 Abs. 1 RpflG.[1]

Fehlt es an einem Widerspruch des Antragsgegners, scheidet eine Abgabe an 3407
das Prozessgericht aus. Ein gleichwohl angeordnete Abgabe bleibt ohne Bindungswirkung und zwingt zur Rückgabe des Verfahrens an das Mahngericht.
Die Rückgabeentscheidung unterliegt wiederum der Beschwerde.[2] Der im
Mahnbescheid geltend gemachte Anspruch bestimmt auch hier den Beschwerdewert.

Lehnt das Mahngericht den Antrag auf Durchführung des streitigen Verfahrens 3408
und damit die Abgabe an das Prozessgericht ab, ist die Erinnerung gemäß § 11
Abs. 1 RpflG eröffnet.[3]

Mehrere Ansprüche (Klagenhäufung)

Literatur: *E. Schneider* JurBüro 1965, 873; *Schalhorn* JurBüro 1968, 363; *Schumann* NJW
1982, 2800; *Frank*, Anspruchsmehrheiten im Streitwertrecht, 1986; *E. Schneider* MDR
1990, 197.

Gliederungsübersicht

A. Einleitung 3409

B. Zuständigkeitsstreitwert
I. Grundsatz der Wertaddition . . . 3412
II. Verbot der Wertaddition
  1. Rechtliche Identität 3421
  2. Wirtschaftliche Identität . . . 3422
  3. Nebenansprüche 3423

C. Gebührenstreitwert
I. Grundsatz der Wertaddition . . . 3424

II. Verbot der Wertaddition
  1. Rechtliche Identität 3431
  2. Wirtschaftliche Identität . . . 3433
    a) Einzelfälle der objektiven
      Klagehäufung 3436
    b) Einzelfälle der subjektiven
      Klagehäufung 3441
  3. Nebenansprüche 3442

D. Rechtsmittel und Beschwer . . . 3444

---

1 Musielak/*Voit*, § 696 Rn. 3.
2 OLG Dresden, Beschl. v. 18. 12. 2000 – 8 W 663/00, OLGR 2001, 373 = Rpfleger 2001,
437 = OLG-NL 2002, 165.
3 Musielak/*Voit*, § 696 Rn. 3.

Stichwortübersicht

Aufrechnung 3417, 3427
Bauhandwerkersicherungshypothek . 3438
Bezugsverpflichtung 3437
Ehrverletzende Äußerungen
– Widerruf und Unterlassung 3437
Eigentumsvorbehalt 3438
Elterliche Sorge 3437
Gegenstandsbegriff 3434
Gesamtgläubiger und -schuldner . . 3441
Gläubigeranfechtungsgesetz 3441
Grundschuldbrief 3440
Haupt- und Hilfsantrag 3415, 3427
– unechter Hilfsantrag 3416
Hauptschuldner und Bürge 3441
Herausgabe und Nutzungsersatz . . . 3437
Hypothek 3437
Kindschaftssachen 3437
Klage und Widerklage 3415, 3427
Klageänderung 3420, 3430
Löschung eingetragener Rechte 3439, 3440
Objektive Klagenhäufung
– Feststellung und Leistung 3439
– Leistung und Herausgabe 3438
– Leistung und Sicherung 3438
– Leistung und unterstützende
  Zusatzanträge 3440
– mehrere Leistungsansprüche . . . 3437
Mehrheit materieller Ansprüche . . . 3414
Miteigentümergemeinschaft, Auf-
  hebung 3440
Nacherbenvermerk 3440
Nebenansprüche 3423, 3442
Nichtvermögensrechtliche
  Ansprüche
– Mehrheit von 3412, 3425

– mehrerer Kläger 3441
– und vermögensrechtliche . . 3412, 3426
Prozesstrennung 3419, 3429, 3447
Prozessverbindung 2419, 3429
Rechtliche Identität 3412, 3431
Rechtshängigkeit, doppelte 3432
Rentenzahlung und Reallasteintra-
  gung 3438
Schadensersatz nach Fristsetzung . . 3440
Streitgenossen
– und Gesamtschuldner bzw.
  -gläubiger 3441
– unterschiedliche Inanspruch-
  nahme 3441
Stufenstreitwerte bei Klage-
  änderung 3420, 3430
Subjektive Klagenhäufung
– Beschwer 3445
– Einzelfälle 3441
Unterhalt
– Trennungs- und Nachscheidungs-
  unterhalt 3437
– Abänderung und Rückzahlung . . 3437
Unzulässigkeit der Zwangsvollstre-
  ckung 3437
Vermögensrechtlichen Ansprü-
  chen
– Mehrheit von 3412, 3425
Wirtschaftliche Identität . . . 3422, 3433
Zeitpunkt der Wertbestim-
  mung 3418, 3428
Zwangsvollstreckung
– Duldung 3441
– Unzulässigkeitserklärung 3437

A. Einleitung

3409 Die außergerichtliche und gerichtliche Rechtsverfolgung muss sich nicht auf die Geltendmachung nur eines prozessualen Anspruches beschränken. Neben der Geltendmachung verschiedener Lebenssachverhalte sowie von vorrangig und hilfsweise verfolgten Ansprüchen treten Forderungen von oder gegen mehrere Personen sowie die wechselseitige Inanspruchnahme der Parteien. Für eine streitwertrechtlich zutreffende Erfassung bedarf es jeweils der Klärung, ob bei einer Mehrheit von geltend gemachten Ansprüchen diese rechtlich oder wirtschaftlich identisch sind, da in diesem Fall eine Wertaddition ausscheidet.

Systematisch stellt sich die Häufung von Ansprüchen wie folgt dar: **3410**

  I. Zusammentreffen von Primäransprüchen

   1. einseitig: **objektive und subjektive Klagenhäufung**

   2. wechselseitig: Klage und Aufrechnung bzw. Widerklage

  II. Zusammentreffen von Hauptanspruch und Hilfsanspruch

   1. einseitig: Hauptantrag und (echter) Hilfsantrag

   2. wechselseitig: Klage und Hilfsaufrechnung bzw. -widerklage

  III. Wechselseitige Rechtsmittel

Da die Themenbereiche I. 2, II. und III. zum besseren Verständnis und der Über- **3411** sichtlichkeit wegen unter eigenen Stichwörtern behandelt werden, **beschränken sich die nachfolgenden Ausführungen** – von wenigen für das Gesamtverständnis erforderlichen Ausführungen abgesehen – **auf die Erörterung der Klagenhäufung**. Siehe daher im Übrigen unter den Stichwörtern „Klage und Widerklage", „Hilfsantrag", „Aufrechnung", „Hilfswiderklage" und „Rechtsmittel".

B. Zuständigkeitsstreitwert

I. Grundsatz der Wertaddition

Gemäß § 5 Hs. 1 ZPO werden mehrere in einer Klage nebeneinander **primär** **3412** **geltend gemachte Ansprüche**, soweit verschiedene Streitgegenstände vorliegen, grundsätzlich zusammengerechnet.[1] Dies gilt nach allgemeiner Meinung bei der subjektiven Klagenhäufung nach §§ 59 ff. ZPO sowie der objektiven Klagenhäufung nach § 260 ZPO. Im letzteren Falle auch bei einer Mehrheit von nicht vermögensrechtlichen Ansprüchen[2] sowie bei dem Aufeinandertreffen von **vermögensrechtlichen und nicht vermögensrechtlichen Ansprüchen**.[3]

Ist die **sachliche Zuständigkeit** der Gerichte für einen der geltend gemachten **3413** Ansprüche vom **Streitwert unabhängig** geregelt, beispielsweise gemäß § 23 Nr. 2a GVG (amtsgerichtliche Zuständigkeit für Streitigkeiten bei Wohnraummiete), dann bleibt der Wert dieses Anspruchs bei der ansonsten nach § 5 Hs. 1 ZPO gebotenen Wertaddition unberücksichtigt.[4] Für die Zulässigkeit einer Klagehäufung (§ 260 ZPO) kommt es daher darauf an, dass das Prozessgericht auch für den weiteren Anspruch sachlich zuständig ist.

Wird eine Klageforderung nur auf mehrere Klagegründe (materiell-rechtliche **3414** Anspruchsgrundlagen) gestützt, also beispielsweise ein Herausgabeverlangen

---

1 BGH AnwBl. 1976, 339; *Meyer*, Anh. § 48 (§ 5 ZPO) Rn. 50.
2 OLG Koblenz, Beschl. v. 16. 8. 1984 – 6 U 771/83, JurBüro 1985, 257 = WRP 1985, 45 – mehrere Unterlassungsschuldner; OLG München, Beschl. v. 10. 11. 1992 – 21 W 2023/92, MDR 1993, 286 – mehrere Unterlassungsschuldner.
3 OLG Hamm JurBüro 1951, 21; *Anders/Kehle/Kunze*, Stichwort „Klagenhäufung" Rn. 4; *Zöller/Herget*, § 5 Rn. 7.
4 Musielak/*Smid*, § 5 Rn. 10.

zugleich aus Gesetz, Vertrag und unerlaubter Handlung hergeleitet, dann handelt es sich nicht um eine Klagenhäufung, sondern um eine **Mehrheit materieller Ansprüche**. Hier scheidet eine Zusammenrechnung aus.[1] Der Streitwert bestimmt sich vielmehr nach der höchsten anwendbaren Bewertungsvorschrift.[2]

3415 Von der Addition ebenfalls ausgenommen sind **Klage und Widerklage** (§ 5 Hs. 2 ZPO) sowie **Haupt- und (echter) Hilfsantrag**. Hier ist für den Zuständigkeitsstreitwert letztlich jeweils der höherwertige prozessuale Anspruch wertbestimmend.[3]

3416 Davon abzugrenzen ist der **unechte Hilfsantrag**, beispielsweise der Antrag auf Schadensersatz für den Fall der Nichterfüllung einer (gleichfalls titulierten) Leistungspflicht innerhalb einer bestimmten Frist (§§ 255, 259 ZPO, 283 BGB), bei dem es sich um einen Fall der kumulativen Klagenhäufung handelt. Hier gelten die allgemeinen Bewertungsregeln zur objektiven Klagehäufung (siehe im Einzelnen unter dem Stichwort „Hilfsantrag" und „Herausgabe").

3417 Die Geltendmachung eines Anspruchs im Wege der **Aufrechnung** bleibt auf den Zuständigkeitsstreitwert in jedem Fall ohne Einfluss, denn dieser wird durch den Streitgegenstand bestimmt und setzt Rechtshängigkeit des Anspruchs (§ 261 Abs. 1 ZPO) voraus. Da die Gegenforderung mit der Geltendmachung der Aufrechnung nicht rechtshängig wird,[4] ist insbesondere für eine Addition von Forderung und Gegenforderung gemäß § 5 S. 1 ZPO kein Raum.[5]

3418 Maßgeblicher **Zeitpunkt für die Wertbestimmung** ist gemäß § 4 ZPO der Zeitpunkt der Antrags- bzw. Klageeinreichung (und -erweiterung). Eine Veränderung der die Zuständigkeit begründenden Umstände nach Eintritt der Rechtshängigkeit ist (bei gleich bleibendem Streitgegenstand) für den Zuständigkeitswert ohne Bedeutung, § 261 Abs. 3 Nr. 2 ZPO.

3419 Dies gilt auch für die nachträgliche Zusammenführung oder Aufhebung anfänglich verbundener Ansprüche durch gerichtliche Anordnung der **Prozessverbindung** (§ 147 ZPO) oder **Prozesstrennung** (§ 146 ZPO). Eine einmal begründete Zuständigkeit des Prozessgerichts wird hierdurch nicht berührt.[6] Siehe hier auch unter den jeweiligen Stichwörtern.

3420 Die Werte vor und nach einer **Klageänderung** (§ 263 ZPO) geltend gemachter Ansprüche werden für den Zuständigkeitsstreitwert ebenfalls nicht zusammengerechnet. Das Verfahren hat zu jedem Zeitpunkt nur einen Streitgegenstand.

---

1 BGH, Beschl. v. 27. 2. 2003 – III ZR 115/02, BGHReport 2003, 576 = MDR 2003, 716 = NJW-RR 2003, 713 = AnwBl. 2003, 596; OLG Bremen JurBüro 1979, 731.
2 Zöller/*Herget*, § 3 Rn. 16 unter „Klagenhäufung".
3 Zöller/*Herget*, § 5 Rn. 4; *Anders/Gehle/Kunze*, Stichwort „Klagenhäufung" Rn. 4.
4 BGH, Urteil v. 11. 11. 1971 – VII ZR 57/70, BGHZ 57, 422 = MDR 1972, 318 = NJW 1972, 450 = WM 1972, 196 = JZ 1972, 170 = DB 1972, 236; Zöller/*Greger*, § 145 Rn. 18.
5 OLG Karlsruhe, Beschl. v. 13. 8. 1998 – 28 AR 63/98, MDR 1999, 438; Baumbach/Lauterbach/*Hartmann*, § 3 Rn. 17; Zöller/*Herget*, § 5 Rn. 9.
6 *Anders/Gehle/Kunze*, Stichwort „Klagenhäufung" Rn. 10, 11; Zöller/*Herget*, § 4 Rn. 7.

Daher müssen zeitbezogen unterschiedliche Werte – sog. Stufenwerte – festgesetzt werden.[1]

II. Verbot der Wertaddition

1. Rechtliche Identität

Wird ein Klagebegehren auf mehrere Klagegründe (materiell-rechtliche An-   3421
spruchsgrundlagen) oder Haupt- und Hilfsvorbringen gestützt, dann handelt es
sich nicht um eine Häufung prozessualer Ansprüche (Klagehäufung), sondern
um eine **Mehrheit materieller Ansprüche.** Hier ist ohne Zusammenrechnung
nur ein Streitwert und dieser nach der höchsten anwendbaren Bewertungsvorschrift festzusetzen.[2]

2. Wirtschaftliche Identität

Nur bei einer Mehrheit von Streitgegenständen (prozessualen Ansprüchen) be-   3422
darf es der Klärung, ob diese wirtschaftlich identisch sind. Betreffen diese „denselben Gegenstand", weil der eine Anspruch aus dem anderen folgt, auf dasselbe (wirtschaftliche) Interesse ausgerichtet ist oder nur den Zweck verfolgt, den
anderen Anspruch zu rechtfertigen oder ihm als Vorraussetzung oder Begründung zu dienen, scheidet eine Wertaddition aus.[3] Die Bewertungsgrundlagen
entsprechen daher denen des § 45 Abs. 1 S. 3 GKG (§ 19 Abs. 1 S. 3 GKG a.F.),
so dass auf die nachfolgenden Ausführungen zur wirtschaftlichen Identität
beim Gebührenstreitwert (unten Rn. 3433) verwiesen werden kann.

3. Nebenansprüche

Nebenforderungen sind von der eingeklagten Hauptforderung abhängige, in   3423
demselben Rechtsstreit verfolgte, jedoch getrennt von der Hauptsache berechnete Forderungen. Sie bleiben, von Ansprüchen aus Art. 45 ScheckG und
Art. 48 WG abgesehen (§ 4 Abs. 2 ZPO), gemäß § 4 ZPO bei der Bestimmung
des Zuständigkeitsstreitwertes unberücksichtigt, solange sie neben der Hauptforderung geltend gemacht werden. Siehe im Übrigen unter dem Stichwort
„Nebenforderungen".

---

1 Siehe dazu *Schneider*, Kostenentscheidung im Zivilurteil, 2. Aufl. 1977, § 22 VII und
   hier das Stichwort „Klageänderung".
2 BGH, Beschl. v. 27. 2. 2003 – III ZR 115/02, BGHReport 2003, 576 = MDR 2003, 716 =
   NJW-RR 2003, 713 = AnwBl. 2003, 596; Urteil v. 21. 2. 1985 – VIII ZR160/83, NJW
   1985, 1840; OLG Bremen JurBüro 1979, 731; Zöller/*Herget*, § 3 Rn. 16 unter „Klagenhäufung"; Wieczorek/*Gamp*, ZPO, 3. Aufl. 1994, § 5 Rn. 20.
3 Zöller/*Herget*, § 5 Rn. 8.

C. Gebührenstreitwert

I. Grundsatz der Wertaddition

3424 Nach der Neufassung des § 39 Abs. 1 GKG wird nunmehr ausdrücklich bestimmt, dass mehrere in einer Klage **primär geltend gemachte Ansprüche** zusammengerechnet werden, soweit sich im GKG keine abweichende Sonderregelung findet. Eine Änderung der bisherigen Rechtslage ist damit nicht verbunden, da die Regelung inhaltlich dem Verweis des § 12 Abs. 1 S. 1 GKG a.F. auf § 5 ZPO entspricht.[1]

3425 Für die Zusammenrechnung unterscheidet § 39 GKG nicht danach, ob Gegenstand der Klage eine **Mehrheit** von vermögensrechtlichen oder **von nichtvermögensrechtlichen Ansprüchen** ist. Da mit Letzteren kein wirtschaftliches Interesse verfolgt wird, ist deren (Gebühren)Streitwert unter Berücksichtung aller Umstände des Einzelfalls, insbesondere der Bedeutung und des Umfangs der Sache sowie der finanziellen Verhältnisse, der Parteien zu bestimmen, § 48 Abs. 2 GKG (§ 12 Abs. 2 GKG a.F.). In beiden Fällen ist der Streitwert jedes Anspruchs einzeln festzusetzen und dann zusammenzurechnen.[2]

3426 Zu differenzieren ist hingegen bei einer Verbindung von **vermögensrechtlichen und nicht vermögensrechtlichen Ansprüchen**. Beispielsweise wenn mit der Klage eines nicht ehelichen Kindes auf **Zahlung des Unterhaltes** und der Antrag auf **Feststellung der Vaterschaft** verbunden ist. Hier hat gemäß § 48 Abs. 4 GKG (§ 12 Abs. 3 GKG a.F.) eine Wertaddition zu unterbleiben, wenn der vermögensrechtliche Anspruch aus dem nicht vermögensrechtlichen Anspruch abgeleitet wird,[3] maßgeblich ist dann der höherwertigere Einzelanspruch. Anderenfalls ist auch hier eine Zusammenrechnung der Einzelwerte geboten.

3427 Ebenso ist gemäß § 45 GKG (§ 19 GKG a.F.) grundsätzlich zu addieren, wenn verschiedene (prozessuale) Ansprüche im Wege der **Klage und Widerklage**, **Haupt- und** (beschiedenem) **Hilfsantrag** sowie **Klage und** (beschiedener) **Hilfsaufrechnung** geltend gemacht werden. Wegen der Einzelheiten wird auf die Ausführungen unter den einschlägigen Stichworten verwiesen.

3428 Maßgeblicher **Zeitpunkt für die Wertbestimmung** ist gemäß § 40 GKG (§ 15 GKG a.F.) auch hier derjenige der Antrags- bzw. Klageeinreichung (und -erweiterung). Nachfolgende Wertänderungen bei gleich bleibendem Streitgegenstand sind unbeachtlich. Ist die Wertminderung oder -erhöhung dagegen Folge einer

---

1 Zum alten Recht: BGH Beschl. v. 23. 10. 1990 – VI ZR 135/90, MDR 1991, 427 = VersR 1991, 360; OLG Düsseldorf, Beschl. v. 1. 8. 2000 – 10 W 53/00), OLGR 2000, 458.

2 OLG Hamm JurBüro 1951, 21; OLG Koblenz, Beschl. v. 16. 8. 1984 – 6 U 771/83, JurBüro 198, 257 = WRP 1985, 45; OLG Köln JMBl.NW 1961, 286; OLG München, Beschl. v. 10. 11. 1992 – 21 W 2023/92, OLGR 1993, 286 = MDR 1993, 286; *Anders/Gehle/Kunze*, Stichwort „Klagenhäufung" Rn. 17; *Hartmann*, § 48 GKG Rn. 48.

3 OLG Köln, Beschl. v. 25. 11. 1975 – 2 W 133/75, ZMR 1977, 62; *Hartmann*, § 48 Rn. 46; *Zöller/Herget*, § 3 Rn. 16 unter „Klagenhäufung".

Veränderung des Streitgegenstandes, ist dies durch Festsetzung eines Stufen-streitwerts zu erfassen.

Dies gilt auch für die nachträgliche Zusammenführung oder Aufhebung anfäng-lich verbundener Ansprüche durch gerichtliche Anordnung der **Prozessverbin-dung** (§ 147 ZPO) oder **Prozesstrennung** (§ 146 ZPO). Hier ist im Hinblick auf den zeitlich unterschiedlichen Anfall von Gebühren zwischen dem Gebühren-streitwert bis zur Anordnung der Verbindung bzw. Trennung und dem nachfol-genden Zeitraum zu differenzieren. Denn bereits entstandene Gebühren bleiben von der Anordnung unberührt.[1]   **3429**

Ob die Werte der vor und nach einer **Klageänderung** (§ 263 ZPO) geltend ge-machten Ansprüche zusammengerechnet werden müssen, kann nicht für alle Fallgestaltungen einheitlich beantwortet werden. Während dies für die Antrags-änderung und die nachträgliche Klagenhäufung zu verneinen ist, muss beim Klagewechsel maßgeblich darauf abgestellt werden, ob damit ein Austausch wirtschaftlich identischer oder nicht identischer Ansprüche verbunden ist. Zu den Einzelheiten siehe unter dem Stichwort „Klageänderung".   **3430**

II. Verbot der Wertaddition

1. Rechtliche Identität

Wird eine Klageforderung auf mehrere Klagegründe gestützt, also beispielsweise ein Herausgabeverlangen zugleich aus Gesetz, Vertrag und unerlaubter Hand-lung hergeleitet, dann handelt es sich nicht um eine Klagenhäufung, also um eine Häufung prozessualer Ansprüche, sondern um eine **Mehrheit materieller Ansprüche**. Hier ist ohne Zusammenrechnung nur ein Streitwert und dieser nach der höchsten anwendbaren Bewertungsvorschrift festzusetzen.[2]   **3431**

Wird in einer Klage derselbe Streitgegenstand mehrfach und damit – wegen des Verbots der **doppelten Rechtshängigkeit** (§ 261 Abs. 3 Nr. 1 ZPO) – einmal in unzulässiger Weise geltend gemacht, scheidet gleichfalls eine Wertaddition aus. Dies folgt jedoch nur mittelbar aus § 45 Abs. 1 S. 3 GKG (§ 19 Abs. 1 S. 3 GKG   **3432**

---

1 RGZ 44, 420; OLG Celle JW 1933, 550; Hess. VGH JurBüro 1987, 1359 = AnwBl. 1987, 291; KG JW 1938, 540; OLG Köln VersR 1992, 518; OLG München AnwBl. 1981, 155; str. ist die Berechnung, wenn eine Gebühr zunächst in einem der Verfahren entstanden ist, nach Verbindung – aus dem höheren Wert – erneut anfällt, siehe KG JurBüro 1973, 1162; OLG Düsseldorf AnwBl. 1978, 235; OLG Zweibrücken JurBüro 1981, 699; OLG Stuttgart JurBüro 1982, 1670; OLG Koblenz JurBüro 1986, 1523; gefolgt werden sollte dem OLG Düsseldorf, Beschl. v. 31. 1. 1995 – 10 WF 2/95, OLGR 1995, 125 = MDR 1995, 645 = AGS 1995, 109 = NJW-RR 1996, 192: auf die Streitwertteile bezogene anteilige Kürzung.
2 BGH, Beschl. v. 27. 2. 2003 – III ZR 115/02, BGHReport 2003, 576 = MDR 2003, 716 = NJW-RR 2003, 713 = AnwBl. 2003, 596; Urteil v. 21. 2. 1985 – VIII ZR 160/83, NJW 1985, 1840; OLG Bremen JurBüro 1979, 731; *Hartmann*, Anh. I § 48 (§ 5 ZPO) Rn. 7 dort unter „Mehrheit von Anspruchsbegründungen"; Zöller/*Herget*, § 3 Rn. 16 unter „Klagenhäufung"; Wieczorek/*Gamp*, ZPO, 3. Aufl. 1994, § 5 Rn. 20.

a.F.), dessen Gegenstandsbegriff mit dem den prozessualen Streitgegenstand nicht übereinstimmt und damit Fallgestaltungen der wirtschaftlichen Identität verschiedener prozessualer Ansprüche erfasst.

2. Wirtschaftliche Identität

3433 In § 45 Abs. 1 S. 3 GKG (§ 19 Abs. 1 S. 3 GKG a.F.) ist der Grundgedanke des Streitwertrechts ausgedrückt, dass derselbe Gegenstand nicht mehrfach bewertet werden darf. Mehrere Anträge in objektiver Klagenhäufung, die denselben Gegenstand betreffen, dürfen deshalb weder für den Zuständigkeits- oder Rechtsmittelwert noch für den Gebührenwert addiert werden. Maßgebend ist dann nur der höhere Wert.

3434 Hierbei besteht Einigkeit, dass der „Gegenstand" in § 45 Abs. 1 S. 3 GKG (§ 19 Abs. 1 S. 3 GKG a.F.) mit dem des (zweigliedrigen) **Streitgegenstand des Prozessrechts** nicht identisch ist.[1] Insoweit unterscheidet sich die Wertbestimmung nicht von der Beurteilung der Mehrheit von prozessualen Ansprüchen bei Klage und Widerklage, Haupt- und Hilfsantrag oder Klage und Hilfsaufrechnung. Zu den Einzelheiten siehe unter den entsprechenden Stichwörtern.

3435 Maßgebend für die Streitwertberechnung ist allein das im jeweiligen Klagebegehren zum Ausdruck kommende Interesse. Nur wenn sich das den Klageanträgen (prozessualen Ansprüchen) zugrunde liegende **klägerische Interesse** – wirtschaftlich betrachtet – auf „denselben Gegenstand" richtet, scheidet eine Zusammenrechnung aus.[2]

a) Einzelfälle der objektiven Klagehäufung

3436 Um die streitwertrechtliche Einordnung zu erleichtern, ist die Rechtsprechung nach häufig auftretenden Konstellationen der Anspruchshäufung unterteilt.

3437 (1) Treten bei der objektiven Klagehäufung **mehrere Leistungsansprüche** nebeneinander, ist bei verschiedenen Sachverhalten regelmäßig von fehlender wirtschaftlicher Einheit auszugehen, so dass eine Wertaddition geboten ist. Verfolgt der Kläger hingegen Leistungsansprüche aus demselben Rechtsverhältnis, die auf das gleiche wirtschaftliche Ziel gerichtet sind, scheidet eine Wertaddition aus:

---

1 BGH, Beschl. v. 6. 10. 2004 – IV ZR 287/03, NJW-RR 2005, 506 = BGHReport 2005, 130; Urteil v. 28. 9. 1994 – XII ZR 50/94, MDR 1995, 198 = NJW 1994, 3292 = WuM 1994, 705 = ZMR 1995, 117; *Anders/Gehle/Kunze*, Stichwort „Echter Hilfsantrag" Rn. 7; *Lappe*, Anm. zu OLG Karlsruhe, KostRsp. § 19 GKG Nr. 139.
2 BGH, Beschl. v. 6. 10. 2004 – IV ZR 287/03, NJW-RR 2005, 506 = BGHReport 2005, 130; LAG Brandenburg, Beschl. v. 1. 9. 2000 – 6 Ta 70/00, JurBüro 2001, 95; OLG Karlsruhe, Beschl. v. 8. 8. 1988 – 10 W 34/88, JurBüro 1988, 1551 = MDR 1988, 1067; NJW 1976, 247; OLG Köln, Beschl. v. 11. 9. 1989 – 24 W 26/89, KostRsp § 19 GKG Nr. 153 mit zust. Anm. *E. Schneider* = JurBüro 1990, 121; LAG Stuttgart JurBüro 1992, 626; *Hartmann*, Kostengesetze, § 45 Rn. 11; *Lappe*, Anm zu KostRsp § 19 GKG Nr. 86 und 98; *Musielak/Smid*, § 5 Rn. 13; *N. Schneider*, MDR 2003, 237 = Anm. zu OLG Düsseldorf MDR 2003, 236.

- Ist die Klage auf **Widerruf** einer ehrverletzenden Behauptung und **Unterlassung künftiger entsprechender Äußerungen** gerichtet, liegen zwei Gegenstände vor. Während der Widerruf auf Beseitigung einer bereits eingetretenen Rechtsbeeinträchtigung zielt, dient das Unterlassungsgebot der Vermeidung weiterer, auch gleichartiger Verletzungshandlungen. Die Klagebegehren sind gesondert zu bewerten und gemäß § 5 ZPO zusammenzurechnen.[1]
- Der Antrag auf **Unzulässigerklärung der Zwangsvollstreckung** in Höhe eines bestimmten bereits beigetriebenen Betrages und der **Antrag auf Rückzahlung** des beigetriebenen Betrages haben wirtschaftlich denselben Gegenstand und sind deshalb nicht zusammenzurechnen.[2]
- Von einem wirtschaftlich einheitlichen Gegenstand ist ferner auszugehen, wenn neben dem Antrag, den Beklagten aufgrund einer **Bezugsverpflichtung** zu verurteilen, seinen gesamten Bedarf an einer Ware nur beim Kläger zu decken, der weitere Antrag gestellt wird, den Beklagten zur **Unterlassung des anderweitigen Bezuges** dieser Ware zu verurteilen. Das für die Streitwertfestsetzung maßgebende Interesse des Klägers an einer solchen Klage ergibt sich aus dem Gewinnverlust, der durch die Klage verhindert werden soll.[3]
- Auch bei Verbindung dinglicher und persönlicher Klage aus einer **Hypothek** und der ihr **zugrunde liegenden Forderung** ist nur ein Wert anzusetzen.[4]
- Klagt der Eigentümer gegen den unrechtmäßigen Besitzer auf **Herausgabe** (§ 985 BGB) und **Ersatz entgangener Nutzungen** (§§ 823 Abs. 1, 992 BGB), liegen zwei Gegenstände vor. Deren Werte sind zu addieren.[5]
- Ansprüche wegen **Trennungsunterhalts** und **Nachscheidungsunterhalt** sind selbständig und führen zur Wertaddition.[6]
- Verbindet der Kläger eine **Unterhaltsabänderungsklage** (§ 323 ZPO) mit einer Leistungsklage auf **Rückzahlung bereits erbrachten Unterhalts**, sind deren Werte zusammenzurechnen;[7] siehe auch unter dem Stichwort „Abänderungsklage".
- Im Ehescheidungsverfahren kommen Regelungen zur **elterlichen Sorge über mehrere Kinder**, den persönlichen Verkehr des nicht sorgeberechtigten Elternteils mit mehreren Kindern und Herausgabeansprüchen wegen der Kinder in Betracht (siehe §§ 620 S. 1 Nr. 1–3; 621 Abs. 1 Nr. 1–3 ZPO). In diesen Fällen handelt es sich nach der Ausnahmeregel des § 46 Abs. 1 S. 2 GKG

---

1 OLG Düsseldorf AnwBl. 1980, 358; KG JurBüro 1963, 765; a.A. OLG Frankfurt KostRsp. § 14 C GKG a.F. Nr. 12: der Unterlassungsantrag werde von dem weitergehenden Widerrufsantrag streitwertmäßig konsumiert.
2 OLG Schleswig JurBüro 1958, 426.
3 KG JurBüro 1969, 1195.
4 OLG Bremen Rpfleger 1957, 274 zu ZPO § 5.
5 A.A. OLG Karlsruhe ZZP 68, 1955, 463: Nutzungsentgelt bleibt gemäß § 4 ZPO unberücksichtigt.
6 OLG Hamm, Beschl. v. 13. 1. 1988 – 8 WF 608/87, KostRsp. ZPO § 5 Nr. 78 = FamRZ 1988, 402.
7 A.A. OLG Zweibrücken, Beschl. v. 20. 11. 1987 – 6 UF 146/86, KostRsp. ZPO § 5 Nr. 76 mit Anm. *Schneider* = JurBüro 1988, 232.

(§ 19a Abs. 1 S. 2 GKG a.F.) nur um einen Gegenstand. Wegen der Einzelheiten siehe das Stichwort „Einstweilige Anordnung").

– Demgegenüber sind in **Kindschaftssachen gegen mehrere Beklagte** die Werte einzelner Anfechtungsansprüche zusammenzurechnen,[1] da hier § 46 Abs. 1 S. 2 GKG (§ 19a Abs. 1 S. 2 GKG a.F.) keine Anwendung findet (siehe das Stichwort „Kindschaftssachen").

3438 (2) Verbindet der Kläger in seiner Klage **Ansprüche auf Leistung** mit Ansprüchen auf **Sicherung seines Leistungsinteresses** kommt regelmäßig eine Wertaddition nicht in Betracht:

– Wird auf **Kaufpreiszahlung** und zugleich auf **Herausgabe der** unter Eigentumsvorbehalt **gelieferten Ware** geklagt, so werden diese Streitgegenstände nicht zusammengerechnet.[2] Es geht wirtschaftlich nur um einen Leistungsvorgang, weil das Herausgabeverlangen nur zur Sicherung des Zahlungsanspruchs geltend gemacht wird.[3]

– Ebenso liegt es, wenn auf **Zahlung** und auf **Sicherstellung des geforderten Betrages** geklagt wird, dann handelt es sich nicht um verschiedene Ansprüche. Es ist nicht zusammenzurechnen, sondern der Wert der zu sichernden Hauptforderung ist maßgebend.[4]

– Desgleichen ist nicht zu addieren, wenn ein Bauunternehmer auf **Zahlung des Werklohnes** und zugleich auf Einwilligung zur **Eintragung einer Bauwerksicherungshypothek** für diesen Betrag klagt. Beide Anträge betreffen denselben Gegenstand, nämlich die Werklohnforderung. Der Streitwert bestimmt sich daher nur nach dem einfachen Betrag des Zahlungsanspruchs.[5]

– Die Klage auf **Zahlung einer Rente** und auf **Eintragung einer Reallast** im Grundbuch zur Sicherung dieser Rente sind wirtschaftlich auf den gleichen Erfolg gerichtet, so dass eine Zusammenrechnung der beiden Werte nicht stattfindet.[6]

---

1 OLG Köln JurBüro 1951, 308; JMBl.NW 1954, 9; KG AnwBl. 1952/53, 334.
2 OLG Hamburg MDR 1965, 394; *Hartmann*, Anh. I § 48 (§ 5 ZPO) Rn. 6 dort unter „Kaufpreis".
3 Ebenso *Hillach/Rohs*, § 41 C II, S. 180.
4 OLG Nürnberg JurBüro 1967, 74; OLG Köln JMBl.NW 1968, 201.
5 KG, Beschl. v. 12. 9. 1997 – 4 W 1583/87, KostRsp. ZPO § 5 Nr. 95 = KGR 1997, 283 = BauR 1998 = 829; OLG Köln DB 1974, 429; OLG Nürnberg JurBüro 1968, 543; *Anders/ Gehle/Kunze*, Stichwort „Klagenhäufung" Rn. 15; a.A. OLG Düsseldorf, Beschl. v. 30. 4. 1996 – 23 W 19/96, OLGR 1997, 136: Aufschlag von $^1/_3$ des Hypothekenwerts; Beschl. v. 28. 1. 2000 – 9 U 212/99, KostRsp. ZPO § 5 Nr. 98 mit abl. Anm. *Lappe* = JurBüro 2000, 310 = MDR 2000, 543 = OLGR 2000, 189: Addition; OLG Hamburg, Beschl. v. 15. 1. 2001 – 9 W 101/00, KostRsp. ZPO § 5 Nr. 100 mit abl. Anm. *Lappe* = OLGR 2001, 217; OLG München, Beschl. v. 27. 9. 1999 – 28 W 2150/99, KostRsp. ZPO § 5 Nr. 97 = OLGR 1999, 347 = IBR 2000, 296.
6 OLG Nürnberg JurBüro 1964, 684; OLG Celle, Beschl. v. 21. 4. 1983 – 4 W 68/83, KostRsp. ZPO § 5 Nr. 52 mit Anm. *Schneider* = Nds.Rpfl. 1983, 159.

(3) Ist die Klage neben dem Leistungsantrag auf **Feststellung eines Rechtsver-** 3439
hältnisses gerichtet, scheidet eine Wertaddition regelmäßig aus, wenn der **Leis-**
tungsanspruch aus demselben Rechtsverhältnis resultiert:

– So handelt es sich um wirtschaftlich identische Begehren, wenn auf **Feststel-**
lung eines Rechtsverhältnisses und gleichzeitig auf **teilweise Leistung** daraus
geklagt wird. Die Streitwerte der Feststellungsklage (abzüglich 20 %; siehe
das Stichwort „Feststellungsklage" Rn. 2024 ff.) und derjenige der Teil-Leis-
tungsklage sind zu bestimmen und miteinander zu vergleichen. Der höchste
Wert ist maßgebend.[1]

– Ebenso verhält es sich bei einer Klage auf **Leistung Zug um Zug** gegen Erbringung der Gegenleistung verbunden mit dem Antrag auf **Feststellung des An-**
nahmeverzuges. Zwar beruht der Leistungsanspruch nicht auf dem festzustellenden Annahmeverzug. Bei dem Feststellungsantrag handelt es sich jedoch
um einen nachbereitenden Zusatzantrag, dem ein vom Leistungsantrag abweichendes wirtschaftliches Interesse nicht zugrunde liegt. Denn er dient
allein dazu, die Durchsetzung des Leistungsanspruchs (§ 756 ZPO) zu erleichtern. Wird er neben dem Leistungsanspruch geltend gemacht, ist allein der
Wert des Leistungsantrages maßgeblich.[2]

– Der neben Klage auf Feststellung der Nichtigkeit des Kaufvertrages gestellte
Antrag auf Verurteilung zur Abgabe der **Löschungsbewilligung für eine Auf-**
lassungsvormerkung rechtfertigt keine Zusammenrechnung. Die Verpflichtung zur Erteilung der Löschungsbewilligung ist eine selbstverständliche Folge der Vertragsnichtigkeit.[3] Dass die Löschungsbewilligung eine zusätzliche
Willenserklärung erfordert und diese nicht durch die Nichtigkeitsverurteilung ersetzt wird, rechtfertigt keine andere Beurteilung (**a.A. Vorauflage**).

(4) Werden neben dem Leistungsanspruch diesen **vorbereitende, unterstützen-** 3440
den oder nachbereitende Zusatzanträge gestellt, ist zu prüfen, ob diesen ein
vom Leistungsanspruch abweichendes wirtschaftliches Interesse zugrunde
liegt. Ist das zu verneinen, sind die Einzelwerte zu addieren; anderenfalls ist der
höchste Einzelwert maßgeblich.

– So liegt etwa bei einer Klage auf Darlehensrückzahlung und **Herausgabe des**
damit in Zusammenhang stehenden **Grundschuldbrief** wirtschaftliche
Gleichheit vor, so dass nur ein Streitwert anzunehmen ist.[4]

---

1 OLG München, Beschl. v. 20. 3. 1984 – 24 W 48/84, KostRsp. ZPO § 3 Nr. 706 mit
Anm. *Schneider* = JurBüro 1984, 1235; *Anders/Gehle/Kunze*, Stichwort „Klagenhäufung" Rn. 14.
2 KG, Beschl. v. 21. 3. 2005 – 8 W 65/04, OLGR 2005, 526; OLG Hamburg v. 10. 5. 2000 –
11 U 108/00, OLGR Hamburg 2000, 455; OLG Karlsruhe, Urteil v. 30. 6. 2004 – 1 U 10/
04, OLGR Karlsruhe 2004, 388; LG Mönchengladbach, KostRsp. ZPO § 5 Nr. 57 mit
zust. Anm. *E. Schneider*; a.A. *Anders/Gehle/Kunze*, Stichwort „Feststellungsklage"
Rn. 13; *E. Schneider*, MDR 1990, 197.
3 OLG Frankfurt, Beschl. v. 3. 2. 1982 – 22 W 12/82, KostRsp. ZPO § 3 Nr. 582 = AnwBl.
1982, 247.
4 OLG München MDR 1968, 769.

– Das gilt auch dann, wenn neben der Zwangsvollstreckungsgegenklage (§ 767 ZPO) die **Herausgabe** einer dem Beklagten (Gläubiger) gestellten Sicherheit, etwa **einer Bürgschaftsurkunde**, verlangt wird.[1] Entsprechend ist zu bewerten, wenn neben einem Zahlungsanspruch die dafür ausgestellte Bürgschaftserklärung herausverlangt wird.[2]

– Eine Addition scheidet ferner aus, wenn neben dem Zahlungsanspruch ein Anspruch auf **Freigabe eines hinterlegten Teilbetrages** geltend gemacht wird, der im Zahlungsantrag mitenthalten ist.[3]

– Ebenso verhält es sich bei der Klage auf **Auflassung**, verbunden mit dem Antrag auf **Löschung einer** bereits eingetragenen **Eigentümergrundschuld**. Nur der Auflassungsantrag ist dann wertbestimmend, weil die Anträge zusammen keinen höheren Streitwert als den Verkehrswert des Grundstücks haben können.[4] Mehr als die lastenfreie Übertragung des Grundstückseigentums kann der Kläger in diesem Fall nicht erreichen. Der Verkehrswert ist deshalb zugleich Höchstwert. Das entspricht dem Grundgedanken des § 6 ZPO.

– Demgegenüber sind nach Ansicht des OLG Braunschweig[5] die Werte der Klageanträge auf **Löschung eines Nutzungsrechts** und **Herausgabe der genutzten Räume** zu addieren, da mit dem einen Anspruch die Beseitigung rechtlicher Beschränkungen und mit dem anderen Anspruch die Wiederlangung auf tatsächlicher Ebene angestrebt werde.

– Der Anspruch auf **Einwilligung in die Löschung des Nacherbenvermerks** hat neben dem Begehren der Zustimmung des Nacherben zur Veräußerung des Nachlassgrundstücks keinen eigenen Wert.

– Die **Aufhebung einer Miteigentümergemeinschaft** läuft in Stufen ab.[6] Notwendig ist neben der Zustimmung zur Aufhebung der Gemeinschaft an bestimmten Gegenständen die Zustimmung zum Verkauf dieser Gegenstände und schließlich die Auskehrung des bruchteilsmäßig zu bestimmenden Erlösanteils. Dennoch sind die Streitwerte der entsprechenden Klageanträge nicht zu addieren, weil alle diese Anträge wirtschaftlich eine Einheit bilden, abzielend auf die Aufhebung der Gemeinschaft. Deshalb ist nur der am höchsten zu bewertende Anspruch maßgebend, und das ist – wie bei der „Stufenklage", siehe beim Stichwort dort – immer der Leistungsanspruch.[7] Zu beachten ist dabei, dass der Anteil des klagenden Miteigentümers wertmäßig nicht zu berücksichtigen ist.

---

1 BGH, Beschl. v. 11. 7. 1985 – III ZR 220/84, KostRsp. ZPO § 3 Nr. 789 mit Anm. *Schneider.*
2 OLG Bamberg JurBüro 1974, 1437.
3 OLG Frankfurt KostRsp. ZPO § 5 Nr. 93 = OLGR 1994, 96.
4 OLG Köln, Beschl. v. 8. 6. 1988 – 11 W 25/88, KostRsp. ZPO § 6 Nr. 118 = JurBüro 1988, 1388; OLG Düsseldorf, Beschl. v. 2. 7. 1993 – 9 W 53/93, KostRsp. ZPO § 6 Nr. 140 = JurBüro 1994, 496 = OLGR 1993, 266.
5 OLG Braunschweig, Beschl. v. 13. 7. 1998 – 5 W 13/98, OLGR 1999, 231.
6 Siehe *H. Schneider* DGVZ 1985, 51 ff.
7 OLG Köln, Beschl. v. 25. 4. 1984 – 2 W 53/84, KostRsp. ZPO § 5 Nr. 55.

– Wird neben einer Leistungsklage ein **Antrag auf Fristsetzung** mit der Maßgabe gestellt, dass der Beklagte nach fruchtlosem Fristablauf **Schadensersatz**
zu leisten habe (siehe § 283 BGB, §§ 255, 259, 510b ZPO), dann sind die Einzelwerte nicht zu addieren. Über dieses Ergebnis besteht – ungeachtet unterschiedlicher Begründungen – Einigkeit.[1]

Streitig ist dagegen, ob sich der Gebührenstreitwert entsprechend § 45 Abs. 1
S. 3 GKG (§ 19 Abs. 1 S. 3 GKG a.F.) unabhängig von einer Entscheidung des
unechten Hilfsantrages nach dem höchsten Einzelwert bestimmt.[2] Das ist
abzulehnen; zu bewerten ist nur der Herausgabeantrag. ebenso wie vorbereitende Ansprüche (besonders typisch bei der Stufenklage, § 18 GKG, § 254
ZPO) sind auch „nachbereitende" Ansprüche wertmäßig sekundär gegenüber
dem Hauptanspruch. Dass hier eine Addition nicht richtig sein kann, zeigt
sich auch daran, dass bei Abstellen auf den höherwertigen Zahlungsanspruch
der Kläger für den Fall, dass der Beklagte innerhalb der ihm gesetzten Frist
herausgibt, mit den Mehrkosten belastet werden müsste. Ob dieser Fall aber
eintritt, lässt sich im Zeitpunkt der Urteilsverkündung nicht absehen, so
dass die gebotene Kostenquotierung im Urteil gar nicht möglich wäre.[3]

– Nicht zusammenzurechnen sind ferner die Werte eines Leistungsantrages
Zug um Zug gegen Erbringung der Gegenleistung und eines Antrages auf
Feststellung, da sich der Beklagte mit der Annahme der Gegenleistung in
Verzug befindet.

b) Einzelfälle der subjektiven Klagehäufung

Eine Anspruchshäufung kann auch dadurch erfolgen, dass mehrere Personen   3441
gemeinsam klagen oder verklagt werden, §§ 59 ff. ZPO. Hat die Klage – aus
wirtschaftlicher Sicht – denselben Gegenstand zum Inhalt, beispielsweise weil
die Leistung materiell-rechtlich nur einmal verlangt werden kann, scheidet
eine Zusammenrechnung der Einzelwerte aus. Andernfalls ist zu addieren:

– Daher erfolgt keine Zusammenrechnung, wenn die **Klage von Gesamtgläubigern** (§ 428 BGB) **oder gegen Gesamtschuldner** (§ 421 BGB) erhoben wird. Es
handelt sich – wirtschaftlich betrachtet – nur um einen einzigen Anspruch,
der mehreren zugleich zusteht oder von mehreren zugleich zu erfüllen ist.[4]

---

1 LG Hildesheim Nds.Rpfl 1965, 253; LG Köln, Beschl. v. 20. 12. 1983 – 13 T 82/83,
  KostRsp. GKG § 19 Nr. 77 mit Anm. *Schneider* = MDR 1984, 501: LAG Düsseldorf Jur-
  Büro 1990, 243; 1989, 955; *Anders/Gehle/Kunze*, Stichwort „Unechte Hilfsanträge" Rn. 5.
2 So LG Köln, Beschl. v. 20. 12. 1983 – 13 T 82/83, KostRsp. GKG § 19 Nr. 77 mit abl.
  Anm. E. *Schneider* = MDR 1984, 501; LAG Düsseldorf JurBüro 1989, 955; 1990, 243;
  Anders/Gehle/Kunze, Stichwort „unechte Hilfsanträge" Rn. 5.
3 Siehe dazu *Schneider* MDR 1984, 853 sowie unter dem Stichwort „Herausgabeklage".
4 BGH, Beschl. v. 29. 1. 1987 – V ZR 136/86, MDR 1987, 570 = Rpfleger 1987, 205 = NJW-
  RR 1987, 1148 = JZ 1987, 631; RGZ 116, 309; OLG Koblenz, Beschl. v. 22. 10. 1984 –
  14 W 619/84, KostRsp. ZPO § 5 Nr. 62 = JurBüro 1985, 590 = AnwBl. 1985, 203: für
  negative Feststellungsklage gegen zwei Streitgenossen; OLG Nürnberg Rpfleger 1956,
  298.

– Wird gegen einen Streitgenossen auf **Erfüllung** gegen den anderen hilfsweise auf **Feststellung** der Schadensersatzpflicht geklagt, dann handelt es sich wirtschaftlich um denselben Streitgegenstand, so dass nur der höherwertige Anspruch wertbestimmend ist.[1]

– Dies gilt auch dann, wenn sich der Kläger bei einer gegen mehrere Gesamtschuldner gerichteten Klage gegenüber einem Streitgenossen auf die **Geltendmachung einer reduzierten Klageforderung** beschränkt.[2] Die nur geringere Inanspruchnahme des einen Beklagten ist beim Streitwert für seine außergerichtlichen Kosten und gemäß § 100 Abs. 2 ZPO bei der Kostengrundentscheidung zu berücksichtigen.[3] Dies gilt auch für den umgekehrten Fall, dass neben der gesamtschuldnerischen Inanspruchnahme von einem Streitgenossen eine **weitere, wirtschaftlich selbständige Leistung** beansprucht wird.

– Werden mehrere **Beklagte ohne gesamtschuldnerische Bindung** verklagt, sind die Einzelwerte für die Gerichtsgebühren und die außergerichtlichen Gebühren des Klägers zusammenzurechnen und bei den Streitgenossen entsprechend ihrer Beteiligung zu bestimmen. Deren unterschiedliche Beteiligung ist auch hier durch eine Kostenquotierung gemäß §§ 100 Abs. 2, 92 Abs. 1 ZPO auszugleichen.[4]

– Sind **nicht vermögensrechtliche Ansprüche** Gegenstand des Rechtsstreits, ist regelmäßig eine Wertaddition geboten, da ihnen kein (gemeinsames) wirtschaftliches Interesse zugrunde liegt. Hiervon ist beispielsweise auszugehen, wenn der Kläger von mehreren Beklagten die **Unterlassung künftiger ehrverletzender Äußerungen** beansprucht.[5]

Selbst wenn gleichartige Verletzungshandlungen vorliegen, kann der Kläger von jedem Streitgenossen kumulativ die Erfüllung der Unterlassungsverpflichtung verlangen. Dass hier eine Mehrheit der Streitgegenstände zur Bewertung stehen, erhellt auch der Umstand, dass der gemeinsame Prozess gegen die Streitgenossen gemäß § 145 ZPO getrennt werden kann, ohne dass sich die von jedem Kläger für sich beanspruchte oder von jedem Beklagten zu erbringende Leistung verändern würde.

Hiervon abweichend stellt das KG[6] bei einem Unterlassungsbegehren mehrerer Kläger gegen einen Beklagten auf das höchste Interesse eines Klägers ab und addiert für jeden weiteren Kläger einen Zuschlag in der Höhe, die seinem Interesse an einer selbständigen Verfolgung entspricht.

---

1 OLG Kiel JVBl. 1936, 60.
2 Vgl. RG HRR 1940 Nr. 1304.
3 Zöller/*Herget*, § 100 Rn. 9.
4 BGH, Beschl. v. 23. 6. 1983 – IVa ZR 136/82, KostRsp. ZPO § 5 Nr. 53 mit Anm. *Schneider* – Beschwer.
5 BGH NJW-RR 1994, 1404; OLG Koblenz, Beschl. v. 16. 8. 1984 – 6 U 771/83, JurBüro 1985, 257 = WRP 1985, 45; OLG München, Beschl. v. 10. 11. 1992 – 21 W 2023/92, MDR 1993, 286; *Anders/Gehle/Kunze*, Stichwort „Klagenhäufung" Rn. 13.
6 KG, Beschl. v. 6. 4. 1999 – 5 W 12/99, KostRsp. ZPO § 3 Nr. 1307 = KGR 1999, 344.

– Bei Klage gegen **Hauptschuldner und Bürge** auf Zahlung findet keine selbständige Bewertung und Zusammenrechnung der Ansprüche statt.[1] Obwohl insoweit keine Gesamtschuldnerschaft vorliegt, ist die Leistung nur einmal zu erbringen.

– Ebenso verhält es sich, wenn der Kläger neben der **Personenhandelsgesellschaft** deren Gesellschafter persönlich in Anspruch nimmt, da diese entsprechend § 421 BGB wie Gesamtschuldner haften.[2]

– Wird im selben Rechtsstreit die Ehefrau auf Leistung und der Ehemann auf **Duldung der Zwangsvollstreckung** verklagt, so bestimmt sich der Streitwert nach dem Wert des Leistungsanspruchs. Eine Anspruchshäufung liegt nicht vor.[3]

– Wenn mit der Leistungsklage gegen Erben zugleich die Klage auf **Duldung der Zwangsvollstreckung gegen deren Testamentsvollstrecker** erhoben wird, ist der Streitwert in Anwendung des § 6 ZPO nach der Leistungsklage zu bemessen; der Duldungsantrag bleibt streitwertmäßig unberücksichtigt.[4]

– Klagt ein Gläubiger nach dem **Gläubigeranfechtungsgesetz** gegen denjenigen, der von seinem Schuldner einen Gegenstand anfechtbar erworben, aber wieder veräußert hat, auf Wertersatz und zugleich gegen dessen Rechtsnachfolger auf **Duldung der Zwangsvollstreckung** wegen der Forderung des Gläubigers gegen seinen Schuldner in den Gegenstand, so werden beide Ansprüche nicht zusammengerechnet.[5]

3. Nebenansprüche

Wie auch beim Zuständigkeitsstreitwert bleiben Nebenforderungen neben dem Hauptanspruch bei der Wertermittlung grundsätzlich unberücksichtigt, § 43 Abs. 1 GKG (§ 22 Abs. 1 GKG a.F.). Nur im Falle einer **allein auf Nebenforderung bezogenen Handlung** ist deren Wert bis zur Höhe der (noch vorhandenen) Hauptforderung gemäß § 43 Abs. 2 GKG (§ 22 Abs. 2 GKG a.F.) maßgebend. Eine Zusammenrechnung scheidet daher in beiden Fällen aus.   **3442**

Eine Wertaddition ist hingegen geboten, wenn bei einer **objektiven Klagehäufung** von zwei Hauptforderungen, für die zugleich eine Verzinsung beansprucht wird, nur eine in Wegfall gerät. Hier tritt die Nebenforderung des einen Streitgegenstandes als (nunmehrige) Hauptforderung neben die verbliebene Hauptforderung.[6] Siehe im Übrigen unter dem Stichwort „Nebenforderungen".   **3443**

---

1 LG Kaiserslautern. Rpfleger 1966, 347; *Anders/Gehle/Kunze*, Stichwort „Klagenhäufung" Rn. 13; Zöller/*Herget*, § 5 Rn. 8.
2 *Anders/Gehle/Kunze*, Stichwort „Klagenhäufung" Rn. 13.
3 OLG Frankfurt JurBüro 1957, 360.
4 KG AnwBl. 1979, 229.
5 OLG Frankfurt MDR 1955, 496.
6 BGH NJW 1994, 1868.

D. Rechtsmittel und Beschwer

3444 § 5 Hs. 1 ZPO gilt auch hier, so dass sich die Beschwer der gerichtlichen Entscheidung für jede Partei nach dem Umfang ihres Unterliegens bezogen auf die einzelnen (rechtlich und wirtschaftlich nicht identischen) Klageanträge bestimmt. Sie ist daher für jeden Klageantrag einzeln zu bestimmen und gegebenenfalls zu addieren.

3445 Handelt es sich um eine **subjektive Klagehäufung,** kann jeder durch das Urteil beschwerte Streitgenosse unabhängig von den übrigen Streitgenossen Berufung einlegen.[1] Wird nur durch **einen Streitgenossen** Rechtsmittel eingelegt, dann ist – nach zutreffender Ansicht – allein seine Beschwer maßgebend und diese ist daher für jeden Klageantrag einzeln zu bestimmen.[2]

3446 Legen **mehrere Streitgenossen** gegen das für sie nachteilige Urteil Rechtsmittel ein, so sind für den Wert des Beschwerdegegenstandes die auf die einzelnen Streitgenossen entfallenden Beschwerdewerte zusammenzurechnen, soweit nicht ein Fall wirtschaftlicher Identität vorliegt.[3] Beschränkt sich hingegen die Beschwer eines Streitgenossen auf die Verurteilung zur Zahlung eines anteilsmäßig bestimmten **Teils der Kosten,** dann bleibt dieser Teil bei der Berechnung außer Ansatz, wenn eine Überprüfung der Kostenentscheidung gesetzlich nicht eröffnet ist.[4]

3447 Im Falle der **Prozesstrennung** (§ 145 ZPO) kann die Beschwer den nach Aufspaltung des Verfahrens verbleibenden Wert nicht übersteigen. Dies ändert sich auch nicht, wenn die nach zulässiger Trennung getrennten Verfahrensteile in der Revisionsinstanz zum Zwecke gemeinsamer Verhandlung und Entscheidung wieder verbunden werden.[5]

3448 Hingegen bleibt der vor Trennung vorhandene Hauptsachewert wertbestimmend, wenn die Prozesstrennung allein zur Vermeidung der Rechtsmittelfähigkeit der dadurch entstehenden Einzelentscheidungen erfolgt.[6]

3449 Im Übrigen folgt die Wertbestimmung den allgemeinen Grundsätzen, daher wird auf die Ausführungen unter dem Stichwort „Rechtsmittel" Bezug genommen.

---

1 BGH, Urteil v. 8. 3. 2004 – II ZR 175/02, MDR 2004, 960; Zöller/*Gummer/Heßler*, § 511 Rn. 5.

2 RG JW 1933, 2216; OLG Schleswig SchlHA 78, 198; *Anders/Gehle/Kunze*, Stichwort „Streitgenossen" Rn. 3; Zöller/*Gummer/Heßler*, § 511 Rn. 25; a.A. BGH Beschl. v. 19. 10. 2000 – I ZR 176/00, BGHReport 2001, 98 = MDR 2001, 648 = NJW 2001, 230; NJW 1984, 927.

3 BGH, Beschl. v. 19. 10. 2000 – I ZR 176/00, BGHReport 2001, 98 = MDR 2001, 648 = NJW 2001, 230 = LM ZPO § 546 Nr. 11 (10/2001); BGH, Beschl. v. 23. 6. 1983 – IVa ZR 136/82, KostRsp. ZPO § 5 Nr. 53; OLG Schleswig, Urteil v. 27. 5. 2004 – 11 U 33/03, OLGR 2005, 170; BAG NZA 1984, 167; Zöller/*Vollkommer*, § 61 Rn. 9.

4 BGH, Beschl. v. 19. 10. 2000 – I ZR 176/00, BGHReport 2001, 98 = MDR 2001, 648 = NJW 2001, 230 = LM ZPO § 546 Nr. 11 (10/2001).

5 BGH, Urteil v. 20. 7. 1999 – X ZR 139/96, KostRsp. ZPO § 3 Nr. 1319 = NJW 2000, 217.

6 BGH, Urteil v. 6. 7. 1995 – I ZR 20/93, MDR 1996, 296.

Mehrwertsteuer

Siehe das Stichwort „Umsatzsteuer".

Mietstreitigkeiten

Literatur: *Tschischgale* DRiZ 1953, 8; HuW 1956, 4; *Gerold* JurBüro 1956, 43 (Räumungs-vergleich); JurBüro 1958, 481 (Mietaufhebungsklage); JurBüro 1959, 464 (Räumung eines Pachtgrundstücks und Beseitigung eines darauf errichteten Bauwerks); *Martini* JurBüro 1967, 43; *Schmidt-Futterer* MDR 1965, 347 (Kündigungswiderspruch nach §§ 555a, 556b BGB); Rpfleger 1968, 215 (Berechnung des Mietzinses); *Schalhorn* JurBüro 1970, 566; (Mietzinsbegriff); *Schalhorn* JurBüro 1972, 1003 (bei Streit über Hauptsacheerledigung in zweiter Instanz); *Mümmler* JurBüro 1976, 1019 (Feststellung des Nichtbestehens eines Mietverhältnisses); *Gallas* ZMR 1977, 263 (Zustimmungsklage zur Mieterhöhung). *Schneider* MDR 1991, 499 (Mieterhöhung gewerbliche Räume); *Mümmler* JurBüro 1994, 263 (Räumungsschutz § 765a); *Mutter* MDR 1995, 343 (Streitwert der Räumungsklage); *Gärtner* WuM 1997, 160 (Beschwer); *Weyhe* MDR 1999, 773 (aktuelle Entwicklungen); *Lützenkirchen* WuM 2002, 179, 194 (Miete); *Gies* NZM 2003, 886 (Streitwert in Mietsachen); *Meyer* JurBüro 2003, 632 (Mietrückstände); 2004, 473 (Klage auf künftige Miete); *Lützenkirchen* MDR 2003, 1279 (Mietrechtliche Gewährleistungsansprüche).

Gliederungsübersicht

A. Einleitung 3450

B. Zuständigkeitsstreitwert
  I. Allgemeines 3453
  II. Wohnraummietverhältnisse . . . 3457
  III. Sonstige Miet-, Pacht- oder ähn-
     liche Nutzungsverhältnisse . . . 3462
     1. Miet- und Pachtverhältnisse . 3463
        a) Miet- oder Pachtvertrag . . 3466
        b) Streit über Bestehen oder
           Dauer 3470
        c) Wertberechnung im Einzel-
           nen 3476
           aa) Streitige Zeit 3479
           bb) Pacht- oder Mietzins . . 3486
     2. Ähnliche und sonstige Nut-
        zungsverhältnisse 3494
        a) Nutzungsverhältnisse . . . 3495
        b) Streit über Bestand und
           Dauer 3497
        c) Anderweitige Klagebegehren 3499

C. Gebührenstreitwert
  I. Allgemeines 3500
  II. Bewertungsgrundsätze
     1. Allgemeines 3504
     2. Miet-, Pacht- oder ähnliche
        Nutzungsverhältnisse
        a) Miete und Pacht 3510

     b) Ähnliche Nutzungsverhält-
        nisse 3511
     c) Sonstige Nutzungsverhält-
        nisse 3514
     d) Gemischte Verträge 3517
     3. Entgelt 3520
     4. Streitige Zeit 3539
     5. Erfasste Ansprüche
        a) Streit über Bestehen oder
           Dauer des Nutzungsver-
           hältnisses 3544
        b) Räumung eines Grund-
           stücks, Gebäudes oder
           Gebäudeteils 3554
        c) Räumung von Wohnraum
           und Fortsetzung 3564
        d) Erhöhung der Miete für
           Wohnraum 3567
        e) Beseitigung von Mängeln
           der Mietsache 3576
        f) Modernisierung und Erhal-
           tung der Mietsache 3580
     6. Sonstige Ansprüche 3582

D. Rechtsmittel und Beschwer
  I. Allgemeines 3584
  II. Bestehen und Dauer eines Miet-
     oder Pachtverhältnisses 3587

III. Mieterhöhung 3596
IV. Mängelbeseitigung, Instandset-
    zung, Modernisierung 3603
V. Sonstige Ansprüche 3604

E. Vergleich
    I. Allgemeines 3607
    II. Räumung 3609

F. Einzelfälle in der Rechtspre-
    chung (alphabetischer Bewer-
    tungsschlüssel) 3613

Stichwortübersicht (zu Rn. 3450–3612)

Abschluss des Vertrages 3582
Auszugsrenovierung 3583
Beschwer 3584
Besitzstörungsklagen 3553
Beherbergungsvertrag 3468
Betriebs- oder Nebenkosten 3529
– Pauschale 3530
– Erhöhung 3568
Bewegliche Sachen 3466, 3510
Dauerwohnrecht 3512, 3515
Dritte 3475
Drittwiderspruchsklage 3547
Entgelt 3487, 3520
Erfüllungsansprüche . . 3470, 3593, 3605
Ersatzbeschaffung, Kosten der 3588
Feststellungsklage
– (kein) prozentualer Abschlag 3477, 3545
– betreffend Miethöhe oder
  Minderung 3553, 3583
Filmverleih 3468
Gebrauchsgewährung, Klage auf . . . 3546
Gemischte Verträge 3468
Hausmeistervertrag 3468
Heimvertrag 3469
Investitionen, nutzlose 3588
Jagdpachtverhältnisse 3467
Kaufvertrag, beabsichtigter . . . 3512, 3515
Künftige Leistung, Klage
  auf 3553, 3574, 3579
Klagenhäufung
– Leistung und Feststellung . 3507, 3509
Krankenhausbehandlungsver-
  trag 3469
Kündigung
– Ausschluss der 3591
Lebenszeit, Vertrag auf 3484
Mängelbeseitigung 3576, 3603
Mehrere Klagebegründungen 3501
Mehrere Kündigungen 3506
Mehrwertsteuer 3490, 3535
Miete beweglicher Sachen . . . 3466, 3510
Mieterhöhung 3567, 3596
Miet- oder Pachtvertrag
– Klage auf Abschluss 3582

– Anfechtung 3561
– Veränderungen 3492, 3538
Mietvertragsinhalt, Strei-
  tigkeit über 3464, 3473, 3553
Miet- oder Pachtzins . . 3486, 3487, 3520
Miet- oder Pachtverhältnis
– Verteidigung mit angeblichem . . 3471
Mischmietverhältnis 3458
Modernisierung und Erhaltung 3580, 3603
Neben- oder Betriebskosten 3529
– Pauschale 3530
– Erhöhung 3568
Nebenleistungen 3488, 3526
Nichtzulassungsbeschwerde 3586
Nießbrauch 3513
Nutzungsentgelt 3487, 3520
– umsatzbezogenes 3524
– Untervermietung 3525
Nutzungsrecht, Berufen auf 3549
Nutzungsverhältnisse 3465
– der Miete ähnliche 3495, 3511
– wesenverschiedene oder
  sonstige 3496, 3514
Räumung
– Ausgleichszahlung für vor-
  zeitige 3609
– Räumungsaufwand 3476, 3562
– vorübergehende 3557
Räumungsfrist, Verzicht auf 3610
Säumnis des Beklagten 3541, 3550
Schadensersatz 3583
Schutzvorschriften, Berufen auf . . . 3483
Sonderleistungen 3488, 3526
Streitige Zeit 3479, 3539, 3590
Streit zwischen
– Vermieter oder Mieter unter-
  einander 3474, 3503
– Eheleuten oder Lebenspartner . . 3503
Untermiet- und Unterpachtverhält-
  nisse 3467
Untervermietung 3525
Vergleich 3607
– Gegenstand des 3608
– Räumungs- 3603

Vertragsinhalt, Streitig-
keit über 3464, 3473, 3553
Werkdienstwohnungen 3459
Werkmietwohnungen 3459
Wert der Nutzung 3536

Wohngemeinschaft
– Streitigkeiten Innerhalb 3461
Wohnraum 3457
Wohnrecht, unentgeltliches 3515
Zwischenfeststellungsklage 3478

A. Einleitung

Mietstreitigkeiten sind Gegenstand eines erheblichen Teils der erstinstanzlichen Tätigkeit der Gerichte. Beziehen sie sich auf die Nutzung von Wohnraum, sind zugleich elementare Bedürfnisse der jeweiligen Bürger betroffen. Das Wohnungsmietrecht ist daher in der Vergangenheit mehrfach Gegenstand gesetzgeberischer Reformbemühungen gewesen, die auch – wie zuletzt die GKG-Novelle zum 1. 7. 2004 zeigt – bis in das Gebührenrecht hineinreichen. **3450**

Heute findet sich insbesondere im Bereich der Wohnraummiete eine kaum noch überschaubare Fülle an Rechtsprechung. Bei ihrer Auswertung können Fehler auftreten, die durch eine **Nichtbeachtung zwischenzeitlich ergangener Gesetzesänderungen** verursacht werden. Hier sei nur an die Änderungen der gebührenrechtlichen Regelung für mietrechtliche Streitigkeiten, heute in § 41 GKG, erinnert, etwa durch die Novellierungen vom 14. 7. 1964,[1] vom 13. 6. 1980[2] und vom 5. 5. 2004.[3] **3451**

Unter dem Stichwort „Mietstreitigkeiten" werden vorliegend alle Mietverhältnisse und ähnliche Nutzungsverhältnisse betreffenden streitwertbezogenen Rechtsfragen behandelt sowie diejenigen, die sich unverändert auch bei **Pachtverhältnissen** stellen. Streitwertrechtliche Besonderheiten der Pacht- und Gewerbemietverhältnisse sowie die hierzu ergangene Rechtsprechung sind unter den Stichwörtern „Pacht" und „Geschäftsräume" zu finden. **3452**

B. Zuständigkeitsstreitwert

I. Allgemeines

Nach § 23 Nr. 2 lit. a) GVG sind alle Streitigkeiten aus einen **Wohraummietverhältnis** oder über den Bestand eines solchen Mietverhältnisses vom Streitwert unabhängig den Amtsgerichten zugewiesen; diese Zuständigkeit ist ausschließlich. Bewertungsprobleme stellen sich insoweit nicht. **3453**

Demgegenüber richtet sich die Zuständigkeit für sämtliche Streitigkeiten aus **sonstigen Miet-, Pacht- und ähnlichen Nutzungsverhältnissen** gemäß §§ 23 Nr. 1, 71 Abs. 1 GVG nach dem Streitwert, soweit nicht ausnahmsweise die amtsgerichtliche Zuständigkeit für Reisestreitigkeiten eingreift (§ 23 Nr. 2 lit. b GVG). **3454**

---

1 BGBl. I 1964 S. 457.
2 BGBl. I 1980 S. 680.
3 BGBl. I 2004 S. 718.

3455 Für die Zuordnung der jeweiligen Streitigkeit und deren streitwertrechtliche Behandlung ist es ohne Bedeutung, ob ein **Haupt- oder Untermietverhältnis** betroffen ist. Miet- und Pachtverhältnisse sind auch **Untermiet- und Unterpachtverhältnisse**.[1]

3456 Ergänzend zu den Rechtsprechungsnachweisen bei den Tatbestandsvoraussetzungen der jeweiligen Wertvorschriften wird auf die **alphabetische Einzelfalldarstellung** unter Anmerkung F. (Rn. 3613 ff.) verwiesen.

II. Wohnraumietverhältnisse

3457 Die Wohnraummiete ist seit dem Mietrechtsreformgesetz vom 19. 6. 2001[2] ein in den §§ 549 ff. BGB materiell eigenständig geregeltes Rechtsgebiet. Hierbei ist unter **Wohnraum** jeder zum Wohnen, das heißt insbesondere zum Schlafen, Essen und auf Dauer angelegten privaten Nutzung bestimmter, innerhalb eines Gebäudes gelegener Raum zu verstehen.[3]

3458 Bei **Mischmietverhältnissen**, also der Anmietung von Räumlichkeiten zu Wohn- und beispielsweise Gewerbezwecken, ist für die Einordnung nach herrschender Ansicht auf die überwiegende Nutzungsart abzustellen.[4]

3459 Soweit die Gebrauchsgewährung in einem Zusammenhang mit der Erbringung von Arbeitsleistungen steht, ist zwischen **Werkmietwohnungen und Werkdienstwohnungen** zu unterscheiden. Streitigkeiten betreffend Werkdienstwohnungen, also Wohnungen, deren Überlassung Teil des Arbeitsvertrages und der danach geschuldeten Vergütung des Arbeitnehmers sind, fallen gemäß § 2 Abs. 1 Nr. 3 lit. a ArbGG in die sachliche Zuständigkeit der Arbeitsgerichte.[5]

3460 Auf welche **Rechtsgrundlage** die Klage gestützt wird, ist für die Einordnung der Streitigkeit ohne Bedeutung. Nur wenn zwischen den Parteien unstreitig ist, dass hinsichtlich des Wohnraums kein Wohnraummietverhältnis besteht, greift § 23 Nr. 2 lit. a) GVG nicht ein. Ob die betroffenen Räumlichkeiten als Wohnraum genutzt werden (können), ist in jedem Fall unerheblich. Denn nach dem Wortlaut von § 23 Nr. 2 lit a) GVG ist nicht die Eigenschaft des Raumes zuständigkeitsbegründend, sondern der Inhalt der Rechtsbeziehungen der Par-

---

1 BGH, Urteil v. 21. 3. 1952 – V ZR 20/51, MDR 1952, 666 = NJW 1952, 821; OLG Kiel HRR 1933, 1242; Zöller/*Gummer*, § 23 GVG Rn. 8.
2 BGBl. I S. 1542.
3 Palandt/*Weidenkaff*, vor § 535 Rn. 89.
4 OLG Celle, Beschl. v. 8. 1. 1986 – 3 W 102/1985, MDR 1986, 324; OLG Hamm, Urteil v. 12. 7. 1985 – 9 U 85/85, ZMR 1986,11; OLG Karlsruhe, Urteil v. 24. 6. 1997 – 7 U 101/97, NJW-RR 1988, 401; Bub/Treier/*Fischer*, Handbuch der Wohn- und Geschäftsraumiete, VIII Rn. 12 m.w.N.; Zöller/*Gummer*, § 23 GVG Rn. 8; a.A. LG Köln, Beschl. v. 13. 6. 1998 – 32 O 236/88, NJW-RR 1989, 403; LG Darmstadt, Beschl. v. 19. 8. 1992 – 3 O 181/02, DWW 1993, 20.
5 BAG, Beschl. v. 2. 11. 1999 – 5 AZB 18/99, MDR 2000, 600 = WuM 2000, 362 = NZA 2000, 277; Urteil v. 24. 1. 1990 – 5 AZR 749/87, BAGE 64, 75 MDR 1990, 656 = WuM 1990, 391 = NZA 1990, 539; Zöller/*Gummer*, § 23 GVG Rn. 9; diff. Bub/Treier/*Fischer*, Handbuch der Wohn- und Geschäftsraumiete, VIII Rn. 13 m.w.N.

teien.[1] Ausgehend von seinem Schutzzweck gelangt § 23 Nr. 2 lit a) GVG aber bereits dann zur Anwendung, wenn sich eine Partei auf den Bestand eines Wohnraummietverhältnisses beruft.[2]

Streitigkeiten zwischen Mitgliedern einer Wohngemeinschaft fallen in keinem Fall unter § 23 Nr. 2 lit. a) GVG (oder § 8 ZPO). Denn die im Streit stehenden Ansprüche folgen nicht aus einem Wohnraummietverhältnis, sondern aus der regelmäßig gesellschaftsrechtlichen Bindung ihrer Mitglieder. So sind insbesondere Klagen betreffend die Aufhebung der Wohngemeinschaft oder auf Abgabe einer (gemeinsamen) Kündigungserklärung gegenüber dem Vermieter nach § 3 ZPO zu bewerten.[3]   3461

III. Sonstige Miet-, Pacht- oder ähnliche Nutzungsverhältnisse

Handelt es sich nicht um eine Streitigkeit aus einem Wohnraummietverhältnis, dann bestimmt sich die Zuständigkeit nach dem Streitwert des Klagebegehrens (§ 23 Nr. 1, 71 Abs. 1 GVG) und damit gemäß § 2 ZPO nach den §§ 3 ff. ZPO. Danach ist wie folgt zu unterscheiden: 3462

1. Miet- und Pachtverhältnisse

Betrifft die Streitigkeit den Bestand oder die Dauer eines Miet- oder Pachtverhältnisses, kommt eine **Wertbestimmung nach § 8 ZPO** in Betracht, der als Sondervorschrift dem § 6 ZPO vorgeht.[4] Danach entspricht der Wert der für die gesamte streitige Zeit noch zu zahlenden Pacht bzw. Miete oder dem 25fachen Jahresbetrag, wenn dieser Betrag geringer ist.   3463

Hingegen fallen Streitigkeiten über die nach dem **Vertragsinhalt** bestehenden Handlungs- oder Unterlassungspflichten oder sich aus einer (unstreitigen) Vertragsbeendigung ergebenden **Folgen** nicht unter § 8 ZPO. Die Wertbestimmung erfolgt hier regelmäßig nach §§ 3 und 6 ZPO, soweit Gegenstand des Klagebegehrens nicht eine Leistung wiederkehrender Art (§ 9 ZPO) ist.   3464

Auch auf Streitigkeiten betreffend **Nutzungsverhältnisse**, die der Miete oder Pacht nur **ähnlich oder** von ihnen **wesensverschieden** (sonstige) sind, (siehe hierzu unten Rn. 3494 ff.) ist § 8 ZPO nicht anwendbar.[5]   3465

---

1 Bub/Treier/*Fischer*, Handbuch der Wohn- und Geschäftsraummiete, VIII Rn. 10 m.w.N.
2 Vgl. auch BGH, Beschl. v. 7. 11. 2002 – LwZR 9/02, BGHReport 2003, 757 für § 8 ZPO.
3 KG, Beschl. v. 30. 3. 1992 – 2 W 1331/92, NJW-RR 1992, 1490 = WuM 1992, 323; *Anders/Gehle/Kunze*, Stichwort „Miete und Pacht" Rn. 7.
4 Baumbach/Lauterbach/*Hartmann*, § 8 Rn. 1; Musielak/*Smid*, § 8 Rn. 1.
5 BGH, Beschl. v. 27. 10. 2004 – XII ZB 106/04, BGHReport 2005, 262 = MDR 2005, 124 = AGS 2005, 19 = WuM 2005, 66 = ZMR 2005, 115; Beschl. v. 22. 1. 1992 – XII ZR 149/91, juris-Nr. KORE 600709200; BayObLG Beschl. v. 11. 3. 1994 – 1 ZRR 296/93, JurBüro 1995, 27; Zöller/*Herget*, § 8 Rn. 3; diff. MünchKomm.ZPO/*Lappe*, § 8 Rn. 3.

a) Miet- oder Pachtvertrag

3466 Unter Miete und Pacht sind schuldrechtliche Gestattungsverhältnisse zu verstehen, die zur **entgeltlichen Gebrauchsgewährung** auf Zeit berechtigen und verpflichten. Sie unterscheiden sich im Vertragsgegenstand, der sich bei der Pacht auch auf Rechte erstrecken kann, und dem Vertragszweck, der bei der Pacht neben der Nutzung auch die Fruchtziehung umfasst. Geregelt sind sie vornehmlich in den §§ 535–597 BGB. Für die streitwertrechtliche Beurteilung ist eine **Differenzierung zwischen Miete oder Pacht** nicht erforderlich.[1] Wenn auch in der Praxis Streitigkeiten im Zusammenhang mit Gebäude- oder Gebäudeteilnutzung im Vordergrund stehen, darf nicht übersehen werden, dass § 8 ZPO auch die **Miete beweglicher Sachen** erfasst.

3467 Zu den Miet- und Pachtverhältnissen im Sinne des § 8 ZPO gehören neben den **Untermiet- und Unterpachtverhältnissen**[2] auch die **Jagdpachtverhältnisse**.[3]

3468 Bei **gemischten Verträgen** ist auch hier maßgeblich darauf abzustellen, ob die entgeltliche Gebrauchsüberlassung **das prägende Vertragsmerkmal** ist, also der miet- oder pachtrechtliche Teil des Vertrages überwiegt.[4] Dies kommt etwa beim **Filmverleih, Hausmeistervertrag** oder bei **Beherbergungsverträgen** in Betracht.[5] Da § 8 ZPO – anders als § 41 Abs. 2 GKG (§ 16 Abs. 2 GKG a.F.) – auch die Miete oder Pacht von beweglichen Sachen erfasst, gelangt er auch bei modernen Mischformen, wie dem Fahrzeugleasing, zur Anwendung. Für die **Wertberechnung** ist dann der Teilwert der miet- oder pachtrechtlichen Beziehung maßgebend, falls der Teilwert der übrigen Beziehung wirtschaftlich eigenständig bewertet werden kann.[6]

3469 Stehen bei dem gemischten Vertrag dagegen andere Bestandteile, etwa **dienstvertragliche Elemente**, im Vordergrund, wie beispielsweise beim **Bewirtungsvertrag, Krankenhausbehandlungs- oder Heimvertrag**,[7] scheidet eine unmittelbare Anwendung von § 8 ZPO in der Regel aus. Hier ist jedoch im Einzelfall zu

---

1 BGH, Beschl. v. 27. 10. 2004 – XII ZB 106/04, MDR 2005, 204 = WuM 2006, 66 = ZMR 2005, 115 = NZM 2005, 157 = GE 2004, 1523 = DWW 2005, 25 = AGS 2005, 19 = NJ 2005, 124; Urteil v. 20. 12. 1995 – XII ZR 244/94, WuM 1996, 1064 = NJWE-MietR 1996, 54 = BGHR ZPO § 8 Räumungsklage Nr. 6.

2 BGH, Urteil v. 21. 3. 1952 – V ZR 20/51, MDR 1952, 666 = NJW 1952, 821; OLG Kiel HRR 1933, 1242; Musielak/*Smid*, § 8 Rn. 2; ebenso für § 41 GKG (§ 16 GKG a.F.) OLG Celle, Beschl. v. 15. 7. 1999 – 2 W 53/99, OLGR 1999, 263 = NZM 2000, 190; *Hartmann*, § 41 Rn. 4; *Meyer*, § 41 Rn. 2.

3 BGH, Beschl. v. 27. 2. 1992 – III ZR 142/91 – III ZR 142/91, KostRsp. ZPO § 8 Nr. 7 = BGHR ZPO § 8 Jagdpacht Nr. 1; JurBüro 1962, 87; OLG Bamberg NJW 1953, 230; ebenso für § 41 GKG (§ 16 GKG a.F.) OLG Celle, Beschl. v. 15. 7. 1999 – 2 W 53/99, OLGR 1999, 263 = NZM 2000, 190; *Hartmann*, § 41 Rn. 4; *Meyer*, § 41 Rn. 2.

4 BGH, Urteil v. 20. 12. 1995 – XII ZR 244/94, WuM 1996, 1064 = NJWE-MietR 1996, 54 = BGHR ZPO § 8 Räumungsklage Nr. 6.

5 *Anders/Gehle/Kunze*, Stichwort „Miete und Pacht" Rn. 7.

6 BGH, Urteil v. 20. 12. 1995 – XII ZR 244/94, WuM 1996, 1064 = NJWE-MietR 1996, 54 = BGHR ZPO § 8 Räumungsklage Nr. 6; Stein/Jonas/*Roth*, § 8 Rn. 2, 15.

7 *Anders/Gehle/Kunze*, Stichwort „Miete und Pacht" Rn. 7.

erwägen, ob bei der dann nach § 3 ZPO vorzunehmenden Bewertung zum Zwecke einer angemessenen Erfassung die Wertberechnung nach § 8 ZPO mitberücksichtigt wird.[1]

b) Streit über Bestehen oder Dauer

§ 8 ZPO setzt einen Streit über Bestehen oder Dauer des Miet- oder Pachtverhältnisses voraus und ist daher nicht anwendbar, wenn ein solches Rechtsverhältnis zwischen den Parteien unstreitig ist oder unstreitig nicht mehr besteht. **Erfüllungsansprüche**, beispielsweise auf Überlassung der Mietsache, fallen unter § 8 ZPO, sofern durch die mit der Klage erstrebte Verurteilung eine Entscheidung über den zwischen den Parteien streitigen Bestand des Vertragsverhältnisses erreicht werden soll.[2] Dies gilt jedoch nicht für Klagen auf (Mietzins-) Zahlung, selbst wenn letztlich nur über den (Fort-)Bestand des zugrunde liegenden Nutzungsverhältnisses gestritten wird.[3]

3470

Da § 8 ZPO nicht auf den Klageantrag, sondern auf den dahinter stehenden Streit der Parteien abstellt, führt bereits die **Verteidigung mit einem angeblichen Miet- oder Pachtverhältnis**, etwa gegen einen dinglichen Herausgabeanspruch, zur Anwendbarkeit des § 8 ZPO.[4] Ohne Bedeutung ist insoweit, ob der Streit Gegenstand einer Feststellungs-, Leistungs- oder Gestaltungsklage ist.[5]

3471

Wird **Räumung der Miet- oder Pachtsache** verlangt, bestimmt sich der Wert nur dann nach § 8 ZPO, wenn nach dem Klagevorbringen Streit darüber besteht, ob das Pacht- oder Mietverhältnis **über den Zeitpunkt der verlangten Räumung hinaus** bestanden hat oder noch besteht. Anderenfalls fehlt es an dem Erfordernis der „streitigen Zeit" und es gelten die allgemeinen Wertvorschriften.[6]

3472

Sind sich die Parteien über die Beendigung des Miet- oder Pachtverhältnisses einig und beschränkt sich der Streit auf die **nach dem Vertragsinhalt bestehenden Handlungs- oder Unterlassungspflichten**, wie etwa bei Klage auf rückständiges oder künftiges Nutzungsentgelt, oder auf die **Folgen der Beendigung**, wie beispielsweise bei Ansprüchen auf Vornahme von Renovierungsleistungen oder Ersatz entgangener Mieteinnahmen wegen Beschädigung der Mietsache

3473

---

1 So MünchKomm.ZPO/*Lappe*, § 8 Rn. 3.
2 BGH, Beschl. v. 19. 7. 2000 – XII ZR 269/99, NZM 2000, 127.
3 BGH, Beschl. v. 19. 6. 2002 – XII ZR 5/02, NZM 2002, 736 = NJW-RR 2002, 1233.
4 BGH, Beschl. v. 27. 10. 2004 – XII ZB 106/04, MDR 2005, 204 = WuM 2006, 66 = ZMR 2005, 115 = NZM 2005, 157 = GE 2004, 1523 = DWW 2005, 25 = AGS 2005, 19 = NJ 2005, 124; Beschl. v. 7. 11. 2002 – LwZR 9/02, BGHReport 2003, 757; Zöller/*Herget*, § 8 Rn. 3; offen lassend noch BGH, Beschl. v. 30. 1. 1997 – III ZR 206/96, BGHR ZPO § 8 Räumungsklage Nr. 8.
5 BGH, Beschl. v. 21. 9. 2005 – XII ZR 256/03, BGHReport 2006, 75= NZM 2005, 944 = NJW-RR 2006, 16; Beschl. v. 13. 5. 1958 – VIII ZR 16/58, NJW 1958, 1291; MünchKomm.ZPO/*Lappe*, § 8 Rn. 5.
6 BGH, Beschl. v. 8. 3. 1995 – XII ZR 240/94, KostRsp. GKG § 16 Nr. 91 = LM ZPO § 8 Nr. 14 = MDR 1995, 530 = WuM 1995, 320 = ZMR 1995, 245 = GE 1995, 56 = NJW 1995, 781 = BGHR ZPO § 8 Räumungsklage Nr. 4; Zöller/*Herget*, § 8 Rn. 4.

oder unterlassener Abschlussrenovierung, ist § 8 ZPO nicht einschlägig. Die Wertbestimmung erfolgt hier regelmäßig nach §§ 3 und 6 ZPO, soweit Gegenstand des Klagebegehrens nicht eine Leistung wiederkehrender Art (§ 9 ZPO) ist.

3474 Da § 8 ZPO bei einem nicht auf Räumung gerichteten Streit nur auf einen Rechtsstreit zwischen den Vertragsparteien angewandt werden kann, fällt der **Streit zwischen Vermietern oder Mietern untereinander** nicht in den Anwendungsbereich der Vorschrift.[1]

3475 Auch der Streit darüber, ob eine Partei einen von ihr **mit einem Dritten geschlossenen Miet- oder Pachtvertrag** gegen sich gelten lassen, ist keine Streitigkeit nach § 8 ZPO. Dem steht schon entgegen, dass die Parteien nicht zugleich Vertragsparteien sind und damit in einer der Rechtskraft fähigen Weise über den Bestand oder die Dauer des Vertrages nicht entschieden werden kann. Die Bewertung erfolgt nach § 3 ZPO.[2]

c) Wertberechnung im Einzelnen

3476 Gelangt § 8 ZPO zur Anwendung, bestimmt sich der Streitwert im Grundsatz nach der auf die „streitige Zeit" entfallenden „Pacht oder Miete", höchstens auf den 25fachen Jahresbetrag des Nutzungsentgelts. Der zur Räumung und Herausgabe der Miet- oder Pachtsache in vertragsgemäßem Zustand erforderliche **Aufwand**, ist ausweislich des klaren Wortlaus von § 8 ZPO ohne Bedeutung.[3] Dies zumindest, soweit hierzu kein eigenständiger Klageantrag gestellt wird.[4] (Siehe hierzu unten Rn. 3613 „Abbruchkosten")

3477 Der Bewertungsmaßstab des § 8 ZPO gilt auch für Klagen, die auf positive Feststellung hinsichtlich des Bestehens oder der Dauer eines Miet- oder Pachtverhältnisses gerichtet sind. Denn für den bei **positiven Feststellungsklagen** gebotenen prozentualen Abschlag vom Streitwert (siehe unter dem Stichwort „Feststellungsklage") besteht hier kein Bedürfnis, da derartige Feststellungsbegehren zum Regelfall der von § 8 ZPO erfassten Streitigkeiten gehören und ihre Eigenart daher bereits in dessen Wertmaßstab berücksichtigt worden ist.[5]

3478 Überschneidet sich eine auf Zahlung von Mietzins gerichtete Leistungsklage bezogen auf den Leistungszeitraum mit einer **Zwischenfeststellungswiderklage**

---

1 BGH, Urteil v. 21. 10. 1955 – V ZR 160/54, LM ZPO § 8 Nr. 6 = RdL 1955, 49; Münch-Komm.ZPO/*Lappe*, § 8 Rn. 10; Musielak/*Smid*, § 8 Rn. 4.
2 BGH, Beschl. v. 24. 2. 2000 – III ZR 270/99, Jagdrechtliche Entscheidungen XVII Nr. 76.
3 BGH, Beschl. v. 4. 7. 1996 – III ZR 34/96, BGHR ZPO § 8 Räumungsklage Nr. 7 – Beschwer.
4 BGH, Beschl. v. 15. 6. 2005 – XII ZR 104/02, WuM 2005, 525 = NZM 2005, 678.
5 BGH, Beschl. v. 21. 9. 2005 – XII ZR 256/03, BGHReport 2006, 75= NZM 2005, 944 = NJW-RR 2006, 16; Beschl. v. 13. 5. 1958 – VIII ZR 16/58, NJW 1958, 1291 = Rpfleger 1958, 215; *Anders/Gehle/Kunze*, Stichwort „Miete und Pacht" Rn. 23; Zöller/*Herget*, § 8 Rn. 5; a.A. ohne Begründung LG Berlin, Beschl. v. 7. 7. 2000 – 65 T 62/000, KostRsp. GKG § 16 Nr. 121 = JurBüro 2001, 96.

(§ 265 Abs. 2 ZPO) auf Erlöschen des Mietverhältnisse, dann findet keine Wertaddition statt.[1]

aa) Streitige Zeit

Unter der „streitigen Zeit" ist derjenige Zeitraum zu verstehen, für den hinsichtlich des Bestehens oder Nichtbestehens des Vertragsverhältnisses Streit zwischen den Parteien herrscht. Es ist die Spanne zwischen denjenigen Zeitpunkten, in denen nach dem jeweiligen Vorbringen der einen und der anderen Partei der Räumungsanspruch des Vermieters zu erfüllen ist.[2] Dies ist **nach dem Vortrag in der Klageschrift** zu ermitteln, da für den Zuständigkeitsstreitwert allein das Vorbringen des Klägers maßgebend ist. Daher sind Säumnis des Beklagten (§ 331 Abs. 1 S. 2 ZPO) und die Geständnisfiktion (§ 138 Abs. 3 ZPO) für die Wertermittlung unerheblich.[3]   3479

Der **Beginn** des streitigen Zeitraumes fällt **frühestens** auf den Zeitpunkt der **Zustellung von Klage- oder Antragsschrift**.[4] Dies gilt im Falle eines Räumungs- oder Herausgabebegehrens auch dann, wenn der Einreichung bereits eine Kündigung vorausgegangen ist.[5] Nur wenn der Kläger die Feststellung begehrt, dass das Miet- oder Pachtverhältnis bereits zu einem vor Rechtshängigkeit liegenden Zeitpunkt beendet worden ist, ist dieser Zeitpunkt der Wertberechnung zugrunde zu legen.[6]   3480

Das **Ende** des streitigen Zeitraumes fällt auf den **Tag, an dem der Vertrag unstreitig ablaufen würde**, d.h. bei Verträgen mit bestimmter Dauer mit Zeitablauf und bei Verträgen mit unbestimmter Dauer mit dem Tage, auf den derjenige hätte (ordentlich) kündigen können, der sich auf eine längere Bestehenszeit beruft.[7] Die Möglichkeit einer fristlosen Kündigung bleibt bei der Berechnung außer Betracht.[8]   3481

---

1 BGH, Beschl. v. 2. 11. 2005 – XII ZR 137/05, MietPrax-Arbeitskommentar § 41 GKG, Nr. 2; Beschl. v. 17. 3. 2004 = BGHReport 2004, 1055 = JurBüro 2004, 378 = MDR 2004, 1437 = WuM 2004, 368 = ZMR 2004, 494 = NZM 2004, 423 = AGS 2004, 249; Beschl. v. 9. 10. 1991 – XII ZR 81/91, KostRsp. ZPO § 8 Nr. 4 = NJW-RR 1992, 698 = WM 1991, 2121.

2 BGH, Beschl. v. 21. 9. 2005 – XII ZR 256/03, BGHReport 2006, 75= NZM 2005, 944 = NJW-RR 2006, 16 – zu § 41 GKG; Urteil v. 1. 4. 1992 – XII ZR 200/91, MDR 1992, 913.

3 OLG Stuttgart, Beschl. v. 10. 5. 1995 – 5 W 24/95, JurBüro 1995, 486; LG Passau, KostRsp. GKG § 16 Nr. 28 mit Anm. *E. Schneider*; Zöller/*Herget*, § 8 Rn. 5.

4 BGH, Beschl. v. 12. 7. 1952 – V ZR 30/51, LM § 8 ZPO Nr. 1.

5 BGH, Beschl. v. 10. 5. 2000 – XII ZR 335/99, NZM 2000, 1227 = NJW-RR 2000, 1739 = NJ 2000, 603; Beschl. v. 2. 6. 1999 – XII ZR 99/99, KostRsp. ZPO Nr. 15 = ZMR 1999, 615 = NZM 1999, 794 = NJW-RR 1999, 1385; Zöller/*Herget*, § 8 Rn. 5.

6 BGH, Beschl. v. 15. 5. 1958 – VIII ZR 16/58, MDR 1958, 601 = NJW 1958, 1291 = Rpfleger 1959, 215; OLG Bamberg, Beschl. v. 13. 5. 1991 – 8 U 83/91, JurBüro 1991, 1126; *Anders/Gehle/Kunze*, Stichwort „Miete und Pacht" Rn. 16.

7 BGH, Beschl. v. 7. 11. 2002 – LWZR 9/02, BGHReport 2003, 757; Beschl. v. 10. 8. 1999 – XII ZR 69/99, KostRsp. ZPO § 8 Nr. 16 = NZM 1999, 1048 = NJW-RR 1999, 1531; Urteil v. 1. 4. 1992 – XII ZR 200/91, KostRsp. ZPO § 8 Nr. 9 = MDR 1992, 913 = WuM 1992, 465; Zöller/*Herget*, § 8 Rn. 5.

8 *Anders/Gehle/Kunze*, Stichwort „Miete und Pacht" Rn. 17.

3482 Ergibt sich nach dem Vorbringen des Klägers, dass sich der Mieter auf einen **Ausschluss der Kündigung durch den Vermieter** beruft, läuft die „streitige Zeit" bis zu erstmöglichen Kündigung nach Ablauf von 30 Jahren.[1] Wertbestimmend ist dann gemäß § 8 ZPO der 25fache Betrag des Jahresentgelts.

3483 Beruft sich der Beklagte gegenüber Kündigung und Räumungsklage auf **Schutzvorschriften**, die das Kündigungsrecht beschränken und ein Recht zur Fortsetzung der Nutzung begründen, so dauert die „streitige Zeit" bis zu dem Zeitpunkt an, den derjenige, der sich auf das Nutzungsrecht beruft, als den für ihn günstigsten in Anspruch nimmt. Ist die Beendigung des Nutzungsverhältnisses danach ungewiss, bestimmt sich der Wert in entsprechender Anwendung nach § 9 ZPO auf den 42fachen monatlichen Miet- oder Pachtzins.[2]

3484 Dies gilt auch, wenn das Kündigungsrecht auf unbestimmte Zeit ausgeschlossen ist, etwa weil der Beklagte sich darauf beruft, dass der **Miet- oder Pachtvertrag auf Lebenszeit** geschlossen worden sei,[3] oder wenn ungewiss ist, ob und wann sich der Beklagte zur Räumung verpflichtet sieht, etwa weil er trotz Kündigung die Mietsache fortdauernd nutzt oder im Verhandlungstermin nicht erscheint.[4]

3485 Folgt hingegen aus dem Klagevorbringen, dass der Beklagte ebenfalls die Kündigung erklärt hat und deshalb der streitige Zeitraum kürzer als ein Jahr ist, bleibt die abstrakte Möglichkeit, dass er nach Ablauf der „streitigen Zeit" nicht räumen wird, für die Wertbestimmung außer Betracht.[5]

bb) Pacht- oder Mietzins

3486 Der für die Wertberechnung zugrunde zu legende **Pacht- oder Mietzins** errechnet sich nach dem Geldwert der vom Nutzungsberechtigten für die Gebrauchsgewährung zu erbringenden Gegenleistung. Maßgebend ist das **vertraglich vereinbarte Entgelt** und nicht der Betrag, der nach Auffassung einer Partei angemessen wäre oder ortsüblich ist.[6]

3487 Nach bisherigem Verständnis entsprach das „einjährige Entgelt" des § 8 ZPO dem „einjährigen Zins" des § 16 Abs. 1 GKG a.F.[7] Hieran hat sich mit der Neu-

---

1 BGH, Beschl. v. 10. 8. 1999 – XII ZR 69/99, KostRsp. ZPO § 8 Nr. 16 = NZM 1999, 1048 = NJW-RR 1999, 1531 – Beschwer.
2 BGH, Beschl. v. 14. 4. 2004 – XII ZB 224/02, BGHReport 2004, 1105 = MDR 2004, 931 = WuM 2004, 353 = NZM 2004, 460 = AGS 2004, 390 = BGHR ZPO § 8 Räumungsklage Nr. 10 u. 11; BGH, Beschl. v. 7. 11. 2002 – LwZR 9/02 – BGHReport 2003, 757.
3 BGH, Beschl. v. 16. 2. 2005 – XII ZR 46/03, ZMR 2005, 933 = WuM 2005, 350 = NJ 2005, 369; *Anders/Gehle/Kunze*, Stichwort „Miete und Pacht" Rn. 17; Musielak/*Smid*, § 8 Rn. 5.
4 Zöller/*Herget*, § 8 Rn. 5; krit. *Lappe* NJW 2000, 1149.
5 OLG Stuttgart, Beschl. v. 10. 5. 1995 – 5 W 24/95, JurBüro 1995, 486.
6 BGH, Beschl. v. 27. 10. 2004 – XII ZB 106/04, MDR 2005, 204 = WuM 2006, 66 = ZMR 2005, 115 = NZM 2005, 157 = GE 2004, 1523 = DWW 2005, 25 = AGS 2005, 19 = NJ 2005, 124; Urteil v. 20. 12. 1995 – XII ZR 244/94, KostRsp. ZPO § 8 Nr. 12 = BGHR ZPO § 8 Räumungsklage Nr. 6 = WuM 1996, 1064 = NJWE-MietR 1996, 54.
7 BGH, Urteil v. 21. 1. 1955 – V ZR 160/54, KostRsp. GKG § 10 Nr. 10 = BGHZ 18, 168; *Anders/Gehle/Kunze*, Stichwort „Miete und Pacht" Rn. 9.

fassung von § 41 Abs. 1, 2 GKG (§ 16 Abs. 1, 2 GKG a.F.) nichts geändert, was schon die nunmehr übereinstimmende Verwendung des „einjährigen Entgelts" erhellt. Damit ist zugleich davon auszugehen, dass die **Entgeltdefinition in § 41 Abs. 1 S. 2 GKG** (ohne Entsprechung in § 16 GKG a.F.) auch für die Bestimmung des Zuständigkeitsstreitwerts heranzuziehen ist. Danach umfasst das Entgelt neben dem Nettogrundentgelt Nebenkosten nur noch dann, wenn diese als Pauschale vereinbart sind und nicht gesondert abgerechnet werden. Die Neuregelung folgt damit der Rechtsprechung des BGH,[1] wonach Vorauszahlungen auf Nebenkosten bei der Wertbestimmung nach § 8 ZPO schon deshalb nicht berücksichtigt werden können, weil aus ihnen nicht erkennbar ist, welche über den eigentlichen Mietzins hinausgehenden Beträge der Mieter nach Abrechnung schuldet.

Zum Nutzungsentgelt zählen neben dem in Geld oder Naturalien zu erbringenden Pacht- oder Mietzins alle weiteren **vertraglich vereinbarten Nebenleistungen**, es sei denn, diese werden im Verkehr nicht als Entgelt für die Gebrauchsüberlassung angesehen oder vom Mieter bzw. Pächter selbst abgerechnet werden.[2]   3488

Ferner sind alle vertragsgemäß zu erbringenden **Sonderleistungen des Mieters**   3489
oder Pächters zu berücksichtigen, etwa für die Unterhaltung und Instandsetzung der Mietsache, für Abgaben und sonstige öffentliche Lasten, aber auch Baukostenaufwand und Baukostenzuschüsse.[3]

Soweit **Mehrwertsteuer** zu zahlen ist, erhöht sich der Streitwert darum.[4]   3490

Bei der Höhe nach **unterschiedlichen Jahresentgeltbeträgen** ist auf den höchsten   3491
Betrag innerhalb des streitigen Zeitraums abzustellen.[5]

Veränderungen des Mietvertrages nach Klageerhebung, die Einfluss auf den   3492
Streitwert haben könnten, bleiben gemäß § 4 ZPO unberücksichtigt, solange nicht auch der Klageantrag geändert wird.

Siehe ferner bei den Ausführungen zum Gebührenstreitwert (unten Rn. 3510 ff.).   3493

---

1 Beschl. v. 2. 6. 1999 – XII ZR 99/99, ZPO § 8 Nr. 15 = ZMR 1999, 615 = NZM 1999, 794 – Beschwer.
2 BGH, Beschl. v. 2. 6. 1999 – XII ZR 99/99, KostRsp. ZPO § 8 Nr. 15 = ZMR 1999, 615 = NJW-RR 1999, 1385 = NZM 1999, 794; Beschl. v. 27. 2. 1992 – III ZR 142/91, KostRsp. ZPO § 8 Nr. 7; Zöller/*Herget*, § 8 Rn. 6.
3 BGH, Urteil v. 21. 1. 1955 – V ZR 160/54, KostRsp. GKG § 10 Nr. 10 = BGHZ 18, 168; OLG Schleswig JurBüro 1958, 512; krit. OLG Köln, Beschl. v. 9. 2. 1996 – 19 W 1/96, OLGR 1996, 101 = JurBüro 1996, 472 = MDR 1996, 859 = WuM 1996, 288 = NJW-MietR 1996, 145.
4 OLG Dresden, Beschl. v. 19. 8. 1997 – 15 W 1041/96, KostRsp. GKG § 16 Nr. 106 = ZMR 1997, 527 – zu § 16 GKG a.F.; OLG Hamm OLGR 1995, 167 = ZMR 1995, 359; KG, Beschl. v. 17. 6. 1999 – 8 W 4592/99, KGR 1999, 310 = NZM 2000, 659; OLG Zweibrücken Beschl. v. 28. 11. 2000 – 4 W 53/00, OLGR 2001, 260; LG Duisburg, Beschl. v. 24. 2. 1989 – 7 T 63/89, KostRsp. GKG § 16 Nr. 62 = JurBüro 1989, 1306.
5 BGH, Beschl. v. 21. 9. 2005 – XII ZR 256/03, BGHReport 2006, 75 = NZM 2005, 944 = NJW-RR 2006, 16 – zu § 41 GKG; Zöller/*Herget*, § 9 Rn. 6.

2. Ähnliche und sonstige Nutzungsverhältnisse

3494 Streiten die Parteien über Ansprüche aus einem der Pacht oder Miete nur ähnlichen oder aus einem sonstigen, d.h. wesensverschiedenen Nutzungsverhältnis, dann fehlt es an einer Sondernorm. § 8 ZPO ist schon ausweislich seines – von § 41 GKG (§ 16 GKG a.F.) abweichenden – Wortlauts nicht anwendbar.[1] Hier ist der Streitwert vielmehr nach §§ 3 ff. ZPO zu bestimmen.

a) Nutzungsverhältnisse

3495 **Ähnliche Nutzungsverhältnisse** sind solche, die miet- oder pachtähnlichen Charakter haben, auch wenn sie nicht unmittelbar unter die §§ 535 ff., 581 ff. BGB fallen.[2] Dies ist etwa bei dem mietähnlich ausgestalteten Dauerwohnrecht gemäß § 1093 BGB oder § 31 WEG[3] der Fall.

3496 Demgegenüber zeichnen sich **wesensverschiedene Nutzungsverhältnisse** insbesondere dadurch aus, dass es an einer mietzinsähnlichen Gegenleistung fehlt. Beispielhaft ist hier das unentgeltliche Nutzungsverhältnis[4] oder das in letztwilliger Verfügung angeordnete Wohnvermächtnis[5] zu nennen. Ausführlich hierzu nachfolgend unter Rn. 3514 ff.

b) Streit über Bestand und Dauer

3497 Auf Feststellung des Bestehens oder der Dauer derartiger Rechtsverhältnisse gerichtete Klagebegehren sind nach § 3 ZPO zu bewerten. Im Einzelfall ist jedoch zu erwägen, ob zum Zwecke einer angemessenen Erfassung die Wertberechnung nach § 8 ZPO mitberücksichtigt wird.[6]

3498 Ist das Klagebegehren auf **Räumung und Herausgabe** gerichtet, bestimmt sich der Streitwert nach § 6 ZPO.[7]

c) Anderweitige Klagebegehren

3499 Im Übrigen bestimmt sich der Zuständigkeitsstreitwert nach § 3 ZPO, soweit nicht aufgrund des konkreten Klagebegehrens speziellere Wertvorschriften zur

---

1 BGH, Beschl. v. 27. 10. 2004 – XII ZB 106/04, BGHReport 2005, 262 = MDR 2005, 124 = AGS 2005, 19 = WuM 2005, 66 = ZMR 2005, 115; Beschl. v. 22. 1. 1992 – XII ZR 149/91, juris-Nr. KORE 600709200; BayObLG Beschl. v. 11. 3. 1994 – 1 ZRR 296/93, JurBüro 1995, 27; Zöller/*Herget*, § 8 Rn. 3; diff. MünchKomm.ZPO/*Lappe*, § 8 Rn. 3.
2 BGH Rpfleger 1959, 1 zu § 10 Abs. 1 GKG a.F.
3 OLG Braunschweig, Beschl. v. 13. 7. 1998 – 5 W 13/98, KostRsp. GKG § 16 Nr. 110 = OLGR 1999, 231; OLG Frankfurt NJW 1963, 1930; OLG München, Beschl. v. 11. 12. 1998 – 14 W 257/98, KostRsp. GKG § 16 Nr. 111 = ZMR 1999, 173; OLG Stuttgart Rpfleger 1964, 130.
4 BGH, Beschl. v. 27. 10. 2004 – XII ZB 106/04, MDR 2005, 204 = WuM 2006, 66 = ZMR 2005, 115 = NZM 2005, 157 = GE 2004, 1523 = DWW 2005, 25 = AGS 2005, 19 = NJ 2005, 124.
5 KG JurBüro 1962, 294.
6 So MünchKomm.ZPO/*Lappe*, § 8 Rn. 3.
7 Zöller/*Herget*, § 8 Rn. 6; krit. *Lappe* NJW 2000, 449.

Anwendung gelangen und eine mittelbare Berücksichtigung von § 8 ZPO ausscheidet. So ist etwa § 9 ZPO einschlägig, wenn der Streit Leistungen wiederkehrender Art zum Gegenstand hat.[1]

C. Gebührenstreitwert

I. Allgemeines

Mit der GKG-Novelle vom 5. 5. 2004[2] hat der Gesetzgeber auch die Wertvorschriften für Miet-, Pacht- oder ähnliche Nutzungsverhältnisse betreffende Streitigkeiten (§ 41 GKG entspricht weitgehend § 16 GKG a.F.) überarbeitet und einige in Rechtsprechung und Lehre streitige Punkte entschieden. So wird mit der Regelanknüpfung in § 41 Abs. 1, 2 und 5 GKG an das Nettogrundentgelt und dessen Jahreswert die – bereits anerkannte – soziale Schutzfunktion der Gebührenvorschriften nunmehr auch für die Mängelbeseitigung, Instandsetzung und Modernisierung erweitert. Danach soll der Zugang zu den Gerichten nicht durch kostentreibende Streitwerte erschwert werden.[3]   **3500**

Hierbei gelangt die Gebührenprivilegierung des § 41 GKG bereits dann zur Anwendung, wenn nur eine von **mehreren Klagebegründungen** dessen Voraussetzungen erfüllt.[4]   **3501**

In den noch bestehenden Streitfällen ist aus gleichen Gründen eine **weite Auslegung** geboten. Sie ist auf alle Sachverhalte anzuwenden, bei denen eine für das Verhältnis von Vermieter und Mieter typische Berechtigung Streitgegenstand ist.[5] Dies soll jedoch nicht für **gewerbliche Mietverhältnisse** gelten, da dort soziale Gesichtspunkte keine Rolle spielen.[6]   **3502**

Da § 41 Abs. 1 GKG (§ 16 Abs. 1 GKG a.F.) an Rechtsstreitigkeiten zwischen den Vertragsparteien anknüpft, fällt der **Streit zwischen Vermietern oder Mietern untereinander** nicht in den Anwendungsbereich der Vorschrift.[7] Zu denken   **3503**

---

1 Musielak/*Smid*, § 9 Rn. 2.
2 BGBl. I S. 718.
3 BGH, KostRsp. GKG § 16 Nr. 91 = MDR 1995, 530 = WuM 1995, 320 = ZMR 1995, 245 = NJW 1995, 781; OLG Frankfurt, Beschl. v. 29. 3. 1995 – 19 W 8/95, OLGR 1995, 132; OLG Karlsruhe, Beschl. v. 26. 3. 1997 – 11 W 21/97, OLGR 1998, 15 = JurBüro 1997, 478; OLG Köln, Beschl. v. 10. 3. 1997 – 19 W 3/97, KostRsp. GKG § 16 Nr. 104 = OLGR 1997, 199 = JMBl. NW 1997, 167 = VersR 1997, 1161 = ZMR 1997, 468.
4 BGH, Beschl. v. 21. 9. 2005 – XII ZR 256/03, BGHReport 2006, 75 = NZM 2005, 944 = NJW-RR 2006, 14.
5 OLG Köln, Beschl. v. 10. 3. 1997 – 19 W 3/97, KostRsp. GKG § 16 Nr. 104 = OLGR 1997, 199 = JMBl.NW 1997, 167 = VersR 1997, 1161 = ZMR 1997, 468; *Hartmann*, § 41 Rn. 2 m.w.N.
6 OLG Frankfurt, Beschl. v. 29. 3. 1995 – 19 W 8/95, OLGR 1995, 132; OLG München, Beschl. v. 3. 3. 1997 – 15 W 2857/96, OLGR 1997, 107; a.A. wohl BGH, Beschl. 8. 3. 1995 – XII ZR 240/94, Kostsp. GKG § 16 Nr. 91 = LM ZPO § 8 Nr. 14 = MDR 1995, 530 = WuM 1995, 320 = ZMR 1995, 245 = GE 1995, 556 = NJW 1995, 781.
7 BGH LM ZPO § 8 Nr. 6 = LM GKG § 10 Nr. 10 – zu § 10 GKG a.F.

ist hier an Streitigkeiten zwischen Mitgliedern einer **Wohngemeinschaft** oder Klagen eines Mieters gegen einen Mitmieter auf Zustimmung zur Kündigung des Mietverhältnisses. Das Verhältnis der Beteiligten ist hier in der Regel gesellschafts- oder gemeinschaftsrechtlich geprägt, so dass für eine Gebührenprivilegierung kein Anlass besteht. Daher dürfte auch für eine entsprechende Anwendung von § 41 Abs. 1 GKG (§ 16 Abs. 1 GKG a.F.), wie sie vom OLG Frankfurt[1] zur Vermeidung „übersetzter Streitwerte" bejaht wird,[2] ausscheiden.[3] Im Einzelfall kann bei der Schätzung nach § 3 ZPO jedoch der Bewertungsmaßstab des § 41 Abs. 1 GKG (§ 16 Abs. 1 GKG a.F.) berücksichtigt werden.[4] Bei **Streitigkeiten von Eheleuten** oder Lebenspartnern über die gemeinsam genutzte Wohnung gemäß §§ 3–7 HausrVO; 14, 18 LPartG ist die Geschäftswertregelung in § 100 KostO (§ 21 HausrVO a.F.) zu beachten, wonach der „einjährige Mietwert" wertbestimmend ist.

II. Bewertungsgrundsätze

1. Allgemeines

3504 § 41 GKG (§ 16 GKG a.F.) geht als Sondervorschrift für Streitigkeiten aus Miet-, Pacht- und ähnlichen Nutzungsverhältnissen einer Wertberechnung nach § 48 Abs. 1 GKG (§ 12 Abs. 1 GKG a.F.) i.V.m. §§ 3–9 ZPO vor. Zum besseren Verständnis der Streitwertberechnung werden zunächst die einzelnen von § 41 GKG erfassten Tatbestände im Zusammenhang dargestellt:

– Das **Bestehen eines Miet-, Pacht- oder ähnlichen Nutzungsverhältnisses** ist streitig.

Dann bemisst sich der Streitwert nach dem auf die streitige Zeit entfallenden Entgelt oder nach dem einjährigen Entgelt, je nachdem welcher Betrag geringer ist, § 41 Abs. 1 GKG (§ 16 Abs. 1 GKG a.F.).

– Die **Dauer eines Miet-, Pacht- oder ähnlichen Nutzungsverhältnisses** ist streitig.

Maßgebend für den Streitwert ist ebenfalls das auf die streitige Zeit entfallende Entgelt oder das einjährige Entgelt, je nachdem welcher Betrag geringer ist, § 41 Abs. 1 GKG (§ 16 Abs. 1 GKG a.F.).

– Es wird **Räumung wegen Beendigung des** Miet-, Pacht- oder ähnlichen **Nutzungsverhältnisses** (§§ 546, 578, 581 BGB) verlangt, wobei gleichgültig ist, ob die Beendigung streitig oder unstreitig ist.

Auch hier ist der Streitwert gleich dem einjährigen Entgelt, sofern nicht das auf die streitige Zeit entfallende Entgelt geringer ist, § 41 Abs. 2 S. 1 GKG (§ 16 Abs. 2 S. 1 GKG a.F).

---

1 OLG Frankfurt, Beschl. v. 27. 3. 2003 – 1 W 11/03, AGS 2004, 162 = NZM 2004, 159 = NJW-RR 2004, 299.
2 Ebenso OLG Hamburg, Beschl. v. 18. 6. 1965 – 11 W 20/65; NJW 1965, 2406.
3 So auch KG, Beschl. v. 30. 3. 1992 – 2 W 1331/92, WuM 1992, 323 = NJW-RR 1992, 1490; *Anders/Gehle/Kunze*, Stichwort „Miete und Pacht" Rn. 7.
4 KG, Beschl. v. 30. 3. 1992 – 2 W 1331/92, WuM 1992, 323 = NJW-RR 1992, 1490.

- Es wird **Räumung** oder **Herausgabe auch aus einem anderen Rechtsgrund** (z.B. § 985 BGB) verlangt, wobei wiederum gleichgültig ist, ob Streit über das Bestehen des Nutzungsverhältnisses besteht.

Dann ist der Streitwert ausnahmslos gleich dem Wert der Nutzungen eines Jahres, § 41 Abs. 2 S. 2 GKG (§ 16 Abs. 2 S. 2 GKG a.F.). Weiterhin nicht beantwortet ist in § 41 Abs. 2 GKG die Frage, wie der Streitwert zu bemessen ist, wenn Räumung oder Herausgabe **allein aus einem anderen Rechtsgrund** verlangt wird (siehe dazu unten Rn. 3558).

- Es wird die **Erhöhung des Mietzinses für Wohnraum** beansprucht.

Der Wert richtet sich nach dem Jahresbetrag der zusätzlichen Miete, soweit nicht aufgrund kürzerer Mietdauer ein entsprechend niedriger Betrag maßgebend ist, § 41 Abs. 5 GKG (§ 16 Abs. 5 GKG a.F.). Zu beachten bleibt, dass diese Streitwertbeschränkung nur für **Wohnraum** gilt.

- Der Mieter von Wohnraum verlangt die **Instandsetzung von Wohnraum**.

Hier bestimmt sich der Streitwert nach dem Jahresbetrag einer angemessenen Mietminderung, soweit nicht auch hier wegen eines kürzeren Zeitraums ein entsprechend niedriger Betrag maßgebend ist, § 41 Abs. 5 GKG (§ 16 Abs. 5 GKG a.F.).

- Der Vermieter verlangt die **Duldung von Maßnahmen der Modernisierung oder Erhaltung von Wohnraum**.

Dann bemisst sich der Streitwert nach dem Jahresbetrag einer möglichen Mieterhöhung bzw. einer ansonsten möglichen Mietminderung, soweit nicht auch hier wegen eines kürzeren Zeitraums ein entsprechend niedriger Betrag maßgebend ist, § 41 Abs. 5 GKG (§ 16 Abs. 5 GKG a.F.).

- Die **gemeinsame Verhandlung** des Anspruchs auf Räumung und des Anspruchs auf Fortsetzung des Mietverhältnis nach §§ 574–574b BGB.

Hier ist der Wert ohne Zusammenrechnung immer nach dem einjährigen Mietzins zu errechnen, § 41 Abs. 3 und 4 GKG (§ 16 Abs. 3 und 4 GKG a.F.).

Das vorstehende Schema der Tatbestandsgruppen zeigt, dass praktisch kaum Bewertungsunterschiede bestehen. Es ist im Wesentlichen darauf zu achten, ob ein Fall des § 41 Abs. 2 S. 2 GKG (§ 16 Abs. 2 S. 2 GKG) vorliegt: Räumungsverlangen aus mehreren Rechtsgründen. Denn dann ist immer das einjährige Nutzungsentgelt anzusetzen, auch wenn der streitige Zeitraum kürzer als ein Jahr ist.   3505

Hierbei erhöht sich der Streitwert nicht bei einer **auf mehrere Kündigungen gestützten Räumungsklage**.[1] Soweit die Kündigungserklärungen auf im Wesentlichen unterschiedlichen Sachverhalten beruhen, liegen zwar verschiedene Streitgegenstände vor. Da diese jedoch auf den Rückerhalt derselben Mietsache gerichtet sind, ist wegen wirtschaftlicher Identität trotz objektiver Klagehäufung für eine Wertaddition kein Raum.   3506

---

1 OLG München, Beschl. v. 9. 7. 2001 – 5 W 1857/01, NZM 2001, 749 = NJW-RR 2002, 521; Bub/Treier/*Fischer*, VIII Rn. 226; *Meyer*, § 41 Rn. 20.

3507 Treffen im Zuge einer **objektiven Klagehäufung** Ansprüche auf **Leistung und Feststellung** hinsichtlich des Bestandes eines Miet-, Pacht- oder ähnlichen Nutzungsverhältnisses zusammen, ist für eine Wertaddition nach § 39 Abs. 1 GKG (§ 12 GKG a.F. in Verb. mit § 5 Hs 1 ZPO) zu unterscheiden.

3508 Ist das den verschiedenen prozessualen Ansprüchen zugrunde liegende klägerische Interesse – wirtschaftlich betrachtet – auf **denselben Gegenstand** gerichtet und damit als wirtschaftliche Einheit anzusehen, scheidet eine Zusammenrechnung aus und der höhere Einzelwert ist maßgebend. Anderenfalls ist zu addieren.[1]

3509 Überschneidet sich eine auf Zahlung von Mietzins gerichtete **Leistungsklage** bezogen auf den Leistungszeitraum mit einer **Zwischenfeststellungswiderklage** (§ 265 Abs. 2 ZPO) auf Erlöschen des Mietverhältnisses, findet daher keine Wertaddition statt.[2] Siehe auch unter dem Stichwort „Mehrere Ansprüche".

2. Miet-, Pacht- oder ähnliche Nutzungsverhältnisse

a) Miete und Pacht

3510 Die mit der Bestimmung von Miet- und Pachtverhältnissen verbundenen Abgrenzungsfragen sind bereits beim Zuständigkeitsstreitwert (§ 8 ZPO) oben bei Rn. 3463 erörtert worden. Zu beachten bleibt, dass § 41 Abs. 1 GKG (§ 16 Abs. 1 GKG a.F.) auch auf Ansprüche aus der **Miete beweglicher Sachen** Anwendung findet,[3] was sich insbesondere bei neueren Nutzungsformen, wie dem Leasing, auswirken kann (siehe hierzu unter dem Stichwort „Leasingvertrag").

b) Ähnliche Nutzungsverhältnisse

3511 § 41 GKG (§ 16 GKG a.F.) erfasst – im Gegensatz zu § 8 ZPO – neben den Miet- und Pachtverhältnissen auch die ihnen „ähnlichen Nutzungsverhältnisse". Ähnliche Nutzungsverhältnisse sind solche, die miet- oder pachtähnlichen Charakter haben, auch wenn sie nicht unmittelbar unter die §§ 535 ff., 581 ff. BGB fallen.[4]

3512 Hierzu zählen beispielhaft die **Nutzung von Pachtland ohne Pachtvertrag,**[5] das **mietähnlich ausgestaltete Dauerwohn- oder Nutzungsrecht** gemäß § 1093 BGB

---

1 OLG Hamburg MDR 1965, 394; OLG Oldenburg, Beschl. v. 8. 12. 1996 – 3 W 139–140/ 86, KostRsp. § 5 Nr. 67 = JurBüro 1987, 596; OLG München, Beschl. v. 20. 3. 1984 – 24 W 48/84, KostRsp. ZPO § 3 Nr. 706 mit Anm. *Schneider* = JurBüro 1984, 1235; OLG Zweibrücken NJW 1982, 2800; LG Hamburg, Beschl. v. 11. 9. 1995 – 311 O 183/95, WuM 1996, 287 = ZMR 1996, 29; Zöller/*Herget*, § 5 Rn. 8.
2 BGH, Beschl. v. 9. 10. 1991 – XII ZR 81/81, KostRsp. ZPO § 8 Nr. 4 = NJW-RR 1992, 698 = WPM 1991, 2121 – zu § 8 ZPO.
3 OLG Bamberg, Beschl. v. 19. 11. 1984 – 3 W 100/84, KostRsp. ZPO § 3 Nr. 741 = Jur-Büro 1985, 589: Miete eines Blumenautomaten.
4 BGH Rpfleger 1959, 1 zu § 10 Abs. 1 GKG a.F.
5 KG JurBüro 1966, 964.

oder § 31 WEG,[1] die Überlassung eines **Siedlungsgrundstücks**,[2] der **Werbenutzungsvertrag**[3] sowie die Vereinbarung einer **entgeltlichen Nutzung vor Abschluss eines geplanten Kaufvertrages** über ein bebautes Grundstück[4] oder entgeltlicher Nutzung **vor wirksamer Eigentumsübertragung** nach Kauf einer Eigentumswohnung.[5] Siehe dazu auch unter dem Stichwort „Herausgabe".

Auch ein **Nießbrauchsrecht** kann ein „ähnliches Nutzungsverhältnis" i.S.d. **3513** § 41 GKG (§ 16 GKG a.F.) sein, etwa wenn es durch den schuldrechtlichen Bestellungsvertrag mietähnlich ausgestaltet ist. Daher ist der Jahresbetrag für die Wertbestimmung maßgebend, wenn beim Kauf eines bebauten Grundstücks dem Verkäufer ein dinglicher Nießbrauch am Grundstück eingeräumt wird und der Eigentümer nach dem Tode des Nießbrauchers, der die Ausübung des Nießbrauchs einem Dritten überlassen hatte, die Herausgabe verlangt.[6] Doch ist das die Ausnahme. Grundsätzlich ist § 41 GKG (§ 16 GKG a.F.) auf den Nießbrauch unanwendbar.[7]

c) Sonstige Nutzungsverhältnisse

Sonstige, dass heißt gegenüber Miete und Pacht **wesensverschiedene Nutzungs-** **3514** **verhältnisse**, werden von § 41 GKG (§ 16 GKG) nicht erfasst. Dies ist insbesondere der Fall, wenn es an einer mietzinsähnlichen Gegenleistung fehlt. Hier ist der Streitwert vielmehr nach § 48 Abs. 1 GKG (§ 12 Abs. 1GKG a.F.) i.V.m. § 3 ZPO zu bestimmen, soweit nicht aufgrund des konkreten Klagebegehren besondere Wertvorschriften, etwa § 6 ZPO, einschlägig sind.

Beispielhaft sind hier zu nennen, das in letztwilliger Verfügung angeordnete **3515** **Wohnvermächtnis**,[8] das **unentgeltlich eingeräumte Nutzungsrecht aufgrund eines beabsichtigten Kaufvertrages** und des damit in Aussicht genommenen Eigentumsverschaffungsanspruchs,[9] das unentgeltlich eingeräumte **Nutzungs-**

---

1 OLG Braunschweig, Beschl. v. 13. 7. 1998 – 5 W 13/98, KostRsp. GKG § 16 Nr. 110 = OLGR 1999, 231; OLG Düsseldorf JurBüro 1965, 550; OLG Frankfurt NJW 1963, 1930; OLG München, Beschl. v. 11. 12. 1998 – 14 W 257/98, KostRsp. GKG § 16 Nr. 111 = ZMR 1999, 173; OLG Stuttgart Rpfleger 1964, 130.
2 OLG Nürnberg JurBüro 1962, 627.
3 BVerwG, Beschl. v. 14. 10. 1993 – II B 72.92, KostRsp. GKG § 16 Nr. 88 = JZ 1994, 3 = NVwZ-RR 1994, 420 = VBlBW 1994, 96.
4 OLG Düsseldorf, Beschl. v. 6. 7. 1987 – 9 W 48/87, KostRsp. GKG § 16 Nr. 54 mit Anm. *Schneider* = JurBüro 1988, 373.
5 OLG Köln, Beschl. v. 14. 9. 1995 – 19 W 34/95, KostRsp. GKG § 16 Nr. 94 = OLGR 1995, 312 = JurBüro 1996, 194 = WuM 1995, 719 = ZMR 1995, 549: analog § 16 Abs. 2 GKG.
6 OLG Köln, Beschl. v. 11. 4. 1981 – 2 W 27/81, KostRsp. GKG § 16 Nr. 16 mit zust. Anm. *Lappe* = AnwBl. 1981, 500.
7 OLG Zweibrücken, Beschl. v. 29. 7. 1986 – 7 W 40/86, KostRsp. ZPO § 3 Nr. 852 mit Anm. *Lappe* = JurBüro 1987, 265.
8 KG JurBüro 1962, 294.
9 OLG Celle, Beschl. v. 4. 1. 1996 – 4 W 269/95, KostRsp. GKG § 16 Nr. 95 = OLGR 1996, 119; OLG Nürnberg, Beschl. v. 30. 3. 2004 – 9 W 1014/04 – 9 W 1014/04, OLGR 2004, 261 = JurBüro 2004, 377 = MDR 2004, 966 = AGS 2004, 344 = NZM 2005, 359 = NJW-

recht aufgrund Ehe oder Lebensgemeinschaft[1] sowie das **unentgeltlich eingeräumte Dauerwohnrecht.**[2] In all diesen Fällen fehlt es schon an einem „Entgelt" i.S.d. § 41 GKG („Zins" i.S.d. § 16 GKG a.F.), das als Berechnungsgrundlage für die Wertbestimmung dienen könnte.[3]

3516   Über den Maßstab, an dem sich in diesen Fällen die freie **Schätzung gemäß § 3
ZPO** orientieren kann, besteht Uneinigkeit. Gegenüber einer Anlehnung an
§ 24 KostO,[4] einer entsprechenden Anwendung von § 41 GKG[5] erscheint es
angemessener, beide Bewertungsanalogien zu kombinieren und je nach den
Umständen des Einzelfalles den Jahreswert angemessen zu erhöhen. Dies zumindest dann, wenn nach der **sozialen Schutzfunktion des § 41 GKG** (§ 16
GKG a.F.) eine Begrenzung des Gebührenanfalls geboten ist. Seit seiner Neufassung 1993 bietet sich allerdings auch § 9 ZPO als Orientierung an.

d) Gemischte Verträge

3517   Bei gemischten Verträgen ist ebenfalls maßgeblich darauf abzustellen, ob die
entgeltliche Gebrauchsüberlassung **das prägende Vertragsmerkmal** ist, also der
miet- oder pachtrechtliche Teil des Vertrages überwiegt. Dann kommt bereits
eine Einordnung als ähnliches Nutzungsverhältnis in Betracht.

3518   Stehen hingegen andere Bestandteile im Vordergrund, etwa **dienstvertragliche
Elemente**, scheidet eine unmittelbare Anwendung von § 41 GKG (§ 16 GKG
a.F.) in der Regel aus. Hier ist jedoch wegen der sozialen Schutzfunktion des
§ 41 GKG (§ 16 GKG a.F.) die Abgrenzung nicht auf die materiell-rechtliche
Bewertung des Vertragstyps zu beschränken,[6] sondern den § 41 GKG (§ 16 GKG

RR 2004, 1224 a.A. OLG Schleswig, Beschl. v. 20. 7. 1998 – 3 W 45/98, KostRsp. GKG
§ 16 Nr. 108 = OLGR 1998, 424 – für Räumung nach Wandlung des Kaufvertrages;
Zöller/*Herget*, § 3 Rn. 16 unter „Mietstreitigkeiten": analog § 41 Abs. 2 GKG.

1 Ausf. *N. Schneider* MDR 1999, 637; a.A. OLG Jena, Beschl. v. 16. 7. 1997 – 7 W 355/97,
    KostRsp. GKG § 16 Nr. 105 = OLGR 1997, 363 = MDR 1998, 63; OLG Köln, Beschl. v.
    25. 1. 1999 – 22 W 52/98, KostRsp. GKG § 16 Nr. 113 = MDR 1999, 637; *Meyer*, § 41
    Rn. 2; siehe auch OLG Karlsruhe, Beschl. v. 5. 3. 1993 – 18 W 6/92, KostRsp. § 3 ZPO
    Nr. 1153 = JurBüro 1994, 116 = FamRZ 1994, 249; Zöller/*Herget*, § 3 Rn. 16 unter
    „Mietstreitigkeiten".
2 OLG Frankfurt, Beschl. v. 10. 9. 1992 – 24 W 28/02, OLGR 2002, 339 = NZM 2002,
    1046; Beschl. v. 29. 3. 1995 – 19 W 8/95, OLGR 1995, 132: Schätzung nach § 3 ZPO
    unter Berücksichtigung von § 41 GKG; OLG Naumburg, Beschl. v. 6. 4. 2000 – 13 W 14/
    00, KostRsp. GKG § 16 Nr. 120 = OLGR 2001, 131 = OLG-NL 2001, 152 = AGS 2001,
    159.
3 OLG München AnwBl. 1966, 231.
4 OLG Köln, Beschl. v. 12. 6. 2006 – 2 W 49/06, juris-Nr. KORE 202342006; LG Bayreuth
    JurBüro 1979, 895.
5 OLG Naumburg, Beschl. v. 6. 4. 2000 – 13 W 14/00, KostRsp. GKG § 16 Nr. 120 =
    OLGR 2001, 131 = OLG-NL 2001, 152 = AGS 2001, 159; OLG Zweibrücken, Beschl. v.
    9. 12. 1983 – 2 W 21/83, KostRsp. ZPO § 6 Nr. 100 = JurBüro 1984, 284; Zöller/*Herget*,
    § 3 Rn. 16 unter „Mietstreitigkeiten".
6 So aber *Gerold*, Streitwert, S. 195 m. Nachw. Wohl auch *Hartmann*, § 41 Rn. 1.

a.F.) auf den **mietrechtlichen Vertragsteil** anzuwenden, wenn allein dieser Gegenstand der Auseinandersetzung ist.[1]

Wegen der Einordnung einzelner Vertragstypen wird die Erörterung bei dem Zuständigkeitsstreitwert oben bei Rn. 3468 Bezug genommen. 3519

3. Entgelt

Das für die Wertberechnung zugrunde zu legende Nutzungsentgelt (früher: Zins) errechnet sich nach der vom Mieter, Pächter oder Nutzer für die Gebrauchsgewährung zu erbringenden Gegenleistung. Hierzu zählt zunächst das in Geld oder Naturalien zu leistende „**Nettogrundentgelt**", zu dem weitere vertraglich vereinbarte Nebenleistungen hinzuzurechnen sind, wenn diese als Pauschale vereinbart sind und nicht gesondert abgerechnet werden, § 41 Abs. 1 S. 2 GKG (ohne Entsprechung in § 16 GKG a.F.). Die vorstehende Entgeltdefinition ist über den Verweis in § 41 Abs. 2 S. 1 GKG auch für die Bewertung der dort geregelten **Räumungsklage** heranzuziehen.[2] Zur Entgeltbestimmung beim Zuständigkeitsstreitwert gemäß § 8 ZPO siehe vorstehend unter Rn. 3486. 3520

Maßgebend für die jeweilige Berechnung ist das – nach dem Klagevortrag – **vertraglich vereinbarte Entgelt** und nicht der Betrag, der nach Auffassung einer Partei, etwa aufgrund einer Minderung, angemessen wäre oder ortsüblich ist. Dies gilt jedenfalls dann, wenn ein schriftlicher Miet-, Pacht- oder ähnlicher Nutzungsvertrag mit Regelungen über die Höhe des Nutzungsentgeltes besteht.[3] 3521

Das Klagevorbringen bleibt für die Ermittlung des vertraglich vereinbarten Nutzungsentgelts auch dann maßgeblich, wenn es nach der gerichtlichen Entscheidung von dem **tatsächlich geschuldeten Nutzungsentgelt** abweicht.[4] Denn im Streitwertrecht gilt der Grundsatz, dass der Kläger mit seinem Angriff den Streitwert bestimmt und dieser Angriff durch seinen Klageantrag konkretisiert wird.[5] 3522

Die Gegenansicht[6] ist weder praktikabel noch führt sie durchweg zu tragfähigen Ergebnissen. Denn ein Abstellen auf das erst bei Beendigung des Rechtsstreits bekannte „tatsächlich" geschuldete Nutzungsentgelt ermöglicht eine korrekte Streitwertfestsetzung frühestens nach Urteilserlass und nimmt dem Anwalt zudem die Grundlage für eine Gebührenberechnung bei einer ausschließlich außergerichtlichen Tätigkeit. Auch muss zwangsläufig auf die vom 3523

---

1 *Meyer*, § 41 Rn. 4; Wieczorek/*Gamp*, 3. Aufl. 1994, § 8 Rn. 15.
2 KG, Beschl. v. 25. 10. 2004 – 8 W 75/04, KGR 2005, 211 = ZMR 2005, 123 = GE 2004, 1454 = GuT 2004, 237 = RVGreport 2005, 78.
3 BGH, Urteil v. 20. 12. 1995 – XII ZR 244/94, KostRsp. ZPO § 8 Nr. 12 = WM 1996, 1064 = NJW-MietR 1996, 54; LG Itzehoe WuM 1965, 211 – zum Einwand der wucherisch überhöhten Miete.
4 Vgl. *Anders/Gehle/Kunze*, Stichwort „Miete und Pacht" Rn. 13; OLG Köln JurBüro 1961, 561; LG Augsburg AnwBl. 1966, 232; *Gerold*, Streitgegenstand, S. 204; *Schneider*, Kostenentscheidung im Zivilurteil, 2. Aufl. 1977, S. 23.
5 LG Wuppertal WuM 1993, 478.
6 LG Köln WuM 1994, 624; LG Mannheim NJW 1961, 1266 Nr. 11; LG Mönchengladbach WuM 1965, 19; LG München WuM 1963, 47; *Meyer*, § 41 Rn. 17, 18.

Vermieter verlangte Höhe abgestellt werden, wenn das Bestehen des Mietvertrages davon abhängt, ob die Angaben des Klägers zur Miethöhe zutreffen.[1] Anderenfalls würde auch der Streitgegenstand verfehlt, weil z.B. ein Mangel über die Einigung der Miethöhe dem Zustandekommen eines Mietvertrages entgegenstehen kann (§ 155 BGB) oder weil der Vermieter ein Kündigungsrecht wegen Verzuges mit der Mietzahlung nur dann hat, wenn die von ihm behauptete Miethöhe zutrifft.

3524 Haben die Parteien ein **umsatzbezogenes Nutzungsentgelt** vereinbart, ist der maßgebliche Betrag gemäß § 41 Abs. 1 GKG (§ 16 Abs. 1 GKG a.F.) in Verbindung mit § 3 ZPO zu schätzen, wobei die Parteiangaben berücksichtigt werden können.[2]

3525 Im Falle der **Untervermietung** ist ein Zuschlag für den höheren Verwaltungsaufwand und die höhere Abnutzung hinzuzurechnen.[3]

3526 Zu den berücksichtigungsfähigen Nebenleistungen gehören, soweit die bereits genannten Voraussetzungen erfüllt sind, auch alle vertragsgemäß zu erbringenden **Sonderleistungen des Mieters** oder Pächters, etwa für die Unterhaltung und Instandsetzung der Mietsache, für Abgaben und sonstige öffentliche Lasten, aber auch Baukostenaufwand und Baukostenzuschüsse[4] sowie die Verpflichtung des Jagdpächters, zum Ersatz der anfallenden Wildschäden einen Mindestbetrag als „weiteren Pachtzins" zu zahlen.[5] Ist deren Wert im Mietvertrag nicht beziffert, sondern nur mittelbar über einen deshalb reduzierten Mietzins berücksichtigt, bedarf es der **Schätzung**.[6] Anders liegt es, wenn es dem Mieter gestattet ist, von ihm übernommene **Ausbaukosten** durch Aufrechnung mit der Miete zu verrechnen.[7] Denn besteht keine Verpflichtung zur Vornahme der Maßnahmen, stehen Gebrauchsgewährung und Ausbauleistung nicht in einem Gegenseitigkeitsverhältnis.

3527 Ein laufend zu entrichtender Betrag, der als Abgeltung für die **Gestattung** der Errichtung **einer Einzelhandelsverkaufsstelle** zu bezahlen ist und sich nach einem Prozentsatz des steuerlichen Reingewinnes errechnet, gilt für den Streitwert als Mietzins.[8]

---

1 OLG Köln JurBüro 1961, 561; hier auch *Meyer*, § 41 Rn. 17.
2 OLG München, Urteil v. 18. 4. 1997 – 21 U 6318/96, OLGR 1997, 181.
3 BGH, Beschl. v. 26. 2. 1996 – XII ZR 233/96, LM GKG 1975 § 16 Nr. 1a = NJW-RR 1997, 648 = NJWE-MietR 1997, 149; Urteil v. 6. 10. 1959 – VIII ZR 96/59, NJW 1959, 2164; *Anders/Gehle/Kunze*, Stichwort „Miete und Pacht", Rn. 9.
4 BGH, Beschl. v. 31. 3. 1993 – XII ZR 265/01, ZMR 1993, 326; BGHZ 18, 168; OLG Köln, Beschl. v. 9. 2. 1996 – 19 W 1/96, OLGR 1996, 101 = JurBüro 1996, 859 = MDR 1996, 859 = WuM 1996, 228 = NJWE-MietR 1996, 145 = VersR 1997, 85 = JMBl.NW 1996, 119; OLG Schleswig JurBüro 1958, 512; *Meyer*, § 41 Rn. 14, 15.
5 BGH, Beschl. v. 17. 11. 1962 – V ZR 15/61, JurBüro 1962, 87 = MDR 1962, 293 = NJW 1962, 446.
6 BGH, Beschl. v. 31. 3. 1993 – XII ZR 265/01, ZMR 1993, 326; a.A. LG Hannover NJW 1954, 1614.
7 KG JurBüro 1969, 537.
8 LG Wuppertal MDR 1953, 499.

Nicht ansatzfähig bleiben weiterhin diejenigen Nebenleistungen, die im Verkehr nicht als Entgelt für die Gebrauchsüberlassung angesehen werden, etwa Zahlungen aufgrund vom Vermieter erworbener Einrichtungsgegenstände. Auch **Leistungen**, die vom Mieter bzw. Pächter **gegenüber einem Dritten** abgerechnet werden, sind nicht hinzuzurechnen.[1]

3528

Die vor der GKG-Novelle vom 5. 5. 2004 bestehende Kontroverse, ob und in welchem Umfang **laufende Neben- oder Betriebskosten** bei der Ermittlung des Jahresentgelts (einjähriger Zins im Sinne des § 16 GKG a.F.) zu berücksichtigen sind, hat mit der Regelung in § 41 Abs. 1 S. 2 GKG (ohne Entsprechung in § 16 GKG a.F.) erheblich an praktischer Bedeutung verloren. So ist weder allein das Nettogrundentgelt maßgeblich, noch sind generell sämtliche Neben- oder Betriebskosten hinzuzurechnen. Vielmehr sind Nebenkosten dann anzusetzen, wenn sie als Pauschale vereinbar sind und nicht gesondert abgerechnet werden.

3529

Von einer **Pauschale** ist auszugehen, wenn die Höhe der Nebenkosten prozentual nach dem Nettogrundentgelt oder als Festbetrag vereinbart werden.[2] Unerheblich ist hierbei, ob die Pauschale in monatlichen Teilbeträgen oder jährlich zu zahlen ist. Auch die Möglichkeit einer Anpassung der Pauschale für künftige Zeiträume steht einer Berücksichtigung nicht entgegen. Denn mit der Erfordernis der pauschalen Berechnung wird nur dem Umstand Rechnung getragen, dass bei einer abrechnungspflichtigen Vorauszahlung vor einer endgültigen Abrechnung die Höhe der Nebenkosten nicht sicher bestimmt werden kann.[3]

3530

Im Hinblick auf laufende Altverfahren soll für diese Auflage noch eine Darstellung der hierzu bislang vertretenen Ansichten erfolgen.

3531

Teilweise wurde allein auf das **Nettogrundentgelt** (Netto-Kaltmietzins) abgestellt und Nebenkosten allenfalls dann berücksichtigt, wenn diese ein nicht unterscheidbarer Teil des Grundentgelts waren.[4]

3532

---

1 Zum alten Recht: BGH, Beschl. v. 2. 6. 1999 – XII ZR 99/99, KostRsp. ZPO Nr. 15 = ZMR 1999, 615 = NZM 1999, 794 = NJW-RR 1999, 1385 – Beschwer; Urteil v. 21. 1. 1955 – V ZR 160/54, KostRsp. ZPO § 8 Nr. 5 = BGHZ 18, 168; OLG Dresden, Beschl. v. 19. 8. 1997 – 15 W 1041/97, ZMR 1997, 527; Zöller/*Herget*, § 3 Rn. 16 unter „Mietstreitigkeiten".

2 OLG Düsseldorf, Beschl. v. 29. 6. 2004 – 10 W 61/04, OLGR 2005, 74 = NZM 2005, 240 = AGS 2004, 245 = NJW-Spezial 2005, 98; OLGR 2000, 132 = WuM 2000, 617 = ZMR 2000, 211 = JMBl.NW 2000, 111; *Hartmann*, § 41 Rn. 21.

3 Vgl. BGH, Beschl. v. 2. 6. 1999 – XII ZR 99/99, KostRsp. ZPO Nr. 15 = ZMR 1999, 615 = NZM 1999, 794 = NJW-RR 1999, 1385, der deshalb schon nach altem Recht die Berücksichtung von Nebenkostenvorauszahlungen verneinte.

4 OLG Celle OLGR 2003, 115; OLG Jena OLGR 2000, 244; OLG Köln OLGR 2000, 493 = WuM 2001, 33 = AGS 2001, 204; OLG Stuttgart OLGR 2003, 151 = AGS 2003, 462; OLG Rostock JurBüro 1994, 735; OLG Zweibrücken OLGR 2001, 260 = NZM 2001, 420 = AGS 2001, 204; jedenfalls keine Berücksichtigung von Vorauszahlungen BGH, Beschl. v. 2. 6. 1999 – XII ZR 99/99, KostRsp. ZPO Nr. 15 = ZMR 1999, 615 = NZM 1999, 794 = NJW-RR 1999, 1385 – Beschwer; *Anders/Gehle/Kunze*, Stichwort „Miete und Pacht" Rn. 10.

3533 Nach anderer Auffassung waren neben dem **Nettogrundentgelt** auch die **nicht verbrauchsabhängigen Nebenkosten** in Ansatz zu bringen.[1]

3534 Schließlich wurden bei der Streitwertberechnung das **Nettogrundentgelt und sämtliche laufenden Nebenkosten** berücksichtigt.[2]

3535 Einigkeit besteht darüber, dass – auch nach neuem Recht – eine etwaig anfallende **Mehrwertsteuer** gleichfalls zu berücksichtigen ist.[3]

3536 Bestimmt sich der Streitwert gemäß § 41 Abs. 2 S. 2 GKG (§ 16 Abs. 2 S. 2 GKG a.F.) nicht nach dem Nutzungsentgelt, sondern ist auf den **Wert der Nutzung** abzustellen, ist das im Verkehr erzielbare und damit objektive Nutzungsentgelt maßgebend.[4] Dessen Höhe kann im Regelfall mit dem (nach dem Klagevortrag) vereinbarten Nutzungsentgelt gleichgesetzt werden[5] und muss ansonsten – etwa unter Zuhilfenahme eines Mietspiegels – geschätzt oder durch Sachverständigenbeweis ermittelt werden.

3537 Soweit sich nach dem Inhalt des Mietvertrages innerhalb der streitigen Zeit der Höhe nach **unterschiedliche Jahresbeträge ergeben,** ist auf den höchsten Betrag und nicht auf den Durchschnittsbetrag der streitigen Zeit abzustellen. Anderenfalls wäre nicht ausgeschlossen, dass sich der Streitwert trotz einer Verlängerung der streitigen Zeit aufgrund einer vereinbarten Verringerung der Miete absenkt.[6]

3538 Nach Klageerhebung eintretende **Veränderungen des Mietvertrages,** die auf die Höhe des Streitwertes Einfluss haben könnten, sind gemäß §§ 4 ZPO, 40 GKG

---

1 BGH ZMR 1993, 326; KostRsp. ZPO § 8 Nr. 5 = BGHZ 18, 168; OLG Dresden KostRsp. GKG § 16 Nr. 106 = ZMR 1997, 527; OLG Düsseldorf OLGR 2005, 74 = NZM 2005, 240 = AGS 2004, 245 = NJW-Spezial 2005, 98; OLG Hamburg MDR 2004, 502 = AGS 2004, 299 mit Anm. *N. Schneider* = MietRB 2004, 169; *Meyer,* § 41 Rn. 14.

2 OLG Brandenburg OLGR 1998, 170; OLG Düsseldorf OLGR 2005, 74 = NZM 2005, 240 = AGS 2004, 245 = NJW-Spezial 2005, 98: soweit als Pauschale vereinbart; OLG Hamm MDR 2001, 1377; OLG Oldenburg JurBüro 1991, 416.

3 Zu § 41 GKG: KG, Beschl. v. 29. 1. 2005 – 8 W 20/05, KGR 2005, 525 = GuT 2005, 179; – 12 W 26/05 – GE 2005, 916; zu § 16 GKG a.F.; KG, Beschl. v. 17. 6. 1999 – 8 W 4592/99, KGR 1999, 310 = NZM 2000, 659 = NJW-RR 2000, 966; OLG Dresden, Beschl. v. 19. 8. 1997 – 15 W 1041/97, KostRsp. GKG § 16 Nr. 106 = ZMR 1997, 527; OLG Düsseldorf, Beschl. v. 29. 6. 2004 – 10 W 61/04, OLGR 2005, 74 = NZM 2005, 240 = AGS 2004, 245 = NJW-Spezial 2005, 98; OLG Hamm, Beschl. v. 21. 12. 1999 – 7 W 31/99, OLGR 2001, 38 MDR 2001, 1377; OLG Stuttgart, Beschl. v. 17. 10. 2002 – 5 W 45/02, OLGR 2003, 151 = AGS 2003, 462; OLG Zweibrücken, Beschl. v. 28. 11. 2000 – 4 W 53/00, OLGR 2001, 260 = NZM 2001, 420 = AGS 2001, 204.

4 OLG Celle JurBüro 1968, 251; LG Bayreuth JurBüro 1977, 1424; *Meyer,* § 41 Rn. 18.

5 OLG Bamberg, Beschl. v. 9. 3. 1992 – 3 W 18/92, JurBüro 1992, 625; *Hartmann,* § 41 Rn. 29.

6 BGH, Beschl. v. 21. 9. 2005 – XII ZR 256/03, BGHReport 2006, 75= NZM 2005, 944 = NJW-RR 2006, 16; OLG Bamberg, JurBüro 1971, 536; OLG Neustadt Rpfleger 1963, 34; *Anders/Gehle/Kunze,* Stichwort „Miete und Pacht" Rn. 14; *Gerold,* Streitwert, S. 204; *Meyer,* § 41 Rn. 18; Musielak/*Heinrich,* § 8 Rn. 5; a.A. *Hartmann,* § 41 Rn. 23: Durchschnittsbetrag.

(§ 15 GKG a.F.) streitwertrechtlich unbeachtlich, solange nicht auch der Klageantrag geändert wird.[1]

4. Streitige Zeit

Die „streitige Zeit" ist derjenige Zeitraum, für den hinsichtlich des Bestehens   3539
oder Nichtbetsehens des Vertragsverhältnisses zwischen den Parteien Uneinigkeit besteht. Abweichend zum Zuständigkeitsstreitwert ist hier nicht das Vorbringen in der Klageschrift maßgebend, sondern auf den tatsächlich, d.h. **unter
Berücksichtigung des Beklagtenvorbringens streitigen Zeitraum** abzustellen.
Fehlt es hierzu an Angaben der Parteien, dann bestimmt sich die „streitige
Zeit" nach dem Zeitraum zwischen Eingang der Klage und dem Zeitpunkt der
nächstmöglichen (ordentlichen) Kündigung.[2]

Ein Wert unterhalb des Jahresnutzungsentgelts ist daher anzusetzen, wenn die   3540
Beendigung des Mietverhältnisses zwischen den Parteien unstreitig ist, dem
Beklagten jedoch an einer um drei Monate **verlängerten Nutzungsmöglichkeit**
gelegen ist.[3]

Ist dagegen wegen **fehlender Räumung** oder aufgrund **Säumnis des Beklagten**   3541
ungewiss, ob und wann er sich zur Räumung verpflichtet sieht, bleibt der
Jahresbetrag wertbestimmend, unabhängig von der Möglichkeit einer früheren
ordentlichen Kündigung.[4] Dies gilt jedoch nicht, wenn nach dem Klagevorbringen auch der Beklagte das Nutzungsverhältnis gekündigt und eine Räumung zu
dem aus seiner Sicht bestehenden Beendigungszeitpunkt mitgeteilt hat, im
Prozess aber säumig geblieben ist. Hier reicht die bloß **abstrakte Möglichkeit
einer nicht fristgerechten Räumung** für den Ansatz des Jahresbetrages nicht
aus.[5]

Zu beachten bleibt, dass bei der Räumungsklage der Streitwert unabhängig von   3542
der streitigen Zeit dem **Wert der Nutzung für ein Jahr** entspricht, wenn das
Räumungsverlangen auch oder allein auf einem **anderen Rechtsgrund** beruht
und sich der Beklagte – in letztgenanntem Fall – mit einem angeblichen Miet-,
Pacht- oder ähnlichen Nutzungsverhältnis verteidigt (siehe oben Rn. 3471).

Wegen der weiteren Einzelheiten kann auf die Ausführungen zum Zuständig-   3543
keitsstreitwert unter Rn. 3479 verwiesen werden.

---

1 LG Mannheim ZMR 1970, 114.
2 OLG Frankfurt – 5 W 14/01, OLGR 2001, 334 = AGS 2002, 39; *Anders/Gehle/Kunze,*
  Stichwort „Miete und Pacht" Rn. 17; a.A. *Meyer,* § 41 Rn. 13: Jahresbetrag.
3 OLG Frankfurt – 5 W 14/01, OLGR 2001, 334 = AGS 2002, 39.
4 OLG Hamburg, Beschl. v. 15. 2. 2000 – 4 W 6/00, OLGR 2000, 477 = WuM 200, 365 =
  NZM 2000, 1228 = NJW-RR 2001, 576; OLG Köln, Beschl. v. 19. 1. 1990 – 2 W 10/90,
  JurBüro 1990, 323.
5 OLG Stuttgart, Beschl. v. 10. 5. 1995 – 5 W 24/95, JurBüro 1995, 486.

5. Erfasste Ansprüche

a) Streit über Bestehen oder Dauer des Nutzungsverhältnisses

3544 Nach **§ 41 Abs. 1 GKG** (§ 16 Abs. 1 GKG a.F.) muss das Bestehen oder die Dauer eines Miet-, Pacht oder ähnlichen Nutzungsverhältnisses streitig sein. Ohne Bedeutung ist, ob der Streit Gegenstand einer Feststellungs-, Leistungs- oder Gestaltungsklage ist.

3545 Ist das Klagebegehren auf positive Feststellung, etwa bezüglich des Bestandes eines Mietverhältnisses, gerichtet, erfolgt auch die Berechnung des Gebührenstreitwertes ohne den bei **positiven Feststellungsklagen** ansonsten gebotenen prozentualen Abschlag (siehe hierzu unter dem Stichwort „Feststellungsklage"). Denn dahingehende Feststellungsbegehren gehören zum Regelfall der von § 41 Abs. 1 GKG (16 Abs. 1 GKG a.F.) erfassten Streitigkeiten, ihre Eigenart ist daher bereits in dessen Wertmaßstab berücksichtigt worden.[1]

3546 Erfasst werden Streitigkeiten betreffend den **Fortbestand eines unstreitig entstandenen Mietverhältnisses** über einen bestimmten Zeitpunkt hinaus[2] sowie über die Feststellung, ob und zu welchem frühestmöglichen Zeitpunkt das Nutzungsverhältnis **ordentlich gekündigt** werden kann.[3] Er gilt ferner für die Klage des Mieters gegen den Vermieter auf **Gewährung des Mietgebrauchs**[4] und die **Drittwiderspruchsklage gegen die Räumungsvollstreckung** aus einem Zuschlagsbeschluss in der Zwangsversteigerung.[5]

3547 Der Streitwert bestimmt sich hier nach dem einjährigen Nutzungsentgelt, sofern nicht das auf die streitige Zeit entfallende Entgelt geringer ist. Soweit § 41 Abs. 1 GKG (§ 16 Abs. 1 GKG a.F.) begrifflich zugleich den Streit um die **Räumung eines Grundstücks, Gebäudes oder Gebäudeteils** (auch) aufgrund eines beendeten Nutzungsverhältnisses mitumfasst, greift § 41 Abs. 2 GKG (§ 16 Abs. 2 GKG a.F.) als speziellere Norm ein.

---

1 BGH, Beschl. v. 21. 9. 2005 – XII ZR 256/03, BGHReport 2006, 75= NZM 2005, 944 = NJW-RR 2006, 16; Beschl. v. 13. 5. 1958 – VIII ZR 16/58, NJW 1958, 1291 = Rpfleger 1958, 215 – zu § 10 GKG a.F.; OLG Bamberg JurBüro 1985, 1359; KG Rpfleger 1962, 118; OLG Celle, Beschl. vom 26. 6. 2001 – 2 W 75/01, juris-Nr. KORE411682001; OLG Düsseldorf, Beschl. v. 23. 7. 1987 – 10 W 78/87, KostRsp. GKG § 16 Nr. 53 = JurBüro 1988, 227; OLG Frankfurt, Beschl. v. 5. 2. 2004 – 2 W 3/04, OLGR 2004, 201; OLG Hamburg Rpfleger 1958, 36; *Anders/Gehle/Kunze*, Stichwort „Miete und Pacht" Rn. 23; *Meyer*, § 41 Rn. 16; *Zöller/Herget*, § 8 Rn. 5.
2 BGH, Beschl. v. 22. 2. 2006 – XII ZR 134/03, BGHReport 2006, 764 = JurBüro 2006, 369 = NZM 2006, 378 = NJW-RR 2006, 1004 = WuM 2006, 341; OLG Hamburg Rpfleger 1958, 36; KG Rpfleger 1962.
3 OLG Köln, Beschl. v. 20. 12. 1984 – 8 W 15/84, KostRsp. GKG § 16 Nr. 36 mit Anm. *E. Schneider*; a.A. OLG Frankfurt MDR 1967, 313.
4 OLG Celle, Beschl. v. 21. 9. 1988 – 2 W 66/88, KostRsp. GKG § 16 Nr. 58 mit Anm. *Schneider* = MDR 1989, 272.
5 OLG Köln, Beschl. v. 9. 9. 2002 – 19 W 35/02, OLGR 2003, 56 = BRAGOreport 2003, 121 = InVo 2003, 206.

Da § 41 Abs. 1 GKG (§ 16 Abs. 1 GKG a.F.) nicht das Bestehen eines Miet-, **3548**
Pacht- oder ähnlichen Nutzungsverhältnisses voraussetzt, sondern nur den
Streit darüber, kann für seine Anwendbarkeit nicht allein auf den **Klagevortrag**
abgestellt werden.[1] Es ist daher gleichgültig, ob der Kläger sein Klagebegehren
auf die Vorschriften zur Leihe, Eigentum, Besitz usw. stützt, sofern nur der
Beklagte mit seiner **Einlassung** ein Miet-, Pacht- oder ähnliches Nutzungsverhältnis einwendet.[2]

Dazu reicht es auch aus, dass der Beklagte sich auf ein **durch letztwillige Verfü-** **3549**
gung begründetes schuldrechtliches **Nutzungsrecht** beruft[3] oder sein bisheriges
Nutzungsrecht auf einem (nunmehr gekündigten) **Mietverhältnis zwischen sei-**
nem Ehepartner und dem klagenden Vermieter beruhte.[4]

Bestand oder Fortdauer eines Miet-, Pacht- oder ähnlichen Nutzungsverhältnis- **3550**
ses sind auch dann streitig, wenn sich der Streit aus dem **Vortrag des Klägers**
ergibt, der Beklagte jedoch **auf die Klage nicht erwidert** oder in der mündlichen
Verhandlung **säumig** ist.[5] Dies ist beispielsweise der Fall, wenn nach dem Klagevorbringen der Beklagte einer fristlosen Kündigung nicht Folge leistet, die
Mietsache weiter nutzt und sich damit ein dahingehendes Recht anmaßt, im
Termin zur mündlichen Verhandlung aber nicht erscheint.[6]

Die Geständnisfiktion in den §§ 138 Abs. 3, 331 Abs. 1 S. 2 ZPO steht hier der **3551**
Anwendung des § 41 Abs. 1 GKG (§ 16 Abs. 1 GKG a.F.) nicht entgegen.[7] Vielmehr ist ein Streit i.S.d. § 41 GKG, sei es hinsichtlich des Nutzungsverhältnisses oder der noch verbleibenden Zeit, immer dann zu bejahen, wenn sich der
Kläger durch **Klageerhebung einen Titel verschaffen** muss, wenn er also darlegt,
dass der Beklagte nicht freiwillig zahlt oder herausgibt. Diese Lösung vermeidet
die Belastung der Streitwertberechnung mit diffizilen Unterscheidungen danach, ob der Beklagte das tatsächliche Vorbringen des Klägers zugesteht (§ 138

---

1 BGH, Beschl. v. 26. 6. 1967 – V ZR 75/66, BGHZ 48, 177 = NJW 1967, 2263; OLG
  Hamburg WuM 1995, 197; OLG Karlsruhe NJW 1956, 310; OLG München NJW 1953,
  1399; *Hartmann*, § 41 GKG Rn. 5; a.A. noch OLG Oldenburg NJW 1955, 956.
2 BGH, Beschl. v. 26. 6. 1967 – V ZR 75/66, BGHZ 48, 177 = NJW 1967, 2263; JurBüro
  1953, 495 Nr. 198; OLG Bamberg, Beschl. v. 9. 3. 1992 – 3 W 18/92, KostRsp. GKG § 16
  Nr. 86 = JurBüro 1992, 624; OLG Köln, Beschl. v. 6. 12. 2002 – 11 W 80/02, GuT 2003,
  64; KostRsp. GKG § 16 Nr. 104 = OLGR 1997, 199 = JMBl. NW 1997, 167 = VersR 1997,
  1161 = ZMR 1997, 468; OLG Nürnberg Rpfleger 1963, 177; 1956, 268; *Anders/Gehle/*
  Kunze, Stichwort „Miete und Pacht" Rn. 20; Bub/Treier/*Fischer*, Handbuch der Wohn-
  und Geschäftsraummiete VIII Rn. 230; *Hartmann*, § 41 GKG Rn. 5; *Schneider* DGVZ
  1986, 4.
3 KG JurBüro 1978, 892.
4 OLG Karlsruhe, Beschl. v. 1. 9. 2004 – 19 W 9/04 – MDR 2004, 906 = NZM 2004, 880.
5 OLG Karlsruhe, Beschl. v. 1. 9. 2004 – 19 W 9/04 – MDR 2004, 906 = NZM 2004, 880;
  OLG Stuttgart, Beschl. v. 10. 5. 1995 – 5 W 24/95, JurBüro 1995, 486; *Anders/Gehle/*
  Kunze, Stichwort „Miete und Pacht" Rn. 22.
6 Vgl. LG Passau, Beschl. v. 1. 2. 1994 – 1 O 407/83, KostRsp. GKG § 16 Nr. 28 mit Anm.
  E. Schneider.
7 Im Ergebnis ebenso OLG Stuttgart, Beschl. v. 10. 5. 1995 – 5 W 24/95, JurBüro 1995,
  486.

Abs. 1 ZPO), nicht bestreitet (§ 138 Abs. 3 ZPO) oder säumig ist (§ 331 Abs. 1 S. 1 ZPO). Sie macht zugleich einen Stufenstreitwert für die Zeit ab Klageeinreichung bis Einlassung des Beklagten entbehrlich.[1]

3552 Umgekehrt ist § 41 Abs. 1 GKG (§ 16 Anm. 1 GKG a.F.) dann unanwendbar, wenn ein **Miet-, Pacht- oder ähnliches Nutzungsverhältnis besteht,** die Parteien darüber aber nicht streiten.

3553 So gelten über § 48 Abs. 1 GKG (§ 12 Abs. 1 GKG a.F.) die allgemeinen Wertvorschriften, wenn beispielsweise wegen fortlaufend unpünktlicher Entgeltzahlungen gemäß § 259 ZPO eine **Klage auf künftige Leistung** wegen Besorgnis der Nichterfüllung erhoben wird,[2] der Vermieter **rückständigen oder zukünftigen Mietzins beziffert** einklagt,[3] bei einem Mietverhältnis von unbestimmter Dauer auf **Feststellung** geklagt wird, **dass der Mieter (keine) Miete schuldet**[4] oder **zur Mietminderung (nicht) berechtigt** ist[5] oder über den **Inhalt des Mietvertrages** gestritten wird, ohne dass hiervon Bestand oder Dauer des Nutzungsverhältnisses betroffen ist,[6] oder **Löschung einer Grunddienstbarkeit** verlangt wird, mit der die Gebrauchsgewährung aus einer Stellplatzanmietung gesichert wird.[7] Dies gilt auch für die nach § 3 ZPO zu bewertenden **Besitzstörungsklagen,** wobei streitig ist, ob im Rahmen der Schätzung die Wertansätze des § 41 GKG (§ 16 GKG a.F.) zu berücksichtigen sind (siehe hierzu unter den Stichwörtern „Besitz" und „Beseitigung").

b) Räumung eines Grundstücks, Gebäudes oder Gebäudeteils

3554 Wie bereits aus der eingangs dargestellten Systematik erkennbar, ist das Räumungsbegehren in drei Konstellationen anzutreffen:

---

1 Siehe zur Begründung und zu den prozessualen Unterscheidungen ausführlich *Schneider* Anm. zu LG Passau, KostRsp. GKG § 16 Nr. 28.
2 OLG Frankfurt JurBüro 1980, 929 = MDR 1980, 761 = Rpfleger 1980, 299.
3 BGH, Beschl. v. 16.1. 1985 – VIII ZR 112/84, KostRsp. GKG § 16 Nr. 39 mit Anm. *Schneider*: 6 ZPO; ebenso OLG Bamberg, Urteil v. 19.11. 1984 – 3 W 100/84, KostRsp. ZPO § 3 Nr. 741 mit Anm. *Schneider* = JurBüro 1985, 589; OLG Neustadt Rpfleger 1963, 34; weitergehend BGH, Beschl. v. 19.6. 2002 – XII ZR 5/02, NZM 2002, 736 = NJW-RR 2002, 1233, auch wenn zugleich Bestehen eines Mietverhältnis streitig.
4 BGH, Beschl. v. 21.9. 2005 – XII ZR 256/03, BGHReport 2006, 75 = NZM 2005, 944 = NJW-RR 2006, 16; Beschl. v. 20.4. 2005 – XII ZR 248/04, BGHReport 2005, 1085 = MDR 2005, 1101 = ZMR 2005, 535 = NZM 2005, 519 = GuT 2005, 179 = NJW-RR 2005, 938: § 9 ZPO; ebenso OLG Zweibrücken, KostRsp. GKG a.F. § 12 Nr. 22; abweichend OLG Neustadt Rpfleger 1963, 34: Schätzung nach § 3 ZPO.
5 BGH, Beschl. v. 17.3. 2004 – XII ZR 162/00 = BGHReport 2004, 1055 = JurBüro 2004, 378 = MDR 2004, 1437 = WuM 2004, 368 = ZMR 2004, 494 = NZM 2004, 423 = AGS 2004, 249: Schätzung nach § 3 ZPO mit 20 %igem Abschlag und wegen § 9 ZPO begrenzt auf den 42fachen Mietminderungsbetrag.
6 OLG Koblenz JurBüro 1977, 1132 = ZMR 1978, 64: § 3 ZPO; ebenso OLG Neustadt JurBüro 1962, 523.
7 OLG München, Urteil v. 5.4. 2000 – 3 U 5502/99, OLGR 2000, 167 = DWW 2000, 159: § 7 ZPO.

Die Räumung wird (1) **wegen der Beendigung** eines Miet-, Pacht- oder ähnlichen Nutzungsverhältnisses oder (2) **auch aus einem anderen Rechtsgrund** oder (3) **nur aus einem anderen Rechtsgrund** verlangt. 3555

Die **beiden erstgenannten Fälle** werden, soweit sie sich auf die Räumung von Grundstücken, Gebäuden und Gebäudeteilen beziehen, von § 41 Abs. 2 GKG (§ 16 Abs. 2 GKG a.F.) unmittelbar erfasst. Hiernach bestimmt sich der Wert der wegen der Beendigung erhobenen Räumungsklage nach dem einjährigen Entgelt, sofern nicht das auf die streitige Zeit entfallende Entgelt geringer ist, § 41 Abs. 2 S. 1 GKG (§ 16 Abs. 2 S. 1 GKG a.F.), während der Wert eines auch auf einen anderen Rechtsgrund gestützten Räumungsanspruchs ausnahmslos dem Wert der Nutzungen eines Jahres entspricht, § 41 Abs. 2 S. 2 GKG (§ 16 Abs. 2 S. 2 GKG a.F.). Unerheblich ist in beiden Fällen, ob **Streit über das Bestehen des Nutzungsverhältnisses** besteht. 3556

Dabei gelangt § 41 Abs. 2 GKG (§ 16 Abs. 2 GKG a.F.) auch dann zur Anwendung, wenn der Eigentümer nur **vorübergehende Räumung** zur Durchführung von Erhaltungs- oder Modernisierungsmaßnahmen verlangt.[1] 3557

Wird das Räumungsverlangen hingegen **allein auf einen anderen Rechtsgrund** gestützt, ist zu unterscheiden: 3558

Ist unstreitig, dass ein Miet-, Pacht- oder ähnliches Nutzungsverhältnis nicht besteht, bestimmt sich der Streitwert gemäß § 6 ZPO nach dem Verkehrswert des genutzten Objekts.[2] So liegt es beispielsweise, wenn allein gegen einen **unselbständigen Mitbewohner,** der keinen Mietvertrag hat, auf Räumung geklagt wird[3] oder der **Räumungskläger nicht Mietvertragspartei** ist, sondern sein Herausgabeverlangen allein auf das ihm an der Sache zustehende Eigentumsrecht stützt.[4] 3559

Beruft sich der Beklagte jedoch gegenüber der allein auf einen anderen Rechtsgrund (z.B. Eigentum) gerichteten Klage auf Räumung von Grundstücken, Gebäuden und Gebäudeteilen **einredeweise auf ein Miet-, Pacht- oder ähnliches Nutzungsverhältnis** oder auf einen **Anspruch aus § 546 BGB,**[5] ist § 41 Abs. 2 GKG (§ 16 Abs. 2 GKG a.F.) entsprechend anzuwenden. Denn unter Rechtsgrund ist im Sinne einer Mehrheit von Rechtsgründen neben dem der Klage auch derjenige der Verteidigung zu verstehen, um dem **sozialen Schutzgedanken des § 41 GKG** (§ 16 GKG a.F.) Rechnung zu tragen.[6] 3560

---

1 KG JurBüro 1978, 892; LG Bayreuth JurBüro 1977, 1425; LG Mannheim DWW 1974, 112 = Justiz 1974, 303 = ZMR 1974, 275; *Hartmann,* § 41 GKG Rn. 28.

2 LG Bayreuth JurBüro 1978, 533; LG Kassel Rpfleger 1987, 425; Zöller/*Herget,* § 3 Rn. 16 unter „Mietstreitigkeiten"; AnwKom.ZPO/*Röhl,* 1987, § 6 Rn. 3; *Meyer,* § 41 Rn. 11.

3 *H. Schneider* DGVZ 1986, 8; a.A. *Rabl* DGVZ 1987, 41, der jedoch übersieht, dass § 41 Abs. 2 S. 2 GKG (§ 16 Abs. 2 S. 2 GKG a.F.) ein (streitiges) Mietverhältnis voraussetzt.

4 LG Köln, Beschl. v. 23. 10. 1995 – 1 T 362/95, ZMR 1996, 268.

5 OLG Karlsruhe, Beschl. v. 19. 2. 2004 – 19 W 9/04 – MDR 2004, 906 = NZM 2004, 880.

6 BGH, Beschl. v. 26. 6. 1967 – V ZR 75/66, BGHZ 48, 177 = NJW 1967, 2263; OLG Bamberg, Beschl. v. 9. 3. 1992 – 3 W 18/92, KostRsp. GKG § 16 Nr. 86 = JurBüro 1992, 625;

3561 Dass gegenüber dem Vertrag, der die Nutzung begründet hat, die **Anfechtung** erklärt worden ist, hat für die Wertbestimmung keine Bedeutung. Die Fiktion anfänglicher Nichtigkeit in § 142 Abs. 1 BGB kann nicht die Tatsache beseitigen, dass der Beklagte das zu räumende Objekt als vertraglich Nutzender übernommen hatte. Wirtschaftlich betrachtet geht es daher um die Beendigung des Nutzungsverhältnisses. Deshalb muss nach § 41 Abs. 2 S. 2 GKG (§ 16 Abs. 2 S. 2 GKG a.F.) und nicht nach § 6 ZPO bewertet werden.[1] Die Gegenansicht, die nach § 6 ZPO bewertet, wenn sich die Täuschung begründenden Umstände und die Anfechtungserklärung aus dem unstreitigen Sachverhalt ergeben,[2] vermag nicht zu überzeugen. Sie vermengt die Entscheidung des Rechtsstreits mit seiner streitwertrechtlichen Bewertung. Denn dass sich der Beklagte nach Ansicht des Gerichts zu Unrecht auf ein Nutzungsverhältnis beruft, vermag am „Streit" über dessen Bestand nichts ändern.

3562 Der einjährige Mietzins bleibt gemäß § 41 Abs. 2 GKG (§ 16 Abs. 1 GKG a.F.) grundsätzlich auch dann wertbestimmend, wenn das Klagebegehren **neben Räumung auch** auf **Beseitigung der** von dem Mieter **eingebrachten Gegenstände** gerichtet ist, da sie Teil des geltend gemachten Rückgabeanspruchs ist. Auch die damit verbundenen **Beseitigungskosten** bleiben unberücksichtigt (§ 556 BGB).[3] Dies gilt zumindest dann, wenn die Vollstreckung keinen gesonderten Titel voraussetzt. Anderenfalls ist ein daneben geltend gemachter Beseitigungsanspruch eigenständig zu bewerten und hinzuzurechnen.[4]

3563 Eine eigenständige und dann nach § 3 ZPO vorzunehmende Bewertung ist auch geboten, wenn bei **unstreitiger Beendigung des Nutzungsverhältnisses** nur über die Verpflichtung zur Beseitigung von Aufbauten gestritten wird, da es hier an einem Streit über Bestehen und Dauer bzw. einer streitigen Zeit fehlt.[5] Siehe auch nachfolgend unten Rn. 3613 „Abbruchkosten".

OLG Celle JurBüro 1968, 251; OLG Hamburg, WuM 1995, 197; KG, Beschl. v. 13. 5. 1996 – 8 W 2606/96, OLGR 1996, 166; OLG Köln, Beschl. v. 6. 12. 2002 – 11 W 80/02 – GuT 2003, 64; Beschl. v. 10. 3. 1997 – 19 W 3/97, KostRsp. GKG § 16 Nr. 104 = OLGR 1997, 199 = JMBl. NW 1997, 167 = VersR 1997, 1161 = ZMR 1997, 468; OLG Nürnberg Rpfleger 1963, 177; OLG Stuttgart Rpfleger 1964, 130; *Meyer*, § 41 Rn. 11; a.A. noch LG Lübeck JurBüro 1960, 219 für Räumungsklage allein aus § 985 BGB: § 6 ZPO.

1 OLG Bamberg, Beschl. v. 13. 4. 1981 – 4 W 93/80, JurBüro 1981, 1047; *Anders/Gehle/Kunze*, Stichwort „Miete und Pacht" Rn. 25; *Meyer*, § 41 Rn. 10.

2 *Gerold*, Streitwert, S. 242 Rn. 7.

3 BGH, Beschl. v. 8. 3. 1995 – XII ZR 240/94, KostRsp. GKG § 16 Nr. 91 = MDR 1995, 530 = WuM 1995, 320 = ZMR 1995, 245 = NJW 1995, 781 = GE 1995, 556.

4 OLG Hamburg, Beschl. v. 15. 2. 2000 – 4 W 6/00, OLGR 2000, 478 = WuM 2000, 365 = NZM 2000, 1228 = NJW-RR 2001, 576 = Aufgabe der bisherigen Rsp; im Ergebnis jetzt auch BGH, Beschl. v. 15. 6. 2005 – XII ZR 104/02, WuM 2005, 525 = NZM 2005, 577 – Beschwer; *Anders/Gehle/Kunze*, Stichwort „Miete und Pacht" Rn. 25; offen lassend BGH, Beschl. v. 4. 7. 1996 – III ZR 34/96 = BGHR ZPO § 8 Räumungsklage Nr. 7; a.A. wohl BGH, Beschl. v. 16. 5. 2000 – XII ZR 335/99, NJW-RR 2000, 1739; Beschl. v. 15. 6. 2005 – XII ZR 104/02 = WuM 2005, 525 = NZM 2005, 677 – jeweils ohne nähere Begründung.

5 BGH, Beschl. v. 29. 4. 2004 – III ZB 72/03 – WuM 2004, 352 = BGHReport 2004, 1102: Kosten der Beseitigung.

c) Räumung von Wohnraum und Fortsetzung

Der Mieter von Wohnraum kann dem Räumungsverlangen des Vermieters gemäß §§ 574 ff. BGB (§§ 556a, 556a BGB a.F.) widersprechen und die Fortsetzung
des Mietverhältnisses beanspruchen, wenn die Auflösung für ihn eine **nicht zu
rechtfertigende Härte** bedeuten würde. Hierbei handelt es sich nur um eine
Einwendung des Beklagten, die für die Streitwertbemessung grundsätzlich unbeachtlich ist.

3564

Verfolgt der Mieter seinen Anspruch auf Fortsetzung dagegen neben dem Vermieter klageweise, ist eine demnach denkbare Addition der Werte des Räumungsverlangens (§ 41 Abs. 2 GKG) und des Fortsetzungsverlangens (§ 41
Abs. 1 GKG) nach **§ 41 Abs. 3 GKG** (§ 16 Abs. 3 GKG a.F.) ausgeschlossen.
Hierfür ist unerheblich, in welcher prozessualen Form die Räumung des Wohn-
raumes und die Sozialklausel jeweils geltend gemacht werden.[1]

3565

Wertbestimmend ist stets der Jahresbetrag des vereinbarten Mietzinses, auch
wenn der **Wert der Räumungsklage unterhalb des Jahresbetrages** liegt, weil der
auf die streitige Zeit entfallende Mietzins entsprechend niedriger ist (§ 41 Abs. 1
GKG entspricht weitgehend § 16 Abs. 1 GKG a.F.). Denn einer Bezugnahme auf
die streitige Zeit steht entgegen, dass der Mieter mit seinem Fortsetzungsantrag
gerade diesen Zeitraum zu verlängern sucht. Damit wird aber (siehe § 308a ZPO)
eine Entscheidung über mehr als die nach der Klage streitige Zeit notwendig,
mit der Folge, dass auch in diesem Fall der Jahresbeitrag anzusetzen ist.[2]

3566

d) Erhöhung der Miete für Wohnraum

Bereits mit der Novellierung vom 13. 6. 1980[3] ist der **Gebührenstreitwert** für
Ansprüche auf Mieterhöhung für Wohnraum (auch preisgebundenem,[4]) gesetzlich geregelt worden, § 16 Abs. 5 GKG a.F.[5] Maßgebend für die Bewertung war
danach der Jahresbetrag des zusätzlich geforderten Mietzinses. Diese Regelung
hat der Gesetzgeber (inhaltlich) unverändert in **§ 41 Abs. 5 GKG** übernommen
und um eine Regelung zur vorzeitigen Beendigung des Mietverhältnisses ergänzt, wonach bei einem kürzeren Zeitraum ein entsprechend niedriger Betrag
wertbestimmend ist.[6]

3567

§ 41 Abs. 5 GKG (§ 16 Abs. 5 GKG a.F.) erfasst auch Ansprüche auf **Erhöhung
der Betriebskostenpauschale** gemäß § 560 BGB (früher § 4 MHG) sowie auf

3568

---

1 *Hartmann*, § 41 Rn. 32.
2 So zutreffend *Lappe*, Anm. zu LG Itzehoe KostRsp. GKG § 16 Nr. 5; ebenso *Anders/
Gehle/Kunze*, Stichwort „Miete und Pacht" Rn. 28; *Hartmann*, § 41 Rn. 32; a.A. LG
Itzehoe, Beschl. v. 1. 11. 1876 – 1 T 102/76, KostRsp. GKG § 16 Nr. 5: nur Klagewert.
3 BGBl. I S. 680.
4 LG Hamburg WuM 1985, 127.
5 Zu den Gründen der Gesetzesänderung siehe *Schuster* ZZP 93, 1980, 497.
6 So schon vorher OLG München AnwBl. 1960, 205; LG Berlin NJW-RR 1997, 652;
Anders/Gehle/Kunze, Stichwort „Miete und Pacht" Rn. 34; *Bub/Treier/Fischer*, Handbuch für Wohn- und Geschäftsraummiete, VIII Rn. 234.

Zahlung einer nach §§ 557a, 557b BGB (früher § 10 MHG) geschuldeten **Staffel-oder Indexmiete**.[1]

3569 Die **Mietdifferenz** bemisst sich nach dem Unterschiedsbetrag zwischen dem zum Zeitpunkt der Klageeinreichung (§ 40 GKG) geltenden und der nach dem Klageantrag verlangten Miete. Der Klageantrag ist auch dann maßgebend, wenn eine teilweise Zustimmung übersehen wurde.[2]

3570 Da sich die Regelung – als Spezialnorm zu § 41 Abs. 1 GKG (§ 16 Abs. 1 GKG a.F.) – unmittelbar auf **Klagen auf Zustimmung des Mieters zur Mieterhöhung** (§§ 557 ff. BGB) bezieht,[3] besteht kein Anlass für einen prozentualen Abschlag. Unabhängig davon handelt es sich bei der Mieterhöhungsklage nicht um eine Feststellungsklage, sondern um eine auf Abgabe einer Willenserklärung gerichtete Leistungsklage.

3571 Hingegen ist bei positiven **Feststellungsklagen betreffend einer** (künftig) **erhöhten Mietzinsverpflichtung** ein Abschlag von 20 % der Erhöhungsdifferenz geboten.[4] Bei der negativen Feststellungsklage verbleibt es beim vollen Streitwert nach § 41 Abs. 5 GKG (§ 16 Abs. 5 GKG a.F.).[5] Dies gilt auch, wenn die Klage auf Feststellung der **Unwirksamkeit einer Mieterhöhung** gerichtet ist.

3572 Geht der Kläger dabei im Laufe eines Rechtsstreits hinsichtlich der bereits fällig gewordenen Mietbeträge von der **Feststellungsklage zur Leistungsklage** über, so erhöht sich der Streitwert nur um den Differenzbetrag zwischen dem Feststellungswert und dem Leistungswert, also in der Regel um 20 %.[6]

3573 Wird andererseits das **Mietverhältnis vorzeitig beendet**, dann ist dies wie eine Antragsänderung zu behandeln und für den Streitwert nur noch die wirkliche Dauer maßgebend, soweit noch Gerichts- oder Anwaltsgebühren ab Beendigung anfallen. Es müssen dann Stufenstreitwerte festgesetzt werden.[7]

3574 Unzutreffend ist es, auch den Wert einer **Klage auf zukünftige Zahlung der Mietdifferenz** nach § 41 Abs. 5 GKG (§ 16 Abs. 5 GKG a.F.) auf den Jahresbetrag des Erhöhungsbetrages zu begrenzen.[8] Der Gebührenstreitwert richtet sich vielmehr gemäß § 9 ZPO, § 48 Abs. 1 GKG (§ 12 Abs. 1 GKG a.F.) nach dem 3,5fachen Jahresbetrag der Mietdifferenz, denn der Anspruch auf (Zustimmung zur)

---

1 LG Bonn WuM 1989, 435; LG Hamburg WuM 1989, 435; Bub/Treier/*Fischer*, Handbuch der Wohn- und Geschäftsraummiete, VIII Rn. 234.

2 LG Wuppertal WuM 1993, 478.

3 *Hartmann*, § 41 Rn. 35.

4 BGH, Beschl. v. 21. 5. 2003 – VIII ZB 10/03, BGHReport 2003, 1036 = JurBüro 2004, 207 = AGS 2003, 489 = AnwBl. 2003, 597 – Beschwer; LG Hamburg MDR 1978, 497; LG Berlin, Beschl. v. 24. 9. 1985 – 64 S 276/85, KostRsp. GKG § 16 Nr. 45 = MDR 1986, 323.

5 LG Hamburg, Beschl. v. 7. 8. 1987 – 7 T 66/87, WuM 1989, 435; LG Köln, Beschl. v. 19. 1. 1999 – 1 T 496/98, JurBüro 1999, 305 mit Anm. *Enders* = AGS 1999, 74.

6 LG Hildesheim Nds.Rpfl. 1965, 137.

7 Vgl. dazu *Schneider*, Kostenentscheidung im Zivilurteil, 2. Aufl. 1977, § 23 VII.

8 So aber LG Köln, Beschl. v. 19. 1. 1999 – 1 T 496/98, JurBüro 1999, 305 = AGS 1999, 74.

Erhöhung der Miete ist mit dem Anspruch aus der Mieterhöhung nicht identisch. § 41 Abs. 5 GKG (§ 16 Abs. 5 GKG) privilegiert gebührenrechtlich allein den Streit um die Mieterhöhung und nicht über die sich daraus ergebenden wiederkehrenden Verpflichtungen.

Zur Frage der analogen Anwendung von § 41 Abs. 5 GKG (§ 16 Abs. 5 GKG a.F.) auf **Miet- oder Pachtzinserhöhung für Geschäftsräume** siehe unter dem Stichwort „Geschäftsräume".   3575

e) Beseitigung von Mängeln der Mietsache

Schon bisher wurde der Streitwert des auf Mängelbeseitigung gerichteten Klagebegehrens überwiegend gemäß §§ 3 und 9 ZPO nach einem Vielfachen des monatlichen Minderungsbetrages bemessen, da das klägerische Interesse auf Wiederherstellung des uneingeschränkten Nutzungswertes der gemieteten Räume gerichtet ist.   3576

So wurde neben dem **3,5fachen Jahresbetrag**[1] der Ansatz des **3fachen Jahresbetrages**[2] sowie des **einfachen Jahresbetrages**[3] für geboten erachtet. Unzutreffend und zu Recht vereinzelt geblieben ist die Bewertung nach Maßgabe der Beseitigungskosten.[4] Hier wird übersehen, dass das Interesse an Beseitigung der Gebrauchsbeeinträchtigung wertmäßig nicht den damit verbundenen Kosten entspricht (z.B. bei Ausfall der Heizanlage wegen verunreinigter Brennerdüse).   3577

Der Gesetzgeber hat diesen Ansatz in der GKG-Novelle vom 5. 5. 2004 in **§ 41 Abs. 5 GKG** (ohne Entsprechung in § 16 GKG a.F.) aufgegriffen, jedoch der Höhe nach auf den **Jahresbetrag einer angemessenen Mietminderung** begrenzt, soweit nicht wegen kürzeren Zeitraums ein entsprechend niedriger Betrag anzusetzen ist. Die jeweils angemessene Mietminderung ist dabei unter **Zugrun-**   3578

---

1 So BGH NZM 2003, 152; MDR 2000, 975 = WuM 2000, 427 = ZMR 2000, 665; KG KGR 2002, 363 = GE 2002, 930; OLG Düsseldorf OLGR 2001, 231 = MDR 2001, 354 = ZMR 2001, 270 = NZM 2001, 669 = AGS 2001, 107 = DWW 2001, 341; OLG Hamburg WuM 1995, 595; OLG Hamm, OLGR 2001, 37; LG Berlin MM 2001, 152; ZMR 1999, 556; GE 1996, 1549 = NJW-RR 1997, 652; LG Hamburg WuM 1999, 344 = ZMR 1999, 403; ZMR 1998, 294; WuM 1998, 171 = WuM 1998, 305; LG Paderborn WuM 2002, 55.
2 So OLG Hamm, OLGR 2001, 33; LG Aachen NJW-RR 1996, 777 = NJWE-MietR 1996, 175 = ZMR 1996, 441; LG Hamburg WuM 1992, 447; KostRsp. ZPO § 3 Nr. 779 = JurBüro 1985, 1701 = MDR 1985, 1032; LG Stendal WuM 1994, 70; *Bub/Treier*, Handbuch der Wohn- und Geschäftsraummiete, VIII Rn. 239.
3 So OLG Schleswig KostRspr. GKG § 16 Nr. 75 = SchlHA 1991, 202; LG Berlin GE 2004, 81; WuM 2000, 313; LG Frankfurt/O. NJW-RR 1999, 1459 = NZM 2000, 757; LG Hamburg KostRsp. ZPO § 3 Nr. 1150 = JurBüro 1994, 116; MDR 1991, 1095 = WuM 1992, 142 = ZMR 1991, 437 = DWW 1992, 25; LG Itzehoe WE 2004, 22; LG Köln – 12 T 289/00 – WuM 2001, 345; LG Mannheim, KostRsp. GKG a.F. § 12 Nr. 71; LG Nürnberg-Fürth, KostRsp. GKG § 16 Nr. 2.
4 So aber LG Detmold WuM 1996, 50; LG Kiel WuM 1995, 320; LG Siegen WuM 1999, 48.

delegung des klägerischen Vortrags zu bemessen. Die Regelung gilt auch für Geschäftsräume.[1]

3579 Sind Mängel der Mietsache nur Ursache für eine Einstellung oder Reduzierung der Mietzahlungen, gelangt § 41 Abs. 5 GKG (ohne Entsprechung in § 16 GKG a.F.) nicht zur Anwendung, wenn der Vermieter wegen der Mietminderung **Klage auf zukünftige Mietzahlung** erhebt. Hier bleibt gemäß §§ 3, 9 ZPO der 42fache Minderungsbetrag wertbestimmend.[2]

f) Modernisierung und Erhaltung der Mietsache

3580 Auch bei Klagen auf Duldung von Modernisierungs- oder Erhaltungsmaßnahmen für Wohnraum (§§ 554, 578 BGB) und auch Geschäftsräume[3] ist für den Wert nunmehr auf den Jahresbetrag einer möglichen Mieterhöhung (Modernisierung) bzw. Mietminderung (Erhaltung) abzustellen, soweit nicht auch hier wegen eines kürzeren Zeitraums ein entsprechend niedriger Betrag maßgebend ist, § 41 Abs. 5 GKG (ohne Entsprechung in § 16 GKG a.F.). Hinsichtlich des möglichen Mieterhöhungs- bzw. Mietminderungsbetrages ist auf den klägerischen Vortrag abzustellen.

3581 Dies entspricht der wohl überwiegenden Rechtsprechung zum alten Recht, wonach gemäß § 3 ZPO auf das Interesse des Klägers an der zu erwartenden Mieterhöhung nach Durchführung der Maßnahmen, begrenzt auf den **einjährigen Erhöhungsbetrag**, für den Gebührenstreitwert in Ansatz gebracht worden ist.[4]

6. Sonstige Ansprüche

3582 Hierzu zählen weiter Ansprüche, die auf **Abschluss eines Miet-, Pacht- oder ähnlichen Nutzungsvertrages** gerichtet sind, sowie Streitigkeiten über den Inhalt des Vertrages bzw. der sich daraus ergebenden **Handlungs- und Unterlassungspflichten**. Da hier Fehlen bzw. Bestand eines Vertragsverhältnisses unstreitig sind, ist § 41 Abs. 1 GKG (§ 16 Abs. 1 GKG a.F.) bereits nach seinem Wortlaut nicht einschlägig. Der Streitwert ist daher gemäß § 48 Abs. 1 GKG (§ 12 Abs. 1 GKG a.F.) i.V.m. § 3 ZPO zu bemessen, soweit nicht eine Sondervorschrift (§§ 4–8 ZPO) eingereift.

---

1 BGH, Beschl. v. 2. 11. 2005 – XII ZR 137/05 – juris-Nr. KORE 314542005.
2 LG Berlin, Beschl. v. 1. 10. 2002 – 65 T 73/02, ZMR 2003, 264 = AGS 2003, 463.
3 BGH, Beschl. v. 2. 11. 2005 – XII ZR 137/05 – juris-Nr. KORE 314542005.
4 LG Berlin GE 2003, 1082; GE 1996, 1111 = MM 1996, 366; ZMR 1975, 218 = BlGBW 1975, 258; GE 1995, 563; LG Hamburg ZMR 1991, 437; KostRsp. ZPO § 3 Nr. 1152 = ZMR 1993, 570 = DWW 1993, 264; LG Mannheim MDR 1976, 1025 = Justiz 1976, 430 = DWW 1976, 260; LG Nürnberg-Fürth, KostRsp. GKG § 16 Nr. 2; a.A. dreijähriger Betrag: LG Aachen ZMR 1995, 161; LG Berlin GE 1998, 249 = NZM 1998, 304; WuM 1995, 547; LG Freiburg WuM 2002, 171; LG Fulda MDR 1992, 577 = WuM 1992, 243 = ZMR 1992, 393 = NJW-RR 1992, 658; LG Hamburg ZMR 1985, 127; 3,5facher Betrag: LG Hamburg WuM 1999, 344 = ZMR 1999, 403; WuM 1994, 624 – Instandhaltung; LG Freiburg WuM 2002, 171 = BRAGOreport 2002, 96; *Anders/Gehle/Kunze*, Stichwort „Miete und Pacht" Rn. 36 – 3,5facher Jahresbetrag gemäß § 9 ZPO.

Beispielhaft seien genannt die Klage des Vermieters auf Unterlassung **vertrags-** **3583**
widrigen Gebrauchs der Mietsache, auf Vornahme einer **Auszugsrenovierung,**
Zahlung von **Schadensersatz wegen Beschädigung** der Mietsache oder von **rück-**
ständigem oder zukünftigem Mietzins sowie auf **Feststellung der Berechtigung**
zur Mietminderung.[1]

D. Rechtsmittel und Beschwer

I. Allgemeines

Mittlerweile besteht weitgehend Einigkeit, dass zur Ermittlung der Beschwer **3584**
nicht auf die Wertberechnung gemäß § 41 GKG (§ 16 GKG a.F.) abgestellt werden kann. Die dort aus **sozialpolitischen Erwägungen** intendierte Gebührenab-
senkung findet im Bereich der Rechtsmittelfähigkeit einer Entscheidung keine
Entsprechung.[2] Zur Anwendung gelangen daher über § 2 ZPO die Wertvorschriften der §§ 3 ff. ZPO, wobei im Einzelfall die Bemessungsmaßstäbe des
§ 41 GKG (§ 16 GKG a.F.) Berücksichtigung finden können.

In der Berufungspraxis wird das **unterschiedliche Bewertungssystem** für **3585**
Rechtsmittelzulässigkeit und Gebührenberechung häufiger nicht beachtet[3] und
erzwingt damit Entscheidungen des BVerfG,[4] wonach die Anwendung des § 41
GKG (dort § 16 GKG a.F.) anstelle § 8 ZPO (hier bei befristeten Pachtverträ-
gen) dem **Willkürverbot** zuwiderläuft.[5] Ähnlich fehlerhaft ist es, auf die Berechnung der Berufungsbeschwer § 5 ZPO anzuwenden und die Werte von
Klage und Widerklage nicht zu addieren (siehe dazu das Stichwort „Rechtsmittel").

Ergänzend wird darauf hingewiesen, dass der Wert der Beschwer auch maßgeb- **3586**
lich ist für den Gebührenstreitwert für das **Verfahren über die Nichtzulassungs-**
beschwerde, § 47 Abs. 1 S. 2 u. Abs. 3 GKG.[6]

---

1 BGH, Beschl. v. 17. 3. 2004 = BGHReport 2004, 1055 = JurBüro 2004, 378 = MDR 2004,
  1437 = WuM 2004, 368 = ZMR 2004, 494 = NZM 2004, 423 = AGS 2004, 249: Schätzung
  nach § 3 ZPO begrenzt durch § 9 ZPO; LG Hamburg WuM 1996, 287 = ZMR 1996, 39:
  § 9 ZPO.
2 BVerfG, Kammerbeschl. v. 15. 1. 1996 – 1 BvR 1181/95, AnwBl. 1996, 643 = NJWE-
  MietR 1996, 54; BGH – VIII ZB 10/03 – BGHreport 2003, 1036 = JurBüro 2004, 207 =
  AGS 2003, 489 = AnwBl. 2003, 597.
3 *Lappe* NJW 1984, 1212; 1985, 1875; unzutreffend beispielsweise LG Saarbrücken WuM
  1996, 468 = NJWE-MietR 1997, 5: Beschwer der Räumungsklage gemäß § 16 Abs. 1
  GKG a.F.
4 Vgl. etwa BVerfG, Beschl. v. 15. 1. 1996 – 1 BvR 1181/95, AnwBl. 1996, 643 = NJWE-
  MietR 1996, 54.
5 Ebenso BGH, Beschl. v. 14. 4. 2004 – XII ZB 224/02, BGHReport 2004, 1105 = MDR
  2004, 931 = WuM 2004, 353 = NZM 2004, 460 = AGS 2004, 390 = BGHR ZPO § 8
  Räumungsklage Nr. 10+11.
6 BGH – XII ZB 248/04 – BGHReport 2005, 1085 = MDR 2005, 1101 = ZMR 2005, 535 =
  NZM 2005, 519 = GuT 2005, 179 = NJW-RR 2005, 938.

II. Bestehen und Dauer eines Miet- oder Pachtverhältnisses

3587 Erkennt das Gericht über einen Streit betreffend den Bestand oder die Dauer eines Miet- oder Pachtverhältnisses, wozu auch die **Herausgabe- und Räumungsklage** gehört, dann bestimmt sich die Beschwer nach § 8 ZPO.[1] Hiernach entspricht der Wert der für die gesamte streitige Zeit noch zu zahlenden Pacht bzw. Miete bzw. dem 25fachen Jahresbetrag, wenn dieser Betrag geringer ist.

3588 Infolge einer Räumung **nutzlose Investitionen** oder die **Kosten einer Ersatzbeschaffung** bleiben unberücksichtigt.[2]

3589 Wie bereits ausgeführt, ist § 8 ZPO auf Streitigkeiten betreffend **Nutzungsverhältnisse**, die der Miete oder Pacht nur **ähnlich oder** von ihnen **wesensverschieden** (sonstige) sind, nicht anwendbar.[3]

3590 Soweit für die Ermittlung der Beschwer auf die streitige Zeit abzustellen ist, bleibt für deren Beginn die Einreichung der Klageschrift maßgebend, nicht etwa die Einlegung des Rechtsmittels. Denn § 8 ZPO stellt auf die „**gesamte streitige Zeit**" ab und verdrängt insoweit als Sondernorm § 4 ZPO.[4]

3591 Wird der Räumungsklage stattgegeben, bestimmt sich die „streitige Zeit" vom Tag der Erhebung der Räumungsklage bis zum Endzeitpunkt des Mietvertrages, den der Mieter als den für ihn günstigsten in Anspruch nimmt. Beruft er sich auf einen **Ausschluss der Kündigung durch den Vermieter**, läuft die „streitige Zeit" bis zu erstmöglichen Kündigung nach Ablauf von 30 Jahren.[5]

3592 Wird die Räumungsklage auf eine fristlose Kündigung eines Vertrages mit bestimmter Dauer gestützt, kommt dem bestrittenen Vortrag des Beklagten, wonach das Mietverhältnis durch eine Ergänzungsvereinbarung um weitere 20 Jahre verlängert worden sei, nach Ansicht des BGH bei der Berechnung der für die Beschwer maßgeblichen „streitigen Zeit" keine Bedeutung zu.[6] Der Ent-

---

1 BGH, Beschl. v. 10. 5. 2000 – XII ZR 335/99, NJW-RR 2000, 1739 = NZM 2000, 1227 = NJ 2000, 603 = BGHR ZPO § 8 Räumungsklage 9; KostRsp. GKG § 16 Nr. 91 = MDR 1995, 530 = WuM 1995, 320 = ZMR 1995, 245 = NJW 1995, 781; Urteil v. 1. 4. 1992 – XII ZR 200/91, KostRsp. ZPO § 8 Nr. 9 = MDR 1992, 913 = WuM 1992, 465; Beschl. v. 9. 10. 1991 – XII ZR 81/91, KostRsp. ZPO § 8 Nr. 4 = WM 1991, 2121 = NJW-RR 1992, 698 – jeweils auch zur Berechnung der „streitigen Zeit".

2 BGH, Beschl. v. 10. 5. 2000 – XII ZR 335/99, NJW-RR 2000, 1739 = NZM 2000, 1227 = NJ 2000, 603 = BGHR ZPO § 8 Räumungsklage Nr. 9; Beschl. v. 4. 7. 1996 – III ZR 34/96, BGHR ZPO § 8 Räumungsklage Nr. 7.

3 BGH, Beschl. v. 27. 10. 2004 – XII ZB 106/04, BGHReport 2005, 262 = MDR 2005, 124 = AGS 2005, 19 = WuM 2005, 66 = ZMR 2005, 115; Beschl. v. 22. 1. 1992 – XII ZR 149/91, juris-Nr. KORE 600709200; BayObLG Beschl. v. 11. 3. 1994 – 1 ZRR 296/93, JurBüro 1995, 27; Zöller/*Herget*, § 8 Rn. 3; diff. MünchKomm.ZPO/*Lappe*, § 8 Rn. 3.

4 BGH JurBüro 1960, 69 = MDR 1959, 1009 = NJW 1959, 2164; OLG Bamberg, Beschl. v. 13. 5. 1991 – 8 U 83/90, KostRsp. GKG § 16 Nr. 74 = JurBüro 1991, 1126; OLG Schleswig OLGR 1996, 143 = SchlHA 1996, 168; *Anders/Gehle/Kunze*, Stichwort „Miete und Pacht" Rn. 16; Zöller/*Herget*, § 8 Rn. 5.

5 BGH, Beschl. v. 10. 8. 1999 – XII ZR 69/99, NZM 1999, 1048 = NJW-RR 1999, 1531.

6 BGH, Beschl. v. 5. 7. 1995 – XII ZR 30/95, BGHR ZPO § 8 Räumungsklage Nr. 5.

scheidung ist nicht zuzustimmen. Der BGH begründet seine Bewertung damit, dass Gegenstand des Rechtsstreits allein die Frage gewesen sei, „ob der Kläger fristlos kündigen und eine Räumung schon vor dem im Mietvertrag vorgesehenen Zeitpunkt verlangen konnte". Eine Klärung der **streitigen Vertragsverlängerung** hätte der Beklagte allein über eine Feststellungswiderklage erreichen können. Entscheidend dürfte jedoch sein, ob für die Bestimmung der streitigen Zeit allein auf den Klagevortrag abzustellen ist. Wird dies bejaht, kommt es auf die allein von dem Beklagten behauptete Vertragsergänzung nicht an. Wird hingegen der Streit über die ohne Kündigung noch verbleibende Vertragslaufzeit auch unter Berücksichtigung des Beklagtenvorbringens ermittelt, ist auf das Ende der behaupteten Vertragsverlängerung abzustellen. Denn die behauptete Vertragsverlängerung ist als Änderungsvereinbarung Bestandteil des (einen) Mietvertrages. Nur die letztere Bewertung erfasst auch die Beschwer des Beklagten zutreffend, denn mit einer rechtskräftigen Räumungsverpflichtung bleibt für die vom BGH angesprochene Feststellungsklage kein Raum, da eine wirksame Kündigung das Vertragsverhältnis unabhängig seiner beabsichtigten Dauer beendet.

Nach Ansicht des BGH erfolgt auch bei **Erfüllungsansprüchen**, beispielsweise 3593 auf Überlassung der Mietsache, die Berechnung der Beschwer nach § 8 ZPO, sofern mit der vom Kläger erstrebten Verurteilung eine Entscheidung über den zwischen den Parteien streitigen Bestand des Vertragsverhältnisses erreicht werden soll.[1] Dies gelte jedoch nicht für **Klagen auf (Mietzins-)Zahlung**, selbst wenn letztlich nur über den (Fort-)Bestand des zugrunde liegenden Nutzungsverhältnisses gestritten wird. Insbesondere erhöhe sich die Beschwer nicht dadurch, dass in der angefochtenen Entscheidung die Wirksamkeit einer Kündigung verneint (oder bejaht) wird, da die Entscheidung hierüber nicht in Rechtskraft erwachse.[2]

Für die Einzelheiten der Wertberechnung nach § 8 ZPO wird auf die Ausführungen beim Zuständigkeitsstreitwert oben unter Rn. 3473 f. verwiesen. 3594

Für den **Gebührenstreitwert im Rechtsmittelverfahren** bleibt der einjährige 3595 Mietzins gemäß § 41 Abs. 2 GKG (§ 16 Abs. 1 GKG a.F.) auch dann wertbestimmend, wenn der Kläger von der erstinstanzlich auf **vollständige Räumung** gerichteten Klage im Rechtsmittelverfahren nur noch **einzelne Beseitigungsansprüche** verfolgt, die zuvor Gegenstand des umfassenden Räumungsbegehren (§ 556 BGB) waren.[3]

III. Mieterhöhung

Die Beschwer einer stattgebenden oder abweisenden Entscheidung über eine 3596 Klage auf **Zustimmung zur Mieterhöhung** bestimmt sich nach §§ 3 ff. ZPO und

---

1 Beschl. v. 19. 7. 2000 – XII ZR 269/99, NZM 2000, 1227.
2 BGH, Beschl. v. 19. 6. 2002 – XII ZR 5/02, NZM 2002, 736 = NJW-RR 2002, 1233.
3 BGH, Beschl. v. 8. 3. 1995 – XII ZR 240/94, KostRsp. GKG § 16 Nr. 91 = MDR 1995, 530 = WuM 1995, 320 = ZMR 1995, 245 = NJW 1995, 781.

nicht nach § 41 Abs. 5 GKG (§ 16 Abs. 5 GKG a.F.). Hierüber besteht weitgehend Einigkeit.

3597 Dieselben Bewertungsgrundsätze gelten für Klagen, die nach einer Mieterhöhungserklärung auf **Feststellung einer zukünftig erhöhten Grundmiete** gerichtet sind, ohne dass ein prozentualer Abschlag geboten wäre.[1]

3598 Nach Ansicht des BGH[2] fallen beide Klagen als Klagen auf künftig wiederkehrende Leistungen unter § 9 ZPO.[3] Einer davon abweichenden Bewertung nach § 3 ZPO stehe entgegen, dass § 9 ZPO als Sondervorschrift Vorrang habe. Maßgebend sei daher der **42fache Mietdifferenzbetrag**. Soweit die Klage nur auf positive Feststellung gerichtet ist, sei ein Abschlag von 20 % vorzunehmen.

3599 Demgegenüber wird von den Instanzgerichten für die Ermittlung der Beschwer überwiegend gemäß § 3 ZPO auf das wirtschaftliche Interesse des Vermieters bzw. des von der Mieterhöhung betroffenen Mieters abgestellt. Hierbei wird sehr unterschiedlich geschätzt, wobei im Wesentlichen auf **eine Jahresdifferenz**,[4] auf einen **Differenzbetrag von 15 Monaten**[5] oder auf den **dreijährigen Erhöhungsbetrag** abgestellt wird.[6] Demgegenüber wird nur vereinzelt der **fünfjährige Erhöhungsbetrag**[7] oder der **Differenzbetrag der Restdauer des Mietverhältnisses**[8] in Ansatz gebracht.

3600 Der erstgenannten Auffassung ist zuzustimmen. Maßgebend ist gemäß § 9 ZPO der 3,5fache Jahresdifferenzbetrag, denn mit der Höhe des Mietzinses ist das Stammrecht selbst und sind nicht nur einzelne (Teil-)Leistungen Streitgegen-

---

1 LG Köln, Beschl. v. 5. 9. 1997 – 10 S 220/97, WuM 1997, 688.
2 Beschl. v. 12. 5. 2004 – VIII ZB 10/03, BGHReport 2003, 1036 = JurBüro 2004, 207 = AGS 2003, 489 = AnwBl. 2003, 597; Beschl. v. 17. 5. 2000 – XII ZR 314/99, ZMR 2000, 665 = NJW 2000, 3142.
3 So auch schon LG Berlin – 61 S 472/99, MM 2000, 419; LG Kiel MDR 1994, 834: Aufgabe der bisherigen Rspr.
4 LG Bad Kreuznach, Beschl. v. 2. 5. 1990 – 1 S 38/90, KostRspr. GKG § 16 Nr. 66 = MDR 1990, 833; LG Berlin, Urteil v. 17. 10. 1985 – 61 S 65/85, KostRspr. ZPO § 3 Nr. 809 mit Anm. *Schneider* = MDR 1986, 323; LG Darmstadt NJW-RR 1997, 755 = NJWE-MietR 1997, 172; LG Hannover MDR 1994, 1148; LG Köln WuM 1995, 122; LG Münster, Urteil v. 1. 12. 1983 – 8 S 317/83, KostRspr. ZPO § 3 Nr. 679 = JurBüro 1984, 453; LG Nürnberg-Fürth WuM 1992, 636; LG Regensburg, Beschl. v. 19. 11. 1991 – S 347/91, KostRspr. GKG § 16 Nr. 83 = WuM 1992, 145; LG Saarbrücken WuM 1998, 171 = ZMR 1998, 232.
5 LG Köln WuM 1998, 297; LG Bremen WuM 1997, 334.
6 LG Arnsberg WuM 1992, 625; LG Berlin GE 1996, 57; LG Bonn WuM 1985, 129; LG Gießen WuM 1994, 27; LG Hamburg WuM 1993, 134; LG Lübeck, Beschl. v. 25. 10. 1983 – 6 S 289/83, KostRspr. ZPO § 3 Nr. 678 mit Anm. *Schneider* = MDR 1984, 237; LG Mannheim WuM 1985, 128; LG Stuttgart, Urteil v. 1. 8. 1991 – 6 S 255/91, KostRspr. ZPO § 3 Nr. 1080 = WuM 1992, 24; Stein/Jonas/*Roth*, § 8 Rn. 7.
7 LG Hagen, Beschl. v. 30. 5. 1986 – 10 S 342/86, KostRspr. GKG § 16 Nr. 48 mit Anm. *Schneider* = ZMR 1987, 97.
8 LG Berlin, Urteil v. 8. 4. 1985 – 61 S 247/84, KostRspr. GKG § 16 Nr. 43 mit Anm. *Schneider* = MDR 1985, 1034, diff. LG Wiesbaden, Urteil v. 26. 10.1992 – 1 S 525/91, KostRspr. § 3 Nr. 1136 = WuM 1993, 470 – Begrenzung auf 36fachen Monatsbetrag.

stand. Soziale Erwägungen stehen dem nicht entgegen, da von ihnen bereits die Streitwert- und damit auch Gebührenermäßigung in § 41 GKG (§ 16 GKG a.F.) getragen wird. Die §§ 3ff. ZPO tragen vielmehr dem Gesichtspunkt der Rechtsmittelfähigkeit erstinstanzlicher Entscheidungen Rechnung.[1] Ohnehin liegt das wirtschaftliche Interesse der Parteien regelmäßig über dem Jahresbetrag der zusätzlich geforderten Miete, da die Mieterhöhung nicht lediglich für ein Jahr begehrt wird.[2]

Der vorstehenden Bewertung widerspricht auch nicht, dass der Inhalt des Mietverhältnisses gemäß § 558 Abs. 1 BGB (früher § 2 MHG) nur für 15 Monate festgeschrieben wird und danach erneute Erhöhung möglich ist.[3] Denn die Möglichkeit einer **erneuten** Mieterhöhung sagt nichts über den Umfang der Beschwer des bisherigen Erhöhung aus, da diese „unter" dem Erhöhungsbetrag des nachfolgenden Mieterhöhungsverlangens fortwirkt. Spätestens seit der Neufassung des § 9 ZPO (1993), nachdem zuvor der 12,5fache bzw. 25fache Jahresbetrag maßgeblich war, sind auch die gegen seine Anwendbarkeit erhobenen Bedenken[4] nicht mehr tragfähig, mag auch der Anwendungsbereich dieser Vorschrift nicht ausdrücklich auf Mietzinserhöhungsklagen erstreckt worden sein.[5] Jedenfalls missachtet eine generelle Bemessung der Beschwer nach dem Jahresbetrag entsprechend § 41 Abs. 5 GKG (§ 16 Abs. 5 GKG a.F.) den in §§ 2 ZPO und 48 Abs. 1 GKG (§ 12 Abs. 1 GKG a.F.) niedergelegten Vorrang des Prozesswertes.[6] **3601**

Bei der Ermittlung des Mieterhöhungsbetrages bleiben **frühere Mieterhöhungen** als Bestandteil des Ausgangsmietzinses außer Betracht.[7] **3602**

IV. Mängelbeseitigung, Instandsetzung, Modernisierung

Erkennt das Gericht über einen Streit betreffend die Verpflichtung zur Mängelbeseitigung oder Instandsetzung bzw. zur Duldung von Modernisierungsmaßnahmen, dann bestimmt sich die Beschwer nach §§ 3, 9 ZPO. Sie entspricht dem 42fachen des monatlichen Minderungsbetrages[8] bzw. des zu erwartenden **3603**

---

1 BGH, Beschl. v. 12. 5. 2004 – VIII ZB 10/03, BGHReport 2003, 1036 = JurBüro 2004, 207 = AGS 2003, 489 = AnwBl. 2003, 597; BVerfG, Beschl. v. 30. 1. 1996 – 1 BvR 2338/95, WuM 1996, 312 = NJW 1996, 1531.
2 Siehe auch LG Berlin MDR 1985, 1034.
3 So aber LG Bremen, Beschl. v. 16. 4. 1997 – 2 S 127/97, WuM 1997, 334.
4 Vgl. *Schneider* MDR 1985, 371; MDR 1987, 186.
5 Hierzu *Hansens* NJW 1993, 493, 495.
6 MünchKomm.ZPO/*Lappe*, § 8 Rn. 25.
7 Nur insoweit zutr. LG Saarbrücken, Urteil v. 20. 2. 1998 – 13 B S 283/97, WuM 1998, 234.
8 BGH – VIII ZB 84/03, WuM 2004, 220 = NZM 2004, 295; Beschl. v. 27. 11. 2002 – VIII ZB 33/02, NZM 2003, 152 = NJW-RR 2003, 229 = GE 2003, 259; Beschl. v. 17. 5. 2000 – XII ZR 314/99, MDR 2000, 975 = WuM 2000, 427 = ZMR 2000, 665 = GR 2000, 886 = DWW 2000, 272 = NJW 2000, 3142; OLG Düsseldorf OLGR 2001, 231 = MDR 2001, 354 = ZMR 2001, 270 = NZM 2001, 669 = AGS 2001, 107 = DWW 2001, 341; OLG Hamm,

Mieterhöhungsbetrages.[1] § 41 Abs. 5 GKG (ohne Entsprechung in § 16 GKG a.F.), wonach für den Gebührenstreitwert der Jahresbetrag wertbestimmend ist, findet keine Anwendung.

V. Sonstige Ansprüche

3604 Ansprüche auf Zahlung eines bestimmten Betrages bemessen sich hinsichtlich der Beschwer immer nach dem Zahlbetrag, auch wenn inzident das Bestehen des Mietverhältnisses überprüft wird. Denn die Ausführungen zum Bestehen erwachsen als bloße Vorfrage nicht in Rechtskraft.[2]

3605 Demgegenüber bemisst sich die Beschwer aus der Abweisung eines **Erfüllungsanspruchs**, beispielsweise auf Überlassung der Mietsache, nach § 8 ZPO, wenn durch die mit der Klage erstrebte Verurteilung eine Entscheidung über den zwischen den Parteien streitigen Bestand des Vertragsverhältnisses erreicht werden soll.[3]

3606 Im Übrigen wird auf die Ausführungen zu den Einzelfällen in der Rechtsprechung Rn. 3413 ff. Bezug genommen.

E. Vergleich

I. Allgemeines

3607 Für die Berechnung des Vergleichswertes gibt es keine besonderen mietrechtlichen Vorschriften. Daher ist auf den Anspruch oder das Recht abzustellen, der bzw. das Gegenstand des Vergleichs ist. Deren Bewertung richtet sich **nach den allgemeinen Vorschriften** (§§ 39 ff. GKG und §§ 3 ff. ZPO). Dabei sind den Streitwert **ermäßigende Sondervorschriften**, beispielsweise §§ 41 oder 42 GKG (§§ 16 oder 17 GKG a.F.), immer zu beachten.[4]

3608 Der **Gegenstand des Vergleichs** und damit die Grundlage der Bewertung bestimmt sich danach, worüber der Vergleich geschlossen, d.h. welcher Streit durch den Vergleich beigelegt wird. Unerheblich ist demgegenüber, worauf sich die Parteien verglichen haben, selbst wenn die nach dem Vergleich zu erbringende Leistung wertmäßig über dem **verglichenen Anspruch** liegt.[5] Zu den Einzelheiten siehe unter dem Stichwort „Vergleich".

OLGR 2001, 37; LG Freiburg WuM 2002, 171; LG Berlin – 63 S 12/02 – MM 2003, 47; LG Berlin – 64 S 21/01 – MM 2001,152; a.A. LG Berlin – 63 S 334/99, GE 1999, 1429: Jahresbetrag.

1 LG Berlin, Urteil v. 20. 4. 1999 – 64 S 316/98, ZMR 1999, 556 = NZM 1999, 1036.
2 BGH, Beschl. v. 19. 6. 2002 – XII ZR 5/02, NZM 2002, 736 = NJW-RR 2002, 1233.
3 BGH, Beschl. v. 19. 7. 2000 – XII ZR 269/99, NZM 2000, 127.
4 OLG Köln MDR 1971, 854; Zöller/*Herget*, § 3 Rn. 16 unter „Vergleich".
5 BGH NJW 1964, 1523; OLG Bamberg JurBüro 1984, 254 = AnwBl. 1984, 94; KG, Urteil v. 5. 1. 2004 – 12 U 157/02, KGR 2004, 310; OLG Düsseldorf VersR 1977, 863; OLG

II. Räumung

Vergleichen sich die Parteien in einem Rechtsstreit über den Bestand oder Fortdauer eines Miet- oder Pachtverhältnisses dahingehend, dass sich der Mieter (bzw. Pächter) gegen eine **Ausgleichszahlung zur vorzeitigen Räumung** des Miet- oder Pachtobjekts verpflichtet, bleibt für den Streitwert unabhängig von der Ausgleichszahlung der einjährige Betrag des Nutzungsentgelts maßgeblich, § 41 GKG (§ 16 GKG a.F.), da sich der Vergleichswert allein nach dem Wert der verglichenen Ansprüche bestimmt.[1] **3609**

Eine Werterhöhung ist jedoch zu bejahen, wenn mit einer vergleichsweise vereinbarten Umzugsbeihilfe **angebliche Schadensersatzansprüche** des Mieters wegen möglicherweise unberechtigter Eigenbedarfskündigung erledigt werden[2] oder diese mit einem **Verzicht auf eine eingeräumte Räumungsfrist** verbunden ist.[3] **3610**

Erledigt sich ein Rechtsstreit, in dem der Beklagte nach § 574 BGB (nur teilweise entsprechend § 556a BGB a.F.) der Kündigung widersprochen hatte, durch einen Vergleich, wonach die Parteien das **Mietverhältnis unter geänderten Bedingungen fortsetzen**, dann liegt darin nicht der Abschluss eines neuen Mietvertrages. **3611**

Der Wert dieses Vergleiches richtet sich nach § 41 Abs. 1 GKG (§ 16 Abs. 1 GKG a.F.), wobei der vereinbarte höchste zulässige Mietzins zugrunde zu legen ist;[4] dass der Vergleich unter einer aufschiebenden Bedingung geschlossen wurde, ist für die Festsetzung ohne Bedeutung.[5] **3612**

Frankfurt JurBüro 1984, 423; OLG Hamburg, Beschl. v. 29. 8. 1986 – 2 WF 138/86, KostRsp. GKG § 17 Nr. 89 = FamRZ 1987, 184; OLG Köln, Beschl. v. 22. 2. 1996 – 18 W 57/95, OLGR 1996, 158 = JurBüro 1996, 476 = NJW-RR 1996, 1278; OLG München, Beschl. v. 22. 2. 2000 – 14 W 333/99, KostRsp. BRAGO § 23 Nr. 137 = JurBüro 2001, 141; OLG Schleswig, Beschl. v. 27. 11. 1990 – 9 W 136/90, JurBüro 1991, 584 = SchlHA 1991, 115; *Anders/Gehle/Kunze*, Stichwort „Vergleich" Rn. 4; *E. Schneider* Rpfleger 1986, 81; *Zöller/Herget*, § 3 Rn. 16 unter „Vergleich".

1 OLG Köln WuM 71, 136 = GE 1971, 476 = ZMR 1972, 26.
2 LG Köln – 10 S 282/00 – BRAGOreport 2001, 108; –29 S 52/97 – AnwBl. 1998, 212; unklar KG Berlin – 8 W 23/04, KGR 2004, 499 = AGS 2005, 354.
3 AG Köln, Beschl. v. 14. 8. 2002 – 210 C 200/02, AGS 2003, 35 = NZM 2003, 106 = NJW-RR 2003, 233; bestätigend LG Köln, Beschl. v. 20. 8. 2002 – 10 T 164/02, AGS 2003, 35 mit Anm. *N. Schneider*; AG Augsburg, Beschl. v. 25. 5. 2001 – 24 C 803/01, WuM 2001, 413.
4 LG Kassel AnwBl. 1966, 232.
5 OLG Düsseldorf, Beschl. v. 6. 2. 1992 – 10 W 11/92, KostRsp. GKG § 16 Nr. 85 = JurBüro 1992, 351.

F. Einzelfälle in der Rechtsprechung (alphabetischer Bewertungsschlüssel)

Stichwortübersicht

Abbruchkosten (Räumungsaufwand) 3613
Abgeleiteter Besitz 3625
Abmahnung 3626
Abschluss 3627
Allgemeine Geschäftsbedingungen
  (Verbandsklage) 3628
Anspruchshäufung 3629
Aufbaukosten 3630
Ausgleichszahlung 3631
Beheizung (Heizung) 3634
Berechtigung aus dem Vertrag 3637
Beseitigung 3638
Besichtigung (Zutritt) 3642
Besitz 3647
Besitzstörung 3649
Betriebskosten (Nebenkosten) 3653
Beweisverfahren (selbständiges –) . . 3654
Dauer 3655
Dritter 3656
Duldung 3665
Eigentumswohnung 3671
Energie- und Wasserversorgung (Heizung, Strom, Wasser) 3672
Erhaltung 3674
Ersatzmieter 3675
Feststellung 3676
Hausordnung 3685
Hausteil 3686
Heizkosten (Nebenkosten) 3687
Hilfsantrag 3688
Instandsetzung (Mängelbeseitigung) . 3689
Inventar 3692
Jagdpachtvertrag 3693
Kaufanwartschaft 3695
Kaution 3696
Kellerräumlichkeiten (Nebenräume) 3697
Kleingarten 3699
Konkurrentenschutz 3700
Kündigung 3701
Kündigungsmöglichkeit 3707
Künftige Mietzahlung 3709
Künftige Nutzungsentschädigung . . 3713
Mängelbeseitigung (Instandhaltung) . 3716
Medien (Rundfunk, Fernsehen, Telefon) 3717
Mietausfall 3718
Miete (Mietzins) 3719

Mietbürgschaft 3727
Mieterschutzregelung 3728
Mietsicherheit (Bürgschaft, Kaution) 3730
Mietzins 3736
Minderung 3737
Modernisierung 3742
Musterprozess 3743
Nebenkosten (Betriebskosten) 3744
Nebenleistungen 3751
Nichtigkeit 3755
Nutzungsentgelt (Miete) 3756
Nutzungswert 3757
Option 3758
Parabolantenne (Medien) 3759
Räumungsfrist 3761
Rückständige Miete 3764
Schlüssel 3765
Selbständiges Beweisverfahren . . . 3767
Schönheitsreparaturen 3770
Siedler 3774
Sozialwohnung 3775
Tauschvertrag 3776
Teilaufhebung 3777
Teilkündigung (Gemeinschafts- und
  Teilflächen) 3778
Tierhaltung 3780
Umgestaltung 3781
Unterlassung 3784
Untermieter 3786
Untervermietung 3792
Verbandsklage (Allgemeine
  Geschäftsbedingungen) 3796
Vertragabschluss 3797
Vertragsinhalt 3799
Vorauszahlung 3801
Vorkaufsrecht 3802
Vorvertrag 3804
Wegnahme von Einrichtungen . . . 3805
Widerklage 3807
Winterdienst 3809
Wohnrecht 3810
Wohnungseigentum 3817
Wohnungstausch 3818
Zins 3819
Zwangsversteigerung 3820
Zwangsvollstreckung 3822

Abbruchkosten (Räumungsaufwand)

Hat der Beklagte ein von ihm genutztes **Grundstück mit Bepflanzungen, Einrichtungen oder Gegenständen** versehen, stellt sich mit Beendigung der Nutzung die Frage nach deren Verbleib. Zugleich ist zu beantworten, ob ein mit der Beseitigung verbundener Aufwand Streitwert und Beschwer bei einer Räumungsklage beeinflussen. Hier ist wie folgt zu unterscheiden: 3613

(1) Ist das Klagebegehren **allein auf Entfernung von Einrichtungen** gerichtet, bestimmt sich der Zuständigkeits- und Gebührenstreitwert nach § 3 ZPO. Maßgebend ist das klägerische Interesse an der Beseitigung, für dessen Bewertung allenfalls mangels weiterer Anhaltspunkte auch die Kosten der Entfernung herangezogen werden können.[1] Ebenso liegt es im Übrigen, wenn vom Mieter oder Pächter Klage auf Feststellung erhoben wird, dass eine Verpflichtung zur Beseitigung nicht besteht. Hier ist der Wert gemäß § 3 ZPO nach den Kosten zu bemessen, die zur Entfernung der Aufbauten aufgewandt werden müssten.[2]   3614

(2) Beantragt der Kläger **allein Räumung und Herausgabe** des Grundstücks, bemessen sich Zuständigkeits- und Gebührenstreitwert nach den allgemeinen Grundsätzen, mithin in der Regel nach § 8 ZPO bzw. § 41 Abs. 2 GKG (§ 16 Abs. 2 GKG a.F.). Dies gilt auch für die Beschwer, die ausweislich des Wortlauts von § 8 ZPO allein nach dem für die streitige Zeit anfallenden Nutzungsentgelt zu bestimmen ist. Folglich bleibt der Beseitigungsaufwand als bloß mittelbar mit der Räumung verbundene Belastung unberücksichtigt.[3]   3615

(3) Problematisch ist es hingegen, wenn der Kläger **neben Räumung und Herausgabe die Beseitigung** von Einrichtungen oder Gegenständen verlangt. Hier stellt sich bereits aufgrund der prozessualen Eigenständigkeit der Klageanträge die Frage einer Addition gemäß § 5 ZPO bzw. § 39 Abs. 1 GKG (ohne Entsprechung im GKG a.F.) bei Zuständigkeits- und Gebührenstreitwert.   3616

Beschränkt sich das **Beseitigungsverlangen auf bewegliche Gegenstände**, unterbleibt eine Wertaddition schon im Hinblick auch die Möglichkeit einer gemäß § 885 Abs. 2 ZPO bereits aus dem Räumungsurteil resultierenden Möglichkeit der **Beseitigung im Wege der Zwangsvollstreckung.**   3617

Das Beseitigungsverlangen bleibt aus diesem Grunde trotz eigenständiger Antragstellung nur unselbständiger Teil des streitgegenständlichen Räumungsbegehrens.[4] Daran ändert sich auch nichts, wenn der Kläger sein Kla-   3618

---

1 *Köhler/Kossmann*, Handbuch der Wohnraummiete, § 204 Rn. 14.
2 BGH, Beschl. v. 29. 4. 2004 – III ZB 72/03, BGHReport 2004, 1102 = WuM 2004, 352.
3 BGH, Beschl. v. 15. 6. 2005 – XII ZR 104/02, WuM 2005, 525 = NZM 2005, 678 ; Beschl. v. 4. 7. 1996 – III ZR 34/96, BGHR ZPO § 8 Räumungsklage Nr. 7 – Beschwer; vgl. auch LM ZPO § 551a Nr. 33: Beseitigung von Bäumen.
4 OLG Hamburg, Beschl. v. 15. 2. 2000 – 4 W 6/00, OLGR 2000, 478 = WuM 2000, 365 = NZM 2000, 1228 = NJW-RR 2001, 576 – Aufgabe der bisherigen Rsp.; nur im Ergebnis ebenso BGH, Beschl. v. 8. 3. 1995 – XII ZR 240/94, KostRsp. GKG § 16 Nr. 91 = LM ZPO § 8 Nr. 14 mit krit. Anm. *Lappe* = MDR 1995, 530 = WuM 1995, 320 = ZMR 1995,

gebegehren während des Rechtsstreits auf das Beseitigungsverlangen redu-ziert.[1]

3619 Ob dies ebenso gilt, wenn der Kläger neben der Räumung die Beseitigung von Aufbauten, Einrichtungen oder sonstigen **unbeweglichen Sachen** fordert, ist streitig.

3620 Der BGH verneint in seinen Entscheidungen überwiegend auch hier eine Addi-tion unter Hinweis darauf, dass das Beseitigungsverlangen **Teil des materiell-rechtlichen Räumungsanspruchs** aus § 546 BGB (§ 556 BGB a.F.) und damit keiner eigenständigen Bewertung bei der Bemessung von Zuständigkeitsstreit-wert, Beschwer (§ 8 ZPO) und Gebührenstreitwert (§ 41 Abs. 2 GKG entspricht § 16 Abs. 2 GKG a.F.) zugänglich sei.[2]

3621 Die Ansicht des BGH vermag nicht zu überzeugen. Der Umfang der materiell-rechtlichen Rückgabepflicht des Mieters (§ 546 BGB n.F.) ist für den Wert des Räumungsverlangens unerheblich. Zwar muss danach der Zustand der Miet-sache bei Rückgabe der vertraglichen Vereinbarung entsprechen, so dass vom Mieter eingebrachte Gegenstände und Einrichtungen zu entfernen sind.[3] Für den Inhalt des prozessualen Räumungsverlangens ist damit jedoch nichts ge-wonnen, denn dieses reicht – ebenso wie das dahinterstehende klägerische Interesse – notwendigerweise nicht weiter als der Umfang der aus einer entspre-chenden Titulierung resultierenden gesetzlichen Vollstreckungsmöglichkeiten. Die **Zwangsvollstreckung** aus einem Räumungsurteil ist jedoch **gemäß § 885 Abs. 2 ZPO** auf Besitzverschaffung und Beseitigung von beweglichen Gegen-ständen beschränkt.[4] Für die Beseitigung von Gebäuden, Bepflanzungen oder Geländeveränderungen (z.B. Aufschüttungen) bedarf es demgegenüber eines **ge-sonderten Vollsteckungstitels**. Insbesondere ist das Räumungsurteil keine ge-

---

245 = NJW 1995, 781; Beschl. v. 14. 10. 1993 – LwZB 6/93, KostRsp. ZPO § 8 Nr. 11 = LM ZPO § 511a Nr. 33 = MDR 1994, 100 = WuM 1994, 80 = ZMR 1994, 65 = NJW-RR 1994, 256 = VersR 1994, 372).

1 BGH, Beschl. v. 8. 3. 1995 – XII ZR 240/94, KostRsp. GKG § 16 Nr. 91 = LM ZPO § 8 Nr. 14 mit krit. Anm. *Lappe* = MDR 1995, 530 = WuM 1995, 320 = ZMR 1995, 245 = NJW 1995, 781.

2 BGH, Beschl. v. 10. 5. 2000 – XII ZR 335/99, KostRsp. ZPO § 8 Nr. 18 = NJW-RR 2000, 1739; Beschl. v. 8. 3. 1995 – XII ZR 240/94, KostRsp. GKG § 16 Nr. 91 = LM ZPO § 8 Nr. 14 mit krit. Anm. *Lappe* = MDR 1995, 530 = WuM 1995, 320 = ZMR 1995, 245 = NJW 1995, 781 – Entfernen zurückgelassener Einrichtungen; Beschl. v. 14. 10. 1993 – LwZB 6/93, KostRsp. ZPO § 8 Nr. 11 = LM ZPO § 511a Nr. 33 = MDR 1994, 100 = WuM 1994, 80 = ZMR 1994, 65 = NJW-RR 1994, 256 = RdL 1994, 56 = VersR 1994, 372 – Entfernung von Bäumen; so auch schon OLG Bremen Rpfleger 1965, 99; ebenso Bub/Treier/*Fischer*, VIII Rn. 239a – anders aber unter Rn. 240; offen gelassen BGH, Beschl. v. 29. 4. 2004 – III ZB 72/03, BGHReport 2004, 1102 = WuM 2004, 352, abweichend Beschl. v. 15. 6. 2005 – XII ZR 104/02, WuM 2005, 525 = NZM 2005, 577 – Beschwer, ohne Auseinandersetzung mit der bisherigen Rechtsprechung.

3 Palandt/*Weidenkaff*, BGB, § 546 Rn. 5 ff. m.w.N.

4 OLG Hamburg, Beschl. v. 15. 2. 2000 – 4 W 6/00, OLGR 2000, 478 = WuM 2000, 365 = NZM 2000, 1228 = NJW-RR 2001, 576 – Aufgabe der bisherigen Rsp.

eignete Grundlage für eine Ermächtigung des Klägers (als Vollstreckungsgläubiger) zur Ersatzvornahme gemäß § 887 ZPO.[1]

Zudem trägt der Verweis auf den Umfang der materiell-rechtlichen Räumungspflicht (§ 546 BGB n.F.) nicht, wenn der Kläger seinen **Herausgabeanspruch auf § 985 BGB** stützt und sich der Beklagte erfolglos auf den Bestand eines Nutzungsverhältnisses beruft. Denn nach § 985 BGB schuldet der Besitzer nur „Auskehrung", d.h. nur die Verschaffung des unmittelbaren Besitzes an der Sache in dem Zustand, in dem diese sich befindet.[2] Dass die materiell-rechtliche Perspektive eine wertmäßig voneinander abweichende Behandlung des Beseitigungsverlangens rechtfertigen könnte, ist angesichts desselben Streitgegenstandes nicht ersichtlich.

3622

Bedarf das Beseitigungsverlangen, weil eine nicht bewegliche Sache betreffend, damit für die Vollstreckung eines gesonderten Titels und deshalb eines **prozessual eigenständigen Klageantrages**, ist dieser auch wertmäßig zu erfassen und hinzuzurechnen.[3]

3623

Als Streitigkeit über den Inhalt der aus dem Nutzungs- oder bloßem Besitzverhältnis erwachsenden Verpflichtungen sind für die Bewertung eines – im vorgenannten Sinne eigenständigen – Beseitigungsverlangens weder § 8 ZPO (Zuständigkeitsstreitwert und Beschwer) noch § 41 Abs. 1 GKG (§ 16 Abs. 1 GKG a.F. – Gebührenstreitwert) einschlägig. Das Beseitigungsverlangen ist vielmehr (über § 48 Abs. 1 GKG n.F.) nach § 3 ZPO zu bewerten, wobei für die Beschwer des Klägers auf sein Beseitigungsinteresse und die Beschwer des Beklagten auf den mit der Beseitigung verbundenen Aufwand abzustellen ist. Siehe auch unter dem Stichwort „Beseitigung".

3624

Abgeleiteter Besitz

Der Streitwert einer auf **§ 985 BGB gestützten Herausgabeklage** ist auch dann nach § 41 GKG (§ 16 GKG a.F.) aus dem einjährigen Zins zu berechnen, wenn der Besitzer sein Recht zum Besitz aus einem mit dem Rechtsvorgänger des Eigentümers geschlossenen Vertrag herleitet.[4]

3625

---

1 OLG Frankfurt, Beschl. v. 21. 11. 2002 – 26 W 122/02, MDR 2003, 655; *Derleder* Jur-Büro 1994, 450; offenlassend OLG Celle NJW 1962, 595; OLG Düsseldorf, Beschl. v. 5. 7. 1999 – 3 W 195/99, MDR 2000, 414 = DGVZ 99, 155.
2 MünchKomm.BGB/*Medicus*, § 985 Rn. 18 m.w.N. – zugleich zu den Auswirkungen auf die Formulierung des Klageantrages.
3 OLG Hamburg, Beschl. v. 15. 2. 2000 – 4 W 6/00, OLGR 2000, 477 = WuM 2000, 365 = NZM 2000, 1228 = NJW-RR 2001, 576 – Aufgabe der bisherigen Rsp.; OLG Köln AnwBl. 1968, 396; im Ergebnis jetzt auch BGH, Beschl. v. 15. 6. 2005 – XII ZR 104/02, WuM 2005, 525 = NZM 2005, 577; *Anders/Gehle/Kunze*, Stichwort „Miete und Pacht" Rn. 25; *Meyer*, § 41 Rn. 20; a.A. und verfehlt LG Mannheim ZMR 1968, 96, 128: Addition nur bei Antragstellung und Streit darüber, wobei übersehen wird, das ein Anerkenntnis den Streitwert nicht berührt.
4 OLG Nürnberg Rpfleger 1963, 177.

Abmahnung

3626 Beschränkt sich die anwaltliche Tätigkeit auf die Abmahnung des Mieters unter Androhung einer Kündigung, dann bestimmt sich der Gegenstandswert nach dem Interesse des Vermieters an der Vermeidung weiterer vertragswidrigen Gebrauchs, hier Unterlassung künftiger Lärmbelästigungen aus der Wohnung des Mieters.[1]

Abschluss

3627 Siehe unter „Vertragsabschluss".

Allgemeine Geschäftsbedingungen

3628 Ist der Inhalt von Formularmietverträgen Gegenstand eines Verbandsklageverfahrens, dann bemisst sich der Streitwert nach dem Interesse der Allgemeinheit an der Beseitigung gesetzeswidriger Allgemeiner Geschäftsbedingungen. Die wirtschaftlichen Auswirkungen eines Verwendungsverbots für den Verwender bleiben unberücksichtigt. Im Regelfall ist – auch unter Berücksichtigung des Preisverfalls im Hinblick auf ältere Rechtsprechung – eine Bewertung von 2500 Euro je angegriffener Klausel vorzunehmen.[2]

Anspruchshäufung

3629 Gemäß § 5 ZPO und § 39 GKG (keine Entsprechung im GKG a.F.) sind mehrere in einer Klage geltend gemachte Ansprüche zusammenzurechnen. Insoweit kann auf die Ausführungen unter dem Stichwort „Mehrere Ansprüche" verwiesen werden. Für mietrechtliche Streitigkeiten kann ergänzend festgehalten werden:

– Wird mit der **Leistungsklage** neben der Räumung die Zahlung rückständigen Nutzungsentgeltes verbunden, dann ist dem Wert für das Räumungsbegehren aus § 41 GKG (§ 16 GKG a.F.) der Wert für den bezifferten Klageanspruch hinzuzurechnen.[3]

– Verlangt der Vermieter neben der **Räumung und Herausgabe** die **Beseitigung von Einrichtungen und Gegenständen** ist maßgeblich darauf abzustellen, ob die begehrte Entfernung bewegliche oder unbewegliche Sachen zum Gegen-

---

1 AG Köln, Urteil v. 2. 7. 1997 – 213 C 261/96, WuM 1999, 237.
2 BGH, Beschl. v. 18. 7. 2000 – VIII ZR 12/00, NJW-RR 2001, 352: 3000 DM; offenlassend Beschl. v. 15. 4. 1998 – VIII ZR 317/97, WuM 1998, 342 = NZM 1998, 402 = NJW-RR 1998, 1465; OLG Celle, Beschl. v. 28. 6. 2005 – 11 W 49/05, OLGR 2005, 703 = VuR 310: 3000 Euro; LG München, Beschl. v. 8. 9. 1997 – 7 O 18843/96, WuM 1997, 631 = NZM 1998, 33 = NJW-RR 1998, 417: 2500 Euro; a.A. OLG Brandenburg, Urteil v. 1. 12. 1999 – 3 U 251/98, VuR 2000, 147: 10 000 DM je Klausel; Bub/Treier/*Fischer*, VIII Rn. 239b.
3 Bub/Treier/*Fischer*, VIII 240; *Gerold*, Streitwert, S. 245.

stand hat. Nur in letzterem Fall kommt eine Wertaddition in Betracht. (Siehe hierzu oben „Abbruchkosten".)

- Klagt der Mieter gleichzeitig auf **Überlassung der Mietwohnung** und auf **Verlängerung des Mietverhältnisses**, so sind die Streitwerte beider Anträge nicht zusammenzurechnen.[1]

- Treffen **Leistungs- und Feststellungsklage** zusammen, ist zu unterscheiden:

  Begehrt der Kläger die Feststellung des **(Fort-)Bestehens des Mietverhältnisses** und **Zahlung von Nutzungsentgelt**, ist für die Bewertung darauf abzustellen, ob derselbe Zeitraum betroffen ist. Wird dies bejaht, betreffen die Ansprüche gebührenrechtlich denselben Streitgegenstand (wirtschaftliche Identität). Denn die Feststellungsklage erfasst das gesamte Rechtsverhältnis und damit auch den daraus abgeleiteten Leistungsanspruch. Daher ist nicht zu addieren, sondern lediglich ein Wert anzusetzen, und zwar der höchste.[2] Anders liegt es, wenn neben der Feststellungsklage Mietzahlungen für die vorangegangene Zeit eingeklagt werden; hier ist mangels wirtschaftlicher Deckungsgleichheit zu addieren.[3]

  Wird neben dem Antrag auf **Feststellung des Bestehens** eines Mietvertrages hilfsweise der **Antrag auf Abschluss eines Mietvertrages** mit gleichem Inhalt gestellt, unterbleibt eine Zusammenrechnung. Hier ist bei Bescheidung beider Anträge gemäß § 45 Abs. 1 S. 2, 3 GKG (§ 19 Abs. 1 S. 2, 3 GKG a.F.) für die Streitwertbemessung der (gegebenenfalls) höhere Wert des Hilfsantrages maßgebend.[4]

- Erhebt der Beklagte gegenüber einer **Klage auf Feststellung**, dass kein Recht zur Mietminderung besteht, eine **Feststellungswiderklage** auf Zahlung von Schadensersatz wegen Mängeln der Mietsache, ist nach Ansicht des BGH[5] der höhere Wert maßgebend, wenn es um denselben Mangel geht.

- Auch soweit der **Anspruch auf Räumung** von Wohnraum mit dem **Anspruch auf Fortsetzung des Mietverhältnisses** gemäß §§ 556a, 556b BGB zusammentrifft und in demselben Prozess verhandelt wird, ist nicht zusammenzurechnen, § 41 Abs. 3 GKG (§ 16 Abs. 3 GKG a.F.).

---

1 LG Frankenthal MDR 1968, 419 Nr. 76.
2 BGH, Beschl. v. 2. 11. 2005 – XII ZR 137/05, NZM 2006, 138; OLG Braunschweig, Beschl. v. 1. 4. 1975 – 5 W 13/75, MDR 1975, 848 – negative Feststellungsklage; OLG Karlsruhe, Beschl. v. 29. 2. 1980 – 14 W 5/80, Justiz 1980, 272.
3 BGH, Beschl. v. 22. 2. 2006 – XII ZR 134/03, BGHReport 2006, 764 = JurBüro 2006, 369 = AGS 2006, 298 mit Anm. *N. Schneider* = NZM 2006, 378 = NJW-RR 2006, 1004 = WuM 2006, 341.
4 OLG Frankfurt JurBüro 1962, 685; *Meyer*, § 41 Rn. 20.
5 BGH, Beschl. v. 17. 3. 2004 – XII ZR 162/00, BGHReport 2004, 1055 = JurBüro 2004, 378 = MDR 2004, 1437 = WuM 2004, 368 = ZMR 2004, 494 = NZM 2004, 423 = AGS 2004, 249 = BGHR ZPO § 3 Gebührenstreitwert Nr. 1 – behördliche Untersagungsverfügung.

Aufbaukosten

3630 Ein Streit über die Dauer des Mietverhältnisses liegt vor, wenn der Mieter die Feststellung begehrt, dass der Vermieter zur **vorzeitigen Rückzahlung** der ihm vom Mieter darlehensweise zur Verfügung gestellten aufgewandten Aufbaukosten und damit nach dem Mietvertrag zur vorzeitigen Verkürzung des Mietverhältnisses nicht berechtigt sei.[1]

Ausgleichszahlung

3631 Vergleichen sich die Parteien in einem Rechtsstreit über den Bestand oder die Fortdauer eines Miet- oder Pachtverhältnisses dahingehend, dass sich der Mieter (bzw. Pächter) gegen eine Ausgleichszahlung **zur vorzeitigen Räumung** des Miet- oder Pachtobjekts verpflichtet, bleibt für den Streitwert unabhängig von der Ausgleichszahlung der einjährige Betrag des Nutzungsentgelts maßgeblich, § 41 GKG (§ 16 GKG a.F.), da sich der Vergleichswert allein nach dem Wert der verglichenen Ansprüche bestimmt.[2]

3632 Wird demgegenüber mit einer Umzugsbeihilfe der Anspruch des Mieters bzw. dessen **Verzicht auf eine bereits eingeräumte Räumungsfrist** abgegolten, ist der Vergleichswert erhöht.[3]

3633 Ebenso ist eine Werterhöhung zu bejahen, wenn mit der vergleichsweise vereinbarten Umzugsbeihilfe **angebliche Schadensersatzansprüche** des Mieters wegen möglicherweise unberechtigter Eigenbedarfskündigung erledigt werden.[4]

Beheizung

3634 Der Wert der Klage auf ordnungsgemäße Beheizung der Mietsache ist, da es um die Durchführung von Instandsetzungsmaßnahmen geht, nach dem **Jahresbetrag** der wegen unzureichender Beheizung möglichen Mietminderung zu berechnen, soweit das Mietverhältnis nicht vor der Ablauf eines Jahres endet, § 41 Abs. 5 GKG (ohne Entsprechung in § 16 GKG a.F.).[5]

3635 Fraglich ist, ob sich der Jahresbetrag immer nach dem 12fachen des monatlich angemessenen Minderungsbetrags bestimmt. Denn das wurde schon nach altem Recht für Mängel verneint, die sich naturgemäß nur auf bestimmte Mo-

---

1 OLG Celle JurBüro 1967, 598 Nr. 157.
2 OLG Köln WuM 71, 136 = Grundeigentum 1971, 476 = ZMR 1972, 26.
3 AG Köln, Beschl. v. 14. 8. 2002 – 210 C 200/02, AGS 2003, 35 = NZM 2003, 106 = NJW-RR 2003, 233; bestätigend LG Köln, Beschl. v. 20. 8. 2002 – 10 T 164/02, AGS 2003, 35 mit zust. Anm. *N. Schneider.*
4 LG Köln, Beschl. v. 12. 2. 2001 – 10 S 282/00 – BRAGOreport 2001, 108; unklar KG Berlin, Beschl. v. 7. 4. 2004 – 8 W 23/04, KGR 2004, 499 = AGS 2005, 354.
5 So schon zum alten Recht, hier über § 3 ZPO, LG Hamburg, Beschl. v. 9. 10. 1991 – 311 T 128/91, JurBüro 1994, 116; LG Görlitz, Beschl. v. 25. 3. 1994 – 2 T 34/94, WuM 1994, 380 – einstweilige Verfügung.

nate des Jahres auswirken. So stellt das LG Berlin für die Bewertung von Klagen auf Behebung von Beheizungsmängeln auf die (siebenmonatige) Dauer der Heizperiode ab.

Dem ist nicht zuzustimmen, da die Bewertung in § 41 Abs. 5 GKG (ohne Entsprechung in § 16 Abs. 5 GKG a.F.) nach der Höhe des jeweiligen Jahresbetrages der pauschalierten Erfassung von Mieterhöhungs-, Instandsetzung- oder zustandsbezogenen Duldungsansprüchen dient. Sie beruht, wie schon die Miterfassung der Mieterhöhungsansprüche zeigt, nicht auf der Annahme, dass mit dem Jahresbetrag die vermögensrechtliche Relevanz der Ansprüche realitätsnah abgebildet wird. Daher kommt es nicht darauf an, ob der zugrunde liegende Mangel zu einer Beeinträchtigung über einen Zeitraum von 12 Monaten geeignet ist.   **3636**

Siehe auch unter „Energie- und Wasserversorgung".

Berechtigung aus dem Vertrag

Der Wert eines Streits darüber, wer von den Parteien aus einem Miet- oder Pachtverhältnis berechtigt ist, bemisst sich nach der gegenwärtigen Jahresmiete oder Jahrespacht. Die Vorschrift des § 41 Abs. 1 GKG (§ 16 Abs. 1 GKG a.F.) ist entsprechend anzuwenden. Der Wert der einjährigen Nutzung (§ 41 Abs. 2 S. 2 GKG entspricht § 16 Abs. 2 Satz 2 GKG a.F.) kommt nicht in Betracht, weil kein Streit über die Beendigung des Miet- oder Pachtverhältnisses gegeben ist.[1]   **3637**

Beseitigung

Zur Beseitigung eines Zustandes, der auf einem vertragswidrigen Gebrauch beruht, siehe bei „Unterlassung".   **3638**

Geht es um die Beseitigung von Einrichtungen und Gegenständen aufgrund eines beendeten Nutzungsverhältnisses, siehe unter „Abbruchkosten" und „Räumungsaufwand".   **3639**

Streitwertrechtliche Fragen im Zusammenhang mit der Beseitigung von Störungen des Mietbesitzes durch Dritte werden unter „Besitzstörungen" erörtert.   **3640**

Bei der Beseitigung von Mängeln geht es um die Instandsetzung oder Erhaltung der Mietsache, siehe daher unter „Instandsetzung".   **3641**

Besichtigung

Begehrt der Vermieter vom Mieter, die Mietsache selbst oder von Dritten besichtigen zu können, ist die Wertbestimmung (über § 48 Abs. 1 GKG, entspricht § 12 Abs. 1 GKG a.F.) nach § 3 ZPO vorzunehmen, da es sich um einen   **3642**

---

1 OLG Hamburg NJW 1965, 2406.

Streit über die aus einem Nutzungsverhältnis erwachsenden Verpflichtungen handelt, auf den § 41 GKG (§ 16 GKG a.F.) nicht anwendbar ist. Dem Wesen nach handelt es sich um einen auf Duldung gerichteten Anspruch, da den zur Ermöglichung der Besichtigung erforderlichen Leistungshandlungen, etwa der Gewährung des Zutritts, nur untergeordnete Bedeutung zukommt.

3643 Das für den Streitwert maßgebliche klägerische Interesse ist ausgehend vom **Zweck der Besichtigung** zu ermitteln, die Beschwer des Beklagten demgegenüber nach dem mit der Besichtigung verbundenen **Zeit- und Kostenaufwand**.

3644 Geht es um eine **Besichtigung durch Mietinteressenten**, dient sie der Ermöglichung einer Weitervermietung, also dem Abschluss eines Mietvertrages. Angemessen ist eine Bruchteilsbewertung bezogen auf die für den Vertragsabschluss geltenden Bewertungsmaßstäbe (siehe unter „Vertragsabschluss"). Diese sollte angesichts der Nähe zum Auskunftsanspruch zwischen $^1/_{10}$ und $^1/_5$ liegen, da die Besichtigung Auskunft über den Zustand der Mietsache gibt und nur der Vorbereitung weitergehender Ansprüche bzw. Rechtsänderungen dient.[1]

3645 Ähnlich liegt es, wenn es um eine **Besichtigung durch Kaufinteressenten** und damit um das Verwertungsinteresse des Vermieters geht. Für den Streitwert ist auf einen Bruchteil des beabsichtigten Kaufpreises abzustellen.[2]

3646 Dient die Besichtigung der **Klärung, ob die Mietsache mit Mängeln behaftet** oder sonst in ihrer Substanz gefährdet ist, ist Ausgangspunkt das Interesse des Vermieters am Substanzerhalt. Da es sich hierbei um notwendige Vorbereitungen zu etwaig geschuldeten Instandsetzungs- oder zu duldenden Erhaltungsmaßnahmen handelt, ist eine Bruchteilsbewertung des hierfür nach § 41 Abs. 5 GKG (ohne Entsprechung in § 16 GKG a.F.) anzusetzenden Jahresbetrages einer möglichen Mieterhöhung bzw. -minderung geboten.

Besitz

3647 Klagt der Mieter gegen den Vermieter auf **Gebrauchsüberlassung** ist § 8 ZPO bzw. § 41 Abs. 1 (§ 16 Abs. 1 GKG a.F.) anwendbar.[3] Richtet sich die Herausgabeklage des Mieters gegen einen Dritten, verbleibt es bei der Anwendung von § 6 ZPO.[4]

3648 Der Antrag auf **vorläufige Besitzverschaffung** an einer Wohnung (Übergabe eines Schlüssels) im Rahmen eines einstweiligen Verfügungsverfahrens bestimmt sich – gemäß den allgemeinen Regeln – nach einem Bruchteil des Hauptsachewertes. Für eine entsprechende Anwendung von § 53 Abs. 2 GKG (§ 20 Abs. 2

---

1 Abw. *Hartmann*, Anh. I § 48 GKG (§ 3 ZPO) Rn. 83: 1 Monatsmiete.
2 AG Dorsten, Beschl. v. 22. 9. 1978 – 3 C 319/78, WuM 1979, 155: und davon $^1/_3$ bei einstweiliger Verfügung.
3 LG Halle, Beschl. v. 20. 5. 1994 – 2 T 175/94, MDR 1995, 208 = WuM 1994, 532; *Hartmann*, § 41 GKG Rn. 11; *Meyer*, GKG, § 41 Rn. 6; abw. OLG Celle, Beschl. v. 21. 9. 1988 – 2 W 66/88, MDR 1989, 272: § 41 Abs. 2 GKG.
4 KG HuW 1952, 293; *Meyer*, § 41 Rn. 9.

GKG), wonach bei familienrechtlichen Streitigkeiten ein Pauschalbetrag von 2000 Euro anzusetzen ist, besteht schon wegen der Eigenständigkeit familienrechtlicher Streitigkeiten kein Raum.[1]

Besitzstörung

Wird der mit der Nutzung einer Miet- oder Pachtsache verbundene Besitz **durch** **Dritte** gestört, kann der Mieter oder Pächter gemäß §§ 862, 1004 BGB die Beendigung fortdauernder und Unterlassung künftiger Störungen beanspruchen. Der Streitwert einer entsprechenden Unterlassungsklage ist nach §§ 3 ZPO, 48 Abs. 1 GKG (§ 12 Abs. 1 GKG a.F.) zu schätzen.   3649

Dies gilt auch, wenn die Störung **von der anderen Mietvertragspartei** ausgeht und das Unterlassungsbegehren mietvertraglich begründet wird. Denn für eine unmittelbare Anwendung von § 41 GKG (§ 16 GKG a.F.) besteht nur Raum, wenn aufgrund der Störung der Bestand des Nutzungsverhältnisses selbst in Frage gestellt wird.   3650

Maßgebend ist in beiden Fällen das Interesse des Klägers an der Beseitigung bestehender oder Verhinderung weiterer Störungen. Handelt es sich um eine Streitigkeit zwischen den Mietvertragsparteien soll im Rahmen der Schätzung nach § 3 ZPO die Bemessungsregel des § 41 Abs. 1 GKG (§ 16 Abs. 1 GKG a.F.) nicht überschritten werden.[2] Sinnvoll ist eine Orientierung am Jahresbetrag der aufgrund der Störung möglichen Minderung,[3] denn ist die Störung zugleich mit einer Beschädigung der Mietsache verbunden, stünde dem Mieter auch ein Instandsetzungsanspruch zu.   3651

Hieran ist auch der Wert einer Klage zu bemessen, mit der ein Vermieter zur **Kündigung des Mietverhältnisses mit einem störenden Mitmieter** verpflichtet werden soll. Auch hier steht das Interesse des Mieters an einem störungsfreien Gebrauch der Mietsache im Vordergrund.[4]   3652

Betriebskosten

Siehe unter „Nebenkosten".   3653

Beweisverfahren

Siehe unter „Selbständiges Beweisverfahren".   3654

---

1 A.A. für vorläufige Besitzverschaffung nach Kauf OLG Hamm, Beschl. v. 1. 3. 2000 – 12 W 2/2000, AGS 2000, 134.
2 BGH, Beschl. v. 7. 4. 1993 – XII ZR 244/92, KostRsp. ZPO § 3 Nr. 1133; OLG Neustadt Rpfleger 1967, 2.
3 OLG Frankfurt, Beschl. v. 26. 9. 1985 – 8 W 25/85, WuM 1986, 15.
4 BGH, Beschl. v. 2. 11. 2005 – XII ZR 137/05, juris-Nr. KORE 314542005.

Dauer

3655 Ein Streit um die Dauer eines Mietverhältnisses liegt auch vor, wenn der Mieter die Feststellung begehrt, dass der Vermieter zur vorzeitigen Rückzahlung der von ihm aufgewandten Aufbaukosten und damit nach dem Mietvertrag zur vorzeitigen Verkürzung des Mietverhältnisses nicht berechtigt sei.[1]

Dritter

3656 Sind am Rechtsstreit allein die Parteien des Miet-, Pacht- oder sonstigen Nutzungsverhältnisses beteiligt, gelten für den Streitwert je nach Streitgegenstand die §§ 3 ff. ZPO, § 41 GKG (§ 16 GKG a.F.). Problematischer ist die Wertbestimmung, wenn Dritte beteiligt sind, etwa weil sich die Klage einer Mietvertragspartei gegen einen Dritten richtet, Mieter bzw. Vermieter von einem Dritten verklagt werden oder der Bestand des Mietverhältnisses Gegenstand eines Rechtsstreits einer Vertragspartei mit einem Dritten ist.

3657 Dies ist jedoch noch nicht der Fall, wenn es um die Feststellung geht, ob der Kläger berechtigt ist, aus einem bestehenden Mietverhältnis auszuscheiden und einen Dritten als **Ersatzmieter** an seine Stelle treten zu lassen. In diesem Fall ist der Dritte am Mietverhältnis noch nicht – auch nicht mittelbar – beteiligt. Die Wertfestsetzung erfolgt hier – Bestand und Dauer des Mietverhältnisses sind unstreitig – gemäß § 3 ZPO.[2]

3658 Im Grundsatz gilt bei einer Drittbeteiligung, dass weder § 8 ZPO noch § 41 GKG (§ 16 GKG a.F.) unmittelbar zur Anwendung gelangen. Denn beide Vorschriften setzten einen Streit zwischen den am Mietverhältnis beteiligten Parteien voraus, da auf die Klage eines Dritten diesen gegenüber nicht rechtskräftig über den Bestand oder die (Fort-)Dauer des Mietverhältnisses entschieden werden kann.

3659 Daher bestimmen sich bei der Klage eines Dritten gegen den Vermieter oder Verpächter auf **Feststellung der Nichtigkeit** eines Mietvertrages Zuständigkeitsstreitwert und Beschwer nicht nach § 8 ZPO, sondern gemäß § 3 ZPO nach dem Interesse dieses Dritten an der Unwirksamkeit des Vertrages.[3] Dies gilt auch für den Gebührenstreitwert, da § 41 GKG (§ 16 GKG a.F.) aus den gleichen Gründen nicht anwendbar ist.[4]

3660 Eine entsprechende Anwendung von § 41 GKG (§ 16 GKG a.F.) wird nur in dem Fall befürwortet, dass sich der Dritte gegenüber einer **Herausgabeklage des (Haupt-)Vermieters** auf ein Nutzungsrecht des Mieters[5] oder ein mit diesem geschlossenes Nutzungsverhältnis[6] beruft.

---

1 OLG Celle JurBüro 1967, 598 Nr. 157.
2 OLG Hamburg OLGE 37, 82.
3 BGH, Beschl. v. 24. 2. 2000 – III ZR 270/99, Jagdrechtliche Entscheidungen XVIII Nr. 76 = juris-Nr. KORE551852002; LM ZPO § 256 Nr. 25 = Rpfleger 1955, 101.
4 BGH LM GKG § 10 Nr. 10 (10/1955).
5 OLG Karlsruhe, Beschl. v. 19. 2. 2004 – 19 W 9/04, MDR 2004, 906 = NZM 2004, 880: Ehefrau.
6 OLG Frankfurt JurBüro 1953, 445 Nr. 168: Untermieter.

Klagt dagegen der Mieter gegen einen Dritten auf Unterlassung von Besitzstö- 3661
rungen oder ein Dritter gegen einen Mieter auf **Feststellung, dass ein Miet- oder
Pachtverhältnis nicht bestehe**, ist jeweils gemäß § 3 ZPO das klägerische Interesse maßgebend.[1]

Ebenso liegt es, wenn Miterben gegen einen anderen **Miterben** auf Feststellung 3662
der Wirksamkeit eines von der Erbenmehrheit mit einem Dritten abgeschlossenen Miet- oder Pachtvertrages klagen.[2]

Als Streitwert einer vom Mieter gegen **einen Dritten auf Herausgabe** gerichte- 3663
ten Klage ist gemäß § 6 ZPO der Verkehrswert festzusetzen.[3] Dies gilt entgegen
OLG Hamburg[4] auch dann, wenn die Herausgabeklage auf einem Streit der
Parteien beruht, wer von ihnen aus einem mit einem (weiteren) Dritten geschlossenen Pachtverhältnis berechtigt ist. Allein der Umstand, dass der Herausgabeanspruch die Prüfung erfordert, ob überhaupt ein Pachtverhältnis besteht, rechtfertigt noch keine entsprechende Anwendung von § 41 Abs. 1 GKG
(§ 16 Abs. 1 GKG a.F.).

Auch der **Streit von Mietern oder Vermietern untereinander** fällt nicht in den 3664
Anwendungsbereich von § 8 ZPO, § 41 GKG (§ 16 GKG a.F.). Mieter und Vermieter stehen zueinander nicht in mietvertraglicher, sondern (in der Regel) in
gesellschafts- oder gemeinschaftsrechtlicher Verbindung. Dies gilt etwa für die
Klage eines Mieters auf **Zustimmung des Mitmieters zur Kündigung** des Mietverhältnisses. Hier ist nach § 3 ZPO das klägerische Interesse an der vorzeitigen
Beendigung des Mietverhältnisses wertbestimmend.[5]

Dies gilt auch für die auf **Feststellung** gerichtete Klage, **dass ein Dritter** zusam- 3665
men mit dem Kläger **Partei** eines mit einem anderen geschlossenen Mietvertrages ist. Denn hier geht es nicht um den Bestand des Mietverhältnisses, sondern
um die – in der Regel gesellschaftsrechtlich zu beurteilende – Beteiligung daran
(siehe auch vorstehend unter „Berechtigung aus dem Vertrag").

Duldung

Ist die Klage auf Duldung von **Instandsetzungs-, Erhaltungs- oder Modernisie-** 3666
rungsmaßnahmen gerichtet, bestimmt sich der Gebührenstreitwert jetzt nach
§ 41 Abs. 5 GKG (ohne Entsprechung in § 16 GKG a.F.). Insoweit kann auf die
vorstehenden Ausführungen Rn. 3580 verwiesen werden.

Geht es um die Verurteilung zur Duldung einer **Besichtigung der Mieträume**, 3667
ist für die Wertbemessung gemäß § 3 ZPO der vom Kläger mit der Besichtigung
verfolgte Zweck maßgebend. Siehe hierzu unter „Besichtigung".

---

1 BGH, Beschl. v. 24. 2. 2000 – III ZR 270/99, Jagdrechtliche Entscheidungen XVII Nr. 76
– siehe auch unter „Besitzstörung".
2 BGH LM § 10 GKG Nr. 10 – Beschwer.
3 KG HuW 1952, 293; *Meyer*, § 41 Rn. 9.
4 NJW 1965, 2406.
5 KG, Beschl. v. 30. 3. 1992 – 2 W 1331/92, WuM 1992, 323 = NJW-RR 1992, 1490:
Orientierung an Jahresmiete; *Anders/Gehle/Kunze*, Stichwort „Miete und Pacht" Rn. 7.

3668 Klagt der Mieter auf Duldung der **Wegnahme** von ihm **eingebauter Sachen**, dann bestimmt sich der Streitwert gemäß § 6 ZPO nach dem Verkehrswert, den die wegzunehmenden Sachen nach der Trennung haben.[1] Dies gilt auch für die Beschwer des unterliegenden Vermieters.

3669 Bei einer Klage des Mieters auf Duldung einer **bestimmten Nutzung des Mietobjekts** handelt es sich durchweg um Streitigkeiten um den Inhalt des Mietvertrages, etwa über die Berechtigung zur Anbringung einer Parabolantenne, der Haltung von Tieren oder zum Abstellen von Gegenständen auf Gemeinschaftsflächen. Hier ist der Streitwert nach § 3 ZPO entsprechend dem klägerischen Interesse an der streitgegenständlichen Nutzung zu bemessen. Die Beschwer des unterliegenden Vermieters ist gleich dem Verhinderungsinteresse.

3670 Zum Streitwert einer auf Duldung der **Unterbrechung der Energieversorgung** und damit verbundener Wegnahme von Mess- und Regeleinrichtungen gerichteten Klage siehe unter „Energie- und Wasserversorgung".

Eigentumswohnung

3671 Wird eine Eigentumswohnung dem in Aussicht genommenen Käufer aufgrund eines **privatwirtschaftlichen Vorvertrages** überlassen, der nur eine Verpflichtung zum Erwerb der Wohnung und die dafür geltenden Bedingungen enthält, so ist im Falle einer Herausgabeklage des Eigentümers nur die Frage Streitgegenstand, ob der spätere Käufer die Wohnung bis zur endgültigen Klärung der Rechtsbeziehungen der Parteien nutzen darf. Den Streitwert für diese Auseinandersetzung bildet der einjährige Nutzungswert der Wohnung, § 41 Abs. 2 GKG (§ 16 Abs. 2 GKG a.F.).[2]

Energie- und Wasserversorgung

3672 Klagt der Mieter gegen den Vermieter auf **(Wieder-)Herstellung** der Energie- oder Wasserversorgung, steht der Umfang sich aus dem Mietverhältnis ergebender Pflichten und damit der Vertragsinhalt im Streit. Der Zuständigkeitsstreitwert bestimmt sich daher gemäß § 3 ZPO nach dem klägerischen Interesse an einer dahingehenden Versorgung. Dieses entspricht wertmäßig dem Betrag einer möglichen Mietminderung und sollte daher wie der Gebührenstreitwert – nach der Neufassung des § 41 Abs. 5 GKG (ohne Entsprechung in § 16 GKG a.F.) – mit dem Jahresbetrag einer angemessenen Minderung beziffert werden.[3]

3673 Die Klage des Versorgungsträgers auf **Duldung der Unterbrechung** bzw. **Wegnahme erforderlicher Mess- und Regeleinrichtungen** ist keine mietrechtliche

---

1 BGH, Beschl. v. 12. 6. 1992 – XII ZR 30/91, WuM 1991, 562.
2 KG JurBüro 1969, 166.
3 So schon zum alten Recht LG Hamburg, Beschl. v. 9. 10. 1991 – 311 T 128/91, JurBüro 1994, 116; vgl. auch AG Kerpen, Urteil v. 6. 6. 1990 – 3 C 267/90, MDR 1990, 928: Duldung eines Wasseranschlusses – $^1/_2$ des Jahresnutzungsentgelts.

Streitigkeit und daher gemäß §§ 3, 6 ZPO zu bewerten. Zutreffend dürfte sein, auf das Interesse des Versorgers an der Verhinderung einer weiteren Inanspruchnahme von Versorgungsleistungen abzustellen und damit auf den Jahresbetrag einer künftigen Nutzung, der auf Grundlage der zu leistenden Vorauszahlungen berechnet werden kann. Dies auch dann, wenn die Unterbrechung der Versorgung – aus technischen Gründen – mit einer Wegnahme von Mess- und Regeleinrichtungen verbunden ist.[1] Dies gilt jedoch nur, wenn die Klage allein auf die Unterbrechung der Versorgung abzielt. Will sich das Versorgungsunternehmen zum Zwecke der Erneuerung oder Reparatur in den Besitz der Mess- und Regeleinrichtungen bringen, ist auf deren Verkehrswert abzustellen.

Erhaltung

Siehe unter „Modernisierung".   3674

Ersatzmieter

Nach § 3 ZPO ist der Streitwert festzusetzen, wenn die Frage streitig ist, ob der   3675
Kläger berechtigt ist, aus einem bestehenden Mietverhältnis auszuscheiden und
einen Dritten als Mieter an seine Stelle treten zu lassen. In diesem Fall ist der
Dritte am Mietverhältnis noch nicht – auch nicht mittelbar – beteiligt.[2]

Feststellung

Bei Feststellungsklagen, die den **Bestand oder die Dauer eines** Miet-, Pacht-   3676
oder ähnlichen **Nutzungsverhältnisses** zum Gegenstand haben, bemisst sich der
Streitwert gemäß § 41 Abs. 1 GKG (§ 16 Abs. 1 GKG a.F.) nach dem Betrag des
auf die streitige Zeit entfallenden Mietzinses, wenn der einjährige Zins geringer
ist, nach diesem.

So beispielsweise für ein auf Feststellung gerichtetes Klagebegehren, dass ein   3677
Mietverhältnis infolge **fristloser Kündigung** seit einem bestimmten Tag nicht
mehr besteht. Das gilt auch dann, wenn feststeht, dass es inzwischen auch
ohne diese Kündigung an einem späteren Tage beendet gewesen wäre.[3]

Ebenfalls nach § 41 Abs. 1 GKG (§ 16 Abs. 1 GKG a.F.) und nicht nach § 3 ZPO   3678
richtet sich der Wert einer Klage auf Feststellung, ob bei einem Miet- oder
Pachtverhältnis ein einzelner Kündigungsakt wirksam ist.[4]

---

1 Zutr. LG Hamburg, Beschl. v. 16. 4. 2004 – 309 T 39/04, ZMR 2004, 586; LG Koblenz,
  Beschl. v. 10. 1. 2006 – 14 T 7/06, n.v.; AG Hamburg-Bergedorf, Beschl. v. 30. 12. 2003 –
  409 C 550/03, ZMR 2004, 273; AG Neuruppin, Beschl. v. 28. 7. 2005 – 42 C 109/05,
  WuM 2005, 596; a.A. AG Königstein, Beschl. v. 25. 4. 2003 – 21 C 261/03, NZM 2003,
  616 = NJW-RR 2003, 949: Verkehrswert der Messeinrichtung; AG Nürnberg, Urteil v.
  22. 2. 2001 – 20 C 567/01, NZM 2002, 144 = NJW-RR 2002, 430.
2 OLG Hamburg OLGE 37, 82.
3 BGH MDR 58, 601; OLG Frankfurt MDR 67, 313; LG Würzburg JurBüro 1977, 705.
4 OLG Celle MDR 1958, 167.

3679   Da nach § 41 Abs. 1 GKG (§ 16 Abs. 1 GKG a.F.) der Gebührenstreitwert für sämtliche Streitigkeiten über den Bestand oder die Dauer pauschaliert bemessen wird, ist bei entsprechenden **positiven Feststellungsklagen** entgegen der sonstigen Wertung kein Abschlag von dem sich ergebenden Wert zu machen.[1]

3680   Gemäß § 9 ZPO ist zu bewerten, beim Gebührenstreitwert über § 48 Abs. 1 GKG (§ 12 Abs. 1 GKG a.F.), wenn bei einem Mietverhältnis von unbestimmter Dauer auf **Feststellung** geklagt wird, **dass der Mieter (keine) Miete schuldet**.[2]

3681   Richtet sich das Feststellungsbegehren auf die (fehlende) **Berechtigung zur Mietminderung** ist gemäß § 3 ZPO zu schätzen, wobei – ebenso wie im Fall der Klage auf Zahlung zukünftigen Mietzinses[3] – der Streitwert (und die Beschwer) wegen § 9 ZPO auf den 42fachen Minderungsbetrag begrenzt ist, wenn dieser niedriger ist.[4] Der übliche Feststellungsabschlag von 20 % ist nur bei der Feststellungsklage des Vermieters geboten, da die Feststellung der Minderungsberechtigung der negativen Feststellungsklage gleichsteht.

3682   Für die Klage auf Feststellung der **Verpflichtung zur Zahlung einer erhöhten Miete** bei einem Mietvertrag von unbestimmter Dauer gilt jetzt § 41 Abs. 5 GKG (§ 16 Abs. 5 GKG a.F.) – früher erfolgte eine Bewertung nach § 3 ZPO[5]. Der Wert bestimmt sich nach dem Jahresbetrag des Erhöhungsbetrages.

3683   Auch sind die Werte von **Feststellungsklage und** daneben erhobener **Klage auf Zahlung bereits rückständiger Miete** zu addieren, wenn Feststellung erst den an Zahlung anschließenden Zeitraum erfasst, § 5 ZPO.[6]

3684   Siehe auch unter dem Stichwort „Feststellungsklage" Rn. 2098 ff.

Hausordnung

3685   Begehrt der klagende Mieter eine Änderung der Müllcontainerordnung, weil ihn das Herausstellen der Müllcontainer bereits am Vorabend der Leerung stört,

---

1 BGH, Beschl. v. 21. 9. 2005 – XII ZR 256/03, BGHReport 2006, 75 = NZM 2005, 944 = NJW-RR 2006, 16; Beschl. v. 13. 5. 1958 – VIII ZR 16/58, NJW 1958, 1291 = Rpfleger 1958, 215 = JurBüro 1958, 295; OLG Bamberg, Beschl. v. 13. 7. 1984 – 5 W 59/84, Jur-Büro 1985, 1359; KG Rpfleger 1962, 118; OLG Hamburg Rpfleger 1958, 36; OLG Düsseldorf, Beschl. v. 23. 7. 1987 – 10 W 78/87, KostRsp. GKG § 16 Nr. 53 = JurBüro 1988, 227.

2 BGH, Beschl. v. 21. 9. 2005 – XII ZR 256/03, BGHReport 2006, 75 = NZM 2005, 944 = NJW-RR 2006, 16; Beschl. v. 20. 4. 2005 – XII ZR 248/04, BGHReport 2005, 1085 = MDR 2005, 1101 = ZMR 2005, 535 = NZM 2005, 519 = GuT 2005, 179 = NJW-RR 2005, 938: § 9 ZPO; ebenso OLG Zweibrücken, KostRsp. GKG a.F. § 12 Nr. 22; abweichend OLG Neustadt Rpfleger 1963, 34: Schätzung nach § 3 ZPO.

3 BGH, Beschl. v. 20. 4. 2005 – XII ZR 248/05, BGHReport 2005, 1085 = MDR 2005, 1101 = ZMR 2005, 535 = NZM 2005, 119 = NJW-RR 2005, 938 = GuT 2005, 179.

4 BGH, Beschl. v. 17. 3. 2004 – XII ZR 162/00 = BGHReport 2004, 1055 = JurBüro 2004, 378 = MDR 2004, 1437 = WuM 2004, 368 = ZMR 2004, 494 = NZM 2004, 423 = AGS 2004, 249.

5 Vgl. OLG Celle JurBüro 1967, 598.

6 LG Hamburg WuM 1996, 287 = ZMR 1996, 39.

sind nach LG Köln[1] Zuständigkeits- und Gebührenstreitwert nach dem Jahresbetrag einer möglichen Minderung zu beziffern.

Hausteil

Wird die Räumung eines Hausteiles verlangt, ohne dass ein Miet- oder ähnliches Rechtsverhältnis besteht, dann bietet der Wert der ganzen Sache einen Anhalt für die Bemessung des Wertes eines Hausteiles.[2] Hierbei kann der Wert eines Sachteiles jedoch nicht schlechthin nach dessen Verhältnis zum Ganzen errechnet werden, vielmehr ist er regelmäßig geringer.[3]   3686

Heizkosten

Siehe unter „Nebenkosten".   3687

Hilfsantrag

Wird neben dem Antrag auf Feststellung des Bestehens eines Mietvertrages **hilfsweise** die Verurteilung zum **Abschluss eines Mietvertrages** mit gleichem Inhalt beantragt, so ist für die Streitwertbemessung der höhere Wert des Hilfsantrages maßgebend, wenn über ihn entschieden wird, § 45 Abs. 1 S. 3 GKG (§ 19 Abs. 1 S. 3 GKG a.F.). Hierbei ist der vorbezeichnete Hilfsantrag gemäß § 3 ZPO nach dem klägerischen Interesse zu bewerten. Dieses entspricht jedoch nicht der Summe aller Mietzinsen, die während der Dauer der ganzen Vertragszeit anfallen würden.[4] Zu den Einzelheiten der Bewertung siehe unter dem Stichwort „Vertragsabschluss".   3688

Instandsetzung

Der Gebührenstreitwert für Ansprüche des Wohnraummieters auf Vornahme von Instandhaltungsmaßnahmen bestimmt sich nach der Neufassung von § 41 Abs. 5 GKG (ohne Entsprechung in § 16 GKG a.F.) nach dem Jahresbetrag einer **angemessenen Mietminderung**, soweit das Mietverhältnis nicht vor dem Ablauf eines Jahres endet.[5] – siehe zu den Einzelheiten oben Rn. 3576.   3689

Fraglich ist, ob sich der Jahresbetrag immer nach dem 12fachen des monatlich angemessenen Minderungsbetrages bemisst. Dies wurde schon nach altem   3690

---

1 Beschl. v. 31. 5. 1990 – 1 S 46/90, WuM 1990, 394.
2 *Anders/Gehle/Kunze*, Stichwort „Miete und Pacht" Rn. 12; *Hillach/Rohs*, § 30 III, S. 144.
3 OLG Schleswig SchlHA 1967, 184.
4 OLG Frankfurt JurBüro 1962, 685: 3facher Betrag der Jahresmiete; *Meyer*, § 41 Rn. 20.
5 So schon zum alten Recht: OLG Hamm, Beschl. v. 15. 8. 2000 – 7 W 9/00, OLGR 2001, 37; OLG Schleswig, Beschl. v. 28. 3. 2003 – 4 W 8/02, OLGR 2003, 260 = AGS 2003, 408 = SchlHA 2004, 31; LG Hamburg, Beschl. v. 9. 10. 1991 – 311 T 128/91, JurBüro 1994, 116; LG Göritz, Beschl. v. 25. 3. 1994 – 2 T 34/94, WuM 1994, 380 – einstweilige Verfügung.

Recht für Mängel verneint, die sich ihrer Natur nach nur auf **bestimmte Monate eines Jahres** auswirken, beispielsweise bei Mängeln der Heizungsversorgung. So wurde bei Klagen auf Behebung von Beheizungsmängeln für die Ermittlung des Jahresbetrages auf die (siebenmonatige) Dauer der Heizperiode abgestellt.[1]

3691 Dem ist nicht zuzustimmen, da die Bewertung nach der Höhe des jeweiligen Jahresbetrages der pauschalierten Erfassung von Mieterhöhungs-, Instandsetzung- oder zustandsbezogenen Duldungsansprüchen dient. Sie beruht, wie schon die Miterfassung der Mieterhöhungsansprüche zeigt, nicht auf der Annahme, dass mit dem Jahresbetrag die vermögensrechtliche Relevanz der Ansprüche realitätsnah abgebildet wird. Daher kommt es nicht darauf an, ob der zugrunde liegende Mangel zu einer Beeinträchtigung über einen Zeitraum von 12 Monaten geeignet ist.

Inventar

3692 Für den Anspruch des Verpächters, der Pächter habe die Entfernung von Inventar zu unterlassen, ist das Interesse des Verpächters am Verbleiben der Inventarstücke auf dem Pachtgrundstück maßgebend. Für eine Bewertung nach § 6 ZPO ist kein Raum, weil der Streit nicht um den Besitz oder das Eigentum, sondern nur um den Verbleib der Sachen geht. Es muss deshalb nach §§ 3 ff. ZPO geschätzt werden, wobei von dem Schaden auszugehen ist, der dem Verpächter droht, wenn das Inventar entfernt wird.

Jagdpachtvertrag

3693 Bei der Entgeltberechnung ist eine etwaig vereinbarte **Waldwildschadenspauschale** zu berücksichtigen, da es sich dabei um eine vertraglich geschuldete Gegenleistung handelt.[2]

3694 Streiten die Parteien über die Wirksamkeit einer fristlosen Kündigung, bestimmt sich der Gebührenstreitwert nach § 41 GKG (§ 16 GKG a.F.), so dass der Betrag des einjährigen Entgelt maßgebend ist. § 8 ZPO gelangt nur für den Zuständigkeitsstreitwert und die Beschwer zur Anwendung.[3]

---

1 OLG Schleswig, Beschl. v. 28. 3. 2003 – 4 W 8/02, OLGR 2003, 260 = AGS 2003, 408 = SchlHA 2004, 31; LG Berlin – 64 T 69/93 – GE 1993, 861; LG Berlin, Beschl. v. 4. 6. 1993 – 64 T 69/93; Beschl. v. 5. 2. 1999 – 63 S 280/98, Grundeigentum 1999, 717: bei fehlender Beschattung des Mietobjekts nur Sommermonate.
2 BGH, Beschl. v. 17. 11. 1961 – V ZR 15/61, JurBüro 1962, 87 = MDR 1962, 293 = NJW 1962, 446; OLG Koblenz, Beschl. v. 10. 2. 2005 – 10 W 398/04, Jagdrechtliche Entscheidungen III Nr. 172.
3 OLG Koblenz, Beschl. v. 10. 2. 2005 – 10 W 398/04, Jagdrechtliche Entscheidungen III Nr. 172.

Kaufanwartschaft

Der Wert eines Streites darüber, ob aufgrund der Bestimmungen eines Kaufan- 3695
wartschafts- und Bewerbervertrages die Beklagten zur Räumung des Grundstückes verpflichtet sind, ist unter Berücksichtigung des in § 41 Abs. 2 S. 1 GKG
(§ 16 Abs. 2 Satz 1 GKG a.F.) enthaltenen und weit auszulegenden **sozialen
Grundgedankens** nach dieser Vorschrift zu bemessen. Daher ist der einjährige
Nutzungsbetrag maßgebend und § 6 ZPO unanwendbar.[1]

Kaution

Siehe unter „Mietsicherheit". 3696

Kellerräumlichkeiten (Nebenräume)

Streiten die Parteien über die Einbeziehung von Kellerräumlichkeiten in den 3697
Wohnungsmietvertrag beläuft sich der Streitwert nach dem Nutzwert des Raumes.[2]

Dies gilt auch für das auf Nebenräume beschränkte Räumungsverlangen nach 3698
entsprechender Teilkündigung. Hier ist der (flächenmäßig zu bestimmende)
Mietzinsanteil im Verhältnis zum Gesamtmietzins zugrunde zu legen.[3]

Kleingarten

Auf Verträge, die (in der DDR) zum Zwecke der kleingärtnerischen Nutzung 3699
geschlossen worden sind, finden gemäß § 6 Abs. 1 SchuldRAnpG bzw. § 4
Abs. 1 BKleingG die Bestimmungen des BGB über die Miete oder Pacht bzw.
der Pacht Anwendung, soweit das Schuldrechtsanpassungsgesetz nicht etwas
Abweichendes bestimmt. Ist der Bestand oder die Dauer des Nutzungsvertrages
streitig, richtet sich der Zuständigkeitsstreitwert und die Beschwer nach § 8
ZPO. Beruft sich der Nutzungsberechtigte darauf, dass der Vertrag auf Lebenszeit geschlossen worden sei, gelangt (für die Bestimmung der streitigen Zeit) § 9
ZPO zur Anwendung.[4]

Konkurrentenschutz

Klagt der Mieter gegen den Vermieter auf Unterlassung, anderweitig noch vor- 3700
handene Räumlichkeiten an einen Konkurrenten zu vermieten, bemisst sich

---

1 OLG Köln JMBl.NW 1974, 69 = MDR 1974, 323; JurBüro 1978, 1054; OLG Saarbrücken
  KostRsp. GKG a.F. § 12 Nr. 64; LG Braunschweig BlGBW 1968, 34.
2 LG Hamburg, Beschl. v. 24. 2. 1993 – 307 S 7/93, WuM 1993, 416 – Beschwer.
3 LG Hamburg, Beschl. v. 3. 4. 1991 – 311 S 22/91, WuM 1992, 145; AG Hamburg, Urteil
  v. 9. 3. 1994 – 40b C 2079/93, WuM 1993, 433; *Anders/Gehle/Kunze*, Stichwort „Miete
  und Pacht" Rn. 12.
4 BGH, Beschl. v. 16. 2. 2005 – XII ZR 46/03, WuM 2005, 350 = ZMR 2005, 933 = NJ
  2005, 369; Beschl. v. 30. 1. 1997 – III ZR 206/96, BGHR ZPO § 8 Räumungsklage Nr. 8.

der Streitwert nach den bei Verletzung einer Konkurrentenschutzklausel drohenden Umsatzeinbußen.[1]

Kündigung

3701 Kündigungen sind häufig Gegenstand von Feststellungsanträgen (§ 256 ZPO). Hier ist bereits fraglich, ob bereits die Wirksamkeit einer Gestaltungserklärung ein **Rechtsverhältnis im Sinne von § 256 ZPO** darstellt oder sich das Feststellungsbegehren vielmehr positiv oder negativ zur Gestaltungswirkung einer derartigen Erklärung verhalten muss. Nach Ansicht des BGH kommt nicht die Feststellung der Unwirksamkeit einer Kündigung, sondern – gegebenenfalls nach Umdeutung eines darauf gerichteten Klageantrages – nur die Feststellung auf Fortbestand des Mietverhältnisses in Betracht.[2] Zur Bewertung dahingehender Feststellungsklagen siehe unter „Feststellung" und allgemein unter dem Stichwort „Feststellungsklage".

3702 Bei der Wertberechnung derartiger Fälle bleibt aber zu beachten, dass der Streit über die **Unwirksamkeit einer fristlosen Kündigung** nicht zwangsläufig bedeutet, dass die Parteien zugleich über die Wirksamkeit der damit regelmäßig zugleich erklärten ordentlichen Kündigung streiten. Dieser Umstand ist in der im Einzelfall notwendigen Bestimmung der „streitigen Zeit" Rechnung zu tragen. Deshalb ist in einem solchen Fall lediglich der Differenzbetrag zwischen diesen Kündigungszeiträumen anzusetzen, sofern er unterhalb der Jahresfrist des § 41 Abs. 1 GKG (§ 16 Abs. 1 GKG a.F.) liegt (siehe oben Rn. 3479, 3539).

3703 Stützt der Vermieter seine **Räumungsklage auf zwei Kündigungen**, bleibt dennoch der Jahresbetrag (§ 41 Abs. 2 S. 1 GKG entspricht § 16 Abs. 2 S. 1 GKG a.F.) wertbestimmend. Zwar handelt es sich, wenn den Kündigungserklärungen im Wesentlichen verschiedene Sachverhalte zugrunde liegen, um eine objektive Klagehäufung. Da beide Streitgegenstände jedoch auf den Rückerhalt derselben Mietsache gerichtet sind, steht einer Wertaddition die wirtschaftliche Identität der prozessualen Ansprüche entgegen.[3]

3704 Ist die Wirksamkeit einer **Kündigung nur als Vorfrage** für die Entscheidung eines Räumungsbegehrens von Bedeutung, bestimmt sich der Streitwert gemäß § 41 Abs. 2 S. 1 GKG (§ 16 Abs. 1 S. 1 GKG a.F.) nach dem Jahresentgelt, wenn nicht die „streitige Zeit" geringer ist.

3705 Fehlt es demgegenüber an einem Streit der Parteien über die Wirksamkeit der Kündigung, unabhängig davon, ob sie ordentlich oder außerordentlich erklärt

---

1 OLG Düsseldorf, Beschl. v. 30. 3. 1993 – 10 W 36/93, OLGR 1993, 299 = JurBüro 1994, 243 = ZMR 1993, 377 = DWW 1993, 237.
2 BGH, Urteil v. 29. 9. 1999 – XII ZR 313/98, MDR 2000, 79 = ZMR 2000, 76 = NZM 2000, 36 = NJW 2000, 354 = WM 2000, 539; Zöller/*Greger*, § 256 Rn. 3; a.A. Münch-Komm.ZPO/*Lüke*, § 256 Rn. 15.
3 OLG München, Beschl. v. 9. 7. 2001 – 5 W 1857/01, NZM 2001, 749 = NJW-RR 2002, 521; *Bub/Treier/Fischer*, VIII Rn. 226; *Meyer*, § 41 Rn. 20.

worden ist, räumt der Beklagte aber dennoch nicht, dann ist gemäß § 41 Abs. 2 S. 1 GKG (§ 16 Abs. 2 S. 1 GKG a.F.) der Jahresbetrag anzusetzen. Denn für das Räumungsverlangen ist der Jahresbetrag auch dann maßgebend, wenn über die Beendigung des Nutzungsverhältnisses selbst kein Streit besteht.

Klagt ein Mitmieter gegen einen anderen auf **Zustimmung zur gemeinsamen** 3706 **Kündigung** des Mietverhältnisses, bestimmt sich der Streitwert der auf Abgabe einer Willenserklärung gerichteten Klage nach § 3 ZPO. Maßgebend ist das klägerische Interesse an der Beendigung des Mietverhältnisses. Ist es auf den alleinigen Erhalt der Wohnung gerichtet, dürfte eine Jahresmiete anzusetzen sein.[1]

Kündigungsmöglichkeit

Bei einer Klage auf Feststellung, ob der bei einem Vertrag von unbestimmter 3707 Dauer **vereinbarte Kündigungsverzicht** wirksam ist oder ein **Mietvertrag von bestimmter Dauer** bereits vor seinem Ablauf ordentlich gekündigt werden kann, ist § 41 Abs. 1 GKG (§ 16 Abs. 1 GKG a.F.) und nicht § 3 ZPO einschlägig.[2] In beiden Fällen steht zwar der Bestand des Mietvertrages außer Streit, nicht jedoch seine zeitliche Bindungswirkung, mithin die Dauer des Mietverhältnisses.[3]

Insbesondere ist es nicht erforderlich, dass die Kündigung bereits ausgesprochen 3708 worden ist, da dies auf den materiell-rechtlichen Kern des Streits keinen Einfluss hat. Angesichts der sozialen Schutzfunktion des § 41 GKG (§ 16 GKG a.F.) ist auch nicht erkennbar, warum es wertmäßig einen Unterschied machen soll, ob der Mieter eine drohende Kündigung erst abwartet, oder bereits vorab eine gerichtliche Klärung sucht. Daher müsste selbst bei Anwendung des § 3 ZPO die Wertvorgabe des § 41 Abs. 1 GKG (§ 16 Abs. 1 GKG a.F.) mittelbar berücksichtigt werden.[4]

Künftige Mietzahlung

Ist die Klage auf Zahlung von Miet- oder Pachtzins gerichtet, bestimmen sich 3709 Zuständigkeits- und Gebührenstreitwert, im letztgenannten Fall über § 48 Abs. 1 GKG (§ 12 Abs. 1 GKG a.F.), gemäß § 6 ZPO nach dem **bezifferten Klagebetrag**, unabhängig, ob es sich hierbei um rückständiges oder künftiges Nutzungsentgelt handelt,[5] und nicht nach § 8 ZPO, § 41 GKG (§ 16 GKG a.F.). Dies

---

1 KG, Beschl. v. 30. 3. 1992 – 2 W 1331/92, WuM 1992, 323 = NJW-RR 1992, 1490.
2 OLG Köln, Beschl. v. 20. 12. 1984 – 8 W 15/84, KostRsp. GKG § 16 Nr. 36 mit zust. Anm. *E. Schneider*; a.A. OLG Frankfurt MDR 1967, 313; *Anders/Gehle/Kunze*, Stichwort „Miete und Pacht" Rn. 88.
3 Ebenso für den Streit über eine Verlängerungsoption OLG Hamburg, Beschl. v. 15. 12. 1993 – 4 W 63/93, WuM 1994, 553.
4 Vgl. *E. Schneider* Anm. zu KostRsp. GKG § 16 Nr. 36.
5 BGH, Beschl. v. 11. 8. 2004 – XII ZR 101/01, NZM 2004, 824; Beschl. v. 16. 1. 1985 – VIII ZR 112/84, KostRsp. GKG § 16 Nr. 39 mit Anm. *Schneider*; OLG Bamberg, Beschl. v. 19. 11. 1984 – 3 W 100/84, KostRsp. ZPO § 3 Nr. 741 mit Anm. *Schneider* = JurBüro

gilt auch dann, wenn (allein) der Bestand des den Zahlungsanspruch begründenden Mietverhältnisses im Streit steht.[1]

3710   Nach § 9 ZPO (für den Gebührenstreitwert über § 48 Abs. 1 GKG) ist zu bewerten, wenn die Zahlungsklage auf einem **Streit über die Berechtigung zur Mietminderung oder Mieterhöhung** beruht. Für eine Beschränkung des Streitwerts auf den Jahresbetrag gemäß § 41 Abs. 5 GKG (entspricht zum Teil § 16 Abs. 5 GKG a.F.) ist bereits nach dessen Wortlaut kein Raum.[2] Denn der Anspruch „auf" (Zustimmung zur) Erhöhung der Miete ist mit dem Anspruch „aus" der Mieterhöhung nicht identisch. § 41 Abs. 5 GKG (§ 16 Abs. 5 GKG) privilegiert gebührenrechtlich allein den Streit um die Mieterhöhung und nicht über die sich daraus ergebenden wiederkehrenden Verpflichtungen.

3711   Angesichts der bei § 259 ZPO erforderlichen Bezifferung der Einzelleistung, d.h. der monatlichen Bruttomiete, ist eine Unterscheidung zwischen **Nettogrundentgelt und Nebenkosten** (§ 41 Abs. 1 S. 2 GKG) entbehrlich. Die Nebenkosten stellen auch keine Kosten i.S.v. § 4 ZPO, § 43 Abs. 1 GKG (§ 22 Abs. 1 GKG) dar, mit denen nur Aufwendungen anlässlich der Geltendmachung der Hauptforderungen gemeint sind.

3712   Wird **ohne Bezifferung des Gesamtbetrages** auf Zahlung künftiger Miete oder Pacht geklagt, sind § 8 ZPO und § 41 GKG (§ 16 GKG a.F.) nicht anwendbar. Vielmehr ist zu unterscheiden:

– Handelt es sich um ein **Nutzungsverhältnis von bestimmter Dauer**, ist der Wert (über § 48 Abs. 1 GKG) nach § 9 ZPO auf den 3,5fachen Jahresbetrag und nach der Höhe der insgesamt noch fällig werdenden Miet- oder Pachtzahlungen begrenzt, wenn dieser Betrag niedriger ist. Hinzuzurechnen sind immer die bei Klageerhebung bereits aufgelaufenen, Rückstände.[3]

– Ist die **Dauer des Nutzungsverhältnisses unbestimmt**, bemisst sich der Zuständigkeits- und Gebührenstreitwert (zumindest seit Neufassung in 1993) nach § 9 ZPO auf den 3,5fachen Jahresbetrag zuzüglich bei Klageerhebung bereits aufgelaufener Rückstände.[4]

1985, 589; OLG Neustadt Rpfleger 1963, 34; OLG Stuttgart, Beschl. v. 7. 2. 1997 – 3 W 3/97, WuM 1997, 278 = NJW-RR 1997, 1303 = NJWE-MietR 1997, 277 = Justiz 1997, 167.

1 BGH, Beschl. v. 19. 6. 2002 – XII ZR 5/02, NZM 2002, 736 = NJW-RR 2002, 1233; OLG München, Beschl. v. 3. 3. 1997 – 15 W 2857/96 OLGR 1997, 107; *Meyer*, § 41 Rn. 8; Zöller/*Herget*, § 8 Rn. 4.

2 LG Berlin – 65 T 73/02, ZMR 2003, 264 = AGS 2003, 463; a.A. LG Köln, Beschl. v. 19. 1. 1999 – 1 T 496/98, JurBüro 1999, 305 = AGS 1999, 74; *Hartmann*, § 41 Rn. 37 unter Verweis auf den sozialen Regelungszweck des § 41 GKG.

3 OLG Stuttgart – 13 W 3/97 – WuM 1997, 278 = NJW-RR 1997, 1303 = NJWE-MietR 1997, 277 = Justiz 1997, 167.

4 BGH, Beschl. v. 17. 3. 2004 – XII ZR 162/00 = BGHReport 2004, 1055 = JurBüro 2004, 378 = MDR 2004, 1437 = WuM 2004, 368 = ZMR 2004, 494 = NZM 2004, 423 = AGS 2004, 249 = BGHR ZPO § 3 Gebührenstreitwert Nr. 1; a.A. Vorauflage: nur bei Verträgen auf Lebenszeit; LG Hamburg, Beschl. v. 4. 8. 1975 – 11 T 17/75, ZMR 1977, 63: Schätzung nach § 3 ZPO.

– Ist die **Zahlungsverpflichtung** hingegen **unstreitig** und geht es dem Kläger wirtschaftlich allein darum, drohenden Zinsverlusten durch zögerliche Zahlungen vorzubeugen und der lästigen Überweisungskontrolle enthoben zu werden, dann ist eine geringere Bewertung vertretbar.[1]

Künftige Nutzungsentschädigung

Klagt der Vermieter nach unstreitiger Kündigung des Mietverhältnisses auf Zahlung von **Nutzungsentschädigung bis zur Herausgabe**, bemisst sich der Gebührenstreitwert nach § 3 ZPO.[2] Für eine Anwendung von § 9 ZPO fehlt es aufgrund des beendeten Mietverhältnisses an einem Stammrecht. 3713

In **einfach gelagerten Fällen** kann der zu erwartende Zeitraum zwischen klageweiser Geltendmachung der Nutzungsentschädigung und voraussichtlicher Räumung auf 6 Monate geschätzt werden.[3] 3714

Ebenso ist nach § 3 ZPO zu bewerten, wenn **entgangener Gewinn** als Schadensersatz wegen Nichterfüllung geltend gemacht wird. Auch hier fehlt es für § 9 ZPO an einem Stammrecht, das auf wiederkehrende Nutzungen oder Leistungen gerichtet ist. Vielmehr handelt es sich um einen Anspruch auf Ersatz eines bereits eingetretenen Schadens, dessen Höhe lediglich noch nicht feststeht.[4] 3715

Mängelbeseitigung

Siehe unter „Instandsetzung". 3716

Medien (Rundfunk, Fernsehen, Telefon)

Siehe unter „Duldung" und „Parabolantenne". 3717

Mietausfall

Klagt der Vermieter auf Ersatz künftigen Mietausfalls, bestimmt sich der Wert gemäß § 3 ZPO nach der Höhe des nach der Vertragslaufzeit entgangenen Gewinns. Eine Bewertung nach § 41 Abs. 1 GKG (§ 16 Abs. 1 GKG a.F.) analog steht entgegen, dass der Bestand des Mietverhältnisses, etwa weil sich der Beklagte auf eine Kündigung beruft, nicht Gegenstand des prozessualen An- 3718

---

1 AG Kerpen, Urteil v. 5. 4. 1991, – 22 C 32/91, KostRsp. GKG § 16 Nr. 73 mit Anm. *E. Schneider* = WuM 1991, 439 mit Anm. *N. Schneider:* $^1/_5$ des Jahresmietzinses.
2 KG, Beschl. v. 22. 5. 2000 – 20 W 3878/00, KGR 2000, 234; OLG Frankfurt, Beschl. v. 5. 2. 2004 – 2 W 3/04, OLGR 2004, 201.
3 LG Berlin, Beschl. v. 24. 1. 2005 – 62 T 12/05, Grundeigentum 2005, 237; KG, Beschl. v. 22. 5. 2000 – 20 W 3878/00 – KGR 2000, 234; a.A. OLG Bamberg JurBüro 1981, 1047; OLG Frankfurt, Beschl. v. 5. 2. 2004 – 2 W 3/04, OLGR 2004, 201: Jahresbetrag gemäß § 16 Abs. 1 GKG a.F.
4 BGH, Beschl. v. 11. 8. 2004 – XII ZR 101/01, NZM 2004, 824.

spruch ist. Für eine Anwendung von § 9 ZPO fehlt es an der Geltendmachung eines Rechts, das auf wiederkehrende Leistungen gerichtet ist, denn mit der Klage beansprucht der Kläger Ersatz eines bereits eingetretenen Schadens, dessen Höhe lediglich noch nicht feststeht.[1]

Miete (Mietzins)

3719 Ist die Klage auf **Zahlung rückständiger Miete** gerichtet, bestimmen sich Zuständigkeits- und Gebührenstreitwert (über § 48 Abs. 1 GKG), gemäß § 6 S. 1 ZPO nach dem **bezifferten Klagebetrag**[2] und nicht nach § 8 ZPO, § 41 GKG (§ 16 GKG a.F.). Dies gilt auch dann, wenn (allein) der Bestand des den Zahlungsanspruch begründenden **Mietverhältnisses im Streit** steht.[3]

3720 Den Wert einer Klage des Mieters auf **Auskunft über die Zusammensetzung einer Kostenmiete** nach § 29 NMVO hat das AG Köln gemäß § 3 ZPO auf 500 Euro beziffert.[4]

3721 Klagt der Mieter auf **Feststellung der Mietpreisüberhöhung**, handelt es sich um eine negative Feststellungsklage, da über den Bestand des Anspruchs auf künftige Mietzahlung entschieden wird. Der Streitwert entspricht daher dem Wert des Zahlungsanspruchs und bemisst sich gemäß § 9 ZPO auf den 3,5fachen Jahresbetrag der streitigen Mietdifferenz, wenn nicht aufgrund der bestimmten Dauer des Nutzungsverhältnisses der Gesamtbetrag der künftigen Differenzbezüge niedriger ist.[5]

3722 Der Streitwert einer Klage auf **Festsetzung der ortsüblichen Miete** aus einem auf bestimmte Zeit geschlossenen Mietvertrag entspricht dem Unterschiedsbetrag zwischen der geforderten und der nach dem Gestaltungsurteil vom Mieter zu zahlenden Miete, berechnet auf die gesamte restliche Vertragsdauer.[6]

3723 Bei der **negativen Feststellungsklage** verbleibt es beim vollen Streitwert nach § 41 Abs. 5 GKG (§ 16 Abs. 5 GKG a.F.).[7] Dies gilt auch, wenn die Klage auf Feststellung der **Unwirksamkeit einer Mieterhöhung** gerichtet ist. Zu beachten

---

1 BGH, Beschl. v. 11. 8. 2004 – XII ZR 101/01, NZM 2004, 824.
2 BGH, Beschl. v. 16. 1. 1985 – VIII ZR 112/84, KostRsp. GKG § 16 Nr. 39 mit Anm. *Schneider*; OLG Bamberg, Beschl. v. 19. 11. 1984 – 3 W 100/84, KostRsp. ZPO Nr. 741 mit Anm. *E. Schneider* = JurBüro 1985, 589; OLG Neustadt Rpfleger 1963, 34; OLG Stuttgart, Beschl. v. 7. 2. 1997 – 13 W 3/97, WuM 1997, 278 = NJW-RR 1997, 1303 = NJWE-MietR 1997, 237 = Justiz 1997, 167.
3 BGH, Beschl. v. 19. 6. 2002 – XII ZR 5/02, NZM 2002, 736; OLG München OLGR 1997, 107; *Meyer*, § 41 Rn. 8; *Zöller/Herget*, § 8 Rn. 4.
4 AG Köln, Urteil v. 10. 5. 1979 – 151 C 3027/79, WuM 1981, 283; zust. *Hartmann*, Anh. I § 48 GKG Rn. 77.
5 BGH, Beschl. v. 21. 9. 2005 – XII ZR 256/03, BGHReport 2006, 75 = NZM 2005, 944 = NJW-RR 2006, 16.
6 OLG München AnwBl. 1960, 205.
7 LG Hamburg, Beschl. v. 7. 8. 1987 – 7 T 66/87, WuM 1989, 435; nur insoweit zutr. LG Köln, Beschl. v. 19. 1. 1999 – 1 T 496/98, JurBüro 1999, 305 mit Anm. *Enders* = AGS 1999, 74.

bleibt, dass § 41 Abs. 5 GKG nur die Mieterhöhung für Wohnräume regelt. Für Streitigkeiten über die Mietzinshöhe für Gewerberäume verbleibt es bei der Anwendung von § 9 ZPO.[1]

Hingegen ist bei **positiven Feststellungsklagen** betreffend eine (künftig) **erhöhte Mietzinsverpflichtung** ein Abschlag von 20 % der Erhöhungsdifferenz geboten.[2]   3724

Geht der Kläger im Laufe eines Rechtsstreits hinsichtlich der bereits fällig gewordenen Mietbeträge von der **Feststellungsklage zur Leistungsklage** über, so erhöht sich der Streitwert nur um den Differenzbetrag zwischen dem Feststellungswert und dem Leistungswert, also in der Regel um 20 %.[3]   3725

Ist das Klagebegehren auf Unterlassung gerichtet, die Miete künftig im **Lastschriftverfahren** einzuziehen, soll sich der Gebührenstreitwert nach Auffassung des LG Berlin[4] gemäß § 9 ZPO, § 48 Abs. 1 GKG (§ 12 Abs. 1GKG a.F.) auf das 3,5fache Jahresnutzungsentgelt belaufen.   3726

Mietbürgschaft

Siehe unter „Mietsicherheit".   3727

Mieterschutzregelung

Beruft sich der Beklagte gegenüber Kündigung und Räumungsklage auf Schutzvorschriften, die das Kündigungsrecht beschränken und ein Recht zur Fortsetzung der Nutzung begründen, so dauert die „streitige Zeit" bis zu dem Zeitpunkt an, den derjenige, der sich auf das Nutzungsrecht beruft, als den für ihn günstigsten Zeitpunkt in Anspruch nimmt.[5]   3728

Ist die Beendigung des Nutzungsverhältnisses danach ungewiss, bestimmt sich der Wert in entsprechender Anwendung nach § 9 ZPO auf den 42fachen monatlichen Miet- oder Pachtzins.[6]   3729

---

1 OLG Brandenburg, Beschl. v. 11. 10. 1995 – 3 W 23/95, NJW-RR 1996, 844 = NJWE-MietR 1996, 179.
2 BGH, Beschl. v. 21. 5. 2003 – VIII ZB 10/03, BGHReport 2003, 1036 = JurBüro 2004, 207 = AGS 2003, 489 = AnwBl. 2003, 597.
3 LG Hildesheim Nds.Rpfl. 1965, 137.
4 LG Berlin, Beschl. v. 30. 10. 1995 – 67 T 108/95, GE 1995, 1553.
5 BGH, Urteil v. 1. 4. 1992 – XII ZR 200/91, KostRsp. ZPO § 8 Nr. 9 = MDR 1992, 913 = NJW-RR 1992, 1359 = WuM 1992, 465 = ZMR 1992, 433 = Grundeigentum 1992, 895 = NJ 1992, 408 = WM 1992, 1049.
6 BGH, Beschl. v. 14. 4. 2004 –XII ZB 224/02, BGHReport 2004, 1105 = MDR 2004, 931 = WuM 2004, 353 = NZM 2004, 460 = AGS 2004, 390 = BGHR ZPO § 8 Räumungsklage Nr. 10 und 11; BGH, Beschl. v. 7. 11. 2002 – LwZR 9/02 – BGHReport 2003, 757.

Mietsicherheit

3730 Gemäß § 551 BGB kann der Vermieter die Stellung einer Mietsicherheit von höchstens drei Nettogrundmieten beanspruchen, die bei Veräußerung der Mietsache nach § 566a BGB an den Erwerber zu übergeben ist.

3731 Klagt der Mieter auf **Auskunft über die (ordnungsgemäße) Anlage** der Mietsicherheit, ist gemäß § 3 ZPO dessen Interesse an der Sicherung des Kautionsbetrages wertbestimmend. Das AG Neumünster[1] hält hier höchstens $^1/_4$ des anzulegenden Betrages für angemessen.

3732 Ebenso ist nach § 3 ZPO für die Wertfestsetzung das Sicherungs- und nicht das Leistungsinteresse maßgebend, bei einer Klage des Mieters auf **Auskunft über den Verbleib** einer an den vorherigen Vermieter geleisteten Mietsicherheit.[2]

3733 Auch für eine Klage auf **ordnungsgemäße Anlage der Mietsicherheit** auf einem vom Vermögen des Vermieters getrennten Konto ist das Interesse des Mieters an der Sicherung des Rückzahlungsanspruchs entscheidend. Soweit das LG Essen[3] dieses unabhängig vom Insolvenzrisiko auf den Nominalbetrag beziffert, ist dem nicht zu folgen. Denn das Sicherungsinteresse entspricht nur dann dem Leistungsinteresse, wenn der Forderungsbestand durch einen drohenden Zugriff von Drittgläubigern unmittelbar gefährdet ist. Anderenfalls ist eine Bruchteilsbewertung vorzunehmen, die im Regelfall bei $^1/_{10}$ der Mietsicherheit liegt.

3734 Klagt der Mieter auf **Auszahlung der Mietsicherheit** oder **Herausgabe des Kautionssparbuches**, ist gemäß § 6 S. 1 ZPO der Kautionsbetrag einschließlich der bis zur Klageeinreichung (§ 4 ZPO, § 42 GKG) aufgelaufenen Zinsen wertbestimmend.[4] Da die Kautionszinsen mit ihrem Anfall zugleich die Sicherheit erhöhen (§ 551 Abs. 3 S. 4 BGB), handelt es sich nicht um Nebenforderungen i.S.v. § 4 ZPO, § 43 Abs. 1 GKG (§ 22 Abs. 1 GKG a.F.).

3735 Der Streitwert bei **Inanspruchnahme aus einer Mietbürgschaft** bestimmt sich gemäß § 3 ZPO nach dem Leistungsantrag und nicht nach dem Jahresbetrag gemäß § 41 Abs. 1 GKG (§ 16 Abs. 1 GKG a.F.). Eine andere Bewertung lässt sich auch nicht daraus ableiten, dass die Parteien über den Bestand des Mietverhältnisses und damit der Hauptschuld streiten und hierüber inzidenter mitentschieden wird.[5] Denn bei Zahlungsklagen gelangen die § 8 ZPO und § 41 Abs. 1 GKG (§ 16 Abs. 1 GKG a.F.) auch dann nicht zur Anwendung, wenn allein der Bestand des Mietverhältnisses streitig ist.[6]

---

1 AG Neumünster, Beschl. v. 9. 5. 1996 – 8 C 271/96, WuM 1996, 632.
2 AG Pinneberg, Beschl. v. 11. 9. 1989 – 65 C 185/98, WuM 1999, 337: ohne weitere Begründung 600 Euro.
3 Beschl. v. 18. 7. 2003 – 10 T 75/03, MDR 2004, 207 = AGS 2003, 551 mit Anm. *N. Schneider*.
4 LG Hamburg, Beschl. v. 8. 1. 1997 – 316 T 108/96, NJWE-MietR 1997, 199; LG Köln, Urteil v. 8. 6. 1994 – 1 S 266/94, WuM 1995, 719 = ZMR 1996, 145.
5 So aber OLG Hamburg OLGE 15, 53; KG OLGE 13, 71; ohne Begründung auch *Hartmann*, § 41 GKG Rn. 8.
6 BGH, Beschl. v. 19. 6. 2002 – XII ZR 5/02, NZM 2002, 736; *Meyer*, § 41 Rn. 8; *Zöller/Herget*, § 8 Rn. 4.

Mietzins

Siehe unter „Miete". 3736

Minderung

Gemäß § 536 BGB mindert sich der Anspruch des Vermieters auf Zahlung der 3737
vereinbarten Miete kraft Gesetzes, wenn die Mietsache mit einem Fehler behaftet ist, der ihre Tauglichkeit zum vertragsgemäßen Gebrauch aufhebt oder
nicht unerheblich beeinträchtigt. Ohne Einfluss auf die Wertfestsetzung bleibt
die **Erhebung der rechtsvernichteten Einwendung**, wenn sie auf Zahlung des
ungeminderten Mietzinses erhoben wird. Denn bei bezifferten Zahlungsklagen
bemisst sich der Zuständigkeits- und Gebührenstreitwert gemäß § 6 S. 1 ZPO
nur nach dem Klagebetrag.[1]

Dies gilt auch, wenn **gegenüber einer Räumungsklage** der Einwand erhoben 3738
wird, dass es aufgrund der Minderung an einem zur (außerordentlichen) Kündigung berechtigenden Mietrückstand fehlen würde. Auch hier bestimmt sich der
Wert allein nach dem auf Räumung gerichteten Klagebegehren, mithin nach § 8
ZPO, § 41 Abs. 2 GKG (§ 16 Abs. 2 GKG a.F.).

Klagt der Vermieter auf **Feststellung**, dass der Mieter **zu einer Mietminderung** 3739
nicht berechtigt ist, ist gemäß § 3 ZPO der Gesamtbetrag der streitigen Kürzung wertbestimmend. Da es sich um eine positive Feststellungsklage handelt
– die Miete mindert sich gemäß § 536 BGB von Gesetzes wegen –, ist der
übliche 20 %ige Abschlag vorzunehmen.

Zu beachten ist jedoch, dass der Wert der Feststellungsklage nicht über dem 3740
Wert einer auf künftige Leistung (Mietzahlung) gerichteten Klage liegen kann.
Daher kann der Streitwert des vorbezeichneten Feststellungsbegehrens wegen
§ 9 ZPO nicht über dem 3,5fachen Jahresbetrag der streitigen Mietdifferenz zuzüglich vor Klageerhebung aufgelaufener Rückstände liegen.[2] Die zum Teil unter entsprechender Anwendung von § 41 GKG (§ 16 GKG a.F.) befürwortete
Beschränkung auf den Jahresbetrag der möglichen Mietminderung[3] überzeugt
nicht. Da nach zutreffender Ansicht Zahlungsklagen weder von § 41 Abs. 1
GKG noch von § 41 Abs. 5 GKG erfasst werden, besteht auch kein Anlass,

---

1 BGH, Beschl. v. 17. 3. 2004 – XII ZR 162/00, JurBüro 2004, 377; Beschl. v. 17. 5. 2000 –
 XII ZR 314/99, MDR 2000, 975 = WuM 2000, 427 = ZMR 2000, 665 = NZM 2000, 713 =
 NJW 2000, 3142 = DWW 2000, 272 ; a.A. seit Neufassung von § 41 Abs. 5 GKG *Hartmann*, § 41 GKG Rn. 37.
2 BGH, Beschl. v. 17. 3. 2004 – XII ZR 162/00, BGHReport 2004, 1055 = JurBüro 2004, 377
 = ZMR 2004, 494 = NZM 2004, 423 = AGS 2004, 1055; WuM 2000, 427 = MDR 2000,
 975 – Beschwer; LG Hamburg WuM 1996, 287 = ZMR 1996, 39; 311 O 183/95 – ZMR
 1996, 39 = WuM 1996, 287; a.A. LG Hamburg – 16 T 19/89 – WuM 1989, 430: 36facher
 Minderungsbetrag – 20 %iger Abschlag).
3 OLG Schleswig, Beschl. v. 28. 3. 2003 – 4 W 8/02, OLGR 2003, 260 = AGS 2003, 408 =
 SchlHA 2004, 31; *Hartmann*, § 41 Rn. 37.

Klagen nach deren Maßstab zu bewerten, die auf Feststellung der (fehlenden) Zahlungsverpflichtung gerichtet sind.

3741 Erhebt der Mieter als Kläger oder Widerkläger Klage auf **Feststellung**, dass er für einen bestimmten oder unbestimmten Zeitraum wegen vorhandener Mängel **zur Mietminderung berechtigt** ist, ist der für positive Feststellungsklagen übliche 20%ige Abschlag nicht vorzunehmen. Zwar lautet der Urteilstenor im vorbeschriebenen Fall auf positive Feststellung, in der Sache handelt es sich jedoch um eine Verneinung des dem Vermieter (vertraglich) zustehenden Mietzahlungsanspruchs, mithin um eine negative Feststellungsklage.[1]

Modernisierung

3742 Bei der Klage aus § 541b BGB auf Duldung von Modernisierungsmaßnahmen für Wohnraum bestimmt sich der Zuständigkeitsstreitwert und die Beschwer gemäß § 3 ZPO nach dem Interesse an der Durchführung der Modernisierung. Dieses ist wertmäßig nach dem 3,5fachen Jahresbetrag einer möglichen Mieterhöhung zu bemessen. Für den Gebührenstreitwert ist nach § 41 Abs. 5 GKG (ohne Entsprechung in § 16 GKG a.F.) aus sozialen Gründen der Jahresbetrag der möglichen Mieterhöhung maßgeblich. Zu den Einzelheiten siehe vorstehend Rn. 3580.

Musterprozess

3743 Für die Beschwer ist das Interesse am konkreten Rechtsstreit entscheidend. Dass der Vermieter einen Musterprozess führen will, ist unbeachtlich.[2]

Nebenkosten

3744 Nebenkosten sind alle Leistungen des Mieters, die neben dem Entgelt für die Gebrauchsüberlassung, der Grundmiete, geschuldet werden.[3] Da gemäß § 535 BGB mit der Miete zugleich alle mit der Gebrauchsgewährung anfallenden Nebenkosten abgegolten sind, bedarf es für deren Umlage auf den Mieter einer gesonderten Vereinbarung. Zu den Nebenkosten zählen neben den **Sonder- und Nebenleistungen** die **Betriebskosten** gemäß § 556 Abs. 1 BGB.

3745 Klagt der Vermieter auf **Feststellung**, dass neben der Miete **bestimmte Nebenkosten** geschuldet werden, bestimmt sich der Zuständigkeits- und Gebührenstreitwert (über § 48 Abs. 1 GKG) nach § 9 ZPO und entspricht daher dem 3,5fachen Jahresbetrag, wenn nicht aufgrund der bestimmten Dauer des Miet-

---

1 OLG Bamberg JurBüro 1979, 1866.
2 LG Bonn, Beschl. v. 11. 1. 1993 – 6 S 416/92, KostRsp. ZPO § 3 Nr. 1137 mit Anm. *Herget* = WuM 1993, 468; LG München I, Beschl. v. 5. 6. 1991 – 20 S 10394/91, WuM 1992, 495; *Anders/Gehle/Kunze*, Stichwort „Bezifferter Klageantrag" Rn. 3.
3 Palandt/*Weidenkaff*, § 535 Rn. 87.

verhältnisses der Gesamtbetrag niedriger ist. Da es sich bei den Vorauszahlungen um abrechnungspflichtige Zahlungen handelt, ist das Interesse nicht immer mit dem Jahresvorauszahlungsbetrag identisch. Dieser mag jedoch einen Anhalt für die tatsächlich zu erwartenden Kosten geben.

Da § 41 Abs. 5 GKG (§ 16 Abs. 5 GKG a.F.) auch Ansprüche auf **Erhöhung der Betriebskostenpauschale** gemäß § 560 BGB (früher § 4 MHG) erfasst, ist für den Gebührenstreitwert auf den Jahresbetrag der zusätzlich geforderten Vorauszahlung abzustellen.[1] Beim Zuständigkeitsstreitwert verbleibt es bei der Bemessung nach § 9 ZPO, d.h. bei dem 3,5fachen Jahresbetrag der Differenz. **3746**

Der Wert einer Klage auf **Abrechnung geleisteter Vorauszahlungen** kann, wenn die (wirksame) Umlage der Nebenkosten unstreitig ist, nicht dem Vorauszahlungsbetrag entsprechen, da der Anfall von Nebenkosten (in unbekannter Höhe) nicht infrage steht. Ausgangspunkt der Wertfestsetzung ist gemäß § 3 ZPO das klägerische Interesse an der Rückzahlung eines sich nach ordnungsgemäßer Abrechnung ergebenden Überschusses.[2] Da das Abrechnungsverlangen insoweit einem Auskunftsverlangen gleichsteht, kommt nur eine Bruchteilsbewertung in Betracht.[3] **3747**

Klagt der Mieter nach Abrechnung auf **Einsichtnahme in die Nebenkostenbelege,** sind Zuständigkeits- und Gebührenstreitwert ebenfalls nach § 3 ZPO zu bestimmen. Maßgeblich ist das klägerische Interesse an der Rückzahlung möglicher Überzahlungen. Aus der Vergleichbarkeit mit einem Auskunftsanspruch ist auch hier eine Bruchteilsbewertung geboten. Diese sollte jedoch niedriger als bei einer auf Abrechnung gerichteten Klage liegen, da die Einsicht regelmäßig nur der Überprüfung einer bereits erfolgten Abrechnung dient. Angemessen ist $^1/_{10}$ bis $^1/_5$.[4] **3748**

Dies muss entgegen LG Kiel[5] auch dann gelten, wenn der Streit zum Gegenstand hat, ob der Mieter **Einsicht** in die Belege nur am (Wohn-)Sitz des Vermieters oder (ggfs. nach Übersendung) **am Mietobjekt** erhält. Zwar besteht die Differenz nur in der Tragung des zur Einsicht erforderlichen Aufwandes, jedoch **3749**

---

1 LG Bonn, Beschl. v. 14. 2. 1989 – 6 T 14/89, WuM 1989, 435; LG Hamburg, Beschl. v. 7. 8. 1987 – 7 T 66/87, WuM 1989, 435; Bub/Treier/*Fischer*, Handbuch der Wohn- und Geschäftsraummiete, VIII Rn. 234.
2 OLG Köln, Beschl. v. 8. 7. 1992 – 19 U 78/92, JurBüro 1993, 165.
3 AG Witten, Urteil v. 14. 2. 2002 – 2 C 427/01, NZM 2003, 851: $^1/_3$; LG Bonn, Beschl. v. 31. 10. 1991 – 6 T 246/91, JurBüro 1992, 117: $^1/_4$; LG Bückeburg, Beschl. v. 13. 10. 1987 – 1 T 71/87, WuM 1989, 434; LG Frankfurt, Beschl. v. 14. 2. 2000 – 2-17 T 12/00, NZM 2000, 759: $^1/_3$; LG Stuttgart, Beschl. v. 20. 4. 1988 – 2 T 238/88, WuM 1989, 434: $^1/_4$–$^1/_5$; *Anders/Gehle/Kunze*, Stichwort „Miete und Pacht" Rn. 43; a.A. LG Freiburg, Beschl. v. 22. 7. 1991 – 2 T 48/91, WuM 1991, 504: Höhe des erfahrungsgemäß zu erwartenden Rückzahlungsanspruch.
4 LG Köln, Beschl. v. 10. 3. 1997 – 12 T 20/97, JurBüro 1997, 597 = MDR 1997, 894 = WuM 1997, 447 = ZMR 1997, 656 = AGS 1997, 118 mit Anm *N. Schneider* = DWW 1998, 380 = AnwBl. 1997 679.
5 Beschl. v. 22. 12. 1987 – 1 S 89/87, WuM 1988, 223.

dient die Einsicht auch hier der Überprüfung der vom Vermieter erstellten Abrechnung des darin ausgeworfenen Saldos.

3750 Demgegenüber bestimmt sich die **Beschwer** für den zur **Abrechnung oder Gewährung von Belegeinsicht** verurteilten Vermieter nicht nach der Höhe des erwarteten Rückzahlungsbetrages, sondern nach dem mit der Abrechnung verbundenen finanziellen und zeitlichen Aufwand.[1] Auch diese Bewertung entspricht der Rechtsprechung zum Auskunftsanspruch. Siehe hierzu unter den Stichwörtern „Auskunftsklage" und „Stufenklage".

Nebenleistungen

3751 Bei mietrechtlichen Streitigkeiten ist eine Streitwertfestsetzung häufig ohne Bezifferung des „einjährigen Entgelts" (§ 8 ZPO und § 41 GKG) bzw. „einjährigen Zinses" (§ 16 GKG a.F.) nicht möglich. Bislang war in diesem Zusammenhang streitig, ob zum Entgelt bzw. Zins i.S.d. § 8 ZPO und § 16 GKG a.F. neben der Grundmiete (Nettokaltmiete) nur Gegenleistungen für die eigentliche Raumüberlassung einschließlich nicht verbrauchsabhängiger Nebenkosten zählen, wie Grundsteuer, Hausversicherungen etc., oder ob weiter auch die Abgeltung zusätzlicher Leistungen des Vermieters außerhalb der Raumüberlassung dazugehören, wie die verbrauchsabhängigen Kosten für Heizung, Warmwasser etc. Zum Streitstand siehe oben Rn. 3486, 3520.

3752 Mit der Aufnahme einer Entgeltdefinition in § 41 Abs. 1 GKG (ohne Entsprechung in § 16 Abs. 1 GKG) ist dieser Streit weitgehend überholt. Hiernach sind Nebenkosten, mithin sämtliche neben der Grundmiete zu erbringende Nebenleistungen, nur noch zu berücksichtigen, wenn sie pauschal und ohne Abrechnungspflicht vereinbart worden sind. Damit wird der Entgeltbegriff für das Gebührenrecht nicht mehr materiell-rechtlich, sondern abrechnungstechnisch definiert. Dies ist im Hinblick auf eine für die Beteiligten nunmehr voraussehbare und erleichterte Streitwertfestsetzung zu begrüßen.

3753 Diese gesetzgeberische Intervention sollte nicht dadurch unterlaufen werden, dass bei pauschal und nicht abrechnungspflichtigen Nebenkosten weiterhin zwischen objektbezogenen und verbrauchsabhängigen Betriebskosten unterschieden wird.[2] Bei der Entgeltermittlung scheiden daher allein solche Nebenleistungen aus, die nur anlässlich der Vermietung bzw. Verpachtung vereinbart worden sind und mit der Nutzung der Miet- oder Pachtsache in keinem unmittelbaren Zusammenhang stehen. Hierzu gehört beispielsweise die (monatliche) Rückzahlung eines vom Vermieter dem Mieter zum Zwecke der Wohnungsmodernisierung gewährten Darlehens.

3754 Bis zu einer Klärung des neuen Entgeltbegriffs des § 41 Abs. 1 GKG (ohne Entsprechung in § 16 GKG a.F.) soll die Rechtsprechung zur Einbeziehung von

---

1 OLG Köln, Beschl. v. 8. 7. 1992 – 19 U 78/92, OLGR 1992, 235 = JurBüro 1993, 165; *Anders/Gehle/Kunze*, Stichwort „Miete und Pacht" Rn. 43.
2 So aber *Hartmann*, § 41 GKG Rn. 22.

Nebenleistungen nach altem Recht noch dargestellt werden. Einbezogen wurden danach:

- Fahrstuhlbetriebskosten,[1]
- Heizungskosten/Heizungskostenvorschüsse,[2]
- Kaltwassergeld,[3]
- Kanalgebühren,[4]
- Müllabfuhrgebühren,[5]
- Öffentliche Abgaben und Lasten, die vom Mieter vertraglich übernommen worden sind,[6]
- Schornsteinfegergebühren,[7]
- Straßenreinigung,[8]
- Stromgeld,[9]
- Treppenlicht,[10]

---

1 LG Berlin ZMR 1964, 381.
2 OLG Stuttgart ZMR 1953, 88; KG HuW 1955, 355; OLG Hamburg MDR 1956, 240; OLG Oldenburg JurBüro 1981, 1232; LG Hamburg ZMR 1957, 180; MDR 1958, 37; LG Berlin MDR 1962, 484; ZMR 1964, 381; LG Bielefeld MDR 1965, 750; LG Düsseldorf KostRsp. GKG a.F. § 12 Nr. 16; LG Mannheim Justiz 1972, 284 = WuM 1972, 113; LG Koblenz KostRsp. GKG § 16 Nr. 49 mit Anm. *Schneider* = ZMR 1987, 23; AG Braunschweig MDR 1984, 758; a.A. BGHZ 18, 173; LG Bonn MDR 1957, 618; LG Hannover Nds.Rpfl. 1974, 252; LG Saarbrücken, KostRsp. GKG § 16 Nr. 47 = JurBüro 1986, 1061; LG Hagen, KostRsp. GKG § 16 Nr. 63 = AnwBl. 1989, 620; LG Hamburg JurBüro 1993, 551 = MDR 1993, 184 = WuM 1992, 495 = ZMR 1992, 397; AG Hamburg WuM 1972, 113; AG Hannover MDR 1974, 412; AG Bergheim ZMR 1982, 190.
3 OLG Hamburg MDR 1956, 240; LG Saarbrücken, KostRsp. GKG § 16 Nr. 47 = JurBüro 1986, 1061; LG Berlin MDR 1965, 750; LG Braunschweig ZMR 1982, 281; AG Bergheim ZMR 1982, 190 a.A. LG Hannover Nds.Rpfl. 1974, 252; AG Hannover MDR 1974, 412; LG Hagen KostRsp. GKG § 16 Nr. 63 = AnwBl. 1989, 620.
4 LG Saarbrücken, KostRsp. GKG § 16 Nr. 47 = JurBüro 1986, 1061; aufgegeben in JurBüro 1994, 735 = MDR 1994, 316.
5 LG Saarbrücken KostRsp. GKG § 16 Nr. 47 = JurBüro 1986, 1061; aufgegeben in JurBüro 1994, 735 = MDR 1994, 316.
6 OLG Schleswig SchlHA 1958, 231; LG Flensburg SchlHA 1981, 118; LG Hagen KostRsp. GKG § 16 Nr. 63 = AnwBl. 1989, 620; LG Duisburg, KostRsp. GKG § 16 Nr. 62 = JurBüro 1989, 1306.
7 LG Saarbrücken, KostRsp. GKG § 16 Nr. 47 = JurBüro 1986, 1061; aufgegeben in JurBüro 1994, 735 = MDR 1994, 316; LG Braunschweig ZMR 1982, 281; LG Hagen, KostRsp. GKG § 16 Nr. 63 = AnwBl. 1989, 620; AG Bergheim ZMR 1982, 190; LG Dresden WuM 1994, 70; LG Hagen WuM 1993, 478; a.A. LG Hannover MDR 1970, 594.
8 LG Braunschweig ZMR 1982, 281; LG Hagen, KostRsp. GKG § 16 Nr. 63 = AnwBl. 1989, 620; WuM 1993, 478; LG Dresden WuM 1994, 70; AG Bergheim ZMR 1982, 190; a.A. LG Hannover MDR 1970, 594.
9 LG Bielefeld MDR 1965, 750; LG Hagen KostRsp. GKG § 16 Nr. 63 = AnwBl. 1989, 620; WuM 1993, 478; LG Dresden WuM 1994, 70; a.A. LG Hannover Nds.Rpfl. 1974, 252; AG Hannover MDR 1974, 412.
10 OLG Stuttgart 1953, 750; a.A. LG Saarbrücken JurBüro 1994, 735 = MDR 1994, 316.

- Untermietzuschlag,[1]
- Warmwasserversorgung.[2]

Nichtigkeit

3755 Auf Räumungsklagen, denen ein Streit über ein Miet- oder Pachtverhältnis zugrunde liegt, ist § 41 Abs. 1 GKG (§ 16 Abs. 1 GKG a.F.) ohne Rücksicht auf die Klagebegründung anzuwenden, also auch dann, wenn der Räumungsanspruch auf Nichtigkeit des Miet- oder Pachtvertrages gestützt wird.[3] Soweit die Gegenansicht nach § 6 ZPO bewertet, wenn sich die die Nichtigkeit begründenden Umstände (z.B. Täuschungshandlung) und die Anfechtungserklärung aus dem unstreitigen Sachverhalt ergeben, überzeugt das nicht. Hier werden die materiell-rechtliche Entscheidung des Rechtsstreits und seine streitwertrechtliche Beurteilung miteinander vermengt. Denn dass sich der Beklagte nach Ansicht des Gerichts zu Unrecht auf ein Nutzungsverhältnis beruft, vermag am „Streit" über dessen Bestand nichts zu ändern.

Nutzungsentgelt

3756 Siehe unter „Miete (Mietzins)".

Nutzungswert

3757 Wird Räumung oder Herausgabe „auch aus einem anderen Rechtsgrund" (§ 41 Abs. 2 S. 2 GKG entspricht § 16 Abs. 2 S. 2 GKG a.F.) verlangt, etwa weil lediglich der Beklagte das Bestehen eines Mietverhältnisses einwendet, dann ist der Nutzungswert einer Wohnung oder eines Hauses danach zu berechnen, welcher Mietzins (Nutzungsentgelt) bei vertraglicher Überlassung objektiv erzielbar wäre.[4] Im Regelfall kann das Nutzungsentgelt mit dem (nach dem Vortrag des Klägers) vereinbarten Nutzungsentgelt gleichgesetzt werden.[5] Anderenfalls muss – etwa unter Zuhilfenahme eines Mietspiegels – geschätzt oder durch Sachverständigenbeweis ermittelt werden. Ob der Nutzende das Gebäude verbessert hat, ist dabei unerheblich. Das **objektiv zu erzielende Nutzungsentgelt** ist nach dem Zustand im Zeitpunkt der Klageerhebung zu beurteilen.

---

1 LG Berlin ZMR 1964, 381.
2 LG Hamburg MDR 1978, 37; LG Saarbrücken KostRsp. GKG § 16 Nr. 47 = JurBüro 1986, 1061; ausgegeben in JurBüro 1994, 735 = MDR 1994, 316; a.A. BGHZ 18, 173; LG Bonn MDR 1957, 618; LG Hagen KostRsp. GKG § 16 Nr. 63 = AnwBl. 1989, 620.
3 OLG Bamberg, Beschl. v. 13. 4. 1981 – 4 W 93/80, JurBüro 1981, 1047; *Anders/Gehle/ Kunze*, Stichwort „Miete und Pacht" Rn. 25; *Meyer*, § 41 Rn. 10; OLG Celle Nds.Rpfl. 1955, 230.
4 OLG Celle JurBüro 1968, 251; LG Bayreuth JurBüro 1977, 1424; *Meyer*, § 41 Rn. 18.
5 OLG Bamberg, Beschl. v. 9. 3. 1992 – 3 W 18/92, JurBüro 1992, 625; *Hartmann*, § 43 Rn. 29.

Option

Streiten die Parteien über die Fortsetzung des Mietverhältnisses aufgrund einer 3758
Verlängerungsoption, bestimmt sich der Streitwert nach § 41 Abs. 1 GKG (§ 16
Abs. 1 GKG a.F.), da es sich um einen Streit über die Dauer des Mietverhältnisses handelt. Maßgeblich ist der Jahresbetrag, soweit nicht eine Fortsetzung von
kürzerer Dauer beabsichtigt ist.[1]

Parabolantenne

Aus § 535 BGB folgt die Verpflichtung des Vermieters, dem Mieter die Miet- 3759
sache so zur Verfügung zu stellen, dass dieser die Sache im üblichen oder vertraglich vereinbarten Umfang nutzen kann. Im Gegenzug hat der Mieter einen
vertragswidrigen Gebrauch, insbesondere eine Veränderung der Mietsache,
ohne Zustimmung des Vermieters zu unterlassen, § 541 BGB. So obliegt es
grundsätzlich dem Vermieter von Wohnraum, den Anschluss von Telefon
(ISDN) sowie den Empfang von Rundfunk und Fernsehen zu ermöglichen, während der Mieter in der Regel nicht berechtigt ist, ohne Zustimmung des Vermieters die hierfür notwendigen technischen Veränderungen der Mietsache vorzunehmen. Der Streit über die daraus im Einzelfall folgenden Pflichten der
Vertragsparteien ist ein **Streit über den Inhalt des Mietvertrages**. Der Zuständig-
keits- und Gebührenstreitwert bemisst sich daher (über § 48 Abs. 1 GKG) gemäß § 3 ZPO jeweils nach dem klägerischen Interesse.[2] Hierbei ist zu unterscheiden:

– Klagt der Mieter auf **Zustimmung des Vermieters zur Errichtung** einer Parabolantenne, ist dessen Informations- oder Unterhaltungsinteresse maßgebend.[3]

– Klagt der Vermieter auf **Beseitigung einer Parabolantenne**, entspricht das klägerische Interesse dem Interesse an einem Zustand ohne Rechtsbeeinträchtigung und damit nur mittelbar auf die dafür erforderlichen Maßnahmen. Daher kommt, wie auch sonst bei Beseitigungsansprüchen, dem Aufwand zur
  Beseitigung keine wertbestimmende Bedeutung zu. Maßgebend ist allein das
  in der Regel auf optischen bzw. ästhetischen Gründen beruhende Interesse an
  einer Wiederherstellung des ursprünglichen Zustandes.[4]

---

1 BGH, Beschl. v. 20. 1. 1988 – VIII ZR 225/86, MDR 1988, 403 = NJW-RR 1988, 395 =
  Rpfleger 1988, 383 = ZMR 1988, 173; OLG Hamburg, Beschl. v. 15. 12. 1993 – 4 W 63/
  93, WuM 1994, 553; Bub/Treier/*Fischer*, Handbuch der Geschäfts- und Wohnraummiete, VIII Rn. 233.
2 *Schmittmann* JurBüro 1995, 509.
3 LG Arnsberg, Beschl. v. 25. 7. 2001 – 6 T 382/01, WuM 2001, 577: 1000 Euro; LG Erfurt,
  Urteil v. 17. 8. 2001 – 2 S 46/01, Grundeigentum 2001, 1467: 2500 Euro – Beschwer; LG
  Köln, Urteil v. 14. 2. 2001 – 10 S 314/00, WuM 2001, 235: 750 Euro – Beschwer.
4 LG Bonn, Beschl. v. 11. 1. 1993 – 6 S 416/92, KostRsp. ZPO § 3 Nr. 1137 mit Anm.
  Herget = WuM 1993, 468: 600 Euro; LG Bremen, Urteil v. 30. 3. 1999 – 6 S 34/99, WuM
  2000, 364; LG Hamburg, Urteil v. 3. 9. 1990 – 311 T 74/90, WuM 1991, 359; Bub/Treier/
  Fischer, Handbuch der Geschäfts- und Wohnraummiete, VIII Rn. 239a.

3760 Der gegenteiligen Ansicht, die entweder allein[1] oder werterhöhend auf Beseitigungskosten abstellt, ist nicht zu folgen.[2] Die Begründung, mit der Verurteilung zur Beseitigung bezwecke der Vermieter zugleich, nicht auf den Kosten der Beseitigung „sitzen zu bleiben",[3] setzt das Klageinteresse unzulässigerweise mit dem Vollstreckungsaufwand gleich. Zudem wird übersehen, dass der Vermieter im Zwangsvollstreckungsverfahren die „Verurteilung" des Schuldners zur Vorschusszahlung herbeiführen und vollstrecken kann. Erst hier sind die Beseitigungskosten als Vorschussbetrag streitwertbestimmend.[4]

Räumungsfrist

3761 Gemäß §§ 721, 794a Abs. 2 ZPO ist auf Antrag oder von Amts wegen über die Gewährung und auf Antrag über die Verkürzung oder Verlängerung einer bereits gewährten Räumungsfrist zu entscheiden. Für den Wert ist das nach § 3 ZPO zu schätzende Interesse des Vollstreckungsschuldners am Räumungsaufschub bzw. des Vollstreckungsgläubigers am vorzeitigen Rückerhalt des Nutzungsobjekts maßgebend. Ist der Antrag auf Einräumung eines (weiteren) Aufschubs oder einer Verkürzung mit bestimmter Dauer gestellt, bestimmt sich der Wert nach dem für diesen Zeitraum anfallenden Nutzungsentgelt.[5]

3762 Für eine Bruchteilsbewertung oder unabhängig von §§ 721 Abs. 5, 794a Abs. 3 ZPO zeitbezogene Beschränkung besteht kein Anlass, auch deshalb nicht, weil mit der Räumungsfrist die (fortdauernde) Pflicht zur Zahlung einer Nutzungsentschädigung verbunden ist.[6] Wie auch sonst für die Bewertung nach § 41 Abs. 1 GKG (§ 16 Abs. 1 GKG a.F.) ist es unerheblich, dass mit dem festzustellenden Bestand des Mietverhältnisses zugleich Zahlungsverpflichtungen verbunden sind. Eine Saldierung der Vor- und Nachteile findet bei der Ermittlung des klägerischen Interesses (in der Regel) nicht statt.

3763 Siehe für das Vollstreckungsschutzverfahren nach § 765a ZPO auch unter „Vollstreckungsschutz".

---

1 LG Heidelberg, Beschl. v. 2. 7. 1993 – 5 S 27/93, WuM 1993, 734; LG München I, Beschl. v. 12. 10. 1993 – 20 S 17880/92, WuM 1993, 745.

2 LG Frankfurt/M., Beschl. v. 15. 3. 2002, JurBüro 2002, 531 = ZMR 2002, 758 = AGS 2003, 37 = BRAGOreport 2002, 107 mit Anm. *N. Schneider*; LG Kiel, Beschl. v. 18. 3. 1994 – 1 S 319/93, WuM 1996, 632; *Schmidtmann* JurBüro 1995, 509.

3 LG Frankfurt/M., Beschl. v. 15. 3. 2002 – 2-11 T 22/02, JurBüro 2002, 531 = WuM 2002, 738 = ZMR 2002, 758 = AGS 2003, 37 = BRAGOreport 2002, 107 mit Anm. *N. Schneider*.

4 Zöller/*Herget*, § 3 Rn. 16 unter „Ersatzvornahme nach § 887".

5 LG Kempten AnwBl. 1968, 58; *Anders/Gehle/Kunze*, Stichwort „Miete und Pacht" Rn. 41; *Hartmann*, Anh. I § 48 GKG (§ 3 ZPO) Rn. 97: höchstens 1 Jahr; Thomas/Putzo/*Hüßtege*, § 3 Rn. 123.

6 A.A. Vorauflage; LG Bad Kreuznach JVBl. 1965, 214; KostRsp. GKG a.F. § 12 Nr. 21: Hälfte der während der Schutzfrist zu zahlenden Nutzungsentschädigung; LG Krefeld, KostRsp. GKG a.F. § 12 Nr. 25; LG Stuttgart, KostRsp. GKG a.F. § 12 Nr. 34 = Rpfleger 1968, 62: 3fache Monatsmiete bzw. Nutzungsentschädigung.

Rückständige Miete

Wird rückständige Miete eingeklagt, so bestimmt sich der Streitwert gemäß § 6   3764
ZPO nach dem **Forderungsbetrag**[1] und nicht nach § 8 ZPO, § 41 GKG (§ 16
GKG a.F). Siehe im Übrigen unter „Miete".

Schlüssel

Klagt der Mieter auf Herausgabe von Schlüsseln zur Wohnungs- bzw. Haus-   3765
eingangstüre, ist die Klage auf Besitzverschaffung gerichtet. Der Zuständigkeitsstreitwert bestimmt sich nach § 8 ZPO, der als Sondernorm für miet- und
pachtrechtliche Streitigkeiten dem § 6 ZPO vorgeht.[2] – siehe oben „Besitz". Der
Gebührenstreitwert ist nach § 41 GKG (§ 16 GKG a.F.) mit dem Jahresbetrag
festzusetzen, falls nicht die streitige Zeit geringer ist.[3]

Der Antrag auf **vorläufige Besitzverschaffung** durch Übergabe eines Schlüssels   3766
im Rahmen eines einstweiligen Verfügungsverfahrens bestimmt sich – entsprechend den allgemeinen Regeln – nach einem Bruchteil des Hauptsachewertes.
Für eine entsprechende Anwendung von § 53 Abs. 2 GKG (§ 20 Abs. 2 GKG),
wonach bei familienrechtlichen Streitigkeiten ein Pauschalbetrag von 2000
Euro anzusetzen ist, besteht schon wegen der Eigenständigkeit familienrechtlicher Streitigkeiten kein Raum.[4]

Selbständiges Beweisverfahren

Gegenstand eines selbständigen Beweisverfahrens ist in miet- oder pachtrecht-   3767
lichen Streitigkeiten regelmäßig der Zustand des Nutzungsobjekts im Hinblick auf erforderliche (und zur Minderung berechtigende) Instandsetzungsmaßnahmen des Vermieters oder Schadensersatzverpflichtungen des Mieters.
Weitgehende Einigkeit besteht, dass sich der Gegenstandswert des Beweisverfahrens nach dem eines möglichen Hauptsacheverfahrens richtet. Streitig ist
hingegen, ob eine Bruchteilsbewertung geboten ist oder nicht. Insoweit wird
auf die Ausführungen zum Stichwort „Selbständiges Beweisverfahren" verwiesen.

Geht es um die Beweissicherung des Mieters wegen bestehender Mängel, ist der   3768
Gegenstandswert auf Grundlage des Instandsetzungsanspruchs und damit gemäß § 41 Abs. 5 GKG (ohne Entsprechung in § 16 GKG a.F.) nach dem Jahres-

---

1 BGH JurBüro 1966, 309; OLG Bamberg, KostRsp. ZPO § 9 Nr. 34 = AnwBl. 1984, 94 =
   JurBüro 1984, 254; OLG Neustadt Rpfleger 1963, 34; OLG Stuttgart, Beschl. v. 7. 2.
   1997 – 13 W 3/97 – WuM 1997, 278 = NJW-RR 1997, 1303 = Justiz 1997, 167); *Meyer*,
   § 41 Rn. 7, 8.
2 *Zöller/Herget*, § 6 Rn. 5.
3 LG Halle, Beschl. v. 20. 5. 1994 – 2 T 175/94, MDR 1994, 208 = WuM 1994, 532.
4 A.A. für vorläufige Besitzverschaffung nach Kauf OLG Hamm, Beschl. v. 1. 3. 2000 –
   12 W 2/2000, AGS 2000, 134.

betrag einer angemessenen Mietminderung zu bestimmen.[1] Eine kürzere restliche Vertragsdauer ist entsprechend § 41 Abs. 5 S. 2 GKG (ohne Entsprechung in § 16 GKG a.F.) wertmäßig zu berücksichtigen.[2]

3769 Dient das Verfahren der Beweissicherung des Vermieters wegen einer vertragswidrigen Nutzung, ist der Gegenstandswert auf Grundlage möglicher Schadensersatzansprüche zu ermitteln.

Schönheitsreparaturen

3770 Klagt der Vermieter auf **Vornahme vereinbarter Schönheitsreparaturen**, ist, da es sich um einen Streit über die sich aus dem Vertrag ergebenden Pflichten handelt, der Zuständigkeits- und Gebührenstreitwert gemäß § 3 ZPO nach dem Werterhaltungsinteresse des Vermieters zu bemessen. § 41 Abs. 5 GKG (ohne Entsprechung in § 16 GKG a.F.) erfasst nach seinem Wortlaut allein Instandsetzungsansprüche des Mieters und ist auch nicht entsprechend anwendbar. Nichts anderes gilt, wenn die **Wirksamkeit der Umlage von Schönheitsreparaturen** Gegenstand einer Feststellungsklage ist. Es bleibt jedoch im Falle der positiven Feststellungsklage der 20 %ige Abschlag zu beachten.

3771 Denn das Werterhaltungsinteresse findet weder in dem durch die Minderung erfassten Gebrauchsinteresse des Mieters noch in dem durch die Mieterhöhung erfassten Verwertungsinteresse des Vermieters seine Entsprechung. Vielmehr sollte auf den **Instandhaltungsaufwand** abgestellt werden, da sich der – bei einer Veräußerung realisierbare – Wert des Nutzungsobjekts regelmäßig um diesen Aufwand reduziert. Etwaige Besonderheiten des Einzelfalls, beispielsweise eine außergewöhnliche Nachfrage nach Nutzungsobjekten dieses Typs etc., können durch eine Bruchteilsbewertung angemessen erfasst werden.

3772 Klagt der Vermieter (bereits) auf **Schadensersatz wegen unterlassener Schönheitsreparaturen**, ist bei bezifferter Leistungsklage allein der Zahlungsbetrag maßgebend, arg. § 6 ZPO.

3773 Für die nach § 8 ZPO und § 41 GKG (§ 16 GKG a.F.) erforderliche **Entgeltermittlung** bleiben die auf den Mieter vereinbarungsgemäß umgelegten Schönheitsreparaturen schon aufgrund der fehlenden pauschalen Erfassung außer Betracht.[3]

---

1 Zum alten Recht BGH, Beschl. v. 17. 5. 2000 – XII ZR 314/99, MDR 200, 975 = ZMR 2000, 665 = WuM 2000, 427 = NZM 2000, 713 = NJ 2000, 605; LG Berlin, Beschl. v. 27. 8. 1996 – 64 T 66/96, NJW-RR 1997, 652 = Grundeigentum 1996, 1549 – gemäß § 9 ZPO der 42fache Minderungsbetrag.
2 *Hartmann*, § 41 GKG Rn. 37.
3 So schon zum alten Recht LG Hannover MDR 1970, 594; Nds.Rpfl. 1974, 252.

Siedler

Klagt der Siedlungsträger nach Kündigung des Nutzungsverhältnisses gegen den Siedler auf Räumung des Siedlungsgrundstückes, dann bemisst sich der Streitwert nach § 41 GKG (§ 16 GKG a.F.).[1]   3774

Sozialwohnung

Bei einer Klage auf Räumung einer öffentlich geförderten Sozialwohnung ist der Streitwert unter Zugrundelegung der im Zeitpunkt des Urteilserlasses geschuldeten Kostenmiete zu berechnen. Weder der vom Vermieter unzulässigerweise geforderte, darüber hinausgehende Mietzins noch ein von der Bewilligungsstelle zugelassener, aber nicht rechtswirksam geltend gemachter **Erhöhungsbetrag** dürfen bei der Streitwertberechnung berücksichtigt werden.[2]   3775

Tauschvertrag

Der Streitwert einer Klage auf Herausgabe einer Wohnung aufgrund eines Tauschvertrages wird gemäß § 6 ZPO durch den Wert der Sache bestimmt, wenn deren Besitz Gegenstand des Rechtsstreits ist.[3]   3776

Teilaufhebung

Der Streitwert bei einer Teilaufhebungsklage im Mietrecht kann sich nur nach der Miete des Teiles berechnen.[4]   3777

Teilkündigung (Gemeinschafts- und Teilflächen)

Ist aufgrund einer Kündigung nur die fortdauernde Nutzung einer Teilfläche im Streit, bemisst sich der Wert nach dem dafür gesondert vereinbarten Entgelt oder in Ermangelung dessen nach einem dem Anteil der Fläche an der Gesamtfläche zu ermittelnden Teilbetrag.[5]   3778

Klagt daher der Vermieter nach Kündigung eines Garagenmietverhältnisses auf Räumung der Garage, so bestimmt sich der Zuständigkeitsstreitwert (und die Beschwer) bei einem Streit über die Einheitlichkeit von Garagen- und Wohnungsmietverhältnis nach § 8 ZPO. Ist die „streitige Zeit" bei einem auf unbestimmte Dauer abgeschlossenen Mietverhältnis und bestehenden Mieter-   3779

---

1 OLG Nürnberg JurBüro 1962, 627.
2 LG Mannheim Rpfleger 1969, 218.
3 LG Flensburg JurBüro 1950, 126.
4 KG HuW 1956, 129.
5 *Anders/Gehle/Kunze*, Stichwort „Miete und Pacht" Rn. 12; *Hillach/Rohs*, § 30 III, S. 162.

schutzregelungen ungewiss, ist der Wert entsprechend § 9 ZPO nach dem 3,5fachen Jahresnutzungsentgelt zu bemessen.[1]

Tierhaltung

3780 Ob und in welchem Umfang die Haltung von Tieren, insbesondere in Wohnräumen, zum vertragsgemäßen Gebrauch gehört oder als Sondernutzung einer Zustimmung des Vermieters bedarf, ist streitig. Darüber hinaus sind unterschiedlichste formularvertragliche Regelungen zur Zulässigkeit der Tierhaltung anzutreffen.[2] Infolgedessen ist die Tierhaltung häufig Gegenstand von Duldungs-, Unterlassungs- und auf Beseitigung gerichteten Klagen. In allen Fallkonstellationen handelt es sich um einen Streit über die sich aus dem Vertragsinhalt ergebenden Rechte und Pflichten, so dass § 8 ZPO und § 41 GKG (§ 16 GKG a.F.) nicht unmittelbar anwendbar sind. Für die streitwertrechtliche Beurteilung ist zu unterscheiden:

– Klagt der Mieter auf **Erteilung einer Erlaubnis** zur Tierhaltung oder deren **Duldung**, ist gemäß § 3 ZPO sein ideelles Interesse an Haltung des streitgegenständlichen Tieres maßgebend. Hierbei ist streitig, ob das Interesse jeweils pauschal bewertet werden kann[3] oder die konkreten Umstände des Einzelfalls, namentlich die psychische Bedeutung (Vermeidung von Depressionen) oder affektives Interesse (Kinderersatz).[4] Der Wert des Tieres ist in keinem Fall maßgeblich.[5]

Demgegenüber stellt das LG Köln[6] nicht auf das immaterielle Interesse an Hundehaltung, sondern das Interesse an vertragsgemäßer Nutzung ab. Das AG Rüsselsheim[7] hält den Jahresbetrag des üblichen Mietzuschlages für maßgebend.

– Verlangt der Vermieter **Unterlassung** oder **Beseitigung der Tierhaltung** in den Räumlichkeiten des Mietobjekts, ist sein Interesse am Werterhalt der Mietsache wertbestimmend. Neben dem fiktiven Wert der zusätzlichen Abnutzung kann auch ein etwaiges Interesse an der Vermeidung möglicher Belästigungen (und Mietminderungen) anderer Mieter werterhöhend berücksichtigt werden.

---

1 BGH, Beschl. v. 14. 4. 2002 – XII ZB 224/02, BGHReport 2004, 1105 = MDR 2004, 931 = WuM 2004, 353 = NZM 2004, 460 = AGS 2004, 390; LG Wiesbaden – 9 S 8/00 – WuM 2000, 617; a.A. AG Hamburg, Urteil v. 9. 3. 1994 – 40b C 2079/93, WuM 1994, 433: gemäß § 3 ZPO anteilige Jahresbruttomiete.
2 Bub/Treier/*Fischer*, Handbuch der Geschäfts- und Wohnraummiete, III.A 1038 ff. m.w.N.
3 LG Berlin, Beschl. v. 13. 7. 2000 – 61 S 129/00, NZM 2001, 41: 1 Hund oder 2 Katzen = 800 DM; Beschl. v. 31. 3. 2000 – 63 S 17/00: Hund = 600 DM.
4 LG Braunschweig, Urteil v. 1. 11. 1995 – 12 S 86/95, WuM 1996, 291; LG Kassel, Beschl. v. 21. 4. 1997 – 1 T 80/96, WuM 1998, 296: 2000 DM; LG Wiesbaden, Beschl. v. 21. 7. 1994 –1 T 46/94, WuM 1994, 486.
5 Zutr. LG Braunschweig, Urteil v. v. 1. 11. 1995 – 12 S 86/95, WuM 1996, 291.
6 Beschl. v. 21. 6. 1999 – 30 S 145/99, WuM 2000, 94.
7 Beschl. v. 19. 12. 1986 – 3 C 1049/86 – WuM 1987, 144.

Das Affektionsinteresse des Mieters und generalpräventive Erwägungen sind grundsätzlich unerheblich.[1] Der von *Sternel*[2] vertretenen wertmäßigen Gleichsetzung des Unterlassungsanspruchs des Vermieters gegen die Tierhaltung mit dem Interesse des Mieters an der Fortsetzung der Tierhaltung widerspricht bereits, dass das ideelle Interesse des Mieters nicht deckungsgleich ist mit dem rein vermögensrechtlichen Abwehrinteresse des Vermieters.

– Klagt ein Mieter auf Unterlassung oder **Beseitigung der Tierhaltung eines anderen Mieters**, ist sein auf Abwehr von Besitzstörungen gerichtetes Interesse maßgeblich. Dieses findet seine wertmäßige Entsprechung in der möglichen Minderung des Mietzinses, wobei bei einer Tierhaltung von unbestimmter Dauer (entsprechend § 9 ZPO) der 3,5fache Jahresbetrag anzusetzen ist.

Die in der Rechtsprechung vorzufindenden Wertfestsetzungen bewegen sich für Katzen- und Hundehaltung – unabhängig von der vorstehenden Unterscheidung – häufig zwischen 500 Euro und 1 000 Euro.[3]

Umgestaltung

Ist zwischen den Parteien das Zustandekommen eines Vertrages streitig, wonach sich der Beklagte zur **baulichen Umgestaltung** von Räumlichkeiten **und nachfolgender Gebrauchsgewährung** zu einem monatlichen Entgelt verpflichtet haben soll, und ist die Klage auf Umgestaltung und entgeltliche Überlassung gerichtet, liegt eine Anspruchshäufung (objektive Klagehäufung) vor.[4]   3781

Der Wert des auf Überlassung gerichteten Klageantrages bemisst sich nach § 8 ZPO, § 41 Abs. 1 GKG (§ 16 Abs. 1GKG a.F.), da hier der Bestand eines Miet- oder Pachtverhältnisses im Streit steht. Dabei ist eine Antragsstattgabe weder mit dem (weiteren) Vertragsinhalt verbunden, d.h. die Verpflichtung zur baulichen Umgestaltung, noch ermöglicht sie eine dahingehende Zwangsvollstreckung. Die Situation entspricht konstruktiv vielmehr einer auf Räumung und Beseitigung von unbeweglichen Einrichtungen gerichteten Klage (siehe unter „Abbruchkosten").   3782

Der auf Vornahme der Ausbauarbeiten gerichtete Klageantrag ist daher eigenständig und als Streitigkeit über den Vertragsinhalt für den Zuständigkeitsstreitwert nach § 3 ZPO und den Gebührenstreitwert nach § 41 Abs. 5 GKG (ohne Entsprechung in § 16 GKG a.F.) zu bewerten, da die Arbeiten auf Her-   3783

---

1 LG München, Beschl. v. 28. 6. 2002 – 23 T 10223/02, NZM 2002, 820; a.A. LG Wiesbaden, Beschl. v. 21. 7. 1994 – WuM 1994, 486.

2 *Sternel*, Mietrecht, 3. Aufl. 1988, V Rn. 88.

3 **500 Euro**: LG Hamburg, Beschl. v. 11. 5. 1990 – 316 T 46/90, MDR 1993, 90 = WuM 1993, 477; ZMR 1992, 506; LG Köln, Beschl. v. 21. 6. 1999 – 30 S 145/99, WuM 2000, 94 (420 Euro); LG München I, Beschl. v. 5. 6. 1991 – 20 S 10394/91, WuM 1992, 495; **1000 Euro**: LG Düsseldorf – 24 S 90/93, WuM 1993, 604; LG Kassel, Beschl. v. 21. 4. 1997 – 1 T 80/96, WuM 1998, 296.

4 Zutreffend daher LG Nürnberg-Fürth MDR 1972, 430; unklar *Hartmann*, § 41 GKG Rn. 17.

stellung eines vertraglich geschuldeten Zustands der Miet- oder Pachtsache gerichtet sind und damit Instandsetzungsarbeiten gleichstehen.

Unterlassung

3784 Nutzt der Mieter die Mietsache vertragswidrig (§ 541 BGB) oder wird sein Besitz an der Mietsache durch Dritte oder Vermieter rechtswidrig gestört (§§ 862, 1004 BGB), kann die Beendigung fortdauernder und Unterlassung künftiger Beeinträchtigungen beansprucht werden. Darauf gerichtete Unterlassungsklagen fallen nicht unter § 41 GKG (§ 16 GKG a.F.), sondern sind gemäß § 3 ZPO nach dem **Abwehrinteresse des Mieters** bzw. dem **Werterhaltungsinteresse des Vermieters** zu bewerten.

3785 Hierbei wird für die Auseinandersetzung zwischen den Mietvertragparteien der Jahresbetrag des § 41 GKG (§ 16 GKG a.F.) als obere **Wertgrenze** angesehen, da der Streit wegen der Beeinträchtigung mietvertraglicher Rechte wertmäßig nicht das Interesse am Bestand des Mietverhältnisses übersteigen könne. Die Einzelheiten sind den einschlägigen Stichworten zu entnehmen.

Untermieter

3786 Gemäß § 540 BGB darf der Mieter die Mietsache einem Dritten nur mit Erlaubnis des Vermieters überlassen. Der **Anspruch auf Rückerhalt der Mietsache** wird durch § 546 Abs. 2 BGB dahingehend abgesichert, dass der Vermieter nach Beendigung des (Haupt-)Mietverhältnisses die Mietsache auch von dem Dritten zurückfordern kann. Hierbei besteht Einigkeit, dass für den Zuständigkeits- und Gebührenstreitwert der Räumungs- und Herausgabeklage die § 8 ZPO und § 41 GKG (§ 16 GKG a.F.) entsprechend anwendbar sind.[1] Es finden sich im Wesentlichen folgende Fallgestaltungen:

– Klagt der **Vermieter gegen Untermieter** auf Räumung, bestimmt sich der Wert nach dem zwischen ihm und dem Hauptmieter vereinbarten und nicht nach dem vom Untermieter zu zahlenden Nutzungsentgelt.[2]

– Wird vom **Vermieter allein gegen den Hauptmieter** auf Räumung geklagt, ist das nach § 41 Abs. 2 GKG (§ 16 Abs. 2 GKG a.F.) maßgebliche Jahresnutzungsentgelt im Fall der Untervermietung nach dem im Hauptmietvertrag vereinbarten Entgelt zuzüglich eines Zuschlages für den höheren Verwaltungsaufwand und die höhere Abnutzung zu bemessen.[3]

---

1 KG, Beschl. v. 16. 9. 2004 – 8 W 64/04, KGR 2005, 58; OLG Düsseldorf, Beschl. v. 29. 6. 2004 – 10 W 61/04, OLGR 2005, 74 = NZM 2005, 240 = AGS 2004, 345 = NJW-Spezial 2005, 98; Beschl. v. 29. 8. 1997 – 24 W 89/97, OLGR 1998, 182 = MDR 1998, 126; OLG Frankfurt JurBüro 1953, 445.

2 KG, Beschl. v. 16. 9. 2004 – 8 W 64/04, KGR 2005, 58; OLG Düsseldorf, Beschl. v. 29. 6. 2004 – 10 W 61/04, OLGR 2005, 74 = NZM 2005, 240 = AGS 2004, 345 = NJW-Spezial 2005, 98; Beschl. v. 29. 8. 1997 – 24 W 89/97, OLGR 1998, 182 = MDR 1998, 126.

3 BGH, Beschl. v. 26. 2. 1997 – XII ZR 233/96, LM GKG 1975 § 16 Nr. 1a = NJW-RR 1997, 648.

– Bei einer vom **Vermieter gegen Hauptmieter und Untermieter** gerichteten Räumungsklage ist der Streitwert einheitlich nach dem Nutzungsentgelt für den Hauptmieter festzusetzen. Dieses repräsentiert gemäß § 8 ZPO, § 41 GKG (16 GKG a.F.) wertmäßig das Durchsetzungsinteresse des Vermieters. Die subjektive Klagehäufung rechtfertigt jedoch keine Werterhöhung gemäß § 5 ZPO, § 39 Abs. 1 GKG (ohne Entsprechung in § 12 GKG a.F.). Denn das gegen den Hauptmieter gerichtete Räumungsbegehren ist, da auf Rückerhalt derselben Mietsache gerichtet, mit dem gegen den Untermieter (teilweise) wirtschaftlich identisch.[1] Haupt- und Untermieter haften dem Vermieter im Umfang der dem Untermieter eingeräumten Nutzung als Gesamtschuldner.[2]

Dem Umfang der Gesamtschuld folgt auch die **Verpflichtung des Untermieters zur Kostentragung**, arg. § 100 Abs. 2 u. 4 ZPO. Ist die Mietsache nur teilweise an einen Dritten untervermietet worden, haftet dieser für die Kosten des Rechtsstreits daher nur im Verhältnis der von ihm genutzten Fläche zur Gesamtfläche des Mietobjekts. Einer etwaig unterschiedlichen Höhe der vereinbarten Nutzungsentgelte kommt demgegenüber keine Bedeutung zu, da die Räumungsverpflichtung flächenbezogen ist.[3]   3787

Wird die zunächst gegen den Hauptmieter erhobene **Räumungsklage** vom Vermieter nachfolgend **auf den Untermieter erweitert**, ist damit aufgrund der bereits beschriebenen wirtschaftlichen Identität der Klagebegehren keine Werterhöhung verbunden. Maßgeblich bleibt das mit dem Hauptmieter vereinbarte Jahresgrundentgelt.[4]   3788

Klagt der Vermieter auf Feststellung der **Verpflichtung des Hauptmieters** gegenüber dem Untermieter **Räumungsklage zu erheben**, ist der Streitwert nicht nach § 41 GKG (§ 16 GKG a.F.), sondern nach § 3 ZPO zu bestimmen. Hierbei ist der Wert geringer als derjenige der unmittelbaren Klage des Mieters gegen den Untermieter.[5]   3789

Für die Bewertung der Räumungsklage des **Hauptmieters gegen den Untermieter** ist, da es nunmehr um das Durchsetzungsinteresse des Hauptmieters geht, der jährlich gezahlte Untermietzins maßgebend, nicht etwa der nach der Zimmergröße im Verhältnis zur Größe der gesamten Wohnung zu ermittelnde entsprechende Teil der Wohnungsmiete.[6]   3790

Siehe auch unter dem nachfolgenden Stichwort „Untervermietung".   3791

---

1 OLG Düsseldorf, Beschl. v. 29. 6. 2004 – 10 W 61/04, OLGR 2005, 74 = NZM 2005, 240 = AGS 2004, 345 = NJW-Spezial 2005, 98.
2 Palandt/*Weidenkaff*, § 546 Rn. 21.
3 A.A. Vorauflage; LG Frankfurt BlGBW 1954, 238 mit abl. Anm. *Zöll*.
4 OLG Düsseldorf – 10 W 61/04 – OLGR 2005, 74 = NZM 2005, 240 = AGS 2004, 345 = NJW-Spezial 2005, 98.
5 LG Hagen MDR 1962, 742.
6 LG Hamburg MDR 1959, 764.

Untervermietung

3792 Gemäß § 540 BGB darf der Mieter die Mietsache einem Dritten nur mit Er-laubnis des Vermieters überlassen. Deren Erteilung steht wegen § 553 BGB nur bei Vermietung beweglicher Sachen und nicht zu Wohnzwecken überlassener Grundstücks(teil)flächen im freien Ermessen des Vermieters. Der Vermieter kann die Erlaubnis von einer angemessenen Mieterhöhung (Untermieterzu-schlag) abhängig machen, wenn ihm nur dann die Überlassung an einen Dritten zuzumuten ist, § 553 Abs. 2 BGB.

3793 Klagt der Hauptmieter auf **Erteilung der Erlaubnis** zur Untervermietung, han-delt es sich um einen Streit über den Vertragsinhalt und die sich daraus erge-benden Pflichten. Die Wertfestsetzung hat daher (über § 48 Abs. 1 GKG) nach § 3 ZPO zu erfolgen. Maßgeblich für die Bewertung ist das Interesse des Haupt-mieters an der Kompensation der eigenen Mietschuld durch Erzielung eines eigenen Mietertrages.[1] Der Streitwert entspricht folglich dem voraussichtlich zu erzielenden Untermietzins, bei unbestimmter Dauer des Untermietverhält-nisses in Anlehnung an § 9 ZPO dem 3,5fachen Jahresbetrag.[2] Verfehlt ist es, hier auf die Höhe eines angemessenen Untermietzuschlages abzustellen,[3] da dieser allein das Werterhaltungsinteresse des Vermieters repräsentiert.

3794 Die Klage des Vermieters gegen den Hauptmieter auf **Beendigung der Unter-vermietung** bemisst sich regelmäßig nach dem klägerischen Interesse an der Vermeidung einer übermäßigen Abnutzung (Werterhaltungsinteresse). Dessen Höhe entspricht dem Umfang eines nach § 553 Abs. 2 BGB angemessenen Un-termietzuschlages, der sich bei preisgebundenem Wohnraum nach § 26 Abs. 3 NMVO 1970 bestimmt.

3795 Der Antrag auf **Vorlage des Untermietvertrages** bemisst sich entsprechend einer Auskunftsklage gemäß § 3 ZPO nach einem Bruchteil des dahinter stehenden Hauptanspruchs, angemessen erscheint $^1/_{10}$.[4]

Verbandsklage (Allgemeine Geschäftsbedingungen)

3796 Ist Gegenstand eines Verbandsklageverfahrens der Inhalt von Formularmiet-verträgen, dann bemisst sich der Streitwert nach dem Interesse der Allgemein-

---

1 OLG Celle, Beschl. v. 15. 7. 1999 – 2 W 59/99, OLGR 1999, 263 = NZM 2000, 190; LG Berlin, Urteil v. 18. 12. 2003 – 67 S 277/03, MM 2004, 46; Beschl. v. 19. 7. 1996 – 63 T 55/96, WuM 1998, 690 = MM 1996, 450; LG Kiel, Beschl. v. 13. 1. 1995 – 1 T 1/95, WuM 1995, 320; a.A. LG Bad Kreuznach, Beschl. v. 20. 5. 1998 – 2 T 48/88, WuM 1989, 433: Interesse des Hauptmieters an intensiverer Nutzung.
2 LG Berlin, Urteil v. 18. 12. 2003 – 67 S 277/03 , MM 2004, 46; a.A. KG, Beschl. v. 10. 2. 2006 – 22 W 47/05, KGR 2006, 370 = JurBüro 2006, 258 = ZMR 2006, 528 = GE 2006, 387 = NZM 2006, 519 – jeweils auf Jahresbetrag abstellend; OLG Celle, Beschl. v. 15. 7. 1999 – 2 W 59/99, OLGR 1999, 263 = NZM 2000, 190.
3 So aber LG Kiel, Beschl. v. 13. 1. 1995 – 1 T 1/95, WuM 1995, 320: 3facher Jahresbetrag.
4 So BGH, Beschl. v. 26. 2. 1997 – XII ZR 233/96, LM GKG 1975 § 16 Nr. 1a = NJW-RR 1997, 648.

heit an der Beseitigung gesetzeswidriger Allgemeiner Geschäftsbedingungen. Siehe unter „Allgemeine Geschäftsbedingungen".

Vertragabschluss

Wird auf die Verurteilung zum Abschluss eines Mietvertrages **aufgrund eines** 3797 **Vorvertrages** geklagt, dann fehlt es im Zeitpunkt der Klageerhebung noch an einem bestehenden Miet- oder Pachtverhältnis. Für die Streitwertfestsetzung kommt deshalb nicht § 41 GKG (§ 16 GKG a.F.), sondern nur § 3 ZPO in Betracht.[1] Dies gilt auch, wenn neben dem auf Feststellung des Bestehens eines Mietvertrages gerichteten Klagebegehren ein **Hilfsantrag auf Verurteilung zum Abschluss** eines Mietvertrages mit gleichem Inhalt gestellt wird. Hier ist bei Bescheidung beider Anträge gemäß § 45 Abs. 1 S. 2, 3 GKG (§ 19 Abs. 1 S. 2, 3 GKG a.F.) für die Streitwertbemessung der (gegebenenfalls) höhere Wert des Hilfsantrages maßgebend.[2] Siehe auch bei dem Stichwort „Hilfsantrag".

Für die Bewertung ist jeweils auf das Interesse des Klägers am Vertragsab- 3798 schluss abzustellen.[3] Dessen Wert bestimmt sich nach der beabsichtigten Laufzeit, wird jedoch entsprechend § 9 ZPO auf den 3,5fachen Jahresbetrag begrenzt, ebenso bei einem angestrebten Vertrag von unbestimmter Dauer.[4] Der einfache Jahresbetrag[5] repräsentiert in Zeiten der Wohnungsknappheit ohnehin nicht das Erlangungsinteresse des Mieters. Zudem greift die privilegierende, den wirklichen Wert des Interesses aus sozialen Gründen ignorierende Bewertung des § 41 Abs. 2 GKG (§ 16 Abs. 2 GKG a.F.) nicht.

Vertragsinhalt

Wird bei unstreitigem Bestehen und Dauer eines Nutzungsverhältnisses ledig- 3799 lich darüber gestritten, was die Parteien genau vereinbart haben, welchen Inhalt also der Mietvertrag habe, dann ist § 41 Abs. 1 GKG (§ 16 GKG Abs. 1 a.F.) tatbestandsmäßig nicht anwendbar. Der Streitwert ist daher in der Regel nach § 3 ZPO zu schätzen.[6]

---

1 OLG Hamburg MDR 1970, 333 = Grundeigentum 1970, 263; OLG Frankfurt JurBüro 1962, 685; LG Dortmund, Beschl. v. 28. 11. 1990 – 21 T 78/90, KostRsp. GKG § 16 Nr. 71 mit Anm. *Schneider* = WuM 1991, 358; *Anders/Gehle/Kunze*, Stichwort „Miete und Pacht" Rn. 40; *Hartmann*, § 41 Rn. 18.
2 OLG Frankfurt JurBüro 1962, 685; *Meyer*, § 41 Rn. 20.
3 KG JW 1937, 2216 Nr. 30; OLG Bremen, Beschl. v. 29. 1. 1993 – 2 W 116/92, juris-Nr. KORE 472699300; OLG Hamm Rpfleger 1949, 570 Nr. 138; OLG Hamburg MDR 1970, 333 = Grundeigentum 1970, 263; OLG Frankfurt JurBüro 1962, 685; OLG Koblenz ZMR 1978, 64; *Meyer*, GKG, Rn. 7.
4 *Anders/Gehle/Kunze*, Stichwort „Miete und Pacht" Rn. 40; abw. OLG Bremen, Beschl. v. 29. 1. 1993 – 2 W 116/92, juris-Nr. KORE 472699300: 50 % der anfallenden Gesamtmiete; OLG Frankfurt JurBüro 1962, 685: 3facher Jahresbetrag.
5 So LG Dortmund, KostRps. GKG § 16 Nr. 71 mit abl. Anm. *E. Schneider* = WuM, 358; *Bub/Treier/Fischer*, Geschäfts- und Wohnraummiete, VIII Rn. 233.
6 OLG Koblenz JurBüro 1977, 1132 = ZMR 1978, 64; OLG Neustadt JurBüro 1962, 523; *Anders/Gehle/Kunze*, Stichwort „Miete und Pacht" Rn. 37; *Meyer*, § 41 Rn. 7.

3800 Dies gilt jedoch nicht für die Bewertung einer Klage auf Feststellung, dass die Kündigung eines Mietverhältnisses erst ab einem in der Zukunft liegenden Zeitpunkt wirksam erklärt werden könne, soweit darin ein Streit über den Vertragsinhalt gesehen wird. Da hier zugleich über die Dauer des Mietverhältnisses gestritten wird, ist § 41 Abs. 1 GKG (§ 16 Abs. 1 GKG a.F.) als Sondernorm einschlägig. Siehe hierzu im Einzelnen unter „Kündigungsmöglichkeit".

Vorauszahlung

3801 Der Anspruch auf Leistung einer Mietvorauszahlung ist unter Berücksichtigung des Zinsvorteils des Vermieters nach §§ 3, 6 ZPO zu schätzen.[1]

Vorkaufsrecht

3802 Bei einem Streit über das Bestehen oder Nichtbestehen eines Vorkaufsrechts ist der Streitwert gemäß § 3 ZPO nach freiem Ermessen des Gerichts zu schätzen.[2]

3803 Für die Bewertung der **negativen Feststellungsklage** dahin, dass dem Mieter ein Vorkaufsrecht an dem gemieteten Grundstück nicht zusteht, ist nur ein geringer Bruchteil des Grundstückswertes anzusetzen, wenn die Möglichkeit eines Vorkaufsfalles z.Zt. völlig fern liegt und damit eine Feststellung nur beiläufig begehrt wird.[3] Im Übrigen ist stets auf die Umstände des Einzelfalles abzustellen, wobei Maßstab für die Bewertung jeweils die Wahrscheinlichkeit des Vorkaufsfalles ist.[4] Siehe auch das Stichwort „Vorkaufsrecht".

Vorvertrag

3804 Siehe unter „Vertragsabschluss".

Wegnahme von Einrichtungen

3805 Klagt der Mieter auf Duldung der Wegnahme eingebauter Sachen, dann bestimmt sich der Streitwert gemäß § 6 ZPO nach dem in der Regel **verminderten Wert** dieser Sachen, die sie nach der Trennung von den Mieträumen haben werden. Die Kosten des Wegnahmeberechtigten für die Wiederherstellung des ursprünglichen Zustandes bleiben unberücksichtigt.[5] § 6 ZPO gelangt zur An-

---

1 LG Bamberg JurBüro 1973, 1196.
2 BGH LM § 3 ZPO Nr. 13; OLG Celle JurBüro 1967, 598 Nr. 15.
3 OLG Brandenburg, Beschl. v. 30. 9. 2003 – 4 U 144/03, ZOV 2004, 31; OLG Celle JurBüro 1967, 508 Nr. 157: $^1/_{10}$; OLG München JurBüro 1951, 101.
4 BGH JurBüro 1957, 224 = Rpfleger 1957, 374 = BB 1957, 351 = WPM 1957, 522 = LM ZPO § 3 Nr. 13.
5 BGH, Beschl. v. 12. 6. 1991 – XII ZR 30/91, ZMR 1991, 426 = WuM 1991, 562 – Beschwer; KG Rpfleger 1971, 227 = JurBüro 1971, 460 = WuM 1972, 112 = ZMR 1972, 80; Bub/Treier/*Fischer*, Geschäfts- und Wohnraummiete, VIII Rn. 241; *Köhler/Kossmann*, Handbuch der Wohnraummiete, § 204 Rn. 15; Zöller/*Herget*, § 6 Rn. 5.

wendung, weil das Klagebegehren auf Erlangung des Besitzes an den Sachen gerichtet ist. Die Wegnahme, deren Duldung begehrt wird, ist gegenüber der Herausgabe nur ein anderes Mittel der Besitzverschaffung. Dieser Unterschied ist für die Anwendung des § 6 ZPO bedeutungslos.

Erhebt der Mieter gegenüber der Klage auf Räumung eines Geschäftsraumes Widerklage auf Widerruf der Kündigung und für den Fall der Verurteilung zur Räumung **hilfsweise Widerklage** auf Ersatz von Verwendungen und Duldung der Wegnahme von Einrichtungen, so ist der Streitwert der Hilfsanträge dem Wert des Räumungsbegehrens hinzuzurechnen, wenn darüber entschieden wird, § 45 Abs. 1 (§ 19 Abs. 1 GKG a.F.), § 3 ZPO.[1]   3806

Widerklage

Erhebt der Mieter gegenüber der Klage auf **Räumung eines Geschäftsraumes** Widerklage auf **Fortsetzung des Mietverhältnisses,** dann unterbleibt eine Werterhöhung. Dies folgt bereits aus § 41 Abs. 3 (§ 16 Abs. 3 GKG a.F.), da es für dessen Ausschluss der Zusammenrechnung nicht darauf ankommt, in welcher prozessualen Form Räumung und Fortsetzungsverlangen geltend gemacht werden.[2] Zutreffend ist aber auch, dass Klage und Widerklage denselben Streitgegenstand betreffen und auch aus diesem Grunde eine Wertaddition ausscheidet.[3]   3807

Erhebt der Mieter hingegen Widerklage auf Widerruf der Kündigung und für den Fall der Verurteilung zur Räumung **hilfsweise Widerklage auf Duldung der Wegnahme von Einrichtungen**, so ist der Streitwert des beschiedenen Hilfsantrages dem Wert des Räumungsbegehrens hinzuzurechnen.[4] Es besteht keine Identität der Streitgegenstände; § 41 Abs. 1 S. 3 GKG (19 Abs. 1 S. 3 GKG a.F.) ist nicht anwendbar (siehe auch das Stichwort „Hilfswiderklage").   3808

Winterdienst

Die Klage eines Mieters auf Befreiung vom Winterdienst hat das AG Bonn[5] mit 250 Euro bewertet.   3809

Wohnrecht

Die Bewertung von Streitigkeiten über den Bestand eines Dauerwohnrechts richtet sich danach, ob die Gebrauchsgewährung entgeltlich oder unentgeltlich eingeräumt worden ist. Handelt es sich aufgrund entgeltlicher Einräumung um ein dem Mietverhältnis ähnliches Nutzungsverhältnis, sind die § 8 ZPO, § 41   3810

---

1 OLG Frankfurt ZMR 1956, 35.
2 *Hartmann*, § 41 Rn. 32.
3 OLG München, Beschl. v. 22. 7. 1988 – 21 W 3002/288, KostRsp. GKG § 19 Nr. 141 mit Anm. *Schneider* = OLGR 1996, 158 = JurBüro 1989, 852.
4 OLG Frankfurt ZMR 1956, 35.
5 AG Bonn, Urteil v. 11. 4. 1989 – 6 C 619/88, WuM 1989, 498.

Abs. 1 GKG (§ 16 Abs. 1GKG) einschlägig; ansonsten ist (über § 48 GKG) nach § 3 ZPO zu bewerten.

3811 So bemisst sich bei einem mietähnlichen Wohnrecht der Streitwert für eine Klage auf Feststellung des Nichtbestehens des Wohnrechts oder der Nichtigkeit des Vertrages über ein **mietähnliches Dauerwohnrecht** gemäß § 41 Abs. 1 GKG (§ 16 Abs. 1 GKG a.F.) nach dem einjährigen Nutzungsentgelt.[1]

3812 Demgegenüber sind Auseinandersetzungen über den Bestand eines **unentgeltlichen dinglichen Wohnrechts** oder dessen Eintragung in das Grundbuch nach § 3 ZPO zu bewerten. Das OLG Frankfurt[2] setzt je nach Interesse des Klägers zwischen einjährigem und fünfjährigem Jahresmietbetrag, bei bloßer Eintragung den zweifachen Jahresbetrag an.

3813 Wird mit der Klage auf **Feststellung des Nichtbestehens** zugleich die Bewilligung zur **Löschung der Grundbucheintragung** verlangt, sind die Anträge wirtschaftlich identisch. Eine Wertaddition gemäß § 5 ZPO, § 39 Abs. 1 GKG (ohne Entsprechung in § 12 GKG a.F.) scheidet aus, denn zwischen den Parteien ist nur der (Fort-)Bestand des Wohnrechts streitig.[3] Als **nachbereitendem Zusatzantrag** liegt dem Löschungsbegehren kein vom Feststellungsanspruch abweichendes wirtschaftliches Interesse zugrunde (siehe für die Anspruchshäufung auch unter dem Stichwort „Mehrere Ansprüche").

3814 Anders liegt es, wenn neben der **Löschungsbewilligung** zugleich Herausgabe und **Räumung des Nutzungsobjekts** beansprucht werden. Hier sind die Klagebegehren wirtschaftlich betrachtet nicht identisch, da die Löschung auf Berichtigung des Grundbuchs und Beseitigung von Verfügungsbeschränkungen, die Räumung hingegen auf tatsächliche Sachherrschaft gerichtet ist. Zudem ist das Räumungsurteil ohne Bindungswirkung für spätere Löschungsklage. Das OLG Braunschweig[4] bewertet das Löschungsbegehren nach § 41 Abs. 1 GKG (§ 16 Abs. 1GKG) und das Räumungsverlangen nach § 41 Abs. 2 GKG (§ 16 Abs. 2 GKG a.F.) jeweils mit dem Jahresbetrag und addiert sodann.

3815 Die demgegenüber vertretene Bewertung des Löschungsbegehrens nach § 24 Abs. 2 KostO[5] überzeugt schon deshalb nicht, weil die sehr hohen Werte dieser Vorschrift ihre Entsprechung in den niedrigeren Gebühren in Angelegenheiten der freiwilligen Gerichtsbarkeit finden.[6]

---

1 OLG Braunschweig, Beschl. v. 13. 7. 1988 – 5 W 13/98, KostRsp. GKG § 16 Nr. 103 = OLGR 1999, 231; OLG München, Beschl. v. 11. 12. 1998 – 14 W 257/98, KostRsp. GKG Nr. 111 = ZMR 1999, 173: dingliches Wohnrechts (§ 1093 BGB) unklar ob entgeltlich; OLG Stuttgart ZMR 1963, 32.
2 OLG Frankfurt, Beschl. v. 29. 3. 1995 – 19 W 8/95, OLGR 1993, 132.
3 OLG Frankfurt MDR 1963, 937 Nr. 71; OLG Celle Nds.Rpfl. 1964, 106; OLG Düsseldorf JurBüro 1965, 550 Nr. 160.
4 OLG Braunschweig, Beschl. v. 13. 7. 1988 – 5 W 13/98, KostRsp. GKG § 16 Nr. 103 = OLGR 1999, 231).
5 LG Heidelberg, Beschl. v. 13. 3. 1984 – 5 T 19/84, KostRsp. GKG § 16 Nr. 34 mit Anm. *Lappe* = AnwBl. 1984, 373; LG Lübeck JurBüro 1959, 430 Nr. 143.
6 Siehe *Lappe* Anm. zu KostRsp. GKG § 16 Nr. 34.

Streiten die Parteien nur darüber, ob ein bestehendes Wohnrecht durch **Eintragung in das Grundbuch** dinglich gesichert werden muss, dann ist der Streitwert gemäß § 3 ZPO nach freiem Ermessen zu bestimmen.[1]

3816

Wohnungseigentum

Unter § 41 GKG (§ 16 GKG a.F.) fällt nicht die Räumungs- und Herausgabeklage des Wohnungseigentumsverkäufers gegen den Käufer, weil die Überlassung des Objekts für eine **Übergangszeit** nicht als ein Nutzungsverhältnis i.S.d. § 41 Abs. 2 S. 2 GKG (§ 16 Abs. 2 S. 2 GKG a.F.) angesehen wird.[2]

3817

Wohnungstausch

Der Klage auf Räumung und Herausgabe einer Wohnung auf Grundlage eines zwischen den Parteien vereinbarten Wohnungstausches liegt keine mietrechtliche Streitigkeit zugrunde. Zuständigkeits- und Gebührenstreitwert bestimmen sich daher nach §§ 3, 6 ZPO.[3]

3818

Zins

Siehe oben bei „Mietzins".

3819

Zwangsversteigerung

Nach § 57 ZVG i.V.m. § 566 BGB (§ 571 BGB a.F.) beendet der Zuschlag ein zu diesem Zeitpunkt das Versteigerungsobjekt betreffendes Miet- oder Pachtverhältnis nicht, sondern der Ersteher tritt in diesen Vertrag mit dem Recht zur **Sonderkündigung** (§§ 57a–d ZVG) ein.

3820

Da diese Regelung dem sozialen Schutz von Mietern und Pächtern dient, ist auch die entsprechende **Gebührenprivilegierung** des § 41 GKG (§ 16 GKG a.F.) anwendbar, mit der Folge, dass eine Drittwiderspruchklage gegen die Räumungsvollstreckung aus einem Zwangsversteigerungs-Zuschlagsbeschluss nach § 41 GKG (§ 16 GKG a.F.) und nicht nach § 6 ZPO zu bewerten ist, wenn der Drittwiderspruchskläger sich auf einen Pachtvertrag als „ein die Veräußerung hinderndes Recht" beruft.[4]

3821

---

1 OLG Frankfurt, Beschl. v. 29. 3. 1995 – 19 W 8/95, OLGR 1993, 132: 2facher Jahresbetrag; OLG Köln JMBl.NW 1968, 177.
2 BGH, Beschl. v. 26. 6. 1967, BGHZ 48, 177 = NJW 1967, 2463 = WM 1967, 963; OLG Frankfurt JurBüro 1979, 1888; OLG Frankfurt, Beschl. v. 21. 2. 1983 – 17 W 68/83, KostRsp. ZPO § 6 Nr. 95 = 1983, 919 = AnwBl. 1984, 203.
3 Vgl. auch LG Berlin, Beschl. v. 17. 12. 1991 – 64 T 180/91, MM 1992, 101.
4 OLG Köln, Beschl. v. 9. 9. 2002 – 19 W 35/02, OLGR 2003, 56 = BRAGOreport 2003, 121; OLG Celle, Beschl. v. 12. 5. 1987 – 7 W 16/87, KostRsp. GKG § 16 Nr. 52; a.A. LG Bayreuth AnwBl. 1966, 403 – unzutreffend auf die Zwangsvollstreckung aus dem Zuschlagsbeschluss abstellend.

3822 Nur wenn kein Recht zur Nutzung eingewandt wird und es allein um den Besitz am Grundstück geht, sind Räumungsklage (§ 985 BGB), Vollstreckungsgegenklage (§ 767 ZPO) und Drittwiderspruchsklage (§ 771 ZPO) nach dem Verkehrswert des Grundstücks zu bemessen.[1]

Zwangsvollstreckung

3823 Gemäß § 25 Abs. 1 Nr. 2 RVG (§ 57 Abs. 2 Nr. 2 BRAGO) bestimmt sich der Gegenstandswert für die anwaltliche Tätigkeit bei einer auf Herausgabe oder Räumung gerichteten Zwangsvollstreckung nach dem Wert der herauszugebenden Sache, höchstens jedoch nach dem Streitwert der für die Gerichtskosten maßgeblichen Vorschriften für die Bewertung des Herausgabe- oder Räumungsanspruchs.

3824 Mit der Neufassung des § 57 BRAGO durch die Zweite Zwangsvollstreckungsnovelle vom 17. 12. 1997[2] ist die durch die vorangegangene Änderung des § 57 Abs. 2 S. 1 BRAGO mit dem KostRÄndG 1994 ausgelöste Kontroverse überholt, ob abweichend vom Wortlaut bei Herausgabe aus beendetem Nutzungsverhältnis weiterhin für den Gegenstandswert auf das Jahresentgelt abzustellen ist.[3]

3825 Der Gegenstandswert kann jetzt den sich nach § 41 GKG (§ 16 GKG a.F.) ergebenden Wert nicht mehr überschreiten und liegt bei einer streitigen Zeit von weniger als einem Jahr unter dem Betrag des Jahresentgelts.

Minderung (ohne Miete)

3826 Wird ein bezifferter **Minderungsbetrag** verlangt, dann ist für den Streitwert die geforderte Summe maßgebend (§ 6 S. 1 ZPO).

3827 Soweit sich der Beklagte mit Minderungsansprüchen gegenüber einem Werklohn- oder Kaufpreisanspruch **verteidigt**, stellt sich die Frage der Wertaddition nach § 45 Abs. 3 GKG. Hier ist zu unterscheiden, ob Mängel mit der Folge gerügt werden, dass der Anspruch selbst in seinem Entstehungstatbestand verändert wird (einredeweise geltend gemachte Minderung), oder ob Folgeschäden aus positiver Vertragsverletzung hergeleitet werden. Nur im letzteren Fall kommt eine Wertaddition gemäß § 5 ZPO in Betracht. Im Übrigen liegt wirt-

---

1 Siehe LG Düsseldorf, Beschl. v. 17. 3. 1992 – 25 T 174/92, KostRsp. GKG § 16 Nr. 84; LG Kassel, Beschl. v. 9. 3. 1987 – 2 T 106/87, KostRsp. GKG § 16 Nr. 51 mit Anm. *Schneider* = Rpfleger 1987, 425 = AnwBl. 1988, 645.
2 BGBl. I S. 309.
3 Bejahend OLG Düsseldorf, Beschl. v. 30. 5. 1996 – 10 W 51/95, JurBüro 1997, 315 = MDR 1996, 1076 = NJW-RR 1997, 125; OLG Frankfurt, Beschl. v. 5. 9. 1996 – 20 W 227/96, NJW-RR 1996, 1481; OLG Köln MDR 1997, 1165; ablehnend OLG Hamm, Beschl. v. 4. 10. 1996 – 7 W 4/96, OLGR 1997, 24 = NJW-RR 1997, 511; OLG München, Beschl. v. 24. 3. 1995 – 21 W 1088/95, OLGR 1996, 165.

schaftliche Identität vor, die eine Wertaddition verhindert.[1] Siehe näher dazu die Stichwörter „Aufrechnung" und „Einrede, Einwendung".

Wird der Rechtsstreit über einen geltend gemachten Minderungsanspruch dadurch beigelegt, dass die Parteien vergleichsweise die **Rückabwicklung** des Kaufvertrages vollziehen, so kann darin nicht nur die Erfüllung des Minderungsanspruchs gesehen werden, denn die Vornahme eines Rücktritts in einem Vergleich über einen Minderungsanspruch setzt voraus, dass jedenfalls auch der Rücktrittsanspruch geltend gemacht wird. Wertmäßig geht der Minderungsanspruch daher in dem Rücktrittsanspruch auf, für den der zurückzuzahlende Gesamtkaufpreis maßgebend ist.[2]

3828

Mitbenutzungsrecht

Mitbenutzungsrechte treten in unterschiedlichen Formen auf. Streitwertrechtlich von Bedeutung sind sie nur als selbständiger Gegenstand des Klagebegehrens. Daher bleiben sie unberücksichtigt, wenn etwa im Fall der Räumungsklage neben dem Besitz des Beklagten an den von ihm genutzten Räumlichkeiten auch sein Recht zur Mitbenutzung von Gemeinschaftsflächen und -anlagen betroffen ist. Die gilt auch bei Streitigkeiten betreffend die Einräumung eines lebenslänglichen Wohn- und Mitbenutzungsrechtes. Zu einer abweichenden Bewertung besteht nur Anlass, wenn sich der Streit auf die Einräumung oder Ausübung einzelner Mitbenutzungsrechte beschränkt.

3829

So liegt es beispielsweise, wenn Miteigentümer (Ehegatten) eines ehemals gemeinsam genutzten Wohnanwesens, hinsichtlich dessen beiden ein **Mitbenutzungsrecht nach § 743 Abs. 2 BGB** zusteht, darüber streiten, ob der Kläger von dem in dem Objekt verbliebenen Beklagten die Gestattung der jederzeitigen Besichtigung des Objekts verlangen kann.[3] Hier ist der Streitwert gemäß § 3 ZPO nach dem klägerischen Zutrittsinteresse zu bemessen, wobei zu beachten ist, dass jeder der Beteiligten (im Zweifel hälftig: § 426 Abs. 1 S. 1 BGB) berechtigt ist und ein Anteilsrecht immer streitwertmindernd berücksichtigt werden muss.[4]

3830

Hat der Kläger in einem Rechtsstreit ein **unentgeltlich eingeräumtes Mitbenutzungsrecht** an Werkstatträumen und den dort befindlichen Maschinen und Werkzeugen geltend gemacht, dann richtet sich die Streitwertfestsetzung auch hier nach § 3 ZPO. Dabei ist der Anspruch auf Mitbenutzung der Werkstatt samt Einrichtung geringer zu bewerten als ein etwaiges Recht zum Mitbesitz. Denn der **Mitbesitz** geht weiter als das Recht auf bloße Mitbenutzung.[5]

3831

---

1 OLG Köln MDR 1979, 413.
2 KG Rpfleger 1962, 155 (noch für die Wandlung).
3 LG Saarbrücken, Urteil v. 1. 4. 2004 – 2 S 227/03 FamRZ 2004, 1580: 1200 Euro.
4 OLG Karlsruhe, Beschl. v. 22. 1. 1980 – 10 W 60/79, Justiz 1980, 148.
5 OLG Nürnberg Rpfleger 1956, 298; *Meyer*, Anh. § 48 (§ 3 ZPO) Rn. 21.

3832 Der Wert einer Klage auf Bestellung einer Grunddienstbarkeit gemäß § 116 Abs. 1 SachRBerG wegen fehlender Begründung eines **Mitbenutzungsrechts nach §§ 312, 322 ZGB** (DDR) bemisst sich gemäß § 7 ZPO nach dem Wert der Grunddienstbarkeit.[1] Die daneben hilfsweise verlangte Duldung eines Notwegerechts ist damit nicht wirtschaftlich identisch und daher – im Falle der Bescheidung – gesondert zu bewerten.[2]

3833 Siehe auch die Stichwörter „Besitz" und „Mietstreitigkeiten".

Miterbe

Literatur: *Hillach* DR 1941, 1446 (Streitwert des Anspruchs eines Miterben gem. § 2039 BGB auf Leistung an alle Erben); *Creutzig* NJW 1969, 1334 (Auflassung); *Speckmann* NJW 1970, 1259 (Erbteilungsklage); derselbe NJW 1970, 1906 (Leistungsklage zwecks Erbauseinandersetzung); *E. Schneider* JurBüro 1977, 433 (Entwicklung der Rspr. des BGH); *E. Schneider* Rpfleger 1982, 268 (Streitwert der Miterbenklagen nach § 2039 und § 2050 BGB).

A. Die Bewertungsproblematik

3834 Der BGH hat bei der Bewertung von Miterbenstreitigkeiten ursprünglich die rechtliche Betrachtungsweise der wirtschaftlichen vorgezogen, nach § 6 ZPO bewertet und den Erbanteil des klagenden Miterben nicht berücksichtigt.[3] Das entsprach auch der älteren Judikatur der Instanzgerichte.

3835 In späteren Entscheidungen[4] ist er zunehmend zur „wirtschaftlichen Betrachtungsweise" übergewechselt und hat schließlich seine ältere Rechtsprechung aufgegeben, indem er Miterben-Streitigkeiten nicht mehr gemäß § 6 ZPO, sondern gemäß § 3 ZPO nach dem wirtschaftlichen Interesse des Miterben-Klägers bewertete.[5]

3836 Seine Judikatur lässt sich in folgendem Rechtssatz zusammenfassen:

Grundsätzlich ist von § 3 ZPO auszugehen, wobei ein Miteigentumsanteil des klagenden Erben außer Ansatz zu lassen sei. Das gilt auch für Streitigkeiten der Miterben unter-

---

1 OLG Naumburg, Urteil v. 30. 5. 2000 – 11 U 243/99, OLGR 2001, 285 = NZM 2001, 1050 = VIZ 2002, 108; OLG Rostock, Urteil v. 20. 5. 1999 – 7 U 339/98, OLGR 2000, 103 = NZM 2000, 837 = VIZ 2000, 555.
2 OLG Rostock, Urteil v. 20. 5. 1999 – 7 U 339/98, OLGR 2000, 103 = NZM 2000, 837 = VIZ 2000, 555; LG Stendal, Urteil v. 10. 5. 2001 – 22 S 18/01, OLG-NL 2001, 203 = NZM 2002, 46 = VIZ 2002, 242.
3 BGH JurBüro 1962, 278.
4 BGH JurBüro 1969, 834 u. vor allem in JurBüro 1972, 497 = MDR 1973, 125 = Rpfleger 1972, 252 = NJW 1972, 909.
5 BGH, Beschl. v. 28. 4. 1993 – IV ZR 23/92, NJW 1975, 1415 = JurBüro 1975, 1197 (= 1071) = MDR 1975, 741 = Rpfleger 1975, 353 = DB 1975, 1984 = BB 1975, 1456 = *Warneyer* 1975, Nr. 75; KostRsp. ZPO § 3 Nr. 1135.

einander, soweit Herausgabeansprüche (§ 6 ZPO) geltend gemacht werden. Sofern jedoch Ansprüche von oder gegen Dritte geltend gemacht werden, die außerhalb der Erbengemeinschaft stehen, ist voll zu bewerten.

Damit sind die Auslegungsprobleme zur Bewertung von Miterbenstreitigkeiten jedenfalls im Grundsatz gelöst. 3837

Die Rechtsvorgänge zwischen Miterben oder an denen ein Miterbe beteiligt ist, sind mannigfacher Art. Allgemeine Bewertungsregeln können nicht vorangestellt werden, da es an einer eigenen Bemessungsvorschrift für Erbschaftssachen fehlt. 3838

Die einzige Bewertungsproblematik, die sich dann allerdings durch sämtliche Einzelfälle hindurch zieht, an denen Miterben beteiligt sind, ist die, ob eine wirtschaftliche oder eine formelle Betrachtungsweise vorzuziehen ist. 3839

Im Ergebnis läuft das weitgehend auf die sich immer wieder stellende Frage hinaus, ob und wie der Anteil des klagenden oder beklagten Miterben bei der Streitwertbemessung anzusetzen ist. 3840

Deshalb erscheint es zweckdienlich, von vornherein die Erläuterungen auf die für die Bewertungspraxis wichtigen Fallgestaltungen auszurichten und diese in alphabetischer Ordnung zu bringen. 3841

B. Streitwert-Schlüssel

Stichwortübersicht

Aufhebung der Erbengemeinschaft, Auseinandersetzung	3834	Herausgabe	3899
Auflassung	3850	Hinterlegung	3902
Ausgleichungspflicht	3870	Leistungsklage	3903
Auskunft	3872	Nachlassverzeichnis	3918
Bankguthaben	3878	Nichtigkeit	3920
Befreiung	3879	Pachtvertrag	3928
Berichtigung	3880	Pflichtteil	3929
Erbauseinandersetzung, Erbteilung	3883	Rücktritt vom Erbvertrag	3930
Erbschein	3885	Testamentsvollstreckung	3931
Erbunwürdigkeit	3886	Unterlassung	3938
Feststellungsabschlag	3891	Vorerbe	3939
Genehmigung	3894	Vorkaufsrecht	3948
Gesetzliche Erbfolge	3896	Zurückbehaltungsrecht	3950
Grundbuchberichtigung	3898	Zuwendungen	3952

Aufhebung der Erbengemeinschaft, Auseinandersetzung

Der BGH hat ursprünglich den Streitwert der Erbteilungsklage nach § 6 ZPO bemessen und den vollen Wert des Nachlasses angesetzt.[1] 3842

---

1 BGH JurBüro 1962, 278; ebenso KG Rpfleger 1962, 155; JurBüro 1969, 636; OLG Celle Rpfleger 1961, 211; OLG Frankfurt JurBüro 1957, 126; OLG Braunschweig Rpfleger 1956, 115.

3843 Gegenleistungen, also der vom Kläger zu zahlende Abfindungsbetrag oder der Erbanteil des klagenden Miterben, wurden nicht berücksichtigt.

3844 Jedoch hatte der BGH schon früher[1] eine nicht immer hinreichend berücksichtigte Ausnahme für den Fall gemacht, dass nicht die Auseinandersetzung überhaupt, sondern nur der **Auseinandersetzungsplan in einzelnen Beziehungen** streitig ist. In diesem Fall hat er den Streitwert nach dem gemäß § 3 ZPO frei zu schätzenden Interesse des Klägers bemessen.[2]

3845 Die Gegenmeinung stellt demgegenüber mit Recht betont auf das wirtschaftliche Interesse des Klägers an der Erbauseinandersetzung und der Aufhebung der Erbengemeinschaft ab.

3846 Das führt zur Unanwendbarkeit des § 6 ZPO. Der Streitwert ist vielmehr nach § 3 ZPO zu schätzen.[3] Bei Anwendung seiner Rechtsprechung ist dann auch der BGH davon ausgegangen.[4] Bei Anwendung des § 3 ZPO stellt sich dann aber wiederum eine neue Frage: wie hoch nämlich im Einzelnen zu bemessen ist.

3847 Das OLG Nürnberg[5] hat als Streitwert, wenn der Kläger die Übernahme eines Grundstücks gegen Abfindung der übrigen Miterben erstrebt, den **Unterschieds-betrag** zwischen dem Verkehrswert des Grundstücks und der Summe der Abfindungsbeträge angesetzt.

3848 Das KG[6] ist der Auffassung, wenn ein Miterbe die Auflassung eines zum Nachlass gehörenden Grundstücks nur von einzelnen Miterben verlange, dann komme als Wert des Streitgegenstandes lediglich der dem **Anteil** der Beklagten **am Nachlass** entsprechende Teil des Grundstückswertes in Betracht.[7] Das Interesse des Klägers bestimmt sich also danach, was er bekommen will: Das ist dasjenige, was anteilsmäßig noch zum Vermögen der beklagten Miterben gehört.

3849 Das OLG Frankfurt/M.[8] stellt auf das Interesse ab, das die Kläger an der Aufhebung ihrer Bindung an die Erbengemeinschaft und an der Erlangung der unbeschränkten Verfügungsbefugnis an den ihnen entsprechend ihren Erbteilen zukommenden Grundstücken haben: „Rechtlich und wirtschaftlich" ist das Ziel ihrer Klage also nur darauf gerichtet, unter Aufhebung der rechtlichen Bindung an die Erbengemeinschaft freie Verfügungsmacht über die Grundstücke zu er-

---

1 BGH Rpfleger 1959, 110.
2 Siehe auch BGH JurBüro 1969, 834.
3 So OLG Frankfurt JurBüro 1956, 467; OLG Nürnberg JurBüro 1957, 553; OLG Stuttgart Rpfleger 1957, 98; KG Rpfleger 1962, 154.
4 BGH, Beschl. v. 28. 4. 1993 – IV ZR 23/92, NJW 1975, 1415 = JurBüro 1975, 1197 (= 1071) = MDR 1975, 741 = Rpfleger 1975, 353 = DB 1975, 1984 = BB 1975, 1456 = *Warneyer* 1975, Nr. 75; KostRsp. ZPO § 3 Nr. 1135.
5 OlG Nürnberg JurBüro 1957, 553.
6 KG Rpfleger 1962, 156.
7 So schon früher OLG Hamburg OLGE 9, 49.
8 OLG Frankfurt/M. JurBüro 1956, 467 Nr. 126.

langen, die ihnen entsprechend ihrem Anteil und zu dessen Abgeltung von der Gemeinschaft überlassen werden sollen. Hieraus ergibt sich einmal, dass entgegen der Ansicht des OLG Kiel[1] der Wert einer solchen Klage den Wert des klägerischen Nachlassanteiles nicht übersteigen kann. Zum anderen zeigen diese Überlegungen, dass der Streitwert auch nicht nach dem Anteil des beklagten Teiles bestimmt werden kann, wie dies in den Entscheidungen des KG[2] und des OLG Hamburg[3] geschehen ist."

Damit war in der Sache die heutige Rechtsprechung des BGH vorweggenommen. Der BGH[4] hat – sachlich damit übereinstimmend – formuliert:　　　3850

„Der Miterbe, der auf Zustimmung zum Auseinandersetzungsplan klagt, verfolgt mit seiner Auseinandersetzungsklage (die auf Zustimmung zur Versilberung ging) das Rechtsschutzziel, den auf ihn entfallenden Teil des Überschusses nach der Verwertung des Nachlasses zu erhalten."

Wirtschaftlicher Wert des Streitgegenstandes ist also nur der **Erbanteil des Klägers**, bei dessen Bewertung sekundär entscheidend ist, was der Beklagte nach Auffassung des Klägers diesem zu Unrecht vorenthält.　　3851

Als Streitwert kann folglich, da nicht die Erbbeteiligung, sondern die Erlangung der Verfügungsbefugnis über bestimmte, dem Erbanteil wertmäßig entsprechende Nachlassgegenstände im Streit ist, nur ein Betrag in Frage kommen, der sich unter dem Wert der Erbteile der klagenden Miterben hält.　　3852

Werden **wechselseitige Klagen** erhoben, gilt § 45 GKG. Der Wert des Streitgegenstandes in einem auf Auseinandersetzung einer zweigliedrigen Miterbengemeinschaft gerichteten Rechtsstreit ist bei wirtschaftlicher Betrachtungsweise auf die Punkte zu beschränken, die zwischen den Parteien streitig sind, auch wenn wechselseitig mit Klage und Widerklage die Zustimmung der jeweiligen Gegenseite zu einem Verteilungsplan verlangt wird und Gegenstand dieser Verteilungspläne auch die Übertragung eines Grundstücks von der Miterbengemeinschaft auf einen Miterben ist, sofern diese Übertragung als solche und der zugrunde zu legende Wert des Grundstücks nicht im Streit sind.[5]　　3853

Wird der Rechtsstreit durch einen Vergleich beendet, in dem die Miterbengemeinschaft das zum Nachlass gehörige Grundstück auf einen Miterben zu dessen Alleineigentum überträgt, so ist ein übersteigender Vergleichswert in Höhe des Bruchteils des Grundstückswerts vorhanden, der (wirtschaftlich) übertragen wird.[6]　　3854

---

1 OLG Kiel JW 1932, 3639.
2 KG HuW 1950, 454.
3 OLG Hamburg OLGE 9, 49.
4 BGH, Urteil v. 24. 4. 1975 – III ZR 173/72, JurBüro 1975, 1197 = NJW 1975, 1415 = MDR 1975, 741 = KostRSp. ZPO § 3 Nr. 364; MDR 1973, 125 = Rpfleger 1972, 252 = NJW 1972, 909.
5 OLG Bremen, Beschl. v. 16. 9. 2003 – 2 U 27/03, OLGR 2004, 134 = RVG-B 2004, 126.
6 OLG Bremen, Beschl. v. 16. 9. 2003 – 2 U 27/03, OLGR 2004, 134 = RVG-B 2004, 126.

3855 Das Interesse an der **Vermeidung der Versteigerung zur Auseinandersetzung einer Erbengemeinschaft** ist auf 10 % des (um das Affektionsinteresse erhöhten) Wertes des der Versteigerung unterworfenen Gegenstandes anzusetzen.[1]

3856 Verlangt ein Miterbe von anderen Miterben die Übertragung eines Erbschaftsgegenstandes, so sollen nach OLG Köln deren Anteile abzuziehen sein.[2]

3857 Klagt ein Miterbe auf Feststellung der Unwirksamkeit eines Teilungsplanes des Testamentsvollstreckers und umfasst der Teilungsplan zwar den überwiegenden Teil des Nachlasses (unter anderem mehrere Grundstücke), nicht aber den gesamten Nachlass , so bestimmt sich der Streitwert bezogen auf den Gesamtwert des Teilungsplanes nach der Hälfte der Miterbenquote des klagenden Erben.[3]

Auflassung

3858 Verlangt ein Miterbe die Auflassung eines zum Nachlass gehörenden Grundstücks nur von einzelnen Miterben, so kommt als Streitwert lediglich der dem Anteil aller verklagten Miterben am Nachlass entsprechende Teil des Grundstückswertes in Betracht.[4]

3859 Bei Klagen zweier Miterben gegen den dritten Miterben auf Auflassung eines zum Nachlass gehörenden Grundstücks auf einen der Kläger ist dementsprechend der Anteil des beklagten Miterben als Streitwert anzusetzen.[5] Auch dann kommt es nur auf den Anteil des beklagten Miterben an, wenn der Kläger (= Miterbe) im Einverständnis mit einem dritten Miterben auf Übertragung an sich klagt.[6]

3860 Zum rechnerisch gleichen Ergebnis kommt das OLG Celle:[7] Verlangt ein Miterbe von einem anderen Miterben aufgrund einer Anordnung des Erblassers die Auflassung des Nachlassgrundstücks, so richtet sich der Streitwert grundsätzlich nach dem Verkehrswert des Grundstücks. Von diesem Wert ist jedoch der bisherige gesamthänderische Anteil des klagenden Miterben abzusetzen.[8]

3861 Eine andere Meinung bemisst dagegen das Auflassungsverlangen grundsätzlich nach § 6 ZPO.[9]

3862 Es handelt sich letztlich um das bereits vorstehend (Rn. 3834 ff.) behandelte Problem, da die Auflassung unter Miterben gerade zum **Zwecke der Erbauseinandersetzung** erstrebt wird.

---

1 BGH, Beschl. v. 24. 1. 1996 – IV ZR 276/95, BGHR ZPO § 3 Versteigerung 1.
2 OLG Köln, Beschl. v. 17. 5. 1995 – 11 W 32/95, zitiert nach juris.
3 OLG München, Beschl. v. 26. 1. 1995 – 15 W 2687/94, OLGR München 1995, 142.
4 KG Rpfleger 1962, 156.
5 KG HuW 1950, 454.
6 OLG Hamburg JurBüro 1994, 364.
7 OLG Celle NJW 1969, 1355.
8 So jetzt auch BGH NJW 1975, 1415.
9 BGH JurBüro 1962, 278; KG Rpfleger 1962, 155; OLG Celle Rpfleger 1961, 211; OLG Frankfurt JurBüro 1957, 126; OLG Braunschweig Rpfleger 1956, 115.

Durch die Änderung der Rechtsprechung des BGH seit Anfang 1972 dürfte **3863** jedoch heute allgemein die Auffassung gelten, dass der Erbanteil des klagenden Miterben vom Grundstückswert abzuziehen ist.[1]

Hat der Kläger das Grundstück schon auf seine Kosten bebaut, so ist der **Bau-** **3864** **wert** voll abzuziehen.[2]

Von der Bewertung des Auflassungsanspruchs unter Miterben ist der Fall zu **3865** unterscheiden, dass ein **Dritter** in den Streit hineingezogen wird.

Dementsprechend hat das KG[3] ausgeführt, der Streitwert der Klage auf Auflas- **3866** sung eines Grundstücks zwecks Auseinandersetzung der Erbengemeinschaft sei jedenfalls dann gleich dem vollen Verkehrswert, wenn es sich dabei nicht um die Regelung der Eigentumsverhältnisse nur unter den Miterben handele. Ver- klagt also beispielsweise ein Miterbe einen anderen Miterben auf Mitwirkung bei der Auflassung eines Nachlassgrundstückes an einen Dritten, so liegt es nahe, den vollen Wert des Grundstücks als Streitwert anzusehen.

So hat früher auch der BGH bewertet.[4] Mit Rücksicht auf die Rechtsprechungs- **3867** änderung[5] wird aber nunmehr zu fragen sein, ob an dieser Auffassung festgehal- ten werden kann.

Zwar können Miterben nur gemeinsam über ein Grundstück verfügen (§ 2040 **3868** Abs. 1 BGB). Diese Zustimmung soll durch die Klage erzwungen werden. Wo Miterben jedoch einzeln zur Verfügung bereit sind, entsteht kein gerichtlicher Streit. Das gilt immer für den klagenden Miterben.

Daraus folgt, dass der Streitwert – jedenfalls bei wirtschaftlicher Betrachtungs- **3869** weise – nur nach den Anteilen derjenigen Miterben bemessen werden darf, die durch Klage zur Auflassung an einen Dritten gezwungen werden sollen.

Das gilt auch dann, wenn in einem Streit unter Miterben **Herausgabe des Nach-** **3870** **lasses an einen Dritten** zum Zwecke der Auseinandersetzung (Versteigerung) verlangt wird. Der Streitwert bemisst sich also nicht nach dem ganzen heraus- zugebenden Nachlass, sondern – wie bei der Klage auf Aufhebung der Erbenge- meinschaft (Rn. 3834 ff.) – nach der vom Kläger erwarteten **Quote am Erlös**.[6]

Der Streitwert der Klage eines Nachlassgläubigers gegen einen einzigen (Voll-) **3871** Erben auf Auflassung und Herausgabe eines Grundstücks ist gleich dem Wert des Grundstücks.

---

1 BGH, Beschl. v. 23. 2. 1972 – IV ZR 95/71, JurBüro 1972, 497 = NJW 1972, 909 = Rpfleger 1972, 252 = ZMR 1972, 281 = LM § 3 ZPO Nr. 44 = KostRsp. ZPO § 3 Nr. 283; nun auch BGH NJW 1975, 1415; ebenso OLG Bamberg JurBüro 1973, 768; OLG Köln JurBüro 1975, 939.
2 OLG Bamberg JurBüro 1973, 768.
3 KG Rpfleger 1962, 155.
4 BGH NJW 1956, 1071.
5 Seit BGH JurBüro 1975, 1197; MDR 1973, 125 = Rpfleger 1972, 252 = NJW 1972, 909.
6 Die abweichende ältere Rspr. (OLG Hamburg Rpfleger 1951, 633; 1957, 37) ist durch die neue Rspr. des BGH – Rn. 3851 – überholt.

3872 Ebenso hat die ältere Rechtsprechung[1] aber auch bewertet, wenn der Nachlass-gläubiger die Auflassungsklage lediglich gegen einen einzelnen Miterben richtet.

3873 Auch insoweit muss heute mit Rücksicht auf BGH[2] anders bewertet werden. Aus welchen materiellrechtlichen Gründen auch immer der Nachlassgläubiger die Klage nur **gegen einzelne Miterben** richtet (vielleicht sind die anderen freiwillig zur Auflassung und Herausgabe bereit): Dieser einzelne Miterbe ist nicht imstande, allein über das gesamte Grundstück zu verfügen.

3874 Dementsprechend muss der Streitwert an seinem **Miteigentumsanteil** ausgerichtet werden; denn der Kläger hat nur ein Interesse daran, dieses Zustimmungshindernis auszuräumen. Sein Endziel ist zwar der Erwerb des gesamten Grundstückes. Mit der Klage gegen einen einzelnen Nachlassgläubiger kann er dessen Verwirklichung jedoch nicht erreichen.

3875 Nicht zu verwechseln damit sind die **Leistungsklagen auf Geldzahlung.** Insoweit haftet der einzelne Miterbe voll, so dass auch entsprechend zu bewerten ist (siehe unten Rn. 3210).

3876 Ebenso liegt es, wenn ein Miterbe und ein Nicht-Miterbe als Vermächtnisnehmer gegen die Mitglieder einer Erbengemeinschaft auf Übereignung eines Grundstücks klagen, selbst wenn die Übereignung nur an der fehlenden Einwilligung einzelner Miterben scheitert.[3] Grund: Der Miterbenanteil des klagenden Erben kann nicht zugunsten des klagenden Nicht-Miterben abgezogen werden; maßgebend ist nur der Klageantrag auf Übereignung an den Erben und den Nicht-Miterben als Miteigentümer.[4]

3877 Verlangt ein Miterbe von einem anderen Miterben die Auflassung eines zum Nachlass gehörenden Grundstückes, bemisst sich der Streitwert nach dem Bruchteil des objektiven Grundstückswerts, der dem Anteil des verklagten Miterben am Nachlass entspricht.[5]

Ausgleichungspflicht

3878 Bei einer Klage auf Feststellung der Ausgleichungspflicht gemäß § 2050 BGB ist der Streitwert nach dem Interesse zu bemessen, das der Kläger an der Ausgleichung hat. Es ist also § 3 ZPO und nicht § 6 ZPO anzuwenden.[6]

3879 Die Festsetzung des Wertes nach freiem Ermessen rechtfertigt sich deshalb, weil die Verurteilung für die Beklagten nicht dieselben Folgen hat wie eine Verurteilung zur Leistung nach § 2039 BGB.

---

1 OLG Hamburg JW 1934, 1371; OLG Hessen SJZ 1949, 418.
2 BGH, Urteil v. 24. 4. 1975 – III ZR 173/72, KostRsp. ZPO § 3 Nr. 364 = JurBüro 1975, 1071, 1197 = MDR 1975, 741.
3 OLG Bamberg, Beschl. v. 15. 10. 1987 – 3 W 110/87, KostRsp. ZPO § 3 Nr. 912 = JurBüro 1988, 517.
4 Siehe E. *Schneider* Anm. zu KostRsp. ZPO § 3 Nr. 912.
5 OLG Düsseldorf, Beschl. v. 29. 8. 2000 – 14 W 54/00, OLGR 2001, 284 = AGS 2002, 13.
6 BGH Rpfleger 1957, 247.

Auskunft

Die Bewertung hat nach § 3 ZPO zu erfolgen. Der Anspruch auf Auskunfts- 3880
erteilung gewährt im Falle der Verurteilung **keine volle Befriedigung**, sondern
bereitet die Zahlungsklage nur vor. Infolgedessen stellt sich sein Wert auch nur
als Bruchteil des Anspruches dar, dessen Geltendmachung er erleichtern soll.

Auszugehen ist vom Wert des Nachlasses und sodann die Miterbenquote zu 3881
bestimmen; von dem sich hieraus ergebenden Betrag ist der Streitwert für die
Auskunftserteilung wiederum mit einem Bruchteil zu bemessen.[1]

Die zweite Entscheidung des OLG Schleswig[2] befasst sich mit dem Fall, dass 3882
neben dem ziffernmäßig bestimmten Pflichtteils-Anspruch noch Auskunftsklage über den Gesamtumfang des Nachlasses und auf Versicherung über die Richtigkeit und Vollständigkeit des Nachlassverzeichnisses erhoben wird.

Das nach § 3 ZPO zu bewertende Interesse besteht darin, Schwierigkeiten bei 3883
der **Ermittlung des Bestandes der Erbschaft** zu vermeiden, die ohne die verlangte Auskunft auftreten würden.

Bei dieser Schätzung haben die Angaben des Klägers ebenso wie die des Beklag- 3884
ten, der wirkliche Wert der Gegenstände und auch sonstige objektive Tatsachen
nur die Bedeutung von Indizien.[3]

OLG Marienwerder[4] wollte überhaupt nur nach objektiven Unterlagen schät- 3885
zen.

Bankguthaben

Der Streitwert der Feststellungsklage einer Miterbin gegen einen anderen Mit- 3886
erben, dass ein Bankguthaben zum Nachlass gehört, bestimmt sich nach dem
Betrag des Guthabens abzüglich des Miterbenanteils des Beklagten. Davon ist
ein Abschlag von etwa 20 % vorzunehmen.[5] Siehe auch unten Rn. 3891.

Befreiung

Klagt ein Miterbe auf Feststellung der Nichtigkeit eines Vertrages der Erbenge- 3887
meinschaft, der den Beklagten zum **Ankauf eines Nachlassgrundstücks** berechtigt, so bestimmt sich der Streitwert nach dem Interesse des Klägers an der
Befreiung von der Verpflichtung aus dem Vertrag, nicht nach dem entsprechenden Interesse der ganzen Erbengemeinschaft.[6]

---

1 OLG Schleswig JurBüro 1960, 263; 1959, 169.
2 OLG Schleswig JurBüro 1959, 169.
3 OLG Köln MDR 1959, 223.
4 OLGE 23, 68.
5 OLG Bamberg JurBüro 1974, 1433.
6 BGH JurBüro 1954, 231.

Berichtigung

3888 Der Streitwert einer Klage, mit der ein Erbe gegen einen Miterben einen zum Nachlass gehörenden Anspruch auf Berichtigung des **Grundbuches** dahin geltend macht, dass an Stelle des Miterben die Erben in Erbengemeinschaft als Eigentümer eines Grundstückes eingetragen werden, bemisst sich nach dem Wert des Grundstücks abzüglich des dem Erbteil des Beklagten entsprechenden Anteils.[1]

3889 Anders liegt der Fall, wenn der Miterbe gegen einen am Nachlass nicht beteiligten Dritten dahingehend auf Berichtigung des Grundbuches klagt, statt des eingetragenen Dritten sei die Erbengemeinschaft einzutragen.

3890 Der Klageantrag muss nach § 2039 S. 1 BGB dahin lauten, dass der Dritte die Leistung an alle Erben gemeinsam zu erbringen habe. Eine verurteilende Erkenntnis kommt also allen Miterben zugute. Das gesamte Grundstück ist streitbefangen. Der Streitwert deckt sich daher mit dem Verkehrswert des Grundstücks.[2]

Erbauseinandersetzung, Erbteilung

3891 Streitigkeiten wegen Erbauseinandersetzungen sind in der Bewertung zweifelhaft, wenn es um die Übernahme eines Grundstückes oder mehrerer Grundstücke geht. Die Rechtsprechung war lange Zeit unübersichtlich und sehr kontrovers. Das hing damit zusammen, dass ursprünglich eine rein formale Bewertung nach § 6 ZPO befürwortet wurde.[3] Der BGH hat sich von dieser Rechtsprechung langsam gelöst und ist mit seiner letzten Entscheidung endgültig zur wirtschaftlichen Bewertung übergegangen.[4] Er stellt jetzt nicht mehr auf den Nachlasswert als solchen ab, sondern berücksichtigt den **Erbanteil** des klagenden Miterben, der bei der Bemessung des Streitwertes abzuziehen ist (siehe oben Rn. 3827 f.).

3892 Der Streitwert einer Erbteilungsklage richtet sich nicht nach dem vollen Wert des Nachlasses,[5] sondern danach, was der klagende Miterbe bekommen will.[6] Hat z.B. ein Miterbe im Einverständnis mit einem zweiten Miterben den dritten Miterben auf Übertragung eines Nachlassteils auf sich verklagt, bemisst sich der Streitwert nur nach dem Anteil des verklagten Miterben,[7] den der Kläger begehrt.

---

1 BGH MDR 1958, 676; RGZ 156, 263.
2 Siehe RGZ 149, 193; *E. Schneider* JurBüro 1977, 440 Nr. 5.
3 BGH JurBüro 1962, 278.
4 BGH JurBüro 1975, 1197 (= 1071) = NJW 1975, 1415 = MDR 1975, 741 = Rpfleger 1975, 353.
5 So noch BGH JurBüro 1962, 278.
6 BGH NJW 1975, 1415 = JurBüro 1975, 1197 = MDR 1975, 741 = Rpfleger 1975, 373; OLG Schleswig SchlHA 1993, 155 = JurBüro 1994, 26.
7 OLG Hamburg JurBüro 1994, 364.

Erbschein

Im Beschwerdeverfahren betreffend die Einziehung des Erbscheins bestimmt 3893
sich der Gegenstandswert der anwaltlichen Tätigkeit nach dem Interesse des
Beschwerdeführers an der Erteilung eines neuen Erbscheins, wobei das Interesse des Beschwerdeführers auch nur einen Bruchteil des Nachlasses betragen
kann.[1]

Erbunwürdigkeit

Ursprünglich nahm die Rechtsprechung an, der Streitwert der Erbunwürdig- 3894
keitsklage bemesse sich nach dem **vollen Nachlasswert**.[2]

Sodann hat der BGH[3] den Streitwert nur noch nach dem Interesse des Klägers 3895
an der für ihn aus der Erbunwürdigkeit sich ergebenden **Besserstellung** bemessen.[4]

Auch diese Rechtsprechung ist aber mittlerweile überholt. Sie hat die schutz- 3896
würdigen Interessen des Beklagten außer acht gelassen. Um dies zu verstehen,
ist ein Blick auf die materiellrechtliche Lage notwendig:

Ein einzelner Miterbe kann den Erbfall eines anderen Miterben anfechten und 3897
Anfechtungsklage mit dem Antrag erheben, diesen für erbunwürdig zu erklären
(§§ 2341, 2342 BGB). Hat er Erfolg, dann erhöht sich nicht nur seine Beteiligung
am Nachlass, sondern auch die der anderen Miterben, da das stattgebende Gestaltungsurteil für diese Rechtskraft wirkt (vgl. § 2344 Abs. 1 BGB). Der Sache
nach ist also die **gesamte Beteiligung** des Beklagten **am Nachlass** in Streit, so
dass diese auch die Höhe des Streitwertes bestimmen muss.[5]

Wird mit der Erbunwürdigkeitsklage zugleich die Klage auf Herausgabe des 3898
Nachlasses verbunden, dann ist dieselbe Bewertung geboten. Denn bei wirtschaftlicher Betrachtungsweise ist Streitgegenstand nur der Anteil des beklagten Miterben, der diesem wegen Erbunwürdigkeit aberkannt werden soll.[6]

Feststellungsabschlag

Übersehen wird bei der Bewertung von Feststellungsklagen von oder gegen Mit- 3899
erben nicht selten, dass bei der positiven Feststellungslage ein Abschlag von
20 % vorzunehmen ist.[7] Bei der **Erbfeststellungsklage eines Vorerben** ist ein

---

1 ObLGZ 2001, Nr. 67 = FamRZ 2002, 1203 = AGS 2002, 274.
2 OLG Hamburg Rpfleger 1951, 570; OLG Nürnberg JurBüro 1959, 252.
3 BGH JurBüro 1960, 205.
4 Ebenso OLG Hamburg JurBüro 1959, 329; OLG Stuttgart Rpfleger 1956, 168.
5 BGH JurBüro 1969, 1168; siehe auch *E. Schneider* JurBüro 1977, 442 zu Ziff. 10.
6 Die gegenteilige ältere Rspr. – OLG Hamburg Rpfleger 1971, 570; OLG Stuttgart Rpfleger 1956, 168 – ist durch BGH JurBüro 1969, 1168 überholt.
7 OLG Köln JurBüro 1979, 1704 = JMBl.NRW 1979, 245 = KostRsp. ZPO § 3 Nr. 443 mit
   Anm. *E. Schneider*; OLG Bamberg JurBüro 1974, 1433.

noch höherer Feststellungsabschlag vorzunehmen.[1] Anders bei der negativen Feststellungsklage. Da mit ihr jegliche erbrechtliche Ansprüche des Miterben vollumfänglich ausgeschlossen werden sollen, kommt ein Abschlag von dessen quotenmäßiger Beteiligung am Nachlass nicht in Betracht.[2]

3900 Gerade bei Erbstreitigkeiten mit ihren oft hohen Werten kann davon die **Rechtsmittelfähigkeit** eines Rechtsstreits abhängen.

3901 Klagt ein Verwandter gegen die durch Erbschein als Alleinerbin ausgewiesene Beklagte auf Feststellung, dass die Klägerin kraft Gesetzes zu einem Bruchteil Miterbin sei, dann steht bei Erfolg der Klage fest, dass die Klägerin Inhaberin des umstrittenen Erbteils ist. Diese, die Beklagte notwendig ausschließende Feststellung ist der negativen Feststellungsklage vergleichbar und steht einem Feststellungsabschlag entgegen.[3]

Genehmigung

3902 Der volle Grundstückswert soll nach OLG Bamberg[4] dann maßgebend sein, wenn ein Miterbe gegen einen anderen Miterben auf Genehmigung eines **notariellen Vertrages** klagt, durch den ein Nachlassgrundstück zur Erfüllung eines Vermächtnisses übertragen wird.

3903 Diese Entscheidung ist jedoch mit der gerade in Miterbenstreitigkeiten vom BGH praktizierten wirtschaftlichen Betrachtungsweise (siehe oben Rn. 3827, 3828) unvereinbar. Als Streitwert ist die höchste Quote der Nachlassbeteiligung anzunehmen, die sich bei einem Vergleich des Anteils des klagenden Miterben und des die Genehmigung verweigernden beklagten Miterben ergibt.[5]

Gesetzliche Erbfolge

3904 Bei einer Klage auf Feststellung, dass die gesetzliche Erbfolge eingetreten sei, bestimmt sich der Wert des Streitgegenstandes nach dem **Anteil** des klagenden Erben **am Nachlass,** nicht aber nach dem Wert des Gesamtnachlasses.[6] Zum Feststellungsabschlag siehe oben Rn. 3891.

3905 Bei der Festsetzung des Streitwertes einer Klage, mit der der Kläger gegen den testamentarisch eingesetzten Erben die Feststellung begehrt, aufgrund gesetzlicher Erbfolge Erbe geworden zu sein, ist der Wert des unstreitigen **Pflichtteilsanspruchs** des Klägers von dem Wert des Nachlassvermögens abzuziehen.[7]

---

1 BGH, Beschl. v. 10. 5. 1989 – IVa ZR 126/88, KostRsp. ZPO § 3 Nr. 975 = FamRZ 1989, 958 = JurBüro 1991, 108: 25 %.
2 OLG Frankfurt OLGR 1994, 66.
3 BGH, Beschl. v. 16. 6. 1987 – IVa ZR 24/87, KostRsp. ZPO § 3 Nr. 873.
4 OLG Bamberg JurBüro 1983, 120 mit krit. Anm. *Mümmler* = KostRsp. ZPO § 6 Nr. 90 mit abl. Anm. *E. Schneider.*
5 Siehe ausführlich dazu *E. Schneider* Anm. zu KostRsp. ZPO § 6 Nr. 90.
6 OLG Schleswig SchlHA 1958, 83; OLG Bamberg JurBüro 1975, 1367.
7 BGH NJW 1975, 539 = JurBüro 1975, 1197).

Grundbuchberichtigung

Den Streitwert einer Klage, mit der ein Erbe gegen einen Miterben einen zum   3906
Nachlass gehörenden Anspruch auf Berichtigung des Grundbuchs dahin geltend
macht, dass an Stelle des Miterben die Erben in Erbengemeinschaft als Eigentümer eines Grundstücks eingetragen werden, bildet der Wert des Grundstücks;
der Anteil des beklagten Miterben ist vom Grundstückswert abzuziehen.[1]

Herausgabe

Über die Bewertung bei Streit unter Miterben wegen der Herausgabe des Nach-   3907
lasses an einen Dritten siehe oben Rn. 3865 ff.

Werden Miterben von einem Erben verklagt, ihren Anteil am Nachlass an die   3908
Erbengemeinschaft herauszugeben, bestimmt sich der Streitwert anhand des
Nachlasses abzüglich der Anteile der Beklagten. Dagegen wird der Anteil eines
weiteren, am Rechtsstreit nicht beteiligten Erben nicht abgesetzt.[2]

Der Streitwert für Klagen unter Miterben mit dem Ziel, den Beklagten als erb-   3909
unwürdig aus der Erbengemeinschaft auszuschließen und das Nachlassgrundstück herauszugeben, bemisst sich gemäß § 3 ZPO nach dem Anteil des Beklagten (siehe oben Rn. 3886).

Hinterlegung

Der Streitwert für eine Klage, mit der ein Miterbe nach § 2039 BGB gegenüber   3910
einem anderen Miterben eine **Nachlassforderung** auf Hinterlegung einer bestimmten Geldsumme zugunsten des Nachlasses geltend macht, bemisst sich
nach dem Betrag der eingeklagten Forderung abzüglich eines dem Miterbenanteil des Beklagten entsprechenden Betrages.[3]

Leistungsklage

Klagt ein Miterbe aufgrund des § 2039 BGB gegen einen Nachlassschuldner auf   3911
Leistung an die noch ungeteilte Erbengemeinschaft, dann ist die volle Leistung
im Streit und gemäß § 6 ZPO zu bewerten.[4]

Der **Anteil des klagenden Miterben ist also wertmäßig** unbeachtlich. Dasselbe   3912
gilt, wenn der klagende Miterbe auf Leistung an sich allein klagt, weil er von

---

1 BGH JurBüro 1958, 387; RGZ 156, 263; OLG Neustadt Rpfleger 1963, 66 zu ZPO § 6, b;
  KG Rpfleger 1962, 155 zu ZPO § 6, 1.
2 OLG Karlsruhe, Beschl. v. 25. 2. 1992 – 10 W 3/92, KostRsp. ZPO § 3 Nr. 1110 = JurBüro
  1992, 418 = Justiz 1992, 358 = Rpfleger 1992, 254.
3 BGH JurBüro 1967, 125 = MDR 1967, 202; vgl. auch E. *Schneider* JurBüro 1977, 438 zu
  Ziff. 3.
4 RGZ 149, 193; OLG Düsseldorf MDR 1962, 912; OLG Bremen Rpfleger 1957, 274; OLG
  Saarbrücken SRZ 1954, 30; beiläufig OLG Schleswig JurBüro 1994, 26 = SchlHA 1993,
  155.

den übrigen Miterben zur Einziehung der Forderung oder des Anspruches ermächtigt worden ist.[1]

3913 Bei der Zahlungsklage eines Miterben gegen die anderen Miterben auf Zahlung einer Geldsumme an die lediglich aus den Parteien bestehende Erbengemeinschaft ist jedoch der auf den Anteil des beklagten Miterben entfallende Geldbetrag streitwertmäßig grundsätzlich nicht zu berücksichtigen.[2]

3914 Ist dagegen der **beklagte Nachlassschuldner nämlich zugleich Miterbe**, dann ist zu beachten, dass dem beklagten Miterben u.U. ein seinem Erbteil entsprechender Anteil an der geforderten Leistung zukommt und verbleibt. Dieser Anteil muss als außer Streit befindlich angesehen und daher von dem an sich maßgebenden Wert der gesamten Leistung abgesetzt werden.[3]

3915 Diese Betrachtungsweise darf jedoch nicht schematisiert und unreflektiert übernommen werden, weil dem beklagten Miterben vor der Auseinandersetzung gar kein fester Anteil an der Forderung zusteht und im Übrigen gar nicht feststeht, ob der Beklagte an der beigetriebenen Forderung partizipiert

> **Beispiel:**
>
> Der Kläger (zu $1/4$ erbberechtigt) klagt gegen den Beklagten (ebenfalls zu $1/4$ erbberechtigt) auf Zahlung eines Betrages in Höhe von 100 000 Euro an die Erbengemeinschaft. Nach Zahlung der Forderung ergibt sich ein Nachlassbestand von 0 Euro.
>
> In diesem Fall muss es bei den vollem 100 000 Euro verbleiben. Es wäre nicht sachgerecht, den Streitwert in diesem Fall auf lediglich 75 000 Euro zu reduzieren.
>
> Wäre die Forderung gegen den Beklagten unbegründet gewesen und der Nachlass damit überschuldet, hätte er das Erbe ausschlagen, zumindest die Dürftigkeitseinrede erheben können, so dass er durch den Eingang der 100 000 Euro bei der Erbengemeinschaft überhaupt keinen Nutzen hat.
>
> Daher darf in einem solchen Fall nichts abgezogen werden.

3916 Es ist daher immer zu fragen, welcher Vorteil auf den Beklagten wieder zurückfällt oder besser aus Sicht des Klägers ausgedrückt, welcher Anteil ihm wieder verloren geht und daher für ihn wirtschaftlich kein Interesse hat.

3917 Steht der Erbteil des Miterben nicht fest, so muss dieser geschätzt werden. Dabei dürfte es ausschließlich auf die Sicht des Klägers ankommen.

3918 Behauptet der Kläger, der in Anspruch genommene Miterbe sei erbunwürdig, dürfte ein Abzug nicht gerechtfertigt sein, da aus Sicht des Klägers dem Beklagten kein Vorteil zukommen kann. Gegebenenfalls ist auch hier nach § 3 ZPO zu schätzen.

3919 Bei der Streitwertfestsetzung in erbrechtlichen Angelegenheiten unter Miterben ist eine wirtschaftliche Betrachtungsweise angezeigt. Wenn ein Miterbe eine Nachlassforderung gegen die anderen Miterben einklagt, sind deren Anteile

---

1 Zöller/*Herget*, § 3 Rn. 16 unter „Erbrechtliche Ansprüche".
2 OLG Köln JurBüro 1969, 344; OLGR 1995, 246.
3 RG JW 1937, 228 Nr. 11; RGZ 156, 264.

abzuziehen. Gleiches gilt, wenn ein Miterbe die Übertragung eines Nachlass-gegenstandes verlangt.[1]

Im umgekehrten Fall, wenn also der **klagende Miterbe zugleich Gläubiger** der Erbengemeinschaft ist und gegen einen Miterben seine private Forderung verfolgt, muss entsprechend der Anteil des klagenden Gläubiger-Miterben an der den Nachlass belastenden Schuld außer Ansatz bleiben. Es ist also zu berücksichtigen, dass die von dem Gläubiger-Miterben geltend gemachte Forderung ihn selbst als Miterben in Höhe seines Anteils belastet. Dieser Teil der Forderung, den der klagende Miterbe in jedem Fall selbst zu tragen hat, ist wiederum außer Betracht zu lassen.[2]   3920

Ist dagegen der klagende Nachlassgläubiger nicht an der Erbengemeinschaft beteiligt, dann gelten die allgemeinen Vorschriften; der Wert der Klageforderung ist uneingeschränkt anzusetzen (siehe aber zu der Besonderheit der Auflassungsklage gegen einen einzelnen Miteigentümer oben Rn. 3850 ff.).   3921

Auch bei der Klage gegen einen Miterben auf Löschung einer **Hypothek** bestimmt sich der Streitwert nach dem eingetragenen Betrag ohne Rücksicht darauf, dass der Miterbe nur zu einem Teil berechtigt ist.[3]   3922

Soweit jedoch nur die Zustimmung anderer Miterben notwendig (oder freiwillig erteilt) ist, ist dies streitwertermäßigend zu berücksichtigen. Denn dann kann die Klage lediglich gegen einen Miterben nicht den vom Kläger bezweckten rechtlichen Erfolg herbeiführen.   3923

Der Anspruch auf Einwilligung in die Löschung des **Nacherbenvermerks** hat neben dem Begehren der Zustimmung des Nacherben zur Veräußerung des Nachlassgrundstücks keinen eigenen Wert.   3924

Die Klage eines Erben gegen einen Miterben auf Erteilung der Löschungsbewilligung für eine zugunsten der Erbengemeinschaft eingetragene **Sicherungshypothek** wurde früher mit dem vollen Betrag der Hypothek bewertet. Entsprechend der neueren Judikatur, die den Anteil des klagenden Erben bei der Streitwertbemessung aus wirtschaftlichen Erwägungen unberücksichtigt lässt,[4] hat das OLG Frankfurt/M.[5] zutreffend lediglich den Hälfteanteil des die Löschung verweigernden Miterben angesetzt.   3925

Nachlassverzeichnis

Die Klage auf Vorlegung eines Nachlassverzeichnisses und Auskunftserteilung über den **Verbleib von Erbschaftsgegenständen** richtet sich gemäß § 3 ZPO nach dem Interesse des Klägers daran, Schwierigkeiten bei der Ermittlung des   3926

---

1 OLG Köln, Beschl. v. 17. 5. 1995 – 11 W 32/95, zitiert nach juris.
2 RGZ 156, 265.
3 OLG Naumburg JW 1936, 2169; OLG Zweibrücken Rpfleger 1967, 2.
4 Siehe oben Rn. 3827, 3828 und *E. Schneider* JurBüro 1977, 433.
5 OLG Frankfurt/M. JurBüro 1981, 757.

Bestandes der Erbschaft zu vermeiden, die ohne die verlangte Auskunft auftreten würden.[1]

3927 Wesentlicher Anhalt für die wirtschaftliche Einschätzung dieses Interesses ist der Wert der Gegenstände, die in das Nachlassverzeichnis aufzunehmen sind, da es dem Kläger letztlich um die vermögensrechtliche Zuordnung dieser Sachen geht.[2]

Nichtigkeit

3928 Klagt ein Miterbe auf Feststellung der Nichtigkeit eines Vertrages der Erbengemeinschaft, der den Beklagten zum **Ankauf eines Nachlassgrundstückes** berechtigt, dann bestimmt sich der Streitwert nach dem Interesse des Klägers an der Befreiung von den Verpflichtungen aus dem Vertrag, nicht nach dem entsprechenden Interesse der ganzen Erbengemeinschaft.[3]

3929 Klagen Miterben gegen einen anderen Miterben auf Feststellung der Wirksamkeit eines von der Erbengemeinschaft mit einem **Dritten abgeschlossenen Pachtvertrages,** dann ist ebenfalls nicht auf die Höhe des Pachtzinses abzustellen, sondern auf das Interesse des Klägers.[4]

3930 Bei einer Klage auf Feststellung der Nichtigkeit eines **Testaments** oder einer sich aus einer behaupteten Testamentauslegung ergebenden Rechtsfolge ist der Streitwert ebenfalls nicht nach dem Wert des ganzen Nachlasses, sondern nach dem Interesse des Klägers an der begehrten Feststellung zu treffen.[5]

3931 Das Interesse richtet sich nach der für den Kläger bei einer Testamentsnichtigkeit gegebenen Besserstellung.[6]

3932 Es entspricht nach OLG Saarbrücken[7] dem Erbteil des klagenden Miterben.

3933 Für die Wertberechnung einer auf Feststellung der Rechtsgültigkeit eines Testaments gerichteten Klage ist § 3 ZPO maßgebend. Hierbei ist – ausgehend vom Nettowert des Nachlasses – streitwertmindernd der Anteil eines Erben wie auch der Anspruch eines Pflichtteilsberechtigten zu berücksichtigen.[8]

3934 Klagt ein Dritter auf Feststellung der Nichtigkeit eines **Pachtvertrages,** der zwischen der Erbengemeinschaft und einem anderen abgeschlossen worden ist, dann bestimmt sich der Streitwert nach dem Interesse des Dritten.[9]

---

1 KG JurBüro 1973, 151; OLG Köln MDR 1959, 223 Nr. 93; OLG Schleswig JurBüro 1959, 169 Nr. 53.
2 KG JurBüro 1973, 151.
3 BGH JurBüro 1954, 231; siehe dazu aber *E. Schneider* JurBüro 1977, 440 zu Ziffer 6.
4 BGH ZMR 1956, 55.
5 BGH NJW 1956, 1877.
6 KG Rpfleger 1962, 154 zu ZPO § 3, r.
7 OLG Saarbrücken SRZ 1954, 30.
8 OLG Koblenz Rpfleger 1956, 146 zu ZPO §§ 3, 6, a.
9 BGH Rpfleger 1955, 101.

Hier ließe sich jedoch mit Rücksicht auf die faktische Wirkung einer erfolgrei- 3935
chen negativen Feststellungsklage sehr wohl auch die Auffassung vertreten,
dass das Erhaltungsinteresse des Beklagten am ganzen Vertrag wertbestimmend
ist.[1]

Pachtvertrag

Klagen Miterben gegen einen anderen Miterben auf Feststellung der Wirksam- 3936
keit eines von der Erbenmehrheit für einen Dritten abgeschlossenen Pachtvertrages, dann bestimmt sich der Streitwert nicht nach der Höhe des Pachtzinses,
sondern nach dem gemäß § 3 ZPO zu bemessenden Interesse der Kläger.[2]

Siehe auch vorstehend Rn. 3920.

Pflichtteil

Ist der Pflichtteilsanspruch einer bestimmten Person unstreitig, die Beteiligung 3937
als Miterben am Nachlass aber streitig und wird auf Feststellung der Erbberechtigung geklagt, so bestimmt sich der Streitwert nach dem Wert des halben Erbteils;[3] der Wert des unstreitigen Pflichtteilsanspruchs des Klägers ist also von
dem Wert des von ihm beanspruchten Nachlassvermögens abzuziehen.

Rücktritt vom Erbvertrag

Der Streitwert für eine Klage auf Feststellung der Unwirksamkeit des Rück- 3938
tritts von einem Erbvertrag bemisst sich nach OLG Celle[4] auf $^1/_4$ des derzeitigen
reinen Vermögens des Erblassers. Diese Bewertung ist kaum nachvollziehbar
und hat schwerlich grundsätzliche Bedeutung.

Testamentsvollstreckung

Klagt ein Miterbe, dessen Erbteil den Beschränkungen der Vorerbschaft und der 3939
Testamentsvollstreckung unterliegt, auf Feststellung, dass die Testamentsvollstreckung beendet ist, dann kommt als Streitwert nicht der Wert des Erbteils,
sondern ein erheblich hinter diesem zurückbleibender Betrag in Betracht.[5]

Ein Rechtsstreit um **Bestehen und Fortdauer des Testamentsvollstreckeramtes** 3940
ist vermögensrechtlicher Art, wenn der Nachlass aus einer Stiftung besteht, die
auch erwerbswirtschaftliche Zwecke verfolgt, und der Testamentsvollstrecker
auf die rechtliche und wirtschaftliche Organisation der Stiftung Einfluss nehmen will.

---

1 Siehe dazu *E. Schneider* JurBüro 1977, 440 zu Ziffer 6.
2 BGH ZMR 1956, 55 = LM § 10 GKG a.F. Nr. 10.
3 BGH JurBüro 1975, 460 = MDR 1975, 389 = Rpfleger 1975, 127 = *Warneyer* 1975, Nr. 7.
4 OLG Celle Nds.Rpfl. 1962, 57.
5 OLG Frankfurt JurBüro 1961, 90.

3941 Für die Wertfestsetzung nach § 3 ZPO ist in diesem Fall das objektive Amtsinteresse bestimmend, das dem Testamentsvollstrecker nach dem Testament und kraft Gesetzes obliegt. Dafür ist der wirtschaftliche Wert der den Erben auferlegten Verfügungs- und Verwaltungsbeschränkungen bzw. die Wertminderung, die der Nachlass durch die Testamentsvollstreckung erfährt, maßgebend.

3942 Ein Rechtsstreit um **Bestehen und Fortdauer des Testamentsvollstreckeramtes** ist vermögensrechtlicher Art, wenn der Nachlass aus einer Stiftung besteht, die auch erwerbswirtschaftliche Zwecke verfolgt, und der Testamentsvollstrecker auf die rechtliche und wirtschaftliche Organisation der Stiftung Einfluss nehmen will.

3943 Für die Wertfestsetzung nach § 3 ZPO ist in diesem Fall das objektive Amtsinteresse bestimmend, das dem Testamentsvollstrecker nach dem Testament und kraft Gesetzes obliegt. Dafür ist der wirtschaftliche Wert der den Erben auferlegten Verfügungs- und Verwaltungsbeschränkungen bzw. die Wertminderung, die der Nachlass durch die Testamentsvollstreckung erfährt, maßgebend.

3944 Dieser Wert übersteigt in der Regel nicht die Hälfte des Nachlasses.[1]

3945 Klagt ein Erbe gegen den Testamentsvollstrecker auf Feststellung, dass dessen Teilungsplan unwirksam sei, dann ist das wirtschaftliche Interesse des Klägers maßgebend. Das OLG München[2] hat berücksichtigt, dass der Streit nicht um die Erbbeteiligung ging, sondern um die Verfügungsbefugnis über bestimmte Nachlassgegenstände (hierzu oben Rn. 3844), und dass der Testamentsvollstrecker mit der Klage nicht zu einer bestimmten Art der Teilung gezwungen werden konnte; den Wert hat das Gericht dann festgesetzt auf 50 % der Miterbenquote des Klägers.

Unterlassung

3946 Klagt ein Miterbe gegen einen anderen auf **Untersagung der Eigentumsumschreibung** eines zum Nachlass gehörenden Grundstücks auf den anderen Miterben, dann bemisst sich der Streitwert nur nach der quotenmäßigen Beteiligung des Miterben an der Erbengemeinschaft.[3]

Vorerbe

3947 Klagt der nicht befreite Vorerbe gegen den Nacherben auf Zustimmung zu einem Verkauf eines aus dem Nachlass durch den Erbfall erworbenen Grundstücks und zur Auflassung an den Käufer, dann ist der Streitwert nach § 3 ZPO zu schätzen.[4]

---

1 OLG Schleswig JurBüro 1966, 152 Nr. 44.
2 OLGR 1995, 142.
3 OLG Köln JurBüro 1975, 939.
4 Siehe dazu und zum folgenden Text OLG Schleswig Rpfleger 1968, 325 = JurBüro 1968, 735 = SchlHA 1968, 285.

Maßgebend ist das Interesse der Klägerin, das auf jeden Fall durch den Verkehrswert des Grundstücks begrenzt ist. — 3948

Zugunsten des Vorerben eingetragene **Belastungen** des Grundstücks sind abzusetzen, wenn sie vom Eintritt der Nacherbfolge unberührt bleiben. — 3949

Die vom Vorerben angebotenen **Gegenleistungen** für die begehrte Zustimmung zur Grundstücksveräußerung müssen dagegen unberücksichtigt bleiben. — 3950

Bei der Bewertung ist die materielle Rechtslage zu berücksichtigen; der Vorerbe kann auch ohne Zustimmung verkaufen; diese nimmt aber dem Veräußerungsvorgang die Rechtswirkungen auf die Nacherbschaft. — 3951

Der Anspruch auf Einwilligung in die **Löschung des im Grundbuch eingetragenen Nacherbenvermerks** hat nach OLG Schleswig neben der Zustimmung des Nacherben zur Veräußerung des Grundstücks keinen eigenen Streitwert. — 3952

Zur Widerspruchsklage des Nacherben nach § 773 ZPO siehe das Stichwort „Nacherbe". — 3953

Zur Löschung eines Nacherbenvermerks siehe das Stichwort „Nacherbenvermerk". — 3954

Die Stellung eines Vorerben ist erheblich **schwächer** als die eines Vollerben. Das ist bei der Streitwertfestsetzung zu berücksichtigen und führt bei der positiven Feststellungsklage zu einem höheren Abschlag als den üblichen 20 %.[1] Klagt ein Miterbe, dessen Erbteil den Beschränkungen der Vorerbschaft und der Testamentsvollstreckung unterliegt, auf Feststellung, dass die Testamentsvollstreckung beendet sei, so kommt als Streitwert nicht der Wert des Erbteils, sondern ein erheblich hinter diesem zurückbleibenden Betrag in Betracht, der nach § 3 ZPO zu schätzen ist.[2] — 3955

Vorkaufsrecht

Macht ein Miterbe mit der Klage in erster Linie sein Vorkaufsrecht (§§ 2034, 2035 BGB) geltend und klagt er **hilfsweise** auf Zustimmung zur Erbauseinandersetzung, dann ist streitig, ob bei vergleichsweiser Beendigung dieses Rechtsstreits der Wert beider Ansprüche zu addieren oder nur der primäre Anspruch oder nur der höhere Anspruch zu bewerten ist (siehe § 19 Abs. 1 S. 2, 3, Abs. 4 GKG). Richtig erscheint es, wegen wirtschaftlicher Identität nicht zu addieren, aber vom höheren Streitwert des Hilfsantrages auszugehen.[3] — 3956

Siehe dazu auch das Stichwort „Hilfsantrag" Rn. 2852 f. — 3957

---

1 BGH, Beschl. v. 10. 5. 1089 – IVa ZR 126/88, KostRsp. ZPO § 3 Nr. 975 mit Anm. *E. Schneider* = FamRZ 1989, 958 = JurBüro 1991, 108: 25 %.
2 OLG Frankfurt JurBüro 1961, 90.
3 So LG Bayreuth, Beschl. v. Beschl. v. 1. 12. 1978 – 2 U 69/74, KostRsp. ZPO § 3 Nr. 492 mit zust. Anm. *E. Schneider* = JurBüro 1980, 1248 mit abl. Anm. *Mümmler*.

Zurückbehaltungsrecht

3958 Auch im Miterbenstreit kann es vorkommen, dass der Beklagte (sei er Erbe oder außenstehender Dritter) Abweisung der Klage lediglich unter Berufung auf eine ihm gebührende **Gegenleistung** beantragt. Erkennt er seine Leistungspflicht als solche an, dann fordert wirtschaftliche Betrachtungsweise, dass der Streitwert nur an der Gegenleistung bemessen wird.[1]

3959 Die herrschende Auffassung lässt allerdings immer noch die Gegenleistung vollständig außer acht, also auch dann, wenn die Hauptleistung gar nicht im Streit ist. Ausführlich dazu das Stichwort „Gegenleistung" Rn. 2235 ff.

Zuwendungen

3960 Bei einer Klage auf Feststellung der erbrechtlichen Ausgleichspflicht im Sinne des § 2050 BGB ist der Streitwert nach dem Interesse zu bemessen, das der Kläger an der Ausgleichung hat.[2]

Mitverschulden

3961 Im Rahmen einer Schadensersatzklage ist es für die Streitwertbestimmung unbeachtlich, dass der Beklagte gegenüber der Forderung des Klägers ein (anteiliges) Mitverschulden einwendet. Denn maßgeblich ist die Forderung des Klägers, nicht die Verteidigung des Beklagten oder der spätere Ausgang des Verfahrens.

3962 Wird bei einer Schadensersatzklage allerdings nur ein Teilbetrag beansprucht und mit der Widerklage Feststellung des Nichtbestehens des gesamten Anspruchs begehrt, hat weiterhin der Kläger von vornherein ein Mitverschulden eingeräumt, so ist dieses Mitverschulden bei der Festsetzung des Streitwertes zu berücksichtigen, auch wenn der Kläger das Mitverschulden nicht bruchteilsmäßig bestimmt hat.[3]

3963 Auf die Höhe des Gegenstandswertes von Vergleichen über Ansprüche aus einem Unfallereignis ist es nicht von Einfluss, ob und gegebenenfalls in welchem Umfang ein Mitverschulden des Geschädigten eine Rolle gespielt hat.[4] Denn entscheidend ist nicht die – ggf. unter Berücksichtigung einer Mitverschuldensquote ermittelte – Summe, auf die sich die Parteien im gerichtlichen Verfahren einigen, sondern die Summe, über die sie sich einigen.

---

1 Siehe dazu speziell für Miterbenstreitigkeiten *E. Schneider* JurBüro 1977, 435 zu Ziffer 1.
2 BGH Rpfleger 1957, 247.
3 OLG Neustadt Rpfleger 1967, 1.
4 AG Wiesbaden VersR 1971, 728.

Nachbarrechtliche Ansprüche

Nachbarrechtliche Ansprüche nach den §§ 906 ff. BGB können in entsprechender Anwendung des § 7 ZPO bewertet werden, wenn die jeweiligen Beschränkungen ähnlich wie eine Dienstbarkeit wirken.[1] **3964**

Die Wertminderung, die das dienende Grundstück bei Bestehen eines behaupteten Lichtrechts erleiden würde, beschränkt sich nicht auf den Minderwert des davon unmittelbar betroffenen Grundstücksteiles, sondern erstreckt sich auf das gesamte Grundstück, insbesondere auf die gesamte bislang nicht bebaute Grundfläche.[2] **3965**

Ein nachbarrechtlicher Anspruch auf Beseitigung von Immissionen ist dagegen nicht nach § 7 ZPO, sondern nach § 3 ZPO zu bewerten. **3966**

Den Wert einer Geräuschimmission durch Haustiere hat das LG Bonn[3] auf (umgerechnet) 1500 Euro festgesetzt. **3967**

Maßgebend für die Schätzung ist die vom Kläger behauptete Entwertung seines Grundstücks, die er angesichts der voraussichtlichen Dauer der Störung befürchten muss,[4] sowie sein Interesse an der Durchführung der Abwehrmaßnahmen, nicht dagegen der Betrag der Kosten, die der Beklagte zur Verhinderung der Belästigung aufwenden muss.[5] Dabei ist unbeachtlich, ob das Grundstück mehreren Klägern gehört, die der Störung ausgesetzt sind, denn das Grundstück bleibt dasselbe.[6] **3968**

Für die Beschwer des zur Beseitigung einer Eigentumsstörung verurteilten Beklagten dagegen ist auf sein Interesse abzustellen, sich gegen die Kosten einer Ersatzvornahme zu wehren.[7] Vgl. zu den Einzelheiten das Stichwort „Rechtsmittel". **3969**

Nacherbe

Siehe das Stichwort „Vor- und Nacherbe".

---

1 BGH Rpfleger 1959, 12– Lichtrecht; OLG Jena MDR 1999, 196 – Notwegrecht; OLG Schleswig Rpfleger 1957, 2 zu ZPO § 7, b – Licht- und Fensterrecht.
2 OLG Schleswig Rpfleger 1957, 2 zu ZPO § 7, b.
3 LG Bonn, Beschl. v. 31. 7. 2001 – 8 T 212/00, JurBüro 2001, 593.
4 OLG Koblenz JurBüro 1995, 27.
5 OLG Schleswig Rpfleger 1957, 1 zu ZPO § 3, c.
6 BGH, Beschl. v. 29. 1. 1987 – V ZR 136/86, KostRsp. ZPO § 5 Nr. 68 mit Anm. *Schneider* = MDR 1987, 570.
7 BGH, Beschl. v. 10. 12. 1993 – V ZR 168/92, KostRsp. ZPO § 3 Nr. 1170.

Nacherbenvermerk

3970 Der Anspruch auf Einwilligung in die Löschung des im Grundbuch eingetragenen Nacherbenvermerks hat neben der Zustimmung des Nacherben zur Veräußerung des Grundstücks keinen eigenen Streitwert. Will der Vorerbe das Grundstück lastenfrei veräußern, und beauftragt er deshalb einen Rechtsanwalt damit, die Löschung des eingetragenen Nacherbenvermerks zu erreichen, indem die zu Recht eingetragenen Nacherben zur Verzichtserklärung bewegt werden, dann ist der Grundstückswert (Kaufpreis) der Gegenstandswert für die Anwaltsgebühren.[1] Dem OLG Celle wird man dann folgen können, wenn das Grundstück, solange und weil der Nacherbenvermerk eingetragen war, unverkäuflich war.

Nachforderungsklage

3971 Bei einer Nachforderungsklage zur **Sicherheitsleistung** gemäß § 324 ZPO handelt es sich nicht um die Erfüllung einer gesetzlichen Unterhaltspflicht, sondern um deren Sicherstellung. Bemessungsvorschrift ist deshalb § 6 ZPO.

3972 Der Gegenstand des **Pfandrechts** und der **Forderung** sind zu vergleichen; der geringere Wert ist anzusetzen.

3973 Die Forderung ist dabei jedoch, soweit es sich um einen Anspruch auf gesetzlichen Unterhalt handelt, ihrerseits nach § 42 Abs. 1 GKG (§ 17 Abs. 1 GKG a.F.) zu bewerten.[2]

Nachlassverzeichnis

Siehe das Stichwort „Miterbe".

Nachverfahren

Siehe das Stichwort „Urkunden-, Wechsel- und Scheckprozess".

---

1 OLG Celle OLGR 1995, 109.
2 KG JW 1927, 1169 Nr. 10.

Namensrecht

Bei den Ansprüchen auf Beseitigung bzw. Unterlassung aus **§ 12 BGB** handelt **3974** es sich um nichtvermögensrechtliche Streitigkeiten, die nach § 48 Abs. 2 GKG zu bewerten sind. Der Wert ist unter Berücksichtigung aller Umstände des Einzelfalls nach Ermessen zu bestimmen und darf 1 000 000 Euro nicht überschreiten.

Anders ist es bei der Firma, die nach **§ 17 Abs. 1 HGB** der Name des Kaufmannes ist. Wird der ungestörte Gebrauch der Firma behindert oder beeinträchtigt, so richtet sich das gegen den Gewerbebetrieb. Die daraus hergeleiteten Abwehransprüche sind deshalb vermögensrechtlicher Art.[1] Das Interesse des Klägers an einem Widerruf bzw. an der Unterlassung ist in diesen Fällen nach § 3 ZPO zu schätzen.

3975

Gleiches gilt in den Fällen, in denen der Name einer Person wirtschaftlich **3976** verwertet wird, beispielsweise als Marke oder geschäftliche Bezeichnung, da hier der Schutz der Individualsphäre zurücktritt.

Nebenforderungen

Literatur: *Lappe* Rpfleger 1955, 121 (Zinsen des nicht streitbefangenen Teils der Hauptforderung); *v. Lübtow* NJW 1958, 2041; *Brox* Rpfleger 1967, 351; *E. Schneider* JurBüro 1968, 194 (Begriff der „Kosten"); DRiZ 1979, 310 (Anrechnung bei Teilzahlung); *Boetius*, KTS 1967, 213; *Weisbrodt* JurBüro 1995, 115 (Nebenforderungen beim Freistellungsanspruch).

Gliederungsübersicht

A. Begriffe 3977

B. Bewertungsregeln 3982

I. Zuständigkeitsstreitwert 3984

II. Gebührenstreitwert 3987

C. Einordnung „als Nebenforderung"

I. Begriff der Haupt- und Nebenforderung 3995

II. Anhängigkeit des Hauptanspruchs 3997

III. Abhängigkeitsverhältnis 4000

IV. Fortbestand der Abhängigkeit . . 4005

V. Form der Antragstellung 4014

D. Streitwert-Schlüssel 4018

A. Begriffe

Für Früchte, Nutzungen, Zinsen oder Kosten, die als Nebenforderungen geltend **3977** gemacht werden, enthalten § 4 Abs. 1 ZPO und § 43 Abs. 1 GKG besondere Bewertungsregeln.

---

1 RG JW 1931, 1919.

3978 Was **Früchte und Nutzungen** sind, ergibt sich aus den §§ 99, 100 BGB.

3979 **Zinsen** sind das vom Schuldner zu entrichtende Entgelt für die Überlassung von Kapital.[1] Für die Streitwertberechnung macht es keinen Unterschied, ob es sich um gesetzliche oder um vertragliche Zinsen handelt, um Fälligkeits-, Verzugs-, oder Prozesszinsen.

3980 Zu den **Kosten** wiederum zählen Aufwendungen in Bezug auf die Durchsetzung oder Abwehr eines Anspruchs oder Rechtes. Für die Streitwertfestsetzung sind nur die außerhalb des Rechtsstreits angefallenen Kosten von Bedeutung. Hiervon zu unterscheiden sind die **Kosten des Rechtsstreits** selbst. Sie haben für den **Zuständigkeitsstreitwert** keine Bedeutung, wohl aber für die **Beschwer** bei Anfechtung von Kostenentscheidungen (§ 567 Abs. 2 ZPO) oder Streitwertbeschwerden (§ 68 GKG, § 33 RVG); für den **Gebührenstreitwert** gilt § 43 Abs. 3 GKG.[2]

3981 Ob **Zinsen, Kosten und Provisionen** nach dem WG und dem ScheckG Nebenforderungen darstellen, kann dahinstehen, da sie nach **§ 4 Abs. 2 ZPO** jedenfalls als solche anzusehen sind.[3]

B. Bewertungsregeln

3982 Ob Früchte, Nutzungen, Zinsen oder Kosten bei der Streitwertberechnung zu berücksichtigen sind, hängt davon ab, ob sie im Rechtsstreit als Hauptforderung oder als Nebenforderungen geltend gemacht werden.

3983 Werden sie als **Hauptforderung** geltend gemacht, wird also nur auf Zahlung von Früchten, Nutzungen, Zinsen oder Kosten geklagt, dann gelten die allgemeinen Bewertungsregeln, nicht § 4 ZPO oder § 43 GKG. Auch die Begrenzung nach § 43 Abs. 2 GKG greift in diesem Falle nicht; der Gebührenstreitwert kann daher auch den Wert der nicht anhängigen Hauptforderung überschreiten.

⮑ **Beispiel:**

Aus einer Forderung über 1000 Euro werden Kosten und Zinsen in Höhe von 1500 Euro isoliert eingeklagt.

Der Zuständigkeits- und Gebührenstreitwert beträgt 1500 Euro.

I. Zuständigkeitsstreitwert

3984 Werden Früchte, Nutzungen, Zinsen oder Kosten „als Nebenforderungen" geltend gemacht, dann bleiben sie bei der Berechnung des **Zuständigkeitsstreitwerts** nach **§ 4 Abs. 1, 2. Hs. ZPO** unberücksichtigt. Das gleiche gilt für Zinsen, Kosten und Provisionen nach dem WG und dem ScheckG (§ 4 Abs. 2 ZPO).

---

1 BGH NJW 1998, 2060.
2 Siehe das Stichwort „Kosten des Rechtsstreits", Rn. 3158 ff.
3 Siehe ausführlich auch das Stichwort „Urkunden-, Wechsel- und Scheckprozess".

Die Berechnung des Zuständigkeitsstreitwerts bereitet weniger Probleme. Hier 3985
kommt es nur auf den Zeitpunkt der Einreichung der Klage, Klageerweiterung
oder Widerklage an (§ 4 Abs. 1, 1. Hs. ZPO). Ein späterer Wegfall der Hauptforderung durch Hauptsacherücknahme, -verzicht, -erledigung oder Anerkenntnis ist unerheblich. So bleibt das Landgericht zuständig, wenn eine Klage in
Höhe von 6000 Euro nebst Zinsen hinsichtlich der Hauptsumme zurückgenommen und nur noch der Zinsantrag weiter verfolgt wird.

Werden vor dem Amtsgericht zunächst nur Nebenforderungen eingeklagt und 3986
wird später im Wege der Klageerweiterung auch die Hauptforderung anhängig
gemacht, so ist ab Klageerweiterung nach § 4 Abs. 1, 2. Hs. ZPO zu rechnen.
Erhöht sich der Gegenstandswert kann dies zur Verweisung nach § 506 Abs. 1
ZPO führen.

II. Gebührenstreitwert

Für den **Gebührenstreitwert** ist eine differenziertere Betrachtung geboten, da es 3987
hier zu Teil- oder Stufenstreitwerten kommen kann. Siehe die Stichwörter
„Teil des Hauptanspruchs" und „Stufenstreitwerte".

Als **Grundsatz** gilt gem. § 43 Abs. 1 GKG ebenfalls, dass Früchte, Nutzun- 3988
gen, Zinsen oder Kosten als Nebenforderungen den Streitwert nicht erhöhen.
Sie bleiben also bei der Berechnung der Gebühren ohne Ansatz, solange die
gebührenauslösende Handlung auch nur einen Teil der Hauptforderung betrifft.

Eine **Ausnahme** von diesem Grundsatz schafft § 43 Abs. 2 GKG. Danach ist bei 3989
Handlungen, die zwar Früchte, Nutzungen, Zinsen oder Kosten als Nebenforderungen betreffen, aber nicht auch den Hauptanspruch, der Wert der Nebenforderungen maßgebend. Dieser Wert darf aber wiederum den Wert des Hauptanspruchs nicht übersteigen.

⊃ **Beispiel:**

Über die Hauptforderung (4000 Euro) ergeht sofort ein Versäumnisurteil, über den
Zinsantrag (500 Euro) wird jedoch erörtert.

Für die 0,5-Terminsgebühr nach Nr. 3105 VV RVG gilt der Wert der Hauptsache; für
die 1,2-Terminsgebühr nach Nr. 3104 VV RVG, die nur die Zinsen als Nebenforderung
ohne den Hauptanspruch betraf, ist dagegen der Wert der Zinsen maßgebend.[1]

Insgesamt darf allerdings gem. § 15 Abs. 3 RVG nicht mehr verlangt werden, als eine
1,2-Terminsgebühr aus dem Gesamtwert. Der Gesamtwert beträgt aber wiederum nur
4000 Euro, da insoweit § 43 Abs. 1 GKG greift. Zinsen und Hauptforderung werden
nicht zusammengerechnet.

Das Gleiche gilt, soweit die Gerichtsgebühren nach unterschiedlichen Streit- 3990
werten gelten, wie etwa bei einem Kostenwiderspruch im Mahnverfahren.

---

1 OLG Köln, Beschl. v. 5. 12. 2005 – 17 W 232/05, AGS 2006, 224.

○ **Beispiel:**

Über 4000 Euro nebst Zinsen ergeht ein Mahnbescheid. Der Antragsgegner legt nur hinsichtlich der Zinsen Widerspruch ein. Hierüber wird das streitige Verfahren durchgeführt.

Für die 0,5-Verfahrensgebühr der Nr. 1110 KV GKG gilt der Wert i.H.v. 4000 Euro. Für die 3,0-Gebühr (abzüglich der anzurechnenden 0,5-Gebühr) gilt dagegen nur noch der Wert des Zinsantrags (§ 43 Abs. 2 GKG).

3991 **Weitere Ausnahmen** schafft § 25 Abs. 2 RVG, der allerdings nur für den Gegenstandswert der Anwaltsgebühren gilt.

3992 Nach § 25 Abs. 1 Nr. 1 RVG sind für die Anwaltsgebühren in der **Zwangsvollstreckung** Nebenforderungen, also insbesondere Zinsen, Zustellungskosten, Auslagen für Meldeamts- oder Registeranfragen, Kosten vorheriger erfolgloser Vollstreckungsversuche, u.U. Kosten einer Klage gegen einen Drittschuldner u.ä. bei der Berechnung des Gegenstandswertes mitzuberücksichtigen.

3993 Diese Regelung gilt entsprechend auch bei der **Vollziehung eines Arrestes oder einer einstweiligen Verfügung**.

3994 Im Verfahren über den **Antrag auf Abgabe der eidesstattlichen Versicherung** nach § 807 ZPO gilt § 25 Abs. 1 Nr. 1 RVG nicht, da es sich nicht um eine Vollstreckungsmaßnahme handelt. Daher ordnet § 25 Abs. 1 Nr. 4 RVG an, dass auch hier Nebenforderungen, die aus dem Vollstreckungstitel noch geschuldet werden, bei der Berechnung des Gegenstandswertes mitzuberücksichtigen sind. Hier gilt allerdings ein Betrag in Höhe von 1500 Euro als Höchstgrenze.

C. Einordnung „als Nebenforderung"

I. Begriff der Haupt- und Nebenforderung

3995 **Nebenforderungen** sind Früchte, Nutzungen, Zinsen oder Kosten dann, wenn sie zu dem gleichzeitig eingeklagten Hauptanspruch in einem objektiven Abhängigkeitsverhältnis stehen. Das wird auch so ausgedrückt, dass das Bestehen der Nebenforderung durch das Bestehen der Hauptforderung bedingt sein muss.[1]

3996 Der „**Hauptanspruch**" wiederum ist grundsätzlich der zu Beginn des Verfahrens oder durch Klageerweiterung oder Widerklage geltend gemachte Anspruch, nicht der bei Verfahrensbeendigung noch bestehende.[2]

II. Anhängigkeit des Hauptanspruchs

3997 Der Hauptanspruch muss **anhängig** sein. Wird die Nebenforderung ohne die Hauptforderung eingeklagt, dann fehlt es für diesen Prozess an dem Bedin-

---

1 Vgl. RGZ 55, 82; RG JW 1909, 691 Nr. 21; RG *Warneyer* 1909 Nr. 163.
2 OLG Bamberg JurBüro 1972, 163.

gungsverhältnis; die Nebenforderung wird damit selbst zur Hauptforderung und bestimmt allein den Streitwert. Es gelten dann die allgemeinen Bewertungsregeln (s.o. Rn. 3983).

Das gleiche gilt, wenn Früchte, Nutzungen, Zinsen oder Kosten mit einer anderen Hauptforderung zusammen eingeklagt werden, die bedingende Hauptforderung also außer Streit ist.[1] Auch dann werden die Nebenforderungen mitgerechnet.   3998

Der BGH[2] sieht Zinsen auch dann nicht als Nebenforderungen an, wenn von Streitgenossen einer die Hauptforderung, der andere den Zinsanspruch einklagt. Ebenso verhält es sich, wenn von mehreren beklagten Streitgenossen der eine auf die Hauptforderung, der andere auf die Zinsen verklagt wird.   3999

⊃ **Beispiel:**

Der Kläger verklagt von zwei Gesamtschuldnern den einen auf Zahlung einer Kaufpreisforderung in Höhe von 5000 Euro, den anderen auf Zahlung von Zinsen und Kosten (Wert 200 Euro).

Sowohl der Gebührenstreitwert als auch der Zuständigkeitsstreitwert liegen nach Ansicht des BGH bei 5200 Euro (§ 5 ZPO); zuständig wäre also Landgericht. Ablehnend Lappe,[3] der auf das Additionsverbot wegen wirtschaftlicher Identität abstellt.

III. Abhängigkeitsverhältnis

Zur Hauptforderung muss ein Abhängigkeitsverhältnis bestehen.   4000

Das Abhängigkeitsverhältnis fehlt, wenn die Nebenforderung – meist in Form eines Zinsbegehrens – nur einen Berechnungsmaßstab bei der Bildung einer einheitlichen Geldforderung darstellt.[4]   4001

So ist es beispielsweise bei Enteignungentschädigungen, der Nutzungsentgang in Form einer Verzinsung des Substanzwertes gewähren (siehe das Stichwort „Enteignungsentschädigung" Rn. 1731 ff.), oder bei der Bemessung des Bereicherungsanspruchs (siehe das Stichwort „Bereicherungsansprüche" Rn. 998, 1000).   4002

An einer Abhängigkeit fehlt es auch bei einer Klage auf Herausgabe einer Mietkaution; auch hier erhöhen zwischenzeitlich aufgelaufene Zinsen den Streitwert (s.u. Rn. 4055). Weitere Fälle fehlender Abhängigkeit: Hinterlegungszinsen, u. Rn. 4034 Befreiungsanspruch, u. Rn. 4019.   4003

Ebenso liegt es, wenn die Nebenforderungen nur Berechnungsposten eines selbständigen Schadensersatzanspruches sind (s. „Schadensersatz", Rn. 4060).   4004

---

1 RG *Warneyer* 1909 Nr. 163.
2 BGH, Beschl. v. 14. 5. 1992 – II ZR 275/91, KostRsp. ZPO § 4 Nr. 72.
3 Anm. *Lappe* zu KostRsp. ZPO § 4 Nr. 72; siehe auch *N. Schneider*, Weniger ist mehr – Zwei Kuriosa aus dem Streitwertrecht, Festschrift für Madert, München 2006.
4 RG HRR 1931 Nr. 252; JW 1909, 691.

IV. Fortbestand der Abhängigkeit

4005 Die Abhängigkeit muss fortbestehen. Das **Bedingungsverhältnis kann im Laufe des Rechtsstreits wegfallen**, z.B. dadurch, dass sich die Hauptforderung durch Teilurteil, Klagerücknahme, Verzicht oder Anerkenntnis erledigt. Dann wird die Nebenforderung streitwertmäßig selbständig.[1]

4006 Für den **Zuständigkeitsstreitwert** ist dies unerheblich, da es auf den Zeitpunkt der Einleitung der Instanz ankommt (§ 4 Abs. 1 ZPO) und nach § 506 ZPO nur eine Klageerweiterung relevant ist, nicht aber eine Teilerledigung oder -rücknahme.

4007 Für den **Gebührenstreitwert** ist die Veränderung jedoch beachtlich. Es gilt dann § 43 Abs. 2 GKG (s.o. Rn. 3989). Der Gebührenstreitwert wird fortan durch den Wert der Nebenforderungen bestimmt, begrenzt jedoch auf den Wert der Hauptsache. Siehe hierzu oben Rn. 3987 ff. Allerdings sind die Auswirkungen gering, da nach dem GKG kaum noch Stufenstreitwerte vorgesehen sind. Auch bei den Anwaltsgebühren sind die Auswirkungen gering. Für die Verfahrensgebühr spielt die spätere Reduzierung keine Rolle, allenfalls für eine Termins- oder Einigungsgebühr:

⊃ **Beispiel:**

Nachdem die eingeklagte Hauptforderung (4000 Euro) bezahlt worden ist, wird die Klage insoweit zurückgenommen und nur noch der Zinsantrag weiter verfolgt.

Für die Gerichtskosten bleibt es beim Wert von 4000 Euro.

Die Verfahrensgebühr der Anwälte (Nr. 3100 VV RVG) richtet sich ebenfalls nach 4000 Euro. Die Terminsgebühr (Nr. 3104 VV RVG) und eine eventuelle Einigungsgebühr (Nr. 1000 VV RVG) richtet sich dagegen nur nach dem Wert des Zinsantrags (§ 23 Abs. 1 S. 1 RVG, § 43 Abs. 2 GKG).

4008 Das Bedingungsverhältnis kann bei einer Hauptforderung auch **teilweise wegfallen**.

4009 Zinsen aus einem nicht oder nicht mehr in Streit stehenden Hauptanspruch sind nach § 43 Abs. 2 GKG zu behandeln, auch wenn ein anderer Teil des Hauptanspruchs in derselben Instanz noch anhängig ist.[2]

4010 Die bis zu der Entscheidung BGHZ 26, 174 insbesondere vom RG vertretene Gegenmeinung,[3] der der BGH zunächst gefolgt war,[4] hat die Praxis stark beeinflusst. Allerdings lassen sich gegen die in BGHZ 26, 174 vertretene Auffassung mancherlei Bedenken geltend machen.[5]

---

1 RGZ 60, 114; JW 1927, 2129 u. 2803; KG OLGE 23, 68.
2 BGHZ 26, 174 – unter Aufgabe der bisherigen Rspr.; bestätigt BGH, Urteil v. 24. 3. 1994 – VII ZR 146/93, KostRsp. ZPO § 4 Nr. 76 = MDR 1994, 720 = NJW 1994, 1869 = AnwBl. 1994, 424 = WPM 1994, 1214 = BauR 1994, 539.
3 RG JW 1927, 2129; HRR 1932, 2195; DR 1939, 1182.
4 BGH LM § 4 ZPO Nr. 1.
5 Vgl. v. *Lübtow* NJW 1958, 2041; *E. Schneider*, Logik für Juristen, 4. Aufl., 1995, § 46 S. 205 f.

Die Auffassung des BGH wird daher teilweise abgelehnt.[1] Siehe zu dieser Streit-   **4011**
frage näher mit weiteren Nachweisen das Stichwort „Erledigung der Hauptsache" Rn. 1845.

Die Abhängigkeit kann auch in **höherer Instanz** fortfallen, wenn der verurteilte   **4012**
Beklagte Berufung nur wegen seiner Verurteilung hinsichtlich der Nebenforderungen einlegt oder der Kläger nur wegen deren Abweisung. Die erstinstanzlichen Nebenforderungen werden dann im Berufungsverfahren zur Hauptforderung. Zu beachten ist allerdings § 47 Abs. 2 GKG.

Dagegen bleibt Abhängigkeit bestehen, wenn der abgewiesene Kläger oder der   **4013**
verurteile Beklagte die Entscheidung hinsichtlich der Nebenforderung nur mit
einer Anschlussberufung angreift. Wird eine Berufung wegen einer Nebenforderung mit der wegen der Hauptforderung verbunden, dann wird die Abhängigkeit
wiederhergestellt. Es gilt dann zwar § 45 Abs. 1 GKG, so dass die Werte zusammenzurechnen sind: jedoch ist das Additionsverbot des § 43 Abs. 1 GKG auch
hier zu berücksichtigen. Siehe hierzu auch das Stichwort „Rechtsmittel"
Rn. 4656 ff.).

V. Form der Antragstellung

Unerheblich ist, in welcher rechtlichen Form die Nebenforderungen geltend   **4014**
gemacht werden.[2]

So macht es insbesondere bei Zinsen keinen Unterschied, ob eine Verzinsung   **4015**
der Hauptforderung beantragt wird oder ob die Zinsen ausgerechnet und als
Kapitalbetrag der Hauptforderung zugeschlagen werden.[3]

Darauf hinzuweisen besteht deshalb Anlass, weil selbst von Anwaltsseite der   **4016**
falsche Rat erteilt wird, die Nichtberücksichtigung von Zinsen durch Einbe-
rechnung in den Hauptanspruch zu verschleiern.[4]

Die Kapitalisierung von Nebenforderungen ist aber zu unterscheiden von denje-   **4017**
nigen Fällen, in denen die Zinsen, Kosten u.ä. nur eine Berechnungsposition
einer einheitlichen Hauptforderung sind.

---

1 Siehe *Brox* Rpfleger 1967, 351; OLG Karlsruhe Rpfleger 1970, 31 u. OLG Köln JMBl.NW
   1974, 46: Zinsen, die auf einen erledigten Teil der Hauptsache erfallen, werden dem
   Wert der verbliebenen Hauptsache nicht hinzugerechnet.
2 Siehe aber auch das Stichwort „Kreditgebühren".
3 Einhellige Meinung: BGH, Beschl. v. 10. 5. 1962 – VII ZR 104/61, KostRsp. ZPO § 4
   Nr. 2; BGH, Beschl. v. 18. 1. 1995 – XII ZB 204/94, KostRsp. ZPO § 3 Nr. 1200 = NJW-
   RR 1995, 706; LM § 4 ZPO Nr. 5; OLG Köln, KostRsp. GKG § 22 Nr. 5, 8.
4 Siehe *Strohm/Herrmann* BRAK-Mitteilung 1983, 21.

D. Streitwert-Schlüssel

Stichwortübersicht

Ausländisches Urteil	4018	Prozesszinsen	4057
Befreiungsanspruch	4019	Sachverständigenkosten	4058
Beschwer	4024	Selbständiges Beweisverfahren,	
Bürgschaft	4025	Kosten des	4059
Deckungsschutz	4028	Schadensersatz	4060
Duldungsklage	4029	Scheck und Wechsel	4065
Enteignungszinsen	4030	Schiedsspruch	4068
Feststellungsklage	4031	Schuldanerkenntnis	4071
Finanzierungskosten	4032	Steuersäumniszuschlag	4073
Futterkosten	4033	Teilzahlung	4074
Hinterlegungszinsen	4034	Umsatzsteuer	4076
Inkassogebühren	4038	Vergleich (Einigung)	4078
Inzidentantrag	4039	Verrechnung	4082
Kontokorrent	4040	Verzugszinsen	4085
Kosten	4041	Viehmängelhaftung	4094
Kreditgebühren	4047	Vollstreckungsklausel-Klage	4095
Lastenausgleich	4051	Wechsel	4096
Mahnkosten	4052	Widerklage	4097
Mehrwertsteuer	4054	Wiederaufnahmeverfahren	4100
Mietkaution	4055	Zwangsvollstreckung	4101
Milchgeld	4056	Zwangsvollstreckungsgegenklage	4103

Ausländisches Urteil

4018 Die Kosten, die in einem ausländischen Urteil zuerkannt sind, bleiben bei der Festsetzung des Streitwertes dann unberücksichtigt, wenn sie im ausländischen Urteil nicht ziffernmäßig genannt sind, sei es allein oder neben der Hauptforderung.[1]

Befreiungsanspruch

4019 Bei einer Klage auf Befreiung von einer Verbindlichkeit sind die Zinsen des Anspruchs, von dem Befreiung begehrt wird, keine Nebenforderungen des Befreiungsanspruchs und daher anzusetzen.[2]

4020 A.A. ist der BGH,[3] der die Zinsen als Nebenforderungen bei dessen Wertfestsetzung grundsätzlich unberücksichtigt lassen will. Ausnahmsweise sollen sie aber dann zu berücksichtigen sein, wenn bereits eine rechtskräftige Verurteilung des zu befreienden Schuldners erfolgt ist und dabei Zinsen und Kosten einbezogen sind. In diesem Fall sei die Befreiungsklage auf einen (neuen und einheitlichen) Schadensersatzanspruch ausgerichtet:[4] Ein rechtskräftig zum

---

1 BGH LM § 4 ZPO Nr. 7.
2 RG DR 1940, 2009.
3 BGH JurBüro 1961, 91.
4 BGH *Warneyer* 1976 Nr. 14.

Schadensersatz verurteilter Versicherungsnehmer hatte gegen seinen Haft-pflichtversicherer auf Befreiung von der Urteilssumme und den zugunsten des Geschädigten festgesetzten Kosten geklagt. Der BGH hat die festgesetzten Kosten des Vorprozesses dem Streitwert hinzugerechnet. Gleicher Ansicht ist *Weisbrod*,[1] der darauf abstellt, dass einmal die Nebenforderung auch gegenüber dem Befreiungsschuldner selbst in Abhängigkeit vom Hauptanspruch entstehe, im anderen Fall die Zinsen ihre Abhängigkeit durch Tilgung oder Titulierung verlören und damit Teil eines einzigen Gesamtanspruchs würden.

Die Ansicht des BGH[2] ist unzutreffend. Nach der vom BGH selbst gegebenen Definition sind Zinsen „das vom Schuldner zu entrichtende Entgelt für die Überlassung von Kapital". Hieran fehlt es aber im Verhältnis zwischen Be-freiungsschuldner und –gläubiger. Dem Befreiungsgläubiger kann nie ein eige-ner Zinsanspruch zustehen. Ein Zinsanspruch steht nur dem Forderungsgläubi-ger zu. Dessen Zinsanspruch ist daher nur eine Berechnungsposition eines ein-heitlichen Befreiungsanspruchs. Ein eigener Zinsanspruch des Befreiungs-schuldners kann erst entstehen, wenn er gezahlt hat. Dann geht aber der Befreiungsanspruch unter und verwandelt sich in einen gewöhnlichen Zah-lungsanspruch. **4021**

Auch Kosten des Forderungsgläubigers sind Teil des einheitlichen Befreiungs-anspruchs. Lediglich dann, wenn für den Befreiungsgläubiger selbst Kosten an-fallen, etwa durch eine anwaltliche Mahnung zur Freistellung, sind Nebenfor-derungen i.S.d. § 4 Abs. 1 ZPO, § 43 Abs. 1, 2 GKG gegeben. **4022**

Siehe ausführlich m.w.N. zur Rspr. bei dem Stichwort „Befreiung von einer Verbindlichkeit". **4023**

Beschwer

Siehe dazu das Stichwort „Rechtsmittel" Rn. 4515 ff. **4024**

Bürgschaft

Der Streitwert eines Rechtsstreits zwischen dem Gläubiger und dem Bürgen richtet sich nach dem Wert der Hauptschuld. Die daneben zu entrichteten Zin-sen bleiben bei der Wertberechnung außer Ansatz, da es sich auch im Verhältnis zum Bürgen um Nebenforderungen handelt, auf die er unmittelbar haftet.[3] **4025**

Der Streitwert geht auch dann nicht über den vereinbarten Höchstbetrag der Bürgschaft hinaus, wenn Gegenstand des Rechtsstreits auch die Zinsen, Provi-sionen und Spesen der Bürgschaftssumme sind, für die sich der Bürge zusätzlich verbürgt hat.[4] **4026**

---

1 *Weisbrod* JurBüro 1995, 115.
2 BGH JurBüro 1961, 91.
3 BGH JurBüro 1958, 390.
4 BGH WM 1956, 889.

4027 Für den Befreiungsanspruch des Bürgen gegen den Hauptschuldner sind die Zinsen dagegen mitzurechnen (siehe Rn. 4019).

Deckungsschutz

4028 Der Deckungsschutzprozess des Versicherungsnehmers gegen den Versicherer hat einen Befreiungsanspruch zum Gegenstand (s.o. Rn. 4019). Daher sind Zins- und Kostenansprüche des freizustellenden Geschädigten zu berücksichtigen.[1]

Duldungsklage

4029 Wenn der Eigentümer eines Grundstücks aus einer auf dem Grundstück lasten- den Grundschuld auf Duldung der Zwangsvollstreckung in das Grundstück wegen der Grundschuld verklagt wird (dingliche Klage), bleiben die Kosten der die Befriedigung aus dem Grundstück bezweckenden Rechtsverfolgung bei der Festsetzung des Streitwertes außer Betracht.[2]

Enteignungszinsen

4030 Siehe das Stichwort „Enteignungsentschädigung" (Rn. 1731 ff.).

Feststellungsklage

4031 Wird auf Feststellung der Nichtigkeit eines Darlehensvertrages geklagt, be- stimmt sich der Streitwert nach der Höhe der noch offenen Darlehensvaluta. Die aufgrund des Darlehensvertrages geschuldeten Zinsen erhöhen den Streit- wert nicht. Die Vorschrift des § 9 ZPO gilt nur für die Bewertung eines Stamm- rechts.[3] Ebenso wenig erhöhen Ansprüche auf Rückgabe von Sicherheiten den Streitwert.[4]

Finanzierungskosten

4032 Für die Schätzung des Verkehrswertes einer finanzierten Kaufsache sind die Finanzierungskosten außer Betracht zu lassen.[5]

Futterkosten

4033 Futterkosten sind Nebenforderungen i.S. der § 4 Abs. 1 ZPO, § 43 GKG.

---

1 BGH, Beschl. v. 8. 3. 2006 – IV ZB 19/05, NJW-RR 2006, 791 = VersR 2006, 716; a.A. Vorauflage; OLG Nürnberg VersR 1978, 854.
2 BGH LM § 3 ZPO Nr. 6.
3 OLG Karlsruhe, Beschl. v. 11. 4. 2005 – 17 W 21/05, n.v.
4 OLG Karlsruhe, Beschl. v. 11. 4. 2005 – 17 W 21/05, n.v.
5 OLG Köln JurBüro 1971, 86; siehe auch OLG Köln JMBl.NW 1974, 46.

Hinterlegungszinsen

Bei der Klage auf Zustimmung in die Auszahlung eines beim Notar hinterleg- **4034** ten Betrages ist die Summe maßgebend, die das Hinterlegungskonto zum Zeitpunkt der Klageerhebung (§ 40 GKG) ausweist.[1] Es geht um diesen Endbetrag.

Die Hinterlegungsmasse darf nicht in einen Hauptanspruch und einen Neben- **4035** anspruch zerlegt werden. Es fehlt nämlich an dem in § 43 Abs. 1 GKG vorausgesetzten objektiven Abhängigkeitsverhältnis, da nicht der Beklagte Zinsschuldner ist, sondern die Hinterlegungsstelle.

Deshalb sind auch die Hinterlegungszinsen, die den Hinterlegungsbetrag erhö- **4036** hen, zu berücksichtigen.[2]

Streiten zwei Parteien um die Berechtigung des Zahlungsanspruchs gegen einen **4037** Dritten und klagt einer von ihnen gegen den anderen auf Einwilligung in die Auszahlung einer hinterlegten oder vom Drittschuldner bis zur gerichtlichen Ermittlung des Berechtigten zurückgehaltenen Streitsumme, so sind die von jenem Dritten mit der Hauptsumme geschuldeten Zinsen keine Nebenforderungen i.S. des § 4 ZPO.[3] Hier geht es nur um einen verzinslichen Hauptanspruch, nicht um einen Festbetrag, in dem Zinsen enthalten sind.

Inkassogebühren

Inkassogebühren sind vorgerichtliche Kosten und bleiben als Nebenforderungen **4038** daher außer Ansatz.[4]

Inzidentantrag

Bei der Widerklage gemäß § 717 Abs. 2 oder 3 ZPO auf Verurteilung des Klägers **4039** zur Rückzahlung der Beträge, die der Kläger aus einem vorläufig vollstreckbaren Urteil beigetrieben oder die der Beklagte zur Abwendung der Vollstreckung geleistet hat, bleiben beigetriebene Zinsen und Kosten bei der Streitwertfestsetzung außer Betracht.[5]

Kontokorrent

Zinsen verlieren ihre Eigenschaft als Nebenforderung beim Kontokorrent nur **4040** dann, wenn sie jeweils bei Periodenschluss dem Saldo (§ 355 HGB) hinzugerechnet und zusammen mit diesem in die neue Rechnungsperiode übernommen werden; es liegt dann eine Novation vor.[6]

---

1 OLG Köln JurBüro 1980, 281.
2 BGH Warneyer 1967 Nr. 7; RG HRR 1931 Nr. 252.
3 OLG Zweibrücken JurBüro 1965, 1007.
4 OLG Köln JurBüro 1974, 1594.
5 BGHZ 43, 33; LG Kiel MDR 1960, 324.
6 OLG Bamberg JurBüro 1964, 32.

Kosten

4041 Unter Kosten ist die Summe aller gerichtlichen, außergerichtlichen und vorgerichtlichen Kosten zu verstehen, die bis zur Vornahme der gebührenrechtlich
erheblichen Handlung erfallen sind sowie die durch die Handlung selbst entstehenden Kosten.[1]

4042 Vorgerichtliche Kosten sind z.B. Kosten eines Privatgutachtens (siehe Rn.
4058), eines früheren Prozesses oder einer Zwangsvollstreckung,[2] ferner etwa
Bearbeitungsgebühren, die anlässlich einer Unfallfinanzierung erfallen sind.[3]

4043 Kosten bleiben auch dann bei der Streitwertberechnung als Nebenforderungen
unberücksichtigt, wenn sie zu einem früheren Zeitpunkt in einem Verfahren
gegen einen zunächst allein in Anspruch genommenen Mitschuldner entstanden sind.[4]

4044 Nur dann, wenn Kosten allein eingeklagt werden, bestimmen sie den Streitgegenstand, weil es dann an einer bedingenden Hauptforderung in diesem Verfahren fehlt.[5]

4045 Die Unselbständigkeit des Kostenbetrages für die Streitwertfestsetzung wird
dann aufgehoben, wenn die Kosten in einem Schadensersatzanspruch eingerechnet sind. Klagt daher ein rechtskräftig zum Schadensersatz verurteilter Versicherungsnehmer gegen seinen Haftpflichtversicherer auf Befreiung von der
Urteilssumme und den zugunsten des Geschädigten festgesetzten Kosten, dann
sind die festgesetzten Kosten des Vorverfahrens (nicht aber diejenigen des laufenden Verfahrens!) dem Streitwert hinzuzurechnen. Das gilt auch dann, wenn
der Geschädigte den Deckungsanspruch des Versicherungsnehmers durch Pfän-
dungs- und Überweisungsbeschluss auf sie überleitet und selbst gegen den Versicherer klagt.[6]

4046 Strittig ist, ob die als Schadensersatz eingeklagte vorgerichtliche Geschäftsgebühr (Nr. 2300 VV RVG n.F./Nr. 2400 VV RVG a.F) dem Wert hinzuzurechnen
ist. Siehe hierzu das Stichwort „Geschäftsgebühr".

Kreditgebühren

4047 Kreditgebühren, die im Rahmen eines Teilzahlungskredits vereinbart werden,
sind Zinsen und damit Nebenforderungen.[7]

4048 Umstritten ist, ob beim Ratenzahlungskredit die Zusammenfassung des Darlehens und der Kreditgebühren in einem Betrag daran etwas ändert und ob auch

---

1 RGZ 118, 149; OLG Celle JW 1930, 657; OLG Braunschweig OLGE 33, 174; OLG
   Dresden OLGE 43, 122.
2 OLG Bremen Rpfleger 1957, 274 zu ZPO § 4, c.
3 OLG Köln JMBl.NW 1974, 46.
4 LG Mönchengladbach JurBüro 1963, 608.
5 Sog. materieller Kostenerstattungsanspruch; siehe dazu Zöller/*Herget*, vor § 91 Rn. 11.
6 BGH *Warneyer* 1976 Nr. 14.
7 OLG Düsseldorf MDR 1976, 663.

in diesem Fall die Kreditgebühren als Nebenforderung bei der Streitwertbemessung außer Ansatz zu bleiben haben.

Das OLG Bamberg[1] lässt auch dann die Kreditgebühren unberücksichtigt, während das OLG München[2] die Zinsen dem Streitwert hinzurechnet.

4049

Zuzustimmen ist dem OLG München, dessen Auffassung allein der Forderung gerecht wird, die Streitwertermittlung einfach und übersichtlich zu halten. Es wäre damit unvereinbar, die oft schwierige Frage, wie sich die Restschuld aus einem Finanzierungsdarlehen zusammensetzt und welcher Zinsanteil darin steckt, ausgerechnet bei der Streitwertfestsetzung zu prüfen und zu lösen. Dem OLG München hat sich das OLG Düsseldorf angeschlossen.[3]

4050

Lastenausgleich

Zinsen eines rechtskräftig zuerkannten LAG-Anspruchs müssen bei der Streitwertfestsetzung mit ihrem vollen Betrag berücksichtigt werden.[4]

4051

Mahnkosten

Vorgerichtliche Mahnkosten zur eingeklagten Forderung, die mit in den Klageantrag genommen werden, erhöhen den Streitwert nicht.[5]

4052

Siehe aber auch zur Streitfrage, ob die als Schadensersatz eingeklagte vorgerichtliche Geschäftsgebühr (Nr. 2300 VV RVG n.F./Nr. 2400 VV RVG a.F.) das Stichwort „Geschäftsgebühr".

4053

Mehrwertsteuer

Siehe unten „Umsatzsteuer", Rn. 4076.

4054

Mietkaution

Zinsen aus einer Mietkaution erhöhen die Sicherheit (§ 551 Abs. 3 S. 4 BGB) und werden daher Teil des Kautionsguthabens. Sie sind folglich keine Nebenforderungen, sondern in voller Höhe zu bewerten.

4055

Milchgeld

Entgangenes Milchgeld, das neben dem Anspruch auf Ersatz des Schadens für den Verlust von Kühen verlangt wird, ist keine Nebenforderung i.S. des § 4 Abs. 1 ZPO.[6]

4056

---

1 OLG Bamberg JurBüro 1976, 343.
2 OLG München JurBüro 1976, 237.
3 OLG Düsseldorf, KostRsp. GKG § 22 Nr. 17; siehe auch das Stichwort „Kreditgebühren".
4 OLG Frankfurt JurBüro 1966, 241.
5 OLG Bamberg, KostRsp. GKG § 22 Nr. 11 = JurBüro 1985, 589.
6 OLG Schleswig SchlHA 1951, 46.

Prozesszinsen

4057 Prozesszinsen als Nebenforderungen bleiben bei der Bewertung außer Ansatz.

Sachverständigenkosten

4058 Sachverständigenkosten, die als Schadensersatz – etwa bei einem Verkehrsun-
fallprozess oder anderweitig auf Deliktsrecht gestützt – mit eingeklagt werden,
sind keine Nebenforderungen, sondern eine von mehreren gleichwertigen und
gleichrangigen Schadenspositionen.[1]

Selbständiges Beweisverfahren, Kosten des

4059 Bei den Kosten des selbstständigen Beweisverfahrens handelt es sich im Rahmen
des nachfolgenden Hauptsacheprozesses um Nebenforderungen i.S. des § 4 ZPO,
§ 43 GKG, selbst wenn sie in den bezifferten Hauptantrag eingerechnet wurden.[2]

Schadensersatz

4060 Ein auf § 992 BGB gestützter Schadensersatzanspruch, der in Abhängigkeit vom
Hauptanspruch auf Herausgabe der Sache erhoben wird, bleibt bei der Wertbe-
rechnung unberücksichtigt, auch wenn er den sich aus § 987 BGB ergebenden
Nutzungsanspruch übersteigt.[3] Zweifelhaft! Siehe das Stichwort „Herausgabe"
Rn. 2797.

4061 Wird Schadensersatz aus positiver Vertragsverletzung in Form von Zinsen verlangt, so bleiben diese nach BGH[4] nicht außer Betracht, weil es sich nicht um
Nebenforderungen i.S. der § 4 ZPO, § 43 Abs. 1 GKG handelt.

4062 Die bloße Zusammenfassung von Zinsen und Kapital macht die Zinsen jedoch
nicht zur Hauptforderung, selbst wenn der Kläger sie als Verzugzinsen unter
dem Gesichtspunkt des Schadensersatzes geltend macht.[5]

4063 Dementsprechend bleibt die Zinsforderung auf eine Schadensersatzzahlung Nebenforderung, selbst wenn eine höhere als die gesetzliche Verzinsung aus dem
Gesichtspunkt des Schadensersatzes verlangt wird.

4064 Dabei ist es gleichgültig, ob der geforderte Zinssatz mit einem entgangenen
Gewinn durch günstige Anlage oder durch das Entstehen von Zinsverpflichtun-
gen des Schadensersatzklägers gerechtfertigt wird.[6]

---

1 OLG München KostRsp. ZPO § 3 Nr. 1183 = NJW-RR 1994, 1484 = OLGR 1994, 153.
2 OLG Jena, Beschl. v. 20. 11. 2003 – 5 W 288/03, n.v.
3 OLG Karlsruhe ZZP 68, 1955, 463.
4 BGH, Beschl. v. 29. 4. 1971 – III ZR 142/70, KostRsp. § 4 ZPO Nr. 30; BGH, Beschl. v.
28. 9. 1992 – II ZR 277/90, KostRsp. ZPO § 4 Nr. 74.
5 BGH, beschl. v. 10. 5. 1962 – VII ZR 104/61, KostRsp. ZPO § 4 Nr. 2; BGH, Beschl. v.
18. 1. 1995 – XII ZB 204/94, KostRsp. ZPO § 3 Nr. 1200 = NJW-RR 1995, 706; WPM
1981, 1092; OLG Bamberg JurBüro 1978, 1549; OLG Köln JurBüro 1980, 578 = KostRsp.
GKG § 22 Nr. 5 mit Anm. *E. Schneider*.
6 BGH VersR 1957, 244.

Scheck und Wechsel

Werden in die Scheck- oder Wechselforderung Zinsen und Kosten aus dem   4065
Grundgeschäft aufgenommen, so werden sie bei der Bewertung der Wechselforderung mitberechnet, da diese eine neue selbständige Forderung und damit auch
einen anderen Streitgegenstand schafft als die Forderung aus dem Grundgeschäft.

Dagegen bleiben Zinsen, Kosten und Provisionen nach dem WG oder ScheckG   4066
gem. § 4 Abs. 2 ZPO unberücksichtigt.

Ausführlich, auch zum Übergang der Klage aus dem Grundverhältnis in den   4067
Urkundenprozess bei dem Stichwort „Urkunden-, Wechsel- und Scheckprozess".

Schiedsspruch

Im Verfahren auf Vollstreckbarkeitserklärung von Schiedssprüchen bleiben die   4068
Nebenforderungen und Kosten bei der Berechnung des Streitwertes außer Ansatz.[1]

Demgegenüber will OLG Hamburg[2] Zinsen und Kosten bei der Streitwertbe-   4069
rechnung berücksichtigen.

Wird auf Aufhebung eines Schiedsspruches geklagt, so sind die Kosten des   4070
schiedsrichterlichen Verfahrens und die im Schiedsspruch zuerkannten Zinsen
Nebenforderungen.[3]

Schuldanerkenntnis

Wird die Klageforderung auf ein schriftliches deklaratorisches Schuldaner-   4071
kenntnis gestützt, in dem Hauptforderung und Zinsrückstand in eine Summe
aufaddiert worden sind, bleiben die Zinsen Nebenforderung.[4]

Anders nur dann, wenn die Zinsforderung zusammen mit der Hauptforderung   4072
durch Abgabe eines abstrakten Schuldversprechens oder Schuldanerkenntnisses
(§§ 780, 781 BGB) oder durch Kontokorrentsaldierung noviert wird. Dann entsteht eine neue einheitliche Forderung, so auch bei einem Scheck oder Wechsel
(siehe Rn. 4065).

Steuersäumniszuschlag

Werden Steuersäumniszuschläge im ordentlichen Rechtsweg zugleich mit der   4073
Steuerhauptforderung als Nebenforderung eingeklagt, so bleiben sie bei der
Wertberechnung außer Ansatz.[5]

---

1 RG JW 1925, 2005; KG JW 1936, 3330; LG Frankfurt JurBüro 1952, 90; OLG Köln
  JurBüro 1969, 558.
2 OLG Hamburg Rpfleger 1956, 169 mit abl. Anm. *Lappe.*
3 BGH MDR 1957, 95.
4 OLG Köln JurBüro 1980, 578.
5 BGH NJW 1956, 1562.

Teilzahlung

4074 Wird Kapital nebst Zinsen eingeklagt, der Antrag aber eingeschränkt durch den Zusatz:

„abzüglich bereits gezahlter ... Euro",

dann ist die Zahlung, wenn der Schuldner keine andere Anrechnung bestimmt hat (§ 367 Abs. 2 BGB), nach § 367 Abs. 1 BGB zunächst auf die Kosten und dann auf die Zinsen zu verrechnen. Der Streitwert vermindert sich also erst dann, wenn die Zahlung auch (teilweise) das Kapital getilgt hat.[1] Das kann auch für die Rechtsmittelfähigkeit einer Sache ausschlaggebend sein.[2]

4075 Wird auf eine titulierte Forderung ein Teilbetrag bezahlt, so ist dieser dementsprechend wiederum zunächst auf die Kosten und Zinsen anzurechnen.[3]

Umsatzsteuer

4076 Die Umsatzsteuer ist keine Nebenforderung, siehe das Stichwort „Umsatzsteuer".

4077 Entgegen früherer Ansicht[4] entfällt auf Verzugs- oder Fälligkeitszinsen keine Umsatzsteuer,[5] so dass sich damit auch die Frage nach der Einordnung als Nebenforderung erledigt hat.[6]

Vergleich (Einigung)

4078 Nach Nr. 1000 VV RVG erhält der Rechtsanwalt für die Mitwirkung beim Abschluss eines Vergleichs eine Einigungsgebühr. Gerichtskosten fallen für den Abschluss eines Vergleichs nur an, soweit der Wert des Vergleichsgegenstandes den Wert des Streitgegenstandes übersteigt (Nr. 1900 KV GKG). Man spricht hier vom „Mehrwert" des Vergleichs.

4079 Kosten und Zinsen bleiben bei der Wertberechnung unberücksichtigt. Das gilt auch dann, wenn ein gerichtlicher Vergleich über Hauptsache und Kosten abgeschlossen wird.[7]

4080 Vergleichen sich die Parteien nicht nur über den streitig gebliebenen und in der Berufungsinstanz allein angefallenen Teil des Zinsanspruches, sondern auch über den unangefochten gebliebenen Haupt- und Zinsanspruch mit der Maßgabe, dass der Kläger dem Beklagten sowohl für den bereits zuerkannten als auch für

---

1 RG DR 1939, 1182; OLG Kiel HRR 1939 Nr. 435; OLG Hamm JurBüro 1969, 765.
2 Siehe E. *Schneider* DRiZ 1979, 310.
3 Siehe E. *Schneider* DRiZ 1979, 310.
4 BGH JurBüro 1976, 1629 = NJW 1977, 583 = *Warneyer* 1976 Nr. 190.
5 EuGH NJW 1983, 505.
6 Siehe E. *Schneider* DGVZ 1983, 113.
7 OLG Neustadt JurBüro 1964, 195; OLG Düsseldorf JurBüro 1984, 1865 = KostRsp. GKG § 22 Nr. 10.

den streitig gebliebenen Betrag Ratenzahlung gewährt, so erhöht sich der Wert des Vergleichs um den nach § 3 ZPO zu schätzenden Wert der Ratenzahlung bezüglich der nicht angefochtenen Haupt- und Zinsanspruch-Verurteilung.[1]

Für die Revisionsinstanz gelten diese Grundsätze ebenfalls.[2] 4081

Verrechnung

Wird Kapital nebst Zinsen eingeklagt, der Antrag aber eingeschränkt durch den Zusatz: 4082

„abzüglich bereits gezahlter ... Euro",

dann ist die Zahlung, wenn der Schuldner keine andere Anrechnung bestimmt hat (§ 367 Abs. 2 BGB), nach § 367 Abs. 1 BGB zunächst auf die Zinsen zu berechnen. Der Streitwert vermindert sich also erst dann, wenn die Zahlung auch (teilweise) das Kapital getilgt hat.[3] 4083

Das kann auch für die Rechtsmittelfähigkeit einer Sache ausschlaggebend sein.[4] 4084

Verzugszinsen

Verzugszinsen fallen als Nebenforderungen immer unter § 4 ZPO, § 43 GKG. 4085

Sie sind bei Geltendmachung ohne den Hauptanspruch (§ 43 Abs. 2 GKG) – im Gegensatz zu Hypothekenzinsen – nicht gemäß § 9 ZPO zu bewerten, sondern auf den Zeitpunkt der letzten mündlichen Verhandlung zu berechnen.[5] 4086

Werden neben einer Hauptforderung Verzugszinsen geltend gemacht, so sind diese bei der Berechnung des Streitwertes nicht besonders zu berücksichtigen.[6] 4087

Das gilt auch dann, wenn die Verzugszinsen im Klageantrag ausgerechnet sind und mit der Hauptforderung zu einem einheitlichen Forderungsbetrag zusammengefasst werden.[7] Siehe oben Rn. 4015. 4088

In der Praxis wird manchmal versucht, diese Rechtsfolge zu umgehen, um die Gebühren zu erhöhen.[8] 4089

Eine Zinsforderung, die in Abhängigkeit von der Hauptforderung erhoben wird, bleibt für die Wertberechnung auch dann außer Ansatz, wenn der Zinsfuß den 4090

---

1 OLG Celle JurBüro 1971, 237.
2 RGZ 60, 114.
3 RG DR 1939, 1182; OLG Kiel HRR 1939 Nr. 435; OLG Hamm JurBüro 1969, 765.
4 Siehe *E. Schneider* DRiZ 1979, 310.
5 OLG Celle Nds.Rpfl. 1965, 229.
6 OLG Hamburg JurBüro 1994, 364 – Zinsen als Schaden aus Verzug mit der Abgabe einer Willenserklärung.
7 BGH LM § 4 ZPO Nr. 5; BGH, Beschl. v. 10. 5. 1962 – VII ZR 104/61, KostRsp. ZPO § 4 Nr. 2; KostRsp. ZPO § 3 Nr. 1200 = NJW-RR 1995, 706; RG JW 1934, 2771.
8 Vgl. *Strohm/Herrmann* BRAK-Mitt. 1983, 21 und dazu *E. Schneider* MDR 1984, 265.

gesetzlichen Rahmen (§ 288 Abs. 1 BGB, § 362 HGB u.s.w.) wegen eines weitergehenden Verzugsschadens überschreitet.[1]

4091 Dem kann auch nicht dadurch ausgewichen werden, dass über den Zinsbetrag ein deklaratorisches Schuldanerkenntnis abgegeben wird.[2]

4092 Anders ist es, wenn die Endsumme aus Hauptforderung und Zinsen durch ein abstraktes Schuldanerkenntnis oder Schuldversprechen (§§ 780, 781 BGB). in eine neue einheitliche Schuld verwandelt wird. Denn darin liegt eine schuldverändernde Novation, durch die die Zinsen ihre Eigenschaft als Nebenforderung verlieren, so dass sich der Streitwert fortan nach dem abstrakt anerkannten Schuldgesamtbetrag richtet.

4093 Zur Bewertung des Zinsantrages als Hauptforderung siehe das Stichwort „Zinsen".

Viehmängelhaftung

4094 Bei Rechtsstreitigkeiten wegen Viehmängelhaftung zählen Frachtkosten, Futterkosten und Tierarztkosten zu den in und außer dem Prozess gemachten Aufwendungen zur Durchführung des Anspruches, die gemäß § 5 ZPO dem Hauptanspruch zuzurechnen sind.[3]

Vollstreckungsklausel-Klage

4095 Bei einer Klage aus § 768 ZPO gegen die Erteilung der Vollstreckungsklausel, deren Streitwert nach § 3 ZPO zu schätzen ist, bleiben Zinsen und Kosten außer Ansatz, selbst wenn sie durch eine Festsetzungsbeschluss bereits tituliert worden sind.[4]

Wechsel

4096 Siehe oben „Scheck und Wechsel", Rn. 4065.

Widerklage

4097 Klagt der Kläger auf Feststellung, dass dem Beklagten eine bestimmte Forderung nicht zustehe, und erhebt der Beklagte seinerseits Widerklage auf Zahlung von Zinsen aus dieser Forderung, so soll § 4 Abs. 1 ZPO nicht anzuwenden sein; die Widerklage gehe über eine selbständige Hauptforderung, deren Wert gemäß § 5 ZPO dem Streitwert der Klage zuzurechnen ist hinaus, da die Zinsen dort wegen § 4 Abs. 1 ZPO nicht berücksichtigt würden.[5]

---

1 RGZ 158, 350; OLG Nürnberg BayJMBl. 1952, 267; OLG Neustadt Rpfleger 1956, 238 Nr. 2; RG JW 1934, 2771.
2 OLG Köln, KostRsp. GKG § 22 Nr. 8.
3 KG JVBl. 1933, 250; LG Lübeck JurBüro 1951, 301.
4 OLG Köln MDR 1980, 852.
5 KG JW 1937, 2779.

Dies dürfte unzutreffend sein. Sicherlich hat die Widerklage einen eigenen 4098
Wert, nämlich den des Zinsanspruchs. Eine Addition der Werte hat wegen wirt-
schaftlicher Identität bzw. wegen des Additionsverbotes der § 4 Abs. 1, § 43
Abs. 1 GKG jedoch zu unterbleiben.

Zum Anerkenntnis der Klage und streitiger Verhandlung über die Widerklage 4099
siehe oben Rn. 3985.

Wiederaufnahmeverfahren

Bei der Berechnung des Streitwerts der Wiederaufnahmeklage sind die Kosten 4100
des Vorprozesses und die inzwischen aufgelaufenen Zinsen nicht hinzuzurechnen.[1]

Zwangsvollstreckung

In der Zwangsvollstreckung werden die Zinsen und Kosten bei der Streitwert- 4101
berechnung hinzugesetzt (§ 25 Abs. 1 Nr. 2 RVG); s. Rn. 3991 f.

Bei der Vollstreckung nach § 866 Abs. 3 S. 1 ZPO kommt es dafür, ob Zinsen 4102
Nebenforderungen sind, nicht auf den Zeitpunkt der Geltendmachung, sondern
auf den Titel an.[2]

Zwangsvollstreckungsgegenklage

Der Streitwert einer Vollstreckungsgegenklage wird nur nach der titulierten 4103
Hauptforderung berechnet, also ohne Berücksichtigung der Kosten; diese sind
Nebenforderungen i.S. der § 43 Abs. 1 GKG, § 4 ZPO.[3]

Das gilt auch dann, wenn sie im Klageantrag ausgerechnet sind und mit der 4104
Hauptforderung zu einem einheitlichen Forderungsbetrag zusammengefasst
werden.[4]

Die aufgrund des streitigen Urteils festgesetzten Zinsen und Kosten, wegen 4105
derer der Kläger ebenfalls die Unzulässigkeitserklärung der Zwangsvollstreckung erstrebt, gelten auch für die Vollstreckungsabwehrklage aus § 767 ZPO
als Nebenforderungen und sind deshalb bei der Wertberechnung nicht anzusetzen.[5]

---

1 OLG Hamburg MDR 1969, 228.
2 OLG Schleswig JurBüro 1982, 913.
3 BGH LM § 4 ZPO Nr. 4; OLG Nürnberg Rpfleger 1966, 323 zu ZPO §§ 4, 767; OLG
  Koblenz 1956, 147 zu ZPO § 4 Abs. 1; KG Rpfleger 1962, 155 zu ZPO § 4, c; OLG Köln
  KostRsp. ZPO § 3 Nr. 1089 = JurBüro 1992, 251.
4 BGH LM § 4 ZPO Nr. 4.
5 KG Rpfleger 1962, 155; OLG Nürnberg KostRsp. ZPO § 4 Nr. 9; OLG Hamburg MDR
  1957, 754; LG Mannheim WM 1965, 174.

4106   Das LG Köln[1] ist der herrschenden Auffassung entgegengetreten und will § 4 ZPO auf die Vollstreckungsgegenklage nicht anwenden; diese Auffassung hat sich nicht durchzusetzen vermocht.

4107   Behauptet der Vollstreckungsschuldner, der Gläubiger habe zugesagt, er werde von einem Vollstreckungstitel keinen Gebrauch machen, und begehrt er eine gerichtliche Entscheidung darüber, dass aus diesem Grunde eine Vollstreckung des Titels und der aufgrund des Titels festgesetzten Kosten nicht erfolgen darf, so sind die Kosten Nebenforderung und daher dem Streitwert nicht zuzurechnen.[2] Zum Streitwert einer auf § 826 BGB gestützten Klage auf Unterlassung der Zwangsvollstreckung siehe bei dem Stichwort „Unterlassung" Rn. 5536.

4108   Hat der Schuldner Teilzahlungen geleistet, dann sind die Zahlungen zunächst gemäß § 367 BGB zu verrechnen (oben Rn. 4074, 4082).

4109   Bei der Bemessung des Streitwertes der sodann erhobenen Zwangsvollstreckungsgegenklage ist nur der die Kosten und Zinsen übersteigende Betrag des Tilgungsbetrages von dem Forderungsbetrag abzusetzen.[3]

Nebenintervention

Literatur: *Schmidt* NJW 1968, 94; *Schneider* JurBüro 1974, 273 ff.; *Schneider* MDR 1977, 268; *Hülsmann*, Streitwert der Nebenintervention, JurBüro 2003, 84.

A. Einleitung

4110   Die einfache Nebenintervention (auch Streithilfe) ist der Beitritt eines Dritten zur Unterstützung einer Partei in einem bereits anhängigen Prozess. Die Zulässigkeit des Beitritts, der durch Einreichung eines den Erfordernissen des § 70 ZPO entsprechenden Schriftsatzes erfolgt, setzt insbesondere ein „**rechtliches Interesse**" des Beitretenden am Obsiegen der Hauptpartei voraus, § 66 Abs. 1 ZPO. Davon ist auszugehen, wenn die Entscheidung des Rechtsstreits sich mittelbar oder unmittelbar auf die privat- oder öffentlich-rechtlichen Verhältnisse des Beitretenden rechtlich günstig oder ungünstig auswirkt. Hierbei ist ausreichend, dass sich das Interesse des Streithelfers auf einen Teil der Hauptsache beschränkt.[4]

4111   Mit dem Betritt erlangt der Streithelfer die Stellung eines kraft eigenes Rechts handelnden Gehilfen der Partei,[5] dessen Erklärungen und Prozesshandlungen

---

1 NJW 1964, 2165.
2 BGH ZZP 69, 1956, 176.
3 OLG Nürnberg MDR 1967, 410.
4 Zöller/*Vollkommer*, § 66 Rn. 8.
5 Zöller/*Vollkommer*, § 67 Rn. 1.

jedoch nicht in Widerspruch zu denen der Hauptpartei stehen dürfen, § 67 ZPO. Da der Beitritt zu einem laufenden Verfahren erstrebt wird bzw. erfolgt, hat er auf die Bestimmung des **Zuständigkeitsstreitwert** keinen Einfluss.

B. Gebührenstreitwert

I. Zulassung der Nebenintervention

Auf Antrag einer Partei oder eines bereits beigetretenen Streithelfers (und bei Fehlen der Prozesshandlungsvoraussetzung auf Seiten des Nebenintervenienten auch von Amts wegen) ist gemäß § 71 ZPO nach mündlicher Verhandlung über die Zulässigkeit der Nebenintervention zu entscheiden. 4112

Der Streitwert des **Zwischenverfahrens** bestimmt sich nach § 3 ZPO, wobei wohl einhellig auf das Interesse des Streithelfers an seiner Zulassung abgestellt wird.[1] Dass der Wert des Zwischenverfahrens geringer als der Hauptsachewert sein kann, folgt schon aus seinem Verfahrensgegenstand. Denn Gegenstand ist nicht die Stellung des Beitretenden zum Klagebegehren, sondern die Zulässigkeit seiner Nebenintervention. Das Zwischenurteil entscheidet allein darüber, ob der Streithelfer sein rechtliches Interesse am Obsiegen der Hauptpartei glaubhaft gemacht hat (§ 71 Abs. 1 ZPO). Wertbestimmend ist daher das **Interesse des Beitretenden an der Einwirkung auf den Prozess** und seine Entscheidung. Wirtschaftlich kann dies, muss aber nicht mit dem Hauptsachewert übereinstimmen. Unzutreffend dürfte daher die Annahme sein, dass sich der Streitwert des Zwischenstreits über die Zulässigkeit der Nebenintervention nur ganz ausnahmsweise mit dem Wert der Hauptsache decke.[2] 4113

Vielmehr wird der Streitwert des Zwischenverfahrens dem Hauptsachewert entsprechen, wenn die Entscheidung in der Hauptsache in einem Umfang auf die vermögensrechtlichen Verhältnisse des Beitretenden auswirkt, der mit dem Wert der Hauptsache übereinstimmt. Zwar ist es zutreffend, dass mit der Entscheidung des Zwischenstreits noch keine Entscheidung über die Hauptsache und eine damit möglicherweise verbundene vermögensrechtliche Auswirkungen getroffen wird.[3] Da jedoch abschließend über die **Möglichkeit des Beitretenden** entschieden wird, auf den Verlauf des Rechtsstreits in der Hauptsache einzuwirken, entsprechen die Interessen an der Zulassung und der Einwirkung wertmäßig einander.[4] Dies ist für die gleichartige Situation des Zwischenstreits über die Zuständigkeit des Gerichts oder Zulässigkeit eines 4114

---

1 OLG München AnwBl. 1985, 646; LG Köln, Beschl. v. 16. 9. 1965 – 2 O 35/61, KostRsp. § 3 ZPO Nr. 139 = MDR 1966, 423; *Anders/Gehle/Kunze,* Stichwort „Nebenintervention"; *Meyer,* Anh. § 48 (§ 3 ZPO) Rn. 22; Musielak/*Heinrich,* § 3 Rn. 30 „Nebenintervention"; Zöller/*Vollkommer,* § 71 Rn. 7a.

2 So aber OLG Frankfurt JurBüro 1964, 516.

3 *Schneider,* Anmerkung zu OLG Hamburg, KostRsp. § 3 ZPO Nr. 744.

4 OLG Hamburg, Beschl. v. 27. 2. 1985 – 6 W 20/85, KostRsp. § 3 ZPO Nr. 744 = AnwBl. 1985, 263 mit Anm. *E. Schneider.*

Rechtsmittels anerkannt (siehe hierzu unter dem Stichwort „Zwischenstreit, Zwischenurteil").

II. Durchführung der Nebenintervention

4115 Uneinigkeit besteht hingegen darüber, wie der Gebührenstreitwert im Falle der Beteiligung des Streithelfers zu bestimmen ist.

4116 Stellt der Nebenintervenient – wie meist – zur Hauptsache **denselben Antrag** wie die von ihm unterstützte Partei, dann deckt sich der Wert der Nebenintervention nach einer (früher fast ausschließlich vertretenen) Meinung mit dem Wert der Hauptsache.[1] Entscheidend sei die verfahrensrechtliche Stellung des Streithelfers, der am Prozess im gleichen Umfang beteiligt sei, wie die Partei, der er zur Seite getreten sei. Sein prozessuales Verhalten richte sich auf denselben Streitgegenstand und seine Angriffs- und Verteidigungsmittel bezweckten das Obsiegen der von ihm unterstützten Partei.[2]

4117 Diese Ansicht führt jedoch streitwertrechtlich zu gänzlich unbefriedigenden Ergebnissen, wenn der Wert der Hauptsache und die mit der Hauptsacheentscheidung verbundene Einwirkung auf die vermögensrechtlichen Verhältnisse des Nebenintervenienten erheblich voneinander abweichen. So müsste ein Streithelfer, der bei einer Klage über 50 000 Euro mit einem Regress von 1000 Euro zu rechnen hat und sich deshalb dem Klageabweisungsantrag des Beklagten anschließt, einem Streitwert von 50 000 Euro unterworfen werden. Denn im **Kostenfestsetzungsverfahren** darf nicht geprüft werden, ob die vom Nebenintervenienten gestellten Anträge voll gerechtfertigt waren.[3]

4118 Richtiger Auffassung nach ist deshalb auch bei durchgeführter Nebenintervention nicht auf die Anträge des Streithelfers, sondern auf sein nach § 3 ZPO zu schätzendes Interesse abzustellen.[4]

---

1 BGH, Beschl. v. 30. 10. 1959 – V ZR 204/97, BGHZ 31, 144 = MDR 1960, 41 = NJW 1960, 42 = Rpfleger 1960, 150 = WM 1959, 1439; KG, Beschl. v. 26. 7. 2004 – 2 W 18/04, MDR 2004, 1445; OLG Düsseldorf MDR 1966, 852; KostRsp. ZPO § 3 Nr. 483 mit abl. Anm. *E. Schneider*; OLG Hamburg, Beschl. v. 27. 2. 1985 – 6 W 20/85, KostRsp. § 3 ZPO Nr. 744 mit Anm. *E. Schneider* = AnwBl. 1985, 263; JurBüro 1969, 555 = MDR 1969, 317; OLG München, Beschl. v. 23. 5. 1997 – 15 W 1590/97, OLGR 1997, 215 = MDR 1997, 1166; Beschl. v. 27. 3. 1997 – 28 U 2631/96, OLGR 1997, 179 = MDR 1997, 788 = NJW-RR 1998, 420; OLG Nürnberg, KostRsp. § 3 ZPO Nr. 182 = JurBüro 1968, 240 m. abl. Anm. *Tschischgale*; OLG Stuttgart Rpfleger 1957, 97; weitergehend OLG Karlsruhe, Beschl. v. 7. 10. 2002 – 9 E 38/02, OLGR 2002, 458 = JurBüro 2003, 83 = MDR 2003, 357 = NJW-RR 2003, 1007: Hauptsachewert unabhängig von Antragstellung; *Hülsmann*, JurBüro 2003, 84.
2 BGH, Beschl. v. 30. 10. 1959 – V ZR 204/97, BGHZ 31, 144 = MDR 1960, 41 = NJW 1960, 42 = Rpfleger 1960, 150 = WM 1959, 1439.
3 OLG Hamburg, Beschl. v. 8. 1. 1992 – 8 W 2/92, KostRsp. ZPO § 3 Nr. 1101 mit Anm. *Schneider* = JurBüro 1992, 251; JurBüro 1978, 442.
4 Vgl. OLG Bamberg, Beschl. v. 17. 6. 1998 – 3 W 73/98, OLGR 1999, 100; KG KGR 2003, 16 = MDR 2002, 1453 = NJW-RR 2003, 133 = AGS 2003, 216; IBR 2002, 650; OLG Düsseldorf, Beschl. v. 23. 8. 1996 – 21 W 23/96, IBR 1997, 395; JurBüro 1980, 282 mit

So dürfte bei sach- und interessengemäßer **Auslegung des Sachantrages** des 4119
Nebenintervenienten, auch wenn er unbeschränkt gefasst ist, dahingehend auszulegen sein, dass er die Partei nur soweit unterstützt, als sein eigenes Interesse
betroffen ist.[1] Zudem bestimmt sich die verfahrensrechtliche Stellung des Nebenintervenienten weniger durch den von ihm gestellten Sachantrag, als durch
sein – auch für die Zulässigkeit der Streithilfe maßgebliches – Interesse am
Obsiegen der von ihm unterstützen Partei. Nur aus diesem Grunde (§ 66 ZPO)
wird ihm die Möglichkeit eingeräumt, zusätzliche Angriffs- und Verteidigungsmittel vorzubringen. Demgegenüber bringt seine Antragstellung zur Hauptsache nur die Unterstützung der Hauptpartei zum Ausdruck und wirkt sich nicht
auf den Streitgegenstand aus.[2]

Das **Interesse des Nebenintervenienten** entspricht wertmäßig der (drohenden) 4120
Einwirkung der Hauptsacheentscheidung auf seine vermögensrechtlichen Verhältnisse. Abzustellen ist daher auf die nach dem Sachvortrag des Nebenintervenienten möglichen Wirkungen der Hauptsacheentscheidung zu seinen Lasten.[3]

Dient die Nebenintervention der **Abwehr von Regressansprüchen**, die der un- 4121
terstützten Partei im Falle des Prozessverlustes gegen den Streithelfer zustehen,
dann ist für die Wertbestimmung regelmäßig auf deren Höhe abzustellen.[4] Aufgrund der beschränkten Wirkung der Nebenintervention ist auch zu berücksichtigten, in welchem Umfang die Möglichkeiten des Streithelfers zur Rechtsverteidigung im Folgeprozess präkludiert wären.[5]

Hierbei kann der Wert der Nebenintervention nicht höher sein als der Wert der 4122
Hauptsache.[6] Dies gilt auch, wenn der Hauptsachewert durch privilegierende

---

zust. Anm. *Mümmler*; OLG Hamburg Beschl. v. 8. 1. 1992 – 8 W 2/92, KostRsp. ZPO
§ 3 Nr. 1101 mit Anm. *Schneider* = JurBüro 1992, 251); OLG Koblenz, Beschl. v. 27. 10.
2003 – 3 W 653/03, OLGR 2004, 200; OLG Köln, Beschl. v. 12. 3. 2004 – 11 W 13/04,
OLGR 2004, 201 = MDR 2004, 1025; Beschl. v. 25. 5. 1992 – 11 W 25/92, KostRsp. ZPO
§ 3 Nr. 1113 mit Anm. *Herget* = OLGR 1992, 306 = JMBl.NW 1992, 283 = OLGZ 1993,
104; OLG München, Beschl. v. 12. 9. 1985 – 11 W 2147/85, KostRsp. ZPO § 3 Nr. 787 =
JurBüro 1985, 1854; OLG Oldenburg, Beschl. v. 19. 8. 1999 – 2 W 102/99, AGS 1999,
171 mit Anm. *Madert*; OLG Saarbrücken JurBüro 1985, 445 = KostRsp. ZPO § 3
Nr. 739; OLG Stuttgart, Beschl. v. 6. 6. 2002 – 20 U 94/99, OLGR 2003, 55 = BB 2002,
2085; JurBüro 1981, 273 = Justiz 1981, 46; LAG Hamburg, Beschl. v. 27. 2. 2004, juris-
Nr. KARE6000010242; *Anders/Gehle/Kunze*, Stichwort „Nebenintervention"; *Meyer*,
GKG, Anh § 48 (§ 3 ZPO) Rn. 22; Musielak/*Heinrich*, § 3 Rn. 30 Stichwort „Nebenintervention"; *Schneider*, JurBüro 1974, 273 ff.; Zöller/*Vollkommer*, § 71 Rn. 7a.
1 OLG Köln, Beschl. v. 12. 3. 2004 – 11 W 13/04, OLGR 2004, 201 = MDR 2004, 1025.
2 OLG Stuttgart, Beschl. v. 6. 6. 2002 = 20 U 94/99, OLGR 2003, 55 = BB 2002, 2085.
3 Zutr. Musielak/*Heinrich*, § 3 Rn. 30 Stichwort „Nebenintervention".
4 LAG Hamburg, Beschl. v. 27. 2. 2004 juris-Nr. KARE600010242.
5 OLG Köln, Beschl. v. 16. 10. 1989 – 7 W 37/89, KostRsp. ZPO § 3 Nr. 983 mit Anm.
E. *Schneider* = MDR 1990, 251 = JurBüro 1990, 240.
6 OLG Hamburg, Beschl. v. 13. 7. 1977 – 10 W 17/77, MDR 1977, 1026 = RuS 1978, 28;
MDR 1958, 112; OLG München, Beschl. v. 27. 3. 1997 – 28 U 2631/96, OLGR 1997, 179
= MDR 1997, 788 = NJW-RR 1998, 420.

Vorschriften gesperrt und der drohende Regress den verbleibenden Wert deutlich übersteigt. Die Berücksichtigung dieser **Sperrwirkung** entspricht wohl allgemeiner Meinung, wie sie insbesondere bei Feststellungsklagen praktiziert wird, wenn die entsprechende Leistungsklage nach den §§ 41 oder 42 GKG (§§ 16 oder 17 GKG a.F.) privilegiert ist (siehe unter dem Stichwort „Feststellungsklage" Rn. 2010).

4123 Trotz der beschränkten Interventionswirkung (§ 68 ZPO) ist für eine **prozentuale Reduzierung des Streitwerts** entsprechend den Bemessungsgrundsätzen zur Feststellungsklage kein Raum.[1] Zwar hat das Haupturteil zu seinen Lasten nur feststellende Wirkung, das steht der Berücksichtigung des vollen Hauptsachewertes jedoch nicht entgegen. Denn maßgeblich für den Gebührenstreitwert ist nicht die Beschwer des Streithelfers im Fall des Unterliegens der Hauptpartei, sondern sein Interesse an deren „Obsiegen" (§ 68 ZPO) und damit an der (mittelbaren) negativen Feststellung bezüglich der Grundlage eines gegen ihn gerichteten Regressanspruches.

4124 Unterstützt der Beitretende beispielsweise den Beklagten bei dessen **Antrag auf Klageabweisung**, dann ist sein Interesse auf die mit der Klageabweisung inhaltlich verbundene (negative) Feststellung gerichtet, dass für einen Regress seitens der unterstützten Partei kein Anlass besteht. Unterstützt der Beitretende den Kläger bei dessen **Leistungsantrag**, so zielt er auf die mit der Verurteilung verbundene Befriedigung des Klägers, die seine eigene ersatzweise Inanspruchnahme ausschließt. Die Nebenintervention zielt in beiden Fällen auf eine abschließende, wenngleich mittelbare Klärung etwaiger Regressansprüche. Für einen regelmäßigen prozentualen Wertabschlag besteht, wie auch bei der negativen Feststellungsklage – entgegen den Ausführungen in der Vorauflage – kein Anlass.

4125 Beschränkt der Streithelfer seine Nebenintervention auf einem **Teil der Streitgegenstände des Rechtsstreits**, dann ist für die Wert der Streithilfe nur deren Wert anzusetzen,[2] ein entsprechendes Abwehrinteresse des Nebenintervenienten vorausgesetzt.

---

1 So auch OLG Bamberg, Beschl. v. 17. 6. 1998 – 3 W 73/98, OLGR 1999, 100; OLG Hamburg, Beschl. v. 8. 1. 1992 – 8 W 2/92, JurBüro 1992, 251; OLG Stuttgart, Beschl. v. 24. 10. 1980 – 10 U 140/80, KostRsp. § 3 ZPO Nr. 512 = JurBüro 1981, 273 = Justiz 1981, 46; *Anders/Gehle/Kunze*, Stichwort „Nebenintervention"; a.A. Vorauflage; OLG München, Beschl. v. 12. 9. 1985 – 11 W 2147/85, JurBüro 1985, 1854 = AnwBl. 1985, 646; LAG Hamburg, Beschl. v. 27. 2. 2004 – 7 Ta 3/04, juris-Nr. KARE600010242; *E. Schneider* MDR 1982, 270; *Musielak/Heinrich*, § 3 Rn. 30 „Nebenintervention"; *Zöller/Herget*, § 3 Rn. 16 unter „Nebenintervention"; weitergehend OLG Köln, Beschl. v. 16. 10. 1989 – 7 W 37/89, KostRsp. ZPO § 3 Nr. 983 mit Anm. *E. Schneider* = MDR 1990, 251 = JurBüro 1990, 240.

2 KG, Beschl. v. 23. 8. 2002 – 4 W 219/01, KGR 2003, 16 = MDR 2002, 1453 = NJW-RR 2003, 133 = AGS 2003, 216; OLG Karlsruhe, Beschl. v. 7. 10. 2002 – 9 W 38/02, OLGR 2002, 458 = JurBüro 2003, 83 = MDR 2003, 357 = NJW-RR 2003, 1007; LAG Hamburg, Beschl. v. 27. 2. 2004 juris-Nr. KARE600010242; OLG Stuttgart Rpfleger 1957, 97; *Meyer*, Anh. § 48 (§ 3 ZPO) Rn. 22.

Unterstützt er dagegen die Hauptpartei auch in Bezug auf eine von ihr erhobe-   4126
nen oder gegen sie gerichteten **Widerklage,** so ist auch für die Kosten der Streithilfe die Summe der Werte von Klage und Widerklage maßgebend.[1]

C. Rechtsmittel und Beschwer

I. Zwischenstreit

Gegen das Zwischenurteil, dass über die Zulässigkeit der Nebenintervention   4127
entscheidet, ist die sofortige Beschwerde eröffnet, § 71 Abs. 2 ZPO. Für den im
Zwischenstreit unterlegenen Nebenintervenienten folgt der Wert der Beschwer
seinem Interesse an einem Beitritt zum Rechtsstreit und damit dem Gebührenstreitwert.[2]

II. Hauptsacheverfahren

Zur **Rechtsmitteleinlegung allein in eigenem Namen** ist der Streithelfer nur   4128
berechtigt, soweit sich die gerichtliche Entscheidung, etwa hinsichtlich der
Kostentragung, gegen ihn selbst richtet.[3] Danach bestimmt sich dann auch
seine Beschwer.

Für die Zulässigkeit des vom Nebenintervenienten **für die Hauptpartei einge-**   4129
legten Rechtsmittel (§ 66 Abs. 2 ZPO) kommt es hingegen auf die Beschwer der
unterstützten Partei an.[4] Deren Bewertung folgt daher ebenso wie die Bestimmung des Rechtsmittelstreitwerts den allgemeinen Regeln. Insoweit kann auf
die Ausführungen unter dem Stichwort „Rechtsmittel" verwiesen werden.

D. Vergleich

Werden in einem Prozessvergleich über die Klageforderung zugleich **Ansprüche**   4130
des Streithelfers mitverglichen, so erhöht sich der Vergleichswert entsprechend.[5]

Im Übrigen erwächst dem Prozessbevollmächtigten des Streithelfers eine Ver-   4131
gleichsgebühr nur dann, wenn der Vergleich zugleich Rechtsbeziehungen des
Streithelfers zu den Parteien regelt. Hiervon ist bereits dann auszugehen, wenn

---

1 OLG München JurBüro 1973, 1085 = AnwBl. 1973, 359.
2 Zöller/*Vollkommer*, § 71 Rn. 7a.
3 OLG Oldenburg, Beschl. v. 8. 7. 1994 – 8 W 51/94, NJW-RR 1995, 829; Zöller/*Vollkommer*, § 67 Rn. 10.
4 BGH, Urteil v. 16. 1. 1997 – I ZR 208/94, NJW 1997, 2385; OLG Köln, Beschl. v. 12. 3.
   2004 – 11 W 13/04, OLGR 2004, 201 = MDR 2004, 1025; Zöller/*Vollkommer*, § 67
   Rn. 5.
5 OLG Koblenz, Beschl. v. 22. 12. 1997 – 14 W 771/97, JurBüro 1999, 196; Zöller/*Herget*,
   § 3 Rn. 16 unter „Nebenintervention".

dem Streithelfer in der Kostenregelung des Vergleichs ein **Erstattungsanspruch gegen die von ihm unterstützte Partei** eingeräumt wird. Der Gegenstandswert der Vergleichsgebühr für den Prozessbevollmächtigten des Streithelfers bestimmt sich in diesem Fall nach den dem Streithelfer bis dahin entstandenen Kosten.[1]

Negative Feststellungsklage

Siehe das Stichwort „Feststellungsklage".

Nicht rechtshängig gewordene Ansprüche

A. Nur außergerichtliche Tätigkeit

4132 Werden **außergerichtlich** Ansprüche erhoben, kommt es aber nicht (mehr) zur gerichtlichen Anhängigkeit, richtet sich der Gegenstandswert der **Anwaltsgebühren** nach § 23 Abs. 1 S. 3, S. 1 u. 2 RVG i.V.m. dem GKG, gegebenenfalls über § 48 Abs. 1 S. 1 auch nach der ZPO oder der KostO, wenn die Tätigkeit des Anwalts auch Gegenstand eines gerichtlichen Verfahrens hätte sein können. Ist das nicht der Fall, gilt § 23 Abs. 3 RVG.

B. Miteinbeziehung in ein gerichtliches Verfahren

I. Zuständigkeitsstreitwert

4133 Ist ein Verfahren anhängig in das nicht anhängige Gegenstände einbezogen werden, sei es etwa im Rahmen von Einigungsverhandlungen, durch Protokollierung einer Einigung oder durch Abschluss einer Einigung oder eines Vergleichs, ist der Wert dieser nicht anhängigen Ansprüche für den Zuständigkeitsstreitwert unbeachtlich.

II. Gebührenstreitwert

1. Überblick

4134 Für den Gebührenstreitwert haben die nicht anhängigen Ansprüche dagegen Bedeutung. Hier ist allerdings wiederum zwischen den Gerichtsgebühren und den Anwaltsgebühren zu differenzieren.

---

1 OLG Karlsruhe, KostRsp. BRAGO § 23 Nr. 85 = AnwBl. 1996, 290 = NJW-RR 1996, 447.

2. Gerichtsgebühren

Gerichtsgebühren fallen nur dann an, wenn über nicht anhängige Gegenstände ein **gerichtlicher Vergleich** abgeschlossen wird. In diesem Fall entsteht eine 0,25-Gebühr nach Nr. 1900 GKG KostVerz. aus dem „Mehrwert". Insoweit bedarf es dann also auch einer Wertfestsetzung nach § 32 Abs. 1 GKG.   **4135**

Maßgebend ist insoweit der Wert zum **Zeitpunkt des Abschlusses des Vergleichs** nicht der der Klageeinreichung (§ 40 GKG) oder der der Stellung der Anträge.[1] Das Mitvergleichen ist insoweit wie eine Klageerweiterung zu behandeln.   **4136**

Vergleichen sich die Parteien außerhalb des gerichtlichen Verfahrens oder schließen die Parteien lediglich eine Einigung, die nicht die Qualität eines Vergleichs erreicht,[2] ist das Verfahren insoweit gerichtsgebührenfrei, so dass es einer Wertfestsetzung für die Gerichtsgebühren nicht bedarf.   **4137**

3. Anwaltsgebühren

Bei den Anwaltsgebühren verhält es sich anders. Der Anwalt erhält auch für das bloße Mitverhandeln oder Erörtern nicht anhängiger Gegenstände sowie für das bloße Protokollieren nicht anhängiger Gegenstände eine Vergütung nach den Nr. 3100 ff. VV RVG bzw. vergleichbarer Vorschriften, so dass in diesen Fällen auf Antrag eines Beteiligten nach § 33 Abs. 1 RVG eine Wertfestsetzung zu erfolgen hat. Zu diesem Zweck ist es daher in der Regel geboten, Verhandlungen über nicht anhängige Gegenstände im Termin zu protokollieren, damit hierauf bei der späteren Wertfestsetzung zugegriffen werden kann.   **4138**

Eine Wertfestsetzung nach § 33 Abs. 1 RVG ist auch dann vorzunehmen, wenn die Parteien **außergerichtliche Vergleichsverhandlungen** mit einem Mehrwert führen, da auch insoweit Gebühren anfallen. Hier werden sich in der Regel Schwierigkeiten ergeben, weil das Gericht mangels hierzu eingereichter Schriftsätze den Gegenstandswert nicht selbst ermitteln kann. Es ist insoweit dann auf den Vortrag der Beteiligten angewiesen, soweit er unstreitig ist.   **4139**

Wertmäßig nicht berücksichtigt werden dagegen lediglich angekündigte Anträge, also angekündigte Klageerweiterungen oder Widerklagen, soweit diese nicht in Einigungsverhandlungen, Einigungen oder Protokollierungen einfließen. Zwar können durch das Androhen von weiteren Anträgen Anwaltsgebühren ausgelöst werden (so z.B. die ermäßigte Verfahrensgebühr nach Nr. 3101 Nr. 1 VV RVG). Da die zugrunde liegenden Gegenstände jedoch weder durch Antragstellung noch durch Einigung, Verhandlung oder Protokollierung in das Verfahren einbezogen werden, sind sie nicht Gegenstand des Verfahrens und können daher auch nicht im Verfahren nach § 33 GKG bewertet werden.   **4140**

Bei den Anwaltsgebühren dürfte auf den höchsten Wert der nicht anhängigen Ansprüche während der Einigungsverhandlungen **abzustellen sein,** nicht den   **4141**

---

1 OLG Neustadt, Beschl. v. 21. 8. 1952 – 1 W 91/52, AnwBl. 1954, 32.
2 *Hartmann*, Nr. 1900 GKG-KostVerz. Rn. 4.

Zeitpunkt der Klageeinreichung oder des Abschlusses oder der Protokollierung der Einigung. Es können sich daher Abweichungen zum Wert für die Gerichtsgebühren ergeben. Auf § 23 Abs. 1 RVG i.V.m. § 40 GKG kann insoweit nicht zurückgegriffen werden, da diese Vorschrift nur auf gerichtlich anhängige Gegenstände zugeschnitten ist.

Nichtigkeit eines Vaterschaftsanerkenntnisses

Siehe das Stichwort „Kindschaftssachen".

Nichtigkeit eines Vertrages

A. Allgemeines

4142 Auch bei Streitigkeiten über die (Un-)Wirksamkeit eines von den Parteien geschlossenen Vertrages kommt es für den Zuständigkeits- und Gebührenstreitwert maßgeblich auf das klägerische Interesse an. Grundsätzlich ist das gleichbedeutend mit dem Wunsch, vom Vertrag loszukommen.[1] Bei der Bewertung ist jedoch nicht abstrakt auf die Motivlage des Klägers, sondern auf seinen Klageantrag abzustellen. Hier ist wie folgt zu unterscheiden:

B. Freistellung von einer vertraglich vereinbarten Leistung

4143 Verlangt der Kläger von dem Vertragspartner, ihn von der Erbringung einer vertraglich vereinbarten Leistung, beispielsweise der Kaufpreiszahlung oder Lieferung der Kaufsache freizustellen, handelt es sich konstruktiv um eine negative Feststellungsklage. Dem Kläger ist – hier – nicht an der Erfüllung der ihn treffenden Verpflichtung durch einen Dritten interessiert, sondern sein Klageantrag zielt auf die Feststellung, nicht zur Vertragserfüllung verpflichtet zu sein. Der Wert bestimmt gemäß § 3 ZPO, § 48 Abs. 1 GKG (§ 12 Abs. 1 GKG a.F.) nach dem Betrag der Hauptforderung, auf die Kläger in Anspruch genommen wird.[2]

---

1 S. dazu den Fall des OLG Bamberg, Beschl. v. 27. 7. 1990 – 8 W 17/90, KostRsp. ZPO § 3 Nr. 1010 mit Anm. *E. Schneider* = JurBüro 1990, 1659.
2 BGH, Beschl. v. 15. 11. 1994 – XI ZR 174/94, KostRsp. ZPO § 6 Nr. 148 = BB 1995, 644 = LM ZPO § 6 Nr. 18 = MDR 1995, 196 = NJW-RR 1995, 362 = VersR 1995, 319 = WM 1995, 84 = ZIP 1994, 1977; WM 1990, 616; OLG Düsseldorf FamRZ 1994, 57; OLG Köln, Beschl. v. 15. 5. 1985 – 2 U 37/85, MDR 1985, 769; *Anders/Gehle/Kunze*, Stichwort „Befreiung von einer Verbindlichkeit" Rn. 1.

C. Rückabwicklung bereits erbrachter Leistungen

Wird auf Rückzahlung einer bereits geleisteten Vergütung oder Herausgabe 4144
(und Rückübereignung) eines schon gelieferten Gegenstandes geklagt, bestimmt sich der Streitwert gemäß §§ 3, 6 ZPO, § 48 Abs. 1 GKG (§ 12 Abs. 1
GKG a.F.) nach dem Zahlbetrag bzw. dem Wert der Sache. Streitgegenstand und
Streitwert sind identisch.[1]

D. Feststellung der Unwirksamkeit des Vertrages

Ist die Klage auf Feststellung gerichtet, dass der zwischen den Parteien ge- 4145
schlossen Vertrag unwirksam bzw. nichtig sei, besteht über die Bewertung Uneinigkeit. Während einerseits auf den „Wert des Vertragsverhältnisses"[2] abgestellt wird, soll nach anderer Auffassung der Vermögensunterschied vor und
nach Rückgängigmachung des Vertrages[3] bzw. der Saldo der mit der Vertragsdurchführung verbundenen Vor- und Nachteile maßgeblich sein.[4]

Beide Ansätze überzeugen nicht. Ein objektiver „Wert des Vertragsverhältnis- 4146
ses" existiert schon deswegen nicht, weil Leistung und Gegenleistung sich
wertmäßig nicht notwendigerweise entsprechen.[5] So beispielsweise, wenn eine
nach Irrtumsanfechtung erhobene Klage auf Feststellungsklage der Vertragsnichtigkeit darauf zielt, eine Kaufsache nicht übereignen zu müssen, deren
Wert deutlich über dem vereinbarten Kaufpreis liegt.[6] Auch eine Saldierung der
vermögensrechtlichen Folgen bei Durchführung und Abstandnahme von der
Vertragserfüllung bzw. der Vor- und Nachteile bei Vertragserfüllung repräsentiert nicht das klägerische Interesse. Denn es ist wenig nachvollziehbar, warum
– abweichend zur Leistungsklage (siehe hierzu unter dem Stichwort „Gegenleistung") – die mit der Vertragsdurchführung verbundene Gegenleistung einen
Einfluss auf die Bewertung haben soll. Abgesehen davon, dass bei diesem Ansatz ein kostenrechtlich unbrauchbarer Nullwert nicht ausgeschlossen werden
kann.

---

1 KG Rpfleger 1962, 153; OLG Celle, Urteil v. 23. 11. 1983 – 3 U 42/83, KostRsp. ZPO § 3
Nr. 746 mit Anm. *E. Schneider* = VersR 1985, 397; OLG Oldenburg, Beschl. v. 15. 9.
1995 – 5 W 150/95, KostRsp. ZPO § 3 Nr. 1218 = OLGR 1995, 312 = MDR 1996, 101.
2 So OLG Oldenburg, Beschl. v. 15. 9. 1995 – 5 W 150/95, MDR 1996, 101 – Feststellung
der Nichtigkeit wegen Geschäftsunfähigkeit.
3 OLG Stuttgart Rpfleger 1964, 162; OLG Düsseldorf JurBüro 1967, 161; aufgegeben
durch Beschl. v. 11. 3. 1981 – 9 W 34/81, vgl. JurBüro 1994 , 494; LG Wiesbaden JurBüro
1979, 1670; *Hillach/Rohs*, Handbuch des Streitwerts, § 26 Anm. L., S. 118.
4 So RG Gruchot Bd. 49, 1005; OLG Braunschweig, Beschl. v. 2. 11. 1982 – 2 W 113/83,
KostRsp. ZPO § 3 Nr. 617 mit abl. Anm. *E. Schneider* = JurBüro 1983, 434 mit Anm.
Mümmler; OLG München OLGE 29, 222.
5 Vgl. etwa OLG Celle, Urteil v. 23. 11. 1983 – 3 U 42/83, KostRsp. ZPO § 3 Nr. 746 mit
Anm. *E. Schneider* = VersR 1985, 397.
6 Unzutreffend daher OLG Oldenburg, Beschl. v. 15. 9. 1995 – 5 W 150/95, MDR 1996,
101, dass zur Vereinfachung auf den Kaufpreis abstellt.

4147 Entscheidend ist vielmehr auch hier der Wert der Leistung, von der der Kläger bei Unwirksamkeit des Vertrages freigestellt werden will[1] oder die im Falle schon erbrachter Leistung an ihn zurückzugewähren ist.[2]

4148 Hierbei ist eine wirtschaftliche Betrachtungsweise geboten, d.h. beschränkt sich die Auseinandersetzung um die Wirksamkeit des Vertrages auf einen Teilbetrag der dem Kläger obliegenden Leistung, dann ist nur dieser maßgebend. So liegt es etwa bei einem Streit über die Nichtigkeit eines notariellen Grundstückskaufvertrages wegen Vereinbarung eines Schwarzpreises. Der Streit und damit dessen Wert beschränkt sich (wirtschaftlich) auf die Differenz von beurkundetem zu angeblich vereinbartem Kaufpreis.[3] Ebenso erscheint es sachgerecht, bei einem Streit über die Nichtigkeit eines Ratenkreditvertrages (§ 138 BGB) für die Bewertung allein auf die Summe der Kreditzinsen abzustellen.[4]

4149 Da mit der Klage zugleich eine (negative) Entscheidung über den Bestand etwaiger vertraglicher Verpflichtungen angestrebt wird, kommt der bei der positiven Feststellungsklage übliche prozentuale Abschlag nicht in Betracht.[5]

4150 Will der Kläger den mit der Feststellungsklage gegenüber konkreten Rückabwicklungsanträgen regelmäßig höheren Streitwert vermeiden, muss er eben einen anderen Klageantrag stellen. Er kann beispielsweise lediglich Ersatz der unnütz gezahlten Grunderwerbsteuer oder der Beurkundungskosten verlangen. Dann ist der Streitwert gleich der Bezifferung, obschon die Frage der Vertragsnichtigkeit inzidenter voll überprüft wird. Diese Lösung wird auch den Interessen des Beklagten gerecht, der dann die Möglichkeit hat, durch **Feststellungswiderklage** nach § 256 Abs. 2 ZPO das Gesamtinteresse zur Entscheidung zu stellen.[6]

---

1 OLG Bamberg, Beschl. v. 27. 7. 1990 – 8 W 17/90, JurBüro 1990, 1659; OLG Celle, Beschl. v. 18. 10. 1983 – 4 W 29/83, KostRsp. ZPO § 3 Nr. 666 = Nds.Rpfl. 1984, 14; OLG Düsseldorf, JurBüro 1994, 494 = AnwBl. 1994, 47; OLG Frankfurt, Beschl. v. 15. 6. 1999 – 21 W 24/99 KostRsp. ZPO § 3 Nr. 1339 = NJW-RR 2000, 587; OLG Koblenz, NJW 1953, 1918; OLG München, Beschl. v. 20. 3. 1984 – 24 W 48/84, KostRsp. ZPO § 3 Nr. 706 = JurBüro 1984, 1235 mit Anm. *E. Schneider*; OLG Saarbrücken, Beschl. v. 25. 9. 1978 – 1 W 20/78 , KostRsp. ZPO § 3 Nr. 427 = JurBüro 1978, 1718 = AnwBl. 1978, 467; *Anders/Gehle/Kunze*, Stichwort „Feststellungsklage" Rn. 8.
2 OLG Bremen, Beschl. v. 14. 8. 1979 – 2 W 52/79, KostRsp. ZPO § 3 Nr. 450 mit Anm. *E. Schneider* = JurBüro 1979, 1705; OLG Celle, Beschl. v. 18. 6. 1984 – 16 W 32/84, KostRsp. ZPO § 3 Nr. 704 mit Anm. *E. Schneider* = AnwBl. 1984, 448 = Nds.Rpfl. 1994, 215.
3 OLG Frankfurt, Beschl. v. 3. 2. 1982 – 22 W 12/82, KostRsp. ZPO § 3 Nr. 582 = AnwBl. 1982, 247.
4 OLG Hamburg, JurBüro 1988, 1060.
5 OLG Celle, Beschl. v. 18. 6. 1984 – 16 W 32/84, KostRsp. ZPO § 3 Nr. 704 mit Anm. *E. Schneider* = AnwBl. 1984, 448 = Nds.Rpf. 1984, 215; Urteil v. 23. 11. 1983 – 3 U 42/83, KostRsp. ZPO § 3 Nr. 746 mit Anm. *E. Schneider* = VersR 1985, 397; *Anders/Gehle/Kunze*, Stichwort „Feststellungsklage" Rn. 8; a.A. Vorauflage.
6 Siehe *E. Schneider* in Anm. zu OLG Bremen, Beschl. v. 14. 8. 1979 – 2 W 52/79, KostRsp. ZPO § 3 Nr. 450.

E. Mehrere Ansprüche

Der neben der Klage auf Feststellung der Nichtigkeit des Kaufvertrages gestellte Antrag auf Verurteilung zur Abgabe der **Löschungsbewilligung für eine Auflassungsvormerkung** rechtfertigt keine Zusammenrechnung. Die Verpflichtung zur Erteilung der Löschungsbewilligung ist eine selbstverständliche Folge der Vertragsnichtigkeit.[1] Dass die Löschungsbewilligung eine zusätzliche Willenserklärung erfordert und diese nicht durch die Nichtigkeitsverurteilung ersetzt wird, rechtfertigt keine andere Beurteilung. Vielmehr handelt es sich um einen gegenüber der Verpflichtung zur Rückabwicklung nachbereitenden und damit wirtschaftlich identischen Zusatzantrag (**a.A. Vorauflage**).   4151

Nichtigkeitsklage

Mit der gesellschaftsrechtlichen Anfechtungsklage und der Nichtigkeitsklage wird die Fehlerhaftigkeit von Beschlüssen geltend gemacht.[2] Nach der h.M. ist die Anfechtungsklage Gestaltungsklage, die Nichtigkeitsklage Feststellungsklage.[3] Die Nichtigkeitsklage kann nach § 249 AktG von einem Aktionär, dem Vorstand sowie einem Mitglied des Vorstands oder des Aufsichtsrats erhoben werden. Die Klage ist gegen die Gesellschaft zu richten (§§ 249 Abs. 1 S. 1, 246 Abs. 2 AktG).   4152

Der Streitwert der Nichtigkeitsklage ist nach § 247 Abs. 1 AktG bzw. § 3 ZPO unter Berücksichtigung der Verhältnisse des Einzelfalls und des wirtschaftlichen und gesellschaftsrechtlichen Interesses des Gesellschafters an der Gültigkeit des angefochtenen Beschlusses nach billigem Ermessen zu bestimmen.[4]   4153

Abweichend von der üblichen Bestimmung des Streitwertes nach dem Interesse des Klägers bzw. Antragstellers ist nach § 247 Abs. 1 S. 1 AktG die Bedeutung der Sache für die Parteien, also auch den Antraggegner, zu berücksichtigen.   4154

Der Streitwert darf ein Zehntel des Grundkapitals bzw. maximal 500 000 Euro nur dann übersteigen, wenn das Interesse des Klägers höher zu bewerten ist. Darüber hinaus besteht nach § 247 Abs. 2 AktG die Möglichkeit der Streitwertbegünstigung.[5]   4155

---

1 OLG Frankfurt, Beschl. v. 3. 2. 1982 – 22 W 12/82, KostRsp. ZPO § 3 Nr. 582 = AnwBl. 1982, 247.
2 Vgl. BGH, Urteil v. 22. 7. 2002 – II ZR 286/01, MDR 2003, 38.
3 A.A. *K. Schmidt* JZ 1977, 769 ff. m.w.N.
4 BGH, Beschl. v. 11. 7. 1994 – II ZR 58/94, NJW-RR 1995, 225.
5 Vgl. zu den Einzelheiten das Stichwort „Anfechtungs- und Nichtigkeitsklagen".

Nichtvermögensrechtliche Streitigkeit

Literatur: *Schack*, Die nichtvermögensrechtliche Streitigkeit, MDR 1984, 456.

Gliederungsübersicht

A. Begriffliche Abrenzung 4156

B. Anzuwendende Vorschriften . . . 4171

C. Bewertungsumstände 4176

  I. Umfang der Sache 4177

  II. Bedeutung der Sache 4178

III. Vermögens- und Einkommensverhältnisse 4181

IV. Einzelfälle 4184

D. Zuständigkeits- und Rechtsmittelstreitwert 4192

Stichwortübersicht

Ablehnung von Richtern und Sachverständigen 4158

Abgrenzung 4159

Anfechtung einer Delegiertenwahl . 4188

Anspruchshäufung 4175

Arbeitsrechtliche Streitigkeiten . . . 4169

Auflösung eines Partei-Landesverbandes 4158

Ausschluss aus Verein 4158, 4187

Bedeutung der Sache 4178

Begriff 4157

Beisetzung in bestimmter Grabstätte 4158

Ehrverletzung 4162, 4185

Einsicht in Personalakten 4158

Einstweilige Verfügung . . . 4174, 4186

Familienrechtssachen . . . .

Feststellungsklage gegen Idealverein
wegen Vorstandswahl 4166

Gewerkschaften 4165

Herabsetzung unter Regelwert . . . 4190

Herausgabe eines Tagebuches 4158

Klagerücknahme 4191

Recht am eigenen Bild 4158

Regelstreitwert 4172

Stiftung, Satzungsänderung einer . . 4167

Umbettung einer Leiche 4158

Unterhaltspflicht gegenüber Kind . . 4160

Unterlassung von kreditgefährdenden Behauptungen 4164

Vaterschaftsanerkenntnis, Feststellung der Nichtigkeit 4161

Verfassungsbeschwerde 4168

Vermögens- und Einkommensverhältnisse 4181

Vorbeugende Unterlassungsklagen
wegen Ehrverletzung 4185

Vorschriften, anzuwendende . . . 4171 ff.

Zeitpunkt der Klageerhebung,
Herabsetzung unter Regelwert . . 4190

Zeugnisverweigerung, Zwischenstreit darüber 4158

A. Begriffliche Abrenzung

4156 Ausschlaggebend für die Abgrenzung zwischen der vermögensrechtlichen und der nichtvermögensrechtlichen Streitigkeit ist die Rechtsnatur des Anspruches, den der Kläger geltend macht.[1]

4157 **Nichtvermögensrechtliche Streitigkeiten** sind solche, die nicht auf Geld oder Geldeswert gerichtet sind und nicht aus vermögensrechtlichen Verhältnissen entspringen.[2] **Vermögensrechtliche Streitigkeiten** sind solche, bei denen die

---

1 BGH JZ 1982, 512.
2 RGZ 144, 159; LAG München, Beschl. v. 21. 2. 2003 – 8 Ta 61/02, JurBüro 2004, 85.

Ansprüche auf Geld oder eine geldwerte Leistung gerichtet sind, gleichgültig, ob sie aus einem vermögensrechtlichen oder nichtvermögensrechtlichen Grundverhältnis entspringen.

Nichtvermögensrechtliche Ansprüche sind in erster Linie Angelegenheiten in Personenstands- und Familienrechtssachen. Als nichtvermögensrechtlich sind beispielsweise angesehen worden: **4158**

– die Anerkennung ausländischer Entscheidungen in Ehesachen,[1]
– die Umbettung einer Leiche,[2]
– die Beisetzung in einer bestimmten Grabstätte,[3]
– der Ausschluss aus einem Verein,[4]
– die Herausgabe eines Tagebuches oder die Unterlassung der Verletzung des Rechts am eigenen Bild,[5]
– die Unterlassung belästigender Telefonanrufe,[6]
– der Anspruch auf Einsicht in Personalakten, die bei einer privatrechtlich organisierten Begabtenförderungsstelle für einen Stipendiaten geführt werden,[7]
– die Auflösung des Landesverbandes einer politischen Partei oder die Anfechtung einer parteiinternen Delegiertenwahl,[8]
– der Zwischenstreit wegen Zeugnisverweigerung[9]
– die Ablehnung von Richtern, Schiedsrichtern und Sachverständigen[10] (streitig).

Bei der Abgrenzung kann jedoch nicht nur auf die Art des betroffenen Rechtsverhältnisses abgestellt werden. Vielmehr kommt es darauf an, welcher Klageantrag im Einzelfall verfolgt wird.[11]   **4159**

---

1 BayObLG, Beschl. v. 8. 9. 1998 – 1 Z BR 16/98, NJW-RR 1999, 1375.
2 RGZ 108, 219.
3 RG HHR 1931, 138; RG JR 1926 Nr. 792.
4 OLG Köln MDR 1984, 153; OLG Koblenz JurBüro 1990, 1034.
5 KG JurBüro 1969, 1190; BGH, Urteil v. 17. 10. 1995 – VI ZR 352/94, NJW 1996, 999.
6 BGH VersR 1985, 185.
7 OLG Köln JurBüro 1980, 578 = KostRsp. GKG § 12 Nr. 30 mit Anm. *Schneider*. Vermögensrechtlich ist dagegen der Anspruch auf Entfernung einer Abmahnung aus der Personalakte, vgl. LAG Hamm MDR 1984, 877.
8 KG JurBüro 1970, 309; KG, Beschl. v. 24. 9. 1984 – 13 W 4000/84, KostRsp. GKG § 12 Nr. 88.
9 BayObLG KostRsp. GKG § 12 Nr. 113 mit Anm. *Schneider* = FamRZ 1986, 1237 = BayObLGZ 1986 Nr. 61.
10 BGH, Beschl. v. 15. 12. 2003 – II ZB 32/03, AGS 2004, 159; BGH NJW 1968, 796; OLG Nürnberg AnwBl. 1983, 516; OLG Düsseldorf, Beschl. v. 11. 12. 2003 – 5 W 48/03, AGS 2004, 392 mit Anm. *Madert*; OLG Bamberg BauR 2000, 773; OLG Koblenz NJW-RR 198, 1222; OLG Köln, KostRsp. GKG § 12 Nr. 115 mit Anm. *Schneider* = Rpfleger 1987, 166; ausführlich hierzu unter dem Stichwort „Ablehnung von Richtern, Schiedsrichtern und Sachverständigen".
11 LAG München, Beschl. v. 21. 2. 2003 – 8 Ta 61/02, JurBüro 2004, 85.

4160 So beruhen beispielsweise **Unterhaltspflichten** gegenüber einem Kind (§ 1601 ff. BGB) auf einem familienrechtlichen und damit nichtvermögensrechtlichen Verhältnis zwischen Kind und Eltern. Gleichwohl haben sie eine geldwerte Leistung zum Gegenstand und sind deshalb vermögensrechtliche Ansprüche.[1]

4161 Die Feststellung der Nichtigkeit des Anerkenntnisses der **Vaterschaft** hat ebenfalls vermögensrechtlichen Charakter. Der Streitwert ist daher nicht nach § 48 Abs. 3 GKG, sondern nach § 3 ZPO unter Berücksichtigung der Grundsätze des § 42 Abs. 1 GKG festzusetzen.[2]

4162 Auch im Bereich der Ehrverletzungen ist zu differenzieren:

Vorbeugende Unterlassungsklagen aus Rechtsbeziehungen, die den **sozialen Geltungsanspruch** des Klägers in der Öffentlichkeit vor drohenden Beeinträchtigungen schützen sollten, sind grundsätzlich nichtvermögensrechtlicher Natur, sofern sich nicht aus der Klage ergibt oder offenkundig ist, dass in wesentlicher Weise wirtschaftliche Belange gesichert werden sollen.[3] Beispielsweise ist eine Streitigkeit als nichtvermögensrechtlich eingestuft worden, in welcher der Kläger sich durch einzelne Textstellen in einem Buch in seiner Ehre verletzt sah, ohne dass ihm Vermögensnachteile drohten.[4]

4163 Andererseits ist ein Widerrufsanspruch im Hinblick auf ehrverletzende Behauptungen vermögensrechtlicher Natur, wenn er allein oder auch aus wirtschaftlichen Gründen erfolgt.[5] Darüber hinaus kann ein Rechtsstreit nach dem Inhalt des Klageanspruchs auch dann vermögensrechtlicher Natur sein, wenn es dem Kläger nach dem Klagevortrag nur um die Verteidigung seiner Ehre geht.[6]

4164 Vermögensrechtlich ist auch der Anspruch auf Unterlassung von **kreditgefährdenden Behauptungen**, da er die Abwehr eines drohenden Vermögensschadens bezweckt.[7] Andererseits ist ein Unterlassungsanspruch, der den sozialen Geltungsanspruch in der Öffentlichkeit schützen soll, nicht schon deshalb vermögensrechtlicher Natur, weil es um die Berufsehre eines Journalisten geht, der mit öffentlichkeitswirksamer Arbeit Geld verdient.[8]

4165 Wenn in der Auseinandersetzung zweier konkurrierender **Gewerkschaften** die eine von der anderen die Unterlassung bestimmter Äußerungen begehrt, han-

---

1 BGH JZ 1982, 512.
2 OLG München NJW 1953, 631; a.A. *Hartmann*, § 48 GKG Rn. 10.
3 BGH, Urteil v. 17. 10. 1995 – VI ZR 352/94, NJW 1996, 999 m.w.N.; BGH, Beschl. v. 3. 4. 1984 – VI ZR 80/83, MDR 1985, 43.
4 BGH VersR 1983, 832; BGH, Beschl. v. 3. 4. 1984 – VI ZR 80/83, MDR 1985, 43; BGH VersR 1991, 202; BGH VersR 1991, 792; LAG Hamm AnwBl. 1984, 156.
5 BGH, Beschl. v. 3. 4. 1984 – VI ZR 80/83, MDR 1985, 43.
6 BGH, Beschl. v. 16. 12. 1980 – VI ZR 308/79, MDR 1981, 486 – das Verfahren betraf den Anspruch auf Unterlassung u.a. der Behauptung, das Buch „Das Tagebuch der Anne Frank" sei eine Fälschung. Der Senat hat im Hinblick auf die Einordnung als vermögensrechtliche Streitigkeit gewürdigt, dass nicht nur die Ehre des Klägers, sondern auch sein Interesse an der wirtschaftlichen Auswertung des Buches betroffen seien.
7 OLG Frankfurt, KostRspr. GKG a.F. § 18 Nr. 5.
8 BGH, KostRspr. GKG § 14 Nr. 36 = NJW-RR 1990, 1276.

delt es sich um einen nichtvermögensrechtlichen Streit, soweit die Untersagung nur nach §§ 823, 1004 BGB i.V. mit §§ 185, 186 StGB begehrt wird. Ist daneben aber eine Verletzung des § 824 BGB schlüssig behauptet, so wird neben dem nichtvermögensrechtlichen Anspruch ein aus ihm hergeleiteter vermögensrechtlicher Anspruch im Sinne des § 48 Abs. 4 GKG geltend gemacht.[1]

Eine nichtvermögensrechtliche Streitigkeit liegt auch vor, wenn gegen einen **Idealverein** auf Feststellung geklagt wird, dass sein Vorstand nicht rechtmäßig gewählt worden sei.[2]   4166

Dagegen ist der Streit über eine Satzungsänderung einer **Stiftung** bezüglich des Verfahrens der Benennung von Kuratoriumsmitgliedern vermögensrechtlicher Natur. Das OLG Hamm[3] hat ihn mit einer Milliarde DM bewertet. Die daraus folgende Kostenbelastung läuft allerdings auf eine Rechtswegsperre hinaus.   4167

Das BVerfG[4] hat eine **Verfassungsbeschwerde** als nichtvermögensrechtlich bewertet, weil mit ihr die Verletzung von Grundrechten gerügt wurde.   4168

Auch in **arbeitsrechtlichen Streitigkeiten** wird die Unterscheidung häufig praktisch. Als nichtvermögensrechtliche Angelegenheiten sind in diesem Bereich beispielsweise angesehen worden: 4169

– der Anspruch des Betriebsrats auf Untersagung des Einsatzes von Arbeitnehmern aus Fremdfirmen,[5]

– der Anspruch auf Untersagung der Behauptung, dass der Arbeitnehmer für Inventurverluste verantwortlich sei,[6]

– der Streit über die Verkürzung der Arbeitszeit.[7]

Um eine vermögensrechtliche Angelegenheit handelt es sich dagegen bei dem Streit darüber, ob der Arbeitnehmer berechtigt ist, bestimmte ihm zugewiesene Arbeiten zu verweigern[8] und bei dem Streit um den Anspruch des Arbeitnehmers auf Weiterbeschäftigung.[9]   4170

---

1 OLG Frankfurt JurBüro 1969, 538 zu § 12 GKG a.F.

2 KG JurBüro 1969, 1193.

3 OLG Hamm, Beschl. v. 30. 6. 1993 – 8 W 48/92, KostRsp. GKG § 12 Nr. 166 mit Anm. *Herget* = OLGZ 1994, 96 = ZIP 1993, 1384.

4 BVerfG JurBüro 1954, 411.

5 LAG Bremen, KostRsp. ArbGG § 12 Nr. 76.

6 LAG Hamm AnwBl. 1984, 156 = KostRsp. GKG § 20 Nr. 64), jedoch entgegen BAG AP GKG a. F § 11 Nr. 1; BGB § 611 – Beschäftigungspflicht – Nr. 2, 4.

7 LAG München, Beschl. v. 21. 2. 2003 – 8 Ta 61/02, JurBüro 2004, 85 – das LAG hat die Festsetzung des Streitwertes auf einen Monatslohn nicht beanstandet, auch wenn es diese Bewertung wohl selbst so nicht vorgenommen hätte.

8 BAG, KostRsp. ArbGG § 12 Nr. 208 = EzA ArbGG § 64 Nr. 28 mit Anm. *Schneider* = DB 1990, 640 = NZA 1990, 202 = AP ArbGG § 64 Nr. 14.

9 LAG Hamm, KostRsp. ArbGG § 12 Nr. 20 mit Anm. *Schneider* = MDR 1980, 347 = BB 1980, 212.

B. Anzuwendende Vorschriften

4171 Die Wertbestimmung für nichtvermögensrechtliche Streitigkeiten ist in § 48 Abs. 2 GKG geregelt. Der Wert des Streitgegenstandes ist unter Berücksichtigung aller Umstände des Einzelfalles, insbesondere des Umfangs und der Bedeutung der Sache und der Vermögens- und Einkommensverhältnisse der Parteien zu bestimmen. Jedoch darf der Wert nicht über eine Million Euro angenommen werden. Für Ehe- und Lebenspartnerschaftssachen (§ 661 Abs. 1 Nr. 1 bis 3 ZPO) bestimmt § 48 Abs. 3 S. 2 GKG einen Mindestwert von 2000 Euro.

4172 Einen **Regelstreitwert** für nichtvermögensrechtliche Streitigkeiten wie früher in § 14 Abs. 1 Satz 1 GKG a.F. gibt es heute nicht mehr.

4173 Das LAG Hamm[1] hat sich in einer früheren Entscheidung für eine Anlehnung an den in § 12 Abs. 2 S. 3 GKG a.F. bzw. § 8 Abs. 2 BRAGO genannten Wert von 4000 Euro ausgesprochen, der im Regefall nicht unterschritten werden sollte. Da sich aber der Gesetzgeber in § 48 Abs. 2 GKG eben nicht auf einen bestimmten Regelwert festgelegt hat, erscheint die umgekehrte Vorgehensweise vorzugswürdig: Zunächst sind die Umstände des Einzelfalls im Sinne von § 48 Abs. 2 GKG zu bewerten. Nur in den Fällen, in denen jeder Anhaltspunkt für eine Schätzung fehlt, kann man sich an den Werten von § 52 Abs. 2 GKG (5000 Euro) bzw. § 23 Abs. 3 RVG (4000 Euro) orientieren.

4174 In nichtvermögensrechtlichen Angelegenheiten ist der Streitwert für eine **einstweilige Verfügung** nach § 3 ZPO, § 53 Abs. 1 Nr. 1 GKG zu schätzen.[2] Es gelten die üblichen Bewertungsgrundsätze (Bruchteil des Hauptsacheverfahrens bzw. in Ausnahmefällen voller Hauptsachewert[3]).

4175 Die Fälle der **Anspruchshäufung** sind wie folgt zu bewerten:

- Macht der Kläger mehrere nichtvermögensrechtliche Ansprüche geltend, sind die einzelnen Werte zu bestimmen und dann gemäß § 5 ZPO zu addieren.
- Gleiches gilt, wenn der Kläger neben einem vermögensrechtlichen Anspruch einen davon unabhängigen nichtvermögensrechtlichen Anspruch geltend macht, z.B. bei einer Klage auf Übertragung der Personensorge, in der auch ein Anspruch auf Unterhaltszahlung geltend gemacht wird.[4]
- Wird dagegen ein nichtvermögensrechtlicher Anspruch mit einem aus ihm abgeleiteten vermögensrechtlichen Anspruch geltend gemacht, so greift § 48 Abs. 4 GKG ein. In diesem Fall – beispielsweise einer Klage auf Unterlassung ehrenrühriger Behauptungen und Anspruch auf Schmerzensgeld[5] – ist nur ein Anspruch, und zwar der höhere, maßgebend.

---

1 MDR 1980, 613 = AnwBl. 1981, 38 = KostRsp. GKG § 12 Nr. 31 mit zust. Anm. *Schneider*.
2 OLG Frankfurt AnwBl. 1983, 89 = KostRsp. GKG § 20 Nr. 55; KG JurBüro 1967, 806.
3 Vgl. das Stichwort „Einstweilige Verfügung".
4 OLG Saarbrücken NJW 1975, 1791; OLG Schleswig JurBüro 1977, 836.
5 OLG Köln JMBl.NW 1976, 71 = VersR 1976, 740; OLG Köln, KostRsp. GKG § 12 Nr. 162 = OLGR 1993, 283 = JurBüro 1994, 491.

C. Bewertungsumstände

Gemäß § 48 Abs. 2 GKG ist der Streitwert unter Berücksichtigung aller Umstände des Einzelfalls, insbesondere des Umfangs und der Bedeutung der Sache und der Vermögens- und Einkommensverhältnisse der Parteien, nach Ermessen zu bestimmen.   4176

I. Umfang der Sache

Da es im Rahmen von § 48 Abs. 2 GKG primär um die Bestimmung der Gerichtsgebühren geht, ist der **Umfang der Sache** aus Sicht des Gerichts zu bewerten.[1] Hier können Umstände wie Umfang der Akten und ggf. Beiakten, Zahl und Umfang der erforderlichen Termine sowie der Schwierigkeitsgrad der Sache in rechtlicher und tatsächlicher Hinsicht[2] eine Rolle spielen.   4177

II. Bedeutung der Sache

Die Streitwertbemessung hat bei der Frage der **Bedeutung der Sache** nur an die Bedeutung der gerichtlichen Entscheidung anzuknüpfen. Denn nur dies entspricht dem im Klageantrag zum Ausdruck gekommenen Interesse. Die Frage, ob sich aus der gerichtlichen Entscheidung Folgewirkungen – etwa in wirtschaftlicher Hinsicht – ergeben, kann allenfalls insofern noch beachtlich sein, als sie Erkenntniswert für Bedeutung der Entscheidung hat.   4178

Ob das Verfahren dagegen allgemeines Interesse erregt oder für andere Streitigkeiten vorgreiflich ist, spielt bei der Bestimmung des Streitwertes keine Rolle. Keine Partei kann verpflichtet werden, über eine Streitwerterhöhung mit ihrem Geld die Befriedigung des Allgemeininteresses oder die Entbehrlichkeit einer gerichtlichen Auseinandersetzung wegen anderer Streitigkeiten zu finanzieren. Gerade in dieser Bedeutung wird der Begriff aber nicht selten unüberlegt zum Anlass genommen, den Streitwert zu erhöhen.[3]   4179

Der Begriff „Bedeutung der Sache" ist also dahingehend auszulegen, dass er diejenige Bedeutung umfasst, die der Rechtsstreit ausweislich des Klageantrages für den Kläger hat. Das Interesse des Beklagten oder der Allgemeinheit ist nicht wertbestimmend.[4]   4180

---

[1] OLG Bamberg JurBüro 1977, 1590; OLG Celle JurBüro 1976, 797; OLG Düsseldorf AnwBl. 1986, 250.
[2] OLG Hamm JurBüro 1994, 364; OLG Zweibrücken JurBüro 1984, 899; OLG Koblenz JurBüro 1975, 1092.
[3] Siehe auch *Lappe* Rpfleger 1958, 249 zu VII.
[4] OLG Köln JurBüro 1980, 577.

III. Vermögens- und Einkommensverhältnisse

4181 Die **Vermögens- und Einkommensverhältnisse** der Parteien spielen in der Praxis überwiegend bei den Ehesachen eine Rolle[1] und sind als Bewertungsfaktor verfassungsgemäß.[2] Auch darüber hinaus können sie im Rahmen des pflichtgemäßen Ermessens herangezogen werden,[3] wobei problematisch ist, inwiefern das Gericht eigene Ermittlungen anstellen muss.

4182 Das OLG München[4] hat auf die Streitwertfestsetzung das Beweislastprinzip angewandt mit der Folge, dass das Gericht an die Parteiangaben zu den Vermögensverhältnissen grundsätzlich gebunden ist und keine eigenen Recherchen anzustellen hat. Noch weiter ist das OLG Köln[5] gegangen, das die Vermögens- und Einkommensverhältnisse der Parteien lediglich für Streitigkeiten in Familiensachen als Bewertungsumstand akzeptiert hat, nicht jedoch für sonstige nichtvermögensrechtliche Angelegenheiten.

4183 Der Streitwert kann bei nichtvermögensrechtlichen Streitigkeiten nur für beide Parteien einheitlich festgesetzt und deshalb nicht durch die sozialen und wirtschaftlichen Verhältnisse lediglich einer Partei beeinflusst werden.[6]

IV. Einzelfälle

4184 Den Anspruch auf Unterlassung der Behauptung, ein Anwalt habe Mandantengelder in Höhe von 12 000 DM **veruntreut**, hat das OLG Schleswig[7] mit 20 000 DM bemessen.

4185 Das LG Oldenburg bewertet eine **ehrenschutzrechtliche** Unterlassungsklage im Regelfall mit 3000 Euro und eine Klage auf Widerruf einer ehrverletzenden Behauptung mit 4500 Euro.[8]

4186 Das OLG Köln[9] hat in einem Verfahren auf Erlass einer einstweiligen Verfügung den erstinstanzlich mit 100 000 DM angesetzten Streit über eine verbale Auseinandersetzung in einer Kneipe auf 3000 DM herabgesetzt.

---

1 OLG Düsseldorf, Beschl. v. 17. 10. 1994 – 3 WF 116/94, JurBüro 1995, 252; kritisch zu diesem Kriterium: *Lappe* und *Schneider* Anm. zu KostRsp. GKG § 12 Nr. 23 sowie *Schacks* MDR 1984, 456; vgl. auch unter dem Stichwort „Ehesachen".
2 BVerfG BGBl 1989, 1301.
3 Zöller/*Herget*, § 3 Rn. 16 unter „Nichtvermögensrechtliche Streitigkeit", weist nicht ganz zu Unrecht darauf hin, dass es sinnlos sei, etwa bei Streit um die Umbettung einer Leiche oder um die Beisetzung in einer bestimmten Grabstätte Lohn- und Gehaltsbescheinigungen der Parteien anzufordern.
4 OLG München JurBüro 1979, 1543.
5 OLG Köln JurBüro 1980, 577.
6 OVG Münster DÖV 1957, 483.
7 OLG Schleswig Beschl. v. 25. 1. 2002 – 1 W 3/02, JurBüro 2002, 316.
8 LG Oldenburg, Beschl. v. 6. 3. 1995 – 5 T 1310/94, JurBüro 1995, 369.
9 OLG Köln, KostRsp. GKG a.F. § 14 C Nr. 69.

Den Streit über die Wirksamkeit des Ausschlusses aus einem **Verein** hat das OLG Köln[1] mit 1000 DM, das OLG Koblenz[2] mit 4000 DM bewertet. 4187

Bei einer Klage wegen Anfechtung einer **Delegiertenwahl** hat das KG[3] den vom Landgericht angenommenen Streitwert in Höhe von 20 000 DM im Beschwerdeverfahren auf 4000 DM herabgesetzt. 4188

Die immer wieder zu beobachtenden hohen Wertansätze bei belanglosen Vereinsstreitigkeiten erklären sich oft dadurch, dass die Gerichte auf diese Weise die Kostenlast vergrößern, um die Betroffenen davon abzuhalten, ihre Querelen in einem Zivilprozess auszutragen.[4] 4189

Entscheidend für die Beurteilung, ob der Umfang und die Bedeutung der Sache eine Herabsetzung des Streitwerts rechtfertigen kann, soll nach dem OLG Schleswig[5] der **Zeitpunkt** der Klageerhebung sein. Das dürfte nicht richtig sein, da sich zumindest der Umfang der Sache erst später erkennen lässt. Da gerade im Bereich der nichtvermögensrechtlichen Streitigkeiten mangels Wertangabe im Regelfall mit einer vorläufigen Wertfestsetzung nach § 63 Abs. 1 GKG gearbeitet werden muss, können die im Laufe des Verfahrens festgestellten Umstände zum Umfang der Sache dann bei der endgültigen Wertfestsetzung nach § 63 Abs. 2 GKG berücksichtigt werden. 4190

Bei der **Klagerücknahme** ist darauf abzustellen, welchen Umfang die Sache im Falle ihrer Durchführung nach dem im Zeitpunkt der Rücknahme gegebenen Sach- und Streitgegenstand angenommen hätte.[6] 4191

D. Zuständigkeits- und Rechtsmittelstreitwert

Die Streitwerte zur Bestimmung der Zuständigkeit (§§ 23 Nr. 1, 71 Abs. 1 GVG) und zur Zulässigkeit der Berufung (§ 511 Abs. 2 Nr. 1 ZPO) werden bei nichtvermögensrechtlichen Streitigkeiten gemäß § 3 ZPO bestimmt. Bei dieser Schätzung kann auf die oben dargestellten Grundsätze zurückgegriffen werden. 4192

Nichtzulassungsbeschwerde

Nach § 543 Abs. 1 Nr. 1 ZPO findet die Revision nur statt, wenn sie durch das Berufungsgericht im Berufungsurteil zugelassen wurde. Unterbleibt eine solche Zulassung, kann die Partei den Zugang zum Revisionsverfahren durch die Nichtzulassungsbeschwerde (§ 544 ZPO) erwirken. 4193

---

1 OLG Köln MDR 1984, 153 = KostRsp. GKG § 12 Nr. 67 – Eilverfahren.
2 OLG Koblenz, KostRsp. GKG § 12 Nr. 139 = JurBüro 1990, 1034 – Idealverein.
3 KG, KostRsp. GKG § 12 Nr. 88 mit Anm. *Schneider*.
4 Vgl. dazu bei dem Stichwort „Ausschließung".
5 OLG Schleswig NJW 1958, 1733.
6 KG JurBüro 1973, 53.

4194 Die Nichtzulassungsbeschwerde findet ab dem 1. 1. 2007 (vgl. § 26 Nr. 9 EGZPO) darüber hinaus im familienrechtlichen Verfahren Anwendung, um in bestimmten Fällen die Zulassung der Rechtsbeschwerde zu erreichen (§ 621e Abs. 2 Nr. 2 ZPO).

4195 Der Gebührenstreitwert der Nichtzulassungsbeschwerde richtet sich gemäß § 47 Abs. 3 2. Alt. GKG nach dem Streitwert, der für das Rechtsmittelverfahren maßgeblich ist. Hinsichtlich der Einzelheiten kann das auf das Stichwort „Rechtsmittel" verwiesen werden.

Nießbrauch

4196 Nach § 1030 Abs. 1 BGB kann eine Sache – bzw. nach § 1068 BGB ein Recht – in der Weise belastet werden, dass derjenige, zu dessen Gunsten die Belastung erfolgt, berechtigt ist, die Nutzungen der Sache (des Rechts) zu ziehen. Ein solches Nutzungsrecht bezeichnet man als Nießbrauch.

A. Herausgabe

4197 Ist an einem Grundstück ein Nießbrauch bestellt (vgl. § 1031 BGB), so bemisst sich der Gebührenstreitwert für die Klage auf Herausgabe dieses Grundstücks an den Nießbraucher (vgl. § 1035 BGB) nach § 6 ZPO i.V.m. § 48 Abs. 1 GKG. Er entspricht dem objektiven Verkehrswert des Grundstücks,[1] wobei Belastungen in Abzug zu bringen sind.[2]

4198 Ist der Nießbrauch als ein einem Miet- oder Pachtverhältnis ähnliches Nutzungsverhältnis ausgestaltet und verlangt der Eigentümer das Grundstück nach Beendigung des Nutzungsverhältnisses wieder heraus, so kann § 41 Abs. 2 GKG Anwendung finden.[3]

B. Einräumung (Bestellung)

4199 Beim Nießbrauch handelt es sich um ein Recht auf fortdauernde und ununterbrochene Nutzung einer Sache oder eines Rechts, nicht um einen Anspruch auf wiederkehrende Nutzungen oder um eine Grunddienstbarkeit, so dass § 7 ZPO oder § 9 ZPO[4] auf die Bestimmung des Streitwertes keine Anwendung finden

---

1 BGH NJW-RR 2001, 518; OLG Köln MDR 2005, 299; OLG Oldenburg MDR 1998, 1406; AG Königstein NJW-RR 2003, 949.
2 OLG Celle Rpfleger 1960, 413.
3 OLG Köln, Beschl. v 11. 4. 1981 – 2 W 27/81, WuM 1985, 125 = KostRsp. GKG § 16 Nr. 16; a.A. OLG Schleswig SchlHA 1986, 46, das auch in diesen Fällen § 3 ZPO anwendet.
4 So aber OLG Schleswig SchlHA 1961, 329; *Lappe* Anm. zu KostRsp. ZPO § 3 Nr. 852.

können. Vielmehr wird nach heute ganz herrschender Auffassung die Klage auf Einräumung eines Nießbrauchs nach § 3 ZPO bewertet.[1]

Bei der Anwendung des § 3 ZPO stellt sich die Frage, an Hand welcher Umstände das Schätzungsermessen auszuüben ist. Auszugehen ist dabei vom jährlichen Rohertrag. Davon sind die öffentlichen Lasten und die Erhaltungskosten abzuziehen.[2] Hypotheken- und Grundschuldzinsen hingegen bleiben unberücksichtigt.[3]   4200

Der verbleibende Reinertrag ist in Anlehnung an die Tabelle in § 24 Abs. 2 KostO zu vervielfachen.[4] Bestehen besondere persönliche Beziehungen – Ehe, frühere Ehe, Verwandtschaft, Schwägerschaft –, dann zieht OLG Bamberg[5] die Vorschrift des § 24 Abs. 3 KostO als Grundlage für eine Schätzung heran.   4201

Ebenso ist § 3 ZPO auf die Bewertung eines Sicherungsnießbrauchs anzuwenden.[6] Bei ihm darf jedoch als Richtlinie nicht die Vorschrift des § 24 Abs. 2 KostO herangezogen werden.[7]   4202

C. Erfüllung

Der Streitwert für die Klage auf Erfüllung der dem Nießbraucher zustehenden Ansprüche bestimmt sich nach dem Klageantrag. Es ist ebenfalls § 3 ZPO anzuwenden, sofern nicht eine konkrete Leistung begehrt wird (Herausgabe, Geldzahlung), die unter § 6 ZPO fällt. Hartmann[8] dagegen will § 6 ZPO ohne Einschränkung anwenden.   4203

D. Löschung

Der Wert des Antrags auf Löschung eines Nießbrauchrechts ist gleich dem Wert dieses Nießbrauchrechts. Dieser ist wiederum nach § 3 ZPO zu schätzen.[9]   4204

---

1 BGH, Beschl. v. 20. 1. 1988 – VIII ZR 225/86, KostRsp. ZPO § 5 Nr. 77 = NJW-RR 1988, 395 = MDR 1988, 403 = *Warneyer* 1988 Nr. 15 = Rpfleger 1988, 383, 384; OLG Celle Rpfleger 1960, 413; OLG Bamberg JurBüro 1975, 649; OLG Zweibrücken, Beschl. v. 29. 7. 1986 – 7 W 40 86, KostRsp. ZPO § 3 Nr. 852 mit abl. Anm. *Lappe* = JurBüro 1987, 265; OLG Celle OLGR 1999, 330.
2 OLG Nürnberg Rpfleger 1963, 217; OLG Celle Rpfleger 1960, 413.
3 OLG Nürnberg Rpfleger 1963, 217; OLG Celle Rpfleger 1960, 413; a.A. *Hillach/Rohs*, § 45 A, S. 217 u.a. unter Berufung auf OLG Frankfurt MDR 1962, 742 = JurBüro 1962, 422.
4 OLC Celle Rpfleger 1960, 413; OLG Nürnberg Rpfleger 1956, 298; OLG Zweibrücken, Beschl. v. 29. 7. 1986 – 7 W 40/86, KostRsp. ZPO § 3 Nr. 852 mit Anm. *Lappe* = JurBüro 1987, 265.
5 OLG Bamberg JurBüro 1975, 649.
6 OLG Frankfurt, JurBüro 1984, 1236 = KostRsp. ZPO § 3 Nr. 702 mit Anm. *Schneider*.
7 *Schneider* Anm. zu KostRsp. ZPO § 3 Nr. 702.
8 *Hartmann*, GKG, § 12 Anh. I, so auch: Zöller/*Herget*, § 3 ZPO, Rn. 86.
9 OLG Nürnberg Rpfleger 1963, 217; OLG Frankfurt JurBüro 1962, 422; *Anders/Gehle/ Kunze*, Stichwort „Nießbrauch" Rn. 2 m.w.N.; a.A. *Hartmann*, GKG, § 12 Anh. I, § 3 ZPO, Rn. 86: § 6 ZPO ist anzuwenden.

Dabei kann man von dem Reinertrag des Nießbrauchs abzüglich der im Laufe der voraussichtlichen Dauer anfallenden Unkosten ausgehen.

4205 Mangels anderer Anhaltspunkte bestehen keine Bedenken, die Höhe des Wertes in entsprechender Anwendung des § 9 ZPO[1] oder auch des § 24 Abs. 2 KostO zu ermitteln.

4206 Der Streitwert einer Klage auf Löschung eines nicht mehr existenten Nießbrauchrechts bemisst sich gemäß § 3 ZPO nach dem Interesse des Klägers an einem obsiegenden Urteil. Es besteht bei der Löschung eines bloßen Buchrechtes, dem keinerlei materielle Rechtswirkung mehr zukommt, ausschließlich in der Herstellung des Übereinstimmens von Grundbuch und wahrer Rechtslage.[2]

Notwegrecht

Literatur: *E. Schneider* ZMR 1976, 193 (Klagen auf Einräumung eines Notwegs).

4207 Bei der Frage, wie Streitigkeiten um ein Notwegrecht zu bewerten sind, muss unterschieden werden zwischen der Einräumung eines Notwegrechts und der Zahlung einer Notwegrente.

4208 Der Streitwert für den Anspruch auf **Einräumung** eines Notwegrechts ist in entsprechender Anwendung des § 7 ZPO festzusetzen.[3] Entscheidend ist daher der Wert, den das Notwegrecht für das herrschende Grundstück hat bzw. die höhere Wertminderung, die das dienende Grundstück durch das Notwegrecht erfährt. Der Wert für das herrschende Grundstück und die Wertminderung beim dienenden Grundstück sind also miteinander zu vergleichen. Maßgebend ist dann der höhere Wert.[4]

4209 Das LG Freiburg[5] lehnt zwar die Analogie zu § 7 ZPO ab, kommt aber über die ohnehin notwendige Schätzung nach § 3 ZPO im Ergebnis zu keiner anderen Bewertung. Es gelten daher im Ergebnis die Bewertungsregeln für Grunddienstbarkeiten. Vgl. zu den Einzelheiten das Stichwort „Grunddienstbarkeit".

4210 Der nach § 7 ZPO maßgebliche Wert wiederum ist nach § 3 ZPO zu schätzen. Hat ein Sachverständiger eine Ersatzlösung geprüft und deren voraussichtliche Kosten berechnet, so liegt das Interesse des Klägers nicht unter diesen Kosten,

---

1 OLG Frankfurt JurBüro 1962, 422 = MDR 1962, 742.
2 OLG Frankfurt JurBüro 1963, 360: Es wurden (umgerechnet) 600 Euro angenommen.
3 OLG Schleswig Rpfleger 1957, 2; OLG Stuttgart Rpfleger 1964, 163; OLG Köln, Beschl. v. 1. 7. 1991 – 2 W 199/91, KostRsp. ZPO § 9 Nr. 43 mit Anm. *Schneider* = JurBüro 1991, 1386 (mit allerdings missverständlicher oder ungenauer Begründung); LG Stuttgart Rpfleger 1959, 393; LG Bayreuth, Beschl. v. 13. 6. 1988 – S 98/87, KostRsp. ZPO § 7 Nr. 5 mit Anm. *Schneider* = JurBüro 1988, 52.
4 OLG Jena JurBüro 1999, 196; LG Bayreuth, Beschl. v. 13. 6. 1988 – S 98/87, KostRsp. ZPO § 7 Nr. 5 mit Anm. *Schneider* = JurBüro 1988, 52; vgl. auch BGH MDR 2004, 296.
5 LG Freiburg, Beschl. v. 22. 2. 1988 – 9 S 113/87, KostRsp. ZPO § 7 Nr. 4.

da er bei Verneinung eines Notwegrechts zumindest die Ausgaben für diese Ersatzlösung aufzuwenden hat.[1]

Verfehlt ist es, wenn das OLG Frankfurt[2] einfach auf den Bodenwert der Grundstücksfläche abstellt, die für das Wegerecht in Anspruch genommen werden soll. Denn es geht nicht um die Veräußerung der betreffenden Fläche, sondern um die Belastung des Eigentums. Vgl. zu den Einzelheiten das Stichwort „Erbbaurecht". **4211**

Zuverlässigster Schätzungsanhalt für die Wertsteigerung des herrschenden Grundstückes und damit das Interesse des Klägers ist die Summe der Kosten für die Herrichtung und Unterhaltung des Notweges sowie der nach § 917 Abs. 2 S. 1 BGB an den Nachbarn zu zahlenden Geldrente.[3] **4212**

Die **Notwegrente** ist nach §§ 917 Abs. 2 S. 2, 913 Abs. 2 BGB jährlich im Voraus zu entrichten und der Dauer nach unbegrenzt. Um willkürliche Bemessungen zu vermeiden, ist der für die Streitwertberechnung maßgebende Zeitraum analog zu § 9 ZPO zu bestimmen. Danach ist der 3,5-fache Jahresbetrag maßgebend. **4213**

Damit stellt sich die weitere Frage, ob die voraussichtlichen Kosten einer Ersatzlösung **streitwertbegrenzend** zu berücksichtigen sind. Das sollte entsprechend der ratio des § 9 S. 2 ZPO bejaht werden. Bei bestimmter Dauer eines Bezugsrechts ist der Gesamtbetrag der zukünftigen Bezüge maßgebend, wenn er geringer ist als der Höchstbetrag des § 9 S. 1 ZPO. Auf das Notwegrecht übertragen bedeutet das, dass das Interesse des Klägers an der Einräumung des Notwegrechts nicht höher sein kann als der finanzielle Aufwand für eine Ersatzlösung anstelle des Notwegrechts. **4214**

Für die Bewertung von Notwegrechten lässt sich daher folgende Bemessungsregel aufstellen: Der Streitwert einer Klage auf Einräumung eines Notwegrechts bemisst sich analog den §§ 7, 9 ZPO nach dem gem. § 3 ZPO zu schätzenden Interesse des Klägers an der Einräumung des Rechts. Dieses Interesse wiederum ist wertmäßig gleich der Summe der Herstellungs- und Unterhaltungskosten des Weges sowie der 3,5fachen jährlichen Notwegrente. Würden die Kosten einer das Notwegrecht überflüssig machenden Ersatzlösung geringer ausfallen als die so errechnete Summe, dann ist nur der geringere Betrag streitwertbestimmend. **4215**

Wird das Wegerecht mit einer einstweiligen Verfügung beansprucht, dann ist der Wert nach § 53 GKG, § 3 ZPO zu schätzen, und zwar niedriger als der Wert der Hauptsache. Wie auch sonst (siehe das Stichwort „Einstweilige Verfügung") ist in der Regel der Hauptsachewert um $^1/_3$ zu ermäßigen. **4216**

Wiederum ist dabei aber vom Interesse des Klägers auszugehen und nicht etwa vom Wert der in Anspruch genommenen Bodenfläche.[4] **4217**

---

1 RGZ 63, 100; OLG Schleswig Rpfleger 1957, 2.
2 OLG Frankfurt, JurBüro 1970, 435.
3 Staudinger/*Beutler*, BGB, 12. Aufl. 1982, § 917 Rn. 39; LG Freiburg, Beschl. v. 22. 2. 1988 – 9 S 113/87, KostRsp. ZPO § 7 Nr. 4 mit Anm. *Schneider*.
4 Insofern unrichtig LG Braunschweig BlGBW 1969, 138.

Novation

4218 Nach § 4 Abs. 1 ZPO bzw. § 43 Abs. 1 GKG sind Zinsen, die als Nebenforderung geltend gemacht werden, bei der Berechnung des Streitwertes nicht zu berücksichtigen. Eine Ausnahme gilt nach § 43 Abs. 2 GKG, wenn die Zinsen ohne den Hauptanspruch betroffen sind und damit gleichsam zur Hauptsache werden,[1] oder wenn sie durch Novation zum Teil der Hauptforderung werden.[2]

4219 Zinsen verlieren ihre Eigenschaft als Nebenforderung i.S.d. § 43 Abs. 1 GKG auch beim **Kontokorrent** nur dann, wenn sie jeweils bei Periodenschluss dem Saldo hinzugerechnet und zusammen mit diesem in die neue Rechnungsperiode übernommen werden. In diesem Fall liegt eine Novation der Schuld vor.[3] Lediglich die vom Tag des Rechnungsabschlusses an laufenden Zinsen sind dann Nebenforderungen.[4]

4220 Ebenso liegt es, wenn Hauptsumme und Zinsen durch abstraktes **Schuldversprechen** oder **Schuldanerkenntnis** nach §§ 780, 781 BGB novelliert und als Gesamtsumme ausgewiesen werden.[5] Ein lediglich deklaratorisches Schuldanerkenntnis nimmt dem Zinsanspruch indessen nicht die Eigenschaft als Nebenforderung.[6]

Nutzungen

4221 Nutzungen, die als Nebenforderungen geltend gemacht werden, bleiben gem. § 4 Abs. 1 ZPO und § 43 Abs. 1 GKG wertmäßig außer Ansatz. **Nebenforderungen** sind sie dann, wenn sie zu dem gleichzeitig eingeklagten Hauptanspruch in einem objektiven Abhängigkeitsverhältnis stehen. Das Bestehen der Nebenforderung muss durch das Bestehen der Hauptforderung bedingt sein.[7]

4222 Was **Früchte und Nutzungen** sind, ergibt sich aus den §§ 99, 100 BGB.

4223 Werden sie dagegen als **Hauptforderung** geltend gemacht, wird also nur auf Zahlung von Nutzungen geklagt, dann gelten die allgemeinen Bewertungsregeln, nicht § 4 ZPO oder § 43 GKG. Auch die Begrenzung nach § 43 Abs. 2 GKG greift in diesem Falle nicht; der Gebührenstreitwert kann daher auch den Wert der nicht anhängigen Hauptforderung überschreiten.

---

1 Vgl. BGH, Urteil v. 25. 6. 1981 – III ZR 96/80, JurBüro 1981, 1490; BGH, Urteil v. 24. 3. 1994 – VII ZR 146/93, MDR 1994, 720.
2 OLG München JurBüro 1976, 238; BGH, Beschl. v. 15. 11. 1994 – XI ZR 174/94, MDR 1995, 196; LG Köln, Urteil v. 8. 6. 1995 – 1 S 266/94, ZMR 1996, 145.
3 OLG Bamberg JurBüro 1964, 32.
4 RGZ 32, 377.
5 OLG Koblenz, Beschl. v. 16. 12. 1997 – 5 W 797/97, JurBüro 1999, 197.
6 OLG Köln, KostRsp. GKG § 22 Nr. 8 mit Anm. *Schneider*.
7 Vgl. RGZ 55, 82; RG JW 1909, 691 Nr. 21; RG *Warneyer* 1909 Nr. 163.

Keine Nebenforderung ist der Anspruch auf Nutzungsentschädigung nach §§ 546a BGB bei weiterer Benutzung einer Mietwohnung nach Kündigung. 4224

Ebenso keine Nebenforderung ist der Anspruch auf Nutzungsentschädigung nach Beschädigung oder Zerstörung eines Kraftfahrzeugs (siehe das Stichwort „Verkehrsunfallregulierung"). 4225

Siehe ausführlich das Stichwort „Nebenforderungen".

Nutzungsverhältnisse

Siehe die Stichwörter „Mietstreitigkeiten" und „Pacht".

Öffentliche Bekanntmachung

Siehe das Stichwort „Veröffentlichungsbefugnis".

Öffentliche Zustellung

Ist der Aufenthaltsort einer Person unbekannt, eine Zustellung an einen Vertreter nicht möglich oder eine Zustellung im Ausland nicht erfolgversprechend, kann die Zustellung durch öffentliche Bekanntmachung (öffentliche Zustellung) erfolgen, § 185 ZPO. Gegen die Ablehnung einer dahingehenden prozessleitenden Beschlussfassung ist die sofortige Beschwerde eröffnet, § 567 Abs. 1 Nr. 2 ZPO. 4226

Der **Gegenstandswert für das Beschwerdeverfahren** bestimmt sich gemäß § 3 ZPO mit einem Bruchteil des Hauptsachewertes. Denn die Versagung der öffentlichen Zustellung hindert den Antragsteller nicht dauerhaft daran, zu einem Vollstreckungstitel zu gelangen, sondern macht die Zustellung nur von weiteren Voraussetzungen, regelmäßig weiteren Nachforschungen über den Verbleib des Zustellungsadressaten abhängig.[1] Die Rechtslage entspricht daher den Fällen, in denen es um die vorbereitenden prozessualen Maßnahmen zur Titelschaffung geht, etwa der Auskunftsstufe bei der Stufenklage oder der einstweiligen Einstellung der Zwangsvollstreckung bei der Vollstreckungsklage (sie- 4227

---

1 OLG Frankfurt, Beschl. v. 10. 5. 1999 – 5 W 4/99, OLGR 1999, 220 = MDR 1999, 1402 = JurBüro, 2000, 164; OLG Naumburg, Beschl. v. 15. 5. 2001 – 14 W 58/01, juris-Nr.: KORE402312001; Zöller/*Herget*, § 3 Rn. 16 unter „Öffentliche Zustellung"; *Anders/Gehle/Kunze*, Stichwort „Öffentliche Zustellung".

he hierzu die Stichwörter „Auskunftsanspruch" und „Einstellung der Zwangsvollstreckung").

4228 Der Wert ist daher nicht auf den Streitwert der Hauptsache zu bemessen,[1]
sondern in der Regel auf $^1/_5$ **des Hauptsachewertes.**[2]

Ordnungsgeld

Siehe das Stichwort „Ordnungsmittel".

Ordnungsmittel

Gliederungsübersicht

A. Ordnungsgeld 4229

B. Ordnungsgeld gegen Sachverständigen 4252

C. Zwangsgeld 4254

Stichwortübersicht

Androhung eines Ordnungsgeldes . . 4252
Anwaltsgebühren . . . . 4230 ff.
Beschwerde
– des Gläubigers 4248, 4262
– des Schuldners gegen Ordnungs-
geldbeschluss 4250
Einstweilige Verfügung, Verstöße
dagegen 4261
Gerichtsgebührenfreiheit im ersten
Rechtszug 4229
Gläubigerinteresse 4234
– an Anspruchsdurchsetzung gleich
Hauptsacheinteresse 4246
– an Ordnungsmittelfestsetzung . . 4234
– an Vollstreckung 4241
Mehrere Zuwiderhandlungen 4231
Ordnungsgeld
– Androhung 4252

– mehrere Anträge auf Festsetzung . 4231
– Verurteilung dazu 4254
Sachverständigen-Ordnungsgeld . . 4252
Schuldnerbeschwerde
– gegen Ordnungsgeldbeschluss . . 4248
– gegen Festsetzung 4250
Strafandrohung im Urteil 4236
Strafe, Betrag der festgesetzten . . . 4248
Streitwert der Hauptsache, Bruch-
teil . . . . 4237 f.
Verstöße gegen einstweilige Verfü-
gung 4241, 4243
Zwangsgeld . . . . 4254 ff.
– Bruchteil des Hauptsachewerts . 4258 ff.
– Gläubigerinteresse 4256
– Höhe nicht wertbestimmend . . . 4263
– Wert der zu erzwingenden Leis-
tungen 4255

---

1 OLG Frankfurt, Urteil v. 8. 7. 2004 – 2 W 44/02, OLGR 2004, 327 – ohne Begründung;
OLG Stuttgart, Beschl. v. 8. 11. 2001 – 6 W 30/2001, OLGR 2002, 91 = MDR 2002, 325 =
NJW-RR 2002, 716 – ohne Begründung; OLG Zweibrücken, Beschl. v. 9. 2. 1983 – 2 WF
21, 22/83, FamRZ 1983, 630 = KostRsp. ZPO § 3 Nr. 631 mit abl. Anm. *Schneider.*
2 OLG Naumburg, Beschl. v. 15. 5. 2001 – 14 W 58/01, juris-Nr.: KORE402312001.

A. Ordnungsgeld

Eine Wertfestsetzung ist für die **Gerichtsgebühren** nicht erforderlich. Für das Verfahren auf Verhängung eines Ordnungsgeldes (§ 890 ZPO) fällt im ersten Rechtszug nach Nr. 2110 KV GKG eine Festgebühr in Höhe von 15 Euro an. Gleiches gilt für das Verfahren der Beschwerde und der Rechtsbeschwerde, da auch in diesen Festgebühren nach Nr. 2121 KV GKG und Nr. 2124 KV GKG anfallen. Die Kosten der Ordnungshaft werden von Nr. 9011 KV GKG erfasst. 4229

Die Festsetzung des Gegenstandswerts ist aber erforderlich für die **Anwaltsgebühren** (Nr. 3309 ff. VV RVG). Nach § 18 Nr. 16 RVG ist jede Verurteilung zu einem Ordnungsgeld gemäß § 890 Abs. 1 ZPO eine besondere Angelegenheit.[1] Keine besondere Angelegenheit ist dagegen die der Verurteilung vorausgehende Androhung (vgl. § 19 Abs. 2 Nr. 4 RVG). Sie ist sowohl für den Prozessbevollmächtigten als auch für den mit der Zwangsvollstreckung beauftragten Anwalt mit der Verfahrensgebühr gemäß Nr. 3100 VV RVG bzw. Nr. 3309 VV RVG abgegolten. 4230

Mehrere Anträge auf Festsetzung eines Ordnungsgeldes gegen denselben Schuldner sind in einem einheitlichen Beschluss zu bescheiden. Dementsprechend ist auch ein einheitlicher Streitwert festzusetzen.[2] Auch bei **mehreren fortgesetzten Zuwiderhandlungen**, für die nur ein einziges Ordnungsmittel verhängt wurde, findet keine Zusammenrechnung statt, weil nur eine Verurteilung vorliegt.[3] Verhängt das Gericht dagegen in verschiedenen Verfahren wegen mehrfacher Verstöße Ordnungsmittel, entstehen so viele Gebühren, wie es Verfahren gegeben hat.[4] 4231

Die Wertfestsetzung für die Anwaltsgebühren richtet sich nach § 25 Abs. 1 Nr. 3 RVG bzw. § 25 Abs. 2 RVG: 4232

- Vertritt der Anwalt den Gläubiger, so bestimmt sich der Gegenstandswert nach dem Wert, den die zu erwirkende Handlung, Duldung oder Unterlassung für den Gläubiger hat (§ 25 Abs. 1 Nr. 3 RVG).
- Im Verfahren über Anträge des Schuldners ist der Wert nach dem Interesse des Antragstellers nach billigem Ermessen zu bestimmen (§ 25 Abs. 3 RVG).

Welchen Wert die zu erwirkende Handlung, Duldung oder Unterlassung für den Gläubiger hat, ist im Einzelfall nach § 3 ZPO zu schätzen.[5] 4233

Das Interesse des Gläubigers geht dahin, dass der Schuldner durch Ordnungsgeld oder Ordnungshaft zur Befolgung des Unterlassungsgebotes angehalten 4234

---

1 Vgl. zur alten Rechtslage nach § 58 Abs. 3 Nr. 9 BRAGO: OLG Hamm JurBüro 1979, 1166.
2 OLG Hamm JurBüro 1979, 1166.
3 OLG München NJW 1970, 60; OLG Frankfurt JurBüro 1982, 245; OLG Hamburg JurBüro 1993, 96 m.w.N.
4 *Gebauer/Schneider/N. Schneider/Wolf*, RVG, § 18 Rn. 91.
5 OLG Bamberg GRUR 1953, 255; OLG Frankfurt JurBüro 1961, 303; OLG Celle NJW 1963, 2031; OLG Nürnberg JurBüro 1965, 61; KG WRP 1955, 444; OLG Köln WRP 1982, 288; LG Dortmund NJW 1949, 829.

wird. Folglich ist darauf abzustellen, wie ernst der Gläubiger bei objektiver Würdigung der Zuwiderhandlung des Schuldners die Bedrohung seines Unterlassungsanspruches einschätzen muss.[1]

4235 Das Interesse beurteilt sich nicht danach, in welcher Höhe ein Ordnungsgeld für den Zuwiderhandlungsfall zur Festsetzung beantragt oder festgesetzt ist.[2] Es kommt vielmehr auf die Umstände des Einzelfalles an, insbesondere auf die Art und Weise des Verstoßes sowie das Ausmaß der konkreten Verletzung.[3]

4236 Eine im Urteil enthaltene **Strafandrohung** ist wertmäßig nicht anzusetzen, weil sie nicht den Klageanspruch selbst betrifft, sondern die Zwangsvollstreckung vorbereitet.

4237 Das Interesse des Gläubigers daran, dass gegen den Schuldner ein Ordnungsmittel festgesetzt wird, ist zwar selbständig und vom Streitwert der Hauptsache unabhängig.[4] Für den Streitwert des Ordnungsgeldverfahrens ist aber der Streitwert der Hauptsache, etwa des Unterlassungsanspruchs, der wichtigste Orientierungsumstand.[5] Das Interesse geht jedoch in der Regel nicht so weit wie das Interesse an der Hauptsache,[6] sondern kann nur auf einen **Bruchteil**[7] festgesetzt werden.

4238 Das OLG Frankfurt[8] hat sich gegen diese Berechnung nach Bruchteilen des Hauptsachestreitwertes ausgesprochen und will das Interesse des Gläubigers an der konkreten Bestrafung wie folgt bestimmen: Zunächst sei von der im Antrag enthaltenen Bezifferung des Ordnungsgeldes auszugehen, falls sich die Höhe durch die Angaben des Gläubigers zu den befürchteten eigenen Nachteilen aus

---

1 OLG Braunschweig, Beschl. v. 20. 5. 1997 – 15 W 1590/97, KostRsp. ZPO § 3 Nr. 1262 = OLGR 1997, 195; OLG Bremen JurBüro 1979, 1394; OLG Karlsruhe Justiz 1966, 213; OLG München MDR 1983, 1029 = KostRsp. § 3 Nr. 644; OLG Nürnberg MDR 1984, 762 = KostRsp. § 3 Nr. 710 mit Anm. *Schneider;* OLG Celle, KostRsp. ZPO § 3 Nr. 207 u. KostRsp. ZPO § 3 Nr. 1029 mit Anm. *Schneider* = Nds.Rpfl. 1991, 54.
2 OLG Karlsruhe MDR 2000, 229; OLG Hamburg InVo 1998, 264; LAG Bremen AnwBl. 1988, 173; noch zu den früher anfallenden Wertgebühren des Gerichts: OLG München, Beschl. v. 17. 8. 1983 – 25 W 1621/83, MDR 1983, 1029; OLG Bamberg GRUR 1953, 255; OLG Karlsruhe, KostRsp. ZPO § 3 Nr. 1084 = WRP 1992, 198; LG Bonn JR 1960, 225.
3 OLG Nürnberg JurBüro 1979, 872.
4 OLG Köln WRP 1982, 288; OLG Karlsruhe, KostRsp. ZPO § 3 Nr. 1084 = WRP 1992, 198.
5 OLG Hamburg WRP 1981, 222 = KostRsp. ZPO § 3 Nr. 522.
6 OLG Nürnberg, Beschl. v. 8. 3. 1984 – 3 W 662/84, MDR 1984, 762 = KostRsp. ZPO § 3 Nr. 710 mit Anm. *Schneider;* OLG Nürnberg JurBüro 1979, 872; OLG Bremen JurBüro 1979, 1394 (unter Aufgabe der in Rpfleger 1965, 130 vertretenen Ansicht, es sei immer der Hauptsachewert maßgebend); KG WRP 1975, 444; KG Rpfleger 1970, 97; OLG Celle, KostRsp. ZPO § 3 Nr. 207; OLG Celle, KostRsp. ZPO § 3 Nr. 1029 mit Anm. *Schneider* = Nds.Rpfl. 1991, 54.
7 Vgl. OLG Stuttgart OLGR 2000, 430; OLG Hamburg WRP 1994, 42.
8 OLG Frankfurt, Beschl. v. 30. 9. 2003 – 25 W 54/03, OLGR 2004, 121 unter Bezugnahme auf BGH NJW 1994, 45; ebenso: OLG München NJW E-WettbR 2000, 147; OLG Dresden, Beschl. v. 25. 6. 1999 – 14 W 1190/98, WRP 1999, 1204; OLG Hamburg, Beschl. v. 21. 10. 1997 – 3 W 122/97, OLGR 1998, 89.

den Verstößen gegen den Unterlassungstitel rechtfertige. Von Bedeutung für den Umsatz des Gläubigers seien dabei die Schwere, Zahl, Vorwerfbarkeit und insbesondere die Gefährlichkeit der Verstöße.

Herget[1] weist allerdings in diesem Zusammenhang zu Recht darauf hin, dass sich ein nach § 3 ZPO unter Berücksichtigung der Umstände des Einzelfalls geschätzter Wert auf Basis des beantragten Ordnungsgeldes rechnerisch ebenso wenig erklären lässt wie eine Bruchteilsbewertung auf Basis des Hauptsachewertes. Letztlich ist dieser Streit eher akademischer Natur. 4239

Für die Bewertung des Interesses kann man auf die Rechtsprechung zurückgreifen, die zur Wertfestsetzung hinsichtlich der (früher existierenden) gerichtlichen Wertgebühren ergangen ist. Eine einheitliche Linie konnte sich allerdings auch dort nicht durchsetzen. 4240

Nach dem OLG Celle[2] ist das Interesse des Gläubigers an der Zwangsvollstreckung am ehesten vergleichbar mit dem Interesse desjenigen, der eine einstweilige Verfügung beantragt, weil in beiden Fällen das gestörte Recht gegenwärtig hergestellt werden soll, ohne dass die Einwirkung eines Urteils in der Hauptsache Gegenstand des Antrages ist. Auf der Grundlage dieser Überlegungen wurde ein Bruchteil von $^1/_6$ **des Hauptsachewertes** angenommen. 4241

Das OLG Hamburg[3] ist in einer Wettbewerbssache von einem Streitwert von $^1/_5$ **des Hauptsacheverfahrens** ausgegangen, allerdings mit der Einschränkung, der Streitwert des Ordnungsmittelverfahrens könne dann höher sein, wenn der Gläubiger eine ganz bestimmte Höhe anstrebe. In gleicher Weise setzte das OLG Hamm[4] fest, wobei es den Streitwert aber auch dann erhöhte, wenn sich der Schuldner besonders hartnäckig gezeigt hatte. 4242

In einer weiteren Entscheidung[5] hat das OLG Celle den Streitwert mit $^1/_3$ **des Hauptsachewertes** angesetzt und bewusst dem Wertansatz bei einstweiligen Verfügungen angeglichen. 4243

Ähnlich hat das KG[6] eine Bruchteilsbewertung von $^1/_4$ **bis** $^1/_3$ **des Hauptsachewertes** für angemessen angesehen und in einer späteren Entscheidung[7] folgende Regelwerte für den Beschwerdewert eines Ordnungsmittelverfahrens nach § 890 ZPO aufgestellt: 4244

– $^1/_2$ des Verfahrenswertes, der für eine einstweilige Verfügung festgesetzt worden ist,

---

1 Zöller/*Herget*, § 3 Rn. 16 unter „Ordnungs- und Zwangsmittelfestsetzung".
2 OLG Celle, KostRsp. ZPO § 3 Nr. 207.
3 OLG Hamburg, Beschl. v. 11. 5. 1982 – 3 W 53/82, WRP 1982, 592.
4 OLG Hamm, KostRsp. ZPO § 3 Nr. 1160 = WRP 1994, 42.
5 OLG Celle, KostRsp. ZPO § 3 Nr. 1029 mit Anm. *Schneider* = Nds.Rpfl. 1991, 54; so auch LG Bayreuth JurBüro 1980, 1885.
6 KG JurBüro 1969, 1204 = Rpfleger 1970, 97; ähnlich auch OLG Karlsruhe, Beschl. v. 4. 11. 1991 – 4 W 72/91, KostRsp. ZPO § 3 Nr. 1084 = WRP 1992, 198 – es wird im Regelfall ein Wert von $^1/_5$ bis $^1/_3$ angesetzt.
7 KG, KostRsp. ZPO § 3 Nr. 1082 = WRP 1992, 176.

- $^1/_6$ des Wertes des Hauptsacheverfahrens, in dem der Unterlassungsanspruch tituliert worden ist,
- wobei in beiden Fällen ein nach (dem jetzigen) § 12 Abs. 4 UWG herabgesetzter Streitwert als Bezugsgröße außer Betracht bleibt.

4245 Eine solche Regelbewertung mit $^1/_3$ des Hauptsachewertes lehnte das OLG Frankfurt[1] in Wettbewerbssachen allerdings ab: Bei der Durchbrechung einer Preisbindung sei es nicht gerechtfertigt, für jeden Einzelfall einer Zuwiderhandlung gegen die einstweilige Verfügung den Wert der Festsetzung des Ordnungsgeldes mit $^1/_3$ des Streitwertes des Verfügungsverfahrens anzusetzen. Dabei bliebe nämlich außer Betracht, dass im Verfügungsverfahren die Vertragstreue des Antragsgegners für die ganze Dauer des Vertrages, bei einem großen Einzelhandelsgeschäft also für Tausende von Verkaufsfällen, erzwungen werden soll.

4246 Das LG Bonn[2] hat das Interesse des Gläubigers an der Durchsetzung seines Anspruches in der Regel sogar mit dem vollen Interesse an der Durchführung des Hauptsacheverfahrens **gleichgesetzt**.

4247 In Verfahren über **Anträge des Schuldners** ist der Wert nach § 25 Abs. 2 RVG zu bestimmen. Ein abstrakter Gegenstandswert lässt sich hier nicht angeben. Maßgeblich ist das Interesse des Schuldners, das sich aus dem konkreten Antrag und dem damit verfolgten Rechtsschutzziel unter Anwendung billigen Ermessens festlegen lässt.

4248 Nach dem OLG Nürnberg[3] kann sich der Streitwert im **Beschwerdeverfahren** auf den Betrag der festgesetzten Strafe ermäßigen, während er sich bis zur Festsetzung des Ordnungsgeldes nach dem Interesse des Gläubigers an der Durchsetzung seines Anspruchs bemisst. Der Entscheidung ist zuzustimmen, da es im Beschwerdeverfahren darum geht, ob das konkret festgesetzte Ordnungsgeld gegen den Schuldner aufrecht erhalten bleibt. In Beschwerdeverfahren richtet sich der Wert nach dem Rechtsschutzziel des Schuldners.

4249 Das LAG Bremen[4] hat den Beschwerdewert für einen Androhungsbeschluss mit $^1/_2$ des im Falle der Zuwiderhandlung festzusetzenden Ordnungsgeldes bewertet.

4250 Beantragt der Schuldner mit der Beschwerde, den das Ordnungsgeld festsetzenden Beschluss wieder aufzuheben und den Festsetzungsantrag des Gläubigers zurückzuweisen, dann entspricht der Beschwerdewert ebenfalls dem nach § 3 ZPO zu schätzenden Interesse des Gläubigers,[5] also nicht ohne weiteres der

---

1 OLG Frankfurt JurBüro 1961, 303; OLG Frankfurt, Beschl. v. 30. 9. 2003 – 25 W 54/03, OLGR 2004, 121.
2 LG Bonn JR 1960, 225; ebenso – allerdings nur für Ausnahmefälle – OLG Celle NJW 1963, 2031.
3 OLG Nürnberg, Beschl. v. 30. 10. 1968 – 1 W 80/68, KostRsp. ZPO § 3 Nr. 213.
4 LAGE BetrVG § 23 Nr. 19.
5 OLG München WRP 1972, 540 unter Aufgabe von OLG München MDR 1955, 306; OLG Frankfurt OLGR 1996, 238; OLG Köln OLGR 1994, 138; OLG Düsseldorf OLGR 993, 125.

Höhe des beschlossenen Ordnungsgeldes.[1] Eine Ausnahme gilt dann, wenn der Schuldner sich mit der Beschwerde ausschließlich gegen die Höhe des Ordnungsgeldes wendet.

Das OLG Braunschweig[2] wertet nach dem Interesse des Schuldners, die Handlung nicht ausführen zu müssen, also ebenfalls nicht nach der Höhe des Ordnungsgeldes.   4251

B. Ordnungsgeld gegen Sachverständigen

Den Fall, dass ein gerichtlich bestellter Sachverständiger sich gegen die **Androhung** eines Ordnungsgeldes nach § 411 Abs. 2 S. 2 ZPO wehrt, hat das OLG München[3] mit $^1/_5$ des Höchstbetrages für Ordnungsgelder (jetzt 1000 Euro gemäß Art. 6 Abs. 1 S. 1 EGStGB) beziffert, da es sich nur um eine vorbereitende Maßnahme handele. Der Senat hat sich dabei an die Quotierung des OLG Köln[4] bei Beschwerden wegen einstweiliger Einstellung der Zwangsvollstreckung nach §§ 767, 769 ZPO gehalten.   4252

Der Wert einer Beschwerde gegen die **Festsetzung** eines Ordnungsgeldes (§ 411 Abs. 2 S. 1 ZPO) bestimmt sich nach dessen Höhe, da der Sachverständige die Aufhebung dieser Beeinträchtigung anstrebt.   4253

C. Zwangsgeld

Für das Gericht fallen im Verfahren hinsichtlich der Verurteilung zu einem Zwangsgeld (§ 888 ZPO) bzw. in den Beschwerde- und Rechtsbeschwerdeverfahren Festgebühren an (vgl. Nr. 2110, 2112, 2124 KV GKG), so dass sich eine Wertfestsetzung erübrigt.   4254

Der Streitwert für die Anwaltsgebühren im Verfahren nach § 888 ZPO ist gleich dem Wert der zu erzwingenden Leistung (§ 25 Abs. 1 Nr. 3 RVG).   4255

Umstritten ist, ob dieses Interesse des Gläubigers an der Durchsetzung der Leistung regelmäßig dem Wert der Hauptsache gleichzusetzen ist,[5] oder ob die Höhe des beantragten Zwangsgeldes maßgebend ist.[6]   4256

---

1 So aber OLG Nürnberg Rpfleger 1963, 218 unter Berufung auf die überholte Entscheidung des OLG München in MDR 1955, 306; OLG Düsseldorf MDR 1977, 676.
2 OLG Braunschweig JurBüro 1977, 1148.
3 OLG München, KostRsp. ZPO § 3 Nr. 521 = ZSW 1981, 68, 70 (damals betrug der Höchstsatz 1000 DM).
4 OLG Köln Rpfleger 1976, 138 = VersR 1976, 975.
5 So OLG Nürnberg Rpfleger 1963, 218; KG JurBüro 1973, 150; LAG Bremen, KostRsp. ZPO § 3 Nr. 908 mit Anm. *Schneider* = AnwBl. 1988, 173; OLG Düsseldorf MDR 1999, 506; OLG Köln, Beschl. v. 24. 3. 2005 – 25 WF 45/05, AGS 2005, 262 mit Anm. *Mock*; OLG Stuttgart, Beschl. v. 21. 6. 2001 – 16 WF 248/01, OLGR 2001, 375; Zöller/*Herget*, § 3 Rn. 16 unter „Ordnungs- und Zwangsmittelfestsetzung".
6 So OLG Stuttgart Rpfleger 1973, 314; wohl auch LAG Bremen LAGE BetrVG § 23 Nr. 19, das den Beschwerdewert für einen Androhungsbeschluss mit 50 % des im Falle der Zuwiderhandlung festzusetzenden Ordnungsgeldes bemisst.

4257 Das OLG Düsseldorf[1] sieht $^1/_4$ des Hauptsachewertes als Werthöchstbetrag an. Das OLG Köln[2] hat für das Verfahren auf Festsetzung eines Ordnungsgeldes gegen den Antragsteller, der zur lastenfreien Umschreibung eines mit einer Grundschuld belasteten Grundstücks verpflichtet war, den Nominalwert der Grundschuld von rd. 53 000 Euro festgesetzt, obwohl das Darlehen, zu dessen Absicherung die Grundschuld eingetragen war, schon teilweise zurückgezahlt worden war.

4258 Richtig erscheint es, weder die eine noch die andere starre Regelung zu praktizieren, sondern das Interesse des Gläubigers an der Durchführung der Zwangsvollstreckung gemäß § 3 ZPO je nach den Umständen des Einzelfalles auf den angemessenen Betrag zu schätzen, der regelmäßig unterhalb des Wertes der Hauptsache liegt, da der Zwang gegenüber dem Schuldner noch keine Erfüllung ist.[3] Wegen der Berechenbarkeit des Streitwerts sollten Bruchteile von $^1/_4$ bis zu $^1/_3$ als Richtschnur der Bewertung übernommen werden, also ebenso verfahren werden wie beim Ordnungsgeld.

4259 So ist beispielsweise auch das OLG Nürnberg[4] vorgegangen: Es ging um die Verpflichtung zur **Rechnungslegung**. Der Gläubiger erwartete nach der Rechnungslegung etwa 8000 bis 12 000 DM als Leistung. Das OLG Nürnberg hat den Streitwert der Zwangsvollstreckung auf 3000 DM festgesetzt. Das BayObLG[5] hat hinsichtlich einer Verpflichtung zur Rechnungslegung, aus der der Gläubiger einen Betrag von ca. 14 000 Euro erwartete, den Beschwerdewert für den Gläubiger auf 2000 Euro festgesetzt.

4260 Das OLG Stuttgart[6] setzt für den Antrag auf Festsetzung von Zwangsgeld wegen Nichtbefolgung der Pflicht zur **Löschung einer Sicherungshypothek** einen Bruchteil von $^1/_4$ bis $^1/_5$ des Nennbetrages des Grundpfandrechtes an.

4261 Auch der Wert eines Antrages auf Festsetzung von Zwangsgeld bei Verstößen gegen eine einstweilige Verfügung, die vom Auftraggegner für eine voraussichtlich längere Zeit ein bestimmtes Verhalten verlangt, richtet sich nach dem Interesse des Antragstellers an der Abwehr weiterer Verstöße. Dieses Interesse ist niedriger zu bewerten als der Hauptantrag, wobei nach dem KG[7] in der Regel ein Bruchteil von $^1/_3$ bis $^1/_4$ als angemessen angenommen werden kann.

4262 Diese Bewertungsgrundsätze gelten auch für die **Beschwerde des Gläubigers**, für die weiterhin dessen Interesse an der zu erzwingenden Handlung wertbestimmend bleibt und nicht überschritten werden darf.

---

1 OLG Düsseldorf, KostRsp. BRAGO § 8 Nr. 54 = JurBüro 1993, 554.
2 OLG Köln, Beschl. v. 24. 3. 2005 – 25 WF 45/05, AGS 2005, 262 mit Anm. *Mock* – unter der Prämisse, dass der Wert der Hauptsache entscheidend ist, ist dies konsequent, denn mangels Akzessorietät besteht die Grundschuld nach wie vor in voller Höhe.
3 Siehe OLG Nürnberg ZPO § 3 Nr. 710 = MDR 1984, 762; BayObLG, Beschl. v. 18. 4. 2002 – 2 Z BR 9/02, NJW-RR 2002, 1381.
4 OLG Nürnberg Rpfleger 1963, 281.
5 BayObLG, Beschl. v. 18. 4. 2002 – 2 Z BR 9/02, NJW-RR 2002, 1381.
6 OLG Stuttgart, Beschl. v. 21. 6. 2001 – 16 WF 248/01, OLGR 2001, 375.
7 KG JurBüro 1969, 1204.

Entgegen dem LAG Düsseldorf[1] wird der Streitwert des Beschwerdeverfahrens 4263
nicht durch die Höhe des Zwangsgeldes festgelegt, sondern es ist vom Wert der
Hauptsache auszugehen, die auch der zuverlässigste Maßstab für die Höhe des
Ordnungsgeldes ist.[2]

Bei der **Schuldnerbeschwerde** ist auf das Interesse des Schuldners abzustellen, 4264
die Handlung nicht erfüllen zu müssen. Auch hier ist also die Höhe des
Zwangsgeldes nicht entscheidend.[3] Wendet sich der Schuldner allerdings nur
gegen die Höhe des Zwangsgeldes, dann ist sein Interesse wertmäßig gleich
dem Betrag, um den er das Zwangsgeld vermindert sehen möchte. Denn dies
entspricht dem Interesse des Schuldners, das festgesetzte Zwangsgeld nicht
zahlen zu müssen.[4]

Organe, Organmitglieder

Literatur: *Kuhn* DRiZ 1953, 190 (Pensionsansprüche von Vorstandsmitgliedern); *Lappe*
GmbHR 1956, 37 (Gehalt und Versorgungsbezüge der Geschäftsführer einer GmbH);
Schneider JurBüro 1969, 803 (Organe als „Arbeitnehmer" i.S.d. § 13 Abs. 4 GKG a.F.).

Gliederungsübersicht

A. Allgemeines	4265	C. Kündigung/Abberufung	4277
B. Vergütung	4266	D. Entlastung	4287

A. Allgemeines

Juristische Personen handeln durch Organe, z.B. Geschäftsführer, Gesellschaf- 4265
ter oder den Aufsichtsrat. Die Organe können aus einer Person (z.B. Alleinge-
schäftsführer) oder aus mehreren Personen (Aufsichtsratsmitglieder) bestehen.
Zu unterscheiden ist bei der Streitwertbestimmung das Organverhältnis und
das Anstellungsverhältnis.

B. Vergütung

Die Bewertung der Klagen von Organen juristischer Personen auf Zahlung der 4266
ihnen aus dem Arbeitsverhältnis erwachsenden Einkünfte ist umstritten. Drei
Meinungen werden hier vertreten.

---

1 LAG Düsseldorf AnwBl. 1981, 35.
2 Vgl. OLG Hamburg WRP 1981, 222; LG Bayreuth JurBüro 1980, 1885 – beide zu § 890
   ZPO.
3 OLG Frankfurt, Beschl. v. 5. 9. 1996 – 5 W 18/96, KostRsp. ZPO § 3 Nr. 1241 = OLGR
   1996, 238; OLG Frankfurt JurBüro 1969, 1203; LAG Berlin, KostRsp. ZPO § 3 Nr. 409.
4 OLG Celle, Beschl. v. 1. 4. 2003 – 6 W 25/03, OLGR 2003, 294.

4267 Nach der **ersten Ansicht** ist auf Ansprüche aus dem Anstellungsvertrag eines Organmitgliedes mit seiner Gesellschaft die Ermäßigungsvorschrift des § 42 Abs. 3 GKG (3facher Jahresbetrag) nicht anzuwenden, sondern nach § 9 ZPO (3,5facher Jahresbetrag) zu bewerten.[1] Das soll auch dann gelten, wenn Versorgungsansprüche der Hinterbliebenen geltend gemacht würden, deren Höhe nach den Grundsätzen des Beamtenrechts bemessen sei.[2]

4268 Daran hat der BGH[3] zunächst auch für die Neufassung des § 17 Abs. 3 GKG a.F. festgehalten und Bedenken[4] mit dem Hinweis zurückgewiesen,[5] für die Anwendung des § 17 Abs. 3 GKG a.F. komme es nur auf „das typische Bild" an. Danach aber nehme das Organmitglied als Leiter eines Unternehmens, der gegenüber allen darin Beschäftigten einschließlich der leitenden Angestellten das Direktionsrecht ausübe, Arbeitgeberfunktionen wahr.[6] Dass es hinsichtlich der sozialen Abhängigkeit eines Organs in Wirklichkeit häufig anders liege, müsse als nicht typisch außer Betracht bleiben.

4269 In einer anderen Entscheidung[7] hat der BGH diesen rigorosen Standpunkt hinsichtlich der Anwendung von § 9 ZPO dann abgeschwächt: Bildet den Gegenstand des Streits eine Vergütung für die Geschäftsführung in einer OHG und ist der Geschäftsführer schon hoch betagt, so kann bei der Berechnung des Streitgegenstandes auch dann, wenn grundsätzlich nach § 9 ZPO bemessen wird, die Annahme gerechtfertigt sein, dass der geschäftsführende Gesellschafter wegen seines Alters nicht mehr 12,5 Jahre (= § 9 ZPO a.F.) als Geschäftsführer tätig sein wird. In diesem Fall ist der Wert des Streitgegenstandes nach § 3 ZPO frei zu schätzen.

4270 Die Anwendung des § 9 ZPO könnte heute mit dieser Begründung, die eher auf Billigkeitserwägungen als auf einer Auseinandersetzung mit dem Begriff „Arbeitnehmer" beruht, jedenfalls nicht mehr abgelehnt werden, denn § 9 ZPO stellt inzwischen nur noch auf den 3,5fachen Jahresbetrag ab.

4271 In zwei weiteren Entscheidungen konnte dann wiederum eine Durchbrechung der strikten Anwendung von § 9 ZPO festgestellt werden: Zunächst[8] hat der BGH entschieden, der Streitwert für eine auf künftige Rentenleistungen gerichtete Insolvenzsicherungsklage sei, auch wenn sie ein früheres Mitglied des Vertretungsorgans einer juristischen Person erhoben habe, auf den dreifachen Jahresbetrag (§ 17 Abs. 3 GKG a.F.) festzusetzen. Sodann[9] hat er[10] für Gehalts- und

---

1 BGH Rpfleger 1954, 439; OLG Celle Rpfleger 1962, 223; OLG Karlsruhe MDR 1960, 608; OLG Hamm AnwBl. 1977, 111.
2 BGH Rpfleger 1954, 439.
3 BGH NJW 1978, 2202 = Rpfleger 1978, 369.
4 *Lappe* Rpfleger 1961, 130.
5 Siehe BGH JurBüro 1979, 41
6 BGHZ 12, 1; BGH WM 1978, 319.
7 BGHZ 19, 172.
8 BGH, KostRsp. GKG § 17 Nr. 26 = JurBüro 1980, 1822 = MDR 1980, 1001.
9 BGH JurBüro 1981, 845 = KostRsp. GKG § 17 Nr. 28.
10 In Abweichung von BGH JurBüro 1979, 41 = MDR 1979, 35.

Pensionsklagen von Mitgliedern des Vertretungsorgans einer Handelsgesellschaft oder Genossenschaft den Streitwert grundsätzlich nach § 17 Abs. 3 GKG a.F. berechnet. Dabei ist er auf den Sinn dieser Vorschrift zurückgegangen, welche die gerichtliche Durchsetzung von Ansprüchen auf wiederkehrende Leistungen, aus denen der Berechtigte seinen Lebensunterhalt erzielt, erleichtern soll.

In einer späteren Entscheidung[1] wird der Streit um die Vergütungsforderung aus einem Anstellungsverhältnis des Geschäftsführers jedoch wiederum nach § 9 ZPO bewertet.　　4272

Die **zweite Meinung** bemisst Klagen von Organen juristischer Personen, die in gleicher Weise wie andere Arbeitnehmer der juristischen Person für eine längere Dauer ihre Arbeitskraft zur Verfügung stellen und nach Zeit, Ort und Dauer ihrer Arbeiten einem Weisungsrecht unterliegen, immer gemäß (dem jetzigen) § 42 Abs. 3 GKG auf den 3fachen Jahresbetrag, sofern nicht der gesamte Betrag geringer ist.[2]　　4273

Eine **dritte Meinung** nimmt an, dass der Streitwert für die Klage eines Organmitgliedes einer juristischen Person oder seiner Hinterbliebenen auf Zahlung von Gehalt oder Versorgungsbezügen jedenfalls dann nicht nach § 9 ZPO, sondern nach (dem jetzigen) § 42 Abs. 3 GKG festzusetzen ist, wenn das Organmitglied sich in einer ähnlichen beruflichen und wirtschaftlichen Abhängigkeit von seinem Unternehmen befunden hat wie ein Arbeitnehmer. Zu prüfen ist also, ob hinsichtlich der sozialen Abhängigkeit eine „arbeitnehmerähnliche" Stellung vorliegt.[3]　　4274

Dieser dritten Meinung, die auf die Umstände des Einzelfalls abstellt, ist zuzustimmen. Das OLG Schleswig[4] hat mit Recht darauf abgestellt, dass (der jetzige) § 42 Abs. 3 GKG eine soziale Schutzvorschrift ist und das Organ, etwa der Geschäftsführer einer GmbH, aus den wiederkehrenden Leistungen seinen Lebensunterhalt erzielt. Dabei ist auch zu berücksichtigen, dass seine Alters- und Hinterbliebenenversorgung nicht aus seiner Organstellung erwächst, die lediglich das Außenverhältnis betrifft, sondern auf dem Anstellungsvertrag, also dem Innenverhältnis, beruht.　　4275

Die Abgrenzung von § 9 S. 1 ZPO zu § 42 Abs. 3 GKG hat allerdings durch die Neufassung des § 9 ZPO erheblich an praktischer Bedeutung verloren, denn § 9 ZPO sieht jetzt nur noch den 3,5fachen Jahresbetrag gegenüber dem 3fachen Jahresbetrag in § 42 Abs. 3 GKG vor, so dass keine großen Differenzen mehr auftreten.　　4276

---

1 BGH, Beschl. v. 17. 8. 2000 – II ZR 302/99, KostRsp. ZPO § 9 Nr. 71.
2 KG NJW 1955, 857; 1956, 689; JurBüro 1968, 319; OLG Celle MDR 1957, 431; OLG Frankfurt MDR 1961, 244; OLG Bamberg, KostRsp. GKG § 17 Nr. 102 = JurBüro 1988, 227.
3 OLG Stuttgart Justiz 1968, 306; OLG Köln MDR 1968, 593; OLG Koblenz MDR 1980, 319; OLG Schleswig JurBüro 1980, 480; *Schneider* JurBüro 1969, 803; Zöller/*Herget*, § 3 Rn. 16 unter „Arbeitnehmer".
4 OLG Schleswig JurBüro 1980, 480.

C. Kündigung/Abberufung

4277 Bei Klagen im Zusammenhang mit der Beendigung der Organstellung ist danach zu unterscheiden, worauf die Beendigung beruht.[1]

4278 Das Erlöschen der körperschaftlichen Organstellung führt nicht ohne weiteres zur Beendigung des schuldrechtlichen Anstellungsvertrages. Deshalb muss bei Bestimmung des Streitwertes unterschieden werden zwischen der Klage auf Abwehr der Abberufung als Geschäftsführer und der Klage auf Feststellung, dass das Dienstverhältnis nicht beendet worden ist. Beides kann zwar miteinander verkoppelt sein, beispielsweise wenn der Widerruf der Bestellung gleichzeitig in kurzer zeitlicher Folge von der Kündigung des Anstellungsvertrages begleitet wird.[2] Auch dann bleibt es jedoch dabei, dass es um zwei verschiedene Rechtsverhältnisse geht, die getrennt zu bewerten sind.

4279 Bei Klagen gegen die **Abberufung** als Geschäftsführers erfolgt die Streitwertbestimmung nach § 3 ZPO, wobei das Interesse beider Parteien berücksichtigt wird.[3] Kämpft der Kläger also nur um seine Organstellung und will er weiterhin als Geschäftsführer die Lenkungs- und Leitungsmacht des beklagten Unternehmens behalten oder wieder in die Hand bekommen, dann berücksichtigt der BGH auch das gegenteilige Interesse des Beklagten, den Kläger von der Geschäftsführung fernzuhalten.[4]

4280 Dies ist eine Ausnahme von dem Grundsatz, dass bei der Streitwertbemessung das Interesse des Beklagten am Prozessausgang nicht zu berücksichtigen ist. Die Ausnahme ist in Anlehnung an den Grundgedanken des § 247 Abs. 1 S. 1 AktG zu rechtfertigen, wonach der Streitwert im Anfechtungsprozess unter Berücksichtigung aller Umstände des einzelnen Falles, insbesondere der Bedeutung der Sache für die Parteien (also für beide!) festzusetzen ist.

4281 Die aufgezeigten Grundsätze gelten gleichermaßen, wenn der Streit darum geht, ob das abberufene Organmitglied überhaupt **wirksam bestellt** worden ist.[5]

4282 Das **Gehaltsinteresse** des Abberufenen und etwaige Ansprüche der Gesellschaft aus der Abberufung sind dagegen unbeachtlich, weil sie nicht die organschaftliche Stellung, sondern den Dienstvertrag aus dem Innenverhältnis betreffen. Die gegenteilige Auffassung würde in denjenigen Fällen, in denen der abberu-

---

1 Siehe dazu BGH, Beschl. v. 28. 5. 1990 – II ZR 245/89, KostRsp. ZPO § 9 Nr. 39 mit Anm. *Schneider* = NJW-RR 1990, 1123.
2 Siehe BGH WM 1989, 1246.
3 BGH, Beschl. v. 28. 5. 1990 – II ZR 245/89, KostRsp. ZPO § 9 Nr. 39 mit Anm. *Schneider* = NJW-RR 1990, 1123; BGH, Beschl. v. 22. 5. 1995 – II ZR 247/94, KostRsp. ZPO § 3 Nr. 1206 = NJW-RR 1995, 1502.
4 BGH, Beschl. v. 22. 5. 1995 – II ZR 247/94, KostRsp. ZPO § 3 Nr. 1206 = NJW-RR 1995, 1502.
5 BGH, Beschl. v. 22. 5. 1995 – II ZR 247/94, KostRsp. ZPO § 3 Nr. 1206 = NJW-RR 1995, 1502.

fene Geschäftsführer seine Gehaltsansprüche im Hinblick auf die behauptete Unwirksamkeit der ausgesprochenen Kündigung seines Dienstvertrages in einem weiteren Rechtsstreit geltend macht, zu einer unangebrachten Verdopplung des Streitwertes führen.[1]

Die Ermäßigungsvorschrift des § 247 AktG ist auf einen Gesellschafterbeschluss, durch den ein Geschäftsführer abberufen wird, nicht anwendbar.[2]   4283

Nur dann, wenn auch die Beendigung des Anstellungsverhältnisses (**Kündigung des Dienstvertrags**) und damit der Verlust der daraus abgeleiteten Gehaltsansprüche angegriffen wird, ist § 9 ZPO für die Beschwer anwendbar[3] und § 42 Abs. 3 GKG für die Gebührenberechnung.   4284

Bei einem Antrag auf **Feststellung des Fortbestehens des Dienstverhältnisses** wendet der BGH die Regelung des § 42 Abs. 3 GKG für die Bestimmung des Gebührenstreitwerts (Vergütungsinteresse des Klägers) und die Regelung des § 9 ZPO für die Beschwer an.[4] Nach anderer Ansicht ist der Gebührenstreitwert einer Feststellungsklage über das Bestehen eines Dienstverhältnisses des Geschäftsführers nach § 3 ZPO zu schätzen.   4285

Die Vorschrift des § 42 Abs. 4 GKG ist im Verfahren vor den allgemeinen Zivilgerichten nicht anwendbar, auch wenn das Verfahren von einem Arbeitsgericht verwiesen wurde.[5]   4286

D. Entlastung

Für die Entlastung eines Geschäftsführers einer GmbH ist der Streitwert nach den Grundsätzen zu bestimmen, die für die Bemessung des Streitwertes einer negativen Feststellungsklage gelten. Die Entlastung von Gesellschaftern wirkt wie ein Verzicht auf Ersatzansprüche oder wie das Anerkenntnis des Nichtbestehens derartiger Ansprüche.   4287

Deshalb kommt als Streitwert des **Anspruchs auf Entlastungserteilung** gemäß § 3 ZPO derjenige Wert in Betracht, der dem Interesse des Klägers an der Feststellung entspricht, dass er aus Anlass seiner Geschäftsführertätigkeit nicht auf Schadensersatz in Anspruch genommen werden kann.   4288

---

1 BGH, Beschl. v. 28. 5. 1990 – II ZR 245/89, KostRsp. ZPO § 9 Nr. 39 mit Anm. *Schneider* = NJW-RR 1990, 1123.
2 OLG Frankfurt JurBüro 1968, 829 = NJW 1968, 2112.
3 BGH, 17. 1. 1994 – II ZR 219/93, KostRsp. ZPO § 9 Nr. 49 = GmbHR 1994, 244 – Beschwer richtet sich nach dem Vergütungsinteresse.
4 BGH, Beschl. v. 17. 1. 1994 – II ZR 219/93, KostRsp. ZPO § 9 Nr. 49 = GmbHR 1994, 244; KG, Beschl. v. 21. 6. 1996 – 5 W 2444/96, NJW-RR 1997, 543; anders BGH, Beschl. v. 17. 8. 2000 – II ZR 302/99, KostRsp. ZPO § 9 Nr. 71 – keine Anwendung von § 17 Abs. 3 und 4 GKG a.F., sondern von § 9 ZPO.
5 KG, Beschl. v. 21. 6. 1996 – 5 W 2444/96, NJW-RR 1997, 543; BGH, Beschl. v. 9. 6. 2005 – III ZR 21/04, MDR 2005, 1376.

4289 Der Wert einer aktienrechtlichen **Nichtigkeits- und Anfechtungsklage** gegen den Beschluss der Hauptversammlung über die Entlastung des Vorstands ist nach § 247 Abs. 1 AktG zu bestimmen.[1]

4290 Werden von der Gesellschaft bereits bestimmte **Ersatzansprüche** gegen den früheren Geschäftsführer angekündigt oder geltend gemacht, so wird das Interesse des Klägers an der erstrebten Entlastung mindestens durch den geforderten Geldbetrag bestimmt.[2]

Örtliche Zuständigkeit

Siehe das Stichwort „Einrede, Einwendung".

Pacht

A. Anzuwendende Vorschriften

4291 Ebenso wie im BGB der Pachtvertrag in Anlehnung an den Mietvertrag geregelt ist (§ 581 Abs. 2 BGB), verhält es sich im Streitwertrecht. Die Sondervorschrift des § 41 GKG (§ 16 GKG a.F.) behandelt die Miet-, Pacht- und ähnlichen Nutzungsverhältnisse gemeinsam. Einer Unterscheidung zwischen Miet- und Pachtverhältnissen bedarf es im Einzelfall nur, als sich daran unterschiedliche Rechtsfolgen knüpfen.

4292 Dies ist für den **Zuständigkeitsstreitwert** und die **Rechtsmittelbeschwer** nicht der Fall.[3] Beide berechnen sich nach Maßgabe der §§ 3 ff. ZPO, insbesondere der §§ 8 und 9 ZPO.[4] Dieser Gleichlauf besteht – mit Ausnahme der allein die Wohnraummiete betreffenden Regelungen – auch beim **Gebührenstreitwert**, der sich vorrangig nach § 41 GKG (§ 16 GKG a.F.) richtet.

---

1 BGH, Beschl. v. 15. 3. 1999 – II ZR 94/98, NJW-RR 1999, 910; OLG Stuttgart, Beschl. v. 11. 1. 1995 – 3 W 47/94, WM 1995, 620; vgl. auch das Stichwort „Anfechtungs- und Nichtigkeitsklagen".
2 KG JurBüro 1962, 281.
3 BGH, Urteil v. 20. 12. 1995 – XII ZR 244/94, WM 1996, 1064 = NJWE-MietR 1996, 54.
4 BGH, Beschl. v. 13. 10. 2004 – XII ZR 110/02, MDR 2005, 228 = NJW-RR 2005, 224; BGH, Beschl. v. 14. 10. 1993 – LwZB 6/93, KostRsp. ZPO § 8 Nr. 11 = Agrarrecht 1994, 276 = MDR 1994, 100 = NJW-RR 1994, 256 = VersR 1994, 372 = RdL 1994, 56 = LM ZPO § 511a Nr. 33 = WuM 1994, 80 = ZMR 1994, 65 – landwirtschaftliches Grundstück; Beschl. v. 27. 2. 1992 – III ZR 142/91, KostRsp. ZPO § 8 Nr. 7 – Jagdpachtvertrag; Beschl. v. 29. 5. 1991 – XII ZR 22/91, KostRsp. ZPO § 8 Nr. 3 = WM 1991, 1616 = NJW-RR 1992, 190.

Daher wird für die Bewertung pachtrechtlicher Streitigkeiten zunächst auf die   4293
Ausführungen zum Stichwort „Mietstreitigkeiten" verwiesen. Die nachfolgenden Ausführungen beschränken sich auf die Darstellung einzelner spezifisch
pachtrechtlicher Fragestellungen.

B. Einzelfälle in der Rechtsprechung

Dritter

Sind am Rechtsstreit allein die Parteien des Pachtverhältnisses beteiligt, gelten   4294
für den Streitwert je nach Streitgegenstand die §§ 3 ff. ZPO, § 41 GKG (§ 16
GKG a.F.). Problematischer ist die Wertbestimmung, wenn Dritte beteiligt
sind, etwa weil sich die Klage einer Pachtvertragspartei gegen einen Dritten
richtet, die Pächter bzw. Verpächter von einem Dritten verklagt werden oder
der Bestand des Pachtverhältnisses Gegenstand eines Rechtsstreit einer Vertragspartei mit einem Dritten ist. Im Grundsatz gilt bei einer Drittbeteiligung,
dass weder § 8 ZPO noch § 41 GKG (§ 16 GKG a.F.) unmittelbar zur Anwendung gelangen. Denn beide Vorschriften setzten einen Streit zwischen den am
Pachtverhältnis beteiligten Parteien voraus, da auf die Klage eines Dritten diesen gegenüber nicht rechtskräftig über den Bestand oder die (Fort-)Dauer des
Pachtverhältnisses entschieden werden kann.

Daher bestimmen sich bei der Klage eines Dritten gegen den Verpächter auf   4295
Feststellung der Nichtigkeit eines Pachtvertrages Zuständigkeitsstreitwert und
Beschwer nicht nach § 8 ZPO, sondern gemäß § 3 ZPO nach dem Interesse
dieses Dritten an der Unwirksamkeit des Vertrages.[1] Dies gilt auch für den
Gebührenstreitwert, da hier § 41 GKG (§ 16 GKG a.F.) aus den gleichen Grün-
den nicht anwendbar ist.[2]

Klagt der Pächter gegen einen Dritten auf Unterlassung von Besitzstörungen   4296
oder ein Dritter gegen einen Mieter auf **Feststellung, dass ein Miet- oder Pachtverhältnis nicht bestehe**, ist jeweils gemäß § 3 ZPO das klägerische Interesse
maßgebend.[3] Ebenso liegt es, wenn Miterben gegen einen anderen **Miterben** auf
Feststellung der Wirksamkeit eines von der Erbenmehrheit mit einem Dritten
abgeschlossenen Pachtvertrages klagen.[4]

Erhöhung des Pachtzinses

Ist das Klagebegehren des Vermieters auf **Zustimmung zur Pachtzinserhöhung**   4297
gerichtet, gelangt § 41 Abs. 5 GKG (§ 16 Abs. 5 GKG a.F.) nicht zur Anwendung, da diese Vorschrift nur für die Wohnraummiete gilt. Zuständigkeits- und

---

1 BGH, Beschl. v. 24. 2. 2000 – III ZR 270/99, Jagdrechtliche Entscheidungen XVIII
   Nr. 76 = juris-Nr. KORE551852002; LM ZPO § 256 Nr. 25 = Rpfleger 1955, 101.
2 BGH LM GKG § 10 Nr. 10 (10/1955).
3 BGH, Beschl. v. 10. 2. 1983 – III ZR 64/82, KostRsp. GKG § 16 Nr. 23.
4 BGH LM § 10 GKG Nr. 10 – Beschwer.

Gebührenstreitwert bestimmen sich gemäß § 9 ZPO, § 48 GKG (§ 12 GKG a.F.) nach dem 3,5fachen Jahresbetrag der Erhöhungsdifferenz, soweit die verbleibende Dauer des Pachtverhältnis nicht geringer ist.[1] Der Gesetzgeber hat die Neufassung des GKG durch das KostRMoG 2004 nicht zum Anlass genommen, die in § 16 Abs. 5 GKG a.F. (jetzt § 41 Abs. 5 GKG) enthaltene Beschränkung auf Wohnraummietverhältnisse aufzuheben. Für eine analoge Anwendung fehlt es an einer planwidrigen Lücke.[2] Dass dessen sozialer Schutzzweck auch eine Erstreckung auf kleine Gewerbetreibende und Unternehmen rechtfertigen könnte, vermag über den klaren Wortlaut nicht hinweg zu helfen.

4298 Einer Bemessung nach § 3 ZPO steht entgegen, dass § 9 ZPO als speziellere Norm vorgeht.[3] Denn mit dem Streit über die Zustimmung zur Erhöhung der Miete sind wiederkehrende Leistungen aus einem in seinem Umfang streitigen Stammrecht betroffen. Dass mit § 9 ZPO nicht die Rechtslage bei Mieterhöhungsklagen geregelt sein sollte und dieser zudem nur über § 48 Abs. 1 GKG (§ 12 Abs. 1 GKG a.F.) zur Anwendung gelangt, rechtfertigt (spätestens) seit dem KostRMoG 2004 keine abweichende Beurteilung mehr. Die gegen eine Anwendung des § 9 ZPO im Hinblick auf die erhebliche Wertdifferenz zu § 41 GKG erhobenen Bedenken sind bereits mit der Neufassung und Beschränkung auf den 3,5-fachen Jahresbetrag durch das RpflEntlG 1993 überholt.[4]

Bei einer Gestaltungsklage, z.B. auf **Neufestsetzung des Pachtzinses**, ist die Wertbemessung derjenigen bei der positiven Feststellungsklage anzupassen. Daher ist der Streitwert grundsätzlich niedriger als bei einer entsprechenden Leistungsklage.[5]

---

1 OLG Braunschweig, Beschl. v. 13. 8. 1982 – 4 W 14/82, KostRsp. ZPO § 9 Nr. 33 = AnwBl. 1982, 486; ebenso für die Klage auf Erhöhung der Gewerbemiete: OLG Bamberg, Beschl. v. 8. 12. 1983 – 3 W 110/83, KostRsp. GKG § 16 Nr. 26 mit abl. Anm. *E. Schneider* = JurBüro 1984, 254 mit zust. Anm. *Mümmler* = AnwBl. 1984, 94; OLG Brandenburg, Beschl. v. 11. 10. 1995 – 3 W 23/95, JurBüro 1996, 193 = NJW-RR 1996, 844 = NJWE-MietR 1996, 179 = MM 1995, 440; KG, Beschl. v. 7. 4. 2004 – 8 W 23/04, KGR 2004, 499 = AGS 2005, 354; OLG Frankfurt, Beschl. v. 30. 10. 1992 – 24 W 47/92, MDR 1993, 697; OLG Hamburg, Beschl. v. 27. 6. 1995 – 4 W 26/95, WuM 1995, 595; KostRsp. GKG § 16 Nr. 67 mit abl. Anm. *E. Schneider* = MDR 1990, 1024; OLG Köln, Beschl. v. 21. 2. 1991 – 18 U 78/90, MDR 1991, 545; KostRsp. ZPO § 9 Nr. 41 mit abl. Anm. *Schneider* = MDR 1991, 545; OLG Frankfurt, Beschl. v. 30. 10. 1992 – 24 W 47/92, KostRsp. ZPO § 9 Nr. 45 = JurBüro 1994, 117 = MDR 1993, 697 = OLGR 1992, 227; *Anders/Gehle/Kunze*, Stichwort „Miete und Pacht" Rn. 35; Baumbach/Lauterbach/*Hartmann*, § 3 Rn. 79; Bub/Treier/*Fischer*, Handbuch der Wohn- und Geschäftsraummiete, VIII Rn. 235, S. 1651: § 9 ZPO; Thomas/Putzo/*Hüßtege*, § 3 Rn. 101: § 9 ZPO; a.A. Vorauflage; OLG Karlsruhe, Beschl. v. 17. 1. 1983 – 11 W 2/83, KostRsp. ZPO § 3 Nr. 627 = AnwBl. 1983, 174; Zöller/*Herget*, § 3 Rn. 16 unter „Mietstreitigkeiten".
2 KG, Beschl. v. 7. 4. 2004 – 8 W 23/04, KGR 2004, 499 = AGS 2005, 354 – Miete.
3 OLG Frankfurt, Beschl. v. 30. 10. 1992 – 24 W 47/92, MDR 1993, 697; OLG Köln, Beschl. v. 21. 2. 1991 – 18 U 78/90, MDR 1991, 545.
4 *Anders/Gehle/Kunze*, Stichwort „Miete und Pacht" Rn. 35; Bub/Treier/*Fischer*, Wohn- und Geschäftsraummiete, VIII Rn. 235, S. 1651.
5 LG Lübeck SchlHA 1956, 266.

Inventar

Für den Anspruch des Verpächters, der Pächter habe die Entfernung von Inven-   4299
tar zu unterlassen, ist das Interesse des Verpächters am Verbleib der Inventarstücke auf dem Pachtgrundstück maßgebend. Für eine Bewertung nach § 6 ZPO
ist kein Raum, weil der Streit nicht um den Besitz oder das Eigentum, sondern
nur um den Verbleib der Sache geht. Es muss deshalb nach §§ 3 ff. ZPO geschätzt werden, wobei von dem Schaden auszugehen ist, der dem Verpächter
droht, wenn das Inventar entfernt wird.

Kiesausbeutevertrag

Ein Vertrag, durch den einer Partei das Recht eingeräumt worden ist, das Sand-   4300
und Kiesvorkommen auf einem Grundstück auszubeuten, ist rechtlich ein
Pachtvertrag. Der Streitwert für eine Klage auf Feststellung der Rechtswirksamkeit eines solchen Vertrages ist gem. § 41 Abs. 1 GKG (§ 16 Abs. 1 GKG a.F.)
festzusetzen. Der Pachtzins besteht aus dem für jeden abbauwürdigen Kubik-
meter an den Verpächter zu zahlenden Entgelt. Ein Abzug dafür, dass es sich
um eine **positive Feststellungsklage** handelt, ist nicht zu machen.[1]

Kleingärten

Auf Verträge, die (in der DDR) zum Zwecke der kleingärtnerischen Nutzung   4301
geschlossen worden sind, finden gemäß § 6 Abs. 1 SchuldRAnpG bzw. § 4
Abs. 1 BKleingG die Bestimmungen des BGB über die Miete oder Pacht bzw.
der Pacht Anwendung, soweit das Schuldrechtsanpassungsgesetz nicht etwas
Abweichendes bestimmt. Ist der Bestand oder die Dauer des Nutzungsvertrages
streitig, richtet sich der Zuständigkeitsstreitwert und die Beschwer nach § 8
ZPO. Beruft sich der Nutzungsberechtigte darauf, dass der Vertrag auf Lebenszeit geschlossen worden sei, gelangt (für die Bestimmung der streitigen Zeit) § 9
ZPO zur Anwendung.[2]

Pachtzins

Der für die Wertberechnung zugrunde zu legende **Pachtzins** errechnet sich nach   4302
dem Geldwert der vom Nutzungsberechtigten für die Gebrauchsgewährung zu
erbringenden Gegenleistung. Maßgebend ist das **vertraglich vereinbarte Entgelt**
und nicht der Betrag, der nach Auffassung einer Partei angemessen wäre oder
ortsüblich ist.[3] Hierbei ist **Entgeltdefinition in § 41 Abs. 1 S. 2 GKG** (ohne Ent-

---

1 OLG Stuttgart Justiz 1972, 204.
2 BGH, Beschl. v. 16. 2. 2005 – XII ZR 46/03, WuM 2005, 350 = ZMR 2005, 933 = NJ
   2005, 369; BGH, Beschl. v. 30. 1. 1997 – III ZR 206/96, BGHR ZPO § 8 Räumungsklage
   Nr. 8.
3 BGH, Beschl. v. 27. 10. 2004 – XII ZB 106/04, MDR 2005, 204 = WuM 2006, 66 = ZMR
   2005, 115 = NZM 2005, 157 = GE 2004, 1523 = DWW 2005, 25 = AGS 2005, 19 = NJ
   2005, 124; BGH, Urteil v. 20. 12. 1995 – XII ZR 244/94, KostRsp. ZPO § 8 Nr. 12 =

sprechung in § 16 GKG) auch für die Bestimmung des Zuständigkeitsstreitwert heranzuziehen. Danach umfasst das Entgelt neben dem Nettogrundentgelt Nebenkosten nur noch dann, wenn diese als Pauschale vereinbart sind und nicht gesondert abgerechnet werden.

4303 Zum Nettogrundentgelt zählen neben dem in Geld oder Naturalien zu erbringenden Pacht- oder Mietzins alle weitere **vertraglich vereinbarten Neben- oder Sonderleistungen des Pächters**, es sei denn, diese werden im Verkehr nicht als Entgelt für die Gebrauchsüberlassung angesehen oder vom Pächter selbst abgerechnet.[1] Hierzu gehören etwa Zahlungen für die Errichtung (**Baukostenzuschüsse**), Unterhaltung oder Instandsetzung der Pachtsache[2] sowie die halben **Landwirtschaftskammerbeiträge**, aber nicht die Berufsgenossenschaftsbeiträge.[3] Ferner ist eine vertraglich vereinbarte **Waldwildschadenspauschale** zu berücksichtigen.[4]

4304 Ein laufend zu entrichtender Betrag, der als Abgeltung für die Gestattung der Errichtung einer Einzelhandelsverkaufsstelle zu bezahlen ist und sich nach einem **Prozentsatz des steuerlichen Reingewinns** errechnet, gilt für den Streitwert ebenfalls als Pachtzins,[5] desgleichen eine **Entschädigung für die Nutzung des Inventars**,[6] beispielsweise für das nach Benutzungsstunden berechnete Nutzungsentgelt einer Kegelbahn, die der Pächter von seinen Gästen erhebt.[7]

4305 Ist der Wert der Neben- oder Sonderleistungen im Pachtvertrag nicht beziffert, sondern nur mittelbar über einen deshalb reduzierten Pachtzins berücksichtigt, bedarf es der **Schätzung**.[8]

4306 Nicht ansatzfähig bleiben weiterhin diejenigen Nebenleistungen, die im Verkehr nicht als Entgelt für die Gebrauchsüberlassung angesehen, etwa Zahlun-

---

BGHR ZPO § 8 Räumungsklage Nr. 6 = WM 1996, 1064 = NJWE-MietR 1996, 54; BGH, Urteil v. 28. 9. 1994 – XII ZR 50/94, MDR 1995, 198 = NJW 1994, 3292 = WuM 1994, 705 = ZMR 1995, 17 = BGHR ZPO § 8 Räumungsklage Nr. 3.

1 BGH, Beschl. v. 2. 6. 1999 – XII ZR 99/99, KostRsp. ZPO § 8 Nr. 15 = ZMR 1999, 615 = NJW-RR 1999, 1385 = NZM 1999, 794; KostRsp. ZPO § 8 Nr. 7; Zöller/*Herget*, § 8 Rn. 6.

2 BGH, Urteil v. 31. 3. 1993 – XII ZR 265/91, MDR 1993, 1204 = Wum 1993, 392 = ZMR 1993, 326 = DWW 1993, 227 = NJ 1993, 369 = WM 1993, 1383; KostRsp. ZPO § 8 Nr. 5 = BGHZ 18, 168; OLG Dresden, Beschl. v. 19. 8. 1997 – 15 W 1041/97, ZMR 1997, 527; OLG Schleswig JurBüro 1958, 512; krit. OLG Köln, Beschl. v. 9. 2. 1996 – 19 W 1/96, OLGR 1996, 101 = JurBüro 1996, 472 = MDR 1996, 859 = WuM 1996, 288 = VersR 1997, 85.

3 OLG Schleswig JurBüro 1958, 512.

4 OLG Koblenz, Beschl. v. 10. 2. 2005 – 10 W 398/04 = Jagdrechtliche Entscheidungen III Nr. 172.

5 LG Wuppertal MDR 1953, 499 Nr. 377.

6 OLG Oldenburg, Beschl. v. 19. 11. 1990 – 1 W 120/90, KostRsp. GKG § 16 Nr. 69 mit Anm. *Schneider* = JurBüro 1991, 416 = WuM 1991, 286 = ZMR 1991, 142.

7 LG Essen JurBüro 1972, 897.

8 BGH, Urteil v. 31. 3. 1993 – XII ZR 265/91, MDR 1993, 1204 = WuM 1993, 392 = ZMR 1993, 326 = DWW 1993, 227 = NJ 1993, 369 = WM 1993, 1383 – zur Miete.

gen aufgrund vom Verpächter erworbener Einrichtungsgegenstände. Auch Leistungen, die vom Pächter gegenüber einem Dritten abgerechnet werden, sind nicht hinzuzurechnen.[1]

Für die Bemessung der Beschwer bleiben die mit **der Räumung verbundene** **Kosten** des Herausgabeschuldners, von ihm nutzlos aufgewandte **Investitionen**[2] und Kosten der **Anpachtung einer Ersatzsache**[3] bereits nach dem Wortlaut von § 8 ZPO bei der Wertfestsetzung außer Betracht.   4307

Räumung

Der Streitwert einer Räumungsklage gegen den **Unterpächter** ist unter Zugrundelegung des einjährigen Nutzungsentgeltes und nicht nach dem Verkehrswert des Grundstückes zu berechnen.[4] Das gilt auch dann, wenn der Grundstückseigentümer nach Beendigung des Pachtverhältnisses unmittelbar gegen den Unterpächter auf Räumung klagt.[5]   4308

Vergleich

Die Vorschrift des § 41 GKG (§ 16 GKG a.F.) ist auch auf die **vergleichsweise Auflösung** eines Pachtverhältnisses anwendbar und schließt für die Gebührenberechnung den § 8 ZPO aus.[6] Die Streitwertvergünstigung des § 41 GKG (§ 16 GKG a.F.) gilt jedoch nur im Verhältnis zwischen den Vertragsparteien.   4309

Patentsachen

Siehe das Stichwort „Gewerblicher Rechtsschutz".

---

1 Zum alten Recht: BGH, Beschl. v. 2. 6. 1999 – XII ZR 99/99, KostRsp. ZPO Nr. 15 = ZMR 1999, 615 = NZM 1999, 794 = NJW-RR 1999, 1385 – Beschwer; KostRsp. ZPO § 8 Nr. 5 = BGHZ 18, 168; Zöller/*Herget*, § 3 Rn. 16 unter „Mietstreitigkeiten".
2 BGH, Beschl. v. 7. 11. 2002 – LwZR 9/02, BGHReport 2003, 757; Beschl. v. 10. 5. 2000 – XII ZR 335/99, NJW-RR 2000, 1739 = NZM 2000, 1227 = NJ 2000, 603 = BGHR ZPO § 8 Räumungsklage Nr. 9.
3 BGH, Beschl. v. 10. 5. 2000 – XII ZR 335/99, NJW-RR 2000, 1739 = NZM 2000, 1227 = NJ 2000, 603 BGHR ZPO § 8 Räumungsklage Nr. 9.
4 LG Mannheim MDR 1964, 1016.
5 KG Rpfleger 1962, 118.
6 OLG Frankfurt JurBüro 1969, 1213.

Personalakten

4310 Der Antrag, Einsicht in Personalakten zu gewähren, ist eine nichtvermögens-rechtliche Angelegenheit,[1] denn er ist nicht auf Geld oder Geldeswert gerichtet und entspringt nicht aus vermögensrechtlichen Verhältnissen.[2] Der Wert eines solchen Antrags ist deshalb nach § 48 Abs. 2 GKG unter Berücksichtigung aller Umstände des Einzelfalls zu bestimmen und darf 1 000 000 Euro nicht über-steigen.

4311 Die in § 48 Abs. 2 S. 1 GKG erwähnten Vermögens- und Einkommensverhält-nisse sind dabei allerdings als Bewertungsumstand meist unergiebig. Maßge-bend ist nur die Bedeutung der Sache für denjenigen, der die Auskunft ver-langt.

4312 Auf arbeitsrechtliche Streitigkeiten wegen Zurücknahme einer Abmahnung und deren Entfernung aus den Personalakten wird die Begrenzungsvorschrift des § 12 Abs. 7 S. 1 ArbGG angewandt und meist ein Streitwert von einem Monatseinkommen angesetzt.[3] Nicht selten werden auch Festbeträge angesetzt, dann meist um die 250 Euro.[4] Das LAG Hamm[5] hat den Anspruch auf Entfer-nung einer Abmahnung aus einer Personalakte als vermögensrechtliche Strei-tigkeit angesehen.

Persönliche Dienstbarkeit, beschränkte

Siehe das Stichwort „Dienstbarkeit, § 1090 BGB".

Pfandrecht

Siehe das Stichwort „Pfändung".

---

1 OLG Köln JurBüro 1980, 578.
2 RGZ 144, 159; LAG München, Beschl. v. 21. 2. 2003 – 8 Ta 61/02, JurBüro 2004, 85.
3 Siehe etwa LAG Frankfurt, KostRsp. ArbGG § 12 Nr. 178 = LAGE ArbGG § 12 Nr. 72.
4 Vgl. LAG Baden-Württemberg, Beschl. v. 21. 5. 1990 – 8 Ta 55/90, KostRsp. ZPO § 3 Nr. 1004 = JurBüro 1990, 1333.
5 LAG Hamm MDR 1984, 877.

Pfändung

Literatur: *Gerold* JurBüro 1955, 425 (Freigabeaufforderung gegenüber mehreren Pfändungsgläubigern).

Gliederungsübersicht

A. Allgemeines

I. Anzuwendende Vorschriften . . 4313
II. Zeitpunkt der Wertberechnung . 4323
III. Wert des Pfandgegenstandes . . . 4325

**B. Pfändungs- und Überweisungs-
beschluss** 4329
I. Gerichtsgebühren 4330

II. Anwaltsgebühren 4331
1. Vorratspfändung 4332
2. Pfändbarkeit streitig/Forderung
unpfändbar 4335
3. Pfändung von Gehaltsforderungen 4339
4. Klage gegen den Drittschuldner 4345

Stichwortübersicht

Anwaltliche erstmalige Tätigkeit . . 4324
Arbeitseinkommen, künftiges . 4332, 4339
Arrest, Vollziehung 4319
Bauhandwerkerhypothek 4328
Belastungen des Pfandgegenstandes . 4325
Drittschuldner . . . . 4344 ff.
Einreichung des Antrags 4323
Erfolgserwartungen des Gläubigers . 4335
Festgebühr 4322
Forderung
– Betrag maßgebend 4333, 4335
– gepfändete besteht nicht 4337
– mitverglichene 4326
Gehaltsansprüche, von Unterhalts-
berechtigtem eingeklagte 4351
Gesamthypothek, Neueintragung . . 4321
Grundpfandrecht, Rangstreitigkeit . 4321
Insolvenzanfechtung 4317
Lohnanteil, voraussichtlich pfänd-
barer 4341
Maßgebender Zeitpunkt . . . . . 4323 ff.
– Einreichung des Antrags 4323
– erstmalige anwaltliche Tätigkeit . 4324
Miterbenstreitigkeiten 4325
Pfändbarkeit, streitige 4335
Pfandrecht
– einredeweise Geltendmachung . . 4320
– Sparguthaben 4327
Pfandrechtsklage verbunden mit
persönlicher Klage 4318

Pfändung in Forderung unterhalb
Schuldbetrag 4334
Pfändungs- und Überweisungs-
beschluss . . . . 4329 ff.
– Anwaltskosten 4331
– Beschwerdegebühren 4330
Rangstreitigkeit bei Grundpfand-
recht 4321
Rangverbesserung 4321
Sicherheitsleistung 4318
Sicherungscharakter der Pfändung . 4313
Sozialleistungen, unpfändbare . . . 4336
Streitwertprivilegierung 4351
Unterhaltsberechtigter klagt
Gehaltsansprüche ein 4351
Vergleichswert 4326
Vorzugsweise Befriedigung 4316
Wert der zu pfändenden Forderung
– keine hinreichenden Angaben
darüber 4338
– Schätzung nach § 3 ZPO . . 4321, 4338
Wert des Pfandgegenstandes maß-
gebend 4313
Wirtschaftliche Betrachtungs-
weise 4325
Wirtschaftliche Wertlosigkeit 4326
Zinsen und Kosten 4323, 4339
Zwangsvollstreckung in körperliche
Sachen 4324

A. Allgemeines

I. Anzuwendende Vorschriften

4313 Grundregel für die Wertbemessung bei der Pfändung ist die Vorschrift des § 6 ZPO, wonach der Forderungsbetrag oder der Wert des Pfandgegenstandes maßgebend ist, je nachdem, welcher geringer ist. Ob das Pfandrecht auf Vertrag, Gesetz oder Pfändung beruht, ist unerheblich.

4314 Im Vollstreckungsverfahren fallen als **Gerichtsgebühren** – mit Ausnahme derer für das Verteilungsverfahren – nur Festgebühren an (Nr. 2110 ff. KV GKG). In diesem Bereich ist eine Wertfestsetzung aber für die **Anwaltsgebühren** erforderlich. Der maßgebliche Wert bestimmt sich nach § 25 Abs. 1 Nr. 1 RVG. Entscheidend ist der Wert der zu vollstreckenden Forderung – die geringer sein kann als die titulierte Forderung – einschließlich der Nebenforderungen (Zinsen und bisherige Kosten). Zu den Kosten zählen insbesondere die bisherigen Anwaltskosten und auch die Kosten vergangener Vollstreckungsversuche. Soll ein bestimmter Gegenstand gepfändet werden, der einen geringeren Wert hat als die Forderung, so ist auf den geringeren Wert abzustellen.

4315 In Verfahren über Anträge des Schuldners ist der Wert nach dessen Interesse unter Anwendung billigen Ermessens zu bestimmen (§ 25 Abs. 2 RVG).[1]

4316 Die §§ 6 S. 2 ZPO, 25 Abs. 1 RVG sind auch anwendbar, wenn ein Pfandrecht noch nicht besteht, sondern erst bestellt werden soll. Der Streitwert der **Vorpfändung** (§ 845 ZPO) ist gleich dem der nachfolgenden Pfändung,[2] auch wenn es zu dieser nicht mehr kommt. Auch für die Klage auf vorzugsweise Befriedigung nach § 805 ZPO[3] sowie für einen Antrag auf Freistellung von einer Verpfändung[4] gilt § 6 ZPO entsprechend.

4317 Analog anwendbar ist § 6 ZPO auf die Insolvenzanfechtung[5] und die Geltendmachung der Rechte auf Aussonderung und abgesonderte Befriedigung nach § 47 ff. InsO.[6] Dagegen ist der Streitwert des Aufgebotsverfahrens zur Kraftloserklärung eines Hypothekenbriefes nach § 3 ZPO zu bemessen, nicht nach § 6 ZPO. Wertbestimmend ist das Interesse des Antragstellers.[7]

4318 Wird die Pfandrechtsklage mit der **persönlichen Klage** verbunden, dann ist nur der Betrag der Forderung wertbestimmend.[8] Das gilt auch dann, wenn im Ver-

---

1 Das LG Koblenz (Beschl. v. 8. 8. 1990 – 4 T 508/90, JurBüro 1991, 109) spricht sich für einen gestaffelten Wertansatz je nach den Zielen des Rechtsmittelführers (einstweilige Einstellung der Zwangsvollstreckung, Beschränkung der Vollstreckungsmaßnahme, Aufhebung der Vollstreckungsmaßnahme) aus.
2 OLG Köln, KostRsp. ZPO § 3 Nr. 939; OLG Köln InVo 2001, 148.
3 Zöller/*Herget*, § 3 Rn. 16 unter „Vorzugsweise Befriedigung".
4 BGH, Beschl. v. 15. 11. 1994 – XI ZR 174/94, MDR 1995, 196.
5 RGZ 151, 319.
6 OLG Bremen Rpfleger 1957, 274 zu ZPO § 6, a; Zöller/*Herget*, § 3 Rn. 16 unter „Insolvenzverfahren".
7 LG Hildesheim Rpfleger 1965, 241 Nr. 116.
8 RGZ 31, 387.

laufe des Rechtsstreits Sicherheit geleistet und fortan um die Rückgabe dieser Sicherheit gestritten wird.[1]

Die Pfändung zur **Vollziehung** des Arrestes hat wegen ihres Sicherungscharakters keinen höheren Streitwert als das Verfahren auf Anordnung des Arrests.[2] 4319

Wird das Pfandrecht **einredeweise** – beispielsweise gegenüber dem Herausgabeanspruch des Eigentümers – geltend gemacht, dann entsteht dadurch ein Streit um das Pfandrecht, und es ist § 6 ZPO anzuwenden.[3] 4320

Reine **Rangstreitigkeiten** wegen der Stelle eines Grundpfandrechtes sind nach § 3 ZPO zu bewerten. Jedoch ist § 6 ZPO dann anwendbar, wenn nicht nur die Rangverbesserung eines bereits eingetragenen Pfandrechts, sondern zugleich Neueintragung einer Gesamthypothek auf anderen Grundstücken gefordert wird. § 6 ZPO ist in diesem Fall sogar dann anwendbar, wenn die wirtschaftliche Sicherstellung der Forderung schon durch die Rangverbesserung allein der bereits eingetragenen Hypothek mit Sicherheit erreicht würde.[4] 4321

Für die Gerichtsgebühren im Beschwerdeverfahren gilt: Wird in erster Instanz eine Festgebühr erhoben, ist das Beschwerdeverfahren gebührenfrei, es sei denn, die Beschwerde wird verworfen oder zurückgewiesen. Dann fällt wiederum eine Festgebühr an (Nr. 2121 KV GKG und Nr. 2124 KV GKG). Auf einen Streitwert kommt es also nicht an. 4322

II. Zeitpunkt der Wertberechnung

Die für die Bewertung maßgebende Summe der zu vollstreckenden Forderung einschließlich Zinsen und Kosten (§ 25 Abs. 1 Nr. 1 RVG) berechnet sich nach dem Zeitpunkt der **Einreichung des Antrages**, nicht danach, wann der Rechtsanwalt durch seine Tätigkeit einen Gebührentatbestand erfüllt. 4323

Ein Abstellen auf den Zeitpunkt, in dem der Rechtsanwalt durch seine Tätigkeit erstmals den Gebührentatbestand erfüllt hat,[5] widerspricht den klaren Zeitbestimmungen in den §§ 4 ZPO, 40 GKG, die auch für die Anwaltsgebühren maßgebend sind, wie in § 23 Abs. 1 S. 1 RVG ausdrücklich festgelegt ist. Es wäre auch eine für das Gericht schier unlösbare Aufgabe, zu ermitteln, wann der Anwalt für welchen Gebührentatbestand erstmals tätig geworden ist. Solange bei der Zwangsvollstreckung in körperliche Sachen ein Pfandrecht noch nicht begründet worden ist, kommt nur die Forderung als wertbestimmend in Betracht.[6] 4324

---

1 OLG Karlsruhe HRR 1930 Nr. 252.
2 OLG Koblenz JurBüro 1981, 572; OLG Karlsruhe Rpfleger 1999, 509; KG Rpfleger 1991, 126.
3 OLG Celle NJW 1957, 1640; OLG Frankfurt, Beschl. v. 29. 10. 2002 – 24 U 158/01, MDR 2003, 356.
4 OLG Frankfurt Rpfleger 1956, 318.
5 So Gebauer/Schneider/*Wolf*, RVG, § 25 Rn. 4.
6 OLG München Rpfleger 1959, 74.

III. Wert des Pfandgegenstandes

4325 Bei der Bewertung des Pfandgegenstandes bleiben Belastungen – vorgehende Pfandrechte – unberücksichtigt.[1] Die vorstehenden Entscheidungen sind allerdings im Grunde überholt, seitdem sich der BGH[2] insbesondere bei der Bewertung von Miterbenstreitigkeiten für die wirtschaftliche Betrachtungsweise entschieden hat.[3] Nur ist es der Rechtsprechung bislang nicht gelungen, diesen Grundsatz als Prämisse durchgehend zu verwirklichen.

4326 Es wäre durchaus möglich, § 6 S. 2 ZPO als Ausdruck eines allgemeinen Bemessungsgrundsatzes zu verstehen, wonach bei unterschiedlichen Werten von Klageforderung und Gegenrecht nur der niedrigste Wert maßgebend ist.[4] Beim Gegenstandswert eines Vergleiches wird dieser Grundsatz übrigens praktiziert. Die zweifelhafte Realisierbarkeit mitverglichener Forderungen führt wegen entsprechender wirtschaftlicher Wertlosigkeit dazu, dass nicht der Nennbetrag angesetzt wird.[5]

4327 Besteht das Pfandrecht an einem Sparguthaben, erstreckt es sich auch auf die angefallenen Zinsen, womit diese bei der Wertberechnung zu berücksichtigen sind.[6]

4328 Wird die Bewilligung der Eintragung einer Bauhandwerkerhypothek erstrebt, dann geht der Streit um ein Grundpfandrecht. Maßgeblich ist der Wert der zu sichernden Forderung, sofern nicht das Haftungsobjekt geringerwertig ist.[7]

B. Pfändungs- und Überweisungsbeschluss

4329 Nach § 829 ZPO werden Geldforderungen dadurch gepfändet, dass das Gericht dem Drittschuldner verbietet, an den Schuldner zu zahlen, und zugleich dem Schuldner verbietet, über die Forderung zu verfügen. Die Zustellung des Pfändungs- und Überweisungsbeschlusses an den Drittschuldner hat der Gläubiger vorzunehmen (§ 829 Abs. 2 S. 1 ZPO). Erst mit der Zustellung wird die Pfändung wirksam (§ 829 Abs. 3 ZPO).

I. Gerichtsgebühren

4330 Erstinstanzliche Verfahren auf Erlass von Pfändungs- und Überweisungsbeschlüssen sowie das Beschwerdeverfahren werden für das Gericht unab-

---

1 RGZ 151, 320; BGH NJW 1952, 1335.
2 BGH MDR 1975, 741, dazu *Schneider* JurBüro 1977, 433.
3 Vgl. das Stichwort „Miterbe".
4 Das ist letztlich auch der Grundgedanke der Entscheidungen BGH WPM 1982, 435 und 1443. Auch die Entscheidung BGH WPM 1983, 246 lässt sich so erklären.
5 Vgl. das Stichwort „Vergleich".
6 LG Köln, Urteil v. 8. 6. 1995 – 1 S 266/94, ZMR 1996, 145; BGH, Beschl. v. 15. 11. 1994 – XI ZR 174/94, MDR 1995, 196.
7 KG Rpfleger 1962, 156.

hängig vom Streitwert mit einer Festgebühr abgegolten (Nrn. 2110, 2121 KV GKG).

II. Anwaltsgebühren

Für die Anwaltsgebühren muss aber ein Gegenstandswert festgesetzt werden. Dieser bestimmt sich nach § 25 Abs. 1 Nr. 1 RVG: Entscheidend ist zunächst der Betrag der zu vollstreckenden Forderung einschließlich der Nebenforderungen (§ 25 Abs. 1 Nr. 1 1. HS RVG). Bezieht sich die Pfändung auf ein konkretes Pfandobjekt, welches einen geringeren Wert hat, dann ist dieser maßgebend (§ 25 Abs. 1 Nr. 1 2. HS RVG).   **4331**

1. Vorratspfändung

Bei der Pfändung künftig fällig werdenden Arbeitseinkommens nach § 850d Abs. 3 ZPO (sog. Vorratspfändung) sind gemäß § 25 Abs. 1 Nr. 1 3. HS RVG bei der Ermittlung des Wertes der zu vollstreckenden Forderung die noch nicht fälligen Ansprüche gemäß § 42 Abs. 1 und 2 GKG zu bewerten. Die Vorschrift betrifft nach ihrem eindeutigen Wortlaut nicht die Pfändung von Gehaltsforderung nach § 832 ZPO, sondern nur die Fälle der Vorratspfändung nach § 850d Abs. 3 ZPO.   **4332**

Bei einem Pfändungs- und Überweisungsbeschluss ist folglich der Wert der zu pfändenden Forderung im Zeitpunkt der Antragstellung maßgebend, wenn dieser niedriger ist als der Wert der Forderung, derentwegen gepfändet wird.[1]   **4333**

Wird wegen einer Forderung in eine Forderung vollstreckt, die unter dem Schuldbetrag bleibt, dann steht der Wert des „Pfandrechts" fest. Deshalb ist § 25 Abs. 1 Nr. 1 2. HS RVG schon anwendbar, bevor die Pfändung in das Forderungsrecht vollzogen ist.   **4334**

2. Pfändbarkeit streitig/Forderung unpfändbar

Ist die Pfändbarkeit streitig, dann stehen bei der Bewertung die Interessen des Gläubigers im Vordergrund. Abzustellen ist auf seine Erwartungen hinsichtlich des Erfolges der von ihm eingeleiteten Vollstreckungsmaßnahmen. Auszugehen ist also von der Rechtsbehauptung des Gläubigers und den daran geknüpften Erfolgserwartungen.[2] Erwartet der Gläubiger volle Befriedigung aus der Forderungspfändung, dann ist der Wert des Gegenstandes des Pfandrechtes gleich dem Wert der zu sichernden Forderung.[3]   **4335**

---

1 KG Rpfleger 1962, 156; LG Krefeld JurBüro 1953, 198; aus der älteren Rechtsprechung: KG DR 1943, 416; OLG Hamburg JW 1936, 2480; OLG Frankfurt JVBl. 1937, 197.
2 OLG Neustadt Rpfleger 1967, 2; LG Koblenz, Beschl. v. 13. 6. 2004 – 2 T 330/05, RVG-Berater 2005, 135.
3 OLG Neustadt JurBüro 1964, 601.

4336 Erfasst ein Pfändungs- und Überweisungsbeschluss nur Ansprüche des Schuldners auf **Sozialleistungen**, die unpfändbar sind, dann ist der Streitwert auf die
niedrigste Gebührenstufe festzusetzen.[1] Ebenso verhält es sich, wenn die angebliche Forderung des Schuldners gegen den Drittschuldner nach dem eigenen
Vorbringen des Gläubigers wirtschaftlich keinen Wert hat.[2]

4337 Besteht im Zeitpunkt der Pfändung die gepfändete Forderung nicht, dann ist der
Streitwert nicht mit Null anzusetzen, sondern er richtet sich nach dem Interesse des Gläubigers an der erstrebten Maßnahme.[3]

4338 Sind über den Wert der zu pfändenden Forderung keine hinreichenden Angaben
gemacht, dann darf der Kostenbeamte den Wert der Forderung zugrunde legen,
derentwegen gepfändet wird. Besondere Ermittlungen braucht er nicht anzustellen. Im Rahmen der §§ 6 ZPO, 25 RVG darf der Wert durch freie Schätzung
nach § 3 ZPO bemessen werden.[4]

3. Pfändung von Gehaltsforderungen

4339 Wird wegen einer hohen Geldforderung künftig fällig werdendes Arbeitseinkommen gepfändet (§ 832 ZPO), dann müsste der Streitwert nach dem Wortlaut
des für die Wertberechnung maßgebenden § 25 Abs. 1 Nr. 1 1. HS RVG auf den
Betrag der zu vollstreckenden Forderung einschließlich Zinsen und Kosten festgesetzt werden.

4340 Dabei können sich jedoch ähnliche Bedenken ergeben wie bei Vollstreckungsmaßnahmen gegen einen vermögenslosen Schuldner. Ist beispielsweise der
pfändbare Teil des Arbeitseinkommens geringfügig oder wird über die Pfändbarkeit eines verhältnismäßig geringfügigen Anteils gestritten, dann müsste die
Vollstreckung unter Umständen über Jahre oder Jahrzehnte hinaus durchgeführt werden, ehe Hauptforderung und Nebenforderungen getilgt wären.

4341 Das AG Freyung[5] hat deshalb in Anlehnung an §§ 17 Abs. 3 GKG a.F., 12 Abs. 7
S. 2 ArbGG nicht nach der Höhe der zu vollstreckenden Forderung, sondern
nach dem dreifachen Jahresbetrag des voraussichtlich pfändbaren Lohnanteils
bewertet. Im Fall des AG Freyung kam eine Zwangsvollstreckung bis zu 75
Jahre in Betracht.

4342 Einer solchen Bewertungsweise ist nicht zuzustimmen.[6] Es mag sein, dass diese
Betrachtungsweise den wirtschaftlichen Umständen Rechnung trägt. Der ein-

---

1 OLG Köln, KostRsp. GKG § 17 Nr. 22; OLG Köln InVo 2001, 148; LG Kiel SchlHA
  1990, 12; a.A. LG Detmold Rpfleger 1992, 538 für das Beschwerdeverfahren bei der
  Pfändung von Sozialgeldleistungen oder Arbeitseinkommen.
2 OLG Köln, KostRsp. ZPO § 3 Nr. 839 = JurBüro 1987, 1048.
3 A.A. *Gebauer/Schneider/Wolf*, RVG, § 25 Rn. 7 (geringste Gebührenstufe).
4 LG Krefeld JurBüro 1953, 198; LG Bochum Rpfleger 1993, 39 – Pfändung von Steuer-
  erstattungsansprüchen.
5 AG Freyung MDR 1985, 858 = KostRsp. ZPO § 3 Nr. 775 mit Anm. *Schneider*.
6 So auch: Gebauer/Schneider/*Wolf*, RVG, § 25 Rn. 8; kritisch hinsichtlich der Anwendung von § 42 Abs. 3 GKG, § 12 Abs. 7 ArbGG: *Lappe* Anm. zu AG Freyung, KostRsp.
  ZPO § 3 Nr. 775; anders die Vorauflage.

deutige Wortlaut des § 25 Abs. 1 Nr. 1 RVG steht jedoch ebenso entgegen, wie der Gedanke der Rechtssicherheit. Ab welcher Grenze soll die Wertbeschränkung eingreifen?

Auch der Vorschlag, den Wert auf einen „realistischen Betrag" herabzusetzen, weil selbst bei geringen Zeiträumen mit einer Arbeitslosigkeit oder Arbeitsunfähigkeit des gepfändeten Arbeitnehmers gerechnet werden müsse,[1] begegnet Bedenken: Eine Gleichstellung mit Prozessvergleichen, die dubiose oder völlig unsichere Forderungen mit erledigen und daher nicht mit ihrem Nennwert angesetzt werden (siehe das Stichwort „Vergleich"), überzeugt nicht. Gerade bei schlechter wirtschaftlicher Lage mag die Position des Schuldners als Arbeitnehmer nicht sicher sein. Dies rechtfertigt jedoch keine Festsetzung des Gegenstandswertes nach Billigkeitserwägungen. Zum einen hat sich der Gesetzgeber in § 25 Abs. 1 Nr. 1 RVG gegen eine Wertbegrenzung und auch gegen eine Festsetzung nach Ermessensgesichtspunkten entschieden. Ein Abstellen auf die Umstände des jeweiligen Einzelfalls – vergleichbar mit § 3 ZPO – widerspricht darüber hinaus den berechtigten Anliegen der Bestimmbarkeit und der Rechtssicherheit. Das Wertfestsetzungsverfahren darf nicht damit belastet werden, dass Gerichte die Einzelumstände im (Arbeits-)Leben des Schuldners ermitteln müssen. **4343**

4. Klage gegen den Drittschuldner

Klagt der Gläubiger gegen den Drittschuldner, nachdem Ansprüche des Schuldners gegen den Drittschuldner aufgrund eines Pfändungs- und Überweisungsbeschlusses auf ihn übergegangen sind, dann ist für die Streitwertbemessung ausschlaggebend, welchen Streitgegenstand diese Klage hat.[2] **4344**

Das OLG Köln[3] sah in einer früheren Entscheidung in diesen Fällen ein Pfandrecht als Gegenstand des Rechtsstreits an und bestimmte deshalb den Streitwert nach dem Wert der Forderung, gleichgültig ob diese in ihrem Bestand bestritten waren oder nicht.[4] **4345**

Demgegenüber stellt das LAG Niedersachsen[5] allein darauf ab, mit welchem Antrag der Kläger klagt.[6] Gegenstand der Streitwertbemessung ist also nicht der titulierte, sondern der eingeklagte Anspruch.[7] **4346**

Daraus folgt, dass Streitwertprivilegierungen für den gepfändeten, zur Einziehung überwiesenen und eingeklagten Anspruch fortwirken, vor allem also in den Fällen des § 42 GKG. **4347**

---

1 Vgl. Vorauflage Rn. 3592 und Bezug auf LG Hannover MDR 1995, 1075.
2 Ausführlich dazu *Schneider* MDR 1990, 20.
3 OLG Köln Rpfleger 1974, 164.
4 Ebenso auch OLG Saarbrücken, KostRsp,. ZPO § 3 Nr. 965 mit Anm. *Schneider* = Jur-Büro 1989, 849, allerdings mit reichlich verworrener Begründung.
5 LAG Niedersachsen JurBüro 1980, 1375.
6 Ebenso OLG München, KostRsp. GKG § 17 Nr. 71 = JurBüro 1985, 1522; LAG Hamm AnwBl. 1983, 38 = MDR 1983, 170.
7 *Schneider* MDR 1990, 20; OLG Köln JurBüro 1991, 986 = MDR 1991, 899.

4348 Dieser Auffassung ist zuzustimmen, weil der Klageantrag auf Zahlung und nicht auf die Feststellung gerichtet ist, ob ein Pfändungspfandrecht entstanden ist.[1] Das OLG Köln[2] hat in einer weiteren Entscheidung dafür eine einleuchtende Begründung gegeben: „Die „Weitergabe" dieser Privilegierung ist gerechtfertigt, weil der in Anspruch genommene Drittschuldner nicht mit einem höheren Kostenrisiko belastet werden soll als in dem Fall, in dem er von einem Gläubiger in Anspruch genommen wird. Die Rechtsnatur des Anspruchs ändert sich durch den Pfändungs- und Überweisungsbeschluss, der dem Kläger nur ein Einziehungsrecht verleiht, nicht.

4349 In der Regel werden zudem beide Auffassungen zum selben Bewertungsergebnis führen, da auch nach § 6 ZPO bei unterschiedlichen Werten von Forderung und Pfandrecht nur der geringere Wert anzusetzen ist.[3]

4350 In arbeitsrechtlichen Streitigkeiten führt auch die Sondervorschrift des § 42 Abs. 3 GKG zu Abweichungen, weil dort der Wert des dreijährigen Bezuges Höchstwert ist.[4] Handelt es sich um einen gepfändeten und zur Einziehung überwiesenen Lohnanspruch, der eingeklagt wird, dann richtet sich dementsprechend der Streitwert nach § 42 Abs. 3 GKG.[5]

4351 **Streitwertprivilegierungen**, die für den Rechtsstreit zwischen dem Schuldner und dem Dritten gelten, sind also zu berücksichtigen. Streitwertprivilegierungen, die nur für die titulierte Forderung gelten, bleiben dagegen außer Betracht. Das wird häufig praktisch bei titulierten Unterhaltsansprüchen. Klagt beispielsweise ein Unterhaltsberechtigter aufgrund eines Pfändungs- und Überweisungsbeschlusses Gehaltsansprüche ein, die dem unterhaltsverpflichteten Geschäftsführer gegen dessen Dienstherrn zustehen, dann bleibt die Vergünstigung des § 42 Abs. 1 GKG für den titulierten Unterhaltsanspruch (Jahresbetrag) unberücksichtigt. Anzuwenden ist aber § 42 Abs. 3 GKG (dreifacher Jahresbetrag) für die eingeklagten Gehaltsansprüche.[6] Dem ist entgegen *Lappe*,[7] der auch in diesem Fall nach § 42 Abs. 1 GKG bewerten will, zuzustimmen.

4352 Würde es sich bei der eingeklagten Forderung des Schuldners gegen den Drittschuldner um einen Darlehensanspruch oder um einen Kaufpreisanspruch handeln, dann ist mangels einer Streitwertprivilegierung der Nennbetrag der Forderung bis zur Höhe des Betrages maßgebend, dessen Zahlung an sich der Gläubiger zur Befriedigung seiner eigenen titulierten Forderung verlangt.

4353 Wird mit einer Drittschuldnerklage nur die Forderung des Schuldners gegen den Drittschuldner bis zur Höhe der dem klagenden Gläubiger zustehenden tatulier-

---

1 *Schneider* MDR 1990, 20.
2 OLG Köln, Beschl. v. 37. 3. 1991 – 2 W 46/91, JurBüro 1991, 986 = MDR 1991, 899.
3 Siehe *Schneider* MDR 1982, 271 zu VI 3.
4 LAG Saarland, KostRsp. ZPO § 3 Nr. 916 = JurBüro 1988, 725 – noch zu § 12 Abs. 7 ArbGG.
5 LAG Düsseldorf JurBüro 1992, 91 – noch zu § 12 Abs. 7 ArbGG.
6 OLG München, KostRsp. GKG § 17 Nr. 71 = JurBüro 1985, 1522 mit Anm. *Mümmler*; OLG Köln MDR 1991, 899 = JurBüro 1991, 986.
7 Anm. KostRsp. § 17 Nr. 71.

ten Forderung geltend gemacht, dann erhöhen die in der titulierten Hauptforderung mit erfassten Zinsen und Kosten den Streitwert.[1] Dabei geht es um die Begrenzung des Gläubigerrechts im Klageantrag.

Beläuft sich beispielsweise die titulierte Forderung des Gläubigers auf 10 000 Euro nebst 500 Euro Zinsen und 1000 Euro Kosten, die gepfändete Forderung des Schuldners gegen den Drittschuldner auf 50 000 Euro nebst Zinsen und Kosten, dann bleiben für die Berechnung der Streitwerte beider Forderungen Zinsen und Kosten an sich unberücksichtigt (§§ 43 Abs. 1 GKG, 4 ZPO). Da der Gläubiger aber nicht berechtigt ist, vom Drittschuldner Zahlung in Höhe von 50 000 Euro an sich zu verlangen, muss er seinen Klageantrag auf den ihm zustehenden titulierten Anspruch beschränken; anderenfalls würde er teilweise abgewiesen. Insoweit stehen ihm aber gegen den Schuldner und kraft der Pfändung und Überweisung auch gegen den Drittschuldner die Zinsen und Kosten zu. Sie erhöhen den Klageantrag im Drittschuldnerprozess auf insgesamt 10 000 + 500 + 1000 = 11 500 Euro. Die Summe von Hauptforderung des Gläubigers und den darauf entfallenden Zinsen und Kosten bestimmt solange den Streitwert des Drittschuldnerprozesses, wie sie von der gepfändeten Forderung des Schuldners gegen den Drittschuldner ohne die darauf entfallenden Zinsen und Kosten gedeckt wird. Das entspricht auch dem Grundgedanken des § 25 Abs. 1 Nr. 1 RVG. **4354**

Pfändungs- und Überweisungsbeschluss

Die Wertbemessung ist ausführlich unter dem Stichwort „Pfändung" behandelt.

Pflegekosten

Werden Pflegekosten wegen der Verletzung aus einem Verkehrsunfall geltend gemacht, dann ist für die Bewertung von den jährlichen Aufwendungen für die Pflege auszugehen, die gemäß § 42 Abs. 2 GKG auf den fünffachen Betrag zu erhöhen sind.[2] Hiervon ist dann bei der positiven Feststellungsklage ein Abzug von 20 % zu machen. Das gilt auch dann, wenn der Haftpflichtversicherer mitverklagt wird. **4355**

Hinzuzurechnen sind die bei Klageeinreichung fälligen Beträge (§ 42 Abs. 5 GKG).[3] **4356**

---

1 OLG Köln, Beschl. v. 27. 3. 1991 – 2 W 49/91, JurBüro 1991, 986 = MDR 1991, 899.
2 OLG Schleswig JurBüro 1971, 539.
3 OLG Schleswig JurBüro 1971, 539.

Pflichtteilsanspruch

A. Zuständigkeitsstreitwert/Gebührenstreitwert

I. Leistungsklage

4357 Da der Pflichtteilsanspruch stets auf Geldzahlung gerichtet ist, gelten für eine **bezifferte Leistungsklage** keine Besonderheiten. Der Streitwert entspricht also der bezifferten Summe (§ 3 ZPO).

II. Feststellungsklage

4358 Wird lediglich beantragt, ein **Pflichtteilsrecht festzustellen**, so bestimmt sich der Streitwert nach dem Wert des halben gesetzlichen Erbteils abzüglich eventueller Vorausempfänge oder anderweitig anzurechnender oder auszugleichender Zuwendungen. Hiervon ist dann je nach den Umständen des Einzelfalls noch ein Feststellungsabschlag vorzunehmen; siehe dazu das Stichwort „Feststellungsklage".

4359 Ist der Pflichtteilsanspruch an sich unstreitig, die Beteiligung als Miterben am Nachlass aber streitig und wird auf **Feststellung der Erbberechtigung** geklagt, so bestimmt sich der Streitwert nach dem Wert des halben Erbteils;[1] der Wert des unstreitigen Pflichtteilsanspruchs des Klägers ist also von dem Wert des von ihm beanspruchten Nachlassvermögens abzuziehen.

III. Isolierte Auskunftsklage

4360 Wird **Auskunft** oder die **Vorlage eines Vermögensverzeichnisses** nach § 2314 BGB oder Abgabe einer eidesstattliche Versicherung verlangt, so ist zu berücksichtigen, dass diese Ansprüche die Zahlungsklage nur vorbereiten und ihr nicht gleichgesetzt werden können, da sie im Falle der Verurteilung nicht volle Befriedigung sichern. Ihr Wert stellt deshalb nur einen Bruchteil des Anspruches dar, dessen Geltendmachung er erleichtern soll.[2] Siehe dazu das Stichwort „Auskunftsanspruch".

4361 Der Auskunftsanspruch ist in der Regel mit 10 %–20 % des (gegebenenfalls nach § 3 ZPO zu schätzenden) Leistungsinteresses zu bewerten.[3]

4362 Der Wert eines Auskunftsanspruches (Stufenklage) bei einem der Höhe nach unbekannten Nachlass kann im Regelfall auf $1/4$ bis $1/8$ des geschätzten Wertes festgesetzt werden.[4]

---

1 BGH, Beschl. v. 15. 1. 1975 – IV ZR 124/73, JurBüro 1975, 460 = MDR 1975, 389 = Rpfleger 1975, 127 = *Warneyer* 1975, Nr. 7.
2 OLG Schleswig, Beschl. v. 22. 4. 1958 – 5 W 35/58, JurBüro 1959, 169; RG JW 1933, 2769.
3 OLG Schleswig, Beschl. v. 31. 7. 2001 – 3 W 46/01, JurBüro 2002, 80.
4 OLG Koblenz, Beschl. v. 28. 10. 1996 – 5 W 659/96, AGS 1997, 132.

IV. Stufenklage auf Auskunft und Zahlung

Werden der Auskunftsanspruch nach § 2314 BGB und der Pflichtteilsanspruch 4363
im Wege der **Stufenklage** geltend gemacht,
– so gilt für den **Zuständigkeitsstreitwert** § 5 ZPO. Auskunft und Zahlungsantrag sind zu **addieren** (str.), siehe das Stichwort „Stufenklage"
und
– so ist für den **Gebührenstreitwert** jeder Anspruch zunächst gesondert zu bewerten. Soweit die Gebühren nach Auskunft **und** Zahlung entstehen, gilt
§ 44 GKG, wonach nur der **höchste der verbundenen Ansprüche**, regelmäßig
also der Zahlungsanspruch, maßgebend ist.

In beiden Fällen ist der Leistungsanspruch zunächst auf der Grundlage des 4364
Vorbringens des Anspruchsstellers zu schätzen.[1]

Stellt sich nach Auskunftserteilung heraus, dass der Leistungsanspruch gerin- 4365
ger ist, oder besteht er gar nicht, gilt bis zur Einreichung des spezifizierten
Leistungsantrags der Wert des anfänglich Erwarteten. Der Wert ist nachträglich
zu erhöhen, wenn sich nach Erteilung der Auskunft herausstellt, dass der Kläger weit höhere Ansprüche hat. In diesem Fall gilt nach § 44 GKG wieder nur
der höhere Wert.

Unzutreffend ist die Auffassung, die Gerichtsgebühr und die Verfahrensgebühr 4366
des Anwalts für eine sogenannte „**steckengebliebene Stufenklage**" bestimme
sich nicht nach dem Wert des erwarteten – unbezifferten – Leistungsanspruchs,
sondern nach demjenigen der Auskunft.[2] Wird im Wege der Stufenklage vorgegangen, dann ist auch die zweite Stufe bereits Gegenstand des gerichtlichen
Verfahrens und damit Streitgegenstand i.S.d. § 3 GKG. Sie ist auch Gegenstand
der anwaltlichen Tätigkeit i.S.d. § 2 Abs. 1 RVG. Folglich ist nach § 44 GKG
der höhere Wert anzusetzen.

Da die Gerichtsgebühren und die Verfahrensgebühr des Anwalts durch jeder 4367
Handlung ausgelöst wird, also bereits schon durch Einreichung des unbezifferten Klageantrags, sind beide Gebühren damit nach dem hohen Wert angefallen.

Etwas anderes kann lediglich für sonstige Gebühren gelten, etwa für die Ter- 4368
minsgebühr. Bei einer „steckengebliebenen Stufenklage" wird sich die Terminsgebühr in aller Regel nur nach dem Wert der Auskunft richten, da i.d.R.
über die zweite Stufe nicht verhandelt oder erörtert worden ist.

Gleiches gilt, wenn nur über die erste Stufe, die Auskunft, eine Einigung erzielt 4369
worden ist und dann später die zweite Stufe nicht weiter verfolgt wird. Dann
entsteht die Einigungsgebühr nur aus dem geringeren Wert.

---

1 *Madert* Rn. 442.
2 OLG Dresden, Beschl. v 21. 2. 1997 – 7 W 107/97, MDR 1997, 691 = OLGR Dresden
1997, 239 = NJ 1997, 431 = OLG-NL 1997, 187 (Anschluss OLG Schleswig, Beschl. v.
28. 3. 1995 – 13 WF 164/94, MDR 1995, 642).

B. Rechtsmittelstreitwert

4370 Legt der Beklagte Berufung ein gegen seine Verurteilung, dem pflichtteilsergänzungsberechtigten Kläger **Auskunft** über den Wert von Grundbesitz durch Vorlage des Wertgutachtens eines vereidigten Sachverständigen zu erteilen, dann kann sein **Abwehrinteresse** betragsmäßig nicht geringer sein als die voraussichtlichen Kosten des Wertgutachtens.[1]

4371 Ist der Beklagte verurteilt worden, den Wert des dem Kläger zustehenden Auseinandersetzungsguthabens durch einen Wirtschaftsprüfer ermitteln zu lassen, dann ist der Streitwert des Abwehrinteresses seiner Berufung gleich dem voraussichtlichen Vergütungsanspruch des Wirtschaftsprüfers.

4372 Wird gegen eine Verurteilung zur Auskunft bzw. Rechnungslegung Rechtsmittel eingelegt, so bemisst sich der Wert des Beschwerdegegenstandes grundsätzlich allein nach dem Aufwand an Zeit und Kosten, den die Erfüllung des titulierten Anspruchs erfordert.[2]

4373 Bei der Beschwer können auch die Kosten eines zur Auskunftserteilung hinzuzuziehenden Anwalts zu berücksichtigen sein. Wer zur Abgabe der eidesstattlichen Versicherung verurteilt ist, ist nicht nur berechtigt, sondern verpflichtet, die erteilte Auskunft auf Vollständigkeit und Richtigkeit zu überprüfen und gegebenenfalls zu ergänzen und zu berichtigen. Dabei kann dem verurteilten Beklagten die Einschaltung eines Rechtsanwalts nicht verwehrt werden, wenn der Urteilsausspruch nicht hinreichend bestimmt genug ist, so dass Zweifel über seinen Inhalt und Umfang im Vollstreckungsverfahren zu klären sind, oder wenn die sorgfältige Erfüllung des titulierten Anspruchs Rechtskenntnisse voraussetzt. Ist nach diesen Grundsätzen die Einschaltung eines Anwalts geboten, so sind die dafür aufzuwendenden Kosten bei der Bemessung der Berufungsbeschwer des Verurteilten jedenfalls zu berücksichtigen.[3]

Pflichtteilsergänzungsanspruch

4374 Es gelten hier dieselben Grundsätze wie beim Pflichtteilsanspruch (s. Rn. 4357 ff.).

4375 Wird neben dem Pflichtteilsanspruch auch ein Pflichtteilsergänzungsanspruch geltend gemacht, sind die Werte beider Ansprüche sowohl beim Zuständigkeitsstreitwert (§ 5 ZPO) als auch beim Gebührenstreitwert (§ 39 Abs. 1 GKG, § 22 Abs. 1 RVG) zu addieren.

---

1 BGH, Beschl. v. 10. 6. 1991 – II ZR 66/91, KostRsp. ZPO § 3 Nr. 1042; BGH, Beschl. v. 1. 4. 1987 – IVa ZB 4/87, KostRsp. ZPO § 3 Nr. 866 mit Anm. *E. Schneider.*
2 OLG Köln, Beschl. v. 16. 1. 1997 – 1 U 63/96, JurBüro 1998, 261 =OLGR Köln 1998, 189.
3 BGH, Beschl. v. 29. 11. 1995 – IV ZB 19/95, WM 1996, 466 = ZEV 1996, 194 = BGHR BGB § 260 Abs. 2 Bestimmtheit 1 (Gründe) = BGHR ZPO § 3 = EzFamR ZPO § 3 Nr. 60.

Pflichtteilsrestanspruch

Ist ein pflichtteilsberechtiger Miterbe vom Erblaser nicht „ausreichend" be- 4376
dacht worden, steht ihm nach § 2305 BGB ein Pflichtteilrestanspruch zu. Der
Anspruch ist auf die Differenz zwischen dem Wert des zugewandten Erbteils
und dem Wert des Pflichtteils.

Wird neben dem Pflichtteilsrestanspruch auch ein Pflichtteilsergänzungsan- 4377
spruch geltend gemacht, sind die Werte beider Ansprüche sowohl beim Zuständigkeitsstreitwert (§ 5 ZPO) als auch beim Gebührenstreitwert (§ 39 Abs. 1
GKG, § 22 Abs. 1 RVG) zu addieren.

Positive Beschlussfeststellungsklage

Mit der Anfechtungsklage und der Nichtigkeitsklage kann der angestrebte 4378
rechtmäßige Beschluss nicht erzwungen werden. Gegen einen ablehnenden Beschluss ist daher im Verhältnis zur Gesellschaft zusätzlich zur Anfechtungsklage eine sog. positive Beschlussfeststellungsklage erforderlich. Das Gericht
ersetzt bei Obsiegen dann den ablehnenden Beschluss durch den rechtmäßigen.

Der Streitwert wird in diesem Fall analog § 247 AktG nach billigem Ermessen 4379
unter Berücksichtigung der Umstände des Einzelfalls, insbesondere der Bedeutung der Sache für die Parteien berechnet, nach – angreifbarer – herrschender
Ansicht jedoch ohne Anwendung des § 247 Abs. 1 S. 2 AktG.[1]

Prätendentenstreit

Bei Streit zwischen Abtretungsgläubiger und Pfändungsgläubiger über den vom 4380
Drittschuldner hinterlegten pfändbaren Teil der Lohnforderung des Schuldners
bestimmt sich der Streitwert nach der geringerwertigen Forderung.[2]

Streiten die Parteien darüber, wem der von einem Dritten geschuldete Betrag 4381
nebst Zinsen zusteht, so bilden Hauptsumme und Zinsbetrag den Streitwert.[3]

Siehe auch das Stichwort „Hinterlegung". 4382

---

1 Gegen die h.A. *Scholz/K. Schmidt*, Kommentar zum GmbHG, 9. Aufl. 2000, § 45
Rn. 153 m.w.N.
2 OLG Celle Nds.Rpfl. 1964, 107.
3 OLG Zweibrücken JurBüro 1965, 1007.

Provision

4383 Beim Selbsthilfeverkauf bleibt die eigene Provision des Verkäufers analog der Regelung in § 4 Abs. 2 ZPO bzw. § 43 Abs. 1 GKG streitwertmäßig unberücksichtigt.[1]

4384 Der Streitwert eines Rechtsstreits zwischen dem Gläubiger und dem Bürgen geht auch dann nicht über den vereinbarten Höchstbetrag der Bürgschaft hinaus, wenn Gegenstand des Rechtsstreits auch die Zinsen, Provisionen und Spesen der Bürgschaftssumme sind, für die sich der Bürge zusätzlich verbürgt hatte.[2]

Prozess- und Sachleitung

4385 Anträge und Verhandlungen, welche die Prozessleitung betreffen, lösen keine Gerichtsgebühren aus; es fallen lediglich Anwaltsgebühren an. Deren Gegenstandswert entspricht nicht dem Streitwert des Hauptverfahrens. Maßgeblich ist vielmehr das Interesse der antragstellenden Partei an der prozessleitenden Entscheidung, welches sich in der Regel nicht mit dem Interesse des Antragstellers deckt, im Rechtsstreit zu obsiegen.[3] Gegen eine Heranziehung des Streitwerts der Hauptsache spricht bereits, dass mit der **Anfechtung prozessleitender Anordnungen** keine inhaltliche Ausgestaltung der Sachentscheidung, sondern nur deren prozessordnungsgemäße Herbeiführung begehrt wird. Folglich ist eine Schätzung nach § 3 ZPO geboten.[4]

4386 Für einen Antrag auf **Vertagung der mündlichen Verhandlung** hat das OLG Düsseldorf[5] den Gegenstandswert nach § 3 ZPO mit $1/3$ des Hauptsachewertes geschätzt. Demgegenüber stellt der 17. Zivilsenat des OLG Düsseldorf[6] auf den vollen Wert der Hauptsache ab, wenn wegen „unzureichender Vorbereitung" eines Prozessbevollmächtigten eine Beilegung des Rechtsstreits ausbleibt und vertagt werden muss. Das ist bereits im Ansatz verfehlt, da der Wert nicht in Abhängigkeit zur Qualität anwaltlicher Leistung gestellt werden kann. Mögli-

---

1 RGZ 33, 408.
2 BGH WM 1956, 889; BGH MDR 1958, 765.
3 So aber noch KG DR 1943, 414; OLG München OLGE 25, 85; OLG Düsseldorf JMBl.NW 1956, 187; OLG Hamm, Beschl. v. 19. 8. 1971 – 15b W 73/71, NJW 1971, 2317 – alle zur Aussetzung.
4 BGH, Beschl. v. 29. 11. 1956 – III ZR 4/56, BGHZ 22, 283 = NJW 1957, 242 – Aussetzung.
5 Beschl. v. 13. 2. 1990 – 10 W 11/90, JurBüro 1990, 865 = MDR 1990, 561 = AnwBl. 1990, 324; Beschl. v. 21. 1. 1959 – 10 W 316/58, JurBüro 1959, 214.
6 OLG Düsseldorf, Beschl. v. 25. 6. 1993 – 17 W 37/93, KostRsp. ZPO § 3 Nr. 1159 = JurBüro 1994, 158.

cherweise kommt die Verhängung einer Verzögerungsgebühr gemäß § 38 GKG (§ 34 GKG a.F.) in Betracht.

Ebenso ist nach § 3 ZPO zu bewerten, wenn Streit darüber besteht, ob eine **Aussetzung des Rechtsstreits** geboten oder eine dahingehende Anordnung rechtmäßig ist.[1] Hier entspricht der Gegenstandswert regelmäßig $^1/_5$ des Hauptsachewertes, wenn nicht besondere Umstände auf ein besonderes Interesse des Antragstellers schließen lassen.[2] Siehe hierzu auch unter dem Stichwort „Aussetzung".   4387

Eine Bruchteilsbewertung von $^1/_5$ des Hauptsachewertes ist ferner angemessen, wenn über einen Antrag des Klägers auf Bestimmung des zuständigen Gerichts gemäß § 36 ZPO entschieden ist.[3]   4388

Geht es um die **Verhängung eines Ordnungsmittels** gegen eine Partei (§ 141 Abs. 3 ZPO), einen Zeugen (§ 380 Abs. 1 u. 2 ZPO) oder einen Sachverständigen (§§ 409 Abs. 1, 411 Abs. 2 ZPO), ist zu unterscheiden: 4389

– Begehrt der Betroffene die Aufhebung des Ordnungsmittel-Beschlusses, bestimmt sich der Gegenstandswert nach der Höhe des verhängten Betrages.[4]   4390

– Greift er bereits die **Androhung des Ordnungsmittels** an, ist eine Bruchteilsbewertung von in der Regel $^1/_5$ des Ordnungsgeld-Höchstbetrages geboten.[5]   4391

– Eine die Verhängung ablehnende Entscheidung kann von den Parteien mangels Beschwer nicht angegriffen werden. Anders liegt es jedoch bezüglich der Entscheidung des Gerichts, dem Zeugen oder Sachverständigen nicht die durch ihr Fernbleiben verursachten Kosten des Rechtsstreits aufzuerlegen.[6] Hier bestimmt sich der Wert nach dem Betrag der insoweit angefallenen Kosten. Siehe im Übrigen auch unter dem Stichwort „Ordnungsmittel".   4392

---

1 BGH, Beschl. v. 29. 11. 1956 – III ZR 4/56, BGHZ 22, 283 = NJW 1957, 242.
2 OLG Brandenburg, Beschl. v. 2. 10. 1995 – 10 UF 61/95 = OLGR 1996, 43 = NJ 1996, 316 = FamRZ 1996, 496; OLG Düsseldorf, Beschl. v. 7. 11. 2001 – 6 W 39/01, OLGR 2002, 598 = JurBüro 2002, 598; OLG Frankfurt, Beschl. v. 5. 1. 1994 – 22 W 49/93, OLGR 1994, 34 = NJW-RR 1994, 957; OLG Hamburg, Beschl. v. 30. 11. 2001 – 12 W 23/01, OLGR 2002, 180 = MDR 2002, 479; OLG Köln, Beschl. v. 23. 11. 1981 – 6 W 65/81, WRP 1982, 236; OLG München, Beschl. v. 22. 8. 2002 – 14 W 150/02, JurBüro 2003, 154; Zöller/*Herget*, § 3 Rn. 16 unter „Aussetzungsbeschluss".
3 OLG Karlsruhe, Beschl. v. 30. 9. 2005 – 19 AR 16/05, OLGR 2006, 29 = Justiz 2005, 451.
4 *Anders/Gehle/Kunze*, Stichwort „Ordnungsgeld" Rn. 1; *Hartmann*, GKG Anh. I § 48 (§ 3 ZPO) Rn. 87 „Ordnungs- und Zwangsmittel"; Zöller/*Herget*, § 3 Rn. 16 unter „Ordnungs- und Zwangsmittelfestsetzung".
5 OLG München, Beschl. v. 18. 6. 1980 – 25 W 1260/80, KostRsp. ZPO § 3 Nr. 521 = ZSW 1981, 68.
6 Zöller/*Greger*, § 380 Rn. 10.

Prozesshindernde Einrede

Siehe das Stichwort „Einrede, Einwendung".

Prozesskostenhilfe

Gliederungsübersicht

A. Gerichtskosten 4393

**B. Gegenstandswert der Anwalts-
gebühren**

I. Überblick 4397

II. Verfahren nach § 124 Nr. 1 ZPO
(Anm. Abs. 1, 1. Alt. zu Nr. 3335
VV RVG)
   1. Bewilligungsverfahren 4398
   2. Beschwerdeverfahren 4402

III. Die Fälle des § 124 Nr. 2 bis 4
ZPO (Anm. Abs. 1, 2. Alt. zu
Nr. 3335 VV RVG) 4405

IV. Keine Wertaddition (Anm. Abs. 2
zu Nr. 3335 VV RVG) 4408

V. Die Wertfestsetzung 4409

C. Sonstiges 4411

A. Gerichtskosten

4393 Im **Prozesskostenhilfe-Prüfungsverfahren** entstehen keine Gerichtsgebühren, auch Kostenerstattungsansprüche werden nicht begründet (§ 56 Abs. 2 S. 3 RVG), so dass für eine Wertfestsetzung zu Gerichtskosten kein Anlass besteht.[1]

4394 Gleiches gilt für ein **Beschwerdeverfahren**, da hier nach Nr. 1811 KV GKG bei Verwerfung oder Zurückweisung der Beschwerde eine Festgebühr von 50 Euro erhoben wird, die bei nur teilweiser Verwerfung oder Zurückweisung reduziert werden kann (Anm. zu Nr. 1811 KV GKG).

4395 Ist Prozesskostenhilfe zunächst verweigert und im Beschwerdeverfahren unter Auferlegung von Raten bewilligt worden, dann ist die Beschwerdegebühr wegen des Teilerfolgs nach billigem Ermessen auf die Hälfte zu ermäßigen, oder es ist zu bestimmen, dass eine Gebühr nicht zu erheben ist (vgl. KV GKG Anm. zu Nr. 1811).

4396 Nr. 1811 KV GKG stellt auf das billige Ermessen ab; Grundsätze für die Ausübung hat die Rechtsprechung noch nicht herausgearbeitet. Man wird die Gebühr nicht erheben, wenn die Beschwerde mehr als hälftigen Erfolg hat, in allen übrigen Fällen des Teilerfolgs die Gebühr der Einfachheit wegen halbieren, um eine Diskussion zu vermeiden, ab wann ein Teilerfolg ein hinreichender Erfolg sein könnte, ab wann schon und bis wann noch nicht die Gebühr zu ermäßigen ist.

---

1 OLG Celle JurBüro 1955, 406 = Nds.Rpfl. 1955, 228.

B. Gegenstandswert der Anwaltsgebühren

I. Überblick

Der Gegenstandswert für die **Rechtsanwaltsgebühren** bemisst sich gem. Anm.   **4397**
zu Nr. 3335 VV RVG. Danach bestimmt sich der Wert

– im Verfahren über die Bewilligung der Prozesskostenhilfe oder die Aufhebung
  der Bewilligung nach § 124 Nr. 1 ZPO nach dem für die Hauptsache maßgebenden Wert (Anm. Abs. 1, 1. Alt. zu Nr. 3335 VV RVG).

– im Übrigen ist der Gegenstandswert nach dem Kosteninteresse nach billigem
  Ermessen zu bestimmen (Anm. Abs. 1, 2. Alt. zu Nr. 3335 VV RVG).

– Entsteht die Verfahrensgebühr auch für das Verfahren, für das die Prozesskostenhilfe beantragt worden ist, werden die Werte nicht zusammengerechnet (Anm. Abs. 2 zu Nr. 3335 VV RVG).

II. Verfahren nach § 124 Nr. 1 ZPO (Anm. Abs. 1, 1. Alt. zu Nr. 3335 VV RVG)

1. Bewilligungsverfahren

Im Verfahren über die **Bewilligung** der Prozesskostenhilfe oder **Aufhebung** der   **4398**
Bewilligung nach **§ 124 Nr. 1 ZPO** richtet sich der Gegenstandswert nach dem
für die Hauptsache maßgebenden Wert.[1] Insoweit kann die Rspr. zur früheren
Regelung des § 51 Abs. 2 BRAGO übernommen worden sein.

⊃ **Beispiel:**

> Der Rechtsanwalt beantragt für seinen Mandanten Prozesskostenhilfe für eine Klage
> in Höhe von 5000 Euro. Die Prozesskostenhilfe wird nicht bewilligt und dem Anwalt
> auch kein Hauptsacheauftrag erteilt.
>
> Der Gegenstandswert bestimmt sich nach der Hauptsacheforderung und beträgt 5000
> Euro. Der Rechtsanwalt kann vom Mandanten für seine Tätigkeit eine 1,0-Verfahrens-
> gebühr nach Nr. 335 VV RVG aus diesem Wert beanspruchen.

Gemeint ist – wie bisher – die Hauptsache, soweit sich die Prozesskostenhilfe   **4399**
darauf bezieht. Wird die Prozesskostenhilfe **nur für einen Teil der Hauptsache**
beantragt (etwa nur für die Widerklage, nicht auch für die Klageabwehr, weil
insoweit Rechtsschutz besteht), so ist auch nur dieser Teilwert maßgebend.

Nach altem Armenrecht war für die Gebühren des Anwalts der Hauptsache-   **4400**
wert ohne Rücksicht darauf maßgebend, ob das Armenrecht nur in geringerem
Umfang begehrt wurde.[2] Mit Rücksicht darauf, dass die Prozesskostenhilfe bei
Ratenzahlung dazu führt, dass die Partei Kosten selbst aufbringt, kann man
dieser Auffassung heute nicht mehr folgen. Der Ansatz des vollen Hauptsachewertes ist nur gerechtfertigt, wenn es um die Versagung der Prozesskostenhilfe
schlechthin geht.

---

1 AnwK-RVG/*Mock* Nr. 3335 VV RVG Rn. 25; OLG Koblenz JurBüro 1992, 325.
2 OLG Nürnberg Rpfleger 1963, 138.

4401 Soweit lediglich die **Höhe der Raten** angegriffen wird, muss auf die Kostendifferenz abgestellt werden.[1]

2. Beschwerdeverfahren

4402 Die Wertbestimmung im Beschwerdeverfahren richtet sich ebenfalls nach dem Wert der Hauptsache.[2] Das Gesetz macht keine Einschränkung dergestalt, dass etwa das Beschwerdeverfahren von dieser Streitwertregelung ausgenommen sei. Es erfasst vielmehr mit dieser den Streitwert betreffenden Sonderregelung das Prozesskostenhilfeverfahren insgesamt.[3]

4403 Die gegenteilige Auffassung des OLG Koblenz[4] entspricht nicht dem Gesetz und wird, soweit ersichtlich, allgemein abgelehnt, auch vom 15. Senat des OLG Koblenz.[5]

⊃ **Beispiel:**

Der Rechtsanwalt beantragt für seinen Mandanten Prozesskostenhilfe für eine Klage über 6000 Euro. Hierbei versichert der Mandant an Eides statt, dass er über kein Vermögen verfügt. In der mündlichen Verhandlung stellt sich heraus, dass der Mandant ein erhebliches Sparvermögen nicht angegeben hat. Das Gericht hebt die Prozesskostenhilfe-Bewilligung daher unter Berufung auf § 124 Nr. 1 ZPO auf. Der Rechtsanwalt legt hiergegen Beschwerde ein.

Der Gegenstandswert richtet sich auch im Beschwerdeverfahren nach der Hauptsacheforderung und beträgt 6000 Euro. Der Rechtsanwalt kann für seine Tätigkeit eine 0,5-Verfahrensgebühr Nr. 3500 VV RVG aus diesem Wert beanspruchen.

4404 Soweit sich die Beschwerde nur gegen eine Teil-Nichtbewilligung richtet, ist auch insoweit nur der Teilwert maßgebend.

⊃ **Beispiel:**

Der Rechtsanwalt beantragt für seinen Mandanten Prozesskostenhilfe für eine Klage über 6000 Euro. In Höhe von 4000 Euro wird Prozesskostenhilfe bewilligt. Soweit der Prozesskostenhilfeantrag zurückgewiesen worden ist, wird Beschwerde erhoben.

Der Gegenstandswert richtet sich im Beschwerdeverfahren nach der weitergehenden Hauptsacheforderung und beträgt 2000 Euro.

---

1 *Lappe* Anm. zu OLG Karlsruhe, KostRsp. BRAGO § 51 Nr. 3; OLG Schleswig JurBüro 1978, 1361 = SchlHA 1978, 122; OLG Frankfurt, KostRsp. ZPO § 3 Nr. 937 = JurBüro 1988, 1375, alle zum alten Recht.
2 OLG Karlsruhe JurBüro 1980, 1853 mit Anm. *Mümmler* = Justiz 1980, 1853 = KostRsp. BRAGO § 51 Nr. 3 mit Anm. *E. Schneider* und *Lappe*; OLG Frankfurt AnwBl. 1992, 93 = JurBüro 1992, 98 mit Anm. *Mümmler* = MDR 1992, 524 = Rpfleger 1992, 166 = KostRsp. BRAGO § 51 Nr. 8; OLG Oldenburg OLGR 1994, 111 KostRsp. BRAGO § 51 Nr. 9 m.w.N.; a.M. BayObLG JurBüro 1990, 1640 = KostRsp. BRAGO § 51 Nr. 6.
3 OLG Frankfurt AnwBl. 1992, 93 = JurBüro 1992, 98 mit Anm. *Mümmler* = MDR 1992, 524 = Rpfleger 1992, 166 = KostRsp. BRAGO § 51 Nr. 8; BayObLG JurBüro 1990, 1640; OLG Oldenburg OLGR 1994, 111; LG Hannover MDR 1993, 391 = Nds.Rpfl. 1993, 73; OLG Karlsruhe Justiz 1980, 440 = JurBüro 1980, 1853 mit zust. Anm. *Mümmler* = KostRsp. BRAGO § 51 Nr. 3 mit Anm. *Schneider* (dort weitere Nachweise).
4 OLG Koblenz JurBüro 1991, 253.
5 OLG Koblenz, Beschl. v. 27. 11. 1991 – 2 W 415/91, JurBüro 1992, 325; Beschl. v. 14. 1. 1992 – 15 WF 1342/91, JurBüro 1993, 423.

III. Die Fälle des § 124 Nr. 2 bis 4 ZPO (Anm. Abs. 1, 2. Alt. zu Nr. 3335 VV RVG)

Nach Anm. Abs. 1, 2. Alt. zu Nr. 3335 VV RVG ist „im Übrigen" das **Kosten-** **4405** **interesse** nach billigem Ermessen zu bestimmen. Gemeint sind hiermit die Fälle des § 124 Nr. 2 bis 4 ZPO.

Legt der Anwalt also beispielsweise Beschwerde gegen einen Prozesskostenhil- **4406** fe-Aufhebungsbeschluss ein, der sich auf die Gründe des § 124 Nr. 2 bis 4 ZPO stützt, bestimmt sich der Wert nach dem Kosteninteresse. Dasselbe gilt in den Fällen der Abänderung der zu leistenden Zahlungen.

⮑ **Beispiel:**[1]

Für einen Rechtsstreit (Wert 10 000 Euro) erhält der Mandant Prozesskostenhilfe mit Ratenzahlung unter Beiordnung des Rechtsanwalts. Die Klage wird nach der Beweisaufnahme abgewiesen. Der Mandant hat bisher sieben Raten zu 90 Euro gezahlt. Nachdem er aber seit mehr als drei Monaten mit der Zahlung weiterer Raten in Verzug ist, wird die Prozesskostenhilfe-Bewilligung aufgehoben (§ 124 Nr. 4 ZPO). Der Mandant beauftragt seinen Rechtsanwalt, der gegen die Aufhebung der Prozesskostenhilfe Beschwerde einlegt.

Der Gegenstandswert bemisst sich nach dem Kosteninteresse (§ 23 Abs. 2 RVG i.V.m. Anm. Abs. 1, 2 Alt. zu Nr. 3335 VV RVG). Das Kosteninteresse entspricht den Kosten, von denen der Mandant letztlich befreit werden möchte. Dazu zählen:

I. Die Prozesskostenhilfe-Gebühren, die die Staatskasse aus einem Wert von 10 000,00 Euro bereits an den Prozessbevollmächtigten nach § 49 RVG ausgezahlt hat, hier:

1. 1,3-Verfahrensgebühr, Nr. 3100 VV RVG		314,60 Euro
2. 1,2-Terminsgebühr, Nr. 3104 VV RVG		290,40 Euro
3. Postentgeltpauschale, Nr. 7002 VV RVG		20,00 Euro
Zwischensumme	625,00 Euro	
4. 16 % Umsatzsteuer, Nr. 7008 VV RVG		100,00 Euro
Gesamt		**725,00 Euro**

II. Der Rechtsanwalt kann die Differenz der Prozesskostenhilfe-Vergütung zur Wahlanwaltsvergütung (weitere Vergütung, § 50 RVG) nach Aufhebung der Prozesskostenhilfe-Bewilligung nunmehr von dem Mandanten verlangen, da die Forderungssperre des § 122 Abs. 1 Nr. 3 ZPO weggefallen ist:

1. 1,3-Verfahrensgebühr, Nr. 3100 VV RVG		631,80 Euro
2. 1,2-Terminsgebühr, Nr. 3104 VV RVG		583,20 Euro
3. Postentgeltpauschale, Nr. 7002 VV RVG		20,00 Euro
Zwischensumme	1235,00 Euro	
4. 16 % Umsatzsteuer, Nr. 7008 VV RVG		197,60 Euro
Gesamt		1432,60 Euro
Weitere Vergütung somit (1432,60 Euro ./. 725,00 Euro =)		**707,60 Euro**

III. Gerichtskosten, die der Mandant als Unterlegener zahlen muss:

3,0 Verfahrensgebühr, Nr. 1210 KV GKG	**588,00 Euro**
IV. Abzüglich bereits gezahlter sieben Raten zu je 90,00 Euro	**– 630,00 Euro**
Gesamt	**1390,60 Euro**

---

1 Nach AnwK-RVG/*Mock* Nr. 3335 VV RVG Rn. 25.

4407 Im Beschwerdeverfahren im Rahmen eines Prozesskostenhilfegesuchs über die Höhe von zu zahlenden Raten richtet sich der Wert ebenfalls nach dem Kosteninteresse (§ 23 Abs. 2 RVG).[1]

IV. Keine Wertaddition (Anm. Abs. 2 zu Nr. 3335 VV RVG)

4408 Wenn auch die Gebühren in dem Prozesskostenhilfe-Prüfungsverfahren nach dem Wert der Hauptsache zu bestimmen sind, so bleiben es dennoch unterschiedliche Gegenstände. Daran ändert auch § 16 Nr. 2 RVG nichts, wonach das Prüfungsverfahren zur Hauptsache zählt. Daher ordnet Anm. Abs. 2 zu Nr. 3335 VV RVG an, dass eine Wertaddition nach § 22 Abs. 1 RVG nicht stattfindet, wenn der Rechtsanwalt auch in der Hauptsache Prozessbevollmächtigter wird.

V. Die Wertfestsetzung

4409 Die Festsetzung des Streitwertes ist eine Wertfestsetzung nach § 32 Abs. 1 RVG i.V.m. § 63 ff. GKG, wenn die Hauptsache anhängig geworden ist, so dass das Gericht, das über eine Beschwerde nach § 56 RVG zu entscheiden hat, den erstinstanzlich festgesetzten Streitwert amtswegig abändern darf.[2] Siehe dazu das Stichwort „Abänderung" Rn. 40, 41 sowie *E. Schneider* Anm. zu KostRsp. GKG § 25 Nr. 104.

4410 Ist die Hauptsache nicht anhängig geworden, folgt die Festsetzung nach § 33 RVG.

C. Sonstiges

4411 Bei einer bedingungslos eingereichten Klage mit Gesuch um Bewilligung von Prozesskostenhilfe richtet sich der Streitwert für die Verfahrensgebühr nach dem in der Klageschrift enthaltenen Antrag, selbst wenn das Verfahren später nur über einen geringerwertigen Antrag gemäß der bewilligten Prozesskostenhilfe durchgeführt wird.[3]

4412 Bei einer **Stufenklage** ist nach herrschender und zutreffender Auffassung Prozesskostenhilfe von vornherein einheitlich für alle Stufen zu bewilligen.[4] Zugleich ist schon bei Beginn des Verfahrens unter Zugrundelegen des Parteivortrags die Erfolgsaussicht der Leistungsstufe zu bewerten, indem auch für sie bereits ein entsprechender Streitwert festgesetzt wird.[5]

---

1 OLG Frankfurt JurBüro 1988, 1375 = MDR 1988, 786 = KostRsp. BRAGO § 51 Nr. 4.
2 KG JurBüro 1978, 1700.
3 LG Essen JurBüro 1959, 32 (noch zur BRAGO-Prozessgebühr).
4 Zöller/*Philippi*, § 114 Rn. 37 mit Nachweisen zur Gegenmeinung.
5 OLG Frankfurt, KostRsp. GKG § 18 Nr. 38 = FamRZ 1991, 1458.

Das Verfahren auf Bewilligung von Prozesskostenhilfe beginnt mit der **Einreichung des Gesuchs** (§ 117 ZPO), die der Einreichung der Klage i.S. des § 45 Abs. 5 GKG gleichsteht, wenn die Klage alsbald nach Mitteilung der Entscheidung über den Antrag oder über eine alsbald eingelegte Beschwerde eingereicht wird (§ 45 Abs. 5 S. 2 GKG). 4413

Wird mit der Beschwerde die **Erweiterung** der Prozesskostenhilfe begehrt, handelt es sich dabei in Wahrheit aber nur um eine bloße Umformulierung des Klageantrages, für die kein Rechtsschutzbedürfnis gegeben ist, dann ist die gerichtliche Festgebühr voll angefallen. Dem Beschwerdeziel Rechnung zu tragen durch Ansatz eines unter dem Hauptsachewert liegenden Beschwerdewertes,[1] ist nicht mehr möglich, aber es ist nach § 3 ZPO ein geringerer Beschwerdewert für die Anwaltsgebühren zu schätzen.[2] 4414

Wird Prozesskostenhilfe **gegen Gesamtschuldner** beantragt und der Antrag erstinstanzlich abgelehnt, war bei einem Teilerfolg der Beschwerde zweifelhaft, wie sich der Unterliegensanteil des Beschwerdeführers errechnet. 4415

Gesetzt den Fall, auf die Beschwerde hin werde die gegen drei Gesamtschuldner beantragte Prozesskostenhilfe für zwei der in Anspruch genommenen Gesamtschuldner bewilligt. 4416

Die Frage, wieweit der Antragsteller dann, gemessen am Streitwert, mit seiner Beschwerde unterlegen ist, sollte nach OLG Schleswig[3] gemäß § 3 ZPO nach freiem Ermessen beantwortet werden. 4417

Wegen der **Zuständigkeits- und Rechtsmittelwerte** (§ 23 Nr. 1 GVG, §§ 511a Abs. 1, 546 Abs. 1 S. 1 ZPO) kann es erforderlich sein, im Rahmen der Bearbeitung eines Antrags auf Bewilligung von Prozesskostenhilfe den Hauptsachestreitwert zu ermitteln. Wird beispielsweise ein Prozesskostenhilfe-Gesuch beim Landgericht für eine Rechtsverfolgung eingereicht, die betragsmäßig vor das Amtsgericht gehört (§ 23 Nr. 1 GVG), dann fehlt mangels Zuständigkeit des Landgerichts die hinreichende Erfolgsaussicht (§ 114 ZPO). In derartigen Fällen gelten für die Bestimmung des Hauptsachestreitwertes die allgemeinen Bewertungsvorschriften. 4418

Unstatthaft ist es, bei einem nicht einfach gelagerten Verkehrsunfall mit nicht unerheblichem Schaden durch zu knappe Streitwertbemessung für ein Feststellungsbegehren die Zuständigkeit des Landgerichts zu verneinen, besonders dann, wenn die Bestimmung des Streitwertes im Rahmen eines Prozesskostenhilfegesuchs auch noch von einer Schadensquote abhängt, die in ihrer Höhe ohne Beweisaufnahme nicht mit der erforderlichen Zuverlässigkeit festgestellt werden kann.[4] 4419

---

1 OLG Köln JurBüro 1970, 71, 73.
2 OLG Köln JurBüro 1970, 71 (73 a.E.).
3 OLG Schleswig SchlHA 1956, 179.
4 OLG Köln NJW 1960, 1623.

4420   Der Wert eines **gegenseitigen Unterhaltsverzichts** darf auch in Prozessen, die in Prozesskostenhilfe geführt werden, nicht ohne weiteres schematisch bemessen werden. Es ist vielmehr stets auf die besonderen Umstände des Einzelfalles abzustellen. Für diese kommt es nicht darauf an, ob gesetzliche Ansprüche überhaupt einmal akut werden könnten.[1]

4421   Die pauschalierte Festsetzung des **Mindeststreitwertes** von 2000 Euro in einer Ehesache bei beiderseitiger Bewilligung von ratenfreier Prozesskostenhilfe verstößt gegen Art. 12 Abs. 1 GG.[2]

Prozesskostenvorschuss

A. Überblick

4422   Ein Anspruch auf Prozesskostenvorschuss ist vorgesehen für Ehe- und Folgesachen (§ 620 Nr. 10 ZPO), für Unterhaltssachen (§ 127a ZPO) und in sonstigen Familiensachen (§ 621 f. ZPO). Der Anspruch kann sowohl im Wege der Hauptsacheklage als auch im Wege der einstweiligen Anordnung geltend gemacht werden. Der Anspruch ist gerichtet auf Zahlung oder Freistellung, sodass die Bewertung keine Probleme bereitet.

B. Zuständigkeitsstreitwert

4423   Da es sich stets um eine Familiensache handelt, kommt es auf den Zuständigkeitsstreitwert nicht an.

C. Gebührenstreitwert

I. Hauptsacheverfahren

4424   Wird der Anspruch auf Prozesskostenvorschuss im Wege der Hauptsache geltend gemacht, gilt § 48 Abs. 1 S. 1 GKG i.V.m. § 3 ZPO (zum selben Ergebnis käme man auch über eine entsprechende Anwendung des § 53 Abs. 1 GKG). Maßgebend ist der verlangte Betrag. Wie sich dieser zusammensetzt (Gerichtskosten, Anwaltsgebühren, Auslagen, Umsatzsteuer, etc.), ist unerheblich.[3]

---

1 OLG Celle Nds.Rpfl. 1959, 269.
2 BVerfG, Beschl. v. 23. 8. 2005 – 1 BvR 46/05, AGS 2005, 424 = NJW 2005, 2980 = MDR 2005, 1373 = FF 2005, 313 = FamRZ 2006, 24 = AnwBl. 2005, 651; ebenso BVerfG, Urteil v. 22. 2. 2006 – 1 BvR 2139/05.
3 *Kindermann*, Rn. 286 ff.

II. Einstweilige Anordnung

1. Bewertung

Wird der Anspruch auf Prozesskostenvorschuss im Wege der einstweiligen Anordnung geltend gemacht, gilt ebenfalls § 48 Abs. 1 S. 1 GKG i.V.m. § 3 ZPO. Maßgebend ist auch hier der verlangte Betrag. Ein Abschlag kommt nicht in Betracht, da mit der einstweiligen Anordnung der Anspruch in der Hauptsache faktisch erfüllt ist.[1]   **4425**

2. Mehrere Anordnungsverfahren

Werden mehrere einstweilige Anordnungsverfahren auf Prozesskostenvorschuss desselben Buchstabens nach § 18 Nr. 1, 1. Hs. RVG betrieben oder trifft ein einstweiliges Anordnungsverfahren auf Prozesskostenvorschuss mit einem anderen einstweiligen Anordnungsverfahren desselben Buchstabens des § 18 Nr. 1 RVG zusammen, so ist nur eine Angelegenheit gegeben. Die einzelnen Werte der Anordnungsverfahren werden allerdings addiert (§ 18 Nr. 1, 2. Hs. RVG).   **4426**

⊃ **Beispiel:**

Es wird eine einstweilige Anordnung auf Prozesskostenvorschuss nach § 620 Nr. 10 ZPO gestellt und einstweilige Anordnung zum Umgangsrecht nach § 620 Nr. 2 ZPO.

Beide Anordnungsverfahren richten sich nach § 620 ZPO und unterfallen daher demselben Buchstaben (b) des § 18 Nr. 1, 1. Hs. RVG. Es liegt nur eine Angelegenheit vor. Der Gegenstandswert bemisst sich nach der Summe der beiden Einzelwerte.

Prozesstrennung

A. Allgemeines

Gemäß § 145 ZPO können auf Anordnung des Gerichts mehrere in einer Klage erhobene Ansprüche in getrennten Prozessen verhandelt werden. **Ziel der Verfahrenstrennung** ist es, den Prozessstoff zu ordnen und übersichtlicher zu gestalten, wenn dies durch eine Anspruchshäufung erschwert wird, ferner einer Prozessverschleppung wegen des Streits nur in einzelnen Punkten entgegenzuwirken.[2] Eine Notwendigkeit zur Prozesstrennung und anschließenden Verweisung (§ 281 ZPO) kann sich auch aus der fehlenden Zuständigkeit des Prozessgerichts für einen der erhobenen Ansprüche ergeben.[3]   **4427**

---

1 OLG Schleswig, Beschl. v. 21. 11. 1977 – 8 WF 198/77, SchlHA 1978, 22; *Kindermann*, Rn. 286 ff.
2 BGH, Urteil v. 6. 7. 1991 – I ZR 20/93, MDR 1996, 269 = NJW 1995, 3120 = VersR 1996, 217 = WM 1995, 1816.
3 Zum Gebührenanfall und Verrechnung des Gerichtskostenvorschuss OLG München, Beschl. v. 1. 3. 1996 – 11 W 811/96, MDR 1996, 642.

B. Zuständigkeits- und Gebührenstreitwert

4428 Auf eine einmal begründete Zuständigkeit (§ 5 ZPO) hat die Prozesstrennung naturgemäß keinen Einfluss.

4429 Im Fall der Prozesstrennung bestimmt sich der **Gebührenstreitwert** für die erhobenen Ansprüche bis zur Trennung einheitlich, im Anschluss daran sind die getrennten Verfahren selbständig zu bewerten.[1] Besondere Streitwertvorschriften sind dabei nicht zu beachten.

4430 **Scheidungssachen und Folgesachen** bilden nach Abtrennung eine einheitliche Angelegenheit, deren Streitwerte zusammenzurechnen sind.[2]

C. Rechtsmittel und Beschwer

4431 Gegen die Anordnung oder Ablehnung der Prozesstrennung ist ein **Rechtsmittel** nicht eröffnet. Hingegen kann das Rechtmittel gegen das Urteil darauf gestützt werden, dass § 145 ZPO verfahrensfehlerhaft angewandt worden ist,[3] was wiederum eine Aufhebung und Zurückverweisung (§ 538 ZPO) rechtfertigt.[4]

4432 Eine **unzulässige Prozesstrennung** hat auf die Rechtsmittelfähigkeit der danach ergehenden mehreren Urteile keinen Einfluss; für die Beschwer sind sie als – anders als bei einer Trennung-Einheit zu behandeln.[5]

Prozessverbindung

Literatur: *Bauer* JurBüro 1956, 439; *Schneider* MDR 1974, 7 ff.

A. Allgemeines

4433 Gemäß § 147 ZPO können mehrere selbständige Prozesse miteinander zum Zwecke der gleichzeitigen Verhandlung und Entscheidung verbunden werden (§ 147 ZPO). Ziel der Prozessverbindung ist eine prozessökonomische

---

1 BGH NJW 2000, 217; OLG München, Beschl. v. 1. 3. 1996 – 11 W 811/96, MDR 1996, 642.
2 OLG München, Beschl. v. 12. 7. 1983 – 11 WF 954/83, JurBüro 1984, 769 = AnwBl. 1984, 203 = MDR 1984, 320 = KostRsp. GKG § 19a Nr. 18; Zöller/*Philippi*, ZPO § 628 Rn. 21 m.w.N.; siehe auch das Stichwort „Folgesachen".
3 BGH, Urteil v. 6. 7. 1995 – I ZR 20/93, MDR 1996, 269 = VersR 1996, 217 = WM 1995, 1816 = NJW 1995, 3120; OLG Naumburg, Urteil v. 28. 2. 2002 – 3 U 51/01, OLGR 2002, 526; Zöller/*Greger*, § 145 Rn. 6a.
4 OLG Naumburg, Urteil v. 28. 2. 2002 – 3 U 51/01, OLGR 2002, 526.
5 Zöller/*Greger*, § 145 Rn. 7; BGH, Urteil v. 6. 7. 1995 – I ZR 20/93, KostRsp. ZPO § 3 Nr. 1216 = NJW 1995, 3120 = WM 1995, 1816 = MDR 1996, 269; BayVGH, Entsch. v. 22. 9. 2000 – Vf. 102 – VI – 99, BayVBl 2001, 634 = NJW 2001, 2962.

Bearbeitung des ohne sachlichen Grund in mehrere Verfahren zerlegten Streit-stoffes.[1]

B. Zuständigkeitsstreitwert

Auf den Zuständigkeitswert hat die Prozessverbindung keinen Einfluss, die **4434** bisherige Zuständigkeit des Amtsgerichts bleibt unberührt, §§ 261 Abs. 3 Nr. 2, 506 Abs. 1 ZPO.[2] Dies gilt jedoch nicht, wenn sich der Kläger durch eine will-kürliche Aufspaltung seines Gesamtanspruchs in mehrere Prozesse die sach-liche Zuständigkeit (§§ 23 Nr. 1, 71 Abs. 1 GVG) erschleichen wollte.[3]

C. Gebührenstreitwert

Die Anordnung der Verbindung ist auf die **bereits entstandenen Gebühren** so- **4435** wie auf die Streitwerte beider Prozesse bzw. Rechtsmittel vor der Verbindung ohne Einfluss.[4] Deshalb sind bis zur Verbindung auch getrennte Streitwerte festzusetzen, da zumindest die Verfahrensgebühren nach unterschiedlichen Werten angefallen sind.[5]

Ab Verbindung bestimmen sich die Gebühren nach dem neuen Streitwert, der **4436** durch **Addition der Einzelwerte** der verbundenen Sachen ermittelt wird.[6]

Werden verschiedene Prozesse hingegen nach Anordnung **nur gemeinsam ver- 4437 handelt**, nicht aber auch gemeinsam entschieden[7], fehlt es an einer streit-werterheblichen Verbindung im Sinne des § 147 ZPO. In einem derartigen Fall muss eine Wertaddition unterbleiben und ist nach Einzelstreitwerten abzu-rechnen.[8]

Ohne **Verbindungsbeschluss** treten gebührenerhöhende Rechtsfolgen nicht ein, **4438** auch dann nicht, wenn mehrere Sachen im selben Termin verhandelt und die eine im Prozessvergleich über die andere miterledigt wird.[9] Wohl kann ein

---

1 Zöller/*Greger*, § 147 Rn. 1.
2 RGZ 6, 417; Zöller/*Greger*, § 147 Rn. 8.
3 Zöller/*Greger*, § 147 Rn. 8.
4 OLG Hamm JurBüro 1955, 441; OLG Köln VersR 1992, 518; OLG München, Beschl. v. 8. 4. 1999 – 11 W 1231/99, OLGR 1999, 262 = MDR 1999, 829 = JurBüro 1999, 484 = NJW-RR 1999, 1232; OLG Stuttgart, Beschl. v. 14. 2. 2001 – 20 W 1/01, OLGR 2001, 270 = AGS 2001, 251 = NZG 2001, 522 = DB 2001, 1549 = AG 2002, 296.
5 OLG Köln VersR 1992, 518.
6 OLG Celle JurBüro 1987, 109; OLG Stuttgart, Beschl. v. 14. 2. 2001 – 20 W 1/01, OLGR 2001, 270 = AGS 2001, 251 = NZG 2001, 522 = DB 2001 = 1549 = AG 2002, 296.
7 Siehe dazu *Schneider* MDR 1974, 7 ff.
8 OLG München, Beschl. v. 28. 11. 1989 – 11 W 2823/89, KostRsp. ZPO § 5 Nr. 84 mit Anm. *Schneider* = MDR 1990, 345 Nr. 72 = JurBüro 1990, 393 = Rpfleger 1990, 184; Zöller/*Greger*, § 3 Rn. 16, unter „Prozessverbindung".
9 VGH Baden-Württemberg, Beschl. v. 9. 8. 1995 – 8 S 1458/95, n.v.; LAG Baden-Württemberg BB 1983, 2188 = KostRsp. ArbGG § 12 Nr. 63.

Verbindungsbeschluss **mündlich** oder sogar **stillschweigend** erlassen werden. Es ist nicht erforderlich, dass der Verbindungsbeschluss schriftlich fixiert, etwa ins Protokoll aufgenommen wird.[1] Jedoch muss sich ein Verbindungswille des Gerichts aus erkennbaren Umständen ergeben.

D. Einzelfälle aus der Rechtsprechung

4439 Bei der Verbindung einer Feststellungsklage über das **Bestehen eines Mietverhältnisses** mit einer Leistungsklage auf **rückständigen Mietzins** ist für die Festsetzung des Gebührenstreitwertes der nach § 41 Abs. 1 GKG (§ 16 Abs. 1 GKG a.F.) ermittelte Wert der Feststellungsklage nicht mit dem Wert der Leistungsklage zusammenzurechnen, wenn lediglich das Mietverhältnis streitig ist, nicht aber die Höhe des Mietzinses.[2]

4440 Erheben mehrere Aktionäre in verschiedenen Prozessen **Anfechtungsklage gegen denselben Hauptversammlungsbeschluss** soll nach einer Verbindung der Klagen, die Kläger sind notwendige Streitgenossen (§ 62 Abs. 1 ZPO), sich der Gesamtstreitwert nach dem höchsten Einzelstreitwert bestimmen.[3]

4441 Siehe unter dem Stichwort „Anfechtungs- und Nichtigkeitsklage" Rn. 211.

4442 Bei Verbindung der Klage auf Feststellung **nichtehelicher Vaterschaft** mit der **Zahlung von Regelunterhalt** ist gemäß § 48 Abs. 4 GKG (§ 12 Abs. 3 GKG a.F.) nur der höhere Antrag für den Streitwert bestimmend (siehe das Stichwort „Kindschaftssachen" Rn. 3074, 3077).

4443 **Scheidungssachen und Folgesachen** (§ 46 GKG (§ 19a GKG a.F.)) gelten hinsichtlich der Kosten auch nach der Trennung aus dem Verbund als dieselbe Angelegenheit, so dass die Gebühren des Rechtsanwalts nach den zusammengerechneten Gegenstandswerten ermittelt werden müssen.[4]

4444 Auch die **Vorwegentscheidung in der Ehesache** im Rahmen des § 628 ZPO führt nicht zu einer Verfahrenstrennung, sondern lediglich zu Teilentscheidungen in einem einzigen Verfahren.[5] Der Grund für diese Regelung ist, dass die Auflösung des Verbundes kostenrechtlich nicht begünstigt werden soll.

4445 Siehe auch das Stichwort „Mehrere Ansprüche".

---

1 OLG Celle JW 1933, 550.
2 OLG Karlsruhe Justiz 1980, 272.
3 OLG Stuttgart, Beschl. v. 14. 2. 2001 – 20 W 1/01, OLGR 2001, 270 = AGS 2001, 251 = NZG 2001, 522 = DB 2001, 1549 = AG 2002, 296.
4 OLG Karlsruhe JurBüro 1980, 380 = Justiz 1980, 85.
5 OLG Hamm JurBüro 1980, 381 mit Nachweisen.

Prozessvergleich

Siehe das Stichwort „Vergleich".

Prozesszinsen

Prozesszinsen sind – im Gegensatz zu Hypothekenzinsen – nicht gemäß § 9   4446
ZPO zu bewerten, da sie keine wiederkehrenden Leistungen oder Rechte sind.
Abzustellen ist auf § 3 ZPO. Siehe hierzu auch unter dem Stichwort „Zinsen".

Nach OLG Celle soll es für die Beschwer auf den **Zeitpunkt der letzten münd-**   4447
lichen Verhandlung ankommen.[1]

Werden Prozesszinsen neben der Hauptforderung geltend gemacht, dann blei-   4448
ben sie bei der Streitwertberechnung unberücksichtigt, § 4 Abs. 1 ZPO, § 43
Abs. 1 GKG (siehe dazu das Stichwort „Nebenforderungen" Rn. 4057, 4085 ff.).

Rangverbesserung

Literatur: *Schneider* JurBüro 1969, 1029 (Verschaffung eines Rangvorbehaltes).

Vorrangstreitigkeiten hinsichtlich im Grundbuch eingetragener Rechte sind   4449
nach § 3 ZPO zu bemessen, da es nicht um die Begründung eines Pfandrechtes,
sondern nur um dessen Werterhöhung geht.

Bei der Bewertung eines Anspruchs auf Vorrangeinräumung für ein **Grund-**   4450
pfandrecht kann im Rahmen des § 3 ZPO zwar die Vorschrift des § 23 Abs. 3
S. 1 KostO (Wert des zurücktretenden Rechts als Begrenzung) entsprechend
angewandt werden, nicht aber § 24 KostO, da insoweit die zivilprozessuale Regelung des § 9 ZPO vorrangig ist.[2]

Die **Sperrklausel** des § 6 S. 2 ZPO ist immer zu berücksichtigen.[3] Der Wert   4451
kann also nicht höher als die Gefährdung des Gläubigers sein, der den Vorrang
anstrebt.[4]

Bezweckt die Klage, der eine Vereinbarung über die **Eintragung einer Gesamt-**   4452
hypothek an bestimmter Rangstelle auf mehreren Grundstücken zugrunde
liegt, nicht nur die Rangverbesserung der auf einem der Grundstücke bereits

---

1 OLG Celle, Beschl. v. 12. 4. 1965 – 3 U 195/64, Nds.Rpfl. 1965, 229.
2 OLG Frankfurt MDR 1982, 411 = AnwBl. 1982, 111.
3 OLG Kiel JW 1933, 2471 Nr. 7.
4 *Gerold*, Streitwert, S. 238.

eingetragenen Sicherungshypothek, sondern zugleich ihre Eintragung als Gesamthypothek mit der bereits auf den anderen Grundstücken eingetragenen Hypothek, so bestimmt sich der Streitwert auch dann nach § 6 ZPO, wenn die wirtschaftliche Sicherung der Forderung schon allein durch die Rangverbesserung der bereits eingetragenen Hypothek mit Sicherheit erreicht würde.

4453　Als Streitwert ist daher der Forderungsbetrag anzunehmen, nicht gemäß § 3 ZPO nur der geringere Wert des wirtschaftlichen Interesses des Klägers an der Rangverbesserung der bereits vorhandenen Hypothek.[1]

Ratenzahlung

4454　Eine hinsichtlich der Klageforderung vereinbarte Ratenzahlung ist auf die Höhe des Streitwerts grundsätzlich ohne Einfluss, da im wirtschaftlichen Ergebnis immer der volle Betrag verlangt wird.

4455　Eine geringere Bewertung kommt nur dann in Betracht, wenn die Forderung als solche zwischen den Parteien unstreitig ist, der Streit also nur darüber geht, ob der Anspruch des Klägers sofort in voller Höhe oder in Raten zu begleichen ist.[2]

Wird in einem Prozessvergleich für den durch Teilurteil erledigten Teil des Klagebegehrens Ratenzahlung vereinbart, so bildet nicht der ganze ursprüngliche Klageanspruch den Streitwert, sondern es ist der Wert der Ratenvereinbarung gemäß § 3 ZPO frei zu schätzen.[3]

4456　Von dieser Wertfrage zu unterscheiden ist, ob bei einer Ratenzahlungsabrede eine Gebühr entstehen kann. Während dies bei der Vergleichsgebühr nach früherem Recht[4] daran scheiterte, dass es in der Regel am gegenseitigen Nachgeben fehlte, ist dies für die Entstehung der Einigungsgebühr nach Nr. 1000 VV RVG nicht mehr erforderlich. Denn es reicht aus, dass der Anwalt bei Abschluss eines Vertrages mitwirkt, durch den die Parteien ihren Streit oder die Ungewissheit über ein Rechtsverhältnis beseitigen. Die Gebühr entsteht nur in denjenigen Fällen nicht, in denen sich der Vertrag zwischen den Parteien auf ein Anerkenntnis oder einen Verzicht beschränkt, was bei einer Ratenzahlungsabrede allerdings nicht der Fall ist.

4457　Bei Anfechtung einer Wertsicherungsklausel (z.B. Angleichung an die Beamtenbesoldung) bestimmt sich der Streitwert gemäß § 3 ZPO[5] nach dem Interesse des Klägers an der Aufrechterhaltung dieser Klausel. Es sind also bei der Wert-

---

1 OLG Frankfurt Rpfleger 1956, 318.
2 Vgl. dazu das Stichwort „Fälligkeit".
3 OLG Karlsruhe, Beschl. v. 25. 4. 1961 – 1 W 35/61, KostRsp. ZPO § 3 Nr. 35 – es wurde $^1/_5$ bis $^1/_6$ der Forderung angenommen.
4 Vgl. OLG Köln, KostRsp. BRAGO § 23 Nr. 4 mit Anm. *Schneider*; LG Ravensburg, KostRsp. BRAGO § 23 Nr. 54 mit Anm. *Herget*.
5 OLG Bamberg JurBüro 1962, 689 Nr. 221.

festsetzung die aus dieser Klausel sich ergebenden Möglichkeiten einer Erhöhung, aber auch einer Herabsetzung des in Raten zu tilgenden Kaufpreises in Betracht zu ziehen.

Räumungsfristverfahren

Gemäß §§ 721, 794a ZPO ist auf Antrag oder von Amts wegen über die Gewährung einer Räumungsfrist und auf Antrag über deren Verkürzung oder Verlängerung zu entscheiden. Für den Wert des Beschlussverfahren ist das nach § 3 ZPO zu schätzende Interesse des Vollstreckungsschuldners am Räumungsaufschub bzw. des Vollstreckungsgläubigers am vorzeitigen Rückerhalt des Nutzungsobjekts maßgebend. Ist der Antrag auf Einräumung eines (weiteren) Aufschubs oder einer Verkürzung mit bestimmter Dauer gestellt, bestimmt sich der Wert nach dem für diesen Zeitraum anfallenden Nutzungsentgelt.[1] Zu beachten bleibt, dass gemäß §§ 721 Abs. 5, 794a Abs. 3 ZPO die Räumungsfrist insgesamt ein Jahr nicht überschreiten darf.[2] **4458**

Für eine Bruchteilsbewertung oder unabhängig von §§ 721 Abs. 5, 794a Abs. 3 ZPO zeitbezogene Beschränkung besteht kein Anlass, auch nicht weil mit der Räumungsfrist die (fortdauernde) Pflicht zur Zahlung einer Nutzungsentschädigung verbunden ist.[3] Wie auch sonst für die Bewertung nach § 41 Abs. 1 GKG (§ 16 Abs. 1 GKG a.F.) ist es unerheblich, dass mit dem festzustellenden Bestand des Mietverhältnis zugleich Zahlungsverpflichtungen verbunden sind. Eine Saldierung der Vor- und Nachteile findet bei der Ermittlung des klägerischen Interesses (in der Regel) nicht statt. **4459**

Siehe für das Vollstreckungsschutzverfahren nach § 765a ZPO auch unter dem Stichwort „Vollstreckungsschutz". **4460**

Reallast

Zum Begriff der Reallast gehört die **Entrichtung wiederkehrender Leistungen** (§ 1105 BGB). Deshalb ist § 9 ZPO die maßgebende Bewertungsvorschrift.[4] **4461**

---

1 LG Kempten AnwBl. 1968, 58; *Anders/Gehle/Kunze*, Stichwort „Miete und Pacht" Rn. 41; *Hartmann*, Anh. I § 48 (§ 3 ZPO) Rn. 97; Thomas/Putzo/*Hüßtege*, § 3 Rn. 123).
2 Daher zutreffend *Hartmann*, Anh. I § 48 GKG (§ 3 ZPO) Rn. 97: Wert höchstens Jahresbetrag.
3 A.A. Vorauflage; LG Bad Kreuznach JVBl. 1965, 214; KostRsp. GKG a.F. § 12 Nr. 21: Hälfte der während der Schutzfrist zu zahlenden Nutzungsentschädigung; LG Krefeld, KostRsp. GKG a.F. § 12 Nr. 25; LG Stuttgart, KostRsp. GKG a.F. § 12 Nr. 34 = Rpfleger 1968, 62: in der Regel 3fache Monatsmiete bzw. Nutzungsentschädigung.
4 OLG Frankfurt/M. MDR 1982, 411 = AnwBl. 1982, 111.

4462 Die für Grunddienstbarkeiten geltende Regel des § 7 ZPO ist auf Reallasten nicht anwendbar.

4463 Die Klage auf Zahlung einer **Rente** und auf Eintragung einer Reallast im Grundbuch zur Sicherung dieser Rente sind wirtschaftlich auf denselben Erfolg gerichtet. Eine Zusammenrechnung der beiden Werte findet deshalb nicht statt.[1]

4464 Ebenso ist zu bewerten, wenn auf Zahlung eines **erhöhten Erbbauzinses** und die Eintragung einer entsprechend erhöhten Reallast im Grundbuch geklagt wird.[2]

4465 Bei Klagen auf **Löschung** einer Reallast begrenzt der Verkehrswert des Grundstücks entsprechend § 6 ZPO den Höchstbetrag des Streitwerts.[3]

Rechnungslegung

4466 Der Streitwert einer Klage auf Rechnungslegung bemisst sich gemäß § 3 ZPO nach dem Interesse, das der Kläger hat, mit einem solchen Anspruch die Begründung des Leistungsanspruchs zu erleichtern, wobei er sich zugleich Mühe und Kosten der eigenen Aufklärung erspart.[4]

4467 Das Interesse des Klägers an der Rechnungslegung ist stets geringer als der Wert des Hauptanspruches, dem die Rechnungslegung dienen soll. Beschränkt sich das Interesse ausnahmsweise auf Rechnungslegung, ist also keine Zahlungsklage beabsichtigt, dann ist der Streitwert nach dem Zeit- und Sachaufwand für die Rechnungserteilung zu bemessen.[5]

4468 Der künftige Leistungsanspruch, der durch die Klage auf Rechnungslegung vorbereitet werden soll, bildet nur eine Schätzungsgrundlage,[6] die keinesfalls überschritten werden darf.[7]

4469 Der Wert des Interesses des Klägers ist nicht nach seiner Vorstellung und nicht nach dem Ergebnis zu bemessen, sondern nach objektiven Anhaltspunkten für die Zeit der Klageerhebung. Wertangaben der Parteien und wirklicher Wert der Gegenstände, über die Auskunft verlangt wird, haben nur die Bedeutung von Indizien.[8]

---

1 OLG Nürnberg JurBüro 1964, 684.
2 OLG Celle Nds.Rpfl. 1983, 159 = KostRsp. ZPO § 5 Nr. 52 mit Anm. *Schneider*.
3 OLG Bremen Rpfleger 1957, 275.
4 BGH Rpfleger 1959, 110; OLG Neustadt Rpfleger 1957, 238; KG Rpfleger 1962, 153; OLG Köln DB 1955, 724; OLG Celle Rpfleger 1956, 347.
5 OLG Düsseldorf, Beschl. v. 17. 1. 1995 – 22 W 65/94, KostRsp. ZPO § 3 Nr. 1209 = OLGR 1995, 192.
6 OLG Köln DB 1955, 724.
7 BGH NJW 1960, 1252; KG JW 1932, 2893.
8 OLG Celle Nds.Rpfl. 1961, 221.

Unrichtig erscheint es, wenn OLG Bremen[1] nach dem ermittelten Geldbetrag bewerten will. Dann könnte der Streitwert auf Null sinken!   4470

Keine sachliche Abweichung liegt in der Formulierung, Ausgangspunkt sei der Betrag, den der Kläger sich nach seinem Sachvortrag von der Rechnungslegung bestenfalls verspreche. Denn auch dabei wird „auf den Sachvortrag" abgestellt.   4471

Dies ist nötig, um der Möglichkeit zu begegnen, dass der Kläger durch willkürliche Zahlenangaben den Streitwert hochtreibt.   4472

Für das maßgebende Interesse des Klägers ist von dem Zahlungs- oder anderweitigen Leistungsanspruch auszugehen, den er nach seiner Darlegung zu erwarten hat. Der Streitwert dieses möglichen Leistungsanspruchs ist dann wegen bloßen Auskunftsbegehrens zu kürzen, nämlich mit einem Bruchteil des erwarteten Anspruchs zu bewerten.[2] Da es stets auf den Einzelfall ankommt, ist eine gleichbleibende Quotierung ausgeschlossen.[3]   4473

Der Spielraum für das Schätzungsermessen[4] liegt zwischen $^{1}/_{10}$ und $^{2}/_{5}$[5] oder $^{1}/_{3}$ und $^{1}/_{5}$.[6]   4474

Als Regelbruchteil wird vielfach $^{1}/_{4}$ angesetzt.[7]

Andere Gerichte haben z.B. mit $^{1}/_{10}$ bewertet.[8]

Der BGH[9] hat einmal $^{1}/_{5}$ angesetzt.

Kann der Kläger ohne Abrechnung seinen Zahlungsanspruch gar nicht verfolgen, dann mag im Einzelfall der Wert des Anspruchs auf Rechnungslegung bis nahe an den Wert des Zahlungsanspruchs herankommen.[10] Entsprechend liegt es, wenn mit der Rechnungslegung zugleich eine Feststellungswirkung erzielt wird.[11]   4475

Der Begründung eines BGH-Beschlusses[12] ist eine aufschlussreiche Zusammenstellung der beim Kläger zu bewertenden Interessenkonstellationen zu entnehmen: 4476

a) Die Durchsetzbarkeit des Zahlungsanspruchs hängt von der Rechnungslegung ab: Hohe Bewertung, ggf. wie der Zahlungsanspruch selbst.

---

1 OLG Bremen Rpfleger 1957, 273.
2 LG Freiburg, KostRsp. GKG § 25 Nr. 151 mit Anm. *Schneider* = WuM 1991, 504.
3 BGH NJW 1960, 1252.
4 Krit. zum Begriff *Lappe* NJW 1993, 1750.
5 OLG Celle Nds.Rpfl. 1961, 221.
6 KG Rpfleger 1962, 153.
7 S. z.B. KG Rpfleger 1972, 153; OLG Köln VersR 1976, 1154; LG Bonn, Beschl. v. 31. 10. 1991 – 6 T 246/91, KostRsp. ZPO § 3 Nr. 1094 = JurBüro 1992, 117.
8 OLG Celle Nds.Rpfl. 1960, 177; OLG Nürnberg MDR 1960, 570.
9 JurBüro 1960, 796.
10 BGH MDR 1962, 564; LG Freiburg KostRsp. GKG § 25 Nr. 151 mit Anm. *E. Schneider* = WuM 1991, 504.
11 BGH NJW 1960, 1252.
12 Siehe KostRsp. ZPO § 3 Nr. 613 mit Anm. *Schneider* = JurBüro 1983, 1182.

b) Die Durchsetzbarkeit wird durch Rechnungslegung erleichtert: Streitwert etwa die Hälfte des Wertes des Zahlungsanspruchs.

c) Der Leistungsanspruch ist im Wesentlichen auch ohne Rechnungslegung durchzusetzen: Geringer Wertansatz, etwa $1/4$ des Zahlungsbegehrens.

d) Der Kläger ist bereits im Besitz der Unterlagen, so dass ihm die Mithilfe des Beklagten nur noch der Kontrolle dient: Geringster Wertansatz, etwa $1/10$ des Streitwerts des Zahlungsanspruchs.

4477   Eine Zusammenrechnung des Anspruches auf Rechnungslegung mit dem Anspruch auf Zahlung scheidet wegen der bloß vorbereitenden Zweckbestimmung des Rechnungslegungsanspruches aus.

4478   Das gilt auch dann, wenn von vornherein ein bereits beziffferter Leistungsantrag als Teilforderung gestellt wird, sofern die Rechnungslegung auch der Ermittlung dieses Teilbetrages dient.[1]

4479   Ist dies nicht der Fall, wird also über den durch Rechnungslegung vorzubereitenden erhofften Leistungsbetrag hinaus ein zusätzlicher Betrag verlangt, dann fällt die Anspruchsüberlagerung weg.

4480   Die Streitwerte eines Anspruches auf Rechnungslegung und eines davon unabhängigen Anspruches auf Leistung müssen, soweit die Selbständigkeit des Leistungsanspruches reicht, nach § 5 ZPO addiert werden.[2]

4481   Hat umgekehrt der Rechnungslegungsanspruch nur den Zweck, einen neben der Hauptforderung verfolgten Zinsanspruch zu klären, ist er streitwertmäßig bedeutungslos.[3]

4482   Auf das Interesse des Beklagten kommt es dann an, wenn über seinen Sachantrag zu entscheiden ist, also bei Einlegung eines Rechtsmittels gegen die Verurteilung zur Rechnungslegung. Maßgebend ist dann der Aufwand an Zeit und Kosten, den die Erfüllung des titulierten Anspruchs erfordert.[4] Siehe näher dazu bei den Stichwörtern „Auskunftsanspruch" Rn. 690 ff. und „Stufenklage" Rn. 4515 sowie „Rechtsmittel" Rn. 5169.

4483   Zu beachten ist Folgendes:

a) Das Interesse des Beklagten an der Abwehr eines ausgeurteilten Rechnungslegungsanspruchs des Klägers ist maßgebend, auch soweit es auf schutzwürdige Geheimhaltung bestimmter Tatsachen gerichtet ist, also beispielsweise nicht beim Unterhaltsanspruch über das Einkommen.

b) Unmaßgeblich ist aber das bloße Interesse, durch Verschweigen die Rechtsverfolgung des Gegners zu vereiteln oder zu erschweren.[5]

---

1 KG JW 1927, 1360; 1934, 2633.
2 OLG Naumburg, JVBl. 1939, 169; KG JW 1927, 1388.
3 RGZ 29, 395.
4 BGH, KostRsp. ZPO § 3 Nr. 1030 mit Anm. *Schneider* = NJW 1991, 1833 = MDR 1991, 679; BGH NJW-RR 1991, 956 = EzFamR ZPO § 3 Nr. 20 = WPM 1992, 289 = KostRsp. ZPO § 3 Nr. 1086; jetzt der Große Zivilsenat des BGH KostRsp. ZPO § 3 Nr. 1192.
5 BGH JurBüro 1983, 1182 = KostRsp. ZPO § 3 Nr. 613 mit Anm. *Schneider*; JurBüro 1978, 357 = Rpfleger 1978, 53.

c) Das Interesse des Beklagten ist entsprechend geringer zu bewerten, wenn der Beklagte bereits weitgehend durch von ihm gemachte Angaben die Unklarheit über die Höhe des Hauptanspruchs beseitigt hatte. Das Interesse des Beklagten ist schutzwürdig, wenn es ihm darum geht, den mit der Rechnungslegung voraussichtlich verbundenen Aufwand an Zeit und Kosten zu vermeiden.[1]

Hat bei einer Stufenklage das Gericht den Rechnungslegungsanspruch durch Teilurteil zuerkannt und das Berufungsgericht die gesamte Klage abgewiesen, so ist bei uneingeschränkter Revision für den Streitwert jedenfalls der Revisionsinstanz die gesamte Klage maßgebend.[2]   4484

Diese Bewertung muss aber auch für den zweiten Rechtszug gelten, weil das Berufungsgericht durch seine umfassende Entscheidung den ganzen Rechtsstreit an sich gezogen hat.   4485

Ob dabei von Anwälten und Gerichten bei Antragstellung oder Entscheidung prozessuale Fehler begangen worden sind, ist für den Streitwert unmaßgeblich.   4486

Jedoch ist das Beklagteninteresse nicht deshalb höher zu bewerten, weil die Parteien auch über den Grund des Leistungsanspruchs streiten und das angefochtene Urteil in seinen Entscheidungsgründen den Grund des Anspruchs bejaht hat.[3]   4487

Recht am eigenen Bild

Die (vorbeugende) Unterlassungsklage wegen Verletzung des Rechts am eigenen Bild ist eine nach § 48 Abs. 2 GKG zu bewertende, nichtvermögensrechtliche Streitigkeit.[4] Der Wert ist unter Berücksichtigung aller Umstände des Einzelfalls zu bestimmen und darf nicht über 1 000 000 Euro angenommen werden.   4488

Wird der Unterlassungsanspruch mit einem aus der Verletzung des Rechts am eigenen Bild hergeleiteten Schadensersatzanspruch verbunden, so ist nach § 48 Abs. 4 GKG nur der höhere der beiden Ansprüche maßgebend.   4489

---

1 BGH NJW 1970, 1083; JurBüro 1983, 1181 = KostRsp. ZPO § 3 Nr. 613 mit Anm. *E. Schneider.*
2 BGH NJW 1960, 576: Abgrenzung zu BGH NJW 1959, 1827.
3 BGH MDR 1964, 840.
4 KG JurBüro 1969, 1190.

Rechtsbeschwerde

4490 Der Streitwert einer Rechtsbeschwerde ist nach § 47 GKG zu bestimmen. Maßgeblich ist in erster Linie der Antrag des Beschwerdeführers (§ 47 Abs. 1 S. 1 GKG). Wird die Rechtsbeschwerde nicht bzw. nicht innerhalb der Frist des § 575 Abs. 2 ZPO begründet, richtet sich der Streitwert nach der Beschwer.

4491 Für die Gerichtsgebühren ist eine Wertfestsetzung überwiegend nicht erforderlich, da Festgebühren anfallen (vgl. Nr. 1822, 1823 KV GKG). Eine Ausnahme gilt für bestimmte Familiensachen (Nr. 1820 Ziffer 2 KV GKG) und für die Rechtsbeschwerde gegen den Beschluss, durch den die Berufung als unzulässig verworfen wurde (Nr. 1820 Ziffer 1 KV GKG).

4492 Der Anwalt erhält die Wertgebühren nach Nr. 3502 VV RVG (Verfahrensgebühr) und nach Nr. 3516 VV RVG (Terminsgebühr).

4493 Hinsichtlich der Einzelheiten vgl. das Stichwort „Rechtsmittel".

Rechtshängigkeit

Siehe das Stichwort „Einrede, Einwendung".

Rechtsmittel

Literatur: *H. Schmidt* JurBüro 1953, 377 (Streitgenossen-Prozess); *Tschischgale* MDR 1962, 617 (Berufung und Revision); *Mümmler* JurBüro 1975, 313 (Gebührenansatz nach Zurückverweisung); *Baumgärtel/Klingmüller* VersR 1980, 420 (fiktive Anträge in Verbindung mit Rechtsmittelrücknahme); *Ewers*, FamRZ 2001, 1050; *Otto* JurBüro 1997, 286; *Jauernig* NJW 2001, 3027; *Mayer/Mayer* JurBüro 1993, 325; *Lappe* NJW 1999, 1432; *N. Schneider* AGS 2004, 89.

Gliederungsübersicht

A. Allgemeines 4494

B. Anzuwendende Vorschriften . . . 4498

C. Der Rechtsmittelantrag 4501

  I. Verstoß gegen § 308 ZPO 4504

  II. Entscheidung über Ansprüche der ersten Instanz 4506

  III. Beschränkte Berufung/Teilurteil . 4508

  IV. Ehesachen 4511

D. Die Beschwer 4515

  I. Bestimmung der Beschwer 4516

    1. Formelle und materielle Beschwer 4517

    2. Antragsänderungen und -erweiterungen 4523

    3. Beschwer bei der Widerklage . 4525

    4. Beschwer beim Auskunftsanspruch 4530

  II. Maßgeblichkeit der Beschwer . . 4532

    1. Fehlender Antrag 4533

    2. Versehentliche/unzulässige Berufung 4537

3. Unbeachtlicher Antrag 4539
  a) Teilbarer Streitgegenstand . 4540
  b) Gedanke des Rechtsmiss-
     brauchs 4544
  c) Rechtsfolgen 4554

E. Wertveränderungen 4557

F. Wertberechnung bei Streit-
   genossen 4567
  I. Rechtsmittel gegen mehrere
     Streitgenossen 4568
  II. Rechtsmittel durch mehrere
      Streitgenossen 4569

G. Grundurteil 4574

H. Eventualaufrechnung 4577

I. Haupt- und Hilfsantrag 4581

J. Zurückbehaltungsrecht 4586

K. Verlustigerklärung 4588

L. Wechselseitig eingelegte Rechtsmittel 4591

M. Verurteilung Zug-um-Zug . . . 4598

N. Erledigung der Hauptsache . . . 4610

O. Einzelheiten zur Berufung . . . 4613

P. Einzelheiten zur Revision 4628

Q. Die Beschwerde 4641

R. Zinsen 4656

S. Kosten 4664

Stichwortübersicht

Angemessenheit der Anträge 4502
Anschlussberufung
– wegen Zinsen 4659
Anschlussrevision 4637
Antrag 4501
– in der Revisionsinstanz 4628
– nicht ernst gemeinter 4548
– wertbestimmend 4503
– zulässiger oder angemessener . . . 4502
Antragsänderung/-erweiterung . . 4523 f.
Anzuwendende Vorschriften . . . 4498 ff.
Arrest 4653
Aufhebung und Zurückverweisung . 4512
Auflassungsvormerkung 4605
Aufrechnung 4608
Außergerichtliche Kosten 4613
Auskunftsverurteilung . . . . . . 4530 f.
Aussetzung, Beschwerde 4651
Begründung des Rechtsmittels 4515, 4533
Berufung
– und Anschlussberufung 4624
Betragsurteil 4594
– mehrere hintereinander eingelegte 4618
– gegen Teilurteil 4619
– Vergleich 4580
– gegen verschiedene Urteile 4595
– bei verschiedenen Gerichten . . . 4617
– versehentlich eingelegte . . . . . 4537 f.
Beschränkung
– der Berufung 4508
– der Beschwerde 4554
Beschwer . . . . 4515 ff.
– bei Anfechtung mehrerer
  Beschlüsse 4648
– bei kapitalisierten Zinsen 4659
– bei Klage und Widerklage . . . . 4525 f.
– Obergrenze 4520
Beschwerde . . . . 4641 ff.
– bei Aussetzung 4651
– gegen mehrere Beschlüsse 4648
– offensichtlich unzulässig 4643
– bei Verweisungsantrag 4620
Beschwerdegegenstand 4623
Beschwerdewert 4516
– Umsatzsteuer 4644
Bruchteilsbewertung 4531
Derselbe Streitgegenstand
– bei Streitgenossen 4522
Ehesachen . . . . 4511 ff.
Eidesstattliche Versicherung 4615
Einlegung des Rechtsmittels . 4512, 4515
Einrede 4609
Einseitige Erledigungserklärung . . 4610
Einstweilige Anordnung 4649
Einstweilige Verfügung 4566
Erhöhung des Streitwerts 4582
Erledigung der Hauptsache . . . . 4610 ff.
Erledigungserklärung, einseitige . . 4610
Ermessensüberprüfung durch Revi-
  sionsgericht 4629
Erwachsenheitssumme unterschrit-
  ten 4523
Eventualaufrechnung . . . . . . 4577 ff.
Feststellung und Teilleistung 4633
Flächenaustausch 4623
Formelle Beschwer 4517
Frist zur Klageerhebung, § 926
  Abs. 1 ZPO 4653

Gebührenstreitwert und Revisions-
wert . . . . 4628 ff.
Gegenleistung 4598
Geringwertige Anträge 4541
Grenzregelung, Zulässigkeit 4623
Grundurteil und Schlussurteil 4575
Grundurteils- und Betragsurteils-
Berufung 4594
Hauptantrag und Hilfsantrag . . . . 4581 ff.
Hauptsache
– Erledigung . . . . 4610 ff.
– Erledigung, einseitig erklärte . . . 4610
– Zinsen als Hauptsache 4657
Herausgabe von Sachen 4587
Hilfsantrag . . . . 4581 ff.
Hilfsaufrechnung 4627
Hilfswiderklage 4584
Hintereinander eingelegte Berufungen 4618
Hypothetische Anträge 4554
Inkassogebühren 4664
Interesse des Rechtsmittelbeklagten
unbeachtlich 4501
Interessenveränderung 4566
Irrtümliche Berufung 4537
Kapitalisierte Zinsen und Beschwer . 4659
Klage und Hilfswiderklage 4584
Klage und Widerklage
– Beschwer 4525
Klageerweiterung in zweiter Instanz 4564
Kosten . . . . 4664 ff.
– Beschwerdeverfahren 4644
Kostenfestsetzungsbeschlüsse,
Beschwerde gegen mehrere 4648
Kostenschlussurteil 4662
– nach Teilanerkenntnisurteil 4668
Materielle Beschwer 4518
Mieterhöhung, Zustimmung 4614
Nachbesserung 4607
Nebenforderungen 4656
Nichtzulassungsbeschwerde 4655
Obergrenze der Beschwer des
Beklagten 4520
Offensichtlich unzulässige
Beschwerde 4643
Prozesskostensicherheit 4622
Quotenberufung bei Grundurteil . . 4576
Rechtsmittel
– Antrag 4501
– Antrag und Beschwer 4515
– bei verschiedenen Gerichten . . . 4617
Rechtsmittelsumme unterschritten . 4503
Revision . . . . 4628 ff.
– Revisionsantrag 4630

– Revisionsbegehren 4628
– Revisionsbeschwerde . . . . . 4628 f.
– Revisionswert und Gebühren-
streitwert . . . . 4628 ff.
– Teilurteil 4635
– Wiederklage 4634
Rückstände im Unterhaltsprozess . 4514
Sachherausgabe 4587
Schlussurteil
– nach Grundurteil 4576
– über Kosten 4662
Sicherheitsleistung für Prozess-
kosten 4622
Streitgegenstand 4506
Streitgenossen 4567
Streithelfer 4521
Streitwerterhöhung 4582
Streitwertverminderung 4557, 4563
Stufenklage 4616, 4640
Teilanerkenntnisurteil und Kosten-
schlussurteil 4668
Teilbarer Streitgegenstand und
Rechtsmittelrücknahme . . . . 4540 f.
Teilbetragsberufung 4508
Teilurteil 4635
– Anfechtung . . . .
– Berufung 4509
– und Kostenschlussurteil 4662
– gegen Streitgenossen 4570
Umsatzsteuer, Beschwerdewert . . . 4644
Unerkennbare Willensmängel 4503
Unterhaltsprozess 4514
Unterhaltsrente, Berufung und
Anschlussberufung 4626
Unterlassungsklage 4636
Unterlassungsinteresse 4519
Unzulässige Beschwerde, Offen-
sichtlichkeit 4643
Unzuständigkeit 4620
Verbindung 4531
Verbundurteil, Berufung nur gegen
Scheidung 4511
Verfahrensmängel bei Beschwerde . 4645
Verlustigerklärung . . . . 4588 ff.
Verminderung des Streitwerts . 4557, 4563
Versehentlich eingelegte Berufung 4537 f.
Versorgungsausgleich, Berufung
wegen Abtrennung 4512
Verstoß gegen § 308 ZPO . 4504 f., 4585
Verurteilung Zug um Zug . . . . 4598 ff.
Verweisungsantrag
– Beschwerdeverfahren 4652
Verwerfung 4654

Vorabentscheidung 4880
Wechselkurse, steigende 4565
Wechselseitige Rechtsmittel . . . 4591 ff.
Wertpapiere 4639
Wertveränderungen . . . . 4557 ff.
Willensmängel 4503
Zahlungen vor Beschwerdeein-
  legung 4646
Zeitpunkt der Bewertung 4557
Zinsen . . . . 4656 ff.
– mit Anschlussberufung 4659

– als Hauptsache 4657
– bei Kapitalisierung 4659
Zug-um-Zug-Verurteilung . 4598 ff., 4661
Zulässigkeit der Anträge . . . . . .
Zurückbehaltungsrecht . . . . . . 4586 f.
Zurücknahme
– der Berufung 4625
– des Rechtsmittels 4515
– teilweise bei Beschwerde 4541
Zustimmung zur Mieterhöhung . . 4614
Zwischenurteil . . . . 4620 ff.

A. Allgemeines

Es ist zwischen dem Rechtsmittelstreitwert, dem Gebührenstreitwert, der Beschwer und dem Wert des Beschwerdegegenstandes zu unterscheiden. **4494**

Der **Rechtsmittelstreitwert**, auch Beschwerdewert genannt, betrifft die Frage **4495** der Zulässigkeit eines Rechtsmittels. Seit dem 1. 1. 2002[1] ist der Rechtsmittelstreitwert nur noch für Berufung und Beschwerde von Bedeutung, da die Wertrevision (vgl. § 546 Abs. 1 ZPO a.F.) entfallen ist. Nach § 26 Nr. 8 EGZPO gilt für eine Übergangszeit für die revisionsrechtliche Nichtzulassungsbeschwerde eine Grenze von 20 000 Euro. Die Berufung ist – mangels Zulassung durch das Erstgericht – nach § 511 Abs. 2 Nr. 1 ZPO nur zulässig, wenn der Wert des Beschwerdegegenstandes 600 Euro übersteigt. Für die Beschwerden in Kostensachen muss der Wert des Beschwerdegegenstandes einen Betrag von 200 Euro übersteigen (§ 567 Abs. 2 ZPO).

Die **Beschwer** des Rechtsmittelführers bestimmt sich nach dem Inhalt der an- **4496** gefochtenen Entscheidung, soweit sie den Rechtsmittelführer unmittelbar rechtlich benachteiligt. Der **Wert des Beschwerdegegenstandes** richtet sich dagegen nach dem konkreten Antrag des Rechtsmittelführers – er kann mit der Beschwer übereinstimmen, aber auch hinter ihr zurückbleiben, wenn beispielsweise das beschwerende Urteil mit dem Rechtsmittel nur teilweise angegriffen und im Übrigen hingenommen wird. Der Wert des Beschwerdegegenstandes kann aber nicht größer sein als die Beschwer.[2]

Der **Gebührenstreitwert** hat nichts mit der Zulässigkeit des Rechtsmittels zu **4497** tun, sondern ist Maßstab für die Berechnung der Gerichts- und Anwaltsgebühren im Rechtsmittelverfahren.

---

1 Inkrafttreten des Zivilprozessreformgesetzes vom 27. 7. 2001, BGBl. I, 1887.
2 Vgl. auch die Ausführungen von *Jauernig* NJW 2001, 3027.

B. Anzuwendende Vorschriften

4498 Die Beschwer und der Wert des Beschwerdegegenstandes (§§ 511 Abs. 2, 567 Abs. 2 ZPO, § 26 Nr. 8 EGZPO) werden nach §§ 3–9 ZPO berechnet (§ 2 ZPO). Die Beschwer hat für die Revision mit dem endgültigen Wegfall der Wertrevision am 1. 1. 2007 keine Bedeutung mehr.[1]

4499 Für den Gebührenstreitwert ist eine gesetzliche Regelung in §§ 47, 40 GKG enthalten. Danach bestimmt sich dieser Streitwert nach den Anträgen des Rechtsmittelklägers (§ 47 Abs. 1 S. 1 GKG). Endet das Verfahren, ohne dass solche Anträge eingereicht werden, oder werden, wenn eine Frist für die Berufungs- oder Revisionsbegründung vorgeschrieben ist, innerhalb dieser Frist Berufungs- oder Revisionsanträge nicht eingereicht, so ist die Beschwer maßgebend (§ 47 Abs. 1 S. 2 GKG). Weitere Wertvorschriften für die Gebühren in der Rechtsmittelinstanz finden sich in §§ 41 Abs. 4, 45 Abs. 2 und 62 GKG.

4500 Die Wertvorschriften gelten für sämtliche Rechtsmittel (Berufung, Revision, Beschwerde, weitere Beschwerde, Rechtsbeschwerde). Für die Nichtzulassungsbeschwerde sowie für das Verfahren über den Antrag auf Zulassung des Rechtsmittels bestimmt sich der Streitwert nach § 47 Abs. 3 GKG.

C. Der Rechtsmittelantrag

4501 Der Gebührenstreitwert für das Rechtsmittelverfahren bestimmt sich gemäß § 47 Abs. 1 S. 1 GKG in erster Linie nach dem **Antrag** des Rechtsmittelführers.[2] Ein darüber hinausgehendes oder dahinter stehendes Interesse des Rechtsmittelführers bleibt bei der Wertbestimmung außer Betracht.[3]

4502 Wenn in § 47 Abs. 1 S. 1 GKG von den „Anträgen des Rechtsmittelklägers" die Rede ist, so bedeutet das, wie stets im Bewertungsrecht, dass die tatsächlich gestellten Anträge gemeint sind. Es ist unbeachtlich, ob diese Anträge zulässig oder sachlich angemessen sind.[4]

4503 Der Rechtsmittelantrag ist nicht nur wertbestimmend, wenn er unter der Beschwer, sondern auch dann, wenn er unter der Rechtsmittelsumme liegt.[5] Unerkennbare Willensmängel sind unbeachtlich.[6]

---

1 Vgl. noch zur Berechnung der Beschwer nach § 546 Abs. 2 S. 1 ZPO a.F.: BGH, Beschl. v. 12. 6. 1991 – XII ZR 65/91, MDR 1992, 83.
2 Vgl. auch BGH, KostRsp. ZPO § 3 Nr. 814 mit Anm. *Schneider*; BVerwG, Beschl. v. 9. 11. 1988 – 4 B 185/88, JurBüro 1989, 528.
3 BGH, KostRsp. ZPO § 3 Nr. 814 mit Anm. *Schneider.*
4 OLG Karlsruhe NJW 1975, 1933; KG Rpfleger 1962, 154; BFH BStBl II 1975, 304.
5 BGH NJW 1974, 1286; OLG München MDR 1974, 590.
6 OLG Karlsruhe NJW 75, 1933.

I. Verstoß gegen § 308 ZPO

Lässt die obsiegende Partei ein Urteil, das ihr unter Verstoß gegen § 308 Abs. 1 ZPO mehr zugesprochen hat, als von ihr beantragt gewesen ist, dem Gegner zustellen, ohne dabei zu erklären, dass sie hinsichtlich des zuviel Zuerkannten keine Rechte aus dem Urteil herleite, so erfasst der Streitwert der Berufung die **ganze Urteilssumme** bis zur Nachholung dieser Erklärung.[1] Hinsichtlich der Stufenklage wird diese Auffassung auch vom BGH[2] und vom OLG Düsseldorf[3] vertreten.[4]   **4504**

Die Anwaltskosten erster Instanz richten sich nur nach dem Wert der anwaltlichen Tätigkeit, für die die Urteilsverkündung nicht bestimmend ist. Die Parteikosten können sich allenfalls dann nach dem höheren Wert richten, wenn in zweiter Instanz der Streit statt um den erstinstanzlich gestellten Antrag um den darüber hinausgehenden Urteilsspruch geführt wird. Dann gilt, was das OLG Köln[5] ausgeführt hat.   **4505**

II. Entscheidung über Ansprüche der ersten Instanz

Der Gebührenstreitwert der Berufung umfasst auch dann den gesamten Anspruch, wenn das Berufungsgericht über Anspruchsteile mitentscheidet, die noch in **erster Instanz anhängig** sind. Geschieht dies zulässigerweise[6] und wird über diese Anspruchsteile vor der Entscheidung mündlich verhandelt, dann ergeben sich keine Schwierigkeiten. Der Streitgegenstand und damit das Bewertungsobjekt ist durch die Anträge umrissen.   **4506**

Der Streit, ob dies anders zu entscheiden ist, wenn erstmals im Urteil auf den noch in erster Instanz anhängigen Anspruchsteil eingegangen wird,[7] hat sich erledigt. Denn im Rechtsmittelverfahren fällt keine gesonderte Urteilsgebühr mehr an, die ggf. nach dem höheren Wert zu berechnen wäre. Die Gebühr für das Verfahren im Allgemeinen (Nr. 1220 bzw. Nr. 1230 KV GKG) fällt bereits bei Beginn des Rechtsmittelverfahrens an.   **4507**

III. Beschränkte Berufung/Teilurteil

Wenn die Berufung gegen ein klageabweisendes Urteil nach der Berufungsschrift nur eingelegt wird, soweit die Klage in Höhe eines bestimmten **Teilbe-**   **4508**

---

1 OLG Köln NJW 1960, 1471.
2 BGH MDR 1960, 393; BGH, Beschl. v. 12. 3. 1992 – I ZR 296/91, JurBüro 1993, 164.
3 OLG Düsseldorf Rpfleger 1965, 2 zu §§ 3, 254 ZPO.
4 Vgl. das Stichwort „Verstoß gegen § 308 Abs. 1 ZPO".
5 OLG Köln NJW 1960, 1471; zustimmend BGH NJW 1973, 2207 = JurBüro 1974, 185; siehe auch *Schneider* MDR 1971, 437.
6 Vgl. dazu *Mayer/Mayer* JurBüro 1993, 325.
7 Vgl. die Vorauflage Rn. 3708.

trages abgewiesen worden ist, dann ist der Streitwert nach diesem Teilbetrag zu bemessen.[1]

4509 Wird dagegen auf die Berufung gegen ein klagezusprechendes **Teilurteil** nach entsprechender mündlicher Verhandlung unter Aufhebung des angefochtenen Urteils die Klage insgesamt abgewiesen, so richtet sich der Streitwert der Berufungsinstanz nach dem vollen Wert der Klage.

4510 Wird auf Feststellung des gesamten Rechtsverhältnisses und zugleich auf Leistung eines Teils geklagt, so sind in erster Instanz die Werte beider Ansprüche nicht zusammenzurechnen. Wird über den Feststellungsantrag sodann durch **Teilurteil** entschieden und dieses angefochten, so ist dem Streitwert in den Rechtsmittelinstanzen der Wert des gesamten Rechtsverhältnisses zugrunde zu legen.[2]

IV. Ehesachen

4511 Richtet sich im Scheidungsverfahren nach Erlass eines **Verbundurteils** die Berufung nur gegen den darin enthaltenen Scheidungsausspruch, etwa weil der vorzeitige Ehescheidungsantrag (§ 1565 Abs. 2 BGB) als nicht gerechtfertigt gerügt wird, dann ist der Berufungsstreitwert nur nach dem Wert des Scheidungsausspruchs zu berechnen. Die im Verbundurteil enthaltenen Folgesachen sind streitwertmäßig unbeachtlich.[3]

4512 Wird eine Ehe unter gleichzeitiger Abtrennung des Verfahrens über den Versorgungsausgleich geschieden, legt die beklagte Partei dagegen Berufung ein mit dem Ziel, die Wiederherstellung des Verbundes wegen **unzulässiger Abtrennung** zu erreichen, und entspricht das Berufungsgericht diesem Antrag durch Aufhebung und Zurückverweisung, so ist der Berufungsstreitwert ohne den Wert des Versorgungsausgleichsverfahrens zu berechnen.[4] Denn darüber liegt noch keine Entscheidung vor, so dass insoweit auch keine Beschwer gegeben sein kann. Das hinter der Rechtsmitteleinlegung stehende Interesse ist nicht ausschlaggebend.

4513 Es verhält sich hier etwa so, wie wenn ein Teilurteil mit der Begründung angegriffen wird, es sei unter Verletzung des § 301 ZPO ergangen. Die Richtigkeit der vorstehenden Auffassung ergibt sich auch aus einem Umkehrschluss: Würde die Berufung zurückgewiesen, die erstinstanzliche Abtrennung des Versorgungsausgleichs also bestätigt, dann wäre der Streitwert des Berufungsverfahrens gewiss nicht um den Wert des Versorgungsausgleichs zu erhöhen. Darauf hat das OLG Hamm[5] mit Recht hingewiesen.

---

1 OLG Celle JurBüro 1961, 89.
2 BGH JurBüro 1969, 833 = LM ZPO § 5 Nr. 8.
3 OLG Karlsruhe, KostRp. GKG § 19a Nr. 21 = Justiz 1987, 379.
4 OLG Hamm JurBüro 1979, 1679.
5 OLG Hamm JurBüro 1979, 1679.

Greift der Berufungskläger im **Unterhaltsprozess** lediglich seine Verurteilung 4514
für die Zeit nach den ersten zwölf Monaten nach Klageeinreichung an, bemisst sich der Streitwert in entsprechender Anwendung des § 42 Abs. 1
GKG nach den ersten zwölf noch im Streit befindlichen Monaten. Der sol-
chermaßen ermittelte Wert wird durch den Wert des Streitgegenstandes erster Instanz begrenzt, wenn dieser in der Berufungsinstanz nicht erweitert
wird.[1]

D. Die Beschwer

Die Einlegung des Rechtsmittels (§§ 519, 549 ZPO) ist von seiner Begründung 4515
(§§ 520, 551 ZPO) zu unterscheiden. Bei der Einlegung braucht kein Antrag
gestellt zu werden und wird meist auch keiner gestellt. Er wird erst in der
Begründungsschrift formuliert. Wird das Rechtsmittel in derartigen Fällen nach
Einlegung nicht weiterverfolgt, weil es sich durch Rücknahme erledigt oder
stellt der Rechtsmittelführer den erforderlichen Antrag nicht innerhalb der gesetzlichen Frist, dann fehlt es an einem Rechtsmittelantrag zur Bestimmung
des Gebührenstreitwerts. Für diesen Fall sieht § 47 Abs. 1 S. 2 GKG vor, dass
die Beschwer maßgebend ist.

I. Bestimmung der Beschwer

Der Umfang der Beschwer beurteilt sich danach, wozu der Rechtsmittelführ- 4516
rer vorinstanzlich verurteilt worden ist. Mit einem Rechtsmittel will der
Rechtsmittelführer in aller Regel seine durch das angefochtene Urteil gesetzte Beschwer gänzlich beseitigen. Diese Beschwer ist dann gleich dem
Streitgegenstand des Rechtsmittelverfahrens. Für die Berechnung des Gebührenstreitwerts ist in fast allen Fällen die Bestimmung der Beschwer vorgreiflich, weil sich der Beschwerdewert und der Gebührenstreitwert meist entsprechen.

1. Formelle und materielle Beschwer

Die Berechnung der Beschwer kann beim Kläger anders verlaufen als beim 4517
Beklagten. Für den Kläger ist maßgebend dessen sog. **formelle Beschwer**, also
die Differenz zwischen dem, was er vorinstanzlich erstrebt hat, und dem, was
ihm zuerkannt worden ist.

Beim Beklagten ist auf dessen sog. **materielle Beschwer** abzustellen, da bei ihm 4518
kein Antrag abgewiesen oder zugesprochen wird. Der Klageabweisungsantrag
ist kein Sachantrag, so dass darüber auch nicht entschieden wird. Die materielle Beschwer ist gleich derjenigen Leistung, zu der der Beklagte verurteilt
worden ist. Sie kann wesentlich höher sein als das Interesse des Klägers am

---

1 BGH, Beschl. v. 4. 6. 2003 – XII ZB 24/02, NJW-RR 2003, 1657.

Erlass dieser Entscheidung, welches für die Wertfestsetzung im vorausgegangenen Rechtszug maßgebend war.[1]

4519 Die Unterscheidung zwischen formeller und materieller Beschwer wirkt sich vor allem bei der Berufung des Beklagten gegen seine Verurteilung zur Auskunftserteilung,[2] aber auch bei wettbewerbsrechtlichen Unterlassungsansprüchen und Ansprüchen wegen Eigentumsverletzungen aus. Die Beschwer des im Unterlassungsprozess unterlegenen Beklagten muss nicht mit dem Unterlassungsinteresse des Klägers identisch sein.

4520 Früher wurde vom BGH die Ansicht vertreten, die Beschwer könne – von Ausnahmen wie z.B. der beschiedenen Hilfsaufrechnung abgesehen – nicht größer sein als der Streitwert erster Instanz und stelle die Obergrenze des Beschwerdegegenstandes dar.[3] Der 5. Zivilsenat hat dann seine frühere Rechtsprechung[4] aufgegeben und – für den Fall einer Verurteilung zur Beseitigung einer Eigentumsstörung – entschieden, dass der Wert des Beschwerdegegenstandes den Wert des erstinstanzlichen Streitgegenstandes übersteigen könne.[5] Der Große Zivilsenat[6] hat in den Gründen seiner Entscheidung (Ziffer II 2b) dem 5. Zivilsenat darin zugestimmt, dass der Wert des Beschwerdegegenstandes auch bei unverändertem Streitgegenstand niedriger, gegebenenfalls aber auch höher sein kann als der für den Kläger nach seinem Antrag im ersten Rechtszug festgesetzte Wert.[7]

4521 Legt der **Streithelfer** (Nebenintervenient) das Rechtsmittel ein, was er nach § 67 ZPO kann, ist für die Wertberechnung allein die Beschwer der unterstützten Partei maßgeblich.[8] Auch bei eigenständiger Einlegung des Rechtsmittels durch Hauptpartei und Streithelfer handelt es sich nur um ein einheitliches Rechtsmittel.[9]

4522 Bei der **streitgenössischen Nebenintervention** (§ 69 ZPO), in deren Rahmen der Streithelfer unabhängig und selbst in Widerspruch zur Hauptpartei Rechtsmit-

---

1 BGH, Beschl. v. 26. 6. 1997 – IX ZR 59/97, KostRsp. ZPO § 3 Nr. 1263 = WM 1997, 2049.

2 Vgl. das Stichwort „Auskunftsanspruch".

3 Z.B. BGH KostRsp. ZPO § 8 Nr. 11 = MDR 1994, 100.

4 BGH, KostRsp. ZPO § 3 Nr. 812 = MDR 1986, 663; BGH, KostRsp. ZPO § 7 Nr. 2 mit Anm. *Schneider*; BGH, KostRsp. ZPO § 3 Nr. 1134.

5 BGH, Beschl. v. 10. 12. 1993 – V ZR 168/92, MDR 1994, 839 (beschränkt auf den Anwendungsbereich des § 3 ZPO); BGH, KostRsp. ZPO § 3 Nr. 1170 = MDR 1994, 839 = LM ZPO § 2 Nr. 8 mit Anm. *Grunsky*; zustimmend Zöller/*Gummer*, ZPO, vor § 511 Rn. 17b; angeschlossen hat sich OLG Koblenz, KostRsp. ZPO § 3 Nr. 1195 mit Anm. *Herget*.

6 BGH, KostRsp. ZPO § 3 Nr. 1192 = LM ZPO § 3 Nr. 88 mit Anm. *Schneider* = JZ 1995, 681 mit Anm. *Roth* = EWiR § 511a ZPO 1/95, 311 mit Anm. *Pfeiffer*.

7 Ablehnend *Roth* JZ 1995, 63 II. 1: Verstoß gegen den Grundsatz, dass sich die Streitwertberechnung am prozessualen Streitgegenstand zu orientieren hat; kritisch auch *Grunsky*, Anm. 2.b zu LM ZPO § 2 Nr. 8.

8 BGH NJW 1986, 257.

9 BGH, Beschl. v. 30. 4. 2001 – II ZR 328/00, MDR 2001, 1006.

tel einlegen kann, handelt es sich dagegen um ein eigenständiges Rechtsmittel, dessen Streitwert nach der Beschwer des Nebenintervenienten zu bestimmen ist.[1] Eine Addition der Beschwerdewerte von Nebenintervenient und Hauptpartei nach § 5 ZPO kommt nach Ansicht des BGH[2] wegen wirtschaftlicher Identität nicht in Betracht, da nur ein einheitlicher Streitgegenstand vorliege, dessen Auswirkungen sich bei den Beteiligten wirtschaftlich decke.

2. Antragsänderungen und -erweiterungen

Der Rechtsmittelführer kann die Beschwer nicht durch **Antragsänderungen** erhöhen.[3] Liegt die Urteilsbeschwer unterhalb der Erwachsenheitssumme, dann wird das Rechtsmittel nicht dadurch zulässig, dass der Rechtsmittelführer in der höheren Instanz seinen abgewiesenen Antrag erhöht oder nicht mehr den Hauptanspruch verfolgt, sondern nur den selbständig gewordenen höheren Zinsanspruch.[4] Denn die Erweiterung des Antrags setzt ebenso wie die Antragsänderung ein zunächst zulässig eingelegtes Rechtsmittel voraus.[5]   4523

Auch eine **Antragserweiterung** in erster Instanz schafft nicht die notwendige Beschwer, wenn sie erkennbar nur dazu dient, den Rechtsmittelzug zu eröffnen.[6] Eine Änderung des Klageantrags in der Berufungsinstanz ist allerdings dann zulässig, wenn er sich im Rahmen des § 264 Nr. 3 ZPO hält.[7]   4524

3. Beschwer bei der Widerklage

Soweit der Beklagte selbst Kläger ist, nämlich als **Widerkläger**, kommt es für den Gebührenstreitwert auf seine formelle Beschwer an. Werden also in einem Rechtsstreit Klage und Widerklage abgewiesen, dann bemisst sich die Beschwer des Klägers nur nach dem Wert des abgewiesenen Klageantrages, diejenige des Beklagten (= Widerklägers) nur nach dem Wert des abgewiesenen Widerklageantrages. Lediglich insoweit ist die jeweilige Partei beschwert.   4525

Soweit die Berufung nur wertabhängig zulässig ist, so ist – wenn beide Parteien Berufung einlegen – die Mindestbeschwer des § 511 Abs. 2 Nr. 1 ZPO für jede Partei gesondert nach ihrer Beschwer zu berechnen. Es darf nicht addiert werden (§ 5 ZPO). Der **Gebührenstreitwert** errechnet sich in solchen Fällen jedoch gemäß § 45 Abs. 2 GKG nach der Summe der Beschwer von Kläger und Widerkläger, soweit die geltend gemachten Ansprüche nicht denselben Gegenstand betreffen.   4526

---

1 BGH, Beschl. v. 30. 4. 2001 – II ZR 328/00, MDR 2001, 1006; BGH, Beschl. v. 4. 10. 1993 – II ZB 9/93, DtZ 1994, 29.
2 BGH, Beschl. v. 30. 4. 2001 – II ZR 328/00, MDR 2001, 1006.
3 Siehe dazu näher Zöller/*Gummer/Heßler*, vor § 511 Rn. 10a; RGZ 90, 85; RGZ 139, 221; LG Bonn NJW-RR 1995, 959.
4 BGH, KostRsp. ZPO § 4 Nr. 70.
5 BGH NJW 2003, 2172; BGH NJW-RR 2002, 1085.
6 LG Bonn NJW-RR 1995, 959.
7 BGH, Urteil v. 11. 11. 2004 – VII ZR 128/03, ProzRB 2005, 182.

4527 Wird der Klage stattgegeben und zugleich die Widerklage abgewiesen, ist die Beschwer des Beklagten und Widerklägers gleich der Summe der Streitwerte von Klage und Widerklage,[1] da der Beklagte durch die Verurteilung materiell und durch die Abweisung der Widerklage formell beschwert ist. Legt der Beklagte gegen dieses ihn „doppelt beschwerende" Urteil Berufung ein, dann gilt für den Gebührenstreitwert das Gebot der Streitwertaddition.

4528 Von einigen Gerichten[2] wird vertreten, dass für die Ermittlung der Rechtsmittelbeschwer ein Additionsverbot gelte und damit eine Addition der Streitwerte von Klage und Widerklage abzulehnen sei, wenn der **voll unterlegene Beklagte** Berufung einlegt. Die herrschende Meinung ist seit einer Entscheidung der Vereinigten Civilsenate des Reichsgerichts vom 29. 9. 1882[3] stets gegenteiliger Auffassung gewesen. Die Anwendung des Additionsverbotes auf die Berechnung der Beschwer verkennt den grundlegenden Unterschied zwischen Eingangszuständigkeit und Rechtsmittelbeschwer. Es ist nicht mit einer Rechtseinbuße verbunden, wenn über Klage und Widerklage in erster Instanz vom Amtsgericht statt vom Landgericht entschieden wird oder umgekehrt. Wohl wird eine Partei um ihr Recht auf Berufung gebracht, wenn sie zur Klage und zur Widerklage mit – beispielsweise – je 500 Euro unterlegen ist, dann aber so behandelt wird, als sei sie insgesamt nur mit 500 Euro unterlegen. Das LG Aachen stützt seine von der ganz herrschenden Meinung abweichende Auffassung darauf, dass der Gesetzgeber im Jahre 1976 in der Überschrift vor § 1 ZPO die Worte „und Wertvorschriften" eingefügt hat.

4529 Mittlerweile hat das LG Gießen, mit dem alles begann, seine Meinung aufgegeben,[4] das OLG Oldenburg hat das Additionsverbot schlicht und treffend als abwegig bezeichnet[5] und der BGH[6] hat – hoffentlich – das Schlusswort gesprochen: Für die Rechtsmittelbeschwer sind Klage und Widerklage zu addieren, soweit ihr Gegenstand nicht wirtschaftlich identisch ist.

---

1 Zöller/*Herget* § 5 Rn. 9.
2 LG Tübingen, KostRsp. ZPO § 5 Nr. 87 mit Anm. *Schneider* = NJW-RR 1992, 119; LG Gießen NJW 1975, 2206; LG Gießen NJW 1985, 870 (wieder aufgegeben NJW 1992, 2709); LG Aachen, KostRsp. ZPO § 5 Nr. 71 mit abl. Anm. *Schneider* = MDR 1987, 853; LG Aachen, KostRsp. ZPO § 5 Nr. 85 mit Anm. *Schneider* = MDR 1990, 451 = NJW-RR 1990, 959; LG Siegen, KostRsp. ZPO § 5 Nr. 88 mit Anm. *Herget* = MDR 1992, 807; LG Memmingen NJW 1992, 2710; LG Darmstadt, Urteil v. 21. 5. 1992 – 6 S 36/92; LG Berlin NJW 1992, 2710; OLG Düsseldorf, KostRsp. ZPO § 5 Nr. 90 = OLGZ 1993, 73 = NJW 1992, 3246; aus der Literatur zustimmend: *Glaremin* NJW 1992, 1146; zur Gegenansicht: *Schneider* NJW 1992, 2680; *Oehlers* NJW 1992, 1667.
3 RGZ 7, 383.
4 LG Gießen, KostRsp. ZPO § 5 Nr. 89 = NJW 1992, 2709.
5 OLG Oldenburg NJW-RR 1993, 827.
6 BGH, KostRsp. ZPO § 5 Nr. 94 = MDR 1995, 198.

4. Beschwer beim Auskunftsanspruch

Die Beschwer des zur Auskunft verurteilten Beklagten richtet sich nach dessen Aufwand an Zeit und Kosten, den titulierten Anspruch zu erfüllen.[1] Der Große Zivilsenat hat auf den Vorlagebeschluss des 2. Zivilsenats[2] die bisherige Rechtsprechung zur Beschwer des verurteilten Beklagten bzw. zum Wert des Beschwerdegegenstandes bestätigt[3] und dabei auch entschieden, dass das Interesse des Beklagten an der Vermeidung einer ihm nachteiligen Kostenentscheidung außer Betracht bleibt.[4]

In dem Vorlagebeschluss war ausgeführt, dass die Auskunftsklage der Vorbereitung der Zahlungsklage diene und für den Zahlungsanspruch keine Rechtskraftwirkung habe. Von daher sei die Bruchteilsbewertung begründet. Die vom Beklagten erstrebte „Nichtauskunft" soll die Durchsetzung des Zahlungsanspruchs verhindern, ist daher das Gegenstück zu dessen Vorbereitung und verdient somit die gleiche Bewertung.[5] Demgegenüber sieht der Große Senat zwar auf Seiten des Klägers eine enge Verbindung zwischen Haupt- und Auskunftsanspruch, weshalb sich trotz der Heranziehung des Hauptanspruchs zur Bewertung die Festsetzung noch am unmittelbaren Gegenstand der Auskunftsklage orientiere. Auf Seiten des Beklagten gehe aber das Interesse, die Durchsetzung des Hauptanspruchs zu verhindern, über den unmittelbaren Gegenstand der Entscheidung hinaus, womit die enge Verknüpfung fehle.

II. Maßgeblichkeit der Beschwer

Wie bereits ausgeführt, ist die Beschwer nach § 47 Abs. 1 S. 2 GKG für die Bestimmung des Gebührenstreitwertes dann maßgeblich, wenn es an einem (fristgerechten) Antrag des Rechtsmittelführers fehlt.

1. Fehlender Antrag

Im Rahmen des § 47 Abs. 1 GKG ist ein **förmlicher Antrag** zur Beschränkung des Rechtsmittels und damit des Streitwertes nicht immer erforderlich, so dass auch ohne einen solchen förmlichen Antrag die Wertberechnung nach § 47 Abs. 1 S. 1 GKG vorgenommen werden kann.[6] Endet das Rechtsmittelverfahren beispielsweise ohne Einreichung der Anträge, hat der Rechtsmittelführer aber innerhalb der Begründungsfrist erklärt, dass er sein Rechtsmittel auf einen

4530

4531

4532

4533

---

1 Vgl. das Stichwort „Auskunftsanspruch".
2 BGH, KostRsp. ZPO § 3 Nr. 1189 = EWiR § 511a ZPO 1/94, 1249 mit Anm. *Vollkommer* und *Gleußner* = LM ZPO § 511a Nr. 35 mit Anm. *Lappe* = MDR 1994, 1035.
3 BGH, KostRsp. ZPO § 3 Nr. 1192 = LM ZPO § 3 Nr. 88 mit Anm. *Schneider* = JZ 1995, 681 mit Anm. *Roth* = EWiR § 511a ZPO 1/95, 311 mit Anm. *Pfeiffer*.
4 So noch BGH, KostRsp. ZPO § 3 Nr. 1179 = MDR 1994, 518.
5 Siehe *Roth* JZ 1995, 684 IV. 2., der im Ergebnis aber dem Großen Senat zustimmt.
6 OLG München NJW 1967, 59 Nr. 27.

bestimmten Teil der abgewiesenen Klageansprüche beschränke, so ist der Streitwert nicht gemäß § 47 Abs. 1 S. 2 GKG nach der gesamten Beschwer, sondern nur entsprechend dem Umfang der erklärten Anfechtung festzusetzen.

4534 Einen **nachgeholten Antrag** gibt es jedoch nicht: Ist beispielsweise die Berufung antragslos eingelegt und zurückgenommen worden, dann können die Rechtsfolgen des § 47 Abs. 1 S. 2 GKG nicht durch eine nachträgliche „Klarstellung" beseitigt werden, die Berufung habe sich nur gegen einen Teil des angefochtenen Urteils gerichtet.[1] Ab Berufungsrücknahme besteht keine Möglichkeit mehr, eine versäumte Berufungsbeschränkung nachzuholen.

4535 Eine antragslos eingelegte und zurückgenommene Berufung gegen ein **Verbundurteil** ist mit dem Streitwert für die Ehesache zuzüglich der Beschwer in mitbeschiedenen Folgesachen zu bewerten.[2] Die Teilwerte von Folgesachen der freiwilligen Gerichtsbarkeit zählen dabei nur dann zur Beschwer, wenn die Partei hierzu Anträge gestellt hat, und das Gericht dahinter zurückgeblieben ist.

4536 Hat der Beklagte eine Forderung in erster Instanz **teilweise anerkannt**, sodann gegen die teils aufgrund des Anerkenntnisses, teils aufgrund streitiger Verhandlung ergangene Verurteilung Berufung eingelegt und diese ohne Stellung von Berufungsanträgen zurückgenommen, dann bestimmt sich der Streitwert nach der vollen materiellen Beschwer ohne Berücksichtigung des Anerkenntnisses.[3]

2. Versehentliche/unzulässige Berufung

4537 Es kann auch vorkommen, dass für eine nicht beschwerte Partei versehentlich Berufung eingelegt und diese alsbald nach Erkennen des Irrtums zurückgenommen wird. In einem solchen Fall setzte das OLG Frankfurt[4] den Streitwert auf mindestens 701 DM (jetzt wären es 601 Euro) fest. Richtig erscheint es, den Streitwert in solchen Fällen mangels wirklicher Beschwer auf den geringsten Tabellenwert der Gebührengesetze festzusetzen[5] oder den Streitwert mit null zu bewerten, womit ebenfalls nur die Mindestgebühren anfallen.[6]

4538 Nur der wirkliche Wert ist anzusetzen, wenn der Rechtsmittelführer meint, ein zulässiges Rechtsmittel einzulegen, später aber durch die gerichtliche Wertfestsetzung erfährt, dass die Erwachsenheitssumme nicht erreicht ist.[7] Dem Beru-

---

1 OLG Köln, Beschl. v. 25. 4. 1984 – 2 U 13/84, KostRsp. GKG § 14 Nr. 24 = MDR 1984, 766.
2 OLG Bamberg, KostRsp. GKG § 14 Nr. 28 = JurBüro 1985, 421.
3 OLG Karlsruhe JurBüro 1982, 262 = KostRsp. GKG § 14 Nr. 19 mit Anm. *Schneider*.
4 KostRsp. GKG § 14 Nr. 22 mit Anm. *Schneider* und *Lappe* = JurBüro 1984, 902.
5 So *Schneider* Anm. zu KostRsp. GKG § 14 Nr. 22.
6 So *Lappe* Anm. zu KostRsp. GKG § 14 Nr. 22.
7 Siehe OLG Bamberg, Beschl. v. 27. 12. 1985 – 5 U 196/85 Bau, KostRsp. GKG § 14 Nr. 29 mit Anm. *Schneider* = JurBüro 1986, 1220.

fungskläger, der erst in der mündlichen Verhandlung erfährt, dass sein erstinstanzlich abgewiesener, nicht auf bezifferte Geldleistung gerichteter Antrag unterhalb 600 Euro zu bewerten ist, kann kein rechtsmissbräuchliches Verhalten vorgeworfen werden, da er lediglich erstrebt, dass seine wirkliche Beschwer richtig beziffert wird.

3. Unbeachtlicher Antrag

Nur wenn das Berufungsverfahren ohne Einreichung von Anträgen endet, ist auf die Beschwer abzustellen (§ 47 Abs. 1 S. 2 GKG). Damit stellt sich die Frage, wie zu bewerten ist, wenn die Berufung ohne Stellung von Anträgen eingelegt und vor ihrer Zurücknahme gewissermaßen pro forma noch ein geringfügiger Antrag gestellt wird. Ist auch dann die Beschwer maßgebend oder der geringfügige Antrag? 4539

a) Teilbarer Streitgegenstand

Hier muss zunächst einmal zwischen teilbaren und unteilbaren Streitgegenständen differenziert werden: Unzulässige Anträge bei **unteilbarem Streitgegenstand** mit dem bloßen Ziel der Streitwertminderung verringern die Beschwer nicht.[1] Man pflegt dabei von sog. „unechten Anträgen" zu sprechen, die bei der Bewertung unberücksichtigt bleiben,[2] weil sich ein Beschwerderecht nicht „künstlich herstellen" lässt. 4540

Bei **teilbarem Streitgegenstand** dürfen jedoch vor Rechtsmittelrücknahme geringwertige Anträge gestellt werden, die den Streitwert bestimmen. Das bloße Gebrauchmachen von vorteilhaften Möglichkeiten, die das Gesetz bietet, stellt keinen Missbrauch dar.[3] Diese herrschende Ansicht entspricht auch den Prinzipien des Kostenrechts, welches klare und einfache Richtlinien verlangt und damit den gestellten Antrag als wertbestimmend anzusehen hat.[4] 4541

Das OLG Düsseldorf[5] betont in diesem Zusammenhang zu Recht, dass eine Prüfung der Frage, ob der Antrag zwecks Kostenersparnis willkürlich niedrig gehalten sei, im Streitwertfestsetzungsverfahren nicht stattzufinden habe. Das OLG Bamberg[6] hat diese Grundsätze auch auf die Zurücknahme einer verspätet eingelegten und damit anfänglich unzulässigen Berufung angewandt. 4542

---

1 OLG Celle MDR 1975, 767; OLG Bamberg, Beschl. v. 12. 3. 1998 – 3 U 1/98, OLGR 1998, 352.
2 Siehe OLG Hamm JurBüro 1977, 704 im Anschluss an BGH NJW 1973, 370 = JurBüro 1973, 295 = MDR 1973, 311.
3 BGH JurBüro 1974, 1125 = MDR 1974, 832.
4 OLG Köln JMBl.NW 1967, 132; OLG Celle NJW 1964, 359; OLG Hamburg MDR 1964, 514; OLG Hamm MDR 1964, 931; OLG Schleswig JurBüro 1956, 424; JurBüro 1960, 399; OLG Bamberg JurBüro 1976, 482; LG Stade JurBüro 1960, 80.
5 OLG Düsseldorf MDR 1962, 142.
6 OLG Bamberg JurBüro 1978, 890; ebenso LG Stade JurBüro 1960, 80.

4543 Der Streitwert des Rechtsmittelverfahrens bei teilbaren Streitgegenständen bemisst sich also auch dann nach den während der Begründungsfrist gestellten Anträgen, wenn diese hinter der Beschwer des Rechtsmittelführers zurückbleiben und das Rechtsmittel bald darauf zurückgenommen wird, selbst wenn die Rechtsmittelsumme unterschritten wird.[1]

b) Gedanke des Rechtsmissbrauchs

4544 Die vorstehenden Grundsätze entbinden natürlich nicht von der Prüfung, ob der geringwertige Antrag ausnahmsweise streitwertmäßig unbeachtlich ist. Wenn auch der Rechtsmittelkläger einen Antrag stellen darf, der unterhalb seiner Beschwer liegt, weil niemand gezwungen werden kann, eine Verurteilung bzw. Klageabweisung in vollem Umfang und nicht nur teilweise anzugreifen, so sind doch die Fälle abzugrenzen, in denen der reduzierte Antrag **rechtsmissbräuchlich** zur Verringerung des Rechtsmittelstreitwertes gestellt wird.

4545 In der Praxis wird die Möglichkeit, antragslos eingelegte Rechtsmittel zur Kostenverminderung nach Stellung eines fingierten Sachantrages zurückzunehmen, nicht selten in einer Weise genutzt, die als Rechtsmissbrauch angesehen werden muss. Es ist einfach absurd, wenn beispielsweise in einer Streitsache mit einem Wert von mehreren Millionen Euro vor Zurücknahme des Rechtsmittels ein Antrag auf Abänderung des angefochtenen Urteils wegen ein paar hundert Euro gestellt wird. Der Erfolg ist, dass die Staatskasse und der Gegenanwalt um die Gebühren geprellt werden. Denn der Gegenanwalt muss gemäß § 32 Abs. 1 RVG nach dem gerichtlich festgesetzten Wert abrechnen, während der Anwalt des Rechtsmittelführers entsprechend seinem ursprünglichen Rechtsmittelauftrag nach dem vollen Wert abrechnen darf (§ 2 Abs. 1 RVG).

4546 Nach einer Entscheidung des Großen Zivilsenats des BGH[2] sind eingeschränkte Rechtsmittelanträge bei der Streitwertfestsetzung nach § 47 Abs. 1 GKG überhaupt nicht mehr zu berücksichtigen, wenn sie offensichtlich nicht auf Durchführung des Rechtsmittels gerichtet sind.[3] Der Umstand, dass der Rechtsmittel-

---

1 Ebenso schon früher OLG Düsseldorf NJW 1971, 147; OLG München MDR 1974, 590.

2 BGHZ 70, 365 = KostRsp. GKG § 14 Nr. 3 mit Anm. *Schneider* = JurBüro 1978, 684; st. Rspr., vgl. z.B. BGH EzFamR ZPO § 3 Nr. 3; BGH, Beschl. v. 30. 9. 1997 – VI ZB 29/97, MDR 1997, 1164.

3 Vgl. auch BGH, KostRsp. GKG § 14 Nr. 25 mit Anm. *Schneider*: Der erstinstanzlich mit einer Beschwer von 50 000 DM unterlegene Kläger hat antragslos Berufung „zur Fristwahrung" eingelegt und später unter gleichzeitiger Zurücknahme der Berufung einen Berufungsantrag von 10 000 DM ohne Begründung angekündigt; ebenso OLG Hamm OLGR 1993, 252; KostRsp. GKG § 14 Nr. 42 mit Anm. *Lappe* = OLGR 1994, 252; OLG Jena, Beschl. v. 29. 1. 1998 – 7 U 162/97, OLGR 1998, 130; OLG Bamberg, Beschl. v. 12. 3. 1998 – 3 U 1/98, OLGR 1998, 352; OLG Düsseldorf, Beschl. v. 14. 11. 2000 – 20 U 14/00, JurBüro 2001, 642; OLG München, Beschl. v. 4. 7. 1990 – 28 U 3209/

führer das Verfahren nicht durchführen will, muss durch objektive Umstände zum Ausdruck kommen, damit die gebührenmäßige Unbeachtlichkeit der Rechtsmittelanträge bejaht werden kann.[1]

Diesem Grundsatz ist zuzustimmen: Die Vorschrift des § 47 Abs. 1 GKG sollte dahin ausgelegt werden, dass mit Einlegung des Rechtsmittels konkludent erklärt wird, der Rechtsmittelangriff bezwecke eine oberhalb der Beschwer liegende Abänderung des angefochtenen Urteils. Ein später anlässlich der Rechtsmittelrücknahme gestellter Sachantrag unterhalb der Mindestbeschwer ist dann für den Gebührenstreitwert unbeachtlich, es sei denn, der Rechtsmittelführer bringt eine plausible Erklärung dafür vor, dass der Antrag tatsächlich von Anfang an gewollt so gewesen ist.[2]   4547

Ein solcher objektiver Umstand, der erkennen lässt, dass das Rechtsmittelverfahren nicht ernsthaft durchgeführt werden soll, liegt beispielsweise vor, wenn der eingeschränkte Rechtsmittelantrag in dem Schriftsatz enthalten ist, mit dem gleichzeitig die Rücknahme des Rechtsmittels erklärt wird.[3]   4548

Auch ein Berufungsantrag der Beklagten, ihnen die Kosten gesamtschuldnerisch statt nach Bruchteilen aufzuerlegen, kann nach Ansicht des OLG Nürnberg nicht ernstlich gemeint sein und sei deshalb für die Streitwertbemessung unbeachtlich.[4] Es wurde der volle Wert angesetzt.   4549

Das OLG Bamberg[5] hat einen Berufungsantrag im Rahmen des § 47 Abs. 1 S. 1 GKG für unbeachtlich gehalten, mit welchem nach Abweisung der Klage mangels Anspruchsgrund eine einzelne Schadensposition weiter geltend gemacht wurde, ohne dass ersichtlich war, warum gerade diese Position weiter verfolgt wurde. Die Berufung wurde am nächsten Tag zurückgenommen.   4550

Das gleiche Ergebnis hat das OLG Jena[6] in einem Fall vertreten, in welchem ein Antrag unterhalb der Erwachsenheitssumme gestellt und im selben Schriftsatz die Berufung zurückgenommen wurde. Ähnliche Ansätze vertreten das OLG   4551

90, JurBüro 1992, 252; OLG Schleswig, Beschl. v. 25. 11. 2003 – 4 U 72/03, JurBüro 2004, 133; OLG Koblenz, Beschl. v. 22. 12. 2004 – 5 U 1332/04, AGS 2005, 163 mit Anm. *Schneider.*

1 Vgl. beispielsweise BGH, Beschl. v. 30. 9. 1997 – VI ZB 29/97, JurBüro 1998, 262 – mit der Berufung werden willkürlich 40 DM von ursprünglich rd. 336 000 DM geltend gemacht und die Berufung zehn Tage später zurückgenommen.

2 Siehe *Schneider* NJW 1978, 786.

3 OLG Jena, Beschl. v. 29. 1. 1998 – 7 U 162/97, OLGR 1998, 130.

4 OLG Nürnberg, KostRsp. GKG a.F. § 11 Nr. 16 – der Senat hat angenommen, der wegen § 99 Abs. 1 ZPO unzulässige Berufungsantrag sei nur gestellt worden, um einer ohne Antrag eingereichten, zurückgenommenen Berufung auf diese Weise einen geringen Streitwert zu verschaffen.

5 OLG Bamberg, Beschl. v. 12. 3. 1998 – 3 U 1/98, OLGR 1998, 352.

6 OLG Jena, Beschl. v. 29. 1. 1998 – 7 U 1621/97, OLGR 1998, 130 – allerdings wurde nicht die volle Beschwer als Gebührenstreitwert angesetzt, weil aus anderen Erklärungen des Rechtsmittelführers deutlich war, inwieweit er das Urteil tatsächlich angreifen wollte.

Düsseldorf,[1] das OLG München,[2] das OLG Saarbrücken[3] und das OLG Schleswig.[4]

4552 Dagegen halten die Oberlandesgerichte Celle,[5] Schleswig[6] und einige Senate des OLG Hamm[7] an der alten Rechtsprechung fest, wonach ein lediglich aus Kostengründen gestellter geringer Berufungsantrag streitwertbestimmend bleibt. Das OLG Celle[8] stützt sich dabei maßgeblich auf eine Stellungnahme der Rechtsanwaltskammer des OLG-Bezirks Celle, die zu dem Ergebnis geführt hat, dass die Monatsfrist des § 517 ZPO für den Anwalt in aller Regel nicht ausreiche, um mit seiner Partei abzuklären, ob überhaupt Berufung einzulegen sei. Das ist gewiss ein wichtiges Argument. Offen geblieben ist beim OLG Celle aber, ob es wirklich ausreicht, die Festsetzung von Scheinstreitwerten zu rechtfertigen mit der zwangsläufigen Folge, dass der Prozessbevollmächtigte des Berufungsbeklagten um sein Honorar oder der Berufungsbeklagte selbst um seinen Erstattungsanspruch gebracht wird. Denn unzweifelhaft dürfte sein, dass der Prozessbevollmächtigte, der sich nach Einlegung einer Berufung für den Berufungsbeklagten bestellt, keine gerechte Vergütung erhält, wenn er für seine bis zur Rücknahme erbrachten Bemühungen eine Verfahrensgebühr aus einem Streitwert von wenigen hundert Euro erhält.

4553 Das OLG Schleswig[9] hat weiter darauf hingewiesen, es sei anzustreben, *„dass einer Partei schon aus prozessökonomischen Gründen die Entscheidung, ein Rechtsmittel zurückzunehmen, so leicht wie möglich gemacht werden sollte. Hindernisse sollten ab-, nicht aufgebaut werden."* Dieses Argument ist aber nur geeignet, der Entlastung der Gerichte zu dienen. Darauf allein kann es jedoch schwerlich ankommen.

c) Rechtsfolgen

4554 Welcher Gebührenstreitwert in diesen Fällen der unbeachtlichen Rechtsmittelanträge festzusetzen ist, hat der Große Zivilsenat nicht ausdrücklich festgelegt.

---

1 OLG Düsseldorf, Beschl. v. 14. 11. 2000 – 20 U 14/00, JurBüro 2001, 642 – willkürliche Beschränkung der Berufungsanträge und Rücknahme am nächsten Tag.
2 OLG München, Beschl. v. 4. 7. 1990 – 28 U 3209/90, JurBüro 1992, 252 – Anfechtung ohne Anhaltspunkte in Sachvortrag und Prozessgeschichte auf 701 DM beschränkt und am nächsten Tag zurückgenommen; vgl. auch OLG München KostRsp. GKG § 14 Nr. 39 mit Anm. *Schneider* = JurBüro 1992, 252 mit Anm. *Mümmler*.
3 OLG Saarbrücken, Beschl. v. 20. 3. 2000 – 1 U 1064/99, KostRsp. GKG § 14 Nr. 49 = OLGR 2000, 343.
4 OLG Schleswig, Beschl. v. 25. 11. 2003 – 4 U 72/03, JurBüro 2004, 140 – Antrag auf Zahlung von einem (weiteren) Euro und gleichzeitige Rücknahme der Berufung.
5 OLG Celle MDR 1979, 1033.
6 OLG Schleswig, KostRsp. ZPO § 3 Nr. 943 mit Anm. *Schneider* = SchlHA 1988, 172.
7 Vgl. NJW 1979, 171 = MDR 1978, 1030; JurBüro 1979, 1548; MDR 1979, 591 gegen OLG Hamm AnwBl. 1979, 273.
8 OLG Celle MDR 1979, 1033 (ihm folgend das OLG Schleswig, KostRsp. ZPO § 3 Nr. 943 mit Anm. *Schneider* = SchlHA 1988, 172.
9 OLG Schleswig, KostRsp. ZPO § 3 Nr. 943 mit Anm. *Schneider* = SchlHA 1988, 172.

Es bleibt eigentlich nur die Möglichkeit, gemäß § 47 Abs. 1 S. 2 GKG auf die Beschwer abzustellen.[1] Denn ist der Antrag nach den oben dargestellten Grundsätzen unbeachtlich, darf nicht mehr darauf abgestellt werden, in welchem Umfang der Rechtsmittelführer das Rechtsmittel zulässigerweise hätte beschränken können. Hypothetische Anträge scheiden für die Berechnung der Beschwer aus.[2]

Das OLG Oldenburg[3] hat versucht, einen Mittelweg einzuschlagen: Legt der Rechtsmittelkläger Berufung ohne Antragstellung ein und beschränkt er sie vor Zurücknahme des Rechtsmittels auf einen geringen Betrag, dann ist der Streitwert für die Berufungsinstanz auf 1400 DM[4] festzusetzen, höchstens jedoch auf 5 % der vollen Beschwer.   **4555**

In der Bewertungsregel „doppelte Erwachsenheitssumme, jedoch nicht mehr als 5 v. H. der vollen Beschwer" eine praktikable Lösung zu sehen, fällt nicht leicht. Es mutet letztlich doch willkürlich an, den Rechtsmittelstreitwert so einzuengen. Vor allem aber hätte dieses Vorgehen nur dann einen Sinn, wenn es zu einer durchgehend einheitlichen Rechtsprechung führen könnte. Das aber ist schwerlich anzunehmen.   **4556**

E. Wertveränderungen

Für die Zulässigkeit eines Rechtsmittels, also für die Berechnung des **Rechtsmittelstreitwerts**, ist der Zeitpunkt seiner Einlegung maßgebend. Spätere Verminderungen des Beschwerdegegenstandes bleiben außer Betracht.[5]   **4557**

Für die Ermittlung der **Beschwer** des Revisionsklägers war bisher gemäß § 546 Abs. 2 ZPO a.F. auf die letzte mündliche Verhandlung vor dem Berufungsgericht abzustellen.[6] Mit dem Wegfall der Wertrevision hat die Beschwer nur noch für die Berufung und für die Gebührenberechnung Bedeutung. Der maßgebliche Zeitpunkt für die Ermittlung der Beschwer ist gemäß §§ 2, 4 Abs. 1 ZPO die Einlegung des Rechtsmittels.   **4558**

Hinsichtlich des **Gebührenstreitwerts** liegt es bezüglich des Bewertungszeitpunktes ebenso wie hinsichtlich des Rechtsmittelstreitwertes (vgl. § 40 GKG): Abzustellen ist auf die in der Rechtsmittelfrist angekündigten Anträge.[7]   **4559**

---

1 OLG Koblenz, Beschl. v. 22. 12. 2004 – 5 U 1332/04, AGS 2005, 163 mit Anm. *Schneider;* der BGH (Beschl. v. 30. 9. 1997 – VI ZB 29/97, JurBüro 1998, 262) hat dieses Ergebnis im Rahmen einer außerordentlichen Beschwerde gegen die Streitwertfestsetzung eines OLG jedenfalls gebilligt.
2 So auch OLG Frankfurt, Beschl. v. 29. 9. 1990 – 5 U 181/90, KostRsp. GKG § 14 Nr. 38 = JurBüro 1991, 107.
3 OLG Oldenburg, KostRsp. GKG § 14 Rn. 30 mit Anm. *Schneider.*
4 Dabei waren damals die 1400 DM der doppelte Mindestwert des § 511a ZPO a.F.; heute wären 1200 Euro anzusetzen.
5 Zöller/*Gummer/Heßler,* vor § 511 Rn. 10a.
6 BGH NJW 1989, 2755 = MDR 1989, 909; BGH MDR 1992, 83 = NJW-RR 1991, 1210 = KostRsp. ZPO § 6 Nr. 131 mit Anm. *Schneider;* Zöller/*Gummer,* ZPO, § 546 Rn. 11.
7 OLG Braunschweig Nds.Rpfl. 1963, 150.

4560 Bei **uneingeschränktem Antrag** auf Abänderung des angefochtenen Urteils ist der Streitwert selbst dann gleich dem erstinstanzlichen Verurteilungsbetrag, wenn in der Berufungsbegründung erwähnt ist, die Verurteilungssumme sei vom Berufungsbeklagten zwischenzeitlich im Wesentlichen bezahlt worden.[1]

4561 Wird in erster Instanz nur ein Teil der Klageforderung zugesprochen und legt der Beklagte insoweit Berufung ein, dann ist, wenn die Parteien sich im zweiten Rechtszug über die Klageforderung vergleichen, nur jene im zweiten Rechtszug noch umstrittene **Teilforderung** Streitgegenstand, auch wenn der Kläger wegen der Abweisung der Mehrforderung Anschlussberufung angekündigt hat.[2]

4562 Die Streitwerthöhe des ersten Rechtszuges stellt – soweit der Streitgegenstand unverändert bleibt – gemäß § 47 Abs. 2 GKG die Wertobergrenze dar.[3] Ein späterer Wechsel der höchstrichterlichen Rechtsprechung zu einer Streitwertfrage gibt keinen Anlass, in davon unabhängigen Verfahren die frühere Streitwertfestsetzung abzuändern.[4] Andererseits kann der Rechtsmittelführer aber auch keinen Vertrauenstatbestand im Hinblick auf eine einmal erfolgte Streitwertfestsetzung geltend machen, da das Erstgericht und das Rechtsmittelgericht nach § 63 Abs. 3 GKG diese von Amts wegen abändern können.[5]

4563 **Vermindert** sich der Streitwert nach Einlegung des Rechtsmittels, so ist diese Minderung für die Wertfestsetzung der Rechtsmittelinstanz unbeachtlich.[6] Dies ergibt sich nicht nur aus dem maßgeblichen Zeitpunkt nach § 40 GKG, sondern auch aus einem Umkehrschluss zu § 47 Abs. 2 GKG. Die Begrenzung des Streitwertes, die nur durch eine Änderung des Streitgegenstandes durchbrochen werden kann, gilt nur nach oben, da nur eine Erweiterung des Streitgegenstandes für gebührenrechtlich bedeutsam angesehen wird.

4564 **Erhöht** sich im Verlaufe der Rechtsmittelinstanz der Streitwert, so ist dies nach §§ 47 Abs. 2 S. 2 GKG bei der Bestimmung des Gebührenstreitwertes zu berücksichtigen, wenn es sich um eine Erweiterung des Streitgegenstandes handelt. So kann das Berufungsverfahren beispielsweise durch Klageerweiterung in zweiter Instanz einen höheren Gebührenstreitwert haben als das erstinstanzliche Verfahren.

4565 Dagegen sind reine **Wertänderungen** (z.B. Kursschwankungen bei Wertpapieren, steigende Wechselkurse bei ausländischen Währungen etc.) ohne Änderung des Streitgegenstandes für den Gebührenstreitwert unbeachtlich. Eine andere Tendenz lässt hier allerdings die Entscheidung des BGH vom 30. 7. 1998[7] erkennen:

---

1 OLG Köln MDR 1972, 791 = KostRsp. GKG a.F. § 11 Nr. 21.
2 OLG Neustadt MDR 1960, 593.
3 BGH FamRZ 2003, 1274; BVerwG JurBüro 1993, 738.
4 OLG Köln JurBüro 1971, 1060; OLG Hamm MDR 1973, 147 mit Anm. *Schneider* S. 418; OLG Hamm KostRsp. GKG § 14 Nr. 10 = MDR 1979, 599.
5 Vgl. BVerwG, Beschl. v. 10. 12. 1992 – 6 B 42/92, JurBüro 1993, 738.
6 BGH, Beschl. v. 30. 7. 1998 – III ZR 56/98, KostRsp. GKG § 14 Nr. 47 = JurBüro 1999, 195 mit Anm. *Herget*; OLG Hamm JurBüro 1955, 441.
7 BGH, Urteil v. 30. 7. 1998 – III ZR 56/98, NJW-RR 1998, 1452.

Der Senat hat den Wert des Revisionsverfahrens bezüglich einer Klage auf Herausgabe von Wertpapieren nach dem Wert der Papiere bei Einlegung des Rechtsmittels festgesetzt. Dies entspricht zwar grundsätzlich der Regelung in § 40 GKG. Da sich der Wert der Papiere (Fonds-Anteile) im Laufe der ersten Instanz jedoch erhöht hatte, lag der Streitwert des Revisionsverfahrens über dem Streitwert der vorangegangenen Instanzen. Dies ist mit der insofern vom Wortlaut eindeutigen Regelung in § 47 Abs. 2 GKG nicht in Einklage zu bringen, da sich der Streitgegenstand nicht verändert hat.[1]

Selbst bei gleichbleibendem Streitobjekt kann das Interesse des Berufungsklägers höher oder niedriger zu bewerten sein als das des Klägers erster Instanz, beispielsweise wenn sich die Dringlichkeit oder das Schadensrisiko während des Verfahrens auf Erlass einer einstweiligen Verfügung wesentlich verändert.[2] Abzustellen ist auch dann aber auf das Interesse im Zeitpunkt der Instanzeinleitung.

4566

F. Wertberechnung bei Streitgenossen

Probleme bei der Gebührenstreitwertbestimmung stellen sich im Zusammenhang mit Streitgenossen dann, wenn diese in einem einheitlichen Rechtsmittelverfahren auftreten. Wenn dagegen der Kläger nur einen der erstinstanzlichen streitgenössischen Beklagten mit einem Rechtsmittel angreift oder nur einer der verurteilten Streitgenossen ein solches einlegt, gelten die üblichen Berechnungsvorschriften. Das Kriterium gemeinsamer Behandlung mehrerer Berufungen in einem Prozess ist schon durch den Angriff auf dasselbe Urteil gegeben und solange zu bejahen, wie nicht ein Verfahren abgetrennt wird.[3]

4567

I. Rechtsmittel gegen mehrere Streitgenossen

Die gegen mehrere Streitgenossen gerichtete Berufung schafft einen einheitlichen Beschwerdegegenstand. Es ist somit unschädlich, dass die gegen den einen Streitgenossen geltend gemachte Forderung die Berufungssumme nicht erreicht.[4] Soweit die Einzelbeschwer eines Streitgenossen sich nicht mit derjenigen eines anderen Streitgenossen deckt, ist die Gesamtbeschwer durch Addition der einzelnen Beschwerungen zu ermitteln.[5] Die Vorschrift des § 5 ZPO ist nämlich auch dann anwendbar, wenn mehrere in einer Klage geltend gemachte Ansprüche sich gegen mehrere als Beklagte in Anspruch genommene Personen richten oder wenn mehrere Gläubiger in demselben Rechtsstreit ihre selbstän-

4568

---

1 So auch *Hartmann*, § 47 GKG Rn. 8.
2 Vgl. OLG Köln, KostRsp. GKG § 20 Nr. 38 = JurBüro 1980, 244; OLG Köln BB 1974, 1184.
3 OLG Celle MDR 1961, 67.
4 OLG Celle JurBüro 1969, 280.
5 BGHZ 23, 333 = NJW 1957, 628 = MDR 1957, 662 mit Anm. *Pohle* = JZ 1957, 457 mit Anm. *Beitzke* = WPM 1957, 390.

digen Ansprüche gegen denselben Beklagten verfolgen. Lediglich Doppelberechnungen sind unzulässig.[1] Die Berufung ist dann aber nur solange zulässig, wie sie auch gegen beide Beklagte durchgeführt wird.

II. Rechtsmittel durch mehrere Streitgenossen

4569 Werden Streitgenossen, gegen die je **selbständige Ansprüche** im Wege der Klagenhäufung verfolgt werden, antragsgemäß verurteilt, dann berechnet sich der Streitwert ihrer Berufung durch Addition der je einzelnen Beschwer, selbst wenn Berufungen durch gesonderte Schriftsätze eingelegt werden.[2] Das geht auf den Grundsatz zurück, dass sich der Streitwert auch bei Mehrheit unterschiedlich beteiligter Beklagter immer nur nach dem im Klageantrag zum Ausdruck gelangten Interesse des Klägers bemisst.[3] Die unterschiedliche Beteiligung auf der Passivseite muss bei einheitlichem Streitwert in der Kostenquotelung nach §§ 92, 100 Abs. 2 ZPO berücksichtigt werden.

4570 Ergehen **Teilurteile** gegen einzelne Streitgenossen, die als **Gesamtschuldner** in Anspruch genommen worden sind, dann ist für jede dagegen eingelegte Berufung der volle Streitwert anzusetzen,[4] der allerdings wegen Streitgegenstandsidentität auch dann unverändert bleibt, wenn die Berufungen gemeinsam verhandelt und entschieden werden.[5]

4571 Zum Rechtsmittel bei Gesamtschuldnerschaft siehe auch das Stichwort „Gesamtschuldner".

4572 Wenn von mehreren als **Gesamtschuldnern** in Anspruch Genommenen durch **dasselbe Urteil** der eine verurteilt und die Klage gegen den anderen abgewiesen wird und der Verurteilte wegen seiner Verurteilung, der Kläger wegen Abweisung seiner Klage gegen den anderen Beklagten Rechtsmittel einlegen, so betreffen die wechselseitig eingelegten Rechtsmittel denselben Gegenstand. Die Streitwerte der beiden Rechtsmittel sind nicht zusammenzurechnen.[6] Der BGH lehnt damit die Auffassung des RG[7] ab, dass Verschiedenheit der Streitgegenstände immer dann gegeben sei, wenn die mehreren Ansprüche in der Art nebeneinander bestehen können, dass das Gericht u.U. beiden Anträgen stattgeben kann. Dieser Grundsatz sei jedenfalls nicht auf Gesamtschuldverhältnisse anwendbar.

4573 Diese Ansicht überzeugt deshalb, weil sonst in erster und in zweiter Instanz verschiedene Streitwerte anzunehmen wären, obwohl in beiden Rechtszügen

---

1 So schon früher z.B. RGZ 116, 308; RGZ 164, 90.
2 BAG, KostRsp. ZPO § 5 Nr. 89 = NZA 1984, 167.
3 LG Saarbrücken, KostRsp. ZPO § 3 Nr. 464.
4 OLG Celle JurBüro 1959, 175.
5 KG JW 1938, 397.
6 BGH, Beschl. v. 25. 11. 2003 – VI ZR 418/02, RVG-Berater 2004, 104 (zur Beschwer); BGHZ 7, 152; KG JW 1938, 251; OLG Bremen Rpfleger 1957, 271; a.A. die ältere Rspr., z.B. RGZ 145, 164; OLG Kiel JW 1932, 2910.
7 RGZ 145, 164.

der Gegenstand des Verfahrens identisch ist: Auch im Rechtsmittelverfahren wird nur über das entschieden, worüber bereits im ersten Rechtszug erkannt worden ist, nämlich darüber, ob die Beklagten als Gesamtschuldner zu verurteilen sind oder nur der eine oder der andere oder keiner von ihnen.[1]

Derselbe Streitgegenstand kann bei einer Klage gegen Streitgenossen mit unterschiedlichem Obsiegen und Unterliegen jedoch nur insoweit angenommen werden, als gegen die verschiedenen Beklagten auch dieselben Ansprüche als Gesamtschuldner erhoben worden sind. Soweit Einzelansprüche nur gegen einen der Beklagten geltend gemacht werden, erhöht sich der Streitwert für das diesen Beklagten betreffende Rechtsmittel um den Wert des allein ihm gegenüber erhobenen Anspruchs.[2] Das gilt auch für die Berechnung der Rechtsmittelbeschwer.[3]   4574

G. Grundurteil

Der Streitwert der Berufung gegen das Grundurteil ist gleich dem Wert der bezifferten Klage. Wird Berufung gegen das Grundurteil nur hinsichtlich einer **Quote** eingelegt, dann bestimmt diese Quote den Wert des Berufungsverfahrens.   4575

Ergeht nach Einlegung der Berufung gegen das Grundurteil in der ersten Instanz ein **Schlussurteil** und greift der Kläger auch dieses Schlussurteil an, dann beeinflusst diese Berufung unter Umständen den Streitwert der Berufung gegen das Grundurteil.   4576

⊃ Beispiel:

Im Grundurteil ist der Schaden des Klägers zu $\frac{1}{2}$ für gerechtfertigt erklärt worden. Im Schlussurteil werden mehrere Schadenspositionen wegen Beweisfälligkeit nicht zugesprochen. Von dem verbleibenden Rest wird die Hälfte zuerkannt. Der Kläger will die Abzüge wegen Beweisfälligkeit hinnehmen. Er wehrt sich aber dagegen, dass auch das Schlussurteil auf der Quote des Grundurteils aufbaut. Um der rechtskräftigen Entscheidung zu entgehen, muss er Berufung einlegen. Obgleich dann zwei selbständige Berufungen in der Welt sind, muss der innere Zusammenhang der Verfahren berücksichtigt werden und der niedrigere Wert der Berufung gegen das Schlussurteil maßgebend sein.[4]

H. Eventualaufrechnung

Wird erstmals in der Rechtsmittelinstanz über die Hilfsaufrechnung entschieden, findet eine Streitwerterhöhung um den Wert der zur Aufrechnung gestellten Forderung statt. Zwar begrenzt § 47 Abs. 2 S. 1 GKG den Wert der Rechts-   4577

---

1 BGHZ 7, 154.
2 BGHZ 7, 154.
3 BGH KostRsp. ZPO § 5 Nr. 86 mit Anm. *Schneider* u. *Lappe* = MDR 1991, 427 = ZAP Fach 24 S. 85 mit Anm. *Lappe*.
4 OLG Schleswig JurBüro 1957, 273.

mittelinstanz durch den Wert der ersten Instanz. Dies gilt jedoch dann nicht (§ 47 Abs. 2 S. 2 GKG), wenn der Streitgegenstand erweitert wird.

4578 Die Rechtsmittelbeschwer bei Eventualaufrechnung richtet sich danach, wer das Rechtsmittel einlegt. Wird der **Kläger** mit der Klage abgewiesen, weil seine Klageforderung durch Hilfsaufrechnung des Beklagten erloschen sei, dann ist er nur wegen der Aufrechnung beschwert, denn sein eingeklagter Anspruch ist bejaht worden. Wird der **Beklagte** trotz Hilfsaufrechnung verurteilt, ist er doppelt beschwert, bei Klageabweisung nur aufgrund Hilfsaufrechnung – ebenso wie der Kläger – nur einfach, da der Anspruch des Klägers nicht bejaht wurde.[1]

4579 Wird erstinstanzlich über Klage und Eventualaufrechnung entschieden, dagegen auch Berufung eingelegt, diese jedoch **zurückgenommen**, dann findet im zweiten Rechtszug keine Wertaddition nach § 45 Abs. 3 GKG statt, weil dort keine „der Rechtskraft fähige Entscheidung" erlassen worden ist.[2] Der BGH ist insoweit anderer Ansicht[3] und bejaht die Wertaddition. Dabei verkennt er jedoch, dass § 45 Abs. 3 GKG lex specialis zu § 47 Abs. 1 GKG ist. Es muss in solchen Fällen unterschieden werden zwischen der Beschwer als Voraussetzung für die Zulässigkeit des Rechtsmittels und dem Gebührenstreitwert, der sich nach § 45 Abs. 3 GKG richtet. Die Voraussetzungen des § 45 Abs. 3 GKG sind aber nicht gegeben, weil im zweiten Rechtszug keine Entscheidung über den Gegenanspruch getroffen und kein diese Entscheidung ersetzender Prozessvergleich abgeschlossen worden ist.

4580 Nach einer Entscheidung des OLG München[4] erhöht eine hilfsweise zur Aufrechnung gestellte Gegenforderung den Streitwert für das Verfahren auch dann, wenn der Rechtsstreit durch Vergleich erledigt wird.

---

1 BGHZ 48, 212; 59, 17; Zöller/*Gummer*, vor § 511 Rn. 24a; *Schulte*, Die Kostenentscheidung bei der Aufrechnung durch den Beklagten im Zivilprozess, Europäische Hochschulschriften, Reihe II Bd. 940 S. 31 m.w.N.; *Lappe*, Justizkostenrecht, 2. Aufl. 1995, § 8 III 1d; Übersicht zur jeweiligen Beschwer je nach Entscheidung über die Aufrechnung: MünchKomm.ZPO/*Lappe*, § 5 Rn. 35–39.
2 OLG Karlsruhe, KostRsp. GKG § 19 Nr. 16 mit Anm. *Schneider*; OLG Köln JurBüro 1995, 485; OLG München JurBüro 1990, 1337; OLG Celle JurBüro 1987, 1053; OLG Düsseldorf, Urteil v. 20. 11. 1997 – 10 U 38/97, MDR 1998, 497 = NJW-RR 1998, 643; OLG Brandenburg, Beschl. v. 15. 7. 1997 – 7 W 21/97, OLGR 1998, 70; OLG Jena AGS 2002, 159.
3 BGH, KostRsp. GKG § 19 Nr. 15; BGH, KostRsp. GKG § 14 Nr. 6 mit abl. Anm. *Schneider* = JurBüro 1979, 358; ablehnend auch *Mümmler* JurBüro 1979, 843; dem BGH folgend OLG Frankfurt, Beschl. v. 7. 1. 1999 – 25 U 40/98, OLGR 1999, 121 – der Senat vertritt die unzutreffende Ansicht, dass allein durch den Berufungsangriff mit Primäraufwendung und Hilfsaufrechnung die Addition der Gebührenstreitwerte zu erfolgen hat.
4 OLG München, Beschl. v. 12. 1. 1998 – 7 W 3384/97, OLGR 1998, 103 = MDR 1998, 680.

I. Haupt- und Hilfsantrag

Ist ein abgewiesener geringerwertiger Hauptantrag nicht berufungsfähig, wohl aber der (ebenfalls abgewiesene) höherwertige Hilfsantrag, so ist das Rechtsmittel insgesamt zulässig, da es nicht auf die Reihenfolge der Anträge ankommt.[1] Nach § 45 Abs. 1 S. 2 GKG werden die Ansprüche, wenn sie nicht denselben Gegenstand betreffen (§ 45 Abs. 1 S. 3 GKG), zusammengerechnet. Der **Gebührenstreitwert** und – im Falle der Abweisung beider Anträge – die Beschwer des Klägers ergeben sich dann aus der Summe der Werte.

4581

Nicht beschiedene Hilfsanträge führen nicht zu einer Erhöhung des Streitwertes.[2] Das gilt auch dann, wenn der Berufungsbeklagte sich an eine von Anfang an wegen Versäumung der Berufungsfrist unzulässige Hauptberufung anschließt.[3] Legt der Beklagte aber gegen seine Verurteilung nach dem Hauptantrag Berufung ein, so ist allein dadurch auch der nicht beschiedene Hilfsantrag des Klägers Gegenstand des Berufungsverfahrens.[4]

4582

Verfolgt eine Partei mit der Berufung primär die Abweisung des Scheidungsantrages und stellt sie hilfsweise für den Fall, dass sie damit nicht durchdringt, den Antrag, das angefochtene Urteil hinsichtlich der Folgesachen abzuändern, dann sind die Streitwerte von Hauptantrag und Hilfsantrag nach OLG Koblenz[5] wegen der Sondervorschrift des (jetzt geltenden) § 46 GKG auch dann zu addieren, wenn es nicht zu einer Entscheidung über den Hilfsantrag kommt.

4583

Die Werte von Klage und **Hilfswiderklage** sind zusammenzurechnen (§ 45 Abs. 1 S. 1 GKG), wenn der Eventualfall für die Widerklage eingetreten ist. Das gilt auch dann, wenn die Hilfswiderklage trotz versagter Zulassung (§ 533 ZPO) weiterverfolgt und deshalb als unzulässig abgewiesen wird.[6] Denn § 45 Abs. 1 S. 1 GKG stellt nicht, wie § 45 Abs. 3 GKG, darauf ab, ob über die Widerklage im Zulässigkeitsbereich oder im Begründetheitsbereich entschieden wird.[7]

4584

Tritt die Bedingung, von der die Stellung des Widerklageantrages abhängig gemacht worden ist, nicht ein, dann erhöht sich der Streitwert nicht, und zwar auch dann nicht, wenn das Gericht unter Verstoß gegen § 308 Abs. 1 ZPO über die Widerklage entscheidet.[8]

4585

---

1 KG OLGZ 1979, 348.
2 BGH, Beschl. v. 14. 4. 1999 – IV ZR 253/98, KostRsp. GKG § 19 Nr. 215 = NJW-RR 1999, 1157; OLG Brandenburg, Beschl. v. 15. 7. 1997 – 7 W 21/97, OLGR 1998, 70; OLG Schleswig, Beschl. v. 22. 6. 2001 – 5 U 87/01, KostRsp. GKG § 19 Nr. 232 = BRAGOreport 2002, 95; siehe dazu ausführlich *Schneider* MDR 1988, 462 mit Nachweisen.
3 OLG Köln JurBüro 1971, 717.
4 BGH, Urteil v. 20. 9. 2004 – II ZR 264/02, ProzRB 2005, 37.
5 OLG Koblenz, KostRsp. GKG § 19a Nr. 22 = JurBüro 1987, 1200.
6 OLG Stuttgart, KostRsp. GKG § 19 Nr. 45 = JurBüro 1980, 1374; *Schneider* MDR 1982, 266.
7 Vgl. zur Unzulässigkeit einer Hilfsaufrechnung das Stichwort „Aufrechnung".
8 BGH MDR 1974, 36 = NJW 1973, 2206.

J. Zurückbehaltungsrecht

4586 Bei Klagen auf Herausgabe von Sachen ist gem. § 6 ZPO als Streitwert der **Verkehrswert** der herausverlangten Sache maßgebend. Das gilt nach herrschender Meinung auch dann, wenn nicht der geltend gemachte Herausgabeanspruch, sondern nur ein vom Beklagten geltend gemachtes Zurückbehaltungsrecht streitig ist und die Höhe der Forderung, für die das Zurückbehaltungsrecht ausgeübt wird, geringer ist als der Verkehrswert der Sache.[1]

4587 Wenn der Beklagte aber ein Urteil auf Herausgabe der Sache nur deshalb anficht, weil das von ihm geltend gemachte Zurückbehaltungsrecht nicht oder nicht in voller Höhe anerkannt worden ist, so ist für die Beschwer nicht der Streitwert der Klage, sondern das Interesse maßgebend, das der Rechtsmittelkläger an der Abänderung der angegriffenen Entscheidung hat. Es ist auf den Wert des **Gegenrechtes** abzustellen,[2] wobei der Gebührenstreitwert (nicht die Beschwer) nach § 47 Abs. 2 GKG durch den Streitwert erster Instanz begrenzt wird.

K. Verlustigerklärung

4588 Der Streitwert einer Entscheidung, durch die eine Partei ihres Rechtsmittels für verlustig erklärt wird (§§ 516 Abs. 3, 565 ZPO), wird teilweise[3] nach dem Wert der Hauptsache bestimmt. Demgegenüber bemisst der BGH[4] den Wert nach dem Betrag der Kosten, die in der Rechtsmittelinstanz bis zu dem Antrag auf Erlass der Verlustigerklärung erwachsen sind.[5] Eine dritte Auffassung[6] will gemäß § 3 ZPO schätzen.

4589 Der Beschluss über die Verlustigerklärung ergeht nach Rücknahme des Rechtsmittels von Amts wegen. Ebenfalls enthalten ist in diesem Beschluss die Entscheidung, dass der Rechtsmittelführer die Kosten des Rechtsmittels zu tragen hat (§§ 516 Abs. 3, 565 ZPO). Insofern kommt nur ein gemeinsamer Gegenstandswert in Betracht.

4590 Richtigerweise muss für die Berechnung dieses Wertes nach dem Zeitpunkt der Berufungsrücknahme differenziert werden: Ist – was in der Praxis allerdings

---

1 Vgl. das Stichwort „Gegenleistung".
2 BGH, Beschl. v. 28. 6. 1995 – VIII ZR 1/95, MDR 1995, 1162.
3 OLG München, Beschl. v. 27. 2. 2004 – 19 U 1540/04, MDR 2004, 966; RGZ 155, 382; RG JW 1883, 269; RG JW 1894, 85; RG JW 1938, 1627; OLG Bamberg NJW 1949, 513.
4 BGH, Beschl. v. 14. 12. 1954 – V ZR 8/53, BGHZ 15, 394.
5 Ebenso OLG München Rpfleger 1956, 29; OLG Schleswig JurBüro 1956, 190; OLG Stuttgart MDR 1959, 223; OLG Bamberg JurBüro 1975, 770; OLG Bamberg JurBüro 1976, 334; LG Düsseldorf JurBüro 1984, 1681 = KostRsp. BRAGO § 31 Ziff. 1 Nr. 81 mit Anm. *Herget*; OLG Hamm KostRsp. ZPO § 3 Nr. 23; OLG Koblenz, Beschl. v. 3. 12. 1982 – 14 W 651/82, MDR 1983, 414; OLG Koblenz, Beschl. v. 13. 7. 1995 – 13 UF 375/95, JurBüro 1996, 307; Zöller/*Gummer/Heßler*, § 516 Rn. 27.
6 KG JW 1933, 1078; JW 1938, 3313; OLG Breslau DR 1939, 333; OLG Frankfurt HRR 1938 Nr. 1249.

selten sein dürfte – die Berufungsfrist noch nicht abgelaufen, kann dem Beschluss über Verlustigerklärung und Kosten nur der Wert der bisher entstandenen Kosten beigemessen werden. Denn die Verlustigerklärung hat für den Berufungsbeklagten in diesem Fall kein zusätzlich messbares Interesse, da sie sich nur auf das konkrete Rechtsmittel bezieht und eine erneute Berufung innerhalb der laufenden Frist eingelegt werden kann.[1] Ist jedoch die Berufungsfrist im Zeitpunkt der Rücknahme bereits abgelaufen, so bedeutet die Verlustigerklärung, dass der Berufungsbeklagte vor einem erneuten Angriff gegen das erstinstanzliche Urteil geschützt und der Rechtsstreit abgeschlossen ist. Insofern ist es hier gerechtfertigt, den Wert des Beschlusses nach § 516 Abs. 3 ZPO gemäß § 3 ZPO auf den Wert des Berufungsverfahrens zu schätzen.

L. Wechselseitig eingelegte Rechtsmittel

Die Bestimmung des Gebührenstreitwertes bei wechselseitig eingelegten Rechtsmitteln richtet sich nach § 45 Abs. 2 GKG. Danach sind – soweit die Rechtsmittel nicht in getrennten Prozessen verhandelt werden – die Regelungen in § 45 Abs. 1 S. 1 und 3 GKG anzuwenden: 4591

– Die Werte der Ansprüche von Rechtsmittel und Anschlussrechtsmittel werden nach §§ 45 Abs. 1 S. 1, 45 Abs. 2 GKG grundsätzlich zusammengerechnet.
– Betreffen die Ansprüche aber denselben Gegenstand, ist jedoch nur der Wert des höheren Anspruchs maßgeblich.

Die Zusammenrechnung der Ansprüche nach §§ 45 Abs. 1 S. 1, 45 Abs. 2 GKG unterbleibt allerdings in den Fällen, in denen die Addition **gesetzlich ausgeschlossen** ist, wie bei Berufung gegen die Verurteilung nach der Hauptforderung und Anschlussberufung wegen des abgewiesenen Zinsanspruchs.[2]   4592

Bei § 45 Abs. 2 GKG handelt es sich um wechselseitig eingelegte Rechtsmittel, das heißt um Rechtsmittel, die von beiden Parteien gegen **dasselbe Urteil** eingelegt sind.   4593

Davon zu unterscheiden ist der Fall zweier Berufungen derselben Partei gegen **verschiedene Urteile**,[3] beispielsweise wenn dieselbe Partei erst gegen das Grundurteil und später in demselben Prozess gegen das Betragsurteil Berufung einlegt.   4594

Ist im Zwei-Parteien-Streit oder auch im Streitgenossenprozess zwischen Kläger und einem Streitgenossen die Klage teils abgewiesen, teils zugesprochen worden, dann sind die Werte der Rechtsmittel, wenn Berufung und Anschlussberufung eingelegt wird, zusammenzurechnen. Die Streitgegenstände sind nicht identisch.[4]   4595

---

1 BGHZ 27, 60; BGH NJW 1994, 737.
2 OLG Hamm, KostRsp. ZPO § 4 Nr. 64 = JurBüro 1988, 1550.
3 OLG Hamm JurBüro 1955, 441.
4 Zöller/*Herget*, § 3 Rn. 16 unter „Berufung".

4596 Wenn von mehreren als Gesamtschuldnern in Anspruch Genommenen durch dasselbe Urteil der eine verurteilt und die Klage gegen den anderen abgewiesen wird und der Verurteilte wegen seiner Verurteilung, der Kläger wegen Abweisung seiner Klage gegen den anderen Beklagten Rechtsmittel einlegen, so betreffen die wechselseitig eingelegten Rechtsmittel denselben Gegenstand. Die Streitwerte der beiden Rechtsmittel sind nicht zusammenzurechnen,[1] weil die Grundsätze zur Verschiedenheit der Streitgegenstände[2] nicht auf Gesamtschuldverhältnisse anwendbar sind.

4597 Schließt der Berufungsbeklagte sich an eine von Anfang an wegen Versäumung der Berufungsfrist unzulässige Berufung an, erhöht dies nicht den Streitwert.[3]

M. Verurteilung Zug um Zug

4598 Bei uneingeschränktem Antrag wird der **Kläger** durch eine Verurteilung Zug um Zug beschwert, so dass für den Gebührenstreitwert seines Rechtsmittels auf den Wert der noch zu erbringenden Gegenleistung abzustellen ist, begrenzt durch den Wert des Klageanspruchs.[4] Dieser Wert ist dann in voller Höhe maßgebend, wenn zu erbringende Gegenleistung nicht eindeutig bestimmt ist und deshalb das stattgebende Urteil nicht vollstreckt werden kann.[5]

4599 Die Beschwer für ein Rechtsmittel des Klägers gegen die Verurteilung nur Zug um Zug statt der beantragten unbeschränkten Verurteilung fehlt nicht schon deshalb, weil in der Zwangsvollstreckung der Tatbestand des Urteils als Nachweis für die Befriedigung des Schuldners i.S. von § 756 ZPO dienen kann.[6] Denn der Kläger hat Anspruch darauf, dass ihm im Erkenntnisverfahren ein der Rechtslage entsprechendes richtiges Urteil als Vollstreckungstitel zur Verfügung gestellt wird.

4600 Wird der bezifferte Klageanspruch im Berufungsverfahren teilweise abgewiesen und im Übrigen nur gegen eine Zug um Zug zu erbringende Gegenleistung zuerkannt, dann sind für die Beschwer zusammenzurechnen: a) der Wert der Teilabweisung und b) der Wert der Gegenleistung, die Zug um Zug zu erbringen ist, diese allerdings nach oben begrenzt durch den Wert des Klageanspruchs.[7]

4601 Legt der **Beklagte** ein Rechtsmittel ein, um anstelle der erstinstanzlich unbedingten Verurteilung eine Verurteilung Zug um Zug aufgrund eines von ihm

---

1 BGHZ 7, 152; KG JW 1938, 251; OLG Bremen Rpfleger 1957, 271; a.A. die ältere Rspr., z.B. RGZ 145, 164; OLG Kiel JW 1932, 2910.
2 Vgl. RGZ 145, 164.
3 Siehe dazu ausführlich *Schneider* MDR 1988, 462 mit Nachweisen; OLG Köln JurBüro 1971, 717.
4 BGH, KostRsp. ZPO § 3 Nr. 560 = JurBüro 1982, 377.
5 BGH, KostRsp. ZPO § 3 Nr. 1167 = MDR 1994, 510.
6 BGH JurBüro 1982, 377 = KostRsp. ZPO § 3 Nr. 560.
7 BGH, KostRsp. ZPO § 3 Nr. 743.

geltend gemachten Gegenrechtes zu erreichen, dann bemisst sich der Streitwert für das Rechtsmittelverfahren nur nach dem Wert der Gegenleistung.[1] Dieser Wert wird nach oben durch den Streitwert erster Instanz beschränkt,[2] denn § 47 Abs. 2 GKG beinhaltet insofern eine Sondervorschrift, wie es sie für die Beschwer nicht gibt. Die Beschwer für den Beklagten ist nach seinem Interesse an der Aufhebung des erstinstanzlichen Urteils zu bestimmen. Sie kann höher liegen als der Streitwert der ersten Instanz, der sich nach den Interessen des Klägers an der Durchsetzung des Klageanspruchs gerichtet hat. Der Gebührenstreitwert ist dagegen – soweit nicht eine Erweiterung des Streitgegenstandes erfolgt – nach § 47 Abs. 2 GKG durch den Streitwert erster Instanz beschränkt.[3]

In einem solchen Fall darf nicht lediglich auf das Interesse des Beklagten abgestellt werden, die vom Kläger beantragte Leistung nicht erbringen zu müssen. Der Streitwert bestimmt sich vielmehr zunächst nach dem vollen Wert der Gegenleistung, auf die das Zurückbehaltungsrecht gestützt wird. Der so ermittelte Wert ist nach oben begrenzt durch den Wert des vom Kläger verfolgten Anspruchs. Es ist daher folgendes Prüfungsschema zu beachten: **4602**

– Bestimmung des Wertes der Gegenleistung,
– Bestimmung des Wertes der Klageforderung.
– Erreicht der Wert der Klageforderung den Wert der Gegenleistung, oder übersteigt er diesen, dann bleibt der Wert der Gegenleistung,
– ist der Wert der Klageforderung geringer als der Wert der Gegenleistung, dann ist die Gegenleistung mit höchstens dem Wert der Klageforderung anzusetzen.

Geht es beispielsweise um eine Klage auf Herausgabe eines Kraftfahrzeugbriefes, gegen die sich der Beklagte mit einem Zurückbehaltungsrecht verteidigt, dann bestimmt sich der Wert der Berufung des verurteilten Beklagten nach dem Betrag der Forderung, wegen derer er zurückbehalten will.[4]   **4603**

Geklagt wird mit Erfolg auf **Herausgabe** eines Kraftfahrzeugbriefes, den der Kläger benötigt, um eine beabsichtigte Veräußerung des Fahrzeuges verwirklichen zu können. Der Beklagte macht am Brief wegen einer geringfügigen Forde-   **4604**

---

1 BGH, Beschl. v. 27. 10. 2004 – XII ZB 106/04, AGS 2005, 19; BGH, Beschl. v. 28. 6. 1995 – VIII ZR 1/95, MDR 1995, 1162.
2 BGH MDR 1982, 488; BGH MDR 1985, 1022; KostRsp. ZPO § 3 Nr. 1039 mit Anm. *Schneider* = MDR 1991, 794; BGH, KostRsp. ZPO § 3 Nr. 1200 = NJW-RR 1995, 706; BGH, KostRsp. ZPO § 3 Nr. 829 = MDR 1986, 1007 – keine Erhöhung der Beschwer durch das Interesse an der Aufrechterhaltung der Zug-um-Zug-Verurteilung; BGH MDR 1973, 398 = JR 1973, 423 mit zust. Anm. *Kuntze*; RGZ 133, 289; RGZ 122, 209; RG JW 1936, 322 Nr. 11; KG JurBüro 1955, 273; OLGZ 1979, 348; OLG Saarbrücken AnwBl. 1979, 153 = KostRsp. ZPO § 6 Nr. 66 mit Anm. *Schneider*; OLG Hamm JurBüro 1981, 1545; OLG Celle OLGR 1995, 227 – „kein Druckzuschlag“ auf den Wert der im Wege der Einrede geltend gemachten Mängelbeseitigungskosten; LAG Berlin MDR 1980, 612.
3 BGH, Beschl. v. 10. 12. 1993 – V ZR 168/92, MDR 1994, 839.
4 OLG Nürnberg MDR 1969, 1020.

rung ein Zurückbehaltungsrecht geltend. Dann ist das Interesse des Klägers hoch zu bewerten, das des Beklagten als Berufungskläger gemäß § 6 S. 2 ZPO gering, weil die Forderung, wegen deren er zurückbehält, gering ist.[1]

4605 Begehrt der Beklagte als Berufungskläger die Abänderung des ihn zur Einwilligung in die Löschung einer **Auflassungsvormerkung** verurteilenden Urteils in eine Verurteilung Zug um Zug gegen Zahlungen des Klägers an ihn, so ist sein Interesse durch den Wert der Auflassungsvormerkung begrenzt, solange er nicht Widerklage erhoben hat.[2]

4606 Steht die Zug um Zug zu erbringende Gegenleistung bereits aufgrund einer **rechtskräftigen Entscheidung** fest, dann ist der Streitwert noch geringer als die Gegenleistung anzusetzen und ein frei zu schätzender (§ 3 ZPO) Abschlag vorzunehmen.[3]

4607 Wird dem Beklagten bei einer Verurteilung Zug um Zug die begehrte **Nachbesserung** versagt und auf eine andere Art der Nachbesserung erkannt, dann wird er in Höhe der Kosten der ihm versagten Nachbesserung beschwert, auch wenn die Zug um Zug zuerkannte Nachbesserung gleich hohe Kosten verursachen würde.[4]

4608 Macht der Beklagte zweitinstanzlich nur noch die **Aufrechnung** mit einer Gegenforderung gegen eine unbestrittene Klageforderung geltend und verurteilt ihn das Berufungsgericht zur Zahlung, ohne diese im Gegensatz zum Landgericht von der Erfüllung der Nachbesserung abhängig zu machen, dann wird der Beklagte durch den Wert der ursprünglichen Zug-um-Zug-Leistung nicht beschwert.[5]

4609 Wendet sich der Beklagte in zweiter Instanz gegen die Verurteilung unter Berufung auf die (noch streitige) **Einrede** des nicht erfüllten Vertrages, entspricht seine Beschwer dem vollen Wert der Kaufpreisforderung, wenn er glaubhaft macht, wegen eines fehlenden Teils der Kaufsache sei diese insgesamt unbrauchbar.[6]

N. Erledigung der Hauptsache

4610 Erklärt der Kläger die Hauptsache einseitig für erledigt, so dass das Gericht die anfängliche Begründetheit der Klage prüfen muss, dann bemisst sich der Streitwert auch für die Zeit ab einseitiger Erledigungserklärung nach der Hauptsache.

---

1 OLG Nürnberg MDR 1969, 1020: Klagewert $1/2$ des Wertes des Kraftfahrzeugs, Wert der Berufung 20 DM entsprechend der Zurückbehaltungsforderung.
2 OLG Celle JurBüro 1970, 434.
3 LAG Berlin MDR 1980, 612.
4 BGH, KostRsp. ZPO § 3 Nr. 799 = NJW 1986, 1110.
5 BGH, KostRsp. ZPO § 3 Nr. 1073 = MDR 1992, 518.
6 BGH, Beschl. v. 28. 6. 1995 – VIII ZR 1/95, MDR 1995, 1162.

Stellt das erstinstanzliche Gericht entsprechend dem Antrag des Klägers die 4611 Erledigung der Hauptsache fest, so bemisst sich der Streitwert für das Berufungsverfahren, in dem der Beklagte die Abweisung der Klage als anfänglich unbegründet anstrebt, ebenfalls nach dem Wert der Hauptsache.[1]

Diese auch hier vertretene Auffassung steht im Gegensatz zur Rechtsprechung 4612 des BGH und ist heillos umstritten. Ausführlich und mit Nachweisen behandelt ist diese Kontroverse bei dem Stichwort „Erledigung der Hauptsache".

O. Einzelheiten zur Berufung

Zum Streitwert der Berufung des Beklagten, der zur **Auskunftserteilung** oder 4613 zur Rechnungslegung verurteilt worden ist, siehe die Stichwörter „Auskunftsanspruch", „Stufenklage" und „Rechnungslegung".

Zum Streitwert der Berufung nach einer Klage auf Zustimmung zu einer **Miet-** 4614 **erhöhung** siehe das Stichwort „Mietstreitigkeiten".

Zum Streitwert des Berufungsverfahrens wegen Abgabe der materiell-rechtli- 4615 chen **eidesstattlichen Versicherung** siehe das Stichwort „Eidesstattliche Versicherung" sowie „Auskunftsanspruch".

Streiten die Parteien in der Rechtsmittelinstanz darüber, ob bisher nur über den 4616 ersten Anspruch oder auch schon über die weiteren mit einer **Stufenklage** geltend gemachten Ansprüche entschieden worden ist, so sind für den Streitwert der Rechtsmittelinstanz alle Ansprüche zu berücksichtigen.[2]

Legt eine Partei gegen ein und dieselbe Entscheidung Rechtsmittel bei **verschie-** 4617 **denen Gerichten** ein, so handelt es sich gerichtskostenrechtlich um verschiedene Verfahren. Die allgemeine Verfahrensgebühr ist deshalb für jedes der mehreren Rechtsmittel zu erheben.[3]

Werden **mehrere Berufungen hintereinander** bei demselben Gericht eingelegt, 4618 lassen sie dagegen nur eine Instanz beginnen, selbst wenn eine der Berufungen als unzulässig verworfen worden ist.[4]

Zur Anfechtung von **Teilurteilen** siehe das Stichwort „Teilforderung, Teil- 4619 klage".

Der Streitwert für die Berufung gegen ein Zwischenurteil, das die **Zuständigkeit** 4620 des angerufenen Gerichts bejaht (und damit die Einrede der Unzuständigkeit verwirft) wird von der herrschenden Meinung mit dem Wert des erhobenen Anspruchs angesetzt, weil mit der Berufung auch der Klageanspruch selbst be-

---

1 OLG Köln JMBl.NW 1973, 175.
2 BGH, KostRsp. ZPO § 3 Nr. 131.
3 OLG Bamberg, KostRsp. GKG § 27 Nr. 4 mit Anm. *Schneider* = JurBüro 1988, 71.
4 LAG Baden-Württemberg, KostRsp. GKG § 27 Nr. 3 mit Anm. *Schneider* = JurBüro 1987, 1202.

kämpft werde.[1] Nach anderer Auffassung[2] ist der Streitwert der Berufung gegen ein solches Zwischenurteil selbständig nach § 3 ZPO festzusetzen und zwar mit $1/3$ des Hauptsachewertes. Teilweise wird dahingehend differenziert, ob der Kläger hilfsweise einen Verweisungsantrag gestellt hatte.[3]

4621 Diese zweite Auffassung erscheint entgegen herrschender Meinung zutreffend. Das Zwischenurteil entscheidet nur über die Zuständigkeit. Die materielle Rechtslage dagegen wird nicht rechtskräftig geklärt. Das Interesse des Klägers im Rechtsmittelverfahren liegt deshalb unterhalb des Wertes der Hauptsache. Hierin liegt auch kein Widerspruch zur erstinstanzlichen Bewertung. Im ersten Rechtszug streiten die Parteien über das Klagebegehren insgesamt, also auch über dessen sachliche Berechtigung. Spätestens aber ab Erlass des angefochtenen Zwischenurteils streiten sie – worauf das LG Braunschweig zu Recht hinweist – zunächst nur noch über die Frage der sachlichen Zuständigkeit. Nur damit befassen sich das Zwischenurteil und auch die höhere Instanz. Wird im ersten Rechtszug eine abgesonderte Verhandlung über die Zulässigkeit der Klage angeordnet (§ 280 ZPO), dann sind allerdings unter Zugrundelegung der zweiten Auffassung entsprechende Konsequenzen für die Streitwertbemessung zu ziehen. In diesem Fall ist daher der Streitwert nach § 3 ZPO auf einen Betrag unterhalb des Hauptsachewertes zu schätzen.

4622 Wird gegen ein Zwischenurteil, das die **Sicherheitsleistung** für die Prozesskosten eines klagenden Ausländers innerhalb einer bestimmten Frist anordnet, die Berufung eingelegt, dann bemisst sich die Beschwer nach der Höhe der angeordneten Sicherheitsleistung.[4] Denn der Kläger könnte ohne Berufungseinlegung durch Zahlung der angeordneten Sicherheit die Zulässigkeitsvoraussetzung schaffen, so dass sein Interesse an einer abändernden Entscheidung nicht höher als der Sicherheitsbetrag sein kann.

4623 Der Wert des Beschwerdegegenstandes einer Berufung, die sich gegen die Zulässigkeit einer **Grenzregelung** richtet, ist nach dem Wert der Teilfläche zu bestimmen, die der Rechtsmittelführer im Wege des Flächenaustauschs oder einer einseitigen Zuteilung an einen anderen Gläubiger verlieren soll.[5]

4624 Soweit **Berufung und Anschlussberufung**, die nicht in getrennten Prozessen verhandelt werden, denselben Streitgegenstand betreffen, sind die Gebühren nach dem einfachen Wert dieses Gegenstandes zu berechnen (§ 45 Abs. 2 GKG). Das Kriterium gemeinsamer Behandlung mehrerer Berufungen in einem Pro-

---

1 So OLG München JurBüro 1954, 181; OLG Hamm JurBüro 1968, 991; OLG Celle, KostRsp. ZPO § 3 Nr. 208; vgl. auch BayObLG, Beschl. v. 21. 3. 2002 – 2 Z BR 170701, NJW-RR 2002, 882 für den Wert einer Beschwerde gegen einen Verweisungsbeschluss.
2 OLG Frankfurt, Beschl. v. 11. 3. 1999 – 5 U 189/98, OLGR 1999, 153; LG Braunschweig NJW 1973, 1846; eine Bruchteilsbewertung nimmt der BGH für das Rechtswegbeschwerdeverfahren nach § 17a GVG an (BGH, Beschl. v. 19. 12. 1996 – III ZB 105/96, MDR 1997, 386).
3 MünchKomm.ZPO/*Lappe*, § 3 ZPO Rn. 154.
4 OLG Karlsruhe, KostRsp. ZPO § 3 Nr. 826 = MDR 1986, 593.
5 BGHZ 50, 291.

zess (§ 45 Abs. 2 GKG) ist schon durch den Angriff auf dasselbe Urteil gegeben und solange zu bejahen, wie nicht ein Verfahren abgetrennt wird.[1]

Der Streitwert erhöht sich nicht dadurch, dass bei wechselseitigen Berufungen gegen ein Urteil eine der Berufungen ganz oder teilweise **zurückgenommen** und wegen desselben Streitgegenstandes anschließend eine unselbständige Anschlussberufung eingelegt wird.[2]   4625

Ist der Beklagte antragsgemäß verurteilt worden, an den Kläger eine **Unterhaltsrente** bis zum 16. Lebensjahr zu zahlen, und legt er dagegen Berufung ein, während der Kläger im Wege der Anschlussberufung und Klageerweiterung die Unterhaltsrente bis zum 18. Lebensjahr begehrt, so betreffen Berufung und Anschlussberufung einen einheitlichen Anspruch auf Erfüllung der gesetzlichen Unterhaltpflicht, so dass als Streitwert der Instanz maximal der Jahreswert (§ 42 Abs. 1 GKG) in Betracht kommt.   4626

Eine **Hilfsaufrechnung**, über die in der Berufungsinstanz wegen Rechtsmittelrücknahme nicht entschieden wird, erhöht den Gebührenstreitwert dieser Instanz nicht, auch wenn in der ersten Instanz über die Eventualaufrechnung entschieden wurde.[3]   4627

P. Einzelheiten zur Revision

Der Gebührenstreitwert für die Revisionsinstanz bemisst sich – auch ohne förmlichen Revisionsantrag – nach dem erkennbaren Begehren des Revisionsklägers, selbst wenn es unzulässigerweise seine Beschwer aus dem Berufungsurteil übersteigt.[4]   4628

Die Beschwer ist für die Zulässigkeit des Rechtsmittels insoweit ohne Bedeutung, als es eine Wertrevision nicht mehr gibt. Insofern entfällt auch künftig die Überprüfung des Revisionsgerichts, ob das Berufungsgericht bei der Festsetzung des Wertes des Beschwerdegegenstandes die gesetzlichen Grenzen seines Ermessens überschritten oder ob es von dem Ermessen in einer dem Zweck der Ermächtigung nicht entsprechenden Weise Gebrauch gemacht hat.[5] Bedeutung hat die Beschwer lediglich noch für die Bestimmung des Gebührenstreitwerts im Fall des § 47 Abs. 1 S. 2 GKG (fehlender bzw. nicht fristgerechter Antrag).   4629

---

1 OLG Celle MDR 1961, 67.
2 KG JurBüro 1971, 79.
3 OLG Düsseldorf, Beschl. v. 1. 9. 2000 – 9 W 69/00, KostRsp. GKG § 19 Nr. 224 = OLGR 2000, 477; OLG Jena, Beschl. v. 5. 11. 2001 – 5 U 667/00, KostRsp. GKG § 14 Nr. 52 = OLGR 2002, 53 = MDR 2002, 480; a.A. OLG Frankfurt, KostRsp. GKG § 19 Nr. 212.
4 BGH, KostRsp. GKG a.F. § 11 Nr. 10.
5 Vgl. dazu BGH MDR 1982, 653; BGH JurBüro 1984, 379; BGH, KostRsp. ZPO § 3 Nr. 929 mit Anm. *Schneider* und *Lappe* = MDR 1988, 568; BGH, KostRsp. ZPO § 3 Nr. 966 mit Anm. *Schneider* = NJW-RR 1989, 580; BGH, KostRsp. § 3 Nr. 970 mit Anm. *Schneider* = MDR 1989, 796; BGH, Beschl. v. 30. 9. 1997 – VI ZB 29/97, MDR 1997, 1164.

4630 Für das Streitwertrecht ist die Begründetheit oder Zulässigkeit von Anträgen unwesentlich. Daher muss der Gebührenstreitwert nach dem wirklich gestellten Antrag bestimmt werden (§ 47 Abs. 1 S. 1 GKG). Er erhöht sich also auch durch eine unzulässige Klageerweiterung mit der Folge, dass nach diesem höheren Streitwert die Gebühren zu berechnen sind.[1]

4631 Hat das Berufungsurteil über alle Ansprüche des Klägers in vollem Umfang entschieden, dann entspricht der Streitwert der dagegen eingelegten Revision dem vollen Streitwert.[2]

4632 Umgekehrt ist eine **Beschränkung** des Rechtsmittelantrags ohne Einfluss auf den Wertansatz, wenn der Revisionskläger keine (teilweise) Beseitigung des ihn beschwerenden Urteils wünscht, sondern einseitig die Auffassung vertritt, die Hauptsache sei vor Revisionseinlegung vergleichsweise erledigt worden, so dass es nur noch um die Kosten gehe.[3]

4633 Wird auf **Feststellung** des gesamten Rechtsverhältnisses und zugleich auf Leistung eines Teils geklagt, so sind die Werte beider Ansprüche nicht zusammenzurechnen. Wird dann aber über den Feststellungsanspruch durch Teilurteil entschieden und dieses angefochten, so ist dem Streitwert in den Rechtsmittelinstanzen der Wert des gesamten vom Feststellungsbegehren erfassten Rechtsverhältnisses zugrunde zu legen.[4]

4634 Klagt der Kläger aus einer angeblichen Forderung einen Teilbetrag ein und erhebt der Beklagte **Widerklage**, dass dem Kläger auch keine über den Teilbetrag hinausgehende Vergütung zustehe, dann beläuft sich der Rechtsmittelstreitwert bei vollem Obsiegen des Beklagten, gegen das sich der Kläger mit einem Rechtsmittel wehrt, auf den vollen Wert der angeblichen Forderung.[5]

4635 Erlässt das Erstgericht ein **Teilurteil** zugunsten des Klägers, weist dann jedoch das Berufungsgericht auf die Berufung des Beklagten die Klage nicht nur in Höhe des durch das Teilurteil erfassten Betrages, sondern in voller Höhe ab, so berechnet sich der Streitwert für die gegen das Berufungsurteil uneingeschränkt eingelegte Revision nach dem Wert der gesamten Klageforderung.[6]

4636 Die Bewertung der Revision des Beklagten gegenüber einer **befristeten Unterlassungsklage** bemisst sich einmal nach dem Interesse, das der Beklagte im Zeitpunkt der Revisionseinlegung daran hat, von da ab nicht mehr zur Unterlassung verpflichtet zu sein. Weiter ist das Interesse des Beklagten als Revisionsklägers zu berücksichtigen, die „Feststellungswirkung" zu beseitigen, die ein Urteil auf Unterlassung im Allgemeinen von der Rechtshängigkeit ab hat.[7]

---

1 BGH AnwBl. 1979, 113.
2 BGH VersR 1957, 447.
3 BGH JurBüro 1973, 425 = Rpfleger 1973, 167.
4 BGH JurBüro 1969, 833.
5 BGH JurBüro 1982, 222.
6 BAG NJW 1968, 271.
7 BGH MDR 1969, 474.

Die Bewertung der **Anschlussrevision** richtet sich nach § 45 Abs. 2 GKG: Wird   **4637**
sie mit der Revision in demselben Prozess verhandelt, so werden die Werte
addiert, soweit es sich um verschiedene Gegenstände handelt. Ansonsten ist
nur der Wert des höheren Anspruchs maßgeblich.

Wird eine Anschlussrevision kostenpflichtig als unzulässig verworfen, bevor   **4638**
über die Revision entschieden ist, dann werden die beiden Streitwerte nicht
nach § 45 Abs. 2 GKG zusammengerechnet, sondern getrennt festgesetzt. Gemeinsam verhandelt werden kann nämlich nur, wenn ein zulässiges Rechtsmittel zu einem noch anhängigen zulässigen Rechtsmittel hinzutritt, nicht
jedoch, wenn sich der Kläger mit einer unzulässigen Revision an eine zulässige
Revision des Beklagten anschließt.[1]

Der Streitwert einer Klage auf Rückgabe von **Wertpapieren** richtet sich im   **4639**
Revisionsverfahren nach dem Wert der Wertpapiere im Zeitpunkt der Revisionseinlegung (§ 40 GKG). § 47 Abs. 2 S. 1 GKG steht nach Ansicht des BGH[2]
auch dann nicht entgegen, wenn sich der Wert der Papiere gegenüber der Berufungsinstanz gesteigert hat, da diese Vorschrift nicht die Fälle betrifft, in denen
sich der Wert des unverändert gebliebenen Streitgegenstandes während des Berufungs- oder Revisionsverfahrens über den Wert des Streitgegenstandes der
ersten Instanz erhöht hat. Dies ist mit dem insofern eindeutigen Wortlaut des
§ 47 Abs. 2 GKG allerdings nicht in Einklang zu bringen.

Verurteilt das Berufungsgericht den Beklagten auf eine Stufenklage hin zur   **4640**
Auskunft und verweist es die Sache wegen der weiteren Stufen an das erstinstanzliche Gericht zurück, richtet sich der Streitwert einer gegen dieses Urteil gerichteten Revision lediglich nach der Beschwer des Beklagten durch die
Verurteilung zur Auskunft. Dies gilt auch dann, wenn das erstinstanzliche
Gericht ursprünglich die Stufenklage insgesamt abgewiesen hat.[3]

Q. Die Beschwerde

Der Gebührenstreitwert der Beschwerdeinstanz ist – soweit keine Festgebühren   **4641**
anfallen – selbständig zu bestimmen. Er richtet sich nach dem mit der Beschwerde verfolgten Begehren, nicht nach dem Streitgegenstand des Hauptprozesses. Der Beschwerdewert wird mit der Einlegung der Beschwerde fixiert. Sie
kann auf abtrennbare Teile der Entscheidung beschränkt werden.

Grundregelung ist wiederum § 47 Abs. 1 GKG, wonach für den Streitwert zu-   **4642**
nächst der Antrag des Rechtsmittelführers maßgeblich ist. Fehlt ein solcher
Antrag, ist auf die Beschwer abzustellen (§ 47 Abs. 1 S. 2 GKG).

Als Bemessungsvorschrift für die Beschwer ist weitgehend § 3 ZPO anzuwen-   **4643**
den. Grundsätzlich ist es für die Bewertung des Beschwerdegegenstandes uner-

---

1 BAG MDR 1960, 616.
2 BGH, Beschl. v. 30. 7. 1998 – III ZR 56/98, JurBüro 1999, 195.
3 BGH, Beschl. v. 3. 7. 2002 – IV ZR 191/01, KostRsp. GKG § 14 Nr. 54 = MDR 2002,
1390.

heblich, ob die Beschwerde zulässig ist oder nicht. Jedoch erscheint es angebracht, in Fällen offensichtlicher Unzulässigkeit den Beschwerdewert auf die unterste Gebührenstufe zu schätzen, da in derartigen Fällen das Rechtsmittel meist formularmäßig nach § 572 Abs. 2 ZPO verworfen wird.[1]

4644 Die **Kosten** des Beschwerdeverfahrens selbst bleiben, wie stets, beim Wertansatz außer Betracht.[2] Die Umsatzsteuer ist hingegen hinzuzurechnen.[3]

4645 Soweit der erforderliche Wert des Beschwerdegegenstandes (§ 567 Abs. 2 ZPO) nicht erreicht ist, kann dies nicht durch Berufung auf Verfahrensmängel oder Verletzung des Anspruchs auf rechtliches Gehör ersetzt werden.[4]

4646 **Ermäßigt** sich die Forderung durch Zahlungen bis zur Einlegung der Beschwerde und wird ein entsprechend ermäßigter Antrag gestellt, dann ist gemäß § 4 Abs. 1 S. 1, 2. Alternative ZPO der Streitwert des Beschwerderechtszuges nur in der niedrigen Höhe festzusetzen.

4647 Bei uneingeschränkter Einlegung wirkt eine spätere Einschränkung in der Beschwerdebegründung erst ab deren Eingang, so dass die Beschwerde im Übrigen zurückgenommen werden muss und erst ab dann der Wert des Beschwerdeverfahrens sinkt.[5] Für die Wertberechnung ist § 40 GKG zu beachten, der für alle vom GKG erfassten Verfahren gilt.[6]

4648 Bei Anfechtung mehrerer in derselben Sache ergangener **Kostenfestsetzungsbeschlüsse** richtet sich die Zulässigkeit der Beschwerde nach dem jeweils angegriffenen Beschluss, so dass die Beschwer nicht durch Zusammenrechnung ermittelt werden darf.[7] Diese Bewertung entspricht allgemeinen Grundsätzen des Rechtsmittelrechts.[8]

4649 Ebenso hat das OLG München für eine Kostenbeschwerde im Scheidungsverfahren und im Verfahren der einstweiligen Anordnung zum Umgangs- und Aufenthaltsbestimmungsrecht entschieden.[9]

4650 Hat das Beschwerdegericht die Beschwerde gegen eine Kostenentscheidung als unzulässig verworfen, weil unter Zugrundelegung des von ihm angenommenen Streitwerts der ersten Instanz die Beschwerdesumme nicht erreicht war, so darf

---

1 Siehe *Schneider* Anm. KostRsp. GKG § 29 Nr. 3 [4] u. ZPO § 3 Nr. 460; MDR 1976, 181; zustimmend *Mümmler* JurBüro 1979, 1864; so auch BGH, Beschl. vom 5. 5. 1988 – IX ZR 32/88, n.v.; vgl. ferner das Stichwort „Zwangsversteigerung".
2 RG JW 1900, 647 Nr. 2; RGZ 50, 369.
3 Nachweise bei *Schneider* JurBüro 1974, 966.
4 LG Berlin DGVZ 1972, 70.
5 OLG Oldenburg JurBüro 1981, 589 = Nds.Rpfl. 1981, 146: Beschwerde gegen Entscheidung zum Versorgungsausgleich.
6 *Hartmann*, GKG, § 40 Rn. 1.
7 OLG Stuttgart JurBüro 1979, 609 gegen OLG Nürnberg JurBüro 1975, 191.
8 *Schneider* Anm. zu KostRsp. ZPO § 5 Nr. 44.
9 OLG München, KostRsp. ZPO § 5 Nr. 56 mit zust. Anm. *Schneider* und abl. Anm. *Lappe* = AnwBl. 1984, 376 mit abl. Anm. *H. Schmidt*.

der Streitwert nicht nachträglich auf einen Betrag festgesetzt werden, bei dessen Zugrundelegen die Beschwerde zulässig gewesen wäre.[1]

Der Wert des Gegenstandes der Beschwerde gegen einen den Rechtsstreit **aussetzenden Beschluss** ist nicht gleich dem Streitwert des Hauptverfahrens. Er ist vielmehr nach dem Interesse der Parteien an der Entscheidung über die Aussetzung gemäß § 3 ZPO zu schätzen.[2] 4651

Der Streitwert für das Beschwerdeverfahren, in dem darüber zu entscheiden ist, ob über einen **Verweisungsantrag** nur aufgrund mündlicher Verhandlung oder ohne solche entschieden werden kann, ist nicht auf den Betrag der Hauptsache festzusetzen, sondern ist ebenfalls gemäß § 3 ZPO nach freiem Ermessen zu schätzen.[3] 4652

Wird die Anordnung einer Frist zur Erhebung der Klage nach **§ 926 Abs. 1 ZPO** abgelehnt, dann ist die dagegen eingelegte Beschwerde ebenso wie das Arrest- oder Verfügungsverfahren selbst zu bewerten.[4] 4653

Die **Rechtsbeschwerde** gegen die Verwerfung der Berufung als unzulässig (früher: sofortige Beschwerde) gemäß § 522 Abs. 1 S. 4 ZPO hat denselben Streitwert wie die Berufung,[5] da mit ihr die Durchführung des Berufungsverfahrens angestrebt wird. 4654

Der Streitwert einer **Nichtzulassungsbeschwerde** richtet sich gemäß § 47 Abs. 3 GKG nach dem Wert des Rechtsmittelverfahrens. Damit ist in erster Linie gemäß § 47 Abs. 1 S. 1 GKG auf den Antrag des Rechtsmittelführers abzustellen, sonst gemäß § 47 Abs. 2 GKG auf die Beschwer.[6] 4655

R. Zinsen

Dringt ein Kläger in der ersten Instanz mit der Hauptforderung in vollem Umfang, mit dem als Nebenforderung geltend gemachten Zinsanspruch jedoch nur teilweise durch, so kann er wegen des abgewiesenen Zinsanspruches Berufung einlegen, wenn dieser die Berufungssumme übersteigt.[7] 4656

Der Zinsanspruch ist dann zur **Hauptsache** geworden, nach dem sich der Streitwert berechnet.[8] Maßgeblich sind die Zinsen, die auf der Grundlage der Behauptungen des Rechtsmittelführers anfallen.[9] 4657

---

1 LG Münster JMBl.NW 1951, 174.
2 BGHZ 22, 283 – diese Ansicht ist allerdings umstritten, vgl. das Stichwort „Aussetzung".
3 OLG München Bay.JMBl. 1954, 64.
4 OLG Frankfurt JurBüro 1981, 626 = KostRsp. GKG § 20 Nr. 41.
5 BGH, Beschl. v. 17. 11. 1997 – II ZB 10/97, NJW-RR 1998, 354.
6 *Otto* JurBüro 1997, 286.
7 OLG Stuttgart BB 1962, 1178.
8 OLG Brandenburg, Urteil v. 17. 1. 2001 – 7 U 151/00, MDR 2001, 588; OLG Köln, Urteil v. 19. 8. 1992 – 19 U 15/92, NJW-RR 1993, 1215.
9 OLG Köln JurBüro 1972, 244; OLG Celle JurBüro 1971, 237.

4658 Wertbestimmend für die Gebühren ist die Summe der Zinsen bei Abschluss der zweiten Instanz.[1] Der Wert des Beschwerdegegenstandes bei einer Zinsforderung mit **ungewissem Erfüllungszeitpunkt** und damit ungewisse Laufzeit ist nach § 3 ZPO zu schätzen.[2]

4659 Zinsen, die im ersten Rechtszug aberkannt worden sind, bleiben nach einer Meinung nicht zu berücksichtigende Nebenforderung, wenn sie mit einer **Anschlussberufung** weiterverfolgt werden,[3] und zwar auch dann, wenn die Zinsen kapitalisiert und in einem festen Betrag geltend gemacht werden,[4] denn durch die Berufung des Beklagten gegen seine Verurteilung in der Hauptsache ist auch die Hauptforderung Streitgegenstand geworden.[5] Nach der Gegenmeinung des OLG Brandenburg[6] sind für die Berechnung der Beschwer die allein vom Kläger in zweiter Instanz mit der Anschlussberufung weiterverfolgten Zinsansprüche zu berücksichtigen. Sie werden auch dann nicht zu einer Nebenforderung im Sinne des § 4 Abs. 1 ZPO, wenn der Beklagte zuvor Berufung im Hinblick auf die Hauptforderung eingelegt hat.

4660 Dem ist zuzustimmen: Auch wenn es im gesamten Berufungsverfahren weiterhin (auch) um die Hauptforderung geht, ist bei wechselseitigen Rechtsmitteln die Beschwer danach zu bestimmen, in welchem Umfang der jeweilige Rechtsmittelführer durch das erstinstanzliche Urteil belastet ist. Die Entscheidung des BGH vom 18. 1. 1995[7] steht dem nicht entgegen, denn im dort vorliegenden Fall, in welchem die Anwendung des § 4 Abs. 1 ZPO bejaht wurde, ging es im Rechtsmittelverfahren um Zinsen, die neben der Hauptforderung geltend gemacht wurden.

4661 Will der unbedingt verurteilte Beklagte mit seinem Rechtsmittel aufgrund eines Gegenrechts eine **Zug-um-Zug-Verurteilung** erreichen, sind bei der Wertberechnung dieses Gegenrechts Zinsen nicht zu berücksichtigen, wenn sie als Nebenforderungen geltend gemacht werden, auch wenn sie dabei mit der Hauptforderung zu einem einheitlichen Zahlungsbetrag zusammengefasst werden.[8]

4662 Wenn das Landgericht in der Sache selbst durch **Teilurteil** und über die Kosten durch **Schlussurteil** entschieden hat, dann ist als Streitwert für die gegen diese beiden Urteile eingelegten Berufungen ab Verbindung nur der Wert der Berufung gegen die Sachentscheidung anzusetzen. Eine besondere Wertberechnung

---

1 OLG Köln JurBüro 1972, 244 = KostRsp. GKG a.F. § 11 Nr. 20; OLG Celle Nds.Rpfl. 1965, 229; OLG Celle JurBüro 1971, 237; a.A. *Lappe* Anm. zu KostRsp. ZPO § 4 Nr. 28, der gem. § 3 ZPO den Wert in diesem Fall nach freiem Ermessen schätzen will.
2 BGH JurBüro 1981, 1490; OLG Köln, KostRsp. ZPO § 3 Nr. 1151 = OLGR 1992, 362 = NJW-RR 1993, 1215.
3 OLG Schleswig SchlHA 1976, 14; LG Kiel SchlHA 1953, 209.
4 OLG Hamm, KostRsp. ZPO § 4 Nr. 64 = JurBüro 1988, 1550.
5 BGH JurBüro 1953, 201; BGH, KostRsp. ZPO § 4 Nr. 52 mit Anm. *Schneider*.
6 OLG Brandenburg, Urteil v. 17. 1. 2001 – 7 U 151/00, MDR 2001, 588 unter Berufung auf BGHZ 26, 174.
7 BGH, Urteil v. 18. 1. 1995 – XII ZB 204/94, NJW-RR 1995, 706.
8 BGH, KostRsp. ZPO § 3 Nr. 1200 = NJW-RR 1995, 706.

für die auf den Kostenpunkt beschränkte Berufung gegen das Schlussurteil kommt nicht in Betracht.[1] Das ist die Konsequenz aus § 99 Abs. 1 ZPO, wonach die Kostenentscheidung nicht isoliert anfechtbar ist, die isolierte Anfechtung in diesem Sonderfall aber deshalb zugelassen wird, weil Teil- und Schlussurteil als Einheit betrachtet werden.[2]

Verfehlt ist es aber, wenn das OLG Köln[3] diese Sonderregelung auch auf das **Schlussurteil über den Zinsanspruch** übertragen will. Sobald das Teilurteil über die Hauptforderung ergangen ist, ist das Bedingungsverhältnis zwischen Zinsbegehren und Hauptsache gelöst. Das Schlussurteil ist gem. § 43 Abs. 2 GKG nur nach dem Zinsbetrag zu bewerten. Die getrennt eingelegten Berufungen haben selbständige Streitwerte, zumal die möglichen Entscheidungen nicht notwendig wechselseitig präjudiziell sein müssen. Der Zinsanspruch kann z.B. ohne weiteres als unbegründet erkannt werden, obwohl die Hauptforderung als berechtigt angesehen wird. Nach allgemeinen Bemessungsgrundsätzen kommt eine Nichtbewertung des Zinsanspruches gemäß § 4 Abs. 1 ZPO erst in Betracht, wenn die beiden Berufungen verbunden werden. Das ergibt sich sowohl aus der prozessualen wie der gebührenrechtlichen Situation.[4]

4663

S. Kosten

Kosten des laufenden Prozesses sind bei der Berechnung der Berufungssumme nicht zu berücksichtigen, solange die Hauptsache Gegenstand des Rechtsstreits ist.[5] Auch **außergerichtliche Kosten**, z.B. Inkassogebühren, erhöhen den Streitwert nicht.[6]

4664

Folglich kann durch Einbeziehung solcher Positionen ein an sich nicht erreichter Berufungsstreitwert (§ 511 Abs. 2 Nr. 1 ZPO) nicht geschaffen werden. Der Berufungsantrag ist zurückzurechnen und das Rechtsmittel gegebenenfalls zu verwerfen.[7]

4665

Ist nur noch der **Zinsanspruch** des Rechtsstreits Gegenstand der Berufung, so bleibt dieser nach seiner Erledigung für den Streitwert bestimmend, selbst wenn die nach Erledigung gemäß § 43 Abs. 3 GKG wertbestimmenden Kosten sich auf einen höheren Betrag als die Zinsen belaufen.[8]

4666

Das folgt aus der entsprechenden Anwendung des § 43 Abs. 1 GKG. Diese ist geboten, weil anderenfalls die den Rechtsstreit im Entscheidungsgegenstand

4667

---

1 OLG Frankfurt JurBüro 1981, 1732 = KostRsp. ZPO § 4 Nr. 46; OLG Köln JurBüro 1982, 912; ZZP Bd. 69, 1956, 382 = MDR 1957, 173; OLG Celle Nds.Rpfl. 1956, 128; *Schneider* MDR 1982, 265 zu Ziff. I 4.

2 BGHZ 19, 174/175; siehe näher Zöller/*Gummer*, ZPO, § 511a Rn. 16.

3 ZZP 70, 1957, 134.

4 Siehe *Schneider* MDR 1982, 265 zu Ziff. I 4.

5 BGH, Beschl. v. 18. 1. 1995 – XII ZB 204/94, NJW-RR 1995, 706.

6 OLG Köln BB 1974, 1414.

7 OLG Saarbrücken JurBüro 1977, 1276.

8 OLG Schleswig JurBüro 1956, 424.

beschränkende Hauptsacheerledigung des Zinsbegehrens den Streitwert erhöhen würde, was nach dem Grundgedanken des § 43 Abs. 1 GKG nicht der Fall sein soll.

4668 Wird nach Erlass eines **Teilanerkenntnisurteils** gegen das Schlussurteil, das über den Restanspruch und die gesamten Kosten des Rechtsstreits entscheidet, in vollem Umfang Berufung eingelegt, so bilden nach OLG Nürnberg[1] der restliche Hauptanspruch und der auf das Anerkenntnisurteil entfallende Teil der Kosten den Streitwert für das Berufungsverfahren.

4669 Dieser Auffassung kann jedoch nicht gefolgt werden. Dass bei vollem Anerkenntnis die Kostenentscheidung nach § 99 Abs. 2 ZPO isoliert angefochten werden könnte, ist unerheblich, denn ein solcher Fall ist nicht gegeben. Hier liegt es vielmehr so, dass die (Teil-)Kosten neben einem (Teil-)Hauptanspruch geltend gemacht werden. Das ist der Fall des § 43 Abs. 1 GKG.

4670 Der Streitwert für das Berufungsverfahren, in dem die Berufungen gegen ein Teilurteil und gegen das Schlussurteil, das nur noch über die Kosten entschieden hat, miteinander verbunden sind, berechnet sich nur nach dem Anspruch, über den in dem Teilurteil entschieden worden ist.[2] Da das Schlussurteil nur die Bedeutung einer ergänzenden Entscheidung hat, dürfen die Kosten, über die im Schlussurteil erkannt ist, nicht bei der Berechnung des Streitwertes für die Berufungsinstanz besonders berücksichtigt werden.[3]

4671 Wird der Rechtsstreit auf einseitige Erklärung des Klägers hin **teilweise für erledigt** erklärt und der Beklagte im Übrigen verurteilt, dann soll sich der Berufungsstreitwert nach OLG Düsseldorf[4] aus dem Wert der verbliebenen Hauptsache und dem Kostenanteil errechnen, der auf den erstinstanzlich für erledigt erklärten Teil des Rechtsstreits entfällt. Diese auch vom OLG Karlsruhe[5] vertretene Auffassung ist jedoch abzulehnen, weil sie die Streitwertermittlung übermäßig kompliziert und es sogar nicht einmal möglich ist, die auf die umstrittene Teilerledigung entfallende Kostenquote bei der Berufungseinlegung betragsmäßig genau zu ermitteln.

4672 Nach und nach ist die Streitwertberechnung bei Hauptsacheerledigung so kontrovers und kompliziert geworden, dass die Problematik mancher Einzelfälle ohne intensives und zeitraubendes Studium der Rechtsprechung kaum noch erfasst werden kann.[6] Eine weitere Komplizierung durch Einbeziehung von Zins- und Kostenbeträgen erscheint nicht mehr vertretbar.

---

1 OLG Nürnberg JurBüro 1959, 512.
2 BGH MDR 1964, 231 = JurBüro 1964, 110 – für die Revision.
3 OLG Celle Nds.Rpfl. 1956, 128; OLG Köln ZZP 1956, 382 = MDR 1957, 173; OLG Köln ZZP 1957, 134.
4 OLG Düsseldorf MDR 1979, 676.
5 OLG Karlsruhe Rpfleger 1979, 31.
6 Siehe dazu die kurze Übersicht bei *Schneider*, Anm. zu KostRsp. § 22 GKG Nr. 6 und die ausführliche Darstellung in JurBüro 1979, 1589 ff. sowie das Stichwort „Erledigung der Hauptsache".

Rechtswegverweisung

Literatur: *N. Schneider* NJW 2003, 2436 (Gebühren im Verfahren auf Bestimmung des zuständigen Gerichts).

Ist der beschrittene Rechtsweg unzulässig, hat das Gericht dies von Amts wegen auszusprechen, § 17a Abs. 2 S. 1 GVG. Ist der Rechtsweg zu dem angerufenen Gericht eröffnet, steht eine dahingehende Entscheidung gemäß § 17a Abs. 3 GVG im Ermessen des Gerichts, soweit nicht eine der Parteien die Zulässigkeit rügt. Gegen die jeweilige Entscheidung, die nach Anhörung durch Beschluss ergeht, ist gemäß § 17a Abs. 4 S. 3 GVG die sofortige Beschwerde eröffnet. **4673**

Die Rechtsprechung zur **Höhe des Beschwerdewertes** ist uneinheitlich: **4674**

– voller Hauptsachewert;[1]

– $^1/_2$ des Hauptsachewertes;[2]

– $^1/_3$ des Hauptsachewertes;[3]

– $^1/_5$ des Hauptsachewertes.[4]

Der BGH[5] billigt eine Bandbreite von $^1/_5$ bis $^1/_3$ des Hauptsachewertes.

Richtet sich die Beschwerde gegen einen Beschluss, durch den das **Verfahren an das ArbG** verwiesen wird, orientiert sich das OLG Karlsruhe[6] an den geschätzten Anwaltskosten des Beschwerdeführers im Hauptsacheverfahren; das OLG Braunschweig[7] stellt auf das Kosteninteresse des Klägers ab. **4675**

Alle Bewertungen haben ihren Nachteil. Die Kostenschätzung trägt Unsicherheit in sich, da nicht abzusehen ist, welche Gebühren im Einzelnen im Hauptsacheverfahren erwachsen werden. Hauptsache- und Bruchteilsbewertung vermögen nicht überzeugend erklären, warum sich das Interesse, das Verfahren in einem bestimmten Rechtszug durchzuführen, jeweils mit dem Hauptsachewert ändert, in Abhängigkeit von ihm mal hoch, mal niedrig zu bewerten ist. Es **4676**

---

1 OLG Köln, Beschl. v. 8. 12. 1992 – 2 W 160/92, OLGR 1993, 140.
2 OLG Köln, Beschl. v. 24. 4. 1997 – 6 W 5/97, OLGR 1997, 228; OVG Münster, Beschl. v. 25. 5. 2004 – 21 E 62/04, NVwZ-RR 2004, 776 = BauR 2004, 1759.
3 OLG Celle OLGR 1997, 43; OLG Frankfurt, Beschl. v. 20. 4. 1994 – 5 W 6/94, OLGR 1994, 119; OLG Köln, Beschl. v. 8. 7. 1993 – 7 W 93/93, OLGR 1993, 294; LAG Nürnberg, Beschl. v. 20. 8. 2002 – 6 Ta 63/02, ARST 2002, 265; OLG Thüringen OLG-NL 1997, 96; OLG Köln NJW-RR 1993, 639.
4 OLG Naumburg, Beschl. v. 12. 6. 1997 – 6 W 50/97, OLGR 1997, 356: da Verweisung von Amts wegen möglich; OLG Rostock, Beschl. v. 15. 6. 2005 – 1 W 64/03, OLGR 2005, 720.
5 BGH, Beschl. v. 19. 12. 1996 – III ZB 105/96, KostRsp. ZPO § 3 Nr. 1250 mit Anm. *Herget* = MDR 1997, 386 = EwiR 1997, 305 mit Anm. *Rawert*; Beschl. v. 24. 2. 2000 – III ZB 33/99, MDR 2000, 598 = NJW 2000, 1343 = WM 2000, 938 = VersR 2001, 394.
6 OLG Karlsruhe MDR 1994, 415 = Justiz 1994, 243.
7 OLG Braunschweig DAR 1993, 390.

bietet sich daher an, die **Werte für nichtvermögensrechtliche Streitigkeiten** heranzuziehen.[1]

4677 Allerdings bewertet die Rechtsprechung, wenn es um die **sachliche Zuständigkeit** geht, nach der Hauptsache (siehe oben das Stichwort „Einrede, Einwendung"). Diese hohe Bewertung hat ihren Grund aber darin, dass bei Durchgreifen der Einrede der gesamte Anspruch durch Endurteil abzuweisen ist, während eine solche Folge im Anwendungsbereich des § 17a GVG gerade nicht droht.

Regelunterhalt

4678 Wird Regelunterhalt geltend gemacht, gilt § 42 Abs. 1, Abs. 5 S. 1 GKG. Maßgebend ist der Betrag der auf die Einreichung des Antrags folgenden zwölf Monate (§ 42 Abs. 1 S. 1 GKG) bzw. das Zwölffache des Regelbetrages (§ 42 Abs. 1 S. 2 GKG), sofern der Zeitraum, für den Unterhalt verlangt wird, nicht geringer ist.

4679 Abzustellen ist nicht auf die Differenz der Regelbeträge, sondern auf die Differenz der **nach Anrechnung des Kindergelds** verbleibenden Zahlbeträge.[2]

4680 Wird allerdings gegen ein Unterhaltsurteil Berufung eingelegt mit dem Ziel, ohne Veränderung des Prozentsatzes eine Abänderung von § 2 auf § 1 RegelbetragVO zu erreichen, bestimmt sich die Beschwer aus der Differenz der unterschiedlichen Regelbeträge.[3]

4681 Bei Einreichung **fällige Beträge** werden hinzugerechnet (§ 42 Abs. 5 S. 1 GKG).[4] Das Gesetz spricht ausdrücklich von „fälligen Beträgen" und nicht mehr wie früher von Rückständen. Die Fälligkeit richtet sich nach § 1612 Abs. 3 S. 1 BGB: Eine Geldrente ist monatlich im Voraus zu zahlen.

4682 Wird **Prozesskostenhilfe** beantragt, zählt bereits der Tag der Einreichung des Prozesskostenhilfeantrags (§ 45 Abs. 5 S. 2 GKG), wenn die Klage alsbald nach Mitteilung der Entscheidung über den Antrag oder über eine alsbald eingelegte Beschwerde eingereicht wird.

---

1 Zöller/*Herget*, § 3 Rn. 16 unter „Rechtswegverweisung".
2 OLG München, Beschl. v. 9. 11. 2004 – 12 WF 1676/04, AGS 2005, 165 mit Anm. *N. Schneider*; Beschl. v. 11. 12. 2000 – 26 UF 959/00, FamRZ 2001, 1385; OLG Köln, Beschl. v. 16. 11. 2001 – 14 WF 136/01, FamRZ 2002, 684 (unter Aufgabe seiner bisherigen Rechtsprechung).
3 OLG Naumburg, Beschl. v. 26. 1. 2006 – 8 UF 171/05, AGS 2006, 398 = OLGR 2006, 613.
4 OLG München, Beschl. v. 9. 11. 2004 – 12 WF 1676/04, AGS 2005, 165 mit. Anm. *N. Schneider*; Beschl. v. 11. 12. 2000 – 26 UF 959/00, FamRZ 2001, 1385; OLG Köln, Beschl. v. 16. 11. 2001 – 14 WF 136/01, FamRZ 2002, 684 (unter Aufgabe seiner bisherigen Rechtsprechung.

Wird zugleich auf **Vaterschaftsfeststellung** geklagt, so ist nach § 48 Abs. 4 GKG   **4683**
nur der höherwertige Anspruch wertbestimmend (siehe dazu die Nachweise bei
dem Stichwort „Kindschaftssachen" Rn. 3077).

Regressansprüche der Sozialleistungsträger

Die Ansprüche der Sozialleistungsträger gegen private Dritte, die den Sozialleis-   **4684**
tungsberechtigten geschädigt haben, waren früher in § 1542 RVO geregelt. Die
Vorschrift galt weiterhin fort für diejenigen Fälle, die sich bis zum 30. Juni 1983
ereignet hatten. Für die Zeit danach ist § 1542 RVO außer Kraft getreten und
durch § 116 SGB X ersetzt worden (BGBl. 1982 I S. 1450 ff.). Dabei ist das sog.
Quotenvorrecht des Sozialversicherungsträgers zugunsten des Geschädigten
abgeschwächt worden. Geblieben ist der gesetzliche Übergang des Schadensersatzanspruchs des Geschädigten gegen den Schädiger auf den Sozialleistungsträger (sog. cessio legis).

Ratio beider Vorschriften ist die Entlastung der Gemeinschaft der Sozialver-   **4685**
sicherten, wenn Sozialleistungen wegen haftungsrechtlich relevanten schädigenden Handelns eines Dritten gewährt werden müssen. Der Regressanspruch
gegen den Dritten entlastet im Ergebnis die öffentliche Hand. Die Ausgleichs-
regelung des § 1542 RVO und des § 116 SGB X vermeidet eine Begünstigung des
Schädigers, der nicht einwenden kann, es fehle am Schaden, weil der Geschädigte Leistungen der öffentlichen Versicherung erhalte. Sie verhindert andererseits, dass der Geschädigte von zwei Seiten, also doppelt entschädigt wird.[1] Die
Ersatzpflicht des Schädigers wird durch das Regressrecht nicht erweitert.[2]

Ansprüche aus Sozialversicherung bestimmen sich nach § 42 Abs. 2 GKG (§ 17   **4686**
Abs. 2 GKG a.F.), auch wenn sie auf einen Sozialversicherungsträger übergegangen sind.[3]

Dieselbe Bewertung gilt, wenn Ansprüche nach § 640 RVO originär auf einen   **4687**
Sozialversicherungsträger übergegangen sind und dieser Rückgriff nimmt.[4]

Beim Übergang von der Feststellungsklage zur Leistungsklage sind die bis zu   **4688**
diesem Zeitpunkt angefallenen Rückstände der nach § 1542 RVO übergegangenen Schadensersatzansprüche, die besonders geltend gemacht werden, dem
Streitwert der Hauptklage hinzuzurechnen.[5]

---

1 BGHZ 9, 186.
2 BGH NJW 1984, 736.
3 OLG Zweibrücken Rpfleger 1966, 354; OLG München Rpfleger 1968, 364; OLG Bamberg JurBüro 1971, 778.
4 BGH JurBüro 1972, 777 = NJW 1972, 1760 = MDR 1972, 859; DB 1972, 1626 = Rpfleger
   1972, 364 = VersR 1972, 830.
5 OLG Bamberg JurBüro 1971, 778.

Rente

Literatur: *Schalhorn* JurBüro 1976, 33 und 299 (Abänderungsklagen); *E. Schneider* MDR 1977, 270 (Bewertung der Ansprüche hochbetagter Personen).

A. Anzuwendende Vorschriften

4689 Bemessungsvorschrift ist § 9 ZPO, der aber im Gebührenrecht für wichtige Anwendungsfälle durch die §§ 42, 53 GKG ersetzt wird, nämlich:

§ 42 Abs. 1 GKG: Jahresbetrag bei Erfüllung gesetzlicher Unterhaltspflicht;

§ 53 Abs. 2 GKG: 6-monatiger Bezug bei einstweiligen Anordnungen in Ehesachen;

§ 42 Abs. 2 GKG: 5facher Jahresbezug bei Unfallrenten;

§ 42 Abs. 3 GKG: 3facher Jahresbezug bei Ansprüchen von Arbeitnehmern auf wiederkehrende Leistungen.

4690 Werden für verschiedene Zeitabschnitte **unterschiedliche Rentenbeträge** verlangt, so ist nicht von einem Durchschnittsbetrag auszugehen, sondern es sind die höchsten Jahresleistungen zugrunde zu legen.[1]

4691 Durch den **Tod** des Rentenberechtigten wird der Streitwert hinsichtlich bereits entstandener Gebühren nicht beeinflusst.[2]

B. Streitwertschlüssel

Stichwortübersicht

Abänderung	4692	Schmerzensgeldrente	4736
Aufopferung	4693	Sicherung	4737
BEG-Entschädigungsansprüche	4694	Sittenwidrige Schädigung	4738
Einstweilige Verfügung	4696	Unerlaubte Handlung	4739
Fällige Beträge	4698	Vergleich	4740
Feststellung	4711	Versicherungsschutz	4742
Freiwillige Zahlungen	4719	Versicherungträger	4746
Gesetzliche Unterhaltspflicht	4720	Vertragliche Ansprüche	4748
Hochbetagte	4725		

Abänderung

4692 Der Klage auf Abänderung einer Rente ist, falls nicht der Gesamtbetrag geringer ist, der fünfjährige (§ 42 Abs. 2 GKG) oder der dreijährige (§ 42 Abs. 3 GKG) Unterschiedsbetrag zugrunde zu legen.

Fällige Beträge sind hinzuzurechnen (§ 42 Abs. 5 GKG).

---

1 RGZ 160, 83; BGHZ 7, 335; OLG München NJW 1974, 370.
2 OLG Saarbrücken, KostRsp. ZPO § 4 Nr. 15 mit Anm. *Lappe*.

Rente

Aufopferung

Der Streitwert eines auf § 75 EinlALR gestützten Rentenanspruchs wegen einer **4693** auf einer Zwangsimpfung beruhenden **Körperbeschädigung** ist vom BGH[1] ursprünglich nach § 17 Abs. 2 GKG a.F. (damals § 13 Abs. 3 GKG – jetzt § 42 Abs. 2 GKG n.F.) bewertet worden. Er hat diese Rechtsprechung jedoch aufgegeben und wendet heute § 42 Abs. 2 GKG an.[2]

BEG-Entschädigungsansprüche

Der Streitwert der Geldrenten, die für Schaden an Leben, Körper und Gesund- **4694** heit nach dem BEG zu gewähren sind, ist auf den 5fachen Betrag des einjährigen Bezuges entsprechend dem § 42 Abs. 2 GKG zu berechnen.[3]

Für die Bemessung soll der Zeitpunkt des Beginns der Rente maßgebend sein; **4695** spätere Erhöhungen der Rente sowie Rückstände aus der Zeit vor der Rechtshängigkeit sollen außer Betracht bleiben.[4] Dies erscheint fragwürdig (siehe unten „Fällige Beträge" Rn. 4698).

Einstweilige Verfügung

Der Streitwert für eine einstweilige Verfügung des Inhalts, dass der Antrags- **4696** gegner bis zur rechtskräftigen Entscheidung des noch anzustrengenden Hauptprozesses an den Antragsteller eine monatlich im voraus zahlbare Unterhaltsrente zu leisten habe, sollte nach Ansicht der Vorauflage der Regelung des § 53 Abs. 2 GKG (6-Monatswert) angepasst werden (siehe dazu das Stichwort „Einstweilige Verfügung" Rn. 1644 ff., 1647). Das erscheint bedenklich, weil § 53 Abs. 2 GKG für Unterhaltsansprüche gilt und hier in der Hauptsache nur vom 12-monatigen Bezug auszugehen ist, als von der Hälfte der Hauptsache. Wenn man § 53 Abs. 2 GKG schon heranzieht, dann müsste man entsprechend auch bei Renten von der Hälfte ausgehen, also im Fall des § 42 Abs. 2 GKG vom 2 fachen Jahresbezug und im Fall des § 42 Abs. 3 GKG vom 1 1/2-fachen Jahresbezug.

Fällige Beträge sind nach § 42 Abs. 5 GKG ebenso wie bei einer einstweiligen **4697** Anordnung auf jeden Fall hinzuzurechnen (siehe „Unterhalt" Rn. 1652 und nachstehend „Fällige Beträge").

Fällige Beträge

Fällige Beträge i.S. des § 42 Abs. 5 S. 1 GKG sind diejenigen Raten, die **am Tage** **4698** **der Klageeinreichung datumsmäßig bereits fällig waren**; das ist wegen § 1612

---

1 BGHZ 7, 335.
2 BGH JurBüro 1970, 389.
3 BGH LM § 87 BEG Nr. 1; § 14 BEG Nr. 2; OLG Oldenburg JurBüro 1955, 325.
4 BGH MDR 1958, 758.

Abs. 3 S. 1 BGB bei Unterhaltsansprüchen stets der volle laufende Monatsbetrag.[1]

4699 Soweit die Wertfestsetzung nach § 42 Abs. 1, 2 u. 3 GKG vorgenommen wird, werden Rückstände aus der Zeit vor der Klageeinreichung hinzugerechnet (auch wenn nach § 9 ZPO zu berechnen ist).[2]

4700 Wird bei einer von Anfang an erhobenen Leistungsklage auf Rentenzahlung die Rente später rückwirkend zu einem höheren Betrag geltend gemacht, so gilt der **Differenzbetrag** zwischen der zuletzt und der zunächst verlangten Rente streitwertmäßig als fälliger Betrag. Siehe hierzu das Stichwort „Unterhalt".

4701 Siehe aber für BEG-Ansprüche BGH MDR 1958, 758; spätere Erhöhung bleibt unberücksichtigt.

4702 Beim Übergang vom **unbezifferten Schmerzensgeld zur Schmerzensgeldrente** ist der Betrag zwischen Klageeinreichung und Antragsänderung kein „Rückstand".[3] Gehen die Parteien einverständlich vom Verfügungsverfahren in das Hauptsacheverfahren über, dann sind – unabhängig von der Streitfrage, ob dies zulässig ist – die bis zum Übergang in das Hauptsacheverfahren aufgelaufenen Unterhaltsrückstände dem Streitwert hinzuzurechnen.[4]

4703 Werden Rentenansprüche wegen Tötung oder Verletzung eines Menschen **außergerichtlich** durchgesetzt, dann entfällt eine Wertfestsetzung für Gerichtsgebühren. Es muss dann der Wert nach § 23 Abs. 1 S. 3 RVG ermittelt werden.

➲ **Beispiel:**

Der Anwalt wird im Januar beauftragt, eine Schadensersatzrente in Höhe von monatlich 1000 Euro außergerichtlich geltend zu machen. Er schreibt den Gegner im Februar an. Dieser ist lediglich bereit, 500 Euro zu zahlen. Im Juni vergleichen sich die Parteien schließlich dahingehend, dass 800 Euro monatlich gezahlt werden.

4704 Vielfach wird ausgehend von § 42 Abs. 2 GKG sowie ausgehend von dem Betrag, auf den man sich geeinigt hat, lediglich der 5fache Jahreswert angesetzt. Dies würde im vorliegenden Fall einen Betrag in Höhe von 60 x 800 Euro = 48 000 Euro ergeben.

4705 Bereits dieser Ansatzpunkt ist unzutreffend. Für die anwaltliche Tätigkeit ist vom Auftrag auszugehen und nicht davon, welches Ergebnis der Anwalt erreicht. Auf den „Erledigungswert" kommt es nicht an; dieser ist allenfalls für das Erstattungsverhältnis von Bedeutung. Auszugehen ist vielmehr von dem Rentenbetrag, den der Anwalt geltend machen sollte. Dies sind im Beispiel 1000 Euro, so dass sich insoweit also bereits ein Fünf-Jahreswert in Höhe von 60 000 Euro ergibt.

---

1 Siehe *E. Schneider* Anm. zu OLG Hamm, KostRsp. GKG § 12 Nr. 75.
2 OLG Bamberg, Beschl. v. 12. 6. 1973 – 3 W 24/73, KostRsp. ZPO § 3 Nr. 320.
3 OLG Zweibrücken JurBüro 1978, 1550.
4 OLG Frankfurt, Beschl. v. 17. 10. 1988, KostRsp. GKG § 17 Nr. 111 mit Anm. *E. Schneider* = FamRZ 1989, 296.

In aller Regel wird weiterhin verkannt, dass es sich bei dem Fünf-Jahreswert   **4706**
nur um den Gegenstandswert für die laufenden Renten handelt (§ 42 Abs. 2
GKG) und dass damit die fälligen Rentenbeträge noch nicht erfasst sind.

Wie die fälligen Renten bei außergerichtlicher Tätigkeit zu bewerten sind, ist   **4707**
allerdings strittig.

– Zum Teil wird vertreten, analog § 42 Abs. 5 GKG sei auf den Zeitpunkt abzustellen, in dem außergerichtlich erstmals Rente geltend gemacht bzw. in dem
  erstmals bei Unterhaltsforderungen zur Auskunft aufgefordert werde.[1] Hiernach wäre gem. § 42 Abs. 5 GKG lediglich der Wert von zwei Monaten hinzuzurechnen, da bei Aufforderung zur Zahlung nur die Renten für die Monate
  Januar und Februar bereits fällig waren.

– Diese Auffassung ist jedoch unzutreffend und wird von der ganz h. M. auch
  abgelehnt.[2] Der Wortlaut der Vorschrift des § 42 Abs. 5 GKG ist eindeutig.
  Sämtliche bis zur Klageeinreichung fälligen Rentenbeträge werden dem Wert
  der laufenden Rente hinzuaddiert. Kommt es nicht zu einer Klageerhebung,
  so sind sämtliche bis zur Erledigung, also in der Regel bis zum Vergleichsabschluss, fälligen Rentenbeträge der laufenden Rente hinzuzuaddieren. Danach wären im Beispiel der laufenden Rente (48 000 Euro) die fällige Beträgen
  für den Zeitraum von Januar bis Juni (6 x 1000 Euro = 6000 Euro) hinzuzurechnen, so dass sich ein Gesamtwert in Höhe von 54 000 Euro ergibt.

Dass allein diese Berechnung zutreffend ist, zeigt sich an folgender **Abwand-**   **4708**
lung:

⊃ **Beispiel (Abwandlung):**

Es kommt im Juni nicht zu einer Einigung. Vielmehr wird im Juni Klage erhoben.

Der Gegenstandswert für den Rechtsstreit beliefe sich wie nunmehr folgt:

laufende Leistungen, § 42 Abs. 2 GKG	48 000 Euro
fällige Beträge, § 42 Abs. 5 GKG	6 000 Euro
Gesamt	**54 000 Euro**

Gem. § 23 Abs. 1 S. 3 RVG ist dieser Wert auch für die außergerichtliche Tätig-   **4709**
keit maßgebend.

Es ist im Übrigen kein Grund ersichtlich, einen geringeren Gegenstandswert   **4710**
anzunehmen, wenn es dem Anwalt gelingt, die Parteien zu einer Einigung zu
bewegen. Würde man der Gegenauffassung folgen, so ergäbe sich für die
außergerichtliche Tätigkeit ein weitaus geringerer Gegenstandswert als für
den Rechtsstreit, obwohl der Gegenstand der anwaltlichen Tätigkeit derselbe
ist.

---

1 LG Stuttgart, AnwBl. 1978, 234; *E. Schneider*, Streitwertkommentar, 11. Aufl.,
  Rn. 3899.
2 Siehe hierzu OLG Nürnberg, Beschl. v. 8. 1. 2002 – 3 U 319/01, AGS 2002, 232;
  N. Schneider AGS 2004, 58.

Feststellung

4711 Soweit nicht die Umstände eines Einzelfalles Anlass zu einer anderen Feststellung des Streitwertes geben, kann bei einem Feststellungsantrag, der eine **auf einem Unfall beruhende Jahresrente** zum Gegenstand hat, in der Regel das 4fache des Jahresbetrages (= § 42 Abs. 2 GKG abzüglich 20 % Feststellungsabschlag) zugrunde gelegt werden.[1] Das gilt jedenfalls dann, wenn keine hinreichende Gewähr dafür besteht, dass die beklagte Partei aufgrund des Feststellungsurteils zahlt.[2]

4712 Eine weitere Kürzung des bereits nach dem Gesetz auf den 5fachen Jahresbetrag verkürzten Wertansatzes wegen des bloßen Feststellungsinteresses hat dagegen auszuscheiden, wenn der Feststellungsantrag bestimmte Leistungen betrifft und die Erfüllung aufgrund der Feststellung sicher ist.[3]

4713 Der Streitwert einer **leugnenden** Feststellungsklage ist ohne den üblichen Feststellungs-Abzug auf den vollen Betrag festzusetzen, auch wenn die Berühmung in Form einer Schadensersatzforderung erfolgt.[4]

4714 Der Antrag auf Feststellung der Verpflichtung zum **Ersatz künftiger Rentenerhöhung** hat einen eigenen, nach § 3 ZPO zu schätzenden Streitwert gegenüber dem nach § 42 Abs. 2 GKG.[5]

4715 Dieser zusätzliche Streitwert kann mit $^1/_5$ des Wertes aus § 42 Abs. 2 GKG, also mit einem Jahresbetrag der jetzigen Rente angenommen werden.[6]

4716 Bei langfristigen Rentenverpflichtungen beträgt er nach OLG Frankfurt/M.[7] in der Regel nicht weniger als $^1/_{10}$ des eingeklagten Betrages.

4717 Werden umgekehrt in einem Rechtsstreit über die Feststellung einer Verpflichtung zur Zahlung einer Rente die im Rechtsstreit bereits **fällig gewordenen Renten** neben dem Feststellungsantrag **durch einen Leistungsantrag geltend gemacht**, so ist der Streitwert für den Leistungsantrag dem Streitwert für den Feststellungsantrag hinzuzurechnen.[8]

4718 Hat der Kläger auf Feststellung der Verpflichtung des Beklagten zum **Schadensersatz** geklagt und geht er alsdann im Laufe des Verfahrens zur Leistungsklage auf Entrichtung von Rente über, so sind die bis zu dem Übergang zur Leistungsklage fällig gewordenen Rentenbeträge bei der Streitwertfestsetzung hinzuzurechnen,[9] und zwar auch dann, wenn die Feststellungsklage daneben weitergeführt wird.[10]

---

1 BGHZ 1, 43.
2 OLG Schleswig SchlHA 1960, 24.
3 OLG Köln NJW 1960, 2248.
4 OLG München MDR 1962, 223; OLG Bamberg JurBüro 1971, 536.
5 OLG Köln JurBüro 1961, 562; OLG Frankfurt JurBüro 1968, 634.
6 OLG Köln JurBüro 1961, 562.
7 OLG Frankfurt/M. JurBüro 1968, 634.
8 BGHZ 2, 74.
9 RGZ 77, 324; BGHZ 7, 335.
10 OLG Düsseldorf MDR 1957, 686.

Freiwillige Zahlungen

Freiwillige Zahlungen, die auf eine nach § 42 Abs. 2 S. 1 GKG bewertete Ren- 4719
tenklage geleistet werden, mindern den Streitwert nicht, solange die Summe
der ausstehenden streitigen Leistungen den Fünfjahresbetrag nicht erreicht.[1] In
einem derartigen Fall ist allein darauf abzustellen, ob der auch nach der Teilzahlung geforderte Gesamtbetrag oberhalb des Streitwerts des § 42 Abs. 2 S. 1
GKG liegt. Anderenfalls würde der Streitwert auf Null absinken, wenn der
Beklagte aus dem geforderten Gesamtbetrag die Leistung für fünf Jahre freiwillig zahlen würde.

Gesetzliche Unterhaltspflicht

Wird der Rentenanspruch aus gesetzlicher Unterhaltspflicht und aus Schadens- 4720
ersatz hergeleitet, dann ist § 42 Abs. 2 GKG Bemessungsvorschrift.[2]

Wird eine Unterhaltsrente **abweichend** von der gesetzlichen Unterhaltspflicht 4721
und unabhängig von der Unterhaltsbedürftigkeit festgesetzt, so ist der Streitwert nicht nach § 42 Abs. 1 GKG, sondern nach § 9 ZPO festzusetzen.[3]

Wird ein gesetzlicher Unterhalt einverständlich **durch vertragliche Vereinba-** 4722
rung beziffert, dann ist nach § 42 Abs. 1 GKG zu bewerten. Dabei sollten kleinliche Rechenvergleiche darüber, was gesetzlich geschuldet und vertraglich vereinbart ist, tunlichst vermieden werden.[4]

Wird ein Rechtsanwalt in Anspruch genommen, weil er eine nach § 42 GKG 4723
privilegierte Forderung nicht durchgesetzt, z.B. den Verjährungsablauf nicht
beachtet hat, so gilt das **Streitwertprivileg** des § 42 GKG in diesem Rechtsstreit
nicht. Denn der Anwalt wird nicht „wegen" einer bevorrechtigten Forderung,
sondern aus dem Mandatsvertrag in Anspruch genommen.[5]

Wegen weiterer Einzelheiten siehe bei dem Stichwort „Unterhalt". 4724

Hochbetagte

Nach OLG Hamm[6] richtet sich der Streitwert einer Rentenklage auch bei hoch- 4725
betagten Personen nach § 9 ZPO. Die nachfolgend dargestellte Rechtsprechung
ist nur noch **eingeschränkt verwertbar**. Die Bedenken gegen eine Anwendung
von § 9 ZPO resultierten daraus, dass die Vorschrift früher für Renten, ohne
Rücksicht auf das Alter der Bezugsberechtigten, den $12^1/_2$-fachen Jahresbetrag

---

1 OLG Koblenz, Beschl. v. 28. 1. 1986 – 14 W 770/85, KostRsp. GKG § 17 Nr. 79 mit zust.
  Anm. *E. Schneider.*
2 LG Berlin JVBl. 1937, 68.
3 LG München AnwBl. 1960, 178.
4 OLG Hamburg JurBüro 1976, 1234.
5 BGH JurBüro 1979, 193 = VersR 1979, 86 = MDR 1979, 302 = AnwBl. 1979, 114 =
  Rpfleger 1979, 59.
6 JVBl. 1960, 136.

vorsah. Jetzt gilt § 9 ZPO i.d.F. des RpflegeEntlG 1993: $3^1/_2$-facher Jahresbetrag. Das Problem ist damit weitgehend erledigt.[1]

4726 Bislang wurde das Ergebnis in der Rechtsprechung teils auch dadurch gewonnen, dass man die Lebenserwartung übersteigert. So ist nach KG[2] auch bei einer über 80 Jahre alten Person davon auszugehen, dass sie noch eine Lebenserwartung von $12^1/_2$ Jahren hat, wenn nicht besondere Umstände für eine gegenteilige Annahme sprechen.

4727 Das OLG Schleswig[3] hat dieselbe Lebenserwartung bei einer 82 Jahre alten Berechtigten angenommen.

4728 In JurBüro 1960, 449 hat das KG ausgeführt: Der Wert eines nicht auf gesetzlicher Unterhaltspflicht beruhenden Rentenbegehrens einer 83jährigen Frau sei auf den $12^1/_2$-fachen Jahresbetrag festzusetzen. Nur wenn es ausgeschlossen erscheine oder wenn jedenfalls eine an Sicherheit grenzende Wahrscheinlichkeit dagegen spreche, dass sich die Rentenleistung noch über $12^1/_2$ Jahre erstrecke, sei es zulässig, einen geringeren Wert anzusetzen. Die bloß statistischen Zahlen für die Errechnung durchschnittlicher Lebenserwartung seien nicht entscheidend, sondern allenfalls ein Anhalt, wenn feststehe, dass die Rentenleistungen keinesfalls eine Dauer von $12^1/_2$ Jahren erreichen würden und wenn deshalb ein Abweichen von den in § 9 ZPO vorgeschriebenen Bewertungsmaßstäben ausnahmsweise zulässig sei.

4729 Ähnlich hat das OLG Schleswig[4] formuliert und hinzugefügt, es genüge nicht, dass nur zweifelhaft oder ungewiss sei, ob der Rentenberechtigte bei seinem hohen Alter noch in den Genuss der Rentenleistung für die Dauer von $12^1/_2$ Jahren gelangen könne; dies müsse vielmehr mit Sicherheit feststehen.

4730 Demgegenüber ist die Rechtsprechung im Allgemeinen mit Recht sehr viel großzügiger. Der Streitwert für Rentenansprüche auf Lebenszeit kann bei besonders hohem Alter des Gläubigers auf einen unter dem $12^1/_2$-fachen Jahreswert liegenden Betrag festgesetzt werden.[5]

4731 Der Streitwert ist dann also nicht nach § 9 ZPO, sondern nach § 3 ZPO nach freiem Ermessen festzusetzen.[6]

4732 Das KG[7] hat eine Bewertung nach freiem Ermessen vorgenommen bei schwerem Siechtum eines hochbetagten Unterhaltsempfängers.

---

1 *Herget* Anm. zu BGH KostRsp. ZPO § 9 Nr. 47.
2 Rpfleger 1962, 156.
3 OLG Schleswig JurBüro 1952, 229.
4 OLG Schleswig SchlHA 1968, 142.
5 BGH JurBüro 1962, 342.
6 OLG Hamburg JurBüro 1951, 394; MDR 1964, 855; OLG Frankfurt JurBüro 1970, 1096; OLG Karlsruhe, KostRsp. ZPO § 3 Nr. 944 = JurBüro 1988, 51 mit Anm *Mümmler*; OLG Nürnberg, KostRsp. ZPO § 3 Nr. 1076 = JurBüro 1992, 50.
7 KG Rpfleger 1962, 156.

Weitere Entscheidungen, die bei Hochbetagten für die Anwendung des § 3 ZPO   4733
eintreten: OLG Schleswig;[1] OLG Düsseldorf[2] (bei einer 77 Jahre alten Klägerin der
5fache Jahresbetrag); OLG Frankfurt/M.[3] (10fache Jahresbetrag bei einer 81-jähri-
gen Frau); LG Krefeld[4] (3facher Jahresbetrag bei einer 83-jährigen).

Um den Unsicherheitsfaktor auszuräumen, der stets mit einer freien Schätzung   4734
nach § 3 ZPO angesetzt ist, wollen mehrere Gerichte sich bei der Bewertung an
§ 24 Abs. 2 KostO anschließen.[5]

Diese Analogie erschien ungeachtet dessen, dass die hohen Werte der KostO   4735
mit den geringeren Gebührenansätzen in Sachen der freiwilligen Gerichtsbarkeit korrespondieren, vertretbar. Denn § 24 Abs. 2 S. 1 KostO enthält eine einleuchtende Bewertungsstaffel für Hochbetagte. Zu § 9 ZPO i.d.F. des Rpflege-
EntlG 1993 ist einschlägige Rechtsprechung, soweit ersichtlich, bislang noch
nicht veröffentlicht.

Schmerzensgeldrente

§ 42 Abs. 2 GKG ist anwendbar.[6]   4736

Sicherung

Die Klage auf Zahlung einer Rente und auf Eintragung einer Reallast im Grund-   4737
buch zur Sicherung dieser Rente sind wirtschaftlich auf den gleichen Erfolg
gerichtet. Eine Zusammenrechnung der beiden Werte findet deshalb nicht
statt.[7]

Sittenwidrige Schädigung

Wird nach § 826 BGB Zahlung einer Rente mit der Behauptung verlangt, der   4738
Beklagte habe ein den Kläger benachteiligendes Scheidungsurteil erschlichen
oder er nutze ein unrichtiges Scheidungsurteil in sittenwidriger Weise aus, so
ist der Streitwert nach § 9 ZPO festzusetzen.[8]

---

1 OLG Schleswig SchlHA 1962, 270.
2 OLG Düsseldorf JurBüro 1950, 104.
3 OLG Frankfurt/M. JurBüro 1964, 32.
4 LG Krefeld, Beschl. v. 17. 5. 1967 – 5 T 65/67, KostRsp. ZPO § 9 Nr. 13.
5 So OLG Celle JurBüro 1967, 73 und 515; OLG Braunschweig NJW 1967, 161; OLG
  Karlsruhe, Beschl. v. 13. 5. 1988 – 10 W 26/88, KostRsp. ZPO § 3 Nr. 944 = JurBüro
  1988, 1551; OLG Nürnberg, Beschl. v. 5. 2. 1990 – 12 W 202/90, KostRsp. ZPO § 3
  Nr. 1076 = JurBüro 1992, 50; ausführlich dazu *E. Schneider* MDR 1977, 270 ff.
6 OLG Zweibrücken JurBüro 1978, 1550.
7 OLG Nürnberg JurBüro 1964, 684.
8 BGH MDR 1960, 749.

Unerlaubte Handlung

4739 Für die Streitwertberechnung bei Rentenansprüchen aus § 845 BGB ist nicht § 9 ZPO, sondern § 42 Abs. 2 GKG maßgebend.[1] Die zwischen § 9 ZPO und § 42 Abs. 2 GKG wählende ältere Rechtsprechung gehört allerdings auf den Prüfstand. Früher war es die Entscheidung zwischen dem $12^1/_2$-fachen und dem 5fachen Jahresbetrag. Jetzt liegt die „privilegierende" Vorschrift § 42 Abs. 2 GKG über dem $3^1/_2$-fachen Jahresbetrag des § 9 ZPO i.d.F. des RpflegeEntlG 1993. Das Verhältnis Prozesswert – Gebührenwert ist „auf den Kopf" gestellt.[2]

Vergleich

4740 Vergleichen sich die Parteien bei einem Rentenanspruch durch **Zahlung eines Kapitalbetrages**, so wird der Streitwert durch den Wert des Rechtsverhältnisses, über das die Parteien sich verglichen haben, nicht aber durch den Kapitalbetrag bestimmt (siehe das Stichwort „Vergleich").

4741 Soweit in einen Prozessvergleich unstreitige Ansprüche einbezogen und mit tituliert werden, ist das werterhöhend zu berücksichtigen.[3]

Versicherungsschutz

4742 Die Klage auf Gewährung von Versicherungsschutz, wenn der Kläger des Deckungsprozesses als Schädiger auf laufende Schadensrenten in Anspruch genommen wird, bemisst sich weder nach § 9 ZPO noch nach § 42 GKG, sondern ist gemäß § 3 ZPO nach freiem Ermessen zu schätzen.

4743 Das OLG Nürnberg[4] hat in diesem Fall gleichwohl eine Annäherung an § 42 GKG vorgenommen. Einmal darf danach der **Deckungsprozess** nicht höher bewertet werden als der Rechtsstreit zwischen Schädiger und Geschädigtem. Ferner bedarf das Gericht, um sein Ermessen pflichtgemäß ausüben zu können, einer irgendwie gearteten Berechnungsgrundlage; und dazu wird dann als hauptsächlicher Bemessungsfaktor neben anderen im Rahmen des § 3 ZPO die Regelung des § 42 Abs. 2 GKG herangezogen.

4744 Soweit der Deckungsschutzprozess auf Feststellung geht, ist der übliche Abzug von 20 % vorzunehmen.

4745 Im Anschluss an den BGH[5] wird vielfach nach § 9 ZPO bewertet.[6] Siehe auch Rn. 4739.

---

1 OLG Köln VersR 1964, 272; OLG Stuttgart VersR 1964, 1258.
2 *Lappe* NJW 1994, 1189, der den neuen § 9 ZPO für verfassungswidrig hält, Münch-Komm.ZPO/*Lappe*, Ergänzungsband § 9 Rn. 15; NJW 1993, 2785.
3 OLG Zweibrücken JurBüro 1978, 896 = MDR 1978, 496; siehe näher bei dem Stichwort „Unterhalt" Rn. 4467 ff.
4 OLG Nürnberg JurBüro 1970, 305.
5 Siehe NJW 1974, 1710.
6 Dagegen *E. Schneider* MDR 1973, 181 und unten das Stichwort „Versicherungsschutz" Rn. 4779 ff.

Versicherungsträger

Der Streitwert einer Schadensersatzrente des Versicherungsträgers nach § 640   4746
RVO bemisst sich nach § 42 Abs. 2 GKG, weil es sich um einen **Schadens-**
ersatzanspruch i.S. dieser Vorschrift handelt.[1]

Demgegenüber wendet das OLG Frankfurt/M.[2] § 9 ZPO an. Siehe auch   4747
Rn. 4739.

Vertragliche Ansprüche

Wird wegen der Tötung eines Menschen Schadensersatz durch Entrichtung   4748
einer Geldrente verlangt, so ist der 5fache Betrag des einjährigen Bezuges maßgebend, wenn nicht der Gesamtbetrag der geforderten Leistungen geringer ist.

Das gilt jedoch nicht bei Ansprüchen aus einem Vertrag, der auf Leistung einer   4749
solchen Rente gerichtet ist (§ 42 Abs. 2 GKG). Bei einer auf Vertrag beruhenden
Unterhaltsrente berechnet sich der Streitwert vielmehr nach § 9 ZPO.[3]

Nach BGH[4] ist § 9 ZPO auch dann anzuwenden, wenn der Rentenanspruch   4750
sowohl auf unerlaubte Handlung wie auf Vertrag gestützt wird. Diese Auffassung verfehlt jedoch den Zweck des § 42 Abs. 2 GKG. Es ist kein zureichender
Grund dafür ersichtlich, dass der streitwertmäßig privilegierte Geschädigte
diese Rechtswohltat verliert, nur weil sich sein Schadensersatzanspruch auch
vertraglich konstruieren lässt. Zur Privilegierung durch § 42 Abs. 2 GKG siehe
Rn. 3903.

Wenn die Höhe des nach § 9 ZPO zu bewertenden Rechts auf **wiederkehrende**   4751
Leistungen bei einer Klage aus vertraglichen Rentenansprüchen **wechselt**, ist
nicht ein Durchschnittsbetrag anzusetzen, sondern es ist auf die höchste Jah-
resleistung abzustellen.[5]

Restitutionsklage

Literatur: *Seetzen* NJW 1984, 348.

Mit der Restitutionsklage nach § 580 ZPO und der Nichtigkeitsklage nach   4752
§ 579 ZPO sollen die Aufhebung und Neuverhandlung eines durch rechtskräftiges Urteil abgeschlossenen Rechtsstreits erreicht werden. Das Klägerinteresse
deckt sich daher mit dem Streitwert des abgeschlossenen Verfahrens, soweit die
Aufhebung der Verurteilung begehrt wird.[6]

---

1 OLG Celle, KostRsp. GKG a.F. § 13 Nr. 42; OLG München Rpfleger 1968, 364.
2 OLG Frankfurt/M. JürBüro 1968, 634.
3 OLG Oldenburg JurBüro 1952, 340.
4 JurBüro 1953, 304; ebenso OLG Schleswig SchlHA 1950, 92.
5 OLG Bamberg JurBüro 1971, 536.
6 BGH, Beschl. v. 4. 4. 1978 – VI ZB 11/77, AnwBl. 1978, 260.

4753 Wird die Beseitigung der früheren nachteiligen Entscheidungen insgesamt erstrebt, dann ist der volle erstinstanzliche Wert maßgebend.[1] Der Streitwert für die Restitutionsklage oder die Nichtigkeitsklage kann jedoch nie höher sein als der Wert des Hauptprozesses, in dem das zu beseitigende Urteil ergangen ist.[2]

4754 Für den Streitwert des abgeschlossenen Verfahrens gelten die allgemeinen Bewertungsvorschriften, so dass insbesondere zuerkannte Zinsen und angefallene Prozesskosten den Streitwert nicht erhöhen (§§ 4 ZPO, 43 GKG).

4755 Zum Streitwert einer auf § 826 BGB gestützten Klage auf Unterlassung der Zwangsvollstreckung aus dem Titel des abgeschlossenen Verfahrens vgl. das Stichwort „Unterlassung".

Restkaufpreisforderung

Siehe das Stichwort „Eigentumsvorbehalt".

Rückerstattungsansprüche der Sozialleistungsträger

Siehe das Stichwort „Regressansprüche der Sozialleistungsträger".

Rückgängigmachung eines Kaufvertrages

Literatur: *Riedel* JurBüro 1961, 521.

4756 Das Interesse des Klägers an der Rückabwicklung des Kaufvertrages – beispielsweise nach Rücktritt, Nichtigkeit oder fehlender Genehmigung bei Geschäften eines Minderjährigen – ist nach § 3 ZPO zu schätzen.[3] Gleiches gilt für die Klage des Vertragspartners auf Feststellung, dass ein erklärter Rücktritt unwirksam ist.[4]

4757 Das AG Aschaffenburg[5] bestimmt den Streitwert für die Rückabwicklung des Kaufvertrages nicht nach der Höhe des Kaufpreises, sondern nach dem entgangenen Gewinn des Verkäufers. Dieser Bewertungsgrundsatz kann nicht richtig

---

1 RG HRR 1933 Nr. 1043.
2 RG HRR 1933 Nr. 1043; RG *Warneyer* 1909 Nr. 544; LG Verden JurBüro 1956, 227.
3 BGH, Beschl. v. 21. 2. 2002 – II ZR 91/00, NJW-RR 2002, 823; AG Hamburg, Beschl. v. 12. 2. 1991 – 4 C 913/90, JurBüro 1992, 560; OLG Düsseldorf, Beschl. v. 7. 6. 1985 – 9 W 42/85, JurBüro 1986, 433; OLG Hamm, Beschl. v. 10. 6. 1999 – 22 W 13/99, MDR 1999, 1225.
4 OLG Koblenz, Beschl. v. 18. 5. 1999 – 5 W 318/99, NJW-RR 2000, 163.
5 AG Aschaffenburg, KostRsp. ZPO § 3 Nr. 863 mit Anm. *Schneider* = JurBüro 1987, 595.

sein. Sonst müsste in Kauf genommen werden, dass der Streitwert auch gleich Null sein könnte, etwa wenn der Verkäufer ohne Gewinn oder gar mit Verlust veräußert hat.

Fordert der Kläger nach § 463 BGB a.F. zugleich die Rückabwicklung des Kaufvertrages über ein Grundstück und die Abgabe einer Rückauflassungserklärung, so ist das Interesse des Klägers für die Abgabe der Erklärung nicht noch einmal mit dem Wert des Grundstücks, sondern erheblich geringer zu bewerten.[1] 4758

Fälle dieser Struktur lassen sich nur richtig lösen, wenn zunächst genau herausgearbeitet wird, was der Kläger verlangt.[2] Richtet sich sein Begehren auf Rückübereignung oder Besitzeinräumung, so ist § 6 ZPO maßgeblich.[3] Verlangt er einen bezifferten entgangenen Gewinn, ist die Klagesumme entscheidend. 4759

Rückgriffsanspruch der Sozialleistungsträger

Siehe das Stichwort „Regressansprüche der Sozialleistungsträger".

Rückkaufsrecht

Der Streitwert eines Rechtsstreits um ein Rückkaufsrecht an einem belasteten Grundstück bemisst sich nach dem **Interesse des Klägers an der Wiedererlangung** des Grundstückes. 4760

Das nach § 3 ZPO zu schätzende Interesse[4] wird – in Anlehnung an § 6 ZPO – mit dem Verkehrswert des Grundstücks[5] oder mit dem geringerwertigen Kaufpreis anzusetzen sein.[6] 4761

Wird auf Rückübertragung des früher abgetretenen Anspruchs aus einem noch nicht prämienfreien Versicherungsvertrag geklagt, so ist der Wert des Anspruchs nicht ohne weiteres dem Wert des Rückkaufsrechts gleichzusetzen, da der Berechtigte die Wahl hat, entweder das Rückkaufsrecht auszuüben oder die Versicherung fortzusetzen. Deshalb ist nach § 3 ZPO zu schätzen.[7] 4762

---

1 OLG Schleswig, Beschl. v. 29. 4. 1998 – 5 W 12/98, JurBüro 1998, 421.
2 Vgl. die Stichwörter „Rücktritt" und „Nichtigkeit eines Vertrages".
3 OLG Oldenburg, Urteil v. 14. 1. 1998 – 2 U 259/97, MDR 1998, 1406; BGH, Beschl. v. 12. 9. 2000 – X ZR 89/00, NJW-RR 2001, 518.
4 *Meyer*, GKG, Anh § 48 (§ 3 ZPO) Rn. 26 Stichwort „Rückkaufsrecht".
5 OLG Nürnberg JurBüro 1963, 110.
6 OLG Köln, Beschl. v. 26. 6. 1998 – 19 W 17/98, OLGR 1999, 15.
7 OLG Neustadt Rpfleger 1967, 1.

Rückstände

Siehe das Stichwort „Fällige Beträge".

Rücktritt

Literatur: *Mümmler*, Gegenstandswert der RA-Gebühren bei Vertragsrücktritt, JurBüro 1995, 631 ff; *ders.*, Rücktritt von einem Grundstückskaufvertrag, JurBüro 1998, 182 ff.; *Wielgoss*, Beurkundung eines Rücktrittsrechts, JurBüro 2004, 187 ff.

4763 Wird **aus Rücktritt vom Vertrag** geklagt, dann richtet sich der Streitwert danach, welche im Klageantrag konkretisierte Rechtsfolge aus dem Rücktritt hergeleitet wird. Das kann beispielsweise ein Rückzahlungsanspruch sein; dann ist der Nennbetrag der Forderung maßgebend.

4764 Ist der Antrag dagegen auf **Feststellung der Wirksamkeit** des Rücktritts vom Vertrag gerichtet, dann muss der Streitwert nach § 3 ZPO geschätzt werden. Dabei ist das klägerische Interesse an der Bindungsfreiheit weder mit dem „Wert des Vertragsverhältnisses"[1] noch mit dem Vermögensunterschied vor und nach Rückgängigmachung des Vertrages[2] bzw. dem Saldo der mit der Vertragsdurchführung verbundenen Vor- und Nachteile[3] gleichzusetzen. Entscheidend ist vielmehr der Wert der Leistung, von der der Kläger bei Unwirksamkeit bzw. Rückabwicklung des Vertrages freigestellt werden will[4] oder die im Falle bereits erbrachter Leistung an ihn zurückzugewähren ist.[5] Siehe hierzu bei den Stichwörtern „Vertragsauflösung", „Widerruf" und „Nichtigkeit des Vertrages".

4765 Der Streitwert für die Klage auf **Feststellung der Unwirksamkeit** des Rücktritts von einem Erbvertrage bemisst sich nach dem gemäß § 3 ZPO zu schätzenden

---

1 So OLG Oldenburg, Beschl. v. 15. 9. 1995 – 5 W 150/95, MDR 1996, 101 – Nichtigkeit.
2 So OLG Düsseldorf JurBüro 1967, 161; OLG Stuttgart Rpfleger 1964, 162.
3 So OLG Braunschweig, Beschl. v. 2. 11. 1982 – 2 W 113/83, KostRsp. ZPO § 3 Nr. 617 mit abl. Anm. *E. Schneider*; OLG München OLGE 29, 222.
4 OLG Bamberg, Beschl. v. 27. 7. 1990 – 8 W 17/90, JurBüro 1990, 1659; OLG Celle, Beschl. v. 18. 10. 1983 – 4 W 29/83, KostRsp. ZPO § 3 Nr. 666 = Nds.Rpfl. 1984, 14; OLG Düsseldorf, JurBüro 1994, 494 = AnwBl. 1994, 47; OLG Frankfurt, Beschl. v. 15. 6. 1999 – 21 W 24/99 KostRsp. ZPO § 3 Nr. 1339 = NJW-RR 2000, 587; OLG Koblenz, NJW 1953, 1918; OLG München, Beschl. v. 20. 3. 1984 – 24 W 48/84, KostRsp. ZPO § 3 Nr. 706 = JurBüro 1984, 1235 mit Anm. *E. Schneider*; OLG Saarbrücken, Beschl. v. 25. 9. 1978 – 1 W 20/78 , KostRsp. ZPO § 3 Nr. 427 = JurBüro 1978, 1718 = AnwBl. 1978, 467; *Anders/Gehle/Kunze*, Stichwort „Feststellungsklage" Rn. 8.
5 OLG Bremen, Beschl. v. 14. 8. 1979 – 2 W 52/79, KostRsp. ZPO § 3 Nr. 450 mit Anm. *E. Schneider* = JurBüro 1979, 1705; OLG Celle, Beschl. v. 18. 6. 1984 – 16 W 32/84, KostRsp. ZPO § 3 Nr. 704 mit Anm. *E. Schneider* = AnwBl. 1984, 448 = Nds.Rpfl. 1994, 215.

Interesse des Klägers an dem Weiterbestehen des Erbvertrages. Enthält dieser die Einsetzung des Klägers als Alleinerbe, dann ist gleichwohl nicht der Wert der gesamten Erbmasse maßgebend, weil der Erblasser nicht gehindert ist, über sein Vermögen zu verfügen und die Erbmasse zu schmälern. Das OLG Celle[1] hat aus diesen Erwägungen heraus die Feststellungsklage nur mit $^1/_4$ des Wertes der Erbmasse im Zeitpunkt der Klage bewertet. Enthält der Erbvertrag eine letztwillige Verfügung, die den Kläger begünstigt, ohne ihn als Alleinerben einzusetzen, dann ist deren wirtschaftlicher Wert maßgebend.

Siehe zu den Einzelheiten der Bewertung unter den Stichwörtern „Nichtigkeit des Vertrages" und „Vertragsauflösung". 4766

Rückübertragung

Wird auf Rückübertragung des früher **abgetretenen Anspruchs** aus einem noch nicht prämienfreien Versicherungsvertrag geklagt, so ist der Wert des Anspruchs nicht ohne weiteres dem Wert des Rückkaufsrechts gleichzusetzen, da der Berechtigte die Wahl hat, entweder das Rückkaufsrecht auszuüben oder die Versicherung fortzusetzen; es ist nach § 3 ZPO zu schätzen.[2] 4767

Verlangt der Sicherungsgeber von dem Sicherungsnehmer die Rückübertragung des **Sicherungseigentums**, weil die zu sichernde Forderung erfüllt sei, so richtet sich der Wert dieses Anspruches, nach dem Wert der Sache, wenn nicht der Wert der streitigen Forderung geringer ist. Es ist § 6 ZPO entsprechend anzuwenden, weil das Sicherungseigentum dem Pfandrecht näher steht, als das Volleigentum.[3] 4768

Zur Rückübertragung eines **Grundstückes** siehe das Stichwort „Auflassung". Maßgebend ist der Verkehrswert ohne dingliche Belastungen,[4] und zwar im Zeitpunkt der Klageerhebung.[5] 4769

Wird neben der Rückabwicklung des Grundstückskaufvertrages im Vorgriff auf die Abwicklung zugleich die Abgabe einer **Rückauflassungserklärung** kann der Verkehrswert nicht zweimal in Ansatz gebracht werden. Soweit nicht bereits wegen wirtschaftlicher Identität der prozessualen Ansprüche eine Zusammenrechnung verneint wird (vgl. hierzu das Stichwort „Mehrere Ansprüche"), ist das Interesse am grundbuchrechtlichen Vollzug mit 2500 Euro zu bewerten.[6] 4770

---

1 OLG Celle Nds.Rpfl. 1962, 57 = NJW 1957, 540.
2 OLG Neustadt Rpfleger 1967, 1.
3 BGH NJW 1959, 939.
4 OLG Schleswig AnwBl. 1980, 255; LG Bayreuth JurBüro 1977, 1116.
5 OLG München JurBüro 1979, 896.
6 OLG Schleswig, Beschl. v. 29. 4. 1998 – 5 W 12/98, JurBüro 1998, 421.

4771 Der Streitwert für die Klage des Grundstückseigentümers auf Rückübertragung des **Erbbaurechts** – Heimfallanspruch nach § 2 Nr. 4 ErbbauVO – ist entsprechend § 6 ZPO nach dem objektiven Verkehrswert des Erbbaurechts zu bemessen.[1] Siehe auch das Stichwort „Heimfallanspruch".

Sachurteilsvoraussetzung

Siehe das Stichwort „Einrede, Einwendung".

Sachverständigenschätzung

4772 Der Streitwert darf, wenn das Gericht ihn anders nicht ermitteln zu können meint, unter Heranziehung eines Sachverständigen beziffert werden (§ 64 GKG).

4773 In der Praxis wird § 64 GKG wenig angewandt – mit Recht –, da es grundsätzlich unangebracht ist, hohe Gutachterkosten nur wegen der Nebenentscheidung erfallen zu lassen. Die Schätzung durch den Sachverständigen sollte die Ausnahme sein.[2]

4774 Angebracht sein kann die Schätzung durch einen Sachverständigen im selbständigen Beweisverfahren. Stellt der Sachverständige nur einen Teil der vom Antragsteller behaupteten Mängel fest oder lässt sie in den Verantwortungsbereich des Antragsgegners fallen, so ist gleichwohl der Streitwert nach den Mängelbeseitigungskosten zu bemessen, die objektiv entstehen würden, wenn man die Behauptungen der Antragsschrift als zutreffend unterstellt. Daher muss auch dieser Wert ermittelt werden. Insoweit kann es zweckmäßig sein, den bereits im selbständigen Beweisverfahren tätig gewordenen Sachverständigen um eine solche Schätzung zu bitten.[3]

4775 Lässt sich in einer Ehesache ein **Verkehrswert eines selbstgenutzten Hausgrundstückes der Ehegatten** nicht feststellen, so ist die mit dem Bewohnen des Eigenheimes verbundene Mietersparnis für die Bemessung des Streitwertes heranzuziehen. Einer Abschätzung nach § 64 GKG bedarf es nicht.[4] Angesichts der hierdurch entstehenden Zeitverzögerung und der Mehrkosten, die zudem infolge des nur mit 5 % bis 10 % in die Bemessung einfließenden Grundstückswer-

---

1 OLG Bamberg, Beschl. v. 26. 8. 1985 – 4 W 77/85, KostRsp. ZPO § 6 Nr. 110 = JurBüro 1985, 1705.

2 OLG Naumburg, Beschl. 9. 7. 2003 – 7 W 16/03, BauRB 2004, 9 = ZfBR 2004, 271 = OLGR 2003, 549.

3 OLG Naumburg, Beschl. 9. 7. 2003 – 7 W 16/03, BauRB 2004, 9 = ZfBR 2004, 271 = OLGR 2003, 549.

4 OLG Dresden, Beschl. v. 8. 8. 2002 – 10 WF 321/02, FamRZ 2003, 1679 = JurBüro 2003, 140 = MDR 2003, 535.

tes regelmäßig dazu führen würden, dass die sich für den Justizfiskus ergebenden Mehreinnahmen von den Aufwendungen für Sachverständige übertroffen würden, hielt der Senat in einem solchen Fall eine Bewertung für unangemessen.

Kommt es bei einer Anfechtungsklage auf den **Wert von Geschäftsanteilen** einer Handelsgesellschaft an, dann ist von einer Sachverständigenbegutachtung abzusehen, wenn mit einer nennenswerten Abweichung vom Nominalbetrag der Geschäftsanteile nicht zu rechnen ist und die Begutachtung unverhältnismäßig hohe Kosten auslösen würde.[1] 4776

Hat der Sachverständigengutachten in der Hauptsache (hier selbstständiges Beweisverfahren) Mängelbeseitigungskosten geschätzt und hat das Gericht sich bei seiner Wertfestsetzung daran orientiert, besteht kein Anlass, im anschließenden Streitwertbeschwerdeverfahren nach § 64 GKG ein neues Gutachten oder eine Ergänzung einzuholen. Wenn eine Partei meint, dass der Sachverständige die Mängelbeseitigungskosten unrichtig geschätzt habe, muss sie einen Antrag auf Ergänzung oder Erläuterung des Gutachtens stellen, wobei sie zur Zahlung des dazu erforderlichen Auslagenvorschusses verpflichtet ist.[2] 4777

Wird eine **Abschätzung** durch einen Sachverständigen erforderlich, so ist in dem Streitwertbeschluss auch über die Kosten der Abschätzung zu entscheiden (§ 64 S. 1 GKG). 4778

Die **Kosten** für die Abschätzung des Streitwerts durch ein Sachverständigengutachten trägt die **Staatskasse**, wenn keine anderweitige Kostenentscheidung ergeht.[3] 4779

Die Kosten können **ganz oder teilweise der Partei** auferlegt werden, die die Abschätzung durch Unterlassen der ihr obliegenden Wertangabe, durch unrichtige Angabe des Wertes, durch unbegründetes Bestreiten des angegebenen Wertes oder durch eine unbegründete Beschwerde veranlasst hat (§ 64 Abs. 1 S. 2 GKG). Einen solchen Fall hatte das OLG München[4] zu entscheiden. Der Kläger hatte den Verkehrswert mit 850 000 DM angegeben, der Beklagtenvertreter mit über 13 Mio. DM. Der Gutachter kam auf einen Wert von 3 Mio. DM. Der Senat hat gedrittelt: 1/3 für den Kläger, weil er den vor über neun Jahren gezahlten Kaufpreis als Wert angegeben hatte, 1/3 für den Beklagtenvertreter, weil er im eigenen Namen Beschwerde eingelegt und dabei den Brandversicherungswert herangezogen hatte, 1/3 für die Staatskasse, weil sie über höhere Gebühren vom Schätzverfahren profitierte. Das Profit-Argument ist allerdings überflüssig. Die Staatskasse trägt die Kosten immer, soweit sie nicht nach § 46 S. 2 GKG einem Dritten aufzuerlegen sind. 4780

---

1 OLG Celle, Beschl. v. 5. 5. 1986 – 4 W 300/85, KostRsp. GKG § 26 Nr. 5 mit Anm. *Schneider* = JurBüro 1986, 1403.
2 OLG Celle, Beschl. v. 29. 1. 2003 – 5 W 63/02, n.v.
3 OLG Köln, Beschl. v. 2. 2. 1987 – 17 W 484/86, KostRsp. GKG § 26 Nr. 6 mit Anm. *E. Schneider.*
4 OLG München, Beschl. v. 17. 8. 1993 – 3 W 2181/93, KostRsp. GKG § 26 Nr. 8 mit Anm. *Herget* = OLGR 1994, 96.

4781 Die Abwälzung der Kosten ist jedoch **Ausnahme**. Grundsätzlich fallen die Schätzungskosten der Staatskasse zur Last, da die richtige Ermittlung des Streitwertes von Amts wegen geboten ist.[1]

4782 Das gilt jedenfalls dann, wenn keine Partei die Abschätzung des Wertes des Streitgegenstandes verschuldet hat,[2] obwohl nachgewiesenes Verschulden nicht Belastungsvoraussetzung ist, weil im Kostenrecht die Veranlasserhaftung gilt,[3] und erst recht, wenn es auf die sachverständige Bewertung überhaupt nicht ankam.[4]

4783 Nach OLG Neustadt[5] sind die Kosten für eine vom Gericht angeordnete Sachverständigenschätzung des Streitobjektes zwischen der Staatskasse und der Partei zu teilen, die einen unrichtigen Wert angegeben hat.

4784 Wird aus Anlass einer Streitwertbeschwerde des Beklagten, die zur Einholung eines Wertgutachtens führt, der Kläger nach § 64 S. 2 GKG mit den dafür angefallenen Kosten belastet, dann haftet der Beklagte nicht als Veranlassungs-Zweitschuldner, da § 22 GKG auf ihn unanwendbar ist.[6] Die Kostenauferlegung nach § 64 S. 2 GKG ist eine **personenbezogene Maßnahme**. Da die Sanktionsvoraussetzungen beim Gegner fehlen, darf er nicht anstelle der nach § 64 S. 2 GKG mit den Kosten belasteten Partei haftbar gemacht werden. Er würde sonst geradezu gezwungen, eine fremde „Strafe" zu bezahlen. Dem OLG Köln ist deshalb darin zu folgen, dass § 64 S. 2 GKG eine den § 22 GKG verdrängende lex specialis ist. Damit wird zugleich § 58 Abs. 1 GKG unanwendbar. Da der Gegner weder als Verurteilungsschuldner (§ 29 Nr. 1 GKG) noch als Antragsteller der Instanz (§ 22 GKG) haftet, kann er auch nicht als Gesamtschuldner haften.

4785 Nach OLG Köln[7] soll es auch möglich sein, die Kosten **dem Anwalt** aufzuerlegen. Das erscheint sehr bedenklich, da der Anwalt nicht Partei ist. Hat es der Anwalt pflichtwidrig unterlassen, Angaben zu machen, so ist dies eine Frage des Innenverhältnisses zwischen ihm und seiner Partei. Die Beurteilung dieses Rechtsverhältnisses ist aber dem Gericht im Rahmen der Streitwertfestsetzung entzogen.

---

1 OLG Saarbrücken, Beschl. v. 15. 4. 1980 – 5 W 37/80, KostRsp. GKG § 26 Nr. 2.
2 LG Saarbrücken, Beschl. v. 9. 9. 1979 – 4 O 281/76, KostRsp. GKG § 26 Nr. 1.
3 VGH Mannheim, Beschl. v. 28. 2. 1991 – 5 S 1916/90, KostRsp. GKG § 26 Nr. 7 mit Anm. E. *Schneider* = NVwZ-RR 1991, 670.
4 OLG Bamberg JurBüro 1981, 1047.
5 OLG Neustadt JurBüro 1954, 465.
6 OLG Köln, Beschl. v. 2. 2. 1987 – 17 W 484/86, KostRsp. GKG § 26 Nr. 6.
7 OLG Nürnberg JurBüro 1968, 242.

Schadensersatz

Literatur: *Dunz* MDR 1956, 580 (Zukunftsschaden); *Gerold* JurBüro 1957, 152 (Zukunftsschaden).

A. Anzuwendende Vorschriften

Für die Bewertung einer auf Schadensersatz gerichteten Klage gibt es keine speziellen Bewertungsvorschrift. Maßgebend ist der Klageantrag, von dem ausgehend die im Einzelfall einschlägige Bewertungsvorschrift zu ermitteln ist. **4786**

Wird eine bezifferte Geldforderung als Schadensersatz eingeklagt, ist deren Betrag maßgebend (§ 6 ZPO i.V.m. § 48 Abs. 1 GKG). Bei Feststellungsklagen auf Leistung von Schadensersatz ist der Gebührenstreitwert nach § 3 ZPO i.V.m. § 48 Abs. 1 GKG zu schätzen. Vgl. dazu auch das Stichwort „Feststellungsklage". **4787**

Bei bezifferter Leistung und dem zusätzlichen Antrag auf Feststellung der Haftung für zukünftigen Schaden ist jeder Antrag gesondert zu bewerten und sodann eine Wertaddition vorzunehmen (§ 5 ZPO). **4788**

Wird ein Herausgabeantrag mit dem Antrag auf Verurteilung zu Schadensersatz nach fruchtlosem Ablauf einer Frist (§§ 255, 510b ZPO) verbunden, dann ist nur der Hauptanspruch wertbestimmend, also weder gemäß § 5 ZPO zu addieren noch analog § 45 Abs. 1 S. 3 GKG auf den höherwertigen Schadensersatzantrag abzustellen.[1] Entgegen LG Karlsruhe[2] ist der Streitwert auch nicht um einen Bruchteil des Entschädigungsbetrages zu erhöhen. **4789**

B. Streitwertschlüssel zu Einzelfällen

Stichwortübersicht

Aufhebung eines Kaufvertrages	4790	Nutzungsanspruch	4807
Auskunft	4792	Rechtsanwalt	4808
Befreiung	4793	Rente	4809
Feststellung	4794	Rückzahlung	4811
Garantievertrag	4801	Sterilisation	4812
Künftiger Schaden	4802	Veröffentlichungsbefugnis	4813
Mängelrechte	4806	Zinsen	4816

---

1 OLG Jena OLGR 1999, 100; *Schneider* MDR 1985, 268; a.A. LG Köln MDR 1984, 501 mit abl. Anm. *Schneider* S. 853; siehe näher das Stichwort „Herausgabe".
2 LG Karlsruhe, Beschl. v. 11. 2. 1986 – 9 S 370/84, KostRsp. ZPO § 3 Nr. 832 mit abl. Anm. *Schneider*.

Aufhebung eines Kaufvertrages

4790 Verlangt der Käufer eines Pkw die Aufhebung des Vertrages wegen Nichtigkeit einer in die Allgemeinen Geschäftsbedingungen des Verkäufers aufgenommenen Preisgleitklausel und fordert daraufhin der Verkäufer statt der Erfüllung des Vertrages pauschalierten Schadensersatz in Höhe von 15 % wegen Nichterfüllung, dann ist der Streitwert nicht gleich dem Kaufpreis, sondern bestimmt sich nach dem geringeren Interesse des Anfechtenden an der Vertragsaufhebung.[1]

4791 Das AG Bremen-Blumenthal hat in einem solchen Fall statt des Kaufpreises als Streitwert den von dem klagenden Verkäufer verlangten pauschalierten Schadensersatz festgesetzt. Dies entsprach zugleich dem Abwehrinteresse des Beklagten, der diesen Betrag nicht zahlen wollte, so dass auch der von ihm beauftragte Rechtsanwalt nur nach diesem Streitwert abrechnen durfte (§ 8 Abs. 1 S. 2 BRAGO = § 23 Abs. 1 S. 2 RVG). Siehe dazu auch das Stichwort „Nichtigkeit eines Vertrages".

Auskunft

4792 Begehrt der Kläger zunächst nur Auskunftserteilung und geht er erst nach der im Prozess erteilten Auskunft zur Schadensersatzklage über, so bildet nur der (höhere) Wert der Schadensersatzklage den Streitwert. Ein gesonderter Wert für die zunächst erhobene Auskunftsklage ist dann nicht hinzuzurechnen.[2] Dies entspricht dem Rechtsgedanken des § 44 GKG.

Befreiung

4793 Bei Klagen auf Befreiung von einer Schadensersatzverpflichtung gegenüber einem Dritten bemisst sich der Wert des Streitgegenstandes nach dem ziffernmäßig bestimmten Betrag, für den der Kläger wegen seiner Schadensersatzpflicht in Anspruch genommen wird. Für die Festsetzung des Streitwertes nach freiem Ermessen gemäß § 3 ZPO ist kein Raum.[3] Siehe dazu näher das Stichwort „Befreiung von einer Verbindlichkeit".

Feststellung

4794 Der Anspruch auf Feststellung des Bestehens oder Nichtbestehens der Schadensersatzpflicht ist nach § 3 ZPO durch freies Ermessen des Gerichts unter Zugrundelegen des Interesses des Klägers an der begehrten Feststellung zu bewerten. Es kommt entscheidend darauf an, inwieweit dem Geschädigten das Urteil zur Verwirklichung seines Anspruchs dienen kann.[4]

---

1 AG Bremen-Blumenthal JurBüro 1984, 392 = Beschl. v. 14. 9. 1983 – 2a C 302/83, KostRsp. ZPO § 3 Nr. 675 mit Anm. *Schneider.*
2 OLG Celle WRP 1971, 233.
3 BAG MDR 1960, 616.
4 OLG Celle DB 1962, 1565.

Der Wert des bloßen Feststellungsanspruches bleibt regelmäßig hinter dem 4795
Wert eines Leistungsantrages zurück, da die Feststellung keine Leistungspflicht des Beklagten begründet und das Beweisrisiko des Klägers insofern
noch verbleibt, als er die Höhe des behaupteten Schadens noch nachweisen
muss.[1] Nach der Rechtsprechung erscheint regelmäßig ein Abschlag von 20%
angemessen.[2]

Das OLG Frankfurt[3] nimmt an, der Antrag auf Feststellung, dass der Beklagte 4796
verpflichtet sei, den künftig erwachsenden Schaden zu ersetzen, sei unter Heranziehung der Grundsätze der (jetzt) §§ 48 Abs. 2 GKG, 30 Abs. 2 KostO zu
bewerten, wenn sich bei Klageerhebung oder im Zeitpunkt des Urteilserlasses
die Höhe des zukünftigen Schadens nicht absehen lasse.[4]

Wird mit dem Klageantrag ein bezifferter Geldbetrag verlangt, daneben aber auf 4797
Feststellung der Ersatzpflicht hinsichtlich weiteren Schadens geklagt, dann ist
jeder Antrag gesondert zu bewerten und nach § 5 ZPO zusammenzurechnen.[5]

Geht der Kläger im Laufe des Rechtsstreits mit dem zunehmenden Fälligwer- 4798
den der Schadensersatzansprüche von der Feststellungsklage zur Leistungsklage
über, so ist eine Summierung der Werte des Leistungsantrages und des Feststellungsanspruchs in seiner vollen Höhe nur dann zulässig, wenn der Kläger zu
erkennen gibt, dass er neben dem Leistungsantrag den Feststellungsantrag in
der ursprünglichen Höhe für die Zukunft aufrechterhalten will, dass also der
Übergang von der Leistungs- zur Feststellungsklage das Feststellungsinteresse
der Höhe nach nicht gemindert hat.

Liegt es dagegen so, dass der Kläger den Feststellungsantrag in der letzten 4799
mündlichen Verhandlung nicht mehr stellt, weil dieser Feststellungsantrag
durch die laufende Erhöhung des Leistungsantrages aufgezehrt worden ist, dann
ist nur das Leistungsbegehren für den Streitwert bestimmend.[6]

Zu den bei Feststellungsklagen zu berücksichtigenden Umständen im Einzel- 4800
nen siehe das Stichwort „Feststellungsklage".

Garantievertrag

Maßgebend ist, welche Rechte aus einer Garantievereinbarung hergeleitet wer- 4801
den. Für Zahlungsansprüche beispielsweise gilt § 6 ZPO, für Ansprüche auf
Nachbesserungen der nach § 3 ZPO zu schätzende Reparaturwert.

---

1 OLG Frankfurt MDR 1957, 734; OLG Stuttgart BB 1959, 460.
2 OLG Stuttgart BB 1959, 460.
3 OLG Frankfurt Rpfleger 1957, 124.
4 Im Grundsatz ebenso OLG Köln JurBüro 1971, 719; OLG Braunschweig JurBüro 1977,
403.
5 Zöller/*Herget*, § 3 Rn. 16 unter „Schadensersatz"; OLG München BayZ 1931, 329.
6 OLG Frankfurt JurBüro 1960, 302.

Künftiger Schaden

4802 Bei der Bewertung des Feststellungsinteresses hinsichtlich eines zukünftigen Schadens ist nach dem Grundsatz des § 4 ZPO i.V.m. § 40 GKG von den Erkenntnismöglichkeiten auszugehen, wie sie zur Zeit der Klageerhebung bereits vorhanden waren. In erster Linie ist auf die Höhe des drohenden Schadens abzustellen, jedoch unter Berücksichtigung der Wahrscheinlichkeit eines Schadenseintritts oder einer Inanspruchnahme des Gegners.[1]

4803 Bestand bereits zur Zeit der Klageerhebung die Möglichkeit, zu einer bestimmten, für die Beurteilung des Streitwerts wichtigen Erkenntnis zu gelangen, wurde sie nur nicht genutzt und wird dies nachträglich erkannt, so können diese Erkenntnisquellen nachträglich für die Streitwertfestsetzung nutzbar gemacht werden.[2] Auf Grund nachträglich entstandener Erkenntnismöglichkeiten kann aber eine Änderung des Streitwerts nicht begehrt werden. Das zu Beginn des Rechtsstreits ermittelte Feststellungsinteresse bleibt für die ganze Prozessdauer maßgebend.[3]

4804 Dies gilt jedoch nur,[4] sofern sich der Streitgegenstand nicht ändert. Für den Gebührenwert entspricht dem jetzt § 40 GKG, der nicht mehr darauf abstellt, ob – bei unverändertem Streitgegenstand – der Wert bei Beendigung der Instanz höher ist als zu Beginn. Erkenntnisse des Gerichts nach der letzten mündlichen Verhandlung müssen außer Betracht bleiben.[5] Das ergibt sich auch aus § 296a ZPO.

4805 Ist das Entstehen eines weiteren Schadens zwar möglich, aber nahezu unwahrscheinlich, dann kann dies die Festsetzung eines ganz geringen „Erinnerungswertes" rechtfertigen.[6]

Mängelrechte

4806 Soweit sich der Beklagte mit Gewährleistungsansprüchen gegenüber einem Werklohn- oder Kaufpreisanspruch verteidigt, stellt sich die Frage der Wertaddition nach § 45 Abs. 3 GKG. Hier ist zu unterscheiden, ob Mängel mit der Folge gerügt werden, dass der Anspruch selbst in seinem Entstehungstatbestand verändert wird, oder ob echte Schadensersatzansprüche als Folgeschäden aus positiver Vertragsverletzung hergeleitet werden. Nur im letzteren Fall kommt eine Wertaddition in Betracht. Siehe näher dazu auch das Stichwort „Aufrechnung".

---

1 BGH, Beschl. v. 28. 11. 1990 – VIII ZB 27/90, KostRsp. ZPO § 3 Nr. 1017 mit Anm. *Lappe* = WPM 1991, 657 = NJW-RR 1991, 509 = MDR 1991, 526 = AnwBl. 1992, 451 = Warneyer 1990 Nr. 367.
2 OLG Saarbrücken, Beschl. v. 16. 10. 1997 – 5 W 336/97, KostRsp. ZPO § 3 Nr. 1273 = JurBüro 1998, 363; *Lappe* ZAP Fach 24 S. 251 V.
3 OLG Schleswig Rpfleger 1962, 425.
4 OLG Schleswig Rpfleger 1962, 425.
5 OLG Schleswig Rpfleger 1962, 425.
6 OLG Düsseldorf JurBüro 1975, 232.

Nutzungsanspruch

Ein auf § 992 BGB gestützter Schadensersatzanspruch, der in Abhängigkeit vom   **4807**
Hauptanspruch auf Herausgabe der Sache erhoben wird, bleibt bei der Wertbe-
rechnung unberücksichtigt, auch wenn er den sich aus § 986 BGB ergebenen
Nutzungsanspruch übersteigt.[1] Vgl. zu den Einzelheiten auch das Stichwort
„Herausgabe".

Rechtsanwalt

Wird ein Rechtsanwalt in Anspruch genommen, weil er eine nach § 42 GKG   **4808**
privilegierte Forderung nicht durchgesetzt, beispielsweise den Verjährungsablauf nicht beachtet hat, dann gilt das Streitwertprivileg des § 42 GKG in diesem
Regressverfahren nicht. Denn der Anwalt wird nicht wegen einer bevorrechtigten Forderung, sondern aus dem Mandatsvertrag in Anspruch genommen.[2]

Rente

Hat der Kläger auf Feststellung der Verpflichtung des Beklagten zum Schadens-   **4809**
ersatz geklagt und geht er alsdann im Laufe des Verfahrens zur Leistungsklage
auf Entrichtung von Rente über, so sind entsprechend § 42 Abs. 5 GKG die bis
zu dem Übergang zur Leistungsklage bereits fällig gewordenen Rentenbeträge
bei der Streitwertfestsetzung hinzuzurechnen.[3]

Klagen auf Schadensersatzrenten wegen Tötung oder Verletzung eines Men-   **4810**
schen sind streitwertmäßig nach § 42 Abs. 2 GKG privilegiert. Es ist höchstens
der 5fache Betrag des einjährigen Bezugs anzusetzen. Zahlt der Schädiger freiwillig einen Teil der Schadensersatzforderung, dann mindert sich der Streitwert
nicht, solange der noch ausstehende Betrag den nach § 42 Abs. 2 GKG zu berechnenden Betrag nicht unterschreitet.[4]

Rückzahlung

Ist der Beklagte durch Vorbehaltsurteil (§§ 302, 599 ZPO) verurteilt worden, so   **4811**
kann ein etwaiger Anspruch auf Rückzahlung des beigetriebenen Hauptanspruchs nebst Zinsen und Kosten im Nachverfahren selbst geltend gemacht
werden (§§ 302 Abs. 4 S. 3, 600 Abs. 2 ZPO). Dieser Rückzahlungsanspruch
bleibt bei der Streitwertfestsetzung außer Betracht, soweit nicht darüber hinaus
Schadensersatz wegen unberechtigter Vollstreckung verlangt wird.[5]

---

1 OLG Karlsruhe ZZP Bd. 68, 1955, 463.
2 BGH JurBüro 1979, 193 = VersR 1979, 86 = MDR 1979, 302 = AnwBl. 1979, 114 =
  Rpfleger 1979, 59.
3 RGZ 77, 324.
4 OLG Koblenz GKG § 17 Nr. 79 mit zust. Anm. *Schneider.*
5 LG Kiel MDR 1960, 324; RGZ 9, 410.

Sterilisation

4812 Der Anspruch der Eltern auf Ersatz ihrer Unterhaltsaufwendungen, die auf eine fehlgeschlagene Sterilisation zurückzuführen sind, ist vom BGH nach § 9 ZPO bewertet worden.[1] Während die Anwendung des § 9 ZPO in seiner damaligen Fassung zu sehr hohen Streitwerten führte und die Diskussion um die wirtschaftliche Tragbarkeit in Gang setzte, hat das Problem heute an Bedeutung verloren, da der Höchstbetrag in § 9 ZPO auf den 3,5fachen Jahresbetrag reduziert ist.

Veröffentlichungsbefugnis

4813 Der Anspruch des Klägers, das erstrittene Urteil öffentlich bekannt zu machen, ergibt sich zumeist als Folgeanspruch aus Wettbewerbsverletzungen (vgl. § 7 UKlaG, § 12 Abs. 3 UWG, § 103 UrhG) bzw. aus dem allgemeinen Persönlichkeitsrecht bei Ehrverletzungen. Wird mit einer Schadensersatzklage der Antrag auf Bewilligung einer Veröffentlichungsbefugnis verbunden, dann liegen verschiedene Streitgegenstände vor, so dass nach § 5 ZPO zu addieren ist.[2]

4814 Der Wert der öffentlichen Bekanntmachung eines Urteils in mehreren Zeitungen beschränkt sich nicht auf die Druckkosten,[3] sondern ist nach § 3 ZPO zu schätzen. Überwiegend werden als Wert 10 % des Wertes des Unterlassungsanspruchs angesetzt.[4]

4815 Ist der Klageantrag auf Bewilligung einer Veröffentlichungsbefugnis mit einer Unterlassungs- oder Schadensfeststellungsklage verbunden, hat er nach Meinung einiger Gerichte keinen eigenen Streitwert.[5] Diese Auffassung ist allerdings bedenklich. Sie verstößt gegen den Grundsatz, dass das Begehren, also das Interesse des Klägers für den Streitwert maßgebend ist. Wer aber zur Unterlassung zusätzlich Veröffentlichung begehrt, verlangt mehr als nur Unterlassung. Das sollte bei der Streitwertbemessung zum Ausdruck kommen.[6]

---

1 BGH JurBüro 1981, 846 = MDR 1981, 746 = Beschl. v. 20. 1. 1981 – VI ZR 202/79, KostRsp. GKG § 17 Nr. 29 mit Anm. *Schneider* = NJW 1981, 1318 = VersR 1981, 481; BGH, Beschl. v. 30. 9. 1993 – IX ZR 247/92, KostRsp. GKG § 17 Nr. 142 = WPM 1994, 182.
2 OLG Hamburg MDR 1977, 142; OLG Frankfurt GRUR 1955, 450; siehe auch das Stichwort „Veröffentlichungsbefugnis".
3 OLG Hamm JMBl.NW 1954, 177.
4 OLG Köln, Urteil v. 14. 4. 2000 – 6 U 135/99, ZIP 2000, 2017; OLG Celle, Urteil v. 2. 3. 2000 – 13 U 280/98, GRUR-RR 2001, 125; OLG Nürnberg, Urteil v. 20. 7. 1999 – 3 U 1559/99, JurBüro 2000, 275.
5 OLG Stuttgart NJW 1959, 890; OLG Karlsruhe WRP 1958, 190; OLG Nürnberg JurBüro 1967, 72.
6 Richtig daher OLG Frankfurt JurBüro 1972, 706 und OLG Hamburg MDR 1977, 142, welche die Veröffentlichungsbefugnis gesondert bewerten; siehe auch OLG Frankfurt GRUR 1955, 450.

Zinsen

Zinsen werden nicht dadurch zur Hauptforderung, dass der Kläger sie als Ver-   **4816**
zugszinsen unter dem Gesichtspunkt des Schadensersatzes geltend macht.[1] Sie
bleiben – auch bei einer summenmäßigen Berechnung – streitwertneutrale Nebenforderungen. Siehe näher dazu das Stichwort „Nebenforderungen".

Schätzung

Sofern keine besondere Streitwertvorschrift einschlägig ist, muß der Wert des   **4817**
Streitgegenstandes nach § 48 Abs. 1 GKG, § 3 ZPO oder anderen Vorschriften
frei geschätzt werden. Siehe auch das Stichwort „Ermessen".

Bei der Schätzung des Wertes einer Sache ist gegebenenfalls zu berücksichtigen,   **4818**
dass der Kläger unangefochten vor dem Landgericht geklagt hat, also jedenfalls
von einem Verkehrswert ausgegangen ist, nach dem erstinstanzlich das Kolle-
gialgericht zuständig war.[2]

Beziffern Kläger und Beklagter den Wert einer Sache **verschieden**, dann kann   **4819**
die Schätzung darin bestehen, dass beide Bezifferungen addiert werden und die
Hälfte der Summe als Streitwert festgesetzt wird.[3] Das ist vielfach ein brauch-
barer Näherungswert, insbesondere wenn es um die Bewertung von Grundstücken geht. So ist das OLG Hamm verfahren.[4]

Fehlen für eine Schätzung nach § 3 ZPO jegliche oder **genügende Anhalts-**   **4820**
punkte, so hat die frühere Rechtsprechung sich bei der Streitwertbemessung
auch in vermögensrechtlichen Sachen an dem Regelwert für nichtvermögensrechtliche Streitigkeiten (§§ 12 Abs. 2, 13 Abs. 1 S. 2 GKG a.F.; § 8 Abs. 2
S. 2 BRAGO a.F.) orientiert.[5] In Zivilsachen gibt es im GKG keinen Regelwert mehr. Lediglich in verwaltungs-, sozial- und verwaltungsgerichtlichen
Verfahren ist im GKG noch ein Regelwert (5000 Euro) vorgesehen; die KostO
sieht 3000 Euro vor und das RVG 4000 Euro (§ 23 Abs. 3 RVG). Dennoch
bestehen keine Bedenken, sich auch in Zivilsachen an diesen Werten zu
orientieren und den von dem mittleren Betrag in Höhe von 4000 Euro auszugehen.

---

1 BGH, Beschl. v. 10. 5. 1962 – VII ZR 104/61, KostRsp. ZPO § 4 Nr. 2.
2 KG Rpfleger 1962, 155.
3 *Schneider* Anm. zu OLG Düsseldorf, Beschl. v. 3. 9. 1984 – 4 WF 94/84, KostRsp. GKG
§ 26 Nr. 4.
4 OLG Hamm, Beschl. v. 9. 5. 1984 – 6 WF 285/84, JurBüro 1984, 1543 = MDR 1984, 765
= KostRsp. GKG § 12 Nr. 79 mit Anm. *E. Schneider*.
5 OLG Köln JurBüro 1971, 719; OLG Braunschweig Nds.Rpfl. 1977, 126; JurBüro 1977,
403; OLG Köln JurBüro 1971, 719; LAG Hamm, Beschl. v. 28. 3. 1980 – 8 Ta 27/80,
KostRsp. GKG § 12 Nr. 31 mit Anm. *Schneider* = MDR 1980, 613.

4821 Der Goodwill einer in Sozietät betriebenen Anwaltskanzlei ist mit etwa anderthalb Jahresgewinnen zu schätzen.[1]

Schätzung durch Sachverständigen

Siehe das Stichwort „Sachverständigenschätzung".

Scheckprozess

Siehe das Stichwort „Urkunden-, Wechsel- und Scheckprozess".

Schenkung

4822 Der Wert einer Klage auf der Grundlage einer Schenkung richtet sich danach, welche Ansprüche aus dem Schenkungsrecht hergeleitet werden.

4823 Die Klage auf **Vollzug** der Schenkung (Übergabe und Übereignung der geschenkten Sache) bestimmt sich gemäß § 6 ZPO nach dem Verkehrswert der Sache.

4824 Ebenso richtet der Wert der **Rückforderung** einer geschenkten Sache nach Widerruf oder Anfechtung der Schenkung sich nach dem Verkehrswert der Sache. Dabei ist jedoch auch der Endzweck des Prozesses und das der Rückforderung zugrunde liegende Rechtsverhältnis sowie das vom Kläger verfolgte Ziel zu berücksichtigen.[2] Darauf abstellend hat das OLG München[3] den Streitwert eines Prozesses über die Rückabwicklung der Übergabe eines landwirtschaftlichen Anwesens in Form der gemischten Schenkung wesentlich ermäßigen können. Bei der Übergabe des Hofes war der Ertragswert zugrunde gelegt worden, nicht der sehr hohe Verkehrswert. Die Gegenleistung des Übernehmers überstieg den Ertragswert, blieb jedoch erheblich hinter dem Verkehrswert zurück. Das OLG München hat den Rechtsstreit nur nach dem Ertragswert des Anwesens beziffert, um nicht gezwungen zu sein, Schenkung und damit das Klagebegehren zu verneinen, weil es nur auf den Ertragswert ankomme, zugleich aber die Kläger mit den Unterliegenskosten nach dem vielfach höheren Verkehrswert zu belasten.

---

1 Siehe dazu OLG München, Beschl. v. 5. 3. 1987 – 4 WF 11/87, KostRsp. ZPO § 3 Nr. 898 mit Anm. *Schneider* = NJW-RR 1988, 262.
2 OLG Braunschweig, Beschl. v. 29. 12. 1999 – 7 W 45/99, OLGR 2000, 290; Zöller/*Herget*, § 6 Rn. 5; vgl. dazu auch das Stichwort „Herausgabe".
3 OLG München, Beschl. v. 30. 3. 1984 – 25 W 1059/84, JurBüro 1984, 1401 = KostRsp. ZPO § 6 Nr. 103.

Schiedsgerichtsverfahren

Literatur: *Enders* JurBüro 1998, 282.

Gliederungsübersicht

A. Verfahrensvorbereitung 4825
B. Durchführung des Verfahrens . . 4830
C. Schiedsvergleich 4836
D. Vollstreckbarerklärung 4838

E. Klauselerteilung 4841
F. Aufhebung des Schiedsspruchs . 4842
G. Bestandsstreit 4843

A. Verfahrensvorbereitung

Für gerichtliche Maßnahmen, die der Vorbereitung des Schiedsgerichtsverfahrens dienen (z.B. Ernennung des Obmanns, Ablehnung von Schiedsrichtern), ist der Wert nach § 3 ZPO zu schätzen, wobei nur das Interesse der Parteien an der Austragung ihres Streites auf diesem Wege maßgeblich ist.[1] — 4825

Der Wert eines **selbständigen Beweisverfahrens** vor dem ordentlichen Gericht, das der Vorbereitung eines Schiedsgerichtsverfahrens dienen soll, bemisst sich nach dem vollen Wert der im Schiedsgerichtsverfahren geltend gemachten Ansprüche, soweit der erhobene Beweis sämtliche dort anhängigen Ansprüche betrifft. Gleiches gilt für die gerichtliche **Ladung** von Zeugen, die vor dem Schiedsgericht aussagen sollen, wenn die Aussagen der Zeugen sämtliche im Schiedsgerichtsverfahren anhängigen Ansprüche betreffen.[2] — 4826

Nach § 3 ZPO ist auch dann frei zu schätzen, wenn gemäß § 1032 Abs. 2 ZPO über die **Zulässigkeit** des Schiedsverfahrens überhaupt entschieden wird.[3] Entscheidend ist das Interesse an der Durchführung bzw. an der Vermeidung des schiedsrichterlichen Verfahrens. Hier wird in der Regel auf einen Bruchteil der Hauptsache zurückgegriffen werden können. — 4827

Der Streitwert für das Verfahren nach § 1035 Abs. 3 ZPO auf **Ernennung** eines Schiedsrichters ist nicht mit dem Streitwert für das Schiedsgerichtsverfahren gleichzusetzen, sondern erheblich niedriger.[4] Die Festlegung des Bruchteils im Einzelfall ist umstritten: — 4828

Nach dem KG[5] ist das Ernennungsverfahren in aller Regel nur mit $^1/_{10}$ des Wertes des Hauptanspruchs anzusetzen, dessen Vorbereitung es dient. Das — 4829

---

1 OLG Frankfurt JurBüro 1968, 915; OLG Düsseldorf NJW 1954, 1492; OLG Hamburg NJW 1963, 660.
2 OLG Frankfurt JurBüro 1968, 915.
3 LG Hannover NJW 1959, 945.
4 OLG Hamburg, NJW 1963, 660; OLG Düsseldorf NJW 1954, 1492; OLG Frankfurt JurBüro 1968, 915; a.A. MünchKomm.ZPO/*Münch*, § 1035 Rn. 32: kein Abschlag vom Hauptsachewert.
5 KG Rpfleger 1962, 154.

OLG Frankfurt[1] hat den Wert des Verfahrens auf Bestellung des Vorsitzenden eines Schiedsgerichts dagegen auf $^1/_3$ des Hauptsachewertes angesetzt.

B. Durchführung des Verfahrens

4830 Für das Gericht fallen im Schiedsgerichtsverfahren die Wertgebühren nach Nr. 1620–1629 KV GKG an. Die anwaltlichen Gebühren richten sich aufgrund der Verweisung in § 36 Abs. 1 RVG nach Teil 3 Abschnitt 1 und 2 des Vergütungsverzeichnisses zum RVG, wobei der Gegenstandswert demjenigen für die Gerichtsgebühren folgt (§ 23 Abs. 1 RVG).

4831 Der Streitwert für die **Unterstützung bei der Beweisaufnahme** (§ 1050 ZPO) ist nach dem Wert des Anspruchs zu bestimmen, auf den sich die Unterstützung bzw. die sonstige richterliche Handlung bezieht.

4832 Das Verfahren der **Ablehnung von Schiedsrichtern** (§ 1036 ZPO) ist hinsichtlich seiner Bewertung umstritten:

4833 Nach einer Meinung[2] bemisst sich der Streitwert des Ablehnungsverfahrens auch dann als nichtvermögensrechtliche Streitigkeit nach § 48 Abs. 2 GKG, wenn das eigentliche Schiedsverfahren wegen eines vermögensrechtlichen Anspruchs betrieben wird. Dagegen spricht, dass die nichtvermögensrechtlichen Aspekte – das Ansehen der ablehnten Schiedsrichter ist möglicherweise betroffen oder die Interessen des Prozessgegners – bloße Reflexwirkungen des Ablehnungsverfahrens sind, welches das Ziel hat, die Durchführung des (vermögensrechtlichen) Hauptverfahrens zu ermöglichen.

4834 Die Gegenmeinung bewertet das Verfahren als vermögensrechtliche Streitigkeit und schätzt den Wert des Verfahrens gemäß § 3 ZPO nach dem Wert der Hauptsache[3] bzw. auf einen Bruchteil des Hauptsachewertes.[4] Das OLG Hamm hält eine Bruchteilsbewertung deshalb für nicht gerechtfertigt, da die Partei befürchten müsse, dass der abgelehnte Schiedsrichter zu ihren Ungunsten entscheiden werde. Insofern stünden im Ablehnungsverfahren Interessen auf dem Spiel, die dem Wert der Hauptsache gleichzusetzen seien.

4835 Der letzteren Ansicht (Bruchteilsbewertung) ist zuzustimmen. Denn selbst wenn die Partei bei Mitwirkung eines befangenen Schiedsrichters einen für sie

---

1 OLG Frankfurt, Beschl. v. 8. 10. 2003 – 1 SchH 1/03, OLGR 2004, 121.
2 OLG Köln, Beschl. v. 16. 10. 1986 – 12 W 54/86, Rpfleger 1987, 166, das sich dann für eine Wertfestsetzung „deutlich unter dem Wert des Hauptsacheverfahrens" ausspricht; OLG Nürnberg, Beschl. v. 6. 4. 1983 – 8 W 2480/80, MDR 1983, 846; OLG Bamberg Rpfleger 1982, 313; OLG Oldenburg OLGR 1994, 341.
3 BGH NJW 1968, 796; OLG Hamm, Beschl. v. 30. 5. 1977 – 1 W 80/76, MDR 1978, 582; OLG Frankfurt JurBüro 1980, 279; OLG Düsseldorf JurBüro 1982, 761; OLG Koblenz, Beschl. v. 1. 12. 1997 – 4 W 617/97, NJW-RR 1998, 1222.
4 OLG Hamburg, Beschl. v. 30. 8. 1989 – 11 W 75/89, MDR 1990, 58: $^1/_3$ des Hauptsachewertes; OLG Koblenz, Beschl. v. 19. 9. 1988 – 14 W 508/88, VersR 1990, 66: $^1/_3$ des Hauptsachewertes, bei einer Dreierbesetzung des Gerichts 10 % für jeden abgelehnten Richter.

ungünstigen Verfahrensausgang fürchtet, hat das Ablehnungsverfahren keine zwingenden Auswirkungen auf das Ergebnis des späteren Hauptsacheverfahrens. Auch bei einem erfolglosen Ablehnungsantrag ist der Ausgang des Hauptsacheverfahrens für die Partei weiter ungewiss, da man von der fortbestehenden Unparteilichkeit des Schiedsrichters ausgehen kann.

C. Schiedsvergleich

Der Wert eines Vergleichs, der einen Rechtsstreit beendet und der lediglich vorsieht, dass an Stelle des staatlichen Gerichts ein Schiedsgericht entscheiden soll, entspricht nicht dem Wert der vor dem Schiedsgericht anhängig zu machenden Ansprüche. Maßgebend für den Wert des Vergleichs ist vielmehr das Interesse der Parteien daran, dass ein Schiedsgericht an Stelle des staatlichen Gerichts (schneller, billiger und ggf. sachverständiger) entscheidet.   4836

Der Wert des Vergleichs ist jedoch mindestens so hoch festzusetzen wie der Wert einer bei dem staatlichen Gericht anhängigen Teilklage, da er diesen Rechtsstreit endgültig erledigt.[1]   4837

D. Vollstreckbarerklärung

Der Streitwert im Verfahren zur Vollstreckbarerklärung eines Schiedsspruchs (§ 1060 ZPO) ist regelmäßig mit dem Wert des Schiedsspruchs identisch,[2] und zwar ohne Zinsen und Kosten,[3] es sei denn, der Antragsteller hat seinen Antrag auf einen – und zwar den für ihn günstigen – Teil des Streitgegenstandes beschränkt.[4] Dann ist der Streitwert nur in Höhe dieses Teilbetrages festzusetzen.   4838

Auch wenn der Kläger im Schiedsverfahren nur zum Teil durchgedrungen ist, kann im Allgemeinen der Streitwert nur in Höhe dieses Teilbetrages angenommen werden.[5] Bei dem Antrag auf Vollstreckbarerklärung eines Schiedsspruchs oder auf Umschreibung seiner Vollstreckungsklausel ist nämlich im Zweifel davon auszugehen, dass er eine im Schiedsspruch enthaltene Klageabweisung nicht erfassen soll.[6]   4839

Der Antrag auf Vollstreckbarerklärung eines Schiedsvergleichs bemisst sich nicht nach dem Wert des Schiedsgerichtsverfahrens, sondern nach der Höhe der zu vollstreckenden Vergleichssumme.[7]   4840

---

1 OLG Frankfurt JurBüro 1968, 915.
2 OLG Hamburg NJW 1958, 1046; OLG Frankfurt NJW 1961, 735; OLG Düsseldorf JurBüro 1975, 647 = Rpfleger 1975, 257.
3 Vgl. das Stichwort „Vollstreckbarerklärung eines ausländischen Urteils".
4 OLG Frankfurt NJW 1961, 735; OLG Düsseldorf JurBüro 1975, 647 = Rpfleger 1975, 257.
5 OLG Hamburg NJW 1958, 1046; OLG Düsseldorf Rpfleger 1975, 257.
6 OLG Köln JurBüro 1969, 558; KG JW 1929, 143; OLG Düsseldorf JurBüro 1975, 647 = Rpfleger 1975, 257; LG Bonn NJW 1976, 1981.
7 OLG Frankfurt JurBüro 1975, 228.

E. Klauselerteilung

4841 Bei Klagen auf Erteilung der Vollstreckungsklausel zu einem für vorläufig vollstreckbar erklärten Schiedsspruch bleiben die Zinsen und die Kosten des Schiedsgerichtsverfahrens als Nebenforderung außer Ansatz.[1]

F. Aufhebung eines Schiedsspruchs

4842 Wird der Antrag auf Aufhebung eines Schiedsspruchs gestellt (§ 1059 ZPO), so sind die Kosten des schiedsrichterlichen Verfahrens und die im Schiedsspruch zuerkannten Zinsen ebenfalls „Nebenforderungen" und bleiben deshalb bei der Streitwertberechnung unberücksichtigt.[2] Maßgebend ist also nur das Interesse des Klägers am Freiwerden von den ihm durch Schiedsspruch auferlegten Hauptleistungen.

G. Bestandsstreit

4843 Wird auf Feststellung des **Bestehens** eines Schiedsvertrages geklagt, dann ist das Interesse des Klägers daran maßgebend, dass das Schiedsgericht und nicht das ordentliche Gericht für zuständig erklärt wird. Der Wert des Anspruchs selbst ist nicht ausschlaggebend.[3] Indessen wird die nach § 3 ZPO notwendige Schätzung den eigentlichen Streitgegenstand zum Anhalt nehmen, weil anderenfalls jeder Maßstab fehlen würde.

4844 Im Verfahren über einen Antrag betreffend das **Erlöschen** eines Schiedsvertrages ist der Streitwert gemäß § 3 ZPO nach freiem Ermessen festzusetzen. Maßgebend ist das Interesse des Antragstellers an dem von ihm in diesem Verfahren erstrebten Erfolg. Es ist nur mit einem Bruchteil des Wertes anzunehmen, der im schiedsrichterlichen Verfahren selbst als Streitwert anzusetzen wäre.[4]

Schiedsgutachten

4845 Der Schiedsgutachter hat die Aufgabe, im Auftrag der Parteien bestimmte Tatsachen im Verhältnis zwischen den Parteien bindend festzustellen, beispielsweise den Wert oder den Preis von Waren oder die Höhe eines entstandenen Schadens. Im Gegensatz zum Schiedsrichter ist es nicht seine Aufgabe, recht-

---

1 OLG Köln JurBüro 1969, 558; RG JW 1925, 2005; KG JW 1936, 3330; LG Frankfurt JurBüro 1952, 90; siehe auch das Stichwort „Vollstreckbarerklärung eines ausländischen Urteils" Rn. 4905; a.A. OLG Hamburg Rpfleger 1956, 169 mit abl. Anm. *Lappe*.
2 BGH MDR 1957, 95; OLG Hamburg 1958, 36.
3 OLG Hamburg OLGE 15, 49.
4 KG NJW 1967, 55.

liche Entscheidungen an Stelle der staatlichen Gerichte zu treffen, also Rechtsfolgen aus festgestellten Tatsachen abzuleiten.

Das Schiedsgutachten ist in entsprechender Anwendung von § 319 BGB dann nicht verbindlich, wenn es offensichtlich unrichtig oder unbillig ist.[1] Der Wert eines Rechtsstreits, in dem eine Partei nach Erstellung des Gutachtens dessen offenbare Unrichtigkeit oder Unbilligkeit geltend macht, bestimmt sich gemäß § 3 ZPO nach dem Interesse, das die Partei an der durch das Gericht zu treffenden Bestimmung hat.   **4846**

Der Streitwert eines Rechtsstreits, in dem der Verpächter die offenbare Unrichtigkeit eines über die angemessene Höhe des Pachtzinses erstatteten Schiedsgutachtens geltend macht, bemisst sich nicht nach dem Jahresbetrag des von ihm begehrten erhöhten Pachtzinses, sondern nach dem Interesses, das der Kläger am Obsiegen hat. Dieses Interesse beläuft sich grundsätzlich auf den Unterschiedsbetrag zwischen dem in dem Schiedsgutachten festgesetzten Pachtzins und der von dem Kläger geforderten angemessenen Pachtzinserhöhung für die Dauer des noch bestehenden Pachtvertrages.[2]   **4847**

Schiedsrichter

Siehe das Stichwort „Schiedsgerichtsverfahren".

Schiedsvertrag

Siehe das Stichwort „Schiedsgerichtsverfahren".

Schlichtungsverfahren

Literatur: *N. Schneider*, Zur Berechnung des Zulässigkeitsstreitwerts nach § 15a EGZPO, MietRB 2006, 55.

A. Überblick

Im Güte- und Schlichtungsverfahren nach § 15a EGZPO kommt es zum einen auf den **Zulässigkeitsstreitwert** an, also dem Wert, bis zu dem unter den übrigen Voraussetzungen des § 15a EGZPO i.V.m. dem jeweiligen Landesrecht die   **4848**

---

1 BGHZ 6, 335; BGH, Urteil v. 27. 6. 2001 – VIII ZR 235/00, NJW 2001, 3775.
2 OLG Celle MDR 1966, 769.

Zulässigkeit der Klage von der vorherigen Durchführung des Schlichtungsverfahrens abhängt. Zum anderen ist für die **Anwaltsgebühren** (Nr. 2301 Nr. 1 VV RVG) der Gebührenstreitwert zu ermitteln. **Gerichtsgebühren** fallen dagegen nicht an; für die Verfahren werden lediglich wertunabhängige Gebühren erhoben, die sich nach dem jeweiligen Landesrecht richten.

B. Zulässigkeitsstreitwert

4849   Nach § 15a EGZPO i.V.m. den jeweiligen Landesgesetzen[1] ist vor Durchführung eines Rechtsstreits ein Schlichtungsverfahren durchzuführen. Unterbleibt das Schlichtungsverfahren, so ist die Klage als unzulässig abzuweisen.[2]

4850   Neben einzelnen besonders aufgeführten Streitigkeiten, insbesondere Nachbarrechtsstreitigkeiten, ist das Schlichtungsverfahren vorgeschrieben, wenn die Klage vor dem Amtsgericht erhoben werden soll und der Streitwert einen bestimmten Betrag nicht überschreitet. Die Streitwertgrenzen sind je nach Bundesland unterschiedlich:

– Baden-Württemberg	750 Euro
– Nordrhein-Westfalen	600 Euro
– Bayern	750 Euro
– Saarland	600 Euro
– Brandenburg	750 Euro
– Sachsen-Anhalt	600 Euro
– Hessen	750 Euro
– Schleswig-Holstein	750 Euro

4851   Im Rahmen des § 15a EGZPO und der Landesgesetze kommt es nicht auf den Gebührenstreitwert des GKG an, sondern auf den Zuständigkeitsstreitwert der

---

1 **Baden-Württemberg**: Gesetz zur obligatorischen außergerichtlichen Streitschlichtung (SchlG BW) v. 28. 6. 2000, GBl. S. 470 (abgedruckt in Schönfelder Ergänzungsband 104); **Bayern**: Bayerisches Schlichtungsgesetz (BaySchlG) v. 24. 5. 2000, GVBl. S. 268; Art. 1 Abs. 1 BaySchlG tritt aber nach Artt. 21 Abs. 1 S. 1 und 22 Nr. 1 BaySchlG außer Kraft (abgedruckt in Schönfelder Ergänzungsband 104a); **Brandenburg**: Gesetz zur Fortentwicklung des Schlichtungsrechts im Land Brandenburg (BbGSchlG) v. 5. 10. 2000, GVBl. S. 134 (abgedruckt in Schönfelder Ergänzungsband 104b); **Hessen**: Gesetz zur Regelung der außergerichtlichen Streitschlichtung (Hess SchlG) v. 6. 2. 2001, GVBl. II S. 210-82 (abgedruckt in Schönfelder Ergänzungsband 104c); **Nordrhein-Westfalen**: Gütestellen- und Schlichtungsgesetz (GüSchlG NRW) v. 9. 5. 2000, GVBl. S. 321 (abgedruckt in Schönfelder Ergänzungsband 104d); **Saarland**: Landesschlichtungsgesetz (LSchlG) v. 5. 10. 2000, Amtsbl. 2001, S. 532 (abgedruckt in Schönfelder Ergänzungsband 104e); **Sachsen-Anhalt**: Schiedsstellen und Schlichtungsgesetz (SchStG), AVBl. S. 214 (abgedruckt in Schönfelder Ergänzungsband 104f); **Schleswig-Holstein**: Gesetz zur Ausführung von § 15a des Gesetzes betreffend die Einführung der Zivilprozessordnung v. 16. 11. 2001 (Landesschlichtungsgesetz – LSchliG), GVOBl. S. 361 (abgedruckt in Schönfelder Ergänzungsband 104g).

2 BGH, Urteil. v. 23. 11. 2004 – VI ZR 336/03, MDR 2005, 285 = BGHZ 161, 145 = AnwBl. 2005, 292 = DAR 2005, 80 = FamRZ 2005, 264 = JR 2005, 458 = JZ 2005, 208 = NJW 2005, 437 = ProzRB 2005, 141 = WoM 2005, 64 =ZMR 2005, 181.

ZPO. Dies ergibt sich bereits aus der Systematik des Gesetzes, da das Schlichtungsverfahren in der Prozessordnung geregelt ist und hierfür gem. § 2 ZPO die §§ 3 ff. ZPO gelten.[1]

Dies kann insbesondere in Mietsachen zu abweichenden Streitwertberechnungen führen.   4852

⮑ **Beispiel:**

Der Vermieter hat eine Garage auf drei Jahre vermietet (monatliche Miete 50 Euro). Nach Ablauf des ersten Jahres kündigt der Vermieter wegen Zahlungsverzuges des Mieters und will auf Räumung klagen. Der Mieter bestreitet die Wirksamkeit der Kündigung, da er gegen die Miete aufgerechnet habe.

Abzustellen ist auf die §§ 3 ff. ZPO, hier also auf § 8 ZPO. Der Streitwert bemisst sich nach dem Wert der auf die streitige Zeit entfallenden Miete, höchstens auf den 25fachen Jahresbetrag. Ausgehend hiervon ergibt sich im Beispiel eine streitige Zeit i.S.d. § 8 ZPO von zwei Jahren (vertragliche Restlaufzeit) und somit ein Zuständigkeitsstreitwert in Höhe von (24 x 50 Euro =) 1200 Euro. Eines Schlichtungsverfahrens bedarf es also nicht.

Unberührt hiervon bleibt allerdings die Festsetzung des Gegenstandswertes für die Anwalts- und Gerichtgebühren. Insoweit ist § 42 Abs. 2 GKG heranzuziehen. Der Gegenstandswert für die Gerichts- und Anwaltsgebühren beläuft sich auf lediglich 600 Euro.

C. Gegenstandswert für die Anwaltsgebühren

Für die Anwaltsgebühren gilt § 23 Abs. 1 S. 3 i.V.m. S. 1 RVG, der wiederum auf das GKG verweist. Nur soweit das GKG keine vorrangigen Regelungen enthält, sind nach § 48 Abs. 1 S. 1 GKG die Wertvorschriften der ZPO maßgebend. Es kann hier also zu Abweichungen zwischen Zulässigkeitsstreitwert und Gebührenstreitwert kommen.   4853

Schlussurteil

Maßgebend für den Rechtsmittelstreitwert ist der Streitgegenstand des Schlussurteils.[2]   4854

Wird erstinstanzlich in der Sache selbst durch Teilurteil und über die Kosten durch Schlussurteil entschieden hat, dann ist als Streitwert für die gegen diese beiden Urteile eingelegten Berufungen nur der Wert der Berufung gegen die Sachentscheidung anzusetzen; eine besondere Wertberechnung für die auf den

---

1 Baumbach/*Hartmann*, § 15a EGZPO Rn. 6; Thomas/Putzo/*Hüßtege*, § 15a EGZPO Rn. 3; *Lützenkirchen*, Anwaltshandbuch Mietrecht Rn. M 15; Stein/Jonas/*Schlosser*, § 15a EGZPO Rn. 6.
2 Zöller/*Herget*, § 3 Rn. 16 unter „Schlussurteil".

Kostenpunkt beschränkte Berufung gegen das Schlussurteil kommt nicht in Betracht (siehe das Stichwort „Rechtsmittel" Rn. 4662).

4855 Die streitwertmäßige Unselbständigkeit des Angriffs gegen das Schlussurteil wirkt sich allerdings erst ab Verbindung aus.

4856 Wird nach **Erlass eines Teilanerkenntnisurteils** gegen das Schlussurteil, das über den Restanspruch und über die gesamten Kosten des Rechtsstreits entscheidet, in vollem Umfang Berufung eingelegt, so ist nur der restliche Hauptanspruch streitwertbestimmend. Der auf das Anerkenntnis entfallende Teil der Kosten bleibt unberücksichtigt (siehe das Stichwort „Rechtsmittel" Rn. 4668–4670).

4857 Dementsprechend werden auch die auf einen **erledigten Hauptsacheteil** entfallenden Kosten streitwertmäßig nicht berücksichtigt.[1]

4858 War eine Verfahrenstrennung in der Vorinstanz nicht willkürlich, kann die **Beschwer aus einem Schlussurteil** auch dann nicht mit der aus einem Teilurteil zusammengerechnet werden, wenn die getrennten Verfahren in der Rechtsmittelinstanz zu gemeinsamer Verhandlung und Entscheidung verbunden werden.[2]

Schmerzensgeld

Siehe das Stichwort „Unbezifferte Beträge".

Schwarzpreis

4859 Der Streitwert einer Klage auf Feststellung der Nichtigkeit eines notariellen Grundstückskaufvertrages wegen Vereinbarung eines Schwarzpreises ist die Differenz zwischen dem angeblich vereinbarten und dem beurkundeten Kaufpreis.[3]

4860 Siehe zu den Problemen solcher Sachverhalte das Stichwort „Nichtigkeit eines Vertrages".

---

1 Sehr str.; siehe dazu das Stichwort „Erledigung der Hauptsache" Rn. 1845 ff.
2 BGH, Urteil v. 20. 7. 1999 – X ZR 139/96, NJW 2000, 217 = BB 1999, 2532.
3 OLG Frankfurt, Beschl. v. 3. 2. 1982 – 22 W 12/82, AnwBl. 1982, 247.

Selbständiges Beweisverfahren

Literatur: *Ulbrich* BauR 1994, 691; *Wirth* BauR 1993, 281; *Cuypers* MDR 2004, 245.

Die Streitwertbemessung in Beweissicherungsverfahren alten Rechts (§§ 485 ff. a.F.) war höchst umstritten.[1] Die Rechtslage hat sich durch Einführung des selbständigen Beweisverfahrens (§§ 485 ff. ZPO) dahin geändert, dass die Beweissicherung jetzt die Funktion einer vorweggenommenen Beweisaufnahme im späteren Hauptverfahren hat (vgl. § 493 Abs. 1 ZPO). Entsprechend diesem Verwertungsgebot sind zunächst durch § 48 BRAGO die Anwaltsgebühren auf die vollen Sätze des § 31 BRAGO angehoben worden.   4861

Nunmehr bildet das selbständige Beweisverfahren eine eigene gebührenrechtliche Angelegenheit, da es in § 19 RVG – im Gegensatz zu § 37 Nr. 3 BRAGO – nicht mehr aufgeführt ist. Der Anwalt kann daher in diesem Verfahren sämtliche Gebühren nach Teil 3 des Vergütungsverzeichnisses verdienen. Einer Anrechnung im nachfolgenden Streitverfahren unterliegt nur die Verfahrensgebühr (Vorbemerkung 3 Abs. 5 VV RVG).   4862

Aufgrund des Verwertungsgebotes in § 493 Abs. 1 ZPO entspricht es seit längerem herrschender Meinung, dass für den nach § 3 ZPO zu schätzenden Wert des selbständigen Beweisverfahrens der **Wert des Hauptverfahrens** maßgeblich ist. Dagegen wurde von den Vertretern der Bruchteilsbewertung eingewandt, dass der Antrag im selbständigen Beweisverfahren gerade nicht auf Verurteilung zur Zahlung einer bestimmten Geldsumme, sondern nur auf die Feststellung von Tatsachen und die Ermittlung von Grundlagen für einen möglichen künftigen Prozess gerichtet sei.[2] Insofern dürfe ein solches Verfahren keinen höheren Wert haben als eine Feststellungsklage mit dem gleichen Ziel.[3]   4863

Weitere Einzelfälle wurden unterschieden. So stellte das OLG Koblenz[4] auf den Mittelwert des in der Antragsschrift genannten Kostenrahmens zur Mängelbeseitigung ab, das OLG Celle[5] auf das Interesse an der alsbaldigen Beweisaufnahme. Das OLG Braunschweig[6] nahm den Hauptsachewert nur, soweit sich die Gegenstände von Beweis- und Hauptsacheverfahren deckten. Das OLG Frankfurt[7] machte den Wert davon abhängig, ob das Beweisverfahren von vornherein geeignet erschien, die Angelegenheit abschließend zu erledigen. Kamen Wandlung und Minderung in Betracht und hing die Entscheidung hierüber vom Ausgang des Beweisverfahrens ab, stellte das OLG Köln[8] auf den Mittelwert der   4864

---

1 Siehe dazu die 9. Auflage 1991.
2 Vgl. OLG Bamberg BauR 1993, 371 mit ablehnender Anm. *Ulbrich* und *Luz*.
3 Vgl. insbesondere OLG Schleswig SchlHA 2003, 257.
4 OLG Koblenz MDR 1993, 288.
5 OLG Celle MDR 1993, 914.
6 OLG Braunschweig, KostRsp. ZPO § 3 Nr. 1197 mit ablehnender Anm. *Herget*.
7 OLG Frankfurt JurBüro 1994, 495.
8 OLG Köln OLGR 1994, 27.

denkbaren Ansprüche ab. In einer weiteren Entscheidung berücksichtigte das OLG Köln[1] bei der Wertfestsetzung die Umstände des Einzelfalles.

4865 In seiner Entscheidung vom 16. 9. 2004[2] hat sich der BGH in dem zwischen den Obergerichten bestehenden Streit, ob der volle Wert des Hauptverfahrens[3] für das selbständige Beweisverfahren anzusetzen ist oder nur ein Bruchteil,[4] der herrschenden Meinung (Wert des Hauptsacheverfahrens) angeschlossen. Es komme bei der Wertfestsetzung nicht darauf an, ob das selbständige Beweisverfahren als solches auf die Schaffung eines Titels ausgerichtet sei, sondern darauf, dass es bestimmt und geeignet sei, im Hauptsacheverfahren verwendet zu werden. Die Gleichstellung mit einer Beweisaufnahme vor dem Prozessgericht müsse sich auch in der Wertfestsetzung widerspiegeln.

4866 Dieser Entscheidung des BGH hat sich eine Vielzahl von Oberlandesgerichten angeschlossen.[5] Der Wert des selbständigen Beweisverfahrens bestimmt sich daher nach dem Hauptsachewert bzw. dem Teil des Hauptsachewertes, auf den sich die Beweiserhebung bezieht. Der vom Antragsteller bei Einleitung des Verfahrens geschätzte Wert ist dabei für die Wertfestsetzung im Sinne des § 63

---

1 OLG Köln OLGR 1994, 251 = VersR 1995, 360.
2 BGH, Beschl. v. 16. 9. 2004 – III ZB 33/04, MDR 2005, 162.
3 So OLG Köln, KostRsp. ZPO § 3 Nr. 1087 = MDR 1992, 192; OLG Köln JurBüro 1993, 552; OLG Köln MDR 1994, 414; OLG Köln JurBüro 1996, 31; OLG München, KostRsp. ZPO § 3 Nr. 1108 mit Anm. *Herget* = JurBüro 1992, 561; OLG München MDR 1993, 287; OLG Karlsruhe NJW-RR 1992, 766; OLG Koblenz KostRsp. ZPO § 3 Nr. 1114 = MDR 1993, 287; OLG Frankfurt, KostRsp. ZPO § 3 Nr. 1213 mit Anm. *Herget* = OLGR 1995, 239 – Interesse an der Feststellung der Abnahmereife eines Bauwerks; OLG Frankfurt, KostRsp. ZPO § 3 Nr. 1126 mit Anm. *Herget* = JurBüro 1993, 554 – mit der Einschränkung, dass irreale Wertangaben des Antragstellers unbeachtlich sind; OLG Frankfurt, KostRsp. ZPO § 3 Nr. 1143 = OLGR 1993, 226; OLG Frankfurt OLGR 1993, 348 – ermittelte Mängelbeseitigungskosten sind unbeachtlich, wenn das Antragstellerinteresse darüber hinausging; OLG Stuttgart BauR 1993, 120; OLG Celle MDR 1993, 1019; OLG Celle, KostRsp. ZPO § 3 Nr. 1190 = OLGR 1994, 298; OLG Celle OLGR 1994, 240; OLG Rostock BauR 1993, 367 mit Anm. *Wirth* – voller Wert des objektiven Interesses; OLG Oldenburg OLGR 1994, 127; OLG Oldenburg OLGR 1995, 64; OLG Düsseldorf BauR 1995, 586 – bei mehreren Antragsgegnern ist der Wert jeweils nach dem Umfang ihrer Beteiligung festzusetzen; OLG Düsseldorf, Beschl. v. 29. 3. 2004 – 21 W 17/04, BauR 2005, 142; OLG Nürnberg BauR 1995, 134; OLG Jena OLGR 1996, 12; OLG Braunschweig, Beschl. v. 26. 11. 2002 – 8 W 76/02, AGS 2003, 407; LG Bayreuth JurBüro 1992, 763; LG Hamburg MDR 1993, 288; LG Duisburg MDR 1993, 288. Ähnlich OLG München, KostRsp. ZPO § 3 Nr. 1171 = BauR 1994, 408 – Streitwert ist das Interesse an der sachkundigen Begutachtung.
4 OLG Karlsruhe MDR 1992, 615; OLG Karlsruhe MDR 1992, 812: 80 %; OLG Köln MDR 1992, 1190; OLG Frankfurt OLGR 1993, 228; OLG Schleswig SchlHA 1993, 26: $^1/_2$ bis $^4/_5$ des Hauptsachewertes; OLG Schleswig SchlHA 1993, 154: $^1/_2$; OLG Schleswig MDR 1994, 949; OLG Schleswig, Beschl. v. 4. 6. 2002 – 16 W 50/02, AGS 2003, 515; BezG Frankfurt/O. MDR 1993, 480; OLG Celle MDR 1994, 415; OLG Düsseldorf OLGR 1995, 127: $^1/_2$; OLG Hamm BauR 1995, 430.
5 OLG Karlsruhe, Beschl. v. 4. 1. 2005 – 7 W 44/04, OLGR 2005, 216; OLG Schleswig, Beschl. v. 16. 12. 2004 – 16 W 85/04, OLGR 2005, 217 – Aufgabe der bisherigen Rechtsprechung; OLG Stuttgart, Beschl. v. 29. 11. 2004 – 10 W 75/04, MDR 2005, 347.

Abs. 2 S. 1 GKG weder bindend noch maßgeblich. Vielmehr setzt das Gericht nach Einholung des Sachverständigengutachtens den zutreffenden Wert – bezogen auf den Zeitpunkt der Verfahrenseinleitung und das Interesse des Antragstellers – fest.[1]

Soweit sich im selbständigen Beweisverfahren nicht alle behaupteten Mängel bestätigen, sind für die Wertfestsetzung diejenigen Kosten zu berücksichtigen, die sich ergeben hätten, wenn die Mängel festgestellt worden wären. Die fiktiven Mängelbeseitigungskosten sind nach § 3 ZPO zu schätzen.[2] Insoweit ist – mangels anderer objektiver Anhaltspunkte – auf die Angaben des Antragstellers zurückzugreifen.[3]   **4867**

Einen leicht abweichenden Ansatz vertritt in diesem Zusammenhang das OLG Celle,[4] wobei die Entscheidungen noch aus der Zeit vor der BGH-Entscheidung vom 16. 9. 2004 stammen. Danach ist für die Bewertung grundsätzlich auf die Tatsachenbehauptung des Antragstellers bei Einleitung des selbständigen Beweisverfahrens abzustellen. Die später vom Sachverständigen festgestellten objektivierbaren Kosten dienten lediglich der Korrektur von offensichtlichen Über- oder Unterbewertungen des geschätzten Betrages.[5] Entscheidend sei vielmehr der Wert der Hauptsache.   **4868**

Im Ergebnis kommt diese Berechnungsmethode aber zu denselben Ergebnissen. Entscheidend ist nur – und darin stimmen beide Wege überein –, dass nach Durchführung des selbständigen Beweisverfahrens der Wert nicht entsprechend dem „erfolgreichen" Teil der Begutachtung festgesetzt werden darf, sondern zu berücksichtigen ist, inwieweit sich die Behauptungen des Antragstellers bestätigt haben.   **4869**

Will der Antragsteller beispielsweise Mängel an einem Fahrzeug feststellen lassen, welches er für 25 000 Euro gekauft hat und das aufgrund der Mängel zurückgegeben werden soll, dann ist der Streitwert auch dann auf 25 000 Euro festzusetzen, wenn der Sachverständige nur Mängel in Höhe von 10 000 Euro feststellt, denn das Hauptsacheverfahren wird sich auf Rückgabe richten. Will dagegen der Antragsteller eine Klage auf Ersatz der Mängelbeseitigungskosten vorbereiten und schätzt er – aus Sicht des Laien – den Aufwand zur Beseitigung der vorhandenen Mängel auf 25 000 Euro, dann ist der Streitwert auf 10 000 Euro festzusetzen, wenn das Gutachten unter Bejahung aller behaupteten Mängel einen Aufwand von nur 10 000 Euro für die Beseitigung feststellt.   **4870**

---

1 Insofern ist auch nicht schädlich, wenn (vgl. OLG Koblenz, Beschl. v. 11. 10. 1999 – 5 W 676/99, KostRsp. ZPO § 3 Nr. 1340 = AGS 2000, 94) der Antragsteller zu Beginn des selbständigen Beweisverfahrens nicht in der Lage ist, die voraussichtlichen Kosten zu schätzen.

2 OLG Hamm, Beschl. v. 10. 3. 2004 – 25 W 1/04, BauR 2005, 142; OLG Karlsruhe, Beschl. v. 4. 1. 2005 – 7 W 44/04, OLGR 2005, 216.

3 OLG Karlsruhe, Beschl. v. 4. 1. 2005 – 7 W 44/04, OLGR 2005, 216.

4 Vgl. OLG Celle, Beschl. v. 10. 6. 2004 – 16 W 87/04, OLGR 2004, 411 m.w.N. aus der Senatsrechtsprechung und unter Bezugnahme auf OLG Dresden OLGR 2002, 240; OLG Braunschweig OLGR 2003, 115.

5 Vgl. OLG Celle, Beschl. v. 15. 9. 1998 – 16 W 70/98, OLGR 1999, 199.

4871 Der Wert des selbständigen Beweisverfahrens ist auch dann nach den vorstehenden Ausführungen zu bestimmen, wenn es nicht mehr zum Hauptverfahren kommt, beispielsweise weil im selbständigen Beweisverfahren gemäß § 492 Abs. 3 ZPO ein **Vergleich** abgeschlossen wird.[1]

4872 Sind sämtliche Beteiligte des selbständigen Beweisverfahrens **vorsteuerabzugsberechtigt**, dann ist für den Gegenstandswert der Nettobetrag der Mängelbeseitigungskosten anzusetzen.[2]

4873 Im selbständigen Beweisverfahren ist **Streitverkündung** möglich.[3] Den Wert einer Beschwerde, mit der die Zustellung einer Streitverkündungsschrift durchgesetzt werden sollte, hat das OLG München[4] mit $^3/_4$ des Wertes des Beweisverfahrens – und damit doch recht hoch – angesetzt.

4874 Dient ein gegen den **Insolvenzverwalter** geführtes selbständiges Beweisverfahren dazu, die Mängelbeseitigungskosten für die vor Insolvenz von der Gemeinschuldnerin verursachten Mängel festzustellen, bemisst sich der Gegenstandswert nach der voraussichtlichen Quote.[5]

Sequesterbestellung

4875 Der Streitwert der Klage auf Bestellung eines Sequesters zur Sicherung der Befriedigung aus den Einahmen eines Grundstücks richtet sich nach dem Wert der zu sichernden Forderung des Klägers.[6]

4876 Die Sequestrierung im Eilverfahren führt nur zu einer vorläufigen Regelung. Der Streitwert ist daher nur mit einem Bruchteil der Hauptsache anzusetzen, wobei in der Regel $^1/_3$ des Hauptsachewerts genommen wird.[7]

Sicherheitsleistung im Prozess

4877 Im Regelfall wird zusammen mit der Hauptsache über die Frage der vorläufigen Vollstreckbarkeit der betreffenden Entscheidung entschieden.

4878 Ist dies unterblieben und wird deshalb die **Ergänzung** des Urteils beantragt (§§ 716, 321 ZPO), dann ist der Streitwert mangels besonderer Vorschrift nach

---

1 *Schneider* ZAP F. 13 S. 173; *Schneider* ZAP F. 24, S. 189; MünchKomm. ZPO/*Lappe*, § 3 Rn. 147; *Cuypers* NJW 1994, 1985, 1990.
2 OLG Düsseldorf, Beschl. v. 21. 6. 1996 – 22 W 21/96, NJW-RR 1996, 1469.
3 Zöller/*Herget*, § 487 Rn. 3 m.w.N.
4 OLG München, KostRsp. ZPO § 3 Nr. 1186 = OLGR 1994, 155.
5 OLG München, Beschl. v. 21. 6. 2004 – 28 W 1600/04, BauR 2004, 1819.
6 KG Rpfleger 1962, 155.
7 Vgl. dazu das Stichwort „Einstweilige Verfügung".

§ 3 ZPO zu schätzen. Abzustellen ist auf die Gefahr des Forderungsausfalls, die dann droht, wenn ohne Sicherheitsleistung oder ohne Abwendungsbefugnis (§§ 711, 712 ZPO) vollstreckt werden kann. In der Regel wird der Wert nur einen Bruchteil der Hauptsache ausmachen.[1]

Der volle Hauptsachewert kann allerdings erreicht werden, wenn ohne Sicherheitsleistung wegen der Zahlungsunfähigkeit des Gegners die Gefahr besteht, dass der Gläubiger völlig leer ausgeht.[2]   4879

Diese Bewertungsgrundsätze gelten auch für die **Vorabentscheidung** in der Berufungsinstanz nach § 718 Abs. 1 ZPO. Entscheidend ist das Interesse des Antragstellers. Von Bedeutung ist dieser Wert nur für die Anwaltsgebühren, soweit die Tätigkeit ausnahmsweise eine eigene gebührenrechtliche Angelegenheit darstellt (vgl. § 19 Abs. 1 Nr. 11 RVG), da für das Gericht keine Gebühren anfallen.   4880

Bei **Beschwerden** gegen die Art der Sicherheitsleistung[3] ist das nach § 3 ZPO zu schätzende wirtschaftliche Interesse des Beschwerdeführers maßgebend. Es besteht in der Zinsdifferenz zwischen Geldhinterlegung und anderer Sicherheitsform.[4] Praktisch geht es fast immer um die wesentlich günstigeren Zinskonditionen (Avalkosten) bei Stellung einer Bankbürgschaft. Hier werden zumeist 5 % der Sicherheitsleistung als Wert festgesetzt.[5]   4881

Die Beschlüsse nach § 769 ZPO über die einstweilige Einstellung der Zwangsvollstreckung sind analog § 707 Abs. 2 S. 2 ZPO nicht anfechtbar. Seit Inkrafttreten des ZPO-Reformgesetzes am 1. 1. 2002 ist auch keine Ausnahmebeschwerde mehr statthaft,[6] so dass sich die Streitwertfrage für das Beschwerdeverfahren[7] erübrigt.   4882

Der Streitwert für ein **Zwischenurteil** auf Anordnung einer Sicherheitsleistung für die Prozesskosten oder für ein Rechtsmittel gegen ein solches Zwischenurteil richtet sich nach dem Streitwert der Klage.[8] Gleiches gilt für die Revision gegen ein Urteil, das die von einem Ausländer erhobene Klage wegen Nichtleistung der Prozesskostensicherheit für zurückgenommen erklärt. Entscheidend ist nicht die Höhe der auferlegten Sicherheitsleistung, sondern der Streitwert der Hauptsache selbst.[9]   4883

---

1 OLG Celle NJW 1966, 2414.
2 KG JurBüro 1973, 1083.
3 Soweit eine solche überhaupt möglich ist, siehe dazu Zöller/*Herget*, § 108 Rn. 16.
4 LG Berlin, Beschl. v. 10. 10. 1989 – 82 AR 332/89, KostRsp. ZPO § 3 Nr. 985 = MDR 1990, 349.
5 OLG Hamburg, Beschl. v. 6. 10. 1989 – 4 W 75/89, MDR 1990, 252; OLG München, Beschl. v. 25. 5. 1981 – 25 W 1271/81, MDR 1981, 1029.
6 BGH NJW 2004, 2224; BGH NJW 2002, 1577.
7 Vgl. zur alten Rechtslage noch OLG München, Beschl. v. 25. 5. 1981 – 25 W 1271/81, MDR 1981, 1029.
8 OLG Hamburg MDR 1974, 53; BGH JurBüro 1962, 213; BGH, Beschl. v. 21. 6. 1990 – IX ZR 227/89, VersR 1991, 122.
9 BGH, Beschl. v. 21. 6. 1990 – IX ZR 227/89, VersR 1991, 122.

4884 Die Beschwer durch eine im Urteil angeordnete Sicherheitsleistung ist nach § 3 ZPO zu schätzen. Wird gegen ein Zwischenurteil, das die Sicherheitsleistung für die Prozesskosten eines klagenden Ausländers innerhalb einer bestimmten Frist anordnet, Berufung eingelegt, dann bemisst sich die Beschwer nach der Höhe der angeordneten Sicherheitsleistung.[1] Die Beschwer des Klägers, der sich dagegen wendet, dass der Beklagte nur Zug um Zug gegen Leistung einer Sicherheit verurteilt worden ist, bestimmt sich nach den für die Sicherheitsleistung zu erwartenden Finanzierungskosten[2] und kann mit $^1/_5$ der zu erbringenden Sicherheitsleistung angesetzt werden.

Sicherung

4885 Für die Bewertung von Streitigkeiten, in denen es lediglich um die Sicherung eines Anspruchs geht, gibt es keine besondere Gebührenvorschrift. Abzustellen ist darauf, welcher Anspruch (z.B. Zahlung, Herausgabe etc.) auf welche Weise (z.B. einstweilige Verfügung, Arrest, Bürgschaft etc.) gesichert werden soll. Die für den zu sichernden Anspruch maßgebende Bewertungsvorschrift – beispielsweise § 42 GKG oder §§ 3, 6 ZPO – ist anzuwenden.

4886 Das Sicherungsinteresse als solches wird dann nach § 3 ZPO geschätzt und zwar in der Regel mit einem Bruchteil des Wertes des zu sichernden Anspruchs. Ausnahmsweise kann der volle Wert erreicht werden, wenn dem Kläger oder Gläubiger ohne die verlangte Sicherheit der völlige Ausfall seines Rechts droht.

4887 Im Folgenden werden zur Verdeutlichung dieser Bewertungssituation einige Fälle aus der Rechtsprechung dargestellt.

Altenteil

4888 Der Gebührenstreitwert für eine vertraglich vereinbarte Altenteilsforderung ist nach § 42 Abs. 1 GKG zu berechnen, sowie sie sich im Rahmen der gesetzlichen Unterhaltspflicht hält. Dieser Wert ist auch für die Sicherung maßgebend.[3]

Arrest/einstweilige Verfügung

4889 Der Wert eines Verfahrens auf Erlass eines Arrestes bzw. einer einstweiligen Verfügung ist nach § 53 Abs. 1 Nr. 1 GKG i.V.m. § 3 ZPO zu schätzen und beläuft sich im Regelfall auf einen Bruchteil des Wertes des Hauptsacheverfahrens.[4]

---

1 OLG Karlsruhe, Urteil v. 14. 3. 1986 – 10 U 8/86, KostRsp. ZPO § 3 Nr. 826 = MDR 1986, 593.
2 BGH, Beschl. v. 16. 12. 1998 – XII ZB 105/97, MDR 1999, 295.
3 LG Braunschweig Nds.Rpfl. 1959, 64.
4 Vgl. hinsichtlich der Einzelheiten die Stichworte „Arrest" und „Einstweilige Verfügung".

Der Streitwert eines Arrestes, durch den Unterhaltsforderungen gesichert wer- **4890**
den, darf nicht höher sein, als die in § 42 Abs. 1 GKG vorgeschriebene Bemessung, weil sonst der Streitwert über die Sicherstellung der Forderung höher sein
könnte als der für die Forderung selbst.[1] Insofern ist bei einem Arrestverfahren
in Unterhaltssachen vom Jahresbetrag bzw. dem darunter liegenden Gesamtbetrag der Forderung auszugehen und von diesem der Bruchteil entsprechend dem
Sicherungsinteresse des Antragstellers zu berechnen.[2]

Bauhandwerkersicherungshypothek

Wird die Eintragung einer Vormerkung verlangt, sind die wichtigsten Bemes- **4891**
sungsfaktoren neben der Höhe der zu sichernden Forderung die Dringlichkeit
des Sicherungsinteresses und die Rangwahrung einer Vormerkung. Als Bruchteil wird hier meist ein Wertansatz von $1/4$ bis $1/3$ des Wertes der erstrebten
Sicherungshypothek angesetzt.[3]

Bürgschaft

Wird der Bürge aus der Bürgschaft in Anspruch genommen, so ist der geforderte **4892**
Betrag maßgebend (§ 6 ZPO).[4] Das gilt auch dann, wenn es im Rechtsstreit um
die Bestellung einer Bürgschaft oder um Freistellung von der Bürgschaftsverpflichtung geht. Zinsen und Kosten bleiben bei der Inanspruchnahme des Bürgen unberücksichtigt.[5]

Eigentumsvorbehalt

Für das Herausgabeverlangen einer unter Eigentumsvorbehalt gelieferten Sache **4893**
ist § 6 ZPO maßgebend.[6] Es kommt auf den Verkehrswert der Sache an. Das gilt
auch dann, wenn die Restkaufpreisforderung geringer ist,[7] denn § 6 S. 2 ZPO ist
auf diesen Fall nicht anwendbar.

---

1 OLG Hamm MDR 1955, 429; OLG Düsseldorf FamRZ 1985, 1155; OLG Bamberg
 Rpfleger 1983, 127; OLG Bamberg JurBüro 1989, 1605; OLG Braunschweig NJW-RR
 1996, 256; OLG Karlsruhe OLGR 1998, 386.
2 OLG Köln (FamRZ 2001, 432) und OLG Braunschweig (NJW-RR 1996, 256) bewerten
 das Arrestverfahren mit 50 % des Jahresbetrages.
3 OLG Bamberg JurBüro 1975, 940; OLG Frankfurt JurBüro 1977, 719; OLG Bremen,
 Beschl. v. 22. 12. 1980 – 2 W 101/80, JurBüro 1982, 1052; OLG Celle, KostRsp. ZPO § 3
 Nr. 781; OLG Düsseldorf JurBüro 1975, 649; LG Leipzig JurBüro 1995, 26; vgl. auch
 OLG Saarbrücken JurBüro 1987, 1218: $1/2$ der Forderung inkl. Kostenpauschale.
4 Vgl. hinsichtlich der Einzelheiten das Stichwort „Bürgschaft".
5 BGH MDR 1958, 765.
6 Vgl. hinsichtlich der Einzelheiten das Stichwort „Eigentumsvorbehalt".
7 OLG Frankfurt JurBüro 1970, 172.

Forderung

4894 Bei der Sicherstellung einer Forderung wird der Streitgegenstand durch den Betrag der Forderung bestimmt (§ 6 ZPO). Wird auf Zahlung und auf Sicherstellung des geforderten Betrages geklagt, dann handelt es sich nicht um verschiedene Ansprüche. Eine Zusammenrechnung erfolgt deshalb nicht. Der Wert der zu sichernden Hauptforderung ist maßgebend.[1]

Herausgabe von Sachen

4895 Werden Sachen herausverlangt, die zur Sicherung einer Forderung übereignet sind, dann ist § 6 ZPO mit der Maßgabe anzuwenden, dass bei einer Differenz des Sachwertes und des Wertes der Forderung nur der geringere Wert anzusetzen ist.[2]

Rückübertragung

4896 Verlangt der Sicherungsgeber vom Sicherungsnehmer die Rückübertragung des Sicherungseigentums mit der Behauptung, dass die zu sichernde Forderung erfüllt sei, so richtet sich der Wert des Anspruchs nach dem Wert der streitigen Forderung, wenn dieser geringer ist als der Wert der Sache. § 6 ZPO ist auf diese Fälle entsprechend anzuwenden, da das Sicherungseigentum dem Pfandrecht näher steht als dem Volleigentum.[3]

Selbständiges Beweisverfahren

4897 Der Streitwert des selbständigen Beweisverfahrens wird gemäß § 3 ZPO nach freiem Ermessen festgesetzt[4] und entspricht im Regelfall dem Wert des Hauptsacheverfahrens.[5]

Veräußerungsverbot

4898 Lässt der Käufer, um seinen Erfüllungsanspruch zu sichern, dem Verkäufer verbieten, den Pkw anderweit zu veräußern, stellt das OLG Koblenz[6] zutreffend auf den Wert des Wagens ab, den es im Verfahren auf Erlass einer einstweiligen Verfügung auf $^1/_3$ reduziert.

---

1 OLG Nürnberg JurBüro 1957, 74; OLG Köln JW 1939, 707.
2 BGH NJW 1959, 939; OLG Hamburg HRR 1930 Nr. 747.
3 BGH NJW 1959, 939; vgl. auch das Stichwort „Sicherungsübereignung".
4 KG MDR 1957, 48.
5 Vgl. hinsichtlich der Einzelheiten das Stichwort „Selbständiges Beweisverfahren".
6 OLG Koblenz, Beschl. v. 30. 8. 1993 – 2 W 161/93, KostRsp. ZPO § 3 Nr. 1165 = JurBüro 1994, 738.

Zugewinnausgleich

Unter den Voraussetzungen des § 1389 BGB kann von einem Ehegatten wegen   4899
des zukünftigen Zugewinnausgleichs Sicherheitsleistung verlangt werden,
wenn zu besorgen ist, dass er anderenfalls sein Recht nicht durchsetzen kann.
Der Wert einer solchen Klage auf Sicherheitsleistung entspricht dem geforderten Sicherungsbetrag.[1] Das ergibt sich aus der gebotenen Anwendung des § 6
ZPO.

Sicherungsübereignung

Literatur: *Danschke* JurBüro 1953, 276.

Das Sicherungseigentum steht dem Pfandrecht näher als dem Volleigentum.   4900
Verlangt daher der Sicherungsgeber von dem Sicherungsnehmer die Rückübertragung des Sicherungseigentums, weil die zu sichernde Forderung erfüllt ist, so
richtet sich der Wert dieses Anspruchs nach dem Wert der streitigen Forderung,
wenn dieser geringer ist als der Wert der Sache (§ 6 ZPO analog).[2]

Siedlungsverhältnis

Klagt der Siedlungsträger nach Kündigung des Nutzungsverhältnisses gegen den   4901
Siedler auf **Räumung** des Siedlungsgrundstücks, dann bemisst sich der Streitwert nach § 41 GKG (§ 16 GKG a.F.).[3]

Siehe auch das Stichwort „Herausgabe" Rn. 2763.   4902

Sorgerecht

Siehe das Stichwort „Elterliche Sorge".

---

1 OLG München JurBüro 1977, 721.
2 BGH NJW 1959, 939; OLG Celle NJW 1957, 593; OLG Düsseldorf MDR 1955, 622;
   OLG Hamm JurBüro 1956, 231; OLG München NJW 1953, 1870; OLG Frankfurt Jur-
   Büro 1962, 228; OLG Düsseldorf, Beschl. v. 12. 9. 1994 – 15 W 2006/94, KostRsp. ZPO
   § 6 Nr. 143 = OLGR 1994, 27; LG Stuttgart MDR 1977, 676.
3 OLG Nürnberg JurBüro 1962, 627.

Sparkassenbuch

4903   Wird auf **Herausgabe** eines Sparkassenbuchs geklagt, bestimmen sich Zuständigkeit- und Gebührenstreitwert nach § 3 ZPO, § 48 Abs. 1 GKG (§ 12 Abs. 1 GKG a.F.) und nicht nach § 6 ZPO. Da es sich bei dem Sparkassenbuch um eine qualifiziertes Legitimationspapier (§ 808 BGB) handelt, folgt das Recht am Papier dem Recht aus dem Papier. Die Inhaberschaft des Buches erleichtert nur die Geltendmachung der darin aufgeführten Forderung. Wertbestimmend ist daher nicht der Wert des Papiers oder der darin verbrieften Spareinlage, sondern das Interesse des Klägers an dessen Herausgabe. In der Regel wird daher ein Bruchteil der darin bescheinigten Forderung anzusetzen sein.[1]

4904   Auf den vollen Betrag der Einlageforderung ist jedoch abzustellen, wenn die Gefahr besteht, dass der Beklagte das Sparguthaben abhebt.[2]

4905   Ist die Klage auf **Feststellung** gerichtet, der Kläger sei Berechtigter hinsichtlich des Guthabens, dann bemisst sich der Streitwert nach dem vollen Einlagebetrag abzüglich des für positive Feststellungsklage üblichen prozentualen Abschlages.

4906   Verbindet der Kläger jedoch den **Feststellungsanspruch mit dem Antrag auf Herausgabe** des Sparkassenbuches, liegen zwei selbständig zu bewertende Streitgegenstände vor. Höherwertig ist der umfassende Feststellungsanspruch, da der Herausgabeantrag nur das Ziel hat, die Geltendmachung der Forderung gegenüber der Bank zu erleichtern.[3] In einem solchen Fall ist der Streitwert ebenfalls gleich dem vollen Guthaben anzusetzen, wegen der Feststellung also kein Abschlag zu machen, da Herausgabe und Feststellung zusammen die endgültige Durchsetzung des Rechts des Klägers gewährleisten (siehe auch das Stichwort „Herausgabe" Rn. 2803 ff.).

4907   Klagt der Kläger auf **Verpfändung und Herausgabe** eines Sparkassenbuches, etwa weil zwischen den Parteien die Hingabe eines Kautionssparbuches vereinbart worden ist, bemisst sich der Streitwert gemäß § 6 ZPO nach dem Wert der gesicherten Forderung oder nach dem geringeren Wert des Gegenstands des Pfandrechts, mithin nach dem Einlagebetrag einschließlich darin bereits enthaltener Zinsen, d.h. dem jeweiligen Kontostand. Dies gilt auch, wenn der Kläger die **Freistellung von der Verpfändung** eines Sparbuches verlangt.[4]

---

1 OLG Bremen Rpfleger 1985, 77; OLG Frankfurt JurBüro 1975, 373; LG Würzburg JurBüro 1990, 108; *Anders/Gehle/Kunze*, Stichwort „Sparkassenbuch" Rn. 1; a.A. OLG Düsseldorf, Beschl. v. 12. 7. 1993 – 11 W 29/93, KostRsp. ZPO § 6 Nr. 141 = OLGR 1993, 266.
2 KG JurBüro 1970, 202; OLG München JurBüro 1974, 1169.
3 OLG Frankfurt JurBüro 1975, 373.
4 BGH, Urteil v. 15. 11. 1994 – XI ZR 174/94, MDR 1995, 196 mit zust. Anm. *Röttger*, EwiR 1995, 307.

Wird schließlich gemäß §§ 946 ff., 1003 ff. ZPO das Aufgebotsverfahren zum   4908
Zwecke der **Kraftloserklärung des Sparkassenbuches** betrieben, berechnet sich
der Verfahrenswert angesichts der bloßen Legitimationsfunktion des Papiers in
der Regel nach 10–20 % des Guthabenbetrages.[1]

Spesen

Der Begriff „Spesen" bedeutet soviel wie Ausgaben oder Aufwand, insbesondere   4909
die **Auslagen** oder **Kosten**, die anlässlich der Durchführung eines Geschäfts
erwachsen, beispielsweise Reisekosten oder Übernachtungskosten, Taxifahrten
und dergleichen. Solche Auslagen oder Kosten können zusätzlich erwachsen
oder bereits mit der Gegenleistung, vornehmlich dem Arbeitsentgelt, abgegolten sein. So liegt es vielfach beim Handelsvertreter oder Handlungsgehilfen, bei
dem Teile der Vergütung als „Spesen" ausgewiesen werden.

Im Streitwertrecht sind geltend gemachte Spesen werterhöhend zu berücksich-   4910
tigen, es sei denn, dass es sich dabei in Wirklichkeit um „Kosten" i.S.d. § 43
Abs. 1 GKG, § 4 ZPO handelt. Dazu rechnen außer den Prozesskosten auch alle
außergerichtlichen Kosten, die zur Durchsetzung des Anspruchs aufgewandt
worden sind.[2]

In diesem Fall bleiben die Spesen = Kosten bei der Streitwertberechnung außer   4911
Betracht, wenn sie als **Nebenforderung** geltend gemacht werden (§ 43 Abs. 1
GKG, § 4 Abs. 1 ZPO). Das muss im Einzelfall an Hand des jeweils einschlägi-
gen Sachverhalts geklärt werden.

Der Streitwert eines Rechtsstreits zwischen dem Gläubiger und dem Bürgen   4912
geht auch dann nicht über den vereinbarten Höchstbetrag der Bürgschaft hinaus, wenn Gegenstand des Rechtsstreits auch die Zinsen, Provisionen und
Spesen der Bürgschaftssumme sind, für die sich der Bürge zusätzlich verbürgt
hat.[3]

Werden neben Geldbezügen auch Spesen zusätzlich erstattet, handelt es sich   4913
dagegen um Leistungen mit Entgeltcharakter; sie erhöhen damit den Streitwert,
auch wenn sie zusammen mit den Geldbezügen geltend gemacht werden.

---

1 LG Berlin, Rpfleger 1988, 548 – Grundschuldbrief; LG Hildesheim, NJW 1964, 1232 =
 Rpfleger 1965, 241; *Anders/Gehle/Kunze*, Stichwort „Sparkassenbuch" Rn. 2; *Wagner*
 JR 1952, 234.
2 Siehe dazu Stein/Jonas/*Roth*, § 4 Rn. 23 mit Beispielen, Zöller/*Herget*, ZPO, § 4 Rn. 12.
3 BGH WPM 1956, 889.

Standgeld

4914 Der Streitwert des Anspruches eines Grundstückseigentümers auf Feststellung, dass ein Kfz-Besitzer für jeden Tag der unbefugten Benutzung des Grundstücks ein Standgeld zu entrichten habe, ist nicht nach § 9 ZPO, sondern nach § 3 ZPO zu bemessen.[1]

4915 Soweit fällige Beträge gefordert werden, ist dieser Betrag maßgebend.

4916 Soweit zukünftige Leistung gefordert wird, ist der nach dem Vortrag des Anspruchsstellers zu besorgende Zeitraum der weiteren unbefugten Nutzung nach § 3 ZPO zu schätzen und zugrunde zu legen.

4917 Rückstände und zukünftige Beträge sind zu addieren (§ 5 ZPO, § 39 Abs. 1 GKG, § 22 RVG).

4918 Zur Schadensposition „Standgeld" im Rahmen einer Verkehrsunfallschadenregulierung siehe das Stichwort „Verkehrsunfallschadenregulierung".

Sterilisation

4919 Der Anspruch der Eltern auf Ersatz ihrer Unterhaltsaufwendungen, die auf eine fehlgeschlagene Sterilisation zurückzuführen sind, ist vom BGH noch nach § 9 a.F. ZPO bewertet worden.[2]

4920 Die analoge Anwendung des § 42 Abs. 1 GKG (§ 17 Abs. 1 GKG a.F.) wäre sachgerechter gewesen, da die Berechnung nach § 9 ZPO zu wirtschaftlich untragbar hohen Streitwerten führte. Das Problem hat an Bedeutung verloren, seit der Höchstbetrag in § 9 ZPO auf den 3 $1/2$fachen Jahresbetrag reduziert ist.

4921 Seine Rechtsauffassung ausdrücklich bestätigt hat der BGH in einer späteren Entscheidung.[3] Dort hat er nochmals klargestellt, dass § 42 GKG (§ 17 Abs. 1 GKG a.F), wonach bei Ansprüchen auf Erfüllung einer gesetzlichen Unterhaltspflicht grundsätzlich auf den Jahresbetrag der wiederkehrenden Leistungen abzustellen ist, auf eine Klage gegen Dritte, mit der Schadenersatz wegen schuldhafter Verursachung einer gesetzlichen Unterhaltspflicht wird, keine Anwendung findet. Vielmehr richte sich der Streitwert nach § 48 Abs. 1 S. 1 GKG (§ 12 Abs. 1 GKG a.F) i.V.m. § 3 ZPO. Innerhalb dieser Ermessensausübung sei dann auf § 9 ZPO zurückzugreifen.

---

1 OLG Nürnberg JurBüro 1965, 920.
2 BGH, Beschl. v. 20. 1. 1981 – VI ZR 202/79, JurBüro 1981, 846 = MDR 1981, 746 = KostRsp. GKG § 17 Nr. 29 mit Anm. *Schneider* = NJW 1981, 1318 = VersR 1981, 481; KostRsp. GKG § 17 Nr. 142 = WPM 1994, 182 = FamRZ 1981, 536.
3 BGH, Beschl. v. 30. 9. 1993 – IX ZR 247/92, WM 1994, 182.

Steuersäumniszuschläge

Werden Steuersäumniszuschläge im ordentlichen Rechtsweg zugleich mit der   4922
Steuerhauptforderung als Nebenforderung eingeklagt, so erhöht sich dadurch
der Streitwert nicht.[1]

Streitgenossen

A. Einleitung

Von einer Streitgenossenschaft ist auszugehen, wenn die Prozesse mehrerer   4923
Kläger gegen einen oder gegen mehrere Beklagte äußerlich miteinander verbunden sind, sog. **subjektive Klagehäufung**. Sie entsteht u.a. im Falle der Klage von
oder gegen mehrere Parteien, der (auch) gegen einen Dritten gerichteten Widerklage, der subjektiven Klageerweiterung und durch Verbindung bislang selbständiger Prozesse.[2] Die prozessualen Auswirkungen der Streitgenossenschaft
regeln die §§ 61 bis 63 ZPO. Ihre streitwertrechtliche Behandlung folgt den
allgemeinen Regeln unter der Maßgabe, dass die Selbständigkeit der Prozessrechtsverhältnisse zu beachten ist.

B. Zuständigkeitsstreitwert

Werden in einer Klage mehrere prozessuale Ansprüche geltend gemacht, sind   4924
deren Einzelwerte gemäß § 5 Hs. 1 ZPO zu addieren. Daher bedürfen die der
subjektiven Klagehäufung zugrunde liegenden einzelnen prozessualer Ansprüche einer eigenständigen Bewertung. Ob die Einzelwerte im Anschluss für den
Zuständigkeitsstreitwert zusammenzurechnen sind, hängt davon ab, ob es sich
um rechtlich und wirtschaftlich selbständige Ansprüche handelt, und zwar unabhängig von der Art des Verfahrens.[3] Unerheblich ist insoweit auch, ob im
Streitgenossenprozess vermögensrechtliche oder nichtvermögensrechtliche Ansprüche verfolgt werden.

Ausgehend vom streitwertrechtlichen Grundsatz, wonach – wirtschaftlich be-   4925
trachtet – ein und derselbe Gegenstand nicht mehrfach bewertet werden darf,
scheidet eine Zusammenrechnung von prozessualen Ansprüchen mit **wirtschaftlich identischen Gegenständen** bei der Ermittlung des Zuständigkeits-, und Gebührenstreitwerts sowie der Beschwer zu unterbleiben, arg. § 45 Abs. 1 S. 3 GKG.[4]

---

1 BGH NJW 1956, 1562.
2 Zöller/*Vollkommer*, § 60 Rn. 2 ff.
3 Zöller/*Herget*, § 5 Rn. 3.
4 § 19 Abs. 1 S. 3 GKG a.F.

Maßgebend ist in diesem Fall allein der höhere Wert.[1] Hierbei entspricht der Gegenstandsbegriff nicht dem (zweigliedrigen) Streitgegenstand des Prozessrechts.[2]

4926 Entscheidend für die Streitwertberechnung ist vielmehr das im jeweiligen Klagebegehren zum Ausdruck kommende wirtschaftliche Interesse. Ist dieses bei verschiedenen prozessualen Ansprüche – wirtschaftlich betrachtet – auf denselben Gegenstand gerichtet und stellt sich damit als wirtschaftliche Einheit dar, scheidet bei der subjektiven Klagenhäufung eine Zusammenrechnung aus.[3]

4927 So liegt es beispielsweise, wenn die **Klage von Gesamtgläubigern** (§ 428 BGB) **oder gegen Gesamtschuldner** (§ 421 BGB) erhoben wird. Es handelt sich – wirtschaftlich betrachtet – nur um einen einzigen Anspruch, der mehreren zugleich zusteht oder von mehreren zugleich zu erfüllen ist.[4]

4928 Stehen demgegenüber auf der Klägerseite Streitgenossen mit je **selbständigen Anträgen** gegen einen Beklagten oder stehen auf der Beklagtenseite Streitgenossen, die von einem Kläger wegen je selbständiger Ansprüche verklagt werden, dann sind die Einzelstreitwerte nach § 5 Hs. 1 ZPO zu addieren.[5] Eine etwaig unterschiedliche Beteiligung ist bei der Kostenentscheidung zu berücksichtigen (§§ 92, 100 ZPO).

4929 Zu den **möglichen Fallgestaltungen und Bewertungsproblemen** bei der subjektiven Klagehäufung siehe unter den Stichwörter „Mehrere Ansprüche" und „Gesamtschuldner".

C. Gebührenstreitwert

4930 Nach der Neufassung des § 39 Abs. 1 GKG wird nunmehr ausdrücklich bestimmt, dass mehrere in einer Klage geltend gemachte Ansprüche zusammengerechnet werden, soweit sich im GKG keine abweichende Sonderregelung findet. Eine Änderung der bisherigen Rechtslage ist damit nicht verbunden, da die Regelung inhaltlich dem Verweis des § 12 Abs. 1 S. 1 GKG a.F. auf § 5 ZPO

---

1 BGH, Beschl. v. 19. 10. 2000 – I ZR 176/00, BGHReport 2001, 98 = MDR 2001, 648 = NJW 2001, 230 = LM ZPO § 546 Nr. 11 (10/2001); Beschl. v. 23. 6. 1983 – IVa ZR 136/82, KostRsp. ZPO § 5 Nr. 53.
2 BGH, Beschl. 6. 10. 2004 – IV ZR 287/03, BGHReport 2005, 130 = NJW-RR 2005, 506; BGH, Urteil v. 28. 9. 1994 – XII ZR 50/94, MDR 1995, 198 = NJW 1994, 3292 = WuM 1994, 705 = ZMR 1995, 117; *Anders/Gehle/Kunze*, Stichwort „Echter Hilfsantrag" Rn. 7; *Lappe*, Anm. zu OLG Karlsruhe, KostRsp. § 19 GKG Nr. 139.
3 OLG Hamburg MDR 1965, 394; OLG Koblenz, Beschl. v. 8. 12. 1986 – 3 W 139+140/86, KostRsp. § 5 Nr. 67 = JurBüro 1987, 596; OLG Zweibrücken NJW 1982, 2800; *Zöller/Herget*, § 5 Rn. 8.
4 BGH, Beschl. v. 29. 1. 1987 – V ZR 136/86, MDR 1987, 570 = Rpfleger 1987, 205 = NJW-RR 1987, 1148 = JZ 1987, 631; RGZ 116, 309; OLG Koblenz, Beschl. v. 22. 10. 1984 – 14 W 619/84, KostRsp. ZPO § 5 Nr. 62 = JurBüro 1985, 590 = AnwBl. 1985, 203 – neg. Feststellungsklage gegen zwei Streitgenossen; OLG Nürnberg Rpfleger 1956, 298.
5 BGH, Beschl. v. 23. 6. 1983 – IVa ZR 136/82, KostRsp. ZPO § 5 Nr. 53 mit Anm. *E. Schneider*; AnwBl. 1976, 339; *Zöller/Herget*, § 5 Rn. 3.

entspricht. Der Gebührenstreitwert folgt daher dem Zuständigkeitsstreit, sodass auf die dortigen Ausführungen Bezug genommen werden kann.

Zu beachten bleibt jedoch, dass bei einer subjektiven Klagehäufung mit rechtlich und **wirtschaftlich nicht identischen Gegenstände** eine nach Prozessrechtsverhältnissen differenzierende Streitwertfestsetzung erfolgen muss. Nur so kann berücksichtigt werden, dass die Parteien auf Kläger- und Beklagtenseite in unterschiedlichem Umfang an den angefallenen Kosten des Rechtsstreits beteiligt sind. Neben den Einzelwerten ist daher der für die Gerichtskosten und außergerichtlichen Kosten der an allen Prozessrechtverhältnissen beteiligten Partei maßgebliche Gesamtstreitwert festzusetzen. Gleiches gilt, wenn die Streitgenossen trotz **wirtschaftlicher Identität** in unterschiedlichem Umfang in Anspruch genommen werden.[1]   **4931**

Siehe im Einzelnen unter dem Stichwort „Mehrere Ansprüche".

D. Beschwer

Die aus der gerichtlichen Entscheidung erwachsene Beschwer ist gemäß § 5 Hs. 1 ZPO für jede Partei nach dem Umfang ihres Unterliegens bezogen auf die einzelnen prozessualen Ansprüche zu bestimmen und gegebenenfalls zusammen zu rechnen.   **4932**

Erfolgt die **Rechtsmitteleinlegung nur durch einen Streitgenossen**, dann ist – nach zutreffender Ansicht – allein seine Beschwer maßgebend und diese daher für jeden Klageantrag einzeln zu bestimmen.[2]   **4933**

Legen **mehrere Streitgenossen** gegen das für sie nachteilige Urteil Rechtsmittel ein, so sind für den Wert des Beschwerdegegenstandes die auf die einzelnen Streitgenossen entfallenden Beschwerdewerte zusammenzurechnen, soweit nicht ein Fall wirtschaftlicher Identität vorliegt.[3] Beschränkt sich hingegen die Beschwer eines Streitgenossen auf die Verurteilung zur Zahlung eines anteilsmäßig bestimmten **Teils der Kosten**, dann bleibt dieser Teil bei der Berechnung außer Ansatz, wenn eine Überprüfung der Kostenentscheidung gesetzlich nicht eröffnet ist.[4]   **4934**

Im Fall der Rechtsmitteleinlegung (auch) durch den einfachen Nebenintervenienten bestimmt sich die Beschwer nach der von ihm unterstützten Haupt-   **4935**

---

1 *Anders/Gehle/Kunze*, Stichwort „Streitgenossen" Rn. 5.
2 RG JW 1933, 2216; OLG Schleswig SchlHA 78, 198; *Anders/Gehle/Kunze*, Stichwort „Streitgenossen" Rn. 3; Zöller/*Gummer/Heßler*, § 511 Rn. 25; a.A. BGH Beschl. v. 19. 10. 2000 – I ZR 176/00, BGHReport 2001, 98 = MDR 2001, 648 = NJW 2001, 230; NJW 1984, 927.
3 BGH, Beschl. v. 19. 10. 2000 – I ZR 176/00, BGHReport 2001, 98 = MDR 2001, 648 = NJW 2001, 230 = LM ZPO § 546 Nr. 11 (10/2001); Beschl. v. 23. 6. 1983 – IVa ZR 136/82, KostRsp. ZPO § 5 Nr. 53; BAG NZA 1984, 167; Zöller/*Vollkommer*, § 61 Rn. 9.
4 BGH, Beschl. v. 19. 10. 2000 – I ZR 176/00, BGHReport 2001, 98 = MDR 2001, 648 = NJW 2001, 230 = LM ZPO § 546 Nr. 11 (10/2001).

partei.[1] Bei **streitgenössischer Nebenintervention** soll wegen § 69 ZPO, wonach der Nebenintervenient als Streitgenosse der Hauptpartei gilt, nach überwiegender Ansicht die Beschwer des Nebenintervernienten unabhängig von derjenigen der Hauptpartei bestimmt werden.[2] Eine Zusammenrechnung der Beschwer von Hauptpartei und Nebenintervenient scheidet in jedem Fall aus, da § 69 ZPO nur auf eine prozessrechtliche Gleichstellung abzielt und selbst bei weitergehenden gesamtschuldnerischen Inanspruchnahme von Hauptpartei und Nebenintervenient aufgrund wirtschaftlicher Identität nicht addiert werden könnte.[3]

4936 Wird die Verbindung der Prozessrechtsverhältnisse durch eine **Prozesstrennung** (§ 145 ZPO) aufgehoben, kann die Beschwer den nach Aufspaltung des Verfahrens verbliebenen Wert nicht übersteigen. Dies gilt auch dann, wenn die nach zulässiger Trennung getrennten Verfahrensteile in der Revisionsinstanz zum Zwecke gemeinsamer Verhandlung und Entscheidung wieder verbunden werden.[4]

4937 Im Übrigen folgt die Wertbestimmung den allgemeinen Grundsätzen, daher wird auf die Ausführungen unter dem Stichwort „Rechtsmittel" Bezug genommen.

Streithilfe

Siehe das Stichwort „Nebenintervention".

Streitwertbeschwerde

Gliederungsübersicht

A. Überblick 4938

B. Streitwertbeschwerde nach § 68 GKG

  I. Beschwerde gegen vorläufige Wertfestsetzung nach § 63 Abs. 1 GKG
    1. Statthaftigkeit 4941
    2. Frist 4945
    3. Erreichen des Beschwerdewertes 4946
    4. Zulassung der Beschwerde . . 4947

    5. Weitere Beschwerde 4948
    6. Gegenvorstellung 4949
    7. Gehörsrüge 4950
  II. Beschwerde gegen die endgültige Festsetzung
    1. Statthaftigkeit 4953
    2. Beschwerdeberechtigung . . . 4964
    3. Zulässigkeit
      a) Überblick 4965
      b) Zulassungsbeschwerde . . . 4967
      c) Wertbeschwerde 4968

---

1 BGH, Urteil v. 15. 6. 1989 – VII ZR 227/88, MDR 1989, 1095 = NJW 1990, 190.
2 MünchKomm.ZPO/*Rimmelspacher*, § 511 Rn. 33; Stein/Jonas/*Bork*, § 69 Rn. 10 m.w.N.; offenlassend BGH, Urteil v. 30. 4. 2001 – II ZR 328/00, MDR 2001, 1006.
3 BGH, Urteil v. 30. 4. 2001 – II ZR 328/00, MDR 2001, 1006.
4 BGH, Urteil v. 20. 7. 1999 – X ZR 139/96, KostRsp. ZPO § 3 Nr. 1319 = NJW 2000, 217.

4. Frist 4973
5. Form 4975
6. Verfahren 4976
III. Weitere Beschwerde 4985
IV. Untätigkcitsbeschwerde 4988
V. Gehörsrüge 4992
VI. Gegenvorstellung 4994
VII. Wiedereinsetzung 4997

C. Streitwertbeschwerde" nach
§ 63 Abs. 1 S. 2 GKG i.V.m.
§ 66 GKG
I. Überblick 5000
II. Erinnerung 5004
III. Beschwerde 5008
IV. Weitere Beschwerde 5014
V. Gehörsrüge 5017
VI. Gegenvorstellung 5018

D. Beschwerde gegen die Festset-
zung des Geschäftswerts in
FGG-Verfahren
I. Beschwerde 5019
II. Weitere Beschwerde 5028
III. Untätigkeitsbeschwerde 5031
IV. Gehörsrüge 5032
V. Gegenvorstellung 5033
VI. Wiedereinsetzung 5035

E. Beschwerde nach § 33 RVG
I. Ausgangssituation 5038
II. Beschwerde
1. Beschwerdeberechtigung . . 5050
2. Frist 5051
3. Zulässigkeit
a) Überblick 5053
b) Zulassung 5055
c) Wertabhängige Beschwerde . 5058
4. Verfahren 5065
III. Weitere Beschwerde 5071
IV. Untätigkeitsbeschwerde 5075
V. Gehörsrüge 5078
VI. Gegenvorstellung 5079
VII. Wiedereinsetzung 5081

F. Kosten
I. Gerichtskosten 5082
II. Anwaltskosten
1. Anwalt in eigener Sache . . 5083
2. Anwalt als Vertreter der
Partei
a) Beschwerde, Erinnerung . . 5084
b) Gehörsrüge 5092

G. Kostenerstattung 5094

H. Rechtsschutz 5095

A. Überblick

Die Vorschriften über die Streitwertbeschwerden sind durch das Kostenrechtsmodernisierungsgesetz zum 1. 7. 2004 neu gefasst worden. Gegenüber den früheren Vorschriften (§ 25 GKG a.F., §§ 9, 10 BRAGO, § 31 KostO a.F.) haben sich
zum Teil wichtige Änderungen ergeben, so dass die Rechtsprechung zum früheren Recht allenfalls noch eingeschränkt verwertet werden kann. **4938**

Vorgesehen sind Streitwertbeschwerden **4939**
– in § 68 GKG gegen die Festsetzung des Streitwerts für die Gerichtsgebühren;
diese Beschwerdemöglichkeit gilt nach § 32 RVG auch für den Anwalt,
– in § 33 RVG gegen die Festsetzung des Gegenstandswerts der anwaltlichen
Gebühren, wenn diese sich nicht nach dem gerichtlichen Wert richten oder
es an einem solchen Wert fehlt und
– in § 30 KostO gegen die Festsetzung des Geschäftswerts.

Darüber hinaus eröffnet § 66 GKG die Möglichkeit, sich inzidenter gegen eine **4940**
vorläufige Streitwertfestsetzung nach § 63 Abs. 1 GKG zur Wehr zu setzen,
wenn die Tätigkeit des Gerichts von der vorherigen Zahlung von Kosten abhängig gemacht wird (§ 63 Abs. 1 S. 2 GKG).

B. Streitwertbeschwerde nach § 68 GKG

I. Beschwerde gegen vorläufige Wertfestsetzung nach § 63 Abs. 1 GKG

1. Statthaftigkeit

4941 Hat das Gericht eine vorläufige Wertfestsetzung nach § 63 Abs. 1 GKG vorgenommen, kann die **Partei** keine Beschwerde erheben, da sie durch eine vorläufige Wertfestsetzung nicht beschwert sein kann. Sie hat nur die Möglichkeit inzidenter über die Beschwerde nach § 66 Abs. 1 GKG vorzugehen (s.u.).

4942 Beim **Anwalt** ist die Frage umstritten, ob er – im Gegensatz zur Partei – auch gegen die vorläufige Festsetzung Beschwerde einlegen kann.

4943 Die zutreffende Lösung hängt von der Bindungswirkung ab.

– Geht man davon aus, dass der Anwalt durch eine unzutreffende vorläufige Wertfestsetzung gebunden ist, dass er also durch eine vorläufige Festsetzung nach § 63 Abs. 1 GKG über die §§ 32 Abs. 1, 23 Abs. 1 S. 1 RVG daran gehindert wird, fällige Gebühren oder einen Vorschuss nach § 9 RVG aus dem seiner Meinung nach zutreffenden höheren Gegenstandswert anzufordern,[1] dann muss man konsequenterweise auch ein Beschwerderecht befürworten.[2]

– Geht man allerdings davon aus, durch eine vorläufige Wertfestsetzung trete keine Bindungswirkung für den Anwalt ein, sondern erst durch die endgültige Wertfestsetzung, dann ist keine Beschwer gegeben und es bedarf für den Anwalt auch keines Beschwerderechts.

4944 Wird eine Beschwerde für zulässig erachtet, muss dies im Namen des Anwalts – also **in eigenem Namen** – erhoben werden. Eine Beschwerde im Namen der Partei ist insoweit unzulässig.

2. Frist

4945 Eine **Frist** für die Beschwerde gegen die vorläufige Wertfestsetzung – sofern man sie für zulässig erachtet – gibt es nicht. Die Beschwerde ist daher jederzeit zulässig, solange noch keine endgültige Wertfestsetzung möglich ist. Ist die endgültige Wertfestsetzung möglich, entfällt das Rechtsschutzbedürfnis an einer Korrektur der vorläufigen Festsetzung.

3. Erreichen des Beschwerdewertes

4946 Erforderlich ist auch für eine Beschwerde gegen eine vorläufige Streitwertfestsetzung – sofern man sie für zulässig erachtet – eine Beschwer von mehr als 200 Euro (§ 32 Abs. 2 RVG, § 68 Abs. 1 S. 1 GKG). Die Beschwer berechnet sich

---

1 So OLG Köln, Beschl. v. 15. 11. 2004 – 25 WF 228/04, AGS 2005, 80 mit Anm. E. *Schneider* = OLGR 2005, 276 = FamRB 2005, 137.
2 OLG Köln, Beschl. v. 15. 11. 2004 – 25 WF 228/04, AGS 2005, 80 mit Anm. E. *Schneider* = OLGR 2005, 276 = FamRB 2005, 137.

danach, welches höhere Vergütungsaufkommen sich für den Anwalt im Falle der von ihm erstrebten Wertfestsetzung ergibt. Auf die Streitwertdifferenz kommt es also nicht an.

4. Zulassung der Beschwerde

Geht man von der Zulässigkeit einer Beschwerde aus, dann dürfte ebenso wie bei der Beschwerde gegen die endgültige Wertfestsetzung auch hier die Zulassung der Beschwerde durch das Ausgangsgericht in Betracht kommen (§ 68 Abs. 1 S. 2 GKG), wenn die Sache grundsätzliche Bedeutung hat. Die Beschwerde ist dann unabhängig vom Wert des Beschwerdegegenstands zulässig. **4947**

5. Weitere Beschwerde

Hält man die Beschwerde gegen die vorläufige Wertfestsetzung für zulässig, muss auch eine **weitere Beschwerde** (§ 68 Abs. 1 S. 5 i.V.m. § 66 Abs. 4 GKG) möglich sein, wenn das Landgericht als Beschwerdegericht entschieden und es die weitere Beschwerde wegen grundsätzlicher Bedeutung der Sache zugelassen hat. Insoweit wird auf die Ausführungen zur Beschwerde gegen die endgültige Wertfestsetzung Bezug genommen (siehe hierzu Rn. 4953 ff.). **4948**

6. Gegenvorstellung

Kommt eine Beschwerde gegen die vorläufige Streitwertfestsetzung mangels Erreichen des Beschwerdewertes nicht in Betracht, bleibt die Möglichkeit einer **Gegenvorstellung**. Da das Gericht die jederzeitige Möglichkeit der Abänderung von Amts wegen hat (§ 63 Abs. 3 S. 2 GKG), muss es einer begründeten Gegenvorstellung immer stattgeben. **4949**

7. Gehörsrüge

Eine **Gehörsrüge** nach § 69a GKG dürfte im vorläufigen Wertfestsetzungsverfahren dagegen nicht in Betracht kommen, da die vorläufige Wertfestsetzung ohne Anhörung durch Beschluss ergeht (§ 63 Abs. 1 S. 1 GKG). **4950**

Möglich ist allerdings eine Verletzung des Anspruchs auf rechtliches Gehör im Verfahren der Beschwerde oder der weiteren Beschwerde, etwa wenn dem Anwalt schriftsätzliches Vorbringen der Gegenseite nicht zur Kenntnis gebracht wird. **4951**

Im Verfahren der weiteren Beschwerde kommt eine Gehörsrüge auch dann in Betracht, wenn die Nichtabhilfeentscheidung des Landgerichts nicht mitgeteilt wird. **4952**

II. Beschwerde gegen die endgültige Festsetzung

1. Statthaftigkeit

4953 Hat das Gericht den Streitwert endgültig festgesetzt (§ 66 Abs. 2 GKG), ist hiergegen die Beschwerde nach § 68 Abs. 1 GKG gegeben.

4954 Eine Beschwerde gegen die Festsetzung durch das Oberlandesgericht ist allerdings nicht zulässig, da eine Beschwerde zum BGH nicht gegeben ist.

4955 Wohl ist eine Beschwerde gegen die Festsetzung des LG als Berufungsgericht möglich.[1] Die früher mögliche Beschwerde in diesen Fällen (§ 25 Abs. 3 S. 2 GKG a.F.) gilt nach dem neuen GKG nicht mehr.

4956 Das OLG Celle[2] ist dagegen der Ansicht, dass diese Beschwerdemöglichkeit vom Gesetzgeber zwar gewollt war, aber nicht gelungen ist. In der Tat erscheint vom Ergebnis her problematisch, dass nun die Beschwerdemöglichkeit hinsichtlich der Streitwertfestsetzung weiter geht als der Rechtsschutz in der Hauptsache. Das ist aber nicht ungewöhnlich und z.B. auch in Kostenfestsetzungsverfahren möglich. Während ein beim AG begonnener Zivilrechtsstreit zumeist beim LG beendet ist (wenn nicht die Revision oder die Rechtsbeschwerde zugelassen wird), kann der Streit um die Festsetzung des Streitwertes, den das Landgericht in zweiter Instanz für das Berufungsverfahren (und ggf. nach § 63 Abs. 3 S. 1 GKG auch für die erste Instanz) getroffen hat, weiter geführt werden.

4957 Ob die vom Gesetzgeber[3] gewollte Beschwerdemöglichkeit allerdings tatsächlich nicht gelungen ist, hängt von der Auslegung des Gesetzeswortlauts ab. In § 66 Abs. 3 S. 2 GKG, auf den § 68 Abs. 1 S. 5 GKG für die Streitwertbeschwerde verweist, findet sich eine nicht ganz eindeutige Formulierung: *„Beschwerdegericht ist das nächsthöhere Gericht …"* Handelt es sich dabei – wie das OLG Celle meint – um die Rangfolge im Instanzenzug? Dann wäre in Zivilsachen der BGH als Revisionsgericht und damit nächsthöheres Gericht im Instanzenzug für die Beschwerde eigentlich zuständig. An diesen ist eine Beschwerde allerdings nach §§ 68 Abs. 1 S. 5, 66 Abs. 3 S. 3 GKG jedoch ausgeschlossen. Oder meinte der Gesetzgeber damit die Reihenfolge in der allgemeinen Hierarchie der Gerichte? Dann würde das OLG über die Beschwerde entscheiden.

4958 Für letztere Auslegung spricht entscheidend der zweite Teil von § 66 Abs. 3 S. 2 GKG. Dort wird nämlich für Rechtsstreitigkeiten in Familiensachen bzw. mit Auslandsbezug ausdrücklich das OLG als zuständiges Beschwerdegericht benannt. Dieser Zuweisung an das im Instanzenzug zuständige Gericht bedurfte

---

1 OLG Hamm, Beschl. v. 30. 11. 2004 – 15 W 449/04, AGS 2005, 406, allerdings zu § 31 KostO; *Meyer*, § 68 GKG Rn. 1; indirekt auch *Hartmann*, § 68 GKG Rn. 11.

2 OLG Celle, Beschl. v. 15. 11. 2005 – 11 W 87/05, AGS 2006, 245 = OLGR 2006, 191.

3 Er wollte zur Vereinfachung des kostenrechtlichen Verfahrens als Beschwerdegericht grundsätzlich das allgemein dem erkennenden Gericht übergeordnete Gericht festlegen – unabhängig vom Instanzenzug in der Hauptsache; vgl. BT-Drucks: 15/1971, S. 156.

es nur, wenn zuvor das in der allgemeinen Hierarchie nächsthöhere Gericht gemeint war.

Die Parteien können daher, unabhängig von der Zulassung der Revision, die Streitwertfestsetzung des rechtskräftigen Berufungsurteils vom OLG überprüfen lassen. **4959**

Diese Spaltung von Hauptsacherechtszug und Kostenrechtszug kann durchaus sinnvoll sein. Beispielsweise in Mietsachen kann es zu größerer Rechtssicherheit führen, wenn sich die Streitwertfestsetzung im gesamten OLG-Bezirk an einheitlichen Maßstäben orientiert. Eine Einflussnahme auf die rechtskräftige Hauptsacheentscheidung ist mit der Frage, welchen Wert der Streit der Parteien hat, nicht möglich. Aufgrund des Wegfalls der Wertrevision (§ 546 Abs. 2 ZPO a.F.) kann es insofern auch nicht zu Problemen kommen, als das OLG den Streitwert als maßgeblichen Anhaltspunkt für den Wert der Rechtsmittelbeschwer festlegt, obwohl es weder mit dem Berufungs- noch mit dem Revisionsverfahren befasst ist.[1] **4960**

Allerdings können durch die Spaltung von Kostenbeschwerde und Hauptsacheverfahren auch Konflikte auftreten. Was geschieht bei Zulassung der Revision durch das Berufungsgericht mit der parallel zum Revisionsverfahren durchgeführten Streitwertbeschwerde vor dem OLG? Der BGH kann nach § 63 Abs. 3 S. 1 GKG die Wertfestsetzung sowohl für die erste Instanz als auch für die Berufungsinstanz von Amts wegen abändern, da er als Rechtsmittelgericht mit der Sache befasst ist. **4961**

Gleichzeitig ist das OLG aber als Beschwerdegericht berufen, über die mit der Beschwerde angegriffene Streitwertfestsetzung des LG zu entscheiden. Diese Entscheidung ist eigentlich – da eine weitere Beschwerde an den BGH nach §§ 68 Abs. 1 S. 5, 66 Abs. 3 S. 3 GKG ausgeschlossen ist – unanfechtbar. Eine Lösung dieses Kompetenzkonfliktes bietet der Gesetzgeber nicht. **4962**

Möglich wäre eine zeitliche Rangfolge in dem Sinne, dass das OLG von der Entscheidung über die Beschwerde ausgeschlossen ist, sobald der BGH eine Wertfestsetzung getroffen hat, welche die unteren Instanzen betrifft, und damit die angefochtene Entscheidung beseitigt. Dies ist allerdings für die Praxis recht unbefriedigend, denn es dürfte dazu führen, dass Streitwertbeschwerden während laufender Revision überhaupt nicht mehr beschieden werden. Möglich wäre auch ein Nebeneinander der beiden Verfahren. Soweit das OLG über die Beschwerde entschieden hat, ist dieser Beschluss von den Parteien nicht mehr anfechtbar. Der BGH kann aber dennoch die Festsetzung von Amts wegen ändern, so dass der eigentlich unanfechtbare Beschluss des OLG nicht unbedingt Bestand haben wird, was sich dann aber erst im Laufe des Revisionsverfahrens herausstellt.[2] **4963**

---

1 *Onderka* in Anm. zu OLG Celle AGS 2005, 245.
2 *Onderka* in Anm. zu OLG Celle AGS 2005, 245.

2. Beschwerdeberechtigung

4964 Beschwerdeberechtigt sind
- die Parteien,
- die Staatskasse, soweit einer der Parteien Prozesskostenhilfe bewilligt worden ist, und
- die beteiligten Anwälte (§ 32 Abs. 1 RVG).

3. Zulässigkeit

a) Überblick

4965 Die Beschwerde ist dann zulässig,
- wenn das Gericht, das den angefochtenen Festsetzungsbeschluss erlassen hat, im Beschluss **die Beschwerde zugelassen** hat (§ 68 Abs. 1 S. 2 GKG) oder
- der **Wert des Beschwerdegegenstands 200,00 Euro übersteigt** (§ 68 Abs. 1 S. 1 GKG).

4966 Eine Beschwerde an einen obersten Gerichtshof des Bundes ist allerdings nie zulässig (§ 68 Abs. 1 S. 5 i.V.m. § 66 Abs. 3 S. 3 GKG).

b) Zulassungsbeschwerde

4967 Hat das Ausgangsgericht die Beschwerde zugelassen, ist sie unabhängig von dem Wert des Beschwerdegegenstands zulässig. Das Beschwerdegericht ist an die Zulassung gebunden (§§ 68 Abs. 1 S. 1, S. 4, 66 Abs. 3 S. 4 GKG), soweit sie statthaft ist. Daher bindet die Zulassung der Rechtsbeschwerde an den BGH diesen nicht, weil eine solche Rechtsbeschwerde im Rahmen der Streitwertfestsetzung gesetzlich nicht vorgesehen ist.[1]

c) Wertbeschwerde

4968 Ist die Beschwerde nicht zugelassen, muss ein Beschwerdewert von über 200 Euro erreicht werden. Entscheidend ist nicht der Wert der Beschwer, sondern der **Wert des Beschwerdegegenstands**. Entscheidend ist also, wie sich die begehrte Herauf- oder Herabsetzung für den Beschwerdeführer auswirkt.

4969 Eine Streitwertbeschwerde ist nur zulässig, wenn das **Kosteninteresse** des Beschwerdeführers 200 Euro übersteigt (§ 68 Abs. 1 S. 1 GKG); es reicht nicht aus, dass der vom Beschwerdeführer geltend gemachte Streitwert um mehr als 200 Euro vom festgesetzten Streitwert abweicht.[2]

---

1 BGH, Beschl. v. 21. 10. 2003 – X ZB 10/03, AGS 2004, 202 = BGHR 2004, 268 = VergabeR 2004, 255 = MDR 2004, 355; BGH, Beschl. v. 18. 12. 2002 – IX ZB 553/02, BRAGOreport 2003, 56; Beschl. v. 18. 12. 2002 – VIII ZB 109/02, BRAGOreport 2003, 163; Beschl. v. 4. 11. 2003 – KZB 24/03, AGS 2004, 120.
2 OLG Karlsruhe, Beschl. v. 10. 1. 2005 – 15 W 29/04, OLGR 2005, 562 = AGS 2006, 30.

Bei der **Beschwerde des Anwalts** ist zu prüfen, welches höhere Vergütungsaufkommen sich bei Abrechnung nach dem beantragten höheren Streitwert ergibt. Beträgt die Differenz zwischen dem Vergütungsaufkommen nach dem festgesetzten Wert und nach dem beantragten Wert mehr als 200 Euro, ist die Beschwerde zulässig, anderenfalls nicht.

4970

Bei der **Herabsetzungsbeschwerde** der Partei ist ähnlich vorzugehen. Auch hier ist eine Vergleichsbetrachtung zwischen den Kosten nach dem festgesetzten Wert und den Kosten nach dem beantragten Wert vorzunehmen. Dabei ist die Differenz

4971

– der an den eigenen Anwalt zu zahlenden Gebühren in voller Höhe zu berücksichtigen,
– der Minderbetrag an Gerichtskosten, soweit die Partei Kostenschuldner ist und
– die an die Gegenseite zu erstattenden Kosten, soweit eine Erstattungspflicht besteht.

Wird der Beschwerde vom Ausgangsgericht teilweise **abgeholfen**, wozu es berechtigt ist, dann kommt es auf den Wert des verbleibenden Beschwerdegegenstands an, nicht auf den des ursprünglichen Gegenstands.[1] Eine Beschwerde kann also infolge Teilabhilfe unzulässig werden, wenn dadurch der Beschwerdewert auf 200 Euro oder einen geringeren Betrag herabsinkt.

4972

4. Frist

Die Streitwertbeschwerde ist nur nach § 68 Abs. 1 S. 3 GKG fristgebunden. Sie muss innerhalb der Frist des § 63 Abs. 3 S. 2 GKG eingelegt werden, also innerhalb einer Frist von 6 Monaten, nachdem die Entscheidung in der Hauptsache Rechtskraft erlangt oder sich das Verfahren anderweitig erledigt hat (§ 68 Abs. 1 S. 3 i.V.m. § 63 Abs. 3 S. 2 GKG).

4973

Wird der Streitwert erst später als einen Monat vor Ablauf der Sechsmonatsfrist festgesetzt, kann noch innerhalb eines Monats nach Zustellung oder formloser Mitteilung des Festsetzungsbeschlusses Beschwerde erhoben werden (§ 68 Abs. 1 S. 3 GKG). Im Falle der formlosen Mitteilung gilt dabei der Beschluss mit dem dritten Tag nach Aufgabe der Post als bekannt gemacht (§ 68 Abs. 1 S. 4 GKG).

4974

5. Form

Besondere Formvorschriften bestehen nicht. Insbesondere bedarf es nicht der Zulassung des Anwalts am Beschwerdegericht.

4975

---

1 *Hartmann*, § 66 GKG Rn. 32.

6. Verfahren

4976 Die Beschwerde ist bei dem Gericht einzulegen, das die angefochtene Entscheidung erlassen hat (§ 68 Abs. 1 S. 4 GKG i.V.m. § 66 Abs. 5 S. 4 GKG). Die Einlegung beim Beschwerdegericht ist jedoch unschädlich.

4977 Das Ausgangsgericht ist befugt, der Beschwerde abzuhelfen (§ 68 Abs. 1 S. 4 GKG i.V.m. § 66 Abs. 2 S. 1 GKG). Geschieht dies nicht, legt es die Akten dem Beschwerdegericht vor.

4978 Wird teilweise abgeholfen, so dass der Wert des Beschwerdegegenstands auf 200 Euro oder einen geringeren Betrag sinkt, wird die Beschwerde unzulässig. Das Ausgangsgericht entscheidet dann auch endgültig über den restlichen Gegenstand, es sei denn, die Beschwerde ist zugelassen.[1]

4979 Hat das Landgericht als Beschwerdegericht zu entscheiden, so hat es auch darüber zu entscheiden, ob die weitere Beschwerde zum OLG zugelassen wird (§§ 68 Abs. 1 S. 5, 66 Abs. 4 GKG).

4980 Das Gericht entscheidet über die Beschwerde durch eines seiner Mitglieder als Einzelrichter, wenn die angefochtene Entscheidung von einem Einzelrichter oder einem Rechtspfleger erlassen wurde. (§§ 68 Abs. 1 S. 5, 66 Abs. 6 S. 1 GKG).

4981 Der Einzelrichter überträgt das Verfahren der Kammer oder dem Senat, wenn die Sache besondere Schwierigkeiten tatsächlicher oder rechtlicher Art aufweist oder die Rechtssache grundsätzliche Bedeutung hat. (§§ 68 Abs. 1 S. 5, 66 Abs. 6 S. 2 GKG).

4982 Das Gericht entscheidet jedoch immer ohne Mitwirkung ehrenamtlicher Richter (§§ 68 Abs. 1 S. 5, 66 Abs. 6 S. 3 GKG).

4983 Auf eine erfolgte oder unterlassene Übertragung kann ein Rechtsmittel jedoch nicht gestützt werden (§§ 68 Abs. 1 S. 5, 66 Abs. 6 S. 4 GKG).

4984 Das **Verbot der reformatio in peius** gilt im Streitwertverfahren nach dem GKG nicht und steht deshalb auch einer Abänderung der eigenen oder vorinstanzlichen Wertfestsetzung nicht entgegen.[2]

III. Weitere Beschwerde

4985 Nach § 68 Abs. 1 S. 5, 66 Abs. 4 GKG ist die weitere Beschwerde zulässig, wenn das Landgericht als Beschwerdegericht entschieden und sie wegen der grundsätzlichen Bedeutung der zur Entscheidung stehenden Fragen in dem Beschluss zugelassen hat. Eine nachträgliche gesonderte Zulassung ist nicht möglich.

4986 Über die weitere Beschwerde entscheidet das Oberlandesgericht (§§ 68 Abs. 1 S. 5, 66 Abs. 4 S. 3 GKG).

4987 Das Oberlandesgericht ist an die Zulassung der Beschwerde gebunden (§§ 68 Abs. 1 S. 5, 66 Abs. 4 S. 4, Abs. 3 S. 4 GKG).

---

1 OLG Karlsruhe AGS 2006, 30.
2 OLG Karlsruhe Justiz 1971, 354.

IV. Untätigkeitsbeschwerde

Kommt das Gericht seiner Verpflichtung nicht nach, den Streitwert festzusetzen, so ist die Untätigkeitsbeschwerde gegeben. **4988**

Beschwerdeberechtigt ist jeder, der ein Interesse an der Wertfestsetzung hat. **4989**

Eine besondere Beschwer ist nicht erforderlich. Insbesondere muss der Beschwerdewert von über 200 Euro nicht erreicht werden, da es sich nicht um eine Streitwertbeschwerde im eigentlichen Sinne handelt, sondern der Antrag auf Festsetzung verfolgt wird. **4990**

Hält das Beschwerdegericht eine Festsetzung für nicht erforderlich, kann es auch im Rahmen der Untätigkeitsbeschwerde entsprechend §§ 68 Abs. 1 S. 5, 66 Abs. 3 GKG die weitere Beschwerde zulassen. **4991**

V. Gehörsrüge

Ist eine Beschwerde gegen die Streitwertfestsetzung nicht möglich, kann nach § 69a GKG Anhörungsrüge erhoben werden, wenn das Gericht im Verfahren der Wertfestsetzung rechtliches Gehör nicht gewährt hat. **4992**

Der Grundsatz des rechtlichen Gehörs beinhaltet insbesondere, den jeweiligen Beteiligten die Stellungnahmen der Gegenseite zur Kenntnis zu bringen. **4993**

VI. Gegenvorstellung

Kommt mangels einer Beschwer von über 200 Euro und mangels Zulassung eine Streitwertbeschwerde nicht in Betracht und sind die Voraussetzungen einer Gehörsrüge ebenfalls nicht gegeben, bleibt nur Möglichkeit einer Gegenvorstellung. Dies gilt insbesondere auch dann, wenn eine Beschwerde ohnehin nicht möglich ist, etwa bei erstmaligen Wertfestsetzungen durch ein Berufungs- oder Revisionsgericht. **4994**

Auch hier gilt § 63 Abs. 2 S. 1 GKG, wonach das Gericht die Festsetzung innerhalb der Frist des § 63 Abs. 3 S. 2 GKG jederzeit von Amts wegen abändern kann. Wird durch eine Gegenvorstellung auf die unzutreffende Wertfestsetzung des Gerichts hingewiesen, so muss das Gericht auch hier seine Wertfestsetzung ändern. **4995**

Eine Frist für die Gegenvorstellung ist nicht vorgesehen. Da das Gericht aber nur innerhalb von sechs Monaten seit Rechtskraft oder anderweitiger Erledigung die Wertfestsetzung abändern kann, muss die Gegenvorstellung so rechtzeitig eingereicht werden, dass dem Gericht dies möglich ist. **4996**

VII. Wiedereinsetzung

4997 Wird die Beschwerdefrist versäumt oder die Frist zur weiteren Beschwerde, kann der Beschwerdeführer nach § 68 Abs. 2 S. 1 GKG Wiedereinsetzung in den vorherigen Stand beantragen. Die Beschwerde muss binnen zwei Wochen nach Beendigung des Hindernisses eingelegt werden. Die Tatsachen, auf die die Wiedereinsetzung gestützt wird, sind glaubhaft zu machen.

4998 Nach Ablauf eines Jahres, von dem Ende der versäumten Frist an gerechnet, ist eine Wiedereinsetzung nicht mehr zulässig (§ 68 Abs. 2 S. 2 GKG).

4999 Gegen die Ablehnung der Wiedereinsetzung kann Beschwerde erhoben werden (§ 68 Abs. 2 S. 3 GKG). Sie muss innerhalb von zwei Wochen erhoben werden (§ 68 Abs. 2 S. 4 GKG). Die weitere Beschwerde ist möglich, wenn das Landgericht die Beschwerde gegen die Verwerfung der Widereinsetzung zurückweist, wegen der grundsätzlichen Bedeutung allerdings die weitere Beschwerde zulässt (§ 68 Abs. 2 S. 6 i.V.m. § 66 Abs. 3 S. 3 GKG).

C. „Streitwertbeschwerde" nach § 63 Abs. 1 S. 2 GKG i.V.m. § 66 GKG

I. Überblick

5000 Für die Partei ist eine unmittelbare Streitwertbeschwerde gegen die vorläufige Wertfestsetzung nicht gegeben, da sie unmittelbar durch die vorläufige Streitwertfestsetzung nicht beschwert wird. Die endgültige – richtige – Festsetzung erfolgt zum Abschluss der Instanz, so dass der Partei alle Rechte vorbehalten sind.

5001 Etwas anderes gilt jedoch dann, wenn aufgrund des GKG die Tätigkeit des Gerichts von der vorherigen Zahlung von Kosten abhängig gemacht wird und die Höhe der Kosten sich nach dem Streitwert richtet. Für diesen Fall verweist § 63 Abs. 1 S. 2 GKG auf die Erinnerung und die Beschwerde gegen den Kostenansatz.

5002 Die Vorschrift des § 63 Abs. 1 S. 2 GKG schafft also keine gesonderte Beschwerdemöglichkeit, sondern verweist nur auf die ohnehin bestehende Möglichkeit der Erinnerung und Beschwerde gegen den Kostenansatz.

5003 Im Verfahren über die Erinnerung und die Beschwerde gegen den Kostenansatz wird dann inzidenter geprüft, ob die vorläufige Festsetzung zutreffend ist. Ist der Wert zu hoch festgesetzt, wird in diesem Verfahren herabgesetzt. Dazu ist das Gericht im Rahmen der Erinnerung und Beschwerde befugt.

II. Erinnerung

5004 Nach § 66 Abs. 1 S. 1 GKG ist gegen den Kostenansatz die Erinnerung möglich. Hier kann sich die Partei dagegen zur Wehr setzen, dass aus ihrer Sicht zu hohe Kosten angefordert worden sind, weil der Streitwert zu hoch festgesetzt ist.

Zuständig ist das Gericht des ersten Rechtszugs.

Der Kostenbeamte hat dann die Sache dem Gericht zur Überprüfung des Streit-   5005
wertes vorzulegen. Er selbst ist nicht befugt, den Streitwert eigenmächtig abzuändern. Nur wenn das Gericht den Streitwert herabsetzt, wozu es nach § 63
Abs. 3 S. 2 GKG jederzeit berechtigt ist, kann der Erinnerung stattgegeben werden.

Das Gericht entscheidet über die Erinnerung durch eines seiner Mitglieder als   5006
Einzelrichter (§ 66 Abs. 6 S. 1 GKG). Der Einzelrichter überträgt das Verfahren
der Kammer, wenn die Sache besondere Schwierigkeiten tatsächlicher oder
rechtlicher Art aufweist oder die Rechtssache grundsätzliche Bedeutung hat
(§ 66 Abs. 6 S. 2 GKG).

Auf eine erfolgte oder unterlassene Übertragung kann ein Rechtsmittel nicht   5007
gestützt werden (§ 66 Abs. 6 S. 4 GKG).

III. Beschwerde

Bleibt die Erinnerung erfolglos, kann dagegen Beschwerde eingelegt werden.   5008
Voraussetzung ist allerdings, dass der Wert des Beschwerdegegenstandes mehr
als 200 Euro beträgt oder die Beschwerde wegen der grundsätzlichen Bedeutung
der zur Entscheidung stehenden Frage im Beschluss zugelassen worden ist (§ 66
Abs. 2 S. 2 GKG). Eine nachträgliche Zulassung ist nicht möglich.

Das Beschwerdegericht ist an die Zulassung der Beschwerde gebunden; die   5009
Nichtzulassung ist unanfechtbar (§ 66 Abs. 3 S. 2 GKG).

Das Ausgangsgericht kann der Beschwerde abhelfen (§ 66 Abs. 3 S. 1 GKG).   5010
Geschieht dies nicht, ist die Beschwerde unverzüglich dem Beschwerdegericht
vorzulegen. Beschwerdegericht ist das nächsthöhere Gericht, in bürgerlichen
Rechtsstreitigkeiten der in § 119 Abs. 1 Nr. 1, Abs. 2 und 3 des GVG bezeichneten Art jedoch das Oberlandesgericht.

Eine Beschwerde an einen obersten Gerichtshof des Bundes ist nicht statthaft   5011
(§ 66 Abs. 3 S. 3 GKG).

Das Gericht entscheidet über die Beschwerde durch eines seiner Mitglieder als   5012
Einzelrichter, wenn die angefochtene Entscheidung von einem Einzelrichter er-
lassen wurde, anderenfalls entscheidet die Kammer oder der Senat (§ 66 Abs. 6
S. 1 GKG). Der Einzelrichter überträgt das Verfahren der Kammer oder dem
Senat, wenn die Sache besondere Schwierigkeiten tatsächlicher oder rechtlicher
Art aufweist oder die Rechtssache grundsätzliche Bedeutung hat (§ 66 Abs. 6
S. 2 GKG).

Auf eine erfolgte oder unterlassene Übertragung kann ein Rechtsmittel auch   5013
hier nicht gestützt werden (§ 66 Abs. 6 S. 4 GKG).

IV. Weitere Beschwerde

5014 Möglich ist auch hier die weitere Beschwerde, wenn das Landgericht als Beschwerdegericht entschieden und die Beschwerde wegen grundsätzlicher Bedeutung der zur Entscheidung stehenden Frage in dem Beschluss zugelassen hat (§ 66 Abs. 4 S. 1 GKG). Im Übrigen ist eine weitere Beschwerde nicht zulässig. Insbesondere ist eine weitere Beschwerde an einen obersten Gerichtshof des Bundes ausgeschlossen.

5015 Die weitere Beschwerde kann nur darauf gestützt werden, dass die Entscheidung auf einer Verletzung des Rechts beruht; die §§ 546 und 547 ZPO gelten entsprechend (§ 66 Abs. 4 S. 2 GKG).

5016 Soweit das Landgericht die Beschwerde für zulässig und begründet hält, hat es ihr abzuhelfen (§§ 66 Abs. 4 S. 4 GKG i.V.m. Abs. 3 S. 1 GKG); im Übrigen ist die Beschwerde unverzüglich dem OLG vorzulegen, das über die weitere Beschwerde entscheidet (§ 66 Abs. 4 S. 3 GKG).

V. Gehörsrüge

5017 Soweit Erinnerung, Beschwerde oder weitere Beschwerde nicht möglich sind, das Gericht aber den Grundsatz des rechtlichen Gehörs verletzt hat, kommt nach § 69a GKG auch hier die Gehörsrüge in Betracht.

VI. Gegenvorstellung

5018 Möglich ist auch eine Gegenvorstellung, der das Gericht nachkommen muss, da der Streitwert von Amts wegen richtig festzusetzen ist und das Gericht nach § 63 Abs. 3 S. 2 GKG den Streitwert jederzeit von Amts wegen abändern kann.

D. Beschwerde gegen die Festsetzung des Geschäftswerts in FGG-Verfahren

I. Beschwerde

5019 Handelt es sich um ein Verfahren nach dem FGG, richtet sich die „Streitwertbeschwerde" nach § 31 Abs. 3 KostO.

5020 Gegen die Festsetzung des Geschäftswerts nach § 31 Abs. 1 KostO ist die Beschwerde nach § 31 Abs. 3 KostO gegeben. Möglich ist nach der Neufassung des § 31 KostO auch die Beschwerde gegen eine Streitwertfestsetzung des Landgerichts als Beschwerdegericht.[1]

5021 Beschwerdeberechtigt sind die Parteien, ihre Anwälte und im Rahmen der Prozesskostenhilfe auch die Staatskasse.

---

1 OLG Hamm, Beschl. v. 30. 11. 2004 – 15 W 449/04, AGS 2005, 406.

Zulässig ist die Beschwerde nur, wenn der Wert des Beschwerdegegenstands 200 Euro übersteigt oder das Gericht sie wegen der grundsätzlichen Bedeutung der zur Entscheidung stehenden Frage in dem Beschluss zugelassen hat (§ 31 Abs. 3 S. 3 KostO). **5022**

Die Beschwerde muss auch hier innerhalb von 6 Monaten nach Rechtskraft der Hauptsache oder anderweitiger Erledigung eingelegt werden (§ 31 Abs. 3 S. 3 KostO). **5023**

Wird der Geschäftswert erst innerhalb eines Monats vor Ablauf der vorgenannten Frist festgesetzt, kann innerhalb eines Monats nach Zustellung oder Bekanntgabe die Beschwerde noch eingelegt werden (§ 31 Abs. 3 S. 4 KostO). **5024**

Im Falle der formlosen Mitteilung gilt der Beschluss als mit dem dritten Tage nach Aufgabe zur Post als bekannt gemacht (§ 31 Abs. 3 S. 4 KostO). **5025**

Das Beschwerdegericht ist befugt, der Beschwerde abzuhelfen. **5026**

Soweit es der Beschwerde teilweise abhilft, so dass der Wert des Beschwerdegegenstandes auf 200 Euro oder darunter absinkt, wird die Beschwerde unzulässig. Das Gericht hat abschließend zu entscheiden, es sei denn, die Beschwerde ist wegen grundsätzlicher Bedeutung zugelassen.

Das **Verbot der reformatio in peius** gilt im Streitwertverfahren nach der KostO nicht und steht deshalb auch einer Abänderung der eigenen oder vorinstanzlichen Wertfestsetzung nicht entgegen. **5027**

II. Weitere Beschwerde

Nach § 31 Abs. 3 S. 5 i.V.m. § 14 Abs. 5 KostO ist auch hier die weitere Beschwerde gegeben, wenn das Landgericht als Beschwerdegericht entschieden hat und die Beschwerde wegen grundsätzlicher Bedeutung der zur Entscheidung stehenden Fragen zugelassen hat. **5028**

Die Beschwerde kann nur darauf gestützt werden, dass die Entscheidung auf einer Verletzung des Rechts beruht. Die §§ 546 und 547 ZPO gelten entsprechend. **5029**

Das Gericht der weiteren Beschwerde ist das Oberlandesgericht. Eine Beschwerde an ein oberstes Gericht des Bundes findet nicht statt. **5030**

III. Untätigkeitsbeschwerde

Möglich ist auch hier eine Untätigkeitsbeschwerde, wenn das Gericht pflichtwidrig den Geschäftswert nicht festsetzt (s.o. Rn. 4988). **5031**

IV. Gehörsrüge

5032 Wird im Verfahren der Geschäftswertfestsetzung der Anspruch auf rechtliches Gehör verletzt, ist nach § 157a KostO die Gehörsrüge gegeben.

V. Gegenvorstellung

5033 Soweit weder ein Rechtsmittel noch eine Gehörsrüge in Betracht kommt, ist die Gegenvorstellung möglich.

5034 Da das Gericht einen unzutreffenden Streitwert von Amts wegen abändern kann (§ 31 Abs. 1 S. 3 KostO) muss auf eine Gegenvorstellung, sofern sie begründet ist, tätig werden.

VI. Wiedereinsetzung

5035 Eine Wiedereinsetzung ist in allen Fällen nach § 31 Abs. 4 KostO möglich, wenn der Beschwerdeführer ohne sein Verschulden verhindert war, die Frist einzuhalten. Die Beschwerde muss dann binnen zwei Wochen nach der Beseitigung des Hindernisses einlegt und die Tatsachen, welche die Wiedereinsetzung begründen, glaubhaft macht werden.

5036 Nach Ablauf eines Jahres, von dem Ende der versäumten Frist an gerechnet, kann die Wiedereinsetzung nicht mehr beantragt werden.

5037 Gegen die Entscheidung über den Antrag findet die Beschwerde statt. Sie ist nur zulässig, wenn sie innerhalb von zwei Wochen eingelegt wird. Die Frist beginnt mit der Zustellung der Entscheidung. § 14 Abs. 4 S. 1 bis 3, Abs. 6 S. 1 und 3 und Abs. 7 KostO ist entsprechend anzuwenden (§ 31 Abs. 4 S. 6 KostO).

E. Beschwerde nach § 33 RVG

I. Ausgangssituation

5038 Soweit sich die Gebühren in einem gerichtlichen Verfahren nicht nach dem für die Gerichtsgebühren maßgebenden Wert richten oder es an einem solchen Wert fehlt, kann nach § 33 Abs. 1 RVG die gerichtliche Wertfestsetzung beantragt werden.

5039 **Antragsberechtigt** sind nach § 33 Abs. 2 RVG
– der **verfahrensbevollmächtigte Anwalt**,
– **weitere Anwälte**, wie z.B. Terminsvertreter, Verkehrsanwalt,
– der **Auftraggeber**,
– ein **erstattungspflichtiger Dritter**, insbesondere der unterlegene Prozessgegner,
– die **Staatskasse** in den Fällen des § 45 RVG, also soweit einem der Beteiligten Prozesskostenhilfe bewilligt worden ist.

Zuständig für den Antrag auf Wertfestsetzung ist das **Gericht des ersten Rechts-** | 5040
zugs (§ 33 Abs. 1 RVG).

Die Wertfestsetzung nach § 33 RVG erfolgt **nur auf Antrag**, nicht von Amts | 5041
wegen (§ 33 Abs. 1 RVG).

Im Gegensatz zu der Wertfestsetzung nach dem GKG (§ 63 Abs. 1 GKG), sieht | 5042
§ 33 RVG keine vorläufige Wertfestsetzung vor. Eine Wertfestsetzung nach § 33
RVG kommt erst dann in Betracht, wenn die Vergütung des Anwalts **fällig** ist
(§ 33 Abs. 2 S. 1 RVG). Ein vorzeitig gestellter Antrag ist daher unzulässig.

Das Gericht der Hauptsache entscheidet durch Beschluss. | 5043

Vor der Entscheidung sind die Beteiligten anzuhören. Ihnen muss rechtliches | 5044
Gehör gewährt werden.[1]

Der Festsetzungsbeschluss muss begründet werden;[2] anderenfalls ist eine Über- | 5045
prüfung der Wertfestsetzung durch das übergeordnete Gericht nicht möglich.

Da gegen die Wertfestsetzung grundsätzlich die Beschwerde nach § 33 Abs. 3 | 5046
S. 1 RVG möglich ist, muss der Beschluss den Beteiligten förmlich zugestellt
werden (§§ 329 Abs. 2 S. 2, 569 Abs. 1 S. 2 ZPO), also auch den Parteien persönlich.[3] Eine formlose Mitteilung setzt die Einlegungsfrist nicht in Gang.

Die Bindung einer Entscheidung nach § 33 RVG tritt nur **zwischen den Parteien** | 5047
des Festsetzungsverfahrens ein. Die Entscheidung hat **keine Reflexwirkung** für
andere Beteiligte, wenn der Anwalt den Festsetzungsantrag stellt. Dann tritt
eine Bindungswirkung nur für und gegen ihn sowie den Auftraggeber ein.

Ein Verkehrsanwalt ist daher z.B. nicht an die Wertfestsetzung gebunden, die | 5048
auf Antrag des Hauptbevollmächtigten ergeht. Er kann einen eigenen Wertfestsetzungsantrag stellen, der gegebenenfalls zu einem anderen Ergebnis führen
kann, was insbesondere dann der Fall sein kann, wenn nur einer der beteiligten
Anwälte Beschwerde einlegen kann.

Wird die Wertfestsetzung vom Auftraggeber oder von der Staatskasse beantragt, | 5049
so sind auf Seiten der Antragsgegner sämtliche Anwälte zu beteiligen, deren
Vergütungsansprüche durch die Wertfestsetzung tangiert sein können. Insoweit
wirkt dann auch ein Beschluss gegenüber allen Beteiligten, vorausgesetzt
selbstverständlich, dass auch allen Beteiligten rechtliches Gehör gewährt worden ist und die Streitwertbeschlüsse auch allen Beteiligten zugestellt worden
sind.

---

1 AnwK-RVG/*E. Schneider*, § 33 RVG Rn. 39 ff.; Gerold/Schmidt/Müller/*Rabe*, § 33 RVG
   Rn. 29.
2 AnwK-RVG/*E. Schneider*, § 33 Rn. 49.
3 AnwK-RVG/*E. Schneider*, § 33 RVG Rn. 50; LAG Köln JurBüro 1991, 1678.

II. Beschwerde

1. Beschwerdeberechtigung

5050 Der Wertfestsetzungsbeschluss des Gerichts ist nach § 33 Abs. 3 RVG von allen Antragsberechtigten mit der Beschwerde angreifbar. Beschwerdeberechtigt sind daher

– der **verfahrensbevollmächtigte Anwalt**,

– **weitere Anwälte**, wie z.B. Terminsvertreter, Verkehrsanwalt,

– der **Auftraggeber**,

– ein **erstattungspflichtiger Dritter**,

– die **Staatskasse** in den Fällen des § 45 RVG, also soweit einem der Beteiligten Prozesskostenhilfe bewilligt worden ist.

2. Frist

5051 Die Beschwerde nach § 33 Abs. 3 RVG ist fristgebunden. Sie muss innerhalb von zwei Wochen nach Zustellung der Entscheidung eingelegt werden (§ 33 Abs. 3 S. 3 RVG).

5052 Fehlt es an einer ordnungsgemäßen Zustellung, wird die Frist des § 33 Abs. 2 S. 3 RVG nicht in Gang gesetzt, insbesondere nicht bei einer nur formlosen Mitteilung.[1]

3. Zulässigkeit

a) Überblick

5053 Die Beschwerde ist zulässig, wenn der Wert des Beschwerdegegenstands 200 Euro übersteigt oder wenn sie das Gericht, das die angefochtene Entscheidung erlassen hat, wegen der grundsätzlichen Bedeutung der zur Entscheidung stehenden Frage in dem Beschluss zugelassen hat.

5054 Eine Beschwerde an einen obersten Gerichtshof des Bundes ist nicht zulässig (§ 33 Abs. 4 S. 2 RVG). Ebenso wenig ist eine Rechtsbeschwerde gegen eine Wertfestsetzung möglich.[2]

b) Zulassung

5055 Die Beschwerde ist immer zulässig, wenn das Gericht, das die angefochtene Entscheidung erlassen hat, sie wegen grundsätzlicher Bedeutung der zur Entscheidung stehenden Frage in seinem Festsetzungsbeschluss **zugelassen** hat.

---

1 AnwK-RVG/*E. Schneider*, § 33 Rn. 50.
2 BGH, Beschl. v. 21. 10. 2003 – X ZB 10/03, AGS 2004, 202 = BGHR 2004, 268 – VergabeR 2004, 255 = MDR 2004, 355; Beschl. v. 18. 12. 2002 – IX ZB 553/02, BRAGO-report 2003, 56; Beschl. v. 18. 12. 2002 – VIII ZB 109/02, BRAGOreport 2003, 163; Beschl. v. 4. 11. 2003 – KZB 24/03, AGS 2004, 120.

Das Beschwerdegericht ist an die Zulassung der Beschwerde gebunden (§ 33 Abs. 4 S. 3 RVG). 5056

Die Nichtzulassung der Beschwerde ist unanfechtbar (§ 33 Abs. 4 S. 3 RVG). 5057

c) Wertabhängige Beschwerde

Darüber hinaus ist die Beschwerde nur dann zulässig, wenn der Wert des **Beschwerdegegenstands** 200 Euro übersteigt, es sei denn, die Beschwerde ist vom Erstgericht wegen grundsätzlicher Bedeutung zugelassen worden. 5058

Der Wert des Beschwerdegegenstands (nicht der der Beschwer) muss also den Wert von mindestens 200,01 Euro erreichen. 5059

Der Wert des Beschwerdegegenstandes ist für **jeden Beschwerdeberechtigten gesondert** zu prüfen. 5060

Für den Anwalt kommt es darauf an, welche Mehrvergütung sich ergibt, wenn das Gericht der Beschwerde abhilft und den höheren Wert festsetzt. Es sind dann die Gebühren nach dem bisher festgesetzten Gegenstandswert und die Gebühren nach dem begehrten Gegenstandswert gegenüber zu stellen. Beträgt die Gebührendifferenz mehr als 200,00 Euro, ist die Beschwerde zulässig; anderenfalls ist sie unzulässig. 5061

Für den **Auftraggeber und die Staatskasse** kommt es dagegen immer auf den Gesamtbetrag aller Vergütungen an. 5062

⮑ **Beispiel:**

Das Gericht hat den Gegenstandswert auf 7000 Euro festgesetzt. Der Auftraggeber ist der Auffassung, der Wert sei lediglich auf 5000 Euro festzusetzen. Dies ergäbe gegenüber dem Prozessbevollmächtigten ein geringeres Gebührenaufkommen in Höhe von 150 Euro und gegenüber dem Verkehrsanwalt ein geringeres Gebührenaufkommen in Höhe von 100 Euro.

Für den Auftraggeber beträgt der Wert des Beschwerdegegenstands 250 Euro.

Für einen **erstattungspflichtigen Dritten** wiederum ist eine weitergehende Betrachtung erforderlich. Er wird beschwert durch einen **höheren Kostenerstattungsanspruch.** Daher kommt es hier nicht darauf an, welche Mehr- oder Minderbeträge sich an Vergütungsansprüchen ergeben. Hier muss vielmehr geprüft werden, inwieweit sich die Wertfestsetzung auf die Kostenerstattung auswirkt, also in welcher Höhe der Auftraggeber letztlich eine höhere Kostenerstattung an den Gegner zu erbringen hat. Nur dann, wenn der Differenzwert den Betrag von 200 Euro übersteigt, ist für ihn die Beschwerde zulässig. Im Gegensatz zur Beschwerde nach § 68 GKG bleiben hier Gerichtsgebühren außer Ansatz, da diese von der Wertfestsetzung nach § 33 RVG unberührt bleiben. 5063

Wird einer Beschwerde teilweise abgeholfen, so ist zu prüfen, ob nach Abhilfe noch der erforderliche Beschwerdewert erreicht ist. Fehlt es daran, ist die Beschwerde unzulässig. Das Beschwerdegericht entscheidet dann endgültig, es sei denn, die Beschwerde ist wegen grundsätzlicher Bedeutung zugelassen. 5064

4. Verfahren

5065 Die Beschwerde ist bei dem Gericht einzulegen, dessen Entscheidung angefochten wird (§ 33 Abs. 7 S. 2 RVG), kann aber auch beim Beschwerdegericht eingelegt werden.

5066 Der Beschwerde nach § 33 RVG kann das Erstgericht abhelfen. Achtzugeben ist, ob nach Abhilfe noch der erforderliche Wert des Beschwerdegegenstands noch gegeben ist.

5067 Hilft das Erstgericht der Beschwerde nicht ab, legt es die Sache dem Beschwerdegericht vor (§ 33 Abs. 4 S. 1 RVG).

5068 Hilft das Erstgericht der Beschwerde ab, kann hiergegen wiederum bei Erreichen der erforderlichen Beschwer die Gegenseite Erstbeschwerde einlegen.

5069 Auch das Beschwerdegericht entscheidet grundsätzlich durch den Einzelrichter. Dieser hat das Verfahren allerdings der Kammer oder dem Senat vorzulegen, wenn die Sache **besondere Schwierigkeiten tatsächlicher oder rechtlicher Art** aufweist und die Sache grundsätzliche Bedeutung hat (§ 33 Abs. 8 S. 2 RVG).

5070 Im Gegensatz zu den Verfahren nach dem GKG oder der KostO gilt im Verfahren nach § 33 RGV das **Verbot der reformatio in peius**, da hier eine Abänderung von Amts wegen nicht möglich ist.[1] Eine vergleichbare Regelung wie in § 63 Abs. 3 GKG ist in § 33 Abs. 3 RVG nicht enthalten. Vielmehr findet hier wegen der Gerichtskostenfreiheit des Beschlussverfahrens eine Festsetzung des Gegenstandswertes nur auf Antrag der in § 33 Abs. 2 S. 2 RVG genannten Personen ausschließlich in deren Interesse statt. Es bleibt dann den Beteiligten, soweit sie beschwert sind, unbenommen, gegen die erstinstanzliche Entscheidung vorzugehen. Dabei kann zum Beispiel der Rechtsanwalt eine höhere Wertfestsetzung und die zur Kostentragung verpflichtete Partei eine niedrigere Festsetzung anstreben. Vor diesem Hintergrund besteht – anders als in § 63 Abs. 3 S. 2 GKG – kein Raum für eine amtswegig im öffentlichen Interesse zu erfolgende Wertbestimmung. Der Antrag nach § 33 Abs. 1, Abs. 2 RVG ist also nicht nur als Begehren zur Einleitung des Wertfestsetzungsverfahrens zu verstehen, sondern er enthält auf die maßgebliche Sachbitte, die – wie ansonsten auch – das Ziel der Höhe nach begrenzt. Entsprechendes gilt für die gem. § 33 Abs. 3 RVG eingelegte Beschwerde. Auf diese Art und Weise bleibt es dem jeweiligen Antragsteller – wie auch im Kostenfestsetzungsverfahren nach den §§ 103 ff. ZPO – überlassen, zu bestimmen, ob und inwieweit eine gerichtliche Entscheidung ergehen soll (vgl. § 308 Abs. 1 S. 1 ZPO).

III. Weitere Beschwerde

5071 Gegen die Entscheidung des Beschwerdegerichts ist die weitere Beschwerde nur dann zulässig, wenn das Landgericht als Beschwerdegericht entschieden und es

---

1 LAG Hamm, Beschl. v. 2. 8. 2005 – 13 TaBV 17/05, AGS 2006, 301.

die weitere Beschwerde wegen der grundsätzlichen Bedeutung der zur Entscheidung stehenden Rechtsfrage in seinem Beschluss zugelassen hat (§ 33 Abs. 6 S. 1 RVG).

Die Zulassung der weiteren Beschwerde kann nur darauf gestützt werden, dass die Entscheidung auf einer Verletzung des Rechts beruht. Die §§ 546 und 547 ZPO sind entsprechend anzuwenden. 5072

Über die weitere Beschwerde entscheidet das **Oberlandesgericht.** 5073

Auch die weitere Beschwerde ist **befristet** und muss innerhalb von **zwei Wochen** nach Zustellung der Entscheidung des Beschwerdegerichts eingelegt werden (§ 33 Abs. 6 S. 4 i.V.m. § 33 Abs. 3 S. 3 RVG). 5074

IV. Untätigkeitsbeschwerde

Kommt das Gericht dem Antrag auf Wertfestsetzung nicht nach, sollte daran erinnert und gegebenenfalls eine Frist gesetzt werden. 5075

Wird dann immer noch nicht über den Gegenstandswert entschieden, ist dies als eine konkludente Ablehnung der Wertfestsetzung anzusehen. Insoweit ist dann ebenfalls die Beschwerde gegeben. Eines Beschwerdewertes bedarf es hier nicht.[1] 5076

Weigert sich das Gericht dagegen, dem Wertfestsetzungsantrag nachzukommen, weil nach seiner Auffassung der für die Gerichtsgebühren festgesetzte Wert maßgebend ist, so liegt darin eine konkludente Festsetzung nach § 33 RVG auf den für die Gerichtsgebühren geltenden Wert. Insoweit ist die Beschwerde gegeben, wenn der Beschwerdewert erreicht ist oder wenn das Gericht die Beschwerde zugelassen hat. 5077

V. Gehörsrüge

Wird im Verfahren nach §§ der Anspruch der Beteiligten auf rechtliches Gehör verletzt, ist nach § 12a RVG die Gehörsrüge gegeben, wenn ein Rechtsmittel nicht möglich ist. 5078

VI. Gegenvorstellung

Auch wenn das Gericht im Verfahren nach § 33 RVG nicht befugt ist, jederzeit von Amts wegen die Entscheidung abzuändern, kann eine Gegenvorstellung dennoch erfolgreich sein, wenn der Wert des Beschwerdegegenstands nicht erreicht wird und die Beschwerde auch nicht zugelassen ist. Einzelheiten sind hier strittig.[2] 5079

---

1 AnwK-RVG/*E. Schneider*, § 33 Rn. 76.
2 AnwK-RVG/*E. Schneider*, § 33 Rn. 72.

5080 Da die Gegenvorstellung jedoch keine Kosten auslöst, kann sie jedenfalls nicht zu Nachteilen führen, so dass der Versuch durchaus unternommen werden sollte.

VII. Wiedereinsetzung

5081 Sofern der Beschwerdeführer ohne sein Verschulden gehindert war, die Zwei-Wochen-Frist des § 33 Abs. 3 RVG einzuhalten, ist ihm auf Antrag Wiedereinsetzung zu gewähren (§ 33 Abs. 5 RVG).

F. Kosten

I. Gerichtskosten

5082 Weder für die Streitwertbeschwerden nach dem GKG (einschließlich der Erinnerung nach § 66 Abs. 1 S. 1 GKG), noch nach § 33 RVG noch nach der KostO sind Gerichtsgebühren vorgesehen. Vielmehr gilt §§ 68 Abs. 7 GKG, 63 Abs. 8 S. 1, 66 Abs. 8 S. 1 GKG, § 33 Abs. 7 RVG, § 31 Abs. 5 KostO. Die Verfahren sind gebührenfrei. Aus der Pluralbezeichnung „die Verfahren" folgt, dass die Kostenfreiheit sich nicht nur auf das Beschwerdeverfahren, sondern auch auf das Verfahren der weiteren Beschwerde und der sonstigen Verfahren erstreckt.

II. Anwaltskosten

1. Anwalt in eigener Sache

5083 Wird der Anwalt in eigener Sache tätig, also mit einer Heraufsetzungsbeschwerde oder wehrt er sich gegen eine Herabsetzungsbeschwerde der Partei, wird er nicht für seinen Mandanten tätig, sondern für sich selbst. Es fehlt folglich an einem Auftraggeber und damit an einem Vergütungs-Schuldverhältnis. Gebühren entstehen daher nicht. Allenfalls können Parteiauslagen des Anwalts anfallen, die jedoch nicht zu erstatten sind. Insoweit gilt dasselbe wie für die Partei (s.u. Rn. 5084 ff.).

2. Anwalt als Vertreter der Partei

a) Beschwerde, Erinnerung

5084 Soweit der Anwalt für seine Partei eine Streitwertbeschwerde einlegt, erhält er dafür eine Vergütung nach Nr. 3500 VV RVG. Vertritt der Anwalt mehrere Auftraggeber, erhöht sich die Gebühr der Nr. 3500 VV RVG, soweit der Gegenstand derselbe ist.

5085 Zwar ist eine Kostenerstattung in den Verfahren nicht vorgesehen. Das führt jedoch nicht dazu, dass der Anwalt ohne Vergütung arbeiten muss.

Auch soweit in den jeweiligen Kostengesetzen angeordnet ist, dass die Verfahren gebührenfrei seien, bezieht sich dies nur auf die Gerichtsgebühren, nicht auf die Anwaltsgebühren.   5086

Jedes Beschwerdeverfahren ist eine eigene Angelegenheit (§ 18 Nr. 5 RVG). Auch das Erinnerungsverfahren nach § 66 Abs. 1 GKG ist eine eigene selbständige Angelegenheit.   5087

Der **Gegenstandswert** für die Gebühren des Anwalts bemisst sich nicht nach der Differenz zwischen festgesetztem und beantragtem Streitwert, sondern nach der möglichen Belastung der Partei.   5088

Im Falle der Herabsetzungsbeschwerde sind also gegenüberzustellen die Kostenschuld (an den eigenen Anwalt zu zahlende Kosten, Gerichtskosten und an die Gegenseite zu erstattende Kosten) nach dem festgesetzten Wert und die entsprechenden Positionen nach dem beabsichtigten Wert.   5089

Ist der Hauptsache eine Kostenquote ausgesprochen worden, so darf nicht ohne weiteres nur der entsprechende Betrag, der nach einer Kostenausgleichung verbleiben wird, angenommen werden. Vielmehr muss auch berücksichtigt werden, dass die Partei gegenüber ihrem Anwalt und gegebenenfalls gegenüber dem Gericht in der vollen Haftung steht und daher auch insoweit das Insolvenzrisiko der Gegenpartei trägt.   5090

Zu den Gebühren nach Nr. 3500 VV RVG kommen jeweils auch Auslagen und Umsatzsteuer hinzu.   5091

b) Gehörsrüge

Soweit der Anwalt im Verfahren der Streitwertfestsetzung beauftragt ist, zählt die Gehörsrüge mit zur Instanz und löst keine gesonderten Gebühren aus.   5092

Ist der Anwalt nur mit einer Gehörsrüge beauftragt, erhält er hierfür eine gesonderte 0,5 Gebühr nach Nr. 3330 VV RVG nebst Auslagen und Umsatzsteuer. 5093

G. Kostenerstattung

Eine Kostenerstattung ist im Verfahren der Wertfestsetzung einschließlich der Beschwerde und der weiteren Beschwerde (einschließlich der Erinnerung nach § 66 Abs. 1 S. 1 GKG), grundsätzlich ausgeschlossen (§§ 68 Abs. 7 S. 2, 66 Abs. 8 S. 2; 63 Abs. 8 S. 2 GKG, § 33 Abs. 9 S. 2 RVG, § 31 Abs. 5 S. 2 KostO).   5094

H. Rechtsschutz

Im Rahmen der Rechtsschutzversicherung besteht u.U. die Obliegenheit zur Streitwertbeschwerde. Verstößt die rechtsschutzversicherte Partei hiergegen, so besteht Versicherungsschutz nur in dem Umfang, in dem der Versicherer bei erfolgreicher Streitwertbeschwerde zur Kostenübernahme verpflichtet gewesen wäre.   5095

5096 Allerdings – und dies wird häufig übersehen – müssen dann die Kosten, die für eine Streitwertbeschwerde angefallen wären hinzugerechnet werden.

5097 Die Partei muss sich ein eventuelles dahingehendes Fehlverhalten ihres Anwalts als Repräsentant zurechnen lassen.[1]

5098 Soweit in Erfüllung der Obliegenheitsverpflichtung oder auf Hinweis des Rechtsschutzversicherers Streitwertbeschwerde eingelegt wird, muss der Rechtsschutzversicherer die Kosten der Streitwertbeschwerde übernehmen. Auch insoweit besteht Versicherungsschutz.

Stufenklage

Literatur: *Tschischgale* JurBüro 1966, 273; *Schneider* JurBüro 1968, 497; MDR 1969, 624; Rpfleger 1977, 92; *Lappe* NJW 1988, 3130; *Assmann*, Das Verfahren der Stufenklage, 1990; *Schulte* MDR 2000, 805 (Verurteilung zur Auskunftserteilung).

Gliederungsübersicht

A. Einleitung 5099

B. Zuständigkeitsstreitwert

I. Allgemeines 5105
II. Leistung
  1. Einfache Stufenklage 5111
  2. Teilbezifferung 5114
  3. Rückstände 5116
III. Auskunft und Versicherung an Eides statt 5118

C. Gebührenstreitwert

I. Allgemeines
  1. Anwendbare Vorschriften . . . 5119
  2. Sonderfälle
    a) „Nachträgliche Stufenklage" 5123
    b) „Steckengebliebene Stufenklage" 5125
    c) Zusammentreffen von Leistungs- und Stufenklage . . . 5131
    d) Rückstände 5133
  3. Notwendigkeit von Stufenstreitwerten 5134
    a) Gerichts- und Verfahrensgebühr 5135
    b) Terminsgebühr 5136
II. Auskunft 5141

III. Abgabe der eidesstattlichen Versicherung 5146
IV. Leistung 5149
V. Fehlerhafte Prozessführung . . 5157
VI. Wertänderungen 5160
VII. Einzelfälle in der Rechtsprechung 5163

D. Rechtsmittel und Beschwer . . 5169
I. Bescheidung des Auskunftsanspruchs 5170
  1. Als Teilurteil 5171
  2. Als (abweisendes) Gesamturteil 5178
II. Bescheidung des Versicherungsanspruchs
  1. Als Teilurteil 5179
  2. Als (abweisendes) Gesamturteil 5182
III. Bescheidung des Leistungsanspruchs
  1. Als Schlussurteil 5183
  2. Als (abweisendes) Gesamturteil 5184
IV. Instanzielle Unterschiede . . . 5185

E. Vergleich 5189

---

1 AG Hamburg, Urteil v. 6. 10. 1999 – 21 AC 288/99, BRAGOreport 2001, 144 = zfs 2000, 361.

Stichwortübersicht

Anwaltsgebühren 5135, 5136, 5162
Aufwand
– für die Auskunftserteilung 5173
– für die Abgabe der eidesstattlichen
Versicherung 5181
Ausgleich nach § 89b HGB 5165
Auskunftsanspruch 5141, 5170
Bucheinsicht und Rechnungs-
legung 5104
Fehlerhafte Prozessführung 5157
Geheimhaltungsinteresse des
Beklagten 5175
Gerichtsgebühren 5135, 5162
Güteverhandlung 5139
Instanzielle Unterschiede 5185
Klagenhäufung, objektive 5102
Kostenrisiko 5129, 5152
Landwirtschaftsverfahren 5122
Leistungsanspruch 5111, 5149
– Wertschätzung 5111
Leistungsklage, Zusammentreffen
mit – 5131
Mindestbetrag, Bezifferung der Leis-
tungsklage mit 5115
Nachträgliche Stufenklage 5123
Pflichtteilsanspruch 5163
Rechtshängigkeit 5103
Rechnungslegung und Buch-
einsicht 5104, 5135

Rückstände, bei Klageeinrei-
chung aufgelaufene 5116, 5133
Schadensfeststellungsklage 5164
Steckengebliebene Stufenklage . . . 5125
Steuerstrafrechtliche Folgen der
Auskunft 5176
Streitwertangabe des Klägers 5154
Stufenstreitwerte 5134
Stufenwiderklage 5167
Teilklage, bezifferte 5114
Teilurteil
– über den Auskunftsanspruch . . . 5171
– über Versicherungsanspruch . . . 5179
Unterhaltsstufenklage 5133
Vergleich
– über den erhobenen Leistungs-
anspruch 5190
– allein über Auskunft bzw. Rech-
nungslegung 5191
Versicherungsanspruch 5118, 5146
Wertaddition 5106
Wertänderungen 5160
Wertvorstellungen der Parteien
– des Klägers zu Beginn der
Instanz 5111, 5150
– übersetzte 5112, 5154
Widerklage 5166, 5167
Zeitpunkt der Wertberech-
nung 5111, 5142

A. Einleitung

5099 Die Stufenklage ist eine aus prozessökonomischen Gründen geschaffene Verbindung mehrerer Klageansprüche in einem Rechtsstreit. Ihr Zweck ist es, demjenigen, der eine Leistung begehrt, die er noch nicht genügend konkretisieren kann, das dazu erforderliche Wissen zu verschaffen, indem durch entsprechende vorbereitende Anträge ein Auskunfts- und Offenbarungszwang auf den Beklagten ausgeübt wird.

5100 Die Zulässigkeit dieser Verbindung folgt aus § 254 ZPO, wonach mit der Klage auf Rechnungslegung oder auf Vorlegung eines Vermögensverzeichnisses oder auf Abgabe einer eidesstattlichen Versicherung die Klage auf Herausgabe desjenigen verbunden werden kann, was der Beklagte aus dem zugrunde liegenden Rechtsverhältnis schuldet, dessen bestimmte Angabe vorbehalten werden darf, bis die Rechnung mitgeteilt, das Vermögensverzeichnis vorgelegt oder die eidesstattliche Versicherung abgegeben ist.

5101 Hierbei ist trotz der tatbestandlichen Bezugnahme auf Leistungsanträge eine Verbindung von Auskunfts- und Offenbarungsanträge mit einem **Feststellungs-oder Gestaltungsantrag als Hauptantrag** nicht ausgeschlossen.[1] Die Stufenklage ist jedoch nur zulässig, wenn die begehrte Auskunft der Bestimmung des (zugleich) erhobenen Leistungsanspruchs dient, anderenfalls ist von einer Auskunftsklage in Verbindung mit einer mangels Bestimmtheit des Klageantrages unzulässigen Leistungsklage auszugehen.[2]

5102 Da es sich bei den stufenweise erhobenen Ansprüchen um **prozessual selbständige Streitgegenstände** eines einheitlichen Verfahrens handelt,[3] stellt die Stufenklage einen Fall der objektiven Klagenhäufung (§ 260 ZPO) dar. Die Besonderheit liegt darin, dass die Klagebegehren stufenweise entschieden werden. So wird zunächst über den Antrag des Klägers auf Auskunft bzw. Rechnungslegung und sodann über den Antrag auf eidesstattliche Versicherung verhandelt und jeweils durch Teilurteil entschieden. Im Anschluss konkretisiert der Kläger sein Leistungsbegehren, über das verhandelt und durch Schlussurteil befunden wird.

5103 Dabei bleibt – auch für die Streitwertbemessung – zu beachten, dass bereits mit der Erhebung der Stufenklage neben dem Auskunftsanspruch auch die Klageansprüche auf Abgabe der eidesstattlichen Versicherung und Leistung **rechtshängig** werden.[4]

---

1 BGH, Urteil v. 26. 9. 1984 – IVb ZR 30/83, MDR 1985, 304 = NJW 1985, 195 = FamRZ 1984, 1211 – Abänderungsstufenklage; OLG Frankfurt, Urteil v. 3. 11. 1986 – 3 UF 104/86, FamRZ 1987, 175 – negative Feststellungsklage; MünchKomm.ZPO/*Lüke*, § 254 Rn. 9 m.w.N.

2 Zöller/*Greger*, § 254 Rn. 2 m.w.N.

3 BGH, Urteil v. 5. 5. 1994 – III ZR 98/93, MDR 1994, 717 = NJW 1994, 2895 = FamRZ 1985, 340 = VersR 1994, 1205 = GRUR 1994, 666 = JZ 1994, 1009.

4 BGH, Beschl. v. 18. 1. 1995 – XII ARZ 36/94, NJW-RR 1995, 513 = FamRZ 1995, 729; Zöller/*Greger*, § 254 Rn. 1.

Die Vorschrift des § 254 ZPO ist weder unmittelbar noch entsprechend anzuwenden, wenn nur auf **Rechnungslegung** und **Bucheinsicht** geklagt, nicht aber ein unbezifferter Leistungsanspruch erhoben worden ist.[1] Anders liegt es demgegenüber, wenn der Kläger zunächst nur Auskunft verlangt und nach deren Erteilung zum Leistungsanspruch übergeht.[2]   **5104**

B. Zuständigkeitsstreitwert

I. Allgemeines

Als Sonderfall der objektiven Klagehäufung (§ 260 ZPO) bestimmt sich der Zuständigkeitsstreitwert nach § 5 Hs. 1 ZPO. Danach sind die Werte prozessualer Einzelansprüche zusammenzurechnen, wenn kein Fall der wirtschaftlichen Identität gegeben ist.[3]   **5105**

Nach überwiegender Ansicht in Rechtsprechung und Lehre ist auch bei der Stufenklage eine **Addition der einzelnen Stufenwerte** geboten.[4]   **5106**

Dieser Auffassung ist nicht zuzustimmen, vielmehr scheidet bei der Stufenklage eine Zusammenrechnung der Einzelwerte nach § 5 Hs. 1 ZPO aus. Wertbestimmend ist allein der höchste Einzelwert,[5] mithin grundsätzlich der (unbezifferte) **Leistungsanspruch.**   **5107**

Wie in § 45 Abs. 1 S. 3 GKG (§ 19 Abs. 1 S. 3 GKG a.F.) ist für die Frage der Wertaddition nach § 5 ZPO maßgeblich darauf abzustellen, ob das den verschiedenen prozessualen Ansprüchen zugrunde liegende **klägerische Interesse** sich – wirtschaftlich betrachtet – auf denselben Gegenstand richtet und damit als wirtschaftliche Einheit darstellt.[6]   **5108**

Mit der Aufnahme von § 39 GKG (entspricht § 12 GKG a.F. i.V.m. § 5 ZPO) ist die Mehrheit von Ansprüchen nunmehr im Gebührenrecht eigenständig geregelt. Damit begründet auch das Fehlen einer eigenständigen Regelung der Stufenklage in den §§ 3 ff. ZPO keine Abstandnahme (mehr) von der – zumindest ansonsten unstreitig gebotenen – teleologischen Reduktion von § 5 Hs. 1 ZPO.   **5109**

---

1 OLG Frankfurt, KostRsp. GKG a.F. § 15 Nr. 4.
2 OLG Frankfurt EzFamR aktuell 2003, 91 – Ls.
3 Vgl. nur Zöller/*Herget*, § 5 Rn. 8 m.w.N.
4 OLG Brandenburg, Beschl. v. 15. 11. 2001 – 1 AR 44/01, OLGR 2002, 52 = MDR 2002, 536 = FamRZ 2002, 1642 = OLG/NL 2002, 167; OLG Düsseldorf, Beschl. v. 1. 7. 1992 – 7 W 49/92, OLGR 1992, 294; KG JW 1934, 2633; *Anders/Gehle/Kunze*, Stichwort „Stufenklage" Rn. 2; Thomas/Putzo/*Hüßtege*, § 5 Rn. 4; Zöller/*Herget*, § 5 Rn. 7; Baumbach/Lauterbach/*Hartmann*, § 5 Rn. 8.
5 Stein/Jonas/*Roth*, § 5 Rn. 20; MünchKomm.ZPO/*Schwerdtfeger*, § 5 Rn. 22; *Lappe*, NJW 1988, 3130 (3131); Musielak/*Heinrich*, § 3 Rn. 32 Stichwort „Stufenklage" sowie Musielak/*Smid*, a.a.O., § 5 Rn. 9; a.A. Vorauflage.
6 So zu § 45 GKG: OLG Hamburg MDR 1965, 394; OLG Oldenburg, Beschl. v. 8. 12. 1996 – 3 W 139-140/86, JurBüro 1987, 596; OLG Zweibrücken NJW 1982, 2800; *Frank*, Anspruchsmehrheiten im Streitwertrecht, 1986, § 12; Zöller/*Herget*, § 5 Rn. 8.

Auch das „gesteigerte Prozessvolumen" rechtfertigt keine Wertaddition,[1] da Überlegungen zum Arbeitsaufwand den §§ 3 ff. ZPO nicht zugrunde liegen,[2] was bei § 5 ZPO schon der Umstand erhellt, dass die Werte von Klage und Widerlage nicht zusammengerechnet werden.

5110   Werden daher neben dem Leistungsanspruch **vorbereitende, sichernde oder nachbereitende Zusatzanträge** gestellt, ist zu prüfen, ob diesen ein vom Leistungsanspruch abweichenden wirtschaftliches Interesse zugrunde liegt. Das ist bei der Stufenklage zu verneinen, da Auskunft und Offenbarung allein der Durchsetzung des Leistungsbegehrens dienen (siehe auch unter dem Stichwort „Mehrere Ansprüche"). Damit kann ihr Einzelwert bei Einleitung des Verfahrens auch niemals den Wert des Hauptanspruchs überschreiten, sodass der Zuständigkeitswert immer dem Wert des Leistungsanspruchs entspricht. Folgerichtig bemisst der BGH auch die Beschwer des Klägers im Falle einer Abweisung der Stufenklage bereits auf den Auskunftsantrag nur nach dem vollen Wert des Leistungsanspruchs und erhöht diese nicht etwa um den Wert des Auskunftsverlangen.[3]

II. Leistungsanspruch

1. Einfache Stufenklage

5111   Für die Wertbestimmung des Leistungsbegehrens ist gemäß § 3 ZPO das klägerische Interesse entscheidend, soweit nicht besondere Wertvorschriften (z.B. § 9 ZPO) Anwendung finden. Die Bewertung folgt daher nach den allgemeinen Regeln unter Berücksichtigung des Umstandes, dass zu dem **für die Wertbestimmung maßgebenden Zeitpunkt** der Einreichung der Klage (§ 4 Abs. 1 ZPO), Unklarheit über den Umfang des Leistungsbegehrens besteht. Erforderlich ist daher in jedem Fall eine **Schätzung** des Leistungsanspruchs. Grundlage für die Schätzung sind die **Erwartungen des Klägers** bei Einleitung des Verfahrens. Hierüber besteht für den Zuständigkeitsstreitwert kein Streit.[4]

5112   Hingegen bleiben **übersetzte, nicht nachvollziehbare Vorstellungen** des Klägers bei der Wertbestimmung außer Ansatz.[5] Unberücksichtigt bleibt auch eine

---

1   So aber OLG Brandenburg, Beschl. v. 15. 11. 2001 – 1 AR 44/01, OLGR 2002, 52 = MDR 2002, 536 = FamRZ 2002, 1642 = OLG/NL 2002, 167.

2   Vgl. auch OLG Köln, Beschl. v. 11. 10. 2004 – 8 W 24/04, OLGR 2005, 79 = JMBl NW 2005, 19.

3   BGH, Beschl. v. 1. 10. 2001 – II ZR 217/01, BGHReport 2002, 38 = MDR 2002, 107 = AGS 2002, 112 = LM ZPO § 3 Nr. 111 (3/2002) = NJW 2002, 71; Beschl. v. 12. 3. 1992 – I ZR 296/91, JurBüro 1993, 164 = MDR1992, 1091 = NJW-RR 1992, 549 = AnwBl. 1992, 498 = WRP 1992, 540 = GRUR 1992, 562.

4   OLG Brandenburg, Beschl. v. 15. 11. 2001 – 1 AR 44/01, OLGR 2002, 52 = MDR 2002, 536 = FamRZ 2002, 1642 = OLG/NL 2002, 167; OLG Düsseldorf, Beschl. v. 1. 7. 1992 – 7 W 49/92, OLGR 1992, 294; Musielak/*Heinrich*, § 3 Rn. 32 unter „Stufenklage"; *Anders/Gehle/Kunze*, Stichwort „Stufenklage" Rn. 3; Zöller/*Herget*, § 3 Rn. 16 unter „Stufenklage".

5   OLG Düsseldorf, Beschl. v. 21. 7. 1986 – 4 WF 105/86, KostRsp. ZPO § 3 Nr. 845 mit Anm. *E. Schneider* = JurBüro 1986, 1685; Musielak/*Heinrich*, § 3 Rn. 32 unter „Stufenklage".

übersetzte Berechnung des auskunftspflichtigen Beklagten mit dem mittelbaren Ziel, den Zuständigkeitswert über den Gebührenwertansatz zu präjudizieren.[1]

Maßgeblich ist vielmehr, welche Leistungen der Kläger aufgrund der Sach- und Rechtslage objektiv zu erwarten hatte.[2] Dies ist auf Grundlage seines **Tatsachenvortrages** zu ermitteln.[3] Fehlt es an einem solchen, kann hilfsweise auf die vom Kläger gemäß § 61 GKG (§ 23 GKG a.F.) geschuldeten Angaben des Klägers zum Streitwert abgestellt werden.[4]

5113

2. Teilbezifferung

Hat der Kläger mit dem verfolgten Leistungsanspruch einen **Teilbetrag** sogleich geltend gemacht und Auskunftserteilung nur wegen weitergehender Beträge verlangt, dann liegt nur hinsichtlich des unbezifferten Restanspruches eine Stufenklage vor; die Werte der **bezifferten Teilklage** und der Stufenklage sind gemäß § 5 ZPO zu addieren.[5]

5114

Anders liegt es, wenn der Kläger seinen Leistungsantrag nur vorläufig oder im Sinne eines **Mindestbetrages** beziffert, aber von vornherein nur eine stufenweise Erledigung seines Klagebegehrens anstrebt.[6] Hier wird der Streitwert allein durch den Leistungsantrag der Stufenklage bestimmt.

5115

3. Rückstände

Hat der Leistungsanspruch der Stufenklage eine **wiederkehrende Leistung** zum Gegenstand, bemisst sich der Streitwert gemäß § 9 ZPO nach dem Wert des dreieinhalbfachen Wertes des einjährigen Bezugs. Bis zur Klageeinreichung **aufgelaufene Rückstände** sind – wie bei der Bestimmung des Gebührenstreitwerts (§ 42 Abs. 5 GKG entspricht weitgehend § 17 Abs. 4 GKG a.F.) – hinzuzurechnen.[7]

5116

Ebenso ist zu entscheiden, wenn die Rückstände zwar gesondert eingeklagt, aber das Leistungsbegehren erst später beziffert wird, weil die Rechtshängigkeit des unbezifferten Leistungsantrages bereits mit Klageerhebung eintritt.[8]

5117

---

1 OLG Köln JurBüro 72, 244.
2 OLG Köln, Beschl. v. 3. 11. 2004 – 19 W 54/04, OLGR 2005, 69 = AGS 2005, 451.
3 BGH, Urteil v. 8. 1. 1997 – XII ZR 307/95, MDR 1997, 504 = NJW 1997, 1016 = FamRZ 1997, 546; OLG Celle, Beschl. v. 13. 5. 2003 – 12 WF 141/03, OLGR 2005, 9; Musielak/ *Heinrich*, § 3 Rn. 32 unter „Stufenklage".
4 OLG Bremen, Beschl. v. 13. 3. 1998 – 2 W 13/98, OLGR 1998, 192.
5 KG JurBüro 1973, 754; Rpfleger 1962, 120.
6 BGH WM 1972, 1121; Zöller/*Greger*, § 254 Rn. 3, 7 m.w.N.
7 KG AnwBl. 1984, 612; OLG Düsseldorf, Beschl. v. 27. 1. 1984 – 5 WF 299/83, KostRsp. GKG § 17 Nr. 59 = JurBüro 1984, 1864; Zöller/*Herget*, § 9 Rn. 5.
8 OLG Bamberg, Beschl. v. 10. 10. 1990 – 2 WF 138/90, KostRsp. GKG § 17 Nr. 128 = JurBüro 1991, 108; OLG Düsseldorf, Beschl. v. 27. 1. 1984 – 5 WF 299/83, KostRsp. GKG § 17 Nr. 59 = JurBüro 1984, 1864; Beschl. v. 14. 12. 1982 – 6 WF 121/82, KostRsp. GKG § 17 Nr. 45 = JurBüro 1983, 408; OLG Hamburg, Beschl. v. 9. 7. 1990 – 2 WF 46/ 90, KostRsp. GKG § 17 Nr. 126 = JurBüro 1990, 1336; Beschl. v. 23. 6. 1983 – 15 WF 70/ 83, JurBüro 1984, 255 = MDR 1983, 1032.

III. Auskunft und Versicherung an Eides statt

5118 Soweit mit der Gegenansicht der Zuständigkeitsstreitwert unter Addition der Einzelwerte ermittelt wird, entspricht die Bewertung der Einzelansprüche derjenigen bei der Ermittlung des Gebührenstreitwertes. Insoweit kann auf die nachfolgenden Ausführungen verwiesen werden.

C. Gebührenstreitwert

I. Allgemeines

1. Anwendbare Vorschriften

5119 Für die Gebührenberechnung bei der Stufenklage enthält § 44 GKG (§ 18 GKG a.F.) eine Sondervorschrift, die den §§ 3 ff. ZPO vorgeht und nach § 23 Abs. 1 RVG (§ 8 Abs. 1 BRAGO) auch für einen Teil der anwaltlichen Gebühren gilt (siehe hierzu nachfolgend unter „Stufenstreitwerte"). Danach ist für die Wertberechnung der Stufenklage nur einer der verbundenen Ansprüche maßgebend, und zwar der höhere.

5120 Da die Ansprüche auf Auskunftserteilung und Leistung der Offenbarungsversicherung nur der **Vorbereitung des Zahlungsanspruches** dienen, ist ihr **Wert niedriger** als der des Zahlungsanspruchs, sodass für den Streitwert der Stufenklage der Zahlungsanspruch als der höhere maßgebend ist,[1] und zwar ist der Leistungsanspruch ausnahmslos der höherwertige Anspruch. Er kann nie hinter dem Wert des Anspruchs auf Auskunftserteilung zurückbleiben, da der Auskunftsanspruch den Leistungsanspruch immer nur vorbereitet.[2]

5121 Der erwartete Leistungsanspruch bildet also stets die obere Grenze für die Bewertung der anderen Ansprüche. Dies unabhängig davon, ob über den Leistungsanspruch verhandelt worden ist.[3]

5122 Die für die Wertbestimmung der Stufenklage entwickelten Grundsätze gelten sinngemäß für **Stufenanträge auf der Grundlage des Landwirtschaftsverfahrengesetzes.**[4]

---

1 OLG Düsseldorf NJW 1961, 2021.
2 Vgl. OLG Bamberg, KostRsp. GKG § 18 Nr. 25 = JurBüro 1986, 1062; KostRsp. GKG § 18 Nr. 20 = JurBüro 1985, 576; KostRsp. GKG § 18 Nr. 15 = JurBüro 1984, 1375; OLG Celle KostRsp. GKG § 18 Nr. 27 = AnwBl. 1987, 286; OLG Düsseldorf KostRsp. GKG § 18 Nr. 11 = JurBüro 1983, 1876; KostRsp. GKG § 18 Nr. 12 = JurBüro 1984, 87 mit zust. Anm. *Mümmler*; OLG Zweibrücken KostRsp. GKG § 18 Nr. 26 = JurBüro 1987, 563; KostRsp. GKG § 18 Nr. 27 = JurBüro 1987, 255; LAG Düsseldorf, KostRsp. GKG § 18 Nr. 35 = JurBüro 1990, 41; *Meyer*, § 44 Rn. 7.
3 OLG Celle, Beschl. v. 9. 2. 1987– 21 WF 31/87, KostRsp. GKG § 18 Nr. 27 = AnwBl. 1987, 286; OLG Zweibrücken, Beschl. v. 25. 9. 1986 – 2 WF 182/86, KostRsp. GKG § 18 Nr. 27 – JurBüro 1987, 255; LAG Düsseldorf, Beschl. v. 23. 3. 1989 – 7 Ta 101/89, KostRsp. GKG § 18 Nr. 35 = JurBüro 1990, 41; *Anders/Gehle/Kunze*, Stichwort „Stufenklage" Rn. 4.
4 OLG Brandenburg, Beschl. v. 10. 4. 1997 – 5 W 90/96, OLGR 1997, 184 = OLG-NL 1997, 279 = AgrarR 1998, 28; OLG Jena, Beschl. v. 17. 4. 2003 – 2 Ww 39/01, AUR 2004, 99 = VIZ 2004, 47).

2. Sonderfälle

a) „Nachträgliche Stufenklage"

Diese Bewertung gilt auch für sog. nachträgliche Stufenklagen, d.h., in Fällen, **5123** in denen die Verbindung zwischen Auskunft, Versicherung und Leistung nicht von Verfahrensbeginn an besteht. Daher ist nach § 44 GKG (§ 18 GKG a.F.) auch dann zu bewerten, wenn der Kläger zunächst nur Auskunft verlangt hat und nach deren (außergerichtlichen) Erteilung im Wege der Klageänderung zum Leistungsanspruch übergeht.[1]

Beschränkt der Kläger seine Rechtsverfolgung hingegen auf die Erhebung einer **5124** **Auskunftsklage nebst Antrag auf eidesstattliche Versicherung** gelangt § 44 GKG (§ 18 GKG a.F.) nicht zur Anwendung. Mangels Verbindung mit dem Hauptanspruch bleibt es hier bei der nach § 39 GKG (ohne Entsprechung in GKG a.F.) gebotenen Zusammenrechnung der Einzelwerte.[2]

b) „Steckengebliebene Stufenklage"

Der höhere Wert des Leistungsanspruchs ist für die Gerichtsgebühren (und die **5125** anwaltliche Verfahrensgebühr) auch dann maßgebend, wenn der Kläger die Stufenklage nach Erledigung des Auskunftsanspruchs zurücknimmt oder die Leistungsklage nach Auskunftserteilung nicht weiter betrieben wird, der Rechtsstreit also zum Ruhen kommt[3] oder die Parteien sich daraufhin vergleichen.[4]

Insbesondere ist es nicht gerechtfertigt, bei diesen sog. steckengebliebenen Stu- **5126** fenklagen in Abweichung von § 44 GKG (§ 18 GKG a.F.) mangels Bezifferung des Leistungsantrages auf den Wert des Auskunftsverlangen abzustellen. Wertbestimmend bleibt auch hier der Leistungsanspruch als der höchste Einzelanspruch.[5] Soweit diese Problematik in unzutreffender Weise mit der Fragestel-

---

1 OLG Hamm, KostRsp. GKG § 18 Nr. 24 mit zust. Anm. *E. Schneider;* OLG Frankfurt, Beschl. v. 15. 11. 2002 – 2 WF 315/01, EzFamR Aktuell 2003, 91 (Ls); OLG München, Urteil v. 20. 10. 1994 – 16 UF 797/94, FamRZ 1995, 678: Rückkehr zur Stufenklage; OLG Stuttgart, Urteil v. 1. 6. 1999 – 12 U 239/98, OLGR 1999, 293; Zöller/*Herget,* § 3 Rn. 16 unter „Stufenklage".
2 OLG Bamberg, Beschl. v. 11. 5. 1995 – 7 WF 47/95, FamRZ 1997, 40.
3 OLG Düsseldorf, Beschl. v. 27. 6. 1983 – 6 WF 100/83, KostRsp. GKG § 18 Nr. 11 = JurBüro 1983, 1876; OLG Zweibrücken, Beschl. v. 9. 3. 1989 – 2 WF 24/89, KostRsp. GKG § 18 Nr. 34 = JurBüro 1989, 1455.
4 OLG Düsseldorf, Beschl. v. 24. 4. 1995 – 3 WF 46/95, JurBüro 1995, 484; Beschl. v. 5. 9. 1983 – 5 WF 185/83, KostRsp. GKG § 18 Nr. 12 = JurBüro 1984, 87; OLG Zweibrücken, Beschl. v. 20. 1. 1984 – 6 WF 12/84, KostRsp. GKG § 18 Nr. 13 = JurBüro 1984, 736.
5 KG, Beschl. v. 27. 6. 2006 – 1 W 89/06, juris-Nr. KORE203062006; Beschl. v. 28. 2. 2000 – 16 WF 1335/00, KGR 2000, 252: nach Klagerücknahme; OLG Bamberg, Beschl. v. 12. 12. 1996 – 7 WF 173/96, FamRZ 1998, 312; OLG Bremen, Beschl. v. 13. 3. 1998 – 2 W 13/98, OLGR 1998, 192; OLG Dresden, Beschl. v. 15. 7. 1997 – 10 WF 198/97, OLGR 1997, 364 = MDR 1998, 64; OLG Schleswig, Beschl. v. 6. 1. 2000 – 13 WF 142/ 99, AGS 2000, 93 = FF 2001, 33 = FamRZ 2001, 240: Aufgabe der bisherigen Rechtsprechung.

lung vermischt wird, ob sich der Wert des Leistungsanspruch nach dem Erwartungen des Klägers bei Verfahrenseinleitung oder nach den Erkenntnisses zum Ende der Instanz bestimmt, wird diesbezüglich auf die Ausführungen unten Rn. 5150 verwiesen.

5127 Die demgegenüber auf den Wert des Auskunftsbegehrens abstellende Auffassung[1] übersieht, dass der Leistungsantrag mit der Klageerhebung bereits rechtshängig geworden ist und damit – unabhängig von seiner Bezifferung – wegen des nur vorbereitenden Charakters des Auskunfts- und Versicherungsverlangens immer den höchsten Einzelwert darstellt.

5128 Prozessual gleicht die Situation derjenigen, in der auf **Feststellung einer ziffernmäßig noch unbestimmten Leistungsverpflichtung**, beispielsweise auf im Umfang noch unbekannten Schadensersatzes geklagt wird. Denn, dass der Kläger von einer Leistungsverpflichtung ausgeht, folgt aus der Erhebung der Stufenklage selbst, die gerade über eine allein auf Auskunft gerichtete Klage hinausgeht. Das auf Feststellung gerichtete Klagebegehren ist als Minus in jedem Leistungsantrag enthalten[2] und sein Streitwert bemisst nach den objektivierten Erwartungen des Klägers über den Umfang der Leistungspflicht,[3] gemäß § 40 GKG (§ 15 GKG a.F.) ebenfalls zum Zeitpunkt der verfahrenseinleitenden Antragstellung. Daher bleibt die Wertbemessung (für bereits entstandene Gebühren) unbeeinflusst, wenn der Kläger im Laufe des Verfahrens zur Leistungsklage übergeht, die betragsmäßig unter seinen anfänglichen Vorstellung liegt. Für den ansonsten gebotenen prozentualen Abschlag besteht bei der Stufenklage kein Anlass, da die Klage in der 3. Stufe auf die Schaffung eines vollstreckungsfähigen Titels gerichtet ist.

5129 Eine abweichende Bewertung rechtfertigt sich auch nicht aus **kostenrechtlichen Billigkeitserwägungen** im Hinblick auf eine negative, aber vom Schuldner pflichtwidrig verspätet erteilte Auskunft. Insoweit kann dahinstehen, ob und in welcher Form der insoweit „unterliegende" Kläger eine für ihn nachteilige Kostengrundentscheidung abwenden kann, wenn auch die vom BGH[4] erwogene

---

1 OLG Bamberg, Beschl. v. 14. 10. 1988 – 5 W 76/88, KostRsp. GKG § 18 Nr. 30 mit abl. Anm. *Schneider* = JurBüro 1989, 685 mit abl. Anm. *Mümmler*; OLG Dresden, Beschl. v. 21. 2. 1997 – 7 W 107/97, OLGR 1997, 239 = MDR 1997, 691 = NJ 1997, 431 = OLG-NL 1997, 187; OLG Schleswig, Beschl. v. 28. 3. 1995 – 13 WF 164/94, KostRsp. GKG § 18 Nr. 45 = MDR 1995, 642; OLG Stuttgart, Beschl. v. 17. 1. 1990 – 17 WF 23/90, KostRsp. GKG § 18 Nr. 36 mit Anm. *Schneider* = FamRZ 1990, 652; OLG Zweibrücken, Beschl. v. 4. 1. 2000 – 5 WF 93/99, OLGR 2000, 515 = JurBüro 2000, 251: Wert der Auskunftsstufe maßgeblich, wenn die Stufenklage nicht nur steckengeblieben, sondern gar nicht in Gang gekommen ist; *Lappe*, Anm. 2 zu OLG Stuttgart, KostRsp. GKG § 18 Nr. 36.
2 BGH, Urteil v. 24. 10. 1994 – II ZR 231/93, MDR 1995, 53 = NJW 1995, 188 = WM 1995, 109 = BB 1995, 41 = ZIP 1994, 1864: gesellschaftsrechtliche Stufenklage; *Zöller/Greger*, § 256 Rn. 15c).
3 Baumbach/Lauterbach/*Hartmann*, Anh § 3 Rn. 53 „Feststellungsklage".
4 BGH, Urteil v. 5. 5. 1994 – III ZR 98/93, MDR 1994, 717 = NJW 1994, 2895 = FamRZ 1985, 340 = VersR 1994, 1205 = GRUR 1994, 666 = JZ 1994, 1009; OLG Düsseldorf, Beschl. v. 27. 1. 2000 – 7 U 90/99, OLGR 2000, 189.

Änderung der Klage auf Feststellung der Kostentragungspflicht nahe liegt. Denn es ist nicht ersichtlich, warum diese kostenrechtlichen Fragestellungen (bei gleichbleibendem Streitgegenstand) streitwertrechtliche Auswirkungen haben sollen. Anderenfalls liefe dies – bis zu einer Klageänderung – auf eine streitwertrechtlich unzulässige Gleichsetzung des klägerischen Leistungsinteresses mit seinem Kosteninteresse hinaus.[1]

Die Gegenansicht verkennt zudem, dass § 44 GKG (§ 18 GKG a.F.) auch seinem Wortlaut nach die streitwertrechtliche Relevanz des Leistungsanspruchs nicht vom Ergebnis der Auskunft abhängig macht. Denn dort wird nicht der Anspruch auf Herausgabe des nach der Auskunft geschuldeten bewertet, sondern der Anspruch auf Herausgabe desjenigen, das der Beklagte (nach Ansicht des Klägers) „aus dem zugrunde liegenden Rechtsverhältnis" schuldet. Dies stimmt nicht notwendigerweise mit dem Inhalt der Auskunft des Beklagten überein. Zudem bleibt es dem Kläger unbenommen, abweichend von der Auskunft einen höheren Betrag zu verlangen und die Voraussetzungen hierfür in der Beweisaufnahme nachzuweisen.   5130

c) Zusammentreffen von Leistungs- und Stufenklage

Macht der Kläger neben der Stufenklage einen weiteren Leistungsanspruch geltend, gelten die allgemeinen Regel. Gemäß § 39 GKG (entspricht § 12 GKG a.F. i.V.m. § 5 ZPO) sind die Werte der jeweiligen Leistungsansprüche zu addieren.[2]   5131

Gleiches gilt daher, wenn der Kläger mit dem verfolgten Leistungsanspruch einen Teilbetrag sogleich geltend gemacht und Auskunftserteilung nur wegen weitergehender Beträge verlangt. Hier liegt nur hinsichtlich des unbezifferten Restanspruches eine Stufenklage vor und die Werte der **bezifferten Teilklage** und der Stufenklage sind zu addieren.[3]   5132

d) Rückstände

Bei der **Unterhaltsstufenklage** erhöhen die bezifferten Rückstände nach § 47 Abs. 5 GKG (§ 17 Abs. 4 GKG a.F.) den Streitwert einer jeden Stufe. Ebenso ist zu entscheiden, wenn die Rückstände zwar eingeklagt, aber das Leistungsbegehren erst später beziffert wird, weil die Rechtshängigkeit des unbezifferten Leistungsantrages bereits mit Klageerhebung eintritt.[4]   5133

---

1 Siehe auch OLG Frankfurt, Beschl. v. 7. 10. 1998 – 1 W 41/98, OLGR 1999, 59.
2 BGH, Urteil v. 25. 9. 2002 – XII ZR 55/00, BGHReport 2003, 97 = NJW-RR 2003, 68 = FamRZ 2003, 31 = FuR 2003, 44 = FF 2002, 212; OLG Frankfurt, Beschl. v. 29. 11. 1994 – 22 W 41/94, OLGR 1994, 263 = MDR 1995, 207; OLG München, Beschl. v. 13. 3. 1989 – 27 W 53/89, JurBüro 1989, 1164 = MDR 1989, 646.
3 KG JurBüro 1973, 754; Rpfleger 1962, 120.
4 OLG Bamberg, Beschl. v. 10. 10. 1990 – 2 WF 138/90, KostRsp. GKG § 17 Nr. 128 = JurBüro 1991, 108; OLG Düsseldorf, Beschl. v. 18. 11. 1983 – 8 U 5240/82, KostRsp. GKG § 17 Nr. 59 = JurBüro 1984, 1864; OLG Hamburg, Beschl. v. 9. 7. 1990 – 2 WF 46/90, KostRsp. GKG § 17 Nr. 126 = JurBüro 1990, 1336; MDR 1983, 1032.

3. Notwendigkeit von Stufenstreitwerten

5134 Da mit § 44 GKG (§ 18 GKG a.F.) unmittelbar nur der Streitwert für die Gerichtskosten bestimmt wird und anwaltliche Gebühren je nach Mandatierung oder gesetzlicher Regelung (RVG) in **unterschiedlichen Verfahrensstadien** anfallen, ist die Festsetzung von Stufenstreitwerten geboten. Dies gilt insbesondere hinsichtlich der während des Prozesses und abhängig vom konkreten Verfahrensablauf entstehenden anwaltlichen Termins- und Einigungsgebühr.[1]

a) Gerichts- und Verfahrensgebühr

5135 Hier besteht Einigkeit, dass sich die anwaltliche Verfahrensgebühr nach Nr. 3100 VV RVG (entspricht der Prozessgebühr nach § 30 Abs. 1 Nr. 1 BRAGO) gemäß § 23 Abs. 1 RVG (§ 8 Abs. 1 BRAGO) nach dem Streitwert für die Gerichtsgebühren (Nr. 1210 KV GKG) und damit nach dem **Wert des unbezifferten Leistungsanspruchs** richtet, da dieser bereits mit der Erhebung der Stufenklage rechtshängig wird.[2]

b) Terminsgebühr

5136 Demgegenüber bestimmt sich der Gegenstandswert der Terminsgebühr gemäß Nrn. 3104 bis 3106 VV RVG nach dem Wert derjenigen Verfahrensstufe, in der diese Gebühren anfallen.[3]

5137 Hieran hat sich durch die von einer Antragstellung unabhängige, mit dem Erlass des RVG eingeführte Terminsgebühr (Nrn. 3104 bis 3106 VV RVG) nichts geändert. Sie tritt an die Stelle der früheren **Verhandlungs-, Erörterungs- und Beweisgebühren** und bezweckt eine Vereinfachung der anwaltlichen Gebührenabrechnung ohne Verdiensteinbuße.[4] Erforderlich ist (nur noch) die **aktive Anwesenheit** an einem Verhandlungs-, Erörterungs- oder Beweisaufnah-

---

1 OLG München, Beschl. v. 30. 3. 1984 – 25 W 1148/84, JurBüro 1984, 1376.
2 OLG Bamberg, Beschl. v. 10. 4. 1986 – 5 W 5/86, KostRsp. GKG § 18 Nr. 25 = JurBüro 1986, 1062; 1981, 1547; OLG Düsseldorf, Beschl. v. 15. 9. 1997 – 7 W 69/97, OLGR 1998, 23; OLG Frankfurt, Beschl. v. 8. 7. 1993 – 18 W 167/93, KostRsp. GKG § 18 Nr. 43 = OLGR 1994, 36; OLG Hamm, KostRsp. GKG § 18 Nr. 32 = JurBüro 1989, 1004; OLG Köln, Beschl. v. 24. 2. 2003 – 19 W 5/03, OLGR 2003, 207; Beschl. v. 14. 2. 2003 – 2 W 6/03, JMBl.NW 2003, 95.
3 Zum alten Recht: OLG Bamberg, Beschl. v. 5. 4. 1984 – 7 WF 7/84, KostRsp. GKG § 18 Nr. 15 = JurBüro 1984, 1375; KG, Beschl. v. 20. 11. 2003 –1 W 437/03. KGR 2004, 393; Beschl. v. 31. 10. 2003 – 19 WF 115/03, KGR 2004, 375; OLG Düsseldorf, Beschl. v. 15. 9. 1997 – 7 W 69/97, OLGR 1998, 23; OLG Frankfurt, Beschl. v. 8. 7. 1993 – 18 W 167/93, KostRsp. GKG § 18 Nr. 43 = OLGR 1994, 36; OLG Köln, Beschl. v. 21. 1. 2004 – 2 W 7/04, OLGR 2004, 181 = JMBl NW 2004, 82; Beschl. v. 24. 2. 2004 – 19 W 5/03, OLGR 2003, 207; Beschl. v. 14. 2. 2003 – 2 W 6/03, JMBl.NW 2003, 95; OLG München, Beschl. v. 30. 3. 1984 – 25 W 1148/84, KostRsp. GKG § 18 Nr. 14 = JurBüro 1984, 1376; OLG Schleswig, Beschl. v. 31. 7. 2001 – 3 W 46/01, JurBüro 2002, 80; LAG Düsseldorf, Beschl. v. 19. 12. 2001, juris-Nr. KORE 600004989.
4 *Hartmann*, VV 3104 RVG Rn. 3.

metermin.[1] Der Gegenstandswert für die Tätigkeit bemisst sich jedoch weiterhin nach den in der Verhandlung gestellten Anträgen bzw. dem Gegenstand der Erörterung oder Beweisaufnahme, § 2 Abs. 1 RVG.

Dies gilt auch für die anwaltliche Tätigkeit im Rahmen einer Stufenklage. **5138** Maßgebend bleibt daher der **Wert des auf der jeweiligen Stufe gestellten Antrages**, der in der mündlichen Verhandlung gestellt wird, bzw. des **Gegenstandes der auf der jeweiligen Stufe geführten Erörterung**.[2] Damit bleibt streitwertrechtlich weiterhin eine Unterscheidung zwischen den einzelnen Stufen der Stufenklage sowie eine Festsetzung der damit verbundenen Einzelstreitwerte erforderlich. Hierzu besteht Anlass, wenn die Stufenklage bereits nach Verhandlung über den Auskunftsantrag (1. Stufe) abgewiesen wird. Hier ist die Verfahrensgebühr nach dem Wert des unbezifferten Leistungsantrages und die Terminsgebühr nach dem Wert des Auskunftsanspruchs entstanden.[3]

Problematisch sind die Fälle, in denen der auf Auskunft (1. Stufe) oder Versiche- **5139** rung (2. Stufe) gerichteten Antragstellung in mündlichen Verhandlung eine Erörterung auch des Leistungsbegehrens vorausgegangen ist. Oder wenn in der nach § 278 Abs. 2 ZPO vorgesehenen **Güteverhandlung** das gesamte Klagebegehren umfänglich besprochen wird. Hier soll nach dem OLG Hamburg[4] der Gegenstandswert des Leistungsanspruch für die Terminsgebühr (seinerzeit noch Erörterungsgebühr) maßgebend sein.

Die durch eine seitens des Anwalts oder des Gerichts prozessual **fehlerhafte** **5140** **Behandlung der Stufenklage** entstehenden Probleme werden nachfolgend unter „C. V. Fehlerhafte Prozessführung" erörtert.

II. Auskunft

Das Auskunftsbegehren ist gemäß § 3 ZPO, § 48 Abs. 1 GKG (§ 12 Abs. 1 GKG **5141** a.F.) nach dem klägerischen Interesse zu bewerten. Da dieses allein auf die Vorbereitung des Hauptanspruchs, konkret dessen Bezifferung gerichtet ist, entspricht der Wert des Auskunftsbegehrens einem Bruchteil des Leistungsanspruchs und bestimmt sich danach, in welchen Umfang dessen Durchsetzbarkeit von der Auskunft abhängt.[5]

Dies gilt auch dann, wenn der Hauptanspruch im Rechtsstreit noch nicht be- **5142** ziffert und deshalb nach § 3 ZPO geschätzt worden ist. Ohne eine Bewertung

---

1 Schneider/Wolf/Onderka/*N. Schneider*, VV Vorb. 3 RVG Rn. 98, 99; *Hartmann*, VV 3104 Rn. 4.
2 Vgl. Schneider/Wolf/Onderka/*N. Schneider*, VV Vorb. 3 Rn. 179.
3 Zum alten Recht: OLG Frankfurt, Beschl. v. 8. 7. 1993 – 18 W 167/93, KostRsp. GKG § 18 Nr. 43 = OLGR 1994, 36; KG, Beschl. v. 25. 2. 2002 – 18 WF 23/02, KGR 2002, 117 = AGS 2002, 147; OLG Köln, Beschl. v. 21. 1. 2004 – 2 W 7/04, OLGR 2004, 181 = JMBl.NW 2004, 82; Beschl. v. 24. 2. 2003 – 19 W 5/03, OLGR 2003, 207.
4 OLG Hamburg, Beschl. v. 14. 10. 2003 – 8 W 224/03, OLGR 2004, 189 = MDR 2004, 417.
5 OLG Düsseldorf, Beschl. v. 15. 9. 1997 – 7 W 69/97, OLGR 1998, 23.

des Hauptanspruchs ist der Streitwert des Auskunftsbegehren folglich nicht zutreffend zu bestimmen. Dabei ist der **für die Bewertung maßgebende Zeitpunkt** gemäß § 40 GKG (§ GKG a.F.) die verfahrenseinleitende (Klage-)Antragstellung.[1] Jede abweichende Betrachtung führt auch zu inakzeptablen Ergebnissen, wenn nach Auskunftserteilung feststeht, dass ein Hauptsacheanspruch nicht besteht und damit jede am tatsächlichen Forderungsbestand orientierte Bruchteilsbewertung ausscheidet.

5143 Dementsprechend ist es wertmäßig auch bedeutungslos, wenn der Beklagten im Laufe des Verfahrens, beispielsweise nach Verurteilung zur Auskunft, den Leistungsanspruch freiwillig ganz oder teilweise erfüllt.[2] Siehe hierzu auch nachfolgend Rn. 5150.

5144 Klagt der Kläger einen bezifferten Teilunterhalt ein und geht er wegen weitergehender Ansprüche im Wege der Stufenklage vor, dann ist der Streitwert des Auskunftsanspruchs nur nach dem noch unbezifferten Begehren zu bewerten, das aufgrund der Höhenvorstellung des Klägers zu schätzen und entsprechend dem Auskunftsbedürfnis geringer zu beziffern ist.[3] Anders ist es jedoch, wenn die Auskunft oder die Rechnungslegung sich auch auf die Ermittlung des Teilbetrages, nicht nur des Mehrbetrages beziehen soll.[4]

5145 Rechtsprechung und Literatur zur Bewertung des Auskunftsverlangen sind uneinheitlich. Es überwiegt jedoch eine **Bewertung zwischen** $^1/_{10}$ **und** $^1/_4$, wobei die Bestimmung innerhalb dieses Rahmens von der **Kenntnis des Klägers** betreffend die zur Begründung des Leistungsanspruchs maßgeblichen Umstände abhängt.[5] Kann der Kläger seinen Zahlungsanspruch ohne Abrechnung praktisch überhaupt nicht durchsetzen, ist das Auskunftsinteresse unter Umständen nicht erheblich geringer als der Leistungsanspruch zu bewerten.[6] Im Einzelnen finden sich folgende Bewertungen:

- $^1/_{10}$ bis $^1/_5$ des Leistungsanspruchs,[7]
- $^1/_{10}$ bis $^2/_5$ des Leistungsanspruchs,[8]

---

1 Vgl. OLG Celle JurBüro 1968, 734; OLG Köln MDR 1969, 582; OLG Nürnberg JurBüro 1974, 1439; OLG Bamberg JurBüro 1979, 251 = KostRsp. GKG § 18 Nr. 2 mit Anm. *E. Schneider*.
2 OLG Bamberg JurBüro 1982, 1246; OLG Celle JurBüro 1968, 734.
3 OLG Düsseldorf, Beschl. v. 5. 2. 1986 – 10 WF 14/86, KostRsp. ZPO § 3 Nr. 810 = JurBüro 1986, 585.
4 KG JW 1927, 1388 Nr. 1.
5 BGH, Beschl. v. 20. 3. 2002 – IV ZR 3/01, juris-Nr. KORE537422002 = BGHReport 2002, 951; OLG Düsseldorf, Beschl. v. 15. 9. 1997 – 7 W 69/97, OLGR 1998, 23; *Anders/Gehle/Kunze*, Stichwort „Stufenklage" Rn. 4; *Zöller/Herget*, § 3 Rn. 16 unter „Auskunft".
6 BGH, Urteil v. 9. 7. 1964 – VII ZR 113/63, KostRsp. ZPO § 3 Nr. 27 = MDR 1964, 840 = NJW 1964, 2061.
7 OLG Schleswig, Beschl. v. 31. 7. 2001 – 3 W 46/01, JurBüro 2002, 80.
8 OLG München JurBüro 1984, 1376; OLG Düsseldorf NJW 1961, 2021; MDR 1963, 937; MDR 1962, 912; OLG Frankfurt JurBüro 1973, 766; KG Rpfleger 1962, 120; LAG Düsseldorf – 7 Ta 425/01 – Bibliothek BAG = juris-Nr. KORE 600004989.

- $^1/_{10}$ bis $^1/_4$ des Leistungsanspruchs,[1]
- $^1/_8$ bis $^1/_4$ des Leistungsanspruchs,[2]
- $^1/_5$ bis $^1/_4$ des Leistungsanspruchs,[3]
- $^1/_4$ des Leistungsanspruchs,[4]
- $^1/_5$ des Leistungsanspruchs.[5]

III. Abgabe der eidesstattlichen Versicherung

Besteht die begründete Besorgnis, dass der Beklagte seiner Auskunftspflicht nicht mit der gebotenen Sorgfalt nachgekommen ist, kann der Kläger gemäß §§ 259, 260 BGB verlangen, dass der Beklagte die Vollständigkeit und Richtigkeit seiner Rechnungslegung an Eides statt versichert. Der Wert des Auskunftsverlangen bestimmt sich gemäß § 48 GKG, § 3 ZPO nach dem **Interesse des Klägers an einer zutreffenden Auskunft**.[6]   5146

Dessen Wert entspricht einem **Bruchteil des Mehrbetrages**, den sich der Kläger aus der eidesstattlichen Versicherung verspricht.[7] Da der vom Beklagten in der Auskunft eingeräumte Leistungsumfang keiner Absicherung mehr bedarf, ist der bei Verfahrenseinleitung geschätzte Wert des Leistungsbegehrens nur noch dann ein geeigneter Anknüpfungspunkt, wenn nach der Auskunft- keine Leistungspflicht besteht. Dies übersehen Entscheidungen, die davon unabhängig weiter an den Hauptsachwert anknüpfen.[8]   5147

---

1 BGH, Beschl. v. 20. 3. 2002 – IV ZR 3/01, juris-Nr. KORE537422002 = BGHReport 2002, 951; BGH, Urteil v. 8. 1. 1997 – XII ZR 307/95, MDR 1997, 504 = NJW 1997, 1016 = FamRZ 1997, 546; Urteil v. 31. 3. 1993 – XII ZR 67/92, FamRZ 1993, 1189; KG FamRZ 1996, 500; OLG Bamberg FamRZ 1997, 40; 1986, 1144; OLG Köln, Urteil v. 29. 6. 1984 – 4 UF 33/84, KostRsp. GKG § 18 Nr. 17 mit Anm. *E. Schneider* = FamRZ 1984, 1029.
2 OLG Koblenz, Beschl. v. 28. 10. 1996 – 5 W 659/96, AGS 1997, 132.
3 OLG Düsseldorf, FamRZ 1988, 1144; OLG Nürnberg MDR 1960, 507.
4 KG KGR 1994, 251; OLG Bamberg, Beschl. v. 15. 11. 1984 – 7 WF 85/84, JurBüro 1985, 576 = KostRsp. GKG § 18 Nr. 20; OLG Düsseldorf JurBüro 1995, 484; OLG Köln MDR 1969, 582; VersR 1976, 1154; OLG München, Beschl. v. 30. 3. 1984 – 25 W 1148/84, KostRsp. GKG § 18 Nr. 14 = JurBüro 1984, 1376.
5 So noch BGH, Beschl. v. 10. 3. 1960 – VII ZR 246/59, BB 1960, 796; OLG Bamberg, Beschl. v. 14. 10. 1988 – 5 W 76/88, KostRsp. GKG § 18 Nr. 30 mit Anm. *Schneider* = JurBüro 1989, 685 mit abl. Anm. *Mümmler*; OLG München, Beschl. v. 21. 3. 1995 – 16 WF 670/95, KostRsp. GKG § 18 Nr. 44 = JurBüro 1995, 131; OLG Nürnberg, KostRsp. GKG § 18 Nr. 52 = JurBüro 1998, 262 = FamRZ 1998, 685.
6 BGH, KostRsp. ZPO § 3 Nr. 113; OLG Bamberg JurBüro 1972, 1091; *Anders/Gehle/Kunze*, Stichwort „Stufenklage" Rn. 5; Zöller/*Herget*, § 3 Rn. 16 unter „Offenbarungsversicherung".
7 BGH, Beschl. v. 2. 7. 1964 – III ZR 4/63, KostRsp. ZPO § 3 Nr. 113 – zu § 2028 BGB; OLG Bamberg, Beschl. v. 11. 5. 1995 – 7 WF 47/95, FamRZ 1997, 40; JurBüro 1972, 1091; *Hartmann*, Kostengesetze, § 44 Rn. 6; *Anders/Gehle/Kunze*, Stichwort „Stufenklage" Rn. 5.
8 So OLG Bremen, Teilurteil v. 17. 2. 2000 – 2 U 101/99, OLGR 2000, 162: $^1/_{10}$ des Hauptsachewertes; OLG Köln, KostRsp. GKG § 18 Nr. 1 = Rpfleger 1977, 115: Bruchteil des

5148 Nimmt der Kläger die bereits erteilte Auskunft nicht zum Anlass, seine bei Verfahrenseinleitung geäußerten Erwartungen zum Umfang des Leistungsanspruchs zu korrigieren, ist der Bruchteilsbewertung die Differenz zwischen dem bei Verfahrenseinleitung erwarteten Umfang und der vom Beklagten eingeräumten Höhe zugrunde zu legen. Der **Bruchteil** selbst ist nach dem Umständen des Einzelfalls zu bestimmen[1] und entspricht **ohne hinreichende Anhaltspunkte** dem Bruchteil bei der Bewertung des Auskunftsverlangens.

IV. Leistung

5149 Die Bewertung des Leistungsanspruchs richtet sich über § 48 Abs. 1 GKG (§ 12 Abs. 1 GKG a.F.) nach den §§ 3 ff. ZPO. Wertbestimmend ist das **klägerische Interesse**. Da der Leistungsanspruch bei Einreichung der Stufenklage mangels Auskunft bzw. Rechnungslegung nicht (vollständig) beziffert werden kann, bedarf es einer **Schätzung** gemäß § 3 ZPO.[2]

5150 Hierbei ist auf die **Erwartungen des Klägers zu Beginn der Instanz** abzustellen, und zwar unabhängig davon, ob später noch zum Leistungsanspruch erkannt wird (siehe hierzu auch oben Rn. 5125), oder ob zwar darüber entschieden wird, die spätere Bezifferung jedoch hinter den ursprünglichen Erwartungen des Klägers zurückbleibt.[3]

5151 Vereinzelt wird in der Rechtsprechung die Auffassung vertreten, der **Wert des Leistungsantrages** bedürfe keiner Schätzung, sondern bestimme sich **nach seiner Bezifferung**, auch wenn diese wertmäßig hinter den vom Kläger bei Prozessbeginn zum Ausdruck gebrachten Erwartungen zurückbleibt. Daher sei der Wert

---

"Zahlungs- oder Auskunftsverlangen", ohne hinreichende Anhaltspunkte $^1/_2$ des Auskunftswertes; OLG München, Beschl. v. 21. 3. 1995 – 16 WF 670/95, KostRsp. GKG § 18 Nr. 44 = OLGR 1995, 131: $^1/_5$ des Hauptsachewertes.

1 BGH, Urteil v. 20. 6. 1991 – I ZR 13/90, KostRsp. ZPO § 3 Nr. 113 = MDR 1992, 302 = NJW-RR 1991, 1467 = GRUR 1991, 873 = WRP 1991, 777.

2 OLG Köln MDR 1969, 582; OLG Zweibrücken JurBüro 1973, 444; OLG Nürnberg JurBüro 1974, 1439; Musielak/*Heinrich*, § 3 Rn. 32 unter „Stufenklage".

3 OLG Bamberg, Beschl. v. 3. 5. 1993 – 2 WF 38/95, KostRsp. GKG § 18 Nr. 42 = FamRZ 1994, 640 = JurBüro 1994, 114; OLG Brandenburg, Beschl. v. 23. 1. 2002 – 9 WF 214/01, OLGR 2002, 498 = FamRZ 2003, 240; KG, Beschl. v. 25. 2. 2002 – 18 WF 23/02, KGR 2002, 117 = AGS 2002, 158; Beschl. v. 23. 3. 1993 – 1 W 6310/92, KostRsp. GKG § 18 Nr. 40 mit abl. Anm. *Lappe* = KGR 1993, 29 = MDR 1993, 696 = JurBüro 1994, 108; OLG Celle MDR 2003, 55; OLG Dresden, Beschl. v. 15. 7. 1997 – 10 WF 198/97, OLGR 1997, 364 = MDR 1998, 64; OLG Düsseldorf, Beschl. v. 5. 12. 1991 – 3 WF 196/91, KostRsp. GKG § 18 Nr. 39 = AnwBl. 1992, 286 = FamRZ 1992, 1095 = JurBüro 1992, 419; KostRsp. GKG § 18 Nr. 28 = JurBüro 1987, 736; OLG Frankfurt JurBüro 1973, 766; OLG Hamm OLGR 2005, 59 = FamRZ 2004, 1664; KostRsp. GKG § 18 Nr. 32 = JurBüro 1989, 1004; OLG Karlsruhe KostRsp. GKG § 18 Nr. 22 = Justiz 1985, 374; OLG Köln, Beschl. v. 3. 11. 2004 – 19 W 54/04, OLGR 2005, 69 = AGS 2005, 451, 2004, 181 = JMBl NW 2004, 82; OLG Nürnberg FamRZ 2004, 962; OLG München, KostRsp. GKG § 18 Nr. 33 = MDR 1989, 646 = JurBüro 1989, 1164; OLG Zweibrücken, Beschl. v. 20. 2. 1986 – 6 WF 16/86, KostRsp. GKG § 18 Nr. 26 = JurBüro 1987, 563.

des Auskunftsanspruchs gemäß § 44 ZPO (§ 18 GKG a.F.) maßgebend, wenn nach dem Inhalt der Auskunft kein oder nur geringwertiger Leistungsanspruch besteht (bzw. durchsetzbar ist). So sei mit dem Zweck von § 254 ZPO nicht zu vereinbaren, dem Kläger durch ein Festhalten an den von ihm zu Beginn des Prozesses geäußerten Größenvorstellungen das Prozessrisiko für den Fall aufzuerlegen, dass sich seine Erwartungen nach dem Inhalt der Auskunft nicht erfüllen.[1]

Diesem Ansatz ist nicht zu folgen, denn er verkennt den Charakter des unbezifferten Leistungsantrages und ist im Ergebnis nicht folgerichtig. Wie bereits ausgeführt worden ist, entspricht der Leistungsantrag bis zu seiner Bezifferung einem Antrag auf Feststellung einer unbestimmten Leistungsverpflichtung (siehe oben Rn. 5128). Hieraus folgt, dass auch dem unbezifferten Leistungsantrag ab Klageeinreichung ein Wert zugewiesen werden kann und gemäß § 40 GKG (§ 15 GKG a.F.) zugewiesen werden muss. Dass mit der Schätzung verbundene **Kostenrisiko ist keine Eigenart der Stufenklage**, denn es ist das Risiko eines jeden Klägers, dass er seine Erwartungen zu hoch beziffert. Auch eine Zahlungsklage wird abgewiesen, soweit der Kläger zu viel verlangt oder, wie bei der unbezifferten Schmerzensgeldklage, einen unangemessenen Mindestbetrag genannt hat. 5152

Zudem vermag nicht zu überzeugen, dass der mit Klageerhebung rechtshängige, wenngleich unbezifferte Leistungsantrag keinen Wert haben soll, wenn nach Rechnungslegung (angeblich) kein Leistungsanspruch besteht. Diesem Bewertungsfehler kann nicht dadurch abgeholfen werden, dass kurzerhand auf den Wert des Auskunftsanspruch abgestellt wird. Eine Möglichkeit, die etwa bei dem Antrag auf Feststellung einer unbezifferten Leistungsverpflichtung nicht zur Verfügung stehen würde. Schließlich müsste bei folgerichtiger Bewertung der Auskunftsanspruch, dessen Wert sich unstreitig am Leistungsanspruch orientiert, mit einem Bruchteil von null bewertet werden, was notwendigerweise ausscheidet. 5153

Für die Wertbemessung nicht maßgeblich sind hingegen die **Wunschvorstellungen des Klägers**, sondern es ist nur danach zu bemessen, welche Leistungen er aufgrund der Sach- und Rechtslage, die er zur Klagebegründung vorgetragen hat, nach Auskunftserteilung objektiv zu erwarten hatte.[2] Dies ist anhand seines Tatsachenvortrages zu ermitteln.[3] Fehlt es an einem solchen, kann zur Wertbestimmung auch der Inhalt der nachfolgend erteilten Auskunft berücksichtigt werden,[4] hilfsweise ist auf die vom Kläger gemäß § 61 GKG (§ 23 GKG a.F.) geschuldeten Angaben des Klägers zum Streitwert abzustellen.[5] 5154

---

1 OLG Frankfurt, KostRsp. GKG § 18 Nr. 29 mit abl. Anm. *Schneider* = MDR 1987, 508 = JurBüro 1987, 878 mit abl. Anm. *Mümmler*.
2 OLG Köln, Beschl. v. 3. 11. 2004 – 19 W 54/04, AGS 2005, 451 = OLGR 2005, 69.
3 BGH, Urteil v. 8. 1. 1997 – XII ZR 307/95, MDR 1997, 504 = NJW 1997, 1016 = FamRZ 1997, 546; OLG Celle, Beschl. v. 13. 5. 2003 – 12 WF 141/03, OLGR 2005, 9.
4 OLG Celle, Beschl. v. 13. 5. 2003 – 12 WF 141/03, OLGR 2005, 9.
5 OLG Bremen, Beschl. v. 13. 3. 1998 – 2 W 13/98, OLGR 1998, 192 = KostRsp. GKG § 18 Nr. 53 mit krit. Anm. *Herget*.

5155   **Übersetzte, nicht nachvollziehbare Vorstellungen** bleiben unberücksichtigt.[1] Unberücksichtigt bleibt auch eine übersetzte Berechnung des auskunftspflichtigen Beklagten mit dem mittelbaren Ziel, den Zuständigkeitswert über den Gebührenwertansatz zu präjudizieren.[2]

5156   Zur Bezifferung nach Auskunft/Rechnungslegung siehe unten Rn. 5160 ff.

V. Fehlerhafte Prozessführung

5157   Nicht selten kommt es vor, dass Gericht und Anwälte die Stufenklage **prozessual falsch behandeln** und nicht Stufe für Stufe in Teilurteilen fortschreiten, sondern zu Beginn der mündlichen Verhandlung alle Anträge einschließlich des unbezifferten Zahlungsanspruches verlesen werden. Nach welchem Streitwert dann abzurechnen ist, ist umstritten. Man wird zu unterscheiden haben.[3]

5158   – Sämtliche Anträge werden fehlerhaft gebündelt verlesen, jedoch wird nur durch **Teilurteil über die erste (oder weitere) Stufe** entschieden. Dann ist die Terminsgebühr nur nach dem Wert des Auskunftsanspruches, nicht nach dem des Zahlungsanspruches zu berechnen. Es ist nämlich nicht möglich, über einen Zahlungsanspruch zu verhandeln, über den ausweislich der gewählten Klageart vor seiner Bezifferung gerade nicht verhandelt werden soll.[4]

5159   – Alle Anträge werden zugleich verlesen und das **Urteil** erkennt fehlerhaft **über sämtliche Stufenansprüche**. Dann ist der Fehler nicht mehr auszugleichen. Die Gebühren müssen nach dem höchsten Wert, dem Wert des Leistungsanspruchs berechnet werden.[5]

VI. Wertänderungen

5160   Im Hinblick auf die zum Zeitpunkt der Klageerhebung bestehende Ungewissheit über den Umfang des Leistungsanspruchs sind Wertänderungen bei der Stufenklage nicht ungewöhnlich. So kann die Rechnungslegung des Beklagten den Kläger veranlassen, seine Vorstellungen zum Leistungsumfang zu revidieren und mit einer entsprechend reduzierten Antragstellung auf der 3. Stufe Rechnung zu tragen. Auch das Gegenteil ist denkbar: Die Auskunft erhellt

---

1 OLG Düsseldorf, KostRsp. ZPO § 3 Nr. 845 mit Anm. *E. Schneider* = JurBüro 1986, 1685.
2 OLG Köln JurBüro 72, 244.
3 Vgl. *Schneider* MDR 1969, 625 ff.
4 OLG Düsseldorf NJW 1961, 2021 – 7. ZS; OLG Hamburg JurBüro 1978, 1664; OLG Hamm, Beschl. v. 24. 1. 1996 – 23 W 362/95, OLGR 1997, 97 = JurBüro 1997, 139 – für die Beweisgebühr; OLG München Rpfleger 1956, 29; a.A. OLG Düsseldorf NJW 1964, 2164 – 8. ZS.
5 OLG Frankfurt, Beschl. v. 27. 10. 1998 – 5 W 12/98, OLGR 1999, 55 = JurBüro 1999, 302; OLG Köln, NJW 1973, 1848; *Hartmann*, (§ 3 ZPO) Anh. I § 48 GKG Rn. 112; a.A. OLG Düsseldorf, Entsch. v. 1. 6. 1973 – 6 U 39/3, NJW 1973, 2034; *Anders/Gehle/Kunze*, Stichwort „Stufenklage" Rn. 16.

erstmals den weitergehenden Umfang des Leistungsanspruchs und veranlasst den Kläger zu einem entsprechend erhöhten Leistungsantrag.

Die Behandlung dieser Wertänderungen folgt den allgemeinen Regelungen. **5161** Dass bedeutet zunächst einmal, dass die bei Klageeinreichung bestehende Erwartung des Klägers zum Leistungsanspruch solange wertbestimmend bleibt, bis er seinen Leistungsantrag beziffert. Erst ab dann tritt die Wertänderung ein, sodass lediglich die **mit oder nach Bezifferung entstehenden Gebühren** nach dem veränderten Streitwert zu berechnen sind.[1]

Für die **bereits entstandenen Gerichtsgebühren und die anwaltliche Verfahren-** **5162** **gebühr** ist zu unterscheiden: Führt die Wertänderung zu einer Erhöhung des Streitwert, ist dieser maßgebend und eine frühere Wertfestsetzung zu berichtigen, § 63 Abs. 3 S. 1 GKG (§ 25 Abs. 2 S. 2 GKG a.F.). Läuft die Wertänderung auf eine Minderung des bisherigen Streitwert hinaus, bleibt dies für die Gerichtsgebühren und damit über § 23 Abs. 1 RVG (§ 8 Abs. 1 BRAGO) auch für die anwaltliche Verfahrensgebühr ohne Auswirkungen.

VII. Einzelfälle in der Rechtsprechung

Werden der Auskunftsanspruch nach § 2314 BGB und der **Pflichtteilsanspruch** **5163** durch die Stufenklage verfolgt, dann ist für den Gebührenstreitwert gemäß § 44 GKG (§ 18 GKG a.F.) nur der höchste der verbundenen Ansprüche maßgebend; das gilt auch für den Anspruch nach § 2314 Abs. 1 S. 2 BGB auf Ermittlung des Wertes der Nachlassgegenstände.[2]

Demgegenüber ist gemäß § 39 GKG (ohne Entsprechung in GKG a.F.) zusam- **5164** menzurechnen, wenn der Anspruch auf Auskunftserteilung mit einer positiven **Schadensfeststellungsklage** verbunden ist.[3]

Desgleichen ist der mit einer Stufenklage verbundene Anspruch auf Leistung **5165** eines **Ausgleichs nach § 89b HGB** dem Streitwert der Stufenklage hinzuzurechnen.[4]

Nach allgemeinen Regeln, dass heißt nach § 45 Abs. 1 S. 1 u. 3 GKG (§ 19 **5166** Abs. 1 S. 1 u. 3. GKG a.F.) ist zu bewerten, wenn auf eine Stufenklage mit einer **Widerklage** erwidert wird. Hier ist eine Wertaddition geboten, wenn der Leistungsanspruch (3. Stufe) und die Widerklage nicht denselben Gegenstand betreffen. Dies ist etwa der Fall, wenn einer Stufenklage auf Auskunft und Unter-

---

1 OLG Bamberg, Beschl. v. 3. 5. 1993 – 2 WF 38/93, KostRsp. GKG § 18 Nr. 42 = FamRZ 1994, 640 = JurBüro 1994, 114; JurBüro 1979, 251 = KostRsp. GKG § 18 Nr. 2 mit Anm. *Schneider*; KG, Beschl. v. 23. 3. 1993 – 1 W 6310/92, KostRsp. GKG § 18 Nr. 40 mit krit. Anm. *Lappe* = KGR 1993, 29 = MDR 1993, 696 = JurBüro 1994, 108; OLG Frankfurt, Beschl. v. 5. 10. 1984 – 5 W 17/84, KostRsp. GKG § 18 Nr. 18 = JurBüro 1985, 443; OLG Hamm JurBüro 1982, 1377; OLG Karlsruhe OLGE 13, 67.
2 OLG Hamm JurBüro 1981, 247 = AnwBl. 1981, 69.
3 OLG Stuttgart NJW 1959, 890.
4 LG Bayreuth JurBüro 1977, 1747.

haltserhöhung mit der Widerklage auf **Herabsetzung der titulierten Unterhalts-rente** begegnet wird.[1]

5167 Ebenso ist zu bewerten in dem Fall zu bewerten, dass auf eine Leistungsklage eine **Stufenwiderklage** erhoben wird. Hier ist bezüglich der Identität der Gegen-stände (im gebührenrechtlichen Sinne) auf die wechselseitig erhobenen Leis-tungsansprüche abzustellen.[2] Betreffen die Leistungsansprüche denselben Ge-genstand ist gemäß § 44 Abs. 1 S. 3 GKG (§ 19 Abs. 1 S. 3 GKG a.F.) der Wert des höheren Anspruchs maßgebend.

5168 Unabhängig davon, ob die Stufenklage vom Kläger oder im Wege der Wider-klage vom Beklagten erhoben worden ist und welcher der Leistungsansprüche den höheren Wert aufweist, erfolgt **keine Hinzurechnung der Werte für den Auskunfts- und Versicherungsanspruch** (Stufen 1 und 2). Die abweichende An-sicht des OLG München[3] übersieht, dass die Bewertung der Einzelansprüche durch § 44 GKG (§ 18 GKG a.F.) abschließend geregelt und durch § 45 Abs. 1 S. 1 u. 3 GKG (§ 19 Abs. 1 S. 1 u. 3 GKG a.F.) nicht aufgehoben wird.

D. Rechtsmittel und Beschwer

5169 Streiten die Parteien in der Rechtsmittelinstanz darüber, ob bisher nur über den ersten oder auch schon über die weiteren mit einer Stufenklage geltend ge-machten Ansprüche entschieden worden sei, so sind für den Streitwert der Rechtsmittelinstanz alle Ansprüche zu berücksichtigen.[4] Im Übrigen ist wie folgt zu unterscheiden:

I. Bescheidung des Auskunftsanspruchs

5170 Wie bereits ausgeführt, sind die einzelnen Stufen prozessual eigenständig und die Antragstellung demnach in der ersten Stufe allein auf Auskunft gerichtet. Aufgrund der materiell-rechtlichen Verbindung der einzelnen Stufen ist es je-doch zulässig, die gesamte Stufenklage abzuweisen, wenn das Auskunftsverlan-gen aus Gründen verneint wird, nach denen auch eine Verurteilung zur Leis-tung ausgeschlossen ist.[5] Bei der Ermittlung von Rechtsmittelstreitwert und Beschwer ist daher danach zu differenzieren, ob nur über eine Stufe (positiv oder negativ) oder über die gesamte Stufenklage (negativ) erkannt worden ist.

---

1 OLG Karlsruhe, Beschl. v. 3. 3. 1983 – 5 WF 1/83, KostRsp. GKG § 19 Nr. 75 mit zust. Anm. E. *Schneider* = AnwBl. 1984, 203.
2 Insoweit zutreffend OLG München, Beschl. v. 21. 3. 1995 – 16 WF 670/95, OLGR 1995, 131.
3 OLG München, Beschl. v. 21. 3. 1995 – 16 WF 670/95, OLGR 1995, 131.
4 BGH, Urteil v. 26./28. 5. 1965 – III ZR 67/64, KostRsp. ZPO § 3 Nr. 131.
5 BGH LM ZPO § 254 Nr. 8 = MDR 1964, 655; Zöller/*Greger*, 254 Rn. 9; a.A. OLG Hamm NJW-RR 1990, 709.

1. Als Teilurteil

Beschränkt sich die Abweisung – etwa wegen bereits erteilter Auskunft – auf das Auskunftsbegehren, dann ist die **Beschwer des Klägers** nach seinem **Auskunftsinteresse** zu bemessen. Dessen Wert bestimmt sich gemäß § 3 ZPO danach, in welchen Umfang die Durchsetzbarkeit des Leistungsanspruchs von der Auskunft abhängt.[1] 5171

Die demnach gebotene **Bruchteilsbewertung** bewegt sich nach der Rechtsprechung zwischen $^1/_{10}$ und $^1/_4$ und hängt im Einzelfall von der Kenntnis des Kläger betreffend zur Begründung des Leistungsanspruchs maßgeblichen Umstände ab.[2] Sie entspricht in der Regel derjenigen des Gebührenstreitwerts. 5172

Wenn der Beklagte gegen seine **Verurteilung zur Auskunftserteilung** ein Rechtsmittel einlegt, ist der Streitwert (und seine Beschwer) nach dem Interesse zu bemessen, das er daran hat, die Rechnung nicht legen zu müssen.[3] Dieses bemisst sich regelmäßig nach dem **Aufwand des Beklagten** an Arbeitszeit und Kosten, die mit der Erteilung einer sorgfältig erteilten Auskunft verbunden ist.[4] Hier können neben dem persönlichen Einsatz auch der Aufwand für Leistungen Dritter in Ansatz gebracht werden, insbesondere von **Hilfskräften, Steuerberatern und Rechtsanwälten**, soweit deren Hinzuziehung aus sachlichen Gründen, d.h., zur Erfüllung der Auskunftspflicht erforderlich ist.[5] Nach oben begrenzt wird die Beschwer des Beklagten durch das Interesse des Klägers an der Auskunft.[6] 5173

Ist die **Auskunftsverurteilung zu unbestimmt** und nicht vollstreckungsfähig, dann bemisst sich die Beschwer nach den mit Abwehr der ungerechtfertigten Zwangsvollstreckung verbundenen (Anwalts-)Kosten.[7] 5174

---

1 BGH, Beschl. v. 20. 3. 2002 – IV ZR 3/01, juris-Nr. KORE537422002 = BGHReport 2002, 951; BGH, Beschl. v. 1. 10. 2001 – II ZR 217/01 – MDR 2002, 107 = AGS 2002, 112 = NJW 2002, 71; BGH, Urteil v. 31. 3. 1993 – XII ZR 67/92, FamRZ 1993, 1189 m.w.N.; BGH, Beschl. v. 24. 11. 1994 – GSZ 1/94, BGHZ 128, 85 = GmbHR 1995, 301 = BRAK 1995, 131.
2 BGH, Beschl. v. 20. 3. 2002 – IV ZR 3/01, juris-Nr. KORE537422002 = BGHR 2002, 951; BGH, Urteil v. 8. 1. 1997 – XII ZR 307/95, MDR 1997, 504 = NJW 1997, 1016 = FamRZ 1997, 546; BGHZ 128, 85; OLG Düsseldorf MDR 1963, 937; AGK-9; Thomas/Putzo/*Hüßtege*, § 3 Rn. 21b; a.A. OLG Köln MDR 1963, 144.
3 BGH (GS), Beschl. v. 24. 11. 1994 – GSZ 1/94, BGHZ 128, 85 = GmbHR 1995, 301 = BRAK 1995, 131; OLG Celle JurBüro 1969, 174.
4 BGH, Beschl. v. 3. 11. 2004 – XII ZB 165/00, FamRZ 2005, 104 = FuR 2005, 186 = BGH/NV 2005, 284; Beschl. v. 24. 7. 2002 – XII ZB 31/02 – FamRZ 2003, 597 = FuR 2003, 47; OLG Schleswig, Urteil v. 6. 2. 1996 – 8 UF 114/95, OLGR 1996, 171; OLG Stuttgart, Beschl. v. 4. 9. 2001 – 4 U 142/01, CR 2001, 817; Urteil v. 30. 9. 1998 – 20 U 21/98, OLGR 1998, 435 = ZIP 1998, 1880 = NZG 1999, 31 = DB 1998, 2210 = AG 1999, 280.
5 BGH, Beschl. v. 24. 7. 2002 – XII ZB 31/02, FamRZ 2003, 597 = FR 2003, 47 = FuR 2003, 145; BGH, Beschl. v. 31. 10. 2001 – XII ZB 161/01, FuR 2002, 161.
6 OLG Köln, Beschl. v. 8. 7. 1992 – 19 U 78/92, JurBüro 1993, 165.
7 BGH, Urteil v. 11. 7. 2001 – XII ZR 14/00 , BGHReport 2001, 892 = NJW-RR 2002, 145 = FamRZ 2002, 666.

5175 Im Einzelfall kann ein besonderes **Geheimhaltungsinteresse des Beklagten** zu berücksichtigen sein. Erforderlich ist hierfür, dass der Beklagte die mit der Auskunft verbundenen Nachteile konkret darlegt.[1] In der Person des die Auskunft Begehrenden muss die **konkrete Gefahr** begründet sein, dass dieser die ihm mit der Auskunftserteilung offenbarten Tatsachen in einer Weise gebrauchen, die schützenswerte (wirtschaftliche) Interessen des Beklagten gefährden könnten.[2] Allein die **Geheimhaltungsverpflichtung** des Beklagten **gegenüber einem Dritten** ist nicht werterhöhend zu berücksichtigen.[3]

5176 Das Interesse, die Auskunft wegen eventuell damit verbundener **steuerstrafrechtlicher Folgen** nicht zu erteilen und damit verbundenen Rechtsverfolgungskosten nicht aufwenden zu wollen, ist insoweit nicht erheblich. Denn etwaige steuerstrafrechtliche Nachteile wären nicht Folge der Auskunftserteilung, sondern des vorangegangenen Fehlverhaltens.[4]

5177 Für die Wertbemessung unerheblich ist auch das Bestreben des Beklagten, die **Rechtsverfolgung des Klägers zu erschweren** oder zu vereiteln, sowie der Wunsch, mit der Entscheidung über die Auskunft auch den Grund des Leistungsanspruchs zu präjudizieren.[5]

Siehe auch das Stichwort „Auskunftsanspruch".

2. Als (abweisendes) Gesamturteil

5178 Weist das Gericht über den Auskunftsantrag hinaus die Stufenklage wegen Fehlens einer materiell-rechtlichen Grundlage für die mit ihr verfolgten Ansprüche insgesamt ab, bestimmt sich die **Beschwer des Klägers** nach dem vollen Wert des Leistungsanspruchs. Denn mit der bestandskräftigen Entscheidung wird der Leistungsanspruch rechtkräftig aberkannt.[6]

---

1 BGH – IV ZB 7/01 – BGHReport 2001, 809 in Abgrenzung zu BGH NJW 1999, 3049; Beschl. v. 10. 6. 1999 – VII ZB 17/98 – MDR 1999, 1082 = LM ZPO § 3 Nr. 100 (2/2000) = NJW 1999, 3049 = BauR 1999, 1329 = ZfBR 1999, 341.
2 BGH, Beschl. v. 22. 2. 1995 – IV ZB 20/94, NJW-RR 1995, 764; OLG Stuttgart, Beschl. v. 4. 9. 2001 – 4 U 142/01, CR 2001, 817.
3 OLG Celle, Beschl. v. 13. 8. 1996 – 11 U 106/96, OLGR Celle 1997, 60.
4 BGH – XII ZB 98/98 – NJW-RR 2001, 210 = FuR 2001, 234.
5 BGH, Beschl. v. 24. 7. 2002 – XII ZB 31/02, FamRZ 2003, 597 = FuR 2003, 47 = FuR 2003, 145; Beschl. v. 10. 6. 1999 – VII ZB 17/98; JurBüro 1984, 382 = 1984, 698 = WPM 1984, 180 = KostRsp. ZPO § 3 Nr. 668 mit Anm. *Schneider*; OLG Karlsruhe, Beschl. v. 13. 12. 2001 – 7 U 167/01, OLGR 2002, 419; OLG Stuttgart CR 2001, 817.
6 BGH, Beschl. v. 1. 10. 2001 – II ZR 217/01, BGHR 2002, 38 = MDR 2002, 107 = AGS 2002, 112 = LM ZPO § 3 Nr. 111 (3/2002) = NJW 2002, 71; Beschl. v. 12. 3. 1992 – I ZR 296/91, MDR 1992, 1091.

II. Bescheidung des Versicherungsanspruchs

1. Als Teilurteil

Beschränkt sich die Abweisung auf das Versicherungsbegehren, etwa wegen fehlender Besorgnis der sorgfaltswidrigen Auskunft (§ 259 Abs. 2 BGB) oder weil eine Verpflichtung zur Versicherung aufgrund der geringen Bedeutung der Angelegenheit ausgeschlossen ist (§ 259 Abs. 3 BGB), dann ist die **Beschwer des Klägers** nach seinem **fortdauernden Auskunftsinteresse** und damit nach einem Bruchteil des angestrebten Mehrbetrages zu bemessen und entspricht damit der Bewertung beim Gebührenstreitwert.[1]

5179

Unzutreffend ist es, demgegenüber auf den Wert des Hauptanspruches abzustellen[2] oder die Differenz zwischen dem Wert des Auskunftsanspruchs und dem Hauptsachewert[3] abzustellen. Denn die Versicherung dient nur der Vorbereitung der Durchsetzung eines über den Inhalt der Auskunft hinausgehenden Leistungsanspruchs.

5180

Im Falle der Verurteilung zur Abgabe der eidesstattlichen Versicherung bemisst sich die **Beschwer des Beklagten** – wie bei Verurteilung zur Auskunft – nach dem **Aufwand an Zeit und Kosten**, den die Abgabe der Versicherung erfordert.[4] Hierbei wird die Berücksichtigung des Aufwandes durch den Wert des Auskunftsanspruchs begrenzt.[5]

5181

2. Als (abweisendes) Gesamturteil

Ein abweisendes Endurteil in der zweiten Stufe ist praktisch kaum denkbar, da die gemeinsame materiell-rechtlichen Grundlage der einzelnen Stufen bereits bei der Bescheidung des Auskunftsanspruch hätte geprüft werden müssen. Es verbleiben daher Fälle, in denen, etwa aufgrund (zwischenzeitlicher) Auskunftserteilung, das Auskunftsverlangen nicht mehr aufrechterhalten oder sogleich mit der zweiten Stufe begonnen wird. Im Falle der vollumfänglichen Abweisung der Stufenklage entspricht auch hier die Beschwer des Klägers dem (geschätzten) Wert des Leistungsanspruchs. Insoweit kann auf die Ausführungen oben Rn. 5178) verwiesen werden.

5182

---

1 OLG Düsseldorf, MDR 1963, 937; *Anders/Gehle/Kunze*, Stichwort „Stufenklage" Rn. 10.
2 So aber OLG Celle NJW 1954, 1493.
3 So OLG Köln MDR 1963, 144.
4 BGH, Beschl. v. 13. 4. 1994 – XII ZB 33/94, KostRsp. ZPO § 3 Nr. 1187 = NJW-RR 1994, 898; KostRsp. ZPO § 3 Nr. 1030 mit Anm. *Schneider* = MDR 1991, 679 = NJW 1991, 1833 = FamRZ 1991, 791; Beschl. v. 27. 3. 1991 – XII ZB 25/91, KostRsp. ZPO § 3 Nr. 1047 = NJW-RR 1991, 956; OLG Dresden, Urteil v. 12. 4. 2000 – 6 U 3646/99, OLG-NL 2001, 1 = SächsVBl 2000, 295 = VIZ 2001, 54 = ZOV 2000, 329.
5 BGH, Beschl. v. 13. 4. 1994 – XII ZB 33/94, NJW-RR 1994, 898; BGH, Urteil v. 20. 6. 1991 – I ZR 13/90, MDR 1992, 302 = NJW-RR 1991, 1467 = GRUR 1991, 873; OLG Köln, Beschl. v. 19. 9. 1997 – 4 UF 122/97, OLGR 1998, 307 = FamRZ 1998, 1309.

III. Bescheidung des Leistungsanspruchs

1. Als Schlussurteil

5183   Wird über den Leistungsanspruch eigenständig erst auf der letzten Stufen entschieden, dann folgt die Bewertung der Beschwer des Klägers dem Umfang der Abweisung und die Beschwer des Beklagten dem Umfang der Stattgabe des nunmehr bezifferten Leistungsantrages.

2. Als (abweisendes) Gesamturteil

5184   Wird der Leistungsanspruch zusammen mit dem vorbereitenden Anspruch bereits auf der ersten Stufe abgewiesen, bemisst sich die Beschwer des Klägers nach dem Wert des Leistungsanspruchs. Denn dieser wird, anders als bei einer nur auf den Auskunftsanspruch beschränkten Abweisung, rechtskräftig aberkannt.[1]

IV. Instanzielle Unterschiede

5185   Diese treten auf, wenn das Rechtsmittelgericht abweichend vom Ausgangsgericht nur über einen Stufenantrag oder weitergehend über die gesamte Stufenklage entscheidet. Hier ist wie folgt zu differenzieren:

5186   Ist bei einer Stufenklage **erstinstanzlich der Auskunftsanspruch** durch Teilurteil **zuerkannt** und im Berufungsverfahren die gesamte Klage abgewiesen, so ist bei uneingeschränkter Revision für den Streitwert der Revisionsinstanz[2] und für die Urteilsgebühr des Berufungsverfahrens der volle Wert der Klage maßgebend.[3] Erfolgt die Abweisung erst im Revisionsverfahren, führt dies nicht zu einer nachträglichen Erhöhung des Berufungswertes,[4] denn die tatbestandlichen Voraussetzungen einer Wertvorschrift müssen ausgehend vom „Grundsatz der nach Instanzen getrennten Wertfestsetzung"[5] innerhalb der Instanz erfüllt werden.

5187   Bei **erstinstanzlicher Abweisung der Stufenklage** und zweitinstanzlicher Verurteilung zur Auskunft und Rückverweisung im Übrigen, beschränkt sich die Revisionsbeschwer des Beklagten auf die Verurteilung zur Auskunft. Das Interesse des Beklagten an einem abschließenden, ihm günstigen Sachurteil geht über den Gegenstand der angefochtenen Entscheidung hinaus und rechtfertigt

---

1 BGH, Beschl. v. 1. 10. 2001 – II ZR 217/01, BGHReport 2002, 38 = MDR 2002, 107 = NJW 2002, 71 = AGS 2002, 112.
2 BGH NJW 1960, 576 – Abgrenzung zu BGH NJW 1959, 1827.
3 BGH, Beschl. v. 12. 3. 1992 – I ZR 296/91, MDR 1992, 1091 = AnwBl. 1992, 498 = JurBüro 1993, 164 = NJW-RR 1992, 1021 – Abgrenzung zu BGH GRUR 1959, 552 = MDR 1959, 909 = NJW 1959, 1827.
4 KG, Beschl. v. 5. 3. 1997 – 24 U 1574/95, KGR 1997, 152.
5 Vgl. BGH, Urteil v. 10. 7. 1986 – I ZR 102/84, KostRsp. GKG § 19 Nr. 118 mit abl. Anm. *Lappe* = JurBüro 1987, 853 = MDR 1987, 117 = Rpfleger 1987, 37.

nicht die Annahme einer höheren Beschwer. Denn mangels sachlicher Entscheidung der weiteren Stufen ist noch nicht ersichtlich, dass mit der Zurückverweisung eine für den Beklagten letztlich ungünstige Entscheidung vorliegt. Dies erhellt der Umstand, dass das Berufungsgericht von einer Zurückverweisung hätte absehen könne und durch Teilurteil über den Auskunftsanspruch entscheiden können.[1]

Auch bei Abweisung einer erst **im zweiten Rechtszug erhobenen Stufenklage** ist der Leistungsanspruch wertbestimmend[2] und dementsprechend auch der Revisionswert anzusetzen. Wird hingegen der erst zweitinstanzlich erhobenen Stufenklage hinsichtlich des Auskunftsanspruchs stattgegeben und der Rechtsstreit wegen des Leistungsanspruchs zurückverwiesen, bestimmt sich die Beschwer des Beklagten für das Revisionsverfahren allein nach dem mit der Erfüllung des Auskunftsanspruchs verbundenen Aufwand.[3] **5188**

E. Vergleich

Wird der Rechtsstreit durch den Abschluss eines Vergleich beendet, bestimmt sich der Gegenstandwert der Einigungsgebühr grundsätzlich nach dem Wert der von der Einigung erfassten Ansprüche (siehe zu den Einzelheiten unter dem Stichwort „Vergleich"). Daher ist für die Bewertung maßgeblich, welche Ansprüche (Stufe) der Stufenklage abschließend erledigt werden. **5189**

Einigen sich die Parteien **über** den vom Kläger geltend gemachten **(unbezifferten) Leistungsanspruch** (3. Stufe), ist für den Vergleichswert der nach § 44 GKG (§ 18 GKG a.F.) zu bestimmende Hauptsachewert maßgeblich. Dies unabhängig davon, ob die Einigung im Prozess erst auf der 3. Stufe erzielt wird, also nach bezifferter Antragstellung, oder bereits vor Auskunftserteilung oder Versicherung an Eides statt. Zu beachten bleibt jedoch, dass bei einer Einigung (erst) auf der 3. Stufe der Gegenstandswert nach dem nunmehr bezifferten und nicht nach dem eingangs (§ 40 GKG entspricht § 15 GKG a.F.) geschätzten Hauptsachewert zu bemessen ist. **5190**

Beschränkt sich der Vergleich auf eine Einigung **über Auskunft bzw. Rechnungslegung** (1. Stufe) entspricht der Vergleichswert folglich nicht dem (geschätzten) Wert der Leistungsstufe, wenn durch den Vergleich der Rechtstreit zwar insgesamt erledigt wird, die Parteien sich inhaltlich aber nur über den Auskunftsanspruch vergleichen.[4] **5191**

---

1 BGH, Beschl. v. 3. 7. 2002 – IV ZR 191/01, BGHReport 2003, 45 = MDR 2002, 1390 = NJW 2002, 3477 = FamRZ 2003, 87 = BGHR ZPO § 3 Rechtsmittelinteresse Nr. 52; BGH, Beschl. v. 23. 3. 1970 – VII ZR 137/68, MDR 1970, 671 = JurBüro 1970, 489 = NJW 1970, 1083 = JVBl. 1970, 209 = WM 1970, 759.
2 KG JurBüro 1973, 754.
3 BGH, Beschl. v. 15. 2. 2000 – X ZR 127/99, NJW 2000, 1724.
4 LAG Düsseldorf, Beschl. v. 19. 12. 2001 – 7 Ta 425/01, juris-Nr. KORE 600004989 = Bibliothek BAG.

Stufenstreitwerte

A. Überblick

5192 Im Rechtsstreit kommt es nicht selten vor, dass der Kläger seine Anträge wiederholt ändert, indem er einmal weniger, einmal mehr und sogar mehr und weniger in verschiedenen Anträgen zugleich verlangt. Das führt manchmal zu Unklarheiten bei der Bemessung des Streitwertes. Auch können Teilerledigungsvorgänge eintreten; Teilanerkenntnis, teilweise Klagerücknahme, teilweise übereinstimmende Erledigungserklärungen zur Hauptsache und dgl. Bei der Streitwertfestsetzung ist in diesen Fällen zwischen dem den Zuständigkeitsstreitwert und dem Gebührenstreitwert streng zu unterscheiden.

B. Zuständigkeitsstreitwert

5193 Für den **Zuständigkeitsstreitwert** ist immer nur die Summe der jeweils anhängigen Anträge maßgebend (siehe das Stichwort „Mehrere Ansprüche"). Eine Reduzierung des Wertes ist wegen § 261 Abs. 3 Nr. 2 ZPO für die Zuständigkeit des Gerichts unbeachtlich. Eine spätere Erhöhung kann dagegen zur Verweisung führen (§ 506 ZPO).

C. Gebührenstreitwert

5194 Bei der Bemessung des **Gebührenstreitwerts** ist in solchen Fällen, in denen sich der Streitwert verändert, zweierlei zu beachten:

I. Gestaffelte Festsetzung

5195 Bei der Festsetzung ist eine zeitlich gestaffelte Wertfestsetzung vorzunehmen, da sich einzelne Gebühren nach einem geringeren Wert berechnen können, wenn sie erst nach einer Klagerücknahme, Erledigung o. ä. anfallen.

➲ **Beispiel:**

Die Berufung (Wert 6000 Euro) wird vor mündlicher Verhandlung um 2000 Euro zurückgenommen.

Die Verfahrensgebühren der Anwälte (Nr. 3100 VV RVG) berechnen sich nach 6000 Euro; die Terminsgebühr berechnet sich dagegen nur nach dem Wert von 4000 Euro.

Für die Gerichtsgebühren ist die Reduzierung dagegen unerheblich.

➲ **Beispiel:**

Es wird eine einstweilige Verfügung beantragt wegen dreier Unterlassungsansprüche (Wert jeweils 20 000 Euro). Das Gericht ordnet mündliche Verhandlung an. Vor der Verhandlung wird ein Antrag zurückgenommen.

Für die 1,5-Verfahrensgebühr der Nr. 1410 KV GKG gilt der Wert von 60 000 Euro. Für die Erhöhung auf eine 3,0-Gebühr nach Nr. 1412 KV GKG gilt der Wert von 40 000 Euro.

Zu rechnen ist also wie folgt:

1,5-Gebühr, Nr. 1410 KV GKG (Wert 20 000 Euro)	432,00 Euro
3,0-Gebühr, Nr. 1412 KV GKG (Wert 40 000 Euro)	1194,00 Euro
Gesamt	**1626,00 Euro**[1]

Bei der Bemessung des Streitwertes für die einzelnen Zeitabschnitte des Verfahrens ist von den schriftsätzlichen Erklärungen des Klägers auszugehen. Diese sind in ihrer zeitlichen Reihenfolge zu überprüfen, ob und gegebenenfalls in welcher Höhe sie die Wertbemessung beeinflusst haben.   5196

Auf das Datum eines Schriftsatzes kommt es dabei nicht an, sondern nur auf den Eingang bei Gericht, auf die mündliche Verhandlung oder eine zustimmende Erklärung des Gegners (z.B. § 269 Abs. 1 ZPO).   5197

II. Gerichtsgebühren

Für die Berechnung der **Gerichtsgebühren** sind Stufenstreitwerte kaum noch von Bedeutung, seitdem in Prozessverfahren nur Gebühren für das gesamte Verfahren erhoben werden und die Verfahrensgebühren damit von Teilerledigungsvorgängen unberührt bleibt.   5198

Bedeutung haben Stufenstreitwerte im Zivilprozess bei   5199

– nur **teilweisem Übergang vom Mahnverfahren** (0,5-Gebühr nach Nr. 1110 KV GKG) in das streitige Verfahren (3,0-Gebühr nach Nr. 1210 KV GKG)
– in Arrest- und einstweiligen Verfügungsverfahren (1,5-Gebühr nach Nr. 1410 KV GKG für das Verfahren) bei anschließender Entscheidung durch Urteil oder Beschluss (3,0-Gebühr nach Nr. 1412 KV GKG)[2]
– in Verbundverfahren (3,0-Verfahrensgebühr nach Nr. 1310 KV GKG) bei Erledigung einer Folgesache (Ermäßigung auf 0,5 aus dem Wert der Folgesache Nr. 1311 KV GKG)

Die frühere Streitfrage, ob in erstinstanzlichen **Arrest und einstweiligen Verfügungsverfahren** Stufenstreitwerte anzusetzen sind, da hier die Gerichtsgebühren im Gegensatz zum Erkenntnisverfahren anderes gestaffelt sind (Nr. 1310, 1311 KV GKG), ist zwischenzeitlich obsolet. Durch die Neufassung der Nr. 1311 KV GKG ist die Sache jetzt eindeutig geregelt.   5200

III. Anwaltsgebühren

Bei der Festsetzung des Gebührenstreitwertes für die Anwaltsgebühren haben Stufenstreitwerte dagegen große Bedeutung, da die Anwaltsgebühren zu verschiedenen Zeitpunkten entstehen. Für **jede Gebühr** ist der Gegenstandswert   5201

---

1 Die Höchstgrenze des § 36 Abs. 3 GKG, nicht mehr als 3,0 aus dem Gesamtwert von 60 000 Euro (= 1668 Euro), ist nicht erreicht.
2 Die Gebühr der Nr. 1410 KV GKG erhöht sich nur nach dem Wert des Streitgegenstands, auf den sich die Entscheidung bezieht (Nr. 1412 KV GKG).

daher **gesondert** zu ermitteln. Es kann daher durchaus vorkommen, dass für jede Gebühr ein anderer Wert maßgebend ist.

⮑ **Beispiel:**

Eingeklagt werden 10 000 Euro. Nach teilweiser Klagerücknahme wird über restliche 7000 Euro verhandelt. Hiernach erklären die Parteien den Rechtsstreit in Höhe von weiteren 3000 Euro in der Hauptsache für erledigt und schließen über die restlichen 4000 Euro einen Vergleich.

Die Verfahrensgebühr (Nr. 3100 VV RVG) berechnet sich nach dem Wert von 10 000 Euro, die Terminsgebühr (Nr. 3104 VV RVG) lediglich nach dem Wert von 7000 Euro und für die Einigungsgebühr (Nr. 1000 VV RVG) ist nur ein Wert von 4000 Euro maßgebend.

5202 Sind nach § 15 Abs. 3 RVG verschiedene Teilgebühren zu berechnen, so ist der Gegenstandswert für jede dieser Teilgebühren gesondert zu ermitteln. Eine Zusammenrechnung der Werte findet dann nicht statt.

⮑ **Beispiel:**

Eingeklagt wird eine Darlehensforderung in Höhe von 3000 Euro. Hierüber wird verhandelt. Später wird die Klage um eine Kaufpreisforderung in Höhe von 2000 Euro erweitert. Im zweiten Termin ist der Beklagte säumig, so dass ein Versäumnisurteil ergeht.

Für die Verfahrensgebühr (Nr. 3100 VV RVG) sind die Werte der beiden Gegenstände nach § 23 Abs. 1 S. 1 RVG i.V.m. § 39 Abs. 1 GKG zu addieren. Sie berechnet sich aus dem Wert von 5000 Euro. Für die Verhandlungen entstehen dagegen nach § 15 Abs. 3 RVG zwei Teilgebühren, nämlich aus dem Wert der Darlehensforderung eine 1,2-Terminsgebühr nach Nr. 3104 VV RVG und aus dem Wert der Kaufpreisforderung eine 0,5-Terminsgebühr nach Nr. 3105 VV RVG. Lediglich zu Kontrollzwecken ist eine Gebühr aus dem höchsten Gebührensatz nach den zusammengerechneten Werten zu ermitteln, da die Summe der beiden Einzelgebühren nicht höher liegen darf als eine Gebühr nach dem höchsten Gebührensatz aus den zusammengerechneten Werten (§ 15 Abs. 3, 2. Hs. RVG).

IV. Zusammenrechnung

5203 Sind die Streitwerte gestaffelt festgesetzt, so dürfen diese nicht ohne weiteres der Gebührenberechnung zugrunde gelegt werden; vielmehr ist gegebenenfalls noch eine Zusammenrechung der einzelnen Werte vorzunehmen. Im Gegensatz zum Zuständigkeitsstreitwert kommt es beim Gebührenstreit nämlich nicht auf die Summe der jeweils anhängigen Ansprüche an, sondern auf die **Summe aller während des gesamten Verfahrens anhängigen Ansprüche** (§ 39 Abs. 1 GKG), soweit kein Additionsverbot besteht (z.B. §§ 48 Abs. 3, 44, 45 Abs. 1 GKG).

5204 Deutlicher zum Ausdruck kommt dieser Grundsatz bei den Anwaltsgebühren (§ 22 Abs. 1 RVG): **In derselben Angelegenheit werden die Werte mehrerer Gegenstände zusammengerechnet.**

5205 Die Zusammenrechung ist insbesondere bei Verfahren zu berücksichtigen, in denen wiederkehrende Leistungen geltend gemacht werden und bei denen sich durch übereinstimmende Erledigungserklärung, Teilurteil oder Rücknahme einzelne Gegenstände erledigen, während aufgrund des Zeitablaufs wieder neue hinzukommen. Die unterschiedliche Berechungsweise kann dazu führen, dass der Gebührenstreitwert über 5000 Euro liegt, obwohl der Zuständigkeitsstreitwert diesen Betrag nie erreicht hat.

⊃ **Beispiel:**

Der Anwalt erhält den Auftrag, vier rückständige Darlehensraten in Höhe von jeweils 1000 Euro für die Monate Januar bis April geltend zu machen. Im Prozess stellt sich heraus, dass die Raten für Januar und Februar bereits gezahlt waren, so dass insoweit die Klage zurückgenommen wird. Wegen der zwischenzeitlich eingetretenen weiteren Rückstände für Mai und Juli wird die Klage um 2000 Euro erweitert. Der Gegenstandswert für Gerichts- und Anwaltsgebühren beläuft sich auf 6000 Euro, da im Verlaufe des Rechtsstreits insgesamt sechs verschiedene Raten zu jeweils 1000 Euro anhängig waren. Darauf, dass nie mehr als vier Raten zeitgleich anhängig waren, kommt es nicht an.

Eine solche Zusammenrechnung ist auch in anderen Fällen vorzunehmen, in denen infolge einer Klageänderung ein neuer Streitgegenstand eingeführt wird: **5206**

⊃ **Beispiel:**

Es wird eine Kaufpreisforderung in Höhe von 4000 Euro eingeklagt. Später wird die Klage geändert und nunmehr eine Darlehensforderung in Höhe von 3000 Euro geltend gemacht. Der Gebührenstreitwert beläuft sich auf 7000 Euro.

Tagebuch

Die Klage auf Herausgabe eines Tagebuches ist in der Regel eine nach § 48 Abs. 2 GKG zu bewertende nichtvermögensrechtliche Streitigkeit.[1] Der Wert ist unter Berücksichtigung aller Umstände des Einzelfalls nach Ermessen zu bestimmen und darf 1 000 000 Euro nicht übersteigen. **5207**

Tankstellendienstbarkeit

Literatur: *Schalhorn* JurBüro 1974, 169.

Bei Streit über die Verpflichtung zur Eintragung einer Tankstellendienstbarkeit ist der Wert weder analog § 24 KostO noch gemäß § 7 ZPO noch nach dem Gewinn der Tankstelle zu bemessen, sondern gemäß § 3 ZPO nach dem Interesse des Klägers auf **Sicherung** seines Rechts **durch Eintragung im Grundbuch**.[2] **5208**

Auf den 20fachen Jahresbetrag (noch ausstehende Vertragsdauer) der zu zahlenden Mindestvergütung hat das OLG Celle[3] gemäß § 9 ZPO a.F. (§ 9 S. 1 ZPO **5209**

---

1 KG JurBüro 1969, 1190.
2 OLG Nürnberg, Beschl. v. 11. 1. 1967 – 5 W 73/66, KostRsp. ZPO § 3 Nr. 166; JurBüro 1967, 829.
3 OLG Celle, Beschl. v. 12. 7. 1955 – 3 W 86/55, JurBüro 1955, 443.

i.d.F. des KostRÄndG 1994 sieht nur noch den 3,5fachen Jahresbetrag als Höchstwert vor) in folgendem Fall bewertet: Aufgrund eines Tankstellenvertrages hatte der Grundeigentümer einem Betriebsstoffkonzern eine Grundfläche zum Bau und Betrieb einer Tankstelle gegen Umsatzbeteiligung überlassen. Dieses Nutzungsrecht war durch eine beschränkt persönliche Dienstbarkeit dinglich gesichert. Zusätzlich hatte der Grundstückseigentümer dem Konzern ein Vorkaufsrecht für die überlassene Grundfläche einräumen und sich einem Konkurrenzverbot unterwerfen müssen.

5210 Siehe im Übrigen bei dem Stichwort „Dienstbarkeit (§ 1090 BGB)".

Tauschvertrag

5211 Die Bewertung richtet sich danach, welche Ansprüche aus dem Tauschvertrag hergeleitet werden. Beim Tausch beweglicher Sachen beispielsweise richtet sich der Wert des Herausgabeverlangens des Klägers nach dem Verkehrswert der ihm gebührenden Sache (§ 6 ZPO).

Teil des Hauptanspruchs

A. Zuständigkeitsstreitwert

5212 Für den Zuständigkeitsstreitwert sind Teile des Hauptanspruchs unbeachtlich, da es auf den vollen Wert bei Einleitung der Instanz ankommt. Wird später die Klage erweitert, kommt es ebenfalls auf den Gesamtwert an, nicht auf den Teil der anfangs geltend gemacht worden war.

B. Rechtsmittelstreitwert

5213 Soweit es für den Rechtsmittelstreitwert nicht auf die Beschwer, sondern auf den Gegenstand des Rechtsmittelverfahrens ankommt, richtet sich die Zulässigkeit nach dem Wert des Streitgegenstands, wegen dem das Rechtsmittel durchgeführt wird. Soweit also eine Entscheidung nur wegen eines Teils des Streitgegenstands angefochten wird, kommt es nur auf den Wert der Teilanfechtung an.

5214 Soweit eine Abhilfemöglichkeit besteht (wie z.B. im Kostenfestsetzungsverfahren oder im Verfahren auf Streitwertfestsetzung) kommt es auf den nach Abhilfe noch verbleibenden Teil an, nicht auf den ursprünglichen Wert.

C. Gebührenstreitwert für die Gerichtskosten

Für Handlungen, die nur einen Teil des Streitgegenstandes betreffen, sind die Gerichtsgebühren nur nach dem Wert dieses Teils zu berechnen (§ 36 Abs. 1 GKG).   **5215**

Damit sind die Fälle gemeint, in denen in derselben Gebührenangelegenheit einzelne Gebühren nach Teilwerten anfallen. Nicht gemeint sind damit die Fälle verschiedener Instanzen, etwa bei einer Teilanfechtung. Dann gilt § 40 GKG. Jede Instanz ist gesondert zu bewerten.   **5216**

Solche Prozesslagen, in denen sich die Gebühren gem. § 36 GKG aus Teilwerten berechnen, treten seit dem Wegfall der Urteilsgebühren kaum noch auf. Möglich sind solche Fallkonstellationen z.B. in Arrest- und einstweiligen Verfügungsverfahren.   **5217**

⟳ **Beispiel:**

Es wird eine einstweilige Verfügung beantragt wegen dreier Unterlassungsansprüche (Wert jeweils 20 000 Euro). Das Gericht ordnet mündliche Verhandlung an. Vor der Verhandlung wird ein Antrag zurückgenommen.

Für die 1,5-Verfahrensgebühr der Nr. 1410 KV GKG gilt der Wert von 20 000 Euro. Für die Erhöhung auf eine 3,0-Gebühr nach Nr. 1412 KV GKG gilt der Wert von 40 000 Euro.

Zu rechnen ist also wie folgt:

1,5-Gebühr, Nr. 1410 KV GKG (Wert 20 000 Euro)	432,00 Euro
3,0-Gebühr, Nr. 1412 KV GKG (Wert 40 000 Euro)	1194,00 Euro
Gesamt	**1626,00 Euro**[1]

Sind von einzelnen Wertteilen in demselben Rechtszug für gleiche Handlungen Gebühren zu berechnen, darf nicht mehr erhoben werden, als wenn die Gebühr von dem Gesamtbetrag der Wertteile zu berechnen wäre (§ 36 Abs. 2 GKG).   **5218**

⟳ **Beispiel:**

Es wird ein Teilvergleich geschlossen, der nicht anhängige Gegenstände in Höhe von 5000 Euro mit einbezieht. Später wird ein Schlussvergleich geschlossen, in dem weitere 10 000 Euro an nicht anhängigen Gegenständen mit verglichen werden.

Für den ersten Vergleich fällt nach Nr. 1900 KV GKG eine 0,25-Gebühr aus 5000 Euro an. Für den zweiten Vergleich fällt erneut eine Gebühr nach Nr. 1900 KV GKG an, diesmal aus 10 000 Euro.

Insgesamt darf nach § 36 Abs. 2 GKG nicht mehr erhoben werden als eine 0,25-Gebühr aus dem Gesamtwert von 15 000 Euro.

Zu rechnen ist also wie folgt:

0,25-Gebühr, Nr. 1900 KV GKG. (Wert 5000 Euro)	30,25 Euro
0,25-Gebühr, Nr. 1900 KV GKG (Wert 10 000 Euro)	49,00 Euro
insgesamt nicht mehr als 0,25-Gebühr aus 15 000 Euro	**60,50 Euro**

Sind für Teile des Gegenstands verschiedene Gebührensätze anzuwenden, sind die Gebühren für die Teile gesondert zu berechnen; die aus dem Gesamtbetrag   **5219**

---

1 Die Höchstgrenze des § 36 Abs. 3 GKG, nicht mehr als 3,0 aus dem Gesamtwert von 60 000 Euro (= 1668 Euro), ist nicht erreicht.

der Wertteile nach dem höchsten Gebührensatz berechnete Gebühr darf jedoch nicht überschritten werden (§ 36 Abs. 3 GKG).

⊃ **Beispiel:**

In einem Scheidungsverfahren (Ehesache 3100 Euro; Versorgungsausgleich 1000 Euro) wird auch die Folgesache Umgangsrecht (Wert 900 Euro) anhängig gemacht. Später wird der Antrag auf Umgangsrecht wieder zurückgenommen.

Zunächst ist eine 2,0-Gebühr (Nr. 1310 KV GKG) aus dem Gesamtwert in Höhe von 5000 Euro (§ 46 Abs. 1 S. 1 GKG) angefallen. Aus dem Gegenstandswert von 900 (Umgangsrecht) reduziert sich die Gebühr auf 0,5 (Nr. 1311 KV GKG); aus 4100 Euro bleibt es dagegen bei 2,0.

Insgesamt darf jedoch nicht mehr verlangt werden als eine 2,0-Gebühr aus dem Gesamtwert von 75 000 Euro.

Zu rechnen ist also wie folgt:

2,0-Gebühr, Nr. 1310 KV GKG (Wert 4100 Euro)	226,00 Euro
0,5-Gebühr, Nr. 1311 KV GKG (Wert 900 Euro)	22,50 Euro
	(gesamt 248,50 Euro)
insgesamt jedoch nicht mehr als 2,0-Gebühr aus 5000 Euro	**242,00 Euro**

D. Gebührenstreitwert für die Anwaltsgebühren

5220   Für den Gebührenstreitwert der Anwaltsgebühren gilt gleiches wie für die Gerichtsgebühren, wobei sich hier Abweichungen ergeben können.

5221   Auch bei den Anwaltsgebühren kann es vorkommen, dass innerhalb derselben Angelegenheit gleichartige Gebühren aus Teilen des Gegenstandswertes nach verschiedenen Gebührensätzen anfallen. In diesem Fall gilt § 15 Abs. 3 RVG. Danach erhält der Anwalt ausnahmsweise entgegen § 15 Abs. 2 S. 1 RVG in derselben Angelegenheit mehrere Gebühren, und zwar aus den Werten der jeweiligen Teil-Gegenstände.

⊃ **Beispiel:**

In einem Rechtsstreit über 8000 Euro ergeht zunächst ein Teil-Versäumnisurteil im schriftlichen Verfahren über 2000 Euro. In Höhe von 6000 Euro wird verhandelt.

Die Terminsgebühr aus dem Teilwert von 2000 Euro entsteht nur zu 0,5 (Nr. 3105 VV RVG). Die Terminsgebühr aus 6000 Euro entsteht dagegen in voller Höhe (1,2: Nr. 3104 VV RVG), da insoweit verhandelt worden ist. Es ergibt sich folgende Berechnung:

1. 1,3-Verfahrensgebühr, 3100 VV RVG (Wert: 8000 Euro)		535,60 Euro
2. 0,5-Terminsgebühr, 3105 VV RVG (Wert: 2000 Euro)		66,50 Euro
3. 1,2-Terminsgebühr, 3104 VV RVG (Wert: 6000 Euro)		405,60 Euro
4. Postentgeltpauschale, 7002 VV RVG		20,00 Euro
Zwischensumme	1027,70 Euro	
5. 16 % Umsatzsteuer, 7008 VV RVG		164,43 Euro
Gesamt		**1192,13 Euro**

5222   Voraussetzung für die Anwendung des § 15 Abs. 3 RVG ist, dass die Gebühren in derselben Angelegenheit entstehen. Daher gilt § 15 Abs. 3 RVG nicht, wenn das Gesetz anordnet, dass zwei verschiedene Angelegenheiten vorliegen, etwa bei Urkunden- und Nachverfahren (§ 17 Nr. 5 RVG), beim Verfahren nach Zurückverweisung (§ 21 Abs. 1 S. 1 RVG).

Zu beachten ist, dass die **Summe der Einzelgebühren** niemals den Wert einer 5223
Gebühr nach dem höchsten Gebührensatz aus dem Gesamtwert übersteigen
darf (§ 15 Abs. 3, 2. Hs. RVG). Übersteigt die Summe der Einzelgebühren einen
Betrag nach dem höchsten Satz aus dem Gesamtwert, so sind die Einzelgebühren auf diesen Betrag zu begrenzen.

Hauptanwendungsfall des § 15 Abs. 3, 2. Hs. RVG ist die Einigung, in die nicht 5224
anhängige Ansprüche einbezogen werden. Hier kann § 15 Abs. 3 RVG sowohl
hinsichtlich der Verfahrens- als auch der Einigungsgebühr zu berücksichtigen
sein. Der Anwalt erhält für die rechtshängigen Ansprüche eine 1,3-Verfahrens-
gebühr (Nr. 3100 VV RVG) und eine 1,0-Einigungsgebühr (Nr. 1000, 1003 VV
RVG). Für die nicht anhängigen Ansprüche erhält er daneben eine 0,8-Verfah-
rensgebühr (Nr. 3101 Nr. 2 VV RVG) sowie eine 1,5-Einigungsgebühr (Nr. 1000
VV RVG).[1]

⊃ **Beispiel:**

In einem Rechtsstreit werden 10 000 Euro eingeklagt. Die Parteien einigen sich außergerichtlich über die gesamte Klageforderung sowie über weitere 6000 Euro, die bislang
nicht anhängig waren und lassen diesen Vergleich nach § 278 Abs. 6 ZPO protokollieren.

1. 1,3-Verfahrensgebühr, Nr. 3100 VV RVG
   (Wert: 10 000 Euro) 631,80 Euro
2. 0,8-Verfahrensgebühr, Nr. 3101 Nr. 2 VV RVG
   (Wert: 6000 Euro) 270,40 Euro
   gem. § 15 Abs. 3 RVG nicht mehr als 1,3 aus 16 000 Euro 735,80 Euro
3. 1,2-Terminsgebühr, Nr. 3104 VV RVG (Wert: 16 000 Euro) 679,20 Euro
4. 1,0-Einigungsgebühr, Nr. 1000, 1003 VV RVG
   (Wert: 10 000 Euro) 486,00 Euro
5. 1,5-Einigungsgebühr, Nr. 1000 VV RVG
   (Wert: 6000 Euro) 507,00 Euro
   gem. § 15 Abs. 3 RVG nicht mehr als 1,5 aus 16 000 Euro 849,00 Euro
6. Postentgeltpauschale, Nr. 7002 VV RVG 20,00 Euro
   Zwischensumme 2284,00 Euro
7. 16 % Umsatzsteuer, Nr. 7008 VV RVG 365,44 Euro
   Gesamt **2649,44 Euro**

§ 15 Abs. 3 RVG ist ebenfalls anzuwenden, wenn zunächst ein Teilversäumnis- 5225
urteil ergeht und wegen des Restes später verhandelt wird. Es entstehen dann
zwei Terminsgebühren nach Nr. 3104 VV RVG und Nr. 3105 VV RVG.

Gleiches gilt, wenn über einen Teil nur Anträge zur Sach- und Prozessleitung 5226
gestellt werden und im Übrigen verhandelt wird.

Kein Fall des § 15 Abs. 3 RVG liegt vor, wenn das Versäumnisurteil zunächst in 5227
voller Höhe ergeht, später aber nur über einen Teil verhandelt wird. Die 0,5-
Gebühr erstarkt dann nur zum Teil zu einer vollen 1,2-Terminsgebühr.

1 OLG Hamburg AnwBl. 1963, 55 = NJW 1963, 664; OLG Nürnberg JurBüro 1963, 223;
OLG Schleswig Rpfleger 1962, 364; OLG Hamm MDR 1962, 913; OLG Celle AnwBl.
1962, 261; OLG Zweibrücken JurBüro 1966, 675; OLG Düsseldorf AnwBl. 1962, 98 =
MDR 1961, 1025 = JurBüro 1961, 552; OLG Schleswig SchlHA 1961, 292.

5228 Des Weiteren ist ein Fall des § 15 Abs. 3 RVG gegeben, wenn mehrere Auftraggeber nur hinsichtlich eines Teils des Streitgegenstandes gemeinschaftlich beteiligt sind. Aus dem Teil der einfachen Beteiligung entsteht dann nur die einfache Gebühr; aus dem Wert der mehrfachen Beteiligung entsteht eine nach Nr. 1008 VV RVG erhöhte Gebühr. Alsdann ist nach § 15 Abs. 3, 2. Hs. RVG zu kürzen.[1]

○ **Beispiel:**

Der aus einem Verkehrsunfall Geschädigte erhebt eine Schadensersatzklage (2000 Euro) gegen den gegnerischen Fahrer, Halter und Haftpflichtversicherer. Der verklagte Halter erhebt daraufhin Widerklage gegen den Kläger und dessen Haftpflichtversicherer in Höhe von 10 000 Euro.

Beide Anwälte sind hier nach einem Gegenstandswert von 12 000 Euro tätig geworden, da Klage und Widerklage addiert werden (§ 23 Abs. 1 S. 1 RVG i.V.m. § 45 Abs. 1 GKG). Der Anwalt des Klägers ist dabei nach einem Gegenstandswert von 2000 Euro für einen Auftraggeber (Kläger) tätig geworden und nach einem Gegenstandswert in Höhe von 10 000 Euro für zwei Auftraggeber (Kläger und drittwiderbeklagter Haftpflichtversicherer). Der Anwalt des Beklagten wiederum ist nach einem Gegenstandswert von 2000 Euro für drei Auftraggeber (drei Beklagte) tätig geworden und nach einem Gegenstandswert von 10 000 Euro für einen Auftraggeber (Widerkläger).

Die zutreffende Berechnung ergibt sich aus § 15 Abs. 3 RVG. Für jeden Teilstreitwert sind gesonderte Gebühren zu berechnen, wobei die Summe der Einzel-Gebühren nicht höher liegen darf als eine nach dem höchsten angefallenen Gebührensatz berechnete Gebühr aus dem Gesamtstreitwert. Im Beispiel ergibt dies folgende Berechnung:

Anwalt Kläger:

1. 1,6-Verfahrensgebühr, Nr. 3100, 1008 VV RVG (Wert: 10 000 Euro)	777,60 Euro	
2. 1,3-Verfahrensgebühr, Nr. 3100 VV RVG (Wert: 2000 Euro)	172,90 Euro	
gem. § 15 Abs. 3 RVG nicht mehr als 1,6 aus 12 000 Euro		841,60 Euro
3. 1,2-Terminsgebühr, Nr. 3104 VV RVG (Wert: 12 000 Euro)		631,20 Euro
4. Postentgeltpauschale, Nr. 7002 VV RVG		20,00 Euro
Zwischensumme	1492,80 Euro	
5. 16 % Umsatzsteuer, Nr. 7008 VV RVG		238,85 Euro
Gesamt		**1731,65 Euro**

Anwalt Beklagter:

1. 1,9-Verfahrensgebühr, Nr. 3100, 1008 VV RVG, (Wert: 2000 Euro)	252,70 Euro
2. 1,3-Verfahrensgebühr, Nr. 3100 VV RVG (Wert: 10 000 Euro)	631,80 Euro[2]
3. 1,2-Terminsgebühr, Nr. 3104 VV RVG (Wert: 12 000 Euro)	631,20 Euro
4. Postentgeltpauschale, Nr. 7002 VV RVG	20,00 Euro
Zwischensumme	1535,70 Euro
5. 16 % Umsatzsteuer, Nr. 7008 VV RVG	245,71 Euro
Gesamt	**1781,41 Euro**

---

1 OLG Hamburg MDR 1978, 767; LG Bonn Rpfleger 1995, 384 mit Anm. *N. Schneider*; AnwK-RVG/*N. Schneider* § 15 Rn. 209 ff.; *Luppe*, Rpfleger 1981, 94; *N. Schneider*, BRAGOreport 2000, 21.

2 Die Höchstgrenze des § 15 Abs. 3 RVG in Höhe einer 1,9-Gebühr aus 12 000 Euro (999,40 Euro) ist nicht erreicht.

Teilanerkenntnisurteil

Siehe die Stichwörter „Anerkenntnis" und „Teilurteil".

Teilklage

Literatur: *Boennecke* MDR 1954, 83 (Teilklage auf Unterhalt); *Holste* AnwBl. 1959, 46 (Benachteiligung der Rechtsanwälte); *Geissler* AnwBl. 1961, 101.

A. Einleitung

Aus der Dispositionsmaxime folgt, dass der Kläger sein prozessuales Rechts-   5229
schutzbegehren auf einen Teil eines teilbaren Gesamtanspruches beschränken
kann. Ob ein Anspruch im rechtlichen Sinne teilbar ist, ist davon abhängig, ob
er quantitativ abgrenzbar und eindeutig individualisierbar ist[1] und in welchem
Umfang über ihn Streit bestehen kann, ohne dass die Gefahr widersprüchlicher
Entscheidungen besteht.[2]

Zur Individualisierung des Streitgegenstandes bedarf es jedoch der Abgrenzung   5230
des eingeklagten Teils gegenüber dem verbleibenden Teil des Gesamtanspruchs, anderenfalls ist die Klage unzulässig.[3] Eine nachträglich Abgrenzung
heilt rückwirkend, jedoch sind bis dahin alle Einzelforderungen in vollem Umfang bedingt rechtshängig.[4]

B. Zuständigkeits- und Gebührenstreitwert

Für die Bewertung der Teilklage ist nur maßgebend, was eingeklagt wird. Dass   5231
beispielsweise eine Teilklage aus einer einheitlichen Kaufpreisforderung sich
auf alle Rechnungsforderungen eines **Sukzessivlieferungsvertrages** stützt, rechtfertigt keine Erhöhung des Streitwertes, insbesondere keine Wertaddition aller
Rechnungsforderungen.

---

1 BGH, Urteil v. 21. 2. 1992 – V ZR 253/90, MDR 1992, 805 = NJW 1992, 1769 = WM
  1992, 970.
2 BGH, Urteil v. 20. 1. 2004 – VII ZR 70/03, BGHReport 2004, 683 = MDR 2004, 701 =
  NJW 2004, 1243 = NZV 2204, 240 = VersR 2004, 1334.
3 BGH, Urteil v. 20. 1. 2004 – VII ZR 70/03, BGHReport 2004, 683 = MDR 2004, 701 =
  NJW 2004, 1243 = NZV 2204, 240 = VersR 2004, 1334; BGH, Urteil v. 13. 3. 2003 – VII
  ZR 418/01, BGHReport 2003, 765 = MDR 2003, 824 = NJW-RR 1075 = WM 2003, 1830;
  BGHZ 11, 192; Zöller/*Greger*, § 253 Rn. 15.
4 BGH, Urteil v. 17. 7. 2003 – I ZR 295/00, BGHZ 156, 1 = BGHReport 2003, 1438 = MDR
  2004, 219 = NJW-RR 2004, 639.

5232   Auch ist für die Streitwertfestsetzung grundsätzlich unerheblich, ob die zu be-
wertende **Antragstellung prozessual zulässig** war oder nicht.[1] Dient etwa die
Erhebung mehrerer Teilklagen allein der Erschleichung der amtsgerichtlichen
Zuständigkeit, ist diese zwar wegen fehlendem Rechtsschutzbedürfnis unzuläs-
sig,[2] der Streitwert der jeweiligen Teilklage bemisst sich (bis zu einer etwaigen
Verbindung) jedoch nur nach dem jeweiligen Klagebetrag.

5233   Wird bei einer **Schadensersatzklage** nur ein Teilbetrag beansprucht und im
Wege der Widerklage auf Feststellung des Nichtbestehens des gesamten Anspruches begehrt, hat weiterhin der Kläger von vornherein ein Mitverschulden
eingeräumt, so ist dieses Mitverschulden bei der Festsetzung des Streitwertes
zu berücksichtigen, auch wenn der Kläger das Mitverschulden nicht bruchteilsmäßig bestimmt hat.[3]

5234   Gegenstand einer **Feststellungswiderklage** kann auch ein Teil einer Forderung
sein; nur dieser Anspruchsteil ist dann als Streitgegenstand zu berücksichtigen. Hierbei ist unerheblich, ob sich für den unterlegenen Beklagten aus der
Abweisung der begrenzten Feststellungswiderklage mittelbar ergibt, dass
auch eine nicht eingeschränkte Feststellungswiderklage erfolglos geblieben
wäre.[4]

5235   Ist bei einer **Vollstreckungsgegenklage** unstreitig, dass die Zwangsvollstreckung
nur wegen eines Bruchteils des im Titel festgelegten Zahlungsanspruchs für
unzulässig erklärt werden soll, so ist nur dieser Teilbetrag der Streitwertfestsetzung zugrunde zu legen.[5] Hierbei kann sich die Beschränkung der Vollstreckungsgegenklage aus der Fassung des Antrages oder auch konkludent aus den
Umständen ergeben, etwa der Streitwertangabe des Klägers und dem Umfang
der dem Beklagten erteilten Vollstreckungsklausel.[6]

5236   Siehe näher dazu das Stichwort „Vollstreckungsgegenklage".

C. Rechtsmittel und Beschwer

5237   Die Bestimmung der Beschwer entspricht der auf den Gesamtbetrag gerichteten
Klage. Dies gilt auch, wenn die Teilklage mit einer Begründung abgewiesen
wird, die auch die Erfolgaussichten des nichts rechtshängigen Teil des Gesamtanspruchs beeinflusst, also insbesondere, wenn bereits der Anspruchsgrund verneint wird.

5238   Wenn die Berufung gegen ein klageabweisendes Urteil nach der Berufungsschrift nur eingelegt wird, soweit die Klage in Höhe eines bestimmten Teilbe-

---

1 KG Rpfleger 1962, 154.
2 OLG Hamm OLGZ 1987, 336; LG Berlin JW 1931, 1766; LG Gießen MDR 1996, 527.
3 OLG Neustadt Rpfleger 1967, 1.
4 OLG Neustadt Rpfleger 1967, 2.
5 OLG Frankfurt JurBüro 1954, 375.
6 OLG Köln Rpfleger 1976, 183.

trages abgewiesen worden ist, dann ist der Streitwert nach diesem Teilbetrag zu bemessen.[1]

D. Vergleich

Nehmen die Parteien die Teilklage zum Anlass, sich erstinstanzlich über den **Gesamtanspruch des Klägers** zu vergleichen, ist dessen Wert für die Einigungsgebühr maßgebend.   5239

Ist über einen abtrennbaren Teil der Klageforderung durch **Teilurteil** entschieden und hiergegen Berufung eingelegt worden, dann ist für einen Vergleich im zweiten Rechtszug, der auch den erstinstanzlich noch anhängigen Teil der Klageforderung erfasst, der volle Klagewert anzusetzen.[2]   5240

Dies gilt jedoch nicht, wenn in erster Instanz nur ein **Teil der Klageforderung** **zugesprochen** wird, der Beklagte insoweit Berufung einlegt und sich die Parteien in der Berufungsinstanz über die gesamte Klageforderung vergleichen. Hier ist nur jene im zweiten Rechtszug noch umstrittene Teilforderung Streitgegenstand, auch wenn der Kläger wegen der Abweisung der Mehrforderung Anschlussberufung angekündigt, aber nicht eingelegt hat.[3]   5241

Teilleistungen

Siehe das Stichwort „Teilzahlungen".

Teilungsversteigerung

Siehe die Stichwörter „Drittwiderspruchsklage" und „Zwangsversteigerung".

---

1 OLG Celle JurBüro 1961, 89.
2 Zöller/*Herget*, § 3 Rn. 16 unter „Teilklagen".
3 OLG Neustadt MDR 1960, 593.

Teilurteil

Literatur: *Mayer/Mayer* JurBüro 1993, 325 (zum Streitwert der Berufung des Beklagten gegen ein Teilurteil).

A. Einleitung

5242 Die Zulässigkeit des Teilurteils folgt aus § 301 ZPO. Voraussetzung ist zunächst, dass es sich über einen individualisierbaren, selbständig entscheidbaren und größenmäßig bestimmten Teil eines teilbaren Streitgegenstandes verhält.[1] Die Anforderungen gleichen denen der Zulässigkeit der Teilklage (siehe unter dem Stichwort „Teilklage"), d.h., das Teilurteil müsste auf eine entsprechende Teilklage als Endurteil ergehen können.[2] Erforderlich ist ferner, das die Teilentscheidung nicht in einen inhaltlichen Widerspruch zu einem etwaigen nachfolgenden Schlussurteil geraten kann.[3]

B. Gebührenstreitwert

5243 Der Streitwert des Teilurteils wird durch den Umfang des von ihm entschiedenen Klagebegehrens bestimmt und bedarf der gesonderten Festsetzung nur, soweit nach neuem Recht noch eine Urteilsgebühr anfällt, beispielsweise gemäß Nr. 1412 KV GKG.[4]

5244 Im Übrigen hat die Verkündung des Teilurteils auf den Gebührenstreitwert nur insoweit Einfluss, als nachfolgend entstehende Gebührentatbestände nach dem verbleibenden, nicht entschiedenen Teil des Klagebegehrens zu bestimmen sind. Wird etwa bei Klage und Widerklage der Klageanspruch anerkannt, sodass nur noch über die Kosten und die Widerklage streitig zu verhandeln ist, dann bemisst sich der Streitwert für nachfolgend entstehende Gebührentatbestände lediglich nach dem Wert der Widerklage. Die anteiligen Kosten der Klage bleiben unberücksichtigt.[5]

5245 Dies folgt aus § 43 Abs. 3 GKG (§ 21 Abs. 3 GKG a.F.), wonach die Kosten des Verfahrens für die Streitwertbestimmung unerheblich sind, solange noch ein Teil der Hauptsache anhängig ist. Hierbei unterscheidet sich der Hauptsachebe-

---

1 Zöller/*Vollkommer*, § 301 Rn. 11.
2 BGH, Urteil v. 10. 1. 1989 – VI ZR 43/88, MDR 1989, 535 = NJW-RR 1989, 1149 = VersR 1989, 603.
3 BGH, Urteil v. 12. 1. 1994 – XII ZR 167/92, MDR 1994, 613 = NJW-RR 1994, 380 = WuM 1994, 203 = ZMR 1994, 150 = WM 1994, 865; Urteil v. 10. 10. 1991 – III ZR 93/90, MDR 1992, 519 = NJW 1992, 511 = WM 1992, 203 = VersR 1992, 382.
4 Vgl. zum alten Recht etwa Nrn. 1224–1227, Nrn. 1236, 1237 und Nrn. 1321, 1322 KV GKG zu § 11 GKG a.F.
5 OLG Oldenburg, Beschl. v. 20. 7. 1989 – 5 W 90/89, KostRsp. GKG § 22 Nr. 16 = JurBüro 1989, 1727 = MDR 1989, 1006.

griff des § 43 Abs. 3 GKG (§ 21 Abs. 3 GKG a.F.) nach überwiegender Ansicht von dem des Abs. 1 und umfasst – hier – Klage und Widerklage in ihrer Gesamtheit.[1]

Wenn über einen abtrennbaren Teil durch Teilurteil entschieden worden ist und dieser Teil im weiteren Verfahren durch einen neuen, sprachlich umformulierten Antrag wieder in den Prozess eingeführt wird, dann ist nach OLG Oldenburg auch für das weitere Verfahren der volle Streitwert anzusetzen.[2] **5246**

C. Rechtsmittel und Beschwer

Mit dem Erlass des Teilurteils wird der Rechtsstreit in zwei selbständige Verfahren geteilt. Daher muss die Beschwer für jedes Teilurteil sowie für das Schlussurteil gesondert ermittelt werden.[3] Folglich bestimmt sich auch der Gebührenstreitwert für das Rechtsmittelverfahren nach dem Umfang, in dem die Aufhebung oder Abänderung des Teilurteils begehrt wird. **5247**

Die für ein Rechtsmittel gegen das Teilurteil erforderliche Beschwer muss sich dabei aus dem Urteil selbst ergeben. Der aufgrund der Teilabweisung unterlegene Kläger kann sich insoweit nicht auf den Bestand von Ansprüchen berufen, die Teil des noch nicht entschiedenen Rechtsstreits sind.[4] **5248**

Dies gilt nicht, wenn dem Teilurteil eine **willkürliche Trennung des Rechtsstreits** in mehrere Verfahren, deren Streitwert jeweils unter der Rechtsmittelsumme liegt, vorausging. Hier bemisst sich die Beschwer des Rechtsmittelführers nach dem einheitlichen, die Rechtsmittelsumme übersteigenden Wert des Rechtsstreits vor dem Trennungsbeschluss.[5] **5249**

Eine dahingehende „Aufwertung" der Beschwer wird jedoch nicht bereits dadurch gerechtfertigt, dass der **Erlass des Teilurteils** wegen der Gefahr eines inhaltlichen Widerspruchs zum Schlussurteil **unzulässig** war und die Aufspaltung des Verfahrens zur fehlenden Rechtsmittelfähigkeit von Teil- und Schlussurteil führt.[6] **5250**

Wird nach Erlass eines **Teil-Anerkenntnisurteils** gegen das Schlussurteil, das über den Restanspruch und die gesamten Kosten des Rechtsstreits entscheidet, **5251**

---

1 OLG Hamm NJW-RR 1996, 1279 – Rücknahme des Rechtsmittels einer Partei; *Hartmann*, § 43 Rn. 112.

2 OLG Oldenburg, Beschl. v. 8. 12. 1986 – 3 W 139 + 140/86, KostRsp. ZPO § 5 Nr. 67 = JurBüro 1987, 596.

3 BGH, Beschl. v. 25. 4. 1989 – VI ZB 13/89, MDR 1989, 903 = NJW 1989, 2757 = VersR 1989, 818.

4 OLG Düsseldorf, Urteil v. 25. 1. 1996 – 5 U 69/95, OLGR 1996, 72.

5 BGH, Beschl. v. 30. 10. 1997 – VII ZR 299/95, MDR 1998, 179 = NJW 1998, 179 = BauR 1998, 372 = VersR 1998, 1391; Urteil v. 6. 7. 1995 – I ZR 20/93, MDR 1996, 269 = NJW 1995, 3120 = WM 1995, 1816 = VersR 1996, 217.

6 BGH, Beschl. v. 3. 7. 1996 – VIII ZR 302/95, MDR 1996, 1176 = AGS 1997, 20 = NJW 1996, 3116 = VersR 1996, 1524 = ZIP 1996, 1843.

in vollem Umfang Berufung eingelegt, so sind die auf das Anerkenntnisurteil entfallenden Kosten bei der Berechnung des Rechtsmittelstreitwerts nicht zu berücksichtigten.[1] Der gegenteiligen Ansicht des OLG Nürnberg steht § 43 Abs. 3 GKG (§ 22 Abs. 3 GKG a.F.) entgegen, wonach die Verfahrenskosten unberücksichtigt bleiben, wenn noch ein Teil des Hauptanspruches im Streit ist. Etwas anderes folgt auch nicht aus der Entscheidung des BGH,[2] die sich allein zur streitwertmäßigen Berücksichtigung von Zinsen aus einem erledigten Hauptsacheteil und damit zu § 43 Abs. 1 GKG (§ 22 Abs. 1 GKG a.F.) verhält.

5252 Wird auf die Berufung gegen ein klagezusprechendes Teilurteil nach entsprechender mündlicher Verhandlung unter Aufhebung des angefochtenen Urteils die Klage insgesamt abgewiesen, so richtet sich der Streitwert der Berufungsinstanz nach dem vollen Wert der Klage. Dies kann etwa der Fall sein, wenn der Erlass eines **Teilurteils unzulässig**[3] ist oder der vom Teilurteil erfasste Anspruch die **Grundlage des erstinstanzlich verbliebenen Anspruchs** bildet.[4]

5253 Eine Addition der Teilwerte ist auch geboten, wenn das Rechtsmittelgericht im Einverständnis der Parteien auch über den noch beim Ausgangsgericht anhängigen Teil der Klage entscheidet, diesen „hinaufzieht".[5] Dies unabhängig davon, ob eine derartige **Mitbefassung** für prozessual zulässig erachtet wird.[6]

5254 Hat bei einer **Stufenklage** das erstinstanzliche Gericht den Rechnungslegungsanspruch durch Teilurteil zuerkannt und das Berufungsgericht die gesamte Klage abgewiesen, so ist bei uneingeschränkter Revision für den Streitwert der Revisionsinstanz[7] und für die Urteilsgebühr des Berufungsverfahrens[8] die gesamte Klage maßgebend.[9] Siehe zu den Einzelheiten unter dem Stichwort „Stufenklage"

5255 Wenn eine Partei gegen ein Teilurteil, das keine abschließende Kostenentscheidung enthält, **Revision** eingelegt hat, kann auch die Kostenentscheidung des Schlussurteils selbständig mit der Revision angegriffen werden, und zwar ohne Rücksicht darauf, ob für das Rechtsmittel gegen das Schlussurteil die Beschwer-

---

1 A.A. OLG Nürnberg JurBüro 1959, 512.
2 BGH, Beschl. v. 12. 12. 1957 – VII ZR 135/57, BGHZ 26, 174 = NJW 1958, 342 = Rpfleger 1958, 83 = DB 1958, 83.
3 BGH, Urteil v. 19. 11. 1959 – VII ZR 93/59, MDR 1960, 219 = NJW 1960, 339 = BB 1960, 66.
4 BGH, Beschl. v. 12. 3. 1992 – I ZR 296/91, JurBüro 1993, 164 = MDR 1992, 1091 = NJW-RR 1992, 1021 = WRP 1992, 549; Urteil v. 16. 6. 1959 – VI ZR 81/58, BGHZ 30, 215 = MDR 1959, 746 = NJW 1959, 1824 = VersR 1959, 650; Zöller/*Vollkommer*, § 537 Rn. 17.
5 *Mayer/Mayer*, JurBüro 1993, 325.
6 Bejahend BGH, Urteil v. 25. 3. 1986 – IX ZR 104/85, BGHZ 97, 280 = MDR 1986, 930 = NJW 1986, 2108 = WM 1986, 763 = ZIP 1986, 900; OLG Düsseldorf, Urteil v. 30. 6. 1988 – 8 U 214/86, VersR 1989, 705; Zöller/*Vollkommer*, § 537 Rn. 18.
7 BGH NJW 1960, 576 – Abgrenzung zu BGH NJW 1959, 1827.
8 BGH, Beschl. v. 12. 3. 1992 – I ZR 296/91, JurBüro 1993, 164 = MDR 1992, 1091 = NJW-RR 1992, 1021 = WRP 1992, 549 = AnwBl. 1992, 498.
9 Siehe auch *Mayer/Mayer* JurBüro 1993, 325.

desumme erreicht ist.[1] Siehe auch die Stichwortübersicht zu dem Stichwort „Rechtsmittel".

D. Vergleich

Wird erstinstanzlich nur über einen Teil der Klageforderung entschieden, hiergegen Rechtsmittel eingelegt und vergleichen sich die Parteien sodann vor dem Rechtsmittelgericht über „die Klageforderung", dann ist der volle Hauptsachewert für den Vergleichswert maßgeblich.   5256

Teilweise Abhilfe

Siehe das Stichwort „Streitwertbeschwerde".

Teilzahlungen

Erbringt der Beklagte im Verlaufe des Rechtsstreits Teilzahlungen, muss der Kläger seinen Antrag anpassen. Meist wird der neue Klageantrag dann dahin formuliert, dass Zahlung „von ... Euro abzüglich am ... geleisteter ... Euro" gefordert wird.   5257

Das Gericht darf sich jedoch mit dieser Formulierung nicht begnügen. Es muss vielmehr durch einen Hinweis nach § 139 ZPO den Kläger klarstellen lassen, wie der im ursprünglichen Hauptantrag enthaltene und durch Zahlung beglichene Forderungsteil prozessual zu behandeln ist. Der Kläger wird sich insbesondere dazu erklären müssen, ob er insoweit die Hauptsache für erledigt erklärt oder die Klage teilweise zurücknimmt (§ 269 ZPO).   5258

Der Streitwert berechnet sich ab Antragsänderung für die dann noch entstehenden Gebühren nur noch nach dem Restbetrag der Hauptforderung.[2]   5259

Ein in der Praxis immer wieder anzutreffender Fehler ist es, die im Rechtsstreit geleisteten Teilzahlungen vollständig von der Hauptforderung abzuziehen.[3] Das ist mit der Anrechnungsregel des § 367 Abs. 1 BGB – gegenüber der die Bestimmungen des Kostenrechts keinen Vorrang haben – unvereinbar, nach der eine   5260

---

1 BGH, Urteil v. 16. 9. 1969 – VI ZR 241/68, VersR 1969, 1039.
2 OLG Celle, Beschl. v. 30. 9. 1985 – 8 W 507/85, KostRsp. ZPO § 3 Nr. 800 mit Anm. *Schneider* = JurBüro 1985, 1855 mit Anm. *Jelinsky* (zur alten Rechtslage, nach der eine Urteilsgebühr anfiel).
3 Z.B. AG Hagen, Beschl. v. 8. 1. 1992 – 91-2300460-07-N, KostRsp. ZPO § 4 Nr. 71 mit abl. Anm. *Schneider* = JurBüro 1992, 192 mit abl. Anm. *Mümmler*.

Teilzahlung zunächst auf die Kosten, dann auf die Zinsen und zuletzt auf die Hauptforderung zu verrechnen ist.[1] Es führt nicht nur zur Verkürzung der Gebührenansprüche, sondern kann sogar – scheinbar – dazu führen, dass die Erwachsenheitssumme nicht erreicht wird.[2]

5261 Hat der Schuldner also keine Bestimmung im Sinne des § 367 Abs. 2 BGB getroffen, müssen immer erst die zur Hauptforderung verlangten Zinsen getilgt werden. Sie sind für die Streitwertberechnung unerheblich (§§ 43 GKG, 4 ZPO). Die Hauptforderung vermindert sich insoweit ebenso wenig wie der Streitwert. Eine Teilzahlung zwischen den Instanzen hat auf den Wert der Beschwer keinen Einfluss.[3]

Teilzahlungskredit

5262 Kreditgebühren, die im Rahmen eines Teilzahlungskredits vereinbart werden, sind Zinsen im Sinne von § 4 ZPO, § 43 GKG.[4]

5263 Umstritten ist, ob die Zusammenfassung des Darlehens und der Kreditgebühren in einem Betrag daran etwas ändert und ob auch in diesem Fall die Kreditgebühren als Nebenforderung außer Ansatz zu bleiben haben.

5264 Das OLG Bamberg[5] lässt die Kreditgebühren bei der Streitwertbemessung unberücksichtigt, während das OLG München[6] davon ausgeht, eine Zinsforderung verliere die Eigenschaft als Nebenforderung und werde zum Bestandteil des Hauptanspruchs, wenn der Zins aufgrund einer besonderen Vereinbarung dem Kapital zugeschlagen werde. Das aber geschehe durch Teilzahlungskreditverträge, in denen Kapital und Kreditgebühren zu einem „Gesamtkreditbetrag" zusammengefasst würden. Das OLG Düsseldorf[7] schließlich setzt ebenfalls den Streitwert nach der aus Hauptforderung und Gebühren bestehenden Gesamtforderung fest, um die Streitwertermittlung einfach und übersichtlich zu halten.

5265 Dem OLG Düsseldorf ist zuzustimmen. Gerade die Frage, wie sich die Restschuld aus einem Finanzierungsdarlehen zusammensetzt und welcher Zins- bzw. Kostenanteil in ihr steckt, ist oft streitig und dann nur unter mühseliger

---

1 Vgl. OLG Hamm JurBüro 1969, 765.
2 Vgl. *Schneider* DRiZ 1979, 310.
3 BGH, Urteil v. 6. 10. 1977 – II ZR 4/77, MDR 1978, 210 (zu § 546 Abs. 2 S. 2 ZPO a.F. – künftig überwiegend ohne praktische Bedeutung, da es keine Wertrevision mehr gibt).
4 OLG Düsseldorf MDR 1976, 663; OLG Düsseldorf, Beschl. v. 16. 11. 1989 – 24 W 105/89, KostRsp. GKG § 12 Nr. 17.
5 OLG Bamberg JurBüro 1976, 343.
6 OLG München JurBüro 1976, 237.
7 OLG Düsseldorf Beschl. v. 16. 11. 1989 – 24 W 105/89, KostRsp. GKG § 12 Nr. 17; ebenso Zöller/*Herget*, § 3 Rn. 16 unter „Ratenzahlungskredit".

Auswertung der Kreditunterlagen feststellbar. Es erscheint wenig sinnvoll, dieser Arbeit im Erkenntnisverfahren durch Anwendung des § 287 ZPO auszuweichen, sie dann aber im Streitwertfestsetzungsverfahren nachzuholen. Da es sich aber letztlich um eine Form der Berechnungsvereinfachung handelt, erscheint der teilweise[1] vorgeschlagene pauschale, nach § 3 ZPO zu berechnende Abschlag nicht angebracht. Dies würde eine Form der Festsetzungsgenauigkeit suggerieren, die schon vorher im Sinne einer einfacheren Festsetzung aufgegeben wurde.

Telefaxwerbung

Die Frage, wie der Wert eines Verfahrens zu bestimmen ist, in welchem sich der Empfänger gegen unverlangt übersandte Telefaxwerbung wehrt, ist zusammenfassend unter dem Stichwort „Werbung, unverlangte" dargestellt. 5266

Testament

Der Wert des Anspruchs auf Herausgabe eines Testaments ist gem. § 3 ZPO nach dem Interesse des Anspruchstellers an der Verwendung des Testaments zu schätzen, in der Regel nach dem Wert des Erbteils oder Vermächtnisses, das sich nach dem Vortrag des Anspruchstellers aus dem Testament ergibt. 5267

Ansprüche, die aus der Wirksamkeit oder Unwirksamkeit eines Testaments hergeleitet werden, sind nach ihrem Begehren zu beziffern, beispielsweise Ansprüche auf Herausgabe bestimmter Sachen oder auf Zahlung bezifferter Geldbeträge nach § 6 ZPO, Feststellungsbegehren nach § 3 ZPO. Siehe auch das Stichwort „Vermächtnis". 5268

Entscheidend ist also nicht das Interesse des Klägers schlechthin, sondern dasjenige, das in seinem konkreten Klageantrag ausgedrückt wird. Es kommt darauf an, wie er stehen würde, wenn seine Klage Erfolg hätte.[2] 5269

Ist der Kläger **bereits am Nachlass beteiligt**, dann darf der ihm zustehende Erbanteil nicht mitbewertet werden.[3] 5270

Bei einer Klage auf **Feststellung der Nichtigkeit eines Testaments** oder einer sich aus der behaupteten Testamentsauslegung ergebenden Rechtsfolge ist der 5271

---

1 Zöller/*Herget*, § 3 Rn. 16 unter „Ratenzahlungskredit".
2 Siehe BGH, Beschl. v. 17. 10. 1956 – IV ZR 270/56, FamRZ 1956, 382 = NJW 1956, 1877 = LM § 3 ZPO Nr. 11.
3 Siehe dazu näher *E. Schneider* JurBüro 1977, 433 und bei dem Stichwort „Miterbe" Rn. 3826 ff.

Streitwert nicht nach dem Wert des ganzen Nachlasses, sondern nach dem Interesse des Klägers an der begehrten Feststellung zu bemessen.[1]

Testamentsvollstreckung

5272 Ein Rechtsstreit um **Bestehen und Fortdauer des Testamentsvollstreckeramts** ist vermögensrechtlicher Art, wenn der Nachlass aus einer Stiftung besteht, die auch erwerbswirtschaftliche Zwecke verfolgt, und der Testamentsvollstrecker auf die rechtliche und wirtschaftliche Organisation der Stiftung Einfluss nehmen will.[2]

5273 Für die Wertfestsetzung nach den § 3 ZPO, § 48 Abs. 1 GKG ist das objektive Amtsinteresse bestimmend, das dem Testamentsvollstrecker nach dem Testament und kraft Gesetzes obliegt. Dafür ist der wirtschaftliche Wert der dem Erben auferlegten Verfügungs- und Verwaltungsbeschränkung bzw. die Wertminderung, die der Nachlass durch die Testamentsvollstreckung erfährt, maßgebend.

5274 Dieser Wert ist mit einem Bruchteil des Nachlasswertes zu schätzen und übersteigt in der Regel nicht die Hälfte des Nachlasses.[3]

5275 Erhebt ein Testamentsvollstrecker Feststellungsklage, dass seine Einsetzung als Testamentsvollstrecker durch Testament wirksam verfügt ist, dann besteht der Wert der Klage in dem nach § 9 ZPO zu bestimmenden Mehrfachen der nach dem Testament zu zahlenden Jahresvergütung.[4] Zum Feststellungsabschlag siehe das Stichwort „Feststellungsklage" Rn. 2024 ff.

5276 Klagt ein Miterbe, dessen Erbteil den Beschränkungen der Vorerbschaft und der Testamentsvollstreckung unterliegt, auf Feststellung, dass die Testamentsvollstreckung beendet sei, so kommt als Streitwert nicht der Wert des Erbteils, sondern ein erheblich hinter diesem zurückbleibender Betrag in Betracht.[5] Klagt ein Miterbe auf Feststellung, dass der Teilungsplan des Testamentsvollstreckers unwirksam sei, setzt das OLG München[6] den Wert – bezogen auf den Gesamtwert der Teilung – auf die Hälfte der Miterbenquote des Klägers fest (siehe Rn. 3945).

5277 Klagt ein Erbe gegen den Testamentsvollstrecker auf Feststellung, dass dessen Teilungsplan unwirksam sei, dann ist das wirtschaftliche Interesse des Klägers maßgebend. Das OLG München[7] hat berücksichtigt, dass der Streit nicht um

---

1 BGH, Beschl. v. 17. 10. 1956 – IV ZR 270/56, FamRZ 1956, 382 = NJW 1956, 1877 = LM § 3 ZPO Nr. 11.
2 OLG Schleswig, Beschl. v. 9. 7. 1965 – 1 W 145/65, JurBüro 1966, 152.
3 OLG Schleswig, Beschl. v. 9. 7. 1965 – 1 W 145/65, JurBüro 1966, 152.
4 OLG Zweibrücken, Beschl. v. 29. 10. 1965 – 2 W 75/65 Rpfleger 1967, 2.
5 OLG Frankfurt, Beschl. v. 15. 11. 1960 – 6 W 490/60, JurBüro 1961, 90.
6 OLG München, Beschl. v. 26. 1. 1995 – 15 W 2687/94, KostRsp. ZPO § 3 Nr. 1202 = OLGR 1995, 142.
7 OLG München, Beschl. v. 26. 1. 1995 – 15 W 2687/94, KostRsp. ZPO § 3 Nr. 1202 = OLGR 1995, 142.

die Erbbeteiligung ging, sondern um die Verfügungsbefugnis über bestimmte Nachlassgegenstände (hierzu oben Rn. 3844), und dass der Testamentsvollstrecker mit der Klage nicht zu einer bestimmten Art der Teilung gezwungen werden konnte; den Wert hat das Gericht dann festgesetzt auf 50 % der Miterbenquote des Klägers.

Tierarztkosten

Bei Rechtsstreitigkeiten wegen Viehmängelhaftung zählen Frachtkosten, Futterkosten und Tierarztkosten zu den in und außer dem Prozess gemachten Aufwendungen zur Durchführung des Anspruches, die gemäß § 5 ZPO zusammenzurechnen sind.[1] Es handelt sich also nicht um Nebenforderungen i.S. der § 43 Abs. 1 GKG, § 4 Abs. 1 ZPO.   **5278**

Titulierungsinteresse

Literatur: *Wielgloss* JurBüro 1999, 629.

Da jede Rechtsverfolgung auf die Schaffung eines Vollstreckungstitels gerichtet ist, kommt dem Titulierungsinteresse eine eigenständige streitwertbezogene Bedeutung nur dort zu, wo anlässlich der Titulierung streitiger Ansprüche bis dahin **unstreitige Ansprüche** miterfasst werden. Über deren streitwertmäßige Behandlung besteht Uneinigkeit.   **5279**

So endet das gerichtliche Verfahren häufig mit einem **Prozessvergleich**, in dessen protokolliertem Text auch unstreitige Leistungen einer Partei aufgenommen oder unstreitige Ansprüche bei der Ermittlung eines (abschließenden) Zahlungssaldos berücksichtigt worden sind. Fraglich ist, wie der Streitwert für die anwaltliche Einigungsgebühr (Nr. 1000 VV RVG) zu bemessen ist.   **5280**

Während ein Teil die nicht anhängigen Ansprüche nur dann berücksichtigt, wenn sie streitig sind,[2] sieht eine andere Ansicht die nicht streitigen Ansprüche als für die Abschlussbereitschaft relevanten Bestandteil des Vergleiches an, so dass die Ansprüche spätestens mit Abschluss des Vergleichs als streitig anzusehen seien.[3]   **5281**

---

1 LG Lübeck, Beschl. v. 11. 12. 1950 – 1 T 1449/50, JurBüro 1951, 301.
2 LAG Baden-Württemberg, Beschl. v. 7. 7. 1994 – 8 Ta 42/94, JurBüro 1995, 248; LAG Rheinland-Pfalz MDR 1985, 397; KG NJW 1969, 434; LAG Schleswig-Holstein, Beschl. v. 16. 10. 2000 – 3 Ta 119/00, JurBüro 2001, 197.
3 OLG Bamberg JurBüro 1989, 201; OLG Frankfurt a.M. MDR 1962, 662; OLG Nürnberg JurBüro 1985, 1395.

5282 Demgegenüber stellt eine vermittelnde Ansicht auf das bloße Titulierungsinteresse ab und beziffert dieses je nach Einzelfall mit $^1/_{10}$ bis $^1/_3$ des Wertes der miterfassten unstreitigen Forderung.[1]

5283 Der letztgenannten Ansicht ist zuzustimmen. Da mit der Aufnahme unstreitiger Leistungen oder Ansprüche nicht eine zuvor bestehende Ungewissheit oder Uneinigkeit der Parteien über das Bestehen dieser Ansprüche behoben wird, sind sie bei der Streitwertbestimmung nur mit einem Bruchteil ihres Hauptsachewertes in Ansatz zu bringen. Denn ihre Aufnahme in den Vergleich erfolgt nur anlässlich einer umfassenden Regelung der (künftigen) Rechtsverhältnisse der Parteien und hat – über die Titulierung hinaus – allein klarstellenden Charakter. Sie ermöglicht dem Gläubiger die künftige Inanspruchnahme des Schuldners, ohne dass er bei dessen später etwaig vorhandener Zahlungsunwilligkeit oder -fähigkeit einen (weiteren) Prozess führen muss.[2]

5284 Siehe auch unter Stichwort „Vergleich".

5285 Ähnlich verhält es sich bei Rechtsstreitigkeiten auf **Zahlung von Unterhalt** häufig so, dass der Beklagte einen Teilbetrag freiwillig zahlt, sodass darüber kein Vollstreckungstitel vorliegt. Bei der Erhöhungsklage wird der freiwillig gezahlte Unterhalt betragsmäßig häufig in den bezifferten Klageantrag mithineingenommen, um ihn für die Zukunft tituliert zu bekommen. Diese freiwilligen oder unstreitigen Leistungen werden dann nach überwiegender Ansicht nicht voll bewertet, sondern nur eine Art **„Erinnerungswert"** angesetzt. Das ist mit dem Begriff „Titulierungsinteresse" gemeint.

5286 Zu der kontroversen Rechtsprechung[3] dazu siehe unter dem Stichwort „Unterhalt".

Trennung

Siehe das Stichwort „Prozesstrennung".

---

1 KG, Urteil v. 5. 1. 2004 – 12 U 157/02, KGR 2004, 309: $^1/_{10}$; OLG Bamberg, Beschl. v. 10. 2. 1992 – 7 WF 21/92, JurBüro 1992, 628: $^1/_{10}$; LAG Baden-Württemberg, Beschl. v. 29. 5. 1990 – 8 Ta 54/90, JurBüro 1991, 418: $^1/_5$; OLG Düsseldorf JurBüro 1988, 778; OLG Hamburg AnwBl. 1988, 313; OLG Koblenz, Beschl. v. 14. 9. 1998 – 13 WF 693/98, EzFamR aktuell 1999, 10, JurBüro 1984, 1218 = AnwBl. 1984, 204; OLG Köln MDR 1963, 690; OLG Hamm JurBüro 1979, 1867; LAG Nürnberg, Beschl. v. 15. 2. 2005 – 8 Ta 26/05, Bibliothek BAG; Beschl. v. 14. 7. 2004 – 6 Ta 2/04, MDR 2005, 223; OLG Zweibrücken JurBüro 1978, 896 = MDR 1978, 496.
2 Vgl. LAG Hamm JurBüro 2002, 312.
3 Vgl. OLG Celle, Beschl. v. 1. 10. 2002 – 10 WF 251/02, FamRZ 2003, 465: Streitwert nach dem Gesamtbetrag; ebenso OLG Zweibrücken, Beschl. v. 4. 2. 2002 – 2 WF 8/02, OLGR 2002, 307 = FamRZ 2002, 1130; a.A. OLG Karlsruhe, Beschl. v. 12. 2. 1999 – 2 WF 113/98, FuR 1999, 438.

Treuhändereinsetzung

Ein Gesellschafter beantragt, für die Gesellschaft einen Treuhänder zu bestellen, weil die Gesellschafter darüber streiten, ob nach dem Tode des persönlich haftenden Gesellschafters noch ein Komplementär vorhanden sei. Für diesen Antrag auf Einsetzung eines Treuhänders ist der Streitwert nach § 3 ZPO zu bemessen. Es ist auf den Erfolg abzustellen, den diese Maßnahme für den Kläger haben soll. Die wirtschaftliche Bedeutung des Unternehmens kommt bei dieser Schätzung erst in zweiter Linie in Betracht.[1]   5287

In ähnlicher Weise bestimmt der BGH[2] den Streitwert für Verfahren über die Befugnisse und Pflichten des Testamentsvollstreckers. Maßgeblich sind die jeweils geltend gemachten Ansprüche, was zu einer Streitwertbestimmung als Bruchteil des zu verwaltenden Vermögens führen kann, aber ebenso zu einer Bewertung nach Aufwand an Zeit und Kosten für eine konkrete Tätigkeit.   5288

Überbau

Der Streitwert einer Klage auf **Beseitigung** oder **Unterlassung** eines Überbaus ist, wie bei jeder anderen Klage auf Entfernung einer Eigentumsstörung, nach § 3 ZPO i.V.m. § 48 Abs. 1 GKG zu ermitteln.[3] Die vereinzelt vertretene Ansicht, es sei § 7 ZPO[4] anzuwenden, dürfte heute nicht mehr vertreten werden.   5289

Abzustellen ist daher erstinstanzlich auf das Interesse des Klägers an der Beseitigung. Es deckt sich mit der objektiven Wertminderung, die das Grundstück des Klägers durch den Überbau erleidet.[5]   5290

Nach BGH[6] ist es für die Streitwertbemessung nach § 3 ZPO unerheblich, wenn der Beklagte der Beseitigungsklage entgegenhält, er sei durch eine Grunddienstbarkeit zum Überbau berechtigt. Diese Auffassung ist jedoch abzulehnen. In   5291

---

1 OLG Hamm Rpfleger 1956, 140.
2 BGH, Beschl. v. 17. 12. 2003 – IV ZR 28/03, RVG-Berater 2004, 82.
3 BGH, Beschl. v. 23. 1. 1986 – V ZR 119/85, KostRspr. ZPO § 7 Nr. 2 mit Anm. *Schneider* = JZ 1986, 649 = Rpfleger 1986, 277 = MDR 1986, 663 = *Warneyer* 1986 Nr. 24 = NJW-RR 1986, 737 = JurBüro 1986, 910; OLG München OLGR 1997, 140; LG Düsseldorf NJW 1963, 2178; h.M., vgl. Zöller/*Herget*, § 3 Rn. 16 unter „Überbau".
4 LG Bonn NJW 1961, 1823; LG Bayreuth JurBüro 1985, 441.
5 OLG Frankfurt JurBüro 1959, 169; LG Bayreuth JurBüro 1979, 437 mit Anm. *Mümmler*; LG Bayreuth, Beschl. v. 13. 8. 1984 – 2 T 103/84, JurBüro 1985, 441 = KostRspr. ZPO § 3 Nr. 738.
6 BGH, Beschl. v. 23. 1. 1986 – V ZR 119/85, KostRspr. ZPO § 7 Nr. 2 mit insoweit abl. Anm. *Schneider* = JZ 1986, 649 = Rpfleger 1986, 277 = MDR 1986, 654 = *Warneyer* 1986 Nr. 24 = JurBüro 1986, 910.

einem solchen Fall ist nach § 7 ZPO zu bewerten.[1] Es genügt dazu, dass der Beklagte die Berechtigung aus der Grunddienstbarkeit im Rechtsstreit einwendet. Nach § 3 ZPO darf in diesem Fall nur bewertet werden, wenn der Bestand der Grunddienstbarkeit unstreitig ist und lediglich Meinungsverschiedenheiten zwischen den Parteien über die Ausübung der Störung bestehen. Wenn der Kläger seinen Abwehranspruch darauf stützt, dass der Beklagte sich zu Unrecht auf eine Grunddienstbarkeit berufe, dann muss über deren Bestand entschieden werden.

5292   Nicht anders liegt es, wenn der Beklagte die Grunddienstbarkeit einwendet. Auch dann gehört es zum unstreitigen Vorbringen und damit zum Klägervortrag, dass der Beklagte sich auf eine Grunddienstbarkeit beruft, die ihn zum Überbau berechtigt. Damit ist es in beiden Fällen unumgänglich, über den Bestand der Grunddienstbarkeit mit zu entscheiden. Auch wenn die Entscheidung über die Abwehrklage keine Rechtskraft hinsichtlich des Bestandes der Grunddienstbarkeit schafft, ist doch § 7 ZPO die passende Bewertungsvorschrift und nicht § 3 ZPO.

5293   Auch im **einstweiligen Verfügungsverfahren** auf Einstellung eines Überbaues ist das Interesse des Klägers an der Beseitigung des Überbaues maßgebend, nicht die Höhe der für die Beseitigung aufzuwendenden Kosten.[2]

5294   Die Frage, welche Kosten für die Beseitigung des Überbaus aufzuwenden sind, findet erst Einfluss in die Bestimmung der **Beschwer** des in erster Instanz zu Beseitigung verurteilten Beklagten. Für die Bemessung der Beschwer vertritt der BGH die Auffassung, dass der Wert des Beschwerdegegenstandes ggf. auch den Wert des – unveränderten – Streitgegenstandes übersteigen kann.[3]

5295   Der Wert eines Verfahrens, in welchem eine **Überbaurente** geltend gemacht wird, ist nach § 9 ZPO i.V.m. § 48 Abs. 1 ZPO zu bestimmen.[4] Maßgeblich ist der 3,5fache Wert des einjährigen Bezuges, wenn nicht – bei bestimmter Dauer des Bezugsrechts – der Gesamtbetrag der künftigen Bezüge geringer ist.

Überweisungsbeschlüsse

Siehe das Stichwort „Pfändung".

---

1 Zöller/*Herget*, § 3 Rn. 16 unter „Überbau".
2 OLG Frankfurt JurBüro 1962, 365.
3 BGH, Beschl. v. 10. 12. 1993 – V ZR 168/92, KostRsp. ZPO § 3 Nr. 1170 = BGHZ 124, 313 = LM ZPO § 2 Nr. 8 mit Anm. *Grunsky*; Aufgabe von BGH KostRsp. ZPO § 3 Nr. 812 = KostRsp. ZPO § 7 Nr. 2; näher beim Stichwort „Rechtsmittel".
4 OLG Celle JR 1951, 56; *Hartmann*, GKG, Anh. I § 48 (§§ 8, 9 ZPO) Rn. 5.

Umgangsrecht

Gliederungsübersicht

A. Einleitung 5296

B. Verbund
  I. Hauptsache 5298
  II. Einstweilige Anordnung
    1. Bewertung 5302
    2. Mehrere einstweilige Anord-
       nungsverfahren 5306

C. Isoliertes Verfahren
  I. Hauptsache 5309
  II. Einstweilige Anordnung 5318

D. Abtrennung aus dem Verbund . 5321

E. Nachträgliche Aufnahme in den
   Verbund 5323

F. Isolierte Anfechtung der Entscheidung über das Umgangsrecht 5325

A. Einleitung

Da es sich um eine Familiensache handelt, stellt sich die Frage des Zuständig- 5296
keitsstreitwerts nicht. Hier stellen sich nur Fragen des Gebührenstreitwerts.

Zu unterscheiden ist zwischen der **Folgesache im Verbund** und dem **isolierten** 5297
Verfahren. Für **einstweilige Anordnungen** gelten darüber hinaus wiederum besondere Vorschriften.

B. Verbund

I. Hauptsache

Im Verbund gilt für die Folgesache Umgangsrecht die Vorschrift des § 48 Abs. 3 5298
S. 3 GKG. Es ist ein **Festwert** in Höhe von 900 Euro vorgeschrieben. Dieser
Wert ist im Gegensatz zum isolierten Verfahren (s.u. Rn. 5309 ff.) unabänderlich, also unabhängig von dem Umfang, der Schwierigkeit und der Bedeutung
des Verfahrens.

Der Festwert gilt auch, wenn das Verfahren das Umgangsrecht für **mehrere** 5299
Kinder betrifft (§ 46 Abs. 1 S. 2 GKG).

Addiert wird dagegen, wenn sowohl das Umgangsrecht als auch die elterliche 5300
Sorge im Verbund anhängig sind. Es handelt sich insoweit um verschiedene
Gegenstände, deren Werte nach § 46 Abs. 1 S. 1 GKG zusammenzurechnen sind.[1]

Das gilt auch dann, wenn nur das Umgangsrecht anhängig ist und sich die 5301
Parteien auch über die elterliche Sorge einigen.[2]

---

1 OLG Zweibrücken, Beschl. v. 28. 1. 1998 – 5 WF 9/98, EzFamR aktuell 1998, 205 =
  FamRZ 1998, 1031 = FuR 1998, 286 = OLGR 1998, 355; *Kindermann* Rn. 220.
2 Zuletzt OLG Düsseldorf, Beschl. v. 8. 3. 2006 – II-10 WF 39/04, AGS 2006, 37.

II. Einstweilige Anordnung

1. Bewertung

5302 Für einstweilige Anordnungen im Verbund werden keine **Gerichtsgebühren** erhoben. Daher enthält das GKG insoweit keine Vorschriften.

5303 Für die **Anwaltsgebühren** enthält § 24 S. 1 RVG eine spezielle Regelung. Es gilt ein **Ausgangswert** von 500 Euro, der je nach den Umständen im Einzelfall zu erhöhen oder zu ermäßigen sein soll.[1] Nach OLG Zweibrücken handelt es sich dagegen um einen Mindestwert.[2]

5304 Unabhängig von dieser Streitfrage ist der Ausgangswert nur in einfachen unterdurchschnittlichen Verfahren anzusetzen. I.d.R. dürfte von einem Wert i.H.v. 750 Euro auszugehen sein.[3]

5305 Nach OLG Zweibrücken[4] ist eine Erhöhung nicht angezeigt, wenn das Verfahren zwar zwei ehegemeinschaftliche Kinder betrifft, die einstweilige Sorgerechtsregelung aber zwischen den beteiligten Eltern nicht umstritten ist und der Antragsgegner von Vornherein sein Einverständnis mit der von der Antragstellerin erbetenen Regelung erklärt hatte.

2. Mehrere einstweilige Anordnungsverfahren

5306 Werden anlässlich des Verbundverfahrens mehrere einstweilige Anordnungsverfahren geführt, so ist § 18 Nr. 1 RVG zu beachten.

5307 **Mehrere einstweilige Anordnungsverfahren zum Umgangsrecht** gelten als eine Angelegenheit, da sie sich nach demselben Buchstaben des § 18 Nr. 1 RVG richten. Die Werte der einzelnen Verfahren werden jedoch zusammengerechnet (§ 18 Nr. 1, 2. Hs. RVG). Das gilt auch dann, wenn die Anordnungsverfahren denselben Gegenstand betreffen und an sich ein Additionsverbot gegeben wäre.

5308 Eine Angelegenheit liegt auch dann vor, wenn anlässlich des Verbundverfahrens ein **einstweiliges Anordnungsverfahren zum Ungangsrecht mit einem anderen einstweiligen Anordnungsverfahren** desselben Buchstabens des § 18 Nr. 1 RVG zusammentrifft (§ 18 Nr. 1, 1. Hs. RVG). Auch hier werden die Werte zusammengerechnet (§ 18 Nr. 1, 2. Hs. RVG).

---

1 OLG Koblenz, Beschl. v. 6. 9. 1994 – 15 WF 840/94, FamRZ 1999, 386, das den doppelten Ausgangswert festgesetzt hat.
2 OLG Zweibrücken, Beschl. v. 28. 1. 1998 – 5 WF 9/98, EzFamR aktuell 1998, 205 = FamRZ 1998, 1031 = FuR 1998, 286 = OLGR 1998, 355.
3 AnwK-RVG/N. *Schneider* § 24 Rn. 10.
4 OLG Zweibrücken, Beschl. v. 28. 1. 1998 – 5 WF 9/98, EzFamR aktuell 1998, 205 = FamRZ 1998, 1031 = FuR 1998, 286 = OLGR 1998, 355.

C. Isoliertes Verfahren

I. Hauptsache

Als isolierte Umgangsrechtssache richtet sich das Verfahren nach dem FGG. **5309**
Der Geschäftswert ist somit den §§ 94 Abs. 1 Nr. 6, Abs. 2, 30 Abs. 2, 3 KostO
zu entnehmen. Es gilt ein Regelwert i.H.v. 3000 Euro. Höchstens darf ein Wert
von 500 000 Euro angenommen werden.

Das gilt auch im Vermittlungsverfahren nach § 52a FGG (siehe das Stichwort **5310**
„Vermittlungsverfahren nach § 52a FGG").

Zum Teil wird angenommen, der Wert des Umgangsrechtsverfahren sei zu **5311**
reduzieren, weil es gegenüber der Elterlichen Sorge „nur" um den Umgang
gehe.[1]

Diese Auffassung ist unzutreffend.[2] Das Bestreben nach dem persönlichen Kon- **5312**
takt des antragstellenden Elternteils mit dem Kind, bei dem es nicht ständig
lebt ist für die Betroffenen in aller Regel von erheblich größerer Bedeutung als
die Regelung der elterlichen Sorge. Während die elterliche Sorge „nur" diejenigen Angelegenheiten erfasst, die über die Alltagsfragen hinausgehen, regelt der
Umgang den sich ständig wiederholenden intensivsten Kontakt mit dem Kind.[3]

Als Bemessungskriterien können u. a. herangezogen werden **5313**

– Zahl der gerichtlichen Termine,

– umfangreiche Anhörung der Eltern und der Kinder,

– Einholung eines Sachverständigengutachtens,

– Zeugenanhörungen,

– Dauer der Begutachtung, Ordnungsgelder gegen Sachverständigen,

– Einholung eines Zweitgutachtens,

– Dauer des Verfahrens, mehrfache Sachstandsanfragen,

– Zahl und Umfang der gewechselten Schriftsätze,

– Interesse der Beteiligten an einer gerichtlichen Regelung,

– Einkommens- und Vermögensverhältnisse der Beteiligten,

– Zahl und Umfang der Gespräche mit dem eigenen Auftrageber,

– eventuelle eigene Anhörung der Kinder durch den Anwalt,

---

1 OLG Saarbrücken, AnwBl. 1984, 372 m. ablehnender Anm. von *Schmidt*; OLG Köln,
   JurBüro 1981, 1564; OLG Zweibrücken, JurBüro 1980, 1719; OLG Celle, Rpfleger 1979,
   35.
2 OLG Naumburg, Beschl. v. 30. 8. 1999 – 3 WF 128/99, FamRZ 2001, 112; OLG Frank-
   furt/M., JurBüro 1999, 371, 372 in den Entscheidungsgründen: 5000 DM bei einem nach
   Umfang und Bedeutung durchschnittlichen Verfahren; OLG Brandenburg, JurBüro
   1996, 312 = FamRZ 1997, 37 (LS); OLG Nürnberg, FamRZ 1990, 1130; OLG München,
   JurBüro 1990, 1295; OLG Düsseldorf, JurBüro 1980, 1543; OLG Bamberg, JurBüro 1979,
   94; OLG Hamm, Rpfleger 1976, 31; *Kindermann* Rn. 223.
3 *Kindermann* Rn. 223.

– fehlende Kooperationsbereitschaft der Gegenpartei,

– Abstimmen von Detailfragen, Regelung von Einzelterminen, Ferienregelungen, Verlegung von vereinbarten Zeiten,

– intensive Beteiligung des Jugendamtes, umfangreiche Jugendamtsberichte.

5314 Betrifft das Verfahren **mehrere Kinder**, so bleibt es ein Gegenstand; der Regelwert wird daher nicht vervielfacht. Allerdings kann dies ein Grund sein, den Regelwert anzuheben, insbesondere, wenn hierdurch Mehraufwand entsteht, also wenn das Verfahren hinsichtlich der einzelnen Kinder unterschiedlich verläuft.

5315 Soweit insgesamt überdurchschnittliche Kriterien gegeben sind, kann durchaus auch ein erheblicher Gegenstandswert anzusetzen sein.[1]

5316 Auch im **Beschwerdeverfahren** gelten dieselbe Bewertungsgrundsätze.[2]

5317 Wird im Umgangsrechtsverfahren auch eine Einigung über die elterliche Sorge erzielt, sind die Werte von Umgangsrecht und Sorgerecht zu addieren (s.o. Rn. 5300).

II. Einstweilige Anordnung

5318 Für einstweilige Anordnungen werden auch in FGG-Verfahren keine **Gerichtsgebühren** erhoben, Daher enthält auch die KostO insoweit keine Vorschriften.

5319 Für die Anwaltsgebühren gilt wiederum die spezielle Regelung des § 24 S. 1 RVG. Es gilt ein Ausgangswert 500 Euro, der nach den Umständen zu erhöhen ist (s.o. Rn. 5303). I.d.R. ist auch hier von einem Wert i.H.v. 750 Euro auszugehen.

5320 Werden mehrere einstweilige Anordnungen geführt, gilt das gleiche wie im Verbundverfahren (s.o. Rn. 5307). Die Vorschrift des § 18 Nr. 1 RVG gilt auch hier.

D. Abtrennung aus dem Verbund

5321 Kommt es zu einer Lösung des Verfahrens auf Regelung des Umgangsrechts aus dem Verbund, also nach

– **§ 623 Abs. 2 S. 2 ZPO**: Abtrennung in den Fällen des § 621 Abs. 2 S. 1 Nr. 1–3 ZPO auf Antrag eines Ehegatten,

---

1 Siehe hierzu OLG Frankfurt/M., Beschl. v. 4. 2. 1999 – 1 UF 77/97, OLGR 1999, 164 = JurBüro 1999, 371 = EzFamR aktuell 1999, 184 = FuR 1999, 437 = NJW-RR 2000, 952;das Gericht hat eine Wert von 16 000 DM festgesetzt, u.a. wegen mehrfachen Anhörungen der Beteiligten und sachverständigen Zeugen sowie einem umfangreichen Schriftwechsel.
2 Siehe hierzu OLG Frankfurt/M., Beschl. v. 4. 2. 1999 – 1 UF 77/97, OLGR 1999, 164 = JurBüro 1999, 371 = EzFamR aktuell 1999, 184 = FuR 1999, 437 = NJW-RR 2000, 952.

– **§ 623 Abs. 3 S. 2 ZPO**: Abtrennung des Verfahrens der elterlichen Sorge bei Gefährdung des Kindeswohls von Amts wegen,

– **§ 626 Abs. 2 ZPO**: Vorbehalt bei Abweisung des Scheidungsantrags,

– **§ 629 Abs. 3 ZPO**: Vorbehalt bei Rücknahme des Scheidungsantrags,

dann handelt es sich um eine echte Verfahrenstrennung. Dies wiederum bedeutet, dass mit der Abtrennung die Kindessache als isolierte selbständige FGG-Familiensache fortgeführt wird und daher nicht mehr der Festwert von 900 Euro (§ 48 Abs. 3 S. 3, 2. Hs. GKG) gilt, sondern der Wert des §§ 94 Abs. 2, 30 Abs. 2, 3 KostO.[1]

Wird dagegen nach § 628 S. 1 ZPO über die Ehesache vorab oder nach § 627 Abs. 2 ZPO über die elterliche Sorge vorweg entschieden, bleibt der Verbund erhalten. Der Wert ändert sich nicht.   **5322**

E. Nachträgliche Aufnahme in den Verbund

Wird ein Umgangsrechtsverfahren mangels Anhängigkeit der Ehesache zunächst als isoliertes Verfahren eingeleitet und wird dann später nach Anhängigkeit des Scheidungsantrags in den Verbund aufgenommen (§ 623 Abs. 1 i.V.m. § 621 Abs. 1 Nr. 2 ZPO), gelten die gleichen Grundsätze wie bei einer Trennung. Bis zur Verbindung richtet sich der Wert für das isolierte Verfahren nach den §§ 94 Abs. 2, 30 Abs. 2, 3 KostO. Ab Verbindung gilt dagegen der Festwert von 900 Euro (§ 48 Abs. 3 S. 3, 2. Hs. GKG).[2]   **5323**

Der Anwalt kann also die vor der Aufnahme in den Verbund angefallenen Gebühren getrennt nach dem höheren Wert der §§ 94 Abs. 2, 30 Abs. 2, 3 KostO berechnen. Im Verbundverfahren darf dann allerdings hinsichtlich der getrennt abzurechnenden Gebühren der Wert des Umgangsrechts nicht nochmals berücksichtigt werden.   **5324**

F. Isolierte Anfechtung der Entscheidung über das Umgangsrecht

Wird im Verbundverfahren auch über die elterliche Sorge entschieden und wird nur diese Entscheidung isoliert angefochten, so ist hiergegen die befristete Beschwerde nach § 621e ZPO gegeben, nicht die Berufung. Das Beschwerdeverfahren befasst sich dann nur noch mit der elterlichen Sorge. Ungeachtet dessen   **5325**

---

1 OLG Düsseldorf, Beschl. v. 23. 9. 1999 – 10 WF 27/99, JMBl NW 2000, 131 = Rpfleger 2000, 84 = OLGR 2000, 74 = AGS 2000, 84= JurBüro 2001, 136; OLG Köln Beschl. v. 10. 4. 2003 – 26 WF 73/03, AGS 2004, 18 mit Anm. *N. Schneider* = OLGR 2003, 245 = FamRZ 2004, 285 = JMBl.NW 2003, 252; OLG Koblenz, Beschl. v. 12. 5. 2000 – 13 UF 608/99, JurBüro 2000, 533 = OLGR 2001, 17 = AGS 2001, 204 = FamRZ 2001, 112; *Kindermann* Rn. 428.

2 OLG Frankfurt/M., Beschl. v. 23. 11. 2005 – 5 WF 201/05, AGS 2006, 193 mit Anm. *N. Schneider*; OLG Zweibrücken, Beschl. v. 27. 3. 2005 – 2 WF 242/05; *N. Schneider*, Abrechnung bei Übernahme eines isolierten Umgangsrechtsverfahren in das nachträglich eingeleitete Verbundverfahren, AGS 2006, 4 ff.

richtet sich der Gegenstandswert nach § 48 Abs. 3 S. 3, 2. Hs. GKG und nicht nach §§ 94 Abs. 2, 30 Abs. 2, 3 KostO, da die isolierte Anfechtung der Folgesache nicht dazu führt, dass nunmehr – wie im Falle der echten Abtrennung – ein isoliertes Verfahren über das Umgangsrecht oder die elterliche Sorge eingeleitet wird.[1]

5326 Das OLG München[2] will allerdings mit beachtenswerten Gründen auch in diesem Fall in verfassungskonformer Gesetzesauslegung den Gegenstandswert des §§ 94 Abs. 2, 30 Abs. 2, 3 KostO heranziehen und einen Regelwert von 3000 Euro annehmen.[3] Das Gericht hält nämlich die bestehende Regelung nach Art. 3 Abs. 1, 12 Abs. 1 GG für verfassungswidrig. Sie stelle einen unzulässigen Eingriff in die Berufsfreiheit dar. Es sei kein Grund dafür ersichtlich, ein isoliertes Umgangsrechtsverfahren streitwertmäßig anders zu behandeln als ein isoliertes Beschwerdeverfahren.

5327 Das Gericht sieht auch keinen Verstoß gegen § 47 Abs. 2 S. 1 GKG, wonach der Gegenstandswert eines Rechtsmittelverfahrens auf den Wert der ersten Instanz beschränkt ist. Insoweit ergebe sich nämlich bereits nach § 47 Abs. 2 S. 2 GKG eine Ausnahme bei Erweiterung des Streitgegenstandes. Analog dieser Regelung müsse auch dann vorgegangen werden, wenn zwar nicht der Gegenstand erweitert werde, aber infolge einer Teilanfechtung nur noch die isoliert angefochtene Folgesache Gegenstand des Beschwerdeverfahrens sei und hierfür die Wertvorschrift, die auf der Verbundbewertung fuße, nicht mehr angemessen sei.

Umsatzsteuer

5328 Wird eine **Forderung** (Kaufpreis, Werklohn, Miete, o.ä.) eingeklagt, so ist die darin enthaltene Umsatzsteuer bei der Streitwertfestsetzung mitzurechnen;[4] dabei ist es gleichgültig, ob die Umsatzsteuer im Klageantrag einfach einbezogen oder gesondert gekennzeichnet und beziffert worden ist.[5]

5329 Auch dann, wenn **Schadens- oder Aufwendungsersatz** geltend gemacht wird, ist die in der Klageforderung enthalte Umsatzsteuer hinzuzurechnen. Eine Berechtigung des Klägers zum Vorsteuerabzug ist in diesem Zusammenhang unerheblich, da es nur auf den eingeklagten Betrag ankommt, nicht auf die Berechtigung der Forderung.

---

1 OLG Karlsruhe, Beschl. v. 29. 11. 2005 – 2 UF 176/02, JurBüro 2006, 143.
2 OLG München, Beschl. v. 2. 12. 2005 – 12 UF 1847/04, AGS 2006, 247 mit Anm. *N. Schneider* = JurBüro 143 = OLGR 2006, 138.
3 Wobei es im konkreten Fall sogar einen Wert in Höhe von 5000 Euro angenommen hat.
4 OLG Köln, Beschl. v. 23. 11. 1981 – 17 W 360/81, JurBüro 1982, 1070 = AnwBl. 1982, 198.
5 LG Hannover, Beschl. v. 10. 1. 1974 – 24 O 109/72, Nds.Rpfl. 1974, 157.

Richtet sich die Klage lediglich auf **Feststellung einer Schadens- oder Aufwendungsersatzpflicht**, so ist grundsätzlich ebenfalls vom Brutto-Betrag auszugehen. Ist die Partei dagegen zum Vorsteuerabzug berechtigt, so darf lediglich vom Netto-Betrag ausgegangen werden, es sei denn die Frage der Vorsteuerabzugsberechtigung ist streitig und die Partei berühmt sich auch eines Anspruchs auf Ersatz der Umsatzsteuer. 5330

Gleiches dürfte bei der **Feststellung einer Schadens- oder Aufwendungsersatzpflicht** nach § 249 Abs. 2 S. 2 BGB gelten, wenn der Kläger davon ausgeht, den Schaden in **Eigenregie** zu reparieren, so dass keine Umsatzsteuer anfallen wird. Hier kann allerdings die anteilige Umsatzsteuer aus Ersatzteilen zu berücksichtigen sein, die der Geschädigte zur Reparatur in Eigenregie aufwenden muss. 5331

Ebenso wird die Umsatzsteuer außer Ansatz zu lassen sein, wenn der Geschädigte eine umsatzsteuerfreie Ersatzbeschaffung vornehmen wird. 5332

Das Gleiche gilt, wenn **Deckungsschutz aus einem Versicherungsverhältnis** geltend gemacht wird. Auch hier ist vom Bruttobetrag auszugehen, es sei denn, der Versicherer schuldet wegen der Vorsteuerabzugsberechtigung des Versicherten unstreitig Deckungsschutz nur in Höhe der Netto-Beträge, so z.B. in der Fahrzeugversicherung nach § 13 AKB[1] oder bei einer Deckungsschutzklage aus einer Rechtsschutzversicherung, wenn der Versicherungsnehmer unstreitig zum Vorsteuerabzug berechtigt ist. 5333

Wird auf **Herausgabe** geklagt, so ist der Verkehrswert einschließlich Umsatzsteuer maßgebend. Auch hier kommt es auf eine Berechtigung zum Vorsteuerabzug nicht an. 5334

Auf **Verzugszinsen** entfällt keine Umsatzsteuer. Die Frage, ob auf Zinsen entfallende Mehrwertsteuer Nebenforderungen sind,[2] stellt sich daher heute nicht mehr.[3] 5335

Werden **Kosten zur Hauptsache**, etwa nach Erledigungserklärung, Hauptsacheanerkenntnis oder Klagrücknahme, oder in gesonderten Kostenverfahren (Kosten- oder Streitwertbeschwerde, Kostenfestsetzung u.ä.), so ist die auf die Anwaltskosten anfallende Umsatzsteuer (Nr. 7008 VV RVG) grundsätzlich mitzuberechnen. 5336

Soweit eine Partei jedoch zum Vorsteuerabzug berechtigt ist oder ausnahmsweise keine Umsatzsteuer anfällt (Auslandsfälle; Anwalt in eigener Sache, § 91 Abs. 1 S. 3 ZPO), bleibt die Umsatzsteuer außer Ansatz, da sie nicht erstattet verlangt werden kann (§§ 91, 104 Abs. 2 S. 3 ZPO). 5337

---

1 BGH, Beschl. v. 30. 4. 1991 – IV ZR 243/90, KostRsp. ZPO § 3 Nr. 1050 mit Anm. *Schneider* = NJW-RR 1991, 1149.
2 BGH, Urteil v. 22. 6. 1976 – X ZR 44/74, JurBüro 1976, 1629 = NJW 1977, 583.
3 Siehe *Schneider* DGVZ 1983, 113.

5338 Gleiches gilt für die Berechnung des **Wertes des Beschwerdegegenstandes** bei Beschwerden in Kostensachen nach § 567 Abs. 2 S. 1, S. 2 ZPO, § 68 Abs. 1 S. 1 GKG, § 33 Abs. 3 S. 1 RVG. Auch hier bleibt die Umsatzsteuer außer Ansatz, soweit unstreitig Vorsteuerabzugsberechtigung besteht.

Unbezifferte Anträge

Literatur: *Willms* JZ 1952, 618; *Martini* JurBüro 1956, 433; *Quardt* JurBüro 1957, 516; *Pawlowski* NJW 1961, 341; *Weiland* JurBüro 1980, 993; *Dunz* NJW 1984, 1734; *Husmann* VersR 1985, 718; *Schneider* MDR 1985, 992; *Bähr* VersR 1986, 533; *Allgaier* VersR 1987, 31; *Gerstenberg* NJW 1988, 1352; *Husmann* NJW 1989, 3126; *Wurm* JA 1989, 65; *Steinle* VersR 1992, 425; *Butzer* MDR 1992, 539 (Prozessuale und kostenrechtliche Probleme beim unbezifferten Klageantrag); *Röttger* NJW 1994, 368 (Bindung an den unbezifferten Antrag); *Deubner* JuS 1994, 1050; *Schlosser* JZ 1996, 1082; *Jaeger* MDR 1996, 888.

Gliederungsübersicht

A. Anzuwendende Vorschriften . . . 5339

B. Bewertungsproblematik 5346

I. Abgrenzung zum Bestimmtheits-
gebot 5347
II. Abgrenzung zur Antragsbindung . 5351
III. Stellungnahme 5357

IV. Bewertungsmaßstäbe 5361
  1. Zahlungsvorschlag des Klägers 5362
  2. Verurteilungsbetrag 5370
  3. Sachvortrag des Klägers 5375
    a) Erster Rechtszug 5377
    b) Rechtsmittelinstanz 5388

C. Streitwertbeschwerde 5393

Stichwortübersicht

Beschwer 5389
Betragsvorstellung des Klägers gleich
Streitwert 5349
Beweisfälligkeit des Klägers 5382
Größenangabe des Klägers . . . . . 5347 ff.
Höchstbetragsangabe 5350
Klageänderung 5342
Klagerücknahme 5384
Kostenbelastung des Klägers 5382
Kostenrisiko 5363
Kostenverteilung 5352
Merkantiler Minderwert 5343
Mindestbetrag, vom Kläger genann-
ter 5354

Mitverschulden 5383
Prozessvergleich 5385
Rechtsmittelbeschwer 5389
Renten-Schmerzensgeld 5342
Rückstände bei Klageänderung . . . 5342
Schmerzensgeld neben Unterlassung 5345
Spielraumtheorie 5356
Streitwertbeschwerde . . . . 5393 ff.
Unterhalt, angemessener 5344
Unterlassung und Schmerzensgeld . 5345
Verurteilungsbetrag
– gleich Streitwert 5370
– Vergleichswert 5371
Vorläufige Festsetzung 5364, 5393

A. Anzuwendende Vorschriften

Mit einem unbezifferten Antrag stellt der Kläger die Entscheidung über die Anspruchshöhe in das Ermessen des Gerichts. Der Streitwert ist in solchen Fällen nach § 48 Abs. 1 S. 1 GKG, § 3 ZPO zu schätzen. Die Wertvorstellungen des Klägers sind bei der Schätzung stets wichtige Anhaltspunkte.[1] Eine vor Klageerhebung vom Kläger geforderte höhere Summe bleibt dagegen außer Betracht.[2]   **5339**

Bei einem von vornherein **bezifferten Anspruch** ist der geforderte Betrag maßgebend (§ 6 ZPO). Wird dagegen ein einmaliger fester, aber unbezifferter Geldbetrag gefordert, so ist § 3 ZPO die Bemessungsvorschrift.   **5340**

Hauptanwendungsgebiet der Streitwertbemessung bei unbezifferten Anträgen sind in der Praxis die **Schmerzensgeldansprüche**. Die Schätzungsgesichtspunkte sind dementsprechend dieselben wie diejenigen für die Bemessung der „billigen Entschädigung" nach § 253 Abs. 2 BGB.[3]   **5341**

Wenn das Schmerzensgeld in der Form einer **Rente** beansprucht wird, ist der Streitwert nach § 42 Abs. 2 GKG auf den fünffachen Jahresbetrag festzusetzen.[4] Der Jahresbetrag ist wiederum durch Schätzung zu ermitteln. Bei Klageänderung vom unbezifferten Antrag zum Rentenantrag entstehen in der Zwischenzeit keine „Rückstände".[5]   **5342**

Die anzuwendenden Bemessungsgrundsätze gelten auch für alle sonstigen unbezifferten Anträge, z.B. auch für die Schätzung des **merkantilen Minderwertes** eines unfallbeschädigten Kraftfahrzeuges (vgl. § 287 ZPO).   **5343**

Umstritten ist, ob unbezifferte Anträge auf „angemessenen **Unterhalt**" (§ 621 Abs. 1 ZPO) zulässig sind.[6] Bejaht man das, muss der Streitwert nach der Sondervorschrift des § 42 Abs. 1 GKG festgesetzt werden. Maßgeblich ist dann der Jahresbetrag, der auf der Grundlage der tatsächlichen Behauptungen des Klägers als angemessen zu schätzen ist.   **5344**

Wird Schmerzensgeld neben **Unterlassung** ehrkränkender Äußerungen verlangt, dann sind nach dem OLG Frankfurt[7] zwei Werte anzusetzen und diese zu addieren. Nach dem OLG Köln[8] bestimmt sich gemäß § 48 Abs. 4 GKG der Streitwert dagegen allein nach dem Wert des höheren Anspruchs.   **5345**

---

1 OLG Bamberg JurBüro 1978, 1391.
2 LG Stuttgart ZZP 69, 1956, 206.
3 *Husmann* VersR 1985, 718 zu § 847 BGB a.F.
4 OLG Nürnberg JurBüro 1964, 685; OLG Freiburg Rpfleger 1951, 571; OLG Zweibrücken JurBüro 1978, 1550.
5 OLG Zweibrücken JurBüro 1978, 1550.
6 Vgl. OLG Düsseldorf FamRZ 1978, 134 m.w.N.
7 OLG Frankfurt JurBüro 1974, 1413.
8 OLG Köln, KostRsp. GKG § 12 Nr. 162 = JurBüro 1994, 491 = OLGR 1993, 283 = VersR 1994, 875.

B. Bewertungsproblematik

5346 Die Frage, wie der Gebührenstreitwert bei unbezifferten Anträgen zu bestimmen ist, wird von zwei weiteren Problemfeldern des unbezifferten Klageantrages beeinflusst, die mit dem Gebührenstreitwert zwar nicht unmittelbar etwas zu tun haben, aber dennoch nicht immer klar getrennt werden. Dies ist zum einen die Frage des Bestimmtheitsgebotes (§ 253 Abs. 2 Nr. 2 ZPO) und zum anderen die Frage der Antragsbindung (§ 308 Abs. 1 ZPO).

I. Abgrenzung zum Bestimmtheitsgebot

5347 Der BGH[1] fordert in Übereinstimmung mit der ganz herrschenden Meinung beim unbezifferten Schmerzensgeldantrag zur Zulässigkeit der Klage, dass der Kläger die „allgemeine Größenordnung seines Begehrens" kennzeichnet, wozu das Gericht ihn gegebenenfalls aufzufordern hat.[2] Hiervon ausgehend gibt es dann natürlich keine unbezifferte Schmerzensgeldklage ohne Größenangabe des Klägers.[3]

5348 Allerdings sieht auch der BGH[4] eine Klage ohne Angabe der Größenordnung der Forderung nicht zwingend als unzulässig wegen Verstoßes gegen § 253 Abs. 2 Nr. 2 ZPO an, denn er umgeht diese prozessuale Konsequenz mit einem kleinen Trick: Er sieht eine konkludente Größenangabe darin, dass der Kläger eine Wertfestsetzung des Gerichts stillschweigend hinnimmt und sich damit die Kennzeichnung der Größenordnung des Klagebegehrens durch das Gericht zu Eigen macht. Auf diese Weise wird die unzulässige Klage am Ende doch wieder zulässig.[5]

5349 Die Angabe einer mit Rücksicht auf § 253 Abs. 2 Nr. 2 ZPO geäußerten Betragsvorstellung durch den Kläger verführt manche Gerichte dazu, diese Summe auch für die Streitwertbemessung als verbindlich anzusehen.[6] Dies soll

---

1 BGH, Urteil v. 9. 7. 1974 – VI ZR 236/73, VersR 1974, 1182; BGH, Beschl. v. 21. 6. 1977 – VI ZA 3/75, VersR 1977, 861; BGH, Urteil v. 13. 10. 1981 – VI ZR 162/80, MDR 1982, 313 = JR 1982, 156 mit Anm. *Grossmann* = KostRsp. ZPO § 3 Nr. 556 mit Anm. *Schneider*; BGH, Urteil v. 9. 11. 1982 – VI ZR 23/81, NJW 1983, 332 = VersR 1983, 151; BGH, Urteil v. 15. 5. 1984 – VI ZR 155/82, VersR 1984, 739; BGH, Beschl. v. 30. 4. 1996 – VI ZR 55/95, VersR 1996, 990 = MDR 1996, 886.

2 OLG Bamberg VersR 1984, 875 = KostRsp. ZPO § 3 Nr. 718.

3 Kritisch *Schneider* (MDR 1985, 992) und *Husmann* (VersR 1985, 718 und NJW 1989, 3126), der diese Praxis sogar für verfassungswidrig hält, weil sie mit dem prozessualen Bestimmungsrecht des Klägers unvereinbar und willkürlich im Sinne des Art. 3 GG sei.

4 BGH JurBüro 1980, 46 = VersR 1979, 472.

5 Nach *Schneider* (MDR 1985, 992) hat der BGH mit dieser Rechtsprechung nur neue Schwierigkeiten geschaffen, weil es in sich widersprüchlich sei, unbezifferte Klageanträge zuzulassen, zugleich aber eine Betragsangabe zu fordern und dann von dieser auszugehen.

6 So etwa OLG Schleswig JurBüro 1980, 604 = SchlHA 1980, 118 = KostRsp. ZPO § 3 Nr. 471; OLG Karlsruhe KostRsp. ZPO § 3 Nr. 440 mit Anm. *Schneider*; OLG Karlsruhe Justiz 1985, 167 = KostRsp. ZPO § 3 Nr. 751; OLG Bamberg JurBüro 1985, 765 =

jedenfalls dann gelten, wenn der Kläger seine Betragsvorstellungen äußert, ohne hinzuzufügen, dass sie keine Bindungswirkung haben sollen.[1]

Das OLG München[2] setzt den Gebührenstreitwert sogar in solchen Fällen auf die vom Kläger zur Zulässigkeit der Klage gekennzeichnete Größenordnung (§ 253 Abs. 2 Nr. 2 ZPO) fest, wenn das nach dem Sachvortrag des Klägers gerechtfertigte Schmerzensgeld um ein Vielfaches geringer ist. Die Kostenvergünstigung der unbezifferten Leistungsklage[3] ist damit praktisch abgeschafft.[4] Noch weiter geht das OLG München in einer anderen Entscheidung,[5] wonach ein vom Kläger angegebener Mindestbetrag das Gericht streitwertmäßig binde, wenn der Kläger keinen Höchstbetrag genannt habe. **5350**

II. Abgrenzung zur Antragsbindung

Stellt eine Partei keinen bezifferten Antrag, so kann nicht ohne weiteres festgestellt werden, ob und in welchem Maße sie mit dem später ergehenden Urteil obsiegt hat bzw. unterlegen ist, denn bei unbezifferten Anträgen stellt der Kläger die Höhe seiner Forderung in das Ermessen des Gerichtes. Hier muss das Gericht entscheiden, ob ein Fall des § 92 Abs. 2 Nr. 2 ZPO vorliegt oder die Kosten zu teilen sind. **5351**

Das OLG Koblenz[6] hat versucht, die Besonderheiten des unbezifferten Anspruchs bei der **Kostenverteilung** zu berücksichtigen. Danach hat eine Teilabweisung und Kostenquotelung zu unterbleiben, wenn eine Partei als vorgestelltes Schmerzensgeld den Betrag von 15 000 DM nennt und 13 000 DM zugesprochen erhält. Der zugesprochene Betrag bewege sich dann noch innerhalb der von der Partei geäußerten Größenordnung des geforderten Betrages. **5352**

Fraglich ist in solchen Fällen ebenso, ob und in welchem Umfang das Gericht die vom Kläger geäußerte Betragsvorstellung überschreiten darf – ob also die **5353**

KostRsp. ZPO § 3 Nr. 748; OLG Bamberg KostRsp. ZPO § 3 Nr. 819 mit Anm. *Schneider* = JurBüro 1986, 908.

1 Siehe OLG Celle Rpfleger 1976, 158 = NJW 1977, 334; OLG Nürnberg MDR 1976, 411; OLG Hamm VersR 1977, 935; OLG Bamberg JurBüro 1978, 588; OLG Zweibrücken JurBüro 1978, 586 = JZ 1978, 109; OLG Zweibrücken JurBüro 1978, 739 = JZ 1978, 244; OLG Karlsruhe, KostRsp. ZPO § 3 Nr. 440; OLG Schleswig JurBüro 1980, 604; LG Itzehoe AnwBl. 1985, 43 = KostRsp. ZPO § 3 Nr. 734.

2 OLG München, KostRsp. ZPO § 3 Nr. 874 mit abl. Anm. *Schneider* = MDR 1987, 850 = VersR 1987, 1120 = NJW 1988, 1396 = JurBüro 1988, 518.

3 Hierzu Zöller/*Herget*, § 92 Rn. 12; OLG Düsseldorf, Beschl. v. 22. 6. 1994 – 22 W 28/94, OLGR 1994, 239 = NJW-RR 1995, 955: Keine Kostenbelastung bei 20 % Unterschreitung der angegebenen Größenordnung.

4 Insofern ist es zwar verfehlt aber konsequent, generell die Zulässigkeit unbestimmter Anträge zu verneinen; vgl. *Gerstenberg* NJW 1988, 1352.

5 OLG München, KostRsp. ZPO § 3 Nr. 841 mit abl. Anm. *Schneider* = NJW 1986, 3089 = VersR 1987, 597.

6 OLG Koblenz, KostRsp. ZPO § 3 Nr. 989 mit Anm. *Schneider* = VersR 1990, 402 = AnwBl. 1990, 398 = DAR 1990, 138.

vom Kläger geäußerte Betragsvorstellung im Rahmen des **§ 308 Abs. 1 ZPO** Bindung entfaltet.[1]

5354 Nach Meinung des OLG Karlsruhe[2] soll ein vom Kläger genannter Mindestbetrag wie folgt zu beachten sein:

– Liegt der vom Gericht für angemessen gehaltene Betrag unterhalb der Mindestangabe des Klägers, dann ist diese maßgebend.

– Liegt der vom Gericht als angemessen angesehene Betrag zwischen der Mindestangabe und der Mindestangabe + 25 %, dann ist der vom Gericht für angemessen gehaltene Betrag anzusetzen.

– Liegt der vom Gericht als angemessen angesehene Betrag über der Grenze der Mindestangabe + 25 %, dann soll der Streitwert gleich der Summe der Mindestangabe + 25 % sein.

5355 Solche Kriterien lassen sich nicht aus dem Gesetz ableiten und auch nicht mit „freiem Ermessen" (§ 3 ZPO) begründen, sondern laufen auf eine willkürliche Bewertung hinaus. Ein Schmerzensgeldkläger, der einen Mindestbetrag nennt, ohne einen Höchstbetrag zu beziffern, erstrebt die ihm günstigste Verurteilung des Beklagten und begrenzt seinen Antrag nicht auf eine Mindestangabe + 25 %.[3] Weder dem Gesetz noch der Rechtsprechung des BGH lässt sich entnehmen, dass dem Kläger, der nur einen Mindestbetrag nennt, nicht mehr als dieser Betrag + 25 % zugesprochen werden dürfe, selbst wenn das Gericht der Auffassung sei, dem Kläger stehe weit mehr zu.

5356 In einer neueren Entscheidung[4] hat der BGH sowohl der „Spielraumtheorie"[5] als auch der Bindung ohne prozentualen Aufschlag[6] eine Absage erteilt und ausgeführt, in der Überschreitung der vom Kläger als Mindestbetrag genannten Schmerzensgeldsumme um das Doppelte liege kein Verstoß gegen § 308 Abs. 1 ZPO. Weder Mindestbetrag noch Größenvorstellung zögen im Hinblick auf § 308 ZPO eine Grenze und auch eine Eingrenzung auf einen prozentualen Rahmen käme nicht in Betracht.

---

1 Vgl. auch *Lappe* Anm. zu KostRsp. ZPO § 3 Nr. 1002.

2 OLG Karlsruhe, KostRsp. ZPO § 3 Nr. 1002 mit Anm. *Schneider* und *Lappe* = Justiz 1990, 330; vgl. auch OLG Düsseldorf, Beschl. v. 22. 6. 1994 – 22 W 28/94, NJW-RR 1995, 955 (20 %); *Dunz* NJW 1984, 1734; *Wurm* JA 1989, 65; *Steinle* VersR 1992, 425; *Butzer* MDR 1992, 539.

3 Oder + 20 %; so aber OLG Düsseldorf, Beschl. v. 22. 6. 1994 – 22 W 28/94, NJW-RR 1995, 955; siehe auch *Röttger* NJW 1994, 368 (2) zur „Spielraumtheorie"; Zöller/*Greger*, § 253 Rn. 14.

4 BGH, Beschl. v. 30. 4. 1996 – VI ZR 55/95, MDR 1996, 886 = NJW 1996, 2425.

5 Das Gericht kann sein Ermessen bezüglich der Höhe des Schmerzensgeldes nicht ganz frei ausüben, sondern muss sich nach oben und unten an die vom Kläger durch die Größenordnung vorgegebene Bandbreite (zzgl. 20 bis 25 %) halten.

6 OLG München NJW 1986, 3089; *Gerstenberg* NJW 1988, 1352; *Röttger* NJW 1994, 368.

III. Stellungnahme

Die rein prozessualen Anforderungen an die Bestimmtheit eines Antrages 5357
(§ 253 Abs. 2 Nr. 2 ZPO) haben nichts mit den Bemessungsumständen für den
Gebührenstreitwert zu tun. Das zeigt sich schon daran, dass ein Streitwert auch
dann nach dem tatsächlichen Vorbringen des Klägers bemessen und festgesetzt
werden muss, wenn seine Klage mangels „Kennzeichnung der allgemeinen
Größenordnung seines Begehrens" als unzulässig abgewiesen werden müsste.

Es ist zwar richtig, dass der Kläger dann, wenn er „die allgemeine Größenord- 5358
nung seines Begehrens" kennzeichnet, auch seine Betragsvorstellung offen legt.

Daraus ergibt sich aber noch nicht, dass insoweit für ihn Bindungswirkungen 5359
zur Streitwerthöhe, Kostenentscheidung oder Beschwer eintreten. Dies ist vielmehr eine gesondert zu stellende und zu beantwortende Frage.[1] Insofern kann
es bei Festsetzung des Gebührenstreitwertes auch keine Rolle spielen, ob und
in welcher Höhe das Urteil hinter den Betragsvorstellungen des Klägers zurückgeblieben ist.

Anders ausgedrückt: Man kann zur Zulässigkeit der Klage die Äußerung einer 5360
Betragsvorstellung verlangen, bei der Streitwertbemessung aber diese Betragsvorstellung völlig ignorieren oder sie als verbindlichen Wert ansehen oder als
untere Grenze der Bezifferung deuten. Nur um diese drei Fragen geht es im
Streitwert, was *Mümmler*[2] nicht hinreichend auseinander hält. Deshalb ist
auch in den nachfolgenden Anmerkungen nur die Judikatur zu diesen Fragen
zu erörtern.

IV. Bewertungsmaßstäbe

Der Streit über die Bewertung des unbestimmten Antrages geht im Wesent- 5361
lichen darüber, an welchen Kriterien sich die Schätzung des Gerichts (§ 48
Abs. 1 S. 1 GKG, § 3 ZPO) auszurichten hat. In Betracht kommen hier

– der Zahlungsvorschlag des Klägers oder
– der Sachvortrag des Klägers oder
– der Betrag, auf den das Gericht erkennt.

1. Zahlungsvorschlag des Klägers

Eine Meinung zur Bewertung des unbezifferten Leistungsantrages geht dahin, 5362
dass der Streitwert sich nach dem Betrag bemisst, den der Kläger als angemessen bezeichnet hat.[3]

---

1 So richtig OLG München JurBüro 1980, 125 = KostRsp. ZPO § 3 Nr. 462 mit Anm.
 Schneider.
2 JurBüro 1980, 126 f.
3 OLG Schleswig Rpfleger 1962, 425 – aufgegeben in JurBüro 1963, 147; OLG München
 Rpfleger 1962, 2.

5363 Dass der Kläger seine Meinung über die Höhe des angemessenen Schmerzensgeldes äußert, darf jedoch sein Kostenrisiko nicht erhöhen.[1] Insofern sind Äußerungen des Klägers über die Höhe des seiner Meinung nach angemessenen Schmerzensgeldes für den Streitwert nur dann von Bedeutung, wenn sie das Ermessen des Gerichts – nach oben oder nach unten – begrenzen sollen.[2]

5364 Der Kläger kann jederzeit erklären, dass er eine solche Begrenzung nicht zum Ausdruck bringen will. Insbesondere sollte das Gericht sich durch Rückfrage (§§ 139, 278 Abs. 2 ZPO) vergewissern, wenn auch die vorläufige Streitwertfestsetzung (§ 63 Abs. 1 GKG) bei unbeziffertem Antrag ohne vorangegangene Erörterung mit Parteien und Anwälten beschlossen werden kann.[3]

5365 Unbeachtlich sind die Angaben für den Gebührenstreitwert dann, wenn aus dem Vorbringen des Klägers hervorgeht, dass er die von ihm angegebene Summe nicht als maßgebliche Schätzung angesehen wissen will.[4] Hier ist auch die Auffassung einzuordnen, die – wohl unter dem Einfluss der BGH-Rechtsprechung zu § 253 Abs. 2 ZPO – den Streitwert des unbezifferten Antrages nach der Betragsvorstellung bemisst, die der Kläger in der Begründung zum Ausdruck gebracht hat.[5]

5366 Soweit der Kläger in der Klageschrift Größenvorstellungen äußert, ist zwischen einem Mindest- und einem Höchstbetrag zu unterscheiden.

5367 Nach OLG München[6] ist der Gebührenstreitwert grundsätzlich mit dem angegebenen **Mindestbetrag** anzusetzen. Bei Vorliegen besonderer Umstände kann der Streitwert höher zu bemessen sein.

5368 Einen höheren Betrag als den vom Kläger bei unbestimmtem Klageantrag selbst genannten Mindestbetrag festzusetzen, ist zwar grundsätzlich zulässig, dann aber nicht gerechtfertigt, wenn der Kläger zu erkennen gegeben hat, dass er das Kostenrisiko eines höheren Streitwerts nicht übernehmen will.[7]

---

1 OLG Köln JMBl.NW 1971, 77 = KostRspr. ZPO § 3 Nr. 264; OLG Köln AfP 1978, 268.
2 OLG Schleswig JurBüro 1971, 613; LG Kassel, KostRspr. ZPO § 3 Nr. 924 = JurBüro 1988, 917.
3 Dies stellt keinen Verstoß gegen Art. 2 Abs. 1, Art. 20 Abs. 3 oder Art. 103 Abs. 1 GG dar, da es sich nicht um die endgültige Festsetzung handelt (vgl. BVerfGE 101, 404).
4 OLG Neustadt JurBüro 1961, 506.
5 OLG Schleswig JurBüro 1980, 604 = SchlHA 1980, 118 = KostRspr. ZPO § 3 Nr. 471; OLG Karlsruhe, KostRspr. ZPO § 3 Nr. 440 mit Anm. *Schneider*. Damit im Ergebnis weitgehend übereinstimmend *Steinle*, VersR 1992, 4259, wonach der Streitwert dem Betrag entspricht, den das Gericht aufgrund der tatsächlichen Ausführungen des Klägers für angemessen hält, sofern der Betrag sich noch in dem vom Kläger angegebenen Rahmen hält. Wie diese Einschränkung allerdings konkretisiert werden soll, das ist zweifelhaft und streitig. Nach *Röttger* (NW 1994, 368) ist die vom Kläger zu nennende Größenordnung regelmäßig die maßgebende Obergrenze, über die das Gericht nicht hinausgehen darf.
6 OLG München, Beschl. v. 26. 4. 1994 – 1 W 2878/93, OLGR 1994, 165.
7 BGH, Beschl. v. 30. 4. 1996 – VI ZR 55/95, MDR 1996, 886 = NJW 1996, 2425; BGH, Urteil v. 12. 11. 1991 – VI ZR 369/90, VersR 1992, 237; OLG München NJW 1986, 3089; OLG Stuttgart BB 1959, 460.

Vom Kläger in der Klageschrift gesetzte **Höchstbeträge** stellen immer die obere   5369
Bemessungsgrenze dar.[1]

2. Verurteilungsbetrag

Nach einer weiteren Ansicht richtet sich der Streitwert beim unbezifferten   5370
Leistungsantrag nach dem Betrag, auf den das Gericht im Rahmen des ihm
eingeräumten Ermessens – im letzten Rechtszug[2] – erkennt.[3] Die Darlegungen
des Klägers über die Höhe des ihm billigerweise zu zahlenden Schmerzensgeldes sind danach für die Bewertung des Streitgegenstandes unerheblich.[4] Nur
wenn der Kläger die Zuerkennung eines Mindestbetrages fordert, bestimmt
dieser die untere Grenze des Streitwertes.[5]

Konsequenterweise werden diese Bewertungsgrundsätze auch auf einen Ver-   5371
gleichswert angewandt.[6] Haben sich die Parteien über einen Betrag geeinigt, den
auch das Gericht für angemessen hält, so können Vergleichssumme und Vergleichswert zusammenfallen.[7] Hätte das Gericht jedoch einen höheren Betrag
im Urteil zugebilligt, so ist dieser maßgebend.[8]

Ob der Streitwert für das Verfahren gleich der Höhe der Vergleichssumme ist,   5372
hängt somit davon ab, ob sich die Vergleichsvorstellungen der Partei und die
Vorstellung des Gerichts über den Schmerzensgeldbetrag decken. Das ist dann
anzunehmen, wenn der Vergleich entsprechend einem fundierten Vergleichs-
vorschlag des Gerichts abgeschlossen worden ist.[9]

Nach OLG Frankfurt[10] ist der vom Kläger als angemessen genannte Betrag um   5373
20 % zu vermindern, wenn seine Vorstellung viel zu hoch erscheint.[11]

---

1 BGH, Beschl. v. 30. 4. 1996 – VI ZR 55/95, MDR 1996, 886 = NJW 1996, 2425; OLG
  München NJW 1968, 1937.
2 Vgl. OLG Schleswig SchlHA 1956, 260.
3 OLG Stuttgart NJW 1961, 81; OLG Stuttgart NJW 1957, 147; OLG Frankfurt MDR
  1957, 173; OLG Frankfurt JurBüro 1953, 407; OLG Frankfurt 1971, 1061 – hier unter
  Aufzählung zahlreicher Ausnahmen, die den praktischen Wert des Grundsatzes in
  Frage stellen; OLG Frankfurt JurBüro 1973, 433; LG Stuttgart ZZP 69, 1956, 206;
  Fuchs JurBüro 1990, 559.
4 OLG Schleswig SchlHA 1956, 260; OLG München Rpfleger 1962, 2; 1967, 166.
5 OLG München Rpfleger 1962, 2; OLG München Rpfleger 1967, 166; OLG Nürnberg
  JurBüro 1962, 224.
6 OLG Frankfurt JurBüro 1971, 1061.
7 OLG Frankfurt VersR 1965, 295.
8 OLG Stuttgart MDR 1956, 623.
9 OLG Frankfurt VersR 1965, 295.
10 OLG Frankfurt MDR 1982, 674.
11 Zur 20 %-Grenze: *Röttger* NJW 1994, 368 (2) „Spielraumtheorie"; Zöller/*Greger*, § 253
   Rn. 14.

3. Sachvortrag des Klägers

5374 Die dritte, zutreffende Meinung stellt weder auf den vom Gericht zugesprochenen Betrag noch auf den Vorschlag des Klägers, sondern darauf ab, welcher Betrag auf der Grundlage des klagebegründenden Sachvortrages zuzubilligen wäre.[1]

5375 Der vom Gericht zugesprochene Betrag kommt deshalb nicht in Betracht, weil sich dann bei völliger Ablehnung eines Anspruchs überhaupt kein Streitwert ergäbe.

5376 Der vom Kläger angegebene Betrag scheidet aus, weil der erstrebte Zweck der Streitwertsenkung nicht erreicht würde, wenn er ohne weiteres zugrunde gelegt würde.[2] Würde man nämlich nicht den Sachvortrag des Klägers, sondern seine Meinung über die Höhe des angemessenen Schmerzensgeldes maßgebend sein lassen, dann würde man ihm damit das Kostenrisiko aufbürden, das ihm durch die Zulassung des unbezifferten Klageantrages gerade erspart werden soll. Um diese kostenrechtliche Folge zu vermeiden, müsste der Kläger seine Ansicht über das angemessene Schmerzensgeld zurückhalten. Das aber wäre im Interesse des Verfahrens unerwünscht, denn die Auffassungen der Parteien können für das Gericht bei der Ermittlung des angemessenen Betrages eine wesentliche Hilfe sein.

a) Erster Rechtszug

5377 Für die Streitwertbemessung ist deshalb das – unbezifferte! – Begehren des Klägers ausschlaggebend.[3] Das hiermit gleichbedeutende wirtschaftliche Interesse des Klägers[4] ergibt sich aus seinem Sachvortrag. Es ist also darauf abzustellen, welcher Betrag auf der Grundlage des Klagevorbringens angemessen wäre.[5] Die auf einer rechtlichen Beurteilung des tatsächlichen Vorbringens in

---

1 BGH, Urteil v. 30. 4. 1996 – VI ZR 55/95, MDR 1996, 886; BGH *Warneyer* 1964 Nr. 235; OLG Zweibrücken, Beschl. v. 19. 1. 1998 – 5 W 20/97, JurBüro 1998, 260; OLG Hamm AnwBl. 1984, 202; KG NJW 1964, 821; OLG Bamberg JurBüro 1959, 82; OLG Nürnberg, KostRsp. ZPO § 3 Nr. 165.

2 KG Rpfleger 1962, 153; OLG München Rpfleger 1968, 361; OLG München JurBüro 1980, 125 = KostRsp. ZPO § 3 Nr. 462 mit Anm. *Schneider.*

3 OLG Neustadt JurBüro 1954, 104; OLG Bremen JurBüro 1956, 229; OLG Nürnberg JurBüro 1962, 647.

4 OLG Schleswig SchlHA 1953, 153; OLG Bamberg JurBüro 1965, 403.

5 Vgl. KG NJW 1964, 821; KG MDR 1973, 146 = JurBüro 1973, 148; OLG Schleswig SchlHA 1953, 153; OLG Schleswig JurBüro 1971, 613; OLG Neustadt MDR 1960, 935; OLG Celle MDR 1962, 826; OLG Bamberg JVBl. 1965, 62; OLG Bamberg JurBüro 1971, 91 u. 1765; OLG Zweibrücken Rpfleger 1967, 1; OLG Zweibrücken JurBüro 1970, 984; OLG Karlsruhe MDR 1967, 773; OLG Frankfurt BB 1964, 10; OLG München NJW 1968, 1937; OLG München JurBüro 1972, 730; OLG München JurBüro 1980, 125; OLG Köln MDR 1969, 317; OLG Köln, KostRsp. ZPO § 3 Nr. 264; OLG Köln, KostRsp. ZPO § 3 Nr. 1060 mit Anm. *Schneider* = VersR 1991, 1430; OLG Nürnberg JurBüro 1975, 1496; OLG Nürnberg KostRsp. ZPO § 3 Nr. 360; OLG Nürnberg VersR 1977, 262; OLG Düsseldorf Rpfleger 1981, 317 = KostRsp. ZPO § 3 Nr. 537; OLG Düsseldorf OLGR 1995, 45; OLG Koblenz JurBüro 1977, 718; OLG Hamm AnwBl. 1984, 202 = KostRsp. ZPO § 3

der Klageschrift beruhende Bewertung kann daher sowohl von den unverbindlichen Angaben des Klägers als auch von der im Urteil zuerkannten Summe abweichen.

Beantragt der Kläger die Zuerkennung eines **Mindestbetrages**, so bestimmt dieser die untere Grenze des Streitwertes.[1]   **5378**

Diese Grenzwertbindung tritt aber nur ein, wenn der Kläger das Gericht im Hinblick auf den Streitwert an eine geäußerte Betragsvorstellung binden will. Die Angabe der Größenordnung, die er möglicherweise **mit Rücksicht auf die Zulässigkeit der Klage** (§ 253 Abs. 2 Nr. 2 ZPO) macht, enthält noch keine Festlegung dieser Art. Im Zweifel ist der Kläger zu befragen (§ 139 ZPO).[2]   **5379**

Die – bindende oder nicht bindende – Angabe eines Mindestbetrages hindert das Gericht nicht, den Streitwert höher als diese Angabe festzusetzen, wenn der Tatsachenvortrag des Klägers als Bemessungsgrundlage für einen höheren Wert in Betracht kommt.[3]   **5380**

Wenn sich die für die Entscheidung über die Höhe des Schmerzensgeldes maßgebenden Gesichtspunkte zwischen Klageerhebung und Urteil nicht geändert haben, ist der im voll stattgebenden Urteil zuerkannte Betrag auch für die abschließende Streitwertfestsetzung bestimmend.[4] Bei Verurteilung des Beklagten auf der Grundlage des Tatsachenvortrages des Klägers deckt sich nämlich der Streitwert mit der Verurteilungssumme; mangels einer Klageabweisung ist der Kläger auch kostenfrei.[5]   **5381**

Die Klage ist teilweise zu Lasten des Klägers **abzuweisen**, wenn sein Obsiegen hinter dem Erfolg zurückbleibt, den er erreicht hätte, wenn er seinen gesamten Sachvortrag hätte beweisen können.[6] Ergibt sich wegen Beweisfälligkeit ein geringerer Verurteilungsbetrag, ist das aber auf den **Streitwert** ohne Einfluss, da dieser vom Antragsinteresse, nicht vom Prozesserfolg abhängt. Allerdings wird die teilweise Beweisfälligkeit kostenmäßig nach § 92 ZPO zu erfassen sein. Der Unterschied zwischen dem auf der Grundlage der Klagebehauptungen errechneten Streitwert und der hinter diesem Wert zurückbleibenden Verurteilungssumme darf also nur über die Kostenbelastung ausgeglichen werden, nicht auf dem   **5382**

Nr. 673; OLG Hamm VersR 1977, 935; LAG Frankfurt, KostRsp. ZPO § 3 Nr. 191; LAG Nürnberg-Fürth AnwBl. 1984, 448 = ZPO § 3 Nr. 714; LG Itzehoe AnwBl. 1985, 43 = KostRsp. ZPO § 3 Nr. 734; LG Saarbrücken AnwBl. 1980, 358; LG Karlsruhe AnwBl. 1981, 445.
1 OLG Zweibrücken, Beschl. v. 19. 1. 1998 – 5 W 20/97, JurBüro 1998, 260; KG VersR 1969, 1119.
2 OLG Zweibrücken, Beschl. v. 19. 1. 1998 – 5 W 20/97, JurBüro 1998, 260 (dies gilt auch dann, wenn die Partei nicht ausdrücklich erklärt, dass die Wertangabe für den Gebührenwert keine Bindungswirkung entfalten soll).
3 KG VersR 1969, 1119.
4 KG JurBüro 1966, 238; KG MDR 1970, 152 = JurBüro 1969, 1205 = Rpfleger 1970, 68 = VersR 1969, 1120.
5 OLG Köln AfP 1978, 268.
6 OLG Köln MDR 1969, 317.

Weg einer Herabsetzung des Streitwertes,[1] auch nicht durch eine Unterschreitung des vom teilweise beweisfällig bleibenden Klägers genannten Mindestbetrages.[2]

5383 Auch die Frage der Anwendung des **§ 254 BGB** löst sich nach herrschender Auffassung einfach. Wenn der Kläger davon ausgeht, dass ihm voller Schadensersatz zusteht, das Gericht ihn aber ein Mitverschulden anlastet, so bestimmt sich der Streitwert nach dem vollen Betrag, den der Kläger begehrt hat.[3] Die ihn belastende Kostenquote (§ 92 Abs. 1 S. 1 ZPO) entspricht dann seinem Mitverschuldensanteil.

5384 Bei **Klagerücknahme** ist der Streitwert mit dem Betrag anzusetzen, den das Gericht auf der Grundlage des Sachvortrags zur Klage auf Schmerzensgeld vermutlich zuerkannt hätte. Ob der Kläger das die Schmerzen und körperlichen Nachteile auslösende Leiden in seiner medizinischen Bedeutung richtig erkannt hatte oder nicht, ist dabei unerheblich.[4]

5385 Ebenso liegt es bei **teilweiser Klagerücknahme**[5] und bei Beendigung des Rechtsstreits durch **Prozessvergleich**.[6] Die Bemessung des Vergleichswertes ist danach auszurichten, welches Schmerzensgeld auf der Grundlage des Tatsachenvortrages des Klägers anzusetzen gewesen wäre; Mindest- und Höchstbeträge, die der Kläger beziffert hat, sind dabei zu berücksichtigen.

5386 Soweit das AG Wiesbaden[7] darauf abstellen will, welcher Betrag „aus der Sicht zur Zeit der Anmeldung verständigerweise vertretbar war", ist das abzulehnen. Wohl ist dem AG Wiesbaden darin zuzustimmen, dass die Frage, ob und gegebenenfalls in welchem Umfang ein Mitverschulden des Geschädigten eine Rolle gespielt hat, für die Bewertung des Prozessvergleiches unerheblich ist. Diese Fragen erlangen nur für die Kostenentscheidung Bedeutung, wenn ein gerichtliches Urteil ergeht und die Verurteilungssumme wegen Mitverschuldens des Klägers hinter dem Betrag zurückbleibt, der ohne Mitverschulden auf der Grundlage des Klagevorbringens anzusetzen gewesen wäre.

5387 Folgt man der vorstehend wiedergegebenen Ansicht, dann ist auch die Auffassung des OLG Frankfurt[8] abzulehnen, wonach der unbestimmte Antrag analog § 48 Abs. 2 GKG regelmäßig mit vorläufig 2000 Euro zu bewerten sei, solange die für die Schätzung bedeutsamen Unterlagen noch nicht vorliegen. Es kommt nicht auf die Beweislage oder die künftige Entwicklung des Rechtsstreites, sondern lediglich auf den Klagevortrag an.

---

1 OLG Zweibrücken JurBüro 1970, 984 = JZ 1970, 582; KG JurBüro 1969, 1205 = VersR 1969, 1120 = MDR 1970, 152 = Rpfleger 1970, 68.
2 BGH VersR 1972, 98.
3 KG Rpfleger 1962, 154; JurBüro 1969, 1205 = MDR 1970, 152 = Rpfleger 1970, 68 = VersR 1969, 1120 = 1970, 350.
4 OLG Frankfurt MDR 1956, 432; OLG Bamberg, KostRsp. ZPO § 3 Nr. 125.
5 KG JurBüro 1969, 1205.
6 OLG Frankfurt BB 1964, 10.
7 AG Wiesbaden VersR 1971, 728.
8 OLG Frankfurt MDR 1965, 145.

b) Rechtsmittelinstanz

Wird der in erster Instanz zuerkannte Betrag im **Berufungsrechtszug** herabge-   5388
setzt, dann richtet sich der Streitwert erster Instanz nicht[1] stets nach der erstinstanzlichen Verurteilung. Auch hier ist vielmehr darauf abzustellen, wie das
erstinstanzliche Gericht den Streitwert auf der Grundlage des Sachvortrages zur
Klage hätte beurteilen müssen. Nur dann, wenn die Verurteilungssumme sich
mit diesem zu ermittelnden Betrag deckt, bestimmt sich der erstinstanzliche
Wert nach der Urteilssumme.

Davon, welcher Auffassung man bei der Streitwertbemessung folgt, kann auch   5389
die Ermittlung der **Rechtsmittelbeschwer** abhängen. Nennt der Kläger verbindliche Mindest- oder Höchstbeträge, dann ist er nicht beschwert, wenn das Gericht entsprechend erkennt.[2] So liegt es nach dem OLG Köln[3] auch dann, wenn
ohne Betragsangabe ein „angemessenes" Schmerzensgeld gefordert und in der
Klagebegründung dazu lediglich ausgeführt wird, das Schmerzensgeld müsse
„empfindlich" sein; eine Beschwer ist dann nicht anzunehmen, wenn der zugesprochene Betrag aufgrund des angenommenen Sachverhalts nicht „schlechthin
unvereinbar ist".[4]

Der BGH nimmt eine Beschwer nur an, wenn der zuerkannte Betrag wesentlich   5390
von der Größenordnung abweicht, die sich der Kläger vorgestellt und im Klageantrag zum Ausdruck gebracht hat.[5] Der BGH hat seine Auffassung zur Rechtsmittelbeschwer bei unbezifferten Anträgen u.a. in zwei jüngeren Entscheidungen dargelegt.

– Die Beschwer ist bei Abweisung der Schmerzensgeldklage nach oben durch
  den verlangten Mindestbetrag begrenzt. Die Absicht, erstmals mit der Revision eine die Wertgrenze übersteigende Größenordnung des Schmerzensgeldes geltend zu machen, führt nicht zur Zulässigkeit eines Rechtsmittels.
  Erhält der Kläger das zugesprochen, was er (mindestens) verlangt hat, besteht
  kein Anlass, den Zugang zur Rechtsmittelinstanz mit dem Ziel der Durchsetzung einer höheren Klageforderung zu eröffnen.[6]

– Entsprechendes gilt, wenn der Kläger ein Schmerzensgeld unter Angaben
  einer konkreten Betragsvorstellung verlangt und das Gericht ihm diese Höhe
  zuerkannt hat. In diesem Fall kann er das Urteil nicht mit dem alleinigen
  Ziel eines höheren Schmerzensgeldes anfechten. Will sich der Kläger ein
  Rechtsmittel offen halten, so muss er den Betrag nennen, den er auf jeden
  Fall zugesprochen haben will und bei dessen Unterschreitung er sich als
  nicht befriedigt ansehen würde.[7]

---

1 A.A. OLG Köln NJW 1963, 659.
2 Vgl. Zöller/*Gummer*, vor § 511 Rn. 15.
3 OLG Köln JMBl.NW 1988, 29 = MDR 1988, 62.
4 Berufung auf BGHZ 45, 91; BGH MDR 1978, 44.
5 BGH MDR 1992, 519; BGH, KostRsp. ZPO § 3 Nr. 1144 = MDR 1994, 511.
6 BGH, Beschl. v. 30. 9. 2003 – VI ZR 78/03, NJW-RR 2004, 102 = VersR 2004, 102.
7 BGH, Beschl. v. 2. 2. 1999 – VI ZR 25/98, MDR 1999, 545 = NJW 1999, 1339.

5391 Hat der Kläger keine genaue Betragsvorstellung geäußert, dringt er aber mit der Klage durch, dann kann er die fehlende Beschwer nicht durch nachgeholte Angabe einer höheren Betragsvorstellung schaffen.[1]

5392 Wird in Verkennung der anzuwendenden Bewertungsgrundsätze der Gebührenstreitwert vom Instanzgericht später fälschlich herabgesetzt, dann ist das für die Berechnung der Rechtsmittelbeschwer unerheblich.[2]

C. Streitwertbeschwerde

5393 Der Streitwert ist bei Eingang der Klage vorläufig festzusetzen (§ 63 Abs. 1 S. 1 GKG). Eine Anhörung der Parteien ist nicht vorgeschrieben. Damit wird deren Beteiligung allerdings nicht „ohne Not" in das Beschwerdeverfahren nach § 68 GKG verlagert.[3] Denn vor der endgültigen Wertfestsetzung nach § 63 Abs. 2 GKG ist eine Anhörung der Parteien zwingend erforderlich.[4]

5394 Hat das Landgericht einer Klage auf Zahlung eines angemessenen Schmerzensgeldes unter Auferlegung der gesamten Kosten des Rechtsstreits auf den Beklagten stattgegeben und den Streitwert in Höhe der Verurteilungssumme festgesetzt, dann kann eine spätere Streitwertbeschwerde auf Erhöhung keinen Erfolg haben. Der Streitwert entspricht der Urteilssumme, da die Verurteilung auf dem Klagevorbringen aufbaut.[5]

5395 Zur Frage, ob im Streitwertbeschwerde-Verfahren eine Bindung an eine unrichtige Bewertung eines unbezifferten Antrages besteht, wenn die Abänderung zur Unrichtigkeit einer rechtskräftigen Kostenentscheidung aus § 92 Abs. 1 ZPO führen würde, siehe das Stichwort „Streitwertbeschwerde". Die Befugnis und die Pflicht des Beschwerdegerichts zur richtigen Streitwertfestsetzung gehen jedenfalls vor. Ob dann die Kostenentscheidung entsprechend berichtigt werden kann, ist sehr streitig.

Unfallfinanzierung

5396 **Bearbeitungsgebühren**, die anlässlich einer Unfallfinanzierung angefallen sind, stellen keine Nebenforderungen i.S. der § 4 Abs. 1 ZPO, § 43 Abs. 1 GKG dar, sondern erhöhen den Streitwert.[6] Siehe hierzu ausführlich unter dem Stichwort „Verkehrsunfallschadenregulierung".

---

1 OLG Oldenburg VersR 1979, 657.
2 BGH JurBüro 1980, 49 = VersR 1979, 472.
3 Anders noch die Vorauflage, Rn. 4404 ff.
4 Vgl. BVerfGE 101, 404.
5 OLG Celle JurBüro 1969, 541.
6 A.A. OLG Köln, Beschl. v 31. 10. 1973 – 2 W 21/73, JMBl.NW 1974, 45.

Unterbrechung des Verfahrens

Siehe das Stichwort „Verfahrensruhe".

Unterhalt

A. Bewertungsregeln

Bei der Bemessung des Gegenstandswerts in Unterhaltssachen ist zu differenzieren:

I. Gesetzlicher Unterhalt

Für den gesetzlichen Unterhalt gelten drei Bewertungsregeln: **5397**
- Werden **fällige Beträge** geltend gemacht, so ist deren voller Wert zu berücksichtigen (§ 48 Abs. 1 S. 1 GKG i.V.m. § 3 ZPO).
- Wird **laufender zukünftiger, also noch nicht fälliger Unterhalt** geltend gemacht, gilt § 42 Abs. 1 GKG. Maßgebend ist der Wert der für die ersten **12 Monate** nach Einreichung der Klage oder des Antrags geforderte Betrag, höchstens jedoch der Gesamtbetrag der geforderten Leistung.

  Wird Prozesskostenhilfe beantragt, zählt bereits der Tag der Einreichung des Prozesskostenhilfeantrags (§ 45 Abs. 5 S. 2 GKG), wenn der Antrag alsbald nach Mitteilung der Entscheidung über den Prozesskostenhilfeantrag oder über eine alsbald eingelegte Beschwerde eingereicht wird. Es kommt dann auf die dem Prozesskostenhilfeantrag folgenden 12 Monate an, höchstens jedoch auf den Gesamtbetrag der geforderten Leistung.
- Werden **neben dem laufenden zukünftigen Unterhalt auch fällige Beträge** geltend gemacht, gilt § 42 Abs. 5 GKG. Die fälligen Beträge werden dem laufenden Unterhalt hinzugerechnet.

II. Vertraglicher Unterhalt

Für den **vertraglichen Unterhalt** gelten die allgemeinen Regeln nach § 48 Abs. 1   **5398**
S. 1 GKG i.V.m. §§ 3, 9 ZPO. Die Sondervorschrift § 42 GKG ist nicht anwendbar.[1]

Maßgebend ist für den laufenden Unterhalt der 3,5fache Jahresbetrag.   **5399**

Fällige Beträge sind auch hier hinzuzurechnen.   **5400**

---

1 OLG Karlsruhe, Beschl. v. 29. 11. 2005 – 20 WF 135/05, JurBüro 2006, 145 = OLGR 2006, 284; *Kindermann*, Die Abrechnung in Ehe- und Familiensachen, Rn. 204 ff.

B. Einzelfälle zum gesetzlichen Unterhalt in alphabetischer Folge

Stichwortübersicht

Abänderung	5401	Mutwilligkeit	5452
Auskunft	5408	Nachehelicher Unterhalt im Verbund	5453
Außergerichtliche Tätigkeit	5410		
Berufung	5419	Negative Feststellungsklage	5454
Eidesstattliche Versicherung	5425	Prozesskostenvorschuss	5458
Einstweilige Anordnungen	5426	Rückzahlung des geleisteten Unterhalts	5459
– Kindesunterhalt (§ 620 Nr. 4 ZPO)	5426		
– Ehegattenunterhalt (§ 620 Nr. 6 ZPO)	5428	Schadensersatz	5460
		Sicherheitsleistung gem. § 1585a BGB	5461
– Prozesskostenvorschuss nach § 127a ZPO	5430	Stufenklage	5463
– Unterhalt bei Vaterschaftsfeststellung nach § 641d ZPO	5431	Trennungsunterhalt	5466
		Überleitung von Unterhaltsansprüchen	5468
– Unterhalt bei Klagen nach § 621 Abs. 1 Nr. 4, 5 oder 11 ZPO (§ 644 ZPO)	5433	Unterhaltsanspruch der Mutter anlässlich der Geburt	5471
Fällige Beträge	5435	Verzicht	5473
Freiwillige Unterhaltszahlungen	5439	Vollstreckungsgegenklage	5476
Klageerweiterung	5441	Vollstreckungsgegenklage gegen Trennungsunterhaltstitel nach Rechtskraft der Scheidung	5478
Klagenhäufung laufender Unterhalt und fällige Beträge	5444		
Klagenhäufung Trennungs- und nachehelicher Unterhalt	5448	Wechselseitige Abänderungsklagen	5479
		Wechselseitige Berufungen	5480
Laufender Unterhalt	5451	Zukünftiger Unterhalt	5481

Abänderung

5401 Wird Unterhaltsabänderung verlangt, so gilt wiederum § 42 GKG.

5402 Für die laufende künftige Abänderung ist der Betrag der verlangten Herauf- oder Herabsetzung für die nächsten **12 Monate** maßgebend (§ 42 Abs. 1 GKG).

5403 Werden mit der Heraufsetzungsklage gleichzeitig fällige Unterhaltsbeträge (s.u. Rn. 5435 ff.) geltend gemacht, so ist nach § 42 Abs. 5 GKG zu verfahren. Fällige Erhöhungsbeträge sind den laufenden Abänderungsbeträgen hinzuzurechnen.[1]

5404 Gleiches gilt im Falle der Herabsetzungsklage, wenn fällige Rückzahlungsbeträge aus ungerechtfertigter Bereicherung geltend gemacht werden.

5405 Im Falle **wechselseitiger Abänderungsklagen** – also bei Klage und Widerklage auf Herauf- bzw. Herabsetzung – sind die Gegenstandswerte nach § 39 Abs. 1 GKG (bzw. im Verbund § 46 Abs. 1 S. 1 GKG) zu addieren. Es liegt kein Fall des § 45 Abs. 1 S. 3 GKG vor.[2]

5406 Wurde das Abänderungsbegehren ursprünglich im Wege der unselbständigen Anschlussberufung verfolgt, die nach Rücknahme der Berufung wirkungslos ist

---

1 OLG Hamm, Beschl. v. 7. 2. 2003 – 1 WF 215/02, AGS 2004, 30 mit Anm. *Madert.*
2 OLG Hamm, Beschl. v. 7. 2. 2003 – 1 WF 215/02, AGS 2004, 30 mit Anm. *Madert.*

(§ 522 Abs. 1 ZPO), ist wegen der von der Rechtsprechung vorgenommenen Gleichsetzung des Zeitpunkts der Anschließung im Vorverfahren mit der Erhebung der jetzigen Abänderungsklage i.S. des § 323 Abs. 3 S. 1 ZPO auf für die Streitwertfestsetzung der Jahresbetrag nach § 42 Abs. 1 GKG ab Zustellung der unselbständigen Anschlussberufung zu berechnen.[1]

Wird (in unzulässiger Weise) auch für den Zeitraum vor Erhebung der Klage (hier: Anschlussberufung) Abänderung begehrt, ist hierfür gemäß § 42 Abs. 5 S. 1 GKG ein weiterer Streitwert festzusetzen.[2] **5407**

Auskunft

Wird auf Auskunft geklagt, ist der Gegenstandswert mit einem Bruchteil des zu erwartenden Zahlungsantrags zu bewerten, je nach dem, wie sehr der Kläger auf die Auskunft zur Geltendmachung seines Unterhaltsanspruchs angewiesen ist. Siehe das Stichwort „Auskunftsanspruch" Rn. 649, 650 ff. **5408**

Die Werte mehrerer Auskunftsverlangen für verschiedene Unterhaltsberechtigte sind nach § 39 Abs. 1 GKG – bzw. im Verbund nach § 46 Abs. 1 S. 1 GKG – zu addieren. Es liegt keineswegs derselbe Gegenstand zugrunde, auch wenn scheinbar inhaltlich das Gleiche verlangt wird. **5409**

Außergerichtliche Tätigkeit

Wird **außergerichtlich** Unterhalt geltend gemacht, dann ist der Wert nach § 23 Abs. 1 S. 3, S. 1 RVG zu ermitteln. **5410**

➲ **Beispiel:**

Der Anwalt wird im Januar beauftragt, Unterhalt geltend zu machen. Er schreibt den Gegner im Februar an und fordert ihn zur Auskunft auf. Nach Auskunftserteilung im März beziffert der Anwalt im April den Unterhalt mit 1000 Euro. Der Gegner ist lediglich allenfalls bereit, 500 Euro zu zahlen. Im Juni vergleichen sich die Parteien schließlich dahingehend, dass 800 Euro monatlich gezahlt werden.

Vielfach wird ausgehend von § 42 Abs. 1 GKG sowie ausgehend von dem Betrag, auf den man sich geeinigt hat, lediglich der einfache Jahreswert angesetzt. **5411**

Dies würde im vorliegenden Fall einen Betrag in Höhe von 12 x 800 Euro = 9600 Euro ergeben.

Bereits dieser Ansatzpunkt ist unzutreffend. Für die anwaltliche Tätigkeit ist vom Auftrag auszugehen und nicht davon, welches Ergebnis der Anwalt erreicht. Auf den „Erledigungswert" kommt es nicht an; dieser ist allenfalls für das Erstattungsverhältnis von Bedeutung. Auszugehen ist vielmehr von dem Unterhaltsbetrag, den der Anwalt geltend machen sollte. **5412**

Dies sind im Beispiel 1000 Euro, sodass sich insoweit also bereits ein Jahreswert in Höhe von 12 000 Euro ergibt.

---

1 OLG Karlsruhe, Beschl. v. 27. 1. 1999 – 2 WF 114/98, FamRZ 1999, 1289.
2 OLG Karlsruhe, Beschl. v. 27. 1. 1999 – 2 WF 114/98, FamRZ 1999, 1289.

5413 In aller Regel wird weiterhin verkannt, dass es sich bei dem Jahreswert nur um den Gegenstandswert für den laufenden Unterhalt handelt (§ 42 Abs. 1 GKG) und dass damit die fälligen Unterhaltsbeträge noch nicht erfasst sind.

5414 Wie die fälligen Unterhaltsbeträge bei außergerichtlicher Tätigkeit zu bewerten sind, ist allerdings strittig.

5415 Zum Teil wird vertreten, analog § 42 Abs. 5 GKG sei auf den Zeitpunkt abzustellen, in dem außergerichtlich erstmals Unterhalt geltend gemacht bzw. in dem erstmals bei Unterhaltsforderungen zur Auskunft aufgefordert wurde.[1]

> Hiernach wäre gem. § 42 Abs. 5 GKG lediglich der Wert von fünf bzw. von drei Monaten hinzuzurechnen.

5416 Diese Auffassung ist jedoch unzutreffend und wird von der ganz h.M. auch abgelehnt.[2] Der Wortlaut der Vorschrift des § 42 Abs. 5 GKG ist eindeutig. Sämtliche bis zur Klageeinreichung fälligen Unterhaltsbeträge werden dem Wert des laufenden Unterhalts hinzuaddiert. Kommt es nicht zu einer Klageerhebung, so sind sämtliche bis zur Erledigung, also in der Regel bis zum Vergleichsabschluss, fälligen Unterhaltsbeträge dem laufenden Unterhalt hinzuzuaddieren.

> Danach wären im Beispiel dem laufenden Unterhalt (12 000 Euro) die fälligen Beträgen für den Zeitraum von Januar bis Juni (6 x 1000 Euro = 6000 Euro) hinzuzurechen, so dass sich ein Gesamtwert in Höhe von 18 000 Euro ergibt.

5417 Dass allein diese Berechnung zutreffend ist, zeigt sich an folgender **Abwandlung**:

> Es kommt im Juni nicht zu einer Einigung. Vielmehr wird im Juni Klage erhoben.
>
> Der Gegenstandswert für den Rechtsstreit berechnet sich wie nunmehr folgt:

laufende Leistungen, § 42 Abs. 1 GKG	12 000 Euro
fällige Beträge, § 42 Abs. 5 GKG	6 000 Euro
Gesamt	**18 000 Euro**

Gem. § 23 Abs. 1 S. 3 RVG ist dieser Wert auch für die außergerichtliche Tätigkeit maßgebend.

5418 Es ist im Übrigen kein Grund ersichtlich, einen geringeren Gegenstandswert anzunehmen, wenn es dem Anwalt gelingt, die Parteien zu einer Einigung zu bewegen. Würde man der Gegenauffassung folgen, so ergäbe sich für die außergerichtliche Tätigkeit ein weitaus geringerer Gegenstandswert als für den Rechtsstreit, obwohl der Gegenstand der anwaltlichen Tätigkeit derselbe ist.

---

1 LG Stuttgart, 22. 2. 1978 – 13 S 60/77, AnwBl. 1978, 234; so auch die Vorauflage.
2 Siehe hierzu OLG Nürnberg, Beschl. v. 8. 1. 2002 – 3 U 3129/01, AGS 2002, 232 = OLGR 2002, 248; *N. Schneider* AGS 2004, 58.

Berufung

Maßgebend ist der Betrag der auf die Klage – oder den Prozesskostenhilfeantrag (§ 45 Abs. 5 S. 2 GKG) – folgenden 12 Monate (§ 42 Abs. 1 GKG), soweit dieser durch die Berufung angegriffen wird.   **5419**

Bei Einreichung der Klage fällige Beträge werden hinzugerechnet (§ 42 Abs. 5 S. 1 GKG), soweit sie durch die Berufung angegriffen werden.   **5420**

Wird die Verurteilung für die Zeit der ersten 12 Monate nach Klageeinreichung nicht oder nur teilweise mit der Berufung angefochten, so ist auf den streitigen Wert für die ersten 12 im Berufungsverfahren noch im Streit befindlichen Monate abzustellen,[1] höchstens aber auf den Wert der ersten Instanz (§ 47 Abs. 2 GKG).[2]   **5421**

Wird die Klage in der Berufungsinstanz erweitert, so sind die Erweiterungsbeträge hinzuzurechnen.   **5422**

Wird Berufung eingelegt mit dem Ziel, ohne Veränderung des Prozentsatzes eine Abänderung von § 2 auf § 1 RegelbetragVO zu erreichen, bestimmt sich die Beschwer aus der Differenz der unterschiedlichen Regelbeträge.[3]   **5423**

Die Werte **wechselseitiger Berufungen** sind zu addieren.   **5424**

Eidesstattliche Versicherung

Auch für den Anspruch auf eidesstattliche Versicherung sowie auf Vorlage von Belegen, ist ein Bruchteil anzusetzen. Dieser Bruchteil wird im Regelfall unter dem des Auskunfts-Bruchteils liegen.[4] Siehe oben „Auskunft".   **5425**

Einstweilige Anordnungen

– Kindesunterhalt (§ 620 Nr. 4 ZPO)

Es gelten die §§ 53 Abs. 2 S. 1, 42 Abs. 5 S. 1 GKG. Maßgebend ist der verlangte Betrag der auf die Einreichung folgenden sechs Monate, sofern Unterhalt nicht für einen geringeren Zeitraum beantragt wird.   **5426**

Bei Einreichung des Antrags **fällige Beträge** werden hinzugerechnet (§ 42 Abs. 5 S. 1 GKG gilt entsprechend).[5] Die Fälligkeit richtet sich nach § 1612 Abs. 3 S. 1   **5427**

---

1 BGH, Beschl. v. 4. 6. 2003 – XII ZB 24/02, AGS 2004, 76 mit Anm. *N. Schneider* = FamRZ 2003, 1274 = NJW-RR 2003, 1657 = FPR 2004, 37; OLG Nürnberg, Beschl. v. 20. 9. 2001 – 7 UF 495/01, OLGR 2002, 21 = FamRZ 2002, 684 = EzFamR aktuell 2002, 109.
2 BGH, Beschl. v. 4. 6. 2003 – XII ZB 24/02, AGS 2004, 76 mit Anm. *N. Schneider* = FamRZ 2003, 1274 = NJW-RR 2003, 1657 = FPR 2004, 37.
3 OLG Naumburg, Beschl. v. 26. 1. 2006 – 8 UF 171/05, OLGR 2006, 613 = AGS 2006, 398.
4 *Lappe* Kosten in Familiensachen Rn. 27.
5 OLG Köln, Beschl. v. 28. 1. 2004 – VIII ZB 72/03, AGS 2004, 164 mit Anm. *N. Schneider*.

BGB: Eine Geldrente ist monatlich im Voraus zu zahlen. Daher ist auch der Betrag des laufenden Monats hinzuzurechnen, in dem die einstweilige Anordnung beantragt wird.[1]

– Ehegattenunterhalt (§ 620 Nr. 6 ZPO)

5428 Es gelten die §§ 53 Abs. 2 S. 1, 42 Abs. 5 S. 1 GKG. Maßgebend ist der verlangte Betrag der auf die Einreichung folgenden sechs Monate, sofern Unterhalt nicht für einen geringeren Zeitraum beantragt wird.

5429 Bei Einreichung des Antrags **fällige Beträge** werden hinzugerechnet (§ 42 Abs. 5 S. 1 GKG gilt entsprechend).[2] Die Fälligkeit richtet sich nach § 1612 Abs. 3 S. 1 BGB: Eine Geldrente ist monatlich im Voraus zu zahlen. Daher ist auch der Betrag des laufenden Monats hinzuzurechnen, in dem die einstweilige Anordnung beantragt wird.[3]

– Prozesskostenvorschuss nach § 127a ZPO

5430 Es gelten die §§ 48 Abs. 1 S. 1 GKG, 3 ZPO. Maßgebend ist der Wert des **verlangten Vorschusses** (Rechtsanwaltsgebühren und Gerichtskosten). Ein Abschlag ist wegen der Endgültigkeit nicht vorgesehen.

– Unterhalt bei Vaterschaftsfeststellung nach § 641d ZPO

5431 Es gelten die §§ 53 Abs. 2 S. 1, 42 Abs. 5 S. 1 GKG. Maßgebend ist der verlangte Betrag der auf die Einreichung folgenden sechs Monate, sofern Unterhalt nicht für einen geringeren Zeitraum beantragt wird.

5432 Bei Einreichung des Antrags **fällige Beträge** werden hinzugerechnet (§ 42 Abs. 5 S. 1 GKG gilt entsprechend).[4] Die Fälligkeit richtet sich nach § 1612 Abs. 3 S. 1 BGB: Eine Geldrente ist monatlich im Voraus zu zahlen. Daher ist auch der Betrag des laufenden Monats hinzuzurechnen, in dem die einstweilige Anordnung beantragt wird.[5]

– Unterhalt bei Klagen nach § 621 Abs. 1 Nr. 4, 5 oder 11 ZPO (§ 644 ZPO)

5433 Es gelten die §§ 53 Abs. 2 S. 1, 42 Abs. 5 S. 1 GKG. Maßgebend ist der verlangte Betrag der auf die Einreichung folgenden 6 Monate, sofern nicht für einen geringeren Zeitraum beantragt wird.

---

1 AG Siegburg, Beschl. v. 6. 11. 2003 – 32 F 65/03, BRAGOreport 2003, 245; *N. Schneider* AGS 2003, 435.
2 OLG Köln, Beschl. v. 28. 1. 2004 – VIII ZB 72/03, AGS 2004, 164 mit Anm. *N. Schneider.*
3 AG Siegburg, Beschl. v. 6. 11. 2003 – 32 F 65/03, BRAGOreport 2003, 245; *N. Schneider* AGS 2003, 435.
4 OLG Köln, Beschl. v. 28. 1. 2004 – VIII ZB 72/03, AGS 2004, 164 mit Anm. *N. Schneider.*
5 AG Siegburg, Beschl. v. 6. 11. 2003 – 32 F 65/03, BRAGOreport 2003, 245; *N. Schneider* AGS 2003, 435.

Die bei Einreichung des Antrags **fälligen Beträge** werden hinzugerechnet (§ 42   **5434**
Abs. 5 S. 1 GKG gilt entsprechend).[1] Die Fälligkeit richtet sich nach § 1612
Abs. 3 S. 1 BGB: Eine Geldrente ist monatlich im Voraus zu zahlen. Daher ist
auch der Betrag des laufenden Monats hinzuzurechnen, in dem die einstweilige
Anordnung beantragt wird.[2]

Fällige Beträge

Wird fälliger Unterhalt geltend gemacht, also ein bestimmter fälliger Betrag, so   **5435**
gilt § 48 Abs. 1 S. 1 GKG i.V.m. § 3 ZPO. Der geforderte Betrag ist maßgebend.
Auf die Formulierung des Antrags kommt es nicht an. Entscheidend ist nur,
dass die Beträge zum Zeitpunkt der Klageeinreichung fällig sind.

Fällig ist der Unterhalt zum Monatsanfang im Voraus (§ 1612 Abs. 3 BGB).   **5436**
Daher ist auch der Betrag des Monats, in dem die Klage oder der Prozesskostenhilfeantrag eingereicht wird, hinzuzurechnen.[3]

Wird Prozesskostenhilfe beantragt, zählt bereits der Tag der Einreichung des   **5437**
Prozesskostenhilfeantrags (§ 45 Abs. 5 S. 2 GKG), wenn die Klage alsbald nach
Mitteilung der Entscheidung über den Antrag oder über eine alsbald eingelegte
Beschwerde eingereicht wird.

Werden fällige Beträge neben laufendem Unterhalt geltend gemacht, sind die   **5438**
Werte beider Anträge zu addieren (§ 42 Abs. 5 GKG). Das gilt sowohl für Klagen
als auch für einstweilige Anordnungen.[4]

Freiwillige Unterhaltszahlungen

Freiwillige Unterhaltszahlungen sind von dem Streitwert nicht in Abzug zu   **5439**
bringen. Für den Fall, dass der Unterhaltsschuldner bei Einreichung der Klage
auf den Rückstand bereits Zahlungen geleistet hat, ist dies für die Frage der
Streitwertbemessung ohne Auswirkung, denn der Streitwert bestimmt sich ausschließlich nach den gestellten Anträgen; Auswirkungen auf die Kostenpflicht
sind hingegen denkbar.[5]

Anders sieht dies das AG Potsdam: Zahlt ein Unterhaltsschuldner einen regel-   **5440**
mäßigen Unterhaltsbetrag, so ist nicht die Gesamthöhe des zu titulierenden
Unterhalts Grundlage der Streitwertfestsetzung, sondern nur der Differenzbe-

---

1 OLG Köln, Beschl. v. 28. 1. 2004 – VIII ZB 72/03, AGS 2004, 164 mit Anm. *N. Schneider.*
2 AG Siegburg, Beschl. v. 6. 11. 2003 – 32 F 65/03, BRAGOreport 2003, 245; *N. Schneider*
AGS 2003, 435.
3 OLG Jena, Beschl. v. 30. 4. 2002 – 3 WF 110/02; OLG Jena, Beschl. v. 9. 1. 2001 – 3 WF
2/01, D-Spezial 2001, Nr. 46, 8 = BRAGOreport 2002, 79.
4 OLG Köln, Beschl. v. 28. 1. 2004 – VIII ZB 72/03, AGS 2004, 164 mit Anm. *N. Schneider;* AG Siegburg, Beschl. v. 6. 11. 2003 – 32 F 65/03, BRAGOreport 2003, 245;
N. Schneider AGS 2003, 435.
5 OLG Jena, Beschl. v. 27. 8. 2002 – 8 WF 165/02, zitiert nach juris.

trag zwischen bisher gezahltem und tituliertem Unterhalt. Erfolgt keine regelmäßige Unterhaltszahlung, so ist der gesamte zu titulierende Unterhalt Grundlage der Streitwertbemessung. Grundlage für die Streitwertfestsetzung ist grundsätzlich das Interesse der antragstellenden Partei an der Titulierung des von ihr begehrten Unterhaltes. Das führt aber nicht dazu, dass grundsätzlich immer die Gesamthöhe des zu titulierenden Unterhaltes Grundlage für die Streitwertbemessung ist. Zahlt der Unterhaltsschuldner – wie hier der Beklagte – regelmäßig einen bestimmten Unterhaltsbetrag, ist das Interesse der unterhaltsbegehrenden Partei – hier die Klägerin – auch für die Zukunft darauf gerichtet, über den bisher gezahlten Zahlbetrag hinaus mehr Unterhalt zu erhalten. Der Streitwert beläuft sich auf die Differenz zwischen dem gezahlten und dem begehrten Betrag. Die regelmäßigen Zahlungen sind insofern gleichzusetzen mit einem bestehenden Unterhaltstitel, bei dem ebenfalls der Differenzbetrag zwischen dem begehrten und titulierten Unterhalt Grundlage für die Bestimmung des Streitwertes nach § 42 Abs. 1 GKG ist. Anders ist es, wenn Tatsachen ersichtlich sind, dass die Unterhaltszahlungen nicht regelmäßig erfolgten. In dem Fall ist es berechtigt, die Gesamthöhe der zu titulierenden Unterhaltsverpflichtung ohne Abzüge dem Streitwert nach § 42 Abs. 1 GKG zugrunde zu legen. Diese Voraussetzungen sind hier nicht erfüllt. Dass der Beklagte in irgendeiner Weise seine Zahlungen nicht regelmäßig erbrachte, behauptet die Klägerin nicht.[1]

Klageerweiterung

5441 Umstritten ist die Berechnung, wenn später die Klage erweitert und rückwirkend ein höherer Unterhaltsbetrag geltend gemacht wird.

⊃ **Beispiel:**

Im Juli 2006 reicht die Ehefrau Klage ein und beantragt Unterhalt in Höhe von 400 Euro seit April 2006. Der Gegenstandswert für den laufenden Unterhalt bemisst sich gem. § 42 Abs. 1 GKG auf

– 12 x 400 Euro = 4800 Euro.

Der Wert der fälligen Beträge (April 2006 bis Juli 2006) bemisst sich auf

– 4 x 400 Euro = 1600 Euro.

Der Gesamtwert beläuft sich somit auf **6400 Euro.**

⊃ **Abwandlung:**

Im Oktober 2006 erweitert die Ehefrau die Klage und begehrt einen monatlichen Unterhalt in Höhe von 600 Euro beginnend ab April 2006. Der Wert der Klage auf zukünftige Leistung beläuft sich nunmehr auf

– 12 x 600 Euro = 7200 Euro.

Für die Zeit von April bis Juli sind 4 x 600 Euro gem. § 42 Abs. 5 GKG zu berücksichtigen, also

2400 Euro.

---

1 AG Potsdam, Beschl. v. 8. 11. 2003 – 43 F 503/02, zitiert nach juris.

Nach einem Teil der Rspr. sind die fälligen Beträge für die Zeit nach Klageein- 5442
reichung bis zur Klageerweiterung (hier August bis Oktober 2004) nicht nach
§ 42 Abs. 5 GKG hinzuzurechnen, da auf den Zeitpunkt der Klageerhebung
abzustellen sei.[1]

Zutreffend ist es dagegen, auch die bei Klageerweiterung fälligen Erhöhungs- 5443
beträge nach § 42 Abs. 5 GKG mit hinzuzurechnen.[2]

> Hinzu kommen also weitere 3 x 200 Euro =   600 Euro,
> so dass sich ein Gegenstandswert in Höhe von insgesamt   10 200 Euro
> ergibt.

Klage und Klageerweiterung sind also streitwertmäßig wie zwei getrennte Kla- 5444
gen zu bewerten. Anschließend sind die Werte dann zusammenzurechnen. Die
ergibt dann folgende einleuchtendere Berechnung:

> **I. Klage**
> Laufender Unterhalt, 12 x 400 Euro   4800 Euro
> Fällige Beträge (April–Juli 2006) 4 x 400 Euro   1600 Euro
> **Gesamt**   **6400 Euro**
>
> **II. Klageerweiterung**
> Laufender weiterer Unterhalt, 12 x 200 Euro   2400 Euro
> Fällige weitere Beträge im Zeitpunkt der Klageerweiterung 7 x 200 Euro 1400 Euro
> **Gesamt**   **3800 Euro**
>
> **Gesamt I. + II.**   **9200 Euro**

Klagenhäufung laufender Unterhalt und fällige Beträge

Werden neben dem laufenden Unterhalt auch **fällige Beträge** eingeklagt, so gilt 5445
§ 42 Abs. 5 GKG (früher § 17 Abs. 4 GKG a. F.). Der Wert der bei Einreichung
der Klage fälligen Beträge wird dem Streitwert der Klage auf zukünftige Leistung hinzugerechnet.

Da Unterhalt monatlich im Voraus zu zahlen ist (§ 1612 Abs. 3 BGB), sind die 5446
Unterhaltsbeträge des Monats, in dem die Klage eingereicht wird, bereits fällig
und somit nach § 42 Abs. 5 GKG zu addieren (s.o. „Fällige Beträge").

Maßgebend ist die **Einreichung** der Klage nicht die Zustellung. 5447

Der Einreichung steht gleich der Antrag auf Bewilligung von Prozesskosten- 5448
hilfe, wenn die Klage alsbald nach Mitteilung der Entscheidung über den Antrag oder über eine alsbald eingelegte Beschwerde eingereicht wird (§ 42 Abs. 5
S. 2 GKG).

---

1 OLG München EzFamR aktuell 2000, 7 = OLGR 2000, 73 = FamRZ 2000, 239; OLG
  Schleswig OLGR 2000, 477 = AGS 2001, 35; OLG Karlsruhe EzFamR aktuell 1999, 179.
2 OLG Köln, Beschl. v. 22. 7. 2003 – 4 WF 59/03, FamRB 2004, 45 mit Anm. *N. Schneider*
  = AGS 2004, 32.

Klagenhäufung Trennungs- und nachehelicher Unterhalt

5449 Werden im selben Rechtsstreit Trennungsunterhalt und nachehelicher Unterhalt geltend gemacht, so liegen zwei verschiedene Streitgegenstände zugrunde.

5450 Beide Anträge sind gem. § 42 Abs. 1, Abs. 5 GKG zu bewerten. Ihre Einzelwerte sind nach § 39 Abs. 1 GKG zu addieren.[1]

5451 Dies ergibt sich schon aus den allgemeinen Vorschriften, da eine gemeinsame Klage auf Trennungs- und nachehelichen Unterhalt nur nach Rechtskraft der Scheidung möglich ist und dann der Trennungsunterhalt zwingender Weise fällig sein muss, so dass er insgesamt unter § 42 Abs. 5 GKG fällt.

Laufender Unterhalt

5452 Siehe unten „Zukünftiger Unterhalt".

Mutwilligkeit

5453 Eine Unterhaltsklage ist nicht etwa mutwillig und deshalb Prozesskostenhilfe zu versagen, weil mit der Klageerhebung zugewartet wurde mit der Folge des Entstehens Streitwert erhöhender Unterhaltsrückstände.[2]

Nachehelicher Unterhalt im Verbund

5454 Wird im Verbund nachehelicher Unterhalt als Folgesache geltend gemacht, so ist der Betrag der auf die Rechtskraft der Scheidung folgenden **12 Monate** maßgebend, sofern der Zeitraum, für den Unterhalt verlangt wird, nicht geringer ist.[3] Fällige Beträge können sich hier nicht ergeben.

Negative Feststellungsklage

5455 Wird eine negative Feststellungsklage dahingehend erhoben, festzustellen, dass kein Unterhalt geschuldet ist, so stellt sich das als bloße Kehrseite eines Leistungsbegehrens auf Unterhalt dar. Die Bewertung ist ebenso wie die Leistungsklage gem. § 42 Abs. 1 GKG mit Betrag der auf die Klageeinreichung oder den Prozesskostenhilfeantrag folgenden 12 Monate vorzunehmen, sofern sich der Feststellungsantrag nicht auf einen geringeren Zeitraum beschränkt.

---

1 BGH, Beschl. v. 14. 1. 1982 – IVb ZR 575/80, FamRZ 1981, 242 = DAVorm 1981, 203 = NJW 1981, 978 = EBE/BGH 1981, 89 = MDR 1981, 392 = JR 1981, 242 = LM Nr. 10 zu § 1361 BGB = LM 1982, 1114 = BGH *Warneyer* 1981, 16; OLG Hamburg, Beschl. v. 2. 10. 1994 – 12 UF 47/84, FamRZ 1984, 1250 = zfs 1985, 211; OLG Hamm, Beschl. v. 13. 1. 1988 – 8 WF 608/87, FamRZ 1988, 402; *Kindermann*, Die Abrechnung in Ehe- und Familiensachen, Rn. 183.

2 OLG Zweibrücken, Beschl. v. 1. 7. 2004 – 5 WF 104/04; FPR 2004, 630 = OLGR 2004, 664.

3 Verbundfähig ist nur der nacheheliche Unterhalt, nicht der Trennungsunterhalt. Daher sind hier fällige Beträge nach § 42 Abs. 5 S. 1 GKG nicht denkbar.

Ist der Betrag, gegen den sich der Feststellungskläger zur Wehr setzt, insgesamt **5456** geringer, dann ist der Streitwert entsprechend dem geringeren Zeitraum zu bestimmen. Das soll auch bei einer negativen Feststellungsklage auf Trennungsunterhalt der Fall sein, wenn die Scheidung vor Ablauf der 12 Monate ausgesprochen wird.[1] Dies ist allerdings unzutreffend. Siehe hierzu u. „Trennungsunterhalt".

Soweit sich die Feststellungsklage nicht nur auf zukünftigen Unterhalt bezieht, **5457** sondern auch auf bereits fälligen Unterhalt, soll § 42 Abs. 5 GKG nicht anzuwenden sein.[2] Dies ist unzutreffend. Es handelt sich auch hier um eine Klagenhäufung.

– Zum einen wird beantragt, festzustellen, dass zukünftig kein Unterhalt zu zahlen sein wird; insoweit gilt § 42 Abs. 1 GKG.

– Zum anderen wird beantragt, festzustellen, dass derzeit keine fällige Zahlungspflicht bestehe; hier gilt § 42 Abs. 5 GKG.[3]

Prozesskostenvorschuss

Wird für eine Unterhaltssache Prozesskostenvorschuss verlangt, gilt § 48 Abs. 1 **5458** S. 1 GKG, 3 ZPO. Maßgebend ist der Wert des **verlangten Vorschusses** (Rechtsanwaltsgebühren und Gerichtskosten). Siehe auch oben „Einstweilige Anordnung".

Rückzahlung des geleisteten Unterhalts

Wird geleisteter Unterhalt zurückverlangt, so soll ebenfalls § 42 Abs. 1 GKG **5459** gelten und der Gegenstandswert auf den Betrag von 12 Monaten beschränkt sein.[4] Das ist unzutreffend. Der Wert richtet sich nach dem gesamten zurückverlangten Betrag (§ 48 Abs. 1 S. 1 GKG, § 3 ZPO).

Schadensersatz

Werden gegen einen Rechtsanwalt Schadenersatzansprüche wegen versäumter **5460** Durchsetzung von Unterhaltsansprüchen geltend gemacht, d.h. Ersatz für den Verlust der Unterhaltsforderungen, bestimmt sich der Streitwert nicht nach § 42 Abs. 1 GKG, sondern nach § 9 ZPO.[5]

---

1 OLG Düsseldorf, Beschl. v. 7. 9. 1990 – 3 WF 172/90, JurBüro 1992, 51.
2 BGHZ 2, 74; OLG Hamm, Beschl. v. 7. 7. 1987 – 1 WF 340/87, JurBüro 1988, 778.
3 OLG Köln, Beschl. v. 8. 1. 2001 – 27 WF 228/00, OLGR 2001, 251 = EzFamR aktuell 2001, 231 = FamRZ 2001, 1385; OLG Frankfurt, Beschl. v. 3. 11. 2004 – 6 WF 167/04, JurBüro 2005, 97.
4 OLG Hamburg, Beschl. v. 16. 9. 1997 – 12 UF 38/96, FamRZ 1998, 311 = OLGR 1997, 376 = MDR 1998, 125 =FamRZ 1998, 311.
5 BGH, Beschl. v. 2. 11. 1978 – VI ZR 76/787, MDR 1979, 302; OLG Köln, Beschl. v. 25. 5. 1992 – 11 W 25/92, OLGR 1992, 306; OLG Düsseldorf Beschl. v. 12. 9. 2002 – 24 W 36/02 AGS 2004, 75 mit Anm. *E. Schneider* = OLGR 2004, 156 = FamRZ 2004, 1225 = FuR 2004, 382 = RVGreport 2005, 40.

Sicherheitsleistung gem. § 1585a BGB

5461 Wird Sicherheitsleistung nach § 1585a BGB verlangt, sind die § 48 Abs. 1 S. 1 GKG, § 3 ZPO maßgebend. Anzusetzen ist ein Bruchteil der verlangten Sicherheit (i.d.R. 50 %, also bei dem Höchstfall des Jahresbetrags der Bezug von 6 Monaten).[1]

5462 Die Werte von Zahlung und Sicherheit werden nach § 39 Abs. 1 GKG addiert.[2]

Stufenklage

5463 Geht der Unterhaltskläger im Wege der Stufenklage vor, so gilt § 44 GKG. Der höhere Wert ist maßgebend.

5464 Mit der Einreichung einer Stufenklage wird auch der unbezifferte Zahlungsantrag anhängig. Kommt es nicht mehr zur Bezifferung des Leistungsantrages (hier: wegen übereinstimmender Erledigungserklärung), ist der Streitwert des Zahlungsanspruchs, der für den Streitwert der Stufenklage als der Höhere ausschlaggebend ist, gemäß § 3 ZPO nach objektiven Anhaltspunkten unter Berücksichtigung der Erwartungen des Klägers bei Klageeinreichung zu schätzen.[3]

5465 Zu beachten ist allerdings, dass hier je Gebühr die Wertbemessung einzeln vorzunehmen ist.

➲ **Beispiel 1:**

Die Ehefrau klagt gegen den Ehemann auf Auskunft und Zahlung eines noch zu beziffernden Betrages. Über den Auskunftsanspruch wird verhandelt. Der Ehemann wird zur Auskunft verurteilt. Nach Auskunftserteilung beziffert die Ehefrau den monatlichen Unterhalt mit 500 Euro, den der Ehemann auch zahlt. Die Parteien erklären daraufhin den Rechtsstreit ohne mündliche Verhandlung in der Hauptsache für erledigt.

Das Gericht setzt den Wert der Unterhaltsklage mit 6000 Euro fest, den der Auskunftsklage mit 2000 Euro.

Die Verfahrensgebühr (Nr. 3100 VV RVG) berechnet sich gem. § 44 GKG aus einem Gegenstandswert von 6000 Euro. Die Terminsgebühr ist dagegen nur nach einem Wert von 2000 Euro angefallen.

Zu rechnen ist wie folgt:

1. 1,3-Verfahrensgebühr, Nr. 3100 VV RVG (Wert: 6000 Euro)	439,40 Euro
2. 1,2-Terminsgebühr, Nr. 3104 VV RVG (Wert: 2000 Euro)	159,60 Euro
3. Postentgeltpauschale, Nr. 7002 VV RVG	20,00 Euro
4. 16 % Umsatzsteuer, Nr. 7008 VV RVG	99,04 Euro
Gesamt	**718,04 Euro**

Zu beachten ist zudem, dass Stufenstreitwerte anfallen können.

---

1 *Kindermann*, Die Abrechnung in Ehe- und Familiensachen, Rn. 182.
2 *Kindermann*, Die Abrechnung in Ehe- und Familiensachen, Rn. 182.
3 OLG Brandenburg, Beschl. v. 23. 1. 2002 – 9 WF 214/01, OLGR 2002, 498 = FamRZ 2003, 240.

○ **Beispiel 2:**

Wie Beispiel 1; jedoch ergeht nach Bezifferung ein Versäumnisurteil.

Die Verfahrensgebühr (Nr. 3100 VV RVG) berechnet sich wiederum gem. § 44 GKG aus einem Gegenstandswert von 6000 Euro. Hinsichtlich der Terminsgebühr ist dagegen zu differenzieren:

– Die 1,2-Terminsgebühr nach Nr. 3104 VV RVG ist nur aus dem Wert von 2000 angefallen.

– Aus dem Wert von 6000 ist dagegen nur die 0,5-Terminsgebühr nach Nr. 3105 VV RVG angefallen.

– Zu beachten ist dann noch § 15 Abs. 3 RVG.

Zu rechnen ist wie folgt:

1. 1,3-Verfahrensgebühr, Nr. 3100 VV RVG (Wert: 6000 Euro)	439,40 Euro
2. 0,5-Terminsgebühr, Nr. 3105 VV RVG (Wert: 6000 Euro)	169,00 Euro
3. 1,2-Terminsgebühr, Nr. 3104 VV RVG (Wert: 2000 Euro)*	159,60 Euro
4. Postentgeltpauschale, Nr. 7002 VV RVG	20,00 Euro
5. 16 % Umsatzsteuer, Nr. 7008 VV RVG	126,08 Euro
Gesamt	**914,08 Euro**

* Die Höchstgrenze für die Terminsgebühr gem. § 15 Abs. 3 RVG (nicht mehr als 1,2 aus 6000 Euro) i.H.v. 405,60 Euro ist nicht erreicht.

Trennungsunterhalt

Wird Trennungsunterhalt geltend gemacht, gilt ebenfalls der Jahreswert nach § 42 Abs. 1 GKG, auch dann, wenn die Scheidung vor Ablauf eines Jahres rechtskräftig ausgesprochen wird. Bei Einreichung der Klage oder des Antrags (§ 40 GKG) ist i.d.R. ungewiss, wann die Rechtskraft der Scheidung eintreten wird.[1] Nur dann, wenn die Scheidung sicher unmittelbar bevorsteht, ist ein geringerer Zeitraum angemessen.   **5466**

Nach anderer Auffassung ist in diesem Fall ein kürzerer Zeitraum als ein Jahr anzunehmen, und zwar der Betrag, des sich im Nachhinein tatsächlich verlangten Wertes anzusetzen.[2]   **5467**

Überleitung von Unterhaltsansprüchen

Geht der Unterhaltsschuldner gegen die Überleitung von Unterhaltsansprüchen z.B. auf das Sozialamt oder das Jugendamt vor, ist zu differenzieren.   **5468**

---

1 OLG München, Beschl. v. 14. 3. 1985 – 26 WF 687/85, JurBüro 1985, 742.
2 OLG Hamburg, Beschl. v. 24. 9. 2001 – 12 WF 129/01, OLGR 2002, 27 = FamRZ 2002, 1136; OLG Bamberg, Beschl. v. 2. 3. 1988 – 2 WF 60/88, JurBüro 1988, 1077; OLG Köln, Beschl. v. 20. 6. 1992 – 26 WF 88/92, JurBüro 1993, 164.

(1) Die Höhe der übergeleiteten Ansprüche steht fest

5469 Es gelten die §§ 13 Abs. 1 S. 2, 52 Abs. 1 GKG; § 45 Abs. 1, Abs. 5 GKG. Maßgebend ist die Höhe der übergeleiteten Forderungen, höchstens der Jahresbetrag (§ 42 Abs. 1 GKG); fällige Beträge sind hinzuzurechnen (§ 42 Abs. 5 GKG).[1]

(2) Die Höhe der übergeleiteten Ansprüche ist nicht bekannt

5470 Es gelten die §§ 13 Abs. 1 S. 2, 52 Abs. 2 GKG i.V.m. Nr. 41 des Streitwertkatalogs für die Verwaltungsgerichtsbarkeit 2004, der auf Nr. 40.3 der Fassung von 1996 verweist. Anzusetzen ist der verwaltungsgerichtliche Regelwert von 5000 Euro.

Unterhaltsanspruch der Mutter anlässlich der Geburt

5471 **– Anspruch nach § 1615l Abs. 1 BGB**

Maßgebend ist der **Gesamtbetrag** der geforderten fälligen und zukünftigen Beträge.

5472 **– Anspruch nach § 1615l Abs. 2 S. 1 BGB**

Es gelten dieselben Bewertungsgrundsätze wie beim nachehelichen Unterhalt. Maßgebend ist Betrag der auf die Klageeinreichung folgenden **12 Monate** (§ 42 Abs. 1 GKG), sofern der Zeitraum, für den Unterhalt verlangt wird, nicht geringer ist.

Wird Prozesskostenhilfe beantragt, zählt bereits der Tag der Einreichung des Prozesskostenhilfeantrags (§ 45 Abs. 5 S. 2 GKG), wenn die Klage alsbald nach Mitteilung der Entscheidung über den Antrag oder über eine alsbald eingelegte Beschwerde eingereicht wird.

Die bei Einreichung **fälligen Beträge** werden hinzugerechnet (§ 42 Abs. 5 S. 1 GKG).

Verzicht

5473 Schließen die Parteien einen Unterhaltsverzicht oder treffen sie eine Abfindungsvereinbarung, gilt nicht § 42 GKG, da kein Streit besteht. Maßgebend sind die Umstände des Einzelfalls, insbesondere der Höhe zukünftiger möglicher Ansprüche.[2]

5474 Das OLG Düsseldorf[3] hat 1990 insoweit für einen wechselseitigen Unterhaltsverzicht der Ehegatten regelmäßig einen Streitwert von 2400 DM angenom-

---

1 BVerwG, Beschl. v. 11. 8. 1997 – 5 B 158/96, NVwZ-RR 1998, 142 = FEVS 48, 97 = BayVBl 1998, 159 = Buchholz 360 § 13 GKG Nr. 97 = DVBl 1997, 1448 = FamRZ 1998, 108; OVG Hamburg, Beschl. 10. 6. 2004 – 2 S 169/04 AGS 2005, 22; VGH München, Beschl. v. 10. 4. 2003 – 12 C 03.616.
2 OLG Dresden Beschl. v. 16. 12. 1998 – 20 WF 0452/98, 20 WF 452/98, FamRZ 1999, 1290 = MDR 1999, 1201 = OLGR 1999, 284; a.A. OLG Düsseldorf, Beschl. v. 7. 9. 1990 – 3 WF 167/90, JurBüro 1992, 52: regelmäßig Jahresbetrag.
3 OLG Düsseldorf, Beschl. v. 7. 9. 1990 – 3 WF 167/90, JurBüro 1992, 52.

men. Im Regelfall soll danach auch bei Freistellung eines Elternteils vom Kindesunterhalt ein Streitwert von 2400 DM anzusetzen sein.

Schließen die Parteien in einem Verfahren wegen nachehelichen Unterhalts dagegen einen Vergleich, durch den der Anspruch der Frau auf nachehelichen Unterhalt abgefunden wird, so bemisst sich der Vergleichswert nicht nach dem Abfindungsbetrag, sondern nach dem Wert der Hauptsache (dem für die ersten 12 Monate nach Klageeinreichung geforderten Betrag zzgl. Rückständen bei Klageeinreichung). Hier besteht Streit über die Unterhaltsforderungen, so dass es nicht auf den übernommenen Betrag ankommt, sondern auf das Rechtsverhältnis, über dass sich die Parteien einigen.[1] Der Vergleichswert wird bestimmt durch die rechtshängigen und nicht rechtshängigen Ansprüche, die durch ihn erledigt werden.[2] **5475**

Vollstreckungsgegenklage

Bei der Vollstreckungsabwehrklage ist grundsätzlich der Wert des zu vollstreckenden Anspruchs ohne Zinsen und ohne Kosten des Vorprozesses maßgebend, wobei bei Unterhaltstiteln die Vorschrift des § 42 GKG zu beachten ist. **5476**

– Soweit sich die Vollstreckungsgegenklage gegen titulierten laufenden Unterhalt richtet, gilt § 42 Abs. 1 GKG.

– Soweit sich die Vollstreckungsgegenklage gegen bereits fällige Beträge richtet, gilt § 48 Abs. 1 S. 1 GKG i.V.m. § 3 ZPO.

– Wird beides beantragt, ist zu addieren (§ 42 Abs. 5 GKG).

Ist kein bestimmter Zeitpunkt genannt, von dem an die Vollstreckung für unzulässig zu erklären sei, kann sich dennoch aus dem klägerischen Vorbringen eine Beschränkung ergeben. **5477**

Vollstreckungsgegenklage gegen Trennungsunterhaltstitel nach Rechtskraft der Scheidung

Da ein Vollstreckungstitel auf Trennungsunterhalt mit Rechtskraft der Scheidung seine Wirkung verliert, ist nur noch das Beseitigungsinteresse maßgebend.[3] **5478**

Wechselseitige Abänderungsklagen

Die Werte wechselseitiger Klagen auf Abänderung (Klage und Widerklage) sind nach § 39 GKG – bzw. im Verbund § 46 Abs. 1 S. 1 GKG – zu addieren. Es liegt kein Fall des § 45 Abs. 1 S. 3 GKG vor. **5479**

---

1 OLG Frankfurt, Beschl. v. 15. 1. 2002 – 6 WF 7/02 = FamRB 2002, 233 = EzFamR aktuell 2002, 201.

2 OLG Brandenburg, Beschl. v. 30. 1. 2002 – 10 WF 57/02.

3 OLG Koblenz, Beschl. v. 27. 8. 1986 – 11 WF 1065/86, JurBüro 1987, 108 (ein Drittel der Hauptforderung); ebenso *Kindermann*, Die Abrechnung in Ehe- und Familiensachen, Rn. 173.

Wechselseitige Berufungen

5480 Die Werte wechselseitiger Berufungen sind zu addieren (§ 45 Abs. 2 GKG).

Zukünftiger Unterhalt

5481 Wird auf zukünftigen Unterhalt geklagt, so gilt § 42 Abs. 1 GKG. Maßgebend ist der Wert der für die ersten **12 Monate** nach Einreichung der Klage oder des Antrags geforderte Betrag, höchstens jedoch der Gesamtbetrag der geforderten Leistung.

5482 Wird Prozesskostenhilfe beantragt, zählt bereits der Tag der Einreichung des Prozesskostenhilfeantrags (§ 45 Abs. 5 S. 2 GKG), wenn der Antrag alsbald nach Mitteilung der Entscheidung über den Prozesskostenhilfeantrag oder über eine alsbald eingelegte Beschwerde eingereicht wird. Es kommt dann auf die dem Prozesskostenhilfeantrag folgenden 12 Monate an, höchstens jedoch auf Gesamtbetrag der geforderten Leistung.

5483 Wird also Unterhalt für 12 Monate oder einen geringeren Zeitraum geltend gemacht, so ist der Gesamtwert maßgebend.

5484 Wird Unterhalt für mehr als 12 Monate geltend gemacht, so gilt der Wert der nächsten 12 Monate, die auf die Klageeinreichung oder die Einreichung des Prozesskostenhilfeantrags folgen. Dieser Wert muss nicht unbedingt mit dem 12fachen Monatsbetrag identisch sein.

5485 Ohne Bedeutung ist, ob für spätere Zeiträume höhere Beträge gefordert werden. Veränderungen in der Höhe des Unterhalts, die außerhalb dieses Zeitraumes von zwölf Monaten liegen, beeinflussen den Gebührenstreitwert nach § 42 Abs. 1 S. 1 GKG nicht.[1]

➲ **Beispiel:**

Im Juli 2006 wird Klage erhoben auf Unterhaltszahlung ab August 2006 in Höhe von jeweils 600 Euro je Monat und ab Januar 2007 in Höhe von 800 Euro.

Der Gegenstandswert beläuft sich auf

– 6 x 600 Euro (August bis Dezember 2006)	3600 Euro
– 6 x 800 Euro (Januar bis Juli 2007)	4800 Euro
Gesamt	**8400 Euro**

und nicht etwa auf

– 12 x 800 Euro =	9600 Euro

5486 Strittig ist, ob der Jahreswert auch dann gilt, wenn zu erwarten ist, dass der Unterhalt für einen geringeren Zeitraum als 12 Monate zu bezahlen sein wird. Diese Frage stellt sich häufig dann, wenn Trennungsunterhalt geltend gemacht wird und davon auszugehen ist, dass die Scheidung vor Ablauf eines Jahres rechtskräftig ausgesprochen wird.

---

1 OLG Brandenburg, Beschl. v. 11. 11. 2002 – 9 WF 188/02, MDR 2003, 335 = AGS 2003, 262 = OLGR 2003, 383 = FamRZ 2003, 1682 = EzFamR aktuell 2003, 61 = FamRB 2003, 214; OLG München, Beschl. v. 13. 8. 1999 – 26 WF 1138/99, EzFamR aktuell 2000, 7 = OLGR 2000, 73 = FuR 2000, 298 = FamRZ 2001, 239.

Nach einer Auffassung ist in diesem Fall ein kürzerer Zeitraum als ein Jahr anzunehmen, nämlich die sich letztlich ergebenden Ansprüche.[1]

5487

Zutreffend dürfte es jedoch sein, auch hier den Jahreswert anzunehmen, da zum maßgeblichen Zeitpunkt, nämlich bei Einreichung der Klage oder des Antrags (§ 40 GKG) ungewiss ist, wann die Rechtskraft der Scheidung eintreten wird.[2] Die Begrenzung des Streitwerts bei Geltendmachung von Trennungsunterhalt auf einen geringeren Betrag als den Jahresbetrag kommt nur dann in Betracht, wenn bei der Einreichung der Klage bereits endgültig abzusehen ist, wann das Scheidungsverfahren abgeschlossen sein wird.

5488

Nachträgliche Umstände, die einen geringeren Streitwert rechtfertigen könnten, sind im Allgemeinen unbeachtlich. Etwas anderes gilt nur dann, wenn bereits bei Einreichung der Klage endgültig klar war, dass der Trennungsunterhalt z.B. infolge einer rechtskräftigen Scheidung auf eine geringere Zeit als ein Jahr zu begrenzen ist.[3]

5489

Ausnahmsweise ist der Wert nach dem ein Jahr unterschreitenden Unterhaltszeitraum zu bemessen, wenn bereits zum Zeitpunkt der Klageeinreichung objektiv eine überwiegende Wahrscheinlichkeit für die vorzeitige Beendigung des Unterhaltszeitraums besteht.[4]

5490

Wird die Höhe des Unterhalts nicht beziffert, sondern wird gem. §§ 1612a bis 1612c BGB der **jeweilige Regelbetrag** geltend gemacht, so ist von demjenigen Betrag auszugehen, der dem geforderten Prozentsatz des Regelbetrages entspricht. Anzurechnendes Kindergeld ist allerdings abzuziehen.

5491

Für die Streitwertbemessung ist es unerheblich, ob der geforderte Unterhalt zum Teil **unstreitig** ist und gegebenenfalls sogar gezahlt wird. Es kommt allein auf den Klageantrag an.

5492

⊃ **Beispiel:**

Der Ehemann zahlt 400 Euro Unterhalt monatlich. Die Ehefrau klagt auf Zahlung von monatlichem Unterhalt in Höhe von 600 Euro.

Der Gegenstandswert bemisst sich auf

– 12 x 600 Euro =   7200 Euro.

Dass hier unstreitig gezahlter Unterhalt eingeklagt worden ist, kann gegebenenfalls im Rahmen der Kostenentscheidung zu berücksichtigen sein, wenn der beklagte Ehemann insoweit kostenbefreiend anerkennt.

5493

Beschränkt der Kläger seinen Klageantrag dagegen nur auf die über den unstreitigen Betrag hinausgehende Forderung, so ist nur deren Wert maßgebend.

5494

1 OLG München, Beschl. v. 14. 3. 1985 – 26 WF 687/85, JurBüro 1985, 742.
2 OLG Bamberg, Beschl. v. 2.3. 1988 – 2 WF 60/88, JurBüro 1988, 1077; OLG Köln, Beschl. v. 20. 6. 1992 – 26 WF 88/92, JurBüro 1993, 164.
3 OLG Bamberg, Beschl. v. 2.3. 1988 – 2 WF 60/88, JurBüro 1988, 1077; OLG Köln, Beschl. v. 20. 6. 1992 – 26 WF 88/92, JurBüro 1993, 164.
4 OLG Hamm, Beschl. v. 24. 6. 2004 – 4 WF 138/04, FamRZ 2005, 1766.

⊃ **Beispiel:**

Wie vorstehendes Beispiel, jedoch beantragt die Ehefrau, den Ehemann zu verurteilen, über den freiwillig gezahlten Betrag in Höhe von 400 Euro hinaus weitere 200 Euro monatlich zu zahlen.

Jetzt beläuft sich der Gegenstandswert lediglich auf

– 12 x 200 Euro =   2400 Euro

5495   Hat der Klageantrag den Unterhaltszeitraum nicht kalendermäßig fixiert, ist für den Streitwert für den laufenden Unterhalt in der Regel auf den Einjahreszeitraum des § 42 Abs. 1 S. 1 GKG auch dann abzustellen, wenn der Unterhaltszeitraum im Laufe des Verfahrens im Nachhinein bereits vor Ablauf eines Jahres endet.[1]

Unterhalt Minderjähriger, vereinfachtes Verfahren bei der Festsetzung

Siehe das Stichwort „Vereinfachtes Verfahren auf Festsetzung von Unterhalt Minderjähriger".

Unterlassung

Literatur: *Schalhorn* JurBüro 1972, 203 (Namensschutz).

A. Bewertungsgrundsätze

5496   Unterlassungsklagen richten sich in ihrer Bewertung danach, was verlangt wird. Eine besondere Bewertungsvorschrift fehlt, so dass nach § 3 ZPO zu schätzen ist.[2] Handelt es sich um einen nicht vermögensrechtlichen Anspruch, so richtet sich die Schätzung nach § 48 Abs. 2 GKG.

5497   Tritt das vermögensrechtliche Interesse neben dem nichtvermögensrechtlichen Interesse völlig zurück oder umgekehrt, dann ist nur auf den Wert des ganz überwiegenden Interesses abzustellen.[3]

5498   Wird der nichtvermögensrechtliche Unterlassungsanspruch mit einem vermögensrechtlichen Folgeanspruch verbunden, so ist nach § 48 Abs. 4 GKG nur der höherwertige Anspruch maßgebend.[4] Der Wert eines mit dem nichtvermögensrechtlichen Unterlassungsanspruch gleichzeitig geltend gemachten Widerrufsanspruchs wird dagegen addiert.

---

1 OLG Hamm 24. 6. 2004 – 4 WF 138/04, FamRZ 2005, 1766.
2 OLG Celle JurBüro 1974, 1434; OLG Köln JurBüro 1990, 246.
3 OLG München JurBüro 1972, 534; *Schneider* JurBüro 1965, 590.
4 OLG München JurBüro 1972, 534.

Die Bemessung des Unterlassungsanspruchs kann sich nachträglich nur min-   5499
dern, wenn die bei der Streitwertfestsetzung zu berücksichtigenden Umstände
zunächst nicht oder falsch bewertet worden sind.[1] Die Rechtsprechung tritt
damit den immer wieder unternommenen Versuchen entgegen, nach Abschluss
des Rechtsstreites entgegen den eigenen Wertangaben eine kostenmäßig günsti-
gere Wertfestsetzung zu erreichen.[2]

Siehe auch das Stichwort „Ehrkränkende Äußerung". Sofern Unterlassungsan-   5500
sprüche aus dem gewerblichen Rechtsschutz zu bewerten sind, wo sie besonders häufig vorkommen, siehe das Stichwort „Gewerblicher Rechtsschutz".

B. Einzelfälle

Die folgenden Einzelbewertungen sollen nur einen Eindruck von der Vielfalt   5501
der möglichen Bewertungssituationen verschaffen. Weitgehend handelt es sich
dabei um Entscheidungen, die in speziellen Stichwörtern behandelt werden.

Stichwortübersicht

Allgemeine Geschäftsbedingungen	5502	Makler	5534
Androhung	5503	Revision	5535
Anspruchshäufung	5504	Unzulässigkeit der Zwangsvollstre-	
Besitz- und Eigentumsstörung	5509	ckung	5536
Bezugsverpflichtung	5518	Verunreinigung	5541
Computerprogramm	5519	Vorlage eines Wechsels	5542
Ehestörung	5520	Wegerecht	5543
Ehre	5522	Werbung	5544
Forderung	5528	Wettbewerb	5547
Häftling	5529	Widerruf	5548
Kraftfahrzeug	5530	Zwangsvollstreckung	5550
Lärmimmission	5531		

Allgemeine Geschäftsbedingungen

Der Wert einer Klage auf Unterlassung der Verwendung bestimmter Klauseln in   5502
Allgemeinen Geschäftsbedingungen nach dem UKlaG[3] ist nach § 3 ZPO i.V.m.
§ 48 Abs. 1 S. 1 GKG zu schätzen. Entscheidend ist das Interesse der Allgemeinheit an der Beseitigung der gesetzwidrigen Klausel – nicht dagegen die wirtschaftliche Bedeutung des Verwendungsverbotes.[4] Grund dafür ist, die Verbraucherschutzverbände bei der Wahrnehmung der ihnen im Allgemeininteresse
eingeräumten Befugnis möglichst vor Kostenrisiken zu schützen.[5] Gemäß § 48

---

1 OLG München Rpfleger 1967, 166.
2 Siehe dazu *Schneider* AnwBl. 1977, 233, und das Stichwort „Angabe des Streitwerts".
3 Früher §§ 13 ff. AGBG (Verbandsprozess).
4 BGH, Beschl. v. 18. 7. 2000 – VII ZR 12/00, NJW-RR 2001, 352.
5 BGH, Beschl. v. 17. 9. 2003 – IV ZR 83/03, NJW-RR 2003, 1694.

Abs. 1 S. 2 GKG darf der Streitwert 250 000 Euro nicht überschreiten. Pro angegriffene Klausel kann etwa ein Betrag von 1500 bis 2000 Euro angesetzt werden.[1]

Androhung

5503 Der Antrag auf Verurteilung zu einer Bezugsverpflichtung und der Antrag, den Beklagten unter Androhung eines Ordnungsgeldes zur Unterlassung anderweitigen Bezugs von Ware zu verurteilen, haben denselben Gegenstand. Das für die Streitwertfestsetzung maßgebende Interesse des Klägers ergibt sich aus dem Gewinnverlust, der durch die Klage verhindert werden soll.[2]

Anspruchshäufung

5504 Wird der Anspruch auf Schadensersatz verbunden mit der Unterlassungsklage, so hat der Unterlassungsanspruch jedenfalls im Bereich des wirtschaftlichen Wettbewerbs einen höheren Wert.[3] Beide Ansprüche sind getrennt zu bewerten und gemäß § 5 ZPO die Werte zusammenzurechnen.

5505 Ebenso ist zu entscheiden, wenn ein Klageantrag auf Widerruf mit einem Unterlassungsantrag zusammentrifft; auch dann ist zu addieren.[4] Anders aber, wenn zusammen mit einem nichtvermögensrechtlichen Unterlassungsanspruch (z.B. wegen Verletzung von Persönlichkeitsrechten) ein vermögensrechtlicher Folgeanspruch geltend gemacht wird. Dann zählt nach § 48 Abs. 4 GKG nur der höhere der beiden Ansprüche.

5506 Ob der Anspruch auf öffentliche Bekanntmachung des Urteils neben dem Unterlassungsanspruch einen eigenen Wert hat, ist umstritten, aber mit der wohl überwiegenden Meinung zu bejahen.[5] Der Wert richtet sich nicht nach der Höhe der Veröffentlichungskosten, sondern nach dem Interesse des Klägers an der Veröffentlichung, das nach § 3 ZPO zu schätzen ist.

5507 Das KG[6] hat die Anträge, den Beklagten zu verurteilen, (1) eine ehrverletzende Behauptung zu widerrufen und (2) künftig solche Äußerungen zu unterlassen, ebenfalls getrennt bewertet und zusammengerechnet.

5508 Verfolgen mehrere Kläger im Wege der Klagehäufung ein identisches Unterlassungsbegehren, erfolgt keine Zusammenrechnung nach § 5 ZPO, sondern es ist

---

1 BGH, Beschl. v. 30. 5. 1990 – VIII ZR 208/89, NJW-RR 1991, 179; BGH, Beschl. v. 15. 4. 1998 – VIII ZR 317/97, NJW-RR 1998, 1465 (3000 DM); OLG Frankfurt, Beschl. v. 17. 5. 1993 – 6 W 46/93, AnwBl. 1994, 47 (3000 bis 5000 DM pro Klausel, ggf. mehr, wenn die Klausel für ganze Wirtschaftszweige von Bedeutung ist).
2 KG JurBüro 1969, 1195.
3 OLG München JurBüro 1954, 181 Nr. 48.
4 OLG Düsseldorf AnwBl. 1980, 358.
5 Vgl. z.B. OLG Hamm JMBl.NW 1954, 177; MDR 1977, 142; OLG Frankfurt GRUR 1955, 450; OLG Neustadt WRP 1958, 114; a.A. OLG Stuttgart NJW 1959, 890; OLG Karlsruhe WRP 1958, 190; zu den Einzelheiten vgl. das Stichwort „Veröffentlichungsbefugnis".
6 KG JurBüro 1963, 765.

vom höchsten Interesse eines Klägers auszugehen.[1] Für jeden weiteren Kläger hat dann ein Zuschlag in der Höhe zu erfolgen, die seinem Interesse daran entspricht, den titulierten Anspruch ggf. selbständig geltend machen zu können.[2]

Besitz- und Eigentumsstörung

Besitzstörungsklagen sind ebenso wie Eigentumsstörungsklagen nach § 3 ZPO zu bewerten.[3] Abzustellen ist auf die Wertminderung, die der Kläger – meist hinsichtlich seines Grundstückes – erleidet, also auf das Interesse des Klägers an der Unterlassung der konkret behaupteten Störung.[4] Auf die Höhe der Kosten, die der Beklagte zur Vermeidung der Störungen aufwenden müsste, kommt es nicht an,[5] desgleichen nicht auf die Art seiner Rechtsverteidigung, etwa die Berufung auf ein Notwegerecht.[6] **5509**

Auch die Höhe eines angedrohten Ordnungsgeldes ist unbeachtlich, da das Gericht befugt ist, für verhältnismäßig geringfügige Zuwiderhandlungen hohe Ordnungsgelder anzudrohen.[7] **5510**

Anders liegt es nach einer Entscheidung des OLG Düsseldorf[8] ausnahmsweise, wenn die Beseitigung einer durch Lagerung von Sondermüll verursachten Eigentumsstörung verlangt wird und auch der Kläger als eigentlich Gestörter nach Ordnungswidrigkeitsrecht verpflichtet war, die Gefahr zu beseitigen, nämlich als Zustandsstörer. Der Senat hat in diesem Fall maßgeblich auf die Kosten der Entsorgung abgestellt. **5511**

Wird der Beklagte zur Beseitigung der Eigentumsstörung verurteilt, bemisst der BGH die Beschwer – unabhängig vom Streitgegenstand – nach dem Interesse des Beklagten, sich gegen die Kosten einer Ersatzvornahme zu wehren, mit der Folge, dass der Wert des Beschwerdegegenstandes den Wert des Streitgegenstandes übersteigen kann.[9] **5512**

---

1 BGH GRUR 1998, 958; KG, Beschl. v. 6. 4. 1999 – 5 W 12/99, NJW-RR 2000, 285.
2 KG, Beschl. v. 6. 4. 1999 – 5 W 12/99, NJW-RR 2000, 285.
3 OLG Köln, KostRsp. ZPO § 3 Nr. 987 = JurBüro 1990, 246; OLG Zweibrücken, Beschl. v. 9. 12. 1983 – 2 W 21/83, JurBüro 1984, 284; BGH, Beschl. v. 23. 1. 1986 – V ZR 119/85, NJW-RR 1986, 737.
4 BGH, Urteil v. 24. 4. 1998 – V ZR 225/97, KostRsp. ZPO § 3 Nr. 1280 = MDR 1998, 982; OLG Köln, KostRsp. ZPO § 3 Nr. 987 = JurBüro 1990, 246; LG Bayreuth, Beschl. v. 13. 8. 1984 – 2 T 103/84, JurBüro 1985, 441.
5 BGH, Beschl. v. 23. 1. 1986 – V ZR 119/85, NJW-RR 1986, 737; OLG Koblenz, Beschl. v. 25. 2. 1994 – 5 W 119/94, JurBüro 1995, 27; OLG Frankfurt Rpfleger 1955, 210 zu ZPO § 3, a: betrifft Immissionen.
6 OLG Köln, Beschl. v. 20. 10. 1989 – 2 W 181/89, KostRsp. ZPO § 3 Nr. 987 = JurBüro 1990, 246.
7 OLG Neustadt Rpfleger 1963, 66 zu ZPO § 3, q.
8 OLG Düsseldorf, Beschl. v. 16. 11. 1990 – 9 W 97/90, KostRsp. ZPO § 3 Nr. 1023 mit Anm. *Schneider* = MDR 1991, 353.
9 BGH, Beschl. v. 10. 12. 1993 – V ZR 168/92, KostRsp. ZPO § 3 Nr. 1170 = NJW 1994, 735; Aufgabe der bisherigen Rechtsprechung.

5513 Dagegen kann das Interesse des Klägers nach den Kosten bewertet werden, die er zur Beseitigung einer Beeinträchtigung aufwenden muss.[1]

5514 Bei vorübergehenden Störungen ist das Interesse des Klägers geringer zu bewerten.[2] Das ist etwa der Fall, wenn feststeht, dass der Betrieb des Störers kurzfristig eingestellt wird.[3] Wird die Besitzstörung dagegen unter Verletzung von Strafgesetzen begangen und in besonders aggressiver Weise ausgeführt, dann ist auch der Streitwert entsprechend anzuheben.[4]

5515 Der Streitwert einer einstweiligen Verfügung auf Abwehr solcher Störungen ist mit einem höheren Bruchteil als ein gewöhnliches Verfügungsverfahren anzusetzen, weil in derartigen Fällen das Verfügungsverfahren weitergehend als sonst endgültigen Rechtsschutz bringt.[5]

5516 Wird jemand im Besitz einer Wohnung gestört, dann ist der Wert einer entsprechenden Unterlassungsklage nicht höher anzusetzen als eine mögliche Klage über das Bestehen oder die Dauer des Mietverhältnisses, die nach § 41 Abs. 1 GKG zu bemessen wäre.[6] Diese Wertobergrenze gilt ebenso bei einem Unterlassungsanspruch, der auf das – streitige – Bestehen eines Pachtverhältnisses gestützt wird.[7]

5517 Bei der Bemessung des Streitwertes einer Klage auf Beseitigung einer Parabolantenne muss auch das ideelle Interesse des Klägers an der Vermeidung der Beeinträchtigung des optischen Gesamteindrucks des Gebäudes berücksichtigt werden.[8] Das LG Karlsruhe hat diesen Punkt besonders herausgehoben, weil angesichts der technisch völlig unproblematischen Entfernung einer solchen Antenne der Streitwert ansonsten gegen Null tendieren würde.

Bezugsverpflichtung

5518 Der Antrag, den Beklagten aufgrund einer Bezugsverpflichtung unter Androhung eines Ordnungsgeldes für jeden Fall der Zuwiderhandlung zu verurteilen, seinen gesamten Bedarf an einer Ware nur beim Kläger zu decken, und der Antrag, den Beklagten unter Androhung eines Ordnungsgeldes zur Unterlassung des anderweitigen Bezuges dieser Ware zu verurteilen, haben denselben Gegenstand. Das für die Streitwertfestsetzung maßgebende Interesse des Klägers an einer solchen Klage ergibt sich aus dem Gewinnverlust, der durch die Klage verhindert werden soll.[9] Es ist vom durchschnittlichen Jahresgewinnaus-

---

1 OLG Neustadt Rpfleger 1957, 238 zu ZPO § 3, h; OLG Saarbrücken JBl.Saar 1964, 114.
2 RG HRR 1932 Nr. 169.
3 RG Recht 1915 N. 605.
4 OLG Köln JMBl.NW 1976, 71.
5 OLG Köln JMBl.NW 1976, 71: $^1/_2$ des Wertes der Hauptsache.
6 OLG Neustadt Rpfleger 1967, 2 (zu § 16 GKG a.F.); OLG Zweibrücken, Beschl. v. 9. 12. 1983 – 2 W 21/83, JurBüro 1984, 284 (zu § 16 GKG a.F.).
7 BGH, KostRsp. ZPO § 3 Nr. 1133.
8 LG Karlsruhe, Beschl. v. 20. 4. 2000 – 9 T 40/99, KostRsp. ZPO § 3 Nr. 1344 = AGS 2000, 135.
9 KG JurBüro 1969, 1195.

fall des Klägers auszugehen, wobei hinsichtlich des zeitlichen Interesses die in § 9 ZPO enthaltenen Grundsätze angewendet werden können.[1]

Computerprogramm

Der Unterlassungsanspruch gegen den Anwender eines Programms ist mit dem Verkaufspreis des Programms zu bewerten.[2] Eine höhere Wertfestsetzung kommt in Betracht, wenn die Gefahr der unbefugten Weiterverbreitung besteht.

5519

Ehestörung

Der Streitwert einer auf Unterlassung des ehebrecherischen Verkehrs der Beklagten mit dem Ehemann der Klägerin in der ehelichen Wohnung gerichteten Klage kann, da es sich nicht um eine Ehesache im Sinne des § 48 Abs. 3 GKG handelt, auch auf unter 2000 Euro festgesetzt werden.

5520

Im Hinblick darauf, dass nur der äußere eheliche Lebensraum des klagenden Ehegatten geschützt werden soll, hat das OLG Karlsruhe[3] bei einfach gelagertem Sachverhalt und bescheidenen wirtschaftlichen Verhältnissen 1000 DM als Streitwert als angemessen angesehen. Dieser geringe Wertansatz dürfte heute noch schwerlich vertretbar sein. Das OLG Celle[4] hat die Hälfte des für eine Scheidungsklage angemessenen Wertes festgesetzt. Es sollte von einem Regelwert von 2000 Euro ausgegangen werden, der dann entsprechend den Umständen des Einzelfalles modifiziert werden kann.

5521

Ehre

Der Streitwert einer Klage auf Unterlassung ehrverletzender Behauptungen bestimmt sich nach § 48 Abs. 2 GKG. Wird daneben noch ein aus der Ehrverletzung hergeleiteter vermögensrechtlicher Anspruch (i.d.R. Schadensersatz oder Schmerzensgeld) geltend gemacht, ist § 48 Abs. 4 GKG zu beachten. Der Streitwert bestimmt sich nach dem höheren Anspruch.[5]

5522

Über den Grundstreitwert ist deutlich hinauszugehen, wenn die Ehrenkränkung stark den Bereich des sozialen Ansehens berührt[6] oder der Betroffene innerhalb seines Berufsstandes eine herausgehobene Stellung einnimmt, so dass auch sein Mitarbeiterkreis betroffen ist, insbesondere wenn der Streit in die breite Öffentlichkeit getragen worden ist.[7]

5523

Bei der Klage einerseits auf Unterlassung einer ehrkränkenden Behauptung für die Zukunft und andererseits auf Zurücknahme der Äußerung, soweit sie be-

5524

---

1 OLG Bamberg, Beschl. v. 5. 7. 1984 – 1 W 47/84, JurBüro 1985, 441.
2 OLG Frankfurt OLGR 1995, 47 m.w.N.
3 OLG Karlsruhe, KostRsp. GKG a.F. § 14 C Nr. 1.
4 OLG Celle, KostRsp. GKG a.F. § 14 C Nr. 21.
5 OLG Köln, KostRsp. GKG § 12 Nr. 162 = JurBüro 1994, 491.
6 OLG Koblenz JurBüro 1967, 1015.
7 OLG Frankfurt AnwBl. 1983, 89 = KostRsp. GKG § 20 Nr. 55.

reits erfolgt ist, handelt es sich streitwertrechtlich um zwei getrennt zu bewertende Anträge.[1] Das LG Oldenburg nahm für den Unterlassungsantrag einen Regelstreitwert von 6000 DM und für die entsprechende Klage auf Widerruf einen um 50 % erhöhten Streitwert an. Demgegenüber nimmt das OLG Frankfurt[2] an, der Antrag auf Unterlassung ehrverletzender Äußerungen werde von dem gleichzeitig gestellten Antrag auf Verurteilung zum Widerruf streitwertmäßig konsumiert.

5525 Bei Klagen auf Unterlassung von beleidigenden Behauptungen ist, wenn dabei auch ein wirtschaftliches Interesse verfolgt wird, der Streitwert nach § 3 ZPO i.V.m. § 48 Abs. 1 S. 1 GKG zu schätzen.[3] Es handelt sich dann um eine vermögensrechtliche Angelegenheit.

5526 Vermögensrechtlicher Natur ist auch eine Unterlassungsklage, die auf § 824 BGB gestützt wird.[4] Wird eine Klage zum einen auf § 823 Abs. 2 BGB i.V.m. §§ 185, 186 StGB (nichtvermögensrechtlich) und daneben auch auf § 824 BGB (vermögensrechtlich) gestützt, so zeigt dies, dass es sich insgesamt um eine vermögensrechtliche Angelegenheit handelt, deren Wert nach § 3 ZPO zu schätzen ist.[5]

5527 Der Antrag des Eigentümers zweier Hochhäuser gegen die in einem eingetragenen Verein zusammengeschlossenen Mieter auf Unterlassung zweier Äußerungen in einer Tageszeitung, wonach Brandschutzmängel in den Häusern unverantwortlich verharmlost würden, ist mit 5000 DM bemessen worden.[6]

Forderung

5528 Eine begehrte Verurteilung zur Unterlassung der Verfügung über eine Forderung ist nicht geeignet, eine endgültige Regelung der einschlägigen Verhältnisse zwischen den Parteien herbeizuführen. Der Streitwert muss deshalb hinter dem Betrag der betroffenen Forderung zurückbleiben. Das Interesse des Klägers kommt jedoch dem vollen Wert nahe.[7] Siehe auch das Stichwort „Erwerbsverbot" und „Veräußerungsverbot".

Häftling

5529 Die Klage eines zu lebenslanger Freiheitsstrafe verurteilten Häftlings, dem Senator für Justiz zu untersagen, des Klägers Schriftverkehr mit der Presse zu beschränken oder auszuschließen, ist nichtvermögensrechtlicher Natur. Das KG[8] hatte einen Wert von 4000 DM angesetzt.

---

1 KG JurBüro 1960, 350; LG Oldenburg, Beschl. v. 6. 3. 1995 – 5 T 1310/94, JurBüro 1995, 369.
2 OLG Frankfurt, KostRsp. GKG a.F. § 14 C Nr. 12.
3 OLG Stuttgart Rpfleger 1957, 97.
4 OLG Köln MDR 1957, 238.
5 OLG Köln MDR 1957, 238.
6 OLG Köln Grundeigentum 1974, 581.
7 KG Rpfleger 1962, 154.
8 KG Rpfleger 1962, 119.

Kraftfahrzeug

Der Streitwert einer Unterlassungsklage, mit der das Verbot begehrt wird, 5530
Grundstücke mit Kraftfahrzeugen zu befahren und sie dort abzustellen, ist nach
§ 3 ZPO zu bewerten.[1] Für die Bezifferung dieses Interesses bietet nach Ansicht
des OLG Bamberg § 41 GKG (damals § 12 GKG) einen Anhaltspunkt.

Lärmimmission

Klagen Miteigentümer eines Grundstücks auf Unterlassung einer Lärmimmis- 5531
sion, so ist der Wert ihrer Klagen nicht nach § 5 ZPO zusammenzurechnen.[2]
Das Verlangen der Lärmunterlassung ist zwar von mehreren Streitgenossen
geltend gemacht worden. Begehrt worden ist aber von allen dasselbe, womit
wirtschaftliche Identität vorliegt. Diese schließt eine Zusammenrechnung der
Einzelansprüche aus.[3]

Fühlt sich ein Hauseigentümer, dessen Grundstück an einer stark befahrenen 5532
Bundesstraße und in der Nähe einer Eisenbahnlinie liegt, zusätzlich durch einen benachbarten Lkw-Parkplatz für 55 Lkw gestört, hält sich die Streitwertfestsetzung auf 10 000 DM noch im Rahmen des richterlichen Ermessens.[4]

Wird auf Unterlassung von Geräuschimmissionen durch eine Vielzahl von 5533
Haustieren für einen bestimmten Zeitraum geklagt, so ist ein Streitwert von
1500 Euro angemessen.[5]

Makler

Der Streitwert der Klage eines Maklers gegen einen aus seinem Betrieb ausge- 5534
schiedenen bisherigen Angestellten auf Unterlassung, entsprechend der früheren
vertraglichen Vereinbarung bestimmte, ihm während seiner Angestelltenzeit
bekannt gewordene Objekte im eigenen Namen zu vermitteln, ist mit etwa $^1/_5$
der aus den fraglichen Geschäften erwarteten Provisionen anzunehmen.[6]

Revision

Bei der befristeten Unterlassungsklage ist der Streitwert nach dem Interesse des 5535
Revisionsklägers zu bemessen, nicht mehr zur Unterlassung verpflichtet zu
sein, und weiter nach dem Interesse, die „Feststellungswirkung" des Unterlas-
sungsurteils zu beseitigen.[7]

---

1 OLG Bamberg, KostRsp. ZPO § 3 Nr. 262.
2 BGH, KostRsp. ZPO § 5 Nr. 68 = MDR 1987, 570.
3 Vgl. näher das Stichwort „Mehrere Ansprüche".
4 OLG Koblenz, Beschl. v. 25. 2. 1994 – 5 W 119/94, JurBüro 1995, 27.
5 Vgl. LG Bonn, Beschl. v. 31. 7. 2001 – 8 T 212/00, JurBüro 2001, 593 – die Kammer hatte
  3000 DM angesetzt.
6 OLG Frankfurt JurBüro 1964, 355.
7 BGH LM § 3 ZPO Nr. 37.

Unzulässigkeit der Zwangsvollstreckung

5536 Der Streitwert einer auf § 826 BGB gestützten Klage auf Unterlassung der Zwangsvollstreckung ist unter Berücksichtigung des § 4 ZPO zu bemessen,[1] so dass Zinsen und Kosten nicht werterhöhend berücksichtigt werden dürfen.[2] Die gegenteilige Auffassung des OLG Hamburg[3] ist abzulehnen. Sie hätte zur Folge, dass sich aufgrund der anwachsenden Zinsen bei einem langjährigen Rechtsstreit ständig der Streitwert erhöht und beispielsweise auch die Berufungs- oder Revisionsmöglichkeit davon abhängt, wann das Gericht sein Urteil verkündet.

5537 Eine auf § 826 BGB gestützte Unterlassungsklage mit dem Ziel, die Zwangsvollstreckung aus einem Unterhaltstitel zu unterbinden, will das OLG Düsseldorf[4] nicht nach § 42 Abs. 1 GKG, sondern nach § 9 ZPO bewerten. Dagegen bestehen jedoch Bedenken. Der Streitwert der Unterlassungsklage fiele dann so hoch aus, dass das Kostenrisiko wesentlich übersetzt würde. Wenn schon nicht nach § 42 GKG bewertet wird, dann sollte wenigstens ermäßigend nach § 3 ZPO geschätzt werden.

5538 Hat der Gläubiger gegen die Gesamtschuldner jeweils isolierte Vollstreckungsbescheide erwirkt und wenden die Gesamtschuldner sich in einer einzigen Zwangsvollstreckungsgegenklage gemeinsam gegen diese Titel, dann findet keine Wertaddition statt, weil es um ein und dieselbe Forderung geht, der Betrag dem Kläger also auch unstreitig nur einmal zusteht.[5]

5539 In derartigen Fällen wird häufig auch der weitere Antrag auf Herausgabe des Vollstreckungstitels gestellt. Nach einer Meinung[6] erhöht sich der Streitwert dadurch nicht, da zwischen dem Unterlassungsbegehren und dem Herausgabeverlangen wirtschaftliche Identität besteht. Dies begegnet Bedenken. Wird der Beklagte nur zur Unterlassung der Zwangsvollstreckung verurteilt, dann bleibt er im Besitz des Vollstreckungstitels. Die zusätzliche Verurteilung zur Herausgabe ist daher ein Mehr, das nicht im Unterlassungsanspruch enthalten ist. Prozessual ist es sogar denkbar, dass dem Unterlassungsantrag stattgegeben und gleichzeitig der Herausgabeantrag abgewiesen wird, etwa weil der Beklagte den Titel nicht mehr besitzt, beispielsweise weil er ihn schon einem Streitgenossen ausgehändigt hat. Das zeigt, dass das Herausgabeverlangen prozessual und wirtschaftlich selbständig ist und eine divergierende Entscheidung sogar zur Kostenbelastung nach § 92 Abs. 1 ZPO führen könnte. Hätte der abgewiesene Her-

---

1 BGH, Beschl. v. 29. 3. 1968 – VIII ZR 141/65, MDR 1968, 662.
2 RGZ 158, 350; BGH LM ZPO § 4 Nr. 4; OLG München, Beschl. v. 12. 7. 1988 – 25 U 1524/88, BB 1988, 1843; OLG Karlsruhe, Beschl. v. 7. 11. 1990 – 1 W 53/90, KostRsp. ZPO § 3 Nr. 1022 = MDR 1991, 353; OLG Köln JurBüro 1992, 251.
3 OLG Hamburg, Beschl. v. 23. 8. 1988 – 5 W 68/88, KostRsp. ZPO § 4 Nr. 66 mit Anm. *Schneider* = MDR 1988, 1060.
4 OLG Düsseldorf FamRZ 1980, 377.
5 OLG Karlsruhe, Beschl. v. 7. 11. 1990 – 1 W 53/90, KostRsp. ZPO § 3 Nr. 1022 = MDR 1991, 353.
6 OLG München, Beschl. v. 12. 7. 1988 – 25 U 1542/88, BB 1988, 1843; OLG Karlsruhe, Beschl. v. 7. 11. 1990 – 1 W 53/90; KostRsp. ZPO § 3 Nr. 1022 = MDR 1991, 353.

ausgabeanspruch keinen eigenen zu berücksichtigenden Streitwert, dann wäre eine gebotene Kostenquotierung nicht möglich. Deshalb muss für das Herausgabeverlangen ein besonderer, nach § 3 ZPO zu schätzender Wert angesetzt und dieser dem Wert des Unterlassungsanspruchs hinzugerechnet werden.

Zur Klage auf Feststellung der Nichtigkeit eines Ratenkreditvertrages wegen Sittenwidrigkeit siehe das Stichwort „Nichtigkeit eines Vertrages".   **5540**

Verunreinigung

Der Streitwert einer Klage auf Unterlassung der Verunreinigung von Brunnen-   **5541**
wasser durch Jauche ist eine vermögensrechtliche Streitigkeit, deren Wert nach § 3 ZPO i.V.m. § 48 Abs. 1 S. 1 GKG zu bestimmen ist.[1]

Vorlage eines Wechsels

Der Streitwert des Anspruchs auf Unterlassung der Vorlage eines Wechsels zur   **5542**
Zahlung ist gemäß § 3 ZPO i.V.m. § 48 Abs. 1 S. 1 GKG nach dem Unterlassungsinteresse des Klägers zu schätzen, das regelmäßig gleich hoch ist wie der bekämpfte Wechselanspruch.[2]

Wegerecht

Fürchtet der Kläger eine dauernde Beeinträchtigung seines Geh- und Fahrtrech-   **5543**
tes, dann ist der Streitwert der von ihm erhobenen Unterlassungsklage auch dann nach der Dauerbeeinträchtigung zu bemessen, wenn der Beklagte nach Klagezustellung weitere Beeinträchtigungen unterlässt und vorbringt, die Beeinträchtigung sei nicht auf Dauer beabsichtigt gewesen.[3]

Werbung

Der Unterlassungsanspruch gegen die unverlangte Übersendung von Werbung   **5544**
ist nach § 3 ZPO i.V.m. § 48 Abs. 1 S. 1 GKG anhand des Interesses des Klägers zu schätzen, künftige Belästigungen und Kosten zu vermeiden.

Der Unterlassungsanspruch gegen die Übersendung von Werbung per Telefax   **5545**
wurde mit 3000 DM beziffert, wenn der Versender vorprozessual die Auffassung vertreten hat, er dürfe trotz der Ablehnung des Empfängers diesem weiter Werbefaxe übermitteln.[4] Wird ein solcher Unterlassungsanspruch von einem Anwalt geltend gemacht, dem Werbefaxe an die Kanzlei gesandt wurden, kann auch ein höherer Streitwert gerechtfertigt sein. Das AG Siegburg[5] hat beispielsweise 4000 Euro angesetzt.

---

1 LG Koblenz JurBüro 1967, 894.
2 BGH, KostRsp. ZPO § 3 Nr. 907 = NJW 1988, 2804.
3 OLG Nürnberg JurBüro 1965, 153 – angenommen wurden 3000 DM.
4 OLG Stuttgart, Beschl. v. 1. 10. 1999 – 10 W 37/99, OLGR 2000, 280.
5 AG Siegburg, Beschl. v. 11. 4. 2002 – 10 C 190/02, MDR 2002, 849.

5546 Bei einer einmaligen Übersendung von E-Mail-Werbung hält der 5. Senat des KG[1] einen Wert von 350 Euro für angemessen, wobei es sich um ein einstweiliges Verfügungsverfahren gehandelt hat. Dagegen setzt der 14. Senat des KG[2] für ein einstweiliges Verfügungsverfahren einen Wert von (umgerechnet) 7500 Euro an, wenn die Kommunikation mittels E-Mail für den Antragsteller erkennbar von besonderer geschäftlicher oder beruflicher Bedeutung ist (hier: Journalist), da die Versendung von E-Mail-Werbung besonders kostengünstig und damit von einem besonders großen Nachahmungseffekt auszugehen ist.

Wettbewerb

5547 Der Streitwert eines wettbewerblichen Unterlassungsanspruchs ist gemäß § 3 ZPO i.V.m. § 48 Abs. 1 S. 1 GKG zu schätzen. Maßgebend ist das Interesse des Klägers an der begehrten Unterlassung. Dieses Interesse hängt vor allen von der Größe des klägerischen Unternehmens und von der Gefährlichkeit des behaupteten Wettbewerbsverstoßes ab.

Widerruf

5548 Der Streitwert des Antrags auf Widerruf einer ehrverletzenden Äußerung ist in der Regel nicht geringer anzusetzen als derjenige auf künftige Unterlassung dieser Äußerung.[3] Das LG Oldenburg[4] setzt ihn sogar 50 % höher an.

5549 Für die Anträge auf Widerruf und auf Unterlassung einer Behauptung sind jeweils gesonderte Streitwerte festzusetzen und zusammenzurechnen. Die Anträge auf Widerruf einer Äußerung gegenüber verschiedenen Adressaten haben ebenfalls verschiedene, zusammenzurechnende Werte.

Zwangsvollstreckung

5550 Aus der Tatsache, dass es sich bei dem Verfahren auf Festsetzung eines Ordnungsgeldes um eine Maßnahme der Zwangsvollstreckung zur Verwirklichung des zuerkannten Unterlassungsanspruches handelt, folgt, dass für die Festsetzung des Streitwertes das Interesse maßgebend ist, das der Antragsteller an der Durchführung der Zwangsvollstreckung hat. Dieses Interesse ergibt sich aber nicht daraus, welches Ordnungsgeld für den Zuwiderhandlungsfall beantragt ist, sondern ist nach § 3 ZPO i.V.m. § 48 Abs. 1 S. 1 GKG zu schätzen.[5]

5551 Nach dem LG Dortmund[6] ist maßgebend das Interesse des Gläubigers an der Duldung oder Unterlassung der Handlung und dem Widerstand des Schuldners.[7]

---

1 KG, Beschl. v. 5. 4. 2002 – 14 W 40/02, JurBüro 2002, 371.
2 KG, Beschl. v. 23. 9. 2002 – 5 W 106/02 und 5 W 124/02, JurBüro 2003, 142.
3 OLG Celle Nds.Rpfl. 1970, 207 = WRP 1969, 382.
4 LG Oldenburg, Beschl. v. 6. 3. 1995 – 5 T 1310/94, JurBüro 1995, 369.
5 LG Bonn JR 1960, 225.
6 LG Dortmund NJW 1949, 829.
7 Vgl. dazu das Stichwort „Ordnungsmittel".

Unzuständigkeit

Siehe das Stichwort „Einrede, Einwendung".

Urheberrecht, Verlagsrecht

Der Streitwert der Klage auf Unterlassung der Verletzung des Urheberrechts und Verlagsrechts bemisst sich nach dem gemäß § 3 ZPO i.V.m. § 48 Abs. 1 S. 1 GKG frei zu schätzenden Interesse des Klägers.[1]   5552

Bei der Bewertung einer Klage, die auf die Unwirksamkeit der fristlosen Kündigung eines Verlagsvertrages und dessen Fortbestand gerichtet ist, sind die in der Vergangenheit erzielten Erträge und der Umstand zu berücksichtigen, dass Verlagsverträge in der Regel auf unbestimmte Zeit, praktisch also auf Lebensdauer des Urhebers und des Verlegers, darüber hinaus sogar noch für deren Erben oder sonstige Rechtsnachfolger von Bedeutung sind.[2]   5553

Urkunden-, Wechsel- und Scheckprozess

A. Grundsatz

Die Bewertung richtet sich nach allgemeinen Vorschriften. Zu beachten ist allerdings die besondere Regelung des § 4 Abs. 2 ZPO, die über § 48 Abs. 1 S. 1 GKG auch für den Gebührenstreitwert gilt.   5554

B. Herausgabe

Wird **Herausgebe** eines Wechsels beantragt und ist der Wechsel noch nicht bezahlt, so ist die **Wechselsumme** für den Streitwert maßgebend, weil es sich um ein Wertpapier handelt;[3] ebenso OLG Düsseldorf[4] für die Wechsel-Herausgabeklage, wenn ein fälliger Wechsel noch nicht bezahlt ist.   5555

Der Streitwert für den Anspruch auf Herausgabe eines schon eingelösten Wechsels bemisst sich nicht nach dessen Nennbetrag, sondern nach dem Interesse des Klägers an der **Herausgabe des Papiers**. Es ist gemäß § 3 ZPO zu schätzen, wobei abzustellen ist auf das Bestreben des Klägers, eine missbräuchliche Ver-   5556

---

1 OLG Frankfurt GRUR 1954, 228.
2 KG Ufita Bd. 76, 352.
3 RGZ 46, 463.
4 OLG Düsseldorf AnwBl. 1994, 47 = JurBüro 1994, 494.

wendung des – bereits bezahlten – Wechsels auszuschließen und einer erneuten Inanspruchnahme vorzubeugen.[1] Voraussetzung ist aber, dass die Wechsel noch verwertbar sind.

5557 In einem Fall, in dem das nach den übereinstimmenden Darlegungen der Parteien zu verneinen war, hat sich das OLG Köln[2] an dem Richtwert für nicht-vermögensrechtliche Streitigkeiten orientiert und das Herausgabeinteresse des Klägers mit $^1/_{10}$ des Nominalwertes bemessen, was unter Umständen noch zu hoch gegriffen sein kann.

5558 Klagt der Wechselgeber auf Herausgabe des Wechsels, so ist die **Beschwer** des unterliegenden Wechselnehmers nach § 3 ZPO zu bemessen.[3]

C. Zahlung

5559 Wird auf Zahlung geklagt, richtet sich der Streitwert nach dem Betrag der Forderung. **Zinsen, Kosten und Provision,** die außer der Wechselsumme gefordert werden, sind als Nebenforderungen unberücksichtigt zu lassen (§ 4 Abs. 2 ZPO). Das gilt nach § 48 Abs. 1 S. 1 GKG auch für den Gebührenstreitwert, so dass offen bleiben kann, ob es sich tatsächlich um Nebenforderungen handelt und daher § 43 GKG bereits gelten würde.

5560 Nach OLG Hamm sind Zinsen, die in die Wechselsumme aufgenommen werden, im Urkundenprozess Hauptforderung und streitwertmäßig zu berücksichtigen; erst bei Abstandnahme vom Urkundenprozess unter Übergang in das ordentliche Verfahren würden sie wertmäßig unbeachtliche Nebenforderungen, was zur Annahme einer teilweisen Klagerücknahme zwinge.[4]

5561 Diese Auffassung ist im Ansatz zutreffend; die Konsequenz ist falsch und verblüfft: Der Kläger soll im ordentlichen Verfahren mit Kosten belastet werden, obwohl er seinen bezifferten Antrag nicht ändert.

5562 Soweit in der Wechselforderung auch Zinsen aus dem Grundgeschäft enthalten sind, ist dies für die Streitwertbemessung im Wechselprozess unerheblich. Die Wechselforderung ist eine eigene selbständige Forderung, die unabhängig vom Grundgeschäft entstanden ist und sich ausschließlich auf den Wechsel stützt, so dass es letztlich völlig unerheblich ist, aus welchen Positionen sich die Wechselforderung zusammensetzt.[5] Gleiches gilt z.B. auch für ein (novierendes) ab-

---

1 LG Kiel JurBüro 1964, 212: Wechselsumme rd. 8200 DM; Streitwert 1500 DM.
2 OLG Köln MDR 1975, 60.
3 BGH, Beschl. v. 20. 1. 1988 – VIII ZR 231/87, NJW 1988, 2804 = WM 1988, 882 = WuB I D 4. Wechselverkehr 4.88 = WuB VII A. § 3 ZPO 1.88 = BGH-DAT Zivil.
4 OLG Hamm, Beschl. vom 8. 6. 1984 – 7 U 6/84; KostRsp. ZPO § 4 Nr. 53 mit Anm. *E. Schneider* = AnwBl. 1984, 504 mit abl. Anm. *Chemnitz.*
5 OLG Hamm, Beschl. vom 8. 6. 1984 – 7 U 6/84; KostRsp. ZPO § 4 Nr. 53 mit Anm. *E. Schneider* = AnwBl. 1984, 504; *Hillach/Rohs,* Handbuch des Streitwerts in Zivilsachen, 9. Aufl. 1994 S. 391; a.A. *E. Schneider* in Anm. zu OLG Hamm, KostRsp. ZPO § 4 Nr. 53, der Zinsen **in der** Wechselsumme mit Zinsen **aus der** Wechselsumme verwechselt; ebenso die Vorauflage.

straktes Schuldanerkenntnis, in das bisher aufgelaufene Zinsen und Kosten mit aufgenommen und damit zu einer neuen eigenständigen (Haupt-)Forderung werden[1] oder auch für den Anspruch auf Herausgabe einer Mietkaution, bei der die aufgelaufenen Zinsen der Kaution zugeschlagen werden (§ 551 Abs. 3 S. 4 BGB).[2]

Dies ergibt sich letztlich auch aus § 4 Abs. 2 ZPO. Danach sind lediglich Wechselkosten und -spesen sowie Zinsen **aus der Wechselsumme** beim Streitwert nicht berücksichtigt, da diese wiederum im Verhältnis zur Wechselhauptforderung als Nebenforderungen (§ 4 Abs. 1, 2. Hs. Satz 2 ZPO; § 43 Abs. 1 GKG) gelten. Die Wechselsumme selbst ist dagegen immer Hauptforderung.   **5563**

Nimmt der Kläger im Nachhinein vom Wechselprozess Abstand und stützt seine Forderung nunmehr auf das Grundgeschäft, ist der Streitwert für das ordentliche Verfahren nach Abstandnahme (§ 592 ZPO) neu festzusetzen. Insoweit liegt nämlich eine Klageänderung vor. Der Streitgegenstand wechselt. Während ursprünglich die Wechselforderung Gegenstand der Klage war, ist jetzt die Forderung aus dem Grundgeschäft Gegenstand der Klage. Auch wenn im Ergebnis derselbe Zahlbetrag verlangt wird, sind es doch verschiedene Streitgegenstände.   **5564**

Bei der Bewertung der Klageforderung im ordentlichen Verfahren ist jetzt zu berücksichtigen, dass Zinsen und Kosten nach § 4 Abs. 1, 2. Hs. ZPO als Nebenforderung gelten. Gleiches gilt wiederum für die Gerichtsgebühren (§ 43 Abs. 1 GKG) und die Anwaltsgebühren (§ 23 Abs. 1 S. 1 RVG i.V.m. § 43 Abs. 1 GKG). Die Vorschrift des § 4 Abs. 2 ZPO ist dann nicht mehr anwendbar, da der Kläger im ordentlichen Verfahren keinen Anspruch mehr aus dem Wechsel geltend macht.   **5565**

So ist es für den Kläger möglich, auch nach Abstandnahme weiterhin aus der Wechselforderung vorzugehen; er muss dies jedoch nicht. Geht er nach Abstandnahme weiterhin aus der Wechselforderung vor, dann ändert sich im ordentlichen Verfahren der Wert nicht, da nach wie vor die Wechselforderung Streitgegenstand bleibt und nicht Forderung aus dem Grundgeschäft.   **5566**

⊃ **Beispiel:**

Dem A steht gegen den B eine Kaufpreisforderung in Höhe von 9000 Euro zuzüglich zwischenzeitlich aufgelaufener Zinsen in Höhe von 3000 Euro zu. Da der B nicht zahlen kann, gibt er dem A einen Wechsel über die gesamten 12 000 Euro. Der Wechsel „platzt" und geht zu Protest. Der A klagt daraufhin gegen den B auf Zahlung von 12 000 Euro im Wechselprozess (§§ 592, 602 ff. ZPO) und beruft sich auf die Wechselforderung. Nach mündlicher Verhandlung nimmt der Kläger vom Wechselprozess Abstand (§ 596 ZPO) und geht ins ordentliche Verfahren über. Er stützt jetzt sein Klagebegehren nicht mehr auf die Wechselforderung, sondern auf das Grundgeschäft, also auf den Kaufvertrag, ohne jedoch den Klageantrag zu ändern.

---

1 OLG Koblenz, Beschl. v. 16. 12. 1997 – 5 W 597/97, JurBüro 1999, 197; *Wieczorek/ Schulze*, ZPO, 3. Aufl. 1994, § 4 Rn. 47; *Musielak/Smid*, 4. Aufl. 2005, § 4 Rn. 10.
2 LG Köln, Beschl. v. 8. 6. 1995 – 1 S 266/94, *Lützenkirchen*, Kölner Mietrecht, Fach 20 Nr. 31; *Herrlein/Kandelhard/N. Schneider*, Mietrecht 2. Aufl. 2003, §§ 551 Rn. 56; *N. Schneider* in Lützenkirchen, Anwaltshandbuch Mietrecht, 3. Aufl. 2007, N Rn. 506 ff.

Der Streitwert des Wechselprozesses beläuft sich gem. § 3 ZPO auf 12 000 Euro, da es hier ausschließlich auf die Wechselforderung ankommt (§ 4 Abs. 2 ZPO).

Bei der Bewertung der Klageforderung im ordentlichen Verfahren ist aber zu berücksichtigen, dass die Hauptforderung nur lediglich noch 9000 Euro beträgt. Hinzu kommen 3000 Euro Zinsen, die nach § 4 Abs. 1, 2. Hs. ZPO jetzt als Nebenforderung gelten.

⊃ **Abwandlung:**

Der A macht auch im ordentlichen Verfahren die Ansprüche aus dem Wechsel gelten und nicht aus dem Grundgeschäft.

Der Streitwert ändert sich nicht, sondern bleibt bei 12 000 Euro

5567 Werden **mehrere selbständige Wechselansprüche** gegen verschiedene Personen vom Kläger in einer Klage verfolgt, dann wird der Prozessbevollmächtigte des Klägers in derselben Angelegenheit tätig, so dass die Werte der drei Gegenstände gem. § 22 Abs. 1 RVG zusammenzurechnen sind.[1]

D. Nachverfahren, ordentliches Verfahren

5568 Im Falle eines Vorbehaltsurteils wird der Streitwert im Nachverfahren durch den Wert des Gegenstandes bestimmt, hinsichtlich dessen dem Beklagten die Ausführung seiner Rechte vorbehalten worden ist. Regelmäßig geschieht das wegen des gesamten Klageanspruchs, so dass dieser auch den Wert des **Nachverfahrens** bestimmt. Der Streitwert im Urkunden- und Wechselprozess-Nachverfahren ist daher grundsätzlich gleich dem Streitwert im Urkunden- oder Wechselprozess.[2]

5569 Gemäß § 40 GKG, § 4 Abs. 1 ZPO ist der Zeitpunkt der Erhebung der Klage und nicht der Beginn des Nachverfahrens maßgebend.

5570 Ergeht im Urkunden- und Wechselprozess ein **Vorbehaltsurteil** über die ganze Klageforderung, dann verringert sich der Streitwert selbst dann nicht, wenn der Beklagte im Nachverfahren nur wegen eines Teilbetrages Klageabweisung beantragt, da es sich verfahrensrechtlich um eine Einheit handelt.[3] Davon zu unterscheiden ist der Fall, dass sich der Beklagte nur wegen eines Teils die Rechte im Nachverfahren vorbehalten hat und dieses dann auch nur insoweit durchgeführt wird.

5571 Wird im Nachverfahren eine **Widerklage** auf Ersatz des durch die Vollstreckung entstandenen Schadens erhoben, dann handelt es sich um verschiedene Streitgegenstände, so dass Wertaddition nach § 45 Abs. 1 S. 1 GKG geboten ist.[4]

---

1 OLG Düsseldorf, Beschl. v. 20. 12. 1994 – 6 W 42/94, AGS 1997, 133 = ZfSch 1998, 112.
2 RGZ 18, 408; 31, 1.
3 OLG Nürnberg JurBüro 1962, 425; OLG München, Beschl. v. 27. 4. 1987 – 11 W 1439/ 87, KostRsp. ZPO § 3 Nr. 875 = MDR 1987, 766; LG Schweinfurt AnwBl. 1954, 88; LG Gießen AnwBl. 1954, 89; *Hillach* AnwBl. 1954, 78.
4 LG Gießen AnwBl. 1954, 89 mit Stellungnahme von *Hillach*, S. 78.

E. Insolvenz

Der Umstand, dass der Beklagte nach dem Ende des Vorverfahrens **in Insolvenz** 5572
geraten ist, ist für die Höhe des Streitwertes beim Nachverfahren nicht von
Bedeutung. Durch die Eröffnung des Insolvenzverfahrens erhält der Rechtsstreit
keinen anderen Gegenstand.

Der Streitwert mindert sich zwar und ist fortan nach § 182 InsO (früher § 148 5573
KO) zu bemessen. Das gilt aber nur für neue selbständige Verfahren.

Beim Nachverfahren bleibt der höhere Wert des **Vorverfahrens** bestimmend, 5574
weil Vorverfahren und Nachverfahren streitwertmäßig eine Instanz bilden und
deshalb auch der Zeitpunkt für die Bewertung des Nachverfahrens nicht dessen
Beginn, sondern die Klageeinreichung ist.[1] Erst mit der Einleitung neuer Verfahren, insbesondere eines Rechtsmittelverfahrens, kann sich der Wert des
Nachverfahrens ändern. Dann ist auch für die höhere Instanz § 182 InsO (früher
§ 148 KO) zu beachten.[2]

F. Aufrechnung

Wird im Nachverfahren nur über den **Aufrechnungseinwand** (§ 302 ZPO) ge- 5575
stritten, ist der Wert einer Gegenforderung maßgebend, wenn sie geringer ist
als der Klageanspruch (Gedanke der § 45 Abs. 3 GKG, § 322 Abs. 2 ZPO).

G. Eventualaufrechnung

Eine Wertaddition wegen **Eventualaufrechnung** kommt im eigentlichen Urkun- 5576
denverfahren nur in Betracht, wenn dort abschließend entschieden wird, also
auch über die hilfsweise zur Aufrechnung gestellte Forderung eine Entscheidung ergeht, die in Rechtskraft erwächst.

Ergeht lediglich ein Vorbehaltsurteil, gilt § 45 Abs. 3 GKG nicht, weil ein Vor- 5577
behaltsurteil im Urkunden- oder Wechselprozess keiner materiellen Rechtskraft fähig ist, so dass die Voraussetzungen des § 45 Abs. 3 GKG nicht gegeben
sind.[3]

Der Streitwert erhöht sich also nicht. Die Hilfsaufrechnung erlangt Bedeutung 5578
erst durch die eine hierüber ergehende der Rechtskraft fähige Entscheidung im
Nachverfahren.[4]

---

1 OLG Nürnberg JurBüro 1962, 425.
2 OLG Nürnberg JurBüro 1962, 425.
3 OLG Frankfurt JurBüro 1985, 1676 = KostRsp. GKG § 19 Nr. 105.
4 OLG Hamburg, Beschl. v. 12. 5. 2000 – 14 U 65/99, OLGR 2001, 20 = BRAGOreport
  2001, 139.

Urteils- und Tatbestandsberichtigung

5579 Offenbare Unrichtigkeiten des Urteils, die auf nicht auf rechtlichen sondern „technischen Fehlleistungen"[1] beruhen, sind von Amts wegen oder auf Antrag zu berichtigen, § 319 ZPO. Fehler, Auslassungen und Widersprüche des Urteilstatbestandes können demgegenüber gemäß § 320 ZPO nur auf Antrag berichtigt werden. Zulässig ist der Berichtigungsantrag nur, wenn eine entsprechende Beschwer dargetan wird.[2]

5580 In beiden Fällen folgt der Gegenstandswert des Berichtigungsverfahrens in der Regel nicht dem Hauptsachewert, da die Berichtigung nicht auf eine erneute materiell-rechtliche sondern nur auf eine technische Prüfung abzielt. Grundsätzlich ist daher eine Bruchteilsbewertung geboten.[3] Der Wert ist nach § 3 ZPO zu schätzen, wobei es darauf ankommt, welche Rechtsfolgen und wirtschaftlichen Auswirkungen mit der Berichtigung bzw. dem dagegen gerichteten Rechtsmittel erstrebt werden. Bloße Tatbestandsberichtigungen dürften mit $^1/_{10}$ des Hauptsachewertes hinreichend erfasst werden.[4]

5581 Soweit die **Vollstreckbarkeit** eines Urteils aufgrund eines fehlenden Ausspruchs über die vorläufige Vollstreckbarkeit vorübergehend blockiert wird, ist der Streitwert nach OLG Saarbrücken[5] mit $^1/_5$ des Hauptsachewertes zu bemessen. Würde das Ausbleiben der Berichtigung die Vollstreckbarkeit des Urteils beseitigen, kann dies zum Ansatz des Hauptsachewertes führen.[6] Dies ist etwa der Fall, wenn erst eine zwischen den Parteien streitige Rubrumsberichtigung eine Vollstreckung der titulierten Klageforderung ermöglicht.[7]

5582 Der Ansatz des vollen Hauptsachewertes, hier des Wertes der Leistungsstufe, ist nach Ansicht des OLG Bamberg geboten, wenn bei einer Stufenklage mit der **Berichtigung des Urteilstenors** die Streichung des nach einem Anerkenntnis den Auskunftsanspruch versehentlich ebenfalls titulierten Leistungsanspruch begehrt wird.[8]

5583 Den Wert einer Berichtigungsbeschwerde im Verfahren über den **Versorgungsausgleich** hat das OLG Zweibrücken[9] nach dem Änderungsinteresse der betei-

---

1 BVerfG, Beschl. v. 15. 1. 1992 – 1 BvR 1140/86, NJW 1992, 1496.
2 BFH, Beschl. v. 28. 10. 2005 – VIII R 3/03, juris-Nr.: STRE 200551753.
3 *Anders/Gehle/Kunze*, Stichwort „Urteils- und Tabestandsberichtigung"; *Meyer*, Anh. § 48 (§ 3 ZPO) Rn. 29.
4 BFH, Beschl. v. 28. 10. 2005 – VIII R 3/03 – juris-Nr.: STRE 200551753; Beschl. v. 26. 11. 2002 – IV E 3/02, BFH/NV 2003, 339.
5 OLG Saarbrücken, Beschl. v. 21. 5. 1987 – 1 W 31/86, KostRsp. ZPO § 3 Nr. 958 = JurBüro 1989, 522.
6 OLG Frankfurt JurBüro 1980, 1893; *Meyer*, Anh. § 48 (§ 3 ZPO) Rn. 29; Musielak/*Heinrich*, § 3 Rn. 23; Zöller/*Herget*, § 3 Rn. 16 unter „Urteilsergänzung".
7 OLG Zweibrücken, Beschl. v. 25. 4. 2001 – 4 W 27/01, OLGR 2001, 433.
8 OLG Bamberg, Beschl. v. 4. 2. 1999 – 7 WF 180/98, OLGR 2000, 148 = FamRZ 2000, 900.
9 OLG Zweibrücken, Beschl. v. 2. 3. 1984 – 2 UF 180/83, KostRsp. ZPO § 3 Nr. 695 mit Anm. *E. Schneider* = JurBüro 1984, 917.

ligten Eheleute berechnet, und zwar analog § 17a GKG a.F. unter Vervielfältigung des Differenzbetrages auf den Jahresbetrag (vgl. jetzt aber § 49 GKG).

Ob und inwieweit eine Beschwerde betreffend die **Berichtigung des Sitzungs-** **protokolls (§ 164 ZPO)** zulässig ist, ist umstritten.[1] Auch wenn die Zulässigkeit verneint wird, muss jedoch ein Gegenstandswert festgesetzt werden, der allerdings in der Regel gering ausfallen dürfte.

5584

Urteilsergänzung

A. Allgemeines

Übergeht das Gericht bei seiner Entscheidung versehentlich einen von einer Partei geltend gemachten Haupt- oder Nebenanspruch oder eine von Amts wegen zu treffende Kosten(grund)entscheidung, ist das Urteil auf Antrag durch ein selbständig anfechtbares (Teil-)Urteil zu ergänzen, § 321 ZPO. Die Vorschrift findet nach allgemeiner Ansicht auf Beschlüsse entsprechende Anwendung.[2]

5585

B. Gegenstandswert

Maßgebend ist das Interesse der antragstellenden Partei an der Ergänzung des Urteils bzw. Beschlusses, § 3 ZPO.[3] Die Wertbestimmung hängt daher im Einzelfall vom Gegenstand der Ergänzung ab und folgt daher nur bei einem **übergangenem Haupt- oder Nebenanspruch** dessen Wert.

5586

Hinsichtlich der weiteren anerkannten Fälle der Urteilsergänzung gilt es zu differenzieren. Bei einem übergangenen **Vorbehalt der Rechte im Nachverfahren** zum Urkunden- oder Wechselprozess (§ 599 Abs. 2 ZPO) ist auf den Wert der Hauptsache abzustellen, da der Beklagte mit der Ausübung seiner Rechte im Nachverfahren den Klageanspruch zu Fall bringen will.

5587

Im Fall des übergangenen **Einrede der beschränkten Erbenhaftung** (§ 780 ZPO)[4] ist ebenfalls der volle Hauptsachewert anzusetzen, denn der Haftungsvorbehalt erhält dem Erben die Möglichkeit, die Erfüllung der Nachlassverbindlichkeit zu verweigern, §§ 1989, 1990 BGB.[5]

5588

---

1 Siehe Zöller/*Stöber*, § 164 Rn. 11; OLG Koblenz, Beschl. v. 26. 2. 1986 – 8 W 121/86, MDR 1986, 593.
2 *Hartmann*, Anh. I § 48 (§ 3 ZPO) Rn. 125 unter „Urteilsergänzung"; Zöller/*Vollkommer*, § 321 Rn. 1.
3 Celle NJW 1966, 2414; *Stein/Jonas*, ZPO, § 312.
4 Vgl. zur diesbezüglichen Ergänzung Zöller/*Stöber*, § 780 Rn. 13.
5 *Anders/Gehle/Kunze*, Stichwort „Urteilsergänzung".

5589 Bei einer fehlenden oder unvollständigen **Entscheidung über die vorläufige Voll-streckbarkeit** des Urteils (hier findet gemäß § 716 ZPO die Regelung zur Ur-teilsergänzung entsprechende Anwendung) ist das Interesse an der sofortigen Vollstreckbarkeit des titulierten Anspruchs (Gläubiger) bzw. an deren Abwen-dung der Vollstreckung bis zu einer rechtskräftigen Entscheidung (Schuldner). In der Regel wird hier der drohende Zinsverlust stehen, der dadurch eintritt, dass mangels vorläufiger Vollstreckbarkeit überhaupt nicht vollstreckt werden kann (Gläubiger) bzw. aufgrund fehlender Abwendungsbefugnis statt einer Bürgschaft der volle Urteilsbetrag geleistet werden muss (OLG Celle NJW 1966, 2414). Vertretbar ist auch, den Gegenstandswert pauschal auf $^1/_5$ des Hauptsachewertes festzusetzen.[1]

5590 Im Fall des im Mietprozess nicht beschiedenen **Antrag auf Gewährung einer Räumungsfrist** (§ 721 Abs. 1 S. 3 ZPO) wird auf das Interesse an der Vermei-dung einer sofortigen Räumung und damit auf die Höhe des für den begehrten Zeitraum anfallenden Nutzungsentgelts abzustellen sein.[2]

5591 Auch eine fehlende Entscheidung über die **Zulassung der Berufung** (§ 511 Abs. 4 ZPO) **und Revision** (§§ 543 Abs. 1, 43 ZPO) eröffnet das Verfahren der Urteilsergänzung, da es sich hierbei wie die Kosten- oder Vollstreckbarkeitsent-scheidung um eine prozessuale Nebenentscheidung.[3] Der Wert entspricht dem der Beschwer des Antragstellers, da diese zu beseitigen das Ziel der Rechtsmit-teleinlegung ist.

C. Rechtsmittel und Beschwer

5592 Die Beschwer des unterliegenden Antragstellers entspricht dem Gegenstands-wert. Die Beschwer des unterliegenden Antragsgegners bemisst sich nach dem Wert der mit der Urteilsergänzung verbundenen Nachteile und damit ebenfalls regelmäßig nach dem Gegenstandswert.

Vaterschaftsanerkennung

Siehe das Stichwort „Kindschaftssachen".

---

1 Vgl. für Urteilsberichtigung OLG Saarbrücken, Beschl. v. 21. 5. 1987 – 1 W 31/86, KostRsp. ZPO § 3 Nr. 958 = JurBüro 1989, 522.
2 Siehe auch unter dem Stichwort „Räumungsfristverfahren".
3 Zöller/*Vollkommer*, § 312 Rn. 5.

Veräußerungsverbot

Durch einstweilige Verfügung kann das Verbot erwirkt werden, über eine For- 5593
derung, über eine bewegliche Sache oder über ein Grundstück zu verfügen,
insbesondere eine Sache nicht zu veräußern.[1] Der Wert eines solchen Verfahrens bestimmt sich nach § 6 ZPO: Es ist auf den Verkehrswert der Sache oder
des Grundstücks oder den Betrag der Forderung abzustellen.[2]

Es kommt nicht darauf an, welche wirtschaftlichen Absichten mit dem Veräu- 5594
ßerungsverbot vom Antragsteller verbunden werden.[3] Erstrebt er beispielsweise
die Sicherung des Gewinns einer Weiterveräußerung nach Ausübung eines Op-
tionsrechts, dann ist dies nicht bei der Streitwertfestsetzung zu berücksichtigen, weil dieses Begehren nicht Streitgegenstand ist.[4]

Nur dann, wenn das Veräußerungsverbot auf eine pfandrechtsartige Sicherung 5595
abzielt, ist § 6 S. 2 ZPO mit der Maßgabe anzuwenden, dass der Wert des zu
sichernden Anspruchs und der Wert des Sicherungsobjektes zu vergleichen sind
und nur der geringere Wert anzusetzen ist. Hieraus ergibt sich, wie wichtig es
für den Antragsteller ist, sein Rechtsschutzziel im Verfügungsverfahren genau
zu konkretisieren. Andererseits darf das Gericht wegen seiner Gestaltungsfrei-
heit nach § 938 Abs. 1 ZPO die vom Antragsteller vorformulierten Verfügungsanträge nicht unbesehen als Bewertungsgegenstand annehmen, sondern muss
das wirkliche Begehren vorab klarstellen.[5]

Verbindung

Siehe das Stichwort „Prozessverbindung".

Verbund

A. Überblick

Nach § 623 Abs. 1 S. 1 ZPO ist in Familiensachen des § 621 Abs. 1 Nr. 5–9 und 5596
Abs. 2 S. 1 Nr. 4 ZPO, soweit eine Entscheidung für den Fall der Scheidung zu
treffen ist und von einem Ehegatten rechtzeitig begehrt wird, ist hierüber

---

1 Siehe Zöller/*Vollkommer*, § 938 Rn. 12, 13.
2 OLG Köln, KostRsp. GKG § 20 Nr. 36 = JurBüro 1980, 244.
3 OLG Koblenz, Beschl. v. 30. 8. 1993 – 5 W 550/93, KostRsp. ZPO § 3 Nr. 1165 = JurBüro
   1994, 738.
4 OLG Köln, KostRsp. GKG § 20 Nr. 36 = JurBüro 1980, 244.
5 OLG Köln, KostRsp. GKG § 20 Nr. 38; siehe auch OLG Stuttgart WRP 1980, 582.

gleichzeitig und zusammen mit der Scheidungssache zu verhandeln und, sofern dem Scheidungsantrag stattgegeben wird, zu entscheiden (**Folgesachen**).

5597 Hierzu zählen also Familiensachen betreffend die

- die durch Ehe begründete gesetzliche Unterhaltspflicht (§ 621 Abs. 1 Nr. 5 ZPO),
- den Versorgungsausgleich (§ 621 Abs. 1 Nr. 6 ZPO),
- Regelungen nach der Verordnung über die Behandlung der Ehewohnung und des Hausrats (§ 621 Abs. 1 Nr. 7 ZPO),
- Ansprüche aus dem ehelichen Güterrecht, auch wenn Dritte am Verfahren beteiligt sind (§ 621 Abs. 1 Nr. 8 ZPO),
- Verfahren nach den §§ 1382 und 1383 des Bürgerlichen Gesetzbuchs (§ 621 Abs. 1 Nr. 9 ZPO),
- in den Fällen des § 621 Abs. 1 Nr. 4 ZPO (die durch Verwandtschaft begründete gesetzliche Unterhaltspflicht) die Unterhaltspflicht gegenüber einem gemeinschaftlichen Kind mit Ausnahme von Vereinfachten Verfahren zur Abänderung von Unterhaltstiteln (§ 621 Abs. 2 S. 1 ZPO).

5598 Folgesachen sind nach § 623 Abs. 2 S. 1 ZPO auch rechtzeitig von einem Ehegatten anhängig gemachte Familiensachen nach

1. § 621 Abs. 2 S. 1 Nr. 1 ZPO im Fall eines Antrags nach § 1671 Abs. 1 des Bürgerlichen Gesetzbuchs,
2. § 621 Abs. 2 S. 1 Nr. 2 ZPO, soweit deren Gegenstand der Umgang eines Ehegatten mit einem gemeinschaftlichen Kind oder einem Kind des anderen Ehegatten ist, und
3. § 621 Abs. 2 S. 1 Nr. 3 ZPO,

also Verfahren über

- die elterliche Sorge für ein Kind, soweit nach den Vorschriften des Bürgerlichen Gesetzbuchs hierfür das Familiengericht zuständig ist (§ 621 Abs. 2 S. 1 Nr. 1 ZPO),
- die Regelung des Umgangs mit einem Kind, soweit nach den Vorschriften des Bürgerlichen Gesetzbuchs hierfür das Familiengericht zuständig ist (§ 621 Abs. 2 S. 1 Nr. 2 ZPO),
- die Herausgabe eines Kindes, für das die elterliche Sorge besteht (§ 621 Abs. 2 S. 1 Nr. 3 ZPO).

B. Umfang der Angelegenheit

5599 Scheidung und Folgesachen gelten nach § 46 Abs. 1 S. 1 GKG als **eine einzige Angelegenheit**. Das gilt nach § 16 Nr. 4 RVG auf für die Anwaltsgebühren. Die Werte der Ehesache und der einzelnen Folgesachen sind zunächst gesondert zu ermitteln festzusetzen und sodann nach § 46 Abs. 1 S. 1 zu addieren. Auch dies gilt für die Anwaltsgebühren (§ 23 Abs. 1 S. 1 RVG).

Nur soweit aus der Ehesache oder einzelnen Folgesachen gesonderte Gebühren 5600
anfallen, richten sich die Gebühren nach den einzelnen Gegenstandswerten.

⊃ **Beispiel:**

Im Scheidungsverfahren (Werte: Ehesache 6000 Euro, Versorgungsausgleich 1000 Euro;
Zugewinn 20 000 Euro) wird nur über den Zugewinn eine Einigung getroffen.

Die Gerichtsgebühren sowie die Verfahrens- und Terminsgebühren der Anwälte richten sich nach dem Gesamtwert (§ 46 Abs. 1 S. 1 GKG) in Höhe von 27 000 Euro. Die
Einigungsgebühr fällt dagegen nur aus 20 000 Euro an.

Wird über die Ehesache **vorab** oder über die elterliche Sorge **vorweg** entschieden 5601
(§ 627 ZPO), bleibt der Verbund erhalten. Die Werte ändern sich nicht. Sie hierzu das Stichwort „Vorabentscheidung".

Wird eine Folgesache aus dem Verbund **abgetrennt**, so entsteht dann eine ge- 5602
sonderte Angelegenheit, so dass der Gegenstandswert gesondert zu berechnen
ist. Im Verfahren der elterlichen Sorge, der Kinderherausgabe und des Umgangsrechts ändert sich darüber hinaus der Streitwert, da dann eine FGG Sache gegeben ist. Siehe das Stichwort „Abtrennung":

War zunächst ein Verfahren auf elterliche Sorge, Umgangsrecht oder Kindesher- 5603
ausgabe isoliert betrieben worden und ist es dann nach Anhängigkeit der Ehescheidung hierzu verbunden worden, also in dem Verbund aufgenommen worden, ändert sich ebenfalls der Streitwert. Bereits verdiente Gebühren bleiben
allerdings erhalten. Siehe hierzu das Stichwort „Aufnahme in den Verbund".

Werden Folgesachen **isoliert angefochtenen**, ist nur deren Wert maßgebend 5604
(§ 47 GKG).

Im Falle der isolierten Anfechtung einer Folgesache Umgangsrecht, elterliche 5605
Sorge oder die der Herausgabe wird allerdings auch zum Teil jetzt der höhere
Wert nach der KostO angenommen. Siehe hierzu die Stichwörter „Elterliche
Sorge", „Umgangsrecht" und „Kindesherausgabe".

C. Einzelne Bewertungen

I. Ehesache

In der Ehesache bemisst sich der Wert nach § 48 Abs. 2 GKG. Maßgebend sind 5606
die **Umstände des Einzelfalls unter besonderer Berücksichtigung der Einkom-
mens- und Vermögensverhältnisse.**

Bei den **Einkommensverhältnissen** ist nach § 48 Abs. 3 S. 1 GKG auf das Netto- 5607
einkommen dreier Monate abzustellen.

Der **Mindeststreitwert** beträgt 2000 Euro. 5608

Siehe im Einzelnen das Stichwort „Ehesache". 5609

II. Versorgungsausgleich

5610 Für den Versorgungsausgleich gelten Festwerte nach § 49 GKG. Soweit es um die Übertragung der in § 49 Nr. 1a)–c) GKG erwähnten Rentenanwartschaften geht, ist ein Festwert von 1000 Euro anzusetzen.

5611 Soweit das Verfahren andere Rentenanwartschaften als die in § 49 Nr. 1a)–c) GKG geregelten betrifft, ist ebenfalls ein Wert von 1000 Euro festzusetzen.

5612 Betrifft das Verfahren sowohl Anwartschaften nach § 49 Nr. 1a)–c) GKG als auch sonstige Anwartschaften, ist zu addieren, so dass sich dann ein Festwert in Höhe von 2000 Euro ergibt.

5613 Andere Werte als 1000 Euro oder 2000 Euro sind nicht möglich. Insbesondere kommt es nicht mehr auf den Jahresbetrag der zu übertragenden Rentenanwartschaften an, mag dieser höher oder geringer als 1000 Euro liegen.

5614 Siehe im Einzelnen das Stichwort „Versorgungsausgleich".

III. Kindessachen

5615 In Verfahren betreffend die Regelung

– des Umgangsrechts,

– der elterlichen Sorge oder

– der Herausgabe eines Kindes,

ist nach § 48 Abs. 3 S. 3 GKG ein Festwert in Höhe von jeweils 900 Euro anzunehmen. Es handelt sich nicht um einen Ausgangswert, so dass dieser Wert unabänderlich ist.

5616 Der Wert von 900 Euro gilt auch dann, wenn mehrere Kinder betroffen sind. Eine Erhöhung ist nicht möglich (§ 46 Abs. 1 S. 1 GKG).

5617 Wird sowohl über das Umgangsrecht als auch über das Sorgerecht und/oder die Herausgabe eines Kindes gestritten, sind mehrere Gegenstände gegeben, so dass deren Werte zu addieren sind.

➲ **Beispiel:**

Die Ehefrau beantragt die Übertragung der alleinigen elterlichen Sorge; der Ehemann stellt einen Antrag zum Umgangsrecht.

Es gilt jeweils ein Wert in Höhe von 900 Euro, insgesamt 1800 Euro.

5618 Siehe im Einzelnen die Stichwörter „Umgangsrecht", „Elterliche Sorge" und „Kindesherausgabe".

IV. Kindesunterhalt

5619 In Verfahren über den Kindesunterhalt gilt § 42 GKG.

5620 Maßgebend ist der Wert der auf die Einreichung des in der Folgesache Kindesunterhalt eingereichen Antrags folgenden **zwölf Monate** (§ 42 Abs. 1 GKG).

Auf die Anhängigkeit der Ehesache oder anderer Folgesachen kommt es nicht an.

Bei Einreichung **fälliger Beträge** sind diese nach § 42 Abs. 5 GKG hinzuzurechnen. Zu beachten ist, dass der Unterhalt nach § 1612 Abs. 3 BGB monatlich im Voraus zu zahlen ist, so dass der Unterhalt des laufenden Monats als fälliger Betrag hinzuzurechnen ist.   5621

⊃ **Beispiel:**

> Im August wird laufender Kindesunterhalt in Höhe von 199 Euro im Verbund anhängig gemacht, und zwar bereits ab August.
> Der Wert des Antrags auf den laufenden Unterhalt beläuft sich auf 12 x 199 Euro = 1188 Euro. Hinzu kommt der Wert des fälligen August-Betrages in Höhe von 199 Euro. Der Wert beläuft sich insgesamt somit auf 1387 Euro.

Wird **Prozesskostenhilfe** beantragt, zählt bereits der Tag der Einreichung des Prozesskostenhilfeantrags (§ 45 Abs. 5 S. 2 GKG), wenn der Antrag alsbald nach Mitteilung der Entscheidung über den Prozesskostenhilfeantrag oder über eine alsbald eingelegte Beschwerde eingereicht wird.   5622

Siehe im Einzelnen das Stichwort „Kindesunterhalt" und „Unterhalt".   5623

V. Ehegattenunterhalt

Auch hier gilt § 42 Abs. 1 GKG. Maßgebend ist der Wert der ersten zwölf auf die Rechtskraft der Scheidung folgenden Monate. Fällige Beträge können sich hier nicht ergeben, da der nacheheliche Unterhalt erst ab Rechtskraft der Scheidung eintritt und Trennungsunterhalt nicht verbundfähig ist.   5624

Siehe im Einzelnen das Stichwort „Unterhalt".   5625

VI. Zugewinnausgleich

Hier gilt nach § 48 Abs. 1 S. 1 GKG, § 3 ZPO der verlangte Wert.   5626

Bei **wechselseitigen Klagen** auf Zugewinnausgleich wird addiert. Es liegt nicht derselbe Streitgegenstand i.S. des § 45 Abs. 1 S. 3 GKG vor.[1]   5627

---

1 OLG Karlsruhe, Beschl. v. 9. 9. 1997 – 16 WF 15/96, NJW 1976, 3247 = KostRsp. GKG § 19 Nr. 204 mit Anm. *Herget;* OLG Bamberg, Beschl. v. 18. 8. 1994 – 2 UF 140/93, FamRZ 1995, 492 = KostRsp. GKG § 19 Nr. 185; OLG München, Beschl. v . 16. 1. 1996 – 26 WF 1270/95, FamRZ 1994, 641 = KostRsp. GKG § 19 Nr. 97; OLG Köln, 21. Senat, Beschl. v. 18. 11. 1993 – 21 WF 86/92, OLGR 1994, 102 = FamRZ 1997, 41; OLG Köln, 14. Senat (unter ausdrücklicher Aufgabe der bisherigen gegenteiligen Rspr.), Beschl. v. 5. 3. 2001 – 14 WF 24/01, BRAGOreport 2001, 63 mit Anm. von *N. Schneider* = FamRZ 2001, 1386 = MDR 2001, 941 = OLGR 2001, 203 = KostRsp. GKG § 19 Nr. 229 mit Anm. *N. Schneider;* OLG Köln, 25. Senat, 25 WF 108/00, OLGR 2001, 9; OLG Hamburg, Beschl. v. 17. 2. 2000 – 14 W 88/99, AGS 2000, 230 = OLGR 2000, 306; ausführlich *N. Schneider* FamRB 2002, 379.

5628 Wird **Auskunft** verlangt, ist nur ein Bruchteil des erwarteten Zahlungsanspruchs anzusetzen; die Höhe des Bruchteils richtet sich danach, wie sehr der Anspruchsteller auf die Auskunft angewiesen ist, etwa $^1/_{10}$ bis $^1/_3$.[1] Siehe auch die Stichwörter „Zugewinn" und „Auskunft".

5629 Die Werte von Auskunft und Zahlung werden nicht addiert. Sofern die Gebühren in mehreren Stufen ausgelöst werden, ist der **höhere Wert** maßgebend.[2]

5630 Wird die **Stundung der Ausgleichsforderung** begehrt, richtet sich der Wert nach den ersparten Kosten einer Finanzierung.[3]

5631 Die Werte von Stundungs- und Zahlungsantrag sind zusammenzurechnen (§ 46 Abs. 2 i.V.m. Abs. 1 S. 1 GKG).[4]

5632 Siehe im Einzelnen das Stichwort „Zugewinn".

VII. Ehewohnung

5633 Beim Streit über die Übertragung oder Nutzung der Ehewohnung ist § 48 Abs. 1 S. 1 GKG i.V.m. § 3 ZPO anzuwenden, wobei hier im Rahmen des billigen Ermessens die Vorschriften der §§ 41 GKG und 100 Abs. 3 KostO heranzuziehen sind, so dass von dem **Jahresnettomietwert** auszugehen ist.

5634 Siehe im Einzelnen das Stichwort „Ehewohnung".

VIII. Hausrat

5635 Streiten die Parteien sich über die Benutzung oder Übertragung von Hausratsgegenständen, so ist nach § 48 Abs. 1 S. 1 GKG i.V.m. § 3 ZPO bei der Benutzung auf das Interesse an der Nutzung abzustellen und bei der Übertragung von Hausratsgegenständen auf den Verkehrswert.

5636 Siehe im Einzelnen das Stichwort „Hausrat".

IX. Einstweilige Anordnungen

5637 In Verbundverfahren kann das Gericht einstweilige oder auch vorläufige Anordnungen erlassen. Es handelt sich stets gegenüber dem Verbundverfahren um eigene Angelegenheiten (§ 17 Nr. 4b RVG), so dass diese auch gesondert zu bewerten sind. Zu beachten ist, dass der Wert einstweiliger Anordnungen im Verbundverfahren von den Werten der einstweiligen Anordnungen in isolierten Verfahren abweichen kann.

---

1 *Lappe*, Kosten in Familiensachen, 5. Aufl., Rn. 26.
2 Der Gegenstandswert ist für jede Gebühr gesondert zu ermitteln; es können hier also für die einzelnen Gebühren zu unterschiedliche Werte gelten.
3 OLG Köln, Beschl. v. 11. 6. 2003 – 27 UF 44/02, AGS 2003, 362 mit Anm. *N. Schneider*.
4 OLG Köln, Beschl. v. 11. 6. 2003 – 27 UF 44/02, AGS 2003, 362 mit Anm. *N. Schneider*.

Für das Verhältnis der einstweiligen Anordnungen untereinander gilt auch im Verbund § 18 Nr. 1 RVG. Mehrere Anordnungsverfahren anlässlich desselben Verbundverfahrens zählen danach zusammen nur als eine Angelegenheit i.S. des § 15 RVG, soweit sie in § 18 Nr. 1 RVG unter demselben Buchstaben genannt sind. Der Anwalt erhält die Gebühren insoweit nur einmal. Die Werte der einstweiligen Anordnungen werden in diesem Fall allerdings addiert (§ 18 Nr. 1 RVG a.E.), und zwar auch dann, wenn derselbe Gegenstand betroffen ist. 5638

Siehe hierzu im Einzelnen das Stichwort „Einstweilige Anordnungen". 5639

Verbund, Aufnahme in den

Siehe das Stichwort „Aufnahme in den Verbund".

Verbundverfahren, Abtrennung in

Siehe das Stichwort „Abtrennung im Verbundverfahren".

Verein

Das BGB unterscheidet zwischen wirtschaftlichen Vereinen (§ 22 BGB) und Idealvereinen (§ 21 BGB). Zu den Werten des von einem oder gegen einen **Idealverein** geführten Verfahren kann auf die Ausführungen beim Stichwort „Idealverein" verwiesen werden. 5640

Ob die einem **wirtschaftlichen Verein** geführten Verfahren als vermögensrechtliche oder nichtvermögensrechtliche Streitigkeiten anzusehen sind, entscheidet sich nicht nach der materiellrechtlichen Einordnung des Vereins, sondern nach dem Charakter des im Einzelfalls geltend gemachten Anspruchs. 5641

Verfolgt ein Verein mit der Klage keine eigenen vermögensrechtlichen oder wirtschaftlichen Interessen oder derartige Interessen seiner Mitglieder, so handelt es sich um eine nichtvermögensrechtliche Streitigkeit, bei der der Streitwert nach § 48 Abs. 2 GKG festzusetzen ist.[1] Die gesamten Umstände des Einzelfalles sind maßgebend.[2] § 247 Abs. 1 AktG ist nicht entsprechend anwendbar.[3] Handelt es sich dagegen um Streitigkeiten vermögensrechtlicher Art, so ist der Wert nach § 3 ZPO zu schätzen. 5642

---

1 OLG Karlsruhe WRP 1968, 229.
2 OLG Frankfurt JurBüro 1985, 1083 = KostRsp. GKG § 12 Nr. 95 mit Anm. *Schneider*.
3 BGH, KostRsp. AktG § 247 Nr. 16 = DStR 1992, 1027 = NJW-RR 1992, 1209 = ZIP 1992, 918 = MDR 1993, 183.

5643 Der Streit um die **Identität** mit einem Idealverein ist dann vermögensrechtlicher Art, wenn mit der Klage im Wesentlichen oder ausschließlich wirtschaftliche Zwecke verfolgt werden.[1]

5644 Auch das Unterlassungsbegehren wegen unerlaubter Führung des **Namens** eines Vereins, der die beruflichen Interessen seiner Mitglieder wahrnimmt, ist vermögensrechtlicher Natur und deshalb nach § 3 ZPO zu bewerten.[2]

5645 Gleiches gilt für die Klage auf Feststellung der **Zugehörigkeit** zu einem wirtschaftlichen Verein oder bei Streit über die Wirksamkeit des **Ausschlusses**. Denn die Mitgliedschaft hat wirtschaftliche Auswirkungen.[3]

5646 Die Klage auf Feststellung der Unwirksamkeit einzelner **Beschlüsse** einer Generalversammlung ist nichtvermögensrechtlicher Natur, soweit es sich um die Entlastung des Vorstandes und die Wahl des stellvertretenden Vorsitzenden, des Schriftführers und des Beisitzers handelt, dagegen vermögensrechtlicher Natur, soweit es um eine Sonderumlage zur Finanzierung eines vermögensrechtlichen Rechtsstreites geht.

5647 Demnach ist getrennt aus § 48 Abs. 2 GKG und § 3 ZPO zu bewerten und der Streitwert gemäß § 5 ZPO aus der Wertsumme zu bilden.[4]

Vereinbarte Vergütung

Siehe das Stichwort „Herabsetzung einer vereinbarten Vergütung".

Vereinfachtes Verfahren auf Festsetzung von Unterhalt Minderjähriger

A. Überblick

5648 Nach §§ 645 ff. ZPO kann der Unterhalt Minderjähriger im vereinfachten Verfahren festgesetzt werden. Das Festsetzungsverfahren ist gegenüber dem nachfolgenden streitigen Verfahren eine eigene Angelegenheit (§ 17 Nr. 3 RVG).

---

1 OLG Celle NJW 1964, 359.
2 BGH GRUR 1953, 446.
3 Anders verhält es sich bei der streitigen Mitgliedschaft in einem Idealverein, vgl. KG Rpfleger 1962, 118; OLG Köln MDR 1984, 153 = KostRsp. GKG § 12 Nr. 67, bewertet mit 1000 DM im Eilverfahren wegen vereinsinterner Differenzen von geringer Bedeutung; OLG Koblenz JurBüro 1990, 1034 = KostRsp. GKG § 12 Nr. 139, bewertet mit 4000 DM wegen Streit um Ausschluss aus einem Idealverein „Porsche-Club".
4 LG Lübeck JurBüro 1959, 376.

Allerdings wird die Verfahrensgebühr des Festsetzungsverfahrens auf die des streitigen Verfahrens angerechnet (Anm. Abs. 1 zu Nr. 3100 VV RVG).

B. Festsetzungsverfahren

Die Bewertung im Festsetzungsverfahren folgt aus § 42 Abs. 1 S. 2, Abs. 5 S. 1, 3 GKG. Es gilt das Zwölffache des Regelbetrages (§ 42 Abs. 1 S. 2 GKG), sofern der Zeitraum, für den Unterhalt verlangt wird, nicht geringer ist.   **5649**

Abzustellen ist nicht auf die Differenz der Regelbeträge, sondern auf die Differenz der nach Anrechnung des Kindergelds verbleibenden Zahlbeträge.[1]   **5650**

Bei Einreichung **fälliger Regelbeträge** werden diese hinzugerechnet (§ 42 Abs. 5 S. 1, 3 GKG).[2] Das Gesetz spricht ausdrücklich von „fälligen Beträgen" und nicht mehr wie früher von Rückständen. Die Fälligkeit richtet sich nach § 1612 Abs. 3 S. 1 BGB: Eine Geldrente ist monatlich im Voraus zu zahlen.   **5651**

Wird Prozesskostenhilfe beantragt, zählt bereits der Tag der Einreichung des Prozesskostenhilfeantrags (§ 45 Abs. 5 S. 2 GKG), wenn die Klage alsbald nach Mitteilung der Entscheidung über den Antrag oder über eine alsbald eingelegte Beschwerde eingereicht wird.   **5652**

C. Sofortige Beschwerde nach § 652 ZPO

Für die **Gerichtsgebühren** (Nr. 1122 KV GKG) und die **Anwaltsgebühren** (§§ 23 Abs. 3, Abs. 1 S. 1 RVG) bestimmt sich der Wert nach dem Antrag des Beschwerdeführers unter Berücksichtigung der unter B. dargestellten Bewertungsgrundsätze.   **5653**

D. Abänderungsverfahren nach § 655 ZPO

I. Abänderungsverfahren nach § 655 Abs. 1 ZPO

Erhoben wird eine **feste Gerichtsgebühr** (Nr. 1221 KV GKG).   **5654**

Für die **Anwaltsgebühren** gilt Anm. zu Nr. 3331 VV RVG i.V.m. § 42 Abs. 1 S. 1, Abs. 5 S. 1, 3 GKG. Maßgebend sind die Mehr- oder Minderbeträge der auf die Einreichung folgenden zwölf Monate (§ 42 Abs. 1 GKG), sofern der Zeitraum, für den Unterhalt verlangt wird, nicht geringer ist. Abzustellen ist nicht auf die Differenz der Regelbeträge, sondern auf die Differenz der nach Anrechnung des Kindergelds verbleibenden Zahlbeträge.[3]   **5655**

---

1 OLG München, Beschl. v. 9. 11. 2004 – 12 WF 1676/04, AGS 2005, 165 = OLGR 2005, 115 = FamRZ 2005, 1766.
2 OLG München, Beschl. v. 9. 11. 2004 – 12 WF 1676/04, AGS 2005, 165 = OLGR 2005, 115 = FamRZ 2005, 1766.
3 OLG München, Beschl. v. 9. 11. 2004 – 12 WF 1676/04, AGS 2005, 165 = OLGR 2005, 115 = FamRZ 2005, 1766.

5656 Bei Einreichung fällige Mehr- oder Minderbeträge des Regelbetrags werden diese hinzugerechnet (§ 42 Abs. 5 S. 1, 3 GKG). Das Gesetz spricht ausdrücklich von „fälligen Beträgen" und nicht mehr wie früher von Rückständen. Die Fälligkeit richtet sich nach § 1612 Abs. 3 S. 1 BGB: Eine Geldrente ist monatlich im Voraus zu zahlen.

5657 Wird **Prozesskostenhilfe** beantragt, zählt bereits der Tag der Einreichung des Prozesskostenhilfeantrags (§ 45 Abs. 5 S. 2 GKG), wenn der Abänderungsantrag alsbald nach Mitteilung der Entscheidung über den Prozesskostenhilfeantrag oder über eine alsbald eingelegte Beschwerde eingereicht wird.

5658 Bei **wechselseitigen Abänderungsanträgen** werden die Werte addiert; es liegt nicht derselbe Streitgegenstand i.S.d. § 45 Abs. 1 S. 3 GKG vor.[1]

II. Sofortige Beschwerde nach § 655 Abs. 5 ZPO

5659 Für **Gerichtsgebühren** gilt der Festbetrag der Nr. 1223 KV GKG.

5660 Für die **Anwaltsgebühren** maßgebend sind die § 23 Abs. 3, Abs. 1 S. 1 RVG, § 45 Abs. 1, Abs. 5 GKG. Es kommt auf Interesse des Beschwerdeführers unter Berücksichtigung der Bewertung nach den vorstehenden Bewertungsgrundsätzen zu B.

Verfahrensruhe

5661 Den Wert einer Beschwerde gegen die Ablehnung umgehender Aufnahme des Verfahrens nach Anordnung des Ruhens bewertet das OLG Köln mit regelmäßig ¹/₅ des Hauptsachewertes, weil es nur darum geht, ob der Kläger den begehrten Titel früher erwirken kann.[2] Das Beschwerdeverfahren zur Streitwertfestsetzung kann während des Ruhens des Verfahrens durchgeführt werden.[3]

---

1 OLG Hamm, Beschl. v. 7. 2. 2003 – 1 WF 215/02 – AGS 2004, 30 mit Anm. *N. Schneider*.
2 OLG Köln, Beschl. v. 25. 9. 1984 – 2 W 114/84, KostRsp. § 3 Nr. 719.
3 OLG Karlsruhe, Beschl. v. 1. 2. 1993 – 3 W 2/93, MDR 1993, 471.

Verfahrenstrennung

Siehe das Stichwort „Prozesstrennung".

Vergleich

Literatur: *Gerold* JurBüro 1956, 43 (Räumungsvergleich); *Tschischgale* HuW 1956, 4 (Mietsachen); *Martini* JurBüro 1957, 43 (Miet- und Pachtverhältnisse); *Schmidt* JurBüro 1962, 601 (Abgeltung von Rentenansprüchen); *Schmidt* JurBüro 1964, 99 (Vergleich über teilweise streitige Ansprüche); *Deichmann* VersR 1964, 577 (gegen die Orientierung am Wert der Klage); *Schneider* JurBüro 1969, 1153 (Einbeziehen unstreitiger Forderungen in den Vergleich); *Schalhorn* JurBüro 1970, 1013; *Speckmann* MDR 1974, 359 (Einbeziehen unstreitiger Forderungen); *Schmidt* MDR 1975, 26 (ebenso); *Markl*, Festschrift für H. Schmidt, 1982 (Einbeziehung nicht streitbefangener Rechte und Kapitalabfindung); *Schneider* Rpfleger 1986, 81 (Zweifelsfragen zur Berechnung des Gegenstandswertes von Vergleichen); MDR 1990, 682 (faule Forderungen); *Mümmler* JurBüro 1991, 767 (Aufgabe des normativen Streitwerts?); *Enders* JurBüro 1995, 3 ($^{15}/_{10}$ Vergleichsgebühr); JurBüro 1995, 393 (PKH für den Vergleich über nicht anhängige Ansprüche).

Gliederungsübersicht

A. Einleitung
  I. Begriff und Voraussetzungen . . 5662
 II. Verpflichtung zur Klagerück-
     nahme 5665
III. Verpflichtung zur Erledigungs-
     erklärung 5669

IV. Verpflichtung zur Rechtsmittel-
    rücknahme 5671
B. Gebührenstreitwert
  I. Allgemeines 5673
 II. Bewertungsgrundsätze 5683

A. Einleitung

I. Begriff und Voraussetzungen

Der Vergleich ist ein schuldrechtlicher Vertrag, mit dem die Vertragsparteien **5662**
Streit oder Ungewissheit über ein Rechtsverhältnis im Wege des gegenseitigen
Nachgebens beseitigen, § 779 Abs. 1 BGB. Ob **Streit oder Ungewissheit** vorliegen, bestimmt sich allein nach den subjektiven Vorstellungen der Parteien. Für
die Annahme **gegenseitigen Nachgebens** genügt, dass die Parteien zum Zwecke
der Einigung einander irgendwelche, nicht notwendigerweise gleichwertige Zugeständnisse machen.

5663 Kommt es zu seinem Abschluss innerhalb eines laufenden Rechtsstreits fallen **Rechtsgeschäft und Prozesshandlung** zusammen und bilden nach ganz überwiegender Ansicht eine Einheit, die eine wechselseitige Abhängigkeit der materiellen Regelung und der prozessualen Wirkungen zur Folge hat, sog. Doppelnatur des Vergleichs.[1] Nur wenn es dem mutmaßlichen Willen der Parteien entspricht, kann ein aus prozessrechtlichen Gründen unwirksamer Vergleich als außergerichtlicher Vergleich aufrechterhalten werden.[2]

5664 Da ein Vergleich eine mit seinem Abschluss verbundene Klärung tatsächlicher oder rechtlicher Unklarheiten voraussetzt, ist die bloße Übereinstimmung hinsichtlich des Bestandes ohnehin unstreitiger Ansprüche hierfür in der Regel unzureichend. Daher lehnt die gerichtliche Praxis es überwiegend ab, den Parteien durch Protokollierung eines Vergleichs einen Vollstreckungstitel zu verschaffen, für den sie außergerichtlich Notarkosten bezahlen müssten.[3]

II. Verpflichtung zur Klagerücknahme

5665 Bestandteil eines **außergerichtlichen Vergleichs** kann auch die Verpflichtung sein, gegenüber dem Gericht die Klagerücknahme zu erklären.[4] Erfüllt der Kläger die Abrede nicht, ist die Klage auf Arglisteinrede des Beklagten als unzulässig abzuweisen.[5]

5666 Für eine derartige Verbindung von vergleichsweiser Einigung und Klagerücknahme in einem **Prozessvergleich** besteht jedoch kein Bedarf, da der Rechtsstreit (bereits) durch den Abschluss des Vergleichs, soweit es sich nicht allein

---

1 BGH, Urteil v. 21. 3. 2000 – IX ZR 39/99, MDR 2000, 943 = NJW 2000, 1942 = DM 2000, 1588 = WM 2000, 1003 = ZIP 2000, 1000; BGH, Urteil v. 10. 3. 1995 – II ZR 201/53, BGHZ 16, 388 = NJW 1955, 705 = DRiZ 1955, 102; Zöller/*Stöber*, § 794 Rn. 3 m.w.N.
2 BGH, Urteil v. 24. 10. 1984 – IVb ZR 35/83, MDR 1985, 392 = NJW 1985, 1962 = JR 1985, 290 = FamRZ 1985, 166; Palandt/*Sprau*, § 779 Rn. 29.
3 Ebenso *Wenzel*, GK-ArbGG § 12 Rn. 178, S. 111.
4 BGH, Urteil v. 14. 5. 1996 – IVa ZR 146/85, JurBüro 1986, 1660 = NJW-RR 1987, 307 = WM 1986, 1061; NJW 1956, 990.
5 BGH, Urteil v. 7. 3. 2002 – III ZR 73/01, BGHReport 2002, 477 = MDR 2002, 839 = NJW 2002, 1503 = BB 2002, 803 = JR 2003, 117 = JZ 2002, 721 = WM 2002, 979; BAG, Urteil v. 9. 7. 1981 – 2 AZR 788/78, BAGE 36, 112 = MDR 1982, 258 = NJW 1982, 788 = BB 1982, 368 = DB 1982, 121.

um einen Teil- oder Zwischenvergleich handelt, unmittelbar beendet wird.[1] In diesen Fällen ist daher durch Auslegung zu ermitteln, ob die Parteien eine Beendigung des Rechtsstreits durch Klagerücknahme oder Vergleich gewollt haben. Siehe im Übrigen unter dem Stichwort „Klagerücknahme".

Maßgebend für die Streitwertbestimmung ist in beiden Fällen der **Streitwert der** **Hauptsache**.[2] Auch eine im Prozessvergleich über die Klagerücknahmeverpflichtung hinaus enthaltene, von § 269 Abs. 3 S. 2 ZPO **abweichende Kostenregelung**, bleibt gemäß § 43 Abs. 3 GKG (§ 22 Abs. 3 GKG a.F.) bei der Streitwertbemessung unberücksichtigt.[3] Denn als kostenverursachende Handlung im Sinne des § 43 Abs. 3 S. 2 ZPO (§ 22 Abs. 3 GKG a.F.) betrifft der Prozessvergleich neben den Kosten des Rechtsstreits auch den Hauptanspruch. Der Kostenbetrag ist aber lediglich dann maßgebend, wenn Handlungen den Kostenpunkt ohne den Hauptanspruch betreffen. 5667

Folgerichtig bleiben auch die **Kosten des Prozessvergleichs** selbst nach § 43 Abs. 3 GKG (§ 22 Abs. 1 GKG a.F.), § 4 Abs. 1 ZPO außer Ansatz.[4] 5668

III. Verpflichtung zur Erledigungserklärung

Aufgrund der unmittelbar prozessbeendigenden Wirkung des Prozessvergleichs besteht auch für eine Verbindung von Vergleich und Erledigungserklärung keine Notwendigkeit. Die im Vergleich enthaltenen Formulierung, wonach der „Rechtsstreit in der Hauptsache erledigt ist", kommt eine eigenständige Bedeutung allenfalls dann zu, wenn die Parteien daneben **keine oder nur eine negative Kostenregelung** getroffen haben. Dann beschränkt sich der Vergleich auf die Hauptsache, sodass das Gericht in Abweichung von § 98 ZPO nach Maßgabe der allgemeinen Kostenregelungen, insbesondere von § 91a ZPO über die Kosten zu entscheiden hat.[5] 5669

Auch hier bestimmt sich der **Streitwert des Vergleichs** allein nach dem Wert der Hauptsache. Demgegenüber ist der **Verfahrenswert nach Abschluss des Vergleichs**, ebenso wie bei der übereinstimmenden Erledigungserklärung (siehe 5670

---

1 BGH, Urteil v. 7. 3. 2002 – III ZR 73/01, BGHReport 2002, 477 = MDR 2002, 839 = NJW 2002, 1503 = BB 2002, 803 = JR 2003, 117 = JZ 2002, 721 = WM 2002, 979.

2 OLG Köln JurBüro 1970, 803; OLG Oldenburg JurBüro 1957, 33; OLG Stuttgart MDR 1955, 368.

3 OLG Köln JurBüro 1970, 803; OLG Neustadt JurBüro 1964, 195.

4 OLG Nürnberg BayJMBl. 1959, 170; OLG Köln JurBüro 1970, 803.

5 BGH MDR 1965, 25 = NJW 1965, 103; OLG Koblenz JurBüro 1991, 120; OLG München MDR 1990, 344; OLG Saarbrücken, Beschl. 24. 5. 2004 – 5 W 38/04, juris-Nr. KORE 426332004; Zöller/*Herget*, § 98 Rn. 3.

hierzu unter dem Stichwort „Erledigung"), nach der Summe der bis dahin angefallenen Gerichts- und Anwaltskosten[1] zu bestimmen, bei denen wiederum die
Kosten des Prozessvergleichs selbst gemäß § 4 Abs. 1 ZPO, § 43 Abs. 3 GKG
(§ 22 Abs. 1 GKG a.F.) unberücksichtigt bleiben.

IV. Verpflichtung zur Rechtsmittelrücknahme

5671   Übernimmt eine Partei in einem Prozessvergleich die Verpflichtung, ein von ihr
in einem anderweitig zwischen den Parteien oder gegen einen Dritten **geführten
Verfahren** eingelegtes Rechtsmittel zurückzunehmen, bestimmt sich der Streitwert nach der wirtschaftlichen Bedeutung, die der Eintritt einer bestandskräftigen Entscheidung zwischen den Vergleichsparteien hat. Diese wird regelmäßig
mit dem Beschwerdegegenstand des Rechtsmittelverfahrens übereinstimmen.

5672   Der abweichenden Ansicht des LAG Hamm,[2] wonach der Verpflichtung zur
Rechtsmittelrücknahme keine werterhöhende Bedeutung zukomme, da die
Rücknahme wegen § 516 Abs. 3 ZPO für den Rechtsmittelführer ohnehin mit
der vollen Kostenlast verbunden sei, ist nicht zu folgen. Mit der Kostenlast der
Rücknahme wird der falsche Anknüpfungspunkt gewählt, da diese nur Folge
aber regelmäßig nicht Ziel der vergleichsweisen Regelung ist. Diese bezweckt
vielmehr den Eintritt der Bestandskraft der angegriffenen Entscheidung.

B. Gebührenstreitwert

I. Allgemeines

5673   Für den Anfall von **Gerichtsgebühren** ist der Abschluss eines Prozessvergleichs
bei Identität von Vergleichs- und Streitgegenstand weitgehend ohne Bedeutung.
Nur wenn mit dem Vergleich eine Regelung bislang nicht anhängiger Ansprüche erfolgt, also der Wert des Vergleichsgegenstandes den Wert des Streitgegenstandes übersteigt (sog. Mehrwert), bedarf dieser einer gesonderten Festsetzung.[3]

5674   Dann erhöhen sich die Gerichtsgebühren um eine 0,25 Gebühr gemäß **Nr. 1900
KV GKG** (entspricht inhaltlich weitgehend Nr. 1653 KV GKG a.F.) nach dem
Unterschied der Streitwerte.[4] Für die **gerichtliche Vergleichsgebühr** haftet in
diesem Fall nur diejenige Partei, deren nichtrechtshängige Ansprüche in den
Vergleich einbezogen worden sind.[5]

5675   Bei den **anwaltlichen Gebühren** löst die anwaltliche Mitwirkung beim Abschluss eines **Prozessvergleichs** oder an den diesem vorausgehenden Verhandlungen gemäß Nr. 1000, 1003 VV RVG (entspricht nur teilweise § 23 Abs. 1

---

1 OLG Köln JurBüro 1972, 161.
2 LAG Hamm MDR 1980, 613 Nr. 127; ebenso *Wenzel*, GK-ArbGG § 12 Rn. 179.
3 OLG Zweibrücken JurBüro 1984, 736.
4 *Hartmann*, GKG, KV 1900 Rn. 7; *Anders/Gehle/Kunze*, Stichwort „Vergleich" Rn. 1.
5 OLG München NJW 1973, 1889.

BRAGO) eine **Einigungsgebühr** (ehemals Vergleichsgebühr) aus. Hierbei ist im RVG die Privilegierung der außergerichtlichen Einigung (Nr. 1000 VV RVG: 1,5) gegenüber der gerichtlichen (Nr. 1003 VV RVG: 1,0) beibehalten worden.

Mit der **Neufassung in Nr. 1000 VV RVG** hat der Gesetzgeber die noch in § 23 Abs. 1 BRAGO vorhandene Anknüpfung an den materiell-rechtlichen Vergleich (§ 779 BGB) aufgegeben. Dies ist bei der Heranziehung davor ergangener Judikate zu berücksichtigen. Erforderlich ist nach neuem Recht nur noch ein Vertrag, durch den ein Streit oder eine Ungewissheit der über ein Rechtsverhältnis beseitigt wird; eines **gegenseitiges Nachgeben** bedarf es für den Anfall der Einigungsgebühr nicht mehr. Hingegen darf sich die Einigung nicht auf die Abgabe eines Anerkenntnisses oder eines Verzichts beschränken, sodass ein geringfügiges einseitiges Nachgeben notwendig bleiben wird. Der Ungewissheit über Rechtsverhältnis steht analog § 779 Abs. 2 BGB gleich, dass die Verwirklichung des Anspruchs unsicher ist.[1]   **5676**

Neben dem Prozessvergleich kommt auch dem **außergerichtlichen Vergleich** streitwertrechtlich eine Bedeutung zu. Denn gemäß Nr. 1000 VV RVG (§ 23 Abs. 1 BRAGO) entsteht auch bei Mitwirkung eines Anwaltes am Abschluss eines außergerichtlichen Vergleichs eine Einigungsgebühr (Vergleichsgebühr nach altem Recht). Im Verhältnis zum Prozessvergleich gelangen die gleichen Bewertungsgrundsätze zur Anwendung.   **5677**

Soweit durch den Abschluss eines Prozessvergleichs nur anwaltliche Gebührenansprüche entstehen oder der Rechtsstreit durch einen außergerichtlichen Vergleich erledigt wird, ist der **Gegenstandswert gemäß § 33 Abs. 1 RVG** (§ 10 Abs. 1 BRAGO), der auch nicht anhängige Ansprüche erfassen kann, nur **auf Antrag festzusetzen**.[2] In der Praxis wird häufig auch ohne ausdrücklichen Antrag nach § 33 Abs. 1 RVG (§ 10 Abs. 1 BRAGO) mit der Streitwertfestsetzung nach § 63 GKG (§ 25 GKG a.F.) zugleich der Gegenstandswert der anwaltlichen Vergleichsgebühr festgesetzt, wenn er nicht mit dem Streitwert des gerichtlichen Verfahrens übereinstimmt. Dies begegnet keinen Bedenken, da regelmäßig von einem entsprechenden mutmaßlichen Willen der Prozessbevollmächtigten auszugehen ist. Zu beachten ist jedoch, dass sich ein etwaiges **Beschwerdeverfahren** nicht nach § 68 GKG (§ 25 Abs. 3 u. 4 GKG a.F.) sondern nach § 33 Abs. 1 RVG (§ 10 Abs. 3 u. 4 BRAGO) richtet.   **5678**

Für die **gerichtliche Wertfestsetzung** ist es unstatthaft, den Gegenstandswert von Vergleichen künstlich niedrig zu halten.[3] Demgegenüber steht es den Parteien aufgrund der Dispositionsmaxime frei, für die Berechnung der Anwaltsgebühren einen vom wirklichen Wert abweichende **Vereinbarung über den Gegenstandswert** zu treffen. Es handelt sich dabei um ein Entgegenkommen im Kosteninteresse.[4] Das kann auch verbindlich im Prozessvergleich selbst gesche-   **5679**

---

1 Schneider/Wolf/N. *Schneider*, RVG, VV 1000 Rn. 32.
2 LAG Düsseldorf, Beschl. v. 22. 4. 1992 – 7 Ta 63/92, KostRsp. BRAGO § 10 Nr. 37 = JurBüro 1993, 165.
3 OLG Köln JurBüro 1961, 292.
4 OLG Hamm Beschl. v. 7. 11. 2002 – 4 W 169/02, juris-Nr. KORE730992004.

hen, Einfluss auf den nach dem wirtschaftliches Interesse zu bestimmenden **Verfahrenswert** hat dies nicht.[1]

5680 Zur **Erstfestsetzung** ist nur dasjenige Gericht zuständig, vor dem der Prozessvergleich protokolliert worden ist, also nicht das Rechtsmittelgericht, wenn der Vergleich in der Vorinstanz geschlossen worden war.[2]

5681 Hierbei darf die Festsetzung des Wertes für einen gerichtlich protokollierten Vergleich unterbleiben, wenn der **Vergleich ersichtlich unwirksam oder nichtig** ist. Ein solcher Vergleich kann nämlich keine Gebühren auslösen, seien es gerichtliche oder außergerichtliche.[3] Ebenso entfällt die Vergleichsgebühr im Falle der wirksamen Anfechtung des Prozessvergleichs. Aus § 15 Abs. 4 RVG (§ 14 Abs. 4 BRAGO) folgt nichts anderes, da hier nur die gebührenrechtlichen Auswirkungen der vorzeitigen Erledigung bzw. Beendigung des Mandats geregelt werden. Die Anfechtung des Vergleichs führt jedoch zu seiner Unwirksamkeit ex tunc, die Voraussetzungen für den Anfall der – erfolgsbezogenen – Einigungsgebühr bestanden folglich zu keinem Zeitpunkt.[4]

5682 Bei der nachfolgenden **Kostenberechnung** darf das Gericht keinen von der Wertbestimmung abweichenden Vergleichswert zugrunde legen.[5]

II. Bewertungsgrundsätze

1. Allgemeines

5683 Da für die Berechnung des Vergleichswertes keine besonderen Vorschriften existieren, ist auf den Anspruch oder das Recht abzustellen, das Gegenstand des Vergleichs ist. Deren Bewertung richtet sich **nach den allgemeinen Vorschriften**, d.h., nach den §§ 39 ff. GKG (§§ 12 ff. GKG a.F.) und §§ 3 ff. ZPO. Erfolgt die Einigung in einem Verfahren vor dem Nachlassgericht, richtet sich der Gegenstandswert hingegen nach den Vorschriften der KostO.[6]

5684 Im Zweifel ist der Wert des Vergleichs gemäß § 3 ZPO zu schätzen. Etwaige den Streitwert **ermäßigende Sondervorschriften**, beispielsweise §§ 41, 42, u. 53 GKG (§§ 16, 17 u. 20 GKG a.F.), sind in jedem Fall zu beachten.[7]

---

1 OLG Hamm, Beschl. v. 7. 11. 2002 – 4 W 169/02, juris-Nr. KORE730992004; LAG Hamm, KostRsp. GKG § 25 Nr. 144.
2 OLG Bamberg, Beschl. v. 10. 4. 1984 – 2 WF 80/84, KostRsp. GKG § 25 Nr. 77 = JurBüro 1984, 1398; OLG Celle JurBüro 1971, 1066; a.A. OLG Hamburg MDR 1958, 696.
3 KG Rpfleger 1962, 121.
4 OLG München, MDR 1991, 263; Schneider/Wolf/*N. Schneider*, RVG, VV 1000 Rn. 57; a.A. OLG Karlsruhe, Beschl. v. 24. 3. 1999 – 20 WF 19/99, KostRsp. BRAGO § 23 Nr. 121 = OLGR 1999, 332; OLG Schleswig, Beschl. v. 11. 7. 1990 – 15 WF 104/90, JurBüro 1991, 932; *Hartmann*, VV 1000 Rn. 21; vgl. auch BGH DB 1980, 2076 zum Wegfall des Maklerprovisionsanspruch bei Anfechtung des vermittelten Vertrages.
5 OLG Düsseldorf Rpfleger 1969, 195.
6 BayObLG, Beschl. v. 1. 10. 2001 – 3 ZBR 112/01, KostRsp. BRAGO § 23 Nr. 152.
7 OLG Köln MDR 1971, 854; Zöller/*Herget*, § 3 Rn. 16 unter „Vergleich".

Der **Gegenstand des Vergleichs** und damit die Grundlage der Bewertung bestimmt sich danach, worüber der Vergleich geschlossen, d.h., welcher Streit durch den Vergleich beigelegt wird. Unerheblich ist demgegenüber, worauf sich die Parteien verglichen haben, selbst wenn die nach dem Vergleich zu erbringende Leistung wertmäßig über dem **verglichenen Anspruch** liegt. Dies ist nahezu einhellige Auffassung.[1]

5685

So ist etwa ein Prozessvergleich über ein Miet- oder Pachtverhältnis auch dann lediglich nach dem einjährigen Betrag gemäß § 41 GKG (§ 16 GKG a.F.) zu bewerten, wenn unabhängig vom Nutzungsentgelt eine **Ausgleichszahlung wegen vorzeitiger Räumung** des Miet- oder Pachtobjekts vereinbart wird.[2]

5686

Die vom OLG Frankfurt[3] für den Fall einer auf Zahlung von Unterhalt gerichteten Klage abweichend vertretene Ansicht, wonach der im Zuge der Vergleichsverhandlungen vom Kläger **geforderten Abfindungsbetrag** maßgebend sei, überzeugt nicht. Der Vergleichswert bestimmt sich nach dem Gegenstand der durch ihn behobenen tatsächlichen oder rechtlichen Ungewissheit. Diese besteht – hier – nicht hinsichtlich der Höhe eines Abfindungsbetrages, sondern in der streitigen Verpflichtung zur Zahlung von Unterhalt. Der Wert dieses Klagebegehrens bemisst sich nach dem Jahresbetrag der monatlichen Unterhalts, § 42 Abs. 1 GKG (§ 17 Abs. 1 GKG a.F.). Siehe hierzu auch unter dem Stichwort „Unterhalt".

5687

Regeln die Parteien in einem außergerichtlichen Vergleich wechselseitige Ansprüche im Zusammenhang mit dem Erwerb von bebautem Grundeigentum ist eine **wirtschaftliche Betrachtungsweise** geboten. Dies insbesondere, wenn beispielsweise ein Bauträger die Erfüllung des Auflassungsanspruchs von der Zahlung des restlichen Kaufpreises abhängig macht, den der Käufer wiederum wegen gerügter Mängel des Bauwerks zurückhält. Der unmittelbaren Anwendung des § 6 ZPO steht entgegen, dass im Kern nur ein kleiner Spitzenbetrag streitig ist,[4] sodass unter Berücksichtigung von § 3 ZPO der Streitwert zwischen dem Verkehrswert und der streitigen Restforderung anzusetzen ist. Siehe im Einzelnen unter dem Stichwort „Auflassung".

5688

Werden in einem Vergleich **noch nicht fällige Ansprüche** einbezogen, dann sind sie auf den Zeitpunkt des Vergleichsschlusses abzuzinsen. Der ungeminderte

5689

---

1 BGH NJW 1964, 1523; OLG Bamberg JurBüro 1980, 1862; 1984, 254 = AnwBl. 1984, 94; KG, Urteil v. 5. 1. 2004 – 12 U 157/02, KGR 2004, 310; OLG Düsseldorf VersR 1977, 863; OLG Frankfurt JurBüro 1984, 423; OLG Hamburg JurBüro 1981, 1182; KostRsp. GKG § 17 Nr. 89 = FamRZ 1987, 184; OLG Hamm DR 1939, 885; OLG Köln, Beschl. v. 22. 2. 1996 – 18 W 57/95, OLGR 1996, 158 = JurBüro 1996, 476 = NJW-RR 1996, 1278; OLG München, Beschl. v. 22. 2. 2000 – 14 W 333/99, KostRsp. BRAGO § 23 Nr. 137 = JurBüro 2001, 141; OLG Schleswig, Beschl. v. 27. 11. 1990 – 9 W 136/90, JurBüro 1991, 584 = SchlHA 1991, 115; *Anders/Gehle/Kunze*, Stichwort „Vergleich" Rn. 4; *E. Schneider* Rpfleger 1986, 81; *Zöller/Herget*, § 3 Rn. 16 unter „Vergleich".
2 OLG Köln MDR 1971, 854.
3 OLG Frankfurt, KostRsp. GKG § 17 Nr. 24 mit abl. Anm. *Lappe* = JurBüro 1980, 1215 mit abl. Anm. *Mümmler* = Rpfleger 1980, 239; zustimmend *Schmidt* AnwBl. 1977, 444.
4 Sehr str.; vgl. OLG Köln, Beschl. v. 29. 4. 1981 – 2 W 17/81, KostRsp. ZPO § 6 Nr. 78 = ZIP 1981, 781.

Ansatz des Forderungsnennwerts berücksichtigt nicht, dass eine noch nicht fälliger Anspruch weniger wert ist als eine fälliger. Die Nennbetrag ist nach § 3 ZPO um den Zinsbetrag zu kürzen, der aufzuwenden ist, um den Forderungsbetrag bereits jetzt und nicht erst bei Fälligkeit zur Verfügung zu haben.[1]

5690   Neben der Summe der durch den Vergleich erledigten Ansprüche ist auch der Betrag belanglos, für den **Prozesskostenhilfe** bewilligt worden ist.[2] Denn die Bewilligung verhält sich allein zur Frage, ob und in welchen Umfang eine Rechtsverfolgung bzw. -verteidigung Aussicht auf Erfolg hat und nicht über den Umfang des – vom Vergleich erfassten – Klagebegehrens selbst.

2. Vergleich über streitgegenständliche Ansprüche

a) Streitige und unstreitige Ansprüche

5691   Unproblematisch ist die Bewertung des Vergleichs, wenn dieser sich über einen **in vollem Umfang streitigen Anspruch** verhält. Hier ist – wie bereits ausgeführt – der Wert dieses Anspruchs maßgebend.

5692   Fraglich ist jedoch, ob die **Einbeziehung unstreitig bestehender Ansprüche** eine Einigungsgebühr auslöst und nach welchem Wert diese zu berechnen ist. Nach Nr. 1000 VV RVG (und § 779 Abs. 1 BGB) muss die Einigung die Behebung eines Streits oder einer Ungewissheit über ein Rechtsverhältnis zum Inhalt haben. Danach erscheint es geboten, die Aufnahme unstreitiger Ansprüche wertmäßig generell nicht zu berücksichtigen.[3] Dementsprechend hat auch der BGH[4] in einem Darlehensprozess bei Erhöhung der monatlichen Rückzahlungen die Mittitulierung der unstreitigen Zahlungen nicht zur Beschwer gerechnet.

5693   Diesem Ansatz steht jedoch § 779 Abs. 2 BGB (analog) entgegen, wonach der Ungewissheit über ein Rechtsverhältnis gleichsteht, dass (allein) die **Verwirklichung eines Anspruch unsicher** ist, etwa weil der Erfolg einer Vollstreckung offen ist.[5] Hierbei ist die Ungewissheit einer Partei ausreichend, wenn deren Zweifel der anderen Partei bekannt sind.[6] Für die Streitwertbestimmung ist demnach zu unterscheiden:

---

1 LAG Köln, Beschl. v. 2. 6. 1986 – 3 Ta 38/86, KostRsp. ZPO § 3 Nr. 849 mit zust. Anm. *E. Schneider* = MDR 1987, 169 mit Anm. *Hirte.*
2 OLG Frankfurt AnwBl. 1964, 122; OLG Schleswig AnwBl. 1963, 85.
3 So OLG Celle Nds.Rpfl 1952, 116; 1965, 16; OLG Hamm, Beschl. v. 25. 6. 1995 – 8 W 648/94, KostRsp. BRAGO § 23 Nr. 82 = JurBüro 1996, 148 = Justiz 1996, 60; OLG Koblenz, Beschl. v. 16. 1. 1984 – 13 WF 1238/83, KostRsp. GKG § 17 Nr. 53 = JurBüro 1984, 1218 = AnwBl. 1984, 204, dass jedoch unter Hinweis auf die Vergütungspflicht anwaltlicher Tätigkeit dann doch einen Vergleich bejaht; OLG Neustadt NJW 1962, 1163.
4 BGH, Beschl. v. 29. 11. 1984 – III ZR 151/84, KostRsp. ZPO § 3 Nr. 736 mit Anm. *E. Schneider* = WPM 1985, 279 – Beschwer.
5 BGH, Beschl. v. 1. 3. 2005 – VIII ZB 54/04, JurBüro 2005, 309; Urteil v. 12. 12. 1991 – IX ZR 178/91, BGHZ 116, 319 = MDR 1992, 252 = DB 1992, 675 = BB 1992, 665 = WM 1992, 322; MünchKomm.BGB/*Habersack*, § 779 Rn. 25.
6 Vgl. Palandt/*Sprau*, § 779 Rn. 4 m.w.N.; Schneider/Wolf/*N. Schneider*, RVG, VV 1000 Rn. 73; *Hansen*, BRAGO, § 23 Rn. 6; zweifelnd noch *E. Schneider* Anm. II 3 zu KostRsp. BRAGO § 23 Nr. 4.

– Dient die Einbeziehung des unstreitigen Anspruchs nach dem Willen der Parteien allein seiner **Titulierung**, so ist damit die Behebung einer Unsicherheit dann verbunden, wenn ohne vergleichsweise Regelung das **künftige (Prozess-) Verhalten des Schuldners** die Erlangung eines gerichtlichen Vollstreckungstitels verzögern bzw. erschweren könnte.[1] Die mit dem Vergleich beseitigte Unsicherheit erfasst wirtschaftlich betrachtet daher nicht die Forderung in ihrem Bestand, sondern nur den Aufwand der Forderungsdurchsetzung. Das Interesse an einer Titulierung ist daher werterhöhend zu berücksichtigen.

– Demgegenüber scheidet eine Werterhöhung bei Einbeziehung eines bereits prozessual wirksam **anerkannten oder von einem Verzicht erfassten Teils der Klageforderung** regelmäßig aus. Denn hat der Beklagte von Beginn an keinerlei Einwendungen gegen den anerkannten Teil der Klageforderung erhoben, wird mit der Aufnahme in den Vergleich kein Streit oder eine Ungewissheit der Parteien über ein Rechtsverhältnis behoben.[2] Zudem behalten Anerkenntnis und Verzicht auch ohne Erlass eines darauf beruhenden Urteils ihre Wirkung für den ganzen Prozess. Denn die Wirksamkeit von Anerkenntnis und Verzicht wird durch ein nachfolgendes Bestreiten oder Beanspruchen nicht mehr berührt.[3] Die Ablehnung einer Werterhöhung entspricht auch der Umgestaltung des Gebührentatbestandes durch Nr. 1000 VV RVG gegenüber § 23 Abs. 1 BRAGO, wonach es für den Gebührenanfall nicht ausreicht, wenn sich die Einigung auf die Abgabe eines Anerkenntnis oder eines Verzicht beschränkt.

– Anders liegt es hingegen, wenn die Einbeziehung einer unstreitigen oder bereits anerkannten Forderung neben der Titulierung eine erleichterte Realisierung bezweckt, etwa weil der finanzschwache oder vermögenslose Schuldner erst durch seine Einbindung in die Beendigung des Rechtsstreits und die **Gewährung günstiger Zahlungsmodalitäten** zur Zahlung „motiviert" werden kann.[4] Der Kläger verzichtet durch sein Zugeständnis auf schnellere Befriedigung. In diesem Fall rechtfertigt daher auch eine Vereinbarung über die ratenweise Rückführung unstreitiger, anerkannter oder schon rechtskräftig titulierter Ansprüche die Annahme einer Einigung und damit eine wertmäßige Berücksichtigung.[5]

---

1 BGH, Beschl. v. 1. 3. 2005 – VIII ZB 54/04, JurBüro 2005, 309 – Ratenzahlungsvergleich; Schneider/Wolf/N. *Schneider*, RVG, VV 1000 Rn. 73; *Hansen*, BRAGO, § 23 Rn. 6; a.A. wohl OLG Hamm, Beschl. v. 17. 2. 2005 – 23 W 24/05, KostRsp. RVG VV 1000 Nr. 3 = OLGR 2005, 415 = JurBüro 2005, 588 = AGS 2005, 326 mit abl. Anm. *Madert* – Ratenzahlungsvergleich.
2 *Herget* Anm. zu OLG Bamberg KostRsp. BRAGO § 23 Nr. 58.
3 Vgl. hierzu BGH, Urteil v. 17. 3. 1991 – XII ZR 256/91, MDR 1993, 1238 = NJW 1993, 1717 = WM 1993, 1569.
4 *E. Schneider* Anm. II 3 zu OLG Köln KostRsp. BRAGO § 23 Nr. 4.
5 OLG Bamberg, Beschl. v. 28. 8. 1990 – 3 W 27/90, KostRsp. ZPO § 3 Nr. 1011 = KostRsp. BRAGO § 23 Nr. 58 mit abl. Anm. *Herget* = JurBüro 1990, 1619; OLG München, Beschl. v. 9. 7. 1999 – 11 W 1975/99, KostRsp. BRAGO § 23 Nr. 123 = OLGR 2000, 134 = JurBüro 1999, 634 = AGS 2000, 3 = MDR 1999,1286, das allein problematisiert, ob ein Nachgeben im Sinne des § 779 BGB vorliegt; Schneider/Wolf/N. *Schneider*, RVG, VV 1000 Rn. 204; a.A. OLG Hamburg, Beschl. v. 29. 2. 1984 – 8 W 48/84, JurBüro

Diese entspricht jedoch regelmäßig nicht dem Wert der Hauptsache.[1] Zutreffend dürfte es sein, sich an der Rechtsprechung zum Titulierungsinteresse orientieren und im Regelfall eine Bruchteilsbewertung von $^1/_{10}$ in Ansatz zu bringen.[2]

– Die vorstehenden Erwägungen tragen jedoch nicht, wenn die Parteien sich der Form des Prozessvergleichs allein zum **Zwecke der kostengünstigeren Titelschaffung** bedienen, beispielsweise durch die Aufnahme grundbuchrechtlich relevanter Beurkundungsvorgänge statt der Inanspruchnahme eines Notars. Dem ist nicht durch eine dogmatisch fragwürdige Ausweitung des Vergleichsbegriff, sondern durch eine prozessordnungsgemäße Verweigerung der Protokollierung zu begegnen.[3]

– Beschränkt sich das Interesse der Parteien (zulässigerweise) auf die Titulierung unstreitiger Ansprüche, ist dies zugleich für die Bemessung des Vergleichswert bestimmend. Das bedeutet im Ergebnis, dass insoweit nicht der volle Wert der unstreitigen Ansprüche anzusetzen ist, sondern dass das **Titulierungsinteresse** des Gläubigers nur mit einem nach § 3 ZPO frei zu schätzenden Bruchteil des unstreitigen Anspruchs bemessen werden darf.

– Eine gleichartige Bewertungsproblematik stellt sich, wenn mit dem Prozessvergleich ein – in vollem Umfang rechtshängiger – **Anspruch** geregelt wird, der **nur zu einem Teil streitig** ist (streitige Anspruchsspitze). Anzutreffen ist diese Konstellation beispielsweise im Unterhaltsrecht, wenn der auf Verurteilung zur Zahlung des monatlichen Unterhalts gerichtete Rechtsstreit nur hinsichtlich eines Teilbetrages streitig ist und durch einen Vergleich beendet wird, in dem neben der streitigen Mehrforderung auch die bislang monatlich unstreitig und freiwillig gezahlten Beträge einbezogen werden.

Nach überwiegender und zutreffender Ansicht ist der **Vergleichswert** (auch) hier nach der streitigen Mehrforderung zuzüglich eines Bruchteils des unstreitigen (freiwilligen) Betrages zu bemessen. Da der bislang freiwillig gezahlte Unterhaltsbetrag zwischen den Parteien nicht im Streit steht, erfolgt insoweit auch keine vergleichsweise Regelung, die einen vollen Wertansatz rechtfertigen könnte. Jedoch trägt die Aufnahme auch des unstreitigen Forderungsteils dem „**Titulierungsinteresse**" des Klägers Rechnung, sodass eine Bruchteilsbewertung angemessen erscheint.[4]

1984, 1358 mit zust. Anm. *Mümmler*; OLG Hamm, Beschl. v. 17. 2. 2005 – 23 W 24/05, KostRsp. RVG VV 1000 Nr. 3 = OLGR 2005, 415 = JurBüro 2005, 588 = AGS 2005, 326 mit abl. Anm. *Madert*; OLG Nürnberg, Beschl. v. 28. 5. 1984 – 8 W 876/84, JurBüro 1984, 1675 = MDR 1984, 1036.

1 Im Ergebnis OLG Bamberg, Beschl. v. 28. 8. 1990 – 3 W 27/90, KostRsp. ZPO § 3 Nr. 1011 = KostRsp. BRAGO § 23 Nr. 58 mit abl. Anm. *Herget* = JurBüro 1990, 1619; unklar OLG München, Beschl. v. 9. 7. 1999 – 11 W 1975/99, KostRsp. BRAGO § 23 Nr. 123 = OLGR 2000, 134 = JurBüro 1999, 634 = AGS 2000, 3 = MDR 1999,1286; a.A. Gerold/Schmidt/von Eicken, BRAGO, § 23 Rn. 47: voller Wert.

2 A.A. OLG Celle JurBüro 1971, 237: $^1/_3$.

3 Ebenso *Wenzel*, GK-ArbGG § 12 Rn. 178, S. 111.

4 So etwa OLG Hamm JurBüro 1979, 1867 mit zust. Anm. *Mümmler*; OLG Zweibrücken, Beschl. v. 20. 1. 1978 – 6 WF 48/77, KostRsp. GKG § 17 Nr. 7 mit abl. Anm. *Lappe* und

Die Regelbewertung für das Titulierungsinteresse dürfte nach der Rechtsprechung bei $^{1}/_{10}$ **des unstreitigen Forderungsteils** liegen.[1]

Es ist jedoch immer auf die **Umstände des Einzelfalls** abzustellen, sodass auch eine davon abweichende Bruchteilsbewertung geboten sein kann, um wirkliches Interesse und Streitwert zur Deckung zu bringen. Das OLG Frankfurt.[2] hat um $^{1}/_{5}$ erhöht; ebenso das OLG Hamburg[3] und das LAG Baden-Württemberg.[4] Das OLG Koblenz[5] hat $^{1}/_{4}$ des vollen nach § 42 Abs. 1 GKG (§ 17 Abs. 1 GKG a.F.) berechneten Wertes angenommen; das OLG Zweibrücken[6] hat $^{1}/_{2}$ angenommen, allerdings aufgrund erschwerender Umstände. 5694

Soweit das OLG Nürnberg[7] das Titulierungsinteresse mit dem vollen Gegenstandswert ansetzt, kann dies nicht überzeugen, da es auf eine wirtschaftliche Gleichsetzung von unstreitigen mit streitigen Ansprüchen hinausläuft. (Siehe auch unter dem Stichwort „Titulierungsinteresse"). 5695

Von der Bewertung des Vergleichs ist die **Bewertung des Verfahrens** zu unterscheiden. Für das Erkenntnisverfahrens ist immer der **volle Streitwert des bezifferten Antrages** maßgebend,[8] da dieses auf eine Entscheidung über Bestand des gesamten Anspruchs gerichtet ist. Der Beklagte kann jedoch die unbeschränkte Klageerhebung zum Anlass nehmen, die Klageforderung in dem von ihm nicht bestrittenen Umfang sofort anzuerkennen. Die erst nach Erlass des Teilanerkenntnisurteils entstehenden Gebühren richten sich dann nach dem verbliebenen Hauptsachewert (siehe unter dem Stichwort „Anerkenntnis"). Hat der Beklagte durch sein vorgerichtliches Verhalten zur Klageerhebung auch hin- 5696

---

zust. Anm. *E. Schneider* = JurBüro 1978, 896 = MDR 1978, 496; OLG Bamberg JurBüro 1983, 103; OLG Frankfurt, Beschl. v. 9. 3. 1988 – 2 WF 36/88, KostRsp. ZPO § 3 Nr. 930 = FamRZ 1988, 739 = Rpfleger 1988, 380; LAG Baden-Württemberg, Beschl. 17. 9. 1990 – 8 Ta 107/90, KostRsp. ZPO § 3 Nr. 1037 = JurBüro 1991, 834.

1 OLG Bamberg, Beschl. v. 10. 2. 1992 – 7 WF 21/92, KostRsp. ZPO § 3 Nr. 1105 = JurBüro 1992, 628; Beschl. v. 30. 1. 1985 – 2 WF 17/85, KostRsp. ZPO § 3 Nr. 753 = JurBüro 1985, 740 mit Anm. *Mümmler*; OLG Hamm, Beschl. v. 22. 1. 1985 – 1 WF 651/84, JurBüro 1985, 739 mit zust. Anm. *Mümmler* = KostRsp. ZPO § 3 Nr. 752; Beschl. v. 27. 3. 1985 – 5 WF 373/84, JurBüro 1985, 1360 = KostRsp. ZPO § 3 Nr. 764 mit Anm. *E. Schneider* = AnwBl. 1985, 385 mit abl. Anm. *Chemnitz*; LAG Baden-Württemberg, KostRsp. ZPO § 3 Nr. 931 = JurBüro 1988, 1234 mit Anm. *Mümmler*.
2 OLG Frankfurt, Beschl. v. 25. 10. 1984 – 4 WF 217/84, KostRsp. GKG § 17 Nr. 64 = JurBüro 1985, 424.
3 OLG Hamburg, Beschl. v. 19. 11. 1987 – 12 WF 131/87, KostRsp. GKG § 17 Nr. 101 mit Anm. *Schneider* = AnwBl. 1988, 313.
4 LAG Baden-Württemberg, Beschl. v. 17. 9. 1990 – 8 Ta 107/90, KostRsp. ZPO § 3 Nr. 1037 = JurBüro 1991, 834.
5 OLG Koblenz, Beschl. v. 16. 1. 1984 – 13 WF 1238/83, KostRsp. GKG § 17 Nr. 53 = JurBüro 1984, 1218 = AnwBl. 1984, 204; Beschl. v. 25. 9. 1985 – 13 WF 905/85, KostRsp. GKG § 17 Nr. 75 mit Anm. *Schneider* = JurBüro 1986, 415.
6 OLG Zweibrücken, Beschl. v. 20. 1. 1987 – 6 WF 48/77, KostRsp. GKG § 17 Nr. 7 = JurBüro 1978, 896 = MDR 1978, 496.
7 OLG Nürnberg, Beschl. v. 7. 1. 1985 – 10 WF 2855/84, KostRsp. ZPO § 3 Nr. 770 mit Anm. *Schneider* = JurBüro 1985, 1395 mit Anm. *Mümmler*.
8 OLG Oldenburg FamRZ 1979, 64; OLG Bamberg JurBüro 1979, 1681 und 1979, 874.

sichtlich des unstreitigen Teils keinen Anlass gegeben, sind dem Kläger insoweit gemäß § 93 ZPO die Kosten aufzuerlegen.

b) Deklaratorische Erwähnung von Ansprüchen

5697 Von den vorerwähnten Fallgestaltungen abzugrenzen ist die Aufnahme eines unstreitigen Anspruchs allein zu **deklaratorischen Zwecken**, wenn also der Prozessvergleich nicht Mittel zum Regelungs- und Gestaltungszweck ist, sondern die Aufnahme nur der Klarstellung dient, ohne dass insoweit ein Vollstreckungstitel geschaffen werden soll.[1]

5698 Davon ist beispielsweise bei einem erst in der Rechtsmittelinstanz geschlossenen Ratenzahlungsvergleich auszugehen, der auch bereits **rechtskräftig entschiedene Teile der Hauptforderung** erfasst.[2] Nach Ansicht des KG[3] ist jedoch angesichts des Stundungsinteresse des Schuldners eine Erhöhung des Gegenstandswert um $^{1}/_{10}$ geboten.

5699 Dies ist etwa der Fall, wenn die Parteien in einer **Einleitung des Vergleichs** die Einigkeit über eine Rechtsposition erklären, auf deren Grundlage im Nachgang die – allein – streitgegenständlichen Folgen geregelt werden.[4] Ebenso liegt es, wenn in dem Vergleich **vorprozessual erbrachte Leistungen** aufgeführt werden, etwa um den Saldo einer nachfolgenden Zahlungsverpflichtung zu erläutern.[5]

5700 Auch die Aufnahme von **unstreitigen Rechtsbeziehungen** oder **Handlungspflichten, ohne** dass damit die **Möglichkeit zur Zwangsvollstreckung** eröffnet werden sollte, bleibt wertmäßig unberücksichtigt.[6] Werden derartige Handlungspflichten jedoch zugunsten einer Partei wirtschaftlich verändert, kann ein **Wertzuschlag** angemessen sein.[7]

---

1 KG, Urteil v. 5. 1. 2004 – 12 U 157/02, KGR 2004, 310; OLG Koblenz KostRsp. GKG § 17 Nr. 88 = JurBüro 1987, 108; OLG Schleswig, Beschl. v. 3. 12. 2001 – 15 WF 256/01, KostRsp. BRAGO § 23 Nr. 157 = OLGR 2002, 119 = SchlHA 2002, 140; LAG Baden-Württemberg, Beschl. v. 7. 7. 1994 – 8 Ta 42/94, JurBüro 1995, 248; LAG Rheinland-Pfalz NZA 1984, 99 = KostRsp. ArbGG § 12 Nr. 91 mit Anm. *Schneider*; E. *Schneider* JurBüro 1969, 1153 ff.

2 OLG Hamm, Beschl. v. 25. 6. 1995 – 20 U 339/94, JurBüro 1996, 148 mit zust. Anm. *Enders.*

3 KG, Urteil v. 5. 1. 2004 – 12 U 157/02, KDR 2004, 310.

4 LAG Rheinland-Pfalz, Beschl. v. 3. 4. 1984 – 1 Ta 43/84, KostRsp. ArbGG § 12 Nr. 91 mit Anm. *Schneider* = NZA 1984, 99: Einigkeit über Beendigung des Arbeitsverhältnisses bei streitiger Entgeltfortzahlung.

5 OLG Schleswig, Beschl. v. 14. 11. 1979 – 8 WF 289/79, JurBüro 1980, 411 = SchlHA 1980, 23).

6 OLG Neustadt Rpfleger 1967, 1 – Inhaberschaft Sparbuch; LAG Baden-Württemberg KostRsp. ArbGG § 12 Nr. 86; LAG Rheinland-Pfalz, Beschl. v. 3. 4. 1984 – 1 Ta 43/84, KostRsp. ArbGG § 12 Nr. 91 mit Anm. *Schneider* = NZA 1984, 99 – beide Erteilung Zwischenzeugnis.

7 LAG Köln Beschl. v. 17. 4. 1985 – 7 Ts 219/84, KostRsp. ZPO § 3 Nr. 815 mit Anm *Schneider* = AnwBl. 1986, 205 – unstreitige Lohnfortzahlung unter Freistellung von der Arbeit.

c) Hilfsantrag

Die Beendigung des Rechtsstreits durch einen **Vergleich allein über den Haupt-** **5701** **antrag** führt nicht zu einer Streitwertaddition. Darüber, ob die Forderung der Hilfsantrages in den Vergleich einbezogen worden ist, entscheidet der sachliche Gehalt der Vereinbarung, nicht der bloße Wortlaut.[1]

Wird die mit dem Hilfsantrag geltend gemachte Forderung in den Vergleich **5702** einbezogen, dann erhöht sich der **Gegenstandswert des Vergleichs** um den Wert des Hilfsantrages, soweit der Hilfsantrag nicht mit dem Hauptantrag wirtschaftlich identisch ist, § 45 Abs. 1 S. 3 u. Abs. 4 GKG (§ 19 Abs. 1 S. 3 und Abs. 4 GKG a.F.). Hierüber besteht kein Streit.[2]

Erledigen sich **Hauptantrag und Hilfsantrag** dadurch, dass die Parteien einen **5703** umfassenden Prozessvergleich darüber abschließen, dann steht das einer ge- richtlichen Entscheidung gleich, sodass sich auch der **Verfahrenswert** erhöht, § 45 Abs. 1 S. 2 u. Abs. 4 GKG (§ 19 Abs. 1 S. 2 u. Abs. 4 GKG a.F.). Dabei ist die Werterhöhung auch nicht davon abhängig, dass zum Zeitpunkt des Ver- gleichsschluss die innerprozessuale Bedingung des Hilfsantrages, nämlich die negative Bescheidung des Hauptantrages bereits eingetreten war.[3] Die Gegenan- sicht verkennt die Reichweite von § 45 Abs. 4 GKG (§ 19 Abs. 4 GKG a.F.). Mit der gesetzgeberischen Vorgabe, die § 45 Abs. 1–3 GKG (§ 19 Abs. 1–3 GKG a.F.) „entsprechend" anzuwenden, wird die vergleichsweise Regelung dem Bedin- gungseintritt gleichgestellt. Siehe ausführlich hierzu unter dem Stichwort „Hilfsantrag" Rn. 2852.

Eine Erhöhung des Verfahrenswertes kommt – abweichend zum Gegenstands- **5704** wert der Einigungsgebühr gemäß Nrn. 1000, 1003 RVG (§ 23 Abs. 1 BRAGO) – jedoch nur in Betracht, wenn der Rechtsstreit durch einen gerichtlich protokol- lierten Vergleich beendet wurde. Eine entsprechende Anwendung von § 45 Abs. 4 GKG (§ 19 Abs. 4 GKG a.F.) auf **außergerichtliche Vergleiche**, denen eine übereinstimmende Erledigungserklärung nachfolgt, scheidet aus.[4]

Bei der Prüfung der Wertaddition ist zu beachten, dass Haupt- und Hilfsan- **5705** spruch häufig zumindest teilweise wirtschaftlich identische Klagebegehren zu- grunde liegen. Betreffen Haupt- und Hilfsantrag oder Klage und (Hilfs-)Wider- klage denselben Gegenstand, ist nur der höherwertigere Anspruch wertbestim- mend. Siehe hierzu unter den Stichworten „Hilfsantrag" Rn. 2851 ff. und „Kla- ge und Widerklage".

---

1 OLG Köln JurBüro 1975, 506 = JMBl NW 1975, 143 – zur Hilfswiderklage.
2 OLG Köln, Beschl. v. 22. 2. 1996 – 18 W 57/94, OLGR 1996, 158 = JurBüro 1996, 476 = NJW-RR 1996, 1278 = VersR 1997, 471.
3 *Anders/Gehle/Kunze*, Stichwort „Vergleich" Rn. 18; offenlassend KG, Beschl. v. 3. 6. 2003 – 1 W 495/02, KGR 2004, 143 = MDR 2004, 56; a.A. OLG Köln, Beschl. v. 22. 2. 1996 – 18 W 57/94, OLGR 1996, 158 = JurBüro 1996, 476 = NJW-RR 1996, 1278 = VersR 1997, 471.
4 OLG Hamm, Beschl. v. 12. 8. 2003 – 23 W 120/03, OLGR 2004, 14 = AGS 2004, 27 mit Anm. *N. Schneider*.

d) Hilfswiderklage

5706 Wird die mit der Hilfswiderklage geltend gemachte Forderung in den Vergleich einbezogen, dann erhöht sich der **Gegenstandswert des Vergleichs** um den Wert der Widerklageforderung, soweit diese nicht denselben Gegenstand (§ 45 Abs. 1 S. 3 GKG entspricht § 19 Abs. 1 S. 3 GKG a.F.) betrifft.[1]

5707 Erledigen sich **Klage und Hilfswiderklage** dadurch, dass die Parteien einen umfassenden Prozessvergleich darüber abschließen, dann steht das einer gerichtlichen Entscheidung gleich. Der **Verfahrenswert** erhöht sich um den Wert des mit der Hilfswiderklage geltend gemachten Anspruch, soweit er nicht mit der Klageforderung wirtschaftlich identisch ist, § 45 Abs. 1 S. 2 u. Abs. 4 GKG (§ 19 Abs. 1 S. 2 u. Abs. 4 GKG a.F.).

5708 Dabei ist die Werterhöhung auch nicht davon abhängig, dass zum Zeitpunkt des Vergleichsschluss die innerprozessuale Bedingung des Widerklageantrages, nämlich die (positive) Bescheidung des Klageforderung bereits eingetreten war.[2] Die Gegenansicht[3] verkennt die Reichweite von § 45 Abs. 4 GKG (§ 19 Abs. 4 GKG a.F.). Vielmehr wird mit der gesetzgeberischen Vorgabe, die § 45 Abs. 1–3 GKG (§ 19 Abs. 1–3 GKG a.F.) „entsprechend" anzuwenden, die vergleichsweise Regelung dem Bedingungseintritt gleichgestellt.[4]

e) Stufenklage

5709 Wird der Rechtsstreit durch den Abschluss eines Vergleich beendet, bestimmt sich der **Gegenstandwert** der Einigungsgebühr auch hier nach dem Wert, der von der Einigung erfassten Ansprüche. Daher ist für die Bewertung maßgeblich, welche Ansprüche (Stufen) der Stufenklage abschließend erledigt werden.

---

1 OLG Bamberg, Beschl. v. 4. 3. 1993 – 8 W 9/93, KostRsp. GKG § 19 Nr. 180 = JurBüro 1994, 112; OLG Braunschweig, Beschl. v. 23. 1. 1990 – 2 W 203/89, KostRsp. GKG § 19 Nr. 161 mit zust. Anm. *Schneider* = JurBüro 1990, 456; OLG Köln, Beschl. v. 22. 2. 1996 – 18 W 57/94, OLGR 1996, 158 = JurBüro 1996, 476 = NJW-RR 1996, 1278 = VersR 1997, 471.

2 So auch OLG Braunschweig, Beschl. v. 23. 1. 1990 – 2 W 203/89, KostRsp. GKG § 19 Nr. 161 = JurBüro 1990, 912; OLG Düsseldorf, Beschl. v. 16. 6. 2005 – 5 W 13/05, OLGR 2005, 586; OLG Köln, Beschl. v. 10. 9. 1990 – 17 U 31/89, KostRsp. GKG § 19 Nr. 163; *Anders/Gehle/Kunze*, Stichwort „Vergleich" Rn. 18; unklar KG Beschl. v. 13. 12. 2001 – 8 W 372/01, KGR 2002, 119 = AGS 2002, 158.

3 OLG Bamberg, Beschl. v. 4. 3. 1993 – 8 W 9/93, JurBüro 1994, 112; OLG Koblenz, Beschl. v. 7. 6. 1996 – 5 W 318/96, MDR 1997, 404 = VersR 1997, 897; OLG Köln, Beschl. v. 22. 2. 1996 – 18 W 57/95, OLGR 1996, 158 = JurBüro 1996, 476 = NJW-RR 1996, 1278 = VersR 1997, 471; wohl auch OLG Koblenz, Beschl. v. 7. 6. 1996 – 5 W 318/ 96, MDR 1997, 404 = VersR 1997, 897; *Meyer*, § 19 Nr. 43.

4 Wie hier OLG Braunschweig, KostRsp. GKG § 19 Nr. 161 mit zust. Anm. *E. Schneider* = JurBüro 1990, 456; OLG Köln, Beschl. v. 10. 9. 1990 – 17 U 31/89, KostRsp. GKG § 19 Nr. 163; *Anders/Gehle/Kunze*, Stichwort „Vergleich" Rn. 19; *Frank*, Anspruchsmehrheiten im Streitwertrecht, 1986, S. 321; *Lappe*, Kommentar zum GKG, 1975, § 19 Rn. 21.

Einigen sich die Parteien **über** den vom Kläger geltend gemachten **(unbeziffer-** **5710** **ten) Leistungsanspruch** (3. Stufe) ist für den Vergleichswert der nach §§ 44 GKG (§ 18 GKG a.F.) zu bestimmende Hauptsachewert maßgeblich. Dies unabhängig davon, ob die Einigung im Prozess erst auf der 3. Stufe, also nach bezifferter Antragstellung, oder bereits vor Auskunftserteilung oder Versicherung an Eides statt. Zu beachten bleibt jedoch, dass bei einer Einigung (erst) auf der 3. Stufe der Gegenstandswert nach dem nunmehr bezifferten und nicht nach dem eingangs (§ 40 GKG – entspricht § 15 GKG a.F.) geschätzten Hauptsachewert zu bemessen ist.

Beschränkt sich der Vergleich auf eine Einigung **über Auskunft bzw. Rech-** **5711** **nungslegung** (1. Stufe) entspricht der Vergleichswert folglich nicht dem (geschätzten) Wert der Leistungsstufe, wenn durch den Vergleich der Rechtsstreit zwar insgesamt erledigt wird, die Parteien sich inhaltlich aber nur den Auskunftsanspruch vergleichen.[1]

f) Nebenforderungen und Kosten

Erfasst der Vergleich über die Klageforderung hinaus auch **Nebenforderungen,** **5712** bleiben diese gemäß § 4 ZPO, § 43 GKG (§ 22 Abs. 1 GKG a.F.) bei der Wertbestimmung außer Ansatz. Dies gilt auch dann, wenn der Vergleich die volle Hauptforderung tituliert und das Nachgeben des Klägers nur die Nebenforderung betrifft.[2]

Ebenso bleiben die **Kosten des Rechtsstreits** bei der Wertberechnung unberück- **5713** sichtigt, solange Hauptforderung oder Nebenforderung Gegenstand des Vergleichs sind, etwa wenn ein Vergleich über die Hauptsache und Kosten abgeschlossen wird und die Kosten von einer Partei vollständig übernommen werden.[3]

Dies gilt, wenn der **Rechtsstreit** bereits **teilweise übereinstimmend für erledigt** **5714** **erklärt** worden ist, auch bezüglich der durch den für erledigt erklärten Teil verursachten Kosten.[4] Denn nach § 43 Abs. 3 S. 2 ZPO (§ 22 Abs. 3 GKG a.F.) sind die Kosten des Rechtsstreits erst dann streitwertrelevant, wenn es an einem (sachbezogenen) Hauptanspruch fehlt und die Kosten an seiner Stelle zur Hauptforderung geworden sind.[5] Bei der Teilerledigung bleibt ein Teil der prozessbezogen verstandenen Hauptsache notwendigerweise im Streit. Siehe hierzu auch unter den Stichwörtern „Erledigung" und „Nebenforderungen".

Vergleichen sich die Parteien (auch) auf die Übernahme der **Kosten des ander-** **5715** **weitigen Verfahrens,** dann erhöht sich der Gegenstandswert im Umfang der

---

1 LAG Düsseldorf, Beschl. v. 19. 12. 2001 – 7 Ta 425/01, juris-Nr. KORE 600004989 = Bibliothek BAG.
2 *Anders/Gehle/Kunze,* Stichwort „Vergleich" Rn. 6.
3 OLG Düsseldorf, Beschl. v. 24. 1. 1984 – 5 WF 317/83, KostRspr. GKG § 22 Nr. 10 = JurBüro 1984, 1865 mit zust. Anm. *Mümmler;* OLG Neustadt JurBüro 1964, 194.
4 A.A. Vorauflage; OLG Bamberg JurBüro 1974, 1440.
5 OLG München, Beschl. v. 20. 4. 1994 – 11 W 1195/94, OLGR 1994, 251 = JurBüro 1994, 745 = AnwBl. 1995, 315; *Hartmann,* § 43 GKG Rn. 8 ff.

anderweitig angefallenen Kosten, wenn der Hauptsachewert des anderweitigen Verfahrens unberücksichtigt bleibt.[1]

5716 Die **Kosten des Vergleichs** selbst sind bei der Bemessung des Vergleichswertes nicht zu berücksichtigen, solange die Hauptsache Gegenstand des Vergleichs ist.[2]

3. Vergleich über nicht rechtshängige Ansprüche

a) Streitige und unstreitige Ansprüche

5717 Werden mit dem Vergleich neben den streitgegenständlichen Ansprüchen auch nicht rechtshängige Ansprüche oder Rechte geregelt, ist der **Vergleichswert** in der Regel durch eine Wertaddition der erfassten Ansprüche zu ermitteln,[3] wobei der Einzelwert des **zusätzlich geregelten Gegenstandes** selbständig nach den allgemeinen Bewertungsregeln allgemeinen Vorschriften, d.h., nach den §§ 39 ff. GKG (§§ 12 ff. GKG a.F.) und §§ 3 ff. ZPO zu beziffern sind.

5718 Zu beachten ist hierbei, dass eine volle Wertaddition nur in Betracht kommt, wenn es sich bei dem zusätzlich geregelten Gegenstand um **selbständige und zwischen den Parteien streitige Ansprüche** handeln muss.[4] Daher wirkt sich beispielsweise ein als „Aufrechnung" bezeichneter miterledigter Minderungseinwand nicht streitwerterhöhend aus.[5] (Siehe hierzu unter dem Stichwort „Aufrechnung".) Soweit die Einbeziehung **unstreitige Ansprüche** erfasst, ist bei der Zusammenrechnung neben dem Hauptsachestreitwert in der Regel nur ein nach § 3 ZPO zu bemessendes Titulierungsinteresse in Ansatz zu bringen (siehe ausführlich oben Rn. 5693).

5719 Eine Erhöhung um den vollen Wert der einbezogenen Forderung scheidet jedoch regelmäßig aus, wenn diese mit Rücksicht auf **zweifelhafte Realisierungsmöglichkeit** nicht eingeklagt worden ist. Dann dürfte ihr wirtschaftlicher Wert unterhalb des Nennbetrages liegen, und es ist abzuschätzen, inwieweit mit einer Befriedigung überhaupt zu rechnen ist.[6]

---

1 OLG Frankfurt, Beschl. v. 26. 2. 1981 – 6 W 147/80, JurBüro 1981, 918.
2 OLG Düsseldorf, Beschl. v. 24. 1. 1984 – 5 WF 317/83, KostRsp. ZPO § 3 Nr. 721 = JurBüro 1984, 1865 mit zust. Anm. *Mümmler*; OLG Köln JurBüro 1973, 854; OLG Nürnberg BayMBl 1959, 170; OLG Neustadt JurBüro 1964, 195.
3 LAG Baden-Württemberg, Beschl. v. 7. 7. 1984 – 8 Ta 42/94, KostRsp. BRAGO § 23 Nr. 74 mit Anm. *Herget* = JurBüro 1995, 248.
4 LAG Baden-Württemberg, Beschl. v. 7. 7. 1984 – 8 Ta 42/94, KostRsp. BRAGO § 23 Nr. 74 mit Anm. *Herget* = JurBüro 1995, 248 mit zust. Anm. *Enders*.
5 OLG Köln, Beschl. v. 9. 5. 1984 – 16 W 36/84, KostRsp. GKG § 19 Nr. 81.
6 OLG Bamberg, Beschl. v. 22. 9. 1988 – 6 W 29/88, KostRsp. ZPO § 3 Nr. 953 = JurBüro 1989, 201; OLG Frankfurt MDR 1981, 57; OLG Karlsruhe, Beschl. v. 9. 5. 2000 – 10 W 19/00, OLGR 2000, 404; LAG Düsseldorf, Beschl. v. 30. 9. 1987 – 7 Ta 140/87, KostRsp. ZPO § 3 Nr. 911 mit Anm. *E. Schneider* = JurBüro 1988, 778 mit abl. Anm. *Mümmler*; LAGE ZPO § 3 Nr. 5; LAG Hamm MDR 1980, 613; LAG Hamburg, Beschl. v. 15. 10. 1985 – 3 Ta 16/85, KostRsp. ZPO § 3 Nr. 817 = JurBüro 1986, 752; Zöller/*Herget*, § 3 Rn. 16 unter „Vergleich"; a.A. *Mümmler* JurBüro 1991, 767, 770.

Zu berücksichtigen ist daher beim **Vergleichswert** derjenige Teilbetrag der mit-   5720
einbezogenen Forderung, der bei summarischer Prüfung durchsetzbar erscheint.
Diese wirtschaftliche Betrachtungsweise entspricht derjenigen, die auch die
Bewertung der Forderungspfändung anerkannt ist (siehe die Nachweise bei dem
Stichwort „Pfändung"). Seinen gesetzlichen Niederschlag findet der Gedanke
der **Geringerbewertung wertloser Forderungen** in § 25 Abs. 1 Nr. 4 RVG (§ 57
Abs. 2 S. 5 BRAGO), wonach sich der Gegenstandswert der Zwangsvollstre-
ckung bei Anträgen auf Abgabe der eidesstattlichen Versicherung nach dem
Wert der Hauptforderung bestimmt, 1500 Euro jedoch nicht überschreiten
kann.[1]

b) Haupt- und Hilfsaufrechnung

Eine werterhöhende Einbeziehung kommt regelmäßig in Betracht, wenn sich   5721
die Parteien vergleichen, nachdem der Beklagte gegenüber der Klageforderung
die **Aufrechnung** erklärt hat und der Vergleich auch die Gegenforderung erfasst.
Hier ist jedoch zwischen folgenden Konstellationen zu unterscheiden:

Im Falle der **Primäraufrechnung** ist die Klageforderung unstreitig, sodass eine   5722
Wertaddition ausscheidet. Vielmehr ist für den **Vergleichswert** auf die höherwertige Forderung abzustellen, denn die Sperrwirkung des § 322 Abs. 2 ZPO
findet hier keine Anwendung, da es mit dem Vergleich an einer der Rechtskraft
fähigen Entscheidung mangelt. Für den **Verfahrenswert** ist immer dem Wert der
Klageforderung entscheidend, da § 45 Abs. 3 GKG (§ 19 Abs. 3 GKG a.F.) hier
keine Anwendung findet.

Eine Zusammenrechnung von Forderung und Gegenforderung für den **Ver-**   5723
gleichswert ist hingegen geboten, wenn der Beklagte primär die Aufrechnung
erklärt und **andere Einwendungen gegen die Klageforderung** nur hilfsweise geltend macht.[2] Denn für den Vergleich ist das Eventualverhältnis bedeutungslos,
sodass sich die Klageforderung trotz der nur hilfsweise erhobenen anderweitigen Einwendungen als streitig darstellt. Demgegenüber verbleibt es beim **Ver-**
fahrenswert bei der Klageforderung, da § 45 Abs. 3 GKG (§ 19 Abs. 3 GKG a.F.)
für andere Einreden und Einwendungen als die Hilfsaufrechnung nicht gilt und
der Beklagte sich nur primär auf Aufrechnung beruft.

Hat der Beklagte die Aufrechnung nur hilfsweise erklärt (**Eventualaufrechnung**),   5724
ist der **Vergleichswert** immer aus der **Summe der verglichenen Ansprüche** zu
bilden. Hier stehen Klageforderung und Gegenforderung im Streit, der durch die
vergleichsweise Einigung beendet wird. Hierbei wird der Vergleichswert durch
die **Sperrwirkung des § 322 Abs. 2 ZPO** nicht begrenzt, da § 45 Abs. 3 GKG
(§ 19 Abs. 3 GKG a.F.) nur für den Verfahrenswert gilt.[3]

---

1 Vgl. ausführlich zu dieser Problematik *Schneider* MDR 1990, 682.
2 KG, Beschl. v. 21. 12. 1976 – 5 W 1061/76, KostRsp. GKG § 19 Nr. 6.
3 OLG Bamberg JurBüro 1983, 106; OLG Frankfurt JurBüro 1980, 413 = MDR 1980, 64;
  OLG Hamm, Beschl. v. 29. 7. 1983 – 26 W 10/83, KostRsp. GKG § 19 Nr. 67 = JurBüro
  1983, 1680 = 1984, 256 = Rpfleger 1983, 504; OLG Köln JurBüro 1994, 496; OLG Mün-

5725 Für den **Verfahrenswert** bleibt es für die Addition von Forderung und Gegenforderung trotz Vergleichsschluss bei der **Sperrwirkung des § 322 Abs. 2 ZPO**, was sich bereits aus § 45 Abs. 4 GKG (§ 19 Abs. 4 GKG a.F.) ergibt, da dessen Bezugnahme auf § 45 Abs. 3 GKG (§ 19 Abs. 3 GKG a.F.) den Abschluss eines Vergleichs voraussetzt.[1] Verfahrensstreitwert und Vergleichswert müssen folglich gesondert berechnet werden.[2]

5726 Wird der **Vergleich** nach einer abschlägigen Bescheidung der Hilfsaufrechnung **erst im Rechtsmittelverfahren** geschlossen, so bemisst sich der dessen Gebührenstreitwert mangels zweitinstanzlicher Entscheidung über die Gegenforderung allein nach dem Wert der Klageforderung.[3] Für die erste Instanz verbleibt es ausgehend vom Grundsatz der **instanzbezogenen Wertfestsetzung** bei der Werterhöhung gemäß § 45 Abs. 3 GKG (§ 19 Abs. 3 GKG a.F.). Dass die erstinstanzliche Entscheidung nicht rechtskräftig wird, ist unerheblich, da es für die Werterhöhung allein einer der Rechtskraft fähigen Entscheidung bedarf.[4]

5727 Zu beachten bleibt, dass sich die Gerichtsgebühren bei einer vergleichsweisen Regelung nicht anhängiger Ansprüche um eine 0,25 Gebühr gemäß **Nr. 1900 KV GKG** (entspricht inhaltlich weitgehend Nr. 1653 KV GKG a.F.) erhöhen, berechnet nach dem Unterschied der Streitwerte.[5]

5728 Verteidigt sich der Beklagte durch hilfsweise Aufrechnung mit **Gegenforderungen,** die nur geringen wirtschaftlichen Wert haben, vielleicht sogar „aus der Luft gegriffen" sind, ist auch hier deren Wert nur mit einem Teilbetrag anzusetzen, der nach summarischer Prüfung ihrem wirtschaftlichen Wert unter Berücksichtigung der **zweifelhaften Realisierbarkeit** entspricht.[6] Siehe ausführlich oben Rn. 5693.

---

chen JurBüro 1978, 1226; OLG Nürnberg JurBüro 1982, 1380; OLG Saarbrücken, Beschl. v. 20. 12. 1979 – 4 W 16/79, KostRsp. GKG § 19 Nr. 31; *Anders/Gehle/Kunze,* Stichwort „Vergleich" Rn. 15; Zöller/*Herget,* § 3 Rn. 16 unter „Vergleich".

1 OLG Bamberg, Beschl. v. 10. 8. 1982 – 3 W 90/82, KostRsp. GKG § 19 Nr. 66 = JurBüro 1983, 105 mit zust. Anm. *Mümmler;* OLG Düsseldorf, Beschl. v. 27. 4. 1987 – 9 W 29/ 87, KostRsp. GKG § 19 Nr. 127 = JurBüro 1987, 1383; OLG Hamm, Beschl. 29. 7. 1983 – 26 W 10/83, KostRsp. GKG § 19 Nr. 67 = JurBüro 1983, 1680 = 1984, 256 = Rpfleger 1983, 504; OLG Köln, Beschl. v. 20. 12. 1978 – 7 W 67/78, MDR 1979, 412; OLG München, Beschl. v. 12. 1. 1998 – 7 W 3384/97, KostRsp. GKG § 19 Nr. 205 = OLGR 1998, 103 = JurBüro 1998, 260 = MDR 1998, 680; Beschl. v. 11. 7. 1997 – 21 W 1688/97, OLGR 1998, 15 = AGS 2000, 10, AnwBl. 1999, 132; *Lappe* Anm. zu OLG München, KostRsp. GKG § 19 Nr. 14; *Madert,* Festschrift für Schmidt, S. 80 u. AnwBl. 1988, 247; *Mümmler* JurBüro 1978, 1227; *E. Schneider* NJW 1979, 853; wohl auch KG Rpfleger 1983, 505; fehlerhaft daher OLG München JurBüro 1978, 1226.

2 *Schneider* NJW 1979, 853; *Mümmler* JurBüro 1978, 1227; siehe ferner unter dem Stichwort „Aufrechnung".

3 OLG Stuttgart, Beschl. v. 4. 11. 2004 – 13 U 93/04, OLGR 2005, 45 = NJW-RR 2005, 507.

4 OLG Frankfurt, Beschl. 2. 4. 2001 – 23 W 50/00, JurBüro 2001, 417 = MDR 2001, 776 = AGS 2002, 40 = NJW-RR 2001, 1653.

5 *Hartmann,* GKG, KV 1900 Rn. 7.

6 LAG Hamm MDR 1980, 613.

4. Vergleich über Kosten

Beschränkt sich der Vergleich auf die Verteilung der angefallenen Kosten (Kostenvergleich), dann bestimmt sich sein Streitwert nach den gesamten bis zum Vergleich entstandenen gerichtlichen und außergerichtlichen Kosten. Dies auch dann, wenn die Einigung nur teilweise von der gesetzlichen Folge abweicht.[1]   **5729**

Wird in dem Vergleich (auch) die Übernahme der **Kosten eines anderweitigen Verfahrens** geregelt, erhöht sich der Gegenstandswert im Umfang der anderweitig angefallenen Kosten.[2]   **5730**

5. Gesamtvergleich

In der Praxis nicht selten ist eine anlässlich eines Rechtsstreits erzielte Einigung der Parteien über alle zwischen ihnen im Streit stehenden Ansprüche und Rechte. Neben der bereits erörterten Einbeziehung nichtrechtshängiger Ansprüche und Rechte ist hier die vergleichsweise **Erledigung mehrerer Prozesse** von Bedeutung.   **5731**

Wertbestimmend ist auch hier – unter Berücksichtigung der vorerwähnten Einschränkungen – die Summe aller durch den Vergleich erledigten Ansprüche. Da bei der Berechnung des Gegenstandswertes eines Vergleichs nur darauf abzustellen ist, worüber die Parteien sich verglichen haben, welchen Streit sie also vergleichsweise erledigt haben, ist auch bei einem sog. Gesamtvergleich nur darauf abzustellen, welche Streitpunkte bereinigt worden sind.[3]   **5732**

Wird im Hauptprozess ein anhängiges Eilverfahren mitverglichen, sind nach überwiegender Ansicht die Streitwerte von **Eilverfahren und Hauptprozess** zu addieren.[4]   **5733**

Dem ist nicht zu folgen, da die Gegenstände des Eil- und Hautverfahren **wirtschaftlich identisch** sind. Maßgebend ist daher der höherwertigere Anspruch, mithin der des Hauptsacheverfahrens.[5] Etwas anderes folgt auch nicht daraus,   **5734**

---

1 LG Nürnberg-Fürth AnwBl. 1952, 53, 135.
2 OLG Frankfurt, Beschl. v. 26. 2. 1981 – 6 W 147/80, JurBüro 1981, 918.
3 OLG Köln, Beschl. v. 29. 11. 1972 – 2 W 101/72, KostRsp. ZPO § 3 Nr. 305 = MDR 1973, 324.
4 OLG Hamburg, Beschl. v. 22. 5. 1991 – 8 W 129/91, KostRsp. BRAGO § 23 Nr. 65 mit abl. Anm. *Lappe* = MDR 1991, 904 = JurBüro 1991, 1066; OLG Köln KostRsp. GKG § 20 Nr. 90; OLG München, Beschl. v. 23. 3. 1993 – 11 WF 582/93, KostRsp. BRAGO § 23 Nr. 70 mit abl. Anm. *Lappe* = JurBüro 1993, 673 = Rpfleger 1993, 463 = AnwBl. 1993, 530; OLG Stuttgart, Beschl. v. 27. 9. 1995 – 8 W 648/94, KostRsp. BRAGO § 23 Nr. 83 = JurBüro 1996, 137 = Justiz 1996, 60; *Anders/Gehle/Kunze*, Stichwort „Vergleich" Rn. 5; *Hartmann*, VV 1000 RVG Rn. 86; a.A. OLG Frankfurt, Beschl. v. 26. 2. 1981 – 6 W 147/80, JurBüro 1981, 918; OLG München, Beschl. v. 30. 4. 1991 – 11 WF 678/91, FamRZ 1991, 1217; *Gerold/Schmidt/von Eicken*, BRAGO, § 23 Rn. 55; *Lappe* Anm. zu OLG Hamburg, KostRsp. BRAGO § 23 Nr. 65.
5 OLG Frankfurt, Beschl. v. 26. 2. 1981 – 6 W 147/80, JurBüro 1981, 918; *Lappe* Anm. zu OLG Hamburg KostRsp. BRAGO § 23 Nr. 65; ders. Anm. zu OLG München KostRsp.

dass es im vorläufigen Rechtsschutz (in der Regel) um die Sicherung und im Hauptsacheverfahren um die Durchsetzung des Anspruchs geht.[1] Denn die Sicherung eines Anspruchs ist gegenüber seiner Durchsetzung wirtschaftlich betrachtet ein minus und kein aliud. Folgerichtig besteht auch bei der objektiven Klagehäufung Einigkeit darüber, dass sichernde Begleitansprüche wertmäßig unberücksichtigt bleiben (siehe ausführlich unter dem Stichwort „Mehrere Ansprüche" Rn. 3422 ff.). Da der Hauptsachewert des anderweitigen Verfahrens unberücksichtigt bleibt, sind jedoch dessen etwaig **mitverglichene Kosten** werterhöhend zu berücksichtigen.[2]

6. Genehmigung des Vergleichs

5735 Ist ein Vergleich von der Genehmigung des **Vormundschaftsgerichts** abhängig, so ist der Wert der Klage der einen Vergleichspartei gegen die andere mit dem Antrag, die andere Partei zu verurteilen, den Antrag auf Erteilung der Genehmigung beim Vormundschaftsgericht zu stellen, der gleiche wie der Wert des gesamten Vergleichs.[3]

7. Unwirksamkeit des Vergleichs

5736 Der Streit über die verfahrensrechtliche oder materiell-rechtliche Wirksamkeit ist durch **Fortsetzung des bisherigen Verfahrens** auszutragen. Im Falle seiner Wirksamkeit ist nach mündlicher Verhandlung durch Urteil darauf zu erkennen, dass der Rechtsstreit durch den Vergleich erledigt ist. Anderenfalls ist über die (ursprüngliche) Klage zu entscheiden.[4] Demgegenüber ist der **Streit über die Auslegung des Prozessvergleichs** in einem eigenständigen auf Feststellung oder Verurteilung zur Leistung gerichteten Verfahren auszutragen.[5]

5737 Wird über die Fortsetzung des bisherigen Verfahrens gestritten, bestimmt sich der Wert des Verfahrens nach dem Interesse desjenigen, der die Unwirksamkeit des Vergleichs geltend macht. Allein der Umstand, dass dieser Streit durch Fortsetzung des bisherigen Verfahrens geführt werden muss, rechtfertigt keine schematische Gleichsetzung mit dessen Hauptsachewert.[6] Vielmehr entspricht die Situation einem Zwischenstreit. Das nach § 3 ZPO maßgebli-

---

BRAGO § 23 Nr. 70; *Gerold/Schmidt/von Eicken*, BRAGO, § 23 Rn. 55; a.A. Vorauflage.

1 So aber Schneider/Wolf/*N. Schneider*, VV 1000 Rn. 209.
2 OLG Frankfurt, Beschl. v. 26. 2. 1981 – 6 W 147/80, JurBüro 1981, 918.
3 OLG Frankfurt NJW 1959, 680 mit abl. Anm. *Lappe* in Rpfleger 1959, 137.
4 BGH, Beschl. v. 18. 9. 1996 – VIII ZB 28/96, MDR 1996, 1286 = NJW 1996, 3345.
5 Palandt/*Sprau*, BGB, § 779 Rn. 31 m.w.N.
6 OLG Bamberg, Beschl. v. 26. 5. 1998   3 U 149/97, OLGR 1999, 115; a.A. LAG Düsseldorf, Beschl. v. 6. 7. 2000 – 7 Ta 211/00, MDR 2000, 1099; wohl auch OLG Saarbrücken, Beschl. v. 18. 9. 1989 – 6 WF 105/89, KostRsp. GKG § 17 Nr. 120 mit Anm. *E. Schneider* = JurBüro 1990, 97.

che Interesse des „Fortsetzungsklägers", bemisst sich nach der Differenz zwischen seinem Sachantrag im bisherigen Verfahren und dem durch mit dem Vergleich übernommenen Verpflichtung. Denn das Fortsetzungsinteresse zielt (bei unverändertem Sachantrag) auf Herbeiführung der im bisherigen Verfahren angestrebten Rechtsposition (Klagestattgabe, Klageabweisung etc.). Dem widerspricht auch nicht, dass sich der Gegenstandswert des Vergleichs nur nach dem Wert der verglichenen Ansprüche nicht aber nach dem Wert der übernommenen Verpflichtung bestimmt. Denn während der Gegenstandswert des Vergleichs an die mit dem Vergleichsschluss angestrebte Beseitigung der Ungewissheit anknüpft, zielt der Fortsetzungsantrag auf die Wiederherstellung der ursprünglichen prozessualen Situation. Dies zugleich unter Entledigung von den im Vergleich übernommenen Verpflichtungen bzw. unter Aufgabe der mit dem Vergleich erlangten Rechtspositionen. Der Wertbestimmung hat daher eine Saldierung der mit dem Vergleichsabschluss verbundenen vermögensrechtlichen Vor- und Nachteile für den „Fortsetzungskläger" vorauszugehen.[1]

Werden im Prozessvergleich **nichtrechtshängige Ansprüche einbezogen** und wird im weiteren Verfahren über die Wirksamkeit des Vergleichs gestritten, dann ist bei der Bewertung des „Nachverfahrens" zu berücksichtigen, dass nunmehr auch über den Bestand bzw. Wegfall der mitverglichenen Ansprüche gestritten und eine Entscheidung wegen der titulierten nichtrechtshängigen Ansprüche beantragt wird.[2] **5738**

Wird ein durch Vergleich beendeter Rechtsstreit aufgrund der Geltendmachung der Nichtigkeit oder Anfechtbarkeit des Vergleichs mit den ursprünglichen Anträgen **einvernehmlich fortgesetzt,** also ohne dass eine der Parteien die Unzulässigkeit der Zwangsvollstreckung aus dem Vergleich geltend macht oder die Feststellung der Wirksamkeit des Vergleichs begehrt, so bemisst sich der Streitwert allein nach den ursprünglichen Anträgen, auch wenn durch den Vergleich weitere Ansprüche erledigt worden sind.[3] **5739**

8. Einigung in der Rechtsmittelinstanz

Wird in erster Instanz nur ein Teil der Klageforderung zuerkannt und legt der Beklagte insoweit Berufung ein, dann ist, wenn sich die Parteien im Berufungsrechtszug „über die Klageforderung" vergleichen, nur jene im zweiten Rechts- **5740**

---

1 Im Ergebnis ebenso OLG Frankfurt, Beschl. v. 30. 9. 2003 – 24 U 221/01, OLGR 2004, 122; OLG Naumburg, Urteil v. 16. 11. 2004 – 11 U 44/04, OLGR 2005, 288 = JMBl St 2005, 141 – Abwehr der vom Beklagten im Vergleich übernommenen Verpflichtung.
2 OLG Frankfurt, Beschl. v. 30. 9. 2003 – 24 U 221/01, OLGR 2004, 122; OLG Hamm, Beschl. v. 14. 12. 1979 – 23 W 578/79, JurBüro 1980, 550 u. 1027 = Rpfleger 1980, 162 = AnwBl. 1980, 154; OLG Köln, Beschl. v. 11. 1. 1988 – 14 WF 269/87, KostRsp. ZPO § 3 Nr. 926; OLG Stuttgart JurBüro 1978, 1654; a.A. *Anders/Gehle/Kunze,* Stichwort „Vergleich" Rn. 21.
3 BGH, Beschl. v. 30. 9. 1964 – IV ZR 215/62, KostRsp. ZPO § 3 Nr. 119.

zug noch **umstrittene Teilforderung** Vergleichsgegenstand.[1] Dies gilt auch, wenn der Kläger wegen der Abweisung der Mehrforderung eine Anschlussberufung (nur) angekündigt hat.[2]

5741 Anders ist hingegen zu bewerten, wenn die Einigung den unangefochten gebliebenen Teil der Klageforderung mit der Maßgabe erfasst, dass der Kläger dem Beklagten sowohl für den zuerkannten als auch den streitig gebliebenen Betrag **Ratenzahlung** gewährt. Hier ist zu dem Wert des angefochtenen Teils um den nach § 3 ZPO zu schätzenden Wert der Ratenzahlungsvereinbarung zu erhöhen.[3] Siehe ausführlich oben Rn. 5693.

Vergleichsverfahren

5742 Der Streitwert einer Klage auf Leistung „nach Maßgabe des Vergleichs" ist die nach diesem Vergleich geschuldete Quote.[4]

5743 Der Umstand, dass der Kläger, der eine negative Feststellungsklage erhoben hat, sich im Insolvenzverfahren befindet, rechtfertigt nicht die Herabsetzung des Streitwerts entsprechend der etwa erwarteten Insolvenzquote.[5]

Vergütungsfestsetzung

Gliederungsübersicht

A. Gegenstandswert des Festsetzungsverfahrens

 I. Keine Festsetzung für Gerichtsgebühren 5744
 II. Festsetzung für Anwaltsgebühren
   1. Notwendigkeit 5745
   2. Vergütungsfestsetzungsantrag des Anwalts 5747

3. Festsetzungsantrag des Gebührenschuldners 5753
4. Beschwerde- und Erinnerungsverfahren 5756
5. Rechtsbeschwerde 5757

B. Wert des der Festsetzung zugrunde liegenden Verfahrens . . 5758

---

1 KG, Urteil v. 5. 1. 2004 – 12 U 157/02, KDR 2004, 310; OLG Hamm, Beschl. v. 25. 6. 1995 – 20 U 339/94, JurBüro 1996, 148 mit zust. Anm. *Enders.*
2 OLG Neustadt JurBüro 1960, 210.
3 KG, Urteil v. 5. 1. 2004 – 12 U 157/02, KDR 2004, 310: Erhöhung um Stundungsinteresse = $^1/_{10}$; OLG Celle JurBüro 1971, 237; a.A. OLG Hamburg MDR 1981, 945; OLG Hamm, Beschl. v. 25. 6. 1995 – 20 U 339/94, KostRsp. BRAGO § 23 Nr. 82 = JurBüro 1996, 148.
4 OLG München MDR 1955, 750.
5 OLG Frankfurt JurBüro 1963, 97.

A. Gegenstandswert des Festsetzungsverfahrens

I. Keine Festsetzung für Gerichtsgebühren

Im Vergütungsfestsetzungsverfahren nach § 11 RVG fallen vor dem Gericht des ersten Rechtszugs keine Gerichtsgebühren an (§ 11 Abs. 2 S. 4 RVG). Im Beschwerdeverfahren (Nr. 1811 GKG-KostVerz.; 50,00 Euro) und im Rechtsbeschwerdeverfahren (Nr. 1824 GKG-KostVerz.; 150,00 Euro) werden Festgebühren erhoben, sofern die Beschwerde verworfen oder zurückgewiesen wird. Eine Wertfestsetzung des Gerichts von Amts wegen nach § 32 Abs. 1 GKG unterbleibt daher in allen Verfahren. **5744**

II. Festsetzung für Anwaltsgebühren

1. Notwendigkeit

Anwaltsgebühren können dagegen im Vergütungsfestsetzungsverfahren entstehen, allerdings nur, wenn der Anwalt für einen **anderen Anwalt** oder den **Auftraggeber** tätig wird. Er erhält dann im Antragsverfahren eine 0,8-Verfahrensgebühr nach Nr. 3403 VV RVG,[1] im Beschwerdeverfahren eine 0,5-Verfahrensgebühr nach Nr. 3500 VV RVG und im Rechtsbeschwerdeverfahren eine 1,0-Verfahrensgebühr nach Nr. 3502 VV RVG. In **eigener Sache** kann der Anwalt dagegen keine Gebühren verlangen, weil es an einem Auftraggeber fehlt (überflüssig daher § 18 Nr. 13, 2. Alt. RVG). Da zudem eine Kostenerstattung in allen Instanzen ausgeschlossen ist, kommt auch § 91 Abs. 2 S. 3 ZPO nicht zum Tragen. **5745**

Fallen danach für eine Fremdvertretung Anwaltsgebühren an, so richten sich diese nach dem Gegenstandswert (§ 2 Abs. 1 S. 1 RVG), sodass auf Antrag eines Beteiligten der Wert nach § 33 Abs. 1 RVG festzusetzen ist. **5746**

2. Vergütungsfestsetzungsantrag des Anwalts

Beantragt der Anwalt die Vergütungsfestsetzung, richtet sich der Wert gem. § 23 Abs. 1 S. 2, S. 1 RVG i.V.m. § 48 Abs. 1 S. 1 GKG, § 3 ZPO und bemisst sich nach dem Betrag, der zur Festsetzung angemeldet wird. **5747**

Dies wird in aller Regel der volle Vergütungsanspruch sein. Auslagen nach den Nr. 7000 ff. VV RVG sind voll zu bewerten, gleichfalls vorgelegte Kosten, die nach § 675 BGB i.V.m. Vorbem. 7 Abs. 1 S. 1 VV RVG eingefordert werden. Es handelt sich nicht um Nebenforderungen i.S.d. § 43 Abs. 1 GKG. **5748**

Wird nur ein Teil der Vergütung angemeldet, etwa wegen bereits geleisteter Teilzahlungen des Auftraggebers, ist der zur Festsetzung angemeldete Teilwert maßgebend. **5749**

---

1 AnwK-RVG/*N. Schneider* Nr. 3403 VV Rn. 21.

⊃ **Beispiel:**

Der Anwalt beantragt die Festsetzung einer Einigungsgebühr nebst Umsatzsteuer; die Verfahrens- und Terminsgebühr hatte der Mandant bereits bezahlt.

Maßgebender Gegenstandswert ist nur der Betrag der Einigungsgebühr nebst Umsatzsteuer.

5750 Wird zwar einerseits die volle Vergütung zur Festsetzung angemeldet, andererseits aber eine Vorschusszahlung abgesetzt, so ist dennoch der volle Wert der Vergütungsforderung maßgebend. Da der Vorschuss keine Erfüllungswirkung hat, ist die gesamte Vergütungsforderung Gegenstand der gerichtlichen Prüfung und Festsetzung, sodass daher auch der gesamte Wert anzusetzen ist.

⊃ **Beispiel:**

Der Anwalt rechnet ausgehend von einem Streitwert in Höhe von 10 000 Euro eine 1,3-Verfahrensgebühr (Nr. 3100 VV RVG), eine 1,2-Terminsgebühr (Nr. 3104 VV RVG) und eine 1,0-Einigungsgebühr (Nr. 1000 VV RVG) nebst Auslagen und Umsatzsteuer (1996,36 Euro) ab und beantragt diese Vergütung festzusetzen, abzüglich eines gezahlten Vorschusses in Höhe von 580 Euro.

Der Gegenstandswert beläuft sich auf 1996,36 Euro. Der gezahlte Vorschuss mindert den Gegenstandswert nicht.

5751 Erhebt der Antragsgegner **nicht gebührenrechtliche** Einwände, so erhöhen diese den Gegenstandswert nicht. Gebührenrechtliche Einwände werden im Vergütungsfestsetzungsverfahren nicht geprüft, sondern führen nur dazu, dass die Vergütungsfestsetzung abgelehnt wird (§ 19 Abs. 5 RVG). Sie werden daher nicht Gegenstand des Verfahrens und bleiben daher außer Ansatz.

5752 Lediglich dann, wenn nicht gebührenrechtliche Einwände unstreitig sind, wie z.B. eine unstreitige Erfüllung, werden sie im Verfahren berücksichtigt. Eine Erhöhung des Gegenstandswertes tritt dann aber nicht ein. Ein Fall des § 45 Abs. 3 GKG kann im Vergütungsfestsetzungsverfahren nicht auftreten, da dieser eine streitige Gegenforderung voraussetzt.

3. Festsetzungsantrag des Gebührenschuldners

5753 Beantragt der Gebührenschuldner die Vergütungsfestsetzung, wozu er nach § 11 Abs. 1 RVG berechtigt ist, richtet sich der Gegenstandswert nach seinem Interesse. Es kommt dann auf die Vergütungsforderung an, deren sich der Anwalt (noch) berühmt. Geleistete Zahlungen sind abzuziehen.

⊃ **Beispiel:**

Der Anwalt stellt dem Mandanten 3000 Euro in Rechnung. Der Mandant ist der Auffassung, er schulde nur 2000 Euro und zahlt diese. Im Übrigen beantragt er die Vergütungsfestsetzung.

Gegenstandswert ist nur der Betrag in Höhe von 1000 Euro. Unerheblich ist insoweit, ob der Anwalt im Festsetzungsverfahren seinen vermeintlichen Anspruch in Höhe von 1000 Euro weiter verfolgt. Es verhält sich hier ähnlich wie bei einer negativen Feststellungsklage.

Zahlt der Auftraggeber den unstreitigen Teil der Vergütungsforderung nicht, **5754** dann ist die volle Forderung maßgebend.

➲ **Beispiel:**

Der Anwalt stellt dem Auftraggeber 3000 Euro in Rechnung. Der Auftraggeber bestreitet, mehr als 2000 Euro zu schulden und beantragt die Vergütungsfestsetzung ohne den unstreitigen Teilbetrag zu zahlen.

Jetzt sind die vollen 3000 Euro maßgebend, da die vollen 3000 Euro zum Gegenstand des Verfahrens werden und das Gericht diesen vollen Betrag auch festsetzt, unabhängig davon, ob er streitig ist oder nicht.

Beantragt der Auftraggeber die **Rückfestsetzung** so ist der beantragte Rückzah- **5755** lungsbetrag maßgebend, unabhängig davon, ob die Rückfestsetzung statthaft ist oder nicht. Das Streitwertrecht fragt nicht nach Zulässigkeit.

4. Beschwerde- und Erinnerungsverfahren

Der Gegenstandswert richtet sich in der Beschwerde nach § 23 Abs. 2 S. 1 RVG **5756** und im Erinnerungsverfahren nach § 23 Abs. 2 S. 3 i.V.m. S. 1 RVG. Maßgebend ist der mit der Beschwerde oder Erinnerung per Saldo geltend gemachte Mehr- oder Minderbetrag. Wer die Beschwerde führt, ist unerheblich.

5. Rechtsbeschwerde

Der Wert richtet sich nach § 23 Abs. 2 S. 1 RVG. Maßgebend ist die mit der **5757** Rechtsbeschwerde verfolgte Abänderung.

B. Wert des der Festsetzung zugrunde liegenden Verfahrens

Im Rahmen der Festsetzung darf nicht inzidenter auch über den zugrunde lie- **5758** genden Gegenstandswert der zur Festsetzung angemeldeten Gebühren entschieden werden. Wird der vom Antragsteller angegebene **Gegenstandswert von einem Beteiligten bestritten**, so ist vielmehr das Festsetzungsverfahren auszusetzen, bis das Gericht den Streitwert im Verfahren nach §§ 32 Abs. 1, 33 Abs. 1 RVG festgesetzt hat (§ 11 Abs. 4 RVG). Es handelt sich keineswegs um einen nichtgebührenrechtlichen Einwand, der nach § 11 Abs. 5 RVG zur Unzulässigkeit der Vergütungsfestsetzung führen würde.

Hat zwar keiner der Beteiligten, aber das Festsetzungsorgan Bedenken gegen die **5759** Richtigkeit des angesetzten Gegenstandswertes, so kann es – wenn die Wertfestsetzung nach **§ 32 Abs. 1 GKG** erfolgt – die **erstmalige Wertfestsetzung** oder eine **amtswegige Korrektur** beantragen.[1] Es kann dagegen nicht **Erinnerung oder Beschwerde** gegen die Wertfestsetzung einlegen.

---

1 AnwK-RVG/*N. Schneider* § 11 Rn. 146; von Eicken/Hellstab/Lappe/Madert/*Mathias*, Rn. I 25.

5760 Richtet sich die Wertfestsetzung in dem zugrunde liegenden Verfahren dagegen **ausschließlich nach § 33 Abs. 1 RVG**, steht nur dem Anwalt und dem Gebührenschuldner das Antragsrecht zu. Der Festsetzungsbeamte darf dann weder die **erstmalige Wertfestsetzung** oder eine **amtswegige Korrektur** beantragen, solange der Wert zwischen den Parteien des Vergütungsfestsetzungsverfahrens unstreitig ist.[1] Erst Recht kann er nicht **Erinnerung oder Beschwerde** gegen die Wertfestsetzung einlegen.

5761 Eine während des Vergütungsfestsetzungsverfahren ergehende **Abänderung der Festsetzung** ist stets zu beachten.

5762 Wird der Gegenstandswert erst **nach Abschluss** des Vergütungsfestsetzungsverfahren gerichtlich abgeändert, so gilt § 107 ZPO entsprechend (§ 11 Abs. 2 S. 3 RVG).

Vergütungsvereinbarung, Herabsetzung

Siehe das Stichwort „Herabsetzung einer vereinbarten Vergütung".

Vergütungsvereinbarung, höherer Gegenstandswert

5763 Der Anwalt kann mit seinem Mandanten vereinbaren, dass nach einem bestimmten Gegenstandswert abzurechnen sei.[2] Dabei muss allerdings grundsätzlich ein höherer Streitwert vereinbart werden, da anderenfalls im Regelfall die gesetzliche Vergütung unterschritten würde, was nach § 49 Abs. 1 S. 1 BRAO unzulässig ist. Das gilt auch im außergerichtlichen Bereich. Dort kann zwar eine niedrigere als die gesetzliche Vergütung vereinbart werden, allerdings nur als Zeit- oder Pauschalvergütung. Ist unzulässigerweise ein geringerer Streitwert vereinbart, muss sich der Anwalt daran jedoch festhalten lassen.[3]

5764 Hinsichtlich der Vereinbarung sind die Vertragsparteien frei. Sie können den Gegenstandswert beziffert festschreiben, ein Vielfaches des gerichtlich festzusetzenden Streitwert vereinbaren (etwas das Doppelte, das Dreifache etc.) oder einen Zuschlag (z.B. gerichtlich festgesetzter Wert zuzüglich 50 000 Euro).[4]

---

1 AnwK-RVG/N. *Schneider* § 11 Rn. 147; von Eicken/Hellstab/Lappe/Madert/*Mathias*, Rn. I 25.

2 OLG Hamm, Urteil v. 28. 1. 1986 – 28 U 201/85, AnwBl. 1986, 452; LG Düsseldorf, Urteil v. 5. 12. 1990 – 3 S 56/90, JurBüro 1991, 530; ausführlich N. *Schneider*, Vergütungsvereinbarung Rn. 897 ff.

3 OLG Düsseldorf, Beschl. v. 14. 10. 2003 – I-24 U 79/03, 24 U 79/03, JurBüro 2004, 536 = KostRsp. BRAGO § 3 Nr. 71 = GI 2005, 58.

4 N. *Schneider*, Vergütungsvereinbarung Rn. 906 f.

Möglich ist es auch, Wertbegrenzungen aufzuheben (z.B. in Unterhaltssachen 5765 die Begrenzung auf 12 Monate, in Mietsachen auf den Jahreswert oder in Arbeitssachen auf den Quartalswert).

Auch die Begrenzung der § 22 Abs. 2 RVG, § 39 Abs. 2 GKG kann aufgehoben 5766 werden.

Möglich ist es auch, im Rahmen von Erstattungsvereinbarungen mit Dritten 5767 einen abweichenden Gegenstandswert zu vereinbaren.[1]

Ist ein Wert vereinbart, dann ist dieser abweichend von der an sich nach §§ 32 5768 Abs. 1, 33 Abs. 1 RVG bindenden gerichtlichen Wertfestsetzung für die Abrechnung mit dem Mandanten maßgebend.

Für die **gerichtliche Wertfestsetzung, die Gerichtsgebühren** und die **Kosten-** 5769 **erstattung**[2] ist die Vereinbarung dagegen unerheblich.

Zu beachten ist, dass die Vereinbarung eines höheren Gegenstandswertes nach 5770 § 4 Abs. 1 S. 1 u. 2 RVG **formbedürftig** ist.[3] Fehlt es an der Form, wird eine Verbindlichkeit nicht begründet. Gleiches gilt nach § 4 Abs. 5 S. 1 RVG im Falle der Beiordnung im Rahmen der **Prozesskostenhilfe**.

Zur Beschwer von Anwalt und Auftraggeber durch eine fehlerhafte Streitwert- 5771 festsetzung bei zugrunde liegender Vergütungsvereinbarung, siehe das Stichwort „Vergütungsvereinbarung, Streitwertfestsetzung".

Vergütungsvereinbarung, Streitwertfestsetzung

Literatur: *Krämer/Mauer/Kilian*, Vergütungsvereinbarung und Management. Schriftenreihe Anwaltsmanagement. 1. Aufl. 2005; *N. Schneider*, Die Vergütungsvereinbarung des Rechtsanwalts, 1. Aufl. 2005.

Gliederungsübersicht

A. Überblick 5772

B. Streitwertbeschwerde der Partei

  I. Überblick 5778
  II. Gerichtskosten 5779
  III. Anwaltsvergütung 5780
  IV. Kostenerstattungspflicht 5781

V. Kostenerstattungsanspruch . . . 5782
VI. Wert des Beschwerdegegenstands 5784

C. Streitwertbeschwerde des
  Anwalts 5785
  I. Wertabhängige Vereinbarung . . 5786
  II. Wertunabhängige Vereinbarung . 5787

---

1 *N. Schneider*, Vergütungsvereinbarung Rn. 2307 ff.
2 Sofern nicht auch eine Erstattungsvereinbarung getroffen wurde, was zulässig ist.
3 Zur Form einer Vergütungsvereinbarung in diesen Fällen siehe ausführlich *N. Schneider*, Vergütungsvereinbarung Rn. 497 ff.

A. Überblick

5772 Problematisch ist die Annahme der Beschwer für eine Streitwertbeschwerde der **Partei**, wenn abweichend von den gesetzlichen Gebühren eine Vergütungsvereinbarung getroffen worden ist:

- Hinsichtlich der Haftung für die **Gerichtskosten** kann sich im Falle einer Vergütungsvereinbarung keine abweichende Beschwer ergeben, da die Haftung gegenüber der Staatskasse von der Vergütungsvereinbarung stets völlig unabhängig ist.
- Für den **Vergütungsanspruch** gegenüber dem eigenen Anwalt kommt es darauf an, ob eine vom Gegenstandswert unabhängige Vergütungsvereinbarung getroffen worden ist oder ob sich die vereinbarte Vergütung am Gegenstandswert orientiert. Ist eine wertunabhängige Vereinbarung geschlossen, so kann eine zu hohe oder zu niedrige Wertfestsetzung durch das Gericht die Partei nicht beschweren. Anders dagegen, wenn sich die vereinbarte Vergütung nach dem Wert richtet.

  ⮑ **Beispiel:**
  Es ist das Doppelte der gesetzlichen Gebühren vereinbart. Ein Erhöhung des festgesetzten Wertes würde auch die Vergütungsschuld erhöhen; eine Reduzierung des Wertes würde sie verringern.

- Auswirkungen können sich auch bei der **Kostenerstattung** ergeben. In diesem Fall kann es dazu kommen, dass sich die Vergütungsschuld der Partei gegenüber dem eigenen Anwalt und der Kostenerstattungsanspruch der Partei gegen den erstattungspflichtigen Gegner nicht decken, sodass die Partei durch eine aus ihrer Sicht zu geringe Wertfestsetzung und die damit geringere Kostenerstattung Nachteile erleiden kann, obwohl sich die Wertfestsetzung im Innenverhältnis, also beim Vergütungsanspruch nicht auswirkt.

  ⮑ **Beispiel:**
  Der obsiegende Kläger hatte mit seinem Anwalt eine Pauschalvergütung i.H.v. 20 000 Euro vereinbart. Das Gericht setzt den Gegenstandswert auf 200 000 Euro fest. Nach diesem Wert würde die Partei ihre Anwaltskosten erstattet erhalten. Sie hat daher durchaus ein Interesse an einer höheren Wertfestsetzung, da sich dann der Erstattungsanspruch erhöhen, und der verbleibende Eigenanteil reduzieren würde.

5773 Auch für den **Anwalt** kann sich gegebenenfalls eine abweichende Beurteilung der Beschwer ergeben, wenn eine Vergütungsvereinbarung getroffen worden ist, die unabhängig vom Gegenstandswert ist. In diesem Fall kann es für ihn nämlich irrelevant sein, wie hoch das Gericht den Streitwert festsetzt, da er ohnehin nach der Vereinbarung abrechnet.

5774 Umstritten ist, ob und wann in den Fällen einer Vergütungsvereinbarung die Beschwer abweichend von der gesetzlichen Berechnung vorzunehmen ist.

5775 Zum Teil wird die Auffassung vertreten, es sei auch hier bei der Beschwer nur auf die gesetzliche Berechnung abzustellen.[1]

---

1 KG, Beschl. v. 5. 1. 2001 – 14 W 9522/00, AG 2001, 531; Hessischer VGH, Beschl. v. 23. 11. 1964 – B II 68/04, NJW 1965, 1829 = NJW 1965, 2267.

Diese Auffassung ist jedoch unzutreffend. Weder aus § 68 Abs. 1 GKG noch aus   5776
§ 33 Abs. 3 RVG ergibt sich, dass auf eine (fiktive) Beschwer nach gesetzlicher
Berechnung abzustellen ist.[1] Die Beschwer ist vielmehr individuell zu beurteilen. Es ist im konkreten Fall zu fragen, welche Nachteile der Anwalt oder die
Partei durch die unzutreffende Wertfestsetzung erleidet. Daher kann es durchaus vorkommen, dass eine Partei bei Abschluss einer Vergütungsvereinbarung
durch eine zu niedrige Wertfestsetzung beschwert ist.

Umgekehrt kann die Beschwerde bei Festsetzung eines zu hohen Streit- oder   5777
Gegenstandswertes unzulässig sein, wenn die Partei keine Gerichtskostenhaftung und keine Kostenerstattungspflicht trifft und sie mit dem Anwalt eine
wertunabhängige Vergütungsvereinbarung getroffen hat. Eine Abänderung des
Gegenstandswertes wäre für diese Partei dann völlig irrelevant, sodass für eine
Streitwertbeschwerde überhaupt kein Rechtsschutzbedürfnis besteht.

Im Einzelnen gilt daher Folgendes:

B. Streitwertbeschwerde der Partei

I. Überblick

Die Partei kann beschwert sein durch   5778

– die Haftung auf Gerichtskosten gegenüber der Staatskasse,

– die Vergütungsschuld gegenüber dem eigenen Anwalt,

– eine an den Gegner zu leistende Kostenerstattung,

– einen zu geringen eigenen Kostenerstattungsanspruch.

II. Gerichtskosten

Hinsichtlich der Haftung gegenüber der Gerichtskasse kann die Partei – unab-   5779
hängig von einer getroffenen Vergütungsvereinbarung – nur durch eine zu hohe
Wertfestsetzung beschwert sein. Hier ist also unabhängig von einer getroffenen
Vergütungsvereinbarung immer die Streitwertbeschwerde nach § 68 Abs. 1
GKG statthaft.[2]

III. Anwaltsvergütung

Hinsichtlich der an den eigenen Anwalt zu zahlenden Vergütung kann die Par-   5780
tei ebenfalls nur durch eine zu hohe Wertfestsetzung beschwert sein. Ist eine
Vergütungsvereinbarung getroffen, so ist hier allerdings zu differenzieren:

– Ist die **vereinbarte Vergütung unabhängig von der Höhe des Gegenstandswertes**, so kann eine Beschwer durch eine zu hohe Wertfestsetzung nicht eintre-

---

1 *N. Schneider*, Die Vergütungsvereinbarung Rn. 2347 ff.
2 *N. Schneider*, Die Vergütungsvereinbarung Rn. 2363.

ten. Dies gilt sowohl dann, wenn nach § 32 Abs. 1 RVG der für die Gerichtsgebühren festgesetzte Wert maßgebend ist als auch dann, wenn für die Anwaltsgebühren nach § 33 Abs. 1 RVG eine eigene Wertfestsetzung erfolgt ist.[1]

– Richtet sich die **vereinbarte Vergütung** dagegen **nach der Höhe des Gegenstandswertes**, indem etwa vereinbart ist, nach dem Vielfachen des festgesetzten Gegenstandswertes abzurechnen, indem auf den gesetzlichen Gegenstandswert abgestellt wird und lediglich höhere Gebührensätze vereinbart werden oder indem zusätzlich zu den gesetzlichen Gebühren ein Zuschlag zu zahlen ist, wird die Partei wiederum durch eine zu hohe Wertfestsetzung beschwert. Sie kann dann Herabsetzungsbeschwerde erheben.[2]

IV. Kostenerstattungspflicht

5781 Soweit die Partei dem Gegner kostenerstattungspflichtig ist, ist sie – unabhängig von dem Bestehen einer Vergütungsvereinbarung – durch eine zu hohe Wertfestsetzung beschwert, da sie dann mehr erstatten muss, als nach ihrer Auffassung richtig ist.[3] Lediglich dann, wenn mit dem Gegner eine Erstattungsvereinbarung unabhängig von der Höhe des Gegenstandswertes besteht,[4] würde es insoweit an der Beschwer fehlen.

V. Kostenerstattungsanspruch

5782 Soweit es um den eigenen Kostenerstattungsanspruch geht, ist wiederum zu differenzieren:

– Soweit eine **wertabhängige Vergütungsvereinbarung** mit dem eigenen Anwalt getroffen worden ist, fehlt es immer an einer Beschwer der Partei, da sie zwar bei einem höheren Wert eine höhere Erstattung erhielte, andererseits an den Anwalt aber auch eine höhere Vergütung zahlen müsste.[5]

> ⊃ **Beispiel:**
>
> Die Parteien haben eine Vergütungsvereinbarung geschlossen, wonach das Doppelte des gerichtlich festgesetzten Streitwerts zugrunde zu legen ist oder wonach zusätzlich zur gesetzlichen Vergütung ein Zuschlag zu zahlen ist.

In diesen Fällen fehlt es an der Beschwer, da mit der höheren Kostenerstattung gleichzeitig auch eine höhere Haftung gegenüber dem eigenen Anwalt einhergeht.

– Soweit eine **wertunabhängige Vergütungsvereinbarung** mit dem eigenen Anwalt getroffen worden ist, wird die Partei ausnahmsweise durch eine aus

---

1 *N. Schneider*, Die Vergütungsvereinbarung Rn. 2364.
2 *N. Schneider*, Die Vergütungsvereinbarung Rn. 2364.
3 *N. Schneider*, Die Vergütungsvereinbarung Rn. 2365.
4 Zur Zulässigkeit von Vergütungs- und Erstattungsvereinbarungen mit dem Gegner siehe *N. Schneider*, Die Vergütungsvereinbarung Rn. 2307 ff.
5 *N. Schneider*, Die Vergütungsvereinbarung Rn. 2366.

ihrer Sicht zu niedrige Wertfestsetzung beschwert, da dann der Kostenerstattungsanspruch hinter dem Betrag zurückbleibt, der nach Auffassung der Partei zu erstatten wäre.[1]

Voraussetzung bei dieser Konstellation ist allerdings, dass sich nach einer eventuellen Kostenausgleichung überhaupt ein Kostenerstattungsanspruch ergibt. Da es letztlich auf die Beschwer der Partei ankommt, also auf den Nachteil, den sie durch eine unzutreffende Wertfestsetzung erleidet, muss auf den im Endeffekt verbleibenden Nachteil abgestellt werden. Hat die Partei zwar einen Kostenerstattungsanspruch, verbleibt nach Kostenausgleichung jedoch kein eigener Kostenerstattungsanspruch, dann ist die Streitwertbeschwerde auch hier wiederum mangels Beschwer unzulässig.[2]

➲ **Beispiel:**

> Die Kosten des Rechtsstreits werden zu 80 % dem Kläger auferlegt und zu 20 % dem Beklagten. Der Kläger hat mit seinem Anwalt eine wertunabhängige Vergütungsvereinbarung getroffen.

Zwar würde durch eine zu niedrige Streitwertfestsetzung der 20%ige Erstattungsanspruch hinter dem aus Sicht der Partei zutreffenden Erstattungsanspruch zurückbleiben. Gleichzeitig würde sich aber auch der Kostenerstattungsanspruch des Gegners (80 %) erhöhen. Da per Saldo nach Ausgleichung kein Erstattungsanspruch verbleibt, kann die Partei nicht beschwert sein.

Voraussetzung für die Zulässigkeit einer Beschwerde, die sich auf eine zu geringe Kostenerstattung stützt, soll nach OLG Bremen[3] ferner sein, dass der **Kostenerstattungsanspruch bereits entstanden** ist. Die Beschwerde soll solange unzulässig sein, solange die Partei noch nicht kostenerstattungsberechtigt ist. Dem Grunde nach ist dem zuzustimmen, da eine Beschwer erst mit Entstehen des Kostenerstattungsanspruchs eintritt. Hier können sich allerdings Probleme ergeben, wenn bei Entstehen der Kostenerstattungspflicht bereits die Beschwerdefrist des § 33 Abs. 3 RVG abgelaufen ist. Konsequenterweise müsste man dann

5783

---

1 OLG Celle, Beschl. v. 20. 1. 1992 – 1 Ws 321/91, JurBüro 1992, 761; VGH München, Beschl. v. 20. 5. 1996 – 2 C 96.526, NVwZ-RR 1997, 195 = BayVBl 1997, 188; VGH Mannheim, Beschl. v. 24. 6. 2002 – 10 S 2551/01, NVwZ-RR 2002, 900 = AUR 2003, 119 = RdL 2002, 268; OVG Saarland, Beschl. v. 19. 6. 1996 – 2 Y 5/96, zitiert nach juris Nr. MWRE 112539600; OVG Hessen, Beschl. v. 9. 4. 1976 – IV TE 4/76, DÖV 1976, 607 = VerwRspr 28247; Sächsisches OVG, Beschl. v. 7. 1. 2004 – 1 E 179/03, NJ 2004, 280 = SächsVGl 2004, 89; VGH Hessen, Beschl. v. 28. 1. 1975 – II 126/74, KostRsp. VwGO § 146 Nr. 9 = ZMR 1977, 112; *N. Schneider*, Die Vergütungsvereinbarung Rn. 2367. Offen gelassen von VGH Mannheim, Beschl. v. 21. 9. 1987 – 2 S 2019/87, zitiert nach juris Nr. MWRE 106458714; OLG Mecklenburg-Vorpommern, Beschl. v. 27. 11. 2002 – 1 O 110/02, NordÖR 2003, 384; OVG Bremen, Beschl. v. 25. 4. 1983 – 1 B 15/83, JurBüro 1983, 1350. A.A., also keine Beschwerdemöglichkeit: KG, Beschl. v. 23. 11. 1964 – B II 68/04, AG 2001, 531; Hessischer VGH NJW 1965, 1829 = NJW 1965, 2267; OLG Düsseldorf, Beschl. v. 16. 6. 2005 – I 5W 13/05, AGS 2006, 188 mit Anm. *N. Schneider*; *N. Schneider*, Die Vergütungsvereinbarung Rn. 2373.
2 *N. Schneider*, Die Vergütungsvereinbarung Rn. 2374.
3 OLG Bremen, Beschl. v. 27. 7. 1993 – 2 W 56/93, zitiert nach juris Nr. KORE 4611879400.

den Fristbeginn für die Anfechtung der Wertfestsetzung auch erst mit Entstehen der Kostenerstattungspflicht entstehen lassen.[1]

VI. Wert des Beschwerdegegenstands

5784 Geht man im Falle einer Vergütungsvereinbarung zutreffend davon aus, dass die Beschwer hinsichtlich der Kostenerstattung auf der Basis der vereinbarten Vergütung zu ermitteln ist, dann muss bei der Ermittlung des Wertes des Beschwerdegegenstands (§ 68 Abs. 1 S. 1 GKG; § 33 Abs. 3 S. 1 RVG) ebenfalls hierauf abgestellt werden und nicht auf die gesetzliche Vergütung. Soweit die Partei also ausnahmsweise eine Heraufsetzungsbeschwerde erheben kann, muss der Wert des Beschwerdegegenstandes 200,01 Euro erreichen, sofern nicht die Beschwerde wertunabhängig zugelassen worden ist (§ 68 Abs. 1 S. 2 GKG; § 33 Abs. 1 S. 2 RVG). Gegenüberzustellen ist also die Kostenerstattung nach dem festgesetzten Wert und die Kostenerstattung nach dem begehrten höheren Wert. Gleichzeitig ist aber dann auch zu prüfen, ob durch eine Heraufsetzung des Streitwertes sich die Gebührenschuld gegenüber der Staatskasse und dem eigenen Anwalt erhöht. Dies wiederum würde die Beschwer mindern.

⊃ **Beispiel:**

Das Gericht hat den Streitwert auf 10 000 Euro festgesetzt. Die obsiegende und erstattungsberechtigte Partei, die mit ihrem Anwalt eine wertunabhängige Vergütungsvereinbarung getroffen hatte, begehrt die Festsetzung des Streitwerts auf 15 000 Euro. Es würde sich dann ein um 250 Euro höherer Erstattungsanspruch ergeben. Gleichzeitig würde sich aber die Haftung gegenüber der Staatskasse um 50 Euro erhöhen.

Per saldo verbleibt eine Beschwer von 200,00 Euro. Die Beschwerde wäre damit unzulässig.

C. Streitwertbeschwerde des Anwalts

5785 Der Anwalt kann immer nur durch eine zu niedrige Wertfestsetzung beschwert sein.

I. Wertabhängige Vereinbarung

5786 Dies gilt auch im Falle einer Vergütungsvereinbarung, wenn sich die vereinbarte Vergütung nach dem gerichtlich festgesetzten Wert richtet, etwa weil nach einem Vielfachen des gerichtlich festgesetzten Streitwertes abzurechnen ist oder weil zwar nach dem einfachen Wert abzurechnen ist, jedoch nach einem Vielfachen der gesetzlichen Gebühren oder weil zusätzlich zu den gesetzlichen Gebühren ein Zuschlag zu zahlen ist. In diesen Fällen bleibt die Streitwertbeschwerde des Anwalts aus eigenem Recht nach §§ 32 Abs. 1 RVG i.V.m. § 68 Abs. 1 GKG oder nach § 33 Abs. 3 RVG zulässig, sofern der Wert des

---

1 *N. Schneider*, Die Vergütungsvereinbarung Rn. 2369.

Beschwerdegegenstandes 200 Euro übersteigt oder die Beschwerde zugelassen worden ist (§ 68 Abs. 1 S. 2 GKG; § 33 Abs. 1 S. 2 RVG).

II. Wertunabhängige Vereinbarung

Hat der Anwalt dagegen mit seiner Partei eine wertunabhängige Vergütungsvereinbarung getroffen, ist eine Erhöhungsbeschwerde unzulässig. Der Anwalt kann hierdurch nicht beschwert sein, da er ohnehin nicht nach dem Wert abrechnet. Dies gilt auch dann, wenn sich bei einer Erhöhung des Gegenstandswertes die gesetzliche Vergütung auf einen höheren Betrag als die vereinbarte Vergütung belaufen würde,[1] da der Anwalt auch an eine Vereinbarung geringerer als der gesetzlichen Vergütung gebunden ist.[2]   **5787**

Anders verhält es sich dagegen, wenn dem Anwalt über die vereinbarte Vergütung für den Rechtsstreit noch ein gesetzlicher Vergütungsanspruch für die außergerichtliche Tätigkeit in dieser Sache zusteht. In diesem Falle ist der Anwalt nämlich durch die gerichtliche Wertfestsetzung über §§ 32 Abs. 1, 23 Abs. 1 S. 3 RVG an den festgesetzten (geringeren) Wert gebunden. Folglich muss er die Möglichkeit haben, diesen Wert anzufechten, auch wenn dies unmittelbar auf die Vergütung für den Rechtsstreit keinen Einfluss hat.[3]   **5788**

Verkehrsunfallschadenregulierung

Literatur: *Lappe* JVBl. 1961, 28; *Lappe* DAR 1968, 203; *Chemnitz* AnwBl. 1987, 468, 514; *Chemnitz*, Ersatz der außergerichtlichen Anwaltskosten, AGS 1994, 15; *Mümmler* JurBüro 1987, 1144; *N. Schneider*, Gegenstandswerte bei Schadensregulierung in Verkehrsunfallsachen, AGS 2005, 323.

Schadensersatzansprüche aus einem Verkehrsunfallschaden sind grundsätzlich auf Geld oder Freistellung gerichtet, so dass insoweit keine Besonderheiten gelten.   **5789**

- Für den **Zuständigkeitsstreitwert** ist auf die § 3 ff. ZPO abzustellen, bei Unterhaltsrenten auch auf § 9 ZPO. Häufig ergeben sich Probleme bei Nebenforderungen (§ 4 ZPO).

- Der **Gebührenstreitwert** wiederum folgt aus § 48 Abs. 1 GKG i.V.m. den §§ 3 ff. ZPO (für den Anwalt anzuwenden über § 23 Abs. 1 S. 1 u. 3 RVG). Daneben spielt auch § 42 GKG eine Rolle.

---

1 So im Ergebnis VGH Mannheim, Beschl. v. 13. 9. 1994 – 5 S 1754/94, NVwZ-RR 1995, 126 = VGHBW-Ls 1994, Beilage 12 B 4 = BWVPr 1995, 261.
2 OLG Düsseldorf, Beschl. v. 14. 10. 2003 – I-24 U 79/03, 24 U 79/03, JurBüro 2004, 536 = KostRsp. BRAGO § 3 Nr. 71 = GI 2005, 58.
3 *N. Schneider*, Die Vergütungsvereinbarung Rn. 2380; a.A.: keine Anfechtungsmöglichkeit bei bloßer Reflexwirkung für die Abrechnung der außergerichtlichen Vertretung: VGH Mannheim, Beschl. v. 13. 9. 1994 – 5 S 1754/94, NVWZ-RR 1995, 126 = VGH-BW-LS 1994, Beilage 12, B 4 = BWVPr 1995, 261.

Im Einzelnen gilt Folgendes:

Stichwortübersicht

Abgetretene Ansprüche	5790	Mietwagenkosten	5825
Ab- und Anmeldekosten	5792	Nutzungsausfallentschädigung	5826
Abänderung	5793	Radioumbaukosten	5827
Aktenversendungskosten	5795	Rentenansprüche	5828
Allgemeine Kostenpauschale	5798	Restwert	5838
Anwaltskosten	5799	Rückstufung	5839
Attest	5800	Sachschaden	5840
Bearbeitungskosten/-gebühren	5801	Sachverständigenkosten	5844
Behandlungskosten	5802	Schadensfreiheitsrabatt	5845
Befreiungsansprüche	5803	Schmerzensgeldforderungen,	
Begutachtungskosten	5804	bezifferte	5846
Einigung	5806	Schmerzensgeldforderungen, unbe-	
Fahrtkosten	5813	zifferte	5847
Feststellungsantrag	5814	Schmerzensgeldrente	5857
Finanzierungskosten	5818	Standgeld	5858
Freistellungsansprüche	5819	Transportkosten	5859
Haushaltsführungsschaden	5820	Umsatzsteuer	5860
Kapitalabfindung	5821	Vergleich	5861
Kaskoentschädigung	5822	Verdienstausfall	5862
Kostenpauschale	5823	Zinsen	5863
Mehrwertsteuer	5824	Zulassungskosten	5866

Abgetretene Ansprüche

5790 Werden Schadensersatzforderungen hinsichtlich einzelner Positionen abgetreten, etwa an den Autovermieter wegen der Mietwagenkosten oder an den Sachverständigen hinsichtlich seiner Vergütung, so wird deren Wert beim Geschädigten in voller Höhe berücksichtigt.

5791 In diesen Fällen liegt lediglich eine Sicherungsabtretung vor, so dass der Geschädigte berechtigt bleibt, den abgetretenen Anspruch weiterhin in eigenem Namen als Freistellungsanspruch geltend zu machen, auch wenn er nur Zahlung an den Zessionar verlangen kann.[1]

Ab- und Anmeldekosten

5792 Ab- und Anmeldekosten für Unfall- bzw. Neuwagen sind mit dem vollen Wert anzusetzen. Es handelt sich nicht um Nebenforderungen i.S.d. § 4 ZPO; § 43 Abs. 1 GKG.

Abänderung

5793 Wird eine Abänderung der Rentenzahlungen aus einer Hinterbliebenenrente begehrt, so handelt es sich um eine selbständige Angelegenheit, die gesondert

---

1 BGHZ 32, 67; AG Biberach DAR 1988, 27; AG Mettmann DAR 1986, 63.

zu bewerten ist.[1] Maßgebend für die **Gerichts- und Anwaltsgebühren** ist der fünffache jährlich geforderte Mehr- bzw. Minderbetrag (§ 42 Abs. 1 GKG).

Für den **Zuständigkeitsstreitwert** gilt dagegen § 9 ZPO (dreieinhalbfacher Jahreswert). 5794

Aktenversendungskosten

Wird im Rahmen der Unfallregulierung Akteneinsicht genommen, so entsteht eine Aktenversendungspauschale nach Nr. 9003 GKG-KostVerz. 5795

Wird die Akteneinsicht außergerichtlich eingeholt, ist die Pauschale außergerichtlich Nebenforderung. Kommt es anschließend zum Rechtsstreit, handelt es sich hier, ebenso wie bei den Anwaltskosten, um eine Hauptforderung. 5796

Wird die Akteneinsicht im Rechtsstreit eingeholt, handelt es sich wiederum um eine Nebenforderung, die nicht bewertet wird (§ 43 Abs. 1 GKG). 5797

Allgemeine Kostenpauschale

Es handelt sich nicht um eine Nebenforderung i.S.d. § 4 ZPO; § 43 Abs. 1 GKG.[2] Die geltend gemachte Pauschale ist mit dem geforderten Wert anzusetzen. 5798

Anwaltskosten

Die Kosten der anwaltlichen Regulierung können Nebenforderungen oder Hauptforderung sein. 5799

– Nebenforderungen sind die außergerichtlichen Anwaltskosten, soweit sie außergerichtlich mit eingefordert werden. Die gerichtlichen Anwaltskosten sind Nebenforderungen im Rechtsstreit. Sie erhöhen den Gegenstandswert nicht (§§ 23 Abs. 1 S. 1, 3 RVG, § 43 Abs. 1 GKG).
– Werden allerdings nur Anwaltskosten geltend gemacht, sind sie die Hauptsache und bestimmen den Streitwert (§ 3 ZPO; § 43 Abs. 2, 3 GKG).

> ⊃ **Beispiel:**
> Im Rechtsstreit zahlt der Versicherer die Klageforderung (10 000 Euro), verhandelt wird anschließend nur noch über die Kosten, über die die Parteien dann eine Einigung treffen.
>
> Die Verfahrensgebühr der Nr. 3100 VV RVG berechnet sich nach 10 000 Euro; insoweit sind die Kosten Nebenforderung (§§ 23 Abs. 1 S. 1 RVG, § 43 Abs. 1 GKG). Die Termins- und die Einigungsgebühr (Nrn. 3104, 1000 VV RVG) berechnen sich nach dem Wert der Kosten (§ 23 Abs. 1 S. 1 RVG, § 43 Abs. 2 GKG).

---

1 AG Siegburg, Urteil v. 11. 7. 2003 – 8 C 167/03, AGS 2003, 345 mit Anm. *N. Schneider* = ZfSch 2003, 465 = MDR 2003, 1143 = JurBüro 2003, 530 = NZV 2004, 150 = VersR 2004, 396.
2 OLG München, Beschl. v. 16. 11. 1993 – 5 W 2314/93, NJW-RR 1994, 1484.

– Soweit die außergerichtlichen Regulierungskosten im Rechtsstreit mit geltend gemacht werden, sind sie Hauptforderung und erhöhen den Streitwert.[1]

➲ **Beispiel:**

Der Anwalt erhält den Auftrag, außergerichtlich 10 000 Euro Schaden einzufordern. Der Versicherer zahlt nicht. Der Anwalt erhebt auftraggemäß Klage auf Schadensersatz einschließlich der nach Vorbem. 3 Abs. 4 VV RVG nicht anzurechnenden hälftigen Geschäftsgebühr.

➲ **Beispiel:**

Der Anwalt erhält den Auftrag, außergerichtlich 10 000 Euro Schaden einzufordern. Der Versicherer zahlt 5000 Euro einschließlich der aus diesem Wert angefallenen Kosten. Der Anwalt erhebt auftraggemäß Klage auf Zahlung der weiteren 5000 Euro sowie auf Ersatz der sich hieraus ergebenden vorgerichtlichen Anwaltskosten.

In beiden Fällen sind die vorgerichtlichen Anwaltskosten als weitere Schadensposition hinzuzurechen. Es gilt weder § 4 ZPO noch § 43 Abs. 2 GKG.

Entgegen einer vielfach anzutreffenden Ansicht kommt es nicht auf den Klageantrag an, ob die Anwaltskosten „als Haupt- oder Nebenforderung" geltend gemacht werden. Der Klageantrag ist insoweit völlig unerheblich. Es kommt immer auf den Gegenstand an.

Attest

5800   Werden die Kosten für ein ärztliches Attest geltend gemacht, handelt es sich nicht um eine Nebenforderung. Es gilt das Gleiche wie bei (sonstigen) Sachverständigenkosten.

Bearbeitungskosten/-gebühren

5801   Siehe unten „Finanzierungskosten".

Behandlungskosten

5802   Behandlungskosten sind mit ihrem vollen Wert zu berücksichtigen, soweit vom Gegner Erstattung verlangt wird. Wenn jedoch der Krankenversicherer in Anspruch genommen wird, so geht ein eventueller Ersatzanspruch auf diesen über. Der Geschädigte ist nicht mehr berechtigt, diesen Anspruch geltend zu machen, auch nicht als Befreiungsanspruch, so dass er streitwertmäßig z.B. bei einem Feststellungsantrag nicht mehr zu berücksichtigen ist.

---

1 OLG Bamberg, Beschl. v. 12. 1. 2006 – 1 U 167/05; LG Hof, Beschl. v. 17. 6. 2005 – 22 O 300/05; Beschl. v. 22. 5. 2006 – 34 = 286/06 (sämtlich unveröffentlicht; nachgewiesen im MittBl. der ARGE Verkehrsrecht 2006, 89 und zur Veröffentlichung vorgesehen in AGS Heft 11/2006; LG Braunschweig, Beschl. v. 28. 12. 2004 – 1 O 3125/04, AGS 2005, 75; a.A. LG Berlin, Beschl. v. 9. 5. 2005 – 5 O 162/05, AGS 2006, 86 = MDR 2005, 1318 = RuS 2005, 444; OLG Frankfurt/M., Beschl. v. 16. 3. 2005 – 3 W 20/05, AGS 2006, 251 = RVGreport 2006, 156.

Befreiungsansprüche

Siehe unten „Freistellungsansprüche". 5803

Begutachtungskosten

Begutachtungskosten sind mit ihrem vollen Wert anzusetzen.[1] Das gilt nicht 5804
nur für die Kosten der Schadensbegutachtung, sondern auch für die Kosten der
Reparaturbestätigung des Sachverständigen.

Gleiches gilt für die Kosten der Begutachtung des zu erwerbenden Ersatzwa- 5805
gens. Wird insoweit eine fiktive Pauschale geltend gemacht, so ist deren Wert
maßgebend.

Einigung

Siehe hierzu auch die Stichwörter „Vergleich" und „Einigung". Für den Gegen- 5806
standwert der Einigung ist auch im Rahmen der Verkehrsunfallregulierung die
Leistung, auf die sich die Parteien geeinigt haben, unbeachtlich. Allein maßgebend sind die Gegenstände, **über** die sich die Parteien geeinigt haben. Bei der
Schadensregulierung wird also in aller Regel der streitige (Rest-)Betrag der jeweiligen Schadensposition(en) maßgebend sein.

➲ **Beispiel:**

Geltend gemacht werden 5000 Euro Schmerzensgeld. Der Versicherer erkennt 3000
Euro an. Anschießend einigen sich die Parteien schließlich auf 4000 Euro, die dann
auch gezahlt werden.

Der Gegenstandswert für die Einigung beläuft sich hier nur auf 2000 Euro, da 5807
nur dieser Differenzbetrag strittig war. Welcher Betrag letztlich gezahlt wird, ist
nicht entscheidend.[2]

Dies gilt auch im umgekehrten Fall: 5808

➲ **Beispiel:**

Auf die geforderten 5000 Euro zahlt der Versicherer vorschussweise 3000 Euro; anschließend vertritt er jedoch die Auffassung, ein Schmerzensgeld stehe dem Geschädigten überhaupt nicht zu. Die Parteien einigen sich später auf 4000 Euro.

Der Gegenstandswert für den Vergleich beläuft sich hier auf 5000 Euro. Die 5809
Vorschusszahlung wird beim Gegenstandswert jetzt nicht abgezogen, da über
ihre Berechtigung nach wie vor Streit bestand.

Wird lediglich eine Einigung über die Haftungsquote geschlossen und die Bezif- 5810
ferung des Schadens noch offen gelassen, so ist der Gegenstandswert der bis
dahin vom Schädiger geltend gemachten Positionen maßgebend. Dass nur der
Grund des Anspruchs verglichen wird, mindert den Gebührenwert nicht.[3]

---

1 OLG München, Beschl. v. 16. 11. 1993 – 5 W 2314/93, NJW-RR 1994, 1484.
2 AG Frankfurt, Urteil v. 15. 10. 1991 – 23 C 1466/91, zfs 1992, 243; a.A. AG Karlsruhe,
  Urteil v. 2. 4. 1982 – 10 S 112/81, AnwBl. 1983, 95.
3 OLG Braunschweig, Beschl. v. 12. 10. 1954 – 1 W 123/54, Rpfleger 1956, 115.

5811 Umstritten ist die Berechnung des Gegenstandswertes, wenn zum Abschluss der Regulierung eine Gesamteinigung geschlossen wird, wonach die gezahlten oder noch zu zahlenden Beträge sämtliche Schadensersatzansprüche abgelten sollen.

⊃ **Beispiel:**

> Es werden 6000 Euro Sachschaden, 3000 Euro Schmerzensgeld und 2000 Mietwagenkosten verlangt. Der Versicherer erkennt zunächst die Mietwagenkosten an und bezahlt sie. Auf den Sachschaden leistet er ohne Anerkennung einer Rechtspflicht einen Vorschuss in Höhe von 3000 Euro. Später einigen sich die Parteien darauf, dass zum Ausgleich aller Ansprüche 8000 Euro unter Einbeziehung der bereits geleisteten Beträge gezahlt werden.

5812 Einige Gerichte wollen in diesem Fall die Summe aller geltenden gemachten Ansprüche bei der Berechnung des Gegenstandswertes berücksichtigen. Im Beispielsfall wäre nach dieser Auffassung also ein Gegenstandswert in Höhe von 11 000 Euro anzunehmen. Dies dürfte jedoch unzutreffend sein. Soweit einzelne Positionen ausgeglichen werden, sind sie außer Streit und damit nicht mehr Gegenstand der Einigung. Nur soweit es sich um Vorschüsse oder um Vorbehaltszahlungen handelt, also noch keine endgültige Erfüllung eingetreten ist, sind die Positionen zu berücksichtigen. Im Beispielsfall bleiben damit die bereits bezahlten Mietwagenkosten außer Ansatz. Berücksichtigt wird dagegen das Schmerzensgeld und der volle Sachschaden, da insoweit nur ein Vorschuss geleistet worden ist. Der Gegenstandswert für die Einigung beläuft sich damit auf 9000 Euro.

Fahrtkosten

5813 Fahrtkosten (z.B. zum Arzt, zum Abholen von der Unfallstelle, zur Werkstatt, zur Zulassungsstelle etc.) sind mit ihrem vollen Wert anzusetzen. Es handelt sich nicht um Nebenforderungen.

Feststellungsantrag

5814 Maßgebend sind sämtliche Schadenspositionen, soweit es sich nicht um Nebenforderungen handelt (§ 4 ZPO; § 43 Abs. 1 GKG). Hiervon ist dann ein entsprechender Feststellungsabschlag vorzunehmen. Siehe das Stichwort „Feststellungsklage".

5815 Es ist unstatthaft, bei einem nicht einfach gelagerten Verkehrsunfall mit nicht unerheblichem Schaden durch allzu knappe Streitwertbemessung für ein Feststellungsbegehren die Zuständigkeit des Landgerichts zu verneinen, besonders dann, wenn die Bestimmung des Streitwerts im Rahmen eines Gesuchs um Prozesskostenhilfe auch noch von einer Schadensersatzquote abhängt, die in ihrer Höhe ohne Beweisaufnahme nicht mit der erforderlichen Zuverlässigkeit festgestellt werden kann.[1]

5816 Hatte der Beklagte vor Klageerhebung eine Haftungsquote unstreitig gestellt, so sind die Schadenspositionen nur nach der verbleibenden Quote zu bemessen.

---

1 OLG Köln NJW 1960, 1623.

Wird eine Quote erst nach Klageerhebung unstreitig gestellt, hat dies für die Gerichtsgebühren keine Auswirkung (§ 40 GKG), sondern nur für die Anwaltsgebühren, die hiernach erstmals ausgelöst werden.

Wird die Feststellung nur auf eine bestimmte Quote beschränkt, etwa weil der Kläger ein Mitverschulden einräumt, sind die Schadenspositionen nur nach dieser Quote zu berechnen. **5817**

Finanzierungskosten

Nimmt der Geschädigte einen Unfallkredit auf, so sind die hiermit verbundenen Finanzierungskosten und Zinsen mit ihrem Wert anzusetzen. Es handelt sich nicht um Nebenforderungen i.S.d. § 23 Abs. 1 S. 1, 3 RVG, § 43 Abs. 1 GKG.[1] Siehe auch das Stichwort „Bearbeitungsgebühren". **5818**

Freistellungsansprüche

Freistellungsansprüche sind nach § 3 ZPO mit dem vollen Wert der zu tilgenden Forderung anzusetzen (s. auch oben „Abgetretene Ansprüche"). **5819**

Haushaltsführungsschaden

Schadensersatz wegen entgangener Haushaltsführung ist Hauptforderung und voll zu berücksichtigen, unabhängig davon, ob die konkreten Kosten einer Hilfskraft geltend gemacht werden oder ob fiktiv berechnet wird. **5820**

Kapitalabfindung

Siehe unten „Rentenanspruch". **5821**

Kaskoentschädigung

Siehe unten „Sachschaden". **5822**

Kostenpauschale

Siehe oben „Allgemeine Kostenpauschale". **5823**

Mehrwertsteuer

Siehe unten „Umsatzsteuer". **5824**

Mietwagenkosten

Mietwagenkosten sind mit ihrem vollen Wert anzusetzen. Dies gilt auch dann, wenn die entsprechende Schadensersatzforderung an den Mietwagenunterneh- **5825**

---

1 A.A. für Bearbeitungsgebühren OLG Köln JMBl.NW 1974, 46.

mer abgetreten worden ist (siehe Abtretung). Maßgebend ist der verlangte Betrag, auch wenn er sich letztlich als überhöht herausstellt und nicht reguliert wird.

Nutzungsausfallentschädigung

5826 Der volle Wert ist maßgebend.

Pflegekosten

5827 Werden Pflegekosten wegen der Verletzung aus einem Verkehrsunfall geltend gemacht, dann ist für die Bewertung von den jährlichen Aufwendungen für die Pflege auszugehen, die gemäß § 42 Abs. 2 GKG auf den fünffachen Betrag zu erhöhen sind. Hiervon ist dann bei der positiven Feststellungsklage ein Abzug von 20 % zu machen. Das gilt auch dann, wenn der Haftpflichtversicherer mitverklagt wird. Hinzuzurechnen sind die bei Klageeinreichung fälligen Beträge (§ 42 Abs. 5 GKG).[1]

Radioumbaukosten

5828 Der volle Wert ist maßgebend. Es handelt sich nicht um Nebenforderungen i.S.d. § 4 ZPO; § 43 Abs. 1 GKG.

Rentenansprüche

5829 Wird infolge der Tötung oder Körperverletzung ein Erwerbsschaden des Verletzten oder werden Unterhaltsschäden der Hinterbliebenen als Rentenansprüche geltend gemacht, so laufen Zuständigkeitsstreitwert und Gebührenstreitwert auseinander.

5830 Für den Zuständigkeitsstreitwert gelten die §§ 3, 9 ZPO, maßgebend ist der geforderte Betrag der nächsten dreieinhalb Jahre, sofern die Rente nicht für einen geringeren Zeitraum verlangt wird; bei Klageerhebung fällige Beträge sind hinzuzurechnen.

5831 Der Gegenstandswert der Gerichts- und Anwaltsgebühren berechnet sich gemäß § 42 Abs. 2 GKG nach dem fünffachen Jahresbetrag der geforderten Rente, sofern der Gesamtbetrag der geforderten Leistungen nicht geringer ist. Im Falle eines Rechtsstreits werden die bei Einreichung der Klage fälligen Beträge hinzugerechnet (§ 42 Abs. 5 GKG).

5832 Bei der außergerichtlichen Regulierung werden dem Wert der zukünftig geforderten Beträge alle fällige Beträge hinzugerechnet (§ 42 Abs. 5 GKG).[2]

---

1 OLG Schleswig, Beschl. v. 3. 9. 1970 – 1 W 153/70, JurBüro 1971, 539.
2 OLG Nürnberg, Urteil v. 8. 1. 2002 – 3 U 3129/01, AGS 2002, 232, OLGR 2002, 248; LG Stuttgart AnwBl. 1978, 234; N. *Schneider* AGS 2004, 89.

➲ **Beispiel:**

Aufgrund eines Verkehrsunfalls im Januar 2004 ist der Anwalt beauftragt worden, für die hinterbliebene Ehefrau ab Februar 2004 außergerichtlich eine Unterhaltsrente i.H.v. 1500 Euro monatlich einzufordern. Im September 2005 wird eine Einigung über die laufende Unterhaltsrente und die bis dahin angefallenen Beträge getroffen.

Für die laufenden Beträge ab Oktober 2005 gilt ein Wert i.H.v. 60 x 1500 Euro, also 90 000 Euro. Für die bis einschließlich September 2005 und damit fälligen Beträge gilt ein Wert i.H.v. (Februar 2004 – September 2005) 20 x 1500 Euro = 30 000 Euro. Insgesamt ergibt sich somit für Geschäfts- und Einigungsgebühr ein Wert i.H.v. 120 000 Euro. **5833**

Stirbt der Anspruchsteller im Laufe der Schadensregulierung, bleibt der fünffache Jahresbetrag für die bis dahin angefallenen Gebühren maßgebend;[1] für die später anfallenden Gebühren gilt nur noch der Wert der fälligen Beträge. **5834**

Zahlt der Gegner einen Teilbetrag, so verringert sich der Gegenstandswert für die weitere Tätigkeit nur dann, wenn die Restsumme infolge der Teilzahlung unter den fünffachen Jahresbetrag sinkt.[2] **5835**

Wird die Rente durch eine einmalige Zahlung abgefunden, verbleibt es bei dem fünffachen Jahresbetrag.[3] **5836**

Wird eine Abänderung der Rentenzahlungen begehrt, so ist der fünffache jährliche Mehr- bzw. Minderbetrag maßgebend. Die Abänderung ist eine selbständige Angelegenheit, die gesondert zu bewerten ist.[4] **5837**

Restwert

Siehe unten „Sachschaden". **5838**

Rückstufung

Nimmt der Geschädigte seine Kaskoversicherung in Anspruch und begehrt er anschließend Ersatz seines Rückstufungsschadens, so bemisst sich der Gegenstandswert nach der vollen Differenz zwischen den zu zahlenden Prämien und den Prämien, die bei schadensfreiem Verlauf des Versicherungsverhältnisses zu zahlen gewesen wären. § 9 ZPO ist unanwendbar. **5839**

---

1 OLG Dresden, Rsp. 35, 214.
2 OLG Koblenz, Beschl. v. 28. 1. 1986 – 14 W 770/85, VersR 1987, 289.
3 OLG Düsseldorf, Beschl. v. 21. 9. 1976 – 15 U 204/72, VersR 1977, 868; OLG Frankfurt MDR 1971, 404; OLG Schleswig SchlHA 1968, 145; a.A. OLG Hamm, Beschl. v. 28. 10. 1965 – 3 W 56/65 NJW 1966, 162 = VersR 1966, 475.
4 AG Siegburg, Urteil v. 11. 7. 2003 – 8 C 167/03, AGS 2003, 345 mit Anm. *N. Schneider* = ZfSch 2003, 465 = MDR 2003, 1143 = JurBüro 2003, 530 = NZV 2004, 150 = VersR 2004, 396.

Sachschaden

5840 Der volle Betrag ist maßgebend.

5841 Wird der Sachschaden auf Totalschadenbasis abgerechnet und muss sich der Geschädigte den erzielten oder den erzielbaren Restwert des Fahrzeugs als Vorteilsausgleich anrechnen lassen, dann bleibt für die außergerichtliche Regulierung jedoch der volle Sachschaden maßgebend. Ausschlaggebend ist, dass sich die anwaltliche Tätigkeit auch auf die Prüfung des Vorteilsausgleichs erstreckt.[1] Etwas anderes gilt nur, wenn der Anwalt von vornherein einen um den Restwert reduzierten Auftrag erhält.

5842 Wird der Anwalt von Vornherein beauftragt, einen Teil des Schadens mit dem Kaskoversicherer zu regulieren, so vermindert sich der Gegenstandswert für die Schadensregulierung mit dem Haftpflichtversicherer um diesen Betrag. Die Abrechnung mit dem Kaskoversicherer ist eine eigene Angelegenheit und löst eigene Gebühren nach dem Wert der geltend gemachten Kaskoentschädigung aus.[2]

5843 Erhält der Anwalt dagegen zunächst einen umfassenden Auftrag, Schadensersatz vom Gegner zu verlangen und wird er erst später beauftragt, einen Teil des Schadens mit dem Kaskoversicherer zu regulieren, so vermindert sich der Gegenstandswert für die Schadensregulierung mit dem Haftpflichtversicherer nicht. Entscheidend ist der Auftragswert.

Sachverständigenkosten

5844 Sachverständigenkosten sind mit ihrem vollen Wert anzusetzen. Es handelt sich nicht um Nebenkosten i.S.d. § 4 ZPO, § 43 Abs. 1 GKG.[3]

Schadensfreiheitsrabatt

5845 Siehe oben „Rückstufung".

Schmerzensgeldforderungen, bezifferte

5846 Wird ein beziffertes Schmerzensgeld gefordert, ist diese Forderung mit dem vollem Wert anzusetzen (§ 3 ZPO).

---

1 LG Freiburg, Beschl. v. 1. 12. 1970 – 7 S 128/70, AnwBl. 1971, 361; LG Koblenz zfs 1982, 205.
2 OLG Zweibrücken, Urteil v. 1. 3. 1968 – 1 U 4/68, AnwBl. 1968, 363; OLG Hamm AnwBl. 1983, 141; LG Flensburg, Urteil v. 20. 1. 1986 – 4 O 303/85, JurBüro 1986, 723; AG Lippstadt, Urteil v. 14. 9. 1966 – C 119/66, AnwBl. 1966, 405; Urteil v. 30. 11. 1966 – C 443/66, 1967, 67; AG Erfurt, Urteil v. 14. 10. 1989 – 27 C 1070/98, zfs 1999, 31; a.A. AG Bad Homburg, Urteil v. 5. 3. 1987 – 3 C 1369/86, zfs 1987, 173; ausführlich *N. Schneider*, Haftpflicht- und Kaskoabrechnung – zwei verschiedene Angelegenheiten, AGS 2003, 292.
3 OLG München NJW-RR 1994, 1484, Beschl. v. 16. 11. 1993 – 5 W 2314/93 = OLGR München 1994, 153.

Schmerzensgeldforderungen, unbezifferte

Die Bewertung ist umstritten. Eine Ansicht setzt den Gegenstandswert auf den letztlich zuerkannten Betrag fest. Nach anderer Ansicht soll die vom Geschädigten geäußerte Betragsvorstellung maßgebend sein. Zutreffend dürfte es sein, darauf abzustellen, welcher Betrag ausgehend von der Sachdarstellung des Geschädigten angemessen wäre.[1]

5847

Schmerzensgeldrente

Siehe oben „Rente".

5848

Standgeld

Gezahlte Standgelder sind eigene Schadenspositionen und daher bei der Hauptforderung zu berücksichtigen. Das gilt auch, wenn das Standgeld noch nicht bezahlt ist, und insoweit Befreiung geltend gemacht wird (s.o. Rn. 5819).

5849

Transportkosten

Transportkosten, also Abschleppkosten, Kosten der Rückverbringung vom Unfallort etc. sind Hauptforderung. Das gleiche gilt auch für die Transportkosten des Verletzten oder seiner Angehörigen (also Kosten des Rettungshubschraubers, Krankenwagen, Taxi oder auch sonstige Rückverbringungskosten vom Unfallort).

5850

Umsatzsteuer

Umsatzsteuer ist als Teil der Hauptforderung mit anzusetzen.[2] Ob eine Vorsteuerabzugsberechtigung besteht, ist unerheblich. Maßgebend ist der geforderte Betrag.

5851

Vergleich

Siehe oben „Einigung".

5852

Verdienstausfall

Verdienstausfall ist als Hauptforderung zu berücksichtigen. Wird wegen eines Dauerschadens Verdienstausfall geltend gemacht, gilt für die Anwalts- und Gerichtsgebühren § 42 Abs. 2 GKG; für den Zuständigkeitsstreitwert gilt § 4 ZPO. Siehe hierzu das Stichwort „Rentenanspruch".

5853

---

1 Siehe hierzu im Einzelnen bei dem Stichwort „Unbezifferte Anträge".
2 LG Hannover Nds.Rpfl. 1974, 157; OLG Köln JurBüro 1982, 1070, Beschl. v. 23. 11. 1981 – 17 W 360/81 = Rpfleger 1982, 158 = AnwBl. 1982, 198 f.

Zinsen

5854 Zinsen aus der Schadensersatzforderung bleiben bei der Bemessung des Gegenstandswertes außer Betracht, es sei denn, sie werden selbständig als Hauptforderung geltend gemacht (§ 4 ZPO, § 43 Abs. 1, 2 GKG) oder einzelne Gebühren fallen nur nach dem Wert der Zinsen an. Siehe hierzu auch das Stichwort „Zinsen".

5855 Außer Ansatz bleiben sie auch dann, wenn sie als Kapitalbetrag geltend gemacht werden.

5856 Zu berücksichtigen sind Zinsen allerdings, wenn sie als selbständige Position geltend gemacht werden, etwa Zinsen für einen Unfall- oder Zwischenkredit oder Zinsen, die der Geschädigte wegen Zahlungsverzugs an die Reparaturwerkstatt oder den Mietwagenunternehmer zahlen musste.

Zulassungskosten

5857 Siehe oben „Ab- und Anmeldungskosten".

Verkehrswert

Literatur: *Schulz*, Verkehrswert bei Zwangsversteigerungen, Rpfleger 1987, 441.

A. Allgemeines

5858 Der Wert einer Sache ist bestimmend für den **Zuständigkeitsstreitwert**, wenn es um deren Besitz oder um das Eigentum geht, § 6 ZPO. Maßgebend für die Bemessung ist dann deren Verkehrswert.[1]

5859 Für den **Gebührenstreitwert** ist § 6 ZPO entsprechend anzuwenden, § 48 Abs. 1 S. 1 GKG (§ 12 Abs. 1 GKG a.F.).[2] Ob dies zu einer **wirtschaftlichen Betrachtungsweise** und damit zu einer Berücksichtigung des hinter dem Herausgabeverlangen stehenden Streit der Parteien zwingt, ist streitig. Hierbei handelt es sich jedoch nicht um ein Problem der Verkehrswertbestimmung, sondern um die Frage, ob das Klagebegehren mit dem (vollen) Ansatz des Verkehrswertes zutreffend bewertet wird. Daher wird insoweit auf die Stichwörter „Auflassung", „Grundstück", „Herausgabe" und „Gegenleistung" verwiesen.

---

1 BGH, Beschl. v. 12. 6. 1991 – II ZR 65/91, KostRsp. ZPO § 6 Nr. 131, MDR 1992, 83 = WM 1991, 1656 = NJW-RR 1991, 1210; Zöller/*Herget*, § 6 Rn. 2.
2 § 12 Abs. 1 GKG a.F.

I. Begriffsbestimmung

Der Verkehrswert bemisst sich nach dem Betrag, der sich erzielen ließe, wenn die Sache veräußert würde,[1] nicht nach der subjektiven Einschätzung der Parteien.[2]

5860

Außer Ansatz bleibt demgegenüber der Wiederbeschaffungswert[3] und erst recht ein etwaiger Liebhaberwert.[4] Ebenso bleiben bei der Ermittlung des Verkehrswertes einer **finanzierten Kaufsache** deren Finanzierungskosten unberücksichtigt.[5]

5861

II. Wertfestsetzung

Der Verkehrswert ist nach § 3 ZPO zu schätzen,[6] gegebenenfalls nach Besichtigung der Sache oder Einholung eines Sachverständigengutachtens. Maßgebend für die Bewertung sind die Verhältnisse zum **Zeitpunkt der Einreichung der Klage** bzw. der Rechtsmittelschrift, § 4 Abs. 1 ZPO, § 40 GKG (§ 15 GKG a.F.).[7]

5862

Wertangaben der Parteien sind für das Gericht nicht bindend, stellen aber ein wichtiges Indiz für die Wertbestimmung dar.[8] Sie können berücksichtigt werden, selbst wenn sie nicht übereinstimmen (siehe dazu bei dem Stichwort „Angabe des Streitwerts" Rn. 252 f.). Im Einzelfall, insbesondere bei einer geringen Wertdifferenz und bei anderenfalls hohem Ermittlungsaufwand, kann es vertretbar sein, die unterschiedlichen Wertangaben der Parteien zu addieren und den Verkehrswert auf die Hälfte festzusetzen.[9]

5863

Haben die Parteien einen **Kaufpreis** vereinbart, wird dieser mangels abweichender Bewertungsumstände regelmäßig dem Verkehrswert der Kaufsache entsprechen.[10]

5864

---

1 BGH, Beschl. v. 12. 6. 1991 – II ZR 65/91, KostRsp. ZPO § 6 Nr. 131, MDR 1992, 83 = WM 1991, 1656 = NJW-RR 1991, 1210.

2 OLG Frankfurt, Beschl. v. 28. 4. 1997 – 16 W 13/97, KostRsp. ZPO § 6 Nr. 158 = OLGR 1998, 156.

3 BGH, Beschl. v. 12. 6. 1991 – II ZR 65/91, KostRsp. ZPO § 6 Nr. 131 mit Anm. *Schneider* = WPM 1991, 1960 = NJW-RR 1991, 1210 = MDR 1992, 83.

4 *Anders/Gehle/Kunze*, Stichwort „Besitz" Rn. 11; Stein/Jonas/*Roth*, § 6 Rn. 16.

5 OLG Köln JurBüro 1971, 86.

6 OLG Nürnberg JurBüro 1961, 508.

7 OLG Frankfurt, Beschl. v. 28. 4. 1997 – 16 W 13/97, KostRsp. ZPO § 6 Nr. 158 = OLGR 1998, 156; OLG Saarbrücken, Beschl. v. 4. 9. 2003 – 7 W 167/03, juris-Nr. KORE 419512003.

8 BGH, Beschl. v. 12. 6. 1991 – XII ZR 30/91, KostRsp. ZPO § 6 Nr. 132 mit Anm. *E. Schneider* = MDR 1992, 83 = WPM 1991, 1690 = NJW-RR 1991, 1210.

9 So etwa OLG Hamm, Beschl. v. 9. 5. 1984 – 6 WF 285/84, JurBüro 1984, 1543 = MDR 1984, 765.

10 OLG Bamberg, Beschl. v. 30. 1. 1990 – 1 W 130/89, KostRsp. ZPO § 6 Nr. 128 = JurBüro 1990, 773; KG JW 1931, 1047; *Anders/Gehle/Kunze*, Stichwort „Besitz" Rn. 24.

B. Verkehrswert unbeweglicher Sachen

I. Allgemeines

5865 Der Verkehrswert eines Grundstücks ist gleich dem Erlös, der im Verkaufsfalle erzielt würde. Der steuerliche Einheitswert eines Grundstücks ist für die Wertbestimmung ohne Bedeutung.[1] **Teilflächen** sind nach dem Verhältnis ihrer Grundfläche zur Gesamtfläche des Objekts zu bewerten.[2]

5866 Bei einem **bebauten Grundstück** bemisst sich der Verkehrswert nach dem Mittelwert zwischen dem Gebäudewert und dem Boden- und Ertragswert. Bei der Schätzung dieses Erlöses ist der Ertragswert des Grundstücks als Rechnungsfaktor zu berücksichtigen; er ist aber regelmäßig nicht dem (höheren) Verkehrswert gleichzusetzen.[3] Auch der Buchwert oder der Aufwand für die Bebauung des Grundstücks entsprechen nicht dem Verkehrswert, sondern stellen nur Anhaltspunkte für dessen Ermittlung dar.[4]

5867 In der Rechtssprechung ist der Verkehrswert gewerblich genutzter Grundstücke im (groß)städtischen Bereich nach dem 4fachen Einheitswert bzw. dem 10fachen Jahresmietertrag,[5] dem 15fachen Jahresmietertrag[6] und dem 17fachen Jahresmietwert[7] bestimmt worden.

5868 Bei einem **unbebauten Grundstück**, welches in einem Flächennutzungsplan als Grünfläche ausgewiesen ist, kommt dem Umstand, das eine spätere Bebauung gleichwohl noch in Betracht kommen kann – entgegen der Auffassung des OLG Nürnberg[8] – nicht grundsätzlich eine werterhöhende Bedeutung zu. Wird Land als Grünfläche ausgewiesen, dann kann es auch nur als Grünfläche bewertet werden. Besteht hingegen eine reale Chance, dass die planungsmäßig vorgesehene Flächennutzung nicht endgültig ist, das Land also doch bebaut werden darf, kann den Verkehrswert erhöhen, weil solches Land gewissermaßen als „Bauerwartungsland" betrachtet und gehandelt wird.

5869 Wertmindernde Umstände sind zu berücksichtigen, etwa wenn ein bebautes Grundstück teilweise **mit Gebäuden** versehen ist, die **ohne Baugenehmigung** errichtet worden sind.[9] Rechtsbeschränkungen, die am Objekt haften und sei-

---

1 BGH, Beschl. v. 12. 6. 1991 – XII ZR 30/91, KostRsp. ZPO § 6 Nr. 132 mit Anm. *E. Schneider* = MDR 1992, 83 = WPM 1991, 1690 = NJW-RR 1991, 1210.
2 OLG Saarbrücken, Beschl. v. 4. 9. 2003 – 7 W 167/03, juris-Nr. KORE 419512003.
3 OLG Frankfurt JurBüro 1960, 303; Rpfleger 1969, 356.
4 OLG Dresden, Beschl. v. 7. 1. 2003 – 6 W 240/99, JurBüro 2003, 475.
5 OLG Nürnberg JurBüro 1967, 163.
6 OLG Saarbrücken, Beschl. v. 4. 9. 2003 – 7 W 167/03, juris-Nr. KORE 419512003.
7 LG München I, Beschl. v. 7. 2. 1995 – 29 O 12882/93, KostRsp. BRAGO §§ 57, 58 Nr. 85 mit Anm. *Herget* = WuM 1995, 197 = JurBüro 1995, 482; bestätigt von OLG München, Beschl. v. 24. 3. 1995 – 21 W 1088/95, ZAP EN-Nr. 356/95.
8 OLG Nürnberg, Beschl. v. 18. 4. 1969 – 4 W 30/68, KostRsp. ZPO § 6 Nr. 28.
9 OLG Bamberg, Beschl. v. 2. 2. 1983 – 1 W 124/82. JurBüro 1983, 918 =, KostRsp. ZPO § 6 Nr. 93 mit Anm. *Schneider*.

nen wirtschaftlichen Wert mindern, müssen bei der Streitwertfestsetzung ermäßigend beachtet werden.[1]

II. Belastungen

Die auf dem Grundstück ruhenden Lasten (**Hypotheken, Grundschulden**) sind nach herrschender Meinung bei der Streitwertfestsetzung nicht wertmindernd zu berücksichtigen, da das Grundstück entweder lastenfrei oder unter Anrechnung fortbestehender Belastungen auf den Kaufpreis übertragen werde.[2] Dies begegnet Bedenken, weil die formale Anwendung des § 6 ZPO für soziale Erwägungen keinen Raum lässt und oft zu Kostenrisiken führt, die dem wirtschaftlichen Kern eines Rechtsstreits nicht entsprechen. 5870

Hingegen besteht Einigkeit darüber, dass Belastungen, mit denen eine **Beeinträchtigung der wirtschaftliche Nutzung** des Grundstücks verbunden ist, wertmindernd zu berücksichtigen sind. Hierzu zählen beispielsweise Nießbrauch und Wegerechte.[3] 5871

C. Verkehrswert beweglicher Sachen

I. Allgemeines

Auch hier bestimmt sich der Verkehrswert nach dem auf dem freien Markt zu erzielenden **Verkaufserlös**. Dieser ist – beispielsweise bei gebrauchten Kraftfahrzeugen – nicht identisch mit dem Händlereinkaufspreis oder dem Betrag, zudem die Sache in Zahlung genommen wird, sondern liegt regelmäßig darüber.[4] 5872

Bei **fabrikneuen Gegenständen** kann für die Bemessung der Listenpreis (U.V.P.) des Herstellers herangezogen werden.[5] Bei **gebrauchten Sachen** ist der Wert gegebenenfalls anhand von Zeitwertlisten zu ermitteln.[6] 5873

---

1 Vgl. auch OLG Neustadt JR 1958, 384 – Preisstopp.
2 BGH, Beschl. v. 12. 9. 2000 – X ZR 89/00, KostRsp. ZPO § 6 Nr. 168 = NJW-RR 2001, 518; JurBüro 1982, 697; OLG Bamberg, Beschl. v. 2. 6. 1992 – 3 W 399/92, KostRsp. ZPO § 6 Nr. 137 = JurBüro 1992, 629; Beschl. v. 30. 1. 1990 – 1 W 130/89, KostRsp. ZPO § 6 Nr. 128 = JurBüro 1990, 773; KG, MDR 2001, 56; OLG Frankfurt JurBüro 1979, 1889; 1974, 1441; OLG Köln MDR 1959, 223; OLG Saarbrücken, Beschl. v. 4. 9. 2003 – 7 W 167/03, juris-Nr. KORE 419512003; *Anders/Gehle/Kunze*, Stichwort „Besitz" Rn. 26 – weitere Nachw. bei den Stichwörtern „Auflassung" Rn. 454 ff. und „Grundstück" Rn. 2615 ff.
3 BGH, JurBüro 1958, 357; OLG Bamberg JurBüro 1992, 629; OLG Schleswig, Beschl. v. 9. 1. 1980 – 7 W 11/79, KostRsp. ZPO § 6 Nr. 80 = OLG Zweibrücken, Beschl. v. 7. 3. 1997 – 7 W 1/97, Beschl. v. 7. 3. 1997 – 7 W 1/97, KostRsp. ZPO § 6 Nr. 155 = OLGR 1997, 324; Zöller/*Herget*, § 6 Rn. 2.
4 KG Rpfleger 1962, 155 – Pkw; *Anders/Gehle/Kunze*, Stichwort „Besitz" Rn. 14 m.w.N.
5 OLG Köln, Beschl. v. 21. 11. 1961 – 4 W 89/61, JurBüro 1992, 168 = JMBl.NW 1962, 168 – Neufahrzeug.
6 OLG Saarbrücken, Beschl. v. 7. 8. 1990 – 5 W 145/90, JurBüro 1990, 1661 – Bewertung von Gebrauchtfahrzeuge anhand der sog. Schwacke-Liste.

II. Sonderfälle

5874 Wird auf Herausgabe oder Duldung der Wegnahme **eingebauter Sachen** geklagt, ist der Streitwert gemäß § 6 ZPO nach dem Verkehrswert zu berechnen, weil das Klagebegehren auf Erlangung des Besitzes an den Sachen gerichtet ist. Die Wegnahme, deren Duldung begehrt wird, ist gegenüber der Herausgabe nur ein anderes Mittel der Besitzverschaffung. Dieser Unterschied ist für die Anwendung des § 6 ZPO bedeutungslos. Wertbestimmend ist in beiden Fällen der regelmäßig verminderte Wert dieser Sachen, den sie nach der Trennung haben werden. Die Kosten für den Ausbau bleiben bei der Wertfestsetzung ebenso unberücksichtigt, wie die Kosten der Widerherstellung des Wegnahmeberechtigten für die Wiederherstellung des ursprünglichen Zustandes.[1]

5875 Anders liegt es jedoch, wenn mit der Duldung der Wegnahme die Duldung eine über den Besitzverlust hinausgehenden Beeinträchtigung angestrebt wird, beispielsweise die Wegnahme einer **Messvorrichtung** der Einstellung der Energieversorgung dient. Hier bestimmt sich der Streitwert gemäß § 3 ZPO nach dem klägerischen Interesse an der Versorgungseinstellung und nicht gemäß § 6 ZPO nach dem Wert der Messeinrichtung (siehe ausführlich unter dem Stichwort „Mietstreitigkeiten").

5876 Bei der Klage auf Herausgabe von **Schlüsseln** ist danach zu unterscheiden, ob die Klage auf die Verschaffung des Besitzes an der verschließbaren Sache oder nur an einem (weiteren) Schlüssel zielt. Dies wird regelmäßig davon abhängen, ob sich die Sache bereits im Besitz des Klägers befindet.

5877 Wird nur die Herausgabe eines Not- oder Zweitschlüssels verlangt, ist deren Wert maßgeblich, wobei für die Wertermittlung auf die fiktiven Kosten der Beschaffung von Zweitschlüsseln oder der Erneuerung der Schließanlage abgestellt werden kann.[2] Zielt die Herausgabe der Schlüssel demgegenüber auf die Einräumung des Besitzes – beispielsweise – an Räumlichkeiten, ist gemäß § 6 ZPO deren Verkehrswert wertbestimmend. Bewertungsrechtliche Sondervorschriften, wie etwa für die Einräumung des Besitzes an einer Miet- oder Pachtsache (§ 8 ZPO, § 41 GKG) sind zu beachten.[3]

5878 Der Verkehrswert herauszugebender **Edelmetalle** richtet sich nach dem zur Zeit der Klageeinreichung geltenden Börsen-Ankaufswert.[4]

5879 Bei einer Klage auf Herausgabe von **Urkunden** bestimmt sich der Wert in keinem Fall nach dem bloßen Papierwert. Vielmehr ist nach der Art der Urkunde

---

1 BGH, Beschl. v. 12. 6. 1991 – XII ZR 30/91, KostRsp. ZPO § 6 Rn. 132 mit Anm. *E. Schneider* = JurBüro 1971, 460 = ZMR 1991, 426 = WuM 1991, 562 – Beschwer; KG Rpfleger 1971, 227 = WuM 1972, 112 = ZMR 1972, 80; Zöller/*Herget*, § 6 Rn. 5.
2 OLG Düsseldorf, Beschl. v. 30. 12. 1992 – 11 W 123/92, KostRsp. ZPO § 6 Nr. 139 = OLGR 1993, 79.
3 Zöller/*Herget*, § 6 Rn. 5; LG Halle, Beschl. v. 20. 5. 1994 – 2 T 175/94, MDR 1994, 208 = WuM 1994, 532.
4 BGH, Beschl. v. 12. 6. 1991 – II ZR 65/91, KostRsp. ZPO § 6 Nr. 131, NJW-RR 1991, 1210 – Goldbarren; *Anders/Gehle/Kunze*, Stichwort „Besitz" Rn. 18.

zu unterscheiden: Wird schließlich auf Herausgabe von **echten Wertpapieren** (Inhaber- und Orderpapiere) geklagt, richtet sich der Streitwert gemäß § 6 ZPO nach dem Wert des darin verbrieften Rechts. Denn hier folgt das Recht aus dem Papier dem Recht am Papier.[1] Bei allen sonstigen Urkunden, insbesondere den **qualifizierten Legitimationspapieren** und den bloßen **Beweisurkunden**, ist nicht der Wert des von ihnen erfassten Rechts für die Bewertung in Ansatz zu bringen, sondern gemäß § 3 ZPO das Interesse des Klägers an der Verfügungsgewalt über das Dokument.[2] Hierbei kann die Bewertung im Einzelfall, etwa wenn das verbriefte Recht bei anderweitigem Besitz gefährdet oder dauerhaft nicht durchsetzbar ist, dem Wert des verbrieften Rechts entsprechen.[3] Siehe im Einzelnen bei einschlägigen Stichwörtern, beispielsweise „Wertpapiere", „Kraftfahrzeugbrief" und „Sparkassenbuch".

Vertragsrecht

Siehe das Stichwort „Urheberrecht, Verlagsrecht".

Verlustigerklärung

Literatur: *Enders* JurBüro 2003, 562.

Der Beschluss über die Verlustigerklärung ergeht nach Rücknahme des Rechtsmittels von Amts wegen. Ebenfalls enthalten ist in diesem Beschluss die Entscheidung, dass der Rechtsmittelführer die Kosten des Rechtsmittels zu tragen hat (§§ 516 Abs. 3, 565 ZPO).   5880

Der Streitwert einer Entscheidung, durch die eine Partei ihres Rechtsmittels für verlustig erklärt wird (§§ 516 Abs. 3, 565 ZPO), wird nicht einheitlich bewertet: Nach einer Meinung bestimmt er sich nach dem Wert der Hauptsache.[4] Demgegenüber bemisst der BGH[5] den Wert einer solchen Entscheidung nach dem Betrag der Kosten, die in der Rechtsmittelinstanz bis zu dem Antrag auf Erlass   5881

---

1 BGH, NJW 1989, 2755; *Anders/Gehle/Kunze*, Stichwort „Besitz" Rn. 19; Zöller/*Herget*, § 6 Rn. 7.
2 OLG Düsseldorf, Beschl. v. 12. 5. 1999 – 11 W 23/99, OLGR 1999, 456 = MDR 1999, 891 = AnwBl. 2000, 140 = NZG 1999, 491 = DB 1999, 1489; OLG Saarbrücken, Beschl. v. 7. 8. 1990 – 5 W 145/90, JurBüro 1990, 1661.
3 OLG Saarbrücken, Beschl. v. 7. 8. 1990 – 5 W 145/90, JurBüro 1990, 1661 – keine Möglichkeit der Fahrzeugveräußerung bei fehlendem Besitz des Kfz-Briefes.
4 OLG München, Beschl. v. 27. 2. 2004 – 19 U 1540/04, MDR 2004, 966; RGZ 155, 382; RG JW 1883, 269; RG JW 1894, 85; RG JW 1938, 1627; OLG Bamberg NJW 1949, 513.
5 BGH, Beschl. v. 14. 12. 1954 – V ZR 8/53, BGHZ 15, 394.

der Verlustigerklärung erwachsen sind.[1] Eine dritte Auffassung[2] will gemäß § 3 ZPO schätzen.

5882 Da sowohl die Verlustigerklärung als auch die Kostentragungspflicht des Berufungsführers von Amts wegen in demselben Beschluss ausgesprochen werden, kommt nur ein einheitlicher Gegenstandswert in Betracht. Richtigerweise muss für die Berechnung dieses Wertes nach dem Zeitpunkt der Berufungsrücknahme differenziert werden:

5883 Ist – was in der Praxis allerdings selten sein dürfte – die Berufungsfrist noch nicht abgelaufen, kann dem Beschluss über Verlustigerklärung und Kosten nur der Wert der bisher entstandenen Kosten beigemessen werden. Die Verlustigerklärung hat für den Berufungsbeklagten in diesem Fall nämlich kein zusätzlich messbares Interesse, da sie sich nur auf das konkrete Rechtsmittel bezieht und eine erneute Berufung innerhalb der laufenden Frist eingelegt werden kann.[3]

5884 Ist dagegen die Berufungsfrist im Zeitpunkt der Rücknahme bereits abgelaufen, so bedeutet die Verlustigerklärung, dass der Berufungsbeklagte vor einem erneuten Angriff gegen das erstinstanzliche Urteil geschützt und der Rechtsstreit abgeschlossen ist. Insofern ist es hier gerechtfertigt, den Wert des Beschlusses nach § 516 Abs. 3 ZPO gemäß § 3 ZPO auf den Wert des Berufungsverfahrens zu schätzen.

5885 Der praktische Anwendungsbereich für diesen Streitwert ist allerdings gering: Der Beschluss ergeht gerichtsgebührenfrei. Ist der Anwalt Prozessbevollmächtigter des vorhergehenden Rechtszugs, so erhält er für die Tätigkeit im Rahmen des Beschlusses nach § 516 Abs. 3 ZPO keine Gebühr (§ 19 Abs. 1 Nr. 9 RVG).[4] Für den Prozessbevollmächtigten des Berufungsverfahrens ist die Tätigkeit mit der Verfahrensgebühr (Nr. 3200 VV RVG) bzw. – wenn die Rücknahme im Termin erklärt wird – mit der Terminsgebühr (Nr. 3202 VV RVG) abgegolten. Es verbleibt damit als Anwendungsbereich nur die Gebührenberechnung für denjenigen Anwalt, für den die Entgegennahme der Rücknahme und des Beschlusses nach § 516 Abs. 3 ZPO eine Einzeltätigkeit darstellt.

---

1 Ebenso OLG München Rpfleger 1956, 29; OLG Schleswig JurBüro 1956, 190; OLG Stuttgart MDR 1959, 223; OLG Bamberg JurBüro 1975, 770; OLG Bamberg JurBüro 1976, 334; LG Düsseldorf JurBüro 1984, 1681 = KostRsp. BRAGO § 31 Ziff. 1 Nr. 81 mit Anm. *Herget*; OLG Hamm, KostRsp. ZPO § 3 Nr. 23; OLG Koblenz, Beschl. v. 3. 12. 1982 – 14 W 651/82, MDR 1983, 414; OLG Koblenz, Beschl. v. 13. 7. 1995 – 13 UF 375/ 95, JurBüro 1996, 307; Zöller/*Gummer/Heßler*, § 516 Rn. 27.
2 KG JW 1933, 1078; 1938, 3313; OLG Breslau DR 1939, 333; OLG Frankfurt HRR 1938 Nr. 1249.
3 BGHZ 27, 60; BGH NJW 1994, 737.
4 OLG Hamburg, Beschl. v. 14. 7. 2003 – 8 W 152/03, MDR 2003, 1261.

Vermächtnisansprüche

Für Vermächtnisansprüche gemäß § 2174 BGB gelten keine Besonderheiten. 5886

Der Wert bestimmt sich bei einem **Geldvermächtnis** nach dem Wert der Forderung (§ 3 ZPO). 5887

Sind bestimmte **Sachen** vermacht, gilt § 6 ZPO der Wert des dem Vermächtnis zugrunde liegenden Gegenstandes. Das gilt auch für ein sog. Verschaffungsvermächtnis. 5888

Ist ein **Grundstück** vermacht, richtet sich also der Anspruch auf die Zustimmung zur Auflassung, gilt der volle Verkehrswert.[1] 5889

Sind dem Vermächtnisnehmer **wiederkehrender Leistungen** zugedacht worden, sind diese gemäß § 9 ZPO mit dem 3,5fachen Jahresbetrag anzusetzen, sofern der Bezugszeitraum nicht geringer ist. Es handelt sich nicht um die Geltendmachung gesetzliche Unterhaltsansprüche i.S.d. § 42 Abs. 1 GKG.[2] 5890

Wird zunächst nur Auskunft verlangt, ist ein Bruchteil anzusetzen. Siehe hierzu das Stichwort „Auskunft" Rn. 650 ff. 5891

Für einen gemeinsamen Vergleich über den Auskunfts- und den Pflichtteilsanspruch gilt nur der höhere Wert des Pflichtteilsanspruchs (§ 4 GKG).[3] 5892

Vermehrte Bedürfnisse

Zur Berechnung des Streitwerts einer Klage, mit der unter anderem der Anspruch einer Hausfrau wegen einer Vermehrung ihrer Bedürfnisse (Haushaltshilfe und Pflegekraft) geltend gemacht wurde.[4] Es ist darauf zu achten, ob dieser Anspruch bereits durch andere Klageanträge ganz oder teilweise erfasst ist. Das kommt insbesondere dann in Betracht, wenn bezifferte Anträge neben Feststellungsanträgen gestellt werden. 5893

Vermittlungsverfahren nach § 52a FGG

Das Vermittlungsverfahren nach § 52a FGG ist ein FGG-Verfahren und **gerichtsgebührenfrei**. 5894

---

1 OLG Bamberg, Beschl. v. 15. 10. 1987 – 3 W 110/87, JurBüro 1988, 517.
2 LG Oldenburg, Beschl. v. 21. 11. 1950 – T 646/50, JurBüro 1951, 269 zu § 9 ZPO a.F.: 12,5-facher Jahresbetrag.
3 AG Ludwigslust, Beschl. v. 27. 2. 2002, Az: 2 C 809/99 zitiert nach juris-Nr. KORE 425022002.
4 Vgl. KG JurBüro 1975, 507.

5895 Die Frage nach dem Gegenstandswert stellt sich daher nur für die **Anwaltsgebühren**.

5896 § 23 Abs. 1 S. 1 RVG, der auf die Vorschriften für die Gerichtsgebühren verweist, greift nicht, da im Vermittlungsverfahren nach § 52a FGG keine wertabhängigen Gerichtsgebühren erhoben werden.

5897 § 23 Abs. 1 S. 2 RVG, der auf die entsprechende Anwendung des GKG verweist, greift nicht, da auch keine Festgebühren erhoben werden und zudem auch nur auf das GKG verwiesen würde, das für Vermittlungsverfahren nach § 52a FGG keine passende Wertvorschrift enthält.

5898 § 23 Abs. 1 S. 3 RVG greift wiederum nicht, da er nur außergerichtliche Tätigkeiten erfasst und es sich bei der Vertretung im Verfahren nach § 52a FGG um eine gerichtliche Tätigkeit handelt.

5899 Daher wäre an sich § 23 Abs. 3 RVG anzuwenden, der zwar auf die KostO verweist, nicht aber auf § 94 Abs. 1 Nr. 6, Abs. 2 i.V.m. § 30 Abs. 2 KostO. Danach würde vom Regelwert (§ 23 Abs. 3 S. 2 RVG) i.H.v. 4000 Euro auszugehen sein.[1]

5900 Der Fall ist jedoch mit dem OLG Nürnberg[2] anders zu lösen. Die Vorschrift des § 23 Abs. 1 RVG ist analog anzuwenden, so dass auf § 94 Abs. 1 Nr. 6, Abs. 2 i.V.m. § 30 Abs. 2 GKG zurückgegriffen werden kann.

5901 Es wäre nicht nachzuvollziehen, wenn sich die außergerichtliche Vertretung gem. § 23 Abs. 1 S. 3 RVG und auch die spätere Vertretung im gerichtlichen Umgangsrechtsverfahren (§ 23 Abs. 1 S. 1 RVG) jeweils nach § 94 Abs. 1 Nr. 6, Abs. 2 i.V.m. § 30 Abs. 2 KostO richten würde; ausgerechnet das dazwischen liegende Verfahren nach § 52a FGG dagegen anders zu bewerten wäre.[3]

5902 Das Vermittlungsverfahren ist daher wie eine sonstige Umgangsrechtssache zu behandeln. Es gilt ein Regelwert i.H.v. 3000 Euro, der herauf- oder herabgesetzt werden kann (siehe das Stichwort „Umgangsrecht" Rn. 5309 f.). Höchstens darf ein Wert von 500 000 Euro angenommen werden.

5903 Eine Reduzierung des Wertes, weil es gegenüber der elterlichen Sorge „nur" um den Umgang geht, kommt auch hier nicht in Betracht (siehe „Umgangsrecht" Rn. 5311 f.).

5904 Betrifft das Verfahren mehrere Kinder, so bleibt es ein Gegenstand; der Regelwert wird daher nicht vervielfacht. Allerdings kann dies ein Grund sein, den Regelwert anzuheben, insbesondere, wenn hierdurch Mehraufwand entsteht,

---

1 So OLG Brandenburg, Beschl. v. 28. 8. 2003 – WF 147/03, AGS 2004, 301 = FamRZ 2004, 885, das im konkreten Fall allerdings nur zu einem Wert von 1000 Euro gelangt ist, da das Verfahren einfach gelagert war; ebenso Beschl. v. 5. 4. 2006 – 9 WF 75/06, AGS 2006, 397 m. Anm. *N. Schneider.*

2 OLG Nürnberg, Beschl. v. 24. 11. 2005 – 10 WF 1407/05, AGS 2006, 248 m. Anm. *N. Schneider*, OLGR 2006, 245 = JurBüro 2006, 200 = RVGreport 2006, 118 = ZFE 2006, 239 = FamRB 2006, 174.

3 So in der Begründung in einem vergleichbar gelagerten Fall: OLG Düsseldorf, Beschl. v. 30. 11. 1992 – 5 WF 188/92, JurBüro 1993, 554.

also wenn das Verfahren hinsichtlich der einzelnen Kinder unterschiedlich verläuft.

Vermögensrechtlicher Anspruch

Siehe das Stichwort „Nichtvermögensrechtliche Streitigkeit".

Vermögensverzeichnis, Errichtung

Siehe das Stichwort „Stufenklage".

Veröffentlichungsbefugnis

Der Anspruch des Klägers, das erstrittene Urteil öffentlich bekannt zu machen, ergibt sich zumeist als Folgeanspruch aus Wettbewerbsverletzungen (vgl. § 7 UKlaG, § 12 Abs. 3 UWG, § 103 UrhG) bzw. aus dem allgemeinen Persönlichkeitsrecht bei Ehrverletzungen.   5905

Der Wert der öffentlichen Bekanntmachung eines Urteils in mehreren Zeitungen beschränkt sich nicht auf die Druckkosten,[1] sondern ist nach § 3 ZPO zu schätzen. Überwiegend werden als Wert 10 % des Wertes des Unterlassungsanspruchs angesetzt.[2]   5906

Ist der Klageantrag auf Bewilligung einer Veröffentlichungsbefugnis mit einer Unterlassungs- oder Schadensfeststellungsklage verbunden, hat er nach Meinung einiger Gerichte keinen eigenen Streitwert.[3] Diese Auffassung ist allerdings bedenklich. Sie verstößt gegen den Grundsatz, dass das Begehren, also das Interesse des Klägers, für den Streitwert maßgebend ist. Wer aber zur Unterlassung zusätzlich Veröffentlichung begehrt, verlangt mehr als nur Unterlassung und erhält aufgrund der Wirkungen einer solchen Veröffentlichung auch mehr. Das sollte bei der Streitwertbemessung zum Ausdruck kommen.[4]   5907

---

1 OLG Hamm JMBl.NW 1954, 177.
2 OLG Köln, Urteil v. 14. 4. 2000 – 6 U 135/99, ZIP 2000, 2017; OLG Celle, Urteil v. 2. 3. 2000 – 13 U 280/98, GRUR-RR 2001, 125; OLG Nürnberg, Urteil v. 20. 7. 1999 – 3 U 1559/99, JurBüro 2000, 275.
3 OLG Stuttgart NJW 1959, 890; OLG Karlsruhe WRP 1958, 190; OLG Nürnberg JurBüro 1967, 72.
4 Richtig daher OLG Frankfurt JurBüro 1972, 706 und OLG Hamburg MDR 1977, 142, welche die Veröffentlichungsbefugnis gesondert bewerten; siehe auch OLG Frankfurt GRUR 1955, 450.

Versicherungsschutz

Literatur: *Platz* VersR 1967, 19; *E. Schneider* MDR 1973, 181.

Stichwortübersicht

Abschluss einer Risikoversicherung . 5922
Abzug für positive Feststellungsklagen 5952
Anfechtung eines Lebensversiche-
rungsvertrages 5965
Ansprüche, Berechtigung 5913
Aufrechterhaltung eines Versiche-
rungsverhältnisses 5959
Befreiungsanspruch der Versiche-
rungsgesellschaft 5946
Berufsunfähigkeits-Zusatzversiche-
rung 5933
Deckungsschutz . . . . 5942 ff.
– Anspruch aufgrund Pfändung . . . 5947
– Feststellungsklage 5936, 5945
– Leasingvertrag 5936
– Pfändungs- und Überweisungs-
beschluss 5917
– Rechtsschutzversicherung 5944
– Rente 5945
Feststellung . . . . 5925 ff.
Feststellungsantrag für Zukunft . . . 5938
Feststellungsklage 5951
Feststellungswiderklage des Ver-
sicherten 5964
Feuerversicherung 5930
Gebührenstreitwert bei Deckungs-
schutzprozess 5947
Gewährung von Haftpflichtversiche-
rungsschutz 5921
Haftpflichtsachen 5910
Haftpflichtversicherungsschutz . . . 5921
Höchsthaftungssummen 5911
Insassen-Unfallversicherungsschutz . 5957
Kfz-Haftpflichtversicherung,
Deckungsschutzprozess 5960
Klägerinteresse
– an Lebensversicherungssumme . 5924 f.
– wertbestimmend . . . . 5922 f.
Krankenhaustagegeld-Versicherung 5933 f.
Krankenversicherungsvertrag 5931
Künftige Leistung der Versicherungs-
summe 5923
Lebensversicherungsvertrag, Anfech-
tung und Widerklage 5965
– Feststellungsklage auf Bestehen . . 5941

Leistung der Sicherung an Dritten . 5914
Leistung der Versicherungssumme,
zukünftige 5923
Leistungen des Versicherten an Ver-
letzten 5916
Negative Feststellungsklage
– des Versicherers 5938
– des Versicherers gegen Versicher-
ten auf Feststellung 5940
– des Versicherten 5939
Pfändungs- und Überweisungs-
beschluss wegen Deckungsschutz 5917
Prämienzahlung 5965
Rechtsmittelzulässigkeit 5945
Rechtsschutzversicherung . . . 5936, 5944
Regressverzicht 5961
Rente 5937
– dynamische 5958
Rückzahlung der Prämie 5924
Schmerzensgeld 5937
Selbstbeteiligung, vereinbarte 5956
Unbegründete Forderungen des Ver-
letzten 5920
Unwirksamkeit des Versicherungs-
vertrages 5924
Verdienstausfall 5937
Vergleich über Beitragsweiterent-
richtung 5926
Versicherteninteresse 5745
Versichertenleistungen an Verletz-
ten 5916
Versicherungsleistung an Dritten . . 5914
Versicherungssumme, eingeklagte . 5951
Versicherungsverhältnis, Interesse
an Aufrechterhaltung 5959
Versicherungsvertrag
– Rückübertragung 5909
– unwirksamer 5926
Vorschusszahlungen der Versiche-
rungsgesellschaft . . . . 5918 ff.
Widerklage 5963
Zinsen 5915
Zukünftige Deckung, Feststellungs-
antrag 5937
Zuständigkeit 5945

A. Anzuwendende Vorschriften

Die Klage auf Leistung einer bezifferten Versicherungssumme ist nach dem **5908** Antrag zu bemessen (§ 6 ZPO). Wird Freistellung verlangt, ist nach 3 ZPO der Wert der freizustellenden Forderung maßgebend (siehe das Stichwort „Freistellung"). Werden laufende Leistungen verlangt, gelten die §§ 3, 9 ZPO.

Wird auf **Rückübertragung** des früher abgetretenen Anspruchs **aus** einem noch **5909** nicht prämienfreien **Versicherungsvertrag** geklagt, so ist der Wert des Anspruchs nicht ohne weiteres dem Wert des Rückkaufsrechts gleichzusetzen, da der Berechtigte die Wahl hat, entweder das Rückkaufsrecht auszuüben oder die Versicherung fortzusetzen; es ist nach § 3 ZPO zu schätzen.[1]

In **Haftpflichtsachen** ist grundsätzlich der Betrag anzusetzen, der gegen den **5910** Versicherungsnehmer aus einem Haftpflichtfall gefordert wird.[2] Zu offensichtlich unbegründeten Ansprüchen siehe Rn. 5920.

Die Angabe von **Höchsthaftungssummen** (Freistellung „*bis zur Höhe von ...* **5911** *Euro*") ist für den Streitwert belanglos, solange der freizustellende Betrag nicht darüber liegt.[3]

Das Interesse des Versicherten ist auch nicht auf den Wert eines möglichen **5912** Regressanspruches des Versicherten beschränkt, der durch geschäftsplanmäßige Erklärungen einer Begrenzung unterliegt, die wesentlich unter der möglichen Inanspruchnahme des Versicherten durch den Geschädigten liegen kann.[4]

Auch die **Berechtigung der Ansprüche**, die der Verletzte geltend macht, ist bei **5913** der Wertfestsetzung grundsätzlich nicht zu prüfen,[5] sondern nur in Ausnahmefällen.[6]

Das OLG Düsseldorf[7] unterscheidet danach, ob der geschädigte Dritte bereits **5914** bezahlt worden ist (voller Wert) oder die Leistung noch aussteht (Abzug von 20 % wie bei positiver Feststellungsklage).

Zinsansprüche bleiben außer Ansatz.[8] **5915**

Bei Leistungen, die **vom Versicherten an den Verletzten** zu erbringen sind und **5916** für die der Versicherer einstehen soll, sind grundsätzlich diese Leistungen zu-

---

1 OLG Neustadt Rpfleger 1967, 1.
2 OLG Nürnberg JurBüro 1966, 1060; 1968, 542; OLG München VersR 1968, 1083; OLG Bamberg JurBüro 1981, 433.
3 OLG Bamberg JurBüro 1981, 433 mit Anm. *Mümmler.*
4 OLG Schleswig VersR 1977, 333.
5 OLG Nürnberg JurBüro 1968, 542; OLG Frankfurt JurBüro 1983, 1086 = KostRsp. ZPO § 3 Nr. 634 mit Anm. *E. Schneider.*
6 OLG Nürnberg JurBüro 1970, 305; OLG Düsseldorf VersR 1974, 1034: Abstriche von illusionären Ansprüchen.
7 OLG Düsseldorf VersR 1974, 1034.
8 OLG Nürnberg VersR 1978, 854.

züglich der Kosten einer Verteidigung gegenüber den Ansprüchen des Verletzten Streitgegenstand auch des Deckungsprozesses.[1]

5917 Das gilt auch dann, wenn der Geschädigte den Anspruch des Schädigers **auf Deckungsschutz** gegen dessen Versicherungsnehmer aufgrund eines **Pfändungs- und Überweisungsbeschlusses** einklagt. Sind die Ansprüche des Geschädigten bereits durch Gerichtsurteil tituliert, dann liegt damit der Streitwert fest (Verurteilungssumme nebst Zinsen und Kosten).

5918 Der Streitwert einer Leistungsklage umfasst auch den Betrag etwaiger **Vorschusszahlungen** der die Schadensersatzpflicht bestreitenden Versicherungsgesellschaft des Schuldners, wenn diese Zahlungen ausdrücklich unter dem Vorbehalt der Rückerstattung geleistet worden sind.[2]

5919 Wird über diese Ansprüche jedoch erst **vorprozessual** verhandelt, dann ist die Forderung des Geschädigten nicht ohne weiteres wertbestimmend. Der Versicherer hat nur für begründete Ansprüche einzustehen.

5920 Deshalb macht die Rechtsprechung insoweit eine Einschränkung, dass bei der Streitwertfestsetzung für den Deckungsschutzprozess solche Forderungen des Verletzten unberücksichtigt zu bleiben haben, die aus rechtlichen oder tatsächlichen Erwägungen **offensichtlich unbegründet** sind.[3]

5921 Auch der Streitwert von Klagen auf Gewährung von **Haftpflichtversicherungsschutz** ist nach § 3 ZPO zu schätzen.[4]

5922 Wird auf **Abschluss einer Risikoversicherung** auf den Todesfall geklagt, so ist das Wertinteresse des Klägers ebenfalls nach § 3 ZPO zu bestimmen.[5]

5923 Bei der Festsetzung des Streitwertes eines Anspruchs auf **zukünftige Leistung der Versicherungssumme** ist von dieser ein gewisser, nicht sehr bedeutender Abzug vorzunehmen (§ 3 ZPO). Er rechtfertigt sich durch die fehlende Fälligkeit und die Notwendigkeit, bis zum Fälligkeitsjahr die Prämien weiterzuzahlen.[6]

5924 Werden nebeneinander Ansprüche auf **Rückzahlung der Versicherungsprämie** wegen Unwirksamkeit des Versicherungsbetrages **und auf Regulierung eines Schadens** wegen wirksamen Versicherungsvertrages geltend gemacht, dann sind die Werte dieser Ansprüche nicht zusammenzurechnen, sondern es ist nur der höhere Anspruch maßgebend.[7]

---

1 So jetzt auch BGH MDR 1976, 649 = Rpfleger 1976, 207 = VersR 1976, 477 = *Warneyer* 1976 Nr. 14.
2 OLG Karlsruhe Justiz 1965, 144.
3 OLG Saarbrücken JBl.Saar 1964, 14 = KostRsp. ZPO § 3 Nr. 86; OLG Düsseldorf VersR 1974, 1034; OLG Frankfurt JurBüro 1983, 1086 = KostRsp. ZPO § 3 Nr. 634 mit Anm. *E. Schneider*; OLG Hamm, KostRsp. ZPO § 3 Nr. 960 = JurBüro 1989, 523.
4 BGH VersR 1952, 64; OLG Hamburg VersR 1952, 362; OLG Neustadt Rpfleger 1957, 237; OLG Bremen VersR 1957, 662; OLG Saarbrücken JBl.Saar 1964, 15; OLG Nürnberg JurBüro 1966, 1060; JurBüro 1970, 305.
5 OLG Braunschweig JurBüro 1975, 1099: 3/0.
6 OLG Hamburg JurBüro 1957, 320.
7 OLG Hamm VersR 1984, 1086 = KostRsp. GKG § 19 Nr. 89 zu § 19 Abs. 4 a.F.

Dies erklärt sich daraus, dass die Ansprüche einander ausschließen: entweder besteht der Versicherungsvertrag oder er besteht nicht, und je nachdem hat die Partei den einen Anspruch oder den anderen, keinesfalls aber beide. **5925**

Der Wert der in einem **Vergleich** übernommenen Verpflichtung zur Weiterzahlung des Beitrages für eine Lebensversicherung oder Aussteuerversicherung bemisst sich nach dem 3,5fachen Jahresbeitrag.[1] **5926**

B. Feststellung

Bei Klagen des Versicherten auf (positive) Feststellung, dass ein Versicherungsvertrag besteht, kommt es für die Bewertung auf die Natur des Versicherungsvertrages an. **5927**

Geht es beispielsweise um einen Lebensversicherungsvertrag, dann ist das **Interesse** des Klägers **auf die Versicherungssumme** gerichtet, die im Todes- oder Erlebensfalle vom Versicherer zu zahlen ist. **5928**

Das OLG Karlsruhe[2] hat dieses Interesse mit $^1/_4$ des Betrages der Versicherungssumme geschätzt. Das OLG Hamm[3] legt das Prämienaufkommen für vier Jahre zugrunde, wenn nicht zusätzlich noch Leistungen eingeklagt werden, die diesen Betrag übersteigen. Die **Beschwer** wird vom BGH festgesetzt auf den Endbetrag abzüglich 20 %, wobei Überschüsse nur anteilig Berücksichtigung finden.[4] **5929**

Für eine **Feuerversicherung** z.B. ist Ausgangspunkt der Betrag der Deckungssumme, die im Einzelfall zu zahlen wäre. **5930**

Beim **Krankenversicherungsvertrag** und entsprechenden Verträgen richtet sich der Streitwert nach den zu erwartenden Versicherungsleistungen, die nach § 3 ZPO zu schätzen sind.[5] **5931**

Den Streitwert einer Klage auf Feststellung des Bestehens einer Krankenversicherung hat das OLG München nach dem fünfjährigen Betrag der Versicherungsprämie berechnet.[6] **5932**

Den Streitwert einer Klage des Versicherten auf Feststellung des Bestehens einer **Krankenhaustagegeld-Versicherung** hat das OLG Köln[7] gemäß § 3 ZPO auf den Betrag von fünf Jahresprämien geschätzt. Dieser Auffassung hat sich das OLG München angeschlossen.[8] Abweichend hiervon stellt das OLG Saar- **5933**

---

1 OLG Celle JurBüro 1968, 830 zu § 9 ZPO a.F.: 12,5-facher Jahresbeitrag.
2 OLG Karlsruhe DRZ 1934 Nr. 269.
3 OLG Hamm AnwBl. 1994, 45.
4 BGH, KostRsp. ZPO § 3 Nr. 1106 = NJW-RR 1992, 608.
5 OLG Hamburg VersR 1952, 362.
6 OLG München, KostRsp. ZPO § 3 Nr. 988 mit Anm. *E. Schneider* = r + s 1990, 106.
7 OLG Köln JurBüro 1977, 1130.
8 OLG München, KostRsp. ZPO § 3 Nr. 988 mit Anm. *E. Schneider* = r + s 1990, 106.

brücken die Prognose an, wie lange der Versicherungsvertrag noch fortbestehen werde.[1] Das Gericht kam, weil der Kläger relativ jung war und der Vertrag bis zum 65. Lebensjahr des Versicherungsnehmers lief, gemäß § 9 ZPO a.F. zum 12,5fachen Jahresbetrag. Zweifelhaft erscheint, ob der Senat jetzt den Rechtsgedanken des § 9 ZPO (nur noch 3,5facher Jahresbetrag) noch heranziehen würde.[2] Die Klage auf Feststellung, dass eine Berufsunfähigkeits-Zusatzversicherung zu bestimmten Lebensversicherungsverträgen nicht durch Rücktritt der beklagten Versicherungsgesellschaft beendet worden sei, hat der BGH in Anwendung des § 9 ZPO a.F. berechnet, also nach dem 12,5fachen Jahresbetrag der monatlichen Rentenleistungen, und davon einen Feststellungsabschlag von 50 % gemacht.[3] Warum statt der üblichen 20 % hier 50 % abgezogen worden sind, lässt sich nicht nachvollziehen.

5934   Das OLG Karlsruhe[4] stellt demgegenüber bei **einer Klage auf Feststellung der Verpflichtung, Leistungen aus einer Krankentagegeldversicherung für die ungewisse Dauer der Arbeitsunfähigkeit zu erbringen, unter Berücksichtigung eines Feststellungsabschlags von 20 % auf den Bezug von sechs Monaten.** Während ein Versicherungsvertrag regelmäßig auf unbestimmte Zeit geschlossen werde und deshalb – wenn sein Fortbestand festgestellt werden solle – die entsprechende Anwendung der Bewertungsvorgaben des § 9 ZPO gerechtfertigt sei, liege die regelmäßige Bezugsdauer von Krankentagegeld deutlich unter dreieinhalb Jahren, mag eine solcher Zeitraum in Einzelfällen auch nicht ausgeschlossen sein. Bei der gebotenen typisierenden Betrachtung erscheint dem Senat die Ermittlung des Streitwerts unter Zugrundelegung einer halbjährigen Bezugsdauer angemessen.

5935   Der Streitwert einer Klage auf Feststellung der Gewährung von Deckungsschutz aus einer Rechtsschutzversicherung richtet sich gemäß § 3 ZPO grundsätzlich nach den voraussichtlichen, durch die gerichtliche oder außergerichtliche Wahrnehmung der rechtlichen Interessen des Versicherungsnehmers entstehenden Kosten, deren Übernahme durch den Versicherer er erstrebt, abzüglich eines Feststellungsabschlags von 20 %.[5]

5936   Bei der **Deckungs-Feststellungsklage** ist nach h.M. grundsätzlich der übliche Abschlag von 20 % zu machen,[6] auch wenn davon ausgegangen werden kann, dass die Feststellungsklage den Streit zwischen den Parteien endgültig erledigt, z.B. wenn gegen einen Rechtsschutzversicherer auf Feststellung der Deckungs-

---

1 OLG Saarbrücken, KostRsp. ZPO § 3 Nr. 1154 = JurBüro 1993, 738.
2 So offenbar *Anders/Gehle/Kunze*, Stichwort „Versicherungsschutz" Rn. 2.
3 BGH, KostRsp. ZPO § 3 Nr. 1001 mit Anm. *E. Schneider* = NJW-RR 1990, 1361; ebenso KostRsp. ZPO § 3 Nr. 1106 = NJW-RR 1992, 608.
4 OLG Karlsruhe, Beschl. v. 6. 3. 2006 – 12 W 18/06, AGS 2006, 453 = OLGR 2006, 406.
5 BGH, Beschl. v. 8. 3. 2006 – IV ZB 19/05, 451 = VersR 2006, 716 = NJW-RR 2006, 791 = RuS 2006, 328; *Bauer* in Harbauer, Rechtsschutzversicherung 7. Aufl. § 18 ARB 75 Rn. 21 m.w.N.
6 BGH, KostRsp. ZPO § 3 Nr. 1050 mit Anm. *E. Schneider* = NJW-RR 1991, 1149; OLG Hamm, KostRsp. ZPO § 3 Nr. 684 = AnwBl. 1984, 95 = VersR 1984, 257; *Anders/Gehle/Kunze*, Stichwort „Deckungsprozess" Rn. 1; oben Rn. 2020 ff.

pflicht für die Kosten einer Instanz geklagt wird. Der Abschlag ist aber keine starre Größe (oben das Stichwort „Feststellungsklage", Rn. 2024 ff.), kann also auch geringer bewertet werden oder im Einzelfall ganz unterbleiben.[1] Zur Streitwertberechnung bei der Feststellungsklage wegen Gewährung von Rechtsschutz siehe Rn. 5942 ff. Bei der Deckungsklage eines Autoleasing**nehmers** aus einer Fahrzeugversicherung ist auf die Verhältnisse des Leasing**gebers** abzustellen, so dass Mehrwertsteuer bei der Streitwertberechnung unberücksichtigt bleibt, wenn der Leasinggeber vorsteuerabzugsberechtigt ist.[2]

Verlangt der Schädiger erhebliche **bezifferte Zahlungen**, etwa Schmerzensgeld, Rente und Verdienstausfall, dann hat der daneben gestellte Feststellungsantrag für die Zukunft eine verhältnismäßig geringe Bedeutung. Das kommt in der Bewertung zum Ausdruck, weil die wesentlichen Schäden bereits durch die bezifferten Zahlungsanträge abgedeckt sind. Abzustellen ist in diesem Fall auf die Wahrscheinlichkeit des Entstehens eines weiteren Schadens.[3]   5937

Bei Feststellungsklagen des Versicherers ist das Interesse bei positiver Klage auf die weitere Zahlung der Prämien für die Vertragsdauer gerichtet, bei negativer Klage darauf, im Eintrittsfall keine Deckung leisten zu müssen.[4]   5938

Die **negative Feststellungsklage** des Versicherten ist darauf gerichtet, von der ferneren Prämienzahlung befreit zu werden. Ist beispielsweise, wie häufig bei Lebensversicherungen, die Kündigung für zwei oder drei Jahre ausgeschlossen, so besteht das Interesse am Freiwerden von diesen Jahresprämien.[5]   5939

Die negative Feststellungsklage des Versicherers gegen den Versicherten, der aus einem Unfall als Schädiger in Anspruch genommen ist, auf Freistellung, dass ein Anspruch gegen den Versicherer nicht bestehe, bewertet sich gemäß § 3 ZPO nach der Höhe der gegen den Schädiger erhobenen Ansprüche.[6]   5940

Klagt die Versicherungsgesellschaft auf Feststellung des **Nichtbestehens eines Lebensversicherungsvertrages**, den sie angefochten hat, dann richtet sich der Streitwert nach ihrem Interesse daran, die Versicherungssumme nicht zahlen zu müssen.[7]   5941

C. Probleme beim Deckungsschutz

Maßgebend ist, wofür Deckungsschutz verlangt wird. Geht es um die Erstattung oder die Befreiung von bereits bezifferten Leistungen, so ist deren Höhe gleich dem Streitwert.   5942

---

1 *E. Schneider* Anm. zu KostRsp. ZPO § 3 Nr. 684; MDR 1985, 265, 268.
2 BGH, KostRsp. ZPO § 3 Nr. 1050 mit Anm. *E. Schneider* = NJW-RR 1991, 1149.
3 OLG München KostRsp. ZPO § 3 Nr. 897 = JurBüro 1988, 230.
4 Vgl. OLG Köln JW 1920, 58.
5 OLG München Recht 1910 Nr. 3966.
6 OLG Frankfurt JurBüro 1962, 423; siehe aber oben Rn. 5910 ff.
7 OLG Bamberg JurBüro 1985, 1703 = KostRsp. ZPO § 3 Nr. 786.

5943 Geht es um noch unbezifferte Leistungen, ist deren zu schätzende Höhe maßgebend, begrenzt durch die Deckungshöchstsumme und gekürzt um den üblichen Feststellungsabschlag.[1]

5944 In der **Rechtsschutzversicherung** (siehe auch oben Rn. 5936) entspricht der
Streitwert der Deckungsschutzklage den voraussichtlichen Kosten des beabsichtigten Rechtsstreits oder der notwendigen Verteidigung dagegen. Die Höhe
dieser Kosten wiederum ist zu berechnen nach dem für den abzudeckenden
Rechtsstreit maßgebenden Streitwert. Von ihm ausgehend sind die Anwaltskosten beider Parteien, die Gerichtskosten und die Nebenausgaben – Ablich-
tungen, Zeugengelder usw. – zu ermitteln und zu addieren. Da es sich nur um
eine Zukunftsprognose handelt, kann der Streitwert der Deckungsschutzklage
höher liegen als die Prozesskosten, die später in dem Rechtsstreit selbst festgesetzt werden. Die Kostenprognose ist auf die Instanz zu beschränken, obwohl
die Wahrscheinlichkeit oder gar Notwendigkeit der Einlegung eines Rechtsmittels nie auszuschließen ist.[2] Diese Einschränkung beruht auf der Vorschrift des
§ 15 Abs. 1 lit. d ARB, wonach der Versicherte die Kosten tunlichst gering zu
halten und insbesondere die Einlegung von Rechtsmitteln mit dem Versicherer
abzustimmen hat. Deshalb wird auch die Deckungszusage immer nur für eine
Instanz erteilt. Der Versicherungsnehmer wird dadurch nicht benachteiligt. Hat
er die Feststellung erstritten, dass für eine Instanz Kostenschutz zu gewähren
ist, dann ist damit praktisch präjudiziert, dass der Rechtsschutzversicherer generell zur Deckung verpflichtet ist, soweit sie in den ARB vorgesehen ist.

5945 Umstritten ist die Frage, ob die auf sozialen Erwägungen beruhende Vorschrift
des **§ 42 GKG** im Deckungsprozess **analog** anzuwenden ist (zur Abgrenzung
§ 42 GKG – § 9 ZPO unten Rn. 5950). Für die Zuständigkeit und die Zulässigkeit des Rechtsmittels gilt auch im Renten-Deckungsschutzprozess § 9 ZPO.
Das muss so sein, da anderenfalls für den Ersatzprozess des Verletzten gegen
den Verletzer ein anderer Instanzenzug begründet werden könnte als für den
Deckungsschutzprozess.[3]

5946 Umgekehrt erscheint es dann aber auch unerlässlich, im Rahmen der nach § 3
ZPO vorzunehmenden Bewertung des Deckungsschutzprozesses als Ermessens-
richtlinie für die Gebührenberechnung die Vorschrift des § 42 GKG heranzuziehen.[4]

5947 Demgegenüber wendet der BGH[5] bei der Schätzung nach § 3 ZPO die Vorschrift
des § 9 ZPO als Richtlinie an und kam daher zu ganz erheblich höheren Gebüh-

---

1 OLG Hamm VersR 1984, 257 = AnwBl. 1984, 95; hierzu oben Rn. 5936.
2 OLG Hamm VersR 1984, 257 = AnwBl. 1984, 95.
3 Siehe *Lappe* Anm. zu KostRsp. ZPO § 3 Nr. 167.
4 So z.B. OLG Hamm JMBl.NW 1951, 12; OLG Saarbrücken JBl.Saar 1967, 107; OLG
Nürnberg JurBüro 1970, 305; OLG Frankfurt JurBüro 1972, 1092 (für Geltendmachung
des Deckungsschutzanspruches aufgrund einer Pfändung); OLG Saarbrücken JBl.Saar
1967, 107, für einen Befreiungsanspruch der Versicherungsgesellschaft; ausführlich dazu *E. Schneider* MDR 1973, 181.
5 BGH, KostRsp. ZPO § 3 Nr. 280; VersR 1972, 440 = JurBüro 1972, 499; JurBüro 1974,
1249 = VersR 1974, 1222 = MDR 1974, 106 = NJW 1974, 1710.

renstreitwerten für den Deckungsschutzprozess, der dem Versicherten die Klage gegen seinen Versicherer nicht nur erheblich erschwert, sondern unter Umständen wegen des Kostenrisikos wirtschaftlich unmöglich macht.[1]

Eine Lockerung dieser Judikatur ist durch BGH[2] eingetreten. Es ging um den Fall, dass der Geschädigte den Versicherer unmittelbar in Anspruch nahm, wozu er durch § 3 Nr. 1 des Pflichtversicherungsgesetzes legitimiert ist (sog. Direktanspruch gegen den Versicherer).   **5948**

Hier hat der BGH den § 17 Abs. 2 S. 2 GKG a.F. (§ 42 Abs. 2 S. 2 GKG n.F.)   **5949** angewandt, und zwar mit der Begründung, dabei handele es sich nicht um einen Anspruch aus Vertrag (worauf § 17 Abs. 2 S. 1 GKG a.F. § 42 Abs. 2 S. 1 GKG n.F. unanwendbar sei), sondern um einen gesetzlichen Anspruch deliktsrechtlicher Natur. Diese formale Begründung erscheint gekünstelt, ändert jedoch nichts an dem begrüßenswerten Ergebnis, das den Geschädigten davor bewahrt, allein aus Kostengründen in eine von vornherein ungünstige Rechtsposition zu geraten.

Beim Gebührenstreitwert musste sich die unter Rn. 5945 ff. nachgewiesene   **5950** Rechtsprechung bislang zwischen dem 12,5fachen Jahresbetrag (§ 9 ZPO a.F.) und dem **„sozialen" Wert** des § 42 Abs. 2 S. 1 GKG (fünffacher Jahresbetrag) entscheiden. Durch das RpflegeEntlG 1993 wurde der Prozesswert aber auf den 3,5fachen Jahresbetrag reduziert (§ 9 ZPO n.F.). Jetzt wird also das Kostenrisiko durch die Anwendung des § 9 ZPO gemindert, § 42 Abs. 2 S. 1 GKG macht den Rechtsstreit teurer! Das Verhältnis zwischen dem Prozesswert und dem Gebührenwert ist „auf den Kopf" gestellt.[3]

Zu beachten ist – gleichgültig, welcher Auffassung man folgt –, dass die Klage   **5951** des Versicherungsnehmers gegen den Versicherer mit dem Antrag, den Versicherer zu verurteilen, Versicherungsschutz zu gewähren, trotz der auf eine Leistungsklage hindeutenden Fassung stets eine **Feststellungsklage** ist.[4]

Die Formulierung *„... die Beklagte zu verurteilen ..."* ändert daran nichts.[5] Des-   **5952** halb ist stets – also sowohl bei Bewertung nach §§ 3 ZPO, 42 GKG als auch nach §§ 3, 9 ZPO – der für positive Feststellungsklagen übliche **Abschlag von 20 %** zu machen.[6]

Da aber die Bewertung des Deckungsschutzprozesses nach § 3 ZPO verläuft   **5953** (ungeachtet, ob § 42 GKG oder § 9 ZPO als Richtlinie benutzt wird), ist es

---

1 Wie der BGH auch OLG Hamm AnwBl. 1965, 182; OLG Bamberg JurBüro 1973, 1089; OLG Frankfurt JurBüro 1981, 272 = VersR 1981, 446 = KostRsp. GKG § 17 Nr. 27; wohl auch OLG Nürnberg JurBüro 1959, 328, das direkt (also unter Übergehung des § 3 ZPO) nach § 9 ZPO bewerten will.
2 BGH NJW 1982, 1399 = JurBüro 1982, 49 = MDR 1982, 389 = Rpfleger 1982, 82 = VersR 1982, 133.
3 *Lappe* NJW 1994, 1189.
4 OLG Köln JurBüro 1965, 408; OLG Düsseldorf VersR 1974, 1034.
5 OLG Nürnberg JurBüro 1970, 305.
6 BGH JurBüro 1965, 985; OLG Frankfurt JurBüro 1981, 272 = VersR 1981, 446 = KostRsp. GKG § 17 Nr. 27.

gerade hier möglich, im Rahmen des freien Schätzungsermessens[1] den regelmäßigen Abzug von 20 % zu modifizieren.

5954 Das OLG Bamberg[2] mindert ihn auf 10 %.

5955 Richtiger erscheint es, wenn man dem BGH folgt, einen höheren Prozentsatz anzunehmen.

5956 Auch hier gilt der allgemeine Bewertungsgrundsatz (siehe z.B. das Stichwort „Miterbe"), dass unstreitige Rechtspositionen bei der Streitwertbemessung nicht berücksichtigt werden, im Versicherungsvertragsrecht also vor allem eine **vereinbarte Selbstbeteiligung**.[3]

5957 Deshalb darf auch der Streitwert für eine Feststellungsklage auf Gewährung von **Insassen-Unfallversicherungsschutz** nur auf den Betrag der Versicherungssumme festgesetzt werden, der auf den jeweiligen Insassen entfällt. Die Schwere der Verletzung und die Höhe der Heilungs- und Folgekosten sind insoweit unerheblich.[4]

5958 Bei der Bewertung des Deckungsanspruches für eine **dynamische Rente** ist ein Mittelwert zugrunde zu legen, dessen Bestimmung natürlich wiederum davon abhängt, ob man § 42 GKG (soweit in diesem Fall tatbestandlich anwendbar) oder § 9 ZPO als Richtmaß heranzieht.[5]

5959 Bei einem 58-jährigen, an einem Herzleiden erkrankten Mann, der aller Wahrscheinlichkeit nach eine ständige ärztliche Betreuung und somit einen regelmäßigen Anfall von Arzt- und Arzneikosten hat, ist die Bewertung des Interesses an der Aufrechterhaltung eines Versicherungsverhältnisses mit 1000 DM angemessen.[6]

5960 Das OLG Hamm[7] berechnet den Streitwert des Deckungsschutzfeststellungsprozesses in der **Kfz-Haftpflichtversicherung** mit Rücksicht auf die internen Absprachen der Versicherer untereinander nach einem Wert von höchstens 5000 DM.[8]

Diese Auffassung ist jetzt auch vom BGH bestätigt worden.[9]

5961 Es handelt sich hierbei um folgendes: Die Kfz-Haftpflichtversicherer haben für Fälle, in denen wegen Obliegenheitsverletzungen, Gefahrerhöhungen oder Nichtzahlung von Prämien im Versicherungsinnenverhältnis die Leistungs-

---

1 Krit. zum Begriff *Lappe* NJW 1993, 1750.
2 OLG Bamberg JurBüro 73, 1089.
3 OLG Frankfurt JurBüro 1983, 1086 = KostRsp. ZPO § 3 Nr. 634 mit Anm. *E. Schneider*.
4 OLG München KostRsp. ZPO § 3 Nr. 897 mit Anm. *E. Schneider* = JurBüro 1988, 230.
5 Siehe BGH JurBüro 1972, 499 = VersR 1972, 440.
6 LG Frankfurt VersR 1955, 626; der Kläger selbst hatte den Wert seines Feststellungsbegehrens nur mit 150 DM beziffert.
7 OLG Hamm VersR 1974, 637 = NJW 1974, 1387 = MDR 1974, 590.
8 Siehe dazu die Anm. *Imendörffer* NJW 1974, 2137 sowie OLG Düsseldorf VersR 1974, 1034.
9 BGH JurBüro 1982, 1017 = VersR 1982, 591.

pflicht des Haftpflichtversicherers entfällt, **Regressverzichte** abgegeben, wonach sie den Versicherungsnehmer lediglich bis zu 5000 DM in Anspruch nehmen.[1]

Soweit dieser Regressverzicht im Einzelfall zum Tragen kommt, wird dadurch auch die Wertfestsetzung im Deckungsschutzprozess des Versicherers gegen den Versicherungsnehmer beschränkt, weshalb OLG Hamm und OLG Düsseldorf (siehe Rn. 5960) in den vorstehend erwähnten Entscheidungen einen Höchstwert von 5000 DM annehmen.   **5962**

D. Widerklage

Der Anspruch auf Feststellung, dass die Versicherungsgesellschaft Versicherungsschutz zu gewähren habe, hat nicht denselben Gegenstand mit dem Widerklageantrag der Versicherung auf Zahlung eines ihr von der Finanzierungsgesellschaft abgetretenen Anspruchs aus dem Finanzierungsvertrag.[2]   **5963**

Treffen Klage der Versicherung auf Prämienzahlung und Feststellungs-Widerklage des Versicherten auf Vertragsnichtigkeit zusammen, so ist der **Wert der Zahlungsklage** maßgebend; nur die Prämienzahlung ist in Streit.   **5964**

Der Streitwert für eine Widerklage auf Feststellung, dass die vom Kläger erklärte Anfechtung einen abgeschlossenen Lebensversicherungsvertrag nicht aufgelöst habe, ist nach § 3 ZPO zu schätzen. Ein Ansatz mit dem 25fachen Jahresbetrag der Versicherungsprämie ist vom OLG Köln in einer älteren Entscheidung[3] als angemessen angesehen worden (siehe aber auch die Bemessungsgrundsätze oben Rn. 5928 f.).   **5965**

Versorgungsausgleich

A. Überblick

Bei Verfahren über den Versorgungsausgleich ist danach zu differenzieren, ob es sich um eine Folgesache in einem Verbundverfahren (§§ 623 Abs. 1, 621 Nr. 6 ZPO) handelt oder um ein isoliertes Verfahren.   **5966**

Im Verbundverfahren richten sich die Streitwerte für die Folgesache „Versorgungsausgleich" nach dem GKG (§ 1 Nr. 1b und c GKG).   **5967**

In isolierten Verfahren über den Versorgungsausgleich handelt es sich dagegen um FGG-Verfahren, für die das GKG nicht gilt (§ 1 GKG), so dass die KostO einschlägig ist.   **5968**

---

1 Siehe AnwBl. 1973, 162; BGHZ 80, 332 = MDR 1981, 828 = VersR 1981, 971.
2 OLG Frankfurt JurBüro 1964, 900.
3 OLG Köln VersR 1958, 241.

B. Verbundverfahren

5969 Für das Verfahren über die Durchführung des Versorgungsausgleichs als Folgesache im Verbund gelten Festwerte nach § 49 GKG.

5970 Soweit es um die Übertragung der in **§ 49 Nr. 1a–c GKG** erwähnten Rentenanwartschaften geht, also Anwartschaften

    a) aus einem öffentlich-rechtlichen Dienstverhältnis oder einem Arbeitsverhältnis mit Anspruch auf Versorgung nach beamtenrechtlichen Grundsätzen,

    b) der gesetzlichen Rentenversicherung und

    c) der Alterssicherung der Landwirte,

ist ein **Festwert** von 1000 Euro anzusetzen.

5971 Soweit das Verfahren **andere als die in § 49 Nr. 1a–c GKG** geregelten Rentenanwartschaften betrifft, ist ebenfalls ein **Festwert** von 1000 Euro festzusetzen.

5972 Betrifft das Verfahren **sowohl Anwartschaften nach § 49 Nr. 1a–c GKG als auch sonstige Anwartschaften,** ist zu addieren, so dass sich dann ein **Festwert** in Höhe von 2000 Euro ergibt.[1]

5973 Andere Werte als 1000 Euro oder 2000 Euro sind nicht möglich. Insbesondere kommt es nicht mehr auf den Jahresbetrag der zu übertragenden Rentenanwartschaften an, mag dieser höher oder niedriger als 1000 Euro liegen.

C. Isolierte Verfahren

I. Durchführung des Versorgungsausgleichs

5974 Der Gegenstandswert in isolierten Verfahren auf Durchführung des Versorgungsausgleichs richtet sich nach § 99 Abs. 3 KostO, der nach § 23 Abs. 1 S. 1 GKG auch für die Anwaltsgebühren gilt.

5975 Danach ist wie folgt zu bewerten:

Es gilt nach § 99 Abs. 3 S. 1 Nr. 1 KostO ein **fester Gegenstandswert** in Höhe von 1000 Euro, wenn dem Versorgungsausgleich **ausschließlich Anrechte**

    a) aus einem öffentlich-rechtlichen Dienstverhältnis oder einem Arbeitsverhältnis mit Anspruch auf Versorgung nach beamtenrechtlichen Grundsätzen,

    b) der gesetzlichen Rentenversicherung und

    c) der Alterssicherung der Landwirte

unterliegen.

5976 Ebenso ist ein **fester Gegenstandswert** von 1000 Euro anzusetzen, wenn dem Versorgungsausgleich **ausschließlich sonstige Anrechte** unterliegen (§ 99 Abs. 3 S. 1 Nr. 2 KostO).

---

1 OLG Stuttgart, Beschl. v. 25. 4. 2005 – 18 WF 71/05, AGS 2006, 248 = FamRZ 2006, 53.

Sofern der Versorgungsausgleich **beide Arten von Anrechten** betrifft, ist zu   5977
addieren. Der Gegenstandswert beläuft sich dann auf den Festwert i.H.v. 2000
Euro (§ 99 Abs. 3 S. 1 Nr. 3 KostO).

II. Verfahren nach § 1587i Abs. 1 BGB

In Verfahren nach § 1587i Abs. 1 BGB beträgt der Gegenstandswert ebenfalls   5978
1000 Euro (§ 99 Abs. 3 S. 2, 1. Hs. KostO).

III. Neufestsetzung des zu leistenden Betrages nach § 53e Abs. 3 FGG

Im Verfahren zur Neufestsetzung des zu leistenden Betrages nach § 53e Abs. 3   5979
FGG beträgt der Gegenstandswert lediglich 300 Euro (§ 99 Abs. 3 S. 2, 2. Hs.
KostO).

IV. Übrige Verfahren

In den übrigen Verfahren bestimmt sich der Gegenstandswert nach § 30 KostO.   5980

V. Genehmigung einer Vereinbarung über den Versorgungsausgleich

Schließen die Parteien außergerichtlich eine Vereinbarung über den Versor-   5981
gungsausgleich und beantragen sie lediglich die gerichtliche Genehmigung, so
handelt es sich immer um eine isolierte FGG-Angelegenheit. Dies gilt auch
dann, wenn ein Scheidungsverbundverfahren anhängig ist. Das Genehmigungsverfahren ist nicht verbundfähig.[1]

Der Gegenstandswert des Genehmigungsverfahrens bemisst sich gem. §§ 97   5982
Abs. 2, 30 Abs. 2 KostO nach dem Wert des Rechtsverhältnisses. Maßgebend ist
also der Wert der Renten oder Rentenanwartschaften, die ohne die Vereinbarung zu übertragen gewesen wären. Dieser Wert berechnet sich wiederum nach
den Festbeträgen des § 99 Abs. 3 KostO. Auf den Wert des „Ausgleichsersatzes"
kommt es nicht an.[2]

Der Festwert von 1000 Euro nach § 99 Abs. 3 S. 2 KostO ist unmittelbar nicht   5983
einschlägig, da es sich nicht um eines der dort genannten Verfahren, sondern
um ein gesondertes Genehmigungsverfahren handelt. Heranzuziehen dürfte allerdings im Rahmen des § 30 Abs. 2 KostO dennoch der Festwert von 1000 Euro
(§ 99 Abs. 3 S. 2 KostO).

---

1 *Lappe*, Kosten in Familiensachen, Rn. 33, 60; Kindermann Rn. 250.
2 *Lappe*, Kosten in Familiensachen, Rn. 60; Kindermann Rn. 250.

Verstoß gegen § 308 Abs. 1 ZPO

Literatur: *Schneider* MDR 1971, 437 ff.; *Röttger* NJW 1994, 368; *Mayer/Mayer* JurBüro 1993, 325.

Gliederungsübersicht

A. Einleitung 5984

B. Gebührenstreitwert

I. Überschreitung innerhalb der
Instanz 5987
  1. Gerichtsgebühren 5989
  2. Anwaltsgebühren 5990

II. Überschreitung, instanzübergreifend 5996

C. Rechtsmittel und Beschwer

I. Überschreitung innerhalb der
Instanz 6002
II. Instanzübergreifende Überschrei-
tung 6005

Stichwortübersicht

Aufrechnung, nicht erklärte 5988
Antragsüberschreitung
– bezüglich der Hauptforderung . . . 5988
– bezüglich der Zinsen, Früchte und
Kosten 5987
– innerhalb der Instanz 5987
– instanzübergreifend 5996
– mit Zustimmung der Par-
teien 5999, 6001
Ausgangsverfahren 5997
Beschränkung der Zwangsvollstreckung 6003
Beschwer
– bei erstinstanzlicher Überschreitung 6002
– bei zweitinstanzlicher Überschreitung 6005
Beweis(aufnahme)gebühr 5994
Berufungsverfahren 5997
Dispositionsmaxime 5984
Einzelfähigkeit 5994
Erweiterung des Streitgegenstandes . 6001
Gebührenstreitwert
– für das Ausgangsverfahren 5997

– für das Berufungsverfahren . 5997, 6001
– für das Revisionsver-
fahren 5997, 6003, 6006
Gerichtsgebühren 5989
„Hinaufziehen" vorinstanzlich noch
rechtshängiger Teile der Klage-
forderung 5999
Instanzübergreifende Antragsüber-
schreitung 5996
Instanzübergriff mit Einverständnis
der Parteien 5999
Nebenforderungen 5987
Prozessökonomie 6001
Quotenteilurteil 6005
Stufenklage 6005
Teilnahme an der Beweisaufnahme . 5994
Teilurteil, unzulässiges 5999
Terminsgebühr 5992
Überschreitung des Antrags . . . . 6002 ff.
Urteilsgebühren 5989, 5998
Verfahrensgebühr 5991
Verstoß gegen § 528, § 577 ZPO . . 5999
Von Amts wegen 5985
Zinsen 5987

A. Einleitung

§ 308 ZPO ist Ausdruck der im Zivilprozess herrschenden Dispositionsma- **5984** xime. Danach wird der Streit- und Entscheidungsgegenstand durch den Antrag der Partei bestimmt. Aufgrund dieser Antragsbindung ist das Gericht nicht befugt, einer Partei (in der Hauptsache) etwas anderes oder mehr zuzusprechen, als von dieser beantragt worden ist. Entsprechende Regelungen finden sich für das Berufungsverfahren in § 528 ZPO und für das Revisionsverfahren in § 557 Abs. 1 ZPO, wonach eine Überprüfung und Abänderung der angegriffenen Entscheidung nur im Rahmen der hierzu gestellten Rechtsmittelanträge erfolgen darf.

Ein Verstoß gegen § 308 ZPO ist mit den gegen die Entscheidung zulässigen **5985** Rechtsmitteln anzugreifen und vom Rechtsmittelgericht auch ohne Rüge von Amts wegen zu beachten. Ob und auf welchem Wege eine Korrektur der Entscheidung nach Eintritt der Rechtskraft möglich ist, ist streitig.[1]

Fraglich ist, ob die Antragsüberschreitung Einfluss auf den Streitwert und da- **5986** mit auf die danach zu berechnenden Gebühren sowie die Beschwer hat. Hierbei ist weiter zu unterscheiden, ob der Verstoß sich auf eine Instanz beschränkt oder ob die höhere Instanz in das teilweise noch erstinstanzlich anhängige Verfahren eingreift und dadurch seinen Entscheidungsgegenstand erweitert.

B. Gebührenstreitwert

I. Überschreitung innerhalb der Instanz

Ohne Folgen bleibt hier der Verstoß gegen § 308 ZPO, wenn über den Klage- **5987** antrag hinaus **Zinsen, Früchte, Nutzungen oder vorgerichtliche Kosten** zuerkannt werden. Denn diese bleiben gemäß § 43 Abs. 1 GKG (§ 22 Abs. 1 GKG a.F.) bei der Bemessung des Streitwertes außer Betracht, solange sie als Nebenforderung geltend gemacht werden.

Erfasst der Verstoß gegen die Dispositionsmaxime hingegen die **Hauptforde-** **5988** **rung**, beispielsweise weil das Gericht den Beklagten aufgrund eines nur angekündigten, aber dann nicht verlesenen Antrag verurteilt oder die Klage unter Berücksichtigung einer nicht zur Aufrechnung gestellten Gegenforderung abgewiesen oder dem klagenden Arbeitnehmer statt des beantragten Nettolohnes den Bruttolohn zuerkannt hat,[2] ist zu differenzieren:

---

1 Vgl. hierzu Zöller/*Vollkommer*, § 308 Rn. 6.
2 LAG Düsseldorf, Beschl. v. 7. 1. 1988 – 7 Ta 433/87, KostRsp. ZPO § 3 Nr. 933 = Jur-Büro 1988, 1079.

1. Gerichtsgebühren

5989 Die gerichtlichen Gebühren bemessen sich nach dem sich aus dem Klageantrag ergebenden Streitwert, § 43 GKG (§ 11 GKG a.F.). Dies gilt sowohl für die **Verfahrensgebühr**, deren Anfall und Höhe durch eine unzulässige Sachentscheidung nicht berührt werden, als auch nach altem Recht etwaig zu berechnende **Urteilsgebühren**.[1] Denn die Urteilsgebühr setzt nach dem Kostenverzeichnis zum GKG eine Verhandlung über den Urteilsgegenstand voraus. Daran fehlt es, wenn das Gericht von sich aus über die Anträge hinausgeht und beide Parteien damit im Urteil überrascht.[2]

2. Anwaltsgebühren

5990 Hinsichtlich der anwaltlichen Gebühren ist maßgeblich darauf abzustellen, ob es sich hierbei um eine Pauschgebühr oder eine Tätigkeitsgebühr handelt.

5991 So bemisst sich die **Verfahrensgebühr** (Nrn. 3100, 3101 VV RVG, entspricht weitgehend § 31 Abs. 1 Nr. 1 BRAGO) nicht nach dem unter Berücksichtigung der Überschreitung höheren Wert, weil es hierfür an einem entsprechenden Auftrag und einer dahingehenden anwaltlichen Tätigkeit (Betreiben des Geschäfts, Vorb. 3.2 VV RVG zu § 2 RVG) fehlt. Ein Anspruch, den der Kläger nicht geltend gemacht hat, über den das Gericht vielmehr eigenmächtig und unerlaubt mitentschieden hat, ist nicht Gegenstand des gerichtlichen Verfahrens oder des Mandats.

5992 Ebenso ist eine Streitwerterhöhung für die **Terminsgebühr** (Nrn. 3104, 3105 VV RVG, entspricht nur teilweise § 31 Abs. 1 Nr. 2 BRAGO) zu verneinen. Nach der Neufassung entsteht diese Gebühr nicht erst mit der Antragstellung,[3] sondern bereits mit der Vertretung in einem Gerichtstermin, die allein aktive Anwesenheit des Anwalts an der Besprechung eines den Rechtsstreit betreffenden sachlichen oder rechtlichen Gesichtspunktes voraussetzt.[4] Daher kommt ohne eine mündliche oder schriftsätzliche Erörterung des überschießenden Teils der späteren Entscheidung eine Werterhöhung nicht in Betracht.

5993 Sofern die Parteien allerdings über das zuerkannte Mehr verhandelt haben, ist das erweiterte Begehren dadurch Streitgegenstand geworden und deshalb für die Verfahrens- und Terminsgebühr nach allgemeinen Bemessungsgrundsätzen streitwertbestimmend.[5]

5994 Für die anwaltliche Teilnahme an der Beweisaufnahme stellt sich die Gebührenfrage dann, wenn das Gericht diese versehentlich auf die nicht geltend ge-

---

1 BGH JurBüro 1974, 185 = NJW 1973, 2206 = MDR 1974, 36 = Rpfleger 1974, 423; OLG Frankfurt JurBüro 1962, 479; OLG Stuttgart WRP 1973, 608; LAG Düsseldorf, Beschl. v. 7. 1. 1988 – 7 Ta 433/87, KostRsp. ZPO § 3 Nr. 933 = JurBüro 1988, 1079; a.A. OLG Köln NJW 1960, 1471; OLG Nürnberg Rpfleger 1956, 267.
2 *E. Schneider* MDR 1971, 437.
3 So noch § 31 Abs. 1 Nr. 2 BRAGO.
4 Schneider/Wolf/Onderka/*N. Schneider*, RVG, VV Vorb. 3 Rn. 94, 99.
5 BGH LM BEG § 23 Nr. 3.

machte Mehrforderung ausgedehnt hat. Zwar sind mit der Ablösung der BRA-GO durch das RVG sowohl die **Beweisaufnahmegebühr** (§ 118 Abs. 1 Nr. 3 BRAGO) als auch die **Beweisgebühr** (§ 31 Abs. 1 Nr. 3 BRAGO) entfallen. Die Teilnahme des Anwalts an einer Beweisaufnahme innerhalb eines gerichtlichen Verfahrens wird nunmehr mit der Terminsgebühr (Nr. 3104 und Vorb. 3 Abs. 3 VV RVG) abgegolten. Beschränkt sich die anwaltliche Tätigkeit, etwa aufgrund einer Unterbevollmächtigung, auf die Teilnahme an einer Beweisaufnahme, ist diese jedoch als **Einzeltätigkeit** nach Nrn. 3401, 3402 VV RVG zu § 2 RVG zu vergüten. Für den Gegenstandswert kommt es hier nicht auf die Zulässigkeit der Beweisaufnahme an, sondern ob nach dem objektiv erkennbaren Willen des Gerichts eine Beweisaufnahme für erforderlich gehalten und bezweckt worden ist.[1] Ist dieser (auch) auf eine Klärung nicht streitgegenständlicher und nachfolgend unter Verstoß gegen § 308 Abs. 1 ZPO entschiedener Tatsachenkomplexe gerichtet, ist der Wert entsprechend zu erhöhen. Denn für die Wertbestimmung ist der Gegenstand des Beweises maßgebend. Hierfür ist entscheidend, in welchem Umfang das Prozessgericht im Zeitpunkt der Beweisanordnung den Tatsachenkomplex klären wollte.[2]

Siehe auch unter dem Stichwort „Beweisaufnahme".   5995

II. Überschreitung, instanzübergreifend

Eine instanzübergreifende Überschreitung der dem Rechtsmittelgericht zuste-   5996
henden Entscheidungsbefugnis ist nur denkbar, wenn das **Klagebegehren vorinstanzlich (noch) nicht vollständig beschieden** worden ist. So etwa, wenn das Berufungsgericht, beispielsweise bei der Stufenklage, auf eine Berufung gegen ein stattgebendes Teilurteil unter Aufhebung des Urteils die ganze Klage abweist oder ein Urteil, dass versehentlich die Klage nur teilweise entscheidet, mit der Maßgabe bestätigt, dass auch der erstinstanzlich bislang nicht entschiedene Teil der Klageforderung zugesprochen wird. Hier ist fraglich, nach welchem Streitwert die gerichtlichen und anwaltlichen Gebühren im Ausgangs- und im Berufungsverfahren zu berechnen sind.

Während die instanzübergreifende Entscheidung des Berufungsgerichts auf den   5997
Gebührenstreitwert des **erstinstanzlichen Verfahrens** (Ausgangsverfahrens) und die dort entstandenen Gebühren schon wegen des Grundsatzes der instanzbezogenen Streitwertfestsetzung keinen Einfluss hat, besteht über den Gebührenstreitwert des **Berufungsverfahrens** keine Einigkeit. Gemäß §§ 528, 557 Abs. 1 ZPO wird der Streitgegenstand des Berufungs- bzw. Revisionsverfahrens durch die Rechtsmittelanträge bestimmt. Nach diesen bemisst sich grundsätzlich auch der Rechtsmittelstreitwert, § 47 GKG (§ 14 GKG a.F.).

---

1 *Hartmann*, 26. Auflage, § 31 BRAGO Rn. 122.
2 OLG Düsseldorf JurBüro 1983, 1042 = KostRsp. ZPO § 3 Nr. 630; OLG Frankfurt, KostRsp. BRAGO § 31 Ziff. 3 Nr. 116 = JurBüro 1983, 1822 = MDR 1984, 154; LAG Hamm, KostRsp. GKG § 21 Nr. 3 = BB 1985, 667.

5998 Für den BGH[1] scheidet bei einem Instanzübergriff im Berufungsverfahren eine Werterhöhung aus, da der mitbeschiedene, vorinstanzlich noch anhängige Teil der Klageforderung nicht Gegenstand der Rechtsmittelanträge und damit des Streits im Rechtsmittelverfahren gewesen sei. Das gelte jedoch nicht für die (nach altem Recht anfallenden) Urteilsgebühren, da das Berufungsurteil die Klage in vollem Umfang bescheide und den Kläger entsprechend beschwere. Diese seien daher nach dem vollen Klagebetrag zu berechnen. Bei einer Revision gegen ein solches Berufungsurteil ist der Revisionsstreitwert folglich höher anzusetzen, als der Wert des Berufungsverfahrens.[2]

5999 Richtigerweise wird man jedoch danach unterscheiden müssen, ob das Rechtsmittelgericht in zulässiger oder unzulässiger Weise instanzübergreifend entschieden hat. Denn nach ganz überwiegender Ansicht liegt nicht in jeder Bescheidung eines vorinstanzlich noch anhängigen Anspruchs ein **Verstoß gegen §§ 528 oder 557 Abs. 1 ZPO**. Zwar ist es grundsätzlich unzulässig, einen derart verbliebenen Teilanspruch durch eine Klageerweiterung oder Widerklagerhebung in die Berufungsinstanz einzuführen und darüber zu entscheiden.[3] Jedoch wird – nach entsprechender Erörterung in der mündlichen Verhandlung[4] – ein „Hinaufziehen" des vorinstanzlich noch anhängigen Teils überwiegend für zulässig erachtet, wenn der Erlass eines **Teilurteils unzulässig** war,[5] der vom Teilurteil erfasste **Anspruch zugleich die Grundlage des vorinstanzlich verbliebenen Anspruch** bildet, so insbesondere bei der Stufenklage,[6] oder sich der „Instanzübergriff" auf ein (stillschweigendes) **Einverständnis der Parteien** stützt.[7]

6000 Darf das Berufungsgericht danach über einen erstinstanzlich noch anhängigen Anspruch mitentscheiden, dann wird der gesamte Anspruch auch Gegenstand des Rechtsmittelverfahrens. Hat das Berufungsgericht dagegen instanzübergreifend entschieden, ohne hierzu ermächtigt (worden) zu sein, bleibt der Wert des mitbeschiedenen Teilanspruchs bei der Streitwertbemessung unberücksichtigt.

6001 Denn soweit sich die **Erweiterung des Streitgegenstandes auf einen** (stillschweigenden) **Antrag der Parteien** stützt, wird der gesamte Streitstoff kraft Partei-

---

1 BGH, Beschl. v. 12. 3. 1992 – I ZR 296/91, MDR 1992, 1091 = AnwBl. 1992, 498 = JurBüro 1993, 164 = NJW-RR 1992, 1021; BGHZ 30, 215; FamRZ 1990, 863; MDR 1959, 909.

2 BGH, Beschl. v. 12. 3. 1992 – I ZR 296/91, MDR 1992, 1091 = AnwBl. 1992, 498 = JurBüro 1993, 164 = NJW-RR 1992, 1021; BGHZ 30, 215; FamRZ 1990, 863; MDR 1959, 909.

3 BGH, Urteil v. 16. 6. 1959 – VI ZR 81/58, BGHZ 30, 213 = MDR 1959, 746 = NJW 1959, 1824; Beschl. v. 2. 2. 1983 – IVb ZB 702/81, MDR 1983, 652 = NJW 1983, 1311 = FamRZ 1983, 459; Zöller/*Gummer*, § 528 Rn. 11, 15.

4 *Mayer/Mayer* JurBüro 1993, 327 Fn. 26.

5 BGH NJW 1960, 339.

6 BGH, Beschl. v. 12. 3. 1992 – I ZR 296/91, MDR 1992, 1091 = AnwBl. 1992, 498 = JurBüro 1993, 164 = NJW-RR 1992, 1021; BGHZ 30, 215; FamRZ 1990, 863.

7 BGH, Urteil v. 25. 3. 1986 – IX ZR 104/85, BGHZ 97, 280 = MDR 1986, 930 = NJW 1986, 2108 = WM 1986, 763; OLG Düsseldorf, VersR 1989, 705.

willens für den Streitwert bestimmend.[1] In den übrigen Fällen rechtfertigt die **Prozessökonomie** eine instanzübergreifende Entscheidung auch ohne Antrag der Parteien, sodass der vorinstanzlich verbliebene Teil nach einem entsprechenden gerichtlichen Hinweis oder spätestens durch die Urteilsverkündung Bestandteil des Streitstoffes wird.[2] Daher richtet sich der Streitwert der Berufungsinstanz in diesen Fällen nach dem **vollen Wert der Klage**.[3] In der Mehrzahl der Fälle wird daher der Streitwert des Berufungsverfahrens dem des Revisionsverfahrens entsprechen.

C. Rechtsmittel und Beschwer

I. Überschreitung innerhalb der Instanz

Die mit dem prozessual fehlerhaft zustande gekommenen Urteil verbundene **Beschwer** bestimmt sich unter Berücksichtigung der **antragsüberschreitenden Bescheidung**.[4]   6002

Auch der **Gebührenstreitwert für das Rechtsmittelverfahren** ist in diesem Fall   6003
nach der gesamten Urteilssumme zu bemessen. Dies zumindest dann, wenn die obsiegende Partei ein Urteil, das ihr mehr als beantragt zugesprochen hat, dem Gegner zustellen lässt, ohne dabei zu erklären, dass sie hinsichtlich des zu viel Zuerkannten keine Rechte aus dem Urteil herleite.[5] Der Kläger kann jedoch die Wertermäßigung durch Nachholung dieser Erklärung herbeiführen, allerdings mit entsprechender Kostenfolge. Der Beklagte kann – wenn er das erstinstanzliche Urteil im Übrigen für richtig hält – sein Rechtsmittel bei Fehlen der Erklärung des Klägers auf die Beschwer beschränken, die ihm durch den Verstoß gegen § 308 Abs. 1 ZPO auferlegt worden ist.

Diese Berechnung entspricht dem allgemeinen Streitwertrecht, wonach die Parteien auch sonst den Streitwert der Rechtsmittelinstanz durch ihre Erklärungen und Anträge bestimmen können. Sie können Verstöße gegen § 308 ZPO durch Stellen eines uneingeschränkten Berufungsantrages gewissermaßen heilen.[6] Die Werterhöhung tritt dann aber nur für die Zeit ab Stellung des erweiterten Antrages ein.   6004

---

1 KG Rpfleger 1962, 154; OLG Düsseldorf VersR 1989, 705.
2 BGH, Urteil v. 16. 6. 1959 – VI ZR 81/58, BGHZ 30, 213 = MDR 1959, 746 = NJW 1959, 1824; OLG Bamberg Rpfleger 1960, 54; OLG Düsseldorf Rpfleger 1965, 2; a.A. BGH, Beschl. v. 3. 7. 1959 – I ZR 169/55, MDR 1959, 909 = NJW 1959, 1827, der maßgeblich auf die gestellten Anträge abstellt.
3 BGH, Beschl. v. 12. 3. 1992 – I ZR 296/91, MDR 1992, 1091 = AnwBl. 1992, 498 = JurBüro 1993, 164 = NJW-RR 1992, 1021; BGHZ 30, 215; FamRZ 1990, 863 – Abgrenzung zu BGH GRUR 1959, 552 = MDR 1959, 909 = NJW 1959, 1827; *Mayer/Mayer* JurBüro 1993, 325.
4 Vgl. hierzu Zöller/*Vollkommer*, § 308 Rn. 6.
5 OLG Köln NJW 1960, 1471.
6 BGH FamRZ 1986, 661; LG Kaiserslautern NJW 1975, 1037.

II. Instanzübergreifende Überschreitung

6005 Für die **Beschwer** der Revisionsinstanz ist bei einer instanzübergreifenden Antragsbescheidung durch das Berufungsgericht der volle Klagebetrag maßgebend.[1] Dies gilt beispielsweise, wenn das erstinstanzliche Gericht bei einer **Stufenklage** den Rechnungslegungsanspruch durch Teilurteil zuerkannt und das Berufungsgericht die gesamte Klage abgewiesen hat.[2] Ebenso hat der BGH[3] entschieden, wenn auf die Berufung gegen ein **Quotenteilurteil** des Landgerichts das Oberlandesgericht die gesamte Klage abweist und gegen dieses Urteil Revision eingelegt wird.

6006 Der **Gebührenstreitwert für das Revisionsverfahren** gegen eine instanzübergreifende Antragsbescheidung durch das Berufungsgericht bestimmt sich nach dem Rechtsmittelantrag des Revisionsklägers, § 557 Abs. 1 ZPO, § 47 GKG (§ 14 GKG a.F.). Wird das Berufungsurteil in vollem Umfang zur Überprüfung gestellt, entspricht der Wert der vollen Klagesumme.

Vertagung

Siehe das Stichwort „Prozess- und Sachleitung".

Verteilungsverfahren

6007 Für den Wert der Verfahren nach §§ 872 ff. ZPO ist gemäß § 6 ZPO der Betrag der zu vollstreckenden Forderung maßgebend.

6008 Für den Streitwert zu Berechnung der Anwaltsgebühren ist § 25 Abs. 1 Nr. 1 HS 4 RVG zu beachten. Die zu vollstreckende Forderung setzt sich zusammen aus Kapital, Zinsen bis zum Tage des endgültigen Verteilungsplans, Kosten des der Vollstreckung vorausgegangenen Prozesses und früherer Vollstreckungsmaßnahmen sowie etwaigen weiteren Nebenforderungen. Der Streitwert ist durch die Höhe des zu verteilenden Geldbetrages nach oben begrenzt.

6009 Abweichend hiervon bestimmt sich der Gerichtsgebührenwert nach der Verteilungsmasse nebst Zinsen und ohne Abzug von Kosten.[4]

---

1 BGH, Beschl. v. 12. 3. 1992 – I ZR 296/91, MDR 1992, 1091 = AnwBl. 1992, 498 = JurBüro 1993, 164 = NJW-RR 1992, 1021.
2 BGH MDR 1960, 393.
3 BGH VersR 1957, 447.
4 *Gebauer/Schneider/Wolf*, RVG, § 25 Rn. 13; a.A. *Hartmann*, GKG § 12 Anh. I (§ 3 ZPO) Rn. 131: Zinsen und Kosten bleiben unberücksichtigt.

Wird mit der Klage die **Einwilligung** verlangt, dass ein hinterlegter Betrag an den Kläger ausgezahlt werde, so ist ebenfalls der Wert der klägerischen Forderung bestimmend, wenn sie nicht höher ist als der hinterlegte Betrag einschließlich aufgelaufener Hinterlegungszinsen; sonst ist der Hinterlegungsbetrag maßgebend.[1]

Der Streitwert des **Widerspruchs** gegen einen Teilungsplan (§§ 878 ff. ZPO) richtet sich nach dem Interesse des Klägers daran aus, dass seine Forderung vorrangig bedient wird.[2] Das ist der Mehrbetrag, der ihm zukommt, wenn sein Widerspruch durchgreift.[3]   6010

Im **Zwangsversteigerungsverfahren**[4] ist die Sondervorschrift des § 54 GKG zu beachten. Die Gebühr für das Verteilungsverfahren bestimmt sich nach dem Gebot ohne Zinsen, für das der Zuschlag erteilt ist, einschließlich des Werts der nach den Versteigerungsbedingungen bestehen bleibenden Rechte (§ 54 Abs. 3 GKG). Die Gebühr für die Erteilung des Zuschlags bestimmt sich nach dem Gebot ohne Zinsen, für das der Zuschlag erteilt ist, einschließlich des Werts der nach den Versteigerungsbedingungen bestehen bleibenden Rechte zuzüglich des Betrages, in dessen Höhe der Ersteher nach § 114a ZVG als aus dem Grundstück befriedigt gilt (§ 54 Abs. 2 GKG).   6011

Bei der Zwangsversteigerung zur **Aufhebung einer Gemeinschaft** vermindert sich der nach § 54 Abs. 2 S. 1 GKG zu berechnende Wert für die Erteilung des Zuschlags um den Anteil des Erstehers am Gegenstand des Verfahrens (§ 54 Abs. 2 S. 2 GKG).   6012

Vertragsabschluss

Die Klage auf Abschluss eines Vertrag ist auf Annahme eines auf den Abschluss eines Vertragsangebotes und damit auf **Abgabe einer Willenserklärung** gerichtet. Mit der Stattgabe der Klage wird die Abgabe der Erklärung fingert, § 894 Abs. 1 ZPO.   6013

Da die aus dem Vertrag resultierenden Ansprüche selbst nicht den Gegenstand des Rechtsstreits bilden, sind nicht sie, sondern ist das wirtschaftliche Interesse des Klägers an dem angestrebten Vertragsschluss zu bewerten.[5] Maßgeblich für das nach § 3 ZPO zu schätzende **Abschlussinteresse des Klägers** ist, welcher vermögensrechtliche Erfolg mit der erzwungenen Erklärung erstrebt wird.[6] Eine   6014

---

1 RG HRR 1931 Nr. 252; OLG Breslau JW 1931, 2142.
2 OLG Bamberg, KostRsp. ZPO § 3 Nr. 1067 mit Anm. *Schneider* = JurBüro 1991, 1691.
3 OLG Colmar OLGE 13, 66.
4 Vgl. die Ausführungen beim Stichwort „Zwangsversteigerung".
5 LAG Baden-Württemberg, Beschl. v. 29. 10. 1991 – 3 SA 56/91, JurBüro 1992, 627.
6 *Anders/Gehle/Kunze*, Stichwort „Willenserklärung"; *Baumbach/Lauterbach/Albers/Hartmann*, dort unter § 3 Rn. 131 Stichwort „Vertragsabschluss"; *Zöller/Herget*, § 3 Rn. 16 unter „Willenserklärung".

sachgerechte Bewertung muss daher die aus dem Vertrag erwachsenden Leistungsansprüche bzw. die mit dem Abschluss verbundenen Feststellungs- oder Gestaltungswirkungen berücksichtigen.

6015 Zur Streitwertbemessung für die **Überprüfung und Umgestaltung eines bestehenden Vertrages** ist auf das Interesse an der Vertragsänderung abzustellen. Je nach Umfang der Änderung kann dies der Bewertung einer auf Neuabschluss gerichteten Klage entsprechen. Entscheidend ist, welche Vertragsbestimmungen geändert werden sollen und welche Auswirkungen damit für den Kläger verbunden sind.[1]

Vertragsauflösung

6016 Klagen, mit denen Vertragsauflösungen geltend gemacht werden, sind nicht abstrakt nach dem Wert der Leistung oder der Gegenleistung, sondern nach dem Interesse des Klägers im konkreten Fall zu bewerten.

6017 Ist der Klageantrag auf **Zustimmung zur Aufhebung oder Rückabwicklung des Vertrages** gerichtet, handelt es sich um eine Leistungsklage auf Abgabe einer Willenserklärung. Mit der Stattgabe der Klage wird die Abgabe der Erklärung fingiert, § 894 Abs. 1 ZPO. Für deren Bewertung ist darauf abzustellen, welcher vermögensrechtliche Erfolg vom Kläger mit der Vertragsauflösung erstrebt wird. Entsprechend dem im Antrag verfestigten Klageinteresse sind die jeweils in Betracht kommenden Bewertungsregeln zu ermitteln, ggf. ist gemäß § 3 ZPO, § 48 Abs. 1 GKG[2] zu schätzen.[3]

6018 Soweit nicht besondere Umstände vorliegen, ist der Wert der Leistung maßgebend, von der der Kläger durch Vertragsaufhebung freigestellt werden will[4] oder die im Falle schon erbrachter Leistung an ihn zurückzugewähren ist.[5]

---

1 BGH, Beschl. v. 13. 10. 1988 – III ZR 121/86, KostRsp. ZPO § 3 Nr. 976 mit Anm. *Schneider* = *Warneyer* 1988 Nr. 274 = NJW-RR 1989, 378 = MDR 1989, 237 = AnwBl. 1990, 222 mit abl. Krit. Anm. *Madert*: betrifft eine Kooperationsvereinbarung; BGH, Urteil v. 24. 11. 1994 – IX ZR 222/93, KostRsp. BRAGO § 8 Nr. 65 = AnwBl. 1995, 146 = DB 1995, 368 = LM BRAGO § 7 Nr. 4 = MDR 1995, 319 = VersR 1995, 432 = ZIP 1995, 118 = NJW-RR 1995, 758: betrifft die Änderung eines Gesellschaftsvertrags.
2 § 12 Abs. 1 GKG a.F.
3 OLG München, Beschl. v. 25. 1. 1995 – 3 W 3089/94, JurBüro 1995, 484; *Anders/Gehle/ Kunze*, Stichwort „Willenserklärung"; *Baumbach/Lauterbach/Albers/Hartmann*, § 3 Rn. 140 dort unter „Willenserklärung"; Thomas/Putzo/*Hüßtege*, § 3 Rn. 6, dort unter „Abgabe einer Willenserklärung"; Zöller/*Herget*, § 3 Rn. 16 unter „Willenserklärung".
4 OLG Celle, Beschl. v. 18. 10. 1983 – 4 W 29/83, KostRsp. ZPO § 3 Nr. 666; OLG München, Beschl. v. 20. 3. 1984 – 24 W 48/84, Beschl. v. 20. 3. 1984 – 24 W 48/84, KostRsp. ZPO § 3 Nr. 706 = JurBüro 1984, 1235 mit Anm. *E. Schneider*.
5 OLG Bremen, Beschl. v. 14. 8. 1979 – 2 W 52/79, KostRsp. ZPO § 3 Nr. 450 mit Anm. *E. Schneider*; OLG Celle, Beschl. v. 18. 6. 1984 – 16 W 32/84, KostRsp. ZPO § 3 Nr. 704 mit Anm. *E. Schneider* = AnwBl. 1984, 448 = Nds.Rpfl. 1994, 215.

Unzutreffend ist es daher, bei einer Klage auf Zustimmung zur Wandlung (nach altem Recht) „mangels weiterer Angaben" das klägerische Interesse nur mit einem $^1/_4$ des Kaufpreises zu beziffern.[1] Ebenso findet bei der Interessenbewertung keine Saldierung von Leistung und Gegenleistung im Falle einer ohne Klage gebotenen Vertragsdurchführung (vgl. hierzu das Stichwort „Gegenleistung"). Dem steht schon entgegen, dass sich der Streitwert bei gleichwertigen Leistungsverpflichtungen dann auf null beliefe.

Das gilt auch bei Klagen auf **Feststellung, dass ein gegenseitiger Vertrag aufgelöst** ist. Für die Interessenermittlung kommt es weder auf einen – aufgrund gegenläufiger Interessen der Vertragsparteien ohnehin nicht existenten – „Wert des Vertragsverhältnisses"[2] noch auf den Vermögensunterschied vor und nach Rückgängigmachung des Vertrages bzw. einer Saldierung der mit der Vertragsdurchführung verbundenen Vor- und Nachteile[3] an.   6019

Entscheidend ist auch hier der Wert der Leistung, von der der Kläger bei Vertragsauflösung freigestellt werden will[4] oder die im Falle schon erbrachter Leistung an ihn zurückzugewähren ist.[5]   6020

Da mit der Klage zugleich eine (negative) Entscheidung über den Bestand etwaiger vertraglicher Verpflichtungen angestrebt wird, kommt der bei der positiven Feststellungsklage übliche prozentuale Abschlag nicht in Betracht. Die Wertbemessung entspricht vielmehr derjenigen, die bei der Klage auf Feststellung der Nichtigkeit eines Vertrages vorzunehmen ist (siehe hierzu unter dem Stichwort „Nichtigkeit des Vertrages").   6021

Geht es um die **Feststellung der Unwirksamkeit einer auf Vertragsauflösung gerichteten (außerordentlichen) Gestaltungserklärung**, ist gemäß § 3 ZPO das klägerische Interesse am Fortbestand des Vertrages und der damit verbundenen Leistungsverpflichtung des Beklagten wertbestimmend. Bei einem Streit über die Wirksamkeit einer außerordentlichen **Kündigung eines Darlehens** entspricht das in der Regel dem Wert der von der Kündigung betroffenen Darlehenssumme.[6] Steht die Wirksamkeit einer außerordentlichen **Kündigung eines**   6022

---

1 So aber OLG Hamm, Beschl. v. 10. 6. 1999 – 22 W 13/99, KostRsp. ZPO § 3 Nr. 1338 = OLGR 2000, 17 = MDR 1999, 1225 = NJW-RR 2000, 587.
2 So aber OLG Oldenburg, Beschl. v. 15. 9. 1995 – 5 W 150/95, MDR 1996, 101 – Feststellung der Nichtigkeit wegen Geschäftsunfähigkeit.
3 So RG *Gruchot* Bd. 49, 1005; OLG Braunschweig, KostRsp. ZPO § 3 Nr. 617 mit abl. Anm. *E. Schneider*; OLG München OLGE 29, 222; *Hillach/Rohs*, Handbuch des Streitwerts, § 26 Anm. L., S. 118.
4 OLG Celle, Beschl. v. 18. 10. 1983 – 4 W 29/83, KostRsp. ZPO § 3 Nr. 666; OLG München, Beschl. v. 20. 3. 1984 – 24 W 48/84, KostRsp. ZPO § 3 Nr. 706 = JurBüro 1984, 1235 mit Anm. *E. Schneider*.
5 OLG Bremen, Beschl. v. 14. 8. 1979 – 2 W 52/79, KostRsp. ZPO § 3 Nr. 450 mit Anm. *E. Schneider*; OLG Celle, Beschl. v. 18. 6. 1984 – 16 W 32/84, KostRsp. ZPO § 3 Nr. 704 mit Anm. *E. Schneider* = AnwBl. 1984, 448 = Nds.Rpfl. 94, 215.
6 BGH, Beschl. v. 25. 2. 1997 – XI ZB 3/97, KostRsp. ZPO § 3 Nr. 1257 = MDR 1997, 591 = WM 1997, 741 = VersR 1997, 897 = NJW 1997, 1787.

Handelsvertretervertrages im Streit, wird regelmäßig auf den durchschnittlichen Provisionsverdienst im Zeitraum zwischen Ausspruch der Kündigung und Ablauf der ordentlichen Kündigungsfrist abzustellen sein. In beiden Fällen ist im Hinblick auf den nur feststellenden Klageantrag der übliche prozentuale Abschlag (20 %) vorzunehmen.[1]

6023 Wird dagegen aufgrund einer Vertragsauflösung **Herausgabe einer Sache** verlangt, dann bestimmt sich der Streitwert nach § 6 ZPO. Das gilt auch dann, wenn auf **Rückzahlung der Vergütung** (z.B. des Kaufpreises) oder einer hierauf geleisteten Anzahlung geklagt wird, da dann ein bezifferter Geldbetrag gefordert wird.

6024 Ein **daneben geltend gemachtes Feststellungsbegehren** erhöht den Streitwert, soweit die nachteiligen Folgen des Kaufs über die Rückzahlung der Vergütung oder einer darauf geleisteten Anzahlung hinausgehen.[2] Die ziffernmäßig bestimmten Ansprüche müssen immer als Mindestwert angesetzt werden.[3]

6025 Den vorstehenden Hinweisen ist zu entnehmen, dass es im Einzelfall immer darauf ankommt, worauf der Anspruch auf Vertragsauflösung gestützt wird – z.B. Rücktritt, Wandelung (Altfälle), Heimfall, Irrtumsanfechtung und dgl. – und welcher konkrete Klageantrag gestellt wird. Einzelheiten sind bei dem Stichwort „Nichtigkeit eines Vertrages" behandelt.

Vertragserfüllung

6026 Steht zwischen den Parteien die Verpflichtung zur Vertragserfüllung im Streit, dann bestimmt sich der Streitwert nach dem Inhalt des Klageantrages. Neben der Klage auf Feststellung, dass der Beklagte zu einer (inhaltlich näher bestimmten) Vertragerfüllung verpflichtet ist, kommen ferner – je nach Vertrag – Leistungsanträge verschiedenen Inhalts in Betracht.

6027 Während sich der Wert der **Feststellungsklage** nach dem Interesse des Klägers an der Vertragserfüllung und damit nach dem fiktiven Wert des zugrunde liegenden Leistungsantrages abzüglich eines prozentualen Abschlages richtet (siehe ausführlich unter dem Stichwort „Feststellungsklage"), ist für die Bewertung von **Leistungsklagen** wie folgt zu unterscheiden:

6028 Wird auf **Duldung eines bestimmten Verhaltens oder Zustandes** geklagt, bemisst sich der Wert nach dem Interesse des Klägers gemäß § 3 ZPO, § 48 Abs. 1

---

1 OLG Frankfurt, Beschl. v. 8. 2. 1999 – 24 U 5/97, KostRsp. ZPO § 3 Nr. 1304 = OLGR 1999, 139; OLG Köln, Beschl. v. 23. 1. 1996 – 3 W 41/95, KostRsp. ZPO § 3 Nr. 1227 = OLGR 1996, 128.
2 KG Rpfleger 1962, 120; OLG Braunschweig OLGE 11, 166; *Hillach/Rohs*, Handbuch des Streitwerts, § 26 Anm. L., S. 118.
3 RG JW 1904, 64.

GKG[1] an der Vornahme der Handlung bzw. der Aufrechterhaltung des streit-gegenständlichen Zustandes. Das Interesse deckt sich nicht mit den Kosten der Ersatzvornahme.[2] Der Verkehrwert der Sache ist nach § 6 S. 1 ZPO maßgeblich, wenn auf Duldung von deren Wegnahme geklagt wird.[3] Zu den Einzelheiten siehe unter dem Stichwort „Duldungsklage".

Begehrt der Kläger (unter Berufung auf vertragliche Vereinbarungen) die **Unter- lassung einer Handlung** des Beklagten, ist auch hier gemäß § 3 ZPO das Inte-resse des Klägers an der Unterlassung für die Wertbemessung maßgeblich. Siehe hierzu unter dem Stichwort „Unterlassung".   **6029**

Wird aus einem gegenseitigen Vertrag auf **Zahlung** geklagt, dann bestimmt sich der Streitwert gemäß § 6 ZPO nach der geforderten Geldleistung.[4]   **6030**

Wenn die **Lieferung von Sachen** verlangt wird, ist deren Wert gemäß § 6 S. 1 ZPO anzusetzen, nicht die Höhe des Gewinnentganges, wenn dieser nicht zu-gleich beziffert verlangt wird.[5] Anders liegt es, wenn im Rahmen einer Bezug-verpflichtung auf Abnahme einzelner oder künftiger Leistungen geklagt wird. Hier ist das Gewinninteresse des Klägers entscheidend. Ein zugleich gestellter Antrag auf Unterlassung des Leistungsbezuges bei einem Drittanbieter hat streitwertrechtlich denselben Gegenstand. Denn es geht um die Vermeidung eines Gewinnverlustes, sodass eine Zusammenrechnung ausscheidet.[6]   **6031**

Wird auf **Herausgabe eines Grundstücks geklagt**, bleiben die darauf ruhenden Belastungen unberücksichtigt, soweit sie den objektiven Wert der Sache nicht beeinflussen. Lasten, die eine Beschränkung oder Beeinträchtigung des Eigen-tums bedeuten und deshalb den Verkehrswert vermindern, wie z.B. Grunddienst-barkeiten, setzen auch den Wert des Streitgegenstandes herab (auch hier sind die Einzelheiten streitig; siehe dazu das Stichwort „Grundstück" Rn. 2622 ff.).   **6032**

Geht der Streit lediglich um die **Art und Weise der Erfüllung**, dann ist der Streitwert nach dem Interesse des Klägers an einer bestimmten Vertragserfül-lung gemäß § 3 ZPO zu schätzen[7] (siehe auch das Stichwort „Leistungsmodali-täten"). Hierbei kann der Streitwert der Klage auf **Erfüllung der Lieferpflicht** (Fertigstellung der bereits begonnenen Montage einer Maschine) nicht höher sein als der Wert der Kaufsache im Zeitpunkt der Klageerhebung abzüglich des   **6033**

---

1 § 12 Abs. 1 GKG a.F.
2 OLG Koblenz, AnwBl. 2000, 264; Thomas/Putzo/*Hüßtege*, § 3 Rn. 44, dort unter „Dul-dungsklage"; Zöller/*Herget*, § 3 Rn. 16 unter „Duldung".
3 BGH, Beschl. v. 12. 6. 1991 – XII ZR 30/91, KostRsp. ZPO § 6 Nr. 132 = MDR 1992, 196 = WuM 1991, 562 = WPM 1991, 1690 = NJW-RR 1991, 1210.
4 RGZ 45, 404; 140, 359; KG JW 1931, 1047; BGH, Beschl. v. 26. 1. 1994 – XII ZR 237/93, KostRsp. ZPO § 3 Nr. 1174.
5 OLG Breslau OLGE 35 188; OLG Königsberg JW 1904, 341; a.A. OLG Rostock OLGE 35, 23.
6 KG JurBüro 1969, 1195 = Rpfleger 1969, 443.
7 BGH, Urteil v. 25. 6. 1981 – III ZR 96/80, MDR 1982, 36; Baumbach/Lauterbach/*Hart-mann*, § 3 Rn. 58, dort unter „Gegenseitiger Vertrag"; Zöller/*Herget*, § 3 Rn. 16 unter „Vertragserfüllung".

Wertes bereits erbrachter Teilleistungen (Gesamtpreis abzüglich Wert der Maschinenteile und der Teilmontage). Der Umstand, dass durch die Ersatzvornahme gemäß § 887 ZPO unverhältnismäßig hohe Kosten entstehen können, rechtfertigt keinen höheren Streitwert.[1]

6034 **Gegenleistungen**, die der Kläger zu erbringen hat, sind nicht Streitgegenstand und bleiben deshalb bei der Bewertung unberücksichtigt.[2] Ebenso verhält es sich bei einem vom Beklagten wegen eines Gegenrechts geltend gemachten Zurückbehaltungsrecht. Die Einzelheiten sind sehr umstritten; siehe näher dazu das Stichwort „Gegenleistung" Rn. 2231 ff. Zur Ermittlung des Streitwertes ist in solchen Fällen auch nicht zwischen Leistung und Gegenleistung zu saldieren.[3]

6035 **Erfüllungshandlungen** des Beklagten verändern den prozessualen Anspruch (Streitgegenstand) nicht, solange keine entsprechenden Erklärungen gegenüber dem Gericht abgegeben werden. So beispielsweise, wenn der Beklagte Teilzahlungen an den Kläger erbringt, Erledigungserklärungen zur Hauptsache aber erst später gegenüber dem Gericht abgegeben werden.[4]

Verwahrung

6036 Die Klage auf Herausgabe der verwahrten Sache ist nach § 6 ZPO zu bewerten.

6037 Verlangt der Kläger jedoch nur vorzeitige Rückgabe der in Verwahrung gegebenen Sache, dann geht es nicht um die Frage der Rückgabe an sich, sondern nur um die vom Kläger verkürzte Verwahrungszeit. Sein Interesse an der Zeitverschiebung ist in diesen Fällen nach § 3 ZPO zu schätzen.

Verweisung

Literatur: *Schneider* JurBüro 1974, 823; *N. Schneider* NJW 2003, 2436 (Gebühren im Verfahren auf Bestimmung des zuständigen Gerichts).

6038 Gemäß § 281 Abs. 2 ZPO ist der Beschluss, mit dem ein Gericht sich für örtlich und/oder sachlich unzuständig erklärt und den Rechtsstreit an ein anderes Gericht verweist, unanfechtbar und für das aufnehmende Gericht bindend. Eine

---

1 OLG Celle Nds.Rpfl. 1962, 111.
2 RGZ 140, 359.
3 KG JW 1931, 1047.
4 OLG Stuttgart JurBüro 1981, 860 = Justiz 1981, 316; OLG Frankfurt JurBüro 1985, 1197; OLG Düsseldorf AnwBl. 1993, 578 = JR 1993, 327 = JurBüro 1994, 241 = OLGR 1993, 235; a.A. OLG Schleswig, Beschl. v. 10. 3. 1981 – 9 W 30/81, JurBüro 1981, 921 = SchlHA 1981, 120 = KostRsp. BRAGO § 31 Ziff. 1 Nr. 56 mit abl. Anm. *Schneider*.

erneute Zuständigkeitsprüfung durch das aufnehmende Gericht ist im Umfang der Bindungswirkung unzulässig.

Beruht die Verweisung auf einer streitwertbezogenen sachlichen Unzuständig-   **6039**
keit (§§ 23 Nr. 1, 71 Abs. 1 GVG) geht dem Beschluss häufig eine gesonderte
Festsetzung des Zuständigkeitsstreitwertes voraus, zumindest sollten seinen
Gründen Ausführungen zum Streitwert zu entnehmen sein. An diese (konkludente) Streitwertfestsetzung ist das aufnehmende Gericht gemäß §§ 48 Abs. 1,
62 GKG (§§ 12 Abs. 1, 24 S. 1 GKG a.F.) auch hinsichtlich des Gebührenstreitwertes insoweit gebunden, als diese durch das **Unter- oder Überschreiten der
5000-Euro-Grenze** die sachliche Zuständigkeit begründet. Im Übrigen besteht
jedoch keine Bindung, so dass der Gebührenstreitwert bis zu dieser Grenze he-
rab- bzw. heraufgesetzt werden darf.[1]

Der Streitwert für das **Beschwerdeverfahren,** in dem darüber zu entscheiden ist,   **6040**
ob über einen Verweisungsantrag nur aufgrund mündlicher Verhandlung oder
ohne solche entschieden werden kann, ist nicht auf den Betrag der Hauptsache
festzusetzen, sondern gemäß § 3 ZPO nach freiem Ermessen zu schätzen.[2]

Zum Beschwerdewert bei der **Rechtswegverweisung** (§ 17a Abs. 4 GVG) siehe
unter dem Stichwort „Rechtswegverweisung" Rn. 4674 ff.

Verwendungsersatz

Siehe das Stichwort „Mietstreitigkeiten".

Verzicht

Literatur: *Enders* JurBüro 1996, 57 (61); *ders.*, Außergerichtliche Tätigkeit – Gegenstandswert Testament, Erbvertrag und Erbverzicht, JurBüro 1996, 169 ff.; *Madert*, Zum Streitwert eines Unterhaltsverzichts, AGS 2000, 112.

Der Verzicht **auf eine bestehende Forderung** ist ein Erlass (§ 397 BGB). Hierbei   **6041**
handelt es sich um einen Vertrag, da nach dem Gesetz ein einseitiger Verzicht
nicht vorgesehen ist.[3] Demgegenüber kann der Berechtigte einseitig **auf die Erhebung von Einreden oder die Ausübung von Gestaltungsrechten** (z.B. Kündigung) verzichten. Für die Bewertung insbesondere von Vergleichsvereinbarung
ist daher zu unterscheiden:

---

1 OLG Nürnberg JurBüro 1960, 168; *Hartmann,* § 62 GKG Rn. 9; *Anders/Gehle/Kunze,*
  Stichwort „Verweisung" Rn. 1.
2 OLG München BayJMBl. 1954, 64.
3 Palandt/*Grüneberg*, BGB, § 397 Rn. 1.

6042　(1) Geht es um den **Erlass eines Anspruchs** (Forderung), ist der Wert einer dahingehenden Vereinbarung gemäß § 3 ZPO, § 48 Abs. 1 GKG (§ 12 Abs. 1 GKG a.F.), nach den allgemeinen Regeln zu schätzen. Bestehen für die Bewertung der erlassenen Forderung streitwertrechtliche Sonderregeln, sind diese mit zu berücksichtigen.[1]

6043　Verzichtet in einem Prozessvergleich eine Partei auf einen erheblichen Teil von **nicht rechtshängigen Ansprüchen**, so sind bei der Festsetzung des Vergleichswerts Abstriche zu machen, soweit diese Ansprüche nicht realisierbar gewesen wären[2] (siehe dazu das Stichwort „Vergleich").

6044　Der Verzicht des Beklagten auf das ihm zustehende **Abänderungsrecht nach § 323 ZPO**, beeinflusst der Streitwert der Klageforderung nicht.

6045　Im **Unterhaltsrecht** kann der nacheheliche Ehegattenunterhalt Gegenstand einer Erlassvereinbarung sein, § 1585c BGB. Nicht verzichtet werden kann dagegen auf Unterhalt für die Dauer des Getrenntlebens (§§ 1361 Abs. 4, 1360a Abs. 3, 1614 Abs. 1 BGB), auf Kindesunterhalt (§ 1614 Abs. 1 BGB) und auch nicht auf Verwandtenunterhalt (§ 1614 Abs. 1 BGB). Der Wert eines Unterhaltsverzichts in einem Vergleich bestimmt sich unter Berücksichtigung von § 42 Abs. 1 GKG (§ 17 Abs. 1 GKG a.F.) nach dem Jahresbetrag des Unterhaltes, auf den verzichtet worden ist.[3] Wird neben zukünftigen Unterhalt auch auf bereits fällige Unterhaltsbeträge verzichtet, sind diese gemäß § 42 Abs. 5 GKG (§ 17 Abs. 4 GKG a.F.) gesondert zu bewerten.[4] Zu den Einzelheiten siehe auch unter dem Stichwort „Unterhalt".

6046　Auch der Verzicht des Klägers, der **Unterhalt** zu verlangen hat, auf eine Abänderung zu seinen Gunsten, also auf eine Erhöhung des Unterhaltes, bleibt unberücksichtigt.[5]

6047　Der Wert des **Erbverzichts** (§ 2346 ff. BGB) bestimmt sich nach Wert des auf den potentiellen Erben anfallenden Anteil am Nachlass.[6]

6048　(2) Verzichtet der Berechtigte (einseitig) auf die **Ausübung von Gestaltungsrechten**, wird maßgeblich darauf abzustellen sein, inwieweit der Bestand der Klageforderung hiervon betroffen gewesen wäre.

6049　Vereinbarungen über den „befristeten Verzicht" auf die **Erhebung der Verjährungseinrede** sind oftmals Gegenstand eines (außergerichtlichen) Zwischenvergleichs. Da sie regelmäßig nur der Ermöglichung weiterer Sachaufklärung oder Vergleichsverhandlungen dienen und nicht den Bestand der (streitigen) Forderung berühren, ist eine Bruchteilsbewertung geboten. Hiervon abweichend ist der Streitwert nach dem vollen Betrag der Forderung zu bemessen, wenn der

---

1 *Madert*, AGS 2000, 112.
2 LAG Frankfurt NJW 1964, 2129.
3 OLG Karlsruhe, Beschl. v. 3. 5. 1999 – 16 UF 226/96, AGS 2000, 112 mit Anm. *Madert*.
4 Enders, JurBüro 1999, 337.
5 OLG Nürnberg Bay.JMBl. 1959, 170.
6 *Enders* JurBüro 1996, 169.

Schuldner auf die Geltendmachung einer bereits eingetretenen Verjährung verzichtet[1] oder mit dem Gläubiger eine Verlängerung einer bereits abgelaufenen Verjährungsfrist vereinbart.[2]

Verzögerungsgebühr

Literatur: *Schneider* JurBüro 1976, 5.

Wird durch **Verschulden einer Partei** oder ihres Prozessbevollmächtigten der Gang eines Rechtsstreites verzögert, dann kann das Gericht dies mit einer besonderen Gebühr ahnden, die bis auf ein Viertel ermäßigt werden kann, § 38 GKG (§ 34 GKG a.F.).   **6050**

Der Gebührenstreitwert bestimmt sich nach dem **Wert der Hauptsache**, soweit sich die Verzögerung auf das gesamte Verfahren auswirkt. Erfasst die Verzögerung nur einen Teil des Prozesses, bleibt der Hauptsachewert maßgebend, wenn hinsichtlich des nicht betroffenen Teils kein Teilurteil ergeht.[3]   **6051**

Geht die Verzögerung von einem oder mehreren **Streitgenossen** aus, ist der Streitwert unter Berücksichtigung ihrer Beteiligung am Rechtsstreit zu bemessen, arg. § 100 Abs. 2 ZPO.[4]   **6052**

Für die Wertbestimmung ist auf den **Zeitpunkt der Verzögerungshandlung** oder der prozessualen Unterlassung, die sich verzögernd ausgewirkt hat.[5] Der abweichenden Ansicht, wonach es auf den Zeitpunkt ankomme, in dem der Bestrafungsbeschluss ergeht[6] kann nicht gefolgt werden, weil die Bestrafungsgebühr sich gegen eine konkrete verzögernde Handlung oder Unterlassung richtet, für die der Zeitpunkt der Beschlussfassung gleichgültig ist. Anderenfalls hätte das Gericht es in der Hand, die Höhe der Gebühr zu beeinflussen, indem es mit der Bestrafung zuwarten könnte, bis beispielsweise eine streitwerterhöhende Widerklage erhoben oder eine Antragserweiterung vorgenommen würde.   **6053**

Gegen die Verhängung ist, wenn der Wert des Beschwerdegegenstandes 200 Euro übersteigt, gemäß § 69 GKG (§ 34 Abs. 2 GKG a.F.) die Beschwerde zulässig. Dies gilt auch, wenn die Verhängung nicht durch Beschluss, sondern im Urteil erfolgt.[7] Der **Beschwerdewert** richtet sich nach dann dem Betrag der auferlegten Verzögerungsgebühr.   **6054**

---

1 Vgl. etwa BGH DB 1974, 2005.
2 Vgl. etwa OLG Brandenburg, NJW-RR 2005, 871.
3 *Hartmann*, § 38 GKG Rn. 27.
4 *Hartmann*, § 38 GKG Rn. 27.
5 *Meyer*, § 34 GKG Rn. 17.
6 *Hartmann*, § 38 GKG Rn. 27.
7 OLG Celle, Beschl. v. 17. 4. 2000 – 8 W 186/00, KostRsp. GKG § 34 Nr. 22 = MDR 2001, 350 mit Anm. *Schmidt*.

Verzugszinsen

Siehe das Stichwort „Nebenforderungen".

Vollmacht

A. Erteilung einer Vollmacht

6055   Wird auf Erteilung einer Vollmacht geklagt, dann richtet sich der Streitwert nach § 3 ZPO. Maßgebend ist das Interesse des Vollmachtnehmers an der von ihm in Anspruch genommenen Vertretungsbefugnis. Nähere Darlegungen dazu sind dann unerlässlich, da grundsätzlich niemand daran interessiert sein kann, einen anderen gegen dessen Willen zu vertreten. Anders liegt es, wenn diese Tätigkeit zu vergüten wäre. In diesem Fall ist bei der Schätzung nach § 3 ZPO auf die Höhe der zu erwartenden Vergütung abzustellen.

B. Herausgabe einer Vollmachtsurkunde

6056   Wird auf Herausgabe einer Vollmachtsurkunde geklagt, weil die Bevollmächtigung widerrufen worden sei, dann ist das Herausgabeinteresse ebenfalls nach § 3 ZPO zu schätzen.[1] Wesentlicher Bemessungsgesichtspunkt ist die Gefahr des Vollmachtsmissbrauchs.

6057   Schließlich ist § 3 ZPO anzuwenden, wenn der Streit lediglich darüber geht, ob eine erteilte Vollmacht fortbesteht oder erloschen ist. Auch wirkt sich die Gefahr des Vollmachtmissbrauchs werterhöhend aus.

C. Anfertigen und Beurkunden einer Vollmacht

6058   Für das Anfertigen bzw. das Beurkunden einer Vollmacht dürfte auf das damit verbundene Interesse abzustellen sein, insbesondere auf den Wert des Vermögens, über das mit der Voll macht verfügt werden kann; hiervon ist dann eine Quote je nach Bedeutung der Vollmacht anzunehmen.

6059   Für die Beurkundung einer Altersvorsorgevollmacht hat das LG Osnabrück[2] die Hälfte des Vermögens als Wert angenommen.

---

1 OLG Naumburg OLGE 21, 59.
2 LG Osnabrück Nds.Rpfl. 1997, 28.

Vollstreckbarerklärung eines ausländischen Urteils

Die Klage auf Vollstreckbarerklärung eines ausländischen Urteils (§ 722 ZPO) ist kein Akt der Zwangsvollstreckung. Die Kosten und Zinsen, die das ausländische Urteil zuerkannt hat, sind deshalb bei der Festsetzung des Streitwerts nicht zu berücksichtigen.[1]   **6060**

Für die Kosten wird dann eine Ausnahme gemacht, wenn sie im ausländischen Urteil ziffernmäßig allein oder neben der Hauptforderung genannt sind.[2] Dagegen bestehen allerdings Bedenken, weil der Streitwert für die Vollstreckbarerklärung ausländischer Schuldtitel nach deutschem Recht zu bestimmen ist. Dieses kennt jedoch keine Vorschrift, welche die Umwandlung der Kosten-Nebenforderung in eine Hauptforderung anordnet.   **6061**

Geht es um ein Urteil auf Zahlung gesetzlichen Unterhalts, dann ist § 42 Abs. 1 GKG anwendbar. Die Rückstände bestimmen sich jedoch in diesem Fall nicht nach § 42 Abs. 5 GKG, sondern nach dem Tenor des ausländischen Titels;[3] nicht titulierte Rückstände bleiben deshalb außer Ansatz.[4]   **6062**

Vollstreckbarerklärung eines Urteils (§ 537 ZPO)

Der Gegenstandswert für die Anwaltsgebühren im Verfahren auf Vollstreckbarerklärung eines Urteils nach § 537 ZPO (Nr. 3329 VV RVG) ist nach § 3 ZPO i.V.m. § 48 Abs. 1 S. 1 GKG, § 23 Abs. 1 RVG zu schätzen.   **6063**

Dabei ist nur ein Bruchteil des vollen Wertes des nicht angefochtenen Teils des Urteils anzusetzen, der überwiegend mit $^1/_5$ angenommen wird.[5] Die Gegenmeinung[6] bemisst den Streitwert nach dem vollen Wert der Verurteilung. Dage-   **6064**

---

1 BGH, Beschl. 8. 10. 1956 – II ZR 305/55, LM Nr. 7 zu § 4 ZPO; OLG Frankfurt, Beschl. v. 11. 2. 1993 – 20 W 29/93, JurBüro 1994, 117; OLG Köln, Beschl. v. 8. 6. 1994 – 16 W 29/94, OLGR 1994, 236; OLG Zweibrücken, Beschl. v. 6. 6. 1986 – 2 WF 31/85, JurBüro 1986, 1404; LG Karlsruhe, Beschl. v. 28. 8. 1991 – 11 O 112/90, IPRspr 1991, Nr. 200d, 417.

2 So BGH Rpfleger 1957, 15 mit abl. Anm. *Lappe*; wohl auch OLG Zweibrücken, KostRsp. GKG § 17 Nr. 83 = JurBüro 1986, 1404 und OLG München, Beschl. v. 17. 1. 1997 – 21 W 3225/96, OLGR 1997, 203.

3 So OLG Hamburg, Beschl. v. 24. 1. 1997 – 12 W 14/96, OLGR 1997, 164; OLG Zweibrücken, Beschl. v. 6. 6. 1986 – 2 WF 31/85, JurBüro 1986, 1404.

4 OLG Zweibrücken, Beschl. v. 6. 6. 1986 – 2 WF 31/85, JurBüro 1986, 1401; OLG Zweibrücken; Beschl. v. 24. 1. 1990 – 2 WF 11/90, KostRsp. GKG § 17 Nr. 121.

5 OLG Hamm, Beschl. v. 12. 1. 1993 – 2 UF 427/91, KostRsp. ZPO § 3 Nr. 1181 mit Anm. *Herget* = FamRZ 1994, 248; OLG Frankfurt, Beschl. v. 8. 12. 1995 – 5 U 22/95, OLGR 1996, 48.

6 Gebauer/Schneider/*N. Schneider*, RVG, Nr. 3329 VV Rn. 25; LG Bonn MDR 2001, 416 mit Anm. *Schneider*.

gen spricht aber, dass die Vollstreckbarerklärung nur eine vorläufige Regelung darstellt und den Gegner nicht an der Erweiterung seines Rechtsmittels hindert, womit das wirtschaftliche Interesse des Antragstellers nur in der Ersparung der sonst erforderlichen Sicherheitsleistung liegt.

Vollstreckungsgegenklage

Literatur: *Gerold* JurBüro 1955, 423; *Gerold* JurBüro 1957, 246.

Gliederungsübersicht

A. Allgemeines 6065	C. Forderung nicht beitreibbar . . . 6074
B. Umfang des Vollstreckungsaus-	D. Einzelfälle 6076
schlusses 6068	E. Anspruchsmehrheit 6087

Stichwortübersicht

Antrag auf Rückzahlung beigetriebener Beträge 6087	Mehrere Schuldner 6090
Aufrechnungseinwand 6080	Prozesskostenvorschuss 6071
Auskunftstitel, Vollstreckungsgegenklage gegen ~ 6076	Räumungstitel 6077
Beitreibbarkeit der Forderung 6074	Ratenzahlung-Vollstreckung 6073
Baugrundschuld 6086	Rückstände 6078
Bürgschaftserklärung, Herausgabeantrag 6090	Rückzahlungsantrag wegen beigetriebener Beträge 6087
Darlehen, Unterwerfungsklausel . . 6088	Streitgenossenschaft von persönlichem und dinglichem Schuldner 6090
Einstweilige Einstellung der Zwangsvollstreckung 6066	Teilbetrag 6068, 6084
Einstweilige Verhinderung der Vollstreckung 6092	Teilungsversteigerung 6093
Erfüllung	Teilvollstreckung 6068
– gesetzlicher Unterhaltpflicht . . . 6078	Teilzahlung 6084
– nicht bewiesen 6085	Tilgung, nicht bewiesen 6084
– teilweise 6070	Titelherausgabe . . . . 6881 ff.
Gesetzliche Unterhaltspflicht 6078	Titulierungsinteresse bei unstreitiger Teilerfüllung 6093
Herausgabe	Unterhalt 6078
– Bürgschaftserklärung 6089	Verhinderungsinteresse bei Teilungsversteigerung 6093
– Schuldtitel 6081	Vermögenslosigkeit des Schuldners . 6074
Konkludente Vollstreckungsbeschränkung 6071	Verrechnung von Teilzahlung 6084
Kosten	Verschleuderungsverlust 6093
– nicht zu berücksichtigen 6067	Vollstreckungsaufschub 6066
– Verrechnung bei Teilzahlung . . . 6084	Wirtschaftliche Betrachtungsweise . 6075
Leibrentenanspruch 6079	Zinsen
	– nicht zu berücksichtigen 6067
	– Verrechnung bei Teilzahlung . . . 6084

A. Allgemeines

Der Streitwert der Vollstreckungsabwehrklage (§ 767 ZPO) bemisst sich gemäß **6065** § 3 ZPO nach dem Umfang der erstrebten Ausschließung der Zwangsvollstreckung,[1] d.h. bei der Streitwertfestsetzung sind diejenigen Beträge zugrunde zu legen, die in dem Titel enthalten sind, der mit der Vollstreckungsgegenklage angegriffen wird.[2] Bei Zahlungstiteln ist daher der Betrag der Hauptforderung anzusetzen.

Bezweckt der Vollstreckungskläger nur die **einstweilige Verhinderung** der **6066** Zwangsvollstreckung, etwa weil er die derzeitige Fälligkeit des titulierten Anspruchs bestreitet, dann ist der Streitwert gemäß § 3 ZPO nach seinem Interesse am Vollstreckungsaufschub zu bemessen.[3] Erforderlich ist aber, dass das entsprechend geminderte Interesse im Klageantrag zum Ausdruck gebracht wird.

Zinsen und Kosten bleiben nach herrschender Meinung gemäß §§ 43 Abs. 1 **6067** GKG, 4 ZPO bei der Berechnung des Streitwerts der Vollstreckungsgegenklage außer Betracht,[4] es sei denn, die Abwehrklage richtet sich ausschließlich gegen diese.[5] Nach anderer Ansicht[6] ist § 4 ZPO unanwendbar, so dass zur Hauptsumme Zinsen und Kosten hinzuzurechnen sind.

Die betreffende Entscheidung des LG Köln ist bereits in einer frühen Entscheidung des BGH[7] als unzulänglich begründet abgelehnt worden. Die Kosten des Vorprozesses müssen schon deswegen unberücksichtigt bleiben, weil das einer Vollstreckungsabwehrklage stattgebende Urteil nicht die im Vollstreckungstitel enthaltene Kostenentscheidung erfasst,[8] die deshalb in jedem Fall weiterhin Grundlage der Kostenfestsetzung bleibt.[9] Sind die Kosten aber nicht Gegen-

---

1 BGH, Beschl. v. 20. 9. 1995 – XII ZR 220/94, BGH, KostRsp. ZPO § 3 Nr. 1219 = MDR 1995, 1258; BGH, KostRsp. ZPO § 3 Nr. 789 mit Anm. *Schneider*; BGH, Beschl. v. 23. 9. 1987 – III ZR 96/87, KostRsp. ZPO § 3 Nr. 890 mit Anm. *Schneider*.

2 OLG Karlsruhe, Beschl. v. 27. 6. 2003 – 16 WF 77/03, OLGR 2004, 428; OLG Frankfurt, Beschl. v. 30. 10. 2002 – 25 W 71/02, AGS 2003, 360; OLG Düsseldorf, Beschl. v. 21. 1. 1999 – 21 W 56/98, JurBüro 1999, 326; KG Rpfleger 1962, 153; OLG Koblenz, Beschl. v. 18. 2. 2000 – 13 WF 64/00, FamRZ 2001, 845; OLG Nürnberg, KostRsp. ZPO § 3 Nr. 157; OLG Celle JurBüro 1971, 1066; OLG Schleswig SchlHA 1983, 142 = KostRsp. ZPO § 3 Nr. 636; OLG Bamberg JurBüro 1984, 1398 = KostRsp. ZPO § 3 Nr. 712; OLG Hamm, Beschl. v. 8. 3. 1991 – 12 W 2/91, KostRsp. ZPO § 3 Nr. 1046 mit Anm. *Schneider* = JurBüro 1991, 1327.

3 KG JW 1933, 2344 mit Anm. *Bartels*; KG DR 1939, 456.

4 BGH LM § 4 ZPO Nr. 4; OLG Koblenz Rpfleger 1956, 147; OLG Hamburg MDR 1957, 754; OLG Celle JurBüro 1971, 1066; OLG Hamm, KostRsp. ZPO § 3 Nr. 993 = JurBüro 1990, 649; OLG Karlsruhe, Beschl. v. 7. 11. 1990 – 1 W 53/90, MDR 1991, 353; OLG Köln JurBüro 1992, 251; OLG Nürnberg KostRsp. ZPO § 4 Nr. 9; LG Mannheim WM 1965, 174; LG Mannheim ZMR 1967, 183; LG Bayreuth JurBüro 1980, 929.

5 BGH, Beschl. v. 20. 9. 1995 – XII ZR 220/94, MDR 1995, 1258.

6 OLG Hamburg MDR 1988, 1060; LG Köln NJW 1964, 2165.

7 BGH MDR 1968, 662.

8 BGH, KostRsp. ZPO § 3 Nr. 1219 = MDR 1995, 1258 zur Beschwer.

9 OLG Düsseldorf Rpfleger 1993, 172; Zöller/*Herget*, §§ 103, 104 Rn. 21 „Vollstreckungsgegenklage".

stand des Verfahrens, können sie auch nicht den Streitwert und/oder die Beschwer beeinflussen.

B. Umfang des Vollstreckungsausschlusses

6068 Ist in einem Vollstreckungsverfahren unstreitig, dass die Zwangsvollstreckung nur wegen eines Bruchteils des im Titel festgelegten Zahlungsanspruchs für unzulässig erklärt werden soll, so ist nur dieser **Teilbetrag** der Streitwertfestsetzung zugrunde zu legen.[1] Dem Vollstreckungskläger steht es frei, den Umfang der erstrebten Ausschließung der Zwangsvollstreckung zu bestimmen. Dann bemisst sich der Wert der Vollstreckungsabwehrklage nach dem so bestimmten Umfang.[2]

6069 Dass der Gläubiger erklärt, nur wegen eines Teiles vollstrecken zu wollen, reicht dagegen zur Streitwertermäßigung nicht aus, da allein der Vollstreckungskläger den Streitgegenstand bestimmt und eine bloße **Absichtserklärung** des Gläubigers den Titel nicht teilweise vollstreckungsunfähig macht. Erforderlich ist für die Streitwertermäßigung vielmehr, dass der Vollstreckungskläger die Unzulässigkeitserklärung nur wegen eines abgrenzbaren Teiles der titulierten Forderung beantragt.[3] Missverständlich ist daher die Entscheidung des OLG Hamm,[4] wonach sich der Streitwert reduziert, wenn der Gläubiger vorprozessual erklärt hat, er wolle trotz Vorliegens eines höherwertigen Titels lediglich wegen eines Teilbetrages vollstrecken. Entscheidend für die Wertfestsetzung ist nicht die Erklärung des Gläubigers, sondern der Antrag des Vollstreckungsschuldners.

6070 Tragen beide Parteien übereinstimmend **teilweise Erfüllung** des Zahlungstitels vor, beantragt der Titelschuldner aber gleichwohl uneingeschränkt die Unzulässigerklärung der Zwangsvollstreckung, dann ist der unstreitig erfüllte Teilbetrag nur mit einem geringen Titulierungsinteresse zu bewerten.[5] Auf den Umfang der bereits eingeleiteten Vollstreckungsmaßnahmen kommt es daher nicht an.[6]

---

1 OLG Frankfurt JurBüro 1954, 375; OLG Braunschweig Rpfleger 1956, 115; KG JurBüro 1957, 179; OLG Bamberg JurBüro 1981, 1571; OLG Hamm, Beschl. v. 8. 3. 1991 – 12 W 2/91, KostRsp. ZPO § 3 Nr. 1046 mit Anm. *Schneider* = JurBüro 1991, 1237; LG Bayreuth JurBüro 1980, 929; OLG Celle, Beschl. v. 25. 3. 2003 – 4 W 39/03, AGS 2003, 552 mit Anm. *N. Schneider*.

2 BGH, Beschl. v. 2. 2. 1962 – V ZR 70/60, NJW 1962, 806; BGH, Beschl. v. 23. 9. 1987 – III ZR 96/87, KostRsp. ZPO § 3 Nr. 890 mit Anm. *Schneider*; OLG Koblenz, Beschl. v. 18. 2. 2000 – 13 WF 64/00, FamRZ 2001, 845; OLG Hamm JurBüro 1988, 1078; OLG Karlsruhe, Beschl. v. 27. 6. 2003 – 16 WF 77/03, OLGR 2004, 428.

3 BGH MDR 1962, 391; OLG Celle JurBüro 1966, 1080; OLG Hamm, Beschl. v. 8. 3. 1991 – 12 W 2/91, KostRsp. ZPO § 3 Nr. 1046 mit Anm. *Schneider* = JurBüro 1991, 1237.

4 OLG Hamm, KostRsp. ZPO § 3 Nr. 935 = JurBüro 1988, 1078.

5 OLG Koblenz, KostRsp. ZPO § 3 Nr. 934 = JurBüro 1989, 133; siehe dazu *Lappe* ZAP Fach 24 S. 19.

6 KG JurBüro 1957, 179; OLG München, Beschl. v. 18. 10. 1993 – 12 WF 1032/93, OLGR 1994, 23.

In einer grundsätzlichen Entscheidung hat das OLG Köln[1] ausgeführt, dass sich **6071** aus den Umständen eine **konkludente Beschränkung** ergeben kann.[2] Dort hatte der Vollstreckungskläger den Streitwert mit 10 400 DM beziffert und danach den Prozesskostenvorschuss eingezahlt. Das Gericht hatte Termin zur mündlichen Verhandlung bestimmt, ohne die Streitwertangabe in Zweifel zu ziehen. Desgleichen hatte der Gläubiger, der sich nur eine Vollstreckungsklausel in Höhe von 10 400 DM hatte erteilen lassen, den Wertansatz nicht gerügt. Wegen mangelnder Erfolgsaussicht nahm der Kläger die Klage zurück. Darauf setzte das Landgericht den Streitwert auf Antrag des Gläubigers auf nahezu 500 000 DM fest. Das OLG Köln hat ihn im Streitwertbeschwerdeverfahren wieder auf 10 400 DM ermäßigt, weil sich aus den Gesamtumständen ergab, dass die Klage auf diesen Teilbetrag beschränkt gewesen war.

Anders verhält es sich jedoch, wenn der Vollstreckungskläger zwar einen Teil **6072** des Kaufpreises gezahlt hat, mit der Vollstreckungsabwehrklage aber weiterhin der **gesamte Titel** angegriffen und der bereits gezahlte Betrag zurückgefordert wird.[3]

Der volle titulierte Betrag ist auch dann maßgebend, wenn der Gläubiger nur **6073** **Ratenzahlungen** nach Maßgabe ihrer Fälligkeit und damit derzeit nur einen Teilanspruch aus dem Titel vollstrecken kann oder will,[4] etwa weil er vorprozessual erklärt hat, er wolle aus einem höherwertigen Titel lediglich wegen eines Teilbetrages vollstrecken.[5]

C. Forderung nicht beitreibbar

Nach einer Entscheidung des LG Münster[6] richtet sich der Streitwert auch **6074** dann nach der Höhe des vollstreckbaren Anspruchs, wenn die Forderung wegen Vermögenslosigkeit nicht beitreibbar ist und das Interesse des Abwehrklägers sich in der Befreiung von der Verpflichtung zur Leistung der Offenbarungsversicherung erschöpft. Diese Entscheidung ist durchgehend kritiklos übernommen worden. Ihr hat sich jetzt auch der BGH angeschlossen.[7]

Mit dem Gebot wirtschaftlicher Betrachtungsweise ist diese Ansicht allerdings **6075** nicht zu vereinbaren.[8] Im Fall des BGH ging es um die Vollstreckungsabwehr-

---

1 OLG Köln Rpfleger 1976, 138; so auch OLG Köln, Beschl. v. 17. 10. 2003 – 13 W 54/03, RVG-Berater 2005, 21.
2 So auch OLG Karlsruhe, Beschl. v. 27. 6. 2003 – 16 WF 77/03, OLGR 2004, 428; OLG Düsseldorf, Beschl. v. 21. 1. 1999 – 21 W 56/98, JurBüro 1999, 326; OLG Koblenz, Beschl. v. 18. 2. 2000 – 13 WF 64/00, FamRZ 2001, 845.
3 OLG Hamm, KostRsp. ZPO § 3 Nr. 1046 mit Anm. *Schneider* = JurBüro 1991, 1237.
4 OLG Celle JurBüro 1966, 1080.
5 OLG Hamm, KostRsp. ZPO § 3 Nr. 935 = JurBüro 1988, 1078.
6 LG Münster, KostRsp. ZPO § 3 Nr. 8.
7 BGH, KostRsp. ZPO § 3 Nr. 890 mit Anm. *Schneider* = NJW-RR 1988, 444 mit Nachw. aus dem Schrifttum; vgl. dazu auch *Schneider* MDR 1988, 360 zu Ziffer VI 3.
8 Siehe näher *Schneider* Anm. zu KostRsp. ZPO § 3 Nr. 890 sowie MDR 1988, 360, Ziffer VI 3.

klage einer vor der Löschung stehenden völlig insolventen GmbH gegen die mögliche Vollstreckung aus einem Schuldanerkenntnis. Dieses war tatsächlich nichts wert, weil der anerkannte Anspruch nicht beitreibbar war. Deshalb sollte in solchen Fällen ein Abschlag gemacht werden, wie dies auch bei Einbeziehung wertloser, nicht rechtshängiger Forderungen in einen Vergleich geschieht.[1]

D. Einzelfälle

6076 Der Streitwert einer Vollstreckungsabwehrklage gegen einen **Auskunftstitel** ist nach dem mit der Erteilung der Auskunft verbundenen Aufwand zu bemessen.[2]

6077 Der Streitwert einer Vollstreckungsgegenklage gegen einen **Räumungstitel** ist nach § 41 GKG zu bemessen.[3]

6078 Bei einer Vollstreckungsgegenklage gegen titulierte Ansprüche auf Erfüllung einer gesetzlichen **Unterhaltspflicht** ist § 42 Abs. 1 GKG anzuwenden, also der Jahresbetrag der wiederkehrenden Leistungen maßgebend.[4] Der Jahresbetrag ist nach § 42 Abs. 5 GKG um die im Zeitpunkt der Einreichung der Vollstreckungsgegenklage bereits fällig gewesenen Rückstände zu erhöhen.[5] Wird die Klage nur wegen der Rückstände erhoben, ist deren Betrag maßgebend.[6] Bei Berechnung der Rückstände ist der Monat der Klageeinreichung nicht zu berücksichtigen.[7]

6079 Bei einem **Leibrentenanspruch** ist der Streitwert für die Gebührenberechnung nach § 9 ZPO zu bemessen.[8]

6080 Wird eine Vollstreckungsgegenklage hilfsweise[9] auch mit einer **Aufrechnung** begründet, so ist der Vollstreckungskläger im Falle der Klageabweisung in Höhe sowohl der titulierten Forderung als auch der aberkannten Aufrechnungsforderung beschwert.[10] Diese Rechtsprechung ist zwar für die Berechnung des Wertes

---

1 Siehe dazu das Stichwort „Vergleich".
2 OLG Hamburg, KostRsp. ZPO § 3 Nr. 971 mit Anm. *Schneider* = FamRZ 1989, 770.
3 Vgl. zur Rechtsmittelbeschwer: BGH, Beschl. v. 29. 5. 1991 – XII ZR 22/91, NJW-RR 1992, 190.
4 OLG Karlsruhe, Beschl. v. 27. 6. 2003 – 16 WF 77/03, OLGR 2004, 428; KG Rpfleger 1962, 118; RG DR 1940, 2267.
5 BGH, KostRsp. GKG § 17 Nr. 31; OLG München, KostRsp. GKG § 17 Nr. 145 = OLGR 1994, 23.
6 OLG Kiel DR 1939 Nr. 631.
7 OLG München, Beschl. v. 18. 10. 1993 – 12 WF 1032/93, OLGR 1994, 23.
8 RG JW 1937, 1433.
9 Bei einer nur mit einer Aufrechnung begründeten Vollstreckungsgegenklage erhöht sich der Streitwert nicht um den Betrag der Aufrechnungsforderung (OLG Köln, Beschl. v. 12. 6. 1992 – 13 W 32/92, OLGR 1992, 305).
10 2BGHZ 38, 212; BGHZ 48, 356; BGH, Beschl. v. 1. 2. 1995 – XII ZR 218/94, MDR 1995, 407; OLG Karlsruhe, KostRsp. GKG § 19 Nr. 186 = MDR 1995, 643.

der Rechtsmittelbeschwer ergangen, gilt aber gemäß § 45 Abs. 3 GKG auch für den Gebührenstreitwert.[1]

Der Schuldner, der nach Titelschaffung gegen die titulierte Forderung wirksam **6081** aufgerechnet hat, kann statt der Vollstreckungsgegenklage aus § 767 ZPO auch analog § 371 BGB die Klage auf **Herausgabe des Titels** erheben. Das Herausgabeverlangen ist nach § 3 ZPO zu bemessen, wobei auf das Interesse des Schuldners abzustellen ist, eine missbräuchliche Benutzung des Titels zu verhindern, und auf die Größe der Gefahr, dass dies geschieht.[2]

Der mit der Vollstreckungsgegenklage **verbundene Anspruch** auf Herausgabe **6082** des Schuldtitels ist dann gesondert zu berücksichtigen, wenn die Unzulässigkeitserklärung wegen eines titulierten Teilbetrages begehrt wird.[3] Das OLG Hamburg[4] hat in einem solchen Fall die Vollstreckungsgegenklage mit dem Betrag beziffert, wegen dessen die Unzulässigkeitserklärung beantragt war und den Herausgabeanspruch mit dem titulierten Differenzbetrag.

Ergeht beispielsweise ein Titel über 10 000 Euro und erhebt der Schuldner Voll- **6083** streckungsgegenklage mit dem Ziel, die Vollstreckung bis auf einen Betrag von 2000 Euro zu untersagen, hat der Herausgabeanspruch einen Wert von 2000 Euro, die von der Vollstreckungsgegenklage – Wert: 8000 Euro – nicht erfasst sind.

Wird auf die titulierte Forderung ein **Teilbetrag** gezahlt, so ist dieser zunächst **6084** auf die Kosten und Zinsen anzurechnen (§ 367 BGB). Bei der Bemessung der sodann erhobenen Zwangsvollstreckungsgegenklage ist nur der die Kosten und Zinsen übersteigende Betrag des Tilgungsbetrages von dem Forderungsbetrag abzusetzen.[5]

Rechtsfolgen, die sich ergeben, wenn eine behauptete Tilgung nicht festgestellt **6085** wird (Verfall späterer Raten), haben bei der Bemessung des Streitwerts außer Betracht zu bleiben.[6]

Verbindet der Kläger mit der Klage, die Zwangsvollstreckung aus einer **Buch-** **6086** **grundschuld** für unzulässig zu erklären, den Antrag auf Erteilung einer Löschungsbewilligung für diese Grundschuld, so setzt das OLG Düsseldorf[7] als Streitwert regelmäßig den doppelten Betrag der Grundschuld fest. Diese Entscheidung ist abzulehnen: Die Werte der beiden Anträge dürfen aufgrund wirtschaftlicher Identität gerade nicht addiert werden.

---

1 BGH JurBüro 1968, 799; vgl. auch OLG Düsseldorf, Beschl. v. 19. 4. 1999 – 9 W 27/99, MDR 1999, 1092; BGH, Beschl. v. 1. 2. 1995 – XII ZR 218/94, MDR 1995, 407.
2 OLG Köln JurBüro 1979, 1701.
3 OLG Hamburg OLGE 15, 4.
4 OLG Hamburg OLGE 15, 4; das LG Bonn (Beschl. v. 10. 9. 2001 – 10 O 150/01, KostRsp. ZPO § 5 Nr. 101 = BRAGOreport 2002, 80) setzt für den Herausgabeantrag einen Wert in Höhe von 10 % aus dem weitergehend titulierten Betrag an.
5 OLG Nürnberg MDR 1967, 410.
6 OLG Nürnberg, KostRsp. ZPO § 3 Nr. 157.
7 OLG Düsseldorf, Beschl. v. 28. 1. 2000 – 9 U 212/99, OLGR 2000, 189 = MDR 2000, 543.

E. Anspruchsmehrheit

6087 Der Antrag, eine Zwangsvollstreckung in Höhe eines bestimmten Betrages, der bereits beigetrieben ist, für unzulässig zu erklären, und der Antrag auf **Rückzahlung** dieses beigetriebenen Betrages haben wirtschaftlich denselben Gegenstand, so dass nicht gemäß § 5 ZPO zusammengerechnet werden darf.[1]

6088 Ebenso liegt es, wenn die Zwangsvollstreckung aus einem notariell beurkundeten Darlehensvertrag mit Unterwerfungsklausel durch Vollstreckungsgegenklage (§ 767 ZPO) abgewehrt werden soll, weil der Vollstreckungsgegenkläger bei Vertragsabschluss geschäftsunfähig gewesen sei und der Darlehensgläubiger auf Zahlung des Darlehensbetrages klagt, der ihm dann jedenfalls aus § 812 BGB zustehe.[2]

6089 Wird neben dem Antrag der Vollstreckungsgegenklage auf Unzulässigkeitserklärung der Zwangsvollstreckung zusätzlich beantragt, den Gläubiger zu verurteilen, eine **Bürgschaftserklärung** herauszugeben, dann ist der Wert dieses Antrages ebenfalls streitwertmäßig nicht zu berücksichtigen.[3] Die Vorschrift des § 5 ZPO ist unanwendbar, weil zwischen materiellem Anspruch und der dafür bestellten Sicherheit Identität des wirtschaftlichen Interesses besteht.[4]

6090 Erheben **mehrere Schuldner**, beispielsweise sowohl die Schuldner eines persönlichen Schuldtitels als auch die Schuldner eines dinglichen Schuldtitels gemeinsam Vollstreckungsgegenklage, so sind die verschiedenen Streitwerte nicht zusammenzurechnen, wenn den Schuldtiteln dieselbe Hauptschuld zugrunde liegt.[5]

6091 Sind zwei Beklagte hinsichtlich eines Teils der Forderung als Gesamtschuldner verurteilt und einer von ihnen zur Zahlung eines weiteres Betrages, so ist für die von beiden erhobene Vollstreckungsgegenklage nur der Wert des höchsten Verurteilungsbetrages maßgebend. Eine Zusammenrechnung findet nicht statt.[6]

6092 Mit der Vollstreckungsabwehrklage verbundene Anträge auf **einstweilige Einstellung** der Zwangsvollstreckung nach §§ 771 Abs. 3, 769, 770 ZPO sind dagegen zusätzlich mit $^1/_5$ des Hauptsachewertes zu beziffern, da die einstweilige Einstellung bis zur Entscheidung in der Hauptsache einen eigenständigen Wert für den Vollstreckungsabwehrkläger darstellt.[7]

---

1 OLG Schleswig JurBüro 1958, 426 Nr. 81.
2 Vgl. dazu das Stichwort „Klage und Widerklage".
3 BGH KostRsp. ZPO § 3 Nr. 789 mit Anm. *Schneider.*
4 Vgl. Zöller/*Herget*, § 5 Rn. 8; siehe ferner das Stichwort „Mehrere Ansprüche".
5 OLG Schleswig, KostRsp. ZPO § 5 Nr. 65 = JurBüro 1987, 267; ebenso für Vollstreckungsabwehrklage von Gesamtschuldnern: OLG Karlsruhe, Beschl. v. 7. 11. 1990 – 1 W 53/90, MDR 1991, 353.
6 OLG Köln, Beschl. v. 12. 6. 1992 – 13 W 32/92, OLGR 1992, 305.
7 OLG Köln JurBüro 1974, 636; OLG Hamm FamRZ 1980, 476; siehe näher hierzu das Stichwort „Einstweilige Einstellung der Zwangsvollstreckung".

Der Streitwert einer Vollstreckungsgegenklage, mit der die Teilungsversteige-   6093
rung eines gemeinsamen Grundstücks verhindert werden soll, bestimmt sich
nach dem wirtschaftlichen Interesse des Klägers zu verhindern, dass das Grundstück unter Wert zugeschlagen wird. Bei diesem „Verhinderungsinteresse" geht
es also weder um den Verkehrswert des Grundstücks noch um den Wert des
Miteigentumsanteils des Klägers. Wohl ist Berechnungsgrundlage für das Verhinderungsinteresse der Verkehrswert, von dem ausgehend der „Verschleude-
rungsverlust" schätzbar wird.[1]

Vollstreckungsklausel

Der Streitwert einer **Klage nach § 768 ZPO** gegen die Erteilung der Vollstre-   6094
ckungsklausel ist nach § 3 ZPO, § 48 Abs. 1 S. 1 GKG entsprechend dem Interesse des Klägers an der einstweiligen Verhinderung der Zwangsvollstreckung zu
schätzen. Dabei liegt der Wert grundsätzlich unterhalb des titulierten Forderungsbetrages, weil die Klage die Vollstreckung nur zeitweilig verhindert.[2]

Der volle Wert ist ausnahmsweise anzusetzen, wenn mit den Einwendungen   6095
zugleich die materielle Anspruchsberechtigung des Titelgläubigers ausgeräumt
werden soll.[3]

Bei der Frage, von welchem Wert bei der Bruchteilsberechnung auszugehen ist,   6096
ist darauf abzustellen, inwieweit eine Vollstreckungsklausel beantragt wird.
Der volle Wert ist anzusetzen, wenn im Klauselstreit die Vollstreckbarkeit des
Anspruchs schlechthin zur Entscheidung steht. Nur ein Bruchteil des tatulier-
ten Anspruchs ist aber anzusetzen, wenn es im Klauselstreit nur um die Frage
geht, zu welchem Zeitpunkt – etwa nach Beseitigung angeblicher Hindernisse
für die Klauselerteilung – mit der Zwangsvollstreckung begonnen werden kann.
In diesem Fall kann sich der Streitwert auf denjenigen Aufwand ermäßigen, der
für den Kläger zur Erteilung der erstrebten Klausel noch erforderlich ist.[4]

Zinsen und Kosten bleiben außer Ansatz, selbst wenn sie durch einen Festset-   6097
zungsbeschluss tituliert worden sind.[5]

Auch der Streitwert einer **Klage nach § 731 ZPO** auf Erteilung der Vollstre-   6098
ckungsklausel bemisst sich nach dem Wert des zu vollstreckenden Anspruchs.[6]
Der Streitwert kann sich in Ausnahmefällen auf denjenigen Aufwand ermäßigen, der für den Kläger zur Erteilung der erstrebten Klausel noch erforderlich

---

1 Siehe OLG München, KostRsp. ZPO § 3 Nr. 899 mit Anm. *Schneider* = JurBüro 1988,
  231.
2 OLG Köln, Beschl. v. 5. 5. 1980 – 2 W 7/80, MDR 1980, 852.
3 OLG Köln, Beschl. v. 5. 5. 1980 – 2 W 7/80, MDR 1980, 852.
4 OLG Zweibrücken, Beschl. v. 30. 9. 1997 – 7 W 30/97, OLGR 1998, 376.
5 OLG Köln, Beschl. v. 5. 5. 1980 – 2 W 7/80, MDR 1980, 852.
6 OLG Köln Rpfleger 1969, 247; LG Hildesheim NJW 1964, 1232.

ist.[1] Das OLG Zweibrücken hat in diesem Fall aus Billigkeitserwägungen auf den wirtschaftlichen Hintergrund abgestellt, da der Streit der Parteien nur noch um eine (niedrige) Restforderung ging.

6099   Im Verfahren über die Erteilung einer weiteren vollstreckbaren Ausfertigung nach **§ 733 ZPO**[2] ist ebenfalls auf die Höhe des zu vollstreckenden Anspruchs abzustellen, wobei hier für das Gericht eine Festgebühr von 15 Euro nach Nr. 2110 KV GKG anfällt.

6100   Die Streitwertgrundsätze der Klage nach § 768 ZPO gelten auch für die vom Schuldner erhobene **Erinnerung nach § 732 ZPO**.[3] Der Streitwert bemisst sich bei einer unbeschränkt erteilten Klausel für die Erinnerung auch dann nach der gesamten titulierten Forderung, wenn der Gläubiger zunächst nur wegen eines Teilbetrages vollstreckt.[4]

6101   **Zinsen**[5] und **Kosten** bleiben gemäß §§ 22 Abs. 1 GKG, 4 ZPO außer Ansatz. § 25 Abs. 1 Nr. 1 RVG, wonach sich in der Zwangsvollstreckung der Gegenstandswert nach dem Betrag der zu vollstreckenden Geldforderung einschließlich der Nebenforderung bestimmt, ist unanwendbar, weil die Erteilung der Vollstreckungsklausel noch nicht den Beginn der Zwangsvollstreckung darstellt, sondern diese lediglich vorbereitet.

Vollstreckungsschaden

Literatur: *Nieder* NJW 1975, 1000.

6102   Der Anspruch auf Ersatz des Vollstreckungsschadens ist in § 717 Abs. 2 ZPO geregelt. Danach ist bei Aufhebung oder Abänderung eines für vorläufig vollstreckbar erklärten Urteils der Kläger zum Ersatz des Schadens verpflichtet, der dem Beklagten durch die Vollstreckung des Urteils oder durch eine zur Abwendung der Vollstreckung vorgenommene Leistung entstanden ist. Diesen Anspruch kann der Beklagte im anhängigen Rechtsstreit geltend machen. Wird der Anspruch geltend gemacht, so ist er als zur Zeit der Zahlung oder Leistung rechtshängig geworden anzusehen.

6103   Die ältere Rechtsprechung,[6] die den Schadensersatzanspruch nur dann selbständig bewertete, wenn er durch selbständige Klage oder durch Widerklage und

---

1 OLG Zweibrücken, Beschl. v. 30. 9. 1997 – 7 W 30/97, KostRsp. ZPO § 3 Nr. 1271 = OLGR 1998, 376.

2 LG München, Beschl. v. 1. 10. 1998 – 13 T 17568/98, JurBüro 1999, 326.

3 LG Aachen KostRsp. ZPO § 3 Nr. 732 mit ausführlicher Anm. *Schneider* = JurBüro 1985, 254.

4 LG München, Beschl. v. 1. 10. 1998 – 13 T 17568/98, JurBüro 1999, 326.

5 Vgl. auch OLG Frankfurt OLGR 1993, 107 = JurBüro 1994, 117: Erteilung der Vollstreckungsklausel zu einem ausländischen Schuldtitel.

6 RGZ 63, 367; RGZ 124, 182; RGZ 145, 298; vgl. Nachweise in BGH, Beschl. v. 15. 11. 1962 – VII ZR 95/62, BGHZ 38, 237.

nicht nur durch einfachen Prozessantrag verfolgt wurde, kann heute als überholt angesehen werden, nachdem der Bundesgerichtshof neue Bemessungsgrundsätze aufgestellt hat.

Er hat zunächst[1] ausgeführt, dass ein Antrag nach § 717 Abs. 2 ZPO im anhängigen Rechtsstreit eine Erhöhung des Streitwertes schon deshalb nicht rechtfertige, weil dies dem Sinn und Zweck des § 717 Abs. 2 ZPO widerspräche, nämlich der durch eine Vollstreckungsmaßnahme des Gegners geschädigten Prozesspartei die Durchsetzung ihres Schadensersatzanspruches in vereinfachter Form zu ermöglichen. Weil der Antrag nach § 717 Abs. 2 ZPO zu keinem anderen Ergebnis führen könne als der den Gegenstand des Rechtsstreits bildende Anspruch, stelle er sich als eine Art Nebenforderung dar, so dass es nahe liege, ihn entsprechend §§ 43 Abs. 1 GKG, 4 ZPO streitwertmäßig außer Betracht zu lassen. **6104**

Auch der BGH lehnt also eine Streitwerterhöhung bei einfachem **Inzidentantrag** ab.[2] Dabei komme es auch nicht darauf an, ob der Inzidentantrag vom Beklagten (so der Wortlaut des § 717 Abs. 2 ZPO) oder vom Kläger (im Rahmen einer Klage auf Unzulässigerklärung der Zwangsvollstreckung) oder – gegen den Wortlaut – vom Kläger gegen den vollstreckenden Beklagten[3] gestellt werde. **6105**

Schließlich[4] hat der BGH die Differenzierung zur Behandlung der Widerklage aufgegeben und lässt **Zinsen und Kosten** schlechthin außer Ansatz, auch wenn der Beklagte die Verurteilungssumme mit **Widerklage** oder in einem **gesonderten Prozess** zurückverlangt.[5] Um so mehr ist dann natürlich eine Werterhöhung hinsichtlich der zurückverlangten vollstreckten Hauptsumme zu verneinen.[6] **6106**

Für Ansprüche nach §§ 302 Abs. 4, 600 Abs. 2 ZPO gilt Entsprechendes.[7] **6107**

Soweit der Beklagte Ersatz **weiteren Schadens** verlangt, gelten für die Bewertung des entsprechenden Antrags die allgemeinen Bemessungsvorschriften. **6108**

Hat der Kläger im ersten Rechtszug voll obsiegt, wird aber im zweiten Rechtszug ein Teil seines Anspruches rechtskräftig abgewiesen und auf Inzidentantrag des Beklagten erkannt, dass der vom Kläger bereits vollstreckte Betrag dem Beklagten zurückzuzahlen sei, so ist der Beklagte nicht gehindert, im weiteren Verfahren über den noch anhängigen Betrag weiteren (also echten) Schadensersatz aus § 717 Abs. 2 ZPO zu verlangen. **6109**

---

1 Beschl. v. 2. 2. 1962 – V ZR 70/60, MDR 1962, 391.
2 Ebenso LG Kiel MDR 1960, 324; OLG Frankfurt JW 1929, 1685; OLG Kiel JW 1929, 883; OLG Hamburg OLGE 15, 157; LAG Berlin, KostRsp. GKG § 19 Nr. 130 mit Anm. *Schneider* = MDR 1988, 364 unter Aufgabe seiner gegenteiligen Ansicht in MDR 1978, 354.
3 BGH, Beschl. v. 2. 2. 1962 – V ZR 70/60, MDR 1962, 391.
4 BGH, Beschl. v. 15. 11. 1962 – VII ZR 95/62, BGHZ 38, 237.
5 Vgl. auch *Johannsen*, Anm. zu LM § 717 ZPO Nr. 6.
6 OLG Köln JurBüro 1971, 179.
7 *Johannsen*, Anm. zu LM § 717 ZPO Nr. 6.

6110 Da dieser weitere Schadensersatzanspruch sich auf den rechtskräftig erledigten Teil des Prozesses bezieht, mit dem noch anhängigen also in keinem engeren Zusammenhang steht, ist in diesem Fall der Inzidentantrag wertmäßig zu berücksichtigen.[1]

Vollstreckungsschutz

Literatur: *Stöber* JVBl. 1963, 50.

6111 Der Streitwert eines Vollstreckungsschutzverfahrens nach § 765a ZPO ist nur noch für die Berechnung der Anwaltsgebühren (Nr. 3328 VV RVG) von Bedeutung. Denn für das Gericht fallen sowohl erstinstanzlich (Nr. 2111 KV GKG) als auch im Beschwerdeverfahren (Nr. 2121 KV GKG) Festgebühren an. Der Gegenstandswert für die Anwaltsgebühren ist nach § 25 Abs. 2 RVG festzusetzen. Im Rahmen des danach maßgeblichen „billigen Ermessens" kann die ältere, zu den §§ 3, 6 ZPO ergangene Rechtsprechung über die Festsetzung des Gerichtsgebührenwertes herangezogen werden.

6112 Der Wert eines Anspruchs auf Vollstreckungsschutz lässt sich nicht generell bestimmen, weil er von dem Antrag abhängig ist und daher nicht immer gleich hoch ist wie der zu vollstreckende Anspruch. Der nach billigem Ermessen zu bestimmende Streitwert richtet sich nach dem Interesse des Schuldners an der beantragten Schutzmaßnahme im Einzelfall. Dieses Interesse ist regelmäßig mit einem Teil der Hauptforderung anzunehmen.[2] Nicht maßgeblich ist der Wert des Pfandgegenstandes oder der Forderung, da es nicht um die Sachherausgabe geht und keine endgültige Erfüllungsverweigerung geltend gemacht wird.

6113 Auf das Vollstreckungsobjekt darf für die Wertbestimmung nur in den Fällen abgestellt werden, in denen der Schuldner mit seinem Rechtsbehelf die **Aufhebung** der Vollstreckungsmaßnahme verlangt. Dann ist § 6 ZPO entsprechend anwendbar.[3]

6114 Der Streitwert für das Vollstreckungsschutzverfahren mit dem Ziel **einstweiliger Aussetzung** richtet sich bei einem **Räumungsurteil** nicht nach dem Wert des herauszugebenden Grundstücks,[4] sondern ist ebenfalls nach billigem Ermessen zu schätzen.

---

1 RGZ 145, 298.
2 OLG Saarbrücken, KostRsp. ZPO § 3 Nr. 84 – es wurde $^1/_5$ angenommen; OLG Bamberg BayJMBl. 1952, 218; OLG Bamberg JurBüro 1953, 200; LG München II, Beschl. v. 23. 3. 1993 – 2 T 219/93, WuM 1994, 220; $^1/_5$ der Jahresnettomiete bei Räumungsvollstreckungsschutz; AG Siegburg NJW 1953, 706.
3 LG Koblenz, Beschl. v. 8. 8. 1990 – 4 T 508/90, JurBüro 1991, 109, Stöber JVBl. 1963, 50 Ziffer IV 2.
4 So aber: LG München I, Beschl. v. 7. 2. 1995 – 29 O 12882/93, WM 1995, 197 (in der Entscheidung geht es allerdings um den Streitwert des Vollstreckungsverfahrens, nicht

Nach einer Meinung[1] bemisst sich bei dieser Schätzung das Interesse des Schuldners nach der Höhe der Miete für die Dauer der beantragten Schutzanordnung. Ist diese Dauer noch unbestimmt, wird der Jahresmietbetrag angesetzt.[2] Nach einer im Ergebnis ähnlichen Meinung[3] ist zunächst der Jahresmietbetrag anzusetzen und dieser dann aufgrund der nur begrenzten Wirkung der Entscheidung nach § 765a ZPO auf einen Bruchteil von $1/_5$ zu ermäßigen. Die Gegenmeinung,[4] die den Antrag auf zeitweilige Aussetzung der Zwangsvollstreckung gemäß § 6 ZPO nach dem Betrag der Vollstreckungsforderung bemaß, dürfte überholt sein. **6115**

Auch Vollstreckungsschutzverfahren auf **Aussetzung der Verwertung** (§ 813b ZPO) sind gemäß § 25 Abs. 2 RVG zu bewerten. Für das Gericht fallen wiederum nur Festgebühren an (Nr. 2112, 2121 KV GKG). Der Streitwert besteht nach AG Hannover[5] in der Regel in der aus dem Pfändungsprotokoll zu entnehmenden Differenz zwischen dem „gewöhnlichen Verkaufswert" im Sinne des § 813 ZPO und dem vom Gerichtsvollzieher geschätzten Versteigerungserlös. **6116**

Maßgebender Zeitpunkt für die Wertberechnung ist die Vornahme der Prozesshandlung, die das Zwangsvollstreckungsverfahren einleitet, § 40 GKG. Haben mehrere Schuldner lediglich äußerlich zusammengefasste Vollstreckungsschutzanträge gestellt, so liegen gebührenrechtlich mehrere Vollstreckungsmaßnahmen und Gebührenangelegenheiten vor.[6] **6117**

Vollstreckungsurteil

Siehe das Stichwort „Vollstreckbarerklärung eines ausländischen Urteils".

---

um den Streitwert des Verfahrens um eine Schutzanordnung – vgl. zur gegenteiligen Meinung: OLG Zweibrücken, Beschl. v. 20. 5. 1996 – 3 W 42/96, MDR 1996, 858).
1 OLG Koblenz OLGR 1997, 34; OLG Münster Rpfleger 1996, 166; LG Görlitz AGS 2003, 408; LG Münster, Beschl. v. 12. 9. 1995 – 5 T 818/95, MDR 1995, 1269; LG München I, Beschl. v. 18. 12. 1995 – 14 T 2298/95, WuM 1996, 235.
2 So auch: AG Koblenz, DGVZ 1995, 94, das allerdings pauschal den einjährigen Mietzins zugrunde legt.
3 LG München II, Beschl. v. 23. 3. 1993 – 2 T 219/93, WuM 1994, 220; vgl. auch BGH NJW 1991, 2280; KG JurBüro 1982, 1243; OLG Köln Rpfleger 1976, 138.
4 OLG München NJW 1953, 1716.
5 AG Hannover Nds.Rpfl. 1970, 177.
6 LG Mannheim, Beschl. v. 2. 2. 1982 – 4 T 282/81, Rpfleger 1982, 238.

Vor- und Nacherbe

6118 Bei einer **Widerspruchsklage** des Nacherben nach § 773 ZPO gegen die Veräußerung eines zur Vorerbschaft gehörenden Gegenstandes ist auf den Anteil des
klagenden Miterben abzustellen.[1]

6119 Diese Fallgestaltung ist nicht zu vergleichen mit derjenigen einer Klage aus
§ 2039 BGB. Bei ihr wird der gesamte Anspruch von einem Miterben in Prozess-
standschaft geltend gemacht.[2] Diesen Fall betrifft die Entscheidung RG.[3]

6120 Für die Klage auf **Feststellung**, dass der Kläger **Vorerbe des Erblassers** geworden
sei, ist der Streitwert geringer zu bemessen als bei der Feststellungsklage, die
eine Vollerbenstellung betrifft.[4] der BGH hat einen Abschlag von 25 % vom
Anteil am Nachlass vorgenommen.

6121 Klagt der nicht befreite Vorerbe gegen den Nacherben auf **Zustimmung zu
einem Verkauf** eines aus dem Nachlass durch den Erbfall erworbenen Grundstücks und zur Auflassung an den Käufer, dann ist der Streitwert nach § 3 ZPO
zu schätzen.[5]

6122 Maßgebend ist das Interesse des Vorerben, das auf jeden Fall durch den Verkehrswert des Grundstücks begrenzt ist. Zugunsten des Vorerben eingetragene
Belastungen des Grundstücks sind abzusetzen, wenn sie vom Eintritt der Nacherbfolge unberührt bleiben. Die vom Vorerben angebotenen Gegenleistungen
für die begehrte Zustimmung zur Grundstücksveräußerung müssen dagegen
unberücksichtigt bleiben.

6123 Bei der Bewertung ist die materielle Rechtslage zu berücksichtigen; der Vorerbe
kann auch ohne Zustimmung verkaufen; diese nimmt aber dem Veräußerungsvorgang die Rechtswirkungen auf die Nacherbschaft.

6124 Der Anspruch auf Einwilligung in die Löschung des im Grundbuch eingetragenen Nacherbenvermerks hat nach OLG Schleswig neben der Zustimmung des
Nacherben zur Veräußerung des Grundstücks keinen eigenen Streitwert.

6125 Zur Löschung eines Nacherbenvermerks siehe das Stichwort „Nacherbenvermerk" Rn. 3970.

6126 Siehe auch das Stichwort „Miterbe".

---

1 HRR 1932 Nr. 1954.
2 Vgl. dazu *E. Schneider* Rpfleger 1982, 268.
3 RGZ 149, 193.
4 BGH, Beschl. v. 10. 5. 1989 – IVa ZR 126/88, FamRZ 1989, 958 = JurBüro 1991, 108 =
BGH-DAT Zivil.
5 OLG Schleswig, Beschl. v. 12. 6. 1968 – 5 W 40/68, Rpfleger 1968, 325 = JurBüro 1968,
735 = SchlHA 1968, 285; *Hillach/Rohs* S. 281.

Vorabentscheidung, Vorwegentscheidung

Wird nach § 628 S. 1 ZPO über die Ehesache vorab oder nach § 627 Abs. 2 ZPO   6127
über die elterliche Sorge vorweg entschieden, bleibt der Verbund erhalten. Die
Werte ändern sich dadurch nicht (siehe zum abweichenden Fall der Abtrennung
das Stichwort „Abtrennung in Verbundverfahren" Rn. 123 ff.). Es handelt sich
bei der Vorab- oder Vorwegentscheidung faktisch um ein Teilurteil oder eine
Teilbeschluss.

Soweit allerdings Anwaltsgebühren erst nach der Vorab- oder Vorwegentschei-   6128
dung entstehen, ist nur noch der geringere Wert maßgebend.

⊃ **Beispiel:**

In dem Scheidungsverfahren (Wert Ehesache 6000 Euro; Umgangsrecht 900 Euro – der
Versorgungsausgleich war notariell ausgeschlossen) wird über die Ehesache vorweg
entschieden; erst jetzt erst beauftragt der Antragsgegner einen Anwalt.

Der Anwalt der Antragstellerin rechnet nach dem Gesamtwert (§ 46 Abs. 1 S. 1 GKG)
seine Gebühren ab, also aus 6900 Euro.

Für den Anwalt des Antragsgegners gilt dagegen nur noch der Wert von 900 Euro
(Umgangsrecht).

Für keinen der Anwälte erhöht sich der Gegenstandswert auf 3000 Euro nach § 30
Abs. 2 KostO.

⊃ **Beispiel:**

In dem Scheidungsverfahren (Wert Ehesache 6000 Euro, Versorgungsausgleich 1000
Euro; Sorgerecht 900 Euro) wird über das Sorgerecht vorweg entschieden; erst jetzt erst
beauftragt der Antragsgegner einen Anwalt.

Der Wert für das Sorgerechtsverfahren ändert sich – im Gegensatz zur echten Abtrennung – nicht.

Der Anwalt der Antragstellerin rechnet daher nach wie vor aus dem Gesamtwert von
7900 Euro (§ 46 Abs. 1 S. 1 GKG) seine Gebühren ab.

Für den Anwalt des Antragsgegners gilt dagegen nur noch der Wert von 7000 Euro
(Ehesache und Versorgungsausgleich).

Vorbehalt

Der Streitwert der Klage auf Beseitigung des in einem Ausschlussurteil nach   6129
§ 927 BGB enthaltenen Vorbehaltes der Rechte für einzelne Mitglieder einer
Erbengemeinschaft entspricht dem vollen Wert des Grundstücks, weil bei Wegfall des Vorbehaltsurteils die Möglichkeit besteht, sich das Grundstück anzueignen, ohne einer Beschränkung durch die Miteigentumsanteile von Erben
ausgesetzt zu sein.[1]

---

1 OLG Koblenz NJW 1962, 1162.

6130 Die Beschränkung der Haftung des Erben auf den Nachlass (§§ 780, 781 ZPO, §§ 1975 ff. BGB) vermindert den Streitwert nicht, weil es für die Bewertung eines bezifferten Anspruchs nicht darauf ankommt, ob und inwieweit er mit Rücksicht auf die Vermögensverhältnisse des Schuldners oder andere Umstände zu verwirklichen ist. Der geringere „wirtschaftliche Wert" einer Forderung stellt sich möglicherweise erst in der Zwangsvollstreckung heraus. Unter Umständen erweisen sich aber auch die Befürchtungen des (teilweisen) Ausfalles mit der Forderung als unbegründet. Alle diese Überlegungen sind unerheblich, weil bei bezifferter Forderung nur der Forderungsbetrag wertbestimmend ist.[1]

6131 Der Streitwert eines lediglich den Vorbehalt der beschränkten Erbenhaftung betreffenden Rechtsmittels bestimmt sich nach dem Betrag, den der Rechtsmittelkläger bei Erfolg seines Rechtsmittels weniger zu zahlen hat.[2]

Vorerbschaft

Siehe das Stichwort „Miterbe".

Vorkaufsrecht

6132 Im BGB sind das **schuldrechtliche** (§§ 504 ff. BGB) **und** das **dingliche** (§§ 1094 ff. BGB) Vorkaufsrecht geregelt. Während das schuldrechtliche Vorkaufsrecht für bewegliche und unbewegliche Sachen gilt, kann ein dingliches Vorkaufsrecht nur an Grundstücken und grundstücksgleichen Rechten begründet werden. Darüber hinaus sind in speziellen Gesetzen gesetzliche Vorkaufsrechte geregelt.

6133 Wird aufgrund des Vorkaufsrechts vom Kläger **Verschaffung des Eigentums** an dem mit dem Vorkaufsrecht belasteten Gegenstand bzw. Grundstück verlangt, so handelt es sich um eine nach § 6 ZPO zu bewertende Herausgabeklage. Der Streitwert bestimmt sich nach dem Verkehrswert der Sache.[3]

6134 Klagt ein **Miterbe** in Ausübung seines gesetzlichen Vorkaufsrechts nach § 2034 BGB auf Übertragung, so ist gemäß § 6 ZPO der Wert seines Erbanteils maßgebend.[4]

6135 Ist die Klage demgegenüber auf **Einräumung** oder **Feststellung des Bestehens oder Nichtbestehens** eines Vorkaufsrechts gerichtet, bestimmt sich der Streit-

---

1 RG RGZ 54, 412.
2 OLG Bamberg, Beschl. v. 29. 10. 1965 – 3 U 42/65, KostRsp. ZPO § 3 Nr. 140.
3 BGH Rpfleger 1957, 374 = JurBüro 1957, 224 = WPM 1957, 522 = BB 1957, 351 = LM ZPO § 3 Nr. 13; RG JW 1902, 181; *Meyer*, Anh. § 48 (§ 3 ZPO) Rn. 30; Thomas/Putzo/*Hüßtege*, § 3, dort unter „Vorkaufsrecht"; Zöller/*Herget* § 3 Rn. 16 unter „Vorkaufsrecht".
4 LG Bayreuth JurBüro 1980, 1148.

wert der Klage nach § 3 ZPO. Maßgebend für die Bewertung ist das Interesse des Klägers an der Erlangung bzw. am Bestehen oder Nichtbestehen des Rechts.[1] Es entspricht nach richtiger Auffassung nie dem vollen Wert des Gegenstands bzw. Grundstücks, da es lediglich die Möglichkeit gewährt, im Falle einer Veräußerung den Gegenstands bzw. das Grundstück zu dem mit dem Vorkäufer vereinbarten Preis zu übernehmen.[2] Insoweit unterscheidet es sich von dem Vorvertrag, der eine Verpflichtung zum Abschluss des Hauptvertrages begründet. Auch dem Preis, der für die Überlassung des Gegenstandes bzw. des Grundstücks zu zahlen ist, kommt bei der Wertbemessung keine Bedeutung zu.[3]

Geboten ist vielmehr eine Bewertung nach einem Bruchteil des Gegenstands- bzw. Grundstückswertes, über deren Höhe hingegen Uneinigkeit besteht. Vertreten werden nahezu sämtliche Bewertungen: 6136

- **weniger als** $^1/_2$ des Grundstückswertes.[4]
- **mindestens der** $^1/_2$ des Grundstückswertes.[5]
- $^1/_5$ des Grundstückswertes.[6]
- $^1/_{10}$ des Grundstückswertes, wenn die Möglichkeit eines Vorkaufsfalles völlig fern liegt.[7]

Der BGH[8] stellt völlig auf den Einzelfall ab und hält es für möglich, dass das   6137
Interesse des Klägers auch dem Wert des Grundstücks entsprechen könne.[9] Dem ist insoweit zuzustimmen, dass der Maßstab für die Bewertung in jedem Einzelfall die **Wahrscheinlichkeit des Verkaufsfalles** ist. Dabei sollte jedoch ein Mindestwert von 10 % nicht unterschritten werden.[10]

Nach § 3 ZPO ist auch die Feststellungsklage zu bewerten, der Beklagte habe   6138
sein (unbestrittenes) **Vorkaufsrecht nicht oder nicht rechtzeitig ausgeübt**.[11]

---

1 *Meyer*, Anh. § 48 (§ 3 ZPO) Rn. 30.
2 OLG München JurBüro 1951, 101.
3 RG *Seuff*Archiv Bd. 42, 467; OLG Neustadt Rpfleger 1957, 239.
4 OLG Schleswig SchlHA 1953, 299; ebenso *Anders/Gehle/Kunze*, Stichwort „Vorkaufsrecht" Rn. 3: $^1/_{10}$ bis $^1/_2$.
5 OLG Nürnberg JurBüro 1963, 43; AG Lahnstein JurBüro 1978, 1563 – Einräumung eines Vorkaufsrechtes.
6 OLG München (JurBüro 1951, 1019) hat den Wert des Vorkaufsrechts mit $^1/_5$ des Grundstückswertes bemessen.
7 OLG Brandenburg, Beschl. v. 30. 9. 2003 – 4 U 144/03, ZOV 2004, 31 – für Löschung eines Vorkaufsrechtes je nach Einzelfall, aber mindestens 10 %; OLG Celle, Beschl. v. 8. 3. 1967 – 7 W 25/66, KostRsp. ZPO § 3 Nr. 172 = JurBüro 1967, 598 = Nds.Rpfl. 1967, 175.
8 BGH Rpfleger 1957, 374 = JurBüro 1957, 224 = WPM 1957, 522 = BB 1957, 351 = LM ZPO § 3 Nr. 13.
9 Ebenso OLG Nürnberg JurBüro 1963, 43; OLG Celle JurBüro 1957, 598.
10 OLG Brandenburg, Beschl. v. 30. 9. 2003 – 4 U 144/03, ZOV 2004, 31.
11 BGH Rpfleger 1957, 374 = JurBüro 1957, 224 = WPM 1957, 522 = BB 1957, 351 = LM ZPO § 3 Nr. 13.

6139 Desgleichen ist § 3 ZPO anzuwenden auf die Bewertung des Anspruchs auf **Löschung eines eingetragenen Vorkaufsrechts**.[1] Das OLG Nürnberg[2] will die Klage auf **Löschung einer Vormerkung** zur Sicherung des Anspruchs auf Eintragung eines Vorkaufsrechts mit mindestens dem halben Grundstückswert ansetzen. Das erscheint als Grundsatz verfehlt und wesentlich übersetzt.

6140 So wird die Löschung eines bereits gegenstandlos gewordenen Vorkaufsrechts mit einem $^1/_5$[3] bis $^1/_{10}$[4] bewertet.

6141 Eine spezielle Bewertungsvorschrift enthält § 20 Abs. 2 KostO für **Angelegenheiten der freiwilligen Gerichtsbarkeit**. Hier ist die Einräumung eines Vorkaufsrechts „in der Regel" mit dem halben Wert der Sache zu bewerten. Hiervon ist abzuweichen bei einem erkennbaren Unterschied zum Wert durchschnittlicher Fälle.[5] So liegt es etwa, wenn mit einer Verwirklichung des Vorkaufsrecht in ungewöhnlich hohem Maße zu rechnen oder diese außergewöhnlich fernliegend ist.[6]

6142 Hierbei wird der Wert eines Vorkaufsrechts an einem Erbbaurecht nach dem Wert des Grundstücks und der Bebauung. Bedarf die Veräußerung des Vorkaufsrechts dabei noch der **Zustimmung des Grundstückseigentümers** sollen 15 % des Wertes angemessen sei.[7]

Vorläufige Anordnungen

Siehe das Stichwort „Einstweilige Anordnungen".

Vorläufige Vollstreckbarkeit

6143 Durch ein ohne Sicherheitsleistung vorläufig vollstreckbares Urteil oder durch eine der Höhe nach falsch bemessene Sicherheitsleistung können der belasteten Partei Nachteile entstehen. Deshalb sieht § 718 Abs. 1 ZPO vor, dass in der

---

1 OLG Schleswig SchlHA 1953, 299; OLG Nürnberg JurBüro 1963, 43; KG Rpfleger 1969, 214.
2 OLG Nürnberg JurBüro 1963, 43.
3 OLG Zweibrücken, Beschl. v. 13. 7. 1990 – 30 W 67/90, JurBüro 1991, 395 = Rpfleger 1991, 54.
4 BayObLG, Beschl. v. 10. 8. 1995 – 32 BR 145/95, JurBüro 1996, 267.
5 BayObLG, Beschl. v. 10. 8. 1995 – 32 BR 145/95, JurBüro 1996, 267 mit zust. Anm. *Mümmler*.
6 OLG Düsseldorf, Beschl. v. 28. 9. 1995 – 10 W 60/95, MDR 1996, 318; OLG Zweibrücken, Beschl. v. 13. 7. 1990 – 30 W 67/90, JurBüro 1991, 395 = Rpfleger 1991, 54; *Anders/Gehle/Kunze*, Stichwort „Vorkaufsrecht" Rn. 5.
7 KG, Beschl. v. 1. 7. 1997 – 19 W 6246/95, JurBüro 1999, 43 – zu § 20 Abs. 2 KostO; a.A. OLG Oldenburg, Beschl. v. 15. 8. 1978 – 1 W 46/78, n.v.; LG Osnabrück, Beschl. v. 23. 10. 1995 – 3 T 65/94, JurBüro 1996, 208 – beide 30 % zu § 20 Abs. 2 KostO.

Berufungsinstanz über die vorläufige Vollstreckbarkeit des angefochtenen Urteils vorab zu verhandeln und zu entscheiden ist, wenn dies beantragt wird.

Das KG[1] bestimmt den Streitwert für dieses Verfahren gemäß § 3 ZPO. Verlange der Antragsteller, dass das angefochtene Urteil nur gegen Sicherheitsleistung vorläufig vollstreckbar sein soll, so sei das Interesse auf den Betrag zu beziffern, der nach dem Vorbringen des Antragstellers als Sicherheitsleistung festzusetzen wäre, um den anderenfalls ungesicherten Vollstreckungsanspruch ungefährdet zu machen.   **6144**

Das lässt sich aber allenfalls in dem konkreten Fall halten, der dem KG zur Entscheidung vorlag, weil dort der Antragsteller dargelegt hatte, er müsse befürchten, ohne Sicherheitsleistung wegen Zahlungsunfähigkeit des Gegners die zu leistenden Zahlungen unwiederbringlich zu verlieren. Gleiches gilt für den Fall, dass der Antragsteller die Beseitigung der vorläufigen Vollstreckbarkeit erstrebt. Dann entspricht der Streitwert der erstinstanzlichen Urteilssumme.[2]   **6145**

Grundsätzlich erscheint es jedoch bedenklich, Interesse des Antragstellers und Höhe der Sicherheit streitwertmäßig gleichzusetzen. Durch eine solche Bewertung wird verkannt, dass die Anordnung der vorläufigen Vollstreckbarkeit keine endgültige Regelung ist, sondern eben nur eine einstweilige, die bis zur Aufhebung oder Rechtskraft gilt.   **6146**

Das Interesse des Antragstellers geht nur dahin, vor einem vorschnellen und ungesicherten Vollstreckungszugriff bewahrt zu werden. Das ist weniger als die endgültige Abwehr des titulierten Anspruches, z.B. durch Vollstreckungsgegenklage. Deshalb sollte der Streitwert für die Verhandlung und Entscheidung eines Antrages nach § 718 ZPO grundsätzlich nur mit einem **Bruchteil der Hauptsache** bewertet werden, entsprechend der Bewertung von Arresten und einstweiligen Verfügungen, die wegen ihres bloßen Sicherungscharakters auch nicht gleich der Hauptsache bewertet werden.   **6147**

Dies dürfte auch die Auffassung des BGH[3] sein, der entschieden hat, dass der Streitwert eines Rechtsmittels gegen die Vorabentscheidung zur Sicherheitshöhe bei vorläufiger Vollstreckbarkeit nur mit einem Bruchteil der erstrebten Sicherheitsdifferenz festzusetzen ist. Er hat $^1/_{10}$ angenommen.[4]   **6148**

Zur Vollstreckbarerklärung eines Schiedsspruchs vgl. auch die Ausführungen beim Stichwort „Schiedsgerichtsverfahren".   **6149**

---

1 KG, Beschl. v. 13. 9. 1973 – 12 U 766/72, MDR 1974, 323.
2 OLG Frankfurt, Beschl. v. 9. 8. 1982 – 17 U 148/81, JurBüro 1983, 140.
3 BGH, Beschl. v. 2. 10. 1985 – VIII ZR 196/85, KostRsp. ZPO § 3 Nr. 801 mit Anm. *Schneider*.
4 Ebenso OLG Frankfurt, Beschl. v. 29. 12. 1994 – 5 U 200/93, OLGR 1995, 46; vgl. auch die Entscheidungen des OLG Hamm (Beschl. v. 12. 1. 1993 – 2 UF 427/91, FamRZ 1994, 248) und des OLG Frankfurt (Beschl. v. 8. 12. 1995 – 5 U 22/95, JurBüro 1996, 312) zum vergleichbaren Verfahren nach (dem jetzigen) § 537 ZPO, wo ebenfalls der Wert nur mit einem Bruchteil bzw. mit dem Wert der Avalkosten angesetzt wird.

Vormerkung

6150   Eine Vormerkung zur Sicherung des Anspruchs auf Einräumung oder Aufhebung eines Rechts an einem Grundstück oder an einem das Grundstück belastenden Rechts oder auf Änderung des Inhalts oder des Ranges eines solchen Rechts (§ 883 Abs. 1 S. 1 BGB) gibt es nicht „an sich", sondern immer nur bezogen auf eine bestimmte Eintragung. Danach richtet sich auch die Streitwertfestsetzung im Einzelfall.

6151   Die Bewertungsmaßstäbe sind deshalb jeweils unter den besonderen Stichwörtern behandelt, beispielsweise bei den Stichwörtern „Auflassungsvormerkung", „Bauhandwerkersicherungshypothek" und „Dienstbarkeit".

Vormundschaftliche Genehmigung

6152   Ist ein Vergleich von der Genehmigung des Vormundschaftsgerichts abhängig (§ 1822 Nr. 12 BGB), so soll der Streitwert der Klage, mit der eine Vergleichspartei die andere zur Stellung des Genehmigungsantrages an das Vormundschaftsgericht verurteilt wissen will, nach OLG Frankfurt[1] dem vollen Wert des genehmigungsbedürftigen gesamten Vergleichs entsprechen.

6153   Diese Auffassung wird mit Recht im Schrifttum abgelehnt.[2] Es handelt sich hierbei vielmehr nur um die Erfüllung eines Nebenanspruches aus dem Vergleichsvertrag, die Bewertung ist durch freie Schätzung gemäß § 3 ZPO zu treffen.

Vornahme von Handlungen

6154   Der Streitwert ist nach § 3 ZPO zu bestimmen, wobei auf das Interesse des Klägers daran abzustellen ist, dass der Beklagte die geforderte Handlung vornimmt.[3]

6155   Die für den Beklagten entstehenden Vornahmekosten sind nicht ausschlaggebend, wenngleich sie als Bewertungsanhaltspunkt in Betracht kommen können.

---

1 OLG Frankfurt, Beschl. v. 3. 12. 1958 – 6 W 423/58, JurBüro 1959, 170 = NJW 1959, 680.
2 Vgl. *Lappe* Rpfleger 1959, 137.
3 Vgl. BGH, Beschl. v. 13. 12. 1995 – XII ZR 161/95, NJW-RR 1996, 460.

Vorrangseinräumung

Siehe das Stichwort „Rangverbesserung".

Vorschusszahlungen

Der Streitwert einer Leistungsklage umfasst auch den Betrag bereits erbrachter Vorschusszahlungen der Versicherungsgesellschaft des Schuldners, wenn diese trotz Zahlung die Schadensersatzpflicht bestreitet und ausdrücklich unter dem Vorbehalt der Rückerstattung geleistet hat.[1] — 6156

Werden Vorschusszahlungen im Verlaufe des Rechtsmittelstreits vorbehaltlos (a conto, als Teilzahlung) erbracht, dann muss die Vorschrift des § 367 BGB beachtet werden. Die Zahlungen sind vorweg auf Zinsen und Kosten zu verrechnen. Das ist deshalb wesentlich, weil sich insoweit der Streitwert nicht ermäßigt (§§ 43 GKG, 4 ZPO).[2] — 6157

Vorzugsweise Befriedigung aus dem Erlös

Auf die Klage aus § 805 ZPO ist § 6 ZPO sinngemäß anzuwenden. Auszugehen ist bei der Streitwertberechnung von der Höhe der Forderung, jedoch ohne Zinsen und Kosten (§ 22 GKG, § 4 ZPO). Deren Betrag ist mit dem Erlös zu vergleichen. Für den Streitwert maßgebend ist nur der geringere Wert.[3] — 6158

Wahlschuld

Mehrere Leistungen können in der Weise geschuldet werden, dass nur die eine oder die andere zu bewirken ist (sog. Wahlschuld). Um der Bestimmtheit der Leistung willen muss klargestellt werden, wem das Wahlrecht zusteht. Danach richtet sich auch die Streitwertbemessung. Ist nichts vereinbart, so steht das Wahlrecht, ein Gestaltungsrecht, („im Zweifel") dem Schuldner zu, § 262 BGB. — 6159

Hat der **Schuldner** sein Wahlrecht ausgeübt, so gilt die gewählte Leistung als die von Anfang an allein geschuldete (§ 263 Abs. 2 BGB); diese ist daher auch wertbestimmend. — 6160

---

1 OLG Karlsruhe Justiz 1965, 144.
2 Ausführlich dazu und auch zum Rechtsmittelwert *Schneider* DRiZ 1979, 310.
3 RGZ 4, 365.

6161 Solange er sein Wahlrecht nicht ausgeübt hat, kommen alle Leistungsalternativen in Betracht. Das Interesse des Schuldners wird sich darauf richten, möglichst wenig belastet zu werden. Deshalb ist in diesem Fall der Streitwert der auf eine wahlweise Verurteilung gerichteten Klage nach dem **geringwertigsten Leistungsgegenstand** zu bestimmen.[1] Dies gilt auch für die **wahlweise Verurteilung** des Schuldners.[2] Für eine Zusammenrechnung der Werte der Leistungsgegenstände ist kein Raum.[3]

6162 Steht das Wahlrecht dem **Gläubiger** zu, so liegt es entsprechend. Bei ausgeübter Wahl ist die Schuld konkretisiert; der Streitwert bestimmt sich nach dem Anspruch, den der Gläubiger erfüllt sehen will. Bis zur Ausübung des Wahlrechts geht das Interesse des Gläubigers darauf, den ihm günstigsten, d.h. den **höherwertigen Anspruch** erfüllt zu sehen. Er ist daher für die Wertbemessung maßgebend.[4] Mit Klageerhebung muss der Kläger jedoch eine ihm zustehende Wahlbefugnis ausüben, sodass insoweit eine zulässige alternative Klagehäufung ausscheidet.[5]

6163 Besteht der Streit nur darüber, ob das Wahlrecht dem Gläubiger oder dem Schuldner zusteht, dann ist es gleichgültig, wer das Recht für sich in Anspruch nimmt. Die Parteirolle kann deshalb nicht ausschlaggebend sein, weil in jedem Fall immer nur der **Differenzbetrag** wertbestimmend sein darf. Denn da der Gläubiger an der Ausübung des ihm günstigeren, der Schuldner an der Ausübung des minder günstigen Rechts interessiert ist, beide Parteien aber davon ausgehen, dass jedenfalls das minder günstige Recht verwirklicht wird, ist das Interesse eines jeden stets nur auf den ihm günstigen oder ungünstigen Differenzbetrag zwischen den Wahlmöglichkeiten gerichtet.[6]

6164 Wird der Streit, wem das Wahlrecht zusteht, mit einer **Feststellungsklage** verfolgt, dann muss der Wert nach § 3 ZPO geschätzt werden; er wird sich am Differenzbetrag orientieren und darf im Einzelfall den höchsten möglichen Anspruch nicht übersteigen.

6165 Von der Wahlschuld nach §§ 262 ff. BGB zu unterscheiden ist die **Ersetzungsbefugnis** (sog. facultas alternativa) des Schuldners. Hier hat die Verpflichtung des Schuldners von Anfang an einen bestimmten Inhalt. Ihm bleibt nur nachgelas-

---

1 RGZ 55, 81; Zöller/*Herget*, § 3 Rn. 16 unter „Wahlschuld"; *Anders/Gehle/Kunze*, Stichwort „Wahlschuld" Rn. 3; Musielak/*Heinrich*, § 3 Rn. 36 unter „Wahlschuld"; Stein/Jonas/*Roth*, § 5 Rn. 41; a.A. LG Berlin JW 1931, 2451 u. JVBl. 1933, 229, das addierte, dabei aber verkannt hat, dass nur eine Leistung verlangt und geschuldet wird.
2 RG JW 1906, 431 Nr. 18; RG *Warneyer* 1908 Nr. 153.
3 Musielak/*Heinrich*, § 3 Rn. 36 unter „Wahlschuld".
4 Zöller/*Herget*, § 3 Rn. 16 unter „Wahlschuld"; *Anders/Gehle/Kunze*, Stichwort „Wahlschuld" Rn. 3; Musielak/*Heinrich*, § 3 Rn. 36 unter „Wahlschuld"; Stein/Jonas/*Roth*, § 5 Rn. 41.
5 MünchKomm.ZPO/*Lüke*, ZPO, § 260 Rn. 22.
6 *Baumbach/Lauterbach/Albers/Hartmann*, Anh. § 3 unter „Wahlschuld"; *Anders/Gehle/Kunze*, Stichwort „Wahlschuld" Rn. 4.

sen, sich durch eine andere Leistung an Erfüllung statt zu befreien.[1] Die Streitwertbemessung beeinflusst dies nicht, weil die Klage auf eine bestimmte Leistung gerichtet ist, die allein die Bewertung bestimmt.[2] Die dem Schuldner
zustehende Möglichkeit einer anderen Leistung ist nicht Gegenstand der Verurteilung, auch hat der Gläubiger keinen Anspruch darauf.

Wahlweise Verurteilung

Bei alternativer Verurteilung, die dem Beklagten die Wahl lässt, sich **durch**   6166
Zahlung einer Geldsumme von der Urteilsverbindlichkeit **zu befreien**, ist für
den Streitwert die geringerwertige Leistung maßgebend.[3]

Mit diesem Sachverhalt darf nicht die Wahlschuld nach §§ 262 ff. BGB ver-   6167
wechselt werden.

Diese sog. *facultas alternativa* ist bei der Streitwertbemessung unberücksich-   6168
tigt zu lassen, weil die Klage auf eine bestimmte Leistung gerichtet ist, die
allein die Bewertung bestimmt. Der Beklagte darf nur durch Erbringen einer
anderen Leistung den eingeklagten Anspruch erfüllen. Dabei handelt es sich
aber nur um eine rechtliche Möglichkeit auf Seiten des Beklagten, die die Klage
nicht beeinflusst.[4]

Währungsumrechnung

Bildet den Streitgegenstand eine in ausländischer Währung ausgedrückte Geld-   6169
schuld, dann ist der Umrechnungsbetrag in Euro im Zeitpunkt der die Instanz
einleitenden Antragstellung (Anhängigkeit) maßgebend, § 4 ZPO, § 40 GKG
(§ 15 GKG a.F.). Nachfolgende Kursschwankungen bleiben auf den Streitwert
ohne Einfluss. Im Berufungs- und Revisionsverfahren gilt außerdem § 47 GKG
(§ 14 GKG a.F.).

Zu Einzelheiten siehe das Stichwort „Ausländische Währung".   6170

---

1 Palandt/*Heinrichs*, § 262 Rn. 8.
2 RG *Warneyer* 1940 Nr. 174; OLG Breslau OLGR 6, 372.
3 RG JW 1906, 431 Nr. 18; RG *Warneyer* 1908 Nr. 153.
4 RG *Warneyer* 1940 Nr. 174; OLG Breslau OLG 6, 372.

Wandelung

6171 Wird nur auf **Einverständnis** des Verkäufers geklagt, um die Wandelung gemäß § 465 BGB a.F. zu vollziehen,[1] dann geht es noch nicht um die Rückgewährpflicht, sondern um die Auflösung des Vertrages. Der Wert einer solchen Klage ist nach § 3 ZPO zu schätzen.[2]

6172 Abzustellen ist auf das Interesse, das der Kläger daran hat, auf diese Weise die Rechtmäßigkeit und Rechtswirksamkeit der Wandelung klarzustellen. Dabei kommt es in erster Linie darauf an, zu ermitteln, welche Nachteile der Kläger von sich abwenden will,[3] wobei es in der Regel um die Wiederherstellung des Vermögensstandes vor Abschluss des zu wandelnden Vertrages geht.[4] Es kommt also weder auf die Leistung als solche noch auf die Gegenleistung an.[5]

6173 Bei der Schätzung nach § 3 ZPO sind folgende Gesichtspunkte zu beachten: Die Klage auf Zustimmung zur Wandelung kann nicht zu einem Titel führen, aus dem die Rückgewährpflicht vollstreckt werden kann. Maßgebend ist vielmehr das Klageziel, keine Leistung gegen Empfang der Gegenleistung erbringen zu müssen, weil dieser Leistungsaustausch zu einer Vermögensbeeinträchtigung des Klägers führen würde.[6]

6174 In Ermangelung näherer Angaben setzt das OLG Hamm[7] als Streitwert 25 % des vereinbarten Kaufpreises an.

6175 Wird nach Rücktrittserklärung gemäß §§ 437 Nr. 2, 440, 323, 326 Abs. 5 BGB bzw. nach Wandelungserklärung gemäß § 467 BGB a.F. sofort auf **Leistung** geklagt, dann gelten die allgemeinen Bewertungsvorschriften.

6176 Die Wandelung erstrebt die Wiederherstellung des Vermögensstandes vor Vertragsabschluss.[8] Insoweit sind im wirtschaftlichen Ergebnis die Klagen auf Fest-

---

1 Vgl. Staudinger/*Honsell*, § 465 a.F. Rn. 15.
2 BGH, Beschl. v. 21. 2. 2002 – II ZR 91/00, NJW-RR 2002, 823; OLG Hamm, Beschl. v. 10. 6. 1999 – 22 W 13/99, KostRsp. ZPO § 3 Nr. 1338 = NJW-RR 2000, 587; RGZ 52, 428; OLG Dresden OLGE 2, 432, OLG Braunschweig OLGE 11, 166; 17, 75; OLG Darmstadt OLGE 19, 48; OLG München OLGE 29, 222; OLG Braunschweig JurBüro 1983, 434; OLG Düsseldorf, Beschl. v. 7. 6. 1985 – 9 W 42/85, JurBüro 1986, 433; AG Hamburg, Urteil v. 12. 2. 1991 – 4 C 913/90, JurBüro 1992, 560. Diese Bewertungsfrage wird nur noch für Altfälle relevant, da die seit der Schuldrechtsreform geltenden Regelungen (Rücktritt) keine Einverständniserklärung des Verkäufers mit dem Vollzug der Wandlung mehr voraussetzen.
3 OLG Braunschweig OLGE 11, 167.
4 OLG Darmstadt OLGE 19, 48.
5 OLG Düsseldorf, KostRsp. ZPO § 3 Nr. 807 mit Anm. *Schneider* = JurBüro 1986, 433.
6 OLG Braunschweig OLGE 17, 75.
7 OLG Hamm, Beschl. v. 10. 6. 1999 – 22 W 13/99, KostRsp. ZPO § 3 Nr. 1338 = NJW-RR 2000, 587.
8 OLG München OLGE 29, 222.

stellung der Nichtigkeit nicht anders zu bewerten als Wandelungsklagen.[1] Abzuwägen sind folglich die Vorteile und Nachteile des Klägers.[2] Dabei geht es beim Wandelungskläger um den Vermögensnachteil, den er mit der Wandelung abwenden will, beispielsweise die Wertminderung einer mangelhaften Sache[3] oder die negative Differenz zwischen dem Selbstkostenpreis der Herstellung und der Vergütung.[4]

Dem wird oft entgegengehalten, bei dieser Betrachtungsweise könne der Streitwert auf null sinken, wenn nämlich die Leistung und Gegenleistung gleichwertig seien. Indessen ist weder auf die realen Verkehrswerte abzustellen, die das Gericht ohnehin zuverlässig nur durch Begutachtung ermitteln könnte, noch auf die Bewertung im Vertrag,[5] sondern darauf, welche Einbußen sich für den Kläger aus dessen Klagevorbringen ergeben. Das lässt sich immer nur im Einzelfall ermitteln. Indiz für das Differenzinteresse kann beispielsweise ein Angebot des Klägers sein, den Vertrag mit einer geringerwertigen Gegenleistung aufrechtzuerhalten.[6]   6177

Verlangt der Kläger sein **Geld** zurück, so ist der Forderungsbetrag wertbestimmend (§ 6 S. 1 ZPO).[7] Auf den Wert der Gegenleistung kommt es nicht an.   6178

Verlangt er seine **Sache** zurück, ist deren Wert maßgebend (§ 6 S. 1 ZPO), bei Grundstücken also der Verkehrswert.[8] Die Vorschrift des § 6 S. 2 ZPO ist in diesem Fall nicht – auch nicht analog – anwendbar, denn die Kaufpreisforderung steht zu der Kaufsache nicht im Verhältnis einer pfandrechtsartigen Sicherung.   6179

Das RG[9] hat bei einem Grundstückstausch die Werte der beiden Grundstücke miteinander verglichen und das höher bewertete Tauschgrundstück maßgebend sein lassen, obwohl der Kläger dieses empfangen hatte, mit der Klage also das andere – sein eigenes nämlich – zurückverlangte. Diese Auffassung ist abzulehnen.[10] Denn dann würde der Streitwert nicht am Klagebegehren, sondern am Abwehrinteresse des Beklagten gemessen. Das ist nur dann möglich, wenn man überhaupt nicht auf den Rückgewähranspruch abstellt, sondern auf den Wert des Tauschverhältnisses. Das geht aber bei einer bezifferten oder auf eine Sache konkretisierten Leistungsklage nicht an.   6180

Unanwendbar ist § 6 ZPO insgesamt, wenn bei Klage auf Rücknahme gelieferter Waren die Wandelung des Kaufvertrages unter den Parteien unstreitig ist. In diesen Fällen muss nach § 3 ZPO geschätzt werden.[11]   6181

---

1 OLG Braunschweig OLGE 35, 163; vgl. dazu näher das Stichwort „Nichtigkeit eines Vertrages".
2 OLG Dresden OLGE 2, 432.
3 RGZ 52, 427, 429.
4 RGZ 40, 407.
5 Verkannt vom OLG Bremen JurBüro 1979, 1706.
6 OLG Darmstadt OLGE 19, 48.
7 BGH, Urteil v. 17. 6. 2004 – IX ZR 56/03, RVG-Berater 2004, 103.
8 LG Frankfurt AnwBl. 1977, 252.
9 RGZ 46, 423.
10 Vgl. auch das Stichwort „Auflassung".
11 OLG Karlsruhe Justiz 1970, 12.

6182 Eine **Zusammenrechnung** von Leistung und Gegenleistung ist bei der Wandelungsklage immer unstatthaft, weil der Kläger nicht beides fordert.[1]

6183 Fordert der Kläger zugleich Rückabwicklung des Grundstückskaufvertrages und im Vorgriff auf die Abwicklung die Abgabe einer (Rück-)Auflassungserklärung, ist das Interesse für die Abgabe der Erklärung nicht noch einmal mit dem Wert des Grundstücks, sondern erheblich geringer zu bewerten.[2]

6184 Wird ein Rechtsstreit über einen geltend gemachten **Minderungsanspruch** dadurch beigelegt, dass die Parteien vergleichsweise den Kaufvertrag rückabwickeln, so kann darin nicht nur die Erfüllung des Minderungsanspruches gesehen werden. Die Vereinbarung des Rücktritts in einem Vergleich über einen Minderungsanspruch setzt deshalb begrifflich voraus, dass jedenfalls auch das Rücktrittsrecht geltend gemacht wird. Wertmäßig geht der Minderungsanspruch im Rücktrittsanspruch, für den der zurückzuzahlende gesamte Kaufpreis maßgebend ist, auf.[3]

Wechselprozess

Siehe das Stichwort „Urkunden-, Wechsel- und Scheckprozess".

Wechselseitige Rechtsmittel

Siehe das Stichwort „Rechtsmittel".

Wegnahme eingebauter Sachen

6185 Klagt der Mieter auf Duldung der Wegnahme eingebauter Sachen, so bestimmt sich der Streitwert gemäß § 6 ZPO nach dem in der Regel **verminderten Wert** dieser Sachen, den sie nach der Trennung von den Mieträumen haben werden. Die Kosten des Wegnahmeberechtigten für die Wiederherstellung des ursprünglichen Zustandes bleiben unberücksichtigt.[4] § 6 ZPO gelangt zur Anwendung,

---

1 RGZ 44, 422.
2 OLG Schleswig, Beschl. v. 29. 4. 1998 – 5 W 12/98, KostRsp. ZPO § 3 Nr. 1282 = JurBüro 1998, 421 – der Senat hat das Interesse des Klägers an dieser Erklärung im Hinblick auf die den Eigentümer treffenden öffentlichen Lasten und Verkehrssicherungspflichten mit 5000 DM bewertet.
3 KG Rpfleger 1962, 155.
4 BGH, Beschl. v. 12. 6. 1991 – XII ZR 30/91, ZMR 1991, 426 = WuM 1991, 562 – Beschwer; KG Rpfleger 1971, 227 = JurBüro 1971, 460 = WuM 1972, 112 = ZMR 1972, 80;

weil das Klagebegehren auf Erlangung des Besitzes an den Sachen gerichtet ist. Die Wegnahme, deren Duldung begehrt wird, ist gegenüber der Herausgabe nur ein anderes Mittel der Besitzverschaffung. Dieser Unterschied ist für die Anwendung des § 6 ZPO bedeutungslos.

Anders liegt es jedoch, wenn mit der Duldung der Wegnahme eine über den Besitzverlust hinausgehende Beeinträchtigung angestrebt wird, beispielsweise die Wegnahme **einer Messvorrichtung**, die der **Einstellung der Energieversorgung** dient. Hier bestimmt sich der Streitwert gemäß § 3 ZPO nach dem klägerischen Interesse an der Versorgungseinstellung und nicht gemäß § 6 ZPO nach dem Wert der Messeinrichtung (siehe ausführlich unter dem Stichwort „Mietstreitigkeiten" Rn. 3673). **6186**

Erhebt der Mieter gegenüber einer Räumungsklage für den Fall der Verurteilung zur Räumung **hilfsweise Widerklage** auf Ersatz von Verwendungen und Duldung der Wegnahme von Einrichtungen, so ist der Streitwert der Hilfsanträge dem Wert des Räumungsbegehrens hinzuzurechnen, wenn darüber entschieden wird, §§ 3, 6 ZPO, § 45 Abs. 1 GKG (§ 19 Abs. 1 GKG a.F.).[1] **6187**

Werbung, unverlangte

Literatur: *Steckler* GRUR 1993, 865; *Vogt* NJW 1993, 2845; *Schmittmann* JurBüro 1999, 572 und JurBüro 2003, 398.

A. Allgemeines

Unverlangte Werbung wird Verbrauchern und Geschäftsleuten heutzutage auf verschiedensten Wegen übersandt. Aufgrund des Zeitvorteils wird die Brief- oder Postwurfsendung in immer stärkerem Maße durch Telefax, E-Mail und SMS abgelöst. Diese Werbung ist ohne das (zumindest konkludente) Einverständnis des Empfängers nicht nur wettbewerbswidrig im Sinne des § 3 UWG,[2] sondern begründet auch einen Unterlassungsanspruch nach §§ 823, 1004 BGB.[3] **6188**

Bub/Treier/*Fischer*, Geschäfts- und Wohnraummiete, VIII Rn. 241; *Hillach/Rohs*, Handbuch des Streitwerts, S. 171; *Köhler/Kossmann*, Handbuch der Wohnraummiete, § 204 Rn. 15; Zöller/*Herget*, § 6 Rn. 5.

1 OLG Frankfurt ZMR 1956, 35.
2 LG Traunstein, Beschl. v. 18. 12. 1997 – 2 HKO 3755/97, NJW 1998, 1648.
3 LG Berlin, Beschl. v. 18. 9. 2002 – 16 O 515/02, MMR 2003, 202; LG Nürnberg-Fürth, Urteil v. 14. 6. 1994 – 13 S 10228/93, AfP 2000, 395; LG Berlin, Beschl. v. 14. 5. 1998 – 16 O 301/98, NJW 1998, 3208; OLG Hamm, Beschl. v. 23. 4. 1991 – 4 U 261/90 (juris); a.A. AG Kiel, Urteil v. 30. 9. 1999 – 110 C 243/99, MMR 2000, 51; zutreffend differenzierend: LG Augsburg, Urteil v. 4. 5. 1999 – 2 O 4416/98, NJW 2000, 593 – Antragsteller hatte sich zuvor in die Datenbank des Absenders aufnehmen lassen – sowie LG Kiel, Urteil v. 20. 6. 2000 – 8 S 263/99, MDR 2000, 1331 – keine unzulässige E-Mail, wenn sie ein bindendes Vertragsangebot enthält.

Der Wert entsprechender Unterlassungsklagen gegen den Absender ist nach § 48 Abs. 1 S. 1 GKG, § 3 ZPO zu schätzen.

B. Bemessungsgrundsätze

6189 Maßgeblich für die Wertbestimmung nach § 48 Abs. 1 S. 1 GKG, § 3 ZPO ist das Interesse des Klägers an der begehrten Unterlassung[1] und der Umfang der erlittenen Beeinträchtigung. Ob und welche Aufwendungen der Beklagte machen muss, um die künftigen Störungen zu unterlassen, ist unerheblich.[2] Bei der Bestimmung dieses klägerischen Interesses kann nach den Adressaten der Werbung differenziert werden.

I. Werbung im privaten Bereich

6190 Das Interesse eines Verbrauchers, der den Werbenden nach §§ 823, 1004 BGB auf Unterlassung in Anspruch nimmt, bemisst sich zunächst nach den finanziellen Folgen, die für den Kläger mit dem Empfang der Werbung verbunden sind. Bei der Übersendung eines Telefax wird man die Kosten für Papier, Tinte, Wartung und Unterhaltung des Gerätes ansetzen können. Bei der Übersendung von E-Mail oder SMS wird in dieser Hinsicht nur der Zeitverlust für Abrufen, Lesen und Löschen der unerwünschten Nachricht berücksichtigungsfähig sein.

6191 Neben diesen rein finanziellen Nachteilen ist weiter zu berücksichtigen, dass von der Übersendung unerwünschter Werbung eine nicht unerhebliche Belästigung ausgeht – man denke hier nur an das blockierte Faxgerät oder das an seine Kapazitätsgrenzen stoßende E-Mail-Postfach. Besonders deutlich wird die Belästigung bei der Werbung per SMS, die im Regelfall unmittelbar auf dem Handy angezeigt wird, ohne dass die Möglichkeit des Sammelns oder Umleitens besteht. Darüber hinaus kann – auch wenn sich der Streitwert nach den Interessen des Klägers richtet – nicht unberücksichtigt bleiben, dass den Unterlassungsklagen auch ein gewisser Abschreckungseffekt zukommen soll. Der Beklagte kann über die modernen Medien sehr schnell und effektiv eine große Menge an Werbung verteilen.[3] Dies darf ihm über niedrige Streitwerte in Unterlassungsverfahren nicht auch noch finanziell vereinfacht werden.

6192 Das OLG Celle[4] hat für eine Unterlassungsklage gegen E-Mail-Werbung einen Wert von 2000 DM für ausreichend erachtet, wobei der Senat allerdings auch

---

1 BGH GRUR 1990, 1052; KG, Beschl. v. 23. 9. 2002 – 5 W 106/02, JurBüro 2003, 142; OLG Köln JurBüro 1990, 246.
2 Anders verhält es sich bei der Bestimmung der Beschwer des zur Unterlassung verurteilten Beklagten – insofern zutreffend die verhältnismäßig niedrige Wertfestsetzung des LG Nürnberg-Fürth, Urteil v. 14. 6. 1994 – 13 S 10228/93, AfP 2000, 395, auf 1000 DM bei unzulässiger Telefaxwerbung.
3 So zutreffend: KG, Beschl. v. 23. 9. 2002 – 5 W 106/02, JurBüro 2003, 142.
4 OLG Celle, Beschl. v. 27. 12. 2001 – 13 W 112/01, OLGR 2002, 48.

ausführt, dass das Interesse höher geschätzt werden könne, wenn dem Betroffenen ein größerer Schaden entstanden sei.

Dagegen hat der 14. Senat des KG[1] im Hinblick auf die einmalige Übersendung einer Werbemail 350 Euro für ausreichend erachtet und dies damit begründet, dass im konkreten Einzelfall keine Beeinträchtigungen ersichtlich gewesen seien, die über einen einfachen Löschvorgang hinausgegangen wären. Diese Entscheidung ist abzulehnen. Es kommt für die Wertsetzung nicht allein darauf an, welche Beeinträchtigungen der Kläger durch die bereits übersandte Werbung erlitten hat, sondern auch darauf, welche Belästigungen er für die Zukunft fürchtet und deshalb auf Unterlassung klagt. 6193

Bei aller Kritik, die Regelstreitwerten im Hinblick auf ihre Vereinheitlichungswirkung entgegengebracht wird, ist zu bedenken, dass eine Einzelfallschätzung nach § 48 Abs. 1 S. 1 GKG, § 3 ZPO auch nicht immer zu zwingenden Beträgen kommen wird. Insofern erscheint es gerade für die Handhabung der Praxis empfehlenswert, jedenfalls den Ausgangspunkt einer Bewertung an einem Regelwert auszurichten. Dieser dürfte für unverlangte Werbung im privaten Bereich bei 2000 Euro liegen und kann – je nach den Umständen des Einzelfalls – auch durchaus die Größenordnung von 10 000 Euro erreichen. 6194

II. Werbung im beruflichen/gewerblichen Bereich

Wird der Unterlassungsanspruch durch einen Wettbewerber des Absenders geltend gemacht, bzw. ist die Kommunikation durch E-Mail, Fax oder SMS für den Empfänger erkennbar von geschäftlicher oder beruflicher Bedeutung, so ist zusätzlich zu den oben genannten Kriterien die durch den Wettbewerbsverstoß zu befürchtende Umsatzeinbuße zu berücksichtigen[2] bzw. der Streitwert im Hinblick auf den gesteigerten Lästigkeitsfaktor[3] zu erhöhen. Ähnlich wie auf dem Gebiet des gewerblichen Rechtsschutzes ist die Rechtsprechung aufgrund der Vielfalt der zu beurteilenden Sachverhalte sehr uneinheitlich. 6195

Das OLG Hamm[4] hat den Unterlassungsanspruch einer Künstleragentur gegen einen Künstler, der sich bei ihr ohne Einverständnis per Fax beworben hatte, auf 20 000 DM festgesetzt. Dagegen wurde die Unterlassungsklage eines Freiberuflers gegen die unerwünschte Fax-Werbung eines Seminarveranstalters vom AG Essen[5] mit 5000 DM bewertet. Das OLG Stuttgart[6] hat den Wert einer Unterlassungsklage wegen unzulässiger Fax-Werbung mit 3000 DM festgesetzt und dabei ausgeführt, der dem Kläger entstandene Schaden sei zwar denkbar 6196

---

1 KG, Beschl. v. 5. 4. 2002 – 14 W 40/02, JurBüro 2002, 371.
2 BGH WM 1990, 2058.
3 Es ist durchaus ein qualitativer Unterschied, ob beispielsweise der private E-Mail-Account oder der Account im Büro mit unerwünschter Werbung überhäuft wird.
4 OLG Hamm, Beschl. v. 23. 4. 1991 – 4 U 261/90 (juris).
5 AG Essen, Urteil v. 2. 6. 1999 – 8 C 126/99 (juris).
6 OLG Stuttgart, Beschl. v. 1. 10. 1999 – 10 W 37/99, OLGR 2000, 280 = CR 2000, 107.

gering gewesen. Daneben dürfe jedoch die Belästigung durch das blockierte Fax-gerät und das Verhalten des Beklagten nicht unberücksichtigt bleiben, der trotz Widerspruch des Klägers vorprozessual die Auffassung vertreten hatte, ihm Werbefaxe schicken zu dürfen.

6197 Der 5. Senat des KG[1] hat die Klage eines Journalisten wegen unerwünschter E-Mail-Werbung auf 15 000 DM festgesetzt und dabei insbesondere berück-sichtigt, dass zwar durch das Herunterladen der E-Mail nur ein geringer fi-nanzieller Schaden bzw. zeitlicher Aufwand verursacht werde. Da die Versen-dung von E-Mails aber sehr kostengünstig sei, müsse von einem besonders großen Nachahmungseffekt ausgegangen werden. Zudem sei der Werbewert einer E-Mail auch deshalb relativ hoch, weil sich der Empfänger vor dem Lö-schen mit ihrem Inhalt befassen müsse. Das LG Berlin[2] hat die Unterlassungs-klage eines Journalisten gegen E-Mail-Werbung (Angebot, einen Newsletter zu beziehen) mit 2500 Euro bewertet. Den Unterlassungsanspruch eines Rechts-anwalts gegen unaufgeforderte Zusendung von Werbung an seine Kanzlei hat das AG Siegburg[3] mit 4000 Euro bewertet.

6198 Im Hinblick auf die allgemeine Preisentwicklung und die zunehmende Bedeu-tung von Werbung per E-Mail, Fax oder SMS im gewerblichen Bereich erschei-nen Regelstreitwerte von 5000 Euro für das einstweilige Verfügungsverfahren und 7500 Euro für das Hauptsachverfahren nicht überhöht.

Werkvertrag

6199 Bei Klage des Bestellers auf **Herstellung** des Werkes und dessen Übergabe ist der wirtschaftliche Wert der Herstellung für den Streitwert maßgeblich. Dieser wird im Regelfall mit dem vereinbarten Werklohn angesetzt werden können. Denn die Preisabrede macht deutlich, was dem Besteller dieses konkrete Werk wert ist. Sein Interesse ist wertbestimmend.

6200 Bei Klage des Unternehmers auf **Zahlung** des Werklohnes ist der Forderungsbe-trag maßgebend (§ 6 S. 1 ZPO). Mängelrechte und Minderungsansprüche des Bestellers bleiben unberücksichtigt.

6201 Der Wert einer Klage auf **Beseitigung** eines Werkmangels ist gemäß § 3 ZPO zu schätzen. Wertbestimmend ist das Interesse des Bestellers (Klägers) an der Män-gelbeseitigung. Es ist gleichbedeutend mit dem Betrag der Kosten, der für die Beseitigung aufzuwenden wäre, wenn der Besteller sich eines Dritten bedienen müsste.

6202 Die Klage des Unternehmers auf **Abnahme** eines hergestellten Werkes (§ 640 Abs. 1 BGB) ist nach § 3 ZPO zu bewerten. Durch die Abnahme kann der

---

1 KG, Beschl. v. 23. 9. 2002 – 5 W 106/02, JurBüro 2003, 142.
2 LG Berlin, Beschl. v. 19. 9. 2002 – 16 O 515/02, JurBüro 2003, 143.
3 AG Siegburg, Urteil v. 11. 4. 2002 – 10 C 190/02, MDR 2002, 849 = JurBüro 2002, 422.

Unternehmer die Fälligkeit seines Vergütungsanspruches erzwingen (§ 641 BGB). Allerdings ist mit der Verurteilung zur Abnahme des Werkes die Berechtigung des Vergütungsanspruches selbst nicht geklärt. Der Streitwert muss sich deshalb unterhalb des verlangten Werklohnes bewegen, da er allein das Fälligwerden zum Bewertungsgegenstand hat.

Man wird den Wert regelmäßig etwa mit einem Bruchteil von $^1/_4$ der geforderten Vergütung ansetzen können. Das OLG Frankfurt[1] hat das Interesse des Unternehmers sogar mit 50 % der Vergütung für die streitigen Bauteile angesetzt, wenn im selbständigen Beweisverfahren deren Abnahmereife festgestellt werden soll. **6203**

Steht einer Klage auf Gewährleistung eine **Widerklage auf Herausgabe** der zur Sicherung dieser Ansprüche übergebenen Bürgschaftsurkunde gegenüber, dann liegt derselbe Streitgegenstand i.S. des § 45 Abs. 1 S. 3 GKG vor.[2] Nur soweit die Bürgschaftsurkunde über einen höheren Betrag als die Klageforderung lautet, ist wegen des Mehrbetrages ein zusätzliches Herausgabeinteresse des Beklagten anzusetzen.[3] **6204**

Erhebt der Beklagte gegenüber der Klage auf Ersatz von Nachbesserungskosten **Widerklage auf Zahlung** des restlichen Werklohns, dann sind die Streitwerte von Klage und Widerklage zu addieren, wenn der Streit nach dem Vorbringen der Parteien über die Summe beider Anträge geht.[4] Ebenso ist zu bewerten, wenn gegenüber der Werklohnklage mit der Widerklage Gewährleistungsansprüche[5] oder ein Vorschussanspruch[6] geltend gemacht werden. **6205**

Zur **Aufrechnung** gestellte Schadensersatzansprüche, die in der Praxis nicht selten wegen verspäteter Fertigstellung eines Bauvorhabens, erhöhter Finanzierungskosten und dergleichen geltend gemacht werden, erhöhen unter den Voraussetzungen des § 45 Abs. 3 GKG den Streitwert, soweit es sich um echte Ersatzansprüche aus positiver Vertragsverletzung handelt.[7] Die bloße Rechtsverteidigung mit Gewährleistungsansprüchen führt dagegen lediglich zu einer anderen Entstehungsberechnung des Vergütungsanspruchs und stellt keine – unter den Voraussetzungen des § 45 Abs. 3 GKG streitwerterhöhende – Aufrechnung dar.[8] Näheres hierzu unter dem Stichwort „Aufrechnung". **6206**

---

1 OLG Frankfurt, Beschl. v. 7. 6. 1995 – 19 W 18/95, OLGR 1995, 239 = KostRsp. ZPO § 3 Nr. 1213 mit Anm. *Herget*.
2 OLG Stuttgart, Beschl. v. 25. 6. 1998 – 12 W 36/98, OLGR 1998, 427.
3 OLG Stuttgart, Urteil v. 12. 3. 1980 – 13 W 7/80, MDR 1980, 678.
4 OLG Bamberg, Beschl. v. 25. 4. 1985 – 3 W 46/85, JurBüro 1985, 1212 = KostRsp. GKG § 19 Nr. 103.
5 OLG Schleswig, Beschl. v. 17. 3. 1986 – 14 W 9/86, JurBüro 1987, 255 = KostRsp. GKG § 19 Nr. 119 mit Anm. *Schneider*.
6 OLG Celle, Beschl. v. 21. 12. 1994 – 16 W 66/94, OLGR 1995, 274.
7 OLG Koblenz, Beschl. v. 22. 5. 2001 – 5 W 347/01, KostRsp. GKG § 19 Nr. 231 = JurBüro 2002, 197 = AGS 2002, 126.
8 OLG Düsseldorf OLGR 1992, 94; OLG Hamm NJW-RR 1992, 448; OLG Köln JurBüro 1992, 683; OLG Düsseldorf, Beschl. v. 16. 9. 1996 – 23 W 26/96, OLGR 1997, 118; OLG Schleswig, Urteil v. 11. 4. 2000 – 3 U 56/98, KostRsp. GKG § 19 Nr. 221 = OLGR 2000, 411 bzgl. der Verteidigung mit Minderungsansprüchen.

Wert einer Sache

6207 Der Wert einer Sache ist bestimmend für den Streitwert, wenn es um deren Besitz oder um das Eigentum daran geht, § 6 ZPO. Maßgebend für die Bemessung ist dann deren **Verkehrswert**. Hierfür sind wichtigster Bewertungsumstand die bezifferten Angaben des Klägers in der Klagebegründung.[1] Wegen der Einzelheiten siehe unter dem Stichwort „Verkehrswert".

6208 Wird mit einer Klage auf Herausgabe von unter Eigentumsvorbehalt gekauften Sachen der **Antrag auf Wertersatz** für den Fall verbunden, dass eine Herausgabe unmöglich ist oder nicht binnen einer vorgegebenen Frist erfolgt (§§ 283 BGB, 255, 259, 510b ZPO), so findet keine Zusammenrechnung der beiden Ansprüche gemäß § 5 ZPO statt. Über dieses Ergebnis besteht – ungeachtet unterschiedlicher Begründungen – Einigkeit.[2]

6209 Streitig ist hingegen, ob sich der Gebührenstreitwert entsprechend § 45 Abs. 1 S. 3 GKG (§ 19 Abs. 1 S. 3 GKG a.F.) unabhängig von einer Entscheidung des unechten Hilfsantrages nach dem höchsten Einzelwert bestimmt.[3] Das ist abzulehnen. Zu bewerten ist nur der Herausgabeantrag. Ebenso wie vorbereitende Ansprüche sind auch „nachbereitende" Ansprüche wertmäßig sekundär gegenüber dem Hauptanspruch[4] – siehe bei den Stichwörtern „Herausgabeklage" und „Mehrere Ansprüche".

Wertbegrenzungen

A. Überblick

6210 Die Kostengesetze sehen in einigen Fällen Wertbegrenzungen vor. Damit sind nicht die Fälle der privilegierten Streitwerte gemeint (z.B. in § 41 Abs. 1 u. 2 GKG für Mietsachen, in § 42 Abs. 1 GKG für Unterhaltssachen oder in § 42 Abs. 4 GKG für arbeitsrechtliche Bestandsstreitigkeiten), sondern die Fälle, in denen fest bezifferte Höchstbeträge vorgesehen sind. Dazu gehören folgende Fälle:

---

1 OLG Köln MDR 1977, 584 m.w.N.; OLG Bamberg JurBüro 1980, 1866.
2 OLG Jena, Beschl. v. 24. 8. 1998 – 5 W 513/98, OLGR 1999, 100; LG Hildesheim Nds.Rpfl 1965, 253; LG Köln, Beschl. v. 20. 12. 1983 – 13 T 82/83, KostRsp. GKG § 19 Nr. 77 mit Anm. *Schneider* = MDR 1984, 501; LAG Düsseldorf JurBüro 1990, 243; 1989, 955; *Anders/Gehle/Kunze*, Stichwort „Unechte Hilfsanträge" Rn. 5.
3 So LG Köln, Beschl. v. 20. 12. 1983 – 13 T 82/83, Beschl. v. 20. 12. 1983 – 13 T 82/83, KostRsp. GKG § 19 Nr. 77 mit abl. Anm. *E. Schneider* = MDR 1984, 501; LAG Düsseldorf JurBüro 1989, 955; 1990, 243; *Anders/Gehle/Kunze*, Stichwort „Unechte Hilfsanträge" Rn. 5.
4 S. dazu *E. Schneider* MDR 1984, 853.

B. Wertbegrenzungen nach dem GKG

I. Rechtsstreitigkeiten aufgrund des Unterlassungsklagengesetzes

In Rechtsstreitigkeiten aufgrund des Unterlassungsklagengesetzes darf der Streitwert 250 000 Euro nicht übersteigen (§ 48 Abs. 1 S. 2 GKG).   **6211**

II. Nichtvermögensrechtliche Streitigkeiten

In nichtvermögensrechtlichen Streitigkeiten darf der Streitwert nicht über 1 Mio. Euro angenommen werden (§ 48 Abs. 2 S. 1 GKG).   **6212**

Soweit mehrere Gegenstände gegeben sind, beträgt für jeden Gegenstand der höchstwert 1 Mio. Euro. Die einzelnen Werte sind dann nach § 39 Abs. 1 GKG zu addieren.   **6213**

III. Allgemeine Wertbegrenzung

Nach § 39 Abs. 2 GKG beträgt der Höchstwert, soweit nichts anderes geregelt ist, **30 Mio. Euro.**   **6214**

Das gilt auch dann, wenn **mehrere Gegenstände** gegeben sind. Es darf nicht etwa für jeden Gegenstand der Höchstwert angenommen und dann nach § 39 Abs. 1 GKG addiert werden.   **6215**

Eine Erhöhung bei **mehreren Auftraggebern** ist für die Gerichtskosten nicht vorgesehen.   **6216**

C. Wertbegrenzungen nach der KostO

Nach § 18 Abs. 1 S. 1 KostO beträgt der **Geschäftswert** höchstens **60 Mio. Euro**, soweit nichts anderes bestimmt ist.   **6217**

Nach § 30 KostO ist in **Angelegenheiten ohne bestimmten Geschäftswert** der Wert nach freiem Ermessen festzusetzen. In Ermangelung genügender tatsächlicher Anhaltspunkte für eine Schätzung ist der Wert regelmäßig auf 3000 Euro anzunehmen.   **6218**

Er kann nach Lage des Falles niedriger oder höher, jedoch **nicht über 500 000 Euro** angenommen werden (§ 30 Abs. 2 S. 2 KostO).   **6219**

In **nichtvermögensrechtlichen** Angelegenheiten gilt nach § 30 Abs. 3 KostO Entsprechendes.   **6220**

D. Wertbegrenzungen nach dem RVG

I. Verfahren auf Abgabe der eidesstattlichen Versicherung

6221 In Verfahren über den Antrag auf Abnahme der eidesstattlichen Versicherung nach § 807 ZPO richtet sich der Gegenstandswert der Anwaltsgebühren nach dem Betrag, der einschließlich der Nebenforderungen aus dem Vollstreckungstitel noch geschuldet wird; der Wert beträgt jedoch **höchstens 1500 Euro.**

II. Nichtvermögensrechtliche Streitigkeiten

6222 In nichtvermögensrechtlichen Streitigkeiten darf der Streitwert, wenn er gem. § 23 Abs. 3 S. 2 RVG nach billigem Ermessen zu bestimmen ist und es an genügenden tatsächlichen Anhaltspunkten für eine Schätzung mangelt, nicht über 500 000 Euro angenommen werden.

6223 Soweit mehrere Gegenstände gegeben sind, beträgt für jeden Gegenstand der Höchstwert 500 000 Euro. Die einzelnen Werte sind dann nach § 22 Abs. 1 GKG zu addieren.

III. Allgemeine Wertbegrenzung

1. Grundsatz

a) Keine Geltung des GKG

6224 Soweit sich der Gegenstandswert nicht gem. § 23 Abs. 1 RVG nach den Vorschriften des GKG richtet, gilt § 22 Abs. 2 S. 1 RVG. Danach beträgt der Wert in derselben Angelegenheit **höchstens 30 Mio. Euro**, wobei diese Regelung von **einem** Auftraggeber ausgeht, wie sich aus § 22 Abs. 2 S. 2 RVG ergibt.

6225 Die Deckelung auf 30 Mio. Euro gilt auch dann, wenn der Auftraggeber in **unterschiedlicher Parteirolle** betroffen ist. Angeknüpft wird an die Person des Auftraggebers, nicht an dessen prozessuale Stellung.

➔ **Beispiel:**

Der Anwalt erhebt für den Kläger Klage auf Zahlung von 40 Mio. Euro. Es wird Widerklage erhoben mit einem Wert von 50 Mio. Euro.

Auch hier greift die Höchstgrenze nach § 22 Abs. 2 S. 1 RVG. Es bleibt beim Höchstwert von 30 Mio. Euro.

b) Anwendbarkeit des GKG

6226 Sofern sich der Gegenstandswert nach § 23 Abs. 1 RVG nach den Vorschriften des GKG berechnet, gilt § 39 Abs. 2 GKG. Der Höchstwert beträgt 30 Mio. Euro.

Nach § 39 Abs. 2 GKG ist eine Erhöhung des Gegenstandswerts bei mehreren 6227
Auftraggebern nicht vorgesehen. Für gerichtliche Verfahren bleibt es also bei
der Höchstgrenze von 30 Mio. Euro. Dies würde nach § 23 Abs. 1 S. 1 und S. 2
RVG folglich auch für die Anwaltsgebühren gelten. Um dies zu vermeiden,
sieht § 23 Abs. 1 S. 4 RVG vor, dass § 22 Abs. 2 S. 2 RVG unberührt bleibt.
Auch in diesen Fällen kann der Anwalt daher nach höheren Werten abrechnen.
Die Werte für die Gerichtsgebühren und die Anwaltsgebühren divergieren
dann. Gegebenenfalls muss der Anwalt insoweit nach § 33 Abs. 1 RVG die
Wertfestsetzung aus eigenem Recht beantragen.

2. Erhöhung bei mehreren Auftraggebern

Vertritt der Anwalt in derselben Angelegenheit mehrere Auftraggeber, so erhält 6228
er die Gebühren nur einmal (§ 7 Abs. 1 RVG). Die Gebühren berechnen sich,
sofern die Auftraggeber nicht wegen desselben Gegenstands den Anwalt beauftragt haben, nach § 22 Abs. 1 RVG. Die Gegenstände werden also zusammengerechnet. Um hier Unbilligkeiten zu vermeiden, ordnet § 22 Abs. 2 S. 2 RVG an,
dass die Deckelung nach § 22 Abs. 2 S. 1 RVG insoweit gelockert wird, als der
Gegenstandswert **je Person 30 Mio. Euro** betragen darf. Insgesamt wird der Gegenstandswert jedoch dann auf **100 Mio. Euro** begrenzt.

Aus der Formulierung, dass der Wert für jede Person höchstens 30 Mio. Euro 6229
beträgt, ergibt sich also, dass die Streitwertgrenze nicht mit jedem weiteren
Auftraggeber automatisch um 30 Mio. Euro steigt. Vielmehr ist wie folgt vorzugehen:

Zunächst einmal ist für jeden Auftraggeber getrennt zu prüfen, nach welchem 6230
Gegenstandswert er dem Anwalt einen Auftrag erteilt hat. Dieser Gegenstandswert ist dann gegebenenfalls auf 30 Mio. Euro zu begrenzen. Hiernach ist dann
nach § 22 Abs. 1 RVG zusammenzurechnen, wobei in Fällen wirtschaftlicher
Identität eine Addition zu unterbleiben hat.

⮑ **Beispiel:**

Drei Personen werden als Gesamtschuldner auf Zahlung eines Betrages in Höhe von
100 Mio. Euro in Anspruch genommen.

Der Gegenstandswert ist je Person auf 30 Mio. Euro zu begrenzen (§ 22 Abs. 1 S. 2
RVG). Der nach § 22 Abs. 1 RVG zu berechnende Gesamtwert beläuft sich jetzt nicht
auf 90 Mio. Euro, sondern auf 30 Mio. Euro, da wegen wirtschaftlicher Identität eine
Addition unterbleibt. Der Anwalt erhält lediglich die Gebührenerhöhung nach
Nr. 1008 VV RVG.

⮑ **Beispiel:**

A wird auf Zahlung von 40 Mio. Euro verklagt, B auf Zahlung von 50 Mio. Euro. Beide
werden durch denselben Anwalt vertreten.

Auch hier beträgt der Gegenstandswert je Person 30 Mio. Euro. Es ist nach § 22 Abs. 1
RVG zu addieren, so dass sich ein Gesamtgegenstandswert in Höhe von 60 Mio. Euro
ergibt. Wegen Verschiedenheit der Gegenstände kommt eine Erhöhung nach Nr. 1008
VV RVG nicht in Betracht.

⊃ **Beispiel:**

A wird auf Zahlung von 40 Mio. Euro verklagt, B auf Zahlung von 20 Mio. Euro.

Der Gegenstandswert hinsichtlich des A ist nach §§ 22 Abs. 2 S. 1 RVG auf 30 Mio. Euro begrenzt. Der Gegenstandswert hinsichtlich des B beläuft sich auf 20 Mio. Euro. Die Gegenstandswerte sind nach § 22 Abs. 1 RVG zu addieren, so dass sich ein Gesamtwert in Höhe von 50 Mio. Euro ergibt.

Unzutreffend wäre es, hier von vornherein einen „Freibetrag" von 2 x 30 Mio. Euro, also 60 Mio. Euro anzunehmen, da der Wert für jede Person höchstens 30 Mio. Euro beträgt und nicht je Person um 30 Mio. Euro steigt.

6231 Kommt es zu einem **Parteiwechsel**, bleibt es ebenfalls bei der einfachen Höchstgrenze.[1]

6232 Ist der Anwalt von mehreren Auftraggebern wegen unterschiedlicher Gegenstände beauftragt, so darf der **Gesamtwert** nicht mehr als 100 Mio. Euro betragen.

6233 Diese Regelung gilt nicht nur dann, wenn hinsichtlich der einzelnen Auftraggeber die Deckelung von 30 Mio. Euro erreicht wird, sondern auch dann, wenn keiner der Auftraggeber für sich genommen die Deckelung erreicht.[2]

⊃ **Beispiel:**

A, B, C und D werden wegen verschiedener Sachverhalte und aus unterschiedlichen Rechtsgründen jeweils auf 40 Mio. Euro verklagt.

Der Gegenstandswert je Person beläuft sich auf 30 Mio. Euro, insgesamt höchstens auf 100 Mio. Euro. Dieser Fall ist eindeutig.

⊃ **Beispiel:**

Der Anwalt vertritt 10 Auftraggeber, von denen jeder unterschiedliche Forderungen in Höhe von bis zu 20 Mio. Euro einklagt.

Die Deckelung von 30 Mio. Euro wird für keinen der Auftraggeber erreicht. Dennoch greift die Gesamtdeckelung auf 100 Mio. Euro.

E. Vergütungsvereinbarungen

6234 Unbenommen bleibt es Anwalt und Auftraggeber, bei den vorgenannten Wertbegrenzungen eine Vergütungsvereinbarung abzuschließen und in dieser Vergütungsvereinbarung entweder nur die Vorschrift des § 22 Abs. 2 S. 1 RVG abzubedingen oder sogleich einen höheren Gegenstandswert als 30 Mio. Euro zu vereinbaren.[3] Beide Regelungen bedürfen allerdings der Form des § 4 Abs. 1 RVG.

---

1 AnwK-RVG/*N. Schneider* § 22 Rn. 29.
2 AnwK-RVG/*N. Schneider* § 22 Rn. 31.
3 *N. Schneider*, Vergütungsvereinbarung Rn. 860.

Wertpapiere

Der Streitwert einer Klage, die auf Herausgabe von Wertpapieren gerichtet ist, bestimmt sich gemäß §§ 4, 6 ZPO nach deren **Kurswert im Zeitpunkt der Klageerhebung**. Steigt oder fällt der Kurswert im Verlauf der Instanz, so ist dies für den Gebührenstreitwert unerheblich (§ 40 GKG). Zur Beschwer (§ 546 Abs. 2 ZPO) und dem hierfür maßgeblichen Zeitpunkt siehe BGH.[1]

6235

Sind die Wertpapiere unstreitig nicht realisierbar, dann kommt nur das Herausgabeinteresse an den wertlosen Papieren als Bewertungsumstand in Betracht.[2]

6236

Bezieht sich der einheitliche Klageantrag auf die Mehrheit von Gegenständen, deren Wert sich zwischen Beginn und Ende der Instanz zum Teil erhöht, zum Teil erniedrigt hat (Wertpapiere verschiedener Sorten), so bleibt für den Gebührenwert der von § 40 GKG gesetzte Zeitpunkt maßgeblich.

6237

Der **negativen Feststellungsklage** einer AG, dass sie nicht verpflichtet sei, den Beklagten 57 Aktien im Nennwert von 1000 DM zum Kurswert von 413 % anzubieten, entspricht als positives Gegenstück eine Leistungsklage der Beklagten gegen die Klägerin auf Abgabe einer Willenserklärung (Angebot der 57 Aktien zum Kurswert von 413 %). Eine solche negative Feststellungsklage ist nach § 3 ZPO zu bewerten. Die Vorschrift des § 6 ZPO findet weder unmittelbar noch analog Anwendung.

6238

Behaupten die Beklagten einer negativen Feststellungsklage, der wirkliche Kurswert der Aktien belaufe sich auf 1100 DM, so ist ihre Berühmung gleichbedeutend mit dem Ausdruck einer Gewinnerwartung in Höhe von (1100 % – 413 % =) 687 % Kurswert-Differenz. Das in der negativen Feststellungsklage der Klägerin zum Ausdruck kommende Interesse geht deshalb auf Abwehr dieser Gewinnerwartung, die im Falle einer Abgabe der Aktien zu Lasten der Klägerin ginge.

6239

Beruhen die gegensätzlichen Angaben der Parteien über den Kurswert der Aktien auf nicht glaubhaft gemachten Schätzungen, dann darf das Gericht nicht die eine oder die andere Schätzung einer Partei ohne weiteres als Berechnungsgrundlage für den Streitwert übernehmen.

6240

Fehlen objektive Anhaltspunkte für den wirklichen Kurswert der Aktien, so ist es gerechtfertigt, in Anwendung des § 3 ZPO aus den gegensätzlichen Schätzungen der Parteien einen Mittelwert zu bilden. Von diesem ausgehend ist dann die in der Berühmung der Beklagten liegende Gewinnerwartung und das

6241

---

1 BGH, KostRsp. ZPO § 3 Nr. 974 = MDR 1989, 909 = NJW 1989, 2755 = WPM 1989, 1004 = *Warneyer* 1989 Nr. 1; bestätigt für eine Klage auf Herausgabe von Goldbarren MDR 1992, 83 = KostRsp. ZPO § 6 Nr. 131 mit Anm. *E. Schneider* = NJW-RR 1991, 1210 = WPM 1991, 1656; KG Rpfleger 1962, 118.

2 OLG Köln JurBüro 1974, 1438 = MDR 1975, 60 = JMBl.NW 1974, 234; $^1/_{10}$ des Nominalwertes herausverlangter Wechsel.

in der negativen Feststellungsklage ausgedrückte Abwehrinteresse der Klägerin zu berechnen und danach der Streitwert zu beziffern.[1]

6242 Der Streitwert einer Klage auf Herausgabe von Urkunden, die selbst nicht Rechtsträger sind, bestimmt sich nach dem Interesse des Klägers an der Herausgabe.

Wertsicherungsklausel

6243 Bei der (echten) Wertsicherungsklausel handelt es sich um eine vertragliche Regelung, wonach eine Änderung der vereinbarten Vergleichsgröße unmittelbar und zwangsläufig eine Änderung der durch die Klausel gesicherten Geldschuld auslöst.[2]

6244 Davon abzugrenzen ist der bloße **Leistungsvorbehalt**, nach dem die Geldschuld bei Eintritt bestimmter Voraussetzungen erst noch durch eine dann zu treffende Vereinbarung der Vertragsparteien oder die Bestimmung eines Dritten den neuen Bedingungen angepasst werden soll.[3]

6245 Die Bewertung einer dahingehenden **Vereinbarung** richtet sich nach den von ihr ausgehenden wirtschaftlichen Auswirkungen. Im Regelfall, etwa bei einer mit einer Wertsicherungsklausel versehenen Unterhaltsvereinbarung, ist ein Ansatz von 5–20 % der Jahresgrundleistung angemessen.[4] Dies entspricht auch in etwa der Bewertung derartiger Klauseln in der freiwilligen Gerichtsbarkeit.[5]

6246 Bei **Anfechtung** einer Wertsicherungsklausel (Angleichung an die Beamtenbesoldung) bestimmt sich der Streitwert nach dem Interesse des Klägers an der Aufrechterhaltung dieser Klausel (§ 3 ZPO). Es sind bei der Wertfestsetzung die aus dieser Klausel sich ergebenden Möglichkeiten einer Erhöhung, aber auch einer Herabsetzung der Leistung in Betracht zu ziehen.[6]

Widerklage

Siehe die Stichwörter „Klage und Widerklage" und „Rechtsmittel".

---

1 OLG Köln JurBüro 1971, 713 = KostRsp. ZPO § 3 Nr. 270.
2 BGH, Urteil v. 17. 9. 1954 – V ZR 79/53, BGHZ 14, 310 = WM 1955, 74.
3 BGH NJW 1962, 1393.
4 *Enders* JurBüro 1999, 337; *Groß*, Anwaltsgebühren in Ehe- und Familiensachen, Rn. 199.
5 Vgl. BayOblG, JurBüro 1975, 1483 = Rpfleger 1975, 410; OLG Hamm JurBüro 1972, 709 = Rpfleger 1972, 268; LG Osnabrück, Beschl. v. 23. 10. 1995 – 3 T 565/94, JurBüro 1996, 208.
6 *Zöller/Herget*, § 3 Rn. 16 unter „Wertsicherungsklausel".

Widerruf

Literatur: *Schneider* JurBüro 1965, 589; *Schneider* ZAP Fach 13, S. 147.

Für die Klage auf Widerruf mündlicher oder schriftlicher Äußerungen gibt es **6247** keine besondere Bewertungsvorschrift. Der Streitwert ist deshalb nach § 3 ZPO, § 48 Abs. 1 S. 1 GKG zu schätzen. Bezieht sich der Widerrufsanspruch auf Beleidigungen und andere Persönlichkeitsrechtsverletzungen, so ist nach § 48 Abs. 2 GKG zu bewerten.[1]

Neben dem Anspruch auf Unterlassung bestimmter Behauptungen muss der **6248** Widerrufsanspruch gesondert bewertet werden.[2] Ebenfalls verschiedene und deshalb zusammenzurechnende Streitwerte haben die Anträge auf Widerruf einer Äußerung gegenüber verschiedenen Adressaten.[3]

Begehrt der Kläger Widerruf einer Behauptung und Unterlassung dieser Behaup- **6249** tung für die Zukunft sowohl zum Schutz seiner Ehre als auch zum Schutz seines wirtschaftlichen Rufes, dann trifft ein nichtvermögensrechtlicher mit einem vermögensrechtlichen Anspruch zusammen. Die dann gebotene Bewertung ist streitig.

Das OLG Celle[4] ist der Auffassung, dass „eine irgendwie geartete Aufgliederung **6250** der Klageansprüche in einem vermögensrechtlichen und einen nichtvermögensrechtlichen Teil und eine gesonderte Bewertung beider Teile nicht möglich" sei. Daraus folgert der Senat, dass (der jetzige) § 48 Abs. 2 GKG unanwendbar und der Streitwert einheitlich nach § 3 ZPO zu schätzen ist.[5] Demgegenüber hat das OLG Köln[6] die Auffassung vertreten, in diesem Fall sei nur (der jetzige) § 48 Abs. 2 GKG anzuwenden.

Beide Ansichten sind verfahrensrechtlich nicht zu halten. Werden mehrere **6251** prozessuale Ansprüche – ein vermögensrechtlicher und ein nichtvermögensrechtlicher Anspruch – durch Klagehäufung geltend gemacht, dann kann diese Selbständigkeit der Streitgegenstände nicht deshalb aufgehoben oder ignoriert werden, weil die Streitwertberechnung auf Schwierigkeiten stößt. Beide Ansprüche müssen gesondert bewertet werden. Die Einzelwerte sind dann gemäß § 5 ZPO zusammenzurechnen.[7]

---

1 Vgl. dazu das Stichwort „Ehrkränkende Äußerungen".
2 OLG Düsseldorf, Beschl.v. 16. 5. 1980 – 15 W 34/80, AnwBl. 1980, 358; OLG Saarbrücken KostRsp. ZPO § 5 Nr. 4.
3 OLG Celle Nds.Rpfl. 1970, 207; OLG München, Beschl. v. 10. 11. 1992 – 21 W 2023/92, MDR 1993, 286.
4 OLG Celle Nds.Rpfl. 1970, 207.
5 Ähnlich auch das BAG (Beschl. v. 2.3. 1998 – 9 AZR 61/96 (A), JurBüro 1998, 647), wonach beim Zusammentreffen von vermögensrechtlichen und nichtvermögensrechtlichen Interessen ggf. der sich aus § 3 ZPO ergebende höhere Wert festgesetzt werden kann.
6 OLG Köln MDR 1963, 510.
7 KG JurBüro 1969, 320; *Stein/Jonas/Schumann*, § 5 Rn. 13.

6252 Eine andere Frage ist, ob diese unterschiedlichen Ansichten auch im Ergebnis zu wesentlichen Bewertungsabweichungen führen. Das ist kaum anzunehmen. Umso weniger ist es aber erforderlich, um der Bewertung willen prozessuale Grundsätze aufzugeben.

6253 Mit dieser Sachlage darf nicht der Fall verwechselt werden, dass ein Widerrufsanspruch (oder ein Unterlassungsanspruch) gleichzeitig auf vermögensrechtliche und nichtvermögensrechtliche materielle Anspruchsgrundlagen gestützt wird. In diesem Fall wird nur ein prozessualer Anspruch verfolgt und nur einfach – nach § 3 ZPO, § 48 Abs. 1 S. 1 GKG – bewertet.[1]

6254 Erhebt der Mieter gegenüber der Klage auf Räumung eines Geschäftsraumes Widerklage auf Widerruf der Kündigung und für den Fall der Verurteilung zur Räumung hilfsweise Widerklage auf Ersatz von Verwendungen und Duldung der Wegnahme von Einrichtungen, so ist der Streitwert der Hilfsanträge dem Wert des Räumungsbegehrens zuzurechnen, soweit eine Entscheidung über sie ergeht.[2]

6255 Nach § 355 BGB kann der Verbraucher, wenn ihm ein Widerrufsrecht eingeräumt wurde, den entsprechenden Vertrag widerrufen. Ähnliche Widerrufsrechte gibt es bei sog. Haustürgeschäften nach § 312 BGB sowie bei Fernabsatzverträgen nach § 312d BGB.

6256 Bei Streit über die Wirksamkeit eines solchen Widerrufs sind zur Berechnung des Streitwertes die Vorteile und Nachteile bei Wirksamkeit oder Unwirksamkeit des Widerrufs gegeneinander abzuwägen. Es gibt daher keine allgemein geltende Bewertungsregel, sondern in jedem Einzelfall muss nach § 3 ZPO geschätzt werden. Je mehr Belastungen und negative Auswirkungen bei Erfüllung des Vertrages auf den Widerrufenden zukommen, umso höher ist sein Interesse an der Unwirksamkeit des Vertrages zu bewerten.[3]

Widerspruch gegen Grundbucheintragung

6257 Die Eintragung eines Widerspruchs gegen einen unrichtigen Grundbuchinhalt (§ 894 BGB) erfolgt aufgrund einstweiliger Verfügung oder aufgrund einer Bewilligung desjenigen, dessen Recht durch die Berichtigung des Grundbuchs betroffen wird (§ 899 BGB). Die Bewertung richtet sich in beiden Fällen nach § 3 ZPO, § 48 Abs. 1 S. 1 GKG. Maßgeblich ist das wirtschaftliche Interesse der Parteien.

6258 Eine geringe Bewertung ist angebracht, wenn der Grundbucheintragung nur noch formale Bedeutung zukommt, etwa weil die Unbegründetheit des Wider-

---

1 Vgl. dazu *Frank*, Anspruchsmehrheiten im Streitwertrecht 1986, S. 183.
2 OLG Frankfurt ZMR 1956, 35; *Schneider* MDR 1988, 464.
3 Siehe näher dazu *Schneider* ZAP Fach 13, S. 147.

spruchs bereits aufgrund rechtskräftigen Urteils feststeht und die Parteien sich darüber auch einig sind[1] oder die gesicherte Forderung erloschen ist. Die dann verbleibende „Buchposition" hat kaum einen Wert, zumal dann der noch eingetragene Widerspruch auch für die Veräußerung oder Belastung des Grundstücks weitgehend bedeutungslos ist.

Mit Recht ist das OLG Köln[2] im Anschluss an das OLG Hamburg[3] grundsätzlich von der formalen Anwendung des § 6 ZPO abgerückt und hat auf das wirkliche wirtschaftliche Interesse der Parteien abgestellt. Danach kommt es nicht auf den Nennbetrag des Grundpfandrechts an, sondern das Interesse des Klägers an der Löschung ist unter Berücksichtigung der Höhe der Valutierung zu ermitteln. | 6259

Soweit die Valutierung streitig ist oder streitig wird, muss der höchste Betrag angesetzt werden. | 6260

Der Wert einer einstweiligen Verfügung auf Eintragung eines Widerspruchs gegen die Richtigkeit des Grundbuchs ist dem Wert des Hauptanspruchs auf Herausgabe des Grundstücks nach dem OLG Neustadt[4] dann gleichzusetzen, wenn die unmittelbare Gefahr einer Weiterveräußerung des Grundstücks besteht oder auf sonstige Weise die Vereitelung des Vollstreckungsanspruchs droht.[5] Das OLG Neustadt[6] hat die Hälfte des Verkehrswertes ohne Berücksichtigung der Belastungen festgesetzt. | 6261

Auch die Klage auf Löschung eines eingetragenen Widerspruchs ist nach § 3 ZPO zu bewerten und auf das Interesse des Klägers an der Löschung abzustellen.[7] Das OLG Hamburg hat dabei im Falle des gegen eine Sicherungshypothek eingetragenen Widerspruchs den Streitwert so hoch wie die Hypothek angesetzt. | 6262

Wiederaufnahmeverfahren

Es gibt zwei Arten der Wiederaufnahme des Verfahrens, nämlich die Nichtigkeitsklage nach § 579 ZPO und die Restitutionsklage des § 580 ZPO. In beiden Fällen handelt es sich darum, dass ein rechtskräftiges Endurteil wieder beseitigt werden soll, weil die Entscheidungsgrundlage aufgrund schwerer Verfahrensmängel gewonnen worden ist oder völlig unzuverlässige Beweismittel verwertet worden sind. | 6263

---

1 LG Bayreuth, KostRsp. ZPO § 3 Nr. 463 = JurBüro 1979, 1884: $^1/_{10}$ des Grundstückswertes.
2 OLG Köln MDR 1980, 1025.
3 OLG Hamburg MDR 1975, 846 Nr. 49.
4 OLG Neustadt Rpfleger 1967, 1.
5 OLG Bamberg JurBüro 1978, 1552.
6 OLG Neustadt Rpfleger 1967, 1.
7 OLG Hamburg OLGE 17, 76.

6264 Die Bewertungsgrundsätze für beide Arten der Verfahrenswiederaufnahme decken sich und sind deshalb geschlossen unter dem Stichwort „Restitutionsklage" behandelt.

Wiederherstellung der ehelichen Lebensgemeinschaft

6265 Die Klage auf Wiederherstellung der ehelichen Lebensgemeinschaft ist eine
Ehesache, die nach § 48 Abs. 2, 3 GKG zu bewerten ist. Praktische Bedeutung
kommt ihr heute nicht mehr zu.

6266 Nach OLG Karlsruhe[1] ist die Wiederherstellungsklage jedoch mit etwa $^1/_3$ geringer zu bewerten als die Ehesache. Der Senat geht davon aus, dass die Wiederherstellungsklage für die Parteien eine weit geringere Bedeutung als ein Scheidungsverfahren hat. Dieses wird zum Zweck der Auflösung der Ehe mit allen
personenrechtlichen und vermögensrechtlichen Folgen erhoben und stellt einen
tiefen, folgeschweren Eingriff in das Leben der Ehegatten dar. Demgegenüber
hat die Wiederherstellungsklage in der Regel keine schwerwiegenden Folgen,
sondern übt allenfalls einen moralischen Zwang auf die beklagte Partei aus.

6267 Da auch für Wiederherstellungsklagen die **Herabsetzungssperre** des § 48 Abs. 2
S. 4 GKG unter 2000 Euro gilt, kann sich der unterschiedliche Bewertungsmaßstab erst auswirken, wenn die Umstände des Falles zur Erhöhung des Regelstreitwertes Anlass geben.

6268 Zur sog. negativen Herstellungsklage (Feststellung des Rechts zum Getrenntleben) siehe die Stichwörter „Getrenntleben" Rn. 2336 und „Feststellungsklage"
Rn. 2083.

Wiederkaufsrecht

6269 Der Streitwert entspricht nicht dem Sachwert (§ 6 ZPO), sondern es ist gemäß
§ 3 ZPO das Interesse des Klägers am Bestehen oder Nichtbestehen des Rechts
zu schätzen.[2] Es gelten insoweit dieselben Grundsätze wie für das „Vorkaufsrecht" (siehe das Stichwort dort).

---

1 OLG Karlsruhe AnwBl. 1970, 233 = Justiz 1970, 187, im Anschluss an KG NJW 1969,
1357.
2 BGH, Urteil v. 17. 12. 1972 – V ZR 137/69, BGHZ 57, 356 = WM 1972, 242 u. Urteil v.
23. 6. 1972 – V ZR 95/70, JurBüro 1972, 778 zum Wiederkauf nach Siedlungsrecht.

Wiederkehrende Leistungen

Literatur: *Spengler* Rpfleger 1954, 421; *H. Schmidt* MDR 1970, 481; *Schneider* MDR 1976, 270 (Bewertung bei Hochbetagten).

Stichwortübersicht

Abwehr der Vollstreckung § 826
  BGB 6276
Arbeitnehmeranspruch 6301
Arbeitsverhältnis 6302
Außergerichtliche Durchsetzung . 6310 ff.
Begriff . . . . 6270 ff.
Bestimmte Dauer des Bezugsrechts . 6277
Bundesentschädigungsgesetz 6299
Deckungsschutz 6298
Einheitlicher Rechtsgrund 6270
Einmalige Leistung 6272
Einstweilige Anordnung, Unter-
  haltsregelung 6296
Einzelansprüche, einheitlicher
  Rechtsgrund 6270
Erlass einstweiliger Anordnung
  wegen Unterhaltsregelung 6296
Fällige Beträge 6275, 6281, 6304
– als Klageeinreichung 6307
– Anknüpfungspunkt . . . . 6311 ff.
– kapitalisierend geltend gemacht . 6305
– in Rentenform . . . . 6305 f.
Fälligkeit, unregelmäßig wiederkeh-
  rende 6271
Feststellungsklage
– fällige Beträge 6320
– negative 6319
– positive 6279, 6318
– Übergang zur Leistungsklage . . . 6321
Gebührenstreitwert . . . . 6286 ff.
Hauptsacheerledigung, teilweise . . 6317
Kündigungsschutzprozess 6303
Kurkosten 6272
Lagergelder 6272
Leistungen, verschieden hoch . . . 6314
Rückstände, s. Fällige Beträge

Sachliche Zuständigkeit . . . . . 6277 ff.
Schadensersatzanspruch
– wegen Zinsverlust 6273
– gegen Anwalt wegen Verjährung . 6274
– gegen Anwalt wegen Verlust des
  Unterhaltsanspruchs 6290
– wegen Tötung/Verletzung . 6297, 6310
Sterilisation, fehlgeschlagene 6291
Teilleistungen auf Hauptforderung . 6317
Teilweise Hauptsacheerledigung . . 6317
Tötung 6297
Unbestimmte Dauer des Bezugs-
  rechts 6277
Unregelmäßig wiederkehrende
  Fälligkeit 6271
Ununterbrochene Dauer von Nut-
  zungen 6271
Unterhaltsaufwendungen nach fehl-
  geschlagener Sterilisation 6291
Unterhaltspflicht
– gesetzliche 6287
– nichtgesetzliche 6289
Unterhaltsrente 6288, 6294
Urlaub mit Vollpension 6272
Vergleich 6322
Vermächtnisanspruch 6300
Versicherungsrechtlicher Anspruch
  auf Deckungsschutz 6298
Vollstreckung von wiederkehrenden
  Leistungen 6276
Vorübergehend wiederkehrende
  Leistungen 6295
Wegfall des Bezugsrechts 6280
Zahlungen während Rechtsstreit . . 6315
Zinsen und Kosten 6313, 6317
Zuständigkeitswert 6285

A. Begriff der „Wiederkehrenden Leistungen"

6270   Ein Recht auf wiederkehrende Nutzungen oder Leistungen (vgl. den Wortlaut der §§ 9 ZPO, 42 GKG, 24 KostO) wird dann angenommen, wenn die Einzelansprüche auf einem einheitlichen Rechtsgrund beruhen und in wenigstens annähernd gleichmäßigen Zeitabschnitten wiederkehrend fällig werden.[1]

6271   **Nutzungen von unterbrochener Dauer**, bei denen die Einzelansprüche nur unregelmäßig wiederkehrend fällig werden, oder ein Recht, das fortdauernd oder ununterbrochen genutzt wird, rechnen nicht hierzu; sie sind nach § 6 oder § 3 ZPO zu bewerten.[2]

6272   Um wiederkehrende Leistungen handelt es sich auch dann nicht, wenn eine **einmalige**, bezifferte **Leistung** gefordert wird, die lediglich in ihrer Höhe nach Zeitabschnitten mit festen Sätzen berechnet wird, z.B. bei Kurkosten, Lagergeldern, Urlaub mit Vollpension.[3] Auch Ratenzahlungen sind keine wiederkehrenden Leistungen.

6273   Deshalb sind auch **Schadensersatzansprüche**, die auf Zinsverlust wegen des Nichtzahlens einer Schuld gestützt werden, nicht als wiederkehrende Leistungen, sondern als Ansprüche auf einen bestimmten Schadensersatzbetrag in Geld anzusehen.[4]

6274   Aus diesem Grund ist auch ein Schadensersatzanspruch gegen einen Rechtsanwalt wegen **Verjährenlassens einer Unterhaltsforderung** nicht nach 42 GKG privilegiert.

6275   Ebenso ist nicht als wiederkehrende Leistungen zu bewerten, wenn aus einem Recht auf solche nur einzelne Leistungen beziffert eingeklagt werden, etwa **fällige Beträge**; dann handelt es sich um konkrete Geldansprüche, die nach dem Wert der eingeklagten Summe zu beziffern sind.[5]

6276   Wird die Vollstreckung wiederkehrender Leistungen aus einem Unterhaltstitel mit einer **Klage aus § 826 BGB abgewehrt**, so ist diese Klage nach § 9 ZPO zu bewerten; § 42 Abs. 1 GKG (§ 17 GKG a.F.) ist unanwendbar.[6]

B. Zuständigkeitswert

6277   Der Streitwert für die sachliche Zuständigkeit der Gerichte bei Ansprüchen auf wiederkehrende Nutzungen und Leistungen wird gemäß § 9 ZPO nach dem $3^1/_2$-fachen Wert des einjährigen Bezuges berechnet. Bei bestimmter Dauer des Bezugsrechts ist der Gesamtbetrag der künftigen Bezüge maßge-

---

1 *Anders/Gehle/Kunze*, Stichwort „Wiederkehrende Leistungen" Rn. 2 mit Beispielen.
2 OLG Celle OLGE 13, 72; OLG München OLGE 33, 147 – Nießbrauch, Wohnrecht.
3 RGZ 13, 396; 23, 363 f.
4 KG JW 1930, 3331.
5 RGZ 19, 421; KG Rpfleger 1951, 474.
6 OLG Düsseldorf FamRZ 1978, 377.

bend, wenn er der geringere ist. Damit liegt der Zuständigkeitswert jetzt unter den „sozialen" Gebührenwerte des § 41 Abs. 1 und 2 GKG. *Lappe*[1] hält die Regelung für verfassungswidrig.[2]

Die Anwendung des § 9 ZPO a.F. setzte früher voraus, dass es sich um wieder-kehrende Leistungen von mindestens 12 $1/2$-jähriger Dauer handelte, anderen-falls war der Wert nach § 3 ZPO zu schätzen.[3] Diese Rechtsprechung ist über-holt. Jetzt ist § 9 ZPO auch in diesen Fällen einschlägig.[4] Bedeutsam war das bislang für die Bewertung von Rentenansprüchen hochbetagter Berechtigter; der Streitwert war nach § 3 ZPO zu schätzen; jetzt gilt § 9 ZPO.[5]   **6278**

Für die Streitwertberechnung einer auf wiederkehrende Leistungen gerichteten **positiven Feststellungsklage** ist in Anwendung der §§ 9, 3 ZPO das Feststel-lungsinteresse mit dem üblichen Feststellungsantrag zu bemessen.[6] Siehe das Stichwort „Feststellungsklage" Rn. 2163 ff.   **6279**

Entfallen ist die Unterscheidung, ob es sich um wiederkehrende Leistungen handelt, bei denen der **Wegfall des Bezugsrechts** oder der Zeitpunkt hierfür ungewiss oder gewiss ist. Maßgeblich ist immer der $3^1/_2$-fache Jahreswert des Bezugs, der nur unterschritten wird, wenn bei bestimmter Dauer der Bezüge der Gesamtbetrag geringer ist.   **6280**

Entsprechend dem Gedanken des § 41 Abs. 5 GKG (§ 17 Abs. 4 GKG a.F.) sind auch bei § 9 ZPO **Rückstände** – genauer gesagt **fällige Beträge** – dem Streitwert hinzuzurechnen.[7]   **6281**

Die Rückstände brauchen dazu nicht besonders beziffert zu werden.[8] Entspre-chend der Regelung in § 42 Abs. 5 GKG und § 4 Abs. 1 ZPO ist für die Abgren-zung der Rückstände nicht auf den Eintritt der Rechtshängigkeit abzustellen, sondern auf die Einreichung der Klage. Die bei **Einreichung fälligen Beträge** werden dem Streitwert hinzugerechnet (§ 42 Abs. 5 GKG). Der Einreichung der Klage steht dabei die Einreichung eines Antrags auf Bewilligung der Prozess-kostenhilfe gleich, wenn die Klage alsbald nach Mitteilung der Entscheidung über den Antrag oder über eine alsbald eingelegte Beschwerde eingereicht wird (§ 42 Abs. 5 S. 2 GKG).   **6282**

---

1 *Lappe* NJW 1994, 1189: das bisherige Verhältnis zwischen Prozesswert und Gebühren-wert ist „auf den Kopf" gestellt.
2 MünchKomm.ZPO/*Lappe*, Ergänzungsband, § 9 Rn. 3; NJW 1993, 2785; a.A OLG Frankfurt, KostRsp. ZPO § 9 Nr. 51 mit Anm. *Lappe* = OLGR 1994, 156; zum Über-gangsrecht OLG Celle, KostRsp. ZPO § 9 Nr. 48 = Nds,Rpfl. 1993, 191; BGH MDR 1995, 421 = NJW-RR 1995, 443 = AnwBl. 1995, 205.
3 KG Rpfleger 1962, 156; OLG Saarbrücken KostRsp. ZPO § 9 Nr. 5; OLG Bamberg KostRsp. GKG a.F. § 12 Nr. 47, c.
4 Ebenso *Anders/Gehle/Kunze*, Stichwort „Wiederkehrende Leistungen" Rn. 8.
5 Siehe bei dem Stichwort „Rente" Rn. 4725 ff.; *Herget* Anm. zu KostRsp. ZPO § 9 Nr. 47 mit Beispielen aus der Sterbetafel.
6 OLG München MDR 1962, 413 : 10facher Jahresbetrag nach § 9 ZPO a.F.
7 RGZ 19, 416; BGHZ 2, 74.
8 BGHZ 2, 76.

6283 Da die Feststellungsklage sich nur auf die Zukunft richtet, sind bei ihrer Bewertung[1] Rückstände außer acht zu lassen, es sei denn, sie würden neben dem Feststellungsantrag durch bezifferten Leistungsantrag in den Prozess eingeführt.

6284 In diesem Fall ist wie bei der Leistungsklage § 5 ZPO anwendbar, es ist also zusammenzurechnen.[2]

6285 Der Zuständigkeitsstreitwert – ebenso die Beschwer einer Klage auf Zustimmung zur Mieterhöhung – ist nicht nach dem Jahresbetrag des § 41 Abs. 5 GKG zu berechnen, sondern nach §§ 3, 9 ZPO. Anzusehen ist der 3fache Jahreswert der geforderten Erhöhung.[3]

C. Der Gebührenstreitwert

6286 Für die Gebühren sind Ansprüche auf wiederkehrende Leistungen in §§ 42, 52 Abs. 2 S. 1 GKG geregelt.

6287 Bei Ansprüchen auf **Erfüllung einer gesetzlichen Unterhaltspflicht** ist der Betrag der auf die Klageeinreichung folgenden zwölf Monate maßgebend, wenn nicht der Gesamtbetrag der geforderten Leistungen geringer ist (§ 42 Abs. 1 GKG).

6288 Das gilt nicht bei Ansprüchen aus einem Vertrag, der auf Leistung einer Unterhaltsrente gerichtet ist.

6289 Bei Ansprüchen auf Erfüllung einer nichtgesetzlichen Unterhaltspflicht gilt § 9 ZPO auch für das Gebührenrecht (§ 48 Abs. 1 S. 1 GKG).

6290 Nicht privilegiert ist daher eine **Schadensersatzforderung** gegen einen Anwalt, der den Verlust eines Unterhaltungsanspruches verschuldet hat;[4] denn in diesem Fall wird der Anwalt nicht „wegen" einer bevorrechtigten Forderung in Anspruch genommen, sondern aus positiver Verletzung des Mandatsvertrages.

6291 Dementsprechend hat der BGH[5] auch den Anspruch der Eltern auf Ersatz ihrer **Unterhaltsaufwendungen** für ein **nach fehlgeschlagener Sterilisation** geborenes Kind nicht nach § 42 GKG, sondern diese Klagen gegen einen Dritten wegen schuldhafter Verursachung einer gesetzlichen Unterhaltspflicht nach § 9 ZPO bewertet.[6]

6292 Es ist allerdings nicht zu verkennen, dass die darin liegende kritiklose Übernahme der Zuständigkeits- und Zulässigkeitsregeln der ZPO auf den Gebüh-

---

1 Siehe dazu BGHZ 1, 43.
2 BGHZ 2, 76 f.
3 BGH, Beschl. v. 12. 5. 2003 – VII ZB 10/01, BGHR 2003, 1036 = AGS 2003, 489 = JurBüro 2004, 207 = AnwBl. 2003, 597 = NZM 2004, 617.
4 BGH JurBüro 1979, 193 = VersR 1979, 86 = MDR 1979, 302 = AnwBl. 1979, 114 = Rpfleger 1979, 59; OLG Köln, KostRsp. ZPO § 17 Nr. 136 = JMBl.NW 1992, 203 = JurBüro 1992, 698 = OLGR 1992, 306.
5 BGH JurBüro 1981, 846 = MDR 1980, 746 = VersR 1981, 481 = NJW 1981, 1318.
6 BGH, KostRsp. GKG § 17 Nr. 142 = WM 1994, 182.

renstreitwert in der Vergangenheit zu so übersetzten Streitwerten führen konnte, dass die betroffenen Eltern praktisch entweder einer Rechtswegsperre ausgesetzt waren oder der Rechtsstreit nur nach Bewilligung von Prozesskostenhilfe geführt werden konnte, wobei auf die Eltern ganz erhebliche Ratenbelastungen zukommen konnten.

Die analoge Anwendung des § 42 GKG wäre sachgerechter gewesen; durch die Neufassung des § 9 ZPO, mit der nur eine Verlagerung von Rechtsstreitigkeiten vom LG auf das AG beabsichtigt war, hat der Streitpunkt erheblich an Bedeutung verloren. 6293

Ist das Recht auf Unterhaltsrente außer Streit, und geht es nur darum, ob der Unterhalt in Natur oder durch Zahlung einer **Rente** zu leisten ist, dann bestimmt sich der Streitwert nach § 3 ZPO.[1] 6294

Auch bei unregelmäßigen oder nur vorübergehenden wiederkehrenden Leistungen ist nach LG Hamburg[2] als Bemessungsvorschrift § 3 ZPO anzuwenden. Hier müsste man aber über § 9 S. 2 ZPO regelmäßig zu demselben Wert kommen. 6295

In einem Verfahren auf Erlass einer **einstweiligen Anordnung** betreffend die Unterhaltsregelung gegenüber einem Kind im Verhältnis der Ehegatten zueinander oder der Ehegatten untereinander ist der 6-monatige Bezug maßgebend (§§ 53 Abs. 2 S. 1 GKG). Allerdings sind auch hier nach § 42 Abs. 5 GKG die bei Einreichung fälligen Beträge hinzuzurechnen. Siehe hierzu die Stichwörter „Unterhalt" und „Einstweilige Anordnung". 6296

Wird wegen der **Tötung** eines Menschen oder der **Verletzung** des Körpers oder der Gesundheit des Menschen **Schadensersatz** durch Entrichtung einer Geldrente verlangt, so ist der 5fache Betrag des einjährigen Bezuges maßgebend, wenn nicht der Gesamtbetrag der geforderten Leistungen geringer ist (§ 42 Abs. 2 S. 1 GKG). Fällige Beträge werden auch hier hinzugerechnet. 6297

Hinsichtlich der umstrittenen Anwendung des § 42 GKG auf **versicherungsrechtliche Ansprüche wegen Deckungsschutzes** siehe das Stichwort „Versicherungsschutz" Rn. 5945 ff. 6298

Auch wiederkehrende Leistungen nach dem **Bundesentschädigungsgesetz** sind auf den 5fachen Betrag des einjährigen Bezuges festzusetzen. 6299

Der Streitwert eines **Vermächtnisanspruches** auf Gewährung wiederkehrender Leistungen bis zum Tode richtet sich dagegen nach § 9 ZPO, weil es sich nicht um die Geltendmachung gesetzlicher Unterhaltsansprüche handelt.[3] 6300

Bei Ansprüchen von **Arbeitnehmern** sind nach § 42 Abs. 3 GKG (arbeitsgerichtliches Verfahren: § 43 Abs. 4 GKG – § 12 Abs. 7 S. 2 ArbGG a.F.) die wieder- 6301

---

1 OLG Hamm Rpfleger 1948/49, 120.
2 LG Hamburg JW 1929, 2334 Nr. 4.
3 LG Oldenburg JurBüro 1951, 269.

kehrenden Leistungen lediglich auf den 3fachen Jahresbetrag festzusetzen. Das gilt auch für wiederkehrende Leistungen, die ein Arbeitnehmer als Schadensersatz geltend macht.[1]

6302 Ist das **Arbeitsverhältnis** auf unbestimmte Zeit geschlossen und kann es vor Ablauf von 3 Jahren gekündigt werden, dann ist der Streitwert geringer als mit dem 3fachen Jahresbezug anzusetzen.[2]

6303 Im **Kündigungsschutzprozess** ist jedoch die Sondervorschrift des § 42 Abs. 4 GKG (§ 12 Abs. 7 S. 1 ArbGG a.F.) zu beachten, wonach der Streitwert höchstens auf den Wert des Dreimonatseinkommens des Klägers festgesetzt werden darf.[3] Klagt der Geschäftsführer einer GmbH auf Feststellung der Unwirksamkeit seiner Kündigung, ist aber nach § 42 Abs. 3 GKG zu bewerten;[4] ebenso das OLG Frankfurt,[5] wenn es dem Kläger in erster Linie um den weiteren Bezug der monatlichen Vergütung geht.

6304 Bei Ansprüchen auf Erfüllung einer gesetzlichen Unterhaltspflicht und bei Ansprüchen wegen Tötung eines Menschen oder wegen der Verletzung des Körpers oder der Gesundheit eines Menschen und bei Arbeitnehmeransprüchen, sind **fällige Beträge** aus der Zeit vor der Klageeinreichung dem Streitwert hinzuzurechnen (§ 42 Abs. 5 GKG).

6305 Für die Höhe des Streitwertes bei wiederkehrenden Leistungen ist es unerheblich, ob die fälligen Beträge in Rentenform oder selbständig kapitalisiert geltend gemacht werden.

6306 Fällige Beträge aus der Zeit vor Einreichung der Klage sind also auch dann dem Streitwert zuzurechnen, wenn sie als Rente gefordert werden.[6]

6307 Andererseits sind die seit Klageeinreichung angefallenen fälligen Beträge dem Streitwert auch dann nicht zuzurechnen, wenn sie ziffernmäßig bestimmt sind und neben der künftig zu zahlenden Rente als ein fester Betrag gefordert werden.[7]

6308 Wird bei einer von Anfang an erhobenen Leistungsklage auf Rentenzahlung die Rente später rückwirkend mit einem höheren Betrag geltend gemacht, so gilt der Differenzbetrag zwischen der zuletzt und der zuerst verlangten Rente streitwertmäßig als Rückstand.[8]

---

1 LAG Frankfurt NJW 1966, 692.
2 OLG Köln Rpfleger 1974, 164: einmal Jahresbezug wegen der besonderen Umstände des Falles, sonst Kündigungszeitraum.
3 Siehe dazu Zöller/*Herget*, § 3 Rn. 16 unter „Arbeitsgerichtsverfahren".
4 OLG Naumburg OLGR 1995, 214; a.A. *Anders/Gehle/Kunze*, Stichwort „Wiederkehrende Leistungen" Rn. 37 und Stichwort „Organ": § 9 ZPO, es sei denn, das Organ hat eine arbeitnehmerähnliche Stellung.
5 OLG Frankfurt OLGR 1995, 238.
6 OLG Nürnberg JurBüro 1962, 647.
7 BGH MDR 1960, 663; OLG Nürnberg JurBüro 1962, 647.
8 OLG Köln, Beschl. v. 22. 7. 2003 – 4 WF 59/03, FamRB 2004, 45 mit Anm. *N. Schneider* = AGS 2004, 32; a.A. OLG Düsseldorf MDR 1957, 686.

In welcher Instanz die nach Klageeinrichtung angefallenen Rückstände geltend   6309
gemacht werden, ist gleichgültig.[1]

Werden **Rentenansprüche** wegen Tötung oder Verletzung eines Menschen au-   6310
ßergerichtlich durchgesetzt, dann entfällt eine Wertfestsetzung für Gerichtsgebühren (§ 48 Abs. 1 S. 1 GKG). Es muss jedoch gemäß § 23 Abs. 1 S. 3 RVG
auf Antrag der Gegenstandswert für die anwaltliche Tätigkeit bestimmt werden.

Dann stellt sich die Frage, wie die „fälligen Beträge" zu erfassen sind. Die „Zeit   6311
vor Einreichung der Klage" (§ 42 Abs. 5 GKG) scheidet als Anknüpfungspunkt
aus, weil es keine Klageerhebung gibt.

Es käme in Betracht, im Wege der Analogie, die **gerichtliche Geltendmachung**   6312
durch Klageeinrichtung und die anwaltliche Geltendmachung **durch schrift-**
sätzliche Geltendmachung gegenüber dem Schädiger oder dessen Haftpflichtversicherer **gleichzusetzen**, so dass danach anfallende Rentenbeträge den Streitwert nicht mehr beeinflussen.[2]

Diese Auffassung ist jedoch unzutreffend und wird von der ganz h.M. auch   6313
abgelehnt.[3] Der Wortlaut der Vorschrift des § 42 Abs. 5 GKG ist eindeutig.
Sämtliche bis zur Klageeinreichung fälligen Beträge werden dem Wert der laufenden Beträge hinzuaddiert. Kommt es nicht zu einer Klageerhebung, so sind
sämtliche bis zur Erledigung, also in der Regel bis zur außergerichtlichen Beendigung fälligen Beträge hinzuzuaddieren.

Sind die wiederkehrenden Leistungen in den einzelnen Jahren **verschieden**   6314
hoch, dann ist zu differenzieren:

- Soweit auf § 48 Abs. 1 S. 1 GKG i.V.m. § 9 ZPO oder auf § 42 Abs. 2, 3 oder 4
  GKG abgestellt wird, gilt der Jahresbetrag der höchsten Leistung für die
  Streitwertbestimmung.[4] So sind z.B. Staffelvereinbarungen, wie sie in Miet-
  sachen üblich sind, zu berücksichtigen.[5]
- Soweit auf § 42 Abs. 1 GKG abgestellt wird, gilt nur der Zeitraum der Wert
  der auf die Klage oder den Prozesskostenhilfeantrag folgenden 12 Monate.

  ⊃ **Beispiel:**
  Die Klage wird im November 2006 eingereicht. Maßgebend ist der Betrag des Zeitraums von Dezember 2006 bis November 2007.

  Wird von vornherein für einen Monat innerhalb dieser 12 Monate kein Unterhalt geltend gemacht, so ist der nächste Monat hinzuzurechnen. Bewertet
  werde also die ersten 12 Monate, für die Unterhalt verlangt wird. Siehe hierzu
  auch ausführlich „Unterhalt".

---

1 BGH MDR 1960, 663.
2 LG Stuttgart AnwBl. 1978, 234.
3 Siehe hierzu OLG Nürnberg, Beschl. v. 8. 1. 2002 – 3 U 319/01, AGS 2002, 232;
  N. Schneider AGS 2004, 58.
4 RGZ 160, 83.
5 BGH, Beschl. v. 21. 9. 2005 – XII ZR 256/03, AGS 2006, 143.

– Richtet sich der Wert nach § 53 Abs. 2 S. 1 GKG gilt das gleiche wie bei der Hauptsacheklage, nur dass jetzt der Zeitraum der auf die Einreichung des Antrags oder des Prozesskostenhilfeantrags sechs Monat folgenden Monate maßgebend ist.

6315 Werden **während des Rechtsstreits Zahlungen** geleistet, so sind sie nach Vorschrift des § 366 Abs. 2 BGB zunächst auf die Rückstände als die ältere Schuld anzurechnen.

6316 Stehen auch noch **Zinsen** und **Kosten** aus, so sind auch diese zunächst zu tilgen (§ 367 Abs. 1 BGB), ohne dass sich dies wegen der § 43 GKG, § 4 ZPO auf die Höhe des Streitwerts auswirkt.

6317 Hinsichtlich der auf die Hauptforderung zu verrechnenden **Teilleistungen** ermäßigt sich der Streitwert für die Zukunft nicht schon mit der Zahlung, sondern erst, wenn die entsprechenden prozessualen Erklärungen, etwa die teilweise Hauptsacheerledigung, in der mündlichen Verhandlung abgegeben wird.[1]

6318 Der Wert einer **positiven Feststellungsklage**, die wiederkehrende Leistungen zum Gegenstand hat, ist regelmäßig mit 80 % des Wertes der entsprechenden Leistungsklage anzusetzen, auch wenn die Leistungen von Gegenleistungen abhängig sind.[2] Kein Abzug ist jedoch vorzunehmen, wenn der Streitwert bereits durch eine Gebührenprivilegierung verkürzt worden ist, wie etwa bei den §§ 41, 42 GKG.

6319 Bei einer negativen Feststellungsklage, die wiederkehrende Leistungen zum Gegenstand hat, ist der Streitwert nicht geringer als bei der entsprechenden Leistungsklage anzusetzen, also regelmäßig auf den 5fachen Jahresbetrag.[3] Zu den Rückständen siehe das Stichwort „Feststellungsklage" Rn. 2119.

6320 Erstreckt sich die positive Feststellungsklage auf fällige Beträge, dann ist § 42 Abs. 5 GKG anzuwenden. Von dem bezifferten Betrag der Rückstände ist ein Abschlag von 20 % vorzunehmen.[4] Siehe aber das Stichwort „Feststellungsklage" Rn. 2119.

6321 Beim **Übergang einer Feststellungsklage zur Leistungsklage** auf Rentenzahlung sind die bisher entstandenen Rückstände dem Streitwert für die daneben fortgeführte Feststellungsklage hinzuzurechnen.[5]

6322 Schließen die Parteien über einen Anspruch auf wiederkehrende Leistungen einen **Vergleich**, dann ist auch bei Zahlung einer Kapitalabfindung nicht diese, sondern die Bewertung des verglichenen Anspruchs maßgebend, so dass also auch Vergünstigungsvorschriften wie § 42 GKG zu beachten sind.[6]

---

1 RG DJZ 1913, 99.
2 BAG NJW 1961, 1788.
3 BGHZ 2, 276; BAG JZ 1961, 666.
4 RGZ 19, 416; BGHZ 2, 74; OVG Münster AnwBl. 1957, 228; LAG Frankfurt NJW 1966, 691.
5 BGHZ 2, 77; OLG Düsseldorf MDR 1957, 686.
6 OLG Düsseldorf VersR 1977, 868, siehe näher dazu das Stichwort „Vergleich".

Willenserklärung

I. Zuständigkeits- und Gebührenstreitwert

Die Klage auf Abgabe einer Willenserklärung führt im Falle ihrer Stattgabe zur Erklärungsfiktion gemäß § 894 Abs. 1 ZPO, bei Zug-um-Zug-Verurteilung jedoch erst nach Erteilung einer vollstreckbaren Ausfertigung (durch den Rechtspfleger).[1] Für die Bewertung des Streits um die Abgabe einer Willenserklärung ist darauf abzustellen, welcher vermögensrechtliche **Erfolg** mit der erzwungenen Erklärung **erstrebt wird**. Entsprechend dem im Antrag verfestigten Klageinteresse sind die jeweils in Betracht kommenden Bewertungsregeln zu ermitteln, ggf. ist gemäß § 3 ZPO, § 48 Abs. 1 GKG (§ 12 Abs. 1 GKG a.F.) zu schätzen.[2]

6323

Beispielhaft seien erwähnt:

6324

– Klage auf **Abschluss eines Vertrages** (siehe auch unter dem Stichwort „Vertragsabschluss"). Hier sind nicht die durch den Vertrag begründeten Ansprüche, sondern gemäß § 3 ZPO das wirtschaftliche Interesse des Klägers am Abschluss des Vertrages wertbestimmend.[3] Siehe auch die Stichwörter „Vertragsabschluss" und „Vertragsauflösung".

– Klage auf **Abgabe einer gemeinsamen Kündigungserklärung**. Maßgeblich für die Bemessung ist das Interesse des Klägers an der vorzeitigen Beendigung des Vertragsverhältnisses und damit in der Regel die mit Vertragsfortdauer verbundenen finanziellen Belastungen (z.B. Miete).[4] Siehe auch unter dem Stichwort „Mietstreitigkeiten" Rn. 3706.

– Klage auf **Zustimmung zur Mieterhöhung**. Wertbestimmend ist gemäß § 41 Abs. 5 GKG (§ 16 Abs. 5 GKG a.F.) der Jahresbetrag des zusätzlich geforderten Mietzinses (zu den Einzelheiten vgl. das Stichwort „Mietstreitigkeiten" Rn. 3570, 3574, 3596 ff.).

– Klage auf **Auflassung eines Grundstücks**. Der Wert bestimmt sich gemäß § 6 ZPO grundsätzlich nach dessen Verkehrswert soweit nicht aufgrund eines dahinterstehenden Streits über Restkaufpreiszahlung oder Mängelbeseitigung eine wirtschaftliche Betrachtungsweise geboten ist (siehe hierzu unter dem Stichwort „Auflassung"). Demgegenüber richtet sich der Wert einer Klage auf Zustimmung zum Vollzug der Auflassung nach dem Wert der Gegenforderung.[5]

---

1 Vgl. nur OLG Düsseldorf, Beschl. v. 6. 10. 1994 – 3 WF 143/94, JurBüro 1995, 254.
2 OLG Düsseldorf, Beschl. v. 6. 10. 1994 – 3 WF 143/94, JurBüro 1995, 254; OLG Koblenz, Beschl. v. 25. 10. 2001 – 5 W 642/01, AGS 2002, 65 = ZMR 2002, 346 = NJW-RR 2002, 37; *Anders/Gehle/Kunze*, Stichwort „Willenserklärung"; Baumbach/Lauterbach/*Hartmann*, Anhang nach § 3 Rn. 140 Stichwort „Willenserklärung"; Musielak/*Heinrich*, § 3 Rn. 36 Stichwort „Willenserklärung"; Thomas/Putzo/*Hüßtege*, § 3 Rn. 6 Stichwort „Abgabe einer Willenserklärung"; Zöller/*Herget*, § 3 Rn. 16 unter „Willenserklärung".
3 LAG Baden-Württemberg, Beschl. v. 29. 10. 1991 – 3 SA 56/91, JurBüro 1992, 627.
4 KG, Beschl. v. 30. 3. 1992 – 2 W 1331/92, WuM 1992, 323 = NJW-RR 1992, 1490.
5 BGH, Beschl. v. 6. 12. 2001 – VII ZR 42/00, MDR 2002, 295 = NJW 2002, 684; OLG Bamberg, Beschl. v. 21. 6. 1993 – 8 W 28/93, JurBüro 1994, 361; Musielak/*Heinrich*, § 3

- Klage auf **Erteilung einer Löschungsbewilligung**. Die Bemessung des Streitwerts ist gemäß § 3 ZPO nach dem Wert des zu löschenden Rechtes vorzunehmen, soweit nicht der Sicherungszweck weggefallen ist.[1]

- Klage auf **Zustimmung zur Grundbuchberichtigung**. Maßgebend ist das vermögensrechtliche Interesse des Klägers an der Zustimmung.[2] Siehe auch unter den Stichwörtern „Grundbuchberichtigung" und „Eintragungsbewilligung".

- Klage auf **Freigabe eines hinterlegten Betrages**. Die Bewertung richtet sich nach der Höhe des hinterlegten Geldbetrages einschließlich aufgelaufener Zinsen.[3] Siehe auch unter dem Stichwort „Freigabe". Geht es um die Freigabe **von Gegenständen** richtet sich der Streitwert gemäß § 6 ZPO nach dem Wert der Sache.

- Klage auf **Anmeldung zum Handelsregister**. Wertbestimmend ist das Interesse des Mitgesellschafters an der Offenlegung der Beteiligungs- oder Vertretungsverhältnisse. Dieses ist nach einem Bruchteil der Einlage zu bestimmen.[4]

- Klage auf **Erteilung eines Dienstzeugnisses** für den Geschäftsführer einer GmbH. Hier ist in Anlehnung an die arbeitsgerichtliche Bewertungspraxis[5] betreffend die Erteilung und Berichtigung von Zeugnissen auf den Wert eines Monatseinkommens abzustellen.[6]

- Klage auf **Zustimmung zum Realsplitting (Anlage U)**. Wertbestimmend sind die mit der Abgabe angestrebten steuerrechtlichen Vorteile.[7]

6325 Im Übrigen ist bei den einschlägigen Stichwörtern nachzuschlagen. Einige Einzelheiten finden sich ferner bei den Stichwörtern „Abgabe einer Willenserklärung" und „Zustimmung".

Rn. 36 Stichwort „Willenserklärung"; Zöller/*Herget*, § 3 Rn. 16 unter „Willenserklärung".

1 OLG Celle, Beschl. v. 23. 12. 2004 – 16 W 11/05, OLGR 2005, 295; OLG Düsseldorf OLGR 2000, 189.

2 OLG Koblenz, Beschl. v. 25. 10. 2001 – 5 W 642/01, AGS 2002, 65 = ZMR 2002, 346 = NJW-RR 2002, 37.

3 BGH MDR 1967, 280; OLG Nürnberg, Beschl. v. 1. 7. 2002 – 4 W 1675/02, KostRspr. ZPO § 3 Nr. 1048 = OLGR 2003, 79; Zöller/*Herget*, § 3 Rn. 16 unter „Hinterlegung".

4 OLG Köln, BB 1971, 1005: 1/10.

5 Vgl. etwa LAG Düsseldorf, KostRsp. ArbGG § 12 Nr. 175 = JurBüro 1988, 725; LAG Hamm, Beschl. v. 23. 2. 1989 – 8 Ta 3/89, KostRsp. ZPO § 3 Nr. 957 = MDR 1989, 572; JurBüro 1990, 39; LAG Köln, Beschl. v. 26. 8. 1991 – 10 Ta 61/91, KostRsp. ZPO § 3 Nr. 1068 mit Anm. *Schneider* = JurBüro 1992, 24 = MDR 1991, 1177; LAG Köln, Beschl. v. 27. 7. 1995 – 13 Ta 144/95, KostRsp. ZPO § 3 Nr. 1217.

6 LG Bayreuth, Beschl. v. 14. 3. 1990 – 2 O 287/90, KostRsp. ZPO § 3 Nr. 995 = JurBüro 1990, 772, 773.

7 OLG Düsseldorf, Beschl. v. 6. 10. 1994 – 3 WF 143/94, JurBüro 1995, 254; OLG München, Beschl. v. 25. 11. 1994 – 16 WF 1065/94, KostRsp. ZPO § 3 Nr. 1198 = OLGR 1995, 72.

II. Rechtsmittel und Beschwer

Hier wird auf Seiten des unterliegenden Beklagten darauf abzustellen sein, ob die Abgabe der Willenserklärung die rechtliche (oder wirtschaftliche) Position des Beklagten gleichermaßen beeinflusst wie die des Klägers. **6326**

Wohnrecht

A. Überblick

Die Bewertung von (schuldrechtlichen und dinglichen) Wohnrechten ist kontrovers und vor allem undurchsichtig. Selbst im einschlägigen Schrifttum sind Unstimmigkeiten erkennbar, die irreführen können. **6327**

Der Grund dafür liegt darin, dass die Änderung der Rechtslage durch die seinerzeitige Neufassung des § 16 Abs. 1 GKG a.F. (vormals § 10 GKG a.F.; jetzt § 41 Abs. 1 GKG) nicht immer hinreichend beachtet und dann ältere Judikatur kritiklos verwertet wurde. **6328**

Während § 10 Abs. 1 GKG a.F. den gegenüber § 8 ZPO ermäßigten Gebührenwert nur auf streitige „Miet- oder Pachtverhältnisse" bezog, sind durch die seinerzeitige Neufassung des Gesetzes (§ 16 Abs. 1 GKG a.F.) auch „ähnliche Nutzungsverhältnisse" begünstigt worden. Ausweislich der Gesetzesbegründung sollte damit erreicht werden, mietähnliche Dauerwohnrechte und öffentlich-rechtliche, auf Gebrauchsüberlassung gerichtete Leistungsverhältnisse in den Anwendungsbereich des § 16 GKG a.F. (jetzt § 41 Abs. 1 GKG n.F.) einzubeziehen. Mit Rücksicht auf diese Rechtsänderung sind daher bei der Bewertung von Wohnrechten heute zu unterscheiden: **6329**

– mietähnliche Wohnrechte

und

– sonstige Wohnrechte.

B. Mietähnliche Wohnrechte

Auf die mietähnlichen Wohnrechte ist § 41 Abs. 1 GKG anzuwenden.[1] **6330**

Die Einräumung eines Wohnrechts in einem Testament erfolgt aufgrund Vermächtnisses.[2] Ein solches **Wohnvermächtnis**, das in einer letztwilligen Verfügung angeordnet ist, stellt kein den Miet- oder Pachtverhältnissen „ähnliches Nutzungsverhältnis" i.S.d. § 41 Abs. 1 GKG dar.[3] Das Wohnrecht selbst ist als **6331**

---

1 OLG Frankfurt MDR 1963, 937; OLG Celle Nds.Rpfl 1964, 106; OLG Düsseldorf JurBüro 1965, 550; OLG Köln JMBl.NW 1968, 117; LG Hildesheim JurBüro 1963, 772.
2 LG Deggendorf, Beschl. v. 22. 1. 2002 – 1 O 438/01, ZEV 2003, 247.
3 KG JurBüro 1962, 294.

Leihe zu qualifizieren.[1] Der Streitwert bei einem Streit über ein durch Testament eingeräumten Wohnrecht richtet sich nach § 9 ZPO und ist nach dem 3,5fachen Wert des einjährigen Wertes des Wohnrechts – der zu schätzen ist – zu bestimmen.[2]

6332 Bei einem Streit der Parteien darüber, ob das Wohnrecht **dinglich gesichert** werden soll, liegen die Voraussetzungen des § 41 Abs. 1 GKG ebenfalls nicht vor.[3]

6333 Der Streitwert einer Klage auf Löschung eines Dauerwohn- und Nutzungsrechts und auf Räumung und Herausgabe der genutzten Räume bestimmt sich nach § 41 GKG, wenn ein wiederkehrendes Entgelt für die Ausübung des Nutzungsrechts gezahlt wird.[4]

6334 Zwischen den Anträgen auf Verurteilung zur Löschungsbewilligung und Verurteilung zur Räumung besteht keine wirtschaftliche Identität. Die Werte beider Anträge sind demnach gem. § 5 ZPO, § 39 S. 1 GKG; § 22 Abs. 1 RVG zusammenzurechnen.[5]

6335 Das streitige Wohnrecht nach § 1093 BGB ist weder ein Recht auf wiederkehrende Nutzung noch ein dem Miet- bzw. Pachtverhältnis ähnliches Nutzungsverhältnis.[6] A.A. ist allerdings das OLG München,[7] das das auf § 1093 BGB gestützte Wohnungsrecht als mietähnliches Dauerwohnrecht angesehen hat.

C. Sonstige Wohnrechte, insbesondere das Dauerwohnrecht

6336 Fehlt es an einem Entgelt nach Art eines Mietzinses, dann ist § 41 Abs. 1 GKG unanwendbar, weil es an einer Berechnungsgrundlage mangelt.[8]

6337 In diesen Fällen wird überwiegend über § 48 Abs. 1 S. 1 GKG die Regelung des **§ 3 ZPO als Bemessungsvorschrift** herangezogen.[9]

6338 Meinungsverschiedenheiten bestehen jedoch dann wieder insofern, als kontrovers ist, woran sich die Bewertung nach freiem Ermessen gemäß § 3 ZPO orientieren soll.

---

1 LG Deggendorf, Beschl. v. 22. 1. 2002 – 1 O 438/01, ZEV 2003, 247.
2 LG Deggendorf, Beschl. v. 22. 1. 2002 – 1 O 438/01, ZEV 2003, 247.
3 OLG Köln JMBl.NW 1968, 177.
4 OLG Braunschweig, Beschl. v. 13. 7. 1998 – 5 W 13/98, OLGR 1999, 231.
5 OLG Braunschweig, Beschl. v. 13. 7. 1998 – 5 W 13/98, OLGR 1999, 231.
6 AG Lahr, Beschl. v. 21. 7. 2004 – 2 C 260/03, AGS 2005, 355; a.A. OLG München, Beschl. v. 11. 12. 1998 – 14 W 257/98, ZMR 1999, 173.
7 OLG München, Beschl. v. 11. 12. 1998 – 14 W 257/98, ZMR 1999, 173.
8 LG Lübeck JurBüro 1959, 430; OLG Frankfurt OLGR 1995, 132.
9 OLG Schleswig SchlHA 1950, 261, 292; OLG Düsseldorf JMBl.NW 1951, 117; OLG Frankfurt MDR 1957, 506 u. 1963, 937; OLGR 1995, 132; KG JurBüro 1967; 294; OLG Braunschweig Rpfleger 1964, 97 zu ZPO §§ 3, 9; OLG Köln JMBl.NW 1968, 177; BGH, KostRsp. ZPO § 3 Nr. 1147 = WM 1994, 181 = NJW-RR 1994, 909 – zur Beschwer, wenn es nur um den Umfang eines unstreitigen Wohnrechts geht.

Sehr weitergehend ist dabei das OLG Düsseldorf, das den Wert eines unentgelt- **6339** lichen lebenslangen Wohnungsrechts nach dem elffachen Betrag der einjährigen Nutzung bemisst.[1]

Das OLG Schleswig[2] und das OLG Köln[3] ziehen die Vorschrift des § 24 Abs. 2 **6340** KostO als Richtlinie für den Rahmen der Ermessensausübung bei der freien Schätzung nach § 3 ZPO heran. Dem sind auch das LG Lübeck,[4] das LG Bay- reuth[5] und das LG Heidelberg[6] gefolgt. Dahin tendiert ferner die Rspr. des BGH,[7] der sich für die Beschwer aber jetzt auch an der Neufassung des § 9 ZPO orientiert.[8]

Das OLG München[9] hat für die Schätzung nach § 3 ZPO die Vorschrift des § 9 **6341** ZPO als Anhalt genommen. Ebenso ist das OLG Celle[10] verfahren bei der Be- wertung einer negativen Feststellungsklage, nach der der Mieter nicht zur un- entgeltlichen Nutzung der Wohnung auf Lebenszeit berechtigt sei.

Andere haben die Vorschrift des § 41 GKG (§ 16 GKG a.F.) als maßgeblich **6342** angesehen.[11]

Wird ein **Dauerwohnrecht** nach §§ 31 ff. WEG dergestalt begründet, dass der **6343** Berechtigte wirtschaftlich eine Stellung gewinnt, die derjenigen eines Eigen- tümers entspricht, dann ist nach AG Frankfurt[12] die Sondervorschrift des § 41 Abs. 1 GKG unanwendbar. Ein solches Nutzungsverhältnis hat keinen miet- ähnlichen Charakter mehr, so dass **Besitzstreitigkeiten** nach § 6 ZPO zu bewer- ten sind.

Das AG Frankfurt a.a.O. nimmt entsprechend der noch herrschenden Meinung **6344** an, § 6 ZPO spreche zwar nur vom Besitz, gelte aber erst recht für Streitigkeiten über das Eigentum. Gerade dies wird jedoch neuerdings in Zweifel gezogen.[13]

Da die Vorschrift des § 41 GKG unanwendbar ist, kann sie ebenfalls nicht als **6345** maßgebliche Bemessungsrichtlinie herangezogen werden. Grundsätzlich ist

---

1 OLG Düsseldorf, Beschl. v. 27. 8. 1996 – 9 W 63/96, AGS 1997, 4.
2 OLG Schleswig SchlHA 1950, 261; AnwBl. 1967, 233.
3 OLG Köln JMBl.NW 1968, 177.
4 LG Lübeck JurBüro 1959, 430.
5 LG Bayreuth JurBüro 1979, 895.
6 LG Heidelberg, KostRsp. GKG § 16 Nr. 34 = AnwBl. 1984, 373.
7 Siehe BGH, Beschl. v. 20. 2. 1986 – IX ZR 146/85, KostRsp. ZPO § 3 Nr. 814.
8 BGH, Beschl. v. 13. 10. 1993 – XII ZR 126/93, KostRsp. ZPO § 3 Nr. 1147 = NJW-RR 1994, 909 = WM 1994, 181.
9 OLG München JurBüro 1951, 101.
10 OLG Celle JurBüro 1966, 427.
11 OLG Frankfurt/M. MDR 1963, 937; OLG Stuttgart ZMR 1963, 32; LG Bayreuth KostRsp. GKG § 16 Nr. 15 = JurBüro 1981, 756.
12 AG Frankfurt, Urteil v. 28. 2. 1983 – 30 C 4003/83, KostRsp. ZPO § 6 Nr. 102 mit Anm. *E. Schneider* = AnwBl. 1984, 449.
13 OLG München, Beschl. v. 18. 1. 1983 – 24 W 232/82, KostRsp. ZPO § 6 Nr. 96 mit Anm. *E. Schneider* = JurBüro 1983, 1393; OLG Celle, Beschl. v. 29. 4. 1983 – 14 U 15/ 83, KostRsp. ZPO § 6 Nr. 97 mit Anm. *E. Schneider* = Nds.Rpfl. 1983, 184 = JurBüro 1983, 1391; siehe dazu das Stichwort „Auflassung" Rn. 476 ff.

deshalb die Anlehnung an § 9 ZPO geboten; die Zeitspannen des § 24 Abs. 2 KostO sind zu sehr mit den niedrigen Staffelgebühren der KostO verknüpft, um als Schätzungsanhalt bestimmend zu sein. Jedoch sollte der Wertersatz, von § 9 ZPO ausgehend und die Differenzierungen des § 24 KostO übertragend, nach unten hin zu § 41 GKG tendieren, vor allem dann, wenn im Einzelfall ein sozialer Schutzzweck zu berücksichtigen ist.[1]

6346 Begehrt ein Grundstückseigentümer die **Herausgabe** eines im Anbau seines Hausanwesens befindlichen Raumes und ist zwischen den Parteien streitig, ob sich ein dem Beklagten zustehendes dingliches Wohnrecht auf den streitgegenständlichen Raum erstreckt, ist der Streitwert nach freiem Ermessen (§ 3 ZPO) zu bestimmen. Es liegt weder eine Grunddienstbarkeit noch ein Miet- bzw. Pachtverhältnis vor, so dass weder § 9 ZPO noch § 41 Abs. 1 GKG (§ 16 GKG a.F.) direkt anwendbar sind. Das streitige Wohnrecht nach § 1093 BGB ist weder ein Recht auf wiederkehrende Nutzung noch ein dem Miet- bzw. Pachtverhältnis ähnliches Nutzungsverhältnis.[2]

6347 In der neueren Rechtsprechung wird der Gedanke des § 41 GKG (§ 16 Abs. 1 GKG a.F.) dagegen häufig im Rahmen der Ermessensausübung nach § 3 ZPO herangezogen.

6348 Der Streitwert einer Klage auf Löschung einer beschränkt persönlichen Dienstbarkeit (Wohnrecht) und die Klage auf Räumung dieser Wohnung ist jeweils der Wohnwert bezogen auf ein Jahr; § 41 Abs. 1 GKG (§ 16 Abs. 1 GKG a.F.) analog.[3]

6349 Im Zusammenhang mit Streitigkeiten um beschränkte persönliche Dienstbarkeiten in Gestalt von Wohnrechten ist § 41 Abs. 1 GKG (§ 16 GKG a.F.) entsprechend anzuwenden, so dass für den Gegenstandswert die fiktive Jahresmiete maßgeblich ist.[4]

6350 Bei einer Klage auf Feststellung des Nichtbestehens eines Wohnrechts ist der Gebührenstreitwert gemäß § 3 ZPO zu schätzen, wobei der Rechtsgedanke des § 41 Abs. 1 GKG (§ 16 Abs. 1 GKG a.F.) zu berücksichtigen ist. Daher ist als Streitwert die jährlich zu erzielende Miete abzüglich eines Festsetzungsabschlags von 20 % festzusetzen.[5]

6351 Der Gebührenstreitwert einer Klage auf Herausgabe eines Grundstücks bestimmt sich bei einem nicht mietrechtlich ausgestalteten Wohnrecht nach § 3 ZPO. Im Rahmen dieser Wertfestsetzung finden die Grundsätze des § 41 Abs. 1 GKG (§ 16 GKG a.F.) Anwendung.[6]

---

1 OLG Frankfurt/M. OLGR 1995, 132 – betr. grundbuchrechtliche Wahrung eines Wohnrechts.
2 AG Lahr, Beschl. v. 21. 7. 2004 – 2 C 260/03, AGS 2005, 355; a.A. OLG München Beschl. v. 11. 12. 1998 – 14 W 257/98, ZMR 1999, 173.
3 OLG Dresden, Beschl. v. 2. 4. 2002 – 11 W 408/03, zitiert nach juris.
4 OLG Dresden, Beschl. v. 2. 4. 2002 – 11 W 408/03, zitiert nach juris.
5 OLG Frankfurt/M., Beschl. v. 10. 9. 2002 – 24 W 28/02, OLGR 2002, 339 = NZM 2002, 1046.
6 OLG Naumburg, Beschl. v. 6. 4. 2000 – 13 W 14/00, AGS 2001, 159 = OLGR 2001, 131.

Beim Streit um ein unentgeltliches dingliches Wohnrecht ist nach OLG Frank- **6352**
furt/M.[1] der Streitwert nicht nach § 41 Abs. 1 GKG (§ 16 Abs. 1 GKG), sondern
vielmehr nach § 3 ZPO zu bestimmen und zwar gerade auch dann, wenn der
Streit der Parteien nicht um das Bestehen des Wohnrechts selbst geht, sondern
nur die Frage betrifft, ob es grundbuchlich zu wahren ist. Im Rahmen des § 3
ZPO sei dann wiederum hinsichtlich des Interesses des Klägers einerseits zu
berücksichtigen, dass er an der grundbuchlichen Sicherung eines unentgeltlichen Wohnrechts ein höheres Interesse hat als an der eines entgeltlichen, denn
es bringt ihm größere wirtschaftliche Vorteile – weshalb der Gegenstandswert
den als untere Grenze zu betrachtenden einfachen Jahresmietwert deutlich zu
überschreiten hat.[2]

Andererseits – so das OLG Frankfurt/M. weiter – müsse gerade bei Wohnrech- **6353**
ten der in § 41 Abs. 1 GKG (16 Abs. 1 GKG) ausgeprägte soziale Schutzzweck –
keine Rechtswegschranke durch kostentreibende Streitwerte im Streit um
Wohnraum – auch im Rahmen des § 3 ZPO mitberücksichtigt werden. Als
oberer Streitwertrahmen sei daher der fünffache Jahresmietbetrag anzunehmen.
Innerhalb des so gesetzten Spielraums ist der doppelte Jahresmietwert als Streitwert anzunehmen, wenn es nur um die Grundbucheintragung des ansonsten
unbestrittenen unentgeltlichen Wohnrechts geht.

Als **Belastung** bleibt ein lebtägliches Wohnrecht bei der Berechnung des Gebüh- **6354**
renstreitwerts einer Klage auf Herausgabe eines Hausgrundstück außer Betracht.[3]

Wohnung

Zu Streitwertfragen betreffend **Mietwohnungen** siehe das Stichwort „Miet- **6355**
sachen". Zu Fragen betreffend die Herausgabe und Zuweisung der **Ehewohnung**
siehe die Stichwörter „Ehewohnung" und „Verbundverfahren".

Wohnungsbesetzungsrecht

Das Wohnungsbesetzungsrecht ist nach § 30 KostO zu bewerten. Vertreten **6356**
werden drei Auffassungen:
- Das KG[4] und das OLG Braunschweig[5] gehen von **§ 30 Abs. 1 KostO** aus und
  wollen auf den **Nutzungs(miet-)wert** abstellen.

---

1 OLG Frankfurt/M., Beschl. v. 29. 3. 1995 – 19 W 8/95, OLGR 1995, 132.
2 OLG Frankfurt/M., Beschl. v. 29. 3. 1995 – 19 W 8/95, OLGR 1995, 132.
3 AG Kenzingen, Urteil v. 14. 1. 1997 – C 463/96, AnwBl. 1997, 286.
4 Beschl. v. 20. 5. 1968 – 1 W 534/68, Rpfleger 1968, 370.
5 Beschl. v. 6. 2. 1961 – 2 W 158/60.

Dabei greift das KG[1] allerdings mangels geeigneter Anknüpfungspunkte letztlich doch wieder auf § 30 Abs. 2 KostO zurück.

Das OLG Braunschweig[2] nimmt 20 % des Nutzungs(miet-)werts der von der Dienstbarkeit betroffenen Wohnungen an (entsprechend § 24 KostO).

– Nach anderer Auffassung ist zwar auch auf **§ 30 Abs. 1 KostO** abzustellen, jedoch nicht auf den Mietwert der Wohnungen, sondern als Anhaltspunkt der **Darlehensbetrag** heranzuziehen und hiervon einen Bruchteil bei der Wertfestsetzung zugrunde zu legen.

Das AG Remscheid/LG Wuppertal[3] sowie das OLG Düsseldorf[4] haben insoweit einen Anteil von 15 % als angemessen angesehen, und dabei berücksichtigt, dass das Besetzungsrecht 15 Jahre lang bestehen sollte und ein solcher Zeitraum einem Anteil von (bis zu) 15 % der Gesamtnutzungsdauer eines Neubaus entspricht, die üblicherweise mit 100 Jahren angesetzt wird.

– Eine dritte Auffassung geht von **§ 30 Abs. 2 KostO** und dem dortigen **Regelwert** aus.[5]

Wenn es sehr wahrscheinlich ist, dass das Besetzungsrecht nur noch für zwei Wohnungen praktisch werden wird, muss die Streitwertberechnung niedrig ausfallen. Angenommen wurde in diesem Fall ein Wert von 2500 DM.[6]

Wohnungseigentum

Literatur: *H. Schmidt* JurBüro 1964, 863.

6357　Der Streit einer Räumungs- und Herausgabeklage des Verkäufers von Wohnungseigentum gegen den Käufer ist nicht nach § 41 GKG, sondern nach § 6 ZPO zu bewerten.[7] Es ist also der Verkehrswert maßgebend.

1 Beschl. v. 20. 5. 1968 – 1 W 534/68, Rpfleger 1968, 370.
2 Beschl. v. 6. 2. 1961 – 2 W 158/60.
3 AG Remscheid, Beschl. v. 18. 2. 1991 – 18 RS 16885, JurBüro 1991, 1665; LG Wuppertal, Beschl. v. 14. 6. 1991 – 6 T 360/91, JurBüro 1991, 1665.
4 OLG Düsseldorf, Beschl. v. 28. 10. 1991 – 3 Wx 286/91, Rpfleger 1992, 177 = JurBüro 1992, 482 = MittRhNotK 1992, 94; AG Remscheid, Beschl. v. 18. 2. 1991 – 18 RS 16885, JurBüro 1991, 1665; LG Wuppertal, Beschl. v. 14. 6. 1991 – 6 T 360/91, JurBüro 1991, 1665; OLG Oldenburg, Beschl. v. 1. 9. 1994 – 1 W 66/94, KostRsp. KostO § 30 Nr. 87 = JurBüro 1995, 97 = Nds.Rpfl. 1994, 365.
5 OLG Oldenburg, Beschl. v. 9. 12. 1993 – 5 W 140/93, KostRsp. KostO § 30 Nr. 86 = JurBüro 1994, 619 = Nds.Rpfl. 1994, 65 = OLGR 1994, 445 = Rpfleger 1994, 273; *Anders/Gehle/Kunze*, Stichwort „Wohnungsbesetzungsrecht".
6 OLG Nürnberg, Beschl. v. 5. 12. 1958 – 4 W 184/58, JurBüro 1960, 168.
7 BGH *Warneyer* 1967 Nr. 122; BGHZ 48, 177 = NJW 1967, 2463; OLG Frankfurt/M. JurBüro 1979, 1888 = 1983, 919 = AnwBl. 1984, 203 = KostRsp. ZPO § 6 Nr. 95.

Das gilt auch für die Klage auf **lastenfreie Auflassung** einer Eigentumswoh- **6358**
nung.[1]

Bei **Rückauflassung** eines ideellen Grundstücksanteils ist der anteilige Ver- **6359**
kehrswert maßgebend.[2]

Belastungen bleiben nach h.M. außer Ansatz (siehe dazu das Stichwort „Auflas- **6360**
sung" Rn. 454 ff.).

Der Streitwert einer Klage auf Entziehung des Wohnungseigentums gemäß § 18 **6361**
WEG bemisst sich nach dem Wert der Anteile des betroffenen Wohnungseigentümers, praktisch also nach dem Verkehrswert seiner Eigentumswohnung, der
gemäß § 3 ZPO zu schätzen ist.[3]

Zeugnis

Siehe das Stichwort „Willenserklärung".

Zeugnisverweigerung

A. Allgemeines

Gemäß §§ 383, 384 ZPO ist ein Zeuge berechtigt, das Zeugnis aus bestimmten **6362**
persönlichen und sachlichen Gründen zu verweigern. Will er von davon Gebrauch machen, dann hat der Zeuge die dafür maßgeblichen Gründe anzugeben
und glaubhaft zu machen (§ 386 Abs. 1 ZPO). Über die Rechtmäßigkeit seiner
Weigerung ist, sofern es sich nicht um eine Tatsache handelt, die der Amtsermittlung unterliegt, nur auf Antrag des Beweisführers im Wege des Zwischenstreits zu entscheiden.[4] Gegen das Zwischenurteil ist die Möglichkeit der
sofortigen Beschwerde eröffnet, § 387 Abs. 3 ZPO.

B. Gebührenstreitwert

Der **Wert des Zwischenstreites** über eine Zeugnisverweigerung richtet sich **6363**
nach § 3 ZPO, § 48 Abs. 1 GKG (§ 12 Abs. 1 GKG a.F.) und ist grundsätzlich

---

1 OLG Karlsruhe JurBüro 1982, 1402, sowie für den Rückauflassungsanspruch (OLG
  Schleswig Rpfleger 1980, 293 = AnwBl. 1980, 255.
2 OLG Schleswig Rpfleger 1980, 293 = AnwBl. 1980, 255.
3 Siehe dazu das Stichwort „Entziehung des Wohnungseigentums" sowie die ausführliche Anm. *E. Schneider* zu KostRsp. WEG § 18 Nr. 1.
4 Zöller/*Greger*, § 387 Rn. 2.

frei zu schätzen. Hierbei ist der Zwischenstreit selbständig und als vermögens-rechtliche Streitigkeit zu bewerten, wenn die Hauptsache vermögensrechtliche Ansprüche betrifft.[1] Für diese Betrachtung spricht, dass es sich bei dem Zwischenstreit um ein Nebenverfahren im laufenden Rechtsstreit handelt, dass der Entscheidung in der Hauptsache dient.[2]

6364 Wertbestimmend ist nicht die **Konfliktsituation des Zeugen**, sondern das **Interesse der beweisführenden Partei** mit der Zeugenvernehmung den Ausgang des Rechtsstreits zu seinen Gunsten zu beeinflussen. Maßgeblich ist daher die **Bedeutung der Aussage** für den Ausgang des Verfahrens. Da dies von dem Vorhandensein weiterer Beweismittel, dem Umfang des Beweisgegenstandes im Verhältnis zum Streitgegenstand und etwaig weiteren vom Gericht nach § 286 ZPO zu berücksichtigenden Umständen abhängig ist, scheidet eine schematische Gleichsetzung mit dem Wert der Hauptsache aus.[3]

6365 Dem steht das Verbot der antizipierten Beweiswürdigung nicht entgegen,[4] da die Relevanz des Beweismittels nicht von seiner prognostizierten Überzeugungskraft sondern von einer formalen Bedeutung für die Notwendigkeit und den Umfang der Beweisaufnahme abgeleitet wird. Denn mit Zwischenurteil, das die Rechtmäßigkeit der Zeugnisverweigerung ausspricht, wird im Fall einer drohenden Beweislastentscheidung mittelbar über den Anspruch des Klägers entschieden.[5]

6366 Bei der Bemessung wird in der Regel von einer **Bruchteilsbewertung** bezogen auf den Wert des vom Beweisantrag erfassten Teils des Streitgegenstandes auszugehen sein, es sei denn das Beweismittel ist für den weiteren Verlauf des Rechtsstreits, etwa wegen einer drohenden Beweislastentscheidung, von entscheidender Bedeutung.[6]

---

1 Vgl. BGH, Beschl. v. 25. 3. 1991 – II ZA 9+10/90, KostRspr. § 3 Nr. 1034; Musielak/*Heinrich*, § 3 Rn. 37 unter „Zeugnisverweigerung"; *Stein/Jonas/Roth*, § 3 Rn. 13; a.A. Vorauflage; OLG Köln Rpfleger 1973, 321; BayObLG, Beschl. v. 21. 8. 1986 – BReg. 1 Z 34/86, KostRsp. GKG § 12 Nr. 113 = FamRZ 1986, 1237 = BayOLGZ 1986 Nr. 61; ausführlich *Schneider* Anm. zu BGH, KostRsp. ZPO § 3 Nr. 1034.

2 So auch OLG Düsseldorf, Beschl. v. 11. 12. 2003 – I-5 W 48/03, OLGR 2004, 372 = MDR 2004, 1083 = AGS 2004, 392 für das Verfahren der Sachverständigenablehnung.

3 BGH, Beschl. v. 25. 3. 1991 – II ZA 9+10/90, KostRspr. ZPO § 3 Nr. 1034; OLG Frankfurt, Urteil v. 19. 11. 2003 – 9 U 70/98, OLGR 2004, 81 = NotBZ 2004, 490; *Stein/Jonas/Roth*, § 3 Rn. 13 m.w.N.; a.A. OLG Nürnberg, Beschl. v. 25. 10. 1963 – 2 W 136/63, KostRsp. ZPO § 3 Nr. 103; KG JurBüro 1964, 616; KG JurBüro 1968, 739 – in der Regel Hauptsachewert.

4 So aber *Schneider* Anm. zu BGH, KostRspr. ZPO § 3 Nr. 1034.

5 Vgl. OLG Karlsruhe, Beschl. v. 14. 8. 1997 – 2 W 3/97, FamRZ 1998, 563 = NJW-FER 1998, 89 – Duldung der Blutentnahme zur Feststellung der Abstammung.

6 BGH, Beschl. v. 25. 3. 1991 – II ZA 9+10/90, KostRspr. ZPO § 3 Nr. 1034; OLG Karlsruhe, Beschl. v. 14. 8. 1997 – 2 W 3/97, FamRZ 1998, 563 = NJW-FER 1998, 89 – Duldung der Blutentnahme zur Feststellung der Abstammung; a.A. OLG Karlsruhe RPfl 1966, 64: stets niedriger als der Hauptsachewert.

C. Beschwerdewert

Für den im Zwischenstreit **unterlegenen Beweisführer** folgt die der Wert der Beschwer aus seiner Interesse an der Beweisführung und damit dem Gebührenstreitwert.[1] **6367**

Für den **unterlegenen Zeugen** ist maßgeblich auf dessen Gründe für die Zeugnisverweigerung abzustellen.[2] **6368**

Zinsen

A. Überblick

Drei Fälle sind auseinander zu halten: **6369**

– Zinsen sind als Nebenforderung neben der Hauptsache betroffen (siehe B.).
– Zinsen sind als Nebenforderung ohne die Hauptsache betroffen (siehe C.).
– Zinsen werden als (isolierte) Hauptforderung geltend gemacht (siehe D.).

B. Zinsen als Nebenforderung neben der Hauptsache

Werden Zinsen als **Nebenforderungen** neben der Hauptsache geltend gemacht, bleiben sie sowohl beim Zuständigkeitsstreitwert (§ 4 Abs. 1, 2. Hs. ZPO) als auch beim Gebührenstreitwert (§ 43 Abs. 1 GKG) unberücksichtigt. Siehe hierzu „Nebenforderungen", Rn. 2982 ff. Zu beachten ist, dass es sich bei der Hauptforderung, auch um diejenige Forderung handeln muss, aus der der Zinsanspruch resultiert. **6370**

⊃ **Beispiel:**

Eingeklagt wird eine Kaufpreisforderung sowie Zinsen aus der Kaufpreisforderung und aus einer weiteren, bereits bezahlten Kaufpreisforderung.

Nur die Zinsen aus der eingeklagten Kaufpreisforderung sind Nebenforderung. Die Zinsen aus der nicht geltend gemachten bereits bezahlten Kaufpreisforderung sind isolierte Hauptforderung (siehe D. Rn. 6376) und daher dem Wert der eingeklagten Kaufpreisforderung hinzuzurechnen (§ 5 ZPO; § 39 Abs. 1 S. 1 GKG). **6371**

Zinsen sind auch dann nicht (mehr) Nebenforderung, wenn sie der Hauptforderung zugeschlagen werden. Siehe hierzu die Stichwörter „Mietstreitigkeiten" Rn. 3734, „Hinterlegung" und „Kreditgebühren" jeweils m.w.N. **6372**

---

1 OLG Frankfurt, Urteil v. 19. 11. 2003 – 9 U 70/98, OLGR 2004, 81 = NotBZ 2004, 490.
2 *Anders/Gehle/Kunze*, Stichwort „Zeugnisverweigerung".

C. Zinsen als Nebenforderung ohne Hauptforderung

6373   Zu berücksichtigen sind Zinsen dagegen, wenn sie zwar zusammen mit der Hauptsache geltend gemacht werden, aber einzelne Gebühren nur hinsichtlich der Zinsen angefallen sind. Diese Gebühren richten sich dann **nur nach dem Wert der Zinsen** (§ 43 Abs. 2 GKG), wobei der Wert auf die Hauptforderung begrenzt ist, selbst wenn die Zinsforderung höher liegt.

   ⮑ **Beispiel:**

     Gegen den Mahnbescheid wird nur hinsichtlich der Zinsen Widerspruch erhoben, nicht auch hinsichtlich der Hauptforderung.

6374   Die 0,5-Gebühr der Nr. 1110 GKG-KostVerz. richtet sich nach dem Wert der Hauptsache, ebenso die Anwaltsgebühren der Nr. 3305 ff. VV RVG. Die weiteren 2,5-Gebühren der Nr. 1210 GKG-KostVerz. (Anm. zu Nr. 1210 GKG-Kost-Verz.) richten sich dagegen nur nach dem Wert der Zinsen. Gleiches gilt für die Gebühren der Anwälte nach Nr. 3100 ff. VV RVG.

   ⮑ **Beispiel:**

     Es ergeht im schriftlichen Verfahren ein Versäumnisurteil. Hinsichtlich der Zinsen wird Einspruch eingelegt und darüber anschließend verhandelt.

6375   Für die Gerichtskosten ist diese Wertveränderung unerheblich (§ 40 GKG). Für den Anwalt des Klägers ist die Wertveränderung allerdings bedeutsam. Er erhält die 0,5-Terminsgebühr nach Nr. 3105 VV RVG aus dem Wert der Hauptsache und die 1,2-Terminsgebühr nach Nr. 3104 VV RVG aus dem Wert der Zinsen. Insgesamt darf er nach § 15 Abs. 3 RVG nicht mehr verlangen als eine 1,2-Gebühr aus dem Gesamtwert, der sich wegen des Additionsverbots in § 43 Abs. 1 GKG auf die Hauptforderung beläuft.

D. Zinsen als Hauptforderung

6376   Werden Zinsen als **isolierte Hauptforderung** geltend gemacht, gilt weder § 4 ZPO noch § 43 Abs. 1 oder 2 GKG. Dies folgt im Umkehrschluss aus § 43 Abs. 3 GKG, der eine entsprechende Reduzierung nur für isolierte Kostenforderungen vorsieht. Maßgebend ist vielmehr § 3 ZPO, gegebenenfalls i.V.m. § 9 ZPO.

E. Bewertung

6377   Soweit der Wert der Zinsen maßgebend ist, gilt Folgendes:

   – Werden Zinsen **beziffert** eingeklagt oder mit **festem Zinssatz für einen bestimmten Zeitraum** so gilt nach § 3 ZPO der geforderte Betrag. Dies gilt insbesondere für rückständige Zinsen.

   – Werden **zukünftige Zinsen** geltend gemacht, folgt die Bewertung nicht aus § 9 ZPO, sondern nach § 3 ZPO.[1] Die Vorschrift des § 9 ZPO will nur solche

---

1 BGH, Urteil v. 6. 11. 1961 – III ZR 143/60, BGHZ 36, 144 = VersR 1962, 199 = BB 1962, 199 = NJW 1962, 583 = MDR 1962, 285 = DRiZ 1962, 91 = DVBl. 1962, 221 = JVBl.

Rechte erfassen, die ihrer Natur nach und erfahrungsgemäß eine Dauer von wenigstens 3¹/₂ Jahren haben oder jedenfalls mit Rücksicht auf den Grad der Unbestimmtheit des Zeitpunktes, wann das den Wegfall des Rechts begründende Ereignis eintritt, eine solche Dauer haben können.[1]

Der BGH[2] hatte zu § 9 ZPO a.F., der einen Zeitraum von 12¹/₂ Jahren vorsah, die Ansicht vertreten, erfahrungsgemäß könne nicht als Regel angenommen werden, eine fällige Forderung werde solange nicht bezahlt werden. Jetzt beträgt der Zeitraum nur noch 3¹/₂ Jahre (§ 9 ZPO i.d.F des RpflegeEntlG 1993) und liegt damit, gerade in wirtschaftlichen Krisenzeiten, wohl nicht mehr außerhalb der Erfahrung. Letztendlich muss im Einzelfall – und zwar nach § 3 ZPO – geschätzt und festgesetzt werden. Dabei wird man im Ergebnis häufig zu § 9 ZPO vergleichbaren Werten gelangen.

– Bei einer Zinsforderung mit **ungewissem Erfüllungszeitpunkt** ist der Streitwert nach § 3 ZPO frei zu schätzen.[3] Der BGH[4] hat die Rückstände und den auf ein Jahr geschätzten Zinsschaden zugrundegelegt.

Unzutreffend LG Osnabrück,[5] das unmittelbar nach § 9 ZPO festgesetzt hat. Lediglich dann sind Zinsen wiederkehrende Leistungen i.S.d. § 9 ZPO, wenn sie für Vermögensanlagen, etwa für Hypotheken, verlangt werden.[6]

Im Rechtsstreit ist bei der Bewertung auf den Zeitpunkt der Einreichung der Klage abzustellen (§ 40 GKG). Maßgebend sind die geforderten Zinsen sowie die zu diesem Zeitpunkt noch zu erwartenden zukünftigen Zinsen. 6378

Zur **Beschwer** bei Verurteilung oder Abweisung des Zinsanspruchs siehe das Stichwort „Rechtsmittel", Rn. 5656 ff. 6379

Zug-um-Zug-Leistung

Siehe das Stichwort „Gegenleistung".

1962, 160; OLG Celle Nds.Rpfl. 1965, 229; OLG Düsseldorf, Beschl. v. 14. 8. 1992 – 9 W 69/92, JurBüro 1993, 166 = OLGR 1992, 331.
1 RG RGZ 24, 377, zum alten Recht: 12¹/₂ Jahre.
2 BGH, Urteil v. 6. 11. 1961 – III ZR 143/60 BGHZ 36, 147, 148, = VersR 1962, 199 = BB 1962, 199 = NJW 1962, 583 = MDR 1962, 285 = DRiZ 1962, 91 = DVBl. 1962, 221 = JVBl. 1962, 160.
3 OLG Düsseldorf, Beschl. v. 14. 8. 1992 – 9 W 69/92, KostRsp. § 3 Nr. 1116 = OLGR 1992, 331 = JurBüro 1993, 166.
4 BGH, Urteil. v. 25. 6. 1981 – III ZR 96/80, JurBüro 1981, 1490 = Rpfleger 1981, 396 = ZIP 1981, 1137 = WPM 1981, 1091 = BB 1981, 1491 = NJW 1981, 2360.
5 LG Osnabrück, Beschl. v. 17. 4. 1957 – 8 T 78/57, JurBüro 1957, 354.
6 RGZ 24, 377; KG OLGE 23, 77.

Zugewinn

Literatur: *N. Schneider*, Gegenstandswert bei Klage und Widerklage auf Zugewinnausgleich, FamRB 2002, 379.

A. Überblick

6380 Bei Anträgen und Klagen im Zusammenhang mit einer Zugewinnausgleichsforderung, handelt es sich um **Familiensachen**, sodass es auf den Zuständigkeitsstreitwert nicht ankommt.

6381 Da es sich in der Regel um ZPO-Verfahren handelt – auch bei einer Klage auf vorzeitigen Zugewinnausgleich – sind die Vorschriften des **GKG** maßgebend.

6382 Wird lediglich die Stundung des Zugewinnausgleichs beantragt (§ 1382 BGB) oder die Übertragung von Vermögensgegenständen nach § 1383 BGB verlangt, so handelt es sich dagegen um ein FGG-Verfahren, sodass auf die **KostO** abzustellen ist.

B. Die einzelnen Verfahren

I. Klage auf Zugewinn

6383 Im Verfahren auf Zahlung des Zugewinnausgleichs bemisst sich der Streitwert gem. § 48 Abs. 1 S. 1 GKG i.V.m. § 3 ZPO nach dem Wert der verlangten Ausgleichsforderung.

II. Klage und Widerklage

6384 Wird **wechselseitig auf Zugewinn** geklagt, so werden die Werte von Klage und Widerklage nach § 45 Abs. 1 S. 1 GKG addiert.[1] Zwar schließt der Zugewinnausgleichsanspruch des einen Ehegatten den des anderen aus; es fehlt jedoch an einer wirtschaftlichen Identität die für die Annahme desselben Gegenstandes

---

1 OLG Karlsruhe, Beschl. v. 9. 9. 1997 – 16 WF 15/96, NJW 1976, 3247 = KostRsp. GKG § 19 Nr. 204 mit Anm. *Herget*; OLG Bamberg, Beschl. v. 18. 8. 1994 – 2 UF 140/93, FamRZ 1995, 492 = KostRsp. GKG § 19 Nr. 185; OLG München, Beschl. v . 16. 1. 1996 – 26 WF 1270/95, FamRZ 1994, 641 = KostRsp. GKG § 19 Nr. 97; OLG Köln, 21. Senat, Beschl. v. 18. 11. 1993 – 21 WF 86/92, OLGR 1994, 102 = FamRZ 1997, 41; OLG Köln, 14. Senat (unter ausdrücklicher Aufgabe der bisherigen gegenteiligen Rspr.), Beschl. v. 5. 3. 2001 – 14 WF 24/01, BRAGOreport 2001, 63 mit Anm. von *N. Schneider* = FamRZ 2001, 1386 = MDR 2001, 941 = OLGR 2001, 203 = KostRsp. GKG § 19 Nr. 229 mit Anm. *N. Schneider*; OLG Köln, 25. Senat, 25 WF 108/00, OLGR 2001, 9; OLG Hamburg, Beschl. v. 17. 2. 2000 – 14 W 88/99, AGS 2000, 230 = OLGR 2000, 306; ausführlich *N. Schneider* FamRB 2002, 379.

i.S.d. § 45 Abs. 1 S. 3 GKG erforderlich ist.[1] Der Ehegatte, der mit seiner Zuge-winnausgleichsforderung nicht durchringt, will wenigstens nicht auch noch zahlen müssen. Die frühere gegenteilige Auffassung[2] (Additionsverbot nach § 45 Abs. 1 S. 3 GKG) wird heute – soweit ersichtlich – nicht mehr vertreten.

III. Isolierte Auskunft

Wird auf Auskunft nach § 1379 BGB geklagt, so ist lediglich ein Bruchteil des zu erwartenden Zugewinnausgleichsanspruchs anzusetzen, wobei die Höhe des Bruchteils sich danach richtet, wie sehr der Anspruchsteller auf die Auskunft angewiesen ist. Üblicherweise wird etwa $^1/_{10}$ bis $^1/_3$ des nach den Vorstellungen des Gläubigers zu erwartenden Zugewinnausgleichs zugrunde gelegt. Es kommt nicht darauf an, welcher Unterhalt sich letztlich ergibt. 6385

IV. Antrag auf Versicherung an Eides statt

Für den Antrag auf Versicherung an Eides statt ist ebenfalls ein Bruchteil des zu erwartenden Zahlungsanspruchs anzunehmen. Dieser liegt in der Regel unter-halb des Auskunftswertes. 6386

V. Stufenklage

Geht der Kläger im Wege der Stufenklage vor, verlangt er Auskunft – gegebe-nenfalls aus noch eidesstattlicher Versicherung – und einen nach Auskunfts-erteilung noch zu beziffernden Betrag, so gilt § 44 GKG. Der höchste Wert ist maßgebend. Dennoch ist der Gegenstandswert für jede Gebühr gesondert zu ermitteln; es können hier also für die einzelnen Gebühren unterschiedliche (Stufenstreit-)Werte gelten. 6387

➲ **Beispiel:**

Der Kläger erhebt Stufenklage auf Auskunft und Zahlung eines noch zu beziffernden Zugewinnausgleichs. Die Werte werden für den Auskunftsantrag auf 3000 Euro und für den Zahlungsantrag auf 30 000 Euro festgesetzt. Über den Auskunftsantrag wird verhandelt. Nach Erteilung der Auskunft wird gezahlt und der Rechtsstreit ohne mündliche Verhandlung in der Hauptsache übereinstimmend für erledigt erklärt.

Der Anwalt erhält die Verfahrensgebühr (Nr. 3100 VV RVG) aus dem höheren Wert (§ 44 GKG), also aus 30 000 Euro. Die Terminsgebühr ist dagegen nur aus dem Wert der Auskunft (3000 Euro) angefallen.

---

1 OLG Karlsruhe, Beschl. v. 8. 8. 1988 – 10 W 34/88, NJW 1976, 247 = MDR 1988, 1067.
2 OLG Koblenz, Beschl. v. 22. 3. 1985 – 13 WF 1424/84, JurBüro 1985, 918 = KostRsp. GKG § 19 Nr. 98; OLG Köln, Beschl. v. 9. 9. 1993 – 14 WF 73/93, MDR 1994, 316 = OLGR 1994, 12 = FamRZ 1994, 641; OLG Düsseldorf, Beschl. v. 14. 6. 1993 – 5 WF 91/93, OLGR 1994, 27 = FamRZ 1994, 640.

VI. Klage und Widerklage auf Auskunft

6388 Wird wechselseitig auf Auskunft geklagt, wird ebenfalls addiert. Die Werte der jeweiligen Auskunftsanträge sind zusammenzurechnen. Wenn hinsichtlich der Hauptsache unterschiedliche Gegenstände gegeben sind (s.o. Rn. 6384), dann gilt dies auch für die entsprechenden Hilfsansprüche.

VII. Zahlungsklage und Widerklage auf Auskunft

6389 Wird einerseits auf **Zugewinnausgleich** geklagt und widerklagend auf Auskunft, wird ebenfalls addiert. Dem Zahlungsantrag ist der Wert des gegnerischen Auskunftsantrags hinzuzurechnen.[1] Die gegenteilige Auffassung des OLG Zweibrücken[2] ist nach den vorstehenden Ausführungen zu Rn. 6384 nicht haltbar.

VIII. Klage auf vorzeitigen Zugewinnausgleich

1. Isolierter Antrag

6390 Bei einer Klage auf vorzeitigen Zugewinnausgleich ist nicht der volle Wert anzusetzen, sondern nur ein Bruchteil, da es sich um eine Gestaltungsklage handelt.[3]

2. Klage auf vorzeitigen Zugewinnausgleich und Zahlung

6391 Wird zugleich auf vorzeitigen Zugewinnausgleich und Zahlung geklagt, sind die Werte des Antrags auf vorzeitigen Zugewinnausgleich und der Zahlungsklage zu addieren (§ 45 Abs. 1 S. 1 GKG).[4] Es gilt nicht § 45 Abs. 1 S. 3 GKG, da verschiedene Gegenstände gegeben sind.

IX. Antrag auf Stundung des Zugewinnausgleich

1. Isolierter Antrag

6392 In isolierten Verfahren auf Stundung des Zugewinnausgleichs gelten die §§ 97 Abs. 2, 30 Abs. 2 KostO, da es sich um ein FGG-Verfahren handelt.

2. Widerklage

6393 Der vorgenannte Wert ist auch maßgebend, wenn über Stundung im Zugewinnausgleichsprozess entschieden wird. Die Bewertung folgt dann allerdings ent-

---

1 *Lappe* in 2. Anm. zu OLG Zweibrücken, KostRsp. GKG § 19 Nr. 104.
2 Beschl. v. 30. 5. 1985 – 2 WF 141/84, JurBüro 1985, 1360 = KostRsp. GKG § 19 Nr. 104.
3 BGH, Beschl. v. 29. 11. 1972 – IV ZR 107/72 MDR 1973, 393 = NJW 1973, 369: $^{1}/_{4}$; *Lappe*, Rn. 67.
4 *Kindermann*, Rn. 266.

sprechend § 48 Abs. 1 S. 1 GKG i.V.m. § 3 ZPO. Das OLG Köln[1] geht insoweit nicht nach dem Wert der Forderung, sondern nur nach dem Interesse des Antragstellers, die Kosten der Finanzierung der Forderung zu ersparen. Es rechnet mit einem jährlichen Zinssatz von 6,25 % für die Dauer der beantragten Stundung.

Die Werte von Zahlungsklage und Stundungsantrag sind anschließend nach § 45 Abs. 1 S. 1 GKG zusammenzurechnen, da es sich um verschiedene Gegenstände handelt.[2]   6394

X. Antrag auf Übertragung von Vermögensgegenständen

1. Isolierter Antrag

Für einen isolierten Antrag auf Übertragung von Vermögensgegenständen gelten die §§ 97 Abs. 2, 30 Abs. 2 KostO. Maßgebend ist danach der Wert der zu übertragenden Gegenstände; Belastungen bleiben außer Ansatz;[3] gegebenenfalls ist der Regelwert von 3000 Euro anzunehmen, höchstens jedoch 500 000 Euro.   6395

2. Antrag auf Übertragung im Zugewinnausgleichsverfahren

Wird im Rahmen der Klage auf Zugewinnausgleich zugleich auch der Antrag auf Übertragung von Vermögensgegenständen gestellt, so gelten die §§ 97 Abs. 2, 30 Abs. 2 KostO nicht unmittelbar. Über § 48 Abs. 1 S. 1 GKG i.V.m. § 3 ZPO dürfte insoweit der zusätzliche Antrag jedoch streitwerterhöhend zu berücksichtigen sein.   6396

Zugewinngemeinschaft

Siehe die Stichwörter „Zwischenstreit und -urteil" und „Zugewinn".

Zurückbehaltungsrecht

Siehe das Stichwort „Gegenleistung".

---

1 OLG Köln, Beschl. v. 11. 6. 2003 – 27 UF 44/02, AGS 2003, 362 mit Anm. *N. Schneider*.
2 OLG Köln, Beschl. v. 11. 6. 2003 – 27 UF 44/02, AGS 2003, 362 mit Anm. *N. Schneider*.
3 OLG Frankfurt, Beschl. v. 11. 7. 1989 – 4 UF 43/89, MDR 1990, 58 = EzFamR GKG § 12 Nr. 1 = FuR 1990, 53.

Zusammenrechnung

Siehe das Stichwort „Mehrere Ansprüche".

Zuschlag in der Grundstücksversteigerung

Siehe das Stichwort „Zwangsversteigerung".

Zustimmung zu steuerlicher Veranlagung

6397 Wird von einem Ehegatten die Zustimmung zu einer bestimmten steuerlichen Veranlagung beantragt, so gilt sowohl für den Zuständigkeitsstreitwert[1] als auch für den Gebührenstreitwert (§ 48 Abs. 1 S. 1 GKG; § 23 Abs. 1 GKG) § 3 ZPO. Maßgebend ist der Wert des zu erwartenden Steuervorteils ohne Abschlag.[2]

6398 Fehlen konkrete Anhaltspunkte, so ist der Wert zu schätzen.

Zwangsgeld nach § 888 ZPO

Siehe das Stichwort „Ordnungsmittel".

Zwangsimpfung

6399 Der Streitwert eines auf § 75 EinlALR gestützten Rentenanspruchs wegen einer auf eine Zwangsimpfung zurückzuführenden Körperbeschädigung ist nach § 17 Abs. 2 GKG a.F. (jetzt § 42 Abs. 2 GKG), nicht nach § 9 ZPO a.F. zu berechnen.[3]

---

1 Es handelt sich nicht um eine Familiensache.
2 OLG Düsseldorf, Beschl. v. 6. 10. 1994 – 3 WF 143/94, JurBüro 1995, 254 (Anlage U).
3 BGHZ 53, 172 unter Aufgabe von BGHZ 7, 335.

Zwangsversteigerung

Literatur: *E. Schmidt* MDR 1976, 180.

A. Erste Instanz

I. Gerichtsgebühren

Für die Entscheidung über den Antrag auf **Anordnung** der Zwangsversteigerung oder über den **Beitritt** zum Verfahren fällt eine Festgebühr an (Nr. 2210 KV GKG: 50 Euro), so dass sich die Frage nach einem Wert nicht stellt. **6400**

Für die sonstigen Verfahrensabschnitte (Verfahren im Allgemeinen, Versteige-rungstermin, Erteilung des Zuschlags, Verteilungsverfahren etc.) bestimmen sich die Gebühren (Nr. 2211 ff. KV GKG) nach der Wertvorschrift des § 54 GKG. **6401**

Die Gebühren für das Verfahren im Allgemeinen und für die Abhaltung des Versteigerungstermins (Nr. 2211 und Nr. 2213 KV GKG) werden nach dem ge-mäß § 74a ZVG festgesetzten Wert berechnet.[1] Fehlt ein solcher Wert, ist der **Einheitswert** maßgebend (§ 54 Abs. 1 S. 1 und 2 GKG). **6402**

Bei fehlendem Nachweis des Einheitswertes ist das Finanzamt, welches sich in diesem Zusammenhang nicht auf die Schweigepflicht nach § 30 AO berufen kann, um Auskunft zu ersuchen (§ 54 Abs. 1 S. 4 GKG). Im Gesetzentwurf[2] heißt es dazu, dass die Datenanforderung beim Finanzamt das letzte Mittel zur Wertermittlung sei, so dass der Grundsatz der Verhältnismäßigkeit ausnahms-weise nicht ausdrücklich erwähnt werden müsse. **6403**

Ein nach den Grundsätzen der Einheitsbewertung zu schätzender Wert ist maß-gebend, wenn der Gegenstand des Verfahrens vom Gegenstand der Einheitsbe-wertung wesentlich abweicht, der Wert sich nachträglich wesentlich verändert hat oder der Einheitswert noch nicht festgestellt ist (§ 54 Abs. 1 S. 3 GKG). **6404**

Die Gebühr für die Erteilung des **Zuschlags** (Nr. 2214 KV GKG) bestimmt sich nach § 54 Abs. 2 S. 1 GKG. Wird das Grundstück an einen nicht zur Befriedi-gung aus dem Grundstück Berechtigten unterhalb der $^7/_{10}$-Grenze zugeschlagen und kommt eine analoge Anwendung von § 114a ZVG in Betracht, so ist das Meistgebot für die Höhe der Zuschlagsgebühr maßgebend und nicht $^7/_{10}$ des Verkehrswertes.[3] **6405**

Bei Zuschlägen an verschiedene Ersteher wird die Gebühr von jedem Ersteher nach dem Wert der auf ihn entfallenden Gegenstände erhoben, wobei eine Bie-tergemeinschaft als ein Ersteher gilt (§ 54 Abs. 5 GKG). **6406**

---

1 LG Paderborn, Beschl. v. 10. 10. 1988 – 5 T 252/88, Rpfleger 1989, 168.
2 BT-Drucks. 12/6962.
3 LG Mönchengladbach, Beschl. v. 9. 10. 2002 – 5 T 143/02, Rpfleger 2003, 148.

6407   Erfolgt die Zwangsversteigerung zur **Aufhebung einer Gemeinschaft**, berechnet sich der Wert nach Maßgabe des § 54 Abs. 2 S. 2 GKG.

6408   Die Gebühr für das **Verteilungsverfahren** (Nr. 2215 KV GKG) bestimmt sich nach dem Gebot ohne Zinsen, für das der Zuschlag erteilt ist, einschließlich des Werts der nach den Versteigerungsbedingungen bestehen bleibenden Rechte (§ 54 Abs. 3 GKG).

6409   Bei einer Mehrheit von Gegenständen ist nach § 54 Abs. 4 GKG der Gesamtwert maßgebend.

6410   Zur **Drittwiderspruchsklage** eines Mieters oder Pächters, wenn der Ersteher auf Räumung klagt, siehe das Stichwort „Mietstreitigkeiten".

6411   Stellt der Ersteher nach Durchführung des Versteigerungsverfahrens den Antrag auf **Eintragung** ins Grundbuch, bemisst sich der Geschäftswert (§ 19 KostO) grundsätzlich nach dem gemäß § 74a Abs. 5 ZVG festgesetzten Verkehrswert des Grundstücks und nicht nach dem geringeren Gebot, für das das Grundstück zugeschlagen wurde.[1] Dies gilt auch dann, wenn der Ersteher ursprünglich hälftiger Miteigentümer des betreffenden Grundstücks war.[2]

II. Anwaltsgebühren

6412   Der Gegenstandswert für die Anwaltsgebühren (Nr. 3311 und Nr. 3312 VV RVG) richtet sich nach § 26 RVG. Danach wird für die Wertberechnung darauf abgestellt, wen der Anwalt im Zwangsversteigerungsverfahren vertritt:

1. Gläubiger oder dinglich gesicherter Beteiligter

6413   Bei Vertretung des Gläubigers oder eines Beteiligten, der dinglich gesichert ist oder ein vollstreckungshinderndes Recht anmeldet und glaubhaft macht (§ 9 ZVG), ist auf den Wert des ihm zustehenden Rechts einschließlich der Nebenforderungen abzustellen.

6414   Wie das betreffende Recht zu bewerten ist, dazu enthält § 26 RVG keine Regelung. Teilweise[3] wird vertreten, die Vorschriften der ZPO (§§ 3–9) bzw. des GKG (§§ 41, 42, 48) anzuwenden. Andere Stimmen[4] befürworten eine Wertbestimmung nach § 33 RVG.

---

1   OLG Zweibrücken, Beschl. v. 16. 3. 1988 – 3 W 40/88, JurBüro 1988, 1045; ebenso BayObLG, Beschl. v. 5. 10. 1995 – 3 Z BR 228/95, JurBüro 1996, 207; OLG Frankfurt JurBüro 1980, 1061; KG JurBüro 1980, 1062; OLG Bremen, Beschl. v. 12. 2. 1990 – 3 W 12/90, n.v.; OLG Stuttgart, Beschl. v. 31. 8. 1990 – 8 W 342/89, JurBüro 1990, 1493; a.A. OLG Düsseldorf, Beschl. v. 3. 3. 1987 – 10 W 158/86, Rpfleger 1987, 411.

2   BayObLG, Beschl. v. 5. 10. 1995 – 3 Z BR 228/95, JurBüro 1996, 207.

3   *Mümmler* JurBüro 1972, 745.

4   *Riedel/Sußbauer/Keller*, § 68 BRAGO Rn. 23; *Hartmann*, § 68 BRAGO Rn. 14; Gebauer/Schneider/*Wolf*, § 26 RVG Rn. 4.

Wird das Verfahren nur wegen einer Teilforderung betrieben, ist diese maßge-   6415
bend, wenn es sich um einen Anspruch eines Gläubigers handelt, der nicht in
einer rangbesseren Klasse zu befriedigen ist. Der Grundstückswert – im Verteilungsverfahren der Erlös – ist bestimmend, wenn er geringer ist (§ 26 Nr. 1
RVG).

2. Andere Beteiligte

Vertritt der Anwalt einen anderen Beteiligten, insbesondere also den Schuldner,   6416
dann ist der Wert des Versteigerungsgegenstandes (Verkehrswert des Grundstücks gemäß §§ 74a Abs. 5, 66 Abs. 1 ZVG) maßgebend, im Verteilungsverfahren der Erlös, bei Mitberechtigten deren Anteil (§ 26 Nr. 2 RVG). Werden mehrere Grundstücke versteigert, so errechnet sich der Gegenstandswert aus der
Summe der jeweiligen Verkehrswerte. Wird nur der Anteil eines Miteigentümers versteigert (also insbesondere bei der Teilungsversteigerung), ist der Wert
dieses Anteils maßgeblich.

3. Nicht beteiligter Bieter

Vertritt der Anwalt einen nicht beteiligten Bieter, dann ist dessen höchstes   6417
Gebot wertbestimmend; wenn er nicht bietet, der Wert des Versteigerungsob-
jekts.

B. Beschwerdeverfahren

I. Gerichtsgebühren

Fällt im Verfahren erster Instanz eine **Festgebühr** an und wird die Beschwerde   6418
entweder verworfen oder zurückgewiesen, so entsteht auch im Beschwerdeverfahren nur eine Festgebühr (Nr. 2240 KV GKG: 100 Euro). Ist die Beschwerde
erfolgreich, ist das Beschwerdeverfahren gerichtsgebührenfrei. Eine Wertfestsetzung ist also insoweit nicht erforderlich.

Fällt im Verfahren erster Instanz eine **Wertgebühr** an (Nr. 2211 ff. KV GKG),   6419
muss für das Beschwerdeverfahren (Nr. 2241 KV GKG) ein Wert festgesetzt
werden, der nach § 3 ZPO, § 48 Abs. 1 S. 1 GKG zu schätzen ist.[1]

Für die Bewertung der **Zuschlagsbeschwerde** (§ 96 ZVG) nach § 3 ZPO ist das   6420
mit der Beschwerde verfolgte wirtschaftliche Interesse maßgebend.[2] Soweit der

---

1 *Schneider* MDR 1976, 181 zu Ziff. 7; KG JurBüro 1982, 1223.
2 OLG Bamberg JurBüro 1979, 1863; OLG Bamberg JurBüro 1980, 1885; KG, Beschl. v.
12. 1. 1982 – 1 W 88/82, JurBüro 1982, 1223 = KostRsp. GKG § 29 Nr. 3 [4] mit Anm.
Schneider; OLG Bremen, Beschl. v. 21. 3. 1983 – 2 W 8/83, JurBüro 1984, 89 = KostRsp.
GKG § 29 Nr. 6 unter Aufgabe der früher abweichenden Ansicht in JurBüro 1977, 1591;
LG Bayreuth JurBüro 1976, 1248; 1978, 892; näher begründet bei *Schneider* MDR 1976,
180.

Schuldner die Beschwerde nicht näher begründet, ist das wirtschaftliche Interesse in der Regel auf den Unterschied zwischen dem nach § 74a Abs. 5 ZVG festgesetzten Verkehrswert und dem Gebot, auf das der Zuschlag erteilt ist, zuzüglich des Werts etwa bestehen bleibender Rechte festzusetzen.[1]

6421 Wird Widerspruch gegen den **Teilungsplan** eingelegt, dann ist der Wert ebenfalls gemäß § 3 ZPO zu schätzen, und zwar nach dem Interesse des Widerspruchsführers an einer Änderung des Teilungsplans.[2] Entscheidend ist der Vergleich zwischen der wirtschaftlichen Position des Widerspruchsführers bei Erfolg des Widerspruchs einerseits und Durchführung des Teilungsplans andererseits.

6422 Beschwerden im Rahmen des **Einstellungsverfahrens** nach §§ 30, 30a ZVG sind mit $1/5$, allenfalls mit $1/3$ des Wertes der zu vollstreckenden Forderung zu bemessen.[3] Siehe auch das Stichwort „Einstweilige Einstellung der Zwangsvollstreckung".

6423 Der das Interesse des Schuldners an der zeitweiligen Einstellung der Zwangsvollstreckung ausdrückende Bruchteil des Grundstückswertes darf nicht höher als die Forderung des Gläubigers angesetzt werden.[4]

6424 Ist der Beschwerdeführer einer Einstellungsbeschwerde nach § 180 Abs. 2 ZVG daran interessiert, weiterhin mietfrei zu wohnen, dann berechnet sich nach LG Passau[5] der Wert nach dem Nutzwert dieser Räume bzw. bei Ersatzräumen nach dem Nutzwert für die Dauer von sechs Monaten.

6425 Der Wert der Beschwerde gegen die **Verkehrswertfestsetzung** (§ 74a Abs. 5 ZVG) im Zwangsversteigerungsverfahren ist vom OLG Celle[6] mit 20 % der Differenz zwischen festgesetztem und angestrebtem Wert beziffert worden.

6426 Hat das Landgericht im Zwangsversteigerungsverfahren den Wert eines Verfahrens als Beschwerdegericht festgesetzt, dann gibt es dagegen nunmehr auch die **Streitwertbeschwerde** als Erstbeschwerde. Die bisherige Rechtslage[7] ist mit Wirkung zum 1. 7. 2004 dahingehend geändert worden, dass für die Streitwertbeschwerde nach §§ 68 Abs. 1, 66 Abs. 3 GKG die frühere Beschränkung des § 25 Abs. 3 S. 2 GKG („Die Beschwerde ist ausgeschlossen, wenn das Rechtsmittelgericht den Beschluss erlassen hat.") nicht übernommen wurde.

---

1 KG, Beschl. v. 12. 1. 1982 – 1 W 88/82, JurBüro 1982, 1223.
2 OLG Bamberg JurBüro 1979, 1685 mit Anm. *Mümmler* und 1885.
3 OLG Bamberg JurBüro 1981, 919.
4 OLG Stuttgart, Beschl. v. 26. 5. 1986 – 8 W 164/86, KostRsp. ZPO § 3 Nr. 844 = Justiz 1986, 413.
5 LG Passau, KostRsp. ZPO § 3 Nr. 798.
6 OLG Celle Rpfleger 1982, 435.
7 Vgl. dazu OLG Köln JurBüro 1969, 1194; OLG Bremen, Beschl. v. 25. 10. 1993 – 2 W 97/93, n.v.

II. Anwaltsgebühren

Der Gegenstandswert für die Anwaltsvergütung bestimmt sich im Beschwerde- 6427
verfahren – soweit für das Gericht Festgebühren anfallen – gemäß § 23 Abs. 2
S. 1 RVG nach dem Interesse des Beschwerdeführers unter Anwendung billigen
Ermessens. Die Summe von 500 000 Euro darf nicht überschritten werden.
Fehlt es an tatsächlichen Anhaltspunkten für eine Schätzung, ist ein Regelwert
von 4000 Euro anzusetzen.

Soweit sich die Gerichtsgebühren im Beschwerdeverfahren nach einem Wert 6428
richten, ist dieser auch für die Anwaltsgebühren maßgeblich (§ 32 Abs. 1 RVG).

Zwangsvollstreckung

Literatur: *Göttlich* JurBüro 1959, 388; *Schneider* JurBüro 1967, 368; *Schneider* JurBüro
1967, 630; *Mümmler* JurBüro 1986, 1121; *Mümmler* JurBüro 1995, 395; *Hellwich* JurBüro
1998, 637; *Enders* JurBüro 1999, 60.

A. Allgemeines

Unter diesem Stichwort werden die grundsätzlichen Bewertungsfragen der 6429
Zwangsvollstreckung behandelt. Soweit es um konkrete Vollstreckungsverfahren oder -maßnahmen geht, beispielsweise die Offenbarungsversicherung, Pfän-
dungs- und Überweisungsbeschlüsse, eine Zwangsversteigerung oder eine
Durchsuchungsanordnung nach § 758 ZPO, ist unter den jeweils in Betracht
kommenden besonderen Stichwörtern nachzuschlagen.

B. Wertvorschriften

Da die Gerichtsgebühren in der Zwangsvollstreckung Festgebühren sind 6430
(Nr. 2110 ff. KV GKG), erübrigt sich eine Wertfestsetzung, so dass sich der Gegenstandswert für die Anwaltsgebühren auch nicht über § 32 Abs. 1 RVG aus
dem Gerichtsgebührenwert ableiten lässt.

Einschlägig ist für die **Anwaltsgebühren** die Regelung in § 25 RVG. Der Gegen- 6431
standswert richtet sich bei Vertretung des Gläubigers in der Zwangsvollstreckung nach der Höhe des zu vollstreckenden Anspruchs, bei Forderungen also
grundsätzlich nach dem Betrag der beizutreibenden Forderung einschließlich
der Nebenforderungen[1] (§ 25 Abs. 1 Nr. 1 RVG):
– Bei der Herausgabe- oder der Räumungsvollstreckung richtet sich der Streitwert nach § 25 Abs. 1 Nr. 2 RVG.

---

1 Anders im vorausgehenden Klauselerteilungserverfahren, vgl. OLG Frankfurt, Beschl. v.
  11. 2. 1993 – 20 W 29/93, JurBüro 1994, 117.

– Bei der Vollstreckung einer Handlungs-, Duldungs- oder Unterlassungsverpflichtung bestimmt sich der Streitwert nach dem Wert, den die zu erwirkende Handlung, Duldung oder Unterlassung für die Gläubiger hat (§ 25 Abs. 1 Nr. 3 RVG).[1]

– In Verfahren auf Abnahme der eidesstattlichen Versicherung ist schließlich die Höhe der noch geschuldeten Forderung maßgeblich (§ 25 Abs. 1 Nr. 4 RVG).

6432 Bei Vertretung des Schuldners bestimmt sich der Gegenstandswert gemäß § 25 Abs. 2 RVG nach dessen Interesse unter Berücksichtigung billigen Ermessens.

6433 Soweit es sich um ein **Miet- oder Nutzungsverhältnis** handelt, war bisher nach dem insoweit eindeutigen Wortlaut des § 57 Abs. 2 S. 1 BRAGO der Wert der herauszugebenden Sache maßgebend. Da sich damit die Räumungsvollstreckung ganz erheblich verteuert hatte und eine derartige Änderung im Vorfeld des Gesetzgebungsverfahrens nie verlangt worden war,[2] hielten Teile der Rechtsprechung[3] am Jahresmietzins des § 16 GKG a.F. fest. Mit der Neuregelung in § 25 Abs. 1 Nr. 2 RVG hat sich diese Streitfrage erledigt. Denn bei einer Herausgabe und insbesondere bei der Räumung darf der Gegenstandswert für die Anwaltsgebühren höchstens den Streitwert nach dem GKG erreichen und das ist der Jahresmietwert nach § 41 Abs. 2 GKG.

6434 Der geringere Wert der **Pfandsache** ist gemäß § 25 Abs. 1 Nr. 1 2. HS RVG dann maßgebend, wenn nur in eine bestimmte Sache vollstreckt wird. Mit dem „bestimmten Gegenstand" in § 25 Abs. 1 Nr. 1 RVG ist derjenige gemeint, den der Gläubiger als Vollstreckungsobjekt benennt.[4] Dies kann eine Sache, ein Recht oder eine Forderung sein.[5]

6435 Wenn wegen einer Forderung in eine Forderung gepfändet werden soll, bestimmt gemäß § 25 Abs. 1 Nr. 1 2. HS RVG der geringere Wert der zu pfändenden Forderung den Streitwert.[6]

6436 Die Regelung des § 25 Abs. 1 Nr. 1 2. HS RVG findet auch Anwendung bei einem Antrag auf **anderweitige Verwertung** gemäß §§ 825, 857 Abs. 5 ZPO.[7]

---

1 Vgl. dazu BayObLG, Beschl. v. 18. 4. 2002 – 2 Z BR 9/02, NJW-RR 2002, 1381.

2 Vgl. *Donnerbauer* WuM 1994, 597, der von der „wundersamen Gebührenvermehrung" sprach. *Mümmler* (JurBüro 1995, 453) nahm eine Gesetzeslücke an, weil in § 57 Abs. 2 BRAGO die Räumung einer unbeweglichen Sache keine Erwähnung fand.

3 OLG Köln MDR 1997, 1165; KG JurBüro 1996, 364; OLG Frankfurt NJW-RR 1996, 1481; OLG München JurBüro 1996, 367; OLG Düsseldorf, Beschl. v. 2. 4. 1998 – 10 W 30/98, ZMR 1998, 619 m.w.N.; a.A. OLG Rostock JurBüro 1997, 477; OLG Karlsruhe JurBüro 1996, 364, OLG Hamm NJW-RR 1997, 511; LG München I, KostRsp. BRAGO §§ 57, 58 Nr. 85 mit Anm. *Herget* = JurBüro 1995, 482; LG Dortmund, Beschl. v. 19. 9. 1995 – 9 T 3726/95, Rpfleger 1996, 212.

4 LG Kiel, KostRsp. ZPO § 6 Nr. 133 = JurBüro 1991, 1198.

5 LG Hamburg JurBüro 2001, 110; vgl. auch die Nachweise unter dem Stichwort „Pfändung".

6 LG Hamburg JurBüro 2001, 110; vgl. auch die Nachweise unter dem Stichwort „Pfändung".

7 KG JW 1936, 3330 Nr. 32.

Handelt es sich um ein Pfandrecht, das an einer Sache durch eine **Anschluss-** 6437
pfändung (§ 826 ZPO) begründet worden ist, dann wird man nicht den vollen
Wert der Sache in Ansatz bringen dürfen, denn in diesem Fall muss aus dem
Erlös zunächst der vorrangige Gläubiger befriedigt werden.

In aller Regel erhält der nachrangige Pfändungsgläubiger aus dem Erlös nur 6438
noch einen geringen Teil oder auch gar nichts. Dieser Nachteil ist bei wirtschaftlicher Betrachtungsweise zu berücksichtigen und kann durch einen
nach § 3 ZPO geschätzten Abzug erfasst werden, auch wenn dies in § 25
Abs. 1 RVG nicht ausdrücklich vorgesehen ist. Jedenfalls kann dieser Vorschrift entnommen werden, dass ein geringerer Wert berücksichtigt werden
muss.

Der Wert einer Klage auf **Herausgabe eines Vollstreckungstitels** ist gemäß § 3 6439
ZPO nach freiem Ermessen zu bestimmen. Maßgeblich ist das Interesse des
Klägers an dem Besitz des Titels, das darauf gerichtet ist, einen Missbrauch
des Titels zu verhindern. Liegt bereits ein die Zwangsvollstreckung für unzulässig erklärendes Urteil vor, kann dieses Interesse wertmäßig vernachlässigt
werden.[1]

C. Zeitpunkt der Wertberechnung

Für die Wertberechnung ist der Zeitpunkt der die Zwangsvollstreckung einlei- 6440
tenden Prozesshandlung entscheidend (§ 40 GKG). Einleitende Prozesshandlungen in diesem Sinne sind solche, die nach außen wirken, z.B. Erteilung des
Vollstreckungsauftrages an den Gerichtsvollzieher, Antrag auf Erlass des Pfän-
dungs- und Überweisungsbeschlusses, Antrag auf Erteilung der Vollstreckungsklausel.[2]

Im Vollstreckungsschutzverfahren ist bei Werterhöhung innerhalb der Instanz 6441
der Zeitpunkt der das Vollstreckungsverfahren einleitenden Prozesshandlung
für die Wertfestsetzung entscheidend.

D. Forderung, Zinsen, Kapital

Wertbestimmend ist nur der Betrag, wegen dessen die Zwangsvollstreckung 6442
betrieben wird. Auf einen betragsmäßig höheren Vollstreckungstitel ist nicht
abzustellen.

Hat der Gläubiger beispielsweise den Auftrag gegenüber dem Rechtsanwalt auf 6443
einen **Teilbetrag** der titulierten und zu vollstreckenden Forderung beschränkt,
dann berechnen sich die Gebühren des Rechtsanwalts nach diesem Teilbetrag.[3]
Diese Grundsätze sind auch dann anzuwenden, wenn Gläubiger und Schuldner

---

1 BGH, Beschl. v. 9. 6. 2004 – VIII ZB 124/03, AGS 2004, 298.
2 LG Duisburg JurBüro 1960, 492.
3 OLG München NJW 1958, 1687.

nur verschiedener Meinung wegen der Fälligkeit eines titulierten Anspruchs sind. Wendet der Schuldner mit Erinnerung oder Beschwerde nur ein, der zugunsten des Gläubigers titulierte Anspruch sei noch nicht fällig, dann ist nicht die Titelforderung wertbestimmend, sondern vielmehr das Interesse des Schuldners an der Hinauszögerung des Vollstreckungsbeginns. Wertmäßig entspricht es dem nach § 3 ZPO zu schätzenden Zwischenzins zwischen den streitigen Fälligkeitszeitpunkten.[1]

6444　Bei **klageabweisenden** Urteilen kommt als vollstreckungsfähiger Gegenstand nur der Betrag der Kosten in Betracht, der vom Kläger an den Beklagten zu erstatten ist.[2]

6445　Werden aufgrund eines Arrestbeschlusses Forderungen des Schuldners gegen Dritte gepfändet, die aber im Zeitpunkt des Erlasses des Pfändungsbeschlusses **nicht mehr bestanden**, dann kann der Streitwert dieser Vollstreckungshandlung einschließlich eines nachfolgenden Erinnerungs- oder Beschwerdeverfahrens weder mit Null noch nach der Höhe der zu sichernden Forderung bewertet werden. Es kommt vielmehr darauf an, wie hoch der Wert des Pfandgegenstandes nach der Rechtsbehauptung des Gläubigers ist, welchen Erfolg er sich also von der Durchführung der Pfändungsmaßnahme versprochen hat.[3]

6446　Bleibt die Zwangsvollstreckung wegen einer Geldforderung **erfolglos**, so setzt das LG Hamburg[4] den Gegenstandswert für die Anwaltsgebühr in Anwendung von (dem jetzigen) § 25 Abs. 1 Nr. 1 2. HS RVG unabhängig vom Inhalt des Vollstreckungsauftrages auf den Mindestwert von (jetzt) 300 Euro fest. Dies überzeugt nicht: Da entscheidender Zeitpunkt für die Wertberechnung der einleitende Antrag ist, kann ein erfolgloser Verlauf der Vollstreckung – ebenso wenig wie ein erfolgloses Klageverfahren – nicht zu einer Verminderung der anwaltlichen Gebührenansprüche führen. Abzustellen ist vielmehr auch in solchen Fällen auf den vom Gläubiger behaupteten Wert des vermuteten Vollstreckungsobjektes.

6447　Der Wert der **Bekanntmachung eines Urteils** als Vollstreckungsmaßnahme ist unabhängig vom Streitwert der Hauptsache (Unterlassung) nach § 3 ZPO, § 48 Abs. 1 S. 1 GKG zu schätzen. Dieser Wert beschränkt sich nicht auf die Druckkosten der Bekanntmachung, sondern bestimmt sich nach dem Interesse, das die Partei an der Bekanntmachung ihrer Rehabilitierung hat. Im Allgemeinen wird dieses Interesse mit einem Bruchteil des Werts des Rehabilitierungsanspruches angemessen bewertet. Jedoch kann der Wert der Bekanntmachung unter Umständen den Wert des Unterlassungsanspruchs selbst erreichen, wenn die beanstandete Handlung in die breiteste Öffentlichkeit gedrungen ist und

---

1 OLG Köln, KostRsp. ZPO § 3 Nr. 778.
2 BGHZ 10, 249.
3 OLG Neustadt Rpfleger 1968, 2; ebenso LG Kiel, Beschl. v. 21. 3. 1991 – 3 T 130/90, JurBüro 1991, 1198: Entscheidend ist der volle, vom Gläubiger bezeichnete Anspruch.
4 LG Hamburg, Beschl. v. 11. 5. 2000 – 314 T 43/00, JurBüro 2001, 110.

daher der Gläubiger auch an dem breitesten Bekanntwerden ein ebenso großes Interesse hat wie an der Rehabilitierung im Urteil selbst.[1]

Bei der Zwangsvollstreckung wegen einer Geldforderung werden die einzuziehenden **Zinsen** und die aufgelaufenen **Kosten**[2] mitgerechnet, denn § 25 Abs. 1 Nr. 1 RVG bezieht in die Berechnung auch die Nebenforderungen mit ein. Bei den Zinsen ist allerdings streitig, ob hierzu nur die bis zur Auftragserteilung angefallenen Zinsen zählen[3] oder auch die bis zur Ausführung der Vollstreckung weiter entstandenen.[4]   6448

Nach allgemeinen Grundsätzen bleiben aber die Kosten des laufenden Vollstreckungsaktes außer Ansatz.   6449

Zwischenfeststellungsklage

Literatur: *Meyer* JR 1955, 253; *Schneider* MDR 1979, 268.

Nach § 256 Abs. 2 ZPO darf der Kläger durch Erweiterung des Klageantrages, der Beklagte durch Erhebung einer Widerklage bis zum Schluss derjenigen mündlichen Verhandlung, auf die das Urteil ergeht, beantragen, dass ein im Laufe des Prozesses streitig gewordenes Rechtsverhältnis, von dessen Bestehen oder Nichtbestehen die Entscheidung des Rechtsstreits ganz oder zum Teil abhängt, durch richterliche Entscheidung festgestellt wird.   6450

Der Inzidentantrag des Klägers oder die Widerklage des Beklagten sind selbständig zu bewerten. Dabei wird häufig der zusätzliche Streitgegenstand umfassender sein als das primäre Klagebegehren, so dass auch bei der Widerklage gemäß § 45 Abs. 1 S. 1 und 3 GKG zumindest ein überschießender Teil anzusetzen ist.   6451

Andererseits handelt es sich jedoch um ein bloßes Feststellungsverfahren, so dass nach allgemeinen Regeln ein Abschlag zu machen ist,[5] der gewöhnlich bei 20 % liegt.[6]   6452

Siehe zu den Bewertungsfragen im Einzelnen das Stichwort „Feststellungsklage".   6453

---

1 OLG Hamm Rpfleger 1955, 256 zu § 3 ZPO; vgl. hinsichtlich der Einzelheiten das Stichwort „Veröffentlichungsbefugnis".
2 KG JW 1928, 738 Nr. 10.
3 So richtig *Anders/Gehle/Kunze*, Stichwort „Zwangsvollstreckung wegen einer titulierten Geldforderung", S. 495 Rn. 4.
4 So Gerold/Schmidt/*Madert*, BRAGO, § 57 Rn. 29; *Mümmler* JurBüro 1995, 395.
5 BGH NJW-RR 1991, 509; Zöller/*Greger*, § 256 Rn. 30.
6 *Anders/Gehle/Kunze*, Stichwort „Zwischenfeststellungsklage" S. 500.

Zwischenstreit und -urteil

Literatur: *Schneider* MDR 1968, 888; *Schneider* JurBüro 1970, 23.

A. Anwendbare Vorschriften

6454 Der Zwischenstreit dient der Verfahrensökonomie, indem er die Prüfung der sachlichen Begründung der Klage bis zu einer rechtsmittelfähigen Klärung vorgreiflicher Zulässigkeits- und Verfahrensfragen zurückstellt.[1] Nach Anordnung einer abgesonderten Verhandlung entscheidet das Gericht durch Zwischenurteil, dass unabhängig vom Erreichen der Rechtsmittelsumme[2] anfechtbar ist. Es handelt sich um ein gebührenpflichtiges Endurteil, wenn die Klage als unzulässig abgewiesen wird.

6455 Das Verfahren über den Zwischenstreit zählt zur **anwaltlichen Tätigkeit**, die mit dem Verfahren zusammenhängt (§ 19 Abs. 1 Nr. 3 RVG (§ 37 Nr. 3 BRAGO) und wird daher nicht gesondert vergütet. Beschränkt sich die anwaltliche Tätigkeit hingegen auf die Vertretung einer Partei oder eines Zeugen im Zwischenstreit, so wird er als Bevollmächtigter in einem Rechtsstreit tätig und hat Anspruch auf die Gebühren des 3. Teils des VV RVG.[3]

6456 Eine einheitliche Regel für den Bemessung des Gebühren- und Rechtsmittelstreit (Beschwer) lässt sich aufgrund der prozessual sehr unterschiedlichen Fallgestaltungen nicht aufstellen.

B. Einzelfälle aus der Rechtsprechung

6457 Besteht Streit über die Zulässigkeit des **Beitritts eines Nebenintervenienten**, bestimmt sich der Wert nach dem Interesse des Streithelfers an der Zulassung seines Beitritts. Dieses Interesse kann geringer sein als der Wert des Streitgegenstandes des Hauptprozesses, auch wenn er die gleichen Anträge stellt wie die von ihm unterstützte Partei stellt.[4] (Siehe näher unter dem Stichwort „Nebenintervention").

6458 Die **Zurückweisung eines Prozessbevollmächtigten** (§ 157 ZPO) führt nicht zu einem Zwischenstreit, eröffnet aber der betroffenen Partei die Möglichkeit der Beschwerde. Der Beschwerdewert richtet sich der Wert nach Interesse der betroffenen Partei an der Prozessvertretung durch den ausgeschlossenen Bevollmächtigten.[5]

---

1 Zöller/*Greger*, § 280 Rn. 1.
2 BGH, Urteil v. 10. 11. 1997 – II ZR 336/96, MDR 1998, 177.
3 Vgl. Zöller/*Greger*, § 387 Rn. 8.
4 RGZ 111, 410; BGH JurBüro 1953, 305; OLG München AnwBl. 1985, 648; NJW-RR 1989, 429; Zöller/*Vollkommer*, § 71 Rn. 7a.
5 A.A. für den verwaltungsgerichtliche Zwischenstreit OVG Sachsen SächsVBl. 2003, 38: $^1/_5$ des Hauptsachestreitwertes.

Wertbestimmend für den Zwischenstreit über die **Verpflichtung des Klägers zur** **6459**
Prozesskostensicherheit für eine Klage oder ein Rechtsmittel ist der Wert der
Hauptsache.[1]

Siehe auch die Stichworte „Sicherheitsleistung im Prozess" Rn. 4883, „Rechts-   **6460**
mittel" Rn. 5622 sowie „Einrede, Einwendung" Rn. 1524 f.

Der Streitwert eines Zwischenstreits über eine **Richterablehnung** oder eine   **6461**
Sachverständigenablehnung wird teils nach dem Streitwert der Hauptsache,
teils durch Schätzung nach § 3 ZPO, teils als nichtvermögensrechtliche Strei-
tigkeit bewertet. Der letzteren Auffassung ist zuzustimmen (siehe näher das
Stichwort „Ablehnung von Richtern, Schiedsrichtern und Sachverständigen"
Rn. 107).

Zu differenzieren ist bei einem Zwischenstreit über die **Vorlage einer Urkunde**   **6462**
gemäß § 422 ZPO. Hier ist entscheidend, was diejenige Partei, die die Vorlage
verlangt, damit erreichen will. Handelt es sich um eine **Beweisurkunde**, dann
können die Grundsätze über die Berechtigung des Zwischenstreits bei Zeugnisverweigerung (siehe Rn. 6464) herangezogen werden.[2]

Soll dagegen mit der Urkunde eine **genauere Berechnung der Klageforderung**   **6463**
ermöglicht werden, sollte sich die Bewertung an die des Auskunfts- und Rechnungslegungsanspruchs bei der Stufenklage anlehnen, sodass in der Regel $^1/_4$
des Hauptsachewertes anzusetzen ist.[3]

Auch für den Zwischenstreit über die Rechtmäßigkeit einer **Zeugnisverweige-**   **6464**
rung bestehen unterschiedliche Bewertungsansätze. Zutreffend ist es, auf das
Interesse der beweisführenden Partei abzustellen und die (formale) Bedeutung
der Zeugenaussage für den Ausgang des Rechtsstreits abzustellen. Zu den Einzelheiten siehe das Stichwort „Zeugnisverweigerung" Rn. 6363.

Streiten die Beteiligten über die Pflicht zur **Duldung einer Blutentnahme zur**   **6465**
Feststellung der Abstammung, bestimmt sich der Wert des Zwischenstreits
für die beweisführende Partei nach ihrem wirtschaftlichen Interesse am Ausgang des Rechtsstreits. Handelt es sich bei dem Abstammungsgutachten um
das einzig verbliebene Beweismittel, ist der volle Hauptsachewert anzusetzen.[4]

---

1 BGH, Beschl. v. 20. 3. 2002 – IV ZR 3/01, BGHReport 2002, 951; Beschl. v. 7. 10. 1981 –
   VIII ZR 198/80, WM 1981, 1287; Urteil v. 20. 6. 1962 – VIII ZR 65/61, BGHZ 37, 264 =
   JurBüro 1962, 213; offengelassen in VersR 1991, 122; OLG Hamburg, Beschl. v. 28. 1.
   2002 – 14 U 98/01, OLGR 2002, 483 = AGS 2003, 82; a.A. OLG Karlsruhe, Urteil v.
   14. 3. 1986 – 10 U 8/86, MDR 1986, 593: Höhe der angeordneten Sicherheit.
2 A.A. OLG Köln, Beschl. v. 8. 2. 1982 – 2 U 134/82, MDR 1983, 321: Bewertung analog
   dem Auslaufsanspruch bei der Stufenklage mit $^1/_4$.
3 OLG Köln, KostRsp. ZPO § 3 Nr. 614 = MDR 1983, 321; siehe auch das Stichwort
   „Stufenklage" Rn. 5141 ff.
4 OLG Karlsruhe, Beschl. v. 14. 8. 1997 – 2 W 3/97, FamRZ 1998, 563 = NJW-FER 1998,
   89; unklar OLG Nürnberg, Beschl. v. 3. 1. 1996 – 4 W 4074/95, FamRZ 1996, 1155 =
   NJW-RR 1996, 645: in der Regel $^1/_2$ des Hauptsachewertes.

6466 Der Wert des Streitgegenstandes für das durch Zwischenurteil abgeschlossene Verfahren über die **Einrede der örtlichen Unzuständigkeit**[1] sowie über sonstige die **Zulässigkeit von Klage und Rechtsmittel** betreffende Einwendungen richtet sich nach dem in der Klage geltend gemachten vollen Anspruch, denn er kann zum Endurteil führen.[2] Siehe im Übrigen das Stichwort „Einrede, Einwendung" Rn. 1524 ff.

Zwischenvergleich

6467 Unter einem Zwischenvergleich versteht man eine **gütliche Regelung im Verlaufe des Rechtsstreits**, die sich nicht auf den Streitgegenstand insgesamt bezieht, sondern nur auf einen Teil davon oder auf den Verfahrensablauf oder auf vorgreifliche Fragen.

6468 Seine Bewertung richtet sich ebenso wie der Gesamtvergleich nach dem Gegenstand des verglichenen Verfahrens. Ein gerichtlicher Zwischenvergleich ist nicht deshalb niedriger zu bewerten, weil nicht sicher war, ob er zur vollständigen Erledigung des Rechtsstreits führen oder beitragen werde.[3]

6469 Siehe zu den Einzelheiten das Stichwort „Vergleich".

---

1 KG MDR 1957, 366; *Lappe* NJW 1994, 1189, 1190.
2 Zöller/*Greger*, § 280 Rn. 11.
3 OLG Schleswig JurBüro 1966, 240.

Stichwortregister

Die Zahlen verweisen auf die Randnummern.

A conto Zahlung siehe Vorschusszahlung
Ab- und Anmeldekosten 5792
Abänderung siehe auch Änderung
– Arrest 374
– einstweilige Verfügung 1606
– Hinterbliebenenrente 5793 f.
– Unterhaltsabänderung siehe dort
Abänderung der Festsetzung 1 ff. siehe
  auch Änderung des Streitwerts,
  Änderungsfrist, Gegenvorstellung
– Änderungspflicht 4, 8 ff., 12
– Amtshaftung 9 f.
– Amtspflicht 8 ff., 35
– amtswegige 2, 35, 67
– Antragsrecht des Anwalts 3
– Anwaltsgebühren 72
– aufgrund Beweisaufnahme 17, 246
– Beschwerdegericht 35 ff.
– Bindung des Gerichts 5
– Ehesache 42
– Erlöschen der Änderungskompetenz
  des Erstgerichts 25 ff.
– Ermessen 9 ff., 13
– Feststellungsklage 15, 2128
– Frist 45, siehe auch Änderungsfrist
– und Gegenvorstellung 65 ff., 2250
– Geltungsbereich 11 ff.
– Gerichtsgebühren 1
– nach Erlass des Urteils 21
– nach Instanzende 20 f.
– nach Klageeinreichung 888
– nach Klagerücknahme 51
– nach Rücknahme der Revision 30
– konkludente 7
– neue Tatsachen 29
– offenbare Unrichtigkeiten 6, 72
– Prozesskostenhilfeverfahren 40 ff.,
  44
– Prozessvergleich 24
– Rechtsmittelgericht 22 ff.

– Rechtsprechungsänderung 66
– reformatio in peius 5
– Revisionsgericht 12 f., 32 f.
– rückwirkende 18 ff.
– rückwirkende ~ und Auswirkung
  auf Kostenentscheidung 20 f.
– stillschweigende 7, 28
– trotz Fehlens der Beschwer 36
– unbezifferte Anträge 16
– unveränderter Streitgegenstand 17
– unzulässige Beschwerde 35 ff.
– Verfassungsrecht 13, 19, 68
– Wiedereinsetzung 48
– zukünftige Beweisaufnahme 17 f.
– Zuständigkeitsstreitwert 43
Abänderungsklage 75 ff.
– fällige Beträge 77
– Prozesskostenhilfe 78
– titulierte Unterhaltszahlungen
  75
– Unterhalt 5401 ff.
– wechselseitige Abänderungsklage
  79
**Abberufung von Organen und Organ-
  mitgliedern** 4277 ff.
– Anfechtungsklage 228
– einstweilige Verfügung 1615
– Streit um Wirksamkeit der ~ 2297
Abbruchkosten 2622
– Mietstreitigkeiten 3613 ff.
Abfindungsvergleich 5687 und siehe
  Vergleich
Abgabe einer Willenserklärung 80 ff.,
  6323 ff. siehe auch Einwilligung
– Abschluss eines Vertrages 6324
– Anbietung von Aktien 82
– Auflassung 6324
– Eigentumserwerb 81
– Freigabe 2206, 6324
– Hinterlegung 2882 ff.
– Kündigung 6324

– Löschungsbewilligung 83, 6324
– Mitwirkung zur Handelsregisteranmeldung 84, 6324
– negative Feststellungsklage 82
– Vertragsabschluss 6013 ff.
– Vertragsauflösung 6017 f.
– Zustimmung zur Grundbuchberichtigung 6324
– Zustimmung zur Mieterhöhung 6324
Abgabenforderung, Insolvenzverfahren 2965
Abgeleiteter Besitz, Mietstreitigkeiten 3625
Abgesonderte Befriedigung 85 ff.
– Belastung des Absonderungsgegenstands 88
– Feststellungsklage 88
– Feststellungsklage verbunden mit Insolvenzfeststellungsklage 89, 2987 ff.
– Kosten 85
– unstreitiges Recht 86
– vorgehende Pfandrechte 85
– Zinsen 85
Abhilfe bei Beschwerde siehe Streitwertbeschwerde
Ablehnung
– Richter~ siehe dort
– Sachverständiger~ siehe dort
– Schiedsrichter~ siehe dort
Abmahnung
– im Arbeitsrecht 4312
– gewerblicher Rechtsschutz 2364, 2467
– bei Mietstreitigkeiten 3626
Abmeierungsklage nach § 18 WEG 1747 f.
Abnahme eines Werkes 6202
Abnahme von Sachen 113 ff.
– Bierabnahmepflicht 114
– Gewinn als Maßstab 115
– Lieferverträge 115 f.
– Umsatz als Maßstab 114
– Zahlungspflicht und Abnahmepflicht 116

Abnahmepflicht siehe auch Bier~, Bezugsverpflichtung
– Tankstellenvertrag 1185
Abnahmeverzugsklausel in AGB 149
Abrechnung siehe Rechnungslegung
Abrechnung und Aufrechnung 528 ff.
Abschätzung des Streitwerts siehe Sachverständigenschätzung
Abschlag siehe Abzug
Abschluss des Verfahrens, Streitwertänderung 254
Abschluss von Verträgen siehe Vertragsabschluss
Absonderungsrecht siehe Abgesonderte Befriedigung
Abstammungsstreitigkeiten siehe Kindschaftssachen
Abstandszahlung 117
Abstraktes Schuldanerkenntnis siehe Schuldanerkenntnis und Schuldversprechen
Abtrennung 118 ff.
– Ausgangsverfahren 119 f.
– Bewertungsgrundsätze 118
– Wahlrecht des Anwalts 122
Abtrennung im Verbundverfahren 123 ff., 5602
Abtrennung von Folgesachen 2188 ff.
Abtretung 127 ff.
– Gebührenstreitwert 135 ff.
– Geschäftsanteils 134, 2325
– Grundpfandrecht 127
– Grundschuld 2603
– Hypothek 131, 2903
– Nachlassforderung 130
– Patent 2539 ff.
– Prätendentenstreit 4380 f.
– wertloses Grundpfandrecht 133
– wiederkehrende Leistungen 128
– Zinsen 129
– Zuständigkeitsstreitwert 127 ff.
Abwehr der Vollstreckung 6111 ff.
– Einstellung der Zwangsvollstreckung siehe dort
– Vollstreckungsklausel 6094 ff.
Abwehrklage siehe Beseitigung

Abwerbung 2558 f. siehe auch
Gewerblicher Rechtsschutz
Abzinsung 1926
Abzug
– für Gegenleistung 2231 ff.
– bei negativer Feststellungsklage
2032 ff.
– bei positiver Feststellungsklage
2020 ff., 2024 ff., 4794 ff.
Actio pro socio 2314
Akkreditiv 139
Aktenversendungskosten 5795 ff.
Aktien siehe Wertpapiere
Aktienrecht
– Anfechtungsklagen 202 ff.
– Auskunftsanspruch 683
– Feststellungsklage 2046
– Nichtigkeitsklage 202 ff., 4152 ff.
Allgemeine Geschäftsbedingungen
140 ff.
– Abnahmeverzugsklausel 149
– Bauvertragsklausel 149
– Ehemäklerverträge 149
– freies Ermessen 142 ff.
– Gerichtsstandsklausel 149
– Gewährleistungsklausel 149
– Individualklagen 150
– Interesse der Allgemeinheit 143
– Lieferfristklausel 149
– Mietstreitigkeiten 3628
– pauschalierter Schadensersatz
3031 f.
– Preisanpassungsklausel 149
– Rechtsmittelstreitwert 151
– Rechtsprechungsüberblick 149 ff.
– Regelstreitwerte 147 ff.
– Restguthaben Mobilfunk 149
– Streitwertbegünstigung 145
– Umsatzsteuerklausel 149
– Unterlassungsklagegesetz 141
– Verbraucherschutzverband 149
– Wertgrenze 144
Altenteil 152 ff., 3275 f.
– Alter des Berechtigten 158
– dingliche Sicherung 1188
– Entschädigung 157

– Ermäßigung 158
– Leibrente 154
– Preußisches Ausführungsgesetz 156
– Sicherung des Altenteilsrechts 155,
4888
– Tod des Berechtigten 159
– wiederkehrende Leistungen 153 ff.
– Wohnrecht 152
Alternative Begründung, Verurteilung
6166 f.
Amtsermittlung, Ehesachen 1256
Amtspflicht zur Streitwertänderung
8 ff., siehe auch Abänderung der
Streitwertfestsetzung
Amtspflicht zur Streitwertfestsetzung
1142
– Verletzung der ~ 10
Änderung siehe auch Abänderung
– von Anträgen, Stufenstreitwerte
5192 f.
– Firmenänderung siehe dort
Änderung des Streitwerts 160 ff., 294,
1956, 1966 ff. siehe auch Abände-
rung der Streitwertfestsetzung
– nach Abschluss des Verfahrens 254
– Anerkenntnis 177
– Auswirkung auf die verschiedenen
Gebühren 169 ff.
– Auswirkung auf rechtskräftige
Kostenentscheidung 181
– Bereicherungsanspruch 182
– Berichtigung 1966
– Berichtigung im selbständigen
Beweisverfahren 167
– Bindung des Gerichts 1971 ff.
– Bindung in anderem Verfahren 182
– Eigentumswechsel 178
– Erfüllung 177
– und Erstfestsetzung 1937 ff.
– Gebühr nach Nr. 1410 KV GKG 169
– Grundsätze 160 ff.
– Heranwachsen des Wertes 175 ff.
– konkludente 1968
– Kostenfestsetzungsverfahren 1969 f.
– Kursschwankungen 164, 170
– maßgebender Zeitpunkt 160, 173

- Mehrheit von Gegenständen 161
- Rechtsnachfolge 178
- Sachverständigengutachten 166, 266
- selbständiges Beweisverfahren 166 ff.
- Teilzahlungen 177, 5257 ff.
- Terminsgebühr 171
- unveränderter Streitgegenstand 162, 165
- Verfahrensgebühr 169
- Verfassungsrecht 280
- Voraussetzungen 1967
- Wertänderungen innerhalb der Instanz 162
- werterhöhende Reparatur 174
- Zulässigkeit 1133 f.

Änderungsfrist 45 ff.
- Arrest 52 f.
- Beginn 45 ff.
- Bekanntgabe des Beschlusses nach Ablauf der ~ 64
- Beweissicherungsverfahren 54
- Ehesachen 57
- einstweilige Verfügung 53
- Erledigung des Rechtsstreits 45
- Festsetzung nach Ablauf der ~ 59
- Klagerücknahme 51
- Kostenentscheidung gegen ausgeschiedenen Beklagten 50
- Monatsfrist 61 ff.
- Parteiwechsel 50
- Scheidungssachen 57
- selbständiges Beweisverfahren 54 ff.
- Teilanerkenntnisurteil 46
- Teilurteil 57
- Vertrauensschutz bei Fristablauf 68 f.
- Wiedereinsetzung 48
- Zustellung des Streitwertbeschlusses 47

Änderungsschutzklage 364
Anderweitige Rechtshängigkeit 1520
Anderweitige Verwertung 6436
Anerkenntnis
- Abgabe der Anerkenntniserklärung 186
- Ankündigung des Anerkenntnisses 185
- Beweisaufnahme 187
- materiellrechtliches Anerkenntnis 183
- negative Feststellungsklage 191
- prozessuales Anerkenntnis 183
- Rechtsmittelbeschwer 189
- Schuldanerkenntnis siehe dort
- Teilanerkenntnis 187
- Vaterschaftsanerkenntnis siehe dort
- Vergleich 188, 5693
- Verkündung eines Anerkenntnisurteils 189

Anerkenntnisurteil
- Gebührenermäßigung 195
- Hilfsaufrechnung 561
- Kostenwiderspruch 196

Anerkennung ausländischer Titel 197

Anfechtung siehe Anfechtungs- und Nichtigkeitsklage, Gläubigeranfechtung, Insolvenzverfahren, Nichtigkeit eines Vertrages
- Baulandverfahren 789 ff., 803 ff.
- Delegiertenwahl 4158
- Feststellungsklage bei Vertragsanfechtung 2048
- Irrtumsanfechtung 2992 f.
- Mietstreitigkeiten 3561
- Miterben 3897
- Versicherungsvertrag 5941
- Wertsicherungsklausel 6246

Anfechtung der Ehelichkeit siehe Kindschaftssachen

Anfechtung der Vaterschaftsanerkennung siehe Kindschaftssachen

Anfechtungsklage
- Abberufung des Geschäftsführers 228
- Aktiengesellschaft 198 ff., 2298
- Anfechtungsgesetz siehe Gläubigeranfechtung
- Antrag 202
- Bemessungsgrundsätze 198 ff., 204
- Bilanzsumme 205, 213
- Einzelfälle Aktienrecht 213 ff.

– Entlastung 213
– Feststellung des Jahresabschlusses 213
– Genossenschaft 230 ff., 2262 ff., 2301 f.
– Geschäftsanteil 232
– Gestaltungsklagen 202
– Gewerk 234
– GmbH 224 ff., 2301
– Hauptversammlungsbeschluss 2299
– Kapitalherabsetzung 216
– Kommanditgesellschaft 235, 2301
– Mehrzahl von Anfechtungsgründe 209
– mehrere angefochtene Beschlüsse 210
– mehrere Klagen gegen denselben Beschluss 211, 2302
– Mittelwert 205
– und Nichtigkeitsklagen 201, 4152 ff.
– OHG 235, 2301
– positive Beschlussfeststellungsklage 4378 f.
– Regelstreitwert 200
– Rücktritt Aufsichtsratmitglied 214
– Streitwertermäßigung 219 ff., 2300 f.
– Streitwertspaltung 219
– Verkauf von Anteilen 217
– vermögensrechtliche Ansprüche 203
– Zuführung zur Rücklage 215
– Zustimmung des Ehegatten zur Anfechtungsklage 218
Angabe des Streitwerts 236 ff., 868
– Äußerungsfrist der Parteien 262
– Antragsteller 236, 2613, 2703
– Auslegung des Klageantrags 252, 725, 863
– Bedeutung 249 ff.
– Berichtigung 247, 255, 946 ff., 1144
– Berichtigung durch Antragsteller 251
– Bindung an die Wertangabe 238
– Ehesachen 1256

– falsche 246
– Feststellungsklage 2011
– Herausgabe 2703
– Indiz für Streitwertfestsetzung 252, 6240
– irrtümliche 945
– konkludente 258, 260
– objektive Klagenhäufung 949
– Parteidisposition 264
– Parteivereinbarungen 1145
– Rechtsmittelinstanz 253
– richterliche Aufklärung 250, 6240
– Sachverständigengutachten 266
– Schmerzensgeldklage 259 f.
– selbständiges Beweisverfahren 239 ff.
– Streitwertbeschwerde 248, 261
– übereinstimmende ~n der Parteien 944, 1145 f.
– übereinstimmende ~ und Gegenvorstellung 2248
– unbestimmte Klageanträge 259 ff., 5362 ff.
– und Vergütungsvereinbarung 267
– Verkehrswert 5863
Angebot der Gegenleistung 268, 939
Angemessener Unterhalt 5344
Angestellte, leitende als Arbeitnehmer 372
Angriffsfaktor in Wettbewerbssachen 2369 ff.
Anhängigkeit, Streitwertfestsetzung 1942 ff.
Anhörungsrüge siehe Gehörsrüge
Ankündigung von Anträgen 901
Anlage U siehe Zustimmung zur steuerlichen Veranlagung
Anmeldung zum Handelsregister 269 ff.
– Abgabe einer Willenserklärung 6324
– Ausscheiden eines Gesellschafters 271, 273 ff.
– Bedeutung der ~ 270
– Bewertungsgrundsätze 269 f.
– Bruchteilswert 269

– deklaratorische Eintragung 272
– Firmenänderung 274
– Höhe der Einlage 279
– Klage auf Mitwirkung 84
– Kommanditistenaufnahme 275
– Löschung 271, 273
– Mitwirkungsklage 269 f.
– Rechtsprechungsübersicht 271 ff.
– Vertretungsverhältnis 277
– Wiedereintragung eines Gesell-
  schafters 281
Annahmeerklärung, Auflassung 439
Annahmeverzug, Feststellungsklage
  2049 ff.
Anrechnung und Aufrechnung 510 ff.
Anschlussberufung 4624 f.
Anschlusspfändung 6437
Anschlussrevision 4637 f.
Anspruchshäufung 282
– nichtvermögensrechtliche Streitig-
  keiten 4175
**Anstellungsvertrag von Organmitglie-
dern** siehe Organ
Anteilsübertragung 2325
Antrag
– angekündigter, aber nicht gestellter
  ~ 901
– Bemessungsgrundsätze 891
– Bruttolohn 864
– Eingang bei Gericht 874
– Ermäßigung vor Beweisaufnahme
  1100 f.
– Folgesachen 2182 f.
– hypothetischer ~ 4547
– Leistungsklage und Antragsbindung
  3297
– Nebenforderungen 4014 ff.
– Nebenintervention 4116
– nicht ernstlich gemeinter ~ im
  Rechtsmittelverfahren 4544 ff.
– Rechtsmittelinstanz 4501 ff.
– Überschreitung des ~s im Urteil
  899
– unbezifferte Anträge siehe dort
– unechter ~ im Rechtsmittelverfah-
  ren 4540

**Antrag auf gerichtliche Entscheidung
  im Baulandverfahren** 783
**Antrag auf Streitwertbegünstigung im
  Wettbewerbsrecht** 2445 ff.
Antrag auf Streitwertfestsetzung 1,
  284 ff., 346 ff., 1929 ff. siehe auch
  Festsetzung des Streitwerts
– Amtspflicht zur Festsetzung 295
– Antrag des Anwalts 298 ff.
– Ermäßigung vor Rechtsmittelrück-
  nahme 1933
– für die Gerichtsgebühren 285 ff.
– Gerichtsgebührenfreiheit 1936
– Parteiantrag 1935
– Prozesskostenhilfeverfahren 1936
– Rechtsschutzversicherer 301
– Verkehrsanwalt 320
– Zuständigkeitsstreitwert 284
Antragsänderung siehe auch Stufen-
  streitwert
– Beschwer 4523 ff.
Antragsüberschreitung siehe Verstoß
  gegen § 308 Abs. 1 ZPO
**Antragslose Zurücknahme eines
  Rechtsmittels** 4545 ff.
Antragsteller, Angabe des Streitwerts
  236
Anwaltsbeiordnung siehe Beiordnung
  eines Rechtsanwalts
Anwaltsgebühren 323 ff.
– Änderung eines Gesellschaftsvertra-
  ges 2309
– Antrags- und Beschwerdebefugnis
  346, 349 f.
– Aufrechnung 632 ff.
– außergerichtliche Tätigkeit 332 ff.,
  934
– außergerichtliche Vertragsverhand-
  lungen 337
– Bemessungsgrundsätze 931 ff.
– Beratungshilfe 991 ff.
– Beratungstätigkeit 334
– Beschwerde 351 ff.
– Beschwerderecht des Anwalts 351
– Bindung an den Gebührenstreitwert
  348

– Bindung an gerichtliche Wertfestsetzung 345 ff., 1992
– Bindung des Gerichts an Wertfestsetzung 1131
– Drittwiderspruchsklage 1204 ff.
– eidesstattliche Versicherung 1459 ff.
– Festsetzung auf Antrag des Anwalts 72, 346, 5745 ff.
– Gebührenvereinbarung 345, 1131
– Gehörsrüge 2254
– gerichtliche Tätigkeit 324 ff.
– Güteverhandlung 2640 ff.
– Haftbefehl 2650
– Insolvenzverfahren 2951 ff.
– Kostenfestsetzungsverfahren 3198 ff.
– Kostenwiderspruch 3231 f.
– Kündigung eines Mietverhältnisses 339
– Löschung Nacherbenvermerk 3970, 6124
– mehrere Auftraggeber 327, 333, 340
– Mietaufhebungsvertrag 338
– nicht rechtshängige gewordene Ansprüche 4132, 4138 ff.
– Ordnungsmittel 4230 ff.
– Prozesskostenhilfe 4397 ff.
– Prozessvergleich und Aufrechnung 632 ff., 5721 ff.
– reformatio in peius 356 f.
– Regelwert 343 f.
– Schlichtungsverfahren 4853
– selbständiges Beweisverfahren 4862 ff.
– Streitwertvereinbarungen 1997 ff.
– Stufenstreitwerte 5134 ff., 5201 ff.
– Teil des Hauptanspruchs 5220 ff.
– vereinfachtes Unterhaltsfestsetzungsverfahren 5648 ff.
– Vergleich 5675 ff.
– Verkehrsunfallschadenregulierung 5799 ff.
– Vermittlungsverfahren nach § 52a FGG 5894 ff.

– Verstoß gegen § 308 Abs. 1 ZPO 5990 ff.
– Verteilungsverfahren 6007 ff.
– Vollstreckbarerklärung eines Urteils (§ 537 ZPO) 6063 f.
– Vollziehung bei Arrest und einstweiliger Verfügung 1611 ff.
– weitere Beschwerde 355
– Wertbegrenzungen 327, 340
– Zwangsgeld 4255 ff.
– Zwangsversteigerung 6412 ff.
– Zwischenstreit 6455
Anwaltshaftung, Unterhaltsrente 4808, 5460
Anwartschaftsrecht 358 ff., 813
Arbeitnehmer 363 ff.
– Begriff 369 ff.
– Gehaltsklagen 363 f.
– Geschäftsführer 371
– Handelsvertreter 2656
– Unterhalt 368
– Vertretungsorgane siehe Organe
– wiederkehrende Leistungen 6301 ff.
Arbeitsbelastung des Anwalts in Ehesachen 1386 ff.
Arbeitsbescheinigung, Herausgabe 2711
Arbeitseinkommen bei Pfändungs- und Überweisungsbeschluss 4332, 4339 ff.
Arbeitslosigkeit, Ehesachen 1262
Arbeitsrechtliche Streitigkeiten
– nichtvermögensrechtliche Streitigkeit 4169
– Pfändungs- und Überweisungsbeschluss 4350
– Zeugniserteilung und Zeugnisberichtigung 6324
Arbeitsumfang und Bemessungsgrundsätze 935
Arrest 374 ff.
– Änderungsfrist, Wertfestsetzung 52
– Anordnungsverfahren 374
– Aufhebungsverfahren 385 ff.
– Auslandswohnsitz des Antragsgegners 379

– Baulandsachen 390
– Bemessungsgrundsätze 375 ff.
– Beschwerde gegen die Ablehnung der Fristsetzung 386
– Bestätigung 385
– Bruchteilsbewertung 375 ff.
– Drittwiderspruchsklage 398
– Einstellung der Zwangsvollstreckung 399, 1579
– Erledigung der Hauptsache 1869
– Forderungspfändung 383, 6445
– Fristsetzung 387
– Hauptsacheforderung 377
– vor Insolvenzfeststellungsklage 2974
– Insolvenzverfahren 381
– Interesse der Parteien 375 ff.
– Kostenpauschquantum 394
– Lasten des Arrestobjekts 376
– Löschung der Arresthypothek 3369 ff.
– Lösungssumme 388
– Pfändung 383, 4319
– Rechtsprechungsbeispiele 389 ff.
– Regelstreitwert 377 ff.
– Seeschiff 393
– Sicherungsinteresse 375 ff.
– Stufenstreitwert 5199
– Unterhaltsforderung 4890
– Unterhaltsklagen 391
– Verbindung von einstweiliger Verfügung und ~ 396
– Verbindung von Hauptsacheklage und ~ 397
– Verbindung von persönlichem und dinglichem ~ 395
– Vollstreckungsvereitelung 382
– Vollziehung 383 ff., 1611 ff., 3993
– Wert der Forderung und des Sicherungsobjekts 380
– Widerspruchsverfahren 384 ff.
– wirtschaftliche Interessen 376
– Zeitablauf und Gegenstandslosigkeit des Arrests 385
– Zeitpunkt für Bewertung 381
Arztkosten 4094, 5278

Attestkosten 5800
Aufbaukosten, Mietstreitigkeiten 3630
Aufgebotsverfahren 400 ff.
– Ausschluss des Grundstückseigentümers 401, 403
– Ausschlussurteil 408, 757 ff.
– Fallgruppen 401
– Gebührenstreitwert 403
– Hypothek 2906
– Hypothekenbrief 3252 f., 4317
– Sparkassenbuch 4908
– Urkunden 405
– Zuständigkeitsstreitwert 402
Aufhebung
– Arrest 374, 385
– Beweisbeschluss 1104
– einstweilige Verfügung 385, 1606 ff.
– Erbengemeinschaft 3842
– Schiedsspruch 4070, 4842
– Vollstreckungsmaßnahme 6113
– und Zurückverweisung, fehlende Begründung der Wertfestsetzung 1984 ff.
Aufhebung eines Vertrages siehe Vertragsaufhebung
Aufhebung von Gemeinschaften 410 ff.
– Ablauf 419
– Auflösung einer GmbH siehe dort
– Bruchteilsgemeinschaft 410
– Drittwiderspruchsklage 1210 ff.
– Drittwiderspruchsklage, unechte 415 ff.
– Erbengemeinschaft 423 f., 3842 ff.
– fortgesetzte Gütergemeinschaft 421, 427
– Gesamthandsgemeinschaft 420 ff.
– Gütergemeinschaft 422, 2638
– Interesse des Klägers 413 ff.
– Lebensgemeinschaft 411
– Teilung in Natur 413
– Teilungsstreit 414
– Teilungsversteigerung 415
– Übernahmerecht 418
– Vergleich 429

- Verteilungsverfahren 6012
- Zugewinngemeinschaft siehe dort
- Zwangsversteigerung zur ~ 6407

Aufklärungspflicht
- Aufrechnung 518
- Auslegung des Klageantrags 724

Auflassung 430 ff. siehe auch Verkehrswert
- Abgabe einer Willenserklärung 80 ff., 6324
- Ablösung von Grundpfandrechten 452
- Annahmeerklärung 439
- Anweisung an Notar 443
- bebautes Grundstück 436
- Belastungen 454 ff.
- Bemessungsgrundsätze 918
- Besitzstreit 476 ff.
- Bewertungsgrundsätze 430 ff.
- Bewilligungserklärung 443
- Eigentumswohnung 1500 ff.
- Erbauseinandersetzung 464, 3858 ff.
- Erbbaurecht 456
- Erbengemeinschaft 446
- Feststellungsklage 2054
- Feststellungsklage auf Bestehen der Auflassungspflicht 451
- Gegenleistung 458 ff.
- Gründe der ~ 437 ff.
- Hausgrundstück 436
- Heimfallklage 456
- Interesse des Klägers 437 ff.
- Inventar 434
- Kultgegenstände 476
- lastenfreie Umschreibung 433, 438
- Leistungsverweigerungsrecht 458 ff.
- Löschung von Grundpfandrechten 433, 452, 3333
- Miterben 431, 446, 449, 464, 3858 ff.
- Rückauflassung 431, 435, 2628 f.
- Rückübertragung 4769 f.
- Schadensersatzansprüche 453
- Tauschvertrag 437
- Verkehrswert 432
- Vermessungsergebnis 441
- Vorerbe 447, 6121

- Wandlungsklage 437
- Widerklage auf Nichtbestehen der Auflassungspflicht 451
- Widerklage auf Kaufpreiszahlung 3101
- wirtschaftliche Betrachtungsweise bei Gegenforderungen 472 f.
- Wohnrecht 455
- Wohnungseigentum 6358
- Zahlungsabwicklung 444
- Zurückbehaltungsrecht 458 ff.
- Zustimmungsanspruch 442
- Zweckverfolgung 437 ff.

Auflassungsvormerkung 479 ff.
- Belastungen 480 f., 489
- einstweilige Verfügung 1616 ff.
- Eintragung 480 ff.
- Grundstückskaufvertrag 3032
- Löschung 486 ff., 1502, 3357 f.
- Löschungsbewilligung 83, 4151
- Regelstreitwert 483 f.
- Regelstreitwert für Löschung 492 ff.
- Sicherungsinteresse 479
- Verkehrswert 480, 490

Auflösende Bedingung 814

Auflösung
- Pachtverhältnis 4309
- Partei-Landesverband 4158

Auflösung einer GmbH 497 ff., 2303
- Feststellungsklage 498
- Geschäftsanteil 499
- Interesse des Klägers 499 ff.
- Kündigung 501
- Stammeinlage 502
- Verfahren 497
- Widerklage auf Ausschluss 3102

Auflösungsklage, Gestaltungsklage 2334

Aufnahme des Verfahrens siehe Verfahrensruhe

Aufnahme in den Verbund 503 ff., 5603

Aufnahme in den Verein 2929

Aufopferung 505 ff.

Aufrechnung 507 ff., 2232
- Abgrenzung 529

- Abrechnung, Rechnungsposten 527
- Abrechnungssaldo 513
- Anerkenntnisurteil 561
- Anrechnung 510, 617, 634
- hilfsweise erklärte 614
- Anwaltliche Gebühren 632
- eines Dritten 555
- mehrfache 582
- mit mehreren Gegenforderungen 616
- verspätet zurückgewiesene 571
- Aufrechnungseinwand 557, 559
- Aufrechnungserklärung 554, 562
- Aufrechnungsforderung, ungenügend individualisiert 570
- Aufrechnungslage 575
- Aufrechnungsverbote 573
- Aufrechnungswille 508
- Bedingungsfeindlichkeit 517
- Berechnungsposten, unselbständige 611
- Bürge 525, 555, 1156
- dienstvertragliche Rechtsverhältnisse 534
- Differenztheorie 512
- Einigungsgebühr 633
- Einspruch 564
- Einzelforderung 513
- empfangsbedürftige Erklärung 508
- Erfüllungseinwand 515, 524
- Erklärung von Dritten 525
- Ersatzvornahmekosten 536
- Eventualforderung eines anderen Rechtsstreits 626
- Eventualverhältnis 548 ff., 566
- Fälligkeitsprüfung 577
- fehlerhafte anwaltliche Beratung 534
- Forderungsverzicht 2202 ff., 6041 f.
- Gebührenstreitwert 521
- Gegenforderung 521, 545 ff., 552, 586, 615, 2232
- Gegenseitigkeit 578
- Gerichtsgebühren 627
- Geschäftsbesorgung, entgeltliche 534
- Gewährleistungsrechte 512, 528, 603
- Gleichartigkeit 572
- Hauptaufrechnung 544, 613
- Hilfsaufrechnung 547, 2982, 4627, 5721 ff.
- Hilfserwägungen 568
- Hilfswiderklage 522, 2859
- Insolvenzverfahren 604, 2970
- instanzbezogene Wertfestsetzung 630
- Instanzunterschiede 594
- Kauf- und Werkvertragsrecht 532
- Klage und Widerklage 601
- Klageforderung bestritten 583
- Klageforderung mit Aufrechnung 526
- Klagehäufung 3417
- Mangelschäden und Mangelfolgeschäden 540
- Mietrechtliche Streitigkeit 533
- Minderung 532
- Nachverfahren 5575
- Negative Feststellungsklage 600
- Nichterfüllung des Vertrages 535
- Prozessaufrechnung 516
- Prozessuale Rüge 548
- Qualifizierung, fehlerhafte 530
- Rechnungsposten, unselbständiger 510
- rechtliche Würdigung 509
- Rechtskraft 521
- Rechtskrafterstreckung 579
- Reduktion der Klageforderung 581
- Rücknahme der Aufrechnungserklärung 562
- Rücknahme des Rechtsmittels 621
- Rücktritt 531
- Saldoforderung 527
- Saldotheorie 512
- Schadensersatz 535 f., 540 ff.
- Sperrgrenze des § 322 Abs. 2 ZPO 628
- Überzahlung auf Abschlagsrechnung 512

– Unzuständigkeit 569
– Verfahrensgebühr 632
– Verfahrensstreitwert 629
– vergebliche Aufwendungen 536
– Vergleich 625, 630, 5721 ff.
– Verrechnung 510
– Versäumnisurteil 563
– Verteidigungsmittel 514
– Vertragsstrafenversprechen 543
– Verwerfung des Rechtsmittels 619
– Verzicht auf Forderung 2202 ff., 6041 f.
– Vollstreckungsabwehrklage 605
– Vollstreckungsgegenklage 618, 6080 f.
– Vorbehaltsurteil 565
– Vorgreifliche Entscheidung 559
– Vorschuss 536
– Vorschusspflicht 523
– Vorschusszahlung 512, 6157
– Vorteilsausgleich 512
– Wertfestsetzung, getrennte 595
– Widerklage 522, 3100
– Wiederaufnahmeklage 607
– wirtschaftliche Betrachtungsweise 635
– Zurückbehaltungsrecht 556, 558
– Zuständigkeitsstreitwert 520
Aufschiebende Bedingung 810 ff.
– Anwartschaftsrechte 358 f.
Aufschiebende Wirkung
– Baulandverfahren 803 ff.
Aufwandsentschädigung siehe Spesen
Aufwendungen für Pflegekosten 4355 f.
Auseinandersetzung siehe Aufhebung von Gemeinschaften
Auseinandersetzungsbilanz 1116
Außergerichtliche Anwaltstätigkeit 934
Außergerichtliche Einigung, Vergleich 5677
Ausgleichsanspruch
– eheliches Güterrecht 2183
– Erbengemeinschaft 3878 ff.
– nach § 2050 BGB 645 f.

Ausgleichsanspruch des Handelsvertreters 637 ff., 2659
– Auskunftsanspruch 644
– Feststellungsklage 2055 ff.
– negative Feststellungsklage 642
– Stufenklage 5165
– unbezifferter Klageantrag 640
– Zahlungsklage 638
Ausgleichszahlung
– Erbstreitigkeiten 3878 f.
– Feststellungsklage 2057
– Mietstreitigkeiten 3609, 3631 ff., 5686
Auskunft durch Wirtschaftsprüfer 714
Auskunftsanspruch 647 ff.
– aktienrechtlicher 683
– Beamter 704
– Bemessungsgrundsätze 912, 964
– Beschwer 4530 f.
– Bewertungsgrundsätze 650 ff.
– Bilanz 701
– Bruchteilswert 652 ff.
– eidesstattliche Versicherung 706 ff.
– Einzelfragen 663 ff.
– Erbengemeinschaft 3880 ff.
– Erbschaft 672 ff.
– Erfüllungsinteresse 653
– Gebührenwert in der Rechtsmittelinstanz 690 ff.
– Geheimhaltungsinteresse 705, 711
– Gesellschafter 689
– gesetzliche Unterhaltspflicht 5408 f.
– gewerblicher Rechtsschutz 2468 f.
– Handelsvertreter 644, 685, 2662
– Informationsrechte 689
– Interesse des Klägers 654 ff.
– Kenntnisstand 659 ff.
– Kennzeichenstreitigkeit 681
– Lebensversicherung, Rückkaufswert 700
– Lieferantenbenennung 680
– Nachlassverzeichnis 3926 f.
– nichtvermögensrechtlicher Art 648
– Offenbarungsversicherung 676, 688
– Pflichtteil 675 ff., 4360 ff.

– Rechtskraft des Auskunftsurteils 712
– Rechtsmittelinstanz 690 ff., 4530 f.
– Regelstreit 652 ff.
– revisionsrechtliche Überprüfung der Schätzung 691
– Sachverständigengutachten 677
– und Schadensersatzklage 670 f., 4792
– Steuerbescheid, Vorlage 710
– Stufenklage 678, 5141 ff.
– Übergang zum Leistungsanspruch 663
– unbezifferter Leistungsantrag 655
– Unterhalt 649, 663 ff., 5408 f.
– Vergleich 5711
– Vermächtnis 5891
– vermögensrechtliche Streitigkeit 647
– Vorlage eines Vermögensverzeichnisses 687
– Warenzeichenstreitigkeit 681
– Wettbewerbsrecht 679
– Zugewinnausgleich 664 f., 6385, 6388 f.
Auskunftstitel
– Vollstreckungsabwehrklage gegen ~ 6076
Auskunftsverurteilung eines Beamten wegen seiner Bezüge 704
Auslagen siehe Spesen
Ausländische Währung 716 ff., 2194 f.
– Kursschwankungen 718 f.
– Umrechnung 718, 6169 f.
Ausländisches Urteil oder ausländischer Schiedsspruch 716
– Kosten 4018
– Rückstände bis zum Zeitpunkt der Vollstreckbarerklärung 6060 ff.
Auslandswohnsitz des Antragsgegners, Arrest 379 f.
Auslegung
– Antrag bei Nebenintervention 4119
– Antrag auf Befreiung von einer Verbindlichkeit 830
– Aufrechnungserklärung 509

– Feststellungsklage 2010
– Hauptsacheerledigung und Klagerücknahme 1823 f.
– Klageantrag 724 ff., 863, 921
– Klageantrag an Hand der Streitwertangaben 252
– prozessuales Anerkenntnis 185
Ausscheiden eines Gesellschafters 730 ff.
– Anmeldung zum Handelsregister 271 ff.
– Feststellungsklage 273, 2058
Ausschließung 279, 735 ff.
– Aufgebotsverfahren siehe dort
– Erbengemeinschaft 751 ff.
– Feststellungsklage 2059
– Genosse 2261
– Genossenschaft 745 f.
– Gesellschafterbeschluss 737, 2304
– Gestaltungsklage 736, 2334
– GmbH 743 ff.
– Idealverein 747 ff., 2930
– Interesse des Klägers 738
– Personenhandelsgesellschaft 739 ff.
– stiller Gesellschafter 744
Ausschluss aus Verein 4158, 5645
Ausschlussurteil 757
– Vorbehalt 6129
Aussetzung 760 ff.
– Bruchteilswert 762 f.
– als Einrede 1522
– Hauptsachewert 761
– und Richterablehnung 91
– der Verwertung 6116
– Zwangsvollstreckung 764
Aussonderung 765 f., 2984
Autoleasingnehmer, Deckungsklage 5936
Automatenaufstellvertrag 768 ff.
– Feststellungsklage 772
– Schadensersatz 771
– Unterlassungsklage 772

Bankguthaben, Nachlasszugehörigkeit 3886

Bauhandwerkersicherungshypothek
773 ff., 4328
– Anspruch auf ~ zusammen mit
Werklohnanspruch 2198
– Bruchteilswert 774 f.
– Interesse des Gläubigers 773
– Kosten 773
– Verbindung mit Werklohnklage
776
– Vormerkung 775
Baukostenzuschuss, Mietstreitig-
keiten 3489
Baulandverfahren 778 ff.
– Anfechtung des Umlegungsplans
789 ff., 794
– aufschiebende Wirkung von Wider-
spruch und Anfechtung 803 ff.
– Besitz 1061
– Besitzeinweisung, vorzeitige 800 ff.
– Enteignung 783 ff.
– enteignete Grundstücksbelastung
786
– enteignungsähnlicher Eingriff 788
– Geldentschädigung 779 ff.
– Grenzregelung 799
– Grundstückstausch 793
– Herausnahme aus der Umlegung
792
– Mehrheit von Grundstückseigen-
tümern 796 ff.
– Rechtmäßigkeit von Verwaltungs-
akten 789 ff.
– Regelstreitwert 783, 788, 791 ff.,
797, 801
– Umlegungsverfahren 787 ff.
– unbezifferte Anträge 780 ff.
– Verhältnismäßigkeitsgrundsatz 797
– Verkehrswert 783, 788 f.
– Wertaddition 797
– Zufahrt zu einem Grundstück 791
– Zwangsmaßnahmen 806
Baumaßnahmen, Zugangsgestattung
1672
Bauträger, Besitzeinräumung 1068
Bauvertragsklausel in AGB 149
Bauwerksbeseitigung 1023

Beamter
– als Arbeitnehmer 370
– Gehaltsauskunft 704
Bearbeitungsgebühren 807 f.
– Unfallfinanzierung 5396
Bebautes Grundstück 2614 f.
– Auflassung 436
– Verkehrswert 2610, 5866 f.
Bedeutung der Sache
– Ehesachen 1347 ff.
– nichtvermögensrechtliche Streitig-
keiten 4178 ff.
Bedingung siehe Anwartschaftsrecht
– auflösende ~ 814
– aufschiebende ~ 810 ff.
Beendigung
– Geschäftsführertätigkeit 4283
– Mietverhältnis 3504
– Pachtverhältnis 4292
Befangenheitsablehnung siehe Rich-
terablehnung, Schiedsrichterableh-
nung, Sachverständigenablehnung
Befreiung von einer Verbindlichkeit
815 ff.
– Abschläge 827 ff.
– Antragsfassung 830
– Befreiungsanspruch 850
– Bereicherungsanspruch 999
– Bruchteilswert 829
– Bürgschaft 819 ff., 4892
– Darlehen 839
– Erbengemeinschaft 3887
– Feststellungsklage 824 ff., 2061 f.
– Gesellschafter 819
– Gesellschaftsschulden 819, 2305
– Haftpflichtversicherung 843 ff., 5908
– Hypothek 836 ff.
– Irrtumsanfechtung 2992
– Kosten 816, 849, 4019 ff.
– Lastenausgleich 848
– Leistungsanträge 815 ff.
– mehrere Schuldner 831 ff.
– Miterben 835
– Nebenforderungen 816 ff., 851,
4019 ff., 4034 ff.
– nichtiger Vertrag 835, 4143

– persönliche und dingliche Haftung für Hypothek 836 ff.
– Schadensersatzverpflichtung 819, 4793
– unbezifferte Anträge 824
– Unterhaltsansprüche 841 f.
– Vermögensabgabe 847
– Vollstreckung 815, 830
– Zinsen 816 ff., 4019 ff.

Befriedigung, abgesonderte siehe Abgesonderte Befriedigung
BEG-Entschädigungsansprüche 853 f.
Begutachtungskosten 5804 f.
Begründung der Klage und Bemessungsgrundsätze 869
Begründung der Streitwertfestsetzung siehe Streitwertbeschwerde
Begründungszwang, Festsetzung des Streitwerts 1977 ff.
Behandlungskosten 5802
Beheizung, Mietstreitigkeit wegen 3634 ff.
Beiordnung eines Rechtsanwalts 857 ff.
Beitritt eines Nebenintervenienten 6457

Belastungen
– Abtretung verpfändeter Grundpfandrechte 132 f.
– Auflassung 447, 454 ff.
– Auflassungsvormerkung 480
– und Besitz 1046
– Duldungsklage 1223
– Ehesachen, abzugsfähige ~ 1277 ff.
– enteignende ~ im Baulandverfahren 786
– Entziehung des Wohnungseigentums 1746 ff., 6361
– Erbbaurecht 1757 ff.
– Gläubigeranfechtung, zurückzugewährender Gegenstand 2563
– Grundbuchberichtigung, Abzug von ~ 2575 f.
– Grunddienstbarkeit 2592
– Grundschuld 2605 f.
– Grundstück 2615 ff.

– Grundstücksherausgabe 4197
– Heimfallanspruch 456, 2686 ff.
– Insolvenzanfechtung 2990
– lastenfreie Umschreibung eines Grundstücks 438
– Löschung einer Vormerkung 489 f.
– Nießbrauch 4200
– Pfandgegenstand 4325 f.
– und Verkehrswert 455, 5870 f.
– Vertragserfüllung 6032
– Wohnungseigentum 6360

Beleidigung, siehe Ehrkränkende Äußerungen
Bemessungsgrundsätze 863 ff.
– Änderung des Streitwerts nach Klageeinreichung 888
– Angabe des Streitwerts 946 ff.
– Angebot der Gegenleistung 939
– angekündigter Antrag 901
– Anträge 891
– Anwaltsgebühren 931
– Arbeitsumfang des Anwalts 936
– Auflassungsklage 918 ff.
– außergerichtliche Anwaltstätigkeit 934
– Auskunft 912, 964
– Auslegung des Klageantrags 863, 921
– Begründung der Klage 895
– Berichtigung des Klageantrags 923
– Bruttobeträge 864
– Darlehens-Ablösungsvertrag 920
– Defloration 967
– Ehesachen 902, 933 ff.
– einheitliche Festsetzung für beide Parteien 930
– Einsicht in Handelsbücher 884
– einstweilige Verfügung 887
– Einwendungen 937 ff.
– Erfolgsaussicht 875
– Erklärungsirrtum 909
– Erledigung der Hauptsache und Klageerweiterung 878
– Ermessen 962
– Erweiterung des Klageanspruchs 876 f.

– Eventualaufrechnung 903
– Fälligkeitsstreit 882
– Feststellungsklage 968 ff.
– Gerichtskosten 931
– Gesetzesänderungen 927
– Herausgabe 971 f.
– Hilfsaufrechnung 903
– Importeurvertrag 974
– Interesse der Parteien 869 ff., 912 ff.
– Klageänderung 876 ff.
– Klageantrag 863, 896
– Klagebegründung 869
– Leistungsmodalitäten 881
– materielle Rechtslage 894
– mehrere Beklagte 886, 914
– mehrere Streitgegenstände 890
– nichtvermögensrechtliche Streitig-
  keit 903, 4176 ff.
– offenbare Unrichtigkeiten 908
– persönliche Verhältnisse der Par-
  teien 928
– Prozesskostenhilfe 905, 4398 ff.
– Postulationsfähigkeit 893
– Prostituierten-Verdienste 954
– Ratenzahlung 941, 4454 ff.
– Rechtsmittel 899
– Rechtsschutzbedürfnis 897
– Rechtsschutzversicherung 875
– Rechtsverteidigung 869
– Rentenanspruch 975 ff.
– Sachverständigengutachten 957
– Schätzungskosten 958, 4778 ff.
– Schlüssigkeit der Klage 895
– Tilgung der Klageforderung 942
– Überschreitung des Antrags im
  Urteil 899
– übersetzte Anträge 897 f.
– unbegründete Anträge 866
– unbestimmte Anträge 978 ff.
– unbezifferte Anträge 953, 5361 ff.
– unzulässige Anträge 865
– Unterlassungsanspruch 982 ff.
– Vergleich 933, 986 f., 5683 ff.
– Verkehrswert 879, 5862 ff.
– vermögensrechtliche Ansprüche
  932

– vertrauliche Angaben 929
– Verwaltungsgerichtsbarkeit 917
– Vollstreckungsklausel 989
– Wertminderung während des Pro-
  zesses 872
– Wertpapiere 890, 6235
– in Wettbewerbssachen 926, 2347 ff.
Beratungshilfe 991 ff.
Bereicherungsansprüche 996 ff.
– und Änderung des Streitwerts 182
– Besitz 1050
– Herausgabe 997, 2712
– Nebenforderungen 998
Berichtigung
– Angabe des Streitwerts 255
– Beschwerde 5580
– Grundbuch~ siehe dort
– Klageantrag 909
– Miterben 3888 ff.
– Sitzungsprotokoll 5584
– Streitwertangabe 946 f.
– Tatbestand 5579 ff.
– Urteil 5579 ff.
– Wertangaben 250, 1142 ff.
– Zeugnis 6324
Berufsunfähigkeitsrente 1001 ff.
**Berufsunfähigkeits-Zusatzversiche-
rung**, Feststellung 2146 ff.
Berufung 4613 ff. siehe auch Rechts-
mittel
– Schlussurteil 44854 f.
– Teilurteil 5251 ff.
– unbezifferte Anträge 5388 ff.
– wegen Zinsverurteilung 180
– Zurückweisung der Aufrechnung
  594 ff.
– Zwischenurteil über Unzuständig-
  keitseinrede 1524 ff., 6466
Berufungsrücknahme 1010 ff.
– Anwaltsgebühren 1010 f.
– Gerichtsgebühren 1010
– Wert für Verlustigerklärung 1012 ff.
Berühmung siehe negative Feststel-
lungsklage
Beschluss siehe auch Streitwert~
– Prozessverbindung 4438

– Streitwert~ 1929
– Streitwertfestsetzung 1953 ff.
Beschlussanfechtung siehe Anfechtungsklage
Beschränkte Erbenhaftung 2651 f.
– Urteilsergänzung 5588
– Vorbehalt 6130 f.
Beschränkte Haftung siehe Haftungsbeschränkung
Beschränkt persönliche Dienstbarkeit siehe Dienstbarkeit
Beschränkung der Beweisaufnahme 1100
Beschwer 4515 ff. siehe auch Rechtsmittel
– Aufrechnung mit Gegenforderung 608 ff.
– Beseitigungsverlangen 1018
– kapitalisierte Zinsen 4659
– Schlussurteil 4858
– Streitgenossen 4932 ff.
– Streitwertbeschwerde 4941 ff.
– Teilurteil 5247 ff.
– Überbau 5294
– Umsatzsteuer 5338
Beschwerde 4641 ff. siehe auch Streitwertbeschwerde und auch Rechtsmittel
– Änderung der Festsetzung durch ~gericht 35 ff.
– Aussetzung 4651
– Begründung der Wertfestsetzung für ~gericht 1980 ff.
– Beiordnung eines Anwalts 857
– Berichtigungs~ 5580 f.
– gegen Beweisbeschluss 1104
– einstweilige Anordnung über elterliche Sorge 1699 ff.
– fehlende Begründung der Wertfestsetzung 1980 ff.
– Insolvenzverfahren 2956 ff.
– Kostenfestsetzungsbeschluss 4648 ff.
– bei Prozesskostenhilfe 4394 ff., 4402
– Sicherheitsleistung im Prozess 4881 f.

– bei Streitwertbegünstigung in Wettbewerbssachen 2464 f.
– Verfahrensruhe, Ablehnung 5661
– Verweisungsentscheidung 4652, 6040
– Wert bei Streitwertbeschwerde 4968 ff.
Beseitigung
– eines Energieversorgungskabels 1028
– einer Funkantenne 1021
– einer Leuchtreklame 1020
– einer Parabolantenne 1022
– von Schäden in der Mietwohnung 1026
– eines Überbaus 1024, 5289
– Wert des Beseitigungsverlangens 1017
Beseitigungsanspruch 1017 ff. siehe auch Räumung
– Bauwerk 1023, 2622 f.
– Bauwerke, Mietstreitigkeiten 3562, 3638
– Beschwer unabhängig vom Streitwert 966, 4520
– Mängel des Mietgegenstands 3576 ff., 3638
– Reklameschilder 1020
– Überbau 5289 ff.
Besichtigung 1029 ff., 1228
– Beschwer 1036 ff.
– durch Kaufinteressenten 1033
– durch Mietinteressenten 1032, 3642
– durch einen Sachverständigen 1035
– durch den Vermieter 1034, 3642
– Zuständigkeits- und Gebührenstreitwert 1030
Besichtigungsflüge 2470
Besitz
– abgeleiteter, Mietstreitigkeiten 3625
– Affektionsinteresse 1044
– Baulandverfahren 1061
– Bauträger, Besitzeinräumung 1068
– Begriff 1039

– Besitzentziehung von Wohnraum 1066
– dingliche Belastungen 1046
– Duldung der Wegnahme 1049, 6185
– Eigenbesitz 1039
– und Eigentum 1484, 1487 ff.
– Eigentümer als Kläger 1040
– Eigentumsstörung 1059
– Einräumung von Mitbesitz 1054
– einstweiliger Rechtsschutz 1063
– Fremdbesitz 1039
– Gebührenstreitwert 1062
– Gegenleistung 1045
– Grundstücksübergabe 1053
– Herausgabe 1048
– Miet- oder Pachtverhältnis 1051, 1065 ff., 1070
– Mitbenutzungsrecht 1043, 3829 ff.
– Störung des ~es 1056 ff., 1070 ff.
– strafbare Verletzung 1057
– Streitgegenstand 1040
– Teilbesitz 1054
– unbestrittene Eigentümerstellung 1052
– ungerechtfertigte Bereicherung 1050
– Unterlassung der Besitzstörung 1058, 5509 ff.
– Urkunde 1055
– Verkehrswert 1044, 1064
– vorläufige Übertragung 1069
– vorläufige Übertragung durch einstweilige Verfügung 1635 f.
– Wert der Sache 1044
– Wiedereinräumung 996
– Wohnraum 1066
Besitzeinräumung, Feststellungsklage 2063
Besitzentziehung siehe verbotene Eigenmacht
Besitzstörung
– Ehewohnung 5520 f.
– einstweilige Verfügung 5515
– Grundstück 5509
– und Herausgabe 2697
– Mietstreitigkeiten 3649 ff.
– Straftat 5514

– Unterlassung 5509 ff.
– Wohnung 5516
Bestandsstreit
– bei Arbeitnehmern 365
– über Jagdpachtvertrag 3001
– im Schiedsgerichtsverfahren 4843 f.
Bestehen eines Mietverhältnisses 3504, 3544 ff.
Besuchsrecht siehe Umgangsrecht
Betreuungsleistungen in Ehesachen 1283
Betretungsrecht 1228
Bewegliche Sachen
– Mietstreitigkeiten 3468
– Verkehrswert 5872 ff.
Beweisaufnahme 1075 ff.
– Änderung der Wertfestsetzung 266
– Anfechtung der Beweisanordnung 1105
– Antragsermäßigung 1100 f.
– Aufhebung des Beweisbeschlusses 1104
– Beschränkung 1100
– Beschwerde 1104
– Beweiserhebungswille des Gerichts 1081, 1100
– Beweisgebühr 1075
– Ehesachen 1090
– in Ehesachen über Vermögensverhältnisse 1258
– Erledigung der Hauptsache 1100
– nach Folgesachen 1090
– Gegenstand des Beweises 1084
– über Hilfsaufrechnung 1092
– Klageerweiterung 1097
– Klageerweiterung nach ~ 1098
– Klagenhäufung 1091
– Klagerücknahme 1099
– Klärungsbedürftigkeit 1087
– Kursschwankungen 1102 f.
– mehrere Ansprüche 1089
– Sachverständigengutachten 1101
– Schätzung 1101
– Schiedsgerichtsverfahren 4831
– selbständiges Beweisverfahren 1093
– Stufenklage 1987

– Teilnahme an einer ~ 1077
– teilweise Betroffenheit des Streit-
  gegenstandes 1085, 1100
– Übergangsregelung 1076
– Umfang 1084 f., 1086
– Unterhalt 1089
– Vaterschaftsfeststellung 1089
– Veränderungen des Streitgegen-
  stands 1095 ff.
– Versäumnisurteil, teilweises 1094
– vorbereitende Ladung von Zeugen
  1083
– Werterhöhungen 1094
– Widerklage nach ~ 1097
Beweisgebühr 1075
**Beweislage und Änderung des Streit-
werts** 165
Beweissicherungsverfahren siehe
  Selbständiges Beweisverfahren
Beweisurkunden
– Aufgebotsverfahren 403 ff.
– Herausgabe 2713 f.
Beweisverfahren, Selbständiges
  4861 ff.
Bewerbervertrag 3015
– Mietstreitigkeiten 3695
Bewilligung 1106 siehe auch Auf-
  lassung, Auflassungsvormerkung,
  Löschung
– Auflassung 443
– Eintragungs~ 1673 f.
– Erwerbsverbot siehe dort
– Löschung 83
Bezugsrecht siehe Gewinnanspruch
Bezugsverpflichtung
– Ordnungsgeld 2532
– Androhung 5503
– Vertragserfüllung 6031
Bierabnahmepflicht 114, 1107 ff.
– Dienstbarkeit 1114
– Gewinn 1109
– Klage auf Feststellung der ~ 1108 ff.
– Klage auf Nichtigkeit der ~ 1112 ff.
– Umsatz 1108
– Vormerkung durch einstweilige
  Verfügung 1115, 1667

Bilanz 1116
Bild, Recht am eigenen 1120, 4158,
  4488 f.
Bindung
– an Angaben der Parteien 1142 ff.
– an Parteivereinbarung über Wertvorschlag 1131
– an Streitwertfestsetzung im Ausgangsverfahren 3226 ff.
– bei unbezifferten Anträgen 5353 ff.
– an Zuständigkeitsstreitwert 1122
Bindung an Wertfestsetzung 5,
  1122 ff., 1971 ff.
– abweichende Wertfestsetzung durch
  Urkundsbeamten 1130
– Änderung der Streitwertfestsetzung
  5 f.
– und anwaltliche Gebührenverein-
  barung 1131
– Anwaltsgebühren 1131, 1992
– Auswirkung auf spätere Verfahren
  182
– höhere Instanzen 1140
– Parteivereinbarungen 1997 ff.
– PKH-Verfahren 1996
– Rechtsmittelgericht setzt fest
  1995
– bei Vergleich 5682
– Verweisung 1994, 6039
– Zuständigkeitsstreitwert 1122 f.,
  1990 ff.
Blindenhilfe als Einkommen 1271
Blutgruppengutachten 6465
Boden- und Ertragswert 5866
Börsenpapiere 1148
– Aktien siehe dort
– Herausgabe 2819 f.
Boykottaufruf 2471
Bruchteilserhöhung bei elterlicher
  Sorge und mehrere Kinder 1704
Bruchteilsgemeinschaft siehe Auf-
  hebung von Gemeinschaften
Bruchteilswert
– Arrest 375 ff.
– Auflassungsvormerkung 481 ff.
– Auskunftsanspruch 650 ff., 5145

– Auskunftsanspruch des Handelsvertreters 685
– Aussetzung des Verfahrens 763 f.
– Bauhandwerkersicherungshypothek 774 f.
– Befreiung von einer Verbindlichkeit 821
– eidesstattliche Versicherung 5146 ff.
– Einstellung der Zwangsvollstreckung 1578 ff.
– einstweilige Verfügung 1588 ff.
– einstweilige Verfügung in Wettbewerbssachen 2381 ff.
– Erbunwürdigkeit 1771
– Erlöschen eines Schiedsvertrags 4844
– Löschung einer Vormerkung 487 ff.
– Nebenintervention 4123
– positive Feststellungsklage 2020 ff.
– Ratenzahlung 4455
– Rechnungslegung 4467 ff.
– Rücktritt vom Erbvertrag 4765, 3938
– selbständiges Beweisverfahren 4863
– Sicherung von Ansprüchen 4885 ff.
– Stufenklage 5141 ff.
– Tatbestandsberichtigung 5580
– Testamentsvollstreckung 5274
– Urteilsberichtigung 5580
– Verfahrensruhe 5661
– Vorkaufsrecht 6136 ff.
– vorläufige Vollstreckbarkeit 6147 ff.
– vorzeitiger Zugewinnausgleich 6390
– Widerspruch gegen Grundbucheintragung 6257 f.
– Zeugnisverweigerung 6366
Bruttolohn 864
Bürgschaft 1149 ff.
– Aufrechnung 1156
– Aufrechnung des Hauptschuldners 525
– Befreiung von einer Verbindlichkeit 819
– Beseitigung des ~svertrages 1157
– Bestellung 1157, 4892
– Beweiswert der Urkunde 1163 ff.
– Fertigstellungsbürgschaft 1150
– Feststellungsklage 1160, 2064 ff.
– Freistellungsanspruch 1157, 4892
– Geldforderung 1151 ff.
– Herausgabe der Urkunde 1162 ff.
– Hilfsaufrechnung des Bürgen 1156
– Inanspruchnahme des Bürgen 1149, 4892
– Inanspruchnahme auch des Hauptschuldners 1155
– Kosten 1152
– Miete 1153
– Mietbürgschaft 1153
– Nebenforderungen 1152, 4026, 4892
– Pacht 1153
– Provision 4384
– Regressklage des Bürgen 1161
– Sicherheitsleistung bei Werkvertrag 6204
– Spesen 4912
– Unterhalt 1154
– Urkundenherausgabe 2715 ff.
– Widerklage des Bürgen 1167, 2720, 3100
– Zinsen 1152, 4025 ff.
– Zurückbehaltungsrecht an ~surkunde 1166

Computerprogramm
– Unterlassungsanspruch gegen Anwender 5519

Darlehen 1170 ff.
– Abschluss 1170, 6013 f.
– Befreiung von einer Verbindlichkeit 831
– Freistellungserklärung 1173
– Gegenleistung 2233
– Gewährung eines ~s 1171
– Kosten und Kreditgebühren 1177
– Kreditgebühren 1177 f., 3255 ff., 5262 ff.
– Nebenforderungen 4047 ff.
– Ratenzahlung 1175, 4454
– Rückzahlung 1174

- Vertragsabschluss 1171
- vorzeitige Ablösung 1172
Dauer des Mietverhältnisses 3497 f., 3655
Dauerschäden, Feststellungsklage 2068
Dauerschuldverhältnisse, Feststellungsklage 2069
Dauerwohnrecht 2683, 6336 ff. siehe auch Wohnrecht
- Löschung 3354 ff., 6348
- Mietstreitigkeiten 3515, 3811
- nach WEG 2691, 6343 ff.
Deckungsschutz 5942 ff. siehe auch Versicherungsvertrag, Haftpflichtversicherung
- Anwendbarkeit des § 42 GKG 5945 ff.
- Feststellungsklage 2142 ff., 5936, 5951 ff.
- Haftpflichtversicherung 5960 ff.
- Insassenversicherung 5957
- Leasingnehmer 5936
- Rechtsschutzversicherung 5944
- Regressverzicht des Versicherers 5961 f.
- Rente 4742 ff., 5958
- Umsatzsteuer 5333
- Widerklage 5963
- Zinsen 4028
- Zuständigkeit und Zulässigkeit 5945
Deflorationsanspruch 967
Deklaratorisches Schuldanerkenntnis siehe Schuldanerkenntnis
Delegiertenwahl
- Anfechtung 4158
Derselbe Streitgegenstand siehe auch Mehrere Ansprüche
- bei Klage und Hilfswiderklage 2869 ff.
- bei Klage und Widerklage 3100 ff.
Dienstbarkeit 1181 ff.
- Abnahmeverpflichtung 1184
- Belastungen des Grundstücks siehe Belastungen

- Grunddienstbarkeit 1186 ff.
- Grundstückswert 2617
- nachbarrechtliche Ansprüche 3964
- Vormerkung 1183
- Wohnungsrecht 1182
Differenzmethode 1852
Dingliche Anwartschaftsrechte 358 f.
Dingliche Haftung, Befreiung von einer Verbindlichkeit 838 ff.
Dingliche Sicherung 1187 f.
Dinglicher Arrest siehe Arrest
Dingliches Vorkaufsrecht siehe Vorkaufsrecht
Dingliches Wohnrecht siehe Wohnrecht
Direktanspruch siehe Versicherungsschutz
Disposition für Streitwertangabe 264
Dividende 1189 f.
Dritter
- Aufrechnung eines ~ 525
- Feststellungsklage 2070
- und Mietstreitigkeiten 3656 ff.
- Zuwendung Dritter siehe dort
Drittschuldner siehe auch Forderungspfändung
- Klage des Gläubigers 4344 ff.
Drittwiderspruchsklage 1191 ff.
- Anfechtungseinrede nach dem AnfG 1202
- Anwaltsgebühren 1204
- Arrest 398
- Aufhebung von Gemeinschaften 1210 ff.
- Einstellung der Zwangsvollstreckung 1209, 1581
- maßgebender Zeitpunkt 1192
- mehrere Beklagte 1204
- mehrere Gläubiger 1203 ff.
- mehrere Pfandgegenstände 1203 ff.
- mehrfache Pfändungen des Gläubigers 1198
- Mietvertrag 1196 f.
- Pachtvertrag 1196 f.
- Pfändung 1203 ff.
- Räumungsvollstreckung 1196

- Sicherungseigentum 1193
- Teilungsversteigerung 415
- Tilgung der Forderung 1195
- unechte 415 ff., 1210
- Verkaufswert des Pfandgegenstandes 1199 ff.
- Verkehrswert 1199
- Versteigerung des Pfandgegenstandes 1200
- Wert des die Veräußerung hindernden Rechts 1191
- Widerklage auf Herausgabe 3100
- Zahlungen auf die Forderung 1195
- Zinsen und Kosten 1192
- Zwangsversteigerung 1210, 6410

Duldung der Zwangsvollstreckung
- Gläubigeranfechtung 2564 f.

Duldungsklage 1214 ff.
- anfechtbarer Erwerb 1227
- Besichtigung 1228
- dingliche Belastung 1223
- Duldungspflichten 1215
- Einzelfälle 1227 ff.
- Einräumung einer Grunddienstbarkeit 1232
- von Erhaltungsmaßnahmen für Mieträume 3405, 3666 ff.
- Erzwingung siehe Ordnungsmittel
- Grundpfandrechte 1223
- Haftungsbeschränkung 1236
- Handlung 1218
- Klagehäufung 1217
- Leistungsklage 1214
- Leistungsklage und ~ 1217
- Nebenforderungen 1224 f.
- Streitgenossen 1231
- Unterbrechung der Energieversorgung 1229, 5875
- Verbesserungsarbeiten an der Mietsache 3405, 3666 ff.
- Vermieter 3666 ff.
- Vermögensübernahme 1215
- Vollstreckung in Grundstück, Kosten der Rechtsverfolgung 4029
- Wegnahme eingebauter Sachen 1219, 5874, 6185 f.
- Wegnahme von Mess- und Regeleinrichtungen 1229, 6186
- Wegnahmerecht 1219
- auf Wertschätzung durch einen Sachverständigen 1233
- Zinsen und Kosten 1224, 4029
- Zwangsverwaltung 1234
- Zwangsvollstreckung 1220 ff., 1230

Durchsetzung von Informationsrechten 689

Durchsuchungsanordnung 1237

Ehegattenunterhalt 1547 ff., 5428 f.

Eheliche Lebensgemeinschaft, Wiederherstellung 6265 ff.

Eheliches Güterrecht 2183 f.

Ehelichkeitsanfechtung siehe Kindschaftssachen, Vaterschaftsfeststellung

Ehemäklerverträge, AGB-Klauseln 149

Ehesachen 1239 ff. siehe auch Scheidung
- Abtrennung von Folgesachen 4430
- Abweichung vom Regelwert 1365 ff., 1376 ff.
- Abzug für unterhaltsberechtigtes Kind 1282 ff.
- abzugsfähige Belastungen 1277 ff.
- Änderungsfrist, Wertfestsetzung 57
- Angaben der Parteien 1256
- Angelegenheit, einheitliche 1241
- anwaltliche Arbeit 1386 ff.
- Arbeitslosigkeit 1262
- Ausgangswert 1245 f.
- Aussöhnung vor mündlicher Verhandlung 1388
- Bedeutung der Sache 1347 ff.
- Bemessungsgrundsätze 902
- Berufstätigkeit der Eheleute 1248
- Berufung 4511 ff.
- Betreuungsleistungen 1283
- Betriebsvermögen 1314, 1319
- Beweisaufnahme 1090
- Beweisaufnahme über Vermögensverhältnisse 1258

- Beweislastprinzip 1256
- Blindenhilfe als Einkommen 1271
- Dauer der Ehe 1349 f.
- Einfamilienhaus 1323 ff.
- Einkommen der Parteien 1247, 1265 ff.
- einverständliche Scheidung 1374 ff.
- Ermessen 1255
- Ermittlungspflicht des Gerichts 1256
- fingiertes Arbeitsverhältnis 1256
- Freiberufler 1257, 1274, 1342
- Freibeträge bei Vermögen 130 ff.
- Gehaltszulagen 1345
- Gesamtwürdigung 1244
- gesellschaftliche Stellung der Parteien 1340 ff.
- Gewerbebetrieb 1280, 1311
- Grundstücksbelastungen 1306 f.
- Grundstücksverkehrswert 1305
- Hausgrundstück 1305, 1320, 1323 ff.
- Hausrat 1308, 2664 ff.
- Hilfe zum Lebensunterhalt 1270
- Kindergeld 1273
- Kleidung 1308
- Kommanditanteil 1303
- Kompensation 1253
- Kostenvereinbarung 3223 ff.
- Krankenversicherung 1277
- Kündigung des Arbeitsverhältnisses vor Antragstellung 1262
- Lebensgestaltung der Parteien 1335 ff.
- maßgebender Zeitpunkt 1262 ff.
- Mindestwert 1239
- Natural-Arbeitsentgelt 1266
- negative Herstellungsklage 2336 f.
- Nettoeinkommen 1240, 1246
- nichtvermögensrechtliche Angelegenheit 1241, 4158
- Nießbrauch an Grundstück 1307
- Prozesskostenhilfe 1382 ff., 4420 f.
- Prozessverbindung 4442 ff.
- Regelfall 1336 ff.
- Rücknahme des Scheidungsantrags 1368
- Schätzung 1258, 4775
- Schulden 1290 ff.
- Sonderausgabe 1279
- Sozialhilfeleistungen 1268
- Sparguthaben 1308
- übereinstimmende Wertangaben 1258
- Umfang der Sache 1247 ff., 1352 ff.
- unterhaltsberechtigtes Kind 1282 ff.
- Unterhaltsfreibeträge 1281 ff.
- Unterhaltsvorschussgesetz 1269
- Urlaubsgeld 1267
- Veränderung der Einkommensverhältnisse 1400
- Verbundverfahren 5606 ff.
- Vergleich 1252
- Vermögen 1254, 1299 ff.
- Vermögensfreibeträge 1330 ff.
- verwertbares Vermögen 1316
- vorläufige Wertfestsetzung 1395 ff.
- vorprozessuale Arbeitsbelastung 1386 ff.
- Vorwegentscheidung in der Ehesache 4444
- wechselseitiger Scheidungsantrag 1263
- Weihnachtsgeld 1267
- Werbungskosten 1278
- Werterhöhung 1249 f.
- Wertfestsetzung 1395 ff.
- Wertpapiere 1316
- Wiederherstellung der ehelichen Lebensgemeinschaft 1259 ff., 6265 ff.
- Wohngeld 1272
- Zeitpunkt der Werberechnung 1395 ff.
- Zuwendung Dritter 1346

Ehestörung, Unterlassung 5520 f.

Ehewohnung
- Besitzstörung 5516
- einstweilige Anordnung 1414 f., 1418 f.
- Folgesachen 2183 f.

– isolierte Verfahren 1403 ff.
– Verbundverfahren 1416 ff., 5633
Ehrkränkende Äußerungen 1421 ff.
– Ausgangswert 1422
– Beleidigung 1426, 1429, 5522 ff.
– Berufsehre 1435
– einstweilige Verfügung 1448
– E-Mail 1725
– Entschädigung 1431
– Erledigung in der Hauptsache 1840
– gewerblicher Rechtsschutz 2359, 2473
– Instanzunterschiede 1450 ff.
– Kreditgefährdung 1434 ff., 5526
– mehrere Ansprüche 1439 ff.
– nichtvermögensrechtliche Streitigkeiten 1421, 4162 ff., 4185
– öffentliche Behauptungen 1629, 5527
– politische 1444 ff.
– Presseveröffentlichungen 1444 ff.
– Regelwert 1422
– Rücknahme von Beleidigungen 1432
– Schmerzensgeld 1431
– soziales Ansehen 5523
– Umstände des Einzelfalles 1423 ff.
– Unterlassung 1425 f., 1432, 1627, 5522 ff.
– Unterlassung und Widerruf 1437, 1441, 5505 ff., 6248
– im Wahlkampf 1448
– Widerruf 1425 ff., 1432, 6247
– wirtschaftliches Interesse 1438
– in Zeitschriften 1427
– Zurücknahme der Äußerungen und Unterlassung 5524
– Zusammentreffen mit vermögensrechtlichen Ansprüchen 1436 ff.
Eidesstattliche Versicherung 1453 ff.
– Anwaltsgebühren 1459 ff.
– einer Auskunft 707
– Beschwerdeverfahren 1457
– Bruchteilsbewertung 1473 ff.
– Gerichtsgebühren 1455
– bei Herausgabepflicht 1468 f.

– materiellrechtliche Offenbarungspflicht 1453, 1470 ff.
– Nebenforderungen 3994
– vollstreckungsrechtliche Offenbarungspflicht 1453
– Stufenklage1470, 1483, 5146 ff.
– Umfang der Titulierung 1464
– Umfang des Vollstreckungszugriffs 1465 ff.
– Zinsen und Kosten 1463, 1467
Eigentum 1484 ff.
– zu bebauende Grundstücke 1488
– und Besitz 1040, 1484 ff
– dingliche Belastungen 1486
– Einheitswert 1492
– Feststellungsklage 1486, 2071 ff.
– Gebührenstreitwert 1484 ff.
– Grundstück 1488
– Verkehrswert 1492
– Wertminderungen und Herausgabe 1496 f.
Eigentumsherausgabeanspruch
– Eigentumsvorbehalt 2724 f.
– Mietstreitigkeiten 3560
– Räumung 3504
Eigentumsstörung 1059
Eigentumsverschaffung, Vorkaufsrecht 6133
Eigentumsvorbehalt 358, 1494 ff.
– einstweilige Verfügung 1498
– Feststellung 1497
– Feststellungsklage 2071 ff.
– Herausgabe 1495 ff., 6208
– Herausgabeklage 2724 f.
– Herausgabeverlangen 4893
– Verfügungsverbot 1660
– Wertminderung 1496
Eigentumswechsel, Streitwertänderungen 178
Eigentumswohnung 1500 ff. siehe auch Wohnung, Wohnungseigentum, Ehewohnung
– Auflassung, lastenfreie 1500
– dingliche Belastung 1500
– Entziehung 1507, 1745 ff.
– Herausgabe 1508 f., 2726 ff.

– Kündigung 1506
– Mietstreitigkeiten 3671
– Räumung 1508
– Vollzug der Auflassung 1501
– Zustimmung zum Abschluss eines Mietvertrages 1505
– Zustimmung zur Veräußerung 1503 f.
Eilverfahren siehe Einstweilige Verfügung, Arrest, Einstweilige Anordnung
Einfamilienhaus, Familiensachen 1320 ff.
Eingebaute Sachen, Wegnahmerecht 3562, 6185 f.
Einheitswert
– von Grundstücken 1492, 2608 f.
– und Verkehrswert 5865
– Zwangsversteigerung 6402 ff.
Einkommen der Parteien, Ehesachen 1265 ff. siehe auch Unterhalt, Ehesachen
Einkommensteuerbescheid, Auskunftsanspruch 710
Einkommensverhältnisse, nichtvermögensrechtlicher Streit 4181 ff.
Einreden und Einwendungen 1512 ff.
– Anfechtungsgesetz 1202
– Aussetzung 1522
– Begriffe 1512 ff.
– Bemessungsgrundsätze 937
– Berufung gegen Zwischenurteil über Unzuständigkeitseinrede 1524 ff.
– Fälligkeit, fehlende 1921 f.
– Grundstücksprozess 1519
– Hilfsaufrechnung 1518
– Hinterlegung 2889
– Klageleugnen 1514, 1517
– Kostenerstattung 1515
– materiellrechtliche Einrede 1513
– Mietstreitigkeiten 3471
– nicht gebührenrechtliche 5751 f.
– Parteifähigkeit 1520
– Prozessfähigkeit 1520
– Prozessführungsbefugnis 1520

– prozesshindernde Einrede 1515
– Prozessvoraussetzungen 1520
– Unzuständigkeit bzgl. Aufrechnungsforderung 569
– Unzuständigkeit des Gerichts 1515, 1521
– Verzicht auf ~ 6041, 6049
– Zulässigkeit des Rechtswegs 1523
– Zwischenurteil 1524
Einseitige Erledigung der Hauptsache 1783 ff., 1825 ff. siehe auch Erledigung der Hauptsache
– Feststellungsantrag 1783, 1825
– Hauptsachewert als Wertmaßstab 1831 ff.
– prozentualer Abschlag vom Hauptsachewert 1833 ff.
– Prozesskosten als Wertmaßstab 1827 ff.
– Zeitpunkt 1827 ff.
Einsicht siehe auch Informationsrechte
– Handelsbücher 884, 3307
– Personalakten 4310 ff.
Einspruch
– und Aufrechnung 564
– gegen Versäumnisurteil 3236
– gegen Vollstreckungsbescheid 3384 ff., 3397 ff.
Einstellung der Zwangsvollstreckung siehe Einstweilige Einstellung der Zwangsvollstreckung
Einstweilige Anordnung 1527 ff.
– Angelegenheit, eigene 1528 ff., 1531 ff.
– Anwaltsgebühren 1528 ff.
– Ehegattenunterhalt 1547 f., 5428 f.
– Ehewohnung 1414 f., 1418 f., 1551, 1564
– Einigung 1529
– Einigungsgebühr 1530
– elterliche Sorge 1540 ff., 1561, 1702 ff.
– Gegenstandswert 1539 ff.
– Getrenntleben 1546 ff., 2340

- Gewaltschutzgesetz 1555 ff., 1572 ff.
- Hausrat 1552, 1565
- Hausratsteilung 2673 f., 2678 ff.
- Kindesherausgabe 1542 ff., 1563, 3036 ff.
- Kindesunterhalt 1543 ff., 5426 f.
- Kostenvereinbarung 3223 ff.
- negative Feststellungsklage 2137
- persönliche Sachen 1553
- Prozesskostenvorschuss 1558 ff., 4425 f.
- Umgangsrecht 1541 ff., 1562, 5302 ff., 5318 ff.
- Unterhalt bei Vaterschaftsfeststellung 1566 ff., 5431 f.
- Unterhaltsrente 4696
- Verbundverfahren 5637 ff.

Einstweilige Einstellung der Zwangsvollstreckung 1576 ff.
- Arrest 399 , 1579
- Beschwerde 1582
- Bruchteilswert 1578 ff.
- Drittwiderspruchsklage 1581
- klageabweisendes Urteil 1580
- Nebenforderungen 1578
- im Streitwertfestsetzungsverfahren 2003

Einstweilige Verfügung 1582 ff.
- Abänderung 1606
- Abberufung von Organmitgliedern 1615
- Änderungsfrist, Wertfestsetzung 53
- und Antragsbindung 1586
- Aufhebungsverfahren 1606 ff.
- Auflassungsvormerkung 1616 ff.
- Bauhandwerkersicherungshypothek 1619 ff.
- Bemessungsgrundsätze 887
- Besitzstörung 5515
- Besitzübertragung 1069, 1625 f.
- Bruchteilsbewertung 1588 ff., 1596, 1621, 2388 f.
- drohender Rechtsverlust 1590
- ehrkränkende Äußerungen 1627 ff.
- Eigentumsvorbehalt 1660

- endgültige Regelung 1590
- Erledigung der Hauptsache 1604, 1869
- Ermessen 1584
- Erwerbsverbot 1905 f.
- Filmaufführung 1634
- Frist zur Hauptsacheklage 1610
- Gestattung 1635
- Getränkelieferung und Vormerkungseintragung 1667
- gewerblicher Rechtsschutz 2381 ff., 2474 ff.
- Gläubigeranfechtung 2565
- Hauptsachewert 1590
- Herausgabe 1636 ff., 2731 f., 3246, 3249 ff.
- Hypothek 1639 ff.
- Immissionen 1653 ff., 2936
- Interesse des Antragstellers 1585
- Konkurrenzverbot 3157
- Kostenwiderspruch 1609, 3230 ff.
- Markenrecht 2474
- mehrere Ansprüche 1599
- nichtvermögensrechtliche Streitigkeit 1594 ff., 4174
- Notwegrecht 4216 f.
- Sequesterbestellung 4875 f.
- Sicherungshypothek 1641 ff., 2917 ff.
- Sicherungsinteresse 1591
- und Strafandrohung 1592 f.
- Überbau 5293
- Übernahme, feindliche 1643
- Unterhalt 1644 ff., 4696
- Unterlassung von Immissionen 1653 ff.
- Veräußerungsverbot 5593 ff.
- Verbindung mit Arrest 396
- verbotene Eigenmacht 1655 ff.
- Verfügungsverbote 1658 ff.
- Vergleich 1600 ff., 5733 f.
- Versorgung der Wohnung 1663
- Vollziehung 1611 ff., 3993
- Vormerkung 1664 ff.
- Wettbewerbsrecht 1669, 2375, 2474 ff.

– Widerspruch gegen Grundbuchein-
  tragung 1671, 2582, 6261
– Widerspruchsverfahren 1606 ff.,
  3233
– Zeitablauf 1608
– Zugangsgestattung 1672
– Zusendung von SMS und E-Mail
  1726
– Zuständigkeitsstreitwert und Ver-
  fügungsstreitwert 1597
Eintragungsantrag 6411
Eintragungsbewilligung 1673 ff., 2306
Einverständliche Scheidung siehe
  Scheidung
Einverständnis mit Wertansatz und
  Streitwertbeschwerde 256 f.
Einwendungen siehe Einreden und
  Einwendungen
Einwilligung
– Auszahlung hinterlegter Beträge
  1677, 2645 f., 2883, 6009
– Herausgabe hinterlegter Sachen
  2733 f., 2898
– Hinterlegung 1676 ff., 2882 ff.
– Widerklage 3100
Einzelhändler, gewerblicher Rechts-
  schutz 2496
Einzelrichter 1686 ff.
Einziehen eines Geschäftsanteils
  733
Elterliche Sorge 1692 ff.
– Abtrennung aus dem Verbund
  1717 ff.
– Aufnahme in den Verbund 1720 ff.
– Ausgangswert 1694, 1708
– Beschwerdeverfahren 1699 ff.
– einstweilige Anordnung 1540 ff.,
  1702 ff., 1713 ff.
– isoliertes Verfahren 1708 ff.
– mehrere Kinder 1695, 1709
– Verbundverfahren 1694 ff.
E-Mail-Werbung 1723 ff.
Enteignung siehe Baulandverfahren
Enteignungsentschädigung 1728 ff.
– Nebenforderungen 4002
– Zinsen 1731 ff.

Entgangener Gewinn
– Nebenforderungen 4064
– Rückabwicklung eines Kaufvertrags
  4757
Entgeltlichkeit der Nutzungen, Miet-
  streitigkeiten 3514 f.
Entlastung 1737 ff.
– Anfechtungsklage 213
– Geschäftsführer 4287 f.
– Organe und Organmitglieder
  4287 ff.
Entmündigung 1741 f.
Entnahmerecht 1743 f., 2307
Entschädigung siehe auch Schaden-
  ersatz
– Baulandverfahren 779 ff.
– BEG ~sansprüche siehe dort
– Enteignungs~ siehe dort
Entziehung von Wohnungseigentum
  1745 ff., 6361
Erbauseinandersetzung
– Grundstück 2625 ff., 2631, 3891 ff.
– Grundstücksherausgabe 2756
– Hypothek 2901
– Nachlassherausgabe 2787
Erbausgleich, Stufenklage auf vorzei-
  tigen ~ 694
Erbbaurecht 1754 ff., 2681 f.
– Belastungen 1757 ff., 2686
– Bestellung eines ~ 1754
– Dauerwohnrecht 2691
– Eintragung Reallast 1762
– Erhöhungen des Erbbauzinses
  1760 f.
– Feststellungsklage 2687 ff.
– Grundstückswert 1755 ff., 2685
– Heimfallanspruch siehe dort
– Rückübertragung 4771
– Sicherungsmaßnahmen 1762
– Übertragung eines ~ 1754
– Übertragung einer Siedlerstelle 1763
– Verpflichtung zur Wohnhauserrich-
  tung 1764
– Wegerecht 1765 f.
Erbberechtigung 1767
Erbengemeinschaft siehe Miterben

Erbenhaftung siehe beschränkte
  Erbenhaftung
Erbrecht
– Feststellungsklage 2074, 2082
– Feststellungsabschlag 3899
Erbrechtliche Ausgleichspflicht
– Feststellungsklage 2057
Erbschein 1768 f.
– Einziehung 3893
– Herausgabe 2735
Erbstreitigkeiten siehe Pflichtteils-
  anspruch, Miterben
Erbteilungsklage siehe Miterben
Erbunwürdigkeit 1770 ff., 3894 ff.
– Bruchteilswert 1770
– Feststellungsklage 2075 ff.
– Gestaltungsklage 2334
– Interesse der Beteiligten 1771 f.
Erbvertrag 1773 ff.
– Feststellungsklage 2078
– Rücktritt 3938, 4765 f.
Erfolgsaussicht, Bemessungsgrund-
  sätze 895
Erfüllung
– Änderung des Streitwerts 177, 179,
  6035
– Bewertungsgrundsatz 3303 f.
– Drittwiderspruchsklage 1195
– und Erledigung der Hauptsache
  1795 f.
– und Sicherung des Anspruchs
  4885 ff.
Erhaltungsarbeiten an der Mietsache
  3674
Erhöhung
– künftige Mieterhöhung 3405,
  3567 ff.
– Mietzins 2098
– Pachtzins 4297 ff.
– Reallast 4464
– Rente 2118
– Unterhalt 5441 ff.
Erhöhung des Streitwerts bei Ehe-
  sachen 1249 f.
Erinnerung siehe Kostenfestsetzungs-
  verfahren

Erinnerungswert
– belastete Grundpfandrechte 133
– Feststellung künftigen Schadens
  4802
– Titulierungsinteresse 5285
Erklärungsirrtum, Bemessungsgrund-
  sätze 909
Erledigung der Hauptsache 1777 ff.
  siehe auch einseitige ~
– Antragsänderung 1804 ff.
– Anwaltsgebühren 1858 ff.
– Auslegung des Klageantrags 727,
  1780 f.
– Begriff 1778 f.
– Beweisaufnahme 1100
– Eilverfahren 1869
– Differenzmethode 1852
– einseitige 1783 ff., 1793, 1798
– einstweilige Verfügung 1604, 1869
– Erfüllungshandlungen 1778, 1795 f.
– Erledigungserklärung 1780 ff.
– Erledigungserklärung und Aner-
  kenntnis 185
– Gebührenstreitwert 1813 ff.
– und Klageänderung 3118 ff.
– und Klageerweiterung 878
– und Klagerücknahme 3133 ff.
– Kosten der Instanz 1819, 1846
– Mahnverfahren 1799 ff., 1855 ff.
  3387 ff.
– Nebenforderungen 4008 ff.
– Prozessvergleich 1884 ff., 5669 f.
– Quotenmethode 1852
– Rechtsmittelinstanz 1871 ff.,
  4610 ff.
– Säumnisverfahren 1863 ff.
– Schlussurteil 4857
– Streitgenossen 1847
– Streitwert 1794
– Streitwertbeschluss 1959
– Stufenklage 1866
– teilweise 1808 ff., 1845 ff., 5215
– teilweise ~ und Aufrechnung 581
– übereinstimmende 1780 ff., 1792,
  1797, 1814
– Vergleich 5669 f.

– Widerklage 1868
– Zeitpunkt 1792 ff., 1800 ff., 1844
– Zwangsvollstreckung 1870
Erledigung des Rechtsstreits siehe
  Änderungsfrist
Erlöschen
– Schiedsvertrag 4844
– Vollmacht 6057
Ermächtigung zur Ersatzvornahme
  1899 ff.
Ermäßigung
– der Bemühung, negative Feststel-
  lungsklage 2041 f.
– Streitwertermäßigung siehe dort
Ermessen 1889 ff.
– Änderung der Wertfestsetzung
  12 f.
– Bemessungsgrundsätze 880, 962
– Begriff 1891 f.
– Beschwerdegericht 1896
– Ehesachen 1255
– einstweilige Verfügung 1584
– Fehlen genügender Anhaltspunkte
  1894
– pflichtgemäßes 11891
– rechtliches Gehör 1897 f.
– und Regelwerte 1890
Ernennung von Schiedsrichtern
  4828 f.
Ernsthaftigkeit von Anträgen 896
Ersatz künftigen Schadens
– Feststellung 2095
Ersatzvornahme 1899 ff.
– Anwaltsgebühren 1899
– Gerichtsgebühren 1899
– Kostenvorschuss 1902 f.
Erstattungsanspruch
– Rückführung von Beträgen an
  Gesellschaft 2315
Erstfestsetzung des Streitwerts
  1937 ff.
– Rechtsmittelgericht 1938
– Vergleich 5680
Erstinstanzliches Gericht
– Änderungsbefugnis 25 ff.
Ertragswert 5866 f.

Erweiterung des Klageantrags siehe
  Klageänderung
Erwerbsverbot 1904 ff.
– einstweilige Verfügung 1904 f.
– Feststellung der Nichtigkeit 1907
– Forderung 5528
– Grundstück 1908
– Hauptsachewert als Ausgangspunkt
  1905 ff.
– Interesse des Antragstellers 1906
**Erzwingung von Duldungen und
  Unterlassungen** siehe Ordnungs-
  mittel
Eventualanspruch, Beweis über ~
  1091
Eventualantrag siehe Hilfsantrag
Eventualaufrechnung siehe auch Auf-
  rechnung
– im Rechtsmittelverfahren 4577 ff.
– im Urkundenverfahren 5576 ff.
Eventualwiderklage siehe Hilfswider-
  klage

Fahrstuhlbetriebskosten 3754
Fällige Beträge 1911 ff.
– Dauerschuldverhältnisse 1917
– Familiensachen 1912 ff.
– Mietsachen 1916 ff.
– Pflegekosten 4356
– wiederkehrende Leistungen 6275
Fälligkeit 812, 1918 ff.
– Abzinsung 1922 ff.
– und Aufrechnung 577
– außergerichtlicher Streit 1925
– Einwand mangelnder ~ 1918 f., 3305
– Feststellungsklage 2079
– künftige Leistung 1926 f.
– negative Feststellungsklage 1921
– Zinsen 1922 f., 3306
– Zwangsvollstreckung 1923
Fälligkeitsstreit 1918 ff., 2196
– Bemessungsgrundsätze 882
– Ratenzahlung 4454 ff.
– Verschieben des Fälligkeitszeit-
  punktes 3305
– Vollstreckungsverfahren 6443

Fahrzeugversicherung, Deckungsklage bei Leasingvertrag 5936

Familiensachen siehe auch Folgesachen, Ehesachen
- Beweisaufnahme 1090
- fällige Beträge 1912 ff.
- nichtvermögensrechtliche Streitigkeit 4158

Fehlende Vollstreckungsfähigkeit eines Auskunftsurteils 712 f.

Fehlerhafte Vereinsbeschlüsse 5646

Fehlgeschlagene Sterilisation 4812, 4919 ff.

Fensterrecht 3965

Fernsprechanschluss, Feststellungsklage 2080

Fernsprechgebühren 1928

Fernwirkungen, streitwertunerhebliche 416

Festsetzung des Streitwerts 1929 ff. siehe auch Streitwertbeschluss
- Abänderung der ~ siehe dort
- nach Ablauf der Änderungsfrist 59, 1973
- Amtspflichtverletzung 10
- amtswegige 1142, 1929
- Änderungsbefugnis 1966 ff., siehe auch Änderung des Streitwerts
- Anhängigkeit 1943 ff.
- Antrag 11931 ff., siehe auch Antrag auf Streitwertfestsetzung
- Antrag bei Anwaltssozietät 353
- Antrag des Prozessbevollmächtigten 295 f.
- Amtshaftung 9 f.
- Aufhebung und Zurückverweisung wegen fehlender Begründung 1984 ff.
- Aussetzung des Verfahrens 2002
- Begründungszwang 1977 ff.
- Bekanntgabe nach Ablauf der Änderungsfrist 59
- Berichtigung 1966
- Beschluss 1953 ff., siehe auch Streitwertbeschluss
- Beschwerde gegen ~ 4953 ff.
- Beschwerde gegen ~ in FGG-Verfahren 5019 ff.
- Beschwerde gegen ~ für Anwaltsgebühren 5038 ff.
- Beweissicherungsverfahren 1974, 4866
- Bindung des Gerichts 1971 f., 1990 ff.
- Bindung für die Anwaltsgebühren 1944, 1992
- Ehesachen 1395 ff.
- eigene Angaben des Klägers 2361 ff.
- Einstellung der Zwangsvollstreckung 2003
- Einzelrichter 1688
- Erledigung der Hauptsache 1815 ff.
- Ermessen 1889 ff., siehe auch bei Ermessen
- Erstfestsetzung 1937 ff.
- frühzeitige 955
- im Gebührenprozess über abzurechnendes Verfahren 2000
- Gebührenstreitwert 1990 ff.
- Gebührenvereinbarung 1951, 1997
- Gegenvorstellung siehe dort
- Hausratsteilung 2670
- und Honorarvereinbarung 345
- und Kostenfestsetzungsverfahren 2004
- und Kostenrechnung 1958
- Musterprozess 1999
- Parteivereinbarungen 1997 ff.
- Prozesskostenhilfeverfahren 4409 f.
- Prozessvergleich 1941, 1961 f., 5680
- rechtliches Gehör 1947
- Rechtsschutzbedürfnis 1950 ff.
- Revisionsinstanz 30
- Schätzung 4817 ff.
- Sachverständigenschätzung 4772 ff.
- selbständiges Beweisverfahren 1976, 4866 f.
- stillschweigende 28
- unbezifferte Klageanträge 1948
- und Urteilsbeschwer 30
- Verbindung von Verfahren 1959
- Verfahrensfragen 2001 ff.

– Vergleich 5680 ff.
– Verweisung, Zuständigkeit 1939
– Voraussetzungen 49
– vorläufige 287, 1133 ff., 1964 f.
– vorläufige in Ehesachen 1395 ff.
– Wiedereinsetzung in den vorigen Stand 2001
– Zeitpunkt 1945 ff., 3626 f.
– Zuständigkeit 1937
– Zuständigkeitsstreitwert 284, 1990 ff.
Festsetzungsverfahren nach §§ 645 ff. ZPO 5648 ff.
Feststellung der Vaterschaft siehe Kindschaftssachen, Vaterschaftsfeststellung
Feststellung des Jahresabschlusses, Anfechtungsklage 213
Feststellungsinteresse 2007 ff.
– negative Feststellungsklage 2031
Feststellungsklage 2007 ff.
– Abänderung der Festsetzung 17
– Abbauverträge 4300
– Abschlag 2010, 2020 ff., 2031 ff., 4794 ff.
– Aktienanbietung 2046 f.
– Änderung des Streitwerts 2128
– Anfechtung eines Vertrages 2048
– Angabe des Streitwerts 249, 2011
– Annahmeverzug 2049 ff.
– Auflassung 2054
– Auflassungspflicht 450
– Auflösung einer GmbH 498
– Aufrechnung 600
– Auseinandersetzungsvertrag 3887
– Ausgleichsanspruch des Handelsvertreters 2055 f.
– Ausgleichspflicht 2057
– Auslegung 2010
– Ausscheiden eines Gesellschafters 273, 2058
– Ausschließung eines Genossen 2059
– Automatenaufstellvertrag 772
– Befreiung von einer Verbindlichkeit 824 ff., 2061 f.
– Bemessungsgrundsätze 968 ff.
– Berühmen des Beklagten 2036 ff.
– Berufsunfähigkeitszusatzversicherung 1006, 1009, 2146
– Beschlussmängel bei Verein 5646
– Besitzeinräumung 2063
– Bierabnahmepflicht 1108
– Bürgschaft 1153, 2064 ff.
– Dauerschaden 2068
– Dauerschuldverhältnisse 2069
– Dauerwohnrecht 3811, 6350
– Dritter 2070
– Eigentum 1486, 2071 ff.
– Eigentumsvorbehalt 1497, 2071 ff.
– Erbbaurecht 2687 ff.
– Erbengemeinschaft 2074, 2110
– erbrechtliche Ausgleichspflicht 3960
– Erbstreitigkeiten 3899 ff.
– Erbunwürdigkeit 1770 ff., 2075 ff.
– Erbvertrag 1773, 2078
– Erhöhung des Leistungsantrags 4798
– Erwerbsverbot 1907
– Fälligkeit 1921, 2079
– Fernsprechanschluss 2080
– Filmvorführung 2081, 2173 ff.
– Gegenleistung 2231
– gegenseitiger Vertrag 2243 f.
– Geschäftsräume 2285, 2291
– Gesellschaftereigenschaft 2308 ff.
– gesetzliche Erbfolge 2082, 2330 ff.
– Getrenntleben 2083
– Gewerblicher Rechtsschutz 2044, 2356
– Grundschuld 2084, 2606
– Grundstückskaufvertrag 2085 ff.
– Grundstücksnutzung 2088
– Grundurteil 2018 f., 2632 ff.
– Haftpflichtversicherung 2148
– Handelsvertreter 2658 f.
– Hauptinterventionsklage 2022
– Heimfallrecht 2687 ff.
– Hilfswiderklage 2872
– wegen Höchstbetragsbürgschaft 1153, 2067

– Höchstgrenze 2010
– Idealverein 2089, 2927 ff.
– Insolvenzfeststellungsklage 2962 ff.
– gegen Insolvenzschuldner 2967
– Insolvenztabelle 2090
– Insolvenzverfahren 5743
– Interessenbewertung 2010 ff.
– Kapitellebensversicherung 2143 ff., 5941
– Kaufvertrag 3025 ff.
– Klagehäufung 2010, 3439
– Kündigung 2091 ff.
– Kündigung des Miet- oder Pachtverhältnisses 2092 ff.
– künftiger Schaden 2095 f., 3261 ff., 4796 f., 4802 ff.
– Lastenausgleich 2097
– laufende Erhöhung des Leistungsantrags 2130
– Leasingvertrag 3273
– und Leistungsklage 2009, 2030, 3029, 3301, 3439
– Marke 2517
– Mieterhöhung 2098
– Mietverhältnis 2099 ff., 3676 ff.
– Mietzins 2099 ff.
– Miterbe 2110
– Miterbenfeststellungsklage 2022, 4359
– Nachlasszugehörigkeit 3886
– Nebenintervention 2023
– negative 2031 ff.
– negative ~ im gewerblichen Rechtsschutz 2356
– Nichtigkeit eines Grundstückkaufvertrags 83
– Nichtigkeit eines Testaments 2109, 5271
– Nichtigkeit eines Vertrages 2105 ff., 4145 ff.
– Pachtvertrag 2112, 4295 f.
– Pachtzins 2101 ff.
– Pflegekosten 2113, 4355
– Pflichtteilsrecht 4358 f.
– positive 2020 ff.
– Rechtsmittelverfahren 4633
– Rechtsschutzversicherung 2149, 5935
– Regelunterhalt 3074
– Rente 2114 ff., 4711 ff.
– Rentenerhöhung 2118, 4714
– Risikolebensversicherung 2147
– Rückstände, wiederkehrende Leistungen 2119 ff., 6320
– rückständige Renten 2121
– Rücktritt 2122 f.
– Rücktritt vom Erbvertrag 2123, 4765
– Schadensersatz 2124 ff., 4794 ff.
– Sparkassenbuch, Berechtigung 4905 f.
– Streitwertangabe 2011 f.
– Teilbetrag 2132 f.
– Teilklage 2016 f., 5234
– Teilurteil 2017
– Testament 2109, 5268
– Testamentsnichtigkeit 2109, 3928 ff., 5271
– Testamentsvollstreckung 2134, 5275 ff.
– Übergang zur Leistungsklage 2014 ff., 2129 ff.
– Umsatzsteuer 5330 ff.
– Unterhalt 2135 ff.
– Vaterschaft 2138, 3069 f.
– Vaterschaftsanerkenntnis 2111
– Vereinsmitgliedschaft 2139, 5645
– verfahrensrechtliche Fragen 2014 ff.
– Vergleich, außergerichtlicher 2060
– Verjährungshemmung 2025
– Verkehrsunfallschadenregulierung 5814 ff.
– Veröffentlichungsbefugnis 2140 f., 5907
– Versicherungsschutz 2142 ff., 5927 ff.
– Vertragsauflösung 6019 ff.
– Vertragsnichtigkeit 2105 ff., 4031
– Vollstreckung 2152
– Vor- und Nacherbschaft 2153, 6120
– Vorkaufsrecht 2155, 6135 ff.
– Vorkaufsrecht des Mieters 3802 f.

– Vorstandswahl 5646
– Vorstandswahl bei Idealverein 4166
– Wahlschuld 6163 f.
– Werbefilm 2156
– vorläufige Wertfestsetzung 2011
– Widerklage 2157 ff., 3100
– wiederkehrende Leistungen 2163 ff., 6318 ff.
– Wirksamkeit eines Vertrages 2167 f.
– Wohnrecht 2169 f., 6350
– Wohnungsnutzungsrecht 2171
– Zeitpunkt für Schätzung 2012
– Zinsansprüche 2013
– Zug-um-Zug-Leistung 2172
– Zukunftsschaden 2095 ff.
– Zurückbehaltungsrecht 2172
– zusammen mit Leistungsklage 3301 f.
– Zwischenfeststellungsklage 6450 ff.
Feststellungswiderklage
– negative 3100
– Teilidentität 3101
– Teilklage 5234
Film 2173 ff.
– einstweilige Verfügung 1634
– Feststellungsklage 2081, 2174 f.
– gewerblicher Rechtsschutz 2481 f.
– Herausgabe von ~material 2736
– Unterlassung 2176
Filmverleih 2175 f.
Finanzierungsdarlehen 1177, 5818
Finanzierungskosten 2177, 4032
– bei Verkehrsunfällen 807
– Verkehrswert der Kaufsache 5861
Fingierter Kaufpreis 4148
Fingiertes Arbeitsverhältnis 1265
Firma
– Abwehransprüche 3975
– gewerblicher Rechtsschutz 2483 ff.
– Löschung eines Firmenteils 2509
Firmenänderung, Handelsregister-anmeldung 274
Fischereirecht 2178 ff.
Folgesachen 2182 ff.
– Abtrennung 2188, 4430
– Angelegenheit, einheitliche 2185
– Anwaltsgebühren 2185
– Aufnahme in den Verbund 2189, 5603 siehe auch dort
– Beweisaufnahme 1090
– Ehegattenunterhalt 2183
– Ehewohnung 1416 ff.
– Ehewohnung und Hausrat 2183, 2672
– elterliche Sorge 2184, 2188
– Hausratsteilung 2183
– isolierte Anfechtung 2190 f.
– Kindesherausgabe 2184, 2188
– Kindesunterhalt 2183
– Prozessverbindung 4443 f.
– Umgangsrecht 2184, 2188, 5298 ff.
– Unterhalt siehe dort
– Versorgungsausgleich 2183, 5969 ff.
– Vorabentscheidung in der Ehesache 2187, 4444, 6127 f.
– Zusammenrechnung mit Ehesache 2185
Forderung 2192 ff.
– ausländische Währung 2194 f.
– Bonität des Beklagten 2197
– Fälligkeitsstreit 2196, siehe auch Fälligkeit
– Leistung und Feststellung 2199
– Leistung und Sicherstellung 2198
– Sicherstellung der ~ 2193
– Sicherung 4894
– Titulierungsinteresse 2197, 5281 ff.
– unbezifferte Anträge 2193
Forderungspfändung
– Arrestvollziehung 383, 6445
– nichtexistente Forderung 6445
Forderungsverzicht 2202 ff., 6041 f.
Form, Antrag auf Wertfestsetzung 1, 1932
Fortgesetzte Gütergemeinschaft, Aus-einandersetzung 427
Fortgesetzte Zuwiderhandlung, Ord-nungsgeld 4231
Fortsetzung des Mietverhältnisses 3565 f.
Fotographie, Herausgabe 2737

Frachtkosten 5278
– als Nebenforderungen 4094
Fragerecht, Auslegung des Klageantrags 724
Freibeträge, Ehesachen 1330 ff.
Freies Ermessen siehe Ermessen
Freigabe 2206 ff. siehe auch Hinterlegung
– eines Gegenstandes 2207, 6324
– durch Gesamtgläubiger 2211
– eines Guthabens 2208, 2645 f.
– Widerklage 2213
Freistellung 2215 ff., 5819 siehe
  Befreiung von einer Verbindlichkeit
– von bezifferter Leistungspflicht
  2216
– von unbezifferter Leistungspflicht
  2215
– von Verpfändung 2217, 4907
– von vertraglicher Leistung 4143
– Zinsen und Kosten 2217 f.
**Freistellungsanspruch bei Gesamt-
  schuldnern** 2275 ff.
Freistellungserklärung 1173
Freiwillige Leistungen
– Rente 4719
– Titulierungsinteresse 5285 f.
– Unterhalt 5439 f.
Fremdwährungsschuld siehe Auslän-
  dische Währung
Frist
– Änderung der Streitwertfestsetzung
  5, 1971
– Gegenvorstellung 65, 68
– Hauptsacheklage bei einstweiliger
  Verfügung 1610
– Räumungsfrist 4458 f.
Fristlose Kündigung
– Mietstreitigkeiten 3701 ff.
– Pachtverhältnis 2092 f.
Fristsetzung
– im Arrestverfahren 387 f.
– bei Herausgabe 2738
Früchte 2221 siehe auch Nebenforde-
  rungen 3977 ff.
– Gewinnanteil 1190

Funkantenne, Beseitigung 1021
Futterkosten 2223 ff., 4094
– als Hauptforderung 2224
– als Nebenforderungen 2223, 4033,
  4094
– zukünftige Leistung 2225

Garantievertrag 2227, 4801
Gastwirtschaftsgrundstück, Heraus-
  gabe 2755
Gebäudewert 5866
Gebrauchsmuster 2228, 2486 ff.
Gebühren siehe Anwaltsgebühren
Gebührenprozess 2000
Gebührenstreitwert 67
– Abtretung 135 ff.
– Aufrechnung 521 ff.
– Erledigung der Hauptsache
  1813 ff.
– Hilfsantrag 2835 ff.
– Hilfswiderklage 2862 ff.
– Klageänderung 3114 ff.
– Mahnverfahren 3391 ff.
– Mietstreitigkeiten 3500 ff.
– Nebenforderungen 3987 ff.
– Nebenintervention 4112 ff.
– nicht rechtshängig gewordene
  Ansprüche 4134 ff.
– Nichtigkeit eines Vertrages 4142
– Nichtzulassungsbeschwerde 4195
– Rechtsmittel 4437, 4352 ff.
– Streitgenossen 4930 f.
– Stufenklage 4363, 5119 ff.
– Stufenstreitwert 5194 ff.
– Teil des Hauptanspruchs 5215 ff.
– Teilklage 5231 ff.
– Teilurteil 5243 ff.
– Vergleich 5673 ff.
– Verstoß gegen § 308 Abs. 1 ZPO
  5987 ff.
– Widerklage 522, 3092 ff.
– wiederkehrende Leistungen 6286 ff.
– Zwangsversteigerung 6400 ff.
Gebührenvereinbarung siehe Hono-
  rarvereinbarung
Gegendarstellung 2229

Gegenforderung siehe Aufrechnung und Gegenleistung
Gegenleistung 2230 ff.
– Angebot 268, 2231
– und Auflassung 458 ff., 2239
– Aufrechnung 552, 2232, siehe auch Aufrechnung
– bewiesene 2233
– Darlehensvertrag 2233
– Feststellungsklage 2231
– gegenseitiger Vertrag 2240
– Grundstückswert 2621
– und Herausgabe 2235 f., 2739
– höher als Klageforderung 2239
– Hypothek 2910 ff.
– offenkundig begründete Gegenforderung 2233
– Rechtsmittelstreitwert 2234, 4586 f.
– Vergleich 2233, 5685 ff.
– und Verkehrswert 2236
– Vertragserfüllung 6034
– wirtschaftliche Betrachtungsweise 2238
– Zurückbehaltungsrecht 2234, 2235 ff., 2241
Gegenseitiger Vertrag 2240 ff.
– Feststellung der Beendigung 2243
– Feststellung der Nichtigkeit 2242
– Vertragserfüllung 2240, 6034
Gegenseitigkeit der Forderungen, Aufrechnung 578
Gegenvorstellung 65 ff., 2245 ff.
– und Abänderungsbefugnis 2250
– Begriff 2245
– Berufungsinstanz 2249
– Beschwerdeinstanz 2249
– Frist 65 f.
– Rechtsprechungsänderung 66
– Streitwertbeschlüsse 65, 2245 ff.
– übereinstimmende Parteiangaben 2248
– gegen Wertfestsetzung 4949, 4994, 5018, 5033, 5079
Gehalts- und Versorgungsbezüge von Organmitgliedern 4267 ff.
Gehaltsauskunft eines Beamten 704

Gehaltsklagen siehe Arbeitnehmer
Geheimhaltungsinteresse bei Auskunftsanspruch 705, 711
Geheimhaltungspflicht, Unterlassungsanspruch 5534
Gehörsrüge 2252 ff.
– Anwaltsgebühren 2254
– Begrenzung 2253
– Gegenstandswert 2255
– Kostenrüge 2253
– gegen Wertfestsetzung 4950, 4992 f., 5017, 5032, 5078
– wechselseitige ~ 2255
Geldschuld siehe Ausländische Währung
Gemeinnützige Verbände, Verbandsklage 2552 ff.
Gemeinsame Veranlagung siehe Zustimmung zu steuerlicher Veranlagung
Gemeinschaft siehe Aufhebung von Gemeinschaften
Gemischte Verträge, Mietstreitigkeiten 3458, 3468, 3517 ff.
Genehmigung 2256 ff.
– Erbauseinandersetzung 2260
– Hypothek auf landwirtschaftlichem Grundstück 2267
– Miterben 3902 f.
– Vergleich 5735
– vormundschaftsgerichtliche 2258, 6152 f.
Genossenschaft 2261 ff.
– Anfechtungsklagen 230 ff., 2262 ff., 2301
– Ausschließung 745 f., 2261
– Ausschließung eines Genossen 2261
– Nichtigkeitsklagen 230 ff., 2264
– nichtvermögensrechtliche Streitigkeit 2264
– vermögensrechtliche Streitigkeit 2261
Gerichtskosten
– Antrag auf Wertfestsetzung 285
– Bemessungsgrundsätze 931

Gerichtskostenvorschuss
- Aufrechnung 523
- Widerklage 523

Gerichtsstandsklausel in Allgemeinen Geschäftsbedingungen 149

Gesamtgut siehe Gütergemeinschaft

Gesamthandsgemeinschaft 420 ff., siehe auch Aufhebung von Gemeinschaften

Gesamthypothek 2265 ff., 2913 ff.
- Gläubigerrangstreit 2268, 2568
- landwirtschaftliches Grundstück 2267
- Rangstreitigkeit 2265 ff., 4452 f.

Gesamtschuld, Befreiung von einer Verbindlichkeit 839 f.

Gesamtschuldner 2270 ff.
- Befreiung von einer Verbindlichkeit 831 ff.
- Begriff 2270 f.
- Freistellungsanspruch im Innenverhältnis 2275 f.
- isolierte Vollstreckungsbescheide gegen ~ 5538
- Klagehäufung 3441
- Klagesumme wertbestimmend 2272, 2274 f.
- Rechtsmittelverfahren 2278 ff., 4570 ff.
- Wertaddition 2272, 2279, 4926 ff.

Gesamtvergleich 5731 ff., 5731 ff.

Geschäftsanteil
- Anfechtungsklagen 232
- Auflösung einer GmbH 499 ff.
- Schätzung des Werts 4776
- Übertragung 2325

Geschäftsführer
- Abberufung 4279
- Arbeitnehmer 371 ff.
- Entlastung 4287 ff.

Geschäftsgebühr 2280 ff.
- Haupt- oder Nebenforderung 2281, 4046
- Widerklage 2283

Geschäftsräume 2284 ff.
- Erhöhung des Mietzinses 2288 ff.
- Feststellung 2285, 2291
- Instandhaltungsmaßnahmen 2287
- Konkurrentenschutz 2286
- künftige Leistung 2290
- Räumung 2284
- und Wohnräume 2284 f.

Geschäftsschädigende Äußerungen 2292 ff., 2491 ff.
- Umsatz 2293
- Widerruf und Unterlassung 2294, 4164, 6249

Geschmacksmuster 2295, 2486 ff.

Gesellschaft 2296 ff.
- Abberufung 2297
- actio pro socio 2314
- Anfechtungs- und Nichtigkeitsklagen 2298, 4152 ff.
- Anteilsübertragung 2325
- Auflösung 2303
- Einsicht in Geschäftsunterlagen 2316 f.
- Eintragung 2306
- Entnahmerecht 2307
- Feststellung der Unwirksamkeit einer Kündigung 2326
- Informationserzwingungsverfahren 2311, 2938 ff.
- Rückführung von Geldbeträgen 2315
- Treuhändereinsetzung 5287 f.
- Übernahme, feindliche 2324

Gesellschafter
- Ausscheiden 730 ff.
- Ausschließung stiller ~ 744
- Entnahmerecht 1743 f.
- Feststellung der ~eigenschaft 2322
- Feststellungsklage wegen Ausscheidens 2058
- Informationserzwingungsverfahren 2311 ff.
- Informationsrechte 2311
- Kündigung 730
- Treuhändereinsetzung 5287 f.

Gesellschafterbeschluss
- Ausschließung 735
- positive Beschlussfeststellungsklage 4378 f.

Gesellschaftsanteil, Ehesachen 1303
Gesellschaftsschulden, Befreiung von einer Verbindlichkeit 819
Gesetzesänderungen, Bemessungsgrundsätze 927
Gesetzliche Erbfolge 2082, 2330 ff., 3904 f., siehe auch Miterben
Gesetzliche Unterhaltspflicht 4689, 4720 ff., 5397 siehe auch Unterhalt
– Auskunft 5408 f.
Gestaltungsklage 2333 ff.
– Anfechtungs- und Nichtigkeitsklagen 198 ff., 4152
Gestattung durch einstweilige Verfügung 1635
Getränkeabnahmepflicht siehe Bierabnahmepflicht
Getrenntleben 2336 ff.
– einstweilige Anordnung 1546, 2340
– Feststellungsklage 2083
– Scheidung 2337
Gewährleistung
– und Aufrechnung 528 ff.
– Mietminderung 3716 ff., siehe auch Minderung
– Schadensersatz 4806
– Werkvertrag siehe dort
Gewährleistungsklausel in AGB 149
Gewerbebetrieb, Ehesachen 1280, 1311
Gewerblicher Rechtsschutz 2341 ff.
– Abmahnung 2467 ff.
– Angriffsfaktor 2369 ff.
– Antrag auf Veröffentlichungsbefugnis 2394, 5905
– Auskunftsanspruch 679, 2468 f.
– befristete Unterlassungsklage 2355
– Belastung der Partei 2414 ff.
– Bemessungsgrundsätze 2342 ff.
– Bemessungsumstände 926, 930, 2347 ff.
– Besichtigungsflüge 2470
– Bezugsverpflichtung 2534
– Bruchteilswert bei einstweiliger Verfügung 2383 ff., 2388
– ehrkränkende Äußerungen 2359
– ehrkränkende Äußerungen, Instanzunterschiede 2473
– einstweilige Verfügung 2381 ff., 2474 ff.
– Einzelhändler 2496
– Ermäßigungsstaffel 2423
– Film 2481 f.
– Firma 2483 ff.
– Gebrauchsmuster 2486 ff.
– Gefährdung der wirtschaftlichen Lage 2430 ff.
– Gefährlichkeit des Wettbewerbsverstoßes 2369 ff.
– geschäftsschädigende Äußerungen 2491 ff.
– Geschmacksmuster 2486 ff.
– gesondert zu bewertende Anträge 2393
– Großhändler 2496
– Immobilienanzeigen 2511 f.
– Interesse der Allgemeinheit 2353
– Interesse des Klägers 2353 ff.
– Kaffeefahrten 2497
– Karenzzeit 2498 f.
– Kartellsachen 2500 ff.
– Klageänderung 2358
– Klagehäufung 2390 ff.
– Konkurrenztätigkeit 2504
– Kostenwiderspruch 2505 f.
– Kraftfahrzeug 2507
– Kundenausweis 2508
– Lieferantenbenennung 2469
– Löschung eines Firmenteils im Handelsregister 2509
– Löschungsansprüche 2509
– Makler 2510 ff.
– Marke 2513 ff.
– mehrere Anträge 2392 ff.
– mehrere Parteien 2390 ff.
– Mieter 2524
– Mitgliederwerbung 2525
– Musterprozess 2526
– negative Feststellungsklage 2044, 2356
– Optiker 2527
– Ordnungsgeld 2528 ff.

– Patent 2535 ff.
– Patenterteilungs-Beschwerdeverfahren 2542
– Patentnichtigkeitsverfahren 2543
– Preisbindung 2544 ff.
– Prozesskostenhilfe 2402 ff.
– Rechtsmissbrauch 2438 ff.
– Regelstreitwerte 2348 ff.
– Schadensersatz 2392
– Schutzrechtsverwarnung 2547
– Störung 2548
– Streitwertbegünstigung 2346, 2398 ff., 2405 ff., 2427 ff.
– Streitwertspaltung 2399
– Umsatz als Maßstab 2366 ff.
– Umsatz des Verletzten 2366 ff.
– Umsatz des Antragsgegners 2378 ff.
– ungestörter Fortgang der Produktion 2372
– Unterlassungsinteresse 2353
– Unterlassungsklagegesetz 2345
– Unterwerfung 2549 f.
– Urheberrecht 2551
– Verbandsklage 2379 ff., 2418 ff., 2425, 2552 ff.
– verbotene Konkurrenztätigkeit 2357
– Verbraucherschutz 2379
– Verlagsrecht 2551
– Veröffentlichungsbefugnis 2394, 2555 f., 5905
– Vertragsstrafe 2557
– Werbeaktion 2558 f.
– Wertangaben des Klägers 2361 ff.
– Wettbewerbsverbot 2357
– wiederholter Verfügungsantrag 2396 f.
– Wiederholungsgefahr 2376
– wirtschaftliche Bedeutung des Antragsgegners 2377 ff.
Gewerbliche Schutzrechte, Löschung siehe Löschung von gewerblichen Schutzrechten
Gewerk, Anfechtungsklage 234
Gewerkschaft, nichtvermögensrechtliche Streitigkeit 4165

Gewinn
– Bewertung bei Abnahmepflicht 114 f.
– Bierabnahmepflicht 1108 f.
Gewinnanspruch 1189 f.
– Entnahmerecht 1743 f.
– Früchte 1190
Gewinnrecht und Herausgabe von Wertpapieren 2820
Gläubiger der Erbengemeinschaft 3899 f.
Gläubigeranfechtung 2560 ff.
– Belastungen des zurückzugewährenden Gegenstandes 2563
– und Drittwiderspruchsklage 1202
– Duldungsklage 1227, 2564
– einstweilige Verfügung 2565
– mehrere Gläubiger, mehrere Forderungen 2563
– Rechtsnachfolge 2564
– Unterhalt 2562
– wiederkehrende Leistungen 2562
– Zinsen und Kosten 2560 f.
Gläubigerrangstreit 2567 ff., 4449 ff.
– Gesamthypothek 2568, 4452 f.
– Grundpfandrechte 4450
– Hinterlegung 2570
– Hypothek 2568 f., 4321 f.
– Sperrklausel 4451
– vorzugsweise Befriedigung 2567, 6158
– Zinsen und Kosten 2567
Gleichartigkeit der Forderungen, Aufrechnung 572
GmbH
– Anfechtungsklagen 224 ff.
– Auflösung einer ~ siehe dort
– Auskunftsanspruch des Gesellschafters 689
– Ausschließung 743
– Informationserzwingungsverfahren 2938 ff.
– Informationsrechte des Gesellschafters 689
– Nichtigkeitsklagen 242 ff.

– Übertragung des Geschäftsanteils 2325
Goodwill, Schätzung 4821
Grabbeisetzung 4158
Grenzregelung 2572, 4623
Grenzscheidungsklage 2573
Großhändler, gewerblicher Rechtsschutz 2496
Grundbuchberichtigung 2574 ff., 2618
– Erbengemeinschaft 2576, 3295, 3906
– dingliche Belastungen 2575, 2579
– Klägerinteresse 2574 f.
– Miteigentumsanteil 2576
– Streit um formelle Rechtslage 2577, 2619
– umstrittene Eigentumsverhältnisse 2575, 2620
– Verkehrswert 2575, 2577
– Widerspruch gegen die Richtigkeit des Grundbuchs 2582, 6257 ff.
– Zustimmung 2581, 6324
Grundbuchwiderspruch, einstweilige Verfügung 1671, 6261
Grunddienstbarkeit 2583 ff. siehe auch Dienstbarkeit
– Eintragungsbewilligung 1673
– Entgelt für ~ 2589
– und persönliche Dienstbarkeit 2585
– Sicherungsinteresse 2586
– Streit über Bestehen oder Nichtbestehen 2587
– Tankstellendienstbarkeit 2586, 5208 f.
– und Überbau 5291 f.
Gründe siehe Begründungszwang
Grundpfandrecht 2590 ff. siehe auch Hypothek, Grundschuld, Rentenschuld
– Abtretung 131 ff.
– Befreiung von einer Verbindlichkeit 836 ff.
– Belastungen durch ~ 2686 ff. siehe auch Belastungen
– Belastungen und Abtretung 132
– Erinnerungswert 133

– Kraftloserklärung des Briefs 3252 f.
– Löschung von ~ siehe dort
– Rangstreitigkeit 2593, 4321 f.
Grundschuld 2595
– Abtretungsstreit 2603
– Belastungen 2605
– Bestellung 2596
– Eintragungsbewilligung 1673
– Feststellungsklage 2084, 2606
– Löschung 2597, 3316 ff.
– Valutierung 2598 ff.
– Zustimmung 2605 f.
Grundschuldbrief
– Aufgebotsverfahren 405
– einstweilige Verfügung auf Herausgabe 1638
– Herausgabe 2744 ff.
Grundstück 2608 ff.
– Anfechtung des ~skaufvertrages 2993
– Aufhebung der Erbengemeinschaft 3847 ff.
– Auflassung siehe dort
– Ausschlussurteil (Vorbehalt) 6129
– zu bebauendes 1488, 5868
– bebautes 2614, 5866
– Belastungen 2605, 5870 ff.
– Beseitigung von Bauten 2622
– Besitzstörung 5509
– Bewertungsgrundsätze 2608 ff.
– Dienstbarkeiten 2617
– Eigentumsverschaffung 1486
– Einheitswert 2609
– Erbauseinandersetzung 2625 ff., 2631
– Erbbaurecht siehe dort
– Erwerbsverbot 1904
– Gegenansprüche 2621
– Gemeinschaftsaufhebung durch Teilung in Natur 413
– Grundbuchberichtigung siehe dort
– Grundpfandrechte 2615 ff.
– Heimfallanspruch 2681 ff.
– Herausgabe 2622 f., 2751 ff.
– Herausgabe und Belastungen 2749, 4197

- Herausgabe an Nießbraucher 2788 f., 4197
- Herausgabe eines Pacht~s 2622, 2751 f.
- Immissionen siehe dort
- Insolvenzanfechtung 2990
- Kaufpreis 2612
- Kiesabbau 4300
- konjunkturbedingte Schwankungen 2612
- Lärmunterlassung 5531 ff.
- lastenfreie Umschreibung 2624
- maßgebender Zeitpunkt 2614
- Mietwohnhaus 2614
- nachbarrechtliche Ansprüche 3964 ff.
- Nießbrauch 2617, 4199 ff.
- Preisstopp 2623
- Räumung siehe dort
- Rückkaufsrecht 4760 ff.
- Rückübereignung 2628 f.
- Sandausbeutevertrag 4300
- Schätzung 2613, 4775
- Schwarzpreis 4148
- Siedlungs~ 4901
- Standgeld 4914 ff.
- Teilgrundstück 2630
- Umschreibung 1673
- ungenehmigte Bebauung 5869
- Unterlassung von Störungen durch Kraftfahrzeuge 5530
- Vergleich über Eigentumserwerb 5688
- Verkehrswert 2608 ff., 5865 ff.
- Vermächtnis 5889
- Vermessung 2631
- Verpflichtung zur Wohnhauserrichtung 1764
- Vor- und Nacherbschaft 3947 ff.
- Vorkaufsrecht 6133 ff.
- Wegerecht 1765, 2617
- Wohnrecht 2617
- Zug-um-Zug-Verurteilung 2621
- Zurückbehaltungsrecht 2621
Grundstückseigentümer, Aufgebotsverfahren 404

Grundstückskaufvertrag
- Feststellung der Wirksamkeit 3027 f.
- Feststellungsklage 2085 ff.
- Irrtumsanfechtung 2993
- Nichtigkeitsfeststellung 83, 3026 ff.
- Schwarzpreis 4859
- Vertragsnichtigkeit, Feststellungsklage 2105 ff.
- Wandlung 3024
Grundstücksnutzung, Feststellungsklage 2088
Grundstücksübergabe 1053
Grundstückswert bei Baubeschränkungen 2617
Grundurteil 2632 ff.
- Berufung 2635 ff.
- Feststellungsklage 2018 f., 2632
- im Rechtsmittelverfahren 2635 ff., 4575 ff.
Gütergemeinschaft 2638
- Aufhebung 2638
- Auflassung 431
- Auseinandersetzung 425 ff., 2639
- fortgesetzte ~, Auseinandersetzung 427
Güterrecht 2183
Güteverhandlung 2640 ff.
- Anwaltsgebühren 2642 ff.
- Gegenstandswert 2543
- Stufenklage 2644
- Terminsgebühr 2643
- Verfahrengebühr 2641
Guthaben 2645 ff.

Haftbefehl 2648 ff.
Häftlinge, Unterlassung einschränkender Maßnahmen 5525
Haftpflichtversicherung 5910, 5921
- Befreiung von einer Verbindlichkeit 843 ff.
- Deckungsschutz 5960 ff.
- Feststellung 2148
Haftungsbeschränkung 1236, 2651 ff.
- beschränkte Erbenhaftung siehe dort

Handelsbilanz 1116 ff.

Handelsbücher, Einsicht 884

Handelsgesellschaft siehe Personenhandelsgesellschaft

Handelsregister siehe Anmeldung
zum Handelsregister

Handelsvertreter 2656 ff.

– Arbeitnehmer 2656

– Ausgleichsanspruch 637 ff., 2659

– Auskunftsanspruch 685, 2662

– Befriedigung aus zurückbehaltenen
Sachen 2661

– Feststellungsklage hinsichtlich Vertragsauflösung 2657

– Kündigung 2091, 2658

– Provisionszahlung 2663

– Spesen 4909

– Stufenklage 2663, 5165

– Vertragsauflösung 2657

Handlungsvornahme 6154 f.

Haupt- und Hilfsantrag im Rechtsmittelverfahren 4581 ff. siehe auch
Aufrechnung, Hilfsantrag

Hauptaufrechnung 544 ff.

– Wechsel von Hilfsaufrechnung
588 ff.

Hauptinterventionsklage 2022

Hauptsacheerledigung siehe Erledigung der Hauptsache

Hauptsacheverfahren

– Arrest 377 ff.

– Aussetzung 761

– Verbindung mit Arrest 397

Hausgrundstück

– Auflassung 436

– Ehesachen 1305, 1320 ff.

– Herausgabe 2758 f.

– Verkehrswert 5865 ff.

Haushaltsführungsschaden 5820

Hausrat 1310, 2664 ff.

– Ehesachen 1308

– Ehewohnung 2672, 2677

– einstweilige Anordnung 1552, 1565,
2665, 2673 f., 2678 ff.

– Folgesachen 2183 f.

– isolierte Verfahren 2666 ff.

– Verbundverfahren 2675 ff.,
5635

– Verkehrswert 2667, 2675

– Wiederbeschaffungswert 2667

– Zuweisung des -s 2667 ff.

Haustiere, Geräuschimmissionen
3967

Heimfallanspruch 456, 2681 ff. siehe
auch Erbbaurecht

– Dauerwohnrecht 2683

– Dauerwohnrecht nach WEG 2691

– Feststellungsklage 2687 ff.

Heizungskosten, Mietstreitigkeiten
3687

Herabsetzung siehe Streitwertermäßigung

– einer vereinbarten Vergütung
2692 ff.

„Heranwachsende" Streitwerte 175

Herausgabe 2695 ff.

– bei Anwartschaftsrecht 359

– Arbeitsbescheinigung 2711

– auf Grund Eigentumsvorbehalt 359,
2724

– auf Grund Schenkung 2796, 4823

– belastete Grundstücke 454 ff.

– Bemessungsgrundsätze 971 f.

– Bereicherungsanspruch 997, 2712

– Besitzstörung 2697

– Beweisurkunden 2713 f.

– Bewerbervertrag 2763

– Bürgschaftsurkunde 2715 ff.

– Edelmetalle 5878

– Eigenheim 2723 ff.

– Eigentümer als Kläger 1040

– bei Eigentumsvorbehalt 1495 f.,
2725, 4893

– Eigentumswohnung 2726 f.

– einstweilige Verfügung 1636 ff.,
2731

– Einwilligung zur ~ hinterlegter
Sachen 2733 f.

– Entschädigungsantrag 2707 ff.

– Erbschein 1768 f., 2735

– fehlender Verkehrswert 2701

– Filmmaterial 2736

– Fotografie 2737
– Gastwirtschaftsgrundstück 2755
– Gegenforderung 2739 ff.
– Grundschuldbrief 2744 ff.
– Grundstück 2749 ff., 6032
– Grundstücksbelastung 2749 f.
– Hausgrundstück 2758 f.
– Hilfsantrag 2700, 2760 f.
– Hinterlegung 2762, 2898 f.
– Hypothekenbrief 2744 ff.
– Insolvenzanfechtung 2990
– Irrtumsanfechtung 2992 f.
– Kaufanwartschaftsvertrag 2763
– Kind 2764 ff. siehe auch Kindesher-
  ausgabe
– Kraftfahrzeug 2770 ff.
– Kraftfahrzeugbrief 2770 ff., 3239 ff.
– Kraftfahrzeugschlüssel 2770 ff.,
  3249 ff.
– Lieferung 2786
– mehrere Sachen 2700
– Miterben 3836
– Nachlass 2787, 3907
– Nießbrauch 2788 f., 4197 f.
– Notarurkunden 2790
– Originalzeichnungen 2791
– Pachtgrundstück 2622, 2792 f.
– persönliche Sachen und einstweili-
  ge Anordnung 1553
– Pfandrecht 2699, 2794
– Raumüberlassung 2795
– und Räumung 2751 ff., 3554 ff.
– Schadensersatzansprüche auf ~
  2796 f.
– Schlüssel 5876 f.
– an Sequester 2798
– Sicherung des ~anspruchs 4895
– Sicherungsübereignung 2800 ff.,
  4900
– Siedlungsgrundstück 4901
– Sparbuch 2803 ff., 4903 f.
– Tagebuch 4158, 5207
– Tauschvertrag 5211
– Umsatzsteuer 5334
– Urkunden 1055, 2696, 2809,
  5555 ff., 5879

– Verbindung mit Schadensersatz
  4789
– Verkehrswert 2698, 2701 f., 5874 ff.
– Versicherungsschein 2811
– nach Vertragsauflösung 6023
– verwahrte Sachen 6036 f.
– Verwahrungsschein 2812
– Verzögerung bei Grundstückskauf
  2757
– Vollmachtsurkunde 2813, 6056 f.
– Vollstreckungstitel 2814, 6081 ff.
– vorläufige Verwahrung 2697
– Vorlegung von Sachen 2697
– Wechsel 2821, 5555 ff.
– Wegnahme eingebauter Sachen
  6185 f.
– wertlose Sachen 2701
– Wertminderung 2815
– Wertpapiere 2816 ff., 6235 ff.
– petitorische Widerklage 3100
– wirtschaftlicher Wert der Sache
  2704 f.
– Wohnungseigentum 6357
– Zeichnungen 2701, 2791
– zu vermessendes Grundstück
  3266 ff.
– Zurückbehaltungsrecht 2235 f.,
  2824 ff.
Herstellungsklage, Getrenntleben
  2336 f.
Hilfsanspruch, mitverglichener 2851
Hilfsantrag 2829 ff.
– Beweisaufnahme 1091, 2836
– derselbe Gegenstand 2845 ff.
– echter und unechter ~ 2831
– Herausgabe 2760 ff.
– Hilfsbegründung 2832
– Klageänderung 2842
– Klagehäufung 3415 f., 3427
– Mietstreitigkeiten 3688
– Rechtsmittelverfahren 2848 f.,
  4581 ff.
– verdeckter ~ 2847, 2857
– Vergleich 2850 ff., 5701 ff.
– Wertaddition bei Gebührenstreit-
  wert 2835 f.

– Zuständigkeitsstreitwert
2833 f.

Hilfsaufrechnung 547 ff. und siehe
unter Aufrechnung

Hilfsbegründungen 2855 siehe auch
Hilfsantrag

Hilfswiderklage 2858 ff., 3086

– und Aufrechnung 602 ff.

– und Aufrechnungsverbot 2859

– Bewertungsvorschrift 2862 ff.

– Feststellungs~ 2872 ff.

– derselbe Gegenstand 2863, 2868

– Gebührenstreitwert 2862 ff.

– gegen Dritten 2870

– und Primäraufrechnung 2859

– im Rechtsmittelverfahren 2875,
4584 f.

– Vergleich 2878 ff., 5706 ff.

– Wertaddition 2863, 2865

– Zulässigkeit 2858

– Zuständigkeitsstreitwert 2860 f.

Hinterlegung 2882 ff.

– außergerichtliche Anwaltsgebühren
2897

– Auszahlungsklage gegen Streitgenossen 2893

– Einwendungen 2889

– Einwilligung 1676 ff.

– Einwilligung in Auszahlung 2883 ff.

– Einwilligung in Herausgabe von
Sachen 2898 f.

– Erbstreitigkeiten 3910

– Freigabe 2645

– Freigabe und Zahlung 2888

– Gläubigerstreit 2570 f.

– Herausgabe 2762

– bei Notar, Grundstückskauf 2892

– Prätendentenstreit siehe dort

– Streitgenossen 1683, 2893

– Verteilungsverfahren 6009

– Vornahme der ~ 2882

– Widerklage 2894

– Widerklage auf Auszahlung 3100

– Zinsen 4034 ff.

– Zinsen der ~ssumme 2895 ff.,
4034 ff.

Hinterlegungszinsen, Nebenforderungen 4034 ff.

Hinweispflicht des Gerichts, Auslegung des Klageantrages 724

Hochbetagte, Rente 4725 ff.

Höchstbetragsbürgschaft, Feststellungsklage 1153

Höchstbetragshypothek, Löschung
3337

Höchstgrenze

– Feststellungsklage 2010

– Unterlassungsklagegesetz 144

Höchstsummen im Haftpflichtrecht
5911

Honorarvereinbarung siehe Vergütungsvereinbarung

Hypothek 2900 ff. siehe auch Grundpfandrechte

– Abtretung 131 ff., 2903

– Arresthypothek, Löschung 3373

– Aufgebotsverfahren 2906

– Befreiung von einer Verbindlichkeit
836 ff.

– einstweilige Verfügung 1639 ff.

– Eintragungsbewilligung 1673

– Erbstreitigkeit 2920, 3922 ff.

– Gegenleistung 2910 ff.

– Gesamthypothek 2913 ff.

– Gläubigerrangstreit 2567 ff.

– Höchstbetragshypothek siehe
dort

– Kraftloserklärung des ~briefs 2906

– Kündigung 2905

– Löschung 2910, 2921 ff.

– Mitgläubiger 2901 f.

– Nebenforderungen 2907 ff.

– Rangstreitigkeit 2913, 4321 f.

– Sicherungshypothek 2917 ff.

– Verpfändung 2904

– Zinsen und Kosten 2907 ff.

Hypothekenbrief

– Aufgebotsverfahren 403 ff., 3252

– Herausgabe 2744 ff.

Hypothekengewinnabgabe 2925

Hypothetische Anträge in der Rechtsmittelinstanz 4547

Idealverein 2926 ff., 5640
- Aufnahme 2929
- Ausschließung 747 ff., 2930
- Bemessungsgrundsätze 2926
- Feststellungsklage 2089, 2926 ff.
- Name 2928
- nichtvermögensrechtliche Streitig-
  keit 4166
- Vorstandswahl 2927, 4166
- Zugehörigkeit 2928
Identität
- bei Klage und Widerklage 3094 ff.
- rechtliche ~ bei mehreren Ansprü-
  chen 3421, 3431 f.
- wirtschaftliche ~ bei mehreren
  Ansprüchen 3422, 3433 ff.
Identitätsformel 3094 ff.
Immissionen 2934 ff., 3966
- Aufwendungen des Beklagten 2935
- einstweilige Verfügung 2936
- Miteigentümerklage 2937
- Unterlassung 5531 ff.
Immobilienanzeige, gewerblicher
  Rechtsschutz 2512
Importeurvertrag 974
Indizwert der Streitwertangabe 252
Informationserzwingungsverfahren
  2311 ff., 2938 ff.
Informationsrechte siehe auch Ein-
  sicht
- deren Durchsetzung 689
- Gesellschafter 689, 2316 f.
- Handelsbücher, Einsicht 3307
- Rechnungslegung siehe dort
Inhaberpapier siehe Wertpapiere
Inkassokosten 2942, 4038
Insolvenzsicherung 2943 f.
Insolvenztabelle, Feststellungsklage
  2090
Insolvenzverfahren 2945 ff.
- abgesonderte Befriedigung 2986 ff.
  und siehe dort
- und anhängige Verfahren 2977 ff.
- Anwaltsgebühren 2951 ff., 2959 ff.
- Arrest vor Insolvenzeröffnung
  2974

- Aufnahme des Rechtsstreit nach
  § 180 Abs. 2 InsO 2975
- Aufrechnung 604, 2974
- Aussonderung 2984 f.
- Beschwerdeverfahren 2956 ff.
- Beseitigung eines Pfandrechts
  2991
- Insolvenzmasse 2948
- Kündigungsschutzklage 2966
- Feststellungsklage 2962 ff., 2968 ff.
- Feststellungsklage gegen den
  Schuldner 2967
- Gegenforderung 2970
- Gerichtsgebühren 2947 ff., 2956 ff.
- Hilfsaufrechnung 2982 f.
- Insolvenzanfechtung 2990 ff.
- Massearmut 2964
- Postsperre 2960
- Rückgewähr des Gegenstands zur
  Masse 2990
- Rücknahme Eröffnungsantrag 2950
- selbständiges Beweisverfahren
  2965, 4874
- Teilforderung 2954, 2964
- Urkunden-, Wechsel- und Scheck-
  prozess 5572 ff.
- Verteilungsquote 2969 ff.
- Wertfestsetzung nach Eröffnung des
  ~ 1949
- Zeitpunkt der Wertbestimmung
  2976
- Zinsen und Kosten 2971
Instandhaltungskosten, Mietstreitig-
  keiten 3405, 3689 ff.
Interesse der Parteien, Bemessungs-
  grundsätze 906 f., 911, 913
Inventar siehe Pacht
Inzidentklage nach § 717 ZPO 6104 ff.
Irrtümliche Rechtsmitteleinlegung
  4537 f.
Irrtümliche Streitwertangabe 945,
  950 f.
Irrtumsanfechtung 2992 f.
Isolierte Verfahren in Familiensachen
  2994 ff.
- Abtrennung von Folgesachen 2995

– Aufnahme in den Verbund 2997, 5603
– Umgangsrecht 5309 ff.
Isolierte Vollstreckungsbescheide gegen Gesamtschuldner 5538

Jagdausübungsrecht 2999
Jagdpachtrecht 2998 ff., 3467, 3693 f.
– Beeinträchtigung der Ausübung 2999
– Bestand des Pachtvertrages 3001 ff.
– Jagdsteuer 3006
– Pachtzins 3004
– Störung des Besitzrechts 3000
– Wildschaden 3008

Kaffeefahrten 2497
Kapitallebensversicherung, Feststellung 2143 ff., 5939 ff.
Kapitalisierte Zinsen 1177 ff., 4017, 4088
– und Beschwer 4659
Karenzentschädigung 3010 ff.
Karenzzeit 2498 f.
Kartellsachen 2500 ff., 3013
Kassatorische Klagen siehe Anfechtungsklage, Nichtigkeitsklage, positive Beschlussfeststellungsklage
Kauf, Verkehrswert der Kaufsache bei Finanzierung 5861
Kaufanwartschaftsvertrag 3015 f.
– Herausgabe 2763
– Mietstreitigkeiten 3695
– Räumung 3016
Kaufpreis
– und Abnahme 116
– Abstandszahlung 117
– Ratenzahlung 3019, 4454 ff.
– und Verkehrswert 5864
– Widerklage auf Herausgabe der notariellen Urkunde 3100
– Widerklage auf Schadensersatz 3101
Kaufvertrag 3017 ff. siehe auch Grundstückskaufvertrag
– Abnahme 3022
– AGB-Klauseln 3031
– Auflassungsvormerkung 3032

– Feststellungsklagen 3025 ff.
– Gegenleistung 3020
– Kaufpreisklage 3018 f.
– und Leasingvertrag 3272
– Lieferung 3309 f.
– Lieferung und Montage 6033
– Minderung 3023
– Nichtigkeitsfeststellung 83, 3026
– Provision 4383
– Ratenzahlung 3019
– Rückabwicklung 4756 ff.
– Rückkaufsrecht 4760 ff.
– Schadensersatz wegen Aufhebung 4790 f.
– Übergabe und Übereignung 3020
– Veräußerungsgewinn 3021
– Verhältnis zu Miete 3512
– Vertragsnichtigkeit 3026 ff.
– Wandlung 3024
– Widerklage 3030
Kausales Schuldanerkenntnis 193 f.
Kennzeichenstreitsachen 3033 ff.
KG siehe Personenhandelsgesellschaft
Kiesausbeutevertrag 4300
Kinderzuschlag, Ehesachen 1281
Kindesherausgabe 2764 ff., 3036 ff.
– Abtrennung aus dem Verbund 3058
– Aufnahme in den Verbund 3059 f.
– einstweilige Anordnung 2768, 3045 ff., 3055 ff.
– als Folgesache im Verbund 3038 ff.
– als isolierte Folgesache 3050 ff.
– mehrere Kinder 2766, 3039, 3047, 3051
– Rechtsmittel 3042 ff.
Kindesunterhalt 3061 ff.
– einstweilige Anordnung 1543 ff.
– fällige Beträge 3061
– laufender Unterhalt 3061
– mehrere Kinder 3063 f.
– Regelunterhalt 3056
– neben Vaterschaftsfeststellungsklage 3069 f.
– Verbundverfahren 5619 ff.
– vermögensrechtliche Streitigkeit 4161

Kindschaftssachen 3071 ff. siehe auch
Elterliche Sorge, Kindesherausgabe
und Umgangsrecht
- Begriff 3071
- Bewertungsgrundsätze 3073
- mehrere Ansprüche 3080 f.
- mehrere Kinder 3075
- Prozessverbindung 4442
- und Regelunterhalt 3074, 3077 ff.
- Verbundverfahren 5615 ff.
Klage auf vorzugsweise Befriedigung
siehe Vorzugsweise Befriedigung
Klage aus § 826 BGB 5536 f.
Klage und Widerklage 3083 ff.
- Beschwer 4525 ff.
- derselbe Streitgegenstand 3092 ff.
- Gebührenanfall 3084 f.
- Gebührenermäßigung 3087
- Gebührenstreitwert 3092 ff.
- Gegenstandsidentität 3100
- Hilfswiderklage 3086
- Kostenpflicht nach GKG 3085
- Prozesskostenhilfe 3085
- Rechtsmittel 3103 ff.
- Teilidentität 3098 ff.
- Vergleich 3106, 5706 ff.
- Verschiedenheit der Gegenstände
3101
- wechselseitige Leistungspflichten
3102
- Zuständigkeitswert 3088 ff.
Klageänderung 3107 ff. siehe auch
Klageerweiterung
- Änderung des Streitgegenstandes
3107 f.
- Bemessungsgrundsätze 894
- Beweisgebühr 3124
- Erweiterung im Berufungsverfahren
3111, 3127
- Gebührenstreitwert 3114 ff.
- mehrere Ansprüche 3420
- Rechtsmittel 3126 ff.
- Stichtag für Wertänderung 3123 ff.
- teilweise Erledigung der Haupt-
sache 3118 f.
- teilweise Klagerücknahme 3118 f.

- unzulässige ~ und Hilfsantrag
2842
- Zuständigkeitsstreitwert 3112 f.
Klageantrag
- Auslegung 724 ff.
- Bemessungsgrundsätze 863, 896
- Berichtigung 909
Klageberichtigung 3109
Klageeinreichung, Streitwertänderung
888
Klageerweiterung
- Bemessungsgrundsätze 876 f.
- Beweisaufnahme 1097 ff.
- Unterhalt 5441 ff.
Klageforderung, höherwertige Gegen-
leistung 2239, 2241 f.
Klagegründe, mehrere 3421
Klageleugnen 1514, 517
Klagenhäufung siehe mehrere
Ansprüche
Klagerücknahme 3130 ff.
- und Änderungsfrist 51
- und Anerkenntnis 185
- Auslegung 727, 1823
- und Erledigungserklärung 3133 ff.
- Feststellung nach § 269 Abs. 3, 4
ZPO 3140 ff.
- Rücknahmeversprechen 3145
- nichtvermögensrechtliche Streitig-
keit 3137, 4191
- streitige 3138 f.
- Stufenstreitwerte 5192
- teilweise 3150
- teilweise ~ und Aufrechnung 581
- teilweise ~ nach Beweisaufnahme
1099
- unbezifferte Anträge 5384 ff.
- unstreitige 3135 ff.
- vergleichsweise 3146 ff., 5665 ff.
Klarstellungen im Vergleich 5697 ff.
Klauselerteilung siehe Vollstreckungsklausel
Klauselverbot, Allgemeine Geschäftsbedingungen 149
Kleinanzeige, wettbewerbswidrige
2512

Kommanditist
– Anmeldung des Eintritts in die
  Gesellschaft 275
– Ausscheiden aus der Gesellschaft
  276
– Entnahmerecht 1743 f.
– Feststellungsklage auf Unwirksam-
  keit der Kündigung 2326
**Konkludente Änderung der Streit-
wertfestsetzung** 1968
Konkludente Angabe des Streitwerts
  258, 260
Konkurrenztätigkeit 2504
Konkurrenzverbot 3153 ff.
– einstweilige Verfügung 3157
– Tankstellenvertrag 5209
Konkursfeststellungsklage siehe
  Insolvenzverfahren
Konkursverfahren siehe Insolvenzver-
  fahren
Kontokorrent 4040, 4219
Kooperationsvereinbarung 6015
Korrektur siehe Berichtigung
Korrespondenzanwalt siehe Verkehrs-
  anwalt
Kosten siehe auch Nebenforderun-
  gen
– abgesonderte Befriedigung 85
– ausländisches Urteil 4018, 6060
– Bauhandwerkerhypothek 773
– Bearbeitungsgebühren 807 f.
– Befreiung von einer Verbindlichkeit
  4019 ff.
– Beschwer in ~sachen 3167 ff.
– bei eidesstattlicher Versicherung
  1463
– Finanzierungskosten 2177
– beim Finanzierungsdarlehen 1177
– Inkassokosten 2942
– Leistungsklage 3298
– Nebenforderungen 3158 ff.
– Privatgutachten 4042
– im Rechtsmittelverfahren 3165 f.,
  4664 ff.
– des Rechtsstreits 3158 ff.
– Sachverständigenschätzung 4778 ff.

– bei Erledigung der Hauptsache
  1828 ff.
– Streitwertbeschwerde 5082 ff.
– Umsatzsteuer 5337
– Unfallfinanzierungs~ 5396
– Urkundenprozess 5559 ff.
– des Vergleichs 5712 ff.
– bei Viehmängelhaftung 4094
– Vollstreckung 6448 f.
– Vollstreckungsgegenklage 6067
– Vollstreckungskosten als Neben-
  kosten 4039
– des Vorverfahrens 4045
– Wiederaufnahmeverfahren 4100
– Zuständigkeitsstreitwert 3164
– frühere Zwangsvollstreckung
  4042
Kostenansatz 3171 ff.
– Anwaltsgebühren 3185 ff.
– Beschwerde 3176 ff.
– Erinnerung 3173 ff.
– Gerichtsgebühren 3183 ff.
– Zuständigkeit 3171 ff.
Kostenausgleichsverfahren 3202 f.
Kostenberufung 4666 f.
Kosteneinspruch 3236, 3400 ff.
Kostenentscheidung
– Auswirkung der Streitwertänderung
  181
– und rückwirkende Streitwertände-
  rung 20 f.
Kostenerstattung, Einrede 1515
Kostenfestsetzungsverfahren 3196 f.
– Änderung des Streitwerts 1969 f.
– Anwaltsgebühren 3198 ff.
– Festsetzung des Streitwerts 2004,
  3226 ff.
– Gegenstandswert 3201 ff., 3215 ff.
– Gerichtsgebühren 3196 f.
– Kostenausgleichsverfahren 3202 f.
– Streitwertbeschluss 1957
– Wert des Beschwerdegegenstands
  3206 ff.
Kostenpauschale 5798
Kostenpauschquantum, Arrest 394
Kostenschlussurteil 4662

Kostenschuldner bei Sachverständigenschätzung 4779 ff.

Kostenvereinbarung in Ehesachen
3223 ff.

Kostenvergleich 5729 f.

Kostenvorschuss, Ersatzvornahme
1903

Kostenwiderspruch, einstweilige Verfügung 2505 ff., 3230 ff.

Kraftfahrzeug
– gewerblicher Rechtsschutz 2507
– Herausgabe 2770 ff., 3238
– Unterlassungsansprüche 5530

Kraftfahrzeugbrief
– einstweilige Verfügung 3246
– Einwendung aus Eigentum 3241 ff.
– Herausgabe 2770 ff., 3239 ff.
– Widerklage 3247

Kraftfahrzeugschlüssel, Herausgabe
2770 ff., 3249

Kraftloserklärung 3552 siehe auch
Aufgebotsverfahren

Krankenversicherung, Feststellung
des Bestehens 5931 ff.

Kredit siehe Darlehen

Kreditgebühren 3255 ff., 5262 ff.
– beim Finanzierungsdarlehen 1177
– Nebenforderungen 3255 ff., 4047 ff.

Kreditgefährdung
– Unterlassung 1435
– vermögensrechtliche Streitigkeit
4164

Kreditkosten 807

Kultgegenstände, Auflassung 476

Kundenausweise, gewerblicher
Rechtsschutz 2508

Kündigung
– Arbeitsverhältnis, Ehesachen 1262
– Auflösung einer GmbH 499
– Feststellungsklage 2091 ff.
– Filmvorführungsvertrag 2174
– Gesellschafter 2303, 2326
– Hypothek 2905
– Jagdpachtvertrag 3001 ff.
– Mietstreitigkeiten 3701 ff.
– Verlagsvertrag 5553

– Widerruf 6254
– Willenserklärung 6324

Kündigungsmöglichkeit, Mietstreitigkeiten 3707 f.

Künftige Ansprüche 811

Künftige Leistung
– Fälligkeit 1927
– Futterkosten 2225
– Mietzins 3553
– Nutzungsentschädigung wegen ver-
mieteten Geschäftsraums 2290 f.
– Unterhalt 5481 ff.

Künftige Mieterhöhung 3571 ff., 3596

Künftiger Schaden 3259 ff.
– bezifferter Antrag 3260
– Feststellungsklage 2095 f., 3261,
4794, 4802 ff.
– maßgeblicher Zeitpunkt 3262 f.
– Wahrscheinlichkeit des Schadenseintritts 3261, 4805

Kursverfall nach Klageerhebung 170

Kurswert
– Aktien 6235 ff.
– ausländische Währung 718
– Börsenpapiere 1148
– Wertpapiere 6235

Kurswertänderung
– Beweisaufnahme 1102
– und Streitwertänderung 170

Lagerkosten 3265

Landvermessung 3266 ff.

Landwirtschaftliches Grundstück,
Gesamthypothek 2267

**Landwirtschaftlichgerichtliches Ver-
fahren** 3269, 5122

Langfristige Mietverträge 3484 f.

Lärmimmissionen 2937, 5531

Lastenausgleich
– Befreiung von einer Verbindlichkeit
848
– Feststellungsklage 2097
– Nebenforderungen 4051

**Lastenfreie Umschreibung eines
Grundstücks** 2624

Lastenfreiheit siehe Belastungen

Leasinggeber, Mehrwertsteuerabzug 3273

Leasingnehmer, Deckungsklage 5936

Leasingvertrag 3270 ff.
- Feststellungsklage 3273
- Kaufvertrag 3272
- Mietstreitigkeiten 3271, 3484 f.

Lebensgemeinschaft, Aufhebung 411

Lebensgestaltung der Parteien, Ehesachen 1335 ff.

Legitimationspapiere, Aufgebotsverfahren 405

Leibrente 153 ff., 3274 ff.
- Hochbetagte 3277 ff.
- Unterhalt 153 ff.
- Vollstreckungsgegenklage 6079

Leichenumbettung 4158

Leihvertrag, Besitz 1040

Leistung an die Erbengemeinschaft 3281 ff.
- Klagen gegen Dritte 3281 ff.
- Klage auf Grundbuchberichtigung 3295
- Klage auf Löschungsbewilligung 3292 ff.
- Zahlungsklage gegen Miterben 3284 ff.

Leistungsklage 3296 ff.
- Antragsbindung 3296
- Duldung 1215
- und Duldungsklage 1230
- und Feststellungsklage 2014 ff., 2129 ff., 3301
- mehrere Ansprüche 3437
- Miterbe 3299, 3911 ff.
- Nebenintervention 4124
- Ratenzahlung 3296, 4454 ff.
- Rentenzahlung 3300
- Rückstände 3302
- Stufenklage 5149 ff.
- Übergang von der Feststellungsklage zur ~ 2014 ff., 2129 ff.
- Umsatzsteuer 5328 f.
- Urkundenverfahren 5559 ff.
- Versicherungsschutz 5908 ff.
- Zinsen und Kosten 3298

Leistungsmodalitäten 3303 ff., 6033
- Bemessungsgrundsätze 881

Leistungsverweigerungsrechte, Auflassung 458 ff.

Leistung Zug um Zug siehe Gegenleistung

Leitender Angestellter als Arbeitnehmer 372

Lichtrecht 3965

Liebhaberwert 5861

Lieferantenbenennung 2469

Lieferfristklausel in AGB 149

Lieferung 3309 f.
- und Übergabe von Sachen 2786
- Vertragserfüllung 6031

Lieferverträge, Abnahmepflicht 115 f.

Löschung
- Anmeldung zum Handelsregister 273
- Arresthypothek 3373
- Auflassung, lastenfreie 433
- Auflassungsvormerkung 486 ff., 3357 ff.
- Dauerwohnrecht 3354, 6333 ff.
- Eintragungsbewilligung 1673 ff.
- Firmenteil 2509
- gewerbliche Schutzrechte 3311 ff.
- Grundschuld 2597
- Höchstbetragshypothek 3337
- Hypothek 3335 ff.
- Nacherbenvermerk 3970, 6124
- Nießbrauch 3345 ff., 4204 ff.
- Reallast 4465
- Reichsmark-Hypothek 3338 ff.
- Sicherungshypothek 3331, 3359
- Sicherungsnießbrauch 3348 f., 4202
- Vertragsnichtigkeit und Löschungsantrag 4151
- Vorkaufsrecht 3351 f., 6139 f.
- Vormerkung 3357 ff.
- Widerspruch gegen die Richtigkeit des Grundbuchs 3353, 6262
- Wohnrecht 3354 ff., 6333 ff.

Löschung von gewerblichen Schutzrechten 3311 ff.

Löschung von Grundpfandrechten 3315 ff.
- und Auflassungsantrag 333
- Bruchteilsbewertung 3324 ff., 3360 ff.
- Grundschuld 3316 ff.
- Höchstbetragshypothek 3337
- Höhe der Restforderung als Maßstab 3316 ff.
- Hypothek 3335 ff.
- Miterben 3341 ff.
- Nennbetrag als Maßstab 3317 ff.
- Nießbrauch 3345 ff., 4204 ff.
- Reallast 3350, 4465
- Sicherungsgrundschuld 3325 ff.
- Sicherungshypothek 2920 ff., 3359
- Sicherungsnießbrauch 3348 f.
- Vorkaufsrecht 3351 f., 6139 f.
- Vormerkungslöschung 3357 ff.
- Widerspruch 3353, 6262
- Wohnrecht 3354 ff., 6348
- Zinsen und Kosten 3319
- Zug um Zug gegen Zahlung 3368
- Zwangsgeldfestsetzung 3334, 4260
Löschungsanspruch, gewerblicher Rechtsschutz 2509
Löschungsbewilligung 83, 3325 ff., 6324
Lösungssumme, Arrest 388

Mahnkosten 3387 ff., 4052 f.
Mahnbescheid, Widerspruch 3237
Mahnverfahren 3377 ff.
- Erledigung der Hauptsache 1799 ff., 3387 ff., 3402
- Gebührenstreitwert 3391 ff.
- Kostenwiderspruch und ~einspruch 3386, 3400 ff.
- Rechtsmittel 3404 ff.
- Stufenstreitwert 5199
- Teilwiderspruch und ~einspruch 3384 f., 3397 ff.
- Zeitpunkt der Wertberechnung 3380 ff.
- Zuständigkeitsstreitwert 3378 f.

Makler
- Geheimhaltungspflicht nach Vertragsende 5534
- gewerblicher Rechtsschutz 2510 ff.
Mängelbeseitigung siehe Gewährleistung
Marke
- Auskunftsanspruch 681
- Beseitigungsanspruch 2518
- Feststellungsklage 2044
- geschäftliche Bezeichnung 3976
- Löschung 3311 f.
- Markenverletzung 2513 ff.
- negative Feststellungsklage 2517
- Patentanwalt 2523
- Regelstreitwert 2521 f.
- Streitwertbegünstigung 2514
- Umsatz als Bewertungsmaßstab 2515 f.
Massegläubiger 2964
Materielle Rechtskraft siehe Rechtskraft
Materielle Rechtslage und Bemessungsgrundsätze 894
Materiellrechtliche eidesstattliche Versicherung 1470 ff.
Mehrere Ansprüche 3409 ff.
- Abnahmeantrag und Zahlungsantrag 113 f.
- Aufrechnung 3417
- Bemessungsgrundsätze 890
- Beweisaufnahme 1089
- ehrkränkende Äußerungen 3437
- einstweilige Verfügung 1599
- Gebührenstreitwert 3424 ff.
- Gesamtgläubiger/-schuldner 3441
- Haupt- und Hilfsantrag 2829 ff., 3415, 3427
- Kindschaftssachen 3437
- Klageänderung 3420, 3430
- Klagehäufung, objektive 3436 ff.
- Klagehäufung, subjektive 3441 ff.
- Leistung und Duldung 2564
- Leistung und Feststellung 2010, 2015, 3439
- Leistung und Sicherung 3438

– Leistung und Zusatzanträge 3440
– Mietstreitigkeiten 3629
– maßgeblicher Zeitpunkt 3418 ff.,
  3428 ff.
– mehrere Leistungsansprüche 3437
– Nebenansprüche 3423, 3442
– nichtvermögensrechtliche 3412,
  3425 ff., 4175
– positive Beschlussfeststellungsklage
  4378 f.
– Prozessverbindung und -trennung
  3419, 3429
– rechtliche Identität 3421, 3431 f.
– Rechtsmittel 3444 ff.
– unechter Hilfsantrag 3416
– und Unterlassung 5504 ff.
– Unterlassung und Widerruf 3437,
  5505, 6248 ff.
– Urkunden-, Wechsel- und Scheckprozess 5567
– Verbot der Wertaddition 3421 ff.,
  3431 ff.
– Vollstreckungsgegenklage 6087 ff.
– Wertaddition 3412 ff., 3424 ff.
– Wettbewerbsverletzungen 2390 f.
– Widerklage 3415, 3427 und siehe
  dort
– wirtschaftliche Identität 3422,
  3433 ff.
– Zuständigkeitsstreitwert 3412 ff.
Mehrere Auftraggeber, Anwaltsgebüh-
  ren 327, 331
Mehrere Beklagte siehe Streitgenos-
  sen
Mehrere Forderungen, Gläubiger-
  anfechtung 2563
Mehrere Gegenforderungen, Aufrech-
  nung 586
Mehrere Gegenstände, Streitwertän-
  derung 174
Mehrere Gläubiger, Gläubigeranfech-
  tung 2563
Mehrere Kinder
– elterliche Sorge 1695, 1704, 1709
– Kinderherausgabe 2184, 3039, 3047,
  3051

– Kindschaftssachen 3075
– Umgangsrecht 2184, 5299, 5314
Mehrere Klagegründe 3414
Mehrere Prozesse, Prozessverbindung
  4433 ff.
Mehrere Sachen, Herausgabe 2700
Mehrere Schuldner, Befreiung von
  einer Verbindlichkeit 831 ff.
Mehrwert des Vergleichs 5673 f.
Mehrwertsteuer siehe Umsatzsteuer
Miet- oder Pachtzins, Feststellungs-
  klage 2099 f.
Mietähnliche Nutzungsverhältnisse
  3494 ff., 3511 ff.
Mietbürgschaft 3727
Miete siehe Mietstreitigkeiten
Mieterschutzregelung 3728 f.
Mietkaution, Nebenforderungen 4055
Mietkosten, Nebenforderungen 3529,
  3744 ff.
Mietsache, Besichtigungsrecht 1030 ff.
Mietstreitigkeiten 3450 ff.
– Abbruchkosten 3613 ff.
– abgeleiteter Besitz 3625
– Abmahnung 3626
– Abschluss eines Mietvertrages
  3582, 3627, 3797
– ähnliche Nutzungsverhältnisse
  3494 ff., 3511 ff.
– Allgemeine Geschäftsbedingungen
  3628
– Anfechtung des Mietvertrags 3561
– Anspruchshäufung 3629
– Aufbaukosten 3630
– Aufrechnung 533
– Ausgleichszahlung 3609, 3631 ff.
– Automatenaufstellvertrag 768
– Baukostenzuschuss 3489
– Beendigung des Mietverhältnisses
  3504
– Beheizung 3634 ff.
– Berechtigung als Streitpunkt 3637
– Beseitigung von Einbauten 3562,
  3638
– Beseitigung von Mängeln 1021,
  3576 ff., 3638

- Besichtigung 3642
- Besitz 3647 ff.
- Besitzstörung 3649 ff.
- Bestehen oder Dauer des Mietverhältnisses 3504, 3544 ff.
- bewegliche Sachen 3468
- Bewerbervertrag 3695
- Bewertungsgrundsätze 3504 ff.
- Dauer des Mietverhältnisses 3497 f., 3655
- Dauerwohnrecht 3515, 3811, 6336 ff.
- Dritte 3656 ff.
- Duldung von Erhaltungsmaßnahmen 3405, 3666 ff.
- Duldung von Verbesserungsmaßnahmen 3405, 3666 ff.
- Eigentumsherausgabeanspruch 3560
- Eigentumswohnung 3671
- Einigkeit der Parteien über Mietverhältnis 3473 ff.
- Energieversorgung 3672 ff.
- Einwendungen des Beklagten 3471
- Erhaltungsarbeiten 3674
- Erhöhung des Mietzinses 3405, 3567 ff.
- fällige Beträge 1916
- Fahrstuhlbetriebskosten 3754
- fehlender Vertrag 3512
- Festsetzung der ortsüblichen Miete 3722
- Feststellung 2091 ff., 2101 ff., 3676 ff.
- Feststellung des Bestehens 2099 ff., 3477
- Gebührenstreitwert 3500 ff.
- gemischte Verträge 3458, 3468, 3517 ff.
- gewerblicher Rechtsschutz 2524
- Hausordnung 3685
- Hausteil 3686
- Heizkosten 3687
- Herausgabe und Räumung 3554 ff.
- Hilfsantrag 3688
- Instandhaltungskosten 3405, 3689 ff.
- Jagdpacht 3467, 3693 f.
- Kaufanwartschaftsvertrag 3695
- kaufvertragliches Nutzungsrecht 3515
- Kaution 3696, 4055
- Konkurrentenschutz 3700
- Kündigung 2092 ff., 3701 ff.
- Kündigungsmöglichkeit 3707 f.
- Kündigungsausschluss 3482, 3591
- künftige Mieterhöhung 3571 ff., 3596
- künftige Mietzahlung 3709 ff.
- künftige Nutzungsentschädigung 3713 ff.
- langfristige Mietverträge 3484 f.
- Leasing 3271, 3510
- auf Lebenszeit abgeschlossene Mietverträge 3484 f.
- Mängelbeseitigung 1021, 3716
- Miet- und Pachtverhältnisse 3463 ff.
- Mietausfall 3718
- Mietbürgschaft 3727
- Mieterhöhung, Feststellungsklage 2098, 3596
- Mieterschutzregelung 3728 f.
- Mietsicherheit 3730 ff.
- Mietzins 3719 ff.
- Mietzinserhöhung 3596 ff.
- Minderung 1021, 3737 ff.
- Mitbewohner 3559
- Miterben 3662
- Modernisierung 3580 f., 3742
- Musterprozess 3743
- Neben- und Betriebskosten 3529, 3744 ff.
- Nebenleistungen 3488, 3751 ff.
- Nettogrundentgelt 3532 ff.
- Nichtigkeit des Mietvertrags 3755
- Nießbrauch 3513, 4198
- Nutzungswert 3757
- Option 3758
- Parabolantenne 3759 f.
- pauschale Nebenkosten 3530
- Prozessverbindung 4439
- Räumung 3472 ff.

– Räumung gemieteter Geschäfts-
räume 2284
– Räumung eines Grundstücks,
Gebäudes 3554 ff.
– Räumung und Herausgabe 3405
– Räumung von Wohnraum 3564 ff.
– Räumungsfrist 3761 ff.
– Rechtsmittel 3584 ff.
– rückständige Miete 3764
– Säumnis des Beklagten 3541 ff.
– Schönheitsreparaturen 3770 ff.
– selbständiges Beweisverfahren
3767 ff.
– Siedlungsgrundstück 3774
– Sonderleistungen des Mieters 3489,
3526
– sozialer Schutzzweck 3516, 3560,
3584
– Sozialwohnung 3775
– streitige Zeit 3479 ff.
– Tauschvertrag 3776
– Teilaufhebungsklage 3777
– Tierhaltung 3780 ff.
– Umgestaltung der Mietsache 3781 ff.
– unselbständiger Mitbesitz 3559 ff.
– Unterlassung 3784 f.
– Untermiet- und Unterpachtverhält-
nis 3467, 4308
– Untermieter 3786 ff.
– Untervermietung, Zustimmung
3792 ff.
– Vergleich 3607 ff., 5686
– Vertragsinhalt als Streitpunkt 3553,
3799 ff.
– Verwendungsersatz 6254
– Verzicht auf Räumungsfrist 3611
– Vorauszahlung der Miete 3801
– Vorkaufsrecht 3802 f.
– Vorvertrag 3804
– Wegnahme eingebauter Sachen
3805, 6185 f.
– Wegnahmerecht 1219
– wesensverschiedene Nutzungsver-
hältnisse 3496, 3514 ff.
– Widerklage 3101, 3807 ff.
– Widerruf der Kündigung 6254

– Wiederherstellungsverlangen 1021
– Wohnraum 3457
– Wohnrecht 3810 ff.
– Wohnungseigentum 3817
– Wohnvermächtnis 3515, 6330 ff.
– Zuständigkeitsstreitwert 3453 ff.
– Zustimmung zur Mieterhöhung
3596
– Zustimmung zur Untervermietung
3793
– Zwangsversteigerung 3820 f.
– Zwangsvollstreckung 3823 ff.
Mietverhältnis siehe Mietstreitigkei-
ten
Mietvertrag, Abschluss 6013 f.
Mietwagenkosten 5825
Mietwohnhaus, Verkehrswert 2614,
5867
Mietzahlung, ständig verspätete 3553
Milchgeld, Nebenforderungen 4056
Minderjähriger, vereinfachtes Unter-
haltsabänderungsverfahren 5654 ff.
Minderung 3826 ff.
– und Aufrechnung 532 ff.
– Feststellung 2102
– Klageforderung und Gegenleistung
2231 ff.
– Mietstreitigkeiten 3737 ff.
– und positive Vertragsverletzung
3827
– vergleichsweise Wandelung 3828,
6184
– und Widerklage auf Schadensersatz
3102
Minderung des Streitwerts siehe
Änderung des Streitwerts
Mitbenutzungsrecht 3829 ff.
Mitbesitzer, Räumung 3559
Miteigentümer, Unterlassung von
Immissionen 2937
Miterben 3834 ff.
– Abtretung einer Nachlassforderung
130
– Anfechtungsklage 3897
– Aufhebung der Gemeinschaft
3842 ff.

– Auflassung 446 ff., 464 ff., 2625 ff., 3858 ff.
– Auflassungsklage 431
– Auseinandersetzung 423 f. , 3844 f.
– Ausgleichspflicht 3878 f.
– Auskunftsanspruch 672 ff., 3880 ff.
– Auskunftsklage 3926 f.
– Ausschließung 751 f.
– Ausschlussurteil 758
– Bankguthaben 3886
– Befreiung von einer Verbindlichkeit 835, 3887
– Berichtigung 3888 ff.
– Erbauseinandersetzung 464 ff., 3891 f.
– Erbschein 3893
– Erbteilungsklage 3892
– Erbunwürdigkeit 3894 ff.
– Feststellungsabschlag 3899
– Feststellungsklage 2022, 2074, 3899 ff.
– formelle Betrachtungsweise 3839
– Genehmigung des Auseinandersetzungsvertrags 2260
– Genehmigungsstreit 3902 f.
– gesetzliche Erbfolge 3904 f.
– Gläubiger als Leistungskläger 3920
– Grundbuchberichtigung 2576, 3906
– Herausgabeansprüche 3907 ff.
– Hinterlegung 3910
– Hypothekenlöschung 3922 ff.
– Leistungsklage 3299, 3911 ff.
– Löschungsbewilligung 3341
– Mietstreitigkeiten 3662
– Mitwirkung bei der Auflassung 446 ff.
– Nachlassherausgabe 3908
– Nachlassverzeichnis 3926 f.
– Nichtigkeit von Verträgen 3928 ff.
– Pachtvertrag 3934 f., 3936
– Pachtvertrag mit Drittem 3929, 4294 ff.
– Pflichtteil und Nachlasswert 3937
– Rücktritt vom Erbvertrag 3938
– Testamentsnichtigkeit 3930 ff., 5271
– Testamentsvollstreckung 3939 ff., 5276 f.
– Unterlassungsklagen 3946
– Vertragsnichtigkeit als Streitpunkt 3928 ff.
– Vor- und Nacherbschaft 3947 ff.
– Vorkaufsrecht 3956 f., 6134
– wirtschaftliche Betrachtungsweise 3835, 3851
– Zurückbehaltungsrecht 3958 f.
– Zuwendung 3960
Mitgliederwerbung 2525
Mitverschulden 3961 ff.
Mitwirkung, Anmeldung zum Handelsregister siehe dort
Modalitäten der Leistung 3303 ff.
Modernisierung, Mietstreitigkeiten 3580 f., 3742
Monatsfrist, Änderung der Festsetzung 60 ff.
Montage 3309
Müllabfuhrgebühren, Mietstreitigkeiten 3754
Musterprozess
– gewerblicher Rechtsschutz 2526
– in Mietsachen 3743
– Streitwertvereinbarungen 1999

Nachbarrechtliche Ansprüche 3964 ff.
Nachehelicher Unterhalt 5453
Nacherbe siehe Vor- und Nacherbschaft
Nacherbenvermerk, Löschung 3970, 6124 f.
Nachforderungsklage 3971 ff.
Nachlass siehe Erbauseinandersetzung
Nachlassforderung, Abtretung 130
Nachlassgläubiger, Leistungsklage 3920 f.
Nachlassverzeichnis 3926 f. siehe auch Miterbe
Nachträgliche Begründung der Wertfestsetzung 1980 ff.
Nachträgliche Stufenklage 5123 f.
Nachträgliche Wertänderungen 5499

Nachverfahren
– Urkunden-, Wechsel- und Scheck-
 prozess 5554 ff., 5564 ff., 5568 ff.
– Urteilsergänzung 5587
Nachvertragliches Wettbewerbsverbot
 siehe auch Konkurrenzverbot
– Karenzentschädigung 3010 ff.
Namensrecht 3974 ff.
– Verein 2928, 5644
Natural-Arbeitsentgelt, Ehesachen
 1266
Nebenforderungen 3977 ff. siehe auch
 Zinsen, Kosten
– Abhängigkeit zur Hauptforderung
 4000 ff.
– abgesonderte Befriedigung 85
– Abwendung der Vollstreckung 4039
– Anerkenntnis 4005, 4091
– Anhängigkeit 3997 ff.
– Arztkosten 4094
– ausländisches Urteil 4018, 6060
– Bauhandwerkerhypothek 773
– Bedingungsverhältnis 4000, 4005 ff.
– Befreiung von einer Verbindlichkeit
 816, 4019 ff.
– Berechnungsposten des Gesamt-
 schadens 4017
– Bereicherungsansprüche 998, 4002
– Bürgschaft 1152, 4025 ff.
– Darlehen 1177 ff.
– Deckungsschutz 4028
– Drittwiderspruchsklage 1199
– Duldung der Zwangsvollstreckung,
 Kosten der Rechtsverfolgung 4029
– Duldungsklage 1224
– eidesstattliche Versicherung 3994
– Einfluss auf Wertberechnung 3988 ff.
– Einstellung der Zwangsvollstre-
 ckung 1578
– Enteignungsentschädigung 1731 ff.,
 4002, 4030
– entgangener Gewinn 4064
– Erledigung der Hauptsache 4005
– Fälligkeit 3304 f.
– Feststellungsklage bezüglich Nich-
 tigkeit 4031

– Feststellungsklage bezüglich Voll-
 streckbarkeit 2152
– Finanzierungskosten 4032
– Frachtkosten 4094
– Futterkosten 2223 ff., 4033, 4094
– Gläubigeranfechtung 2561
– Gläubigerrangstreit 2567
– Hinterlegungsstreit 1677
– Hinterlegungszinsen 4003, 4034 ff.
– Hypothek 2907 ff.
– Inkassogebühren 2942, 4038
– Insolvenzfeststellung 2971
– Insolvenzverfahren 2953
– Inzidentantrag 4039
– Kapitalisierung von Zinsen 4015
– Klauselabwehrklage 6097
– Klauselerteilung 6098
– Klauselerteilungsklage 4095
– Kontokorrent 4040
– Kosten 3980, 4041 ff.
– Kostenvereinbarung in Ehesachen
 3224
– Kreditgebühren 3255 ff., 4047 ff.
– Lagerkosten 3265
– Lastenausgleich 4051
– Mahnkosten 4052 f.
– Mietgebühren 3529, 3744 ff.
– Mietkaution 4003, 4055
– Milchgeld 4056
– Novation 4040, 4218 ff.
– Novation bei Schuldanerkenntnis
 4220
– Pfändungs- und Überweisungs-
 beschluss 4353 f.
– Prätendentenstreit 4381
– Prozesszinsen 4057, 4446 ff.
– Sachverständigenkosten 4058
– Säumniszuschläge 4073
– Schadensersatz 4060 ff.
– Scheck und Wechsel 4056 ff.
– Scheckprozess 5559 ff.
– selbständiges Beweisverfahren 4059
– Schiedsgerichtsverfahren 4838,
 4841
– Schiedsspruch 4068 ff.
– Schuldanerkenntnis 4071 f.

– Spesen siehe dort
– Steuersäumniszuschläge 4073, 4922
– Systematik 3982 ff.
– nach Teilanerkenntnisurteil 5251
– Teilzahlung 4074 f.
– Teilzahlungskredit 5262 ff.
– Tierarztkosten 5278
– Umsatzsteuer 4076 f., 5335
– Unfallfinanzierungskosten 5396
– Urkundenprozess 5559 ff.
– Vergleich 4078 ff., 5712 ff.
– Verrechnung 4082 ff.
– Verrechnung mit Vorschusszahlung 6157
– Verstoß gegen § 308 Abs. 1 ZPO 5987 f.
– Verteilungsverfahren 6008
– Verzugszinsen 4085 ff.
– Viehmängelhaftung 4094
– Vollstreckung 6448 f.
– Vollstreckungsgegenklage 4103 ff., 6067
– Vollstreckungsklauselklage 4095, 6097, 6101
– Vollstreckungskosten 4039
– vorzugsweise Befriedigung 6158
– Wechsel 4065 f.
– Wechselprozess 5559 ff.
– Widerklage 4097 ff.
– Wiederaufnahmeverfahren 4100
– Zinsen alleiniger Streitgegenstand 3989 ff., 6378
– Zinsen bei späterer Klageerweiterung 3986
– Zwangsvollstreckung 3992, 4101 f.
Nebenintervention 4110 ff.
– Abwehr von Regressansprüchen 4121 f.
– Bruchteilsbewertung 4123
– Durchführung der ~ 4115 ff.
– Klageabweisungsantrag 4124
– Leistungsantrag 4124
– positive Feststellungsklage 2023
– Rechtsmittel 4127 ff., 4935
– Vergleich 4130 f.
– Widerklage 4126

– Zulassung des Beitritts 4112 ff., 6457
– Zwischenverfahren 4112 ff., 6457
Nebenkosten als Pachtzins 3004 ff., 4303
Nebenleistungen, Mietstreitigkeiten 3488, 3751 ff.
Negativattest, landwirtschaftliches Grundstück 3269
Negative Feststellungsklage 2031 ff. siehe auch Feststellungsklage
– Abschlag 2032 ff.
– Anbietung von Aktien 82
– Androhung von Ersatzansprüchen 2125
– Berühmung 2036 ff.
– Bewertungsschlüssel 2046 ff.
– einstweilige Anordnung 2137
– Einzelfälle 2046 ff.
– Entlastung von Organen und Organmitgliedern 1737 ff.
– Ermäßigung der Berühmung 2041 f.
– Fälligkeit 1921
– gewerblicher Rechtsschutz 2044, 2356
– Interesse des Klägers 2031
– Kurswert von Aktien 6239 ff.
– Marke 2517
– offensichtlich unbegründete Forderung 2038
– Rente 4713
– Schätzung des Klägers 2040 f.
– Schuldanerkenntnis und Schuldversprechen 191
– Streitgegenstand 2043
– Teilklage 2043
– Unterhalt 5454 ff.
Negative Herstellungsklage 2336 f.
Nettoeinkommen, Ehesachen 1240, 1246, 1262, 1265 ff.
Nettolohnverurteilung 864
Neue Tatsachen
– Änderung der Wertfestsetzung 29
– Gegenvorstellung 65
Nichteheliche Abstammung siehe Vaterschaftsfeststellung

Nichteheliche Lebensgemeinschaft
- Auseinandersetzung 411
- Hausratsstreitigkeiten 2664 ff.

Nichtexistente Forderung, Forderungspfändung 4337, 6445

Nichtigkeit
- Rücktritt, Feststellungsklage 2105 ff., 4764
- Testament 3930 ff., 5271
- Vaterschaftsanerkenntnis siehe Kindschaftssachen

Nichtigkeit eines Vertrages 2242, 3026, 4142 ff.
- Befreiungsanspruch 835
- Bewertungsgrundsätze 4142
- Bierabnahmepflicht 1112
- Dauerwohnrecht 3811
- Erbstreitigkeiten 3928 ff.
- Erwerbsverbot 1907 ff.
- Feststellungsabschlag 4149
- Feststellungsklage 2105 ff., 4145 ff.
- Freistellungsanspruch 4143
- Grundstückskaufvertrag 2086
- Jagdpachtvertrag 3003
- Kaufvertrag 3026 ff.
- Klageantrag maßgebend 4147 ff.
- Löschungsantrag als Zusatz 4151
- Mietvertrag 3755
- Pachtvertrag 4295
- Pachtvertrag mit Erbengemeinschaft 3934, 3936, 4296
- Rückabwicklung 4144
- Schwarzpreis 4148
- Verpflichtung der Erbengemeinschaft 3887

Nichtigkeitsklagen
- Aktiengesellschaft 198 ff.
- und Anfechtungsklagen 198
- Antrag 202
- Bemessungsgrundsätze 204 ff.
- Genossenschaft 230 ff., 2264
- Geschäftsanteil 226
- gesellschaftsrechtliche 4152 ff.
- Gestaltungsklagen 202
- GmbH 224 ff.
- bei OHG und KG 235

- positive Beschlussfeststellungsklage 4378 f.
- prozessrechtliche 4752 ff.

Nicht rechthängig gewordene Ansprüche 4132 ff.

Nichtvermögensrechtliche Streitigkeiten 4156 ff.
- Anspruchshäufung 4175
- anzuwendende Vorschriften 4171 ff.
- arbeitsrechtliche 4169 f.
- Auflösung eines Partei-Landesverbandes 4158
- Ausschließung aus Genossenschaft 2261
- Ausschluss aus Verein 4158, 5645
- Bedeutung der Sache 4178 ff.
- Begriff 4157 ff.
- Beiordnung eines Rechtsanwalts 860
- Bemessungsgrundsätze 903
- Delegiertenwahl, Anfechtung 4158, 4188
- Ehesachen 4158
- ehrkränkende Äußerungen 1421, 4162 ff., 4185
- Einkommensverhältnisse 4181 ff.
- einstweilige Verfügung 1594 ff., 4174, 4186
- E-Mail 1725
- Gegendarstellung 2229
- geschäftsschädigende Äußerung 2292
- Gewerkschaften 4165
- Grabbeisetzung 4158
- Idealverein 2926 ff., 4166
- Klageanspruch maßgebend 4156
- Klagehäufung 3412, 3426, 3437
- Klagerücknahme 3137, 4191
- Landvermessung 3267
- Namensrecht 3974 ff.
- Personalakten, Einsicht 4158, 4310 ff.
- Personenstandssachen 4158
- Recht am eigenen Bild 1120, 4158
- Rechtsmittel 4192
- Regelwert 4172 f.

– Richterablehnung 4158
– Sachverständigenablehnung 4158
– Schätzung an Hand des Regelwerts 4820
– Stiftung 4167
– Tagebuchherausgabe 4158, 5207
– telefonische Belästigung 4158
– Umbettung einer Leiche 4158
– Umfang der Sache 4177
– Unterhaltspflicht gegenüber Kind 4160
– Unterlassung 5496 ff.
– Unterlassung kreditgefährdender Äußerungen 4164, 4184
– Vaterschaftsanerkenntnis 4161
– Verein 4187, 5641
– Vereinsausschluss 4158, 4187, 5645
– Verfassungsbeschwerde 4168
– Vermögens- und Einkommensverhältnisse 4181 ff.
– vorbeugende Unterlassungsklage wegen Ehrverletzung 4162
– Vorstandswahl 4166
– Wechselherausgabe 5555 ff.
– Wertbegrenzungen 6212 f., 6222 f.
– Zeugnisverweigerung 4158, 6363
Nichtwirtschaftlicher Verein siehe Idealverein
Nichtzulassungsbeschwerde 4193 ff., 4655
Nießbrauch 4196 ff.
– Belastungen 4200
– Bestellung 4199 ff.
– Ehesachen 1307
– Erfüllungsklage 4203
– Erhaltungskosten 4200
– Grundbuchberichtigung 2575
– Grundstücksherausgabe 2789, 4197 f.
– Grundstückswert 2617
– Herausgabe 2788
– Löschung 3345 ff., 4204 ff.
– Löschung des Sicherungsnießbrauchs 3348 f.
– Mietstreitigkeiten 3513

– öffentliche Lasten 4200
– persönliche Beziehungen 4201
– Rohertrag 4200
– Sicherungsnießbrauch 4202
– und wiederkehrende Leistungen 4199
Notanwalt, Beiordnung 857 ff.
Notar, Hinterlegung des Grundstückskaufpreises 2892
Notwegrecht 4207 ff.
– Einräumung 4208 ff.
– einstweilige Verfügung 4216
– Kosten einer Ersatzlösung 4210, 4214
– Rente 4213 ff.
Novation 4218 ff.
– Nebenforderungen 4218
– Schuldanerkenntnis und Schuldversprechen 190 ff., 4220
– Zinsen 4219
Nutzungen 4221 ff. siehe auch Nebenforderungen
– Entschädigung bei Verkehrsunfallschaden 4225, 5826
– Weiterbenutzung der Mietwohnung 4224
Nutzungsanspruch und Schadensersatz 4807
Nutzungsentschädigung, Standgeld 4914 ff.
Nutzungsverhältnisse
– ähnliche wie Miete und Pacht siehe Mietstreitigkeiten
– Automatenaufstellvertrag 768

Offenbare Unrichtigkeiten
– Bemessungsgrundsätze 908
– Streitwertfestsetzung 6
Offenbarungsversicherung siehe eidesstattliche Versicherung
Offensichtlich begründete Gegenforderung 2233
Offensichtlich unbegründete Forderung 2038
Öffentliche Abgaben und Lasten, Mietstreitigkeiten 3754

Öffentliche Bekanntmachung siehe Veröffentlichungsbefugnis
Öffentliche ehrkränkende Äußerungen 5523
Öffentliche Zustellung 4226 ff.
OHG siehe auch Personengesellschaft
– Anfechtungsklagen 235
Optiker, gewerblicher Rechtsschutz 2527
Optionsrecht
– ~ im Mietvertrag 3758
– Veräußerungsverbot 5594
– Verfügungsverbot 1662
Orderpapier siehe Wertpapiere
Ordnungsgeld 4229 ff. siehe auch Zwangsgeld
– Androhung 5503, 5518
– Anwaltsgebühren 4230
– Beschwerde 4247 ff.
– Bruchteilsbewertung 2529 ff., 4237 ff.
– Erledigungserklärung 1870
– gewerblicher Rechtsschutz 2528 ff.
– mehrere Anträge 4231
– gegen den Sachverständigen 4252 f.
– Strafandrohung 4236
– Wettbewerbssachen 4245
Ordnungsmittel 4229 ff.
Organe, Organmitglieder 4265 ff.
– Abberufung 2319, 4279 ff.
– Anstellungsverhältnis 2321, 4267 ff.
– Begriff 4265
– einstweilige Verfügung 1615
– Entlastung 1737 ff., 4287 ff.
– Ersatzansprüche 1739, 4290
– Feststellungsklage 4285
– Insolvenzsicherung 4271
– Kündigung 4277 ff.
– Vergütungsklage 2327, 4266 ff.
– Versorgungsansprüche 2327, 4274
Örtliche Zuständigkeit siehe Einrede, Einwendung

Pacht 4291 ff. siehe auch unter Mietstreitigkeiten
– Auflassung 434, 453
– Auflösung des Pachtverhältnisses 4309
– Automatenaufstellvertrag 768
– Besitzstörung 4296
– Besitz 1051
– Beteiligung Dritter 4294 ff.
– Erbstreitigkeit 3936
– Erhöhung des Pachtzinses 4297 ff.
– Feststellungsklage 4295 f.
– Grundstücksherausgabe 2792 f.
– Investitionen 4307
– Jagd siehe Jagdpachtrecht
– Kiesausbeutevertrag 4300
– Kleingärten 4301
– Kündigung 2092 ff.
– Landvermessung 3266
– pachtähnliche Nutzungsverhältnisse 3511 ff.
– Pachtzins 4302 ff.
– Pachtzins, Feststellungsklage 2112
– Räumung 4308 ff.
– Räumungskosten 4307
– Schiedsgutachten 4847
– Vergleich 4309, 5686
– Vertragsnichtigkeit 4295
Pachtvertrag
– mit Erbengemeinschaft 3929, 3934, 3936
– Erbengemeinschaft mit Drittem 4296
– Feststellungsklage 2101 ff., 2167
– Fischereirecht 2181
Pachtzins
– Beiträge zur Berufsgenossenschaft 3006
– Hinzurechnung von Nebenkosten 4303
– Jagdsteuer 3006
Parabolantenne 3759 f.
Parkplätze, Besitzstörung 1058
Partei, Auflösung eines Landesverbandes 4158
Parteifähigkeit 1520
Parteivereinbarung
– über Streitwert 1997 ff.

– über Wert des Vergleichs 5679
– über Wertvorschläge 1145
Patent 2535 ff. siehe auch Gewerblicher Rechtsschutz
Patenterteilungs-Beschwerdeverfahren 2542
Patentnichtigkeitsverfahren 2543
Pauschalierter Schadensersatz 3031, 4790
Pauschbetrag für Kosten, Arrest 394
Pelzverwahrungsschein, Herausgabe 2713
Pensionsklagen siehe auch Arbeitnehmer
– Organmitglieder 4267 ff.
Personalakten 4310 ff.
– Abmahnung 4312
– Einsicht 4158, 4310
Personenhandelsgesellschaft
– Anmeldung zum Handelsregister 269 ff.
– Ausschließung 739 ff.
– Kommanditist siehe dort
Personenstandssachen 4158
Persönliche Beziehungen, Nießbrauch 4201
Persönliche Dienstbarkeit siehe Dienstbarkeit
Persönliche Verhältnisse der Parteien, Bemessungsgrundsätze 895, 928
Persönlicher Arrest siehe Arrest
Pfandrecht siehe auch Pfändung, Verpfändung
– Grund~e siehe dort
– Herausgabeanspruch 2794
– und Sicherungsübereignung 4900
– und Veräußerungsverbot 5595
Pfändung 4313 ff.
– Anwaltsgebühren 4314 ff.
– Arrestvollziehung 4319
– Belastungen des Pfandgegenstandes 4325 f.
– Bewertungsgrundsätze 4313 ff.
– Briefhypothek 2904
– Drittwiderspruchsklage 1200 f., 1203 ff.
– einredeweise geltend gemachtes Pfandrecht 4320
– Forderungswert 4313
– maßgebender Zeitpunkt für Wertberechnung 4323 f.
– Prätendentenstreit 4380
– Rangstreitigkeiten 4321
– Vorpfändung 4316
– Wert des Pfandgegenstandes 4325 ff.
Pfändungs- und Überweisungsbeschluss 4329 ff.
– Anwaltsgebühren 4331 ff.
– Arbeitseinkommen 4339 ff.
– arbeitsrechtliche Streitigkeit 4350
– Erwartungen des Gläubigers 4335 ff.
– fehlende Angaben 4338
– Gehaltsforderungen 4332, 4339 ff.
– Gläubigerinteressen 4335
– Klage gegen Drittschuldner 4344 ff.
– maßgebender Zeitpunkt für Wertfeststellung 4333
– Nebenforderungen 4353
– Nichtbestehen der zu pfändenden Forderung 4337
– Schätzung 4338
– Streitwertprivilegierungen 4351 f.
– wegen Unterhalts 4351
– Vorratspfändung 4332 ff.
– Wertlosigkeit der angeblichen Forderung 4336
Pfändungsmaßnahme und Insolvenzanfechtung 2991
Pflegekosten 2113, 4355 f.
Pflichtteilsanspruch 3937, 4357 ff.
– Auskunft 714, 3881
– Auskunftsanspruch 675 ff., 4360 ff.
– Feststellung 4358 f.
– Leistungsanspruch 4357
– Nachlasswert 3937
– Rechtsmittel 4370 ff.
– Stufenklage 4363 ff., 5163
Pflichtteilsergänzungsanspruch 4374 f.
Pflichtteilsrestanspruch 4376 f.
Phantasieforderungen 2038
Photographie, Herausgabe 2737

Pläne, Herausgabe 2791
Politische Äußerungen 1444 ff.
Popularklage 3313
Positive Beschlussfeststellungsklage 4378 f.
Positive Feststellungsklage 2020 ff.
– Abzug 2020 ff.
– Einzelfälle 2046 ff.
– faktische Durchsetzbarkeit 2028 ff.
– Hauptinterventionsklage 2022
– Nebenintervention 2023
– Rechtsschutzinteresse 2030
– Schuldanerkenntnis und Schuldver-
  sprechen 190
Positive Vertragsverletzung
– Aufrechnung und Verrechnung
  510 ff.
– und Minderung 3827
– Werkvertrag 6206
Postulationsfähigkeit, Bemessungs-
  grundsätze 893
Prätendentenstreit 2645, 4380 ff. siehe
  auch Hinterlegung, Gläubigerrang-
  streit
– Nebenforderungen 4381
Preisanpassungsklausel in AGB 149
Preisbindung 2544 ff.
Preissteigerung, unbebaute Grund-
  stücke 5868
Presserechtliche Gegendarstellung
  2229
Presseveröffentlichungen 1444 ff.
– ehrkränkende Äußerungen 1452
Preußisches Ausführungsgesetz,
  Altenteil 156
Primäraufrechnung siehe Aufrech-
  nung
Privatgutachten, Kosten eines ~ 4042
Privilegierende Vorschriften
– bei Befreiungsansprüchen 815, 841 f.
– bei Interventions-Streitwert 4122
Prostituiertenverdienst 954
Provision 4383 f.
Prozessaufrechnung 516
Prozessbevollmächtigter, Antrag auf
  Wertfestsetzung 295, 300

Prozessfähigkeit 1520
Prozessführungsbefugnis 1520
Prozessgebühr
– Aufrechnung 627 ff.
– Streitwertänderung 169
Prozesshindernde Einrede siehe Ein-
  reden und Einwendungen
Prozess- und Sachleitung 4385 ff.
– Anfechtung von Anordnungen 4423
– Aufhebung der Bewilligung 4398 ff.
– Aussetzung des Verfahrens 4425
– Vertagungsantrag 4385 ff.
Prozesskostenhilfe 4393 ff.
– Änderung der Festsetzung 40 ff.
– Antrag auf Wertfestsetzung 1936
– Anwaltsgebühren 4397 ff.
– bedingungslos eingereichte Klage
  4411
– Bemessungsgrundsätze 905
– Beschwerdeverfahren 4394 ff.,
  4402 ff.
– Bewilligungsverfahren 4398 ff.
– Bindung an Wertfestsetzung im
  ~verfahren 1996
– Ehesachen 1382 ff., 4421
– gegenseitiger Unterhaltsverzicht
  4420, 6045
– Gerichtskosten 4393 ff.
– Gesamtschuldner 4415 ff.
– Ratenzahlung 4400 f.
– und Streitwertermäßigung 2402 ff.
– Stufenklage 4412
– Vaterschaftsfeststellung 1568
– Vergleich 5690
– Wertaddition 4408
– Wertfestsetzung 4409 f.
Prozesskostenvorschuss 4422 ff.
– einstweilige Anordnung 4425 f.
– Hauptsacheverfahren 4424
Prozessverbindung, wirksame 4437 f.
Prozessuale Rügen, Haupt- und Hilfs-
  aufrechnung 548 ff.
Prozessuales Anerkenntnis 184 ff.
– Ankündigung 185
– Auslegung 185
– Beweisaufnahme 187

- Schriftsatz 185
- Teilanerkenntnis 187
- Urteil 189
- Vergleich 188
- Zeitpunkt 184
Prozesstrennung 4427 f.
- Rechtsmittel 4431 f., 4936
- Scheidungs- und Folgesachen 4430
Prozessverbindung 4433 ff.
- Anfechtungsklage 4440
- Beschluss 4437 f.
- Kindschaftssachen 4442
- Mietstreitigkeiten 4439
- Scheidungs- und Folgesachen 4443 f.
- Streitwertfestsetzung 1959
Prozessvergleich siehe Vergleich
Prozessvoraussetzungen 1520
- und Aufrechnungsforderung 548
- Entmündigung 1741
Prozesszinsen 4057, 4446 ff.

Rangverbesserung 4449 ff. siehe auch
  Prätendentenstreit
- Gesamthypothek 4452 f.
- Grundpfandrecht 4450
- Sperrklausel 4451
Ratenkauf, Abstandszahlung 117
Ratenzahlung 4454 ff.
- Bemessungsgrundsätze 941
- Bruchteilswert 4455
- Kaufvertrag 3019
- Leistungsklage 3296
- Prozessvergleich 4455 f., 5693, 5741
- Wertsicherungsklausel 4457
Räumung siehe auch Beseitigung
- Besitzstörung 1070 ff.
- Drittwiderspruchsklage 1196
- Eigenheim 2723
- Eigentumsherausgabeanspruch
  3504
- Eigentumswohnung 1508 ff.
- gemietete Geschäftsräume 2284
- eines Grundstücks 3554 ff.
- Hausteil 3554 ff.
- und Herausgabe 3405
- Mietstreitigkeiten 3472 ff.

- Pachtobjekt 4308
- Siedlungsgrundstück 4901
- Untermiete 3786 ff.
- gegen Unterpächter 4308
- Verwendungsersatz 3806
- Vollstreckungsgegenklage 6077
- Vollstreckungsschutz 6114 f.
- Wegnahmerecht 3805
- Widerklage auf Fortsetzung 3100
- Wohnraum 3564 ff.
- Wohnungseigentum 1753, 6357
- Zwangsversteigerung 3820 ff.
- Zwangsvollstreckung 6433
Räumungsanspruch, Klage aus § 985
  BGB 3504
Räumungsfrist 3761 ff.
- Urteilsergänzung 5590
Räumungsfristverfahren 4458 ff.
Räumungsschutz, Mietstreitigkeiten
  3728 ff.
Räumungsvollstreckung 6433
Realisierbarkeit von Forderungen,
  Vergleich 4326, 5719 ff.
Reallast 4461 ff.
- Erhöhung 4464
- Löschung 3350, 4465
- Rentensicherung 4463
Realsplitting, Zustimmung zum ~
  6324
Rechnungslegung 4466 ff.
- Beklagteninteresse 4482 ff.
- Bruchteilswert 4473 ff.
- Ermittlungsergebnis 4470
- Klägerinteresse 4466 f.
- Leistungsanspruch, Vorbereitung
  für 4466
- Rechtsmittelinstanz 4485
- Schätzungsermessen 4474
- Stufenklage 4484
- Teilurteil 4484
- Zahlungsanspruch 4468, 4475 ff.
- Zusammenrechnung mit Zahlungs-
  anspruch 4480 ff.
- Zwangsgeld 4259
Recht am eigenen Bild 1120, 4158,
  4488 f.

Rechtliche Identität, mehrere Ansprüche 3431 ff.
Rechtliches Gehör
– Ablehnungsverfahren 112
– bei Streitwertbeschwerde 4950, 4992, 5017, 5032, 5078
Rechtsanwalt, Beiordnung 857 ff.
Rechtsbeschwerde 4490 ff., 4654
Rechtschutzversicherung, Feststellung 2149 ff.
Rechtsgeschäftliche Verfügungen, Verfügungsverbot 1658 ff.
Rechtshängigkeit siehe Einrede, Einwendung
Rechtskraft
– Aufrechnung 579 ff.
– Auskunftsurteil 713
Rechtskräftige Kostenentscheidung und Streitwertänderung 181
Rechtsmittel 4494 ff.
– Änderungen des Streitwerts 4557 ff.
– Anschlussberufung 4624 ff.
– Anschlussrevision 4637 f.
– Antrag 4501 ff.
– Antrag, unbeachtlicher 4539 ff.
– Antragsänderung 4523 ff.
– antragslose Zurücknahme 4534 ff.
– Aufrechnung 608 ff.
– Auskunft 4370 ff., 4530 f., 4613
– Bemessungsgrundsätze 899
– Berufung, beschränkte 4508 ff.
– Berufungen, hintereinander eingelegte 4618
– Berufungsverfahren 4613 ff.
– Beschwer 4496 ff., 4515 ff.
– Beschwerde 4641 ff.
– Ehesachen 4511 ff.
– Erledigung der Hauptsache 4610 ff.
– Eventualaufrechnung 4577 ff., 4627
– fehlender Antrag 4533 ff.
– Feststellung und Teilleistung 4510
– formelle Beschwer 4517 ff.
– Gebührenstreitwert 4497
– Gesamtschuldner 4570 ff.
– Grundurteil 4575 ff.

– Hauptantrag und Hilfsantrag 2848, 4581 ff.
– Hilfswiderklage 2875, 4584 ff.
– hypothetische Anträge 4547
– Inkassogebühren 4664
– irrtümliche Annahme der Beschwer 4537 f.
– Klage und Widerklage 4527 ff.
– Klageänderung 3126 ff.
– Klagehäufung 3444 ff.
– Kosten 4664 ff.
– Kostenansatz 3172
– Kostenschlussurteil 4662 f.
– Mahnverfahren 3404 ff.
– materielle Beschwer 4517 ff.
– Mietstreitigkeiten 3584 ff.
– Nichtzulassungsbeschwerde 4655
– Nebenintervention 4127 ff.
– Obergrenze der Beklagtenbeschwer 4520 ff.
– Rechtsbeschwerde 4654
– Rechtsmittelstreitwert 4495
– Revision 4628 ff.
– Rücknahme bei teilbarem Streitgegenstand 4540 ff.
– Rücknahme des ~s und Aufrechnung 621 ff.
– Streitgenossen 4521 f., 4567 ff.
– Stufenklage 4616, 4640, 5169 ff.
– Teil des Hauptanspruchs 5213 f.
– Teilklage 5237 f.
– Teilurteil 4508 ff., 4635, 5247 ff.
– bei unbezifferten Anträgen 5388 ff.
– unechte Anträge 4540
– Unterhaltsprozess 4514
– Verbundurteil 4511, 4535
– Vergleich 5740 f.
– Verlustigerklärung 4588 ff., 5880 ff.
– bei verschiedenen Gerichten 4617
– versehentliche Berufung 4537 f.
– Verstoß gegen § 308 Abs. 1 ZPO 5996 ff., 6002 ff.
– Verurteilung Zug um Zug 4598 ff.
– Verwerfung des ~s und Aufrechnung 619 f.
– wechselseitig eingelegte ~ 4591 ff.

- Wert des Beschwerdegegenstandes 4496
- Wertveränderungen 4557 ff.
- Widerklage 3103 ff., 4525 ff., 4634
- Zinsen 4656 ff.
- Zurückbehaltungsrecht 4586 f.

Rechtsmittelantrag 4501 ff.
- nicht ernstlich gemeinter 4544 ff.

Rechtsmittelbeschwer siehe Beschwer

Rechtsmittelinstanz
- Abänderung der Festsetzung 22 ff.
- Aufrechnung 594 ff.
- Auskunftsanspruch 690 ff.
- Bindung des Gerichts an Wertfestsetzung 1140 f.
- Bindungswirkung der Wertfestsetzung 1993 ff.
- Erledigung der Hauptsache 1873 ff.
- Gesamtschuldner 2278 f.
- Rechnungslegung 4485
- Vorbehalt beschränkter Erbenhaftung 6131

Rechtsmittelrücknahme
- Ermäßigungsantrag vor ~ 4539 ff.
- bei teilbarem Streitgegenstand 4540 ff.
- Vergleich 5671 f.

Rechtsmittelwert der Stufenklage 5169 ff.

Rechtsnachfolge, Streitwertänderung 178

Rechtsprechungsänderung, Änderung der Wertfestsetzung 66

Rechtsschutzbedürfnis
- Bemessungsgrundsätze 897
- Festsetzung des Streitwerts 1950 ff.
- positive Feststellungsklage 2030
- bei Streitwertbeschwerde 4969 ff.
- für wiederholte Wettbewerbsverfügung 2375 f.

Rechtsschutzversicherte Partei 875

Rechtsschutzversicherung, Deckungsschutzklage 5944

Rechtsverteidigung
- Bemessungsgrundsätze 869

Rechtsweg 1523

Rechtswegverweisung 4673 ff.
- zum Arbeitsgericht 4675
- Beschwerdewert 4674
- sachliche Zuständigkeit 4677

Reformatio in peius
- Abänderung der Streitwertfestsetzung 5
- Beschwerde nach § 33 RVG 5070
- Streitwertbeschwerde nach GKG 4984
- Streitwertbeschwerde nach KostO 5027

Regelstreitwert
- Allgemeine Geschäftsbedingungen 147 ff.
- Baulandverfahren 783, 788, 792, 796, 799, 801
- gewerblicher Rechtsschutz 2348 ff.
- nichtvermögensrechtliche Streitigkeiten 4172 f.

Regelunterhalt 4678 ff.
- gleichzeitige Vaterschaftsfeststellung 4683
- Jahresbetrag 4678.
- Prozesskostenhilfe 4682
- Rückstände 4681

Regelwert
- Herabsetzung unter ~ bei nichtvermögensrechtl. Streitigkeiten 4190
- nichtvermögensrechtliche Streitigkeit 4172

Regressansprüche der Sozialleistungsträger 4684 ff.

Reinigung, Mietstreitigkeiten 3754

Reklameschilder, Beseitigung 1020

Rente 4689 ff. siehe auch Wiederkehrende Leistungen, Unterhalt
- Abänderung 4692
- Aufopferung 505 f., 4693
- außergerichtliche Geltendmachung 4703 ff.
- BEG-Entschädigungsansprüche 853 ff., 4694 f.
- Berufsunfähigkeitsrente 1001
- einstweilige Verfügung 4696 f.
- fällige Beträge 4698 ff., 4707 ff.

– Feststellungsklage 2114 ff., 4711 ff.
– Feststellungsklage, Erhöhung 2118, 4714 ff.
– freiwillige Zahlungen 4719
– gesetzliche Unterhaltspflicht 4720 ff.
– Hochbetagte 4725 ff.
– künftige Erhöhung 4714
– Leistungsantrag neben Feststellungsantrag 4717
– Notwegrente 4213 f.
– Rückstände 4698 ff.
– Rückstände, Feststellungsklage 2121
– auf Grund Schadensersatzanspruchs 4720 ff., 4738, 4809 f.
– Schmerzensgeldrente 4702, 4736
– Schwankung der Rentenbeträge 4690
– Sicherung der ~ 4737
– Tod des Berechtigten 4691
– Überbau 5295
– Übergang von der Feststellungsklage zur Leistungsklage 4718
– unerlaubte Handlung 4739
– Unfallrente 4711 f., 5828 ff.
– Vergleich 4740 f.
– Versicherungsschutz 4742 ff., 5958
– Versicherungsträger 4746 f.
– vertragliche Ansprüche 4748 ff.
– wiederkehrende Leistungen 4751, 6297, 6308 ff.
– Zwangsimpfung 6399
Rentenleistung, Insolvenzsicherung 2944
Rentenschuldbrief, Aufgebotsverfahren 405
Reparaturen, Streitwerterhöhung 174
Restitutionsklage 4752 ff.
Restkaufpreis siehe Eigentumsvorbehalt
Restschuldbefreiung, Gegenstandswert 2961
Revisionsgericht, Abänderung der Festsetzung 32 f.

Revision 4628 ff. siehe auch Rechtsmittelinstanz
– Abänderung der Festsetzung 22 ff.
– befristete Unterlassungsklage 4636
– Streitwertfestsetzung 30
– Teilurteil 5255
– Unterlassungsklage 5535
Richter als Arbeitnehmer 370
Richterablehnung 90 ff.
– und Aussetzung des Rechtsstreits 91
– Befangenheit 90
– Bruchteilswert 94 f., 102
– Hauptsachewert 91 ff.
– im Insolvenzverfahren 2966
– Interesse des Antragstellers 96
– Nebenverfahren 99
– nichtvermögensrechtliche Angelegenheit 98 f., 4158
– rechtliches Gehör 112
– Regelwert 95
Richterliche Aufklärungspflicht siehe Aufklärungspflicht
Richterliche Durchsuchungsanordnung siehe Durchsuchungsanordnung
Richterliche Fragepflicht, Auslegung des Klageantrags 724
RM-Grundschuld
– Hypothekengewinnabgabe 2925
– Löschung 2597 ff.
– Löschungsbewilligung 3316 ff., 2925
Rückabwicklung siehe Vertragsauflösung
Rückauflassung 450, 2628 f.
– Klage auf ~ 1223
– Wohnungseigentum 6359 f.
Rückerstattungsansprüche der Sozialleistungsträger 4687
Rückforderung nach Schenkung 4824
Rückgabe verwahrter Sachen 6036 f.
Rückgängigmachung eines Kaufvertrages 4756 ff.
Rückkaufsrecht 4760 ff.
Rücknahme eines Rechtsmittels, Antragsermäßigung 1933

Rückstände siehe auch Fällige Beträge
- außergerichtliche Rentenfestsetzung 4707 ff.
- ausländisches Urteil, Zeit bis zur Vollstreckbarerklärung 6060 ff.
- Berücksichtigung beim Streitwert 2119 ff.
- Futterkosten 2226
- Leistungsklage 3302
- Mietrückstände 3764
- Regelunterhalt 4681
- Rente 4692, 4698 ff.
- Schmerzensgeldrente 4702, 4736
- Unterhalt 5397, 5400, 5438
- Unterhaltsstufenklage 5133
- Vollstreckbarerklärung eines ausländischen Urteils 6060 ff.

Rückstufung 5839

Rücktritt 4763 ff.
- und Anrechnung 512
- und Aufrechnung 531
- von der Berufsunfähigkeitszusatzversicherung 1008
- vom Erbvertrag 1773 ff., 4765
- Feststellungsklage 2122 f., 4764 f.
- Leasingvertrag 3273

Rückübertragung 4767 ff. siehe auch Auflassung
- abgetretener Anspruch 4767
- Erbbaurecht 4771
- Grundstück 2628, 4769
- Sicherung der ~ 4896
- Sicherungseigentum 360, 4768, 4895
- Versicherungsvertrag 4767, 5909

Rückwirkende Änderung der Festsetzung 18 ff.

Rückzahlung 6023 und siehe Vertragsauflösung

Sachliche Zuständigkeit und Änderung der Festsetzung 43

Sachurteilsvoraussetzungen 1520, siehe auch Einreden und Einwendungen

Sachverständiger, Duldung des Zutritts zu einem Grundstück 1233

Sachverständigenablehnung
- Bruchteilswert 106 f.
- Hauptsachewert 106
- nichtvermögensrechtliche Streitigkeiten 110, 4158
- rechtliches Gehör 112

Sachverständigengutachten
- Änderung der Festsetzung 266
- Änderung des Streitwerts 165
- Angabe des Streitwerts 244 f.
- Bemessungsgrundsätze 889, 957 f.
- als Grundlage für Wertschätzung 1101
- Kosten 4058
- mündliche Erläuterung 1098
- Nachlasswert 677

Sachverständigenkosten 5844

Sachverständigenschätzung 4772 ff.
- Gesellschaftsanteile 4776
- Grundstück 4775
- Kostenentscheidung im Streitwertbeschluss 4778 ff.
- Kostenschuldner 4779 ff.
- selbständiges Beweisverfahren 4774

Saldierung siehe Kontokorrent

Säumnisverfahren siehe Versäumnisurteil

Säumniszuschläge 4073

Schadensersatz 4786 ff.
- Altenteil 157
- Amtshaftung bei unrichtiger Wertfestsetzung 9 f.
- Anwaltshaftung 5460
- Anspruch bei Nichtherausgabe von Sachen 2707 f.
- Aufhebung eines Kaufvertrages 4790 f.
- und Auflassungsbegehren 453
- Aufrechnung und Verrechnung 510 ff.
- neben Auskunft 670 f.
- Auskunft zur Vorbereitung der ~klage 4792
- Automatenaufstellvertrag 771
- Befreiung von einer ~verpflichtung 4793

- Feststellungsklage 2124 ff., 4794 ff.
- Garantievertrag 4801
- Herausgabe verbunden mit ~antrag 2796 f., 4789
- Klageantrag 4786 ff.
- künftiger Schaden 4802 ff.
- Leistungs~ und Feststellungsantrag 4788
- Mängelrechte 4806
- Mitverschulden siehe dort
- Nebenforderungen 4060 ff.
- Nutzungsanspruch 4807
- pauschalierter ~ 4790
- Rechtsanwaltshaftung 4808, 6274, 6290
- Rente 4738, 4809 f., 6297, 6310 ff.
- Rückzahlungsanspruch 4811
- Sterilisation 4812
- Teilklage 5233
- Umsatzsteuer 5329
- Unterhaltsrente 4720 ff.
- Verkehrsunfallschadenregulierung 5840 ff.
- Veröffentlichungsbefugnis 4813 ff.
- vorläufige Vollstreckbarkeit 6102 ff.
- Vorschusszahlungen 6156 f.
- Wildschaden 3008 f.
- Zinsen 4061 ff., 4816
- Zwangsimpfung 6399

Schäden in der Mietwohnung, Beseitigung 1021
Schätzung 4817 ff.
- Goodwill 4821
- Grundstücksverkehrswert 5862
- Regelwert für nichtvermögensrechtliche Streitigkeiten 4820
- Sachverständigenschätzung 4772 ff.
- unterschiedliche Wertangaben der Parteien 4819
- Verkehrswert 5862 ff.

Schätzungsermessen siehe Ermessen
Scheckprozess siehe Urkunden-, Wechsel- und Scheckprozess
Scheidung
- Antragsrücknahme vor Terminsbestimmung 1368
- einverständliche 1374 ff.
- einverständliche ~ und Folgesachen 2185
- Getrenntleben 2340

Scheidungssachen siehe Ehesachen
Scheidungsverbund siehe Verbundverfahren
Scheinkaufvertrag siehe Schwarzpreis
Schenkung 4822 ff.
- Herausgabe auf Grund einer ~ 2796
- Rückforderung 4824
- Vollzug 4823

Schiedsgerichtsverfahren 4825 ff.
- Ablehnung von Schiedsrichtern 4832 ff.
- Aufhebung des Schiedsspruchs 4842
- Bestandsstreit 4843 f.
- Beweisaufnahme 4831
- Erlöschen des Schiedsvertrags 4844
- Ernennung eines Schiedsrichters 4828 f.
- Klauselerteilung 4841
- Ladung von Zeugen 4826
- Nebenforderungen 4838, 4841
- selbständiges Beweisverfahren 4826
- Schiedsgutachten 4845
- Umschreibung der Vollstreckungsklausel 4839
- Verfahrensvorbereitung 4825 ff.
- Vergleich 4836 f.
- Vollstreckbarerklärung eines Schiedsspruchs 4838 ff.

Schiedsgutachten 4845 ff.
- Pachtzins 4847
- Schiedsgerichtsverfahren 4845

Schiedsrichterablehnung 103 ff., 4832 ff.
- nichtvermögensrechtliche Streitigkeit 104, 4158
- rechtliches Gehör 112

Schiedsspruch
- Aufhebung 4070
- Nebenforderungen 4068 ff.

Schiedsvergleich 4836 f.
Schiff, Arrest 393

Schlichtungsverfahren 4848 ff.
- Anwaltsgebühren 4853
- Zulässigkeitsstreitwert 4849 ff.
Schlüssigkeit der Klage, Bemessungs-
grundsätze 895
Schlussurteil 4854 ff.
- Beschwer 4858
- über Kosten 4662, 4854
- nach Teilanerkenntnisurteil 4856 f.
Schmerzensgeld 5341 ff., 5847
- Angabe des Streitwerts 259 f.
- Bindung des Gerichts an Wertfest-
setzung 1125
- ehrkränkende Äußerungen 1431
- Rechtsmittel 5388 ff.
Schmerzensgeldrente 4702, 4736
- Rückstände 5342
Schönheitsreparaturen 3770 ff.
Schornsteinfegergebühren, Mietstrei-
tigkeiten 3754
Schriftverkehr, Einschränkungen
gegenüber Häftling 5525
Schuldanerkenntnis 190 ff. siehe auch
Schuldversprechen 4220
- abstraktes 190
- Änderung des Streitwerts 177
- deklaratorisches 193
- Nebenforderungen 4071 f.
- negative Feststellungsklage 191
- Novation 4220
- positive Feststellungsklage 192
- Zinsen 190, 194, 4062 f., 4218 f.
Schulden, Ehesachen 1290 ff.
Schuldrechtliches Vorkaufsrecht
siehe Vorkaufsrecht
Schuldscheine, Angebotsverfahren
405
Schuldversprechen 190 ff. siehe auch
Schuldanerkenntnis
- negative Feststellungsklage 191
- Novation 4220
- positive Feststellungsklage 192
- Zinsen 194
Schutzrechtsverwarnung 2547
Schwarzpreis 4859 f.
- Vertragsnichtigkeit 4148

Seeschiff, Arrestanordnung 393
Selbständiges Beweisverfahren
4861 ff.
- Bemessungsgrundsätze 4863 ff.
- Insolvenzverfahren 2965, 4874
- Kosten des ~ 4059
- Mängelbeseitigungskosten, fiktive
4867
- Mietstreitigkeiten 3767 ff.
- Schätzung des Werts 4774, 4777
- Streitverkündung 4873
- Vergleich 4871
- zur Vorbereitung eines Schieds-
gerichtsverfahrens 4826
Sequester, Herausgabe an ~
2798 f.
Sequesterbestellung 4875 f.
Sicherheitsleistung 4877 ff.
- Beschwerde 4881 f.
- Nachforderungsklage 3971 f.
- Urteilsergänzung 4878 f.
- Vorabentscheidung nach § 718
Abs. 1 ZPO 4880, 6143 ff.
- Zwischenstreit 6459
- Zwischenurteil 4883, 6459
Sicherstellung
- von Forderungen 2193
- Sequesterbestellung 4875 f.
Sicherung 4885 ff.
- Altenteil 4888
- Altenteilsrecht 155
- von Ansprüchen 4885 ff.
- Anwartschaftsrechte 361
- Arrest 4889 f.
- Bauhandwerkersicherungshypothek
4891
- Bruchteilswert 4886
- Bürgschaft 4892
- Erbbaurecht 1762
- dingliche 1187 f.
- Eigentumsvorbehalt 4893
- Forderungen 4894
- Herausgabe von Sachen 4895
- vor Insolvenzeröffnung 2974
- Rentensicherung 4737
- Rückübertragung 4768, 4896

– selbständiges Beweisverfahren 4897
– Veräußerungsverbot 4898, 5595
– Zugewinnausgleich 4899
Sicherungseigentum 358 ff., 4900
– Drittwiderspruchsklage 1193
– Herausgabe 2800 ff.
– Rückübertragung 4768, 4895
Sicherungshypothek 2917 ff. siehe
auch Bauhandwerkersicherungs-
hypothek
– einstweilige Verfügung 1641
– Erbstreitigkeit 3925
– Löschung 3335 ff.
– Löschungsbewilligung 1673
Sicherungsinteresse
– Arrest 375 ff.
– Auflassungsvormerkung 479 ff.
– einstweilige Anordnung 1539 ff.
– einstweilige Verfügung 1585 ff.
Sicherungsnießbrauch 4202
– Löschung 3348 f.
Sicherungsübereignung 4900
Siedlerstelle, Übertragung 1763
Siedlungsgrundstück
– Mietstreitigkeiten 3774
– Räumung 4901
Siedlungsverhältnis 4901 f.
Software-Anbietung, einstweilige Ver-
fügung 2480
Sorgerecht siehe Elterliche Sorge
Sozialer Schutzzweck bei Miet- und
Pachtstreitigkeiten 3516, 3560,
3584
Sozialhilfeleistungen, Familiensachen
1268 ff.
Sozialleistungsträger, Regressansprü-
che 4684 ff.
Sozialwohnung, Mietstreitigkeiten
3775
Sozietätsanwalt, Antrag auf Streit-
wertfestsetzung 353
Sparkassenbuch 4903 ff.
– Aufgebotsverfahren 405 f., 4908
– Feststellung 4905 f.
– Herausgabe 2803 ff., 4903
– Verpfändung 4907

Spesen 4909 ff.
– Bürgschaft 4384, 4912
– Handelsvertreter 4909
– Nebenforderungen 4910 f.
Staffelung von Forderungen bei Even-
tualaufrechnung 550 ff.
Standgeld 4914 ff., 5849
Statusklage siehe Kindschaftssachen
Steckengebliebene Stufenklage 5125
Sterilisation 4812, 4919 ff.
Steuerbescheid, Auskunftsanspruch
710
Steuern, Befreiung von einer Verbind-
lichkeit 847
Steuersäumniszuschläge 4073, 4922
Stiftung 4167
Stiller Gesellschafter, Ausschließung
744
Stillschweigende Abänderung der
Streitwertfestsetzung 7, 28
Störung siehe Gewerblicher Rechts-
schutz, Unterlassung
Störungsabwehr, Wohnungseigen-
tümer 1747 f.
Strafbare Besitzverletzung 1057, 5514
Straßenreinigung, Mietstreitigkeiten
3754
Streitgegenstand
– Beweisaufnahme über Teil des ~s
1095 ff., 1099
– negative Feststellungsklage 2043
– teilweise Betroffenheit 1099
Streitgenossen 4923 ff.
– Anwaltsgebühren 327, 331
– Auszahlung hinterlegter Beträge
2893
– Bemessungsgrundsätze 886
– Beschwer 4932 ff.
– Duldungsklage 1231
– Gebührenstreitwert 4930 ff.
– Gesamtgläubiger 4927 und siehe
dort
– Gesamtschuldner 4927 und siehe
dort
– Hinterlegungsstreit 1683
– mehrere Ansprüche 3441 ff.

– im Rechtsmittelverfahren 4567 ff.
– im Wettbewerbsverfahren 2390 ff.
– wirtschaftliche Identität 4925
– Zuständigkeitsstreitwert 4924 ff.

Streithilfe siehe Nebenintervention

Streitwert
– Angabe des ~s siehe dort
– Festsetzung des ~s siehe dort
– Parteivereinbarungen über ~ 1997 ff.
– Schätzung 4817 ff.
– Stufenstreitwert siehe dort
– Zuständigkeitsstreitwert siehe dort

Streitwertänderung siehe Änderung des Streitwerts und Abänderung der Streitwertfestsetzung

Streitwertbegünstigung 2398 ff.
– nach § 12 Abs. 4 UWG 2405 ff.
– nach § 51 Abs. 2 GKG 2427 ff.
– Beschwerde 2464 ff.
– für Verbände 2418 ff.

Streitwertbeschluss 1 ff., 1953 ff.
– Ablehnung der Abänderung 1956
– amtswegige Änderung 1 ff.
– Antrag 1 f.
– Entscheidung im Kostenfestsetzungsverfahren 1957
– Form des Antrags 1 f.
– Stufenstreitwert 1960, 5192 ff.
– Teilanerkenntnis 1959
– Teilerledigung 1959
– und Urteilsgründe 1955
– Verfahrensabschnitte 1959 ff.
– Vergleich 1961 f.
– Wirkung 1958
– Zustellung 47

Streitwertbeschwerde 4938 ff.
– Angabe des Streitwerts 248
– Beschwerdewert 4946, 4968 ff.
– Einverständnis mit Wertansatz 254 f., 255
– gegen endgültige Wertfestsetzung 4953 ff., 5000 ff.
– Erinnerung 5004 ff.
– in FGG-Sachen 5019 ff.
– Folgesachen 2186

– Gegenvorstellung 4949, 4994 ff., 5018
– Gehörsrüge 4950 ff., 4992 f., 5017
– Kosten 5082 ff.
– nach § 33 RVG 5038 ff.
– Rechtsschutz 5095 ff.
– reformatio in peius 5, 4984
– unbezifferte Anträge 5393 ff.
– Untätigkeitsbeschwerde 4988 ff.
– Verschlechterungsverbot 4984
– gegen vorläufige Wertfestsetzung 4941 ff.
– Wiedereinsetzung 48
– Zulassungsbeschwerde 4967

Streitwertermäßigung
– Altenteil 158
– Anfechtungsklagen 219 ff.
– im gewerblichen Rechtsschutz 2398 ff.
– positive Feststellungsklage 192, 2020 ff.
– und Prozesskostenhilfe 212, 2402 ff.
– Insolvenzverfahren 5743

Streitwertfestsetzung siehe Festsetzung des Streitwerts

Streitwertprivilegierung und Interventions-Streitwert 4122

Streitwertvereinbarung als Vergütungsvereinbarung 267

Stromgeld, Mietstreitigkeiten 3754

Stufenklage 5099 ff.
– Auskunftsanspruch 678, 5118, 5141 ff.
– Berufung 4616
– Beweisaufnahme 1088
– Bruchteilsbewertung 5145, 5147
– eidesstattliche Versicherung 1470, 1483, 5118, 5146 ff.
– Erledigung in der Hauptsache 1866 ff.
– fehlerhafte Prozessführung 5157 ff.
– Gebührenstreitwert 5119 ff.
– Güteverhandlung 2644
– Handelsvertreter 2663
– Landwirtschaftsverfahrensgesetz 5122

– Leistungsanspruch 5111 ff., 5149 ff.
– Leistungs- und Stufenklage 5131 f.
– nachträgliche Stufenklage 5123 f.
– Pflichtteilsanspruch 4363 ff., 5163
– Prozesskostenhilfe 4412
– Rechnungslegung 4484, 5104
– Rechtsmittelwert 5169 ff.
– Revision 4640
– Rückstände 5116 f., 5133
– stecken gebliebene Stufenklage
  5125 ff.
– Stufenwiderklage 5167 f.
– Teilbezifferung 5114 f., 5132
– Teilurteil 5158, 5254
– unbezifferter Antrag 5128
– auf vorzeitigen Erbausgleich 694
– Vergleich 5189 ff., 5709 ff.
– Wertänderungen 5160 ff.
– Wertaddition 5106 ff.
– Zuständigkeitsstreitwert 5105 f.
Stufenstreitwerte 5134 ff., 5192 ff.
– Futterkosten 4033
– künftige Mieterhöhung 3709 ff.
Stundung der güterrechtlichen Aus-
  gleichsforderung 2183 ff.

Tagebuch, Herausgabe 4158, 5207
Tankstellendienstbarkeit 5208 ff.
Tankstellenvertrag
– Abnahmeverpflichtung 1185
– Konkurrenzverbot 3153 ff.
Täuschende Firma 2483 ff.
Tatbestandsberichtigung 5579 ff.
Tauschvertrag 5211
– Auflassung 437
– Mietstreitigkeiten 3776
Teil des Hauptanspruchs 5212 ff.
Teilanerkenntnisurteil
– Änderung der Wertfestsetzung 46
– Änderung des Streitwerts 177
– Stufenstreitwerte 5192
Teilaufhebung des Mietvertrages 3777
Teilentscheidung siehe Vorwegent-
  scheidung
Teilerfüllung, Änderung des Streit-
  werts 179

Teilerledigung
– und Aufrechnung 581
– Streitwertbeschluss 1959
Teilgrundstück 2630
Teilidentität bei Klage und Wider-
  klage 3100
Teilklage 5229 ff.
– und Auskunftserteilung 5132
– Feststellungsklage 2132 f., 2132 f.,
  2161
– Feststellungswiderklage 5234
– negative Feststellungsklage 2043
– Schadensersatz 5233
– Vergleich 5239 ff.
– Vollstreckungsgegenklage 5235,
  6068 ff.
Teilklagerücknahme 3150 ff.
Teilung, Auseinandersetzung von
  Gemeinschaften 413 ff., 2808
Teilungsplan
– des Testamentsvollstreckers
  3939 ff., 5276 f.
– Widerspruch gegen den ~ 6421
Teilungsversteigerung 412 ff.
– Drittwiderspruchsklage siehe dort
– Übernahmerecht aus § 1477 BGB
  418
– Vollstreckungsgegenklage 6093
Teilurteil 5242 ff.
– Änderungsfrist, Wertfestsetzung
  57
– Berufung 4509 f., 5251
– Feststellungsklage 2016
– Gebührenstreitwert 5243 ff.
– und Kostenschlussurteil 4662,
  4854
– Rechnungslegung 4484
– Rechtsmittel 5247 ff.
– Stufenklage 5171 ff., 5179 ff., 5254
– teilweise Erledigung der Haupt-
  sache 1845 ff.
Teilzahlungen 5257 f.
– Änderung des Streitwerts 177
– bei eidesstattlicher Versicherung
  1464
– Erledigung der Hauptsache 1845 ff.

– und Nebenforderungen 4074
– Verrechnung 5259 ff.
– Vollstreckungsgegenklage 6068 ff.
– Vorschuss siehe dort
Teilzahlungskredit 4047, 5262 ff.
Telefaxwerbung 5266 siehe auch Werbung, unverlangte
Terminsgebühr
– Güteverhandlung 2643
– Kostenwiderspruch 3231
– stecken gebliebene Stufenklage 4368
– Stufenstreitwert 5136 ff.
– Verstoß gegen § 308 Abs. 1 ZPO 5992 f.
Testament 5267 ff.
– Feststellungsklage 2109
– Herausgabe 5267
– Nichtigkeit 2109 ff., 5271
Testamentsvollstreckung 3939 ff., 5272 ff.
– Bruchteilswert 5274
– Feststellungsklage 2134, 5275 ff.
– Fortdauer des Amtes 5272
– Teilungsplan 3945, 5277
Tierarztkosten 5278
Tierhaltung in der Mietwohnung 3780 ff.
Titel, Herausgabe 5539, 6082
Titulierungsinteresse 5279 ff.
– Erinnerungswert 5285
– Forderung 2197
– unstreitige Forderungen 5282 f.
– bei unstreitiger Teilerfüllung 6068
– Unterhalt 5285
– Vergleich 5280 ff., 5693
Trennung siehe Prozesstrennung
Trennungsunterhalt 5466 f.
Treuhändereinsetzung 5287 f.

Überbau 5289 ff.
– einstweilige Verfügung 5293
– Grunddienstbarkeit 5291 f.
– Überbaurente 5295
Übereignung, Abgabe einer Willenserklärung 81 ff.

Übereinstimmende Erledigung der Hauptsache 1814 ff. siehe auch Erledigung der Hauptsache
– Stufenstreitwerte 5192, 5201
Übereinstimmende Streitwertangaben 944
– Ehesachen 1396 ff.
– Gegenvorstellung 2248 f.
Übergang von der Feststellungs- zur Leistungsklage 2129 ff.
– Rente 4809 f.
– Schadensersatz 4798
Übernahmerecht aus § 1477 BGB in der Teilungsversteigerung 418
Überprüfung eines Vertrages 6015
Überschreitung des Antrags im Urteil 899
Übertragung
– Patent 2539 ff.
– einer Siedlerstelle 1763
– von Vermögensgegenständen beim Zugewinnausgleich 6395 f.
Überweisungsbeschluss siehe Pfändungs- und Überweisungsbeschluss
Üble Nachrede siehe ehrkränkende Äußerungen
Umbettung einer Leiche 4158
Umfang einer Sache
– Ehesachen 1352 ff.
– Kindschaftssachen 3075
– nichtvermögensrechtliche Streitigkeit 4177
Umgangsrecht 5296 ff.
– einstweilige Anordnung 1562, 5302 ff., 5318 ff.
– isoliertes Verfahren 5309 ff.
– Verbundverfahren 5298 ff.
Umgestaltung der Mietsache 3781 ff.
– eines Vertrages 6015
Umlegungsverfahren 787 ff.
Umrechnung, ausländische Währung 718, 2194 f., 6169 ff.
Umsatz
– Bewertung bei Abnahmepflicht 114
– Bierabnahmepflicht 1108, 1111

– einstweilige Verfügung in Wett-
  bewerbssachen 2366 ff.
– Einzelhandel 2496
– Gebrauchsmuster- und Ge-
  schmacksmusterverletzung 2486 ff.
– geschäftsschädigende Äußerungen
  2491
– Großhandel 2496
– Kaffeefahrten 2497
– Kartellsachen 2500 ff.
– Kündigung eines Filmvorführungs-
  vertrags 2174
– Markenrechtsverletzung 2513 ff.
– vertrauliche Angaben 2365
Umsatzsteuer 5328 ff.
– Feststellungsklage 5330 ff.
– Herausgabe 5334
– bei Kaufverträgen 3018
– Kosten 5337
– Leistungsklage 5328 f., 5851
– aus Nebenforderung 5335
Umsatzsteuerklausel in AGB 149
Umschreibung
– lastenfreie ~ eines Grundstücks
  2624
– Vollstreckungsklausel, Schieds-
  gerichtsverfahren 4839, 4841
Unanfechtbare Streitwertbeschlüsse,
  Gegenvorstellung 65, 2249 ff.
Unbefugte Grundstücksnutzung,
  Standgeld 4914 f.
Unbestimmte Anträge, Streitwert-
  angabe 259 f., 978 ff.
Unbezifferte Anträge 978 ff., 5339 ff.
– Änderung der Festsetzung 16
– Auskunftsanspruch 655
– Baulandverfahren 780 ff.
– Befreiung von einer Verbindlichkeit
  825
– und Bestimmtheitsgebot 5347 ff.
– Bewertungsmaßstab 5361 ff.
– Kostenverteilung 5352 f.
– Rechtsmittel 5388 ff.
– Rente 5342
– Schmerzensgeld 1125, 5341
– Streitwertbeschwerde 5393 ff.

– Stufenklage 5128
– Unterhalt 5344
– Vergleich 5710
– vorläufige Wertfestsetzung 1964 f.,
  5393
Unechte Rechtsmittelanträge 4540 ff.
– Drittwiderspruchsklage 415
Unerlaubte Handlung
– Aufrechnung 573
– Schadensersatzrente 4739, 4739
Unfallfinanzierung 5396
Unfallrente 4711
Ungenehmigte Bebauung, Grund-
  stückswert 5869
Unrichtigkeiten siehe offenbare
  Unrichtigkeiten, Berichtigung,
  Abänderung der Streitwertfestset-
  zung
Unselbständiger Mitbesitz, Räumung
  3559 ff.
Unstreitige Ansprüche
– Titulierungsinteresse 5282
– Vergleich 5692 ff.
Untätigkeitsbeschwerde 4988, 5031,
  5075
Unterbietung 2532 ff.
Unterbrechung des Verfahrens siehe
  Verfahrensruhe
Unterhalt 5397 ff.
– Abänderung 5401 ff., 5480, 5654 ff.
– angemessener 4438
– Anwaltshaftung 5460
– Arrest 391
– Auskunftsanspruch 711, 5408 f.
– außergerichtliche Tätigkeit 5410 ff.
– Befreiung von einer Verbindlichkeit
  841 f.
– Bemessungsgrundsätze 904, 5397
– Berufung 4626, 5419 ff., 5479
– Beweisaufnahme 1089
– Bürgschaft 1154
– Ehegattenunterhalt 5428 f. und
  siehe dort
– eidesstattliche Versicherung 5425
– einstweilige Anordnung 5426 ff.
– einstweilige Verfügung 1644 ff.

- Erhöhungsklage 5441 ff.
- fällige Beträge 1912 ff., 5435 ff.
- fällige Beträge und laufender Unterhalt 5444 ff.
- fehlgeschlagene Sterilisation 4919 ff.
- Feststellungsklage 2135 ff.
- freiwillige Zahlungen 5439 f.
- gesetzliche Unterhaltspflicht 5397
- Gläubigeranfechtung 2562
- Kindesunterhalt 5426 f. und siehe dort
- Klageerweiterung 5441 ff.
- laufender Monat 1912 f.
- Leibrente 154 ff.
- nachehelicher ~ und Trennungsunterhalt 5448 ff.
- Nachforderungsklage zur Sicherheitsleistung 3973
- negative Feststellungsklage 2137, 5454 ff.
- Pfändungs- und Überweisungsbeschluss wegen Unterhaltsforderung 4351
- Prozesskostenvorschuss 5430, 5458
- Regelunterhalt siehe dort
- Rückzahlung 5459
- Rückstände bei Übergang von Feststellung zur Leistung 2119 ff.
- Schadensersatz 5460
- Sicherheitsleistung 5461 f.
- Stufenklage 5133, 5463 ff.
- Titulierungsinteresse 5285 f., 5439 f.
- Trennungsunterhalt 5466 f.
- Überleitung von ~sansprüchen 5468 ff.
- unbezifferter Antrag 5344, 5464
- unterschiedliche Jahresbeträge 5441 f.
- Vaterschaftsfeststellung 5431 f. und siehe dort
- vereinfachtes Festsetzungsverfahren 5648 ff.
- Vergleich 5475, 5687
- vermögensrechtlicher Anspruch 4160
- vertragliche Unterhaltspflicht 5398 ff.
- Verzicht 5473 ff., 6044 ff.
- Vollstreckbarerklärung eines ausländischen Urteils 6062
- Vollstreckungsgegenklage 5476 ff., 6078
- Wertaddition bei Widerklage 5405
- Widerklage 3101, 5480
- zukünftiger 5481 ff.

Unterhaltsabänderung 5401 ff.
- Verzicht 5473 ff., 6044

Unterhaltsberechtigtes Kind 1281 ff.
- Abzüge 1282 ff.

Unterhaltspflicht
- Abänderung siehe dort
- gesetzliche ~ siehe dort
- vertragliche ~ siehe dort

Unterhaltsrückstände siehe Unterhalt

Unterlassung 5496 ff.
- Abstellen von Kraftfahrzeugen 5530
- Allgemeine Geschäftsbedingungen 5502 und siehe dort
- Androhung von Ordnungsgeld 5503
- Anspruchshäufung 5504 ff.
- Automatenaufstellung 772
- Befahren von Grundstücken 5530
- belästigende Telefonanrufe 4158
- Bemessungsgrundsätze 982 ff., 5496 ff.
- beschränkende Maßnahmen gegenüber Häftling 5525
- Besitzstörung 1071, 5509 ff.
- Bezugsverpflichtung 5518
- Ehestörung 5520 f.
- ehrkränkende Äußerungen 1432, 5522 ff.
- Erbstreitigkeit 3946
- Erzwingung siehe Ordnungsmittel
- Festsetzung Ordnungsgeld 5550 f.
- Firmengebrauch 2483 ff., 3975
- Geheimhaltungspflichtverletzung 5534
- geschäftsschädigende Äußerungen 2491 ff.

– Immissionen, einstweilige Verfügung 1653 f.
– kreditgefährdender Äußerungen
  4164 f.
– Lärmimmissionen 5531 ff.
– Marke 2513 ff.
– nachträgliche Wertänderungen
  5499
– Namensrechtsverletzung 3974
– nichtvermögensrechtliche Streitig-
  keit 5496 ff.
– und öffentliche Bekanntmachung
  5506
– Patentrechtsverletzung 2535 ff.
– Recht am eigenen Bild 1120, 4488 f.
– Revisions 4636, 5535
– und Schmerzensgeld 5345
– Überbau 5289 ff.
– Unzulässigkeit der Zwangsvoll-
  streckung 5536 ff.
– Verbindung mit Widerruf 6248 ff.
– Verfügung über Forderung 5528
– Verunreinigungen 5541
– vorbeugende Unterlassungsklage
  4162
– Wechselvorlage 5542
– Wegerecht 5543
– Werbung, unverlangte 5544 und
  siehe dort
– Wettbewerb 5547 und siehe gewerb-
  licher Rechtsschutz
– und Widerruf ehrkränkender Äuße-
  rungen 5505, 5548 f., 6248
– Wohnung 1071
Unterlassungsklagegesetz 2345
– Wertbegrenzung 6211
Untermiet- und Unterpachtverhältnis
  3467
– Räumungsklage gegen Unterpächter
  4308
Untervermietung, Zustimmungsver-
  langen 3792 ff.
Unterwerfung, gewerblicher Rechts-
  schutz 2549 f.
Unveränderter Streitgegenstand,
  Streitwertänderung 165

Unveräußerliche Sachen, Herausgabe
  2701
Unwirksamkeit siehe Nichtigkeit,
  Vertragsnichtigkeit
Unzulässige Klageänderung, Hilfs-
  antrag 2842
Unzulässiges Rechtsmittel, Ände-
  rungskompetenz des Rechtsmittel-
  gerichts 32 ff.
Unzulässigkeit der Aufrechnung
  568 ff.
**Unzulässigkeit der Zwangsvollstre-
  ckung**, Unterlassungsanspruch
  5536
Unzuständigkeit siehe Einreden und
  Einwendungen
Urheberrecht 5552 f.
– gewerblicher Rechtsschutz 2551
– Recht am eigenen Bild 1120
Urkunde
– Aufgebotsverfahren 403 ff.
– Bürgschaftsurkunde 1162 ff.
– Herausgabe 1055, 2809
– Herausgabe, Widerklage des Bürgen
  1168
– Zwischenstreit über Vorlage
  6462 f.
**Urkunden-, Wechsel- und Scheck-
  prozess** 5554 ff.
– Aufrechnung 565, 5575
– Eventualaufrechnung 5576 ff.
– Herausgabeklage 5555 ff.
– Insolvenz des Beklagten 5572 ff.
– Nachverfahren 5564 ff., 5568 ff.
– Nebenforderungen 3981, 5559 ff.
– Vorbehaltsurteil 5570
– Widerklage 5571
– Zahlungsklage 5559 ff.
Urkundenherausgabe 2696, 2809
– Arbeitsbescheinigung 2711
– Beweisurkunden 2713
– Bürgschaftsurkunde 2715 ff.
– Erbschein 2735
– Grundschuldbrief 2744 ff.
– Hypothekenbrief 2744 ff.
– Kraftfahrzeugbrief 270 ff.

– Sparbuch 2803 ff.
– Urteil 2810
– Versicherungsschein 2811
– Verwahrungsschein 2812
– Vollmacht 2813, 6056 f.
– Vollstreckungstitel 2814
– Wertpapiere 2816 ff., 6235 ff.
Urkundsbeamter, abweichende Wertfestsetzung 1130
Urteils- und Tatbestandsberichtigung 5579 ff.
Urteilsbeschwer und Streitwertfestsetzung 30
Urteilsergänzung 5585 ff.
– Antrag auf Räumungsfrist 5590
– Einrede der beschränkten Erbenhaftung 5588
– fehlende Vollstreckbarkeitsentscheidung 5589
– Vorbehalt der Rechte im Nachverfahren 5587
– Zulassung des Rechtsmittels 5591
Urteilsgründe und Streitwertbeschluss 1955

Vaterschaftsanerkenntnis siehe auch Kindschaftssachen
– Feststellungsklage 2111
– nichtvermögensrechtliche Streitigkeit 4161
Vaterschaftsfeststellung 2138 siehe auch Kindschaftssachen
– Beweisaufnahme 1089
– Feststellungsklage 2138
– neben Regelunterhalt 4683
– Unterhalt 1566 ff.
Veränderte Umstände, Bemessungsgrundsätze 871 ff.
Veränderungen
– Kurswert siehe dort
– Mietzinshöhe 3520 ff.
– Streitwertänderung siehe dort
Veräußerungshinderndes Recht siehe Drittwiderspruchsklage
Veräußerungsverbot 5593 ff.
– und Erwerbsverbot 1904 ff.

– Optionsrecht 5594
– pfandrechtsartige Sicherung 5595
Verbandsklage
– Unterlassungsklagegesetz 141
– gewerblicher Rechtsschutz 2379 ff., 2418 ff., 2552 ff.
Verbindung siehe Prozessverbindung
Verbotene Eigenmacht, einstweilige Verfügung 1655 ff.
Verbraucherschutz, Verbandsklage 2379 f.
Verbraucher, Widerruf 6255
Verbundverfahren 5596 ff. siehe auch Folgesachen
– Abtrennung aus dem Verbund 1717 ff., 3058, 5602
– isolierte Anfechtung von Folgesachen 5604 f.
– Angelegenheit 5599 ff.
– Aufnahme in den Verbund 1720 ff., 3059, 5603
– Beendigung 5602
– Begründung des Verbundes 5596
– Ehegattenunterhalt 5624 f.
– Ehesache 5606 ff.
– Ehewohnung 5633
– elterliche Sorge 1694 ff.
– Hausrat 5635 f.
– Kindessachen 5615 ff.
– Kindesunterhalt 5619 ff.
– Stufenstreitwert 5199
– Umgangsrecht 5298 ff.
– Versorgungsausgleich 5610 ff., 5969 ff.
– Vorwegentscheidung in der Ehesache 5601
– Zugewinnausgleich 5626 ff.
Verein 5640 ff.
– Ausschluss 4158, 4187, 5645
– fehlerhafte Beschlüsse 5646
– Idealverein 5640 und siehe dort
– Namensrechtsverletzung 5644
– nichtvermögensrechtliche Streitigkeiten 5641 ff.
– Vorstandswahl 5646
– Zugehörigkeit 5645

Vereinbarte Vergütung siehe Herabsetzung einer vereinbarten Vergütung

Vereinfachtes Verfahren auf Festsetzung von Unterhalt Minderjähriger 5648 ff.

Vereinsmitgliedschaft siehe auch Idealverein
– Feststellung 2139

Verfahrensgebühr
– Aufrechnung 632
– Güteverhandlung 2641
– Kostenwiderspruch 3231 ff.
– Mahnverfahren 3392 ff.
– stecken gebliebene Stufenklage 4366 f.
– Stufenstreitwert 5135
– Verstoß gegen § 308 Abs. 1 ZPO 5991

Verfahrensruhe 5661

Verfahrenstrennung siehe Prozesstrennung

Verfassungsbeschwerde 4168

Verfassungsrecht
– Abänderung der Festsetzung 68
– Bemessungsgrundsätze 925
– Verhältnismäßigkeitsgrundsatz siehe dort

Verfügungsverbot, einstweilige Verfügung 1658

Vergleich 5662 ff.
– Aufrechnung 625 ff., 5721 ff.
– außergerichtlicher 5677
– Begriff 5662
– Bemessungsgrundsätze 933, 986 f., 5683 ff.
– Bewertungsgegenstand 5685 ff.
– Bindung des Kostenbeamten 5682
– deklaratorische Zwecke 5697
– Eigentumserwerb an Grundstück 5688
– einstweilige Anordnung 1529
– einstweilige Verfügung 1600 ff., 5733 ff.
– über Erledigung der Hauptsache 1884 ff., 5669 f.

– Erstfestsetzung 5680 f.
– geringwertige Gegenforderung 2233
– Gesamtvergleich 5731 ff.
– über Hilfsantrag 2850 ff., 5701 ff.
– über Hilfswiderklage 2878 ff., 5706 ff.
– über Klagerücknahme 3146 ff., 5665 ff.
– Kosten 5713 ff., 5729 ff.
– Kostenvereinbarung in Ehesachen 3223 ff.
– künftige Fälligkeit 5689
– Feststellung der Wirksamkeit 2060
– Mehrwert 5673 f.
– Mietstreitigkeiten 3607 ff., 5686
– mitverglichene Gegenstände 5685 ff.
– Mitverschulden 3963
– vor dem Nachlassgericht 5683
– Nebenforderungen 4078 ff., 5712 ff.
– Nebenintervention 4130 f.
– nicht rechthängige Ansprüche 4135 ff., 4139, 5224, 5717 ff.
– Pachtverhältnis 4309
– Ratenzahlung 4455 f., 5698
– Realisierbarkeit von Forderungen 4326
– in der Rechtsmittelinstanz 5726, 5740 ff.
– über Rechtsmittelrücknahme 5671
– Rente 4740 f.
– Schiedsgerichtsverfahren 4836 f.
– Streithelfer 4130
– Streitwertbeschluss 1961 f.
– Stufenklage 5189 ff., 5709 ff.
– Teilklage 5239 ff.
– Teilurteil 5256
– Titulierungsinteresse 5280, 5693
– unbezifferte Anträge 5385 ff., 5710
– Ungewissheit als Bewertungsmaßstab 5693 f.
– unstreitige Ansprüche 5692 ff.
– Unterhalt 5475, 5687
– Verkehrsunfallsachen 5806 ff.
– Vermächtnis 5892

– Verzicht 6043, 6049
– Verzicht auf Forderung 6041 f.
– vormundschaftsgerichtliche Geneh-
  migung 5735, 6152 f.
– Wandelung statt Minderung 6184
– Wertfestsetzung 5678 ff.
– wertlose Forderungen 4326, 5719 f.
– Widerklage 3105
– wiederkehrende Leistungen 6322
– Zuständigkeit zur Erstfestsetzung
  5680
– Zwischenvergleich 6467 ff.
– negative Feststellungsklage 5743
Vergütungsansprüche von Organmit-
gliedern 4266 ff.
Vergütungsfestsetzung 5744 ff.
Vergütungsvereinbarung
– höherer Gegenstandswert 5763 ff.
– Wertbegrenzungen 6234
Vergütungsvereinbarung, Streitwert-
festsetzung 5772 ff.
Verhältnismäßigkeitsgrundsatz siehe
Verfassungsrecht
Verhandlungsgebühr siehe Anwalts-
gebühren und Terminsgebühr
Verkehrsunfallschadenregulierung
5790 ff.
Verkehrswert 5858 ff.
– Angaben der Parteien 5863
– Auflassungsvormerkung 483 ff.
– Bauerwartung 5868
– Baulandverfahren 783, 788 f.
– bebautes Grundstück 2608 ff., 5866
– und Belastungen 5870 ff.
– Bemessungsgrundsätze 879
– Beschwerde gegen Festsetzung des
  -s 6425
– bewegliche Sachen 5872 ff.
– Boden- und Ertragswert 5866 f.
– Drittwiderspruchsklage 1197
– und Einheitswert 5865
– finanzierter Kauf 5861
– Gebäudewert 5865
– Geschäftsanteil 2325
– Grundstück 2608 ff., 5865 ff.
– Hausrat 2667 ff.

– Kaufpreis als Anhaltspunkt 2612,
  5864
– und Liebhaberwert 5861
– Schätzung 5862
– unbebautes Grundstück 5868
– ungenehmigte Bebauung 5869
– Wohnhaus 1064
– Wohnungseigentum 1753, 6359,
  6361
Verlagsrecht 2551, 5552 f.
Verlagsvertrag, Kündigung 5553
Verleumdung siehe Ehrkränkende
Äußerungen
Verlustigerklärung 4588 ff., 5880 ff.
Vermächtnis 5886 ff.
– Auskunft 5891
– Geldvermächtnis 5887
– Grundstück 5889
– Vergleich 5892
– wiederkehrende Leistungen 5890,
  6300
– Wohnvermächtnis 6331
Vermehrte Bedürfnisse 5893
Vermessung eines Grundstückes
2631, 3266 f.
Vermittlungsverfahren nach § 52a
FGG 5894 ff.
Vermögen, Familiensachen 1299 ff.
Vermögensabgabe, Befreiung von
einer Verbindlichkeit 847
Vermögensfreibeträge, Familien-
sachen 1330 ff.
Vermögensrechtliche Ansprüche
– Anfechtungsklagen 203
– Bemessungsgrundsätze 932
– und ehrkränkende Äußerungen
  1430 ff.
– Nichtigkeitsklagen 203
Vermögensrechtlicher und nichtver-
mögensrechtlicher Anspruch
1430 ff., 4157
Vermögensübernahme, Duldungs-
klage 1215
Vermögensverhältnisse, nichtver-
mögensrechtliche Streitigkeiten
4181 ff.

Vermögensverzeichnis, Vorlage 687, 4360

Vernichtungsanspruch 2509
- gewerblicher Rechtsschutz 2392 ff., 2556
- Werbeschriften 2509, 2556

Veröffentlichungsbefugnis 5905 ff.
- Antrag auf ~ im gewerblichen Rechtsschutz 2394
- Feststellungsklage 2140 f.
- gewerblicher Rechtsschutz 2555 f.
- Schadensersatz 4813 ff.
- Urteils~ als Vollstreckungsmaßnahme 6447
- Verbindung mit Unterlassungs- und Feststellungsklage 5506, 5907

Verpfändung 4314
- Abtretung eines verpfändeten Grundpfandrechts 127 ff.
- Hypothek 2904
- Sparkassenbuch 4907

Verrechnung
- und Aufrechnung 510 ff.
- Nebenforderungen 4082 ff.
- Teilzahlungen 5259 ff.
- Vorschusszahlung 6157

Versäumnisurteil
- Aufrechnung 563
- Kosteneinspruch 3236

Verschlechterungsverbot bei Streitwertbeschwerde 4984, 5027, 5070

Versicherung siehe Haftpflichtversicherung, Deckungsschutz

Versicherungsschein, Herausgabe 2811

Versicherungsschutz 5908 ff.
- Deckungsschutz 5917, 5936, 5942 ff.
- Feststellung 2142 ff., 5927 ff.
- Haftpflichtsachen 5910, 5921
- Risikoversicherung 5922
- Rückübertragung 5909
- Vergleich 5926
- Vorschusszahlungen 5918 ff., 6156
- Widerklage 5963 ff.
- Zinsen 5915

Versicherungsvertrag
- Abschlussklage 6013 ff.
- Rückkaufsrecht 4762
- Rückübertragung 4767, 5909

Versorgung der Wohnung mit Energie 1663

Versorgungsansprüche von Organmitgliedern 4267

Versorgungsausgleich 5966 ff.
- isolierte Verfahren 5974 ff.
- Urteils- und Tatbestandsberichtigung 5583
- Verbundverfahren 5610 ff., 5969 ff.

Versteigerung, Pfandgegenstand und Drittwiderspruchsklage 1200

Verstoß gegen § 308 Abs. 1 ZPO 5984 ff.
- Rechtsmittelwert 6002 ff.
- Überschreitung innerhalb der Instanz 5987 ff.
- Überschreitung instanzübergreifend 5996 ff.

Verteilungsquote siehe Insolvenzverfahren

Verteilungsverfahren 6007 ff.
- Auszahlung hinterlegter Beträge 6009
- Gerichtsgebühren 6408 f.
- Nebenforderungen 6008
- Widerspruch gegen Teilungsplan 6010
- und Zwangsversteigerungsverfahren 6011 f.

Vertragliche Rentenansprüche 4748 ff.

Vertragliche Unterhaltspflicht 5398

Vertragsabschluss 6013 ff., 6324 siehe auch Vorvertrag
- Darlehensvertrag 1171
- Klägerinteresse 6014 f.
- Mietvertrag 3582, 3627, 3797
- Versicherungsvertrag 5822

Vertragsauflösung 6016 ff. siehe auch Vertragsnichtigkeit
- Feststellungsklage 6019 ff.
- Grundstückskaufvertrag 450
- Herausgabe nach ~ 6023

– Kaufvertrag 4756 ff.
– Rückabwicklung erbrachter Leistungen 4144, 6017
– Rückzahlung 6023 f.
Vertragserfüllung 6026 ff.
– Belastungen 6032
– Gegenleistungen 6034
– Kaufvertrag siehe dort
– Leistungsmodalitäten 6033 und siehe dort
Vertragsnichtigkeit siehe Nichtigkeit des Vertrages
Vertragsstrafe, gewerblicher Rechtsschutz 2557
Vertragsumgestaltung 6015
Vertrauliche Angaben
– Bemessungsgrundsätze 929
– Umsatz 2365
Vertretungsorgane siehe Organe
Vertretungsverhältnis, Handelsregisteranmeldung 277
Verunreinigungen, Unterlassungsanspruch 5541
Verwahrung 6036 f.
– Besitz 1040
– Herausgabe zur vorläufigen ~ 2697
Verwahrungsschein, Herausgabe 2812
Verwaltungsakt im Baulandverfahren 789 ff.
Verwaltungsgerichtsbarkeit, Bemessungsgrundsätze 917
Verweisung 6038 ff.
– Beschwerde 6040
– und Bindung an Wertfestsetzung 1994, 6039
– Bindungswirkung 6038
Verwendungsersatz, Miete 6254
Verzicht 6041 ff.
– auf Räumungsfrist 3611
– auf Unterhalt 5473 ff., 6045 f.
– Unterhaltsabänderung 6044
– Vergleich 5693, 6043
Verzögerungsgebühr 6050 ff.
Verzugszinsen 4085 ff.
– Schadensersatz 4816
– Umsatzsteuer 5336

Viehmängel, Nebenforderungen 4094
Vollmacht 6055 ff.
– Erlöschen 6057
– Erteilung 6055
– Herausgabe einer Vollmachtsurkunde 2813, 6056 f.
Vollmachtsurkunde, Herausgabe 2813, 6056 f.
Vollstreckbarerklärung
– ausländischer Schiedsspruch 716
– ausländisches Urteil 716, 6060 ff.
– eines Urteils (§ 534 ZPO) 6063 f.
– Schiedsspruch 4838 ff.
Vollstreckung, siehe Pfändung, Zwangsvollstreckung
Vollstreckungsabwehr 6111 ff.
Vollstreckungsbescheid
– Antrag auf Erlass 3393
– Einspruch 3397 ff.
Vollstreckungsbescheide, isolierte ~ gegen Gesamtschuldner 5538
Vollstreckungsgegenklage 6065 ff.
– Aufrechnung 605 f., 6080 f.
– Bürgschaftserklärung 6089
– Einstellung der Zwangsvollstreckung 6066, 6092
– gegen Auskunftstitel 6076
– gesetzliche Unterhaltspflicht 6078
– Nebenforderungen 4103 ff., 6067
– Ratenzahlung 6079
– und Rückzahlung beigetriebener Beträge 6078
– wegen Teilbetrag 6068 ff.
– Teilklage 5235
– Teilungsversteigerung 6093
– wegen der Rückstände 6078
– wertlose Forderung 6074 f.
Vollstreckungsklausel 6094 ff.
– Abwehrklage 6094 ff.
– Bemessungsgrundsätze 989
– Erteilung 6098
– Klauselerteilungsklage 6098
– Nebenforderungen 6097, 6101
– Schiedsgerichtsverfahren 4839, 4841

Vollstreckungsrechtliche eidesstatt-liche Versicherung 1454 ff.

Vollstreckungsschaden 6102 ff.

– Widerklage auf Ersatz des ~s 3100

Vollstreckungsschutz 6111 ff.

– Aufhebung der Vollstreckungsmaß-nahme 6113

– Aussetzung der Verwertung 6116

– Mietstreitigkeiten 3761 ff.

– Räumungstitel 6114 f.

– Schuldnerinteresse 6112

Vollstreckungstitel, Herausgabe 2814, 6082

Vollstreckungsurteil siehe Vollstreck-barerklärung eines ausländischen Urteils

Vollziehung

– Arrest 383 ff.

– einstweilige Verfügung 1611 ff.

Vor- und Nacherbschaft 3939, 3947 ff.

– Auflassung 447

– Feststellungsklage 2153 f.

Vorabentscheidung

– in Ehesachen 6127 f.

– vorläufige Vollstreckbarkeit 4880 ff., 6143 ff.

Vorauszahlung der Miete 3801

Vorbehalt 6129 ff.

– Ausschlussurteil 6129

– beschränkte Erbenhaftung 6130 f.

– Vorschusszahlung 6156 f.

Vorbehaltsurteil

– Aufrechnung 565

– Urkunden-, Wechsel- und Scheck-prozess 5570

– Urteilsergänzung 5587

Vorbeugende Unterlassungsklage wegen Ehrverletzung 4162

Vor- und Nacherbe 6118 ff.

– Feststellungsklage 2153 f., 6120

– Löschung Nacherbenvermerk 6124 f.

– Widerspruchsklage 6118 f.

– Zustimmungsklage 6121 ff.

Vorgerichtliche Mahnkosten 4052

Vorkaufsrecht 6132 ff.

– Begriff 6132

– Bruchteilswert 6136 ff.

– Eigentumsverschaffung 6133

– Einräumung 6135 ff.

– Erbstreitigkeit 3956 f.

– Feststellungsklage 2155, 6135 ff.

– FGG-Verfahren 6141 f.

– Löschung 3351 f., 6139 f.

– Mietstreitigkeiten 3802 f.

– Miterbe 6134

– Vormerkungslöschung 6139

Vorkaufsrecht, Feststellungsklage 2155, 6135 ff.

Vorlage eines Vermögensverzeichnis-ses 687, 4360

Vorläufige Besitzübertragung 1069

Vorläufige Einstellung der Zwangs-vollstreckung siehe Einstellung der Zwangsvollstreckung

Vorläufige Vollstreckbarkeit 6143 ff.

– Bruchteilswert 6147 ff.

– Vorabentscheidung zur Sicherheits-höhe 6148

– Urteilsergänzung 5589

Vorläufige Wertfestsetzung 1964 f.

– Ehesachen 1395 ff.

– und Streitwertbeschwerde 4941 ff.

Vorläufiger Rechtsschutz, Bauland-verfahren 803 ff.

Vorlegung von Sachen und Heraus-gabe 2697

Vormerkung 6150 f. siehe auch Auf-lassungsvormerkung, Hypothek, Dienstbarkeit

– Bauhandwerkersicherungshypothek 774

– Dienstbarkeit 1183

– einstweilige Verfügung 1664 ff.

– Löschung 3357 ff.

– Vorkaufsrecht 6139 f.

Vormundschaftsgerichtliche Geneh-migung 6152 f.

Vornahme von Handlungen 6154

Vorprozessuale Arbeit, Ehesachen 1387 ff.

Vorrang siehe Rangstreitigkeiten, Gläubigerrangstreit

Vorschusszahlung 6156 f.
– Anrechnung 512
– Verrechnung 6157
– Versicherungsssschutz 5918 ff.
– Vorbehalt 6156
Vorstandswahl, Idealverein 2927, 4166
Vorvertrag, Mietstreitigkeiten 3804
Vorwegentscheidung in Ehesachen 4444, 5601, 6127
Vorzeitige Besitzeinweisung, Baulandverfahren 800 ff.
Vorzeitige Rückgabe verwahrter Sachen 6037
Vorzeitiger Erbausgleich, Stufenklage 694
Vorzeitiger Zugewinnausgleich 6390 f.
Vorzugsweise Befriedigung 6158 f.
– Gläubigerrangstreit 2567 ff.

Wahlschuld 6159 ff.
Wahlweise Verurteilung 6166 ff.
Währungsumrechnung 6169 f.
Wandelung 6171 ff.
– und Aufrechnung 531
– Einverständnis 6171 ff.
– Grundstückskaufvertrag 3024
– Leistungsklage 6175 ff.
– vergleichsweise 6184
Warenzeichen siehe Marke
Warmwasserversorgung, Mietstreitigkeiten 3672 f.
Wassergeld, Mietstreitigkeiten 3754
Wechsel siehe auch Wertpapiere
– Herausgabe 2821 f., 5555 ff.
– Nebenforderungen 3981, 5559 ff.
– Unterlassung der Vorlage 5542
Wechsel zwischen Eventual- und Primäraufrechnung 588 ff.
Wechselprozess siehe Urkunden-, Wechsel- und Scheckprozess
Wechselseitig eingelegte Rechtsmittel 4591 ff.
Wegerecht 2617 siehe auch Notwegrecht
– Erbbaurecht 1765 f.
– Unterlassungsanspruch 5543

Wegnahme von Einrichtungen 3805, 6185
Wegnahmerecht
– Duldungsklage 1219
– Räumung 3805 f.
Weihnachtsgeld, Familiensachen 1266
Werbeaktion 2558 f.
Werbefilm, Feststellungsklage 2156
Werbung 6188 ff.
– im beruflichen/gewerblichen Bereich 6195 ff.
– Besichtigungsflüge 2470
– E-Mail 1723 ff., 6188
– Kaffeefahrten 2497
– Mitgliederwerbung 2525
– im privaten Bereich 6190 ff.
– SMS 6188
– Telefax 6188
– Vernichtung von Werbeschriften 2509, 2556
– Werbeaktion 2558 f.
Werbungskosten, Familiensachen 1278
Werklohnklage
– und Eintragung einer Bauhandwerkersicherungshypothek 776
– und Widerklage auf Kostenvorschuss 3100
– und Widerklage auf Schadensersatz 3100
Werkvertrag 6199 ff.
– Abnahme 6202 f.
– Aufrechnung 6206
– Gewährleistung 6200, 6206
– Herausgabe einer Bürgschaftsurkunde 6204
– Herstellung des Werks 6199
– Mängelbeseitigung 6201
– positive Vertragsverletzung 6206
– Übergabe 6199
– Werklohn 6200
– Widerklage 6204 f.
Wert einer Sache 6207 ff.
Wertaddition
– Aufrechnung 521 ff.
– Baulandverfahren 796 ff.

- Gesamtschuldner 2272 ff.
- bei Hilfsantrag 2837 ff.
- bei Klage und Hilfswiderklage 2863, 2868
- bei Leistungs- und Stufenklage 5131 f.
- bei mehreren Ansprüchen 3412 ff., 3424 ff.
- Rechnungslegung- und Zahlungs-anspruch 4480 f.

Wertangaben des Klägers im Wett-bewerbsprozess 2361 ff.
- Indizwert 249 ff.
- übereinstimmende ~ siehe dort

Wertbegrenzungen 6210 ff.
- allgemeine ~ 6214 ff.
- nach der KostO 6217 ff.
- nichtvermögensrechtliche Streitig-keit 6212 f.
- nach dem RVG 6221 ff.
- Unterlassungsklagegesetz 6211
- Vergütungsvereinbarungen 6234

Werterhöhung siehe Änderung des Streitwerts

Wertermäßigung siehe Streitwert-ermäßigung

Wertermittlung eines Grundstücks 1233

Wertgrenze, Allgemeine Geschäfts-bedingungen 144 ff.

Wertlose Forderungen
- Vergleich 5720
- Vollstreckungsgegenklage 6074 f.

Wertlose Sachen, Herausgabe 2701

Wertlosigkeit
- zu pfändende Forderung 4335, 4340
- Wertpapiere 6236

Wertminderung
- Herausgabe 2815
- Immissionen 2934

Wertpapiere 6235 ff. siehe auch Bör-senpapiere
- Anbietungspflicht, Feststellungs-klage 2046 f., 6238 f.
- Gewinnanspruch 1189 f.
- Kurswert 82, 6240 ff.

- Aufgebotsverfahren 405
- Bemessungsgrundsätze 890
- Börsenpapiere 1148
- Herausgabe 2310, 2816 ff., 6235 ff.
- Kurswertänderungen 6235
- mehrere 6237
- negative Feststellungsklage 6238 ff.
- Revisionsverfahren 4639
- Sparkassenbuch siehe dort
- Wertlosigkeit 6236

Wertsicherungsklausel 6243 ff.
- Anfechtung 6246
- Leistungsvorbehalt 6244

Wesentlicher Verfahrensmangel, Begründung der Festsetzung 1981 ff.

Wettbewerbssachen siehe Gewerb-licher Rechtsschutz

Wettbewerbsverbot 2357, 3010 ff.

Widerklage
- Anfechtung eines Kaufvertrages 3101
- angekündigte ~ 3087
- Auskunft über Zugewinn 6388 f.
- Ausschluss eines Gesellschafters 3101
- Auszahlung eines Hinterlegungs-betrages 3100
- Beschwer 4525 ff.
- Bürge, Urkundenherausgabe 3100
- Erledigung der Hauptsache 1868 ff.
- Feststellungsklage 2157 ff., 3100
- Gerichtskostenvorschuss 523
- auf Herausgabe 3100, 3101, 3247
- Hilfswiderklage 3086
- Hinterlegung 2894
- Klagehäufung 3415, 3427
- bei Mietstreitigkeiten 3100, 3101
- Nebenforderungen 4097 ff.
- Nebenintervention 4126
- Nichtbestehen einer Auflassungs-pflicht 450
- auf Schadensersatz und Kaufpreis-recht 3101
- und Stufenklage 5166 ff.
- Teilklage 5234
- Unterhalt 5480

– Vergleich 3106
– Versicherungsschutz 3100, 5963 ff.
– Vollstreckungsschaden 3100, 5571, 6106
– wechselseitiger Zugewinnausgleich 3101, 6384
– werkvertragliche Streitigkeit 6204 f.
– Zwischenfeststellungsklage 6450 ff.
Widerruf 6247 ff.
– Allgemeine Geschäftsbedingungen siehe dort
– ehrkränkende Äußerungen 1432, 4163, 6247 ff.
– geschäftsschädigende Äußerungen 4164
– Kündigung 6254
– Verbindung mit Unterlassung 3437, 5505, 6248 ff.
– Verbraucher 6255 f.
Widerruf von Äußerungen 6247 ff.
– mehrere Adressaten 6248
– nichtvermögensrechtliche Ansprüche 4163 f., 6250 ff.
– Verbindung mit Unterlassungsanspruch 5505, 6248
Widerspruch
– Arrest 384 ff.
– Baulandverfahren 803 ff.
– einstweilige Verfügung 1606 ff,
– einstweilige Verfügung, Kostenwiderspruch 3230 ff.
– gegen Mahnbescheid 3384 ff., 3397 ff.
– gegen Verteilungsplan 6010
Widerspruch gegen Grundbucheintragung 6257 ff.
– Bruchteilswert 6257 f.
– einstweilige Verfügung 1671, 6261
– Löschung 3353, 6262
Widerspruchsklage des Nacherben 6118 f.
Wiederaufnahme des Verfahrens 6263 f. siehe auch Restitutionsklage
– Aufrechnung 607
– Nebenforderungen 4100

Wiedereinräumung des Besitzes 996
Wiedereinsetzung in den vorigen Stand
– Änderungsfrist bei Streitwertfestsetzung 48
– Anwaltsgebühren 74
– Streitwertfestsetzung 2001
Wiedereintragung eines Gesellschafters, Mitwirkung 281
Wiederherstellung der ehelichen Lebensgemeinschaft 6265 ff.
Wiederherstellungsverlangen im Mietrecht 1021
Wiederkaufsrecht 6269
Wiederkehrende Leistungen 6270 ff.
– Abtretung 128
– Altenteil 153 ff.
– Arbeitnehmer 363 ff., 6301 ff.
– Aufopferung 505 f.
– außergerichtliche Geltendmachung 6310 ff.
– Begriff 6270 ff.
– Feststellungsklage 2163 ff., 6279 f., 6318
– Gläubigeranfechtung 2562
– Leibrente siehe dort
– Nießbrauch 4199
– Reallast siehe dort
– Rente 6294 ff., 6297 und siehe dort
– Rückstände, Feststellungsklage 2119 ff., 6281 ff.
– Unterhalt 6287 ff. und siehe dort
– Vergleich 6322
– Vermächtnis 5890, 6300
Wildschaden 3008 f.
Willenserklärung 6323 ff. siehe auch Abgabe einer Willenserklärung
Wirksamkeit eines Vertrages, Feststellung 2167 f.
Wirtschaftliche Identität
– und Additionsverbot 3094 ff.
– bei Anspruchshäufung 3433 ff.
– bei Streitgenossen 4925, 4931
Wirtschaftsprüfer, Mitwirkung bei der Auskunft 714

Wohnraum
- und Geschäftsraum 2284 ff.
- Modernisierung 3457
Wohnrecht 6327 ff.
- Dauerwohnrecht 6336 ff. und siehe dort
- dingliche Sicherung 6332
- Eintragungsbewilligung 1673
- Feststellungsklage 2169 f.
- Grundstückswert 2617
- Löschung 3354 ff.
- Löschungsbewilligung 6333 f.
- mietähnliches ~ 6330 ff.
- Mietstreitigkeiten 3810 ff.
- Wohnvermächtnis 6331
Wohnung
- Besitzstörung 5516
- Energieversorgung 1663
Wohnungsbesetzungsrecht 6356
Wohnungseigentum 6357 ff.
- Abmeierungsklage 1747
- Auflassung 6358
- Belastungen 6360
- Entziehung 1745 ff., 6361
- Herausgabe 2795, 6357
- Mietstreitigkeiten 3817
- Räumung 2795, 6357
- Rückauflassung 6359 f.
- Verkehrswert 6359, 6361
Wohnungsnutzungsrecht, Feststellungsklage 2171
Wohnungszuweisung 1405
Wohnvermächtnis 3515, 6330 ff.

Zahlung und Abnahme 116
Zeitpunkt der Wertfestsetzung 1945 ff.
- Arrest 381
- Auflassung 436
- Beurteilung bei Streitwertermäßigung in Wettbewerbssachen 2413
- Beurteilung in Ehesachen 1262
- Erledigung der Hauptsache 1792 ff.
- Feststellungsklage 2012
- Grundstücksverkehrswert 2614
- Klageänderung 3114 ff.

Zeugen im Schiedsgerichtsverfahren 4826
Zeugniserteilung 6324
Zeugnisverweigerung 6362 ff.
- Zwischenstreit über ~ 4158, 6362, 6464
Zinsen 6369 ff. siehe auch Nebenforderungen
- abgesonderte Befriedigung 85
- alleiniger Streitgegenstand 3389 ff., 6376
- bei späterer Klageerweiterung 3986
- Anerkenntnis 4005, 4091
- Befreiung von einer Verbindlichkeit 4019 ff.
- Bürgschaft 1152
- Darlehen 1177 ff.
- bei eidesstattlicher Versicherung 1463 ff.
- Enteignungsentschädigung 1731 ff.
- entgangener Gewinn 4064
- Fälligkeit 3304 f.
- Feststellungsklage 2013
- als Hauptsache 3988 ff., 6376
- neben der Hauptsache 6370 ff.
- Hinterlegung 2895 f.
- Hypothek 2907 ff.
- Insolvenzfeststellungsklage 2971
- Kapitalisierung 4088
- Kontokorrent 4040
- Lastenausgleich 4051
- Leistungsklage 3298
- Novation 4072, 4092, 4219
- Prätendentenstreit 4381
- Prozesszinsen 4057, 4446 ff.
- im Rechtsmittelverfahren 4656 ff.
- Schadensersatz 4816
- Schuldanerkenntnis 190
- Umsatzsteuer auf ~ 5335 f.
- ungewisser Erfüllungszeitpunkt 6377
- Verzugszinsen 4085 ff.
- Vollstreckung 6448
- Vollstreckungsgegenklage 6067
- zukünftige ~ 6377

Zug-um-Zug-Verurteilung im Rechtsmittelverfahren 4598 ff.
Zugangsgestattung 1215
Zugewinnausgleich 6380 ff.
– Auskunftsanspruch 664, 6385
– Sicherung des künftigen Anspruchs 4899
– Stufenklage 6387
– Stundung des ~ 6392 ff.
– Übertragung von Vermögensgegenständen 6395 f.
– Verbundverfahren 5626 ff.
– Versicherung an Eides statt 6386
– vorzeitiger 6390
– vorzeitiger ~ verbunden mit Zahlungsklage 6391
– wechselseitige Geltendmachung 6384
– Widerklage 3101, 6384
– Widerklage auf Auskunft 6388 f.
Zukünftige Leistung siehe Künftige Leistung
Zukunftsschaden siehe auch Künftiger Schaden
– Feststellungsklage 2095 f.,
Zulässigkeit des Rechtswegs, Einwendung 1523
Zulassungsbeschwerde, gegen Festsetzung des Streitwerts 4967
Zurückbehaltungsrecht 2235 ff. siehe auch Gegenleistung
– Auflassung 458 ff.
– Bürgschaftsurkunde 1166
– Erbstreitigkeit 3958
– Feststellungsklage 2172
– Gegenforderung 2236
– gegenseitiger Vertrag 2241
– Grundstückswert 2621
– Herausgabe 2824 ff.
– und Hilfsaufrechnung 558
– Rechtsmittelverfahren 4586 f.
Zusammenrechnung siehe näher Mehrere Ansprüche
– bei Klage und Hilfswiderklage 3100
– mehrere Ansprüche 3424 ff.

– wechselseitig eingelegte Rechtsmittel 4591 ff.
Zuschlag 6405 f., 6420
Zuschlagsbeschwerde 6420
Zuständigkeit siehe auch Einreden, Einwendungen
– Bindung des Gerichts am Beschluss 1122 ff.
– Einzelrichter 1687
– Erstfestsetzung, Vergleich 5680 ff.
– sachliche Zuständigkeit siehe dort
– Verweisung 6038 ff.
Zuständigkeitsbeschluss, fehlerhafter 1128
Zuständigkeitsbestimmung nach § 36 ZPO 1521
Zuständigkeitsstreitwert
– und Änderung der Festsetzung 43 f.
– und Aufrechnung 520
– Antrag auf Festsetzung 284
– Bindung an Wertfestsetzung 1122 ff., 6039
– Hilfsantrag 2833
– Klageänderung 3112 f.
– Mahnverfahren 3378 f.
– mehrere Ansprüche 3412 ff.
– Mietstreitigkeiten 3453 ff.
– Nebenforderungen 3984 ff.
– Nebenintervention 4111
– nicht rechtshängig gewordene Ansprüche 4133
– Streitgenossen 4924 ff.
– Stufenklage 4363, 5105 ff.
– Stufenstreitwert 5193
– nichtvermögensrechtliche Streitigkeiten 4192
– Teilklage 5231 ff.
– und Verfügungsstreitwert 1597
– Widerklage 3088 ff.
– wiederkehrende Leistungen 6277 ff.
Zustellung, Streitwertbeschluss, Änderungsfrist 47
Zustimmung
– Aufhebung von Gemeinschaften siehe dort
– zur Auflassung 442

- Bewilligung siehe dort
- Grundschuld 2605
- Hinterlegung siehe Hinterlegung, Prätendentenstreit
- Löschung siehe dort
- Mieterhöhung 3596, 6324
- Untervermietung 3793
- Vor- und Nacherbe 6121 ff.
- Vorkaufsrecht 6142
- zur steuerlichen Veranlagung 6397 f.

Zuweisung der Ehewohnung 1401 ff.

Zwangsgeld 4254 ff. siehe auch Ordnungsgeld
- Beschwerde 4262 ff.
- Bruchteilsbewertung 4256 ff.
- einstweilige Verfügung 4261
- Löschung einer Grundschuld 3334
- Löschung einer Sicherungshypothek 4260
- Rechnungslegung 4259

Zwangsimpfung 6399

Zwangsmaßnahmen im Baulandverfahren 806

Zwangsversteigerung 6400 ff.
- Anwaltsgebühren 6412 ff.
- Beschwerdeverfahren 6418 ff.
- Drittwiderspruchsklage 1196
- Gerichtsgebühren 6400 ff.
- Mietstreitigkeiten 3820 f.
- Verteilungsverfahren 6011 f.

Zwangsverwaltung, Duldungsklage 1234

Zwangsvollstreckung 6429 ff.
- anderweitige Verwertung 6436
- Anschlusspfändung 6437
- Arrestvollziehung 6445
- Aussetzung der 764
- Befreiung von einer Verbindlichkeit 815, 830
- Bekanntmachung eines Urteils 6447
- beschränkte Haftung 1236
- in bestimmten Gegenstand 6434
- bisherige Kosten 6448
- Duldungsklage 1215, 1220 ff.
- Durchsuchungsanordnung 1237
- Einstellung der Zwangsvollstreckung siehe dort
- Erledigung 1870
- Ersatzvornahme 1899 ff.
- Fälligkeit 1923
- Fälligkeitsstreit 6443
- Feststellungsklage 2152
- Forderungspfändung siehe dort
- Herausgabevollstreckung 6431
- höherer Vollstreckungstitel 6442 f.
- wegen Kosten des Rechtsstreits 6444, 6448
- laufende Vollstreckungskosten 6449
- Mietstreitigkeiten 3823 ff., 6433
- Nebenforderungen 3992, 4101 ff., 6442 ff.
- Pfändung siehe dort
- wegen Räumung 6431, 6431
- Unterlassungsanspruch 5550 f., 6431
- Vollstreckungsgegenklage siehe dort
- Vollstreckungsschutzverfahren 6441
- Vorschuss für Kosten der Ersatzvornahme 1903
- Zeitpunkt für Wertberechnung 6440 f.
- Zinsen 4101 f., 6448

Zwischenfeststellungsklage 6450 ff.

Zwischenstreit 6454 ff.
- über Zeugnisverweigerung 4158, 6363 f.

Zwischenurteil 6454 ff.
- Berufung 4620 f.
- über Zuständigkeit 1524
- Sicherheitsleistung im Prozess 4622, 4883

Zwischenverfahren Zulassung der Nebenintervention 4113

Zwischenvergleich 6467 ff.